ASTON UNIVERSITY
LIBRARY SERVICES

WITHDRAWN
FROM STOCK

D1765282

3 0116 00435 4823

This book is due for return not later than the
last date stamped below, unless recalled sooner.

-8 FEB 2005
LONG LOAN

-6 MAY 2005
LONG LOAN

ASTON
UNIVERSITY

LIBRARY &
INFORMATION
SERVICES

Aston Triangle
Birmingham
B4 7ET
England

Tel +44 (0121) 359 3611
Fax +44 (0121) 359 7358
email library@aston.ac.uk
Website http://www.lis.aston.ac.uk/

Sociolinguistics
HSK 3.1

Handbücher zur Sprach- und Kommunikations- wissenschaft

Handbooks of Linguistics
and Communication Science

Manuels de linguistique et
des sciences de communication

Mitbegründet von
Gerold Ungeheuer

Herausgegeben von / Edited by / Edités par
Hugo Steger
Herbert Ernst Wiegand

Band 3.1

Walter de Gruyter · Berlin · New York
1987

Sociolinguistics
Soziolinguistik

An International Handbook of the Science of Language and Society
Ein internationales Handbuch zur Wissenschaft von Sprache und
Gesellschaft

Edited by / Herausgegeben von
Ulrich Ammon · Norbert Dittmar
Klaus J. Mattheier

First Volume / Erster Halbband

Walter de Gruyter · Berlin · New York
1987

CIP-Titelaufnahme der Deutschen Bibliothek

Handbücher zur Sprach- und Kommunikationswissenschaft / mit-
begr. von Gerold Ungeheuer. Hrsg. von Hugo Steger ; Herbert
Ernst Wiegand. — Berlin ; New York : de Gruyter.
    Teilw. mit Parallelt.: Handbooks of linguistics and commu-
nication science. — Früher hrsg. von Gerold Ungeheuer u.
Herbert Ernst Wiegand
NE: Ungeheuer, Gerold [Begr.]; Steger, Hugo [Hrsg.]; PT

Bd. 3. Sociolinguistics.

Vol. 1 (1987)

Sociolinguistics : an internat. handbook of the science of language and society = Soziolinguistik / ed. by Ulrich Ammon
... — Berlin ; New York : de Gruyter.
    (Handbücher zur Sprach- und Kommunikationswissen-
schaft ; Bd. 3)
NE: Ammon, Ulrich [Hrsg.]

Vol. 1 (1987)
    ISBN 3-11-009694-3

© Copyright 1987 by Walter de Gruyter & Co., Berlin 30. Printed in Germany
Alle Rechte des Nachdrucks, der photomechanischen Wiedergabe, der Herstellung von Photokopien — auch
auszugsweise — vorbehalten.
Satz: Arthur Collignon GmbH, Berlin
Druck: H. Heenemann GmbH & Co., Berlin
Bindearbeiten: Lüderitz & Bauer, Berlin

Foreword

This third volume in the series "Handbooks of Linguistics and Communication Science", which appears five years after the series started, deals with Sociolinguistics, and is the first to contain not only German but also English articles. Future volumes will also contain French articles. As a result of this, the handbook of Computational Linguistics, for example, will be bilingual and the handbooks of Lexicography and Philosophy of Language will be trilingual.

However, specific subject matter and/or the research situation in a specific branch of Language and Communication Science may in future led to an entire volume being published in one of the three languages.

The following is a list of practical reasons for these decisions:

- The further programme of the series will place a much stronger emphasis on current international subject matter and fields of research.
- The series is published in Berlin and New York.
- Academics involved in the investigation of language and communication are accustomed to reading original texts in important languages of the world (indeed, they want to read them in their original form).

Naturally, there are also practical conditions which preclude an opening for further languages.

The editors of this series also recognize theoretical reasons for deciding to produce a multilingual set of handbooks. Unlike many "universal" scientific objects, above all in the natural sciences, where the language of representation plays, at most, a very minor role, the objects and concept formation in the humanities and social sciences — and therefore also in language and communication research — are established as part of whole by the languages in question, by their usage and by the thought traditions which accompanying them. This is especially true when looking from a historical angle. The peculiarities of the individual languages which occur here should not, and cannot simply be levelled off and translated into a "world (auxiliary) language". Over and above this, the editors of the series are also of the opinion that, in the interests of scientific thought on human language and communication capabilities, of reflection on languages, speaking and writing, it will in future be necessary to consolidate and further develop several languages on a conceptual and terminological basis.

In particular, those subject areas in universities and colleges which involve the study and teaching of language and communication research will be neither willing nor able to "wander away" from individual languages. This also means that their efficient function must be maintained for the development of international research.

The presentation of the most recent research work, the aim of the "Handbooks of Linguistics and Communication Science", offers the opportunity of providing the greatest possible compatibility of concepts and terms and, at the same time, acknowledging useful differences which might exist.

With this volume, then, the series achieves a multi-lingual dimension — albeit limited. In doing so we are taking into consideration the great influence of language and speaking on each individual's life experience. Not only is school responsible for this, but a wide public also has a lively part to play in linguistic and linguistically conditioned problems and their scientific treatment. Critiques of language and culture are a legitimate element of modern cultural life. It is therefore, undesirable that current object description, theory formulation, and methodical development in language and communication research, both from a diachronic and a synchronic point of view, should be transferred out of the individual languages and merely summarized and brought together into one single language, such as English, as a new universal or auxiliary language. Such an action would be the effective stunting of a relevant scientific discipline, relevant both for social and governmental life, from the horizons of the monolingual "normal" man.

The multi-lingual nature of the handbooks is significant in that it provides access to leading international research, often in its original language, furthers the alliance of some important scientific languages, and seeks to keep open the lines of communication between language and communication science and the monolingual general public.

Summer, 1987   Hugo Steger
                                                                             Herbert Ernst Wiegand

Geleitwort

Mit diesem dritten Handbuchband, der die Soziolinguistik zum Gegenstand hat, geht die Reihe „Handbücher zur Sprach- und Kommunikationswissenschaft" (HSK) fünf Jahre nach Erscheinen ihres ersten Bandes dazu über, neben Handbuchartikeln in deutscher Sprache auch solche in englischer (und in manchen Bänden auch in französischer) Sprache zu veröffentlichen. So werden z. B. das Handbuch zur Computerlinguistik zweisprachig und die Handbücher zur Lexikographie und Sprachphilosophie dreisprachig sein.

Die jeweilige Thematik und/oder die Forschungslage in einem Teilgebiet der Sprach- und Kommunikationswissenschaft kann jedoch auch in Zukunft dazu führen, daß ein Band ganz in einer der drei Sprachen veröffentlicht wird.

Für diese Entscheidungen gibt es zunächst eine Reihe praktischer Gründe:

- Das weitere Programm der Reihe wird aktuelle internationale Thematiken und Forschungsfelder stärker hervorheben.
- Die Publikationsorte der Reihe sind Berlin und New York.
- Wissenschaftler, die Sprache und Kommunikation erforschen, haben die Gewohnheit, ja das Bedürfnis, Texte aus wichtigen Sprachen der Welt im Original zu lesen.

Es sind freilich ebenfalls praktische Bedingungen, die einer Öffnung für weitere Sprachen entgegenstehen.

Die Reihenherausgeber sehen jedoch auch theoretische Gründe für die Entscheidung zum Übergang in die Mehrsprachigkeit der Handbücher:

Im Unterschied zu manchen „universalen" wissenschaftlichen Gegenständen, vor allem in den Naturwissenschaften, bei denen die Darstellungssprache keine oder nur eine geringe Rolle spielt, werden in den Geistes- und Sozialwissenschaften — also auch in der Sprach- und Kommunikationsforschung — die Gegenstände und Begriffsbildungen durch die jeweiligen Sprachen und ihren Gebrauch und die damit einhergehenden Denktraditionen mitkonstituiert. Dies gilt insbesondere auch aus historischer Sicht. Die dabei hervortretenden einzelsprachlichen Besonderheiten sollten und können nicht einfach eingeebnet und in eine „Welt(hilfs)sprache" übersetzt werden.

Die Herausgeber der Reihe erachten es darüber hinaus auch als notwendig, daß für das wissenschaftliche Nachdenken über die menschliche Sprach- und Kommunikationsfähigkeit, für die Reflexion über Sprachen, Sprechen und Schreiben weiterhin mehrere Sprachen begrifflich und terminologisch voll ausgebaut bleiben und weiterentwickelt werden.

Besonders auch im akademischen Lehrbetrieb der Universitäten und Hochschulen werden die Fächer, die Sprach- und Kommunikationsforschung betreiben und lehren, nicht aus den Einzelsprachen „auswandern" können und wollen. Auch dies macht es notwendig, sie funktionstüchtig für die Entwicklung der internationalen Forschung zu erhalten.

Die Darstellung des jeweils neuesten Forschungsstandes, wie sie die „Handbücher zur Sprach- und Kommunikationswissenschaft" anstreben, gibt dabei gleichzeitig gute Gelegenheit, für eine möglichst große Kompatibilität von Begriffen und Termini zu sorgen, und dabei dennoch fruchtbare Unterschiede gelten zu lassen.

Wenn die Handbuchreihe mit diesem Band zu einer — wenn auch eingeschränkten — Mehrsprachigkeit übergeht, wird damit insbesondere berücksichtigt, daß Sprache und

Sprechen stark in die Lebenspraxis jedes einzelnen hineinwirken. Nicht nur die Schule tut dies, sondern auch eine breite Öffentlichkeit nimmt lebhaft Anteil an sprachlichen und sprachbedingten Problemen und ihrer wissenschaftlichen Behandlung. Sprach- und Kulturkritik sind ein legitimer Bestandteil des modernen Kulturlebens. So ist es nicht wünschenswert, daß sich die aktuelle Gegenstandsbeschreibung, Theoriebildung und Methodenentwicklung der Sprachwissenschaft und Kommunikationsforschung in diachroner und synchroner Hinsicht aus den Einzelsprachen hinausverlagert und lediglich in einer Sprache, etwa dem Englischen, als neuer Universal- oder Hilfssprache zusammengefaßt wird. Damit würde eine für das gesellschaftliche und staatliche Leben relevante Wissenschaftsdisziplin wiederum hermetisch abgeschlossen werden von den einzelsprachlichen Horizonten des „normalen" Menschen.

So gewinnt die Mehrsprachigkeit der Handbücher einen Sinn, indem sie den Zugang zur maßgeblichen internationalen Forschung oft in deren Originalsprache eröffnet, den Verbund einiger wichtiger Wissenschaftssprachen untereinander fördert und Verbindungswege zwischen Sprach- und Kommunikationswissenschaft und einzelsprachlicher Allgemeinheit offenzuhalten sucht.

Im Sommer 1987   Hugo Steger
                                                                                                         Herbert Ernst Wiegand

Preface

1. The Purpose of the Handbook

In the context of all the academic work available on the relationship between society and language, the Sociolinguistics Handbook is designed to fulfill the following main functions:

(1) Provide representative documentation on research to date.

We have tried to give an overall view of the discipline. Theories, methods and empirical findings are described as fully as possible. Consideration has also been given to historical forerunners and relevant research outside the actual field of sociolinguistics. Parallels and duplication in research work have been outlined as briefly as possible, however.

(2) Reflect the present state of research.

The Handbook is meant to be up-to-date. Interesting new theories and methods have thus been included, even if they may be still unclear or inconsistent at some points, or have so far been tested only partially.

(3) Stimulate further research and supply aids to methods and practical techniques.

The Handbook attempts to indicate promising research perspectives. It points out which notions require further clarification, and also how convincing, well-founded, proven and relevant the individual hypotheses (theories) are. Sociolinguistic methods, in particular, are described in utmost detail, with the aid of examples, and special difficulties noted. We hope that the Handbook can serve as an immediate introduction to methodology.

(4) Indicate the subject's social applications.

The hypotheses and theories have not just been appraised in respect of their general validity, but also with regard to their significance in the resolution of practical problems, e. g. in language teaching, language therapy, the modernisation of language, language culture or linguistic policy. Moreover, the practical relevance of sociolinguistics is not the only aspect dealt with. As far as possible we have also shown how it relates to established professional fields.

2. Sociolinguistic Position and Publications

Sociolinguistics as such is a relatively young discipline. After its scattered beginnings, e. g. the work of Haver Currie in the 50s, who coined the term "sociolinguistics", and of Uriel Weinreich and Einar Haugen, it gained momentum in the mid 60s and early 70s. This occurred in various countries at about the same time, and was accompanied by a lot of publicity. Educational and social policies played a great part in this, as did factors more inherent in the discipline itself. In some western industrialised countries it was primarily economic stagnation that led to calls for better exploitation of "reserves of talent" and higher mobility between the social strata. Naturally, attention focussed here on class-related linguistic differences, which had to be considered in the meeting of these demands. In the US, problems of urban agglomerations were in the forefront. It was hardly possible to integrate the inhabitants of ghettos without concern for their particular language features. One can draw parallels here with the development of immigrant ghettos in western European cities. A variety of sociolinguistic research projects were prompted by these social and education problems, which required urgent solutions and on closer inspection proved extraordinarily complex. Other starting-points for research were the language conflicts in the case of bilingualism and multilingualism, or again the standardisation of new third world languages, the sociolinguistic implications of great worldwide movements of population and the use of language as a means of domination.

Socialist countries reacted sceptically at first to these academic efforts deriving from capitalist conditions. Later, however, they perceived the points of contact with a phenomenon in their own tradition, which blossomed shortly after the October Revolution but was not called sociolinguistics. At the same time, in the light of the new theoretical approaches, lasting or new language-related social problems have been discovered, about which society is greatly interested in discovering more with a view to introducing specific changes.

As the Editors, we have been particularly anxious to bring out the complexity and multifacettedness of sociolinguistic theories and research approaches in this area, both through the topics of the articles and the choice of authors. In so doing, we have sought to show the points in common between East and West in sociolinguistic research, while not forgetting the contrasts.

The intensification of interest in sociolinguistics cannot be explained solely in terms of practical needs due to societal problems. Scholarship-related factors also played a part. Several academic disciplines expected the emerging discipline of sociolinguistics to contribute towards solving important fundamental problems. In its intensive concern for formalisation, linguistics had largely lost any direct connection with empiricism. Formalised theory was confronted with the unmistakeable existence of extreme linguistic variety, for which no explanation was available, nor even sought. Sociolinguistics promised solutions to this imbalance, without detracting greatly from attained standards of theory formation. It also served as a bridge between theory-conscious formal linguistics and the mainly empirical branches of traditional linguistics, e. g. dialectology. The new discipline was also productive for sociology. Sociologists, after all, had often enough pointed to the importance of language for most of the central developments in society. It was thus only natural for sociological theories of differing origin and emphasis to take account of language — theories on the emergence of nations, on the functioning of institutions or on socialisation, to give a few totally diverse examples. Apart from theory formation, a better knowledge of certain aspects of language communication was important for gaining reliable and valid data, e. g. on differences in language behaviour between social classes. Much of sociological data collection is done, of course, via language (interviews, questionnaires etc.), with the factors conditioning the communication situation being ultimately also reflected in the data itself. Traditional linguistics was of little help to sociology, however. It either dissociated itself, within its structuralistic paradigms, from the actualisation and social context of language, or the analysis got bogged down in masses of data. Finally, education vested great hopes in sociolinguistics — the driving forces behind sociolinguistic research were teachers themselves. It was natural for teaching methods to be more promising if they considered the language of the learners — but also that of the teachers — as closely as possible, i. e. also in their social variants. The conception and detailed description of teaching aims, along with assessing them or pupils' achievement, cannot simply ignore the learners' language, either. For such reasons, sociolinguistics has remained of general educational interest, not merely in respect of teaching method.

The original euphoria about the possibilities of sociolinguistics has largely subsided; inflated hopes have become more realistic — in some cases, unjustifiably and over-hastily abandoned altogether. And yet, the breadth and intensity of research activity has further increased, internationally speaking. The practical and theoretical relevance of sociolinguistics continues to meet with affirmation in many different quarters. Sociolinguistics is thus now established as a university discipline in many countries. Sociolinguistic publications have become so many and varied that even specialists can hardly keep track of them all.

Despite this research situation, a systematic, comprehensive survey of the discipline has been lacking so far. Occasional earlier attempts, like Joyce O. Hertzler's work on "The Sociology of Language" (1965), no longer reflect the state of presentday research. Introductions available emphasise certain aspects and neglect others. Examples of this include: J. A. Fishman, "The Sociology of Language" (1972); N. Dittmar, "Soziolinguistik" (1973); B. Schlieben-Lange, "Soziolinguistik" (1973); U. Ammon, "Probleme der Soziolinguistik" (1973); P. Trudgill, "Sociolinguistics" (1974); J.-B. Marcellesi / B. Gardin, "Introduction à la Sociolinguistique" (1974); L. Pietersen, "Taalsociologie: Minderheden, Tweetaligheid, Taalachterstand" (1976); D. Hymes, "Foundation in Sociolinguistics: An Ethnographic Approach" (1974); R. A. Hudson, "Sociolinguistics" (1979); F. Peñalosa, "Introduction to the Sociology of Language" (1981), R. Fasold, "The Sociolinguistics of Society" (1984) and W. Downes, "Language and Society" (1984). These works all start from the basic assumptions of their respective authors and do not represent the actual variety of sociolinguistic approaches, even though a few of them cover considerable areas of the subject in great detail. A number of weighty collections are certainly more representative, e. g. those edited by Bright, Fishman, McCormack/Wurm, Gumperz/Hymes and Steger from 1964 to 1982. However, some of these volumes too, as their very titles suggest, represent certain schools of thought, depend on the accidental constellations of certain conferences, or prove on closer examination to be incomplete after all, given the diversification of presentday sociolinguistic research. The Editors consulted these and other sources when compiling this Handbook. Relevant journals were also perused, above all *The International Journal of the Sociology of Language, Language and Society, Language Problems and Language Planning* and *Sociolinguistic Newsletter/Sociolinguistics*. The examination of these publications further convinced the Editors of the urgent need for an updated overview of the discipline.

3. History of the Handbook

The Editors first began to correspond and confer about the Handbook back in 1981. They soon distilled the basic structure of the present work, but substantial modifications and differentiations were made as planning continued. A detailed overall breakdown was sent to a number of experts, with the request for critical comments. Valuable suggestions, which were gratefully adopted by the Editors, were received from Gaetano Berruto, Michael Clyne, Wolfgang U. Dressler, Joshua A. Fishman, Vilém Fried, Howard Giles, Heinz Kloss, Jean-Baptiste Marcellesi, Lesley Milroy, Suzanne Romaine, Brigitte Schlieben-Lange and Hermann Strasser.

A detailed explanation of the whole conception, along with the revised article headings, were published in *Language in Society* 13 (1984), 73—80. The detailed contents appeared in *Sociolinguistics* 14 (1) (1983), 26—28, the conception of the plan of the main chapter in *Deutsche Sprache* 13 (1) (1985), 80—84 and the conception alone in the *GAL Bulletin* 14 (1986), 39—44. The first three publications mentioned were expressly asked for their critical opinions. In addition, the Editors presented the conception at appropriate conferences, like the Annual Conference of the Gesellschaft für Angewandte Linguistik (GAL) from 29. 9. − 1. 10. 83 in Duisburg. They likewise discussed it in numerous conversations with colleagues. It is impossible to list all the tips so kindly given them. May Haver C. Currie and Nobuyuki Honna serve as examples of helpful critics.

All advice was examined and taken, where possible. Many proposed amendments led not only to the inclusion of new articles, but of new authors as well. Most of the suggested improvements and modifications of the original plan stem from the invited authors themselves. They had been sent relatively detailed draft proposals for the articles they were to write. This often sparked off detailed reactions, sometimes leading to substantive shifts and in odd cases even to changes in the titles of articles. The Editors were not able to take account of all suggested changes, in the light of the whole publication, and appreciate that this has been understood.

4. Conception and Structure

The term "sociolinguistics" selected for the title of the Handbook probably expresses its comprehensive perspective better than "sociology of language", which was also considered. Firstly, "sociolinguistics" is already widely accepted as the name of the discipline. Then, the concept of sociolinguistics seems to cover a broader area of meaning. There is no generally recognized difference between the two rival terms, it is true. Nevertheless, "sociolinguistics", as distinct from "sociology of language", relates more to the microsphere of language's social involvement, though not excluding the macrosphere.

The languages used in the Handbook are English and German. Articles written in other languages have been translated and approved by the authors. In taking this decision, the Editors followed the goals and practice of the series of Handbooks on Linguistics and Communication Science, outlined by the editors of the series in their Foreword.

The Handbook is international in terms of both content and intended readership. However, it has proved very difficult to be truly representative of the world scene in accordance with different conceivable criteria. If there does seem to be a bias towards European sociolinguistics here, the reason is not the Editors' predisposition, but is linked perhaps with the basic possibility of including such more general articles as have arisen in the context of time-consuming individual research. We could only hope to meet the aim of being internationally representative in the first place by leaving out some relatively unimportant details from the associated individual disciplines (in their different national forms). Otherwise the book would have grown out of all proportion. This restriction led to a number of, in some cases, painful decisions regarding choice and abbreviation on the part of the Editors and also the authors. It nevertheless proved impossible to entirely avoid the occasional extremely detailed passage or repetition. It turned out that the readability and concision of the individual articles, which was to be guaranteed at all cost, was not always compatible with the other principle applied, that of presenting the whole subject as economically as possible.

Although the Editors took account of most of the many suggestions both for the overall conception and for the individual articles, they were largely able to maintain the original basic structure. The Handbook now consists of fourteen main chapters:

I.   Basics I: Theoretical Aspects (10 articles)
II.   Basics II: Basic Sociological and Socio-psychological Concepts (21 articles)
III. Basics III: Basic Sociolinguistic Concepts (20 articles)
IV.   History of Sociolinguistics as a Discipline (8 articles)

Some of the originally planned articles have been dropped and new ones added under the individual chapter headings. Such choices were always made for objective, and not personal reasons. The chapter most changed and expanded was that on Problem Areas. The intention was still to retain the paradigmatic character of this section, illustrating the most important types of sociolinguistic configurations with the aid of one or two examples. Unfortunately we had to reject offers for certain articles which did not fit into the overall conception. In a few cases, authors had to withdraw from the project, mostly for health reasons. It was then always possible to find new ones willing to write the articles at short notice, for which we would like to thank them again.

Appended to Vol. 2 are a full subject index and an index of names. The former allows access to the texts from other angles than the Table of Contents and headings. In addition, cross-referencing occurs in the articles. The Index of Names is restricted to names mentioned in the text; authors listed in bibliographies were not included. After a great deal of thought we decided not to keep to the original plan of adding a full bibliography. This would have increased the size of the Handbook, but would have been less useful as a resource for guidance than the present solution − each article having its own bibliography. The repetition of a number of central titles was unavoidable with this system.

It is clear that neither the overall conception nor the subject breakdown constitute the only, or best possible solution in every regard. No-one will deny that such a broad field can be sensibly structured in other ways as well, even when following the same fundamental goals. What is more, the whole field, i. e. the discipline called *sociolinguistics*, can certainly be differently delineated at some points. The Editors were aware that major publications like this Handbook often contribute themselves to giving this still fluid young discipline a clearer profile. They were thus concerned not to cement any borders obstructing further development, and yet to prevent them from being too diffuse. It is up to the reader to judge whether their plan has been successful in this respect.

5. Readership

In the first instance, this Handbook is addressed to scholars and teachers of sociolinguistics. It is designed to enable them to gain rapid access to less familiar areas of the discipline and the relevant literature, to fill out their knowledge of familiar fields and, finally, to stimulate and assist them in research projects. The Handbook is useful in this way for scholars and teachers of related subjects, e. g. linguists with differing special fields, sociologists from different disciplines, educators (including social workers), political scientists, communication experts, psychologists, cultural analysts, anthropologists, ethnologists and folklore experts. This book will provide a wealth of information and hints for further reading for university students, particularly when further advanced.

It provides both broad surveys of sizeable fields and in-depth insight into specific research approaches and methods. The subject index will facilitate the finding of relevant passages. Finally, the book is also meant to help practitioners to acquaint themselves better with the theoretical foundations of their work. It should be of particular interest to practising teachers, especially language and speech teachers, people in the media, publishing and the arts, language planners and advisors, not to mention psychotherapists and others.

6. Thanks to All Concerned

The Editors have to thank many people for enabling the Handbook to finally appear. They cannot all be mentioned here. The first are naturally the authors, who often put off other projects in order to meet the submission deadline, and understood when parts of their texts had to be cut or modified in the light of the whole. Our special thanks go to the authors mentioned in the first section who gave critical comments, along with all the other advisors. The Editors particularly thank Herbert Ernst Wiegand and Hugo Steger, the editors of the series of Handbooks of Linguistics and Communication Science, for including the Sociolinguistics Handbook in this series. Herbert Ernst Wiegand merits further thanks for his many critical comments and tips during the planning and editing stage, enabling us to benefit from his wealth of "handbook experience". Heinz Wenzel has followed our work on behalf of de Gruyter-Verlag as a critical, but always obliging partner. Many thanks to him, too. We would like to thank Susanne Rade most warmly for helping us so untiringly and reliably with the practical side. The central organisation for the Handbook was carried out by the Germanistisches Seminar of the University of Duisburg, moving to its counterparts in Heidelberg and Berlin (West) during Ammon's year abroad. In Duisburg, the correspondence and filing was primarily done by Brigitte van Nahuys and Kornelia Apholz, assisted by Helga Winkelströter. Important back-up was supplied by the student assistants Susan Long and Susanne Albrecht in Duisburg, Aleksandar Dordević in Berlin and Angelika Haller-Wolf in Heidelberg. Without this intensive assistance, the Handbook would probably never have appeared.

The subject index was compiled in Heidelberg from the excerpts made by all three Editors, and the name index, drawn up in Berlin, was also based on their lists.

Summer, 1987   Ulrich Ammon
                                                                          Norbert Dittmar
                                                                          Klaus J. Mattheier

Vorwort

1. Die Aufgaben des Handbuchs

Das Handbuch Sociolinguistics/Soziolinguistik soll im Rahmen einer sich entwickelnden Wissenschaft vom Verhältnis zwischen Gesellschaft und Sprache die folgenden Hauptaufgaben erfüllen:

(1) Die repräsentative Dokumentation des Forschungsstandes.
   In dieser Hinsicht haben wir versucht, einen Gesamtüberblick über die Disziplin zu liefern. Theorien, Methoden und empirische Befunde sind möglichst umfassend dargestellt. Dabei werden auch historische Vorläufer und soziolinguistisch relevante Forschungen außerhalb der eigentlichen Disziplin berücksichtigt. Parallelen und Verdoppelungen in der Forschung werden jedoch möglichst knapp skizziert.
(2) Die Zusammenstellung des gegenwärtigen Forschungsstandes.
   Das Handbuch ist um Aktualität bemüht. Daher werden auch interessante neukonzipierte Theorien und Methoden dargestellt, selbst wenn sie noch gewisse Unklarheiten oder Inkonsistenzen aufweisen oder bislang erst ansatzweise einer Bewährungsprobe unterzogen wurden.
(3) Die Anregung weiterer Forschung und das Bereitstellen methodischer und arbeitstechnischer Hilfsmittel.
   Das Handbuch versucht, aussichtsreiche Forschungsperspektiven aufzuzeigen. Es macht darüber hinaus deutlich, welche Begriffe weiterer Klärung bedürfen; ferner, wie erklärungsstark, wie gut gesichert und bewährt und wie relevant die einzelnen Hypothesen (Theorien) sind. Vor allem sind die Methoden der Soziolinguistik möglichst detailliert und unter Hinweis auf besondere Schwierigkeiten dargestellt sowie an Beispielen verdeutlicht. Das Handbuch soll möglichst als unmittelbare Anleitung zur Methodenanwendung brauchbar sein.
(4) Das Aufzeigen der Bedeutsamkeit für die gesellschaftliche Praxis.
   Die Hypothesen und Theorien werden nicht nur hinsichtlich ihres Wahrheitsgehaltes gewürdigt, sondern auch mit Bezug auf ihre Bedeutsamkeit bei der Lösung praktischer Probleme, z. B. in der Sprachdidaktik, der Sprachtherapie, der Sprachmodernisierung, der Sprachkultur oder Sprachpolitik. Des weiteren wird nicht nur die Praxisrelevanz der Soziolinguistik thematisiert, sondern — soweit möglich — auch ihr Bezug zu etablierten Berufsfeldern aufgezeigt.

2. Situation und Publikationslage der Soziolinguistik

Die Soziolinguistik ist als eigenständige Disziplin noch verhältnismäßig jung. Sie hat sich nach vereinzelten früheren Ansätzen, etwa in den 50er Jahren bei Haver Currie, der den Terminus *sociolinguistics* prägte, und in den Arbeiten von Uriel Weinreich und Einar Haugen seit Mitte der 60er und Anfang der 70er Jahre mit großer Publizität entfaltet, und zwar ziemlich gleichzeitig in verschiedenen Ländern. Dies war einerseits gesellschafts- und bildungspolitisch, andererseits aber auch wissenschaftsimmanent bedingt. In einigen westlichen Industrieländern motivierte die Wirtschaftsstagnation vor allem Forderungen nach besserer Ausschöpfung der „Begabungsreserven" und höherer

Mobilität zwischen den Sozialschichten. Hierbei gerieten natürlicherweise schichtenspezifische Sprachunterschiede ins Blickfeld, die es bei der Verwirklichung dieser Forderungen zu berücksichtigen galt. In den USA standen die Probleme der städtischen Agglomerationen im Vordergrund. Die Integration der Ghettobewohner konnte ohne Rücksicht
auf deren sprachliche Besonderheiten kaum gelingen. Von dort gibt es wiederum manche
Parallelen zu den sich herausbildenden Ausländerghettos in den westeuropäischen
Städten. Diese, bei genauerer Betrachtung außerordentlich komplexen Sozial- und
Bildungsprobleme, für die praktische Lösung dringend geboten erschienen, motivierten
vielfältige soziolinguistische Forschungen. Andere Ansatzpunkte soziolinguistischen
Forschens waren die Sprachkonflikte bei Zwei- und Mehrsprachigkeit, die Standardisie-
rung neuer Sprachen der Dritten Welt, die soziolinguistischen Implikationen der großen
Bevölkerungsverschiebungen in allen Teilen der Welt und der Einsatz von Sprache als
Mittel der Herrschaft.

In den sozialistischen Ländern begegnete man den durch die kapitalistischen Verhältnisse motivierten wissenschaftlichen Bemühungen zunächst mit Skepsis. Später wurden
jedoch die Berührungspunkte mit der eigenen Tradition einer schon kurz nach der
Oktoberrevolution aufgeblühten, jedoch nicht so bezeichneten Soziolinguistik erkennbar. Gleichzeitig wurden im Lichte der neuen Theorieansätze fortbestehende oder
neu entstandene sprachgebundene soziale Probleme entdeckt, an deren Erhellung und
gezielter Veränderung ein großes gesellschaftliches Interesse besteht.

Uns war als Herausgeber besonders daran gelegen, durch die Themenstellungen der
Artikel sowie durch die Auswahl der Bearbeiter auch in diesem Bereich die Vielschichtigkeit und Differenziertheit der Theorie- und Forschungsansätze der Soziolinguistik zu
dokumentieren und die Übereinstimmung, aber auch die Gegensätze in der soziolinguistischen Forschung zwischen Ost und West, erkennbar werden zu lassen.

Die Intensivierung des Interesses an der Soziolinguistik ist nicht allein durch praktischen Bedarf aufgrund gesellschaftlicher Probleme zu erklären. Sie hat auch wissen-
schaftsimmanente Gründe. Von der aufkommenden Disziplin der Soziolinguistik durf-
ten mehrere wissenschaftliche Disziplinen einen Beitrag zur Lösung wichtiger wissenschaftlicher Probleme erwarten. Die Linguistik hatte durch intensive Bemühungen um
Formalisierung den direkten Bezug zur Empirie weitgehend verloren. Der formalisierten
Theorie stand die unübersehbare Tatsache äußerst vielfältiger sprachlicher Variation
gegenüber, für die keine Erklärung vorlag und auch nicht versucht wurde. Für dieses
Mißverhältnis versprach die Soziolinguistik Lösungen, und zwar ohne allzugroße Abstriche von den einmal erreichten Standards der Theoriebildung. Sie bot sich damit
zugleich als Brücke an zwischen der theoriebewußten formalen Linguistik und den
überwiegend mehr empirisch arbeitenden traditionellen linguistischen Teildisziplinen,
wie z. B. der Dialektologie. Die neue Disziplin war auch vielversprechend für die
Soziologie, war doch von deren Vertretern schon oft auf die Wichtigkeit der Sprache
für die Mehrzahl der zentralen gesellschaftlichen Entwicklungen hingewiesen worden.
Es war daher naheliegend, daß soziologische Theorien unterschiedlicher Herkunft und
Gegenstandsbereiche sprachlichen Aspekten Rechnung tragen sollten, Theorien über
Herausbildung von Nationen ebenso wie Theorien über das Funktionieren von Institutionen oder Sozialisationstheorien − um einige ganz verschiedenartige Beispiele zu
nennen. Außer für die Theoriebildung war die bessere Kenntnis bestimmter Aspekte
sprachlicher Kommunikation, beispielsweise von Unterschieden im Sprachverhalten
zwischen den Sozialschichten, bedeutsam für die Gewinnung reliabler und valider
Daten. Ein Großteil der soziologischen Datenerhebung erfolgt bekanntlich über sprachliche Kommunikation (Interviews, Fragebögen usw.), deren Bedingungsfaktoren sich
letztlich auch in den Daten selber niederschlagen. Von der bisherigen Linguistik hatte
die Soziologie indes kaum Hilfestellungen bekommen. Dort wurde entweder innerhalb

des strukturalistischen Paradigmas von der Realisierung und den sozialen Zusammenhängen von Sprache abstrahiert, oder die Analyse blieb in Datenmassen stecken. Schließlich hat auch die Pädagogik große Hoffnungen auf die Soziolinguistik gesetzt — maßgebliche Anreger soziolinguistischer Forschungen waren selber Pädagogen. Es war naheliegend, daß Lehrmethoden eher Erfolg versprachen, wenn sie die Sprache der Lernenden — aber auch die Sprache der Lehrenden — möglichst genau, also auch in ihrer sozialen Variation, berücksichtigten. Die Konzipierung und die Detailbeschreibung von Lehrzielen sowie deren Kontrolle oder auch die Leistungsmessung können ebenfalls nicht ohne weiteres von der Sprache der Lernenden absehen. Aus solchen Gründen war und ist die Soziolinguistik für die Pädagogik von übergreifendem, nicht nur von sprachdidaktischem Interesse.

Zwar ist die ursprüngliche Euphorie über die Möglichkeiten der Soziolinguistik inzwischen weitgehend verflogen; übertriebene Hoffnungen sind auf ein realistisches Maß zurückgenommen — vereinzelt aber auch ungerechtfertigt und allzu eilfertig ganz aufgegeben — worden; die Breite und Intensität der Forschungstätigkeit hat jedoch — vor allem international gesehen — weiter zugenommen. Die praktische und wissenschaftliche Relevanz der Soziolinguistik wurde und wird dabei laufend in vielfältiger Richtung bestätigt. Die Soziolinguistik ist daher inzwischen aus guten Gründen in vielen Ländern unter den Universitätsdisziplinen etabliert. Die soziolinguistischen Publikationen sind mittlerweile so zahlreich und thematisch so differenziert geworden, daß auch Spezialisten sie kaum noch überblicken können.

Trotz dieser Forschungssituation fehlt bislang eine systematische und umfassende Gesamtdarstellung der Disziplin. Einzelne frühe Versuche, wie etwa die Arbeit von Joyce O. Hertzler über ‚The Sociology of Language‘ (1965), entsprechen nicht mehr dem aktuellen Forschungsstand. Die vorliegenden Einführungen setzen jeweils bestimmte Akzente und vernachlässigen andere Teilbereiche. Beispielhaft seien hier etwa genannt die Arbeiten von J. A. Fishman ‚The Sociology of Language‘ (1972), N. Dittmar ‚Soziolinguistik‘ (1973), B. Schlieben-Lange ‚Soziolinguistik‘ (1973), U. Ammon ‚Probleme der Soziolinguistik‘ (1973), P. Trudgill ‚Sociolinguistics‘ (1974), J.-B. Marcellesi / B. Gardin ‚Introduction á la Sociolinguistique‘ (1974), L. Pietersen ‚Taalsociologie: Minderheden, Tweetaligheid, Taalachterstand‘ (1976), D. Hymes ‚Foundation in Sociolinguistics: An Ethnographic Approach‘ (1974), R. A. Hudson ‚Sociolinguistics‘ (1979), F. Peñalosa ‚Introduction to the Sociology of Language‘ (1981), R. Fasold ‚The Sociolinguistics of Society‘ (1984) and W. Downes ‚Language and Society‘ (1984). Sie sind jeweils von bestimmten Grundannahmen der Verfasser her konzipiert und repräsentieren nicht die tatsächliche Vielfalt soziolinguistischer Ansätze, auch wenn einzelne von ihnen beachtlich große Ausschnitte in hoher Differenziertheit erfassen. Repräsentativer sind schon eine Reihe von gewichtigen Sammelbänden, die etwa von Bright, Fishman, McCormack/Wurm, Gumperz/Hymes und Steger in den Jahren 1964 bis 1982 herausgegeben worden sind. Auch manche dieser Bände sind jedoch, wie schon die Titel verraten, bestimmten Richtungen verpflichtet oder abhängig von Zufallskonstellationen bestimmter Konferenzen, oder sie erweisen sich bei näherer Betrachtung doch als lückenhaft angesichts der Diversifikation heutiger soziolinguistischer Forschung. Diese und andere Darstellungen der Disziplin wurden von den Herausgebern des vorliegenden Handbuches zu Rate gezogen. Selbstverständlich wurden auch die einschlägigen Zeitschriften durchgesehen, vor allem *International Journal of the Sociology of Language, Language and Society, Language Problems and Language Planning* und *Sociolinguistic Newsletter/Sociolinguistics.* Die Durchsicht dieser Publikationen hat die Herausgeber darin bestärkt, daß eine Gesamtdarstellung der Disziplin auf neuestem Stand ein dringendes Desiderat darstellt.

3. Geschichte des Handbuchs

Der erste Briefverkehr und vorbereitende Gespräche über das Handbuch fanden zwischen den Herausgebern schon im Jahre 1981 statt. In ihnen kristallisierte sich zwar schon die Grundstruktur der jetzigen Konzeption heraus; diese erfuhr jedoch im weiteren Verlauf der Planung noch maßgebliche Modifikationen und Differenzierungen. Eine detaillierte Gesamtgliederung wurde mit der Bitte um kritische Kommentierung an eine Reihe von Expertinnen und Experten geschickt. Wertvolle Hinweise, die von den Herausgebern dankend berücksichtigt wurden, erhielten wir von Gaetano Berruto, Michael Clyne, Wolfgang U. Dressler, Joshua A. Fishman, Vilém Fried, Howard Giles, Heinz Kloss, Jean-Paptiste Marcellesi, Lesley Milroy, Suzanne Romaine, Brigitte Schlieben-Lange und Hermann Strasser.

Eine ausführliche Erläuterung der Konzeption wurde dann zusammen mit der überarbeiteten Gliederung publiziert in *Language in Society* 13 (1984), 73−80. Außerdem wurde die Gliederung veröffentlicht in *Sociolinguistics* 14 (1) (1983), 26−28, die Konzeption mit der Gliederung der Hauptkapitel in *Deutsche Sprache* 13 (1) (1985), 80−84 und die Konzeption allein im *GAL Bulletin* 14 (1986), 39−44. Die drei erstgenannten Publikationen enthielten die ausdrückliche Bitte um kritische Stellungnahmen. Außerdem wurde die Konzeption von den Herausgebern auf Fachtagungen, wie etwa der Jahrestagung der Gesellschaft für Angewandte Linguistik am 29. 9.−1. 10. 1983 in Duisburg, vorgestellt sowie in zahlreichen Einzelgesprächen mit Fachkollegen erörtert. Es ist unmöglich, die Zahl der Hinweise, die den Herausgebern dankenswerterweise zugeflossen sind, im einzelnen aufzulisten. Beispielhaft seien nur Haver C. Currie und Nobuyuki Honna als hilfreiche Kommentatoren genannt.

Alle Hinweise wurden geprüft und soweit wie möglich berücksichtigt. Manche Verbesserungsvorschläge führten nicht nur zur Aufnahme neuer Artikel, sondern auch zusätzlicher Autoren. Die meisten Verbesserungsvorschläge und Modifikationen der ursprünglichen Planung stammen von den eingeladenen Autoren selber. Jedem von ihnen hatten die Herausgeber mehr oder weniger differenzierte Vorschläge zum Inhalt des zugedachten Artikels zugesandt. Zu diesen Vorschlägen haben die Autoren oft detailliert Stellung genommen, was dann bisweilen zu inhaltlichen Verschiebungen und in Einzelfällen sogar zu Titeländerungen von Artikeln geführt hat. Die Herausgeber sind auch dankbar für das Verständnis, das ihnen entgegengebracht wurde, wenn sie manchen Änderungsvorschlag im Hinblick auf die Gesamtpublikation nicht berücksichtigen konnten.

4. Konzeption und Aufbau

Der umfassenden Perspektive des Handbuches dürfte die für den Titel gewählte Fachbezeichnung *Soziolinguistik* besser entsprechen als der ebenfalls in Betracht gezogene Ausdruck *Sprachsoziologie*. Zunächst ist *Soziolinguistik* als Name für die Disziplin inzwischen schon weit verbreitet. Sodann scheint der Ausdruck *Soziolinguistik* einen größeren Bedeutungsumfang zu haben. Zwar gibt es keinen allgemein anerkannten Bedeutungsunterschied zwischen beiden konkurrierenden Ausdrücken; jedoch bezieht sich *Soziolinguistik* im Unterschied zur *Sprachsoziologie* stärker auch auf den Mikrobereich gesellschaftlicher Verflechtung von Sprache, ohne deshalb den Makrobereich auszuschließen.

Die Sprachen des Handbuches sind Englisch und Deutsch. Artikel, die in anderen Sprachen verfaßt worden sind, wurden übersetzt und von den Autoren autorisiert. Die Herausgeber haben sich bei dieser Entscheidung an die Zielsetzungen und die Praxis der Reihe ‚Handbücher zur Sprach- und Kommunikationswissenschaft' angeschlossen, die im Vorwort der Reihenherausgeber erläutert werden.

Das Handbuch ist sowohl hinsichtlich seines Inhaltes als auch hinsichtlich seiner intendierten Rezeption international. Es hat sich allerdings herausgestellt, daß eine nach verschiedenen denkbaren Kriterien gleichermaßen faire weltweite Repräsentanz sehr schwer erreichbar ist. Wenn sich hier schließlich ein gewisses Übergewicht der europäischen Soziolinguistik ergab, so liegt das nicht an einer Voreingenommenheit der Herausgeber, sondern hängt vielleicht mit den grundsätzlichen Möglichkeiten zur Übernahme derartiger mehr allgemeiner Beiträge im Rahmen zeitaufwendiger eigener Forschungen zusammen. — Inhaltlich konnte die internationale Repräsentativität von vornherein nur dann eine ernsthafte Zielsetzung sein, wenn manche, aufs Ganze gesehen weniger wichtige Details aus den hereinspielenden Einzeldisziplinen (in ihren verschiedenen nationalen Ausprägungen) weggelassen wurden. Andernfalls wäre der Umfang des Buches auf ein nicht mehr vertretbares Maß angeschwollen. Diese Beschränkung hat eine Vielzahl z. T. schmerzlicher Entscheidungen der Auswahl und Kürzung seitens der Herausgeber und auch der Autoren erforderlich gemacht. Dennoch haben sich gelegentliche sehr ins Einzelne gehende Ausführungen ebensowenig gänzlich vermeiden lassen wie manche Wiederholungen. Es hat sich gezeigt, daß die Lesbarkeit und Stringenz der einzelnen Artikel, die auf jeden Fall gewährleistet sein sollte, nicht immer zu vereinbaren war mit dem ebenfalls angewandten Prinzip möglichst ökonomischer Gesamtdarstellung.

Obgleich die Herausgeber die vielfachen Anregungen sowohl für die Gesamtkonzeption als auch für die Einzelartikel möglichst weitgehend in das Handbuch aufgenommen haben, konnte doch die ursprüngliche Grundstruktur weitgehend beibehalten werden. Das Handbuch besteht jetzt aus vierzehn Hauptkapiteln:

I.   Grundlagen I: Wissenschaftstheoretische Aspekte (10 Artikel)
II.   Grundlagen II: Soziologische und sozial-psychologische Grundbegriffe (21 Artikel)
III.   Grundlagen III: Soziolinguistische Grundbegriffe (20 Artikel)
IV.   Wissenschaftsgeschichte (8 Artikel)
V.   Nachbar- und Hilfswissenschaft (8 Artikel)
VI.   Soziale Probleme, theoretische Ansätze und Forschungsergebnisse (28 Artikel)
VII.   Methodenprobleme I: Allgemeines (7 Artikel)
VIII. Methodenprobleme II: Datenerhebung (7 Artikel)
IX.   Methodenprobleme III: Datenaufzeichnung und -beschreibung (13 Artikel)
X.   Soziale Relevanz sprachlicher Ebenen (12 Artikel)
XI.   Problemregionen (25 Artikel)
XII.   Historische Soziolinguistik (17 Artikel)
XIII. Anwendung (14 Artikel)
XIV.   Forschungspraxis (3 Artikel)

Innerhalb der einzelnen Hauptkapitel sind einzelne ursprünglich vorgesehene Artikel weggelassen und neue hinzugefügt worden. Dabei standen immer sachliche und nie personelle Zwänge im Vordergrund. Am stärksten ist das Kapitel ‚Problemregionen‘ verändert und ausgeweitet worden. Trotzdem sollte der paradigmatische Charakter dieses Kapitels erhalten bleiben, bei dem es darum ging, die wichtigsten Typen soziolinguistischer Konstellationen an einem oder zwei Beispielen zu veranschaulichen. Deshalb mußten bedauerlicherweise bisweilen auch Angebote für bestimmte Artikel, die nicht in die Gesamtkonzeption paßten, abgelehnt werden. In wenigen Fällen mußten Autoren, in der Regel aus gesundheitlichen Gründen, ihre Zusage, einen Artikel zu verfassen, zurücknehmen. In diesen Fällen ist es uns immer gelungen, neue Autoren zu finden, die bereit waren, die Artikel in verkürzter Zeit zu verfassen, wofür wir ihnen ausdrücklich danken.

Am Ende von Band 2 sind ein reichhaltiges Stich- und Schlagwortregister sowie ein Namensregister beigefügt. Ersteres erschließt die Texte unter anderen Gesichtspunkten als Gliederungen und Überschriften. Hinzu kommt die Zusatzerschließung durch Querverweise in den Artikeln. Das Namensregister ist beschränkt auf im Text genannte Namen; die in den Literaturangaben aufgelisteten Autoren wurden nicht noch einmal aufgenommen. Nach reichlicher Überlegung wurde der ursprüngliche Plan fallengelassen, eine Gesamtbibliographie beizufügen. Sie hätte den Umfang des Handbuches weiter vergrößert, aber der Orientierung wohl weniger gedient als die jetzige Lösung, bei der jeder einzelne Artikel mit einer einschlägigen Bibliographie versehen wurde. Doppelnennungen einer Reihe von zentralen Titel konnten dabei nicht vermieden werden.

Es bedarf kaum der Erwähnung, daß auch ansonsten weder die Gesamtkonzeption noch die Gliederung die in jeder Hinsicht einzige oder die bestmögliche Lösung darstellen. Niemand wird bestreiten, daß man ein so weites Feld auch auf andere Weise sinnvoll gliedern kann, selbst wenn man die gleichen grundsätzlichen Ziele verfolgt. Mehr noch: man kann das gesamte Feld, d. h. die Disziplin, die *Soziolinguistik* genannt wird, sicher an manchen Stellen auch anders abgrenzen. Die Herausgeber waren sich bewußt, daß größere Publikationen wie das vorliegende Handbuch z. T. selber dazu beitragen, diese noch stark im Fluß begriffene, junge Disziplin überhaupt zu definieren. Ihr Bestreben war daher einerseits, möglichst keine die weitere Entwicklung hemmenden Grenzen zu zementieren, andererseits aber auch eine allzu breite Diffusion zu vermeiden. Es muß dem Urteil des Lesers überlassen bleiben, ob dies durch die vorliegende Konzeption gelungen ist.

5. Adressaten

Den Adressatenkreis des Handbuches bilden zunächst einmal Wissenschaftler und Lehrende in der Soziolinguistik selber. Sie sollen durch das Buch in die Lage versetzt werden, zum einen schnell einen Einstieg in bislang weniger vertraute Teilgebiete der Disziplin zu gewinnen und einschlägige Literatur dazu zu finden, zum anderen Kenntnisse in bekannten Gebieten abzurunden und schließlich Anregungen und Hilfestellungen für Forschungsvorhaben zu erhalten. Auch für Wissenschaftler und Lehrende benachbarter Fachgebiete ist das Handbuch in dieser Weise nutzbar, besonders für Linguisten unterschiedlicher Interessenschwerpunkte, für Soziologen verschiedener Fachrichtungen, für Pädagogen einschließlich Sozialpädagogen, Politologen, Kommunikationswissenschaftler, Psychologen, Kulturwissenschaftler, Anthropologen, Ethnologen und Volkskundler. Für Studenten dieser Fachrichtungen, insbesondere für fortgeschrittene Studenten, ist das Buch eine reiche Fundgrube an Informationen und Literaturhinweisen. Es liefert sowohl breite Überblicke über größere Gebiete als auch vertiefte Einblicke in spezifische Forschungsansätze und Methoden. Das Sachregister erleichtert das Auffinden einschlägiger Passagen. Schließlich soll das Buch auch Praktikern dazu dienen, die wissenschaftlichen Grundlagen ihrer Tätigkeit besser kennenzulernen. Von Interesse dürfte es vor allem sein für praktizierende Pädagogen, insbesondere Sprachdidaktiker und Sprecherzieher, für Personen, die im Medien- und Verlagssektor sowie im sonstigen Kulturbetrieb tätig sind, für Sprachplaner und Sprachberater, aber auch für Psychotherapeuten und andere.

6. Dank an die Beteiligten

Die Herausgeber schulden zahlreichen Personen Dank dafür, daß das Buch schließlich erscheinen konnte. Sie können hier unmöglich alle genannt werden. An erster Linie stehen natürlich die Autoren, die oft andere Projekte hintanstellten, um den Abgabetermin einzuhalten und Verständnis zeigten, wenn mit Rücksicht auf die Gesamtkonzeption Teile ihrer Texte gekürzt oder modifiziert wurden. Dank gebührt vor allem auch den schon im ersten Abschnitt genannten Kommentatoren, die allesamt auch als Autoren mitwirkten, sowie all den übrigen kritischen Ratgebern. Insbesondere danken die Herausgeber Herbert Ernst Wiegand und Hugo Steger, die als Herausgeber der Reihe ,Handbücher zur Sprach- und Kommunikationswissenschaft' bereit waren, das Handbuch für Soziolinguistik in diese Reihe aufzunehmen. Herbert Ernst Wiegand danken wir darüber hinaus für zahlreiche kritische Hinweise und Ratschläge bei der Planung und Bearbeitung, durch die wir von der reichen ,Handbuch-Erfahrung' profitieren konnten. Heinz Wenzel hat unsere Arbeit von der Seite des de Gruyter-Verlags als kritischer, aber immer entgegenkommender Gesprächspartner begleitet. Auch ihm sagen wir dafür Dank. Besonders herzlich möchten wir uns bei Susanne Rade bedanken, die uns bei der praktischen Durchführung eine unermüdliche und zuverlässige Helferin gewesen ist. Die zentrale Organisation für das Handbuch lag am Germanistischen Seminar der Universität Duisburg und wechselte während Ammons Jahr in Übersee an das Germanistische Seminar Heidelberg und das Germanistische Seminar Berlin. In Duisburg lagen Schriftverkehr und Aktenführung vor allem in den Händen von Brigitte van Nahuys und Kornelia Apholz, unter Beteiligung von Helga Winkelströter. Als studentische Hilfskräfte haben in Duisburg Susan Long und Susanne Albrecht, in Berlin Aleksandar Dordević und in Heidelberg Angelika Haller-Wolf wichtige Unterstützung geleistet. Ohne diese intensive Hilfe wäre das Handbuch wohl nie zustandegekommen.

Das Stich- und Schlagwortregister wurde auf der Grundlage der Exzerpte aller drei Herausgeber in Heidelberg fertiggestellt.

Das Namensregister wurde aus den Namensauszeichnungen aller drei Herausgeber am Germanistischen Seminar Berlin angefertigt.

Im Sommer 1987   Ulrich Ammon
                                                           Norbert Dittmar
                                                           Klaus J. Mattheier

Contents/Inhalt

First Volume/Erster Halbband

I. Basics I: Theoretical Aspects
Grundlagen I: Wissenschaftstheoretische Aspekte

II. Basics II: Basic Sociological and Socio-psychological Concepts
Grundlagen II: Soziologische und sozialpsychologische Grundbegriffe

III. Basics III: Basic Sociolinguistic Concepts
Grundlagen III: Soziolinguistische Grundbegriffe

IV. History of Sociolinguistics as a Discipline
Wissenschaftsgeschichte

V. Neighbouring and Auxiliary Disciplines
Nachbar- und Hilfswissenschaften

VI. Social Problems, Theoretical Approaches and Research Results
Soziale Probleme, theoretische Ansätze und
Forschungsergebnisse

Second Volume (Overview of Contents)
Zweiter Halbband (Übersicht über den vorgesehenen Inhalt)

X. The Social Relevance of Levels of Linguistic Analysis
Soziale Relevanz sprachlicher Ebenen

XI. Problem Areas
Problemregionen

XII. Historical Sociolinguistics
Historische Soziolinguistik

XIII. Application
Anwendung

XIV. Research Practice
Forschungspraxis

List of Abbreviations/Verzeichnis der Abkürzungen

For the sake of simplicity, symbols for academic journals, series and collaborative works have been included in the list of abbreviations.

Aus Gründen der Einfachheit wurden in das Verzeichnis der Abkürzungen auch die Siglen für wissenschaftliche Zeitschriften, Reihen und Sammelwerke aufgenommen.

A. a. O.	am angegebenen Ort	EG	Europäische Gemeinschaft
Abb.	Abbildung	eingel.	eingeleitet
Abschn.	Abschnitt	engl.	englisch
ACLA	American Comparative Literature Association	entspr.	entsprechend
		EP	Europa-Parlament
A. D.	Anno Domini	esp.	especially
AFNOR	Association Française de Normalisation	et al.	et alii
		etc.	et cetera
AILA	Association Internationale de Linguistique Appliquée	event.	eventuell
ARD	Arbeitsgemeinschaft der Rundfunkanstalten Deutschlands	f./ff.	folgende/fortfolgende
		fig.	figure
		frz.	französisch
Art.	Artikel		
ASA	American Standarts Association	GAL	Gesellschaft für Angewandte Linguistik
ASSR	Autonome Sozialistische Sowjetrepublik	gest.	gestorben
Aufl.	Auflage	ggf./ggfs.	gegebenenfalls
		GIRSTERM	Groupe Interdisciplinaire Recherche Scientifique Appliquée Terminologie
b.	bei		
B. C.	before Christ	gr./griech.	griechisch
Bd./Bde.	Band/Bände		
bes.	besonders	H	High Variety
BSI	British Standarts Institution	Hg.	Herausgeber
bzgl./bezgl.	bezüglich	hrsg.	herausgegeben
bzw.	beziehungsweise		
		i. a.	im allgemeinen
c.	confer	ibid.	ibidem
ca.	circa	i. e.	id est
CAAL	Centro per L'Automazione dell'Analisi Lettaria	i. e. S.	im engeren Sinn
		IJSL	International Journal of the Sociology of Language
c.f.	confer		
Ch.	Chapter	Infoterm	International Information Centre Terminology
CIRB	Centre Internationale de Recherche Bilinguisme	inkl.	inklusive
		insbes.	insbesondere
dän.	dänisch	IQ	Intelligenzquotient
ders.	derselbe	i. S.	im Sinn
DFG	Deutsche Forschungsgemeinschaft	ISO	International Standardization Organization
dgl.	dergleichen	ITL	Review of Applied Linguistics
d. h.	das heißt	i. w. S.	im weiteren Sinn
dt./dtsch.	deutsch		
ebd.	ebenda	Jh.	Jahrhundert
ed./eds.	editor/editors		
EDV	Elektronische Datenverarbeitung		
e. g.	exempli gratia (for example)	Kap.	Kapitel

L	Low Variety	sprachl.	sprachlich
LACUS	Linguistic Association of Canada and the United States	SPSS	Statistical Package for the Social Sciences
LAGS	Linguistic Atlas of the Gulf States	SR	Sowjetrepublik
		s. u.	siehe unten
lat.	lateinisch	s. v.	sub verbum
loc. cit.	locus citerior	SVO	Subjekt, Verb, Objekt
masch. schr. Ms.	maschinenschriftliches Manuskript	TCLP	Travaux du Cercle Linguistique de Prague
m. a. W.	mit anderen Worten	TERMIA	International Association of Terminology
MPI	Max-Planck-Institut		
Ms./Mss.	Manuskript/Manuskripte	TESOL	Teachers of English to Speakers of Other Languages
n.	Nummer	TG	Transformationsgrammatik
N. F.	Neue Folge	TRACE	Task Reporting and Current Evaluation
no.	number		
NS	Nationalsozialismus		
N. S.	Noevelle Série	u.	und
		u. a.	und andere(s)
o. a.	oder andere	u. a.	unter anderem
o. ä.	oder ähnliche(s)	u. a. m.	und anderes mehr
OBST	Osnabrücker Beiträge zur Sprachtheorie	u. a. O.	und andere Orte
		Übers.	Übersetzung
OECD	Organisation of Economic Cooperation and Development	UC/UCLA	University of California/Los Angeles
o. J.	ohne Jahr	UFSAL	Universitaire Faculteiten Sint-Aloysius
o. O.	ohne Ort		
op. cit.	opus citerior	UNESCO	United Nations Educational, Scientific and Cultural Organisation
PBB	Beiträge zur Geschichte der deutschen Sprache und Literatur	UNO	United Nations Organisation
		u. ö.	und öfter
p. c.	per cent	u. s. f.	und so fort
PKW	Personenkraftwagen	u. s. w.	und so weiter
poet.	poetisch	u. U.	unter Umständen
		u. v. a.	und viele andere
Qu.	quästiv		
		v. a.	vor allem
Red.	Redaktion	vgl.	vergleiche
RELC	Regional Language Centre	viz.	namely
resp.	respective	vol.	volume
rev.	revidiert(e)	VR	Volksrepublik
Rez.	Rezension	vs.	versus
russ.	russisch	Vss.	Verse
s.	siehe	WASP	White-Anglo-Saxon-Protestant
s. a.	siehe auch	WDR	Westdeutscher Rundfunk
sit.	situation		
s. o.	siehe oben	z. B.	zum Beispiel
sog.	sogenannt(e)	ZDF	Zweites Deutsches Fernsehen
Sp.	Spalte		
SPD	Sozialdemokratische Partei Deutschlands	z. B.	zum Beispiel
		z. Zt.	zur Zeit

List of Illustrations/Verzeichnis der Abbildungen

I. Basics I: Theoretical Aspects
Grundlagen I: Wissenschaftstheoretische Aspekte

1. Wechselbeziehung zwischen Soziologie, Linguistik und Soziolinguistik

1. Einführung

Soziolinguistik ist eine interdisziplinäre Wissenschaft. Sie entstand, wie aus ihrem Namen hervorgeht, aus der Verbindung von Soziologie und Linguistik. In der Bezeichnung „soziale Linguistik" (Soziolinguistik) weist der erste Teil der Bezeichnung auf den allgemeinen, dominierenden Aspekt der Untersuchung hin, der den wesentlichen Gehalt und die allgemeine soziale Natur dieser Disziplin charakterisiert, die letztere von anderen, z. B. biologischen, physikalischen, chemischen Forschungen unterscheidet. Der zweite Teil der Bezeichnung 'Soziolinguistik' ist seinem Wesen nach insofern auch sozial, als alles in der Sprache einen sozialen Charakter in dem Sinne hat, daß die Sprache und ihre Struktur nur in der Gemeinschaft entstehen und sich entwickeln konnte. Das Soziale hat aber hier einen spezifischen Charakter, der nur der Sprache eigen ist, und der sich von — sagen wir — dem Sozialen in der Natur des Ökonomischen, Ideologischen unterscheidet (z. B. das spezifisch Soziale in der lautlichen Gestalt und in dem linguistischen Inhalt der Phoneme, Morpheme, Wörter, Wortverbindungen, Sätze).

Zum Inhalt des „Sozial-Linguistischen" gehört auch das Individuelle, da eine beliebige Erscheinung (Element), die auf das Individuum zurückzuführen ist ein Faktum der Sprache erst nach seiner Sozialisation wird.

Dies alles erlaubt der sozialen Linguistik, sich mit den Problemen der Einwirkung der Gesellschaft (als Ganzes und in ihren mannigfaltigen Erscheinungen) auf die Sprache und auch mit dem Einfluß der Sprache auf das Funktionieren und die Entwicklung der Gesellschaft, auf die Wechselwirkung der sozialen Einheiten in verschiedensten Aspekten — den synchronen, diachronen, prospektiven, vergleichenden usw. zu beschäftigen. Diese Annahmen sicherten der Soziolinguistik die Möglichkeit für die theoretische Begründung solcher Zweige wie allgemeine, retrospektive, prospektive, vergleichende Soziolinguistik, Interlinguistik und Soziolinguistik im engeren Sinne (konkrete Soziolinguistik) (Dešeriev, 1977, 341—363).

Der Beitrag der Soziologie und der Linguistik zur Soziolinguistik scheint nicht gleichartig, weder qualitativ noch quantitativ adäquat zu sein. Der Beitrag des Gesellschaftlichen zur sozialen Basis der Soziologie, der Linguistik, und der Soziolinguistik schließt ja den ganzen Inhalt der Entwicklung der menschlichen Gesellschaft, des gesellschaftlichen und individuellen Bewußtseins ein, beginnend mit den Elementen der sozialen Wirklichkeit bis zu den vielseitigen Leistungen der gesamten gesellschaftlichen Entwicklung.

2. Soziologie in ihrer Beziehung zur Linguistik und Soziolinguistik

Soziologie ist eine Wissenschaft, die sich mit der Struktur der menschlichen Gesellschaft in der Mannigfaltigkeit ihrer gesamten Erscheinung befaßt. Sie beschäftigt sich insbesondere mit allen Kennzeichen, Eigenschaften, Merkmalen der Gesellschaft, mit allen Erscheinungen sozialer Natur, darunter auch mit der Sprache. Bekanntlich umfaßt der Begriff der materiellen und geistigen Kultur einen breiten Kreis der gesellschaftlichen Erscheinungen. Er bezieht sich auch auf das menschliche Bewußtsein. Marx und Engels behaupteten: „die Sprache ist so alt wie das Bewußtsein … Das Bewußtsein ist … von vornherein … ein gesellschaftliches Produkt und bleibt es, solange die Menschen existieren" (Marx/Engels, 1953, 27).

In diesem Sinne unterscheidet man in der einschlägigen Literatur drei Bestandteile der Kultur im weiteren Sinne: 1) „internalisiertes" gesellschaftliches Bewußtsein der Menschen (sowohl auf der ideell-theoretischen als auch auf der gesellschaftlich-psychologischen Ebene); 2) seine Erscheinung im Verhalten und in Handlungen; 3) bestimmte „konkrete" Ergebnisse der Handlungen (sowohl materieller als auch geistiger Natur) (Bromlej 1973, 42).

B. Russel bemerkte: „Die wissenschaftliche Erkenntnis strebt nach einer absoluten Sachlichkeit und versucht das zu bestätigen, was durch den kollektiven Verstand der Menschheit entdeckt wurde" (Russel 1957, 39). Dabei betonte er, daß „die Sprache unser einziges Mittel der Mitteilung der wissenschaftlichen Erkenntnis ist, sozial in ihrem Wesen, in ihrer Herkunft und in ihren Hauptfunktionen" (ebd.). Zugleich sollte man berücksichtigen, daß die Gesellschaft als Forschungsobjekt eine mannigfaltige Erscheinung ist, die in vielen Aspekten in Erscheinung tritt. Als Gegenstand der Soziologie erscheinen jedoch längst nicht alle Aspekte der Erforschung der Gesellschaft. Bei den soziologischen Aspekten der Erkenntnis über die Gesellschaft nimmt die soziologische Interpretation von bekannten linguistischen Erscheinungen und Fakten, die sich auf Linguistik und Soziolinguistik beziehen, einen besonderen Platz ein. Auf solche Erscheinungen beziehen sich die sozialen Funktionen der Sprache, ihre Rolle im Leben der Soziolekte, der Grad in dem diese oder jene Sprache die Entwicklung von Wissenschaft, Kultur, Technik usw. widerspiegelt. Eben deshalb sind die Methodologien dieser oder jener Soziologie sowie die Methoden der soziologischen Untersuchungen außerordentlich interessant für die Linguistik und Soziolinguistik.

Um die gesamten sozialen Probleme bei der Entwicklung des sprachlichen Lebens einer Gesellschaft zu erklären, benötigt die Soziologie keine detaillierten Untersuchungen über die phonetischen Eigenschaften, oder über die Konjugations- und Deklinationsmorphologie einer Sprache usw., obwohl alle diese Erscheinungen, Fakten der inneren Struktur einer Sprache, einen sozialen Charakter haben. Folglich zieht nicht alles Soziale in der Sprache die Aufmerksamkeit der Soziologie und des sozialen Aspektes der Erkenntnis über die Gesetze ihres Funktionierens und ihrer Entwicklung auf sich.

Die Entwicklung der Gesellschaft, ihre soziale Differenzierung usw. beeinflussen die Sprache, insbesondere ihr lexikalisch-semantisches und syntaktisches System sowie ihre funktional-stilistische Differenzierung. Je intensiver sich eine Gesellschaft entwickelt, desto deutlicher scheint ihr Einfluß auf das Funktionieren und die Entwicklung der Sprache zu sein und desto stärker beeinflussen sich beide gegenseitig.

Ein Soziologe jedoch, der kein Linguist ist, kann nicht den Einfluß der Gesellschaft und der sozialen Faktoren auf das Funktionieren und die Entwicklung der Sprache und ihrer inneren Struktur (linguistische Ebenen, Struktureinheiten, Kategorien usw.) kompetent untersuchen. Mit der Erforschung des Einflusses der Gesellschaft auf die Sprache und zugleich mit der Untersuchung dieser ganzen Problematik soll sich der Soziolinguist befassen. In der marxistisch-leninistischen Soziologie unterscheidet man drei Ebenen: 1) allgemeine Theorie, die auf den Grundsätzen des historischen Materialismus als eines Bestandteiles der marxistisch-leninistischen Philosophie basiert; 2) detaillierte (spezielle) Theorie einer konkreten soziologischen Disziplin oder eines interdisziplinären Zweiges der Wissenschaft (z. B. der Soziolinguistik); 3) empirische Untersuchungen auf den Gebieten der Soziologie oder eines interdisziplinären Zweiges der Soziologie (zum Beispiel, konkrete sozial-linguistische Untersuchungen über die Funktion der Sprache (oder Sprachen) im Bereich der Wissenschaft, Technik, Volksbildung, industriellen Produktion usw.). Alle drei Ebenen stehen in engem Zusammenhang. Nicht nur in der allgemeinen soziologischen Theorie tauchen die philosophischen (soziologischen) Grundlagen der Methodologie und der Theorie auf, so z. B. der marxistisch-leninistischen Soziologie.

Somit äußert sich die Beziehung der Soziologie zur Soziolinguistik, der Einfluß der ersteren auf die zweite, durch ihre Wechselwirkungen am signifikantesten in der philosophischen und soziologischen Beeinflussung der allgemeinen Theorie der Soziolinguistik (z. B. bestreitet der Positivismus von A. Comte die Zweckmäßigkeit der philosophischen Grundlagen für die Soziologie); 2) die soziologische Theorie kann die soziolinguistische beeinflussen; 3) bei den empirischen Untersuchungen in der Soziolinguistik können einige Grundsätze der soziologischen Theorie und bestimmte methodologische Verfahren der Soziologie angewandt werden (Tests, Umfragen, Interviews usw.); 4) bei der Untersuchung der allgemeinen soziolinguistischen Problematik können einige Grundsätze der Soziologie verwertet werden (so z. B. bei der Untersuchung der Sprachpolitik, der ideologischen Funktion der Sprache, bei der soziolinguistisch ausgerichteten Untersuchung der sprachlichen Probleme in der Wissenschaft, im Bereich der Volksbildung, der Massenmedien usw.).

3. Linguistik in ihrer Beziehung zur Soziolinguistik

Linguistik ist eine Wissenschaft, die sich mit der Sprache beschäftigt. Die Sprache als Gegenstand der Linguistik wird vor allem und hauptsächlich ausgehend von den inneren Gesetzen ihres Funktionierens und ihrer Entwicklung untersucht. Auch die sprachliche Struktur bildet sich historisch aus und sichert der Sprache ihren spezifischen, relativ isolierten, selbständigen Platz unter den anderen gesellschaftlichen Erscheinungen. Gerade die Struktur der Sprache und ihre innere Differenzierung (lexikalisch-semantische, phonologische, morphologische, syntaktische Systeme und funktional-stilistische Variationen) machen sie zu einer sehr spezifischen, verhältnismäßig isolierten sozialen Erscheinung. Die spezifischen Einheiten und Kategorien der Sprache, ihre strukturelle Eigentümlichkeit und Mannigfaltigkeit können in anderen sozialen Erscheinungen, die für die Gesellschaft kennzeichnend sind, keinen adäquaten Ausdruck finden und auch nicht reflektiert werden.

Gleichzeitig können alle sozialen Erscheinungen, alles durch das gesellschaftliche Bewußtsein Wahrgenommene mindestens in diesem oder jenem Grade in der Sprache reflektiert (expliziert) werden. Eine solche Widerspiegelung findet sich aber nicht immer auf der „Oberfläche" der Sprache. Um diese Widerspiegelungen sichtbar zu machen, müssen oft spezifisch historische, synchrone, vergleichende etc. Untersuchungen gemacht werden. Besondere linguistische und soziologische Kenntnisse werden hier vorausgesetzt. Die Sprache ist ja ein Produkt der geschichtlichen Entwicklung. In den am meisten entwickelten Sprachen spiegeln sich am vollständigsten die

allgemeinen sozialen Faktoren wie das komplexe System der Volksbildung, die Disziplinen der Natur- und Sozialwissenschaften, der technischen Wissenschaften, die Kunst und Kultur der Menschheit, Ideologie, Politik usw. wider. Das führt zur funktionellen Differenzierung der Sprachen der Welt, zum Anstieg der sozialen, allgemeinmenschlichen Bedeutung mancher Sprachen, zur Rückständigkeit der funktionellen Entwicklung anderer Sprachen im Vergleich zur sozialen Entwicklung der Menschheit. Gleichzeitig bedingt dies alles die soziale „Unmöglichkeit" einer gleichmäßigen Entwicklung aller Sprachen der Welt (von denen es über 3000 gibt). Somit können die potentiellen Möglichkeiten jeder beliebigen Sprache sich unbegrenzt zu entwickeln, unter dem der Einfluß der sozialen Faktoren nicht voll ausgenutzt werden. In den Vordergrund treten die Probleme der Verwirklichung der ständigen gesellschaftlichen Kontrolle in den Bereichen des Funktionierens und der Entwicklung der Sprache sowie der gegenseitigen Beeinflussung von Sprachen, die Fragen der Prognostizierung, der Planung von sprachlichen Entwicklung, die unter schwierigen Bedingungen ablaufen und enorme Dimensionen aufweisen. Alles das machte es erforderlich, die Soziolinguistik zu schaffen und weiterzuentwickeln, d. h. eine neue Disziplin, einen neuen Aspekt des sprachlichen Lebens der Gesellschaft, der verschiedenen sozialen Einheiten sowie der gesamten Menschheit, eine Disziplin, in der die Hauptbedeutung den sozialen Faktoren, der Wechselwirkung der sozialen Faktoren sowie den inneren Entwicklungs- und Funktionsgesetzen der Sprachen beigemessen wird.

Die strukturelle Linguistik wurde etwa in den 50 – 60er Jahren zu einer Linguistik „an und für sich". Als ihre methodologische und theoretische Grundlage diente die bekannte These F. de Saussure's, wonach „das einzige und wirkliche Objekt der Linguistik die Sprache ist, die als an und für sich selbst zu betrachten ist" (F. de Saussure, 1933, 207). Einer der Begründer der Glossematik (dänischer Strukturalismus), L. Hjelmslev, der den Leitsatz de Saussure's weiterzuentwickeln versuchte, kämpfte für „die Konzeption von Sprache als einer rein relationalen Struktur, als System oder Sprachbau (pattern), das im Gegensatz zum … Sprachgebrauch (usage) steht, in dem dieser Sprachbau zufällig manifestiert wird" (Hjelmsev, 1974, 65). Diese Konzeption forderte in der Tat eine strukturinterne Untersuchung der Sprache in vollständiger Isolation vom Leben in der Gesellschaft. Dabei wurde die Tatsache, daß die Sprache ein Produkt der Gesellschaft ist und nur in der Gesellschaft sich entwickeln und funktionieren kann, nicht berücksichtigt. Das alles führte zur Reduzierung der Aufgabenstellung in der Linguistik zu einem Minimum, zu Bestrebungen, die Linguistik zu einer Wissenschaft „an und für sich selbst" umzugestalten. Bei alledem sollte man nicht alles in der strukturellen Linguistik pauschal ablehnen. Unseres Erachtens sollte man ihre Errungenschaften sowohl in der Linguistik als auch in der Soziolinguistik nutzbar machen.

Bedeutend weiter in dieser Hinsicht geht N. Chomsky, der in der Tat die Linguistik als eine eigenständige Wissenschaft ablehnt und sie als eine Abteilung der Psychologie des menschlichen Denkens betrachtet (Chomsky, 1972, 2).

Dagegen finden wir in den philosophischen Ansichten L. Wittgensteins eine äußerst weitgefaßte, abstrakte Deutung der Sprache und ihrer Einheiten. Nach seiner Meinung „stellt ein Satz ... ein Modell der Wirklichkeit dar" (Wittgenstein, 1958, 4). In Wirklichkeit ist sogar ein beliebiges „Stückchen" der Realität bei weitem reicher, mannigfaltiger als der Inhalt, das Modell eines beliebigen Satzes. Folglich ist es also unzulässig, die Wirklichkeit generell mit ihrem sprachlichen Ausdruck zu identifizieren.

Alle angeführten abstrakten Erwägungen, Formeln und Feststellungen sind weit von der realen sprachlichen Wirklichkeit, vom sprachlichen Leben einer Gesellschaft und der ganzen Menschheit entfernt.

In der sowjetischen Wissenschaft existiert eine andere Auffassung von den Zielen und Aufgaben der Linguistik. Die überwiegende Mehrheit der sowjetischen Linguisten unterscheidet zwischen der Struktur-Linguistik und der strukturellen Linguistik. Letztere wird als ein Teil des Strukturalismus, durch seine Hauptrichtungen vertreten. Was die Struktur-Linguistik betrifft, so schließt sie die traditionelle und neuere innerstrukturelle Linguistik mit allen ihren Abteilungen und Unterabteilungen ein. Wenn wir über die Beziehung der Linguistik zur Soziolinguistik sprechen, so denken wir eben an die Struktur-Linguistik. Wie N. S. Čemodanov zeigte, „sollte man als Bestandteile der Sprachwissenschaft zwei relativ selbständige Linguistiken unterscheiden — die Strukturlinguistik und die soziale Linguistik. Der Gegenstand der ersten ist die Erforschung des inneren

Wesens der sprachlichen Struktur als eines spezifischen Systems ihres Funktionierens und ihrer Entwicklung, der Gegenstand der zweiten — der Erforschung der Existenzformen von Sprache in ihrer sozialen Bedingtheit, die Erforschung der gesellschaftlichen Funktionen der Sprache und Beziehungen der Sprache zu sozialen Prozessen, ihrer Abhängigkeit von diesen sowie deren Widerspiegelung in der Gliederung und Struktur der Sprache" (Čemodanov, 1975, 5).

4. Die Soziolinguistik in ihren Beziehungen zur Soziologie und Linguistik

An dieser Stelle sollte man versuchen, die komplizierten Beziehungen der Soziolinguistik zur Soziologie und Linguistik zu analysieren. Zu diesem Zweck ist es notwendig, die Problematik des Gegenstandes der Linguistik einer vielseitigen Analyse zu unterziehen.

In der heutigen Wissenschaft, vor allem in der Sprachwissenschaft existieren verschiedene Auffassungen in bezug auf den Gegenstand der Linguistik. Manche Autoren streiten überhaupt die Zugehörigkeit ihres Gegenstandes zur Soziolinguistik ab. In der sowjetischen Sprachwissenschaft dominiert die Auffassung, wonach die Soziolinguistik als ein interdisziplinärer Zweig der Wissenschaft zu betrachten ist.

A. D. Švejcer behauptet: „Von den existierenden Definitionen des Gegenstandes der Soziolinguistik als die befriedigenste erscheint die Definition, die von Dešeriev in seinem Artikel „Socialnaja lingvistika" angeführt wird; er betrachtet den Gegenstand der Soziolinguistik als das Erforschen von allgemeinen und insbesondere sozialbedingten Gesetzmäßigkeiten des Funktionierens, der Entwicklung und Wechselwirkung von Sprachen, anders gesagt, umfaßt der soziologische Aspekt der Erforschung von Sprachen die Gesamtheit der Probleme, die die Charakterisierung derjenigen sprachlichen Erscheinungen betreffen, die durch die Entwicklung der Gesellschaft, mit ihrem Einfluß auf die Wechselwirkung zwischen den Sprachen insgesamt und deren Einfluß auf den Zusammenhang der sprachlichen Elemente innerhalb des Funktionierens einer Einzelsprache bedingt sind" (Švejcer, 1976, 68—69). Wir halten es für nötig darauf hinzuweisen, daß in der zitierten Darlegung der Hinweis auf die Rolle der Sprache (Sprachen) bei dem Funktionieren und der Entwicklung der Gesellschaft mit allen ihren Institutionen und Eigenschaften nicht mitangeführt wird.

Um seine Auffassung bezüglich des Gegenstandes der Soziolinguistik darzulegen, fährt A. D. Švejcer fort: „Wenn wir diese Auffassung (d. h. die von Dešeriev) als Grundlage annehmen, ist es möglich, ihr einige Präzisierungen zuzufügen. Vor allem sollte die Definition des Gegenstandes der Soziolinguistik den obenerwähnten zweiseitigen Charakter der Beziehung zwischen Sprache und Gesellschaft reflektieren. Der Terminus „das Funktionieren der Sprache" („funkcionirovanie jazyka") wird meistens mit ihrer funktionalen Benutzung assoziiert. Bei der Bestimmung des Gegenstandes der Soziolinguistik ist es unumgänglich zu unterstreichen, daß in den Bereich der soziolinguistischen Untersuchungen sowohl die Erforschung des Einflusses der sozialen Faktoren auf die funktionale Leistung der Sprache in den Prozessen der sprachlichen Kommunikation als auch die Analyse der Einwirkung dieser Faktoren auf die Struktur der Sprache selbst und deren Widerspiegelung in der sprachlichen Struktur gehört.

Dabei erforscht man nicht nur die Beziehungen zwischen der Sprache und den objektiven sozialen Faktoren „z. B. den verschiedenen Elementen der sozialen Struktur, sondern auch die Widerspiegelung der subjektiven sozialen Faktoren wie z. B. soziale Einstellungen und Werte in Sprache und Sprachhandlungen" (Švejcer, 1976, 69).

In unserer Definition des Gegenstandes der Soziolinguistik wurden die von A. D. Švejcer angeführten Ergänzungen auch schon berücksichtigt. Möglicherweise wurden sie nicht deutlich genug ausgedrückt. Im großen und ganzen sehen wir in den angeführten Ansichten von N. S. Čemodanov, Ju. D. Dešeriev und A. D. Švejcer keine wesentlichen prinzipiellen Unterschiede. In Details und Präzisierungen ergänzen sie einander.

In der sowjetischen Sprachwissenschaft findet man auch andere Bestimmungen des Gegenstandes der Soziolinguistik. So betrachtete V. M. Žirmunskij die Erforschung der sozialen Differenzierung der Sprache auf der synchronen und diachronen Ebene als die Hauptaufgabe der Soziolinguistik (Žirmunskij, 1969, 14). Nach Feststellung von O. S. Achmanova und A. N. Marčenko ist „die Soziolinguistik eine Abteilung der Sprachwissenschaft, die die kausalen Zusammenhänge zwischen der Sprache und den Erscheinungen des sozialen Lebens untersucht" (Achmanova/Marčenko, 1971, 2); L. B. Nikol'skij (1974, 63) bezieht in die Aufgaben und den Gegenstand der Soziolinguistik einen verhältnismäßig breiten Kreis von Problemen ein, die mit dem sprachlichen Kontext zusammenhängen. Man könnte auch andere Definitionen des Gegenstandes der Soziolinguistik anführen, denen man in der sowjetischen Fachliteratur begegnet.

In der ausländischen sprachwissenschaftlichen, insbesondere soziolinguistischen Literatur schenkt man der Problematik der Bestimmung des Gegenstandes der Soziolinguistik eine große Aufmerksamkeit. Bei der überwältigenden Mehrheit der uns bekannten Definitionen wird die Soziolinguistik als ein interdisziplinärer Wissenschaftsbereich charakterisiert. Folglich also wird der interdisziplinäre Charakter der Soziolinguistik von der Mehrheit der sowjetischen und ausländischen Soziolinguisten anerkannt. Diese Tatsache verdient eine besondere Aufmerksamkeit. Sie wird im folgenden berücksichtigt.

Was die Bestimmung des Gegenstandes der Soziolinguistik durch ausländische Soziolinguisten und Linguisten betrifft, so scheinen in Anbetracht des von uns verfolgten Ziels einige besonders repräsentativ zu sein, so z. B. die von R. Grosse und A. Neubert, W. Bright und J. Fishman.

Nach Meinung von R. Grosse und A. Neubert kann man die Wechselbeziehung zwischen Sprache und Gesellschaft aus verschiedener Perspektive betrachten: von soziolinguistischen und sprachsoziologischen. Entsprechend bezeichnet man die erste Herangehensweise als linguistisch, die zweite als soziologisch (Grosse/Neubert, 1970, 3—4).

Wie W. Bright behauptet, reduzieren sich die Aufgaben der Soziolinguistik hauptsächlich auf die Beschreibung der „Kovarianz" (covariance) von sprachlichen und sozialen Strukturen (Bright, 1966, 11).

Die Gegenüberstellung der Soziolinguistik und Soziologie der Sprache ist mit dem Namen des amerikanischen Soziologen J. Fishman verknüpft. Seiner Meinung nach verhält sich die Soziolinguistik zur Soziologie der Sprache so wie ein Teil zum Ganzen (Fishman, 1972, 28). A. D. Grimshaw, von seiner Interpretation der Wechselwirkung zwischen Sprache und Gesellschaft ausgehend, behauptet, daß die Sprache und die soziale Struktur sich in einer Beziehung der „gegenseitigen Determination" (codetermination), „gegenseitiger Einbettung" (mutual embdeddness) befindet. Darauf basiert eine der Voraussetzungen, auf deren Grundlage er das Konzept der zweiseitigen Determination, d. h. das Konzept der Isomorphie von sprachlichen und sozialen Strukturen aufzubauen versucht (Grimshaw, 1971, 98). Die eigentümliche Herangehensweise A. D. Grimshaw's an die Soziolinguistik, an ihren Gegenstand und Aufgaben, scheint unübersichtlich und schwer nachvollziehbar. Nach einem Sonderheft der französischen Zeitschrift „La Pensée" unter dem Titel „Sprache und soziale Prozesse" (Langage et processus sociaux) stützt sich die französische Sprachwissenschaft auf soziolinguistische Grundlagen. Unter diesen Umständen ist es in der Tat von Bedeutung, die Aufgaben und den Gegenstand der Soziolinguistik zu bestimmen. So verdient der erste Artikel von J. B. Marcellesi — „Von der Krise der Linguistik zur Linguistik der Krise", eine besondere Aufmerksamkeit; darin versucht der Autor die Aufgaben und den Gegenstand der Soziolinguistik zu bestimmen und stellt einige Forderungen auf: die Soziolinguistik soll auf die formale Beschreibung der Sprache verzichten; sie soll zeigen, wie der Prozeß der Widerspiegelung von sozialen Faktoren in der Sprache verläuft; die marxistische Soziolinguistik soll unter anderen die Gesetzmäßigkeiten der Widerspiegelung der Klassenunterschiede in den Erscheinungen der sprachlichen Variation erklären (Marcellesi, 1980, Nr. 209, S. 160).

Die Übersicht der verschiedenen Bestimmungen des Gegenstandes und Aufgaben der Soziolinguistik könnte man fortsetzen. Unserer Meinung nach ist das nicht notwendig. Eine ständig wachsende Vielfalt solcher Bestimmungen, auch wenn sie dazu dient, verschiedene Standpunkte zu erklären und zu vergleichen, so bietet sie keine Lösung des Problems. Gleichzeitig wird dadurch eine wissenschaftliche Begründung und Erklärung des Verhältnisses der Soziolinguistik zu Soziologie und Linguistik nicht gefordert. Eine solche Fragestellung könnte jedoch bei der wissenschaftlichen Analyse, die von bestimmten methodologischen und theoretischen Standpunkten ausgehen würde, hilfreich sein.

Wie wir oben, bei der Analyse der Beziehung der Soziologie zur Soziolinguistik gesehen haben, kann sich der Forscher bei der Charakterisierung der Beziehung der Soziolinguistik zur Soziologie verschiedenen Fragen zuwenden. Hier sollen zwei Probleme besonders aufmerksam behandelt werden: a) was hat die Soziolinguistik der Soziologie anzubieten? b) was hat die Soziologie der Soziolinguistik anzubieten?

Die Soziolinguistik hat der Soziologie viel anzubieten. Folgende Annahmen haben eine prinzipielle Bedeutung für die Soziologie: 1) die Sprache ist nach einer zutreffenden Feststellung von B. Russel das einzige Mittel der wissenschaftlichen Erkenntnis. Die soziolinguistische Untersuchung der Widerspiegelung verschiedener Bereiche menschlicher Tätigkeit in der Sprache spielt eine überaus wichtige Rolle für die soziologische Erforschung materieller und geistiger Kultur der Gesellschaft; 2) die Bedeutung der soziolinguistischen Interpretation sprachlicher Daten für die Formulierung und Entwicklung der soziologischen Theorie kann nicht hoch genug eingeschätzt werden; 3) soziolinguistische Daten spielen in einigen Zweigen der Soziologie eine große Rolle. Z. B. hat die soziolinguistische Analyse der Daten aus den Bereichen der Wissenschaft, der schönen Literatur und der Bühnenkunst, wenn sie als Grundlage weitgehender soziologischer Verallgemeinerungen dient, für die Wissenschafts- oder Kultursoziologie eine wichtige Funktion. Die Problematik der Bedeutung der Soziolinguistik für die Soziologie ist damit noch nicht erschöpft. Parallel mit der Entwicklung der sozialen Funktionen der Sprache und ihren inneren Strukturen, wächst auch die Rolle der Soziolinguistik in der Entwicklung der Soziologie. Die soziolinguistischen Daten, die das soziale Leben der Gesellschaft, das sich in der Sprache widerspiegelt, charakterisieren, dienen der Soziologie als eine Art Spiegel und Barometer. Sogar die Entwicklung der Soziologie selbst wird in den soziolinguistischen Daten und in der Sprache selbst wie in einem Spiegel reflektiert. Somit gehört die Soziolinguistik zu denjenigen Grundlagen der Soziologie, die das Fundament derselben bilden. Die Soziologie kann ohne die Hauptkomponente der Soziolinguistik — also ohne die Sprache — weder funktionieren noch sich entwickeln. Der ganze Inhalt der Soziologie und ihre Struktur spiegeln sich in der Sprache wider. Selbst das „Selbstverständnis" der Soziologie wird über die Sprache vermittelt. Anders ausgedrückt: eine soziolinguistisch erforschte Sprache ist das Hauptmittel der Entwicklung und Erkenntnis der Soziologie und ihres Gegenstandes. Trotzdem wird der Soziolinguistik ein in der Hierarchie der interdisziplinären Sozialwissenschaften relativ unbedeutender Platz zugewiesen.

Gleichzeitig kann man die Bedeutung der Soziologie für die Soziolinguistik nicht hoch genug einschätzen. Erstens ist die große Rolle der modernen fortschrittlichen soziologischen Theorie für die Entwicklung der Soziolinguistik zu unterstreichen. Dank der breiten Anwendung der Prinzipien der marxistisch-leninistischen Soziologie in der multinationalen sowjetischen Gesellschaft wurden in der Entwicklung der Sprachen und Kulturen der Nationen der UdSSR gewaltige Erfolge erzielt. Die marxistisch-leninistische Soziologie spielte und spielt in der Entwicklung der sowjetischen Soziolinguistik eine große Rolle. Seit dem Bestehen der Sowjetunion wurden mehr als 50 Sprachen, die früher keine Schrift kannten, zu Literatursprachen. Heute funktionieren in den verschiedenen Bereichen des sozialen Lebens ihrer Sprecher über 70 alte und neue Schriftsprachen. Diese Sprachen spielten bei der vollständigen Beseitigung des Halbanalphabetismus und Analphabetismus, bei der Steigerung der Allgemeinbildung und des kulturellen Niveau der Völker sowie der Entwicklung deren nationaler Kulturen eine gewichtige Rolle. Solche Erfolge waren möglich, weil sich die sowjetische Soziologie auf die marxistisch-leninistische Ideologie und Politik stützte. So konnten die verschiedenen Zweige der Wissenschaft harmonisch zusammenwirken.

In den verschiedensten Richtungen der nicht-marxistischen ausländischen Soziologie wird der Soziolinguistik keine ihr gebührende Aufmerksamkeit geschenkt. Zu solchen Richtungen gehören diejenigen, deren Vertreter sich die Schaffung verschiedener allgemeiner theoretischer Konzepte, die in Opposition zum Marxismus-Leninismus stehen, als Ziel setzen (z. B. soziologische Theorien von U. Rost – „Stadien des ökonomischen Wachstums", R. Aron – „Die industrielle Gesellschaft", D. Bell – „Die postindustrielle Gesellschaft" u. andere). Einige Vertreter dieser Richtungen versuchen dies mithilfe bürgerlich-liberaler reformistischer Ideologien, andere sind bestrebt, sich von der Politik abzuwenden und sich mit der Untersuchung spezieller Probleme der Soziologie zu beschäftigen. Doch das Bestreben, den ideologischen und politischen Einfluß aus der soziologischen Forschung auszuschließen, stellt auch eine bestimmte ideologische Auffassung dar, die dem Konzept der sprachlichen Loyalität nahesteht.

Zweitens wendet die Soziolinguistik in großem Maße bestimmte methodologische Verfahren der Soziologie an (z. B. Tests, Umfragen, Interviews, u. andere).

Drittens fanden mehrere soziologische Begriffe ihre Anwendung in der Soziolinguistik (so z. B. Funktion, Rolle, soziale Dimension usw.).

Damit sei die Problematik der fruchtbaren Beziehung von Soziologie und Soziolinguistik noch nicht erschöpft.

Die Wechselwirkung und das Ineinandergreifen von Soziolinguistik und Linguistik ist tief und vielseitig. Das läßt sich durch zwei spezifische Eigenschaften der Soziolinguistik erklären: erstens durch die Eigentümlichkeiten des Einflusses sozialer Faktoren auf die Funktionen der Sprache im ganzen und auf die Funktionen struktureller Einheiten der Sprache; zweitens durch Eigenschaften des Einflusses sozialer Faktoren auf die innere Struktur der Sprache, ihre Ebenen und Strukturelemente (z. B. phonologische, morphologische, syntaktische Ebenen, Phoneme, Morpheme, Wörter, Wortverbindungen und Sätze). Weniger bedeutend erscheint die Einwirkung der sozialen Faktoren auf das phonologische und morphologische System. In bestimmten Bedingungen können auch diese Ebenen dem Einfluß der sozialen Faktoren ausgesetzt sein, was bestimmte turko-tatarische (z. B. Kirgisisch), ugro-finnische (z. B. Udmurtisch), ibero-kaukasische (z. B. Tschetschenisch) Sprachen belegen.

Um dies alles nun zusammenzufassen, müssen wir die Rolle und den Platz der Soziologie, Soziolinguistik und Linguistik sowohl im sozialen Leben der Gesellschaft als auch im modernen Wissenschaftsbetrieb korrekt beurteilen und schließlich das Verhältnis der betrachteten Wissenschaftszweige zur Gesellschaft und ihren Institutionen explizieren. Vor allem aber ist es wichtig aufzuzeigen, daß die Entwicklung der Soziologie, Soziolinguistik und Linguistik beträchtlich von der Entwicklung der Gesellschaft abhängig ist. So z. B. konnte ohne die Entwicklung der Massenmedien (Presse, Rundfunk, Kino, Fernsehen) keine Mediensoziologie entstehen. Genausowenig konnten sich die sozialen Funktionen in diesen Bereichen entwickeln, der Wortschatz vergrößern usw. Die Abhängigkeit der Entwicklung der Soziologie von der Entwicklung der Gesellschaft erscheint primär und direkt. Indessen hat die Abhängigkeit der Entwicklung der Soziolinguistik und der Sprache an sich einen mehrstufigen Charakter (nach den sozialen Strukturen der

Sprache, nach den Ebenen und Einheiten ihrer inneren Struktur usw.).

Die Entwicklung der Gesellschaft hängt in bedeutendem Maße von der Entwicklung der Sprache ab. Ohne die menschliche Sprache kann sich die Gesellschaft weder entwickeln noch funktionieren. Dieser Umstand soll bei der Betrachtung der Frage nach der Wechselbeziehung zwischen der Entwicklung der Gesellschaft und der Soziolinguistik berücksichtigt werden, da die Sprache eine der zwei Hauptkomponenten der Soziolinguistik ist. Was den Begriff „Soziologie der Sprache" betrifft, so machen von ihm die Soziologen, Philosophen, Historiker und Vertreter anderer Wissenschaftszweige Gebrauch, wenn sie versuchen wollen, sprachliche und soziolinguistische Daten in den jeweiligen Wissenschaftszweigen als Hilfsmaterialien zu benutzen (z. B. statistische Angaben über die Anzahl von Büchern, Zeitungen, Zeitschriften, die in verschiedenen Sprachen herausgegeben werden). Unseres Erachtens darf die Soziologie der Sprache nicht als ein Verbindungsglied zwischen der Soziologie und Soziolinguistik angesehen werden.

Die Wechselbeziehung zwischen Gesellschaft, Linguistik und Soziolinguistik hat einen überaus komplizierten Charakter. Diesbezüglich genügt es darauf hinzuweisen, daß in manchen Fällen die Soziolinguistik eine unterstützende ergänzende Rolle im Verhältnis zur Soziologie spielt. In anderen Fällen dagegen übernimmt die Soziolinguistik solche Funktionen, die von der Soziologie nicht erfüllt werden können. Es ist notwendig, auch zu erwähnen, daß die Soziologie als eine Sozialwissenschaft auf der Sprache basiert. Im Bereich der Soziologie als Wissenschaftsdisziplin erfüllt die Sprache nur eine ihrer zahlreichen differenzierenden Funktionen. Die Soziologie als ein wissenschaftliches System kann ohne die Sprache weder existieren noch sich entwickeln. Alles das unterstreicht die Rolle der Soziolinguistik im Bereich der menschlichen Erkenntnis. Gerade deswegen ist es unzulässig, die Sprache isoliert von der Kultur und die Soziolinguistik als eng fachbezogenen Zweig der Soziologie zu betrachten. Eine solche Betrachtungsweise würde die Rolle der Sprache und der Soziolinguistik bei der Entwicklung der Gesellschaft und ihrer Institutionen unterschätzen. Die Soziolingui-

stik ist ein vielschichtiger, außergewöhnlich wichtiger Wissenschaftszweig und soll den ihr gebührenden Platz unter Wissenschaften einnehmen.

5. Literatur (in Auswahl)

Achmanova, O. S./Marčenko, A. N. (1971) „Osnovnye napravlenija v sociolingvistike", in: *Inostrannye jazyki v škole*, 4.

Bright, W., (1966) „Introduction", in: *Sociolinguistics*", 11.

Bromlej, Ju. V. (1973) *Etnos i etnografiia*, Moskva.

Chomsky, Noam (1965) „*Aspects of the Theory of Syntax*" (russ. Chomskij, N. (1975) „*Aspekty teorii sintaksisa*", Moskva), Cambridge (Mass.).

Dešeriev, Ju. D. (1977) *Social'naja lingvistika*, Moskva.

Fishman, Joshua A. (1972) in: *Sociolinguistics*, 28.

Grimshaw, A. D. (1971) in: *Sociolinguistics*, 98.

Grosse, R./Neubert, A. (1970) „Thesen zur marxistischen Soziolinguistik", in: *Linguistische Arbeitsberichte*, Leipzig, 3—4.

Hjelmslev, Louis (1974) „Die strukturale Analyse der Sprache", in: *Aufsätze zur Sprachwissenschaft*, Stuttgart.

Marx, Karl/Engels, Friedrich (1953) *Die deutsche Ideologie*, Bücherei des Marxismus-Leninismus. Band 29, Berlin (DDR).

Nikol'skij, L. B. (1974) „O predmete sociolingvistiki", in: *Voprosy iazykoznanija*, 1.

Russell, Bertrand „*Human Knowledge*", (russ. Rassell, B. (1957) „*Čelovečeskoe poznanie*", Moskva).

Saussure, Ferdinand de (1916) „*Cours de linguistique générale*". (russ. Sossjur, F. de (1933) „*Kurs obščej lingvistiki*", Moskva).

Wittgenstein, Ludwig (1921) „*Tractatus Logico-Philosophicus*" (russ. Vitgenstein, L. (1958) „*Logiko-filosofskij traktat*", Moskva).

Žirmunskij, W. M. (1969) „Marksizm i social'naja lingvistika", in: *Voprosy social'noj lingvistiki*, Leningrad.

Švejcer, A. D. (1976) „*Sovremennaja sociolingvistika*. Teorija, problemy, metody", Moskva.

Čemodanov, N. S. (1975) „Problemy socijal'noj lingvistiki v sovremennom jazykoznanii", in: *Novoe v lingvistike*, Ausgabe VII, Sociolingvistika, Moskva.

Junus D. Dešeriev, Moskau (Sowjetunion)
Aus dem Russischen übersetzt von Karicula Manuca-Skibà

2. Sociolinguistics versus Sociology of Language: Tempest in a Teapot or Profound Academic Conundrum?

1. Background

Neither "sociology of language" (SOL) nor "sociolinguistics" (SL) is listed in the index of the UNESCO-sponsored, *A Dictionary of the Social Sciences*, (Gould/Kolb 1964) or in the *Encyclopedia of the Social Sciences* (Sills 1968) — though psycholinguistics and many individual topics treating language in social contexts do appear. Both terms had currency by the 1960s, however; Fishman, who has been the principal proponent of the "sociology of language" published texts using each of the terms respectively in 1970 and 1972 and campaigned throughout the period for a section on the "Sociology of Language" in the American Sociological Association — and the Social Science Research Council (USA) Committee on Sociolinguistics was established in 1963. — Several questions may be asked. Among them are: (1) Why is what an area of scholarly activity is called important? (2) Can names be legislated? (3) How do SL and SOL differ? Are the differences scientific or political? Are they substantial enough to warrant different labels? (See also art. 1, 3 and 10).

2. What's in a Name?

I have argued (1986) that even if a very strong version of Sapir-Whorf could be demonstrated to hold for some language, that fact would not be sufficient to allow the language to fully constrain the thought processes of its users, i. e., that Orwell's Newspeak would not have worked. That limitation notwithstanding, research has demonstrated that what things are called *does* influence perceptions of and affective responses to them; studies have shown that personal names affect life chances, product names sales, and labels of weapons and of political or social acts their legitimacy and acceptability to citizenries.

I discuss in 4. the question of whether SL and SOL are the same activity; I conclude that they are not. There is nonetheless a considerable community of interest and in some instances overlap in topics seen by practitioners as falling within their boundaries of concern. During the short history of work on topics where the intellectual interests of linguists and sociologists converge this community and overlap has had quite different consequences. Initially, in the period roughly from the mid-Fifties until about 1970, both those linguists who were becoming interested in social influences on language in use and those sociologists who were beginning to recognize the importance of language in social behavior were considered as, at best, marginal curiosities in their respective disciplines. By the mid-1970s the demonstration effect of their combined work (far more, unhappily, in linguistics than in sociology) had been such that what they were doing (whatever called) had become academically respectable and major funding was becoming available for research and for program development. This success was followed by disagreements over the nature and proper pursuit of the developing joint enterprise. Linguists were generally considerably earlier in recognizing the value of a "sociologically informed linguistics" than were sociologists to accept a vision of a "linguistically informed sociology" (Hymes, 1974). — Most sociologists, throughout the period in which the new interests were emerging, were unaware that some of their colleagues had become interested in language phenomena and that some linguists were "doing sociology." Among those who were aware, some welcomed the convergence of research interests and methods and others, including many of those who favored the "SOL" label, were interested in topics which seemed to them to be subject to study without linguistic training — and they were largely indifferent to the linguists' "invasion" of areas of microsociological research. Consequently, proponents of one or the other of the two terms seldom found themselves in dispute over proprietary rights in research areas and, for example, access to research funding. The disputes that *have* occurred have been over issues such as "deficit theories" of learning difficulties or preferred policies with regard to bilingualism; on these issues adherents of positions and policies have not been identifiable by either disciplinary or specialty labels. — There are important questions about social behavior which can be best answered by researchers who have some knowledge of language and even of linguistics. There are important questions about language which can be best answered by researchers who have some knowledge about society and even of sociology. There are other questions, in both sociology and linguistics, which can be answered with little or no knowledge of the other field.

3.   Can Names be legislated?

Stakes and sanctions are critically important in naming just as in other behaviors; I won't call someone by a name which gets me beaten up and I will label my work as "x" rather than "y" if "x" brings me grants and "y" doesn't. *Ceteris paribus*, moreover, the name or term first in the fields has at least an initial advantage in any struggle for "terminological dominance." Other things are not equal, of course, and considerations as different as ease in speech production (e. g., "deefense!" or "TV") or popular fancy or prestige of models, etc., also influence what labels are adopted. Since popular acceptance is not at issue in the choice between SOL and SL it seems unlikely to me that the former term will overtake the latter *unless* there is a substantial shift in the structure of stakes and sanctions — this seems unlikely. I conclude, therefore, that names *can* be successfully legislated, but that the term for what is being written about in this handbook is not likely to be.

4.   In What Ways (if any) Different?

We can ask whether linguists and sociologists and sociologists of language (SsOL) and sociolinguists (SLs): (1) ask the same or different questions? (2) employ the same or different data? (3) use the same or different techniques of analysis? A comprehensive answer to these questions requires an answer to prior questions: (a) is there a "purely autonomous" (i. e., non-social) linguistics? (b) is there a "purely autonomous" (i. e., non-language related) sociology? Finally, and related to the matter of asking "same" and "different" questions we may ask (4) is there something fundamentally different about the perspective from which sociologists, SsOL,

SLs and linguists view the inter-relationships of language structure and social structure and language behavior and social behavior? —

4.1. Data, Methods, Concepts, Questions

Figure 2.1 is a heuristic sketch of some of the relationships among language data and linguistic concepts and social data and sociological concepts. Scholars coming from disciplinary backgrounds in linguistics or sociology to work on questions of language *and* society have varied considerably in the extents to which they have borrowed (or attended to) data, methods, concepts and questions across disciplinary boundaries. Some sociologists, for example, have borrowed the concept of "deep structure" and employed it in exposition of social phenomena with no attention to possible language dimensions of those phenomena (Gouldner, 1974; Boulding, 1974). (There does not appear to have been similar borrowing in the other direction.) Chomsky and Parsons appear to represent autonomous polar positions in which they respectively employ data and concepts and ask questions *only* about phenomena of central interest to their home disciplines. SL differs from both SOL and what I have called the "old" dialectology in that the former incorporates concepts as well as data from both sociology and linguistics while the latter employ data from both but not concepts (nor, generally, questions). There are no pure cases. It is clear, however, that much of the work labeled SOL *could* have been done without benefit of knowledge of linguistic issues or concepts. Some extremely innovative and useful census-based studies of language spread, maintenance or decline (e. g., Lieberson 1981), and the discovery of the relations between address forms and social relations identified so nicely by Brown, are examples. On the other side of the coin, while traditional dialectologists routinely collected information on the socioeconomic characteristics of their informants, the sociology they used was ad hoc rather than systematic. These latter types of studies employ both kinds of data but the concepts and questions of investigators' home disciplines. Contrastively, SL has generally employed data and concepts from both parent disciplines. —

4.2. The Question of Autonomy

When I initially discovered language and its relevance for any comprehensive sociology I assumed that since language was involved in

		LINGUISTICS			
		DATA	CONCEPTS	DATA AND CONCEPTS	NEITHER
S O C I O L O G Y	DATA			"Old" dialectology	
	CONCEPTS		Deep structure analogies (Gouldner, 1974) (Boulding, 1974)	"Interpretive" sociology/ Text analysis ——————— Conversational analysis	
	DATA AND CONCEPTS	Sociology of language	←— Cognitive —→ Sociology ←— Ethnography —→ of communication SOCIOLINGUISTICS		(most) Sociological theory
	NEITHER			"Autonomous" linguistics	

Fig. 2.1: Linguistic and Sociological Data and Concepts and Resultant Fields and Sub-fields

some way in all social phenomena, the obverse would also be true, and that all linguistic phenomena would somehow be conditioned by social considerations. The fact is, of course, that much of linguistic theory attempts to describe *how* language works, *essentially independently of social or sociological considerations*. In contrast, language is involved, in some way, in all social behavior. This ubiquity might be seen to imply that an understanding of language and linguistics is necessarily a prerequisite for *any* work in sociology and certainly for a "SOL." This is not the case. — How can I simultaneously claim: (1) that language phenomena permeate all social behavior, (2) that some language phenomena can be studied without knowledge of linguistics, and (3) that there are particularities of some phenomena of sociological concern such that attention to language dimensions may not be terribly illuminating? The tremendously complex facts of linguistic change and social change provide an exemplary. The most interesting and the most fundamental question for students of both varieties of change is, "How does (can) it happen that 'categorical rules' (Labov 1968, Grimshaw 1973 a) are replaced?" Linguistic theories of the *how* of changes in progress

(particularly of phonological changes), i. e., *mechanisms*, are considerably more sophisticated than sociological theories of change; the linguistic theories are little more suggestive on *initiation*. — There are suggestive parallels between linguistic and social change. Since much contemporary social change is a consequence of *searches* for solutions to social, political, economic, technological and other problems, however, at least some features of social change have no regular parallels in language change. There are, in short, *different (and non-trivial) questions on change requiring, severally, the theories, data and methods of sociologists, sociologists of language, sociolinguists and linguists.* —

4.3. Interpretive Perspectives

It is possible to identifiy differences in units, modes and ends of analysis and in overall interpretive perspectives in sociology, SOL, linguistics, and SL; the elements and differences are summarized in figure 2.2. — *units of analysis*: By "units of analysis" I mean what researchers look at and what they try to explain. If such a definition is used the units of analysis for sociology are social structure and social action or behavior, with the latter including attitudes as well as concrete behaviors

DISCIPLINE	UNITS	ANALYTIC MODES	ENDS	CAUSAL PERSPECTIVE(S)*
SOCIOLOGY	Social struct.; social behavior	Co-variation	Empirical regularities; "Explanation"; "Prediction"(?) Grammars of social inter-action	SS $\Rightarrow$ SB SS $\Leftrightarrow$ SB SS $\rightarrow$ Attitudes $\rightarrow$ SB
SOCIOLOGY OF LANGUAGE	Social struct.; speech	Co-variation	Empirical regularities; "Explanation"; "Prediction"(?)	SS $\Rightarrow$ Speech (writing) Speech $\Rightarrow$ SS
SOCIO-LINGUISTICS	Social struct.; language struct.; social behavior; language behavior	Comprehensive discourse analysis; Co-variation; Specification of interaction effects	"Rules"; Sociolinguistic "grammars"; Specification of mutualities	Speech $\Leftrightarrow$ SB $\Uparrow \qquad \Uparrow$ $\Downarrow \qquad \Downarrow$ LS $\quad\Leftrightarrow\quad$ SS
LINGUISTICS	Gram.(s); Language outputs (spoken, written)	Rule discovery procedures	"Rules"; "Universals"	$\left\{\begin{array}{l}\text{Mind}\\\text{"God"}\\\text{Logic}\end{array}\right\} \rightarrow$ LS $\Rightarrow$ Speech (writing)

* SS = Social structure
SB = Social behavior
SP = Speech (and writing)
LS = Language structure

Fig. 2.2: Principal Units, Modes and Ends of Analysis, and Causal Perspectives, in Research on Language and Society

such as voting, marrying, changing jobs, etc. (Speech is, of course, a social act. A reader comments. "The verbal and non-verbal activities necessary to do these [other social] behaviors or action are never addressed by sociologists. Hence they can be seen as fictional or arbitrary units because their accomplishment is assumed to be obvious. ... sociologists manage to rid themselves of the problem of language [by] the way they conceptualize a problem.") SsOL share their colleagues' concern with social structure and social action; they differ primarily in that they consider language (socially distributed across populations and/or situations) as a variety of social action which should be studied. The units of analysis for linguistics have traditionally been language structure and language production. Those for SL include both language and social structures and language in use as well as other varieties of social action. − *modes of analysis*: The bulk of contemporary sociological researchers use some variant of a correlational method. To continue with the illustrations suggested above, for example, they look for statistical relations of association between individual locations in social structures and marrying or not, voting or not and voting for different parties, and changing or not changing jobs, etc. They also look at associations between the social actions themselves, i.e., are "marriers" more or less likely to be voters or job-changers. SsOL again are much like their colleagues — with the exception that they look at language behaviors as dependent (e. g., language maintenance or loss) or independent (e. g., school success or failure) variables in their correlational analyses. While use by linguists of quantitative methods including those of correlation has increased tremendously in recent years, contrastively, linguists have traditionally been heavy users of case studies (sometimes using themselves as "cases") and of methods of analytic induction in study of corpuses of text. SLs, in contrast to all three sets of colleagues have, almost from the start, looked for "interaction effects" or mutual influences among the two structures and the two sets of behaviors. Thus, to further elaborate on the differences between SsOL and SLs, the former have tended to look at how language behavior *reflects* social structure (i. e., in the social distribution of code availability) or how social structure *determines* speech or language behavior (e. g., in code "switching") or even how speech behaviors can *define* social structures, thereby constraining subsequent social interaction while the latter have generally espoused a position of co-determination or mutual embeddedness. — *ends of analysis*: At the most abstract level there is a sense in which all four sets of investigators are working towards what Chomsky (1965) has labeled observational, descriptive and explanatory "adequacy." Historically, however, students of language have been more concerned to identify patterns of invariance and sociologists patterns of systematic covariation. In recent years some linguists and most SLs have been interested in both variability and invariance; sociologists and SsOL have continued to focus primarily on correlations. Sociologists and SsOL have been cautious about the use of terms like "prediction" (see, however, Lieberson 1985); by identifying temporal sequences they do hope to discover "explanations" in empirical regularities. To the extent that linguists have become involved in investigation of variation they too have sought explanations; most linguists, however, continue to be interested in the discovery of "rules" (both categorical and optional, see Grimshaw 1973 a). Work on language in social use by both SsOL and SLs is complicated by the fact that the notion of "rule" is used very differently both in sociology as contrasted to linguistics and within the two disciplines; these differences are exacerbated, as Dittmar has observed, by the ideological col-

oring of some usages. (See Dittmar 1983, Grimshaw 1980 and 1981, and discussion following.) SLs are interested both in sociologically based "explanation" and in discovery of "rules" governing language *in social use*. These distinctions are already blurred and are becoming increasingly so as the two parent disciplines converge; the aims of theoretical linguists and of at least some sociological "positivists" remain quite distinctive. It should be noted, moreover, that there are also differences between the applied "ends" sought in planned societies and the less focused mix of applied and "theoretical" concerns in research in capitalist societies (see next section).

Questions of causality: The interpenetration and mutual influence of data, methods and theories of linguistics and sociology (and natural language philosophy and anthropology and literary analysis, etc. etc.) has been far deeper than any of us would have anticipated at the end of the 1960s. Moreover, and at least in part quite independently, a host of new questions related to causal explanations of language in use has been raised by newly emergent specialties such as artificial intelligence, cognitive psychology, and evolutionary linguistics (i. e., primate and paleolinguistics), etc. Additional perplexities have been introduced by the appearance of interpretive perspectives based on political ideologies (i. e., "Marxist" linguistics) and, in the United States at least, by the emergence of "applied linguistics" as a conflict arena with big financial and bureaucratic prizes at stake. I can do no more here than outline the dimensions of the causal question. — Four principal perspectives on the causal relationship between social structure and language have been identified (Hymes 1966, Grimshaw 1973 b), namely: (1) language as fundamental (or as source, cause, independent variable, or set of independent variables): (2) social structure as determinant or as an independent variable or set of independent variables; (3) neither as prior to the other, both being seen as co-occurring and co-determining; and (4) both as determined by a third factor, whether that third factor be *Weltanschauung*, the human condition, the organization of the human mind (in some sense of the innateness argument), or the intrinsic demands of an ordered universe (i. e., in the sense of such principles as parsimony and effectiveness). — While there are non-trivial exceptions, most sociologists look for causes of social action in social structural arrangements; some attempt to identify sources of structural rearrangements in ongoing social action. A smaller number explicitly characterize the relationship between interaction and structure as reciprocal, or codetermining. A similar characterization is valid for SOL, the only difference being that linguistic "social facts" become the phenomena of interest. — The causal perspective of most traditional linguistics was considerably more tidy; language structure (i. e., that of all languages) and language structures (i. e., those of individual languages) determine speech production. The nature of language structure (universal) and language structures (particular languages) could only be discovered, however, by studying what people actually (or could be imagined as being able to) say. Thus, the causal arrow went in only one direction even, ultimately, for structural change (i. e., because change is also governed by rules inherent in language structure or language structures). This elegantly simple perspective has always had an implicit (but little explored) further left arrow; an increasing amount of intellectual energy is now being applied to attempts to specify and explicate the further left member. — SLs accept Hymes' dictum (personal communication, 1967) that "*the study of language is inseparable from the study of society*" and see five of the six possible reciprocal relationships among structures and behaviors as obtaining. (Language structure and social action (interaction) are not, of course, unrelated. No one has yet, however, demonstrated any *direct* relationship; rather, the relation seems to be mediated through talk [speech production].) Four of the five relationships are already subjects of study in sociology, autonomous linguistics and SOL — some of the difference here is simply one of *explicit attention to mutuality of influence*. To the best of my knowledge there have been no researches explicitly designed to test the hypothesis of co-determination and only a few that can be adduced as evidence for its validity. Work of Fischer (1965, 1966) and Bernstein (1971), however, provides support for the mutual embeddedness perspective. The documentation is too complex to review here, the overall conclusions are easily summarized. In his cross-societal study of Truk and Ponape Fischer attempted to demonstrate ways in which variations in contemporary social structure in the two "near" societies (lexicostatistically shown to have separated

about eight hundred years ago) are linked to varying patterns of phonological and syntactic differentiation. If Fischer's analysis is correct (Grimshaw 1973 b), he has shown the phonological and syntactic differences between the two related but mutually unintelligible languages to be *isomorphic to differences in the social structures of the two societies*. I submit that even if Fischer is not correct in the specific case, the kinds of relationships he posits are, *prima facie*, likely to obtain. — Bernstein has addressed questions of language and social structure in contemporary English urban society. His research has involved him in examination of ways in which how people talk influences their life chances; his conclusions (and conclusions attributed to him) have been controversial. While Bernstein never identifies the issue of causal direction as critical to his work, the model which he has constructed is clearly compatible with a co-determination perspective. That model (Bernstein 1971, 1975; Grimshaw 1966, 1973 b, 1973 c, 1976) undertakes to do nothing less than identifiy and explicate relations among: (1) the macro-institutional realities of class, power and ideology and the ways in which these realities and the cleavage and coalition they shape determine "the *origins* and *distribution* of *dominant principles of interpretation* (*codes*)" (1975, p. 24); (2) the agencies of transmission of these codes (e. g., family and school) and the ways in which the structure of social relationships in these agencies "determines principles of communication and so the shaping of forms of consciousness"; (3) distribution and realization of communicative codes (his elaborated and restricted codes, initially) in specific texts produced by interactants in different varieties of interaction in the context of (the two) transmission agencies. These texts, finally, are simultaneously: (a) the *result* of the location of specific social actors with reference to social structures, and (b) a *basis* for maintenance of social structures through symbolic differentiation and, derivatively, in thought ways and *Weltanschauung*. Fischer arrived at a mutual embeddedness perspective through close examination of linguistic structures; Bernstein through attempts to articulate linkages between macro and micro structures. Both have found their link in text; Bernstein has formulated the co-determination view clearly in his identification of text as simultaneously a result of social structural location and the basis of maintenance of the social structure. In my view Fischer's and Bernstein's conceptualizations of the problem represent what has come to be characterized as SL.

5. Envoi

There are additional issues which would have to be discussed in any comprehensive exposition of the differences between sociolinguistics and the sociology of language. Most particularly, any such review would necessarily include more detailed illustration of work which has been given the two labels. Such illustration would reveal that sociolinguistics has tended to be more "micro" and more closely attuned to questions of social psychology — and sociology of language more "macro" and social structural; it would also show that this need not be the case. As of this writing the two activities do differ in questions, methods, and perspectives. I believe, however, that they will converge just as have the disciplines from which they have emerged as specialties. I suspect, moreover, that even "autonomous" linguists will increasingly ask questions which have acknowledged social dimensions.

6. Literature (selected)

Bernstein, Basil (1971) *Class, codes and control 1. Theoretical studies towards a sociology of language,* London.

Bernstein, Basil (1975) *Class, codes and control 3. Towards a theory of educational transmissions,* London.

Boulding, Elise (1979) "Deep structure and sociological analysis: some reflections", in: *The American Sociologist* 14, 70 – 73.

Chomsky, Noam (1965) *Aspects of the theory of syntax,* Cambridge.

Dittmar, Norbert (1983) "Descriptive and explanatory power of rules in sociolinguistics", in: *The sociogenesis of language and human conduct,* Bein, Bruce, ed., New York.

Fischer, John L. (1965) "The stylistic significance of consonantal sandhi in Trukese and Ponapean", in: *American Anthropologist* 67, 1495 – 1502.

Fischer, John L. (1966) "Syntax and social structure: Truk and Ponape" in: *Sociolinguistics: Proceedings of the UCLA Sociolinguistics Conference, 1964,* William Bright, ed., The Hague, 168 – 183.

Fishman, Joshua A. (1970) *Sociolinguistics: A brief introduction,* Rowley.

Fishman, Joshua A. (1972) *The sociology of language,* Rowley.

Gould, Julius/Kolb, William L., eds., (1964) *A dictionary of the social sciences,* New York.

Gouldner, Alvin W. (1974) "The metaphoricality of Marxism and the context-freeing grammar of socialism", in: *Theory and Society* 1, 387 – 414.

Grimshaw, Allen D. (1966) "Directions for research in sociolinguistics: suggestions of a nonlinguist sociologist" in: *Sociological Inquiry* 36, 319 – 332.

Grimshaw, Allen D. (1973 a) "Rules in linguistic, social and sociolinguistic systems and possibilities for a unified theory" in: *Twenty-Third Annual Round Table, Monograph Series on Language and Linguistics* (1972), Shuy, Roger A., ed., Washington, D. C., 289 – 312.

Grimshaw, Allen D. (1973 b) "Sociolinguistics" in: *Handbook of communication,* de Sola Pool, Ithiel/ Schramm, Wilbur, eds., Chicago, 49 – 92.

Grimshaw, Allen D. (1973 c) "Language in society: I," in: *Contemporary Sociology* 2, 575 – 585.

Grimshaw, Allen D. (1976) "Polity, class, school, and talk: the sociology of Basil Bernstein", in: *Theory and Society* 3, 553 – 572.

Grimshaw, Allen D. (1980) "Social interactional and sociolinguistic rules", in: *Social Forces* 58, 789 – 810.

Grimshaw, Allen D. (1981) "Talk and social control", in: *Social psychology: Sociological perspectives,* Rosenberg, Morris/Turner, Ralph, eds., New York, 200 – 232.

Grimshaw, Allen D. (1986) "Can a language like Newspeak serve the purposes it explicitly attends? Now? Never? Not yet?", in: *Sociolinguistics* 16, 25 – 34, 24.

Hymes, Dell (1966) "Two types of linguistic relativity," in: *Sociolinguistics: Proceedings of the UCLA Sociolinguistics Conference, 1964,* Bright, William, ed., The Hague, 114 – 158.

Hymes, Dell (1974) *Foundations of sociolinguistics,* Philadelphia.

Labov, William (1968) *A proposed program for research and training in the study of language in its social and cultural setting,* New York.

Lieberson, Stanley (1981) *Language diversity and language contact,* Stanford.

Lieberson, Stanley (1985) *Making it count: the improvement of social research and theory,* Berkeley.

Sills, David L., ed., (1968) *International Encyclopedia of the Social Sciences,* New York.

Allen D. Grimshaw, Bloomington (USA)

3. The Subject Matter of Sociolinguistics

1.   The Secular Foundations of Sociolinguistics

1.1. The Linguistics of Crises

The field of sociolinguistics — 'linguistics of crises', 'secular linguistics' — covers the whole set of social problems reaching the consciousness of human societies, problems in which it appears obvious that language is involved, directly or indirectly. Sociolinguistics, known by this name, has existed in modern times since Social Science researchers challenged by those problems, found themselves confronted with the unacceptable contradiction between the linguistic postulates ('all languages are equal in terms of structure', 'all speakers are equal in terms of competence') and reality (inequality of languages, inequality of speakers, sources of alienation, suffering and conflicts). Hence come the regional specificities of worldwide sociolinguistics: the awakening of urban ghettos and of ethnic minorities is at the origin of the American social dialectology. With regard to Italy, Mioni and Renzi remind us that "sociolinguistics exists because of problems concerning the social life of certain communities in such a dramatic way that they put their very existence in question ..."

With such tension as a background, there "is a huge migration, from the country to the towns and from the South to the North, of millions of Italians. In such a massive transplanting, one of the factors of perturbation comes from difficulties of adaptation and of socio-cultural integration met by the new-comers. These difficulties have their roots in language itself". In the industrialised world as well, for instance in West Germany (Dittmar 1983), sociolinguistics is confronted with linguistic problems connected with migration. The conference on glotto-politics in Rouen (Winther 1985), following the conference in Montpellier in 1981 *Bilinguisme et diglossie (Cahiers de Linguistique sociale* 4/5)"

showed that in France, a country rich in minority languages (cf. Cadiot/Encrevé, this volume), the problem of linguistic policies is of the utmost importance. The implication of Catalan sociolinguistics in the linguistic policy of Generality gives it a specificity which draws it near to the Quebec sociolinguistics and which at the same time makes a distinction between them. Failures at school, literacy, linguistic policies of the new countries, status of the Creole ... a list of more or less specific problems would be rather long. In this regard we can understand how Halliday is able to define 15 different subdivisions of sociolinguistics at the XIth Congress of Linguists (1972): 1) macro-sociology of language and linguistic demography 2) diglossia, multilingualism, multidialectalism 3) linguistic planning, development and standardisation 4) phenomena of pidginization and creolization 5) social dialectology and description of non-standard varieties 6) sociolinguistics and education 7) ethnography of speaking 8) verbal registers and repertoires, code switching 9) social factors in grammatical and phonological changes 10) language, socialization and cultural transmission 11) sociolinguistic approaches to the linguistic development of children 12) functional theories of the linguistic system 13) linguistic relativity 14) ethnomethodological linguistics 15) theory of the text.

1.2. Consequences for Theory

Sociolinguistics, as a subject developing under the pressures of the 'century', does not always escape from the theoretical effects induced by those pressures, for example in accepting often enough the problems in the very terms given by the predominating ideology and/or the various needs of the utilisers. We are not referring here exclusively to those who immediately interpreted certain linguistic differences in terms of deficiency (cf. the criticism of these positions in Labov), but also to the trend which pushed forward the studies about linguistic practices of the 'unfavoured' or of the dominated minorities with regard to the dominating language, considered as a non-class norm and little investigated itself. We are referring as well to the emphasis put on the fact that certain varieties may well appear as 'handicaps' to their utilisers. When Labov contradicts such an attitude and shows the hypercorrections and clumsinesses in a 'petit-bourgeois' discourse, as opposed to the clarity and coherence displayed in the discourse of a ghetto adolescent, he does not really avoid through this mechanistic turning over the restraint we just mentioned. There is another unavoidable consequence in this situation, that is the lack of serenity about the matter: effectively, there is always a political and social scheme in the works on sociolinguistics.

1.3. The Actors

There is a fact we may add to the explanatory factors of the sociogenesis of sociolinguistics: researchers arranged into a scientific display these problems set by the century; at the same time they re-evaluated the capacity of linguistics to analyse these problems, as we shall see later. We should evoke here the explanatory factors that a sociology of linguistics has actually begun to classify (cf. Chevalier/Encrevé 1984), for instance the modifications occurred in France about the social origins and intellectual training of the academics representing linguistics at universities. Possibly the sociologists' and philosophers' interest for the themes of the social reproduction (Bernstein), of power (Foucault), and of the role of the symbolic capital (Bourdieu) brings them to discover the essential function of language in these phenomena, and to join the marginal linguists (Coppale/ Gardin 1980). From this point of view, it is not unusual that, in France, three of the greatest inaugural lectures at the College de France, M. Foucault: *Le pouvoir du discours* (1971), R. Barthes: *Leçon* (1978) and P. Bourdieu: *Leçon sur la leçon* (1982), focus on the problem of the power of speech, of discourse and of language; each lecture examines the possible conditions of a discourse which would not be restraining the other or the self.

2. Sociolinguistics as an Answer to the Crisis of Linguistics

2.1 Sociolinguistics is a fashion but also an area whose object, concepts and methods are made up inside the scientific field through a relationship with connected areas, in an already long history, and in the outlines of a scientific field which may vary from one country to another: for instance the effects produced by the proximity of linguistics and anthropology in the United States; or the

specificities produced by the relationships between linguistics, sociology and philosophy in Europe. Within the linguistic field, researchers were confronted with a lot of facts which were less and less explainable by already existing linguistic theories (the linguistics of enunciation, performativity and, in general, variation) but with the help of twisting devices. It appears thus that the withdrawal achieved by the TGG and directed towards the ideal native speaker — in practice towards the researcher's competence —, represents a retreat from the facts mentioned above, and a manoeuvre trying to shelter theory from all kinds of contestation deriving from empiricalness (manoeuvre called 'immunization strategy' by N. Dittmar, 1982). Thus we understand that it is in the margin of the facts unexplained by theory that sociolinguistics is made up, with at the beginning the function of 'recompactification' (Kristeva 1973) of the voids of theory.

Some types of sociolinguistics stop there, while others show the necessity of 'new relations and concatenations' and the necessity to put the nucleus of the theory in question, that is to say the autonomy of the linguistic concept (and still the nucleus of the theory is always looking for recompactification): the constitution of polylectal grammars may be analysed as an offensive answer of formal linguistics to sociolinguistics. These grammars effectively integrate variation into their theory and their descriptions, but it is then variation considered apart from its social nature. "The set of systems, once perceived, is occasionally and secondarily exploited in order to connote correlatives and social positions: it is there its 'recuperation' by the linguistic community, and not its general justification" (Berrendonner et al. 1983). Here is a challenge that sociolinguistics cannot face without an important theoretical effort. Being an answer to the social demand and to the crisis of linguistic theory, sociolinguistics seemed attractive, creating naïve enthusiasm and opportunist rallying. Berruto used a remarkable formula (1974) in calling sociolinguistics a 'nebula in expansion'. From 1970 to 1980 there was a tremendous increase in titles, creations and rallyings. At the occasion of the round-table conference, in Rouen in 1978 (Gardin/Marcellesi and Grecso 1980), all the contributing members, some in order to advocate carefulness with regard to the risks of adulteration, the others rejoicing about it, established an agreement, at least

about the term 'sociolinguistics' being given
to the former 'grammar studies', dialectology
in the Gilliéron tradition' (according to the
formula of J. Dubois) and even studies completely avoiding the social area. Thus, a sort
of shift can be established from linguistics to
sociolinguistics, even if we can imagine that
it is an optical illusion provoked by the ignorance of the existence of works which, — some
of them before their time —, have always
maintained a sociolinguistic orientation. In
any case the fact that the term, once it had
been created, was successfully adopted must
be explained.

2.2. Genesis of the Term

This 'decompactification' of linguistics is accomplished with the help of its neighbouring
fields, and we must now evoke the birth and
eventual success of the term 'sociolinguistics'.
The different ways of handling the relations
between language and the other social phenomena have been designated by numerous
terms: ethnolinguistics, ethnography of communication, ethnomethodology, geography
of language, social dialectology, social linguistics, socio-semiotics, sociology of language, sociolinguistics ... This inflation of
terms certainly gives a vision of the inherent
cautious proceedings behind which numerous
coverings are to be found. In another connection, it also gives an idea of the scientific
activity required to constitute a new area of
this kind. These different approaches have
often been found in volumes called *Sociolinguistics* or *Sociology of language*: these two
terms used to run in a fierce competition with
regard to the designation of the area. It is
however possible to try, following Fishman
(1971, 8), to singularise both approaches. Sociology of language would represent the attitude of utilising linguistics, sociolinguistics
or other supplementary areas, in order to
understand better certain phenomena such as
the linguistic planning, the maintenance or
disparition of languages ... Sociolinguistics
would appear like an instrument extending
the horizon of linguistics and would tend to
replace linguistics, for instance by constituting new scientific objects. It is a fact that,
after the 'sociology of language' was fashion-
able (Cohen 1956, Fishman 1968, 1971 ...),
'sociolinguistics' has become predominate, although without getting its rival to disappear
completely, as the I. J. S. L. shows. Fishman,
who had been using the two terms over a
long period of time, also makes the point that

what unites the two different points of view
is far more important than what differentiates
them: a fact perhaps showing the pre-emin-
ence of the linguists in the formation of the
discipline. It is a fact that, in the word 'sociolinguistics', the words 'sociology' and 'linguistics' are unmistakably found. Meanwhile,
we shall continue throughout this presentation to use the word 'sociolinguistics' in its
wider meaning, as the term is presently heard
at most conferences, the titles of which we
just have to consult: conference of Rouen,
1978 (Gardin/Marcellessi and Grecso 1980),
conference of Frankfurt 1979 (Dittmar/
Schlieben-Lange 1982), conference of
Montpellier (1981); as it is shown, in the same
respect, by a range of several works called
Sociolinguistics (Fishman 1971, Dittmar
1976, Marcellesi/Gardin 1974, Labov 1976,
Berruto 1974, and Garmadi 1982) and by
articles like the one written by A. Neubert
(1978). In the same way, though without referring to the very word 'sociolinguistics', the
special issue of *La Pensée* (number 209) reveals, through its content, the extent of the
field.

2.3. Social Linguistics

For some people, the expression 'social linguistics' is a synonym of 'sociolinguistics'; for
instance for Dešeriev (1977). For us (Marcel-
lesi/Gardin 1974) it concerns specifically the
area dealing with the collective linguistic attitudes characterising the 'social groups' (political parties, trade unions ...), but only if
those 'social groups' differentiate themselves
from each other and stand in contrast with
the others within the same linguistic community. These 'social groups' are 'general social individuals ... general historical features
of individuality' (L. Seve 1968) constituting
themselves in collective speakers.

3. First Definitions of
     Sociolinguistics

3.1. First Definitions

We must therefore take as a basis a necessarily large definition of sociolinguistics: then
sociolinguistics may be said to be destined
(Bright 1966) 'to put forward the systematic
character of co-variance in the social and
linguistic structures, and possibly, to establish
a relation of cause and effect.' The social
status of the addressing speaker, the social
status of the one addressed, the social condi-

tions of the situation of communication (the kind of discourse, the aims of the researchers, the difference between the way language is used and what is actually thought of the oral behaviour) are taken into account. Fishman (1971) specifies that sociolinguistics endeavors to determine who is speaking, with which variety of language, when, about what and with which interlocutors. Sociolinguistics is thus 'the study of the characteristics of linguistic varieties, characteristics of their functions and characteristics of their speakers, considering the fact that these three factors of characterisation interact, change and mutually modify themselves within a linguistic community.' Eventually, Fishman gives it this supplementary task: 'to discover the laws or social norms determining the different forms of behaviour in the linguistic communities which are defined with regard to the language itself.'

3.2. The Four Kinds of Relationships between Language and Society

According to Grimshaw (1971), four types of relations may be considered between the social structure and language.

Language determines society. We recognise here the Whorf-Sapir hypothesis; R. Barthes' positions in *Leçon* may also be connected with it: 'Language is fascist because of what it obliges to say ... Language is this object which the power, of any human eternity, is engraved in ... To speak is to subjugate' (12). A certain number of works show a great interest in the 'feed-back effects' on behaviour that established languages may induce. Thus, according to Vološinov, every dominating class always tries to constitute a norm: that is, what is obliging to say and what is preventing from saying otherwise. 'The dominating class always tends to allot to the ideological sign a character which is intangible and above classes, in order to quell and drive inwards the struggle opposing the different indications of social value, and in order to make the sign mono-accentual' (44). In general, all theories giving an anteriority to language on conscience (and awareness) emphasise its specific materiality, its autonomisation, and are led to exploit this hypothesis for a while. R. Lafont (1980) indicates such a direction when he writes: 'the great technological mutations of history are moments where mechanization takes over the linguistic praxis ... the most advanced technology may

well look like a practical fall of what language had already produced' (98).

The social structure determines the language. This point of view often prevails in the historical studies of the lexicon: lexicon used to be determined by the technical and scientific discoveries and by the social changes. With a more radical formulation, a form of the N. Marr hypothesis can be identified here. Certain theoretical formulations by Bernstein could also be connected with it (though his sociological practice does not take into account the Marxist class-concept).

There is co-variance between social facts and linguistic facts. In fact, this hypothesis actually covers two different scientific positions:

a) a positivistic conception which is satisfied with the marking of co-variance facts and refusing to contemplate causalities. The first part of Bright's definition illustrates this position. This first attitude generally consisted in establishing social frames and in casting them on linguistic facts. This kind of approach necessarily implicates an isomorphism between the linguistic and the non-linguistic. In a way, the cleavages and separations already set or already existing in the non-linguistic are to be met again in the linguistic. In a word, any possibility of a different structuring between these two kinds of phenomena is excluded. What was established at the beginning is simply to be met again in the end. Such a deadlock has led to the criticism of the positivistic conception of co-variance.

b) a dialectical conception of co-variance postulating the existence of relations of reciprocal causalities. Without confusing *unity* and *homogeneity*, the fundamental unity of the linguistic and of the non-linguistic (unity of the social whole) finds its expression, according to Marcellesi-Gardin (1974), in a multitude of interactions and of complex relations in which the simplicity of interrelationships is the exception and the multiplicity of causes and effects the rule. Co-variance implicates a fundamental causality according to which it is the need of social relations which produces language. In this sense, the description of the linguistic diversification is in itself the story of the social relations. Co-variance is then inspired from the 'general correspondence' emphasised by J. Dubois (1962).

Language and society are determined by a deeper factor. There is no tie of direct causality but only a relation. For Hymes, this deeper factor would be 'culture'. Greimas semiotics is based on the following hypothesis: the structure of the sentence, the structure of the narrations and the structure of the social actions would be the figures of a set of abstract structures (and Chomsky's works could also be connected with this hypothesis, the deeper factor being then of a biological nature). Through this strict formulation this hypothesis does not concern sociolinguistics. For Grimshaw, this fourth hypothesis would be neither valid nor invalid, in the present state of our knowledge; and the hypotheses 1 and 2 remain unsatisfactory because of their lack of exactness and their refusal to take into consideration facts which would invalidate both of them. The hypothesis which remains then is the hypothesis of co-variance or, in other words, of the dialectical relations between language and society, an hypothesis with which research in the two latest directions can be connected.

3.3. What Sorts of Sociology?

According to the cases mentioned above, we may acknowledge a maximum of four types of sociolinguistics (and even one if we refer to Grimshaw). But when we mentioned 'language' (avoiding then the use of words like speech, discourse and statements) or 'social facts', we only covered a large variety of conceptions with two practical labels. Which conception of society, which relevant social facts, that is to say, which sociology shall we have recourse to? Which objects shall we incorporate in the language entirety? Such choices are not to be made in the abstract: that is, with respect to sociology, the sociolinguists have a tendency to resort to institutionally dominant sociologies; that is, in the present state, this means sociologies for which the social relations rarely include the relations of men to the material and the extra-social reality; sociologies suffering from their separation from other fields, from economics, for instance.

Let us quote here several works, notwithstanding the fact that this research is sometimes forgotten in the sociolinguistic censuses: works on the technical languages in the French field, for instance those by L. Guilbert (1965); works by J. L. Fossat and his team, concerning rural activities. It may be argued, with those who use a quantitative macro-sociology and representative samples, that an age group for instance is not a class but a collection, and that the fetishism of

quantity (the size of the sample) does not give a guarantee about reaching the 'social level': this resort often refers to an opposition, already criticized by Vološinov, between the social (equivalent to 'numerous') and the individual who would be non-social. On the other hand the supporters of micro-sociology and of interaction often pretend not to be aware of the fact that the people concerned move in several types of relations and interactions, articulated and hierarchised, and thus are connected with the whole society. In other words, 'the social relation cannot be reduced to a relation in which some part of society comes into contact and interaction with some other one: it integrates the part of appropriation and transformation of reality' (Legrand 1980). Eventually, in order to resolve all the problems evoked previously, it would be insufficient to resort mechanically to the Marxist theory of social classes defined through their relation to production. It must not be forgotten that, from the Marxist point of view, this determination is regarded as the last step, and that the social classes of a mode of production have a specific historicity (a fact forgotten by Marr). It may be added that in the complex set of social relations, the question is to determine — out of the social relations which do not involve language —, those for which it is the most relevant to articulate such and such linguistic data. Hence, even if the most relevant theory on society is to be used, it can only give a social frame to the studies of sociolinguistics: thus, a parameter such as 'contacts with German people during their spare-time activities' may be the most explanatory one about the study on the process of acquisition of German by immigrant workers, but the relevance of this parameter should not be displaced (Dittmar 1983).

4. The Various Types of Sociolinguistics

4.1. The Various Types of Sociolinguistics

We shall now try to enumerate the various types of sociolinguistics occupying the field, beginning with their definition, either explicit or implicit, of 'communication' (definition specifically at work in the proceedings of obtaining data), with the sociology they invoke and with the new object they eventually build.

4.2. Saussure

According to Saussure, when A speaks to B (A and B being the poles of the communication, exclusively specified through their common knowledge of the same code), B creates a structure about the signifying and signified elements out of the flow of sounds he perceived. The creation of this structure does not depend on him but on the linguistic inculcation he received. He cannot help understanding, that is to say, recognising: the signified element he recognised is of an 'intellectual' nature, and would remain the same if B was replaced by C. A total and perfect comprehension is, at the same time, a passive phenomenon. The success of communication means the belonging of A and B to the same total and homogeneous society, using a homogeneous code. Saussure is aware of connotations and variations, but they are connected with speech and the individual, not with language and society. The task of the linguist consists in ousting the individual scoria burdening the words to make the language. It is here the matter of sociolinguistics, and the sociologies implicitly invoked are those of Auguste Comte and of Durkheim.

4.3. Social Variation

Saussure's conception of linguistic history became indefensible and structuralists showed that variation was not only an individual phenomenon. They connected it for instance to a classification of the speakers according to their generation, this classification bringing to light the direction of the linguistic change (a direction which is exclusively perceived by the researchers). But it is through the works of Labov that the breach with Saussurean sociolinguistics progressively appears. Language is postulated as a heterogeneous whole, formed by a large invariant area and by socially structured variables (following an organisation being part of the competence of the speaker, an organisation more or less accessible to his conscience). Like a society which is at the same time united and complex, language is a heterogeneous structure. We use then the methods of quantitative sociology to examine a representative sample of the community under study, which has been divided into classes based on indices such as income, level of education, and profession. In the same way, distribution according to age and ethnic group can be used. We can then consider that some values of the variables are more helpful as indications as to the level of education and income, and to the membership in an age or an ethnic group. Sociolects can then be formed. The social distribution of different values of a variable in apparent time (following the age classes), allows the linguistic change in progress ('change is variation') and its direction to appear. We can notice that, over the years, the function of a variable can diminish and disappear; inversely, an invariant zone of the system can be reached by the variation. The variables entertain a relation which is arbitrary to the social signified element: such value of a variable is not 'popular' in itself, it can become a mark of prestige; in another connection variation does not modify the linguistic signified element; such a theoretical position is connected to the fact that phonetic variables — and in general formal ones — are chosen.

4.4. Stylistic Variation

Variation does not exclusively occur inside society; every speaker varies his performances inside some part of the scale of variation, accordingly to the situation he has to face. That is what Labov calls stylistic variation, a phenomenon through which the addressed interlocutor breaks in on the discourse of the addressing speaker. The statement does not only include a linguistic signified element and indications about the social membership of the speaker — his signature — but also an image of the social membership of the interlocutor, and more exactly of the social rapport between the speaker and his interlocutor (from the speaker's point of view, who is the interlocutor with regard to him?). The stylistic variation then reflects the interaction A − B in the way A analysed it. Thus interaction is not only useful for communication but also for *meta-communication*, and thus brings about a structure of variation, through which the interlocutor also meta-communicates (manifesting his agreement or disagreement about the definition of the interaction). We are there in the study of the conscious and unconscious strategies of accommodation, described by Giles and Smith (1979). These studies bring then to light a system of norms which underlies the behaviour and, beyond the different behaviours, unifies the linguistic community. The study of these phenomena modifies the mode of obtaining the data: it is a situation of interview which is itself analysed as a specific social relation producing certain data.

Encrevé and Fornel (1983) show thus, at a semantic level, the hidden misunderstandings arising when the interviewer and the person interviewed belong to different socio-cultural backgrounds. Above all, sample and interview are to be abandoned in favour of participant observation of real groups in non-artificial interactions; this is what the 'second Labov' does according to the formulation of Encrevé (1977), in giving to a member of the group he wishes to study the task of gathering data. Another sociology is therefore necessary, the sociology resulting (for instance in Milroy) in the constitution of a network of the social relations of subjects under study: the 'social network'.

5.   Interaction as a Crossroads

Interaction stands today at the junction of several kinds of sociolinguistics − in the wider sense −, a junction at which problems arising from diverse origins cross each other. Effectively, since 1960, the ethnography of communication by J. Gumperz and D. Hymes (deriving from anthropology) has been taking as a corpus − in an attempt to describe 'communicative competence' − real interactions in which the researcher does not isolate the linguistic component but articulates it with the other elements of the situation and for instance with the kinesic and proxemic messages. In 'Models of the interaction of language and social setting' (1967), Hymes proposes a model − called "SPEAKING" − for studying interactions, a model that research on 'new communication' (about social micro-structures such as doctor-patient, husband-wife) can more deeply study today (Watzlavick 1980). The everyday conversation studied as a collective undertaking by the participants is for Gumperz the place where the 'sociolinguistics of interpersonal relations' is constituted. Quantitative macro-sociology is abandoned in favor of a qualitative micro-sociology which is centered on the activity of interpretation of the world.

But with regard to ethnomethodology, can we still consider sociolinguistics to be a multi-displinary method since the researcher, in the approach founded by Garfinkel, refuses to use classifications and sociological concepts besides those used by the actors in their interactions? Can we still write about extra-linguistic socialness when Garfinkel writes that:

'the activities through which members of a society produce and master the frames where their current affairs are structured, are identical to the proceedings they use when they give an account of these frames of action'? (1967, I). Is there not then an omission regarding the specific materiality of language and its effects (and a possibility of omitting the specificity of extra-linguistic socialness)?

If American interactionist sociolinguistics stresses interaction as a common construction by participants, and stresses the relations of cooperation occurring between the participants, the researchers connected with the sociology of P. Bourdieu (Laks, Encrevé, Fornel, Sankoff, Thibault) acknowledge the fact that the linguistic market, or rather the diverse hierarchised markets, hide behind the very interactions they have to describe (markets where exchanges are not always free of tensions).

In these exchanges of linguistic assets produced by the actors' linguistic capital (competence and linguistic habits), the actors are − through the entirety of their linguistic capital − recognised or not as legitimate speakers, having a right to speak and as withholders of the legitimate language. The researchers are especially concerned about the effects of imposition and of reproduction of symbolic dominations. When it sets discourses in contrast, the sociolinguistic analysis of the discourses also functions in an interactional field − such discourses explicitly conversing or showing the dialogic element of all discourse and the presence of the 'other' in the process of individualisation of a collective speaker. Paradoxically it is Marxist linguistics, (that of Vološinov) that researchers in micro-linguistics come upon too, when they work in the field of interaction (Guespin 1984). As a founder of dialogism with Bahktin, Vološinov has stated since 1928 that 'oral interaction constitutes the fundamental reality of language', the linguistic sign being set as 'the most sensitive indicator of all social transformations, even when they have just emerged, when they have not yet taken shape, when they have not yet open the way to ideological systems, structured and well-shaped' (38). But for Vološinov, the phenomenological level of interaction refers, through mediations, to the relations of production; and the linguistic sign unifying opposites is the 'arena where the class struggle takes place'.

6. Purpose of Sociolinguistics?

Possibly, three critical zones in sociolinguistic theories and practices should now be underlined. If, in place of the original formulation of Fishman ('who says what ...') we substitute the formulation of Labov, more recent and more exacting: 'why does anyone say anything', we are obliged to establish with S. Romaine (1981) and N. Dittmar (1983) that sociolinguistics often remains too descriptive, and for instance that the variable rules of Labov, Cedergen and Sankoff compensate in fact for the expectation about the necessary explanation. In proposing to the sociolinguists to work on the elaboration of rules of the kind formulated by Sacks, Schegloff and Jefferson (1978) for conversation — though at the condition of taking into account the 'dynamic parameters of society' — N. Dittmar (1983) indicates a profitable direction. We shall add the necessity not to dilute the specificity of linguistics with the whole set of symbolic practices, a necessity made more imperative today because of the prestige of certain sociological explanations in this area; the ones by Bourdieu for instance. To us, this lack of explanation in sociolinguistics seems to be due to the uncriticised conservation of a linguistic postulate: the arbitrariness of the sign, a postulate whose maintenance keeps research locked up within two directions.

First, the predominating sociolinguistics did not give its attention to the examination of a relationship other than the arbitrary one, between such and such value of a variable and its utilisers. Yet works by Bernstein urged the study of variation at a semantic and cognitive level, and its connection with the place of the subjects in the social division of work. These works have not been free of linguistics naïveties; some of their pedagogical orientations have obeyed the logic of social adaptation; these theories have been a basis for the compensatory education in the United States: still all these facts do not invalidate the fundamental problems. A direct line drawn from Bernstein could now be established in the works by U. Windisch on reasoning and on everyday speech, and in the program of socio-semantics by C. Chabrol concerning for instance the study of the 'preferences' of subjects for certain semanticisms (univocal/pluralistic). Lavandera (1982) discovers from studying variation of the stylistic signified element, that 'some social groups find certain modes of communication more appropriate than others' (94). Thus men prefer to 'introduce their statements with verbs of thought more frequently than women do' (ibid). These are phenomena of active stylistic variation connected to strategies, as opposed to the 'passive' variations and by extension to any simple indication of situation or belonging. In crossing those practical 'preferences' of subjects with the epi-linguistics data (the importance of which is recognised today, cf. Prudent 1981), it seems possible to constitute a new explanatory factor that we proposed to call 'language ethics' (Gardin, in Winther 1985). The question would be to avoid the systematic resort to the notion of prestige for example, and to utilise the way subjects set themselves as the subjects of their statements and as linguistic subjects (for instance, how they subject themselves to the rules and assume the defence and illustration of their language ...).

There is a last critical point: the occultation of relations between linguistics and the extra-linguistic reality. We already pointed out a cause of this phenomenon, particular to the sociologies used, and we cited some works (for instance Guilbert) exploring this direction. We may wish now that praxematics should emphasise this direction of research. As in the sociolinguistics of P. Bourdieu, there is in the praxematics of R. Lafont (1978, 1984) an approach of the linguistic interactions in terms of market, but it is here that the Marxist theory is invoked; and if the praxeme is given a value of exchange descending from an adjustment of the meaning assimilated to a censure, it remains nevertheless a 'permanently brimming' value of usage, referring to the whole set of practices of the subject; a potentiality connected to other social factors and always susceptible to modify the conditions of the linguistic market. With praxematics, a binding arises between the social practice of the subjects (on the world and on society) and their practice on the signs.

In other words, if it is not forgotten that it is through linguistic interaction that humanity constitutes itself as such (individuals becoming persons, hordes becoming groups) and at the same time that linguistic interaction faces, analyses, and transforms reality, then sociolinguistics can define its explanatory specificity and can effectively become "linguistics put back on its feet."

7. Literature (selected)

Barthes, Roland (1978) *Leçon*, Paris.

Bernstein, Basil (1975) *Langage et classes sociales*, Paris.

Berrendonner, Alain, Le Guern. M./Puech, G. (1983) *Principes de grammaire polylectale*, Lyon.

Berruto, Gaetano (1974) *La sociolinguistica*, Bologne.

Bourdieu, Pierre (1977), "L'économie des échanges linguistiques", in: *Langue française 34*, Paris.

Bright, William (1966) (ed) *Sociolinguistics*, La Haye.

Cahiers de Linguistique Sociale 4 and 5 (1982) *Situations de diglossie* Montpellier, 1981.

Capell, Arthur (1966) *Studies in sociolinguistics*, La Haye.

Cedergren, Henrietta/Sankoff, David (1974) "Variables rules, Performances as a Statistical Reflection of Competence", *Language 50 (4)*.

Chabrol, Claude (1984) "Psycho-socio-sémiotique: Définition et proposition" in: *Langage et société 28*.

Chevalier, Jean-Claude/Encrevé Pierre (1984) "Pour une histoire sociale de la linguistique", in: *Langue Française 63*.

Cohen, Marcel (1956) *Pour une sociologie du langage*, Paris.

Coppale, Gardin, B. (1980) "Discours du pouvoir et pouvoirs du discours" in: *La Pensée 209*.

Currie, M. C. (1952) A Projection of Sociolinguistics, The Relationship of Speech to Social Status, in: *Southern speech journal 18 (1)*.

Dešeriev, Ju. (1977) *Sotsialnaja lingvistika*, in: "Nauka", Moscou.

Dittmar, Norbert (1976) *Sociolinguistics, a critical survey of theory and application*.

Dittmar, Norbert (1983) "Descriptive and Explanatory Power of Rules in Sociolinguistics" in: *The sociogenesis of language and human conduct*, Bem, Bruce, ed.

Dittmar, Norbert (1984) "Semantic features of pidginized learner varieties of German" in: *Second Languages*, Andersen, Roger W., ed., Newbury.

Dittmar, Norbert/Schlieben-Lange, Brigitte (1982) *La sociolinguistique dans les pays de langue romane*, Tübingen.

Dubois, Jean (1962) *Le Vocabulaire politique et social en France de 1869 à 1872*.

Encrevé, Pierre (1977) "Présentation: Labov, linguistique, sociolinguistique", in: Labov (1972).

Encrevé, Pierre/Fornel, Michel de (1982) "Le sens en pratique" in: *Actes de la Recherche en sciences sociales 46*.

Fishman, Joshua (1968) *Readings in the sociology of language*, La Haye.

Fishman, Joshua (1971 a) *Advances in the sociology of language*, 2 vol.

Fishman, Joshua (1971 b) *Sociolinguistique*, Paris.

Fossat, Jean-Louis (1972) *Le marché du betail-gestes et langages professionnels du négoce*, Toulouse.

Foucault, Michel (1971) *L'ordre du discours*, Paris.

Gardin, Bernard (1983) 'Spécificités du discours syndical' in: *Revue d'ethnologie française* 12.

Gardin, Bernard/Marcellesi, J. B./Grecso (1980) *Sociolinguistique, approches théories pratiques*, Rouen.

Garfinkel, H. (1967) *Studies in Ethnomethodology*, Eaglewood Cliffs, N. J.

Garmadi, Juliette (1981) *Sociolinguistique*.

Giles, H./Smith, P. M. (1979) "Accommodation theory: optimal level of convergences" in: *Language and Socialpsychology*. Giles, H./St. Clair, P.M., eds., London.

Grimshaw, Allen D. (1971) "Sociolinguistics", in: Fishman, J. 1971 (a).

Guespin, Louis, ed. (1982) *Typologie du discours politique*, in: *Langages 41*.

Guespin, Louis (1984) (ed) *Dialogue et interaction verbale*, in: *Langages 74*, Paris.

Guilbert, Louis (1965) *la formation du vocabulaire de l'aviation*, Paris.

Gumperz, J. J./Hymes, D., eds (1984) "The ethnography of communication", *American Anthropologist 66 (6)*, part. 2, Washington, D. C.

Halliday, M. A. K. (1978) *Language as social semiotics*, London.

Hymes, Dell (1964) *Language in culture and society. A reader in linguistics and anthropology*, New York.

Kristeva, Julia (1971) "Du sujet en linguistique", in: *Langages 24*.

Labov, William (1972) *Sociolinguistic Patterns*, Oxford.

Labov, William (1976) *Sociolinguistique*. Paris.

Lafont Robert (1978) *Le travail et la langue*, Paris.

Lafont, Robert (1982) "Stéréotypes dans l'enquête linguistique" in: Dittmar, N./Schlieben-Lange, B., eds.

Lafont, Robert/Gardès-Madray Françoise/Siblot Paul (1983) *Pratiques praxématiques. Cahiers de linguistique sociale 6*, Rouen.

Laks, Bernard (1977) "Contribution empirique à l'analyse socio-différentielle de la chute des /R/ dans les groupes consonantiques finals", *Langue française 34*.

Lavandera, Beatriz (1982) "Le principe de réinterprétation dans la théorie de la variation" in: Dittmar N./Schlieben-Lange, B., eds.

Marcellesi, Jean Baptiste (1970) "Linguistique et société", in: *Langue Française 9*, Paris.

Marcellesi, Jean Baptiste (1978) *Le Congrès de Tours, Etudes sociolinguistiques*, Rouen.

Marcellesi, Jean Baptiste/Gardin, Bernard (1974) *Introduction à la sociolinguistique: la linguistique sociale*, Paris.

Maurais, Jacques (1984) *La norme*, Québec.

Maurais, Jacques (1984) *La crise des langues*, Québec.

Milroy L. (1980) *Language and social networks*, Oxford.

Mioni, Alberto/Renzi, L. (1977) *Introduction à Aspetti sociolinguistici dell'Italia Contemporanea*, 2 vol.

Neubert, A. (1978) "Language and society: the topic of sociolinguistics" in: *Proceedings of the 12th International Congress of Linguists*.

Pensée (1980) *Langages et Sociétés*, Paris.

Prudent, Lambert-Félix (1981) "Diglossie et interlecte" in: *Bilinguisme et diglossie, Langages 61*, Marcellesi, J. B., ed.

Romaine, Suzanne (1981) "The status of variable rules in sociolinguistic theory" in: *Journal of Linguistics 17*.

Sacks, H./Schegloff, E./Jefferson, G. (1978) "A simplest systematics for the organization of turntaking for conversation", in: *Studies in the organization of conversationnal interaction*, Schenkein, J., ed.

Schlieben-Lange, Brigitte (1983) *Traditionen des Sprechens*, Elemente einer pragmatischen Sprachgeschichtsschreibung.

Seve, Lucien (1968) *Marxisme et théorie de la personnalité*, Paris.

Vološinov, V. N. (1977) *Le marxisme et la philosophie du langage*.

Watzlawick, W./Bateson, L./Jakson, D. (1980) *Une logique de la communication*, Paris.

Windish, Uriel (1984) *Le raisonnement et le parler quotidiens*, Lausanne.

Whorf, Benjamin Lee (1968) *Linguistique et Anthropologie, Les origines de la sémiologie*, Paris.

Winther, André (1985) *Problèmes de glottopolotique*, Rouen.

Bernard Gardin/Jean Baptiste Marcellesi,
Rouen (France)

4. Definition

1. Vorbemerkungen

Der Ausdruck für D (ὁρισμός, λόγος, diffinitio, definitio) hat seit Sokrates im Laufe der Geschichte mannigfache Bedeutungen gehabt. Über die Ziele der Operation des Definierens, über seine Relevanz, seine Grenzen, seine speziellen Arten gibt es eine Fülle von Theorien (vgl. z. B.: Historisches Wörterbuch der Philosophie, hrsg. von J. Ritter, Bd. 2, Basel 1972, Sp. 29–43). Ganz allgemein meint D die Erklärung eines Wortes oder eines Dinges. In der modernen Wissenschaftstheorie wird allerdings „Erklärung" stets auf Ereignisse bezogen.

2. Ziele der Definition

Im Anschluß an Dubislav lassen sich vier Ziele der Definition unterscheiden, die bis in die Gegenwart hinein vorkommen.

2.1. D als Wesensbestimmung

Diese beruht auf der Voraussetzung, daß es drei verschiedene Arten von Eigenschaften gibt: einmal wesentliche, genauer wesenskonstitutive Eigenschaften (wenn eine solche fehlt, ist das Ding nicht mehr Ding der betreffenden Art: z. B. ist eine geometrische Figur kein Trapez, wenn nicht zwei Seiten parallel sind), zum anderen wesenskonsekutive Eigenschaften (propria), die sich als Folge wesentlicher Eigenschaften ergeben (z. B. die Sprachfähigkeit beim Menschen aus der Vernunftbegabung) und drittens zufällige Eigenschaften (Akzidenzien), die auch anders sein, sich ändern oder fehlen können (z. B. die Haarfarbe des Menschen). Die D besteht hier nun darin, solche wesenskonstitutiven Eigenschaften eines Dinges zu nennen, die eindeutig seine Zugehörigkeit zu einer bestimmten Art ausmachen. „Mensch" z. B. wäre danach zu definieren als „vernunftbegabtes Lebewesen", „Quadrat" als „gleichseitiges Rechteck". Seit Aristoteles (384–322) geschieht eine solche D meist durch Angabe der allgemeineren Gattung und eines artspezifischen Unterschiedes. Sie ist nicht für Individuen möglich, sondern nur für Glieder einer Art.

2.2. D als Begriffsbestimmung

Da „Wesen" einer Sache metaphysische Bezüge hat, wurde seit Beginn der Neuzeit, insbesondere von Zabarella (1532—1589) die
Begriffsbestimmung als Ziel der D angesehen.
Durch Kant (1724—1804) setzt sich diese
Auffassung weitgehend durch. Dabei unterscheidet dieser als analytische D die Zerglie-
derung eines gegebenen Begriffes und als syn-
thetische D die Konstruktion eines neuen Begriffes. Die Frage, ob dem gedachten Begriffe
auch ein wirkliches Ding entspricht, führt
zu der Unterscheidung von *Real-D* (Sach-
Erklärung) und *Nominal-D* (Wort-Erklä-
rung), die sich bereits bei Wilhelm von Ock-
ham (ca. 1300—1350) findet. Beispiele: Eine
Nominal-D liegt vor, wenn „Vetter" erklärt
wird als die in Deutschland als Bezeichnung
weit verbreitete Bedeutung des aus dem Französischen stammenden Wortes „Cousin": hier
wird ein Wort durch ein anderes ersetzt. Eine
Real-D dagegen liegt vor, wenn „Großonkel"
definiert wird als „Bruder des Großvaters
oder der Großmutter": hier erfahren wir auch
etwas über die Art des verwandtschaftlichen
Zusammenhangs.

2.3. D als Bedeutungs-Feststellung

D hat sehr oft als Ziel die Feststellung, in
welcher Bedeutung bzw. in welchen verschiedenen Bedeutungen ein gegebenes Wort oder
Zeichen gebraucht wird. Vor allem Lexika,
Wörterbücher, Zeichen- und Wortregister
verfolgen dieses Ziel. Fachtermini werden dabei oft populär umschrieben, verschiedene
Bedeutungsarten evtl. durch entspr. Beispiele
erläutert. Z. B.: „Körper" heißt 1) ganz allgemein: sinnlich wahrnehmbare materielle Gestalt; Gegensatz: Geist. 2) biologisch: soviel
wie Leib, d. h. ein durch feste Strukturen
bestimmtes offenes materielles System, das
Träger von Lebensfunktionen ist; Gegensatz:
Seele. 3) physikalisch: Ansammlung von Materie in einem bestimmten Raum-Zeit-Inter-
vall; Gegensatz: Energie. 4) In der Wein-
kunde: relativ große Fülle von geschmack-
lichen Eigenschaften; 5) geometrisch: ein allseits von Flächen begrenztes Gebilde, z. B.
ein Quader. 6) algebraisch: eine Menge, zwischen deren Elementen zwei Verknüpfungen
definiert sind, die bestimmten Gesetzen genügen; z. B. bildet die Menge der natürlichen
Zahlen bzgl. Addition und Multiplikation
einen Körper.

2.4. Bedeutungs-Festsetzung

Seit Blaise Pascal (1623—1662) und vor allem
in der modernen Logik und Wissenschafts-

theorie versteht man unter der D eines Wortes
(oder Zeichens) eine Festsetzung, die regelt,
in welcher Bedeutung der Autor dieses Wort
(Zeichen) in Zukunft gebrauchen will. Während in den ersten drei Fällen die D eine
Aussage darstellt, die etwas aussagt über das
Wesen, den Begriff bzw. den Wortgebrauch,
stellt eine D in diesem vierten Sinne eine
Regel dar, die Anweisungen gibt, wie ein Wort
(Zeichen) gebraucht werden soll. Solche Regeln lassen sich auch als Abkürzungsregeln
interpretieren, die besagen, daß man für einen
längeren Ausdruck (das *definiens*) einen kürzeren (das *definiendum*) substituieren kann.
Zwischen diesen beiden Ausdrücken steht jeweils das D-Zeichen „ = df" oder „: =" gele-
gentlich schreibt man auch „$\overline{\overline{\underset{D}{}}}$" oder
„ = ... Df". Beispiel: Unter einem „geschlos-
senen System" wollen wir in Zukunft ein System verstehen, das mit seiner Umgebung keinen Austausch von Materie, wohl aber einen
Austausch von Energie hat.

3. Techniken der Definition

3.1. Bei der *expliziten* D steht der zu definierende Ausdruck isoliert links vom D-Zeichen.
z. B.:
DO = df Dortmund
Mofa = df ein Fahrrad, das zusätzlich auch
von einem kleinen Zweitakt-Benzinmotor angetrieben werden kann.

3.2. Bei der *impliziten* D steht das *definiendum*
links vom D-Zeichen nicht allein, sondern
zusammen mit anderen Ausdrücken, meist
einigen Variablen, die dann aber auch rechts
im definiens wieder vorkommen müssen,
z. B.:
A ist ein Sohn von B = df A ist männlich
und B ist ein Elternteil von A.

$$p \rightarrow q = df\ \bar{p} \lor q$$

Es wird hier nicht der Implikator „→" definiert, sondern die Implikation, und zwar mit
Hilfe des Negators und Disjunktors, wobei
die Aussagevariablen links auch rechts wieder
auftreten.

3.3. Eine *rekursive* D besteht aus mindestens
zwei (meist impliziten) D-Gleichungen. In der
ersten wird ein bestimmter Spezialfall erklärt;
in der (oder den) folgenden wird erklärt, wie
sich, sofern bereits für einen Fall die D geklärt ist, aus diesem Fall weitere Fälle klären
lassen. Man nennt das auch eine *induktive* D.
Beispiele:

1) A ist ein Vorfahre von B = df A ist Vater von B oder A ist Mutter von B
2) A ist Vorfahre von B = df A ist Vorfahre eines Vorfahren von B

1) $a \cdot 1 = df\ a$
2) $a \cdot (n + 1) = df\ a \cdot n + a$

3.4. Definition durch Abstraktion

Wenn man unter einer Äquivalenz-Relation R eine Relation versteht, die reflexiv, symmetrisch und transitiv ist, dann bilden alle Elemente einer Klasse K, die zu einem Element a dieser Klasse K in der Äquivalenz-Relation R stehen, die Äquivalenz-Klasse K_a. Eine Klasse K kann als Unterklassen sehr viele Äquivalenz-Klassen haben, doch darf kein Element von K zu zwei verschiedenen Äquivalenz-Klassen gehören: die Äquivalenz-Klassen sind disjunkt. Sieht man nun einmal von allen anderen Eigenschaften der Elemente einer Äquivalenz-Klasse ab, abstrahiert man gewissermaßen von diesen anderen Eigenschaften, dann ist die Äquivalenz-Relation R genau das, was alle Elemente einer Äquivalenz-Klasse K_a gemeinsam haben. Wichtig für dieses Verfahren ist, daß man eine geeignete Klasse K und eine geeignete Äquivalenz-Relation R findet. Beispiel: Es soll „Preis" definiert werden. Ein geeigneter Gegenstandsbereich für K wäre die Menge der Waren. Man definiert also implizit „Preis einer Ware". Als geeignete Äquivalenz-Relation R ließe sich „gleichwertig" benutzen. Es gilt dann:
Preis einer Ware = df dasjenige, was eine Ware gemeinsam hat mit allen ihr gleichwertigen Waren.

3.5. *Axiomatische Definition*, auch genannt D durch Postulate.

Hier werden auf entspr. Argument-Variablen ein oder mehrere Funktoren angewandt, so daß sich allgemeingültige Aussagen ergeben, die untereinander widerspruchsfrei sein müssen und zu einem Axiomensystem zusammengefaßt werden. Dies besagt dann, wie die darin aufgeführten Funktoren gebraucht werden können und definiert sie so implizit.
Ein einfaches Beispiel: Als Axiome des Prädikatenkalküls gelten:

1) $\vdash \cdot \forall x\ f(x) \to f(a)$
2) $\vdash \cdot f(a) \to \exists x\ f(x)$

Ordnet man nun dem Bereich aller für die Variablen „x" zulässigen Einsetzungen ein soziales System zu, dem „f" die Bedeutung „spielt eine soziale Rolle" und dem „a" die Bedeutung „Fridolin Piepenbrink" und gilt für dies soziale System $\forall x\ f(x)$, d. h. alle Elemente des sozialen Systems spielen in ihm eine soziale Rolle, so gilt aufgrund von Axiom 1), daß auch Fridolin Piepenbrink eine soziale Rolle spielt. Aufgrund von Axiom 2) gilt dann ferner: Wenn Fridolin Piepenbrink eine soziale Rolle spielt, dann gibt es mindestens einen Träger einer sozialen Rolle in diesem System.

3.6. Eine *Zuordnungs*-D beruht entweder auf einer axiomatischen D: ein Ausdruck wird dadurch definiert, daß er dem Funktor eines axiomatischen Systems zugeordnet wird; oder ein Ausdruck wird einem Ausdruck zugeordnet, der Bestandteil eines Gesetzes oder Regelwerkes ist. Beispiel: Unter „Arzt" wollen wir eine Person verstehen, die eine für die Bundesrepublik Deutschland gültige ärztliche Approbation hat.

3.7. Die *bedingte* D war zeitweise zwar umstritten, hat sich jedoch als unentbehrlich erwiesen für die D sog. Dispositionsprädikate. Es handelt sich um eine implizite D, bei der im definiens zunächst einige Voraussetzungen angegeben und dann durch Implikation mit der Aussage über das Eintreffen einer bestimmten Eigenschaft verbunden werden: Beispiel: Blei ist schmelzbar = df a ist ein Stück Blei $\wedge$ a wird bei atmosphärischen Druck auf 328°C erhitzt $\to$ a geht in flüssigen Aggregatzustand über. (Es muß hier angemerkt werden, daß es sich, da hier eine Implikation vorliegt, nicht um notwendige, sondern um hinreichende Bedingungen handelt: Blei könnte evtl. auch noch unter anderen Bedingungen schmelzen. Es genügt jedoch, überhaupt Bedingungen anzugeben, unter denen es schmilzt, um „schmelzbar" zu definieren. Und das gilt ähnlich so für die meisten Dispositionsprädikate.)

3.8. *Genetische Definition*: Erklären einer Sache durch Angabe ihrer Entstehung. Beispiel: Nebel entsteht, wenn mit Wasserdampf gesättigte Luft abgekühlt wird.

3.9. Eine *Final*-D oder *Zweck*-D erklärt eine Sache durch Angabe ihres Zweckes. Beispiel: Ein Köcher ist ein längliches, an einer Schmalseite offenes Behältnis, das zur Aufbewahrung von Pfeilen dient.

4. Definitionsregeln

4.1. Grundbegriffe (wie z. B. Punkt, Begriff) können nicht präzise definiert werden. Sie lassen sich jedoch durch eine Umschreibung erläutern.

4.2. Eine D soll adäquat sein, d. h. nicht zu eng und nicht zu weit. Beispiele:
Zu eng wäre: „Arbeitnehmer = df Lohnarbeiter" — denn auch Angestellte und Beamte sind Arbeitnehmer. Zu weit wäre: „Arbeitnehmer = df jeder der Arbeit leistet" — denn auch Angehörige der freien Berufe und manche Unternehmer leisten Arbeit.

4.3. Eine D darf nicht zirkelhaft sein, wie z. B.: „Rotation liegt vor, wenn etwas um eine Achse rotiert".

4.4. D sollen klar sein, d. h. die Ausdrücke im definiens müssen bereits bekannt sein oder leicht erklärt werden können. Beispiel:
„Ein „Intersector" ist ein Propositionalfunktor, der die Nicht-Leerheit der vier Quadranten besagt". Hier ist unklar, daß mit „Propositionalfunktor" ein aussage-erzeugender Funktor gemeint ist und daß mit den „vier Quadranten" die vier möglichen Durchschnittsmengen zwischen zwei Mengen und ihren Komplementen gemeint sind.
     Sie dürfen auf keinen Fall so unbestimmte Ausdrücke enthalten wie z. B. in der D: „Ein Gerücht liegt vor, wenn irgendwer irgendwie irgendwas über irgendwen äußert."

4.5. D sollen präzise sein, d. h. nicht unscharf abgegrenzte oder mehrdeutig gebrauchte Bestimmungen enthalten, wie in dem Beispiel:
„Dodekaeder = df geometrisches Gebilde, das von zwölf gleichartigen geometrischen Gebilden begrenzt wird, die selber fünffach gleichartig sind." Mit „geometrisches Gebilde" ist beim ersten Auftreten gemeint „geometrischer Körper", beim zweiten Auftreten „geometrische Fläche". „Gleichartig" meint im ersten Falle, daß es sich in allen zwölf Fällen stets um Fünfecke handelt, im zweiten Fall, daß die fünf Seiten gleich lang sein sollen.
     D sollen auch nicht in poetische Bilder ausweichen wie z. B. in dem Beispiel:
„Architektur = df gefrorene Musik."

4.6. D sollen im *definiens* tunlichst negative Bestimmungen vermeiden, also nicht etwa lauten: „geistig = df etwas, das nicht körperlich, nicht räumlich, nicht zeitlich ist".

4.7. D sollen möglichst einfach sein, d. h. überflüssige Zutaten vermeiden, also nicht lauten wie z. B.: „Quadrat = df Viereck, das rechteckig ist, gleiche Seiten und gleiche Diagonalen hat, die sich rechtwinklig schneiden".

5.   Grenzfälle von Definitionen

5.1. Es läßt sich keineswegs alles definieren — das müßte dann ja zu Zirkeldefinitionen führen. Einmal sind die Grundbegriffe eines jeden Systems nicht definierbar; doch man kann deshalb sehr wohl plausibel machen, worum es geht, kann Erklärungen (siehe 4.2.), Beispiele, Gegensätze, Vergleiche zu Hilfe nehmen. Zum anderen gibt es Begriffe, die so unscharf abgegrenzt sind, daß sie sich einer präzisen Definition entziehen. Nach dem Paradebeispiel „Gemüse" hierfür nennt man sie mit Bocheński „gemüseartige Begriffe".

5.2. Vorstufe oder Ersatz für eine D ist häufig die Erklärung eines Wortes. In der modernen Wissenschaftstheorie tritt „Erklärung" nur im Zusammenhang mit Ereignissen auf: diese werden als Folge aus allgemeinen Gesetzen unter bestimmten Rahmenbedingungen erklärt. Bei der Erklärung eines Wortes dagegen nimmt man häufig auf seine Etymologie und sprachgeschichtliche Entwicklung Bezug und sucht durch Beispiele seine Anwendungsweisen darzulegen. Evtl. nennt man auch Gegensätze (vgl. das Beispiel zu 1.3.) oder zieht Vergleiche. Beispiel: „Diathermität eines Körpers ist das bzgl. der Wärmestrahlung was Durchsichtigkeit bzgl. des Lichtes ist".

5.3. Eine Beschreibung besteht in einer Aufzählung der äußeren Merkmale einer Sache, die so weit gehen sollte, daß man die beschriebene Sache wiedererkennen kann. Eine emotional gefärbte Beschreibung nennt man auch Schilderung.

5.4. Ein Tatbestandsbericht bezieht sich auf einen bestimmten Sachverhalt oder ein Ereignis anhand der Antwort auf die Fragen: Wann? Wo? Wer? Was? Wie? evtl., auch noch: Wodurch? und Wozu? Beispiel:
„Am 17. Juni 1986 um 20.17 Uhr auf der B 236 am südlichen Ortseingang Dortmund, fuhr ein gelber VW-Golf mit Kennzeichen C-D 77 gegen das Ortsschild an der rechten Seite der Straße mit ca. 60 km/h Geschwindigkeit, um einem plötzlich von links aus dem Wald auf die Straße torkelnden Betrunkenen auszuweichen".

5.5. Die Erörterung oder Exposition eines Begriffes will seine Stellung in einem begrifflichen System diskutieren.

5.6. Eine *Verschärfungs*-D benutzt man, wenn man den sonst üblichen Sprachgebrauch eines Begriffes auf ein spezielles Gebiet einengen will. Beispiel:

„Sozialer Konflikt = df Konflikt, der darauf beruht, daß die Kontrahenten zu verschiedenen sozialen Gruppen (Schichten, Systemen) gehören".

5.7. Oft hat man für einen bestimmten Gegenstand noch kein passendes Begriffswort. Dann kann man sich helfen, indem man aus einem anderen Gebiet ein Wort für eine ähnliche Gegebenheit nimmt und in der D die abweichende Bedeutung klar macht. Man spricht dann von einer *korrektiven* D oder auch von einer Verbesserungs-D-Beispiel: „Blume des Weines = df Inbegriff aller der ausströmenden Düfte eines Weines, die die Geruchsnerven positiv affizieren".

6. Bewertung

Jede solide Wissenschaft sollte ihre relevanten Begriffe möglichst exakt definieren. Aber auch bei allen fruchtbaren Diskussionen ist es wichtig, daß zumindest die entscheidenden Begriffe, um die es geht, definitorisch geklärt werden. Andrerseits erübrigen sich D für Begriffe, die unstreitig klar sind.

7. Literatur (in Auswahl)

Dubislav, W. (1981) *Die Definition*, Hamburg.

Essler, W. K. (1970) *Wissenschaftstheorie I*, Freiburg.

Menne, Albert (1981) *Einführung in die Logik*, 3. Aufl., München.

Menne, Albert (1984) *Einführung in die Methodologie*, 2. Aufl., Darmstadt.

Moser, S. (1935) *Zur Lehre von der Definition bei Aristoteles*, Innsbruck.

Rickert, H. (1920) *Zur Lehre von der Definition*, 2. Aufl., Tübingen.

Robinson, R. (1965) *Definition*, 4th. ed., Oxford.

Savigny, Eike von (1970) *Grundkurs im wissenschaftlichen Definieren*, München.

Stegmüller, W. (1969) *Probleme und Resultate der Wissenschaftstheorie und Analytischen Philosophie*, 1, Berlin (West).

Albert Menne, Bochum
(Bundesrepublik Deutschland)

5. Beschreibung — Erklärung

1. Wissenschaftstheoriegeschichtliche Einleitung

Überblickt man die Vielfalt jener institutionell verfaßten menschlichen Tätigkeiten, die als 'empirische' oder 'Erfahrungswissenschaften' bezeichnet zu werden pflegen, so hebt man gewöhnlich zwei unmittelbare Zwecke hervor, deretwegen diese Tätigkeiten unternommen werden, nämlich bestimmte Ausschnitte der menschlichen Erfahrungswelt systematisch zu beschreiben und methodisch zu erklären. Dieses Interesse an systematischer *Beschreibung* und methodischer *Erklärung* kann sich auf zwei verschiedene Gegenstandsbereiche beziehen: einmal auf Sachverhalte (vor allem Zustände, Ereignisse, Verläufe), die die menschlichem Handeln voraus- und zugrundeliegende sogenannte 'Natur' betreffen, sei sie nun schon vom Menschen bearbeitet oder auch nicht, sei sie menschliche oder nichtmenschliche Natur; zum anderen kann sie sich auf die Handlungswelt des Menschen selbst beziehen, auf ihre Entwicklungen und Hervorbringungen. Im einen Fall sind wir gewohnt, von 'Naturwissenschaften' zu sprechen; im anderen Fall steht uns kein umfassender und allgemein gebräuchlicher Terminus zur Verfügung. Je nach weltanschaulichem oder wissenschaftstheoretischem Standort bevorzugt man die Bezeichnungen 'Kultur-', 'Human-' oder 'Geisteswissenschaften', oder man gliedert diesen Bereich, ohne ihm einen eigenen Namen zu geben, in die Sprach-, die Geschichts- und die Sozialwissenschaften auf, wobei man Überschneidungen in Kauf nimmt, oder man konfrontiert die 'erklärenden' (Natur-)Wissenschaften mit den 'verstehenden' (Geistes-)Wissenschaften, die man dann auch — wenigstens im deutschen Sprachraum — als 'hermeneutische' Wissenschaften zu bezeichnen sich gewöhnt hat, um hervorzuheben, daß sich diese Disziplinen im Unterschied zu den 'erklärenden' — wobei man häufig *Erklärung* kurzerhand mit *'Kausalerklärung'* gleichsetzt — durch eigene Verfahrensweisen auszeichnen. — Die methodologische Dichotomie von *Erklären* und *Verstehen* geht auf Droysen (1868) zurück und wurde später von Dilthey (1883; 1894; 1920) systematisch ausgearbeitet. Für Dilthey ist Erklärung das Verfahren der Naturwissenschaften, für Erfahrungsgegebenheiten Ursachen zu finden. Da der Kausalzusammenhang zwischen Phänomenen aber nicht selbst gegeben sei, sondern eine Konstruktion des Verstandes darstelle, könne er ihnen nur hypothetisch unterlegt werden. Im Unterschied hierzu bedarf nach Dilthey das Verstehen als Verfahren der Geisteswissenschaften keiner "hypothetischen Erklärung", weil ihnen ihr Gegenstand — gegenwärtige und vergangene Lebens- und Erlebenszusammenhänge — unmittelbar und ursprünglich gegeben sei und als solcher unmittelbar verstanden werden könne. Diltheys Entgegensetzung von Erklären und Verstehen entstand in Auseinandersetzung mit der Unterscheidung Windelbands (1892; 1894) zwischen dem „nomothetischen", das Allgemeine aufgrund von Gesetzen erklärenden Verfahren der Naturwissenschaften und dem „idiographischen", das Einzelne und Besondere beschreibenden Verfahren der Kulturwissenschaften und mit der Unterscheidung Rikkerts (1896) zwischen der „generalisierenden" Methode der Naturwissenschaften und der „individualisierenden" der Geschichtswissenschaften. Demgegenüber betont Dilthey, daß auch die Geistes- und Geschichtswissenschaften das Allgemeine und Gleichförmige zu erfassen suchen, allerdings nicht losgelöst vom EInzelnen und Besonderen, sondern aus dem Zusammenhang heraus, in dem es steht. — Nicht um den Begriff der Beschreibung, sondern um den der Erklärung dreht sich also vor allem der methodologische Streit in den Wissenschaften und der philosophischen Wissenschaftstheorie seit der Mitte des vorigen Jahrhunderts, seit Comte (1830 – 1842; 1844) und Mill (1843) die methodischen Ansprüche der formalen und messenden Wissenschaften wie der Mathematik und mathematischen Physik zum Kriterium für wissenschaftliche

Rationalität überhaupt erhoben, womit, wie Comte formulierte, die Menschheit endlich aus dem theologischen und dem metaphysischen Stadium ihrer Entwicklung in das 'positive' eintrete (daher die Bezeichnung 'Positivismus' für die Vorstellung eines an den Formal- und Naturwissenschaften orientierten methodologischen Monismus für wissenschaftliches Vorgehen schlechthin, heute in Anlehnung an die Bedeutung des angelsächsischen 'science' im Sinne von 'Naturwissenschaft' manchmal auch als 'Szientismus' apostrophiert). Die nachidealistische deutsche Wissenschaftslehre sowohl der historisch-philologischen Disziplinen (Droysen, Dilthey) als auch der Sozialwissenschaften (Simmel, M. Weber) stellten dem derart positivistisch verengten Erklärungsbegriff einen Verstehensbegriff gegenüber, der das theoretische Übersehen und Vergessen der Dimension der Intention und des Handelns in den Naturwissenschaften durch die positivistische Wissenschaftslehre teilweise mitmacht und so eine undialektische Entgegensetzung von Natur- und Kulturwissenschaften zu befestigen hilft. Dieser Dichotomie von Erklären und Verstehen widerspricht nicht nur die Einsicht in die begriffslogische Abhängigkeit des naturwissenschaftlichen Kausalbegriffs vom Handlungsbegriff (vgl. von Wright 1971; 1974), sondern auch die wissenschaftliche Praxis, die Erklären und Verstehen, aber auch Erklären und Beschreiben nicht strikt voneinander trennt. Zudem läßt sich von fast jeder Erklärung sagen, sie fördere unser Verstehen, gleichgültig, ob sie kausal, funktional, final oder intentional ist. Allerdings hat 'Verstehen' noch einen psychologischen Beiklang, der einige der Methodologen der deutenden Wissenschaften zu einer psychologistischen Hermeneutik verführt hat, insofern sie auch für ein methodisch geleitetes Verstehen die Notwendigkeit von 'Einfühlung', 'Einstimmung' und eines 'Sich-Hineinversetzens' oder 'Sich-Einlebens' in die 'Gedanken- und Gefühlswelt' einer Person, geistigen Strömung, Bewegung, Epoche oder Kultur behaupteten. Diese psychologistische Note der traditionellen Hermeneutik hat bei den sich an den 'objektiven' Methoden der Naturwissenschaften orientierenden Methodologen und Wissenschaftstheoretikern häufig zu einer generellen Ablehnung deutender Methoden geführt und Veranlassung gegeben, Erklärung auf Kausal- und Funktionalerklärung einzuschränken, wobei man übersah, daß Wissenschaften, die menschliches Handeln, seine Ergebnisse und sozialen Folgen erforschen, ohne Beschreibung ('Deutung') zunächst seiner 'Gestalt', dann seiner Regelgeleitetheit und Zweckgerichtetheit, schließlich gegebenenfalls seiner institutionellen Verfaßtheit — kurz: seiner Intentionalität und seiner Institutionalität — nicht auskommen können (dazu ausführlicher Abschnitt 6).

2. Beschreiben und Erklären in den Sprachwissenschaften

Die Sprachtätigkeit ist eine weithin durch syntaktische und semantische Regeln (vgl. Artikel 6, 112—115) geleitete Tätigkeit. Diese Regeln nehmen zum Teil auf den Aufbau, die Konfiguration der sprachlichen Ausdrücke, zum Teil auf ihre Bedeutungsart, ihre semantische Kategorie, zum Teil auf Situationen, in die ihr Gebrauch jeweils eingelassen ist, Bezug. So ist etwa zwischen der Wohlgeformtheit eines sprachlichen Ausdrucks, für sich betrachtet, und der Wohlgeformtheit einer sprachlichen Äußerung in einer bestimmten Situation zu unterscheiden. Diese Regeln lehren somit, korrekte von inkorrekten sprachlichen Kompositionen zu unterscheiden, und sie geben für solche Unterscheidungen eine Beschreibung. Darüber hinaus beschreiben und normieren sie teilweise zugleich Anwendungssituationen für die Geltung von paradigmatisch oder formal gekennzeichneten syntaktischen Sprachmustern. Um von der Beschreibung solcher Anwendungssituationen einen richtigen Gebrauch zu machen, muß der Sinn der Worte in der Beschreibung bereits gekannt sein: Man muß z. B. wissen, was es heißt, einen Ausdruck als Personennamen zu verwenden. In anderen Fällen, bei reinen Kasus-Regeln etwa, mag das Richtige im wesentlichen figürlich, z. B. an den Wortendungen, identifiziert werden. Insofern kann man sagen, daß die Regeln einer Sprache in rein formale und in semantisch gestützte Regeln zerfallen. In beiden Fällen wird von einer genau formulierten Grammatik erwartet, daß die in ihr beschriebenen Regeln ihre Anwendungssituationen ebenso wie die Ergebnisse ihrer Befolgung *genau* festlegen; denn eine Regel, bei der sich nicht jederzeit kontrollieren läßt, ob sie richtig befolgt wird, würde den Namen einer Regel nicht verdienen. Dabei ist jedoch zu beachten, daß die genaue Befolgbarkeit (die sogenannte 'Exaktheit') der Regeln nicht mit der genauen Beschreibung der sprachlichen Praxis durch sie identisch ist. Diese Erwartung von Exaktheit in den durch Regeln getroffenen Festlegungen ist aber für die Sprachpraxis nicht typisch, sondern kennzeichnet auch andere Fälle geregelter Praxis, z. B. Spielregeln, Institutionen konstituierende Regeln oder technische Normen. — Beschränkt man die Betrachtung sprachlicher Bedeutungen auf jene Auskünfte, wie sie in einem Lexikon oder einer Grammatik vorkommen, dann läßt sich sagen, daß grammatische Deutungsregeln und lexikalische Bedeutungserklärungen eine *Beschreibung* der lexikalisch-grammatischen Bedeutung sprachlicher komplexer Ausdrücke liefern, die sich dann zu einer *allgemeinen* Beschreibung von typischen Gebrauchsweisen komplexer Ausdrücke, besonders von Sätzen, zusammensetzen. Die Rede von der 'Zusammensetzung' der Sätze und Satzbedeutungen gehört somit zunächst zur Sprachbeschreibung. Ihr sind die Bedeutungen als Gegenstand und zur Kontrolle der Angemessenheit der Beschreibung als Faktum bereits vorgegeben, allerdings nicht invariabel (vgl. Artikel 112, 113). Die Art der Beschreibung bringt den Gegenstand auf eine bestimmte Weise zur Darstellung. Ob sie angemessen, richtig oder falsch ist, bestimmt sich zum einen aus den Zwecken der Darstellungsweise, zum anderen aus dem dargestellten Gegenstand. Auch bei einer unter diesen Hinsichten angemessenen oder richtigen Beschreibung lassen sich noch die Eigenschaften, die der Gegenstand in einer bestimmten Darstellung zeigt, von der Art und Weise unterscheiden, wie er in direktem Umgang begegnet, falls ein solch direkter Zugang gegeben ist. Ansonsten läßt sich nur auf die begriffslogische Tatsache anderer Beschreibungsmöglichkeiten aufmerksam machen und von der einen auf eine andere verweisen.

3. Zur begrifflichen Grammatik des Beschreibens und Erklärens

Verständnisprobleme bei Beschreibungen oder Darstellungen haben vor allem zwei Gründe: der erste Grund kann der sein, daß der Ort des Dargestellten in der Darstellung selbst unklar ist. In diesem Fall ist eine geeignete Übersicht über den Zusammenhang der Darstellung zu gewinnen; gelingt dies, so bezeichnet man diese Übersicht häufig als '*interne Erklärung*'. Erklärungen dieser Art unterrichten also über die begriffslogische Grammatik der Darstellung. Der zweite Grund besteht darin, daß man sich mit seinem Erklärungsbedürfnis noch auf der Suche

nach einer angemessenen Darstellung befindet, die das Verständnisproblem zur Ruhe
bringt. Das Erklärungsproblem ist hier gewissermaßen 'extern', das heißt, daß sich der
nach seiner Lösung Verlangende mit ihm
noch nicht innerhalb einer bestimmten Darstellung bewegt. Eine scharfe Grenze zwischen externen und internen Erklärungsfra-
gen ist damit allerdings nicht gezogen, im
vorhinein aber oft auch nicht möglich und
erforderlich; denn es kann gegebenenfalls um
einen für bestimmte Zwecke notwendigen
Wechsel der Darstellung gehen, weil sich das
fragliche Problem nicht innerhalb der selbst
zum Problem gehörenden Darstellung lösen
läßt. Eine neue, angemessener erscheinende
Darstellung kann dann als Antwort auf das
Verständnisproblem gelten, weil es zu neuer
Orientierung, zu Übersichtlichkeit verhilft.
Dies mag der Grund sein, weshalb häufig
die bloße Angabe einer solchen Darstellung
ebenfalls 'Erklärung' genannt wird. Gute Beschreibungen leisten nämlich häufig dies, das
Phänomen, den Gegenstand der Bescheibung
an den richtigen Ort, in den rechten Kontext
zu stellen. Wir verstehen dann den Zusammenhang, und insofern ist unser Wunsch, eine
Erklärung zu erhalten, befriedigt. Auch Kausalerklärungen lassen sich so verstehen: Sie
befriedigen das Bedürfnis danach, den Zusammenhang zwischen unserem Handeln und
den Naturereignissen zu erkennen (siehe Abschnitt 5). Nicht anders die begriffslogische
Erklärung: Sie macht nur auf den Sitz der
Begriffe in typischen Situationen unserer
Sprache und Praxis aufmerksam und sucht
ihn möglichst gut zu kennzeichnen. Insofern
dienen Erklärungen häufig der Einordnung
eines Gegenstandes, Satzes oder Ereignisses
in Geschehens-, Handlungs-, Motivations-
oder sonstige Verständniszusammenhänge, so
daß, metaphorisch gesprochen, Erklärungen
häufig als Einordnung eines Teiles in das
Ganze erscheinen. In den Humanwissenschaften sind es vor allem Orientierungszu-
sammenhänge, die für Handlungserklärungen herangezogen werden: die Zwecke oder
Ziele, denen ein Handeln dient, die Regeln
und Maximen, denen es folgt, die Einstellungen und Gewohnheiten, denen es gehorcht,
usw. Erklärungen, die etwas in verläßlich
geordnete Abläufe natürlicher, aber auch institutioneller Art hineinstellen, zeigen, daß
ein Ereignis nicht zufällig auftritt, sondern
einem Gesetz oder einer Regel gemäß erfolgt.
In logischen oder mathematischen Zusammenhängen führen Erklärungen — 'Beweise'

genannt — vor Augen, warum ein bestimmter
Zusammenhang bestehen *muß*, warum z. B.
eine bestimmte Aussageform wahr sein *muß*.
In all diesen sehr verschiedenen Fällen wird
das Wort 'Erklärung' benutzt. Außerdem
wurde deutlich, daß auch die verschiedensten
Weisen der Beschreibung, in jeweils angemessener Form ausgeführt, häufig das Bedürfnis
nach Erklärung vollauf befriedigen. Insofern
gibt es keine strikte Trennung von Beschreibungen und Erklärungen (etwa in der Scheidung der Fragen danach, *was* der Fall ist,
und danach, *warum* es der Fall ist). Ähnlich
leisten übersichtliche und in diesem Sinne
treffende, 'genaue' Beschreibungen häufig —
worauf in Abschnitt 2 hingewiesen wurde —
den entscheidenden Beitrag zum *Verstehen*
eines Sachverhaltes. Eine kritische Reflexion
auf die Vielfalt der Verwendung der Ausdrücke 'Beschreiben', 'Erklären' und 'Verstehen' zeigt ihre mannigfaltige Verzahnung miteinander in Bedeutung und Gebrauch. Insofern ist die Scheidung der Wissenschaften in
beschreibende, erklärende und verstehende
(deutende) zu einem guten Teil artifiziell. Die
Unterschiede zwischen den wissenschaftlichen Disziplinen rühren eher von der Verschiedenheit ihrer Gegenstände, die zu beschreiben, zu erklären und zu verstehen sind,
und von der Unterschiedlichkeit der je nach
Gegenstand und Untersuchungszweck angewandten Beschreibungs-, Erklärungs- und
Verstehens*methoden* her als von Unterschieden zwischen den *Begriffen* des Beschreibens,
Erklärens und Verstehens. — Im folgenden
sollen aus der Vielzahl möglicher Erklärungsmodelle und -arten, die in wissenschaftstheoretischen Standardwerken behandelt werden
(vgl. Essler 1970—1979; Nagel 1961; Stegmüller 1969), die beiden prominentesten und
meist diskutierten dargelegt werden, nämlich
im folgenden Abschnitt 4 das für die Naturwissenschaften als zentral angesehene *deduk-
tiv-nomologische Erklärungsschema* — abgekürzt: *DN-Schema* — und in Abschnitt 7 das
für die Handlungswissenschaften maßge-
bende *intentionalistische Erklärungsschema*
zweckrationalen Handelns, das, erstmals
durch von Wright ausgearbeitet, auf den ari-
stotelischen Praktischen Syllogismus zurückgeht und deshalb abgekürzt als 'PS-Schema'
der Handlungserklärung bezeichnet wird
(vgl. Artikel 8). Die Abschnitte 5 und 6, die
die Eigenart des Kausal- und des Handlungsbegriffs näher bedenken und die begriffslogische Abhängigkeit des ersteren von letzterem
deutlich machen, lassen die Priorität der

praktischen Orientierung des Menschen vor der theoretischen, die der Handlungswissenschaften vor den Naturwissenschaften sichtbar werden.

4. Das DN-Modell der naturwissenschaftlichen Erklärung

Die moderne analytische Wissenschaftstheorie – auch 'Logischer Empirismus' oder 'Neopositivismus' genannt – orientiert sich weitgehend an den sogenannten 'exakten' Wissenschaften: der Logik, Mathematik und Physik. Sie erhebt die hier herrschenden methodischen Standards zum methodologischen Ideal, an dem der Entwicklungsstand aller anderen Wissenschaften gemessen wird. Das Ziel wissenschaftlichen Bemühens erblickt sie in einer bestimmten Weise des Erklärens von singulären Ereignissen durch Gesetze und von Einzelgesetzen durch umfassendere Gesetze, wobei sie die Erklärung von Gesetzen häufig als Fall mit schwächeren Voraussetzungen betrachtet, weil Gesetze keiner Spezifizierung auf einen einzigen Anwendungsfall durch die Angabe von singulären Situationsbedingungen bedürfen. Die möglichst genaue Beschreibung eines Sachverhalts wird von ihr als notwendige, aber nicht hinreichende Voraussetzung seiner Erklärung angesehen. Während die Beschreibung lediglich die Frage beantwortet, *was* der Fall ist (war oder sein wird), antwortet die Erklärung auf die entsprechende *Warum*-Frage. Für die analytische Auffassung ist charakteristisch, daß sie wissenschaftliches Erklären mit der Erkenntnis der gesetzmäßigen Zusammenhänge zwischen Einzeltatsachen und der Ableitung solcher Gesetzlichkeiten aus allgemeineren Gesetzen identifiziert. – Popper hat nach Vorläufern (z. B. J. S. Mill, W. S. Jevons, C. J. Ducasse) in *Logik der Forschung* (1935) als erster die Vorstellung ausgearbeitet, eine wissenschaftliche 'Kausal'-Erklärung bestehe in einer logischen Ableitung: Ein bestimmter Vorgang werde 'kausal' erklärt, indem ein ihn beschreibender Satz aus Sätzen über allgemeine Gesetze oder Gesetzeshypothesen und singuläre Ausgangsbedingungen logisch abgeleitet wird. Diese Vorstellung wurde von Hempel und Oppenheim (1948) systematisiert. Das nach ihnen benannte Schema der Erklärung – 'HO-Schema' – bezeichnet man auch als *deduktiv-nomologisches Erklärungsschema* oder als 'covering law-Modell' bzw. als 'Subsumptionstheorie' der Erklärung. Nach diesem Modell besteht jede Erklä-

rung in der logischen Ableitung jenes Satzes, der das zu erklärende Ereignis beschreibt – dieser Satz wird *'Explanandum'* und das von ihm beschriebene Ereignis *'Explanandum-Ereignis'* genannt –, aus Sätzen, die allgemeine Gesetzesaussagen oder -hypothesen formulieren, und aus Sätzen, die die spezifischen Anfangs- oder *Antecedensbedingungen* – das sogenannte *'Antecedensereignis'* – beschreiben (wozu auch Annahmen über konstante Randbedingungen gehören), wodurch die konkreten Bedingungen spezifiziert werden, die den vorliegenden Fall charakterisieren. Die Antecedensbedingungen und die Gesetze stellen zusammen das sogenannte *'Explanans'* dar.

$$\begin{array}{l} \textit{Explanans} \left\{ \begin{array}{ll} \text{Antecedensbedingungen} & A_1, A_2, ..., A_m \\ \text{Gesetze(shypothesen)} & G_1, G_2, ..., G_n \end{array} \right. \\ \text{Deduktionsschritt} \qquad\qquad\qquad\qquad \overline{} \\ \text{Explanandum} \qquad\qquad\qquad\qquad\quad E \end{array}$$

Wenn anstelle von mindestens einem 'deterministischen' oder 'Kausal'-Gesetz ein nur statistisch (probabilistisch) gültiges Gesetz (*'Wahrscheinlichkeitsgesetz'*) auftritt, so handelt es sich bei dem sich ergebenden Erklärungsschema nicht mehr um ein deduktiv-nomologisches, sondern um ein *deduktiv-statistisches Schema*. Die *deduktiv-statistische Erklärung* liefert keine Erklärung *bestimmter* Ereignisse, weil die logische Verknüpfung von *Explanans* und *Explanandum* hier einen *generellen* Satz erfordert, der in diesem Fall aber nur statistischer Art ist. Doch möchte der Natur- und Sozialwissenschaftler auch aufgrund nur statistischer Gesetze und Theorien Einzelereignisse erklären und voraussagen. Dies kann aber aufgrund der (mindestens teilweise) bloß wahrscheinlichen Gültigkeit der verfügbaren Gesetze oder Hypothesen nicht mehr mit (logischer) Gewißheit, sondern nur noch mit einer bestimmten Wahrscheinlichkeit geschehen. In diesem Fall ist die logische Folgerungsbeziehung zwischen *Explanans* und *Explanandum* auf eine Folgerungsbeziehung von mehr oder weniger großer Wahrscheinlichkeit geschrumpft; das *Explanandum*-Ereignis erfährt nur einen bestimmten Grad von Bestätigung, den Hempel als 'induktive Bestätigung' und die entsprechende Erklärung als *'induktiv-statistische Erklärung'* (abgekürzt: 'IS-Erklärung') bezeichnet (zur Problematik statistischer Erklärung von Ereignissen vgl. Stegmüller 1969, Kap. IX). Geht man davon aus, daß eigentliche Erklärungen nur *Kausalerklärungen* sein können, dann *erklärt* eine sogenannte *'statistische Erklärung'* das Eintreten eines Ereignisses nicht wirklich, weil sie für es nur ein Wahrscheinlichkeitsargument bereithält. Statt von 'Erklärung' wäre lediglich von '(stärkerer oder schwächerer) Begründung' zu sprechen, und zwar von der Begründung dafür, warum es (mehr oder weniger) vernünftig ist bzw. war, das fragliche Ereignis E zu erwarten, oder kürzer: warum E zu erwarten ist bzw. war. — Zur Ausschaltung von Schein- und Zirkelerklärungen in DN-Schemata forderten Hempel und Oppenheim die Erfüllung bestimmter Adäquatheitsbedingungen, auf die hier nicht näher eingegangen werden kann (vgl. Stegmüller 1969, 86—90). Ihre Diskussion und die in ihrem Verlauf vorgeschlagenen Präzisierungen ergaben jedoch, daß nicht alle Schein- und Zirkelerklärungen ausgeschlossen werden können (dazu Stegmüller 1969, Kap. X). Dies bedeutet jedoch nicht, daß DN-Erklärungen unmöglich sind, z. B. deshalb, weil alle wissenschaftlichen Gesetze oder Gesetzeshypothesen induktiv gewonnen seien. Es ist vielmehr zu betonen, daß Voraussetzung und Benutzung von gegebenenfalls induktiv gewonnenen Gesetzeshypothesen im Explanans einer DN-Erklärung diese nicht entwerten oder überflüssig machen. Allerdings scheitern beabsichtigte DN-Erklärungen häufig trivialerweise daran, daß die Explanans-Angaben unvollständig sind. — Der Naturwissenschaftler beabsichtigt gewöhnlich nicht nur eine Erklärung vorliegender oder vergangener Ereignisse und Ereignisfolgen, sondern auch die Voraussage zukünftiger Geschehnisse. Die Frage entsteht nun, ob die logisch-begriffliche Struktur von Erklärungen und Voraussagen gleichartig ist. Sie ist dahingehend zu beantworten, daß adäquate Erklärungen zwar potentielle Prognosen darstellen, nicht aber umgekehrt begründete Prognosen im strengen Sinn als Erklärungen angesehen werden können, weil Begründungen für Prognosen schon dann rational sein können, wenn sie als Erklärungsgründe nicht in Frage kommen, und vor allem aber, weil menschliches Erkennen kein absolutes Wissen über die Vollständigkeit der Voraussagebedingungen gewinnen kann (ausführlicher zur strukturellen Gleichheitsthese Stegmüller 1969, Kap. II).

5.   Gesetzlichkeit und Regelmäßigkeit

Ein weiteres noch nicht völlig gelöstes Problem der Erklärung in den Natur- und Sozialwissenschaften stellt die Notwendigkeit dar, echte Gesetze von Sätzen über kontingente empirische Regelmäßigkeiten zu unterschei-

den (vgl. Stegmüller 1969, Kap. V). Zu seiner Lösung hat von Wright einen plausiblen Ansatz geliefert (1971; 1974). Danach setzt die Unterscheidung zwischen gesetzlicher, 'nomischer' Regelhaftigkeit und zufälliger, 'akzidenteller' Regelmäßigkeit die angemessene Einführung und Explikation des Begriffs der (Wirk-)Ursache voraus, der wiederum den der Handlung voraussetzt, näherhin den des *verursachenden* Handelns im hier relevanten Kontext der unter anderem durch experimentelles Handeln charakterisierbaren Natur- und teilweise auch Sozialwissenschaften. Den so gewonnenen Begriff der Ursache bezeichnet von Wright als „aktionistisch" bzw. als „experimentalistisch"; er wäre wohl angemessener „interventionalistisch" zu nennen (vgl. Schneider 1978; Tuomela 1974). Der Ansatz von Wrights sei kurz skizziert: Die menschliche Fähigkeit zu handeln läßt sich verstehen als das Vermögen, von sich aus nach Belieben in den Lauf der Dinge einzugreifen, so daß anderes geschieht als ohne diesen Eingriff. Damit dies der Fall ist und erkannt werden kann, muß der Handelnde ein Wissen um den natürlichen Ablauf der Ereignisse in der Welt unabhängig vom eigenen Eingreifen haben. Im Begriff der Handlung ist somit ein Vergleich oder Kontrast zwischen dem Zustand, der aus der Handlung resultiert, und dem anderen Zustand eingeschlossen, der sich ergeben hätte, wäre die Handlung nicht vollzogen worden. Von Wright nennt den Gegenstand dieser impliziten Bezugnahme einer jeden Handlung ihr „kontrafaktisches Element" (1974, 39), das in irrealen Konditionalsätzen zum Ausdruck gebracht werden kann. Nun läßt sich Kontrafaktisches, Irreales empirisch nicht unmittelbar bewahrheiten; man kann also von ihm kein durch direkte Beobachtung begründetes Wissen haben. Trotzdem ist man gewöhnlich der festen Überzeugung, daß es zutrifft. Ist diese Überzeugung rational zu rechtfertigen? Worauf beruht sie? Sie gründet auf der Beobachtung und Vertrautheit mit einem bestimmten Grad von Regelmäßigkeit, den die natürlichen Abläufe zeigen. Ohne diese Regelmäßigkeit und das Wissen um sie wären wir nicht imstande, in Geschehensverläufe einzugreifen, d. h. von uns aus einen Anfang in einer Abfolge von Ereignissen zu setzen. Damit wird zweierlei deutlich: Einerseits sind kausale Beziehung und Faktoren *ontisch* gesehen unabhängig von menschlichem Handeln; andererseits sind sie *erkenntnistheoretisch* oder *begriffslogisch* gesehen von ihm abhängig. Deshalb kann (und muß) der Begriff der Ursache mit Hilfe des Handlungsbegriffs eingeführt werden. Der Begriff der Ursache beruht also auf der menschlichen Fähigkeit, in den natürlichen Ablauf der Dinge einzugreifen, diese Fähigkeit bzw. ihre Betätigung hat jedoch das Bestehen und die Kenntnis gewisser Regelmäßigkeiten im Naturgeschehen zur Voraussetzung, wobei es erkenntnistheoretisch oder begriffslogisch belanglos ist, ob diese Regelmäßigkeiten nun ihrerseits nomischer, also kausalgesetzlicher, oder bloß akzidenteller, also zufälliger Art sind. — Für ein kausal erfolgreiches Handeln ist die Kenntnis der Natur dieser Regelmäßigkeiten selbstverständlich notwendig. Der Erwerb dieser Kenntnis geschieht lebensweltlich durch quasi-experimentelles Probehandeln aufgrund mehr oder weniger expliziter Annahmen, in der Naturwissenschaft durch experimentelle Prüfung von Hypothesen und Theorien.

Den vorigen und diesen Abschnitt zusammenfassend läßt sich sagen: Was eine DN-Erklärung zu einer *Erklärung* macht, ist dies, daß sie sagt, warum *E* eintreten *mußte*, weshalb *E notwendig* war, sobald die Ausgangssituation gegeben und die relevanten Gesetze erkannt waren. Demgegenüber ist es für eine IS-'Erklärung' wesentlich, daß sie zuläßt, daß *E nicht* hätte auftreten können. Sie läßt daher Raum für die Forderung nach einer stärkeren Erklärung: Warum fand *E* in der fraglichen Situation tatsächlich statt und warum war nicht das Gegenteil der Fall? So führt eine IS- auf eine DN-Erklärung zurück. Allerdings erfordert sie starke (kausal-deterministische) Gesetze(shypothesen), die aber z. B. dem Quantenphysiker oder Sozialpsychologen nicht zur Verfügung stehen. Des weiteren ist zu betonen, daß das DN-Schema der Erklärung die Begriffe der Ursache und der Wirkung nicht verwendet. Das Schema erfaßt einen weiteren Bereich als den von Kausalerklärungen. Aber es ist fraglich, ob wirklich alle Kausalerklärungen diesem Schema entsprechen. Andererseits ist fraglich, ob es überhaupt Erklärungen zu liefern vermag, wenn die in ihm aufgeführten Gesetze keine Kausalgesetze sind. Diese Bedenken berühren nicht die Möglichkeit von Erklärungen, insbesondere von Kausalerklärungen in den Wissenschaften, wohl aber die These, solche Erklärungen ließen sich durch ein einziges, umfassendes *Schema*, etwa das DN-Modell der Erklärung, erfassen, als ob allen als 'wissenschaftlich' zu bezeichnenden Erklärungen eine bestimmte Struktur gemeinsam zu sein hätte (s. o. Abschnitt 3).

6. Die intentionalitätsabhängige Beschreibung und Erklärung von Handlungen

Die vorstehenden Ausführungen enthielten schon gelegentliche Hinweise auf die Andersartigkeit der Beschreibung und Erklärung von Handlungen und Handlungszusammenhängen im Unterschied zur Erklärung von Ereignissen und Abläufen in der Natur: Während eine naturwissenschaftliche Erklärung unter anderem vom Begriff der Wirkursächlichkeit — dem üblichen, eingeengten Kausalitätsbegriff — und entsprechend von dem des Kausalgesetzes Gebrauch macht, erfolgt die Handlungsbeschreibung und -erklärung mit Bezugnahme auf den Begriff der Intentionalität bzw. der Ziel- oder Zweckursächlichkeit. Eine solche Erklärung wird denn auch üblicherweise als 'intentionalistisch', 'finalistisch' oder 'teleologisch' bezeichnet. Bevor auf Erklärungsmodelle für Handlungen eingegangen wird, sei die Möglichkeit ihrer Beschreibung erörtert. Die Beschreibung ('Deutung') der 'Gestalt' eines Handlungs- oder Tätigkeitsvollzugs geschieht durch die Angabe des ihm zugrundeliegenden Handlungs- oder Tätigkeitsschemas (act type, generic act, act-category), das durch die fragliche Handlung oder Tätigkeit (act token, individual act, act-instance) 'aktualisiert' wird (Goldman 1970, 10—14; Kamlah/Lorenzen 1967, 58—63; Lorenz 1970; von Wright 1963, 22—27; 1968, 39—40). Diese Angabe erfolgt gewöhnlich sprachlich mit Hilfe eines Handlungs- oder Tätigkeitsprädikators (z. B. 'Fensteröffnen', 'Spazierengehen'), wobei es vom Verständnis der Gesamtsituation abhängt, welche Handlung oder Tätigkeit nun genau vorliegt. Ein Handlungszusammenhang wird dann durch die Angabe mehrerer solcher Prädikatoren und der vom Handelnden verfolgten Zwecke sowie der maßgebenden, d. h. von ihm berücksichtigten Umstände näher beschrieben und geklärt. Die richtige Beschreibung eines solchen Zusammenhangs setzt somit die Klärung der Beweggründe und Absichten des Handelnden voraus; die Beantwortung der Frage, warum er dies oder jenes getan hat, spielt eine Rolle bei der Beantwortung der Frage, was er getan hat. — Des weiteren ist die Unterscheidung zwischen *Ergebnis* und *Folge(n)* einer Handlung für das Handlungsverständnis wesentlich. Die Einführung dieser Unterscheidung läßt sich mit von Wright (1974, 68—69) am besten an die selbst wieder handlungstheoretische Unterscheidung zwischen dem *Tun* und dem *Herbeiführen* von etwas knüpfen. Indem wir bestimmte Dinge tun, führen wir andere herbei. Indem wir z. B. das Fenster öffnen, führen wir unter Ausnutzung physikalischer Gesetzlichkeiten im Zimmer einen Luftaustausch oder eine Senkung der Temperatur oder unter Ausnutzung psychischer Gegebenheiten den Wutanfall eines Arbeitskollegen herbei. Was wir so (absichtsvoll) herbeiführen, sind *Folgen* oder *Wirkungen* unserer Handlung des Fensteröffnens. Die Ursache dieser Wirkungen ist somit unsere Handlung des Fensteröffnens bzw. ihr *Ergebnis*, das darin besteht, daß das Fenster offen ist. — Das Ergebnis einer Handlung ist mit begrifflicher Notwendigkeit von ihrer Beschreibung abhängig; wird die Handlungsbeschreibung geändert, so ändert sich auch das Handlungsergebnis, und zwar aufgrund dieser begrifflichen Abhängigkeit. Ein Beispiel möge dies illustrieren. Die Beschreibung einer Handlung H_1 laute: 'x öffnet das Fenster' oder 'das Fenster wird geöffnet'; dann lautet die Beschreibung des Ergebnisses E_1 von H_1: 'das Fenster ist geöffnet (ist offen)'. Die Beschreibung einer Handlung H_2 laute: 'x ärgert seinen Arbeitskollegen y'; dann lautet die Beschreibung des Ergebnisses E_2 von H_2: 'y ärgert sich'. Ändert sich die Handlungs(ergebnis)beschreibung, so ändert sich zwar auch das, was als Folge(n) oder Wirkung(en) dieser Handlung bzw. ihres Ergebnisses in Frage kommt, aber eine Folge(nbeschreibung) ist nicht *begrifflich* von der zugehörigen Handlung(sergebnisbeschreibung) abhängig, weil der Zusammenhang zwischen einer Handlung (einem Handlungsergebnis) und ihren (seinen) Folgen nur kontingent ist, höchstens von *kausal*-notwendiger Art, und deshalb zu seiner Feststellung empirischer Erkenntnis und eventuell Forschung bedarf. Es ist somit ausgeschlossen, daß zwischen einer Handlung und ihrem Ergebnis eine kausale Abhängigkeit besteht. Aber aufgrund der Verschiedenheit bestimmter Handlungsbeschreibungen kann das, was, wie illustriert, in bezug auf die eine Beschreibung (z. B. von H_1) als Folge figuriert, in einer anderen Beschreibung (z. B. von H_2) als Ergebnis erscheinen. Ein bestimmtes Verhalten kann so unter mehrere Beschreibungen fallen, und sie alle können zutreffen. Welche Handlung man jemandem zuschreibt, hängt einmal davon ab, was man als vom Handelnden intendiertes Ergebnis ansieht, zum anderen aber auch davon, welches Ergebnis in den Augen des Beschreibenden (z. B. in bezug auf einen bestimmten institutionellen oder sozialen Kontext, der dem Handelnden verborgen sein mag) von Bedeutung ist.

7. Das PS-Modell der Erklärung zweckrationalen Handelns

In ausdrücklicher Parallele zum DN-Modell der naturwissenschaftlichen Erklärung und gleichzeitiger Abhebung von ihm hat von Wright (1971) ein Erklärungsschema für Handlungen entwickelt, das an den sogenannten *'Praktischen Syllogismus'* des Aristoteles anknüpft und Anregungen aus der jüngeren analytischen Handlungsphilosophie, vor allem Überlegungen von Anscombe (1957), aufnimmt. Im Gegensatz zu einer Kausalerklärung von Zuständen oder Ereignissen handelt es sich beim Schema des Praktischen Schließens — *'PS-Schema'* genannt — um eine intentionale Erklärung zweckrationaler Art, das heißt: Die Handlung wird erklärt durch Verweis darauf, daß sie vom Handelnden unter den gegebenen Umständen als ein gutes, angemessenes oder als das beste, angemessenste Mittel angesehen wird, um einen von ihm beabsichtigten Zweck zu verwirklichen. Das PS-Schema lautet in einer seiner möglichen Grundformen so:

> x beabsichtigt, den Zweck Z herbeizuführen.
> x glaubt, daß er Z nur dann herbeiführen kann, wenn er die Handlung H tut.
> Daher macht sich x daran, H zu tun.

Doch dieses Schema erlaubt noch keinen gültigen Schluß aus den Prämissen auf die angeführte Conclusio. Verschiedenen Einwendungen Rechnung tragend vervollständigt von Wright das Schema zu folgender Gestalt:

> x beabsichtigt von jetzt an, Z zum Zeitpunkt t herbeizuführen.
> x glaubt von jetzt an, daß er Z zur Zeit t nur dann herbeiführen kann, wenn er H nicht später als zur Zeit t' tut.
> x vergißt weder seine Absicht noch den Zeitpunkt t' noch wird er daran gehindert, H zu tun.
> Daher macht sich x nicht später als zu dem Zeitpunkt daran, H zu tun, wo er glaubt, daß t' gekommen ist.

Aber auch in dieser Form ist der *Praktische Syllogismus* noch nicht gültig; denn es kann der Fall sein, daß die Prämissen des Schlusses erfüllt sind, x sich aber trotzdem nicht daran macht, zur Zeit t' H zu tun. Dies bedeutet allerdings nur, daß das PS-Schema nicht für logisch gültige *Voraussagen* über *zukünftige* zweckrationale Handlungen eines Menschen verwandt werden kann. Als *Erklärungsschema* für *vollzogene* zweckrationale Handlungen vermag es jedoch zu dienen, weil es (wie schon das DN-Schema als Erklärungsschema für ein geschehenes Ereignis) von der Conclusio her zu lesen ist: Gegeben ist im Regelfall eine bestimmte Handlung, und gesucht werden die zu ihr gehörigen Handlungsgründe, die in der ersten und zweiten Prämisse zu formulieren sind. Zumindest im Normalfall einer Handlungserklärung zweckrationaler Art stört also nicht die besagte Unzulänglichkeit des PS-Schemas. — Zweckrationale Handlungserklärungen stellen natürlich nur *eine* mögliche Weise intentionalen Handlungsverstehens dar. Handlungen werden häufig um ihrer selbst willen, als 'Selbstzweck', oder in Übereinstimmung mit einer bestimmten Regel oder Norm, z. B. moralischer Art, vollzogen, ohne daß mit der Ausführung der Handlung ein über ihre Befolgung hinausreichender Zweck verfolgt würde. In solchen Fällen kann die intentionale Erklärung nur im Aufweis dieser Sachverhalte bestehen, daß nämlich der Handelnde seine Handlung auch oder primär oder gar ausschließlich um ihrer selbst willen bzw. nach einer von ihm als verbindlich angesehenen Regel oder Norm vollzieht. Der Unterschied zwischen dem DN-Schema der naturgesetzlichen Erklärung und dem PS-Schema der intentionalen Handlungserklärung besteht nun nicht nur darin, daß jene von Naturgesetzen und Gesetzeshypothesen Gebrauch macht, diese dagegen von den — seien es richtige, seien es falsche — Auffassungen des Handelnden von natürlichen oder lebensweltlich-institutionellen Regularitäten oder Kausalzusammenhängen; der Unterschied zwischen ihnen besteht vor allem darin, daß die miteinander in Beziehung gesetzten Sachverhalte in einer DN-Erklärung — nämlich die Rand- und Ausgangsbedingungen auf der einen Seite und das zu erklärende Ereignis andererseits — begriffslogisch voneinander unabhängig sind und somit unabhängig voneinander beschrieben werden können, während dies in einer intentionalen Handlungserklärung nicht der Fall ist. Hier ist die Beschreibung der auszuführenden oder ausgeführten Handlung in der Conclusio im Hinblick darauf, daß sie überhaupt eine Handlung, ein *intentionales* Geschehen ist, nicht unabhängig von den kognitiven und voluntativen Momenten zu beschreiben, die im fraglichen Fall als für den Handelnden

charakteristisch angenommen werden. Zwischen dem Explanans und dem Explanandum einer Intentionalerklärung besteht somit keine kausale oder sonstwie (natur-)gesetzliche, sondern eine begriffliche Verknüpfung, in der angelsächsischen Literatur „logical connection" genannt. Diese intentionalistische Auffassung der Erklärung menschlichen Handelns wird von Vertretern einer kausalistischen, am DN-Modell der naturwissenschaftlichen Erklärung orientierten Auffassung in Frage gestellt (vgl. Beckermann 1977), die sich allerdings letztlich in einen existential- oder transzendental-pragmatisch zu nennenden Widerspruch verwickelt (vgl. Apel 1973; Beck 1975; Wimmer 1983), weil sie unter anderem die begriffslogische Abhängigkeit des Kausalverständnisses von der menschlichen Handlungsfähigkeit übersieht (s. o. Abschnitt 5). Im übrigen zeigt die begriffliche Abhängigkeit zwischen *Explanans* und *Explanandum* in der intentionalen Erklärung, wie eng die Beziehung zwischen Beschreibung und Erklärung in den Wissenschaften vom Menschen sein kann. Wenn schon auf dem naturwissenschaftlichen Feld eine bestimmte Erklärungsebene die Beschreibungsebene für eine höhere Stufe der Erklärung abgeben kann — man denke z. B. an die Erklärung von Einzelgesetzen durch umfassendere Gesetze —, so verdichtet sich die Beziehung zwischen Beschreibung und Erklärung auf dem Feld des Handlungsverstehens um einen weiteren Komplexitätsgrad, insofern hier Beschreibung und Erklärung auf derselben Ebene interferieren und einander bestätigen müssen.

8. Literatur (in Auswahl)

Albert, Hans ([1968] 1980) *Traktat über kritische Vernunft*, 4. Auflage, Tübingen.

Anscombe, G. E. M. (1957) *Intention*, Oxford.

Apel, Karl-Otto (1973) *Transformation der Philosophie*, 2 Bde., Frankfurt a. M.

Apel, Karl-Otto, ed. (1976) *Sprachpragmatik und Philosophie*, Frankfurt a. M.

Beck, Lewis White (1975) *The actor and the spectator*, New Haven (dt. *Akteur und Betrachter. Zur Grundlegung der Handlungstheorie*, Freiburg/ München 1976).

Beckermann, Ansgar (1977) *Gründe und Ursachen. Zum vermeintlich grundsätzlichen Unterschied zwischen mentalen Handlungserklärungen und wissenschaftlich-kausalen Erklärungen*, Kronberg.

Churchland, Paul M. (1970) „The logical character of action-explanations", in: *Philosophical review* 79, 214–236.

Comte, August ([1830–1842] 1975) *Cours de philosophie positive*, M. Serris/F. Dagognet/A. Sinaceur, eds., 2 Bde., Paris.

Comte, Auguste (1844) *Discours sur l'esprit positif*, Paris (dt. *Rede über den Geist des Positivismus*, Hamburg 1956, 3. Auflage 1979).

Diemer, Alwin (1971) „Die Trias Beschreiben, Erklären, Verstehen in historischem und systematischem Zusammenhang", in: A. Diemer, ed., *Der Methoden- und Theorienpluralismus in den Wissenschaften*. Vorträge und Diskussionen des 5. und des 6. wissenschaftstheoretischen Kolloquiums 1969 und 1970 in Düsseldorf, Meisenheim am Glan, 5–24.

Dilthey, Wilhelm ([1883] 1973) „Einleitung in die Geisteswissenschaften", in: *Gesammelte Schriften*, Bd. 1, 7. Auflage, Stuttgart.

Dilthey, Wilhelm (1894) *Ideen über eine beschreibende und zergliedernde Psychologie*, Berlin.

Dilthey, Wilhelm ([1910] 1973) „Der Aufbau der geschichtlichen Welt in den Geisteswissenschaften", in: *Gesammelte Schriften*, Bd. 7, 6. Auflage, Stuttgart.

Droysen, Johann Gustav ([1868] 1925) *Grundriß der Historik*, Halle.

Essler, Wilhelm K. (1970–1979) *Wissenschaftstheorie*, 3 Bde., Freiburg/München.

Fellmann, Ferdinand (1974) „Wissenschaft als Beschreibung", in: *Archiv für Begriffsgeschichte* 18, 227–261.

Goldman, Alvin (1970) *A theory of human action*, Englewood Cliffs, N.J.

Habermas, Jürgen (1970) *Zur Logik der Sozialwissenschaften*, Frankfurt a. M.

Habermas, Jürgen (1971) „Vorbereitende Bemerkungen zu einer Theorie der kommunikativen Kompetenz", in: J. Habermas/N. Luhmann, *Theorie der Gesellschaft oder Sozialtechnologie*, Frankfurt a. M., 101–141.

Harré, R./Secord, P. F. (1972) *The explanation of social behaviour*, Oxford.

Hempel, Carl Gustav/Oppenheim, Paul (1948) „Studies in the logic of explanation", in: *Philosophy of science* 15, 135–175 (repr. in: C. G. Hempel, *Aspects of scientific explanation and other essays in the philosophy of science*, New York/London 1965, 245–290).

Janich, Peter/Kambartel, Friedrich/Mittelstraß, Jürgen (1974) *Wissenschaftstheorie als Wissenschaftskritik*, Frankfurt a. M.

Kambartel, Friedrich ([1968] 1976) *Erfahrung und Struktur*. Bausteine zu einer Kritik des Empirismus und Formalismus, Frankfurt a. M.

Kambartel, Friedrich (1976) *Theorie und Begründung*. Studien zum Philosophie- und Wissenschaftsverständnis, Frankfurt a. M.

Kamlah, Wilhelm (1973) *Philosophische Anthropologie*. Sprachkritische Grundlegung und Ethik, Mannheim/Wien/Zürich.

Kamlah, Wilhelm/Lorenzen, Paul (1967) *Logische Propädeutik oder Vorschule des vernünftigen Redens*, Mannheim.

Kaulbach, Friedrich (1968) *Philosophie der Beschreibung*, Köln/Graz.

Lenzen, Wolfgang (1974) *Theorien der Bestätigung wissenschaftlicher Hypothesen*, Stuttgart-Bad Cannstatt.

Lorenz, Kuno (1970) *Elemente der Sprachkritik*. Eine Alternative zum Dogmatismus und Skeptizismus in der Analytischen Philosophie, Frankfurt a. M.

Lorenz, Kuno, ed. (1979) *Konstruktionen versus Positionen*. Beiträge zur Diskussion um die Konstruktive Wissenschaftstheorie, 2 Bde., Berlin/New York.

Manninen, J./Tuomela, R., eds. (1976) *Essays on explanation and understanding*. Studies in the foundations of humanities and social sciences, Dordrecht.

Martin, Rex (1976) „The problem of the 'tie' in von Wright's schema of practical inference. A Wittgensteinian solution", in: J. Hintikka, ed., *Essays on Wittgenstein in honour of G. H. von Wright*, Amsterdam, 326–363.

Mill, John Stuart ([1843] 1972) *A system of logic, ratiocinative and inductive*. Being a connected view of the principles of evidence and the methods of scientific investigation, 2 Bde., London/New York (dt. *System der deductiven und inductiven Logik*. Eine Darlegung der Grundsätze der Beweislehre und der Methoden wissenschaftlicher Forschung, 2 Bde. [= *Gesammelte Werke*, II–IV, ed. T. Gomperz], Leipzig 1872–1873).

Mittelstraß, Jürgen (1974) *Die Möglichkeit von Wissenschaft*, Frankfurt a. M.

Mittelstraß, Jürgen ed. (1979) *Methodenprobleme der Wissenschaften vom gesellschaftlichen Handeln*, Frankfurt a. M.

Nagel, Ernest (1961) *The structure of science*. Problems in the logic of scientific explanation, London.

Newman, F. D. (1968) *Explanation by description*. An essay in historical methodology, The Hague/Paris.

Popper, Karl R. ([1935] 1982) *Logik der Forschung*, 7. Auflage, Tübingen.

Rickert, Heinrich ([1896] 1929) *Die Grenzen der naturwissenschaftlichen Begriffsbildung*, 5. Auflage, Tübingen.

Ryle, Gilbert (1949) *The concept of mind*, London (dt. *Der Begriff des Geistes*, Stuttgart 1969).

Schneider, Hans J. (1978) „Die Asymmetrie der Kausalrelation. Überlegungen zur interventionistischen Theorie G. H. von Wrights", in: J. Mittelstraß/M. Riedel, eds., *Vernünftiges Denken.* Studien zur praktischen Philosophie und Wissenschaftstheorie, Berlin, 217–234.

Schwemmer, Oswald (1976) *Theorie der rationalen Erklärung.* Zu den methodischen Grundlagen der Kulturwissenschaften, München.

Searle, John R. (1969) *Speech acts,* Cambridge Engld. (dt. *Sprechakte.* Ein sprachphilosophischer Essay, Frankfurt a. M., 1971).

Seiffert, Helmut (1969–1984) *Einführung in die Wissenschaftstheorie,* 3 Bde., München.

Stegmüller, Wolfgang (1969) *Probleme und Resultate der Wissenschaftstheorie und Analytischen Philosophie,* Bd. I: Wissenschaftliche Erklärung und Begründung, Berlin/Heidelberg/New York.

Stegmüller, Wolfgang (1975) *Hauptströmungen der Gegenwartsphilosophie,* 2 Bde., Stuttgart.

Stekeler-Weithofer, Pirmin (1985) *Grundprobleme der Logik.* Elemente einer Kritik der formalen Vernunft, Berlin (West).

Stoutland, Frederick (1970) „The logical connection argument", in: *American Philosophical Quarterly,* Monograph series no. 4 (Studies in the philosophy of knowledge), Oxford, 117–129.

Stoutland, Frederick (1976) „The causation of behavior", in: J. Hintikka, ed., *Essays on Wittgenstein in honour of G. H. von Wright,* Amsterdam, 286–325.

Taylor, Charles (1964) *The explanation of behaviour,* London.

Tuomela, Raimo (1974) *Human action and its explanation,* Helsinki.

Wimmer, Reiner (1983) „Zur Begriffs- und Forschungslogik von Gründen und Ursachen in psycho- und soziologischen Handlungserklärungen", in: *Zeitschrift für Sozialpsychologie* 14, 299–311.

Windelband, Wilhelm ([1892] 1957) *Lehrbuch der Geschichte der Philosophie,* 15. Auflage, Tübingen.

Windelband, Wilhelm ([1894] 1919) „Geschichte und Naturwissenschaft. Straßburger Rektoratsrede 1894", in: *Präludien.* Aufsätze und Reden zur Philosophie und ihrer Geschichte, Bd. II, 6. Auflage, Tübingen, 136–160.

Wright, Georg Henrik von (1963) *Norm and action.* A logical inquiry, London/New York.

Wright, Georg Henrik von (1968) *An essay in deontic logic and the general theory of action,* Amsterdam.

Wright, Georg Henrik von (1971) *Explanation and understanding,* London/Ithaca N. Y. (dt. *Erklären und Verstehen,* Frankfurt a. M., 1974).

Wright, Georg Henrik von (1974) *Causality and determinism,* London/New York.

Wright, Georg Henrik von (1977) *Handlung, Norm und Intention.* Untersuchungen zur deontischen Logik, Berlin/New York.

Reiner Wimmer, Konstanz
(Bundesrepublik Deutschland)

6. Formalismus

1. Strukturierungsformalismen und Bewertungsformalismen

Ziel der Soziolinguistik ist es, die sozialen Bedingungen zu explizieren, denen eine Sprache L unterliegt, die in einer Sprachgemeinschaft P gesprochen wird; dabei wird davon ausgegangen, daß Paare (L, P) bezüglich beider Koordinaten eine interne, sozial bedingte Struktur aufweisen. Diese Struktur wird entweder durch einen *Bewertungsformalismus* oder durch einen *Strukturierungsformalismus* repräsentiert; L wird dabei als eine potentiell unendliche Menge von Sätzen s = (kt, gram) begriffen, wobei kt eine endliche Kette über dem L-Vokabular und gram die durch eine einschlägige Grammatik G erzeugte Strukturbeschreibung von kt ist. Im Rahmen des Strukturierungsformalismus wird angenommen, daß die so verfügbare Information ausreicht, (L, P) in endlich viele, intern homogene Größen $(L_1, ..., L_n; P_1, ..., P_n)$ zerlegen zu können; diese Zerlegung, gekoppelt mit einer adäquaten Relationierung der L_i, P_i, induziert dann die interne (L, P)-Struktur. Die L_i können dabei als Subsprachen, Idiolekte, Idiolektintervalle, etc., die P_i als Sprecher-Hörer-Gruppen, Sprecher-Hörer, Sprecher-Hörer-Intervalle, etc. gedeutet werden;

die Deutung muß lediglich die Bedingung der internen Homogenität der Größen bewahren. Die gedeutete Struktur wird dann mit einer sozialen Faktorisierung von P relationiert, die die Basis für die Erklärung der internen (L, P)-Struktur abgibt. — Im Rahmen des Bewertungsformalismus werden dagegen nicht nur Paare (kt, gram), sondern Paare ((kt, gram), φ) betrachtet, wobei (kt, gram) durch φ eine Bewertung wie „ist dialektal", „hat die Vorkommenswahrscheinlichkeit 0.6", etc. zugewiesen wird. Das weitere Vorgehen ist dann entsprechend, mit dem Unterschied, daß die (L, P)-Zerlegung nicht über die (kt, gram) entnehmbare Information abgeleitet, sondern durch φ bewirkt wird. Die Deutung der Zerlegungsstruktur wird dann wiederum in Entsprechung vorgenommen, mit zwei wesentlichen Unterschieden: die Bedingung der internen Homogenität der Größen gilt nicht; ein Sprecher-Hörer kann also über eine Mehrzahl von Bewertungssystemen verfügen. Ferner lassen sich die Bewertungssysteme, im Gegensatz zu den (kt, gram) erzeugenden Grammatiken, nicht als Kompetenzmodelle deuten, so etwa deshalb nicht, weil sie teilweise Wissen im Standardsinn dieses Begriffs reflektieren, demzufolge ein Individuum p eine Proposition A genau dann weiß, wenn A wahr ist, p glaubt, daß A der Fall ist und für diesen Glauben gute Gründe geltend machen kann. Ein solches Wissen aber fällt nicht unter den Kompetenzbegriff; zwischen den Bewertungsformalismen und den Strukturierungsformalismen besteht also eine theoretisch und empirisch signifikante Interpretierbarkeitsdifferenz. Da ihr Gewicht jedoch keine Frage der Formalisierung ist, kann bei der Betrachtung der Formalismen auf ihre Erörterung verzichtet werden.

2. Attributierungen

Für eine soziolinguistische Analyse ist es (welcher Formalismus auch immer zugrundegelegt wird) essentiell, daß durch sie sprachliche Gegebenheiten mit nicht-sprachlichen, sozialen Faktoren relationiert werden; letztere müssen mithin spezifiziert werden. Dies wird im Normalfall dadurch erreicht, daß den Sprecher-Hörern einschlägige *Attribute* (Schichtzugehörigkeit, Wohnort, Alter, etc.) zugeordnet werden, auf deren Basis P dann attributiv zerlegt wird; diese attributive Zerlegung wird dann mit der (L, P)-Zerlegung relationiert. Formal kann die Attributierung wie folgt aufgebaut werden: betrachtet werden (a)

Individuen (Sprecher-Hörer) $p_1, \ldots p_n$ aus der Menge P mit der Indexmenge $Ix(P)$ und Indexvariablen „i", „h", (b) Attributfamilien $F^1, \ldots, F^m$ aus der Menge F^+ mit der Indexmenge $Ix(F^+)$ und der Indexvariablen „m", (c) Attribute $A_1^m, \ldots, A_r^m$ aus der Menge F^m mit der Indexmenge $Ix(F^m)$ und den Indexvariablen „j", „l", (d) Teilmengen $P_1, \ldots, P_n$ mit der Indexmenge IND_1 und „A", „B" als Indexvariablen. — Der Ausdruck „$A_r^m\, p_i$" besagt, daß das r-te Attribut der m-ten Attributfamilie dem i-ten Individuum aus P zukommt. Das Zukommen von Attributen wird durch die Axiome in (1) und (2) strukturiert:

(1) $\wedge\, j, l \in Ix(F^m) \wedge p_i \in P.\, \neg\, (A_j^m\, p_i \,\&\, A_l^m\, p_i).$
(2) $\wedge\, p_i \in P.\, A_1^m\, p_i \vee A_2^m\, p_i \vee \cdots\cdots$
$\qquad \vee A_r^m\, p_i.$

Wenn die Begriffe „Modellkomponente", „Modell" wie in (3) eingeführt werden, lassen sich zweistellige Modellfunktionen konstruieren, die den p_i eindeutig Attribute zuordnen (der in der Praxis ohnehin kaum vorkommende mehrstellige, also relationale Fall kann hier vernachlässigt werden):

(3) $\wedge\, m \in Ix(F^m).\, \mathfrak{Z}^m$

ist die Menge der Modellkomponenten von

$$F^m := \{Z^m \mid Z^m(i) = j\}.$$

Es sei nun f^2 die Klasse aller zweistelligen Funktionen, und es sei $\mathfrak{Z}$ die Klasse aller Modelle. Dann gilt:

(4) $Z \in \mathfrak{Z}$ g. d. w. $Z \in f^2 \,\&\, \vee < X^1, \ldots, X^n$
$\qquad > \vee\, m \in Ix(F^+).\, X^m \in \mathfrak{Z}^m \,\&\, Z(m, i)$
$\qquad = X^m(i).$

Damit ist die Attributierung rein extensional eindeutig festgelegt: die Gleichung $Z(2, i) = 4$ etwa legt die Klasse der p_i fest, denen das vierte Attribut der zweiten Attributfamilie zukommt. — Individuengruppen, und nicht nur Individuenklassen, lassen sich betrachten, wenn die Begriffe der attributiven Äquivalenz (symbolisch: $\equiv_A$) und der Gruppe attributiv äquivalenter Individuen (abgekürzt: A_t-Gruppe) wie in den folgenden Definitionen angegeben eingeführt werden, auf deren Basis sich dann auch Sätze wie die in (8) formulierten beweisen lassen:

(5) $p_i \equiv_A p_n$ g. d. w. $\wedge\, m \in Ix(F^+).$
$\qquad X^m(i) = X^m(h).$
(6) $[p_i] := \{p_h \in P \mid p_i \equiv_A p_h\}$
(7) $\wedge\, A \in IND_1.\, P_A$ ist eine A_t-Gruppe in P
$\qquad$ g. d. w. $\vee\, p_i \in P.\, P_A = [p_i].$
(8) (a) $\cup\, P_A = P$, (b) $P_A \cap P_B = 0$

Natürlich kann die in (1)−(8) entwickelte attributive Strukturierung, vermöge naheliegender Modifikationen des Formalismus, auch anders, etwa gröber gefaßt werden, so daß die Sätze in (8) nicht gelten. Aber wie auch immer zu modifizieren sein mag: entscheidend ist, daß mit (1)−(8) eine Struktur aufgespannt wurde, die exemplarisch die Logik der sozialen Faktorisierungen repräsentiert, die in der Soziolinguistik üblich sind, sei es beim Aufbau von Varietätenräumen, im Kontext von Implikationsanalysen oder in noch anderen Zusammenhängen.

3. Sprachstrukturierungen

Die attributiven Strukturen sind es, die mit der internen (L, P)-Struktur relationiert werden. Diese kann im Rahmen des Strukturierungsformalismus wie folgt entwickelt werden: betrachtet werden (a) Systeme von Sprachregeln (S-Systeme) $E^1, \ldots, E^n$ aus einer Menge E mit der Indexmenge $Ix(E)$ und der Indexvariablen „e", (b) Sprachregeln (S-Regeln) $R_f^e, \ldots, R_s^e$ aus der Menge R^e mit der Indexmenge $Ix(R^e)$, Indexvariablen „t", „v" und Unterindexvariablen „i", „q", (c) Teilmengen $P_1, \ldots, P_m$ und P aus gewissen Teilmengen $Q_1, \ldots, Q_m$ aus der Menge aller S-Regeln; Indexmenge bezüglich beider Teilmengen ist IND_2 mit „a", „b" als Indexvariablen, (d) schließlich werden beliebige Teilmengen P′ aus P betrachtet. Der Ausdruck „$R_t^e p_i$" bezeichnet die t-te Regel des e-ten S-Systems, die von dem Individuum p mit der Nummer i befolgt wird, der Ausdruck „$R_{t,i}^e, \ldots, R_{t,q}^e p_i$" ist in Entsprechung zu lesen. Damit läßt sich definieren, was es heißt, daß ein Sprecher-Hörer p_i aus P ein System RS von S-Regeln befolgt:

(9) $RS(p_i) := \{R_{t,i}^e, \ldots, R_{t,q}^e \mid \bigvee e \in E.$
    $R_{t,i}^e, \ldots, R_{t,q}^e p_i.\}$

Offenbar muß verlangt werden, daß das Ausschöpfungsaxiom in (10) gilt; mit (10) gilt dann auch der Satz in (11). Vor diesem Hintergrund läßt sich dann definieren, was es heißt, das p_i, p_n bzgl. der von ihnen befolgten Regeln äquivalent miteinander sind, also in einer $\rVert_r$-Relation zueinander stehen:

(10) $\wedge e \in Ix(E) \vee p_i \in P. R_t^e p_i.$

(11) $\bigcup_{p_i \in P} RS(p_i) = \bigcup_{e \in Ix(E)} R^e$

(12) $p_i =_r p_h$ g. d. w. $RS(p_i) = RS(p_h)$

Es liegt nun nahe, diejenigen p_i, welche die jeweils gleiche Menge Q_a von S-Regeln befol-

gen, zu Gruppen P_a von Sprecher-Hörern zusammenzufassen. Genau dies wird durch die etwas unhandliche, aber sehr viel Information komprimierende Definition in (13) geleistet, wobei in (13) bzgl. der P′ gilt, daß $RS(P') = \bigcup_{p_i \in P'} RS(p_i)$ ist; mit (13) gelten dann auch die in (14) mitgeteilten Sätze:

(13) $\wedge a \in IND_2 \vee! Q_a \subseteq R^e \vee! P_a \subseteq P.$
    $\wedge P' \subseteq P$
    $(\wedge p_i, p_h \in P'. p_i \equiv_r p_h. \leftrightarrow \vee a \in IND_2.$
    $(P' = P_a) \& (Q_a = RS(P')).)$

(14) (a) $\bigcup_{a \in IND_2} P_a = P,$

    (b) $\bigcup_{a \in IND_2} Q_a = \bigcup_{e \in Ix(E)} R^e,$

    (c) $P_a \cap P_b = \emptyset$

Damit ist eine mögliche Zerlegung der Menge der in P befolgten S-Regeln bei gleichzeitiger Spezifizierung der Relation zwischen Sprecher-Hörern und S-Regeln derart geleistet, daß durch die Zerlegung eine Strukturierung von (L, P) induziert wird: die L_i aus L sind durch die Q_a festgelegte Subsprachen, die von Sprecher-Hörer-Gruppen P_a aus P gesprochen werden. Wiederum gilt dabei, daß die Zerlegung exemplarischen Charakter hat; sie kann auch anders vorgenommen werden, etwa weniger fein, so daß die Sätze in (14) nicht gelten; der Formalismus kann anders interpretiert werden (in seinem Rahmen muß also nicht notwendigerweise von Subsprachen und Sprecher-Hörer-Gruppen die Rede sein) − entscheidend ist hier nicht, wie genau zu zerlegen ist, sondern demonstriert werden sollte, daß (L, P)-Zerlegungen unter formale Kontrolle gebracht werden können. Und Zerlegungen dieser Art sind es, die vorgenommen werden, wenn sogenannte koexistierende Systeme, etwa koexistierende Grammatiken betrachtet werden: wie (1)−(8) eine exemplarische Formalisierung sozialer Faktorisierungen beinhaltet, so beinhaltet (9)−(14) eine exemplarische Formalisierung des Konzeptes der koexistierenden Systeme.

4. Sprachbewertungen

Zerlegungen wie die betrachtete werden unter der Voraussetzung vorgenommen, daß die zerlegungsrelevante Information insgesamt durch die Analyse der Paare (kt, gram) bzw. der zugrundeliegenden Regelsysteme abgeleitet werden kann. Es sind aber auch Zerlegungen unter Verwendung zusätzlicher Information möglich: eben Zerlegungen auf der Basis von Sprachbewertungen. Das einschlägige Bewertungskonzept läßt sich genauer dahingehend fassen.

(15) Es sei L eine Sprache, B ein Bewertungsbereich. Dann gilt:
(a) $\varphi : L \rightarrow B$ heißt Bewertung von L,
(b) das Paar (L, φ) heißt bewertete Sprache.

Ist nun $s \in L$ und $\varphi(s) = b \in B$, so kann man entsprechend sagen: „s hat die Eigenschaft b bzgl. φ", wobei die Wahl der b, B natürlich eine empirische Frage und keine Frage der Formalisierung ist. — Bewertungsabbildungen erlauben nun in naheliegender Art Sprachaussonderungen, indem gleich bewertete Sätze zu einer Aussonderung L_b zusammengefaßt werden:

(16) Es sei (L, φ) eine bewertete Sprache, $b \in B$. Dann gilt:
$L_b := L_{b, \varphi} := \{s \in L \mid \varphi(s) = b\}$

Die L_b sind die Größen, die sich den L_i aus L zur Seite stellen lassen, die durch die Zerlegung in (9)–(14) induziert sind; sie haben einen ähnlichen Status wie diese. Die L_b lassen sich aber nicht umstandslos mit den L_i identifizieren; die bereits herausgestellte Interpretierbarkeitsdifferenz zwischen Strukturierungsformalismus und Bewertungsformalismus schließt die Möglichkeit einer solchen Identifizierung im Normalfall sogar aus.

5. Grammatiken mit bewerteten Ableitungen

Obwohl es im Prinzip möglich ist, die Grammatik und den Bewertungsformalismus unabhängig voneinander zu konstruieren, ist es gängige Praxis, letzteren in die Grammatik zu inkorporieren; entsprechend werden Sprachbewertungen über eine Bewertung der Ableitung von Sätzen induziert. Wie dies möglich wird, sei wiederum exemplarisch charakterisiert. Es sei G eine wie üblich erklärte Typ 2-Grammatik $G = (V_N, V_T, S, R)$. Ist nun die Ableitung einer Kette (eines Satzes) $\beta \in V_T^*$ wie folgt gegeben: $S = \alpha_0 \underset{r_1}{\Rightarrow} \alpha_1 \underset{r_2}{\Rightarrow} \cdots \cdots \underset{r_n}{\Rightarrow} \alpha_n = \beta$, so heißt $\pi = r_1 \ldots r_n \in R^*$ die assoziierte Struktur dieser Ableitung; sie kann durch $D = (A, \pi)$ beschrieben werden, wenn A als $A = \alpha_0 \alpha_1 \ldots \alpha_n \in (V^*)^*$ aufgefaßt wird. Die Menge aller Ableitungen einer (terminalen) Kette (eines Satzes) β wird mit $\mathfrak{D}(\beta)$

bezeichnet; $\mathfrak{D}_G := \underset{\beta \in L(G)}{\bigcup} \mathfrak{D}(\beta)$ ist somit die Menge aller Ableitungen terminaler Ketten, die vermöge einer Grammatik G möglich sind. (Der Index G kann wegfallen, wenn Mißverständnisse ausgeschlossen sind.) — Nach diesen Vorbemerkungen kann wie folgt definiert werden:

(17) Sind (M_i, δ_i), $i \in I = \{1, \ldots, n\}$ Halbgruppen, so heißt $M := \underset{i \in I}{X} M_i$ Bewertungsraum (B. R.), wobei M mit der Operation δ versehen ist; δ ist durch die komponentenweise Anwendung der δ_i definiert.

Die Operation δ läßt sich wie in (18) angeben auf den M^i fortsetzen; die resultierende Δ-Operation läßt sich dann auch wie in (19) angeben für B. R. einführen, wobei $a_j = (a_{j, 1}, \ldots, a_{j, n})$ und $M = X M^i$ ist, so daß der Begriff „Typ 2-Grammatik mit Regelbewertung" dann wie in (20) definiert werden kann:

(18) $\underset{i = 1}{\overset{1}{\Delta}} a_i := a_1; \quad \underset{i = 1}{\overset{j}{\Delta}} a_i := \delta(\underset{i = 1}{\overset{j-1}{\Delta}} a_i, a_j)$

(19) $\underset{j = 1}{\overset{m}{\Delta}} a_j := (\underset{j = 1}{\overset{m}{\Delta}} a_{j, 1}, \ldots, \underset{j = 1}{\overset{m}{\Delta}} a_{j, n})$

(20) (a) Es sei $G = (V_N, V_T, S, R)$ eine Typ 2-Grammatik, $M = \times M^i$ ein B. R.
(b) E ist die nicht-leere Menge der externen Bewertungskriterien.
(c) $\varphi : R \times E \rightarrow M$ ist eine Abbildung.
(d) Das Paar (G, φ) heißt Typ 2-Grammatik mit Regelbewertung (G. m. R.).

Da nach (c) $\varphi \subseteq (P \times E) \times M$ gilt, sind mit der Angabe von φ implizit auch E und M definiert. — Auf (20) aufbauend, kann spezifiziert werden, wie Sätze bewertet werden:

(21) (a) Es sei (G, φ) eine G. m. R., $\beta \in L(G)$.
(b) $D = (\alpha_0 \ldots \alpha_n, r_1 \ldots r_n) \in \mathfrak{D}(\beta)$.
(c) $\eta = (e_1 \ldots e_n) \in E^n$
Dann ist
(d) $\varphi(\beta, D, \eta) := \underset{i = 1}{\overset{n}{\Delta}} \varphi(r_i, e_i)$
Bewertung von β bzgl. der Ableitung D und der Kriteriumssequenz η.

Die Bewertung einer terminalen Kette geht also, grob gesagt, wie folgt vonstatten: in jedem Ableitungsschritt werden die gerade angewendete Regel und ein externes Kriterium bewertet, abschließend werden alle Bewertungen einer Ableitung zu einer Ableitungsbewertung zusammengefaßt, und zwar durch die φ-Operation. Dabei muß, um Bewertungsarbitraritäten ausschließen zu können, G ein Verfahren beinhalten, vermöge dessen für eine Ableitung der Länge n eine Kriteriumssequenz gleicher Länge konstruiert werden kann. Wenn nun a eine Kette über $(V^*)^*$ ist, wobei die Länge $\lg(a)$ wie üblich definiert sei, so gilt: wenn $\lg(a) = n + 1$, so hat die Ableitung n-viele Ableitungsschritte, da $\alpha_i \Rightarrow \alpha_{i+1}$ die Anwendung von r impliziert. Mithin läßt sich definieren:

(22) (a) Es sei (G, φ) eine G. m. R. − Eine Abbildung
$$H: \mathfrak{D} \to \bigcup_{n=1} E^n$$
mit $H(D) \in E^n \leftrightarrow \lg(a) = n + 1$ für alle $D = (a, \pi)$ ist eine Zulassungsvorschrift für externe Bewertungskriterien.

(b) (G, φ, H) ist eine Grammatik mit Ableitungsbewertung (G. m. A.)

(c) $\Phi(\beta, D) := \varphi(\beta, D; H(D))$ heißt Bewertung von bzgl. D.

Die G. m. A. stellen gegenüber G zusätzliche Information bereit. Diese Information muß interpretiert werden:

(23) (a) Es sei (G, φ, H) eine G. m. A., $J \subseteq I$, wobei I die Indexmenge von $M = M^i$ ist.

(b) M_g ist eine geordnete Menge.

(c) $g: X \underset{j \in J}{M^j} \to M_g$ ist eine Bewertungsinterpretation, M_g heißt Bewertungsbereich.

(d) Es sei $K \cap I = \emptyset$ und es sei $R_I = \{g_k \mid k \in K \ \& \ g_k \ \text{Bewertungsinterpretation}.$
Dann ist $G' = (G, \varphi, H, R_I)$ eine Grammatik mit interpretierenden Ableitungsbewertungen (G. i. A.).

Mit (23) ist der Rahmen abschließend charakterisiert, innerhalb dessen es möglich ist, Sätze relativ zu ihren Ableitungen einer Bewertung zu unterwerfen. Zu zeigen ist somit nur noch, wie mit den Mitteln der G. i. A. Sprachaussonderungen ins Werk gesetzt werden können und so die in (16) charakterisierte L_b-Struktur von (L, P) aufgespannt werden kann. Diese Strukturierungsmöglichkeit ist es, die durch die folgende Definition eröffnet wird.

(24) (a) Es sei $G' = (G, \varphi, H, R_I)$ eine G. i. A.

(b) Wenn für $i \in I$ die Halbgruppe M^i ein Monoid ist, dann ist

$L(G', i) := \{\beta \in L(G) \mid \vee D \in \mathfrak{D}(\beta).$ $\pi_i \circ \Phi(\beta, D) = 1.\}$ die i-te Teilsprache von $L(G)$.

(c) Wenn $k \in K$ und $m \in M^k$, wobei K Indexmenge zu R_I ist, dann gelte: $g_k: X \underset{j \in J}{M^j} \to M^k$. Dann gilt:

(d) $L(G', k, m) := \{\beta \in L(G) \mid \vee D \in \mathfrak{D}(\beta).$ $g_k(\pi_J(\Phi(\beta, D))) < m.\}$

Die π_i in (24) sind dabei Abbildungen, die aus einem n-Tupel das i-te Element heraussondern; π_J ist die simultane Abbildung bzgl. aller $j \in J$. − Es ist wesentlich zu sehen, daß die Teilsprachen, die unter den Rahmenbedingungen des Bewertungsformalismus betrachtet werden können, im Normalfall nicht mit den Subsprachen identifiziert werden können, deren Analyse unter den Rahmenbedingungen des Strukturierungsformalismus möglich ist; dies ist die Konsequenz der zwischen den beiden Formalismen bestehenden Interpretierbarkeitsdifferenz. Aber dieser Gesichtspunkt braucht hier nicht näher ausgeführt zu werden. Hervorzuheben ist demgegenüber, daß die Mehrzahl der in der Soziolingustik üblichen Analysen auf dem Bewertungskonzept beruht. Dies gilt für alle Analysen, in denen von Wahrscheinlichkeitsgrammatiken Gebrauch gemacht wird, denn bei diesen Grammatiken handelt es sich um Grammatiken mit in einer speziellen Art bewerteten Ableitungen; das Bewertungskonzept ist grundlegend für die Varietätengrammatik, für die konnotative Grammatik und für das Arbeiten mit variablen Regeln. Denn in allen diesen Systemen wird mit Bewertungen operiert; variable Regeln insbesondere sind nichts anders als bewertete Regeln. Zur Illustration: die allgemeine Form der variablen Regeln sei wie in (25) angegeben, wobei „mer" für Merkmal steht:

(25) $X \to \langle Y \rangle / \langle [\text{mer } A_1], [\text{mer } A_2], \ldots \rangle$ $\langle [\text{mer } P_1], [\text{mer } P_2], \ldots \rangle$

Hier entspricht jeder variablen Bedingung ein Bewertungsbereich. Wenn q_i die durch mer A_i und wenn p_i die durch mer P_i bedingte Anwendungswahrscheinlichkeit ist, so läßt sich (25) durch die in (26) angegebene Bewertung „$X \to Y$" darstellen.:

(26) $\varphi: (X \to Y) \to (q_1, Q_2, \ldots; p_1, p_2, \ldots)$

Diese Darstellung dürfte hinreichend verdeutlichen, daß Grammatiken mit variablen Regeln spezielle Fälle von Grammatiken sind, die Bewertungsmechanismen inkorporieren.

6. Relationierungen

Sowohl der Bewertungsformalismus als auch der Strukturierungsformalismus erlauben es, eine sprachinterne Struktur oder mehrere solcher Strukturen mit sprachexternen, innerhalb des Attributierungsformalismus erfaßbaren Größen zu korrelieren; durch solche Korrelationen werden, eine einschlägige Wahl der Attribute vorausgesetzt, Zusammenhänge zwischen Sprachstruktur und Sozialstruktur beschreibbar. Mit solchen Beschreibungen ist aber der Erklärungsanspruch der Soziolinguistik noch nicht eingelöst; dieser Anspruch ist erst dann eingelöst, wenn die Beziehung „$P_A \rightarrow L(P)$" erklärt ist, wobei es hier unerheblich ist, ob „$L(P_A)$" durch „L_b" oder durch „L_i" ersetzt wird. Den Erklärungsanspruch einlösen, heißt also, um es allgemeiner auszudrücken, aus attributiven Strukturen Sprachstrukturen bestimmter Art ganz oder teilweise abzuleiten. Derartige Ableitungswege, auf denen Relationierungen nicht nur konstatiert, sondern erklärt werden können, sind bislang jedoch noch nicht bekannt. Und diese Ableitungswege lassen sich auch nicht durch die nur formale Reflexion erschließen; sie können nur im Zuge weiterer theoretischer und empirischer Arbeit eröffnet werden. Wenn dieser Erfolg beschieden ist, werden sich auch Möglichkeiten bieten, die Arbeitsergebnisse in formal präzisierter Fassung zu repräsentieren. Beim derzeitigen Stand der Dinge muß jedoch eingeräumt werden, daß eine Theorie, geschweige denn eine formalisierte Theorie der Beziehung „$P_A \rightarrow L(P_A)$" nicht zur Verfügung steht, mit allen Konsequenzen, die sich aus diesem Tatbestand für den Erklärungsanspruch der Soziolinguistik ergeben.

7. Zur Entwicklung der Formalismen

Die in der Soziolinguistik entwickelten Formalismen sind zumeist in der Konsequenz empirischer Arbeiten aufgebaut worden; dies gilt insbesondere für die diversen Ausprägungen des Bewertungsformalismus. Dessen Aufbau ist vor allem durch primär empirisch orientierten Arbeiten Labovs bestimmt worden, der auch das Konzept der variablen Regeln entwickelte (exemplarisch: Labov 1972). Eine formal genauere Ausarbeitung des Konzeptes wurde von Cedergren und Sankoff vorgelegt (Cedergren/Sankoff 1974). Direkt im Anschluß an Labov ist die von Klein (1974) entwickelte Varietätengrammatik zu

verstehen, in der, mit erheblicher formaler Strenge, das Konzept der variablen Regeln mit dem der Wahrscheinlichkeitsgrammatiken gekoppelt wird. Aber auch unabhängig von Labov wurden Bewertungsformalismen entwickelt; so baut etwa die Implikationsanalyse, die wohl am klarsten von DeCamp (1971) dargestellt wurde, auf als Regelmarkierungen fungierenden Regelbewertungen auf. Auch die Konnotationsgrammatik, die Bierwisch (1976) konzipiert hat, ist eine Instantiierung des Bewertungsformalismus (und zwar diejenige, in der die Interpretierbarkeitsdifferenz am deutlichsten zutage tritt). – Der Strukturierungsformalismus ist vor allem im Zuge von Analysen der Sprachveränderung entstanden, wie sie durch die Arbeit von Klima (1964) initiiert wurden; Ansätze zur Systematisierung des Formalismus finden sich, speziell im Zusammenhang mit der Betrachtung koexistierender Systeme, in Kanngießer (1972), (1978) sowie in Habel (1979). Von Habel (1978), (1979) ist auch das bislang allgemeinste und zugleich präziseste Konzept des Bewertungsformalismus entwickelt worden. – Es wäre vermessen, beim derzeitigen Stand der Dinge zu glauben, daß die Entwicklung der formalen Systeme der Soziolinguistik bereits ihren Abschluß gefunden habe; ihre Weiterentwicklung etwa derart, daß nicht nur syntaktische und phonologische, sondern auch semantische und pragmatische Probleme einer adäquaten Lösung zugeführt werden können, ist vielmehr dringlich erforderlich. Aber es besteht kein Anlaß zu der Annahme, daß diesem Desiderat im Zuge zukünftiger Forschung nicht Rechnung getragen werden könne.

8. Literatur (in Auswahl)

Bierwisch, Manfred (1976) „Social Differentiation of Language Structure", in: *Language in Focus,* Kasher, A., ed., Dordrecht, 407–456.

Carnap, Rudolf (1971) „A Basic System of Inductive Logic, Part I", in: *Studies in Inductive Logic and Probability,* Vol. I, Carnap, R./Jeffrey, R. C., eds., Berkeley, 33–165.

Cedergren, Henrietta C. J./Sankoff, David (1974) „Variable Rules", in: *Language* 50, 333–355.

DeCamp, David (1971) „Implicational Scales and Sociolinguistic Linearity", in: *Linguistics* 73, 30–43.

Habel, Christopher (1978) „Phrasen-Struktur-Grammatiken mit bewerteten Ableitungen", in: *Sprachdynamik und Sprachstruktur. Ansätze zur*

Sprachtheorie, Habel, Ch./Kanngießer, S. eds., Tübingen, 141 – 177.

Habel, Christopher (1979) *Aspekte bewertender Grammatiken,* Berlin (West).

Kanngießer, Siegfried (1972) *Aspekte der synchronen und diachronen Linguistik,* Tübingen.

Kanngießer, Siegfried (1978) „Modalitäten des Sprachprozesses I", in: *Sprachdynamik und Sprachstruktur. Ansätze zur Sprachtheorie,* Habel, Ch./ Kanngießer, S., eds., Tübingen, 81 – 139.

Klein, Wolfgang (1974) *Variation in der Sprache,* Kronberg/Ts.

Klima, Edward S. (1964) „Relatedness between Grammatical Systems", in: *Language* 40, 1 – 20.

Labov, William (1972) „The internal evolution of linguistic rules", in: *Linguistic change and generative theory,* Sockwell, R. P./Macaulay, R. K. S., eds., Bloomington, 101 – 171.

Maurer, Hermann (1969) *Theoretische Grundlagen der Programmiersprachen,* Bd. 1, Syntax, Mannheim.

Siegfried Kanngießer, Osnabrück
(Bundesrepublik Deutschland)

7. Theorie — Empirie

1. Geschichte des Verhältnisses von Theorie und Empirie in der Soziolinguistik

Da die Soziolinguistik oder die Soziologie der Sprache (manchmal wird letztere als stärker soziologisch orientiert von ersterer abgehoben) erst eine junge Disziplin ist, muß eine Darstellung der Geschichte des Theorie-Empirie-Verhältnisses auf die nur lose gekoppelten Entwicklungen in der Soziologie und der Linguistik (Sprachwissenschaft) zurückblicken. Wie häufig bei solchen Begriffspaaren beginnt die Problemgeschichte mit der expliziten Wahrnehmung des Gegensatzes. Theorie und Empirie sind nämlich durchaus zwei Seiten *einer* Medaille, denn was hilft die theoretische Aussage, welche keinen Bezug zur realen Welt hat, also blind ist, oder aber das empirische Faktum, das nichts erklärt, keinen Zusammenhang verständlich macht, und somit stumpf ist.

Durch den Erklärungsanspruch, das Versprechen, globale Zusammenhänge, ja Gesetzmäßigkeiten, aufstellen zu können, ist die Theorie ständig in Gefahr, Weltanschauungen, Ideologien, ja tagespolitischen Wunsch-vorstellungen unterworfen zu werden; durch die Notwendigkeit mit den begrenzten Beobachtungs- und Systematisierungsmöglichkeiten auszukommen, läuft die Empirie Gefahr, das wissenschaftliche Interesse auf das billig Erfaßbare einzuengen.

Wenn wir die Entwicklung empirischer Verfahrensweisen im 19. Jahrhundert in Soziologie und Linguistik vergleichen, so stellen wir die folgenden Parallelentwicklungen fest, die wir an wichtigen Autoren des 19. Jahrhunderts konkretisieren wollen.
(a) In der Geschichte der Soziologie
Lambert Adolphe Quételet (1796 – 1874), der Begründer der Sozialstatistik, spricht von einer „sozialen Physik" und von einem „sozialen System" (1848) als naturgeschichtlichem Gesellschaftssystem.
Auguste Comte (1798 – 1857). Er fordert eine positive, auf Erfahrung beruhende und die Formulierung von Gesetzen anstrebende Wissenschaft. Für die Soziologie wird dieses Programm in seinem Werk: „Système de politique", 1851 – 1874 realisiert.
Emile Durkheim (1858 – 1917). Die Gesellschaft wird als ein System eigenen Typs, d. h. als nichtbiologisches System aufgefaßt. Durkheim spricht von einer „sozialen Morphologie". Kollektive Repräsentationen und Normen bilden den Kern des Sozialsystems.
(b) In der Linguistik
In der Sprachwissenschaft des 19. Jahrhunderts finden wir ebenfalls vergleichbare Stufungen, wobei die Analogie zwischen den beiden Disziplinen eher indirekt über die Auseinandersetzung mit der Entwicklung der Naturwissenschaften im 19. Jahrhundert und den jeweils dominierenden philosophischen

46   I. Basics I: Theoretical Aspects

Grundtendenzen zu erklären ist (vgl. Wildgen 1985 b, Kap. 5). Wir können die folgenden parallelen Positionen feststellen:

Jacob Grimm (1785–1863) sichtet und bearbeitet systematisch die historischen Sprachurkunden und stellt erste Gesetze auf (die sog. Grimmschen Gesetze).

August Schleicher (1821–1868) schlägt als quasi-naturwissenschaftliche Disziplin die „Glottik" vor. Sie untersucht das (lebende) System „Sprache" in Anlehnung an die Biologie.

Ferdinand de Saussure (1857–1913) versucht, die „langue" als nichtbiologisches System kollektiver Vorstellungen zu charakterisieren (eine Beziehung zur Soziologie Durkheims ist naheliegend).

Diese Parallelitäten lassen deutlich erkennen, daß beide Disziplinen, die Soziologie und die Linguistik, in ihrer Gründungsphase ähnliche Zielsetzungen hatten, die man mit empirischer Exhaustivität, biologischer Orientierung und Umorientierung auf abstrakte, kollektive Schemata charakterisieren könnte.

Im Gegensatz zur Parallelität im Bereich wissenschaftsphilosophischer Grundtendenzen kommt es im Bereich der empirischen und praktischen Tätigkeiten zunehmend zu einer Divergenz der beiden Disziplinen. In der Soziologie gewinnen empirische Methoden und statistische Verfahren immer mehr an Bedeutung. Es entstehen die folgenden Typen der Datenerhebung:
— Enquêten (sozialstatistische Erhebungen; verstärkt ab 1865),
— teilnehmende Beobachtung (ab 1890).
— Biographieforschung (ab 1905, verstärkt ab 1930),
— social surveys (soziale Übersichtsstudien besonders in Chicago und New York ab 1909),
— die Methoden der systematischen Stichproben (in den USA ab 1922),
— Feldstudien (in den USA, verstärkt in den 30er Jahren),
— die experimentelle Sozialpsychologie (ab 1924); vgl. Maus 1967, 30–46.

In der Linguistik war besonders die Dialektologie in eine vergleichbare Richtung weiterentwickelt worden, wobei der Deutsche Sprachatlas von Wenker noch mit schriftlichen Fragebögen arbeitete, der französische Sprachatlas von Gilliéron jedoch bereits durch direkte Befragungen und Transkriptionen im Feld erstellt wurde. Diese methodische Tradition der Dialektologie mündete in den

USA in eine Verbindung von „social survey", soziolinguistischen Erhebungen mit Feldmethoden und sozialpsychologischen Experimenten bei Labov (1966) ein. Die Grammatikforschung hatte lediglich im Rahmen der Beschreibung von Indianersprachen (vgl. das Werk von Boas) einen induktiven, feldorientierten Weg beschritten. Seit Mitte des 20. Jahrhunderts setzten sich im Gegensatz dazu technisch und philosophisch orientierte Forschungsstrategien durch, so daß die Theorie (Modellkonstruktion, Sprachsimulation) und Empirie (Sprachaufnahmen, Interviews, Erhebungen, teilnehmende Beobachtung, Experimente) auseinanderstrebten; die Linguistik wurde theorielastig. Neue empirische Ansätze kamen teilweise aus der Soziologie (so die Konversationsanalyse), teilweise aus der Psychologie (so die Spracherwerbsstudien und die experimentelle Erforschung der Sprachverarbeitung). Die Politisierung der Soziolinguistik in Mitteleuropa in den 60er und 70er Jahren behinderte zeitweise eine konsequente methodische Weiterentwicklung. Insbesondere bleibt eine Integration der vielfältigen methodischen Neuerungen im Empiriebereich mit der mathematischen Präzisierung in der Grammatikforschung und der zunehmenden Interdisziplinarität der Fragestellungen eine ungelöste Aufgabe für die soziolinguistische Forschung (vgl. Klein 1974, Wildgen, 1977 a, b und Dittmar und Klein 1979 für Versuche, eine solche Integration zu leisten).

2. Das Verhältnis von Theorie und Empirie in der Soziolinguistik aus wissenschaftstheoretischer Perspektive

In der Opposition von Empirie und Theorie ist der Pol der Empirie besonders schwer zu bestimmen. Seit dem Aufkommen des Empirismus (vgl. die Tradition von Locke, Condillac und Hume) wird eine Abgrenzung der *empirischen* und damit der in ihrem „Sinn", ihrer wissenschaftlichen Relevanz gesicherten Sätze von sog. *metaphysischen* Sätzen versucht. Hume schlägt z. B. vor, jedes Buch danach zu befragen, ob es Behauptungen zu Quantität und Zahl oder Erfahrungsurteile enthält. Tut es dies nicht, handelt es sich lediglich um Sophisterei und Illusion (vgl. Hume 1748). Die Theorie sollte aus empiristischer Sicht lediglich eine übersichtliche Organisation der Fakten gewährleisten. Tatsächlich ist die Beziehung von Empirie und Theorie insofern komplizierter, als die meisten Beobachtungen theoriegeleitet oder zumindest paradigmenorientiert sind, d. h. sie setzen Fragestellungen, Relevanzkriterien und Bewertungsmaßstäbe voraus. Die Theorie andererseits kann nicht auf Faktenaussagen reduziert werden, da die spezifischen Allgemeinheitsansprüche, Gesetzesaussagen und Erklärungsbezüge nicht durch die Reihung von Faktenaussagen erreichbar sind. Immerhin kann man an eine wissenschaftliche Theorie die folgenden Anforderungen stellen (vgl. Kutschera 1972, Bd. II, für eine Darstellung der wissenschaftstheoretischen Standpunkte zu dieser Frage):

1. Es muß eine Ebene der Beobachtung und eine entsprechende Beobachtungssprache angebbar, also von den theoretischen Aussagen ablösbar sein.

2. Die theoretischen Termini müssen eine kontrollierte empirische Interpretation erhalten, auch wenn diese nur partiell ist (etwa bei Operationalisierungen in bezug auf methodische Verfahren und experimentelle Situationen oder bei Indikatoren in bezug auf das Zutreffen eines theoretischen Prädikates).

3. Der Begründungszusammenhang, welcher die Theorie, als System von theoretischen Sätzen, mit den Beobachtungssätzen verbindet, soll möglichst explizit gemacht werden. Dies kann in deduktiv-logischer oder in induktiv-statistischer Weise geschehen. In der Praxis müssen wohl auch unvollständige Begründungen, welche z. B. auf Analogieschlüssen und Plausibilitätserwägungen beruhen, zugelassen werden.

Für die Soziolinguistik, die sich sowohl bezüglich ihrer empirischen Verfahren als auch ihrer Modelle noch in einer eher heuristischen Phase befindet, müssen vorläufig Abstriche auf allen drei Ebenen gemacht werden. Einige Probleme bei der konkreten Realisierung des genannten Programms sollen kurz erörtert werden.

2.1. Die Beobachtungsebene

Die Beobachtungen werden durch das Beobachterparadox, d. h. durch die störende oder gar lenkende Wirkung des Beobachters auf die beobachtete Szene begrenzt. Da diese Wirkung mit dem Grad der methodischen Kontrolle der Situation ansteigt, entsteht ein Dilemma: Man kann einerseits eine Situation unter komplexen lebensweltlichen Bedingungen (etwa als Teilnehmer) beobachten, dann

sind die Beobachterrolle und die aus ihr ableitbaren „empirischen" Aussagen, und die Handlungsrolle, die mit zum Gegenstandsbereich der Beobachtung gehört, schwer zu trennen. Immerhin bleibt die Situation *natürlich*, die Beobachtungen sind relevant (gültig). Andererseits kann man die Situation einem strengen methodischen Raster oder gar experimentellen Bedingungen unterwerfen; dann erhalten wir klare, vielleicht sogar replizierbare Beobachtungen, ihre Relevanz (Gültigkeit) ist aber wegen des Beobachterparadoxons gefährdet. Im ersten Fall sind lebensweltliche Theorien beobachtungskonstitutiv und die wissenschaftliche Theorie ist von lebensweltlichen Theorien abhängig oder konkurriert gar mit ihnen. Im zweiten Fall kann das strenge Raster zur Brille werden, welche alle Erfahrungen färbt. Diese Problematik grenzt deutlich die phänomenologischen Zugriffe, etwa der Ethnomethodologie oder der Konversationsanalyse, und die quantitativ statistischen Verfahren in der Soziolinguistik oder die experimentellen Methoden der Sozialpsychologie voneinander ab.

2.2. Die empirische Interpretation theoretischer Terme

Die Kontrolle der Interpretation von Beobachtungsaussagen impliziert ein Heraustreten aus der Alltagskommunikation und die Einführung strengerer Interpretationsbedingungen etwa im Rahmen von Meß- und Auswertungsverfahren. Auch hier kommt es zu einem Dilemma, da die methodische Verschärfung der Interpretation empirischer Begriffe und Sätze eine Herauslösung aus der normalen sinnsichernden Alltagskommunikation erfordert. Dieses Dilemma muß aber keine Patt-Situation bewirken, da Gewinn und Kosten für spezifische Fragestellungen abschätzbar sind und außerdem eine Fragestellung mit einer Vielfalt gut abgestimmter Methoden so erforscht werden kann, daß größere Fehlinterpretationen bei gleichzeitiger Steigerung der Zuverlässigkeit der Beobachtungs- und Meßverfahren vermieden werden können. Insgesamt sind objektive Verfahren in der Soziolinguistik eher unterentwickelt, ein besonderer Mangel besteht an Meßverfahren, welche die Inhalts-, Funktions- und Leistungsaspekte von Sprache im sozialen Kontext erfassen (vgl. dazu Wildgen 1977 a).

2.3. Die Begründung von Theorien

Da die Linguistik (besonders seit der mentalistisch-formalen Ausrichtung, die Chomsky befürwortete) statistischen Methoden wenig aufgeschlossen ist, ist die in der Soziologie und der Sozialpsychologie gut entwickelte induktive Theoriebildung und Theorienbewertung in der Soziolinguistik nur schwach ausgeprägt (vgl. etwa Labov 1966, der die quantitativen Daten qualitativ anstatt statistisch analysiert). Die deduktiven Modelle dagegen, die für zentrale Grammatikbereiche (z. B. für die Satzsyntax) erfolgversprechend schienen, sind bei der Komplexität der Faktoren und den Interdependenzen im soziolinguistischen Bereich schnell überfordert und büßen damit ihre organisatorischen und forschungsstrukturierenden Funktionen ein. Dies wird besonders bei den sog. Grammatiken mit variablen Regeln oder den probabilistischen Grammatiken deutlich (vgl. Labov 1969, Wildgen 1975 und Dittmar/Wildgen 1980). Exakte (d. h. axiomatische) deduktive Theorieansätze, welche auch soziolinguistische Anteile berücksichtigen, wurden in Lieb (1970, 1983) entwickelt, sind aber für die empirische Soziolinguistik bisher nicht fruchtbar geworden.

In Anbetracht der Schwierigkeiten, die Beobachterrolle des Soziolinguisten aus dem Beobachtungsfeld herauszulösen und die komplexen Determinanten der Sprache im sozialen Raum zu ordnen, ist es vernünftig, auch Theorien zuzulassen, welche primär versuchen, die besser gesicherten Ergebnisse soziolinguistischer Detailuntersuchungen in eine sinnvolle Ordnung zu bringen, neue Hypothesen zu formulieren und mit den vielfältigen Entwicklungen im Gesamtfeld der Wissenschaften der Sprache zu integrieren. Theorien in diesem schwachen Sinne müssen in erster Linie Begriffe und Organisationsschemata bereitstellen, um so einen Ort des überschaubaren, wissenschaftlichen Diskurses zu konstituieren. Zusätzlich ist ein solches theoretisches Forum auch der Ort, an dem die anwendungsorientierten und praktischen Fragen der Soziolinguistik mit den empirischen und theoretischen Ansätzen in Kontakt treten können.

Hinter den Theoriekonzepten der Soziolinguistik (und anderer Humanwissenschaften) stehen häufig philosophische, eher weltanschauliche Positionen, die bis tief in die Arbeitsweisen und Begrifflichkeiten der Disziplinen wirksam sind. So stehen sich phänomenologische und positivistische Grundtendenzen gegenüber (in den jeweils aktuellen Fortbildungsstadien), systemtheoretische Ansätze stehen lebensweltlich-hermeneutischen gegenüber; strukturalistische, verhaltenstheo-

retische, lerntheoretische, psychoanalytische, behavioristische Betrachtungsweisen konkurrieren miteinander. Die theoretische Soziolinguistik sollte diese (herrliche) Vielfalt nützen, um schließlich zu einer umfassenden Theorie des sozialen Charakters von Sprache zu gelangen.

Wir haben bisher das Verhältnis von Sprache und Gesellschaft, von Linguistik und Soziologie als etwas Einheitliches betrachtet. Es zeigt sich jedoch, daß die Empirie-Theorie-Problematik sich unterschiedlich darstellt in Abhängigkeit von der „Größe" des Problemausschnittes. Diese Relevanz des Skalenbereiches eines Phänomens (vorerst raum-zeitlich zu bestimmen) für die Art des wissenschaftlichen Zugriffes ist in neuerer Zeit besonders in den Naturwissenschaften deutlich geworden; sie gilt in noch stärkerem Maße in den Humanwissenschaften. Aus Gründen einer einfachen Darstellung unterscheiden wir lediglich eine *Makrosoziolinguistik* und eine *Mikrosoziolinguistik*. Eine feinere Differenzierung ist eventuell möglich, müßte aber sehr detailliert begründet werden.

(a) *Makrosoziolinguistik*: sie behandelt Phänomene auf der Ebene von Sprachgesellschaften, sowohl in der externen Abgrenzung, den äußeren Kontakten und Konflikten, als auch in den inneren Grobgliederungen (Mehrsprachigkeit, Dialekte, schichtspezifischer Sprachgebrauch, soziale Register und Stile u. a.).

(b) *Mikrosoziolinguistik*: in ihr wird untersucht, wie die gesellschaftliche Struktur in der kommunikativen Interaktion wahrgenommen und partiell konstituiert wird und welche Rolle dabei die Sprache in enger Verbindung mit sozialem Handeln und sozialer Wahrnehmung spielt. Die Konstitution von Sprache als soziales Medium steht dabei im Zentrum.

Wir gehen davon aus, daß das Verhältnis von Theorie und Empirie für diese Bereiche, die sich natürlich berühren, zumindest in den entfernten Subbereichen unterschiedlich zu bestimmen ist. Die Trennung von Makrosoziolinguistik und Mikrosoziolinguistik ist in etwa kongruent mit der neueren Unterscheidung von *Sozialsystem* und *Lebenswelt* (vgl. Habermas 1981/82 und Luhmann 1984).

3. Theorie und Empirie in der Makrosoziolinguistik

Wenn wir von der traditionellen Perspektive der Sprachwissenschaft ausgehen, welche be-

sonders große, mächtige, mit einer Standardsprache ausgerüstete Sprachgesellschaften
untersuchte, z. B. die lateinische Kultur und
Grammatik, die Grammatik der in der Neuzeit und später konstituierten Nationalsprachen, und dazu ein soziologisches Pendant
suchen, so ist dieses zuerst in der National-,
Kultur- und Sozialgeschichte dieser Staaten
zu finden. Nach der Saussureschen Wendung
hin zur Synchronie blieben von diesem Zusammenhang jedoch nur die strukturalen,
symbolischen Grundmuster übrig. Die strukturale Abstraktion läßt soziale und sprachliche Strukturen als homogen erscheinen, wodurch eine starke Vereinfachung und Homo-
genisierung des interdisziplinären Problemfel-
des „Sprache und Kultur" erreicht wird. Die
Beziehung von Empirie und Theorie wird jedoch sofort schwierig, wenn die Sprache nicht
mehr als ideale (obwohl differenzierte) Kompetenz, sondern als situative Sprachverwendung, als Kode (im Sinne von Bernstein 1971)
oder als „kommunikativer Stil" (als Neufas-
sung des Bernsteinschen Begriffes in Wildgen
1977 b, 1978) untersucht wird. Während in
der Soziologie mit den Begriffen: Status,
Rolle, Sozialisation (familiäre, schulische),
Subkultur usw. Begriffe für eine erste Theoretisierung zur Verfügung stehen, fehlen entsprechende Konzepte in der Linguistik. Mit
der Entwicklung der Pragmatik versuchte
man, diese Lücke zu füllen. Da die Pragmatik, besonders in ihrer Searleschen Form,
aber selbst eher deduktiv-statisch konzipiert
ist, entfernten sich die empirisch und feldorientierten soziologischen Analysen und die
deduktiv-philosophischen Ansätze der Pragmatik. Das Verhältnis von Theorie und Empirie blieb disparat. Hier liegt eine wesentliche
Zukunftsaufgabe der Soziolinguistik.

4. Theorie und Empirie
     in der Mikrosoziolinguistik

In der Erforschung der engen Verzahnung
von lebensweltlichen Handlungs- und Wissensstrukturen mit Sprache kommt zusätzlich
das Problem zum Tragen, daß die Idealisie-
rung der externen Beobachterrolle des Soziolinguisten die Gegebenheiten radikal ver-
fälscht und stört. Der Beobachter mit seiner
eigenen „Hermeneutik", die selbst in die beobachteten Systemzusammenhänge eingebettet ist, muß sich systematisch mit in Rechnung stellen. Dadurch wird die zumindest in
der Metatheorie stabile Beziehung von Theorie und Empirie destabilisiert. Es bieten sich

zwei, allerdings nur halbwegs befriedigende
Lösungen für eine klare Ordnung des Verhältnisses von Theorie und Empirie in diesem
Bereich an:
(a) Die *phänomenologische Selbstbeschrän-
    kung.* In der Argumentationslinie der
    Ethnomethodologie wird der Forscher
    selbst zu einem sozialen Teilnehmer unter
    anderen, der seine Erfahrungen analy-
    siert und die „Methoden" der Lösung
    von Alltagsproblemen zu verstehen und
    zu lernen versucht. Eine phänomenologi-
    sche Vorgehensweise muß bezüglich der
    Theoriekonstruktion äußerst skeptisch
    bleiben und führt deshalb zur Theorieent-
    haltung. Als Ersatz entstehen Interpreta-
    tionsvorschläge, hermeneutische Ent-
    würfe; wobei die Prüfung der „Richtig-
    keit" im Rahmen alltagsweltlicher Plausi-
    bilität geschieht und durch sie auch be-
    grenzt wird.
(b) Die *Selbstreferentialität* von sozialen Pro-
    zessen. Innerhalb einer Konzeption von
    selbstreferentiellen sozialen Systemen
    (vgl. Luhmann 1984) könnte der wissen-
    schaftliche Reflektionsprozeß als eine hö-
    here Systemebene mit der Ebene der the-
    matisierten Phänomene rückgekoppelt
    werden. In der programmatischen Ten-
    denz ist auf diese Weise die Theoretisie-
    rung von Alltagsprozessen, -methoden,
    -regeln, -erwartungen usw. dynamisch
    fundierbar, so daß die Selbstbeschrän-
    kung phänomenologischer Analysen
    transzendiert werden könnte. Die innere
    Logik selbstreferentieller und autopoieti-
    scher Prozesse müßte aber noch erheblich
    präzisiert und wissenschafts- und er-
    kenntnistheoretisch durchleuchtet wer-
    den. Letztlich ist die lebensweltlich-her-
    meneutische Absicherung solcher meta-
    theoretischer Konstrukte wieder außer-
    halb der theoretischen Konstruktion zu
    sichern, so daß die letzte „hermeneuti-
    sche" Basis nicht hintergehbar ist (ob-
    wohl sie in der jeweils aktualen Ausprä-
    gung korrigiert und entwickelt werden
    kann).

5. Das Verhältnis von Theorie und
     Empirie in der neueren
     Wissenschaftstheorie

Während die ältere logisch orientierte Wissenschaftstheorie, die den Diskussionen im
Wiener Kreis entsprang (vgl. Carnap, 1932;

Popper, 1934; Hempel und Oppenheim, 1948), sich bemühte, die exakte empirische Wissenschaft von spekulativen, metaphysischen, in ihren Augen gehaltlosen Theorien abzugrenzen, wobei die Physik als Musterbeispiel für eine „echte" Wissenschaft galt, ist die neuere Wissenschaftstheorie (der neue Strukturalismus im Sinne von Stegmüller) bemüht, das Verhältnis zwischen verschiedenen Theorien und die Dynamik von Theorien im Modell zu erfassen. Indirekt spielt allerdings die Polarität: empirisch-theoretisch weiterhin eine zentrale Rolle; auch die Orientierung an der Logik (bzw. an mengen-theoretischen Modellen) einerseits und der Physik als Musterdisziplin andererseits ist geblieben. Da diese beiden Angelpunkte der „strukturalistischen Wissenschaftstheorie" generell gegen ihre Relevanz für die mathematisch kaum entwickelte Soziolinguistik sprechen, wollen wir lediglich zwei Aspekte kurz hervorheben:

(a) In einer richtungsweisenden Arbeit „The Logical Structure of Mathematical Physics" wird von Sneed nur noch zwischen Größen, die bezüglich einer Theorie T bestimmt werden, bzw. diese voraussetzen, den T-theoretischen Begriffen, und den anderen, nicht-theoretischen oder empirischen Begriffen unterschieden. Stegmüller (1986: Kap. 14) hat die Sneedsche Unterscheidung auch auf sozial- und geisteswissenschaftliche Theorien übertragen. Anhand seiner Rekonstruktion der Jakobsonschen Literaturtheorie (eine sprachwissenschaftliche Anwendung versucht er nicht) wollen wir kurz den Nutzen dieser Technik abschätzen.

Wenn LT die Literaturtheorie Jakobsons ist, so nimmt Stegmüller als nicht-theoretisch die folgenden Begriffe an:
S: die (unendliche) Menge der Sätze,
S_0: die endliche Menge literarischer Texte,
$\sim$: die Relation der Bedeutungsähnlichkeit.
Als LT-theoretisch gelten:
P: die selektive Projektion auf der Achse der Kombination, welche Poetizität erzeugt.

Die vorgenommene Unterscheidung nennt Stegmüller selbst einen vernünftigen „Beschluß" (ibidem: 369) auf dem Hintergrund der vorgenommenen Rekonstruktion der Theorie Jakobsons. Als Argument für den nicht LT-theoretischen Charakter der Begriffe S und $\sim$ wird angegeben, diese seien ja L-(= Linguistik)-theoretisch.

Überträgt man dieses Beispiel auf soziolinguistische Theorien, so erhalten wir relativ zu einem ganzen Satz sicher problematischer logischer Rekonstruktionen: linguistik-theo-retische, soziologie-theoretische, geographie-theoretische, geschichtswissenschafts-theoretische, usw. Begriffe, wobei die unterschiedlichen Linguistiken, Soziologien usw. außerdem zu berücksichtigen wären. Es ist zu befürchten, daß von diesen ganzen komplizierten Konstruktionen nicht mehr für die Theorie-Empirie-Problematik herausspringt als die Einsicht, daß jede Teiltheorie auf Begriffe und Konstrukte anderer Theorien zurückgreifen muß und dieses Zurückgreifen nur sehr begrenzt problematisiert werden kann, obwohl es ständig problematisch bleibt.

(b) Von größerem Interesse auch für die Soziolinguistik könnten die Überlegungen von Kuhn (1981) sein, die mit ihrem Bezug zur Sozialgeschichte der Wissenschaften allerdings selbst in die Nähe soziolinguistischer Problemfelder kommen (die wissenschaftliche Kommunikation im Kontext der Wissenschaftsgesellschaft). Stegmüller schlägt sogar eine Synthese der Ideen von Sneed und von Kuhn in seinem Konzept des „Überlegungs-Gleichgewichtes" (ibidem: 339–346) vor. Die wissenschaftstheoretische Kritik versucht, Lücken in der Begründung von Theorien aufzudecken und kann somit ein Paradigma konsolidieren oder erschüttern; gleichzeitig schafft sie Normen (allerdings auf dem Hintergrund erfolgreicher Beispiele von Wissenschaft). Die Wissenschaftsgeschichte deckt eher die Makrodynamik des wissenschaftlichen Interesses, der Relevanzvorstellungen, der Zielsetzungen auf. Beides in einem „Überlegungsgleichgewicht" zu vereinen, ist das Wunschbild, das Stegmüller skizziert. Letztlich läuft die Problematik darauf hinaus, in einem Entscheidungsspiel zwischen *interessanten, informativen* (und eben deshalb unwahrscheinlichen) Theorien mit hohem Spielgewinn und *sicheren*, induktiv abgesicherten Hypothesen und Theorien zu wählen. Kutschera, der diesen Vergleich bei der Diskussion von Poppers Ansatz verwendet, folgert daraus:

„Beim Spiel ist ein großer Geldgewinn für uns interessanter als ein kleiner; trotzdem werden wir vernünftigerweise oft eine gute Gewinnchance auf den kleinen Betrag einer geringen Chance auf den großen vorziehen. So muß auch der Wert einer Hypothese, ihr Informationsgehalt in Relation zu ihrer Wahrscheinlichkeit gebracht werden." (Kutschera 1972, 462).

Auch in der Soziolinguistik wird und soll es weiter Theorieansätze geben, die interessant aber unsicher sind, und Beschreibungen, die sicher, aber letztlich wenig informativ sind. Wichtiger, da schwerer zu beurteilen als der Bestätigungsgrad einer Theorie, scheint mir das Kriterium des Interesses, der Relevanz einer Theorie zu sein. Thom (1981) fragt z. B. ganz radikal: „Worüber sollen wir uns wundern?" und zeigt die Nähe von Magie und Naturwissenschaft im Rekurs auf nicht-lokale Wirkungen auf (als Beispiel dienen Newtons Gravitationsgesetz und die Quantenmechanik). Gerade diese unerklärlichen Elemente (und deren exakte Kontrolle) machen die praktische Wirkung der Naturwissenschaften aus. In ähnlicher Weise könnte in einer wissenschaftlich kontrollierten Konstruktivität, um nicht zu sagen in der kontrollierten Utopie, das Hauptinteresse einer soziolinguistischen Theoriebildung liegen.

6. Literatur (in Auswahl)

Bernstein, Basil (1971) *Studien zur sprachlichen Sozialisation*, Düsseldorf.

Carnap, Rudolf (1932) Die physikalische Sprache als Universalsprache der Wissenschaft, in: *Erkenntnis*, 2, 432 – 465.

Dittmar, Norbert/Wildgen, Wolfgang (1980) „Pragmatique psychosociale: Variation linguistique et contexte social", in: *Le langage en contexte*. Etudes philosophiques et linguistiques de pragmatique, Parret, H. et al., eds., Amsterdam, 633 – 721.

Habermas, Jürgen (1981/1982) *Theorie des kommunikativen Handelns*, 2 Bd., Frankfurt a. M.

Hempel, Carl G./Oppenheim, P. (1948) Studies in the logic of explanation, in: *Philosophy of Science*, 15, 135 – 175.

Hume, David (1748, 1979) *Eine Untersuchung über den menschlichen Verstand*, Stuttgart.

Klein, Wolfgang (1974) *Variation in der Sprache*. Ein Verfahren zu ihrer Beschreibung, Kronberg/Ts.

Klein, Wolfgang/Dittmar, Norbert (1979) *Developing grammars*, Berlin (West).

Kuhn, Thomas S. ([1967], 1981) *Die Struktur wissenschaftlicher Revolutionen*, Frankfurt a. M. (5. Auflage).

Kutschera, Franz von (1972) *Wissenschaftstheorie* 2 Bde, München.

Labov, William (1969) „Contraction, deletion and inherent variability of the english copula", in: *Language* 45, 715 – 762.

Lieb, Hans-Heinrich (1970) *Sprachstadium und Sprachsystem*. Umrisse einer Sprachtheorie, Stuttgart.

Lieb, Hans-Heinrich (1983) *Integrational Linguistics*, Bd. 1, Amsterdam.

Luhmann, Niklas (1984) *Soziale Systeme*. Grundriß einer allgemeinen Theorie, Frankfurt a. M.

Maus, Heinz (1967, 1973). „Zur Vorgeschichte der empirischen Sozialforschung", in: *Handbuch der empirischen Sozialforschung*, König, R., ed., Bd. 1, 3. Auflage (dtv), 21 – 56.

Sneed, J. D. (1979) *The logical structure of mathematical physics*, Dordrecht (2. Auflage).

Stegmüller, Wolfgang (1986) *Theorie und Erfahrung*, Bd. 3: Die Entwicklung des neuen Strukturalismus seit 1973, Heidelberg.

Thom, René (1981) „Worüber soll man sich wundern?", in: *Offene Systeme II. Logik und Zeit*, Maurin, K./Michalski, K./Rudolph, E., eds., Stuttgart, 41 – 107.

Weingarten, Elmar/Sack, Fritz/Schenkein, Jim, eds., (1976) *Ethnomethodologie*. Beiträge zu einer Soziologie des Alltagshandelns, Frankfurt a. M.

Wildgen, Wolfgang (1975) „Variationsanalyse und variable Regeln: Theoretische Probleme der Variationsanalyse von William Labov", in: *Soziolinguistik und angewandte Linguistik*, Hartig, M., ed., Heidelberg, 83 – 93.

Wildgen, Wolfgang (1977 a) *Differentielle Linguistik*. Entwurf eines Modells zur Beschreibung und Messung semantischer und pragmatischer Variation, Tübingen.

Wildgen, Wolfgang (1977 b) *Kommunikativer Stil und Sozialisation*. Ergebnisse einer empirischen Untersuchung, Tübingen.

Wildgen, Wolfgang (1978) „Rekonstruktion der Sprachbarrierenproblematik im Rahmen einer Sprachverwendungstheorie", in: *Linguistische Berichte* 53, 1 – 20.

Wildgen, Wolfgang (1985 a) *Archetypensemantik*. Grundlagen für eine dynamische Semantik auf der Basis der Katastrophentheorie, Tübingen.

Wildgen, Wolfgang (1985 b) *Dynamische Sprach- und Weltauffassungen* (in ihrer Entwicklung von der Antike bis zur Gegenwart), Bremen.

Wolfgang Wildgen, Bremen
(Bundesrepublik Deutschland)

8. Wissenschaft und Praxis

1. Der Begriffsinhalt

Mit dem Begriffspaar „Wissenschaft und Praxis" heben wir — ganz allgemein — einen bestimmten Aspekt der Organisation von gesellschaftlicher Wirklichkeit hervor: Wir unterscheiden in dieser Wirklichkeit zwei besondere Bereiche, die sich auf eine bestimmte Weise unterscheiden; mit der Verwendung eben dieses Begriffspaares bringen wir sie aber auch in einen bestimmten gemeinsamen Zusammenhang. Intuitiv scheint es zunächst keinerlei Schwierigkeiten zu bereiten, die beiden Begriffe auf Momente unserer Erfahrung mit der gesellschaftlichen Wirklichkeit zu beziehen. Die Wissenschaft ist als eine besondere Institution aus der Gesamtheit menschlicher Tätigkeiten bereits herausgehoben, so daß wir leicht eine Reihe solcher Heraushebungen aufzählen können. Das fällt uns um so leichter, als sich die Wissenschaft selbst und nicht ohne besondere Aufmerksamkeit als Wissenschaft bezeichnet. Mit der Praxis ist es von Anfang an etwas komplizierter. Schon die Alltagssprache kennt mehrere Bedeutungen des Wortes (die die auf einem Gebiet gesammelte Erfahrung ebenso meinen können wie Tätigkeiten verschiedener Abstraktionsstufe, die Wirklichkeit gegenüber einer Theorie etwa oder selbst eine bestimmte Räumlichkeit für berufsmäßig ausgeführte Tätigkeiten). Auch die fachsprachlichen (philosophischen, erkenntnistheoretischen) Festlegungen divergieren z. T. beträchtlich (etwa in der Frage, auf welche Arten von Tätigkeiten der Praxisbegriff zu beziehen ist; es bedeutet z. B. für das resultierende Konzept von Gesellschaft einen sehr erheblichen Unterschied, in welcher Rangordnung bzw. Abhängigkeit materielle und geistige Tätigkeiten den Inhalt von Praxis bilden). Gerade dank dieser Vielschichtigkeit des Begriffsinhalts fällt es aber offenbar nicht schwer, sich zumindest irgendetwas unter Praxis vorzustellen. — Wenn wir mit dem Begriffspaar „Wissenschaft und Praxis" auf einen bestimmten Aspekt der Organisation gesellschaftlicher Wirklichkeit Bezug nehmen, ist aber mehr als eine solche Zuordnung zu isoliert gesehenen Bereichen gemeint. Es muß vielmehr 1. einen spezifischen Unterschied zwischen Wissenschaft und Praxis geben, sonst brauchte man sie nicht einander gegenüberzustellen, und 2. muß es unter einem ganz bestimmten Gesichtspunkt sinnvoll sein, beide in Beziehung zueinander zu setzen.

Unter Praxis in einem allgemeinen Sinn verstehen wir den Gesamtprozeß, in dem die Menschen auf ihre natürliche und soziale Umgebung einwirken, um sich die Bedingungen für ihr Leben und dessen Reproduktion zu sichern. Dieses Einwirken erfolgt in Gestalt verschiedener Tätigkeiten. Bestimmend unter ihnen sind solche Tätigkeiten, die die materiellen Lebensbedingungen schaffen oder beeinflussen, also die materiellen oder praktisch-gegenständlichen Tätigkeiten. Diese Gewichtung hat insofern prinzipielle Konsequenzen, als sie einerseits die letztendliche Abgeleitetheit des Inhalts geistiger Tätigkeiten aus den Bedingungen und Ergebnissen materieller Tätigkeiten einschließt und andererseits auf die Unmöglichkeit hinweist, materielle Praxis allein durch geistige Kritik zu verändern. — Tätigkeiten sind dadurch charakterisiert, daß ihnen ein Plan zugrunde liegt, daß mit ihrem Vollzug ein bestimmtes Ergebnis angestrebt wird. Damit diese Art der bewußtseinsmäßigen Regulation beliebiger Tätigkeiten verwirklicht werden kann, braucht der Mensch ein bestimmtes Wissen über tätigkeitsrelevante Eigenschaften jener Objekte, auf die sich seine Tätigkeit richtet, sowie über günstige Varianten der Tätigkeitsrealisierung. Weiter sind menschliche Tätigkeiten dadurch charakterisiert, daß sie in einem hohen Maße gemeinsam vollzogen werden. Indem Menschen gemeinsam tätig sind, treten sie notwendigerweise in Beziehungen zueinander, sie unterstützen sich gegenseitig, ergänzen sich, bringen ihr unterschiedliches Wissen ein, haben aber unter Umständen auch unterschiedlichen Anteil an und Zugang zu den Tätigkeitsergebnissen. Auf dieser Grundlage entwickeln sich im Laufe der Zeit sehr differenzierte Systeme von Voraussetzungen und Rahmenbedingungen für menschliche Tätigkeiten. In ihrer Gesamtheit konstituieren diese Tätigkeiten und ihre Vor-

aussetzungen und Bedingungen den gesellschaftlichen Prozeß, den wir Praxis nennen.

Bei der über das Bewußtsein vermittelten
Lenkung und Kontrolle ihrer Tätigkeiten
werden die Menschen mit Eigenschaften der
von ihnen tätig angeeigneten Umwelt konfrontiert. Sie lernen es, diese Welt zu begreifen, sie sich tätig anzueignen. Sie werden aber
auch mit Mißerfolgen und negativen Konsequenzen einzelner ihrer Tätigkeiten konfrontiert, sie erfahren die Unvollkommenheit und
Begrenztheit ihres Weltverständnisses. In dem
Maße, in dem es ihnen gelingt, mit solchen
Herausforderungen fertig zu werden, ihr Verständnis der sie umgebenden Umwelt zu ver-
tiefen und immer komplexere Zusammenhänge unter ihre tätige Kontrolle zu bringen,
hat ihre Praxis tendenziell das Merkmal, sich
weiterzuentwickeln: Bestimmte Elemente
einer Praxis erweisen sich als angemessener
und fortgeschrittener als andere. Daß Praxis
in einer solchen Weise „verbessert" werden
kann, ist offensichtlich wesentlich auf die Vermehrung und Vertiefung des tätigkeitsregulie-
renden Wissens zurückzuführen. Hier liegt
die entscheidende Voraussetzung für die Entstehung der Wissenschaft. Wenn das Niveau
des Vollzugs bestimmter Tätigkeiten einen
größeren Bedarf an systematischem Wissen
deutlich werden läßt, dann kann der Befriedigung dieses Bedarfs eine besondere, verselb-
ständigte Aufmerksamkeit zuteil werden, sofern gleichzeitig auch die materiellen Voraussetzungen für eine solche Verselbständigung
der Produktion neuen Wissens gegeben sind.
In diesem Sinne ist Wissenschaft eine Gesamtheit von Tätigkeiten — mit ihren Voraussetzungen und Rahmenbedingungen, ihrer
Anhäufung spezifischer Erfahrung und ihrer
Traditionen schaffenden Institutionalisiertheit —, die mit dem Ziel realisiert werden,
neues Wissen zu produzieren. Wissenschaft
ist in diesem Sinne von der Praxis verschieden, aber nicht unabhängig.

2. Hauptdimensionen des Verhältnisses von Wissenschaft und Praxis

Zur Praxis steht die Wissenschaft in ihrer
Gesamtheit — als ein komplexer, in sich vielfach gegliederter Bereich gesellschaftlicher
Wirklichkeit — in einem bestimmten Verhältnis. Man kann aber auch einzelne wesentliche
Momente wissenschaftlicher Tätigkeit her-
ausheben und ihr jeweils spezielles Verhältnis

zur Praxis betrachten: Erkenntnis und Praxis,
Theorie und Praxis. Im vorliegenden Zusammenhang geht es um Wissenschaft (konkreter: Soziolinguistik) in einem komplexen, dis-
ziplinumspannenden Sinn. Erkenntnis und
Theorie stehen dem aber nicht gegenüber, sie
sind vielmehr unterscheidbare Momente in
dem Gesamtzusammenhang, in das Wissenschaft-Praxis-Verhältnis also eingeordnet.

Für den einzelnen kann Neugier oder Er-
kenntnisdrang das Hauptmotiv dafür sein,
Wissenschaft zu betreiben. In gewisser Weise
hat ein Wissenschaftler, der auch so motiviert
ist, anderen sogar manches voraus. Und bei
der Entstehung und Reproduktion der
Gruppe der Wissenschaftler spielen diese
menschlichen Eigenschaften sicher eine Rolle.
Arbeitsteilig — und das ist heute die einzig
mögliche Art — kann Wissenschaft aber nur
der betreiben, der von der Gesellschaft dafür
„freigestellt" ist, dem die unmittelbare Sicherung der materiellen Lebensbedingungen auf
die eine oder andere Art abgenommen ist. Im
gesamtgesellschaftlichen Maßstab wird Wissenschaft also nicht zu dem Zweck betrieben,
daß eine Gruppe Neugieriger ihren Interessen
nachgehen kann. Die Gesellschaft, die Wissenschaft letzten Endes ermöglicht, kontrolliert auch — über Mechanismen, die sich für
historische Perioden, Kulturen und Gesell-
schaftsformationen unterscheiden — die kollektive Nutzbarkeit der Ergebnisse der Wissenschaft. Es ist Sache der einzelnen Wissenschaftler, sich diese Zusammenhänge jeweils
für ihre konkrete historische Situation bewußt zu machen. Für viele ist es nie zu einem
Problem geworden, daß die Wissenschaft auf
die Gewinnung eines von möglichst vielen
Menschen praktisch nutzbaren Wissens hinarbeitet. Eher ist vielen Wissenschaftlern die
Aussicht auf praktische Nutzung ihrer Forschungsergebnisse ein wichtiger Stimulus und
zugleich Ermutigung. Auseinander gingen
und gehen die Meinungen nur — abgesehen
von Einschätzungen konkreter Richtungen
und Inhalte der Nutzung — über die Länge
des bei praktischen Umsetzungen von Forschungsergebnissen zu gehenden Weges und
über dabei noch erforderliche Arbeitsteilungen.

Vom Wissenschaftler aus gesehen hat Wissenschaft einen unmittelbaren und einen mit-
telbaren Zweck: unmittelbar die Erklärung
gegebener Vorgänge und Zusammenhänge,
Voraussagen über ihr Eintreten unter bestimmten Bedingungen, Erkenntnisgewinn
also; mittelbar die Befriedigung des Erkennt-

nisbedarfs bestimmter Menschen, die sich mit ihrer natürlichen und sozialen Umwelt auseinandersetzen, Praxisveränderung also. Wenn man diese beiden Zwecke, Erkenntnisgewinn und Praxisveränderung, gedanklich voneinander trennt, kann dies zu einer ideellen Voraussetzung für Vorstellungen von einer „reinen Wissenschaft" werden, ebenso auch für unangemessene Bewertungen der sozialen Stellung der Schicht der Wissenschaftler (Elitetheorien, Überschätzung der gesellschaftsverändernden Potenzen der Wissenschaftler). Das besondere Interesse am Erkenntnisprozeß an sich hat wissenschaftshistorisch die intensive Bearbeitung einer Reihe von wissenschaftstheoretischen Problemen zur Folge gehabt. Hier ist insbesondere auf verschiedene neopositivistische Richtungen hinzuweisen, die sich der Ausarbeitung von Kriterien für die Wissenschaftlichkeit von Aussagen zuwandten, der Rückführbarkeit theoretischer Aussagen auf Aussagen über Erlebnisgegebenes sowie der Theorie der Verifikation bzw. der Falsifikation (Wiener Kreis: Schlick, Carnap u. a.; Popper). Auf Grund der Isolierung von Erkenntnisgewinn und Praxisveränderung blieb diesen Richtungen jedoch der Zugang zu einer allseitigen Erfassung des gesellschaftlichen Charakters von Wissenschaft versperrt. Wissenschaftstheorie wurde auf Wissenschaftslogik reduziert. Gegen diese Verkürzung wandten sich vor allem marxistisch orientierte Wissenschaftstheoretiker (schon 1931 Boris Hessen, dann Bernal sowie verschiedene Zentren marxistischer Wissenschaftstheorie der Gegenwart). In die Kritik an einem reduktionistischen Wissenschaftskonzept sind auch die Arbeiten von Thomas Kuhn einzuordnen.

Der Zusammenhang von Wissenschaft und Praxis ist also zweiseitig: Auf der einen Seite hat Wissenschaft ihre letzte Grundlage in einem Wissensbedarf der Praxis. Dieser bestimmt wesentliche Teile des Inhalts und oft auch das Tempo wissenschaftlicher Forschung. Allerdings darf man sich dieses Hervorgehen wissenschaftlicher Fragestellungen aus Praxis-Problemen nicht allzu direkt vorstellen. Damit etwas als Problem erkannt und entsprechend formuliert werden kann, ist nicht nur ein kritisches Gefühl erforderlich, sondern auch ein bestimmtes Erkenntnisinstrumentarium (Kategorien, Modellvorstellungen, Bewertungskriterien), das auf die kritischen Phänomene angewandt werden kann. Was also ein praktisches Problem ist und worin seine Herausforderung an die Wissen-

schaft besteht, ist oft nicht einfach gegeben. Vielmehr kann die Beantwortung dieser Frage schon ein Stück regelrechter Forschung sein. Historisch begrenzt sind aber auch die Möglichkeiten der Wissenschaft. Die Wissenschaft bietet zu einem gegebenen Zeitpunkt immer nur solche Wege zur Lösung praktischer Probleme an, die ihrem Entwicklungsstand, den tradierten und vervollkommneten Erfahrungen, entsprechen. Reicht dies nicht aus, müssen neue Lösungswege konzipiert werden, im Hinausgehen über ein unzureichendes Angebot von Lösungen, aber notwendigerweise in enger und damit auch wieder beschränkender Auseinandersetzung mit den vorgefundenen Möglichkeiten. Man greift also zu kurz, wenn man sich Wissenschaft nur als eine Dienerin bei der Lösung praktischer Probleme vorstellt. Wissenschaft ist immer eine besondere Art der Aneignung von Praxis, beruhend auf einer eigenen Tradition, die sich nach besonderen Prinzipien verändert und entwickelt und die in ihrer Gesamtheit auf die Entwicklungen in der Praxis bezogen ist, diese aber nicht unmittelbar widerspiegelt.

Auf der anderen Seite findet Wissenschaft in der Praxis eine Bestätigung. Das gilt in dreifacher Hinsicht: (a) Wenn die Verwendung einzelner Aussagen, Modelle oder auch Theorien in praktischen Zusammenhängen eine Lösung bestimmter Probleme oder Aufgaben erlaubt, dann kann davon ausgegangen werden, daß für den gegebenen Zusammenhang relevante Objekteigenschaften in der Aussage, dem Modell oder der Theorie richtig, der jeweiligen Aufgabenlösung angemessen abgebildet werden. Man sagt deshalb auch, daß die Praxis in diesem Sinn ein *Wahrheitskriterium* ist. Allerdings müssen wir dabei die Beziehbarkeit der theoretischen Begriffe auf die Objektebene detailliert reflektieren; die praktische Nutzbarkeit an sich kann zwar erfreulich sein, aber sie ist so lange noch kein Wahrheitskriterium, wie wir nicht aufzeigen können, worauf sie beruht. (b) Eine ganze Disziplin kann sich als in besonderem Maße praktisch relevant erweisen. Ursache dafür ist, daß die von der Wissenschaft in einem historisch-konkreten Zeitraum jeweils zu lösenden Aufgaben unterschiedliches Gewicht haben, so daß einzelne Fragestellungen und die sich um sie gruppierenden Disziplinen eine dominierende Stellung bekommen, in starkem Maße die Aufmerksamkeit der Öffentlichkeit auf sich ziehen und mit ihren besonderen Denkweisen und Begriffsbildungen auf andere Disziplinen ausstrahlen (als jüngere Beispiele im näheren Umfeld der Linguistik könnte man etwa die formale Logik oder die Forschungen zur Künstlichen Intelligenz nennen oder im Kontext der modernen Wissenschaft überhaupt bestimmte Zweige der Biologie). Ein solches Verhältnis kann auch zwischen den Teildisziplinen innerhalb einer Disziplin bestehen. (c) Mit der praktischen Nutzbarkeit von Forschungsergebnissen bestätigt sich schließlich auch ein bestimmtes gesellschaftsbezogenes, über die Freude am Erkennen an sich hinausgehendes Selbstverständnis des Wissenschaftlers. — Unsere besondere Aufmerksamkeit verdient die unter (a) genannte Funktion der Praxis, Wahrheitskriterium zu sein. Man darf sich nicht der Illusion hingeben, eine solche Bestätigung von Aussagen, Modellen oder Theorien erfolge unvermittelt. Für die Linguistik und Soziolinguistik ist die Anwendung in der Praxis in der Regel nicht mit einer Test-Situation gleichzusetzen, die ein positives oder negatives Resultat liefert. So vermögen etwa Unterrichtserfolge noch nicht über die Richtigkeit einer linguistischen Theorie zu entscheiden; ebensowenig zeigen allerdings auch Mißerfolge ihre Falschheit. Was in der Praxis zur Prüfung kommt, sind nicht unmittelbar die wissenschaftlichen Begriffe und Sätze, sondern bestimmte Systeme von Folgerungen aus ihnen. Wir bekommen es also mit Vermittlungen zu tun, die entsprechende Stufungen des Wahrheitsnachweises durch die Praxis zur Folge haben. Wie diese Stufungen aussehen müßten, wäre allerdings noch zu präzisieren. Im großen und ganzen besteht über die Bedingungen, unter denen die Praxis für die Linguistik und Soziolinguistik als Wahrheitskriterium fungieren kann, gegenwärtig noch keine sehr große Klarheit. Das sollte jedoch weniger Anlaß zu einem Erkenntnispessimismus sein, sondern vielmehr als Aufgabe bei der Entwicklung der linguistischen Methodologie verstanden werden.

Das bisher Gesagte gilt teilweise für die Wissenschaft generell. Besondere Bedingungen für die Sozial- oder Gesellschaftswissenschaften erwachsen daraus, daß sich ihre Gegenstände aus den sozialen Prozessen bzw. den sozialen Aspekten der menschlichen Gesamttätigkeit konstituieren. Die Unterscheidung zwischen materiellen und geistigen Tätigkeiten ist erkenntnis- bzw. gesellschaftstheoretisch begründet. Auf der Ebene, auf der wir es mit einer konkreten sprachlichen und kommunikativen Praxis zu tun bekommen, tritt diese Unterscheidung gegenüber anderen in den Hintergrund. Unseren Gegenständen liegt die Tatsache zugrunde, daß die Menschen ein besonderes sprachlich-kommunikatives Wissen verwenden, um sowohl die kognitive wie auch die kommunikative Seite ihrer Auseinandersetzung mit natürlicher und sozialer Umwelt zu organisieren. Indem wir Struktur, Verteilung und Funktionsweise eines solchen Wissens untersuchen, können wir — im günstigen Fall — bestimmte Bedingungen der Aneignung dieses Wissens und auch seiner aktuellen Verfügbarkeit beeinflussen. Aber auch hier ist Vorsicht geboten: Solange wir über viele Zusammenhänge kein hinreichend sicheres Wissen haben, ist die praxisverändernde Nutzung linguistischer und soziolinguistischer Ergebnisse oft mehr Hoffnung und Aufgabe als ein nach Belieben realisierbares Programm. Ungenügende Einsicht in diese Notwendigkeit eines Vorlaufs der Wissenschaft, oberflächliche Vorstellungen über den erforderlichen Umfang des Vorlaufs sowie eine aus der Konfrontation mit mangelhafter Praxis resultierende Ungeduld können nicht nur eine Überschätzung der praxisverändernden Möglichkeiten bewirken. Oft genug führen sie auch dazu, daß verfrühte, unrealistische Forderungen an die Wissenschaft gestellt werden. Die praktische Nutzbarkeit von Forschungsergebnissen ist häufig erst nach Perioden mehr oder weniger ausgedehnter Forschungen — also nicht sofort und unmittelbar — im einzelnen absehbar oder gar entscheidbar. Gerade in der Soziolinguistik hat die Nichtbeachtung dieses Umstandes Anteil an unnötigen Enttäuschungen auf seiten der Wissenschaft wie der Praxis.

3. Die Trennbarkeit von Wissenschaft und Praxis

Die allgemeinen Voraussetzungen für die Trennung von Wissenschaft und Praxis erwachsen aus der Tatsache, daß die für die Existenz und Weiterentwicklung einer Gesellschaft erforderlichen Tätigkeiten arbeitsteilig durchgeführt werden. Dazu zwingen sowohl das für einzelne Tätigkeiten vorauszusetzende Qualifikationsniveau als auch der Zeitaufwand für Durchführung und Abschluß dieser Tätigkeiten. Beide Faktoren führen zu einem enormen Anwachsen von Arbeitsteilungen. Heute ist es ausgeschlossen oder nur noch sehr begrenzt und in Ausnahmefällen möglich, daß jemand als Wissenschaftler neues

Wissen produziert und in der gleichen Weise, d. h. mit gleichem Zeitaufwand und mit gleicher Qualifiziertheit, Forschungsergebnisse in die Praxis umsetzt. Das verhindern die für beide Tätigkeitsarten erforderlichen divergierenden Wissensbestände und Tätigkeitsroutinen, ebenso aber auch der an Wissenschaft und Praxis gebundene jeweilige technische Aufwand sowie der Grad der Institutionalisiertheit mit seinen zahlreichen sozialen Konsequenzen. Für die einzelnen Disziplinen haben diese Bedingungen unterschiedliches Gewicht. Es ist leicht einzusehen, daß Entwicklungsstand und interne Differenzierung einer Disziplin, der Umfang der für Forschungen notwendigen materiell-technischen Ausrüstung, aber auch das spezifische Verbundensein mit Alltagserfahrungen den Abstand von Praxis und Wissenschaft mitbestimmen. Die Linguistik ist in sich stark gegliedert, die Spezialisierung der Linguistik im allgemeinen weit fortgeschritten. Der materiell-technische Aufwand ist im Vergleich zu vielen, insbesondere naturwissenschaftlichen Disziplinen gering, auch der Aufwand für die Soziolinguistik. Viele linguistische Gegenstände berühren sich sehr eng mit Alltagserfahrungen; das gilt für die Soziolinguistik sicher in besonderem Maße. Hier wirken also Faktoren, die den Abstand vergrößern, und solche, die ihn verringern. In der Konsequenz sind die Barrieren zwischen Wissenschaftlern und Praktikern in bezug auf die Linguistik vielleicht nicht ganz so deutlich ausgeprägt wie in anderen Fällen. Tatsache ist aber, daß linguistische und soziolinguistische Forschung heute weitgehend in Institutionen betrieben wird, die sich entweder ausschließlich mit Forschung befassen oder mit Forschung und Lehre, die also auf jeden Fall von den Praxisbereichen abgehoben sind.

Die zunächst arbeitsteilig und damit sachlich bedingte Trennung von Wissenschaft und Praxis hat verschiedene Konsequenzen auf der Ebene der bewußtseinsmäßigen Aneignung dieser Trennung. Je nach ihrem Standort im System der Arbeitsteilungen entwickeln die Individuen bestimmte auf ihren unmittelbaren Bereich bezogene Interessen (deutlich etwa in der Gegenüberstellung von „Theoretikern" und „Praktikern"). Die Divergenz der Konzepte über den jeweiligen Wirklichkeitsausschnitt kann sich mit wechselseitigen Verzerrungen von Relevanzen verbinden: etwa wenn „Theoretiker" Probleme der Praxis simplifizieren oder ignorieren und „Praktiker" eine Theoriefeindlichkeit entwik-

keln. Hier beginnt die arbeitsteilig notwendige Trennung problematisch zu werden. Dieser Aspekt hat aber nicht nur eine individuell-subjektive Seite. Es bilden sich auch eigene Traditionen heraus, die eine eigenständige („eigengesetzliche") Entwicklung von Wissenschaft und Praxis ermöglichen oder erleichtern. Dazu gehören u. a. die Ausbildung verschiedener Denkmodelle, Wertsysteme, Begründungsschemata usw. bis hin zu fach- und gruppensprachlichen Besonderheiten. Im Ergebnis solcher Entwicklungen entstehen beinahe notwendig spezifische Illusionen in bezug auf das Wissenschaft-Praxis-Verhältnis: Entweder werden die eigenen Möglichkeiten überschätzt, oder das, was sich im jeweils anderen Bereich entwickelt, wird unterschätzt.

Weil aber ein möglichst reibungsloses Verhältnis von Wissenschaft und Praxis im gesellschaftlichen Interesse liegt, erwächst mit den Hindernissen zugleich die Notwendigkeit eines differenzierten Systems der Kommunikation und Kooperation zwischen beiden Bereichen. Wir können dabei etwa unterscheiden: (1) kommunikative und kooperative Kontakte zwischen Gruppen (Institutionen) mit wissenschaftlicher bzw. praktischer Orientierung der jeweiligen Tätigkeit, die vom Erfahrungsaustausch über die Problemdiskussion bis zur Kooperation reichen; (2) Bildung gemischter Gruppen, die an der Lösung eines Problems unmittelbar arbeiten; (3) konsultative Kontakte (wechselseitiges Vertretensein in beratenden Gremien, Erstellung von Gutachten usw.). — Für die Linguistik und Soziolinguistik spielen heute alle diese Kontakte eine wichtige Rolle. Sie können vorwiegend kommerziell basiert sein oder auch stärker aus dem Selbstverständnis der Beteiligten erwachsen; das ist in den einzelnen Ländern unterschiedlich organisiert. — Aber auch diese Kommunikations- und Kooperationssysteme heben die Nachteile der Trennung von Wissenschaft und Praxis nicht einfach auf. In der Kommunikation zwischen verschiedenen Bereichen muß erst eine gemeinsame Problemsicht erarbeitet werden, andernfalls gibt es echte Kommunikationsschwierigkeiten. Die Kommunikation wird gegenwärtig noch häufiger von der Wissenschaft (der Linguistik) organisiert; das kann eine gewisse Einseitigkeit der Problemsicht vorgeben. Schließlich handelt es sich in der Regel nicht um einige wenige Kommunikations- und Kooperationspartner, sie bilden vielmehr ein mehr oder weniger verzweigtes

System mit eigenen und auch wieder isolierenden Einbindungen in andere Systeme. Partner der Linguisten auf einem der Wege zur Praxis sind beispielsweise: Verlage, Ministerien, pädagogische Lehr- und Forschungseinrichtungen, Schulen, Lehrer. Diese Differenzierung macht den Weg zur Praxis für uns aber auch leichter beherrschbar: Wir können ihn in einzelnen Schritten gehen. Sicher bildet das Umgehen der Menschen mit Sprache so etwas wie das letzte Glied im linguistischen Praxisbezug. In seiner Vereinzelung ist dieses Glied der Einwirkung der Wissenschaft jedoch kaum zugänglich. Deshalb haben wir uns an jene Zwischenglieder (Institutionen) zu halten, die entweder an der Vermittlung des für die Auseinandersetzung mit natürlicher oder sozialer Umwelt erforderlichen sprachlich-kommunikativen Wissens beteiligt sind oder die in dieser Auseinandersetzung einen wichtigen Platz haben, der (u. a.) durch besondere Organisationsformen der Kommunikation charakterisiert ist.

Die Getrenntheit von Wissenschaft und Praxis scheint sich zu verringern, wenn eine der Praxis nähere, qualitativ besondere Wissenschaft etabliert wird (vgl. dazu 4.). Sie scheint sogar zu verschwinden, wenn Wissenschaft grundsätzlich mit der Praxis verbunden und aus ihr heraus entwickelt wird, wie es etwa in der sog. Handlungsforschung versucht wurde. Das generelle Problem der Trennung von Wissenschaft und Praxis wird damit jedoch nicht beseitigt. Es wird nur differenziert und auf eine andere Ebene verlagert, unter Umständen aber auch vergrößert. Insbesondere im Fall der Handlungsforschung wird der Weg zur Theorie, die für die Veränderung der Praxis unverzichtbar ist, eingeengt; zwischen beiden wird ein Widerspruch unterstellt. Wir können die Trennung von Wissenschaft und Praxis nicht rückgängig machen. Wir können auch nicht auf die Ergebnisse einer besonders herausgehobenen und der unmittelbaren Existenzsicherung entbundenen wissenschaftlichen Tätigkeit verzichten. Wir können uns nur bemühen, Wissenschaft an der Praxis zu orientieren und die Praxis mit Hilfe von Wissenschaft menschlicher zu gestalten.

4. Theoretische und angewandte Wissenschaften

Die zunehmende Differenzierung der Wissenschaften im Ergebnis des Entstehens neuer, die gegebenen disziplinären Abgrenzungen teilweise relativierender Forschungsgebiete, das Bemühen um tiefergreifende und umfassendere Theoretisierungen des bisher Erkannten sowie immer wieder unbefriedigt bleibende Bedürfnisse der Praxis — letzten Endes also ein zu weites Auseinanderrücken von Teilen der Wissenschaft auf der einen und der Praxis auf der anderen Seite — haben in einer Reihe von Fällen dazu geführt, daß „angewandte" Teildisziplinen den als „theoretisch" oder „rein" charakterisierten an die Seite getreten sind. Dieser Charakterisierung liegt die Vorstellung zugrunde, daß es zu einer angewandten Teildisziplin jeweils einen vorgeordneten Bereich von theoretischer oder Grundlagenforschung gibt, deren Ergebnisse so beschaffen sind, daß sie erst konkretisiert und spezifiziert werden müssen, ehe sie in einem Praxisbereich verwertbar werden. Angewandte Forschung will also mehr als nur Anwendung sein. Dank der für erforderlich gehaltenen Spezifizierung versteht sie sich als eigenständige Forschung, die sich an der Praxis unmittelbar orientiert und aus dem Angebot der Grundlagenforschung schöpft. Das so entstehende Verhältnis von Grundlagenforschung, angewandter Forschung und Praxis ist in den einzelnen Disziplinen unterschiedlich. Für die Linguistik ist charakteristisch, daß es zwar seit langem Institutionalisierungen einer angewandten Linguistik gibt, daß dies auch mit bestimmten Forderungen an die praktische Nutzbarkeit der angebotenen linguistischen Ergebnisse korrespondiert, daß sich aber dennoch keine angewandten Teildisziplinen im eigentlichen Sinn formiert haben. Das mag daran liegen, daß der Erkenntnisprozeß in der Linguistik insgesamt noch nicht so weit vorangeschritten ist, daß ihr Objekt einer zusammenfassenden Theoretisierung zugänglich wird; vielmehr erfährt der Bereich der Grundlagenforschung hier immer wieder Erweiterungen durch Ansätze aus den Übergangszonen zu anderen Disziplinen und auch aus der wissenschaftlichen Aneignung von Praxisproblemen. Die Linguistik ist offensichtlich noch dabei, sich ihr Objekt zu erschließen.

Das Bewußtsein, eine angewandte Linguistik zu brauchen, verdichtete sich bei vielen in der Mitte der 60er Jahre. In dieser Zeit fing man unter dem Druck wissenschaftlich-technischer und ökonomischer Entwicklungen in zahlreichen Ländern an, neue Bildungsprogramme auszuarbeiten. Dabei fand der Sprachunterricht, insbesondere der Fremdsprachenunterricht, eine Aufmerksamkeit, die neue Akzente setzte. Schon in den Jahren davor begann man die automatische Übersetzung für erreichbar zu halten und hatte an vielen Orten entsprechende Arbeiten initiiert. Die Linguistik hatte damals einen großen Aufschwung in der Grammatikforschung erlebt und sah sich einer formalen Theorie dieses linguistischen Kernbereichs sehr nahe. Die damit verbundenen Hoffnungen und natürlich auch bestimmte Einsichten in Systemzusammenhänge fanden schnell Eingang in beide Praxisbereiche. Gerade dabei wurde aber auch bald deutlich, daß die Hoffnungen zum großen Teil noch der wissenschaftlichen Fundierung entbehrten und daß die Praxis sowohl des Sprachunterrichts wie der automatischen Übersetzung differenziertere Problemlösungen brauchte, als sie die Linguistik anbot. In dieser Situation wurde 1964 die AILA (Association Internationale de Linguistique Appliquée) gegründet, in zahlreichen Ländern begannen nationale Vereinigungen der angewandten Linguistik zu arbeiten. Als charakteristisch erwies sich dabei das doppelte Bestreben, die besondere Praxisrelevanz der Linguistik herauszuarbeiten, den Praxisforderungen gerecht zu werden, und gleichzeitig denselben Grad von Wissenschaftlichkeit und methodischer Strenge in Anspruch zu nehmen, der der theoretischen Linguistik zuerkannt wurde. Voraussetzung dafür war aber auf jeden Fall die Entwicklung einer relativen Eigenständigkeit der angewandten Forschung. Dies konnte auf zwei Wegen geschehen: Entweder mußte die angewandte Linguistik eine echte vermittelnde Disziplin werden, oder es waren Konzepte zu entwickeln, die über die theoretische Linguistik hinausgriffen — und damit die Unterscheidung zwischen theoretisch und angewandt wieder aufhoben — und zum Ausgangspunkt einer Weiterentwicklung der Linguistik als Disziplin wurden. Gegenwärtig deutet einiges darauf hin, daß der zweite Weg für manche Bereiche wahrscheinlicher ist.

Die Soziolinguistik ist von Anfang an mit dem Anspruch aufgetreten, im Praxisbezug insbesondere gegenüber der damals dominierenden theoretischen Linguistik eine neue Qualität zu erreichen. Dieser Anspruch ist insofern berechtigt, als Ergebnisse einer Forschung, die vom Postulat einer homogenen Sprachgemeinschaft ausgeht, auf das Verwenden von Sprache in sozialen Situationen in einem wesentlichen Punkt nicht beziehbar sein können. Gleichzeitig enthielt die polemische Überhöhung des soziolinguistischen Anspruchs auf Praxisrelevanz aber auch typische Verzerrungen: Die Nutzbarkeit der theoretischen Linguistik auf den ihrer Theoriebildung angemessenen Gebieten war keineswegs so zweifelhaft, wie oft unterstellt wurde. Auf jeden Fall zeigte sich aber an der Entwicklung und relativ schnellen Durchsetzung der Soziolinguistik, daß hier ein mit besonderen praxisbezogenen Momenten (Zugehörigkeit der Sprecher zu sozialen Gruppen, Verwendung der Sprache in sozialen Situationen) verbundener Forschungsansatz wirkte, der über die bisherige Linguistik hinausgriff, sie aber nicht verließ, sondern umorientierte. Das hatte D. Hymes mit seiner oft zitierten Forderung im Auge, es müsse das Ziel der Soziolinguistik sein, „bei ihrer eigenen Liquidierung den Vorsitz zu führen" (1975, 16). Insofern wird in der Soziolinguistik heute zu einem großen Teil echte Grundlagenforschung betrieben. Offensichtlicher Ausdruck dieser Entwicklung ist, daß der grundlagenorientierten Forschungsrichtung heute bereits eine „angewandte" Soziolinguistik an die Seite tritt, die nun ihrerseits wieder besondere Praxisbezüge einer nach dem Verständnis ihrer Begründer insgesamt praxisbezogenen Soziolinguistik hervorhebt. Zunächst ist allerdings kaum damit zu rechnen, daß hier eine neue Differenzierung im System linguistischer Teildisziplinen einsetzt. Es wiederholt sich nur in einem spezielleren Zusammenhang das allgemeine Problem der relativen Trennung von Wissenschaft und Praxis. Der offensichtliche Bedarf an Zwischengliedern macht aber noch etwas anderes deutlich: Forschungsergebnisse werden nicht nur in der Praxis gebraucht und angewandt, sondern auch innerhalb des Systems der Wissenschaft selbst. Auch Wissenschaft ist arbeitsteilig organisiert. Die Wirklichkeit kann nicht jedesmal von neuem in ihrer ganzen Komplexität untersucht werden; Ergebnisse der einen Untersuchung sind vielmehr Voraussetzung oder Ausgangspunkt für andere Untersuchungen. Dies ist keine Verlängerung des Wissenschaft-Praxis-Verhältnisses, aber doch eine partiell analoge Hierarchie von Anwendungsmöglichkeiten, die für das Verständnis des Gesamtprozesses der Umsetzung von Wissenschaft von großer Wichtigkeit ist.

5. Praxisbereiche der Soziolinguistik und die Nutzbarkeit ihrer Forschungsergebnisse

Entsprechend dem oben Gesagten kann der Inhalt soziolinguistischer Forschung nicht darauf reduziert werden, daß sie den Bedarf ganz bestimmter Praxisbereiche an einem besonderen systematischen Wissen befriedigt. In der Soziolinguistik lassen sich wie in jeder anderen Disziplin auch durch theoretische oder ideelle Anstöße vermittelte Inhalte erkennen. Die Forschungsentwicklung orientiert sich auch an innerdisziplinären Bedingungen oder an der allgemeinen linguistischen Reflexion außerlinguistischer bzw. gesellschaftlicher Veränderungen. Klarer als bei anderen Teildisziplinen der Linguistik treten aber die Anregungen durch zu lösende Praxisprobleme hervor. Viele der in der kommunikativen Praxis deutlich werdenden Schwierigkeiten lassen sich auf der Ebene linguistischer Kategorien als Verschiedenheit des sprachlichen Repertoires, Unterschiedlichkeit seiner (situationsbezogenen) Verwendung oder Unterschiedlichkeit des Verfügens der einzelnen Sprecher über das Repertoire zusammenfassen. Überall dort, wo über den privaten Bereich hinausgehende Kommunikation organisiert oder sprachlich-kommunikatives Wissen vermittelt werden soll, werden diese Verschiedenheiten soziale Bedeutsamkeit erlangen, unter Umständen zu einem Problem werden, auf jeden Fall aber einen spezifischen Bedarf an systematischem Wissen erzeugen. Wichtige Bereiche praktischer Probleme sind also: das Unterrichten von Sprache unter den konkreten Bedingungen einer nicht-homogenen Sprachgemeinschaft; das Einbeziehen von Individuen, Gruppen, Minderheiten in die gesamtgesellschaftliche Kommunikation; die allgemeine Orientierung und Bewertung sprachlicher Maßnahmen (Sprachplanung, Sprachpolitik).

Die in den einzelnen Ländern entstandenen soziolinguistischen Forschungen bezogen ihre Anregungen keineswegs immer aus den gleichen Bereichen und Problemen. Das hat eine Reihe von nationalen Unterschieden hervorgebracht, die man bei einem Vergleich verschiedener soziolinguistischer Ansätze nicht ignorieren darf. Daß es dennoch zahlreiche einheitliche Züge in der Entwicklung der Soziolinguistik gibt, beruht auf der Ähnlichkeit des linguistischen Bezugspunktes (Verschiedenheit des sprachlichen Repertoires) und der Ähnlichkeit linguistischer wie natürlich auch außerlinguistischer Bedingungen. — In einer ganzen Reihe von Ländern erwies sich die linguistische Aneignung der Wirklichkeit des Bi- und Multilinguismus als ein wichtiger praktischer Stimulus für die soziolinguistische Forschung. Diese Wirklichkeit ist durch-

drungen von den oft lebenswichtigen Problemen der Integration von Bevölkerungsgruppen in andere, meist zahlenmäßig stärkere oder „einheimische“, und von den Problemen der Bewahrung sprachlicher und damit meist auch kultureller Identität. Solche Probleme erwachsen aber nicht nur in bezug auf Gruppen, die verschiedene Sprachen sprechen. Auch innerhalb ein und derselben Sprache existieren oft Varianten dieser Sprache (Varietäten), die nur von bestimmten Teilen der jeweiligen Sprachgemeinschaft beherrscht werden und die — was problematischer ist — eine unterschiedliche Verwendung in der gesamtgesellschaftlichen Kommunikation finden, so daß ihre Beherrschung oder Nicht-Beherrschung nicht nur zu einem sozialen Indikator werden kann, sondern auch Räume für gesellschaftliches Handeln, für Bildungsmöglichkeiten usw. differenziert. So wurde das Interesse am Black English vermittelt. Hier liegt auch der praktische Ausgangspunkt für Bernsteins Konzept von der Existenz zweier verschiedener Kodes und für das große Interesse, das dieses Konzept in den späten 60er Jahren vor allem in der BRD fand. Der Umfang der Bernstein-Rezeption ist nur aus dem Zusammentreffen der Voraussage eines Bildungsnotstandes, der allein durch chancengleiche Sprachentwicklung aller sozialen Schichten behebbar schien, mit der Studentenbewegung erklärbar, die auch nach neuen Möglichkeiten einer praxisverändernden Nutzung von Wissenschaft suchte. In anderen Ländern entwickelte sich die Soziolinguistik zunächst mehr als eine Art Soziologisierung der Dialektologie (so etwa auch in der DDR). Das entsprach einem verbreiteten Trend. Praxisbedürfnisse akzentuierten den Inhalt dieser Entwicklung vor allem dann, als mit dem Aufgreifen und Weiterentwickeln der Idee der Sprachkultur neues Wissen über das Verhältnis von Standardsprache und regionalen Varietäten erforderlich wurde. Schon relativ früh, in den 20er und 30er Jahren, entwickelte sich in der UdSSR im Zusammenhang mit der Durchführung der Leninschen Nationalitätenpolitik eine besondere sozial orientierte Linguistik, die sich die Schaffung von Schriftsystemen und Literatursprachen für früher unterdrückte Sprachen zum Ziel setzte. Die Entwicklung folgte aber auch hier einem allgemein soziologisierenden Trend; man untersuchte das — oft sehr vermittelte — Zusammengehen von sozialen und sprachlichen Veränderungen oder die sprachlichen Besonderheiten der Stadt. Später kamen dann, wie unter vergleichbaren sprachlichen Bedingungen in anderen Ländern auch, Untersuchungen zur Zwei- und Mehrsprachigkeit und zur weiteren Entwicklung der zahlreichen in der UdSSR gesprochenen Sprachen hinzu. So zeigt sich der Einfluß variierender Praxisbedürfnisse in den nationalen Besonderheiten soziolinguistischer Forschung besonders deutlich.

Die praktische Nutzbarkeit soziolinguistischer Forschungsergebnisse ist an mehrere grundsätzliche Bedingungen gebunden: (1) In manchen linguistischen Untersuchungen kann man von der konkreten Gesellschaftlichkeit der jeweiligen Gegenstände bis zu einem gewissen Grade abstrahieren. Das ist in soziolinguistischen Untersuchungen nicht mehr möglich. Damit wächst aber auch die Bedeutung des zugrunde gelegten Gesellschaftskonzepts: Je entwickelter es ist und etwa ein Voranschreiten von der bloßen Auflistung sozialer Faktoren zu einer konsistenten Erklärung sozialer Prozesse und Zusammenhänge ermöglicht, desto tiefer werden sprachliche Aspekte dieser Prozesse erkannt und schließlich auch beeinflußt werden können. (2) Wenn Unterschiede im Verfügen über sprachliche Repertoires soziale Grundlagen haben, dann sind diese Unterschiede in der Regel nur in dem Umfang veränderbar, in dem es gelingt, auch auf die sozialen Grundlagen Einfluß auszuüben. (3) Die soziale Begründetheit solcher Unterschiede verbindet sich häufig mit besonderen Bewertungssystemen und mit sozialen Interessen, die etwa in bezug auf die Reduzierung der Unterschiede in einer gegebenen Gemeinschaft divergieren können. Der Soziolinguist muß also spätestens dann, wenn er an die mögliche Umsetzung seiner Ergebnisse denkt, Partei ergreifen. (4) Selbst im günstigen Fall sind Änderungen des Sprachverhaltens an komplexe Lernprozesse gebunden. Nicht jeder sprachliche Lernprozeß kann in beliebigen Lebensphasen des Individuums erfolgen. Damit ist die Möglichkeit des verändernden Eingreifens zeitlich oft sehr begrenzt; manche Veränderungen brauchen deshalb Zeiträume von Generationen. – In den einzelnen Ländern stellen sich solche Bedingungen oft sehr unterschiedlich dar. Insofern hängt die Nutzbarkeit von Forschungsergebnissen nicht nur von ihrer wissenschaftlichen Qualität oder vom Engagement der Forscher ab. In der Frühzeit der Soziolinguistik sind unrealistische Erwartungen beispielsweise an die Möglichkeit einer kompensatorischen Sprachförderung geknüpft worden. Warum sie unreali-

stisch waren, läßt sich aus den genannten Nutzbarkeitsbedingungen unmittelbar ableiten. Daß dies nur teilweise gesehen wurde, hängt auch damit zusammen, daß die Anfänge der Soziolinguistik insbesondere in der BRD eng mit der Studentenbewegung verbunden waren. Es ist allerdings falsch, daraus nun auf die praktische Unbrauchbarkeit einer ganzen Richtung oder auf die Krise eines „linken" Ansatzes zu schließen. In anderen Ländern zeigt sich das Erreichte unter den Bedingungen etwas weniger spektakulärer Erwartungen durchaus in einem anderen Licht. Insgesamt haben Forschungen der Soziolinguistik in vielen Fällen Anteil am Finden von Entscheidungen, die die verschiedenen Ebenen und Bereiche sprachlich-kommunikativer Praxis berühren. Selbst in ungünstigen Fällen haben sie aber eine relativ breite Sensibilisierung der Öffentlichkeit in bezug auf das Verbundensein von sprachlichen, sozialen und politischen Problemen bewirkt.

6.   Literatur (in Auswahl)

Ammon, Ulrich/Simon, Gerd (1975) *Neue Aspekte der Soziolinguistik*, Weinheim/Basel.

Courchêne, Robert (1984) „The history of the term 'applied' in applied linguistics", in: *Bulletin de l'A-CLA/Bulletin of the CAAL*, Vol. 6 (1), 43–78.

Hager, Frithjof/Haberland, Hartmut/Paris, Rainer ([1973] 1975) *Soziologie und Linguistik*. Die schlechte Aufhebung sozialer Ungleichheit durch Sprache, 2. Aufl., Stuttgart.

Hartig, Matthias (1981) „Soziolinguistik und angewandte Linguistik", in: *Angewandte Soziolinguistik*, Hartig, M., ed., Tübingen, 1–12.

Hymes, Dell (1975) „Der Gegenstandsbereich der Soziolinguistik", in: *Probleme der Soziolinguistik*, Jäger, S., ed., Göttingen, 1–21.

Hymes, Dell (1984) „Sociolinguistics: stability and consolidation", in: *International Journal of the Sociology of Language* 45, 39–45.

Malmberg, Bertil (1981) „Applied linguistics: past, present and future", in: *AILA 81, Proceedings II: Lectures*, Sigurd, B./Svartvik, J., eds., Lund, 7–14.

Nikol'skij, Leonid Borisovič (1976) *Sinchronnaja sociolingvistika*, Moskva.

Schneider, Ulrike (1980) *Sozialwissenschaftliche Methodenkrise und Handlungsforschung*, Frankfurt/New York.

Wittich, Dieter/Gößler, Klaus/Wagner, Kurt (1980) *Marxistisch-leninistische Erkenntnistheorie*, 2. Aufl., Berlin (DDR).

Wolfdietrich Hartung, Berlin (Deutsche Demokratische Republik)

9. (Zeitliche) Längs- und Querschnittsuntersuchungen

1. Der Doppelcharakter der Zeit

1.1. Zeit und Kausalität

In dieser ersten Betrachtungsweise geht es nicht direkt um die *Zeit als einen Faktor*, der Prozesse beeinflußt, sondern Zeit ist ein strukturierendes Element des Feldes von Ereignissen; sie ist nicht die entscheidende Variable, sondern läuft „parallel" mit. Formal sieht das so aus:

$$y_t = f(x_{t'}),$$

wobei t' und t Zeitpunkte sind und t' vor t kommt oder: die Ursache kann zeitlich nur vor der Wirkung kommen, wobei in der modernen Wissenschaftstheorie auch noch die Gleichzeitigkeit von Ursache und Wirkung zugelassen wird (z. B. Hospers 1967, 279 ff).

1.2. Zeit als Variable

In der zweiten Betrachtungsweise ist die Zeit der Faktor, der die Prozesse beeinflußt; z. B. den Mittelwertsvergleichen kann entnommen werden, daß sich die Kinder der verschiedenen Altersgruppen signifikant voneinander unterscheiden; es wird unterstellt, daß die *Zeit* bzw. das Alter der entscheidende Faktor der Veränderung ist; formal

$$y = f(t)$$

Hier ist jedoch die Frage berechtigt, ob der Faktor „t" nicht eine black-box ist, welche die eigentlichen Ursachen verbirgt (siehe auch Dierkes 1977, 115). Kinder verstehen nicht komplexere Sätze, weil sie älter geworden sind, sondern weil sie mehr gelernt, erfahren haben. Würde ein Kind älter, ohne daß Lernprozesse ablaufen, verstünde es nach einigen Jahren genau so viel wie am Anfang. Also kann diese Form sehr oft auf den Typ 1 zurückgeführt werden.

1.3. ... und vielleicht ist alles ganz anders

Dieser Exkurs sollte einige zentrale Themen der neueren wissenschaftstheoretischen Diskussion des *Kausalitätsbegriffs* referieren und damit die Annahmen verdeutlichen, die hinter allen zeitlichen Designs in der Sozialforschung stecken, nämlich eine ganz bestimmte Bedeutung und Konstanz von Raum und Zeit, die dann zum üblichen *Kausalitätsbegriff* führt. Aus der Psychologie ist der Begriff der „*Synchronizität*" von C. G. Jung bekannt: „Bei der Synchronizität handelt es sich vorerst nur um einen ... empirischen Begriff, der ... sich der anerkannten Triade Raum, Zeit, Kausalität als Viertes anschließt" (Jacobi 1977, 55). Ähnlich ist in der Biologie die Hypothese des „morphogenetischen Feldes" und der „morphischen Resonanz" (Sheldrake 1983), in der ein Raum-Zeit-unabhängiger kausaler Einfluß von ähnlichen Formen aufeinander postuliert wird. In der Quantenphysik wurde als Erklärungsmodell die Annahme non-lokaler Variablen und non-lokaler Verbindungen eingeführt, um eine Reihe von Ergebnissen und Ableitungen verständlich zu machen: „Die non-lokale Verbindung hat ... weder mit Energie noch mit Mechanik zu tun; wie Jungs *Synchronizität* ... ist sie eine Form von Verbindung, die von Ursache und Wirkung vollständig unabhängig ist" (Wilson 1985, 40). Es ist also immer ein Modell einer uns umgebenden Welt, das es uns nahelegt, Daten in ganz bestimmten Weisen zu erheben, zu analysieren und zu interpretieren.

2. Forschungsdesigns und Verfahren

2.1. Querschnittsuntersuchung

In diesem Design ist *Zeit* eigentlich nicht enthalten, weil alle Daten zum selben Zeitpunkt erhoben wurden. Durch die Annahme, daß aber die Ausprägungen einer Variablen eine gewisse zeitliche Konstanz haben (z. B. ändert sich der Beruf nicht jeden Augenblick) lassen sich auch zeitliche Ordnungen festlegen: z. B. der Beruf des Vaters beeinflußt die Sprachleistung des Kindes. Im folgenden sollen zwei Probleme des Umgangs mit Zeit (und damit auch Kausalität) in der Querschnittsuntersuchung näher ausgeführt werden: *Alterseffekte* und das Problem interdependenter Zusammenhänge.

a) Alterseffekte (vgl. auch Artikel 11)
Experimentell kann ein *Alterseffekt* praktisch nie überprüft werden, da es unmöglich

ist, einzig die *Variable Alter* zu manipulieren. Aber selbst wenn man in Kauf nimmt, daß „*Alter*" eben ein Bündel von Einflüssen enthält, ist es in der Praxis natürlich sehr aufwendig, weil man eine solche Studie über mehrere Jahre hinweg machen müßte, wobei z. B. immer wieder dieselben Schüler getestet werden (genaueres siehe Kap. 2.3. — *Panel*). Man wird also oft einen Sprachleistungstest Gruppen unterschiedlich alter Schüler vorlegen und die Durchschnittswerte der Gruppen vergleichen (z. B. durch Signifikanztests). Diese Anordnung wird *Quasi-Experiment* genannt (Campell/Stanley 1966; Mayntz/Holm/Hübner 1969, 186 ff). Da diese Gruppen aber keine experimentellen Vergleichsgruppen sind, ist ein sicherer Schluß nicht möglich, ob wirklich das Alter die entscheidende Variable ist. Die fehlende Faktorenkontrolle vor dem Wirksamwerden des experimentellen Stimulus (in diesem Fall Alter) läßt sich nur annähernd durch eine symbolische Faktorenkontrolle post factum ausgleichen. Es muß die Wirkung aller Variablen, die sowohl mit der abhängigen Variablen (Sprachleistung) als auch mit dem Stimulus (Alter) korrelieren, rechnerisch herausgenommen werden (Holm 1979, 59 f, 81 f), dies gilt aber nur unter der Bedingung, daß sich nicht grundsätzliche gesellschaftliche Faktoren geändert haben: Schulreform, Lehrplanänderung o. ä. Das Problem dieser Art einer rechnerischen Kontrolle ist, daß nur jene Variablen einbezogen werden können, die explizit miterhoben wurden.

b)   Die Behandlung von Interdependenzen
Die Korrelation nimmt keine Kausalität an, in der Regressionsanalyse wird meistens nur eine Richtung der Kausalität zugelassen (*rekursive Kausalmodelle*). In komplexeren Pfadmodellen wird oft versucht, Feed-Back-Prozesse auch bei Querschnittsdaten zu analysieren. Genau genommen ist es natürlich notwendig, daß zumindest eine ganz kurze Zeit verstreicht zwischen $y_1 \rightarrow y_2$ und $y_2 \rightarrow y_1$; also würde man zumindest Panel-Daten benötigen. Trifft man jedoch die Annahme, daß wohl zuerst $y_1 \rightarrow y_2$ und dann im selben Zeittakt, der in der *Querschnittsuntersuchung* nun zusammengedrängt ist, $y_2 \rightarrow y_1$, lassen sich auch solche *nichtrekursiven Kausalmodelle* mathematisch lösen (Weede 1970, 542; Johnston 1972, 380; Jöreskog/Sörbom 1984, III — 81 ff). Methodologisch erscheinen jedoch diese Wege proble-

matisch, weil sie mathematisch eine Information aus den Daten herausholen, die eben nicht enthalten ist.

2.2. Mehrere Querschnitte — Trendanalyse

Oft genügt eine Aussage vom Typ: im Laufe des Schuljahres ist die durchschnittliche Leistung der Klasse von 10 auf 15 Punkte angestiegen. Also lernten die Schüler im Laufe des Schuljahres, insgesamt mehr Aufgaben zu lösen. Würde noch die Streuung um den Durchschnittswert angegeben (Interquartilrange, Varianz, Range o. ä.), kann noch die zusätzliche Aussage getroffen werden, ob das Leistungsniveau sich allgemein angehoben hat oder ob nur z. B. die Streuung der Leistungen kleiner geworden ist. Was man aus diesen Ergebnissen jedoch nicht sagen kann, ist, ob sich alle Schüler verbessert haben. Bekannt sind nur die Randsummen in beiden Zeitpunkten, nicht individuelle Veränderungen. Die Steigerung der durchschnittlichen Punkteanzahl kann dadurch zustande kommen, daß sich eben jeder um 5 Punkte verbessert hat; genausogut aber dadurch, daß die guten Schüler gleich geblieben sind und die schlechteren (durch intensivere Förderung) sich so stark verbessert haben, daß sie nun besser sind als die vormals guten Schüler. Noch deutlicher wird das Problem, wenn man berücksichtigt, daß bei der *Trendanalyse* nicht jedes Mal dieselben Personen (oder auch andere Einheiten, Gruppen, Gemeinden usw.) analysiert werden müssen. In allen Fällen ist es nicht möglich (ohne zusätzliche Modellannahmen), von kollektiven Korrelationen auf individuelle zu schließen (das Problem des „ökologischen Fehlschlusses" Hummel 1972, 84).

2.3. Die Paneluntersuchung (vgl. auch Artikel 109)

a)   Allgemein
„Als *Paneluntersuchung* bezeichnet man eine Untersuchung, bei der eine Mehrzahl von Personen oder sonstigen Einheiten zu mindestens zwei Zeitpunkten hinsichtlich derselben Merkmale gemessen (beobachtet, befragt) werden" (Mayntz/Holm/Hübner 1969, 134). Da nun dieselben Personen analysiert werden, können nun auch wirklich individuelle Veränderungen in ihrem Ausmaß und ihrer Richtung analysiert werden. Ein Beispiel soll den Unterschied zwischen *Trend-* und *Paneluntersuchung* verdeutlichen (vgl. Abb. 9.1).

	A(t_2)	B(t_2)	Summe (t_1)
A(t_1)	30% (15)	20% (10)	50% (25)
B(t_1)	10% (5)	40% (20)	50% (25)
Summe (t_2)	40% (20)	60% (30)	100% (50)

Abb. 9.1: Sprachleistungstest zu Beginn und Ende
des Schuljahres (fiktive Daten)

In einer Gruppe von 50 Schülern wird ein
Sprachleistungstest durchgeführt: zu Beginn
des Schuljahres (t_1) erreichten 50% mehr als
10 Punkte (Gruppe B, bei ≤ 10 Punkte
Gruppe A), am Ende des Schuljahres (t_2)
60%. Man ist also versucht, zu interpretieren,
daß sich 10% verbessert haben. Analysiert
man jedoch die gesamte Tabelle, erkennt
man, daß sich 20% (10) verbessert haben und
das Ergebnis dadurch zustandekommt, daß
sich auch 10% verschlechtert haben. Die Felder in der Diagonale geben die Anzahl der
stabilen Personen an — in diesem Fall 70%,
die anderen Felder sind die Wechselfelder, sie
geben das Ausmaß der Veränderung an.

b)   Die Stichprobe bei der Panel-
     untersuchung
Das Problem ist, daß dieselben Personen immer wieder befragt werden müssen. Schon
beim ersten Mal werden einige Probanden
ausfallen, beim zweiten Mal wieder einige,
beim dritten Mal noch mehr. Je mehr Wellen
vorgesehen sind, desto größer wird die Aus-
fallsquote — die *Panelsterblichkeit* — sein.
Empirische Untersuchungen zeigen den Verlauf (vgl. Abb. 9.2.).

	Prozent der Interviews	
	Sobol 1959	Berelson/Lazarsfeld/ Mc Phee 1954, XII
1. Welle	100%	100%
2. Welle	83%	96%
3. Welle	74%	88%
4. Welle	71%	72%
5. Welle	61%	keine 5. Welle

Abb. 9.2: Anteil der Respondenten bei längeren
Panels

Man sieht, daß bei vier Wellen schon über
ein Viertel der Befragten ausgefallen ist. Zusätzlich ist aus Untersuchungen über die Ausfälle bekannt, daß die Stichprobe mit jeder
Welle weniger repräsentativ wird, weil die
Ausfälle nicht zufällig sind. In der kommer-

ziellen Forschung wird daher auf die Pflege
eines *Panels* eine besondere Sorgfalt verwendet (Erhebung von Wohnortwechsel, Prämien
usw.), bzw. wird bei längerdauernden *Panels*
jeder Teilnehmer in einem bestimmten Zeitin-
tervall durch einen statistischen Zwilling (in
allen relevanten demographischen Variablen
gleich, Kaplitza 1975, 176) ersetzt; damit ist
die Erhebung aber streng genommen kein
Panel mehr.

c)   Besondere Probleme der Zuverlässigkeit
Zuerst gibt es die Probleme von *Zuverlässigkeit* und *Gültigkeit*, wie sie bei den Erhebungsmethoden auch ohne mehrfache Anwendung (eben *Panel*) gegeben sind. Hier
kommt jedoch dazu, daß Instrumente die sehr
unzuverlässig messen (große Schwankungen,
die nur durch das Meßinstrument bedingt
sind) den Anschein erwecken, es bestehe eine
große echte Veränderungstendenz. Das zweite
Problem ist, daß die Befragten lernen und
auf die Situation mitreagieren. Die mehrfache
Befragung kann erst den Wandel ausgelöst
haben, kann aber auch dazu führen, daß der
Befragte versucht, möglichst konstant zu antworten, und damit eine falsche Stabilität ergeben. Auf alle Fälle verliert der Befragte seine
Spontaneität, und er wird sein Verhalten hinsichtlich der Meßdimensionen genauer beobachten. Dieses Problem ist bei anderen Erhebungsmethoden als der Befragung sicher
auch gegeben, aber vielleicht doch nicht so
gravierend. Und zuletzt das sicher größte
Problem, das die *Zuverlässigkeit* beeinträchtigt: Es ist nahezu unmöglich, den Probanden
Anonymität zuzusichern. Die Daten jeder
Welle müssen individuell zusammengefügt
werden: dies kann fast nur über den Namen
geschehen, da andere Systeme wie die Ver-
gabe von Nummern oder Buchstabencodes
zu sehr großen Ausfällen führen.

d)   Besondere Formen des Panels
Das *Experiment* kann als eine spezielle Form
des *Panels* angesehen werden. Dabei gibt der
Forscher ganz gezielt Stimuli zwischen den
einzelnen Wellen des *Panels* vor, es wird also
ein künstlich induzierter Wandel gemessen,
wobei durch die Existenz einer Vergleich-
sgruppe die Wirkung dieses Faktors genau
abgegrenzt werden kann.
     Beim test-retest-Verfahren zur Überprü-
fung der Zuverlässigkeit, wird die Stabilität
eines Meßinstruments durch eine *Panelerhe-
bung* getestet (ausführlicher Holm 1970).

e)   Die Auswertung von Panel-
     untersuchungen

Es soll wieder auf die Tabelle im Abschnitt a
zurückgegriffen werden. Zuerst soll die Konstanz überprüft werden. Dazu wurden Indizes
entwickelt, die jedoch nicht besonders effi-
zient sind (Mayntz/Holm/Hübner 1969, 138).
Besser ist eine tabellenanalytische Behandlung (z. B. Schmierer 1978, 86 ff): χ^2-Test ergibt 8.33 bei 1 Freiheitsgrad (p = 0.004). Das
bedeutet, daß eine überzufällige Konstanz der
Ergebnisse vorhanden ist. Der Zusammen-
hang ist ebenfalls sehr stark ($\Phi = \tau_b = 0.41$).
Nur diese Aussage ist jedoch für die Sozialwissenschaften zu wenig ergiebig: sie besagt
ja nur, ob und wie stark sich etwas geändert
hat. Wichtige analytische Aussagen ergeben
sich, wenn man bestimmte Subgruppen unterscheiden kann, für die die Änderungen unterschiedlich sind. Das könnte im Beispiel so
aussehen (vgl. Abb. 9.3.).

	Unterschicht-kinder		Mittelschicht-kinder	
	$A(t_2)$	$B(t_2)$	$A(t_2)$	$B(t_2)$
$A(t_1)$	35% (10)	33% (10)	25% (5)	—
$B(t_1)$	—	33% (10)	25% (5)	50% (10)

Abb. 9.3: Sprachleistungstest nach Schicht aufge-
         teilt

Bereits eine grobe Inspektion der beiden Tabellen zeigt, daß sie eine vollständig unterschiedliche Struktur haben: alle Verbesserun-
gen sind bei den Unterschichtkindern, alle
Verschlechterungen bei den Mittelschichtkin-
dern. Es läßt sich nun auch der Zusammenhang zwischen der Veränderung und der
Schicht berechnen. Ist die abhängige Variable
nominal, kann nur zwischen Konstanten und
Wechslern unterschieden werden; ist die abhängige Variable ordinal, kann die Richtung
der Veränderung mitberücksichtigt werden
(Zunahme-Konstant-Abnahme), ist sie quantitativ auch das Ausmaß der Veränderung.
Durch Umordnen der Abbildung 9.3. ergibt
sich (in diesem Fall ist die abhängige Variable
ordinal, also kann die Richtung der Veränderung einbezogen werden) (vgl. Abb. 9.4.):

	Zunahme	Konstant	Abnahme
Unterschicht	33% (10)	67% (20)	—
Mittelschicht	—	75% (15)	25% (5)

Abb. 9.4: Richtung der Veränderung nach Schicht

In dieser Tabelle besteht ein starker Zusammenhang zwischen den beiden Variablen:
$\tau_b = 0.51$ (wäre nur die nominale Information berücksichtigt worden: $\Phi = 0.09$). Dieses Vorgehen kann für beliebige Variable, die
in einem ursächlichen Zusamenhang mit der
abhängigen Variable stehen, angewendet werden; es können auch beliebige mehrdimensio-
nale Tabellen konstruiert werden, indem mehrere unabhängige Variable gleichzeitig berücksichtigt werden. Probleme ergeben sich
allerdings, wenn die Zahl der Ausprägungen
groß ist: es ist nun zu beachten, daß die
Besetzungszahlen der Tabellen schnell sehr
klein werden (die Besetzungszahlen in linguistischen Untersuchungen sind meist ohnehin
nicht sehr groß). Ein ähnliches Problem ergibt sich auch bei mehreren Wellen eines Panels. Alle diese Formen führen zu einer Art
der Konfigurationsfrequenzanalyse (Krauth/
Lienert 1973).

f)   Varianzanalyse

Ist die abhängige Variable quantitativ oder
ordinal, dann können die Daten varianzana-
lytisch behandelt werden (die Anzahl der
Meßzeitpunkte und auch die Anzahl der unabhängigen nominalen Variablen spielt hier
keine Rolle). Es muß allerdings beachtet werden, daß es sich um Meßwiederholungen handelt (Winer 1971, 261 ff). In allen Fällen können auch quantitative Variable auf seiten der
unabhängigen mitberücksichtigt werden — es
sind dann die entsprechenden Kovarianzana-
lysen.

2.4. Prozeßanalyse

Bei der *Prozeßanalyse* werden die Veränderungen einer Variablen als Funktion der *Zeit*
analysiert. Drei Typen von solchen Modellen
sollen skizziert werden: Analyse von Zeitreihen, stochastische Modelle und dynamische
Modelle.

a)   Analyse von Zeitreihen

Hauptziel dieser Analyseform ist nicht so sehr
die Aufdeckung von Ursachen, sondern die
Prognose. Es werden nach einem bestimmten
mathematischen Kalkül die Vergangenheits-
daten in eine solche Form gebracht, daß sie
als Funktion der Zeit mit möglichst geringem
Fehler darstellbar sind. Die wichtigsten Formen sind: gleitende Durchschnitte, Regressionsanalyse, exponentielle Glättung und
neuere Ansätze der Zerlegung der Zeitreihen
(hier vor allem die Spektralanalyse). Aber
bei allen diesen Verfahren ist es notwendig,
relativ lange Meßreihen zu haben, und die

Messungen müssen quantitativ sein (ausführlicher z. B. Dierkes 1977, 142 ff und 156 ff; Hull/Nie 1981, 80 ff).

b)　Stochastische Modelle

Die Daten der Tabelle 1 können auch als Übergangswahrscheinlichkeiten von t_1 nach t_2 interpretiert werden. Die einfachste Annahme ist nun, daß der Zustand t_n nur vom Zustand t_{n-1} in der Weise abhängt, daß die Werte im Zeitpunkt t_{n-1} mit der Matrix der Übergangswahrscheinlichkeiten multipliziert, die Werte im Zeitpunkt t_n ergeben (Markoff-Prozesse). Diese Matrizen können auch für verschiedene Subgruppen und verschiedene Zeitabstände berechnet werden (Arminger 1976, 147 ff). Eine spezielle Klasse von stochastischen Modellen wurde für Ereignisdaten entwickelt; diese Modelle werden als survival-Analyse zusammengefaßt (z. B. Dieckmann/Mitter 1984). Ereignisdaten sind aber streng genommen keine *Panel-Daten*!

c)　Dynamische Modelle

Die einfachste Form ist, daß der Wert der Variablen y von allen bisher erhobenen Werten eben dieser Variablen abhängt. Dies kann durch eine multiple Regression gelöst werden — es müssen aber zusätzlich die Zeitabstände mitberücksichtigt werden. Dies kann erweitert werden, wenn man zusätzliche unabhängige Variable berücksichtigt, diese aber nicht konstant definiert (2.3. e, f), sondern auch diese zu allen Zeitpunkten mitvariieren läßt. Dies führt zu einem System von Differentialgleichungen, das es erlaubt, den komplexen Wandlungsprozeß eines Sets von kovariierenden Variablen auch hinsichtlich Richtung, Stärke und Stabilität zu analysieren (Arminger 1976, 172 ff; dort ist auch ein Computerprogramm zur Lösung des Gleichungssystems angegeben, 228 ff).

3.　Literatur (in Auswahl)

Arminger, Gerhard (1976) „Anlage und Auswertung von Paneluntersuchungen", in: *Die Befragung 4*, Holm, Kurt, eds., München, 134—235.

Berelson, Bernard R./Lazarsfeld, Paul F./McPhee, William N. (1954) *Voting*, Chicago/London.

Campbell, Donald T./Stanley, Julian C. (1966) *Experimental and quasi-experimental designs for research*, Chicago.

Dieckmann, Andreas/Mitter, Peter (1984) *Methoden zur Analyse von Zeitverläufen*, Stuttgart.

Dierkes, Meinolf (1977) Die Analyse von Zeitreihen und Longitudinalstudien, in: *Techniken der empirischen Sozialforschung*, Koolwijk, Jürgen van/ Wieken-Mayser, Maria, eds., Band 7, München/ Wien, 111—169.

Holm, Kurt (1970) Zuverlässigkeit von Skalen und Indizes, in: *Kölner Zeitschrift für Soziologie und Sozialpsychologie* XXII, 356—386.

Holm, Kurt (1979) Das allgemeine lineare Modell, in: *Die Befragung 6*, Holm, Kurt, ed., München 11—213.

Hospers, John (1967) *An introduction to philosophical analysis*, (2nd edition), London.

Hull, C. Hadlai/Nie, Normann H. (1981) *SPSS — Update 7—9 — new procedures and facilities for releases 7—9*, New York.

Hummel, Hans J. (1972) *Probleme der Mehrebenenanalyse*, Stuttgart.

Jacobi, Jolande (1977) *Die Psychologie von C. G. Jung*, Frankfurt a. M.

Johnson, John (1972) *Econometric methods*, Tokyo.

Jöreskog, Karl G./Sörbom, Dag (1981) *Lisrel-Analysis of structural relationships by the method of maximum likelihood*, Chicago.

Kaplitza, Gabriele (1975) „Die Stichprobe", in: *Die Befragung 1*, Holm, Kurt, ed., München, 136—186.

Krauth, Joachim/Lienert, Gustav A. (1973) *KFA — Die Konfigurationsfrequenzanalyse*, Freiburg/München.

Mayntz, Renate/Holm, Kurt/Hübner, Peter (1969) *Einführung in die Methoden der empirischen Soziologie*, Köln/Opladen.

Schmierer, Christian (1978) „Tabellenanalyse", in: *Die Befragung 2*, Holm, Kurt, eds., München, 86—137.

Sheldrake, Rupert (1983) *Das schöpferische Universum*, München.

Sobol, Marion Gross (1959) „Panel mortality and panel bias", in: *Journal of the american statistical association* 54, 52—68.

Weede, Erich (1970) „Zur Methodik der kausalen Abhängigkeitsanalyse (Pfadanalyse) in der nicht-experimentellen Forschung", in: *Kölner Zeitschrift für Soziologie und Sozialpsychologie*, XXII, 532—550.

Wilson, Robert Anton (1985) „Der sinnvolle Zufall", in: *Psychologie heute*, 1, 37—43.

Winer, Benjamin J. (1971) *Statistical principles in experimental* design, (2nd edition), New York.

Hermann Denz, Bregenz (Österreich)

10. Micro-Macrolevels

1. Introduction

Many social scientists see the micro-macro distinction as marking a difference in theoretical interest between social interaction (action) and social structure — ordinarily accompanied by a commitment to "qualitative" and "quantitative" methodologies, respectively. Sociologists often see the former as reflecting concern with issues of social psychology and the latter with those of social organization (structure). Many students of language in use in social contexts see the distinction in terms of a difference between: (1) investigation of conversation and (2) study of systematic variation in language use in aggregated summary form as manifesting social processes of language change (and spread or contraction) and maintenance or conflict in the context of other "structural" features such as class or political or economic organization or religious or linguistic heterogeneity or homogeneity. Some of each of the categories mentioned, i. e., social scientists, sociologists, sociolinguists, locate the distinction primarily in terms of direct study of behavior (i. e., talk) and analysis of reports of behavior (i. e., aggregated survey responses).

None of these distinctions is completely wrong. Each has worked well enough in practice that we know a good bit about, on the one hand, interactional accomplishment in talk and the ways in which that talk is structured and, on the other, how differences in talk are associated with class and age and gender and ethnicity and how those differences are sustained (or not) by features of the social, political and economic context in which the talk occurs. We even know something, moreover, about how the differences in talk associated with social attributes enhance or reduce the functional effectiveness of talk. We know very little, however, about the nature of the *relation* between the phenomena usually characterized as "micro" or "macro," i. e., does the latter somehow deter-

mine the former, or is it, rather, constituted by it. Neither our disciplinary forebears in the social sciences nor all of our contemporaries have been unaware of the "level-relation" problem; the apparent neglect of the issue is probably a result, to some substantial degree, of the same kind of intractability which caused generations of linguists to abandon the question of "meaning" to philosophers and sociologists to do the same with "intent." The "levels" question *has* been raised, however, most often in the context of the large portions of unexplained variance in correlational studies which attempt to explain individual differences in behavior by employing structural (macro) features as independent variables. There have been three principal approaches essayed in the last ten or fifteen years, two primarily theoretical and the third based on a methodological program. I turn now to a brief discussion of each.

2. Two Theoretical "Models": Bernstein and Collins

The principal question of micro sociology is, "How does location in a social context influence (determine? constrain?) individual behavior?" The principal question of macro sociology is, "How are social contexts (social organization? social structure?) constituted and how, and under what circumstances, are contexts maintained or changed?" In recent years many investigators have been influenced by Bourdieu's reformulation of this question as that of "cultural reproduction and cultural interruption" (Bourdieu 1977; Bourdieu/Passeron 1977). The level-relation question is "What are the mutual implications of answers to these questions and what can we say about causality across levels?" (For another, richly suggestive formulation of this question, see Stryker, 1980, p. 66.) Bernstein and Collins each ask all three questions. Their answers to the first two questions are quite similar; while each also develops a perspective which emphasizes reflexivity across levels, they differ on their conclusions about determinative priorities. — *Bernstein*: Bernstein's data are elicited spoken texts, produced in what he has labeled "restricted or elaborated codes." These texts are seen as simultaneously: (a) the *result* of the location of specific actors with reference to class (and therefore to different control modes, i. e., personal, positional and imperative) and classification (boundary maintenance between discourse topics) and framing (interactants' [i. e., teachers and students, therapists and patients, etc.] control over "the selection, organization, and pacing" over what is communicated in a relationship) practices of agencies of transmission (on which more shortly), and (b) a *basis* for maintenance of class (and privilege) through symbolic differentiation, by class, and therefore differentiation in thought ways and *Weltanschauung* (Bernstein uses the term "mental structures"). While these thought ways support existing class structures (cultural reproduction), Bernstein's model attends primarily to how the macro-institutional realities of class, power, and ideology and the ways in which these realities and the cleavage and coalition they shape determine "the *origins* and *distribution* of *dominant principles of interpretation* (*codes*)" (1975, 24) *through* practices of transmission agencies. It is the practices (processes) of these transmission agencies ("preparing" agencies such as family, school and work, and "repairing" agencies such as prisons, hospitals and welfare bureaucracies) which, along with the nature of classification and frames which shape the structural features of the nature of interaction in regulatory, instrumental, imaginative, and interpersonal situations of interaction within them, provide the link in Bernstein's model between macro-institutions and text production. Bernstein's answer to the micro question is that people behave (talk) as they do as a consequence of socialization experience in transmission agencies themselves shaped by macro-institutional arrangements. His answer to the macro-institutional maintenance question is that the same socialization shapes the "mental constructs" of societal members in ways that generally predispose them to accept existing arrangements. He does not directly address the question of change; he does say that cultural interruption resulting in a "new" middle class in Britain has followed from changes in classification and framing practices which themselves have come about from changes in the division of labor on the macro-institutional level. His link between micro and macro is found in his notions of classification and frame and of transmission agencies and processes. – *Collins*: Bernstein's model is compatible both with historical perspectives in the sociology of knowledge and with recent formulations in "critical sociology" (i. e., Habermas or Marcuse). Collins' model (1981 a, 1981 b) constitutes a considerably more radical departure; he argues that conversations should be recognized as *the* fundamental data of sociology – and that "chains" of conversations *generate* "the central features of social organization – authority, property, and group membership" (1981 a, 985). All phenomena of sociological interest are located on a continuum from most micro to most macro; the continuum is defined by a limited set of "irreducible macrofactors," namely, dispersion of individuals in physical *space*, the amount of *time* that social processes take and the *numbers* of individuals involved. Only micro events can actually be investigated (a possibility itself facilitated by recent advances in sound-image recording); macro events and macro structures can be studied adequately directly only by looking at samples of the micro interactions of which they are constituted (although some useful approximations can be obtained through study of residual documentation or through the methods of survey analysis). Many conventional sociological concepts and methods are, therefore, of dubious value (he includes norms in this collection). – The sampling problem is less intimidating than might initially appear to be the case since limitations of human cognitive capacities cause interaction to be highly repetitive. Interactants carry conversational (cultural) and emotional *resources* acquired through participation in past encounters to each new interactive event; through participation they enhance or diminish those resources and, critically, *generate* the relations of possession, power, solidarity, and so on, which constitute macro structures. Interaction situations are market-like, and it is the higher probability of joint participation of individuals with different resources in some situations than in others (i. e., in complex modern societies characterized by high mobility as contrasted to traditional societies with low mobility) that increases the likelihood of social (structural) change in the more complex societies. (It should be emphasized that the mechanics of interactive encounters are the same everywhere, i. e., universal.) Technological changes or natural events can affect the levels of cultural or emotional resources in whole societies – or groups within societies. – Collins' answer to the micro question is that people behave (talk) as they do as a negotiated (con-

ASTON UNIVERSITY
LIBRARY & INFORMATION SERVICES

scious only in rare instances) outcome of the combination of the resources which they and their cointeractants bring to an event, the resources themselves are resultants of long strings of past interactions. His answer to the macro maintenance question is bipartite: first, people ordinarily do not engage in interaction with others sharply different from themselves in resources; second, human cognitive capacities put some limits on the kinds of negotiations which can occur (i. e., human interaction is highly repetitive). His answer to the macro change question is again dual: first, people or groups who begin to accumulate disproportionate resources are likely to continue to do so; second, the amount of total resources in a society may change. He does not *need* a link between levels; while macro events aggregate greater numbers of micro interactions over longer time, greater space and involving greater numbers — macro events are *constituted* by micro ones. — *Giddens*: Giddens' (1979, 1981, 1984) perspective is similar to that of Bernstein in that conduct (analogous to Bernstein's "text") is simultaneously an outcome (Bernstein's "result") of structure and its medium (Bernstein's "basis") in a continuing complementarity of structural-social reproduction (Bernstein's "socialization") and structure regeneration. His perspective is similar to that of Collins in that social practices in interaction (Collins' "conversations") continuously reconstitute ("generate" for Collins) macro structures. He differs from Bernstein in that while the latter focuses on socialization and acquisition of social-linguistic-communicative competence he takes that same competence as a given and focuses on its rule-governed character. He differs from Collins in that while the latter sees conduct as negotiated in a "marketplace" of resources in encounters ("conversations"), he sees the same conduct as a resultant of a social competence (implicit knowledge of "rules") analogous to speech production as a resultant of linguistic competence (implicit knowledge of linguistic rules). These differences notwithstanding, Giddens is clearly addressing critical issues of micro-macro articulation; he is only indirectly interested in linguistic behavior, there is no room here to spell out the sociolinguistic implications of his increasingly comprehensive "structuration" perspective (see, however, Grimshaw 1987 b). *Fishman*: No discussion of the macro-micro question would be complete without ref-

erence to the pioneering work of Fishman. Fishman, who developed his perspective in the course of work on situations of bilingualism, differs from Bernstein and Collins in that he has focused on *normative* constraints on varietal selection. These norms simultaneously reflect values and define role expectations in "domains of language behavior" (e. g., 1972) which are constituted by "clusters" of social situations defined by topic, role relations and locale, i. e., something very similar to what are sometimes called institutions. His question here appears to be, "How does the macro effect one feature of individual behavior, i. e., varietal selection?" He does not ask what gets done with talk, or how. Nor does he appear to ask, as do Collins and Bernstein, how talk *constitutes* (or possibly changes) social structure (social context). Breitborde (1983) appears to have attempted to address these latter questions by extending Fishman's notion of domain to include possibilities of (1) domain interpenetration (with consequent migration of norms) and of (2) manipulative individual selection of varieties aimed at transporting *status(es)* across domain boundaries. I have suggested (1983) that I do not find Breitborde's identification of individual varietal selection as a key to the micro-macro influence persuasive; it is a suggestive extension of Fishman which may yet stake out a systematization of the levels question competitive in explanatory power to those of Bernstein and/or Collins.

2.1. Methodological Program: Cicourel

Cicourel's view of the theoretical relation of micro and macro is not sharply different from that of Collins; he asks quite different questions. If macro structures (institutions) are actually generated by and constituted by what transpires in talk, he asks, "What are the transformation processes which both analysts and participants employ such that the institutions come to be seen as corporate entities governed by 'rational' norms quite disparate from the negotiation outcomes from which they are constituted?" Cicourel's answer to this question is the same as that Collins gives for the highly repetitive nature of interactional encounters, i. e., there are limits to human cognitive processing capacity. It differs in that while Collins sees those limitations as limiting actual variation in behavior, Cicourel sees the behavior itself as being richer than our capacities to perceive, integrate and record it. There is no such thing, in other words, as "comprehensive discourse analysis" (Labov/Fanshel 1977) because we (1) can never "see everything" even when we have sound-image records and (2) continuously reduce descriptions, reports, diagnoses and analyses to cognitively manageable proportions. (Some linguists argue the impossibility of "comprehensive discourse analysis" from rather different grounds. See Dillon, Coleman, Fahnestock, et als' [1985] review of Brown and Yule [1983], Leech [1983] and Levinson [1983]). As Cicourel has so nicely demonstrated (1974, 1975, 1982), both oral and written accounts condense rich events to familiar abstractions. The "stories" or documents which result are themselves summarized and condensed; the stories and documents then become the "data" for studies of the, now distant, behaviors — and the transformations which gathered very different behaviors into classes divest the behaviors of their differences. The resultant classes constrain the questions which can be asked to familiar ones consonant with organization of the classes themselves — the further result is the reification of interpretive categories and concepts. These concepts (e. g., role, norm, etc.) are then employed in "top-down" analyses from a macro to a micro perspective. "Bottom up" analyses, focusing on the particulars of conversational events (e. g., the work of the conversational analysts) do not permit investigation of how structural relations of authority, and so on, are generated out of repeated chains of interaction. Thus, with current forms of work, there is no way of either adequately characterizing macro structures and the processes within them or of linking them to everyday conversational events. Cicourel does have an answer to this apparent impasse, it is the study of the transformational process of reduction. If we can learn how experience is transformationally reduced, he believes, we can recover original behaviors at levels of analysis with high values on Collins' "irreducible macrofactors." His answer relies not on the accumulation of large samples of actual conversational interaction but rather on discovering how members and analysts characterize what goes on in a smaller number of actual cases, i. e., he looks for the identification of cognitive processes rather than for interactional uniformities which aggregate themselves into social relations (1980 a, 1980 b, 1981). A strong version of this position permits the inference that what is analyzed in macro studies such

as Labov's (1966, 1972) of the social stratification of phonological production or Lieberson's (1981) of "exposure to risk" of marriage to speakers of mother-tongues other than one's own is *less* complex than micro study of discourse because the macro studies do not attend to cognitive and interactional processes which lie behind the distributions examined in the macro studies. This is true whether those distributions are seen as aggregations of micro episodes, as unintended and immanently emergent structures, as ephemeral representations of members' perceptions of the social contexts in which they interact which are collaboratively constructed in the course of ongoing interaction. A strict "social structuralist" can argue that all that is needed in order to successfully forecast individual behavior is knowledge of location in the social structure; macro studies demonstrate that this claim is true in probability terms. Finally, Callon and Latour (1981) are correct when they argue that macro-actors interact according to the same principles as micro-actors, though with less efficiency because of information leakages and less well-coordinated cognitive processing than micro-actors. Macro-actors are, for them, corporate actors, i. e., collectivities. It might be argued that some macro-actors' (collectivities) behaviors are ultimately interpretable as behaviors of micro-actors who have aquired the prerogative of "speaking for" (in Goffman's [1981] sense) numbers of other micro-actors (individuals). There are, of course, no such individuals who "speak for" social classes or speech communities, such aggregates are not macro-actors, however, and similarities of behavior, of category-members (i. e., phonological production or marriage choices) are more a result of shared circumstances than of shared knowledge. Answers to questions about behaviors of corporate macro-actors require application of the theories and methods of sociology; answers to questions about aggregates require the theories and methods of ecology. — I turn now to a brief review of some exemplaries of micro and macro work; in this review I will employ the more traditional characterization of the two levels. As will be seen, much macro-oriented research on language is of an ecological rather than of a macro-sociological character.

3. Micro-Level Sociolinguistics

I will use the term micro-level sociolinguistics here to refer to studies of language phenomena in social contexts characterized by low values of Collins' "irreducible macrofactors," i. e., situations with modest numbers of individuals in small spaces involved in interaction through (relatively) brief periods. There are three principal strands of work which focus either on individuals or on small numbers of individuals interacting in groups. They are, in descending order of the attention they have been given, (1) research on interactional accomplishment in talk, (2) studies of acquisition of communicative competence and (3) investigation of language attitudes. I will comment briefly on each.

Interactional accomplishment in talk: I have argued elsewhere (1980) the heuristic usefulness of a distinction between social interactional "rules," i. e., those which regulate what interactants can speak together and to what purposes, and sociolinguistic "rules," i. e., those regulating the selection by language users, from among the phonological, syntactic, lexical and semantic resources available to them — within a set of social structural constraints. (I have set off the word rules because of the unsettled meaning of the term for many readers. Space considerations will not allow me to address this important matter. See, however, 1981 b.) The formal description of these resources and of their employ in accomplishment of *limited* interactional goals, i. e., obtaining and holding the floor, obtaining clarification of ongoing talk, initiating and terminating encounters, asking embarrassing questions, etc., has been the principal focus of investigators doing what is called "conversational analysis," namely, Sacks and Schegloff and their students and others who have been inspired by their pioneering work. Parallel investigations have been made of the range and interpretation of kinesic, proxemic and symbolic resources for interaction, and of how prosodic and paralinguistic features are employed to carry social meaning. The work on speech act theory of natural language philosophers and some linguists which, like that just noted uses either uncontexted natural talk or hypothetical discourse as data, can also be said to have sociolinguistic *resources* as its topic. — The kinds of studies just identified, along with the work of linguists on traditional linguistic concerns of phonology and syntax, provide critical information on resources available for competent interactants. They do not address the question of how these competent interactants *selectively* employ the several sorts of resour-

ces, and other non-language resources such as gender, socio-economic status or physical strength, or whatever, in attempting to achieve personal and/or group goals in talk (or in writing). This latter enterprise, which asks questions about how teachers teach, and lawyers interrogate witnesses, and therapists "work with" patients or, more abstractly, about the accomplishment of social control, or the course and success or failure of conflict talk, or the presentation of identity displays, or the display of solidarity or the simultaneous achievement of several such ends in ongoing talk, has come recently to be labeled as discourse analysis. The data for these more pragmatically (functional, end-oriented) focused studies, which now run into the hundreds, are fairly extended corpuses of text which are both situationally and textually contexted (Halliday/Hasan 1975); their aim is to see how language is *used* to do the social. They increasingly attend to the work required of both speakers and hearers (or writers and readers) and to the cognitive processes which must be employed by competent participants to produce interpretables and make sensible interpretations. This process of interpretation is no simple matter of more or less automatic application of translation "rules," moreover; successful production and interpretation of discourse is a far more complicated process than those of making statements into questions or active voice into passive. The principal reasons for this greater complexity are the multifunctionality of utterances (the "same" utterance can mean different things in different contexts and even to different hearers in the same event) and "deniability." Violations of Grice's (1975) Cooperative Principal are not always intended to be recognized as such; some communicative nonsuccesses are intended (Grimshaw 1980, 1982). Speaker-writers do not always speak for themselves — and when they do it is not always the same self (T. Labov 1980; Goffman 1981; Malone 1985; Grimshaw 1987a). Discourse, particularly conversation, is *the* preeminently appropriate situs for the study of social processes.

Aquisition and modification of communicative competence: Being communicatively competent means two principal things: (1) knowing how to effectively (in an instrumental) sense produce and interpret communications in interaction with others, (2) knowing the "rules" for *appropriate* communication. This latter includes knowledge of social interactional "rules" about with whom it is appropriate to talk with about what topics at what times. It includes knowing the sociolinguistic selectional rules about in what ways it is appropriate to talk with what others — including knowing when maximally "effective" communication (i. e., directness as contrasted to indirectness) is *not* appropriate. A few general observations may be made: (1) In contrast to students of linguistic competence, those of communicative competence have not been vexed by the issue of innateness vs. learning — rather, they have settled for description of competence itself and for examination of instances in which developing competence (whatever its ultimate base) can be recorded. Features of competence such as what Cicourel has called "interpretive procedures" have been studied in their mature form, i. e., in adults; (2) the developmental question has focused less on autonomous maturation than on the question of learning through model construction as contrasted to learning from explicit instruction. This assignment of priorities of research interest follows naturally from the lesser concern with innate patterning. (This is not to say that interpretive procedures may not be much the same in every speech community-society — it is to say, rather, that what the procedures are and how they function in conversational inference [Gumperz 1982] is seen as more important than where they come from.); (3) while acquisition studies have understandably focused primarily on the young, it is now widely accepted that modification of competence (of both sorts) continues through the life span.

Attitudes: From very early ages attitudes about languages, intra-language variation and a number of associated features of speech production such as "voice quality" are acquired along with other stereotypes and beliefs. Some individuals "like" their own language, others are "ashamed" of how they talk. Some language varieties (i. e., in the United States, Black Vernacular English as contrasted to standard varieties) are perceived as more or less satisfactory media for "effective" communication and learning. There is clearly a macro dimension to language attitude phenomena — national states and other political entities experience language politics, pass legislation, undergo the spread and contraction of more or less socially "favored" language varieties. Individual life opportunities are affected, sometimes profoundly, by what language varieties

an individual controls. — Individual attitudes toward language use have been "announced" by critics and prescriptivists, directly measured either through survey type questions or more subtly in "matched guise" experiments, inferred from historical documentation (political, social and linguistic) and inferred from speech production in both conversation and sociolinguistic survey responses (this last research has produced observations about, e. g., gender specific attitudes about "proper" speech and aspirations for social mobility). Individual attitudes toward language are both shaped and modified in the course of the acquisition process; they are both expressed and further modified in the course of ongoing use of language in social life. — Labov (1986) has shown that some attitudes toward highly specific features of language varieties (as contrasted to varieties themselves) may be inaccessible to speaker awareness; he reports that some inner-city Blacks in the United States do not recognize differences in phonological production by which they distance themselves from white speakers. — This new research, along with the earlier work, has a very considerable potential for generating deeper understanding of the interaction of individual language attitudes, individual modification, social conflict, and language change (and social change more broadly).

4. Macro-Level Sociolinguistics

Macro-level sociolinguistics, according to the working definition I am employing here, is interested in sociolinguistic phenomena which have high(er) values on Collins' variables of population size, dispersion in space, and continuity over time. A partial listing of topics which could thus be characterized as "macro" might include (in this instance with nothing implied by the ordering): language change; language distribution, spread, contraction; language contact (Pidgins and Creoles/uniformization, standardization); language conflict; language prestige (among languages); language prestige (within languages, i. e., stratification, mobility, aspirations, gender differentiation, etc.); language maintenance and language decline; language as a social indicator (i. e., correlational studies); national language profiles; language planning and language policies; *ethnology* (as contrasted to ethnography) of speaking. A review of this coarse and unelaborated listing discloses three features of macro-sociolinguistic research: (1) It has generated a vast literature which dwarfs that on more recent interests on the micro level; many of the topics listed have intrigued social chroniclers for several millenia; (2) many of the topics listed, e. g., change, conflict, stratification, planning, etc., are — with the modifier "language" changed to "social" — at the core of interests of the whole range of social science disciplines. This mutuality of concern with processes, has been largely overlooked — and the study of both society and of language thereby diminished; (3) although language use is arguably *the* most pervasive and "human" characteristic of the social life of our species, there are proportionately far fewer macro-actors in the language domain than in those of, for example, economics, education, politics or religion. In saying this I deny neither that there are language-oriented corporate structures (including political parties and a complex set of other "maintenance" institutions) nor that national states and supra-national religions have strong interests in language matters. Nor am I denying the existence of (somehow) bounded speech communities, or other entities (including class and, e. g., gender categories) which have stakes in language issues. I am saying, rather, that macro-sociolinguistic behavior is differently *structured* than macro-economic or macro-political behavior. This difference may reflect, in part, the greater taken-for-grantedness of language phenomena. It may reflect the distinction suggested above between shared circumstances and shared knowledge. It does not appear to generate any particular tension with the kinds of views described above (i. e., Bernstein, Collins, Cicourel, etc.) on the micro-macro relation. I will comment briefly on three types of study: (1) language contact; (2) language conflict; (3) contemporary language change.

Languages in contact: macro questions and answers: The effects, on individuals and on groups, of contact with others who differ from themselves in language (and culture more generally), have intrigued participants and observers for at least as long as there has been writing. Attention has been accorded to both individual (i. e., interference, individual vs group bilingualism) and collective experience. Macro students of language contact have addressed each of the topics listed at the beginning of this section; their methods have included historical reconstruction (e. g., Mintz 1971, Samarin 1985), field work (e. g.,

Gumperz 1971, Sankoff 1980), survey analyses of elicited materials (e. g., DeCamp 1971, Bickerton 1975), feature analyses of historical and contemporary texts (e. g., Ferguson 1959, Stewart 1967, 1968), statistical analyses of census material and other government records (e. g., Lieberson 1970, 1981; Veltman 1981, 1983). While there are macro studies of language processes of uniformization, creolization, standardization and so on, however, most studies of *social* processes related to language contact (i. e., repertoire selection and code-switching) have been limited to the micro level. While Mintz and Samarin have done historical work on language contact for large regions (the Caribbean and Central Africa, respectively) and other students on the world-wide distribution of specific contact languages resulting from the spread of major metropolitan languages (e. g., Arabic, Dutch, English, French, Portuguese, Spanish), there has been little systematic comparative sociological-sociolinguistic investigation of what *kinds* of contact situation have engendered the development of contact languages of different sorts with different robustness, and so on. Why, for example, did European-indigenous pidgins in China and India never become creoles or, if they did, subsequently become extinct — while elsewhere they became creoles and ultimately evolved (or are in the process of evolving) into standards? Why, as speakers of newly "metropolitanizing" language (e. g., Arabic or Japanese or Russian) travel the world in pursuit of their mercantile and political goals, are we not witnessing the development of new pidgins? Partial empirical answers to the first question have been located in different patterns of colonial settlement and industrial organization, varying colonial policies of metropolitan powers, the social organization of work (i. e., indenture, slavery, contract, free), the intersection of spheres of colonial dominance, and so on; most students have acknowledged the importance of Collins' "irreducible macrofactors" of numbers, space and time. I would argue the equal importance of the same fundamental considerations conceptualized as the "sociological variables" of relations of power and of affect and a utility function. Some years ago (1971) I argued that contact outcomes were heavily influenced (determined?) by the interaction of linguistic repertoires of "hosts" and "visitors" in contact situations and the prestige of the two or more languages (language varieties?) involved, i. e., monolingualism or multi-lingualism and high or low prestige. It will be clear that considerations of repertoire and prestige both affect and are effected by both the "sociological variables" and Collins' "macrofactors" − e. g., transient contacts in an indenture-based latifundiary system or in episodic trade contacts reduce the utility function of learning languages of even very high prestige while sustained contact with a positively cathected (e. g., for religious reasons) high prestige language may encourage learning of it (though learning of the language may be abandoned if it does not also provide greater access to utilities). Reformulation of questions of language contact outcomes in the kinds of terms suggested here can enhance our understanding of social, sociolinguistic and *linguistic* processes. (The answer to the question about the new languages is, at least in part, that speakers of Arabic and Japanese are also likely to speak another metropolitan language [often English] and that speakers of Russian are likely to know not only another metropolitan language but often one or more local languages as well.)

Language conflict: While conflict between *speakers* of different languages has frequently occurred in contact situations; that contact seldom appears to have focused on which language should be used in the contact situation − considerations of power and of utility make the fact rather than the medium of communication central to interaction. Many if not most current language conflicts are, however, residues of past contact situations which involved conflict between speakers of different language varieties; this is as true of the sometimes bloody conflicts in India or Canada as it is of the blander dispute between adherents of Bokmal and Nynorsk in Norway. Haugen (esp. 1966) has utilized a variety of historical and contemporary resources to document how relatively minior morphological variation can come to have salient symbolic significance for language conflict participants. The Norwegian case and other such contemporary disputes are particularly interesting because it appears that it is in such cases that the emergence of macro-actors of the corporate variety is most likely to occur. There is interpersonal conflict over the language issue (I have heard a mother and son argue, in excellent English, over the amount of state radio time given to the two codes) − the net of chains of interactions (a la Collins) is that language is a lively political issue in

which both individuals and organizations claim to "speak for" constituency views. A close reading of studies of disputes over language reveals, I believe, that the same considerations (i. e., "sociological variables" and "macrofactors") explain language conflict as explain the contact situations in which they were originally rooted.

Language change and social change: Questions about the nature, sources, processes and measurement of change are among the most intriguing − and the most intractable − in both autonomous linguistics and the social sciences (they have been equally fascinating for humanists − and equally difficult for students of the individual psyche). The raw *facts* of change are often both obvious and indisputable; Latin and Sanskrit are "dead" languages, but people today speak French and Spanish and Italan and Hindi and Marathi and Gujerati − the nation-states of today are somehow different entities than those which occupied the same territories centuries or millenia earlier. How change *begins* and *progresses*, and when it can be said to have *occurred* − are not simple questions. Are Britain and Germany and China today the same *societies* they were two hundred years ago? Is the English language in which I am writing the same English language as that in which Chaucer, or Spenser wrote, or are the differences the same in magnitude as those between Latin and French or Spanish? How do exogenous and endogenous change differ? Are there critical change thresholds which mark qualitative changes as contrasted to changes of degree? If there are such critical junctures, are they recognized by societal members or by members of speech communities? Most theories of social change are couched in extremely broad and abstract terms (e. g., "savagery-barbarism-civilization," "traditional-transitional-modern," etc.). Linguists have been considerably more successful both in identifying "how" questions about change and in specifying modes of measurement; they have done only moderately better than social scientists with "why" questions. − In the remainder of this section I would like to do four things: (1) note some of the ways in which linguists have formulated questions about change; (2) comment on the data used by linguists to address these questions; (3) review some of their preliminary answers and briefly comment on some implications of the linguistic work for other social scientists; (4) briefly discuss some implications for the micro-macro levels question.

Questions: The most parsimonious and comprehensive formulation of the requirements for a theory of language change is that of Weinreich, Labov and Herzog (1968) who state that such a theory requires answering questions of: *constraints, transition, embedding, evaluation*, and, most critically, *actuation*. By the *actuation problem* they mean the question of why (and how) some variations in behavior, whatever their source in the behavioral repertoire of some individual and whatever their particular nature (i. e., phonological production, lexical invention, greeting form [or, in the case of *social* change, technological innovation]) get "picked up" and diffused "in a particular language at a given time, but not in other languages with the same feature, or in the same language at other times" (102). — *Data*: Ever since I first discovered linguistics I have envied linguists for the "neatness" of their data, particularly that on phonological production. While some features of particular interest may occur rarely in casual speech, many of the features (grammatical as well as phonological) which distinguish, for example, the English of Philadelphians from that of New Yorkers or Londoners or Madrasis occur dozens and perhaps hundreds of times in relatively short spans of talk. Some phonological features, e. g., deletion of terminal consonants, can be quite reliably detected by even untutored ears, others, e. g., raising, lowering, fronting and backing of vowels, can be reliably detected by trained linguists and mechanically measured with acoustic equipment. Relatively small sample sizes will include enough tokens of a phenomenon of interest to permit economical assessment of both intra-group homogeneity and inter-group heterogeneity. The total number of tokens mounts quickly enough to permit analyses employing sophisticated quantitative techniques (this is also the case, of course, for morphological and other grammatical features as well as sound). As I noted, not all features of interest occur frequently — this is one reason many linguists carry notebooks to record the only occasionally heard. But linguists are clearly better off than sociologists. Gender and age are relatively unambiguous — class, ideology and, e. g., social style much less so.

Findings: In recent years great strides have been made in providing empirically documented answers to a number of questions about the linguistic, social and sociolinguistic dimensions of language change (for a nice summary of current understanding of the question based on the Philadelphia research, see Labov, 1980); the findings are rich and complex and I can do no more here than note some which are particularly germane for the micro-macro issue: (1) For Labov the central theoretical question has been what he characterizes (personal communication) as a "middle-range" problem, i. e., how are linguistic features transmitted from one individual to another and across social boundaries; (2) the primary locus of phonological innovation has been located, not in the higher reaches of the system of social stratification (imitation theory) or the lowest (principle of least effort [carelessness]) but somewhere around the middle — in the "upper working" and "lower middle" classes; (3) while the question of how any specific sound change may be initiated remains unresolved (in specific instances it may originate in, for example, either performance error or "play" of "models"), the Philadelphia research has determined that changes are *spread* by *local*-influentials who simultaneously have more contacts within the neighborhood and in the larger society; Labov has noted the parallel to the "two-step flow of influence" observed by Katz and Lazarsfeld (1955). These last two finding, i. e., those of the location of the origins of sound change in the "middle" of the stratification system and the way in which changes are diffused, are nicely paralleled by studies of social stratification (in classes and in institutions) which show that those in the middle have both a clearer perspective of the entire system than those located on the extremes and more crosslevel interaction (laboratory experiments have shown similar effects of central location. Space limitations will not permit pursuit of this interesting analogy); (4) Labov and his associates have shown that both their findings and those of other investigators demonstrate that speakers of high status do serve as models for others of lower status, but that the modeling behavior is a "rearguard" action which simply slows down the tide of change in the sound systems of "conservatives" (i. e., some women) or appears in the phonological systems of individuals aspiring to social mobility; (5) not all sections of a community participate equally in changes; Labov (1980, 1986) has explained the divergence of white and black sound systems in New York and

Philadelphia as a *reflection* of ethnic-class conflict. — These findings have rich implications for understanding phenomena of social change. My aside about "social class perspective" notwithstanding, sociologists and other social scientists have generally tended to *assume* that social changes *generally* begin towards the top and then spread down — perhaps this notion should be reconsidered. Numerous studies have shown that different classes may have conflicting stakes in social change (Luker's 1984 study of the abortion controversy provides an excellent illustration); it is not clear how (or why) this might be so for linguistic change — the issue should be empirically resolved. There are a number of interesting analogies between sound (and other linguistic) change and social change which require empirical study; however, *at least some features of social change have no regular parallels in language change.* Much contemporary social change is a consequence of *searches* for solutions to problems — social, political, economic, technological, and so on. While language "purifiers" may attempt to invent lexical items to stem the tide of linguistic invasion ("le hamburger") or to cleanse their language of residues of colonialism (Sanskrit based substitutes for English loan words) such attempts are seldom very successful — and it is difficult to imagine someone intentionally "inventing" a sound change like the American sports term "deefense." Closer attention by linguists and sociologists to each others' work on change could only profit both. — *Language change, social change and the levels question*: I believe the materials on sound change just reviewed are highly congenial with Collins' formulation. Individuals enter interaction with resources negotiated and acquired from countless past encounters; these resources are both emotional (characteristics of power and affect) and cultural (communicative [including phonological] and other competences). This capital is employed in the negotiation which constitutes interaction — and reconstituted and carried to next interactions in the ongoing chain. Individual sound systems, like other elements of individual resources (cultural and emotional "capital") are continuously subject to reconstruction; the kinds of considerations noted will determine which individuals in an encounter are more or less likely to embrace — or resist — change. The perspective seems to work for acceptance of sound changes by white Philadelphians and their rejection by many blacks — it is no less useful in explaining gradual changes in intergender interaction. Vowel length changes in Philadelphia — and women are treated more equitably in American society; both changes meet resistance.

5. The Micro-Macro Link

For Bernstein the link between micro and macro levels is to be found in transmission agencies and in the processes of classification and framing. No link is necessary in Collins' formulation — macro simply implies more individuals involved in more interaction chains spread over larger areas over longer periods of time. In the more traditional perspective I have employed in the last two sections the link is to be found at some point where looking in one direction the observer sees individual attributes or behaviors and, in the other, aggregated results. (I take this to be the orientation of, for example, Fishman [*passim.*], who distinguishes among levels of role, situation, domain and macro-aggregation.) Thus, there are what might be called pairs of topics, i.e., (1) speech community and individual repertoire, (2) language as a socially distributed commodity or resource and language as an individual attribute, (3) language as a basis for social evaluation of collectivities and language as a basis for individual opportunity, (4) language as an entity which spreads, contracts and changes and language as a competence acquired by individuals and, shifting perspectives somewhat, (5) language as a cultural, semiotic system and language as an element in individual author-reader relationships. Each of these three perspectives (and others not discussed in this truncated review) is useful; any comprehensive understanding of the micromacro distinction and of the relations between micro and macro topics, will have to take each into account.

6. Literature (selected)

Bernstein, Basil (1975) *Class, codes and control, 3, Towards a theory of educational transmissions,* London.

Bickerton, Derek (1975) *Dynamics of a creole system,* London.

Bourdieu, Pierre ([1972 French] 1977) *Outline of a theory of practice,* London.

Bourdieu, Pierre/Passeron, J.-C., (1977) *Reproduction in education, society and culture,* London.

Breitborde, L. B. (1983) "Levels of analysis in sociolinguistic explanation: bilingual code switching, social relations, and domain theory," in: *International Journal of the Sociology of Language* 39, 5–43.

Brown, Gillian/Yule, George (1983) *Discourse analysis*, Cambridge.

Callon, Michael/Latour, Bruno (1981) "Unscrewing the big Leviathan: how actors macro-structure reality and how sociologists help them to do so" in: *Advances in social theory and methodology: toward an integration of micro- and macro-sociology"*, Knorr-Cetina, Karin/Cicourel, Aaron V., eds., Boston, 277–303.

Cicourel, Aaron V. (1974) *Cognitive sociology: language and meaning in social interaction*, New York.

Cicourel, Aaron V. (1975) "Discourse and text: cognitive and linguistic processes in studies of social structure," in: *Versus: Quaderni di Studi Semiotici* 12, 33–84.

Cicourel, Aaron V. (1980a) "Three models of discourse analysis: the role of social structure", in: *Discourse Processes* 2, 101–131.

Cicourel, Aaron V. (1980b) "Language and social action: philosophical and empirical issues", in: *Sociological Inquiry* 50, 1–30.

Cicourel, Aaron V. (1981) "Notes on the integration of micro- and macro-levels of analysis", in: *Advances in social theory and methodology: toward an integration of micro- and macro-sociologies*, Knorr-Cetina, Karin/Cicourel, Aaron V., eds., Boston, 51–80.

Cicourel, Aaron V. (1982) "Language and belief in a medical setting," in: *Contemporary perception of language: Interdisciplinary dimensions*, Brynes, Heidi, ed., Georgetown, 1–41.

Collins, Randall (1981a) "On the microfoundations of macrosociology", in: *American Journal of Sociology* 86, 984–1014.

Collins, Randall (1981b) "Micro-translation as a theory-building strategy" in: *Advances in social theory and methodology: toward an integration of micro- and macro-sociologies*, Knorr-Cetina, Karin/Cicourel, Aaron V., eds., Boston, 81–108.

DeCamp, David (1971) "Towards a generative analysis of a post-creole speech continuum," in: *Pidginization and Creolization of languages*, Hymes, Dell, ed., Cambridge, 349–70.

Dillon, George L./Coleman, Linda/Fahnestock, Jeanne/et al. (1985) "Review article", in: *Language* 61, 448–460.

Ferguson, Charles A. ([1959] 1971) "Diglossia", in: *Language structure and language use: Essays by Charles A. Ferguson*, Stanford, 1–26.

Fishman, Joshua A. (1972) "Domains and the relationships between micro- and macrosociolinguistics," in: *Directions in sociolinguistics: The ethnography of communication*, Gumperz, John J./Hymes, Dell, eds., New York, 437–453.

Giddens, Anthony (1979) *Central problems in social theory: action, structure and contradictions in social analysis*, Berkeley.

Giddens, Anthony (1981) "Agency, institution and time-space analysis", in: *Advances in social theory and methodology: toward an integration of micro- and macro-sociologies*, Knorr-Cetina, Karin/Cicourel, Aaron V., eds., Boston, 161–174.

Giddens, Anthony (1984) *The constitution of society*, Cambridge.

Goffman, Erving (1981) *Forms of talk*, Philadelphia.

Grice, H. Paul (1975) "Logic and conversation" in: *Syntax and semantics* vol. 3, *Speech acts*, Cole, Peter/Morgan, Jerry L., eds., New York, 41–58.

Grimshaw, Allen D. (1971) "Some social sources and some social functions of Pidgin and Creole languages", in: *Pidginization and Creolization of languages*, Hymes, Dell, ed., London, 427–445.

Grimshaw, Allen D. (1980) "Mishearings, misunderstandings, and other nonsuccesses in talk: a plea for redress of speaker-oriented bias", in: *Sociological Inquiry* 50, 31–74.

Grimshaw, Allen D. ([1980] 1981a) "Social interactional and sociolinguistic rules", in: *Language as social resource: Essays by Allen D. Grimshaw*, Stanford, 204–233.

Grimshaw, Allen D. (1981b) "Talk and social control", in: *Language as social resource: Essays by Allen D. Grimshaw*, Stanford, 265–320.

Grimshaw, Allen D. (1982) "Comprehensive discourse analysis: an instance of professional peer interaction" in: *Language in Society*, 11, 15–47.

Grimshaw, Allen D. (1983) "Comment," in: *International Journal of the Sociology of Language* 39, 73–87.

Grimshaw, Allen D. (1987a) *Collegial interaction: Professional conversation among peers*, Norwood.

Grimshaw, Allen D. (1987b) *Sociological theory and sociolinguistics*, London.

Gumperz, John J. (1971) *Language in social groups: Essays by John J. Gumperz*, Stanford.

Gumperz, John J. (1982) *Discourse strategies*, London.

Halliday, M. A. K./Hasan, Ruqaiya (1975) *Language, context and text: a social semiotic perspective*, Geelong.

Haugen, Einar (1966) *Language conflict and language planning: the case of modern Norway*, Cambridge.

Katz, Elihu/Lazarsfeld, Paul F. (1955) *Personal influence*, Glencoe.

Labov, Teresa G. (1980) *The communication of morality: cooperation and commitment in a food cooperative*. Diss., Columbia University.

Labov, William (1966) *The social stratification of English in New York City*, Washington, D. C.

Labov, William (1972) *Sociolinguistic patterns*, Philadelphia.

Labov, William (1980) "The social origins of sound change", in: *Locating language in time and space*, Labov, William, ed., New York, 251—265.

Labov, William (1986) "Language structure and social structure", in: *Approaches to social theory*, Lindenberg, S./Coleman, J. S. *et al,* eds., New York, 265—290.

Labov, William/Fanshel, David (1977) *Therapeutic discourse: psychotherapy as conversation*, New York.

Leech, Geoffrey, N. (1983) *Principles of pragmatics*, Cambridge.

Levinson, Stephen C. (1983) *Pragmatics*, Cambridge.

Lieberson, Stanley (1970) *Language and ethnic relations in Canada*, New York.

Lieberson, Stanley (1981) *Language diversity and contact: Essays by Stanley Lieberson*, Stanford.

Luker, Kristin (1984) *Abortion and the politics of motherhood*, Berkeley.

Malone, Martin (1985) *Speech and social identity: sociolinguistic patterns and identity presentation*. Diss., Indiana University.

Mintz, Sidney W. (1971) "The socio-historical background to Pidginization and Creolization", in: *Pidginization and Creolization of languages*, Hymes, Dell, ed., London, 480—496.

Samarin, William J. (1984) "The linguistic world of field colonialism", in: *Language in Society*, 13, 435—453.

Sankoff, Gillian (1980) *The social life of language*, Philadelphia.

Stewart, William A. (1967) "Sociolinguistic factors in the history of American Negro dialects," in: *Florida FL Reporter* 5, 11, 22, 24, 26.

Stewart, William A. (1968) "Continuity and change in American Negro Dialects," in: *Florida FL Reporter* 6, 3—4, 14—16, 18.

Stryker, Sheldon (1980) *Symbolic interactionism: a social structural version*, Menlo Park.

Veltman, Calvin (1983) *Language shift in the United States*, Berlin.

Veltman, Calvin, ed., (1981) *The retention of minority languages in the United States*, Washington, D.C.

Weinreich, Uriel/Labov, William/Herzog, Marvin I. (1968) "Empirical foundations for a theory of language change" in: *Directions for historical linguistics*, Lehmann, Winfred P./Malkiel, Yakov, eds., Austin, 95—199.

Allen D. Grimshaw, Bloomington (USA)

II. Basics II: Basic Sociological and Socio-psychological Concepts
Grundlagen II: Soziologische und sozialpsychologische Grundbegriffe

11. Alter, Generation

1. Der Begriff des 'Alters'

Alter bezeichnet in seiner hier nur relevanten Bedeutung als physio-psychischer Begriff die innerhalb eines Lebens verlebte Zeit, gemessen in Lebensjahren bzw. in der frühen Kindheit auch in Lebenstagen, Lebenswochen oder — etwa in der Kinderpsychologie — in Lebensmonaten. Entlang einer solchen Altersskala können einerseits physiologische Veränderungen beschrieben werden, denen der Mensch im Verlauf seiner Lebenszeit ausgesetzt ist und die entweder mit der biologischen Funktion des Menschen oder mit dem physischen Verfall seines Körpers zusammenhängen. Solche Veränderungen sind etwa der Zahn-Zyklus mit dem Wachsen und dem Verlust der Milchzähne und dem Wachsen und Verlust der eigentlichen Zähne oder der generative Zyklus mit der Herausbildung der Fortpflanzungsfähigkeit und ihrem Verlust. Ähnliche Veränderungsprozesse sind jedoch auch bei fast allen anderen Organen beschreibbar. Zur Bezeichnung eines Entwicklungsstandes hinsichtlich eines solchen Veränderungsprozesses werden Begriffe wie 'Zahnalter' oder 'Fortpflanzungsalter' verwendet. Parallel zu den physiologischen Veränderungen im Verlauf des Alterns kommt es auch zu psychischen Veränderungen, die mit der seelisch-geistigen Entfaltung und Entwicklung der menschlichen Person zu tun haben. Doch mehr noch als die physischen Alterungsprozesse stehen diese psychischen in engstem Zusammenhang mit den gesellschaftlichen Bedingungen, unter denen sie sich entfalten, so daß man hier besser von sozio-psychischen Entwicklungen sprechen sollte. Einer dieser sozio-psychischen Alterungsprozesse ist etwa der Erwerb und die Entwicklung kognitiver und anderer geistig-seelischer Fähigkeiten. Der Stand der Entwicklung einer Person bezogen auf das Durchschnittsniveau gleichaltriger Individuen ihrer Art ist dann das Entwicklungsalter. Hinsichtlich der geistig-seelischen Entwicklung unterscheidet man Intelligenzalter, Lernalter, Sprachalter, Lesealter, Maturationsalter, emotionales Alter, motorisches Alter, Wahrnehmungsalter usw. Erbringt eine Person die ihrem Alter durchschnittlich gemäße Leistung in einem dieser Bereiche — etwa bei einem Test — dann befindet sie sich in der Altersnorm. Abweichungen von der Altersnorm werden in der Entwicklungspsychologie als 'Akzeleration, Frühreife, Retardation, Spätentwicklung' bezeichnet. Die soziopsychischen Veränderungen entlang der Altersskala werden bisher hauptsächlich im Bereich der Entwicklung von Kindern und Jugendlichen erforscht und beschrieben. Erst neuerdings wendet man sich im Rahmen der Gerontologie auch vergleichbaren Veränderungen im höheren Erwachsenenalter zu. Die mittlere Lebenszeit, das Erwachsenenalter vom Abschluß der Jugend bis zum Eintritt des Alters, wird häufig immer noch als hinsichtlich der sozio-psychischen Entwicklung 'ruhige Periode' betrachtet. In dieser Phase der Altersentwicklung wirkt sich neben der physiologischen und der psychologischen besonders die gesellschaftliche Komponente aus (vgl. Abschn. 3.).

2. Altersstufen und ihre Erforschung

Der Ablauf der Lebensalter wird auch in der alltagsweltlichen Begrifflichkeit in vielfacher und verschiedenartiger Weise in Phasen, Perioden oder Stufen des Lebenslaufes eingeteilt (Bergius 1959, 104 f). Das zeigen schon Begriffsreihen wie 'Sohn/Tochter – Eltern – Großeltern' oder 'Schüler – Lehrling – Geselle – Meister – Altmeister', bei denen der Ablauf des Lebens nach familialen oder beruflichen Dimensionen eingeteilt wird. Eine andere, juristisch institutionalisierte Lebenslauf-Einteilung erfolgt etwa nach dem jeweiligen Grad der juristischen Geschäftsfähigkeit. Auch die wissenschaftliche Beschreibung des Lebenslaufes bedient sich ähnlicher Entwicklungsabschnitte im Leben der Person zur Strukturierung ihres Arbeitsfeldes. Entwicklung wird dabei nach Thomae (1959) als eine Reihe 'von miteinander zusammenhängenden Veränderungen (des Erlebens und des Verhaltens)' betrachtet, 'die bestimmten Orten des zeitlichen Kontinuums eines individuellen Lebenslaufes zugeordnet sind'. Im allgemeinen wird der Altersablauf schon von alters her in vier Stufen eingeteilt: das Kindesalter (infantia), die Jugend (adolescentia), das Mannesalter/Erwachsenenalter (virilitas) und das Greisenalter (senectus). Mit dem Kindesalter und der Jugend befaßt sich traditionsgemäß die Entwicklungspsychologie/-soziologie. Die hauptsächlichen Veränderungen dieser Altersstufen betreffen die Herausbildung der physischen, psychischen und sozialen Möglichkeiten der Person. Innerhalb der Kindheit (bis 12 Jahren) wird unterschieden zwischen den Neugeborenen (bis 2 Wochen), den Säuglingen (bis 9 Monaten), den Kleinstkindern (bis 2 Jahren), den Kleinkindern (bis 6 Jahren), und den Kindern/Schulkindern (6 – 12 Jahren). Durch den Eintritt der Pubertät wird die Kindheit vom Jugendalter abgetrennt. Das Jugendalter selbst kann seinerseits wiederum in Vorpubertät, Pubertät und Nachpubertät eingeteilt werden. Insgesamt wird schon an dieser Einteilung deutlich, daß bei dieser Altersstufung physiologisch-psychologische Kategorien der Entwicklung menschlicher Fähigkeiten im Vordergrund stehen. Soziolinguistisch relevant sind besonders die altersspezifischen Prozesse des Erwerbs und der Stabilisierung der verschiedenen Bereiche sprachlichen Wissens. Dabei steht naturgemäß der Erwerb einer oder mehrerer Primärsprachen im Vordergrund. Von zentraler soziolinguistischer Bedeutung ist aber etwa auch der Erwerb von Beurteilungs- und Differenzierungswissen über verschiedene Sprachvarietäten, dessen Beginn man normalerweise im Alter von 10 Jahren annimmt. – Die dritte Altersstufe, das Erwachsenenalter, ist bisher – wie oben erwähnt – erst ansatzweise in das Blickfeld der Entwicklungspsychologie/-soziologie getreten. Bisher geht die Entwicklungspsychologie von den Theorien eines 'Fertigseins des Menschen' mit 20/25 Jahren aus, wozu auch Auffassungen von der Stagnation der Lern- und Entwicklungsfähigkeit im Erwachsenenalter gehören (Adoleszenz – Maximum – Hypothese). Die biologische Lebenskurve (Bühler 1959) veranschaulicht diesen Vorstellungskomplex: (vgl. Abb. 11.1. S. 80)

Dieses primär für die Abbildung der physiologisch-biologischen Prozesse entworfene Modell gewinnt in der entwicklungspsychologischen Diskussion auch Aussagekraft für andere Entwicklungsdimensionen wie etwa die Lernfähigkeit, die emotionale Belastbarkeit und ähnliches. Für das Erwachsenenalter nimmt man dabei allgemein das Theorem der 'ruhigen Periode' an. Doch ergibt sich diese Auffassung in erster Linie aus der einseitigen Konzentration der Forschung auf psychologische Kategorien. In dem Maße, in dem gesellschaftliche Kategorien in die Betrachtung mit einbezogen werden, wird das Erwachsenenalter im Gegenteil zu einem Lebensabschnitt, der durch sehr raschen Wandel und durch kontinuierliche Auseinandersetzung mit neuen gesellschaftlichen Anforderungen und Chancen geprägt ist, wie z. B. Eheschließung, Kindererziehung, Berufswechsel, Wechsel des Lebensortes, sozialer Auf- bzw. Abstieg. Dagegen treten die biologisch-physiologischen Veränderungen im Erwachsenenalter zurück und werden erst wieder im Greisenalter relevant. Die Forderung nach einer Ausweitung der Entwicklungspsychologie/-soziologie und auch des Entwicklungsbegriffs auf die gesamte Lebensspanne (life-span-perspective) wird erst seit den 70er Jahren vermehrt gestellt (Gstettner 1981). Umstritten ist derzeit noch die interne Strukturierung der Lebensspanne des Erwachsenenalters. Thomae/Lehr lehnen solche Einteilungen entlang der Altersskala ganz ab und fordern eine thematische Analyse des gesamten Erwachsenenalters zu bestimmten Grundsituationen des Lebens. Bergius verzichtet ebenfalls auf eine Gliederung innerhalb der Altersskala und strukturiert nach Funktionsbereichen wie biologische Funktionstüchtigkeit, psychologische Funktionstüchtigkeit, Produktivität, charakteristische Eigenschaften, Persönlichkeitsintegration oder sozialer Status.

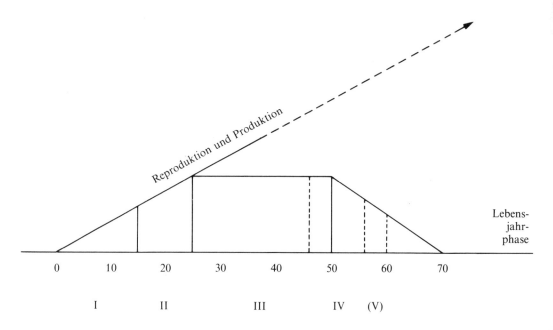

Abb. 11.1: Biologische Lebenskurve (nach Ch. Bühler 1959)

Doch sind durchaus auch innerhalb der Lebensstufe des Erwachsenen zeitliche Abschnitte zu unterscheiden, die sich etwa in bestimmten Rollenkomplexen zeigen, die normalerweise festen Altersstufen zugeordnet sind wie etwa die Elternrolle usw. Hiernach kann das Erwachsenenalter etwa eingeteilt werden in das frühe Erwachsenenalter (18/ 25 bis 25/30 Jahre) als Aufbauphase festerer regionaler und sozialer Beziehungen, das mittlere Erwachsenenalter, das in der Regel durch die Elternrolle geprägt ist und das spätere Erwachsenenalter nach der Lebenswende um 45/50 bis zum 65./70. Lebensjahr. — Es ist auch versucht worden, das Erwachsenenalter nach körperlich-seelischen Erlebnisformen zu gliedern. Da läßt sich die Phase der Selbstbestimmung und Zielsetzung im Provisorischen (20 — 30 Jahre) von einer Phase der speziellen Bindungen mit Überwiegen des Sachlichen (30 — 50 Jahre) einer Phase der Einordnung in einen höheren Zusammenhang (50 — 60 Jahre) von einer Phase der Ablösung vom Leben (ab 60 Jahre) abgrenzen. Für die Soziolinguistik ist die Erwachsenenphase insbesondere aus zwei Gründen von erheblicher Bedeutung. Einmal findet in dieser Phase ein wichtiger Abschnitt der Weitergabe der Sprachlichkeit an die kommende Generation statt, die für die sprachlichen und soziolingualen Veränderungen und Wandlungen eine zentrale Rolle spielt. Zum anderen ist das Erwachsenenalter aufgrund der komplexen Rollenbeziehungen, die es mit sich bringt, die Stufe, in der das Individuum in der Regel am intensivsten mit den öffentlichen und formellen Sprachvarietäten seiner Sprachgemeinschaft in Berührung kommt, also seine Sprache in einer klassischen Diglossie-Situation am intensivsten einem Wandel in Richtung auf die Standard-Varietät ausgesetzt ist. — Das Greisenalter, die vierte Altersstufe, umfaßt den letzten Lebensabschnitt des Menschen. Je nachdem, ob die strukturierenden Kategorien aus dem biologischen oder auch dem sozialen Bereich gewählt werden, beginnt diese Phase mit dem Erlöschen der Fortpflanzungsfähigkeit oder mit dem Austritt aus dem Berufsleben. Bisher war sie durch das Theorem des Defizitärwerdens geprägt. Doch hat gerade in den letzten zwei Jahrzehnten die aufblühende Gerontologie damit begonnen, diesen Lebensabschnitt in seiner psychischen und gesellschaftlichen Eigenständigkeit zu erforschen. Auch die Soziolinguistik hat sich bisher noch nicht systematisch mit dieser Lebensphase beschäftigt, obwohl zumindest eine häufig beobachtete Erscheinung soziolinguistisches Interesse herausfordert: die Rückbesinnung älterer Menschen auf den aktiven Gebrauch von informellen Sprachvarietäten aus ihrer eigenen Jugendzeit. Hier wirkt sich offensichtlich die Veränderung im sozialen Bezugssystem aus, die der alte Mensch nach dem Austritt aus dem Berufsleben durchläuft.

3. Das 'soziale Alter' als soziolinguistische Kategorie

Das Alter geht in soziologische, also auch in soziolinguistische Untersuchungen hauptsächlich in der Weise ein, daß altersspezifische Unterschiede im Verhalten der Personen beobachtet bzw. bei anders ausgerichteten Untersuchungen berücksichtigt werden. Soweit diese altersspezifische Verhaltensdifferenz physiologisch bzw. allgemein psychologisch bedingt sind, wird man von einem physischen bzw. psychischen Alter sprechen können. Wichtiger sind in dem hier interessierenden Zusammenhang die altersspezifischen Bedingungen, die aus dem sich im Laufe des Lebens verändernden Sozialhandlungs- und Sozialerfahrungsänderungen abgeleitet werden können. In diesem gesellschaftlichen Bereich ist das Individuum einschneidenden Wandlungen ausgesetzt, die sowohl die materiellen Bedingungen des Lebens als auch die Lebensinteressen, die dadurch bedingten Interpretationsweisen der Erfahrung und die daraus resultierenden Verhaltensweisen betreffen. Insofern das Alter in seiner sozialen Bedingtheit in Untersuchungen eingeht, kann man von 'sozialem Alter' sprechen. Die Bedeutung dieser Kategorie für etwa die Soziolinguistik zeigt sich z. B., wenn es darum geht, bei bilingualen oder bidialektalen Sprechern das Ausmaß der Verwendungsweise verschiedener Varietäten im Verlauf des Lebens darzustellen. (Vgl. Abb. 88.1).

Hier wird erkennbar, daß nach einer Phase der Verwendung weniger prestigeträchtiger Varietäten in der Kindheit und Jugend, deren Ausmaß sich nach Schulzeit und Adoleszenz bis zum 30. Lebensjahr in etwa stabilisiert, in dem mittleren Erwachsenenalter eine deutliche Zuwendung zu den prestigeträchtigeren Standardvarietäten zu beobachten ist, die bis in die zweite Hälfte der 40er Jahre andauert. Dann aber nimmt das Ausmaß der Verwendung von prestigeärmeren Varietäten rapide zu, bis es den Umfang der frühen Jugend erreicht hat. Hier wirkt sich das Alter offensichtlich indirekt über die sich verändernden Lebenssituationen auf das Sprachverhalten aus. Inwieweit solche Prozesse kulturspezifisch sind oder inwieweit sich hier allgemein-

anthropologische Faktoren auswirken, muß noch untersucht werden. Festzuhalten ist jedoch, daß bei einer großen Zahl von Sozialverhaltensweisen und auch Sozialerfahrungsweisen mit Altersspezifität gerechnet werden muß, wodurch das soziale Alter zu einer wichtigen Kategorie soziologischer Analyse wird. Das Phänomen der Altersspezifität von Sozial- und auch Sprachverhalten führt zu einem Problem, das insbesondere bei der Beschreibung von gesellschaftlichen und auch sprachlichen Veränderungsprozessen brisant wird. Denn zu beobachtende, über längere Zeit hinweg ablaufende Wandlungen im Sozialverhalten werden durch altersspezifische Veränderungen durchkreuzt. Insbesondere bei der Untersuchung von Wandlungsvorgängen in virtueller Zeit, das heißt synchron durch den Vergleich von Verhaltensweisen in verschiedenen Lebensabschnitten, geht die Altersspezifität quasi als Blindwert in die Untersuchung ein und muß berücksichtigt werden.

4. Der Begriff der 'Generation'

Der Begriff der 'Generation' leitet sich, worauf schon die Etymologie der Bezeichnung hinweist, von der Fortpflanzung der Bevölkerung und der Geschlechterfolge ab. Gemeint ist dabei in engem Sinne innerhalb einer Familie die Ebene der Kinder, der Eltern und der Großeltern sowie gegebenenfalls noch der Urgroßeltern. Man spricht daher auch von der Kindergeneration, der Elterngeneration und der Großelterngeneration. Die Vorstellungen über den zeitlichen Umfang einer Generation, die sich auf die Geschlechterfolge beziehen, schwanken von 22 bis 36 Jahre. Sie basieren auf der biologischen Reproduktionszeit, also der Zeit vom 1. bis zum letzten Kind plus dem Alter der Frau bis der Geburt des 1. Kindes, vermindert um die Zeit der Schwangerschaft (Rümelin 1875). Neben diesem biologisch fundierten Generationsbegriff tritt ein für die Sozialwissenschaften wichtiger zweiter. Dieser Generationsbegriff beruht auf dem gemeinsamen sozialen Erfahren und Handeln, das die in der gleichen Altersgruppe lebenden Personen charakterisiert. Dieses gemeinsame Erleben und Handeln resultiert aus zwei grundsätzlich verschiedenen gesellschaftlichen Zusammenhängen. Einmal gibt es eine große Anzahl von alters- bzw. generationsspezifischen sozialen Anforderungen wie etwa die Lehrer/Schüler-Konstellation, die Eltern-Rolle usw. Aus diesen gleichartigen gesellschaftlichen Anforderungen ergeben sich auch generationsspezifische gesellschaftliche Interessen, Zielsetzungen und Verhaltensweisen, die eine generationelle Homogenität und Abgrenzung der Generation voneinander entstehen lassen. Zum anderen sind die einzelnen in der Generationsfolge Geborenen jeweils durch unterschiedliche historische Erfahrungen geprägt. So entstehen Begriffe wie 'Kriegsgeneration' bzw. 'Nachkriegsgeneration'.

5.   Generation als Erlebensgemeinschaft

Bei der Betrachtung der Generation als Erlebensgemeinschaft kann ein geisteswissenschaftlicher Ansatz von einem sozialwissenschaftlichen unterschieden werden. Einen geisteswissenschaftlichen Generationsbegriff hat etwa Dilthey zu begründen gesucht, indem er von einer innerlich identischen Gestimmtheit ausging, die sich aus der Einwirkung derselben kulturellen und gesellschaftlich-politischen Zustände ergibt. Pinder (1926) verfolgt diesen Gedanken weiter, indem er auf das gleichzeitige Zusammenleben verschiedenartiger Generationen in einer Zeit hinweist, die jeweils durch eine eigene Entelechie charakterisiert sind. Aus den verwandten Gehalten des Bewußtseins der zu einer Generation gehörenden Personengruppe ergeben sich dann auch neue Formungs- und Gestaltungsintentionen, die die Grundlage für den 'Generationsstil' bilden. — Für die hieranstehenden Problemstellungen ist jedoch der soziologische Generationsbegriff von größerer Bedeutung, der insbesondere von Karl Mannheim entwickelt worden ist. Mannheim geht davon aus, daß der Generationsfolge eine zeitlich begrenzte Teilhabe der Träger einer Generation am Geschichtsprozeß zugrundeliegt. Eine generationelle Stufung der Lebenszeit ergibt sich aus dem in bestimmten Lebensabschnitten notwendigen Tradieren der Kulturgüter an die folgende Generation, dem Abgang früherer Kulturträger und der Ausbildung neuer Kulturträger. Dabei stellt die jüngere Generation jeweils das Mutationspotential einer Gesellschaft dar. — Aus der Abfolge der Generationen ergeben sich innerhalb einer Gesellschaft auf den verschiedenen Ebenen Konflikte. Besonders brisant ist dabei der Generationskonflikt zwischen der Eltern- und der Kindergeneration. Das gilt jedoch in erster Linie für offene Gesellschaften, in denen der Übergang von einer Generation zur anderen nicht fest institutionalisiert ist, wie etwa durch die Initiationsriten von Naturvöl-

ker. Der Generationskonflikt entwickelt sich aus dem Aufeinanderprallen der Autoritätsstellung der Erwachsenengeneration, die in der Regel ausschließlich im Besitz der gesellschaftlichen Machtmittel ist, und der Jugendgeneration, in der generationsspezifische Intentionen und das Streben nach dem Erwachsenenstatus miteinander konkurrieren. Ein wichtiger Aspekt des Generationsbegriffs in Zusammenhang mit dem sozialen Verhalten ist die identitätsstiftende Funktion, die die Vorstellung von einer Generationsfolge für das einzelne Individuum übernimmt. Die Selbst- und Fremdzuordnung zu einer Generation evoziert eine Fülle von generationsspezifischen Verhaltensweisen und Verhaltensnormen. In diesem Phänomen liegt z. T. auch die Bedeutung der Generationsbegriffe für die empirische Sozial- und auch die soziolinguistische Forschung. Die Strukturierung von Untersuchungsgruppen in Generationsgruppen berücksichtigt die unterschiedlichen generationsspezifischen Sozialverhaltensweisen.

6.   Literatur (in Auswahl)

Bergius, Rudolf (1959) „Die Entwicklung als Stufenfolge", in: Thomae, Hans (Hg.) *Entwicklungspsychologie* (= Handbuch der Psychologie Bd. 3) Göttingen, 104—195.

Bühler, Charlotte (1933/1959) *Der menschliche Lebenslauf als psychologisches Problem* (Göttingen).

Gstetter, Peter (1981) „Entwicklungspsychologie", in: Rexilius, G. (Hg.) *Handbuch psychologischer Grundbegriffe*, Reinbek b. Hamburg, 264—272.

Mannheim, Karl (1927) „Das Problem der Generation", in: *Kölner Vierteljahrsschrift für Soziologie* 7, Heft 2, 3.

Olbricht, Erhard (1982) „Erwachsenenalter und Alter", in: Rudolf Oester/Leo Montada (Hg.) *Entwicklungspsychologie. Ein Lehrbuch*. München/Wien/Baltimore, 314—372.

Pinder, Wilhelm (1926) *Kunstgeschichte nach Generationen*, o. O.

Rosenmayr, Leopold (1978) *Die menschlichen Lebensalter*. München.

Rümelin, J. (1875) „Über den Begriff und die Dauer einer Generation", in: Rümelin, J., *Reden und Aufsätze* I, Tübingen.

Thomae, Hans (1959) „Entwicklungsbegriff und Entwicklungstheorie", in: Thomae, Hans (Hg.) *Entwicklungspsychologie*. (= Handbuch der Psychologie Bd. 3) Göttingen, 3—20.

Klaus J. Mattheier, Heidelberg (Bundesrepublik Deutschland)

12. Religion

1. Religiöser Sprachgebrauch in Gebet, Ritus und Predigt

Auf dem Gebiete der Religion hat die Sprache Funktionen zu erfüllen, die von ihrem Alltagsgebrauch sehr verschieden sind. Grundform des religiösen Lebens ist das Gebet, das sowohl Anbetung als auch Bittstellung beinhaltet. Beide sind an ein höheres Wesen gerichtet, aber es kommt nicht zu Kommunikation im landläufigen Sinne des Wortes. Selbst dort, wo der Gottesbegriff stark anthropomorph ist, werden der Gottheit keine physischen Organe zugeschrieben. Gott hört nicht durch ein wie immer geartetes Ohr. Das Gebet braucht deshalb nicht voll artikuliert zu werden. Die Sprache bleibt auf halbem Wege zwischen gedanklicher Formulierung und vokaler Äußerung. Privates Gebet — Gebet 'im Kämmerlein' — ist oft mehr Flüstern als Rede. — Der Ritus, der im Wesen öffentliches Gebet ist, verwendet die Sprache mehr in der Art und Weise, die der Durchschnittsmensch als normal betrachtet, aber auch hier liegen Abweichungen vom Standard vor. Wie insbesondere Emile Durkheim gezeigt hat, durchwaltet alle Religionen das Bestreben, den sakralen Bezirk vom säkularen abzugrenzen. Der Gebrauch der Alltagssprache wird darum — zumindest der Grundtendenz nach — vermieden. Deshalb war durch die Jahrhunderte Latein die Sprache des katholischen Ritus, das Altkirchenslavische die der Orthodoxie, Sanskrit die des Hinduismus etc. Anglikanismus und Luthertum sind nur scheinbare Ausnahmen, denn das Tudor-Englisch des ersteren, das Bibel-Deutsch des letzteren sind nicht wirklich aktuelles Alltagsidiom. — Das Bestreben, von diesem allzu nüchternen Idiom loszukommen, zeigt sich auf verschiedene Weise. Da ist zunächst das Phänomen der Rhythmisierung, z. B. im Psalmodieren. Rhythmik hat eine leicht auto-hypnotische Wirkung und steigert dadurch das Gefühl des „außerhalb der Routine Stehens"; sie schafft sozusagen ein Sonn- und Feiertags-Gefühl. Von der Rhythmik ist nur ein kleiner Schritt zum Gesang, einem Sprachgebrauch, aus dem die Nüchternheit ausgeschieden ist. Ein noch radikalerer Akt der Befreiung ist die Zuflucht zur Gestik, zur Zeichensprache, die nur als Sprache im weiteren oder weitesten Sinne zu verstehen ist, und die noch mehr als die Musik die Verfangenheit im Säkularen sprengt. — Freilich kann auch die Religion der rationalen Sprache nicht entraten. Das sieht man vor allem in der Predigt. Predigen heißt Lehren, und Lehren heißt Mitteilen. Das Mitgeteilte darf nicht allzu vage sein, sonst wird es nicht rezipiert. Nichtsdestoweniger sieht man auch hier einen Kontrast zur Alltagssprache. Abgesehen vom Kanzelton, der sich manchmal im Näseln und dgl. bemerkbar macht und also nicht nüchternde Rede ist, versuchen Prediger verständlicherweise, ihren Worten etwas von der Majestät der Themen zu vermitteln, mit denen sie sich befassen. Den Worten werden sakrale Inhalte aufgezwungen; Intensität und Tiefe sind Charakteristika der Kanzelrede; das Gesagte muß etwas vom Geahnten zum Ausdruck bringen.

2. Theologie: Rationalität versus Emotion

Predigt beruht auf Theologie, und Theologie ist eine Wissenschaft und wie jede Wissenschaft unvermeidlich rational. So ergibt sich ein Gegenstoß zur emotionalen, in letzter Analyse in der Mystik (oder zum mindesten im sub- und supra-rationalen Erlebnis) wurzelnden Sprechweise. Wissenschaften verabscheuen das Stammeln; sie brauchen Begriffe, und Begriffe erfordern Definition. Dem Verlangen nach Klarheit, ja Eindeutigkeit muß jede Religion bis zu einem gewissen Grade Genüge tun — bis zu welchem Grade, ist ein immer wieder aufbrechendes, schwieriges Problem. Die Sprache kann zum Feind der Frömmigkeit werden, denn das Wort tötet und nur der Geist belegt, wo es sich um das *tremendum mysterium*, das letzte Geheimnis, handelt. — Traditionsgemäß betreuen die Kirchen zwei Gebiete, nicht nur eines: neben dem Glauben auch die Moral, insbesondere die Moralisierung der Jugend und der Massen. Vom Standpunkt einer sprachsoziologischen Analyse erheben sich hier wenige zusätzliche Probleme; eigentlich nur eines. Wir finden den gleichen Versuch, eindringlich zu werden, Stärke in die Predigt zu legen; und

wir finden die gleiche Gefahr der Unterküh-
lung und der Austrocknung. Bei der Formulierung von Geboten und Verboten kommt
man gezwungener Weise in die Nähe juristischer Denk- und Sprachgewohnheiten, die
dem religiösen Bewußtsein an sich fremd
sind. Die Vision eines von Liebe erfüllten
Universums ist nicht leicht zu versöhnen mit
der Konzeption einer von kalten Rechtsnormen beherrschten Gesellschaft. Paradoxerweise hat aber der Versuch, die Strenge der
Gesetze durch Wärme und Weichheit aufzu-
lockern, zu einer weiteren Ausdehnung des
Begriffsapparats geführt. Um den harten Vorschriften die scharfen Kanten zu nehmen, hat
man zu zeigen versucht, daß viele Ausnahmen
von den formulierten Ge- und Verboten zulässig sind. Daher die Entwicklung der Kasui-
stik, die demonstrieren will, daß keine Straf-
androhung alle möglichen Fälle überdecken
kann oder darf, daß bei Strenge im allgemeinen Milde im besonderen auch logisch zulässig ist. Aus einer karismatischen Wurzel ist
daher manchmal eine an sich kleinliche Be-
griffsspalterei hervorgegangen, die eine Über-
strapazierung der Rationalität darstellt und
sich selbstverständlich auch in einem Wulst
von Definitionen niedergeschlagen hat.

3. Orthodoxie und Sektentum: Magie

Es braucht kaum betont zu werden, daß die
Religion kein einheitliches Sozialphänomen
ist. Vor allem ist an Henri Bergsons grundlegende Unterscheidung zwischen statischer
und dynamischer Religiosität zu erinnern.
Die statische Religiosität nimmt die Welt, wie
sie ist und verteidigt die etablierten Werte; die
dynamische Religiosität ist Protest gegen das
Bestehende, Verdammung des Überkommenen. Die Ablehnung der vorherrschenden Gegebenheiten ergreift auch die religiöse Sprache, allerdings nicht immer in radikaler
Weise. Neue Worte werden eingeführt, wie es
z. B. im Englischen durch die Quaker und die
Shaker geschehen ist; oder das vulgäre Idiom
wird in den Kanzelgebrauch hineingenommen
und dadurch erhöht; man denke z. B.
an die Bettelorden oder die Methodisten mit
ihrem 'Markt'-Englisch. Es gibt eine eigenwil-
lige Sektensprache, die erst später, z. B. durch
die Traktatenliteratur oder durch den Boule-
vard-Journalismus in den sprachlichen Kanon eingeführt wird. Den Höhepunkt erreicht
der Widerstand gegen die standardisierten
linguistischen Formen in der Glossolalie, dem
'Sprechen mit Zungen', d. h. emotionalen

verbalen Ausbrüchen, die die Rationalität der
Standardsprache vollkommen abgestoßen
haben. Naturwissenschaftlich betrachtet, besteht ein scharfer Gegensatz, denn die rationale Sprache, auch die religiöse, ja selbst die
gefühlsbetonte religiöse Äußerung wird im
Vorderhirn (im Kortex) produziert, während
die irrationale, glossolalische Lautproduk-
tion, gleich dem Angst- oder Schmerzens-
schrei, aus dem Hinterhirn (dem Hypothala-
mus) 'bricht'. Soziologisch sieht das etwas
anders aus. Zwar besteht soziologisch ebenfalls ein Kontrast, aber bei näherem Hinsehen
erkennt man auch Parallelitäten. So haben
genauere Analysen gezeigt, daß etwa beim
Sprachrhythmus, bei der Phrasierung und bei
der Akzentsetzung den Verschiedenheiten ein
der orthodoxen und der Sektensprache gemeinsames Muster zu Grunde liegt. Wir kommen den Tatsachen wohl am nächsten, wenn
wir das Bild vom photographischen Positiv
und Negativ zu Hilfe rufen. Die Glossolalie
hat nicht den Sinn, wohl aber weitgehend
die Form der Volkssprache ringsum. — Wir
überschreiten eine Grenze, die oft nicht gesehen wird, wenn wir uns jetzt Phänomenen
wie dem Exorzismus oder dem Fluche, aber
auch der Eidesformel zuwenden. Daß der
Priester in der Regel auch der Exorzist, der
Träger des Bannstrahles und (zumindest in
der Vergangenheit) der Administrator des Ei-
des ist, hat die Tatsache verdunkelt, daß Priester und Exorzist ganz anderen Lebenszusammenhängen zuzurechnen sind. Der Priester
betet, daß *Gott* dem Übel Einhalt gebieten
möge; der Exorzist will *seinen* Willen dem
vermuteten Dämonen aufzwingen. In der Beschwörung will der Beschwörende so viel wie
nur irgend tunlich von seinem konzentrierten
Willen in seine Worte hineinlegen, daß sie
auch als sich verselbständigende, objekti-
vierte Macht in die Ferne wirken können.
Im Eid setzt der Schwörende eine bedingte
Selbstverfluchung: 'möge meine Hand ver-
dorren, wenn ich sie im Meineid erhebe'. Es
wird ein mechanischer Konnex zwischen der
geäußerten Formel und ihren später erwarteten Folgen postuliert — eine der Religiosität
fremde Annahme. Der Exorzist ist Zauberer,
nicht Priester; seine Sprache ist Befehl, nicht
Gebet. Wir stehen im Felde der Magie, und
nicht in jenem der Religiosität, die nie die
Machtlosigkeit des Geschöpfes und die allei-
nige Machtfülle des Schöpfers vergessen
kann.

4. Literatur (in Auswahl)

Bergson, Henri (1932), *Lex deux sources de la morale et de la religion*. Paris.

Cassirer, Ernst (1923—29), *Philosophie der symbolischen Formen*, 3 Bde., Darmstadt.

Durkheim, Emile (1912) *Les formes elémentaires de la vie religieuse*. Paris 1912 (dt. *Die elementaren Formen des religiösen Lebens*, Frankfurt 1981).

Stark Werner (1966—72), *The sociology of religion: A study of christendom*. 5 Bde., London (dt. Zusammenfassung: *Grundriß der Religionssoziologie*. Freiburg i. Brsg., 1974). Bd. 1: Established religion (1966), Bd. 2: Sectarian religion (1967), Bd. 3: The universal church (1967), Bd. 4: Types of religious man (1969), Bd. 5: Types of religious cultures (1972).

Werner Stark †,
New York (USA), Salzburg (Österreich)

13. The Language of Religion

1. Sociolinguistics

Sociolinguistics, the study of language in relation to social realities, examines religion only because it is another domain of human behavior where language is an important component. Its primary allegiance is to linguistics, the science of language. Within this discipline it has its own goals and methodologies. But because it is socio-linguistics, it draws from and contributes to a wide range of studies. It will be useful to summarize what is meant by a sociolinguistic examination of religion, for when we talk about 'the language of religion' or 'language in religious practice', we mean something quite different from what philosophers and theologians mean by these expressions.

The way people use language is our concern. (Speech, instead of language, might be a more appropriate term if it were not for the fact that every means of linguistic expression must be examined, the written no less than the spoken.) Linguistics deals with the complex system of rules (the grammar) that permits a set of speakers abiding by the rules to verbally interact with each other. In contrast, sociolinguistics studies the ways speakers select products of their grammar (one might call them texts or discourse) according to social variables. Sociolinguistics is concerned therefore with choices or decisions that speakers make (a) where the linguistic code (or grammar) permits and (b) where these choices have cultural significance. — It is axiomatic to our approach that speakers of all languages, according to the patterns of their respective speech communities, have many ways of speaking that require selection, according to what — in a given setting — may be obligatory or more appropriate. (The meaning of any choice is, of course, a separate problem.) Even in a monolingual community there are different ways of talking. If there is a formal manner distinct from an informal, it differs, for example, in vocabulary, sentence structure, and diction. There are frequently other options as well: different dialects (rural vs. urban, working class vs. middle class) or different languages. In a broad sense, any of these ways of talking can be called a language; and if it is consistently used with religion, it would be appropriate to call it the *religious language*. The linguistic repertoire of a community is only one of its sociolinguistic dimensions. Another set of variables is represented by the genres of discourse: conversation, narrative, prayer, divination, or sermon, for instance. These have linguistic features that submit to careful analysis and description.

In another sense, then, a *religious language* is the product of the intersection of language variables of different sorts within this one domain of human experience. It is this localization of ways of using language in a given sphere of social action that attracts sociolinguistic attention, for we expect to find here, as elsewhere, linguistic means responding to social motivation and having cultural meaning. The motives for linguistic choices stem from such factors as place, time, topic of discourse, participants (role of speaker, nature and size of audience), or nature of the speech act. One needs only to think of different sorts of Protestant prayers to begin to understand how these variables intersect with each other to produce such prayer events as invocations, blessings, and meal-time prayers. For meaning we need only find a recognition of what is deemed appropriate. It may be acceptable in a given Protestant church to use contemporary pronouns while praying in Sunday school, but the main worship service requires the use of *thee* and *thou*. For every speech community, whether it be a whole denomination on a national scale or the congregation of one church in this denomination, there are taken-for-granted expectations for the way language will be used and for what purposes: at ritualized worship services, weddings, funerals, or hospital visits by the clergy, for example. — If sociolinguistics brings a new perspective to religious studies, as indeed it does, we should expect to learn more about the nature of religious practice: how it is structured and how it relates to other aspects of a given culture; and we should surely refine our generalizations about universal religious practices. This is not a premature hope, for we already have a promise in this direction in a number of publications (Samarin 1976).

Sociolinguistic studies of religion seek to determine the way in which language is exploited for religious ends. We start with no different assumptions. For us religion is no unique domain of experience; we do not begin our examination of religious language expecting to find here what we might not find elsewhere. Whatever validity we might claim for religious propositions, we insist on the inescapable fact of the thoroughly human, therefore common and accessible, mediation of religious experience. There are theologians in the Christian tradition who accept the human mediation of religious faith through language but who also claim that language serves religious ends. They go even further to insist that language is transformed or is adapted to the expression of religious propositions. Religious language is therefore unique; it is more than ordinary language serving a religious purpose. Then they take the product and make it a tool, using language not only as a hermeneutical device for the explication of religious assertions but even as a means to defend their validity. Language is crucial in contemporary theological discussion. — Sociolinguistics may have some bearing on religious language as philosophically

understood. For the time being, however, our goals are modest. We aim for a kind of ethnography of religious language; and although we do not begin with the a priori notion of the uniqueness of religious linguistic usage, we should be happy if we were to discover it. This uniqueness or domain specificity of language in religion would be found in any number of points where sociolinguistic variables intersect. In the following we discuss some of the functions, ends, or goals that language serves in religion, the various kinds of linguistic resources that are exploited, and some of the social processes that characterize the use of language.

2. Religious Ends

Whatever the term religion might comprehend, language serves in a number of ways to set it apart from the profane or nonreligious. This specialization might be expected with practices that occur only within this domain (as with prayers), but a religious event elicits appropriate speech even when the separate parts are neutral (like announcements in a church service). Within a single religion there may be different levels of perception or experience. At the one extreme are found the numinous or mystical, like the use of the sacred syllable *ōm* in Hinduism (Christian 1976), Piyyut hymns with esoteric vocabulary in Judaism (Rabin 1976), and 'holy words' in an African independent church (Turner 1967). — Religious communities, defined simply as groups adhering to a given set of beliefs and practices, also are set apart linguistically. The fact that language is used as an ethnic boundary marker, symbolic of social oneness, is not itself in any way surprising, but we need to give attention to the way in which language is used to reinforce the social identity: Arabic is the sacred language of all Muslims; the Chamula language is part of the Fourth (and best) Creation; the Amish insist that if their children are taught in English the Amish way of life will disappear. Language is either looked at in very pragmatic terms or it is made integral to the ideology of the community. In either case this leads to the legitimating linguistic theories (like those of contemporary theology just mentioned) that need to be studied for their own sake.

The range of linguistic resources used in social marking is broad but still relatively limited. The least interesting perhaps are instances of language differences inherited from migration, conquest, and the like. Thus, the immigrant Molokan and Doukhabor sectarians of the United States and Canada continue to use Russian in all of their religious events in spite of the fact that in the Molokan case an urban environment leads to intense and intimate interaction with the dominant language. More interesting are cases where linguistic differences are asserted in unilingual settings. The Ashkenazi-Sephardi differences with respect to the pronunciation of Hebrew is not really an example, because these differences are the result of the geographical separation of these communities in the past. This is just a case of dialect speakers finding themselves living together. A better field for study would be the linguistic usage of Israeli youth who have been indoctrinated in Modern Israeli and have experimented with new synagogue liturgies. What we seek to know is how people establish a new social identity. The assertion of a new social identity can, of course, be accomplished by adopting an entirely different language as the religious one. Pidgin Sango is the Protestant language of the Central African Republic even where there is no need for it, as in unilingual villages. But social change can lead to new feelings of identity that revive interest in the native language. (This happened with those ethnic groups in the Cameroun Presbyterian church that had used Bulu as lingua franca and as religious language.) On the other hand, the 'new' language may be an old one that is disguised or one that is drastically altered: Argots or 'secret languages' — where intelligibility, perhaps minimal, is possible — are often of the first type. Of the second type are pseudolanguages. Cargo cults in the Papua-New Guinea area have arisen with 'new languages' that are hardly more than a mish-mash of words from non-native languages (Worsley 1957). New 'languages' in a different sense, more accurately argots, arise in a new movement as the effect of the ideology. The emergence of Spiritualist churches in the last century, for example, led to an argot where words as common as see and feel have special meanings (Zaretzky 1972).

In the present discussion the word 'language' is an ambiguous one, for it refers both to form and function in the dynamics of interaction. It should be made clear that in religion, as in other human experience, the replacement of one language by another need

not be complete either for form or for function. The practitioners of a religion require only that the 'language' fulfill its immediate function. A Spiritualist minister must certainly give the impression of talking English even though her ambiguous messages only provide suggestions to a seeker for getting its meaning. There is less need for satisfying intellectual requirements in a Rhodesian spirit-cult rite (Blakney, 1969), with Pentecostal glossolalia (Samarin 1972a), or in a Ceylonese healing ritual (Tambiah 1968). The need, of course, is determined by the given religious phenomenon, and it is a product of several factors. For example, 'identifying one's social identity' can include conversion experiences and initiation rites, but it can occur without them. Becoming a member of the neo-Pentecostal (charismatic) movement, for example, necessitates the learning of its argot as in Spiritualist churches. A person is not incorporated into such social units as a prayer fellowship, church congregation, or weekend retreat simply because he assents to the group's belief, but also because he can talk about it. From one point of view, therefore, Pentecostal talk is more important than glossolalia in this movement. Yet glossolalia is the linguistic evidence, traditional Pentecostal doctrine claims, of the new religious experience. De facto socialization into the movement is through the argot; the symbol of the new social reality is glossolalia. The convert to Pentecostalism therefore acquires two 'new' languages. — An argot is undoubtedly learned when one becomes a member of the Jamaa movement in Zaire (Fabian 1971), for there are many Swahili words whose meanings are peculiar to the movement. But full membership, which is formal and explicit, is achieved by going through four stages of initiation, each characterized by a specific kind of speech event and reflecting kinds or qualities of personal relationships established during this process. — Time is only one of the factors that determines the nature of the language of initiation. Where neophytes are brought into cult membership during a relatively brief training period, the acquisition of a real foreign language is virtually impossible, but disguised forms of languages and pidgins are more accessible. Easier yet are pseudolanguages. Glossolalia is such an effective initiation symbol. It marks the precise moment when a seeker at a revival meeting gets 'the experience'. — It would be a mistake to think that language serves religious ends without being influenced by or venturing into the profane world. We thus find language being used to support structure and privileged position. In Spiritualist churches the four ranks in leadership are characterized by the right to use certain argot terms, each rank using terms from those available to the lower one(s), but not vice versa. The minister is alone at the top, and she can discipline the colleague who violates the rule. Igbo go to shrine priests to have prayers said to certain capricious gods, but these priests are descendants from former conquerors who still have political power in the villages (Shelton 1976). Members of a Kewa cult in New Guinea use their argot to extort food from unwary fellow villagers. This is possible because the argot consists of words and expressions that replace standard Kewa words that, on the initiative of the cult, have become taboo: for example, *ipa agi*, literally 'water mother' for *nogo* (girl). The villager who mistakenly violates the taboo is required to atone with a payment of pigs or pearl shells.

3.   Linguistic Means

It is a sociolinguistic premise that speech is adapted to culturally relevant functions. In a description of the linguistic means at the disposal of religion we are concerned with the parts of language that are exploited and the products of the exploitation. Substitutes for native language have already been mentioned: a switch from English to Hebrew or an argot or a pseudolanguage. But even without these more or less drastic departures from normal speech, special varieties of native language can be built with available resources or with an admixture from other languages. The result is a register or style. There is, for example, a testimony-giving style among traditional Pentecostals (such as the Assemblies of God) that consists of rapid delivery at a flat and higher-than-usual level of pitch. Cutting across different genres of discourse such as sermons, prayers, and testimonies is the practice of breaking speech up into rhythmic units sometimes punctuated by verbal ejaculations or grunts. (On sermons see Rosenberg 1970 and Samarin 1972 b). Many other examples of styles that are peculiar to certain kinds of religious acts are found.

The general picture for religion, then, is similar to that for other domains of experience. Religion may not be unique in its inventory of linguistic resources, but it may be with respect to their predominance. That which in other domains is infrequent may in religion be frequent. This would seem to be the case with the use of anomalous utterances of the *mumbo-jumbo* and *abracadabra* type. (Here too the form-function relationship cannot be ignored. What is linguistically 'normal' in the cognitive-denotative sense may in its magical use be meaningless. Examples are to be found in the repetitive verbalization of names, words, or sentences. The adherent of a 'high' religion may thus be the religious brother of an adherent of a 'low' religion in a specific use of language, if not in the form used.) Perhaps, however, there is a higher-level typology of which the use of anomalous speech is just one instance. It appears that in religion greater liberty is taken to satisfy the esthetic appreciation for the substance of language. The average man does not have an opportunity to speak in metered units, but he can do this when he prays or repeats a spell. This happens in extemporaneous Pentecostal prayers (since Pentecostals are hardly given to liturgical ones), but satisfying sounds are also provided in the corpus of religious texts.

Repetitious patterns are found in Igbo, Christian, and Chamula prayers (Shelton 1976, Ferguson 1976, Gossen 1976) that are part of the tradition of these religions. Yet even these texts must be seen as the products of deep-seated motivations. Even where text were originally produced with little or no intent to be esthetically pleasing, they are interpreted (in the elocutionary sense) so that they are prosodically pleasing. When people defend the King James Version of the Bible, for example, they frequently cite its "majestic rhythm." Since there is no inherent rhythm to this seventeenth-century translation, these traditionalists are really defending the style of reading with which they have become familiar. Obviously, any version, even the one in Basic English, could have its own majestic style. What is true of Christian Scriptures is also true for Judaism and Hinduism. — Linguistic adaptation to religious needs is not limited to the selection of linguistic resources for the creation of special varieties of language. It also leads to special kinds of discourse. The 'language' of religion — the means whereby religion expresses itself — therefore consists of genres like song, recitations, prayer, and magical or divinational formulae. Here the domain specificity of religious language may be seen, perhaps more clearly than anywhere else. One does not address or petition the gods in the same way that one addresses chiefs and kings (unless the chiefs and kings are theocratic figures). As linguists, we are concerned with the structures of these genres insofar as they are the product of 'grammatical' discourse rules and as sociolinguists we are concerned with their function in speech events.

The linguistic means of religion, whether extemporaneous or traditional, are expressed in either oral or written form. It makes a difference for religious behavior if the society is literate or preliterate and, in the latter case, if it is in contact with literacy. Of particular interest to sociolinguistics is the way in which the language of the sacred writings affects later forms of language. (For the influence Sanskrit and Hebrew have had see Christian 1976 and Rabin 1976). In the case of the Church of the Lord, an 'independent' Christian movement in West Africa foreign orthographies may be responsible for the spelling of 'holy words': for example, what is pronounced something like *Kokamula* is written *Kieokkammullal* with a predilection for extra letters and long words (Turner 1967).

4. Social Processes

The realization of speech ends is a social process, and the linguistic products that effect this realization are social phenomena. These facts have not been ignored in the foregoing discussion. Now we should turn our attention to some facets of the social nature of the interrelationship between ends and means.

4.1. Sociolinguistic Competence

This refers to one's ability to use language — the language product is constructed according to the rules, and it meets the requirements of the setting. The identification of genres of discourse presupposes a structure that is characteristic for each. In a given community it is therefore possible for a person to fail in his linguistic performance, if only by not achieving the ideal. Publications have touched on the rule-governed nature of the speaker's task. We must know for each religion — or some given part of it — what it means to be sociolinguistically competent in it. In our eagerness to describe rules, however, we must not ignore the fact that people force rules to yield. Both form and function are involved. Although prayers in many religions are set by tradition and are augmented or varied with great conservatism, the Prot-

estant 'free' prayer, being extemporary, is susceptible to great variation and exploitation. It is indeed possible for a prayer to approach the nature of a sermon.

What kinds of rules are more subject to strain and what are the social phenomena that accompany particular changes or periods of change? These are questions fundamental to sociolinguistics in general, but we do not now have good answers. Yet it should be observed, for example, that the Reformation seems to have led to only a few innovations in language use. On the other hand, dream interpretation as part of religious behavior in the Jamaa movement (mentioned above) is probably an innovation when seen in the context of African Roman Catholicism where this movement is found.

The domain of religion reminds us that we must study the acquisition of sociolinguistic competence for all domains in a given society. An adult who 'becomes religious' after a lifetime of irreligiosity or one who leaves one religious community for another has to learn a new kind of behavior. Language is often a very important part of this process. In any case, there are drastic differences between what adherents of different religions are required to know and how — and at what age — they go about acquiring this knowledge. Judaism places very great value on a knowledge of religious writings; memorization is important in Eastern religions; but Christian clerics, at least in our day, usually read the liturgy. In most fundamentalist churches one is supposed to bring his Bible to church and follow the sermon by looking up all the text citations, of which there can be quite a few. In some churches, generally lower-class ones, the preacher makes it a practice to let volunteers in the congregation read as soon as they find the place. One can very well imagine both the contribution this practice makes to group cohesion and also the opportunities it provides for competition.

This last example, like so many others, illustrates the way the ability to behave in an appropriate manner can be used to symbolize what it means to be an adherent of a given religious community and to regulate behavior within it. In some Protestant groups one learns to pray aloud in public — something that every 'good Christian' is supposed to be able to do — so as to express solidarity of the group. With this function, praying aloud can be described as a ritual act, equivalent to attending church, but whose social meaning has greater forcefulness and clarity.

4.2. Metalinguistics

This, for our present purposes, refers to beliefs and attitudes about language. Religion may be the source or determiner of a society's metalinguistic notions, but in any case the expression of religion — sometimes its very conceptualization — is influenced by the way people think about language.

If language is viewed as having a supernatural origin or in some way being part of the divine essence, everyday speech or speech on certain occasions is affected. Both among the Dogon of West Africa and in Hinduism language figured in the creation of the world (Calame-Griaule 1965, Christian 1976). We all know about the *logos* of St. John's gospel, but we have no information about how this concept was related to social behavior. Well documented ethnographic observations would lead us to be careful about assuming certain kinds of behavior on the basis of certain kinds of beliefs. Evangelical Protestants assert as part of their creed that the Bible in the original language was wholly and verbally inspired by God: that every word is precisely the one God wanted. (They are not alone among those who have inspired texts.) Yet the linguistic and philosophical implications have never been adequately worked out. In evangelicalism's fundamentalist sector there is a strain of antirationalism: human language is but an imperfect instrument that God overrides in his power; for Pentecostals human language is even carnal whereas glossolalia is spiritual. A similar attitude appeared among early Quakers (Bauman 1970). In religion perhaps one finds the most explicit expression of belief in the power of language as a force in its own right. Among the Chamula 'heated words' during a ritual are like incense; in Spiritualist churches certain words 'do' what they 'say', so one avoids words like sickness and death; in Hinduism certain verses are repeated for their efficacy; African Muslims wear verbal charms and Tibetans use prayer wheels for the same purpose. Ethnographic literature provides abundant documentation of this aspect of linguistic belief and practice.

The study of sacred texts has led to extensive grammatical and lexicographical work, and linguistic science is indebted to religion for this legacy, but the linguistic history of religion is, as one might expect, uneven in quality. The ancient grammar of Sanskrit attributed to Panini is acclaimed by modern linguists for the quality of its generalizations, its elegance, and its economy. Long before the Renaissance — when Greek and Hebrew began to be studied assiduously — Muslim scholars had already arrived at a highly enlightened understanding of Arabic. The ecumenicity of scholarship in the west had its influence at that time on Jewish studies of Hebrew. It is these ancient Jewish attitudes towards grammatical studies that explain in part the present state of Hebrew: the Sephardi had a great respect for the study of grammar, but the Ashkenazi frowned on it. Native linguistic notions, however, certainly had a prejudicial effect on the study of sacred texts. One that has pervaded (in many seminaries) and dominated Catholic and Protestant thought is belief in the deterministic nature of Hebrew and Greek: because one is static and the other dynamic, they led to different views of life. Theologians thus discovered and accounted for different theologies in Judaic and Christian religions. (Barr 1961 debunks this notion; Penn 1972 traces its history in secular thought.)

Linguistic notions, on the other hand, can be used to explicate or defend belief and to provide a model for the belief system. The history of theological argumentation is replete with illustrations of linguistic use, such as the repetition of *kai* (and) in Matthew 28:19 ("in the name of the Father and of the Son and of the Holy Spirit") which is said to prove that baptism must consist of three separate immersions in sequence. Much more sophisticated is Augustine's use of the relationship between the form of a sentence and its meaning in explaining eternity (Burke 1970, 142).

Since language attitudes can affect any aspect of a community's linguistic resource, the use of different languages also will be affected. Such use is not necessarily uniform throughout the community or in the whole domain of religion. Religion is a domain that either inhibits or elicits the use of a second language. The Telugu, like Indians generally, borrow extensively from Sanskrit, but some styles more than others. Molokans now living in the United States speak Russian or English with a great admixture of the other in settings that might be called casual or intimate. In religious settings only Russian is used and that in a form free of English loans except for an occasional culture-specific item. On the other hand, Haitian Protestants require a great deal of Standard French in their Creole on formal religious occasions, and they might be happier with a sermon entirely in French even if it were incomprehensible (Orjala 1970).

Another way of looking at the process of language selection is in terms of the event rather than text. Thus, in the synagogue sabbath service conducted for the most part in English, certain parts are restricted to Hebrew, and different parts of Ceylonese healing rite take different languages or mixtures of languages, reflecting the hierarchical positions of gods and demons.

5. Literature (selected)

Barr, James (1961) *The semantics of biblical language*, Oxford.

Bauman, Richard (1970) "Aspects of 17th century Quaker rhetoric", in: Quarterly Journal of Speech 56, 67–74.

Blakney, Charles P. (1969) "Chipunha, a Rhodesian cult", in: *Practical Anthropology* 16, 98–108.

Burke, Kenneth (1970) *The rhetoric of religion*, University of California Press, Berkeley/Los Angeles.

Calame-Griaule, Geneviève (1965) *Ethnologie et langage. La parole chez les Dogon*, Paris

Christian, Jane M. (1976) "Patterns of Telugu religious language", in: *Language in religious practice*, Samarin, W. J., ed., Rowley, Mass., 114–130.

Fabian, Johannes (1971) *Jamaa. A charismatic movement in Katanga*, Evanston, Illinois.

Ferguson, Charles A. (1976) "The collect as a form of discourse", in: *Language in religious practice*, Samarin, W. J., ed., Rowley, Mass., 101–109.

Gossen, Gary H. (1976) "Language as ritual substance", in: *Language in religious practice*, Samarin, W. J., ed., Rowley, Mass., 40–60.

Orjala, Paul (1970) *The dialects of Haiti*, Diss., Hartford Seminary Foundation, Hartford, Conn.

Penn, Julia M. (1972) *Linguistic relativity versus innate ideas. The origins of the Sapir-Whorf hypothesis in German thought*, The Hague.

Rabin, Chaim (1976) "Liturgy and language in Judaism", in: *Language in religious practice*, Samarin, W. J., ed., Rowley, Mass., 131–155.

Rosenberg, Bruce A. (1970) *The art of the American folk preacher*, New York.

Samarin, William J. (1972 a) *Tongues of men and angels. The religious language of Pentecostalism*, New York.

Samarin, William J. rev. (1972 b) "The art of the American folk preacher, Rosenberg, B. A., Oxford University Press", in: *Folklore Forum* 5, 106–111.

Samarin, William J., ed., *Language in religious practice*, Rowley, Mass.

Shelton, Austin J. (1976) "Controlling capricious gods", in: *Language in religious practice*, Samarin, W. J., ed., Rowley, Mass., 63–71.

Tambiah, S. J. (1968) "The magical power of words", in: *Man* 3, 175–208.

Turner, H. W. (1967) *African independent church. Vol. 2. The life and faith of the Church of the Lord (Aladura)*, Oxford.

Worsley, Peter (1957) *The trumpet shall sound. A study of 'cargo' cults in Melanesia*, London.

Zaretsky, Irving I. (1972) "The language of Spiritualist churches", in: *Culture and cognition. Rules, maps, and plans.* Spradley, James P., ed., San Francisco, 355–396.

William J. Samarin, Toronto (Canada)

14. Ethnicity

1. Definitions

Ethnicity is a term whose definition is elusive. In ordinary usage there is considerable overlap between the English terms ethnicity, nationality (c. art. 16), and race (expecially as that term was used in the late nineteenth and early twentieth centuries) and the German word 'Volk'. There are etymological grounds for this polysemy, since the original Greek plural noun 'ethnoi' refers to the tribes and nations of the ancient world who were not Hellenic (e. g. Thracians, Persians, Egyptians), The 'ethnos' was a group occupying a particular territory whose members shared a distinct language and culture. In the popular understanding, ethnicity still connotes a distinct within-group culture. In a more technical understanding, shared culture and a distinctive language style are not necessarily defining attributes of ethnicity.

The term ethnicity, as used currently in the social sciences, refers to a collectivity in which membership is socially defined in terms of descent (Francis 1976, 6). Ethnic status is thus ascribed, not achieved. Ethnic status is also ecologically relational, in that the ethnic aggregate as a descent-based political interest group is one set among others in a larger political entity, usually today the nation-state. Thus the political and cultural ecology of the ethnic group is crucial for its internal social, cultural, and linguistic organization.

Inclusion of an ethnic group within a larger social unit may occur in a variety of ways. The ethnic group may be a set of persons from one nation who reside as an immigrant minority in another nation, e. g. Turks in Germany, Moluccans in Holland, Italians in the United States and Australia. The ethnic group need not be an immigrant group, however. It may be a set of persons who because of historical shifts in national boundary lines, are a minority group in one region and the majority group in another region (e. g. Swedes in Finland and in Sweden, Pathans in India and Afghanistan, Mexicans in the state of New Mexico in the United States and in the state of Sonora in Mexico). In developing countries indigenous tribal groups, which were distinct territorial and political entities before the colonial period, can function as ethnic groups in the post-colonial nationstate. This process of ethnic-ization by inclusion in a larger political entity occurred formerly as empires were established within which one or more ethnic groups might constitute a client state, e. g. Czechs and Slovaks within the Austro-Hungarian empire, and Jews and Phoenicians within the province of Palestine in the Roman Empire (c. f. Hunt/Walker 1974). Because of the frequency of changes in national boundaries, the rise of the nation-state, and the current ubiquity of world-wide migration, ethnic differentiation characterizes virtually every modern society.

Terms of self-reference used by immigrant ethnic groups point to the priority of socio-political definition over shared culture as a defining attribute of ethnic status. Among immigrant groups, a more inclusive ethnic identification category as a term of self-reference often replaces a more specific and local identification category that was salient in the home country. By this means regional differences may be bridged over, e. g. in the United States immigrants from Saxony and Bavaria adopted the term German-American as a term of self-reference, and immigrants from Calabria, Sicily, and Tuscany came to call themselves Italian-Americans. In both cases, the immigrants began using a national identification term in their new country before the political unification of regions into a single nation-state had occurred in the country of origin. This relationship between political definition and group membership points to the frequent occurrence of linguistic and cultural diversity within the ethnic identification aggregate, e. g. the dialect differences between northern and southern Italians were large enough that when intermarriage occurred between Calabrezze and Tuscans, English was spoken by the spouses as a *lingua franca* (c. f. Zarbaugh 1929, 170 ff).

Both within immigrant ethnic groups and within indigenously resident ethnic groups the relationship between ethnic group membership and linguistic and cultural group membership is an open question. One can expect considerable linguistic variation within an ethnic group. (Indeed what might be most surprising is not the cultural difference within an ethnic aggregate but the cultural similarity.) This variation may run along lines of other dimensions of social identity (c. art. 21) reviewed in this volume, e. g. gender, age, generation (c. art. 11), social class (c. art. 17), as well as along lines of residence and institutional infrastructure. Specific ethnic populations differ in the extent to which members of the ethnic group tend toward geographically contiguous residence (as in ethnically homogenous rural villages or urban ghettos) and toward high proportions of within-group daily contact because of ethnic occupational specialization and frequent participation in ethnically homogenous religious (c. art. 12), educational, fraternal, and political organizations.

2.   Ethnicity and Other Components of Social Structure

The key to understanding within-group cultural variation may well be in discovering the daily rounds of individuals to determine whether systematic differences occur between, for example, women and men of a given social class in their inter-ethnic and intra-ethnic contact. The daily round is the entire sequence of social situations the individual engages in during the day. One individual during the daily round may encounter only fellow-ethnics of the same social class. Another individual during the daily round may encounter persons of differing ethnicity and class. The two individuals thus routinely experience differing speaking environments. We might thus expect them to acquire differing sociolinguistic repertoires.

Daily rounds can differ as environments for speaking, not only in the amount of contact that occurs with ethnic others but in the kind of contact that occurs, i.e. there are differences in the politics of culture difference and language difference across differing contact situations, and these can influence aversion or receptivity to adopting the styles of others. Thus the micropolitics of interaction in situations of intergroup contact can influence patterns of acquisition and use of a wide range of sociolinguistic styles by members of a speech community (c. art. 32) or network (c. art. 26) within the ethnic group. Piestrup (1973) observed this in a study of American working class black children in schools. She studied the children in two types of classrooms. In the first type, the children were continually corrected for what the teacher apparently regarded as mistakes in their speaking, i.e. the teachers reacted negatively to the use of phonological, syntactic, and discourse features of black English. In the second type of classroom, the teachers did not react negatively to the children's use of black English. Interestingly, in the rooms of the former type, the black children's speech became more and more nonstandard as the school year progressed, while in the classrooms of the latter type (in which black English usage was not continually sanctioned negatively) the children's speech more closely approximated standard English as the year progressed. In the first set of classrooms, speech style was diverging between teacher and students through a process of nondeliberate student resistance by which oppositional culture was developing across time. In the second set of classrooms, in which speech style difference was not grounds for recurrent conflict, oppositional culture was not developing, at least not as a linguistic phenomenon.

3. Self Presentation and Group Identification

3.1. Cultural Boundaries and Borders

We can understand Piestrup's case by making a distinction between two differing situations of the politics of cultural and linguistic difference among groups — those involving boundaries and those involving borders. A cultural boundary is a notion akin to that used by dialectologists. It can be said to exist whenever some regularly identifiable cultural difference is present, e.g. the phonological, syntactic, and discourse features by which black English and standard English can be distinguished. In contrast, a cultural border can be said to exist when culture difference becomes grounds for differential allocation of rights and obligations between those who meet in interaction. At a cultural border, culture difference is scrutinized as evidence of inferior or superior social rank, along the lines of ethnicity, class, gender, and the like. Cultural difference in such situations thus becomes grounds for domination or for conflict. In contrast, at a cultural boundary the cultural difference that is present can be politically neutral. It can be dealt with pragmatically or even overlooked. It is not what is most salient in the interaction and it does not become grounds for conflict (see the discussion in McDermott/Gospodinoff 1979, and in McDermott/Tylbor 1983, which elaborates the original formulation of Barth 1969, 10–15).

Piestrup's findings, which illustrate so well the distinction between boundaries and borders, are not unique. The findings recall those of Giles and Powesland (1975), who observed that when negative affect was experimentally introduced in conversations between speakers of differing regional dialects in England, by the end of the conversation the speakers had heightened dialect features, diverging in their speech style as the conversation progressed. Conversely, if positive affect were experimentally introduced, the speech style of the two interlocutors converged. Labov (1973) reported that the dialect of inhabitants of Martha's Vineyard, an island off the coast of Massachusetts, became increasingly divergent from standard English across a generation. During the same time, summer visitors who spoke standard English were coming to the island in increasing numbers and buying property on it. This suggests that although the islanders were having increased contact with speakers of standard English, the contact took place under somewhat negative circumstances. The islanders seem to have been ambivalent toward the summer people, who were at once of source of economic benefit and a reason the traditional lifeways of the islanders were changing.

3.2. Schizmogenesis

Piestrup and Labov both point to the phenomenon of oppositional culture, in this case the progressive development of divergence in speech style between groups. Bateson (1972, 107−127) invented the term *schizmogenesis* to refer to the process of progressive divergence between groups. Self-identification by displaying oppositional culture traits is a phenomenon that applies beyond speech style and language to other media of self-presentation, e. g. dress, food habits, gender role enactment. Such self-presentation becomes a label of group identification. The identification may go beyond ethnic lines, e. g. one may dress distinctively as a youth or as an urban cosmopolitan, as a homosexual or as a member of a religious group. Often speech style and other aspects of performance style, such as dress or food habits may covary, i. e. the signals of distinctive group membership are redundantly encoded across differing performance channels.

Barth (1969, 14−18) refers to the encoding of group identity in visible and/or audible performance style as diacritical marking of status. Speech style thus can be a mark of ethnic identity as well as marking other kinds of group identity. The salience and symbolic significance of these linguistic identity badges (and the willingness of individuals to display or conceal them in situations of intergroup contact) varies with the political situation of the identity group in relation to other identity groups in the society. Barth's formulation is useful in its focus on ethnicity as an identification class independent of cultural or linguistic traits as defining attributes. It has been criticized, however, by other theorists as too unrestricted a definition, since, by extension, it can apply to a wide range of identity categories, i. e. gender, class, sexual orientation. The question of class is intriguing in this regard, since in class stratified societies in which mobility across classes from one generation to the next is very unlikely, social class functions as a descent group. Thus in highly class stratified societies, linguistic and other cultural markers of class status can be considered analogous to those of ethnicity. These badges of ethnic and class identity are reproduced from generation to generation (Bourdieu/Passeron 1977) and are often taken as indicators of ability and motivation by those in a position to make institutional decisions that affect the mobility of others,

e. g. job interviewers, health and social service workers, educators. These gatekeeping judgements may be strongly biased by ethnic and class prejudices that are masked by an ideology of rational and universalistic sorting decisions within which particularistic behavioral markers of group identity are interpreted as indicators of individual merit (see Erickson/ Shultz 1982, Gumperz 1982).

4.   Ethnicity and Social Conflict

In situation in which there is little conflict between the interests of ethnic groups and in which the daily rounds of individuals include frequent situations of interethnic contact, considerable cultural and linguistic assimilation may take place across ethnic lines, especially within the same social class level. This is especially apparent in the United States. In Boston, for example, working class Roman Catholic Italian-Americans and Irish-Americans both speak a dialect referred to in lay terms as "Boston Irish." This is a social class and religious identification register that generalizes across ethnic groups, an instance of symbolized solidarity among the descendents of immigrant Catholics, in contrast to the native English Protestant elite. This does not mean that there may not be economic competition and residential distinctions drawn between the Italian-Americans and the Irish-Americans, but the linguistic register provides both with a symbol of distinctiveness from the so-called White Anglo-Saxon Protestant (WASP) cultural style. A similar phenomenon seems to be occurring in London, where despite severe economic competition between working class Afro-Caribbeans and native working class British, the Afro-Caribbeans speak a form of white working class London English. Afro-Americans, in cities in the United States, however, speak 'black English,' a dialect or register that differs from white working class speech. In the American cities one finds that Hispanic teenagers adopt some features of black English. The result is that among the non-Anglo working class youth there is a common 'street language.'

It seems that register assimilation, register maintenance, and the development of new registers as oppositional culture are all related to the presence or absence of political conflict between groups. These relationships are not simple, however, as the example of Afro-Caribbean London English suggests. In that case, skin color may be the most salient marker of racial identity for white and black Londoners, and consequently, speech style does not function as a marker of racial identity. One wonders why this is not the case in the United States, where skin color also functions as a marker of racial identity and where there is inter-racial conflict and stigma no less intense than that in London. A possibility may be the time scale involved. Large-scale Afro-Caribbean immigration to London is a relatively recent phenomenon, while in the United States blacks and whites have resided together for hundreds of years — long enough for cultural schizmogenesis to develop and widen considerably over time.

To conclude, a crucial point in this discussion has been that linguistic and cultural assimilation are not inevitable in multi-ethnic societies, as scholars such as Gordon (1964) have claimed. Ethnic identity and speech style do not necessarily go hand-in-hand, although they may do so. Cross-cultural and cross-national research shows that ethnic identification may be marked strongly by speech style in some situations and may be signaled by other kinds of diacritical marking in other situations. Moreover, the salience of ethnic identity itself may vary across regions within a nation as well as across nations. Hence it would seem that the symbolic meaning of speech style in relation to ethnicity cannot be presumed 'a priori.' Rather, at this stage in our knowledge the valence and salience of ethnic identity and the relation of that to language style and language use must be investigated empirically, ethnic group by ethnic group and society by society.

5. Literature (selected)

Barth, Fredrik (1969) *Ethnic groups and boundaries: The social organization of culture difference*, Boston.

Bateson, Gregory (1972) "Bali: The value system of a steady state", in: Bateson, G., *Steps to an ecology of mind*, New York, 107–127.

Bateson, Gregory (1972) "Culture contact and schizmogenesis", in: Bateson, G., *Steps to an ecology of mind*, New York, 61–72.

Bourdieu, Pierre/Passeron, Jean-Claude (1977) *Reproduction: In education, society, and culture*, Beverly Hills, California.

Erickson, Frederick/Shultz, Jeffrey (1982) *The counselor as gatekeeper: Social interaction in interviews*, New York.

Giles, Howard/Powesland, Peter F. (1975) *Speech style and social evaluation*. London.

Francis, Emerich K. (1976) *Interethnic relations: An essay in sociological theory*, New York.

Hunt, Chester L./Walker, Lewis (1974) *Ethnic dynamics: Patterns of intergroup relations in various societies*, Homewood, Illinois.

Gordon, Milton (1964) *Assimilation in American Life*, New York.

Gumperz, John (1982) *Discourse strategies*, Cambridge, England.

Labov, William [1963] (1973) "The social motivation of a sound change", in: *Sociolinguistic patterns*, Philadelphia, Pennsylvania.

McDermott, Raymond P./Gospodinoff, Kenneth (1979) "Social contexts for ethnic borders and school failure: A communicative analysis", in: *Nonverbal behavior*, A. Wolfgang, Ed., London.

McDermott, Raymond/Tylbor, Henry (1983) "On the necessity of collusion in conversation", in: *Text*, 3, 3, 277–297.

Piestrup, Ann (1973) *Black dialect interference and accommodation of reading instruction in first grade*. Language-Behavior Research Laboratory, Berkeley, California.

Zorbaugh, Harvey (1929) *The gold coast and the slum: A sociological study of Chicago's near north side*, Boston.

Frederick Erickson, Philadelphia, Pa.
(USA)

15. Region

1. Grundlagen

1.1. Wissenschaftstheoretische Aspekte

Die Frage, ob Region ein juristischer oder gar ein ausschließlich juristischer Begriff ist, läßt sich nicht ohne weiteres klar beantworten. Beim Begriff Region schwingen nämlich zahlreiche Ideen mit herein, die sicherlich nicht juristischer Natur sind, insbesondere auch solche der Soziolinguistik, wozu noch kommt, daß diejenigen, die sich für die Schaffung von Regionen in Europa aussprechen oder Regionen als bereits bestehend voraussetzen, sehr oft damit außer-rechtliche Vorstellungen verbinden, vor allem den Schutz von regionalen Sprachen und Kulturen und die Erhaltung von Volksgruppen und Sprachminderheiten, was aber mit rein juristischen Formulierungen und Rechtsnormen nicht realisierbar ist. Beim Begriff Region schwingen zahlreiche wissenschaftliche Grundgedanken mit. Region kann auch ein juristischer Begriff sein und ist das auch vor allem dort, wo, sei es in Bundesstaaten, sei es in dezentralisierten Einheitsstaaten Regionen staats- und/oder verfassungsrechtlich eingerichtet sind, wie beispielsweise in Italien, zumindest hinsichtlich der Regionen mit Sonderstatut, die schon seit der Verfassung von 1947 bestehen, teilweise aber auch die allgemeinen Regionen wie sie seit 1971 eingerichtet worden sind, mit Einschränkungen Frankreich seit der Regionalisierung vom Jahre 1981, Spanien mit der Einrichtung von verfassungsrechtlich institutionalisierten autonomen Regionen mit teilweise ausgesprochen ethnischem Charakter wie Katalonien, Galicia, Euzkadi und Asturien und vor allem Staaten mit Inselregionen wie Portugal und Dänemark. Dort wo nach Völkerrecht eingerichtete autonome Gebiete als Regionen bezeichnet werden, wie z. B. die Åland-Inseln, mit Einschränkungen Spitzbergen/Svalbard, kann zum Regionsbegriff auch ein entsprechendes völkerrechtliches Korrelat gehören. Daneben kann die Region aber auch, und das ist sehr oft der Fall, ein Begriff aus der Soziologie, aus der Soziolinguistik, der Politologie, neuerdings auch der Sozialgeographie, der Kontaktlinguistik und der multikulturellen Aspekte sein, was heute vielfach unter dem Sammelnamen 'Plural Societies' bezeichnet wird. Viele, die in Europa sich mit Regionen und den Bestrebungen nach Einrichtung von Regionen (Regionalismus) beschäftigen, verbinden damit insbesondere den Gedanken der Erhaltung und des Schutzes regionaler Sprachen und Kulturen und insbesondere ganz allgemein von Volksgruppen und Sprachminderheiten, was mit rein juristischen Formulierungen und Rechtsnormen gar nicht realisierbar ist. 'Region' ist daher je nach dem wissenschaftlichen Ausgangspunkt ein sehr vieldeutiger Begriff. Sehr häufig ist er freilich, vor allem bei grenzüberschreitenden Regionen, mit denen sich die Regionalismusforschung ebenso wie die politische Praxis des Europarates immer mehr beschäftigt, ein Begriff aus dem Bereich der ethnischen und sprachlichen Minderheiten einschließlich des heute stark in den Vordergrund tretenden sowohl innerstaatlichen wie internationalen Minderheitenrechts (Volksgruppenrechts). Letzteres ist insbesondere in der Schweiz, in Italien, in Österreich, in Nord- und Südschleswig, aber auch in der sowjetischen Nationalitätenpolitik, in der Verfassung und auch der Verfassungswirklichkeit der VR China, in Indien, in Spanien und, wenn man das weite Feld der Stammesgruppen heranzieht, in sehr vielen Staaten Afrikas von zunehmend größerer Bedeutung geworden. Vielfach sind Regionen außerdem durch das Vorhandensein von sogenannten Ethnien (vgl. Art. 14), also mehr oder weniger Stämmen (tribes), nicht zuletzt in Afrika ein gängiger Begriff geworden. Der Begriff 'ethnie' stammt aus dem Französischen, ist aber zunehmend mehr auch im Italienischen im Vordergrund, wobei dort sogar eine eigene Zeitschrift 'etnie' in Mailand sich mit dieser Sonderform des Regionalismus beschäftigt.

Zwischen Recht und Gerechtigkeit besteht ein sozusagen wertimmanenter Unterschied, ebenso auch zwischen Rechtsnorm und Rechtswirklichkeit und das wirkt sich begreiflicherweise auch hinsichtlich der Region und des Regionalismus aus.

Wissenschaftstheoretisch ist der Begriff Region bisher ebensowenig wirklich exakt definiert worden wie auch der Begriff Regionalismus, obwohl europaweit und auch weltweit der Regionalismus geradezu ein gängiges Element der Soziologie und Sozialpsychologie, aber auch der Rechtsphilosophie geworden ist.

1.2. Soziologische und sozialpsychologische Grundbegriffe

Region als sozialgeographischer Begriff (vgl. Art. 66): Regionen sind räumlich geschlossene oder zusammengehörige Gebiete mit bestimmten geographisch vorgegebenen Grenzen, deren Bevölkerung mit bestimmten gemeinsamen Merkmalen ausgestattet ist und die den Willen hat, ihre dadurch gegebene Besonderheit zu wahren und mit dem Ziel, kulturellen, gesellschaftlichen und wirtschaftlichen Fortschritt weiter zu entwickeln. Dies sind Definitionen in den Entschließungen der Europäischen Konferenz lokaler und regionaler öffentlicher Gewalten, insbesondere Nr. 63-1968, Nr. 67-1970, Nr. 90-1977, Nr. 99-1978 und Nr. 100-1978 mit den Erklärungen des Europarates von Innsbruck 1975, Galway 1975 und vor allem von Bordeaux 1978 und den Empfehlungen der Parlamentarischen Versammlung des Europarates Nr. 801-1979 und Nr. 853-1979. Die sozialgeographische Komponente taucht immer mehr auch in eher grundlegenden Abhandlungen wie von Roland Breton von der Universität Yaoundé in seiner „Géographie des Langues," (Paris 1976) und Pierre George, Géopolitique des Minorités (Paris 1984), auf.

Die geographische Abgrenzung ist nur innerhalb bestimmter Größenordnungen mit Überschaubarkeit der geographisch gesehenen Region zu finden, wobei nach dem Subsidiaritätsprinzip die Bevölkerung der Region soziokulturell eigengeartet ist und ebenfalls von der nächst höheren Einheit her gesehen und auch in sich selbst überschaubar ist. Das besagt aber, daß von einer sozialgeographischen Grundlage her eine Region nicht als solche bestehen kann, wenn sie ein zu großes Gebiet umfaßt, insbesondere dann nicht, wenn ein sehr umfangreiches geographisches Gebiet zugleich Gliedstaat in einem Bundesstaat ist, ohne dabei Grenzen zu überschreiten. Bayern ist beispielsweise Gliedstaat in einem Bundesstaat, weist aber in sich selbst mehrere, auch durch Mundart und Sprache sehr verschiedene Stammes- und Herkunftsgebiete auf, die ihrerseits Regionen sind (Oberbayern, Niederbayern, Franken, Schwaben), und es wird schwer halten, etwa den Kanton Bern in der Schweiz zugleich als eine einzige Region zu bezeichnen, da er verhältnismäßig groß ist und außerdem Gebiete mit verschiedenen Umgangssprachen aufweist (Deutsch und Französisch). Die Soziolinguistik spielt hier also eine gewisse Rolle, doch ist es nicht ausgeschlossen, daß kleinere Territorien, die zugleich auch Gliedstaaten (Kantone, Länder, Bundesländer, Provinzen) in einem Bundesstaat sind, ebenso auch Regionen im Sinne des modernen Regionalismus darstellen (z. B. das Bundesland Vorarlberg in Österreich oder einzelne kleine Kantone in der Schweiz).

1.3. Region und soziolinguistische Grundbegriffe

Als gemeinsame Merkmale einer Bevölkerung gelten im soziologischen Sinne die Gemeinsamkeit der sprachlichen und kulturellen Eigenart, der geschichtlichen Überlieferung, des Glaubensbekenntnisses bzw. überhaupt der Religionszugehörigkeit, aber auch der wirtschaftlichen und verkehrsmäßigen Interessen einschließlich gewisser Flußsysteme. Unter Umständen können hierzu auch, dies grenzüberschreitend, Seen-Regionen gehören, man sprich z. B. von einer Bodenseeregion, aber auch von einer Region Titicacasee, die in sich durchaus eine Einheit darstellt.

Soziolinguistisch ist die Region sehr oft durch eine besondere Eigenart gekennzeichnet, die sie von ihrer Umgebung unterscheidet, wobei keineswegs alle vorerwähnten Merkmale jeweils vorhanden sein müssen, um das Vorhandensein einer Region anzunehmen. Das Glaubensbekenntnis der Bevölkerung einer Region ist keineswegs immer ein Kennzeichen für das Vorhandensein einer Region, kann aber wie z. B. bei den Siebenbürger Sachsen unter Umständen eine neben der ethnischen oder auch anstelle der ethnischen Komponente ganz entscheidende Rolle spielen. Die kulturelle Eigenart ist fast immer mit Region verbunden, ebenso aber auch die geschichtliche Überlieferung, dies besonders in bezug auf grenzüberschreitende Regionen. In diesem Zusammenhang ist auch heute im Zeitalter stark ausgeprägter Mobilität großer Gruppen für den Begriff Region und daher auch den Regionalismus die Siedlung von Völkern und Volksgruppen auf einem angestammten Heimatboden (ancestral soil) von großer Bedeutung. Die Region ist daher sozialgeographisch vom soziologischen Begriff des Raumes unterschieden, auch wenn ein bestimmter Raum, geographisch gesehen, für sie eine Voraussetzung bildet.

Als eigene Subdisziplin der Soziolinguistik kann bezüglich der Region auch auf die Problematik der Zwei- und Mehrsprachigkeit aufmerksam gemacht werden. Sehr oft ist soziolinguistisch die Zwei- und Mehrsprachigkeit der auf ihrem Heimatboden lebenden Bevölkerungsgruppen ein Hauptkriterium für das Vorhandensein einer von den Nachbargebieten deutlich abzugrenzenden Region (auch wenn diese Grenzen manchmal in kleinen Bereichen fließend sein mögen wie z. B. bei Briga und Tenda in den Seealpen oder den nicht klar abgrenzbaren Siedlungsgebieten der Miskitos in Nicaragua und Costa Rica). Die Probleme der Zweisprachigkeit oder auch Mehrsprachigkeit spielen soziolinguistisch für das Vorhandensein einer Region oft eine ganz entscheidende Rolle als Kennzeichen wie auf den Seminaren des Instituts für Volksgruppenfragen in Ljubljana, teilweise zusammen mit der OECD, überaus deutlich geworden ist, wobei sich herauskristallisierte, daß es allein aufgrund der Zweisprachigkeit beispielsweise in der SR Slowenien die Region Übermurgebiet (Prekmurje) gibt oder beispielsweise im österreichischen Bundesland Kärnten die zweisprachige Region Südkärnten oder in den Niederlanden die Region Friesland. Ganz allgemein kann durch die modernen Methoden der Kontaktlinguistik wie sie von der Brüsseler Forschungsstelle für Mehrsprachigkeit (UFSAL) unter Leitung von Peter H. Nelde durchforscht wird, der besondere Charakter von Regionen als durch Mehrsprachigkeit und Sprachkontakt gekennzeichnet herausgearbeitet werden. Ob und inwieweit auch die Sozialstruktur einer Bevölkerung für das Bestehen einer Region, also ohne primär sprachsoziologische Gegebenheiten eine Rolle spielt, ist bisher noch wenig untersucht worden. In der Vergangenheit war jedenfalls die, oft auch mit kontaktlinguistischen Unsicherheiten belastete Sozialstruktur ein Element der Herausbildung einer eigenen Region und man könnte hier die Slowakei als eine auf diese Weise gekennzeichnete Region für die Vergangenheit bezeichnen. Die Slowakei wies bis 1919 eine nur sehr dünne magyarische und teilweise auch deutsche Oberschicht auf, wodurch die Slowaken als durchwegs Angehörige bäuerlicher und anderer manueller Berufe in ein kulturelles Getto gedrängt wurden, das von der sozialen Struktur her in geradezu klassischer Weise als Region gelten konnte. Manche Gebiete in Lateinamerika sind nur deshalb Regionen, weil die dortigen Amerindios sozial benach-

teiligt, zugleich aber ethnische Gruppen der Vierten Welt sind. Die soziale Komponente und daher auch die soziolinguistische Komponente kann für das Entstehen und für das Bestehen einer Region geradezu typisch sein.

2. Region als juristischer Begriff: Regionalismus und Rechtssoziologie

Juristisch sind Regionen Gebiete mit Selbstverwaltung (Autonomie), die durch ein Regionalstatut konstituiert sind und bestimmte für die Region wichtige bzw. sogar notwendige Fachgebiete selbst entscheiden, dies durch eigene Regionalorgane, z. B. eine Regionalversammlung, eine dieser verantwortliche Regionalregierung und allenfalls weitere Einrichtungen im Sinne einer Gesetzgebungs-, und Verwaltungs-, Schul- oder Kulturautonomie. Beispiele sind die Regionen Spaniens aufgrund der Verfassung von 1978, die Autonomie-Regelung für die Färöer, die Autonomie-Regelung für Grönland, die autonomen Regionen mit Sonderstatut in Italien, die Autonomieregelungen für Wallonen, Flamen und seit 1984 für die ostbelgischen Deutschen in Belgien, die Autonomie von Puerto Rico, die Autonomie-Regelungen für Madeira und die Açoren, für die Åland-Inseln und für einige sonstige Inselgebiete in der Karibik oder im Stillen Ozean usw. Nicht alles was verfassungsrechtlich als Region bezeichnet wird, ist aber auch eine Region, vor allem dann nicht, wenn zentralistische Verfügungen ohne demokratische Zustimmung der betreffenden Bevölkerungen getroffen wurden.

Regionen können juristisch völkerrechtlich begründet sein, in welchem Falle sie in aller Regel nicht grenzüberschreitend sind. Meist handelt es sich dann um völkerrechtlich begründete Autonomien, von denen dann zumeist gesagt wird, es handle sich um Regionalautonomien, also um autonome Regionen. Als solche kommen in Frage etwa die Åland-Inseln mit schwedischer Bevölkerung innerhalb Finnlands, die aufgrund des sogenannten Gruber-De Gasperi-Abkommens von 1946 errichtete und seit 1969 auch mit völkerrechtlichen Absprachen verlebendigte autonome Provinz Südtirol (Bolzano), die durch das Londoner Memorandum 1954 geschaffene und durch die Verträge von Osimo 1975 zwischen Jugoslawien und Italien weiter ausgebaute grenzüberschreitende Autonomie des zweigeteilten ehemaligen freien Territoriums Triest, wozu noch manche andere völkerrechtliche Absprachen kommen, die bei Yoram Dinstein (1981) zusammengestellt sind.

Da Regionen nur in den seltensten Fällen durch völkerrechtliche Verträge entstehen und begründet sind, sondern meist durch innerstaatliches Verfassungsrecht, ist der juristische Begriff „Region" nicht zuletzt aus Verfassungsrecht abzuleiten, stützt sich aber auch auf die Formulierungen der Deklaration von Bordeaux des Europarates vom 1. Februar 1978. Aus diesen Formulierungen ergibt sich zunächst nichts in bezug auf grenzüberschreitende Regionen. Die grenzüberschreitende Region stand in Bordeaux nicht zur Debatte, wohl aber hat der Europarat sich nachhaltig mit den grenzüberschreitenden Regionen beschäftigt und darüber auch eine Deklaration beschlossen, nämlich jene vom 23. 5. 1980 CPL (15)6 über die grenzüberschreitende Zusammenarbeit in Europa, Berichterstattung J. F. Delamuraz. Dort wurde außerdem noch wie folgt definiert:

„Wird die Errichtung einer grenzüberschreitenden Region durch die an der öffentlichen Meinungsbildung beiderseits der bestehenden Staatsgrenze maßgeblich beteiligten politischen, kulturellen, gesellschaftlichen oder wirtschaftlichen Vereinigungen oder Körperschaften, insbesondere durch die in Betracht kommenden politischen Parteien oder ihre örtlichen Gliederungen verlangt, so sollen die in Betracht kommenden Staaten dahingehende Äußerungen im Rahmen geltender Vorschriften über die Gewährleistung der Meinungs-, Versammlungs-, Presse- und Vereinsfreiheit nicht nur nicht behindern, sondern im Sinne demokratischer Grundsätze nach Möglichkeit zur raschen Klärung diesbezüglicher Wünsche und Entwürfe beitragen".

Bei grenzüberschreitenden Regionen kann die geographische bzw. geopolitische Komponente in den Hintergrund treten, vor allem bei Paßregionen, während bei Regionen, die Seen mit Ufern verschiedener Staatszugehörigkeit haben, diese geographische und geopolitische Einheit oft sehr deutlich in Erscheinung tritt.

3. Möglichkeiten der rechtlichen Organisation und Strukturierung von Regionen

3.1. Innerstaatliche Strukturen

3.1.1. Föderative Strukturen (Bundesstaat)

Nach Meinung vieler Verfechter des Regionalismus und auch der Repräsentanten des neuen in Louvain La Neuve 1985 gegründeten Conseil des Régions d'Europe ist dort, wo ein Staat als Bundesstaat, also föderativ eingerichtet ist, der Gliedstaat (Kanton, Land, Provinz, Bundesland usw.) zugleich Region. In dem erwähnten Conseil des Régions d'Europe, der keineswegs etwa von den Mitgliedstaaten des Europarates geschaffen wurde, sondern eine Institution bereits bestehender rechtlich organisierter Regionen, insbesondere auch von Gliedstaaten ist (vom CEDRE-Centre Européen du Développement Régional in Straßburg am 19. 1. 1985 als Gründungsorganisation vorbereitet) bemüht man sich um eine Dezentralisierung der bestehenden Einheitsstaaten und daher in erster Linie um föderative Strukturen, also die Errichtung von Bundesstaaten auf regionaler Basis. Die Abschlußdeklaration des Conseil des Régions d'Europe (Assises Générales des Régions d'Europe) vom 25./26. November 1985 in Straßburg wurde im wesentlichen von Vertretern einzelner Gliedstaaten vieler europäischer Bundesstaaten verabschiedet. Aber der verfassungsrechtlich als Bundesstaat gegliederte Staat wird dem Begriff der Region dann nicht gerecht, wenn, wie schon ausgeführt, die einzelnen Teilstaaten zu groß und zu unübersichtlich sind, um noch Regionen in überschaubarem Sinne sein zu können. Die Föderalisierung eines Staates, also die Einrichtung eines Bundesstaates kann zwar ohne weiteres zugleich Regionalisierung bedeuten, muß dies aber nicht notwendigerweise sein. Nach Meinung des Conseil des Régions d'Europe müßte bei Einrichtung von neuen Gliedstaaten in Staaten, die nicht schon Bundesstaaten sind, auch danach getrachtet werden, diese zugleich als Regionen bzw. nach regionalen Gesichtspunkten einzurichten.

3.1.2. Einrichtung autonomer Bezirke oder Provinzen

Der Regionalisierung kann innerstaatlich in rechtlicher Hinsicht durchaus eine Grundlage gegeben werden, wenn Regionen ohne Gliedstaaten in einem Bundesstaat zu sein, weitgehende Selbstverwaltung bis hin zur autonomen Gesetzgebung und Rechtsprechung haben, dies mit einem Wahlrecht auf demokratischer Grundlage der Parteiendemokratie. In den sozialistischen Staaten besteht zwar eine Parteiendemokratie im allgemeinen nicht oder jedenfalls nicht so, wie in den Staaten freiheitlicher Demokratie, aber auch dort läßt die gesellschaftspolitische Struktur verschiedene Möglichkeiten der Regionalisierung offen, wie man anhand beispielsweise der autonomen Gebiete bis herunter zu den autonomen Bezirken in der Sowjetunion sieht oder anhand der autonomen Provinzen in Jugoslawien in der SR Serbien.

Jedenfalls können Regionen innerstaatlich durchaus so konzipiert sein, daß sie auch als Regionen im Sinne der juristischen Definition von Region gelten können.

3.1.3. Regionen im Sinne eines modernen Regionalismus

Regionen im Sinne der juristischen Strukturierung, wie sie der moderne Regionalismus verlangt, auch wenn die Grundvoraussetzung dabei eine soziologische oder soziolinguistische ist, bedürfen eines entsprechenden Verfassungsaufbaues mitttels innerstaatlicher Rechtsvorschriften, also eines Regionalstatuts. Derartige Regionen bestehen heute in Spanien in eher beträchtlicher Zahl und einige davon sind zugleich auch ethnisch und soziolinguistisch grundgelegt. Die Regionen mit Sonderstatut in Italien sind ebenfalls derartige Regionen, um hier nur Beispiele zu nennen. Das Regionalstatut muß Organe vorsehen, durch welche die Region die ihr verfassungsrechtlich zukommenden Aufgaben und Kompetenzen wahrnimmt, also eine — in der Regel gewählte — Regionalversammlung, eine dieser verantwortliche Regionalregierung und allenfalls noch weitere Regionalorgane (z. B. für Kultur, Wirtschaft und Soziales und Verkehr). Die Regionen müssen nach Auffassung des modernen Regionalismus das Recht zur Selbstverwaltung in ihren eigenen Angelegenheiten haben, also solcher, die nicht dem Gesamtstaat notwendigerweise zukommen. Im einzelnen bestimmt dies das Regionalstatut.

Bei grenzüberschreitenden Regionen ist ein völkerrechtlicher Vertrag (Errichtungsabkommen) erfordertlich. Hierzu bestehen derzeit erst relativ bescheidene Ansätze z. B. bei der 'Arge Alp' (Arbeitsgemeinschaft der Alpenländer), bei der Alpazur (Italien, Südfrankreich), aber die diesbezüglichen grenzüberschreitenden Abkommen sind vorläufig nur solche bereits bestehender rechtlich organisierter Regionen oder Gliedstaaten und noch nicht endgültig definierte grenzüberschreitende Territorialgebiete. Die rechtliche Ausformung grenzüberschreitender Regionen muß Kompetenzen festlegen, die nicht geringer sein dürfen, als für den Normalfall innerstaatlich eingerichtete Regionen haben zuzüg-

lich solcher Kompetenzen, die sich aus der grenzüberschreitenden Lage ergeben, z. B. auf dem Gebiet von Umweltschutz, Raumplanung, Strukturpolitik, Sozialversicherung, Schutz von Minderheitssprachen und Regionalkulturen usw.

4. Soziolinguistische Fragestellungen zum Regionalismus

Regionalismus ist eine Bündelung aller Bestrebungen, Regionen zu bilden, die unterhalb der Ebene eines Staates, allenfalls auch eines Gliedstaates errichtet werden, wobei nach heutiger Völkerrechtslehre der Regionalismus eine universelle Tendenz hat und das Bewußtsein gemeinsamer Interessen ebenso voraussetzt wie den Schutz von Sprach- und Volksgruppen, dies in der Rechtsform der Region. Dies führt zu soziolinguistischen Fragestellungen, nämlich zur Frage, inwieweit eine Region auch eine soziolinguistische Einheit ist (auch mundartlich) und ob und inwieweit hierzu auch die Kontaktlinguistik zu tragfähigen juristischen Elementen führt.

5. Literatur (in Auswahl)

Becquet, Charles (1981) *Vocabulaire nationalitaire*, 2. Auflage, Maubeuge.

Blaschke, Jochen, ed., (1980) *Handbuch der westeuropäischen Regionalbewegungen*, Frankfurt a. M.

Brabant, Stéphane (1985) *Francophonie, Francité et Ethnie Française*. Essai de définition, Bruxelles/Paris.

Breton, Roland ([1981] 1983 deutsch) *Les ethnies*, Paris.

Clavero Arévalo, Manuel (1983) *España desde el centralismo a las autonomías*, Barcelona.

Constantopoulos, Dimitrios S., ed., (1985) *National and international boundaries*, Thessaloniki.

Devetak, Silvio, ed., (1986) *Education in multicultural societies*. (= Razprave in gradivo 18) Ljubljana.

Die Rolle der Regionen beim Aufbau eines demokratischen Europas (1983) Strasbourg und Brüssel (EP und EG).

Dinstein, Yoram (1981) *Models of autonomy*, New Brunswick/London.

Doeker, Günther/*Veitl*, Friedrich (1981) *Regionalismus und regionale Integration*, Frankfurt a. M.

Enloe, Cynthia H. (1973) *Ethnic conflict und political* development, Boston.

Esman, Milton S. (1977) *Ethnic conflict in the western world*, Ithaca/London.

Esterbauer, Fried (1976) *Kriterien föderativer und konföderativer Systeme*, Wien.

Esterbauer, Fried (1978) *Regionalismus.* Phänomen – Planungsmittel – Herausforderung für Europa, München (INTEREG).

Francis, Emerich K. (1977) *Interethnic relations,* Amsterdam.

Glazer, Nathan/Moynihan, Daniel P. (1975) *Ethnicity.* Theory and Experience, Cambridge, Mass.

Gobard, Henri (1976) *L'Aliénation linguistique.* Analyse tétraglossique, Paris.

Grigulevich, I. R./Kozlov, S. Ya. (1979) *Ethnocultural processes and national problems in the modern world,* Moskau.

Haarmann, Harald (1972) *Soziologie der kleinen Sprachen Europas,* Hamburg.

Haarmann, Harald (1975) *Soziologie und Politik der Sprachen Europas,* München.

Haarmann, Harald (1979) *Quantitative Aspekte des Multilingualismus,* Studien zur Gruppenmehrsprachigkeit ethnischer Minderheiten in der Sowjetunion, Hamburg.

Haarmann, Harald (1979) *Spracherhaltung und Sprachwechsel als Probleme der interlingualen Soziolinguistik.* Studien zur Mehrsprachigkeit der Zigeuner in der Sowjetunion, Hamburg.

Héraud, Guy (1984) *Les communautés linguistiques en quête d'un statut,* Aosta.

INTEREG, ed., (1981, 1983) *Regionalismus in Europa.* 4 Bde, Bd. 1 (Red. Kurt Rabl) mit Beiträgen einer Vielzahl von sachverständigen Autoren zu den Themen „Der Regionalismus als Phänomen der europäischen Gegenwart", „Die Konfliktherde und ihre Bedeutung", „Internationale Probleme und Formen des Regionalismus", „Triebkräfte regionalistischer Entwicklungen in Gegenwart und Zukunft". – Bd. 2 (Red. Kurt Rabl) mit den „Regionalistischen Leitsätzen" und dem Entwurf eines Europarats-Abkommens über die Regionalisierung. – Bd. 3 (Red. Rudolf Hilf) „Regionalismus als Faktor europäischer Einigung", „Regionalismus im Spannungsfeld von Verfassungswirklichkeit und politischer Entwicklung", „Die Bedeutung der Regionen in den gegenwärtigen europäischen Institutionen", „Grenz- und grenzüberschreitende Regionen als Bausteine des europäischen Einigungsprozesses", „Region und Sprache" – Bd. 4 (Red. Jens Gabbe und Rudolf Hilf), bestehend aus der mehrgliedrigen Abhandlung von Andrea Chiti-Batelli „Integration européenne et pouvoirs des régions".

Jončić, Koča (1982 2. ed.) *Nationalities of Jugoslavia,* Beograd.

Katzenstein, Peter, J. (1977) *Ethnic conflict in the western world,* Ithaca.

Kimminich, Otto (1978) *Das Recht auf die Heimat,* Bonn.

Kimminich, Otto (1985) *Rechtsprobleme der polyethnischen Staatsorganisation,* Mainz/München.

Kloss, Heinz/McConnell, G. D. (1974) *Linguistic composition of the nations of the world.* Bd. 1 Central and Western South Asia. (1978) Bd. 2 North America, Québec.

Krejčí, Jaroslav/Velímský, Vítězslav (1981) *Ethnic and political nations in Europe,* London.

Küng, Andreas/Tandberg, Olof G. (1970) *Jordens förtryckta-etniska minoriteter i världen,* Stockholm.

Lang, Winfried (1982) *Der internationale Regionalismus,* Wien/New York.

Les régions d'Europe en quête d'un statut (1981) Paris.

Les Régions périphériques frontalières d'Europe (1983) Nice/Paris.

Mann, Arthur (1979) *The one and the many,* Chicago/London.

Marcellesi, Jean Baptiste/Gardin, Bernard (1974) *Introduction à la sociolinguistique et la linguistique sociale,* Paris.

Marc, Alexandre, ed., (1973) *Les régions d'Europe,* Paris.

Nečak-Lük, Albina/Štrukelj, Inka, eds. (1984) *Dvojezičnost individualne in družbene razseznosti,* Ljubljana.

Nelde, Peter H., ed., (1984, 1985, 1986) *Plurilingua,* 6 Bde, Bonn.

Peeters, Yvo J. D. (1982) *Institutionele Taalproblemen in de Europese Gemeenschap,* Brugge.

Petrella, Riccardo (1978) *La renaissance des cultures régionales en Europe,* Paris.

Pizzorusso, Alessandro (1973) *Il pluralismo linguistico tra Stato nazionale e autonomie regionali,* Pisa.

Polakovič, Esteban (1978) *La formación del ser nacional* (La etnogénesis), Buenos Aires.

Questions and answers about China's minority nationalities (1985), Beijing.

Riedl, Franz Hieronymus, ed., (1975) *Regionalismus in Europa.* Tatsachen, Tendenzen, Möglichkeiten. Münster i. W.

Smith, Anthony D. (1981) *The ethnic revival in the modern world,* Cambridge, Mass.

Trofimenkoff, Susan Mann (1982) *The dream of nation,* Toronto.

Varsányi, Julius (1982) *Border is fate,* Sidney-Adelaide.

Varvaro, Albert (1978) *La lingua e la società.* Le ricerche sociolinguistiche, Napoli.

Veiter, Theodor (1984) *Bibliographie zur Südtirolfrage 1945–1983,* Wien.

Veiter, Theodor (1984) *Nationalitätenkonflikt und Volksgruppenrecht im ausgehenden 20. Jahrhundert,* 2 Bde. München/Wien.

Wisti, Folmer, ed., (1977–1984) *Europe of Regions,* 7 Bde, Copenhagen.

Theodor Veiter, Innsbruck (Österreich)

16. Nation

1. Vorbemerkungen

1.1. Allgemeines

Das Wort *Nation*, die, (frz. *nation*, lat. *natio* = Geborenwerden, Geschlecht, Volksstamm) wurde in die deutsche Sprache Ende des 14. Jahrhunderts entlehnt. Seither hat der Begriff 'Nation' verschiedene, z. T. gegensätzliche Inhalte bezeichnet. Das Gleiche gilt von manchen der mit *Nation* gebildeten Ableitungen und Zusammensetzungen, von denen nachstehend nur *Nationalstaat*, *Nationalismus* und *Nationalität* kurz behandelt werden sollen (s. 4.1.–4.3.). Soweit sich in anderen Sprachen für mit dem Wortstamm Nation gebildete Wörter Inhalte herausgebildet haben, die der deutschen Sprache völlig fremd sind, werden sie im folgenden nicht behandelt, so die räumlich-geographische Bedeutung von 'national' im amerikanischen Englisch, derzufolge sogar jeder gesamtstaatweite und nicht nur regionale Zusammenschluß von Kriminellen (z. B. einer Mafia) eine *'national organization'* genannt werden kann.

Meine Darstellung beschränkt sich im wesentlichen auf erst in den letzten 200 Jahren möglich gewordene Anwendungen des Wortes Nation und der damit gebildeten Wörter. Die heute vorherrschende westdeutsche Auffassung vom Wesen der Nation spiegelt der Duden von 1978: „Große, meist geschlossen siedelnde Gemeinschaft von Menschen mit gleicher Abstammung, Geschichte, Sprache, Kultur, die ein politisches Staatswesen bilden oder bilden wollen" (Duden 1976–1981). Man beachte die zwei letzten Worte! Die Nation wird nicht nur als eine Wesens-, sondern auch als eine Willens- d. h. eine Gesinnungs- und Zielsetzungsgemeinschaft betrachtet. Stellt man daneben die in der DDR alleingültige Auffassung, wie sie ein Handwörterbuch von 1984 spiegelt, *Nation* bedeute „Struktur und Entwicklungsform der Gesellschaft, die vor allem als Gemeinschaft des wirtschaftlichen Lebens, des Territoriums, der Sprache und Kultur in Erscheinung tritt und deren

Wesen durch ihre Klassenbeziehungen bestimmt ist" (Kempcke et al. 1984), so unterscheidet sich diese Definition von der westdeutschen vornehmlich durch die Hinzufügung wirtschaftlicher Gesichtspunkte ('wirtschaftliches Leben', 'Klassenbeziehungen') und durch die Nichterwähnung des Willenselementes.

Ehe wir das Thema 'Nation' nunmehr genauer betrachten, müssen wir den Begriff der Nation als einer Wesens- und Gesinnungsgemeinschaft abgrenzen gegenüber dem Begriff der Nation als bloßer Formalgemeinschaft und gegenüber dem Begriff 'Volk'.

1.2. Formalnation

Insgesamt haben nach 1800 fünf Auffassungen des Begriffes 'Nation' und seiner schriftbildgleichen engl. und frz. Parallelworte vorgeherrscht, eine rein formale, von jeder Gesinnung der Zugehörigen unabhängige, und vier inhaltvolle. In der Rechtssprache sehr vieler Länder wurde das Wort *Nation* in einer rein formaljuristischen Bedeutung gebraucht, nämlich als Bezeichnung der 'Summe aller Staatsangehörigen' (meist ohne die Kolonialuntertanen). Da damit über die objektiven oder subjektiven inneren Beziehungen der Staatsangehörigen zu 'ihrer' Nation nicht mehr als dieser formale staatsrechtliche Tatbestand ausgesagt wird, kann man hier von der 'Nation' als 'Formalnation' sprechen. Diese Verwendung des Begriffes 'Nation' findet sich in der Rechtssprache neben einer der Auffassungen II und III (s. unter 2.). Die nachstehenden Ausführungen kommen nicht wieder zurück auf die 'Formalnation', sondern beschränken sich auf die Gesinnungsnation, d. h. die gesinnungsbezogenen Auffassungen vom Wesen der 'Nation'.

1.3. Volk

Von dem inhaltverwandten Begriff 'Volk' unterscheidet sich 'Nation' darin, daß der Wille einer 'Nation' so gut wie immer auch politisch-staatliche Gegebenheiten oder Zielsetzungen einbezieht. Das 'Volk' war jahrhundertelang eine fast geschichtslose Größe, mehr Objekt als Subjekt der Geschichte; es gestaltete sie wohl durch seine spezifischen Eigenschaften — Kampfgeist oder Friedlichkeit, künstlerische oder wirtschaftliche Hochbegabung, Neigung zur geistigen Abkapselung oder zur Symbiose — aber nur selten

durch einen im Sinne eigener 'ethnopoliti-
scher' Ziele eingesetzten Willen. Das ist anders geworden, seit aus Völkern 'Nationen'
im europäischen Sinne des Wortes wurden,
Gemeinschaften, die den Wunsch hatten, ihre
staatlich-politische Existenz autonom zu gestalten. Das 'Volk' im ethnischen Wortsinn
(= griech. ethnos), neben dem es auch einen
sozialen Wortsinn, – 'Volk' = griech. demos – gibt, wird häufig gleichgesetzt mit
'Sprachgemeinschaft' im Sinne von J. E.
Weisgerber bzw. mit 'Sprachgesellschaft' im
Sinne von J. Raith, d. h. als die Gesamtheit
aller Personen gleicher Muttersprache. In
jüngerer Zeit, zumal seit der Verwirklichung
der Schulpflicht, wird 'Volk' oft auch aufgefaßt als die Gesamtheit derer, von denen eine
bestimmte Sprache als ihre Muttersprache bewußt bejaht wird zuzüglich der Gesamtheit
derjenigen Anderssprachigen, die eben diese
Sprache als die heutige Bildungssprache und
die künftige Haussprache ihrer Nachkommen
betrachten und akzeptieren. Typische Beispiele waren oder sind in Europa viele Elsässer, die sich trotz alemannischer Mutter-
mundart als Glieder des französischen 'Volkes' empfinden, und viele Oberschlesier und
Masuren, die sich trotz polnischer Mutter-
mundart als Glieder des deutschen 'Volkes'
empfinden. In diesem Sinne fragte z. B. die
dt. Volkszählung von 1939 nach der 'sprachlichen' und nach der 'volklichen' Zugehörigkeit. Im übrigen wurden häufig, und werden
noch heute zuweilen in der Umgangssprache
und der außerwissenschaftlichen Publizistik
die Worte 'Volk' und 'Nation' als austauschbare Synonyme behandelt.

2. Vier Auffassungen von der Gesinnungsnation

Wie unter 1.2. angedeutet, lassen sich nach
1800 vier gesinnungsbezogene Auffassungen
unterscheiden:

(1) 'Nation' als Bezeichnung der Angehörigen eines 'Sprachvolkes', die aufgrund gemeinsamer Sprache und Kultur einen eigenen
Staat oder ein anderes staatsähnliches oder
doch staatsrechtlich relevantes Gemeinwesen
(polity) bilden oder anstreben. Diese Bedeutung herrscht heute im westdeutschen
Sprachgebrauch vor (s. 1.1.). Die 'Nation'
wird hier in erster Linie als *Sprachnation*
aufgefaßt.

(2) Großgruppen, deren Angehörige trotz
Fehlens einer ihrer Mehrheit gemeinsamen
Muttersprache ein eigenes souveränes oder

doch wenigstens 'gliedstaatliches' Staatswesen bilden und innerlich bejahen.

Diese Anwendungsweise des 'Nation'-Be-
griffes herrscht vor in Außereuropa, zumal in
den durch die Entkolonialisierung entstandenen Staaten besonders Afrikas. Hier ist die
Beziehung zwischen den Begriffen 'Sprache'
und 'Nation' vielfach die umgekehrte wie in
Europa; während z. B. die Griechen oder die
Polen aufgrund ihrer eigenen spezifischen
Sprache und sprachgebundenen Kultur einen
eigenen souveränen Staat anstrebten, suchen
die neuen souveränen afrikanischen Staaten
überhaupt erst zu 'Nationen' in einem mehr
als bloß staatsrechtlichen Wortsinn zu werden, und ihre innere ethnische und sprachliche Zersplitterung zu überwinden durch die
Ausbreitung einer aus dem Ausland 'impor-
tierten', aber nicht länderspezifischen, sondern dem Lande und meist auch seinen Nach-
barstaaten als Erbe der Kolonialzeit gemeinsamen 'exoglossischen' Bildungssprache.
Man kann hierbei von einer *'Staatsnation'*
sprechen, weil nicht ein Sprachvolk und seine
Sprache die Mitte ihres Zielbildes bilden, sondern der – wenn irgend möglich souverä-
ne – Staat gleichsam als Selbstzweck. W.
Sulzbach spricht hier von 'Verwaltungsnatio-
nen' (Sulzbach 1959, 108), H. Kloss von 'Ver-
waltungsgrenz-Nationen' oder auch von
'Stämmestaaten' (Kloss, 1969, 90 – 92; 104 –
106). In vielen Entwicklungsländern beschränkt sich freilich die betont bejahende
Gesinnung gegenüber diesen Staaten auf verhältnismäßig kleine Eliten, während für die
große Mehrheit die juristische Zugehörigkeit
zu diesem Staat eine bloße Formsache darstellt. In solchen Ländern ist die in der Theorie ziemlich klare Grenze zwischen 'Formal'-
und 'Staatsnation' in der Praxis recht ver-
schwommen, während andererseits in ebenfalls mehrsprachigen Nationalitätenstaaten
wie der Schweiz oder Belgien das Bewußtsein
der Zugehörigkeit zu jeweils eben diesem
Staat mit den wenigen in ihm vorherrschenden Sprachen höchst ausgeprägt ist.

(3) 'Nation' als Gesamtheit derjenigen Angehörigen eines Sprachvolkes, die unabhängig von ihrer staatlichen Zugehörigkeit als
eine Wesens-, Kultur- und in einem außerpoli-
tischen Sinne als eine Willensgemeinschaft
empfinden. Für diesen Begriff verwandte
Meinecke 1907 die Bezeichnung *'Kulturnation'* als einer Gemeinschaft, die bis ins 19.
Jahrhundert hinein noch stark vegetativen
Charakter hatte und nicht von sich aus den
Drang hatte, 'Staatsnation' zu werden. Die

Bezeichnung 'Kulturnation' fand Eingang in weite Bezirke des wissenschaftlichen Sprachgebrauchs, wurde aber nie volkstümlich und wurde in der Weimarer Zeit abgelöst durch die Begriffe 'Volk' und 'Volkstum', ein Wechsel, der ausgelöst wurde nach 1914 vor allem durch die Entstehung neuen 'Auslanddeutschtums' aufgrund der Grenzziehungen von Versailles und St. Germain.

(4) Eine besondere Auffassung von der 'Gesinnungsnation' bildete sich in den theoretischen interethnischen Auseinandersetzungen heraus, die die letzten Jahrzehnte des Alten Österreich durchzogen (s. Veiter 1973, 16−17). Unter 'Nation' verstand man teils ganze 'Sprachvölker' (z. B. Slowenen, Tschechen), teils Teile von auf mehrere Staaten verteilten größeren Völkern (z. B. Polen, sprachdeutsche Österreicher, Rumänen). Sie wurden von den damaligen Theoretikern 'Nationen' genannt, denen diese Autoren − genannt seien Otto Bauer, Karl Renner und Ignaz Seipel − einerseits ein Höchstmaß an sprachlichen Rechten, nationaler Bewußtheit und Recht auf staatsrechtliche Gleichstellung zuerkannten, von denen sie aber zugleich erhofften, sie würden sich damit abfinden, weder einen souveränen Eigenstaat zu bilden noch sich mit ihren gleichnationalen Sprachgenossen in anderen Staaten politisch zu vereinigen. Diese Auffassung lag z. B. dem Titel der bedeutenden Wiener Zeitschrift 'Nation und Staat' (1927−44) zugrunde, die, wäre sie im damaligen Reich entstanden, wohl eher 'Staat und Volkstum' genannt worden wäre. In dieser IV. Bedeutungsspielart ist 'Nation' heute abgelöst vornehmlich durch *'Nationalität'* (s. 4.3.).

In unseren Tagen liegen Erörterungen über die 'Nation' meist die 1. oder die 2. Auffassung zugrunde; die 3. und die 4. haben heute vorwiegend nur noch historische Bedeutung, obwohl das Problem der 'Kulturnation' (weniger das Wort) für die Deutschen seit der Gründung der DDR (1949) neue Aktualität gewonnen hat.

3. Entstehung und Zukunft der Nation

3.1. Entstehung

Die 'Nation' ist gegenüber dem 'Volk' (s. 1.3.) eine geschichtlich ganz junge Erscheinung (Kloss 1969, 21−71). Während für Herder noch das 'Volk' als Wesensgemeinschaft im Mittelpunkt stand, wandelte sich für das 19.

Jahrhundert das bis dahin passive Volk zur aktiven Willensgemeinschaft, zur 'Nation'. Daß die Ideen des 'Nationalismus' in der Praxis so weiten Widerhall finden konnten, setzte jenes Ineinanderwirken gesellschaftlicher und technologischer Änderungen voraus, das für die jüngere Entwicklung des Abendlandes so charakteristisch ist. Hierfür seien als Illustration ein paar konkrete Hinweise gegeben. Laut Raschhofer (1931, 17) hat O. Bauer (1924) für Österreich-Ungarn drei Hauptmomente genannt, die das Erwachen der 'Nationalitäten' herbeiführten: (1) Schulpflicht, (2) Agrarreform und Bauernbefreiung, (3) Industrialisierung. Die Rückdrängung des Analphabetismus war die Voraussetzung für zwei von jenen drei Phänomenen, auf die W. Mitscherlich (1920, 237−265) das Hochkommen des Nationalismus im 19. Jahrhundert mit zurückführt, nämlich das Anwachsen (4) der Presse, (5) der Postsendungen und (6) der Verkehrsmöglichkeiten.

Ordnen wir die sechs Faktoren unter dem Gesichtspunkt der Sprache, so finden wir

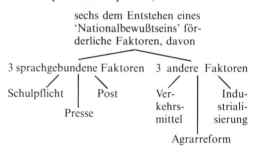

Die Wirkung der rechts angeführten Faktoren reichte über alle Sprachgrenzen hinüber, nicht so die der anderen drei.

Um 1700 besaßen die Angehörigen eines 'Volkes' zwar auch schon gemeinsame Wesenszüge im Sinne Herders. Aber von einer sehr schmalen Oberschicht abgesehen, konnten sie noch nicht miteinander in Verbindung treten; sie bildeten kaum eine Kommunikations- und erst recht keine Verkehrsgemeinschaft. Dabei ist die zentrale Rolle der Schulpflicht zu beachten. Sie hatte eine doppelte Wirkung: sie begünstigte das Erwachen und den allmählichen Aufstieg der unteren Volksschichten aller Völker, gliederte diesen Vorgang aber gleichzeitig auf in die regionalen Teilemanzipationen der durch ihre Sprachen voneinander abgegrenzten kulturellen Kommunikationsgemeinschaften. Indem aber diese sprachlich-geistigen Verkehrsgemeinschaften zum Bewußtsein ihrer sprachlichen Sonderart und ihres geistigen Sondererbes kamen, erwuchs in ihnen der Wunsch nach Selbstbehauptung und nach Gleichstellung mit allen anderen 'Sprachvölkern'. Doch hat dieser 'Nationalismus' nicht überall sogleich den 'Ganznationalstaat', d. h. den die übergroße Mehrheit der die 'Sprachnation' bildenden Sprachgenossen umfassenden 'Nationalstaat' erstrebt, sondern gerade im deutschen Sprachgebiet vielfach den nur einen größeren Teil der 'Sprachnation' umfassenden 'Teilnationalstaat' als Träger des nationalen Gedankens bejaht. Von Preußen sagte Meineke, daß hier um 1840 der Nationalstaatsgedanke der Konservativen den 'Nationalstaat' „nicht in dem nationalen Einheitsstaat sondern in dem der Nation entsprossenen Einzelstaat" (z. B. Preußen) sehe (Meinecke 1963, 203 – 24; diese spezifische Auffassung vertraten u. a. das 'Berliner Politische Wochenblatt', 1831 – 41, und der Staatswissenschaftler K. L. v. Haller (1768 – 1854)), also nicht im 'Ganz-', sondern im 'Teilnationalstaat' (vgl. Kloss 1969, 81 – 85). Auf die Dauer aber bildeten sich in Europa zwei große nationale Bewegungen heraus: (a) die Bestrebungen der Bewohner zahlreicher deutscher und italienischer Klein- und Mittelstaaten, diese dynastisch bedingten politischen Gebilde durch 'Gesamtstaaten' der beiden Sprachgemeinschaften zu ersetzen (Italien) oder zu überwölben (Deutschland), und (b) die Bemühungen zahlreicher 'Nationalitäten' ohne eigenen Staat, ihren Sprachen die Gleichberechtigung im vielsprachigen Staat, wenn nicht gar die Alleinherrschaft in einem zu gründenden Neustaat zu verschaffen. Diese letzteren Bestrebungen richteten sich vornehmlich gegen die übernationalen Monarchien der Osmanen sowie der Habsburger und Romanows.

Der europäische Nationalismus des 19. und der 1. Hälfte des 20. Jahrhunderts kann als 'Sprachnationalismus', als Emanzipationsbewegung von sprachbezogenen Völkern aufgefaßt werden, die zu sprachbezogenen Nationen, zu 'Sprachnationen' wurden. In Europa herrscht heute der von e i n e r Sprachnation getragene 'Ganznationalstaat' derart vor, daß auch manche hochgeschulten Europäer überrascht sind, rechnet man ihnen vor, daß sich die Zahl der Staaten dieses Typs seit 1820 versiebenfacht hat. Damals gab es in Europa einen einzigen Staat, der eindeutig als 'Nationalstaat' gelten konnte, nämlich Portugal, und zwei weitere, von denen man das mit erheblichen Vorbehalten sagen konnte, nämlich Spanien und Frankreich. Alle anderen Staaten, die heute echte 'Ganznationalstaaten' sind, griffen um 1820 noch deutlich über ihren engeren Nationalbereich hinaus, Dänemark so gut wie Großbritannien, die Niederlande so gut wie Schweden, und zahlreich waren andererseits die 'Teilnationalstaaten', in die damals noch die deutsche und die italienische Sprachgemeinschaft zerfielen.

Demgegenüber gab es 1930 in Europa volle 21 'Ganznationalstaaten', d. h. Staaten, deren jeder die große Mehrheit der in Europa wohnhaften Teile des ihn tragenden Sprachvolkes umfaßte. Von diesen 21 Staaten sind seit 1930 vier wieder ausgeschieden aus der Reihe der souveränen Nationalstaaten, nämlich die drei baltischen 'Ganznationalstaaten' sowie Deutschland, das heute in drei 'Teilnationalstaaten' zerfällt. Auf der anderen Seite sind zwei kleine 'Ganznationalstaaten' hinzugekommen, nämlich Malta, das 1964 unabhängig wurde, und Luxemburg, das 1984 sein Letzeburgisch durch Gesetz zur Nationalsprache erhob, so daß wir heute 19 'Nationalstaaten' haben. Daneben haben wir westlich der Sowjetunion vier Staaten, die man als 'Nationalitätenstaaten' bezeichnen darf in dem Sinne, daß dort mehrere Sprachgemeinschaften gleichberechtigt sind und alle ihre Sprachen Amtssprachen sind, nämlich Belgien, die Schweiz, Jugoslawien und die Tschechoslowakei. Die Tendenz nach 1945 erschien zunächst ganz eindeutig zu einer weiteren Überwindung des 'Nationalstaates' zu führen, etwa in dem Sinne einer europäischen Föderation, in der die 'Nationalstaaten' zu 'Gliedstaaten' würden und damit alle 'Nationen' zu 'Nationalitäten'. Daß entgegen der Hoffnungen der 50'er und 60'er Jahre die europäischen 'Nationalstaaten' bisher nicht durch einen europäischen Bundesstaat abgelöst werden konnten, beweist, welch machtvolle Bedeutung die Sprache noch immer im Leben der Völker Europas besitzt. Zwar wird ihr Denken weitgehend von sprachneutralen Ideologien bestimmt, aber für ihr Fühlen geben nach wie vor weitgehend sprachlich-ethnische Zusammenhänge den Ausschlag.

Die 'Sprachnation' ist ein durchaus modernes Phänomen. Ihr Aufstieg bedeutet nicht die Wiederbelebung uralter, atavistischer Herdeninstinkte, sondern die Anpassung an eine völlig neuartige Situation. Der 'Nationalismus' des 19. Jahrhunderts, so schreibt Lemberg (1965, 10; s. a. Scrinzi 1984, 85)

„läßt sich nicht mit dem plötzlichen Auftreten von Massen autoritätsbedürftiger Persönlichkeitstypen erklären, sondern nur mit dem Übergang zur industriellen Produktion. Sie nämlich erfordert, an Stelle früherer, der Agrarwirtschaft adäquater Gesellschaftsstrukturen, die Integration aller Bevölkerungsschichten in eine mit gemeinsamen Bewußtsein und Willen erfüllte, arbeitsteilige Gesellschaft. Eine solche Integration konnte nur mit Hilfe einer Ideologie erfolgen, und diese Ideologie war der Nationalismus".

3.2. Zukunft

In der Gegenwart ist die Idee der 'Nation' in eine tiefe Krise geraten, die sich spiegelt in der Art, wie in einem Handwörterbuch der DDR (1984) der Ländername Deutschland als bereits obsolet behandelt wird: „Deutschland, — Ländername für das Territorium der deutschen Nation, besonders des ehemaligen deutschen Staates bis zur Herausbildung der DDR und BRD." Über diese nicht etwa auf Mitteleuropa beschränkte Krise vergleiche man, was unter 4.1. über den 'Nationalismus' ausgeführt wird. In Westdeutschland hat diese Krise bei erheblichen Teilen der jüngeren Generationen zu Mißtrauen, Gleichgültigkeit und sogar zu heftiger Ablehnung jeder als 'national' geltenden Denkweise geführt.

Einer Wiedererhöhung des *Nation-Begriffes* im deutschen Sprachraum stehen aber nicht nur entgegen die politisch-ideologische West-Ostspaltung des ehemaligen Reichsgebietes, die objektive, systembedingte weltanschauliche Schwerstbeweglichkeit in seinem Osten und die subjektive Verklemmtheit in seinem Westen, sondern darüber hinaus auch eine allgemeine westeuropäische Grundtendenz; welche begünstigt

1) in Politik und Wirtschaft den Abbau zentralistischer Machtballungen zugunsten dezentraler, regionalistischer oder föderalistischer Lösungen;

2) auf rein wirtschaftlicher Ebene das Vordringen transnationaler, oft amerikanisch bestimmter Strukturen, z. B. in der so wichtig gewordenen Informatik;

3) auf staats- und verwaltungsrechtlicher Ebene eine partielle, freilich vorerst weit mehr ihre wirtschaftliche als ihre politische „Souveränität" beschneidende Eingliederung der heutigen 'Nationalstaaten' in gesamtwesteuropäische Großraum-Gebilde. Alle diese Umstände sind kaum vereinbar mit einer allgemeinen Rückwendung der Europäer, besonders auch der Deutschen, zu jener verklärenden Auffassung von der 'Nation', derzufolge sie, mindestens außerhalb des religiösen Bereiches, als der eigentliche Schöpfer und Träger aller politischen, wirtschaftlichen und kul-

turellen Grundwerte und -leistungen der Gesellschaft gilt.

Würde die Anwendung des Begriffes 'Nation' zunehmend beschränkt auf kulturelle Zusammenhänge, so gewännen damit an Gewicht die bedeutsamen Vorschläge französischer Föderalisten (Roemheld 1977, 151 – 154; 1979, 241 – 259; Héraud 1979, 55 – 57; Kloss 1983, 42 – 44, 155), die zurückgehen auf die Schrift 'Civilisation en sursis' (1955) von A. Marc und die vorsehen für das geeinigte Europa drei gleichrangige Parlamente: ein politisches Parlament, einen Wirtschafts- und Sozialrat und ein Kulturparlament, den 'Rat der Nationen', getragen von den (frz. nations genannten) Sprachvölkern, der zuständig sein soll für „Hochschulen, Forschung, Erziehungswesen, Akademien, Presse, Verlage, Funk und Fernsehen, Jugendhäuser, Kulturhäuser usw." Diese 'nations' würden als staatsähnliche öffentlichrechtliche Korporationen über so umfangreiche *echte* Zuständigkeiten verfügen, daß in ihrer Ausübung sich ein neues hochrangiges nationales Gesinnungsethos bilden könnte. Der frz. Föderalist Guy Héraud schreibt (1978, 192), es gelte, „die administrativen und ökonomischen Kompetenzen von den kulturellen zu trennen". Europas Unglück sei gewesen, daß „die Nation als geistig-kulturelle Einheit auch zu einem politischen und wirtschaftlichen Staat werden wollte. Man muß die Richtung des Geschehens verändern und die Nation zu ihrem wahren Wert zurückführen: zum Hüter einer besonderen Sprache und Förderer einer eigenständigen Kultur".

4. Einige mit dem Wort *Nation*/engl. und frz. 'nation' verbundene (von ihm abgeleitete oder mit ihm zusammengesetzte) Begriffe

4.1. Nationalismus, national, nationalistisch

Für das die Politik der europäischen 'Nationalstaaten' beherrschende Prinzip hat sich das Wort *'Nationalismus'* eingebürgert, worunter man mehr und mehr 'Sprachnationalismus' verstand. Dieser hatte sich lange Zeit — sehr lange z. B. in Albanien — auseinanderzusetzen mit den institutionalisierten kirchlich-religiösen Mächten, die mit ihm zunächst an nationenstiftender Kraft rivalisierten; es dauerte lange, bis z. B. in den Niederlanden jeder Mensch westfriesischer Muttersprache und katholischen Glaubens den

Hauptakzent auf die ethnische Zugehörigkeit legte und sich als 'katholischer Friese' bezeichnete statt als 'friesischer Katholik'; im Verbreitungsgebiet des Islam und in großen Teilen des übrigen Asiens ist dieser 'Wettbewerb' zwischen Sprache und Glauben bis heute nicht beendet. Der 'Sprachnationalismus' nahm bei dieser Gewichtsverschiebung vielfach halb- oder pseudoreligiöse Züge an, so daß das Wort *Nationalismus* immer häufiger auf Aktionen und Ziele angewendet wurde, die mit der ursprünglichen Aufgabe einer nationalen Idee wenig oder nichts zu tun hatten; es diente zur ethischen Rechtfertigung gewaltsamen Verhaltens gegenüber anderen Nationen und zur Abschirmung gegen ausländische Kritik daran, daß innerhalb der Nationalstaatsgrenze andersethnische Gruppen unterdrückt wurden; solche Kritik wurde nicht selten empfunden als eine die eigene Souveränität beeinträchtigende, unerlaubte Einmischung. Allzuoft galt alles, was dem eigenen Nationalegoismus diente, als 'national' und damit eben als gut. Dabei wurde die Grenze zwischen einer ethisch gesunden 'nationalen' und einer mehr oder weniger ausgearteten 'nationalistischen' Gesinnung mehr und mehr verwischt, zumal es für beide Adjektive nur das e i n e substantivische Bezugswort *Nationalismus* gab. Verfehlt ist es, den 'Ganznationalstaaten' der europäischen 'Sprachnationen' nachzusagen, sie strebten allesamt die Assimilierung der anderssprachigen Minderheiten an; der 'Ganznationalstaat' Dänemark z. B. wird im Geiste eines besonnenen 'Nationalismus' geführt (Veiter 1973, 47). Besonders kraß artete der 'Ethnonationalismus' im Reiche Hitlers aus, obwohl die von ihm praktizierte Abart der Ethnopolitik weit mehr rassisch als sprachlich motiviert war und praktisch eine im Namen der 'Nation' vollzogene Abwendung von ihr darstellte. Der krasse ideologische Rückschlag nach 1945 führte zu einer traumatischen Abwendung nicht nur von aller 'nationalistischen' Ideologie, sondern auch von einer maßvollen 'nationalen' Gesinnung. Das legt eine differenzierende Betrachtungs- und Beziehungsweise nahe, die nur eine 'nationalistische' Ideologie weiterhin als *Nationalismus* bezeichnet, hingegen für den besonnenen Versuch maßvollen Verhaltens in nationalen Fragen das Schonwort *'Nationismus'* bereithält.

4.2. Nationalstaat

Die zumal unter UNO- und englischem Spracheinfluß sich ausbreitende Gewohnheit, auch alle Staaten, die noch um die Herausbildung eines gemeinsamen Zugehörigkeitsbewußtseins aller ethnischen Gruppen ringen, als 'Nationalstaaten' (engl. nation (!) states) zu bezeichnen, hat hie und da zur Verwischung wesentlichster Untersuchungen geführt. So bezeichnet 1982 ein Buch über 'Die deutsche Nation' zwar 'die Idee der Nation als das Ganze eines als Staat organisierten Volkes', denn „als bewußtes Selbst ist der Staat Nation" (Willms 1982, 34, 48), nennt aber die UNO „eine Organisation, die Nationalstaaten voraussetzt"; denn „jede Art von internationaler Zusammenarbeit, inkl. ... des Völkerrechtes funktioniert nur unter der Voraussetzung und Respektierung der politischen Subjekte, also der Nationalstaaten." (Willms 1982, 109) — 'Deutschland ist von Nationen umgeben, und seit dem Ende des Kolonialismus (d. h. ca. 1960) gibt es für alle Politik auf der Welt nur ein Prinzip: das der Nationalstaatsräson, das schon Max Weber als den 'souveränen Wertmaßstab' jeder Politik bestimmt hat' (Willms 1984, 10). Aber Weber meinte damit die 'Nation' (und damit einen echten 'Nationalstaat') als Voraussetzung und nicht als bloßes Ziel.

Symbolisch für das Ringen junger unfertiger exoglossischer Staaten um die Herausbildung eines gemeinsamen 'nationalen' Zugehörigkeitsbewußtseins ist der Bericht eines Kenners, im Radio von Sambia, dessen 6 Millionen Menschen in mehr als 70 ethnische Gruppen zerfallen, habe er allstündlich den Ruf „Ein Sambia — eine Nation" gehört (Ermacora 1980, 121). Es scheint unumgänglich, den Begriff des 'Nationalstaates' einzuschränken auf den 'Ganznationalstaat' der 'Sprachnation', und für Fälle wie die von Sambia einen neuen Oberbegriff zu schaffen. Da es sich bei ihnen um werdende 'Nationalstaaten' handelt, deren Hauptanliegen ist, das Ziel einer echten Nationwerdung zu verwirklichen, könnte man vielleicht an 'Ziel-Nationalstaaten' denken.

4.3. Nationalität

Das Recht der europäischen Völker auf den eigenen (Ganz-)'Nationalstaat' wurde im 19. Jahrhundert als das 'Nationalitätsprinzip' bezeichnet. Seit dem 1. Weltkrieg wurde dieser Begriff abgelöst durch 'Selbstbestimmungsrecht der Nationen'. Als 'Nationalitäten' werden im 20. Jahrhundert im allgemeinen nicht mehr die größeren 'Sprachnationen' bezeichnet, sondern (a) diejenigen Teile einer 'Sprachnation', die als sog. Außengruppen nicht in deren 'Ganznationalstaat' eingegliedert sind, sondern in ihrem Wohnstaat Volksgruppen (und zwar Außengruppen) bilden, oder (b) solche 'Sprachnationen', denen wegen ihrer Kleinheit oder kulturellen Schwäche — z. B. der Unausgebautheit ihrer Muttersprache — oder wegen des Fehlens eines eigenen zusammenhängenden Sprachgebietes oder des Fehlens eigenstaatlicher Überlieferungen (Historizität) nicht oder nur zögernd das Recht auf den Eigenstaat (oder doch wenigstens auf die Wahl ihrer staatlichen Zugehörigkeit) zuerkannt wurde und die ebenfalls in ihren Wohnstaaten 'bloße' Volksgruppen (und zwar sog. Eigengruppen, d. h. eigensprachliche Gruppen) bilden; Beispiele sind in Europa z. B. die Bretonen und die Samen oder Lappen (über Außen- und Eigengruppen s. Kloss 1969, 62).

Als 'Nationalitätenstaaten' werden im 20. Jahrhundert gerade nicht Staaten bezeichnet, die sich als Verkörperungen des sprachlichen, kulturellen und politischen Wollens einer einzigen Sprachgemeinschaft betrachten, sondern solche, die, wie die Schweiz, den Sprachen der auf dem Staatsgebiet wohnhaften Völkerschaften entweder volle Gleichberechtigung im Rahmen des Gesamtstaates oder einen regionalen Vorrang als Verwaltungssprache ihres engeren Siedlungsgebietes gewährt haben.

5.   Literatur (in Auswahl)

Bauer, Otto (1924²) *Die Nationalitätenfrage und die Sozialdemokratie*, Wien.

Duden (1976—81) *Das große Wörterbuch der deutschen Sprache*, 6 Bände, Mannheim.

Ermacora, Felix (1980) „Volksgruppenrecht und Minderheitenschutz im regionalen Rahmen", in: Wittmann, F./Graf Bethlen, S., eds., *Volksgruppenrecht. Ein Beitrag zur Friedenssicherung*, München/ Wien, 115—125.

Héraud, Guy (1978) „Regionen im europäischen Einigungsprozeß", in: Esterbauer, F., ed., *Regionalismus*, München, 181—193.

Héraud, Guy (1979) *Die Prinzipien des Föderalismus und die europäische Föderation*, Wien.

Kempcke, Günter et al., eds., (1984) *Handwörterbuch der dt. Gegenwartssprache*, Bd. I, II, Berlin (DDR).

Kitzmüller, Erich/Kuly, Heinz/Niethammer, Lutz (1973): „Der Wandel der nationalen Frage in der Bundesrepublik. Nationalstaat ohne Nationalökonomie?", in: *Aus Politik und Zeitgeschichte*, Teil I = Heft 33, Teil II = Heft 34, (unpaginiert, je 31 S.).

Kloss, Heinz (1969) *Grundfragen der Ethnopolitik*, Wien.

Kloss, Heinz (1983) *Selbstverwaltung und die Dreigliederung des sozialen Organismus*, Frankfurt a. M.

Lemberg, Eugen (1965) „Nationalismus", in: *Aus Politik und Zeitgeschichte* Jg. 15, 10. März, 3—15.

Mitscherlich, Waldemar (1920) *Der Nationalismus Westeuropas*, Leipzig.

Meinecke, Friedrich (1963 [zuerst 1907]) *Weltbürgertum und Nationalstaat*, (= F. Meinecke, Werke Bd. V), München.

Raschhofer, Hermann (1931) *Hauptprobleme des Nationalitätenrechts*, Stuttgart.

Renner, Karl (1968) *Nation und Staat*, Leipzig/ Wien.

Roemheld, Lutz (I 1977, II 1979) *Integraler Föderalismus*, München.

Scrinzi, Otto (1984) „Nationale Politik für morgen", in: *Nation Europa* 34, 10—11, 20—34.

Seipel, Ignaz (1917) *Nation und Staat*, Wien/Leipzig.

Seipel, Ignaz (1953) *Österreich wie es wirklich ist*, Wien.

Sulzbach Walter (1959) *Imperialismus und Nationalbewußtsein*, Frankfurt.

Veiter, Theodor (1973) „Deutschland, deutsche Nation und deutsches Volk", in: *Aus Politik und Zeitgeschichte*, Jg. 23, 17. 3. 1973, Beitr. 11, [45 S.] (unpaginiert).

Willms, Bernard (1982) *Die deutsche Nation*, Köln-Lövenich.

Willms, Bernard (1984) „Zur Erneuerung des Nationalbewußtseins . . .", in: *Nation Europa*, 34, 10—100, 7—19.

Heinz Kloss†, Groß-Gerau
(Bundesrepublik Deutschland)

17. Schicht

1. Soziale Ungleichheit

Die Begriffe 'Stand', (vgl. Art. 29), 'Klasse' und 'Schicht' bezeichnen historische Erscheinungsformen von Ungleichheit, die zu den ältesten und wichtigsten Erfahrungen der Menschheit gehören. Ungleichheit in Gestalt von Angesehenen und Verachteten, Reichen und Armen, Mächtigen und Ohnmächtigen war bereits ein Problem für hebräische Propheten und griechische Philosophen, aber auch für christliche Apostel und Theologen sowie für ungezählte nach- und nichtchristliche Intellektuelle, Politiker und Wissenschaftler, zu schweigen von den Gedanken und Gefühlen der Vielen, die ohne schriftliche Spur geblieben sind. Stets dürften die Fragen nach Ausmaß und Formen, Ursachen und Wirkungen der Ungleichheit zugleich auch Versuche einer Sinndeutung menschlicher Existenz gewesen sein. — Gleichwohl sind selbst krasseste Ungleichheiten vorchristlicher Sklavenhalter- wie christlicher Ständegesellschaften zumeist entweder als 'natürlich' oder als 'gottgewollt' und somit als unveränderlich gedeutet und gerechtfertigt worden. Aber gerade weil soziale Wirklichkeit fast immer und überall durch größte Ungleichheiten bestimmt war, konnten Freiheit, Gleichheit und Brüderlichkeit schließlich als Ideale bürgerlichen Zusammenlebens erscheinen (vgl. Landshut 1929; Herrnstadt 1965). — Revolutionär war deshalb die Erkenntnis, daß gerade die ärgerlichsten Ungleichheiten unter Menschen weder als natürliche noch als göttliche, sondern als 'soziale' anzusehen seien, deren Begründung sich einzig und allein in sozialen Konventionen finde. Diese Auffassung ist Mitte des 18. Jahrhunderts in besonderer Schärfe von Jean-Jacques Rousseau vorgetragen worden, womit jahrhundertealte Rechtfertigungen erstmals prinzipiell in Frage gestellt und der fatale Anschein der Unveränderlichkeit ein für allemal zerstört war. Während nämlich alle natürli-chen oder angeblich gottgewollten Ungleichheiten unweigerlich ertragen werden müssen, sind soziale Ungleichheiten grundsätzlich veränderbar. Diese sozialphilosophische Einsicht entwickelte bald eine unerhörte sozialpolitische Explosivität, die sich in der Französischen Revolution entlud. Doch die Hoffnung auf Durchsetzung gewisser Formen staatsbürgerlicher Gleichheit mußte zu einer um so größeren Enttäuschung werden, als sich im Verlauf der industriellen Revolution zu erweisen begann, daß eine nennenswerte soziale Gleichheit schon aufgrund neuer Formen wirtschaftlicher Ungleichheit mitnichten zu verwirklichen war (vgl. Wiehn 1973, 11 ff).

2. Klassen und Schichten

In diesem historischen Kontext hat Marx seine Klassentheorie entwickelt, womit er eine umfassende Analyse der gesamten sozialökonomischen Entwicklung zu liefern versuchte, überzeugt, sie werde die in kapitalistischen Klassengesellschaften total entfremdeten Menschen notwendigerweise zur Emanzipation zu führen vermögen. Besitz oder Nichtbesitz von Produktionsmitteln mußte in jener besonderen Situation als entscheidendes Kriterium gelten, welches die bürgerliche Gesellschaft in die beiden großen Klassen der Kapitalisten und Proletarier schied. Wenn also die Determinanten der Entfremdung in den materiellen Lebensverhältnissen, d. h. den Produktionsmitteln begründet waren, konnte nur von ihrer Veränderung die Befreiung der Menschen zu erhoffen sein. Durch wachsende Unversöhnlichkeit sollte es daher zum unvermeidlichen Klassenkampf kommen, der zugleich die Emanzipation im Reiche der Freiheit versprach, von dem jedoch fraglich blieb, ob es auch eines der Gleichheit sei. — Dieser radikalen ökonomischen Verortung der Menschen und allen darin aufgehobenen Zukunftshoffnungen setzte Weber alsdann eine wertorientierte Deutung der abendländischen Gesellschaftsentwicklung entgegen, wobei er nurmehr deren Verständnis suchte und in den Sinnzusammenhängen menschlichen Verhaltens bzw. Handelns fand. In dieser Theorie haben zwar materielle Güter samt Verfügungsgewalt durchaus entscheidende Bedeutung für die Bestimmung der Klassenlage behalten, die ihrerseits freilich zu einer von drei Dimensionen relativiert wird: Eigentum, Ansehen und Macht sind nun die differenzierten Sachverhalte, in denen sich Ungleichheit in Form von Klassen, Statusgruppen und Parteien präsentierte, wobei der Grundbegriff 'Handeln' weiterhin den ökonomischen Kontext des ganzen Ansatzes kenntlich macht. Der dynamischen Idee der Klassen-Dichotomie war damit die eher statische Konzeption einer Gruppen-Hierarchie entgegengesetzt, die es zwar zu verstehen, jedoch keineswegs zu verändern galt, jedenfalls nicht im Rahmen der wissenschaftlichen Theorie. Daher konnte der später in die Soziologie eingebrachte Begriff der 'Schicht' als gegen die Lehre von Klassen, Klassenkampf und Gleichheit gerichtet verstanden werden (vgl. Schelsky 1953; Wiehn 1973, 20 ff; Wiehn/Mayer 1975, 32 ff).

3.   Konflikt und Konsens

Auf die Klassentheorie haben sich indessen nicht nur sozialistische Soziologen berufen, sie blieb vielmehr auch in der bürgerlichen Soziologie durchaus wichtig, insofern daraus eine Konflikttheorie entwickelt wurde, die nach Dahrendorf (1965 a, 1966) den Ursprung sozialer Ungleichheit in den mit Sanktionen versehenen sozialen Normen erfaßt, d. h. letztlich in der diese garantierenden Macht bzw. Herrschaft. Die ungleiche Teilhabe an und Kontrolle über Macht und Herrschaft wird somit als eine Art primärer Ungleichheit betrachtet, aus der alle anderen sozialen Ungleichheiten abgeleitet werden können, weshalb darin sowohl das Charakteristikum sozialer Klassen als auch ein Kriterium sozialer Schichten gesehen wird. Der ebenso fundamentale wie ubiquitäre Sachverhalt ungleicher Macht- und Herrschaftsverteilung gilt überdies als dauernde Ursache sozialer Konflikte und dadurch auch des sozialen Wandels. Soziale Ungleichheit in Form von Klassen und Schichten wird positiv gedeutet, indem sie nichts weniger als die Chance der Freiheit bewahre (vgl. Wiehn 1973, 24 f; 1974, 117 ff; Wiehn/Mayer 1975, 39 ff). − Die von Parsons und seinen Schülern vorgetragene funktionale bzw. Konsens-Theorie sucht die Ursache sozialer Ungleichheit hingegen in einem auf Konsens beruhenden integrativen sozialen Wertesystem, worauf ein System ungleich wichtiger und daher ungleichwertiger Positionen beruhe. Diese zu Schichten aggregierte Positionshierarchie habe zugleich die Funktion eines differentiellen Anreizsystems, welches der angemessenen Besetzung und zu-

reichenden Ausfüllung der Positionen diene. Soziale Ungleichheit wird also im Hinblick auf Besitz, Ansehen, Macht und einige abgeleitete andere Faktoren als Kontinuum sozialer Schichten aufgefaßt, deren ebenso notwendige wie positive Funktionalität in der Erhaltung einer als Einheit betrachteten Gesamtgesellschaft besteht. − Sozialprestige (vgl. Kluth 1957; Wiehn 1980) bezeichnet dabei jenes Ansehen, das nicht mit der Person, sondern als wichtiges Stück Anreiz und Belohnung mit ihrer sozialen Position verknüpft ist und seine Geltung und Wirksamkeit durch die Werte einer Gesellschaft bezieht. Insofern kann Ansehen bzw. Sozialprestige neben Einkommen und Reichtum, Macht und Herrschaft als soziales Ordnungselement verstanden werden, das in industriellen Gesellschaften vorwiegend auf beruflichen Positionen beruht. − Konsens- und Konflikttheorie sind freilich nicht ohne Kritik geblieben, die bisweilen auch im Versuch bestand, beide in einer Synthese zu vereinigen. So wurde z. B. die Klassen- bzw. Konflikttheorie zur Fundamentalanalyse, die Schichtentheorie zur Oberflächen- bzw. Detailbeschreibung empfohlen; Lenski (1966) hat beide Ansätze in eine historisch verstandene Reihenfolge zu bringen, d. h. die Konflikttheorie auf einfache, die Konsenstheorie auf komplexe Gesellschaften anzuwenden versucht (vgl. Wiehn 1973, 25 f; 1974, 16 ff, 131 ff).

4.   Schichtung und Mobilität

Die empirische Erforschung sozialer Ungleichheit blieb indessen den jeweils obwaltenden generellen Theorien nur sehr begrenzt verpflichtet und hat sie niemals einzulösen vermocht, bisweilen jedoch durchaus nützliche und wichtige Informationen erbracht. Von frühen sozialpolitischen und sozialstatistischen Enqueten in Europa und Amerika einmal abgesehen, hatte Geiger (1932) die erste gesamtgesellschaftliche Schichtenanalyse auf statistischer Grundlage vorgelegt. Demnach bestand die soziale Schichtung des deutschen Volkes der zwanziger Jahre aus fünf Schichten, nämlich 1. den Kapitalisten (0,9%), 2. dem alten Mittelstand (17,8%), 3. dem neuen Mittelstand (18%), 4. den Proletaroiden (12,7%), 5. dem Proletariat (50,7%). Demgegenüber fanden die Lynds (1929) in ihrer amerikanischen Gemeindestudie vor allem zwei soziale Gruppen: die Geschäftsklasse (ca. 30%) und die Arbeiterklasse (ca. 70%), und zwar mit Hilfe eines Klassenbegriffes, der sich an den kapitalistischen Produktionsverhältnissen orientierte. Warners (1941) Gemeindestudie erbrachte alsdann sechs Schichten: 1. obere (1,4%) und untere (1,6%) Oberschicht, obere (10%) und untere (28%) Mittelschicht, obere (33%) und untere (25%) Unterschicht, die er in amerikanischem Sprachgebrauch 'soziale Klassen' nannte. Dieses Modell avancierte zum Muster für zahlreiche empirische Schichtungsuntersuchungen in aller Welt, und auch die heute noch üblichen Verfahren mit ein- oder mehrdimensionalen, drei- oder mehrschichtigen Modellen, Fremd- und Selbsteinschätzungstechniken, wurden großenteils aus diesem kommunalen Ansatz entwickelt und auf sehr viel größere, lebensweltlich nicht zusammenhängende Untersuchungseinheiten übertragen (Dahrendorf 1963; Wiehn/Mayer 1975, 13 ff). — Im Kontext solcher Schichtungsuntersuchungen ist die Erforschung sozialer Mobilität zu sehen, womit die in ihrem Ausmaß vergleichsweise neue Erscheinung umschrieben wird, daß Menschen nicht ein für allemal an jene sozialen Positionen gekettet zu bleiben brauchen, in die sie hineingeboren oder hineingewachsen sind, vielmehr eine gewisse Freiheit besitzen, sich sozial zu verändern. Der Begriff 'Mobilität' bezeichnet also gewisse Aspekte des Handelns und Verhaltens bzw. der Verhaltensveränderung von Menschen, die mit bestimmten Bewegungsbegriffen beschrieben werden. Je nach Richtung, Zeitraum und Ausmaß dieser vor dem Hintergrund bestimmter Schichtungsmodelle betrachteten Bewegung pflegt man z. B. horizontale, vertikale, geographische, intra- und intergenerationelle, individuelle, kollektive und manche anderen Arten von Mobilität zu unterscheiden, wobei die konkrete Forschung zumeist auf berufliche Mobilität beschränkt bleibt (vgl. Wiehn/Mayer 1975, 122 ff).

5. Methoden und Modelle

Was die einschlägige deutsche Nachkriegssoziologie betrifft, so schien Schelskys (1956) These von der 'nivellierten Mittelstandsgesellschaft' durch Janowitz (1958) bestätigt zu werden, insofern seine gesamtgesellschaftlich angelegte Studie per Selbsteinschätzung der Befragten vier Schichten ergab: 1. eine Oberschicht (1,9%), 2. eine Mittelschicht (43,2%), 3. eine Arbeiterschicht (48,5%), 4. eine Unterschicht (5,3%), (keine Angaben 1,1%). Dieses Ergebnis wurde in einem Fremdeinschätzungsmodell seitens des Forschers je-

doch erheblich differenziert, nämlich in folgende sechs Schichten: 1. obere (4,6%) und 2. untere (28%) Mittelschicht, 3. obere (13,3%) und 4. untere (34,9%) Unterschicht, 5. Bauern (10,6%), 6. Landarbeiter (3,7%), Unklassifizierbare (4,9%). In einer städtischen Gemeindestudie fand Mayntz (1958) die folgenden drei Schichten: 1. Oberschicht (3%), 2. Mittelschicht (54%) und 3. Unterschicht (43%). Die von Moore/Kleining (1960) ermittelte soziale Schichtung des deutschen Volkes umfaßte sieben Schichten und vier Teilschichten: 1. Oberschicht (1%), 2. obere (5%), 3. mittlere (15%), 4. untere (30%) Mittelschicht (davon 13% industriell, 17% nichtindustriell), 5. obere Unterschicht (28%, davon 18% industriell, 10% nichtindustriell), 6. untere Unterschicht (17%), 7. sozial Verachtete (4%). An amerikanischen Vorbildern orientiert, hatte Scheuch (1956, 1960, vgl. 1962) ein Meßinstrument vorgeschlagen, welches über ein Punktesystem nach neun Merkmalen einen Rangindex ergab, und das in einer städtischen Gemeindestudie sieben Schichten erbrachte: 1. die obere Oberschicht (0%), 2. die untere Oberschicht (3,1%), 3. die obere (4,3%), 4. die mittlere (15,9%), 5. die untere (22,4%) Mittelschicht, 6. die obere (41%) und 7. die untere (11,9%) Unterschicht, Unklassifizierbare (1,4%). Demgegenüber vertrat Bolte (1963, 1966) die Auffassung, es seien überhaupt vier Schichtungstypen zur Beschreibung gesamtgesellschaftlicher Ungleichheit erforderlich, nämlich Typ I als Schichtungsmodell für agrarisch bestimmte stadtferne Dörfer, Typ II für städtisch überwanderte Dörfer, Typ III für kleinere, mittlere und größere Städte, Typ IV für größere Städte. Aus einer statistischen Analyse hatte Dahrendorf (1965 b) dann wiederum ein gesamtgesellschaftliches Schichtungsmodell abgeleitet, und zwar mit sieben Schichten: 1. Eliten (1%), 2. Dienstklasse (12%), 3. Mittelstand (20%), 4. Arbeiterelite (5%), 5. „falscher" Mittelstand (12%), 6. Arbeiterschicht (45%), 7. Unterschicht (5%), wobei die Größenangaben auf 'informierter Willkür', also begründeter Schätzung beruhten, was angesichts der fließenden Grenzen zwischen den Schichten vielleicht auch prinzipiell nicht ganz illegitim sei (vgl. Wiehn/Mayer 1975, 18 ff).

6. Ansätze und Ergebnisse

Ende der sechziger Jahre gewannen Klassentheorien wieder eine gewisse Popularität (vgl.

Giddens 1973), die bekannten Schichtungsmodelle blieben akzeptiert, die Forschung
ging kommunal oder gesamtgesellschaftlich
weiter. So meinte Pappi (1973) für die Bundesrepublik Deutschland eine 'Schichtstruk-
tur mit dem 3-Klassen-Schema' annehmen zu
können, nachdem er in einer Kommunalstu-
die 1. eine obere Mittelschicht (20%), 2. eine
Mittelschicht (45%) und 3. eine Arbeiterschicht (35%) identifiziert hatte. Tjaden-
Steinhauer/Tjaden (1973) fanden indessen 1.
eine Kapitalistenklasse (1,8%), 2. nicht- oder
halbkapitalistische Sondergruppen und
-schichten (14,9%), 3. eine Arbeiterklasse
(83,3%). Kleining (1975) präsentierte alsdann
ein gesamtgesellschaftliches Schichtungsmodell mit 1. einer Oberschicht (0,5%), 2. einer
oberen (7,4%), 3. einer mittleren (11,3%), 4.
einer unteren (40,3%) Mittelschicht (davon
12,3% industriell und 28% nichtindustriell),
5. einer oberen Unterschicht (27,6%, davon
18,4% industriell, 9,2% nichtindustriell), 6.
einer unteren Unterschicht (10,7%), 7. sozial
Verachtete (2,2%), wobei die Prozentvertei-
lung zwischen Metropolen, sonstigen Städten
und Land beträchtlich variierte. Claessens/
Klönne/Tschoeppe (1978) beschrieben die
bundesrepublikanische 'Klassenstruktur' mit
1. der Kapitalistenklasse (4,6%), 2. der Mit-
telklasse (30,9%) und 3. der Arbeiterklasse
(64,5%). Aufgrund von Heiratsbeziehungen
fand Mayer (vgl. Handl et al. 1977) schließlich vier größere Schichten und sechs bis acht
kleinere Gruppierungen, nämlich 1. eine
obere Mittelschicht höherer Beamter und Angestellter, größerer Selbständiger und freier
Berufe, 2. eine gehobene Mittelschicht geho-
bener Beamter und höherer Angestellter, 3.
eine mittlere und untere Mittelschicht von
mittleren Beamten und Angestellten, rest-
lichen Selbständigen, Meistern und Werkmei-
stern, 4. eine Arbeiterschicht mit Facharbei-
tern in Industrie, Gewerbe und Dienstlei-
stungssektor, einschließlich Vorarbeitern und
einfachen Beamten, von denen die Ungelern-
ten in Baugewerbe und Landwirtschaft noch
nach unten abgesetzt sind. – Die Größe dieser Klassen, Gruppen und Schichten blieb
erstaunlich variabel, die Abhängigkeit der Ergebnisse vom Erkenntnisinteresse bzw.
Untersuchungszweck bei allen Ansätzen
deutlich genug (vgl. Mayer/Müller 1976,
Pappi 1976).

7. Bleibende Probleme

Neue Theorien sozialer Schichtung wurden
bislang nicht bekannt, Kritik und Versuche

der Weiterentwicklung gängiger Ansätze erscheinen weiterhin typisch (vgl. Kirchberger
1975; Runciman 1976; Hartfiel 1978; Wallner/
Funke-Schmitt-Rink 1980), große Bereiche
historischer wie zeitgenössischer Ungleich-
heitsprobleme blieben ausgeklammert. Auch
die Verfeinerung empirischer Daten hat ihre
Aussagekraft und Bedeutung kaum verbessert. Globale Einschätzungen konstatierten
z. B. eine Abnahme der Legitimität der Ungleichheit, so daß heute nur wenige Staaten
sich noch eine offizielle Ungleichheitsideolo-
gie ungestraft leisten könnten (vgl. Béteille
1969), eine Feststellung, die man schon vor
Mitte der achtziger Jahre durchaus bezwei-
feln konnte. Denn die wichtigsten Universalien der Ungleichheit, d. h. die der Macht-,
Einkommens- und Eigentumsverteilung sowie verschiedene Ungleichheiten kultureller
Art dürften in westlichen Ländern wie beinahe in aller Welt vielmehr beträchtlich gewachsen sein. Daher konnte die Auffassung
vertreten werden, Ungleichheit sei eben ein
Charakteristikum aller Gesellschaften, ungleiche Verteilung und Kontrolle von Reichtum, Ansehen und Macht nach wie vor ubi-
quitär (vgl. Lane 1971; Jencks 1973). Während nun manche jüngeren theoretischen Studien gewissen Tendenzen sich vergrößernder
Ungleichheiten einerseits zu folgen scheinen
(vgl. Dahrendorf 1975), wurde andererseits
z. B. von Fetscher (1976) die These von der
Notwendigkeit größerer Gleichheit vertreten;
denn seit mehr als einem Jahrhundert sei gerade soziale Ungleichheit das Potential gewesen, mit Hilfe dessen der Fortschrittsglaube
genährt und die industrielle Expansion vor-
angetrieben worden sei, welche heute freilich
den Bestand sowohl der privat- als auch der
staatskapitalistischen industriellen Gesellschaften auf das äußerste bedrohe. Nur durch
ein hohes Maß an ökonomischer Gleichheit
in diesen Gesellschaften sowie auch zwischen
diesen und jenen der dritten Welt sei man
vielleicht imstande, das Überleben der
Menschheit sichern zu helfen (vgl. Wiehn
1973, 36 ff; Bell 1976).

8. Literatur (in Auswahl)

Bell, Daniel (1976) *Die Zukunft der westlichen Welt.*
Kultur und Technologie im Widerstreit, Frankfurt
a. M. 297−315.

Béteille, André (1969) „The Decline of Social Inequality?", in: *Social Inequality*. Selected Readings,
Béteille, A., ed., Harmondsworth 362−380.

Bolte, Karl M. (1963) „Typen sozialer Schichtung in der Bundesrepublik Deutschland", in: *Hamburger Jahrbuch für Wirtschafts- und Gesellschaftspolitik*, Ortlieb, H.-D., ed., Tübingen 150—168.

Bolte, Karl M./Kappe, Dieter/Neidhardt, Friedhelm (1966) *Soziale Schichtung*, Opladen.

Claessens, Dieter/Klönne, Arno/Tschoeppe, Armin ([1965] 1978) *Sozialkunde der Bundesrepublik Deutschland*, 8. Auflage, Düsseldorf.

Dahrendorf, Ralf, ([1957] 1965a) *Class and Class Conflict in Industrial Society*, 4. Auflage, Stanford.

Dahrendorf, Ralf ([1961] 1966) *Über den Ursprung der Ungleichheit unter den Menschen*, 2. Auflage, Tübingen.

Dahrendorf, Ralf (1963) *Die angewandte Aufklärung*. Gesellschaft und Soziologie in Amerika, München 45—66.

Dahrendorf, Ralf (1965b) *Gesellschaft und Demokratie in Deutschland*, München 94—115.

Dahrendorf, Ralf (1975) *Die neue Freiheit*, München.

Fetscher, Iring (1976) *Überlebensbedingungen der Menschheit*, Konstanz.

Geiger, Theodor ([1932] 1967) *Die soziale Schichtung des deutschen Volkes*, 2. Auflage, Stuttgart.

Giddens, Anthony ([1973 engl.] 1979) *Die Klassenstruktur fortgeschrittener Gesellschaften*, Frankfurt a. M.

Handl, Johann/Mayer, Karl U./Müller, Walter (1977) *Klassenlagen und Sozialstruktur*. Empirische Untersuchungen für die Bundesrepublik Deutschland, Frankfurt a. M.

Hartfiel, Günter (1978) *Soziale Schichtung*, München.

Herrnstadt, Rudolf (1965) *Die Entstehung der Klassen*, Berlin (DDR).

Janowitz, Morris (1958) „Soziale Schichtung und Mobilität in Westdeutschland", in: *Kölner Zeitschrift für Soziologie und Sozialpsychologie* 10, 1—38.

Jencks, Christopher (1973) *Chancengleichheit*, Hamburg.

Kirchberger, Stefan (1975) *Kritik der Schichtungs- und Mobilitätsforschung*, Frankfurt a. M.

Kleining, Gerhard (1975), „Soziale Mobilität in der Bundesrepublik Deutschland", in: *Kölner Zeitschrift für Soziologie und Sozialpsychologie* 27, 97—121 u. 273—292.

Kluth, Heinz (1957) *Sozialprestige und sozialer Status*, Stuttgart.

Landshut, Siegfried (1929) *Kritik der Soziologie*. Freiheit und Gleichheit als Ursprungsprobleme der Soziologie, München/Leipzig.

Lane, David (1971) *The End of Inequality?* Stratification under State Socalism, Harmondsworth.

Lenski, Gerhard ([1966 engl.] 1977) *Macht und Privileg*, Frankfurt a. M.

Lynd, Robert/Lynd, Helen (1929), *Middletown*, New York.

Marx, Karl ([1852] 1973) „Der Achtzehnte Brumaire des Louis Bonaparte", in: Karl Marx/Friedrich Engels. *Werke*, Bd. 8, Berlin (DDR) 111—207.

Marx, Karl ([1859] 1961) „Zur Kritik der politischen Ökonomie", in: Karl Marx/Friedrich Engels. *Werke*, Bd. 13, Berlin (DDR) 7—9.

Marx, Karl/Engels, Friedrich ([1848] 1972) „Manifest der kommunistischen Partei", in: Karl Marx/Friedrich Engels. *Werke*, Bd. 4, Berlin (DDR) 461—493.

Mayer, Karl U./Müller, Walter (1976) „Soziale Ungleichheit. Prozesse der Statuszuweisung und Legitimitätsglaube", in: *Soziale Ungleichheit*. Strukturen und Prozesse sozialer Schichtung, Hörning, K. H., ed., Darmstadt/Neuwied 108—134.

Mayntz, Renate (1958) *Soziale Schichtung und sozialer Wandel in einer Industriegemeinde*, Stuttgart.

Moore, Harriett/Kleining, Gerhard (1960) „Das soziale Selbstbild der Gesellschaftsschichten in Deutschland", in: *Kölner Zeitschrift für Soziologie und Sozialpsychologie* 12, 86—119.

Pappi, Franz U. (1973) „Sozialstruktur und soziale Schichtung einer Kleinstadt mit heterogener Bevölkerung", in: *Kölner Zeitschrift für Soziologie und Sozialpsychologie* 25, 23—74.

Pappi, Franz U. (1976) „Soziale Schichten als Integrationsgruppen. Zur Messung eines 'deskriptiven' Schichtbegriffes", in: *Zwischenbilanz der Soziologie*. Verhandlungen des 17. Deutschen Soziologentages, Lepsius, M. R., ed., Stuttgart 223—242.

Parsons, Talcott ([1940] 1964 „Ansatz zu einer analytischen Theorie der sozialen Schichtung", in: *Talcott Parsons, Beiträge zur soziologischen Theorie*, Rüschemeyer, D., ed., Neuwied 180—205.

Rousseau, Jean-Jacques ([1755] 1971) *Schriften zur Kulturkritik*. (Die zwei Diskurse von 1750 und 1755), Hamburg.

Runciman, Walter G. (1976) „Zu einer Theorie der sozialen Schichtung", in: *Soziale Ungleichheit*. Strukturen und Prozesse sozialer Schichtung, Hörning, K. H., ed., Darmstadt/Neuwied 33—61.

Schelsky, Helmut ([1953] 1965) „Die Bedeutung des Schichtungsbegriffes für die Analyse der gegenwärtigen deutschen Gesellschaft", in: Schelsky, H., *Auf der Suche nach Wirklichkeit*. Gesammelte Aufsätze, Düsseldorf/Köln, 331—336.

Schelsky, Helmut ([1956] 1965) „Gesellschaftlicher Wandel", in: Schelsky, H., *Auf der Suche nach Wirklichkeit*. Gesammelte Aufsätze, Düsseldorf/Köln, 337—351.

Scheuch, Erwin K. (1956) „An Instrument to Measure Social Stratification in Western Germany", in: *Transactions of the Third World Congress of Sociology*, International Sociological Association, eds., Amsterdam, Bd. 8, 185—189.

Scheuch, Erwin K. ([1961] 1965) „Sozialprestige und soziale Schichtung", in: *Soziale Schichtung und Mobilität*, Glass, D. V./König, R., eds., Köln/ Opladen 65–103.

Scheuch, Erwin K./Rüschemeyer, Dietrich (1960) „Scaling Social Status in Western Germany", in: *The British Journal of Sociology* 11, 151–168.

Tjaden-Steinhauer, Margarete/Tjaden, Karl H. (1973), *Klassenverhältnisse im Spätkapitalismus*, Stuttgart.

Wallner, Ernst M./Funke-Schmitt-Rink, Margret (1980) *Soziale Schichtung und soziale Mobilität*, Heidelberg.

Warner, W. Lloyd/Lunt, Paul S. (1941) *The social Life of a modern Community*, New Haven.

Weber, Max ([1922/1956] 1964) *Wirtschaft und Gesellschaft*, Köln/Berlin.

Wiehn, Erhard R. ([1968] 1974) *Theorien der sozialen Schichtung*. Eine kritische Diskussion, München.

Wiehn, Erhard R. (1973) *Ungleichheit unter Menschen als soziologisches Problem*, Konstanz.

Wiehn, Erhard R. (1980) „Sozialprestige", in: *Evangelisches Soziallexikon*, Schober, Th./Honekker, M./Dahlhaus, H., eds., Stuttgart 1208–1209.

Wiehn, Erhard R. (1986) Gesammelte Schriften zur Soziologie I, Konstanz 11–331.

Wiehn, Erhard R./Mayer, Karl U. (1975) *Soziale Schichtung und Mobilität*. Eine kritische Einführung, München.

Erhard R. Wiehn, Konstanz
(Bundesrepublik Deutschland)

18. Rollentheorie

1. Philosophischer Hintergrund

Der Begriff der sozialen Rolle ist seit langem zu einem festen Bestandteil der sozialwissenschaftlichen Terminologie geworden. Dennoch spiegeln die theoretischen Modelle, die sich dieses Begriffes bedienen oder auf ihn aufbauen, verschiedene theoretische Schulen wider, so daß eigentlich nicht von *der* Rollentheorie gesprochen werden kann. Überdies ist die philosophisch-anthropologische These, daß mit diesem Begriff ein wesentliches Merkmal des Menschen überhaupt getroffen sei, nicht unumstritten. Diese, in der deutschen Tradition vor allem von Theodor Litt (1926) und Helmuth Plessner (1966) vertretene Position geht davon aus, daß der Mensch als soziales Wesen von sich aus nie etwas anderes ist als die Möglichkeit zur (positiven oder negativen) Identifikation mit den Normen seiner sozialen Umgebung, eine Identifikation freilich, in der er nie glatt und endgültig aufgeht, von der er sich distanzieren und über die er reflektieren kann. Der Mensch

steht also unter dem Zwang zur Verkörperung in sozialen Rollen, die ihm als Bündel von Verhaltensvorschriften angetragen und zugemutet werden, und findet zugleich in diesem Zwang seine Möglichkeiten zur Selbstdarstellung und Selbstverwirklichung. Vor allem Helmuth Plessner hat diese doppelsinnige Rollenhaftigkeit des menschlichen Verhaltens betont und aus einem zentralen Konstitutionsmerkmal des Menschen abgeleitet: seiner 'exzentrischen Positionalität', das heißt der Notwendigkeit, die ihm eigentümliche Distanz zu sich selbst expressiv zur Darstellung zu bringen (Plessner 1964). Diese Distanz zu sich selbst gelingt ihm freilich nur auf dem Umweg über andere; sie ist zugleich Ursache und Bedingung einer 'Reziprozität der Perspektiven' (Litt ³1926), die es ihm ermöglicht, sich in den anderen hineinzuversetzen und sich aus dessen Perspektive wahrzunehmen. Der amerikanische Sozialphilosoph G. H. Mead, der den Rollenbegriff wohl als erster in die soziologische Theorie eingeführt hat, spricht in diesem Zusammenhang von 'taking the role of the other' als der Antizipation des Verhaltens der anderen, deren Verinnerlichung als 'generalized other' Mead als die bewertende Instanz des 'Me' gegenüber dem die spontane Triebdynamik repräsentierenden 'I' gesehen hat (Mead 1968). Gegenüber dieser sehr differenzierten anthropologischen Position hat sich sowohl im Marxismus wie im französischen Existentialismus der (auf den deutschen Idealismus zurückgehende) Gedanke erhalten, daß in der Verkörperung sozialer Rollen der Mensch sich seiner eigentlichen Natur entäußere, die ihm gesellschaftlich zugemuteten Rollen ihn seiner selbst entfremdeten. Soziale Rollen sind für diese Auffassung bloße 'Charaktermasken' (Marx), Figuren auf der Bühne des theatrum mundi, das nach Gesetzen funktioniert, die nicht die ihren sind (Matzner 1964). Aus dieser Position erscheint die Rollentheorie repräsentativ für eine 'bürgerliche Wissenschaft', die die Erscheinung mit dem Wesen verwechselt und nicht mehr hinter der Oberfläche des Selbstverständnisses dieser Gesellschaft deren wahre Bewegungsgesetze erkennt (vgl. dazu Furth 1971; Haug 1972; Kirchhoff-Hund 1978).

2. Entwicklung der Rollentheorie in der Soziologie

Demgegenüber haben die Vertreter der Rollentheorie im Begriff der sozialen Rolle gerade die Möglichkeit gesehen, den Finger auf die Nahtstelle zwischen Individuum und Gesellschaft, zwischen subjektiven Möglichkeiten und objektiven Zwängen, zu legen und gegebenenfalls aus deren Diskrepanz auch eine kritische Perspektive zu gewinnen (Dreitzel 1972). Allerdings hat es lange gedauert, bis die Entwicklung der Rollentheorie diesen Differenzierungsgrad erreichte. Nicht zuletzt, weil die philosophischen Vorarbeiten von G. H. Mead im angelsächsischen und von H. Plessner im deutschen Sprachraum auf seiten der Soziologie und Sozialpsychologie kaum ernstgenommen worden sind, konnte J. Habermas zu Recht über die Rollentheorie bemerken: „Die Rollen als solche sind in ihrer Konstellation zu den Rollenträgern konstant gesetzt, als sei der gesellschaftliche Lebenszusammenhang dem Leben der Menschen auf immer die gleiche Weise äußerlich, wie es Kant im Verhältnis des empirischen zum intelligiblen Charakter hingestellt hat" (Habermas 1963, 174). Das gilt insbesondere für die strukturell-funktionale Rollentheorie von T. Parsons (1951) und R. K. Merton (²1957) und deren Rezeption durch R. Dahrendorfs vielgelesene Abhandlung „Homo Sociologicus" (1964). Dennoch haben diese Autoren wesentlich zur Überwindung begrifflicher Unklarheit beigetragen. So fanden L. J. Neiman u. J. W. Hughes noch 1951 bei einer Durchsicht der sozialwissenschaftlichen Literatur wenigstens sechs verschiedene Bedeu-

tungen des Rollenbegriffs, wobei insbesondere die Frage, ob mit Rolle ein tatsächliches Verhalten oder eine Verhaltenserwartung gemeint ist, immer wieder noch Verwirrung stiftet.

3. Gegenwärtiger Stand der Rollentheorie

Inzwischen scheinen die terminologischen Fragen soweit geklärt, daß sich der gegenwärtige Stand der Rollentheorie mit einiger Sicherheit wie folgt darstellen läßt:

Soziale Rollen sind Bündel normativer Erwartungen, die sich an das Verhalten von Positionsinhaber in Interaktionssituationen richten. Demgegenüber wird von Rollenspiel oder Rollenhandeln gesprochen, wenn es sich um ein tatsächliches Verhalten handelt, das an Rollenerwartungen orientiert ist. Diese Rollenerwartungen bestehen, in wechselnder Zusammensetzung, aus drei unterschiedlichen Elementen: 1) relativ präzise, gelegentlich kodifizierte, Verhaltensvorschriften (z. B. Erwartungen an das Verhalten von Verkehrsteilnehmern); 2) als internalisiert vorausgesetzte kulturelle Werte und allgemeine Handlungsnormen (z. B. die Erwartung emotionaler Zuwendung der Mutter gegenüber dem Kind); 3) die Ich-Leistungen des Rollenspielers (z. B. die Erwartung eines souveränen Auftretens oder eines emotionalen Engagements). Nicht alle derartigen Erwartungen sind aber schon Rollenerwartungen. Soziale Rollen sind an Positionen im gesellschaftlichen Beziehungsgeflecht geknüpft. Die verschiedenartigen Rollenerwartungen richten sich in ungeschiedener Bündelung an die Inhaber von sozialen Positionen und nicht an die Person als solche. Die Existenz sozialer Positionen ist jedoch nicht immer ohne weiteres erkennbar. Die meisten in der Literatur benutzten Beispiele beziehen sich auf kodifizierte Positionen, d. h. auf Ämter, wo die Dinge klarliegen. Aber nicht alle sozialen Positionen sind kodifiziert, und manche existieren überhaupt nur für die Dauer einer sozialen Situation (z. B. Diskussionsleiter). H. Popitz (1967) hat als Kriterium für das Vorhandensein einer Position — und also für die Vermutung der Existenz einer sozialen Rolle — das handlungsauslösende 'Gefühl einer Vakanz' vorgeschlagen. Eine soziale Position existiert also dann, wenn im Falle der Vakanz die Interaktionsteilnehmer das Fehlen eines Inhabers bemerken und daraufhin handeln.

Jede soziale Position steht in einem Feld von Beziehungen zu mehreren Bezugsgruppen oder -personen, die jeweils eigene, u. U. auch konfligierende, Rollenerwartungen an den Positionsinhaber herantragen. R. K. Merton hat hier von Rollensegmenten (bei anderen Autoren auch: Rollensektoren) als denjenigen Teilen einer sozialen Rolle gesprochen, die die Erwartungen jeweils einer Bezugsgruppe beinhalten. (Z. B. besteht die Lehrerrolle aus den Segmenten: Erwartungen der Schüler, Erwartungen der Eltern, Erwartungen der Kollegen, Erwartungen der Administration, usw.). Dabei hängt es von der Fragestellung ab, ob es sinnvoll ist, in einem gegebenen Fall nur von einem Rollensegment oder schon von einer ganzen Rolle zu reden. Wichtiges Merkmal für das Vorhandensein einer ganzen Rolle bleibt allerdings, ob ein relativ einheitliches Verhalten auch gegenüber verschiedenen Bezugsgruppenansprüchen vom Positionsinhaber erwartet wird.

4. Rollenkonflikte

Entsprechend lassen sich nun Intrarollenkonflikte von Interrollenkonflikte unterscheiden, das heißt Konflikte oder Widersprüche zwischen verschiedenen Rollensegmenten und solchen zwischen verschiedenen Rollen. Derartige Konflikte sind normal, sie treten nicht nur ausnahmsweise auf. Es überrascht daher nicht, daß R. K. Merton eine Reihe von gesellschaftlichen Mechanismen entdecken konnte, deren Funktion es ist, solche Rollenkonflikte auszubalancieren. Bei den Intrarollenkonflikten, also den widersprüchlichen Erwartungen an ein und dieselbe Rolle, werden folgende Mechanismen wirksam:

a) die Rollensender (das sind diejenigen, die die Rollenerwartungen haben) sind nicht alle im gleichen Maße an der Erfüllung ihrer Erwartungen interessiert;

b) die Rollensender besitzen nicht alle die gleiche Macht zur Anwendung von Sanktionen;

c) das Rollenhandeln kann der Überprüfbarkeit durch einige Bezugsgruppen mehr oder weniger entzogen sein (z. B. durch räumliche Abgrenzungen);

d) der Rollenspieler hat die Möglichkeit, die konfligierenden Erwartungen seiner verschiedenen Bezugsgruppen offenzulegen und sich dadurch von der Verantwortung teilweise zu entlasten;

e) schließlich kann der Rollenspieler versuchen, sich mit anderen Rollenspielern in der gleichen Lage ('Kollegen') zu solidarisieren.

In dem Maße, wie diese Mechanismen nicht mehr zur Regelung von Intrarollenkonflikten ausreichen, wird die Rolle als ganze problematisch werden.

Nun verteilt jeder Mensch seine Zeit und Energie auf mehrere Rollen — jeder hat einen ganzen Rollenhaushalt. Das Management des persönlichen Rollenhaushalts ist gerade in modernen Gesellschaften mit komplexen Rollensystemen eine zentrale Aufgabe jedes Individuums. Dabei kommt es vor allem darauf an, einander widersprechende Rollen zu vermeiden oder irgendwie auszubalancieren. Auch hier sind für das normale Funktionieren der Rollenhaushalte einige gesellschaftliche Mechanismen bei latenten Interrollenkonflikten wirksam:

a) manche Positionen schließen sich von vornherein durch eine konfligierende Wertteilhabe aus (z. B. der Ehestand bei Priestern);

b) das Wissen der anderen, daß man eine Vielzahl von Rollen zu spielen hat, kann zur Legitimation eines vorübergehenden oder endgültigen Rückzugs aus einer Rolle eingesetzt werden;

c) zwischen verschiedenen Positionen wirkt räumliche und zeitliche Trennung der Verhaltensbereiche konfliktmildernd;

d) es gibt typische Positionssequenzen, die für Übergänge zwischen verschiedenen, einander ausschließenden Rollen sorgen.

Trotz dieser (und möglicherweise weiterer) gesellschaftlicher Mechanismen zur Milderung von Rollenkonflikten ist es für die Rollensysteme moderner Gesellschaften charakteristisch, daß sie ihren Mitgliedern immer komplexere Rollenhaushalte zumuten und sie innerhalb einzelner Rollen widersprüchlichen Verhaltenserwartungen aussetzen, die sozial nicht aufgefangen werden.

5. Rolle und Persönlichkeit

Damit wird deutlich, daß dem Rollenspieler allemal ein bestimmter Grad an Unterdrückung seiner Bedürfnisse, ein bestimmter Spielraum an Interpretation und ein bestimmtes Maß an Distanzierung von ihm entgegengebrachten, nur zum Teil verinnerlichten Normen zugemutet ist. Einerseits lassen sich nun empirische Rollensysteme daran messen, wieweit in ihnen Ungleichheit der Chancen zur Bedürfnisbefriedigung festgeschrieben sind, Rollendefinitionen herrschaftlich durchgesetzt werden und rigide Sozialisationsprozeduren Mündigkeit verhindern. Andererseits zeigt sich, daß in jeder Rolle bestimmte Ich-Leistungen (Dreitzel 1968) vom Rollenspieler miterwartet werden. Die Ich-Leistungen des Rollenspielers sind also ein von den Interaktionspartnern generell erwartetes, nicht konkret bestimmtes Verhalten, das die folgenden Funktionen hat:

a) ein minimales Maß an Bedürfnisbefriedigung anzustreben, damit die motivationale Basis des Handelns garantiert ist;

b) den Bezug des Rollenspiels auf den Relevanzbereich (Schütz 1932) des Verhaltens und das Interaktionsthema durch flexible Interpretation der Normen zu gewährleisten;

c) kreative Reaktionsmöglichkeiten in neuen Situationen durch eine Distanzierung von den eigenen Introjekten zu ermöglichen ('Flexible Über-Ich-Formation' bei Habermas 1968). Die Ich-Leistungen des Rollenspielers sind ein Ausfluß seiner Ich-Identität, d. h. seines Persönlichkeitssystems, das aus Sozialisation und Biographie entstanden ist. Als Rollenidentität kann jener Aspekt der Ich-Identität bezeichnet werden, den das Individuum in eine spezifische Rolle mit einbringt und der über die Ich-Leistungen den spezifischen Charakter seines Rollenhandelns prägt. Je größer der erwartete und/oder erkämpfte Spielraum für Ich-Leistungen in einer Rolle ist, desto eher wird Selbstdarstellung und Bedürfnisbefriedigung im Rollenspiel möglich sein. Umgekehrt wird die Persönlichkeit eines Individuums natürlich auch von seinem Rollenhaushalt geprägt, und zwar durch Verhaltensroutinisierung sowie durch die Kanalisierung und u. U. Frustrierung seiner Bedürfnisse. Rolle und Persönlichkeit stehen also in einem Verhältnis wechselseitiger Selektion: Schon in der rollenantizipierenden Sozialisation wirkt das Rollenangebot einer Gesellschaft schichtspezifisch selektiv. Umgekehrt werden aber auch die angebotenen Rollen durch den vorherrschenden Sozialcharakter der Rollenspieler verändert. Das gilt insbesondere für die expressive Seite des Rollenhandelns. E. Goffman (1974) und H. Popitz (1967) haben betont, daß in modernen Gesellschaften Individualität selbst zu einer Rollenerwartung werden kann. Und schließlich gehört zum Verhältnis von Person und Rolle auch die Frage nach der Einheit eines verantwortungsfähigen Subjekts jenseits aller Verkörperung in sozialen Rollen. Wichtig dürfte hier E. Goffmans Analyse verschiedener Ich-Funktionen beim Rollenspieler werden:

'maßgebendes Subjekt', 'Strategie', 'Gestalter' und die dargestellte oder zitierte 'Figur' des eigenen Selbst (Goffman 1974).

Das in Rollensystemen sich ausdrückende Verhältnis von gesellschaftlichen Interessen und individuellen Bedürfnissen ist die gesellschaftliche Ursache von Verhaltensstörungen. Gesellschaftliche Interessen sind strukturell an Positionen gebunden, d. h. der Ausdruck von Interessen gehört unabhängig von der Einstellung des Positionsinhabers zu dessen erwartetem Rollenverhalten. Seine Einstellung wird dagegen von seinen individuellen Bedürfnissen geprägt sein, die zwar im Sozialisationsprozeß strukturiert und auf ökonomisch und kulturell legitimierte Objekte gerichtet werden, aber deshalb nicht schon mit den Positionsinteressen automatisch kongruent sind. Das Problem ist, daß Bedürfnisbefriedigungen nur als Bestandteil der erwarteten Ich-Leistungen im Rahmen des Rollenhandelns gesellschaftlich legitimiert sind. In Gestalt von gesellschaftlichen Interessen (Positionsinteressen) können sich Bedürfnisse legitimieren; andererseits gehen gesellschaftliche Interessen in Gestalt von Bedürfnissen in die Motivation des Rollenspielers ein, die die Antriebsbasis seines Handelns ist.

Nun besteht in empirischen Rollensystemen eine Diskrepanz zwischen dem Persönlichkeitssystem als einem Resultat der Sozialisation und dem Sozialsystem als einer Ordnung — in der Regel ungleicher — Bedürfnisbefriedigungschancen. Wird diese Diskrepanz zu groß, dann werden sehr viel mehr Bedürfnisse erlebt, als gesellschaftlich legitim zu befriedigen sind. In diesem Fall werden die angebotenen Rollen als repressiv erlebt.

6. 'Rollendistanz'

Ein weiteres Problem im Verhältnis von Individuum und Rolle wird im Begriff der 'Rollendistanz' angesprochen. Dieser Begriff ist zuerst von E. Goffman (1961) eingeführt worden und meint eine im Verhalten ausgedrückte Distanzierung des Rollenspielers von den Zwängen der Rollennormen. Eine solche Distanzierung kann allerdings zu den erwarteten Ich-Leistungen des Rollenspielers gehören, der durch Überspielen, Unterlaufen und Variieren der Verhaltenserwartungen gerade seine Kompetenz als Positionsinhaber zum Ausdruck bringt. Kriterium für diese positive Rollendistanz, die vor allem bei der Handhabung von Intrarollenkonflikten wichtig wird, ist die negative Reaktion der Rollensender beim Ausbleiben entsprechender Ich-Leistungen; das Verhalten des Positionsinhabers wird dann als 'rigide' erlebt. Davon zu unterscheiden ist die negative Rollendistanz (Dreitzel 1968), bei der der Rollenspieler seine partielle oder prinzipielle Ablehnung der Rolle ausdrückt. Sie kann als antizipatorische Distanzierung von einer Position auftreten, die der Rollenspieler in absehbarer Zeit verläßt (häufig bei Jugendlichen, die vor einem Rollenwechsel stehen). In diesem Fall besteht sie in der transitorischen Übernahme bestimmter Erwartungen einer anderen Rolle, die in einer Karriere-Sequenz auf die gegenwärtig aktuelle folgen soll. Gewichtiger ist der andere Fall negativer Rollendistanz, die strukturelle Ablehnung der Position, die sich in den folgenden Verhaltensweisen ausdrücken kann:

a) Äußerlich nichtsichtbares Verhalten
1) Ausweichen auf eine andere Realitätsebene (Tagträume usw.);
2) Mentalreservation ('sich seinen Teil denken');
b) Äußerlich sichtbares Verhalten
3) Relativierung des gerade aktuellen Relevanzbereichs oder Interaktionsthemas (z. B. durch Ironie);
4) gleichzeitiges Ansprechen zweier verschiedener Bezugsgruppen oder -personen;
5) gelegentliches Überwechseln in eine andere Rolle innerhalb der gleichen Interaktionssituation (z. B. „advocatus-diaboli-Spielen");
6) theatralische Überbetonung der Rollenhaftigkeit des Verhaltens.

Je weniger von diesen sechs Formen negativer Rollendistanz für einen Rollenspieler noch risikolos möglich sind, desto repressiver das Rollensystem, in dem er eingespannt ist. Der Ausdruck negativer Rollendistanz ist daher auch ein Indikator für die jeweils vorhandenen Freiheitsspielräume des Handelnden. Soziale Rollen unterscheiden sich also nach dem Grad der in ihnen erwarteten positiven Rollendistanz als Bestandteil der Ich-Leistungen und nach dem Ausmaß, in dem der Rollenspieler in ihnen negative Rollendistanz risikofrei zum Ausdruck bringen kann.

7.   Rollentheorie und Soziolinguistik

Die Bedeutung der soziologischen Rollentheorie für die Soziolinguistik liegt vor allem in der Entwicklung differenzierterer Fragestellungen. Bislang stand in der soziolinguistischen Forschung die Untersuchung von schichtspezifischem Sprachverhalten und subkulturellen sprachlichen Ausdrucksformen im Vordergrund. Mit Hilfe rollenanalytischer Kategorien können nun z. B. Fragen wie diese untersucht werden: auf welche Weise wird sprachlich kenntlich gemacht, um welche soziale Rolle von den mehreren, die ein Individuum jeweils verkörpert, es sich in einer gegebenen sozialen Situation gerade handelt? Gibt es typische Sprachstile, die kennzeichnend für persongebundene im Unterschied zu organisationsgebundenen Rollen sind — etwa eine emotionalere Semantik? Wieweit können Menschen zwischen unterschiedlichen rollenspezifischen Sprachstilen rasch wechseln? Wie wird Rollendistanz sprachlich verdeutlicht? In welchen sprachlichen Ausdrücken symbolisieren sich spezifische Positionsinteressen, mit denen der Positionsinhaber seine eigenen Bedürfnisse identifizieren muß? Und welche rollenspezifischen Anforderungen an das Sprachverhalten — z. B. von Politikern oder von Ärzten oder von Müttern — gibt es? Derartige Fragen sind natürlich nur durch empirische Forschung zu beantworten. Vorerst gibt es nur wenig Ansätze dazu (vgl. z. B. Goffman 1981); es steht aber zu hoffen, daß die soziolinguistische Forschung sich künftig stärker solchen mikrosoziologischen Fragestellungen zuwendet.

8.   Literatur (in Auswahl)

Banton, Michael (1965) *Roles, An Introduction to the Study of Social Relations*, London.

Claessens, Dieter (1968) *Rolle und Macht*, München.

Coburn-Staege, Ursula (1973) *Der Rollenbegriff*, Heidelberg.

Dahrendorf, Ralf (1964) *Homo Sociologicus*, Köln/Opladen.

Dreitzel, Heinz P. ([1968] 1979) *Die gesellschaftlichen Leiden und die Leiden an der Gesellschaft*, 3. Auflage, Stuttgart.

Dreitzel, Heinz P. (1972) „Soziale Rolle und politische Emanzipation", in: *Das Argument* 71 (1/2) 110—129.

Furth, Peter (1971) „Nachträgliche Warnung vor dem Rollenbegriff", in: *Das Argument* 66 (6/7) 495—522.

Gerhardt, Uta (1971) *Rollenanalyse als kritische Soziologie*, Neuwied/Berlin.

Goffman, Eric (1959) *The Presentation of Self in Everyday Life*, Garden City/N. Y., dt.: *Wir alle spielen Theater*. München ³1976.

Goffman, Eric (1961) „Role Distance", in: *Encounters: Two Studies in the Sociology of Interaction*, Indianapolis/Ind.

Goffman, Eric (1963) *Stigma: Notes on the Management of Spoiled Identy*, Englewood Cliffs/N. Y., dt.: *Stigma. Über Techniken der Bewältigung beschädigter Identität.* Frankfurt a. M. 1967.

Goffman, Eric (1974) *Frame Analysis. An Essay on the Organization of Experience*, New York., dt.: *Rahmenanalyse.* Frankfurt a. M. 1977.

Goffman, Eric (1981) *Forms of Talk*, Philadelphia.

Haug, Frigga (1972) *Kritik der Rollentheorie*, Frankfurt a. M..

Joas, Hans (1977) *Die gegenwärtige Lage der soziologischen Rollentheorie*, 3. Auflage, Frankfurt a. M.

Joas, Hans (1980) *Praktische Intersubjektivität.* Die Entwicklung des Werkes von G. H. Mead, Frankfurt a. M.

Junker, Jean-Pierre (1971) *Entfremdung von der Rolle.* Ein Nachtrag zu Goffmans Konzept der Rollendistanz, Stuttgart.

Kirchhoff-Hund, Bärbel (1978) *Rollenbegriff und Interaktionsanalyse.* Soziale Grundlagen und ideologischer Gehalt der Rollentheorie, Köln.

Krappmann, Lothar (1972) *Soziologische Dimensionen der Identität*, Stuttgart.

Linton, Ralf (1964) *The Study of Man*, New York.

Linton, Ralf (1947) „Role and Status", in: *Readings in Social Psychology*, Newcomb/Hartley, E. H., eds., New York.

Litt, Theodor (1926) *Individuum und Gemeinschaft*, 3. Auflage, Leipzig/Berlin.

Löwith, Karl (1928) *Das Individuum in der Rolle des Mitmenschen.* Ein Beitrag zur anthropologischen Grundlegung der ethischen Probleme, München.

Matzner, Jutta (1964) „Der Begriff der Charaktermaske bei Karl Marx", in: *Soziale Welt* 15, 130 ff.

Mead, Georg H. (1936) *Mind, Self and Society*, dt.: *Geist, Identität und Gesellschaft aus der Sicht des Sozialbehaviorismus.* Frankfurt a. M. 1968.

Merton, Robert K. ([1949] 1957) *Social Theory and Social Structure*, 2. Auflage, Glencoe/Ill.

Merton, Robert K. (1967) „Der Rollen-Set: Probleme der soziologischen Theorie", in: *Moderne amerikanische Soziologie*, Hartmann, ed., Stuttgart 119—152.

Neiman, L. J./Hughes, J. W. (1951) „The Problem of the Concept of Role. A Re-Survey of the Literature", in: *Social Forces* 30 (2), 141—149.

Parsons, Talcot (1951) *The Social System*, Glencoe/Ill.

Plessner, Helmut (1964) *Conditio Humana*, Pfullingen.

Plessner, Helmut (1966) „Soziale Rolle und menschliche Natur", in: *Diesseits der Utopie*, Düsseldorf 23—35.

Popitz, Heinz (1967) *Der Begriff der sozialen Rolle als Element der soziolinguistischen Theorie*, Tübingen.

Popitz, Heinz (1980) *Die normative Konstruktion der Gesellschaft*, Tübingen.

Rocheblave-Spenle, A.-M. (1962) *La notion de rôle en psychologie sociale*, Paris.

Schütz, Alfred ([1932] 1960) *Der sinnhafte Aufbau der sozialen Welt*, Wien.

Wiswede, Günter (1977) *Rollentheorie*, Stuttgart.

Hans Peter Dreitzel, Berlin (West)

19. Norm

1. 'Norm' und verwandte Begriffe

Normen i. e. S. sind inhaltlich bestimmte Regulative, mithin alle modalen Sachverhalte. Hiervon zu unterscheiden sind Normen i. w. S., die nicht in modalen, sondern in statistisch-strukturellen Sachverhalten wie Häufigkeiten, Distributionen usw. bestehen. Die landläufige Vorstellung, daß durch Normen i. e. S. allein Handlungen ge- oder verboten bzw. ermöglicht werden, ist eine unnötige und ungerechtfertigte Eingrenzung. Zweifellos bezieht sich ein Großteil der Normen auf die Ausführung oder Unterlassung bestimmter Handlungen und H.-Sequenzen ('Handlungs- und Verfahrensnormen') oder auf die Auswahl und Verwendung bestimmter Mittel, die eine Handlung erst konstituieren bzw. ihren Vollzug ermöglichen ('Instrumentalnormen') — aber es gibt eben auch Normen, die die Beschaffenheit eines Handlungsergebnisses festlegen ('technische oder Produktnormen'); und ferner Normen, die die Inhalte des Denkens, Wünschens, Bewertens und Interpretierens sowie die Form ihrer Entäußerung regulieren. Letztere sind bislang jedoch nur in Ausschnitten (als 'ethische oder Zielnorm') von der Forschung berücksichtigt worden. – Von der Norm (i. e. S. und i. w. S.) muß unterschieden werden:

– der *Imperativ* (Befehl, Aufforderung). Im Unterschied zur Norm handelt es sich hierbei immer um einen Äußerungsakt (gegenüber direkten Adressaten), der zudem nur einen singulären Sachverhalt modalisiert; seine Legitimation erwächst aus der Rollenposition des Befehlenden und nicht – wie bei Normen – aus Werten, für die intersubjektive Anerkennung unterstellt bzw. beansprucht wird;

– die *Konvention*, die – anders als die Norm – nicht unabhängig vom Verhalten, sondern nur a l s eine bereits stattgefundene Praxis besteht, und zwar als eine durch Erfahrung bewährte Praxis, der deshalb (und mitunter nur seitens der an Koordination interessierten Handlungsbeteiligten) eine regulierende Funktion für die Zukunft zugesprochen wird (Lewis 1975);

– die *Regel*; der Terminus 'Regel' bezeichnet mindestens zwei verschiedene Sachverhalte, nämlich Normen i. e. S. (insbesondere Instrumentalnormen, so z. B. bei Heringer 1974); ferner sprachliche Ausdrücke, die in der Art mathematischer Funktionen entweder Häufigkeiten oder Konstruktionsprinzipien z. B. von sprachlichen Einheiten abbilden. Dies geschieht (mit Ausnahme der TG) ohne den Anspruch, damit auch die Orientierungen, die den Konstruktionsprozeß leiteten, mit erfaßt zu haben. Regeln im letzteren Sinne sind also Hilfsmittel einer Beschreibungssprache; sie sollen – als deskriptive Regeln – durch Induktion Daten höherer Ordnung entdecken oder – als Erzeugungsregeln – prädiktiv die möglichen (nicht: die korrekten) Konstruktionen umgrenzen (vgl. Palmer 1974, 149 ff). Dabei kommen sie allerdings in der Definition des 'Möglichen' um eine (verdeckte) Normierung nicht herum (vgl. Gloy 1975, 104 ff);

– das *Gesetz*; im klassisch-naturwissenschaftlichen Sinne weist dieser Begriff eine Ambivalenz zwischen dem mathematischen Funktionsbegriff und der Formulierung von regelmäßigen (rekurrenten) Abläufen auf, deren Regelmäßigkeit kausal (auf Ursachen beruhend) erklärt wird und deshalb als notwendig erscheint. Im gesellschaftswissenschaftlichen (einschließlich juristischen) Sinne fehlen die Momente 'notwendig', 'Ursache'; auch ist Rekurrenz der Abläufe keine notwendige Bedingung für die Existenz eines Gesetzes. Ein Gesetz ist hier vielmehr eine statuierte Norm und hat v. a. die Merkmale 'interessenbestimmt', 'institutionalisiert', 'legitimierungsbedürftig' und 'veränderbar'; statt nach kausalen Ursachen ist in der Analyse nach motivationalen Gründen für das Gesetz zu fragen. In der Linguistik hat der gesellschaftswissenschaftliche Gesetzes-Begriff nur dort gelegentlich eine Rolle gespielt, wo Fälle untersucht wurden, in denen Sprache zum Inhalt legislativer Akte wurde. Anders der klassisch-naturwissenschaftliche Gesetzesbegriff: seit dem 19. Jh. (v. a. in Form der 'Lautgesetze' der Junggrammatiker) wurden Regelmäßigkeiten der Sprache häufig kausal erklärt – aus sprachimmanenten Gründen. Bei den Strukturalisten treten dann an die Stelle kausaler Erklärungen funktionale, aber immer noch sprachimmanente Erklärungen: das 'System' als gesetzmäßige Ursache der Regelmäßigkeit von Sprache, die Kompetenz eines idealen Sprecher-Hörers als der Sitz und die Menge aller das System konstituierenden 'Regeln'.

2. Soziale Norm: der soziolinguistische Normbegriff

Zur Axiomatik einer Linguistik in der Tradition sprachimmanenter Erklärungen gehört, daß der Sprachgebrauch nur unzureichend systematisierbar sei. Diese Vorentscheidung wird erst unter maßgeblichem Einfluß der Sozialwissenschaften zurückgenommen. Schrittweise vollzieht sich nun seit den 60er Jahren ein Paradigmenwechsel von einer Wissenschaft des Sprachsystems zu einer des Sprachgebrauchs und seines Funktionierens in (Teilbereichen von) Gesellschaften. In den anfänglichen korrelationsstatistischen Studien spielten dabei die Norm i. w. S. und ein kausal interpretierter Norm-Begriff (Normen als letzte Ursachen für Regelmäßigkeiten, Variationen und Wandel) eine entscheidende Rolle, mitunter auch (z. B. bei Labov 1972) der deskriptive Regel-Begriff. Je mehr man aber Sprachgebräuche in ihrer Bedingtheit und in ihrem Funktionieren verstehen (und nicht nur aufweisen) wollte, desto dringlicher wurde eine soziologische Explikation des Norm-Begriffs. Dazu wird folgendes hier

vorgeschlagen: — Eine soziolinguistische Explikation von 'Norm' hat deren allgemeinste
Charakterisierung als 'modaler Sachverhalt'
in folgender Weise zu differenzieren: Ein bestimmter (Handlungs-, Wert-, Denk- ...) Inhalt und die Form seiner Entäußerung sind
nach dem Willen einer Instanz A für einen
Personenkreis B unter den Situationsbedingungen C in bezug auf einen Zweck D mit
der Begründung E erlaubt, ge- oder verboten.
Unter die so definierten *sozialen* Normen
fallen als Teilmenge die *Sprachnormen*; sie
und nicht die linguistischen Regeln sollten
Gegenstand soziolinguistischer Forschung
und Theoriebildung sein. Sprach-Normen in
diesem Sinne sind also Erwartungen und/
oder explizite Setzungen modaler Sachverhalte, die ihrem Inhalt zufolge die Bildung,
Verwendungsabsicht, Anwendung und Evaluation sprachlicher Einheiten der verschiedensten Komplexitätsgrade regulieren (sollen). Diese Bestimmung geht über den Norm-
begriff Coserius hinaus, der innerhalb der
strukturellen Sprachwissenschaft noch am
deutlichsten eine soziale Interpretation versucht. Coseriu (1970 u. ö.) zufolge charakterisiert 'Norm' die Menge des in einer Gemeinschaft 'Normalen', des (z. B. regional variierenden) Allgemeinen. Die Tatsache aber, daß
eine (Sprach-)Norm ein intentionaler Sachverhalt und folglich interpretativ zu rekonstruieren ist, bleibt dabei unberücksichtigt.
Das Intentionale ('Institutionelle') der Norm
wird von Coseriu umstandslos aus empirischen Rekurrenzen (vgl. Gloy 1975, 119 ff),
von Nachfolgern (z. B. Ezawa 1985, 130 f)
aus den gemeinsamen Aktivitäten der Sprechenden hergeleitet.

3. Erläuterungen zur sozialen Norm

3.1. Der relevante Andere

'Sozial' sind diese Normen insoweit, als es
Faktum oder geglaubte Unterstellung ist, daß
(a) ihre Befolgung im Unterschied zur privaten Maxime von anderen gefordert wird und
daß (b) diese Forderung den Entscheidungs-
spielraum des Subjekts und — nachfolgend
gend — den seiner Interaktanten einschrän-
kend oder hilfreich auf solche Alternativen
ausrichtet, die den Bestand einer bestimmten
sozialen Ordnung garantieren (sollen). — Die
jeweiligen Anderen mit ihren (tatsächlichen
oder vermeintlichen) Erwartungen müssen
'relevante' Andere sein, also solche, deren
Erwartungen und/oder Reaktionen dem

Adressaten aus psychischen, ökonomischen,
moralischen o. a. Gründen nicht gleichgültig
sind. Die Einschätzung der Anderen als 'relevant' kann auf deren faktischer, erlebter oder
auch nur unterstellter Macht beruhen. Insoweit sie eine lebensgeschichtlich erworbene,
subjekt-variable Größe ist, beruhen Normen
nicht nur auf objektiven gesellschaftlichen
Gegebenheiten, sondern müssen auch als Ergebnisse von Interaktionen, genauer: von
Entscheidungs- und Durchsetzungsprozessen
angesehen werden. — Diese allgemeinste
Charakterisierung reicht zwar nicht aus, das
faktische Normengefüge einer konkreten Gesellschaft zu analysieren; sie gibt aber immerhin den Blick für die Bedeutung von Sanktionen frei: Sanktionen (als bekräftigende resp.
maßregelnde Reaktionen auf Norm-Einhaltung und Norm-Verstöße) können dort, wo
sie unterstellt oder praktiziert werden, normstabilisierend wirken. Ob dies auch tatsächlich der Fall ist, hängt indessen von vielen
Faktoren ab, von ihrer Beschaffenheit, der
Verläßlichkeit ihres Eintretens, den subjektiv
erlebten Vor- bzw. Nachteilen, dem Wertsystem des mit ihnen Konfrontierten u. a.
Eine Sanktion als solche zu identifizieren,
d. h. als einen spezifischen, intentionalen Akt,
verlangt vom Adressaten (und vom analysierenden Forscher) sehr komplexe Verstehens-
vorgänge, an denen kulturelles Wissen ebenso
wie (subjektive) Persönlichkeits- und Sozialtheorien beteiligt sind. Von den Sanktionen
zu unterscheiden sind die objektiven Folgen
der Norm-Einhaltung bzw. des Norm-Versto-
ßes, wie sie speziell z. B. seitens der Defizit-
konzeption thematisiert werden. Sofern aufgrund spezieller Kausaltheorien ein entsprechender Zusammenhang bewußt gemacht
werden kann (bestimmte Ereignisse also als
'Folgen' einsichtig werden), können auch
sie — im Alltag wie in der Wissenschaft —
normstabilisierend wirken.

3.2. Die Existenzweisen der Normen

Soziale Normen kommen in unterschiedlichen
Existenzweisen vor (für die nicht immer spezielle Termini bestehen); sie sind versprachlicht und nicht versprachlicht. Erstere können
wiederum ausgesprochen oder schriftlich fixiert ('kodifizierte Normen') sein, und zwar in
legalisierenden Akten dazu ermächtigter Organisationen ('statuierte Normen') oder in
nicht-legalisierten Akten anderer Formen der
Herrschaftsausübung ('informelle Normen');
sie können außerdem entweder auf Aushandlung beruhen ('konsensuelle Normen') oder

mehr oder weniger einseitig gesetzt worden sein. Die nicht-formulierten ('subsistenten') Normen können entsprechend auf stillschweigendem Konsens basieren oder aufgrund (unterstellter) Macht existieren. — Die Existenz auch subsistenter Normen zeigt bereits an, daß — mit Ausnahme der statuierten Normen — Formuliertheit keine notwendige Bedingung der Existenz (und auch keine der Geltung) von Normen ist. Selbst die Form einer sprachlichen Äußerung gibt nur bedingt darüber Aufschluß: Modalverben (u. a. Modalpartikel) können außer einer Obligation auch die Wahrscheinlichkeit eines Sachverhalts ausdrücken; modale Sätze sind in diesen Fällen dann gerade keine Normen — was die deontische Logik gelegentlich zu übersehen scheint (Gloy 1975, 13 ff). In bestimmten Fällen und aufgrund spezifischer Schlußverfahren können Formulierungen zwar Hinweise auf Normen enthalten (z. B. die Imperative, axiologische Sätze oder Behauptungen über Normen, die von der empirischen Norm-Forschung auch häufig herangezogen werden), sie sind aber nicht die Normen selbst. Nach der Erkenntnis, daß zwischen Satzbedeutung und Verwendungssinn einer Äußerung keine strikte Entsprechung besteht, kann dies nicht weiter überraschen. Konstituiert werden Normen dem Ideal nach durch Legitimation erzeugende Verfahren, in der Praxis meist von verschiedenen Instanzen mit absichernder Funktion: von kodifizierenden Verfassern, verbindlich machenden Normsetzern, verbreitenden Normvermittlern, beobachtenden Normüberwachern, unterstützenden Normbefürwortern und belohnenden bzw. bestrafenden Sanktionssubjekten, zwischen denen jeweils — mit zusätzlicher Absicherungsfunktion — die verschiedenartigsten innovativen, affirmierenden und kontrollierenden Rückkopplungen bestehen können (vgl. Gloy 1984, 282 ff).

4.   Methodenprobleme der Normen-Forschung

Für die empirische Soziolinguistik wie für deren Theoriebildung ist die Identifizierbarkeit von (Sprach-)Normen von großer Wichtigkeit. Mit der programmatischen Überwindung sprachimmanenter Erklärungen für Sprachvariation, -wandel und (nicht) gelingende Kommunikation erhielt das Konventionalitätstheorem über Sprache eine neue Bedeutung. Die komplexe Struktur der modalen Sachverhalte wird dabei allerdings mit vortheoretischen Etiketten ('Konvention',

'Institution' usw.) eher verdeckt; sie liegt in der Tat auch selten offen zutage, muß also mehrheitlich erst erschlossen und/oder empirisch validiert werden. Unakzeptabel erscheint aber ein Umgehen dieser Anstrengung, indem entweder Rekurrenzen für Normen ausgegeben werden oder das Verstehen fremden Handelns mit dem Erfassen der 'Regel', nach der diese Handlung (womöglich) vollzogen wurde, gleichgesetzt wird. — Die methodischen und erkenntnistheoretischen Probleme bei der Identifizierung und Analyse besonders der nicht-statuierten Normen zentrieren sich um die Fragen: Repräsentiert eine vorliegende modale Äußerung eine existierende Norm oder behauptet sie diese nur bzw. versucht sie, sie auf diese Weise einzuführen? (z. B. eine Äußerung wie: 'X muß als Y gesehen/behandelt werden'.) Ist für die Zulässigkeit einer soziolinguistischen Behauptung, daß eine bestimmte Norm existiert, das Bewußtsein der Analysierten oder das der Analysierenden maßgeblich? Darf eine wissenschaftliche Aussage über Normen also eine Explikation von Daten einer höheren Ordnung sein, z. B. von quantitativen, korrelativen oder strukturellen Einsichten, die nur einem wissenschaftlichen Zugriff zugänglich sind? Oder muß man sich auf die den analysierten Personen selbst zugänglichen Daten beschränken (was ist ihnen als Norm bewußt?) — und wie ist der Forschung dieses kulturelle Wissen zugänglich? Schließlich müssen wissenschaftstheoretische Entscheidungen darüber getroffen werden, ob die soziolinguistische Frage nach der Existenz und Beschaffenheit bestimmter Sprachnormen im deskriptiven, prädiktiven, evaluativen und/oder präskriptiven Interesse steht und stehen sollte.

5.   Die Verdinglichung von Normen

Normen erscheinen den mit ihnen Befaßten oft als feststehende soziale Größen — im Alltag, als 'Institutionen im Reich der Gedanken' (Fleischer 1980, 419), und in der Wissenschaft, wo diese 'Gegebenheiten' dann leicht Legitimationsfunktion für die dort gezogenen Schlüsse übernehmen. Um diesen Verdinglichungen zu entgehen, sind für die Norm-Forschung mindestens vier Ebenen von herausgehobenem Interesse:

(1) Die Axiomatik der Theorie. So sieht eine kontextfreie Linguistik (der langue/des Systems) z. B. in Ellipsen 'unvollständige' (u. U. sogar 'defekte') Einheiten, eine kontextsensitive Linguistik sieht in ihnen dagegen

'vollständige' Artikulationen, da nur das-jenige versprachlicht werden muß und sollte, was außerhalb des gemeinsamen Aufmerk-samkeitshorizontes von Sprecher und Hörer steht (vgl. auch die Konversationsmaximen von Grice 1975);

(2) Die Axiomatik, die über den Gegen-stand(-sbereich) getroffen worden ist. Werden rekurrente Dispositionen, Einstellungen, Handlungen usw. kausal erklärt (Normen als Ursachen) oder motivational verstanden (Normen als Gründe)? D. h.: liegen Interes-sen vor, Normen i. S. klassisch-naturwissen-schaftlicher Gesetze zu interpretieren oder i. S. sozialer Forderungen, die — wie stark sie faktisch auch immer sein mögen — dem Subjekt im Prinzip die Möglichkeit des Ab-weichens belassen? Diese Alternative besteht keinesfalls nur zwischen Soziologie und ande-ren Humanwissenschaften, sondern auch in-nerhalb ersterer. Ihre Auflösung zugunsten eines interpretativen Ansatzes und der Ver-zicht auf einen Gesetzesbegriff machen den Blick frei für die Nutznießung und das Inter-esse gesellschaftlicher Gruppen an der Gel-tung bestimmter Normen und für die Tatsa-che, daß die Einhaltung von Normen und deren Affirmation aus Urteilen, Einsichten und sozialen Zwängen und nicht etwa aus Sachnotwendigkeiten erfolgt.

(3) Die Rationalität, die den Institutionen einer Gesellschaft zugeschrieben wird. Im sprachwissenschaftlichen Bereich betrifft das Zweckbestimmungen von Kommunikation v. a. der folgenden Art: das allgemeine Ziel sei Verständigung; sie sei über Koordination zu erreichen (vgl. die 'Koordinationsnormen' von Ullman-Margalit, 1977); das Interesse daran sei deshalb allgemein vorhanden, weil Koordination das Beste für alle sei: nur so könnten sie Verständigung erzielen. — Ein solches Almagam aus Bedingungen der Mög-lichkeit von (diskursiver!) Verständigung und spieltheoretisch verstandener Zweckrationali-tät kann allenfalls die Tatsache, daß es über-haupt (Sprach-)Normen gibt, plausibel ma-chen. Aber es kann keine spezifischen Nor-men in deren faktischer Beschaffenheit erklä-ren oder gar rechtfertigen, wie es z. B. Bartsch (1985, 128 ff) für den Normenkomplex der Standardsprache (qua 'Koordinationsnor-men') versucht. Normen sind vielmehr stets Ergebnisse von Partialinteressen, und Koor-dinierungsprozesse sind stets Ergebnisse von Interessendivergenzen. Die Rationalität der Normen ist deshalb als Rationalität von ge-sellschaftlichen Gruppen, die diese Interessen

haben, zu analysieren. — Dabei drohen min-destens zwei Überschätzungen der Wirksam-keit von Normen: Nicht alle sprachlichen Er-scheinungen können normentheoretisch her-geleitet werden, und: (sprachl.) Handlungen beruhen nicht allein auf Normen (resp. auf 'Regelbefolgung'). Dem Konventionalitäts-theorem ist vielmehr ein Innovations-/Kreati-vitätstheorem an die Seite zu stellen. Dem Tätigkeitsaspekt sprachlichen Handelns, der von Hartung (1977, 14 ff) noch auf Norment-sprechung eingeengt und erst mit dem Kon-zept der 'Anspielung' von Januschek (1986, 41 ff) entfaltet wird, ist damit gebührend Rechnung getragen. Die theoretische Verbin-dung beider Theoreme, d. h. hier: die Konse-quenz für eine Normentheorie, ist noch zu erarbeiten; ebenso Vorstellungen darüber, wie Phänomene des (Sprach-)Wandels und seiner jeweiligen Ergebnisse (qua Normen und Nor-mensysteme) gerade dann erklärt werden können, wenn sie — trotz aller Intentionali-tät, Finalisierung, Planung — anders beschaf-fen sind, als ihr rationaler Entwurf es vorsah.

(4) Die Geschichtlichkeit des Gegenstan-des. Da Normen Ergebnisse von Durchset-zungsprozessen sind, haben auch die Um-stände und Abläufe dieser Prozesse und die sie tragenden Instanzen Bedeutung. Nicht nur das Prozeßhafte der Normen-Etablierung selbst, sondern ebenfalls deren Varianten zu verschiedenen Zeiten legen nahe, Normen auch historisch zu begreifen. Auf diese Weise können — auch zum besseren Verständnis des Gegenwärtigen — die folgenden Verhält-nisse in den Blick kommen (vgl. Gloy 1984): Die Nicht-Beliebigkeit (die Motiviertheit) der jeweiligen Norm-Inhalte; deren Funktionali-tät bezüglich herrschender und ihre Dysfunk-tionalität bezüglich damit konkurrierender gesellschaftlicher Bedürfnisse; die Pertinenz bzw. Modifikation jeweils benutzter Legiti-mationskriterien (vgl. dazu Gloy 1980, 366 f) als Hinweise auf die Lang- bzw. Kurzlebigkeit bestimmter Wertsysteme im Dienst von Ideo-logien; der formationsspezifische Anteil, den Institutionen und/oder Vorgänge der System-integration (vgl. dazu Luhmann 1972) an der jeweiligen Durchsetzung bestimmter Gesell-schaftsordnungen haben.

Allerdings steht die historische Norm-For-schung dabei v. a. aufgrund ihrer Datenlage vor noch größeren Schwierigkeiten als diesbe-zügliche Rekonstruktionsversuche der gegen-wärtigen Situation. Gleichwohl gibt es seit einiger Zeit auch in der Sprachwissenschaft Arbeiten, die diese Probleme in Angriff nehmen, methodologisch (z. B. Schlieben-Lange 1983, Besch/Reichmann/Sonderegger 1984), gesellschaftspolitisch (z. B. Gessinger 1980, Glück 1979, Guchmann 1970, Heringer 1982), sozialhistorisch (z. B. Calvet 1978, Sanders 1982) oder kulturanalytisch (z. B. Maas/McAlister-Hermann 1982, 1984.

Die Schwierigkeiten, die eine historisch orientierte Norm-Forschung zu bewältigen hat, betreffen v. a. die subsistenten Normen sowie jene, die zwar formuliert worden sind, aber seitens solcher Instanzen, denen entweder ein legaler Auftrag dazu fehlte oder deren Einfluß auf die Alltagspraxis nicht (mehr) rekonstruiert werden kann. So sehen sich diese Arbeiten oftmals veranlaßt, als Kriterium für seinerzeit existierende Normen den rekurrenten Sprachgebrauch oder die normativen Äußerungen einzelner (repräsentativer?) Persönlichkeiten anzusetzen (z. B. Kirkness 1975, Josten 1976, Stopp 1976). Mit diesen irrtumsanfälligen Schlüssen verweisen sie nachdrücklich auf ein Desiderat der (Sprach-) Norm-Forschung, welches auch — und hier nicht mit dem Hinweis auf die Datenlage entschuldbar — bezüglich der Analyse gegenwärtiger Sprach-Normen besteht: die konsistente Erklärung sozialen Handelns und Entscheidens aus lebensgeschichtlichen, institutionellen und umgreifenderen gesellschaftlichen Bedingungen.

6. Literatur (in Auswahl)

Bartsch, Renate (1985) *Sprachnormen: Theorie und Praxis*, Tübingen.

Besch, Werner/Reichmann, Oskar/Sonderegger, Stefan, eds., (1984) Sprachgeschichte. Ein Handbuch zur Geschichte der deutschen Sprache und ihrer Erforschung, 1. Halbbd., Berlin/New York.

Calvet, Louis-Jean ([1974 französisch] 1978) *Die Sprachenfresser*. Ein Versuch über Linguistik und Kolonialismus, Berlin.

Coseriu, Eugenio (1970) „System, Norm und 'Rede'", in: ders., *Sprache*. Strukturen und Funktionen, Tübingen 193—212.

Ezawa, Kennosuke (1985) *Sprachsystem und Sprechnorm*. Studien zur Coseriuschen Sprachnormtheorie, Tübingen.

Fleischer, Helmut (1980) „Über die normative Kraft im Wirklichen", in: *Arbeit, Handlung, Normativität*, Honneth, A./Jaeggi, U., eds., Frankfurt a. M. 402—422.

Gessinger, Joachim (1980) *Sprache und Bürgertum*. Sozialgeschichte sprachlicher Verkehrsformen im Deutschland des 18. Jhs., Stuttgart.

Gloy, Klaus (1975) *Sprachnormen I*. Linguistische und soziologische Analysen, Stuttgart.

Gloy, Klaus (1980) „Sprachnorm", in: *Lexikon der Germanistischen Linguistik*, Althaus, H. P./Henne, H./Wiegand, H. E., eds., Tübingen 363—368.

Gloy, Klaus (1984) „Sprachnormierung und Sprachkritik in ihrer gesellschaftlichen Verflechtung", in: *Sprachgeschichte*, 1. Halbbd., Besch, W./Reichmann, O./Sonderegger, S., eds., Berlin/New York 281—289.

Glück, Helmut (1979) *Die preußisch-polnische Sprachenpolitik*, Hamburg.

Grice, H. Paul (1975) „Logic and Conversation", in: *Syntax and Semantics III*, Cole, P./Morgan, J. L., eds., New York 41—58.

Guchmann, M. M. ([1955 u. 1959 russisch] 1970) *Der Weg zur deutschen Nationalsprache*, 2. Auflage, Berlin (DDR).

Hartung, Wolfdietrich, ed., (1977) *Normen in der sprachlichen Kommunikation*, Berlin (DDR).

Heringer, Hans J. (1974) „Eine Regel beschreiben", in: *Seminar: Der Regelbegriff in der praktischen Semantik*, Heringer, H. J., ed., Frankfurt a. M. 48—87.

Heringer, Hans J. ed., (1982), *Holzfeuer im hölzernen Ofen*, Tübingen.

Januschek, Franz (1986) *Arbeit an Sprache*. Konzept für die Empirie einer politischen Sprachwissenschaft. Opladen.

Josten, Dirk (1976) *Sprachvorbild und Sprachnorm im Urteil des 16. und 17. Jhs.*, Bern/Frankfurt a. M.

Kirkness, Alan (1975) *Zur Sprachreinigung im Deutschen*, Tübingen.

Labov, William (1972) *Language in the Inner City*. Studies in the Black English Vernacular, Philadelphia.

Lewis, David ([1969 englisch] 1975) *Konventionen*. Eine sprachphilosophische Abhandlung. Berlin/New York.

Luhmann, Niklas (1972) *Rechtssoziologie*, 2 Bde., Reinbek.

Maas, Utz/McAlister-Hermann, Judith (1982—1984) *Materialien zur Erforschung der sprachlichen Verhältnisse in der frühen Neuzeit in Osnabrück*, 2 Bde., Osnabrück (Universitätsdruck).

Palmer, Frank (1974) *Grammatik und Grammatiktheorie*. Eine Einführung in die moderne Linguistik, München.

Sanders, Willy (1982) *Sachsensprache, Hansesprache, Plattdeutsch*, Göttingen.

Schlieben-Lange, Brigitte (1983) *Traditionen des Sprechens*. Elemente einer pragmatischen Sprachgeschichtsschreibung, Berlin/Köln/Mainz.

Stopp, H. (1976) *Schreibsprachwandel*, München.

Ullmann-Margalit, Edna (1977) *The emergence of norms*, Oxford.

Klaus Gloy, Oldenburg
(Bundesrepublik Deutschland)

20. Attitude

1.   Introduction

The notion attitude is a basic tenet in social psychology. Allport (1954, 24) called it "the primary building stone in the edifice of social psychology". As an umbrella construct aiming at the integration of psychological and sociological determinants of human behaviour, the concept of attitude has become very popular in several other disciplines. By the early seventies it had become one of the most common concepts in the social sciences (Berkowitz 1972). — Although most forms of human behaviour involve language, the study of language attitudes is quite recent. It was initiated by the Canadian social psychologist Wallace Lambert. Sociolinguists recognized the importance of this issue in the mid sixties. The actual research on language attitudes, however, only started in the seventies. Since then the concept of attitude has become most prominent in sociolinguistics as well. Yet the sociolinguistic study of language attitudes has often shown considerable shortcomings mainly because sociolinguists are not sufficiently familiar with socio-psychological theories. They have adopted the concept, yet remain largely unaware of the broad theoretical discussion that is going on in the field of social psychology. In this article, we shall give an outline of the most important socio-psychological insights concerning the concept of attitude.

2.   Definition

Following Allport (1954, 19) and Jaspars (1978, 256) we take as a starting-point the meaning of the word itself. 'Attitude' is derived from two roots: from the late Latin word 'aptitudo', meaning *readiness, inclination*, and — via the Italian 'atto' — from the Latin 'actus', meaning *action, behaviour*. Hence, attitude has a lot to do with behaviour, but it is not behaviour; attitude means

readiness to behaviour. Fishbein and Ajzen (1975, 6) define 'attitude' as "a predisposition to respond in a consistently favourable or unfavourable manner with respect to a given object" — this object may be a person, a group, an event, a situation, a fact, a language variety, a linguistic variant etc. A first important implication of this definition is that an attitude as such is not directly perceivable or measurable. It is a "mental and neural state of readiness" (Allport 1954, 24), a hypothetical construct which mediates between stimulus and response. However, hypothetical does not mean empty or vague. On the contrary, the definition implies both structure and quality. Regarding structure, the presence of a number of components is assumed; as to quality, consistency is the central criterion.

3.   Structure

The construct of attitude is often thought to consist of three components, a cognitive one, an evaluative one and a conative one. The reasoning is that before somebody can react consistently to an object, he first has to know something about it. Only then can he evaluate the object positively or negatively. Finally, this knowledge and these feelings are accompanied by behavioural intentions.

3.1.   The Cognitive Component

The cognitive component of the attitude includes all kinds of knowledge one has about the attitude object. This knowledge is composed of so-called beliefs. Beliefs are the smallest cognitive units of the conceptual structure. Fishbein and Ajzen (1975, 131) define them as "a person's subjective probability judgments concerning some discriminable aspect of his world". The person assumes or "knows" that there is a relation between the object of his attitude and some other attribute, some other feature, some other object. The cognitive component thus comprises all characteristics, attributes, objects that are associated with the object in question.

Beliefs may differ in several respects. A first important difference concerns their origin. Fishbein and Ajzen (1975, 131—215) and Ajzen and Fishbein (1980, 63) distinguish three kinds of beliefs: (1) descriptive beliefs: these are based on direct observation of the object or on direct experience of it; (2) inferential beliefs: new beliefs which have been effected by already established beliefs; which, in other words, are based on inference processes, (3) informational beliefs: they are based on what authorities say about the object. Two other important aspects in terms of which beliefs may be distinguished are "differentiation" and "centralization" (cf. Rokeach 1967; 1968). Differentiation refers to the informative level. That is, whereas some beliefs contain very exact and detailed information about the object, others consist only of very incomplete and deficient data. Since Lippman (1922) the latter have come to be called stereotypes (→ Art. 91). Also beliefs differ as to centralization or salience. This means that not all beliefs refer to data that are equally crucial to the true representation of the object. This latter criterion has important implications with regard to the evaluative component of the attitude.

3.2. The Evaluative Component

The evaluative component is the central component. Here, emotional values are related to the beliefs. Also, in this component the salient beliefs carry more weight. In Fishbein's "Summation Theory" (1963; 1965), the total evaluation of the object is equal to the sum of the separate evaluations of all (salient) beliefs. — It should be clear, then, why people with largely similar belief structures still may have divergent attitudes, or why — vice versa — similar attitudes may be based on different belief structures. In the first case, different emotional values are related to the same beliefs whereas in the second case the same emotional values are related to different beliefs. — As a whole, however, Fishbein's theory is somewhat difficult to get on with. According to Fishbein, to each belief only one emotional value is connected; an exactly defined one, for that matter. Yet, in reality, beliefs and emotional values do not seem to occur in a one-one relationship. In this respect, Sherif's 'Social Judgement Theory' (Sherif and Sherif 1967; Sherif 1968) looks a lot more attractive. The central idea of this theory is that a person considers not only one but several values to be acceptable (or unacceptable) with respect to one and the same belief and therefore also with respect to one and the same object. The positive values form the 'latitude of acceptance', the negative ones form the 'latitude of rejection'. The values in between are neither acceptable nor unacceptable and constitute the 'latitude of

non-commitment'. For language attitudes Williams (1974) has proved the existence of such a 'latitude of positions' on an experimental basis.

Besides, it is not only the salience of the beliefs which plays an important role here. Also, the degree of differentiation leaves its mark on this component. When emotional values are related to beliefs which are hardly differentiated, then one usually speaks of prejudices. Simpson and Yinger (1965, 10) define prejudice as "an emotional, rigid attitude (...) toward a group of people". Harvey and Smith (1977, 147) call it "rigid negative impressions of others". When a prejudice is carried to an extreme, it becomes a 'Feindbild' in the sense that only extremely negative values are ascribed to the attitude object. The counterpart of a 'Feindbild' is called an 'Idealbild': in this case only extremely positive values are ascribed to the attitude object. Prejudices, 'Feindbilder' and 'Idealbilder' have in common that they are based on very limited beliefs.

3.3. The Conative Component

Together, the cognitive and evaluative components determine the conative component of attitude. In the conative component the relevant beliefs and emotional values are transformed into more or less specific behavioural intentions. Important here is that the individual has to weigh carefully his possibilities against the relevant normative restrictions imposed by the situation. After all, the attitude object is always to be found in a specific situation towards which one also has a particular attitude.

In Fishbein's and Ajzen's 'Theory of Reasoned Action', a decisive role is ascribed to these situational beliefs and evaluations. According to them, behavioural intentions have to be understood as functions of two determinants: (1) the attitude toward the intended behaviour, and (2) the subjective norm regarding this behaviour. The attitude toward the intended behaviour consists of the beliefs about the possible consequences of this behaviour (the so-called 'behavioural beliefs'), and of the evaluation of these consequences. The subjective norm, on the other hand, is composed of the perceived or presupposed normative expectations of the others regarding this behaviour (the so-called 'normative beliefs'), and the individual's motivation to comply with these norms. "Generally speaking individuals will intend to perform a behaviour when they evaluate it positively and when they believe that important others think that they should perform it" (Ajzen and Fishbein 1980, 6). — In the conative component compromises between diverging beliefs and emotional values are looked for, on the basis of which specific behaviour is prepared. The result is not behaviour, but instructions for behaviour in concrete situations. It is generally assumed, that the individual aims at acting in a way which is consistent with his or her intentions. Whether he or she will succeed is another question but this has far less to do with the structure than with the quality of the attitude.

4.   Quality

The quality of attitude can certainly not be seen independent of its structure, yet it exceeds the structural level in some fundamental aspects. This was already implied in the definition: attitude is a predisposition to respond in a consistent manner. To be able to speak of quality there must be consistency at different levels. First, there must be consistency among the different components of the attitude: "Considering these three dimensions, an attitude may be termed well developed to the degree that it is cognitively articulated and the affective valence and behavioural orientations are mutually consistent. To the degree that an attitude is not well developed — to the degree that there is inconsistency among its three dimensions — the attitude is unstable" (Ehrlich 1973, 3).

Secondly, there must be consistency between the actual behaviour and the behavioural intentions developed in the conative component. Indeed, inconsistent behaviour entails inconsistent beliefs which then may disturb the consistency within the attitude and in this way may affect its quality. — In social psychology several theories have been developed attempting to explain how and why consistency is aimed at among the components of an attitude on the one hand and between attitude and behaviour on the other. The best known among them is undoubtedly Festinger's 'Cognitive Dissonance Theory' (1957). The starting point of this theory is "that the human organism tries to establish internal harmony, consistency, or congruity among his opinions, attitudes, knowledge, and values" (1957, 260). According to Festinger this 'drive toward consonance' is dictated by the survival instinct. People aim

at consistency, because then they feel good, psychologically speaking that is. Indeed, consistency means clarity, firmness, security, whereas dissonance creates confusion and doubt. Consistency and dissonance refer to relations: between beliefs, evaluations, intentions and behaviour. An element is dissonant, when it implies the other negatively. This need not necessarily be interpreted in a strictly logical sense; two elements may also imply each other negatively because of the cultural mores prevalent in the group or society. In practice, dissonance may arise in a number of ways. According to Festinger, the most frequent causes are: (1) new beliefs that cannot be fitted into the existing belief structure, and (2) behaviour that deviates from the attitude. — How the individual creates consistency within his attitude structure has been described in detail by Rosenberg (1960; 1965). Every new piece of information is at first tested with regard to its consistency vis-à-vis the existing belief structure. If dissonance occurs, especially if salient beliefs are involved, the individual should be prepared to modify the belief structure in order to integrate the new data and thus restore consistency. Often, it does not suffice to bring about changes in the cognitive component only — other components may have to undergo changes as well. As to the evaluative component Rosenberg (1965, 126) stated: "If a person somehow undergoes an 'irreversible' change in his cognitions toward an attitude object, his affect toward that object will show corresponding change". Carlson (1956), for example, examined the attitude of White Americans toward racially mixed neighbourhoods, more specifically before and after a 'persuasive communication' in favour of such neighbourhoods. The results made clear that the information thus provided, had thoroughly changed the belief structure as well as the evaluations of the subjects, in a positive way. Kernan and Trebbi (1973) went a step further and asked their subjects about their behavioural intentions. They observed that these also were clearly influenced. — Perhaps the most difficult task for the individual is to bring consistency and, eventually, maintain this consistency between his attitudes and his behaviour. As we have seen before, in practice, all sorts of situational or normative restrictions have to be taken into account which, if not assessed correctly, may lead to diverging behaviour (cf. Wicker 1969; 1971). How can such discrepancies be neutralized? According to the Cognitive Dissonance Theory, little else can be done but to bring the weakest elements of the dissonance — evaluations and behavioural intentions — in accord with the behaviour determined by the situation. Indeed, experimental research has repeatedly shown that "the induction of behavior counter to other attitudinal components (cognitive and/or affective) tends to result in cognitive and/or affective change toward consistency with or support of the behavior" (Brehm 1960, 184). In other words, he who cannot act the way he thinks or feels has, from a psychological point of view, every reason to start thinking and feeling the way he acts. In practice, to change attitudes is not always that easy. Some attitudes are particularly resistant. The functions they fulfill often play a decisive role (cf. 6.).

5. Origin

Attitudes are not innate but develop on the basis of learning-processes. The period of socialization is most important in this respect. This is exactly what Harvey and Smith (1977, 206) meant when they defined socialization as "the process whereby people are led to internalize the beliefs, values, attitudes, and expectations of a specific culture". Research by Vaugham (1963), Lambert and Klineberg (1967) and Tajfel and Jahoda (1966; Tajfel, Nemeth, Jahoda, Campbell and Johnson 1970) into the origin and development of national and racial attitudes has shown that children are aware of racial and ethnic differences from the age of three or four onwards, and that from the age of five they start adding value judgments to these differences. At the age of seven or eight, these rudimentary attitudes have developed into solid schemes of interpretation and evaluation, which will hardly change in the years to come.

During this period of so-called primary socialization parents play a decisive role: "The family defines the child's world, both in the sense of defining its outer limits, and in defining social reality" (Milner 1981, 118). It is the parents who convey to the children their first attitudes both directly and indirectly. In the so-called 'direct tuition', parents refer explicitly to their own beliefs, feelings, intentions, and behaviour, and stimulate the child to think, judge and act in the same way. In 'indirect tuition', things happen less explicitly: attitudes are then not taught consciously, but are implicitly present in every-

thing the parents do or do not do. The child identifies with its parents and imitates their behaviour, thus absorbing their value system. — During the period of secondary socialization, other socializing factors come to the fore, such as peers and friends, school, and media. The influence of the peer-group on the development of attitudes was investigated by Grossack (1957), Wilson (1963) and Pettigrew (1958; 1959); they found significant correlations between the (racial) attitudes of younger kids and the 'perceived group norm' of their peers. Blom, Waite and Zimet (1967) and Waite (1968) examined the impact of the school on the development of attitudes. They analysed the first-grade textbooks which were used in the USA at that time and observed that most of them contained serious prejudices against black people. Also novels, magazines, radio, TV, movies, etc. contribute actively to the formation and the reinforcement of attitudes respectively. Larrick (1965), for example, studied children's books published between 1962 and 1964, and found out that only in 6.7% of the 5,206 books Blacks played any part. Other illustrations can easily be found. — Besides, attitudes acquired during the period of socialization generally appear to be particularly resistant. For example, in their study of political attitudes in the USA, Campbell, Gurin, and Miller (1954) found that of all subjects coming from Democratic families 76% considered themselves to be Democrats too, and another 10% saw themselves as 'independent' Democrats; of the subjects coming from Republican families 63% felt to be Republicans and another 10% considered themselves 'independent' Republicans. In Belgium, Kabugubugu and Nuttin (1971) and Nuttin (1976) reached a similar conclusion. They investigated the attitudes of Flemish students toward the Walloons and toward the Belgian state and found a clear correspondence between their subjects' attitudes and the convictions of the milieu they originated from.

6. Functions

Why do people develop attitudes? "The reason is", Triandis (1971, 4) writes, "because attitudes a. help them understand the world around them, by organizing and simplifying a very complex input from their environment, b. protect their self-esteem, by making it possible for them to avoid unpleasant truths about themselves, c. help them adjust in a complex world, by making it more likely that they will react so as to maximize their rewards from the environment, and d. allow them to express their fundamental values". With this point of view Triandis joins the so-called 'functional paradigm' as developed by Smith, Bruner and White (1956), Katz (1960) and Katz and Stotland (1963). This paradigm states that attitudes should be studied in view of the functions they have for the individual. The following basic functions are distinguished: (1) an instrumental-utilitarian function, (2) a cognitive orientation function, (3) a value-expressive function, and (4) an ego-defensive function.

6.1. Katz (1960, 170−171) explains the instrumental-utilitarian function by virtue of the fact "that people strive to maximize the rewards in their external environment and to minimize the penalties (...). Attitudes acquired in the service of the adjustment function are either the means for reaching the desired goal or avoiding the undesirable one, or are affective associations based upon experiences in attaining motive satisfactions". In other words, these attitudes are developed so as to improve the (material) position of the individual or to guarantee the needs of the group. On the intergroup level, these attitudes may easily develop into "selfcontained systems of thought which harden into ideologies" (Hammond 1965, 46). These ideologies in turn should defend the privileges of the majority and justify the exploitation of the minority.

6.2. According to Katz (1960, 170) the cognitive orientation function is "based upon the individual's need to give adequate structure to his universe. The search for meaning, the need to understand, the trend toward better organization of perceptions and beliefs to provide clarity and consistency for the individual, are other descriptions of this function". With the help of these attitudes, new data will be categorized, classified and, above all, simplified (cf. Tajfel and Forgas 1981). This act of structuring has an important function of orientation: reality becomes opaque, understandable, and predictable.

6.3. Closely related to the above-mentioned function is the affective-evaluative or value-expressive function. Emphasis, however, here lies on the individual's need to express evaluations. These attitudes "have the function of

giving positive expression to his central values and to the type of person he conceives himself to be" (Katz 1960, 173). Furthermore, "A man may consider himself to be an enlightened conservative or an internationalist or a liberal, and will hold attitudes which are the appropriate indication of his central values (...). Satisfactions also accrue to the person from the expression of attitudes which reflect his cherished beliefs and his self-image. The reward to the person in these instances is not so much a matter of gaining social recognition or monetary rewards as of establishing his self-identity and confirming the sort of person he sees himself to be" (Katz 1960, 173). In Tajfel's 'Social Identity'-theory (1978; Tajfel and Turner 1979) the value-expressive function of attitude is closely connected with the cognitive orientation function. According to Tajfel, social identity originates in both cognitive categorization processes and the need of a positive self-image. The individual is only able to develop a positive social identity when he realizes that he is part of a social group and when he attaches a positive value to this membership. Identity and attitude are thus tied together very closely. Besides, according to Giles, Bourhis and Taylor (1977, 325) social identity is only a question of self-evaluation viz. "self-evaluation which derives from being a member of a specific group".

6.4. Ego-defensive attitudes then, are the antipole of value-expressive ones in that by them the individual tries to hide his real ego. They are defence mechanisms, protecting the individual against inner tensions, against inhibited wishes, feelings, and inclinations, which the individual is not allowed to admit to others or to himself. "Displacement" and "projection" are among the best known defence mechanisms. They are meant to exteriorize the psychological tensions: negative properties are attributed to, and worked off on, objects, individuals or groups which are to serve as scapegoats for one's own inner problems. Against the scapegoat, prejudices are developed which can grow into real 'Feindbilder'. Also, hostile attitudes are ascribed to the scapegoat, so as to rationalize all one's own hatred and disgust which consequently may be regarded as legitimate and necessary self-defense.

Studies by Adorno, Frenkel-Brunswik, Levinson et al. (1950), and recently by Deprez and Persoons (1984), and Persoons (1986) have shown that prejudices and 'Feindbilder' scarcely occur by themselves. They are mostly accompanied by exaggerated positive attitudes towards oneself or towards one's own group. These too are ego-defensive attitudes: they create an "ideal self", thus forming "an integral part of the defensive postures that people assume against the consequences of deep-seated inner conflict" (Smith 1968, 28).

The functions which attitudes fulfill determine to a large extent their degree of psychological resistance. Attitudes with instrumental-utilitarian, cognitive-orientation or value-expressive functions can be adapted rather easily or, if necessary, be changed completely under the influence of new needs, new information or new experiences. It is much more difficult, however, to do so with ego-defensive attitudes since these are much more resistant. The reason for this is obvious: the uncertain individual clings to his defensive attitudes, because these are often the ultimate resources against the inner tensions which he is fighting. Defensive attitudes "remove the sharp edges of conflict and save the individual from complete disaster" (Katz 1960, 172).

7.   Conclusion

The social psychological insights regarding structure, quality, origin and function of attitudes concern a large field of research, comprising aspects of both personality and environment. According to Warren and Jahoda (1976, 11): "They construe the human being at an appropriate level as a subtle and complex organism who is affected by and concerned with his social world". The study of attitudes may then be regarded as "the study of one of the truly significant areas of human life (...). It resists, on the one hand, compartmentalization of the person into cognition, affect, motivation, and yet smaller categories, and, on the other hand, a divorce of the individual from his external environment" (12). These social psychological insights also have a special value for the study of language in relation to society (as sociolinguistics is commonly called). Not only do they constitute the necessary theoretical basis for the study of language attitudes, but they also enable us (i) to gain a better understanding of the interaction between language and society, (ii) to describe more accurately extensive systems of norms and values in social life, and (iii) to provide more adequate explanations of complex phenomena such as language variation, code-switching, language change, bilingualism and multilingualism.

8.   Literature (selected)

Adorno, Theodor W./Frenkel-Brunswik, Else/Levinson, Daniel J. et al. (1950) *The authoritarian personality*, New York.

Ajzen, Icek/Fishbein, Martin (1980) *Understanding attitudes and predicting social behavior*, Englewood Cliffs, N. J.

Allport, Gordon W. (1954) "Attitudes in the history of social psychology", in: *Attitudes. Selected readings*, Warren, N./Jahoda, M., eds., Harmondsworth 19−25.

Bettelheim, Bruno/Janowitz, Morris (1950) *Dynamics of prejudice. A psychological and sociological study of veterans*, New York.

Blom, G. E./Waite, R. R./Zimet, S. F. (1967) "Ethnic integration and urbanization in a first grade reading textbook: a research study", in: *Psychology in the Schools* 4, 176−181.

Brehm, Jack W. (1960) "A dissonance analysis of attitude-discrepant behavior", in: *Attitude organization and change. An analysis of consistency among attitude components*, Rosenberg, M. J./Hovland, C. I./McGuire, W. J. et al., eds., New Haven, 164−232.

Campbell, Angus A./Gurin, Gerald/Miller, Warren (1954) *The voter decides*, Evanston, Ill.

Carlson, Earl R. (1956) "Attitude change and attitude structure", in: *Journal of Abnormal and Social Psychology* 52, 256−261.

Deprez, Kas/Persoons, Yves (1984) "On the ethnolinguistic identity of Flemish high school students in Brussel", in: *Journal of Language and Social Psychology* 3, 273−296.

Ehrlich, Howard (1973) *The social psychology of prejudice. A systematic theoretical review and propositional inventory of the American social psychological study of prejudice*, New York.

Festinger, Leon (1957) *A theory of cognitive dissonance*, Stanford.

Fishbein, Martin (1963) "An investigation of the relationships between beliefs about an object and the attitude toward that object", in: *Human Relations* 16, 233−240.

Fishbein, Martin (1965) "A consideration of beliefs, attitudes and their relationships", in: *Current studies in social psychology*, Steiner, I. D./Fishbein, M., eds., New York, 107−120.

Fishbein, Martin/Ajzen, Icek (1975) *Belief, attitude, intention and behavior. An introduction to theory and research*, Reading, Mass.

Giles, Howard/Bourhis, Richard Y./Taylor, Donald M. (1977) "Towards a theory of language in ethnic group relations", in: *Language, ethnicity and intergroup relations*, Giles, H., ed., London, 307—348.

Grossack, Martin M. (1957) "Attitudes towards desegregation of Southern white and negro children", in: *Journal of Social Psychology* 46, 299—306.

Hammond, Kenneth R. (1965) "New directions in research on conflict resolution", in: *Journal of Social Issues* 11, 44—66.

Harvey, John H./Smith, W. P. (1977) *Social Psychology. An attributional approach*, Saint Louis.

Jaspars, J. M. F. (1978) "The nature and measurement of attitudes", in: *Introducing social psychology*, Tajfel, H./Fraser, C., eds., Harmondsworth, 256—276.

Kabugubugu, Amadée/Nuttin, Joseph (1971) "Changement d'attitude envers la Belgique chez des étudiants flamands. Comparaison de groupes équivalents à douze années d'intervalle", in: *Psychologica Belgica* 11, 23—44.

Katz, Daniel (1960) "The functional approach to the study of attitudes", in: *Public Opinion Quaterly* 24, 163—204.

Katz, Daniel/Stotland, Ezra (1963) "A preliminary statement to the theory of attitude structure and change", in: *Psychology. A study of a science*, vol. 3, Koch, S., ed., New York, 423—475.

Kernan, Jerome B./Trebbi, George G. (1973) "Attitude dynamics as a hierarchical structure", in: *Journal of Social Psychology* 89, 193—202.

Lambert, Wallace E./Klineberg, Otto (1967) *Children's view of foreign peoples: a cross-national study*, New York.

Larrick, N. (1965) "The all-white world of children's books", in: *Saturday Review*, Sept. 11, 1965, 63—65, 84—85.

Lippmann, Walter (1922) *Public opinion*, New York.

Milner, David (1981) "Racial prejudice", in: *Intergroup behavior*, Turner, J. C./Giles, H., eds., Oxford, 102—143.

Nuttin, Joseph (1976) *Het stereotiep beeld van Walen, Vlamingen en Brusselaars. Hun kijk op zichzelf en op elkaar. Een empirisch onderzoek bij universitairen*, Brussel.

Ostermann, Anne/Nicklas, Hans (1976) *Vorurteile und Feindbilder*, Frankfurt.

Persoons, Yves (1986) *De identiteit van de minderheid. Een verkennend sociaal-psychologisch onderzoek bij jonge Vlamingen in Brussel*, Diss. U of Antwerp, UIA.

Pettigrew, Thomas F. (1958) "Personality and sociocultural factors in intergroup attitudes: a cross-national comparison", in: *Journal of Conflict Resolution* 2, 29—42.

Pettigrew, Thomas F. (1959) "Regional differences in anti-negro prejudice", in: *Journal of Abnormal and Social Psychology* 59, 28—36.

Rokeach, Milton (1967) "Attitude change and behavioral change", in: *Public Opinion Quaterly* 30, 529—550.

Rokeach, Milton (1968) *Beliefs, attitudes and values*, San Francisco.

Rosenberg, Milton J. (1960) "An analysis of affective-cognitive consistency", in: *Attitude organization and attitude change. An analysis of consistency among attitude components*, Rosenberg, M. J./Hovland, C. I./McGuire, W. J. et al., eds., New Haven, 15—30.

Rosenberg, Milton J. (1965) "Inconsistency arousal and reduction in attitude change", in: *Current studies in social psychology*, Steiner, I. D./Fishbein, M., eds., New York, 121—134.

Sherif, Muzafer (1968) "Self concept", in: *International Encyclopedia of the Social Sciences*, vol. 14, Sills, G., ed., New York, 150—159.

Sherif, Carolyn W./Sherif, Muzafer, eds., (1967) *Attitude, ego-involvement and change*, Philadelphia.

Simpson, George E./Yinger, Milton J. (1965) *Racial and cultural minorities. An analysis of prejudice and discrimination*, New York.

Smith, M. Brewster (1968) "Attitude change", in: *Attitudes. Selected readings*, Warren, N./Jahoda, M., eds., Harmondsworth, 26—46.

Smith, M. Brewster/Bruner, Jerome S./White, Robert W. (1956) *Opinions and personality*, New York.

Tajfel, Henri, ed., (1978) *Differentiation between social groups. Studies in the social psychology of intergroup relations*, London.

Tajfel, Henri/Jahoda, Gustav (1966) "Development in children of concepts and attitudes about their own and other nations: a cross-national study", in: *Proceedings of the 18th International Congress of Psychology, Symposium 36*, Moscow, 17—33.

Tajfel, Henri/Turner, John C. (1979) "An integrative theory of intergroup conflict" in: *The social psychology of intergroup relations*, Austin, W. G./Worchel, S., eds., Monterey, 33—47.

Tajfel, Henri/Forgas, Joseph P. (1981) "Social categorization. Cognitions, values and groups", in: *Social cognition. Perspectives on everyday understanding*, Forgas, J. P., ed., London, 113—140.

Tajfel, Henri/Nemeth, Charlan C./Jahoda, Gustav et al. (1970) "The development of children's preferences in their own country. A cross-national study", in: *International Journal of Psychology* 5, 245—253.

Triandis, Harry C. (1971) *Attitude and attitude change*, New York.

Vaughan, Graham M. (1963) "Concept formation and the development of ethnic awareness", in: *Journal of Genetic Psychology* 103, 93—103.

Waite, R. R. (1968) "Further attempts to integrate and urbanize first grade reading textbooks: a research study", in: *Journal of Negro Education* 37, 62–70.

Warren, Neil/Jahoda, Marie, eds., (1976) *Attitudes. Selected readings*, Harmondsworth.

Wicker, Allan W. (1969) "Attitudes versus actions. The relationships of verbal and overt behavioral responses to attitude objects", in: *Journal of Social Issues 25*, 41–78.

Wicker Allan W. (1971) "An examination of the "other variables" explanation of attitude-behavior inconsistency" in: *Journal of Personality and Social Psychology* 19, 18–30.

Williams, Frederick (1974) "The identification of linguistic attitudes", in: *International Journal of the Sociology of Language* 3, 21–32.

Wilson, W. C. (1963) "Development of ethnic attitudes in adolescence", in: *Child Development* 34, 247–256.

*Kas Deprez/Yves Persoons,
Antwerpen (Belgium)
Translated by
Lut Teck and Didier Goyvaerts from the Dutch*

21. Identität

1.   Verschiedene Sichtweisen

Das Identitätsthema stellt sich für philosophische, sozialpsychologische und soziologische Traditionen des Denkens in unterschiedlicher Weise. In philosophischer Betrachtung ist Identität ein Prädikat, das dem einzelnen zukommt und erlaubt, es von anderen gleicher Art zu unterscheiden und wiederzuerkennen. Diese Aussage wirft logische und erkenntnistheoretische Probleme auf (vgl. Henrich 1979). Auf verschiedene Weise wurde von Philosophen wie Aristoteles, Locke, Kant, Husserl oder Heidegger die Frage beantwortet, wie eine Person dieselbe bleiben könne, obwohl sie sich im Verlauf ihres Lebens immer wieder anders verhält (vgl. Henrich 1979; Tugendhat 1979; Lorenz 1982). In der sozialpsychologischen Problemsicht ist die Identität einer Person nicht durch Substanz, Bewußtsein oder Existenz garantiert, sondern Identität ist eine ungesicherte Qualität des Teilnehmers an sozialen Handlungsprozessen, die erworben und mit anderen ausgehandelt wird, die man erstrebt oder die gegenseitig abverlangt wird, die erfolgreich behauptet oder zerstört werden kann. Dabei gibt es erhebliche Unterschiede in der Auffassung, ob Identität zum relativ stabilen Besitz wird.

Dazu neigen diejenigen, die sie als Resultat eines Entwicklungsprozesses betrachten (Erikson 1966a; Nunner-Winkler 1983). Die ständige Gefährdung von Identität und die manchmal geradezu verzweifelten Strategien, sie zu sichern, stellen dagegen diejenigen heraus, die Bemühungen um Identität in prekären Handlungssituationen untersuchen (Goffman 1974; Cohen/Taylor 1977). Eine soziologische Fragestellung bezieht sich auf den Beitrag der Identität der Handelnden zum Erhalt sozialer Systeme (Parsons 1977; Luhmann 1979). Soziologische Kritiker wenden ein, daß mit unaufgeklärten Idealen der Identitätswahrung dem einzelnen integrierende und ausgleichende Leistungen zugemutet werden, an denen er sich verzehrt, anstatt seine Kräfte auf die Lösung gesellschaftlicher Konflikte zu verwenden (Adorno 1955; Hack 1977). Andere suchen gerade mit diesem Begriff nach einem Weg, die soziale Konstitution individueller Kompetenzen und den Beitrag des einzelnen zur Erhaltung und Veränderung von Bedeutungen und Normen ohne reduktionistische Verkürzung zu fassen (Habermas 1976b; Berger/Luckmann 1980; Krappmann 1982). Die verschiedenen Denktraditionen könnten voneinander profitieren, stehen aber weitgehend nebeneinander.

2.   Sozialpsychologische Thematik

Die sozialpsychologische Betrachtungsweise der Identitätsproblematik geht von der Notwendigkeit aus, Beiträge der am sozialen Handeln Beteiligten zu koordinieren. Dies verlangt, bei nicht übereinstimmenden Erwartungen einen Konsens auszuhandeln, den

Einfluß anderer Handlungsbeteiligungen auf die aktuelle Handlung einzuschätzen und eine gewisse Sicherheit zu schaffen, daß die erarbeiteten Handlungspläne eingehalten werden. Institutionen, Normen und Rollen setzen zwar Bedingungen dieser Handlungskoordination, können aber die Lösung dieser Aufgaben nicht garantieren, solange in Gesellschaften unterschiedliche und widersprüchliche Interpretationen und Traditionen von Sinn bestehen und menschliches Verhalten als plastisch begriffen werden muß. Damit soziale Prozesse möglich werden, müssen die Beteiligten sich als identisch Handelnde darstellen. In dieser Identität reflektiert sich, wie die Handelnden ihr Verhältnis zu Institutionen, Normen und Rollen bestimmen, welche Bedeutung sie anderen Handlungsbeteiligungen geben und welches zukünftige Verhalten von ihnen erwartet werden darf. Identität entspricht den im Handlungsprozeß wurzelnden Forderungen nach Autonomie — sich zu Erwartungen in ein Verhältnis setzen zu können —, nach Konsistenz — frühere und andere Handlungsbeteiligungen nicht zu leugnen — und nach Charakter — sich als jemand zu erweisen, der zu Vereinbarungen steht. Sie sichert auf diese Weise verstehbare Beteiligung am sozialen Handeln. Allerdings entsteht diese Identität immer als problematische, bleibt sie Entwurf, der immer wieder revidiert werden muß, wird sie behauptet gegen Zweifel, Verdacht und festlegende Zuschreibungen, denn die Forderungen, auf die sie zugleich antwortet, Autonomie und Konsistenz, Autonomie und Charakter ebenso wie Konsistenz und Charakter, stehen in einem spannungsvollen Verhältnis zueinander. Diese Spannung ist unaufhebbar, weil sie aus der ungleichen Verteilung der Einflußchancen (dies begrenzt Autonomie), aus der Widersprüchlichkeit sozialer Erwartungen (dies erschwert Konsistenz) sowie aus der gesellschaftlichen Sanktion von Handlungsweisen (dies belastet Charakter) entsteht. — Oft wird der Verdacht geäußert, die Beschäftigung mit Identität sei nur ein Modethema. Weshalb wird es ausgerechnet in jüngerer Zeit so heftig diskutiert? Das mag mit der Bedrohung des Individuums durch übermächtige Sachzwänge und mit dem Zerfall von Sinntraditionen zusammenhängen (Marquardt 1979). Die zeitgebundenen Anteile zu erkennen, hilft, den Blick auf den wesentlichen Kern der Identitätsproblematik zu lenken, aber zugleich einzubeziehen, daß sie immer nur im Gewande historisch soziokultureller

Verhältnisse auftreten kann, die Bestrebungen nach Identitätssicherung typische Lösungen nahelegen, aber ebenso typische Beschädigungen zufügen (U. Beck 1983).

3. Wichtige Positionen

Die 'klassische' Formulierung des sozialpsychologischen Identitätskonzepts stammt von George Herbert Mead. Identität als selbstreflexive Handlungskontrolle entsteht im 'gehemmten', weil noch zu koordinierenden Handlungsprozeß von Individuen, deren Kooperation nicht durch endogene Programme gesichert ist. Diese Abstimmung auf ein gemeinsames Ziel (social object) erfolgt mit Hilfe von 'role-taking', durch das Auffinden der möglichen Reaktionen der anderen in sich selbst. Damit bringt der Handlungsprozeß auf sich selbst gewendete Aufmerksamkeit hervor, die Voraussetzung ist, um den eigenen Beitrag auf den gemeinsamen Handlungsprozeß beziehen zu können. Identität zu besitzen, bedeutet aus dieser Sicht, durch Vorwegnahme der Reaktionen der anderen sich mit eigener verstehbarer Intention am Handlungsprozeß beteiligen zu können (Mead 1980, 318). Diese innere Beratung mit sich selbst, wie angesichts erwartbarer Reaktionen geantwortet werden soll, ist nach Mead nur mittels signifikanter Symbole möglich, deren Bedeutung für Sprecher und Hörer gleich ist. Derjenige, der sein Handeln mit dem anderer koordiniert, spricht mit sich selbst, wie andere mit ihm sprechen (Mead 1973, 108 ff, 203 ff). Identität verlangt einerseits die Übernahme der Haltungen der anderen. Sie bildet das 'mich', auf das der Handelnde als „Ich" reagiert, indem er seine Antwort selbst bestimmt, die anpassend oder ablehnend sein kann (Mead 1973, 216 ff). Nicht aus Originalitätssucht, sondern weil es an ihm ist, trotz Unklarheiten und Widersprüchen den nächsten Schritt zu tun, reagiert der Handelnde dann oft unerwartet und neuartig. Identität verliert der unvorhergesehen Reagierende oder gar der sich den Erwartungen Widersetzende dann nicht, wenn er für die Nachvollziehbarkeit seiner Entscheidung an eine umfassendere Gemeinschaft, letztlich an einen universalen Diskurs appelliert (Mead 1973, 199 f, 210 f). Auch in ihren autonomen und innovativen Aspekten ist Identität für Mead an die Möglichkeit der Verständigung sich achtender, Vernunft folgender Mitglieder einer Sprachgemeinschaft gebunden, die ihr Handeln an einem immer 'generalisierten Anderen' orientieren. – Erving Goffmans Unterscheidung von 'personal identity' und 'social identity' klingt nach Meads 'Ich' und 'mich', bezieht sich aber nur auf die Seite des 'mich', denn sowohl die unverwechselbare Biographie als auch die zugeschriebenen Merkmale werden von den Handlungspartnern angetragen. Die Schwierigkeit, zugleich der unterstellten Einmaligkeit und den sozialen Erwartungen zu entsprechen, erfordert, komplexe Strategien der Identitätssicherung anzuwenden (Goffman 1974; 1978). Goffman weist nach, daß Menschen – sogar unter dem Druck totaler Institutionen – versuchen, sich als 'Stellung beziehende Entität' zu behaupten (1972, 304). 'Ich-Identität' bringt nach Goffman das Individuum (vgl. Art. 23) auf, das auf Grund verschiedenartiger Erfahrungen die Bedrohungen seiner Identität kennt und in sein Handeln einbezieht (1974, 132 ff). Unglückliche deutsche Übersetzungen (Imagepflege, Identitätsmanagement) suggerieren, geschickte Interaktionsteilnehmer spielten sich nur etwas vor. Für Goffman sind diese Strategien nicht Gaukelei, sondern die unaufgebbare Bemühung um die Wahrung von Identität und Interaktion in einer sozialen Welt brüchiger Konventionen, oberflächlicher Übereinstimmungen und kaum einlösbarer Versprechungen. – Auch nach Jürgen Habermas kann die Person ihre Identität nur auf Merkmale stützen, die als Identifikation von den anderen anerkannt werden. In zunehmend komplexeren Gesellschaften, die zu einer Universalmoral tendieren, kann Ich-Identität jedoch nicht mehr durch Identifizierung mit konkreten Rollen und Normen gesichert werden, sondern nur durch die Fähigkeit, „sich in beliebigen Rollen als derjenige zu repräsentieren, der angesichts divergenter aktueller Rollenerwartungen und im Durchgang durch die biographische Folge von Rollensystemen und davon abhängigen Identitäten den Forderungen nach Konsistenz genügt" (1973 b, 227). Sprach- und handlungsfähige Subjekte bauen immer wieder neue Identitäten auf, in die sie vorangegangene einbeziehen, ohne sich allein von ihnen bestimmen zu lassen. Habermas spricht von einer prekären und verletzbaren Balance, in der soziale Identität ohne Verdinglichung und personale Identität ohne Stigmatisierung zugleich aufrechterhalten und kommunikativ sichtbar gemacht wird (1973 b, 231; kritisch zum Konzept der Balance: Reck 1981). Diese Leistung wird in belastenden Grenzsituationen erschwert, in vertrauten Situationen ohne

Zwang erleichtert. Bestimmte Identitätsformationen bringen ein entsprechendes moralisches Urteils- und Handlungsvermögen hervor, falls Bedrohungen, Streß oder Ängste nicht die Bemühungen um eine konsensuelle Regelung moralischer Konflikte behindern (1976 a, 86). Für Habermas bezieht sich Identität auch auf das Verhältnis zur inneren Natur. Triebschicksale werden als Komponenten der Interaktionsgeschichte und Identitätsbildung betrachtet (1981, Bd. 2, 571). Ich-Identität muß sich auch an der Möglichkeit bewähren, eine Interpretation unterdrückter, bislang nicht zugelassener Impulse auszuhandeln, die diesen Bedürfnissen Eingang in die Interaktion verschafft (1976 a, 88). – Psychoanalytische Aspekte hat vor allem Erik H. Erikson betont, indem er den Aufbau einer Identität mit den psychosexuellen Entwicklungsphasen verknüpfte. Ihm geht es nicht um die von Interaktion zu Interaktion jeweils neu zu sichernde Identität, sondern um eine kaum noch veränderbare Synthese, die „eine erfolgreiche Variante einer Gruppenidentität" darstellt (1965, 230). Ich-Identität entstehe in der Jugendkrise. Wenn die kindliche Entwicklung zu Ich-Identität führe, integriere sie die Kindheitsidentifikationen neu, befreie vom Zwang des kindlichen Über-Ich und verleihe Belastbarkeit für Konflikte. Ich-Identität gründe sich auf dem angesammelten Vertrauen, die Einheitlichkeit und Kontinuität, die ein Mensch in den Augen der anderen hat, aufrechterhalten zu können (1966 a, 107 ff). Wenn dem Ich diese Integration mißlinge, drohe Diffusion, die oft mit untauglichen Mitteln wie negative Identität oder Intoleranz abzuwehren versucht werde (1966 b, 153 ff). Erikson hat auch eine Abfolge von Identitätsstadien im späteren Erwachsenenalter beschrieben (1966 b).

4. Identität und Sprache

Schon Mead unterstrich, daß selbstreflexive Handlungskontrolle und Mitsichreden einander bedingen: Wenn Reiz und Reaktion auseinandertreten, kann der Reagierende seine Antwort in einer Weise durchdenken, die als internalisierter Dialog mit anderen aufzufassen ist. In diesem symbolsprachlich vermittelten reflexiven Prozeß entwickelt sich Identität (Mead 1973, 204 f, 211). Auch nach Habermas ist die Aufrechterhaltung der Ich-Identität auf eine Sprache angewiesen, die als Medium unverkürzter Verständigung über gemeinsame Situationsdefinitionen geeignet ist.

Dies leiste die Umgangssprache, insofern sie „eine indirekte Selbstdarstellung der unvertretbaren Individualität in den unvermeidlich allgemeinen und mit anderen Individuen geteilten Kategorien des Sprechens und Handelns erlaubt" (1973 a, 145; auch 1968, 199). Zur Identitätswahrung ist Sprache auf einer Komplexitätsstufe erforderlich, in der Handelnde sowohl einen propositionalen Gehalt als auch ein Beziehungsangebot und eine Intention zum Ausdruck bringen und in der Bemühung um Konsens prüfen können (1981, Bd. 1, 142 ff). Goffman analysiert Sprache als das ausgezeichnete Mittel, Informationen zu geben oder zu verbergen, um auf diese Weise die Darstellung des Selbst zu inszenieren und diskreditierbare Identität zu schützen (1978, 40 ff). Dabei zeigt Goffman, wie in Äußerungen und Erwiderungen Teilnahme geregelt und Aufmerksamkeit gelenkt wird, untersucht Sprache jedoch nicht als problemlösenden Diskurs (Goffman 1981). Im Hinblick auf Identitätstransformationen schildert A. Strauss (1974) die Rhetorik des privaten und öffentlichen Ringens um „richtige" Klassifikationen, die bisherige Identitäten verunsichern und Übergänge in neue Identitäten nahelegen oder erzwingen. Gerade Sprache verbürge die Offenheit dieser Prozesse gegen alle institutionellen Kontrollen.

5. Vernachlässigung des 'Ich'-Aspekts

Die späteren Bearbeitungen der Problematik haben zwar durchweg die Unterscheidung von 'Ich' und 'mich', von 'Selbst als Subjekt' und 'Selbst als Objekt' aufgenommen, allerdings das Spannungsverhältnis oft entschärft oder gar die Betonung auf das 'mich' gelegt. Dem Individuum wird einfachhin unterstellt, daß es sich zu Normen und Rollen sowie zu Antrieben und Leistungen in ein identitätswahrendes Verhältnis setzen kann (Haußer 1983, 21), vielleicht unter der Kautele, daß die gesellschaftlichen Anforderungen nicht zu rigide sind. Sozialisation wird dann nicht als ein Prozeß betrachtet, in dem sich das handlungsfähige, Identität wahrende Subjekt erst bildet, sondern als „gesellschaftliche Programmierung eines im übrigen bereits als fertig vorausgesetzten Subjekts" (so Geulen 1977, 156 an die Adresse Parsons'). Nach Berger/Luckmann erlebe sich der Mensch innerhalb und außerhalb seiner Gesellschaft, denn eine „Symmetrie von objektiver und subjektiver Wirklichkeit (und natürlich Identität)" sei nicht möglich. Die Körpererfahrung, die vor gesellschaftlich vermittelter Wahrnehmung stehe, sorge dafür, daß das subjektive Leben nicht völlig gesellschaftlich sei (1980, 144, anders Mead, vgl. Joas 1980, 157 f). Die 'Ich'-Aspekte der Identität bzw. das 'Selbst als Subjekt' werden so zum Hort einzigartiger, spontaner Verhaltensweisen, die unberechenbar von außen in den sozialen Prozeß einbrechen. Aus dieser Sicht liegt es nahe, sich vor allem mit dem 'mich' bzw. dem 'Selbst als Objekt' zu beschäftigen, um allgemeinere Einsichten über relevante Bezugsgruppen und deren Erwartungen, typische Identitätsangebote, Mechanismen gelingender oder mißlingender Internalisierung, Organisation und Logistik verschiedener Rollenzuschreibungen sowie Krisen der Identitätswahrung differenzierter auszuarbeiten (Berger/Luckmann 1980; Breakwell 1983; Haeberlin/Niklaus 1978; McCall/Simmons 1974; Sarbin/Scheibe 1983). Studien über das 'Selbst als Subjekt' sind rar (Blasi 1983).

6. Stufen der Identitätsbildung

Mead sieht den wesentlichen Schritt zur selbstreflexiven, symbolisch vermittelten Handlungskontrolle bereits in den ersten frühkindlichen Leistungen, Reaktionen anderer zu antizipieren. Diese fundamentale Kompetenz wird in den Entwicklungsstadien von 'play' (Auseinandersetzung mit den Reaktionen konkreter Anderer) und 'game' (Orientierung am 'generalized other', an den Reaktionen, die jeder Teilnehmer dieser Interaktion in sich wachrufen können müßte) auf immer komplexere Verständigungsprobleme ausgeweitet (Mead 1973, 194 ff; 1980, 319 f; vgl. Krappmann 1985). Nach Krappmann (1976) werden die zur identitätssichernden Teilnahme an Interaktion wichtigen Grundqualifikationen, Rollendistanz und Ambiguitätstoleranz, bereits in der frühkindlichen sozialisatorischen Interaktion in der Familie angelegt. Dagegen sieht E. H. Erikson den entscheidenden Schritt der Identitätsbildung in der Pubertätskrise. Die in ihr erreichte Lösung wird allerdings in den vorangegangenen Entwicklungskrisen vorbereitet, obwohl diese sich einem jeweils anderen Problem der Persönlichkeitsbildung widmen (1966 a, b). Auch nach Habermas ist Ich-Identität erst dem jungen Erwachsenen möglich, weil erst dann die Kompetenzen zur Verfügung stehen, die zu ihrer Wahrung nötig sind. Habermas nennt als Vorstufen die 'natürliche' Identität (Verhaltenserwartungen konkreter Anderer werden verstanden und befolgt) und die konventionelle 'Rollenidentität' (generalisierte Verhaltenserwartungen stabilisieren das Auftreten des Handelnden). Erst wenn der Heranwachsende in der Adoleszenzphase die Unterscheidung von Normen und Grundsätzen gelernt hat, kann er seine Identität „sozusagen hinter die Linien aller besonderen Rollen und Normen zurücknehmen" (Habermas 1976 b, 95).

7.   Begriffliche Unterscheidungen

Mit Hilfe begrifflicher Unterscheidungen ist versucht worden, verschiedene Problemsichten zu entwirren. Tugendhat stellt der numerischen Identität, ein unverwechselbares Einzelnes zu sein (Individualität) (Art. 23), die qualitative Identität, so oder so beschaffen zu sein, gegenüber. Nach Tugendhat meinen Henrich und Habermas mit Identität letztlich die numerische und interpretieren auch die sozialpsychologische Verwendung des Begriffs aufgrund dieser Auffassung. Tugendhat versteht dagegen die Problematik der Identität im qualitativen Sinne und sieht auch Mead auf dieser Linie. Nicht wer die Einzigartigkeit durch die Unterscheidung von anderen zu retten versuche, werde sie wahren, sondern derjenige, der sich in selbständiger Weise der Frage nach der Beschaffenheit seiner Identität stelle, werde diese qualitative Identität auch in ihrer Einzigartigkeit entdecken (1979, 284 ff). – Nunner-Winkler (1983) unterscheidet Identitätsbegriffe, die auf Fähigkeiten abheben (etwa Krappmann 1982), von Identitätsbegriffen, die inhaltliche Festlegungen verlangen (etwa Erikson 1966 a). Die Abhängigkeit der jeweils neu auszubalancierenden Identität von zufälligen Gegenübern in kontingenten Situationen einerseits und die Gefahr starrer Festlegungen andererseits soll ein Identitätsbegriff vermeiden, der Fähigkeiten mit inhaltlichem Engagement verbindet, das von universalistischen moralischen Prinzipien, Meads 'Stimme der Vernunft' (1973, 210 f), geleitet wird (Döbert/Habermas/Nunner-Winkler 1977). Eine andere Lösung für dieses Problem verlegt die Sicherung von Identität gegen Beliebigkeit nicht in die allgemeinsten konsensfähigen Moralprinzipien, sondern in die Bedingungen der Möglichkeit von Interaktion selber (Krappmann 1980, 113 f). – Eine begriffliche Konfusion besteht ferner im Hinblick auf die teils mit dem Iden-

titätsbegriff austauschbare, teils abgegrenzte Verwendung des Begriffs 'Selbst'. Mead entschied sich für diesen Begriff, weil das Wort 'Selbst' als Reflexivum „indicates that which can be both subject and object" (1965, 136 f; zur Problematik der üblichen Übersetzung mit 'Identität': Tugendhat 1979, 247). Diese doppelte Eigenart des Selbst haben allerdings gerade viele psychologische Ansätze nicht in ihrem untrennbaren Bezug, wie Mead ihn sah, aufgenommen. Gerade die Psychologen konzentrierten sich in der Forschung auf Aspekte des Selbst als Objekt der Beobachtung und Bewertung (zum Selbstkonzept: Schneewind 1977; Filipp 1979; Epstein 1980; Mummendey 1983; zur Selbstaufmerksamkeit: Duval/Wicklund 1972; Hormuth 1983; zur Selbstwahrnehmung: Lewis/Brooks 1979; Bem 1979; Frey/Stahlberg 1983; zur Selbstachtung: Wells/Marwell 1976). Je mehr jedoch das Selbst in seiner Entwicklung und Veränderbarkeit, als dynamischer Prozeß oder als Organisator widersprüchlicher Erfahrung gesehen wird, desto häufiger dringt auch der Identitätsbegriff in die Darstellungen der Problematik ein (Neubauer 1976; Haußer 1983; Harter 1983). Trotz der Bemühung um mehr begriffliche Klarheit bleibt die Frage, ob nicht oft sehr verschiedene Sachverhalte mit demselben Begriff angesprochen werden.

8.   Empirische Forschung

An G. H. Meads Identitätskonzept schloß sich keine Forschungstradition an, obgleich eine verblaßte Formel 'Sich mit den Augen der anderen sehen' in zahlreichen Studien auftaucht. In vielen empirischen Arbeiten werden Identitätskonzepte verschiedener Herkunft lediglich als plausibler Interpretationsrahmen für die Verarbeitung von Diskrepanz und Konflikt benutzt (bezogen auf Arbeitswelt: Volmerg 1978; Schimank 1981; Auf- und Abstieg: Haeberlin/Niklaus 1978; Migration: Schrader/Nikles/Griese 1976; Kitwood 1983; religiöse Überzeugung: Ardener 1983; Frauenrolle: Tatschmurat 1980; Schule: Wellendorf 1973; Rumpf 1976). Sarbin/Allen (1968, 554) empfehlen, vorhandene Meßverfahren für Merkmale des Selbst im Hinblick auf die Identitätsproblematik auszuwerten. Zavalloni (1976) und Haußer (1983) fordern demgegenüber ein der Besonderheit der Problematik angemessenes Methodenrepertoire. – In drei Untersuchungstraditionen werden empirisch Teilaspekte der Identitätsproblematik verfolgt. Auf Eriksons Vorstellung stützen sich Meßinstrumente wie Marcias 'Identity Status Interview' (1966) und Identitätsskalen wie die von Block (1961), Dignan (1965) und Simmons (1970). Bedingungen und Verlaufsformen des krisenhaften Übergangs von der Jugend zum Erwachsensein wurden untersucht (Überblicke bei Bourne 1978; Marcia 1980; Waterman 1982; Meacham/Santilli 1982) und Zusammenhänge mit anderen Persönlichkeitsmerkmalen geprüft (z. B. Autoritarismus: Marcia 1967, Feldunabhängigkeit: Schenkel 1975; Selbstachtung: Orlofsky 1977). Auf Interviews fußen die Arbeiten von Döbert/Nunner-Winkler (1975) und Siegert (1979) über verschiedene Verlaufsformen der Adoleszenzkrise. Ein zweiter Forschungsschwerpunkt widmet sich dem Zusammenhang von Identitätsbildung und Entwicklung grundlegender Kompetenzen wie der moralischen Urteilsfähigkeit (Podd 1977; Rowe/Marcia 1980), des Kontrollbewußtseins (Adams/Shea 1979), der formalen Denkprozesse (Cauble 1976; Leadbeater/Dionne 1981). Die dritte Gruppe von Arbeiten konzentriert sich auf Identitätsveränderungen im Erwachsenenalter (Block 1971; Lowenthal/Thurnher/Chiriboga 1975; Levinson/Darrow/Klein et al. 1976; Filipp 1982; Whitbourne/Weinstock 1982).

9. Literatur (in Auswahl)

Adams, Gerald R./Shea, Judy A. (1979) „The relationship between identity status, locus of control, and ego development", in: *Journal of youth and adolescence* 8, 81–89.

Adorno, Theodor W. (1955) „Zum Verhältnis von Soziologie und Psychologie", in: *Sociologica*. Frankfurter Beiträge zur Soziologie. Bd. 1, Frankfurt a. M., 11–45.

Ardener, Shirley (1983) „Arson, nudity, and bombs among the Canadian donkhobors. – A question of identity", in: *Threatened identities*, Breakwell, G. M., ed., Chichester, 215–237.

Beck, Ulrich (1983) „Jenseits von Stand und Klasse? Soziale Ungleichheiten, gesellschaftliche Individuierungsprozesse und die Entstehung neuer sozialer Formationen und Identitäten", in: *Soziale Ungleichheiten*, Kreckel, R., ed., Göttingen, 35–74.

Bem, Daryl J. ([1972] 1979) „Theorie der Selbstwahrnehmung", in: *Selbstkonzept-Forschung*, Filipp, S.-H., ed., Stuttgart, 97–107.

Berger, Peter L./Luckmann, Thomas ([1966] 1980) *Die gesellschaftliche Konstruktion der Wirklichkeit*, Frankfurt a. M.

Blasi, Augusto (1983) *The self as subject: Its dimensions and development*. University of Massachusetts, Boston (unpublished manuscript).

Block, Jack (1961) „Ego identity, role variability, and adjustment", in: *Journal of consulting psychology*, 25, 392–397.

Block, Jack (1971) *Lives through time*, Berkeley.

Bourne, Edmund (1978) „The state of research on ego identity: a review and appraisal", in: *Journal of Youth and Adolescence*, 7, 223–251 und 371–392.

Breakwell, Glynis M., ed., (1983) *Threatened identities*, Chichester.

Cauble, M. Ann (1976) „Formal operations, ego identity, and principled morality: Are they related?", in: *Developmental psychology* 12, 363–364.

Cohen, Stanley/Taylor, Laurie ([1976] 1977) *Ausbruchsversuche*. Identität und Widerstand in der modernen Lebenswelt, Frankfurt a. M.

Dignan, M. Howard (1965) „Ego identity and maternal identification", in: *Journal of personality and social psychology* 1, 476–483.

Döbert, Rainer/Nunner-Winkler, Gertrud (1975) *Adoleszenzkrise und Identitätsbildung*, Frankfurt a. M.

Döbert, Rainer/Habermas, Jürgen/Nunner-Winkler, Gertrud (1977) „Zur Einführung", in: *Entwicklung des Ichs*, Döbert, R./Habermas, J./Nunner-Winkler, G., eds., Köln, 9–30.

Duval, Shelley/Wicklund, Robert A. (1972) *A theory of subjective self-awareness*, New York.

Epstein, Seymour (1980) „The self-concept: a review and the proposal of an integrated theory of personality", in: *Personality: basic issues and current research*, Staub, E., ed., Englewood Cliffs, 81–132.

Erikson, Erik H. ([1950] 1965) *Kindheit und Gesellschaft*. Stuttgart.

Erikson, Erik H. ([1950] 1966 a) „Wachstum und Krisen der gesunden Persönlichkeit", in: *Identität und Lebenszyklus*, Erikson, E. H., Frankfurt a. M., 55–122.

Erikson, Erik H. ([1956] 1966 b) „Das Problem der Ich-Identität", in: *Identität und Lebenszyklus*, Erikson, E. H., Frankfurt a. M., 123–215.

Filipp, Sigrun-Heide (1979) *Selbstkonzept-Forschung*, Stuttgart.

Filipp, Sigrun-Heide (1982) „Kritische Lebensereignisse als Brennpunkte einer Angewandten Entwicklungspsychologie des mittleren und höheren Erwachsenenalters", in: *Entwicklungspsychologie*, Oerter, R./Montada, L., eds., München, 769–788.

Frey, Dieter/Stahlberg, Dagmar (1983) „Selbstwahrnehmungstheorie", in: *Sozialpsychologie*, Frey, D./Greif, S., eds., München/Wien/Baltimore, 286–290.

Geulen, Dieter (1977) *Das vergesellschaftete Subjekt*, Frankfurt a. M.

Goffmann, Erving ([1961] 1972) *Asyle*. Über die soziale Situation psychiatrischer Patienten und anderer Insassen, Frankfurt a. M.

Goffmann, Erving ([1963] 1974) *Stigma*. Über Techniken der Bewältigung beschädigter Identität, Frankfurt a. M.

Goffmann, Erving ([1967] 1978) *Interaktionsrituale*. Über Verhalten in direkter Kommunikation, Frankfurt a. M.

Goffmann, Erving (1981) *Forms of talk*, Oxford.

Habermas, Jürgen (1968) *Erkenntnis und Interesse*, Frankfurt a. M.

Habermas, Jürgen ([1968] 1973 a) „Stichworte zur Theorie der Sozialisation", in: *Kultur und Kritik*, Habermas, J., Frankfurt a. M., 118 – 194.

Habermas, Jürgen ([1972] 1973 b) „Notizen zum Begriff der Rollenkompetenz", in: *Kultur und Kritik*, Habermas, J., Frankfurt a. M., 195 – 231.

Habermas, Jürgen ([1974] 1976 a) „Moralentwicklung und Ich-Identität", in: *Zur Rekonstruktion des Historischen Materialismus*, Habermas, J., Frankfurt a. M., 63 – 91.

Habermas, Jürgen ([1974] 1976 b) „Können komplexe Gesellschaften eine vernünftige Identität ausbilden?", in: *Zur Rekonstruktion des Historischen Materialismus*, Habermas, J., Frankfurt a. M., 92 – 126.

Habermas, Jürgen (1981) *Theorie des kommunikativen Handelns*, 2 Bde., Frankfurt a. M.

Hack, Lothar (1977) *Subjektivität im Alltagsleben*, Frankfurt/New York.

Haeberlin, Urs/Niklaus, Eva (1978) *Identitätskrisen*, Bern/Stuttgart.

Harter, Susan (1983) „Developmental perspectives on the self-system", in: *Handbook of child psychology*, Mussen, P., ed., Bd. 4, New York, 275 – 385.

Haußer, Karl (1983) *Identitätsentwicklung*, New York.

Henrich, Dieter (1979) „Identität — Begriffe, Probleme, Grenzen", in: *Identität*, Marquard, O./Stierle, K., eds., München, 133 – 186.

Hormuth, Stefan E. (1983) „Selbstaufmerksamkeit", in: *Sozialpsychologie*, Frey, D./Greif, S., eds., München/Wien/Baltimore, 263 – 266.

Joas, Hans (1980) *Praktische Intersubjektivität*, Frankfurt a. M.

Kitwood, Tom (1983) „Self-conception among young British-Asian muslims: Confutation of a stereotype", in: *Threatened identities*, Breakwell, G. M., ed., Chichester, 129 – 147.

Krappmann, Lothar ([1971] 1982) *Soziologische Dimensionen der Identität*, Stuttgart.

Krappmann, Lothar ([1971] 1976) „Neuere Rollenkonzepte als Erklärungsmöglichkeit für Sozialisationsprozesse", in: *Kommunikation, Interaktion und Identität*, Auwärter, M./Kirsch, E./Schroeter, M., eds., Frankfurt a. M., 307 – 331.

Krappmann, Lothar (1980) „Identität — ein Bildungskonzept?", in: *Kulturelle Identität im Wandel*, Grohs, G./Schwerdtfeger, J./Strohm, Th., eds., Stuttgart, 99 – 118.

Krappmann, Lothar (1985) „Mead und die Sozialisationsforschung", in: *Das Problem der Intersubjektivität*. Neuere Beiträge zum Werk George Herbert Meads, Joas, H., ed., Frankfurt a. M., 156 – 178.

Leadbeater, Bonnie J./Dionne, Jean-Paul (1981) „The adolescent's use of formal operational thinking in solving problems related to identity resolution", in: *Adolescence* 16, 111 – 121.

Levinson, Daniel J./Darrow, C. M./Klein, Edward B. et al. (1976) „Periods in the adult development of men: age 18 to 45", in: *Counseling psychologist* 6, 21 – 25.

Lewis, Michael/Brooks, Jeanne (1979) „Auf der Suche nach den Ursprüngen des Selbst", in: *Brennpunkte der Entwicklungspsychologie*, Montada, L., ed., Stuttgart, 157 – 172.

Lorenz, Kuno, ed., (1982) *Identität und Individuation*, 2 Bde., Stuttgart-Bad Cannstatt.

Lowenthal, Marjorie F./Thurnher, Majda/Chiriboga, David (1975) *Four stages of life*, 3. edition, San Francisco.

Luhmann, Niklas (1979) „Identitätsgebrauch in selbstsubstitutiven Ordnungen, besonders Gesellschaften", in: *Identität*, Marquard, O./Stierle, K., eds., München, 315 – 345.

Marcia, James E. (1966) „Development and validation of ego-identity status", in: *Journal of personality and social psychology* 3, 551 – 558.

Marcia, James E. (1967) „Ego identity status: relationship to change in self-esteem, 'general maladjustment', and authoritarianism", in: *Journal of personality* 35, 118 – 133.

Marcia, James E. (1980) „Identity in adolescence", in: *Handbook of adolescent psychology*, Adelson, J., ed., New York, 159 – 187.

Marquard, Odo (1979) „Identität: Schwundtelos und Mini-Essenz — Bemerkungen zur Genealogie einer aktuellen Diskussion", in: *Identität*, Marquard, O./Stierle, K., eds., München, 347 – 369.

McCall, George/Simmons, Jerry L. ([1966] 1974) *Identität und Interaktion*, Düsseldorf.

Meacham, John A./Santilli, Nicholas R. (1982) „Interstage relationships in Erikson's theory: identity and intimacy", in: *Child development* 53, 1461 – 1467.

Mead, George H. ([1925] 1980) „Die Genesis der Identität und die soziale Kontrolle", in: *George H. Mead. Gesammelte Aufsätze*, Joas, H., ed., Bd. 1, Frankfurt a. M., 299 – 328.

Mead, George H. ([1934] 1965) *Mind, self and society*, Chicago/London.

Mead, George H. ([1934] 1973) *Geist, Identität und Gesellschaft*, Frankfurt a. M.

Mummendey, Hans-Dieter (1983) „Selbstkonzept", in: *Sozialpsychologie*, Frey, D./Greif, S., eds., München/Wien/Baltimore, 281 – 285.

Neubauer, Walter F. (1976) *Selbstkonzept und Identität im Kindes- und Jugendalter*, München/Basel.

Nunner-Winkler, Gertrud (1983) „Das Identitätskonzept. Eine Analyse impliziter begrifflicher und empirischer Annahmen in der Konstruktbildung", in: *Hochschulexpansion und Arbeitsmarkt*, Beiträge zur Arbeitsmarkt- und Berufsforschung, Bd. 77, Nürnberg, 151 – 178.

Orlofsky, Jakob L. (1977) „Sex-role orientation, identity formation, and self-esteem in college men and women", in: *Sex roles* 6, 561 – 575.

Parsons, Talcott ([1968] 1977) „Der Stellenwert des Identitätsbegriffs in der allgemeinen Handlungstheorie", in: *Entwicklung des Ichs*, Döbert, R./Habermas, J./Nunner-Winkler, G., eds., Köln, 68 – 88.

Podd, Marvin H. ([1972] 1977) „Identitätsformationen und moralisches Bewußtsein", in: *Entwicklung des Ichs*, Döbert, R./Habermas, J./Nunner-Winkler, G., eds., Köln, 212 – 224.

Reck, Siegfried (1981) *Identität, Rationalität und Verantwortung*, Frankfurt a. M.

Rowe, Jan/Marcia, James E. (1980) „Ego identity status, formal operations, and moral development", in: *Journal of youth and adolescence* 9, 87 – 99.

Rumpf, Horst (1976) *Unterricht und Identität*, München.

Sarbin, Theodore R./Allen, Vernon L. (1968) „Role theory", in: *Handbook of social psychology*, Lindzey, G./Aronson, E., ed., Bd. 1, Cambridge, Mass., 488 – 567.

Sarbin, Theodore R./Scheibe, Karl E. (1983) „A model of social identity", in: *Studies in social identity*, Sarbin, Th. R./Scheibe, K. E., eds., New York, 5 – 28.

Schenkel, Susi (1975) „Relationship among ego identity status, field independence, and traditional femininity", in: *Journal of youth and adolescence* 4, 73 – 82.

Schimank, Uwe (1981) *Identitätsbehauptung in Arbeitsorganisationen*, Frankfurt a. M.

Schneewind, Klaus A. (1977) „Selbstkonzept", in: *Handbuch der psychologischen Grundbegriffe*, Herrmann, Th./Hofstätter, P. R./Huber, H. P. et al., eds., München, 424 – 431.

Schrader, Achim/Nikles, Bruno W./Griese, Hartmut M. (1976) *Die zweite Generation*. Sozialisation und Akkulturation ausländischer Kinder in der Bundesrepublik, Königstein.

Siegert, Michael (1979) *Adoleszenzkrise und Familienumwelt*. Prozesse der Identitätsstörung bei opiatsüchtigen Jugendlichen, Frankfurt a. M.

Simmons, Dale D. (1970) „Development of an objective measure of identity achievement status", in: *Journal of projective techniques and personality assessment* 34, 241 – 244.

Strauss, Anselm ([1959] 1974) *Spiegel und Masken*, Frankfurt a. M.

Tatschmurat, Carmen (1980) *Arbeit und Identität*. Zum Zusammenhang zwischen gesellschaftlichen Lebens- und Arbeitsbedingungen und weiblicher Identitätsfindung, Frankfurt a. M.

Tugendhat, Ernst (1979) *Selbstbewußtsein und Selbstbestimmung*. Sprachanalytische Interpretationen, Frankfurt a. M.

Volmerg, Ute (1978) *Identität und Arbeitserfahrung*, Frankfurt a. M.

Waterman, Alan S. (1982) „Identity development from adolescence to adulthood: an extension of theory and a review of research", in: *Developmental psychology* 18, 341 – 358.

Wellendorf, Franz (1973) *Schulische Sozialisation und Identität*, Weinheim.

Wells, L. Edwards/Marwell, Gerald (1976) *Self-esteem*, Its conceptualization and measurement, Beverly Hills.

Whitbourne, Susan K./Weinstock, Comilda S. ([1979] 1982) *Die mittlere Lebensspanne*, München/Wien/Baltimore.

Zavalloni, Marisa (1976) „Die psychosoziale Identität — ein Begriff auf der Suche nach einer Wissenschaft", in: *Forschungsgebiete der Sozialpsychologie* 2, Moscovici, S., ed., Kronberg, 351 – 380.

Lothar Krappmann, Berlin (West)

22. Prestige — Stigma

1. Ein Vergleich

Prestige ist gewöhnlich gleichbedeutend mit sozialem Ansehen, sozialer Geltung oder Wertschätzung, während Stigma sich auf diskreditierende Eigenschaften von Personen bezieht, die in zwischenmenschlichen Beziehungen zur Geltung kommen. Prestige bezeichnet also die Wertschätzung, die einer Person oder Gruppe aufgrund von positiv bewerteten Eigenschaften wie berufliche Position oder Clubmitgliedschaft entgegengebracht wird. Mit Stigma wird hingegen die degradierte Stellung einer Person bezeichnet, die durch negative Bewertung eines ihrer Merkmale zustandekommt. Aufgrund dieses Kontrastes von sozialer Wertschätzung und Geringschätzung läßt sich im Falle von Prestige und Stigma auch von einem gegensätzlichen Begriffspaar sprechen. Ihnen gemeinsam ist die Tatsache, daß Wertschätzung ebenso wie Verachtung die Folge von Fremdeinschätzung, also von sozialen Beziehungen und nicht von Eigenschaften an sich ist. Diesen Prozeß wollen wir im ersten Fall Charismatisierung und im zweiten Fall Stigmatisierung nennen.

Die vielschichtigen Bedeutungslagen dieser Prozesse sind am ehesten durch die Methode des Verstehens in teilnehmender Beobachtung zu erfassen, obgleich sie den üblichen Anspruch an Repräsentativität und Generalisierbarkeit nicht genügen kann. Wie die lange Tradition der Berufsprestigestudien zeigt (vgl. Hodge et al. 1985; Treiman 1977), ist die quantitativ orientierte Surveyforschung auf diesem Gebiet vorherrschend, auch wenn verschiedene Befragungsmethoden Anwendung finden (objektive, subjektive und reputationale Methode).

2. Prestige

Mit Prestige (vom lat. praestigium = Blendwerk, Gaukelei) waren ursprünglich die nicht vernunftmäßig erklärbaren und als negativ empfundenen Wirkungen des Einflusses (z. B. Lähmung der Initiative, Behinderung der Persönlichkeitsentfaltung), den eine Person oder Gruppe auf andere ausübt, gemeint (vgl. Leopold 1916). Der ursprüngliche Wortsinn wirkt insofern bis heute nach, als er einerseits auf die Spannweite von negativem Stigma und positivem Charisma, von sozialer Verachtung und Wertschätzung aufmerksam macht, andererseits auf die ambivalenten Quellen des Prestiges, die sich einer rationalen Deutung oft entziehen und ständigem Wandel unterworfen sein können, verweist.

2.1. Kriterien des Prestiges

Unter Prestige wird daher in der neueren sozialwissenschaftlichen Literatur das Maß an Wertschätzung verstanden, das Menschen in einer Gesellschaft einander zuordnen. Diese Prestigezuordnung setzt mehr oder weniger Einigkeit der Gesellschaftsmitglieder über die Zuweisungskriterien voraus, die sich schließlich in einer hierarchischen Ordnung der Gesellschaft niederschlägt. Prestige beruht daher auf der Bewertung von persönlichen und/oder sozialen Merkmalen, die die Gesellschaftsmitglieder als besonders erstrebenswert erachten und in ihren Trägern verkörpert sehen. Diese Definition basiert auf einer Unterscheidung zwischen Individual-Prestige, das ausschließlich auf den Eigenschaften einer bestimmten Person beruht, und Sozial-Prestige, das nicht an einen einzelnen Träger bestimmter Eigenschaften gebunden ist. Während im ersten Falle die besonderen Qualitäten einer Person (z. B. Geschicklichkeit, Schönheit, Redegewandtheit) deren Prestige bestimmen, fungieren in letzterem Falle personenunabhängige Merkmale wie berufliche Stellung, Schicht- und Klassenzugehörigkeit und ähnliches als vorrangige Bewertungsmaßstäbe. In der Wirklichkeit erfolgt die Prestigezuweisung meist auf der Grundlage einer Kombination von beiden Merkmalsarten. — In Prestige können nicht nur Kriterien wie Herkunft (z. B. Adel), Berufszugehörigkeit (z. B. Arzt), Verhaltensweisen (z. B. Kleidung), Reichtum (z. B. Milliardär), Bildung (z. B. Akademiker) und Einfluß (z. B. Politiker) ihren Niederschlag finden. Wie das Beispiel von ausgedienten Politikern oder renommierten Sportlern zeigt, kann Prestige auch zur Quelle von Einkommen und Einfluß werden. Nicht zuletzt bedient sich die Werbung dieses Sachverhalts, wenn sie Fußballer Duftmarken empfehlen läßt. Wertschätzung, die in Prestigeabstufungen resultiert, hat also mit einer respektierten Quelle, mit dem Ich als sozialem Objekt, mit einem Publikum und einem Vergleichsmaßstab zu tun (vgl. Zelditch 1968). Die Fremdbewertung (z. B. durch Vorgesetzte, Nachbarn) beeinflußt entscheidend die Selbsteinschätzung, deren Nachhaltigkeit wiederum davon abhängig ist, inwieweit sie von der jeweiligen Öffentlichkeit (z. B. Betrieb, Wohngemeinde) akzeptiert wird. Prestige als Gratifikation bzw. bei dessen Verlust als Deprivation ist freilich immer relativ, d. h. im Vergleich mit relevanten anderen zu sehen. Ungewisse Selbstbewertungen, wie sie bei sozialen Auf- und Absteigern häufig auftreten, führen zu Statusängsten, die zur Folge haben, daß Statusansprüche besonders hervorgekehrt werden, z. B. durch die Betonung der sozialen Distanz gegenüber Gruppen mit niedrigerem Status.

2.2. Prestige und Status

Da Prestige in zwischenmenschlichen Beziehungen zugeordnet wird, ist es nicht als intrinsisches Merkmal des Menschen, sondern als Konstruktionsprinzip gesellschaftlicher Organisation anzusehen. Als solches ist es zunächst von dem des Status zu unterscheiden. Während Prestige eine skalare Abstufung impliziert, wird seit Linton (1936) mit Status eine Position in einem sozialem System umschrieben. Da der Statusbegriff auch in einem skalaren Sinne Verwendung findet, kommt es im alltäglichen und im sozialwissenschaftlichen Sprachgebrauch nicht selten vor, daß Prestige und Status als Synonyme auftreten. In einem nichtskalaren Sinne definiert Status allerdings, was eine Person ist, also welche Position sie im gesellschaftlichen Gefüge innehat (z. B. Vater, Ausländer, Bankangestellter). Davon ist der Rollenbegriff zu unterscheiden, der beschreibt, was von einer solchen Person erwartet wird (z. B. die Kinder in einer bestimmten Weise erziehen; nicht die gleichen Rechte wie Inländer beanspruchen; das Bankgeheimnis wahren). Jede Person hat daher mehr als einen Status in der Gesellschaft inne. So wie sich im Laufe des Lebens einer Person eine logische Abfolge von Status, eine Status-Sequenz, ergibt, wandelt sich auch der skalare Status; beispielsweise ändert sich das Prestige des Hochschulassistenten während der 'Statuspassage' (Glaser/Strauss 1971) zum Professor, auch wenn dabei die zwischenzeitliche Veränderung der Berufsstruktur insgesamt mitberücksichtigt werden muß. – Um ihr Prestige zu wahren, bemühen sich die Mitglieder von Gruppen, Schichten und Klassen um einen demonstrativen Ausdruck. Das geschieht durch Prestige-

symbole wie Adelsprädikate, akademische Titel, Kleidung, Auto und Wohngegend. Diese Symbole verlieren ihre Bedeutung dann, wenn sie von den mit der jeweiligen Gruppe verbundenen Qualitäten losgelöst werden (z. B. im Ausland wegen Kenntnismangel oder durch Inflationierung, wie das bei akademischen Diplomen oder Konsumartikeln der Fall sein kann).

2.3. Berufsprestige

Die für die Prestigezuweisung herangezogenen Merkmale der sozialen Position (Beruf), der Persönlichkeit (Herkunft, Alter, Geschlecht) und der Leistung (Qualifikation, Arbeitsverhalten) sind nicht mit den eigentlichen Bestimmungsgründen des Prestiges zu verwechseln. Ob Prestigezuweisung letztlich aus der Art und dem Ausmaß des Beitrags einer Person bzw. Position zur Verwirklichung der erstrebenswerten Ziele einer Gesellschaft oder aus der Belohnung für eine persönliche Leistung erfolgt, in jedem Falle sind funktionale Bedeutung von sozialen Positionen und Leistungsvollzug von Positionsinhabern als Kriterien beteiligt. In der feudalen Ständegesellschaft wurde das Prestige einer Person durch das Ausmaß der jener Gruppe zugerechneten Funktionsbedeutung und Leistungsdisposition bestimmt, deren Mitglied sie war; in der Industriegesellschaft, in der sich mit der zunehmenden Arbeitsteilung die berufliche Organisationsform des menschlichen Arbeitsvermögens und -vollzugs durchgesetzt hat, schob sich die tatsächliche Leistung als Quelle der Prestigezuweisung und das Berufsprestige als Bemessungsgrundlage in den Vordergrund. – In kapitalistischen und sozialistischen Industriegesellschaften gilt daher auch der Beruf als vorrangige Quelle für den Prestigeerwerb und das Berufsprestige als guter Indikator für das Gesamtprestige einer Person. In empirischen Untersuchungen hat sich herausgestellt, daß Berufsprestige in einer engen Beziehung zum Einkommen steht, das die Berufsposition dem Inhaber verschafft; aber auch zum Ausbildungsgrad, der für die Ausübung des Berufes erforderlich ist; zum Ausmaß der Macht über andere Menschen, mit der eine Berufsposition ausgestattet ist; und zum Grad der Verhaltensautonomie, der mit einer Position verbunden ist (vgl. Reiss 1961; Bolte 1959). Die Zuerkennung von Prestige setzt allerdings voraus, daß die Bedeutung der Berufsposition, gemessen nach diesen Kriterien, dem Betrachter einsichtig ist. Das Berufsprestige läßt sich nicht wie Einkommen oder Ausbildung objektiv messen; es läßt sich nur aus Aussagen der Menschen über sich selbst und andere bzw. aus Beobachtungen ihres Verhaltens zueinander ableiten. — Trotz dieses methodologischen Problems und der nationalen Unterschiede in den Wert- und Wirtschaftssystemen haben Prestigeforscher immer wieder eine erstaunliche Übereinstimmung in der Bewertung von Berufen von Land zu Land gefunden (vgl. zuletzt Hodge/Kraus/Meyer 1985). Gewöhnlich wird diese Konvergenz mit der Einführung des Industriesystems begründet, dessen Technologie Zahl und Inhalt der beruflichen Positionen weitgehend festlegt. Die Erfüllung seiner funktionalen und organisatorischen Erfordernisse bedingt unterschiedliche Verfügung über Ressourcen wie Wissen, Autorität, Einkommen und Eigentum, die, gebündelt in der beruflichen Position, zu Privilegien führen und in Prestige übersetzt werden. Da individuelles, Familien- und Berufsprestige am stärksten mit Variablen korreliert, die gewöhnlich unter Macht und Privileg subsumiert werden (so vor allem Ausbildungsgrad und Einkommenshöhe), wird Prestige in der einschlägigen Literatur eher als eine Funktion von Macht und Privileg als umgekehrt angesehen.

Eine Berufsposition stellt somit ein je spezifisches Anrecht auf Ehrerbietung dar; dabei scheinen jene Berufe am höchsten bewertet zu werden, deren Funktionen in einem Naheverhältnis zu den zentralen Werten und Institutionen der Gesellschaft stehen, z. B. Tod — Arzt, Wissen — Professor, Recht — Richter (vgl. Treiman 1977; Shils 1968). — Von solchen Überlegungen geht auch die funktionalistische Schichtungstheorie aus, die soziale Ungleichheit (gemessen in Einkommen und Prestige) mit den Funktionserfordernissen der Gesellschaft erklärt (vgl. Strasser 1985) — eine Erklärung, die vor allem im Gegensatz zu klassentheoretischen Ansätzen steht, die ökonomische Systembedingungen und/oder politische Normsetzungen für bestehende Ungleichheiten verantwortlich machen. In der amerikanischen Ungleichheitsforschung ist mit der Verwendung des Prestigebegriffs eine Zeitlang auch die Vorstellung einer offenen, in unendlichen Graden abgestuften, also klassenlosen Gesellschaft einhergegangen. Marxisten haben denn auch auf den ideologischen Charakter des Prestigebegriffs im Kapitalismus und seine negative Wertung im Sozialismus hingewiesen, wo soziales Ansehen mit den Leistungen des einzelnen für die Ge-

sellschaft in Zusammenhang gebracht wird — eine Sichtweise, die die Systemvorgaben nicht minder erkennen läßt wie im Falle des Prestigebegriffs. — Die interaktionistische Schichtungstheorie, die den Menschen als symbolverwendende Kreatur in den Mittelpunkt stellt, begreift das Leben als eine Reihe fortgesetzter Verhandlungen, in denen es auf den Gebrauch von Sprache im richtigen Zusammenhang ankommt. Unterschiede in der Fähigkeit, bestimmte Gespräche bzw. Gesprächsinhalte zu beherrschen, führen zu einer Trennung beruflicher Subkulturen. Die entscheidende Forschungsfrage lautet daher: Wer spricht mit wem worüber wie? So z. B. entpuppen sich bei Bernstein (1972) soziale Schichten als Gesprächsgruppen, die sich durch ihr jeweiliges Rollenverhalten als einer komplexen Kodiertätigkeit unterscheiden: der Mittelschicht spricht er im Gegensatz zur Unterschicht die Fähigkeit zu, Codes und Rollen nach Situationserfordernis wechseln zu können. Es ist daher auch nicht verwunderlich, daß z. B. das Ruhrgebiets-Deutsch zwar offiziell stigmatisiert ist und als Sprache der Unterschicht angesehen wird, aber bei informellen Gelegenheiten auch von der Mittel- und Oberschicht gerne gesprochen wird. Sprache ist niemals bloß Instrument der Politik, sondern selbst schon Macht, weil mit Sprache die Wirklichkeit konstruiert wird. Insofern trifft auch die Formel zu, die herrschende Sprache sei die Sprache der Herrschenden (vgl. Bergsdorf 1983). Weil Ruhr-Deutsch seit der Industriellen Revolution die Verkehrssprache der in Massen in die Ruhrgebietsstädte ziehenden Landbevölkerung wurde, blieb es im Unterschied zu anderen Mundarten geächtet, von den Schulmeistern gar als „verdorbenes Deutsch" bekämpft (vgl. Mihm 1985).

3. Stigma

Da der Mensch sich seine Welt nicht ohne Kommunikation mit anderen Menschen schaffen kann, halten sie wechselseitig den Schlüssel zu ihrer Identität in Händen — mit der Folge, daß jedes Individuum sich zu jener Welt hingezogen fühlt, in der es im besten Licht erscheint: In allen zwischenmenschlichen Beziehungen geht es daher mehr oder weniger darum, Wertschätzung zu erlangen und Geringschätzung zu vermeiden. Sie sind das Resultat von Prozessen der Charismatisierung bzw. der Stigmatisierung und führen zu Prestige (im Extrem: der charismatische Held) auf der einen Seite und zu Stigma (im Extrem: der verachtete Paria) auf der anderen.

3.1. Definition

Die alten Griechen bezeichneten mit Stigma ein Brand- oder Schandmal, dessen Bedeutung auch heute noch gültig ist. Unter Stigma wollen wir eine Eigenschaft verstehen, durch die sich eine Person von allen anderen Mitgliedern einer Gruppe oder Gesellschaft auf eine Weise negativ unterscheidet, daß sie gesellschaftlich nicht akzeptiert wird. Die diskreditierenden Eigenschaften können von Person zu Person, Gruppe zu Gruppe und Gesellschaft zu Gesellschaft verschieden sein: D. h. die Eigenschaft an sich ist weder kreditierend noch diskreditierend; einunddieselbe Eigenschaft mag den einen Menschen stigmatisieren, während sie die Normalität des anderen bestätigt. Die durch einen Unfall erlittene Narbe kann für eine Frau entstellend, d. h. stigmatisierend sein. Dagegen ist der Schmiß für ein Mitglied einer schlagenden Studentenverbindung Ausdruck von Männlichkeit und Mut sowie seines Bekenntnisses zur Gruppe. Ähnliches vermögen Beispiele von Zugehörigkeit zu rassischen, religiösen oder anderen Minderheiten zu demonstrieren. Die wichtigsten Stigma-Merkmale sind: physische Entstellung (z. B. Schmiß, deformierter Fuß), individuelle Charakterfehler (z. B. Sucht, Geisteskrankheit) und phylogenetische Merkmale (z. B. Rasse, Religion). – Stigma ist weder gleichzusetzen mit Stereotyp noch zu verwechseln mit Vorurteil, auch wenn die Sinngehalte dieser Begriffe eine enge Verwandtschaft aufweisen. Ähnlich wie Stigma resultiert ein Stereotyp aus der menschlichen Neigung, der (besseren) Orientierung wegen zu kategorisieren. Es bezieht sich aber gewöhnlich auf übertriebene und ungenaue Verallgemeinerungen über eine Gruppe oder Kategorie von Menschen (z. B. Juden, Lehrer, Fußballspieler), die, im Gegensatz zum Stigma, nicht notwendigerweise negativ sind. Das Vorurteil unterscheidet sich vom Stereotyp in erster Linie durch seine nicht-kognitive Funktion der Abgrenzung der eigenen Position in der Gesellschaft, die aus der Unsicherheit in der Zugehörigkeit zu einer bestimmten Gruppe erwächst. Wie beim Stigma steht Handlung, Einstellung, nicht bloß Kognition, im Vordergrund. Die Unsicherheit wird gewöhnlich durch die Äußerung positiver Vorurteile gegenüber der in-group und negativer Vorurteile gegenüber der out-group gesteuert. Im ethnozentristischen Vorurteil mit Stigma wohl identisch, ist der Unterschied zwischen Vorurteil und Stigma vor allem darin zu er-

blicken, daß Gegenstand des ersteren meist Gruppen sind und es gar nicht um eine realitätsadäquate Orientierung geht, während letzteres sich meist auf einzelne Personen bezieht und erst durch Interaktion mit anschließender Distanzierung zustandekommt.

3.2. Stigmatisierung

Entscheidend ist die Wirkung, die vom auffallenden Merkmal ausgeht und darin besteht, daß sich Menschen bei der Begegnung mit diesem Individuum von ihm abwenden und dadurch der Anspruch, den dessen andere Eigenschaften an sie stellen, gebrochen wird. Durch diese, als entehrend angesehene, vom normalen gesellschaftlichen Umgang ausschließende Bewertung menschlicher Auffälligkeiten kommt es zur Zuschreibung eines Stigma, die sozialpsychologisch Stigmatisierung und umgangssprachlich treffend als Brandmarkung bezeichnet wird. Die einschlägige Literatur des symbolischen Interaktionismus, der Ethnomethodologie und der Rollentheorie spricht von einem *Etikettierungsprozeß*. Mit anderen Worten, mit den sozial als „Schuld" zugerechneten Verhaltensmalen werden ihre Träger erst im Interaktionsprozeß durch Kontrollinstanzen wie Nachbarn, Medien und Organisationen (z. B. Fürsorge, politische Parteien, Interessenverbände) symbolisch belegt und im täglichen Umgang festgelegt. Dieser Interaktionsprozeß entpuppt sich in der Gesellschaft als Verteilungskampf um soziale Definitionen dessen, was gut und schlecht, was zu tun und was zu lassen sei. Die (stigmatisierenden) Merkmale stellen sich nicht mehr als Seinsäußerungen, sondern als solche der normativen Gestaltung dar. Nach der Etikettierungs- oder Labeling-Theorie treten Stigmata weder gesellschaftlich zufällig auf noch sind sie gesellschaftlich extern bzw. biologisch bedingt, sondern als Produkt der Gesellschaft, d. h. als Ergebnis lebensweltlicher Prozesse der sozialen Sinngebung und Handlungsgestaltung anzusehen (vgl. Becker 1973; Goffman 1967; Keckeisen 1974).

3.3. Stigma und Charisma

Wenn und wo Stigmata zu einem Bestandteil der sozialen Identität (vgl. Art. 21) der Betroffenen werden, schränken sie deren Lebenschancen empfindlich ein. Das individuelle Opfer einer Stigmatisierung ist diesen Wirkungen oft hilflos ausgesetzt. Der Stigmatisierte verinnerlicht in der Regel die Standards der dominanten Gesellschaft, entwikkelt Schamgefühle und flüchtet in passive Bewältigungsstrategien (z. B. Geheimhaltung des Merkmals, Überkompensation in anderen Rollen, Selbstmitleid). Wie die Beispiele von Verbrecherbanden, von jugendlichen Subkulturen oder der amerikanischen Bürgerrechtsbewegung aber zeigen, können Gruppen stigmatisierter Personen es zustandebringen, Gegenmacht zu mobilisieren und durch ein offensives Bekenntnis zur stigmatisierten Eigenschaft die dominante Gesellschaft unter Legitimationsdruck zu setzen. Auf diese Weise kann es Stigmatisierten gelingen, die Merkmale ihrer Abweichung in Karrieren überzuleiten, an deren Ende Charisma und Ehrerbietung stehen. In diesem Falle schlägt der Stigmatisierungsprozeß von einem passiven Ertragen in ein aktives Trachten nach Auffälligkeit und in eine spontane Bereitschaft zur Übernahme von Stigmata um. Vor allem über innovative Medien wie Musik, Literatur, Kunst und Mode bringen solche Selbststigmatisierungen neue Werte ans Licht und lassen ihre Träger, nach dem Wagnis der Ächtung, in charismatischem Glanz erscheinen (vgl. Lipp 1985).

Vergegenwärtigt man sich die Karrieren politischer Führer wie Gandhi, Hitler, Castro oder Kennedy, dann zeigt sich, daß Stigma und Charisma, schuldbesetzte Marginalität und soziale Gnadengabe nicht so sehr diametral entgegengesetzt, als vielmehr durch die Dialektik von zentralen und marginalen Werten und Symbolen im geschichtlichen Ablauf menschlicher Gesellschaften eng aufeinander bezogen sind. In Wertschätzung und Prestige bzw. Verachtung und Stigma findet somit die vermutete charismatische Nähe zu den zentralen Institutionen der jeweiligen Gesellschaft ihre Bestätigung (vgl. Shils 1968). Das höchste Prestige wird jenen zuerkannt, die in den zentralen Institutionen Autorität ausüben und die wichtigsten Positionen im zentralen Wertsystem der Gesellschaft bekleiden. Die das nicht tun, müssen sich mit weniger zufrieden geben; jene, die diesen Verteilungskriterien gar entgegenstehen, laden Schuld auf sich und werden gebrandmarkt.

4. Literatur (in Auswahl)

Becker, Howard S. ([1963] 1973) *Außenseiter*, Frankfurt a. M.

Bergsdorf, Wolfgang (1983) *Herrschaft und Sprache*. Studien zur politischen Terminologie der Bundesrepublik Deutschland, Pfullingen.

Bolte, Karl Martin (1959) *Sozialer Aufstieg und Abstieg*. Eine Untersuchung über Berufsprestige und Berufsmobilität, Stuttgart.

Bolte, Karl Martin/Hradil, Stefan (1984) *Soziale Ungleichheit in der Bundesrepublik Deutschland*, Opladen.

Brusten, Manfred/Hohmeier, Jürgen, Hg. (1975) *Stigmatisierung*, 2 Bde. Neuwied.

Glaser, Barney/Strauss, Anselm (1971) *Status Passage*, London.

Goffman, Erving ([1963 deutsch] 1967) *Stigma*. Über Techniken der Bewältigung beschädigter Identität, Frankfurt a. M.

Goldthorpe, John H./Hope, Keith (1974) *The Social grading of occupations*, Oxford.

Hodge, Robert W./Treiman, Donald J./Rossi, P. H. (1966) „A comparative study of occupational prestige," in: Reinhard Bendix/Seymor Martin Lipset, eds., *Class, status and power*, 2. Aufl. New York, 309–321.

Hodge, Robert W./Kraus, V./Meyer, G. S. (1985) „Politische Ideologie und Berufsprestige. Eine vergleichende Analyse," in: Hermann Strasser/John H. Goldthorpe, Hg., *Die Analyse sozialer Ungleichheit*. Kontinuität, Erneuerung, Innovation, Opladen, 70–97.

Hope, Keith (1982) „A liberal theory of prestige," in: *American Journal of Sociology* 87 (5), 1011–1031.

Keckeisen, Wolfgang (1974) *Die gesellschaftliche Definition abweichenden Verhaltens*. Perspektiven und Grenzen des labeling approach, München.

Kluth, Heinz (1957) *Sozialprestige und sozialer Status*, Stuttgart.

Kluth, Heinz (1964) „Prestige," in: *Handwörterbuch der Sozialwissenschaften*, Stuttgart, 534–536.

Leopold, Ludwig (1916) *Prestige*. Ein gesellschaftspsychologischer Versuch. Berlin.

Linton, Ralph (1936) *The study of man*. An introduction, New York.

Lipp, Wolfgang (1985) *Stigma und Charisma*. Über soziales Grenzverhalten. Berlin.

Mihm, Arend, Hg., (1985) *Sprache an Rhein und Ruhr*, Wiesbaden.

Reiss, Albert J., Hg., (1961) Occupations and Social Status, New York.

Shils, Edward A. (1968) „Deference," in: Jackson, J. A., ed., *Social stratification*, Cambridge, 104–132.

Strasser, Hermann (1985) „Was Theorien der sozialen Ungleichheit wirklich erklären," in: Hermann Strasser/John H. Goldthorpe, Hg., *Die Analyse sozialer Ungleichheit*. Kontinuität, Erneuerung, Innovation, Opladen, 155–172.

Treiman, Donald J. (1977) *Occupational prestige in comparative perspective*, New York.

Zelditch, Morris, Jr. (1968) „Social status," in: *International encyclopedia of the social sciences*, Bd. 13, New York, 250–257.

Hermann Strasser, Duisburg
(Bundesrepublik Deutschland)

23. Individuum/Person

1. Begriffsverwendungen

Das Wort Individuum wird hergeleitet von der Cicero zugeschriebenen lateinischen Übersetzung des griechischen atomon, d. h. das Unteilbare (vgl. Kaulbach 1976). Im Sprachgebrauch verschiedener wissenschaftlicher Disziplinen hat der Begriff Individuum noch die weiteren Bedeutungsaspekte: das Einfache; das Unersetzbare; das sich selbst Bestimmende; das sich selbst Bewußte und das von anderen Verschiedene, Einzigartige. — Einem Einzelwesen wird Individualität zugeschrieben, wenn es eine einzigartige Kombination von Merkmalen verwirklicht und wenn es sich als bewußt und zielgerichtet handelndes Wesen erweist. — Wird in der Psychologie das Individuum in der Vielfalt seiner Funktionen zum Gegenstand der Forschung, hat sich die Bezeichnung *Person* oder *Persönlichkeit* eingebürgert. Das Wort Person geht zurück auf das lateinische *persona*, d. h. Larve, Maske (des Schauspielers); aber auch die dargestellte Rolle wird persona genannt. Besonders ältere persönlichkeitstheoretische Ansätze bevorzugen die Bezeichnung Person; gleichbedeutend taucht auch der traditionsreiche Terminus *Charakter* auf. Seit Klages (1926) wird Charakter als Bezeichnung für die individuelle Eigenart des Erlebens und Verhaltens verstanden, in der sich ein Mensch vom anderen unterscheidet. Da das Wort Charakter im Alltagssprachgebrauch mit bewertender Nebenbedeutung verwendet wird, lehnte Allport (1937), ein Mitbegründer der neueren Persönlichkeitstheorie, die Verwendung dieses Ausdrucks ab und ersetzte ihn durch den Begriff Persönlichkeit. — Der Gebrauch der Bezeichnung Person setzt sich jedoch in der gegenwärtigen Psychologie fort in theoretischen Ansätzen, die die Wechselwirkung des Menschen mit seiner materiellen oder sozialen Umgebung betrachten: allgemein das *Person-Umwelt-Verhältnis* in der *ökologischen Psychologie* (vgl. Ittelson/Pro-

shansky/Rivlin et al. 1977), das *Person-Situation-Verhältnis* in der *Persönlichkeitspsychologie* (vgl. Ekehammar 1974) und das *Person-Person-Verhältnis* in der *sozialpsychologischen Interaktionsforschung* (vgl. Zavalloni/Louis-Guerin 1979). — Individualität und (personale) Identität werden häufig synonym gebraucht. Mit beiden Konzepten ist die Bedeutung von Kontinuität in wechselnden Lebensphasen und den damit einhergehenden Rollen verbunden. Identität besteht im Gleichgewicht zwischen Individualität und sozialen Verankerungen (Goffmann 1961).

2. Individualität als Gegenstand der Persönlichkeitspsychologie

Die psychologische Disziplin der differentiellen bzw. der Persönlichkeitspsychologie beschäftigt sich mit dem Problem der individuellen Unterschiede in Reaktionsbereitschaften und Reaktionsformen des Menschen. Die differentielle Psychologie geht von der Beobachtung aus, daß gleichbleibende Reize oder Situationen nicht bei jedem Menschen das gleiche Verhalten hervorrufen. Aus dieser Grundlage wird die Annahme einer interindividuell unterschiedlichen Bereitschaft abgeleitet, bestimmte Verhaltensweisen zu zeigen. Überdauernde Bereitschaften können etwa sein: Temperament, dominierende Bedürfnisse oder Fähigkeiten. In der Persönlichkeitspsychologie wird zwar von der Vorstellung einer Person als funktionaler Einheit ausgegangen, es werden aber meist nur einzelne Aspekte zum Gegenstand persönlichkeitspsychologischer Theorien gewählt, wie z. B. Adler's Theorie des Überlegenheitsstrebens, das als Leitlinie individuelle Lebensläufe bestimmt (Adler 1933).

3. Eigenschaftstheoretischer Ansatz

Frühe Bemühungen, Erkenntnisse über die Persönlichkeit zu gewinnen, hatten lediglich zum Ziel, eine brauchbare Liste von differenzierenden Eigenschaften zu finden, die den größten Teil des individuellen Verhaltensspektrums erklären würden (vgl. Allport 1937/1967). Allport's eigener Ansatz geht aus von der Annahme der Stabilität und Konsistenz menschlichen Verhaltens und von der Existenz der diese Stabilität organisierenden

Strukturen, den Eigenschaften: Eine funktional äquivalente Klasse von Reizen wird über die gemeinsame Schaltstelle 'Eigenschaft' mit einer funktional äquivalenten Klasse von Reaktionen beantwortet. — Das Konzept der Eigenschaft wird damit in das der 'persönlichen Disposition' überführt und ermöglicht einen konkreten Zugang zur Einzigartigkeit des Individuums. Allgemeine Eigenschaften sind bei Allport durch Abstraktion gewonnene Dimensionen von persönlichen Dispositionen. Diese abstrakten Eigenschaften erlauben erst, einzelne Menschen miteinander zu vergleichen.

4. Idiographische und nomothetische Vorgehensweisen

Allport's Betonung der Einzigartigkeit des Individuums entwickelt sich aus seiner Kritik an der nomothetisch orientierten differentiellen Psychologie. Er vertritt einen idiographischen Ansatz, der erlaubt, jedes Individuum in seinem persönlichen Bezugsrahmen zu beschreiben. Aufgabe einer idiographisch orientierten Persönlichkeitspsychologie ist nach Thomae eine möglichst umfassende und facettenreiche Registrierung von Erlebnis- und Verhaltensweisen eines Individuums, deren Ergebnis eine unverfälschte Abbildung individueller Welten sein sollte (Thomae 1968, 105; vgl. dazu auch Stern 1921). Die Kontroverse zwischen dem nomothetischen Vorgehen auf der einen Seite und dem idiographischen Ansatz auf der anderen erreichte in den Sechziger Jahren ihren Höhepunkt. Es tat sich eine immer tiefer werdende Kluft zwischen den naturwissenschaftlich orientierten Verhaltenswissenschaftlern (vgl. z. B. Eysenck 1952) und den 'humanistisch' orientierten Psychologen auf (vgl. z. B. Bühler/Allen 1974). Persönlichkeitstheoretiker wie Eysenck verneinen die Möglichkeit der Erfassung subjektiver Lebenswelten und wenden sich deshalb als einziger Alternative der Messung kleiner Verhaltenseinheiten zu. Aber auch innerhalb des nomothetischen Ansatzes der Persönlichkeitsforschung gibt es die Kontroverse zwischen den experimentellen und den „Korrelationspsychologen" (vgl. Cronbach 1960). Die nach korrelativen Zusammenhängen zwischen Verhaltenseinheiten suchenden Psychologen klassifizieren Verhalten, um Typen zu identifizieren. Der Typus wird beschrieben durch eine festgelegte Merkmalskombination oder aber durch einen dominierenden Faktor. — In der experimentellen Persönlich-

keitsforschung wird individuelles Verhalten abgeleitet aus allgemeinen Verhaltensgesetzen, bzw. aus individuellen Verhaltensweisen wird eine allgemeine Verhaltensgesetzlichkeit induktiv erschlossen. Ein Beispiel dafür ist die Frustrations-Aggressions-Hypothese von Dollard/Miller/Doob et al. (1939): Nach enttäuschenden oder versagenden Erlebnissen reagiert ein Individuum mit aggressivem Verhalten.

Lamiell (1984) geht in seiner Kritik am nomothetischen Ansatz über Allport hinaus, indem er dieser Richtung der Persönlichkeitsforschung die Möglichkeit abspricht, überhaupt zu allgemeineren Aussagen über die Persönlichkeit zu gelangen. Vielmehr können nach Lamiell nur dann allgemeine Gesetze gefunden werden, wenn man von der Untersuchungseinheit der individuellen Person ausgeht und nicht von Personengruppen. — Der gleiche Grundgedanke wurde auch schon von Lewin (1969) in seiner Kritik „abstrahierender Durchschnittsberechnungen" formuliert. — Der eigene Ansatz Lamiells gründet auf der idiographischen Methode, bei der die potentiellen Verhaltensmöglichkeiten eines Individuums in Beziehung gesetzt werden zu seinem aktuellen Verhalten, ohne einen Vergleich mit anderen Individuen einzubeziehen. Die Zielsetzung seines Vorgehens ist jedoch zugleich auch nomothetisch, da Lamiell nach Beschreibungsprinzipien sucht, die auf viele Personen zugleich anwendbar sind. Zur Kennzeichnung seines neuen Ansatzes führt er den Neologismus *idiothetisch* ein.

5. Interaktionistische Ansätze

Person-Situation-Interaktion. Aus interaktionistischer Sicht wurde die Kritik an der Annahme einer Merkmalskonsistenz mit dem Argument vorgebracht, daß sogenannte 'normale', d. h. unauffällige Individuen sich weniger konsistent verhalten als klinisch auffällige Gruppen (Argyle 1977). Ähnlich argumentiert Mischel (1979), nur rigide oder psychopathische Personen reagierten in einer Vielzahl von Situationen gleichartig. Persönlichkeitstheorien billigen situativen Einflüssen unterschiedliche Wirksamkeit für individuelles Verhalten zu, aber keine verzichtet ganz auf das Situationskonzept. Die Gegenüberstellung in der Person und außerhalb der Person befindlichen Gegebenheiten, legt eine dichotome Vorstellung von Person und Nicht-Person nahe. Das Situationskonzept der neueren Persönlichkeitspsychologie vernachlässigt — im Gegensatz zum Umweltkonzept der traditionellen Umweltpsychologie — nicht, daß Personen eine kognitive Repräsentation der Umwelt aufbauen, deren Angemessenheit fragwürdig, deren Existenz aber eindeutig ist. Grundlage der Situationsdeutung sind Informationen über die Umwelt und die Art der inneren Repräsentation (Heckhausen 1980). Das Persönlichkeitsbild des Person-Situationsansatzes drückt sich am deutlichsten in den Überlegungen Magnussens und Endlers aus: Die Person ist ein aktiver, bewußter Löser von Problemen, die ihm in den Situationen gestellt werden. Mit seinem großen Erfahrungsschatz und einem breiten Spielraum an Verhaltensmöglichkeiten kann er die Probleme bewältigen. Die Person konstruiert ihre psychologische Umwelt, beeinflußt sie genau so wie sie von ihr geprägt wird. Auf der Personseite sind also die kognitiven und motivationalen Faktoren wesentliche Determinanten des Verhaltens, auf der Situationsseite deren kognitive Repräsentationen (vgl. Endler/Magnussen 1976). Magnussen und Endler verstehen ihre Überlegungen jedoch als Modelle des Verhaltens, nicht als Persönlichkeitstheorie (Endler 1983).

Bem und Allen (1974) regten in ihrem Artikel „On predicting some of the people some of the time" an, auf die Irrelevanz von Merkmalen zur Beschreibung von Personen zu achten: Personen können sich grundsätzlich auf anderen als den erfaßten Merkmalen konsistent verhalten. Weiterhin heben sie hervor, daß sich die Relevanz von Merkmalen im Laufe einer lebenslangen Entwicklung der Persönlichkeit verändern kann. Ein bemerkenswertes Ergebnis ist in diesem Zusammenhang auch, daß Personen mit hoher Sensibilität für innere Vorgänge verhaltenskonsistenter erscheinen als weniger sensible (Underwood/Moore 1981). Weniger sensible Personen induzieren sich selbst Verhaltensvarianz. — Stellen Personen aktiv Situationen her oder suchen sie solche auf, in denen sie als Agenten auftreten, so wird durch diese Selbstselektion die Konsistenz des Verhaltens unterstützt (Pervin 1978). In seltenen, unbekannten Situationen könnte nach diesen Überlegungen kaum beständiges Verhalten erwartet werden (Magnussen 1976). Vertraute Alltagssituationen beinhalten ‘Stützfaktoren’; diese können in Form von stabilen Verhaltensvorschriften oder sozialen Regelsystemen (Argyle 1977) oder in Form von stabilen sozio-kulturellen bzw. physikalisch-objek-

tiven Bedingungen gegeben sein (Mischel 1979).

Person-Person-Interaktion. In der Gegenwartsgesellschaft westlicher Prägung stellt Individualität ein zentraler Wert dar. Die Wurzeln dieser grundlegenden Einstellung reichen zurück bis ins Mittelalter (vgl. Morris 1972; Siegert/Chapman 1985). Die Philosophien Husserls, Schelers und Heideggers schufen die Voraussetzung für die theoretische Position des *symbolischen Interaktionismus*, die vor allem durch A. Schütz (1971) und G. H. Mead (1934) das sozialwissenschaftliche Denken beeinflußt hat. Im symbolischen Interaktionismus wird die Entstehung von Individualität als Ergebnis sozialer Interaktionsprozesse gesehen. Mead deutet die Identität eines Menschen als Spiegel (looking glass self), der Vorwegnahmen und Verinnerlichungen von Vorstellungen und Erwartungen anderer reflektiert. Individualität und damit Identität entwickelt sich durch die symbolische Vermittlung dieser Antizipationen und Internalisierungen. In diesem Entwicklungsprozeß nimmt ein Individuum die Haltung des Interaktionspartners sich selbst gegenüber ein und schafft so eine Reziprozität der Perspektiven.

Durch Mead wird Identität als eine gesellschaftliche Erscheinung begriffen, die wesentlich durch die Existenz von Symbolsystemen, vor allem der Sprache, bedingt ist. Mead akzentuiert diese These, indem er formuliert, daß es ohne sprachliche Vermittlungsprozesse keine Identität gäbe (Mead 1934).

Rollenübernahmen schaffen im Laufe des Sozialisationsprozesses eine weitere Grundlage für die Entstehung von Identität. Das Konzept der *Rollendistanz* (Goffman 1961) kann aber erst die Wahrung von Individualität plausibel machen: Eine kompetent ausgefüllte Rolle erlaubt dem Rollenträger Spielraum für eigenständige Verhaltensvarianz; er kann sich von den gesellschaftlichen Erwartungen, die mit seiner Rolle verbunden sind, bis zu einem gewissen Grad distanzieren und seine Rolle individuell definieren.

Person-Umwelt-Interaktion. In der ökologischen Psychologie werden Person-Umwelt-Bezüge thematisiert; Umwelt umfaßt dabei zunächst physikalisch-objektive Gegebenheiten, wie sie die natürliche Umwelt bietet. Der Umwelt kommt im Bereich der gelernten Verhaltensformen eine auslösende, motivierende und verstärkende Funktion zu. Bei der Feststellung von individuellen Verhaltensunterschieden wird kaum auf eine Analyse der

Umweltbedingungen verzichtet werden können. Erst recht nicht bei der Erklärung der Verhaltensvariabilität oder -konstanz und der aus Verhaltensinterkorrelationen erschlossenen Persönlichkeitsstruktur (Pawlik 1977). Als Beispiel kann der Zusammenhang zwischen häuslichen Gegebenheiten und Leistungsmotivation dienen (vgl. Trudewind 1975). — In diesem Rahmen stellt sich das besondere Problem der ökologischen Gültigkeit von Meßinstrumenten zur Erfassung der Persönlichkeit. Ein Instrument ist für eine Person oder Personengruppe ökologisch invalide, wenn die impliziten Umweltbedingungen in der Testsituation nicht gegeben sind (z. B. wenn ein Wahrnehmungstest für die Umwelt des Probanden ungewöhnliche Muster enthält).

Person-Kultur-Interaktion. Personen wirken auf ihre Umwelt ein, verändern sie, passen sich ihr aber auch wiederum an. Bestimmte Umweltgegebenheiten lassen nur bestimmte Veränderungen zu. Unter dieser Voraussetzung ist Kultur als Produkt der Interaktion Mensch — Umwelt an eine bestimmte Umwelt gebunden (vgl. die Bezeichnungen *Habitat* oder *Nische* für die geographische Verortung einer Kultur in einem bestimmten Lebensraum; Wissler 1923, Spiegel 1967). Durch die wechselseitigen Beziehungen des Menschen mit seiner materiellen und sozialen Umwelt, durch die innere Struktur der sozialen Umwelt, durch die Verwendung von Materialien und Informationen, durch die Aufnahme, Verarbeitung und Weiterführung von kognitiven Orientierungen und durch die Interaktion von Kulturen miteinander ergeben sich so vielfältige Einflußmöglichkeiten auf die einer Kultur angehörenden Personen, daß unter diesen Bedingungen kulturgebundene Persönlichkeitsmuster resultieren sollten. Die Arbeiten von M. Mead (z. B. 1963) zielen auf die Beschreibung solcher *Modalpersönlichkeiten* innerhalb bestimmter Kulturen ab. Kulturen räumen aber auch in verschiedenem Ausmaß Freiräume für Individualität ein, ohne daß diese individuellen Abweichungen als Ausdruck devianter Persönlichkeiten gewertet werden.

6.   Die Erfassung von Individualität

In der Diskussion um die angemessenen Methoden zur Messung individueller Eigenarten von Personen stehen sich drei Richtungen gegenüber: die eine geht von allen Persönlichkeiten gleichermaßen zugrundeliegenden Dimensionen aus; die Individualität zeigt sich nur in den Ausprägungen. Die zweite Richtung klassifiziert Individuen in qualitativ unterschiedliche Teilgruppen. Die dritte Richtung versucht individuelle Lebenswelten zu beschreiben. Der ersten Richtung sind so verschiedene Konzeptionen wie die Psychoanalyse und faktorenanalytische Modelle (vgl. Cattell 1967) zuzuordnen: der zweiten die Typologien unterschiedlichster Herkunft, z. T. gewonnen durch die Analyse korrelativer Zusammenhänge. Individuelle Personenbeschreibungen ergeben sich aus der Analyse biographischer Daten, aus Beobachtungen von Personen in ihren natürlichen Umwelten und aus Selbstberichten. Eine breite Palette verschiedener Arten von Daten schlägt Cattell (1963) vor: Daten, die direkt aus der Beobachtung von natürlichem Verhalten stammen, sowie Reaktionen auf Fragebögen und Antworten in standardisierten Testverfahren. Als bedeutsame methodische Entwicklung des letzten Jahrzehnts werden Verfahren gewertet, die als Strukturgleichungsmodelle bezeichnet werden: Theoriegeleitet werden Zusammenhänge zwischen Persönlichkeitskonstrukten postuliert, und mit Hilfe von Strukturgleichungen werden die Daten auf ihre Theorieangemessenheit überprüft. — In seiner Kritik der vorherrschenden theoretischen und methodischen Ansätze in der Persönlichkeitsforschung weist Carlson (1984) darauf hin, daß die allgemein verbreitete Konzentration auf einzelne Aspekte und statische strukturelle Analysen dem Konzept der Persönlichkeit nicht gerecht werde. Persönlichkeit müsse vielmehr als Prozeß verstanden werden, der sich über die gesamte Lebensspanne erstrecke.

7.   Individualität und Sprache

Linguistische Variabilität erstreckt sich auf Unterschiede zwischen umfassenden Sprachgruppen ebenso wie auf die Sprachvarianten einzelner Sprecher, den Idiolekten.

Nach Abercrombie (1967) lassen sich individuelle Sprachvarianten zwei Gruppen von Indices persönlicher Eigenheiten von Individuen zuordnen: (a) den Indikatoren für überdauernde Attribute des Individuums und (b) den Indikatoren für aktuelle Zustände des einzelnen Sprechers. Die psycholinguistische Forschung konzentrierte sich zunächst darauf, die Gültigkeit von Indikatoren zu überprüfen. Kriterium für die Validität war dabei meist eine unabhängig vom Indikator gemessene Persönlichkeitseigenschaft oder ein Zustand einer Person. Da es sich als schwierig erwies, durch ein unabhängiges Kriterium die Aussagekraft von individuellen Sprachindikatoren zu bestätigen, wandte sich die Forschung verstärkt der psychologischen Untersuchung der Urteilsvorgänge zu, die einer Persönlichkeitsbeurteilung mittels individueller Sprech- und Sprachmerkmale zugrundeliegen (Scherer 1979).

8. Literatur (in Auswahl)

Abercrombie, David (1967) *Elements of general phonetics*, Edinburgh.

Adler, Alfred (1933) *Der Sinn des Lebens*, 2. Auflage, Leipzig.

Allport, Gordon W. (1937) *Personality*, New York.

Allport, Gordon W. (1967) *Pattern and growth in personality*, New York.

Argyle, Michael (1977) „Predictive and generative rules models of P × S interaction", in: *Personality at the crossroads: Current issues in interactional psychology*, Magnussen, D./Endler, N. S., eds., Hilldale, 353–370.

Bem, Daryl J./Allen, Andrea (1974) „On predicting some of the people some of the time: The search for cross-situational consistencies in behavior", in: *Psychological Review* 81, 506–520.

Bühler, Charlotte/Allen, Melanie (1974) *Einführung in die Humanistische Psychologie*, Stuttgart.

Carlson, Rae (1984) „What's social about social psychology? Where's the person in personality research?", in: *Journal of Personality and Social Psychology* 47, 1304–1309.

Cattel, Raymond B. (1967) *The scientific analysis of personality*, Harmondsworth.

Cattel, Raymond B. (1963) „Personality, role, mood, and situation-perception: A unifying theory of modulators", in: *Psychological Review* 70, 1–18.

Cronbach, Lee J. (1960) *Essentials of psychological testing*, New York.

Dollard, John/Miller, Neil E./Doob, Leonard W. et al. (1939) *Frustration and aggression*, New Haven.

Eysenck, Hans J. (1952) *The scientific study of personality*, London.

Ekehammar, Bo (1974) „Interactionism in personality from a historical perspective", in: *Psychological Bulletin* 81, 1026–1048.

Endler, Norman S. (1983) „Interactionism. A personality model, but not yet a theory", in: *Personality – Current theory and research. Nebraska Symposium on Motivation*, Lincoln, 155–200.

Endler, Norman S./Magnussen, David (1976) *Interactional psychology and personality*, Washington.

de Grange, McQuilkin (1923) *The science of individuality*, Lyon.

Goffmann, Erving (1961) *Role – distance*, Indianapolis.

Goffman, Erving (1961) *The presentation of self in everyday life*, Garden City.

Heckhausen, Heinz (1980) *Motivation und Handeln*, Berlin.

Ittelson, William H./Proshansky, Harold M./Rivlin, Leanne G. et al. (1977) *Einführung in die Umweltpsychologie*, Stuttgart.

Kaulbach, Friedrich (1976) „Individuum und Atom", in: *Historisches Wörterbuch der Philosophie*, Ritter, J./Gründer, K. F., eds., Basel, 299.

Klages, Ludwig (1926) *Die Grundlagen der Charakterkunde*, Leipzig.

Lamiell, James T. (1984) „Epistemological tenets of an idiothetic psychology of personality", Vortrag *Second European Conference on Personality*, Bielefeld.

Lewin, Kurt (1969) *Grundzüge der topologischen Psychologie*, Bern.

Magnussen, David (1976) „The person and the situation in an interactional model of behavior", in: *Scandinavian Journal of Psychology* 17, 253–271.

Mead, George H. (1934) *Mind, self and society*, Chicago.

Mead, Margaret (1963) *Growing up in New Guinea*, Harmondsworth.

Mischel, Walter (1979) „On the interface of cognition and personality: Beyond the person – situation debate.", in: *American Psychologist* 34, 740–754.

Morris, Colin (1972) *The discovery of the individual 1050–1200*, New York.

Pawlik, Kurt (1977) „Faktorenanalytische Persönlichkeitsforschung", in: *Die Psychologie des 20. Jahrhunderts*, Bd. V.: *Binet und die Folgen*, Strube, G., ed., Zürich.

Pervin, Lawrence A. (1978) *Current controversies and issues in personality*, New York.

Scherer, Klaus R. (1977) „Personality markers in speech", in: *Social markers in speech*, Scherer K. R./Giles, H., eds., Cambridge, 147–209.

Schütz, Alfred (1971) *Gesammelte Aufsätze*, Den Haag.

Siegert, Michael/Chapman, Michael (1985) „Entstehen von Individualität", in: *Persönlichkeitspsychologie. Handbuch in Schlüsselbegriffen*, Herrmann, T./Lantermann, E. D., eds., München, 1–8.

Spiegel, Bernd (1967) „Der Nischen-Begriff in Ökologie und Sozialpsychologie", in: *GFM – Mitteilungen* 3, 73–88.

Stern, William (1921) *Differentielle Psychologie*, Leipzig.

Thomae, Hans (1968) *Das Individuum und seine Welt*, Göttingen.
Trudewind, Klaus (1975) *Häusliche Umwelt und Motiventwicklung*, Göttingen.
Underwood, Bill/Moore, Bert S. (1981) „Sources of behavioral consistency", in: *Journal of Personality and Social Psychology* 40, 780−785.
Wissler, Clark (1923) *Man and culture*, New York.

Zavalloni, Marisa/Louis-Guerin, Christiane (1979) „Social psychology at the crossroads: its encounter with cognitive and ecological psychology and the interactive perspective", in: *European Journal of Social Psychology* 9, 307−321.

Ute Schönpflug, Berlin (West)

24. Gruppe

1. Sprachgebrauch

1.1. Alltagssprachliche Bedeutung

In der Alltagssprache wird Gruppe als Bezeichnung für eine Ansammlung mehrerer Individuen oder Gegenstände der belebten oder unbelebten Natur benutzt: Gruppe von Sternen, Steinen, Bäumen, Tieren, Menschen usw. Kennzeichen für Gruppe sind gleichgeartete Interessen oder Ziele, Gleichheit wesentlicher Merkmale oder die Gemeinsamkeit der Zweckbestimmung. Das Wort ist als Fachwort der bildenden Kunst aus dem Französischen und dort aus dem Italienischen entlehnt (Ansammlung, Schar) und seit etwa dem Anfang des 18. Jahrhunderts im Deutschen nachgewiesen (Der große Duden, Etymologie 1963).

1.2. Wissenschaftliche Bedeutung

In der Wissenschaftssprache begegnet man dem Gruppenbegriff als Struktur- und Ordnungsbegriff, z. B. in der Mathematik (Gruppen-Theorie), in der Physik (Molekül-Gruppe), in der biologischen Systematik, in der Chemie (Periodensystem der Elemente mit Haupt- und Nebengruppen), in den Sozialwissenschaften (primäre und sekundäre Gruppen); diese Beispiele stehen für viele andere. − Gruppe ist demnach eine Universalkategorie menschlichen Wahrnehmens und Urteilens, die dazu dient, Ordnung in die Vielfalt der Welt von Personen, Objekten, Ideen, Vorstellungen usw. zu bringen. Für Sinneseindrücke, insbesondere für das Sehen und Hören, lassen sich Gruppierungen als ordnendes Prinzip der Eindrucks- und Urteilsbildung an sich singulärer Wahrnehmungsgegenstände empirisch aufzeigen. Dabei erwiesen sich für den Eindruck Gruppe als wesentlich: Mehr als zwei Elemente befinden sich in raum-zeitlicher Nähe zueinander und besitzen untereinander irgendeine Form von Ähnlichkeit. Die Gestalt-Psychologie, insbesondere M. Wertheimer und Metzger (1953), haben die Erkenntnisvorgänge untersucht und 'Gesetze' bestimmt, die zum Sinneseindruck 'Gruppe' führen, so z. B. das 'Gesetz der Nähe' oder der 'Ganzheit'. Zum Eindruck Gruppe gehört unter anderem die Ausgrenzung vor einem Hintergrund. − Auch das Selbstverständnis von Gruppen (siehe 1.3.) hängt oftmals von den Möglichkeiten einer Selbstabgrenzung von anderen Gruppen ab.

1.3. Konzepte von Gruppe

Für soziale Gruppen heben gebräuchliche Bedeutungszuschreibungen auf die Notwendigkeit zweier Perspektiven ab: Die Sicht von außen auf eine Gruppe, z. B. eine Reise-Gruppe; hier handelt es sich also um ein Eindrucksurteil aus der visuellen und auditiven Wahrnehmung. Die zweite Perspektive betont die subjektive Sicht, das Selbstverständnis oder die Vorstellung der Mitglieder über sich selbst als Gruppe. Für das Selbstverständnis, eine Gruppe zu sein, ist, anders als bei der Sicht von außen, die physische Präsenz der anderen Mitglieder nicht zwingend notwendig; manchmal liegen lange Zeiträume zwischen den Kontakten der Mitglieder untereinander, ohne daß das Zusammengehörigkeitsgefühl (siehe 3.3.) verloren ginge. Manche sozialwissenschaftliche Definitionen setzen voraus, daß sowohl von außen wie von innen betrachtet eine gegebene Gruppe als solche akzeptiert ist.

1.4. Definitorische Merkmale

Ein Minimalkonsens besteht hinsichtlich folgender Merkmale: (1) Eine umschriebene

Zahl von Personen erlebt ihre Handlungsweisen als aufeinander abgestimmt und bezogen und erfährt ihre Schicksale als zu einem gewissen Grade voneinander abhängig. Dieses nehmen auch Außenstehende wahr. (2) Die Mitglieder erwarten normalerweise, daß ihre dauerhafte Zugehörigkeit dabei hilft, von ihnen angestrebte Ziele zu verwirklichen oder zu erreichen. Während Satz (1) nur für sogenannte Kleingruppen gelten kann, trifft Satz (2) auch für endlich große Zusammenschlüsse zu, also für große Interessenverbände, vielleicht auch für Nationen. Als Kleingruppe werden Zusammenschlüsse angesehen, bei denen jede(r) jede(n) kennt und mit ihm/ihr Beziehungen haben kann. Zahlenmäßig beginnen Kleingruppen bei zwei Personen („dyadische Gruppe"). Es ist aber sinnvoller, den Gruppenbegriff erst auf drei-Personen-Gruppen anzuwenden, weil u. a. hier erstmalig das in Gruppen übliche Phänomen der Koalition auftreten kann. Kleingruppen enden bei etwa 20 bis 30 Personen. Der Begriff Kleingruppe ist aber vorwiegend für interagierende Gruppen reserviert, bei denen jede(r) mit jeder/jedem von Angesicht zu Angesicht in Beziehung treten kann; das simultane, geordnete Interagieren an einem Ort endet bei etwa fünf bis sieben Personen. Danach zerfallen interagierende Gruppen wieder in Untergruppen oder spalten sich absichtlich auf, damit die Mitglieder geregelt miteinander kommunizieren oder besser handeln können. — Genau besehen benennt der obige definitorische Minimalkonsens notwendige, aber nicht hinreichende Bedingungen. Weitere Bestimmungsmerkmale sind z. B.: Gruppen haben eine Geschichte von Beziehungen und Erlebnissen; die Mitglieder müssen eine Vorstellung einer Gruppenidentität oder den Eindruck einer Gruppenzugehörigkeit entwickelt haben. Konstitutiv kann auch der Gruppenzusammenhalt sein. Manchmal wird vorgeschlagen, den Gruppenbegriff für dauerhafte oder auf Dauer hin angelegte Zusammenschlüsse zu reservieren. Dem steht jedoch der Brauch entgegen, für Spezialaufgaben, z. B. im politischen System oder in Organisationen, auf Zeit zusammengestellte 'ad-hoc-Gruppen' einzusetzen, die sich nach der Aufgabenerfüllung wieder auflösen. Auch die experimentelle Sozialpsychologie und die Kleingruppenforschung arbeiten aus forschungspraktischen Gründen vorzugsweise mit 'ad-hoc'-Gruppen als Untersuchungseinheiten. — Manche Gruppenbegriffe stehen in der Forschungstradition bestimmter sozial-

wissenschaftlicher Richtungen und dienen so zur Abgrenzung verschiedener disziplinärer Zugänge. So kennzeichnete 'Gruppendynamik' ursprünglich einmal eine von Lewin (1947) begründete sozialpsychologische Forschungsrichtung; heute wird der Begriff eher praxeologisch für bestimmte Sozialtechniken zur Herstellung und Gestaltung gruppenbezogener Aktivitäten verwandt. 'Kleingruppe' ist ein überwiegend in der Soziologie verwendeter Begriff und wird dem Begriff 'Großgruppe' gegenübergestellt (vergl. z. B. Neidhardt 1983). Eine andere Bedeutung von Großgruppe ist, je nach disziplinärer Sprachregelung, 'Organisation' oder 'Institution'; Großgruppen bestehen in der Regel aus einer Ansammlung von Kleingruppen. Das Interesse der Soziologie gilt vor allem der Großgruppe, während die Fortschritte in Theorie und Forschung vor allem die Kleingruppen betreffen (vgl. McGrath/Kravitz 1982, Blumberg/Hare/Kent u. a. 1983 oder Crott 1979).

2.   Arten von sozialen Gruppen

2.1. Typologie

Für den 'Menschen im Plural' wird nach Hofstätter (1957) je nach Größe (Anzahl), Grad der Selbstorganisation und Beziehungsformen unterschieden zwischen: Gruppe, Familie, Masse, Menge oder Klasse. Eine Klasse sind alle Träger einer umschriebenen Merkmalskonfiguration, z. B. die Besitzer eines bestimmten PKW-Typs. Schließen sich Angehörige einer Klasse aktiv zusammen, liegt ein Verband vor. Menge bezeichnet eine Ansammlung von Personen, die sich in einem relativ geordneten Nebeneinander zu gleicher Zeit an einem Ort (z. B. Bahnhof) befinden. Eine Masse ist eine aktivierte Menge von Personen, die keine geordnete Struktur wie in einer Gruppe (siehe 3.4.) erkennen läßt. — Andere gebräuchliche Unterscheidungsformen sind nach dem Entstehen und dem Charakter von Regelungen formale Gruppe (planmäßig geschaffen) und informelle Gruppe (spontaner Zusammenschluß ohne formales Regelsystem), nach dem Grad der Intimität primäre Gruppe (enge persönliche Beziehungen, z. B. Familie, Freundschaftsgruppe) und sekundäre Gruppe, ad-hoc-Gruppe und dauerhafte Gruppe, Eigen- und Fremdgruppe, Mitgliedschafts- und Bezugsgruppe, Spontangruppe, natürliche und experimentell zusammengestellte Gruppe, Kerngruppe und äußere Gruppe, oder je nach der

Bedeutung oder den Zielen der Gruppe: Familien-, Jugend-, Arbeitsgruppe, Interessengruppe, Männer- und Frauengruppe usw. Auch Vereine, Verbindungen, Kommissionen, Interessenverbände und vergleichbare Zusammenschlüsse werden dem Gruppenbegriff zugerechnet. – Jeder Mensch hat eine multiple Klein- und Großgruppenzugehörigkeit und verbringt den größten Teil seines privaten und beruflichen Lebens in Kleingruppen. Erwachsene gehören in der Regel mindestens drei Arten von überdauernden Gruppen an: der Familie, der Freundschaftsgruppe und der Arbeitsgruppe. In verschiedenen Phasen des Lebenszyklus' verbringen Menschen unterschiedlich viel Zeit in den drei Arten von Gruppen. In der Jugend sind es vor allem die Familie und die Freundschaftsgruppe; im Erwachsenenalter gewinnt als dritte Gruppe die Arbeitsgruppe zunehmend an Bedeutung. Andere Gruppen mit temporärer Bedeutung stellen Ausschüsse oder Problemlösungsgruppen und Trainings- oder Therapie-Gruppen dar. Als Großgruppenzugehörigkeit können z. B. Schule, kirchliche Gemeinschaft, Vereine, beschäftigende Institution und ähnliches in Frage kommen. – Freundschaftsgruppen z. B. beruhen überwiegend auf wechselseitiger Sympathie und sozialer Attraktion. Aber auch in anderen Arten von Gruppen treten Einstellungen wie Zu- und Abneigungen auf. Freundschaftsgruppen bestehen weitgehend aus Gleichrangigen. Aus funktionalistischer Sicht dienen Freundschaftsgruppen vor allem dazu, Familien und Organisationen innerhalb der Gesellschaft zu integrieren, für Beziehungskanäle zu sorgen und verschiedene soziale Bedürfnisse der Individuen zu befriedigen.

2.2. Konzeptuelle Probleme

Indem versucht wird, ausgehend von äußerer Ähnlichkeit ein bestimmtes Konzept von Gruppe auf im Grunde sehr verschiedene Formen menschlicher Ansammlungen zu übertragen und vom Konzept ausgehend ihnen bestimmte Eigenschaften zuzuschreiben, entsteht eine unübersehbare Bedeutungsvielfalt. Dadurch verliert Gruppe als wissenschaftlicher Begriff seine Schärfe. So entstehen wissenschaftliche Streitfälle, z. B. was eine Arbeitsgruppe sei, ob 'Familie' eine Gruppe darstelle oder nicht; denn Familie repräsentiere einen von Aufgaben, Formenvielfalt und Institutionalisierung sozialen Verband so besonderer Art, daß der Gruppenbegriff nicht mehr alle ihre Phänomene, vor

allem nicht die Generativität, zutreffend und vollständig beschreibe. Andererseits gibt es in der Familie viele Phänomene, die es in Gruppen auch gibt, z. B. Kohäsion, Konformität, Führerschaft und schließlich, als Pendant zur Selbstergänzung durch neue Mitglieder, die eigentlich als Besonderheit hervorgehobene Generativität bzw. Adoption. – Für Großgruppen gelten andere Bedingungen und Gesetze als für Kleingruppen; daher erscheint es nicht sehr sinnvoll, sie unter dem Begriff Gruppe einzuordnen. – Genaueres Nachfragen führt bei den meisten anderen Gruppenbegriffen zu vergleichbaren Problemen und Verwirrungen. Soll das Konzept Gruppe wissenschaftlich fruchtbar werden, müssen also Merkmale, Strukturen, Prozesse und Dynamik interpersoneller oder intergruppaler Beziehungsformen jeweils spezifisch nach Rahmenbedingungen und Geschichte der Beziehungen zwischen den Mitgliedern beschrieben und analysiert werden (siehe hierzu Bales/Cohen/Williamson 1979). Prozeß und Dynamik manifestieren sich jedoch eher in Handlungen als in Erklärungen und werden meist nicht bewußt, allenfalls ausschnitthaft, wahrgenommen. Daraus resultieren ganz erhebliche konzeptuelle und methodische Schwierigkeiten für die Erforschung der Prozesse und Phänomene in und zwischen Gruppen, die bis jetzt noch nicht befriedigend gelöst werden konnten (z. B. Alderfer 1977 und unten). Demzufolge hat sich die Forschung auch im wesentlichen darauf konzentriert, Merkmale (Größe, Stabilität, Intimität, Kohärenz) und Strukturen als Netzwerke wechselseitiger Beziehungen von Gruppen (z. B. durch soziometrische Verfahren) zu erkunden und Theorien darüber aufzustellen. Systemtheoretische Betrachtungsweisen scheinen dabei recht fruchtbar zu sein, weil sie den Ganzheits- und Verbundenheitsaspekt erhalten. Für die Befriedigung des Handlungsbedarfs bei der Steuerung schwieriger Gruppenprozesse, z. B. bei der Regelung von Konflikten in und zwischen Gruppen oder bei der effektiven Diskussionsleitung in Kreativitäts- oder Problemlösungsgruppen, ist die überwiegend nomothetisch geprägte Kleingruppenforschung trotz erheblicher Anstrengungen bisher vergleichsweise wenig ertragreich gewesen. Natürlich ist es ein grundsätzliches Problem, inwieweit praktisches Handlungswissen auf dem Weg über Forschung ermittelbar und vermittelbar ist. – Ein Beispiel für die oben genannte konzeptuelle Schwierigkeit ist die Frage: Gibt es so etwas wie eine durchschnittliche Wahrnehmung oder eine durchschnittliche Bewertung über einen Sachverhalt seitens einer Gruppe? Das Problem ist gut bekannt und findet seinen Niederschlag in dem Theorem, das das Ganze sei mehr als die Summe seiner Teile, korrespondierend zum Theorem der Übersummation in der Systemtheorie. Methodisch gesehen gerät man aber in ein Dilemma, wenn man aggregierte Daten von individuellen Mitgliedern bewertet, um Prädiktoren der Gruppenmeinung oder des Gruppenverhaltens zu erhalten. Inwieweit solche aggregierten individuellen Merkmale für Gruppen-Charakteristika stehen oder als Indikatoren für Gruppenprozesse oder -phänomene herangezogen werden können, ist schwierig zu entscheiden.

3. Merkmale von Gruppen

Sprache und Kommunikation stellen Basisprozesse der Interaktionen in Gruppen dar (z. B. Phillips 1973; Scherer/Giles 1979). In Gruppen, die intern eine hohe Kontaktdichte bei gleichzeitig relativ geringer Kontaktdichte nach außen aufweisen, kann sich mehr oder weniger gewollt eine Art eigener Sprache oder ein gruppenspezifischer Sprachgebrauch entwickeln, z. B. Jugendsprache,, 'Familienjargon', Geheimsprache. Dieses Phänomen kann vielfältige Funktionen haben, z. B. Dokumentation der Zugehörigkeit und der Zusammengehörigkeit, eine Vereinfachung der gruppeninternen Kommunikation, eine bewußte Ausschließung von Nichtmitgliedern, usw. — Im weiteren sollen die obigen Nominaldefinitionen von Gruppe ergänzt werden durch eine Umschreibung von neun Merkmalen von Gruppen. Die Merkmale sind nicht immer gut abgrenzbar, weil in einer Gruppe als Ganzheit natürlich alles mit allem zusammenhängt. Die neun Merkmale dienen gleichzeitig zur Darstellung exemplarischer Ergebnisse der Kleingruppenforschung. Der Begriff Gruppe steht im weiteren so weit wie möglich abkürzend für Kleingruppe. Alle Sätze in der Kleingruppenforschung gelten nur unter bestimmten, näher zu umschreibenden Umständen und nur in unserer Kultur beziehungsweise ihr zuzurechnenden Subkulturen.

3.1. Entwicklung von Kontakt, Sympathie und sozialer Distanz

Schließen sich mehrere, bisher einzelne Personen zu einer gemeinsamen Aufgabe zusammen, nimmt im Zuge der erforderlichen Steigerung ihrer Aktivitäten der Kontakt zwischen den Mitgliedern zu. Damit verbunden ist in der Regel ein Gefühl des einander-nahe-Seins oder der Sympathie. Homans (1961) entwickelte aus solchen Beobachtungen die sogenannte Kontakt-Sympathie-Regel: Mit zunehmender Kontakthäufigkeit kann der Grad der Sympathie wachsen. Die Regel trifft hauptsächlich für die Entstehungszeit von Gruppen zu und nicht so sehr für länger bestehende Gruppen. — Soziale Distanz bezieht sich auf die Nähe oder Ferne zu anderen Mitgliedern. Als subjektives Maß dient die erlebte Nähe oder Ferne, als objektives Maß die Kontaktdichte: Niedriger Kontaktdichte entspricht hohe soziale Distanz. Personen mit hoher sozialer Distanz in einer Gruppe werden in der Regel z. B. nicht gern als Gesprächspartner oder als Teilnehmer an sozialen Veranstaltungen gewünscht.

3.2. Entwicklung eines Wir-Gefühls, einer Gruppenidentität

Bei der Bildung einer Gruppe nehmen die sozialen Distanzen zwischen den Mitgliedern ab. Damit stellt sich meist das Erleben ein, die Mitglieder seien einander irgendwie ähnlich. Sie beginnen sich mit dem Wort 'wir' zu bezeichnen. In einem solchen Stadium werden auch die Bedingungen festgelegt, die für die Auswahl weiterer Mitglieder maßgeblich sind. Manche Gruppen legen sich äußere Kennzeichen oder gewisse Verhaltensformen zu, um die Ähnlichkeit und Zugehörigkeit der Mitglieder auch im Äußeren zu dokumentieren. — Gruppen tendieren dazu, die Unterschiede zwischen ihren Mitgliedern klein zu halten und nach außen hin zu vergrößern. Den eigenen Mitgliedern werden meist eine Reihe positiver Eigenschaften zugeschrieben und die Mitglieder sehen sich durch diese positiven Eigenschaften von anderen Gruppen abgesetzt. Es besteht auch eine Tendenz, die Mitglieder der eigenen Gruppe gegenüber Mitgliedern anderer Gruppen zu bevorzugen oder für sie besonders gut zu sorgen. Diesem Verhalten liegt ein Prozeß der sozialen Kategorisierung zugrunde, der wesentlich ist für die Gestaltung von Intergruppen-Beziehungen (Tajfel 1981), bei denen, vereinfacht gesprochen, der eigenen Gruppe positiv werthaltige und manchmal gleichzeitig den Angehörigen der anderen Gruppe eher negative Eigenschaften zugeschrieben werden. Die Bewahrung und Verteidigung der positiven Werte gelten dann als mögliche 'offizielle' Rechtfertigungen eines aversiven Vorgehens gegen die 'anderen'. — Gruppenintern sind die Kategorisierungsprozesse darüber hinaus bedeutsam für die Entwicklung individueller Selbstkonzepte oder für die persönliche Identitätsbildung der Mitglieder. Denn das Selbstgefühl einer Person leitet sich sowohl aus individuellen Erfahrungen ab als auch aus gruppenbezogenen Faktoren wie ethnischer, religiöser, Schicht- und Geschlechtszugehörigkeit.

3.3. Fester Zusammenhalt

Gruppen können einen festen Zusammenhalt entwickeln: Der feste Zusammenhalt ('Kohäsion') von Gruppen wird begünstigt, wenn ihre Mitglieder untereinander intensiven Kontakt pflegen, die soziale Binnen-Distanz verringern, mit Außenstehenden und Angehörigen anderer Gruppen gleichzeitig jedoch nur geringen Kontakt haben, also die Außen-Distanz vergrößern. Bestimmte soziale Rituale, z. B. Isolierungsbräuche, dienen der Entwicklung und Verstärkung des Zusammenhalts. Isolierungsbräuche beim Zusammenfügen neuer Gruppen sind beispielsweise die Flitterwochen, die Abschließung der Novizen bei religiösen Orden, Abschließung militärischer Rekruten bei gleichzeitiger hoher physischer und psychischer Beanspruchung. Andere Verstärker des Zusammenhalts sind: Gemeinsames Erleben, gemeinsame Freude, gemeinsames Leid, gemeinsames Handeln, z. B. die gemeinsame Erfüllung schwieriger Aufgaben oder die Auseinandersetzung mit einem gemeinsamen Feind (Sherif/Sherif 1968).

3.4. Rollendifferenzierung

In Gruppen finden spontan Rollendifferenzierungen statt: Verschiedene Funktionen und, damit verbunden, Aufgaben werden auf Spezialisten verteilt. Den ersten Schritt in Richtung einer Funktionsverteilung stellt die Herausbildung einer Führungsrolle dar, die für eine Koordination der Leistungen der Mitglieder Sorge trägt. Je nach dem Ansehen und der Wichtigkeit der Aufgaben findet eine Hierarchisierung der Funktionen und ihrer Träger statt, so daß im Gefolge der Funktionsaufteilung bestimmte Rangunterschiede auftreten. – Besonders in Gruppen, die sich freiwillig zusammengeschlossen haben, kann es unter näher umschreibbaren Umständen noch zu einer anderen Differenzierung unter den Gruppenmitgliedern kommen, insbesondere bei der Führungsrolle: Es bildet sich die Rolle des Tüchtigsten und die des Beliebtesten heraus (Divergenz-Theorem nach Bales/Sla-

ter 1955). In Gruppen, die über längere Zeit bestehen, fallen diese beiden Wertprädikate nur sehr selten auf eine und dieselbe Person: Es kommt zu einem Führungsdual, bei der die Träger der anerkannten Tüchtigkeitsrolle und der Beliebtheitsrolle gemeinsam die Gruppe leiten. Beide Rollen haben mit den primären Aufgaben der Gruppe zu tun: Jede Gruppe hat ihre materiellen Ressourcen zu schaffen oder zu sichern und bestimmte Ziele zu erreichen; hierzu ist Tüchtigkeit gefordert. Zum anderen möchte die Gruppe nicht auseinanderfallen und überleben; dies wird erreicht vor allem durch die Schaffung eines sogenannten positiven Gruppenklimas, das wichtige sozialemotionale Bedürfnisse der Mitglieder befriedigt und dazu beiträgt, daß sie sich in der Gruppe wohlfühlen. Träger der Beliebtheitsrolle leisten zu dieser Aufgabe wesentliche sozial-integrative Beiträge. – Kritische Untersuchungen zum Divergenztheorem haben erbracht, daß Führungsduale nur unter bestimmten strukturellen und personalen Konstellationen auftreten (vgl. Paschen 1978). Insgesamt gesehen steigt die Auftretenswahrscheinlichkeit eines Führungsduals, wenn die Zielerreichung und der Zusammenhalt in der Gruppe nicht durch eine einzige Führungsperson allein gewährleistet erscheint (Bogun/Caspar/Erben 1980).

3.5. Beziehungsmuster

Neben der offiziellen Struktur nach festgelegten Funktionen besitzen die meisten Gruppen eine von der offiziellen Struktur unterscheidbare inoffizielle Struktur, das Beziehungsmuster: Das Beziehungsmuster kennzeichnet beispielsweise, wer mit wem bei welchen Aktivitäten in der Gruppe zusammen ist ('Cliquen'). Ferner sagt das Beziehungsmuster etwas darüber aus, wei sich wem in der Gruppe überlegen fühlt (Dominanzverhältnisse oder Herrschaftsstruktur).

3.6. Dominanzverhältnisse oder Herrschaftsstrukturen in Gruppen

Sie sind das hauptsächliche Thema der Kleingruppenforschung geworden. Die Untersuchungen haben sich auf die Führungsrolle konzentriert, oft unter Vernachlässigung der komplementären Rolle der Geführten. Unter den wichtigsten Konzepten der Führungsrolle und der Führerschaft lassen sich disziplinär gesehen zwei Richtungen von Führungstheorien ausmachen, die soziologischen und die sozialpsychologischen. Unter den soziologischen Führungstheorien hat die Darstellung

dreier Idealtypen von Führertum durch Weber (1921/1976, 122 ff.) die größte Bekanntheit erlangt: traditionelle, charismatische und
bürokratische Herrschaft. Kurz gesagt bedeuten die drei Herrschaftstypen: Bei der traditionellen Herrschaft ist durch eine unverbrüchliche Regel bestimmt, wer auf wen in
der Führungsposition folgt. Bei der charisma-
tischen Herrschaft wird die Gruppe durch
einen mit Charisma (= Gnade) Ausgezeich-
neten geführt, dem nahezu magische Füh-
rungsfertigkeiten zugeschrieben werden. Bei
der bürokratischen Herrschaftsform verwaltet ein unter rationalen Kompetenzgesichts-
punkten ausgewählter Vertreter eines legalen
Systems die Verhaltensnormen und Verhal-
tensziele der Gruppe. – Die eher sozialpsychologischen Führungstheorien befassen sich
vorrangig mit dem sogenannten Führungsstil
(z. B. Neuberger 1985) als relativ konstantem
Persönlichkeitsmerkmal. Die Einteilung von
Lewin/Lippit/White (1939) in die Stilformen:
autoritär, demokratisch und laissez-faire oder
liberal sind zum Allgemeingut des Führungs-
wissens geworden. Eine Kurzcharakterisie-
rung der drei Führungsstile schreibt dem
autoritären Führungsstil zu, daß eine Führungsperson Vorgaben, Befehle oder Anweisungen erteilt und verlangt, daß alles unver-
züglich und ohne eigenes weiteres Zutun
strikt befolgt wird. Der demokratische Führungsstil dagegen betont unter anderem die
Wichtigkeit des gegenseitigen Sich-Abspre-
chens, des gemeinsamen Überlegens und Be-
ratens, des Entscheidens nach bestimmten
Regeln, meist nach dem Mehrheitsprinzip,
und erwartet eine relativ zurückhaltende
Rolle der Führungsperson. Das laissez-faire-
Prinzip oder die liberale Führung bedeutet
eine deutliche Abstinenz von sichtbarer Führung und das Vertrauen der formellen Führungsperson auf eine weitgehende Fähigkeit
zur Selbststeuerung der Gruppe; Initiative
oder koordinierende Funktionen ergreift die
Führungsperson nur dann, wenn sie ausdrücklich darum gebeten wird. Ging es in der
Forschung zunächst vor allem darum, die
Wirkungen der unterschiedlichen Führungsstile auf Gruppenleistungen und Gruppenkli-
mata zu erkunden, hat die Frage nach dem
effektivsten Führungsstil bald die Oberhand
gewonnen und zu einer Entwicklung von sogenannten Führungsmodellen geführt, die zusätzlich Merkmale der Aufgabe und der Situation berücksichtigen. Unter diesen Modellen hat das Kontingenz-Modell der Führung
von Fiedler (1967) die größte wissenschaft-

liche Aufmerksamkeit erregt. – Führung in
Gruppen setzt sich aus vielen, in mehreren
Ebenen verankerten Mikroverhaltensweisen
zwischen Personen zusammen; die Abstraktion der Führungs-Mikroprozesse auf Führungsstile oder ähnliches vermittelt eher Argumente für einen Diskurs über 'Führung'
als ein realitätsgetreues Abbild dessen, was
Führungspersonen tatsächlich denken und
nach außen hin sichtbar leisten.

3.7. Wirkung und Bedeutung von
Bezugsgruppen

Die Gruppen, denen sich eine Person zugehörig fühlt, vermitteln ihr in der Regel Maßstäbe zur Beurteilung ihrer eigenen Leistungen, Fähigkeiten und Ansichten. Das Urteil
darüber pflegt sicherer zu sein, wenn der erlebte Unterschied von den Vergleichspartnern
gering ist. Der Maßstab muß als verbindlich
erlebt werden, und dies ist wahrscheinlicher,
wenn die Bezugspersonen einer jener Gruppen angehören, der man sich selbst zurechnet.
Bezugsgruppen vermitteln soziale Gewißheit
in unsicheren Lagen der Beurteilung. Sie spielen damit eine wichtige Rolle für Konformi-
täts- und Uniformitätsprozesse in Gruppen.

3.8. Soziale Vergleichsprozesse

Eng mit dem Konzept Bezugsgruppe verknüpft ist der Prozeß des sozialen Vergleichs,
denn unter anderem sind es Bezugsgruppen,
die die Maßstäbe für den Vergleich liefern.
Der soziale Vergleich stellt eine grundlegende
Verhaltensweise dar (Festinger 1954), die bereits auf einer sehr frühen Stufe der kindlichen Entwicklung zu beobachten ist: Sagt
ein Kind von sich aus „ich auch", muß vor-
ausgehend ein sozialer Vergleich stattgefun-
den haben. Soziale Vergleiche sind grundlegend für Prozesse der Angleichung im Sinne
der Konformität oder Uniformität, der sozialen Differenzierung und Kategorisierung, sowie für ein anderes wichtiges Phänomen des
sozialen Lebens, den Neid. Neid stellt einen
wichtigen Auslöser und Motor gruppendyna-
mischer Prozesse zur Angleichung und Differenzierung dar.

3.9. Mögliche Leistungsvorteile

Gruppen können gegenüber Einzelpersonen
unter bestimmten Umständen mehrere Arten
von Leistungsvorteilen aufweisen. Es gibt
auch Leistungsnachteile, z. B. kollektive Irr-
tümer durch allzu starkes 'Gruppendenken'
(Janis 1972). In der Begrifflichkeit von Hofstätter (1957) lassen sich vier Leistungsvor-

teile herausstellen: Wo es auf physische Kraftentfaltung ankommt, also bei (1) Leistungen vom Typus des Hebens und Tragens, z. B. schwerer Lasten, bewährt sich der koordinierte Einsatz mehrerer Individualkräfte. (2) Leistungen vom Typus des Bestimmens: In unklaren Situationen kann die Bezugsgruppe eine verbindliche Norm setzen oder eine Übereinkunft herbeiführen, durch die das Verhalten der Mitglieder geregelt wird, z. B. die Festlegung von Normen für die Arbeitsleistung des Einzelnen in einer Arbeitsgruppe. Die anderen Mitglieder achten auf die Normeinhaltung und sanktionieren Über- und Unterschreitungen. Dabei ist es oft unwichtig, ob die Normen berechtigt sind und/oder objektiv ermittelt wurden. — Größere Gruppen regulieren das Verhalten ihrer Mitglieder durch ungeschriebene und geschriebene Satzungen. Die Satzungen schaffen Selbstverständlichkeiten, Routinen und Rituale, die nicht mehr in Frage gestellt werden, obwohl ihre rationale Begründung oftmals problematisch ist. Das Rütteln an solchen Selbstverständlichkeiten kommt daher vielfach einem Verstoß gegen ein Tabu gleich. Auf den (3) Leistungsvorteil vom Typus des Suchens und Findens wird insbesondere bei Aufgaben des Problemlösens zurückgegriffen. Durch gute Anleitung und geeignete Steuerung der Prozesse beim gemeinsamen Suchen und Finden können Gruppen wesentlich höhere Problemlösungspotentiale entwickeln als Individuen. Der Vorteil besteht sowohl in der größeren Menge von Lösungsvorschlägen als auch in deren Qualität. Der Gruppenvorteil stellt sich jedoch nur unter ganz bestimmten Bedingungen der Führerschaft und des Mitgliederverhaltens ein, z. B.: die Partner stehen miteinander in Gedankenaustausch bezüglich ihrer Funde oder Lösungsvorschläge; der Neigung, die erstbeste Lösung zu akzeptieren, wird widerstanden; die Mitglieder suchen unabhängig voneinander in dem Sinne, daß weder voneinander nur kopiert noch gegeneinander opponiert wird; die richtigen Lösungen werden von der Gruppe als ganze akzeptiert, auch wenn sie nur von einem oder von einigen wenigen kommen, und es ist gleichgültig, von welchem Mitglied sie eingebracht werden. Eine wichtige strukturelle Bedingung für das Wirksamwerden des Leistungsvorteils beim Suchen und Finden ist die Größe der Gruppe. Aufgrund der notwendigen Kommunikationsdichte und den Möglichkeiten der simultanen, direkten Steuerung der Gruppenprozesse liegt nach den vorliegenden Erkenntnissen das Optimum bei fünf bis sieben Mitgliedern (vgl. Fisch/Daniel 1986). — Um diesen Leistungsvorteil voll nutzbar zu machen, bedarf es in der Regel einer besonderen Auswahl und einer speziellen Unterweisung der Mitglieder und vor allem der Führungsperson (Maier 1970; Hare 1982, Kap. 10). Wo es in hohem Maße auf Urteilssicherheit ankommt oder wo mit einem Urteil erhebliche Konsequenzen verbunden sind, greift man gern zu einer Beurteilung durch Gruppen und hofft auf den Leistungsvorteil (4) vom Typus des Fehlerausgleichs beim Suchen und Beurteilen. Manchmal geht es jedoch mehr um die erleichternde Funktion der Verantwortungsteilung in der Gruppe. Die Mitglieder müssen bei diesem Aufgabentypus nicht notwendigerweise miteinander in Verbindung treten; manchmal sollen sie es auch nicht, damit die Urteilsfindung voneinander unabhängig erfolgt. Im Grunde handelt es sich um additive Aufgaben, die von Einzelpersonen geleistet werden und aus denen nachträglich eine gemeinsame (zentrale) Urteilstendenz ermittelt wird, wie z. B. bei einer Jury.

4.   Literatur (in Auswahl)

Alderfer, Clayton P. (1977) „Group and intergroup relations", in: *Improving Life at work*, Hackman, J. R./Suttle, J. L., eds., Santa Monica, Cal., 227 – 296.

Bales, Robert F./Slater, Philip E. (1955) „Role differentation in small decision-making groups", in: *Family socialisation and interaction process*, Parsons, T./Bales, R. F., eds., New York, 259 – 306.

Bales, Robert F./Cohen, Stephen P./Williamson, Stephen A. (1979) *SMYLOG*. A manual for the case studies of groups, New York.

Blumberg, Herbert, H./Hare, Paul A /Kent, Valerie/Davies, Martin F., eds., (1983) *Small groups and social interaction*, New York.

Bogun, Manfred/Caspar, Franz/Erben, Christoph (1980) „Ein Diskussionsbeitrag zum Divergenztheorem von Führerschaft in Gruppen", in: *Beiträge zur Sozialpsychologie*, Festschrift für Peter R. Hofstätter, Witte, E., ed., Weinheim, 96 – 119.

Crott, Herbert (1979), *Soziale Interaktion und Gruppenprozesse* Stuttgart.

Der große Duden (1963), Bd. 7 Etymologie, Mannheim.

Festinger, Leon A. (1956) „A theory of social comparison processes", in: Human Relations, 7, 117 – 140.

Fiedler, Fred E. (1967) *A theory of leadership effectiveness*, New York.

Fisch, Rudolf/Daniel, Hans-Dieter (1986) „Erfolg und Mißerfolg universitärer Forschungsprojekte — Empirische Untersuchungen mit besonderer Berücksichtigung der Arbeit in Forschungsgruppen", in: *Messung und Förderung von Forschungsleistung*, Fisch, R./Daniel, H.-D., eds., Konstanz, 233—274.

Hare, Paul A. *(1982) Creativity in small groups*, Beverly Hills.

Hofstätter, Peter R. (1957) *Gruppendynamik*. Kritik der Massenpsychologie, Reinbek.

Homans, George C. (1961) *Social behavior — its elementary forms*, New York.

Janis, Irving L. (1972) *Victims of groupthink*, Boston.

Lewin, Kurt (1947) „Frontiers in group dynamics", in: *Human Relations* 1, 2—38, 143—153.

Lewin, Kurt/Lippit, Ronald/White, Ralph, K. (1939) „Patterns of aggressive behavior in experimentally created climates", in: *Journal of Social Psychology* 10, 271—299.

McGrath, Joseph E./Kravitz, David A. (1982) „Group Research", in: *Annual Review of Psychology* 33, 195—230.

Maier, Norman R. F. (1970) *Problem solving and creativity in individuals and groups*, Belmont.

Metzger, Wolfgang (1953) *Gesetze des Sehens*, Frankfurt a. M.

Neidhardt, Friedhelm (1983) *Gruppensoziologie*: Perspektiven und Materialien, ed., Opladen.

Neuberger, Oswald (1985) *Führung*. Ideologie, Struktur, Verhalten, Stuttgart.

Paschen, Klaus (1978) *Führerspezialisierung und Führungsorganisation*, Köln.

Phillips, Gerald M. (1973) *Communication and the small group*, Indianapolis.

Scherer, Klaus R./Giles, Howard ed., (1979) *Social markers in speech*, Cambridge.

Sherif, Muzafer/Sherif, Carolyn W. (1968) „Group formation", in: *International encyclopaedia of the social sciences*, vol. 6, Sills, D. L., ed., New York, 276—283.

Tajfel, Henri (1982) *Gruppenkonflikt und Vorurteil*, Bern.

Weber, Max (1921/1975) *Wirtschaft und Gesellschaft*, 5. rev. Aufl., Tübingen (1. Aufl. 1921).

Rudolf Fisch, Konstanz
(Bundesrepublik Deutschland)

25. Situation

1. Definition des Begriffs „Situation" und Gang der Argumentation

„Situation" ist diejenige aktuelle Konstellation einer sich allmählich entfaltenden Ereignisabfolge und ihres Aktivitätsrahmens, im Hinblick auf die und in derem Orientierungsbezug die Akteure bzw. Betroffenen dem je gegenwärtigen Geschehens- bzw. Interaktionsablauf Sinn verleihen, ihre bisher gemachten (Lebens- bzw. Interaktions-)Erfah-rungen durchmustern und reaktivieren, ihre Erwartungen auf künftiges Geschehen ausrichten, ihre Handlungsplanung und Erleidensbereitschaft bestimmen sowie ihre Interaktionsbeiträge auf Mitmenschen — insbesondere Mitakteure — beziehen und zugleich hervorbringen. (Vgl. auch Thomas 1965, 63—116, 200—248; und Volkart in Thomas 1965, 14, 29; sowie Dreitzel 1972, 128 f.) Protypisch gehören zur Situation die Kopräsenz von Akteuren an einem Ort zu einer Zeit und die Aufspannung eines gemeinsamen Aktivitätsrahmens durch wechselseitige thematische Orientierung auf die Ereignisgestalt, in welche die Akteure verwickelt sind. Kopräsenz ist allerdings nur für Interaktionen von Angesicht zu Angesicht unabdingbar, nicht jedoch für andere wichtige Kommunikationsformen mit Situationscharakter wie die des Briefschreibens und des Telefonierens. Konstitutiv für „Situation" als soziale Erscheinung sind letztlich nur der Bezug von Akteuren auf eine thematische Ereigniskonstellation, in welche sie zusammen mit anderen Akteuren (die nicht unbedingt räumlich und/oder zeitlich kopräsent sein müssen) verwickelt sind, sowie die Aufspannung eines gemeinsamen Orientierungs- und Aktivierungsrahmens mit Bezug auf die geteilte Ereigniskonstellation.

Betrachtet man Ausführungen zum Situationsphänomen in Linguistik und Soziologie, so muß festgestellt werden, daß es immer wieder einen indirekt, aber machtvoll wirksamen grundlagentheoretischen und forschungsstrategischen Stellenwert gehabt hat, aber selten bis nie dem Versuch unterzogen worden ist, seinerseits systematisch als empirische Erscheinung sui generis untersucht zu werden. Das Situationskonzept hat stets als kritischer Horizontbegriff fungiert, der die Forscher dafür sensitivierte, daß in vorhergehenden analytischen Rekonstruktionen und empirischen Betrachtungen etwas fehlte, was nunmehr zusätzlich berücksichtigt werden müsse. Dabei wurde vorausgesetzt, daß die Gemeinschaft der Mitwissenschaftler schon wisse, was der Realitätsbezug des Situationsbegriffs sei.

Im vorliegenden Artikel werden zunächst einige Prinzipien der ethnographischen Situationsanalyse in Soziologie, Sozialanthropologie und Ethnographie des Sprechens skizziert. Sodann werden die bisherigen forschungsstrategischen Funktionen des Situationsbegriffs in der Linguistik angedeutet. Es folgen Ausführungen zum zentralen Stellenwert der aktuellen Interaktionssituation, insbesondere der von Angesicht zu Angesicht, für die Bestimmung von Situation als empirischem Phänomen. Der Artikel schließt mit einigen Desideraten zur Erforschung von Situation als natürlicher Erscheinung.

2. Situation als Forschungshorizont in der soziologischen, sozialanthropologischen und ethnolinguistischen Ethnographie

Der Situationsbezug ist immer wieder zum Ausgangspunkt methodischer Festlegungen in der Soziologie und insbesondere in der Sozialanthropologie und Ethnolinguistik gemacht worden. Folgende Prinzipien werden immer wieder genannt:

(a) Die soziale Realität soll naturalistisch erforscht werden, indem der Forscher sich als teilnehmender Beobachter an die Schauplätze (settings) der interessierenden Interaktionsabläufe begibt (Lofland/ Lofland 1984: 11–30; Lofland 1987: 10 ff.) Es kommt für den Forscher darauf an, diese Schauplätze empirisch zu identifizieren, indem er nach und nach typische Konstellationen von Handelnden, Orten, Zeiten und Aktivitätsanlässen herausfindet. Dies geschieht zunächst durch Gesprächserkundung bei Experten und/oder durch Arealbegehung und erste nicht-selektive Beobachtung (vgl. Hughes 1971, 496–506; Wax 1971, 15–20, 69–93), dann aber verstärkt durch die Einsozialisation

in das Milieu, das Erfassen der Klassifikationssysteme der Akteure und das Sich-Leiten-Lassen durch sie beim Aufsuchen weiterer vergleichbarer oder auch kontrastiver Schauplätze. (Vgl. Spradley 1980, 39–84)

(b) Das Verständnis für die an den Schauplätzen ablaufenden Aktivitäten wird durch Beobachten und Registrieren natürlicher Kommunikation sowie durch ihr Verstehen und ihre Analyse erreicht. Die Beobachtungsaktivität wird im Laufe der Feldforschung unter dem Eindruck der gleichzeitig anlaufenden Analyseprozeduren immer selektiver. (Vgl. Spradley 1980, 100–129) Die Beeinflussung der beobachteten Aktivitäten durch den Forscher soll so gering wie möglich gehalten werden. Er erreicht das durch eine zurückhaltende, sich einpassende Teilnehmerrolle (vgl. Schwartz/Jacobs 1979, 240–304); durch unauffällige Aufzeichnung der Kommunikation (Hammersley/Atkinson 1983, 144–173); durch situationseingepaßtes informelles Interviewen (Schatzman/Strauss 1973, Kap. 4, 5; Spradley 1979); durch das Schlüpfen in die natürlichen Frageformen der Akteure, die in der Lage sind, weiteres Kategorienmaterial zu produzieren (Frake 1980; Hammersley/Atkinson 1983, 105–126). Anschließend werden die Daten: Interaktionsprozesse, Ethnokategorien (Wissen) von sozialen Prozessen, Akteuren, Sozialbeziehungen und kollektiven Einheiten, sowie Kategorien von Weltausschnitten als Primärdaten möglichst lückenlos für die Analyse in Texten aufbereitet. (Spradley 1980, 63–72; Hammersley/Atkinson 1983, 127–172) Die situativen Erzeugungsbedingungen für die Texte müssen genau festgehalten werden.

(c) Für die Analyse kann es zwei unterschiedliche Ziele geben: Es kann eine Analyse der kulturellen Domäne der am Schauplatz aufgefundenen Handlungs- und Interaktionsabläufe vorgenommen werden. Das führt zu einer Analyse des elementaren sozialen Wissens bzw. des Prozeßrahmens eines Ausschnitts der soziokulturellen Realität (einer sozialen Welt, eines sozialen Milieus, einer Organisation usw.). (Vgl. Spradley 1980, 85–90, 130–154) Oder aber die Analyse konzentriert sich auf die sozialen Prozesse selbst. Hier ist innerhalb der Ethnographie des Sprechens das Modell des Sprechereignisses mit folgenden Dimensionen entwickelt worden: Sender, Empfänger, Form der Mitteilung, Übertragungskanal, Kode, Gegenstand/Thema der Mitteilung, Schauplatz der Interaktion, kulturelle Definition des typischen Ablaufs / szenische Bedeutungszuschreibung, Situationsdefinitionen der Akteure samt ihrer Erwartungen und Handlungsintentionen, Normen der Verwendung des Kommunikationsrepertoires, Schlüsselsignale für die symbolische Modalisierung und Transformation der Szene. (Vgl. Hymes 1973, 355–361, 421 ff) Dieses Modell soll es ermöglichen, die sozialen Funktionen der Sprechaktivitäten im analytischen Hinblick auf die mit ihnen verbundenen spezifischen Sprechweisen zu erforschen. (Vgl. Hymes 1973, 361–376, 427 f; Hymes 1979, 166–192)

(d) Jede situationsbezogene Erhebung und Analyse beginnt mit einem Vorrat universaler Anfangskategorien, die für die beobachtete Situation noch unspezifisch sind und allgemeinen sozialwissenschaftlichen Klassifikationssystemen (wie etwa dem der Ethnographie des Sprechens für Sprechereignisse) entstammen. Dieses Kategoriesystem erfaßt noch nicht die situations- und kulturspezifischen Bedeutungen der beobachteten sozialen Vorgänge, sozialen Einheiten und ihrer Beziehungen untereinander. Es ist ein „etical grid" im Sinne des phonetischen Klassifikationssystems (vgl. Pike 1967, 37—42). Gewöhnlich zielt die Situationsanalyse darauf ab, das etical grid nach und nach durch eine systematische Präsentation und Analyse der Eigenorganisation und Eigenhervorbringung der sozialen Prozesse und der sozialen Rahmen zu ersetzen, wie sie von den beobachteten Teilnehmern des untersuchten Ausschnittes der gesellschaftlichen Wirklichkeit situationsspezifisch geleistet wird. Hierbei kann entweder Nachdruck auf die allgemeinen Kategorisierungen und Organisationsmechanismen der Akteure gelegt werden; dies ist das übliche Erkenntnisinteresse in Sozialanthropologie und Linguistik. (Vgl. etwa Frake 1973) Oder aber die lokalen Hervorbringungspraktiken der Akteure für die Bedeutungsproduktion werden untersucht. Dies ist der Interessenfokus der analytischen Ethnographien der Ethnomethodologie (Vgl. etwa Lynch/Livingston/Garfinkel 1985)

(e) Die Analyse von Interaktionssituationen macht die Berücksichtigung aller wesentlichen Handlungs- und Interpretationsperspektiven der Akteure erforderlich und ihres Bezuges aufeinander (Perspektiventriangulation — vgl. Hammersley/Atkinson 1983, 198 ff). Die Analyse muß die lokale Hier- und Jetzt-Organisation jeder Aktivität in der Sequenz der Interaktionsbeiträge berücksichtigen; hierzu ist eine genaue Analyse der buchstäblichen Hervorbringungspraktiken der Aktivität und der sequenziellen Verflechtung der Interaktionsbeiträge miteinander vonnöten (vgl. Bergmann 1981, 18, 21, 26 ff — bei Cicourel 1980, 122—130 als „bottom-up"-Fragestellung bezeichnet). Die Analyse muß andererseits auch untersuchen, wie die Akteure immer schon von Gesamtbedeutungsrahmen ausgehen, die situativ vorgegeben sind, wie sie diese für sich interpretieren und umdefinieren und wie sie dann unter ständigem Bezug auf die Gesamtsituation neue Globalbedeutungen produzieren („top-down"-Fragestellung — vgl. auch Corsaro 1981, 22—39).

3. Skizze der Anwendung des Situationsbegriffs in der Linguistik

In der Linguistik hat der Situationsbegriff folgende forschungssteuernde Funktionen gehabt:

(a) Zunächst einmal wurde mit Bezug auf performative, deiktische und indexikalische Ausdrücke festgestellt, daß die grammatische Struktur eines Sprachsystems, wenn es umfassend ausgeführt werden soll, nicht unabhängig vom Situationsrahmen von Äußerungen formulierbar ist. Dieser Situationsrahmen ist von der hier-jetzt-ich-Origo aus strukturiert (vgl. Bühler 1934/1965, 79—148). Es war zwar nicht sachlogisch zwingend, aber von der neu ins Auge gefaßten Fragestellung und der diesbezüglichen theoretischen Faszination her plausibel, daß eine Reihe von Linguisten sich neben der Systemlinguistik für die empirische Erforschung von Sprechperformanzen zu interessieren begann, da situationsbezogene Ausdrücke nur mit Bezug auf konkrete Sprechperformanzen in ihren Produktions- und Interpretationsbedingungen systematisch untersucht werden können (vgl. etwa Wunderlich 1970, 1971; für den Gesamtzusammenhang der Untersuchung situationsbezogener Ausdrücke Kallmeyer 1974, 161 f).

(b) Innerhalb der aus diesen Impulsen heraus in Westdeutschland adoptierten und weiterentwickelten linguistischen Sprechakttheorie wurde es erforderlich, ein Konzept für die Menge der Voraussetzungen des Gesamtzusammenhangs einer Sprechhandlung auszuarbeiten. Überlegungen konzentrierten sich insbesondere auf die sozialen Beziehungen zwischen Akteuren (Wunderlich 1971, 177 f; Ehlich/Rehbein 1977, 39), auf die mit dem Sprechakt verbundenen Gelingensbedingungen (wie Wissensvoraussetzungen und Kooperationsbereitschaft — vgl. Wunderlich 1972, 192 f) und Einstellungen (vorbereitende Bedingung, Aufrichtigkeitsbedingung — vgl. etwa Wunderlich 1976, 306 f), auf den notwendigen Situationskommentar bzw. interaktionsgeschichtlichen Kontext für die Interpretation indirekter Sprechakte (vgl. etwa Ehrich/Saile 1972, 260—275; Wunderlich 1972, 33—36) sowie auf die institutionellen Rahmenbedingungen für Sprechhandlungen einschließlich organisatorischen Wissens (vgl. Ehlich/Rehbein 1977, 36—47; Wunderlich 1976, 312—330). Solche und ähnliche Bedingungen sprachlichen Handelns wurden als Komponenten des Situationsrahmens von Sprechakten angesehen (vgl. zusammenfassend Kallmeyer 1974, 162—164). Es kann nicht davon abgesehen werden, daß letzterer in den meisten Fällen zum Zwecke der theoretischen Analyse von bestimmten Sprechakttypen nur extrapoliert und nicht rigoros empirisch untersucht wurde. — Eine besondere Variante solcher „totalisierenden" Überlegungen zum Situationskonzept wurde schließlich zum „Schnittstellenverfahren" weiterentwickelt: „Situation" wurde nun als die Summe aller derjenigen Bedingungen (einschließlich der bisherigen Sprechaktivitäten) angesehen, welche für die Gestaltung des nächsten Sprechaktes vorausgesetzt werden müssen (vgl. Bayer 1984, XI, 93 f, 101, 105 f, 109; Kallmeyer 1974, 163). Das „Schnittstellenverfahren" wurde mitunter forschungspolitisch genutzt: der Sprechakttheorie sollte nachgewiesen werden, welche wichtigen empirischen Bedingungen des verbalen Interaktionsablaufs sie an jeder beliebigen Stelle des Interaktionsablaufs eben doch noch nicht theoretisch berücksichtige. Auch wurden Versuche unternommen, die Schnittstellen wieder zu Gesamtsituationsverläufen und zu typisierten Situationskonstellationen (bei Bayer „Sozialsituation" genannt) zusammenzufassen (vgl. Bayer 1984, 109—132). Diese Versuche mußten deshalb aporetisch bleiben, weil kein Konzept für die erlebte Dauer und Wandlung von Situationskontexten zur Verfügung stand, sondern allein mit dem physikalischen Zeitkonzept der Abfolge von Schnittstellen gearbeitet wurde.

(c) Aus der Ethnolinguistik und der textlinguistischen Betrachtung von Gattungen stammend entwickelte sich im Zuge der Konsolidierung naturalistischer ethnographischer Untersuchungsprojekte zur verbalen Interaktion in Organisationen wie der Schule, dem Gericht usw. (vgl. z. B. Ehlich/Rehbein 1977; OBST 24; Lange 1983) das Verständnis von Situation als typisiertem Interaktionsanlaß, der an einen bestimmten Schauplatz, einen bestimmten thematischen Erwartungsfahrplan und eine bestimmte Akteurskonstellation gebunden ist. Auf derartige organisatorisch präformierte Situationen beziehen sich fest institutionalisierte Wissensmuster und habituelle mentale Zustände. Innerhalb der organisatorisch präformierten Situation sind institutionalisierte Ablaufmuster der Interaktion von besonderem Interesse, weil sie die gesellschaftlichen Strukturzwänge der Organisation „hier und jetzt" lokal durchsetzen und die betroffenen Akteure vereinnahmen. — Paradoxerweise wird im Kategorienapparat der Arbeiten zu organisatorisch präformierter verbaler Interaktion die Ebene der Situation mitunter zugunsten der theoretischen Vorstellung einer direkten Ableitungs-

beziehung zwischen gesamtgesellschaftlich institutionalisierten Zwecken, die von der Organisation verfolgt werden, und den faktischen Handlungsmusterabläufen der Akteure übersprungen. Die Qualität der durchgeführten Analysen (vgl. etwa Ehlich/Rehbein 1977, 95—100) macht aber die zwingende Annahme nötig, daß faktisch ein ethnographisches Situationsmodell angewandt wurde.

(d) Ebenfalls aus der ethnolinguistischen Tradition entwickelte sich ein Interesse für Situation als Orientierungsrahmen von Welt, der für die Hier- und Jetzt-Interpretation von Äußerungen im Zuge des Interaktionsablaufs erforderlich ist. Viele Äußerungen können nicht buchstäblich im Sinne ihrer expliziten Aussage verstanden werden, weil Regeln der Kookkurrenz (vgl. Ervin-Tripp 1972, 233) zwischen dem Äußerungstyp und den institutionalisierten Rahmenbedingungen der Interaktionssituation (vgl. Punkt c) und/oder Regeln der Kookkurrenz der verschiedenen Realisierungs- und Steuerungsebenen der Äußerung (z. B. des besonderen Verfahrens des Sprecherwechsels, der Auswahl der Thematisierungsgegenstände und der sozialformativen Sprechweisen wie derjenigen der Höflichkeit — vgl. Lange 1983) verletzt sind. Diese Verletzungen von Kookkurrenzregeln, die Verwendung von positiven Schlüsselsymbolen in Gestalt von den Situationsanlaß transzendierenden Anspielungen (vgl. Goffman 1980, Kap. 3; vgl. Lange 1983, 95—100) sowie der Einsatz von Kontextualisierungmarkerern (Gumperz 1982, 59—159) sprachenwechselnder, dialektaler, stilistischer, prosodischer, parasprachlicher Art ändern die Gesamtbedeutung der Interaktionssituation. Im Zuge eines derartigen Modalisierungsverfahrens wird im Wege des schlüsselsymbolischen Aufzeigens und der konversationellen Inferenz (vgl. Corsaro 1981, 35—39) z. B. aus einer ernsthaften Unterhaltung Klatschen oder Witzeerzählen (vgl. etwa Bange 1985; Kallmeyer/Keim 1986).

Die beiden zuletzt genannten Situationskonzepte der Linguistik (Punkte c und d) sind im Gegensatz zu den zunächst genannten für eine naturalistisch-ethnographische Untersuchung von sprachlichen Interaktionsabläufen direkt verwendbar; allerdings fehlt hierzu noch die Abklärung einer Reihe anderer grundlagentheoretischer und empirischer Bestimmungsmomente für die flüchtige, aber dennoch zentrale Interaktionserscheinung der sozialen Situation, die in der eher soziologischen und ethnographischen Forschungs- und Theorietradition aufgefunden werden können.

4. Die aktuelle Interaktionssituation als Ort der Herstellung von sozialer Ordnung, der Einsozialisation der Gesellschaftsmitglieder in sie und der Herstellung von kontextuellem, situationsbezogenem Sinn

Für alle Lager der zeitgenössischen interpretativen Soziologie und der linguistischen Diskursanalyse, sofern sie naturalistisch-ethnographisch forschen, ist die aktuelle Interaktionssituation, insbesondere die von Angesicht zu Angesicht, der wichtigste soziale Ort der Herstellung von gesellschaftlicher Ordnung, der Einsozialisierung der Gesellschaftsmitglieder in diese und der Herstellung von gesellschaftlichem Handlungs- und Erleidenssinn, der dann unter bestimmten interaktiven Vorkehrungen auch eine distanzierte Haltung gegenüber den gesellschaftlichen Ordnungsprozeduren (vgl. Goffman 1961, 85—152, 1980, Kap. 4, 10, 13) ermöglicht. Ordnungsprozeduren sind zunächst einmal die von der ethnomethodologischen Konversationsanalyse entdeckten: (a) des Sprecherwechsels; (b) der konditionellen Relevanzen, die vorlaufende Aktivitäten des einen Interaktionspartners für die des/der anderen Interaktionspartner/s im Zuge der Produktion von Äußerungspaaren setzen; sowie (c) der größeren Aktivitätszusammenhänge wie Wunscherfüllung und Wunschverweigerung oder der Gesprächseröffnung und Gesprächsbeendigung, welche die Interaktionspartner in strukturellen Provisionen der Konsequenzialität des Interaktionsablaufs berücksichtigen müssen (vgl. Bergmann 1981, 25—29; Streeck 1983, 74—82, 88—96). Ordnungsprozeduren sind aber auch die Konstitutionsmechanismen der Herstellung von Handlungsschemata und großflächiger Kommunikationsschemata der Sachverhaltsdarstellung wie Stegreiferzählen und Argumentation (Kallmeyer/Schütze 1976, 1977; Schütze 1978) sowie Verfahren des interaktiven Bezuges auf eine Textsorte bzw. Gattung als themengebundener Interaktionsform (wie Bürgerberatung beim Formularausfüllen, Mietauseinandersetzung, Tagungsschlußwort — vgl. Gülich 1986).

In allen alltagsweltlichen Interaktionsverrichtungen werden diese Ordnungsmechanismen kontextsensitiv sowohl mit Bezug auf den sich allmählich abzeichnenden Gesamtbedeutungszusammenhang der Interaktionssituation, wie er „hier und jetzt" an der Stelle der Hervorbringung des „nächst zu vollziehenden bzw. zu erwartenden" Interaktionsbeitrages erscheint, als auch mit Bezug auf die lokale sequenzielle Position des Interaktionsbeitrages angewandt. Die Interaktionspartner zeigen sich ihr Verständnis des Hervorbringungskontextes

fortlaufend mit Hinblick auf die Sequenzposition auf, indem sie den Redebeitrag auf den jeweiligen Adressaten zuschneiden, indem die Adressaten fortlaufend mit para- und außersprachlichen Mitteln des Adressatenverhaltens reagieren und indem immer wieder Mechanismen und Verfahren der Korrektur von Interaktionsbeiträgen zur Anwendung gelangen (vgl. Bergmann 1981, 30 f; Streeck 1983, 82—88, 97 ff). Darüberhinaus handeln die Interaktionspartner in wechselseitigen Aufzeigepraktiken die Art des Handlungs- und Kommunikationsschemas und der Textsorten-Interaktionsform aus (vgl. Kallmeyer/Schütze 1976, 16—19; Kallmeyer 1981; Gülich 1985).

Insgesamt läßt sich also sagen: im Zuge der Verwicklung in alltagsweltliche Interaktionssituationen von Angesicht zu Angesicht werden die Gesellschaftsmitglieder nicht nur in allgemeine Mechanismen der Interaktionssteuerung, sondern auch in Praktiken ihrer interpretativen, situationsbezogenen Anwendung eingeübt (vgl. etwa Schütze 1975, 881—910 zu der situationsbezogenen Anwendung des Mechanismus des Sprecherwechsels). Solche Prozeduren der interpretativen Anwendung der allgemeinen Mechanismen der Interaktionssteuerung unter Bezugnahme sowohl auf die Gesamtsituation als auch auf die lokale Position in der Sequenzstruktur der Redebeiträge finden sich auch in organisatorisch kontrollierten Verfahrensinteraktionen; allerdings sind sie hier durch Herrschaftsstrukturen präformiert, welche den institutionell vorgegebenen Bedeutungskontext der Gesamtsituation zuungunsten der lokalen Sinnschöpfung sowie die Bedeutungsbestimmungsmöglichkeiten zumindest der unterlegenen Interaktionspartei einschränken (vgl. Ehlich/Rehbein 1977; Schütze 1978; Atkinson/Drew 1979).

Die gerade aufgezeigten fortlaufenden Hinweise auf die Kontextsensitivität der Ordnungsprozeduren der Interaktionssteuerung in der Konversations- und Diskursanalyse tragen zwar der Notwendigkeit der empirischen Annahme Rechnung, daß die auf dem Schauplatz kopräsenten Akteure den Situationsbezug gemeinsam (oder auch einseitig zwangskommunikativ verzerrt) herstellen, daß also die interaktive Herstellung von „Situation" eine soziale Erscheinung sui generis ist. Diese Einsicht ist aber leider nicht gleichbedeutend mit der systematischen empirischen Erforschung der interaktiven Herstellung von Situation. Wenn man einmal von der verdienstvollen grundlagentheoretisch-ethnomethodologischen Arbeit von McHugh (1968: 21—45) absieht, die aber noch nicht Gesprächsabläufe naturalistisch untersucht, hat sich bisher kein Interaktionsanalytiker der systematischen empirischen Erforschung des Situationsphänomens zugewandt.

5. Überlegungen zur Erforschung von Situation als empirischer Erscheinung

Es ist natürlich stets sinnvoll, den Schauplatzrahmen eines verbalen Interaktionsablaufs mit Mitteln der Ethnographie zu erforschen. Es darf aber erstens nicht vergessen werden, daß selbst eine solche Schauplatzanalyse nicht ohne die empirische Beschreibung und Typisierung sprachlicher Kommunikationsvorgänge möglich ist — auch wenn diese (Vorab-)Charakterisierung (noch) nicht die Interaktionsdynamik des Kommunikationsverlaufs *im einzelnen* zu erfassen hat. Zweitens muß im Auge behalten werden, daß die Akteure an solchen Schauplätzen *durch eigene Aktivitäten* den Situationscharakter für ihre Interaktion „hier und jetzt" herstellen. Es wäre also falsch zu meinen, durch ein dem Anspruch nach über die Schauplatzcharakterisierung hinausgehendes schematisches „Situationsskript" oder ein entsprechendes Situationsablaufmodell als theoretische Versionen fester Regieanweisungen habe der Interaktionsforscher bereits empirisch relevant bestimmt, wie die Akteure in konkreten Interaktionsabläufen für sich die Situation herstellen und definieren. Diese Aufgabe kann nur dann ernsthaft in Angriff genommen werden, wenn die aktuellen kommunikativen Aufzeigepraktiken zur Einbringung, Aushandlung und Festlegung von Situation strikt naturalistisch untersucht werden. (Vgl. Nothdurft 1985, 104 ff) Es kann davon ausgegangen werden, daß diese Hervorbringungspraktiken von einem Geflecht allgemeiner Mechanismen mitgesteuert sind. — Folgende Gesichtspunkte sind für die empirische Erforschung des Situationsphänomens als Hervorbringungsleistung der Akteure minimal zu beachten:

(a) Die Akteure stellen sich die Aufgabe, die „historische" Ereignisgestalt (vgl. Thomas 1965: 63 — 85), die in den ersten Phasen des Interaktionsablaufs noch im Entstehen begriffen ist und in ihren thematischen Kristallisierungsalternativen noch offen ist (vgl. etwa Kallmeyer 1979, 1981), nach und nach einzugrenzen. Die Ereignisgestalt selbst hat einen sich entfaltenden Prozeßcharakter mit fortlaufend sich wandelnden Zukunfts- und Vergangenheitsbezügen. (Mead 1969, 102 — 129, 230 ff; Kjolseth 1972, 65 — 73).

(b) Das Ergebnis der Eingrenzung kann die wechselseitige Bestimmung und Ratifizierung eines gemeinsamen Interaktionsschemas (wie einer Handlung — vgl. Kallmeyer/Schütze 1976) sein; nicht alle Interaktionsabläufe erfahren aber eine solche Eingrenzung. Alle Versuche der Situationsbestimmung sind unaufhebbar an die jeweiligen biographisch präformierten Interaktionsstandpunkte der Akteure gebunden, deren letztliche Nicht-Übereinstimmung nur über praktisch geleistete Unterstellungen der Austauschbarkeit der Standpunkte, der Kongruenz der Relevanzsysteme und der hinreichenden Sinnübereinstimmung überwunden werden kann (vgl. Schütz 1962, 201 ff, 11 f; Garfinkel 1973, 191 f). Diese Unterstellungen sind stets verletzbar, und sie müssen der Unaufhebbarkeit der Vagheit und dem Sich-erst-allmählich-Zeigen der Interaktionsgestalt als Szene Rechnung tragen (vgl. Garfinkel 1973, 202 — 205; 192 f).

(c) Bereits zu Beginn der Interaktion bestimmen die Akteure — bzw. sie handeln miteinander aus (Strauss 1978, 287 f) — einen gemeinsamen Orientierungs- und Interaktionsrahmen (Goffman 1986, 159). Das Ergebnis seiner Bestimmung ist eine erste tentative Situationsdefinition (vgl. Volkart in Thomas 1965, 14, 29; McHugh 1968, 35 — 45); sie darf nicht mit der weit konkreteren inhaltlichen Bestimmung der sich auskristallisierenden Ereignisgestalt verwechselt werden. Diese (spätere) Bestimmung mit dem eventuellen Ergebnis der Aushandlung eines Interaktionsschemas ist erst auf der Basis des bereits ausgehandelten gemeinsamen Orientierungs- und Interaktionsrahmens möglich.

(d) Mit der Aushandlung bzw. Festlegung einer ersten Situationsdefinition beginnt ein fortlaufender Prozeß der Suche nach dem zugrundeliegenden Muster der Ereignisgestalt und des Interaktionsablaufs (bei Garfinkel „dokumentarische Methode der Interpretation" genannt — vgl. Garfinkel 1973, 198 ff, 236 — 241), der zugleich ein schrittweiser Versuch der *Bestimmung* dieses zugrundeliegenden Musters ist. Die einzelnen Anstrengungen und Fortschritte bei der Suche und Bestimmung des zugrundeliegenden Musters zeigen sich die Akteure in Schlüsselsymbolen für Interpretationsrahmen (vgl. Goffman 1980, Kap. 3 und 13; Ehlich/Rehbein 1977, 98 ff; Soeffner 1985), in Kontextualisierungsmarkierern (Gumperz 1982; Bange 1985; Kallmeyer/Keim 1986) sowie in der Verletzung von Kookkurrenzregeln (Ervin Tripp 1972, 233; Lange 1983, 89 — 100) auf. Der interaktive Aufzeige- und Interpretationsprozeß hat hypothesenbildenden und -überprüfenden Charakter.

6. Literatur (in Auswahl)

Atkinson, J. Maxwell/Drew, Paul (1979) *Order in court*. The organization of verbal interaction in judicial settings, London/Basingstoke.

Bange, Pierre (1985) Fiktion im Gespräch, in: *Kommunikationstypologie*. Jahrbuch 1985 des Instituts für Deutsche Sprache, Kallmeyer, W., ed., Düsseldorf, 117 — 153.

Bayer, Klaus ([1977] 1984) *Sprechen und Situation*. Aspekte einer Theorie der sprachlichen Interaktion. 2., ergänzte Auflage, Tübingen.

Bergmann, Jörg R. (1981) „Ethnomethodologische Konversationsanalyse", in: *Dialogforschung*. Jahrbuch 1980 des Instituts für deutsche Sprache (= Sprache der Gegenwart 54), Schröder, P./Steger, H., eds., Düsseldorf, 9 — 52.

Bühler, Karl ([1934] 1965) *Sprachtheorie*. Die Darstellungsfunktion der Sprache. 2. unveränderte Auflage, Stuttgart.

Cicourel, Aaron V. (1980) „Three models of discourse analysis. The role of social structure", in: *Discourse Processes 3*, 101 — 132.

Corsaro, William A. (1981) „Communicative processes in studies of social organization: sociological approaches to discourse analyses", in: *Text* 1–1, 5–63.

Dreitzel, Hans Peter ([1968] 1972) *Die gesellschaftlichen Leiden und das Leiden an der Gesellschaft.* Vorstudien zu einer Pathologie des Rollenverhaltens, Stuttgart.

Ehlich, Konrad/Rehbein, Jochen (1977) „Wissen, kommunikatives Handeln und Schule", in: *Sprachverhalten im Unterricht*, Goeppert, H. C., ed., München, 36–114.

Ehrich, Veronika/Saile, Günter (1972) „Über nichtdirekte Sprechakte", in: *Linguistische Pragmatik*, Wunderlich, D., ed., Frankfurt, 255–287.

Ervin-Tripp, Susan (1972) „On sociolinguistic rules: Alternation and co-occurence", in: *Directions in sociolinguistics*. The ethnography of communication, Gumperz, J. J./Hymes, D., eds., New York u. a. O., 213–250.

Frake, Charles O. (1973) „Die ethnographische Erforschung kognitiver Systeme", in: *Alltagswissen, Interaktion und gesellschaftliche Wirklichkeit*, Bd. 2, Ethnotheorie und Ethnographie des Sprechens, Arbeitsgruppe Bielefelder Soziologen, ed., Reinbeck b. Hamburg, 323–337.

Frake, Charles O. ([1964] 1980) „Notes on queries in ethnography", in: *Language and cultural description*. Essays by Charles O. Frake. Selected and presented by Anwar S. Dil, Stanford, 26–44.

Hammersley, Martyn/Atkinson, Paul (1983) *Ethnography*. Principles in practice, London/New York.

Hughes, Everett C. (1971) *The sociological eye:* Selected papers on work, self and the study of society, 2 Bde, Chicago/New York.

Hymes, Dell H. (1973) „Die Ethnographie des Sprechens", in: *Alltagswissen, Interaktion und gesellschaftliche Wirklichkeit*, Bd. 2, Ethnotheorie und Ethnographie des Sprechens, Arbeitsgruppe Bielefelder Soziologen, ed., Reinbek b. Hamburg, 338–432.

Hymes, Dell (1979) „Über Sprechweisen", in: ders., *Zur Ethnographie der Kommunikation*. Eingeleitet und herausgegeben von Florian Coulmas, Frankfurt, 166–192.

Garfinkel, Harold (1973) „Das Alltagswissen über soziale und innerhalb sozialer Strukturen", in: *Alltagswissen, Interaktion und gesellschaftliche Wirklichkeit*, Bd. 1, Symbolischer Interaktionismus und Ethnomethodologie, Arbeitsgruppe Bielefelder Soziologen, Hg., Reinbek b. Hamburg, 189–262.

Goffman, Erving (1961) *Encounters*. Two studies in the sociology of interaction, Indianapolis.

Goffman, Erving (1980) *Rahmen-Analyse*. Ein Versuch über die Organisation von Alltagserfahrungen, Frankfurt.

Goffman, Erving (1986) *Interaktionsrituale*. Über Verhalten in direkter Kommunikation, Frankfurt.

Gumperz, John J. (1982) *Discourse strategies* (= Studies in Interactional Sociolinguistics 1), Cambridge u. a. O.

Gülich, Elisabeth (1985) „Textsorten in der Kommunikationspraxis", in: *Kommunikationstypologie*. Handlungsmuster, Textsorten, Situationstypen. Jahrbuch 1985 des Instituts für Deutsche Sprache (= Sprache der Gegenwart 67), Kallmeyer, W., ed., Düsseldorf, 15–46.

Kallmeyer, Werner (1974) „Situation" (= Art. in: Kleines Lexikon der Linguistik), in: *Linguistik und Didaktik* 18, 161–164.

Kallmeyer, Werner (1979) „Kritische Momente. Zur Konversationsanalyse von Interaktionsstörungen", in: *Grundfragen der Textwissenschaft*. Linguistische und literaturwissenschaftliche Aspekte (= Amsterdamer Beiträge zur Neueren Germanistik, Bd. 8), Frier. W./Labroise, G., eds., Amsterdam, 59–109.

Kallmeyer, Werner (1981) „Aushandlung und Bedeutungskonstitution", in: *Dialogforschung*. Jahrbuch 1980 des Instituts für deutsche Sprache, Schröder, P./Steger, H., eds., Düsseldorf, 89–127.

Kallmeyer, Werner/Schütze, Fritz (1976) „Konversationsanalyse", in: *Studium Linguistik 1*, 1–28.

Kallmeyer, Werner/Schütze, Fritz (1977) „Zur Konstitution von Kommunikationsschemata der Sachverhaltsdarstellung", in: *Gesprächsanalysen*, Wegner, D., ed., Hamburg, 159–274.

Kallmeyer, Werner/Keim, Inken (1986) „Formulierungsweise, Kontextualisierung und soziale Identität. Dargestellt am Beispiel des formelhaften Sprechens", in: *Zeitschrift für Literaturwissenschaft und Linguistik* 16 (H. 64), 98–126.

Kjolseth, Rolf (1972) „Making sense: natural language and shared knowledge in understanding", in: *Contributions to the sociology of language*, Fishman, J. A., ed., Den Haag/Paris, 50–76.

Lange, Barbara (1983) „Linguistische Kategorien in der Analyse der GS-Kommunikation", in: *Sprache & Herrschaft*. Zeitschrift für eine Sprachwissenschaft als Gesellschaftswissenschaft (Wien), Nr. 14-III/83, 88–111.

Lofland, John, ed. (1978) *Interaction in everyday life*. Social strategies, Beverly Hills/London.

Lofland, John/Lofland, Lyn H. (1984) *Analyzing social settings*. A guide to qualitative observation and analysis. Second edition, Belmont, CA.

Lynch, Michael/Livingston, Eric/Garfinkel, Harold (1985) „Zeitliche Ordnung in der Arbeit des Labors", in: *Entzauberte Wissenschaft*. Zur Relativität und Geltung soziologischer Forschung. Soziale Welt, Sonderband 3, Bonß, W./Hartmann, H., eds., Göttingen, 179–206.

McHugh, Peter (1968) *Defining the situation*. The organization of meaning in social interaction, Indianapolis/New York.

Mead, George H. (1969) *Philosophie der Sozialität.* Aufsätze zur Erkenntnisanthropologie. Vorwort von Hansfried Kellner, Frankfurt.

Nothdurft, Werner (1985) „Das Muster im Kopf? Zur Rolle von Wissen und Denken bei der Konstitution interaktiver Muster", in: *Kommunikationstypologie.* Jahrbuch 1985 des Instituts für Deutsche Sprache, Kallmeyer, W., ed., Düsseldorf, 92–116.

OBST 24 (1983) *Kommunikation in Institutionen,* Redder, A., ed., Osnabrücker Beiträge zur Sprachtheorie 24.

Pike, Kenneth (1967) *Language in relation to a unified theory of the structure of human behavior,* 2. rev. Aufl., Den Haag.

Schatzman, Leonard/Strauss, Anselm L. (1973) *Field research.* Strategies for a natural sociology, Englewood Cliffs, N.J.

Schütz, Alfred (1962) *Collected papers,* Bd. 1: The problem of social reality, Den Haag.

Schütze, Fritz (1975) *Sprache soziologisch gesehen.* Bd. 2: Sprache als Indikator für egalitäre und nichtegalitäre Sozialbeziehungen, München.

Schütze, Fritz (1978) „Strategische Interaktion im Verwaltungsgericht — eine soziolinguistische Analyse zum Kommunikationsverlauf im Verfahren zur Anerkennung als Wehrdienstverweigerer", in: *Interaktion vor Gericht.* Bd. 2 der Schriften der Vereinigung für Rechtssoziologie, Hassemer, W./Hoffmann-Riem, W./Weiss, M., eds., Baden-Baden, 19–100.

Schwartz, Howard/Jacobs, Jerry (1979) *Qualitative sociology.* A method to the madness, New York/London.

Soeffner, Hans-Georg (1985) „Handlung — Szene — Inszenierung. Zur Problematik des Rahmenkonzeptes bei der Analyse von Interaktionsprozessen", in: *Kommunikationstypologie.* Jahrbuch 1985 des Instituts für Deutsche Sprache, Kallmeyer, W., ed., Düsseldorf, 73–91.

Spradley, James P. (1979) *The ethnographic interview.* New York u. a. O.

Spradley, James P. (1980) *Participant observation.* New York u. a. O.

Strauss, Anselm (1978) *Negotiations.* Varieties, contexts, processes, and social order, San Francisco u. a. O.

Streeck, Jürgen (1983) „Konversationsanalyse. Ein Reparaturversuch", in: *Zeitschrift für Sprachwissenschaft 2,* 1, 72–104.

Thomas, William J. (1965) *Person und Sozialverhalten,* herausgegeben von Edmund H. Volkart. Neuwied/Berlin.

Wax, Rosalie H. (1971) *Doing fieldwork.* Warnings and advice. Chicago/London.

Wunderlich, Dieter (1970) „Die Rolle der Pragmatik in der Linguistik", in: *Der Deutschunterricht 22,* 5–41.

Wunderlich, Dieter (1971) „Pragmatik, Sprechsituation, Deixis", in: *Zeitschrift für Literaturwissenschaft und Linguistik 1,* 153–190.

Wunderlich, Dieter (1972) „Zur Konventionalität von Sprechhandlungen", in: *Linguistische Pragmatik,* ders., ed., Frankfurt, 11–58.

Wunderlich, Dieter (1976) *Studien zur Sprechakttheorie,* Frankfurt.

Fritz Schütze, Kassel
(Bundesrepublik Deutschland)

26. Social Network

1. Introduction
2. Structure
3. Environment, Behaviour, and Personality
4. Discussion
5. Literature (selected)

1. Introduction

Social network as a concept was introduced by Radcliffe-Brown in 1940, and elaborated by Barnes (1954, 1969, 1972) and Bott (1957). Other anthropologists continued to develop network analysis for the next fifteen years, after which sociologists and political scientists took over. The interest in network analysis was part of the theoretical shift away from structural-functional analysis which had dominated social anthropology in Britain and the United States since the 1930's. The network concept focussed attention on interacting people engaged in actions that could alter the institutions in which they participated. This introduced a new dimension into the self-regulating structural-functional edifice of corporate groups, systems and moral order which moulded character and determined behaviour. Network analysis provided down to earth data. This article examines the relation between social behaviour und structure, between the action of people linked together in a network of partly negociated relations, and the formal groups, institutionalized patterns and culture on which anthropologists and sociologists normally focus.

2. Structure

Relatives and friends, groups, and institutional complexes may be viewed partly as a scattering of points connected by lines that form a network. The points are of course persons and the lines social relations. This network of interconnected people can be seen to have a definite structure. That is, it displays a patterning, a series of regularities. The structure of these networks influences behaviour and aspects of personality, and vice versa. Social networks in turn are influenced by many factors. These include biological traits, physical environment, residence, climate, and also ideology. Thus these factors, partly independently and partly by the way in which they influence the social network, impinge upon social relations influencing behaviour and personality, and vice versa.

2.1. Interactional Criteria

The patterned characteristics of social networks, following Kapferer (1969), can be divided into interactional and structural criteria. There are four important interactional criteria. The first is multiplexity: the degree to which relations between persons consist of single or many strands. For example, the relation between a music teacher and a student whom he sees and knows in no other capacity is uniplex, or single stranded. On the other hand, his relation to another student who is both a nephew, a neighbour, and a member of the same chamber music group is multiplex. In the first case teacher and student share but a single role relation. In the second they share at least four. Social anthropologists have often found, and therefore assume, that multiplex relations provide a greater accessibility to people, and that, consequently, people who share multiplex relations are very often on more intimate terms and are thus able to exert more influence on each other through one or more of the roles they share. — The second interactional criterion is the transactional content of the relation. In other words what are the goods and services, the messages, the degree of emotional involvement, the information, the confidences which move back and forth between people who are linked to each other? A study of transactional content can provide insights into the actual quality of relationships which an analysis of the multiplexity alone cannot. Such analysis shows that all social relations are, to some extent, negociated. — The third

criterion is the directional flow of the things exchanged between people. Most relations are uneven. Where over a period of time there is a reciprocal exchange of goods and services which are more or less equally valued, the relation is characterized as equal. Where there is a definite imbalance in the directional flow there is thus an indication of social inequality. For example, the labour and crops that flow from peasant to landlord constitute a lop-sided exchange. The landlord provides very little beside access to land and, occasionally, protection. Asymmetry in the directional flow of the contents of relations between people is an indication of the differences in social status and relative power. — Finally, the frequency and duration of interaction is also an indication of the quality and content of a relation. Where people meet more often for longer periods of time there is a tendency for more to be exchanged and the relation to become multiplex. It is obvious however that these four interactional criteria should not be considered separately. Together they can give an indication of the qualitative characteristics of the relationship, of its content. The structural pattern such relations assume is also important.

2.2. Structural Criteria

There are also at least four significant structural criteria. The first is the size of the network. It will be obvious that a person can come into contact with more people than those to whom he is directly linked. Through his direct contacts, sometimes referred to as his first order network zone, he will be introduced to other persons who are known to members of his first order zone but not to him. These form a second order zone. These friends-of-friends form an important category, for they are also accessible. In fact, the members of a person's network can also be evaluated in terms of the number and quality of relationships they in turn maintain with important decision-makers. — The second structural criterion is the density of the network. This is the degree to which members of a person's network, independently of him, are in touch with each other. Density can be expressed as the extent to which links which could possibly exist among persons do in fact exist. The density of a network can be calculated by means of a simple formula which expresses the ratio of the total possible links to the total actual links:

$$\frac{100\,NA}{\frac{1}{2}N(N-1)},$$

where NA = the total number of actual relations and N = the total number of persons in the network. The density of a network is an indication of potential communication between the members of the network and thus of the number of ways and directions in which information and other services and goods can be exchanged. It is usually assumed, although this should be carefully investigated, that where the density of a network is high there is in fact considerable social communication and thus increased pressure for conformity. – Centrality is another structural measure. It is an index of accessibility to each other of members of a network. The more central a person is the better able he is to bring about communication. A person who lives in a centrally located house is able to see his friends more often and thus, usually, is better informed than people who live farther away from the 'centre of things'. Just what the 'centre of things' is, depends on the nature of the problem being examined. The centrality of a person in a communication network is an indication of the degree to which he may be able to influence or manipulate the flow of information. High centrality is thus a potential source of power. The centrality index (C) of a person (Ego) is calculated as follows:

$$C = \frac{\text{sum of shortest distances from every member to every other member}}{\text{sum of shortest distances from Ego to every other member}}.$$

A final structural characteristic is the degree to which members of a network form clusters of persons who are more closely linked to each other than they are to the rest of the network. The presence of such clusters, if perceived by a person, influences his behaviour. For such clusters – especially if the relations between the members of the clusters score high on multiplexity – very often tend to develop behavioral norms. Members exert pressure on each other for conformity. Thus if a person is linked to several clusters in his own personal network each of which has slightly different norms, he will have to adjust his behaviour accordingly. If there is considerable difference in the norms and behaviour of the various clusters of which he forms part, it is in his interest to keep them apart

so that he does not have to explain away his inconsistent behaviour. Thus a young man from a quiet farming community who attends a swinging university may be none too anxious to introduce his university chums to his home town friends, and vice versa. As long as he can keep his clusters of friends apart, he can continue his inconsistent behaviour. Most of us face network problems of this sort; some friends must be kept apart, or our behaviour reconciled so as to eliminate the inconsistencies.

2.3. Subjective Criteria

Besides objective measures, such as interactional and structural criteria, a personal network also has certain subjective characteristics. Most networks, as already noted, display a difference in their texture. A person's first order network generally contains five fairly distinct zones. These can only be determined by subjective questions. At the centre is a personal cell. It consists of a few intimate relatives and friends. Beyond this there is an intimate zone composed of slightly more distant relatives and friends who are emotionally important to a person. Then there is an effective zone consisting of relatives and persons who can be regarded as "instrumental friends". Links with them are kept warm because they may be useful. Beyond this there is a nominal zone of persons who have little importance either instrumentally or emotionally. This zone shades off into the extended zone, the area in which people are only partly known: names and faces are recognized but that is about all. People are almost strangers, but not quite. Placement in these various zones is subjective and is continually shifting. As people interact with each other, the exchange balance in both pragmatic and emotional terms is often re-evaluated. Sometimes this results in a person from the effective zone being, as it were, promoted to the intimate zone or, vice versa, catapulted from the intimate zone to the nominal zone. Objective interaction and structural characteristics and even subjective qualities enable networks to be compared to each other. A network that scores high for multiplexity, transactional content and density is referred to as tightly knit. Similarly, a network that scores low for multiplexity, transactional content and density is called loosely knit. There are a number of factors which influence these and other characteristics of networks.

3. Environment, Behaviour, and Personality

3.1. Biological Factors

Factors such as sex, age, community, education, occupation, mobility and personality obviously influence social networks. Whether a person is a male or female influences the type, frequency and quality of relations he or she has with people. So it is with age. The social networks of young people differ from those of old people or middle-aged people in terms of the various structural and interactional criteria discussed. The very young have small networks but the relations they maintain are multiplex and have a very high transactional and emotional content. As a person grows older the size of his network usually increases and there is a shift from multiplex all-purpose relationships to single-stranded specialized relationships. The networks of the very old usually begin to contract, as members die and are not replaced. As strength fails the ability to get about and to communicate with others is reduced. Thus an aged person is less able then a younger person to manage his social relations the way, ideally, he would like to. Obviously many factors influence these gradual changes. In essence this pattern is biologically predetermined and thus reasonably similar for everyone. The personality a person inherits, also, influences the type of social network he is able to build up and maintain. A person who inherits a cheerful and friendly personality usually maintains a larger circle of friends with whom he has more intensive contacts than a more reserved person. However, as will become apparent below, the structure of a person's network also influences his personality.

3.2. Community

The physical surroundings of a person also affects the type of network he has. A dense network is usually associated with people who live in small, relatively stable communities. On the other hand, loose networks are often found among persons who live in cities. People in small communities very often not only know each other but know a good deal about each other. They are interlinked in various ways and participate in many activities together. In a city, on the other hand, there are usually a greater variety of specialized or single-stranded (uniplex) relations, for the scale is much greater. It is not possible to "know" everybody. It is probable, although

little research has yet been done on this, that it is not possible to know everybody in a relatively stable community larger than 4000.

3.3. Social Influences

A number of social influences also affect the structure and texture of a person's network. These influences include the relative importance of kinship, occupation, power, education and geographical and social mobility. In many countries people are born into descent groups, the members of which share certain clearly demarcated rights and obligations. In such societies kin form a particularly important segment of a person's network, for the relations with these persons are reinforced. As the kinship segment of a person's network coincides more or less with the residential segment, the total network will have a high density and a high measure of multiplexity. It will be obvious that a person's occupation also affects the structure of his network. Lawyers and tradesmen, for example, meet a large range of people, whereas a farmer spends much of his time working alone. The relative power of a person also has an influence on the size of his network. If a person has high social visibility because he controls important resources, people tend to establish relations with him in order to gain access to the resources he commands. Moreover, people also attempt to convert uniplex into multiplex relations, assuming this will enable them more easily to gain access to such resources. Thus in many catholic countries, for example, important persons are invited to become godparents. This new relation transforms uniplex relations between employer and employee or lawyer and client, into multiplex morally and spiritually sanctioned quasi-kinship relations. A person's education also influences the nature of his network. Generally speaking a person with more education has a larger network, a lower density and lower multiplexity than a less educated person. This is because those who have had more schooling have generally been in contact with a far greater range of persons in the many schools they have attended. These relations and also those they make in their later occupation are often single interest relations. Among the most important social influences on the network structure are geographical and social mobility. A person who moves about meets people. But by necessity the relations he maintains with his ever expanding network cannot be the same as when his circle of acquaintances was smaller. People who move often have larger networks of a lower density, or lower multiplexity and transactional content than those who remain in one place all their lives. Social mobility is often related to a move of residence. The move may be caused by a desire to occupy a more comfortable house, to take advantage of a good job offer or, often, to leave behind certain relations. But whatever the motive, its effect on the network is swiftly felt. The English proverb "Out of sight, out of mind" is relevant here.

3.4. Personality

Earlier it was suggested that personality influences network structure. It can also be argued, however, that the structure of a person's network to some extent also influences his personality. If we examine only one facet of personality, extroversion and introversion, there is at least one element which appears to be related to network structure. That is sociability, willingness to converse pleasantly with others. A network that scores high for multiplexity, density, and transactional content, in other words a tightly knit network, is associated with a sociable personality. There is thus a tendency to extend to strangers the pattern of sociability usual among people who know each other well. This type of network is most usually found in relatively small, self-contained communities such as villages, city wards and other residential arrangements with a relatively low rate of immigration. This may be contrasted to the type of networks commonly found in new housing estates, and, especially, neighbourhoods in large cities with a high rate of immigration. There networks are loosely knit. People become accustomed to handling a large volume of single interest relations and dealing with people who are anonymous. They do not assume that the people they meet may be friends-of-friends. Their dealings with people are thus less sociable, more instrumental. This difference in sociability between townsman and villager appeared to be born out by research Boissevain (1974) carried out in Malta on the networks of two school teachers. The village teacher was much more sociable and had a much larger network than his city-bred counterpart who was more reserved. Informants with whom these findings were discussed indicated that they were consistent with their own experience. — There are several factors which inhibit sociability. Among others these are fear and isolation.

Where people are afraid of outsiders there is a tendency to say little or to ignore them completely in the hope that they will go away. Outsiders often encounter this attitude among peasants, for example, who are preyed upon by tax collectors and other social predators. The taciturnity of peasants to outsiders is proverbial. It has much to do with the degree to which they have been exploited by outsiders in the past. Persons isolated from others by place of residence or work, do not develop and practice the skills necessary to converse pleasantly with others. The taciturnity of farmers and those who live in the far north — Lapps, Indians and trappers — has often been noticed. If indeed, as has been suggested, a sociable personality is associated with the densely structured networks found most often in small, relatively stable villages, then the increasing mobility and urbanization of industrial society has an impact on personality. As industrialization and urbanization proceed people's networks become more loosely knit. People become less sociable, more reserved, more instrumental in their dealings with others. The exodus from cities to smaller rural communities characteristic of many industrialized North Atlantic societies is not only a reaction against the physical pollution of cities. It also reflects a desire to 'belong', to form part of a web of sociable neighbours. It is thus in part a quest for identity, to form a recognizable part of a multiplex social network. — Many factors thus influence the structural characteristics of social networks. Action is constrained both by environment and by the structure of the network. Behaviour, environment and network structure are interrelated. None the less, most people, though constrained, have a certain measure of choice. They consciously make decisions about how they should manage their relations with others. For most, such network management problems are part of daily life. There are certain social entrepreneurs, specialists, who manipulate relations consciously for profit. These are patrons and brokers. But they form a subject apart.

4. Discussion

Network analysis thus complements other research techniques. It focuses systematically on interlinkages and interdependences between units of analysis, embracing both micro and macro levels. It provides a systematic basis for analyzing tension and asymmetry in social relations. Through its focus on interrelation, interdependence, and interaction, network analysis yields insights into the organizational forms that emerge from interaction, such as patron-client chains, cliques, factions and other coalitions. It provides a means of relating formal, abstract sociological analysis to everyday experience, for it links interpersonal relations to institutions. Finally it brings into focus the ill-defined but important category of friends-of-friends. Network analysis has also provided insights into urban/rural contrasts, male/female relationships, kinship, the way leaders recruit support, and the circulation of gossip. — Network analysis has four danger areas. The first is methodological involution. Network analysis has borrowed heavily from mathematical graph theory. Analytical rigour easily leads to methodological refinements remote from human interaction. The second danger is to regard network as an object of study in its own right. The analysis of networks as things is sterile. Network analysis should be used to answer questions. The third danger is to attribute specific contents to relations between people who are shown to figure in the same network. Network analysis, for example, has been used to plot the linkage between businessmen via overlapping directorships, or between mafiosi and politicians. This suggests collusion, but it does not demonstrate it. To do that, the actual exchange content of the relations must be studied. Finally, there is the danger of trying to explain too much by means of network analysis. While it can provide insights into, for example, the movement and location of migrants, it cannot explain the long term social processes that underlie migration.

To sum up, network analysis is very simple: it asks questions about who is linked to whom, the nature of that linkage, and how the nature of the linkage effects behaviour. These are relatively straightforward questions, the resolution of which is fairly simple. They should form part of the basic research strategy of every fieldworker.

5. Literature (selected)

Barnes, John A. (1954) "Class and committees in a norwegian island parish", in: *Human relations* 7, 39—58.

Barnes, John A. (1969) "Networks and political process", in: Mitchell, J. Clyde, ed., 1969, 51—76.

Barnes, John A. (1972) *Social networks*, Reading (Mass.).

Barth, Fredrik (1966) *Models of social organization*, London.

Boissevain, Jeremy (1974) *Friends of friends: networks, manipulators, and coalitions*, London.

Boissevain, Jeremy (1979) "Network analysis: A reappraisal", in: *Current anthropology* 20, 392—394.

Bott, Elizabeth (1957) *Family and social network*, London.

Kapferer, Bruce (1969) "Norms and the manipulation of relationships in a work context", in: Mitchell, J. Clyde, ed., 1969, 181—244.

Mayer, Adrian (1966) "The significance of quasi-groups in the study of complex societies", in: *The social anthropology of complex societies*, Banton, M., ed., London, 97—122.

Mitchell, J. Clyde (1969) "The concept and use of social networks", in: Mitchell, J. Clyde, ed., 1969, 1—50.

Mitchell, J. Clyde, ed., (1969) *Social networks in urban situations*, Manchester.

Parsons, Talcott (1957) *Essays in sociological theory pure and applied*, Glencoe.

Radcliffe-Brown, Alfred R. (1940) "On social structure", in: *Journal of the royal anthropological institute* 70, 1—12.

Radcliffe-Brown, Alfred R. (1952) *Structure and function in primitive society*, London.

Whitten, Norman E. Jr./Wolfe, Alvin W. (1974) "Network analysis", in: *The handbook of social and cultural anthropology*, Honigmann, John J., ed., Chicago.

Jeremy Boissevain, Amsterdam
(The Netherlands)

27. Domain

1.   Definition

Domain of language behaviour (or of language choice) is a theoretical construct that designates a cluster of interaction situations, grouped around the same field of experience, and tied together by a shared range of goals and obligations: e. g. family, neighbourhood, religion, work, etc. The domains which are relevant in a given community classify speech acts and events into classes of sociolinguistic situations whose components are congruent between them and are usually accompanied by the appropriate language/variety. E. g. social situations belonging to 'family' domain are typically located at home (locale) especially during meals (time), and discussions topics are very likely to deal with the problems of single members of the family. The social status of participants will be less relevant than in other domains, and participants' role relationships will be defined by the respective positions in the kinship to be typically analyzed into dyads such as parent-son, wife-husband, etc. (Gross 1951). — The concept is usually applied to language switching in multilingual and/or diglossic communities in which different domains are covered by different languages (or language varieties).

2.   Fishman's Theorization from 1964 to 1972

The notion of 'domain', as it is now used in sociolinguistics, is due to Joshua Fishman who defined the concept in two important papers (Fishman 1964, also reprinted in Fishman, ed., 1966, 424—458, and Fishman 1965). Then, the concept was applied to the study of 'language loyalty' (Fishman, ed., 1966), validated in the survey on the bilingualism of Jersey City Puerto Rican Barrio (Fishman/Cooper/Ma, eds., 1971), and popularized in both versions of his handbook (Fishman 1970, 1972 a).

This construct has probably originated from the dissatisfaction with available theories and methods for coping with language maintenance and language shift in multilingual communities. A merely quantitative approach did not show to be significant for this purpose: quantitative evaluations of language use used by sociologists and politologists have not been sufficient to explain why language X is spoken in the situation x, and language Y in the situation y, nor have they been sufficient to work out qualitative generalizations on evolutionary trends. Even the quantitative approaches to bilingualism used at that time by linguists (e. g. measuring the degree of interference), psychologists (measuring the degree of bilingualism by performance tests), and teachers (measuring the degree of attainment of prefixed educational goals) did not give any explicative answer. Therefore, a qualitative approach had to be attempted: Weinreich (1953, 79—80) had already replaced the notion of the prestige of a language — a widely used though makeshift and ill-defined term — by the dominance configuration. This is a diagrammed statement on the respective positions held by the two (or more) languages in a community as against a set of multifaceted and multilevelled analytic dimension, such as relative proficiency, mode of use, first learning, usefulness in communication, etc. Analogous positions are represented by other scholars dealing with societal bilingualism (such as Haugen 1956, Mackey 1962). Fishman (1964, 1965) revises the dominance configuration by modifying Weinreich's analytical dimensions in a consequent sociological perspective: the 'domain' construct is the core of this renewal. This is the idea of mapping language choice(s) on to a few general classes of social behaviour, leaving aside psychological, sociocultural, and linguistic parametres. This allowed him to state which domains (or which of its components: statuses/role relationships, topics, locales — and time as a later addition) correlate with either language X or Y, or with both. Other 'sources of variance' constitute further analytical dimensions: media (written vs. read vs. spoken), and overtness (inner speech vs. comprehension vs. production). Other possible variance dimensions can be added, if useful. The new dominance configuration was also exploited for better founded statements on the compound (inter-dependent) vs. coordinate (independent) nature of the bilingualism of the community. Here, we also find the premises for the description of language communities in terms of societal bilingualism with/without diglossia (Fishman 1967). — In 1971 and 1972, both initial papers were republished in a revised and enlarged version: the first one (Fishman 1964) in Fishman (1972 b, 76–134), the second (Fishman 1965) in Fishman/Cooper/ Ma, eds., (1971, 583–604), Gumperz/Hymes, eds. (1972, 435–453), and in Fishman (1972 b, 244–267), both with revised titles. For sake of uniformity, we shall quote Fishman (1972 b). First of all, the differences between the two versions of both papers display the richness of data, methods, and theories obtained from the Barrio survey (Fishman/ Cooper/Ma, eds., 1971; exemplifications from this work are incorporated into both papers), but also the results of one decade of fruitful debate among the 'founding fathers' of sociolinguistics. Furthermore, they also show, at close scrutiny, some important shifts in the author's orientation: (a) terminological technicalization, as many vague statements have been substituted by more limited and precise definitions ((e.g. Fishman 1964: (i) "in habitual language use" (32), (ii) "the occasions" (36), vs. 1972 b: (i) "in language usage" (nota bene: not use!) (76), (ii) "the societally or institutionally clusterable occasions" (80), Fishman 1965: (i) "multilingual settings" (67), (ii) "group" (68) vs. 1972 b: (i) "speech communities" (244), (ii) "speech network" (245)). (b) Delimitation of many statements on domains to bilingual communities and not to any kind of speech contact. I. e. the author sticks to the usefulness of the construct which he has validated through his research. (c) Careful avoidance of analytical dimensions which depend too much on situation with an improvement of theoretical idealization along a purely sociological line, with a major gain in compactness. (d) Deep theoretical discussion on possible relationship between his (so purified) approach and complementary lower level approaches, e. g. the ones more bound to face-to-face interaction. Therefore, this coherent and painstaking pursuit of (one-dimensional) regularity patterns offers a safer basis against which to map actual irregularities in individual behaviour. In fact, "by recognizing the existence of domains it becomes possible to contrast the language of topics for particular subpopulations with the language of domains for larger populations" (Fishman 1972 b, 81). The investigator is, in fact, supposed "to recognize the interpersonal fluctuation (= lower level societal patterning) that remains even when higher order societal patterning is established", but not always remaining "at an anecdotal and clinical level" (1972 b, 246). — A clear representation of the respective positions assigned by Fishman to the various sociolinguistic categories is offered by Cooper (1969, 202–203) as shown in figure 27.1.

Following this figure, we can grasp that in Fishman's conception domain represents a (societally specific) summation of different sociolinguistic situations, defined by a given setting (locale) and role relationship among participants and a definite set of typical topics at a given time. E. g. the 'family' domain generalizes over a large gamut of (familial) situations which, in their turn, are conditioned by the generally accepted behavioural norms of this domain. In a multilingual community, this domain is typically tied to a vernacular or immigrant language or, more generally, to the low variety of diglossic situations.

3. Domain as a Complex Sociological Category

3.1. Abstraction Degree

The 'domain' construct is, prima facie, inductively postulated by "the integrative intuition of the investigator" (Fishman 1972 b, 260). "Domains are defined, regardless of their number, in terms of institutional contexts and their congruent behavioural co-occurrences. They attempt to summarize the major clusters of interaction [elsewhere called social situations] that occur in clusters of multilingual settings and involving clusters of interlocutors" (Fishman 1972 b, 248). Therefore, domain is a construct which is situated halfway between the overall structure of a given social system (macrolevel) and the large variety of different language uses manifested in actual speech (microlevel, 'individual behaviour at the level of face-to-face encounters'). — Fishman (1965, 72–73, 1972 b, 80, 247–248) attributes the first postulation of the notion, in a sense very similar to his own, to some German scholars in the thirties concerned with the study of German settlements abroad, and particularly to Schmidt-Rohr (1932). Fishman also points to the fact that many

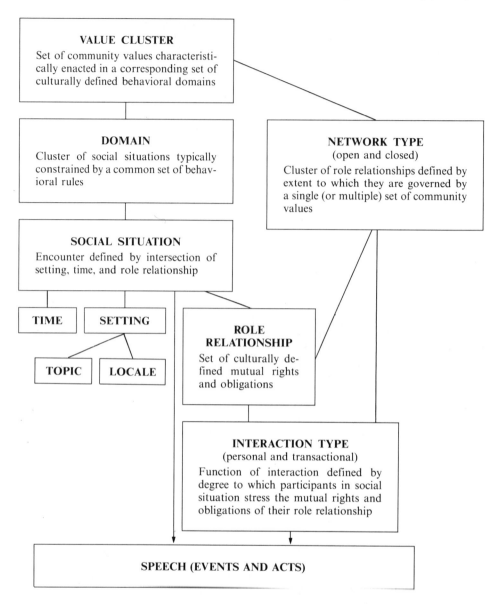

Fig. 27.1: Relationship among some constructs employed in sociolinguistic analysis (expanded version of Cooper 1969, 202−203)

specialists in multilingualism (such as Weinreich 1953, Haugen 1956 and Mackey 1962) included domain-like concepts under labels such as 'functions of language'. By the main stream of linguistics (from Bühler 1934 to Jakobson 1960), however, this is rather reserved to lower level general pre-requisites, aims and goals of a speech act. Therefore, it is a phenomenon whose nature is more linguistic or psychological than sociological (in this respect, Halliday 1978 is a notable exception, though his abstraction is more

oriented toward semiotics than to sociology). A domain-like construct is also the one of 'province' advanced by Crystal/Davy (1969), comprising spheres of linguistic interaction (such as conversation, liturgy, written media, science and law, etc.), but without connecting them with statuses and roles of the people actually involved in such activity. In contrast with these constructs, Fishman's domain does not take into account psychological data or minute linguistic differences. Therefore, it is more consequently sociological (better:

societal) in nature. It subsumes both person-oriented (roles) and situation-oriented (locales and topics) social categories. Furthermore, it is embedded into (and, in its turn, conditioned by) a set of societally shared values, and is a factor (socially) conditioning language choices.

3.2. Congruency within Domains and Metaphorical Switching

A typical social situation pertaining to a given domain is characterized by the congruency of its components, as it has been shown in the example on 'family' developed in chapter 1. There are also incongruent (or less typical) situations, in which the speakers are supposed to readjust some components of the social situation in order to obtain a remedial, satisfactory degree of congruency. E. g. if an employer intrudes into the home of one of his employees, there is a clash between 'work' and 'family' domains. The communicators have to decide whether this congruency is to be obtained in accordance with the one or the other domain. — An important instance of incongruency is the insertion of elements of language/variety Y (unusual for the domain) in a speech event which is predominantly conducted in language X: e. g. using the H (= high) language in a situation pertaining to 'family' domain. This is considered as an instance of metaphorical switching as opposed to situational switching (this distinction was introduced by Gumperz 1966; cf. Blom/Gumperz 1972, 424—426). We have a situational switch when, in an interaction, there is a more or less sudden change in the relationships among the components. The social situation is to some extent redefined making a 'new start' on a very different basis possible, e. g. when during a party two communicators discover that they have common ties (familial, regional or other), they may switch from H to L (= low) language or variety, thus transforming a formal situation into one pertaining to the field of friendship. On the contrary, we have a metaphorical switch when the congruency of domain components is broken for a while, affecting emotionally the interaction: e. g. a short intrusion of H into a situation requiring L is a means for threatening or intimidating the interlocutor by keeping him at a distance. — However, this sharp contrast is only possible if both single domains and their components are conceived as discrete units. Indeed, some critics, such as Breitborde (1983), have questioned

this discreteness, arguing that the distinction between domains is not as clearcut as Fishman seems to imply (see also art. 33). There are some moot cases where the situation can be subsumed under two different domains with uncertain language choices (overlapping domains; it has to be noted, however, that in Fishman's terminology the overlapping domains are the ones which govern similar language choices, Fishman 1972 b, 86). — Also, the concepts of status and role relationship meet similar objections. Fishman uses both concepts in a discrete version as this is needed for achieving socially significant generalizations. Therefore, in analyzing a given situation, it has to be decided first which kind of status the communicators have and which roles they are vested in. So, it is possible to define congruent behaviour in relationship with them and with other components of the social situation, while every departure from congruency is labelled as metaphorical. — An opposite conception is the one held by the tenants of one or other 'transactional' or 'interactional' definitions of status and role (Barth 1966, Goffman 1967, Cicourel 1973 among others). They say that there is a certain fluidity in statuses/roles, because a person always negotiates his/her image through social interaction. However, no matter how deep insights one can gain through such methods in analyzing single situations, they do not offer reliable measuring rods at a macrosocietal level. — While criticizing Fishman for his clearcut categories, Breitborde (1983, 12 ff) offers an intermediary solution: in every situation a person is (potentially) vested in a multiple set of statuses (Breitborde does not distinguish between status and role). The definition of the whole situation tends to be congruent with the status which happens to prevail at a given time in the interaction, but slight shifts can bring to the fore other coexisting statuses. While in a given situation the unmarked choice is to act in accordance with the status which is prevalent in the setting, it is always possible, for good reason, to assume other (more marked) statuses. The more unexpected a certain choice is, the more metaphorical the code switching will be. Breitborde's exemplification is taken from his fieldwork on the interaction in a Liberian Methodist congregation where different statuses apparently clash, and define as marked certain language switches from English to Kru and viceversa. Breitborde's proposal also lessens the degree of determinism potentially attached to the construct: in fact, if the congruency of the components of a domain and the linguistic variety used were strictly cogent, a person would only have the limited freedom of identifying the domain of a given speech event, being only allowed to make lower level choices compatible with the domain such as style, register, media, kind of ability, etc. If we follow the opposite way of a transactional approach, the distinction between the two kinds of switching does not apply at all: switch cannot be but situational (cf. Pride 1971 a, 1971 b, 1979).

4. The 'Domain' Construct among Other Social Science Categories

4.1. Microlevel Links and Situational Categories

Analyzing language usage patterns (in term of stability and shift), many different kinds of processes can be resorted to: linguistic, psychological, socio-cultural, and situational. E. g. looking at the list of 16 'components of speech acts' proposed by Hymes (1972), we discover that only few of them are used in Fishman's analysis, viz. the components of situational variation defining a social situation (which is supposed in its turn to belong to a given domain). He also uses two 'sources of variance': media and overtness (see above, chapter 2.). As "methods are selected as a result of problem specification rather than independently of them" (Fishman 1972 b, 262), these dimensions were sorted out, because they seemed to be fit to obtain a descriptive adequacy for the main problems his research was aimed at, i. e. for very general and societal patterns of 'language maintenance and language shift'. Domains and their components are inductively derived from empirical observation of speech acts from this purposed point of view, with an upward path from actual phenomena: etic list of speech acts and events → emic interpretation of them → social situation and its components (topic, role relationship, locale) → domain. The hypothetical set of domains can also be tentatively mapped with a deductive procedure on to different situations, but their postulation can be empirically validated as it has been done through experiments conducted by Greenfield and Edelman (Greenfield/Fishman 1971). They tested informants' guesses on typical co-occuring components (i. e. roles,

locales, topics) of the single domains postulated as relevant for the given community, and also conducted domain-linked word naming tests. — Strictly linguistic criteria (e. g. minute analysis of linguistic units at the different levels of language organization) have not been incorporated into the construct: among the many possible dimensions for defining and listing the components of speech acts and events only the ones which can be directly linked with very general linguistic choices are taken into account. In fact, dimensions tied up with the person (age, sex, socio-economic class, and even degree of linguistic proficiency, etc.) or with contextual variation (such as style, register, genre, etc.) are discarded. Although Fishman did include a refined application of Labov's variable analysis into his Barrio survey (Fishman/Cooper/Ma, eds. 1971, Part V), using personal and contextual parameters, its possible ties with domain analysis are not thoroughly exploited. In principle, however, the complementarity of domain approach with other (lower level and more situation-bound) approaches to the study of language in situation is repeatedly stated (e. g. Fishman 1972 b, 262).

4.2. Macrolevel Links and Social and Anthropological Categories

Breitborde (1983) reproaches Fishman for not having specified the upward links of domain. In Cooper's scheme (figure 27.1) the only upper-level component is 'value cluster'. This means a set of community values which are supposed to condition the constitution and delimitation of domains. Indeed, Fishman's declarations on the necessity of such explicit ties are in principle commonplace, e. g.: "The (...) definition of domains (...) calls for considerable insight into the socio-cultural dynamics of particular multilingual settings at particular periods in their history" (1972 b, 81). "the processes of social interaction (...) can no longer be analyzed or comprehended without recourse to social structure" (1972 b, 160). "domains refer to gross, norm-related and institutionally recognized regularities" (Fishman/Cooper/Ma, eds., 1971, 569). In fact, Fishman (1972 b, 95, 101) only proposed some upward ties. These are macrolevel phenomena which were closer to his own interests: nationwide processes which can affect (large) language choices (he mentions: urbanization vs. ruralization, industrialization vs. its abandonment, nationalism vs. de-ethnization, nativism vs. cosmopolitanization, religious revitalization vs. secularism), host/immigrant relationships (power configuration favouring the host language, type of control over immigrants, plurality pattern, stratification pattern, interpretation of contact, major social forces), societal attitudes and ideologies toward language(s) (language stereotypes, etc.). His successive research offered wide and deep explorations of some of these dimensions with particular stress on language/nation typology and language planning on the one side, and on minorities' cultural agencies on the other. The macrosociological parameters he favoured (in order to link them with domains and face-to-face interaction) are prevalently nation-wide and policy-oriented, and stress more evolutionary factors than stable reference values and social institutions. — Therefore, Breitborde's criticisms (favouring a wide socio-anthropological perspective) are more justified by Fishman's practice than by his theorization. Indeed, while it is unjustified to say that Fishman did not develop discussion and thorough study on macrolevel links of domains, the research line proposed by Breitborde seems to be the starting point for the study of values which constitute the basis of social life, and on to which language variation is to be mapped. Breitborde investigates these upward ties more deeply and suggests, by using the categories proposed by Fortes (1969), that domains have to be defined by the 'structure of the social system', and that they are an institutionalized field of behaviour. Therefore, the definition and delimitation of domains are deeply embedded into the overall system.

4.3. Domains and Linguistic Competence

Since both sociology and linguistics have to cope with macro- vs. micro-level contrasts, it seems interesting to look for possible isomorphisms. Rather than bipartite schemes (langue vs parole, competence vs. performance), tripartite ones seem more appealing: Coseriu (1952) opposes system vs. norm vs. speech (a reappraisal in Mioni 1979: competence vs. norm(s) vs. performance) that can be paralleled by social systems, domain (with its components) and speech event in the study of language/variety switching where both domains (and domain-like constructs) and norms mediate between general patterns and single instances of their realization. Norms and domains only point toward the most likely and frequent ('unmarked') choices. In

both frameworks, system/competence and norms have a societal dimension (shared knowledges and attitudes) and an individual one (acquisition of competence by the individual). If we take 'competence' in the broader sense of 'communicative competence' (Hymes), domain also can be considered part of it, and one has to decide how the individual is supposed to acquire/learn and use it. From a largely semiotic point of view, with Halliday (1978) we might say that a speaker is able to identify the 'meaning potential' present in a given situation, to decide the content of his message (ideational metafunction) and to formulate it in a way compatible with the situation (both along the interpersonal metafunction and the textual one); domain can offer an important framework for the identification of this 'meaning potential' and for an acceptable performance. — Following Hudson's (1980, 80) proposal, we might say that a single person of a given community would internalize a prototypical representation of domains, i. e. with a well defined core, but also with fuzzy limits (the prototype notion is the one held by Eleonor Rosch, 1977a and 1977b and by other cognitive psychologists). Hudson also suggests that the competence for dealing with some domains would be spontaneously acquired, while some others would be object of formal learning.

5. Descriptive Models for Domains and Domain Lists

Once we accept for domains the abstraction degree proposed by Fishman (see above, chapter 3.1.), there are still the qualitative and quantitative problems of setting up a possible domain list and to find manageable criteria for delimiting them. If domains are supposed to be deeply rooted in institutions and values of a given society, it is only thinkable that "different kinds of multilingual settings should benefit from analyses in terms of different domains of language use, whether defined intuitively, theoretically or empirically" (Fishman 1972b, 116). — It is possible, e. g., to set up a list which is valid for complex societies: Fishman (1965, 72; 1972b, 248) quotes the one proposed by Schmidt-Rohr (1932; family, playground and street, army, press, school, church, courts, governmental administration and literature). In the Barrio research (Fishman/Cooper/Ma, eds. 1971), there is the following list: family, neighbourhood, education, work, religion, while two further domains (voluntary organizations and officialdom, 26 ff) are not used throughout the book. For describing less technologized communities, less distinctions are necessary: Frey (1945) describing the Amish rural settlements only used home, school and church, while Fortes' (1969, quoted by Breitborde 1983, 24 ff) anthropological work was only based on a moral vs. politico-jural domain contrast. — While it is theoretically possible to increase the list, e. g. by further dividing domains into sub-domains (e. g. Schmidt-Rohr distinguishes within the school domain, between language of instruction, language as a subject in the curriculum and language of recess and entertainment, Fishman 1972 b, 80), there is no use in doing so, if one is not able to substantiate the proposed list with significant discontinuities in language behaviour: "Just where the boundaries come that do differentiate between the class of situations generally requiring one variety and another class of situations generally requiring another variety must be empirically determined by the investigator" (Fishman 1972 a, chapter 4.6.). — It is also possible to find out that differences in language choice can be explained by more abstract and general values and/or behaviour clusters: Fishman, e. g., proposes a dichotomy 'high culture' (associated with a high language) vs. 'low culture' (cf. Fishman/Cooper/Ma, eds. 1971, 566—567; Fishman 1972 b, 93), where the first terms in the dichotomies would be characterized by distance and formality, the second ones by spontaneity and intimacy. — Also the notion 'network type' (see art. 26) can be a possible substitute. This construct (postulated by Gumperz 1966, Blom/Gumperz 1972; criticisms in Breitborde 1983; recent developments in Milroy 1980) contrasts closed vs. open interaction networks. The first ones are characterized by fixed roles and a great amount of predictability, the second ones, on the contrary, by role fluidity and wider language choices. Similar contrasts are the ones proposed by Bell (1976, 103—105): reference vs. membership groups (quoted by Bell from Krech et al. 1962), secondary vs. primary relationships (here too, the first members of each dichotomy have a stress on status, unstable dyads and a potential presence of language discrimination based on stereotypes). E. g. family (and intimate friendship) can be considered as a closed network, a membership group and a primary relationship. In Fishman's theorization (or in its

interpretation by Cooper, see figure 27.1), 'network type' is situated at the same level as domain. However, in some situations it can be very low-level, i. e. a way of subclassifying (together with interaction type) role relationships. In other situations it might also prove useful as a macrolevel construct, if it happens to condition domains and their possible clustering into major classes, or it might even replace domains, if it can be shown to have paramount relevance for language choice. — So far, we have covered domains "defined at a societal-institutional level". But it is even possible to conceive lower level "domains defined at a socio-psychological level, (...) similar to (...) situational analysis" (Fishman 1972 b 81). One might, e. g., think that the place of institutional domains be taken by styles or registers (or might coincide with some of them). Just to give an idea of these possible dimensions, in quoting the different domain lists in this section we systematically tried to range their components in an order of increasing formality. Also the distinction personal (or individualizing) vs. transactional interaction (non individualizing with stress on mutual rights and obligations; Gumperz 1966, Bloom/Gumperz 1972) can be a possible dimension for "domains defined at a socio-psychological level".

6. Conclusive Remarks

The domain construct proved very useful in the analysis of intragroup interaction of bilingual communities. In such instances, it is quite easy, indeed, to reduce linguistic choices to the simple alternative between language X or Y, while correlations between minute linguistic variations and parameters tied to persons (age, sex, socioeconomic class, etc.) or to situations (styles, contextually bound variation, etc.) are left to linguists and to students of face-to-face interaction. — Possible extensions in the application of the construct are repeatedly hinted at by Fishman in two directions: (a) variation in code: in his theoretical statements Fishman always speaks of choices among languages "or varieties of the same language". At first sight, however, this extension seems to be useful only if such varieties are discrete ones (e. g. in the very classic version of diglossic situations where high and low language can be very well distinguished). In cases of continuous rather than discrete variation, domains can offer only a useful procedure for a better definition of styles. (b) Intergroup interactions and other less societally conditioned language contacts: Fishman's optimistic statements in his first papers (in which the usefulness of the construct was not carefully delimited) have been tempered in subsequent revisions (see above, chapter 2.). He admits that his construct is particularly fit to deal with intra-group multilingualism "where the limits of language mastery do not intrude". At the same time, he also hopes that it might be adapted to less stable settings and to inter-group interactions. We might remark, how-ever, that (a) differences in the mastery of languages/varieties are easily found and may affect important sectors of a community, so as to impair the validity of the overall domin-ance configuration. Because of this lack of mastery, some social groups do not even have access to certain domains. (b) Furthermore, in multilingual intergroup communication it often happens either that the dominant group 'controls' with their language a given domain (typically the officialdom in a majority/ minority or host/immigrant relationship) or − more straightforwardly − that any selection is blocked because there is only one possible common code (typically: bilingual minorities, monolingual majorities; the only common code: the majority language). − Therefore, further speculation and exper-imental work are still needed, if we want to enlarge the scope of the domain construct that is already an important tool for the soci-ology of language.

7. Literature (selected)

Barth, Fredrik (1966) *Models of social organization*, London.

Bell, Roger T. (1976) *Sociolinguistics*. Goals, ap-proaches and problems, London.

Blom, Jan-Petter/Gumperz, John J. (1972 [1966]) "Social meaning in linguistic structures: code-switching in Norway", in: *Directions in sociolinguis-tics*, Gumperz, J. J./Hymes, Dell, eds., New York 407−434.

Breitborde, L. B. (1983) "Levels of analysis in sociolinguistic explanation: bilingual code switch-ing, social relations, and domain theory", in: *Inter-national Journal of the sociology of language* 39, 5−43.

Bühler, Karl (1934) *Sprachtheorie*, Jena.

Cicourel, Aaron (1973) *Cognitive sociology: lan-guage and meaning in social interaction*, Harmonds-worth.

Cooper, Robert L. (1969) "How can we measure the roles which a bilingual's languages play in his everyday behavior?", in: *The measurement and description of bilingualism*, Kelly, L. G., ed., To-ronto 192−239.

Coseriu, Eugenio (1952) *Sistema, norma y habla*, Montevideo (reprinted in: *Teoría del lenguaje y lingüistica general*. Madrid 1962, 11−114).

Crystal, David/Davy, D. (1969) *Investigating Eng-lish style*, London.

Fishman, Joshua A. (1964) "Language mainten-ance and language shift as a field of inquiry", in: *Linguistics* 9, 32−70; (reprinted as an appendix to Fishman, ed., 1966, 424−458; revised version in: Fishman 1972 b, 76−134).

Fishman, Joshua A. (1965) "Who speaks what language to whom and when?", in: *La linguistique* 2, 67−88; (revised version in Fishman/Cooper/Ma, et al. 1971, 583−604).

Fishman, Joshua A., ed., (1966) *Language loyalty in the United States*, 's-Gravenhage.

Fishman, Joshua A. (1967) "Bilingualism with and without diglossia: diglossia with and without bi-lingualism", in: *Journal of social issues* 23, 2, 29−38; (also reprinted with the new title: "Societal bilingualism: stable and transitional", in: Fishman, J. A./Cooper, R.L./Ma, R., et al. (1971) *Sociolin-guistics in the Barrio*. Bloomington/'s-Gravenhage, 539−555.

Fishman, Joshua A. (1970) *Sociolinguistics, a brief introduction*, Rowley, Mass.

Fishman, Joshua A. (1971) "The relationship be-tween micro- and macro-sociolinguistics in the study of who speaks what language to whom and when", in: Fishman, J. A./Cooper, R. L./Ma, R., et al., *Sociolinguistics in the Barrio*, Bloomington/ 's-Gravenhage 583−604 (also reprinted in Pride/ Holmes 1972, 15−32, Fishman 1972 b, 244−267 and Gumperz/Hymes 1972, 435−453; is a revision of Fishman 1965).

Fishman, Joshua A. (1972 a) *The sociology of lan-guage*, Rowley, Mass.

Fishman, Joshua A. (1972 b) *Language in sociocul-tural change*, ed. by Anwar S. Dil, Stanford, Cal.

Fishman, Joshua A./Cooper, Robert L./Ma, Rox-ana et al. (1971) *Bilingualism in the Barrio*, Bloom-ington/'s-Gravenhage.

Fortes, Meyer (1969) *Kinship and social order*, Chi-cago.

Frey, William (1945) "Amish 'triple talk'", in: *American speech* 20, 85−98.

Goffman, Ervin (1967) *Interaction ritual. Essays on the face-to-face behavior*, New York.

Greenfield, Lawrence/Fishman, Joshua A. (1971) "Situational measures of normative language views in relation to person, place and topics among Puerto Rican bilinguals", in: Fishman, J. A./ Cooper, R. L./Ma, R. et al., (1971) 233−251.

Gross, Feliks (1951) "Language and value changes among the Arapaho", in: *International Journal of American Linguistics* 17, 10–17.

Gumperz, John J. (1966) "On the ethnography of linguistic change", in: *Sociolinguistics*, Bright, W., ed., 's-Gravenhage 27–38.

Gumperz, John J./Hymes, Dell, eds., (1972) *Directions in sociolinguistics*. The ethnography of communication, New York.

Halliday, Michael A. K. (1978) *Language as social semiotic*. The social interpretation of language and meaning, London.

Haugen, Einar (1956) *Bilingualism in the Americas*. A bibliography and research guide, Alabama.

Hudson, Richard Anthony (1980) *Sociolinguistics*, Cambridge.

Hymes, Dell (1972) "Models of the interaction of language and social life", in: *Directions in sociolinguistics*, Gumperz, J. J./Hymes, D., eds., New York 35–71.

Jakobson, Roman (1960) "Closing statement: linguistics and poetics", in: *Style in language*, Sebeok, T. A., ed., Cambridge, Mass., 350–377.

Krech, David et al. (1962) *Individual in society: a textbook of social psychology*, New York.

Mackey, William F. (1962) "The description of bilingualism", in: *Canadian Journal of linguistics* 7, 58–85.

Milroy, Leslie (1980) *Language and social network*, Baltimore.

Mioni, Alberto M. (1979) "Sistema, competenza e repertorio", in: *Lingua e stile* 14, 343–359.

Pride, John B. (1971 a) *The social meaning of language*, London.

Pride, John B. (1971 b) "Customs and cases of verbal behaviour", in: *Social Anthropology and language*, Ardener, E., ed., London 95–117.

Pride, John B. (1979) "A transactional view of speech functions and code switching", in: *Language and society: anthropological issues*, McCormack, W. C./Wurm, S. A., eds., 's-Gravenhage 27–53.

Rosch, Eleonor (1977 a [1976]) "Classification and real-world objects: origins and representations in cognition", in: *Thinking: Readings in Cognitive Sciences*, Johnson-Laird P./Wason, P. C., eds., Cambridge, 212–222.

Rosch, Eleonor (1977 b [1974]) "Linguistic relativity", in: *Thinking: Readings in cognitive sciences*, Johnson-Laird, P./Wason, P. C., eds., Cambridge 501–519.

Schmidt-Rohr, Georg (1932) *Die Sprache als Bildnerin der Völker*, München.

Weinreich, Uriel (1953) *Languages in contact*. Linguistic Circle of New York (repr. 1963, 's-Gravenhage).

Alberto M. Mioni, Padova (Italy)

28. Stadt – Land

1. Einleitung

Räumliche Ungleichheiten der Verteilung von Arbeitsplätzen, Bevölkerung, Einkommen, infrastruktureller Einrichtungen usw. werden häufig durch Gegenüberstellungen charakterisiert wie die von Agglomeration und Deglomeration, von Verdichtung und Entleerung, Zentrum und Peripherie, von Stadt und Land. – Die Frage der Stadt-Land-Beziehungen hat in neuerer Zeit wieder an Aktualität gewonnen. Dazu haben vor allem zwei Entwicklungen beigetragen. Zum einen ist das allgemeine Unbehagen an der 'Unwirtlichkeit der Städte' gewachsen. Das Entstehen von Siedlungsgebilden vom Typ der 'Megalopolis' stößt zunehmend auf eine Kritik, die den Wert städtischer Lebensformen überhaupt in Frage stellt. Die Problematik dieser weitgehend unkontrolliert ins Riesenhafte gewachsenen Ballungen ist in der Tat nicht zu übersehen: angefangen von einer amorphen Zersiedlung der Landschaft, verbunden mit infrastrukturellen und ökologischen Problemen, nicht zuletzt der Verkehrsmisere, Unüberschaubarkeit der Superstrukturen und damit der Entfremdung des einzelnen Bürgers. – Einige Autoren haben mit Recht darauf hingewiesen, daß es unzulässig ist, aus der Kritik dieser Phänomene heraus den Wert städtischer Lebensweise überhaupt in Frage zu stellen. Diese Feststellung ist für das Thema Stadt-Land-Beziehungen besonders wichtig. Aus der weitgehend ideologisch und emotional bedingten Ablehnung urbaner Formen resultiert nämlich in aller Regel eine ebenso zweifelhafte Glorifizierung ländlicher

Lebensformen. — Dieser Gegensatz: 'Ländlichkeit' als natürliche, wenn nicht gar von Gott gewollte Lebensform und der Weg in den Urbanismus quasi als Erbsünde, durchzieht mindestens seit Beginn der Industrialisierung die einschlägige Literatur gerade auch im deutschen Sprachbereich. Stellvertretend sei hier nur Wilhelm Heinrich Riehl genannt. Es ist nicht ohne Faszination, zu analysieren, wie sich diese Argumentation, wenn auch in anderer Ausdrucksform bei der heute zu beobachtenden Stadt-Land-Bewegung romantischer Stadtverweigerer wiederholt.

2. Sozialgeschichte des Stadt-Land-Gegensatzes

Seit den Hochkulturen wird der Gegensatz von Stadt und Land als Merkmal der Differenzierung von Lebens- und Verhaltensweisen thematisiert.

Die mit Mauern und Türmen bewehrte, hochverdichtete Stadt war für lange Zeiträume schon rein äußerlich ein sich gegenüber der Weite des umliegenden Landes abhebendes Sozialgebilde. Die vom Land verschiedenen Formen der Arbeit und der Arbeitsteilung, der Versorgung und des Tausches waren die Basis, auf der städtische Lebensformen sich gegenüber ländlichen, agrarisch-bäuerlichen, differenzierten.

In der Dynamik der sich entfaltenden Marktgesellschaft werden die Städte schließlich in den Prozeß der Nationwerdung und der Entwicklung einer „Einheits-Gesellschaft" hereingezogen. Der politisch, herrschaftlich und rechtlich stark differenzierte Gegensatz von Stadt und Land wird in einem langen historischen Prozeß zum Verschwinden gebracht. — In der Dynamik der bürgerlichen, kapitalistisch-industriellen Gesellschaft wird eine Gesellschaftsschicht nach der anderen, ein Beruf nach dem anderen in die Entwicklungsbedingungen und Sozialstrukturen dieser völlig neuen Organisationsform sozialer Beziehungen hineingezogen: die des Marktes und Vertrages (für Arbeit, Kapital, Boden, Dienste etc.), der Individualisierung und Selbstbehauptung; der Unmittelbarkeit des Individuums zum entpersonalisierten Souverän, dem Staat.

In der Terminologie der soziologischen Modernisierungstheorien können diese Prozesse auch wie folgt beschrieben werden: es findet ein Wandel und Wechsel statt von partikularistisch-parochialen Rollen und Kollektiven zu gesellschaftsorientierten Werthaltungen und Rollen. Im Zusammenhang mit der Übernahme der Wertmuster industriell-städtischer Gesellschaften erhöht sich die horizontale Mobilität, treten leistungsorientierte Normen an die Stelle personenorientierter Verhaltensweisen, werden zugeschriebene Rollen (der Geburt; des Standes; des Geschlechts) mehr und mehr durch erworbene Rollen ersetzt und überformt. Der Modernisierungsprozeß kann als umfassender Prozeß der sozialen Mobilisierung beschrieben werden: räumlich, beruflich, kognitiv und psychisch werden mehr und mehr Menschen in die Lage versetzt, sich den Strukturen und Gesetzlichkeiten der leistungsorientierten, mobilen industriellen Gesellschaft anzupassen. — Aus dieser Beschreibung wird zweierlei ersichtlich: zum einen ist die Änderung der Verhaltensweisen und Einstellungen in Richtung auf Modernität und Mobilitätsbereitschaft nicht nur für den (bisherigen) agrarisch-dörflichen Bereich relevant, sondern auch für die Bewohner der vorindustriellen Städte; zum zweiten ist offenkundig, daß die Differenzierung und gegenwärtige Ausprägung des Stadt-Land-Gegensatzes nur im Zusammenhang einer Theorie der gesellschaftlichen Entwicklung begriffen werden kann.

Der über lange Zeit dominante Gegensatz von Stadt und Land wird mit der Entwicklung der bürgerlichen Gesellschaft und der industriellen Stadt auf verschiedenen Ebenen a u f g e h o b e n bzw. auf eine qualitativ andere Stufe gehoben:

— als Gegensatz von städtischer und ständisch-feudaler Herrschafts- und Sozialstruktur (Entwicklung des Rechtsstaates; des Sozialstaates; Durchsetzung 'nationaler', demokratischer, gesamt-gesellschaftlich relevanter Strukturprinzipien);
— als Gegensatz unterschiedlicher Stände;
— als Gegensatz unterschiedlicher Formen des Besitzes, des Arbeitens, des Tauschens bzw. der Eigenversorgung;
— als quantitativer Gegensatz einer relativ kleinen Anzahl Städter und der überwiegenden Mehrzahl der agrarisch lebenden und arbeitenden Bevölkerung.

3. Stadt-Land-Kontinuum

Die These des 'urbanism as a way of life' geht von der Diffusion städtischer Lebensziele aus. Eine solche idealtypische Betrachtung zur Stadtkultur findet in den Arbeiten zur Analyse der Stadt-Land-Beziehungen ihre Resonanz. – Indem unter 'ländlich' häufig die 'kleine' Gemeinde mit geringer Bevölkerungsdichte, Dominanz der landwirtschaftlichen Tätigkeit, 'natürlicher' Umgebung, Homogenität der Bevölkerung, wenig ausgeprägter Schichtung und geringer Mobilität, Dominanz personaler und informaler Sozialbeziehungen verstanden und unter 'städtisch' meist große Siedlungseinheiten, hohe Bevölkerungsdichte, fast ausschließlich nichtlandwirtschaftliche Tätigkeit, Naturferne, Heterogenität der Bevölkerung, stark ausgeprägte soziale Schichtung und Mobilität, formale sekundäre Beziehungen gefaßt werden, wurde der dichotome Charakter der Unterschiede von Stadt und Land als einer Grundkategorie soziologischer Forschung über lange Zeit kaum angezweifelt. Nach dem heutigen Stand der Forschung ist es jedoch vefehlt, mit den althergebrachten, zu häufig vordergründig an Tönnies 'Gemeinschaft/Gesellschaft' angelehnten Kategorien 'ländlich/städtisch' zu arbeiten: Das einzige, über das sich Autoren zu Stadt-Land-Themen weitgehend einig zu sein scheinen, ist, daß sich die fraglichen Begriffe irgendwie auf Stadt und Land beziehen, daß sie mit Unterschieden zwischen Gemeinden hinsichtlich Größe und Dichte der Bevölkerung zu tun haben. – Das, was heute nicht nur im alltäglichen, sondern auch im wissenschaftlichen Sprachgebrauch bislang als 'Land' bezeichnet wird, schließt aber völlig heterogene gesellschaftliche Realitäten ein. Mit fortschreitender gesellschaftlicher Differenzierung haben wir es mit einer Pluralität der Umwelten zu tun, zu deren adäquater Beschreibung und Analyse weder die Dichotonomie noch das Kontinuum Stadt-Land ausreichen. Die Kritik an der Kontinuumskonzeption richtet sich zum einen gegen die Eindimensionalität des Stadt-Land-Gefälles, zum anderen gegen die 'Einspurigkeit' einer fortschreitenden Verstädterung im Sinne eines nicht umkehrbaren Prozesses. Bedingt durch die mit den Industrialisierungsprozessen verbundene Verbreitung urbaner Lebensgewohnheiten ist die Vorstellung eines eindimensionalen Stadt-Land-Kontinuums nicht mehr aufrecht zu erhalten. – Dabei ist jedoch zu berücksichtigen, daß mit der Urbanisierung nicht alles Land zur Stadt wird, sondern daß vielmehr die alte Stadt und das alte Land zu etwas qualitativ Neuem werden. Auch eine Beschreibung und Erklärung der identifizierbaren ungleichen Lebensverhältnisse entlang der Kategorie ländlich-städtisch ist trotz bestehender unterschiedlicher Arbeits- und Lebensbedingungen, trotz z. B. des immer noch vorhandenen Bildungsgefälles nicht länger hinreichend. – Insbesondere die Abgrenzung von Siedlungsgebilden allein nach dem Kriterium Einwohnerzahl ('Größe') scheint wenig ergiebig, sagt es doch selten etwas über strukturelle Qualitäten der Gemeinden aus. Fruchtbarer scheint es zu sein, Gemeinden nach dem Grad der 'Vollständigkeit' sozialer Institutionen oder Subsyteme zu unterscheiden. So können in einer Gemeinde, die ausschließlich dem Wohnen dient, sich nur Subsysteme in Verbindung mit Nachbarschaft und mit familiären und verwandtschaftlichen Beziehungen entwickeln. Finden sich in der Gemeinde zusätzlich auch Arbeitsplätze, so nimmt damit nicht nur die Zahl der verfügbaren Rollen zu. Die typischen Merkmale der zwischenmenschlichen Beziehungen können sich ändern und durch die Entwicklung neuer Institutionen zu einem anderen Typ von lokalem Sozialsystem führen.

Die durch Verkehrsbedingungen und sozialpolitische Maßnahmen mögliche und zunächst bejahte Trennung von Arbeitsplatz und Wohnort hat zu neuen Mustern des Verstädterungsprozesses geführt: zur Entwicklung und Ausdehnung des suburbanen Raumes. Doch anders als im 19. Jahrhundert ist nicht Stadtgründung oder Stadterweiterung im traditionalen Sinn das Ergebnis dieses Vorgangs, sondern eine funktionsspezifische Verstädterung, eine von den Stadtkernen und Ballungszentren ausgehende 'sekundäre Verstädterung', die eher zu einer Entdifferenzierung gegenwärtig vorherrschender Schicht-Klassenunterschiede, Verhaltensweisen und Lebensgewohnheiten beiträgt als einen neuen, eigenständigen Siedlungstyp mit ausgeprägten Verhaltensmustern zu begründen.

4. Suburbanisierung und Stadtentwicklung

1871 lebten rund 63% der deutschen Bevölkerung in kleinen Landgemeinden unter 2000 Einwohnern, dagegen nur 5,5% in Großstädten mit mehr als 200 000 Einwohnern. Bis heute ist der Anteil des Landes auf etwa ein Fünftel gesunken, während die Hälfte der Gesamtbevölkerung in Städten über 20 000 Einwohner lebt (33% in Großstädten). Randgemeinden, die früher wirtschaftlich-sozial und gemeindepolitisch eigenständig existierten, geraten in den engeren Einzugsbereich der Großstädte. Industriestädte wachsen

durch Eingemeindungen von kleineren Rand-
städten und -dörfern zu „Metropolen" (polyzentrische Regionalstädte). Diese können im
Zuge eines fortlaufenden Prozesses der 'Con-
urbation' zu immer größeren Gebilden mit
mehreren gleichgeordneten Zentren zusam-
menfließen, den sog. 'metropolitanen Gebieten' (polyzentrische Stadtregionen). — Im
Endstadium vereinen sich zwei oder mehrere
solcher Gebiete zu einer einzigen ununterbrochen verstädterten Landschaft, der 'Megalopolis'. — Dieser Prozeß des Aufeinanderzu-
wachsens von Stadt und Umland wird verursacht durch eine allgemeine Abwanderungs-
bewegung der Wohnbevölkerung aus den
Stadtgebieten an die Peripherie. — Seit einigen Jahren nimmt die Bevölkerung im gesamten Verwaltungsbereich von Großstädten
leicht ab, hat sich die Abwanderung also weiter nach außen hin verlagert. Diese räumliche
Expansion der Stadt wird als Prozeß der Sub-
urbanisierung bezeichnet. Dabei wird Sub-
urbanisierung definiert als Verlagerung von
Nutzungen und Bevölkerung aus der Kernstadt in das städtische Umland bei gleichzeitiger Reorganisation (z. B. veränderte Nutzungen von Flächen der Kernstadt, Segregation
von Bevölkerungsteilen) der Verteilung von
Nutzungen und Bevölkerung. Der allgemeine
Zug zum Wohnen im Grünen, propagiert und
gefördert u. a. durch den Eigenheimgedanken
sowie die Flucht vor ungünstigen Umweltbedingungen und der Wunsch nach besser ausgestatteten Neubauwohnungen kann für
diese postindustrielle Wanderungsbewegung
verantwortlich gemacht werden. Doch sind
das zugleich Folgeerscheinungen einer primär
wirtschaftlichen Ursache, nämlich des gigan-
tischen Anstiegs der Bodenpreise in den City-
bereichen, die den Bau von Wohnungen zu
tragbaren Mieten nicht mehr erlauben. —
Die Nutzung des Bodens, vor allem in den
Kerngebieten, richtet sich nicht nach städtebaulichen Gesichtspunkten, sondern nach
Maßstäben ökonomischer Potenz. Den Wett-
lauf um die günstigsten Standorte gewinnt
allemal der Sektor, dessen Gewinne noch in
einem profitablen Verhältnis zu den Boden-
preisen stehen, nämlich der grundstücksin-
tensive tertiäre Bereich: Banken, Versicherun-
gen, Kaufhäuser, Großindustrie- und Groß-
handels-Verwaltungen. — Der Konzentration
von Arbeitsstätten des tertiären Sektors auf
engstem Raum in den Stadtkernen steht eine
breite Streuung von Wohngebieten in die um-
liegende Landschaft gegenüber. Die Veränderung der Innenstädte nach Geschäftsschluß,

eine Verkümmerung städtischen Lebensstils
zur monofunktionalen Schlafstadt-Atmo-
sphäre in den Randwohnbezirken und das
über unsere Städte hereingebrochene Ver-
kehrschaos sind die sichtbarsten Folgen. Das
Automobil droht die Stadt zu ersticken. Der
Periode des wohnungsorientierten Städtebaus
als dringend notwendiges Instrument staatlicher Sozialpolitik nach Kriegsende folgte
in zwanghafter Konsequenz die Politik der
'autogerechten' Stadt. Wieder ist der Städte-
bau einem wirtschaftlichen Faktum angepaßt
worden, dem unrationellsten, aber die heutige
Wirtschaftsstruktur tragenden Individualver-
kehrsmittel Auto. Die Alternative 'autoge-
rechte Stadt' oder 'stadtgerechtes Massen-
transportmittel' war keine Frage baulich-
funktionaler Stadtgestaltung, sondern eine
Sache ökonomischer Machtentfaltung. Heute
droht die Relation von Verkehrsfläche zu Ge-
bäudefläche in ein städtezerstörendes Mißverhältnis zu geraten. Die Umverteilung der
Wohnbevölkerung innerhalb des Stadtumlan-
des hat tiefgreifende Folgen.

5. Desurbanisierungsprozesse?

Ließen sich bis vor kurzem die Einwohner-
wie auch die Arbeitsplatzverluste der Kern-
städte noch als intraregionale Umschichtungen zwischen den Ballungszentren und den
Ballungsrandzonen erklären (Phase der Sub-
urbanisierung), so wird mittlerweile deutlich,
daß ganze Agglomerationen sinkende Ein-
wohner- und auch Arbeitsplatzzahlen aufweisen. Der Prozeß der Urbanisierung scheint
sich über die Zwischenphase der Suburbani-
sierung zur Desurbanisierung umgekehrt zu
haben. Als Gründe für diesen räumlichen
Strukturwandel lassen sich ökonomischer
Strukturwandel (z. B. sektoraler und globaler
Art) in enger Verknüpfung mit sozialem
Strukturwandel (z. B. demographische Veränderungen, Veränderungen in Lebens- und
Konsumgewohnheiten) anführen. — In der
Privatwirtschaft wie im öffentlichen Bereich
deutet sich beispielsweise an, daß Großbe-
triebe die optimale Betriebsgröße überschrit-
ten haben. Der Einsatz neuer Technologien
begünstigt zudem eine Dezentralisierungsten-
denz. Mit zunehmender Verkehrserschlie-
ßung und der Entwicklung moderner Infor-
mations- und Kommunikationstechnologien
sinken die Raumüberwindungskosten und
entsprechend die Vorteile der Agglomeration.
Hingegen wachsen die sozialen (wie auch be-
triebswirtschaftlichen) Kosten der Ballungs-

gebiete. — Besonders betroffen von dieser Entwicklung ist im deutschen Bereich etwa das Ruhrgebiet, wo die allgemeinen Probleme des Strukturwandels mit den Problemen einer noch immer hochgradig monostrukturierten Wirtschaft sowie auf ungünstige raum- und siedlungsstrukturelle Gegebenheiten treffen. Die Einschätzung, die heutigen Agglomerationsgebiete entwickelten sich langfristig gesehen zu Problemräumen der Raumwirtschaftspolitik — und weniger dagegen die bisherigen ländlichen oder peripheren Räume —, ist nur folgerichtig. Der 'alte' Stadt-Land-Gegensatz ist von einem neuen Typus räumlicher Disparität, der Ungleichheit von schrumpfenden und prosperierenden Räumen überlagert.

6. Literatur (in Auswahl)

Beer, Rüdiger, R./Laux, Eberhard (1981) *Die Gemeinde*. Einführung in die Kommunalpolitik, 3. Auflage, München.

Dewey, Richard (1974) „Das Stadt-Land-Kontinuum", in: *Materialien zur Siedlungssoziologie*, Atteslander, P./Hamm, B., eds., Köln, 45—54.

Hahn, Alois/Schubert, Hans-Achim/Siewert, Hans-Jörg (1979) *Gemeindesoziologie*, Stuttgart.

Hamm, Bernd (1982) *Einführung in die Siedlungssoziologie*, München.

Illien, Utz J. (1978) *Leben auf dem Dorf*, Opladen.

IRPUD-Institut für Raumplanung, ed., (1980) *Strukturwandel in Verdichtungsgebieten*, Dortmund.

Kötter, Herbert (1983) „Stadt und Land. Ihre Besonderheiten und Beziehungen zueinander", in: *Der Bürger im Staat* 33, 3, 147—151.

Schäfers, Bernhard (1980) „Stadt und Land. Zur Entwicklung und gegenwärtigen Differenzierung dichotomer Sozialkategorien" in: *Raumplanung und Eigentumsordnung*. Festschrift für Werner Ernst, München, 351—366.

Väth, Werner (1980) *Raumplanung — Probleme der räumlichen Entwicklung und Raumordnungspolitik in der Bundesrepublik Deutschland*, Königstein/Ts.

v. d. Berg, Leo/Drewett, Roy/Klaassen, Leo H./Rossi, Angelo/Vijverberg, Cornelius H. T. (1982) *Urban Europe*. A Study of Growth and Decline, Oxford/New York.

Hans-Jörg Siewert, Düsseldorf (Bundesrepublik Deutschland)

29. Stand/Kaste

1. Ein Vergleich

Stand und Kaste gehören neben Klasse, Schicht und Gruppe zu den wichtigsten Einteilungskriterien größerer sozialer Gebilde. Stand und Kaste sind Prinzipien der Strukturierung sozialer Ungleichheit, auch wenn Unterschiede in den historischen Ausprägungen nicht zu übersehen sind. Sie stellen je spezifische Strategien der sozialen Schließung dar, die ihre Mitglieder in die Lage versetzen, auf der Grundlage von kollektiven Eigenschaften wie Herkunft, Sprache oder Bildung Ressourcen gegenüber Außenseitern zu monopolisieren und mit der Wirkung sozialer Distanzierung einzusetzen. In der Stände- und Kastengesellschaft ist die Endogamie das vorrangige Instrument, um Stände bzw. Kasten voneinander abzusetzen. In der Kastengesellschaft wird die rechtliche Distanz durch eine rituelle Garantie der physischen Trennung zwischen Mitgliedern niedriger und höherer Kasten noch verstärkt. Im Gegensatz zur Sippe sind Stand und Kaste vertikale Gliederungsprinzipien und auf endogame Rekrutierung ausgerichtet. Stände- und Kastensysteme unterscheiden sich von Klassen- und Schichtsystemen durch ihr schon von geburts- und rechtswegen zugeschriebenes Merkmal der Gruppenmitgliedschaft, während die Klassenlage oder Schichtzugehörigkeit in erster Linie durch individuelle Eigenschaften und Verhaltensweisen bestimmt wird. Max Weber (1976, 536) ist daher zu folgen, wenn er in der Kaste eine bis zum äußersten vorgetriebene Gestalt des Standes sieht. Kasten- und Ständehierarchien entpuppen sich vor allem als Interaktionshierarchien mit je spezifischen Barrieren.

2. Stand

Sprachgeschichtlich ist mit Stand die Vorstellung von einem festen Standort des Menschen in Staat, Wirtschaft oder Gesellschaft verbunden. Gemeint ist vor allem ein vorbezeichneter Platz, mit dem eine Art von rechtlichem Anspruch auf sicherem Verbleib mit der Verpflichtung zur Aufgabenerfüllung am Platze verknüpft ist. So waren Klerus, Adel und Patrizier in ihren Rechten und Pflichten in der mittelalterlichen Feudalgesellschaft gesetzlich verankert. Diese Ständegesellschaft war eine Seinsordnung und der Stand der Ort, wo den Menschen die Berufung Gottes zum Dienst am Nächsten erreichte. Nicht die Funktion bestimmte den gesellschaftlichen Rang des Einzelnen, sondern „das personhafte Sein ... bestimmt den Rang und mit ihm die den Rang zugeordnete Funktion" (Nell-Breuning 1959, 7). Dieser personhafte Wert galt als angeboren, gottgewollt und daher vererblich. Die Herren seien zum Herrschen und Befehlen ebenso geboren wie die Untertanen zum Dienen und Gehorchen. Die Mitglieder dieser Herrschaftsstände waren nicht gleich vor dem Gesetz, sondern vor Gott, was der Ungleichheit vor den Menschen den Stachel nahm, ja soziale und politische Ungleichheit als Forderung der Gerechtigkeit erscheinen ließ. Nicht Leistung und Funktion, sondern Personen und Kategorien stehen im Vordergrund des herrschaftsständischen Gesellschaftsaufbaus. Im Unterschied zum indischen Kastenwesen kommt aber nur den führenden Gruppen, den Ständen, die Subjektstellung in Staat und Gesellschaft zu, während die große Masse der Untertanen, die Hintersassen, politisch und sozial unmündig bleibt. Die Herrschaftsstände waren Geburtsstände, auch wenn sozialer Aufstieg durch persönliche Leistung nicht ausgeschlossen war. Sie basierten auf der Grundherrschaft. – Das herrschaftsständische Denken wirkte bis weit in die Neuzeit hinein fort, wie die Bezeichnung des städtischen Großbürgertums als Dritter Stand, der Lohnarbeiterschaft als Vierter Stand und des Lumpenproletariats gelegentlich als Fünfter Stand im Gefolge der Französischen Revolution beweist. Die traumatischen Auswirkungen der Französischen Revolution und der Industriellen Revolution verliehen dem Standesbegriff neue Nahrung. Die Befürchtung, die Demokratie könnte im Strudel der Demagogie untergehen, führte zum ständestaatlichen Modell der politischen Willensbildung. Rettung versprach man sich von den staatstragenden Eliten der Sachverständigen und der Volksverbundenen (vgl. Spann 1921; Andreae 1931). Angesichts der Verelendung und Entfremdung großer Teile der arbeitenden

Bevölkerung sahen viele in einer berufsständischen Ordnung die Möglichkeit, das Aufgehen der destruktiven und revolutionären Saat der Klassengesellschaft zu verhindern. Man hoffte, mit den Berufsständen als Leistungsgemeinschaften die 'organisierten Interessentenhaufen' vergessen zu machen und neben dem regionalen Pluralismus im politischen Bereich einen funktionalen Pluralismus im gesellschaftlichen Bereich als Konstruktionsprinzip der modernen Industriegesellschaft zu verankern (vgl. Durkheim 1928; Messner 1936). Es fehlte nicht an Versuchen ständestaatlicher bzw. berufsständischer Reorganisation von Gesellschaften, wie die Beispiele Portugals unter Salazar, Österreichs unter Dollfuß und Deutschlands unter Hitler zeigen. Sie blieben aber entweder in Ansätzen stecken (z. B. Hitlers Reichsnährstand) oder denaturierten das Prinzip (z. B. Österreichs autoritärer Ständestaat). – In der sozialwissenschaftlichen Literatur kam der Standesbegriff vor allem durch Max Webers (1976, 177–180, 531–540) Unterscheidung zwischen Klassen, Ständen und Parteien als eigenständige Formen der Gruppenbildung und gesellschaftlichen Machtverteilung zu analytischen Ehren. Als Gruppierungen von Menschen seien Stände dadurch gekennzeichnet, daß ihre Wertschätzung sowohl von gemeinsamen Eigenschaften wie Herkunft oder Beruf als auch von Gemeinsamkeiten im Denken und Handeln, wie sie in der Erziehung, in der Pflege von Traditionen oder im Umgang mit bestimmten Menschen zum Ausdruck kommen, abhängig sei. Stände in diesem Sinne haben mit einer angemessenen Lebensführung oder, wie Weber sagte, mit dem Lebensstil, der zu ständischer Ehre führe, zu tun. Den Ständen stellt Weber die Klassen gegenüber, die im Bereich der ökonomischen Produktion und des Erwerbs wurzeln. Klassenunterschiede basieren auf der Ungleichheit des Einkommens oder Besitzes, während Stände ungleiches Prestige aufweisen. Die Klassenlage eines Individuums verweist auf seine Lebenschancen, die ständische Lage auf die Lebensführung. Die gemeinsamen Werte und Vorstellungen führen Mitglieder des gleichen Standes dazu, ähnlich zu denken und zu handeln, auch wenn ihre Lebenschancen (z. B. Einkommen) beträchtlich voneinander abweichen können. Die Idee der Multidimensionalität der sozialen Ungleichheit führte Weber vor allem gegen Marx' uniforme Klassendefinition ins Feld. Indem er den Standesbegriff aber mit der Einsicht in den Prozeß der sozialen Schließung quer zum Klassenbegriff stellte, ging er über Marx hinaus und setzte neue Akzente für die Ungleichheitsforschung (vgl. Parkin 1979; Haller 1983; Strasser 1985).

3. Kaste

Das Wort leitet sich aus dem portugiesischen casta (Gattung, Art, Stamm) bzw. casto (rein, keusch) her, das wiederum auf das lat. castus mit gleicher Bedeutung zurückgeht. Es bezeichnet die voneinander abgeschlossenen Gruppierungen des indischen Volkes, wie sie die Portugiesen bei ihrer Landung in Ostindien 1498 vorfanden.

3.1. Zur Definition

Auch der heutige Kastenbegriff bezieht sich auf einen gesellschaftlichen Rang, der meist von der höchsten Kaste her definiert ist, und hebt gewöhnlich auf die erbliche Form der sozialen Absonderung durch rituelle Rechte und Pflichten ab, die den Mitgliedern jeder Kaste Restriktionen im Hinblick auf zwischenmenschliche Kontakte, Eßgewohnheiten, Heirat und Berufsausübung auferlegen. Auch wenn es im Falle des indischen Kastenwesens schwierig ist, einzelne Kasten genau zu definieren, so unterscheiden sie sich untereinander doch durch folgende Merkmale: (1) Mitgliedschaft durch Abstammung; (2) hierarchische Anordnung; (3) Beschränkungen sozialer Kontakte aufgrund des Verbots der rituellen Verunreinigung; (4) Beschränkungen in der Ausübung bestimmter Berufe; und (5) Endogamie (Ghurye 1961, Kap. 1). Viele dieser Merkmale können auch für eine über den indischen Kulturkreis hinausgehende Anwendung des Kastenbegriffs Gültigkeit beanspruchen, wie die klassische Definition von Kroeber (1930, 254) zeigt: „A caste may be defined as an endogamous and hereditary subdivision of an ethnic unit occupying a position of superior or inferior rank or social esteem in comparison with other such subdivisions." — Freilich trifft diese Charakterisierung zuallererst auf die traditionelle Form der gesellschaftlichen Organisation in Indien zu, wo das Kastenwesen durch die Verfassung von 1950 zwar formell abgeschafft wurde, aber in der Landbevölkerung und in den Wertvorstellungen großer Teile der indischen Bevölkerung noch weiter wirksam ist. Unter Sozialwissenschaftlern herrscht auch weitgehende Übereinstimmung in der Anwendung des Kastenbegriffs auf die indische Gesellschaft,

auch wenn die beträchtlichen Unterschiede in der Ausprägung der Kasten zu Definitionsschwierigkeiten ebenso Anlaß geben wie die schon traditionelle Uneinigkeit der Indienexperten über die eigentlichen Merkmale der einzelnen Kasten und des Kastensystems insgesamt. Offener Dissens besteht daher in der Frage, ob das Kastensystem aufgrund seiner Koppelung mit Merkmalen der Hindu-Religion einzigartig für Indien oder Südasien ist oder aufgrund seiner Struktureigenschaften, die nicht nur für das hinduistische Indien typisch sind, auch auf andere Gesellschaften zutrifft (vgl. Berreman 1968; Mayer 1968).

3.2. Kasten in Indien

Das indische Kastensystem besteht aus Einheiten unterschiedlicher Komplexität, die mit dem Begriff der Kaste umschrieben worden sind. Unter einer Kaste können sowohl Gruppierungen, die sich auf ganz Indien beziehen ('varna'), als auch erbliche Berufsgruppen (meist als Kasten bezeichnet) und endogame Einheiten innerhalb dieser Berufsgruppen ('Subkasten') verstanden werden. Eine weitere Differenzierung ergibt sich je nachdem, ob die ganze Bevölkerung oder eine lokale Gruppe betrachtet wird. Varna ist die Bezeichnung für die Einteilung des indischen Volkes in vier Schichten: die Brahmana (Priester), Kshatriya (Krieger), Vaisya (Kaufleute, Handwerker und Bauern) und Sudra (Dienstboten). Außerhalb dieser Hierarchie, die auch in Abstufungen von materiellen und geistlichen Privilegien zum Ausdruck kommt, standen von alters her die Unberührbaren. Varna bedeutet in Sanskrit eigentlich Farbe — ein Hinweis darauf, daß diese Hierarchie ethnisch-rassischen Ursprungs ist und möglicherweise auf die arischen Eroberer, 'die weißen Freunde' des Gottes Indra, und die unterworfenen Dasas, 'die schwarzen Leute', die Sklaven, zurückgeht. Varna bezeichnet heute keine organisierten Gruppen, sondern Kategorien von Personen, die sich ihre traditionelle Stellung in der Hindu-Gesellschaft erhalten haben. Sie benutzen Varna als ein Statuspatent, das sich gerade unter Fremden zur gegenseitigen Feststellung des jeweiligen Status auf der lokalen Ebene eignet. Inder sind daher nicht Mitglieder der Varna, sondern einer Kaste oder Subkaste von Geburt an. — Die meisten Kasten — und es gibt in Indien deren 3 000 — sind in Subkasten unterteilt. Eine Kaste gibt zwar ihren Subkasten einen gemeinsamen Namen, führt aber selten zu abgestimmten Aktionen. Die Beziehungen zwischen den Mitgliedern einzelner Kasten kommen vor allem auf der lokalen Ebene zur Geltung, wo die Subkasten — oder besser: die Subkastengruppen — für eine wirksame Implementation der Regeln des Kastenverhaltens sorgen. Die Subkastengruppe regelt nicht nur das Verhalten ihrer Mitglieder untereinander, sondern auch gegenüber Mitgliedern anderer Subkastengruppen in dem jeweiligen Gebiet, gleichgültig, ob diese derselben Kaste oder anderen Kasten angehören. Im Vordergrund dieser Verhaltensregeln, über deren Einhaltung letztlich der Rat der jeweiligen Subkastengruppe wacht, steht das Gebot der Subkastenreinheit. Darin kommt nicht zuletzt der Glaube der Hindus an eine angeborene Reinheit jeder Kaste zum Ausdruck, deren Grad aber je nach Kaste unterschiedlich ist und für die gesellschaftliche Bewertung sowohl der Kaste als auch ihrer Mitglieder von ausschlaggebender Bedeutung ist. Alle Kastenmitglieder gelten als rein bei Geburt. So wie die Reinheit als Belohnung für die Qualität ihrer Handlungen im früheren Leben angesehen wird, dient sie auch als Anreiz für eine Verbesserung der künftigen Wiedergeburt. Die Konformität mit den Normen der Subkastengruppe erscheint daher als ein sicherer Weg zu diesem Ziel. Eine Verunreinigung einer solchen Gruppe kommt dadurch zustande, daß ihre Mitglieder mit niedriger rangierenden Gruppen in Kontakt oder mit Gegenständen (z. B. Tote, Exkremente) in Berührung kommen, die an sich unrein sind. Die Kontakte mit Subkastengruppen niedrigeren Ranges werden vor allem durch Beschränkungen der Heirat, der Speisen und des sexuellen Verkehrs eingedämmt, während die Berührung unreiner Sachen Berufsgruppen mit niedrigem Status (z. B. Kanalräumer, Gerber, Leichenbestatter) überlassen wird. Machen sich Mitglieder der Verunreinigung schuldig, müssen sie sich einem Reinigungsprozeß unterziehen, der auch Geldbußen und Isolation von anderen Kastenmitgliedern einschließen und im Falle der Weigerung Exkommunikation und damit Absinken in die niedrigere Kastengruppe nach sich ziehen kann. Die zahlreichen Mischkasten sind nicht nur die Folge dieser rituell unkorrekten Verbindungen, sondern auch ein Hinweis auf die Kluft zwischen dem ideologischen Wert des Kastensystems und den funktionalen Einheiten, wie sie in der Kastengesellschaft tatsächlich bestehen. Mitglieder der höchsten Kaste, die Brahmanen, sind von jenen der untersten Kaste, die Sudras, durch eigene Verhaltensregeln leicht zu unterscheiden. Nicht so eindeutig sind die Mitglieder der dazwischenliegenden Kastengruppen einzuordnen. Profane Indikatoren wie Landbesitz, Ausbildung und erbliche Autoritätspositionen werden besonders dort zur weiteren Rangdifferenzierung herangezogen, wo Kastengruppen den gleichen Status beanspruchen. Auch wenn es für Hindus nicht möglich ist, den traditionellen Kastenstatus abzulegen, und Kasten mit erblichen Berufen verknüpft sind, ist sozialer Aufstieg nicht unmöglich. Der Kastenstatus ist allerdings nicht vergleichbar mit der westlichen Klassenlage; der Inder empfindet ihn gewöhnlich nicht als Last, sondern als natürlich; Verstöße gegen die Kastenregeln gelten daher als pervers. Der Aufstieg führt gewöhnlich über die Bezugsgruppe: Durch die Nachahmung von Verhaltensweisen höherstehender Kasten (z. B. der Brahmanen oder der ökonomisch und politisch Mächtigen) kann es Gruppen von Subkasten, vielleicht gestützt auf einen geänderten Namen, gelingen, ihr soziales Ansehen zu steigern. Viel spricht gerade heute für die These, daß nicht ethnische und rituelle Reinheit (z. B. Senart 1896), auch nicht Endogamie (z. B. Ghurye 1961), sondern berufliche Differenzierung sowie der Zusammenhang von wirtschaftlicher Funktion und politischer Macht die Entwicklung des Kastenwesens und den Status einer Kaste bzw. Subkastengruppe bestimmen (vgl. Ibbetson 1916; Weber 1958, Bd. 2, 32—48, 109—113). Danach zieht der Wandel im ökonomischen und politischen Status einer Kaste immer einen Wandel im rituellen Status nach sich. Kaste bzw. Kastenmitgliedschaft ist dann nur ein anderes Wort für gesellschaftliche Stellung, die wiederum ein Abbild der politischen Bedeutung der Kaste(ngruppe) in der Gegenwart oder jüngeren Vergangenheit darstellt.

3.3. Kasten außerhalb Indiens?

Der eingangs zitierten Definition von Kroeber kommt die kastenähnliche Gesellschaftsorganisation in den umliegenden Ländern Nepal, Pakistan und Ceylon wohl am nächsten; kastenverwandte Entwicklungslinien lassen sich aber schon im alten Rom, Sparta und Ägypten in ihren jeweiligen Prinzipien der gesellschaftlichen Ordnung nachweisen. In der einschlägigen Literatur wurden zwei Gesellschaftssysteme am häufigsten die Kasteneigenschaft, wenn auch nicht unumstritten, zugesprochen: der feudalen Ständegesellschaft des europäischen Mittelalters und dem System der Beziehungen zwischen Negern und Weißen im Süden der Vereinigten Staaten. — Erstere kommt einem Kastensystem insofern nahe, als ihre Gesetze und Bräuche eine weitgehende Abschließung der Schichten verlangten; dadurch war es nur einer begrenzten Zahl neuer Familien möglich, in die herrschenden Stände nach genau festgelegten Regeln aufgenommen zu werden. Im Vergleich zur traditionellen Kastengesellschaft beruhte die Lösung des Rekrutierungsproblems in der feudalen Ständegesellschaft nicht ausschließlich auf dem Erblichkeitsprinzip; ähnlich verhält es sich mit der Institutionalisierung der Ungleichheit, die in der Kastengesellschaft durch das Verbot der rituellen Verunreinigung noch verstärkt wurde. Die Ungleichheitsstruktur der Ständegesellschaft unterscheidet sich wiederum von der der Klassengesellschaft dadurch, daß die Schichten voneinander durch Gesetz getrennt und nicht in der Folge von persönlichen Leistungen zustandegekommen sind. In der Kastengesellschaft ist Ungleichheit zwischen den Kasten und deren Mitgliedern nicht nur durch das Gesetz, sondern auch durch den Ritualismus garantiert. — Sowohl in der Kasten- als auch in der Ständegesellschaft monopolisiert jeweils eine kleine Gruppe die Macht und setzt sie für die Errichtung privilegierter Positionen ein. Politische, soziale und wirtschaftliche Macht ist in der feudalen Lehensordnung der Ständegesellschaft ebenso untrennbar miteinander verwoben wie in der traditionellen Kastengesellschaft. Hier wie dort denkt man nur in Personen und Kategorien und nicht, wie in der Klassengesellschaft, in Funktionen und Leistungen. Werden im Zuge der institutionellen und beruflichen Differenzierung die sozialen Funktionen sowie die unterschiedliche Wertigkeit nach beruflicher Funktion und persönlicher Leistung in den Vordergrund gestellt, schlägt die Stunde des herrschaftsständischen bzw. kastenmäßigen Gesellschaftsaufbaus. — Vergleicht man historische Beschreibungen der Kastengesellschaft in Indien mit der der Rassentrennung im Süden der Vereinigten Staaten, so sind auffallende Ähnlichkeiten hinsichtlich Struktur, Verhaltensregeln und Interaktionspraktiken festzustellen (vgl. Dollard 1957; Moore/Williams 1942). In seinem Vergleich Indien—U.S.A. hebt auch Berreman (1960) als gemeinsames Merkmal die Hierarchie von endogamen Schichten, in denen die Mitgliedschaft erblich und dauerhaft ist, hervor. Hierarchie bedeutet sowohl ungleichen Status und Zugang zu Gütern und Diensten als auch (normativ verankerte) Abgrenzung durch rituelle Barrieren (vgl. auch Myrdal 1944). Es wird oft darauf hingewiesen, daß das Kastensystem in den Südstaaten im Gegensatz zu Indien mit der Hautfarbe verknüpft sei (obwohl auch dort rassische Präferenzen wichtig sind und ursprünglich vielleicht sogar die entscheidende Rolle gespielt haben, vgl. z. B. Risley 1891, Bd. 1, XXXIV; Isaacs 1965). Ebenso umstritten ist die Unterscheidung zwischen dem dualen Kastensystem in den amerikanischen Südstaaten sowie in Südafrika und dem multiplen Kastensystem in Indien (vgl. Berreman 1968) in dem Sinne, als in ersterem die Abschaffung des Systems das charakteristische das Ziel der unteren Statusgruppen sei (weil sie nichts als ihre Inferiorität zu verlieren hätten), während in Gesellschaften mit vielen Kasten die unteren Statusgruppen den Aufstieg innerhalb des Systems anstrebten (weil sie im Falle des Systemwandels die Gleichheit mit den Höhergestellten mit dem Verlust der Erhabenheit über die Minderwertigen erkauften).

4. Literatur (in Auswahl)

Andreae, Wilhelm (1931), *Staatssozialismus und Ständestaat*, Jena.

Berreman, Gerald D. (1960) „Caste in India and in the United States", in: *American Journal of Sociology* 66, 120—127.

Berreman, Gerald D. (1968) „Caste: The concept of caste", in: *International Encyclopedia of the Social Sciences*, Bd. 1. New York, 333—339.

Dollard, John ([1937] 1957) *Caste and class in a southern town*. 3. Aufl. Garden City, N. Y.

Fick, Richard (1897) *Die sociale Gliederung im nordöstlichen Indien zu Buddhas Zeit*, Kiel.

Ghurye, Govinda Sadaśiva ([1932] 1961) *Caste, class and occupation*, 4. rev. Aufl. New York.

Haller, Max (1983) *Theorie der Klassenbildung und sozialen Schichtung*, Frankfurt a. M.

Ibbetson, Denzil (1916) *Panjab castes*, Lahore.

Kroeber, Alfred Louis (1930), „Caste", in: *Encyclopedia of the Social Sciences*, Bd. 1. New York, 254—257.

Mayer, Adrian C. (1968) „Caste: The Indian caste system", in: *International Encyclopedia of the Social Sciences*, Bd. 1. New York, 339—344.

Messner, Johannes (1936) *Die Berufsständische Ordnung*, Innsbruck.

Moore, Wilbert E./Williams, Robin M. (1942) „Stratification in the ante-bellum south", in: *American Sociological Review* 7, 343—351.

Mühlmann, Wilhelm Emil (1964) *Chiliasmus und Nativismus*, 2. Aufl. Berlin.

Myrdal, Gunnar (1944) *An American dilemma*, 2 Bde. New York.

Nell-Breuning, Oswald von (1959) „Ständischer Gesellschaftsaufbau", in: *Handwörterbuch der Sozialwissenschaften*, Stuttgart, 6—11.

Parkin, Frank (1979) *Marxism and class theory. A bourgeois critique*, London.

Risley, H. H. (1891) *The tribes and castes of Bengal. Ethnographic glossary*, 2 Bde. Calcutta.

Rose, Horace Arthur (1911) *A glossary of the tribes and castes of the Punjab*, Bd. 1. Lahore.

Senart, Emile (1896) *Les caste dans l'Inde. Les faits et le systéme*, Paris.

Strasser, Hermann (1985) „Was Theorien der sozialen Ungleichheit wirklich erklären", in: Strasser, H./Goldthorpe, J. H., eds., *Die Analyse sozialer Ungleichheit: Kontinuität, Erneuerung, Innovation*, Opladen, 155—172.

Spann, Othmar (1921) *Der wahre Staat*, Jena.

Tumin, Melvin M. (1952) *Caste in peasant society*, Princeton.

Weber, Max ([1921] 1958) *Gesammelte Aufsätze zur Religionssoziologie*, Bd. 2. Tübingen.

Weber, Max ([1921] 1976) *Wirtschaft und Gesellschaft*, 5. Aufl. Tübingen.

Hermann Strasser, Duisburg
(Bundesrepublik Deutschland)

30. Institution

1. Begriffsbestimmung

Mit Institutionen bezeichnet man Komplexe von unterschiedlichen, aufeinander bezogenen und hinsichtlich ihrer Realisierung voneinander abhängigen 'Formen' oder 'Modellen' sozialen Handelns ('Gebarensmodelle'; Th. Geiger) samt korrespondierenden Vorstellungen und Haltungen, die bestimmte Verfahrensweisen kognitiv oder wertmäßig auszeichnen. Sie umfassen Regeln, die beschreiben, wie in den Situationen, auf die sie sich beziehen, unter bestimmten Voraussetzungen üblicherweise verfahren wird (institutionelle *Praktiken*) bzw. verfahren werden soll (institutionelle *Normen* [vgl. Art. 19]). Während man von der 'Institutionalisierung' von Normen, Vorstellungen und Haltungen i. a. nur dann spricht, wenn seitens der Handelnden damit gerechnet werden muß und (deshalb) auch gerechnet wird, daß bestimmte Prozesse auch tatsächlich ablaufen, müssen umgekehrt institutionelle Praktiken nicht notwendig durch korrespondierende Normen 'gestützt' sein. — Beispiel für eine Institution in diesem engeren Sinn ist das 'Eigentum' als Gesamtheit der sich in einer Gesellschaft auf einzelne, unterschiedliche 'Eigentumsrechte' beziehenden und ihnen damit soziale Geltung verleihenden Praktiken und Normen. Hieran läßt sich mit George Herbert Mead (1863—1931) deutlich machen, wie Institutionen durch unterschiedliche Reaktionsbereitschaften verschiedener Mitglieder einer Gesellschaft getragen werden, die in unterschiedliche, jedoch miteinander verklammerte Handlungszusammenhänge verflochten sind:

„Es gibt (...) ganze Reihen solcher gemeinsamer Reaktionen in der Gemeinschaft, in der wir leben, und solche Reaktionen sind das, was wir als 'Institutionen' bezeichnen. Die Institution stellt eine gemeinsame Reaktion seitens aller Mitglieder einer Gemeinschaft auf eine bestimmte Situation dar. Diese gemeinsame Reaktion ist etwas, das selbstverständlich mit der Eigenart und Stellung ('character') der jeweiligen Person variiert. Im Falle des Diebstahls unterscheidet sich die Reaktion des Polizisten von der des Staatsanwalts, von der des Richters und der der Geschworenen usw.; und dennoch sind es alles Reaktionen, die Eigentum aufrecht erhalten, und die die Anerkennung des Eigentumsrechts an anderen beinhalten. Es liegt eine gemeinsame Reaktion in unterschiedlichen Formen vor. Und diese Variationen, so wie sie durch die verschiedenen Amtsträger verdeutlicht werden, haben eine Organisation, die der Mannigfaltigkeit der Reaktionen eine Einheit verleiht. Man wendet sich an den Polizisten um Hilfe, man erwartet, daß der Staatsanwalt tätig wird, und erwartet, daß das Gericht und seine verschiedenen Amtsträger die gerichtliche Untersuchung des unter Anklage stehenden Verbrechers durchführen". (Mead 1934, 261)

Weitere Beispiele: Arten von Tauschver-
hältnissen auf 'Märkten'; Arten der Verwendung eines allgemein akzeptierten Mediums
des Tauschens; Formen der Nachbarschafts-
hilfe oder der Erledigung von Belangen, die
die Gruppe als ganzes betreffen; Formen von
Autoritäts- und Herrschaftsverhältnissen; Arten stellvertretenden oder treuhänderischen
Handelns; rituelle Formen der Bewältigung
emotional belastender Erfahrungen. — Solchen Verfahrensregeln kann man selbstverständlich nicht als 'Mitglied' angehören. In
einem weiteren Sinne werden als Institutionen
jedoch auch Personenmehrheiten (Kollektivitäten, Assoziationen, Organisationen, Ver-
bände) bezeichnet, insofern das Handeln ihrer Mitglieder innerhalb dieser bzw. in ihren
Verhältnissen zueinander durch die gleichen
oder mehrere aufeinander bezogene Institutionen 'kontrolliert' werden (z. B. Familie als
Institution im weiteren Sinne gegenüber Formen der Ehe, Abstammungs- und Verwandtschaftsbeziehungen als Institutionen im engeren Sinne). Dieser Sprachgebrauch ist insbesondere dann üblich, wenn eine Gesellschaft
so organisiert ist, daß damit zu rechnen ist,
daß solche Kollektivitäten samt den in ihnen
geltenden institutionellen Praktiken und Normen tatsächlich dauerhaft existieren (z. B.
Kirchen, Gewerkschaften als Institutionen im
weiteren Sinne). — In einem noch weiteren
Sinn bezeichnet man mit Institutionen oder
institutionellen Ordnungen umfassende gesellschaftliche Lebensbereiche, sofern die in
ihnen Handelnden durch (möglicherweise unterschiedliche) institutionelle Regeln in ihren
Handlungen und Verhältnissen zueinander in
(möglicherweise einer Mehrzahl unterschiedlicher) Assoziationen und Organisationen so
'kontrolliert' werden, daß diesen Regeln und
den sie tragenden Kollektivitäten von den
Beteiligten ein einheitlicher 'Sinn' zugeschrieben wird (z. B. Erziehungs- und Bildungs-
system als Institution im weiteren Sinne; Religion als institutionelle Ordnung).

2.   Forschungsgeschichtliche
       Positionen

Von den Mitgliedern einer Gesellschaft werden Institutionen nicht so sehr als etwas erfahren, das durch das Bewußtsein und Handeln von Menschen getragen wird und deshalb auch nur solange 'existiert', als tatsächlich im Einklang mit den betreffenden 'Modellen' gehandelt wird, sondern eher als
etwas, das das eigene Handeln und seine Mo-

tivationen 'übersteigt' und, selbst wenn als
Produkt des Handelns 'in die Welt gesetzt',
eine von ihm unabhängige selbständige Exi-
stenz führt und sich eventuell sogar gegen die
Intentionen des Handelnden kehrt. — Diesen
beiden Erfahrungsformen entsprechen zwei
Möglichkeiten theoretischer Stellungnahme.
Emile Durkheim (1858 – 1917), der Soziolo-
gie ganz allgemein als „Wissenschaft von den
Institutionen" (Durkheim 1961, 100) be-
stimmte, hat in einer für die Entwicklung der
Soziologie folgenreichen Weise institutionelle
Phänomene als objektive 'Wirklichkeiten eigener Art' aufgefaßt:

> „Wenn ich meine Pflichten als Bruder, Gatte
> oder Bürger erfülle, oder wenn ich übernommene
> Verbindlichkeiten einlöse, so gehorche ich damit
> Pflichten, die außerhalb meiner Person und der
> Sphäre meines Willens im Recht und in der Sitte
> begründet sind. ... wenn ... ich ihre Wirklichkeit
> im Innersten empfinde, so ist diese doch etwas
> Objektives. Denn nicht ich habe diese Pflichten
> geschaffen, ich habe sie vielmehr im Wege der Er-
> ziehung übernommen ... Ebenso hat der gläubige
> Mensch die Bräuche und Glaubenssätze seiner Re-
> ligion bei seiner Geburt fertig vorgefunden. Daß
> sie vor ihm da waren, setzt voraus, daß sie außer-
> halb seiner Person existieren. Das Zeichensystem,
> dessen ich mich bediene, um meine Gedanken aus-
> zudrücken, das Münzsystem, in dem ich meine
> Schulden zahle, die Kreditpapiere, die ich bei mei-
> nen geschäftlichen Beziehungen benutze, die Sitten
> meines Berufs führen ein von dem Gebrauche, den
> ich von ihnen mache, unabhängiges Leben ..."
> (Durkheim 1961, 105 f)

Diese, 'faits sociaux' genannten, Phänomene sind „besondere Arten des Handelns,
Denkens, Fühlens", „die außerhalb des individuellen Bewußtseins existieren" und „mit
einer gebieterischen Macht ausgestattet" sind,
„kraft deren sie sich einem jeden aufdrängen,
er mag wollen oder nicht" (1961, 106). Auch
wo der obligatorische, normative, zwingende
Charakter der faits sociaux nur indirekt wirksam ist, ist er es nicht weniger:

> „Ich bin nicht gerade verpflichtet, mit meinen
> Landsleuten französisch zu sprechen, auch nicht,
> die gesetzliche Währung zu gebrauchen. Und doch
> ist es unmöglich, daß ich anders handle (...) Nichts
> hindert einen Industriellen daran, mit den Metho-
> den eines anderen Jahrhunderts zu arbeiten. Er soll
> es aber nur tun. Sein Ruin wäre sicher. Selbst wenn
> ich mich (...) von diesen Regeln befreien und sie
> mit Erfolg verletzen kann, bleibt mir doch der
> Kampf gegen sie nicht erspart. Und selbst wenn
> sie endgültig überwunden werden, spürt man ihre
> Zwangsgewalt an dem Widerstand, den sie einem
> entgegensetzen". (Durkheim 1961, 106)

In den Frühphasen sozialtheoretischer Reflexion konnte dieses Bild von institutionellen Ordnungen als 'objektiver Realität' gerade deswegen, weil sie zugleich ein hohes Maß an Ganzheitlichkeit und Geschlossenheit aufzuweisen scheinen, einhergehen mit der Vorstellung von einem 'über-menschlichen' Schöpfer und Bewahrer: Recht und Moral, Sprache und Staat usw. als 'Einrichtungen', geschaffen ('instituiert') durch dessen Willensakte. — Demgegenüber entwirft die schottische Moralphilosophie von David Hume bis Adam Ferguson und Adam Smith ein Bild, in dem Institutionen sich in einem Prozeß historischer Evolution aus menschlichem Handeln und Handlungszusammenhängen herausgebildet haben und durch diese getragen werden. Sie sind das „Ergebnis menschlichen Handelns", ohne jedoch die „Durchführung irgendeines menschlichen Planes" zu sein (Ferguson 1923, 171). Diese Position richtet sich nicht nur gegen den 'konstruktivistischen Rationalismus' (F. A. v. Hayek) der zeitgenössischen französischen Aufklärung mit ihrer radikalen Kritik überlieferter Institutionen und ihrem Glauben an die Plan- und Machbarkeit neuer Institutionen nach rationalen Kriterien. Sie wendet sich genauso gegen Tendenzen der Verdinglichung und liefert die grundlegende Denkfigur zur Ablehnung jeglicher Konzeption, nach der Institutionen als vom menschlichen Handeln und menschlichen Bewußtsein unabhängige, ihnen äußerliche Phänomene gedacht werden. Diese Position wurde auch von Durkheims Zeitgenossen Georg Simmel (1858—1918) zum Ausdruck gebracht:

„Es ist jetzt nicht mehr möglich, die historischen Tatsachen im weitesten Sinne des Wortes, die Inhalte der Kultur, die Arten der Wirtschaft, die Normen der Sittlichkeit aus dem Einzelmenschen, seinem Verstande und seinen Interessen heraus zu erklären und, wo dies nicht gelingt, sogleich zu metaphysischen oder magischen Ursachen zu greifen. Man steht z. B. bezüglich der Sprache nicht mehr vor der Alternative, daß sie entweder von genialen Individuen erfunden oder von Gott den Menschen gegeben ist. (...) Vielmehr glauben wir jetzt, die historischen Erscheinungen aus dem Wechselwirken und dem Zusammenwirken der Einzelnen zu verstehen, aus der Summierung und Sublimierung unzähliger Einzelbeiträge, aus der Verkörperung der sozialen Energien in Gebilden, die jenseits des Individuums stehen und sich entwickeln". (Simmel 1958, 2 f)

Im übrigen spricht Simmels Konzeption der „Formen vergesellschaftender Wechselwirkung" (1958, 14) (bzw.: „Wechselwirksam-keit"; 1958, 190) Gesichtspunkte an, die in struktureller Hinsicht institutionelle Praktiken und Verhältnisse ebenfalls charakterisieren; auch wenn zugestanden werden muß, daß Simmel selbst sich in seinen substanziellen Arbeiten als Analytiker der intra- und interinstitutionellen Phänomene versteht, jener „mikroskopisch-molekularen Vorgänge", die „noch nicht zu festen, überindividuellen Gebilden verfestigt sind, sondern die Gesellschaft gleichsam im status nascens zeigen", „die aber doch das wirkliche Geschehen sind, das sich zu jenen makroskopischen, festen Einheiten und Systemen erst zusammenkettet oder hypostasiert." (1958, 15) — Jede Konzeption von Institutionen hat sich deshalb mit mindestens zwei Fragen auseinanderzusetzen: a) Sie hat systematisch (und ggfs. historisch-genetisch) das Verhältnis zu klären zwischen Handlungen und Handlungszusammenhängen einerseits und Verobjektivierungen von Formen menschlichen Handelns andererseits; b) sie hat systematisch (und ggfs. ebenfalls historisch-genetisch) zu klären das Verhältnis zwischen Handlungen (als konkreten Einzelhandlungen oder als allgemein geübten Praktiken) einerseits und normativen Vorstellungen darüber, welchen Modellen des Handelns gefolgt werden sollte, andererseits. Zu klären wären weiterhin die Funktionen von Institutionen, wobei als Bezugspunkte hierfür entweder der einzelne Handelnde oder Systeme mehrerer Handelnder ('Soziale Systeme', 'Gesellschaften') dienen.

3. Soziale Ordnung und Institution

Soziale Ordnung vollzieht sich über Handeln in institutionellen Formen. Institutionen *sind* diese Ordnung, indem sie Verfahrensregeln liefern, diese sichtbar machen und sprachlich kodieren. Für den Beobachter ist diese Ordnung als relativ stabiles Gefüge identifizierbar, interkulturell vergleichbar und einer strukturellen und funktionalen Analyse zugänglich. Institutionen sind daher für Soziologen „grundlegende Bezugspunkte sozialer Organisation, allen Gesellschaften gemeinsam und einige der elementaren universellen Probleme geordneten sozialen Lebens behandelnd". (Eisenstadt 1972, 409)

Für den Handelnden bedeutet dies, daß Institutionen Ordnung möglich machen, die Positionsbestimmung seiner selbst und anderer, die Stabilität und Durchschaubarkeit sozialer Realität herstellen. Die Existenz von Regeln, formuliert als Ge- oder Verbote, ebenso aber auch die Setzung von Regeln 'für das Erlaubte' (definiert als Verbot für andere, in diese Bereiche einzugreifen), bedeuten Ordnungssicherheit. „Menschen müssen kraft ihrer biologischen So-Beschaffenheit zusammenleben. Dieses Zusammenleben ist nur möglich unter der Voraussetzung, daß der Eine weiß, wie sich der Andere in gewissen typischen Situationen verhalten werde, damit er selbst sich darauf einrichten könne. Man 'muß wissen, woran man sich zu halten hat' " (Geiger 1964, 102). – Ordnungssicherheit umfaßt *Orientierungs*sicherheit oder Ordnungs*gewißheit* und bedeutet hier interpretationsfreie Regel- und Normenkenntnis, darüber hinaus, daß Ungewißheitszonen und Dissens regelhaft klärbar und entscheidbar gemacht sind und daß dieser Klär- und Entscheidungsprozeß einschätzbar-regelhaft funktioniert. Weiterhin bedeutet Ordnungssicherheit *Realisierungs*sicherheit oder Ordnungs*zuversicht*. Wie zuversichtlich kann der Handelnde sein, daß andere das Regel- und Normensystem beachten und wie sicher kann er der faktischen Funktionstüchtigkeit des zugehörigen organisierten 'Apparates' sein? Gewißheit über faktische Nicht-Realisierung von Normen und Regeln macht Wirklichkeit ebenso einschätz- und bewältigbar wie die Zuversicht in ihre Realisierung. Mangelnde Realisierungssicherheit, die nicht über Stütz- und Zusatzmechanismen (z. B. Milderung von Risiken in Zonen der Unsicherheit durch '[Rück]Versicherung') beseitigt werden kann, schafft Zonen der Nicht-Ordnung.

Einen Zustand durchgängiger Nicht-Ordnung, in dem die Gefahr eines andauernden 'Krieges aller gegen alle' besteht, hatte schon Thomas Hobbes beschrieben:

> Hier „gibt es keinen Fleiß, denn seine Früchte werden ungewiß sein, keine Bebauung des Bodens, keine Schiffahrt, keinerlei Einfuhr von überseeischen Gütern, kein behagliches Heim, keine Fahrzeuge zur Beförderung von schweren Lasten, keine geographischen Kenntnisse, keine Zeitrechnung, keine Künste, keine Literatur, keine Gesellschaft. Statt dessen: Ständige Furcht und die drohende Gefahr eines gewaltsamen Todes. Das Leben der Menschen: einsam, arm, kümmerlich, roh und kurz." (Hobbes 1965, 99)

Ordnungssicherheit dagegen erlaubt pragmatische Berechenbarkeit der Handlungen anderer und des 'Apparates'; sie erlaubt, den Handlungsspielraum, der anderen zur Wahrnehmung ihrer Interessen zur Verfügung steht, zu kalkulieren, erlaubt gegebenenfalls gar 'Vertrauen' darin, daß der andere, falls

sein Spielraum entsprechend definiert ist, nicht ausschließlich *seine* sondern auch *meine* Interessen zum Orientierungspunkt seiner Aktivitäten nehmen wird. – So vorteilhaft ein Zustand institutioneller Ordnung gegenüber einem Zustand der Nicht-Ordnung auch sein mag, so läßt eine solche Funktionalität keineswegs zu, seine Realisierung aus eben dieser zu schließen. Institutionen ermöglichen menschliches Zusammenleben in einem Grad, der für alle Beteiligten wünschbarer ist als ein Zustand ohne Institutionen. Sie lösen Probleme menschlichen Zusammenlebens auf unterschiedliche Art und Weise; jedoch sind weder die Tatsache ihrer grundsätzlichen Vorteilhaftigkeit noch die Art und Weise, in der sie bestimmbare Problemkonstellationen lösen, allein schon in der Lage, ihr Zustandekommen zu erklären.

4.   Der Institutionenbegriff bei Berger/Luckmann

Peter L. Berger und Thomas Luckmann entwickeln eine eher genetisch orientierte Konzeption, die zwar nicht die Entstehung von Institutionen schlechthin zum Gegenstand hat, wohl aber 'Szenarien' skizziert, wie durch Handeln in vorher institutionsfreien Räumen bestimmte Praktiken sich herausbilden sowie aufrechterhalten und weitergegeben werden. Wie kann man sich vorstellen, „daß subjektiv gemeinter Sinn objektive Faktizität *wird?*" (Berger/Luckmann 1970, 20), und wie ist es denkbar, daß Institutionen als Extremfall der Objektivation verdinglicht und als nichtmenschliche Produkte betrachtet werden? Eingebunden sind diese Überlegungen in eine anthropologische Konzeption, nach der erst durch Institutionen das unvollständige Gattungswesen Mensch zu einer handlungsfähigen und mit Bewußtsein ausgestatteten Person vervollständigt wird. Entstehungsbedingung für Institutionen ist hiernach die menschliche Natur mit ihrer Weltoffenheit, Plastizität des Organismus und Instinktungebundenheit. Anthropologische Konstanten machen die sozialen Schöpfungen des Menschen gleichzeitig notwendig und möglich. – In der Theorie von Arnold Gehlen sind Institutionen als Ersatz für den Instinktapparat zu begreifen; die Menschwerdung des 'Mängelwesens Mensch' produziert Kultur, Gesellschaft, Geschichtlichkeit gleichsam als Nebenprodukt. Entsprechend verstehen Berger und Luckmann menschliche Natur als Chance zur Entwicklung und Anpassung.

Dabei setzt die biologische Verfassung die Grenzen für soziale Gebilde, determiniert diese aber nicht. Die Notwendigkeit sozialer Ordnung schlechthin ist rückführbar auf die biologisch-anthropologische Ausstattung, ohne daß jedoch irgendeine reale Gesellschaftsordnung biologisch abgeleitet werden könnte. (Letzterer Auffassung steht Bronislaw Malinowski näher, dessen Konzept zwar keine monokausale „Punkt für Punkt Korrelation" (1965, 110) behauptet, Institutionen aber als Bedürfnis- und Funktions*synthesen* auffaßt, deren Ausgangspunkt die biologische Bedürfnisstruktur und gruppenhaft organisierte Problemlösungen unter einer Art 'Leitidee' ['charter'] bilden. Problemdefinition und Charter gehen der Institutionalisierung voraus; Institutionen sind dann das Ergebnis einer bedürfnisorientierten Organisation menschlicher Aktivitäten.) — Berger und Luckmann betonen den prozessualen Charakter der Entstehung routinisiert-habitualisierter Handlungsverläufe, die als soziale wie nicht-soziale Aktivitäten für Entlastung von Entscheidungsalternativen sorgen, Antizipation eigener und fremder Handlungen ermöglichen, diffuse Triebspannungen abbauen und Energieüberschüsse für Alternativaktivitäten freisetzen. „Institutionalisierung findet statt, sobald habitualisierte Handlungen durch Typen von Handelnden reziprok typisiert werden. Jede Typisierung, die auf diese Weise vorgenommen wird, ist eine Institution". (Berger/Luckmann 1970, 58) — Handlungskontrolle ist jeder Institution schon aufgrund ihrer bloßen Faktizität inhärent. Reziprok typisierte Handlungen kontrollieren sich auch reziprok und verdichten sich über Distanzierungsprozesse zwischen Akteur und Handlungsform sowie durch Identifikation mit dem 'Sinngehalt' von Handlungen zu Rollen (Art. 18). Typen von Akteuren werden zu Rollenträgern, wenn intersubjektive Wissensbestände zu ähnlichen Sinndeutungen führen. Institutionalisiertes Verhalten ist Rollenverhalten, Institutionen die Gesamtheit aufeinander bezogener Rollen. Ein spezieller Sanktionsapparat entwickelt sich erst als Folge einer neuen Problemlagerung: der Weitergabe institutionalisierten Wissens. (Hier sind unschwer Parallelen zu Malinowski zu ziehen: Institutionen befriedigen Bedürfnisse, rufen aber gerade dadurch, wie sie es tun, 'neue' (sekundäre, abgeleitete) Bedürfnisse hervor, die dann von Institutionen 'höherer Ordnung' befriedigt werden.) — In gemeinsamen Situationen und zur Lösung gemeinsamer Probleme von interagierenden Handelnden 'ad hoc' vorgenommene Habitualisierungen sind für eigene Intervention im allgemeinen noch offen. Sie werden zur Institution im strengen Sinne erst über den Prozeß der Weitergabe an neue Mitglieder, insbesondere der Integration der nächsten Generation. Die Integration über Sozialisation verwischt die Unterschiede zwischen der Objektivität gesellschaftlicher und natürlicher (Umwelt-)phänomene. Das Produkt menschlicher Handlungen wirkt somit als gegeben und unveränderlich 'auf den Produzenten Mensch'. Spätestens zum Zeitpunkt der Integration einer neuen Generation bedürfen Institutionen der Legitimation zur Erklärung und Rechtfertigung. Kollektive Wissensbestände müssen vermittelt, ihr Sinn überzeugend verständlich gemacht und in Übereinstimmung mit der bestehenden Ordnung gebracht werden. Das heißt nicht, daß Institutionen notwendig integriert sind; Integration kann vielmehr ein Derivat des Wissensbestandes der Akteure mit ihren Konsistenzbedürfnissen sein: „das reflektierende Bewußtsein überlagert die institutionale Ordnung mit seiner eigenen Logik." (Berger/Luckmann 1970, 69) — Legitimation erfolgt über kognitiv-pragmatische Erklärungen, die das Wissen über das 'So-Sein' von Institutionen vermitteln, und über normative Rechtfertigungen dieses 'So-Seins'. Pragmatische Schemata bilden Vorstufen einer Legitimation durch sprachlich konstituierte symbolische Sinnwelten, die die Alltagswirklichkeit transzendieren und alltägliche Lebenswelt, Grenzwirklichkeiten und Tod integrativ-rechtfertigend in ein konsistentes Deutungssystem fassen. Dieses entzieht Praktiken und Normen der pragmatischen Evaluation im Alltag, transformiert ihr 'So-Sein' in ein 'So-Richtig-Sein', macht sie menschlicher Intervention und menschlichem Zweifel gegenüber resistent und verspricht Gerechtigkeit und Ausgleich bei Problemen und Erfahrungen, die der Ratio widerstehen. Symbolische Sinnwelten legitimieren sich selbst zunächst allein durch ihre Existenz; erst in Konkurrenzsituationen werden 'Stützkonzeptionen' (Mythologien, Theologien etc.) erforderlich. Diese liefern dann auch die theoretische Basis für die Ontologisierung und Verdinglichung von Institutionen, so daß „der Mensch ... paradoxerweise dazu fähig (ist), eine Wirklichkeit hervorzubringen, die ihn verleugnet". (Berger/ Luckmann 1970, 96)

5. Institutionalisierung: Talcot Parsons

Unter der Institutionalisierung von Elementen normativer Kultur versteht Talcott Parsons (1902–1979) Strukturen und Prozesse, durch welche 'Werte' (als allgemeinste Richtungen einer Handlungsorientierung), erstrebenswerte 'Ziele' und 'Normen' (als selektive Standards einer Wahl von 'Mitteln') für die Steuerung des Handelns faktisch wirksam werden. Dabei wird vorausgesetzt, daß Handeln als 'Verausgabung' motivationaler 'Energie' im Hinblick auf die Verfolgung von Zielen weder rückführbar ist auf die Bedingungen des Handelns, an die sich der Akteur anzupassen hat bzw. die ihm Möglichkeiten und Grenzen ihrer 'Manipulation' eröffnen (konditionale Elemente des Handelns), noch auf Vorstellungen des Handelnden, wie die gegebene Situation im Lichte seiner Werte und Ziele transformiert werden sollte (intentionale Elemente des Handelns, auch als 'normativ' oder 'teleologisch' bezeichnet.)

„Handeln als zielgerichtetes, absichtsvolles Verhalten kann niemals völlig auf seine Bedingungen, auf die Restriktionen der Umgebung reduziert werden. Andererseits kann es auch nicht als friktionsloser automatischer Prozeß erfolgreich realisierter Intentionen aufgefaßt werden; die Welt der Ursachen und Bedingungen existiert 'da draußen' als Menge von Anforderungen, die im Prozeß der Zweck-Realisierung genutzt und überwunden werden müssen. Der Bezugsrahmen des Handelns impliziert die Autonomie aller seiner ihn konstituierenden Komponenten: es gibt *Handelnde*, die *Ziele* haben, welche sie aktiv und kreativ in einer Welt verfolgen, die sich sowohl aus realistischen Hindernissen, d. h. *Bedingungen*, als auch aus realistischen Möglichkeiten, d. h. *Mitteln*, der Zielverfolgung bestehend darstellt. Keines dieser Elemente kann auf die anderen reduziert werden". (Mayhew 1982, 6)

Zwar hatte Durkheim hervorgehoben, daß für den *einzelnen* Handelnden die normativen Elemente seines Handelns genauso zu den Bedingungen gehören können, an die er sich anzupassen hat, wie an seine nicht-soziale Umwelt; für den Beobachter, der *Systeme* des Handelns betrachtet, stellen normative Elemente analytisch gesehen etwas anderes dar als die nicht-normativen Faktoren von Systemumgebungen. – 'Hobbes mit der Brille von Durkheim lesend' entfaltet Parsons die These, daß stabile Ordnung ohne Institutionalisierung von Werten, Zielen und Normen nicht denkbar sei. Im Einklang mit der von ihm als 'utilitaristisch' bezeichneten aber

abgelehnten Tradition der Sozialtheorie geht er davon aus, daß in einer Welt ohne Institutionen Handelnde auf möglichst effiziente Weise das verfolgen werden, was sie als ihre eigenen Interessen ansehen. Rationale 'Egoisten', institutionell ungebunden sowohl hinsichtlich der von ihnen verfolgten Ziele als auch in der Wahl der Mittel, seien nicht in der Lage, eine Ordnung herzustellen, die es erlauben würde, verläßliche Zukunftserwartungen auszubilden. Vielmehr werden sie den Hobbes'schen Zustand des 'Kriegs aller gegen alle' herbeiführen, in dem 'der Mensch dem Menschen ein Wolf' ist. Institutionell ungebundene Interessen-Verfolgung führt also zu einem Zustand, der von niemandem beabsichtigt und gewünscht wurde und in dem niemand seine Interessen realisieren kann. – Auch ad hoc getroffene 'vertragliche' Vereinbarungen, durch welche sich die Beteiligten versprechen, bestimmte ihnen mögliche Handlungen (obwohl sie von Vorteil sein könnten) zu unterlassen, können sie aus diesem Zustand nicht herausführen, solange es nicht eine ihr Handeln effektiv bindende 'Institution' gibt, die sie dazu bringt, die vertraglichen Vereinbarungen auch zu halten. Durkheim sprach hier von den 'außer-' oder 'vorvertraglichen Voraussetzungen des Vertrages' und meinte damit den Gesamtkomplex von Vorstellungen und Praktiken, die definieren, was Inhalte möglicher Vereinbarungen sein können, auf welche Weise sie geschlossen werden können, welche Wirkungen sie für Dritte haben und was zu geschehen hat, wenn Situationen auftreten, die von den die Vereinbarung Schließenden nicht vorhergesehen wurden; zu dieser Institution 'Vertrag' als Rahmen für mögliche ad hoc getroffene Vereinbarungen gehört insbesondere die Norm, daß 'korrekt' zustande gekommene Vereinbarungen zu halten sind. Letztere kann aber nur unter der Voraussetzung ihrer Institutionalisierung das Handeln der Beteiligten effektiv binden. Dieses heißt zunächst, daß es einen Sanktionsmechanismus gibt, dementsprechend im Falle des Normbruchs der Normbrecher mit negativen Konsequenzen zu rechnen hat. Daß in einer Gesellschaft eine institutionalisierte Norm 'gilt', heißt dann, daß ihr entweder gefolgt wird (Verhaltensgeltung) oder daß im Falle einer Abweichung zu erwarten ist, daß den Normbrecher negative Konsequenzen treffen (Sanktionsgeltung). – Gefolgt werden kann den institutionalisierten Normen aus den unterschiedlichsten Motiven: z. B. aus dem Wunsch nach Vermeidung negativer Sanktionen; oder weil (unabhängig von der Existenz des Sanktionsmechanismus) die Anreizstruktur der Situation so beschaffen ist, daß ein Handeln im Einklang mit der Norm gleichzeitig im Interesse des Handelnden liegt; oder weil die Norm unabhängig von den Konsequenzen ihrer Befolgung oder Nicht-Befolgung 'moralische Autorität' (E. Durkheim) besitzt. Von der *Internalisierung* einer Norm spricht Parsons, wenn ihre Befolgung zu einer Bedürfnisdisposition des Handelnden geworden ist. Dies ist insofern ebenfalls ein Aspekt der Institutionalisierung, als durch erfolgreiche Prozesse der Internalisierung motivationale Energien 'in den Dienst der Norm' gestellt werden. — An der idealtypischen Konstruktion von zwei interagierenden Personen ('Interaktionsparadigma'), die Bedürfnisse haben bzw. Interessen verfolgen und Erwartungen bezüglich des Verhaltens des jeweils anderen hegen, macht Parsons deutlich, inwieweit die Orientierung beider Personen an einem geteilten Normensystem die Chancen wechselseitig bedürfnisbefriedigender und erwartungserfüllender Interaktionen erhöht. Im Extremfall wäre das Handeln eines jeden der beiden gleichzeitig Bedürfnisbefriedigung, Erfüllung der Erwartungen des jeweils anderen sowie Konformität mit geteilten Normen. — In einem allgemeineren Sinne wäre der *Idealtypus* eines integrierten sozialen Systems dadurch charakterisierbar, daß eine Entsprechung besteht zwischen den Situationen der Handelnden mit ihren Anreizen, Möglichkeiten und Restriktionen einerseits und den Normen, die definieren, welche Ziele auf welche Weise zu verfolgen sind, andererseits, so daß Handeln im Einklang mit den normativen Mustern zugleich Handeln in der Verfolgung von Interessen darstellt und umgekehrt. *Konkrete* empirische Systeme sind jedoch in der Regel durch einen unterschiedlichen Grad von Integration bzw. Anomie gekennzeichnet, so daß der skizzierte Idealtypus lediglich einen theoretischen Bezugspunkt dafür abgeben kann, im Einzelfall den Zusammenhang von normativen und nicht-normativen Elementen zu untersuchen. — Verallgemeinernd betrifft Institutionalisierung nicht nur die 'Einrichtung' sozialer Sanktionsmechanismen und/oder die 'Etablierung' einer den Werten und Normen entsprechenden Motivationsstruktur bei den Handelnden sondern die Gesamtheit der in einer Gesellschaft gruppen- und verbandsmäßig organisierten Interessen, insofern sie den Elementen normativer Kultur in der Welt der Faktizitäten kausale Wirksamkeit verleihen. In gewisser Weise schließt damit Parsons an die von William Graham Sumner (1840—1910) formulierte Vorstellung an: „Eine Institution besteht aus einer Vorstellung (Idee, Begriff, Grundsatz, Interesse) und einer Struktur. Die Struktur ist ein Rahmen oder Apparat oder vielleicht nur eine Zahl von Amtsträgern, bereit, auf vorgeschriebenen Wegen bei einer bestimmten Gegebenheit zusammenzuarbeiten. Die Struktur trägt die Vorstellung und stellt die Hilfsmittel zur Verfügung, um sie in die Welt der Fakten und des Handelns zu überführen." (Sumner 1979, 53) Oder mit Arthur S. Stinchcombe: Eine Institution ist „a device for backing values with power." (Stinchcombe 1968, 182) Sofern man Parsons in der Behauptung folgt, daß soziale Ordnung nur durch Institutionen als Komplexen normativer Regeln möglich sei und den Begriff der Institutionalisierung in seinem Sinne versteht, kann man mit ihm auch sagen: Die Struktur sozialer Systeme 'besteht' in Mustern institutionalisierter normativer Kultur.

6. RREEMM-Modell

In Erklärungsargumenten einer empirisch-analytischen Human- und Sozialwissenschaft definieren institutionelle Praktiken und/oder Normen gesellschaftlich und historisch variable Anwendungsbedingungen für allgemeine Hypothesen menschlichen Verhaltens oder Handelns. Sie sind bildlich gesprochen Teil des strukturellen Rahmens, innerhalb dessen Handlungsprozesse entstehen, sich entfalten und gegebenenfalls für einen gewissen Zeitabschnitt zu einem 'Gleichgewicht' kommen. Zu erklärende Sachverhalte sind weniger raumzeitlich situierbare Einzelhandlungen namentlich identifizierbarer Personen, sondern wiederholt realisierte Muster von Handlungen in rekurrenten Situationen gleichen Typs seitens beliebiger Handelnder, sofern diese in gleicher Weise typisierbar sind.

Zur Erklärung solcher Abläufe innerhalb eines institutionellen und strukturellen 'Rahmens' sind insbesondere nomologische Hypothesen geeignet, die 'Theorien rationalen Handelns' im weitesten Sinne entnommen sind. Die diesen Konzeptionen zugrunde liegende Vorstellung vom Handelnden wird kürzelhaft als RREEMM-Modell bezeichnet ('resourceful, restricted, expecting, evaluating, maximizing man'; S. Lindenberg 1983, 10 f): Handelnde sind vornehmlich dadurch charakterisiert, daß sie etwas *wissen, wollen* und *können*.

a) *'Wissen'* betrifft die Informationen des Handelnden, seine 'Theorien' und darauf beruhenden Erwartungen über das Verhalten seiner sozialen und nicht-sozialen Umwelt. Institutionen tragen mit zur Definition der Situation (Art. 25) des Handelnden bei, indem sie die Menge der überhaupt vorstellbaren Möglichkeiten festlegen, zwischen denen er glaubt wählen zu können. Im Extremfall könnte nur eine Form des Handelns als 'die einzig denkbare' ausgezeichnet sein. Sind zwar 'objektiv' mehrere Handlungen möglich, von denen jedoch nur eine als 'die einzige denkbare' ausgezeichnet und dem Handelnden unabhängig von den Folgen zugemutet wird, so hätte ein entsprechendes Sich-Verhalten einen Eigenwert rein als solches. ('Wertrationales Handeln' als 'Handeln nach Geboten' oder gemäß 'Forderungen', 'ohne Rücksicht auf die vorauszusehenden Folgen'; M. Weber). Umgekehrt könnten durch institutionelle Regeln Handlungen (die der Akteur selbst oder ein Beobachter als 'objektiv möglich' ansehen) für den Akteur als 'undenkbar', weil 'tabu', ausgezeichnet sein, obwohl aufgrund der ansonsten zu erwartenden Konsequenzen sogar ein Anreiz zu ihrer Ausübung bestehen könnte. In beiden Fällen führt die Identifikation einer Situation als einer solchen, auf welche bestimmte (moralische) Regeln anwendbar sind, zur Reduktion der Handlungsmöglichkeiten auf eine enger definierte Menge zugelassener Alternativen. — Neben der Definition der Handlungsalternativen versehen Institutionen Handlungen im allgemeinen zusätzlich zu ihren 'sonstigen' instrumentellen Folgen mit einem 'Malus' oder 'Bonus' in Form von Sanktionen. Im Falle einer gebotenen und mit der Androhung von Sanktionen 'bewehrten' Handlungszumutung wird der Handelnde vor das 'Entweder-Oder' gestellt: entweder die Handlung zu unterlassen (und entsprechend auf eventuelle sonstige Vorteile der Handlung zu verzichten) oder die Nachteile negativer Sanktionen ertragen zu müssen.

b) Die Komponente *'Wollen'* bezieht sich auf die vom Handelnden intendierten *Ziele* bzw. die selektiven Gesichtspunkte ('Werte'), durch die er die möglichen 'Zustände', die durch sein Handeln sowie durch das Handeln anderer und ggfs. durch eine nicht als handelnd aufgefaßte 'Natur' herbeigeführt werden, nach ihrer Wünschbarkeit in eine (*'Präferenz'*) Ordnung bringt. — Es ist denkbar,

daß der Akteur in eine Situation nicht nur mit eigenen schon vorhandenen Zielsetzungen 'eintritt', sondern daß die Ziele in der Situation institutionell definiert und reguliert sind; d. h. die Situation ist so beschaffen, daß a) dem Akteur die Verfolgung bestimmter Ziele *zugemutet* wird (weil er sonst sich selbst schadet bzw. mit negativen Sanktionen rechnen muß), oder b), daß allein in diesem Kontext die so *definierten* Ziele einen 'Sinn' ergeben und als wert erachtet werden, daß man sich für ihre Realisierung einsetzt und die dafür notwendigen Lasten trägt, oder c) daß die Verfolgung 'vorgegebener' Ziele die *Bedingung* dafür ist, daß man in den Besitz von Ressourcen kommt, die für die Erreichung anderer Ziele von Bedeutung sind. Liegt eine solche Verklammerung zwischen der Verfolgung und Realisierung institutionell vorgegebener Ziele und der Zuweisung von Ressourcen vor, die für andere Ziele des Akteurs relevant sind, können für sein an den institutionellen Zielen orientiertes Handeln eine Vielzahl ganz unterschiedlicher Motivationen 'eingespannt' werden: institutionell definierte Ziele und Motive des Handelns werden voneinander unabhängig; „der soziale Sinn eines Tätigkeits-Typs (stellt nicht) notwendig auch das treibende Motiv und folglich die Erklärung des letzteren dar" (Schumpeter 1950, 448). — In einem Marktsystem, das in diesem Sinne die „Subjektivität des Endziels" mit der „Objektivität des Endergebnisses" (Simmel 1958, 215) integrieren würde, indem ein Unternehmer dann und nur dann Gewinn erwirtschaftet, wenn er Güter auf den Markt bringt, die ihre Käufer finden, sind es nur unterschiedliche Formulierungen der gleichen Sache, wenn man sagt, Ziel der Produktion sei die Versorgung des Marktes mit Gütern und die Folge erfolgreicher Produktion seien Belohnungen in Form von Gewinnen oder 'Produktion (sei) eine Nebenerscheinung beim Erzielen von Profiten' (Schumpeter 1950, 448).

c) Schließlich ist auch die Frage, was ein Handelnder *kann,* nicht von institutionellen Faktoren unabhängig zu beantworten. Dies betrifft vor allem Fälle, in denen man auf die Kooperation anderer angewiesen ist und Institutionen die Bedingungen definieren, unter denen man mit Kooperation rechnen kann, im Extremfall in Autoritäts- und Herrschaftsverhältnissen zu durchsetzbaren Ansprüchen an Leistungen Dritter 'verdichtet'. Durch soziale Ordnung garantierte Eigentumsrechte definieren Rechte des Zugangs zu

Ressourcen sowie ihrer Verwendung. Auch der 'Gebrauch' 'seines' Körpers, den der Handelnde 'hat', ist institutionell geregelt und nur insoweit gesichert. In einer 'institutionsfreien Welt' 'besitzt' man seinen Körper und das, was man mit ihm 'festhalten' kann, nur solange, als man faktisch in der Lage ist, Angriffe anderer erfolgreich abzuwehren. — (Auf legitime Weise oder bloß tatsächlich kontrollierte) Ressourcen sowie Wissen bilden die Mittel des Handelns, die der Akteur im Hinblick auf seine Präferenzen bzw. zur Realisierung seiner Ziele einsetzen kann. Zur Bestimmung der Handlung benötigt der Handelnde aber noch Gesichtspunkte zur Selektion der Mittel. Auch die Normen der Mittelwahl sind wiederum institutionelle Faktoren. Abgesehen von einer rein zufälligen oder durch eine momentane affektuelle Befindlichkeit gesteuerten Selektion kann diese a) gewohnheitsmäßig-habitualisiert erfolgen oder b) mehr oder weniger bewußt orientiert an expliziten Standards instrumenteller Art oder solchen, die auf die Eigenqualität des Handelns abheben. Die Einbettung des Handlungssystems in einen umfassenderen Zusammenhang kann in einem quasi-evolutionären Prozeß zur Dominanz bestimmter Selektionsmechanismen führen: in einem wettbewerblich organisierten ökonomischen Markt werden langfristig nur solche Handlungssysteme überdauern, in denen das Handeln (aus welchen Motiven auch immer) de facto am Gewinnerwerb als Ziel und bei der Wahl der Mittel am Standard instrumenteller Effizienz orientiert ist.

Je nach institutionellen Rahmenbedingungen werden die Handlungen 'in ihnen' unterschiedlich ablaufen. Mit deren Variation werden sich andere Verlaufsregelhaftigkeiten ergeben. So sind z. B. die von K. Marx für das sozio-ökonomische System 'Kapitalismus' formulierten 'Gesetzmäßigkeiten' keine 'Gesetze' in Entsprechung zu den in den Naturwissenschaften behaupteten. Es handelt sich vielmehr um typische Verlaufsregelhaftigkeiten, die dieses System nur solange charakterisieren, als bestimmte institutionelle Rahmenbedingungen gegeben sind, zu denen insbesondere die Eigentums- und Marktverhältnisse gehören. Solche sozial und historisch variablen Verlaufsregelhaftigkeiten, manchmal formulierbar als statistische Verallgemeinerungen, sind auch keine 'Normen' (— etwa im Sinne der These, daß in den Human- und Sozialwissenschaften normative 'Gesetze' methodologisch genau die Funktionen überneh-

men, welche in den Naturwissenschaften den 'Naturgesetzen' zukommen.) Als 'Gesetzesannahmen' sind vielmehr die als Verhaltens- bzw. Handlungshypothesen formulierten Vermutungen darüber anzusehen, wie sich Akteure angesichts bestimmter situativer Bedingungen verhalten, zu denen insbesondere 'Institutionen' gehören. — Die skizzierte theoretische Konzeption geht zunächst von dem einzelnen Handelnden oder wenigen Handelnden aus. Mit ihr ist am ehesten analysierbar, wie der einzelne in einem vormals institutionsfreien Raum mit anderen Handelnden Praktiken und Normen schafft oder wie er durch sein Handeln diese aufrecht erhält. Erweitert werden müßte diese Konzeption zu einer „Synopsis" (Simmel 1958, 18) von Gesamtsystemen Institutionen-produzierender, -stabilisierender und -verändernder Akteure, in denen sich nicht der einzelne mit einer jeweils gegebenen sozialen Umwelt auseinandersetzt, sondern in der die betrachteten Akteure an einer gemeinsamen sozialen Welt partizipieren, die sie durch ihr Handeln konstituieren, und in der sie ihr Handeln wechselseitig aneinander orientieren und aufeinander abstimmen. Institutionen als Mechanismen der Koordination von Handlungen sind dann nicht nur auf die Interessen, Präferenzen, Bedürfnisse usw. der einzelnen als jeweils einzelne zu beziehen sondern auch auf die Bedingungen ihrer Interaktion. Sie können dann betrachtet werden als Ergebnisse kollektiver Lernprozesse, die insbesondere der Entproblematisierung des Handelns in rekurrenten Situationen dienen, welche mit Dilemmata behaftet wären, würde man versuchen, das Handeln in ihnen ohne Institutionen zu koordinieren (E. Ullmann-Margalit; A. Schotter; Th. Voss).

7. Literatur (in Auswahl)

Berger, Peter L./Luckmann, Thomas (1966) *The Social Construction of Reality*, Garden City, N. Y. [dt. Die gesellschaftliche Konstruktion der Wirklichkeit, Frankfurt a. M., 1970].

Durkheim, Emile ([frz. 1895] 1961) *Die Regeln der soziologischen Methode*, Darmstadt.

Durkheim, Emile (1893) *De la division du travail social*, Paris.

Eisenstadt, Shmuel N. ([1967] 1972) Social institutions, in: *International Encyclopedia of the Social Sciences* 14.

Ferguson, Adam ([engl. 1767] 1923) *Abhandlung über die Geschichte der bürgerlichen Gesellschaft*, Jena.

Gehlen, Arnold (1956) *Urmensch und Spätkultur,* Bonn.

Geiger, Theodor ([1947] 1964) *Vorstudien zu einer Soziologie des Rechts,* Neuwied/Berlin.

Hayek, Friedrich A. v. ([engl. 1965] 1969) *Arten des Rationalismus,* in: Hayek, F. A. v., Freiburger Studien, Tübingen.

Hobbes, Thomas ([engl. 1651] 1965) *Leviathan oder Wesen, Form und Gewalt des kirchlichen und bürgerlichen Staates,* Reinbek b. Hamburg.

Hume, David ([1748] 1978) *Ein Traktat über die menschliche Natur,* 3 Bde, Hamburg.

König, René (1967) Institution, in: René König, ed., *Soziologie,* Frankfurt a. M.

Lindenberg, Siegwart (1983) The new political economy: its potential and limitations for the social sciences in general and for sociology in particular, in: Wolfgang Sodeur, ed., *Ökonomische Erklärungen sozialen Verhaltens,* Duisburg.

Malinowski, Bronislaw ([1941] 1965) *A scientific theory of culture and other essays,* Chapel Hill, N. C.

Mead, George Herbert (1934) *Mind, self and society,* Chicago.

Parsons, Talcott (1951) *The social system,* Glencoe, Ill.

Parsons, Talcott (1982) *On institutions and social evolution.* Ausgew. Schriften, hrsg. und eingeleitet von Leon H. Mayhew, Chicago.

Parsons, Talcott (1986) *Aktor, Situation und normative Muster,* Frankfurt a. M.

Parsons, Talcott/Shils, Edward A./Olds, James (1951) Values, motives, and systems of action, in:

Parsons, T./Shils, E. A. (eds.), *Toward a general theory of action,* Cambridge, Mass.

Popitz, Heinrich (1980) *Die normative Konstruktion von Gesellschaft,* Tübingen.

Raub, Werner (1984) *Rationale Akteure, institutionelle Regelungen und Interdependenzen,* Frankfurt a. M.

Schotter, Andrew (1981) *The economic theory of social institutions,* Cambridge.

Schumpeter, Joseph A. ([engl. 1942] 1950) *Kapitalismus, Sozialismus und Demokratie,* Bern.

Simmel, Georg ([1908] 1958) *Soziologie,* Berlin.

Smith, Adam ([engl. 1759] 1977) *Theorie der ethischen Gefühle,* Hamburg.

Smith, Adam ([engl. 1776] 1978) *Der Wohlstand der Nationen,* München.

Sumner, William Graham ([1906] 1979) *Folkways and mores,* ausgew., hrsg. und eingel. v. Sagarin, E., New York.

Stinchcombe, Arthur L. (1968) *Constructing social theories,* New York.

Ullmann-Margalit, Edna (1977) *The emergence of norms,* Oxford.

Voss, Thomas (1985) *Rationale Akteure und soziale Institutionen.* Beiträge zu einer endogenen Theorie des sozialen Tauschs, München.

Weber, Max ([1921] 1966) *Soziologische Grundbegriffe,* Tübingen.

Hans J. Hummell/Gerhard Bloch, Duisburg (Bundesrepublik Deutschland)

31. Subkultur

1. Begriffliches

Mit Subkulturen bezeichnet man Lebensformen, die Teil eines größeren kulturellen Ganzen sind, jedoch Normenordnungen aufweisen, die vom Wertgefüge, den institutionellen Prämissen und Rollenerwartungen der Gesamtkultur abweichen. Das Maß dieser Abweichung schwankt. Es reicht vom Status von Teilkulturen, die in das übergeordnete soziale System weitgehend integriert sind, bis hin zu Gruppen, die als Gegenkultur erscheinen. Offenkundig ist, daß die Merkmale, die Subkulturen auszeichnen, je nach Lage differieren; sie können in unterschiedlicher ethnischer Herkunft, in regionalen Besonderheiten, in Alter, Geschlecht, Konfession und religiöser Ausrichtung, in der Berufszugehörigkeit oder, genereller, im sozialökonomischen Bereich begründet sein. In jedem Falle gilt, daß die Bezüge, durch die Subkulturen Abweichung zum Ausdruck bringen, lebenspraktisch nicht bloß zufällige, vereinzelte und periphere Bedeutung haben, sondern für die Gruppe zentral ausstrahlenden, musterwirksamen, in aller Ambivalenz werthaften Rang erhalten.

2. Hauptmerkmale

Bestimmt man die Dinge deskriptiv näher, zeigt sich, daß Subkulturen sich nicht nur durch gruppengetragene, gemeinsame Werte verständigen, oberste Normen, durch die sie ihre Eigenart gleichsam abstrakt festhalten; sie entwickeln vielmehr ausgreifende, über diverse Realisationsstufen laufende Verhaltensweisen, die bis weit in die Alltagspraxis reichen, und bringen prägestarken subkulturellen 'Stil' zum Ausdruck. Stil dieser Art kann sich vom 'Ehrenkodex', wie ihn Straßenbanden pflegen, oder den Verbindlichkeiten von Ideologismen ('befreite Gesellschaft', kritische Theorie) über die Ausbildung von Ritualen, z. B. der körpersprachlichen Kommunikation (Disco, Tanz), bis hin zum Gebrauch von Sondersprachen erstrecken (Jiddisch; Rotwelsch; Argot); er schlägt sich nieder in Eigentümlichkeiten des Modegebarens (Jeans-Mode, Lederjacken), von Musikvorlieben (hard rock), Eßgewohnheiten (exotische Küche; fast food) oder sexuellen Praktiken (Homoerotik, Petting) und dient — was für kulturelles Verhalten auch sonst zutrifft — der Selbstdarstellung der Gruppe gerade in Lagen, die durch Spannungen, Außendruck und vielfältige kulturelle Verwerfungen gekennzeichnet sind. Stilisiert werden schließlich die Weisen der Machtausübung, der Verwaltung und Selbstorganisation. So haben Gangs ihre besonderen sozialen Führer-, Gefolgschafts- und Feindstrukturen; kriminelle Vereinigungen arbeiten mit typischen administrativen Apparaten, so dem Spitzelwesen; Weltanschauungsgruppen bauen ein eigenes Pressewesen auf, sie entwickeln Sonderökonomien (Ökoläden); hier wie dort frequentieren die Mitglieder spezielle Standorte (Quartiere, Untergrund), Treffs (Bahnhöfe, Nachtasyle) und Aktionsschauplätze (Femestätten, 'Demos'). — Funktionsanalytisch gesehen, gilt in diesem Sinne, daß Subkulturen — wie Kulturen generell — unterschiedliche soziale Daseinsfelder überwölben können. Sie stellen — blickt man kultursoziologisch tiefer — 'Verflechtungs'zusammenhänge dar, die Fremdes und Eigenes, Altes und Neues, Positives und Negatives dynamisch vermitteln, so daß neben Fragen, wie konsistent Subkulturen sind, wie weit sie abweichen, woraus sie sich rekrutieren, am Ende die Frage tritt, wie sie zustande kommen und als Lebensformen, die teils spontane, teils zwanghafte Züge tragen, überhaupt entstehen.

3. Analytische Konzepte

Das Problem war Gegenstand zunächst der engeren devianzsoziologischen Forschung;

namentlich a) der anomietheoretische Ansatz, b) der Ansatz der differentiellen Assoziation, c) das spezielle subkulturtheoretische Konzept, sowie d) die Stigmatisierungstheorie haben hier sinnvollen analytischen Zugriff geboten. Hatte die Anomietheorie (Durkheim 1895, Merton 1938) den Gedanken verfolgt, daß abweichendes Verhalten aus der Diskrepanz oberster kultureller Werte und sozial nur beschränkt verfügbarer, entsprechender Handlungsmittel entsteht, so daß notwendig einzelne disprivilegierte Gruppen auftreten, hob der Ansatz der differentiellen Assoziation hervor, daß diese Entwicklung nicht zwangsläufig — wenn auch freilich nicht beliebig — eintritt, sondern auf der Grundlage verzweigter sozialer Lernprozesse erfolgt; abweichendes Verhalten wird Schritt für Schritt demnach eingeübt, in 'Karrieren' überführt und gruppendynamisch erst stabilisiert (Sutherland 1939). Die Theorie der Subkultur — hier engerer krimineller Subkulturen — wiederum unterstrich, daß die Mitglieder fraglicher Gruppen — klassisches Beispiel war die amerikanische jugendliche Straßenbande (Cohen 1955; Yablonski 1967) — Normen wie Revierbildung, Aggressivität etc., die ihrer bald psychologisch, bald sozioökonomisch bedrängten Lage genau entsprachen, auch aktiv entwickelten, situationsspezifisch ausformten und längerfristig aufrecht erhielten (vgl. auch Cloward/Ohlin 1960). Teils kritisch, teils ergänzend dazu stellte man fest, daß Kriminalität, Bandenwesen, Armut als Lebensform (Lewis 1964) als besonderer subkultureller Verhaltensstil in unteren und untersten sozialen Schichten schon gleichsam apriori, kraft Tradition, verankert sein können (Miller 1958) und im Sinne selbsttragender, Generationen überdauernder Standards wirken. — Entwickelten die genannten Ansätze das Konzept der Subkultur mit Blick primär auf Eigenschaften, die die fraglichen Gruppen selbst betrafen, betonte die Stigmatisierungstheorie (Goffman 1963; vgl. z. B. Keckeisen 1974), daß es wesentlich die umgebende äußere Gesellschaft, genauer: die Reihe relevanter Bezugsgruppen ist, die abweichendes Verhalten, mit ihm aber das Entstehen von Subkulturen hervorrufen. Erst Stigmatisierung (Etikettierung, Labeling) durch die Außenwelt ist es demnach, die relativ belanglose 'primäre Devianz', bloße 'Auffälligkeit', kriminalisiert und in massive 'sekundäre Devianz' überführt (Lemert 1967; vgl. z. B. Steiner 1973). Erst auf dieser Ebene werden Subkulturen auf Dauer in ihr Korsett ge-

zwängt; sie sind Ergebnis komplex ver-
schränkter, gleichwohl aber Ab- und Aus-
grenzungen schaffender sozialer Konstruktionen, in denen das 'Establishment' — die herrschende Kultur und ihre Kontrollinstanzen — Übergewicht und entscheidende
soziale 'Definitionsmacht' haben.

4. Ergänzende theoretische Aspekte, Kritik

Faßt man zusammen, sind zur Entstehung
von Subkulturen wichtige Gesichtspunkte
nachzutragen: So sehr es naheliegt, Subkulturen primär unter der Prämisse der Benachteiligung, i. e. der bald herrschaftlichen, bald
sozioökonomischen Disprivilegierung zu untersuchen, so wenig ist zu übersehen, daß das
Phänomen auch durch gesamtsystemischen
ökonomischen Überfluß, tendenzielle politische Beliebigkeit, Reizüberflutung (Massenmedien) und Redundanz hervorgerufen werden kann. Rahmenbedingungen dieser Art
suchen Ventile, Gegenhalt und Gegenbilder
in forciert erstrebten, neuen Eigen- und Son-
derwelten. Nicht wenige Erscheinungen moderner, z. B. jugendkultureller (Hippies, Popper, Punks), religiöser oder ökologischer
Gruppen, so manche Züge von Lebensrefor-
mern, Freizeitfreaks, Homosexuellen und
Lesben, die Motive diverser Intellektuellen-
kreise dürften auf solche Bedingungen zurückzuführen sein; gerade die gegenwärtige,
wohlfahrtsstaatlich geprägte, spätindustrielle
Gesellschaft ist es, die eine Vielzahl von Subkulturen entstehen ließ, und es wäre falsch,
den Vorgang allein auf soziale Engpässe —
teils normativer, teils materieller Art —, nicht
aber auch auf Breitführungen: gesteigerte Angebote, Verhaltensspielräume, flottierende soziale 'opportunities' (vgl. Rosenmayr 1970)
zu beziehen, die am Ende Devianz begünstigen. — Ein zweiter, bei der Charakterisierung
von Subkulturen zu vermerkender Gesichtspunkt betrifft den Umstand, daß Kulturen
und die zentralen durch sie geschaffenen
Symbole dazu neigen, 'auszufransen' und in
unterschiedliche, ja gegensätzliche Sinnpro-
vinzen zu divergieren. Tendenzen dieser Art
scheinen angelegt zu sein schon auf rein semantischer Ebene; sie erwachsen der 'Enan-
tiodromie' (C. G. Jung) und inneren Dynamik kultureller Bedeutungen überhaupt und
äußern sich darin, daß Kulturen Aspekte
nicht nur der Normalität, sondern immer der
Grenzbereiche — der Esoterik, des Unter-
grunds — aufweisen und sich aufgliedern in

Sub- und Gegenkulturen (Yinger 1960, 1977;
Tiryakian 1972/73; vgl. auch Lipp 1985). Daß
die Analyse von Subkulturen Analyse wesentlich von Kulturen, i. e. übergeordneten Kulturen ist, in denen Subkulturen impliziert
sind, versteht sich auch von daher. Subkulturen stellen Bedeutungsfälle, Abwandlungen,
Beispiele der Gesamtkultur dar, und es
kommt darauf an, den Gehalt zuletzt der
Symbole, die sie hervorbringen, i. e. ihrer
Sinndialektik und Variabilität zu erfassen.

5. Abschließende Klärungen

Die Frage, wie Subkulturen entstehen, führt
insofern zur Frage, welchen Wandel sie selbst
bewirken. Auf das Thema kann hier nur verwiesen werden. Getragen vom Zeitgeist der
70er Jahre, den Programmen der Studentenbewegung oder ähnlichen sozialreformeri-
schen Idealen war die Literatur bisher vielfach verleitet, in Subkulturen die Avantgar-
den revolutionärer, die Gesellschaft nicht nur
verändernder, sondern erneuernder Strömun-
gen zu sehen (Roszak 1969; Schwendter
1971). Aus der Distanz betrachtet, präsentieren sich die Dinge weniger dramatisch. Zwar
sind in Subkulturen Potentiale, die Gesellschaft umzugestalten, im Sinne der erwähnten
innerkulturellen Wertespannung im Kern
durchaus angelegt; Subkulturen übernehmen
im modernen industriellen System in der Regel freilich angepaßte, pluralistisch diversifi-
zierte, sozial nützliche Funktionen; sie sind
im übrigen, wo sie Züge forcierterer Devianz
entwickeln, schnell mit Gegenkräften: speziellen sozialtherapeutischen Instanzen konfrontiert, die sie 'sanft' und beflissen rückeinglie-
dern (s. z. B. Peters/Cremer-Schäfer 1975). So
werden Obdachlose von Sozialarbeitern,
Gastarbeiter von Diplompädagogen ebenso
betreut wie Jungakademiker von Stiftungen,
und es ergibt sich das Bild, daß Kultur und
Subkultur, radikale Zirkel und Kontrollinstanzen elastisch, doch nur mäßig bewegt, im
Gesamtsystem ineinandergreifen.

6. Literatur (Auswahl)

Arnold, David O., ed., (1970) *The sociology of subculture.* Berkeley, Cal.

Cloward, Richard A./Ohlin, Lloyd E. (1960) *Delinquency and opportunity.* A theory of delinquent gangs. Glencoe, Ill.

Cohen, Albert K. (1955) *Delinquent boys.* New York.

Durkheim, Emile (1895) *Les règles de la methode sociologique*. Paris.

Girtler, Roland (1980) *Vagabunden der Großstadt*. Teilnehmende Beobachtung in der Lebenswelt der 'Sandler' Wiens. Stuttgart.

Goffman, Erving (1963) *Stigma*. Notes on the management of spoiled identity. Englewood Cliffs, N. J.

Keckeisen, Wolfgang (1974) *Die gesellschaftliche Definition abweichenden Verhaltens*. Perspektiven und Grenzen des Labeling Approach. München.

Lemert, Edwin M. (1967) *Human deviance, social problems, and social control*. Englewood Cliffs, N. J.

Lewis, Oscar (1964) „The culture of poverty," in: J. J. TePaske/S. N. Fisher, *Explosive forces in Latin America*. Columbus, Ohio, 149 – 173.

Lipp, Wolfgang (1985) *Stigma und Charisma*. Über soziales Grenzverhalten. Berlin (West).

Merton, Robert King (1938) „Social structure and anomie", in: American Sociological Review 3, S. 672 ff. In erweiterter Fassung abgedruckt in ders.: *Social theory and social structure*, 2. erw. Aufl. Glencoe, Ill. 1957, 137 – 194.

Miller, Walter B. (1958) Lower class culture as a generating milieu of gang delinquency, in: The Journal of Social Issues 14, 5 – 19.

Peters, Helge/Cremer-Schäfer, Helga (1975) *Die sanften Kontrolleure*. Wie Sozialarbeiter mit Devianten umgehen. Stuttgart.

Rosenmayr, Leopold (1970) „Jugend als Faktor sozialen Wandels", in: *Jugend im Spektrum der Wissenschaften*, F. Neidhardt u. a., eds., München, 203 – 228.

Roszak, Theodore (1969) *The making of a counter culture*. Garden City, N. Y.

Sack, Fritz (1971) „Die Idee der Subkultur. Eine Berührung zwischen Anthropologie und Soziologie", in: Kölner Zeitschrift für Soziologie und Sozialpsychologie 23, 261 – 282.

Schwendter, Rolf (1971) *Theorie der Subkultur*. Köln. Neuausgabe Frankfurt a. M. 1978.

Steinert, Heinz (1973) *Der Prozeß der Kriminalisierung*. München.

Sutherland, Edwin H. (1939) *Principles of criminology*. Philadelphia.

Tiryakian, Edward A. (1972 – 1973) „Toward the sociology of esoteric culture", in: American Journal of Sociology 78, 491 – 512.

Vaskovics, Laszlo (1980) „Subkultur als konstruierte Wirklichkeit", in: Bamberger Hochschulschriften, Bd. 5/6, Bamberg, 9 – 20.

Yablonsky, Lewis (1967) *The violent gang*. Harmondsworth.

Yinger, J. Milton (1960) Contraculture and subculture, in: American Sociological Review 25, 625 – 635.

Yinger, J. Milton (1977) Countercultures and social change, in: American Sociological Review 42, 833 – 853.

Wolfgang Lipp, Würzburg
(Bundesrepublik Deutschland)

III. Basics III: Basic Sociolinguistic Concepts
Grundlagen III: Soziolinguistische Grundbegriffe

32. Sprachgemeinschaft

1. Problemstellung

Die Definition dessen, was wir unter *Sprachgemeinschaft* fassen wollen, hängt von historischen, kulturellen, politischen u. a. Entwicklungen, nicht nur von sprachlichen, ab. Die Wichtung der jeweils konstitutiven Definitionskriterien der Sprachgemeinschaften richtet sich nach dem Erkenntnisinteresse des Sprachforschers. Auf einer relativ hohen Abstraktionsebene sind dabei die Merkmalsgruppen angesiedelt, die ein signifikantes Merkmal wie Religionszugehörigkeit, Alter, Ethnizität und im Falle der Sprachwissenschaft insbesondere eine Sprache oder Sprachvarietät (vgl. Art. 44) gemeinsam haben. Auf einer niedrigeren Abstraktionsebene reflektieren reale, face-to-face Gruppen die sprachliche Realität. Wie problematisch es ist, den Terminus *Sprachgemeinschaft* über die gemeinsame Sprache zu definieren, wird dann klar offengelegt, wenn man versucht zu zeigen, was der „Gebrauch der gleichen Sprache" in realen sprachökologischen Situationen impliziert. Danach gehören die spanisch sprechenden Puertorikaner in New York der gleichen Sprachgemeinschaft an wie die Puertorikaner in Puerto Riko und die Texaner mit Spanisch als Muttersprache zählen zur gleichen Sprachgemeinschaft wie die Argentinier mit Spanisch als Muttersprache. Die Sprecher von britischem Englisch und von amerikanischem Englisch (und von australischem Englisch und ...) gehören dann ein und derselben Sprachgemeinschaft an, weil sie ein Sprachsystem gemeinsam haben. Andererseits gehören dann die Sprecher gegenseitig nicht verständlicher chinesischer Dialekte nicht der gleichen Sprachgemeinschaft an, obwohl sie sich als Mitglieder der gleichen Sprachgemeinschaft betrachten und auch eine gemeinsame schriftliche Varietät teilen. Ebenso würde man die Männer und Frauen der long houses im Amazonasgebiet, die aufgrund der Heiratsmuster (Exogamie) oft nicht die gleichen Sprachen miteinander sprechen, verschiedenen Sprachgemeinschaften zuordnen. Auch ob 2 Sprachsysteme als ein und dieselbe oder als 2 verschiedene Sprachen angesehen werden, hängt von den applizierten Kriterien ab.

Es ist interessant zu sehen, wie Apriori-Annahmen konstitutiv für die Definition von Sprachgemeinschaften werden und wie im Laufe der wissenschaftshistorischen Entwicklung das Interesse am sprachlichen Verhalten realer menschlicher Gruppierungen zunahm, d. h. wie sich das Forschungsinteresse von linguistischen zu soziolinguistischen Schwerpunkten verlagerte. Wir bewegen uns wissenschaftshistorisch von der Konstruktion eines homogenen, quasi gesetzmäßigen Sprachsystems durch die Linguisten hin zur Annahme einer kontinuierlichen Konstruktion des Sprachsystems durch die Sprecher selbst (Enninger/Wandt 1983, 32). Saville-Troikes Bemerkung (1982, 19) mag uns dabei als Ausgangspunkt für unsere Übersicht über Sprachgemeinschaftskonzepte dienen. „Depending on the degree of abstraction desired, social units may be selected at different levels; virtually any community in a complex society might be considered part of a larger one, or subdivided into smaller groups." Als zugrundeliegende Ausgangseinheiten für die Definition und Erfassung von Sprachgemeinschaften lassen sich Sprache(n), soziale Gruppen, soziale Netzwerke und Individuen festmachen, die gleichzeitig ein quasi hierarchisches Abbild der Abstraktionsebenen (und Gruppengrößen) darstellen.

2. Gemeinschaft mit gemeinsamer Sprache

In einer Linguistik, die von der Homogenitätsannahme ausgeht, deren Untersuchungsgegenstand also die Erforschung und Beschreibung eines oder mehrerer homogener, einheitlicher grammatischer Systeme und deren Vergleichung ist, wobei je nach Interessenlage entweder die Strukturanalyse einer Sprache oder Verwandtschaftsgrade von Sprachen oder Vergleiche von Sprachentwicklungen oder historische Rekonstruktionen im Mittelpunkt stehen, wird jedes Sprachsystem als monolithisches 'sprachliches und kulturelles Ganzes' (Kroeber 1939, passim) behandelt. Stilistische und grammatische Variation wird nicht aus der Untersuchung ausgeschlossen, aber ihre Funktion im Sprachgebrauch wird ignoriert. Der linguistische Untersuchungsgegenstand ist in diesem Falle die Untersuchung einer Varietät aus einer Reihe von Varietäten, die das sprachliche Verhalten einer Gruppe charakterisiert. Jedoch — und dies ist entscheidend — wurde diese Varietät als typisch und repräsentativ für die Sprache oder den Dialekt gehalten. Die Definition der zu beschreibenden Grundeinheit Sprachgemeinschaft ist dementsprechend relativ problemlos. Für L. Bloomfield ([1933], 1962, 29), der von einem monolithischen Sprachsystem ausgeht, ist Sprachgemeinschaft „eine Gruppe von Leuten, die das gleiche System von Sprachsignalen (speech signals) verwendet". Ähnlich stark von der Idee der sprachlichen Einheit ausgehend sind die Konzeptionen der linguistischen Grundgesamtheit Sprachgemeinschaft bei Lyons (1970, 326), der „speech community" sieht als alle Leute, die eine bestimmte Sprache (oder Dialekt) gebrauchen, und bei Chomsky (1965), für den eine „completely homogeneous speech community" die Grundgesamtheit seiner sprachlichen Analyse bildet. Weder Bloomfields, noch Lyons, noch Chomskys Konzeption, denen keine Notwendigkeit der sozialen und kulturellen Einheit zugrundeliegt, halten einer deskriptiv-soziolinguistischen empirischen Prüfung stand. Aber wie gesagt, Konzepte und Definitionen hängen vom Untersuchungsinteresse des Linguisten ab. Im soziolinguistischen Sinne sagen die sprachlichen Definitionen recht wenig über

die sozialen Aggregate aus. Hymes (1966) beschuldigt denn auch Bloomfield und Chomsky (und implizit auch Lyons), sie hätten das Konzept 'Sprachgemeinschaft' auf die Sprache reduziert, indem sie beide gleichgesetzt hätten.

Strukturelle Abstraktionen, die die Einheitlichkeit der Sprache postulieren, sind vielleicht dann angemessen, wenn der Linguist das Ziel hat, Sprechtypologien oder sprachliche Universalien oder die Sprachgeschichte einer Sprache oder deren historische Rekonstruktion zu beschreiben. Wenn der Linguist jedoch die Sprache innerhalb sozialer Aggregate untersuchen will, dann benötigt er präzise analytische Werkzeuge, um die Auswirkungen der sozialen oder psychologischen Situation auf den Sprachgebrauch analysieren zu können. Da die Umgebung des Menschen aus sozialen Kategorien besteht, die den Menschen als ein soziales Wesen definiert, müssen wir lernen, dieses soziale Wesen über seine Sprache zu erfassen (Halliday 1973, 13 ff). Jedoch besteht, wie Gumperz (1971, 101) feststellt, keine Notwendigkeit, die für die Erfassung des Sprachgebrauchs notwendigen Einheiten über gleiche Sprache zu definieren: „There are no a priori grounds which force us to define speech communities so that all members speak the same language."

3. Sozialgeographische Gemeinschaft

Deutsche Dialektologen wie Wegener, Wrede oder Frings haben schon früher Kroebers obenerwähntes „linguistic and cultural whole" nicht als homogen betrachtet, sondern als Ganzes, das innersprachliche Variation zeigt, die mit Hilfe von außersprachlichen Kriterien erklärt werden konnte. Sprachliche Merkmale wurden so z. B. als Einheiten sozial-kommunikativer Art gesehen. Die Grundlage für Sprachbeschreibungen bildete vor allem für Frings die Bestimmung von Siedlungsräumen, sprich Sprachgemeinschaften, aufgrund von historischen und kulturellen Merkmalen mit Hilfe von Techniken aus Geographie, Sozialgeschichte, Ethnologie — also aus den „Umwelt"-Wissenschaften. Als Konsequenz seines Ansatzes gab Frings dann den Begriff 'Sprachraum' auf und führte 'Kulturraum' ein (Bach 1950, 63 ff. Vgl. Art. 15). Für ihn war Sprachgeographie gleich Kulturgeographie.

Der Terminus *Sprachgemeinschaft* bezeichnet zu Zeiten der klassischen europäischen Dialektologie (vgl. Art. 64) ganz klar noch ein idealisiertes Konzept, das zwar keine rein sprachliche Einheit beinhaltete, sondern mehr eine sozialgeographische. Es beruhte auf folgenden „idealisierten" Annahmen mit den Aspekten soziale Gruppe, Kommunikation und sprachlich homogene Population (Halliday 1978, 189): eine Sprachgemeinschaft ist eine (sozialgeographische) Gruppe von Leuten, deren Mitglieder (1) miteinander kommunizieren, (2) konsistent sprechen und (3) alle gleich sprechen. Sprach- bzw. Dialektvariation findet dann nicht innerhalb von Sprachgemeinschaften, sondern zwischen Sprachgemeinschaften statt. Obwohl idealisiert, funktionierte dieses Sprachgemeinschaftsmodell für ländliche Gegenden, in denen die ersten bedeutenden Dialektarbeiten entstanden, recht gut, da es in kleinen ländlichen Gemeinden genau genug die sprachliche Realität widerspiegelte. Der Hinweis ist dennoch hier angebracht, daß sogar in diesen relativ einheitlichen, wenig gesellschaftliche Stratifikation zeigenden Dorfgemeinschaften die Menschen nicht gleich sprechen (cf. Klerus, Landbesitzer, Landarbeiter etc.). Der lokale Dialekt wurde definiert als die Varietät, die sich von der des Nachbardorfes maximal unterschied; d. h. die größte sprachliche Distanz aufwies. Ausgehend von der Annahme, daß es innerhalb von Sprachgemeinschaften Korrelationsbeziehungen zwischen observierbarem Sprachverhalten und den objektiven und gesellschaftlichen Lebensbedingungen gibt, formuliert Mattheier (1980, 18—19) folgende Definition der sozialen Gruppe als Träger sprachlichen Handelns: „Soziale Gruppe wird ... dadurch definiert, daß in ihr Individuen zusammengefaßt sind, die unter vergleichbaren objektiven gesellschaftlichen Lebensbedingungen eine potentielle Kommunikationsgemeinschaft miteinander bilden, und diese gegebenen objektiven Bedingungen wie auch andere objektive Gegebenheiten in ähnlicher Weise interpretieren. Von diesen Gruppen von Individuen wird dann angenommen, daß sie auch ähnliche Sozial- bzw. Sprachhandlungssysteme entwickeln."

Hieraus entwickelt Mattheier (1980, 60) eine dialektsoziologische Definition von 'Sprachgemeinschaften', die in Korrelation zu den entsprechenden gesellschaftlichen Gruppen gesehen werden und wo je nach Interesse des Forschers „unterschiedliche Systemebenen oder auch Systemausschnitte" analysiert werden: „Als 'Sprachgemeinschaft' sollen hier vorläufig Gruppen von Sprechern bezeichnet werden, die nach eigener Anschau-

ung eine Gemeinschaft aufgrund der zunächst zeitweilig gemeinsam verwendeten Sprache bilden."

Ausgangspunkt Mattheiers bilden 'soziale Gruppe' und 'Sprache', wobei die objektiv gemeinsame Sprache als Definitionskriterium relativiert wird. Was die Abstraktionsebene anbelangt, so haben wir die Makro-Ebene verlassen und begeben uns auf den Weg zu realen face-to-face Gruppen.

4.   Attitudinale Gemeinschaft

In der urbanen Dialektologie, d. h. in komplexen, schnellen Wandlungen unterliegenden städtischen Kontexten, reicht das klassische Sprachgemeinschaftsmodell der Dialektologie nicht mehr aus. Die Idealisierungen spiegeln die Realität nicht mehr hinreichend genau wider. Labov fand heraus, daß die Mitglieder einer urbanen Sprachgemeinschaft viel eher durch die gleichen sprachlichen Einstellungen (vgl. Art. 20) und Vorurteile geeint werden, die in bemerkenswerter Weise konsistent sind, als durch gemeinsamen Sprachgebrauch, der sich als extrem variabel erwies: „In der Tat scheint es einleuchtend zu sein", so Labov (1972, 293), „Sprachgemeinschaft als eine Gruppe von Sprechern zu definieren, die eine Anzahl sozialer Einstellungen in bezug auf Sprache teilt". So spricht z. B. der New Yorker nicht nur nicht wie alle anderen New Yorker, er spricht auch nicht immer gleich; er ist jedoch recht konsistent in seinem Urteil über andere — im Gegensatz zu seinem inkonsistenten sprachlichen Verhalten. So hat der New Yorker (sprich Großstädter) eine genaue Vorstellung von bestimmten sprachlichen Normen, von denen er weiß, daß er selbst davon abweicht. Es besteht also eine Differenz zwischen (i) dem, was er sagt, (ii) dem, was er selbst glaubt, was er sagt, und (iii) dem, was er glaubt, was er sagen sollte. In unserem Zusammenhang ist das Hauptergebnis der Arbeiten von Labov, daß urbane Sprachgemeinschaften sehr heterogen sind, schnellem sprachlichen Wandel unterworfen sind, daß Variation nicht nur zwischen Individuen besteht, sondern auch innerhalb des Individuums selbst, und schließlich, daß für bestimmte soziolinguistische Kontexte auf Einstellungen basierende Definitionen zuverlässiger sind als andere.

Labov behandelt New York als einzige Sprachgemeinschaft. Auf die Abstraktionsebene bezogen heißt dies, daß es ein Makro-Konzept ist und Sprecher aller sozialen

Schichten umfaßt. Das einigende Kriterium ist das der „common evaluation of linguistic attitudes" (Milroy 1980, 13), die Labov mit Hilfe von wenigen phonologischen Variablen mißt: „The correlate of regular stratification of a sociolinguistic variable in behavior is uniform agreement in subjective reactions towards the variable" (Labov 1972, 293).

Labovs Theorie der sprachlichen Differenzierung und des Sprachwandels bezieht sich auf Sprachgemeinschaften, in denen alle sozialen Gruppierungen (Schichten) eine soziolinguistische Variable in gleicher Weise, undirektional, verwenden, wobei lediglich das Ausmaß der Verwendung variiert. Labov legt dabei zugrunde, daß der Lokus der Grammatik die Gemeinschaft oder Gruppe ist und daß die Sprache jeder sozialen Gruppe weniger Variation zeigt als die des Individuums (cf. Romaine 1982, 18—19). Labov geht es um einen statusorientierten Ansatz (Romaine 1982, 2), der von der sozialen (Makro-) Gruppe ausgeht und bei der alle Gruppierungen sich in die gleiche Richtung entwickeln. Da die unteren Schichten weiter von der Norm entfernt sind als die Mittel- und Oberschichtgruppen, zeigen sie auch mehr sprachliche Variation als die anderen. Inwieweit das quantitative Makro-Konzept 'Sprachgemeinschaft' die soziale Realität widerspiegelt, wäre zu diskutieren. Es ist jedenfalls da angebracht, wo sehr große empirische Datensamples vorliegen. Hymes (1972) und Halliday (1972) geben ebenfalls einstellungsbegründete Definitionen der Grundgesamtheit Sprachgemeinschaft. Beide betonen, daß das Gefühl, zu einer Gemeinschaft zu gehören, eher konstitutiv ist als eine linguistische Definition.

5.   Interaktionsgemeinschaft

In eine kommunikativ-interaktionistische Richtung geht Gumperz' (frühe) Definition von Sprachgemeinschaft, der im Sinne einer funktionalen Analyse der Sprachvarietäten von einer spezifischen Sprachgemeinschaft als sozialer Gruppe ausgeht, nicht von einer sprachlich definierten Einheit, und auch die Möglichkeit der Koexistenz mehrerer Varietäten zuläßt: „Wir definieren sie als soziale Gruppe, entweder monolingual oder multilingual, die durch die Frequenz der sozialen Interaktionsmuster zusammengehalten wird und sich von umliegenden Gebieten durch Schwachstellen abhebt. Sprachgemeinschaften können aus kleinen Gruppen, die face-to-face Kontakte haben, bestehen oder ganze

Regionen umfassen, was von der Abstraktionsebene, die man erreichen will, abhängt." (Gumperz 1962, 101).

Gumperz stellt weiterhin fest, daß vom funktionalen Gesichtspunkt aus kein Unterschied zwischen Bilinguismus und Bidialektalismus besteht. Eine spätere Definition von 'Sprachgemeinschaft' von Gumperz (1968) betont als sozial definiertes Universum der sprachlichen Analyse, daß neben dem Kriterium der Interaktion auch das der Ähnlichkeit bzw. Verschiedenheit der Varietäten eine Rolle spielt: Eine Sprachgemeinschaft ist „jedes menschliche Aggregat, das durch regelmäßige und häufige Interaktion mit Hilfe eines geteilten Vorrats an sprachlichen Zeichen charakterisiert ist und sich von ähnlichen Aggregaten durch signifikante Unterschiede im Sprachgebrauch abgrenzt" (Gumperz 1968, 114). Das Konzept von Gumperz hat die Vorteile, daß (a) nicht eine Sprache per Sprachgemeinschaft gilt, daß (b) durch die Betonung von Interaktion und Kommunikation als konstitutive Kriterien Sprachgemeinschaften als Resultat von Bilinguismus nicht automatisch überlappen und daß (c) der Komplexität der urbanen Gesellschaft Rechnung getragen wird. Wenn wir uns eine Großstadt als Sprachgemeinschaft vorstellen, wo die Einwohner einen Teil ihrer Zeit darauf verwenden, miteinander zu reden, wo die sprachlichen Varietäten sicherlich einen Teil der Konstitution der Stadt darstellen, da man ständig auf Institutionen, auf Daten und Lokalitäten, auf Mobilitätsmuster, auf Arten der Sozialbeziehung, die typisch für das Stadtleben sind, Bezug nimmt, dann sehen wir, daß *Sprachgemeinschaft* ein sehr allgemeiner Terminus ist. Um den Terminus im Sinne von Gumperz mit Leben zu füllen, müssen wir für einzelne Mitglieder die Zugehörigkeit zu den Aggregaten bestimmen, die für sie besondere Bedeutung haben, d. h. wir müssen die sozialen Interaktionsebenen konstituieren und die Aggregate analysieren, an denen Leute teilhaben.

Um das tun zu können, benutzt Gumperz (1962, 101) zunächst das Konzept der 'sozialen Rolle' (vgl. Art. 18). Später führte er das Konzept 'soziales Netzwerk' (vgl. Art. 26) ein, um die Beziehungen zu untersuchen, mit denen Mitglieder eines solchen lokalen Netzwerkes an andere Bewohner der entsprechenden Gegend gebunden sind (Gumperz 1977, 87). Das Ziel ist es, das Konzept 'Netzwerk' nutzbar zu machen, um die Mechanismen aufzuzeigen, durch die sozio-ökologische

Faktoren das sprachliche Repertoire (vgl. Art. 39) von Sprechern beeinflussen.

Entsprechend seiner (Neu-)Konzeption von 'Sprachgemeinschaft' setzt Gumperz dem Konzept des einheitlichen sprachlichen Kodes sein Konzept des „verbal/linguistic repertoire" gegenüber, indem er sich gewissermaßen von der Ebene der „langue" auf die Ebene der „parole" begibt: „Die Totalität der dialektalen und darübergelegten (superposed) Varietäten, die regelmäßig in einer Gemeinschaft gebraucht werden, machen das sprachliche Repertoire dieser Gemeinschaft aus. Während die Grenze einer Sprache (...) mit der einer sozialen Gruppe zusammenfallen kann oder auch nicht, sind sprachliche Repertoires immer spezifisch für besondere Populationen" (1968, 230).

Der Wert des Konzepts 'sprachliches Repertoire' liegt darin, daß es uns erlaubt, unter einem einheitlichen Bezugsrahmen Beziehungen zwischen der Sozialstruktur und dem Sprachgebrauch einer Sprachgemeinschaft herzustellen.

An eben dieser Stelle setzt die Kritik von Kloss an der Terminologie von Gumperz an. Kloss kritisiert, daß Gumperz das von ihm entdeckte und mit Sprachgemeinschaften im Sinne von Kloss (1977, 225) („Gesamtheit der Personen, denen als Muttersprache ein bestimmtes sprachliches Diasystem in seinen verschiedenen dialektalen, soziolektalen usw. Varianten gemeinsam ist") verwandte sprachsoziologische Phänomen — („most groups of any permanence, be they small bands bounded by face-to-face contact, modern nations divisible into smaller subregions, or even occupational associations or neighborhood groups [...], provided they show linguistic peculiaritics that warrant special study [Gumperz 1968, 114]") — mit dem Terminus von Bloomfield *speech community* belegt und so zur terminologischen Verwirrung beiträgt. Kloss betont die Notwendigkeit eines Terminus für die „Gesamtheit der Menschen gleicher Muttersprachen", die „eine Grundgegebenheit bildet", und schlägt deshalb für Gumperz' 'speech community' den Terminus *repertoire community (Repertoiregemeinschaft)* vor (Kloss 1977, 228). Sprachgemeinschaft würde dann gleiche Muttersprache beinhalten, Repertoiregemeinschaft gleiches oder ähnliches sprachliches Repertoire. Statt *Repertoiregemeinschaft* findet sich in der deutschsprachigen einschlägigen Literatur der Terminus *Sprechgemeinschaft* für eine Gruppe, die sowohl ein gemeinsames Varietä-

tenrepertoire als auch gemeinsame Regeln für den sozial angemessenen Gebrauch dieser Regeln hat. 'Sprechgemeinschaft' ist ein Konzept, das in der Ethnographie der Kommunikation „die Gesamtheit aller Kommunikationsgewohnheiten einer Gemeinschaft" umfaßt, „zu deren Realisierung die Sprache als ein Instrument unter und im Verein mit anderen herangezogen wird" (Coulmas 1979, 10). Es läßt sich festhalten, daß durch die begriffliche Reinterpretation des Terminus *Sprachgemeinschaft* die Trennschärfe und Reichweite wiederhergestellt wurde (Kloss 1977, 226), obgleich die neuen Termini nicht allgemein akzeptiert sind.

6. Netzwerk sozialer Beziehungen

Bernsteins Hypothesen über soziale Beziehungen, die als Variablen zwischen Sprachsystem und Sprachgebrauch intervenieren, förderten Versuche, die konzeptuellen Werkzeuge zu verfeinern, mit deren Hilfe man näher an die soziale Realität herankommen will. Um Alltagskommunikation und Interaktionskonventionen von Mitgliedern sozialer Gruppen und Untergruppen analysieren zu können, wurde das 'soziale Netzwerk' (vgl. Art. 26) als sprachökologisches Substratum von Sprachgemeinschaft als Ausgangseinheit für die sprachliche Analyse in die Soziolinguistik eingeführt, „to explain individual behavior of various kinds which cannot be accounted for in terms of corporate groups membership" (Milroy 1980, 135). Hinzu kommt, daß das Netzwerk der Beziehungen, in das ein Individuum eingebettet ist und die korporative soziale Gruppe, der man dieses Individuum zurechnen kann, Phänomene auf verschiedenen Abstraktionsebenen sind (Milroy 1980, 133).

Gumperz, der die interaktionale Definition von Sprachgemeinschaft betont, ist sich bereits 1968 der Bedeutung geteilten sozialen Wissens bewußt: „Regardless of the linguistic differences among them, the speech varieties employed within a speech community form a system because they are related to a shared set of social norms" (1968, 220). Das Wissen über diesen weiten Bereich sozialer Normen beruht auf Interaktion mit einer spezifisch konstituierten Gruppe von Leuten an einem spezifischen Ort. Um dieser Tatsache Rechnung zu tragen, führt Gumperz in sein Mikrokonzept 'Sprachgemeinschaft' (auf niedriger Abstraktionsebene) das 'soziale Netzwerk' ein, mit dessen Hilfe er das sprachliche

Verhalten in einer solchen Gemeinschaft unter besonderer Berücksichtigung der angemessenen Interpretation der Normen und Werte durch den Sprachwissenschaftler erforschen will. Die Sprachgemeinschaft besteht demnach aus einer Reihe von Basiseinheiten, Netzwerken, an denen ein Mitglied in verschiedenem Ausmaß und in mehr als einer Funktion teilnehmen kann. Ein Hauptgrund für die Einführung des sozialen Netzwerkes in den analytischen Rahmen der Sprachgemeinschaftsstudien liegt darin, daß das traditionelle Makrokonzept der Erforschung sich langsam verändernder, ziemlich statischer Gemeinschaften (Stämme, Dorfgemeinschaften) sich nicht gut zur Analyse sich schnell verändernder städtischer Aggregate eignet (cf. Boissevain/Mitchell, 1973, VII). Das Konzept des sozialen Netzwerkes stellt einen Versuch dar, die Variable Mensch als soziales Wesen, das andere beeinflußt und von anderen beeinflußt wird, zu konzeptualisieren.

Während Gumperz lediglich eine binäre Distinktion zwischen offenen und geschlossenen sozialen Netzwerken einführt, weitet Milroy (1980, passim) die binäre Distinktion offen vs. geschlossen aus in eine kontinuierliche von mehr oder weniger offen vs. mehr oder weniger geschlossen mit den Parametern 'Dichte', 'Kluster' und 'Multiplexität'. Ein Netzwerk ist dichter, je mehr von denjenigen Personen, mit denen Ego verbunden ist, mit anderen Personen verbunden sind.

Dichte Netzwerke fungieren dabei als Normenbewahrungsmechanismen (cf. Milroy 1980, 49 f). Klusters sind Segmente von Netzwerken mit hoher Dichte; die Sozialbeziehungen innerhalb von Klustern sind dichter als außerhalb. Multiplexität ist ein Maß für die Interaktionscharakteristik eines Netzwerks: ob Personen in einer einzigen Funktion (uniplex) oder in mehreren Funktionen (multiplex) miteinander verbunden sind. „The basic postulate of the network approach is that people are viewed as interacting with others, some of whom in their turn interact with each other and yet others, and that the whole network of relations so formed is in a state of flux." (Boissevain/Mitchell 1973, VIII).

Das analytische Werkzeug 'Netzwerk' sagt per se nichts Explizites über die Art der Interaktionen aus. Die Forscher, die den Netzwerkansatz im Feld anwenden, bilden ständig Hypothesen über die Beschaffenheit der Netzwerke und versuchen empirisch, bestehende Sprachgebrauchsmuster zu belegen. Wichtig für die Abgrenzung solcher Netzwerke sind neben Interaktionsmustern, Besuchsmustern, Verwandtschaftsverhältnissen, das was Gumperz die „self-recruitment" der Gruppen (1971, 297) nennt. So tendieren die geschlossenen Netzwerke (oder das, was Saville-Troike [1982, 20] „hard-shelled communities" nennt) dazu, in bezug auf Sprachgebrauchsmuster einheitlicher zu sein, da u. a. die Territorialität geteilt wird, als offene Netzwerke (oder „soft-shelled communities"), wo die Teilhaber lockerer verbunden sind und die Territorialitätsgrenzen weniger eingehalten werden. Der analytische Nutzen des Werkzeugs 'Netzwerk' resultiert aus den Möglichkeiten, die es besitzt, Variation in der Sozialstruktur mit Variation im Sprachgebrauch zu verbinden, d. h., daß umweltbedingte Variation auf einer niedrigen Abstraktionsebene mit Sprachvariation verbunden wird.

7. Sprachgemeinschaft als psychologisch-subjektive Eigeninterpretation

Alle bisherigen Definitionen erwecken vielleicht den Eindruck, als wäre ein Sprecher im Normalfall nur Angehöriger einer einzigen Sprachgemeinschaft. Im Falle einer weitgefaßten, auf gemeinsamer Sprache beruhenden Definition mag dies oftmals zutreffen, im Falle einer interaktionistischen Definition urbaner Art jedoch sicherlich nicht. Bolinger (1975, 333) weist auf die psychologische Komplexität und den subjektiven Charakter des Konzepts 'Sprachgemeinschaft' hin, wenn er feststellt: „Für die Art und Weisen, in der sich Menschen zusammengruppieren zum Zwecke der Selbstidentifikation, der Sicherheit, des Vorteils, des Amüsements, des Glaubens oder irgendeines anderen Zieles, das gemeinsam ist, gibt es keine Begrenzung; konsequenterweise gibt es keine Begrenzung bezüglich Anzahl und Verschiedenartigkeit von Sprachgemeinschaften, die wir in der Gesellschaft finden."

Jede Population kann, Bolingers Definition nach, eine große Zahl von Sprachgemeinschaften enthalten, die bezüglich Mitgliedschaft und bezüglich Sprachvarietäten überlappen. Dieser psychologischen Realität von Sprachgemeinschaft, die von der Interpretation des Mitglieds abhängig ist, trägt Le Page's (1968) Auffassung Rechnung, für den wichtig ist, daß die Gruppen als Sprachgemeinschaften mit besonderen Sprachcharakteristika existieren, wobei die Zuordnung der Sprecher selbst, nicht der Soziologe, vornimmt. Je nachdem wie der Sprecher sich in seinem „multidimensionalen Raum" (Hudson 1980, 27) plaziert, nimmt er an verschiedenen Sprachgemeinschaften teil, deren Dimension bzw. Größenordnung durch die in seiner Umwelt definierbaren Gruppen bestimmt ist: Jeder individuelle Sprecher kreiert die Systeme seines eigenen sprachlichen Verhaltens, so daß diese denjenigen der Gruppen ähneln, mit denen er sich von Zeit zu Zeit identifizieren möchte, mit der Maßgabe, daß er a) die Gruppen identifizieren kann, b) sowohl die Gelegenheit und Fähigkeit hat, deren Verhaltenssysteme zu beobachten und zu analysieren, c) seine Motivation hinreichend stark ist, ihn zu veranlassen, sein Verhalten zu wählen und dementsprechend zu verändern, d) er noch dazu fähig ist, sein Verhalten anzupassen. Le Page interpretiert menschliche Rede als Identitätsakt des Individuums. Aus diesem Grund ist das Individuum auch legitimer Ausgangspunkt für die soziolinguistische Untersuchung. Er konnte zeigen, daß die Analyse individuellen Sprachverhaltens nicht, wie Labov meinte (1966, 6 f), mit Chaos gleichzusetzen ist (cf. Romaine 1982, 7). Sein multidimensionaler Ansatz, gewonnen aus Studien in multilingualen Gemeinschaften, macht es notwendig, eine ganze Anzahl von Einflußquellen auf den Sprachgebrauch eines Individuums zu berücksichtigen. Er betont dabei, daß individuelle Sprecher diejenigen der verschiedenen zur Verfügung stehenden sprachlichen Resourcen ausspielen, die der Identifikation mit bestimmten Gruppen dienen (Romaine 1982, 7). Ein Ansatz, der die soziale Gruppe als Ausgangspunkt nimmt, würde dies verdecken.

Soweit die — selektive — Diskussion der verschiedenen Auffassungen von 'Sprachgemeinschaft', die jeweils verschiedene Arten von Realität bzw. des Abstraktionsgrades darstellen und die zum Teil widersprüchlich sind. Alle versetzen uns jedoch in die Lage, Gruppen zu isolieren, die etwas gemeinsam haben: eine Sprache, einen Dialekt, ein gemeinsames sprachliches Repertoire, gemeinsame Verwendungsregeln, gemeinsame Spracheinstellungen etc. Je nach Erkenntnisinteresse werden verschiedene Gruppen isoliert.

8. Gemeinschaft und Gesellschaft

Die Charakteristika von 'gemeinschaftstypischen' und von 'gesellschaftstypischen' Grup-

penstrukturen können folgendermaßen beschrieben werden (cf. Loomis/Beegle 1951, 13 f): In der Bauernfamilie, die Gemeinschaftsstruktur hat, ist das Ausmaß des Interesses eines Interaktanten an den Personen seiner Umwelt diffus, nicht klar abgegrenzt; bei einer Militäreinheit, die Gesellschaftsstruktur hat, hingegen ist das Interesse spezifisch bestimmt. In der Bauernfamilie sind die Sozialbeziehungen persönlicher und partikularistischer Natur; im Falle der Militäreinheit sind sie unpersönlicher und universalistischer Art und nicht an bestimmte Personen oder Beziehungen gebunden. Gemeinschafts-Interaktionsmuster zeichnen sich dadurch aus, daß die soziale Ordnung, die auf Konsens beruht und von dem Bestreben nach Harmonie gekennzeichnet ist, die gemeinschaftlichen Wissensbestände mit Hilfe von gemeinsamen religiösen, kulturellen und sozialen Wertetafeln entwickelt. Gesellschafts-Interaktionsmuster basieren auf der Rationalität des Menschen, auf Konvention und Vertrag, werden durch politische Gesetzgebung geschützt und finden ihre ideologische Rechtfertigung in der öffentlichen Meinung (cf. auch Toennies 1887). In Gemeinschaften (cf. hierzu Gouldner/Gouldner 1964, 304 ff) werden die Sozialbeziehungen durch die Primärbeziehungen der Solidarität typisiert: Aktivitäten, Rechte und Pflichten (= soziales Rollenrepertoire) sind weit gefaßt und nicht genau abgegrenzt, d. h. sie werden implizit verstanden. In Gesellschaften sind die Sozialbeziehungen durch die Sekundärbeziehungen der Macht typisiert: Aktivitäten, Rechte und Pflichten sind spezifischer Art, genau definiert und abgegrenzt, d. h. sie werden explizit genannt. In Gemeinschaften ist der Intimitätsgrad hoch, gekennzeichnet durch Spontaneität, Informalität, wobei die Gefühle nicht zu sehr kontrolliert werden müssen. In Gesellschaften ist der Intimitätsgrad niedrig, Formalität und Distanz kennzeichnen die Interaktionsmuster. In Gemeinschafts-Gruppen wird eine Person holistisch bewertet: Lob, Tadel, Beurteilung erfolgen aufgrund der individuellen Persönlichkeit (partikularistisch). In Gesellschafts-Gruppen erfolgt die spezifische Wertung einer Person aufgrund von Kriterien eines 'objektiven' Standards (universalistisch). In Gemeinschaften ist der Affektivitätsgrad hoch: Billigung und Mißbilligung erfolgen aufgrund von Gefühlen, in Gesellschaften hingegen ist der Affektivitätsgrad niedrig, basierend auf leidenschaftsloser Beurteilung. Gemeinschafts-Sprachgemeinschaften (auf niedriger Abstraktionsebene) zeichnen sich dadurch aus, daß aufgrund des gemeinsamen Handlungsraums und der frequenten Interaktion der Mitglieder untereinander ein gemeinsames Erfahrungspotential in Form von Wissensbeständen etabliert wird. Der gemeinsame Handlungsraum schafft die Voraussetzungen zur Ausbildung eines Solidargefühls der Mitglieder. Gesellschafts-Sprachgemeinschaften (auf relativ hoher Abstraktionsebene) sind Aggregate, in denen es nur potentiell zu direktem Sprechen der Mitglieder untereinander kommt. Sie sind oft politisch konstituiert und oft überlagert von Begriffen wie Nation, Staat, Volk, etc. (Hierauf soll an dieser Stelle nicht eingegangen werden; desgleichen nicht auf die kontroverse Diskussion um den leider ideologisierten Gemeinschaftsbegriff, der natürlich realiter ebenfalls nicht frei von Machtstrukturen ist; ebenso gehen wir nicht auf die Diskussion zur Typologie von Sprachgemeinschaften aufgrund von Diglossie ein, cf. Beitrag Kloss, dieser Band).

Die Wahl des Terminus *Sprachgemeinschaft* für die Gruppen, die eigentlich Gesellschafts-Struktur haben, kann mit Kloss (1977, 226 f) als unglücklich bezeichnet werden, und zwar insofern, als die soziologischen Implikationen des Konzepts 'Sprachgemeinschaft', i. e., daß sich eine Gemeinschaft durch ein eng verzweigtes Interaktionsnetzwerk mit gemeinsamen Werten und Normen und einer hohen Interaktionsdichte auszeichnet — den älteren begrifflichen Festlegungen des Konzepts der Sprachgemeinschaft diametral entgegenstehen. Merkmalsgruppen hohen Abstraktionsgrades (z. B. alle kompetenten Sprecher der deutschen Sprache, sei es in Form einer dialektalen, sozialen oder anderen Variante) fallen darunter. Zwar verfügen alle diese kompetenten Sprecher als Mitglieder dieser Merkmalsgruppe über ein bestimmtes Maß an gemeinsamen Wissensbeständen und ebenso gibt es wahrscheinlich ein irgendwie vages Solidargefühl, dennoch sind beide nicht so ausgeprägt, daß eine solche Gruppe nur aufgrund des Merkmals Sprache eine in Richtung Gemeinschaft tendierende Qualifizierung erfahren könnte.

So wäre es vielleicht angebrachter für die Gruppen hohen Abstraktionsgrades den Terminus *Sprachgesellschaft* einzuführen, ungeachtet der Tatsache, daß der Terminus bereits historisch besetzt ist. Andererseits böte sich für die Gruppen niedrigen Abstraktionsgrades der Terminus *Sprechgemeinschaft* an, wo-

bei der Tatsache Rechnung getragen wird, daß es sich hier um kleine soziale Isolate handelt, in denen das miteinander Sprechen, der face-to-face Kontakt einen wesentlichen Bestandteil des sozialen Handelns ausmacht. Die Umschreibung *Sprachgesellschaft* impliziert, daß es sich um eine große Merkmalsgruppe handelt, in der es nicht zum direkten Sprechen der Mitglieder untereinander kommt, denen aber „... ein bestimmtes sprachliches Diasystem in seinen verschiedenen dialektalen, soziolektalen usw. Varianten gemeinsam ist" (Kloss 1977, 225). Sprechgemeinschaften (oder Sprachgemeinschaften auf niedriger Abstraktionsebene) erfordern ein anderes methodologisch ausgerichtetes Vorgehen bei der Erforschung soziolinguistischer Phänomene als große Sprachgesellschaften (oder Sprachgemeinschaften auf hoher Abstraktionsebene). Nicht nur die soziolinguistischen Phänomene selbst verlangen einen spezifischen methodischen Zugriff, sondern auch die Größe und die Struktur des zu erforschenden Isolats, in dem die zu untersuchenden Phänomene vorkommen. So ist es wenig sinnvoll, Phänomene des Sprachwandels und der Spracherhaltung in großen Merkmalsaggregaten mit der Methode der teilnehmenden Beobachtung und der qualitativ interpretierenden Soziolinguistik zu analysieren. Andererseits ist es wenig fruchtbringend quantitativ korrelierende Beschreibungsmethoden in kleinen face-to-face Aggregaten einzusetzen.

9. Literatur (in Auswahl)

Bach, Adolf (1950) *Deutsche Mundartforschung,* Heidelberg.

Bloomfield, Leonard ([1933] 1962) *Language,* New York.

Boissevain, Jeremy/Mitchell, J. Clyde, eds., (1973) *Network analysis. Studies in human interaction,* The Hague.

Bolinger, Dwight ([1968] 1975) *Aspects of language,* New York.

Chomsky, Noam (1965) *Aspects of the theory of syntax,* Cambridge, Mass.

Coulmas, Florian (1979) „Einleitung: Sprache und Kultur", in: *Soziolinguistik,* Hymes, D., Frankfurt a. M., 7—25.

Enninger, Werner/Raith, Joachim (1982) *„An ethnography-of-communication approach to ceremonial situations",* Wiesbaden.

Enninger, Werner/Wandt, Karl-Heinz (1979) „Social roles and language choice in an Old Order

Amish community", in: *Sociologia Internationalis* 17 (1/2), 47—70.

Enninger, Werner/Wandt, Karl-Heinz (1983) „Language ecology revisited: From language ecology to sign ecology", in: *Studies in language ecology,* Enninger, W./Haynes, L., eds., Wiesbaden, 30—51.

Ferguson, Charles A. (1959) „Diglossia", in: *Word* 15, 325—340.

Fishman, Joshua A. ([1972 englisch] 1975) *Soziologie der Sprache,* München.

Gouldner, Alvin W./Gouldner, Helen P. (1963) *Modern Sociology,* New York.

Gumperz, John J. (1962) „Types of linguistic communities", in: *Language and social groups.* Gumperz, J., Stanford, 1971, 97—113.

Gumperz, John J. ([1968] 1972) „The speech community", in: *Language and social context.* Giglioli, P. P., ed., Harmondsworth, 219—231.

Gumperz, John J. (1971) *Language and social groups.* Essays by J. J. Gumperz, Dil, A. S., ed., Stanford.

Gumperz, John J. (1977) „Social network and language shift", in: *German in contact with other languages,* Molony, C. et al., eds., Kronberg/Ts., 83—103.

Halliday, Michael A. K. (1973) *Explorations in the functions of language,* London.

Halliday, Michael A. K. (1978) *Language as a social semiotic,* London.

Hudson, Richard A. (1980) *Sociolinguistics,* Cambridge (England).

Hymes, Dell (1966) „Two types of linguistic relativity", in: *Sociolinguistics.* Bright, W., ed., The Hague.

Hymes, Dell (1972) „Models of the interaction of language and social life", in: *Directions in Sociolinguistics: The ethnography of communication,* Gumperz, J. J./Hymes, D., eds., New York, 350—377.

Hymes, Dell (1974) *Foundations in sociolinguistics: an ethnographic approach,* Philadelphia.

Kloss, Heinz (1977) „Über einige Terminologie-Probleme der interlingualen Soziolinguistik", in: *Deutsche Sprache* 3, 224—237.

Kroeber, Alfred L. (1939) *Cultural and natural areas of native North America.* University of California Publications in American Archeology and Ethnology 38, 1—242.

Labov, William (1966) *The social stratification of English in New York City,* Washington, D. C.

Labov, William (1972) „The study of language in its social context", in: *Language and social context,* Giglioli, P. P., ed., Harmondsworth, 283—308.

Le Page, Robert (1968) „Problems of description in multilingual communities", in: *Transactions of the Philological Society,* 188—212.

Loomis, Charles P./Beegle, Allen J. (1951) *Rural sociology,* Englewood Cliffs, N. J.

Lyons, John (1970) *New horizons in linguistics,* Harmondsworth.

Mattheier, Klaus J. (1980) *Pragmatik und Soziologie der Dialekte,* Heidelberg.

Milroy, Lesley (1980) *Languages and social networks,* Oxford.

Raith, Joachim (1982) *Sprachgemeinschaftstyp, Sprachkontakt, Sprachgebrauch.* Eine Untersuchung des Bilingualismus der anabaptistischen Gruppen deutscher Abstammung in Lancaster County, Pennsylvania, Wiesbaden.

Romaine, Suzanne, ed., (1982) *Sociolinguistic variation in speech communities,* London.

Toennies, Ferdinand (1887) *Gemeinschaft und Gesellschaft,* Leipzig.

Saville-Troike, Muriel (1982) *The ethnography of communication,* Oxford.

Joachim Raith, Essen
(Bundesrepublik Deutschland)

33. Diglossie/Polyglossie

1.   Allgemeines

1.1. Wenige Begriffe der Sprachwissenschaft/ Soziolinguistik sind so umstritten wie diese. Damit gewinnen sie eine erhebliche Bedeu-

tung für die Theoriebildung der Soziolinguistik überhaupt. Um die Widersprüche zu verdeutlichen, ist die komplexe Entstehungsgeschichte der Begriffe heranzuziehen. Dabei ist nicht zu vergessen, daß politische Erscheinungen und Bewertungen mitspielen. Daher sollen im Folgenden historische und systematische Betrachtung verbunden werden; das Hauptgewicht soll auf den grundlegenden Unterschieden in den Konzeptionen liegen, nicht auf der Instrumentalisierung der Termini im einzelnen. Ebenso wenig wird zwischen Di- und Polyglossie unterschieden, da die erste nur als die am weitesten verbreitete Form der zweiten angesehen wird und konzeptuelle Unterschiede außer dem Komplexerwerden der Beschreibungsmodelle kaum bestehen (vgl. Platt 1977, 361 ff).

1.2. Seit langem betrachtet die Sprachwissenschaft die Zwei- oder Mehrsprachigkeit als Problem des Individuums; die Untersuchungen über ihr Entstehen und ihre Erscheinungsformen haben seit Beginn unseres Jh. noch immer lesenswerte Studien hervorgebracht. Allerdings ist die Betrachtung dabei bis weit in die fünfziger Jahre intern linguistisch, nur bisweilen durch psychologische oder psycholinguistische Überlegungen angereichert. Die gesellschaftlichen Aspekte der Zweisprachigkeit werden meist nur von Außenseitern bzw. von Vertretern sozialwissenschaftlicher Disziplinen berücksichtigt. Dabei stellt sich die Frage, welche Sprecher als bilingual zu bezeichnen seien. Die Ansichten schwanken zwischen der Auffassung, von wirklicher Zwei- oder Mehrsprachigkeit könne nur gesprochen werden, wenn „aktive vollendete Gleichbeherrschung" (Braun 1937, 115) vorliege, und der vorsichtigeren Formulierung, „the practice of alternately using two languages" (Weinreich 1953, 1) ohne Präzisierung sei gemeint. Gewöhnlich neigt man heute der zweiten Ansicht zu. Der Bilinguismus wird auch als pädagogisches Problem betrachtet. Ein anderer, damit eng verbundener Komplex ist der der Kontakte von Sprachen in historischer und prähistorischer Zeit, wobei die romanische Sprachwissenschaft eine führende Rolle einnimmt (Kontzi 1982). Aber erst Weinreich (1953) betrachtet die Sprachkontakte und ihre Folgen in der Synchronie und verknüpft somit beide Stränge; indes geht auch er von den Sprachen und weniger von den Sprechern aus. Noch zu Beginn der siebziger Jahre wird der Forschungsstand als ungenügend angesehen (Oksaar 1972, 477).

1.3. Infolge der Ausdehnung des Terminus Bilinguismus wird auch der gesellschaftliche Aspekt stärker in Betracht gezogen. Man unterscheidet zwischen individuellem Bi- oder Multilinguismus, der einzelne Sprecher aufgrund biographischer Zufälligkeiten betrifft, und sozialem, der größere Sprechergruppen umfaßt (z. B. Vildomec 1963, 233; Badia-Margarit 1964, 366; vgl. auch Mackey 1976; Adler 1977). Es wird deutlich, daß es sinnvoll

ist, individuelle und gesellschaftliche Aspekte zu trennen, da in einer mehrsprachigen Gesellschaft nicht notwendig jedes Mitglied alle Sprachen beherrscht und umgekehrt das mehrsprachige Individuum sich keineswegs in einer ebensolchen Gesellschaft bewegen muß. Zugleich wird deutlich, daß die unterschiedlichsten Disziplinen zum Verständnis der Mehrsprachigkeit und Sprachkontakte herangezogen werden müssen. Der Terminus Diglossie und die damit bezeichneten Konzepte sollten zu einem Instrument dieses Ansatzes werden.

2. Zur Vorgeschichte des Diglossiebegriffs

2.1. *Diglossie* ist die griechische Entsprechung des lateinischen *Bilinguismus* und bedeutet zunächst ebenfalls 'Zweisprachigkeit'. Der Terminus wird bei seinem ersten Auftreten zur Kennzeichnung der sprachlichen Situation Griechenlands mit seinen beiden in unterschiedlichen Funktionen gebrauchten Sprachformen Katharevousa und Demotiki verwendet (durch M. Rhoidis 1885). J. Psichari greift ihn in seiner in Paris erschienenen Grammatik wieder auf (1886); er findet bei Gräzisten Eingang (vgl. Beziers/van Overbeke 1968, 57 ff; Prudent 1981, 15 ff). 1928 definiert ihn Psichari in folgender Weise: „La diglossie porte sur le système grammatical tout entier. Il y a deux façons de décliner, deux façons de conjuguer, deux façons de prononcer; en un mot, il y a deux langues, la langue parlée et la langue écrite, comme qui dirait l'arabe vulgaire et l'arabe littéral." [Die Diglossie beeinflußt das gesamte grammatische System. Man findet zwei Arten der Deklination, zwei Arten der Konjugation, zwei Arten der Aussprache; mit einem Wort, es handelt sich um zwei Sprachen, die gesprochene und die geschriebene, genau wie man von gesprochenem und literarischem Arabisch spräche.] (1928, 66). Zugleich wendet er den Terminus auf mehrere romanische Sprachen in Geschichte und Gegenwart an. W. Marçais verwendet ihn zur Charakterisierung der Lage des Arabischen in Nordafrika (1930, 401 ff).

2.2. Unabhängig davon sind Traditionen zu verstehen, welche die Begrifflichkeit nicht aufweisen, denen aber letztlich ähnliche Analysen zugrundeliegen. Hier sind v. a. einige nationale und soziale Emanzipationsbewegungen zu nennen; vor allem in der Zweiten

Internationale ist die Artikulation von sozialer (Klassen-) und sprachlicher Zugehörigkeit ein ständiger Streitpunkt. Dabei werden die Funktionen der implizierten Sprachen ausführlich beschrieben (Bauer [1907] 1924).

2.3. Schließlich gibt es in der Sowjetunion der zwanziger Jahre eine bedeutsame Soziolinguistik avant la lettre, welche aufgrund der sprachpolitischen Ziele der Revolution, welche die Emanzipation und Instrumentalisierung der nichtrussischen Sprachen enthalten, auch mit Diglossieproblemen konfrontiert wird. Dabei entwickeln Autoren wie E. D. Polivanov, A. M. Seliščev, V. M. Žirmunski u. a. Konzepte, welche manche der zu referierenden Positionen vorwegnehmen (Girke/ Jachnow 1974, 19 ff).

3. Die Ausformulierung v. a. in Nordamerika

3.1. Die Geschichte des Terminus im engeren Sinne beginnt mit der Wiederaufnahme durch Ch. A. Ferguson (1959, 325 ff), der sich auf die Lage in Arabien, Griechenland, der deutschsprachigen Schweiz und Haiti stützt. Ferguson unterscheidet zwischen einer hohen (H) und einer niedrigen Varietät (L) einer einzigen Sprache (oder zweier genetisch eng verbundener Sprachen), die unterschiedliche Funktionen in den jeweiligen Gesellschaften erfüllen; H bleibt den formalen Situationen vorbehalten und genießt das höhere Prestige. Gewöhnlich sind wichtige literarische Werke in H abgefaßt. Seine Grammatik ist komplexer, allerdings gewöhnlich auch als einzige kodifiziert. H und L unterscheiden sich im Lexikon. H wird auf formalem Wege gelernt (Unterricht), während L gewöhnlich die auf „natürliche" Weise erlernte Sprachform ist. Damit ist H meist auch die einzige schriftlich gebrauchte Sprachform. Ferguson faßt seine Definition so zusammen: „Diglossia is a relatively stable language situation in which, in addition to the primary dialects of the language (which may include a standard or regional standards), there is a very divergent, highly codified (often grammatically more complex) superposed variety, the vehicle of a large and respected body of written literature, either of an earlier period or in another speech community, which is learned largely by formal education and is used for most written and formal purposes but is not used by any sector of the community for ordinary conversation" (Ferguson 1959, 336). Laut

Ferguson wird diese Situation von den Sprechern als unproblematisch angesehen, bis (a) der Grad der Alphabetisierung der Gesellschaft zunimmt, (b) die interne Kommunikation anwächst, (c) der Wunsch nach einer vollgültigen nationalen Standardsprache als Zeichen der eigenen Souveränität aufkommt (Ferguson 1959, 338), d. h. solange die sozialen und politischen Gegebenheiten der Gesellschaft sich nicht (nennenswert) verändern. Nach Ansicht mancher Beobachter bleibt Ferguson mit diesen Formulierungen hinter Psichari zurück, der auf das konfliktuelle Moment der Diglossie verweist (Jardel 1982, 12).

3.2. Diese Definition wird von anderen nordamerikanischen Forschern bald als zu eng empfunden. J. Gumperz weitet den Diglossiebegriff auf solche Gesellschaften aus, die verschiedene Dialekte, Register oder andere funktional differenzierte Varietäten verwenden, ohne daß diese Gesellschaften sich als zweisprachig im engeren Sinne ansehen (Gumperz 1964, 1966). J. A. Fishman schlägt zusätzliche Erweiterungen vor: er gibt die Bedingung einer genetischen Verwandtschaft auf und betrachtet jede Gesellschaft, in der zwei Sprachen mit unterschiedlichen Funktionen verwendet werden, als diglossisch. Er versucht, zwischen dem Bilinguismus als der Domäne der Psycholinguisten und der Diglossie als der der Soziolinguisten zu trennen (Fishman 1967, 29). Dabei versucht er, beide Erscheinungen in einem Schema zu verbinden und mit Beispielen zu belegen (Koexistenz beider Größen, Fehlen der einen, Fehlen beider, Fishman 1967, 30 ff). Fishman geht von der Prämisse aus, daß sich praktisch in jeder einigermaßen komplexen Gesellschaft Diglossieerscheinungen finden. Außerdem betrachtet er die Beibehaltung und Aufhebung der Diglossie in bestimmten Gesellschaften. Er versucht, die Variablen zu isolieren, welche für den Gebrauch der jeweiligen sprachlichen Varietät relevant sind und findet u. a. folgende Größen: Gruppenzugehörigkeit, Gesprächssituation und -partner, Thema (Fishman 1965, 68 ff). Ähnliche, stärker von der institutionellen Seite herkommende Schemata entwirft Stewart (1962, 15 ff). Die weitgehende Instrumentalisierung des Diglossiebegriffes in der nordamerikanischen Soziolinguistik ermöglicht die Darstellung komplexer Kommunikationsfiguren. Sie bleiben allerdings deskriptiv und können in sich ändernden Situationen nur wenig an Erklärungszusammenhängen liefern (vgl. die scharfe Kritik Dittmars: 1973, 218 f). Zudem zeigt sich, daß manche Elemente aus den als Beispiel herangezogenen Gesellschaften einer genaueren Betrachtung bedürfen (vgl. Kaye 1970, 374 ff für die Spannweite des Terminus 'Hocharabisch').

3.2.1. Die Diglossie hat unterschiedliche Bewertungen erfahren: während Ferguson und Fishman sie als nicht-negative Erscheinung beschreiben, schlägt E. Haugen den Terminus *schizoglossia* vor, den er als „linguistic malady" (1962, 63) bewertet wissen möchte; er verbindet das Auftreten der Diglossie mit dem Wunsch nach einer einzigen schriftsprachlichen Norm innerhalb eines politischen Gebildes. Eine andere Verknüpfung von Diglossie- und Standardkonzepten schlägt P. Wexler vor, der deutlicher auf soziale Bewegungen als Auslösefaktoren eingeht (1971, 321 ff). Er stellt eine Beziehung zwischen Diglossie und Sprachplanung her: die Aufhebung einer Diglossiesituation macht sprachplanerische und -politische Eingriffe notwendig. Den stärksten Abstand zu anderen nordamerikanischen Autoren nimmt P. Eckert ein, wenn sie schreibt: „the only circumstances under which the use of two languages within a community can be 'separate but equal' is when equal means the same domains, not the same number of domains" (1980, 1063). Damit knüpft sie an die stärker historischen Betrachtungsweisen europäischer Soziolinguisten an.

3.3. Die Unterschiede in den Definitionen hätten es notwendig gemacht, daß jeder Autor seinen Diglossiebegriff explizit definiert; die Gegner des Konzeptes ziehen aus den Schwankungen Gründe für ihre ablehnende Haltung. Zudem bedürften viele Punkte weiterer Klärung: die von Fishman vorgeschlagene Vierteilung ist sehr schematisch und kann komplexeren Situationen kaum gerecht werden. Gewöhnlich ist die „Gesellschaft" Ausgangspunkt der Betrachtungen, doch wird der Terminus häufig unzureichend definiert; daneben wird kaum berücksichtigt, daß die Situation sich auf der Seite des Individuums anders darstellen kann. Institutionelle Vorgaben finden nur wenig Aufmerksamkeit. Die geringe Beachtung des konfliktuellen Potentials jeder Diglossiesituation führt zur Unterschätzung der Bedeutung sozialer Veränderungen und zur Vernachlässigung der Historizität von Erscheinungen im allgemeinen. Zwar weist Ferguson auf das unter-

schiedliche Prestige der Sprachformen hin, daraus werden jedoch nur selten Konsequenzen für die Betrachtung des sprachlichen Verhaltens und des Status der Sprecher gezogen. Die Frage der Dominanz in einer Gesellschaft bleibt weitgehend ausgeklammert. Diese Karenzen machen neue Ansätze notwendig. Diese gehen in zwei Richtungen: der einer weiteren Begriffsverfeinerung und der einer Erneuerung der Fragestellungen.

3.4. H. Kloss, der seit vielen Jahrzehnten seine Aufmerksamkeit Erscheinungen der sozialen Mehrsprachigkeit widmet, versucht, die Probleme durch zusätzliche terminologische Präzisierungen zu bereinigen. Er schlägt vor, zwischen Binnen- und Außendiglossie (1976, 316) zu unterscheiden, je nachdem, ob die Sprachformen genetisch verwandt sind oder nicht (engl. 'in-diglossia' und 'out-diglossia', Kloss 1966, 138). Kloss verweist darauf, daß bei Ferguson neben der Funktionsteilung die intime Verflechtung der beiden Sprachen beim einzelnen Sprecher eines der wichtigsten Charakteristika der Diglossie sei; daher meldet er Reserven gegenüber Fishmans 'Diglossie ohne Bilinguismus' an (Kloss 1976, 318 f). Schließlich legt er großen Wert auf die Stabilität der Funktionsteilung und lehnt die Vorstellung einer intrapersonalen Diglossie ab. H. Haarmann greift dieselben Fragen auf und weitet sie auf Beziehungen zwischen mehreren Sprachen aus (1983, 32). Daneben verweist er auf die Bedeutung des Bewußtseins der Sprecher (1983, 28 f; vgl. 4.2.2.). Auch er ruft zur terminologischen Klärung auf. Allerdings wird vielleicht nicht genügend berücksichtigt, daß terminologische Klärungen grundlegende inhaltliche Gegensätze nicht aufheben können, ebenso wenig wie sie das unterschiedliche Verhältnis der Forscher zu ihrem Forschungsgegenstand vereinheitlichen können — gerade das Thema der gesellschaftlichen Sprachdifferenzierung ist so stark von persönlichen (sicher oft unbewußten, vgl. Devereux 1984, 309) Optionen beeinflußt, daß weniger die Unterschiedlichkeit und Komplexität der Situationen Probleme der wissenschaftlichen Verständigung aufwirft als vielmehr der Bewußtseinsstand der Forschenden. Hinzu kommt, daß in zahlreichen zeitgenössischen Staaten das Kriterium der Sprachzugehörigkeit als entscheidendes Merkmal der Volks- bzw. nationalen Zugehörigkeit angesehen wird (Kloss 1967; Deutsch 1966 [1953]; 1975). In Ergänzung dazu wurde die Vermutung geäußert, Diglossie und der damit eng verbundene Komplex einer (bewußten) Sprachpolitik sei von der Entwicklung der gesellschaftlichen und Produktionsverhältnisse relativ direkt ableitbar (Maas 1980). Konzeptionelle Widersprüche können daher kaum durch definitorische Lösungen aufgehoben werden: anders vorgehende Betrachtungsmodelle können nur als Replik oder Antithesis dargestellt werden.

4. Zur Rezeption des Diglossiebegriffs in Europa

Die Betrachtung soll sich auf solche Modelle beschränken, die sich vom bisher Dargestellten abgrenzen; dabei werden kontrastive Züge hervorgehoben.

4.1. Zu einigen Positionen der katalanischen Soziolinguisten: das Diglossiekonzept fand vor allem in den europäischen Gesellschaften Beachtung, auf die es möglicherweise selbst zutrifft. In den katalanischsprachigen Ländern wurde das Konzept des sprachlichen Konflikts (Aracil 1965) geprägt, ein Begriff, der zwar schon zuvor in Gebrauch war, jedoch noch keine Definition erfahren hatte (Vallverdú 1980, 56 ff; Kremnitz 1981, 65). Die katalanischen Soziolinguisten vertreten die Auffassung, der sprachliche Konflikt sei ein umfassendes Phänomen, das in seinem Verlauf das Auftreten diglossischer Situationen zeitigen könne. Er wird folgendermaßen definiert: „Hi ha conflicte lingüístic quan dues llengües clarament diferenciades s'enfronten l'una com a políticament dominant (ús oficial, ús públic) i l'altra com a políticament dominada. Les formes de dominació són variades: des de les netament repressives [...] fins a les políticament tolerants, la força repressiva de les quals és fonamentalment ideològica [...]. Un conflicte lingüístic pot ser latent o agut, segons les condicions socials, culturals i polítiques de la societat en què es presenta." [Ein Sprachkonflikt liegt dann vor, wenn zwei deutlich voneinander verschiedene Sprachen sich gegenüberstehen, wobei die eine politisch dominiert (im staatlichen und öffentlichen Gebrauch) und die andere politisch unterworfen ist. Die Formen der Dominanz sind vielfältig und gehen von den eindeutig repressiven [...] bis zu den politisch toleranten, deren repressive Kraft vor allem ideologischer Natur ist [...]. Ein Sprachkonflikt kann latent oder akut sein, je nach den sozialen, kulturellen und politischen Gege-

benheiten der Gesellschaft, in der er auftritt] (Congrés de Cultura Catalana 1978, I, 13).

4.1.1. Dieser Ansatz legt das Schwergewicht auf soziale Aspekte: die sprachliche Situation wird weithin zu einer Funktion der sozialen, wobei eben sprachliche und soziale Trennlinien zusammenfallen. Die Einschätzungen, wann innerhalb eines Sprachkonfliktes von Diglossie zu reden sei, stimmen nicht ganz überein, da manche Autoren die Formulierungen Fergusons (vgl. 3.1.) heranziehen, andere von Anfang an die Diglossie als stärker veränderlich und -bar ansehen. Andererseits hebt die Forderung, es müsse sich um „zwei deutlich voneinander verschiedene Sprachen" handeln, gerade diese Definition auf, während sie sich mit Fishmans Formulierungen in Übereinstimmung bringen läßt (vgl. 3.2.). Den Hintergrund für die neuerliche Limitierung bildet die konkrete historische Situation des Katalanischen. Andererseits integriert das Konfliktschema die Diglossie in die historischen Abläufe, die Bedingungen für ihr Entstehen und Verschwinden rücken in das Gesichtsfeld. Sie bleibt im allgemeinen auf „typisch" europäische Situationen des Kontaktes autochthoner Gruppen begrenzt, Diglossiesituationen aufgrund von Wanderungsbewegungen rücken wenig in das Blickfeld der katalanischen Forscher (obgleich hier eine alte und kontinuierliche Einwanderung durch Arbeitssuchende zu beobachten ist), vgl. indes die große Umfrage Badia i Margarits (1969).

4.1.2. Über lange Zeit hinweg ließ der geringe Organisationsgrad staatlicher Gebilde — nicht nur in Europa — die weitgehende Entscheidungsautonomie der örtlichen Gemeinschaften und die geringe Beteiligung der großen Masse der Untertanen an der politischen Organisation, aber auch die nicht-nationalen Grenzverläufe politischer Herrschaften Situationen der Koexistenz verschiedensprachiger Gemeinschaften als wenig problematisch erscheinen. Hinzu kam der geringe Kodifizierungsgrad fast aller europäischer Volkssprachen und der stets mögliche Rekurs auf das Latein als überörtliches und sozial höher bewertetes Verständigungsmittel. Entscheidende Kriterien für die Differenzierung von Gruppen waren andere, wie Religion und soziale Klasse; im allgemeinen gingen sie nicht notwendig Hand in Hand mit sprachlichen Unterschieden. Das scheint auch ein entscheidender Grund dafür zu sein, daß bis weit in die Neuzeit hinein sprachliche Konflikte nur recht selten und kurzfristig aufflammen; zumindest werden sie von den Betroffenen kaum als sprachliche Konflikte aufgefaßt. Die ersten größeren Veränderungen lassen sich in der Renaissance und Reformation feststellen, als einige der Volkssprachen den Platz des Lateins einzunehmen suchen und damit andere in den Hintergrund drängen. Dabei wird rasch deutlich, daß die Sprachenfragen nur Instrument der Politik sind. Diese Situation verallgemeinert sich in der Folge der französischen Revolution, einmal aufgrund des von den Revolutionären formulierten sprachlichen Nationalismus, zum andern, weil nur so die Beteiligung weiter Schichten der Bevölkerung am politischen Leben möglich scheint. Die zunehmende Alphabetisierungsrate und der daraus erwachsende sprachliche Normierungsdruck wirken in Richtung einer Durchsetzung der sowieso schon historisch „stärkeren" Sprachen. Damit ist gemeint, daß möglicherweise relativ stabile Diglossiesituationen, die sich seit der Renaissance herausgebildet haben, als sie die in Westeuropa übliche Diglossie Latein/Vulgärsprache ablösten, in raschere Bewegung kommen (wahrscheinlich sind auch in früherer Zeit die Veränderungen in den Sprachgebrauchsnormen größer als der Ansatz Fergusons vermuten läßt; sie sind nur schlecht dokumentiert, vgl. Gardy/Lafont 1981, 78 f).

4.1.3. Ausgehend von diesen Prämissen ist die katalanische Soziolinguistik der Auffassung, sämtliche Verschiebungen im Sprachgebrauch könnten nur in zwei Richtungen verlaufen: in der einer Substitution, d. h. der allmählichen völligen Durchsetzung der herrschenden Sprache, oder in der einer Normalisierung, d. h. der zunehmenden Behauptung der beherrschten Sprache bis zur völligen Verdrängung der ehemals herrschenden (Aracil 1965, 6; Ninyoles 1972, 48). Da die herrschende Sprache im allgemeinen auch die Sprache der sozial und politisch herrschenden Gruppen ist, kommt die Normalisierung nach diesem Konzept notwendigerweise einem Wechsel oder zumindest einer substantiellen Modifizierung der Machtverteilung in der betroffenen Gesellschaft gleich. Die Substitution ist dagegen als Akkulturation der gesamten Bevölkerung an das herrschende (sprachliche) Modell zu verstehen. Man könnte daher die europäische Sprachengeschichte seit dem Mittelalter auch als eine Geschichte von Normalisierungstendenzen (die etwa in den Fällen des Ungarischen und Tschechischen dem Deutschen gegenüber zum Erfolg geführt haben) und Substitutionsbewegungen (hier hat das Englische das Kornische ersetzt bzw. Serbokroatisch und Slowenisch das Dalmatische) auffassen. Man muß sich bei solch allgemeinen Formulierungen allerdings vor Augen halten, daß präzise Aussagen immer nur für bestimmte Gebiete und Zeiten, u. U. auch für bestimmte Schichten oder Gruppen möglich sind, da die Resultante der beteiligten Faktoren an anderer Stelle ganz anders verlaufen kann.

4.1.4. In der neueren europäischen Geschichte scheinen nun raschere Veränderungen gewöhnlich zunächst in Richtung auf eine Substitution verlaufen zu sein, und zwar aufgrund einer zunehmenden Öffnung der Gesellschaft. Der dadurch möglich werdende individuelle soziale Aufstieg geht nur um den Preis einer weitgehenden Akkulturation an die herrschenden (nicht nur) sprachlichen Normen vor sich. Erst wenn die beherrschte Sprachgemeinschaft/Gruppe über eine genügend große in der herrschenden Sprache und Kultur akkulturierte Schicht verfügt, kann diese nun wieder ihre Akkulturation überwinden und sprachliche (und gesellschaftliche) Gegenmodelle vorschlagen (diesem Schema folgen die meisten europäischen und außereuropäischen Emanzipationsbewegungen). Diese Gruppen müssen durch die Veränderungen auch für ihre eigene Situation in der diglossischen Gesamtgesellschaft fürchten, weshalb die Verbreitung sprachlicher Gegenmodelle nicht notwendig mit der sozialer Reformen Hand in Hand geht. Die katalanische Soziolinguistik hat einige Aspekte dieser Bewegungen in Anwendung auf das Beispiel des Katalanischen dokumentiert (Ninyoles 1969; Bernardó 1976).

4.1.5. Zwei Begriffe sind für das Verständnis von Veränderungen von großer Bedeutung: der des wirklichen sozialen Status der Sprecher und der des Prestiges (des fiktiven Status). Die Hoffnung auf höheres Prestige kann die Sprecher der beherrschten Sprache zum Übergang auf die herrschende veranlassen (Ninyoles 1969, 63); denn selbst wenn ein so erzieltes Prestige den wirklichen Status nicht unmittelbar verändert, kann es ihn auf Dauer beeinflussen. Andererseits ist dieser Sprachwechsel als kompensatorisches Verhalten zu verstehen, das seine Entsprechung auf anderen Gebieten findet. Für den Beobachter bekommt es besonderes Gewicht, denn die Vermutung liegt nahe, daß solches Verhalten vor allem in den sozialen Gruppen häufiger auftritt, die stark vom Konflikt betroffen sind. Ninyoles (1969, 96 ff) hat für diese Erscheinung der Ablehnung der ursprünglichen Identität und Anpassung an die herrschenden Modelle den Terminus des Selbsthasses aus der nordamerikanischen Sozialpsychologie entlehnt, der in vieler Hinsicht dem sprachlichen Entfremdungskonzept R. Lafonts (1967, 107 ff) entspricht. Eine als wichtig angesehene Konsequenz des Selbsthasses ist die Abwertung der beherrschten Sprache durch ihre Sprecher: sie wird als für gewisse, vor allem wissenschaftliche und technische (in jedem Fall mit hohem Prestige bedachte), Kommunikationsformen nicht verwendbar angesehen aus Gründen, die sowohl im „Charakter" der Sprache als auch oft in ihrer Aufsplitterung in dialektale Varietäten gesehen werden. Andererseits wird sie als besonders geeignet für die informelle Kommunikation dargestellt. Man hat diese sprachliche Ideologiebildung als den Prozeß der 'Patoisierung' bezeichnet (Lafont 1976, 125 ff), nach 'patois', der französischen umgangssprachlichen Bezeichnung für sozial abgewertete Sprachformen (Dauzat 1927, 30 f); der Terminus wird heute aufgrund seiner starken Konnotationen in der wissenschaftlichen Diskussion vermieden. Es ist darauf hingewiesen worden, daß staatliche Politik oft auf die Entstehung eines solchen Bewußtseins bei Minderheiten hinarbeitet (Kloss 1967, 46; 1969, 74 ff). Sie gelingt häufig nur teilweise: es kommt dann zum Auseinanderklaffen von Sprachbewußtsein/Sprachideologie und kommunikativer Praxis (vgl. 4.2.2.). U. U. können solche Widersprüche zu Bewußtwerdungsprozessen führen.

4.1.6. Stärkster Ausdruck der Gegenideologien kann die gesellschaftliche Einleitung eines Normalisierungsprozesses sein (der Terminus ist stark ideologisch aufgeladen), der nach Aracil (1965, 11) und Vallverdú (1977, 147) zwei Aspekte umfaßt, den der (linguistischen) Normativierung und den der Erweiterung des sozialen Anwendungsbereiches einer Sprache (vgl. auch Vallverdú 1980, 75 ff). Wir befinden uns damit im Bereich der Überwindung der Diglossie und der Sprachplanung, die hier nicht zu referieren sind. Ein Normalisierungsprozeß hat nur Aussicht auf Erfolg, wenn das kollektive Bewußtsein der Sprecher Selbsthaß und Entfremdung überwunden hat, m. a. W. wenn ein sozial akzeptiertes (sprachliches) Gegenmodell vorliegt. Dabei

spielt offensichtlich die soziale und wirtschaftliche Lage einer Gesellschaftsgruppe eine entscheidende Rolle.

4.1.7. Als Fortschritt dieses Konzeptes im Vergleich zu den nordamerikanischen Theorien kann man die Dynamisierung und Historisierung der Diglossie und ihre Einbettung in eine Gesamtheit historischer Abläufe ansehen. Hand in Hand damit geht die Bewußtwerdung der sozialen Implikationen des Forschenden. Hingegen wird die funktionelle (bzw. funktionalisierbare) Seite eines solchen Verhältnisses nicht immer deutlich. Die Folgen des Konfliktes für das einzelne Subjekt werden nur wenig ausgeleuchtet.

4.2. Einige Ergänzungen liefert die okzitanische Soziolinguistik, besonders die Schule von Montpellier; sie hat sich schon früh mit ähnlichen Fragestellungen befaßt (vgl. Lafont 1952, 41 ff). Zentral für ihre Vorstellungen ist der Begriff der diglossischen Funktionsweisen („fonctionnements diglossiques"), der die scheinbare Einheit der Diglossie in die unendliche Zahl der einzelnen Kommunikationsakte aufspaltet (Kremnitz 1981, 72). Auf der Ebene der reinen Beobachtung trifft man auf ähnliche Erscheinungen wie sie von nordamerikanischen Soziolinguisten beschrieben wurden (z. B. Fishman 1966; Fishman/Cooper/Ma e. a. 1968; Labov 1966), allerdings ist die Bewertung eine andere, denn an der Basis der Analyse steht die Auffassung, es handle sich um konfliktuelle Situationen (Gardy/Lafont 1981, 75 ff). Nicht zuletzt das fishmansche Konzept (vgl. 3.2.) wird einer Revision unterzogen, denn der Bilinguismus des Individuums wird unterteilt in eine (mögliche) bilinguale Kompetenz, von der ein (funktionaler) diglossischer Gebrauch gemacht wird − die Diglossie wird somit auf die Ebene der Performanz gerückt (Kremnitz 1982, 27 f). Dieser Annahme liegt die Auffassung zugrunde, daß die (oft widersprüchlichen) Sprachgebrauchsnormen einer Gesellschaft in jeder Kommunikationssituation präsent sind, daß jedoch das jeweils unterschiedliche Gewicht der spezifischen Variablen (implizierte Personen, Kommunikationsformen und -fähigkeiten, Ideologien, Themen, usw.) zu im Einzelfall unterschiedlichen Strategien jedes Sprechers führt.

4.2.1. Aus diesem sich verändernden Verhalten lassen sich alle Interferenzerscheinungen ableiten, die bewußten wie die unbewußten. Diese Betrachtungsweise hat dazu geführt,

daß die okzitanische Soziolinguistik die Existenz sprachlicher Übergangsformen (im
konkreten Fall zwischen Französisch und
Okzitanisch, das sog. *'Franzitanische'*) annimmt, welche den Vorstellungen von der
Existenz sprachlicher Kontinuen, wie sie zuerst in der Kreolistik formuliert wurden (De-
Camp 1961, 61 ff), nahekommen. Allerdings
wird die Bewertung dieser Formen durch die
Vertreter der Norm stärker in den Vordergrund gestellt (Couderc 1976, 18 ff): eine der
Sprachen wird abgewertet und nicht als Sprache im sozialen Sinne anerkannt.

4.2.2. Der Konflikt wird von den Betroffenen
gewöhnlich geleugnet: die diglossischen
Funktionsweisen bewegen sich in einem System sprachlicher und außersprachlicher
Werte, in dem alles, was sich auf die beherrschte Sprache bezieht, zugleich abgewertet und überbewertet wird. Die Überbewer-
tung kann sich durch ein System sprachlicher
Vorstellungen ('représentations') zeigen, die
die Realitäten maskieren und kompensieren
sollen und oft zu ideologischen Verteidigun-
gen der beherrschten Sprache werden, andererseits kann sie zur theatralischen Schaustel-
lung der beherrschten Sprache in bestimmten,
meist sozial irrelevanten, aber affektiv hoch
bewerteten Kommunikationssituationen führen (Gardy/Lafont 1981, 76 f). Diese widersprüchlichen Erscheinungen bedürften weiterer Beobachtung: sie führen häufig zur resig-
nierten Hinnahme der Diglossie und können
möglicherweise das sprachliche Verhalten zukünftiger Generationen erklären.

4.2.3. Damit stößt die Analyse wieder auf die
Termini Entfremdung und Assimilation. Ihre
Überwindung wird als Voraussetzung für eine
Abschwächung der Substitutionstendenzen
angesehen (Lafont 1967, 107 ff; Gardy/La-
font 1981, 87). Sie sind ebenso unabdingbar
für eine Erklärung der bereits abgelaufenen
Substitutionsprozesse. Damit versuchen die
okzitanischen Analysen, die gesellschaftlichen und individuellen Momente zu verknüpfen und somit eine noch komplexere Beschreibung des Diglossiephänomens zu geben. Die
Existenz der diglossischen Funktionsweisen
wird zu einer Grundtatsache der Existenz von
Sprachen (und des Verhaltens von Sprechern)
in modernen Gesellschaften überhaupt (be-
merkenswerterweise liegen hier Forscher mit
unterschiedlichen Ansätzen wie R. Lafont
und M. Wandruszka dicht beieinander, vgl.
Wandruszka 1979).

4.3. Die dargestellten Konzepte haben auch in
andere Bereiche teilweise Eingang gefunden,
häufig unter Modifikationen (vgl. den Bericht
bei Tabouret-Keller 1982, 17 ff). Besonders
offenkundig ist die Verwendung im Bereich
der Kreolsprachen, wo es sich am offensicht-
lichsten um ein Nebeneinander von herrschenden und beherrschten Sprachen handelt
(Prudent 1981, 20 f). Im Falle der deutschen
Soziolinguistik stellen sich diglossische Erscheinungen meist als Binnendiglossie zwischen Hochsprache und Dialekten dar, wenn
nicht eben aus diesem Grund die Verwendung
des Konzeptes abgelehnt wird. Die Betrachtung der Kommunikation von Deutschen mit
ausländischen Arbeitskräften ist bislang relativ wenig unter Anwendung solcher Gesichtspunkte vorgeschlagen worden, da es sich um
wenig stabile Situationen handelt. Im Ganzen
zeigt die Forschung in Deutschland eine enge
Verbindung zu pragmalinguistischen Fragestellungen, welche viele der behandelten Positionen in komplementärer Weise aufgreifen,
sei es im Hinblick auf die „interaktionale
Kompetenz" des mehrsprachigen Sprechers
(Oksaar 1980, 47), sei es hinsichtlich des Ge-
samtkomplexes der Sprachkontakte — als
Kontakte im Sprechen und als ihre Resultate
(vgl. etwa Boretzky 1973, 134 ff).

4.4. Schließlich muß darauf hingewiesen werden, daß zahlreiche Autoren hier als diglossisch charakterisierte Situationen beschreiben
ohne den Terminus zu verwenden, sei es daß
sie ihn explizit ablehnen (wie Martinet, zuletzt
1982, 16), sei es ohne Begründung. Solche
Autoren liefern oft eine sehr präzise Darstellung von Situationen, die sich als diglossisch
und konfliktuell charakterisieren lassen (z. B.
Houis 1971, 148 ff; der Terminus Diglossie
kommt in der Darstellung selbst nicht vor).
Man muß in Rechnung stellen, daß manche
Autoren nur unter bestimmten gesellschaftlichen Bedingungen von Diglossie sprechen
wollen.

5.   Konvergenzen und Divergenzen

5.1. Überprüft man den hier vorgelegten Versuch einer Betrachtung des Diglossie-Kom-
plexes, so kommt man leicht zu dem Schluß,
daß die einzelnen Ansätze so stark voneinander abweichen, daß sie sich schwerlich unter
einen gemeinsamen Nenner bringen lassen.
Bevor man jedoch auf die Nichtverwendbar-
keit des Terminus schließt, ist es notwendig
sich klarzumachen, daß viele Arbeiten von

unterschiedlichen Ansatzpunkten ausgehen und sich damit ergänzen. Es bieten sich, grob gesagt, für den Betrachter kollektiver Mehrsprachigkeit die folgenden Ausgangspunkte:

5.1.1. Die Mehrsprachigkeit einer Gesellschaft wird neben die von Individuen gestellt. Dabei kann die Gesellschaft de iure sprachsymmetrisch aufgebaut sein, d. h. die Sprecher aller Sprachen können verfassungsmäßig die gleichen Rechte genießen, sie kann aber auch asymmetrisch aufgebaut sein, so daß es Sprecher minderen Rechts gibt (es kann sich um anerkannte Minderheitsgruppen handeln wie die Basken in Spanien oder um solche, die offiziell nicht zur Kenntnis genommen werden wie die Basken in Frankreich oder aufgrund ihrer Sprachzugehörigkeit verfolgt werden wie die Kurden in der Türkei). Während man im ersten Fall von einem institutionalisierten Bilinguismus sprechen könnte, ist im zweiten Fall die Diglossie bzw. der sprachliche Konflikt bereits institutionell vorgegeben, wobei es irrelevant ist, ob sich Hochsprache und Dialekt oder zwei voneinander verschiedene Sprachen gegenüberstehen. Indes muß der institutionellen Symmetrie im ersten Fall nicht notwendig eine soziale entsprechen: Sprachen gleichen Rechtes können unterschiedliches Prestige genießen und/oder ihre Sprecher können in unterschiedlicher Weise über soziale und wirtschaftliche oder politische Macht verfügen. Damit wird aus einem intendierten Bilinguismus eine de-facto-Diglossie. Daß hier Veränderungen der wirtschaftlichen und politischen Lage rasche Veränderungen in sprachlicher Hinsicht nach sich ziehen können, zeigt die jüngste Geschichte nicht nur in Europa (Belgien) sondern auch in sprachlich ganz anders strukturierten Teilen der Welt wie Schwarzafrika (vgl. Heine 1970). Auch innerhalb eines staatlichen Gebildes können die Gegebenheiten unterschiedlich sein: was an einem Ort die herrschende Sprache ist, kann an anderer Stelle klar unterlegen sein. Es ist zwischen verschiedenen gesellschaftlichen Gruppen und Teilgruppen zu unterscheiden — aber auch zwischen Institutionen (vgl. 4.2.). Häufig werden diglossische Situationen in der Gegenwart durch ihre internen Widersprüche gekennzeichnet.

5.1.2. Auch der einzelne Sprecher ist unterschiedlichen Tendenzen ausgesetzt: während er über ein ein- oder mehrsprachiges Potential (Kompetenz) verfügen kann, das er im Prinzip beliebig anwenden könnte, ist der wirkli-

che Gebrauch der Sprachen oder Sprachformen von den unterschiedlichen äußeren Faktoren weitgehend determiniert, ja überdeterminiert; hinzu kommen die strategischen Überlegungen des Sprechers, die den von außen vorgegebenen Normen entsprechen können oder sich dazu in Gegensatz stellen. Schließlich sind auch auf Seiten des Sprechers historische Veränderungen möglich, seien sie gesamtgesellschaftlich bedingt oder durch seinen persönlichen biographischen Hintergrund.

5.1.3. Das Auftreten von mehr als zwei Sprachen (oder Sprachformen) vergrößert die Komplexität der Gesamtsituation, läßt sich jedoch im allgemeinen auf die einfache Figur zurückführen.

5.2. Vor diesem Hintergrund kommen die verschiedenen Definitionsansätze der Diglossie zustande. Man kann etwa die folgenden hauptsächlichen Typen unterscheiden:
(a) sehr enge Definitionen, welche die Diglossie zu einem begrenzten Phänomen machen und ihr Vorkommen fast als eine Liste abgeschlossener historischer Erscheinungen betrachten, gegen weitere, die stärker typologisch arbeiten und dadurch die Liste der möglichen Fälle als offen ansehen (Fishman, vgl. 3.2.);
(b) solche, die linguistische Aspekte in den Vordergrund stellen (Ferguson, vgl. 3.1.), gegen solche, die fast ausschließlich von soziologischen Kriterien ausgehen (Fishman, vgl. 3.2.);
(c) stark statisch arbeitende, welche auch die lange Dauer als ein Kriterium für Diglossie ansehen (in Nordamerika, vgl. 3.1.−3.3.), gegen dynamische, welche die starke Veränderbarkeit der Situationen in Rechnung ziehen (in den katalanischen Ländern und Okzitanien, vgl. 4.1.−4.2.);
(d) solche, die mit nicht-konfliktuellen Modellen arbeiten (vor allem in Nordamerika), gegen solche, welche die Diglossie als zumindest konfliktträchtig, bzw. die Opposition zwischen herrschender und beherrschter Sprache oder Sprachform als das hauptsächliche Kriterium ansehen (z. B. die Katalanen und Okzitanen, vgl. 4.1.−4.2.).
Aus der Vielschichtigkeit der Ansätze resultiert die Notwendigkeit für den Forscher, seinen Gebrauch des Diglossiekonzeptes im Einzelfall genau zu definieren. Neben den praktischen Notwendigkeiten sprechen dafür auch grundlegende Unterschiede in der theoretischen Ausrichtung, die durch die verwen-

deten definitorischen Ansätze deutlich werden, wie R. Lafont formulierte: „On peut dire en simplifiant beaucoup — mais la simplification permet d'aller au fond des choses — qu'il y a actuellement dans le monde deux sociolinguistiques de la diglossie: l'une est intégrative et tend à réduire un malaise sociologique par l'abandon de la langue B, l'autre est polémique: c'est celle qui considère la diglossie comme crise, quelle que soit sa durée; elle se construit donc comme science critique, contre la formule A > B" [Sehr vereinfacht kann man sagen — aber die Vereinfachung gestattet es, den Dingen auf den Grund zu gehen —, daß es derzeit hinsichtlich der Diglossie zwei Arten der Soziolinguistik gibt: die eine ist integrativ und versucht, ein soziologisches Unbehagen durch Aufgabe der B-Sprache zu beseitigen, die andere ist polemisch: sie betrachtet die Diglossie ungeachtet ihrer Dauer als Krise und baut sich folglich als kritische Wissenschaft, im Gegensatz zu der Formel A > B, auf] (Gardy/Lafont 1981, 86).

6. Literatur (in Auswahl)

Adler, Max K. (1977) *Collective and individual bilingualism.* A sociolinguistic study, Hamburg.

Aracil, Lluís V. (1965) *Conflit linguistique et normalisation linguistique dans l'Europe nouvelle,* Nancy.

Badia-Margarit, Antoni M. (1964) „Some aspects of bilingualism among cultured people in Catalonia", in: *Proceedings of the IXth International Congress of Linguists, Cambridge/Mass. 1962,* The Hague, 366—373.

Badia i Margarit, Antoni M. (1969) *La llengua dels Barcelonins.* Resultats d'una enquesta sociològicolingüística, Barcelona.

Bauer, Otto ([1907] 1924) *Die Nationalitätenfrage und die Sozialdemokratie,* Wien.

Bernardó, Domènec (1976) „Catalogne-Nord: le traumatisme de la coupure", in: *Pluriel débat* 7, 5—27.

Beziers, Monique/van Overbeke, Maurits (1968) *Le bilinguisme.* Essai de définition et guide bibliographique, Louvain.

Boretzky, Norbert (1973) „Sprachkontakte", in: *Perspektiven der Linguistik,* Bd. I, Koch, W. A., ed., 134—158.

Braun, Maximilian (1937) „Beobachtungen zur Frage der Mehrsprachigkeit", in: *Göttingische gelehrte Anzeigen* 119, 115—130.

Chaudenson, Robert (1984) „Diglossie créole, diglossie coloniale", in: *Cahiers de l'Institut de Linguistique de Louvain* 9 (3—4), 19—29.

Congrés de Cultura Catalana (1978) *Resolucions,* vol. I, Països Catalans.

Couderc, Yves (1976) „Le francitan et la question linguistique", in: *Cahiers du Groupe de Recherche sur la Diglossie franco-occitane* 3, 18—24.

Dauzat, Albert (1927) *Les patois,* Paris.

DeCamp, David (1961) „Social and geographical factors in Jamaican dialects", in: *Proceedings of the conference on creole language studies.* Held at the University College of the West Indies March 28 — April 4, 1959, London, 61—84.

Deutsch, Karl W. ([1953] 1966) *Nationalism and social communication,* Cambridge/Mass.

Deutsch, Karl W. (1975) „The political significance of linguistic conflicts", in: *Les Etats multilingues: problèmes et solutions/Multilingual political systems: problems and solutions,* Savard, J. G./Vigneault, R., éd., Québec, 7—28.

Devereux, Georges ([1967 englisch] 1984) *Angst und Methode in den Verhaltenswissenschaften,* Frankfurt a. M.

Dittmar, Norbert (1973) *Soziolinguistik.* Exemplarische und kritische Darstellung ihrer Theorie, Empirie und Anwendung, Frankfurt a. M.

Eckert, Penelope ([1980] 1981) „Diglossia: separate and unequal", in: *Linguistics* 18, 1053—1064.

Ferguson, Charles A. (1959) „Diglossia", in: *Word* 15, 325—340.

Fishman, Joshua A. (1965) „Who speaks what language to whom and when?", in: *La Linguistique* 1/2, 67—88.

Fishman, Joshua A. (1966) *Language loyalty in the United States.* The maintenance and perpetuation of non-english mother tongues by American ethnic and religious groups, The Hague.

Fishman, Joshua A. (1967) „Bilingualism with and without diglossia; diglossia with and without bilingualism", in: *The Journal of Social Issues* 23 (2), 29—38.

Fishman, Joshua A./Cooper, Robert L./Ma, Roxana et al. (1968) *Bilingualism in the Barrio.* The measurement and description of language dominance in bilinguals, Washington, D. C.

Gardy, Philippe/Lafont, Robert (1981) „La diglossie comme conflit: l'exemple occitan", in: *Langages* 61, 75—91.

Girke, Wolfgang/Jachnow, Helmut (1974) *Sowjetische Soziolinguistik.* Probleme und Genese, Kronberg/Ts.

Gumperz, John J. (1964) „Linguistic and social interaction in two communities", in: *American Anthropologist* 66 (2), 137—153.

Gumperz, John J. (1966) „On the ethnology of linguistic change", in: *Sociolinguistics,* Bright, W., ed., The Hague, 27—49.

Haarmann, Harald (1983) „Methodologisches zum Begriff der Diglossie und seiner Anwendung", in:

Hitotsubashi Journal of Social Studies 15 (1), 25 – 43.

Haugen, Einar (1962) „Schizoglossia and the linguistic norm", in: *Georgetown University Round Table, Monograph Series on Language and Linguistics* 15, 63 – 69.

Heine, Bernd (1970) *Status and use of African lingua francas,* München.

Houis, Maurice (1971) *Anthropologie linguistique de l'Afrique Noire,* Paris.

Jardel, Jean Pierre (1982) „Le concept de 'diglossie' de Psichari à Ferguson", in: *Lengas* 11, 5 – 15.

Kaye, Alan S. (1970) „Modern standard arabic and the colloquials", in: *Lingua* 24, 374 – 391.

Kloss, Heinz (1966) „Types of multilingual communities", in: *Sociological Inquiry* 36, 135 – 145.

Kloss, Heinz (1967) „Bilingualism and nationalism", in: *The Journal of Social Issues* 23 (2), 39 – 47.

Kloss, Heinz (1969) *Grundfragen der Ethnopolitik im 20. Jahrhundert,* Wien/Bad Godesberg.

Kloss, Heinz (1976) „Über 'Diglossie' ", in: *Deutsche Sprache* 4, 313 – 323.

Kontzi, Reinhold, Hg., (1982) *Substrate und Superstrate in den romanischen Sprachen,* Darmstadt.

Kremnitz, Georg (1981) „Du 'bilinguisme' au 'conflit linguistique'. Cheminement de termes et de concepts", in: *Langages* 61, 63 – 74.

Kremnitz, Georg (1982) „Sur quelques niveaux sociaux des conflits linguistiques", in: *Lengas* 12, 25 – 35.

Labov, William (1966) *The social stratification of english in New York City,* Washington, D. C.

Lafont, Robert (1952) „Remarques sur les conditions et les méthodes d'une étude rationnelle du comportement linguistique des Occitans", in: *Annales de l'Institut d'Etudes Occitanes* 11, 41 – 45.

Lafont, Robert (1967) „Sur l'aliénation occitane", in: *Le Fédéraliste* 9, 107 – 138.

Lafont, Robert (1976) „Sur le procès de patoisement", in: *Language in Sociology,* Verdoodt, A./Kjolseth, R., eds., Louvain, 125 – 134.

Lafont, Robert (1979) „La diglossie en pays occitan ou le réel occulté", in: *Bildung und Ausbildung in der Romania.* Akten des Romanistentages Gießen 1977, München, Bd. II, 504 – 512.

Maas, Utz (1980) „Sprachpolitik. Grundbegriffe der politischen Sprachwissenschaft", in: *Sprache und Herrschaft* 6/7, 18 – 77.

Mackey, William F. (1976) *Bilinguisme et contact des langues,* Paris.

Marçais, William (1930/31) „La diglossie arabe", in: *L'enseignement public* 104, 401 – 409; 105, 20 – 39, 120 – 133.

Martinet, André (1982) „Bilinguisme et diglossie. Appel à une vision dynamique des faits", in: *La Linguistique* 18 (1), 5 – 16.

Ninyoles, Rafael L. (1969) *Conflicte lingüístic valencià,* València.

Ninyoles, Rafael L. (1972) *Idioma i prejudici,* Palma de Mallorca.

Oksaar, Els (1972) „Bilingualism", in: *Current Trends in Linguistics,* Sebeok, Th. A., ed., The Hague/Paris, vol. 9/1, 476 – 511.

Oksaar, Els (1980) „Mehrsprachigkeit, Sprachkontakt, Sprachkonflikt", in: *Sprachkontakt und Sprachkonflikt,* Nelde, P. H., ed., Wiesbaden, 43 – 52.

Platt, John T. (1977) „A model for polyglossia and multilingualism (with special reference to Singapore and Malaysia)", in: *Language in Society* 6, 361 – 378.

Prudent, Lambert-Félix (1981) „Diglossie et interlecte", in: *Langages* 61, 13 – 38.

Psichari, Jean (1886) *Essais de grammaire historique néo-grecque,* Paris.

Psichari, Jean (1928) „Un pays qui ne veut pas de sa langue", in: *Mercure de France* 207, 63 – 121.

Stewart, William A. (1962) „An outline of linguistic typology for describing multilingualism", in: *Study of the role of second languages in Asia, Africa, and Latin America,* Rice, F. A., ed., Washington, D. C., 15 – 25.

Tabouret-Keller, Andrée (1982) „Entre bilinguisme et diglossie: du malaise des cloisonnements universitaires au malaise social", in: *La Linguistique* 18 (1), 17 – 43.

Vallverdú, Francesc (1977) „La normalització del català modern", in: *Treballs de Sociolingüística Catalana* 1, 147 – 155.

Vallverdú, Francesc (1980) *Aproximació crítica a la sociolingüística catalana,* Barcelona.

Vildomec, Veřoboj (1963) *Multilingualism,* Leyden.

Wandruszka, Mario (1979) *Die Mehrsprachigkeit des Menschen,* München.

Weinreich, Uriel (1953) *Languages in contact,* New York.

Wexler, Paul (1971) „Diglossia, language standardization, and purism", in: *Lingua* 27, 330 – 354.

Georg Kremnitz, Wien (Österreich)

34. Communicative Competence

1.   Origin of the Concept

The concept of communicative competence has its origin in the linguistic debates of the early 1960s. Chomsky's conception of transformational generative grammar had become central to discussion of syntax and of the goals of linguistic theory. He and some of his associates began to define linguistics in terms of the abilities and skills of a fluent native speaker (e. g., Halle 1962, 64; Katz/Fodor 1962, 218; 1963, 173−174; Katz/Postal 1964, 1). Chomsky himself introduced a distinction between 'competence' and 'performance' (1965). In effect, he identified competence with grammatical knowledge. These efforts succeeded in establishing human abilities, especially knowledge, as a major object of linguistic research, and 'competence' as a theoretical term. Concern for more of the range of abilities actually involved in language led various scholars to speak of 'broader aspects of competence' (Kiparsky 1968, 175), 'widened linguistic competence' (Basso 1976, 11), and, most generally, of 'communicative competence' (Jakobvits 1970; Savignon 1972; Bar-Hillel (see p. c. in Hymes 1984); Hymes 1967 a). − The latter term is now common currency in a broad range of sociolinguistic concerns, from general theory and ethnographies of communication to studies of language acquisition, teaching and learning. The term has also become a focus of concern in social theory, through its adoption by Habermas (1970; 1981). − Understandings of the term have varied and been debated. Some variation probably was to be expected, given different associations for both constitutive terms. Both 'communication' and 'competence' have acquired both a broad and a narrow sense. After the Second World War 'communication' came to be used as a general, integrating concept to embrace linguistics and the rest of social life, by some scholars in established disciplines (especially linguistics, anthropology, psychiatry) and by members of a discipline taking the name 'communication'. At the same time a sense

of 'communication' as but one instrumental use of language has persisted (e. g., Chomsky 1980, 230; on earlier history, Hymes 1967 c). 'Competence' is ordinarily used in a way that can suggest whatever enters into ability, but Chomsky gave it a sense of being restricted to knowledge, invariant across members and occasions of a community, and accessible primarily and adequately to introspection. It is thus not surprising that some have taken '*communicative*' competence to be but one kind of competence, added to the linguistic, or have taken study of communicative '*competence*' to share Chomsky's views. − The conception developed by Hymes in response to Chomsky (Hymes 1967 a; 1971; 1972) takes both 'communicative' and 'competence' in the broad sense. The conception grew out of concern for the integration of linguistics with anthropology (and other social sciences). The rise of modern linguistics, beginning with phonology, created a sense of a gap and a desire for connection. Connection was most often sought through parallels and analogies to linguistic units and methods. In actual work each discipline selected and abstracted from living speech into separate partial frames of reference, grammars without context, ethnographies without speech. The results could hardly be integrated, though the interdependence of language and culture in everyday life is evident. The solution would be to take speech itself as an object of study, as having patterning of its own, requiring both linguistic and social analysis. It would be recognized that communities differ in the patterning their histories have given to speech, the place speech has in their repertoires of communicative mode and symbolic form, the kinds of ability associated with speech that are encouraged and discouraged, their allocation across genders, ages, statuses and roles (Hymes 1961 a; 1961 b; 1962; 1964 a; 1964 b).

There continues to be need for a comprehensive conception of the abilities associated with language. This is especially clear in connection with the teaching and learning of language and in connection with differences among groups. 'Communication' continues to be the term most suitable for the scope of such a conception, 'competence' for its concern with abilities as socially acquired and shaped. It is in terms of such a conception that the diversity of interpretations and proposals will be considered. 'Communicative competence' will be understood as embracing what may be variously referred to, broadly or narrowly, as 'ability', 'skill' (Hudson 1980, 113), 'command of a language' (Sinclair 1971, 221; Teeter 1970, 531), 'proficiency' (Rubin 1972; Gorman 1971, n. 22; Milroy/Milroy 1985, 17 f). A number of issues will be considered in terms of knowledge, the connection in which they were first raised. The issues apply *a fortiori* to communicative competence as a whole.

2. Competence as Knowledge

There are five major issues: what counts as linguistic knowledge; what kinds count; how it is known; who has it; what counts besides knowledge.

2.1. What Counts as Knowledge

As is well known, the initial dichotomy between 'competence' and 'performance' was far from neutral as to the status of the two. 'Competence' was prior to 'performance'. Moreover, everything not grammatical was assigned to 'performance', and associated with lack of regularity. The use of 'competence' to reject data and methods, as not proper to linguistics, was trenchantly noted by Lakoff (1973), Labov (1971, 468) and Lyons (1977, 586) cf. also Hymes 1967a; 1984). Given focus on competence as knowledge involved in speakers' judgments, it was pointed out that such judgments include not only discontinuous, discrete categories, but scalar and variable categories as well. Whether or not the variable rules (cf. art. 112) formulated by Labov and others can be taken as part of speakers' knowledge (Kay/McDaniel 1981; Romaine 1982 b, 247−251), speakers do use and attend to frequency in recognizing styles and shifts of style. In general, use of language is itself grounded in knowledge of rules and relationships (Lyons 1977, 586). And since some products of a grammar are in principle novel, not part of a user's previous experience, their acceptability is linked with acceptance of innovation and diffusion, the differential distribution of features in social space and time (Hymes 1964a, 35; Oksaar 1972; Clyne 1979).

2.2. What Kinds Count

2.2.1. Specific Extensions

A variety of kinds of competence have been named by writers concerned with knowledge or ability other than the grammatical. Three tendencies can be noted: (a) Students of literature and verbal art have addressed 'poetic competence' (Bierwisch), 'literary competence' (Culler 1975; Fowler 1981; Clyne 1983), 'rhetorical competence' (Steinmann 1982), 'narrative competence' (McLendon 1971), 'riddling competence' (McDowell 1979); (b) Students of the interpersonal use of language have addressed 'conversational competence' (Ochs Keenan 1974; Ochs/Schieffelin 1983; Clyne 1983, 12), 'interactional competence' (Mehan 1972; Erickson/Schultz 1981), 'social competence' (Edmondson 1981; Erickson/Schultz 1981) 'sociolinguistic competence' (Ervin-Tripp 1979; Canale/Swain 1981, 33). (Chomsky himself (1980) has recognized 'pragmatic competence'); (c) concern for diversity among individuals and their roles has led to attention to 'receptive' vs. 'productive' incompetence (Troike 1969), and 'communicative competence' (Hudson 1980; Saville-Troike 1982). All such are candidates for inclusion in a theory of communicative competence, but those addressing one kind have not often considered its relation to others. The extent to which, say, 'conversation' and 'narrative' competence, are distinct is not usually addressed. It remains that in a given case the scope and character of a given ability will be a function of contrast and allocation in relation to others. Its scope and character will involve the degree to which members of the group encourage or discourage acquisition of the ability; permit, prescribe or proscribe it in activities, statuses and roles; elaborate its forms. (Some communities, such as the Clackamas Chinook of aboriginal Oregon, evidently regarded irony as a collaborative ability not possessed by all, and for whose absence some could be mocked (Hymes 1986 b). Identifications of a generic kind of 'competence' are like the naming of a territory, rather than its mapping.

2.2.2. Disputed Contrasts

The nature of linguistic knowledge has been much discussed methodologically in terms of certain, disputed, contrasts: (a) knowledge 'how' vs. knowledge 'that'; (b) knowledge that is accessible to introspection and verbal report vs. knowledge that is not; (c) what can be taken to be generated by rule vs. what can only be listed. From a communicative standpoint, all enter into an adequate account of the competence of a person or group. (a) Those who know that which might be said are often distinguished from those who know when and how to speak in classrooms and cultures (e. g., Mehan 1979; Seitel 1974). — If Chomsky's kind of grammar is contrasted with the work of Joan Bresnan, Anthony Kroch and others on the organization of linguistic means as constrained by their use in real time, as concern with 'knowledge that' vs. 'knowledge how', it does not appear that either can account for all that enters into competence. The latter is an essential corrective to unexamined assumptions in our own culture that identify linguistic knowledge with the propositional knowledge and the complete sentence, graphically represented. See Pawley/Syder (1983 a; 1983 b) for telling indication of speakers' use of 'sentence stems', institutionalized clause-length elements. Kroch and Hindle (1982) argue that judgments of correctness in English are to a great extent a function of the difference between acceptable organization in speech (real time) and writing (not necessarily real time). It is clear that a purely intuitionist conception of linguistic research, joined with the goal of discovering properties that are universal and innate, cannot deal with writing and literacy, abilities which are historically late and socially contingent, yet vital to communicative competence in much of the world. Writing and literacy do occur under constraints that are very real both in time and conseqences (e. g., tests). Yet they also occur with the minimization of constraints of real time imagined in our cultural stereotype. (Cf. now Biber 1986). — (b) Every community both to some degree articulates notions of speaking and language, and has assumptions and points of view that remain out of awareness. The relation of conscious conceptions to the whole of what is said and done is always problematic, both as to how much is available to awareness and how accurate it is. Inquiry can of course go beyond what is articulated to judgments and understandings that might not otherwise arise. Yet it is common experience that no one is a perfect observer or reporter of his or her own behavior, and that some phenomena and abilities are to be elicited only by suitable occasions, not by linguists (Schlesinger 1971, 158—64; Silverstein 1978). — (c) Some find it awkward to speak of 'competence' when knowledge of such things as memorized formulaic expressions or proverbs are important to mastery of a language (Fillmore 1979). Such discomfort overlooks the fact that the selection, manner of saying and interpretation of such expressions in relation to situations may be delicately rule-governed, and evaluated for degrees of mastery. At the same time, what verbal knowledge, if any, a community requires to be letter-perfect, and what attention it gives, if any, to the training of memory, are significant.

2.2.3. Useful Distinctions

From an ethnomethodological standpoint (cf. art. 79, 98), Kjolseth (1972) distinguishes four types of compresent knowledge, having to do with background (relevant anywhere and anytime), foreground (categorically relevant for a setting), emergent (specifically relevant at the given point), and transcendent (potentially, imaginably relevant). One could of course ask, what portion of each type is relevant to all human beings, what to all members of a given group, what to certain kinds of person. Persons, groups, activities may differ as to what of each is relevant, and as to the hierarchy and mix among them. Six kinds of knowledge involved in communicative appropriateness are distinguished by Lyons (1977, 537—591): knowledge of own role and status, location in space and time, degree of formality in the situation, medium appropriate to the situation, what is appropriate to subject-matter, what is appropriate to province or domain.

2.3. How Known

2.3.1. The Role of Intuition

The study of 'competence' has sometimes been taken to oppose a view limiting research to what can be observed, excluding intuition. But there is no argument about distinguishing between what is observed and what inferred, between behavior and what informs it (cf. Lyons 1977, 586), or as to a role for intuition in doing so. Argument is about validity. Itkonen (1975; 1981) usefully distinguishes observation, intuition and introspection. Observation pertains to things and events in spaciotemporal reality, directly mediated through the senses, intuition to concepts or rules in normative reality. Intersubjective testability is essential to both. Intuition can inform both observation and introspection, but not encompass all the realities of language in space and time.

2.3.2. The Role of Linguistics

For a time linguists could maintain that their results took priority over the results of other disciplines. This coincided with a contrast between intuition and formalism, as against observation and experiment, but had precedent in the experience of the first generation of structural linguists that other disciplines treated language in ignorance of its basic units and relationships. 'Language first' was a justifiable position. In connection with competence, some psychologists initially did accept the priority of linguistics. Experience has inreasingly led to an assertion of autonomy. Chomsky (1980, 226) himself accepts interdependence. A theory of competence must be incorporated in a model of performance, hence evidence as to the actual organization of behavior may prove crucial to the theory of underlying competence. This formulation, would be unexceptionable sociolinguistically, if 'competence' and 'performance' are appropriately defined. The horizon of many linguists, philosophers and psychologists engaged in 'cognitive science', however, seldom extends beyond intuition and experiment within European and American societies.

2.3.3. The Role of Ethnography

Discussion in terms of 'language' among many literary critics, historians, and philosophers today has a radical distrust of the validity of the institutions and texts of Western societies. At the same time many linguists, psychologists, and philosophers associated with them, uncritically accept their own notions in interpretation of meaning. It does not come to mind that claims and universals might be affected by one's cultural and class background. Grice's maxims, for example, are widely applied, as if mandatory in the communicative competence of all mankind. Do not participants in conversation intend to cooperate? Are not speaking truthfully, clearly, to the point, and the right amount obvious norms? Perhaps in the self-conception of polite Western society. Yet in our societies as in others cooperation is often something to accomplish, not something given. The question for communicative competence is when and how it is achieved. In our societies as in others it may be one's obligation to lie, successfully, or avoid giving pertinent information. Truth, clarity, relevance and sufficiency of information no doubt are *dimensions* to which communication must orient (Hymes 1986 a). What values are aquired or instilled in the countries and cultures of the world vary. An adequate

theory of competence requires research into this diversity and the conditions under which types of orientation arise. — Ethnographic discovery is equally necessary in regard to children and others affected by curricula, tests and decisions as to some aspect of communicative competence. It is easy for assumptions built into our own institutions to become the prejudiced basis of seemingly neutral models (Ogbu 1981; Edelsky et al. 1983; Edelsky 1986; Milroy/Milroy 1985, 169 — 173; Martin-Jones/Romaine 1986; Mehan/Heertwick/Meihis 1986). At the same time the scholar can give no universal answer to situations of conflict between respecting and maintaining the communicative values and practices of local groups, and acquiring those of larger institutions. Individuals and groups should make their own choices, and often differ in them.

2.4. Who has Knowledge

2.4.1. No One

Chomsky's introduction of 'competence' was a step forward for all who consider language an integral part of human life. Linguistic theory itself was defined as explication of a human characteristic. Some linguists and philosophers, however, disagree, seeking to separate 'language' from 'knowledge'. Katz (1981) now regards Chomsky's 'competencism' as justified only as alternative to the structural linguistics with which it competed. He distinguishes a language from knowledge of it. One is a timeless, unchangeable, objective structure; the other is temporal, subject to change, and subjective. Speakers acquire beliefs or principles that are 'knowledge of' an abstract object itself not part of them. Theories in linguistics are not to be constrained by human characteristics. Theories of competence and performance may or may not contribute to psychology; they do not contribute to linguistics. Langedoen/Postal (1986) go further, arguing that languages are infinite in such a way that it is not possible for human beings to learn them. The one view is incapable of dealing with the fact that languages change (cf. Romaine 1982 b; Hymes 1984), the other with the fact that they exist.

2.4.2. Theorists

If these writers claim that no one knows language, others claim that competence is not knowledge, but skill, that only theorists have what can be called knowledge (Devitt 1981, 100). This is to ignore the experience of Boas, Sapir and linguists generally that a notion of tacit knowledge is inescapable, as well as the considerable evidence for it developed by Polyani (1958; 1966). It is to contribute to a division of the world into a few who know and many who are known.

2.4.3. Group vs. Individual

A major issue has been the relation of individual knowledge to the speech community (cf. art. 32). Sociolinguistics recognizes diversity of repertoire (cf. art. 39), whether in terms of varieties and dialects, or styles and genres (Hymes 1984, ch. IV. Cf. art. 38, 44), and diversity of members' knowledge. What do members share? Frequency of interaction is an inadequate criterion; one may be absent and count as a member. Hymes (1967 a) defined knowledge of a language variety as joining members of a language field; knowledge of use as joining members of a speech field; knowledge of both as joining members of a speech community. Work by Milroy and others in Romaine (1982) deepens this conception in terms of network. Yet a community is not composed of interchangeable parts; it is an organization of diversity, a configuration of competencies and identities. What of those identities? Some sociolinguistic work submerges them in idealized models (De Camp 1971) or averaged data (cf. Romaine 1982, 18 – 20). Le Page (1973) has long identified competence in terms of individual identity; Hudson (1980, 232) defines 'sociolinguistics' in such terms alone. But identity involves identification with others. To agree that the locus of competence is in individuals is not to say that individuals are all there is to describe. A community encourages certain kinds of voice, and not others. The dialectic between group and individual can be grasped in terms of a configuration of voices, allowing for what persons achieve in competence and for all else that shapes it (cf. Fillmore/Kempler/Wang 1979, 33 – 45, 89 – 92; Fowler/Kress 1979, 187). (There are of course different sources and degrees of mutual knowledge (Smith 1982): acquired separately or through mutual interaction ('common', 'shared' (Kreckel 1981, 38), or a matter of 'assumed familiarity' (Prince 1981, 233).

2.5. Competence as more than Knowledge

A dialectic between what pertains to group and what to person overcomes a gap due to Chomsky's initial dichotomy and counter arguments from cultural diversity. Some have contrasted (communicative) competence, a sphere of community knowledge, including knowledge of norms of action, to action itself, a sphere of individual intentions, strategies, and adjustments (Hormann 1976; Edmondson 1981, 273 – 4; Hammersley 1981, 47 – 8; Frederiksen 1981, 305 – 6; Wells 1981, 55 – 56; Gumperz 1982). Competence is indeed a matter of what a user of language is able to do (Wells 1981, 56). Contrary to some writers (Cicourel 1981, 57; Penalosa 1981, 41) values, norms, attitudes and beliefs are a part, both as knowledge and as facets of motivation, including such capabilities as confidence and courage (Goffman 1967, 218 – 226; Hymes 1973, ch. V; Richards 1983).

3. Models of Communicative Competence

3.1. General Scope

The initial contrast to Chomsky makes understandable that many have taken communicative competence to be in addition to what is linguistic (e. g., Schlesinger 1971, 173, Rivers 1973, Trudgill 1978, 7, Schmidt/Richards 1980, 129, 142). The greater number of writers have recognized that the concept comprises the abilities involved in language structure as well as use (Lyons 1977, 153; Spolsky 1978; Dik 1980; Hudson 1980, 219; Faerch/Haastrup/Phillipson 1984, 168; Edwards 1986, 95). At the same time the scope is more than the verbal. Given the focus of much sociolinguistic work on language varieties and styles, and the general argument that the notion of language should be replaced by that of verbal repertoire as theoretical base (Hymes 1967 a; 1973), it is not surprising that communicative competence is often identified as command of alternative varieties and styles (Milroy/Milroy 1985). Use must not be conceived as merely the execution or contextualization of code (Bourdieu 1977, 24; Bell 1981, 76 f), but include all abilities that enter into interaction (contrary to Faerch/Haastrup/Phillipson 1984, 171); to act in relation to a norm of conduct is to communicate. The conception of action cannot, however, be limited to that of the propositionally-based speech act (Clyne 1979; Schmidt/Richards 1980; Diez 1985). A change in the world through words is brought about not only by 'declaratives', but also by choices in devices of politeness (cf. art. 137 a) (Silverstein 1977, 145). And communication includes all modalities and codes of sight, touch, and smell that enter into the status and import of acts. — A model at the level of the group or community is ultimately required. One such for ways of speaking (communication) distinguishes four spheres: means of speech; attitudes, values, beliefs associated with them; the speech (communicative) economy, or social organization of means; the voices, or personal identities, through which communication occurs. All four are mediated centrally by the abilities (competence) that obtains. The four are not exclusive compartments, but each a vantage point on the whole (Hymes 1984). With regard to abilities, it is important to distinguish those of actual persons from what may be attributed to an ideal system of the whole. In general, competence can be approached in terms of four questions: (1) whether (and in what degree) something is systemically possible, (2) whether (and in what degree) something is available (feasible) (3) whether (and in what degree) something is appropriate (in terms of existing norms or in terms of desired change); (4) whether (and in what degree) something is in fact done, occurs (Hymes 1973; 1984; Lyons 1977). The facts of differential access and identity make it useful to speak also of whether (and in what degree) something is appropriated, made one's or one's group's own. With regard to the organization of abilities and means, it is useful to distinguish 'resource grammar' (the kinds of form/meaning contrast that enter into usual grammatical analysis); 'discourse grammar' (the kinds of form/meaning contrast that enter into the use of language, alternative ways of saying); and 'performance' (the kinds of form/meaning contrast that distinguish styles of enactment). (Cf. the 'grammar' of classical sonata style; the choices involved in a specific score; the choices of different performers and performances). Emergent properties in performance must be allowed for as well (Hymes 1984). Enactment may be thought in terms of the form/meaning/context relationship as a relation between styles/strategies/situations.

3.2. Grammatical

A conception of communicative competence necessarily favors certain kinds of grammatical model. Chomsky's inclusion of competence within a performance model does not alter his particular idealizations of grammar,

speaker-hearer and community. The omission of diversity is such that one cannot get to the larger goal. Each new level of linguistic organization discloses features and relationships not hitherto studied in the levels 'below' it. This history has been seen in the successive development of phonology, morphology, syntax, discourse and pragmatics, and is to be expected in the general study of ways of speaking (communication) and competence. Chomsky (1980, 59) himself has regretted use of the term *competence* because it has so (effectively) suggested ability, his sustained goal being what is innate and unique. Some linguists choose not to consider the psychological or social reference of named languages and the concept of language (Matthews 1979). Others associate analysis with the goals of communicative competence (Dik 1980). The horizon may be limited to the organization of genres (Stubbs 1983, 7) or extend to discourse as such, but such approaches (cf. Givon 1979; Pawley/Syder 1983 a; 1983 b; Nichols/Woodbury 1985) are essential. What is critical is to analyze language in terms of both its generic structural functions, referential/expressive, or propositional/presentational (Hymes 1986 b), and ultimately in terms of the organization consequent on functions specific to actual persons and groups.

3.3. Pedagogic

A general concept of communicative competence arose in the contexts of language acquisition and education, because Hymes (1961 b; 1962) and Chomsky both used acquisition as a focus for their theoretical perspectives, and because of the needs of those involved in schooling. The concept became a part of empirical research (Slobin 1967; Campbell/Wales 1970; Ervin-Tripp 1972; Kochan 1973; Geest 1975) and has remained so (Schiefelbush/Pickar 1982; Ochs/Schieffelin 1983; Romaine 1984), but not without vicissitudes (Ervin-Tripp 1978). For some the concept meant in effect the testing of already given hypotheses in cross-cultural settings (Slobin 1967). Others understood it correctly as calling for discovery of how cultures themselves shape acquisition (Ochs/Schieffelin 1983). That the concept embraces continuing acquisition throughout life has barely been broached (Grimshaw 1976). — The tasks of language teaching have gained a wide acceptance for a communicative approach (Kochan 1973; Rivers 1973; Brumfitt/Johnson 1979;

Wolfson 1981; Richards/Schmidt 1983; Wolfson/Judd 1983; Faerch/Haastrup/Phillipson 1984, 167—182), because of its appropriate scope, especially its emphasis on use. The concept does not in itself resolve the tasks of syllabus design (Munby 1977; 1978; Brumfitt/Johnson 1979; Maley 1980) and testing (Canale/Swain 1979; Palmer/Groot/Trosper 1981; Rivera 1984). Experience with these can help articulate the concept, psychologically and ethnographically, if its comprehensive intent is kept in view, as in Faerch/Haastrup/Phillipson (1984), and in particular not narrowed to the interests and criteria of only one party, such as the teacher or examiner (McGroarty 1984). The influential work of Canale/Swain (1979; 1980; 1981) distinguishes grammatical, sociolinguistic and strategic sectors. The sociolinguistic includes rules of use and of discourse (cohesion, coherence); the strategic includes strategies to repair breakdown in communication, as well as learning strategies. Palmer/Groot/Trosper (1981) distinguish linguistic, sociolinguistic and pragmatic sectors. The sociolinguistic is restricted to cohesion, register and cultural reference, while pragmatic has to do with conventions relating utterance form to intended meaning, thus subdividing the sociolinguistic sector of Canale/Swain. Clearly distinctions are needed. Clearly not enough is known for them to be more than heuristic. A solidly grounded model will draw on a convergence of psychometrics (Carrol 1979) and cross-cultural typologies (analogous to linguistic typologies). — Much important work has been done in the study of classroom interaction itself (Mehan 1979; Green/Wallat 1981; Erickson/Schultz 1981) and it is perhaps here that research on acquisition, learning and teaching can best be integrated, if the classroom is analyzed in relation to settings outside it.

3.4. Ethical

The idea of communicative competence has been made a focus of social theory by Habermas (1970; 1981; see discussion by McCarthy 1973; 1981; Mitsgeld 1977; Hymes 1980: 46—50; Thompson/Held 1982). Habermas (1970, 19) explicitly rejects Hymes' use of the term in a 'sociolinguistically limited sense', and proposes to use it as Chomsky does 'linguistic competence'. The concern of communicative competence is a system of rules generating an ideal speech situation. Every speaker is implicitly committed to be comprehensible, true or valid, sincere and appropri-

ate; any discourse (in the sense of consideration of meanings) implies a commitment to continue until consensus. The postulated ideal is a vantage point for critique and transformation of society. The virtue is that Habermas, like Grice, adds to knowledge of 'that' and 'how' the issue of 'should'. The postulation of commitment to norms makes ethics and politics part of a theory. The defect, as with Grice, is that the norms are taken as inherent. They rather are not inherent. They point to dimensions to which communicative conduct may be oriented in more than one way. The necessary questions are: what do people believe and do with regard to each? It is only in this way that Habermas' (1979, xvii) work could be the basis for a general theory of the acquisition of communicative competence. Habermas brings the efforts of many Marxists in this century to come to terms with cultural hegemony into direct connection with language and communication, but occludes particular existence and concrete individuality. His ideal of consensus through unlimited turntaking, whatever its difficulties as a theory of truth, is inadequate as a model of practical action, if the differential distribution of abilities in actual groups is not taken into account (Zifonun 1975). As a model of communicative community, it is a retreat from Marx to Feuerbach. If theory must start from ideal communicative intention, Moltmann's (1983) self-communicating God has the advantage of explicitly including suffering.

4. Conclusion

The concept of communicative competence touches upon fundamental understandings of language, conduct, and society. Research can discover the models of communicative competence present in human life, and the array of abilities given in human nature. Conditions for the development of abilities, and configurations of ability, can be identified, together with recurrent types and general dimensions. Yet a general theory will always be open. It may define the parameters and groundings of human communicative competence, and guide specific studies and applications. It will not be able to specify absolutely and in advance the character of communicative competence for a particular case, for that will be relative to the persons, activities and needs involved, and perhaps, to judgments that have an ethical and political dimension. It may be able to anticipate, but not predict configurations of communicative ability yet to emerge. The value of the concept of communicative competence is in part that of a comprehensive, regulative, heuristic guide.

5. Literature (selected)

Andersen, Helga G./Risager, Karin (1981) *Kommunikativ kompetens*, Aalborg.

Basso, Keith H. (1976) " 'Wise words' of the Western Apache: Metaphor and semantic theory", in: *Meaning in anthropology*, Basso, Keith H./Selby, Henry A., eds., Albuquerque, 93–121.

Bell, Roger (1981) *An introduction to applied linguistics. Approaches and methods in language teaching*, New York.

Biber, Douglas (1986) "Spoken and written textual dimensions in English: resolving the contradictory findings", in: *Language* 62, 384–414.

Bourdieu, Pierre ([1972 French] 1977) *Outline of a theory of practice*, Cambridge.

Brumfitt, Christopher J./Johnson, Keith (1979) *The communicative approach to language teaching*, Oxford.

Campbell, R./Wales, R. (1970) "The study of language acquisition", in: *New horizons in linguistics*, Lyons, J., ed., London, 242–260.

Canale, Michael (1983) "From communicative competence to communicative language pedagogy," in: *Language and communication*, Richards, J. C./Schmidt, R. W. eds., London 2–28.

Canale, Michael/Swain, Merrill (1979) *Communicative approaches to second language teaching and testing*, Toronto.

Canale, Michael/Swain, Merrill (1980) "Theoretical bases of communicative approaches to second language teaching and testing", in: *Applied Linguistics* 1, 1–47.

Canale, Michael/Swain, Merrill (1981) "A theoretical framework for communicative competence", in: *The construct validation of tests of communicative competence*, Palmer, A. S./Grott, P. J. M./Trosper, G. A., eds., Washington, D. C., 31–36.

Carroll, John B. (1979) "Psychometric approaches to the study of language abilities", in: *Individual differences in language ability and language behavior*, Fillmore, C. J./Kempler, D./Wang, W. S.-Y., eds., New York, 13–31.

Cherubim, Dieter/Henne, Helmut (1973) "Zur Bewertung von Sprachbeschreibungen", in *Zeitschrift für Germanistische Linguistik* 1, 32–66.

Chomsky, Noam (1980) *Rules and representations*, New York.

Clyne, Michael (1979) "Communicative competences in contact," in: *ITL* 43, 17–37.

Culler, Jonathan (1975) *Structuralist poetics*, London.

DeCamp, David (1971) "A generative analysis of a post-creole speech continuum", in: *Pidginization and creolization of languages*, Hymes, Dell, ed., Cambridge, 349–370.

Devitt, Michael (1981) *Designation*, New York.

Diez, M. E. (1985) "Communicative competence: an interactive approach" in: *Communication yearbook* 8, Bostrum, R. N., ed., Beverly Hills.

Dik, Simon C. (1980) *Studies in functional grammar*, London.

Easton, Lloyd D./Guddat, K. H., eds., (1967) *Writings of the young Marx on philosophy and society*, Garden City, N. Y.

Edelsky, Carole/Altwerger, Bess/Barkin, Florence/Flores, Barbara/Hudelson, Sarah/Jilbert, Kristina (1983) "Semilingualism and language deficit," in: *Applied Linguistics* 4, 1–22.

Edelsky, Carole (1986) "Review of Rivera", in: *Language in Society* 15.

Edmondson, W. J. (1981) "On saying you're sorry", in: *Conversational routine*, Coulmas, F., ed., The Hague, 273–288.

Edwards, Viv (1986) *Language in a Black community*, San Diego.

Erickson, Frederick/Schultz, Jeffrey (1981) "When is a context? Some issues and methods in the analysis of social competence", in: *Ethnography and language in educational settings*, Green, J./Wallat, C., eds., Norwood, 147–160.

Ervin-Tripp, Susan M. ([1972] 1979) "Children's sociolinguistic competence and dialect diversity", in: *Early childhood education*, Gordon, I., ed., Chicago, 123–160.

Ervin-Tripp, Susan M. (1978) "Whatever happened to communicative competence?", in: *Studies in the Linguistic Sciences* 8(2), 237–258.

Faerch, Claus/Haastrup, K./Phillipson, Robert (1984) *Learner language and language learning*, Clevedon, England.

Fillmore, Charles J./Kempler, Daniel/Wang, William S.-Y., eds., (1979) *Individual differences in language ability and language behavior*, New York.

Fowler, Roger (1982) *Literature as social discourse*, Bloomington.

Fowler, Roger/Kress, Gunther (1978) "Critical linguistics", in: *Language and control*, Fowler, R./Hodge, B./Kress, G./Trew, T. R., eds., London.

Geest, T. van der (1975) *Some aspects of communicative competence and their implications for language acquisition*, Amsterdam.

Givon, Talmy ed., (1979) *Syntax and semantics, 12: Discourse and syntax*, New York.

Goffman, Erving (1967) *Interaction ritual*, Garden City, N. Y.

Gorman, T. P. (1971) "Sociolinguistic implications of a choice of media of instruction", in: *Language use and social change*, Whitely, W. H., ed., London.

Green, Judith/Wallat, Cynthia, eds., (1981) *Ethnography and language in educational settings*, Norwood, N. J.

Grimshaw, Allen D. ([1976] 1981) "Postchild modifications of linguistic and social competence", in: *Items* 30, 33 – 42.

Gumperz, John J. (1982) "The linguistic bases of communicative competence", in: *Analyzing discourse: text and talk*, Tannen, D., ed., Washington, D. C., 323 – 334.

Habermas, Jürgen (1970) "Towards a theory of communicative competence", in: *Inquiry* 13, 360 – 375.

Habermas, Jürgen ([1976 deutsch] 1979) *Communication and the evolution of society*, Boston.

Habermas, Jürgen (1981) *Theorie des kommunikativen Handelns* 2 vols., Frankfurt a. M.

Halle, Morris (1962) "Phonology in generative grammar", in: *Word* 18, 54 – 72.

Hörmann, Hans (1976) *Meinen und Verstehen*, Frankfurt a. M.

Hudson, Richard A. (1980) *Sociolinguistics*, Cambridge.

Hymes, Dell ([1961 a] 1980) "Functions of speech. An evolutionary approach" in: *Anthropology and education*, Gruber, F. C., ed., Philadelphia, 55 – 83.

Hymes, Dell (1961 b) "Linguistic aspects of crosscultural personality study", in: *Studying personality cross-culturally*, Kaplan B., ed., Evanston, 313 – 359.

Hymes, Dell (1962) "The ethnography of speaking", in: *Anthropology and human behavior*, Washington, D. C., 13 – 53.

Hymes, Dell (1964 a) "Directions in (ethno) linguistic theory", in: *Transcultural studies of cognition*, Romney A. K./D'Andrade, R. G., eds., Washington, D. C., 6 – 56.

Hymes, Dell (1964 b) "Introduction: Toward ethnographies of communication", Gumperz, J. J./Hymes, Dell, eds., Washington, D. C., 1 – 34.

Hymes, Dell ([1967 a] 1971) "On communicative competence", in: *Research planning conference on language development in disadvantaged children, June 1966*, New York.

Hymes, Dell ([1967 b] 1974) "Models of the interaction of language and social setting", in: *Journal of social issues* 23, 8 – 28.

Hymes, Dell (1967 c) "The anthropology of communication", in: *Human communication theory*, Dance, F. X., ed., New York, 1 – 39.

Hymes, Dell (1971) "Competence and performance in linguistic theory", in: *Language acquisition: Models and methods*, Huxley, R./Ingram, E., eds., London, 3 – 24.

Hymes, Dell (1972) "On communicative competence" in: *Sociolinguistics*, Pride, J. B./Holmes, J., eds., London, 269 – 293.

Hymes, Dell (1980) *Language in education*, Washington, D. C.

Hymes, Dell ([1973] 1984) "Toward linguistic competence", in: *Texas Working Papers in Sociolinguistics*, Austin, no. 16.

Hymes, Dell (1984) *Vers la competence de communication*, Paris.

Hymes, Dell (1986 a) "Discourse: scope without depth", in: *International Journal of the Sociology of Language* 57, 48 – 89.

Hymes, Dell (1986 b) "A theory of verbal irony and a Chinookan pattern of verbal exchange", in: *International Conference on Pragmatics*, Verschueren, J., ed., Amsterdam.

Itkonen, Esa (1977) "The relation between grammar and sociolinguistics", in: *Forum Linguisticum* 1, 238 – 254.

Itkonen, Esa (1981) "The concept of linguistic intuition", in: *A festschrift for native speaker*, Coulmas, F., ed., The Hague, 127 – 140.

Jakobovits, Leon (1970) "Prolegomena to a theory of communicative competence", in: *English as a second language*, Lucton, R. G., ed., Philadelphia.

Katz, Jerrold J. (1981) *Language and other abstract objects*, Totowa, N. J.

Katz, Jerrold J./Fodor, Jerry (1962) "What's wrong with the philosophy of language?", in: *Inquiry* 5, 197 – 237.

Katz, Jerrold J./Fodor, Jerry (1963) "The structure of a semantic theory", in: *Language* 39, 170 – 210.

Katz, Jerrold J./Postal, Paul M. (1964) *An integrated theory of linguistic descriptions*, Cambridge.

Kay, Paul/McDaniel, Chad K. (1981) "On the meaning of variable rules", in: *Language in Society* 10, 251 – 258.

Keenan, Elinor O. (1974) "Conversational competence in children", in: *Journal of child language* 1, 163 – 185.

Kiparsky, Paul (1968) "Tense and mood in Indo-European syntax", in: *Foundations of Language* 4, 30 – 57.

Kjolseth, Rolf (1972) "Making sense: natural language and shared knowledge in understanding", in: *Advances in the sociology of knowledge, 2* The Hague, 50 – 76.

Kochan, Detlev C., ed., (1973) *Sprache und kommunikative Kompetenz. Theoretische und empirische Beiträge zur sprachlichen sozialisation und primarsprachdidaktik*, Stuttgart.

Kreckel, M. (1981) *Communicative acts and shared knowledge in natural discourse*, New York.

Kroch, Anthony/Hindle, Donald M. (1982) *A quantitative study of the syntax of speech and writing*, Washington, D. C.

Labov, William (1971) "The notion of 'system' in creole studies", in: *Pidginization and creolization of languages*, Hymes, D., ed., Cambridge, 447 – 472.

Lakoff, George (1973) "Fuzzy grammar and the performance/competence terminology game", in: *Papers from the ninth regional meeeting, Chicago linguistic society*, 271–291.

Langendoen, D. Terence/Postal, Paul M. (1986) *The vastness of natural languages*, London.

LePage, Robert B. ([1973] 1977), "The concept of competence in a creole contact situation", in: *York papers in linguistics* 3, 31–50.

Lyons, John (1977) *Semantics*, vol. 2, Cambridge.

Maley, A. (1980) "Teaching for communicative competence: reality and illusion", in: *Studies in second language acquisition* 3, 10–16.

Martin-Jones, M./Romaine, Suzanne (1986) "Semilingualism: a half-baked theory of communicative competence", in: *Applied linguistics* 7, 26–38.

Matthews, Paul H. (1979) *Generative grammar and linguistic competence*, London.

McCarthy, Thomas (1973) "A theory of communicative competence", in: *Philosophy of the social sciences* 3, 135–156.

McCarthy, Thomas (1981) *The critical theory of Jürgen Habermas*, Boston.

McDowell, John H. (1979) *Children's riddling*, Bloomington.

McGroarty, Mary (1984) "Some meanings of communicative competence for second language students", in: *TESOL Quarterly* 18, 257–272.

McLendon, Sally (1977) "Cultural presuppositions and discourse analysis: Patterns of presupposition and assertion of information in Eastern Pomo and Russian narrative", in: *Linguistics and anthropology*, Saville-Troike, M., ed., Washington, D. C., 153–189.

Mehan, Hugh (1972) "Language using abilities", in: *Language sciences* 22, 1–10.

Mehan, Hugh (1979) *Learning lessons*, Cambridge, Mass.

Mehan, Hugh/Hertweck, A./Meihls, J. L. (1986) *Handicapping the handicapped. Decision making in students' educational careers*, Stanford.

Milroy, James/Milroy, Lesley (1985) "Linguistic repertoires and communicative competence" in: *Authority in language*, Milroy, J./Milroy L., eds., 117–139.

Misgeld, Dieter (1977) "Discourse and conversation. The theory of communicative competence and hermeneutics in the light of the debate between Habermas and Gadamer", in: *Cultural hermeneutics* 4, 321–344.

Moltmann, Jürgen (1980) *Trinität und Reich Gottes*, München.

Munby, John (1977) "Applying sociocultural variables in the specification of communicative competence", in: *Linguistics and anthropology*, Saville-Troike, M., ed., Washington, D. C., 231–247.

Munby, John (1978) *Communicative syllabus design. A sociolinguistic model for defining the content of purpose-specific language programmes*, Cambridge.

Nichols, Joanna/Woodbury, Anthony C., eds., (1985) *Grammar inside and outside the clause. Some approaches to theory from the field*, Cambridge.

Ochs Keenan, Elinor (1974) "Conversational competence in children", in: *Journal of Child Language* 1, 163–185.

Ochs, Elinor/Schieffelin, Bambi B., eds., (1983) *Acquiring conversational competence*, London.

Ogbu, John U. (1981) "Origins of human competence: a cultural-ecological perspective", in: *Child development* 52, 413–429.

Oksaar, Els (1972) "Sprachlichen interferenzen und die kommunikative kompetenz", in: *Indo-Celtica: Gedächtnisschrift für Alf Sommerfelt* Hamburg, 126–140.

Palmer, A. S./Grott, P. J. M./Trosper, G. A., eds., (1981) *The construct validation of tests of communicative competence*, Washington, D. C.

Paulston, Christina B. (1974) "Linguistic and communicative competence", in: *TESOL Quarterly* 8, 347–362.

Pawley, Andrew/Syder, Frances H. (1983 a) "Natural selection in syntax: notes on adaptive variation and change in vernacular and literary grammar", in: *Journal of Pragmatics* 7, 351–379.

Pawley, Andrew/Syder, Frances H. (1983 b) "Two puzzles for linguistic theory: nativelike selection and nativelike fluency", in: *Language and communication*, Richards, J. C./Schmidt, R. W., eds., 191–225.

Peñalosa, Ferdinand (1981) *Introduction to the sociology of language*, Rowley.

Polyani, Michael (1958) *Personal knowledge. Towards a post-critical philosophy*, Chicago.

Polyani, Michael (1966) *The tacit dimension*, Garden City, N. Y.

Prince. Ellen (1981) "Toward a taxonomy of given-new information", in: *Radical pragmatics*, Cole, P., ed., 223–255, New York.

Richards, Jack (1983) "Interaction, acculturation, and the acquisition of communicative competence", in: *Sociolinguistics and language acquisition*, Wolfson, N./Judd, E., eds., 137–174.

Richards, Jack C./Schmidt, Richard W., eds., (1983) *Language and communication*, London.

Rivera, Charlene, ed., (1984) *Communicative competence approaches to language proficiency assessment: research and application*, London.

Rivers, Wilga (1973) "From linguistic to communicative competence", in: *TESOL Quarterly* 7, 25–34.

Romaine, Suzanne, ed., (1982 a) *Sociolinguistic variation in speech communities*, London.

Romaine, Suzanne (1982 b) *Socio-historical linguistics. Its status and methodology*, Cambridge.

Romaine, Suzanne (1984) *The language of children and adolescents. The acquisition of communicative competence*, Oxford.

Rubin, Joan (1972) "Acquisition and proficiency", in: *Sociolinguistics*, Pride, J./Holmes, J., eds., London, 350—366.

Russell, Joan (1981) *Communicative competence in a minority group. A sociolinguistic study of the Swahili-speaking community in Old Town, Mombasa* Leiden.

Savignon, Sandra J. (1972) *Communicative competence: an experiment in foreign language teaching*, Philadelphia.

Savignon, Sandra J. (1983) *Communicative competence: theory and classroom practice*, Reading, Mass.

Saville-Troike, Muriel (1982) *The ethnography of communication*, Oxford.

Schiefelbush, Richard L./Pickar, J., eds., (1982) *Communicative competence: acquisition and intervention*, Baltimore.

Schieffelin, Bambi B. (1979) "Getting it together: an ethnographic approach to communicative competence", in: *Developmental pragmatics*, Ochs, E./Schieffelin, B., eds., New York, 73—108.

Schlesinger, I. M. (1971) "On linguistic competence", in: *Pragmatics of natural languages*, Bar-Hillel, Y., ed., Dordrecht, 150—172.

Seitel, Peter (1974) "Haya metaphors for speech", in: *Language in Society* 3, 51—67.

Silverstein, Michael (1977) "Cultural prerequisites to grammatical analysis", in: *Linguistics and anthropology*, Saville-Troike, M., ed., 139—151, Washington, D. C.

Silverstein, Michael (1978) "Deixis and deducibility in a Wasco-Wishram passive of evidence", in: *Proceedings of the fourth annual meeting of the Berkeley Linguistics Society*, 238—252.

Schmidt, Richard W./Richards, Jack C. (1980) "Speech acts and second language learning", in: *Applied Linguistics* 1, 129—157.

Sinclair, John (1971) "The integration of language and literature in the English curriculum", in: *Educational Review* 23, 220—234.

Slobin, Dan ed., (1967) *A field manual for the cross-cultural study of the acquisition of communicative competence*, Berkeley.

Smith, Neilson V., ed., (1982) *Mutual knowledge*, London.

Steinmann, Martin, Jr., (1982) "Speech-act theory and writing", in: *What writers know*, Steinmann, M., ed., New York, 291—324.

Teeter, Karl V. (1970), "Revies of The Menomini Language by L. Bloomfield", in: *Language* 46, 524—533.

Thompson, John B./Held, David (1982) *Habermas: critical debates*, London.

Thompson, John B. (1984) *Studies in the theory of ideology*, Cambridge/Oxford.

Troike, Rudolph (1969) *Report of the 20th annual round table meeting on linguistics and language studies*, Alatis, J., ed., Washington, D. C.

Trudgill, Peter (1978) "Introduction", in: *Sociolinguistic patterns in British English*, Trudgill, Peter, ed., 1—18, London.

Wallat, Cynthia (1984) "An overview of communicative competence", in: *Communicative competence approaches to language proficiency assessment: research and application*, Rivera, C., ed., London.

Wells, Gordon (1981) *Learning through interaction. The study of language development*, Cambridge.

Wolfson, Nessa (1981) "Compliments in cross-cultural perspective", in: *TESOL Quarterly* 15, 117—124.

Wolfson, Nessa/Judd, Elliot, eds., (1983) *Sociolinguistics and language acquisition*, Rowley, Mass.

Zifonun, Gisella (1975) "Eine Kritik der Theorie deer kommunikativen Kompetenz", in: *Linguistische Berichte* 35, 57—70.

Dell Hymes, Philadelphia, PA (USA)

35. Funktionale Typen/Statustypen von Sprachsystemen

1. Die Opposition 'Struktur (Korpus)' — 'Funktion (Status)'

Englisch hat den Status einer Weltsprache; Esperanto soll nach dem Wunsch seiner Anhänger die Funktion einer Welthilfssprache haben; Deutsch spielt in Osteuropa teilweise noch immer die Rolle einer Lingua franca; Fanagaló in Südafrika hat nach wie vor nur den Status eines Pidgin (Hancock 1971, 519), Kreol-Französisch auf Haiti dagegen längst den eines Kreols (Kreolsprache) (Valdman 1968; Hall 1972), Tok Pisin of Papua-Neuguinea erreicht vielleicht bald schon den Status einer Standardsprache (Hall 1972; Wurm 1980; Hellinger 1985, 198 ff); Sardisch hat nach verbreiteter Auffassung den Status einer eigenständigen Sprache (Heger [1969] 1976, 216), Lombardisch dagegen nur den einer Varietät oder eines Dialekts der italienischen Sprache; Rätoromanisch hat in der Schweiz zwar den Status einer Landessprache, aber nicht den einer Nationalsprache; Guaraní hat in Paraguay die Funktion einer Nationalsprache, Spanisch dagegen die einer internationalen Sprache, beide haben die Funktion von Unterrichtssprachen und Schulfächern (vgl. 8.); Westfriesisch hat in den Niederlanden den Status einer Minoritätssprache, Niederländisch den einer Majoritätssprache. — Diese und ähnliche Qualifizierungen von Sprachsystemen finden sich in der soziolinguistischen Literatur zuhauf. Neben dem *Status*, der *Funktion* oder der *Rolle* eines Sprachsystems ist oft auch die Rede von seinem *sozialen Gebrauch* oder seiner *sozialen Verwendung*.

Die Häufigkeit solcher Ausdrucksweisen kontrastiert allerdings auffällig mit ihrer begrifflichen Unklarheit (Johnson 1977, 57 f). Teil dieser Unklarheit ist schon die Tatsache, daß die verschiedenen Ausdrücke häufig synonym gebraucht werden, ohne daß hierauf hingewiesen wird. Hierzu ein Beispiel aus der Charakterisierung von Diglossien/Polyglossien. Nach C. A. Ferguson (1959, 325 — Sperrung U. A.) ist für eine Diglossie unter anderem charakteristisch, daß zwei Varietäten einer Sprache nebeneinander bestehen, „with each having a definite role to play." Meint Ferguson (1959, 328 — Sperrung U. A.) genau dasselbe, wenn er an anderer Stelle als wichtigstes Charakteristikum einer Diglossie die „specialization of function for H and L" nennt? J. T. Platt (1977, 361 f) übernimmt, wie die meisten Rezipienten Fergusons (z. B. Kloss 1976, 321; Winford 1985, passim), die Rede von den verschiedenen „Funktionen" von H und L, spricht aber außerdem auch von ihrem unterschiedlichen Status (z. B. „H-status". Platt 1977, 374). Zwar scheint bei Platt 'Status' — im Unterschied zu 'Funktion' eine Hierarchie zu implizieren, jedoch wird dies nicht deutlich. In anderen Texten werden auch Funktionen hierarchisch gesehen. Beispielsweise weist M. G. Clyne (1975, 99) in seiner Erläuterung von 'Diglossie' hin auf „verschiedene Funktionen (entweder höhere oder niedrigere)."

Der mit diesen verschiedenen Ausdrücken gemeinte globale Begriff steht offenbar in Opposition zum Grundbegriff der strukturellen Linguistik (im weiteren Sinn). Statt um die 'Struktur' eines Sprachsystems geht es um seine 'Funktion' (z. B. Barker 1947; Garvin 1969) — eine Gegenüberstellung, die analog in vielen Disziplinen gängig ist. Ungefähr in gleichem Sinn hat H. Kloss (1969, 81 f) für die Sprachplanung „Korpus" (= Struktur) und „Status" (= Funktion) unterschieden — eine heutzutage geläufige Differenzierung (vgl. Art. 74); andernorts stellt Kloss (1952, 5) mit offenbar gleicher Bedeutung der „linguistischen" die „soziologische" Charakterisierung von Sprachsystemen gegenüber. Bei D. Preston (1986, 28—31) lautet die entsprechende Opposition „organisation" versus „status (of code)". L. Zawadowski (1961, 1—8) meint ähnliches, wenn er von „internen" versus „externen Eigenschaften eines Sprachsystems" spricht. — Die Ausdrucksweise läßt schon erkennen, daß Zawadowski sich in der Tradition F. de Saussures bewegt. Im Gegensatz zu de Saussure ([1916] 1967, 24—27) hält jedoch Zawadowski die Systematisierung der externen Eigenschaften und Beziehungen nicht nur für wünschenswert, sondern auch für möglich. Er unterbreitet einen Vorschlag, Sprachsysteme nach ihren externen Eigenschaften und Beziehungen zu typologisieren, um mit Hilfe einer solchen Typologie Sprachkontaktsituationen zu beschreiben. — Die Typologisierung scheint in der Tat eine Möglichkeit zu sein, sich diesen Bereich zu erschließen. Warum sollen Sprachsysteme nicht auch nach ihrer Funktion/ihrem Status typologisierbar sein? Ihre Typologisierbarkeit nach der Struktur ist demgegenüber keine Frage, sondern hat eine lange Tradition (vgl. die jahrhundertealte morphologische Einteilung in isolierende, agglutinierende und flektierende Systeme), und sie wird heutzutage polythetisch und quantifizierend mit ausgefeiltem Instrumentarium betrieben (Altmann/Lehfeldt 1973). — Während jedoch die 'Struktur von Sprachsystemen' aufgrund der langen strukturlinguistischen Forschungstradition ('strukturlinguistisch' im weiten Sinn) als einigermaßen klarer Begriff erscheint, dem ein bis zu einem gewissen Grade kohärenter Gegenstand entspricht (Langue/Kompetenz), ist dies bei dem Begriff 'Funktion/Status von Sprachsystemen' keineswegs der Fall. Funktionale oder statusmäßige Typen von Sprachsystemen können zwar von strukturlinguistischen Typen negativ dadurch abgegrenzt werden, daß sie von Eigenschaften einer strukturellen Typologie unabhängig sind. Dialekte, Standardvarietäten, Minoritätssprachen, Kreols, offizielle Sprachen, Weltsprachen usw. kann es in ganz unterschiedlichen Strukturtypen von Sprachsystemen geben, z. B. — um bei der alten einfachen Einteilung nach der morphologischen Struktur zu bleiben — gleichermaßen im isolierenden, agglutinierenden oder flektierenden Strukturtyp. Jedenfalls sind jene Typen nicht strukturlinguistisch definiert, mögen sich manche von ihnen auch faktisch im einen Typ häufiger finden als im andern. Jedoch trägt diese bloße Abgrenzung von den Strukturtypen noch nichts zur inneren Klärung der funktionalen/statusmäßigen Typen bei. Vielmehr besteht angesichts der Vielfalt von Bezügen zunächst der Eindruck der Nichtsystematisierbarkeit, wie ihn F. de Saussure vom „äußeren Bezirk der Sprachwissenschaft" hatte. Diesen Eindruck vermögen wir im weiteren wohl auch nicht

gänzlich zu zerstören. Zumindest stößt ein Gesamtsystem (Gesamttypologie) auf enorme Schwierigkeiten; Teilsysteme sind jedoch möglich.

2. Spezifizierung durch Bezug auf bestimmte, ganze Sprachsysteme

In den Beispielen unter 1. wird auf ganze Sprachsysteme Bezug genommen. Dabei ist stillschweigend vorausgesetzt, daß ganze Sprachsysteme identifizierbar sind. Das Problem ihrer Identifizierung ist der Frage ihrer funktions- oder statusmäßigen Typologisierung vorgeordnet. Dieses vorgeordnete, schwierige Problem können wir hier nicht behandeln (vgl. z. B. Kaye 1970, 377, der Ch. A. Hockett's Begriffe „well-defined system" und „ill-defined system" auf das moderne Standardarabisch anwendet). Gewarnt werden muß jedoch vor der Gleichsetzung von Sprachsystemen mit Sprachen (im Sinne eigenständiger oder ganzer Sprachen). Sprachen sind vielmehr Sprachsysteme auf einem bestimmten Abstraktionsniveau, abstrakter als beispielsweise Varietäten von Sprachen. Auch die Identifikation von eigenständigen Sprachen bzw. Varietäten von Sprachen ist in der Regel schon vorausgesetzt, wenn von der Funktion oder vom Status von Sprachsystemen die Rede ist (vgl. 7 und Art. 44).

Wie aber läßt sich der mit dem außerordentlich polysemen Ausdruck *Funktion* bzw. *Status* bezeichnete Begriff im vorliegenden Zusammenhang spezifizieren? Daß zunächst einmal keine mathematischen Funktionen (eindeutige Abbildungen von Mengen in andere Mengen) gemeint sind, bedarf wohl kaum des Hinweises. In zweierlei Hinsicht scheint jedoch eine ausdrückliche Abgrenzung geboten: (1) es geht nicht um Funktionen, die Sprache an sich (in welchem Sinne auch immer) hat, sondern um Funktionen bestimmter, einzelner Sprachsysteme. Die Funktionen werden also prädiziert von einzelnen Sprachsystemen, z. B. von der italienischen, deutschen usw. Sprache oder von Standarditalienisch, Standarddeutsch oder von Lombardisch (ein italienischer Dialekt), Schwäbisch (ein deutscher Dialekt) usw. (2) Es geht auch nicht um Funktionen, die einzelne Sprachzeichen (welcher Komplexität auch immer) haben, sondern um Funktionen ganzer Sprachsysteme. — Aus dem einen oder aus dem anderen Grund interessieren daher nicht „Funktionen" von der Art, wie sie z. B. in K. Bühlers ([1934] 1978, 28) Organon-Modell, von R. Jakobson (1960) oder auch von M. A. K. Halliday ([1976] 1981, 7–31) thematisiert wurden oder wie sie den verschiedenen Versionen „funktionaler" Grammatiken (z. B. Schmidt 1967; van Dik 1980; Halliday 1985) zugrunde liegen (vgl. auch Mathiot/Garvin 1975). (3) Es geht schließlich auch nicht, zumindest vorderhand nicht um „Funktionen", die bestimmte funktionale oder statusmäßige Typen (im Unterschied zu einzelnen Sprachsystemen) haben, z. B. nicht um die „Funktionen" des Typs Standardvarietät bzw. Standardsprache (vgl. z. B. Garvin/Mathiot 1960), Pidgin, Weltsprache usw. sowie natürlich auch nicht um „Funktionen" von ganzen Sprachen als solchen im Unterschied zu Varietäten. — Die explizite Redeweise von Funktionen bzw. vom Status im hier gemeinten Sinn hat demnach die Gestalt 'Sprachsystem x hat die Funktion bzw. den Status y', wobei für x ein Name für ein bestimmtes, ganzes Sprachsystem einzusetzen ist, der dessen Identifikation ermöglicht, z. B. *Baskisch, Guaraní, Surselvisch* usw.

Nachgeordnet ist das Problem, das aber besser schon hier thematisiert wird, daß die Funktionen oder der Status eines Sprachsystems sich stets in einem bestimmten gesellschaftlichen Rahmen realisieren. Die Funktion/der Status der italienischen Sprache ist z. B. jeweils verschieden in Südtirol, Gesamtitalien, in der Europäischen Gemeinschaft, in deren Gremien und auf der ganzen Erde. Dementsprechend sind Fragen nach der Funktion/dem Status eines Sprachsystems oft erst dann einigermaßen klar, wenn dieser soziale Rahmen spezifiziert ist. Beispiele: welche Funktion/welchen Status hat der alemannische Dialekt im Elsaß, Westfriesisch in den Niederlanden, Hindi in Indien, Suaheli in Ostafrika, Englisch in der ganzen Welt? Explizite Antworten auf solche Fragen haben dann die Gestalt: 'Sprachsystem x hat die Funktion/den Status y im Sozialsystem z'. Für z ist der Name oder eine Kennzeichnung eines bestimmten Sozialsystems (soziale Entität) einzusetzen (*Sozialsystem* hat dabei nicht die Bedeutung 'politisch-ökonomische Formation', wofür der Ausdruck bisweilen auch gebraucht wird, etwa wenn die Rede ist vom unterschiedlichen „Sozialsystem" sozialistischer und kapitalistischer Staaten).

Allerdings passen nicht alle Funktions- und Statustypen von Sprachsystemen ohne weiteres in unser Schema mit x, y und z. Problemlos sind Auslassungen aus Gründen,

weil die betreffende Spezifizierung vom Kontext her klar ist oder weil einfach eine Existenzaussage gemeint ist. Beispiel: „Letzeburgisch ist offizielle Sprache" mag zu ergänzen sein durch „im Staat Luxemburg"; die Aussage mag aber auch gemeint sein im Sinne von 'Es gibt einen Staat, in dem Letzeburgisch offizielle Funktion hat.' Wie aber sind z. B. Typen wie Standardvarietät, (nicht standardisierter) Dialekt, Pidgin oder Kreol in unser Schema einzufügen? Ob dies zufriedenstellend möglich ist, kann hier nicht mit Sicherheit beantwortet werden. Immerhin erscheint eine pauschale Verneinung problematisch. Einerseits ist es nicht a limine auszuschließen, daß ein und dasselbe Sprachsystem a im Sozialsystem A ein Pidgin (bzw. ein Dialekt) und im Sozialsystem B (A ≠ B) ein Kreol (bzw. eine Standardvarietät) „ist" bzw. diese Funktion hat. Im Grunde ist der Bezug auf solche abstrakten Sprachsysteme in der Pidgin- und Kreolforschung wie auch in der Standardologie gängig, jedoch in diachroner Hinsicht. Eine Formulierung wie die folgende ist beispielsweise keineswegs ungewöhnlich (sei sie nun wahr oder falsch): „Tok Pisin war einst ein Pidgin, ist heute ein Kreol und wird in Zukunft vielleicht eine Standardsprache sein" (vgl. die „Lebenszyklus"-Hypothese für Pidgins von Hall 1962). Diese Überlegungen verraten, daß die genannten Begriffe zumindest einen impliziten Bezug auf bestimmte Sozialsysteme haben. Dieser Bezug muß unter bestimmten Umständen sogar unbedingt explizit gemacht werden, nämlich dann, wenn die Behauptung der betreffenden Funktion (Status) auf ihre Wahrheit hin überprüft werden soll. Aussagen wie „Sprachsystem a ist ein Pidgin", „b ist ein Kreol" usw. sind erst dann nachprüfbar, wenn bekannt ist, in welchem Sozialsystem sie dies sind. Dort läßt sich dann überprüfen, ob die Merkmale eines Pidgins, Kreols usw. erfüllt sind. Bei der Überprüfung entsprechender Aussagen über Standardvarietäten, Dialekte und ähnliches ist dies ganz analog. Von solchen Überlegungen aus dürften explizite Ausdrucksweisen wie „Sprachsystem a hat die Funktion eines Pidgins (Kreols usw.) im Sozialsystem A" nicht mehr so abwegig anmuten.

3. Diskrepanzen im Begriffsfeld 'Funktion/Status eines Sprachsystems'

Die Einschränkung auf bestimmte, ganze Sprachsysteme im Rahmen bestimmter Sozialsysteme ermöglicht nun die Konzentration auf die Variable y in unserem Schema 'Sprachsystem x hat die Funktion y in Sozialsystem z'. Die Identifikation und begriffliche Präzisierung dieser Variablen ist teilweise schon durch gängige Ausdrucksweisen behindert. Bisweilen ist es schon verwirrend, daß an Stelle von *hat die Funktion (den Status)* einfach *ist* steht. Beispiel: „Italienisch *ist* Nationalsprache in der Schweiz". Auch die eingefahrene Koppelung der Funktionskennzeichnung als Bestimmungswort mit dem Grundwort *-sprache* kann zur Konfusion beitragen. Unmißverständlicher wäre oft eine einfache adjektivische Ausdrucksweise, also z. B. *hat offizielle (weltweite usw.) Funktion* anstatt *hat die Funktion einer offiziellen Sprache (einer Weltsprache* usw.). Andernfalls entstehen Sätze wie: „Die englische Sprache hat die Funktion einer offiziellen Sprache in Indien", in denen *Sprache*, ein ohnehin ungeheuer polysemer Ausdruck, in zweierlei Bedeutung vorkommt. — Größere Schwierigkeiten bereitet allerdings die in weiten Teilen gänzlich ungefestigte Terminologie zur Bezeichnung der Funktion/des Status, die auch oft beklagt wird. An Stelle vieler möglicher Beispiele sei nur der Hinweis von Fishman/Cooper/Conrad (1977, 8) erwähnt anläßlich der Frage, in welchen Staaten Englisch offizielle Funktion hat: „The particular meaning of the word 'official' will vary from country to country (...)" Die Autoren schaffen zwar speziell in diesem begrifflichen Teilfeld etwas Ordnung, reproduzieren aber mehr oder weniger notgedrungen ansonsten das verbreitete Terminologie-Chaos. Wenn sie z. B. Englisch auf ein und derselben Seite mal als „world language", mal als „language of wider communication" und mal als „world lingua franca" (Fishman/Cooper/Conrad 1977, 6) charakterisieren, so bleibt unklar, inwieweit alle Ausdrücke synonym verwendet werden oder begriffliche Unterschiede beinhalten. Vorläufig wird man sich angesichts dieser Situation oft nicht anders behelfen können als durch Ad-hoc-Erläuterungen oder -festsetzungen (working definitions), die allerdings — wenn sie rezipiert werden — das Begriffs-Chaos unter Umständen weiter vergrößern.

Bei Definitionen ist Vorsicht geboten, einerseits weil die für das Definiens zur Verfügung stehenden Ausdrücke oft ebenfalls mißverständlich sind, andererseits wegen des komplexen Bezugs der Begriffe. Sowohl hinsichtlich der Sprachsysteme als auch hinsichtlich der Sozialsysteme sind Divergenzen mög-

lich. Hinsichtlich der Sprachsysteme ist insbesondere auf den Unterschied zwischen Varietäten von Sprachen und ganzen Sprachen zu achten. Will man sich beispielsweise bei der Definition von *Standardsprache* auf erstere ('Standardvarietät') oder auf letztere ('Sprache mit einer Standardvarietät') beziehen oder gar auf ein drittes? Wie der Bezug auf Sozialsysteme divergieren kann, läßt sich illustrieren an dem Vorschlag von H. Kloss (1977, 332), den Terminus „vitality" von W. Stewart (1968, 536. Vgl. auch 5. (vii) und 8.) mit *Muttersprachlichkeit* statt mit *Vitalität* zu übersetzen. Kloss möchte damit vermeiden, daß eine außergewöhnliche Lebenskraft suggeriert wird. Während jedoch *Muttersprachlichkeit* problemlos auf kleinste Sozialsysteme, sogar auf einzelne Individuen bezogen werden kann („Deutsch ist Muttersprache von Willi Brandt"), ist dies bei „vitality" nicht der Fall; vielmehr wird der soziale Bezug von Stewart spezifiziert auf „an unisolated community." Erst diese Spezifikation auf eine größere Gruppe, größer sogar als eine Einzelfamilie, dürfte „vitality" auch zu einem geeigneten Kriterium für ein Kreol gegenüber einem Pidgin machen, um das es Stewart u. a. geht. Aufgrund des Bezugs auf unterschiedliche Sozialsysteme ist demnach die folgende Teilmengenbeziehung zunächst einmal falsch: Menge aller muttersprachlichen Sprachsysteme $\supseteq$ Menge aller Kreols. Richtig ist dagegen: Menge aller Sprachsysteme mit „vitality" $\supseteq$ Menge aller Kreols. Die Lösung, *Muttersprachlichkeit* einfach als synonym mit „vitality" festzulegen, ist problematisch, weil sie vom gängigen Sprachgebrauch erheblich abweicht. — Ein anders gelagertes Beispiel liefern die Begriffe 'Weltsprache' und 'Welthilfssprache' — treffender sollte man im Grunde von Begriffsfamilien sprechen. Von der Funktion einer Weltsprache spricht man schon dann, wenn die diplomatischen, ökonomischen und/oder technologisch-wissenschaftlichen Kontakte zwischen der Mehrzahl der Staaten der Erde mittels des betreffenden Sprachsystems stattfinden (derzeitiges Beispiel: Englisch). An diesen Kontakten braucht nur ein sehr kleiner Teil der Weltbevölkerung beteiligt zu sein. Ihr Gros braucht das betreffende Sprachsystem sogar nicht einmal zu kennen. L. Zamenhof hatte demgegenüber eine ganz andere Vision von seinem Esperanto als Welthilfssprache. Es sollte von der gesamten Weltbevölkerung als Nicht-Primärsprache (daher „Hilfssprache") verwendet oder zumindest beherrscht werden, so daß aus sprachlichen Gründen kein Individuum am direkten Kontakt mit irgendeinem anderen Individuum gehindert sei (Janton [1973] 1978, 25−29. Vgl. Art. 180). Offenbar nehmen die beiden Begriffe auf das Sozialsystem Welt in ganz unterschiedlicher Weise Bezug: im einen Fall im Sinne eines Ensembles von Staaten, im anderen Fall im Sinne eines Ensembles von Individuen − ohne daß dieser Unterschied terminologisch zum Ausdruck kommt (vgl. zum Begriff 'Weltsprache' Frohnde 1976). An Stelle einfacher Enthaltenseinsbeziehungen liegen also nicht selten komplizierte Begriffsüberschneidungen vor.

Eine Divergenz ganz anderer Art ist weniger spezifisch für unser Begriffsfeld. Wir können zu ihrer Erläuterung beim vorletzten Beispiel anknüpfen. Es ist zweifelhaft, ob Stewart wirklich die von uns behauptete Teilmengenbeziehung akzeptieren würde: Menge aller Sprachsysteme mit „vitality" ⊇ Menge aller Kreols. Möglicherweise versteht er nämlich die Beziehung zwischen 'Sprachsystem mit „vitality"' und 'Kreol' ganz anders (was freilich unausgesprochen bleibt), nämlich im Sinne eines empirischen Kriteriums oder Indikators ('vitality') für einen abstrakten „theoretischen" Begriff ('Kreol') (vgl. zu diesem Begriff von 'theoretischem Begriff' Carnap 1960; Stegmüller 1970). Bei Kloss (1974) oder bei Fishman/Cooper/Conrad (1977) wird deutlicher, daß sie 'internationaler Rang einer Sprache (eines Sprachsystems)' bzw. 'internationaler Status eines zusätzlichen („additional") Sprachsystems' als solche abstrakten Begriffe verstehen, die unmittelbarer Beobachtung nicht zugänglich sind. Daß Kloss' (1974, 11−13) 'internationaler Rang' nicht einfach identisch ist mit seinen drei „Maßstäben" für diesen Rang, geht daraus hervor, daß er deren Zuverlässigkeit ausdrücklich einschränkt. Beispielsweise ist der dritte „Maßstab": die Anzahl der aus dem betreffenden Sprachsystem in andere Sprachsysteme übersetzten Bücher, insofern unzuverlässig, als ausgerechnet bei einem besonders hohen internationalen Rang solche Übersetzungen sich wegen der breiten Bekanntheit des betreffenden Sprachsystems teilweise erübrigen. Kloss vermutet (sicher zu recht), daß dies im Fall der englischen Sprache derzeit zum Teil zutrifft. Kloss' „Maßstäbe" sind also empirische Indikatoren für einen abstrakten Begriff. Entsprechendes gilt für die „Kriterienvariablen" für den 'internationalen Rang einer zusätzlichen Sprache' bei Fishman/Cooper/Conrad (1974, 82−84). −

Der Unterschied zwischen Indikator (empirischem Begriff) und indiziertem Begriff (theoretischem Begriff) ist bisweilen nicht nur deshalb nicht ohne weiteres zu erkennen, weil er nicht thematisiert wird, sondern auch, weil die Begriffe auf beiden Ebenen die Gestalt funktionaler (statusmäßiger) Typen von Sprachsystemen haben. Als Indikatoren werden bei Fishman/Cooper/Conrad (1977, 83) beispielsweise genannt: „the use (…) as an official language; the use (…) as a language of governmental administration; the use as a lingua franca within the country" usw. Funktionale und statusmäßige Typen von Sprachsystemen können demnach auf methodologisch unterschiedlichen Ebenen auftreten und zueinander in der Beziehung von empirischem Indikator und theoretischem Konstrukt stehen.

4. Deskriptiver − explanativer Anspruch

Eine weitere begriffliche Divergenz verbindet sich mit dem Ausdruck *Funktion*, je nach dem, ob von Funktion *eines Sprachsystems in einem Sozialsystem* oder *für ein Sozialsystem* die Rede ist (analog auch *Rolle in/ für. Status/Verwendung/Gebrauch* werden dagegen zumeist nur im Sinne von 'Funktion in' verwendet). Mit einer *Funktion in* ist gewöhnlich nichts weiter gemeint als eine Beschreibung der Verwendung als Antwort auf die Frage: „Wie wird das betreffende Sprachsystem verwendet?"; mit einer *Funktion für* wird dagegen auf eine Erklärung abgehoben in Beantwortung der Frage: „Warum wird das betreffende Sprachsystem so verwendet?" Wie es scheint, handelt es sich dabei um einen Erklärungsansatz vom Typ der Funktionalerklärung (vgl. Art. 73). Dieser Erklärungsanspruch wird allerdings in der soziolinguistischen Literatur zu unserem Gegenstand immer nur ganz rudimentär angedeutet.

Eine Funktionalerklärung beinhaltet, wie C. G. Hempel (1959; vgl. auch Stegmüller 1969, 559−566) gezeigt hat, letztlich den Anspruch, die betreffende Funktion aus dem (normalen) Fortbestand des Systems, für das sie besteht, zu erklären (vgl. z. B. Malinowski [1939] 1975). In unserem Fall handelt es sich dabei um das jeweilige Sozialsystem z, aus dessen (normalem) Fortbestand die Funktion y des Sprachsystems x erklärt werden soll. Auch mit anderen Formulierungen wird, wie es scheint, oft auf dasselbe Erklärungsschema abgehoben (vgl. Stegmüller 1969, 561), beispielsweise wenn vom *Bedürfnis* oder *Erfordernis* einer bestimmten Verwendung y eines Sprachsystems x in einem Sozialsystem z die Rede ist (z. B. Johnson 1977, 59, anknüpfend an Nida/Wonderly 1968. Häufig auch in marxistischen Erklärungsansätzen, z. B. Ammon [1972] 1973, 22–72). Ein Bezug auf eine Funktionalerklärung liegt in solchen Fällen speziell dann vor, wenn nicht allein Bedürfnisse von Individuen, sondern Bedürfnisse (Erfordernisse) des Sozialsystems gemeint sind. Eine andere Formulierungsvariante ist die Rede von *Zwecken* wie in folgendem Beispiel: „The specification of sociolinguistic function serves as an answer to the question: For what purpose is a particular linguistic system used as a medium of communication in the nation?" (Stewart 1968, 540). Die anschließend aufgelisteten Funktionen (vgl. 8.) verraten, daß nicht oder zumindest nicht allein Zwecke gemeint sind, die Individuen sich setzen, sondern abstraktere „Zwecke" des Sozialsystems, die dessen (normales) Funktionieren (Operieren) bzw. dessen Fortbestand sichern.

Wie C. G. Hempel (1959) und daran anknüpfend W. Stegmüller (1969, 555–585) sowie auf etwas andere Weise E. Nagel (1961, 520–535) gezeigt haben (vgl. auch Adlung/Brünner/Fiehler/Schlie 1976), läßt sich der funktionale Erklärungsanspruch streng genommen nicht aufrecht erhalten. Wir müssen uns hier mit einer groben Skizze der hierfür gegebenen Begründung begnügen, was auch insofern gerechtfertigt erscheint, als ein funktionaler Erklärungsanspruch in unserem speziellen thematischen Zusammenhang kaum je einigermaßen explizit entwickelt wurde. Als Minimalvoraussetzung für eine Erklärung im skizzierten Sinn müssen Gesetzesaussagen (mindestens eine) formuliert werden, die in einem erklärenden logischen Schlußschema („Hempel-Oppenheim-Schema") als Prämissen auftreten. Zu diesen generellen Aussagen müssen empirische partikulare Aussagen hinzu kommen, die sichern, daß der vorliegende, zu erklärende Fall unter die Gesetzesaussagen subsumierbar ist („Antezendenzbedingungen"). Hieraus wird deduziert, daß die betreffende Funktion im betreffenden Sozialsystem zum gegebenen Zeitpunkt existiert, in unserem Fall also eine Aussage dergestalt, daß im Sozialsystem z (zum Zeitpunkt t) die Funktion y des Sprachsystems x anzutreffen ist. Die Gesetzesaussagen müssen den Zusammenhang zwischen den Funktionen und der Systemerhaltung herstellen. Dies ist dadurch

möglich, und — wie es scheint — nur dadurch, daß sie — bezogen auf unseren Zusammenhang — Behauptungen der folgenden Art beinhalten: „Funktion y des Sprachsystems x hat eine Wirkung (Effekt) w, die eine notwendige Bedingung für die Fortexistenz des Sozialsystems z darstellt." Nun ist jedoch generell, und speziell auch in unserem Zusammenhang, allein schon der Nachweis, daß es sich tatsächlich um eine entsprechende notwendige Bedingung handelt, äußerst schwierig, wenn nicht unmöglich. Voraussetzung für diesen Nachweis sind zunächst einmal präzise Kriterien, was unter dem (normalen) Fortbestehen (Normalzustand) des betreffenden Systems zu verstehen ist. Hierzu wäre auch nachzuweisen, daß die für y eingesetzte spezielle Funktion a nicht durch eine andere Funktion ersetzbar ist, die das Fortbestehen des Systems ebenfalls gewährleisten würde. Im Falle vieler Funktionalerklärungen ist ein solcher Nachweis jedoch überhaupt nicht beabsichtigt. Dies wird erkennbar am Begriff der „funktionalen Äquivalente", der im soziologischen Funktionalismus gängig ist. Er besagt, daß an Stelle der faktisch vorhandenen Funktion durchaus andere treten können, die das betreffende Sozialsystem ebenfalls fortbestehen lassen. Damit aber ist die gesuchte notwendige Bedingung für die Fortexistenz des Systems von einer speziellen einzelnen Funktion ausgeweitet auf eine ganze Klasse von äquivalenten Funktionen, deren Abgrenzung in der Regel kaum möglich ist. Aber selbst wenn die Abgrenzung gelänge, wäre eben nicht mehr das Vorkommen der fraglichen speziellen Funktion a erklärt, sondern nurmehr das Vorkommen einer Klasse von Funktionen {a, b, ..., n}, von der a nur ein Element ist. — Der letztlich haltbare Erklärungsanspruch müßte in den meisten Fällen sogar noch weiter reduziert werden, nämlich dann, wenn nur eine der Gesetzeshypothesen in den Prämissen nicht deterministisch, sondern nur statistisch wäre, was für sozialwissenschaftliche Gesetze geradezu typisch ist. Von der übrigbleibenden, äußerst schwachen Erklärung kann man zumindest bedenkenlos soviel sagen, daß sie für Prognosen, dem Pendant brauchbarer Erklärungen, ziemlich untauglich ist. Gemeint sind in unserem Fall Prognosen, die beinhalten, daß in bestimmten Sozialsystemen bestimmte Funktionen von Sprachsystemen existieren. Nicht Teil einer solchen Prognose wäre jedoch, welche (strukturlinguistisch definierten) Sprachsysteme entsprechende Funktionen haben.

Diese Frage fiele vermutlich in den Aufgabenbereich einer anders gelagerten historischen
Analyse.

Trotz der nahezu unüberwindlich scheinenden Schwierigkeiten einer Funktionalerklärung kann sich die Soziolinguistik der Frage,
wie sich die Funktionen (Funktionstypen)
von Sprachsystemen adäquat erklären lassen,
auf Dauer nicht entziehen. Wenn sie in bloßer
Deskription verharrt, vermag sie letztlich
nicht zu begründen, inwiefern ihre Untersuchungsergebnisse praktisch brauchbar sein
sollen, z. B. in Sprachenplanung und Sprachenpolitik. Praktische Anwendungsversuche
dürften ziemlich sinnlos sein ohne Prognosen
ihrer Wirkung, und diese basieren stets auf
Erklärungen.

Für Teilbereiche funktionaler Typen von
Sprachsystemen liegen auch durchaus Erklä-
rungsskizzen vor. Beispiele sind Erklärungs-
versuche der Existenz von Standardvarietäten
in technologisch hochentwickelten und verstädterten Sozialsystemen, die zum Teil auf
marxistischer Gesellschaftstheorie basieren
(z. B. Schirmunski [1956] 1962, 1–23; Guchman [Guxmann] 1968; aber auch Garvin/Ma-
thiot 1960). Solche und ähnliche Ansätze bedürfen der strengen Überprüfung auf Halt-
barkeit. Voraussetzung hierfür ist vor allem
die explizite Formulierung der enthaltenen
Gesetzesannahmen, die als Prämissen im Erklärungsschema dienen. – Die vorausgehen-
den Bemerkungen beziehen sich speziell auf
den Typ einer Funktionalerklärung. Ansonsten gibt es im Bereich der funktionalen/sta-
tusmäßigen Typen von Sprachsystemen
durchaus Erklärungsansätze, die weniger
problematisch, aber auch weniger anspruchsvoll sind. In ihnen wird nicht Bezug genommen auf das (normale) Fortbestehen eines
Sozialsystems. Vielmehr wird eine bestimmte,
deskriptiv charakterisierte Funktion (Status)
eines Sprachsystems einfach als Wirkung (in
einem weiten Sinn) bestimmter Faktoren verstanden, z. B. ein näher bestimmter hoher
internationaler Rang eines Sprachsystems als
Wirkung der ökonomischen Stärke des Staates, in dem das betreffende Sprachsystem
Muttersprache der Bevölkerungsmehrheit ist.
Solche Zusammenhänge, die gewöhnlich den
Charakter statistischer Gesetzmäßigkeiten
haben, wurden vor allem im Hinblick auf den
internationalen Status von Sprachsystemen
formuliert (z. B. Brosnahan 1963; Fishman/
Cooper/Conrad 1974, 77–107. Vgl. auch
Art. 85).

5. Dimensionen von Funktions- und Statustypen von Sprachsystemen

Für den folgenden Überblick kann keinesfalls
ein Anspruch auf Vollständigkeit erhoben
werden. Demonstriert werden soll nur die
Vielfalt gängiger Funktionstypen (Statustypen) von Sprachsystemen und die Verschiedenartigkeit der Bezugspunkte. Die beispielhaft genannten Teiltypologien könnten zweifellos in mancher Hinsicht auch anders und
zumeist viel differenzierter entwickelt werden.
Außerdem bleibt die Abgrenzung zwischen
den jeweiligen Typen meistenteils vage. Ope-
rationalisierungsfragen werden hier nicht thematisiert. Manche der „Dimensionen" lassen
sich sicher weiter differenzieren, manche lassen sich vielleicht auf andere reduzieren. Derartige Entscheidungen wären zu treffen bei
ihrer   Topologisierung   (Meßbarmachung
durch Rangskalen) oder Metrisierung (Meßbarmachung durch Interval- oder Verhält-
nisskalen), die sich als zukünftige Aufgabe
stellt (vgl. zu den Begriffen Hempel 1952). –
Aus unserem Schema 'Sprachsystem x hat
Funktion (Status) y in Sozialsystem z' thematisieren wir meistenteils nur die Variable y,
ohne uns jeweils explizit auf das Schema zu
beziehen. Der explizite Bezug erfordert zum
Teil einige Übersetzungsarbeit.

(i) Sprecherzahl. – In dieser Dimension
sind verschiedene Differenzierungen möglich,
insbesondere die folgenden: (1) absolute –
relative Sprecherzahl, (2) Zahl der Primärsprache-Sprecher – Zahl der Nichtprimärsprache-Sprecher, (3) die Zahlen (1) und (2)
in variierenden sozialen Rahmen. – (1) Die
absolute Sprecherzahl eines Sprachsystems ist
nicht ins Verhältnis gesetzt zur Sprecherzahl
eines anderen Sprachsystems. Für viele Fragestellungen ist dies jedoch stillschweigend
oder ausdrücklich getan, so daß relative Zahlen vorliegen. Dementsprechend werden bisweilen 'große', 'mittlere' und 'kleine Sprachen' unterschieden, wobei im einzelnen unterschiedliche Einteilungs- und Abgrenzungs-
möglichkeiten bestehen (Haarmann [1972]
1973; 1979. Vgl. auch Haarmann 1980, Bd. 2,
13 ff). – (2) Einteilungen wie die in große,
mittlere und kleine Sprachen sind zumeist an
der Zahl der Primärsprache-Sprecher orientiert. Auch die „Rangfolge" der Sprachen der
Erde wird nicht selten nach der Zahl ihrer
Primärsprache-Sprecher angegeben (Löffler
1985, 62 f). Bei W. F. Mackey (1976,
203–205) ist diese Zahl eine aus fünf Komponenten des theoretischen Konstrukts „puis-

sance linguistique" eines Sprachsystems. Bei differenzierterer Betrachtung berücksichtigt man nicht nur die Primärsprache-Sprecher, sondern auch die Nichtprimärsprache-Sprecher (einschließlich Schreibern, Lesern und Hörern). Daß beide Zahlen erheblich divergieren können, zeigt ein Vergleich zwischen der chinesischen und der englischen Sprache. Während die Zahl der Nichtprimärsprache-Sprecher des Chinesischen vermutlich weniger als 1% der Primärsprache-Sprecher (713 000 000. Grimes 1984, 365) beträgt, liegt sie beim Englischen bei mindestens 30%, vielleicht sogar bei über 100% (91 000 : 300 000 nach Grimes 1984, 328; 115 000 : 266 000 nach Kachru 1983, 150; mehr als 300 000 : 300 000 nach Fishman/Cooper/Conrad 1977, 6, 57 Anm. 5). Bei Einbeziehung der Nichtprimärsprache-Sprecher können demnach unter Umständen mittlere Sprachen zu großen werden (je nach Abgrenzungskriterium). Im Hinblick auf den internationalen Rang eines Sprachsystems beschränkt man sich bisweilen sogar auf die Betrachtung der Nichtprimärsprache-Sprecher (Fishman/Cooper/Conrad 1977). — (3) Man kann den Rahmen der Betrachtung, den gewöhnlich ein bestimmtes Sozialsystem (im weiten Sinn) bildet, variieren und dafür z. B. eine einzelne Stadt, eine Provinz, einen Staat oder auch die ganze Erde wählen. Die Spezifizierung des Rahmens ist unverzichtbar bei Begriffen wie 'Majoritätssprache' oder 'Minoritätssprache'. Der Rahmen bildet dabei die Grundgesamtheit, die aus der Anzahl aller Individuen innerhalb eines bestimmten Rahmens A (z. B. einer bestimmten Stadt, eines bestimmten Staates) besteht. Dann ergibt sich der Anteil der Sprecher von a aus dem Quotienten:

$$\frac{\text{Sprecherzahl von a in A}}{\text{Anzahl der Individuen in A}}$$

Je nach Bedarf kann nun unterschieden werden zwischen absoluten Majoritätssprachen (> 0,5 bzw. 50%) und relativen Majoritätssprachen (mehr Sprecher als irgendein anderes Sprachsystem in A); entsprechend können verschiedene Typen von Minoritätssprachen gebildet werden. — Für Minoritätssprachen können an Ort und Stelle auch andere, speziellere Bezeichnungen gebräuchlich sein, die bisweilen auch symptomatisch sind für ihre Bewertung seitens der Mehrheit oder für ihren Rechtsstatus (vgl. XV). Ein Beispiel für eine solche Bezeichnung, die eine positive Bewertung verrät, ist *community language* in Australien, genauer: *community language*

other than English (Clyne 1982, 2 und passim). — Im Falle unterdrückter Mehrheiten sollte besser nicht von *Minoritätssprachen* gesprochen werden, wie dies z. B. E. Haugen (1978, 11) tut. Andernfalls werden zwei grundverschiedene Dimensionen, nämlich Sprecherzahl und soziale Ungleichheit (Klassen/Schichten) vermengt. R. Srivastava (1984, 101) kombiniert beide Dimensionen.

(ii) Art und Anzahl der sozialen Systeme. — Im Grunde handelt es sich hier um 2 Dimensionen: (1) Art des sozialen Systems, (2) Anzahl sozialer Systeme einer bestimmten Art. — (1) Die in der heutigen Welt vielleicht wichtigste Art sozialer Systeme, die wohl auch am häufigsten den Rahmen funktionaler Sprachtypen abgibt, ist der Staat (z. B. *offizielle Sprache des Staates*). Außerdem können aber auch einerseits Staatenverbände, selbst die Gesamtheit aller Staaten der Erde, andererseits Teilstaaten, Provinzen, Distrikte, Kommunen und anderes einen solchen Rahmen abgeben (vgl. z. B. die Vielschichtigkeit in Adekunle 1972). Ein Sozialsystem abstrakterer, aber besonders handlungsrelevanter und ideologiegeladener Natur (Deutsch [1942] 1968) ist die *Nation*, die gewöhnlich nicht in bezug auf Staatsgrenzen definiert wird (vgl. z. B. Foster 1980), obwohl es auch diesen Begriff gibt (*Staatsnation*. Vgl. auch Fishman 1972 b). Eine *Nationalsprache* wird zumeist nicht nur als für eine bestimmte Nation spezifisch, sondern sogar als für sie konstitutiv betrachtet (Guchmann 1961; Chang 1965; Whiteley 1969; Brauner 1975. Vgl. Art. 45,81).

Wenn wir uns hinsichtlich (2) vereinfachend auf Staaten beschränken, so kann es von Bedeutung sein, in wievielen Staaten ein Sprachsystem gesprochen wird, von einer Majorität oder Minorität, als Primärsprache oder Nichtprimärsprache. Hier sind analoge Differenzierungen möglich wie unter (i). Hinzu kommen aber Differenzierungsmöglichkeiten, die spezifisch sind für den Bezug auf Staaten. Hierzu gehören vor allem die Differenzierungen (a) nach domänenspezifischer Verwendung (vgl. viii), (b) nach Existenz — Nichtexistenz einer eigenständigen Standardvarietät des betreffenden Sprachsystems. — (a) Hier ist unter anderem bedeutsam, in wievielen Staaten das betreffende Sprachsystem in den Schulen als Unterrichtssprache und/oder als Schulfach (im Muttersprach- bzw. Fremdsprachenunterricht) verwendet wird. Ferner, in wievielen Staaten es für die staatliche Verwaltung, im Justizwesen

oder im Militär Verwendung findet ('offizielle
Sprache'). Darin werden wiederum oft Indikatoren für den internationalen Rang einer
Sprache gesehen. Beispielsweise hat die Tatsache, daß Arabisch in 22 Staaten offizielle
Sprache ist, zweifellos eine Rolle gespielt für
seine Aufnahme als Arbeitssprache in die
UNO-Gremien, obwohl seine Gesamtspre-
cherzahl geringer ist als bei manchen anderen
Sprachen, z. B. Hindi (Grimes 1984, 177, 211,
381; Löffler 1985, 63). — (b) Je nachdem, in
wievielen Staaten eine Standardsprache
eigenständige Standardvarietäten aufweist,
ist sie mono-, bi-, tri- oder plurizentrisch
(auch *polyzentrisch*). Englisch, Spanisch oder
auch Deutsch sind z. B. plurizentrisch (vgl.
xii).

(iii) Soziale Ungleichheit/Dominanz. —
Diese Dimension ist mindestens zu differenzieren in (1) soziale Ungleichheit innerhalb
eines Gesellschaftssystems, (2) soziale Ungleichheit zwischen verschiedenen Gesellschaftssystemen. — (1) Hier finden sich Typen
von Sprachsystemen wie *Unterschicht-* gegenüber *Mittelschichtsprache* oder auch *Volkssprache* (= Sprache des „einfachen Volkes")
gegenüber *Bildungssprache* (= Sprache der
„Gebildeten") usw. Diesen Begriffen liegen
soziologische Schichten- oder Sozialstatus-
modelle zugrunde, z. B. solche, die typisch
sind für strukturell-funktionale soziologische
Theorien. Von eher marxistisch beeinflußten
soziologischen Theorien aus kommen Begriffe ins Spiel, die Herrschaft/Dominanz und
einseitige Abhängigkeit beinhalten, vor allem
der marxistische Klassenbegriff im Gegensatz
zum Sozialschichtenbegriff (z. B. *Sprache der
Herrschenden, Sprache der Arbeiterklasse*).
Die Dimension der Herrschaft kann auch akzentuiert werden in Begriffen, die nicht ausdrücklich in der Dimension der sozialen Ungleichheit liegen. Beispielsweise können auf
diese Weise 'Männersprache' und 'Frauensprache' Merkmale wie 'Sprache der Herrschenden' bzw. 'Sprache der Beherrschten'
erhalten. Ein Extremfall, der historisch allerdings häufig auftritt, ist die 'Sprache von
Eroberern' gegenüber der 'Sprache der Ero-
berten', die in ein und demselben Gesellschaftssystem zusammen leben (berühmtes
Beispiel: Normannenfranzösisch versus Angelsächsisch nach der normannischen Eroberung Englands). — (2) Hier sind vor allem
zu unterscheiden (a) Stärke (ökonomisch,
technologisch, militärisch) der Sprecher eines
Sprachsystems bzw. ihres Gesellschaftssystems (Staates) und (b) Herrschafts- und Ab-

hängigkeitsbeziehungen der Sprecher eines
Sprachsystems von den Sprechern eines anderen. Wenn W. F. Mackey (1976, 205) als eine
von fünf Komponenten seiner „puissance linguistique" das Bruttosozialprodukt der Sprecher (genauer: ihres Staates) ansetzt, so bleibt
er damit im Grunde innerhalb von (a). Eindeutige Fälle von (b) sind dagegen z. B. die
'Sprache der Kolonialherren' (Beispiele: Englisch, Französisch, Spanisch) gegenüber der
'Sprache der Kolonisierten' (z. B. auto-
chthone afrikanische und südamerikanische
Sprachen. Vgl. Calvet [1974] 1978). Ein subti-
lerer Fall ist Englisch im Verhältnis zu manchen mittelamerikanischen oder auch westeuropäischen oder vielleicht auch Russisch
im Verhältnis zu manchen osteuropäischen
Sprachen. Hierher gehören auch diejenigen
exonormativen Sprachen (= Sprachen, deren
Normen von auswärts übernommen werden.
Gegensatz: *endonormativ*), bei denen eine
fortdauernde Abhängigkeit besteht.

(iv) Sonstige soziologische Sprechereigen-
schaften. — Typen von Sprachsystemen wie
*Sprache der Maurer, Frauensprache, Sprache
der alten Leute* usw. finden sich in großer
Zahl, auch schon längst vor der Kristallisa-
tion einer eigenständigen Disziplin Soziolinguistik und in nicht-wissenschaftlichen
Texten. Welche Sozialgruppierungen im einzelnen unterschieden werden, ist abhängig
von der jeweiligen soziologischen Theorie.
Einen gemeinsamen Kern bildet jedoch die
Grundeinteilung in (1) Berufsgruppen, (2)
Geschlechter, (3) Generationen (Altersgruppen). Dementsprechend werden z. B. unterschieden bezüglich (1): *Bauern-* versus *Hand-
werkersprache*; bezüglich (2): *Männer-* versus
Frauensprache; bezüglich (3): *Jugend-* versus
Erwachsenensprache. Offenkundig sind einerseits bei (1) und (3) auch viel feinere Untertei-
lungen möglich, andererseits zahlreiche Kombinationen, z. B. 'Sprache der Handwerker-
frauen' (aus 1 und 2). — Während es sich
bei (2) und (3) nur um Differenzierungen
innerhalb von Gesellschaftssystemen handelt
(abgesehen vom Sonderfall eines aussterben-
den Sprachsystems, das nurmehr von alten
Leuten gesprochen wird), können sich nach
(1) auch ganze Gesellschaftssysteme voneinander unterscheiden, je nach Produktions-
weise (ökonomisch-technologischer Entwicklungsstufe). Im Bezug darauf haben dann
Ausdrücke wie *Nomadensprache, Bauernsprache* und ähnliche eine andere Bedeutung. Sie
beziehen sich zumeist implizit auch, wenn-

gleich vage, auf bestimmte Ausbaustufen (vgl. xi).

(v) Linguistische Distanz zwischen den Sprachsystemen. — Diese Dimension spielt eine weitgehend latente Rolle als Kriterium für bestimmte Funktionaltypen von Sprachsystemen. Sie ist vorderhand relevant für die Klassifikation von Varietäten zu Sprachen (vgl. 7 und Art. 44). Sie scheint aber latent auch relevant zu sein für Typen wie 'Pidgin' oder 'Kreol' (vgl. Art. 46, 76). Als Pidgins und Kreols scheint man gewöhnlich nur solche Sprachsysteme zu betrachten, die aus dem Kontakt zwischen Sprechern von Varietäten verschiedener Sprachen hervorgegangen sind, also Varietäten mit entsprechend großer linguistischer Distanz. Andernfalls spricht man von *Mischvarietäten, Mischdialekten* oder ähnlichem. Auch im Falle der Überdachung (vgl. vi) eines Sprachsystems durch ein anderes wird entsprechend differenziert: Überdachung durch eine Umgangssprache (auch *Vernakular*) oder eine Standardvarietät (auch *Koine*. Cohen 1962; Siegel 1985) derselben Sprache (geringe linguistische Distanz) versus Überdachung durch die Varietät einer anderen Sprache (große linguistische Distanz) (vgl. Muljačić 1982, 346). Nur im letzten Fall spricht man gewöhnlich von einer *Lingua franca* (Samaria 1962; Heine 1970) oder von einer *Sprache weiterer Kommunikation* (*language of wider communication.* Fishman 1969). Die linguistische Distanz ist auch relevant bezüglich einer der verschiedenen Bedeutungen des Ausdrucks *Muttersprache*: z. B. lernen Dialektsprecher die Standardvarietät derselben Sprache in der Schule als *Muttersprache* („Muttersprachunterricht"), die Standardvarietät einer anderen Sprache dagegen als *Fremdsprache* („Fremdsprachenunterricht") (vgl. vii und Art. 183). Ob die linguistische Distanz nur als Ursache von Funktion und Status oder als Kriterium dafür zu betrachten ist, bedarf bisweilen genauerer Analyse und ist besonders in den folgenden Fällen zweifelhaft. Die linguistische Distanz ist relevant für die Erlernbarkeit eines Sprachsystems von einem anderen Sprachsystem aus. Hier kann man unter anderem unterscheiden zwischen 'von allen Seiten aus schwer erlernbaren Sprachsystemen' (z. B. Japanisch) und 'nur von bestimmten Sprachsystemen aus schwer erlernbaren Sprachsystemen' (z. B. Russisch für Chinesischsprachige, aber nicht für Bulgarischsprachige). Die Erlernbarkeit (*schwere Sprache, leichte Sprache*) dürfte allerdings außer von der lin-guistischen Distanz auch von der inneren Komplexität eines Sprachsystems abhängen (Kloss 1974, 37 f; Coulmas 1985, 255 f).

(vi) Region. — Unter der Region (= Territorium, Gebiet) eines Sprachsystems kann unterschiedliches verstanden werden, z. B. (1) diejenige Region, in der die Sprecher wohnen, gegenüber derjenigen Region, in der sie sich bewegen (beruflich als Pendler/Reisende oder touristisch); das Wohngebiet kann wiederum dauerhaft oder ephemer sein (z. B. Saison-/Wanderarbeiter); (2) diejenige Region, in der die Primärsprache-Sprecher des betreffenden Sprachsystems wohnen (bzw. sich bewegen) gegenüber der Region der Nichtprimärsprache-Sprecher; (3) diejenige Region, in der die Sprecher des betreffenden Sprachsystems (in bestimmter Weise) konzentriert sind, z. B. die absolute Mehrheit bilden, gegenüber derjenigen Region, in der sie sich zwar auch finden, aber nur als Minderheit oder verstreut; (4) diejenige Region, in der das Sprachsystem in bestimmten Domänen verwendet wird, z. B. regierungsamtlich (offizielle Sprache), gegenüber Regionen, wo dies nicht der Fall ist. Beispielsweise ist Englisch in zahlreichen Staaten und damit in gewissem Sinne auch in deren Regionen offizielle Sprache (Fishman/Cooper/Conrad 1977, 10), wird aber nur von einer Minderheit gesprochen, die zudem soziologisch eingeschränkt ist auf die höhere Sozialschicht. — Die Region eines Sprachsystems kann zunächst, absolut gesehen, groß oder klein sein (*großflächige* versus *kleinflächige Sprache*). Sie kann ferner relativ groß oder klein sein (relativ zu einem Gesamtgebiet als Grundgesamtheit, z. B. dem Gebiet eines Staates oder einer Staatengruppe, worin die Region des betreffenden Sprachsystems liegt). Des weiteren können zwei Regionen benachbart oder nicht benachbart sein (*Nachbarsprache* im geographischen Sinn. Der Ausdruck *Nachbarsprache* wird bisweilen auch bei geringer linguistischer Distanz verwendet). Außerdem kann die Region eines Sprachsystems zusammenhängend sein oder (vielfach) unterbrochen (vgl. Haarmann 1980, Bd. 2, 20 ff. Beispiele: Italienisch im Vergleich zu Jiddisch in Osteuropa vor dem Zweiten Weltkrieg). Schließlich können die Regionen von verschiedenen Sprachsystemen ineinander enthalten sein oder einander überschneiden. Ein in diesem Zusammenhang wichtiger Begriff ist die 'Überdachung'. — Der Begriff 'Überdachung' beinhaltet allerdings nicht nur eine regionale Komponente; vielmehr ist ein Sprachsystem, das ein anderes überdacht,

240   III. Basics III: Basic Sociolinguistic Concepts

diesem gegenüber auch autonom (vgl. zum Begriff 'Autonomie' xiii, zum Begriff 'Überdachung' Kloss 1978, 60—63). 'Überdachung' beinhaltet jedoch auch eine regionale Enthaltenseinsbeziehung. Man kann überdachende Sprachsysteme unterscheiden von nicht überdachenden. Unter der Voraussetzung, daß ein Sprachsystem a gegenüber einem Sprachsystem b autonom ist, ist es unter zweierlei Bedingungen auch überdachend: (a) wenn die Region A von a die Region B von b echt enthält (A ⊃ B); (b) wenn die Region A von a die Region B von b schneidet (A ∩ B ≠ ∅ und A − B ≠ ∅ und B − A ≠ ∅) und wenn A zudem die Region C eines Sprachsystems c, dem gegenüber a autonom ist, echt enthält. Beispiele: im Sinne von (a) überdacht Standarddeutsch den hessischen Dialekt. Im Sinne von (b) überdacht Standardfranzösisch die alemannischen Dialekte des Elsaß, obwohl es sie nur schneidet; c ist dann irgendeine französische Regionalsprache, deren Region C in der Region von Standardfranzösisch echt enthalten ist. Ist keine der Bedingungen (a) oder (b) erfüllt, so ist das betreffende Sprachsystem nicht überdachend. Nicht überdachende Sprachsysteme können weiter differenziert werden in überdachte und nicht überdachte, und überdachte — entsprechend den beiden Möglichkeiten (a) und (b) — weiter in vollständig und teilweise überdachte. Diese Differenzierungsmöglichkeit ist dargestellt in Abbildung 35.1.

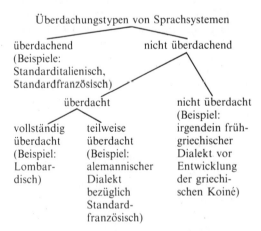

Abb. 35.1: Überdachungstypen von Sprachsystemen

Wenn sich dagegen zwei überdachende oder aber zwei nicht überdachende Sprach

systeme gebietsmäßig schneiden, so überdacht keines das andere (Kontaktregion ohne Überdachung). — Für eine Standardvarietät ist es charakteristisch, daß sie alle Varietäten derselben Sprache innerhalb eines Staates überdacht. Auch für Begriffe wie 'Weltsprache' oder 'Welthilfssprache' ist die 'Überdachung' ein relevantes Merkmal. Wie schon demonstriert wurde (vgl. 3.), sind diese beiden Begriffe jedoch in hohem Maße variabel. — Bei gebietsmäßigen Enthaltenseinsbeziehungen und bei Überdachungen bleibt oft implizit, daß jeweils verschiedene Begriffe von 'Region eines Sprachsystems' im Spiele sind: das überdachte Sprachsystem ist oft Primärsprache, das überdachende jedoch nicht (Differenzierung 2); außerdem wird das überdachende Sprachsystem bisweilen nur von einer Minderheit, zumeist aus der höheren Sozialschicht, gesprochen (Differenzierungsmöglichkeit 3). In beiden Hinsichten unterscheidet sich beispielsweise die Region des mittelalterlichen Latein in Westeuropa von den Regionen der Vernakulare (*Volkssprachen*); dies sollte man nicht übersehen, wenn man sagt, daß das Latein die Vernakulare überdacht.

(vii) Primärsprachlichkeit (vgl. Art. 47). — Auch hier handelt es sich um ein Bündel von Dimensionen, das sich weiter zerlegen läßt, und zwar vor allem in (1) die Reihenfolge des Erlernens, (2) die Verwendung innerhalb der Erziehungsgemeinschaft (Familie), (3) die Vitalität („vitality"). — (1) Hier wird vor allem unterschieden zwischen ersterlernten und nicht-ersterlernten Sprachsystemen, wobei letztere weiter differenziert werden können in zweit-, dritterlernte usw. Ein tiefergehender Unterschied zwischen erst- und nicht-ersterlernten Sprachsystemen wird erkennbar an L. Zawadowskis (1961, 13) entsprechender Unterscheidung zwischen 'direkt vermittelten' und 'indirekt vermittelten Sprachsystemen'. Direkt vermittelte Sprachsysteme werden von der Erwachsenengeneration ohne Einschaltung eines anderen Sprachsystems auf die Individuen der heranwachsenden Generation „übertragen" („direct transmission"); die indirekte Vermittlung verläuft über ein anderes, schon erlerntes Sprachsystem. Ein direkt vermitteltes Sprachsystem kann *Muttersprache* genannt werden (vgl. auch Ure 1976) oder auch *Primärsprache im engeren Sinn* für das betreffende Individuum. Es ist nicht ausgeschlossen, daß einem einzigen Individuum mehrere Sprachsysteme parallel direkt vermittelt werden (muttersprachliche Multilingualität. Vgl. z. B. Reyburn 1975,

97). — (2) Hier kann unterschieden werden zwischen Sprachsystemen, die in einer Erziehungsgemeinschaft verwendet werden, und Sprachsystemen, die nicht in einer Erziehungsgemeinschaft verwendet werden. Erziehungsgemeinschaften sind Gruppen, in denen Kleinkinder erzogen werden. Sie haben zumeist die Form von Familien, jedoch nicht immer (z. B. Heimerziehung). Das in einer Erziehungsgemeinschaft verwendete Sprachsystem kann bezeichnet werden als *Primärsprache im weiteren Sinn* für die betreffende Erziehungsgemeinschaft bzw. die beteiligten Individuen. Für die heranwachsenden Mitglieder der Erziehungsgemeinschaft ist es stets zugleich auch Muttersprache. Dies ist jedoch nicht notwendigerweise der Fall bei den erwachsenen Mitgliedern. Divergenzen finden sich beispielsweise bei Immigranten, die sich sprachlich akkulturieren („language shift"/ lebensgeschichtlicher Sprachwechsel — im Unterschied zu situativem Sprachwechsel). — Entsprechend (1) und (2) divergieren natürlich auch die Bedeutungen von *Nicht-Muttersprache* und von *Nicht-Primärsprache*. Eine Nicht-Muttersprache kann durchaus Primärsprache sein und eine Nicht-Primärsprache durchaus Muttersprache. Mit Ausdrücken wie *Sekundärsprache* oder *Zweitsprache* ist manchmal das eine oder das andere und manchmal auch 'sowohl Nicht-Muttersprache als auch Nicht-Primärsprache' gemeint. Darüber hinaus gibt es für diese Ausdrücke zum Teil speziellere Bedeutungen. Wichtig ist auch, daß Primärsprachen (im weiteren Sinn) notwendig für Gruppen bestehen und logischerweise auch für die individuellen Mitglieder dieser Gruppe; Muttersprachen bestehen demgegenüber nur für Individuen notwendigerweise, Gruppen jeglicher Art können dagegen muttersprachlich unterschiedlich zusammengesetzt sein. (Vgl. hierzu auch die terminologisch eigentümliche Unterscheidung zwischen „relative status" eines Sprachsystems für ein Inividuum und „function" in einer „community" bei Weinreich [1953] 1974, 74 ff bzw. 87 ff.) — Durch (3) wird der soziale Bezug weiter verbreitert. Ein Sprachsystem hat „Vitalität" (so wollen wir Stewarts 1968, 536, Ausdruck „vitality" übersetzen), wenn es nicht nur in isolierten Erziehungsgemeinschaften, sondern in größeren und komplexeren Gruppen (Ethnien) verwendet wird, und zwar in deren Erziehungsgemeinschaften. Erst im Falle eines Sprachsystems mit Vitalität ist es unproblematisch, von einer „lebenden Sprache" zu sprechen — im Unterschied

zu einer „nicht-lebenden" (nicht identisch mit einer „toten Sprache". Vgl. xiv). Durch Vitalität unterscheiden sich z. B. Pidgins (ohne Vitalität) von Kreols (mit Vitalität). Ein Beispiel für ein Sprachsystem, das zwar Primärsprache im weiteren Sinn ist, aber keine Vitalität hat, ist Esperanto; es wird zwar in isolierten Erziehungsgemeinschaften verwendet (Wüster [1931] 1970, 358), aber nicht in größeren Gruppen. Wenn die Rede ist von der „Muttersprache einer Sprachgemeinschaft", so ist gewöhnlich ein Sprachsystem gemeint, das im betreffenden Sozialsystem Vitalität hat. Mit diesem Ausdruck wird aber bisweilen auch die Standardvarietät derselben Sprache bezeichnet, selbst wenn sie im betreffenden Sozialsystem keine Vitalität hat („Muttersprachunterricht" für Dialektsprecher). *Fremdsprache* wird häufig als Antonym zu diesem erweiterten Begriff von Muttersprache verwendet. Eine Fremdsprache („additional language", auch „second language", z. B. Afolayan 1977) für eine größere Gruppe (Ethnie) oder auch für eine Erziehungsgemeinschaft oder ein Individuum ist dann jede Varietät einer anderen Sprache als derjenigen, der das jeweilige Sprachsystem mit Vitalität zuzuordnen ist ('Sprache' im Sinne einer Menge von Varietäten). Mit der *Zweitsprache* einer Gruppe oder eines Individuums kann ein Spezialfall einer solchen Fremdsprache gemeint sein: Eine Fremdsprache, die zugleich in der unmittelbaren Umgebung Vitalität hat (Beispiel: für Einwanderer die Sprache des Einwanderungslandes). — Bei Ausdrücken wie *Muttersprache, Primärsprache, Fremdsprache, Zweitsprache* und ähnlichen ist wegen ihrer Mehrdeutigkeit in vielen Fällen eine ausdrückliche Bedeutungserläuterung angebracht.

(viii) Domänenspezifik (vgl. Fishman 1972a und Art. 27). — Die im vii (2) gemachte Unterscheidung: Verwendung innerhalb bzw. außerhalb der Erziehungsgemeinschaft läßt sich auch detaillierter differenzieren, nämlich in einzelne „Domänen". Domänen werden von J. A. Fishman (1965, 75, 73) charakterisiert als Konstrukte „in accord with the institution of a society and the spheres of activity of a culture (...)" Was gemeint ist, wird deutlicher in seiner an G. Schmidt-Rohr orientierten Aufzählung: Familie, Freizeitwelt, Schule, Kirche, Literatur, Presse, Militär, Gericht, Regierungssphäre, Arbeitswelt (Schmidt-Rohr (1932, 182) spricht übrigens von *Rolle*, was von Weinreich ([1953] 1974, 87) mit *domain of language use* übersetzt wurde). Diese und andere Domäneneinteilungen, deren klassifikatorische Konsistenz zu Recht bemängelt wurde, koinzidieren teilweise auffällig mit dem, was oft als „Funktion" (in einem spezielleren Sinn) eines Sprachsystems bezeichnet wird, die einen „Funktiolekt" konstituiert (Löffler 1985, 104 ff). Beispiele: Schule — edukationale Funktion — Funktiolekt: Unterrichtssprache (bzw. Schulfach — schulfachliche Funktion); Kirche — religiöse Funktion — Funktiolekt: „Hagiolekt"; Literatur — literarische Funktion — Funktiolekt: „Poetolekt"; Militär/Gericht/Regierungssphäre — offizielle Funktion — Funktiolekt: offizielle Sprache (Funktionen nach Stewart 1962, 21, Ferguson 1966 a, 310. Funktiolekte zum Teil nach Auburger 1981, 132—148). — Es ist offenkundig, daß die Differenzierung der Domänen je nach Bedarf viel weiter getrieben werden kann (vgl. den Fragenkatalog in Bendor-Samuel 1980, 330 f). Eine stärkere Differenzierung ist notwendig für ins einzelne gehende Beschreibungen der sprachlichen Verhältnisse eines Gesellschaftssystems oder eines Ausschnittes daraus. Indem der Domänenbegriff dann durch Zusatzbegriffe wie 'Medium', 'Thema', 'soziale Rolle des Sprechenden' usw. ergänzt oder sogar ersetzt wird (vgl. Hymes 1962; Preston 1986), wechselt man allmählich über von der Makro- in die Mikrosoziolinguistik. Für den vergleichenden Überblick über eine größere Zahl von Gesellschaftssystemen (insbesondere Staaten) können jedoch relativ abstrakte Domänen, die für die zu vergleichenden Gesellschaftssysteme generell (nicht universell) sind, durchaus gute Dienste leisten.

(ix) Institutionen, Betriebe, Gremien, Konferenzen. — Institutionen, Betriebe, Gremien und (zeitlich befristete) Konferenzen unterscheiden sich von Domänen durch ihre organisatorische Kohärenz. Beispielsweise ist die katholische Kirche eine Institution innerhalb der religiösen Domäne (im Rahmen irgendeines Sozialsystems, z. B. im Staat Frankreich). In solchen Organisationen werden Sprachsysteme für bestimmte Aufgaben verwendet, z. B. für die interne Arbeit, für Außenkontakte und anderes. Je nachdem kann man auch hier verschiedene Funktionstypen von Sprachsystemen unterscheiden. Für den interethnischen Rang (innerhalb eines Staates) oder den internationalen Rang eines Sprachsystems ist z. B. seine Verwendung als *Arbeitssprache* (divergierende Terminologie. Vgl. Kloss 1969, 25 f) in bestimmten

Gremien, Konferenzen (*Konferenzsprache*. Vgl. Shenton 1933) oder in multinationalen Konzernen ein wichtiger Indikator (oder auch Faktor, der eine weitere Anhebung dieses Status bewirkt). Ein Beispiel sind die Arbeitssprachen der UNO (vgl. Ostrower 1965, 405—431), derzeit: Englisch, Französisch, Chinesisch, Russisch, Spanisch und Arabisch (genauer: deren Standardvarietäten) oder die Arbeitssprachen der Gremien des Europäischen Rates, derzeit: Englisch, Französisch, Deutsch, Italienisch und Spanisch. Die Arbeitssprachen lassen sich oft differenzieren in solche, in denen tatsächlich überwiegend gearbeitet wird (z. B. in der UNO Englisch), und solche, die hauptsächlich diesen Rechtsstatus haben (z. B. in der UNO Chinesisch); manchmal ist auch die Differenzierung sinnvoll in 'Arbeitssprachen für alle Aufgaben' und 'Arbeitssprachen nur für bestimmte Teilaufgaben' (in den Gremien des Europäischen Rates die „offiziellen Sprachen" Englisch, Französisch gegenüber den „Arbeitssprachen" Deutsch, Italienisch und Spanisch). Um noch ein Beispiel eines interethnischen intrastaatlichen Gremiums anzuführen: im schweizerischen Bundesrat sind die drei „Nationalsprachen" Deutsch, Französisch und Italienisch Arbeitssprachen, nicht aber die vierte „Landessprache" Rätoromanisch (die drei Nationalsprachen sind auch Landessprachen). — Daß innerhalb einzelner Institutionen, Betriebe und Gremien auf verschiedenen Ebenen beträchtliche Differenzierungen der Sprachverwendung möglich sind, zeigen Beschreibungen multilingualer Sozialsysteme (z. B. Hoffmann 1979, 39—64; Viletta 1984). Die zu unterscheidenden Ebenen sind zumeist spezifisch für bestimmte Institutionen usw. (manchmal überdies staatenspezifisch), z. B. bei Gericht: Protokollführung, Plädoyer, Zeugenvernehmung usw. Je nachdem wird von „Protokollsprache bei Gericht" usw. gesprochen.

Die folgenden Dimensionen (x) bis (xii) könnte man auch zusammenfassen unter den Begriff 'Ausbau im weiteren Sinn' (vgl. Kloss 1978, 37 ff; Kloss/McConnell 1978, 39 ff). Dieser umfaßt (x) die Verschriftung und sonstige Medienspezifizierung, (xi) den Ausbau im engeren Sinn, (xii) die Standardisierung und des weiteren die Modernisierung (auch *Kultivierung*. Vgl. z. B. Alisjahbana 1976). Mit letzterer befassen wir uns hier nicht, da es sich dabei ausschließlich um eine Sprachkorpus-Frage handelt. Es geht bei der Modernisierung nämlich um die Erweiterung des

Korpus, vor allem in Wortschatz, Idiomatik und Syntax, dergestalt, daß — im Falle der vollen Modernisierung — die sprachlichen Mittel vorhanden sind zur Behandlung jedes Themas auf jedem Niveau.

(x) Verschriftung („graphization". Ferguson 1968, 29 f. Vgl. auch z. B. Ajayi 1960; Phillips 1979) (vgl. Art. 162, 177) und Medienspezifizierung. — Die Unterscheidung zwischen unverschrifteten und verschrifteten Sprachsystemen ist bei näherer Betrachtung mehrfach differenzierbar. Die Minimalstufe der Verschriftung ist vielleicht, daß ein Vorschlag vorliegt für ein Arsenal von Schriftzeichen. Bei der Einführung von Schriftzeichen handelt es sich zunächst um eine Korpuserweiterung. Eine nächste, nicht unbedingt spätere Stufe ist (1) die Erstellung schriftlicher Texte, also die Anwendung der Schriftzeichen (*geschriebene Sprache* Ludwig 1983 a; b; Feldbusch 1985. Vgl. Art. 162). Ein weiterer Schritt ist (2) die verbindliche Festlegung (amtliche Präskription) einer Orthographie (man könnte von einem „orthographisierten" Sprachsystem sprechen). Schließlich gehört zur Verschriftung auch (3) die Alphabetisierung („literarization"), das Lesen- und Schreibenlernen und -können der Bevölkerung („alphabetisiertes" Sprachsystem). — Wenn man von der Minimalstufe absieht, so kann man feststellen, daß die Stufen (1), (2) und (3) ziemlich unabhängig voneinander variieren. Es gibt z. B. in erheblichem Umfang geschriebene, aber nicht orthographisierte und wenig alphabetisierte Sprachsysteme (Beispiel: Frühneuhochdeutsch); ferner in hohem Maße orthographisierte, aber wenig geschriebene und wenig alphabetisierte Sprachsysteme (Beispiele: Sanskrit, klassisches Arabisch); ob es auch Sprachsysteme gibt, die in hohem Maße alphabetisiert sind (= annähernd die gesamte Bevölkerung kann lesen und schreiben), aber wenig geschrieben und nicht orthographisiert, ist dagegen zweifelhaft. — Die Dimension Verschriftung kann in spezielleren Hinsichten weiter differenziert werden, z. B. in nicht-stenographisiert — stenographisiert, ohne — mit Blindenschrift (Braille), ohne — mit Morsealphabet oder ohne — mit computerisierter Schrift. Streng genommen beziehen sich diese Ausdrucksweisen auf die Korpusseite; funktionsbezogen müßte es heißen: „stenographisch verwendet" usw. Ob weitere funktionsbezogene Spezifizierungen wie 'gedruckt' (vgl. Vachek 1948) als Spezialfall von 'geschrieben' auch korpus-

mäßige Entsprechungen haben, ist nicht so offenkundig.

(xi) Ausbau im engeren Sinn. — In einem engeren Sinn von *Ausbau* lassen sich innerhalb eines verschrifteten Sprachsystems (mindestens geschrieben) verschiedene Ausbaustufen unterscheiden. Kloss (1978, 46—55) differenziert die Arten des Schrifttums nach (1) 3 Sachgebieten („Anwendungsbereiche") und (2) 3 Bildungsniveaus („Entfaltungsstufen"). Die 3 Sachgebiete sind: (1 a) auf die betreffende Sprachgemeinschaft bezogene Themen, (1 b) sonstige „kulturkundliche" Fächer, (1 c) Naturwissenschaft und Technologie; die 3 Bildungsniveaus sind: (2 a) Volksschule, (2 b) höhere Sekundarbildung, (2 c) Hochschule. Durch Kombination der 3 Sachgebiete mit den 3 Bildungsniveaus ergeben sich 9 Ausbaustufen (Ausbau im engeren Sinn). Die niedrigste Ausbaustufe, (1 a) kombiniert mit (2 a), ist derzeit schon von vielen Sprachen erreicht (vgl. für die germanischen Sprachen Kloss 1978); die höchste, (1 c) kombiniert mit (2 c), dagegen vielleicht von kaum zehn Sprachen auf der ganzen Erde.

(xii) Kodifizierung/Standardisierung (vgl. Art. 178 und z. B. Bédard/Maurais 1983; Bartsch 1985). Hier muß zumindest differenziert werden zwischen (1) der Standardisierung einer einzelnen Varietät und (2) der Standardisierung einer ganzen Sprache (im Sinne einer Menge von Varietäten) (vgl. Ammon 1986). — (1) Grob gesprochen ist eine Varietät dann standardisiert, wenn sie größtenteils kodifiziert ist, und zwar in einem Sinn, daß eine grammatische Beschreibung (Kodex) vorliegt, auf die sich Präskriptionsautoritäten (vgl. zu diesem Begriff Wright 1963, 75) von Amts wegen (letztlich staatlich gestützt) bei Präskriptionen und Korrekturen sprachlichen Verhalten berufen können. Die Standardisierung kann nach ihrem Ausmaß variieren, insbesondere danach, (a) welche Zeichenebenen (Lautung/Schreibung) und grammatischen Ränge (Zeichenelemente (Phonemik / Graphemik) / Grammatik / Lexikon) kodifiziert sind, (b) in welchem Umfang sie es jeweils sind, (c) wie hoch der Anteil der Subjekte der Präskription (Wright 1963, 77) an der Gesamtpopulation ist, (d) in wievielen Situationen die Verwendung der betreffenden Sprachzeichen geboten ist und (e) wie streng die Gebote ihrer Verwendung sind. Ein orthographisiertes Sprachsystem ist hinsichtlich der Schreibweise standardisiert (Überschneidung von 'Verschriftung' und 'Standardisierung'); jedoch erstreckt sich eine volle Standardisierung auch auf die lautliche Zeichenebene (vgl. Besch 1983, 983 f) sowie auf die durch die Orthographie nicht festgelegten grammatischen Ränge, z. B. den Satzbau. — (2) Eine ganze Sprache ist standardisiert, wenn sie mindestens eine Standardvarietät enthält (wie immer eine solche aufgrund eines bestimmten Kriterienbündels aus (1) festgelegt sein mag). Einen Vorschlag von Ferguson (1962a, 24f) kann man so verstehen, daß der Standardisierungsgrad einer Sprache wächst proportional zur Abnahme der Summe der linguistischen Distanzen zwischen der Standardvarietät und allen Nonstandardvarietäten. Ein solches Standardisierungsmaß für Sprachen wäre aber vermutlich deshalb inadäquat, weil es kleineren, natürlicherweise varietätenärmeren Sprachgemeinschaften stets einen höheren Standardisierungsgrad zumessen würde als größeren (vgl. z. B. die isländische mit der deutschen oder der englischen Sprachgemeinschaft); dieser unerwünschte Effekt läßt sich möglicherweise mittels einer Gewichtung durch die Sprecherzahlen (vielleicht auch die Gebietsgrößen) der Sprachen neutralisieren. Hiernach ergäbe sich das folgende Maß, dessen Anwendbarkeit allerdings durch ungelöste Probleme der Distanzmessung beeinträchtigt ist: Standardisierungsgrad der Sprache a

$$= \frac{LD(S_a - NS_{a1}) + LD(S_a - NS_{a2}) + \ldots + LD(S_a - NS_{an})}{\text{Anzahl der Sprecher der Sprache a}}.$$

(S_a = Standardvarietät der Sprache a, NS_{a1} = Nonstandardvarietät 1 der Sprache a, LD $(S_a - NS_{a1})$ = linguistische Distanz zwischen S_a und NS_{a1}, n = Anzahl der NS in der betreffenden Sprache)

Nicht selten enthält ein und dieselbe Sprache mehrere Standardvarietäten. Es können sogar verschiedene Standardvarietäten für die gleiche Population bestehen; ein Beispiel sind die leicht divergierenden Orthophonien des *Siebs* (1969) und des *Duden-Aussprachewörterbuchs* (1962/1974), die innerhalb der Bundesrepublik Deutschland zweierlei deutsche Standardvarietäten schaffen. Mehr Beachtung in der bisherigen Soziolinguistik haben jedoch regional (territorial) unterschiedlich verteilte, im wesentlichen staatenspezifische Varietäten derselben Sprache gefunden. In solchen Fällen spricht man je nach Zahl solcher Varietäten von *bi-*, *tri-* oder *plurizentrischen Standardsprachen*. Diese zusätzliche Differenzierung wäre auch noch in ein geeignetes Maß für den Standardisierungsgrad einer Sprache einzubeziehen.

(xiii) Autonomie — Heteronomie. — Diese Relation dient vor allem, vielleicht sogar ausschließlich, der Differenzierung von Varietäten. Ein Sprachsystem a ist gegenüber einem Sprachsystem b autonom, wenn die Sprecher/ Schreiber von b in die Richtung von a korrigiert werden (Chambers/Trudgill 1980, 10—14), das heißt, wenn für sie Präskriptionen bestehen, a anstelle von b zu verwenden. b ist dann gegenüber a heteronom. Heteronomie und Autonomie sind zueinander symmetrische Relationen. Jedoch besteht Autonomie zumeist von einer einzigen Varietät zu mehreren (Ein-Mehrdeutigkeit), während Heteronomie dann logischerweise von mehreren Varietäten zu einer einzigen besteht. Beispielsweise ist Standarddeutsch autonom gegenüber Hessisch, Pfälzisch usw.; und Hessisch, Pfälzisch usw. sind heteronom gegenüber Standarddeutsch. Die Autonomie-Relation ist jedoch nicht einfach identisch mit der Relation zwischen einer Standard- und einer Nonstandardvarietät derselben Sprache, unter anderem deshalb, weil die autonome Varietät nicht kodifiziert zu sein braucht — ein notwendiges Merkmal einer Standardvarietät. Die Relationen der Autonomie und Heteronomie lassen sich naheliegenderweise auch sinnvoll in Existenzaussagen verwenden: „a ist autonom" besagt, daß ein b existiert, das gegenüber a heteronom ist, und „b ist heteronom" besagt, daß ein a existiert, das gegenüber b heteronom ist. — Ist ein Sprachsystem a gegenüber einem Sprachsystem b weder autonom noch heteronom, so kann man es als „gegenüber a neutral" bezeichnen (terminologischer Ad-hoc-Vorschlag U. A.). Genauer kann man in diesem Fall von „relativer Neutralität" sprechen. Ein Sprachsystem ist dann „absolut neutral", wenn es gegenüber überhaupt keinem anderen Sprachsystem autonom oder heteronom ist (Beispiele: von Außenkontakten abgeschnittene Stammessprachen). Unabhängig von der Differenzierung zwischen relativer und absoluter Neutralität lassen sich demnach die in Abb. 35.2 dargestellten Relationen unterscheiden.

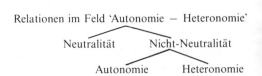

Abb. 35.2: Relationen im Feld 'Autonomie — Heteronomie'

'Autonomie' ist, wie es scheint, eine notwendige Bedingung von 'Überdachung' (vgl. vi). So sind „dachlose Außenmundarten" (Kloss 1978, 60—63) gegenüber ihrer Standardvarietät nicht heteronom; sie sind entweder absolut neutral oder gegenüber der Standardvarietät einer anderen Sprache heteronom. Es wäre allerdings kaum sinnvoll, 'Autonomie' als hinreichende Bedingung für 'Überdachung' aufzufassen, das heißt letztere auf erstere zu reduzieren. Zweckmäßiger erscheint es im Hinblick auf ausreichend differenzierende Begriffe, als weitere notwendige Bedingung für Überdachung die in (vi) definierten regionalen Beziehungen hinzunehmen.

(xiv) Tradition/Geschichte. — Welche funktionalen Typen von Sprachsystemen strikt synchron definiert werden können und welche nicht, ist eine schwierige Frage, die hier nicht ernsthaft erörtert werden kann. Manche strikt synchron scheinenden Definitionsmerkmale enthalten genaugenommen durchaus eine diachrone Komponente, insofern stillschweigend nicht nur auf einen einzelnen Zeitpunkt, sondern auf eine längere Zeitspanne Bezug genommen ist. 'Primärsprachlichkeit' oder 'Vitalität' beispielsweise beinhalten eine nicht nur momentane, sondern längere Zeit andauernde Verwendung in Erziehungsgemeinschaften. Umgekehrt enthalten ausschließlich diachron scheinende Kriterien durchaus eine synchrone Komponente. Beispielsweise ist eine klassische Sprache im üblichen Verständnis (Beispiele: Sanskrit, klassisches Latein, klassisches Griechisch) nicht nur dadurch definiert, daß sie eine „große Tradition" aufweist; vielmehr ist es zusätzlich notwendig, daß die Tatsache dieser Tradition in der Gegenwart bekannt ist. Nur dann kann die betreffende Sprache tatsächlich als klassische fungieren. — In diachroner Hinsicht sind mindestens die folgenden drei Kriterien relevant: (1) einstige und derzeitige Vitalität, (2) das Nichtvorhandensein gegenüber dem Vorhandensein einer großen Tradition, (3) eine „nicht-natürliche" gegenüber einer „natürlichen Entstehung". — (1) Haben Sprachsysteme zum Zeitpunkt a Vitalität, so sind sie zum Zeitpunkt a „lebend" (*lebende Sprache*), andernfalls nicht-lebend. Ob Sprachsysteme, die nur in isolierten Erziehungsgemeinschaften als Primärsprache verwendet werden, auch schon lebend sind, ist dagegen zweifelhaft. Waren nicht-lebende Sprachsysteme einst lebend, so sind sie „tot" (*tote Sprache*), andernfalls

„noch nie lebend". Es ergibt sich demnach die in Abbildung 35.3 dargestellte Typologie.

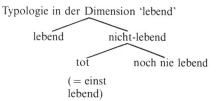

Abb. 35.3: Typologie in der Dimension 'lebend'

Einst tote Sprachsysteme können auch derzeit wieder lebend sein; sie sind dann „wiederbelebt" (vgl. Art. 181). Das berühmteste Beispiel ist wohl das Ivrit in Israel, eine Wiederbelebung des Hebräischen (Fellman 1973). — (2) Tote Sprachsysteme, die bekanntermaßen eine große Tradition als geschriebene Sprache haben, sind „klassisch" (vgl. Art. 48), z. B. klassisches Chinesisch, klassisches Arabisch. Hier sind natürlich weitere Differenzierungen möglich, z. B. zwischen Sprachsystemen, die überhaupt eine Tradition als geschriebene Sprache haben (z. B. Manx, Gotisch), und solchen, die keine haben (z. B. afrikanische oder australische Stammessprachen). Ein potentieller funktionaler Unterschied zwischen ersteren und letzteren besteht unter anderem darin, daß erstere wiederbelebbar sind; letztere sind dies dagegen nicht, sondern ein für allemal „ausgestorben". — (3) Mit der Unterscheidung zwischen einer *nicht-natürlichen* und einer *natürlichen Entstehung* bezeichnen wir provisorisch ein nicht leicht entwirrbares Bündel von Eigenschaften. Vielleicht wäre es angemessener, statt dessen mit W. Stewart (1968, 535 f) Sprachsysteme „ohne" und „mit Historizität" zu unterscheiden. Historizität hat ein Sprachsystem mit einer langen, ununterbrochenen Verwendung in einer Ethnie, im Unterschied zu einer nicht allzu lange zurückliegenden, oft auch als „nicht natürlich" bezeichneten Entstehung aus Sprachkontakten (Pidgins, Kreols) oder als planmäßiges Konstrukt identifizierbarer Individuen (*künstliche* Sprachsysteme wie Esperanto, Ido usw.). Historizität schließt die Entstehung aus Sprachkontakten jedoch nicht aus; sie muß nur lange genug zurückliegen (Beispiel: Englisch, das aus Kontakten zwischen Angelsächsisch und normannischem Französisch entstanden ist). 'Historizität' beinhaltet nicht unbedingt eine lange Tradition der Vitalität; viele Standardvarietäten, denen durchaus Historizität zugesprochen wird, haben noch nicht allzu lange Vitalität. Ebenso schließt eine *natürliche* Entstehung einzelne gezielte und bekannte Eingriffe durch Individuen nicht aus, wie sie sich für die Geschichte ziemlich aller Standardvarietäten belegen lassen (beispielsweise puristische Abänderungen). Bei umfassenderen Eingriffen spricht man zwar nicht mehr von natürlicher, aber auch noch nicht unbedingt von künstlicher Entstehung, insbesondere nicht bei der Konstruktion einer Standardvarietät aus verschiedenen Nonstandardvarietäten derselben Sprache (Beispiel: norwegisches Landsmål). Erst Konstrukte, die vorhandene natürliche Sprachen sehr stark abändern („a posteriori-Sprachen". Beispiele: Esperanto, Basic-English) oder überhaupt keinen erkennbaren Bezug auf vorhandene natürliche Sprachen mehr haben („a priori-Sprachen". Beispiel: Solresol. Vgl. Bausani 1970, 96, 110 f), gelten im engeren Sinn als *künstlich* (vgl. Art. 49). — Solche Unterschiede der vergangenen Geschichte sind in der Gegenwart wirksam vor allem aufgrund damit verknüpfter Bewertungen. Beispielsweise wird eine große literarische Tradition in den meisten Gesellschaftssystemen höher bewertet als das Fehlen einer solchen Tradition, ein hohes Alter höher als ein geringes Alter und eine natürliche Entstehung höher als eine künstliche. Dementsprechend werden Sprachsysteme dann für die Verwendung in bestimmten Domänen mehr oder weniger bereitwillig akzeptiert.

(xv) Juristischer Status (vgl. z. B. Grau 1981). — Der juristische Status eines Sprachsystems kann (1) nach der Form divergieren, insbesondere danach, ob die spezifische Verwendung des Sprachsystems nur gewohnheitsmäßig besteht, was nach verbreiteter Auffassung auch schon einen positiven Rechtsstatus konstituiert (Ostrower 1965, 754 f), oder in einem gesetzgebenden Akt beschlossen und als geltendes Recht schriftlich niedergelegt ist. Sogar Bestandteil der Verfassung ist oft der Status von Minoritätssprachen (Beispiele: Slowenisch, Kroatisch in Österreich; Sorbisch in der DDR. Stephen 1975, 1–17, 403–418; Cyž [1969] 1979), von offiziellen Sprachen eines Staates (Beispiele: Hindi und Englisch in Indien, Coulmas 1984, 210–2; Deutsch, Französisch, Italienisch als „Nationalsprachen" der Schweiz. Vgl. Art. 153. S. auch die Typologie in Auburger 1977 b, 150 f) und von Arbeitssprachen in internationalen Gremien (z. B. in der UNO. Vgl. Ostrower 1965, 405–431). Auch Verträge zwischen Staaten hinsichtlich des Status

einer Sprache gehören hierher (vgl. Willemyns 1984). — Der juristische Status kann auch (2) nach dem Inhalt divergieren (genauer sollte man sagen: nach dem „Charakter der Norm". Wright 1963, 71), je nachdem, ob die Verwendung eines Sprachsystems gefördert, erlaubt oder verboten (unterdrückt) wird (Kloss 1968, 79 f).

(xvi) Einschätzung/Bewertung (Prestige). — Die Einschätzung eines Sprachsystems ist zu unterscheiden von seinen tatsächlichen Eigenschaften; wem dies erkenntnistheoretisch zu objektivistisch formuliert ist, der wird statt dessen vielleicht Alltagswissen oder „Volksmeinung" und wissenschaftliche Erkenntnis von einem Sprachsystem auseinander halten. Die Erforschung des Alltagswissens über Sprachsysteme fällt in den Aufgabenbereich der „Volkslinguistik" (Hoenigswald 1966; Brekle 1985). Auf die Bedeutsamkeit der Einschätzung eines Sprachsystems für seinen Status haben wir schon in (xiv) hingewiesen. Als eines von vielen möglichen weiteren Beispielen sei der Glaube an das hohe Alter (Fishman [1972] 1975, 29 f. Vgl. auch z. B. Stieler 1691, Vorrede) derjenigen lebenden Sprachen genannt, die in Europa seit dem Mittelalter in die zuvor dem Latein vorbehaltenen Domänen (staatliche Verwaltung, Wissenschaft, Religion) eingeführt wurden. — Eine wichtige Differenzierung ist die zwischen Selbsteinschätzung durch die Sprecher (Mutter- oder Primärsprachesprecher) und Fremdeinschätzung (vgl. Haarmann 1980, Bd. 2, Kap. 5). Die inhaltlichen Details von Einschätzungen lassen sich zu Grundkomponenten zusammenfassen, wie sie z. B. im „semantischen Differential" (Osgood/Suci/Tannenbaum 1957) konstruiert wurden. In unserem Zusammenhang dürfte das Prestige von Sprachsystemen besonders bedeutsam sein. Es läßt sich unter anderem ermitteln in Tests, in denen Äußerungen des betreffenden Sprachsystems (bei möglichst weitgehender Kontrolle von Störfaktoren) einer Rangskala des Sozialstatus zugeordnet werden (in der Art der Tests von Lambert et al. 1960). Das Prestige eines Sprachsystems sollte von seiner tatsächlichen sozialen Verteilung unterschieden werden; andernfalls sind Hypothesen, daß letztere ersteres determiniert, gar nicht formulierbar. Diese klare Unterscheidung schließt jedoch nicht aus, daß für bestimmte Zwecke tatsächliche soziale Verteilung und Prestige in einem komplexen Begriff kombiniert werden, etwa analog dem soziologischen 'Sozialstatus', der ebenfalls sowohl objektive Komponenten (Einkommens-höhe) als auch subjektive (Prestige des Berufs) umfaßt. — Analog zur sozialen Ungleichheit ist zu beachten, daß ein höheres Prestige eines Sprachsystems verursacht sein kann durch soziale Divergenzen nicht nur innerhalb einer Gesellschaft, sondern auch zwischen verschiedenen Gesellschaften. „Prestigesprachen" sind nicht selten die offiziellen Sprachen dominanter Staaten (vgl. Kahane/Kahane 1979; Kahane 1983).

6. 'Sprache' oder 'Varietät einer Sprache': notwendige Vorentscheidung

Wenn man funktionale Typologien von Sprachsystemen erstellen und — mit welchen Zielsetzungen auch immer — damit arbeiten möchte, ist es ratsam, sich zuvor mindestens darüber Klarheit zu verschaffen, ob man sich auf ganze Sprachen oder auf Varietäten von Sprachen beziehen möchte. Für die meisten Zwecke bedarf es zur ausreichenden Unterscheidung keiner expliziten Definition der beiden Begriffe — eine konsensfähige konsistente und präzise Definition liegt unseres Wissens derzeit nicht vor (vgl. Art. 44); es ist jedoch hilfreich, sich einige elementare Unterscheidungen und häufig genannte Kriterien zu vergegenwärtigen. Es erscheint angemessen, (ganze) Sprachen als Mengen von Varietäten zu verstehen bzw. Varietäten als Elemente von Sprachen. Eine Sprache A besteht also aus ihren Varietäten a, b, ..., n (A = {a, b, ... n}), bzw. es gilt: a ∈ A, b ∈ A, ..., n ∈ A. Die auffälligsten Varietäten vieler Sprachen sind ihre Dialekte (= nicht-überdachende Nonstandardvarietäten). — Über die Zuordnung einer Varietät zur einen oder zur anderen Sprache besteht in vielen Fällen Konsens, allerdings keineswegs in allen. Es scheint am unverfänglichsten, im Zweifelsfall die Zuordnung nach dem Kriterium der linguistischen Distanz (vgl. 5, v) vorzunehmen. Generell lautet die Regel dann, daß eine Varietät derselben Sprache zugeordnet wird wie diejenigen Varietäten, von denen sie verhältnismäßig geringe linguistische Distanz hat. Wenn mehrere Standardvarietäten von nicht allzu großer linguistischer Distanz vorliegen, so ist die fragliche Varietät derjenigen Sprache zuzuordnen, von deren Standardvarietät sie die geringste linguistische Distanz hat. Es ist leicht erkennbar, daß diese Regel erhebliche Unzulänglichkeiten aufweist. Zunächst

sind die Methoden der Distanzmessung höchst unvollkommen und zudem teilweise schwierig anzuwenden. Des weiteren wäre auch bei zuverlässigen Distanzmessungen erst noch zu klären, was genau unter „verhältnismäßig geringer" bzw. „nicht allzu großer linguistischer Distanz" zu verstehen ist. Sodann gibt es Zuordnungen von Varietäten, über die weitgehend Konsens besteht, welche dieses Kriterium allem Anschein nach nicht erfüllen. Beispielsweise wurden die niederfränkischen Dialekte innerhalb des deutschen Staatsgebietes gemeinhin der deutschen Sprache zugeordnet, obwohl ihre linguistische Distanz von der deutschen Standardvarietät größer war als von der niederländischen Standardvarietät (Goossens [1971] 1976, 265 f. Inzwischen Veränderungen durch Transferenzen, Kremer 1979). Hier spielt offenbar die Heteronomie (vgl. 5, xiii) die ausschlaggebende Rolle: die betreffenden Dialekte sind gegenüber der deutschen Standardvarietät heteronom. Ist die linguistische Distanz jedoch auffällig groß (was dies genau heißen soll, muß leider wieder offen bleiben), so wird die betreffende Varietät auch bei Heteronomie nicht der betreffenden Standardvarietät zugeordnet. Zum Beispiel werden aus diesem Grunde (möglicherweise noch aus anderen Gründen) die elsässischen alemannischen Dialekte nicht der französischen Sprache zugeordnet oder die nordfriesischen Dialekte nicht der deutschen Sprache. Wenn Heteronomie und geringe linguistische Distanz nicht koinzidieren, so ist die Zuordnung der betreffenden Varietät zu einer Sprache oft eine politisch brisante Entscheidung.

H. Kloss (1952, 15—37; 1978, 23—89) hat sich besonders intensiv bemüht, die Kriterien für eine eigenständige Sprache klarzustellen. Er unterscheidet freilich nicht konsequent zwischen Sprachen und Varietäten im Sinne von Mengen und Elementen, was seinen Ausführungen eine gewisse Vagheit aber auch Unangreifbarkeit verleiht. Macht man jedoch diese Unterscheidung, so kann man die Ergebnisse von Kloss' Überlegungen vielleicht folgendermaßen zusammenfassen. Für die Klassifikation von Varietäten zu Sprachen sind drei verschiedene Größen linguistischer Distanz relevant: hohe (jenseits eines bestimmten Distanzgrades h), mittlere (m = zwischen h und g) und geringe (diesseits von g). Varietäten, die allesamt zu anderen Varietäten h und untereinander weniger als h aufweisen, werden zu einer „Abstandsprache" zusammengefaßt (Beispiel: Baskisch). Varietäten, die allesamt zu anderen Varietäten m oder h und außerdem zu einer Standardvarietät weniger als h aufweisen, bilden zusammen mit dieser Standardvarietät eine Standardsprache (genauer: Nur-Standardsprache. Beispiel: Slowakisch, das zu den tschechischen Varietäten nur m aufweist. − Kloss (1978, 25 bzw. 10−12) verwendet die Termini „Ausbausprache" und „Nur-Ausbausprache", wobei *Ausbausprache* für ihn synonym ist mit *Standardsprache*. Wir differenzieren terminologisch, weil uns eine entsprechende semantische Unterscheidung sinnvoll erscheint. Vgl. 5, xi und 5, xii). Schließlich bilden Varietäten, die zu mehr als einer Standardvarietät nur g aufweisen, ein Zentrum einer plurizentrischen (bzw. bi-, trizentrischen) Standardsprache zusammen mit derjenigen Standardvarietät, von der sie die geringste linguistische Distanz haben (Beispiel eines solchen Zentrums: Deutsch der Bundesrepublik Deutschland). − Es bedarf keiner sehr scharfsinnigen Überlegungen, diese − und vermutlich auch alle anderen Versuche einer strengeren Fassung der Kloss'schen Begriffe − als starke Idealisierungen zu durchschauen. Die Wirklichkeit der Kombination von Varietäten zu Sprachen ist komplizierter. Dennoch sind die Kloss'schen Begriffe sowie Präzisierungsversuche dieser Begriffe nützlich, um die Beziehungen zwischen Sprachen und Varietäten besser zu verstehen. Kloss selber hat wiederholt vor einer Verabsolutierung einzelner Kriterien gewarnt und zum Teil sehr detailliert auf Grenzfälle hingewiesen, wo verschiedene zusätzliche, im einzelnen schwer abschätzbare und überschaubare Kriterien ins Spiel kommen (Kloss/McConnell 1984, 20−28). − Zur Vermeidung gravierender Mißverständnisse sei zum Abschluß noch auf zwei Punkte hingewiesen. Zum einen ist folgendes zu beachten: Aus den Schwierigkeiten einer expliziten Definition des Begriffs 'Sprache' folgt keineswegs, daß die Unterscheidung zwischen Varietät und Sprache oder die Zuordnung von Varietäten zu Sprachen in den meisten Fällen höchst zweifelhaft ist. Vielmehr bestehen in vielen Fällen keine ernsthaften Unsicherheiten. Zum anderen sollte man sich durch die evident gewordene Tatsache, daß für die Zuordnung von Varietäten zu Sprachen selbst funktionale Kriterien relevant sind, nicht darin beirren lassen, daß die möglichst klare Unterscheidung zwischen Varietäten und Sprachen einer funktionalen Typologie von Sprachsystemen oder einer Theorie über einzelne Typen vorgeordnet ist.

Daß funktionale Kriterien schon im Vorfeld einer funktionalen Typologie eine Rolle spielen können, läßt sich noch an einem anderen Problem zeigen. In unser generelles Schema für die Beschreibung funktionaler Typen von Sprachsystemen 'Sprachsystem x hat Funktion y in Sozialsystem z' wird für x eine strukturlinguistische Charakterisierung des jeweiligen Sprachsystems eingesetzt bzw. ein Name, der mit einer solchen strukturlinguistischen Charakterisierung verknüpft ist. Dies schließt jedoch nicht aus, daß der Strukturlinguist zur Identifikation und Abgrenzung von Sprachsystemen seinerseits auf funktionale Kriterien zurückgreift. Sie stecken z. B. letztlich im Begriff des 'native speaker' ('Muttersprachlichkeit' oder 'Primärsprachlichkeit'?). Funktionale Kriterien liegen auch den rein strukturlinguistischen Typologien von Sprachsystemen gewöhnlich stillschweigend zugrunde − beispielsweise wenn diese nur Standardvarietäten einbeziehen (vgl. Altmann/Lehfeldt 1973) −, ohne allerdings in ihrer spezifischen Methodik eine Rolle zu spielen.

7. Beispiele funktionaler Typen von Varietäten: 'hohe' und 'niedrige Varietät'/'Standardvarietät' und 'Dialekt'

Nach C. A. Ferguson (1959) wird eine „Diglossie" (vgl. Art. 33) konstituiert durch die Koexistenz von zwei Varietäten je eines bestimmten Typs aus ein und derselben Sprache. Er spricht vom „high variety (H)" und „low variety (L)", also *hoher* und *niedriger Varietät* − wobei die Bezeichnung als *formelle* bzw. *informelle Varietät* vielleicht treffender wäre. Ferguson setzt H und L ausdrücklich ab von zwei anderen Arten häufig koexistierender Varietäten ein und derselben Sprache, nämlich Standardvarietät (bei Ferguson „standard language") und (regionalem) Dialekt („regional dialect"), die wir hier mit S und D abkürzen wollen.

Worin bestehen die Unterschiede zwischen einer H und einer L, und worin die Unterschiede zwischen einer H und einer S bzw. einer L und einem D? Die Beantwortung dieser Frage ist deshalb nicht ganz einfach, weil Ferguson nicht unterscheidet zwischen definitorischen (logisch notwenigen) und empirischen (kontingenten) Eigenschaften einer H und einer L. Vielleicht hat diese Unklarheit sowohl zur breiten Anwendung als auch zur Ausweitung des Diglossiebegriffs beigetragen. Einzelne der von Ferguson angeführten Unterschiede zwischen einer H und einer L können nicht definitorisch gemeint sein, denn er zweifelt ihre Allgemeinheit an. So hält er es z. B. für möglich, daß die L Schwytzertüütsch keine einfachere Morphologie aufweist als die zugehörige H Standarddeutsch. Es erscheint jedoch klar, daß auch dann Schwytzertüütsch die L und Standarddeutsch die H bliebe, wenn sich diese Zweifel bestätigen sollten. Hingegen darf man wohl davon ausgehen, daß die domänenspezifische Verwendung (bei Ferguson „functions" in einem offenbar engeren Sinn) einer L und einer H definitorisch zu verstehen ist. So könnte z. B. eine L nicht regelmäßig im Parlament, in Universitätsvorlesungen, in der Predigt im Gottesdienst sowie zur Berichterstattung in Rundfunk, Fernsehen und Zeitungen verwendet werden; und eine H könnte nicht von diesen Domänen ausgeschlossen und statt dessen beschränkt sein auf die Konversation in Familien- und Freundeskreis. In einem solchen Fall wäre vielmehr letzteres die L und ersteres die H. Auch die Reihenfolge des Erlernens kommt als definitorisches Merkmal in Betracht. Es erscheint nämlich kaum denkbar, daß eine L erst in der Schule gelernt wird, womöglich im Rahmen eines Schulfachs, eine H dagegen schon in der Familie. Die Reihenfolge des Erlernens und die Domänenverwendung hängen offenkundig miteinander zusammen. Es liegt übrigens nahe, des weiteren hervorzuheben, daß eine L Vitalität hat, eine H dagegen nicht, jedenfalls nicht innerhalb der Diglossie. Selbst das höhere Prestige und auch der höhere Grad der Standardisierung scheinen notwendig der H und nicht der L zuzukommen, aber auch die Korpuseigenschaft des umfassenderen wissenschaftlichen und technologischen Lexikons, das mit der Domänenverwendung zusammenhängt.

Wodurch unterscheidet sich nun eine H von einer S, bzw. eine L von einem D? Einen Gutteil der von Ferguson aufgelisteten Unterschiede zwischen einer H und einer L findet man auch generell zwischen einer S und einem D: das höhere Prestige, den höheren Grad der Standardisierung oder die reichere technische und wissenschaftliche Terminologie. H. Kloss (1976, 313) hält die von Ferguson (1959, 332 f) angeführte „typische" hohe Stabilität, das jahrhundertelange Fortbestehen, für ein Spezifikum einer Diglossie und damit implizit wohl auch für einen definitorischen Unterschied zwischen einer H und einer S sowie auch zwischen einer L und einem D. Müßte diese Stabilität aber nicht auf etwas beruhen, das auch synchron feststellbar ist? Entscheidend hierfür ist nach Kloss' (1976, 313 f) Deutung von Ferguson, „daß kein Angehöriger einer diglossischen Gemeinschaft H regel-

mäßig in der Alltags-Unterhaltung gebraucht", oder allgemeiner: daß „sowohl H wie L ein bestimmter Anwendungsbereich, eine 'Domäne' im Sinne der Soziolinguistik fest vorbehalten bleibt." Dieses Verständnis wird in der Tat gestützt durch verschiedene Hinweise Fergusons, z. B. seine Gesamtcharakterisierung einer Diglossie als einer Situation, „where two varieties of a language exist side by side throughout the community, with each having a definite role to play." (Ferguson 1959, 325) Hier scheint auch der Ansatzpunkt zu sein, um einen definitorischen Unterschied zwischen einer H und einer S bzw. einer L und einem D herauszupräparieren. Im Gegensatz zu einer H ist eine S nicht generell aus den Domänen Familie und Freundeskreis ausgeschlossen. Sie wird in allen Domänen verwendet. Allerdings — und dies ist ein wichtiger Zusatz — ist dies nicht gleichermaßen der Fall in allen Sozialschichten, sondern hauptsächlich in den höheren Schichten (vgl. Ammon [1972] 1973; Mattheier 1980, 86—90). Diese Schichtendiskrepanz ist einer der Gründe für die geringere Stabilität einer Dialekt-Standard-Situation. Ein anderer ist vielleicht die schon vorhandene lexikalische und stilistische Erweiterung der Standardvarietät für die Familien- und Freundesdomäne, die deren weitere Übernahme als Primärsprache erleichtert. — Der Unterschied zwischen einer L und einem D läßt sich demgegenüber nicht so prägnant fassen. Er besteht in der Konsequenz des Unterschieds zwischen einer H und einer S lediglich darin, daß eine L gewissermaßen das Monopol auf den Familien- und Freundeskreis hat, während sich ein D diese Domänen mit der koexistierenden S teilt. Darüber hinaus ist anzunehmen, daß zwischen einem D und einer S eine deutlichere Prestigediskrepanz besteht als zwischen einer L und einer H, denn ein D ist ein Unterschichtssymbol, eine L jedoch nicht. Dies entspricht beispielsweise einem häufig hervorgehobenen Unterschied zwischen der Bundesrepublik Deutschland (S-D-Situation) und der deutschsprachigen Schweiz (H-L-Situation = Diglossie). — Es bedarf wohl kaum des Hinweises, daß diese Gegenüberstellung eine sehr schematische Typisierung ist, deren Vorzug jedoch darin liegt, daß sie bestimmte Unterschiede prägnant hervorhebt. In Wirklichkeit existieren zahlreiche Übergänge, die umso fließender erscheinen werden, je detaillierter man die Verhältnisse betrachtet (vgl. z. B. Daltas

1980; auch Kaye 1970; Winford 1985; Willemyns 1985).

Die Schwierigkeit der Abgrenzung bei empirischer Detailarbeit dürfte ein nicht unbedeutendes Motiv für manchen Vorschlag gewesen sein, den Diglossiebegriff auszuweiten. Ein Beispiel ist R. Fasolds (1984, 52−54) Vorschlag, auch S-D-Situationen darunter zu subsumieren. Dies führt jedoch zu nichts weiter, als daß dann zwischen 'Diglossie in einem weiteren Sinn' (L-H-Situationen ∪ S-D-Situationen) und 'Diglossie in einem engeren Sinn' (nur L-H-Situationen) zu unterscheiden ist, denn den Unterschied zwischen L-H-Situationen und S-D-Situationen wird man wohl nicht einfach ignorieren wollen. Immerhin macht der Vorschlag Fasolds darauf aufmerksam, daß für 'Diglossie im weiteren Sinn', worunter sich vielleicht auch noch andere Fälle von zwei Varietäten derselben Sprache subsumieren lassen, ein spezifischer Terminus fehlt. − Der Diglossie-Begriff lädt geradezu ein zu weiteren Ausweitungen. Bei näherer Betrachtung lassen sich wohl auch in jeder klassischen Diglossie-Situation mehr als zwei Varietäten entdecken, nämlich diverse ziemlich variable Übergangsformen zwischen L und H. Somit liegt es nahe, die Zahl 2 auf 3 oder 4 zu erweitern („Tri-/Polyglossie". Beispiel: Standardniederländisch, Standardflämisch, flämischer Dialekt in Flandern. Baetens Beardsmore/van de Craen 1979). Ein vielleicht noch dramatischerer Schritt ist die Ausweitung von verschiedenen Varietäten derselben Sprache auf verschiedene Sprachen bzw. genauer: Varietäten verschiedener Sprachen. Diese Ausweitung hat Kloss (1966, 138; 1976, 316) schon früh vorgeschlagen und dementsprechend terminologisch unterschieden zwischen „in-glossia" bzw. „Binnenglossie" (Varietäten derselben Sprache) und „outglossia" bzw. „Außenglossie". Beispiele von Außenglossie sind vielleicht vormaliges Guaraní versus Standardspanisch in Paraguay und Sorbisch versus Standarddeutsch in Deutschland vor 1945 (heutzutage sind Guaraní und Sorbisch vermutlich keine L's mehr). Es ist nicht überraschend, daß die beiden Ausweitungen auch kombiniert wurden: sowohl mehr als zwei Varietäten als auch Varietäten verschiedener Sprachen (mögliche Bezeichnung: *Poly-Außenglossie*. Abdulazis Mkilifi 1972; Platt 1977; Jakob 1981). 'Diglossie' oder 'Polyglossie' verschwimmt dann allmählich mit gesellschaftlichem (im Gegensatz zu individuellem) Multilingualismus im weitesten Sinn. Dies ist nicht sonderlich problematisch, solange man sich der Veränderungen bei jedem Schritt der Ausweitung bewußt bleibt: innerhalb dieses aufgeblähten Diglossiebegriffs lassen sich dann zahlreiche spezifische Situationstypen unterscheiden, die von jeweils andersartigen Typen funktionaler Sprachsysteme konstituiert werden.

8. Funktionale Typen ganzer Sprachen zur Beschreibung multilingualer Staaten

Seit Anfang der sechziger Jahre wurden wiederholt Versuche unternommen, geeignete generelle Schemata zur umfassenden soziolinguistischen Beschreibung sozialer Entitäten, insbesondere ganzer Staaten zu entwickeln. Die bekanntesten Vorschläge stammen von C. Ferguson (1962a; 1962b; 1966a; 1966b) und W. Stewart (1962; 1968); aber auch weniger bekanntgewordene Entwürfe mit zum Teil unterschiedlichen Zielsetzungen gehören hierher wie diejenigen von L. Zawadowski (1961), J. Roberts (1962), H. Kloss (1966; 1968) oder D. Rustow (1968) oder auch die auf Sprecherurteilen basierende spätere Typologie von W. Wölck (1978). Insbesondere Fergusons und Stewarts Vorschläge wurden nicht nur angewandt zur Beschreibung ganzer Staaten (z. B. Nigerias durch Adekunle 1972 oder Kenias durch Whitely 1973), sondern auch kleinerer sozialer Einheiten (z. B. der Stadt Larteh in Ghana durch Johnson 1973 oder der Gemeinschaft der Altamischen in Delaware, USA, durch Enninger 1984, 229 f). Charakteristisch für diese Schemata sind funktionale (statusmäßige) Typologien von Sprachsystemen, und zwar vor allem von ganzen Sprachen. Bei der Würdigung der Schemata ist zu beachten, daß die Autoren Wert auf Einfachheit legten − nicht zuletzt aus praktischen Gründen der Übersichtlichkeit der Darstellung, Leichtigkeit des Vergleichs und/oder Ökonomie der Datenbeschaffung. Viele denkbare Differenzierungen wurden daher absichtlich weggelassen (vgl. die Diskussion in Ferguson 1966a, 315−323). Bloße Differenzierungs- und Ergänzungsvorschläge, die in vielen Richtungen naheliegen, sind demnach letzlich keine adäquate Kritik dieser Schemata. Vielmehr müßte die Kritik strenggenommen in Substitutionsvorschlägen bestehen; d. h. Ergänzungs- und Differenzierungsvorschläge sind nur (oder zumindest in erster Linie) interessant in Verbindung mit Vereinfachungsvorschlägen an anderer Stelle, so daß sich die

Komplexität des Beschreibungsschemas nicht ändert.

Wir skizzieren im folgenden die Vorschläge von Ferguson, Stewart und zum Vergleich Fasold, wobei natürlich die funktionale Typologisierung von Sprachsystemen im Vordergrund steht. Von Ferguson (1962 a, ähnlich 1962 b) werden die Sprachen innerhalb eines Staates („nation") in vier Dimensionen typologisiert, die jeweils in sich unterteilt werden (wir haben die Reihenfolge angepaßt an Ferguson 1966 a, wo diese Dimensionen in modifizierter Form zum Teil wieder auftauchen).

(1) Bedeutsamkeit (Benennung dieser Dimension durch U. A.): (3.1) Größere Sprache (Sprecherzahl mindestens 10 Millionen oder $^1/_{10}$ der Gesamtbevölkerung), (3.2) Kleinere Sprache (Sprecherzahl weniger als 10 Millionen und weniger als $^1/_{10}$ der Gesamtbevölkerung) (Beispiele der Anwendung dieser Begriffe: Thelwall 1978, Agheyisi 1984). Größere Sprachen werden differenziert in (3.1 a) dominante (Sprecherzahl mehr als die Hälfte der Bevölkerung) und (3.1 b) indominante. Zusatzkriterien für (3.1 a) sind der Umfang, in dem eine Sprache als Fremdsprache („second language") gelernt oder als offizielle Sprache verwendet wird (keine genaueren Angaben).

(2) Grad der schriftlichen Verwendung:

(2.1) Nicht schriftlich verwendet, (2.2) schriftlich verwendet für „normale" Zwecke (Briefverkehr, Zeitungen, Originalbücher, die nicht nur aus anderen Sprachen übersetzt sind), (2.3) verwendet zur Originalveröffentlichung naturwissenschaftlicher Forschungsergebnisse (insbesondere der letztgenannte Typ verrät den Einfluß des Ausbau-Begriffs von Kloss (1952)).

(3) Umfang, Natur und Akzeptationsgrad der Standardisierung — mit zwei Teildimensionen.

(3.1) Umfang der Standardisierung: (3.1 a) Große linguistische Distanz zwischen der (den) Standardvarietät(en) und den übrigen Varietäten (der betreffenden Sprache), (3.1 b) mittlere Distanz (dieser Rang kann weiter differenziert werden in „unimodale" — „multimodale" (= unizentrische — plurizentrische) Standardsprachen), (3.1 c) geringe Distanz. (3.2) Natur der Standardisierung und Akzeptationsgrad der Standardvarietät (kein Unterteilungsvorschlag).

(4) Überdachung anderer Sprachen: (4.1) Andere Sprachen überdachend (dies scheint gemeint zu sein mit „language of wider com-

munication (LWC)"), differenziert in (4.1 a) intranational überdachend (= innerhalb des betreffenden Staates), (4.1 b) international überdachend; (4.2) nicht überdachend.

Diese erste Skizze wird später von Ferguson (1966 a) wie folgt modifiziert und teilweise verfeinert, wobei vor allem der Vorschlag von Stewart (1962) einbezogen ist. (1) Wird stärker differenziert. Außerdem werden, ähnlich wie bei Stewart, im Falle einer Diglossie innerhalb einer Sprache die beiden betreffenden Varietäten unterschieden. (2), (3) und (4) fließen weitgehend ein in die von Stewart mit geringfügigen Modifikationen übernommene Unterscheidung zwischen „Sprachtyp" („language type") und „Sprachfunktion" („language function"). Somit ergibt sich die folgende Einteilung:

(1′) Bedeutsamkeit. Die Zuordnung einer Sprache zu einem der folgenden drei Bedeutsamkeitstypen ist Voraussetzung dafür, daß sie überhaupt in die Beschreibung aufgenommen wird; sonstige Sprachen „should simply be disregarded as not of sufficient significance in the total sociolinguistic picture" (Ferguson 1966 a, 310).

(1′.1) Größere Sprachen („Lmaj") (Sprecherzahl mehr als eine Million oder 25% der Gesamtpopulation oder offizielle Sprache oder Unterrichtssprache von über 50% der Sekundarstufenabsolventen). Unterteilt in (1′.1 a) Dominant (Primär- oder Sekundärsprache von über $^3/_4$ der Gesamtpopulation), (1′.1 b)) Indominant.

(1′.2) Kleinere Sprache („Lmin") (Sprecherzahl höchstens eine Million und mindestens hunderttausend oder höchstens 25% und mindestens 5% der Gesamtpopulation oder Unterrichtssprache über die ersten Primarstufenjahre hinaus).

(1′.3) Sprache mit speziellem Status („Lspec") (weithin verwendet im religiösen oder literarischen Leben oder weithin Schulfach in der Sekundarstufe oder weithin intranational überdachend („used by a substantial number of people as a lingua franca within the country") oder größere Sprache für eine bestimmte Altersgruppe).

(2′) „Sprachtyp" („language type"): (2′.1) Vernakular (V), (2′.2) Standard (S), (2′.3) Klassikal (C), (2′.4) Pidgin (P), (2′.5) Kreol (K). Auf die „Sprachtypen" kommen wir bei Stewarts Vorschlag des näheren zu sprechen.

(3′) „Sprachfunktion" („language function"): (3′.1) Gruppenspezifisch (g), (3′.2) offiziell (o), (3′.3) intranational überdachend (w), (3′.4) edukational (Unterrichtssprache über die ersten Primarstufenjahre hinaus) (e), (3′.5) religiös (weithin verwendet im religiösen Leben) (r), (3′.6) international überdachend (i), (3′.7) weithin Schulfach (s). Auch auf die „Sprachfunktionen" kommen wir bei Stewart noch einmal zurück.

(4′) Gegebenenfalls diglossiespezifische Varietätendifferenzierung (Notation: H, das zuerst angeführt wird, ist von L durch Doppelpunkt getrennt).

(5′) Sprachen, die einzeln keines der Kriterien von (1′) erfüllen, dürfen dann als Gruppe zusammengefaßt werden, wenn die Gruppe eines dieser Kriterien erfüllt (Notation: Die Gruppe steht in geschweiften Klammern).

Die gesamte Sprachsituation eines Staates wird in einer Formel dargestellt, die in eine einzige Zeile paßt (vgl. Abb. 35.7), so daß die Staaten zeilenweise verglichen werden können. Die n Staaten der Erde (zu einem Zeitpunkt t_a) können dann in n Zeilen hinsichtlich ihrer soziolinguistischen Verhältnisse charakterisiert und leicht miteinander verglichen werden. Die Namen der einzelnen Sprachen sowie eventuelle Zusatzinformationen müssen allerdings in einem erläuternden Begleittext beigefügt werden.

Einige Probleme dieser Darstellungsweise liegen auf der Hand; manche wurden schon in der Diskussion im Anschluß an Fergusons Vortrag zur Sprache gebracht (Ferguson 1966 a, 315–323); sie brauchen hier nicht wiederholt zu werden. Für in hohem Grade multilinguale Staaten (z. B. Nigeria oder Indien mit je mehreren hundert Sprachen) versagt diese Darstellungsform: entweder die Formel paßt nicht mehr in eine Zeile, wodurch die Vergleichbarkeit „auf einen Blick" verloren geht, oder es wird sehr viel Information weggelassen. Allerdings scheint Fergusons Ansatz die Auffassung zu beinhalten, daß diese Information von untergeordneter Wichtigkeit ist, was sich — unter bestimmten Voraussetzungen — vielleicht auch vertreten läßt. — Neben diesem grundsätzlichen Problem erscheinen die folgenden Mängel eher zweitrangig. Das Beschreibungsschema enthält Redundanzen: manche Kriterien für die Bedeutsamkeitstypen erscheinen ein zweites Mal als Sprachfunktionen ('offizielle Verwendung' bzw. 'Verwendung als Unterrichtssprache' ist jeweils sowohl hinreichende Bedingung für eine Lmaj als auch für die Funktion o bzw. e; 'weithin Schulfach in der Sekundarstufe' und 'weithin intranational überdachend' sind sowohl hinreichend für eine Lspec als auch für die Funktionen s bzw. w. — Es finden sich Unklarheiten und Inkonsistenzen. Die soeben angeführten Kriterien sind bei den Bedeutsamkeitstypen anders formuliert als bei den Sprachfunktionen, teils scheinen sie identisch gemeint zu sein, teils — ohne ersichtlichen Grund — verschieden: „It is an official language of the nation" (Lmaj) versus „Used

for official purposes" (o); „It is the language of education of over 50% of the secondary school graduates of the nation" (Lmaj) versus „Used for educational purposes above the first years of primary school, having subject matter textbooks published in it" (e); „It is used by a substantial number of people as a lingua franca within the country" (Lspec) versus „Used as a lingua franca or language of wider communication within the nation" (w); „It is widely taught as a subject in secondary schools" (Lspec) versus „Widely studied as a subject in schools" (s) (Ferguson 1966 a, 310–312). Inkonsistent ist weiterhin, daß den Gruppen von Sprachen (im Unterschied zu den Einzelsprachen) offenbar keine „Funktionen" zugeordnet werden; dies ist dann auch gar nicht möglich, wenn die einzelnen Sprachen „funktional" divergieren. Auch der „Sprachtyp" kann im Falle der Divergenz zwischen den einzelnen Sprachen nicht spezifiziert werden; Ferguson (1966 a, 313) sieht für diesen Fall das neutrale Symbol „L" vor, das auch bei fehlender Information hinsichtlich des „Sprachtyps" verwendet werden kann. Ein Manko schließlich, das nicht spezifisch ist, sondern sich in allen anderen Vorschlägen (Stewart 1962; 1968; Fasold 1984 usw.) ebenfalls findet, ist die Unschärfe vieler Kriterien („widely used" usw.).

Ob Stewart sich, ebenso wie Ferguson, tatsächlich auf ganze Sprachen bezieht, ist zweifelhaft. Wir kommen auf diese Frage sogleich noch zu sprechen. Stewart (1968) typologisiert Sprachsysteme nach den folgenden vier Dimensionen, wobei wir die Reihenfolge zwecks besserer Vergleichbarkeit mit Ferguson ändern:
(1″) Sprecherzahl relativ zur Gesamtpopulation des Staates („degree of use"),
(2″) „Sprachtyp" („language type"),
(3″) „Sprachfunktion" („language function", auch „sociolinguistic function"),
(4″) Hohe (H) oder niedrige Varietät (L) in einer Diglossie.

(1″) Die relative Sprecherzahl, die ungefähr Fergusons Bedeutsamkeitsdimension entspricht, wird in die folgenden sechs Klassen unterteilt: Klasse I: ≥ 75% (der Gesamtpopulation), Klasse II: ≥ 50% und < 75%, Klasse III: ≥ 25% und < 50%, Klasse IV: ≥ 10% und < 25%, Klasse V: ≥ 5% und < 10%, Klasse VI: < 5% (Stewart 1968, 542).

(2″) Die Sprachtypen sind bei Stewart (1962; 1968) differenzierter unterteilt als bei Ferguson (1966 a), der die Dimension von Stewart (1962) übernimmt. In der Fassung von 1968 hat Stewart seine Einteilung von 1962 revidiert (vgl. Abb. 35.4).

Die Version von 1968 unterscheidet sich folgendermaßen von 1962: (a) Das Merkmal („attribute") 'Homogenität' ist ersetzt durch

1962	Historizität	Standardisiertheit	Muttersprachlichkeit	Homogenität	Kriterien
1968	Historizität	Standardisiertheit	Muttersprachlichkeit	Autonomie	Sprachtypen
1962	+	+	+	±	Standard (S)
1968	+	+	+	+	
1962	+	+	−	+	Klassikal (C)
1968	+	+	−	+	
1962	+	−	+	+	Vernakular (V)
1968	+	−	+	+	
1962	+	−	+	−	Kreol (K)
1968	−	−	+	−	
1962	+	−	−	−	Pidgin (P)
1968	−	−	−	−	
1962	−	+	−	±	Artifizial (A)
1968	−	+	−	+	
1962	−	−	−	±	Marginal (M)
1968	+	−	+	−	Dialekt (D)

Abb. 35.4: Sprachsystemtypen nach Stewart (1962; 1968)

'Autonomie', das von den Typen S und A nun erfüllt wird. (+ gegenüber ± bei Historizität); (b) an die Stelle des Typs 'Marginal' tritt der anders definierte Typ 'Dialekt'; (c) den Typen Kreol und Pidgin wird nunmehr die Historizität abgesprochen (−). − Die Sprachtypen sind definiert durch die logische Konjunktion der jeweiligen Ausprägung der vier dichotomen Merkmale. Mit ihrer Hilfe wären 16 Sprachtypen (2^4) definierbar (sogar $3^4 = 81$, wenn ± als mögliche Ausprägung einbezogen wird). Stewart befaßt sich jedoch nicht mit dieser weitergehenden Möglichkeit und äußert sich auch nicht dazu, ob er die übrigen (außer den 7 bzw. mit Marginal 8) nur für unwichtig oder für nicht existent hält. Im letzteren Fall wären die Sprachtypen als erschöpfende Klassifikation zu verstehen derart, daß jedes Sprachsystem einem der 7 (bzw. 8) Sprachtypen zuzuordnen ist, wohl jeweils dem nächstliegenden. Diese Annahme ist nicht ganz abwegig, da zumindest in Stewarts Beispielen jedem einbezogenen Sprachsystem ein Sprachtyp zugeordnet ist − anders als bei den Sprachfunktionen.

Im Bedarfsfall sind noch folgende Subklassifikationen möglich: bei S.: unizentrisch − plurizentrisch („multimodal": die Anzahl der Zentren wird als Index beigegeben, z. B. „S_3" bei 3 Zentren), endonormativ − exonormativ (letzteres mit „x" als Index und Angabe der Herkunft in Klammern, z. B. „S_x (britisch)"); bei C: modern und archaisch (letzteres erhält „a" als Index, z. B. „C_a". Ein C_a ist z. B. klassisches Griechisch, Katharevusa dagegen ein „modernes" C).

(3″) Die Sprachfunktionen hatte Ferguson (1966a) ebenfalls von Stewart (1962) übernommen, sie aber − anders als die Sprachtypen − weiter differenziert. Stewart (1968) stützt sich dann später seinerseits wieder auf Ferguson (vgl. Abb. 35.5). Ein Beispiel einer anderen Einteilung liefern Reh/Heine 1982, 196. Sie machen zunächst die Hauptunterscheidung offiziell − inoffiziell; ziemlich alle Funktionen von Stewart und Ferguson fallen hiernach unter offiziell mit Ausnahme von g und vielleicht l und r).

Die wichtigsten Veränderungen sind: Die Umbenennung und begriffliche Erweiterung der 'technischen' in die 'internationale Funk-

Stewart (1968, 540 f)	Ferguson (1966 a, 310)	Stewart (1962, 21)
offiziell (o) ("official")	offiziell (o)	offiziell (o)
provinzial (p) ("provincial")		
intranational überdachend (w) ("wider communication")	intranational überdachend (w)	intranational überdachend (w)
international überdachend (i) ("international")	international (i)	technisch (t) ("technical") ("as an access to international technical and scientific literature")
metropolisch (c) ("capital")		
gruppenspezifisch (g) ("group")	gruppenspezifisch (g)	gruppenspezifisch (g)
edukational (e) ("educational")	edukational (e)	edukational (e)
schulfachlich (s) ("school subject")	schulfachlich (s)	
literarisch (l) ("literary")		literarisch (l)
religiös (r) ("religious")	religiös (r)	religiös (r)

Abb. 35.5: Sprachfunktionen nach Stewart und Ferguson

tion', die Differenzierung der 'offiziellen Funktion (im weiteren Sinn)' in die 'offizielle Funktion (im engeren Sinn = gesamtstaatlich)' und die 'provinziale', die Hinzufügung der 'metropolischen Funktion' („medium of communication in the vicinity of the national capital"), die Hinzufügung der 'schulfachlichen Funktion' (die 'edukationale Funktion' bezog sich in Stewart 1962 nur auf das „medium of instruction").

Die Beziehungen zwischen Sprachsystemen und Sprachfunktionen sind komplizierter als zwischen Sprachsystemen und Sprachtypen. Die Zuordnung von Sprachsystemen zu Sprachtypen ist mehr-eindeutig: Einem Sprachsystem kann grundsätzlich höchstens ein Sprachtyp zugeordnet werden; versteht man die Klassifikation als erschöpfend, dann sogar jedem Sprachsystem genau ein Sprachtyp (umgekehrt können freilich einem einzigen Sprachtyp mehrere Sprachsysteme zugeordnet werden). Die Zuordnung von Sprachsystemen zu Sprachfunktionen ist dagegen mehr-mehrdeutig: Einem einzigen Sprachsystem können (innerhalb eines

Staates) durchaus mehrere Sprachfunktionen zugeordnet werden wie auch einer einzigen Sprachfunktion mehrere Sprachsysteme. Es gibt jedoch gewisse Einschränkungen, die freilich nicht so klar sind, wie man sich dies wünscht. Die Zuordnung von Sprachsystemen zu g, l und r scheint mehreindeutig zu sein, das heißt einem Sprachsystem kann höchstens eine dieser Sprachfunktionen (und dann auch keine zusätzliche sonstige) zugeordnet werden, denn diese Sprachfunktionen sind spezifiziert als „the use of a language primarily for ..." (Stewart 1968, 540 f. Sperrung U. A. Vgl. auch Johnson 1973, 248); wohl aber können einer einzigen solchen Sprachfunktion mehrere Sprachsysteme (innerhalb eines Staates) zugeordnet werden. Hingegen scheint die Zuordnung von Sprachsystemen zu w, i und c ein-mehrdeutig zu sein, das heißt jeder dieser Sprachfunktionen kann höchstens ein Sprachsystem (innerhalb eines Staates) zugeordnet werden, denn diese Sprachfunktionen sind spezifiziert als „predominating as a medium of ...", „major medium of ...", „primary medium of ..."; wohl aber können dem betreffenden Sprachsystem mehrere dieser sowie andere Sprachfunktionen zugeordnet werden. Diese Interpretation der Formulierungen wird durch Stewarts Beispiele (1968, 543 f) weitgehend bestätigt (mit einer Ausnahme: i wird auf den Curaçao-Inseln zwei Sprachsystemen zugeordnet, nämlich Englisch und Spanisch). — Deutlicher ausgesprochen sind Inklusionsbeziehungen zwischen den Sprachfunktionen. So inkludiert die Sprachfunktion o die Sprachfunktion p, und sowohl o als auch p inkludieren offenbar w, i, c, e und s; d. h. immer wenn ein Sprachsystem o erfüllt, dann erfüllt es auch p usw., aber nicht umgekehrt. Diese Inklusionsbeziehung erlaubt eine ökonomischere Beschreibung: die inkludierten Funktionen werden weggelassen. Wird also o aufgeschrieben, so entfallen p, w. i, c, e und s; und wird p aufgeschrieben, so entfallen w, i, c, e und s; bzw. p wird nur aufgeschrieben, wenn kein o vorliegt, und w, i, c, e oder s, wenn weder o noch p vorliegen.

Während Ferguson sich beschränkt auf Sprachen, die eines der Kriterien für eine Lmaj, Lmin oder Lspec erfüllen, versucht Stewart (1968, 542 f) eine etwas andersartige Abgrenzung. Echter Multilingualismus liegt für ihn nur vor, wenn mindestens eine der Funktionen o, p (ohne o) w, c oder g (w, c, g jeweils ohne o und p) von mehr als einem Sprachsystem erfüllt wird. Unter Umständen sollte auch die Sprecherzahlklasse VI unberücksichtigt bleiben. Allerdings ist Stewarts Beschreibungsschema nicht von vornherein solchermaßen eingeschränkt, sondern die genannten Funktionen und die Sprecherzahlklasse VI können bei Bedarf durchaus auch einbezogen werden. In diesem Fall zeigen sich dann manche ansonsten monolingual erscheinende Staaten als erstaunlich multilingual (in einem weiteren Sinn); denn die Sprecherzahlen beziehen sich ausdrücklich nicht nur auf Sprachsysteme mit Vitalität (schon wegen der Einbeziehung von Typen wie Pidgin, die keine Vitalität haben). In der Praxis wird man bei solchen Ausweitungen freilich neue Abgrenzkriterien benötigen.

Stewarts Einteilung in Sprachtypen und Sprachfunktionen birgt eine Reihe von Problemen. Einige wichtige Kritikpunkte an der Sprachtypeneinteilung hat Kloss (1977, 231 – 236) vorgebracht.

Kloss' Hinweise zur Übersetzung der Termini ins Deutsche sind allerdings nicht unproblematisch: *Artifizial* (eventuell auch *Kunstsprache*) ist wohl tatsächlich günstiger für „artificial" als *artifizielle Sprache*, um abwertende Konnotationen zu vermeiden. Mißverständlich wären dagegen *Muttersprachlichkeit* statt *Vitalität* für „vitality" (vgl. 5, vii) sowie *Volkssprache* statt *Vernakular* für „vernacular" — letzteres wegen der Polysemie von *Volk*.

Kloss (1977, 336) bemängelt, daß Stewart das 'Marginal' (Kloss: „Behelfssprache") 1968 wegläßt. Hierin wird man Kloss zustimmen, wenn sich — was denkbar erscheint — seine Auffassung als haltbar erweisen sollte, daß so verbreitete Phänomene wie die Sprechweisen von Arbeitsmigranten (z. B. „Gastarbeiterdeutsch") angemessener unter den (zusätzlichen) Typ Marginal als unter den Typ Pidgin subsumierbar sind. Allerdings kommen dafür auch noch andere Möglichkeiten in Betracht, z. B. die Anfangsstufe eines Pidgin (vgl. Bickerton 1977, 28 f). Dessen ungeachtet ließe sich 'Marginal' vermutlich in das Schema einfügen, und zwar mit den Merkmalsausprägungen − − − −. Einen grundsätzlicheren Mangel berührt Kloss (1977, 334) mit seiner Kritik an der Hinzunahme des Typs Dialekt, der 1962 noch fehlt: einerseits repräsentiere z. B. „die jeweilige Standardsprache gewissermaßen die Gesamtheit der ihr zugeordneten Subsysteme (...)", andererseits lasse die „Nichterwähnung der Mundarten [= Dialekte! U. A!] (...) eine Lücke (...), wenn man das Sprachprofil eines Landes 'zeichnen' will." Die Einbeziehung der Dialekte (D) bringt jedoch zwei Schwierigkeiten mit sich, die Kloss nicht in aller Schärfe sieht: (1) Zusätzliche Unsicherheit bei der Anwendung des Autonomie-Kriteriums, (2) die Gefahr der Inkonsistenz des Entitätenbereichs (Universum der Rede). — Bezüglich (1) ist von Bedeutung, daß die D's nur eine — vermutlich verhältnismäßig kleine — Teilmenge aller Dialekte bilden. „Both S's and V's normally subsume a certain amount of linguistic variation, much of it in the form of a number of structurally identifiable subsystems of the dialect (symbol: D) type (...). In these cases, D's need not normally be treated independently from the S's or V's of which they form a part." (Stewart 1968, 538). Nur solche Dialekte sind echte D's, die entweder (a) einen speziellen Status („special status in a national situation") haben, oder (b) politisch isoliert sind („isolated politically from what would normally be its superordinate system"). Als Beispiele nennt Stewart unter anderem für (a) Schwyzertüütsch (einen deutschen Dialekt) in der Schweiz, und für (b) Akkadisch (einen französischen Dialekt) im Nordosten der USA. Man darf aufgrund dieser Hinweise mit einiger Zuversicht annehmen, daß die D's zumindest in höherem Maße autonom sind als sonstige Dialekte, die man *Normaldialekte* nennen könnte. Es ist dann aber äußerst heikel, sie mittels des nur

Funktionen		Erforderliche Attributausprägungen
Offiziell [o]	1	Ausreichende Standardisierung
	2	Kenntnis seitens eines Kaders gebildeter Gesellschaftsmitglieder
National [n]	1	Symbol nationaler Identität für einen bedeutenden Teil der Population
	2	Weithin verwendet für manche Alltagszwecke
	3	Innerhalb des Landes weithin fließend gesprochen
	4	Es gibt keine größeren alternativen nationalen Sprachen in dem Land
	5	Akzeptabel als Symbol der Authentizität
	6	Verbunden mit ruhmreicher Vergangenheit
Gruppenspezifisch [g]	1	Von allen Gruppenmitgliedern in der Alltagskonversation verwendet
	2	Mittel zur Verknüpfung [nach innen] und Abtrennung [nach außen]
Edukational [e]	1	Den Lernenden verständlich
(Niveau zu spezifizieren)	2	Ausreichende Lehrmaterialien
	3	Ausreichende Standardisierung
Intranational überdachend [w]	1	'Erkennbar' als zweite Sprache
International [i]	(1	Enthalten in der Liste potentieller internationaler Sprachen)
Schulfachlich [s]	1	Standardisierungsniveau mindestens so hoch wie Standardisierungsniveau der Sprache der Lernenden
Religiös [r]	(1	Ist ein Klassikal)

Abb. 35.6: Sprachfunktionen und dafür erforderliche Attributausprägungen (Fasold 1984, 77)

vage angedeuteten Autonomie-Kriteriums von Vernakularen abzugrenzen, von denen sie sich nur durch fehlende Autonomie unterscheiden (Gefahr 1). — Die Gefahr (2) der Inkonsistenz des Entitätenbereichs wird schon daran erkennbar, daß die D's offenkundig aus den Standards (und natürlich gegebenenfalls auch aus den übrigen Sprachtypen) herauszunehmen sind, während die Normaldialekte darin enthalten bleiben. Beispielsweise enthält demnach Deutsch als Standard zwar durchaus Dialekte wie Schwäbisch, Hessisch usw., nicht aber Schwyzertüütsch. —

Einen weiteren Hinweis auf die Gefahr (2) liefert der Einwand von Kloss (1977, 334 f), daß Stewart den Kreols die Autonomie zu Unrecht abspricht. Kloss' Argumentation geht in Richtung einer Auffassung, die innerhalb der Kreolistik weit verbreitet ist, und die F. Coulmas (1985, 163) so formuliert: „Synchronisch betrachtet sind Kreol-Sprachen ganz eigene Sprachen (…)". Dieser Hinweis und Kloss' eigene Argumentation kontrastieren eigentümlich mit Kloss' fragloser Bezeichnung der Stewart'schen Sprachtypen als „Sprachvarietäten" — im Gegensatz zu ganzen Sprachen.

Genauer besehen, sind Stewarts Sprachtypen merkwürdige Zwitter: Weder ganze Sprachen (sondern z. B. Standardsprachen ohne die D's) noch einzelne Varietäten (sondern z. B. Standardvarietäten zusammen mit nichtstandardisierten Varietäten wie den Normaldialekten). Wir haben diesem Sachverhalt übrigens dadurch entsprochen, daß wir bei Stewart — anders als bei Ferguson — nicht von *Sprachen*, sondern unspezifischer von *Sprachsystemen* gesprochen haben. Die Gefahr ist nicht von der Hand zu weisen, daß diese Zwitter günstigenfalls entweder als ganze Sprachen oder als bloße Varietäten aufgefaßt werden, ungünstigenfalls schwankend einmal als das eine und einmal als das andere. Im letzteren Fall könnte die Beschreibung der Sprachsituation eines Staates ein heilloses Wirrwarr ergeben. — Eine Lösung dieses Problems wäre vielleicht folgendermaßen möglich. Es wäre zu prüfen, ob die D's sich überhaupt von L's in einer Diglossie unterscheiden. Wäre dies nicht der Fall, was wir vermuten, so könnten sie ganz fallengelassen werden. Mit ihnen könnte auch das ganze Merkmal Autonomie entfallen, das im Grunde nichts weiter leistet, als die Unterscheidung der D's von den V's — alle übrigen Sprachtypen sind auch ohne dieses Merkmal unterscheidbar (vgl. Abb. 35.4). Zugleich könnte dann konsequent auf ganze Sprachen Bezug genommen werden. Im Falle einer Diglossie könnten diese intern differenziert werden in der Art, wie Ferguson (1966a, 312) dies vorgeschlagen hat.

Eine tiefgreifende Verbesserung der Vorschläge von Ferguson und Stewart verspricht R. Fasold (1984, 67—84), der von drei Prinzipien („principles") ausgeht: (I) Naturalismus („naturalism"), (II) Prädiktion/Prognose („prediction") und (III) Kontinuumcharakter der Begriffe. Diese drei Prinzipien, die bei Fasold nur andeutungsweise erläutert werden, führen vor allem zu den folgenden Veränderungen. Aufgrund von (I) zählt für Fasold als „Funktion" nur, was praktiziert wird, nicht aber zum Beispiel eine juristische Vorschrift, die nicht praktiziert wird (Beispiele: Englisch hatte in Indien schon faktisch offizielle Funktion, bevor ihm diese 1967 verfassungsmäßig garantiert wurde; und Irisch hat trotz entsprechendem Verfassungsauftrag diese Funktion faktisch nicht). Aufgrund von (II) möchte Fasold zwischen (soziolinguistischen) „Attributen" („sociolinguistic attributes") und „Funktionen" von Sprachsystemen eine Beziehung herstellen derart, daß die jeweiligen Attributausprägungen aus den jeweiligen Funktionen prognostiziert werden können. Er hält dies für möglich aufgrund der Vermutung, daß die Funktionen bestimmte Attributausprägungen voraussetzen („require"). Mit den Funktionen knüpft Fasold bei Stewarts und Fergusons Sprachfunktionen an, mit den Eigenschaften bei Stewarts Merkmalen („attributs") bzw. deren Ausprägungen für Sprachtypen. Die Sprachtypen selber entfallen bei Fasold gänzlich. Aufgrund von (III) betrachtet Fasold die Attribute nicht mehr nur als dichotomisch, sondern als feiner abgestuft — allerdings nicht, wie man eigentlich erwartet, als echte Kontinuen, also in Form reeller Zahlen. Er spricht von 10-Punkte-Skalen. (Fasold scheint diese Lösung nicht als provisorisch zu betrachten. Vermutlich liegen hier begriffliche Unklarheiten vor, die z. B. auch darin zum Ausdruck kommen, daß zwischen Attributen als (Dimensionen oder) Skalen und Attributausprägungen als Skalenwerten weder begrifflich noch terminologisch unterschieden wird). — Die von Fasold vermuteten Zusammenhänge zwischen Funktionen und Attributausprägungen sind in Abb. 35.6 aufgelistet (unsere Hinzufügungen in „[ ]").

Die Funktion n ist von Fasold hinzugefügt. Die vagen Formulierungen („ausreichend", „weithin") betrachtet er ausdrücklich als vorläufig — bis Präzisierungen in Form bestimmter Skalenwerte zur Verfügung stehen. Eingeklammerte Attributausprägungen hält er für besonders ungesichert: Die für i erforderliche Ausprägung könnte letztlich vielleicht die Gestalt einer abgeschlossenen Liste mit allen internationalen Sprachen haben (Englisch, Französisch, Spanisch und einige weitere); ob r ein Klassikal voraussetzt, ist zweifelhaft.

Fasolds Vorschlag ist wohl am angemessensten als Forschungsprogramm einzuschätzen, das noch viele Fragen offenläßt, von denen wir nur einige wenige zur Sprache bringen können. Bei vielen Attributen ist der postulierte „Kontinuum-Charakter" gänzlich

unklar; sie scheinen einfach dichotomisch zu sein (vgl. insbesondere die Attributausprägungen bei der Funktion n). Sofern der Kontinuum-Charakter angedeutet ist, bleibt er unexpliziert. Wie soll z. B. der Standardisierungsgrad einer Sprache metrisiert werden, woran offenbar letztlich gedacht ist? Fasold (1984, 72) geht von der Annahme aus, daß sich eine universelle (offenbar abgeschlossene) Menge von Funktionen ermitteln läßt (nur zu einem bestimmten historischen Zeitpunkt universell oder strikt, also ahistorisch universell?); er äußert sich nicht deutlich dazu, ob er dies auch für die Attribute bzw. deren einzelne Ausprägungen annimmt; letztere Annahme folgt nicht zwingend aus ersterer. — Offenbar ist die Anzahl der Attributausprägungen schon bei sehr groben Skalen (ganz zu schweigen von echten Kontinuen) weit größer als die der Funktionen. (In der Tabelle F ist das Zahlenverhältnis 17 : 8. Die gleichlautenden Attributausprägungen „ausreichende Standardisierung" bei den Funktionen o und e sind wohl kaum inhaltlich identisch; bei expliziterer Schreibweise: 'ausreichend für x', ist für x wohl beide Male Unterschiedliches einzusetzen). Was es heißt, daß eine Funktion F_1 die Attributausprägungen A_1, A_2, ..., A_m voraussetzt („requires"), ist nicht ohne weiteres klar. Zunächst könnte man an folgende konditionale (material implikative) Beziehung denken: (x) $(F_1 x \supset (A_1 x \cdot A_2 x \cdot ... \cdot A_m x)$ (Notation nach Carnap [1954] 1968: (x) = Allquantifikation von x, $\supset$ = logisches Konditional/materiale Implikation, $\cdot$ = logische Konjunktion)). Die Beziehung könnte aber in zweifacher Hinsicht komplizierter sein: (1) Sie könnte hypothetischer oder statistischer statt kategorischer oder deterministischer Natur sein, d. h. daß unter bestimmten Bedingungen oder in den meisten Fällen, aber nicht unbedingt oder immer, ein Sprachsystem mit der Funktion F_1 die Attributausprägungen A_1, A_2 ... A_m hat; (2) die für F_1 erforderlichen Attributausprägungen könnten aus mehreren Bündeln bestehen, die hinsichtlich F_1 jeweils untereinander äquivalent sind, so daß das zweite Glied des obigen Konditionals ungefähr folgendermaßen zu schreiben wäre: „ $\supset [(A_1 x \cdot A_2 x \cdot ... \cdot A_m x)$ v $(A_2 x \cdot A_3 x \cdot ... \cdot A_n x)$ v ...]. (v = logische Alternative). Diese Annahme liegt sogar nahe. Nur eines von vielen denkbaren Beispielen: Bei der Funktion n findet sich die Attributausprägung 2 'weithin verwendet für manche Alltagszwecke', die nur in Verbindung mit einem bestimmten, sagen wir: einigermaßen demokratischen Bewußtsein der Bevölkerung (übrigens eine zusätz-

Ferguson (1966 a, 314)

Gesamtzahl von
Sprachen L_{maj} L_{min} L_{Spec}
        3   =   2 (2 So)   + O   + 1 (Cr)

(S = 1. Spanisch, 2. Guaraní; C = Latein)

Stewart (1968)

Klasse I	Spanisch	So
	Guaraní (paraguaisches)	So

- -

Klasse VI	Plattdeutsch	Vg
	Chulupí	Vg
	Latein	Cr
	Deutsch	Sg

(Klasse VI wird je nach Bedarf einbezogen oder weggelassen)

(Fasold (1984, 81 f)

Funktion	Sprache	Attribute	Bemerkungen
Offiziell	Spanisch	1, 2	Schätzungsweise erhielte Spanisch den Wert 9 auf einer 10-Punkte-Skala der Offizialität
National(n)	Guaraní	1, 2, 3, 4, 5 (6)	Schätzungsweise 9 auf einer 10-Punkte-Skala der Nationalizität
Gruppenspezifisch	Guaraní	1, 2	Gruppe: 'echte' Paraguayaner
	Spanisch	1, 2	Gruppe: monolinguale Spanisch-sprecher
	Chulupí (andere Eingeborenen-sprachen)	1, 2	Gruppe: Chulupí-Indianer
	Plattdeutsch (andere Einwanderer-sprachen)	1, 2	Gruppe: Mennoniten
Edukational (Primarstufe)	Spanisch	(1), 2, 3	Attribut 1 fehlt in ländlichen Gebieten
	Guaraní	1, (2), 3	
	Chulupí (andere Eingeborenen-sprachen)	1, (2), 3	Mennoniten und Missionsschulen
	Deutsch	(1), 2, 3	Schulen der Mennonitenkolonie
Edukational (Sekundarstufe)	Spanisch	1, 2, 3	Von Sekundarstufenschülern werden Spanischkenntnisse erwartet
Edukational (höher)	Spanisch	1, 2, 3	
Religiös	Latein	(1)	Katholische Riten

Abb. 35.7: Soziolinguistische Beschreibung eines Staates (Beispiel: Paraguay) nach Ferguson, Stewart und Fasold

Erläuterung: Beschreibungen von Paraguay finden sich nur bei Ferguson und Fasold. Die Beschreibung im Sinne von Stewart wurde von uns nach den Angaben von Grimes (1984, 116 f) konstruiert. Latein und Deutsch sind bei Grimes nicht angegeben, wurden von uns aber der Vergleichbarkeit der drei Vorschläge wegen einbezogen. Wir vermuten, daß bei Ferguson Latein mit C gemeint ist; Angaben zu den Sprachen fehlen bei Ferguson. Deutsch findet sich bei Fasold (Latein nicht). Ebenso vermuten wir Spanisch und Guaraní bei Fergusons L_{maj}; die Angaben für Guaraní haben wir gemäß Grimes geändert; bei Ferguson lauten die Angaben unter L_{maj} noch „2(So, Vg)". Bei Grimes werden außerdem noch die folgenden Sprachen mit größtenteils sehr geringen Sprecherzahlen (zumeist < 1000) genannt, die alle in die Klasse VI von Stewart fallen und vermutlich als Vg zu spezifizieren wären: Ayoreo, Chamacoco/Bahia Negra, Chamacoco/Bravo, Chorote, Emok, Guaiaqui, Guana, boliv. Guaraní, bras. Guaraní, Kaiwá, nördl. Lengua, südl. Lengua, Maca, Pilagá, Sanapaná, Tapiete, Toba.

liche Attributausprägung!) plausibel ist; in Verbindung mit einem autoritären Bewußtsein ist an ihrer Stelle ebenso plausibel: 'weitgehend nur von der Führungsschicht verwendet' (vgl. z. B. die Verwendung des Standarddeutsch im Deutschland des 19. Jahrhunderts).

Die Frage nach dem Kontinuumcharakter nicht nur der Attribute, sondern auch der Funktionen ist von Fasold ganz außer acht gelassen. Dies dürfte zusammenhängen mit der Unklarheit des Funktionsbegriffs. Ein Indiz dafür ist die Hinzunahme der Funktion n. Während bei Ferguson und Stewart die Sprachfunktionen grosso modo nichts anderes waren als die domänenspezifische Verwendung (vgl. 5, viii), meint Fasold offenbar etwas ganz anderes, denn n läßt sich beim besten Willen in keine Domäne einfügen. Wir vermuten, daß sich die Funktionen Fasolds — anders als bei Ferguson oder Stewart — nicht konsistent rekonstruieren lassen. — Wie dem aber auch sei, auf jeden Fall ist Fasolds Vorschlag nicht einfach eine Verbesserung der Ansätze von Ferguson oder Stewart, sondern etwas grundlegend anderes. Offenbar zielt er nicht ab auf möglichst ökonomische und übersichtliche Beschreibung, sondern letztlich auf Erklärung. (Diese Zielsetzung selber wird niemand kritisieren wollen. Problematisch ist höchstens, daß sie bei Fasold nicht recht deutlich wird.) Wie unterschiedlich Beschreibungen multilingualer Staaten auf der Grundlage der 3 verschiedenen Vorschläge sich ausnehmen, illustriert Abbildung 35.7. Allerdings ist zu berücksichtigen, daß die Attribute (eigentlich Attributausprägungen!) bei Fasold nur aufgenommen werden müssen, solange ihre Prädiktion aus den Funktionen ungewiß ist; es ist jedoch zweifelhaft, ob Gewißheit für sie jemals erreicht werden kann.

9. Literatur (in Auswahl)

Abdulaziz Mkilifi, M. H. (1972) „Triglossia and Swahili-English Bilingualism in Tanzania", in: *Language in Society* 1, 197—214.

Adekunle, Molobadji (1972) „Multilingualism and language function in Nigeria", in: *African studies review* 15 (2), 185—207.

Adlung, Gerhard/Brünner, Gisela/Fiehler, Reinhard/Schlie, Dirk (1976) „Funktionale Spracherklärung", in: *Osnabrücker Beiträge zur SprachTheorie* 3, 132—187.

Afolayan, Adebisi (1977) „Acceptability of English as a second language in Nigeria", in: *Acceptability in language*, Greenbaum, S., ed., The Hague/Paris/New York, 13—25.

Agheyisi, Rebecca N. (1984) „Minor languages in the Nigerian context", in: *Word* 35, 235—254.

Ajayi, J. F. Ade (1960) „How Yoruba was reduced to writing", in: *Odù* 8, 49—58.

Alisjahbana, Sutan T. (1976) *Language planning for modernization*. The case of Indonesian and Malaysian, The Hague.

Altmann, Gabriel/Lehfeldt, Werner (1973) *Allgemeine Sprachtypologie*. Prinzipien und Meßverfahren, München.

Ammon, Ulrich ([1972] 1973) *Dialekt, soziale Ungleichheit und Schule*, Weinheim/Basel.

Ammon, Ulrich (1986) „Explikation der Begriffe 'Standardvarietät' und 'Standardsprache' auf normtheoretischer Grundlage", in: *Sprachlicher Substandard*, Holtus, Günter/Radtke, Edgar, eds., Tübingen, 1—63.

Ammon, Ulrich, ed., (in print) *Status and function of languages and language varieties*, Berlin/New York.

Auburger, Leopold (1977) „Zur Sprache kanadadeutscher Zeitungstexte", in: *Deutsch als Muttersprache in Kanada*. Berichte zur Gegenwartslage, Wiesbaden, 149—156.

Auburger, Leopold (1981) *Funktionale Sprachvarianten*. Metalinguistische Untersuchungen zu einer allgemeinen Theorie, Wiesbaden.

Baetens Beardsmore, Hugo/van de Craen, Pete (1979) „The development of triglossia in Flemish Belgium", in: *Sprachstruktur, Individuum und Gesellschaft*, van de Velde, M./Vandeweghe, W., eds., Tübingen, 191—200.

Barker, George C. (1947) „Social functions of language in a Mexican-American community", in: *Acta Americana* 5, 185—202.

Bartsch, Renate (1985) *Sprachnormen*. Theorie und Praxis, Tübingen.

Bausani, Alessandro (1970) *Geheim- und Universalsprachen*, Stuttgart.

Bédard, Edith/Maurais, Jacques, eds., (1983) *La norme linguistique*, Paris.

Bendor-Samuel, John T. (1980) „Is a sociolinguistic profile necessary?", in: *Linguistic studies offered to Berthe Siertsema*, Alkemade, D. J. van, et al., eds., Amsterdam, 323—334.

Besch, Werner (1983) „Dialekt, Schreibdialekt, Schriftsprache, Standardsprache. Exemplarische Skizze ihrer historischen Ausprägungen im Deutschen", in: *Dialektologie*. Ein Handbuch zur deutschen und allgemeinen Dialektforschung, Besch, W./Knoop, U./Putschke, W./Wiegand, H. E., eds., 2 Bde., Berlin/New York, 961—990.

Bickerton, Derek (1977) „Some problems of acceptability and grammaticality in pidgins and creoles", in: *Acceptability in language*, Greenbaum, S., ed., The Hague/Paris/New York, 27—37.

Brauner, Siegmund (1975) „Ist der Begriff 'Nationalsprache' auch für Sprachen des subsaharischen Afrika anwendbar?", in: *Zeitschrift für Phonetik, Sprachwissenschaft und Kommunikationsforschung* 28, 263—270.

Brekle, Herbert (1985) „Volkslinguistik", in: *Politische Sprachwissenschaft*, Januschek, F., ed., Opladen, 145—156.

Brosnahan, L. F. (1963) „Some historical cases of language imposition", in: *Language in Africa*, Spencer, J., ed., Cambridge, 7—24.

Bühler, Karl ([1934] 1978) *Sprachtheorie*. Stuttgart.

Calvet, Louis-Jean ([französisch 1974] 1978) *Die Sprachenfresser*. Ein Versuch über Linguistik und Kolonialismus, Berlin.

Carnap, Rudolf (1960) „Theoretische Begriffe der Wissenschaft", in: *Zeitschrift für philosophische Forschung* 14, 209—233, 571—598.

Carnap, Rudolf ([1954] 1968) *Symbolische Logik*, Wien/New York.

Chambers, J. K./Trudgill, Peter (1980) *Dialectology*, Cambridge.

Chang, Kun (1965) „National languages", in: *Current trends in linguistics* 2, 151—176.

Clyne, Michael G. (1975) *Forschungsbericht Sprachkontakt*. Untersuchungsergebnisse und praktische Probleme, Kronberg/Ts.

Clyne, Michael G. (1982) *Multilingual Australia*, Melbourne.

Cohen, David (1962) „Koinè, langues communes et dialectes Arabes", in: *Arabia* 9, 119—144.

Coulmas, Florian (1985) *Sprache und Staat*. Studien zur Sprachplanung, Berlin/New York.

Cyž, Beno ([1969] 1979) *Die DDR und die Sorben*. Eine Dokumentation zur Nationalitätenpolitik in der DDR, Bautzen.

Daltas, B. H. (1980) „The concept of diglossia from a variationist point of view with reference to Greek", in: *Archivum Linguisticum* 11 (2), 65—88.

de Saussure, Ferdinand ([französisch 1916] 1967) *Grundfragen der allgemeinen Sprachwissenschaft*, 2. Auflage, Berlin.

Deutsch, Karl W. ([1942] 1968) „The trend of European nationalism. The language aspect", in: *Readings in the Sociology of Language*, Fishman, J. A., ed., The Hague, Paris/New York, 598—606.

Dik, Simon C. (1980) *Studies in functional grammar*, London.

Duden, Aussprachewörterbuch ([1962] 1974) bearbeitet von Mangold, M., 2. Auflage, Mannheim/Wien/Zürich.

Enninger, Werner (1984) „Funktion, Struktur und Erwerb der Varietäten Pennsylvaniadeutsch, Amisch Hochdeutsch und amerikanisches Englisch bei den Altamischen", in: *Spracherwerb — Sprachkontakt — Sprachkonflikt*, Oksaar, E., ed., Berlin/New York, 220—242.

Fasold, Ralph (1984) *The sociolinguistics of society*, Oxford.

Feldbusch, Elisabeth (1985) *Geschriebene Sprache*. Untersuchungen zu ihrer Herausbildung und Grundlegung ihrer Theorie, Berlin/New York.

Fellman, Jack (1973) *The revival of a classical tongue*. Eliezer Ben Yehuda and the modern Hebrew language, The Hague/Paris.

Ferguson, Charles A. (1959) „Diglossia", in: *Word* 15, 325—340.

Ferguson, Charles A. (1962 a) „The language factor in national development", in: *Anthropological linguistics* 4, (1) 23—27.

Ferguson, Charles A. (1962 b) „Background to second language problems", in: *Study of the role of second languages in Asia, Africa and Latin America*, Rice, F. A., ed., Washington, D. C., 1—14.

Ferguson, Charles A. (1966 a) „National sociolinguistic profile formulas. Discussion", in: *Sociolinguistics*, Bright, W., ed., The Hague/Paris, 309—324.

Ferguson, Charles A. (1966 b) „Sociolinguistically oriented language surveys", in: *Linguistic Reporter* 8 (4), 1—3.

Ferguson, Charles A. (1968) „Language development", in: *Language problems of developing nations*, Fishman, J./Ferguson, C. A./Das Gupta, J., eds., New York, 27—35.

Fishman, Joshua A. (1965) „Who speaks what language to whom and when?" in: *Linguistique* 2, 67—88.

Fishman, Joshua A. (1969) „National languages and languages of wider communication in the developing nations", in: *Anthropological linguistics* 11 (4), 111—135.

Fishman, Joshua A. ([englisch 1972] 1975) *Soziologie der Sprache*. Eine interdisziplinäre sozialwissenschaftliche Betrachtung der Sprache in der Gesellschaft, München.

Fishman, Joshua A. (1972 a) „Domains and the relationship between micro- and macro-sociolinguistics", in: *Directions in sociolinguistics*, Gumperz, J. J./Hymes, D., eds., New York, 435—453.

Fishman, Joshua A. (1972 b) *Language and nationalism*. Two integrative essays, Rowley, Mass.

Fishman, Joshua A./Cooper, Robert L./Conrad, Andrew W. (1977) *The spread of English*. The sociology of English as an additional language, Rowley, Mass.

Foster, Charles E., ed., (1980) *Nations without a state*. Ethnic minorities in Western Europe, New York.

Frohne, Günter (1976) „Zu den Kriterien der soziolinguistischen Kategorie 'Weltsprache'", in: *Wis-

senschaftliche Zeitschrift der pädagogischen Hochschule „Karl Liebknecht" Potsdam 20, 723 – 733.

Garvin, Paul L./Mathiot, Madeleine (1960) „The urbanization of the Guarani language. A problem in language and culture", in: *Men and cultures,* Wallace, A. F. C., ed., Philadelphia, 783 – 790.

Goossens, Jan ([1971] 1976) „Was ist Deutsch – Und wie verhält es sich zum Niederländischen?", in: *Zur Theorie des Dialekts,* Göschel, J./Nail, N./van der Elst, G., eds., Wiesbaden, 256 – 282.

Grau, Richard (1981) *Le statut juridique de la langue française en France,* Québec.

Grimes, Barbara F., ed., (1984) *Languages of the world.* Ethnologue, 10th edition, Dallas, Tex.

Guchmann, Mirra M. ([russisch 1958] 1961) „Über die Begriffe 'Literatursprache', 'Sprache der Volkschaft', 'Nationalsprache' ", in: *Beiträge zur Geschichte der deutschen Sprache* 82 (3), 321 – 332.

Guchmann, Mirra M. ([russisch 1960] 1968) „Some general regularities in the formation and development of national languages", in: *Readings in the sociology of language,* Fishman, J., ed., The Hague/Paris/New York, 766 – 779.

Haarmann, Harald ([1972] 1973) *Soziologie der kleinen Sprachen Europas,* Bd. 1, Hamburg.

Haarmann, Harald (1979) *Elemente einer Soziologie der kleinen Sprachen Europas,* Bd. 2, Hamburg.

Haarmann, Harald (1980) *Multilingualismus,* 2 Bde., Tübingen.

Hall, Robert A., Jr. (1962) „The life cycle of pidgin languages", in: *Studia gratulatoria.* Festschrift Albert W. de Groot, Amsterdam, 151 – 156.

Hall, Robert A., Jr. (1972) „Pidgins and creoles as standard languages", in: *Sociolinguistics,* Pride, J. P./Holmes, J., eds., Harmondsworth, 142 – 153.

Halliday, Michael A. K. ([1976] 1981) *System and function in language,* Oxford.

Halliday, Michael A. K. (1985) *An introduction to functional grammar,* London.

Hancock, Jan F. (1971) „A survey of the pidgins and creoles of the world", in: *Pidginization and creolization of languages,* Hymes, D., ed., 509 – 523.

Haugen, Einar (1978) „Bilingualism, language contact and immigrant languages in the United States. A research report", in: *Advances in the study of societal multilingualism,* Fishman, J. A., ed., The Hague, 1 – 111.

Heger, Klaus ([1969] 1976) „ 'Sprache' und 'Dialekt' als linguistisches und soziolinguistisches Problem", in: *Zur Theorie des Dialekts,* Göschel, J./Nail, N./van der Elst, G., eds., Wiesbaden, 215 – 235.

Heine, Bernd (1970) *Status and use of African lingua francas,* München.

Hellinger, Marlis (1985) *Englisch-orientierte Pidgin- und Kreolsprachen.* Entstehung, Geschichte und sprachlicher Wandel, Darmstadt.

Hempel, Carl G. (1952) *Fundamentals of concept formation in empirical science,* Chicago.

Hempel, Carl G. (1959) „The logic of functional analysis", in: *Symposium on sociological theory,* Gross, L., ed., New York, 271 – 307.

Hoenigswald, Henry M. (1966) „A proposal for the study of folk-linguistics", in: *Sociolinguistics,* Bright, W., ed., The Hague/Paris, 16 – 26.

Hoffmann, Fernand (1979) *Sprachen in Luxemburg.* Sprachwissenschaftliche und literarhistorische Beschreibung einer Triglossie-Situation, Wiesbaden.

Hymes, Dell (1962) „The ethnography of speaking" in: *Anthropology and human behavior,* Gladwin, T./Sturtevants, W. C., eds., Washington D. C., 15 – 53.

Jakob, Nikolaus (1981) „Sprachplanung in einer komplexen Diglossiesituation dargestellt am Beispiel Luxemburg", in: *Language problems and language planning* 5, 153 – 187.

Jakobson, Roman (1960) „Concluding statement. Linguistics and poetics", in: *Style in language,* Sebeok, T. A., ed., Cambridge, Mass., 353 – 357.

Janton, Pierre ([französisch 1973] 1978) *Einführung in die Esperantologie,* Hildesheim.

Johnson, Bruce C. (1973) *Language use at Larteh, Ghana,* (Diss.) Northwestern University.

Johnson, Bruce C. (1977) „Language function in Africa. A typological view", in: *Language and linguistic problems in Africa,* Kotey, P. F. A./Der-Houssikian, H., eds., Columbus, S. Carolina, 54 – 67.

Kachru, Braj B. (1983) „Models for new Englishes", in: *Progress in language planning,* Cobarrubias, J./Fishman, J. A., eds., Berlin/New York/Amsterdam, 145 – 170.

Kahane, Henry (1983) „American English. From a colonial substandard to a prestige language", in: *The other tongue,* English across cultures, Kachru, B. B., ed., Oxford, 229 – 236.

Kahane, Henry/Kahane, Renée (1979) „Decline and survival of Western prestige languages", in: *Language,* 55, 183 – 198.

Kaye, Alan S. (1970) „Modern standard Arabic and the colloquials", in: *Lingua* 24, 374 – 391.

Kloss, Heinz (1952) *Die Entwicklung neuer germanischer Kultursprachen von 1800 bis 1950,* München.

Kloss, Heinz (1966) „Types of multilingual communities. A discussion of ten variables", in: *Sociological inquiry* 36 (2), 135 – 145.

Kloss, Heinz (1968) „Notes concerning a language-nation typology", in: *Language problems of developing nations,* Fishman, J. A./Ferguson, C. A./Das Gupta, J., eds., New York, 69 – 86.

Kloss, Heinz (1969) *Research possibilities on group bilingualism.* A report, Montreal.

Kloss, Heinz (1974) *Die den internationalen Rang einer Sprache bestimmenden Faktoren. Ein Versuch*, Mannheim/Tübingen.

Kloss, Heinz (1976) „Über 'Diglossie' ", in: *Deutsche Sprache* 4, 313–323.

Kloss, Heinz (1977) „Über einige Terminologie-Probleme der interlingualen Soziolinguistik", in: *Deutsche Sprache* 3, 224–237.

Kloss, Heinz (1978) *Die Entwicklung neuer germanischer Kultursprachen seit 1800*, Düsseldorf.

Kloss, Heinz/McConnell, Grant D., eds., (1978) *The written languages of the world. A survey of the degree and modes of use*, vol. 1, Québec.

Kloss, Heinz/McConnell, Grant D. (1984) *Linguistic composition of the nations of the world*, vol. 5, Québec.

Kremer, Ludger (1979) *Grenzmundarten und Mundartgrenzen*, 2 Bde., Köln/Wien.

Lambert, Wallace, et. al., (1960) „Evaluation reactions to spoken languages", in: *Journal of abnormal and social psychology* 60, 44–51.

Löffler, Heinrich (1985) *Germanistische Soziolinguistik*, Berlin.

Ludwig, Otto (1983 a) „Writing systems and written languages", in: *Writing in focus*, Coulmas, F./Ehlich, C., eds., Berlin/New York/Amsterdam, 31–43.

Ludwig, Otto (1983 b) „Einige Vorschläge zur Begrifflichkeit und Terminologie von Untersuchungen im Bereich der Schriftlichkeit", in: *Schrift, Schreiben, Schriftlichkeit*, Günther, K. B./Günther, H., eds., Tübingen, 1–15.

Mackey, William F. (1976) *Bilinguisme et contact des langues*, Paris.

Malinowski, Bronislaw ([1939] 1975) „Die Funktionaltheorie", in: *Eine wissenschaftliche Theorie der Kultur*, Malinowski, B., Frankfurt a. M., 19–44.

Mattheier, Klaus J. (1980) *Pragmatik und Soziologie der Dialekte*. Einführung in die kommunikative Dialektologie des Deutschen, Heidelberg.

Mathiot, Madeleine/Garvin, Paul (1975) „Functions of language. A sociocultural view", in: *Anthropological quarterly* 48, 148–156.

Muljačić, Žarko (1982) „Zur Kritik des Terminus 'dachlose Außenmundart'. Beitrag zur Typologie der romanischen Ausbausprachen", in: *Zeitschrift für Dialektologie und Linguistik* 49, 344–350.

Nagel, Ernest (1961) *The structure of science*, London.

Nida, Eugene A./Wonderly, William L. (1968) „Communication roles of languages in multilingual societies", in: *Language use and social change*. Problems of multilingualism with specific reference to Eastern Africa, Dar es Salaam/London, 57–74.

Osgood, Charles E./Suci, George J./Tannenbaum, Percy H. (1957) *The measurement of meaning*, Urbana, Ill.

Ostrower, Alexander (1965) *Language, law and diplomacy*, 2 vols., Philadelphia.

Phillips, Kathleen (1979) *The initial standardization of the Yambeta language*, (Diss.) University of Yaounde.

Platt, John T. (1977) „A model for polyglossia and multilingualism (with special reference to Singapore and Malaysia)", in: *Language in society* 6, 361–378.

Preston, Dennis R. (1986) „Fifty some-odd categories of language variation", in: *International journal of the sociology of language* 57, 9–47.

Reh, Mechthild/Heine, Bernd (1982) *Sprachpolitik in Afrika*, Hamburg.

Reyburn, William D. (1975) „Assessing multilingualism. An abridgement of problems and procedures in ethnolinguistic surveys", in: *Language surveys in developing nations*, Ohannessian, S./Ferguson, C. A./Polomé, E. C., eds., Arlington, Virg., 87–114.

Roberts, Janet (1962) „Sociolinguistic change and communication problems", in: *Study of the role of second languages in Asia, Africa, and Latin America*, Rice, F. A., ed., Washington, 105–123.

Rustow, Dankwart A. (1968) „Language, modernization, and nationhood. An attempt at typology", in: *Language problems of developing nations*, Fishman, J. A./Ferguson, C. A./Das Gupta, J., eds., New York, 87–105.

Samarin, William J. (1962) „Lingua francas, with special reference to Africa", in: *Study of the role of second languages in Asia, Africa, and Latin America*, Rice, F. A., ed., Washington, 54–64.

Schirmunski, Viktor M. ([russisch 1956] 1962) *Deutsche Mundarten*, Berlin.

Schmidt, Wilhelm (1967) *Grundfragen der deutschen Grammatik*. Eine Einführung in die funktionale Sprachlehre, Berlin (DDR).

Schmidt-Rohr, Georg (1932) *Die Sprache als Bildnerin der Völker*, Jena.

Shenton, Herbert N. (1933) *Cosmopolitan conversation*. The language problems of international conferences, New York.

Siebs, Theodor ([1898] 1969) *Deutsche Aussprache*, herausgegeben von de Boor, H./Moser, H./Winkler, C., 19. Auflage, Berlin.

Siegel, Jeff (1985) „Koines and koineization", in: *Language in society* 14, 357–378.

Srivastava, R. N. (1984) „Linguistic minorities and national languages", in: *Linguistic minorities and literacy*, Coulmas, F., ed., Berlin/New York/Amsterdam, 99–114.

Stegmüller, Wolfgang (1969) *Teleologie, Funktionalanalyse und Selbstregulation (Kybernetik)*, Berlin/Heidelberg/New York.

Stegmüller, Wolfgang (1970) *Theorie und Erfahrung*, Berlin/Heidelberg/New York.

Stewart, William A. (1962) „An outline of linguistic typology for describing multilingualism", in: *Study of the role of second languages in Asia, Africa, and Latin America*, Rice, F. A., ed., Washington, 15−25.

Stewart, William A. (1968) „A sociolinguistic typology for describing national multilingualism", in: *Readings in the sociology of language*, Fishman, J. A., ed., The Hague/Paris, 531 − 545.

Stieler, Kasper (1691) *Der teutschen Sprache Stammbaum und Fortwachs*, Nürnberg.

Thelwall, Robin (1978) „Introductory profile", in: *Aspects of language in the Sudan*, Coleraine, 1−23.

Ure, Jean (1976) „Mother tongue and other tongue. Bridges and transitions", in: *West African journal of modern languages* 1, 79−88.

Vachek, Josef (1948) „Written language and printed language", in: *Recueil linguistique de Bratislava*, 67−75.

Valdman, Albert (1968) „Language standardization in a diglossic situation: Haiti", in: *Language problems of developing nations*, Fishman, J. A./Ferguson, C. A./Das Gupta, J., eds., New York, 313−326.

Viletta, Rudolf (1984) „Die Rätoromanen, ethnopolitisches Gewissen der Schweiz", in: *Spracherwerb − Sprachkontakt − Sprachkonflikt*, Oksaar, E., ed., Berlin/New York, 142−166.

Weinreich, Uriel ([1953] 1974) *Languages in contact. Findings and problems*. The Hague/Paris.

Whiteley, Wilfred [H.] (1969) *Swahili. The rise of a national language*, London.

Whiteley, Wilfred H. (1973) „Sociolinguistic surveys at the national level", in: *Report of the twenty-third annual Round Table meeting on linguistics and language studies*, Shuy, R. W., ed., Washington, D. C., 167−185.

Willemyns, Roland (1984) „La traité de l'union de la langue néerlandaise. Une experience unique dans les relations internationales linguistiques", in: *La linguistique* 20, 81−96.

Willemyns, Roland (1985) „Diglossie en taalcontinuum. Twee omstreden begrippen", in: *Brussels bocket liber discipulorum Adolphe van Loey*, Willemyns, R., ed., Brüssel, 187−227.

Winford, Donald (1985) „The concept of 'diglossia' in Caribbean creole situations", in: *Language and society* 14, 345−356.

Wölck, Wolfgang (1978) „Towards a classificatory matrix for linguistic varieties", in: *Aspects of bilingualism*, Paradis, M., ed., Columbia, 211−219.

Wright, Georg H. von (1963) *Norm and action. A logical enquiry*, London.

Wurm, Stephen A. (1980) „Standardization and instrumentalisation in Tok Pisin", in: *Theoretical orientations in creole studies*, Valdman, A./Highfield, A., eds., New York, 237−244.

Wüster, Eugen ([1931] 1970) *Internationale Sprachnormung in der Technik*, Bonn.

Zawadowski, Leon (1961) „Fundamental relations in language contact", in: *Biuletyn polskiego towarzystwa jezykoznawczego* 20, 3−26.

Ulrich Ammon, Duisburg
(Bundesrepublik Deutschland)

36. Varietät

1. Abgrenzung des Begriffes

Der vortheoretisch beobachtenden allgemeinen Erfahrung ist bekannt, daß eine und dieselbe Sprache verschieden gesprochen (und z. T. geschrieben) wird, in Abhängigkeit von Sprecher, Umstand, Zeit und Ort, oder, allgemeiner, von den spezifischen sozialen Bedingungen, in denen sie verwendet wird. Jede dieser verschiedenen Spielarten, in denen eine historisch-natürliche Sprache in Erscheinung tritt, kann man zweckmäßigerweise mit dem Namen *Varietät* bezeichnen. In dieser vortheoretischen Bedeutung kann der Terminus jedoch polysem sein, insofern als *Varietät*, außer im obengenannten Sinn von 'Sprachvarietät', auch verwendet werden kann, um folgendes zu bezeichnen: (a) die allgemeine Eigenschaft der historisch-natürlichen Sprachen, zu variieren, interne Unterschiede aufzuweisen (zur Vermeidung von Mißverständnissen wäre es besser, dafür die Termini *Variabilität* oder *Variation* zu gebrauchen, mit Bezug auf den potentiellen Prozeß bzw. auf das Resultat; oder allgemeinere Termini, wie *Differenzierung, Heterogenität* u. ä.); (b) wenn auch seltener, jedes Element, jede sprachliche Einheit oder Regel usw., die variieren kann (darauf wäre eher zu verweisen mit dem Terminus *Variable*, oder *Variante*, falls man für die Variable einen spezifischen Wert annimmt. Vgl. Art. 112, 113). In der Soziolinguistik operiert man allgemein mit dem Terminus (*sprachliche*) *Varietät* in der oben eingeführten Bedeutung, um die Grundeinheit der Forschung auf der Ebene des sprachlichen Systems zu bezeichnen. Während es im ganzen in der internationalen Literatur terminologische Übereinstimmung gibt, rekurriert man in der anglo-amerikanischen Linguistik oft auf denselben Begriff sowohl mit (*language*) *variety* als auch mit *dialect*, was sich folglich in einer seiner Bedeutungen als Synonym zu *Varietät* (genauer zu den mit dem Sprecher verbundenen Varietäten, d. h. Dialekten und Soziolekten) erweist (vgl. Art. 44). Der Begriff der Varietät ist außerdem eng verknüpft mit dem Begriff des sprachlichen Repertoires (vgl. Art. 39); jede sprachliche Varietät ist Teil eines sprachlichen Repertoires und stellt einen seiner Teile oder Sektionen dar.

2. Definition von 'Varietät'

Obwohl es sich um einen der Kardinaltermini der Soziolinguistik handelt, ist es schwierig, eine eindeutige und vollkommen befriedigende Definition des Varietätsbegriffes zu geben. Das liegt daran, daß, wenn es auch einen sich auf die sprachliche Form gründenden klassifikatorischen Begriff betrifft, dieser nicht einzig von formalen sprachlichen Merkmalen her definiert werden darf; es müssen vielmehr gleichzeitig Merkmale der sozialen Gruppen und der Gebrauchssituationen in Betracht gezogen werden. In der Tat zeichnet sich eine sprachliche Varietät dadurch aus, daß gewisse Realisierungsformen des Sprachsystems in vorhersehbarer Weise mit gewissen sozialen und funktionalen Merkmalen der Sprachgebrauchssituationen kookkurrieren. Wenn eine Menge von gewissen miteinander kongruierenden Werten von bestimmten sprachlichen Variablen (d. h. gewisse Realisierungen gewisser Formen, die in der Gesamtheit der Sprache mehr Realisierungen zulassen) zusammen mit einer gewissen Menge von Merkmalen auftreten, die die Sprecher und/oder die Gebrauchssituationen kennzeichnen, dann können wir eine solche Menge von Werten als eine *sprachliche Varietät* bezeichnen. „A variety of language [...] [is] a set of linguistic items with similar social distribution" (Hudson 1980, 24). Die Hauptschwierigkeiten einer strengen Definition sind darin begründet, daß: a) es nicht klar ist, welche Menge und welche Typen von sprachlichen Merkmalen erforderlich sind, damit von einer *eigenständigen Varietät* die Rede sein kann (wenn wir z. B. nur ein einziges Merkmal einer gewissen Ebene der Analyse in Betracht ziehen, sagen wir die Aussprache eines gewissen Phonems im Vergleich zu einer abweichenden Aussprache, oder ein Lexem zur Bezeichnung eines gewissen Referenten im Vergleich zu einem anderen Lexem, das denselben Referenten bezeichnet, sind wir dann berechtigt, auf dieser Basis eine eigenständige sprachliche Varietät zu identifizieren?); b) die sozialen und situationsspezifischen Faktoren, die in signifikanter Weise mit einer gewissen Menge von sprachlichen Merkmalen kookkurrieren können, sind offensichtlich und aufgrund ihres Charakters dermaßen breit gespannt und mannigfaltig, daß eine Isolierung und Aufzählung des Distinktiven nicht immer leicht ist. Schließlich darf nicht aus dem Auge gelassen werden, daß in der Sprache nicht alles variabel ist — im Gegenteil, es gibt einen stattlichen Kern des Systems, der der Variation nicht ausgesetzt ist — und daß folglich alle verschiedenen Varietäten einer und derselben Sprache unausweichlich einen nicht geringfügigen Teil gemeinsam haben. Unter den Eigenschaften, die aus unterschiedlichen Gründen zur Konstitution des Begriffes der sprachlichen Varietät beitragen, können folgende angeführt werden: Zunächst ist der Varietätsbegriff ein sehr allgemeiner Begriff; er geht jeglicher Untersuchung und spezifischen Annahme bezüglich des zu untersuchenden sprachlichen Repertoires voraus. Überdies handelt es sich um einen neutralen Begriff, der den Urteilen (im besonderen den Urteilen bezüglich Wert und Konnotation) vorausgeht und unabhängig ist von den Spezifizierungen, die Termini wie *Sprache* und *Dialekt* schon immer mit sich bringen. Gerade zur größtmöglichen Vermeidung von solchen Konnotationen hat man Termini vorgeschlagen, die technischer sind als *Varietät*, wie z. B. „*lect*" (Bickerton, 1972; Bailey, 1973), worunter spezifischer die Grammatik einer festumrissenen Varietät verstanden wird. Eine andere Eigenschaft, die Varietäten zu charakterisieren scheint, ist ein gewisses Ausmaß an Koimplikation unter den verschiedenen Merkmalen, die eine Varietät ausmachen: diese sind zwischeneinander nicht beziehungslos, sondern ordnen sich vielmehr entlang einer Kookkurrenzskala an. Weiterhin können die Varietäten als markiert (vgl.

4.) betrachtet werden in Abhängigkeit von der Anzahl und der Eigentümlichkeit der sie charakterisierenden Merkmale, d. h. der relativen Entfernung von der Gemeinsprache oder der Standardvarietät. Innerhalb einer Varietät muß eine gewisse Homogenität und Stabilität gefordert werden (auch wenn viele Soziolinguisten für jede sprachliche Varietät eine innere Variabilität annehmen): Nach Coseriu ist der wirkliche Gegenstand der linguistischen Beschreibung und Analyse, eine „funktionale Sprache" innerhalb der historisch-natürlichen Sprache, synstratisch, syntopisch und synphasisch (vgl. 5.), d. h. es ist eine einheitliche Realisierungsform der Sprache, die keine Variation entlang der fundamentalen Variationsdimensionen zuläßt. Oft wird eine sprachliche Varietät von den Sprechern selbst als solche erkannt und namentlich bezeichnet, insofern diese sich gerade als eine besondere Erscheinungsform des sprachlichen Systems darstellt, einen charakteristischen „way of speaking". Kontroverser ist die Frage der Diskretheit der Varietäten. Während man sicher behaupten kann, daß 'Varietät' 'Diskretheit' implizieren müßte, die Möglichkeit also, die Grenze zwischen der einen Varietät und der anderen zu bestimmen, sowohl innerhalb des Repertoires auf Basis ihrer funktionalen Distribution, als auch mit Bezug auf die sie konstituierenden Merkmale, so scheint es den Tatsachen doch oft angemessener zu sein, die Varietäten als (konventionell bestimmte, nicht gut abgegrenzte) Verdichtungspunkte in einem Kontinuum zu verstehen. Dieser Gesichtspunkt wird besonders von denjenigen Soziolinguisten geteilt, die lieber mit den Begriffen 'Variation' und 'Variable' (hinsichtlich Dimensionen), als mit 'Varietät' operieren. Die Gesamtheit aller erforderlichen Eigenschaften, die wir aufgezählt haben, wäre wohl zu umfangreich und würde es unmöglich machen, die Existenz und die Extension einer Varietät genau zu bestimmen, so daß man sich normalerweise mit dem Vorhandensein eines Teils, also mit Varietäten in schwachem oder partiellem Sinne zufriedengibt.

Abschließend: die Soziolinguistik operiert also lieber mit dem genauer bestimmten und stärker eingeschränkten Begriff von sprachlicher Varietät, in Verbindung mit extralinguistischen Faktoren, als mit dem Begriff von Sprache im Sinne eines autonomen, globalen und monolithischen Systems: die tatsächlichen einheitlichen Realisierungsformen, unter denen eine Sprache zum Vorschein tritt,

sind gerade die Varietäten, die mithin ein der empirischen Wirklichkeit näherstehendes Konstrukt darstellen. Diesbezüglich besteht ein gewichtiges Problem darin, wie der Varietätsbegriff in die traditionellen Begriffe der deskriptiven Linguistik einzuordnen ist, im besonderen unter die der 'langue' (System), 'Norm' und 'parole'. Die Tatsache, daß die Varietäten als „Realisationsmuster" oder als „konventionalisierte Realisationsformen des Systems" (Nabrings 1981, 244 ff) interpretierbar sind, bringt es mit sich, daß diese vieles gemeinsam haben mit der Ebene der Norm, die zwischen langue und parole angesiedelt und den sozial elaborierten Konventionen unterworfen ist, da sich bei diesen die nichtdistinktive Opposition (z. B. subphonematischen Typs zwischen charakteristischen Allophonen eines Phonems) als relevant erweisen kann. Dennoch liegt der Varietätsbegriff auf einer anderen Ebene, da er selbst einen Systemaspekt enthält; ohne hier diese Frage näher zu behandeln, wollen wir feststellen, daß es günstiger erscheint, eine Varietät als Subsystem eines Systems mit einer ihr eigenen Norm zu verstehen.

3. Exkurs über die Geschichte des Begriffes

Wenn auch der Begriff der sprachlichen Varietät erst in den letzten Jahrzehnten explizite verwendet wird, ist er selbstverständlich nicht eine Entdeckung der modernen Linguistik. Die Differenzierung einer Sprache in geographische Varietäten (Dialekte) und auch in soziale Varietäten ist in weitem Umfang seit der Antike bekannt, auch wenn sie nicht Gegenstand spezifischer Reflexion gewesen ist. Bei den Vorläufern der Linguistik im engeren Sinne finden wir schon deutlich den Begriff der sozialen Varietät, z. B. bei Adelung (1782, 75 ff). Während spätestens bei Paul (1880, 37 ff; 404 ff) das Wissen um die Varietäten offenkundig ist, finden sich bereits bei Whitney (1875, 153 ff) und teilweise bei von der Gabelentz (1891, 281 ff) skizzenhafte Kurztypologien der synchronischen Varietäten der Sprache entlang der Dimensionen Raum-Sozialschicht-Individuum. Wenn man so will, läßt sich nach den Notizen von Mme Sechehaye eine Spur des Begriffes sogar bei de Saussure ([1916] 1968, 462) auffinden: „une langue est une somme de *dialectes* se reliant entre eux" [eine Sprache ist ein Ensemble von Dialekten, die miteinander verbunden sind]. Ende des 19., Anfang des 20. Jh. finden sich auch tatsächliche Forschungen zu Varietäten, z. B. in den Arbeiten von Sweet und Schuchardt und später in der Dialektologie und in der Geolinguistik (Gilliéron, Terracini). Interesse für die Typologie der Varietäten zeigen dann auch Bloomfield und dessen Schüler, die amerikanischen Strukturalisten, sowie zum Teil die Prager Schule. Die geographischen Varietäten sind bis in die fünfziger Jahre, als sich das Interesse auch den sozialen und stilistischen *Varietäten* zuzuwenden begann, die am gründlichsten untersuchten.

4.   Charakterisierung der Varietäten

Da 'Varietät' sich in jedem Fall auf Verschiedenheiten in der sprachlichen Form und Struktur bezieht, sind Varietäten gegenüber anderen Varietäten derselben Sprache gekennzeichnet durch unterschiedliche Besonderheiten auf einer oder mehreren Ebenen der Analyse. Die Merkmale, die eine Varietät charakterisieren, können in der Tat verschiedenen Ebenen angehören: der phonologischen (in der angelsächsischen Linguistik werden Varietäten, die sich lediglich durch phonologische Merkmale unterscheiden in der Regel als „accents" bezeichnet), oder der morphosyntaktischen, der lexikalisch-semantischen (geschweige der pragmatischen und textuellen), oder gleichzeitig allen Ebenen. Auf der phonologischen Ebene können die charakterisierenden Merkmale sowohl phonematisch sein (An- oder Abwesenheit von bestimmten Phonemen oder phonematischen Oppositionen), als auch phonetisch (unterschiedliche Durchschnittsrealisierung der Allophone eines und desselben Phonems). Oft sind die Varietäten hauptsächlich differenziert, d. h. charakterisiert, durch das Lexikon. Auch hier können die Unterschiede sowohl onomasiologisch sein (verschiedene Ausdrücke für einen und denselben Referenten), als auch semasiologisch (verschiedene mit einem und demselben Lexem assoziierte Signata). Die am wenigstens der Diversifikation ausgesetzte Ebene der Analyse und daher auch diejenige, auf der die Varietäten gewöhnlich weniger charakterisiert sind, ist die morphosyntaktische. Auf den höchsten Ebenen fehlen hinreichende Untersuchungen, die eine Formulierung von Generalisierungen zulassen würden, obwohl es sich selbstverständlich auch hier um Aspekte handelt, die für die Charakterisierung von Varietäten wichtig sind. Jede Varietät wird durch eine Reihe von solchen Merkmalen identifiziert; eine histo-

risch-natürliche Sprache besteht aus einer Summe von Varietäten, die alle einen Kern gemeinsam haben. Die Art und Weise, in der eine Sprache sich in Varietäten aufgliedert, und die Anzahl, die Extension, sowie die gegenseitige Stellung dieser Varietäten machen die sogenannte Architektur einer Sprache aus.

Was dagegen die Bestimmung der Varietäten auf der Grundlage von extralinguistischen Faktoren und Kriterien betrifft, so ist die Klarheit ihrer Identifizierung und folglich ihre deskriptive Autonomie eindeutiger auf geographischer als auf strikt sozialer Basis. Wenn man das Merkmalbündel der sozialen Matrix, in die eine Varietät eingebettet ist, erweitert, wird ihre Identifizierung immer labiler und unsicherer. Weiterhin haben die Varietäten gegenüber einer (oft hypothetischen) Standard- oder Gemeinsprache einen spezifischen sowohl sprachlichen als auch sozialen Markiertheitsgrad, dies in Abhängigkeit von der Menge der sie identifizierenden sprachlichen und sozialen Merkmale. Neuerdings hat sich in der Soziolinguistik der wichtige Gedanke durchgesetzt, daß die Varietäten auch charakterisiert sein können, nicht durch An- oder Abwesenheit von bestimmten Formen oder Regeln, sondern vielmehr durch die Frequenz ihrer Anwendung (vgl. Art. 112).

5.   Typologie und Klassifizierung der Varietäten

Eine mögliche Klassifizierung der sprachlichen Varietäten wird sich auf die fundamentalen extralinguistischen Dimensionen gründen müssen, die mit den Varietäten korrelierbar sind (oder — was eine schwerer wiegende Annahme ist — aufgrund deren diese bestimmbar sind). Es handelt sich um Zeit, Raum, soziale Schicht und soziale Situation. Weiter gibt es natürlich andere, diesen Dimensionen untergeordnete, spezifischere Faktoren, die für präzisere und charakteristischere Klassifikationen zu berücksichtigen sind. Es werden jedoch entsprechend den vier genannten Hauptparametern vier große Klassen von sprachlichen Varietäten anerkannt. Außer den diachronischen Varietäten (die nur eine historische und rekonstruktive Soziolinguistik interessieren) gibt es in der Tat diatopische, diastratische und diaphasische Varietäten. Allgemeiner spricht man auch von *geographischen, sozialen* bzw. *situationalen* (oder *funktional-kontextuellen*) *Varietäten.* Neuerdings ist unter Berücksichtigung des Gegensatzes zwischen gesprochenem und geschriebenem Sprachgebrauch (vgl. Art. 94) vorgeschlagen worden, schon auf dieser Ebene eine weitere Varietätenskala einzuführen, die „varietà diamesiche" (z. B. Mioni 1983, 508), die quer durch die anderen Variationsdimensionen läuft. So wird eine Varietät in typischer Weise durch gewisse auf dem Variationsparameter angenommene Werte gekennzeichnet, welche die Summe des „common core" und der Menge der spezifischen Werte der verschiedenen mitspielenden Variablen darstellen. Da die Dimensionen oft gleichzeitig und parallel bei der Bestimmung der Varietäten mitwirken, kann jede primär auf einer Achse identifizierte Varietät dadurch, daß sich andere Dimensionen auf diese Achse projizieren, bestimmte Subvarietäten aufweisen (z. B. regional-unterschichtspezifisch-informelle Varietät). Die funktional-kontextuellen Varietäten, auch *Diatypen* genannt, die, zum Unterschied von den vorhergehenden, nicht nur auf Gruppen von Sprechern, sondern auch auf den Sprachgebrauch des einzelnen Sprechers zu beziehen sind, würden eine speziellere Behandlung erfordern. Zu diesem Zweck haben angelsächsische Autoren (z. B. Gregory/Carroll, 1978; Halliday 1978) eine auf die Kategorien „field", „tenor" und „mode" gründende Typologie eingeführt. Eine besondere Stellung haben auch die *Sondersprachen* (vgl. Art. 41) genannten sprachlichen Varietäten, die häufig sowohl Gruppenvarietäten sind (und folglich auf der diastratischen Achse liegen) als auch diaphasische Varietäten.

6.   Literatur (in Auswahl)

Adelung, Johann-Christoph (1782) *Umständliches Lehrgebäude der Deutschen Sprachlehre für Schulen*, Leipzig.

Bailey, Charles-James N. (1973) *Variation and linguistic theory*, Arlington.

Berruto, Gaetano (1980) *La variabilità sociale della lingua*, Torino.

Bickerton, Derek (1972) „The structure of polylectal grammars", in: *Sociolinguistics: Current trends and prospects*, Shuy, R. W., ed., Washington 17—42.

Coseriu, Eugenio (1952) *Sistema norma y habla*, Montevideo.

Downes, William (1984) *Language and society*, London.

von der Gabelentz, Georg (1891) *Die Sprachwissenschaft, ihre Aufgaben, Methoden und bisherigen Ergebnisse*, Leipzig.

Gregory, Michael/Carroll, Susanne (1978) *Language and situation*. Language varieties and their social contexts, London.

Halliday, Michael A. K. (1978) *Language as social semiotic*. The social interpretation of language and meaning, London.

Hudson, Richard A. (1980) *Sociolinguistics*, Cambridge.

Klein, Wolfgang (1974) *Variation in der Sprache*. Ein Verfahren zu ihrer Beschreibung, Kronberg Ts.

Mioni, Alberto M. (1983) „Italiano tendenziale: osservazioni su alcuni aspetti della standardizzazione", in: *Scritti linguistici in onore di Giovan Battista Pellegrini*, 2 Bde., Pisa, 495—517.

Nabrings, Kirsten (1981) *Sprachliche Varietäten*, Tübingen.

Paul, Hermann (1880) *Prinzipien der Sprachgeschichte*, Halle a. S.

de Saussure, Ferdinand ([1916] 1968) *Cours de linguistique générale*. Edition critique par Rudolph Engler, Wiesbaden.

Wandruszka, Mario (1982) „Variation, Variable, Variabilität, Variante, Varietät", in: *Fakten und Theorien*. Festschrift für Helmut Stimm zum 65. Geburtstag, Heinz S./Wandruszka, U., eds., Tübingen, 335—342.

Weydt, Harald/Schlieben-Lange, Brigitte (1981) „Wie realistisch sind Variationsgrammatiken?", in: *Logos semantikos*. Studia linguistica in honorem Eugenio Coseriu 1921—1981, Bd. 5, Geschichte und Architektur der Sprache, Schlieben-Lange, B., ed., Berlin (West), 117—145.

Whitney, William D. (1875) *The life and growth of language*. An outline of linguistic science, New York.

Gaetano Berruto, Zürich (Schweiz)
Aus dem Italienischen übersetzt
von Maria Lanszweert-Arnuzzo, Duisburg

37. Soziolekt

1.   Vorbemerkungen

Durch die Beschäftigung mit N. Chomskys „homogenen Sprachsystemen" wurde besonders bei einem Teil der theoretisch orientierten Linguisten die Tatsache zunächst weitgehend ausgeblendet, daß Einzelsprachen wie das Englische oder das Deutsche in Wirklichkeit höchst heterogene Gebilde sind. In der zweiten Hälfte der sechziger Jahre rückte gerade diese Heterogenität dann wieder verstärkt in das Zentrum des allgemeinen Interesses. In diesem Zusammenhang entstand auch das Interesse, neben dem ursprünglich nur die regionale Verteilung betreffenden Begriff *Dialekt* einen weiteren griffigen Terminus zur Erfassung anderer gruppenspezifischer Sprachformen zu gewinnen. Die Termini *Soziolekt* (engl. *sociolect*) und damit gleichbedeutend *Sozialdialekt* (engl. *social dialect*) drangen zunehmend in die linguistische Diskussion ein. Auffallend ist das seltene Vorkommen nachgebildeter Termini im romanischen Sprachbereich. Sofern heute in einem allgemeinen Sinn von „dem" Soziolekt-Begriff gesprochen wird, vernachlässigt man dadurch, daß sich keineswegs nur ein Begriff 'Soziolekt' herausgebildet hat, sondern daß im Gegenteil auch hier je nach Richtung an ein und dieselbe Zeichenaußenseite verschiedene Begriffe gebunden worden sind. Dies ist eine Quelle von Mißverständnissen. Aber eine opinio communis darüber, welchen Objektbereich 'Soziolekt' letztlich abdecken soll, ist nicht zu erkennen. Im Falle *Soziolekt* dürfte das Nebeneinander mehrerer Begriffsbestimmungen das Unbehagen signalisieren, das die verschiedenen Theoretiker hinsichtlich Kohärenz und Anwendbarkeit bzw. Nützlichkeit der vorgefundenen Begriffsbildungen empfunden haben und das sie veranlaßt hat, neue Definitionsvorschläge zu unterbreiten. Im vorliegenden Artikel wird versucht, durch differenzierende Schematisierungen ein Bild von dieser Gesamtsituation zu vermitteln. Eine exhaustive Erfassung der Forschungslage ist damit bestimmt nicht erreicht.

2.   Begriffsbestimmungen

2.1. Daß es sich bei Soziolekten ganz allgemein um gruppenspezifische Ausformungen einer jeweiligen Einzelsprache handeln soll, daß also die Klasse der Soziolekte u. a. die Klasse der die regionale Verteilung betreffenden Dialekte umfassen soll, ist eine so selten vorkommende Sicht, daß ihr hier nur durch diesen kurzen Hinweis Rechnung getragen sei. — Viel verbreiteter ist die Auffassung, daß es sich bei Soziolekten um besondere Gruppensprachen bzw. um Ausformungen von Einzelsprachen handelt, die auf noch näher zu kennzeichnende Weise auf besondere Gruppen einer ganzen Sprachgemeinschaft beschränkt sind. Wenn sich in diesem Zusammenhang die Formulierung „Gruppensprache" findet, wird üblicherweise leider nicht dazugesagt, ob damit vollständige Sprachsysteme mit genügender Kapazität zur Bezeichnung sämtlicher Sachverhalte oder nur größere bzw. kleinere Listen von sprachlichen Spezifika einer Sprechergruppe (z. B. die „Reitersprache") gemeint sind. Vorzugsweise dürften solche Listen gemeint sein, wenn Soziolekte nicht als *Systeme*, sondern als *Varietäten* bezeichnet werden. Wo mit Rücksicht auf Soziolekte von *Systemen* oder *Subsystemen* einer Sprache die Rede ist, geht man nicht mehr selten davon aus, daß solche Systeme oder Subsysteme als Diasysteme begriffen werden müssen, d. h. als aus verschiedenen ähnlichen Idiolekten gebildete Sprachsysteme, die sich einerseits durch konstitutive Züge unterscheiden (sonst könnte man nicht von verschiedenen *Soziolekten* einer Sprache reden) und die andererseits nicht homogen sind, sondern selbst wieder sprecher- und sprechergruppenrelevante Gliederungen aufweisen. Zum Begriff des Diasystems sei verwiesen auf Weinreich (1954), Rona (1970), Lieb (1970), Goossens (1977), Quasthoff (1978), Kubczak (1979), und Heger (1982). Im folgenden soll durch die Formulierung „Subsystem bzw. Varietät" gegenüber den verschiedenen in der Fachliteratur anzutreffenden Vorstellungen genügend Neutralität gewahrt bleiben. Die Nennung einiger als Beispiele verstandener Sprachwissenschaftler in der folgenden Übersicht ist oft nur cum grano salis tolerierbar.

2.2. (a) Es gibt die Konzeption, wonach jedes Subsystem bzw. jede Varietät jeder Gruppe ein Soziolekt ist, die (auch) über andere als geographische Angaben ausgrenzbar ist. Als Beispiele werden Schülersprache, Studentensprache, Berufs- und Fachsprache, Teenagersprache, Jägersprache, Schichtensprache usw. genannt. So interpretierbar sind z. B. Hammarström (1967), Heike (1969), Glinz (1970), Lewandowski (1975) und McDavid (1966).

(b) Es gibt die Konzeption, wonach das Subsystem bzw. diejenige Varietät jeder Gruppe ein Soziolekt ist, die (auch) über andere als geographische und zeitliche Angaben ausgrenzbar ist, sei es durch Angaben zur Berufs-, Parteien- oder Schichtenzugehörigkeit. In diese Richtung geht z. B. Heger (1982). Vorbereitend hierfür sind die Arbeiten von Flydal (1951) und Rona (1970); man vergleiche dazu auch Scherfer (1983).

(c) Es gibt die Konzeption, wonach als Soziolekt nur ein solches Subsystem bzw. eine solche Varietät zu gelten hat, dessen/deren Sprechergruppe gerade mit einer oder mehreren soziologisch ermittelten Sozialschicht(en) identisch ist. So interpretierbar sind z. B. Labov (1966 a), Labov (1966 b), Labov (1968), Goossens (1977), Halliday (1978) und Kubczak (1979).

(d) Es gibt die Konzeption, wonach nur ein solches Subsystem bzw. eine solche Varietät einer Gruppe ein Soziolekt ist, das/die negativ (oder positiv) in Analogie zu der sozialen Stellung der Sprecher bewertet wird. So interpretierbar sind z. B. Dittmar (1973), Steinig (1976) und Bausch (1980).

2.3. Der Verfasser des vorliegenden Artikels favorisiert unter der Voraussetzung, daß es der Soziologie entgegen manchen Skeptikern noch gelingt, wirklich überzeugende Schicht-Definitionen vorzulegen, die Konzeption (c) in der Variante, die mit Sub(dia)systemen operiert. In den einzelnen Definitionen, die in Richtung der Konzeptionen (a) und (b) weisen, werden die Sprechergruppen von Soziolekten häufig als *soziale Gruppen* spezifiziert (z. B. bei Heike 1969, 78). In der Regel bleibt dabei die Frage offen, warum gerade nur die Dimension(en) des Raums (und der Zeit) gegenüber allen anderen denkbaren Dimensionen implizit als nicht-sozial gekennzeichnet wird (werden). Wie weit kann der Ausdruck *soziale Gruppe* begründet reichen? In welchem genauen Verhältnis stehen *soziale Gruppe* und *Schicht* — ein Terminus, der ebenfalls in diesen Zusammenhängen auftaucht (zur Klärung dessen vgl. Stammerjohann 1975, 399 ff und Ammon 1977, 10 ff)?

Die Konzeption (d) ist andererseits von Problemen belastet, die sich zwangsläufig ergeben, wenn man die Existenz von Soziolekten vom Vorliegen metasprachlicher positiver oder negativer Bewertungen abhängig macht. So ist z. B. immerhin denkbar, daß schichtenspezifische Subsysteme, aber keine Bewertungen dieser Art vorliegen. In solchen Fällen nicht von *Soziolekten* reden zu dürfen, ist wohl ein unerwünschtes Resultat. Insgesamt erscheint es sinnvoll, *Soziolekte* zwecks einer überschaubaren Eingrenzung nur mit Bezug auf *Schichten* und zunächst noch ganz unabhängig von irgendwelchen Bewertungen zu bestimmen. Gibt es in einer Sprachgemeinschaft gar keine *Schichtung* — was theoretisch zumindest denkbar ist — dann gibt es nach Konzeption (c) auch keinen *Soziolekt*. Gibt es in einer Sprachgemeinschaft andererseits keine sprachlichen Unterschiede, die mit vorhandenen Schichtenunterschieden zusammenfallen — was theoretisch auch denkbar ist —, so liegen entsprechend keine Soziolekte vor. Die Konzeption (c) ist also nicht mit der Auffassung zu verwechseln, es gäbe notwendigerweise pro soziologisch festgestellte Schicht auch gerade einen jeweiligen Soziolekt.

2.4. Sind einmal Soziolekte im Sinne der Konzeption (c) ausgegrenzt, kann die wichtige Frage gestellt werden, ob und welche Bewertungen dieser Subsysteme/Varietäten vorhanden sind (vgl. etwa Halliday 1964; Shuy 1970; Steinig 1976; Scherfer 1983). Ein Großteil dieser Bewertungen dürfte in der Tat die soziale Schichtung reflektieren, d. h. auf die Bewertung der Benutzer dieser Subsysteme/ Varietäten zurückführbar und im Einzelfall von Handlungskonsequenzen begleitet sein. Schon Adjektive in Urteilen vom Typ „Was für eine vulgäre Sprache!" sind diesbezüglich aufschlußreich. Vermutlich werden zuerst bestimmte Menschen als vulgär empfunden, und dann werden solche Einschätzungen auf die Sprache dieser Menschen übertragen. Häufig dürfte der Soziolekt der führenden Schicht als positiv empfunden werden. Besonders in Zeiten sozialer Durchlässigkeit und Mobilität wird man ihn zu erwerben trachten, um sich auch so mit Prestige auszustatten und den Eindruck zu erwecken, daß „man dazu gehört". Sehr viele sprachgeschichtliche Entwicklungen haben in solchen Einschätzungen ihren Ursprung. Die Ausbreitung sprachlicher Gegebenheiten, das Phänomen der Hyperkorrektur (Labov

1966 b; Dittmar 1973, 292; Kubczak 1979, 159; Scherfer 1983, 44) und das durch Übernahme bedingte Aussterben anderer Subsysteme sind hier beispielhaft zu nennen. Vor allem auf diese Einschätzungen von Soziolekten in der menschlichen Interaktion kann auch das soziologische Konzept der Rolle bezogen werden, denn die Verwendung soziolektal markierter Sprachzeichen muß oft als rollengemäßes, d. h. erwartetes gruppentypisches Sprachverhalten gedeutet werden, das „belohnt" wird.

3. Code, social dialect, sociolect, diastratisch

3.1. In der angelsächsischen Fachliteratur stehen vor allem drei Termini in enger Beziehung zu dem Terminus *Soziolekt*, nämlich *code* (in das Dt. übersetzt als *Kode*), *social dialect* (in das Dt. übersetzt als *Sozialdialekt*) und *sociolect*. Während *social dialect* und *sociolect* in dieselben verschiedenen Interpretationsrichtungen hinsichtlich des abzudeckenden Objektbereichs weisen und dabei auch dieselben Probleme wie *Soziolekt* bieten, ist vor einer völligen Gleichbehandlung von *code* und *Soziolekt* eher zu warnen. Wenn in diesem Zusammenhang *code* doch relevant ist, dann ohnehin nur in jenen Ausprägungen, die den Theorien Bernsteins (und seiner Nachfolger) entstammen (vgl. Art. 51 und 68). Hier wird häufig zwischen dem public/restricted code der Unterschicht und dem formal/elaborated code der Mittelschicht (und der Oberschicht) in dem untersuchten englischen Gesellschaftsausschnitt unterschieden, wobei die Schichten nach Kriterien des sozioökonomischen Status und des Bildungsgrades festgelegt sind. Daß *code* häufig auf schichtenspezifisches Sprachverhalten zielt und *Soziolekt* — je nach Richtung — auf Schichten bezogen ist oder sein kann, dürfte die Ursache für gelegentliche Gleichsetzungen dieser Termini sein (z. B. bei Klein 1974, 162). Dabei wird aber außer acht gelassen, daß es bei den codes Bernsteins nicht um Varianten auf Systemebene geht, sondern um ein Mengen-Teilmengenverhältnis sowie unterschiedliche Vorkommenshäufigkeiten und Vorhersagewahrscheinlichkeiten (Dittmar 1973, 26; Hager/Haberland/Paris 1973, 108). Darüber hinaus knüpft Bernstein an seinen code-Begriff mit einiger Deutlichkeit die von der Sapir-Whorf-Relativitätshypothese beeinflußte Ansicht, die Grammatik im weitesten Sinn determiniere die Erfahrung des Men-

schen und ein dürftiger code erlaube auch nur dürftige gedankliche Operationen. Die Forschungsrichtung, in der der Terminus *Soziolekt* oder sein Äquivalent eine Rolle spielen (hierher gehört der Begriff *Differenz-Konzeption*), tendiert demgegenüber vielmehr zu der Ansicht, daß jeder für die Verständigung zwischen Menschen relevante Sachverhalt mit Hilfe jedes Sprachsystems, mithin auch auf der Basis jedes als ganzes System verstandenen Soziolekts ausgedrückt werden kann. Wenn dies der Fall ist, können mangelhafte gedankliche und kognitive Operationen nicht aus der Struktur von Soziolekten heraus erklärt werden. Unter dieser Sicht ist kein Soziolekt gegenüber einem anderen „defekt".

3.2. Engl. *social dialect* und *sociolect* entsprechen dt. *Sozialdialekt* und dt. *Soziolekt*. Dabei ist *social dialect* in der angelsächsischen Literatur der häufiger gebrauchte Terminus (vgl. Shuy 1968; Bright 1966; Halliday 1978). Er verweist erkennbar auf eine der wichtigsten linguistischen Wurzeln der heutigen social dialectology in den USA, nämlich auf die Dialektologie, die bei der Ermittlung sprachlicher Varietäten in geographisch definierten Räumen sehr früh empirisch-sozialwissenschaftliche Forschungsmethoden entwickelte (Anstoß unter anderem durch Pickford 1956). Sprecherauswahl, Fragebögen, verschiedene Interviewtechniken, Fixierungen von Aussprachegewohnheiten durch phonetische Umschriften usw. wurden hier erprobt (vgl. Dittmar 1973, 145, 146). Die positiv auffallende Empiriebezogenheit der social dialectology, im Rahmen derer äußerst vorsichtig mit künstlichen Testsprechsituationen umgegangen wird (vgl. Stammerjohann 1975, 405), ist allerdings ebenfalls begleitet von einer Uneinheitlichkeit hinsichtlich des Gegenstandsbereiches: den social dialects. Auch hier ist eine schwer entwirrbare Verschlungenheit der Begriffe *group, class, social standing* und *esteem* zu beobachten (so z. B. bei McDavid 1966). Eine Schichtbezogenheit von *social dialect* ist aber wohl vorherrschend, und zwar in der Form, daß man eine räumliche Sprachgliederung annimmt, die dann jeweils nach social classes subvariiert sein kann. In diesem Zusammenhang finden sich auch Begriffe wie *social stratification, class cleavage, subset* und *jargon* (vgl. Pei 1966). Fishman, einer der führenden Vertreter der nordamerikanischen Soziolinguistik, gehört zu den wenigen, die unter dem Hinweis auf social dialects mit dem Terminus *sociolect* operieren. Für ihn liegt ein sociolect vor, wenn ein dialect, verstanden als im Raum ausgegrenzte Form der Sprache, von Sprechergruppen anderer Herkunft eine die soziale Ungleichheit reflektierende Bewertung erfährt (Fishman 1972, 16).

3.3. Im Umkreis des Begriffes *Soziolekt* tauchen in der Fachliteratur auch die Begriffe *Synstratie, Diastrat* und *diastratisch* auf. Dabei werden *Synstratie* (Heger 1982, 428) und *Diastrat* (Klein 1974, 162) mit *Soziolekt* gleichgesetzt. Häufiger — gerade auch bei Romanisten — findet sich nur der Terminus *diastratisch*. Er soll die außersprachliche Dimension qualifizieren, in der bestimmte Gruppen von Sprechern lokalisiert werden können. Uneinheitlich ist wiederum die Interpretation dieser diastratischen Dimension. Sie deckt autorenspezifisch manchmal ganz allgemein einen sogenannten „sozialen Bereich" ab, in dem Schichten, Berufe, Religionsgruppen usw. einen Platz finden (Baldinger 1975, 16; Schlieben-Lange 1973, 74), woanders erscheint sie eingeschränkt auf Schichten (Klein 1974, 45, 46), auf soziokulturelle Schichten (Coseriu 1970, 32; Rona 1970, 201) oder auf Sozialschichten (Goossens 1977, 8, 9).

4. Soziolektale Markiertheit und Symptomfunktion

In der theoretischen Grundlagendiskussion um den Begriff der Bedeutung sprachlicher Zeichen spielt der Begriff *Symptomfunktion* eine erhebliche Rolle. Er ist besonders durch Bühlers (1934) und Trubetzkoys ([1939] 1958[2]) Interpretationen des bereits bei Plato angelegten Organonmodells der Sprache in die Diskussion gelangt. Dieser Interpretation liegt die Idee zugrunde, daß neben den die „Gegenstände und Sachverhalte" betreffenden Informationen (Symbolfunktion) sprachliche Zeichen auch Träger von Sprecher- und Hörer-bezogenen Informationen (Symptom- und Signalfunktion) sind. Trubetzkoy (1958[2], 17 ff) hat mit Recht einerseits sehr auf eine Trennung zwischen das Zeichen mitkonstituierenden konventionellen und das Zeichen nicht betreffenden, weil nicht konventionellen Informationen gedrungen. Andererseits hat er den Begriff Symptomfunktion ausdrücklich mit gruppenspezifischen Eigenschaften, beispielsweise dialektalen und geschlechtsspezifischen Varietätenunterschieden in einen sinnvollen Zusammenhang gebracht. In Verfolgung dieser Konzeptionen wird heute von

einer Reihe von Sprachwissenschaftlern die Tatsache als bedeutungskonstitutiv im symptomfunktionalen Bereich behandelt, daß ein Sprachzeichen wegen seiner Gruppentypik und mithin auch wegen seiner soziolektalen Markiertheit seinen Benutzer als Angehörigen der betreffenden Gruppe erscheinen läßt (Schibboleth-Situation) (vgl. z. B. Baldinger 1968; Kubczak 1979; Heger 1982). Diese hier grob charakterisierte Auffassung ist auch auf die geschriebene Sprache ausgedehnt worden (Reichmann 1978). Demgegenüber lehnt es ein Großteil der Sprachwissenschaftler ab, die Gruppentypik von Sprachzeichen — in welcher Form auch immer — auf die Bedeutungsseite dieser Zeichen zu ziehen. Im wesentlichen laufen die Argumente der Gegner darauf hinaus, daß die aus der Zeichenaußenseite, der Zeicheninnenseite oder aus beiden Seiten abgeleiteten symptomfunktionalen Informationen metasprachlicher Natur sind. Als solche könnte man sie allenfalls nur „vor" das ganze Zeichen setzen. Dieser Ansicht entspricht übrigens auch die übliche Darstellung in Wörterbüchern. Die Diskussion über diese zeichentheoretischen Probleme ist noch nicht abgeschlossen. Gleichgültig, ob man die soziolektale Markiertheit auf der Bedeutungsseite der Zeichen erfaßt oder auf einer anderen Ebene, in jedem Fall ist sie auch im Bereich der Übersetzertätigkeit wichtig. Der praktische Übersetzer stößt seit eh und je auf Schwierigkeiten, die die Korrelierbarkeit gruppensprachlicher Bindungen betreffen. Diese Schwierigkeiten werden heute erst ganz allmählich von den Übersetzungstheoretikern angegangen (vgl. Koller 1978).

Im Zusammenhang mit der soziolektalen Markiertheit von Sprachzeichen läßt sich hier noch folgende Klärung nachtragen: faßt man Soziolekte als vollständige Sprachsysteme bestimmter Gruppen einer ganzen Sprachgemeinschaft auf, dann ist mit Soziolekten zu rechnen, deren Sprachzeichen nicht insgesamt sozial markiert sind. Sie sind eben dann nicht markiert, wenn sie für jene Gruppen nicht spezifisch sind.

5. Aufgaben der Soziolektforschung

Die Soziolektforschung hat vorhandene Kovarianzen zwischen bestimmten sprachlichen und bestimmten sozialen Phänomenen zu erfassen. Einerseits hat sie auf der Grundlage einer akzeptablen Soziolekt-Definition, die eine einheitliche Forschung gestattet, Soziolekte auszugrenzen, zu beschreiben und hinsichtlich ihrer Position in der sozialen Dimension auch über Einzelsprachen hinweg zu vergleichen. Andererseits hat die Soziolektforschung die sozialen Funktionen der Soziolekte in der menschlichen Interaktion zu erfassen, z. B. daß sie zuweilen zur Kohäsionsbildung innerhalb der Sprechergruppe und zur Abwehr nach außen benutzt werden (Schlieben-Lange 1973, 96). Eine entsprechend ausgedehnte „Soziologie der Sprache" — wie man diesen letzteren Forschungszweig manchmal bezeichnet — wird auch einen entscheidenden Beitrag zur Erforschung historischer Entwicklungen von Sprachen leisten, denn es leuchtet unmittelbar ein, daß eine Gruppensprache wesentlich aus der Geschichte von Gruppensprachen in Kontakt zu erklären ist.

6. Literatur (in Auswahl)

Ammon, Ulrich ([1973] 1977) *Probleme der Soziolinguistik*, Tübingen.

Baldinger, Kurt (1968) „La synonymie — problèmes sémantiques et stylistiques", in: *Probleme der Semantik*, 41—61.

Baldinger, Kurt (1975) „Français, français régional, dialecte et le français quebecois", in: *Travaux de linguistique québécoise* 1, 13—17.

Bausch, Karl-Heinz ([1973] 1980) „Soziolekt", in: *Lexikon der germanistischen Linguistik*, 2. Auflage, Tübingen, 358—363.

Beck, Götz (1973) „Textsorten und Soziolekte", in: *Studien zur Texttheorie und deutschen Grammatik*, Sitta, H./Brinker, K., eds., Düsseldorf, 73—112.

Bright, William (1966) „The dimension of sociolinguistics", in: *Sociolinguistics*. Proceedings of the UCLA sociolinguistic conference 1964, Bright, W., ed., The Hague/Paris, 11—15.

Bühler, Karl (1934) *Sprachtheorie*, Jena.

Coseriu, Eugenio (1970) *Einführung in die strukturelle Betrachtung des Wortschatzes*, Tübingen.

Dittmar, Norbert (1973) *Soziolinguistik*. Exemplarische und kritische Darstellung ihrer Theorie, Empirie und Anwendung. Mit kommentierter Bibliographie, Frankfurt a. M.

Fishman, Joshua A. (1972) *The sociology of language*, Rowley, Mass.

Flydal, Leiv (1951) „Remarques sur certains rapports entre le style et l'état de langue", in: *Norsk tidsskrift for sprogvidenskap* 16, 240—257.

Glinz, Hans (1970) *Linguistische Grundbegriffe und Methodenüberblick*, Bad Homburg, v. d. H.

Goossens, Jan (1977) *Deutsche Dialektologie*, Berlin/New York.

Hager, Frithjof/Haberland, Hartmut/Paris Rainer ([1973] 1975) *Soziologie und Linguistik*. Die

schlechte Aufhebung sozialer Ungleichheiten durch Sprache, 3. Auflage, Stuttgart.

Halliday, Michael A. K. (1964) „The users and uses of language", in: *The linguistic sciences and language teaching*, Halliday, M. A. K./McIntosh, A./Stevens, P., eds., London, 75—110.

Halliday, Michael A. K. (1978) „Eine Interpretation der funktionalen Beziehung zwischen Sprache und Sozialstruktur", in: *Sprachstruktur — Sozialstruktur*. Zur linguistischen Theoriebildung, Quasthof, U., ed. Königstein/Ts., 30—42.

Hammarström, Göran (1967) „Zur soziolektalen und dialektalen Funktion der Sprache", in: *Zeitschrift für Mundartforschung* 34, 205—216.

Heger, Klaus (1982) „Verhältnis von Theorie und Empirie in der Dialektologie" in: *Dialektologie*. Ein Handbuch zur deutschen und allgemeinen Dialektforschung, Berlin/New York, 423—440.

Heike, Georg (1969) *Sprachliche Kommunikation und linguistischen Analyse*, Heidelberg.

Klein, Wolfgang (1974) *Variation in der Sprache*. Ein Verfahren zu ihrer Beschreibung, Kronberg/Ts.

Koller, Werner (1978) „Äquivalenz in kontrastiver Linguistik und Übersetzungswissenschaft", in: *Theory and practice of translation*, Grähs, L./Korlen, G./Malmberg, B., eds., Bern/Frankfurt a. M./Las Vegas, 69—92.

Kubczak, Hartmut (1979) *Was ist ein Soziolekt?* Überlegungen zur Symptomfunktion sprachlicher Zeichen unter besonderer Berücksichtigung der diastratischen Dimension, Heidelberg.

Labov, William (1966 a) *The social stratification of English in New York City*, Washington, D. C.

Labov, William (1966 b) „Hypercorrection by the lower middle class as a factor in linguistic change", in: *Sociolinguistics*. Proceedings of the UCLA conference 1964, Bright, W., ed., The Hague/Paris, 84—113.

Labov, William (1968) „The reflection of social processes in linguistic structures", in: *Readings in the sociology of language*, Fishman, J. A. ed., The Hague/Paris, 240—251.

Lewandowski, Theodor (1975) *Linguistisches Wörterbuch*, Heidelberg.

Lieb, Hans-Heinrich (1970) *Sprachstadium und Sprachsystem*, Stuttgart.

McDavid, Raven J. (1966) „Dialect differences and social differences in an urban society", in: *Sociolinguistics*. Proceedings of the UCLA conference 1964, Bright, W., ed., The Hague/Paris, 72—83.

Pei, Mario (1966) *Glossary of linguistic terminology*, New York/London.

Pickford, Glenna R. (1956) „American linguistic geography: a sociological appraisal", in: *Word* 12, 211—233.

Polenz, Peter von (1974) „Idiolektale und soziolektale Funktionen von Sprache", in: *Leuvense bijdragen* 63, 97—112.

Quasthof, Uta (1978) „Was ist ein Sprachsystem? Sprachtheoretische Überlegungen zum Verhältnis von Sprache und Sprechen", in: *Sprachstruktur — Sozialstruktur. Zur linguistischen Theoriebildung*, Quasthoff, U., ed., Königstein/Ts., 43—56.

Reichmann, Oskar (1978) „Zur Edition frühneuhochdeutscher Texte. Sprachgeschichtliche Perspektiven", in: *Zeitschrift für deutsche Philologie* 97, 337—361.

Rona, José Pedro (1970) „A structural view of sociolinguistics", in: *Method and theory in linguistics*, Garvin, P., ed., The Hague, 199—211.

Rossipal, Hans (1973) „Konnotationsbereiche, Stiloppositionen und die sogenannten Sprachen in der Sprache", in: *Germanistische Linguistik*, 4, 1—87.

Scherfer, Peter (1983) *Untersuchungen zum Sprachbewußtsein der Patois-Sprecher in der Franche-Comté*, Tübingen.

Schlieben-Lange, Brigitte (1973) *Soziolinguistik. Eine Einführung*, Stuttgart/Berlin/Köln/Mainz.

Shuy, Roger W. (1968) „A selective bibliography on social dialects, in: *The linguistic reporter* 10 (3), 1—5.

Shuy, Roger W. (1970) „Subjective judgements in sociolinguistic analysis" in: *Report of the twentieth annual round table meeting on linguistic and language studies*, Alatis, J. E., ed., Washington, D. C., 175—188.

Stammerjohann, Harro (1975) *Handbuch der Linguistik*, Darmstadt.

Steinig, Wolfgang (1976) *Soziolekt und soziale Rolle*, Düsseldorf.

Trubetzkoy, Nikolai S. ([1939] 1958) *Grundzüge der Phonologie*, Göttingen.

Weinreich, Uriel (1954) „Is a structural dialectology possible?", in: *Word* 14, 388—400.

Hartmut Kubczak, Heidelberg
(Bundesrepublik Deutschland)

38. Style and Register

1.   Stylistics and Sociolinguistics

The common basis for stylistics and sociolinguistics is the assumption that human language is not homogeneous and not necessarily strictly determined in actual speech acts, but that basically there are several linguistic possibilities of formulation for the expression of facts or circumstances in every imaginable situation. Both scientific disciplines deal with linguistic particularities, deviations, anomalies which are not covered or predicted by the set of rules of 'systematical linguistics'. This is particularly evident in the position of transformational generative grammar concerning sociolinguistic as well as stylistic aspects. There is no room for socially determined linguistic variants and stylistic particularities in the competence model of the ideal speaker-hearer within a homogeneous language community (cf. art. 34). They are not only not generated by the set of rules of generative grammar, but also there are considerable difficulties in their analysis. On the one hand, sociolinguistically or stylistically determined varieties were observed in texts, on the other hand, adherents of generative grammar claimed (which at first was not intended by generative grammar) that their model was appropriate to the analysis of natural speech utterances. The attempt to analyze the occurring varieties with the help of transformational grammar as a model of systematical linguistics could only lead to two solutions, which both failed. The approach attempted by Labov (1970, 30 ff) to integrate social varieties of language into the base component of transformational grammar with the help of variable rules inevitably had to be beyond the scope of the set of generative rules and show the absurdity of the concept of an 'ideal speaker-hearer'. Analyses of style based on generative grammar (e. g. Thorne 1965, 49 ff; Abraham 1971, 1 ff) necessarily had to be founded on a negative view of style as a non-regularity, as an ungrammatical or inacceptable phenomenon, as a deviation from the generated linguistic standard (cf. the critical survey in Spillner 1974, 40—45).

But sociolinguistics and stylistics not only have a common relation to systematical linguistics, they also describe the additional textual qualities of linguistic variants. They are concerned with the same problem of utterances conveying the same information and having the same semantic value, but differing either in some additional aesthetic information — as is the case with stylistic varieties — or in some information qualifying the speaker as to his membership in some social group — as is the case with social class or regional varieties. These parallels have led to theoretical and above all terminological equations of both linguistic disciplines, e. g. when sociolinguists assume that "(...) die Sprecher verschiedener sozialer Schichten sich im Hinblick auf die Merkmale ihrer Sprache und ihres Sprachstils unterscheiden" (Hartig 1985, 13 a) or when sociolinguistic analyses work with terms like 'style', 'stylistic varieties' or 'style switching' (cf. the survey in Spillner 1974 b, 172 f). Logically, sociolinguistic problems were dealt with in stylistic research, e. g.: "Does a particular style necessarily reveal or serve a particular class or a particular politics?" (Delany 1974, 439). The proposal was even made to transfer methods of one field to the other: "In these properties, styles agree with dialects, in particular with social dialects; it may even be claimed that styles can be considered special types of social dialects. The identification of different styles can be undertaken in much the same way as the identification of different dialects of a language: a boundary between two styles can be established on the basis of a bundle of isoglosses." (Winter 1964, 324)

It is certainly true that sociolinguistics and stylistics are indeed facing the same methodological difficulties, e. g. the problematical correlation between characteristics of language and social data on the one hand and the attribution of textual characteristics to the author's intention or to stylistic effects on the part of the reader on the other hand (which is no less difficult). Considering different traditions (e. g. the traditionally close relation of stylistics ro rhetoric and literary text interpretation) and differences in the analyzed utterances, varieties of texts, situations of communication, etc., one should be prevented from hastily equating both disciplines or integrating one discipline into the other:

"The purpose of stylistic analysis is to investigate how the resources of a language code are put to use in the production of actual messages. It is concerned with patterns of use in given texts. (...) messages are produced in accordance with systems of social convention, (...). Stylistics is concerned with such message types, its purpose is to discuss what linguistic units count as in communication and how the effects of different conventions reveal

themselves in the way messages are organized in texts. Stylistics, then, is the study on the social function of language and is a branch of what has come to be called sociolinguistics." (Widdowson 1974, 202)

According to Crystal (1981, 147), however, stylistics is a discipline placed over sociolinguistics that has to deal with the analysis of linguistic varieties: "Stylistics (...) as the linguistic study of systematic, situationally-distinctive, intra-language variation" (Crystal, 1981). Sandig (1978, 181) assumes points of contact when suggesting the possibility that stylistics might lead to a 'sociolinguistic of patterns of action'. It will only be possible to define the precise relations between sociolinguistics and stylistics when the extremely heterogeneous theoretical and terminological status of 'style', 'style of speech', 'linguistic variety', etc. is settled.

2.   Style and Linguistic Variety (cf. art. 44)

2.1. Types of Varieties

If a natural language is not conceived as internally homogeneous, but as a framework which, though structured, is to a certain degree heterogeneous, it is necessary to try to systematize as types the linguistic differences theoretically postulated or observed in texts. For this purpose, a number of approaches have been developed in linguistics (cf. also art. 112, 113, 114, 115). Generally, the varieties caused by historical language change are designated as *diachronic* differences. There is less conformity in the field of synchronic varieties; the following classification by E. Coseriu (partly developed in accordance with L. Flydal 1952, 248) is widely accepted:

" 'diatopisch'   — Unterschiede im Raum, z. B. Dialekte, Mundarten.

'diaphasisch'   — Unterschiede im Sprachstil, Ausdrucksabsichten.

'diastratisch'   — sozial-kulturelle Unterschiede (z. B. im Altindischen innerhalb einer typischen Klassengesellschaft des Sanskrit gegenüber dem Prakrit)

(...)

'Diaphasisch' bezieht sich auf die unterschiedliche Modalität des Sprechers, in demselben Raum, in derselben 'Schicht', aber den Umständen des Zwecks entsprechend ver-

schieden, z. B. 'familiär', 'gehoben' usw."
(Coseriu 1969, 149)

According to this classification, mainly the diastratic varieties would be relevant to sociolinguistics and the diaphasic varieties to stylistics. Of course, overlappings are possible: e. g. diatopic differences can be sociolinguistically significant (e. g. assessment of dialect speakers, linguistic deficits of dialect speakers), but also stylistically (e. g. dialect as a stylistic means in literature). It has to be emphasized that this − or any other − taxonomy of linguistic varieties does not yet describe or explain any connections or differences between single varieties. The same is true for intended correlations between linguistic varieties and extralinguistic differences (social differences, stylistic intentions/effects). Klein (1976, 27) does right to stress the fact that Labov's explicit variable rules represent very precisely the differences between different varieties, but by no means the interdependences between linguistic data and extralinguistic variables.

2.2. Style and Synonymy

If the category 'style' is classed with the domain of linguistic variety, this implies at the same time the existence of competing linguistic possibilities of expression.

As a matter of fact, such an assumption − explicitly or implicitly − underlies most linguistic conceptions of style, e. g.: "Roughly speaking, two utterances in the same language which convey approximately the same information, but which are different in their linguistic structure, can be said to differ in style: 'He came too soon' and 'He arrived prematurely'." (Hockett 1958, 556). On the one hand, this famous definition is very suitable as a heuristic approach to the problems of style, as it imparts the most important features of definition − grammatical variety combined with semantic invariance − in an easily understandable way. On the other hand, however, it also clearly reveals the weaknesses of this definition, which lie in its vagueness ('roughly', 'approximately'), but also in the difficulty to determine in which case two linguistic utterances convey the same information. Are the necessary conditions for it identity of denotation, identical meaning of lexemes, corresponding sense of texts, identical communicative effect of utterances? How should the semantic invariance of two utterances be exactly determined, and such a method be operationalized? In other words:

a conception of style as defined by Hockett is linked to the problem of *synonymy*, which has been intensively discussed, but not satisfactorily resolved during the last 250 years. A difference in style is a formal variety of two or more synonymous/paraphrastic utterances. If it were possible to refine and differentiate semantic analysis to an extreme degree so that a specific semantic interpretation could be assigned to any linguistic variety, an independent category 'style' would become superfluous; stylistics would be integrated into semantics. As long as this has not occurred, 'style' can be defined as that differentiating quality of alternative utterances to which linguistic semantics assigns no different meanings or which are not interpreted as different in meaning by the speakers of the language.

2.3. Style and Selection

As a matter of fact, a great number of definitions of style are founded on these basic assumptions:

Stylistics is "(. . .) die Lehre von den synonymischen Ausdrucksmöglichkeiten im schriftlichen und mündlichen Verkehr (. . .) unter konkreten, gesellschaftlich und individuell bedingten Umständen." (Riesel [1959] 1963, 40)
"Redestil ist (. . .) die Gesamtheit der an bestimmte gesellschaftliche Anwendungsnormen gebundenen fakultativen Varianten der Rede innerhalb einer Reihe synonymischer Möglichkeiten zur sprachlichen Darstellung eines Sachverhalts." (Michel [1968] 1972, 34 f)
"The differences between synonymous sentences may then be called stylistic, (. . .)". (Hough 1969, 7)
"Wir verstehen unter Stil die durch die Tatsache fakultativer Variation in der sprachlichen Darstellung *eines* Sachverhaltes *ermöglichte* und innerhalb bestimmter gesellschaftlicher Anwendungsnormen sich *realisierende* Verwendungsweise der Sprache" (Fleischer 1969, 225; similar: Fleischer 1976, 99)
"(. . .): the style of an utterance can only be isolated if it is performed on the basis of a code that allows free variants. [«(. . .): on ne peut isoler le style d'un énoncé que si ce dernier est performé à partir d'un code autorisant de variantes libres.»]" (Klinkenberg 1985, 243)

The conception of style by Steinthal (1866, 479) already contains the essence of these ideas: "Derselbe Inhalt läßt mannichfache Darstellungen zu, (. . .)." At the present state of research in stylistics, at which important questions are still unresolved, it will be necessary to tolerate the vague starting position of synonymic possibilities of expression; stylistics belong to the "(. . .) komplizierten,

wahrscheinlich noch auf lange Sicht keineswegs widerspruchsfreien sprachwissenschaftlichen Teildisziplinen" (Peukert
1977, 76). However, it is necessary to make
out the uncertain semantic foundations of the
conception of style.

For the process of verbal production, starting from synonymic varieties means that the
speaker/writer makes a selection from several
facultative possibilities. This choice can take
place consciously as well as unconsciously
(cf. Spillner 1974, 45—49); it is not entirely
free but determined by conventions, rules,
style norms (cf. Carstensen 1970, 258 ff; As-
muth/Ehlers 1974, 28; Bobek 1982, 78;
Schröder 1982, 65; Sandig 1978, 39—42):
"Die Stilnorm ist die gesellschaftlich gültige,
auf statistischer Gesetzmäßigkeit beruhende
Bevorzugung synonymischer Varianten in
einem bestimmten Anwendungsbereich."
(Michel [1968] 1972, 51).

3. Style — Functional Style — Register

3.1. Types of Stylistics

A terminological clarification and differentiation of the basic terms used in stylistics causes
considerable difficulties. Coseriu's definition
of the diaphasic varieties as the differences
made in accordance to design and modality
of the speaker in the style of language (cf. 2.)
includes a domain that is called *register* by
other linguists. Also phenomena like 'casual
speech', 'careful speech' designated as 'contextual styles' by Labov (1972, chapter III)
have nothing to do with 'style', but rather
with 'register' (for Labov's conception of
style, cf. Traugott/Romaine 1985, 9—17).
This term, however, is itself used in a very
vague way: "A term like 'register', for instance, because of his breadth of definition,
is almost bound to produce confusion."
(Crystal 1981, 159)

Coseriu's 'diastratic differences' come very
close to the notion of *sociolects*. But here the
terminology is not uniform either: "Although
the terms *register, style* and *social dialect* have
all been used to designate intralectal variation, linguists have felt the need to coin a
term consistent with *idiolect* and *dialect*, and
have consequently coined the term sociolect."
(Danesi 1981, 320)

It is even more difficult to obtain a survey
on the notion of style. Very early Aronstein
(1920, 251) complains: "Was ist Stil und was
ist Stilistik? Die Worte sind sehr vieldeutig."

Thieberger (1978, 9 ff) and Antoine (1959,
42) state the discrepancies of the numerous
definitions of style; Simons (1932, 20—35)
compiles 39 different conceptions of style
very early on; further collections can be found
in, among others, Sanders (1973, 13—22),
Guiraud ([1954] 1970, 24—39), Sowinski
(1973, 13—31) and — in an impressively profound analysis of the metaphorical topic of
definitions of style — in Müller (1981, 9—
195). For all that, not only the underlying
theories of style are different, but the various
conceptions also differ in the place assigned
to the category 'style', and for which purpose
it is examined. A tentative differentiation
seems most easily possible if one proceeds
from a classification of the discipline 'stylistics':

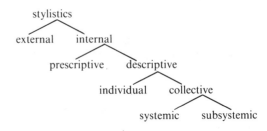

A first delimitation concerns external stylistics, comparative stylistics, which tries to
establish the specific characteristics of a language by the systematical comparison of the
grammatical and lexical inventory of two languages (cf. e. g. Malblanc [1961] 1968). Here,
however, it is not — or not only — a matter
of style in a narrow sense; 'comparative stylistics' belongs to the field of the comparison of
languages, to contrastive linguistics in which
comparison is a method of improving the
description of single languages. All other conceptions of stylistics concern single languages
or parts of single languages. According to
their purpose, descriptive stylistics can be delimited from prescriptive, normative stylistics. Prescriptive stylistics is based on the —
very disputable — assumption that stylistic
effects are linked to well-defined linguistic
units and can be predicted. They compile
linguistic means of expression on the level of
'langue' as a language inventory (noun, verbal mode of expression, succession of adjectives, parallelism, metaphor, passive voice,
adverb, apposition) and ascribe to them stylistic values and stylistic effects. As a rule,
they are didactically orientated and teach —
starting from an ideal of style or a priori

virtues of style in the tradition of rhetoric (clarity, vividness, change of expression) — the way to express oneself in a stylistically effective and appropriate manner (e. g. Bally [1909] 1951; Marouzeau [1941] 1965; Riesel 1954, [1959] 1963, 1964; Faulseit/Kühn [1965] 1969; Crystal/Davy 1969; Gáldi 1971; Sumpf 1971; Sowinski 1972; Turner 1973).

As far as the stylistics is conceived as descriptive, it is possible to discern whether it sees itself as an individual stylistics, or whether from the start it seeks to describe characteristics of style that exceed the individual. The traditional analysis of style, especially when looking into literary texts, understood style mainly as individual style manifested in the texts of a writer/speaker:

"Eine der Hauptleistungen der Stilistik der letzten Jahre ist die Erschließung und Registrierung der dichterischen *Individualsprachen*, d. h. (...) die Feststellung des besonderen Wortschatzes, der besonderen Semantik, der besonderen syntaktischen Bräuche u. dgl. eines Schriftstellers, die den betroffenen Autor von anderen (...) unterscheiden." (Hatzfeld 1929, 54)
"(...) there is also agreement to define style as the entirety of the specific features that characterize a work in its effect on the reader. [«(...) l'on convient aussi d'appeler style l'ensemble des traits spécifiques qui caractérisent une œuvre dans son action sur un lecteur.»]" (Mounin 1973/74, 77 f)

Similar views can also be found in Chatman (1967, 31), Thakur (1972, 39), and Carter (1984, 93). A stylistics that analyzes individual style by no means excludes the possibility of integrating stylistic peculiarities found in texts within categories on a higher level. Thus, in literary analysis of style, distinctions are made between styles of authors (or also e. g. the style of the late works of an author), styles of groups, styles of epochs, styles of genres (lyrical, dramatic style), etc. If we talk about 'individual style', the subject is not really an 'individual' (the author, the speaker/ writer), but the fact that style is analyzed on the level of 'parole', of 'performance', in actual texts, on the level of discourse (cf. also art. 102):

"(...): linguistics is the science of language forms inasmuch as they actualize a system, stylistics is the science of language forms inasmuch as they constitute a discourse. [«(...): la linguistique est la science des formes langagières en tant qu'elles actualisent un système, la stylistique est la science des formes langagières en tant qu'elles constituent un discours.»]" (Gauthier-Darley 1977, 99)
"(...): die Stilistik hat es primär mit dem *Gebrauch* der sprachlichen Mittel seitens des Sprechers zu tun, nicht mit der *systeminternen* Semantik der sprachlichen Mittel einschließlich ihrer emotionalen Komponente" (Michel 1969, 275)

According to these definitions, which, after all, have the advantage of a clear-cut distinction, all phenomena on a higher level of abstraction than that of text, of language use, of discourse would not be the subject of stylistics, but of linguistics. As a matter of fact, however, there are also attempts to place the phenomenon 'style' on the level of 'langue', of 'competence', of the linguistic system. Hatzfeld already referred to such approaches: "Eine ganz neue stilistische Disziplin dürfte die *Sprachstilforschung* an den Schriftsprachen bilden, deren Wesenszüge als Ausdrucksformen einer nationalen Kultur ähnlich jenen der Kunstsprachen festgestellt werden wollen." (Hatzfeld 1929, 66)

A placement of style on the level of 'langue' also seems to be present in some conceptions oriented on pragmatics that intend the "Beschreibung von Stilistischem als Regelhaftem" (Sandig 1978, 19). Though it is not always evident, these conceptions seem to be system-orientated at least when they proceed from style inventories, conventional style patterns, methods of realization regulated by social constellations (Rehbein 1981, 22 f) or aim at the construction of a style system: "Der Versuch einer umfassenden Differenzierung einer Einzelsprache müßte es sich also zum Ziel setzen, ein Stilsystem dieser Sprache zu entwickeln." (Püschel 1976, 228). Apart from a normative objective, then, the description of an inventory on the level of system, as in prescriptive stylistics, is aimed at within the scope a conception of style of this nature. Most of the over-individual descriptive stylistics, however, refer to subsystems of language. On the one hand, the conception that the system of language is subdivided into a limited number of functional styles which are in themselves relatively homogeneous, and which are defined as linguistic subsystems by their range of use, belongs here: "Die Stilistik ist eine sprachwissenschaftliche Disziplin, deren erstrangige Aufgabe die Aufhellung aller funktionalstilistischen Systeme einer Nationalsprache ist." (Spiewok 1970, 6). On the other hand, part of this stylistics is the assumption that *registers*, which are in themselves closed and are to be chosen according to the respective situations of communication, or 'niveaux de langue' (Lefebvre 1983, 306), understood as 'modes of speech organization' (Slepak 1980, 141), are provided. Irrespective of the differentiation made here, the tasks of a linguistic stylistics can be defined as follows: "(...) die theoretische Begründung der Kategorie Stil, die Aufstellung von Stiltypen und die Deskription und Kodifizierung der sie kennzeichnenden stilistischen Mittel, die Entwicklung von Prinzipien und Methoden der Stilanalyse, die wissenschaftliche Fundierung von Sprach- und Stilkritik, sowie die Aufstellung und Begründung von Stilnormen, die insbesondere dem Stilunterricht dienen können." (Püschel [1973] 1980, 305)

3.2. Conceptions of 'Style'

The definition of 'style' within descriptive stylistics depends not least on the question of which theory of style is chosen as its basis and in which dimensions of the communicative process style is placed. Proceeding on the assumption that at least the categories 'utterance/text', 'speaker/writer', 'listener/reader' as well as a language and the different situations of production and reception are involved in linguistic communication, one has to state that most conceptions of style bring into focus only one of these categories at a time or the relation of two categories. Those conceptions of style that take into account the entire communicative process are rare.

3.2.1. Most definitions of 'style' try to comprehend style within texts without consideration of their production and reception. Older literary interpretations of style assumed that a work of art in language inherently had 'style in itself'. Style was understood as immanent to a work, as a work style that could only be analyzed and understood through the work itself (for a criticism of this view cf. Spillner 1974, 25 f). Also other conceptions of style try to define it without consideration of its formation and reception. But whereas in the text-immanent conception of style it is considered as the constant characteristic feature, as an inseparable unity of form and content, style can also be interpreted as an additional component that texts have acquired by a special formal elaboration. According to a formulation by Enkvist, style would then be "(...) an addition to a central core of thought or expression" (Enkvist/Spencer/Gregory 1964, 12). Especially in the stylistic analysis of poetry, phenomena like rhyme and rhythm were understood as additions to normal language that impart to it an additional stylistic value. The basic idea, however, that in the process of linguistic formulation at first a

neutral statement comes into being which is then embellished with an aesthetic raiment, that is 'style', is very problematical.

Furthermore, a consequence of this conception of style is the assumption that all texts without such an additional elaboration or embellishment do not have any style, thus a clear distinction of language and style. Only artistic, literary texts, then, would have style. In opposition to this, contemporary stylistics without hardly any exception share the opinion that the category 'style' fundamentally belongs to all texts.

Because of the difficulty in analyzing style in a purely text-immanent manner without comparisons, style was defined in a very widespread continuation of this conception as *deviation* from an extratextual norm. Deviation is understood here as "(...) difference between a text and the overall grammatical norm of the language. Deviance is thus the sum of nongrammaticality and nonacceptability, (...)." (Enkvist 1973, 101)

This conception of style was illustrated by among other things the analysis of the often quoted (e.g. Thorne 1965; Carstensen 1970) sentence by E. E. Cummings: "He danced his did." as well as by ungrammatical stylistic effects in literature. A variant of this conception are generative theories of style that understand style as ungrammatical or inacceptable anomalies not generated by the set of rules. Though the conception of the stylistics of deviation can be regarded as disproved (with linguistic arguments cf. among others Spillner 1974, 39–45; with logical arguments Vasiliu 1983, 465) it is still supported (cf. among others Kjetsaa 1981, 48 ff). However, it can at best claim a heuristic value in practical analyses of style. This wide-spread conception of style is out of the question for the sociolinguistic analysis of varieties.

3.2.2. On the part of the speaker/writer, the conception of style as selection (Šabršula 1978, 193) from facultative possibilities of the language system is especially important. It was already described by Marouzeau ([1941] 1965, 10) as 'principe de choix' of stylistics and has since been supported by many theorists of style (cf. Spillner 1974, 45–49). The conception proceeds from the assumption that a speaker can basically make his choice from several possibilities to express a fact or an idea. For example, a speaker can try with very different formulations to make a listener leave him alone:

Please go now!
I want to be alone now.
Off with you!
Would you leave me alone, please?
It is time for you to go now.
Beat it!
I hereby call upon you to leave me immediately.
Get the hell out of here!
May I ask you whether you would mind retiring now?

The definition of style as choice follows the conception of selection from synonymic variants described in chapter 2.3. It can be accepted as a partial theory of a conception of style provided that it will be completed by a component for reception.

3.2.3. In conceptions of 'style', the side of reception of the communicative process was taken into consideration only to a small degree. There are beginnings of it in older stylistics when reference is made to the affective character of stylistic effects (Bally [1909] 1951, I 16); some stylistic investigations, too, particularly elaborate the expressive side of stylistic features (e. g. Sechehaye 1908, 155; Marouzeau [1941] 1965, 33−54; Ullmann 1964; Koževnikova 1973, 126). The aspect of reception of style was decisively fecundated by the works of Riffaterre (summarized in Riffaterre 1971, 27−158) who combines the conception of style as contrast within the text with the assumption that the reader reactivates the style in the process of reading by his reaction to the text. According to Riffaterre, an attitude of anticipation is built up in the reader during the process of reading which is disappointed by unexpected textual elements, by contrast to the context so that a stylistic effect is produced. Though Riffaterre's style theory does not appear to be sufficiently elaborated and is not free from contradictions in itself (cf. Spillner 1974, 50−56; Frey 1980, 5−7), all the same it can be considered as a decisive step towards a communication-oriented style theory. Demands like that made by Kintgen (1977, 13) for the integration of the reader's side have thus long since been realized.

3.2.4. In the following an attempt at style theory shall be outlined that combines the conception of style as selection with a further developed and broadened stylistics of reception (for details cf. Spillner 1974, 64−72; 1974a, 285−289; 1976, 20−22; 1984, 69−71; for the method cf. Porsch 1984, 18 ff). In contrast to Riffaterre, this conception not only refers to written literary texts, but to all potential stylistic varieties of language. The conception tries to place 'style' in the communication process and defines style not as a static quality of texts that is fixed once and for all, but as a variable, dynamic category. It is based on the assumption that the phenomenon 'style' cannot be defined as being detached from the categories 'author of the text' and 'recipient of the text'. Certainly, style only comes into being if the text contains formally describable (syntactic, lexical, etc.) features that can produce stylistic effects. But it is important that these features originate in a − conscious or unconscious − selection by the author from the linguistic possibilities of realization at his disposal and that in comparison with the other possibilities one can possibly relate a hypothesis on the author's stylistic intention to the linguistic form chosen. It is also important that a virtual feature of a text can only acquire stylistic qualities if it is noticed by the reader/listener during the process of reception and actualized by his reaction. Style is therefore understood as the result of the author's selection from the competing possibilities of the language system and its reconstitution by the recipient reader (Spillner 1974, 64). Thus stylistic effects are only the result of the interaction between the consequences of the choice taken by the author, which are codified in the text, and the reaction of the reader. Style is therefore not a static, invariable phenomenon in texts, fixed once and for all, but a virtual quality that has to be reconstructed in the communication process (that is, during the reception of the text). Only the consequences of the choice once taken by the author and the preconditions of the reader's reaction which is determined by his reading expectations are recognizable in the text.

A number of important consequences arise from this conception of style for the methodics of style analysis. In the first instance, it is important not only to take the text into consideration, but also to integrate into the analysis the sides of author and recipient together with their pragmatic conditions. For the side of the author this means the determination, systematically or only in samples, of the alternatives with approximately the same semantic content of information that were available to the author. The methodical steps in the analysis of the author's side are the collection of preserved textual variants, the reconstruction of competing possibilities of expression by paraphrases of the text version and the comparison of the version chosen by the author with the other possibilities of realization in regard to stylistic intentions and virtual stylistic effects. More important for style analysis are statements about virtual stylistic effects as these can be tested on groups of readers. If necessary, the different stylistic effect of competing text versions can also be tested experimentally on groups of readers. This examination of statements about virtual stylistic effects leads on to the methods of analysis of the recipient's side.

If the communicative approach in stylistic analysis is to be taken seriously, the recipient's side must be included in the analysis. But hence it also follows that the style of a text can differ fundamentally according to the respective group of readers. The conception of style outlined here does not stand alone. In the meantime, a method for style analysis has been proposed that includes the sides of production as well as of reception in the communication process (cf. Antos 1984, 19 ff).

3.3. Functional Stylistics

The theory of functional styles (cf. art. 52, 123), which was developed by the Prague linguists (cf. the collection by Beneš/Vachek 1971; also Horálek 1965, 15 ff) in the thirties partly under the influence of Russian formalism, relates to subsystems of natural languages. It was assumed that the system of a language is no uniform, homogeneous structure, but that it is subdivided into ranges of use and purposes of speech. In the first instance, spoken and written language can be differentiated. Nor is written language conceived as uniform, but as a "polyfunktionales System mit mehreren Stilschichten" (Barth 1970, 186). This refers to "(...) die für die Funktionalstilistik grundlegende Tatsache, daß es zwischen bestimmten außersprachlichen Kommunikations*bereichen* und diesen zuzuordnenden Klassen bzw. Typen von Kommunikations*situationen* einerseits und bestimmten sprachlichen Formulierungs- bzw. Ausdrucksweisen als *Stil* andererseits korrelative Zusammenhänge und in diesem Sinne *Funktionalstile* bzw. *funktionale Stiltypen* (...) gibt." (Frohne 1982, 68). Havránek (1964, 14) distinguishes four functional styles of standard language:

Functions of the standard:		*Functional dialects:*
communication	⎫	conversational
workaday technical	⎬ communicative	workaday (matter-of-fact)
theoretical technical	⎭	
esthetic		scientific
		poetic language

In a similar way, Riesel ([1954] 1963; 1964, 3) differentiates five functional styles for the German language:
Style of public communication
comprises official bulletins, proceedings, laws, official addresses, etc.
Scientific style
comprises all scientific and technical publications and lectures.
Style of journalism and press
comprises journalistic reports, commentaries, opinions, etc.
Style of everyday communication
comprises forms of speech in (private) everyday relations among people.
Style of belles-lettres
comprises literary texts.

The 'functional style' must not be mistaken for the style of an actual text: it is a subsystem of language or a bundle of possibilities of realization in specified ranges of use. Riesel ([1959] 1963, 36) remarks on her point of view of personal style: "Wer sich eines bestimmten Stils bedient, muß sich daher auch seinen Gesetzen fügen; mit anderen Worten: der Individualstil des Menschen ist auf jedem beliebigen Gebiet gesellschaftlicher Tätigkeit diesem oder jenem funktionalen Stil untergeordnet."

Important — though astonishing from a sociolinguistic angle — is the fact that functional styles only refer to the standard language whereas substandard levels are explicitly excluded (Fleischer 1970, 23). It is not quite clear how functional styles are to be understood with regard to 'langue' and 'parole'. In the Prague School, they were at first conceived as subsystems of the 'langue', but later interpreted rather as possibilities of realization of the language system (cf. Barth 1970, 189 f). In order to create a link between the functional styles and the stylistic features of concrete texts, the category of *'Stilzug'* (stylistic category, stylistic principle) was later introduced into functional stylistics; however, there seems to be no consensus as yet about its position (cf. Riesel 1975, 1 ff; Gläser 1978, 160; Hoffmann 1979, 40—54; Sowinski 1981, 82 f). Other authors try to resolve the problem by introducing a differentiation in functional stylistics that approaches the conception of linguistic registers (cf. e.g. Kraus 1971, 273; Gal'perin 1973, 14 ff).

3.4. Theory of Register

In contrast to functional stylistics, which proceeds from a small number of *domains of communication* and assigns to them relatively closed subsystems of linguistic means on all levels of language, registers are determined by the parameters of the *communication situation*. Unlike the functional styles, they refer to both written and spoken language; a delimitation to standard language is not made by all authors.

The theory of register was developed in English linguistics by J. R. Firth and his school (cf. Gläser 1976, 234—240); though the theoretical positions and the terminology of its various adherents are very heterogeneous (cf. the comparison in Hess-Lüttich 1974, 272—274), yet it is possible to summarize it as a common theoretical basis: "Den meisten Definitionen des register-Begriffs gemeinsam sind die sprachliche Variante, der Rollenwechsel des Sprechers sowie der sozial-situative Rahmen der sprachlichen Äußerung. Übereinstimmung besteht unter den Vertretern der FIRTH-Schule und anderen englischen Linguisten auch darin, daß die registers einen gesellschaftlich verbindlichen Charakter tragen und als makrolinguistische Norm gelten können." (Gläser 1976, 239). Halliday defines *'register'* as 'language variety according to use' in contrast to *'dialect'*, which he conceives as 'language variety according to user' (Halliday/McIntosh/Strevens [1964] 1970, 87). The difference between dialect and register is explicated further by Turner: "In one case, when we compare dialects, we normally compare entirely different linguistic situations: speaker, hearer, and circumstances all differ between one dialect and another. In the other case, in studying the variations available to a given speaker, or different 'registers', as they are conveniently called, we compare partially overlapping situations. Usually we identify registers by taking the speaker as the invariable element in overlapping situations, and discussing how he adjusts his language to a situation." (Turner 1973, 165).

Halliday proceeds from the assumption that language is always actualized by the selection of situationally specific varieties. It is assumed that speakers of a language do not behave exactly alike in their verbal utterances but speak very differently according to situation, partners of conversation, topics of conversation, etc. and can at the same time adopt adequate linguistic roles. A scientific discussion will take a quite different course from a conversation on a football match; one talks in a different manner with one's superior than with one's club mate; a testimony in court requires a different linguistic behaviour than a talk in a pub. Obviously, the speaker of a language has at his disposal different registers within his language with which he is able to adapt himself — largely unconsciously — to the respective conditions of a situation precisely by the selection of the suitable register. He can also deliberately choose an inappropriate register and thus cause special effects (comic touch, alienation, insult, etc.). The category 'register' can be divided into three interrelated situationally specific dimensions (Enkvist/Spencer/Gregory 1964, 87—89):

Field of discourse
This dimension relates the text to the subject with which it deals. The subject of speech influences the grammatical and especially the lexical properties of the text. If it changes within a longer text, this also has linguistic consequences.

Mode of discourse
This dimension concerns the linguistic differences resulting from the distinction between spoken and written language.
Further differentiations are imaginable with regard to genres, text types, etc.

Tenor of discourse (in Halliday 1964, 1970, 90 f: *style of discourse*)
This dimension concerns the linguistic consequences resulting in a situation from the relations between speaker/writer and listener/reader.

The degree of formality can be indicated on a scale ranging from extreme formality to total unconstraint. The social roles of the partners of communication and their mutual relation can be read from it (e.g. the difference between 'du' and 'Sie' in German).

It would be the task of style analysis to examine those linguistic features that can be regarded as indicators for a register (e.g. the address 'Du' in German for a colloquial register, a high frequency of the passive voice for a formal register — for instance, in scientific language). When attempting to classify registers, some authors approach the conception of 'text types' which would then be determined by the dimensions of register mentioned above, e. g.: "Many texts can be located roughly on the same points on the clines of field, mode and tenors. For example: 'lectures (modes and tenors) on geography (field)', 'sermons (field, mode and tenors)', 'cooking (field) recipe (tenors) books (mode)', 'personal (field and tenors) conversations (tenor and mode)'. These represent registers: the varieties according to use of which a text may be regarded as an instance." (Gregory/ Carroll 1978, 9)

The theory of register can become an important enrichment of sociolinguistics for the description of linguistic varieties. A condition for this is not only a theoretical and terminological settlement but also a detailed empirical analysis of the correlations between communication situations and the preference of linguistic inventories or − according to a programmatic demand of Turner (1973, 167) − "a systematic study of the situations which mould the various registers (...)".

4. Typology of Style and Register

A profound analysis of the relation between situations and registers could lead to a classification of typical registers. Actually, the theory of register would only become really fruitful for sociolinguistics and stylistics if one succeeded in setting up a typology of register for different languages. Unfortunately, the results in this field are very poor up to now; v. for instance the classification of style mentioned by Gläser (1976, 242) following Joos and Strevens:

Type of register	Example
Frozen style:	Visitors should make their way at once to the upper floor by way of the staircase.
Formal:	Visitors should go up the stairs at once.
Consultative:	Would you mind going upstairs right away, please.
Casual:	Time you all went upstairs, now.
Intimate:	Up you go, chaps!

Such a typology of register does not exceed the stylistic indication of lexemes according to a two-dimensional strata model as it is common in dictionaries. Here, entries are usually classified according to a stylistic scale that ranges from 'literary' through 'elevated' and 'colloquial' to 'familiar' and 'vulgar'.

From the point of view of stylistic theory, hardly any progress has been made as compared to the theory of the three levels of style (cf. Spillner 1974, 46 f), which dates back to classical antiquity and permits the stylistic classification of lexemes as well as of grammatical constructions, for instance:

high	stylistic level:	'steed'	German 'Antlitz' (poet.: face)
middle	stylistic level:	'horse'	'Gesicht' (face)
low	stylistic level:	'jade', 'nag'	'Fresse, Visage' (mug, trap)

Until now, only minor approaches to a typology of style have been developed that exceed a stylistic classification of lexemes. Generally, only antagonistic tendencies of style are distinguished, e. g. nominal vs. verbal style, paratactical vs. hypotactical style, varied vs. monotonous style, impressionist vs. expressionist style, etc. Most of these terms originate from literary interpretation and, like the often quoted stylistic principles ('vividness', 'clarity', 'suspense'), still lack a linguistic description. Also a linguistic division into stylistic types like 'loose', 'balanced', and 'tight' (Hendricks 1981, 47) will probably only be of heuristic value for stylistical didactics. A typology of style − which proceeds, for instance, from situationally determined registers − is an important desideratum of future research in style. It is an unalterable requirement for an exact description of 'stylistic competence' (Sandig 1978, 24) − if competence of this nature is not pointless. Stylistics, however, will have to use different methods for that purpose than the procedure of repeated reading of texts proposed by Spitzer (1948, 27). In the meantime, exact methods have been developed in the field of quantitative or statistical style analysis whose precise application to the determination of the parameters of a typology of style is useful.

5. Literature (selected)

Abraham, Werner (1971) "Stil, Pragmatik und Abweichungsgrammatik", in: *Beiträge zur generativen Grammatik*, von Stechow, A., ed., Braunschweig, 1−13.

Achmanova, Olga S. (1966) *O principach i metodach lingvostilističeskogo issledovanija*, Moskva.

Akhmanova, Olga (1976) *Linguostylistics: Theory and Method*, The Hague/Paris.

Antoine, Gérald (1959) "La stylistique française. Sa définition, ses buts, ses méthodes", in: *Revue de l'Enseignement Supérieur*, 42−60.

Antos, Gerd (1984) "Stil und Methode. Vorschläge zu einer produktions-/rezeptionsorientierten Stilanalyse", in: *Pragmatics and Stylistics*, Peer, Willie van/Renkema, Jan, eds., Leuven/Amersfoort, 17−69.

Aronstein, Ph[ilipp] (1920) "Zur englischen Stilistik", in: *Zeitschrift für französischen und englischen Unterricht* 19, 251−264.

Asmuth, Bernhard/Berg-Ehlers, Luise (1974) *Stilistik*, Düsseldorf.

Bailey, Richard W./Doležel, Lubomír (1968) An annotated bibliography of statistical stylistics, Ann Arbor.

Bally Charles ([1909] 1951) *Traité de stylistique française*, Genève/Paris.

Barth, Erhard (1970) "Die funktionale Differenzierung der Sprache", in: *Die Neueren Sprachen* 69, 186−191.

Beneš, Eduard/Vachek, Josef, eds., (1971) *Stilistik und Soziolinguistik. Beiträge der Prager Schule zur strukturellen Sprachbetrachtung und Spracherziehung*, Berlin.

Bobek, Harald (1982) "Zum stilistischen Aspekt der sprachlichen Realisierung von Kommunikationsverfahren", in: *Wissenschaftliche Zeitschrift der Pädagogischen Hochschule 'Karl Liebknecht' (Potsdam)* 26, no 1, 77−83.

Carstensen, Broder (1970) "Stil und Norm. Zur Situation der linguistischen Stilistik", in: *Zeitschrift für Dialektologie und Linguistik* 37, 258−279.

Carter, Ronald A. (1984 [1985]) "Stylistics", in: *Annual Review of Applied Linguistics* 5, 92−100.

Chatman, Seymour (1967) "Stylistics: Quantitative and Qualitative", in: *Style* 1, 29−43.

Coseriu, Eugenio (1969) *Einführung in die Strukturelle Linguistik*, Tübingen.

Crystal, David (1981) "Objective and subjective in stylistic analysis", in: *Directions in Applied Linguistics*, Crystal, D., ed., London, 147−162.

Crystal, David/Davy, Derek (1969) *Investigating English Style*, London/Harlow.

Danesi, Marcel (1981) "Idiolect, dialect, sociolect: what about 'Psycholect'?", in: *The Eighth LACUS Forum* 319−325.

Delany, Sheila (1974) "Political style: Political stylistics", in: *Style* 8, 437−451.

Doležel, Lubomír/Bailey, Richard W., eds., (1969) *Statistics and style*, New York.

Doležel, Lubomír/Kraus, Jiří (1972) "Prague school stylistics", in: *Current Trends in Stylistics* Kachru, B. B./Stahlke, H. F. W., eds., Edmonton/Champaign, 37−48.

Enkvist, Nils E. (1973) *Linguistic stylistics*, The Hague/Paris.

Enkvist, Nils E./Spencer, John/Gregory, Michael J. (1964) *Linguistics and style*, London.

Faulseit, Dieter/Kühn, Gudrun ([1965] 1969) *Stilistische Mittel und Möglichkeiten der deutschen Sprache*, Leipzig.

Fleischer, Wolfgang (1969) "Zur funktionalstilistischen Differenzierung der deutschen Schriftsprache", in: *Sprachpflege. Zeitschrift für gutes Deutsch* 18, 225−230.

·Fleischer, Wolfgang (1970) "Grundfragen der Stilklassifikation unter funktionalen Aspekten", in: *Wissenschaftliche Zeitschrift der Pädagogischen Hochschule 'Dr. Theodor Neubauer' Erfurt/Mühlhausen. Gesellschafts- und sprachwissenschaftliche Reihe* 7, no 2, 23−28.

Fleischer, Wolfgang (1976) "Kommunikation, Sprachkultur und Stil", in: *Sprachpflege. Zeitschrift für gutes Deutsch* 25, 97−99.

Flydal, Leif (1952) "Remarques sur certains rapports entre le style et l'état de langue", in: *Norsk tidsskrift for sprogvidenskap* 16, 241−258.

Freeman, Donald C., ed., (1970) *Linguistics and literary style*, New York.

Frey, Eberhard (1980) *Text und Stilrezeption. Empirische Grundlagenstudien zur Stilistik*, Königstein/Ts.

Frohne, Günter (1982) "Zur Problematik der funktionalstilistischen Normen (Stilnorm und sprachpraktische Ausbildung)", in: *Wissenschaftliche Zeitschrift der Pädagogischen Hochschule 'Karl Liebknecht' Potsdam*, 26, no 1, 67−75.

Fucks, Wilhelm (1955) *Mathematische Analyse von Sprachelementen, Sprachstil und Sprachen*, Köln/Opladen.

Gáldi, Ladislao (1971) *Introduzione alla stilistica italiana*, Bologna.

Gal'perin, I[l'ia] R. (1973) "O ponjatijach 'Stil' i 'Stilistika' ", in: *Voprosy Jazykoznanija* no 3, 14−25.

Gauthier-Darley, Michel (1977) "Linguistique et Stylistique: un problème de statut", in: *Etudes de Linguistique Appliquée*, N.S. no 27, 99−109.

Gläser, Rosemarie (1976) "Die Stilkategorie 'register' in soziolinguistischer Sicht", in: *Zeitschrift für Phonetik, Sprachwissenschaft und Kommunikationsforschung* 29, 234−243.

Gläser, Rosemarie (1978) "Methoden zur Erforschung von Stilmerkmalen in den Fachsprachen des Englischen", in: *Zeitschrift für Phonetik, Sprachwissenschaft und Kommunikationsforschung* 31, 159−169.

Gregory, Michael/Carroll, Susanne (1981) *Language and situations. Language varieties and their social contexts*, London.

Guiraud, Pierre ([1954] 1970) *La stylistique*, Paris.

Halliday, Michael A. K. (1964) "The linguistic study of literary texts", in: *Proceedings of the Ninth International Congress of Linguists* (Cambridge, Mass., Aug. 27−31, 1962), Lunt, H. G., ed., London/The Hague/Paris, 302−307.

Halliday, Michael A. K. (1970) "Functional diversity in language as seen from a consideration of modality and mood in English", in: *Foundations of language* 6, 322–361.

Halliday, Michael A. K./McIntosh, A./Strevens, P. ([1964] 1970) *The linguistic sciences and language teaching*, London.

Hartig, Matthias (1985) *Angewandte Linguistik des Deutschen I: Soziolinguistik*, Bern/Frankfurt a. M./New York.

Havránek, Bohuslav (1964) "The functional differentiation of the Standard language", in: *A Prague School Reader on Esthetics, Literary Structure, and Style*, Garvin, P. L., ed., Washington, D. C.

Hatzfeld, Helmut (1929) "Romanistische Stilforschung", in: *Germanisch-Romanische Monatsschrift* 17, 50–67.

Hendricks, William O. (1981) "Style types: Theory and practics in linguistic stylistics", in: *Poetica* (Tokyo) 12, 45–59.

Hess-Lüttich, Ernest W. B. (1974) "Das sprachliche Register. Der Register-Begriff in der britischen Linguistik und seine Relevanz für die angewandte Sprachwissenschaft", in: *deutsche sprache* 2, 269–286.

Hockett, Charles F. (1958) *A course in modern linguistics*, New York.

Hoffmann, Michael (1979) "Überlegungen zum methodischen Instrumentarium der linguostilistischen Analyse", in: *Linguistische Studien. Reihe A. Arbeitsberichte*. Akad. der Wiss. der DDR, Zentralinstitut für Sprachwissenschaft, no 51, Berlin [= Fleischer, Wolfgang, ed., Sprachnormen, Stil und Sprachkultur], 36–57.

Horálek, Karel (1965) "Sprachfunktion und funktionelle Stilistik", in: *Linguistics*, no 14, 14–22.

Hough, Graham (1969) *Style and stylistics*, London/New York.

Kachru, Braj B./Stahlke, Herbert F. W., eds., (1972) *Current trends in stilistics*, Edmonton/Champaign.

Kintgen, Eugene R. (1977) "Reader response and stylistics", in: *Style* 11, 1–18.

Kjetsaa, Geir (1981) "Stil' i Norma", in: *Linguistica* (Tartu) 14, 48–62.

Klein, Wolfgang (1976) "Sprachliche Variation", in: *Studium Linguistik* no 1, 29–46.

Klinkenberg, J[ean]-M[arie] (1985) "Essai de redéfinition sémiologique du concept de style", in: *Le Français Moderne* 53, 242–245.

de Kock, Josse (1981) "Método para una posible automatización del análisis estilístico", in: *Lingüística Española Actual* 3, 305–336.

Koževnikova, Květa (1973) "Nový krok ve stylistice", in: *Československá rusistika* 18, 123–128.

Kraus, Jiři (1971) "K sociolingvistickým prvkům ve funkčni stylistice", in: *Slovo a Slovesnost* 32, 271–325.

Labov, William (1970) "The study of language in its social context", in: *Studium Generale* 23, 30–87.

Labov, William (1972) *Sociolinguistic patterns*, Philadelphia.

Lefebvre, Claire (1983) "Les notions de style", in: *La Norme linguistique*, Bédard, E./Maurais, J., eds., Québec/Paris, 305–333.

Malblanc, Alfred ([1961] 1968) *Stylistique comparée du français et de l'allemand*, Paris.

Marouzeau, Jules ([1941] 1965) *Précis de stylistique française*, Paris.

Michel, Georg (1969) "Stilnormen grammatischer Mittel", in: *Wissenschaftliche Zeitschrift der Humboldt-Universität Berlin. Gesellschafts- u. sprachwiss. Reihe* 18, 275–279.

Michel, Georg ([1969] 1972) *Einführung in die Methodik der Stiluntersuchung. Ein Lehr- und Übungsbuch für Studierende*, Berlin.

Milic, Louis T. (1967) *Style and stylistics: An analytical bibliography*, New York.

Mounin, Georges (1973/74) "Panorama des théories stylistiques actuelles", in: *Bulletin de la Fédération Internationale des Professeurs de Français* (Sèvres) 8/9, 77–84.

Müller, Wolfgang G. (1981) *Topik des Stilbegriffs. Zur Geschichte des Stilverständnisses von der Antike bis zur Gegenwart*, Darmstadt.

Peukert, Herbert (1977) *Positionen einer Linguostilistik*, Berlin [= Sitzungsberichte der Sächsischen Akademie der Wissenschaften zu Leipzig. Philologisch-historische Klasse Bd. 119, Heft 6].

Pieper, Ursula (1979) *Über die Aussagekraft statistischer Methoden für die linguistische Stilanalyse*, Tübingen.

Porsch, Antje (1984) "Methoden zur Erfassung stilistischer Textmarkierungen – B. Spillners Informantenbefragungen", in: *Hallesche Studien zur Wirkung von Sprache und Literatur* 8, 18–36.

Püschel, Ulrich (1976) "Überlegungen zu einer Stiltypologie", in: *Sprachtheorie und Pragmatik. Akten des 10. Linguistischen Kolloquiums Tübingen 1975*, Tübingen, Weber, H./Weydt, H., eds., 223–234.

Püschel, Ulrich ([1973] 1980) "Linguistische Stilistik", in: *Lexikon der Germanistischen Linguistik*, Althaus, H. P./Henne, H./Wiegand, H. E., eds., 2. Auflage, Tübingen, Bd. II, 304–313.

Rehbein, Jochen (1981) "Zur pragmatischen Rolle des 'Stils'", in: *Germanistische Linguistik* 12, no 3–4, 21–48.

Riesel, Elise (1954) *Abriß der deutschen Stilistik*, Moskau.

Riesel, Elise ([1959] 1963) *Stilistik der deutschen Sprache*, Moskau.

Riesel, Elise (1964) *Der Stil der deutschen Alltagsrede*, Moskva.

Riesel, Elise (1974) *Theorie und Praxis der linguostilistischen Textinterpretation*, Moskva.

Riesel, Elise (1975) "Diskussion über das Problem 'Stilzug' erforderlich", in: *Sprachpflege* 24, 1—5.

Riffaterre, Michael (1971) *Essais de stylistique structurale*, Paris.

Šabršula, Jan (1978) "Sprache, Stil, Kommunikationssphäre (Zum Problem der Form/Inhalt-Beziehung)", in: *Beiträge zur Romanischen Philologie* 17, 193—196.

Sanders, Willy (1973) *Linguistische Stiltheorie*, Göttingen.

Sandig, Barbara (1978) *Stilistik. Sprachpragmatische Grundlegung der Stilbeschreibung*, Berlin/New York.

Schröder, Hartmut (1982) "Gebrauchsform — Textsorte — Stilnorm (Betrachtungen und Untersuchungsergebnisse unter funktional-kommunikativem Aspekt)", in: *Wissenschaftliche Zeitschrift der Pädagogischen Hochschule 'Karl Liebknecht' Potsdam*, 26, no 1, 61—66.

Sebeok, Thomas A., ed., (1960) *Style in Language*, New York/London.

Sechehaye, Ch. Albert (1908) "La Stylistique et la linguistique théorique", in: *Mélanges de Linguistique offerts à M. Ferdinand de Saussure*, Paris, 153—187.

Simons, Ph. J. (1932) "Wat is Stijl?", in: *De nieuwe taalgids* 26, 20—39.

Slepack, Boris (1980) "On distinguishing style types and styles", in: *Linguistica* (Tartu) 13, 132—142.

Sowinski, Bernhard (1972) *Deutsche Stilistik. Beobachtungen zur Sprachverwendung und Sprachgestaltung im Deutschen*, Frankfurt.

Sowinski, Bernhard (1981) "Kategorien der Makrostilistik. Eine Übersichtsskizze (Elise Riesel zum 75. Geburtstag)", in: *Germanistische Linguistik* 12, no 3—4, 77—95.

Spiewok, Wolfgang (1970) "Stilistik in der Grenzzone von Sprach- und Literaturwissenschaft", in: *Wissenschaftliche Zeitschrift der pädagogischen Hochschule 'Dr. Theodor Neubauer' Erfurt/Mühlhausen*, 7, no 2, 5—16.

Spillner, Bernd (1974) *Linguistik und Literaturwissenschaft. Stilforschung, Rhetorik, Textlinguistik*, Stuttgart/Berlin/Köln/Mainz.

Spillner, Bernd (1974 a) "Zur Objektivierung stilistischer und rhetorischer Analysemethoden", in: *Kongreßbericht der 5. Jahrestagung der Gesellschaft für angewandte Linguistik*, Nickel, G./Raasch, A., eds., Heidelberg, 281—290.

Spillner, Bernd (1974 b) "The relevance of stylistic methods for sociolinguistics", in: *Association Internationale de Linguistique Appliquée. Third Congress, Copenhagen 1972. Proceedings, vol. II: Applied Sociolinguistics*, Verdoodt, A., ed., Heidelberg, 172—183.

Spillner, Bernd (1976) "Empirische Verfahren in der Stilforschung", in: *LiLi. Zeitschrift für Literaturwissenschaft und Linguistik* no 22, 16—34.

Spillner, Bernd, ed., (1984) *Methoden der Stilanalyse*, Tübingen.

Spitzer, Leo (1948) *Linguistics and literary history. Essays in stylistics*, Princeton.

Steinmetz, Horst (1978) "Sprachgebrauch, Stilkonventionen und Stilanalyse", in: *Jahrbuch für Internationale Germanistik* 10, 16—33.

Steinthal, H[eymann] (1866) "Zur Stylistik", in: *Zeitschrift für Völkerpsychologie und Sprachwissenschaft* 4, 465—480.

Sumpf, Joseph (1971) *Introduction à la stylistique du français*, Paris.

Thakur, D. (1972) "Towards a definition of style", in: *Indian Linguistics. Journal of the Linguistic Society of India* (Poona) 33, 31—41.

Thieberger, Richard (1978) "Zur Situation der Stilforschung", in: *Jahrbuch für Internationale Germanistik* 10, 8—15.

Thorne, James P. (1965) "Stylistics and generative grammars", in: *Journal of Linguistics* 1, 49—59.

Traugott, Elizabeth C./Romaine, Suzanne (1985) "Some questions for the definition of 'style' in socio-historical linguistics", in: *Folia Linguistica Historica* 6, 7—39.

Turner, G[eorge] W. (1973) *Stylistics*, Harmondsworth, Middlesex.

Ullmann, Stephen (1964) *Language and Style*, Oxford.

Vasiliu, E[manuel] (1983) "Semantică, normă şi efect de stil", in: *Studii şi cercetări linguistice* (Bucureşti) 34, 461—465.

Widdowson, H[enry] G. (1974) "Stylistics", in: *The Edinburgh Course in Applied Linguistics, vol. III: Techniques in Applied Linguistics*, Allen, J. P. B./Corder, S. P., eds., London, 202—231.

Winter, Werner (1964) "Styles as dialects", in: *Proceedings of the Ninth International Congress of Linguists* (Cambridge, Mass., Aug. 27—31, 1962), Lunt, H. G., ed., London/The Hague/Paris, 324—330.

Bernd Spillner, Duisburg
(Federal Republic of Germany)
Translated by Rolf Tatje, Duisburg
from the German

39. Linguistic Repertoire

1. Preliminary Remarks

The totality of linguistic resources available to members of a community for socially significant interaction constitutes the linguistic repertoire of that community. The linguistic resources include all the different languages, dialects, registers, styles and routines spoken by the group as well as communicative codes in other modalities such as writing. The notion of repertoire takes an interacting group as the point of departure and asks: how do speakers allocate their linguistic means to the situations, events, and social relationships recognized in the community (cf. art. 32, 81)? The linguistic varieties in a repertoire are defined not by their origins or structural unity but by their differing uses or functions in the social life of a particular group. For instance, in many multilingual communities the choice of one language over another has the same social function or significance as the selection among lexical variants in monolingual societies.

When the notion of repertoire was first introduced in the early 1960s it marked a radical change in perspective away from single languages or dialects as the fundamental units of analysis in linguistics. It inaugurated a turn towards the study of groups of speakers who have alternative ways of expressing themselves which are deployed in particular social contexts and for culturally constructed purposes. The concept of repertoire focussed attention on structured linguistic heterogeneity and on the social meaning of linguistic choice; it contributed significantly to studies of language change and to understanding the relationship between language and social structure.

In the emergence of sociolinguistics as a research tradition or paradigm, the notion of linguistic repertoire played a central role. Since then it has competed with similar formulations that have somewhat different scope and emphasis: ways of speaking, linguistic variables and domains. At present the conception of linguistic repertoire is not itself a focus of research but rather a taken-for-granted starting point for ethnographic work on multilingualism and language use in context. Also, current work in this tradition provides a socially-sensitive approach to discourse analysis. Perhaps the best way to explicate the repertoire concept is to discuss how it provided a solution to certain conceptual difficulties in dialectology and structural linguistics, and then to outline briefly two lines of research that have developed around the idea of linguistic repertoire: one of these explores the relationship between repertoires, social structure and linguistic change, the other investigates code-switching to discover how social meaning is created in interaction.

2. Conceptual Foundations

Leading linguists in the early part of this century — Meillet, Saussure, Vendryes, Sapir and Bloomfield among others — devoted important passages or chapters in their major works to the detailed presentation of linguistic diversity. Dialectology provided a wealth of evidence (cf. art. 64). But in these works there was no systematic linkage between the insightful observations of social, stylistic and geographic variation on the one hand and the theoretical discussion of linguistic structure on the other. Nor was there any systematic explication of the way different kinds of social variation — regional, class or occupational — might be related to each other. As Weinreich, Labov and Herzog (1968) have argued, from the Neogrammarians through Saussure and the American structuralists and generativists, structure was equated with linguistic homogeneity. What is more, structure was expected to exist within a genetically defined language while lack of structure or "freedom" was expected to reign outside it, in language use (Hymes 1974, 90—92). For structural linguists of the 1950s the idiolect became the proper object of description. Hockett's influential text defined it as a single person's speech habit at a given time. Ideally, many idiolects would make a dialect, several dialects a language. But this formulation only heightened the difficulties for linguists working in the tradition of dialectology in complex societies. The speech of social units such as regions, villages, castes and occupations rarely matched the set-inclusion relations hypothesized of dialect and language (Ferguson/Gumperz 1960. Cf. art. 44). At the same time, social and cultural anthropologists who were looking to language differences as an index of group boundaries also found that the linguist's definitions were unsafe guides, since the categories of structural linguistics were not uniformly linked to social groups (Hymes 1968). In the following decade the emerging generativist revolution, while changing many of the theoretical commitments of structuralism, left in tact the focus on homogenous language systems seen as autonomous with respect to social context.

But the 1950s also saw important critiques of the definition of language and dialect, that "most unsatisfactory terminological set" (Martinet 1954) and of dialectology itself (Weinreich 1954). These years witnessed a spurt of work on language variation and use that is represented in an influential collection by Hymes (1964). Scholars were also discovering structure "between" systems, for instance the work of Haugen and Weinreich on bilingualism. However, fundamentally new ways of conceptualizing the relations between variation and context did not reach print until the early 1960s. Linguistic repertoire was among these new models, all of which sought a unity between language and social life by focusing on social interaction and the use of language for communicative purposes.

In a series of articles published throughout the 1960s, John J. Gumperz proposed, defined and elaborated the concept of repertoire. The influence of European and Indian dialectology as well as the Prague school's interest in stylistics and standardization is evident in the development of the concept. But equally important was Gumperz's close scholarly and institutional link with anthropology. Intellectually this included a continuing concern with grand social theory as developed in anthropology as well as an ethnographic interest in interaction and cultural knowledge. Developing in close conjunction with the idea of repertoire were Hymes' notion of 'ethnography of speaking' and the broader concept of 'communicative competence' (cf. art. 34, 78) as well as Labov's narrower concept of the 'linguistic variable' (cf. art. 112).

Repertoire provided a new unit of analysis that cross-cut the traditional units of language, dialect and idiolect by including social categories in a principled way. Indeed, the idea of repertoire extends structural principles to describe the patterned relationship between social context and language. Linguistic variation is not "free." Its pattern and structure can be discovered if the distribution of linguistic variants is viewed in relation to social groupings, social situations and communicative purposes. "Within a socially defined universe, forms are selected for study primarily in terms of who uses them and when, regardless of purely grammatical similarities and differences." (Gumperz 1971, 150) In studying repertoires rather than dialects or idiolects, one abstracts from speech and interaction along quite a different dimension and confronts a new set of research questions. In short, the notion of linguistic repertoire was proposed as a way of reconceptualizing the relationship between linguistic and social categories, between language and social life.

In the study of linguistic repertoires it is assumed that linguistic variation can occur at any level of linguistic structure, involving choices among "referentially equivalent" forms in phonology, syntax, morphology and lexicon. In any social situation the choice of a variant in one part of an utterance limits the speaker in choices made later, in other parts. Such co-occurrence rules cut across the normal components of grammar. This is what makes it possible to divide the speech of even monolingual speakers into varieties: co-occurring or co-varying sets of features or variants (Ervin-Tripp 1972). Notice that these co-occurrence constraints become visible through a methodology which insists on ethnographic study of language use to ascertain what is situationally available to speakers. The varieties are not defined by either the linguist's or the speakers' named categories. It becomes apparent that great linguistic differences are sometimes socially trivial while elsewhere trivial linguistic differences carry great social consequences.

A speaker's choice between varieties is also structured. It is systematically linked to social relationships, events or situations. Again, ethnography is needed to identify the events deemed separate and significant by the group and the appropriate or expected choice of a variety for the event. Repertoires may be described for groups of varying sizes or even for individuals. Individuals in an interacting group need not share all varieties but the tacit conventions for using varieties and the interpretive strategies associated with speaking are expected to be known, if not necessarily used, by those who participate together in significant interaction.

Notice that the term *repertoire*, a metaphor drawn from theater or performance, alludes to a storehouse or treasury of possibilities. The figure is significant. It constructed a different view of speakers who were often socially subordinate and had been excluded or marginalized by structuralist research interests: multilinguals and nonstandard speakers of various kinds. In the progressive political climate of the late 1960s it provided an image of such speakers not as deviants but as people with positive, even remarkable skills.

3. Repertoires, Social Structure and Language Change

In the many studies inspired by the repertoire concept, two directions emerge as noteworthy. One starts with the correlation of types of social structures with types of linguistic repertoires. It is rooted in the important work of Ferguson (1959) defining diglossia (cf. art. 33), and earlier research on dialects and standardization. In three classic articles, Gumperz (1962, 1964, 1968, all reprinted in 1971) constructed a classification of speech communities or sociolinguistic situations (cf. art. 32) based on the social function and diversity of varieties in the community's repertoire. This can be seen as fundamentally different yet complementary to traditional linguistic classification based on the genetic and typological affiliations of languages. Gumperz showed that differences in societal complexity are reflected most directly in language attitudes and in the shape and structure of linguistic repertoires.

However, a typology of speech communities can obscure the crucial historical processes linking social groups. Interesting current work stresses the importance of seeing language attitudes within a very broad political-economic framework. The commonest form of language change today is no longer the classic differentiation of languages as populations separate and disperse. Rather, in our historical epoch colonial and capitalist expansion, state formation and massive labor migration have brought populations together into systems of political-economic domination and cultural hegemony. The imposition of standard and colonial languages is part of this process. Within a society the language of the more powerful groups gains greater legitimacy, authority and prestige than the language(s) of the subordinated, even in the ears of the subordinated themselves. Rather than constructing typologies which are often implicitly based on evolutionary or modernization theory (e. g. Fishman 1978), much research in this vein relies on neo-marxist social theories and emphasizes historical changes in political economy within a single political or geographical region. It attempts to show the links between the historically changing distribution of power and the evaluation and imposition of linguistic forms. In a detailed and illuminating example G. Sankoff ([1976] 1980) traced the change from egalitarian multilingualism in New Guinea to the use of lingua francas and colonial languages. In the pre-colonial era speakers preferred their own local forms but local languages were not ranked with respect to each other. With colonial contact and urbanization speakers began to devalue their own language, accepting the authority of the lingua franca and the colonial language. This both reflected and spurred increasing social stratification. Another example is Hill's (1983) discussion of routes of language death among the Uto-Aztecan languages. Hill argues that obsolescence occurred in contrasting ways depending on how the particular group was linked to the world economic system.

On a more microscopic social scale, the internal structure of repertoires has also been of considerable research interest. In keeping with previous work in dialectology, Gumperz distinguished between dialectal and superposed varieties. Those linguistic forms linked to particular social groups, often geographically separate, are dialectal; those varieties linked to activities or domains of use, such as the literary or ritual "high" forms in classic diglossia, are called superposed. In addition, Gumperz suggested that two characteristics of repertoires are particularly sensitive to social changes: the degree of compartmentalization or separation of varieties and the linguistic distance between them.

It is significant that in modern industrial societies the dialectal/superposed distinction typically collapses into a single dimension in which the same linguistic features signal both social status and the nature of the speech event (e. g. Labov 1972). In a parallel phenomenon students of bilingual communities have observed that language shift occurs as the dominant group's language takes over ever more of the functions of the indigenous language. Often, new speech events and new functions are introduced, e. g., schooling, church, which can only be accomplished in the dominant language, while events which are closely linked to the indigenous language are forbidden or stigmatized (e. g. Eckert 1980, Fishman 1964, Dressler/Wodak-Leodolter 1977, Hill/Hill 1980). Then, if upward mobility is possible at all it involves rejection of both the indigenous language and the events associated with it. Bourdieu (1977) sees the imposition of standard languages in very much the same light, as a form of symbolic domination exercised through control of the institutions of cultural reproduction, particularly the schools. Yet, even with restricted functions, stigmatized languages and varieties persist even when mobility is possible only through the dominant language. What is more, contrary to the implications of Bourdieu's analysis, working class vernaculars have certainly not disappeared despite the enforcement of the standard in schools and public life (cf. art. 183). The processes by which the "low" or stigmatized varieties of subordinated groups survive has been a focus of debate.

By adopting the anthropological notion of social network one can clarify the ways in which different varieties are maintained or abandoned in the course of speakers' presentation of their social identities in interaction. Gumperz (1964; 1982) noted that participation in varied networks gives speakers the knowledge, identity and right to switch between varieties in a single event. In a study of an Austrian town, Gal (1979) described how language shift is occurring from Hungarian to German by demonstrating that macrostructural changes such as industrialization, urbanization and political centralization simultaneously changed the evaluation of the local language and also disrupted social networks that had required members to show solidarity through the use of the local variety. The concept of social network helps in specifying the process of language maintenance and conceptually mediates between the individual level and macrosociological categories such as class. Thus Milroy (1980) showed the mechanism by which working class speech is maintained in Belfast: closed, multiplex networks enforce the use of phonological variants as well as constraining the social meaning of those variants (see also Labov 1973). Starting from the individual speaker in a highly fluid society, LePage (1978) suggested the somewhat similar notion

that highly "focused" linguistic norms develop under particular small-scale social conditions within widely differing societies.

The study of repertoire in contemporary societies has revealed the importance of a "solidarity" dimension in the evaluation of linguistic varieties, existing in addition to the well-known "status" or prestige dimension. "Languages of solidarity", be they working class vernaculars or minority languages reduced in function, are often used by speakers to make economic claims on co-ethnics, thereby forming part of a survival strategy for beleaguered and powerless groups. At the same time, as Woolard (1985) pointed out, "languages of solidarity" are best seen as oppositional but contradictory products of a capitalist era. They enact resistance to the dominant values and authority of the hegemonic public institutions in which the standard variety is required. But this opposition is accomplished at the cost of creating linguistic forms which are then used by the larger society to confirm the speakers' low status. Clearly this linguistic "resistance" should be understood in light of broader theories of cultural resistance and ethnic mobilization.

Yet the societal emphasis on the binary opposition between two codes is itself historically situated. As an analytic construct it is likely to be too simple a scheme to do justice to the many repertoires world-wide that include three or more varieties. These codes are often symbolically and structurally distinct but are not necessarily evaluated on a single linear scale (see papers in Romaine 1982). Description of the full range of diversity in repertoires, not simply different languages but the stylistic varieties within languages and in monolingual repertoires, has also been done under the rubric of ethnography of speaking (e. g. Bauman/Scherzer 1974. Cf. art. 78). Work in this direction includes the current concern with written as opposed to spoken modalities and the range of genres which link them (e. g. Tannen 1982).

In the studies mentioned above, the emphasis has been more on language use and less on linguistic structure. But the locally varying details of compartmentalization, evaluation and social alternation among varieties also affect their structure and thus the language distance between them. This has become an important theme in the research on language contact and change (Heath 1984). For example, Gumperz and Wilson (1971) showed that the local versions of three genetically unrelated languages in northern India converged grammatically while retaining separate lexicons. The results were attributed to the daily alternation between these languages within a single repertoire over many generation. Note that the languages were equal in status but strict separation of the groups was required by the caste system. The common assumption that lexicon is always most susceptible to external influence while grammar is least so is clearly in need of rethinking (see also Scollon/Scollon 1979). It seems that the part of language that is likely to change at contact is itself socially conditioned and not determined by linguistic structure alone.

A related but conceptually separate issue is the change that can occur in linguistic varieties when their everyday social uses are restricted in specific ways. Again, the particular local conventions for the allocation and evaluation of the repertoire can be linked to structural changes in the constituent varieties, but this time the focus is not on co-existent linguistic systems but on the communicative requirements of speech events. Notice that two levels of social analysis are involved and linked, and both affect language: sociohistorical changes in the speech community, and the constraints of face-to-face interaction (Sankoff 1980, xix). For example, some varieties become socially restricted during language shift since they are used for ever fewer communicative functions. Such cases provide illuminating contrasts to pidginization. Recent work on socially restricted varieties has explored a number of the resulting simplifications in morphology, phonology, subordination devices and stylistic markers (e. g., Dorian 1981; Gal 1984; Hill 1983; Dressler 1972; Trudgill 1976/1977). It is essential to consider the implications of these results for broader grammatical theories. Given the failings of variable rules (Kay 1978) and the insistence in the generative paradigm for an autonomous grammar, the integration of these sociolinguistic insights with those of the generative approach remains problematic. Various discourse perspectives on grammar seem more promising (papers in Givon 1979). Clearly we need to understand considerably more about the relationship between the social-historical and the social-interactional pressures on language as these interact with cognitive and purely grammatical constraints (Slobin 1977).

4. Social Meaning in Code-Switching (cf. 129)

A second line of research which emerged from the study of repertoires deals with the way in which choice among linguistic varieties conveys social meanings. Code-switching is at the center of this set of problems and has inspired an enormous literature (see review in Heller, in press). Two types of code-switching are generally distinguished. In "situational switching" societal norms of choice link linguistic varieties to settings, interactants, topics and other situational factors. Alternation between varieties (also called codes) is predictable from independent information about the culturally defined components of the speech event. But, although some groups limit their switching to this sort, many other groups engage in the much more problematic "conversational" or "metaphorical" code switching (Blom/Gumperz 1972, Gumperz 1982a). In this type, segments from both codes occur within a single exchange in a single speech event, often in a single sentence. This is not random mixing, nor due to ignorance of the languages. Rather it follows specifiable linguistic rules and is done by those who are most fluent in both languages (Poplack 1980). Most importantly, it is meaningful. Some claim that rapid intrasentential switching is a separate mode or variety in the repertoire and characterizes particular groups. But most studies assume that individual switches are themselves significant. While one cannot predict the occurrence of conversational switches one can learn to interpret them as the listeners do. The goal then is to explicate the cognitive and social processes by which speakers are able to derive conventional meanings and social consequences from such switching.

Two principles are crucial in this endeavor. First, the sociolinguistic rules which link linguistic varieties and events are different from ordinary linguistic rules which sort sentences into grammatical and not grammatical. When sociolinguistic rules are violated the result is not simply an unacceptable or odd utterance. Rather, as in the case of Grice's maxims, floutings of unmarked or expected language choice are assumed to be intended and in response to them listeners produce new interpretations of the speaker's meaning. This process of interpretation is at the center of the study of code-switching.

A second and related principle is drawn in part from the interpretivist tradition in sociology. Rather than being determined by the social context in which it occurs, the chosen forms of speech themselves may define the speech event or social relationship. For example, the switch from a formal pronoun of address to an informal one is not simply a reflection of a changed social relationship but is actually among the means by which that relationship has been changed. Similarly, if a linguistic routine or variety is strongly associated with an activity, then to start the routine is to signal the start of the activity. This is what Gumperz (1982 a) has called contextualization cues. In this view social identities are in part enacted in speech and thus cannot always be separately measured and later correlated with independent measures of speech. The same can be said for situations since speech styles can define events (Coupland 1980).

Many functions of conversational code switching (CCS) have been identified. To interpret CCS one must first discover the local cultural opposition between values, ethnic identities and activities which is symbolized by the two codes. Such cultural understandings are ordinarily shared only as a result of frequent interaction and shared group membership, so CCS is unlikely to occur among strangers. Armed with background knowledge, interactants may juxtapose the codes to accomplish metaphorical and therefore indirect, ambiguous or "off-record" expressions of a variety of conversational acts: mitigating or aggravating requests, denials, topic shifts, elaborations, validations or clarifications. These discourse or stylistic effects depend on the listener's inference that the speaker is serious, angry, deferent, distant, solidary, etc. And these inferences in turn depend on participants' knowledge of the details of the social context, particularly what choices are marked, or unmarked, in particular social relationships. Thus code choices simultaneously manage (or change) the conversational task and the social relationship (Scotton 1976, Heller in press) as well as the speaker's claims to identity.

What is important here is not so much the many functions that CCS has been shown to accomplish but rather the generalization that it always involves culturally specific expectations about speaking and about norms (or competing norms) of interpretation. Finally, it is but one of many discourse strategies or

ways of speaking: culturally preferred ways of managing interaction, presenting social identity and attitudes, ordering and packaging information in conversation (e. g. papers in Gumperz 1982 b). It may be, however, a strategy which is unique in its use of macropolitical divisions to make interactional meaning. It is separate from, but involves an organization of grammatical knowledge. In the acquisition of code-switching skills, as in the acquisition of communicative competence generally, children learn not only how to talk appropriately but also beliefs about what can be said and known as well as categories and evaluations of people and events. In short, they learn the culture inscribed in interaction (Ochs/Schieffelin 1984).

It is noteworthy that the analysis of code switching draws on a cognitive vocabulary derived from ethnoscience and generative grammar and uses the critical notion of inference which it shares with philosophical approaches to pragmatics. What is more, the general goal is to understand how an utterance gains the meaning it does in particular social and cultural contexts, a goal it shares with many versions of discourse analysis, for which it offers particularly illuminating and complicating evidence.

5. Literature (selected)

Bauman, Richard/Scherzer, Joel, eds., (1974) *Explorations in the ethnography of speaking*, New York.

Blom, Jan-Petter/Gumperz, John J., (1972) "Social meaning in linguistic structures: Code-switching in Norway", in: Gumperz, J. J./Hymes, D., eds., *Directions in sociolinguistics*, New York.

Bourdieu, Pierre (1977) "The economics of linguistic exchanges," in: *Social Science Information* 16 (6), 645 – 68.

Coupland, Nikolas (1980) "Style shifting in a Cardiff work setting," in: *Language in Society* 9, 1 – 12.

Dorian, Nancy (1981) *Language death*, Philadelphia.

Dressler, Wolfgang/Wodak-Leodolter, Ruth, eds., (1977) "Language death," in: *Linguistics* 191.

Dressler, Wolfgang (1972) "On the phonology of language death," in: *Chicago Linguistics Society* 8, 448 – 57.

Eckert, Penelope (1980) "Diglossia: Separate and unequal," in: *Linguistics* 18, 1053 – 1064.

Ervin-Tripp, Susan (1972) "On sociolinguistic rules: Alternation and co-occurrence," in: Gumperz,

J. J./Hymes, D., eds., *Directions in sociolinguistics*, New York, 213–250.

Ferguson, Charles (1959) "Diglossia," in: *Word* 15, 325–40.

Ferguson, Charles/Gumperz, John J. (1960) "Introduction," in: Ferguson, Ch./Gumperz, J. J., eds., *Linguistic Diversity in South Asia*, Bloomington.

Fishman, Joshua (1964) "Language maintenance and language shift as fields of inquiry," in: *Linguistics* 9, 32–70.

Fishman, Joshua, ed., (1978) *Advances in the study of societal multilingualism*, The Hague.

Gal, Susan (1979) *Language shift*, New York.

Gal, Susan (1984) "Phonological style in bilingualism: The interaction of structure and use." in: Schiffrin, D., ed., *Meaning form and use in context*, Washington, DC.

Givón, Talmy, ed., *Syntax and semantics 12: Discourse and syntax*, New York.

Gumperz, John J. (1971) *Language in social groups*, Standford.

Gumperz, John J. (1982a) *Discourse strategies*, New York.

Gumperz, John J., ed., (1982b) *Language and social identity*, New York.

Gumperz, John J./Wilson, Robert (1971) "Convergence and creolization: A case from the Indo-Aryan/Dravidian border in India," in: Hymes, D., ed., *Pidginization and creolization of languages*, London.

Heath, Jeffrey G. (1984) "Language contact and language change," in: *Annual Review of Anthropology* 13, 367–84.

Heller, Monica, ed., (in press) *Code-switching: Anthropological and linguistic perspectives*, Austin.

Hill, Jane (1983) "Language death in Uto-Aztecan," in: *International Journal of American Linguistics* 49 (3), 258–76.

Hill, Jane/Hill, Kenneth, (1980) "Mixed grammar, purist grammar and language attitudes in Nahuatl," in: *Language in Society* 9, 321–48.

Hymes, Dell, ed., (1964) *Language in culture and society*, New York.

Hymes, Dell (1968) "Linguistic problems in defining the concept of tribe," in: Helm, J., ed., *Essays on the problem of tribe*, Seattle.

Hymes, Dell (1974) *Foundations in sociolinguistics*, Philadelphia.

Kay, Paul (1978) "Variable rules, community grammar and linguistic change." in: Sankoff, D., ed., *Linguistic Variation: Models and Methods*, New York.

Kloss, Heinz (1967) *Grundfragen der Ethnopolitik im 20. Jahrhundert*, Wien.

Labov, William (1972) *Sociolinguistic patterns*, Philadelphia.

Labov, William (1973) "On the linguistic consequences of being a lame," in: *Language in Society* 2, 81–115.

LePage, Robert (1978) "Projection, focusing and diffusion," in: *York Working Paper in Linguistics* 9, University of York.

Martinet, André (1954) "Dialect," in: *Romance Philology* 8, 1–11.

Milroy, Lesley (1980) *Language and social networks*, Baltimore.

Ochs, Elinor/Schieffelin, Bambi (1984) "Language acquisition and socialization: Three developmental stories and their implications," in: Schweder, A./LeVine, R., eds., *Culture Theory*, New York, 276–322.

Poplack, Shana (1980) "Sometimes I'll start a sentence in English y termino en Espagnol: Towards a typology of code-switching," in: *Linguistics* 18, 581–618.

Romaine, Suzanne, ed., (1982) *Sociolinguistic variation in speech communities*, London.

Sankoff, Gillian (1980) *The social life of language*, Philadelphia.

Scollon, Suzanne/Scollon, Ronald (1979) *Linguistic convergence*, New York.

Scotton, Carol (1976) "Strategies of neutrality: Language choice in uncertain situations," in: *Language* 52, 919–941.

Slobin, Dan I. (1977) "Language change in childhood and history," in: Macnamara, J., ed., *Language learning and thought*, New York.

Tannen, Deborah, ed., (1982) *Spoken and written language*. Norwood.

Trudgill, Peter (1967/1977) "Creolization in reverse: Reduction and simplification in the Albanian dialect of Greece," in: *Transactions of the Philological Society*, 32–50.

Weinreich, Uriel (1954) "Is a structural dialectology possible?" in: *Word* 14, 388–400.

Weinreich, Uriel/Labov, William/Herzog, Marvin (1968) "Empirical foundations for a theory of language change." in: Lehmann, W./Malkiel, Y., eds., *Directions in historical linguistics*, Austin.

Woolard, Kathryn A. (1985) "Sociolinguistic variation and cultural hegemony: Toward an integration of sociolinguistic and social theory." in: *American Ethnologist* 12, 738–748.

Susan Gal, New Brunswick, N.J. (USA)

40. Idiolekt

1. Bestimmung des Gegenstandsbereichs

1.1. Unter *Idiolekt* (vgl. gr. *idios* „persönlich, eigentümlich, privat") versteht man im weiteren Sinne den Sprachbesitz und die sprachliche Verhaltensweise (Sprachäußerung) eines Individuums. Nach Bloch (1948, 7), der den Terminus in die strukturelle Linguistik eingeführt hat, ist *Idiolekt* „die Gesamtheit möglicher Äußerungen eines Sprechers zu einer gegebenen Zeit, indem er sich einer bestimmten Sprache bedient, um mit einem anderen Sprecher zu interagieren". Sowohl Sprachbesitz als auch Sprachäußerung sind in diese Definition einbezogen; sie impliziert auch, daß *Idiolekt* einen einzigen Sprecher charakterisiert. Dieser kann laut Bloch unterschiedliche Idiolekte in verschiedenen Lebensabschnitten haben, ebenso wie zwei oder mehr Idiolekte gleichzeitig. — Im engeren Sinne wird *Idiolekt* als Sprachbesitz des Individuums angesehen (Hockett 1958, 321), oder als Sprachäußerung, individuelle Realisierung des Sprachsystems (Martinet 1962, 105). Ferner wird *Idiolekt* auf die Gesamtheit sprecherunterscheidender sprachlicher Besonderheiten bezogen, seien diese sozial, professional, areal oder psycho-physisch (Lewandowski 1985, 400; Ivić 1971, 74).

Gemessen an der zentralen Bedeutung, die der Sprache des Individuums für die verwendungs- und variationsorientierte Linguistik zukommt, und an der Tatsache, daß das Phänomen selbst schon lange von der psychologisch orientierten Sprachwissenschaft erkannt worden ist, sind die Bemühungen um exaktere Bestimmungen des Gegenstandsbereiches als erstaunlich gering zu bezeichnen. Denn die Sprache des Einzelnen, d. h. die Gesamtheit seiner verfügbaren Sprachmittel, wurde schon früh als die methodologische Zugang für die Beurteilung der Dialektunterschiede angesehen (Paul [1880] 1909, 37; vgl. Hockett 1958, 321). Da nur die einzelnen Individuen reale Existenz haben, müsse man so viele Sprachen unterscheiden, wie es Individuen gäbe. Innerhalb einer Volksgemeinschaft würden „so viele Dialekte geredet als redende Individuen vorhanden sind" (Paul [1880] 1909, 38). Es seien Dialekte mit je eigener Entwicklung, die in stetiger Veränderung begriffen sind. Hier werden jedoch in der Tradition des 19. Jhs. die Begriffe Sprache und Dialekt voneinander nicht deutlich abgegrenzt (vgl. Art. 44).

1.2. Bei *Idiolekt* ist es notwendig, außer in bezug auf *Dialekt* auch die Abgrenzung gegenüber *Soziolekt* (vgl. Art. 37) und *Repertoire* (vgl. Art. 39) vorzunehmen. Dies ist um so wichtiger, als für alle Bildungen auf *-lekt* das zutrifft, was bei *Dialekt* festgestellt worden ist: daß sie eine falsche Wohldefiniertheit suggerieren, „da *-lekt* semantisch so gut wie leer ist und ganz formal nur *-variante* meint, wobei alle inhaltlichen, funktionalen, pragmatisch-linguistischen und historischen Aspekte ausgeklammert bzw. in das Bestimmungswort gelagert sind" (Löffler 1980, 456). In der amerikanischen Sprachdifferenzierungstheorie steht *Idiolekt* als Individualsprache auf der untersten Stufe der Skala, gefolgt von *Soziolekt* als Gruppensprache und *Dialekt* als geographisch und sozial abgrenzbare Sprache. Von anderer Seite wird gefordert, *Dialekt* stets nur einzelsprachlich zu bestimmen und zu erforschen, unter der Berücksichtigung einer soziokulturell gebundenen binnensprachlichen Diglossiesituation (Löffler 1980, 457). — Das primäre Unterscheidungskriterium gegenüber *Soziolekt*, der auch als Oberbegriff für den Bereich von Fachsprache, Sondersprache, Jargon (vgl. Art. 41, 43) verwendet wird, für situationstypische Varietäten oder jede soziale Varietät (Bausch 1980, 359; Fishman 1975, 25), ist stets Individuum versus Gruppe. *Soziolekt* wird dabei als das vertikale, soziologisch abgegrenzte Diasystem angesehen (Hammarström 1967, 205 f). Schwieriger ist die Abgrenzung von *Repertoire*, das „the totality of linguistic forms regularly employed in the course of socially significant interaction" umfaßt, ebenso wie alle akzeptierten Arten der Mitteilungsformulierung. *Repertoire* kann sich auf Gruppen und auf Individuen beziehen (Gumperz 1971, 152; 234). Im letzteren Fall wird der Unterschied zum Idiolekt verwischt. — Problematisch erweist sich die Annahme von idiolektalen Sprachsystemen insofern, als dies Privat-sprachen implizieren würde, die in Wirklichkeit kaum existieren (Lewandowski 1985, 400). Da Sprache stets durch psychologische und soziale Faktoren realisiert wird, ist anzunehmen, daß es kaum Individuen gibt, deren Sprachbesitz und Sprachverhalten in einem Sprachbereich gleich sind, aber auch nicht grundverschieden. Auch beim Idiolekt ist grundsätzlich ein Kompetenz/Performanz Verhältnis in gegenseitiger Bedingtheit anzusetzen, in der Interdependenz im Sinne de Saussures (Gauger 1976, 15) — *Idiolekt* ist nicht homogen, er ist, wie vor allem Spracherwerbsprozesse zeigen, stets in gewissen Gebieten Veränderungen unterworfen, und es gibt Verschiedenheiten innerhalb eines Idiolektes. Die Notwendigkeit, den Begriff noch mehr auszugliedern, ist deshalb schon früh in der amerikanischen Linguistik hervorgehoben worden (Weinreich 1954, 389 f), jedoch ohne nennenswerte Folgen (ähnlich bei den Begriffen 'Register' und 'Stil').

1.3. Die meisten bisherigen Bestimmungen des *Idiolekts* haben zweierlei nicht beachtet: (1) die sprachlichen Verwendungsweisen der mündlichen Interaktion umfassen nicht nur Produktionsprozesse, sondern auch Verstehensprozesse. Das heißt, daß vom Individuum sowohl die sprecher- als auch die hörerbezogenen Regeln und Einheiten beherrscht werden müssen, wenn es mit anderen interagieren will; (2) die sprachlichen Verhaltensweisen sind nicht näher spezifiziert worden (s. jedoch Hammarström 1980, 429 ff). Man hat den Idiolekt gewöhnlich mit verbalen Mitteln expliziert, ohne die anderen mit der gesprochenen Sprache verbundenen und auf den Inhalt der Aussage einwirkenden kommunikativen Mittel zu berücksichtigen. Zum Idiolekt des Sprechers gehören in der mündlichen Kommunikation sowohl verbale als auch parasprachliche, nonverbale und extraverbale Mittel (nur verbale und parasprachliche beim traditionellen Telefon).

1.3.1. Die parasprachlichen Elemente legen das Wie des Gesagten dar (vgl. Art. 133). Hierher gehören laut Trager (1958, 1 ff) die *Stimmqualitäten* (Höhe der Töne, Typ der Kontrolle der Lippen und Stimmritze, artikulatorische Kontrolle), *Stimmgebungen*, die ihrerseits unterteilt werden in *Stimmcharakterisatoren* (Lachen, Weinen, Schluchzen, Flüstern, Geschrei usw.) und *Stimmsegregate* (Geräusche der Zunge und der Lippen bei Interjektionen, Nasalierungen). Nach anderen Einteilungen kann man die mit der Stimme verbundenen Signale in vier Gruppen sehen: „*primary qualifiers, qualifiers, differentiators, alternants*" (Poyatos 1982, 130 f). Für den Idiolekt sind vor allem die primären Eigenschaften wichtig, das sind die Konstituenten menschlicher Stimme, durch welche Menschen sich voneinander unterscheiden. Sie hängen von vier Hauptfaktoren ab: (1) biologischen, wie Geschlecht und Alter; (2) physiologischen, wie Gesundheitszustände; (3) kulturellen, wie z. B. die größere Lautstärke bei romanischen Völkern und Arabern; (4) sozialen, wie z. B. Status, Beruf. Bei letzteren können auch besondere Funktionen maßgebend sein, z. B. bei der Ammen- und Babysprache, oder beim Erzählen (Poyatos 1982, 130 f; Oksaar 1985, 10 f).

1.3.2. Nonverbale Mittel umfassen Mimik, Gestik und andere Körperbewegungen, die unter *Kinesik* analysiert werden (vgl. Art. 134). Es gibt physiologisch bedingte Körperbewegungen wie Gähnen, Husten, Erröten und kulturbedingte Signalbewegungen wie Herbei- und Wegwinken; imperativische Schweigesignale wie den Finger an die Lippen legen u. dgl. Je nach der Situation und im Kontext mit anderen Signalen im kommunikativen Akt können physiologisch bedingte Bewegungen ebenso Signalwert haben, auch wenn der Sender sich dessen nicht bewußt ist. Sein Gähnen kann in unserer Kultur als Langeweile interpretiert werden, Erröten als eine Reaktion auf Gefühle wie Freude, Scham, Verlegenheit. Die nonverbalen Mittel können die verbalen in verschiedenen Funktionen — bewertend, verdeutlichend, hervorhebend, gliedernd — nicht nur begleiten, sondern semantisch auch selbständig funktionieren und idiolektale Verschiedenheiten markieren. Ihrer Funktion nach kann man bei den nonverbalen Mitteln drei Gruppen unterscheiden: (1) *Embleme* können verbale Mittel ersetzen und sind durch diese übersetzbar, z. B. Nicken als Ausdruck der Zustimmung, Achselzucken als Signal, daß man etwas nicht weiß oder versteht; (2) *Illustratoren* sind Ausdrucksbewegungen, die das Verbale begleiten, unterstützen und ergänzen; (3) *Regulatoren* steuern den Interaktionsfluß (Ekman/Friesen 1969, 49 ff). Der Gebrauch von diesen Mitteln kann einzelne Sprecher charakterisieren, wobei bei der Vermittlung positiver und negativer Gefühle besonders der Augenkommunikation eine wichtige Rolle zukommt. Ferner gehört dazu die Art des Schweigens sowie die spezifische Verwendung der Haptik, wie berühren, anfassen, usw.

1.3.3. Extraverbale Einheiten betreffen die Zeit, den Raum und die *Proxemik*, d. h. Beziehungen im Raum.

Idiolektale Merkmale sind festzustellen bei der Handhabung der Regeln für das W a n n und das W o einer Sprechhandlung. Das W a n n betrifft u. a. den Zeitpunkt des „Zur-Sache-Kommens" in einem Gespräch. Individuelle Unterschiede können dabei erheblich sein. Hier spielen aber auch kulturelle Aspekte eine wichtige Rolle: in Asien und in den arabischen Ländern ist die Zeitspanne viel länger als in der westlichen Welt, sowohl im privaten als auch im geschäftlichen Bereich. — W o man etwas sagt, ist u. a. individuell verschieden in bezug auf den Abstand zum Gesprächspartner. Zwar hängt dies auch von der Situation und vom Thema ab, den Ausgangspunkt bildet jedoch das individuelle Raumempfinden der Beteiligten.

2. Methodologische und theoretische Bemerkungen

2.1. *Idiolekt* ist, wie auch *Sprache, Dialekt* und *Soziolekt*, beobachtbar nur in der mono- oder dialogischen Tätigkeit einer Einzelperson. Wenn in den Definitionen von „speech habits" die Rede ist, so muß beachtet werden, daß diese der direkten Beobachtung nur mittelbar zugänglich sind. Unmittelbar feststellbar ist nur das jeweilige Sprachverhalten des Einzelnen. Da Sprache, Dialekt, Soziolekt als kollektive Größen angesehen werden, ist Idiolekt, als individuelle Größe, der notwendige Ausgangspunkt für die Untersuchung kollektiver Verhaltensweisen. Da der Idiolekt nicht statisch, sondern dynamisch ist, fordert seine Untersuchung Methoden der Erfassung der dynamischen Synchronie (im Sinne Roman Jakobsons).

2.2. Idiolektale Unterschiede der Verhaltensweisen lassen sich auf dem Hintergrund eines übergreifenden Modells für die gesamten Bereiche erfassen, die mit der mündlichen Sprachverwendung zu tun haben. In diesem Modell ergeben sich, je nach den Beziehungen der Beteiligten, vier Kommunikationssphären: (1) *die intime Sphäre*, in der sehr gute Freunde und nahe Verwandte kommunizieren; (2) *die persönliche Sphäre*, in der man mit Vertrauten, guten Freunden, Verwandten redet; (3) *die soziale Sphäre* als normale Konversationssphäre mit Kollegen und Bekannten; (4) *die öffentliche Sphäre*, zu der jegliche Kommunikation mit Unbekannten gehört, ebenso Kommunikation in Institutionen (Verwaltung, Gericht usw.) (Oksaar 1985, 18). Durch unterschiedliche Einschätzung der Geltung von verbalen, parasprachlichen, nonverbalen und extraverbalen Mitteln in der jeweiligen „Sphärenkompetenz" entstehen idiolektale Unterschiede. — Idiolekte können somit nicht allein durch das Hören festgestellt werden, sondern auch durch das Sehen. „Laß mich hören, wie du sprichst, und ich sage dir, wer du bist" müßte nach unserer Definition des Idiolekts ergänzt werden zu „Laß mich hören und sehen, wie du sprichst, und ich sage dir, wer du bist." *Idiolekt* identifiziert den Sprecher und Hörer in ihren unterschiedlichen sozialen Rollen wie z. B. Mutter, Jurist, Vorgesetzter; die methodische Frage ist: Wer verwendet wann, wie, welche kommunikativen Mittel gegenüber wem mit welcher Absicht und mit welchem Resultat? Sprachbesitz und die sprachliche Verhaltensweise des Einzelnen können somit präzisiert werden.

2.3. Wenn als *Idiolekt* nicht nur die spezifischen Merkmale einer Individualsprache gelten, sondern auch die Gesammtheit der von einem Individuum beherrschten Regeln und Einheiten, entsteht die Frage, ob ein Individuum tatsächlich ein oder mehrere Idiolekte hat, wie die früheren Definitionen geltend machen, z. B. Bloch (1948, 7). Hockett (1958, 321) setzt bei seiner weit verbreiteten Definition des *Idiolekts* als „the total set of speech habits of a single person at a given time" zwei Idiolekte an in Fällen wie zweisprachig aufwachsenden Kindern, die zu Hause Sprache 1 und von Spielgefährten Sprache 2 gelernt haben, oder bei Schweizerdeutschen, die den lokalen Dialekt und Standarddeutsch reden. Bei einer derartigen Sehweise werden aber Sprachbesitz und Sprachverwendung durcheinandergebracht. Daß zu einer bestimmten Zeit nur jeweils eine Sprache durch einen Sprecher/Hörer aktiviert wird, sagt beim Besitz von mehr als einer Sprache noch nichts über die Relation der Sprachen zueinander aus. Hocketts Idiolektdefinition spricht eher für die Annahme, daß man es mit einem Idiolekt zu tun hat, weil die G e s a m t h e i t der Sprachgewohnheiten eines Individuums gemeint ist. Ferner ist nicht selten festzustellen, daß in der Rede der Zweisprachigen Kodeumschaltungen vorkommen, von der Wortebene bis zur Satzebene. Dasselbe Phänomen läßt sich inter- und intrasprachlich feststellen. Die Frage, in welchem Maße ein Zweisprachiger so handle, als ob er ein Hypersystem von Sprache benutze, in dem die zwei Sprachen, die er spricht, in ein höheres System zusammenschmelzen, hat auch Pike (1967, 137) beschäftigt, ohne daß er allerdings zu einer Antwort gelangt ist. Soziolinguisten und Anthropologen sind jedoch geneigt, das sprachliche Verhalten des Zweisprachigen als von einem größeren System gesteuert anzusehen, wie es z. B. durch das Konzept des Repertoires deutlich wird (Gumperz 1971, 152). Nach dieser Sehweise könnte man sagen, daß der Idiolekt eines Individuums zwei oder mehr Sprachen umfassen kann, aber auch zwei oder mehr Dialekte und Soziolekte. Die Wahl der Einheiten aus dem einen oder anderen innerhalb des Idiolekts erfolgt nach den Erfordernissen des Empfängers, des Themas und der Situation, wobei man durchaus gewisse Regelmäßigkeiten in der Bevorzugung der einen oder anderen Konstituente feststellen kann (Oksaar 1976, 103 ff). Es handelt sich um eine Registerwahl, analog zu Gebrauchstypen der Einsprachigen (vgl. Art. 38, 81).

2.4. Die unterschiedliche Beurteilung der Zahl der Idiolekte hängt vom methodischen Ansatz ab. Ist dieser sprachenbezogen, was einen monolingualen Standpunkt impliziert, so werden bei Mehrsprachigen notwendigerweise mehrere Idiolekte angesetzt, obwohl man dabei die häufig auftretenden Kodeumschaltungen nicht erklären kann, ebensowenig wie Äußerungen vom Typus: *Haben Sie Ihr Ticket schon gecheckt*, in dem Entlehnungsprozesse schon in der Form von morphosemantischen Transfers festzustellen sind. — Geht man jedoch von einem individuumbezogenen Ansatz aus, so ergibt sich ein anderes Bild. Denn Mehrsprachige haben stets eine variable Kompetenz, in der die *Kodeumschaltung* (code-switching) eine zentrale Rolle spielt (vgl. Art. 129). Ihre kommunikativen Fähigkeiten dürfen nicht, wie immer noch häufig geschieht, vom Standpunkt der Einsprachigkeit aus beurteilt werden. Mehrsprachige verfügen nicht nur über Regelkomplexe aus Sprache 1 und Sprache 2, sondern über mindestens drei, der dritte stammt von Sprache X, die sich größtenteils aus Elementen von Sprache 1 und Sprache 2 zusammensetzt. Sie hat jedoch ihre eigenen Verwendungsnormen, die mit Kodeumschaltung zusammenhängen und idiolektale Charakteri

stika erzeugen. Die Kodeumschaltung, worunter die alternative Verwendung zweier Sprachen, Dialekte oder Soziolekte zu verstehen ist, ohne jegliche Interferenzen oder auch mit linguistischen und/oder situationalen Interferenzen, läßt eine eigene Kompetenz erkennen, die ein Indikator für bestimmte soziale Beziehungen und soziale Identität der Sprecher ist (Oksaar 1974, 491 ff). Sie läßt sich nicht nur nach ihren linguistischen, sondern auch psycholinguistischen und soziologischen Regeln beschreiben. Registerstrategien und Kodeumschaltung gehören zur idiolektalen Kompetenz eines Mehrsprachigen und kennzeichnen einen gewissen Mehrsprachigen im Unterschied zu anderen.

3. Die Bedeutung der Idiolektforschung für die Soziolinguistik

3.1. Aus der Tatsache, daß es keine zwei Individuen gibt, deren Sprachgebrauch identisch ist, und daß ein Individuum Mitglied in verschiedenen sozialen Beziehungsgeflechten sein kann, ergibt sich die Rolle der Idiolektforschung für verschiedene soziolinguistische Schwerpunkte. *Idiolekt* wird als Grundlage für die Definition von *Soziolekt* und *Dialekt* sowie *Sprache* angesehen. Sprache und Dialekt bestehen danach aus mehr oder weniger ähnlichen Idiolekten, wobei jedoch die Ähnlichkeit der einzelnen Idiolekte in einem Dialekt größer sei als bei allen Idiolekten in einer Sprache (Hockett 1958, 322). Das systematische Studium von interpersonalen und intergruppalen Verschiedenheiten der „speech habits", das zur synchronischen Dialektologie gehört, baut auf *Idiolekt* auf. Das Bestreben, im Idiolekt das kleinste homogene dialektale Beschreibungsobjekt zu finden (Halliday 1968, 156), ist u. a. von denen als gescheitert angesehen worden, die ihm Homogenität absprechen und ihn noch in kleinere Einheiten aufteilen wollen (Weinreich 1954, 389).

3.2. Aber auch bei seiner Heterogenität ist der Idiolekt für die Soziolinguistik von großem Belang, da es möglich ist, partner-, rollen-, themen- und situationsspezifische Idiolekte festzustellen. Zu den verschiedenen Typen markanter Idiolekte gehört die Verhaltensweise gegenüber Kleinkindern, zu guten Freunden, zu Fremden; in der Rolle des Vorgesetzten, Lehrers, Vaters, Chefs, Richters usw., ferner nach Gesprächsbereichen und bei

Kulturemrealisierungen. Durch die Analyse nicht nur auf der sozialen Dimension der linguistischen Variation (Wer verwendet wann, wie, welche kommunikativen Mittel ... S. oben 2.2.), sondern auch auf der sozialen Variation der linguistischen Dimension (Wer versteht wann, wie, welche kommunikativen Mittel, von wem, mit welchem Resultat?) lassen sich Unterschiede feststellen, die von der Gruppenperspektive aus gesehen aufschlußreich sind, da schon eine Wortwahl und Wortinterpretation soziale Implikatur haben können. Idiolektale Unterschiede in der Darstellungs-, Ausdrucks-, Appell- und phatischen Funktion der Sprachverwendung können positive oder negative Einflüsse auf soziale Netzwerke haben. – Da idiolektale Züge andere Sprecher/Hörer beeinflussen können, kommt ihnen bei Sprachveränderungen einerseits und Gruppenbildungen andererseits eine wichtige Rolle zu. Schon Paul ([1880] 1909, 34) hat hervorgehoben, daß die Sprachveränderung sich durch die spontane Tätigkeit des Individuums und durch die Beeinflussung durch andere vollzieht, denen er ständig ausgesetzt ist. Diachronische Idiolektforschung müßte intensiver als bis jetzt geschehen betrieben werden.

4. Literatur (in Auswahl)

Bausch, Karl-Heinz (1980) „Soziolekt", in: *Lexikon der germanistischen Linguistik*, Althaus, H. P./Henne, H./Wiegand, H. E., eds., 2. Auflage, Tübingen, 358–363.

Bloch, Bernhard (1948) „A set of postulates for phonemic analysis", in: *Language* 24, 3–46.

Ekman, Paul/Friesen, Wallace V. (1969) „The repertoire of nonverbal behavior: Categories, origins, usage and coding", in: *Semiotica* 1, 49–98.

Fishman, Joshua A. (1975) *Soziologie der Sprache*, München.

Gauger, Hans-Martin (1976) *Sprachbewußtsein und Sprachwissenschaft*, München.

Gumperz, John J. (1971) *Language in social groups*, Stanford.

Halliday, Michael A. K. (1968) „The users and uses of language", in: *Readings in the sociology of language*, Fishman, Joshua A., ed., The Hague/Paris, 139–169.

Hammarström, Göran (1967) „Zur soziolektalen und dialektalen Funktion der Sprache", in: *Zeitschrift für Mundartforschung* 34, 205–216.

Hammarström, Göran (1980) „Idiolekt", in: *Lexikon der germanistischen Linguistik*, Althaus, H. P./Henne, H./Wiegand, H. E., eds., 2. Auflage, Tübingen, 428–433.

Hockett, Charles F. (1958) *A course in modern linguistics*, New York.

Ivić, Milka (1965) *Trends in linguistics*, London/The Hague/Paris.

Lewandowski, Theodor (1985) *Linguistisches Wörterbuch* 2, 4. Auflage, Heidelberg.

Löffler, Heinrich (1980) „Dialekt", in: *Lexikon der germanistischen Linguistik*, Althaus, H. P./Henne, H./Wiegand, H. E., eds., 2. Auflage, Tübingen, 453–458.

Martinet, André (1962) *A functional view of language*, Oxford.

Oksaar, Els (1974) „On code switching. An analysis of bilingual norms", in: *Applied linguistics, Problems and solutions. Association Internationale de Linguistique Appliquée. Third Congress Copenhagen 1972, Proceedings*, Vol. III, Quistgaard, J./Schwarz, H./Spang-Hanssen, H., eds., Heidelberg, 491–500.

Oksaar, Els (1976) „Interference and bilingual interaction", in: *Proceedings of the 4th International Conference of Applied Linguistics*, Vol. 2, Nickel, G., ed., Stuttgart, 101–111.

Oksaar, Els (1985) „Sprachkultur und mündliche Kommunikation", in: *Sprachkultur. Der Deutschunterricht*, Augst, G., ed., 37, 1, 6–20.

Paul, Hermann (1909) *Prinzipien der Sprachgeschichte*, 4. Auflage, Halle.

Pike, Kenneth L. (1967) *Language in relation to a unified theory of the structure of human behavior*. The Hague/Paris.

Trager, George L. (1958) „Paralanguage: A first approximation", in: *Studies in Linguistics* 13, 1–12.

Weinreich, Uriel (1954) „Is a structural dialectology possible", in: *Word* 14, 388–400.

Els Oksaar, Hamburg (Bundesrepublik Deutschland)

41. Language for Special/Specific Purposes

1. Common Language — Sublanguages — Languages for Specific Purposes

1.1. It seems to be generally agreed that *common language* comprises all those elements and rules that any member of a speech community or nation has at his or her disposal when entering into communication. Without the existence of a common language communication could and would not take place. Self-evident as this assumption may be, it is nevertheless very difficult, if not impossible, to compose a list of all language items, e. g. words, belonging to common language, i. e. to the population's active or at least passive repertory, for there are considerable discrepancies between the individual "stores" of the members of a speech community. — As far as the core of grammatical means (word forms, syntactic patterns) is concerned, there may be a common trunk or nearly equal competence in spite of the fact that certain forms and patterns are never used by the majority of the community. Besides this such a thing as a common lexical core may exist, but divergencies in the quantity and quality of individual vocabularies are definitely greater than what they have in common. It is therefore practically impossible to demarcate the size of the so-called common vocabulary, to give a complete list of its elements or to classify every word of a language as belonging or not belonging to it. — Considering the difficulties mentioned, we are inclined to abandon the traditional concept of *common language* and to replace it by *total language* in the sense of the *language system* or *langue*. Thus *common language* becomes the complete potential of all language items and rules existing, from which partial sets of linguistic elements and complexes are constantly chosen to realize the respective speech acts, in other words, to compose all kinds of texts.

1.2. Consequently *sublanguages* are subsystems of the total language system actualized in the texts of specific spheres of communication. To put it another way: *sublanguages* are selected sets of linguistic elements and their interrelations functioning in texts on selected subjects. The main criteria of division into *sublanguages* are the intention of the author of the text, the purpose of the message and its content/subject/topic. These criteria being accepted, any text can be identified as belonging to a definite field of human (physical or intellectual) activity, to a well demarcated sphere of communication and hence to one of the supposed *sublanguages*. — *Sublanguages* are specific not only with respect to their vocabularies but also in the use they make of other language items. In many cases the specificity of *sublanguages* is mainly expressed by statistical parameters, i. e. by the frequency of occurrence of certain elements and structures.

1.3. Most *sublanguages* are *languages for specific purposes* (cf. art. 77 and 167). Any *language for specific purposes* represents the totality of linguistic means used in a limited sphere of communication on a restricted subject in order to enable cognitive work to be done and mutual information to be conveyed by those acting in the said domain. — The peculiarities of *languages for specific purposes* in comparison with *common language* and other *sublanguages* are conspicuous above all on the lexical level, i. e. in *special vocabulary* or *terminology*, and additionally in the usage of certain grammatical categories, syntactic constructions and textual structures. — *Languages for specific purposes* can be demarcated from each other and from other *sublanguages* against the background of communicational fields within the framework of their so-called horizontal disposition. This kind of disposition takes the shape of an open-ended sequence (Hoffmann 1984, 58 – 62). From the horizontal disposition it cannot be concluded how many *languages for specific purposes* or *sublanguages* a language has. They are practically as numerous as the domains of specialized human activity which are constantly being added to by scientific and technological progress, and all of which are, on the other hand, subject to the dialectic of integration and differentiation. — Most *languages for specific purposes* are characterized by a vertical stratification, i. e. they are used on different levels. Criteria to define the individual levels or strata are: the degree of abstraction, the external linguistic form, the sphere of employment, the participants in communication et al. If such criteria are taken into due consideration most *languages for specific purposes* become accessible to further specification according to different text types, e. g. thesis, manual, article, patent, operating instructions, etc. — From a sociolinguistic point of view *languages for specific purposes* are *sociolects*, i. e. *sublanguages* of social classes and professional groups determined by the specific use they make of language means. One of the problems which give rise to lively discussion in this connection is that of *language barriers* (Bungarten 1981, 14 — 53). — *Stylistics*, on the contrary, identifies *languages for specific purposes* with one of the so-called functional styles, mostly with (theoretical or practical) scientific style, whereby attention is drawn only to what most of them have in common. — *Languages for specific purposes* come into being and develop as a consequence of the process of the division of labour, the permanent evolution of the productive forces and the steady improvement of the techniques of production, but also as a result of progress in abstract theoretical thinking.

2. Specific Vocabularies (Terminology)

2.1. *Specific vocabularies* comprise, in the widest sense, all lexical elements in a special text, because all of them contribute — directly or indirectly — to communication on special (scientific, technological, etc.) subjects. In the narrow sense, the *specific vocabulary* constitutes a subsystem of the general lexical system or a part of the total vocabulary of a language. *Specific vocabulary* and general vocabulary are often examined in a contrastive way or with reference to their mutual exchange and interaction. Some of the problems discussed in this connection are: semantic expansion or restriction, polysemia, homonymy, synonymy, models and means of word formation, etc.

2.2. In the narrowest sense, *special vocabulary* is equal to *terminology*. However, some authors make a distinction between *terminology* proper and non-terminological *specific vocabulary*, or between terms, semi-terms and jargonisms. They accept as terms only those

words, the meaning (content) of which is unambiguously fixed by definition. Semi-terms are, in their opinion, undefined words that, nevertheless, convey a sufficiently exact idea of the objects denominated, while jargonisms make no claim to exactness or unambiguousness.

2.3. If the *special text* is taken as the starting point, its lexical elements may be grouped into three classes: general vocabulary, common specific vocabulary, and *specific vocabulary; terminology* is, then, part of (highly) *specific vocabulary*.

2.4. The dominating classes of words in *specific vocabularies* are nouns and adjectives more than verbs and others, because they are expected to denominate best of all the great number and variety of subjects and concepts, to which specialized (scientific, technological, professional) human activities are directed, and their essential features. This is, perhaps, the reason why *terminology* is often supposed to exist exclusively of nouns qualified by adjectives, regardless of the fact that there is a strong trend towards terminologization with verbs, too.

2.5. *Specific vocabularies* in general, and *terminologies* in particular, are continuously enlarged and supplemented by the following procedures: loan, calque, metaphorization and metonymy, redefinition, word formation et al. They contain many international words, most of them derived from Greek or Latin roots; some of them prefer complex syntactic units in order to denominate complex phenomena as exactly as possible; last but not least abbreviations play an important role in scientific and technological prose. It is demanded that *terminology* as *specific vocabulary* in the strictest sense should have such qualities as, for instance, specificity, conceptuality, exactness, unambiguousness, one-to-one relation between form and content, explicitness, brevity, etc.

3. Selective Syntax

3.1. Most of the existing descriptions of scientific and technical syntax are exclusively devoted to formal or quantitative characteristics such as the length of *sentences* and *phrases*, the frequency of certain *types of sentences, phrase structures* or other segments, the syntactic relations between parts of speech (domination, valence et al.) or more complex constituents of *sentences*, word order, etc. Functional and semantic aspects are generally neglected in these preliminary attempts. Nevertheless, some distinctive features, especially of scientific writing, can be observed at this level. — Regardless of the distinction between free word groups and complex terms or set expressions we may say that *nominal groups*, expressing conceptual units, are the most important components of the vast majority of scientific *sentences*. "They contain the individual items of information which make up the detailed description of a machine, of a process, of the logical exposition of an idea or theory, the reasoned explanation of natural phenomena and the objective evaluation of experimental data" (Sager et al. 1980, 219). — *Verbal groups* have often been ignored in spite of their important role as organizing centres of *sentences* and their rhematic function. But progress in dependency grammar and text linguistics has pointed to the fact that to catch the meaning of a message it is not sufficient to know the nominal key words (terms) of a text, but that the predicates and thus the verbs, too, determine the sense of what is said about specific subjects. — It is, in the first place, the selective use of some *grammatical categories*, e. g. indicative, present tense, third person, passive, that emphasizes the restricted function of the verb itself, which is sometimes even substituted by nominal predicates (nouns, adjectives, participles together with auxiliaries). — The formal and quantitative distribution within *verbal groups* shows, first and foremost, an abundant use of adverbs and adverbials as constituents dominated by the verb. There can be no doubt that they largely contribute to the exactitude and explicitness of scientific information. In many cases processes and actions expressed by *verbal groups* become unambiguous only if the author says when, where and how things are going on. — Another important trait of *verbal groups* is the desemantisation of verbs in favour of nouns taking over the main meaning of the predicate.

3.2. *Sentences* as entire structural units of *languages for specific purposes* have been examined from various points of view. One of the first "discoveries" was that they are longer than *sentences* of other *sublanguages*. As a consequence the number of clauses is greater. This does not mean, however, that

complex and *compound sentences* are more frequent in scientific and technical papers than *simple sentences*. But the ratio between them is another one than in literary prose. — In accordance with the strong informative intention of *languages for specific purposes* the vast majority of *sentences* are declarative in nature. Interrogative sentences occur very infrequently. Imperative sentences are the normal method of expressing instructions. — A very attractive aspect of scientific and technical syntax is *functional sentence perspective*. There are significant differences in the frequency of occurrence of its various types. The assertion made by representatives of functional stylistics that scientific writers prefer one definite type, namely direct word order, must be revised or at least qualified.

4. Special Texts

4.1. *Special texts* constitute the main object of research on *languages for specific purposes*. A *special text* is an instrument and at the same time the result of a communicative act carried out in connection with or with respect to a specialized social or individual activity. It constitutes a structural and functional unit (whole) and consists of a finite, ordered set of pragmatically, semantically, and syntactically coherent/cohesive sentences/utterances (textemes), which, being complex language signs, correspond to complex propositions in human thinking and to complex states of affairs in objective reality. — Like all other texts *special texts* are characterized by at least seven standards of textuality: cohesion, coherence, intentionality, acceptability, informativity, situationality, intertextuality (Beaugrande/Dressler 1981, 3–11). They are created and operate within a complex communicational framework, the relevant factors of which are: the author (speaker/writer) with his communicative intention and strategy; the addressee (hearer/reader) with his preconceived expectation and possibly the intention of reaction; the (sub)system of their mother tongue or a foreign *(sub)-language* both make use of in producing and comprehending the text; the domain(s) of knowledge or activity that are dealt with in the text; the communicational situation determined by non-linguistic factors (Gülich/Raible 1977, 25). —

4.2 Since the messages contained in *special texts* must be sufficiently precise and concise, peculiarities can be observed not only on the lexical and the syntactic but also on the text level. This holds true of the macrostructure (composition, architecture), of the cohesive relations between the elements and of the whole inventory of syntactic, lexical, morphological et al. items of *special texts*. There are, however, great discrepancies between different text types, such as text-books, manuals, articles, reviews, abstracts, contracts, etc. The concept of the *special text* comprises, by the way, not only written (printed) but also oral messages, dialogues and discussions.

5. Social Implications

5.1. *Sociolinguistics* has a strong tendency to overestimate the sociolectal, group-constituting function of *languages for specific purposes*. The consequence is that social conflicts are often explained only linguistically, that social disqualification appears only as a consequence of linguistic incompetence, and that the only way out of such situations is the improvement of linguistic abilities (Bungarten 1981, 14—53). — It cannot be denied that communication (mutual understanding) between various groups of people, between experts and laymen, and between experts (of different branches) themselves becomes more and more difficult and sometimes even ends with a total break-down (Fluck 1976, 37). But these difficulties should not be overgeneralized by terms like *language barrier(s)* and the like, and a strict distinction should be made between mono- and multilingual relations, e. g. between two Germans of different educational and social status, between anglophone and francophone inhabitants of Canada, and between accepted citizens and immigrants or foreigners. — It must, however, be denied that *language barriers* are the only reason for barriers in information and action. On the contrary: social barriers, imposed by social structures, e. g. the system of education, are responsible for barriers in information and consequently for barriers in communication, particularly in linguistic intercourse. — But this does not mean that there is no difference between *common language* and *languages for specific purposes*, e. g. the language (*sublanguages*) of science and technology, that the layman is able to understand the expert or that experts must necessarily understand one another. Human knowledge of nature and society has reached a level that a single person or even a group of experts can-

not fully comprehend, and since the process of human cognition is an infinite process of approximation to absolute truth, it will never stop at a definite stage. The division of knowledge and labour is, therefore, a natural and inevitable phenomenon reflected in speech communication.

5.2. A positive approach to the sociolinguistic aspects of *languages for specific purposes* will, therefore, take into account, among other *objectives*, the following: the examination of the nature of languages for specific purposes as a social phenomenon; the analysis of their place and role in social development; language and science; language and/in cultures; language planning; linguistic emancipation in developing countries; the social implications of artificial languages; the development of "international" languages; bilingualism in elementary and higher education; multilingualism in scientific and technological publications; the social and linguistic consequences of professional specialization; the creation and unification of *terminologies*; language standardization; language policy, etc. (Dešeriev 1968, 80—81).

6. Literature (selected)

Avrorin, Valentin (1975) *Problemy izučenija funkcional'noj storony jazyka*, Leningrad.

Beaugrande, Robert de/Dressler, Wolfgang (1981) *Introduction to text linguistics*, London/New York.

Beier, Rudolf (1982) "Zur Untersuchung der Fachsprache aus text- und pragmalinguistischer Sicht", in: *Fachsprachenforschung und -lehre*, Richart, J. R./Thome, G./Wilss, W., eds., Tübingen, 15—27.

Bungarten, Th., ed., (1981) *Wissenschaftssprache*, München.

Danilenko, Valerija P. (1977) *Russkaja terminologija*, Moskva.

Dešeriev, Jurij D. (1968) "Problema funkcional'nogo razvitija jazykov i zadači sociolingvistiki", in: *Jazyk i obščestvo*, Moskva, 55—81.

Drozd, Lubomir/Seibicke, Wilfried (1973) *Deutsche Fach- und Wissenschaftssprache*, Wiesbaden.

Felber, Helmut/Lang, Friedrich/Wersig, Gernot, eds., (1979) *Terminologie als angewandte Sprachwissenschaft*, München/New York/London/Paris.

Fluck, Hans-Rüdiger ([1976] 1985) *Fachsprachen*, München.

Gläser, Rosemarie (1979) *Fachstile des Englischen*, Leipzig.

Gülich, Elisabeth/Raible, Wolfgang (1977) *Linguistische Textmodelle*, München.

Hahn, Walther von, ed., (1981) *Fachsprachen*, Darmstadt.

Hahn, Walther von (1983) *Fachkommunikation*, Berlin/New York.

Høedt, Jörgen/Turner, Robin, eds., (1981) *New bearings in LSP*, Copenhagen.

Hoffmann, Lothar, ed., (1975) *Fachsprachen und Sprachstatistik*, Berlin.

Hoffmann, Lothar ([1976] 1984) *Kommunikationsmittel Fachsprache*, Berlin.

Hoffmann, Lothar, ed., (1978) *Sprache in Wissenschaft und Technik*, Leipzig.

Klaus, Georg (1963) *Semiotik und Erkenntnistheorie*, Berlin.

Kocourek, Rostislav (1982) *La langue française de la technique et de la science*, Wiesbaden.

Mitrofanova, Ol'ga D. (1973) *Jazyk naučno-techničeskoj literatury*, Moskva.

Möhn, Dieter (1977) "Ziele und Ergebnisse der Fachsprachenforschung und der Terminologiearbeit", in: *Muttersprache 2*, 67—76.

Reinhardt, Werner, ed. (1975) *Deutsche Fachsprache der Technik*, Leipzig.

Sager, Juan C./Dungworth, David/McDonald, Peter F. (1980) *English special languages*, Wiesbaden.

Wüster, Eugen (1979) *Einführung in die allgemeine Terminologielehre und die Terminologische Lexikographie*, Wien/New York.

Lothar Hoffmann, Leipzig
(German Democratic Republic)

42. Abstandsprache und Ausbausprache

1. Definitionen, Synonyme, Begriffsgeschichte

1.1. Definitionen

Als Abstandsprachen (AbS) können alle Idiome gelten, die in ihrer Substanz, ihrem „Sprachkörper" von allen anderen lebenden Sprachen so verschieden sind, daß sie als Sprache bezeichnet werden müßten, auch wenn es in ihnen kein einziges Buch, ja keinen geschriebenen Text gäbe. Dazu gehören nicht allein völlig alleinstehende Sprachen wie das Baskische, relativ isolierte wie das Albanische, sondern auch manche einer der großen idg. Sprachfamilien angehörende Sprachen wie Sardisch, Kaschubisch, Bretonisch.

Als Ausbausprachen (AuS) kann man Idiome bezeichnen, die als Dialekte einer ihr begrifflich übergeordneten Bezugssprache behandelt werden müßten, wenn sie nicht zu einem Ausdruckmittel einer alle oder fast alle Aspekte des modernen Lebens einbeziehenden Kultur geworden wären, die in mancher oder jeder Richtung ausgestaltet wurden zu Werkzeugen all- oder doch vielseitiger literarischer Betätigung.

Von der großen Mehrzahl aller heutigen Einzelsprachen Europas kann man sagen, daß sie sowohl Abstand- wie Ausbausprachen sind; sie könnten daher gleichzeitig als „Auch-AbS" und als „Auch-AuS" bezeichnet werden und als solche von den „Nur-AbS" und „Nur-AuS" unterschieden werden.

Unter den Hochsprachen kann es keine „Nur-AbS" geben, da der Begriff „Hochsprache" definitorisch den Zustand des Ausgebautseins impliziert. Wohl aber gibt es unter ihnen manche, die als „Nur-AuS" gelten kann, die mit anderen Worten als Dialekte einer bestimmten Bezugssprache gelten würden, wären sie nicht zu Werkzeugen einer nach vielen Richtungen ausgebauten Literatur geworden.

Typische Nur-AuS sind etwa: Slowakisch in seinem Verhältnis zum Tschechischen, Gallego (Galicisch) in seinem Verhältnis zum Portugiesischen, Makedonisch in seinem Verhältnis zum Bulgarischen.

1.2. Synonyme

In der mit „AbS" gemeinten Konzeption gab es vorher und gibt es bis heute keine als annähernd „synonym" zu betrachtende Bezeichnung; Wörter, die gelegentlich in diesem Sinne gebraucht wurden, sind *Idiom*, *Einzelsprache* und *Sprache* schlechthin (vgl. Art. 44).

Die Seltenheit von Synonymen erklärt sich hier z. T. daraus, daß die Bezeichnung *AbS* auf kein positives Merkmal der jeweiligen

Sprache hindeutet, sondern lediglich auf ein negatives Merkmal: daß sie mit keiner anderen Sprache so nah verwandt ist, um mit ihr verwechselt oder als Teil von deren Diasystem betrachtet werden zu können.

Neben „AuS" leben in der Sprache mehrere partielle Synonyme fort, die nicht selten dort gebraucht werden, wo *AuS* das Gemeinte besser treffen würde. Solche Teilsynonyme sind z. B. *Standardsprache, Hochsprache, Kultursprache, Literatursprache, Schriftsprache* und *Koine* (vgl. Art. 45). Von diesen kommen die drei ersten dem Bedeutungsinhalt von AuS am nächsten.

1.3. Zur Geschichte der zwei Begriffe

Die beiden Begriffe tauchen zuerst bei Kloss 1952 auf, wo sie schon 1953 Uriel Weinreich für die angelsächsische Öffentlichkeit entdeckte, während sie im deutschen Sprachgebiet zunächst unbeachtet blieben. Im englischen Sprachraum werden heute für die beiden Begriffe nicht selten die Halbentlehnungen *abstand language* und *ausbau language* verwendet, wohl kaum weniger häufig aber *language by distance* und *language by elaboration*; im französischen Sprachraum u. a. die Bildungen *langue écart* (AbS) und *langue constituite* (AuS). Übersetzungen der beiden Begriffe haben den Weg selbst in kleine Sprachgemeinschaften gefunden, wie z. B. in's Bündnerromanische und in's Korsische. Im ganzen scheinen *AuS* und seine Ableitungen und Übersetzungen häufiger verwendet zu werden als *AbS* und die ihm entsprechenden Bezeichnungen, wohl weil das Bedürfnis für den Begriff AuS größer war, zumal auch bei den Soziolinguisten bzw. Sprachsoziologen, die sich gerne eines Begriffes bedienten, dessen soziologische Komponente ihnen näher lag als die linguistische.

Ein Vorzug der Zusammensetzung mit dem Begriff *Ausbau* vor anderen wie (z. B. mit *Standard* oder *Literatur*) ist, daß *Ausbau* aufgrund eines durchschimmernden verbalen Ursprungs einen dynamischen Unterton hat (vgl. Muljačić 1981, 86); es kann sowohl auf das Ergebnis einer Betätigung wie auf jedes Zwischenstadium eines noch unabgeschlossenen Tätigkeitsablaufs angewendet werden. Vor *Entwicklung* hat *Ausbau* den Vorzug, daß es stets eine gezielte, meist sogar eine geplante sprachpolitische Tätigkeit und eine Vermehrung der Ausdrucksmöglichkeiten bezeichnet, während *Entwicklung* daneben auch auf ungelenkten, fast unmerklichen, bestenfalls halbbewußten Sprachwandel vor allem im

morphologischen Bereich und zwar auch auf eine Reduktion der Ausdrucksmöglichkeiten, Wortformen und/oder Laute angewendet werden kann.

Für vergleichende Studien über Ausbaugrade beginnt (seit Haarmann 1979, Buchtitel u. 311 — 351) der Begriff *Ausbaukomparatistik* üblich zu werden. Zu den Protagonisten gehören neben ihm Leopold Auburger, der eine Geschichte des Ausbaus der makedonischen Sprache (1976) schrieb, und der Romanist Žarko Muljačić, der das Begriffsmodell von Kloss (1952/1978) in deutschen, italienischen, französischen und slawischen Aufsätzen bekanntzumachen und es zugleich auszubauen bemüht ist (vgl. 6.6.).

2. Abstand-Kriterien

Über die Frage, welcher Tatbestand gegeben sein muß, damit ein Idiom um seines bloßen Abstandes willen als selbständige Sprache anerkannt wird, möchte ich nur andeutend sprechen, da über ihn eine Fülle von Schriften vorliegt. In Betracht kommt vor allem der Wortschatz, genauer: der Anteil solcher Vokabeln am Grundwortschatz, die im Sinne eines „information transfer" für Sprecher beider Idiome ohne weiteres verständlich sind. Diese Frage war und ist vordringlich, wo — wie im 20. Jh. auf Neuguinea — hunderte von bisher unbekannten Sprachformen zu gliedern und einzustufen waren. Während viele Forscher im Anschluß an Morris Swadesh zwei Idiome nur dann als Mundart der gleichen Sprache behandelten, wenn ihnen mindestens 81% des Grundwortschatzes gemeinsam, d. h. unmittelbar verständlich wären, wurden spätere Forscher großzügiger (s. Kloss 1978, 64 f).

Es gibt aber auch Fälle, wo zwei Idiomen fast der ganze Grundwortschatz gemeinsam ist, aber ihr Wortschatz für die höheren Ebenen des geistigen Lebens sehr stark verschieden ist. Diese Situation ist gegeben z. B. bei Urdu und Hindi, die durchweg von den meisten, und in ähnlicher Weise bei Kroatisch und Serbisch, die von vielen Fachkennern jeweils als zwei Einzelsprachen behandelt werden. Bei Urdu und Hindi ist die gegenseitige Verständlichkeit im Alltagswortschatz eine hundertprozentige, hingegen im Bereich von Wissenschaft, Religion, Verwaltung fast gleich Null.

Andere Abstands-Merkmale betreffen die Grammatik im weiteren Sinn (Morphologie und Syntax), die z. B. das Afrikaans vom

Niederländischen, das Bulgarische vom Ser-
bokroatischen, die Kreolsprachen von ihren
europäischen Basissprachen trennt, wieder
andere den Lautstand, der z. B. das Nieder-
sächsische vom Deutschen abhebt.

3. Ausbau-Kriterien

3.1. Grundsätzliches

In unserer Zeit ist wohl das wichtigste Merkmal dafür, ob eine Sprachvariante den Weg
des Ausbaus zur selbständigen Einzelsprache
eingeschlagen hat, ob und in welchem Umfang sie auch im Bereich der Sachprosa,
also außerhalb der Bereiche der Dichtung
sowie der künstlerischen Sachprosa angewendet wird. Dabei ist in erster Linie an Sachbü-
cher und Zeitschriften zu denken. Daneben
gilt es zu ermitteln

1) die regelmäßige Verwendung — oder doch
   die erwiesene Verwendbarkeit — in Zeitungen, mit ihrer fast unbegrenzten Themen-
   breite (ich bin gelegentlich der — wohl nie
   gedruckten — Populärdefinition begegnet,
   ein Idiom könne als Sprache bezeichnet
   werden, wenn es in ihm Zeitungen gebe).
2) den Gebrauch in übersetzten religiösen
   oder weltanschaulichen Schlüsseltexten, in
   der Ersten und Dritten Welt vornehmlich
   von biblischen Texten, in der Zweiten vornehmlich von Texten von Marx und Lenin
   (Kloss 1978, 88).
3) Den Gebrauch in nichtdichterischen „Zu-
   sprache-Texten", mit denen sich ein Vor-
   tragender von einem Vortragspult oder
   einer Kanzel aus oder im Rundfunk oder
   Fernsehen an eine Zuhörerschaft wendet
   (Kloss 1978, 38 – 39).
4) Den schriftlichen Gebrauch außerhalb jeder sei es auch nur oralen „Literatur".
   H. Glinz (1970, 84 – 86) hat den Entwurf
   einer Text-Typologie vorgelegt, von deren
   elf Kategorien 1 die Belletristik und 2 die
   Forscherprosa umfassen, die übrigen 8
   aber die verschiedensten Bereiche der Ge-
   brauchs- (oder Zweck-) und der Jeder-
   mannsprosa, wie Inserate, Inschriften,
   Briefe, Notizzettel, Tagebücher, Behör-
   den- und/oder Firmenformulare abdek-
   ken. Die Anwendung in diesen 8 Kategorien ist jedoch meist wohl mehr ein Symptom für bereits erreichte als ein Mittel
   für erst angestrebte Ausbaugrade.

Die literaturwissenschaftliche Forschung
hat die Trivialsphäre lange Zeit vernachlässigt, nicht nur im Bereich der Sachprosa sondern auch in dem der Belletristik, also z. B.

den literarisch anspruchlosen Kitschroman,
ganz zu schweigen von den Texten der Comic
Strips. Für den Soziolinguisten ist selbstverständlich, daß in der Gegenwart zum allseitigen Ausbau einer Sprache nicht nur die Ebenen einer ästhetisch oder sachlich anspruchsvollen Literatur gehören, sondern fast unvermeidlich auch die von Kitsch und Comics.

3.2. Näheres zum Thema: Sachprosa

Für die Ausbreitung der Sachprosa auf neue
Anwendungsgebiete und die Schaffung adäquater Ausdrucksformen lassen sich drei horizontale und drei vertikale Bereiche unterscheiden:

einerseits   V = volkstümliche Prosa
(etwa der Volksschul-
stufe entsprechend)

            G = gehobene Prosa (etwa
der Oberschulstufe ent-
sprechend)

            F = Forscherprosa (etwa der
Hochschulstufe ent-
sprechend)

andererseits E = eigenbezogene Themen,
die die eigene Sprache,
ihre Literatur, ihr Land
und seine Geschichte
und Kultur (einschl. Re-
ligion) betreffen

            K = kulturkundliche (geistes-
wissenschaftliche) The-
men

            N = Themen der Naturwis-
senschaft und der Tech-
nologie

Tragen wir diese Entwicklungsstufen auf
einem numerierten Raster ein. So erhalten
wir:

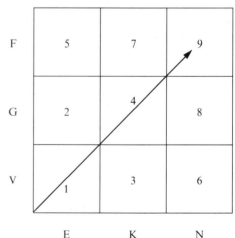

Abb. 42.1: Matrix der Entwicklungsstufen der
Ausbreitung von Sachprosa

In der Regel wird eine werdende AuS als erstes das Feld Nr. 1 (V × E) erobern, als letztes das Feld Nr. 9 (F × N). Die Stoßrichtung der Entwicklung führt also hauptsächlich von links unten nach rechts oben, vom volkstümlichen Text und der eigenen Gruppe zur Forscherprosa und Naturwissenschaft nebst Technologie. — Doch gilt der Vorrang der Sachprosa vor der Dichtung und innerhalb der Sachprosa z. B. der zeitliche Vorrang der kultur- vor den naturkundlichen Themen nur für unser Zeitalter, nicht schon für das Mittelalter (vgl. auch 6.4.).

4. Einige ergänzende Leitbegriffe

Im Zusammenhang mit den Leitbegriffen AbS und AuS sind mehrere Ergänzungsbegriffe in die Diskussion eingeführt worden.

I) Für solche Dialekte, die bereits wesentlich vielseitiger angewendet werden als „Normaldialekte", ist die Bezeichnung „*Ausbaudialekt*" vorgeschlagen worden (Kloss 1976, 314—317; 1978, 55—60). Das Anwendungsgebiet des Ausbaudialektes Schwyzerdüütsch z. B. umfaßt u. a. einen Teil der Verhandlungen in demokratischen, zumal kommunalen Vertretungskörperschaften, der kirchlichen Amtshandlungen, der belehrenden Rundfunksendungen, der Filmproduktion usw.

II) Für Dialekte, deren Sprecher in Schule und Verwaltung nicht mittels der dem Dialekt linguistisch zugeordneten Hochsprache angeredet werden, die also, wie z. B. die Korsen und Elsässer, des schützenden Daches ihrer „eigentlichen Hochsprache" entbehren, wird zuweilen die Benennung „*dachlose Außenmundarten*" verwendet; sie werden relativ häufig zu Ausbaudialekten, aber nur selten zu AuS. Eine Parallele hierzu bildet die Beobachtung, daß solche Kreolsprachen (vgl. Art. 46 und 76), deren Wohngebiet längere Zeit mittels einer Amtssprache verwaltet wurde, die nicht die Basissprache dieser Kreolsprache war, eine deutlich erhöhte Chance haben, daß ihre Muttersprache zur Literatursprache wird (Kloss 1978, 70—79, bes. 76).

III) Wo eine AbS von einer erkennbar nah verwandten AuS überlagert wurde (wie z. B. Sardisch, Okzitanisch, Niedersächsisch, Kaschubisch von Italienisch, Französisch, Deutsch, Polnisch), kann sich bei ihren Sprechern die irrige Meinung herausbilden, ihre Muttersprache sei „nur" ein Dialekt der sie überlagernden Hochsprache; man kann hier sprechen von „*scheindialektisierten* (engl. *near-* oder *pseudodialectized*) AbS" (Kloss 1978, 67—70).

5. Gibt es ein Recht auf Sprachausbau?

Die Wissenschaft neigt zunehmend dazu, jeder in ihrem Wohngebiet eingesessenen Sprachgruppe ein R e c h t — manche Experten meinen sogar: ein Menschenrecht — auf die M u t t e r s p r a c h e zuzuerkennen. Es ist klar, daß bei AbS dieses Recht nur verwirklicht werden kann, falls die Sprache ausgebaut ist oder noch wird. Wie aber steht es mit dem Wunsch der Sprecher eines Idioms, das bisher als bloßer Dialekt einer anerkannten Hochsprache galt (z. B. Wallonisch oder Niederschottisch oder Piemontesisch), diesen Dialekt zur AuS zu erheben? Und wie mit den entsprechenden Wünschen und Bestrebungen der Sprecher einer scheindialektisierten AbS? Soll der Staat solche Bemühungen unterbinden oder dulden oder sie sogar selber fördern?

Ein Experte, der von seiner Regierung um ein Gutachten hierzu ersucht würde, müßte es über sich bringen, unter Überwindung emotionaler Vorurteile zu unterscheiden zwischen der Frage, ob er selber solche Bestrebungen als der kulturellen Entfaltung der Gruppe dienlich und somit als im Sinne der Menschheitsentwicklung liegend bejahen kann, und der weiteren Frage, ob er, falls er das verneint und einen solchen Ausbau für rückschrittlich oder „provinziell" hält, geradezu empfehlen darf, ihn zu unterbinden. Es gibt ein absolutes Recht auf Sprachausbau; ob er vom Staat nur geduldet oder sogar gefördert wird, kann freilich u. a. auch davon abhängig gemacht werden, ob diese Bestrebungen nur von einer winzigen „Minderheit innerhalb der Minderheit" getragen werden, oder von einem sehr erheblichen Teil der Sprecher.

6. Zur Problematik der zwei Begriffe

6.1. Vorbemerkung

Die Konzeption der AbS und AuS und die ihnen ergänzend zugeordneten Begriffe ließen und lassen sich nicht völlig problemlos in die ältere sprachwissenschaftliche und soziolinguistische Forschung eingliedern. Einige der noch ungelösten Probleme sind bereits Gegenstand wissenschaftlicher Erörterung geworden, andere harren noch der systematischen Analyse.

6.2. Bemessungsschwierigkeiten

Für den Mindestabstand von der nichtverwandten Sprache der die Voraussetzung für die Einstufung als AbS ist, gibt es eine Vielzahl von Kriterien (vgl. 2.), die es schwermacht, sich auf einige wenige, fortan als ausschlaggebend anerkannte Merkmale zu einigen. Haben die Forscher sich aber einmal geeinigt, so ist die Aufgabe, sie praktisch auf konkrete Idiome anzuwenden, relativ leicht, da diese Merkmale ja für den Sprachkörper in allen Regio- und Soziolekten grundsätzlich die gleichen sind.

Umgekehrt ist es bei einer AuS theoretisch relativ leichter, die für ihren Ausbaugrad ausschlaggebenden Sachprosa-Kriterien festzulegen. Hingegen erfordert die Anwendung der Kriterien auf die konkrete Situation mühsame Kleinarbeit, da für alle Schrifttums-, zumal für jeden der im Raster unter 3.2. aufgeführten neun Sachprosa-Bereiche klargestellt werden muß, welche Voraussetzungen — die bei kleinen Sprachgemeinschaften doch wohl bescheidener bleiben müssen als bei mittleren oder gar bei großen Sprachgemeinschaften — erfüllt sein müssen, damit man sagen kann, in diesem Bereich werde die betr. AuS regelmäßig angewendet, sie habe also diesen Bereich gleichsam „erobert". Dem Friaulischen wurden im Schrifttum folgende Vierecke des Neuner-Rasters zugesprochen: von

(Autor)	(Viereck-Nr.)	(Quellen)
H. Haarmann	1	Haarmann 1979, 341
G. Frau	1, 2, 4, 5, 7, 8 („vertreten, gut oder schlecht")	Muljačić, 1983, 20
G. Richeburne	1, 2, 4, 5 „ganz fest", 3, 7 „teilweise"	Muljačić 1983, 20

Vor allem in der sog. II. und der sog. III. Welt ist es wichtig (aber oft schwierig), zu ermitteln, wieweit die vielen im Druck produzierten religiösen oder weltanschaulich-politischen Schlüsseltexte (s. 2.2.1.) von den „Konsumenten" auch wirklich gelesen und nicht bloß passiv entgegengenommen werden.

6.3. Zunächst multidialektaler Ausbau oder sofortige Einheitsnorm?

Noch ungenügend erforscht ist das Phänomen, daß zu Beginn des Sprachausbaus sich zuweilen — zumal wenn er durch Außenstehende, z. B. durch Missionare erfolgt — eine Tendenz zeigt, jede kleinregionale Sprachform gesondert auszubauen, da deren Sprecher die Verwendung eines Nachbardialekts leicht als lästige Überfremdung empfinden, während mit fortschreitendem Ausbau die Neigung zunimmt, sich auf einen oder zwei Dialekte zu konzentrieren. Beispiele bilden in Europa das Bündnerromanisch, wo der Pflege von 5 Dialekten in den Grundschulen gegenüberstehen die ständige Bevorzugung der zwei meistgesprochenen Varietäten Surselvisch und Engadinisch und die immer neuen Anläufe zur Schaffung eines Interrumantsch oder Rumantsch Grischun (Darms 1985; Decurtins 1985); in Spanischamerika die Entwicklung mancher Indianersprachen des Nordwestens, bes. von Ketschua (Kloss/ McConnell 1978, bes. 457 sub 3.3., auch 2.2.), und Mittelamerikas.

6.4. Sich abzeichnende künftige Gewichtigkeitsverschiebungen

Das Gewicht der einzelnen Ausbau-Kriterien kann sich erheblich verschieben. Z. B. hat seit der Jahrhundertmitte die mündliche „Prosa" ungemein an Bedeutung gewonnen, vor allem in den sog. Zusprachetexten (s. 2.2.) von Fernsehen und Rundfunk, die, obzwar meist vorher aufgeschrieben, beim Rundfunkhörer nur als mündliche Botschaft ankommen (Kloss in Kloss/McConnell, 1978, 50 f, 64— 66). Eine verwandte Frage ist, wieweit die Sprecher einer AuS sie im Berufsalltag auch bei der Erörterung schwieriger Fachfragen verwenden, statt auf das Vokabular einer Bildungssprache zurückzugreifen; die Befürworter der Erhebung (durch Gesetz 1984) des an gedruckter Sachprosa relativ armen Letzeburgischen zur Nationalsprache konnten sich u. a. darauf stützen, daß es ein mündliches „Aufsichtsrat-Letzeburgisch", „Walzwerk-Letzeburgisch" und „Automechaniker-Letzeburgisch" gebe.

6.5. Das Junktim zwischen den zwei Begriffen

Zustimmung oder Kritik wurden zuweilen nur einer der 2 Bezeichnungen zugewendet; mehrfach wurde die Notwendigkeit nur des Begriffes AbS, vereinzelt nur die von AuS angezweifelt. Darüber hinaus wurde wiederholt die Frage aufgeworfen, ob es überhaupt zweckmäßig sei, die beiden Begriffe fest zu korrelieren, ob es nicht genüge, stattdessen fallweise von Sprache zu Sprache entweder nur den Abstand — oder nur den Ausbauproblemen nachzugehen. Stellte es sich im 2. Fall heraus, daß die Sprachen A und B beide Ausbausprachen sind, so sei es daneben unwichtig, ob sie zugleich auch Abstandsprachen seien.

Diese Auffassung verkennt, daß es Fälle gibt, wo wir uns entscheiden müssen, ob wir Idiome, die nur wegen ihres Ausbau- oder nur wegen ihres Abstandgrades häufig unter die Sprachen eingereiht werden, aufnehmen dürfen in eine als Forschungsgrundlage unentbehrliche Tabelle der Namen und der Sprecherzahlen sämtlicher auf der Erde oder in einem Lande gesprochenen Sprachen (vgl. hierzu schon den Titel von Kloss 1929).

6.6. Über einen „Ausbau" der Ausbau-Konzeption

6.6.1. Grundsätzliches

Zweifellos kann die AbS-/AuS-Konzeption in mehrfacher Hinsicht verbessert werden. Sie könnte z. B. erweitert werden, indem man die „Dach"-Konzeption für „überdachte Außenmundarten" ergänzte durch das Bild eines nur sehr wenig Schutz gewährenden Behelfsdaches, wie es z. B. das zu einem bloßen Hagiolekt gewordene Standarddeutsch für das Pennsilfaanisch der Old Order Amish und Old Order Mennonites geworden ist; eine Art Behelfsdach beginnt in Nordwestitalien die an's Bärndütsch anknüpfende schwyzerdüütsche Koine für die dortigen, nicht mehr von der dt. Hochsprache überdachten Walsermundarten zu werden.

Ein sinnvoller „Ausbau" könnte aber unter Umständen auch zu einem teilweisen „Abbau" des 1978er Modells führen. Würde sich z. B. die unter 6.5. skizzierte Meinung durchsetzen, das Junktim zwischen den Hauptbegriffen AbS und AuS könne abgeschafft werden, so könnte dadurch vielleicht der Begriff „Ausbaudialekt" (vgl. 4.) überflüssig und durch eine Wendung wie „inzipiente oder wenigentwickelte AuS" ersetzt werden.

6.6.2. Das werdende Muljačić-Modell

Der Berliner Romanist Žarko Muljačić hat sich in z. Zt. (Okt. 1985) noch unabgeschlossener, vorerst in vielen kürzeren Aufsätzen niedergelegter Kleinarbeit bemüht, das Begriffsmodell von Kloss 1978 auszubauen und zu verfeinern. (s. u. a. die Aufsätze Muljačić 1982; 1983; 1984, in denen auch seine älteren einschlägigen Aufsätze verzeichnet sind.) An durchweg der Romania entnommenen Bei-

spielen führt er Gegenüberstellungen durch wie (1) Verdrängesprachen (meist Amtssprachen, Kloss 1952, 161—167) — Nichtverdrängesprachen, (2) scheindialektisierte AbS — echtdialektisierte Sprache (z. B. Leonesisch, Venetisch), (3) Dachlose Außenmundarten — überdachte Innen-(oder Binnen-?) mundarten, (4) AuS, die zum Diasystem der sie bisher überdachenden Standardsprache gehören (Piemontesisch) — AuS, die von einer weniger nah verwandten (Korsisch: Französisch) oder unverwandten (Papiamentu: Niederländisch) Standardsprache überdacht werden, (5) AuS, die von 1 Standardsprache (Regelfall) oder die von 2 Standarsprachen überdacht werden (so Harpitanisch, d. h. Frankoprovenzalisch, im Aostatal von Französisch und Italienisch). (Muljačić hat sein Gesamtmodell in immer wieder abgewandelten Diagrammen veranschaulicht (s. z. B. Muljačić 1984, 87; 1985, 52—55).

7. Literatur (in Auswahl)

Auburger, Leopold (1976) „Überblick über die äußere Geschichte makedoslavischer Ausbausprachen", in: Haarmann, H./Värri-Haarmann, A. L., eds., *Sprachen und Staaten*. Festschrift Heinz Kloss, Bd. II, Hamburg, 9—123.

Bossong, G. (1979) „Sprachausbau und Sprachpolitik in der Romania", in: Kloper, R. et al, eds., *Bildung und Ausbildung in der Romania*, München Bd. II, 491—503.

Darms, Georges (1985) „Aspekte der Entstehung einer neuen Schriftsprache — das Rumantsch Grischun", in: Ureland, P. S., ed., *Entstehung von Sprachen und Völkern*, Tübingen 377—390.

Decurtins, Alexis (1985) „Die Bestrebungen zur schriftsprachlichen Vereinheitlichung der bündnerromanischen Idiome", in: Ureland, P. S., ed., *Entstehung von Sprachen und Völkern*, Tübingen, 349—376.

Glinz, Hans (1971) „Soziologisches im Kernbereich der Linguistik. Skizze einer Texttheorie", in: *Sprache und Gesellschaft*, Düsseldorf, 80—88.

Haarmann, Harald (1979) *Elemente einer Soziologie der kleinen Sprachen Europas*, Bd. II: Multilingualismusforschung und Ausbaukomparatistik, Hamburg.

Haarmann, Harald (1980) *Multilingualismus*, Bd. II: Systematik und Typologie, Tübingen.

Kloss, Heinz (1929) „Sprachtabellen als Grundlage für Sprachstatistik, Sprachenkarten und für eine allgemeine Soziologie der Sprachgemeinschaften", in: *Vierteljahresschrift für Politik und Geschichte* 7 (2), 103—117.

Kloss, Heinz ([1952] 1978) *Die Entwicklung neuer germanischer Kultursprachen 1800−1950*, 2. erweiterte Auflage, Düsseldorf.

Kloss, Heinz (1967) „Abstand-Languages und Ausbau-Languages", in: *Anthropological Linguistics* 9 (7), 29−41.

Kloss, Heinz (1976) „Abstandsprachen und Ausbausprachen", in: Göschel, J./Nail, N./Van der Elst, G., eds., *Zur Theorie des Dialekts*, Wiesbaden, 301−322.

Kloss, Heinz/McConnell Grant (1978) *The Written Languages of the World*, Bd. I: The Americas, Quebec.

Muljačić, Zarko (1981) „Il Termine Langue Distanziate apparamente dialettalizzate", in: *Studia Romanica et Anglica Zagrabiens ica* 26 (1−2), 85−101.

Muljačić, Zarko (1982) „Tipi di lingue in Elaborazione Romanze", in: *Incontri Linguistici* 6 (2), 69−78.

Muljačić, Zarko (1983) „Italienischfundierte Ausbausprachen und andere romanische Ausbausprachen Italiens", in: *Italienisch* 9, 9−24.

Muljačić, Zarko (1984) „Il fenomeno 'Überdacht' − 'Tetto' − 'Copertura' nella sociolinguistica", in: *Linguistica* 24, 77−96.

Muljačić, Zarko (1985) „Romania, Germania e Slavia: Parallelismi e differenze nella formazione delle lingue standard", in: *La Formazione delle Lingue letterarie*. Atti del Convegno della Societa Italiana di Glottologia, Pisa, 39−55.

Muljačić, Zarko (1986) „L'enseignement de Heinz Kloss (modifications, implications, perspectives), in: *Langages*, Paris, 21, Nr. 83, S. 53−63.

Weinreich, Uriel ([1953] 1963) *Languages in Contact*. Findings and Problems, Den Haag.

*Heinz Kloss†, Groß-Gerau
(Bundesrepublik Deutschland)*

43. Umgangssprache/Slang/Jargon

1. Umgangssprache
2. Slang
3. Jargon
4. Literatur (in Auswahl)

1. Umgangssprache

1.1 Vorbemerkung

Dieses Stichwort ist in der sprachwissenschaftlichen Terminologie dermaßen deutsch, daß es oft in verschiedenen Abhandlungen als Zitat, also unübersetzt gebraucht wird (russisch entspricht ihm ungefähr *obychodnorazgovornyi jazyk*). Zugleich sind die damit verbundenen Begriffe und Relationen in der deutschen Germanistik recht verworren: einerseits wird mit diesem Terminus der große Bereich zwischen den Mundarten und der Gemeinsprache (Hochsprache) zusammengefaßt. Man bezeichnet also damit eine der Erscheinungsformen, in denen die deutsche Gegenwartssprache existiert. Andererseits bedeutet das Wort „Umgangssprache" eine Art Stilschicht, wenn z. B. „umgangssprachlich" neben „familiär", „salopp", „derb", „vulgär" zur Markierung stilistischer Werte der Wörter in der Lexikographie gebraucht wird. Dabei zeigt sich Umgangssprachliches im wesentlichen darin, daß der entsprechende Wortschatz von einer normalen Höhenlage des Stils abweicht (vgl. Bichel 1973, 2). Der Grad solcher Abweichungen von der neutral-

sprachlichen Norm kann auch recht unterschiedlich gedeutet werden. So geht bei Küpper (1955), wie unter 2. gezeigt wird, die Umgangssprache in den Slang über, was den Begriffsbestimmungen widerspricht, wonach Slang der nicht schriftgemäße Anteil am Wortbestand ist, während die Umgangssprache generell eine nur mündliche, aber nicht schriftlich niedergelegte Sprachform ist. Daneben wird die Umgangssprache als eine hochsprachliche Form verstanden, die vor allem geographische Mannigfaltigkeit des Wortschatzes aufweist (vgl. Kretschmer, 1969), also regional, landschaftlich verschieden ist. Somit wird „Umgangssprache" zu einem „synchytischen" Sammelbegriff, den Bühler scherzhaft mit den meisten Hochzeitsgeschenken vergleicht: „sie sind schön und man kann sie nicht gebrauchen" (Bühler 1965, 361). Dieser Wortgebrauch hat aber seine Geschichte in der Germanistik und eine Tradition, so daß kaum mit einer Wandlung zu rechnen ist. Es ist auch wenig fruchtbar, sich jetzt um eine neue Terminologie zu bemühen. Viel wichtiger ist es, sich die Gesichtspunkte deutlich zu machen und bei der Beibehaltung der bestehenden Polysemie von „Umgangssprache" eine explizite Abgrenzung der Begriffe vorzunehmen. Bei solcher näheren Erläuterung läßt sich durchaus mit dem Begriff Umgangssprache arbeiten.

1.2. Umgangssprache als Erscheinungs- oder Existenzform der Sprache

Bekanntlich unterscheidet man bei der deutschen Sprache der Gegenwart drei Erscheinungsformen: die Hoch- oder Schriftsprache, die Umgangssprache und die Mundarten, die im engen Verhältnis zueinander stehen und eine Sprachgemeinschaft auf eigene Weise charakterisieren (cf. Art. 44, 45). Einen Wesenszug bildet dabei die funktional-räumliche Reichweite der einzelnen Sprachform. Zu den Erscheinungsformen, die im ganzen deutschen Sprachgebiet gelten, gehört die Hoch- oder Schriftsprache. Sie gilt als verbindliche Norm für alle Sprachteilnehmer, daher ihre bekannten Bezeichnungen *Gemeinsprache* oder *Einheitssprache*. Die Mundarten stellen das andere Extrem der Erscheinungsformen der Sprache dar. Sie gelten nur auf kleinem und kleinstem Raum und bilden, historisch gesehen, die sprachliche Grundschicht. Zu den Erscheinungsformen, die den Bereich zwischen den Mundarten und der Hochsprache ausfüllen und in einem größeren Raum gelten, gehört die Umgangssprache. Sie ist die jüngste unter den drei Erscheinungsformen und stellt eine Art „Ausgleichsprodukt" (Radtke 1973, 164) in der Auseinandersetzung zwischen der Hochsprache und den Mundarten dar. Man unterscheidet für den sprachlichen Raum der beiden deutschen Staaten DDR und BRD im wesentlichen drei Arten der Umgangssprache mit verschiedener Geltung, die nicht als scharf voneinander getrennt, sondern als ineinander übergehend betrachtet werden dürfen (vgl. Czichocki/Heydrich/Langner 1964, 116 f); 1) Die kleinlandschaftliche Umgangssprache: Sie besitzt die geringste räumliche Ausbreitung. Bei ihr sind noch starke Bindungen an die Mundart erkennbar. Sie hat wenig Elemente der Hochsprache aufgenommen. Daher wird sie noch anders als Halbmundart bezeichnet. 2) Die großlandschaftliche Umgangssprache: Sie umfaßt etwa ein Dialektgebiet, d. h. also eine große Landschaft wie z. B. die obersächsische oder die schwäbische Umgangssprache. Hier ist der Anteil mundartlicher Bestandteile geringer als in den kleinlandschaftlichen Umgangssprachen. 3) Die hochdeutsche Umgangssprache: Sie erfaßt mehr oder weniger das gesamte deutsche Sprachgebiet und liegt dicht an der Realisation der Hochsprache, unterscheidet sich aber von ihr dadurch, daß doch in stärkerem Maße landschaftliche Eigenarten vorhanden sind. Daher wird sie

auch *gebildete landschaftliche Umgangssprache* genannt (Bach 1961, 345). Somit läßt sich die Umgangssprache im großen und ganzen als eine differenzierte Sprachschicht definieren, die nach „unten" durch die Mundarten, nach „oben" durch die Hochsprache begrenzt wird. Sie besitzt also ein breites Spektrum und stellt sich als ein sprachlich heterogenes Gebilde dar. Die Zusammenfassung dieser sprachlichen Heterogenität („dialektale Stufenleiter" nach Ammon 1973, 61 ff) mit dem Terminus „Umgangssprache", der eigentlich eine einheitliche Zwischenschicht suggerieren soll, darf nicht als zufriedenstellend betrachtet werden. Fast das einzige Kriterium, das das ganze Gebilde irgendwie zusammenhält, ist die Funktion, die Gebrauchssphäre (Umgangssprache-Alltagssprache), was eine ganz andere Blickrichtung darstellt, in die dann auch alle übrigen Erscheinungsformen der Sprache (Mundarten, Hochsprache) einbezogen werden müssen. In Anlehnung an Th. Frings und seine Leipziger Schule unterscheidet V. M. Shirmunski auch drei Ebenen in der Aufschichtung der deutschen Gegenwartssprache: Mundarten, Hochsprache und eine Sprachschicht, die zwischen diesen beiden ist. Dabei verwirft er den Terminus *Umgangssprache* als eine Bezeichnung für die gesamte mittlere Sprachschicht. Von den drei erwähnten Typen der Umgangssprachen: kleinlandschaftliche, großlandschaftliche, hochdeutsche Umgangssprache — zählt er die zwei ersten zu der mittleren Sprachschicht, die er mit dem Terminus „Halbmundart" zusammenfaßt. Vom linguistischen Standpunkt aus unterscheidet sich die Halbmundart von der eigentlichen Mundart durch eine mehr oder weniger konsequente Beseitigung der sog. primären Dialektmerkmale. Als eine vereinheitlichte (klein-, großlandschaftliche Umgangssprachen) Sprachschicht bleibt sie doch in sich geschichtet und hat somit eine bestimmte „vertikale" Variationsbreite. Die hochdeutsche Umgangssprache, die aktuell auf der Struktur der Hochsprache basiert, wird aus diesem Betrachtungsfeld ausgeschlossen. Sie wird in der Auffassung von V. M. Shirmunski dem Bereich der Hochsprache zugeteilt, in dem sie in ein enges Zusammenspiel mit der gesprochenen Form der Hochsprache tritt. In diesem Zusammenhang führt er aus: „Es sei ergänzend gesagt, daß eine nationale Literatursprache in ihrem mündlichen alltäglichen Gebrauch je nach konkreten Bedingungen ihrer geschichtlichen Entwicklung durch lokale Eigenheiten leicht gefärbt werden kann, wie das, zum Beispiel, in der deutschen oder italienischen Sprache zu beobachten ist („die gebildete Umgangssprache" – nach der Terminologie von P. Kretschmer)" (Shirmunski 1969, 21). Nach seiner Auffassung erfaßt der Bereich der „gesamtnationalen Literatursprache" (Gemeinsprache) einerseits die gesamtnationale Norm, die mit dem Begriff „Schriftsprache" gleichgestellt wird und die eher ein ideales Endziel, ein idealer Höchstbegriff ist, als eine verwirklichte Realität und, andererseits, die gesprochene Form der Hochsprache, zu der auch die gebildete Umgangssprache gehört. Diese gesprochene Form gilt als eine zweite literarische, d. h. hochsprachliche, Variante der Gemeinsprache, „die mit der Autorität einer gesamtnationalen und sozialen Norm auftritt" (Shirmunski 1968, 29). Durch eine solche Interpretation wird der gewohnte Rahmen des Bereichs der deutschen Gemeinsprache (Literatur-/Hochsprache) entscheidend erweitert, was im Einklang mit den Forderungen vieler anderer Germanisten steht. Die großen gesellschaftlichen Veränderungen unserer Zeit haben in vielfältiger Weise alle Bereiche der Sprache beeinflußt. Die heutige gebildete Umgangssprache gewinnt dabei an Bedeutung. Ihr Einfluß auf die Schrift- und Hochsprache ist sehr groß und da sie besonders für die Literatur der jüngsten Zeit eine Rolle spielt, nennt man sie auch *literarische Umgangssprache* (vgl. Czichoki/Heydrich/Langner 1964, 117). Die sog. bildungstragende Schicht von heute orientiert sich nicht mehr oder nicht nur an der Sprache der klassischen deutschen Literatur, sondern an der Sprache der unmittelbaren Gegenwart. So erwächst, beeinflußt durch die Umgangssprache, eine „Schriftsprache neuer Qualität" (Eggers 1961, 47). Im Hinblick auf solche Tendenzen gibt es in der Gegenwart Bemühungen, diese Formen der Umgangssprache in die Norm einzubeziehen. Dabei wird die Norm in ihrer heutigen Fassung lebhaft diskutiert und stark kritisiert. So schrieben z. B. H. Rupp und L. Wiesmann über die Norm: „Sie ruht [...] auf den von Grammatikern herangezogenen Schriftstellern, dazu noch auf ad hoc konstruierten Sätzen. Ein großer Teil der gegenwärtigen und vergangenen Literatursprache ist nicht berücksichtigt und kann nicht berücksichtigt werden, weil er nicht oder nur teilweise in die Normvorstellungen der Grammatiker paßt" (Rupp/Wiesmann 1970, 16). S. Jäger wendet sich energisch gegen die bestehende kodifizierte Norm,

„weil sie nur auf einem kleinen Teil des Sprachgeschehens ruht" und betont die Notwendigkeit „zumindest der Überprüfung und Liberalisierung dieser Norm, wenn nicht gar die eines völligen Umdenkens" (Jäger 1971, 168 f). In diesem Ideenkreis ist es völlig berechtigt, wenn die gebildete (hochdeutsche) Umgangssprache aus dem sprachlich heterogenen Komplex der sog. „dialektalen Stufenleiter" (Ammon 1973, 61 ff) herausgelöst und dem Bereich der Hochsprache (Literatursprache) als sein integraler Bestandteil zugeteilt wird (vgl. Domaschnev 1981, 333).

1.3. Umgangssprache – Alltagssprache

Laut Geyl (1974, 4) ist Umgangssprache die Sprache, die weniger für bestimmte soziale Schichten charakteristisch ist als für bestimmte Sprechsituationen. Wir alle bedienen uns ihrer, wenn wir es uns „bequem" machen können und der Gebrauch der Hochsprache überflüssig und „unökonomisch" wäre. Somit ist Umgangssprache die nicht mundartliche Form der „Nachbarschaftssprache", während Hochsprache eine Sprache für den Umgang mit „Fremden" ist. Die Umgangssprache ist zwar auch eine schichten-, weit stärker jedoch eine situationsspezifische Ausdrucksweise. Dieser ungezwungenen Privatunterhaltung entspricht auch ein bestimmter Wortschatz, der „tiefer" als die neutrale hochsprachliche Norm liegt. Das sind also Wörter, für die eine situationsgebundene Senkung eigen ist. In diesem Sinne nennt Geyl (1974, 4) die Umgangssprache eine „lässige Gebrauchsform der Hochsprache". Die Wörter dieser sog. zwanglosen Umgangssprache (engl. *colloquial words*) werden auf Grund ihrer familiären Färbung in der ausgefeilten literarischen Rede vermieden, obwohl ihnen nichts Vulgäres oder den Forderungen der Ethik Widersprechendes anhaftet. Hiernach ist die Umgangssprache mit ihrem Wortschatz, der von einer neutralen, „normalen Höhenlage des Stils abweicht" (Bichel 1973, 2), jedoch nicht über die Grenzen der hochsprachlichen Norm hinausgeht, also eine Stilschicht (cf. Art. 38). Zu dieser Ebene des Wortschatzes gehören Wörter und Wendungen folgender Typen: 1) Besondere Synonyme der Umgangssprache für stilistisch neutrale Wörter, z. B. *dickfellig* 'unempfindlich', *Kumpan* 'Zechbruder', *Latte* 'große Geldsumme', *maschenfest* 'unwiderlegbar', *Schmiergeld* 'Bestechungsgeld'; vgl. auch im Englischen: *chap* 'fellow'; *sniffy* 'disdainful'. Hierher gehören auch verschiedene Interjektionen: *tja, tjä; bah, pah; pst, bst; paff, o mei, mei,* usw; vgl. auch im Englischen: *gee, eh, well, hoy,* usw. 2) Stilistisch neutrale Wörter, die in der gesprochenen Rede mit einer übertragenen Bedeutung vorkommen, z. B.: *sagenhaft* 'unglaublich', *sündhaft (teuer)* 'sehr (teuer)', *wahnsinnig (schnell)* 'sehr (schnell)'; *stein(alt)* 'sehr (alt)'; vgl. auch im Englischen: *pretty* 'genügend', *crack* 'erstklassig', *drain* 'Schluck' usw. 3) Deminutivformen neutraler Wörter, z. B.: *Bübchen, Brüderchen, Entchen, Sümmchen, Tantchen* usw., und auch von Eigennamen: *Ännchen, Lottchen, Heiner* (von *Heinrich*), *Rosi, Rudi, Toni*; vgl. auch im Englischen: *granny* 'grandmother', *daddy* 'father', *piggy* 'little pig', und auch von Eigennamen: *Bobby, Polly, Sally* usw. 4) Verschiedene Abkürzungswörter (Abbreviaturen) und phonetische Varianten von neutralen Wörtern, z. B.: *Krimi* 'Kriminalroman', *Limo* 'Limonade', *Pa* 'Papa' usw.; vgl. auch in anderen Formen: *'nen Hunger haben; Soll's 'n sein?* 'Was soll es denn sein?'; *raus, runter, rüber, rein, rauf* usw.; vgl. auch im Englischen: *baccy* 'tobacco', *feller* 'fellow', *gaffer* 'grandfather'; und auch von Modal- und Hilfsverben in der Verneinung: *shan't, won't, don't, doesn't* usw.

Von den Wörtern der zwanglosen Umgangssprache und den Wortvarianten muß man aber die Wörter und Formen abgrenzen, die für die „Volkssprache", die Rede der sog. ungebildeten Menschen charakteristisch sind, insofern als der Wortschatz der zwanglosen Umgangssprache diejenige Lexik ist, die im alltäglichen Sprachverkehr zwischen den Trägern der Hochsprache (Literatursprache) gebraucht wird und auf diese Weise eine bestimmte Stilebene vertritt. Die Rede der Menschen, die die Hochsprache nicht aktiv beherrschen, gehört nicht in die literarische Umgangssprache (sie ist keine — nach Geyl — „lässige Gebrauchsform der Hochsprache"). Für die Stilistik ist sie nur interessant als Mittel, die Personen in literarischen Werken in ihrer Sprechweise zu charakterisieren (vgl. Kuznec/Skrebnev 1966, 59).

2.   Slang (engl. slang)

Dieser stellt eine lexische Teilmenge dar, die zum Bereich der sog. Nichtstandardelemente der Sprache gehört. Unter Nichtstandardelementen verstehen wir (a) stilistisch markierte Wörter, d. h. expressive Wörter, die im alltäglichen Sprachverkehr gebräuchlich sind, und (b) sozial determinierte Wörter, deren Gebrauch auf bestimmte Sozial- und Berufsgruppen begrenzt ist. Neben dem Slang, der

hier eine Zwischenstufe einnimmt, gehören zu diesem Wortschatz, der „tiefer" als die neutrale und literarische Norm liegt, auch „herabgesetzte" Wörter der zwanglosen Umgangssprache (engl. *low colloquial*) einerseits und Jargon (engl. *jargon words*), Argot (engl. *cant*), Vulgarismen (engl. *vulgar words*) etc., andererseits. Slang ist die Gesamtheit allgemeinverständlicher und weit verbreiteter Wörter und Ausdrücke vorwiegend humoristischen Charakters, die bewußt als Ersatzwörter für die üblichen literarischen Ausdrücke verwendet werden. Auf dieses Merkmal des Slang verwies noch Porzig (1957, 253), als er betonte, daß die Sprechenden offenbar Wert darauf legen, gerade nicht die alltäglichen Wörter und Wendungen zu gebrauchen, sondern sich ungewöhnlich, gesucht, parodistisch scherzhaft und oft geradezu absichtlich albern auszudrücken. Durch das Wort, das zum Slang gehört, wird ein gebräuchliches Wort der Literatursprache absichtlich ersetzt, was auf dasselbe hinausläuft, wie wenn ein Eigenname durch einen Spitznamen ersetzt wird. Vgl. z. B. *lackierter Affe/pomadisierter Stutzer* 'eitler Geck', oder im Englischen für 'face': *clock, dial, dish, front, gills, index*. In diesem Zusammenhang hat W. Porzig ausgeführt: „Der Slang entschärft den Ernst der Wirklichkeit, er ist gesellschaftliches Spiel" (Porzig 1957, 254). Wenn ein solches neues Wort eine weite Verbreitung findet durch seine inneren Vorzüge — die Ausdruckskraft, die Fähigkeit, eine besondere Bedeutungsnuance zu vertreten, aber nicht einfach dadurch, daß das Wort ungewöhnlich ist —, dann verläßt es den Bereich des Slang und wird entweder ein Wort der familiären Umgangssprache oder sogar ein stilistisch neutrales Wort. Vgl. z. B. im Englischen: *sky-scraper, cab, bus, movies, mob, pub*. Entsteht der Slang durch das Bestreben, gewohnte Bezeichnungen durch originelle Charakteristiken zu ersetzen, so erreicht er dennoch sein Ziel nur für relativ kurze Zeit: die scharfsinnige Neubildung wird nach Kuznec und Skrebnev (1966, 61), kraft ihres allgemeinen Gebrauchs, zu einem banalen, abgeschmackten Ausdruck (selbst im Slang besteht eine treffende Charakteristik solchen „abgestoßenen" Slangs: *canned wit*). Da der Slang immer auf einer originellen Redeweise beruht, ist er außergewöhnlich reich an Synonymen. So bestehen für das Wort 'food' im Englischen Slang die Ersatzwörter z. B. *chuck, chow, grub, hash*. Für das neutrale Wort 'money' führt Makowski (1982, 118) über 150 verschiedene geringschätzige Wörter und Wendungen wie *jack, necessary evil, pay dirt, potatoes, pot of honey, soap, stuff and nonsense* usw. an.

Slang ist primär mündliche Sprache und gehört somit wie auch die Lexik der Alltagssprache zum nicht schriftfähigen Sprachgut innerhalb der gesprochenen Sphäre der Hochsprache (Literatursprache). Ein Teil der Engländer z. B., die in Stilfragen der Sprache konservativ eingestellt sind, tadeln den Gebrauch des Slang, indem sie ihn als eine vulgäre, verdorbene Sprache ansehen. Sie vergessen dabei, daß der Slang seinem Wesen nach das natürliche Produkt der Alltagssprache und die Quelle für die Bereicherung des gemeinsprachlichen Wortschatzes ist.

In der sprachwissenschaftlichen Literatur wird der Begriff „Slang" nicht selten mit dem Begriff „Jargon" („Berufsjargon" u. a.) vermengt: „Slang ist eine Gruppensprache mit segregativen Komponenten, die unter dem produktionslinguistischen Einfluß von Attitüden bestimmter Art steht, die sich korpuslinguistisch vor allem in entsprechenden Konnotationen zeigen. Slang hat immer Merkmale der Skatologie /.../, er wirkt konspirativ /.../" (Auburger 1981, 146). Auch einige englische und amerikanische Lexikologen, die das Bestehen eines sog. allgemeinen Slang (general, standard slang) anerkennen, gebrauchen neben diesen Termini die Bezeichnungen „student's slang", „war slang", „lawyer's slang" u. a. m. Es erweist sich terminologisch als folgerichtiger, den Terminus Slang nur auf den nicht fachspezifischen Wortschatz anzuwenden, der eine in humoristischer, spöttischer oder gar verächtlicher Weise „herabgesetzte" Färbung aufweist. Wenn man die übrigen Fälle meint, sollte man von den jeweiligen Arten des Jargon sprechen. Wenn der Slang in den einzelnen Verkehrskreisen verschieden ist, so teilt er diese Eigenschaft mit der Alltagssprache überhaupt. Aber seine Anwendung bleibt nach Porzig (1957, 254) immer ins Belieben des Sprechenden gestellt, sehr im Gegensatz zu verschiedenen Sondersprachen (Jargon, Argot), deren Gebrauch Voraussetzung für die Zugehörigkeit ist. Selbstverständlich gibt es gesellschaftliche Situationen, wo der Slang, eben als „Spiel und scherzhafter Übermut", nicht zulässig ist. So erweist sich also der Slang doch als eine Erscheinung innerhalb der allgemeinen Alltagssprache.

Der Slang ist einerseits in stilistischer Beziehung nicht einheitlich, andererseits kann

er isoliert, als ein einheitliches Slanggebilde nicht existieren oder gebraucht werden (man kann keinen „reinen" Slang sprechen). Die Verwendung des Slang ist dadurch bedingt, daß er nur gemeinsam mit anderen Sprachschichten, unter anderem mit der Standardsprache (Hochsprache, Literatursprache) gebraucht wird. In diesem Zusammenhang kann man behaupten, daß die gesprochene Hochsprache der Gegenwart ohne die Elemente des Slang undenkbar ist, genauso wie auch der Slang ohne die Elemente der gesprochenen Standardsprache nicht existiert.

Die Slangausdrücke als Wörter mit einer absichtlichen stilistischen Senkung bilden mit den „herabgesetzten" Wörtern der zwanglosen Umgangssprache (Wörter der gesprochenen Alltagssprache mit einem stilistisch gesenkten Ton, eigentlich eine situationsgebundene Senkung, vgl. engl. low colloquial) eine gemeinsame Gruppe der expressiven Lexik der Alltagssprache. Andererseits gibt es viele Berührungspunkte zwischen dem Slang und dem Jargon, was sich auch auf die Hochsprache auswirken kann. So sind hier die Grenzen in beide Richtungen fließend.

Eine weitere Eigenschaft des Slang, die er wiederum mit der Umgangssprache (Alltagssprache) teilt, ist seine territorale Unterschiedlichkeit. Der Slang ist mehr oder weniger einheitlich, solange er in einer einheitlichen sprachlichen Verkehrsgemeinschaft (Volk, Nation) gebraucht wird. In einer national inhomogenen Sprache bilden sich eigene Varianten des Slangsystems heraus. So gibt es im Englischen neben dem eigentlich englischen (britischen) einen national stark ausgeprägten amerikanischen Slang. Man kann auch von einem australischen oder einem neuseeländischen Slang sprechen, die sich in der englischen Sprache Australiens bzw. Neuseelands entwickelt haben. Dabei kommt es zwischen einzelnen nationalen Ausprägungen des Slang zur gegenseitigen Beeinflussung. So gab es laut Baker (1936, 288) in dem australischen Slang schon in den 30er Jahren dieses Jahrhunderts über 500 Entlehnungen (rund 15% des gesamten australischen Slang) aus dem amerikanischen Slang, laut Partridge (vgl. Makowski 1982, 31) bestand der australische Slang in den 70er Jahren zu 40% aus dem einheimischen englischen Wortgut, zu 35% — aus dem englischen Cockney und zu 25% — aus den amerikanischen Slangismen. Es kommt auch vor, daß einige Wörter, die in einer nationalen Sprachvariante zum Wortgut des Slang gehören, in einer anderen Variante neutral in der Standardsprache gebraucht werden können. Somit ist das Verhältnis dieser oder jener nationalen Variante des Slang zur jeweiligen nationalen Norm der Standardsprache nicht gleichmäßig und nicht einheitlich für das gesamte englischsprachige Gebiet.

Als Bezeichnung für das entsprechende Wortgut in verschiedenen Sprachen hat sich das Wort „Slang" nur vereinzelt durchgesetzt. Mitte der 50er Jahre ist ein Buch von Heinz Küpper (1955) erschienen, das mit seinem Titel den Anspruch erhebt, ein Wörterbuch der deutschen Umgangssprache zu sein. Bei der näheren Betrachtung erweist sich die Küppersche Sammlung als das, was Genthe (1892) als „deutsches Slang" bezeichnet hat. Es enthält Sprachgut des mündlichen Sprachgebrauchs, das „nicht (oder wenigstens nicht unbestritten) als schriftfähig gilt" (Bichel 1973, 289). Später veröffentlicht er (Küpper 1968) unter dem Titel „Handliches Wörterbuch der deutschen Alltagssprache" ein neues Buch, das eigentlich eine Auswahl aus dem fünfbändigen „Wörterbuch der deutschen Umgangssprache" ist. Die Wörter und Ausdrücke dieser Auswahl aus dem Wortschatz der „Alltagssprache" (Küpper) entsprechen im allgemeinen den Kriterien des Slang.

3. Jargon

3.1. Allgemeiner Begriff

In Gemeinschaften von Menschen, die eine gemeinsame berufliche oder außerberufliche Betätigung ausüben, die ständig miteinander verkehren oder enger zusammenleben, entstehen Wörter und Wendungen, mit welchen die Sprechenden die gewöhnlichen Ausdrücke ersetzen. Man nennt ihre Gesamtheit Jargon. Unter Jargon versteht man also keine spezielle Sprache, sondern eine Sprechweise, die für einen bestimmten Kreis von Menschen typisch ist. Ein wesentliches Merkmal des Jargons besteht darin, daß Personen, Gegenstände und Handlungen, die im Rahmen der betreffenden Gruppe eine besondere Rolle spielen, auffällige und sonst nicht übliche Bezeichnungen erhalten. Die meisten von ihnen sind emotionell durch Scherz, Humor, Ironie, Zuneigung oder Ablehnung begründet. Diese Jargonausdrücke werden parallel mit der Berufslexik oder mit allgemeingebräuchlichen Ausdrücken der Alltagssprache als eine Art Synonyme gebraucht. Aber auch im Jargon selbst entwickelt sich oft eine Vielzahl von Synonymen, und die bildliche Ausdrucksweise spielt hier eine erhebliche Rolle.

Die Träger des Jargons sind „Angehörige bestimmter sozialer Gruppen, die sich auf Grund einer gleichartigen, oft gemeinsamen Lebensweise und einer bestimmten sozialen Stellung und Geltung bilden" (Agricola/Fleischer/Protze 1969, 576. Cf. auch Art. 24). Die von ihnen gebrauchten Wörter und Ausdrücke sind nicht oder nicht in erster Linie Bezeichnungen für nur hier auftauchende Gegenstände und Erscheinungen wie bei der Fach- und Berufslexik, sondern sie gelten den allgemein bekannten Dingen des täglichen Lebens. Wenn der Student von der *Uni* oder *Mathe*, der Schüler von der *Penne* 'Schule', von dem *Pauker* 'Lehrer', der Soldat vom *Küchenbullen* oder von dem *Aspirinhengst* 'Militärarzt' (vgl. auch im Englischen: *exam* 'examination', *trig* 'trigonometry', *prezy* 'president') spricht, so drückt sich darin ein besonderes Verhältnis zu einem bestimmten Lebenskreis und einer damit verbundenen besonderen Lebensart aus. Das Gefühl der Zugehörigkeit zu einer sozialen Gruppe und zugleich eine gewisse Absonderung von den übrigen Teilen der Gesellschaft spielen dabei bewußt oder unbewußt eine Rolle. Diese Absonderung führt keineswegs zur Abschließung nach außen, wie es bei der Bildung von verschiedenen Formen der „Geheimsprachen" (*Rotwelsch, Argot*, engl. *cant*) der Fall ist. Es erscheint daher nicht angängig, den Jargon zu den sog. Kontrasprachen zuzurechnen, zu denen laut König (1978, 133) „Sondersprachen von Schülern und jugendlichen Gruppen, Studenten, Hippies, Gammlern und Strafgefangenen" gehören. Andererseits werden allerlei Jargonismen zu Unrecht dem Slangbereich zugewiesen. So spricht man oft vom Soldaten —. Studenten-, Schüler-, Jugend-, Sportlerslang, vielleicht wegen der oft scherzhaft-ironischen Färbung dieser Wörter, die dem Slang im allgemeinen eigen ist, oder weil gerade der Begriff „Jargon" so weit gedeutet wird, daß er auch verschiedene Formen von Argotismen (Rotwelsch, engl. cant) einschließt. Durch den Gebrauch des Jargons streben die Sprechenden keine Geheimhaltung an, sie setzen sich dadurch keineswegs oder nicht unbedingt von der Gesellschaft ab, sie wollen sich mehr einfach anders, alternativ also, ausdrücken. Einige dieser alternativen Formen des Ausdrucks, so z. B. Elemente des sog. Twen-Jargons, sind oft äußerlich undeutlich: *steiler Zahn* 'attraktives Mädchen', *Ische* 'Freundin', *Bonzenheber* 'Fahrstuhl' u. a. m.

Hier entwickeln sich also gewisse Berührungsflächen mit dem Argot (Rotwelsch, engl. cant), dessen besondere Eigenschaft darin besteht, diese Wörter und Ausdrücke als Mittel zur Verschlüsselung der Rede, zur sprachlichen Abschirmung der betreffenden Menschengruppen von der übrigen Gesellschaft zu verwenden. Andererseits ist die Grenze zwischen Jargon und Fach- und Berufswortschatz (cf. Art. 41) nicht immer eindeutig. Sie kann insbesondere dadurch verwischt werden, daß bestimmte Gruppen von Menschen auf Grund ihrer Tätigkeit gezwungen sind, lange mehr oder weniger abgeschlossen zusammen zu leben, wie es etwa bei den Soldaten oder Seeleuten der Fall ist. Fachwörter und Jargonismen können sich hier leicht überschneiden. Fachwörter werden oft gewohnheitsmäßig oder bewußt auch dann verwendet, wenn keine Notwendigkeit dazu vorliegt. Das ist z. B. der Fall, wenn ein Mediziner außerhalb seines Berufs nicht von *Krebs* sondern von *Karzinom* oder *Cancer* spricht. Hier handelt es sich jedoch nicht um einen besonderen Jargon, sondern um „jargonartige stilistische Wirkungen, die sich aus der unpassenden Verwendungsweise von Fachwörtern ergeben" (Agricola/Fleischer/ Protze 1969, 577).

Im Rahmen des Begriffs „Jargon" kann man im wesentlichen von zwei Arten des Jargons sprechen. Man unterscheidet die sog. Berufsjargonismen, die sich aus der Zugehörigkeit von Menschen zu einer gemeinsamen sozial-beruflichen Tätigkeit ergeben, und dem sog. Gruppenjargon (Twenjargon, „Jugendsprachen" u. a. m.), dessen sich Menschen bedienen, die durch eine gemeinsame nichtberufliche Beschäftigung oder gemeinsame Interessen zusammengeführt werden. Der Gruppenjargon umfaßt vorwiegend emotive Lexik mit pejorativer Färbung, wodurch er einige gemeinsame Züge mit dem Argot bekommt und manchmal mit ihm verwechselt wird.

3.2. Argot

Mit dem aus dem Französischen stammenden Wort *Argot* bezeichnet man verschiedene spezielle, geheime Jargons sozialer Randgruppen (Diebe, Gauner u. a.), die im Deutschen als *Rotwelsch*, im Englischen als *Cant* bekannt sind. Mit Rotwelsch bezeichnete man schon im 13. Jh. die Gauner- und Bettlersprache. Schon damals verständigten sich die Mitglieder sozialer Randgruppen durch eine Art Geheimsprache. Dabei benutzten sie unverständliche Wörter und Ausdrücke, die zum

Teil auf das Hebräische und auf die Zigeunersprache zurückgehen und im Munde dieser Menschen bald so entstellt wurden, daß sie heute zum Teil kaum noch auf ihren Ursprung zurückgeführt werden können. Auch der Cant als geheimer Diebesjargon im Englischen diente zur sprachlichen Verschlüsselung von der Außenwelt und als ein Identifikationsmittel für die Eingeweihten. Solche Geheimsprachen, die euphemistische Deckwörter enthalten, um gewisse Sachverhalte nicht unbedingt jedem klarzumachen, gibt es auch in vielen anderen Sprachen. Mit der Zeit verlieren die alten Formen des Argot (Rotwelsch u. a.) ihre Abgesondertheit, sie lösen sich teilweise in der Sprache einiger Schichten der städtischen Bevölkerung auf und dringen auch in die ungezwungene Umgangssprache (gesprochene Alltagssprache, engl. *low colloquial*) ein, vgl.: *Ganove* 'Gauner' (aus dem Hebräischen), *schwerer Junge* 'Krimineller' usw.

Von einer stilistischen Färbung der Argotismen kann man nur in solchen Fällen sprechen, wenn sie aus der Redeweise deklassierter Elemente in die Gemeinsprache eindringen. In stilistischer Beziehung wird dieses Wortgut in der schöngeistigen Literatur verwendet, um Personen in ihrer sozialen Sprechweise zu charakterisieren.

3.3. Vulgarismen

An allerlei Jargonismen grenzen die sog. Vulgarismen oder Grobwörter (auch Schimpfwörter), die auf der niedrigsten Ebene der ethischen Skala der sich abstufenden Lexik liegen. Es sind Wörter und Ausdrücke, die in der Rede als zu scharf, beleidigend und infolgedessen als unzulässig gelten. Man kann sie im allgemeinen in lexikalische und stilistische Vulgarismen untergliedern (vgl. Kuznec und Skrebnev 1966, 62). Zu den ersten zählen Wörter, die Begriffe ausdrücken, die man nicht gern oder kaum im Gespräch erwähnt (Tabuwörter). Wenn man doch solche Begriffe ausdrücken muß, gebraucht man entweder verschiedene euphemistische Ersatzwörter (euphemistische Synonyme der Tabus) oder aber die entsprechenden wissenschaftlichen Termini, d. h. die „gehobenen" Wörter. Als vulgär gilt bei solchen Wörtern selbst ihr gegenständlicher Inhalt, der gegen die Normen der Moral verstößt. Stilistische Vulgarismen sind die Wörter, deren gegenständliche Bedeutung nichts Anstößiges oder Grobes enthält. Der unpassende Gebrauch solcher Wörter und Ausdrücke in einer kultivierten Umgebung besteht in ihrer stilistischen Färbung, die die geringschätzige Beziehung des Sprechers zu dem Gegenstand der Äußerung verstärkt zum Ausdruck bringt, vgl.: engl. *old bean* (russ. *staryi chryč*) 'alter Knacker'. Es ist bezeichnend, daß in England das Wort *damn* 'verflucht' bis zum ersten Weltkrieg als nichtdruckbar galt. Die Verbannung ähnlicher Wörter aus der Sprache zieht den Gebrauch von Ersatzwörtern nach sich. So wurde *damn* durch die Wörter *darned, dashed*, das Wort *bloody* 'verflucht' durch eine ganze Reihe Wörter ersetzt, die mit der Lautverbindung *bl-* anfangen: *blooming, blasted, blessed, blamed*, usw., wobei man jedoch sehr bald dazu überging, diese Wörter als vulgär aufzufassen. Stilistische Vulgarismen sind typisch für die affektgeladene gesprochene Rede. Wenn sie jedoch oft gebraucht werden, verlieren sie ihren affektbezogenen Gehalt. Vgl. z. B. im Englischen: *Every blessed fool was present. You're so darn goodlooking.* In der Literatur können sie in der direkten Rede verwendet werden, um die handelnden Personen in ihrer Sprechweise zu charakterisieren. In diesem Teil der Vulgarismen, die als stilistisch gesenkte Schicht der Lexik gelten, gibt es bestimmte Berührungsflächen mit dem allgemeinen Slang.

Wie bei der vorangegangenen Unterteilung gibt es keine scharfe Trennung der Wörter der sog. gesenkten Schicht in Wörter der zwanglosen Umgangssprache (*gesprochene Alltagssprache*, engl. *low colloquial*), Slang, Jargon und Vulgarismen, in Anbetracht der Tatsache, daß man ihren Anwendungsbereich nicht scharf oder nicht immer deutlich abgrenzen kann. Jedoch ist eine grundsätzliche Unterscheidung der bekannten verschiedenartigen Merkmale dieser sprachlichen Entwicklungen nicht nur zweckdienlich, sondern unumgänglich, will man ihre funktionalen und sozialen Charakteristiken genauer werten.

4. Literatur (in Auswahl)

Agricola, Erhard/Fleischer, Wolfgang/Protze, Helmut, eds., (1969) *Die deutsche Sprache*: Kleine Enzyklopädie, 2 Bde., Leipzig.

Ammon, Ulrich (1973) *Dialekt und Einheitssprache in ihrer sozialen Verflechtung*, Weinheim/Basel.

Auburger, Leopold (1981) *Funktionale Sprachvarianten*. Metalinguistische Untersuchungen zu einer allgemeinen Theorie, Wiesbaden.

Bach, Adolf ([1938] 1961) *Geschichte der deutschen Sprache*, 7. Auflage, Heidelberg.

Baker, Sidney J. (1936) *The Australian language*, Sydney.

Bichel, Ulf (1973) *Problem und Begriff der Umgangssprache in der germanistischen Forschung*, Tübingen.

Bühler, Karl ([1934] 1965) *Sprachtheorie*. Die Darstellungsfunkion in der Sprache, Stuttgart.

Czichocki, Sieglinde/Heydrich, Ingeborg/Langner, Helmut (1964) „Die Erscheinungsformen der Sprache. Kritische Einschätzung der Begriffsbestimmungen und Versuch einer terminologischen Abgrenzung"; in: *Wissenschaftliche Zeitschrift der Pädagogischen Hochschule Potsdam*, 113—124.

Domaschnev, Anatoli I. (1981) „Begriff der sozialfunktionalen Sprachstruktur in der sowjetischen Germanistik", in: *Akten des VI. Internationalen Germanisten-Kongresses Basel 1980*, Bern, 332—336.

Eggers, Hans (1961) „Wandlungen im deutschen Satzbau", in: *Der Deutschunterricht* 5, 47—61.

Genthe, Arnold (1892) *Deutsches Slang*. Eine Sammlung familiärer Ausdrücke und Redensarten, Straßburg.

Geyl, Ernst-Günther (1974) „Sprache als Brücke und Schranke. Über die sogenannten Sprachbarrieren", in: *Muttersprache* 1, 1—13.

Jäger, Siegfried (1971) „Sprachnorm und Schülersprache", in: *Sprache und Gesellschaft*, Düsseldorf, 166—233.

König, Werner (1978) *dtv-Atlas zur deutschen Sprache*, München.

Kretschmer, Paul ([1918] 1969) *Wortgeographie der hochdeutschen Umgangssprache*, 2. Auflage, Göttingen.

Küpper, Heinz (1955) *Wörterbuch der deutschen Umgangssprache*, 1. Bd., Hamburg.

Küpper, Heinz (1968) *Handliches Wörterbuch der deutschen Alltagssprache*, Hamburg/Düsseldorf.

Kuznec, Marianna D./Skrebnev, Juri M. ([1960 russisch] 1966) *Stilistik der englischen Sprache*, Leipzig.

Makowski, Mark M. (1982) *Anglijskie sozial'nye dialekty*, Moskva.

Porzig, Walter ([1950] 1957) *Das Wunder der Sprache*. Probleme, Methoden und Ergebnisse der modernen Sprachwissenschaaft, 2. Auflage, Bern.

Radtke, Ingulf (1973) „Die Umgangssprache. Ein weiterhin ungeklärtes Problem der Sprachwissenschaft", in: *Die Muttersprache* 3, 161—171.

Rupp, Heinz/Wiesmann, Lois (1970) *Gesetz und Freiheit in unserer Sprache*, Frauenfeld.

Shirmunski, Viktor M. (1968) „Problema social'noj differenciacii jazykov", in: *Jazyk i obschtschestvo*, Moskva, 22—38.

Shirmunski, Viktor M. (1969) „Marksism i social'naja lingwistika", in: *Voprosy social'noi lingwistiki*, Leningrad, 5—25.

Anatoli I. Domaschnev, Leningrad (UdSSR)

44. Language — Variety/Standard Variety — Dialect

1.   Clarification of Concepts and Terminology

The area to be discussed here has been the subject of repeated complaints of a lack of conceptual clarity (Martinet [1954] 1976, 75) as well as comments on the extraordinary complexity of the objects themselves (Haugen 1966, 922). Occasionally radical assertions have even been made claiming that the objects in question do not exist at all (Hudson 1980, 40). More guarded remarks doubt the sense, though not necessarily the possibility, of universally valid definitions (Bodmer [1943] 1976, 262; Ruhlen 1975, 1 – 4). Löffler (1980, 457), for example, makes the following comment on one of the concepts to be discussed here: "Eine internationale Dialektologie mit umfassendem Dialektbegriff müßte denn auch auf so hohem Abstraktionsniveau verbleiben, daß für die auf praktische Beobachtung und Beschreibung ausgerichtete Disziplin kein brauchbarer Begriff zustande käme (...), Dialekt ist immer nur einzelsprachlich zu definieren (...)". He presumably means that dialects as components of languages are to be described individually from linguistic, geographical and sociological viewpoints. Obviously one can nevertheless speak of dialects in all cases. — Löffler's relativity of the concept 'dialect' to individual languages ("einzelsprachlich zu definieren") can also be understood in a sense that the meaning of the expressions used to denote the area of interest here should be determined separately for each language. This approach is taken by Kloss (1952, 16), for example, who attempts "[sich! U. A.) darüber klar zu werden, auf Grund welcher Kriterien man denn im Deutschen überhaupt ein Idiom als Sprache zu bezeichnen pflegt." Admittedly Kloss uses the consequently derived term universally (cf. Kloss/McConnell 1974 ff). Alinei (1980) and Mattheier (1983, 141 – 145) particularly emphasize and corroborate the historical relativity of the concept 'dialect' as well as its relativity specific to the language. Even if definitions are suggested without such

restrictions, a reference to their very ephemeral character is almost always added (Ferguson/Gumperz 1960, 1 – 14).

Interested parties do indeed find themselves faced with a labyrinth of terms and concepts. Some examples follow. A whole series of terms exists in German and it is difficult to determine whether they are strictly synonymous with *Standardvarietät* or whether they have partially differing meanings: *Standardsprache, Literatursprache, Kultursprache, Schriftsprache, Hochsprache, Ausbausprache, überdachende Varietät, ausgezeichnete Varietät* and others. A closer analysis reveals the ambiguity of each term and the fact that only one of its meanings is identical to one of the meanings of another term. Thus *Schriftsprache* is occasionally used synonymously with *Standardsprache*, occasionally with the more specific meaning 'only orthographically, not orthophonically standardized' (Besch 1983, 977 f and 983). In addition compounds with the constituent element *-sprache* are almost always ambiguous. On the one hand we can say: "The German language *is* a standard language" and on the other hand "The German Language *contains* a standard language (alongside its dialects)". — Synonymies and polysemies of this nature are not peculiar to German. An example is the use of *dialect* in English, which sometimes includes the standard varieties (one then speaks of a *standard dialect* (Ferguson/Gumperz 1960, 6; Gregory/Caroll 1978, 8) and at other times excludes them (Haugen 1966, 924 f; Stewart 1968, 537; Fishman [1972] 1975, 27). The broader variant distinguishes the English word *dialect* from the German word *Dialekt* and the French word *dialecte*. The latter are never used to denote standard varieties — if one disregards occasional transferences from English. However, the German word *Dialekt* and the French word *dialecte* are not strictly semantically identical, either. The latter is often placed in opposition to *patois* differing from it either as a result of a written tradition or a larger region, possibly even a partial standardization (Dauzat 1927, 30 f; Martinet [1954] 1976, 84 f; Fourquet [1968] 1976, 182 f; Wolf 1980). One must nevertheless be aware of the difference here, as elsewhere, between everyday and scientific terms. We refer chiefly to the latter. In everyday speech the difference between *patois* and *dialecte* is not very clear

(Goebl, personal communication). Particularly in the 18th and 19th centuries a similar differentiation was made in German between *Dialekt* (also written) and *Mundart* (spoken only); often the conceptual difference is also seen as a genetic one: Mundarten are "ramifications" of Dialekte; (Grimm [1848] 1868, 578; Schleicher [1859] 1874, 27); nowadays, however, both expressions tend to be used synonymously (Löffler 1974, 9; Goossens 1977, 18).

In such a situation one must decide on specific terms and explain the concepts they denote at least to an extent whereby the worst errors can be avoided. We have decided on the two terminological pairs mentioned in the title: *language — variety* and *standard variety — dialect*. The relations between the denoted concepts are by no means analogous. Languages are sets of varieties and thus varieties are elements of languages; standard varieties and dialects (= dialectal varieties) on the other hand are various types of such elements (varieties). So a language can contain dialects and one or more standard varieties (whereby a variety is never a dialect and a standard variety simultaneously) as well as other types of varieties. According to this macrosociolinguistic view, which we will take from now on, entire linguistic systems (not elements of such systems or linguistic items) are always related to each other.

One has to be aware of the fact that there are other meanings of the four terms (*language, variety, standard variety, dialect*) besides those on which we decided; ours are possibly not even the most common. In the linguistic context *language* is in the main understood to be 'langue/competence' as opposed to 'parole/performance'. This conceptual pair is on a completely different level from the focus of interest here: 'set of varieties' — 'single variety'. In addition, this differentiation, common in linguistics, can be applied less problematically to single varieties than to languages in the sense of sets of varieties. Only single varieties can be realized as utterances (parole), sets of varieties cannot (except in the extreme case of the singleton); and similarly there are usually only true native speakers and real competence in the case of single varieties (or several single varieties), but hardly ever in the case of entire languages in the sense of sets of varieties. (Ideal speakers may certainly be constructed for any set of varieties whatsoever). In this way the existence of even one single real speaker of, for example, the German language (in the sense of all German varieties) is highly improbable.

The term *variety* is also ambiguous. Especially in the Anglo-Saxon language area *variety* is often used as the generic term for *register* (variety according to use) and *dialect* (variety according to user) (Halliday/McIntosh/Strevens [1964] 1968, 141; Gregory/Caroll 1978, 4 use *diatype* instead of *register*). Here *dialect* denotes the generic concept of 'dialect' and 'standard variety' (in our sense). But what then is the conceptual relation between *dialect* and *register*? We find the conception adequate that such a *dialect* may include several *registers*. Understood this way the term *dialect* would be semantically identical with our term *variety*. Registers would then be elements of varieties (in our sense), or varieties would be sets of registers. This conception appears to be consistent with the definition made, for example, by Ferguson/Gumperz (1960, 3) for whom a "variety has a sufficiently large repertory of elements and their arrangements or processes with broad enough semantic scope to function in all normal contexts of communications." Varieties in this sense are specific to a certain population, whereas registers are specific to a certain situation. If registers, as we understand them here, are viewed as elements of varieties, then they are specific both to a certain situation and to a certain population. This specific relation to a population does not rule out the possibility of the population of variety a sharing in other varieties b, c etc. Thus the population of the variety Swabian dialect (a German dialect) also shares in the variety Standard German, to which another larger population is specific. So there is a many-to-one relation of varieties to populations (not vice versa). In this sense *variety* is also synonymous with the Russian term *forma sušestvovaniâ jazyka* or its German translation *Existenzform* (Ising/Kleinfeld/Scherrer 1984, 20).

In contrast to the terms *language* and *variety* the term *standard variety* is relatively unambiguous: It only denotes standardized varieties. The term *dialect*, however, must be narrowed down to one of several possible meanings. We have decided not on the rather typically Anglo-Saxon usage (*dialect* as the generic term for standard and non-standard varieties), but on the Continental European usage where the meaning of the term *Dialekt* in German, *dialect* in Dutch, *dialecte* in French, *dialetto* in Italian or *dialecto* in Spanish is restricted to non-standard varieties. This does not rule out the existence of other non-standard varieties. The important fact to keep in mind is that dialects and standard varieties are disjunct. Figure 44.1 illustrates the set relation between the concepts thus far defined.

Fig. 44.1: Set relation between varieties (V), dialects (D) and standard varieties (S)

Another meaning of the term *dialect* is defined by Ferguson/Gumperz (1960, 7) as "any set of one or more varieties of a language (...)". The term *dialect* is indeed often used in the sense of a s e t of varieties (non-standard varieties). German dialects such as Swabian, Bavarian etc. include subdialects such as East, Middle and West Swabian etc. as well as some specifically local dialects. Closer analysis reveals interwoven set relations of a much more complicated nature than that mentioned before. We can but hint at the complex of problems which then arises, including such difficult issues as the methods of precisely defining varieties and of relating more abstract and more concrete levels of varieties or sets of varieties to each other. An explicit relation between, on the one hand, strictly empirical microsociolinguistic variety research in the sense of Labov's variable rules, DeCamp's implicational scales or Klein's rule blocks ("Regelblöcke") (cf. art. 112, 113, 115) and our macrosociolinguistic discussion of the concepts 'language' and 'variety', on the other hand, has not yet been established to our knowledge.

2. 'Language'

2.1. General Considerations

Perhaps one should realize at the outset that it is possible to set about the clarification of the concept 'language' from quite different angles. As an example of possibility (1) the Slavonic scholar Bělič (1965, 107) makes a criticism of an "unrichtigen linguistischen Konzeption", insofar as it arrives at "anderen Resultaten über die sprachliche und nationale Zugehörigkeit der Bevölkerung, als es objektiv nach dem Bewußtsein der Bevölkerung der Fall [ist U. A.]". Accordingly one might assume that it is primarily a case of establish-

ing how the majority of the population delimits languages (cf. also Wölck 1978). To be precise one would have to reconstruct how a certain population (the speakers themselves or others) delimits those objects it calls *language* in English, *langue* in French, *Sprache* in German, *lingua* in Italian, *llengua* in Spanish, *jazyk* in Russian, *yǔyán* in Chinese etc. Linguists then assume more or less explicitly that objects of the same kind are being defined in all these cases. — Merely following through the opinion of the (majority of the) population is ruled out by the following approach (2). The concept 'scheindialektisierte Abstandsprache' introduced by Kloss (1978, 67 − 70) implies this other approach. This concept refers to a nonstandard variety (element) grouped by the population into a language (set) to which on the basis of scientific criteria (Kloss: linguistic distance) it does not belong (example: Low German varieties in relation to the High German Language). Simply following through the opinion of the population would not permit this concept at all. The obvious intention here is to develop a concept that is independent of popular (non-scientific) opinion, that is scientific (objective) and that, among other things, allows for the revelation of divergent non-scientific opinions. One must also work with an objective concept in cases where, for a number of possible reasons, the opinion of the population cannot be ascertained. Obviously the interests behind approaches (1) and (2) are different and lead to different concepts of language. Yet even while endeavouring to find an objective concept the definition might diverge depending on the research questions and interests. Compare for example cases where practical problems are emphasized (census, language policy) with primarily theoretical approaches. Occasionally we will make incidental references to such differences below. On the whole, though, we will concentrate on the features most frequently mentioned that are relevant to the definition of 'language'. The various definitions made according to interests from one case to another may differ either as to the features included or as to the precise definition of each feature. For example 'mutual intelligibility between two varieties' is in some cases a criterion for their grouping into one and the same language (e. g. von der Gabelentz [1891/1901] 1969, 55), whereas in others it is not (e. g. Schleicher [1859] 1874, 27 f). Furthermore this criterion is occasionally applied on a merely intuitive basis (von der Gabelentz [1891/1901] 1969, 55), at other times on the basis of measured mutual intelligibility whereby on the one hand there are different methods for measuring (e. g. translation tests or answering questions. Cf. Bendor-Samuel 1980, 327−330) and on the other hand different discriminating criteria (e. g. 60% versus 80% mutual intelligibility).

If one regards varieties combined as sets and subsets, possibly in the sense of a general taxonomy for all the varieties on earth (cf. Bunge 1967, 74−82 on this concept of taxonomy), then one can sometimes regard a language as a subset of a set and, at others, as a set of subsets (or also − as here − simplified as a set of elements). Such varying yet readily reconcilable views lead to the fact that on one occasion one speaks in German of *Einzelsprache* (single language) (element of a group of languages, e. g.: Italian ∈ Romance group of languages) and on another occasion of *Gesamtsprache* (aggregate language) (set of varieties, e. g.: Italian = {Toscan variety, Lombard variety ...}). − The question now is according to which criteria varieties are grouped together to form such sets that we call *languages* (depending on the perspective, *single languages* or *aggregate languages*). The criteria appear to be based on the assumption of their sociological relevance (in a vague sense). Above all it is a question of the mutual intelligibility (based on small linguistic distance) or of the ease of learnability (Ferguson 1966, 320) by the speakers of the other variety (in the case of their willingness). These relations between varieties or between the speakers (by means of their varieties) are considered to be important factors in human group formation (mass groups) (Kloss 1929, 104), especially with regard to the formation of nations or states (Deutsch [1942] 1968; Haugen [1966] 1976). The concept 'language' appears to be frequently based on ideas of this nature even if they are not explicit. These ideas tend towards the selection of a particular level in the hierarchy of set relations between varieties (all included) for which very varied differentiations could otherwise be made. The number of levels formed above that level (groups of languages, families of languages etc.) and below it (subsets of languages, subsets of these subsets etc.) is in contrast comparatively open and variable.

A particularly important, if not the most important group-forming relation between varieties or between their speakers is mutual intelligibility. Various degrees of mutual intelligibility − however measured − can be distinguished, but any sharp borderline will be arbitrary. In addition, mutual intelligibility may be limited to certain media (to a certain *sposob suŝestvovaniâ jazyka* (Russian) or *Existenzweise von Sprache* (German)), in other words to spoken or written language. The various Chinese varieties, for example, were only connected in a written form via classical Chinese (before the development of modern Standard Chinese); orally they were not mutual intelligible. This was enough, nonetheless, to combine them to form one and the same language. In contrast, Serbian and Croatian, Moldavian and Romanian or Hindi and Urdu are only mutually intelligible in the spoken form as a result of different alphabets (Serbian or Moldavian: Cyrillic, Romanian or Croatian: Latin; Hindi: Devanagari, Urdu: Persian). − In general two main types of languages may be differentiated; in each case the question of grouping arises in a different form: (i) languages containing one or more standard varieties; one could call them *standard languages* (caution: *standard language* is also used synonymously with *standard variety*). Examples are modern Slovakian or Italian containing the Slovakian and Italian standard varieties; (ii) languages not containing any standard varieties. One could call them *non-standard* languages or *vernaculars* (caution: *vernacular* is also used synonymously with *non-standard variety*). Examples are former Basque or Albanian, neither containing a standard variety. The languages of type (i) result form the fact that all those varieties said to be "heteronomous" with the standard variety are grouped together with it (as belonging to the same language), i. e. − broadly speaking − the speakers correct their own as well as others' language behaviour in the direction of the standard variety (Stewart 1968, 535; Chambers/ Trudgill 1980, 10−14). On the other hand, in the languages of type (ii) (not containing standard varieties) the individual varieties are nor heteronomous (Nor are they "autonomous" in the sense of a standard variety. Cf. art. 35, 5 (xiii)). In these cases, then, heteronomy is not a workable criterion for grouping. − Several standard varieties existing side by side in one and the same language such as, for example, Standard British and Standard American in English, are not heteronomous with one another either. Still they are generally grouped together − at least by scientists — as one and the same language on the basis of various criteria: small genetic distance, small linguistic distance or facility of mutual intelligibility. Let us for the moment call this set of criteria the "distance criterion". Quite independent of its precise definition and its administration (cf. 2.2.) it is only possible to apply it without difficulty if the sets of varieties form "natural classes" (cf. Sodeur 1974, 14—17) according to this criterion. This is particularly the case with sets where all the elements exhibit smaller distance to one another than to all the elements of other sets. Such relations are the dreams of all scientists engaged in empirical classification. They can be shown in a one-dimensional property-space (attribute space) as in figure 44.2 (cf. Sodeur 1974, chapters 1 and 2).

Fig. 44.2: Varieties classifiable according to distance

The arrow represents the presumed linear distance between varieties measured from a variety chosen at random as a fixed point. The dots represent the individual varieties.

Kloss may have envisaged such relations (without making them explicit) when he conceived his concept 'Abstand language' (Kloss 1952, 15—24; Kloss 1929, 107: "automatische Sprache"). Abstand languages are conceivable as those sets of varieties not having one or more standard varieties (in Kloss 1978, 25: "Nur-Abstandssprache") that all reveal a smaller distance within the set than beyond it. (Kloss does not distinguish, however, between elements and sets, but rather makes undifferentiated reference to "Idiome". Strictly speaking this leads to an aporia, as the units (sets with the property of being languages) to be formed according to the criteria are already presumed to be constituted). Similarly one could conceive the standard varieties combined in the "*polycentric* (or *pluricentric*) *standard languages*" (Kloss 1976, 310—312. The expression is presumably from Stewart 1968, 535; Ferguson 1962, 25, uses "multimodal"): They also all reveal a smaller distance to one another and a greater outward distance, i.e. to the standard varieties of all other languages. — Unfortunately, reality is not always as clearly structured as these ideas. The relations in reality are often rather like those shown in figure 44.3. How-

ever, in this case the relations are also simplified in a highly problematic manner in so far as the distance is presumed to be onedimensional.

Fig. 44.3: Sets of varieties not classifiable according to distance

Relations of this nature are generally termed *dialect continuum* (Hill [1958] 1976, 112. Also *chain of dialects*. McElhanon 1971, 132), with which one generally refers to non-standard varieties. In principle, relations of this kind are also conceivable between standard varieties. This then would raise the problem of how the standard varieties in question are to be combined to form one and the same language of the polycentric standard type, or how they are to be grouped into different languages. The English language, into which standard varieties such as Standard American, Standard British or Standard Australian can and will be grouped without hesitation, might serve as an example — particularly in the future. Grouping becomes more difficult in the cases of Indian or Nigerian standard varieties that have developed from English (although they are not standardized in a strict sense at present. Cf. 3.), and particularly in the cases of (former) pidgins with English components undergoing standardization (though as yet only in the initial stages), such as, for example, Tok Pisin (Neo-Melanesian) in New Guinea (cf. art. 151) or Sranan (Taki-Taki) in Surinam. In such cases, or in the case of chains of dialects, either arbitrary limits must be drawn or other criteria must be added if (for whatever reasons, for example on political grounds) disjunct languages are to be formed. Viewed logically, these difficulties are caused by the fact that any distance (or extent of distance) whether genetic, structural or other, is not a transitive relation: It may be small between a and b and between b and c, but no longer small between a and c. Nor is it an equivalence relation (symmetrical, transitive, reflexive), which would be necessary for strict class divisions. If it were an equivalence relation there would be no fundamental obstacles such as chains of dialects to the attempt at grouping every single element of our universe of discourse, i.e. all the varieties, into nonempty, disjunct classes, i.e. languages. This problem can be formulated independent of the type of distance under discussion or of the way in which greater or smaller distances are delimited. We will now turn our attention to these questions.

2.2. Distances: Types and Extent
2.2.1. Genetic Distance

In historical linguistics which flourished in the nineteenth century, varieties are grouped into languages according to a genetic relation based on a common origin. The best known example of such a language is Latin into which the varieties French, Italian, Spanish, Portuguese, Romanian etc. are grouped. However, one generally speaks of *dialects* rather than of *varieties*; in keeping with the definition we made at the beginning — that a dialect is a non-standard variety — we cannot use the term in this way. The grouping of varieties ("dialects") into languages is apparently defined by a prima vista very simple relation, namely by the same direct descent. Therefore a language consists of the set of all those varieties directly originating from the same source.

The proof of the existence of this relation was aided by various methods that were of particular value in obtaining information where the wealth of historical sources was not as great as in the history of Latin. Most important of all is the systematic comparison between the varieties or their linguistic systems, which initially concentrated on phonological correspondence between words of identical (or originally identical) meaning, but it can also be extended to all grammatical categories. In addition "internal reconstruction" can be used to determine older states of linguistic systems; indeed in cases where comparable varieties are lacking it is the only possibility (Lehmann 1962, 6 – 11). Once correspondences have been established by systematic comparison, the extent of the genetic distance can be inferred from the type and number of the correspondences. "Glottochronology" is possibly the most well-known method. It is chiefly based on the frequencies of word equivalents (word correspondences), on so called "lexicostatistics" (Swadesh 1952, 1954, 1955, 1959; Gudschinsky 1956; Hymes 1960). These methods are all based on certain hypotheses of linguistic change. The comparison of word equivalents is based, for example, on the hypothesis that the compared words are not loanwords. One tries to concentrate on areas of the lexicon where loanwords are improbable, e. g. words for elementary, everyday qualities and

relationships (Bodmer [1943] 1976, 167 f). It is a known fact that in some cases caution is advised. Loanwords are possible even in the allegedly most elementary words; an example are the loanwords for family relationships adopted into German from the French in the 18th century (*Papa, Mama, Onkel, Tante* and others). Only a broad overview and a combination of methods can guarantee a certain degree of security against such sources of error.

Independent of empirical methods of definition the concepts 'language' and 'variety' seem to be strictly relative to one another with regard to the relation 'same direct descent': "es kann aber die Sprache wiederum, je höher ins Althertum aufgestiegen wird, als Dialect ['variety' U. A.] [...] einer früheren weiter zurückliegenden erscheinen." (Grimm [1848] 1868, 574). Nevertheless, adherence to this strict relativity is not always consistent in historical linguistics, as can be seen from the following quotation from Schleicher ([1859] 1874, 27. Spacing as the original):

"alle Sprachen nun, welche so beschaffen sind, daß sie, wenn auch durch mehrere Generationen hindurch, schließlich doch auf eine Grundsprache hinweisen, bilden eine S p r a c h s i p p e oder, wie man gewöhnlich sagt, einen S p r a c h s t a m m und sie sind v e r w a n d t. Innerhalb solcher Sprachsippen können wir oft S p r a c h f a m i l i e n scheiden, in diesen wieder einzelne S p r a c h e n, welche abermals in D i a l e k t e, M u n d a r t e n, u. s. f. zerfallen".

The relation 'same direct descent' does indeed exist here between varieties ("Dialekte") and languages, but these concepts are no longer strictly relative with regard to this relation. Instead 'language' implies additional criteria — not mentioned in the text. Beyond the language level there is an unspecified number of levels of origin above (before) and below (after) (note the wording "oft Sprachfamilien" or "u. s. f." in the quotation from Schleicher). Only the oldest protolanguage ("Grundsprache", otherwise generally "Ursprache"), or the "language kin" ("Sprachsippe") defined with reference to the oldest protolanguage, form another fixed point in this hierarchy. Indeed, the "Mundarten" would otherwise have to be varieties of the "Dialekte" which would then be their languages. East Swabian, for example, would be a variety of Swabian (as a whole), which would be a language. (East Swabian is a sub-dialect of Swabian, a German dialect). Grimm himself did not keep to the strict relativity of his concepts either. In the same book from which the above quotation was taken he treats Germanic altogether as the German language as late as his time. This construction serves as the reasoning behind his political utopian dream that the speakers of this "language" will one day become one people and nation ("Volk". Grimm [1848] 1868, III–IV).

In the cases of Grimm and Schleicher, as well as in other cases, the concepts of 'language' and 'variety' ("Dialekt") are evidently varying. This may be linked to the fact that the relation 'same direct descent' defining the conceptual pair is basically problematic. This relation is conceived in analogy to the genetic relation between individuals of a species (occasionally also the genetic relation between species). Biologically this relation is quite clear and unambiguous, particularly between individuals, however with regard to varieties this is not automatically the case. In addition the development of varieties and languages can be not only divergent but also convergent (as is the case with individuals: children, or species: hybrids), and their relations cannot therefore be adequately represented in a family tree (Hudson 1980, 38). Examples are planned convergences as in the case of the Bahasa Indonesia (Omar 1979) or unplanned as in the case of pidgins or creoles. Varieties also can absorb diverse loanwords as a result of contact between their speakers as in the case of the language unions ("Sprachbünde". Becker 1948; Haarmann 1976). However, even if genetic relations between varieties were finally defined adequately, taking these and other exceptional features into consideration, we do not believe that genetic relations are the decisive criterion for the concept 'language' in most cases. One ought to choose another term for sets of varieties constructed on a purely genetic basis. To confirm this argument one should contrast the two (contrived) cases of the very dramatic and the extremely slow change of two linguistic systems. Varieties that have grown apart to a degree that their genetic relation is not readily recognized are no longer put together within the same language, even if they are closely connected from a purely genetic point of view in the sense that they only divided recently. In contrast, this will happen with varieties that are very similar to one another even if their division is long-standing. In any case both relations are not necessarily compatible. And it appears to us that, as a rule, not the genetic proximity but the systematic similarity is the decisive criterion for the con-

cept 'language' (Cf. Hegers [1969] 1976, 234, "Postulat einer rein typologisch", not "diachronisch-genetisch" based definition of languages. – In biology the genetic relation between the species is defined as "homology" and their similarity as "analogy". Ax 1984, 63 and 166 f).

2.2.2. Systematic (Linguistic) Distance

Perhaps it should be pointed out at the outset that there have always been supposed patent recipes according to which the grouping of varieties into a language appeared to be quite unproblematical. Thus Apollonios Dyskolos postulates that the differences between the Greek dialects "immer nur die äußere Wortform betreffen, nicht die Bedeutung." (Buttmann edition 1877, 319, similarly 275). Numerable studies have shown, however, that there are indeed differences in the meaning of words in different dialects of the same language, for the simple reason that diverse objects, e. g. different farming implements, are to be found in the areas where different dialects are spoken. A modern version of the ancient view is the postulate of an identical deep structure for all varieties of a language. According to Agard (1971, 15), an advocate of this view, an identical morphological deep structure (as part of an identical overall deep structure), for example, contains an identical stock of grammatical categories. Accordingly all the German dialects south of the River Main, for example, (Bavarian, Swabian etc.) would not belong to the German language, since there is in these dialects no contrast between preterite and perfect (Veith 1977, 154). This would contradict all current classifications. Moreover it is doubtful that an agreement can be reached in the foreseeable future concerning the substance of the deep structure of a linguistic system. However, even then one could by no means assume a priori that varieties can be adequately (in any sense of the word) classified into languages "monothetically", i. e. by means of a single, if complex, structural feature, such as an identical deep structure. Rather, it appears to be far more plausible that "polythetical" classifications are necessary (Altmann/Lehfeldt 1973, 27). This type of classification is characterized by the fact that there is no single marked feature that necessarily befits all the elements, in our case, varieties (Sodeur 1974, 17–21). More modern methods of measuring linguistic distance also proceed accordingly.

Actually, an early form of measuring linguistic distance is the counting and binding of isoglosses in dialect geography (cf. Goebl 1982; 1984 a). A possible explicit measurement of distance that is relatively simple to apply is, e. g., lexicostatistics once again, where the extent of correspondence in the lexicon or the word list serving as a basis for comparison (usually 100 or 200 words) is no longer interpreted genetically, but systematically as structural similarity. The method is not without its problems — they cannot be given individual attention here — particularly the question of the word list serving as a basis for comparison and the problem of when two words from different varieties are to be judged as corresponding (phonemic identity is not required but the correspondence of the phonemes true to sound laws). There is also the difficult problem of the extent of correspondence at which two varieties are to be grouped into the same language. Swadesh's (1952, 456) specification that at least 81% of the words on his word list must correspond is, when it comes down to it, just as arbitrary as every other specification. All the same, such a specification does have the advantage of intersubjectivity. (Incidentally Swadesh himself saw his specification as genetic distance, whereas Kloss (e. g. 1976, 303 f) appears to see it as systematic (synchronic) distance). An obvious and often acknowledged deficit of this measurement is its restriction to lexis. Therefore the Summer Institute of Linguistics (headquarters in Dallas, Texas) also attempts to take into consideration the extent of phonetic correspondence between the words. Two words are no longer regarded as identical simply because they can be related according to sound laws, but over and above that varying degrees of phonetic correspondence between the two words are taken into account (cf. Bendor-Samuel 1980, 325). J. E. Grimes and Agard (1959; Grimes 1964) and later Ladefoged (Ladefoged 1970; Ladefoged/Glick/Creper 1972, 62 — 65) developed special measurements for the phonetic similarity between varieties. Greenberg's (1960) suggestions for a typology of languages (not of varieties) on the basis of morphology can be used as a measurement of morphological similarity. In all these cases the problem of exact delimitation has either not been discussed at all (because of quite different intentions for application,) or solved only to a most dissatisfactory extent. This also goes for the measurement suggested by Mackey (1971;

1975, 221 — 307) which is not restricted to one single grammatical level or rank. Mackey firstly distinguishes between differences in content and expression ("différences sémantiques", "différences formelles"). He subdivides the differences in content — or semantic differences — further into the meanings of grammatical categories ("sens grammatical") and the meanings of words ("sens lexical"). In the case of the differences in expression he distinguishes between grammatical, lexical and phonetic form ("forme grammaticale", "forme lexicale", "forme phonétique"), whereas he subdivides the third into prosodic and allophonic differences. In spite of Mackey's indisputable contribution, in particular to a measurement of distance extending over all grammatical levels or ranks, his approach suffers from a deficit in the area of grammatical theory. His suggestion is based on a structural-taxonomic grammar which he fails to explain further. Measurements of distance are, however, generally dependent on the grammar on which they are based (Altmann/Lehfeldt 1973, 71). Thus quite different systematic distances can evolve between two sets of sentences depending on the grammar (Klein 1974, 26 — 29). All the same, the divergences abate on inclusion of a large number of features. Mackey's approach, aiming at the inclusion of all grammatical levels or ranks, should be developed further into a measurement of distance based on "numerical taxonomy", the general methodology of which was developed in biology (Sokal/Sneath 1963). Numerical taxonomy has been applied to language typology by Altmann/Lehfeldt (1973) and to dialect geography (under the term "dialectometry") by Goebl (1982; 1984 a). In the sense of numerical taxonomy varieties would be compared for correspondences and differences with regard to as many features as possible and grouped according to the extent of their correspondence (similarity). Sometimes the aim of numerical taxonomy is a "natural" classification, i. e. the specification of the actual distribution of the elements (varieties) in a property-space spread over as many properties as possible that are not previously weighted or selected (Sodeur 1974, 32 — 37). Admittedly, most of the taxonomers nowadays assume that classification is fundamentally artificial and that the search for naturalness is hopeless (Goebl, personal communication). Independent of that fact it is doubtful whether languages can adequately be (re)constructed in this way, for the natural or artificial element grouping provides no criteria for delimiting between continuous transitions. If no additional criteria are supplied for this purpose then delimitation is either not possible or completely arbitrary.

2.2.3. Mutual Intelligibility

Mutual intelligibility between diverse varieties has often been suggested as the primary criterion for grouping them into one and the same language. An example is given by von der Gabelentz ([1891/1901] 1969, 55):

"Es giebt noch eine andere Betrachtungsweise, die noch naiver, noch volksthümlicher, und doch im Grunde die einzig richtige ist: Wen ich verstehe, der redet meine Sprache; wen ich nicht verstehe, der redet eine mir fremde Sprache. So urtheilte jener Tyroler, der vom Berliner sagte: 'Der Mann versteht kein Deutsch!' Hätte er statt dessen gesagt: 'Der Mann redet eine andere Sprache als ich,' so wüßte ich nicht, was die Wissenschaft dagegen einwenden wollte."

One might be inclined to interpret the extent of mutual intelligibility as a mathematical function (or even a bijection) of the extent of systematic linguistic similarity. However, caution is recommended here. While the linguistic similarity between two varieties is always symmetrical, this is not necessarily so in the case of the comprehension between them (Grimes 1974, 260); it is not always mutual to the same extent. Wolff (1959) demonstrated this in a much quoted study of speakers of African tribal languages and explained it on the grounds of varying attitudes of the speakers to the other variety or its speakers. Mutual intelligibility is dependent, among other things, on the readiness of the recipients to comprehend. Furthermore it is obviously dependent on previous knowledge of the other variety, which need not be symmetrical at all (cf. Sankoff 1980, 133—141). Irrespective of that, one variety that is, in a certain sense, far more similar to one's own than another, can be much more difficult to understand. Consider, for example, the inversion of the phoneme sequence in every word that the young Mozart in Milós Forman's film "Amadeus" (USA 1984) masters with virtuosity, presumably to demonstrate his musical genius to the audience in an amusing manner. This interchange is based on a single transformation rule so that one can speak of a considerable linguistic similarity between the two systems, and yet — at the speed of normal speech — it causes complete

unintelligibility. Additional examples are the numerous private codes of schoolchildren that are incomprehensible to the uninitiated, although they are based on most simple transformation rules (e. g. the "B-language" in Duisburg and elsewhere, in which each vowel x is extended according to the following rule: x → xbx. ['ʃuːle] 'school' then becomes ['ʃuːbuːˈlebe]. "Pig Latin" is a similar example. Gumperz 1962, 35). In contrast, the differences between various British or Spanish dialects, for example, are far more complicated from a linguistic viewpoint, and yet the adverse effect on comprehension is nowhere near as great. After such considerations J. E. Grimes (1974, 261) comes to the conclusion that one should no longer speak of varieties or dialects since these terms suggest linguistic criteria but rather of "communication networks". It is debatable, however, whether this conclusion is not too radical. Varieties to be considered for grouping into one and the same language do not usually differ in the same way as the above mentioned artificial private codes. In their case it might be perfectly useful to include mutual (though not necessarily mutually equal) intelligibility as a criterion. The arbitrary nature of a purely linguistic delimitation might thus be reduced. This is true, although mutual intelligibility for its part forms a continuum in which, in the case of a binary division (good as opposed to bad mutual intelligibility), an arbitrary borderline would eventually have to be drawn. In spite of that, one could thus avoid the definitely inadequate solution that mutually totally unintelligible varieties are grouped into the same language and mutually very easily intelligible varieties into different languages. A specification based on mutual intelligibility tests administered to "neutral" subjects with neither negative attitudes towards nor previous knowledge of the other variety is conceivable (cf. Ammon 1983, 47 f). This idea which at present merely opens a vague research perspective, corresponds perfectly to the intuitive concept of language that Gabelentz, for example, had in mind.

Tests for measuring the intelligibility of variety a for speakers of variety b have recently been very carefully designed (cf. also art. 105). In earlier tests speakers of variety b were required to translate sentence by sentence, or passage by passage a story told by a speaker of variety a (Voegelin/Harris 1951, 327 f). In the criticism of the arrangement of this test it was quite rightly pointed out that translation ability cannot be equated with comprehension: Translation is a more complex process than comprehension; it does not necessarily follow that someone who understands well can also translate well (Wolff 1959, 34). Therefore in newer tests the subjects are not required to translate. Presumably the most detailed account of methods of testing and measuring mutual intelligibility is to be found in Casad (1974). This text is based on the rich experiences of the Summer Institute of Linguistics and at the same time serves its staff as a foundation and practical guideline for their work. Among many others, the distinction is made between the text test and the sentence test (Casad 1974, chapters 5 and 6). Instead of translating, the subjects must answer questions on the content of a coherent text or, respectively, a number of isolated sentences. These questions are asked directly after the presentation of a passage of the text or a sentence. The degree of intelligibility is measured according to the number of correctly answered questions. The advantages and disadvantages of both test types were carefully examined as well as possible interfering variables. It appears that, in the main, sentence tests are preferred, partly because they reveal the comprehension difficulties in more detail (isolated sentences have less redundancy than coherent texts and are, therefore, more difficult to understand), but still more for the ease with which they can be applied.

The intelligibility tests of Casad particularly aid the staff of the Summer Institute of Linguistics in grouping various varieties into one and the same language. This usually happens when the resulting mutual intelligibility lies between 75% and 85% (Casad 1974, 46). The exact specification is in the end determined either conventionally or by additional criteria, for the most part aspects of practicability. The groupings thus created by the staff of the Summer Institute could with good reason be called "potential" or "future languages" and possibly, with the relevant (mutual intelligibility) distance of all the varieties contained to all the varieties not contained, also "Abstand languages (on the basis of mutual intelligibility)" following Kloss. Such sets of varieties actually only become real, i.e. functionally coherent languages to some extent, as a result of the work done by the staff of the Summer Institute or of their interaction with the speakers (cf. e.g. Ineichen 1976, 16

on this concept of language). This is achieved by the deliberate development of a standard variety which then binds such sets of varieties.

2.3. Heteronomy with a Standard Variety

In general all varieties that are heteronomous with a particular standard variety are grouped into one and the same language together with that standard variety. The exact meaning of heteronomy of non-standard varieties with regard to the "autonomous" standard variety does not seem to have been sufficiently clarified. The term *autonomy* has long been used to denote the relationship between a standard variety and its non-standard varieties. As early as the beginning of the century Jellinek ([1913] 1968, 362 f), for instance, thus characterizes Adelung's view of the German standard variety:

"Durch die Betonung der Autonomie schüttelt Adelung mit einem Ruck alle Erörterungen ab, welche die Sprachrichtigkeit durch Vergleichung der Mundarten [dialects! U. A.] nach innern Gründen feststellen wollte (...). Nicht von allem Anfang hat Adelung die Autonomie des Hochdeutschen so scharf erfaßt (...). Die Autonomie des Hochdeutschen gilt nicht nur für die Grammatik, sondern auch für den Wortschatz."

The "autonomy" of "High German" (= German standard variety) here means its dependence not on other German varieties but entirely on the usage of the upper social classes in southern Saxony. Viewed against the background of the history of the German and many other standard languages, Adelung is still at the stage of specifying and justifying the standard variety. Once a standard variety has been soundly established it becomes autonomous to the other varieties in the following way: This variety alone, or at least to a greater extent than all the other varieties, is considered to be correct and speakers using other varieties are corrected in the direction of the standard variety (Stewart 1968, 535; Chambers/Trudgill 1980, 10−14). In general such corrections are accepted (although with some differences from one language community to the other) even by the very people corrected who, to some extent, correct themselves on their own initiative. This is an important aspect of the often emphasized general acceptance of a standard variety in a linguistic community (Garvin/Mathiot 1960, 783; Garvin 1964, 522; Bartsch 1985, 236 ff). Over and above that, there are some people who are authorized to make such corrections, e. g. teachers (cf. 3.). Consequently, transferences and loanwords from the standard variety into the non-standard varieties occur with increasing frequency (Kremer 1983), with the result that the latter gradually change in the direction of the standard variety.

Heteronomy with a standard variety does not invalidate the criteria discussed in 2.2.2. and 2.2.3. but it could modify them. Where the linguistic distance (or the distance based on mutual intelligibility) is great the standard and the nonstandard variety remain different enough to belong to different languages, in spite of heteronomy. This is true in the case of the Sorbian varieties in relation to the German standard variety (before 1945), or in the case of the Alemannic varieties in Alsace in relation to the French standard variety (after 1945). In cases such as these it is difficult to correct the non-standard varieties in the direction of the standard variety, and they are more likely to be replaced by them altogether (code-switching); this effect is quite different from that of heteronomy of the nonstandard varieties with a linguistically similar standard variety. — Where the linguistic distances are great there is rather general consent among linguists that the varieties should be grouped into different languages inspite of some sort of heteronomy. In the case of smaller but still relatively large distances opinions often diverge: the borderline cases begin here. The relation between the Low German varieties and Standard German (which is structurally largely Upper and Central German) is one example. As a result of the heteronomy with Standard German the Low German varieties are grouped into the same language as Standard German by many, particularly by the speakers themselves. Other examples are Occitan in relation to Standard French or — at least previous to the recently achieved political changes — Catalan in relation to Standard Spanish. Kloss (1978, 68), for instance, does not evaluate such varieties in the same way as their speakers do. He defines them as "scheindialektisierte Abstandsprachen" (cf. art. 42), i. e. as basically affiliated to another language. Evidently, in the border area various groupings are justifiable according to political and/or other interests, depending on how the criteria (distance or heteronomy) are weighted and specified. — There are similar borderline cases not only in the case of relatively great distance, but also in the case of relatively small distance. Once again it was Kloss (1952, 15—24) who emphasized that

sets of varieties (in Kloss "Idiome") with a relatively small distance to other sets of varieties can become real languages as a result of their own standard varieties. He mentions the Czech and Slovakian varieties as an example. They have each become a language as a result of "Ausbau" (we say: as a result of standardization, or more precisely: as a result of developing their own standard variety in each instance), not as a result of distance ("Nur-Ausbau-Sprachen". Kloss 1978, 25). Here, however, according to Kloss a minimum distance must also be guaranteed (the extent of which is, admittedly, not clarified); otherwise no real (independent) languages (or the feeling that independent languages exist), but only various centres of a polycentric standard language come into being. Examples of this are the sets of varieties specific to states (countries) of English (Great Britain, USA, Australia etc.), of Portuguese (Portugal, Brazil) or of German (FRG, GDR, Austria, Switzerland).

In the light of the conflict between the criteria distance and heteronomy, the involvement of interests and the politically explosive nature of the concept 'language' become obvious. They are connected to the widely held view of a national language (1 language ↔ 1 nation) (cf. art. 45, 75). In an effort to achieve national independence small linguistic distances were often emphasized and attempts made to increase them. The endeavours of John Adams and Noah Webster to establish an independent American English are an example — although their success was quite limited (Heath 1976). Conversely, great linguistic distances were played down where an interest in assimilation or in the legitimation of a former assimilation into one's own nation existed. This is illustrated by the language policy of Italy on Istria and Dalmatia, or of France on the Occitan provinces. Conflicting interests of this nature are also revealed by "roofless dialects" (dachlose Außendialekte) (cf. 4 and art. 87). Roofless dialects are not heteronomous with the standard variety from which they have the smallest linguistic distance, as they are situated in a different country. Where expansionist efforts are involved, the linguistic affiliation to this standard variety is often emphasized (for example, the linguistic enclave policy of Hitler-Germany), and where the rejection of efforts of this nature or where incorporation in the opposite direction is intended, the lack of heteronomy with it is accentuated. Reacting to former German claims the French, for example, questioned the affiliation of Alemannic varieties in Alsace to the German language; incidentally, some linguists who may wish to put a stop to these disputes do not adhere to the affiliation either (in Goossens' opinion (1977, 49) apart from Standard German the German language only includes the varieties heteronomous with Standard German). — Political or economic interests are also at the basis of the grouping together of varieties with very small populations of speakers to one and the same language, despite a great linguistic distance. Examples are the treatment of the various Rhaeto-Romanic varieties in Switzerland as one and the same language (Goebl, however, considers the distance to be not very great. Personal communication) and previously that of the various Fresian varieties on German and Dutch territory. An example of this tendency is also to be found in Ferguson's (1966, 313) suggestion to group together various languages with very small numbers of speakers when giving synoptic descriptions of the linguistic situation in a country. For the countries these small language communities constitute an economic problem: The development of separate standard varieties, literature, radio and television transmissions and teaching materials is costly.

It is extremely difficult for sociolinguists to develop a "neutral" 'language' concept in this political free-forall. No matter how the term is finally specified political interests do not remain untouched by it (cf. also Coulmas 1985; Goebl 1984 b on these political implications). Operationalization is exceedingly difficult in present dealings with the concept 'language'. This is the crux of all attempts to count the languages of the world (Thümmel 1977), or to give an overview of them (the most comprehensive attempt is probably in B. F. Grimes 1984). Attempts of this nature cannot do without ad hoc specifications. The preliminary considerations chiefly developed by Kloss in Kloss/McConnell (1974; 1978; above all 1984, 20—28) offer interesting examples of this.

3. 'Standard Variety' and 'Standard Language'

The ambiguous use of the term *standard language* has already been mentioned, on the one hand meaning a standard variety, on the other hand meaning a language (in the sense of a set of varieties) consisting of at least one standard variety. It would aid the process of reducing the ambiguity of the term if one consistently used *standard variety* to denote the individual standardized variety (e. g. Standard Italian) and restricted the use of *standard language* to denote an entire language, in other words a set of varieties consisting of at least one standard variety (e. g.: {Standard Italian, Lombardian, Venetian ...}). So what makes a variety a standard variety? In 2.3. we gave a provisional answer to this question: autonomy from all the other varieties of the same language. A sharpening of the concept 'autonomy' seems to be possible within a normtheoretical frame. Let us for the moment refer to fully developed standard varieties as they exist in e. g. the large European national languages, and not to transitional and intermediate stages. Standard varieties of this nature are codified (cf. art. 178). Such codifications are not simply linguistic descriptions as they are also known to exist for numerous nonstandard varieties, but they also have a certain normative status. Members of the linguistic community are justified in referring to them in making judgements as to the correctness of linguistic utterances. In the case of a fully developed standard variety all grammatical levels or ranks are codified: pronunciation, spelling, morphemics and syntax as well as lexis, even registers (styles). In many instances there are separate books for each of these: a dictionary of pronunciation, an orthographic dictionary, a grammar, a lexicon and a guide to good style. These books certainly concentrate on particular grammatical levels or ranks, but are not restricted to them; an orthographic dictionary, for example, also contains information on lexis, morphology and syntax (word syntax); or the lexicon, chiefly designed as a defining dictionary, also contains information on orthography or pronunciation. From time to time the modifier *ortho-* (*orthographic dictionary*) in the title reveals the normative character of such works. Although unusual it would be perfectly reasonable to speak of *orthogrammar* (morphology and syntax), *ortholexis* or even *orthostylistics* in addition to *orthophony* (*orthoepy*) and *orthography*. Orthography is in general particularly strictly regulated, often having legal status. — The codex is, in the main, not explicitly delimited. There may, for example, be several pronouncing dictionaries or grammars that not only complement but in part even contradict one another. The validity of individual works or some parts of them and, as a result, their affiliation to the current codex, may only be clarified in the case of a conflict, possibly even in legal proceedings. In addition, in countries that have been technologically highly developed for generations the codex has been multiplied for very different areas of application (domains) (teachers' books, pupils' books, reference works for various authorities etc.) to such an extent that hardly anybody in the language community can be aware of all its ramifications. — Furthermore it is characteristic of fully developed standard varieties that there are "authorities of prescription" who stipulate to others, the "subjects of prescription", how to write or speak in agreement with the definitions (rules) of the codex (cf. Wright 1963, 70 — 92, on these normtheoretical concepts). The highest authority, which seems to be the state, bestows this authority on them either directly or indirectly. Perhaps the most important group of these authorities are teachers, but superiors in state administration and others are also among them. Thus, it is characteristic of standard varieties that their use is finally enforced by prescription, a fact which might be largely latent. All the essential components of prescription (Wright 1963, 70 — 92) can be found rather easily: the "norm-character" (obligatory), its "content" (the language patterns defined by the rules of the codex), its "conditions of application" (the suitable context for utterances) (these three components being part of any norm, not only prescriptions), the "authorities of prescription" (teachers, administrative superiors), its "subjects" (pupils, subordinates) and its "occasions" (the situations or domains where the prescription is valid: schools, administration departments etc. — but not usually in private) (cf. Ammon 1986). The occasions can be narrowed down further than to domains (in the usual sociolinguistic sense. Cf. art. 27), namely to certain roles within these domains. Thus in school the prescription by the teacher to the pupil is valid (but possibly only in class not during the breaks) while an (attempted) prescription by one pupil to another is invalid.

The supporters of the Prague School have rightly emphasized that the linguistic extension of a standard variety is not simply identical with the definientia of the codex (the language patterns defined there). On the one hand parts of the codex may have become obsolete

and are — as revealed in the case of a conflict — no longer valid (Dokulil [1952] 1971), on the other hand the codex may be incomplete. Above all colloquial standard ("Konversationssprache", Czech *hovorový jazyk*. Jedlička [1974] 1978, 18, 29, 44, 47) is a part of the standard variety that is often not codified (in Jedlička noncodification is definitional for *hovorový jazyk*). It appears to us that the language patterns (language forms) belonging to the standard variety can be adequately defined according to the normtheoretical criterion: their prescription by norm-authorities must be valid and this validity must be supported by the society as a whole or its organisational framework, i. e. the state (cf. Wright 1963, 194 — 198 on the concept 'validity'). Otherwise they are not an integral part of the current standard variety even if they are contained in the codex; or if they are valid as specified they are an integral part of the standard variety even if they are not contained in the codex (cf. Ammon 1986).

It is widely agreed that a fully developed standard variety should be fully codified (Garvin/Mathiot 1960, 783 f; Garvin 1964, 522; Jedlička [1974] 1978, 45, 66; Paul 1880, 266 f, expresses himself more precisely), i. e. at least for the most part defined in a codex that extends across the various grammatical levels or ranks; however there are also preliminary stages of this fully developed "extreme type" (cf. Sodeur 1974, 25 f, for a theory of typology). Above all uncodified prestige varieties than can likewise be used prescriptively, at least to some extent, and are inasmuch autonomous to the other varieties of the same language, number among these. Examples, despite all the differences revealed on more detailed inspection, are the varieties of medieval poetry for example, the Provençal or Middle High German varieties of the minnesong and the courtly epic, or some current exonormative varieties (standard coming from elsewhere) in developing countries, for example "Educated English" in India or Nigeria. Occasionally the concept 'standard variety' is conceived very broadly in the sense of such uncodified prestige varieties (for example Aniche 1982; Kahane/Kahane 1979). Conversely, the nationwide varieties without prestige or prescriptive usage, the nationwide vernaculars (German *Umgangssprache*) definitely are not standard varieties.

It appears to us expedient to the specification of the concept 'standard variety' to assume, as indicated above, that the highest authority of prescription of a fully developed standard variety is the state (in the wider sense including state similar organizations), or its bodies. On closer examination this is revealed even in the case of apparent counter-examples. Such an instance is the Polish standard variety before 1917 for which, at least within the German borders, the state functioned, among other things, as the highest authority of prescription over a portion of instruction in the mother tongue — even though very elementary (at times only as part of religious instruction) (Glück 1979). At the same time this example shows that the criterion 'the highest authority of prescription is the state' by no means implies that the standard variety in question is the "official language" of the state (cf. Kloss 1977, 332). Since the state is the highest authority of prescription of a standard variety, and states are generally juridically autonomous, different standard varieties (specific to states) within one language, like British or American English, (grouped into the same language on the basis of the distance criterion) are juridically autonomous. This is the basis of the polycentric nature of some standard languages — each centre being grounded in and specific to a particular state (country). For example, each of the various German-speaking countries (FRG, GDR, Austria, Switzerland, even Luxembourg and Liechtenstein) ultimately has the right to decrease or increase the differences of "its" standard variety to the standard varieties of the other centres. This is especially evident in the case of spelling, at whose reform representatives commissioned by the governments of the various German-speaking countries have been labouring for years. Whether such a change towards more distinction or more similarity is of economic, cultural or political advantage, or happens for economic, cultural or political reasons is another matter. In most instances, increasing the linguistic distance is only of symbolic value (symbol of political independence), while keeping the linguistic distance small has communicative and economic advantages. For this reason one tends to decide against a clearer symbol of political independence in the form of greater linguistic distance. Examples are the peculiarities of American in contrast to British Standard English which, despite certain efforts, have remained insignificant, or the failure of the "schwitzertüütsche Sprachbewegig" (cf. Zinsli 1956) in the 30s. The situation is different where the states

are not really independent, as in the case of colonial or otherwise dominated countries: They do not form autonomous centres in a polycentric system; but often have an exoglossic heteronomous variety of the language of the state dominating them.

The emergence of standard varieties is caused by political and economic developments: The development of towns and large centralized states along with their typical forms of division of labour (craft, trade, industry) and of administrative and legal systems. Similar beginnings are to be found as early as antiquity on the basis of a slave-owning society. The examples — disregarding differences revealed on closer inspection — of the Greek Koiné (*koine* is occasionally used as a synonym for *standard variety*. Cf. Siegel 1985) or the classical Chinese written language show this. Much more radical changes of every kind have taken place in the capitalist, later also socialist societies of the modern era (cf. Guchmann [1958] 1961; [1960] 1968; Garvin/Mathiot 1960). Standard varieties are basically indispensible if these societies are to function. On the one hand they are necessary for nationwide communication (because of the "roofing" (Überdachung) of the heteronomous varieties/dialects. See 4.) On the other hand, owing to the codification of syntax and word semantics, they assure the greater socio-political or juridically binding nature of utterances (e. g. the binding formulation of contracts). However, the standard varieties have not all developed in the same way everywhere. In some countries state academies have played a large part in their formation (Accademia de la Crusca in Florence from 1582, Académie Française in Paris from 1634, the Real Academia Española in Madrid from 1713 and others), in other countries their role was partly adopted by individuals of great authority (Samuel Johnson in England, Noah Webster in USA, Josef Dobrovský in Czechoslovakia, Konrad Duden in Germany or Pompeu Fabra in Catalonia). In contrast to the academies, the work of these individuals was hardly ever commissioned by the state; only later did their work find official recognition. — The development of the standard variety from the non-standard varieties was also different from one case to another. In some instances the standard variety arose, for the most part, from the variety (the dialect) of a particular region, for example in France the dialect of the Ile-de-France or in Italy the Toscan dialect.

Joseph (1980, 50—61) speaks in such cases, which he obviously considers to be typical, of "synecdoche", i.e. the evolution of a variety to the pars pro toto of the language. Incidentally, we see here the source of the ambiguity of the term *standard language* mentioned in 1. In other cases, e.g. in the case of the German standard variety, the varieties of all regions have contributed to a great extent to the standard variety. In general, a variety has good prospects of greatly influencing the standard variety if it fulfils the following three requirements (or as many as possible) (Rayjashree 1980, cited from Bartsch 1985, 238 f): (1) It is used in an economic and/or political centre by the ruling class and/or the educated elite; (2) it is/was used in recognized significant literature (Kloss (1952, 24—31) emphasized the significance of non-fiction which was often overlooked formerly); (3) it is a compromise form resulting from a mixture of varieties from quite different regions (Example: East Middle German). — Precise knowledge of the prospects and conditions for the development of standard varieties is most valuable for planning and establishing new standard varieties. Numerous developing countries have been working in this area for some time (Cf. art. 74, 75). — In contrast to the ancient precursors, modern standard varieties are at least the second language for the total population of the language in question (within the respective state, that is with the exception of the "dachlose Außendialekte"), i.e. — at least on certain occasions — every member of the linguistic community in question becomes the subject of prescription of the norm content to use the standard variety (compulsory school attendance, contact with administrative bodies). Nevertheless, generally conspicuous differences specific to the domain and — a fact often suppressed — to social class exist. The upper and middle social classes usually use the standard variety more often and master it better than the lower classes. The use of the standard variety is required in fields of work typical for the higher classes. These classes acquire better skills in the standard variety in the schools preparing for their particular fields of work and tend to use it more regularly at home, partly for reasons of prestige, partly out of an awareness of the advantages of these language skills. This helps their children to acquire these skills. Insufficient knowledge of the standard variety is an additional disadvantage to the lower social classes

(among many others) which can hardly be remedied by enhancing the status of the non-standard varieties — which might be a rather futile endeavour anyway (Ammon 1978, 245—271).

4. 'Dialect'

In dialectology — nominally the relevant discipline — dialects are in most cases traditionally understood to be varieties that are (1) non-standardized and (2) regionally restricted in contrast to the standard variety or to the entire language. In addition other non-standardized varieties are assumed to exist which do not comply with the feature (2), or at least not to the same extent (German *Umgangssprachen*). They must not be confused with a lingua franca (cf. art. 50) which extends over several languages (also called *language of wider communication*. Fishman 1969). One could however make terminological distinctions between *in-lingua franca* (= within a language) and *out-lingua franca* (= between different languages) (analogues to Kloss' (1966, 138) distinction between "in-diglossia" and "out-diglossia"). The metaphorical mode of expression, that the standard variety forms a *roof* (Dach) over the dialects, refers chiefly to its regional relation to the dialects but autonomy or heterony respectively might be implied, too (cf. art. 35, vi and xiii). Obviously multiple roofings are also possible here, as shown in figure 44.4 (cf. Heger [1969] 1976, especially 220—229 on this matter).

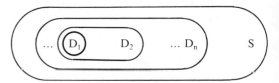

D_1 = 1st degree dialect
D_2 = 2nd degree dialect
D_n = nth degree dialect
S = standard variety

Fig. 44.4: Multiple roofing

According to their position within such a hierarchy of roofs, various types of dialects may be distinguished.

A further significant distinction is that between those dialects that coexist with a standard variety (within the same language) and those where this is not the case. Occasionally the concept 'dialect' is even restricted entirely to the former (e.g. Goossens 1977, 21, 49).

Frequently a terminological contrast is made between the former and the latter, e. g. *folk variety/folk language* (German *Volkssprache*) versus *dialect*. The difference between the two is indeed considerable: The former are heteronomous with a standard variety (e. g. modern German or English dialects), the latter are, in contrast, non-heteronomous (e. g. medieval German or English dialects). Generally the former are chiefly limited to the lower social classes, whereas the latter often extend over all social classes; the former are to be found almost exclusively in preindustrial and the latter for the most part in industrial societies. — Dialects coexisting with a standard variety of the same language can (as mentioned in 3.) be distinguished further in those with a "roof" and roofless dialects (Kloss 1978, 60—63. Cf. art. 87). However this distinction implies that the roofless dialects are included in the same language. There are also great differences between different types of roofless dialects, e. g. between the dialects of linguistic enclaves or isolates (e. g. Amisch, a German variety in the USA) as opposed to those dialects which directly adjoin the standard variety (in the case of German, for example, Alsatian). In the last instance the standard variety belonging to the same language can have a strong influence (via media and personal contacts) despite the fact that there is no roofing or heteronomy. — Dialects in diglossia (in Ferguson's original version of the concept) are a special case. It must be remembered that the "low varieties (L)" are, according to Ferguson (1959, 325), indeed dialects (in the sense defined here), for in their case and the case of "high varieties (H)" we are dealing with "two varieties of a language" with the L being obviously (1) non-standardized and — presumably — (2) regionally restricted. However, Ferguson expressly distinguishes them from the other "regional dialects". Their defining properties seem, on the one hand, to be a relatively large linguistic distance from the standard variety (without meaning that they are therefore to be grouped into another language, as one can be mislead to believe on occasions), on the other hand, the fact that they are spoken by all members of society in everyday situations. The Swiss-German dialects given as an example by Ferguson differ from those in the FRG and the GDR in this manner (cf. art. 153). Kloss (1978, 55—60) emphasizes a further feature of the Swiss-German dialects on the basis of which he

calls them "Ausbaudialects". They are used in some situations that elsewhere, e. g. in the other German-speaking countries, are reserved for the standard variety: in the canton parliaments (naturally in the German-speaking cantons), in didactic (not only entertaining) radio programmes and partly, but only to a very limited degree, in reading and writing teaching material for primary school children. "Ausbaudialects" of this nature are closer to standard varieties than "Non-Ausbaudialects". The former possibly correspond to that which in French is called *dialecte*, and the latter to *patois*. Yet especially on the basis of codification as well as their own heteronomy with a standard variety (in this case: Swiss Standard German), "Ausbaudialects" can be clearly distinguished from standard varieties.

From a purely linguistic angle very manifold gradings exist between dialects and their standard varieties which are usually viewed as a continuum. They can be described and measured in the form of variable rules (cf. art. 112), implication scales (cf. art. 115) rule blocks (cf. art. 113) or dialect niveaus (type and number of transferences/interferences. Ammon 1973, 61—87). When the dialect forms are restricted to phonological and phonetic levels one speaks of a *dialect accent* (Trudgill 1975, 20). In many situations, e. g. in public, or in school lessons, the prescription of the standard variety in oral language usage only affects lexis and grammar (morphology and syntax); thus — normtheoretically speaking — a dialect accent is permitted. Orthophonic prescription might only exist on a few occasions (e. g. theatre, television reporting). For this reason standard pronunciation may not even be mastered by large parts of the upper social classes, although there are great differences from state to state (e. g. frequent lack of mastery in German-speaking countries contrasted with almost universal mastery in Italy, France and probably also England). — The dialect accent must not be confused with a *regional standard* which — within a centre specific to a federal state — admits regional specifica as an integral part of the standard variety, e. g. in the FRG particular Bavarian names for crafts (in accordance with the federalist constitution. Besch 1972).

The sociology of dialect and standard variety has experienced an enormous enrichment and distinction in the course of the past decade (cf. e. g. Ammon [1972] 1973; Mattheier

1980; art. 80). Non only further conceptual clarity and discrimination as well as more detailed empirical studies are a desideratum, but also generalizations that extend over individual languages and are based on sound general concepts and sociological knowledge.

5. Literature (selected)

Agard, Frederick B. (1971) "Language and dialect. Some tentative postulates", in: *Linguistics* 65, 5–24.

Alinei, Mario (1980) "Dialect. A dialectical approach", in: *Dialekt and Dialektologie*, Göschel, J./Ivic, P./Kehr, K., eds., Wiesbaden, 11–42.

Altmann, Gabriel/Lehfeldt, Werner (1973) *Allgemeine Sprachtypologie*. Prinzipien und Meßverfahren, München.

Ammon, Ulrich ([1972] 1973) *Dialekt, soziale Ungleichheit und Schule*, 2. überarbeitete Auflage, Weinheim/Basel.

Ammon, Ulrich (1973) *Dialekt und Einheitssprache in ihrer sozialen Verflechtung*, Weinheim/Basel.

Ammon, Ulrich (1978) *Schulschwierigkeiten von Dialektsprechern*, Weinheim/Basel.

Ammon, Ulrich (1983)"Vorbereitung einer Explizit-Definition von 'Dialekt' und benachbarten Begriffen mit Mitteln der formalen Logik", in: *Aspekte der Dialekttheorie*, Mattheier, K. J., ed., Tübingen, 27–68.

Ammon, Ulrich (1986) "Explikation der Begriffe 'Standardvarietät' und 'Standardsprache' auf normtheoretischer Grundlage", in: *Sprachlicher Substandard*, Holtus, G./Radtke, E., eds., Tübingen, 1–63.

Aniche, Godfrey C. (1982) "Standard Nigerian English and the educated user", in: *Indian Journal of Applied Linguistics* 8 (1), 71–81.

Appollonios Dyskolos ([Greek 2nd century p.c.] 1877) *Vier Bücher über die Syntax*, übersetzt und erläutert von Buttmann, A., Berlin.

Ax, Peter (1984) *Das phylogenetische System*. Systematisierung der lebenden Natur aufgrund ihrer Phylogenese, Stuttgart/New York.

Bartsch, Renate (in print) "Norms of language in language planning and language development", in: *Lingua*.

Bartsch, Renate (1985) *Sprachnormen*. Theorie und Praxis, Tübingen.

Becker, Henrik (1948) *Der Sprachbund*, Leipzig/Berlin.

Bĕlič, Jaromír ([Czech 1963] 1965) "Zur Problematik der Grenzen zwischen verwandten Sprachen (dargestellt am Material slawischer Sprachen)", in: *Wissenschaftliche Zeitschrift der Universität Leipzig, Gesellschafts- und sprachwissenschaftliche Reihe* 14 (1), 105–110.

Bendor-Samuel, John T. (1980) "Is a sociolinguistic profile necessary?", in: *Linguistic Studies offered to Berthe Siertsema*, Alkemade, D. J. van, et al., eds., Amsterdam, 323–334.

Besch, Werner (1972) "Sprachnorm-Kompetenz des Bundestages? Das Beispiel der Handwerkernamen", in: *Studien zu Volkskultur, Sprache und Landesgeschichte*. Festschrift für Matthias Zender, 2 Bde., Bonn, 993–1015.

Besch, Werner (1983) "Dialekt, Schreibdialekt, Schriftsprache, Standardsprache. Exemplarische Skizze ihrer historischen Ausprägungen im Deutschen", in: *Dialektologie*. Ein Handbuch zur deutschen und allgemeinen Dialektforschung, Besch, W./Knoop, U./Putschke, W./Wiegand, H. E., eds., 2 Bde., Berlin/New York, 961–990.

Bodmer, Frederick ([English 1943] 1976) *Die Sprachen der Welt*. Geschichte – Grammatik – Wortschatz in vergleichender Darstellung, Köln/Berlin.

Bunge, Mario (1967) *Scientific research*, 2 vols., Berlin/Heidelberg/New York.

Casad, Eugene H. (1974) *Dialect intelligibility testing*, Oklahoma.

Chambers, J. K./Trudgill, Peter (1980) *Dialectology*, Cambridge.

Coulmas, Florian (1985) *Sprache und Staat*. Studien zur Sprachplanung und Sprachpolitik, Berlin/New York.

Dauzat, Albert (1927) *Les patois*. Evolution, classification, étude, Paris.

Deutsch, Karl W. ([1942] 1968) "The trend of European nationalism. The language aspect", in: *Readings in the sociology of language*, Fishman, J. A., ed., The Hague/Paris/New York, 598–606.

Dokulil, Miloš ([Czech 1952] 1971) "Zur Frage der Norm der Schriftsprache und ihrer Kodifizierung", in: *Stilistik und Soziolinguistik*, Beneš, E./Vachek, J., Berlin/München, 94–101.

Ferguson, Charles A. (1959) "Diglossia", in: *Word* 15, 325–340.

Ferguson, Charles A., (1962) "The language factor in national development", in: *Anthropological Linguistics* 4 (1), 23–27.

Ferguson, Charles A., (1966) "National sociolinguistic profile formulas", in: *Sociolinguistics*, Bright, W., ed., The Hague/Paris, 309–324.

Ferguson, Charles A./Gumperz, John J. (1960) "Linguistics diversity in South Asia. Studies in regional, social and functional variation", in: *International Journal of American Linguistics* 26 (3), 1–118.

Fishman, Joshua A. (1969) "National languages and languages of wider communication in the developing nations", in: *Anthropological Linguistics* 11 (4), 111–135.

Fishman, Joshua A. ([English 1972] 1975) *Soziologie der Sprache. Eine interdisziplinäre sozialwis-*

senschaftliche Betrachtung der Sprache in der Gesellschaft, München.

Fourquet, Jean ([French 1968] 1976) "Sprache — Dialekt — Patois", in: Zur Theorie des Dialekts, Göschel, J./Nail, N./van der Elst, G., eds., Wiesbaden, 182—204.

Gabelentz, Georg von der ([1891/1901] 1969) Die Sprachwissenschaft, ihre Aufgaben, Methoden und bisherigen Ergebnisse, Tübingen.

Garvin, Paul L. (1964) "The standard language problem — concepts and methods", in: Language in culture and society, Hymes, D., ed., New York, 521—526.

Garvin, Paul L./Mathiot, Madeleine (1960) "The urbanization of the Guarani language. A problem in language and culture", in: Men and cultures, Wallace, A. F. C., ed., Philadelphia, 783—790.

Glück, Helmut (1979) Die preußisch-polnische Sprachenpolitik. Eine Studie zur Theorie und Methodologie der Forschung über Sprachenpolitik, Sprachbewußtsein und Sozialgeschichte am Beispiel der preußisch-deutschen Politik gegenüber der polnischen Minderheit vor 1914, Hamburg.

Goebl, Hans (1982) Dialektometrie. Prinzipien und Methoden des Einsatzes der Numerischen Taxonomie im Bereich der Dialektgeographie, Wien.

Goebl, Hans (1984 a) Dialektometrische Studien, 3 Bde., Tübingen.

Goebl, Hans (1984 b) "Sprachklassifikationen im Spannungsfeld zwischen Politik und Wissenschaft", in: Das Romanische in den Ostalpen, Messner, D., ed., Wien, 207—244.

Goossens, Jan (1977) Deutsche Dialektologie, Berlin/New York.

Greenberg, Joseph H. (1960) "A quantitative approach to the morphological typology of language", in: International Journal of American Linguistics 26, 178—194.

Gregory, Michael/Caroll, Susanne (1978) Language and situation, Language varieties and their social contexts, London/Boston.

Grimes, Barbara F. ed., (1984) Languages of the world. Ethnologue, 10th edition, Dallas, Tex.

Grimes, Joseph E. (1964) "Measurements of linguistic divergence", in: Proceedings of the Ninth International Congress of Linguistics, Cambridge, Mass., 1962, 44—50.

Grimes, Joseph E. (1974) "Dialects as optimal communication networks", in: Language 50, 260—269.

Grimes, Joseph E./Agard, Frederick B. (1959) "Linguistic Divergence in Romance", in Language 35, 598—604.

Grimm, Jacob ([1848] 1868) Geschichte der deutschen Sprache, 2 Bde, 3. Auflage, Leipzig.

Guchmann, Mirra M. ([Russian 1958] 1961) "Über die Begriffe 'Literatursprache', 'Sprache der Volkschaft', 'Nationalsprache'", in: Beiträge zur Geschichte der deutschen Sprache 82 (3), 321—332.

Guchmann, Mirra M. ([Russian 1960] 1968) "Some general regularities in the formation and development of national languages", in: Readings in the sociology of language, Fishman, J., ed., The Hague/Paris/New York, 766—779.

Gudschinsky, Sarah C. (1956) "The ABC's of lexicostatistics (glottochronology)", in: Word 12 (2), 175—210.

Gumperz, John J. (1962) "Types of linguistic communities", in: Anthropological Linguistics 4, 28—40.

Haarmann, Harald (1976) Aspekte der Arealtypologie: Die Problematik der europäischen Sprachbünde, Tübingen.

Halliday, Michael A. K./McIntosh, Angus/Strevens, Peter ([1964] 1968) "The users and uses of language", in: Readings in the sociology of language, Fishman, J. A., ed., The Hague/Paris/New York, 139—169.

Haugen, Einar (1966) "Dialect, language, nation", in: American Anthropologist 68, 922—935.

Heath, Shirley B. (1976) "A national language academy? Debate in the New Nation", in: International Journal of the Sociology of Language 11, 9—43.

Heger, Klaus ([1969] 1976) "'Sprache' und 'Dialekt' als linguistisches und soziolinguistisches Problem", in: Zur Theorie des Dialekts, Göschel, J./Nail, N./van der Elst, G., eds., Wiesbaden, 215—235.

Hill, Trevor ([English 1958] 1976) "Institutionelle Linguistik", in: Zur Theorie des Dialekts, Göschel, J./Nail, N./van der Elst, G., eds., Wiesbaden, 109—126.

Hudson, Richard A. (1980) Sociolinguistics, Cambridge.

Hymes, Dell (1960) "Lexicostatistics so far", in: Current Anthropology 1 (1), 3—43.

Ineichen, Gustav (1979) Allgemeine Sprachtypologie. Ansätze und Methoden, Darmstadt.

Ising, Erika/Kleinfeld, Annemarie/Schnerrer, Rosemarie (1984) "Forschungen zu einer Theorie der Literatursprache und der Sprachkultur in der DDR", in: Sprachwissenschaftliche Informationen 7, Berlin (DDR).

Jedlička, Alois ([Czech 1974] 1978) Die Schriftsprache in der heutigen Kommunikation, Leipzig.

Jellinek, Max H. ([1913] 1968) Geschichte der neuhochdeutschen Grammatik von den Anfängen bis auf Adelung, 2 Bde., Heidelberg.

Joseph, John E. (1980) The standard language: Theory, dogma, and sociocultural reality. Diss. University of Michigan.

Kahane, Henry/Kahane, Renée (1979) "Decline and survival of Western prestige languages", in: Language 55, 183—198.

Klein, Wolfgang (1974) Variation in der Sprache. Ein Verfahren zu ihrer Beschreibung. Kronberg/Ts.

Kloss, Heinz (1929) "Sprachtabellen als Grundlage für Sprachstatistik, Sprachenkarten und für eine allgemeine Soziologie der Sprachgemeinschaften", in: *Vierteljahresschrift für Politik und Geschichte* 2, 103–117.

Kloss, Heinz (1952) *Die Entwicklung neuer germanischer Kultursprachen von 1800 bis 1950*, München.

Kloss, Heinz (1976) "Abstandsprachen und Ausbausprachen", in: *Zur Theorie des Dialekts*, Göschel, J./Nail, N./van der Elst, G., eds., Wiesbaden, 301–322.

Kloss, Heinz (1977) "Über einige Terminologie-Probleme der interlingualen Soziolinguistik", in: *Deutsche Sprache* 3, 224–237.

Kloss, Heinz (1978) *Die Entwicklung neuer germanischer Kultursprachen seit 1800*, 2. erweiterte Auflage, Düsseldorf.

Kloss, Heinz/McConnell, Grant D., eds., (1974) *Linguistic composition of the nations of the world*, vol. 1, Central and Western South Asia, Québec.

Kloss, Heinz/McConnell, Grant D., eds., (1978) *The written languages of the world*. A survey of the degree and modes of use, vol. 1, The Americas, Québec.

Kloss, Heinz/McConnell, Grant D. (1984) *Linguistic composition of the nations of the world*, vol. 5, Europe and the USSR, Québec.

Kremer, Ludger (1983) "Standardsprachliche Transferenz und die Definition niederländischer und/oder deutscher Dialekte", in: *Een spyeghel wor G. J. Steenbergen*. Huldealbum aangeboden bij zijn emeritaat, Daems, F./Goossens, J., eds., Löwen, 179–194.

Ladefoged, Peter (1970) "The measurement of phonetic similarity", in: *Statistical methods in linguistics* 6, 23–32.

Ladefoged, Peter/Glick, Ruth/Criper, Clive (1972) *Language in Ethiopia, Kenya, Tanzania, Uganda, Zambia*, London.

Lehmann, Winfred P. ([1962] 1973) *Historical linguistics*. An introduction, 2nd edition, New York.

Löffler, Heinrich (1974) *Probleme der Dialektologie*. Eine Einführung, Darmstadt.

Löffler, Heinrich (1980) "Dialekt", in: *Lexikon der Germanistischen Linguistik*, Althaus, H. P./Henne, H./Wiegand, H. E., eds., 2. erweiterte Auflage, 453–458.

Mackey, William F. (1971) *La distance interlinguistique*, Québec.

Mackey, William F. (1975) *Bilinguisme et contact des langues*, Paris.

Martinet, André ([English 1954] 1976) "Dialekt", in: *Zur Theorie des Dialekts*, Göschel, J./Nail, N./van der Elst, G., eds., Wiesbaden, 74–88.

Mattheier, Klaus J. (1980) *Pragmatik und Soziologie der Dialekte*. Einführung in die kommunikative Dialektologie des Deutschen, Heidelberg.

Mattheier, Klaus J. (1983) "Dialekt und Dialektologie. Fünf Bemerkungen zur Dialekttheorie", in: *Aspekte der Dialekttheorie*, Mattheier, K. J., ed., Tübingen, 135–154.

McElhanon, K. A. (1971) "Classifying New Guinea languages", in: *Anthropos* 66, 120–144.

Omar, Asmah, H. (1979) *Language planning for unity and efficiency*. A study of the corpus planning of Malaysia, Kuala Lumpur.

Paul, Hermann (1880) *Principien der Sprachgeschichte*, Halle.

Rayjashree, Subbaya (1980) *The standardization of language*. A case study of Marathi, Diss., Mysore.

Ruhlen, Merritt (1975) *A guide to the languages of the world*, Stanford, Ca.

Sankoff, Gillian (1980) *The social life of language*, Philadelphia.

Schleicher, August ([1859] 1874) *Die deutsche Sprache*, 3. Auflage, Stuttgart.

Siegel, Jeff (1985) "Koines and koineization", in: *Language in society*, 14, 357–378.

Sneath, Peter H. A./Sokal, Robert R. (1973) *Numerical taxonomy*: The principles and practice of numerical classification, San Francisco.

Sodeur, Wolfgang (1974) *Empirische Verfahren zur Klassifikation*, Stuttgart.

Stewart, William A. (1968) "A sociolinguistic typology for describing national multilingualism", in: *Readings in the sociology of languages*, Fishman, J. A., ed., The Hague/Paris/New York, 531–545.

Swadesh, Morris (1952) "Lexico-statistic dating of prehistoric ethnic contacts. With special reference to North American Indians and Eskimos", in: *Proceedings of the American Philosophical Society*, vol. 96, Philadelphia, 452–463.

Swadesh, Morris (1954) "Perspectives and problems of Amerindian comparative linguistics", in: *Word* 10, 306–332.

Swadesh, Morris (1955) "Towards greater accuracy in lexicostatistic dating", in: *International journal of American linguistics* 21, 121–137.

Swadesh, Morris (1959) "The mesh principle in comparative linguistics", in: *Anthropological linguistics* 1/2, 7–14.

Thümmel, Wolf (1977) "Kann man Sprachen zählen? Bemerkungen zu einigen begrifflichen Unterscheidungen bei Harald Haarmann", in: *Osnabrücker Beiträge zur Sprachtheorie* 4, 36–60.

Trudgill, Peter (1975) *Accent, dialect and the school*, London.

Voegelin, F. C./Harris, Zellig S. (1951) "Methods for determining intelligibility among dialects of natural languages", in: *Proceedings of the American Philosophical Society* 95, 322–329.

Wölck, Wolfgang (1978) "Towards a classificatory matrix for linguistic varieties", in: *Aspects of bilingualism*, Paradis, M., ed., Columbia, S. C., 211–219.

Wolf, Lothar (1980) "Zur Definition von 'patois' in Frankreich", in: *Dialekt und Dialektologie*, Göschel, J./Ivić, P./Kehr, K., eds., Wiesbaden, 65–72.

Wolff, Hans (1959) "Intelligibility and inter-ethnic attitudes", in: *Anthropological linguistics* 1 (3), 34–41.

von Wright, Georg H. (1963) *Norm and action. A logical enquiry*, London.

Zinsli, Paul (1956) "Hochsprache und Mundarten in der deutschen Schweiz", in: *Der Deutschunterricht* 8 (2), 61–72.

Ulrich Ammon, Duisburg
(Federal Republic of Germany)
Translated by Ulrich Ammon and Susan Long,
Duisburg from the German

45. Nationalsprache/Nationalitätensprache

1. Zum Gegenstand

'Nationalsprache' und 'Nationalitätensprache' bilden korrespondierende Begriffe, deren Ausbildung zu soziolinguistischen Grundbegriffen in der 2. Hälfte des 20. Jhs. als linguistische Reflexion auf die weltweit komplexen Sprachsituationen in vielen National- und multinationalen Staaten zu verstehen ist (vgl. Art. 75). Ihre Entwicklung zu linguistischen Termini verlief jedoch — anknüpfend an die Semantik von *Nation* und *Nationalität* (vgl. Art. 16) — nicht parallel. Die Bezeichnungen für Nationalsprache entstanden in den europäischen Staaten mit dem erwachenden Nationalbewußtsein der Völker, wobei die Landessprache bzw. die Sprache des politischen Zentrums als Symbol für die Identität der Nation in das gesellschaftliche Wertesystem einbezogen wurde. In Deutschland bildete die Idee einer einheitlichen nationalen Sprache das Leitbild bedeutender Humanisten, Sprachforscher und Dichter des 16.–18. Jhs. (Ising 1969, 193, 235 ff; Reichmann 1980, 519 ff). Erst Herder verwendete jedoch 1770 das Wort *Nationalsprache*, das 1785 von Adelung durch „Schriftsprache der ganzen Nation" ([1785] 1787, I 43) in der heutigen Bedeutung 2.1.(a) erklärt wurde.

Die Einordnung von National- und Nationalitätensprache in ein integriertes Begriffs-system erfolgte in der sowjetischen Linguistik, deren Erkenntnissen umfangreiche Forschungsprojekte auf den Gebieten der Sprachgeschichte, Sprachenförderung (Sprachenpolitik), Soziolinguistik und Variantenforschung zugrunde liegen (vgl. auch Art. 179). Seit den 70er Jahren zeigte sich ein besonderes Interesse an typologisch-vergleichenden Fragen, besonders der typologisierenden Beschreibung (nationaler) Literatursprachen (Standards) (Tipologija germanskich literaturnych jazykov 1976; Guchman/Semenjuk 1977 a, 435 ff; Filin 1981, 98 ff; Tipy naddialektnych form jazyka 1981). Die Begriffe 'Nationalsprache' und 'Nationalitätensprache' heben besonders den sozialen Aspekt in der Sprachtätigkeit des Menschen unter historisch verschiedenen Bedingungen hervor. Qualitativ bezeichnen sie nicht in erster Linie strukturelle Besonderheiten, sondern Unterschiede in den Funktionen und Verwendungsweisen der Sprache (Guchmann 1964, 11 f).

2. Merkmale und Funktionen von Nationalsprachen

2.1. Zum Begriff

(a) *Standard* bzw. *Literatur-, Hoch-* oder *Schriftsprache* einer nationalen Sprach- oder Kommunikationsgemeinschaft (unter Ausschluß von Dialekten und Soziolekten).

(b) Gesamtheit der historischen, regionalen, sozialen und funktionalen (situativen) *Varietäten* einer Sprache, die von einer Sprach- oder Kommunikationsgemeinschaft in der Epoche ihrer Herausbildung und Existenz als Nation gesprochen und geschrieben werden.

Die Bezeichnungen für einen Oberbegriff sind nicht einheitlich und werden auch als Synonyme zu *Nationalsprache* verwendet, teilweise vernachlässigen sie den sozialhistorischen Aspekt: *Einheits-, Ethno-, Gemein-, Gesamt-, Staats-, Volkssprache, sozial-kommunikatives System* (vgl. Art. 44).

2.2. Nation und Sprache

Nationalsprache beruht auf der Voraussetzung, daß sich die Nation als große und beständige sozial-ethnische Gemeinschaft von Menschen durch größere innere und äußere Geschlossenheit (Organisation als Nationalstaat) von der ethnischen Gemeinschaft einer Nationalität unterscheidet. Als existentielle Merkmale der Nation gelten weithin die Gemeinsamkeit des Territoriums, des Wirtschaftslebens, der Kultur, Sprache und des Bewußtseins der ethnischen Gemeinschaft. Die Bedeutung der Sprache wird von Historikern heute differenzierter beurteilt. Sie wird als eine der ethnischen Komponenten betrachtet, die — wie Sitten, Gebräuche, Traditionen usw. — als Spezifika die bestimmenden ökonomischen, sozialpolitischen und klassenmäßigen Grundlagen der Nation charakterisieren (Bartel/Fricke/Herrmann u. a. 1983, 2, 724 ff). Das Verhältnis von Sprache und Nation wird auch von Linguisten unterschiedlich bewertet. Während z. B. Guchmann (1964, 11) die Annahme unmittelbarer Wechselbeziehungen ablehnt, betont Isaev die Rolle der Sprache und Sprachgemeinschaft (vgl. Art. 32) als "the most important attribute of a nation" (1977, 206 u. ö.).

2.3. Typologische Merkmale der Nationalsprache

Die begriffliche Fixierung der Kategorie 'Nationalsprache' und die Beschreibung ihrer typologischen Merkmale waren in der Sowjetunion mit intensiven Diskussionen über das Verhältnis von 'National-' und 'Literatursprache' verbunden. Bis zum Ende der 60er Jahre wurde zwischen beiden Begriffen nicht deutlich getrennt. Žirmunskij, Desnickaja, Vinogradov u. a. interpretierten Nationalsprache in der Bedeutung 2.1.(a) als 'Literatur-, Schriftsprache' und schlossen die Dialekte aus dieser Kategorie aus. Erst seit Beginn der 70er Jahre wurde konsequenter zwischen 'National-' und 'Literatursprache' unterschieden. Guchmann (1973, 439 ff) wies nach, daß die Entstehung der Literatursprache bis in die vornationale Periode zurückgeht, während die Nationalsprache historisch an die Existenz der Nation gebunden ist. Heute bezeichnet Nationalsprache entsprechend 2.1.(b) eine bestimmte historische Etappe in der Entwicklung aller Varietäten dieser Sprache. Sie bildet „ein kompliziertes vielschichtiges Makrosystem, das die Kommunikation in allen Bereichen des gesellschaftlichen Lebens der jeweiligen Nation ermöglicht" (Filičeva 1983, 21). Im Zentrum dieses Makrosystems steht die *nationale Literatursprache*, seine Peripherie markieren die territorialen Dialekte. Zwischen beiden Varietäten nehmen überlandschaftliche Sprachformen (Umgangssprachen, Interdialekte) eine breite Übergangszone ein. Trotz dieser begrifflichen Präzisierung steht die nationale Literatursprache als die strukturell und funktional am höchsten entwickelte Varietät im Mittelpunkt der funktional-typologischen Analyse der Nationalsprache. Ein Hauptgliederungspunkt sind die Funktionen von Nationalsprachen in bürgerlichen und sozialistischen Nationen (vgl. Art. 57).

2.3.1. Nationalsprachen in der bürgerlichen Nation. Im Zuge der Herausbildung bürgerlicher Nationen in Europa entfalteten sich einzelne Nationalsprachen unterschiedlich schnell. Žirmunskij (1962, 15 ff) untergliedert deshalb die bürgerlichen Nationalsprachen in (1) nationale Literatursprachen, die sich auf der Basis eines politisch-kulturellen Zentrums schnell und einheitlich herausbildeten, wobei die regionalen Dialekte stark zurückgedrängt wurden wie z. B. in Frankreich und (2) Literatursprachen, die ihre Einheit wegen des Fehlens eines politischen Mittelpunktes erst spät erreichten, neben denen deshalb regionale Sprachformen relativ ausgeprägt weiter existierten wie in Italien und Deutschland (vgl. Guchmann 1973, 440). (a) Die Entwicklung der Literatursprachen zu ihrer *einheitlichen nationalen Form* ist das qualitativ neue Merkmal gegenüber der Literatursprache in der vornationalen Periode (Sprache der Völkerschaft oder Nationalität) (vgl. 3.2.). Ihr liegt entweder ein eigener Schriftdialekt bzw. eine Schriftsprache zugrunde, oder es entsteht eine neue Literatursprache auf heimischer Grundlage. Dabei werden früher verwendete fremde Schriftsprachen (Latein, Kirchenslawisch, Arabisch) aufgegeben (zu diesen im einzelnen oft komplizierten Prozessen vgl. Voprosy formirovanija 1960). (b) Mit der Ausbildung der nationalen Literatursprache kommt es zu tiefgreifenden Veränderungen im System der Varietäten (Existenzformen).

Sie übernimmt die Rolle des öffentlichen Kommunikationsmittels und bewirkt im Zusammenhang mit Veränderungen in der Territorialstruktur der Gesellschaft (Mobilität, Wachstum der Städte) das Entstehen großräumiger Ausgleichsformen (Koinés, Halb-, Stadtmundarten, Umgangssprachen), während die Ausbildung neuer dialektaler Merkmale allmählich aufhört bzw. auf die sozialen Dialekte (Soziolekte) übergeht. (c) Zu den wesentlichen Bestimmungsmerkmalen der nationalen Literatursprache gehört ihre *Normiertheit* und *Geformtheit* durch Auswahl und relative Regelung von Sprachmitteln, die bereits eine gewisse Verbreitung und Anerkennung innerhalb der Sprachgemeinschaft besitzen. Auswahl und Regelung folgen weitgehend den Mustern der geschriebenen Form (Buch-, Schreib-, Schriftsprache). Die Norm erlangt durch ihre *Kodifizierung* in Grammatiken und Wörterbüchern allgemeine Verbindlichkeit und wird durch öffentliche Kommunikationsbereiche wie Institutionen, Schule, Presse, Kirche u. a. durchgesetzt (vgl. Art. 165, 178). Der Sprachgebrauch der Schriftsteller erhebt sie zum nachahmenswerten Vorbild. (d) Der Festigung der nationalen Norm steht die Tendenz zur unablässigen Erweiterung des funktionalen Spielraumes der Literatursprache gegenüber. In der bürgerlichen Periode dehnen sich ihre Lexik und Stilmittel auf potentiell alle Bereiche der Kommunikation aus. Durch die zunehmende Integration mündlicher und schließlich alltagssprachlicher Verwendungsweisen entfaltet sich die Literatursprache zu einem multifunktionalen Kommunikationsinstrument. Sie erreicht in der Spätphase der bügerlichen Nation den Status einer *entwickelten Nationalsprache* (Guchmann 1973, 441). Der hier verwendete Begriff 'entwickelte Sprache' wurde von Chanazarov (1963, 34) wie folgt definiert: „Unter 'entwickelter Sprache' wird eine Sprache verstanden, die einmal als Kommunikationsmittel dienen kann und zum anderen die Resultate der Erkenntnistätigkeit einer historisch gewachsenen Gemeinschaft von Menschen festhalten kann, von Menschen, die über die höchst entwickelte Produktion, Wissenschaft, Technik, Kultur und das höchst entwickelte gesellschaftspolitische Leben verfügen, das von der Menschheit in einem gegebenen historischen Zeitabschnitt erreicht wurde." (e) In der Periode der bürgerlichen Nation entstehen klassenbedingte Gegensätze in den Funktionen der nationalsprachlichen Varietäten. Sie zeigen sich (i) in Divergenzen zwischen der Verwendung der Literatursprache als Ausdrucksmittel der herrschenden Klassen und ihrer Intelligenz einerseits und den Dialekten als Mittel der Alltagskommunikation der unterprivilegierten Klassen (Bauern, Arbeiter, Kleinbürgertum) andererseits. Durch die bildungspolitischen Folgen der Klassenstruktur werden große Teile der Bevölkerung vom Zugang zur Literatursprache ausgeschlossen. (ii) Gestützt auf die Autorität des Staates oder durch administrative Maßnahmen erlangt die nationale Literatursprache den Status der *Staatssprache*. Sie erhält dadurch neben einem erhöhten Symbolwert zugleich das Merkmal eines politischen Machtinstruments. Durch diese Funktion können soziale oder ethnische Gruppen in ihrer öffentlichen Artikulation als Staatsbürger benachteiligt und sozial stigmatisiert werden.

2.3.2. Nationalsprachen in der sozialistischen Nation. Mit der Herausbildung sozialistischer Nationen tritt auch die Literatursprache in eine neue Entwicklungsphase ein (Žirmunskij 1975, 367; Isaev 1977, 215 ff). Die klassenbedingt restriktiven Merkmale der Nationalsprache werden mit dem Übergang in die sozialistische Gesellschaft überwunden, die allen Bürgern und Sprachen gleiche Rechte garantiert. In der UdSSR hat der umfassende Ausbau des Bildungswesens, der Kultur und Wissenschaft auf der Basis sozialistischer Produktionsverhältnisse zwei Merkmalen der Nationalsprachen qualitativ neue Züge verliehen: (i) Das Verhältnis zwischen den jeweiligen nationalen Sprachen und Kulturen konnte sich in beträchtlichem Maße entfalten, (ii) die russische Sprache entwickelte sich von der Staatssprache des zaristischen russischen Reiches zu einer Sprache der Wechselbeziehungen und Zusammenarbeit, zum zwischennationalen Kommunikationsmittel der Völker der UdSSR und zur zweiten Muttersprache von Millionen ihrer Bürger (vgl. auch Art. 179). Die typologischen Merkmale unterschiedlich entwickelter Literatursprachen hat Dešeriev (1977, 246—253) auf der Basis eines Klassifikationsmodells untersucht, das ihre gesellschaftlichen Funktionen in 20 Kommunikationsbereichen von der inter-/intranationalen bis zur Alltagskommunikation umreißt (vgl. 3.3.4.).

2.4. Nationale Varianten

Mit dem Erreichen des Status einer (voll) entwickelten Nationalsprache muß deren Ausbauphase nicht abgeschlossen sein. Einzelne Nationalsprachen können in Abhängigkeit von der historischen Situation ihrer Sprachträger drei weitere Entwicklungsphasen durchlaufen, denen entweder Tendenzen der funktionalen Expansion oder der Desintegration zugrunde liegen. Diese Entwicklungsstufen umfassen (i) die Entwicklung zum internationalen Kommunikationsmittel, d. h. zu einer der *Weltsprachen* (vgl. Michajlowskaja 1977, 14 ff; Denissov/Kostomarov 1977, 50 ff), (ii) die Geltung als *zwischennationales Kommunikationsinstrument* (vgl. Dešeriev 1977, 80 ff), (iii) die Differenzierung der Nationalsprache in *nationale Varianten* als Folge der geographischen oder politischen Desintegration einer Sprachgemeinschaft und die Umwandlung in eine *polynationale Sprache*. Desintegrationsprozesse wurden von sowjetischen Linguisten (Stepanov, Švejcer, Domašnev, Riesel, Gak u. a.) intensiv am Beispiel des Spanischen, Englischen, Französischen und Deutschen studiert. Dabei wurde gezeigt, daß im Unterschied zu homogenen Nationalsprachen andere in Form eines Komplexes von Varianten existieren, von denen jede in einer anderen (staatlichen) Kommunikationsgemeinschaft mit spezifischen sozialen und funktionalen Merkmalen verwendet wird (Domašnev 1981, 11). Sie werden nach Smirnicki (1955) als *nationale Sprachvarianten* bezeichnet. Mehrere nationale Varianten, deren Kern eine gemeinsame Nationalsprache bildete, werden als *polynationale Sprache* betrachtet. Švejcer (1971, 28) sah diesen Kern in der gemeinsamen Literatursprache, während Domašnev (1978, 19) Elemente aller Varietäten der Ausgangssprache einbezieht. Nationale Varianten sind durch folgende typologische Kriterien gekennzeichnet: (i) den gemeinsamen Kern in einer Nationalsprache, (ii) eigenständige strukturelle Differenzierungs- und Distributionsmerkmale, (iii) eigenständige Normen und Funktionen, (iv) das Bewußtwerden der Besonderheit im Sprachbewußtsein der Sprachbenutzer.

2.5.

Die in der sowjetischen Linguistik erarbeitete Typologie der Struktur von Nationalsprachen läßt sich in folgendem Modell veranschaulichen (vgl. Abb. 45.1).

3. Merkmale und Funktionen von Nationalitätensprachen

3.1. Zum Begriff

Nationalitätensprache wird im Dt. häufig synonym mit *Nationalitätssprache* verwendet (vgl. Lexikon sprachwissenschaftlicher Termini 1985, 158). Beide Benennungen bezeichnen als linguistische Termini jedoch unterschiedliche Denotate:

(a) *Nationalitätensprache* 'Gesamtheit der in einer Nationalität, nationalen Minderheit, ethnischen Gruppe gesprochenen und geschriebenen Varietäten' (russ. *jazyk nacional'nosti*).

(b) *Nationalitätssprache* 'Dialekte und geformte Sprache einer Völkerschaft in der Feudalgesellschaft' (russ. *jazyk narodnosti*).

3.2. Typologische Merkmale der Nationalitätssprache

Nationalitätssprachen sind Sprachformen der vornationalen Gesellschaftsentwicklung. Sie entsprechen Sprachsituationen in der Feudalgesellschaft und beruhen auf verschiedenen Typen von *Dialekten*. Nationalitätssprachen formieren sich aus den *Stammesdialekten* der späten Gentilgesellschaft und bilden sich mit der Entstehung mittelalterlicher Staaten zu *Territorialdialekten* aus. In diesen landschaftsgebundenen Dialekten entstehen erste literatursprachlich geformte Schreibtraditionen. Erst in der späten Feudalgesellschaft kommt es zum Ausgleich zwischen den territorialen Varianten und zur Bildung überregionaler *Schriftdialekte*, den Übergangsstufen zu der sich herausbildenden nationalen Literatursprache (vgl. Desnickaja 1977, 28; Guchmann 1977, 37 ff; 1981, 120—136; Guchman/Semenjuk 1983, 121 ff; Semenjuk 1976, 61—78).

3.3. Typologische Merkmale der Nationalitätensprache

Die Erforschung und Förderung von ca. 120 indigenen Nationalitätensprachen ist die umfassendste und gesellschaftspolitisch bedeutsamste Aufgabe, die die sowjetische Linguistik bei der Realisierung der von Lenin eingeleiteten Nationalitätenpolitik in der UdSSR zu lösen hat. Zu den Grundlagen der Sprachenpolitik und Sprachenförderung (*jazykovoe stroitel'stvo*) gehört die Beurteilung ihrer strukturellen Ausbaufähigkeit und ihres funktionalen Leistungsvermögens, wozu ihre Klassifizierung nach bestimmten Merkmalen

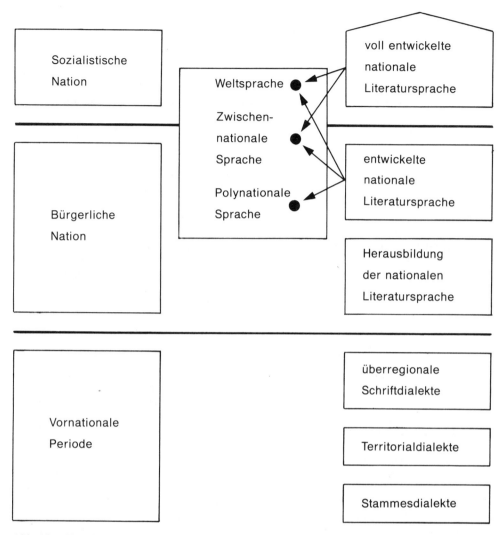

Abb. 45.1: Entwicklungsstufen der Nationalsprache

wichtige Aufschlüsse liefern kann. Die typologische Erfassung erfolgte, unterschiedlichen Forschungsansätzen entsprechend, unter genealogischen (3.3.1.) bzw. funktionalen Aspekten (3.3.2.—4.).

3.3.1. Zu den traditionellen Gliederungskriterien der Linguistik gehört die genealogische Zuordnung von Sprachen aufgrund genetischer Verwandtschaft unter Herleitung aus einer (hypothetischen) Ursprache. Die genealogische Klassifikation wird in der Sowjetunion nach wie vor als grundlegend betrachtet, auf ihr beruht die Beschreibung von 126 Sprachen in dem profunden fünfbändigen Werk „Jazyki narodov SSSR" [Die Sprachen der Völker der UdSSR] (1966—68), sie liegt gleichfalls der Arbeit von Isaev (1977, 47—

187) zugrunde. Beide Werke ordnen die National- und Nationalitätensprachen des Landes fünf Sprachfamilien und zwei kleinen Gruppen zu.

3.3.2. Die Förderung von Nationalitätensprachen beruht entscheidend auf ihrer Verschriftlichung und der Ausbildung eines Schrifttums (vgl. auch Art. 42). Die umfangreichen Erkenntnisse, die auf diesem Gebiet in der Sowjetunion gesammelt wurden, gingen deshalb in die Klassifizierung der Sprachen nach dem Grad ihrer Schriftlichkeit ein. Avrorin (1960, 14) unterscheid (i) Sprachen mit einem alten Schrifttum (*jazyki staropis'mennye*), (ii) Sprachen mit jungem Schrifttum (*jazyki mladopis'mennye*) und (iii) Sprachen ohne Schrifttum (*jazyki bezpis'men-*

nye). Zu Gruppe (i) gehören die indigenen Nationalsprachen (Russisch, Ukrainisch, Armenisch, Georgisch, Tatarisch, Lettisch, Littauisch und einige Sprachen von Unionsrepubliken). Der größte Teil der Nationalitätensprachen hatte 1917 erst den Status von (iii) erreicht. Von ihnen wurden bis 1947 fast 50 Sprachen zu Schriftsprachen (ii) entwickelt. Die Nationalitätensprachen mit jungem Schrifttum haben sich in Abhängigkeit von den Kommunikationsbedürfnissen ihrer Benutzer unterschiedlich weit entwickelt. Sie weisen jedoch eine Reihe der von Dešeriev/ Protčenko (1968, 64 f) beschriebenen gemeinsamen Merkmale auf: (a) Sie basieren vorwiegend auf der mündlichen Sprache. Zusätzlich zu ihrem Basisdialekt wurden Elemente aus anderen lokalen Dialekten adaptiert. Sie sind ferner markiert durch (b) zahlreiche Neologismen und neue Wortbildungsmorpheme, (c) die Entlehnung von Fremdwörtern und Termini (meist aus dem Russischen), (d) die Nachbildung von Wörtern und Wortbildungselementen aus Nachbarsprachen, zu denen enger Kontakt besteht, (e) neue Funktionalstile und Genres, die dem Basisdialekt fehlen.

3.3.3. Die administrative Struktur der UdSSR beruht im Prinzip auf der territorialen Gliederung der sie bewohnenden Nationen und Nationalitäten. Es lag daher nahe, bei einer Typologie der Nationalitätensprachen an den politischen Status des jeweiligen Territoriums anzuknüpfen, der es gleichzeitig erlaubte, zwischen größeren und kleineren Nationalitäten zu differenzieren sowie Möglichkeiten und Grenzen eines weiteren Ausbaus der Sprache aufzuzeigen. Ein auf dem Territorialprinzip aufbauendes fünfgliedriges Modell wurde 1961 von Bertagaev vorgestellt. Es unterscheidet (a) Russisch als unionsweite *Sprache des zwischennationalen Verkehrs*, (b) *nationale Literatursprachen* entsprechend den Titularnationalitäten der Unionsrepubliken, (c) *Literatursprachen*, die den ASSR und Autonomen Gebieten zugeordnet sind (z. B. Tatarisch, Čečenisch, Mari), (d) *Schriftsprachen*, den nationalen Kreisen entsprechend (z. B. Nenec, Korjakisch), (e) *schriftlose Sprachen*, Aul-[Dorf-]sprachen, entsprechend Siedlungen ohne besonderen politischen Status (1961, 35).

3.3.4. Ein soziolinguistisch begründetes Klassifikationsschema, das auf den Typologien von Avrorin und Bertagaev weiterbaut, hat

Dešeriev (1976, 1977 a, 1981) ausgearbeitet. Wie bereits in 2.3.2. angedeutet, basiert es auf den gesellschaftlichen Funktionen nationaler Literatursprachen der Völker der UdSSR und anderer Länder, es bietet jedoch auch einen geeigneten Rahmen für vergleichende Untersuchungen zum Entwicklungsgrad von Nationalitätensprachen und Ansatzpunkte für deren wissenschaftlich begründete Förderung. In seinem *funktional-typologischen Klassifikationsmodell* unterscheidet Dešeriev 22 (bzw. 20) gesellschaftliche Funktionen, die eine Sprache als Kommunikationsinstrument in wesentlichen Bereichen des sozialen Lebens ausüben kann. Die Art und Anzahl der von einer Sprache ausgeübten Funktionen geben Auskunft über ihre Rolle im Leben der Sprachträger und ihren funktional-typologischen Entwicklungsstand. So nimmt z. B. in der Sowjetunion das Russische als Sprache der zwischennationalen Kommunikation, der Wissenschaft, Technik, Massenmedien, Literatur und anderer Bereiche die gesellschaftlichen Funktionen einer Sprache maximal wahr. Dagegen erfüllen Sprachen ohne Schrifttum, die z. T. nur in einzelnen Dörfern oder von kleinsten ethnischen Gruppen als Haus- oder Familiensprache gesprochen werden, minimale gesellschaftliche Funktionen. Auf einer Skala zwischen diesen beiden Polen sind die anderen Sprachen der Völker der UdSSR einzuordnen (Krjučkova 1985, 273 f). — In einem weiteren Ansatz hat Dešeriev versucht, die Grenzen der Leistungsfähigkeit von Sprachen am Beispiel ihrer Möglichkeiten zur Widerspiegelung der materiellen und geistigen Kultur in einem 10-Stufen-Modell zu erfassen (1980, 128 – 160). Diese Studie zeigt jedoch die Schwierigkeit, spezifische gesellschaftliche Funktionen in einer zugleich differenzierten und überschaubaren Typologie darzustellen (vgl. Art. 35, 73).

4. Soziolinguistische Aspekte der Nationalsprachentypologie

In den vorgestellten Klassifikationsmodellen sind Erkenntnisse über Gesetzmäßigkeiten, Beziehungen und Probleme von National-, Nationalitäts- und Nationalitätensprachen zusammengefaßt, denen eine umfangreiche empirische und theoretische linguistische Literatur zugrunde liegt. Derartige Modelle stellen Versuche dar, Einzelerkenntnisse unter einem übergreifenden Gesichtspunkt zu ordnen und zu interpretieren. Sie gehen gewöhnlich von einer spezifischen Fragestellung aus und lassen notwendigerweise weitere Aspekte weitgehend unberücksichtigt. Diese generelle Einschränkung wird in den Klassifikationsmodellen zur Nationalsprachenproblematik jedoch mindestens partiell relativiert.

4.1. Das Modell der stufenweisen Ausbildung von Nationalsprachen/nationalen Literatursprachen basiert auf einer dynamischen Auffassung von den Wechselbeziehungen zwischen Sprache und Gesellschaft in verschiedenen Perioden der historischen Entwicklung der Nation. Es impliziert neben den primär sprachgeschichtlichen auch soziolinguistische Aspekte. Diese kommen zum Ausdruck in der Beachtung der

— sozialen Funktionen der verschiedenen Varietäten der Nationalsprache,
— wechselnden sozialen Trägerschichten der nationalen Literatursprache und
— dem kommunikativen Radius der Literatursprache innerhalb bzw. außerhalb des nationalen Territoriums.

Das in der sowjetischen Linguistik ausgearbeitete Modell der Entwicklung von Nationalsprachen kann durch die Reflexion auf Sprache und Sprechergemeinschaft, Geschichte und Territorium vor allem Anregungen für die Analyse historischer Sprachsituationen, d. h. für Problemstellungen der historischen Soziolinguistik bieten. Eine Weiterentwicklung unter dem Aspekt von Integrations- bzw. Desintegrationsprozessen in modernen Nationalsprachen ist denkbar.

4.2. Die Modelle, die eine typologische Einordnung von Nationalitätensprachen ermöglichen, sind in der Sowjetunion mehrfach modifiziert und dabei soziolinguistischen Sichtweisen zunehmend angenähert worden. Unter ihnen dürfte das von Dešeriev vorgeschlagene funktional-typologische Schema (vgl. 3.3.4.) als Folie zur Darstellung der differenzierten Sprachsituationen von Nationalitätensprachen in vielen Ländern der Welt besonders geeignet sein. Da diese Sprachsituationen heute weitgehend durch Formen des Bi- oder Multilingualismus der Sprecher markiert sind, bietet sich die Einbeziehung dieses wichtigen Aspekts in weiterführende soziolinguistische Klassifikationsmodelle an.

5. Literatur (in Auswahl)

Adelung, Johann Chr. ([1785] 1787) *Ueber den deutschen Styl*, Bd. I, II, Berlin.

Avrorin, Valentin A. (1960) „Leninskaja nacional'naja politika i razvitie literaturnych jazykov narodov SSSR", in *Voprosy jazykoznanija* (4), 10—17.

Avrorin, Valentin A. (1975) *Problemy izučenija funkcional'nogo storony jazyka.* K voprosu o predmete sociolingvistiki, Leningrad.

Bartel, Horst/Fricke, Dieter/Herrmann, Joachim et al, eds., (1983) *Wörterbuch der Geschichte.* 2 Bde., Berlin.

Baskakov, N. A., ed., (1969) *Vzaimodejstvie i vzaimoobogaščenie jazykov narodov SSSR*, Moskva.

Baskakov, Aleksandr N./Nikol'skij, Leonid B./Dešeriev, Junus D. et al, eds., (1975) *Sociolingvističeskie problemy razvivajuščichsja stran*, Moskva.

Beloded, Ivan K., ed., (1976) *Russkij jazyk — jazyk mežnacional'nogo obščenija i edinenija narodov SSSR*, Kiev.

Beloded, Ivan K. (1977) „Die Wirksamkeit der Sprachen der Sowjetvölker unter den Bedingungen des Aufblühens der sozialistischen Nationen", in: *Der Große Oktober und die russische Sprache*, Ivanov, Valentin V./Sirotina, V. A./Buttke, Kurt eds., Leipzig, 11—27.

Bertagaev, Trafim A. (1961) *Rol' russkogo jazyka v razvitii slovarnogo sostava jazykov narodov SSSR.* Voprosy terminologii, Moskva.

Bublik, Vasilij N./Žluktenko, Jurij A. et al, eds., (1981) *Varianty polinacional'nych literaturnych jazykov*, Kiev.

Chanazarov, Kučkar Ch. (1963) *Zbliženie nacij i nacional'nye jazyki v SSSR*, Taschkent.

Chanazarov, Kučkar Ch. (1977) *Rešenie nacional'no jazykovoj problemy v SSSR*, Moskva.

Comrie, Bernard (1981) *The languages of the Soviet Union*, Cambridge.

Denisov, Petr N./Kostomarov, Vitalij G. (1977) „Die Weltbedeutung der russischen Sprache im 20. Jahrhundert und ihre Stellung unter den anderen Weltsprachen", in: *Die russische Sprache in der heutigen Welt*, Filin, F. P./Kostomarov, V. G./ Skvorzov, L. I., eds., Leipzig, 50—79.

Desnickaja Agnija V./Kortun, Ljudmila S./Žirmunskij, Viktor M., eds., (1969) *Voprosy social'noj lingvistiki*, Leningrad.

Desnickaja, Agnija V. ([1972 russ.] 1977) „Zu den sprachlichen Verhältnissen in der Gentilgesellschaft", in: *Existenzformen germanischer Sprachen — soziale Basis und typologische Kennzeichen*, Schildt, J., ed., Berlin, 9—33.

Dešeriev, Junus D. (1966) *Zakonomernosti razvitija i vzaimodejstvija jazykov v sovetskom obščestve*, Moskva.

Dešeriev, Junus D. (1976 a) „Razvitie obščestvennych funkcij literaturnych jazykov", in: *Zakonomernosti razvitija literaturnych jazykov narodov SSSR v sovetskuju èpochu*, Moskva.

Dešeriev, Junus D. (1977 a) *Social'naja lingvistika.* K osnovam obščej teorii, Moskva.

Dešeriev, Junus D. (1977 b) „Die Rolle der russischen Sprache in der Gemeinschaft der sozialistischen Nationen der UdSSR", in: *Die russische Sprache in der heutigen Welt*, Filin, F. P./Kostomarov, V. G./Skvorzov, L. I., eds., Leipzig, 80—96.

Dešeriev, Junus D. (1981) „Problema vzaimootnošenija meždu funkcional'no-tipologičeskoj i drugimi klassifikacijami jazykov", in: *Teoretičeskie problemy social'noi lingvistiki*, Dešeriev, J. D./Tumanjan, E. G., eds., Moskva, 11—33.

Dešeriev, Junus D., ed., (1976 b) *Razvitie nacional'-no-russkogo dvujazyčija*, Moskva.

Dešeriev, Junus D./Protčenko, I. F. (1968) *Razvitie jazykov narodov SSSR v sovetskuju ėpochu*, Moskva.

Dešeriev, Junus D./Tarasov, Evgenij F./Tumanjan, Eteri G., eds., (1981) *Teoretičeskie problemy social'noj lingvistiki*, Moskva.

Dešeriev, Junus D./Tumanjan, Eteri G., eds., (1981) *Vzaimootnošenie razvitija nacional'nych jazykov i nacional'nych kul'tur*, Moskva.

Dešeriev, Junus D., ed., (1976) *Zakonomernosti razvitija literaturnych jazykov narodov SSSR v sovetskuju ėpochu*, Moskva.

Domašnev, Anatoli I. (1978) „O formach projavlenija sovremennogo nemeckogo jazyka", in: *Problemy areal'nych kontaktov i sociolingvistiki*, Leningrad, 14—36.

Domašnev, Anatoli I. (1981) „Teorija nacional'-nych variantov jazyka", in: *Varianty polinacional'-nych literaturnych jazykov*, Kiev, 5—19.

Domašnev, Anatoli I. (1983) *Sovremennyj nemeckij jazyk v ego nacional'nych variantach*, Leningrad.

Filičeva, Ninel' J. (1983) „Einige produktive Tendenzen im Bereich des funktionalen Systems der deutschen Sprache", in: *Entwicklungstendenzen der deutschen Sprache seit dem 18. Jahrhundert* (Linguistische Studien 111), Nerius, D., ed., Berlin (DDR), 20—30.

Filin, Fedot P. (1973) „O strukture sovremennogo russkogo literaturnogo jazyka", in: *Voprosy jazykoznanija* 2, 3—12.

Filin, Fedot P. ([1973 russ.] 1977 a) „Die Struktur der russischen Literatursprache der Gegenwart", in: *Die russische Sprache in der heutigen Welt*, Filin, F. P./Kostomarov, V. G./Skvorzov, L. I., eds., Leipzig, 98—111.

Filin, Fedot P. (1977 b) „Die russische Sprache als zwischennationales Verständigungsmittel", in: *Der Große Oktober und die russische Sprache*, Ivanov, V. V./Sirotina, V. A./Buttke, K., eds., Leipzig, 49—56.

Filin, Fedot P. (1981) *Istoki i sud'by russkogo literaturnogo jazyka*, Moskva.

Filin, Fedot P., ed., (1979) *Russkij jazyk*. Ėnciklopedija, Moskva.

Filin, Fedot P./Kostomarov, Vitalij G./Skvorzov, Lev I., eds., ([1974 russ.] 1977) *Die russische Sprache in der heutigen Welt*, Zikmund, H., ed., Leipzig.

Fitzpatrick, Sheila (1979) *Education and social mobility in the Soviet Union 1921—1934*, London.

Fünfzig Jahre Sprachpolitik in der UdSSR, (1973), in: Linguistische Studien/ZISW, Berlin, 5.

Girke, Wolfgang/Jachnow, Helmut, eds., (1975) *Sprache und Gesellschaft in der Sowjetunion*. 31 Dokumente aus dem Russischen — ins Deutsche übersetzt und kritisch eingeleitet ..., München.

Gorbačevič, Kirill S. (1978) *Variantnost' slova i jazykovaja norma*, Leningrad.

Guboglo, Mihail N. (1984) *Sovremennye etnojazykovye processy v SSSR*, Osnovnye faktory i tendencii razvitija nacional'no-russkogo dvujazyčija, Bromlej, J. V., ed., Moskva.

Guchmann, Mirra M. (1961) „Über die Begriffe 'Literatursprache', 'Sprache der Volkschaft', 'Nationalsprache'", in: *Beiträge zur Geschichte der deutschen Sprache und Literatur*, Halle, 321—332.

Guchmann, Mirra M. ([1955, 1959 russ.] 1964, 1969) *Der Weg zur deutschen Nationalsprache*, Berlin.

Guxman, Mirra M. (1968) „Some general regularities in the formation and development of national languages", in: *Readings in the sociology of language*, Fishman, J. A., ed., The Hague/Paris, 766—779.

Guchmann, Mirra M. ([1970 russ.] 1973) „Die Literatursprache", in: *Allgemeine Sprachwissenschaft*, Serébrennikov, B. A., ed., Berlin, 1, 412—453.

Guchman, Mirra M./Jarzeva, Viktorija N., eds., (1977 a) *Social'naja i funkcional'naja differenciacija literaturnych jazykov*, Moskva.

Guchmann, Mirra M. ([1972 russ.] 1977 b) „Wechselbeziehungen zwischen Dialektgebieten und die Entwicklung überdialektaler Sprachformen in der vornationalen Periode (am Beispiel germanischer Sprachen)", in: *Existenzformen germanischer Sprachen — soziale Basis und typologische Kennzeichen*, Schildt, J., ed., Berlin, 35—53.

Guchmann, Mirra M. (1981) „Naddialektnye formy v istorii nemeckogo jazyka i nekotorye aspekty ich izučenija", in: *Tipy naddialektnych form jazyka*, Guchmann, M. M., ed., Moskva, 120—136.

Guchmann, Mirra M. (1984) *Literatursprache und Kultur*. Rede anläßlich der feierlichen Überreichung des Konrad-Duden-Preises der Stadt Mannheim ... am 14. März 1984, Mannheim/Wien/Zürich.

Guchman, Mirra M./Semenjuk, Natal'ja N. (1977 a) „O nekotorych principach izučenija literaturnych jazykov i ich istorii", in: *Izvestija AN SSSR*, Otd. liter. i jazyka. Moskva, 36 (5), 435—446.

Guchmann, Mirra M./Semenjuk, Natal'ja N. (1977 b) „Zur Untersuchung der deutschen Literatursprache unter soziologischem Aspekt", in: *Existenzformen germanischer Sprachen — soziale Basis und typologische Kennzeichen*, Schildt, J., ed., Berlin, 117−131.

Guchman, Mirra M., ed., (1981) *Tipy naddialektnych form jazyka*, Moskva.

Guchman, Mirra M./Semenjuk, Natal'ja N. (1983) *Istorija nemeckogo literaturnogo jazyka IX−XV vv.*, Moskva.

Guchman, Mirra M./Semenjuk, Natal'ja N./Babenko, Natal'ja S. (1984) *Istorija nemeckogo literaturnogo jazyka XVI−XVIII vv.*, Jarzeva, V. N., ed., Moskva.

Herder, Johann G. (1770) *Über den Ursprung der Sprache*, Träger, C., ed., Berlin.

Isaev, Magomet I. (1970) *Što tridzat' ravnopravnych. O jazykach narodov SSSR*, Moskva.

Isayev, Magomet I. (1977) *National languages in the USSR. Problems and solutions*, Moscow.

Isaev, Magomet I. (1978) *O jazykach narodov SSSR*, Moskva.

Isaev, Magomet I. (1979) *Jazykovoe stroitel'stvo v SSSR. Processy sozdanija pis'mennostej narodov SSSR*, Moskva.

Isaev, Magomet I. (1982) *Sociolingvisticeskie problemy jazykov narodov SSSR. Voprosy jazykovoj politiki i jazykovogo stroitel'stva*, Moskva.

Ising, Erika (1969) „Das Erwachen des deutschen Sprachbewußtseins", in: *Kleine Enzyklopädie: Die deutsche Sprache*, Agricola, E./Fleischer, W./Protze, H. et al, eds., Leipzig, 1, 189−200; 235−250.

Ising, Erika (1970) *Die Herausbildung der Grammatik der Volkssprachen in Mittel- und Osteuropa*, Berlin.

Ising, Erika (1984) „Zur Begriffsbildung und Terminologie", in: *Forschungen zu einer Theorie der Literatursprache und Sprachkultur in der DDR* (Sprachwissenschaftliche Informationen 7) Ising, E./Kleinfeld, A./Schnerrer, R., eds., Berlin (DDR), 10−37.

Ivanov, Andrej M./Jakubinski, Lev P. (1932) *Očerki po jazyku*, Leningrad.

Ivanov, Valerij V. (1979) „Nacional'nyj jazyk", in: *Russkij jazyk. Énciklopedija*, Filin, F. P., ed., Moskva, 155−157.

Ivanov, Valerij V., ed., (1980) *Russkij jazyk v nacional'nych respublikach Sovetskogo Sojuza*, Moskva.

Ivanov, Valerij, V. (1981) „Nekotorye voprosy izučenija russkogo jazyka kak sredstvo mežnacional'nogo obščenija narodov SSSR", in: *Voprosy jazykoznanija* 30 (4), 3−11.

Jachnow, Helmut (1977) „Sprachenpolitik in der Sowjetunion", in: *Osnabrücker Beiträge zur Sprachtheorie* 5, 60−88.

Jachnow, Helmut (1982) „Sprachpolitische Tendenzen in der Geschichte der Sowjetunion", in: *International journal of the sociology of language* 33, 91−100.

Jachnow, Helmut, ed., (1984) *Handbuch des Russisten. Sprachwissenschaft und angrenzende Disziplinen*. Slavistische Studienbücher, Bd. 2, Wiesbaden.

Jarceva, Viktorija N./Guchman Mirra M./Makaev, Enver A. et al, eds., (1976) *Tipologija germanskich literaturnych jazykov*, Moskva.

Baskakov Nikolaj A./Bokarev, Evgenij A./Lomtatidse, K. V./Lytkin, Vasilij I./Skorik, Petr J./Vinogradov, Viktor V., eds., (1966−1968) *Jazyki narodov SSSR*, 5 Bde., Moskva/Leningrad.

Kozlov, Viktor I. (1975) *Nacional'nosti SSSR*, Moskva.

Kreindler, Isabelle (1982) „The changing status of Russian in the Soviet Union", in: *International journal of the sociology of language* 33, 7−39.

Krjučkova, Tat'jana B. (1985) „Soziolinguistische Forschungen in der UdSSR", in: *Zeitschrift für Phonetik, Sprachwissenschaft und Kommunikationsforschung*, Berlin, 38, 268−282.

Lewis E. Glyn (1972) *Multilingualism in the Soviet Union. Aspects of language policy and its implementation*, The Hague/Paris.

Conrad, Rudi, ed., (1985) *Lexikon sprachwissenschaftlicher Termini*, Leipzig.

Althaus, Hans P./Henne, Helmut/Wiegand, Herbert E., eds., (1980) *Lexikon der germanistischen Linguistik*, Tübingen.

Skvorcov, Lev I./Graudina, Ljudmila K./Mihajlovskaja Natal'ja G., eds., (1981) *Literaturnaja norma i variantnost'*, Moskva.

Lötzsch, Ronald (1973) „Einige Aspekte der Sprachsituation und der Sprachpolitik in der Sowjetunion (am Beispiel der nichtrussischen Nationalitäten)", in: *Linguistische Studien*/ZISW, Berlin, 5, 17−60.

Makaev, Enver A. (1969) „Prinzipy sopostavitel'nogo izučenija sovremennych germanckich literaturnych jazykov", in: *Norma i social'naja differenciacija jazyka*, Moskva, 69−86.

Michajlovskaja, Natal'ja G. (1977) „Die Entwicklung des Russischen zu einer Sprache Europas und der Welt bis zum 19. Jahrhundert", in: *Die russische Sprache in der heutigen Welt*, Filin, F. P./Kostomarov, V. G./Skvorcov, L. I., eds., Leipzig, 14−49.

Musaev, Kenesbaj M. (1965) *Alfavity jazykov narodov SSSR*, Moskva.

Dešeriev, Junus D., ed., (1978) *Nacional'nyj jazyk i nacional'naja kul'tura*, Moskva.

Baskakov, Nikolaj A., ed., (1976) *Razvitie jazykov i kul'tur narodov SSSR v ich vzaimosvjazi i vzaimodejstvii*, Ufa.

Reichmann, Oskar (1980) „Nationalsprache", in: *Lexikon der germanistischen Linguistik*, Althaus, H. P./Henne, H./Wiegand, H. E., eds., 2. Aufl., Tübingen, 515−519.

Beloded, Ivan K./Dešeriev, Junus D./Ivanov, Valerij V. et al, eds., (1977) *Russkij jazyk kak sredstvo mežnacional'nogo obščenija*, Moskva.

Filin, Fedor P., ed., (1979) *Russkij jazyk*. Énciklopedija, Moskva.

Panačin, Fedot G./Kostomarov, Vitalij G./Mitrofanova, Ol'ga D. et al, eds., (1981) *Russkij jazyk — jazyk družby i sotrudničestva narodov SSSR*, Moskva.

Schildt, Joachim, ed., (1977) *Existenzformen germanischer Sprachen — soziale Basis und typologische Kennzeichen*, Berlin.

Schirmunski, Viktor M. ([1951 russ.] 1962) *Deutsche Mundartkunde. Vergleichende Laut- und Formenlehre*, Berlin.

Schnerrer, Rosemarie (1982) „Theorie der Literatursprache in der UdSSR", in: *Sprachwissenschaftliche Informationen*, Berlin, 4, 73–147.

Semenjuk, Natal'ja N. (1976) „O funkcional'nom aspekte tipologičeskogo izučenija germanskich literaturnych jazykov", in: *Tipologija germanskich literaturnych jazykov*, Jarceva, V. N. et al, eds., Moskva, 61–78.

Semenjuk, Natal'ja N. (1977) „Funktional-stilistische Differenzierungen der Literatursprache und der historische Aspekt ihrer Untersuchung", in: *Existenzformen germanischer Sprachen — soziale Basis und typologische Kennzeichen*, Schildt, J., ed., Berlin, 133–157.

Smirnickij, Aleksandr I. (1955) *Drevneanglijskij jazyk*, Moskva.

Sunik, Orest P. ([1971 russ.] 1972) *Probleme der Sprachenförderung in der Sowjetunion*, Berlin.

Šmelev, Dmitrij N. (1977) *Russkij jazyk v ego funkcional'nych raznovidnostjach. K postanovke problemy*, Moskva.

Švejcer, Aleksandr D. (1971) *Literaturnyj anglijckij jazyk v SŠA i Anglii*, Moskva.

Verešagin, Evgenij M./Kostomarov, Vitalij G. ([1973]1983) *Jazyk i kul'tura. Lingvostranovedenie v prepodavanii russkogo jazyka kak inostrannogo*, 3. Auflage, Moskva.

Vinogradov, Viktor V. (1967), *Problemy literaturnych jazykov i zakonomernostej ich obrazovanija i razvitija*, Moskva.

Voprosy formirovanija i razvitija nacional'nych jazykov (1960), Moskva.

Žirmunskij, Viktor M. (1936) *Nacional'nyj jazyk i social'nye dialekty*, Leningrad.

Žirmunskij, Viktor M. ([1969 russ.] 1975) „Marxismus und soziale Linguistik", in: *Sprache und Gesellschaft in der Sowjetunion*, Girke, W./Jachnow, H., eds., München, 365–376.

Erika Ising, Berlin
(Deutsche Demokratische Republik)

46. Pidgin- und Kreolsprachen

1. Pidginsprachen
2. Kreolsprachen
3. Literatur (in Auswahl)

1. Pidginsprachen

1.1. Klärung und Definition des Begriffes 'Pidginsprache'

Etymologisch wird der englische Terminus *pidgin* mit großer Wahrscheinlichkeit von dem englischen Substantiv *business* 'Geschäft, Handel' abgeleitet, das das in der anfänglichen Kontaktsituation für den Einsatz der Behelfssprache wesentliche Register ausdrückt. Aufgrund des chinesischen Substrateinflusses ist daher folgende Entwicklung denkbar: /'biznis/ > /'piznin/ > /'pizin/ > /'pidgin/ (vgl. Bauer, 1974 a, 9 ff., wo alle bisher vorgeschlagenen etymologischen Derivationstheorien verglichen sind.).

Der Gebrauch von Pidginsprachen entwickelte sich in den einzelnen Teilen der Welt unter sehr verschiedenen Voraussetzungen politischer, kultureller, soziologischer, geographischer, ökonomischer und psychologischer Art (vgl. Art. 59, 76). Ein Standardpidgin gibt es nicht. Trotzdem entsteht das Problem der Pidginsprachen stets in vergleichbaren sprachlichen Notsituationen: Vor allem während der kolonialistischen und imperialistischen Expansionsphase Europas und der damit verbundenen Entwicklung des Handels entstand für Europäer einerseits und Einheimische der betroffenen Länder andererseits die Notwendigkeit, sich einander mitzuteilen, wobei jedoch in der Regel weder bei dem einen noch bei dem anderen die geringste Kenntnis von der Sprache des Kontaktpartners vorhanden war. Aus dem verzweifelten Versuch heraus, von seinem Gegenüber wenigstens in Rudimenten verstanden zu werden, reduzierte z. B. der Europäer seine Sprache grammatisch und lexikalisch in der meist falschen Hoffnung, von seinem Gesprächspartner rascher oder besser verstanden zu werden. Parallel dazu machte etwa der Asiate oder Insulaner einen ähnlichen Versuch, indem er wiederum sein Sprachsystem vermeintlich vereinfachte, um dem Europäer das Verständnis zu erleichtern. Nachdem sich die Gesprächspartner über eine geraume Zeitspanne wechselwirksamer linguistischer Anpassung hin nur bruchstückhaft verständigten, bildeten sich allmählich strengere sprachliche Konventionen aus, und häufig entstand im Berührungsbereich zweier fremder Kultursphären eine im Rahmen ihrer Aufgaben voll funktionsfähige Mischsprache, wobei sich die Sprache mit dem höheren Sozialprestige ihrer Träger meist bald zur dominanten Spendersprache entwickelte. Demnach läßt sich ein Pidginsystem wie folgt definieren:

Wenn zwei oder mehr Sprecher ein aus einer sprachlichen Notsituation hervorgegangenes Sprachsystem als Kommunikationsmedium verwenden, dessen Struktur vereinfacht und dessen Vokabular sehr stark beschränkt wurde, handelt es sich um eine Pidginsprache, sofern sie für keinen der Gesprächspartner zugleich dessen Muttersprache darstellt.

Der Versuch, eine Pidginsprache zu definieren, muß notwendigerweise immer drei Aspekte berücksichtigen: den linguistischen, den sozialen und den historischen. Linguistisch gesehen läßt sich für Pidginsprachen, die als Zweitsprachen im Vergleich mit den jeweiligen Muttersprachen verstanden werden, folgender Kriterienkatalog anführen: stark reduzierter Wortschatz, Tendenz zu Umschreibungen, ausgedehnte Metaphorik; gegenüber den Spendersprachen vereinfachtes und verändertes Phoneminventar; Flexionsverlust; starke syntaktische Reduktion gegenüber den Muttersprachen, z. B. Fehlen von Genusunterscheidung, Vereinheitlichung von Präpositionen, Artikeln und Konjunktionen, Abbau von Konjugationsmustern, Reduktion des Tempus- und Modussystems (vgl. Bauer 1974, 42 ff; 102 ff; Gramley/Pätzold 125 f).

Im Hinblick auf einen allgemeinen Begriff ‘Pidginsprache’, der auf alle einzelnen Erscheinungen anwendbar ist, hat man in der linguistischen Terminologie folgendes Muster vorgeschlagen: X-Pidgin-Y. Darunter versteht man einen Pidgintypus, der auf Y als der dominanten Sprache (etwa derjenigen der Kolonialisten) basiert, aus der zumindest der größte Teil des Wortschatzes entnommen ist, während X den zweitwichtigsten linguistischen kontributiven Faktor (z. B. die Sprache der Eingeborenen) darstellt. Manchmal können unter der X-Komponente mehrere Sprachen subsumiert sein. Ein Beispiel mag diese Formel illustrieren: X-Pidgin-Y entspricht z. B. dem Begriff Melanesian-Pidgin-English.

Vom gesellschaftlichen Standpunkt aus ist ein Pidginsystem eine Sprache, die von ihren Sprechern nicht als Muttersprache verwendet wird und in einem ungesteuerten Sprachlernprozeß erworben wurde. Dabei ist die Art der Kommunikationsentwicklung stark von der Machtposition der Interaktionspartner geprägt. Es werden zunächst auch nur diejenigen sprachlichen Register (z. B. Bereich des Handels, einfache Verwaltungsvorschriften, Arbeitsanweisungen) abgedeckt, die für eine erste Verständigung unbedingt notwendig sind. Daß ein Pidginsystem infolge dessen bei beiden Gesprächsparteien einen recht geringen soziolinguistischen Status besitzt, versteht sich von selbst.

1.2. Sprachgeschichtliche Entwicklungstheorien (vgl. auch Art. 76)

Geschichtlich gesehen sind die bekanntesten Pidginsysteme aus Sprachkontakten zwischen Europäern und Nicht-Europäern entstanden (Berry 1971, 525). Daraus und aus der prinzipiell überall gleichen notperiphrastischen Verständigungssituation lassen sich auch gewisse strukturelle Gemeinsamkeiten unter den einzelnen Pidginsprachen erklären. Bemerkenswert ist, daß nicht nur die vom Englischen als der X-Komponente abgeleiteten Pidginsprachen eine Vielzahl von sprachlichen Universalien untereinander aufweisen, sondern auch die französischen, spanisch-portugiesischen und holländischen Pidginsysteme untereinander erstaunlich ähnlich sind. Drei Theorien können zur Erklärung hierfür herangezogen werden:

(1) Die monogenetische Theorie:
Man nimmt an, daß die einzelnen Pidginsprachen von einem gemeinsamen Ur-Pidgin abstammen.

(2) Die sprachliche Universalientheorie:
Man geht davon aus, daß alle Pidgin-Sprachen nach universell gültigen sozio- und psycholinguistischen Entstehungsbedingungen vereinfacht und ausgebildet wurden.

(3) Die Theorie der Parallelentwicklung:
Da die historischen und äußeren Bedingungen für die Entwicklung von Pidginsystemen ähnlich waren, sind sie alle nach denselben Prinzipien entstanden.

Ad(1): Die Theorie, daß sich die einzelnen Pidginmodifikationen aus einem Proto-Pidgin, das als archetypisches Modell für die Profilierung mehrerer Nebenarten diente, entwickelt haben, wird von vielen Wissenschaftlern unterstützt (Alleyne 1971; Dalby 1971; Dillard 1970; 1971; 1972; Hancock 1971 a; 1971 b; Bauer 1974; Whinnom 1977 u. a.). Das älteste nachweisbare Pidginsystem wurde im Mittelalter von europäischen Kreuzfahrern und Händlern im östlichen Mittelmeerraum gebraucht und wird gewöhnlich als *die Lingua Franca* (auch *Sabir*) bezeichnet (vgl. auch Art. 50). Möglicherweise ist die von den Portugiesen als den ersten Europäern der Neuzeit benützte Form des Handelsportugiesischen bereits auf diese Lingua Franca der Levante zurückzuführen. In Ermangelung einer afrikanischen lingua franca — hier ist 'lingua franca' ein Gattungsbegriff! — bildete sich im Laufe des 15. und 16. Jahrhunderts in Westafrika entlang den Handelsrouten im Indischen Ozean sowie in China ein im Rahmen seiner Gebrauchsregister voll verwendbares Pidgin-Portugiesisch (PP) aus. Als ab Mitte des 17. Jahrhunderts verstärkt die Holländer und Franzosen nachfolgten, könnte — so die Annahme nach der monogenetischen Theorie — das wenig später entstandene holländische Pidgin (Negerhollands) und das französische Pidgin (petit négre) in Anlehnung an das Modell des Pidginportugiesischen hervorgegangen sein. Dies würde auch bedeuten, daß die linguistische Anlage des PP als Matrix auch für die später entstandenen englischen Pidginsysteme zu betrachten sei. Der Vorgang, daß die reduktionssprachliche Konzeption im Prinzip erhalten bleibt, während die einzelnen Lexeme durch entsprechende Begriffe der jeweils neuen Herrensprache ersetzt werden, wird als *Relexifizierung* bezeichnet (Stewart 1962; Whinnom 1965; Bauer 1974). Dies würde auch erklären, warum sich in mehreren Pidgin- und Kreolsprachen auf das Portugiesische zurückzuführende Wörter finden. Beispiele hierfür bringen Bauer (1974, 146 ff) und Gramley/Pätzold (1985, 130).

Ad(2): Die sprachliche Universalientheorie, die davon ausgeht, daß es allen Sprachen gemeinsame Regularitäten gibt, postuliert, daß auch Pidginsprachen demgemäß denselben Prinzipien der Simplifizierung bei ihrer Entstehung unterlagen. Konkret bewirkt die Vereinfachung eine Verringerung morphologischer, lexikalischer und phonologischer Elemente im Vergleich zu den Spendersprachen (Bickerton 1977). Als möglicher Beleg hierfür kann etwa das Vorhandensein ähnlicher Tempus-, Modus- und Aspektpartikeln genannt werden. Bei gleichzeitigem Vorkommen in einem Satz treten diese immer in der genann-

ten Reihenfolge auf. Das trifft auch auf eine Anzahl von aus Pidginsystemen entwickelten Kreolsprachen zu, die auf den ersten Blick historisch nicht miteinander verwandt scheinen, etwa Krio, das Kreolenglisch von Hawaii, oder Guyanese.

Ad(3): Die dritte Hypothese geht davon aus, daß die einzelnen Pidgins parallel zueinander entstanden sind und deswegen im System prinzipiell Ähnlichkeiten aufweisen, da die historischen und psycholinguistischen Bedingungen für die Entstehung dieser Sprachen ähnlich waren. Eine Rekonstruktion der historischen Genese wird sich aber wohl nicht mit letzter Sicherheit alleine unter Zuhilfenahme einer der drei vorgestellten Theorien leisten lassen; letztlich ist jedoch eine Verquickung der monogenetischen und polygenetischen Theorie keineswegs ausgeschlossen. Zur Erklärung der Entwicklung des chinesischen Pidginenglish (CPE) wäre die Synthese beispielsweise wie folgt zu formulieren: Das CPE entstand in Anlehnung an ein für die Arbeitsweise von Notbehelfsidiomen archetypisches Pidginportugiesisch, das in konzeptioneller Hinsicht als Modell wirkte. Da der Einsatzbereich des CPE regional recht beschränkt war, kann angenommen werden, daß das in der Umgebung von Hongkong gesprochene Makista zum Teil mit dem im Entstehen begriffenen CPE in Wechselwirkung stand, woraus sich das Phänomen erklären würde, daß im sogenannten Hong Kong Creole Portuguese sowie in anderen Pidgin- und Kreolsprachen gemeinsame Züge zu beobachten sind, vorausgesetzt, man sieht in CPE wieder eine gewisse Basis für weitere Pidginmodifikationen, z. B. für das melanesische PE (Bauer 1974, 147 f). Die Tendenz eines jeden Behelfsidioms, sich nach einer geraumen Zeit unabhängig weiter zu entwickeln, ist dabei natürlich unbestritten.

1.3. Soziolinguistische Funktion

Der Anlaß für die Entstehung eines Pidginsystems besteht immer in der Erfüllung der rudimentärsten Verständigungsbedürfnisse. Zwar entwickelten sich in den verschiedenen Teilen der Welt, meist in der Phase der Kolonisation, Kontaktidiome unter verschiedenen Voraussetzungen politischer, kultureller, soziologischer, geographischer und ökonomischer Art, doch entstand das Pidginenglisch als Mittel gegenseitiger Verständigung fast stets in der gleichen sprachlichen Notsituation. Meist kamen die Europäer als Händler, Forscher, Seeleute oder Reisende, später auch als Plantagenbesitzer in immer engeren Kontakt mit den Einheimischen. Ausschlaggebend für die Entwicklung eines ungesteuert reduzierten Kontaktidioms war etwa in China wie auch in Ozeanien die Schwierigkeit für die Kolonisten, einerseits die noch nicht erforschte chinesische Sprache systematisch zu erlernen, andererseits sahen sich die Europäer etwa in Melanesien einem Sprachenbündel von etwa 500 verschiedenen Einzelidiomen gegenüber, das es ihnen gleichermaßen unmöglich machte, sich mit den Einheimischen in der gegebenen Zeit zu verständigen. Umgekehrt waren aber auch die Schwierigkeiten des Asiaten oder Insulaners, die Sprache der jeweiligen europäischen Nation zu erlernen, genauso unüberbrückbar. Manchmal hatten die Sprecher auch nur vorübergehend miteinander Kontakt, so daß sich Zeitaufwand und Mühe für ein längeres Sprachstudium nicht gelohnt hätten. Der Mangel an entsprechenden Lehrbüchern tat ein übriges. Immer aber waren es die Einheimischen, die sich der größeren Mühe unterzogen, die Sprache der Kolonisten soweit zu erfassen, wie es zumindest für eine behelfsmäßige Verständigung nötig war.

Bei jeder uns bekannten sekundären Hybridisierung, das heißt dem Aufeinandertreffen und gegenseitigen Anpassen zweier unterschiedlicher Sprachen in der Kontaktsituation, gilt prinzipiell, daß die sprachliche Entwicklung auf eine totale Anpassung der schwachen Gruppe an die starke Gruppe tendiert. Die zweite Generation wird in dieser Kontaktsituation jedoch entweder das Pidginsystem zur vollen Funktionsfähigkeit weiterentwickeln oder die Sprache der umgebenden mächtigeren Sprachgruppe als Muttersprache erlernen, so daß die durch sekundäre Hybridisierung entstandene Sprache nur eine begrenzte Lebensdauer hat (vgl. Klein 1975, 33). Es ist in der Tat sehr schwierig, echte Pidginsprachen zu dokumentieren, was daran liegt, daß heute viele Pidginvarietäten des Englischen Teil eines sprachlichen Kontinuums sind, das sich bis zum Standardenglisch erstreckt (vgl. Gramley/Pätzold, 132 f). Mühlhäusler (1980, 37) unterscheidet vier Entwicklungsstufen, die sich linguistisch beschreiben lassen:

a) Jargon: Sätze aus einem oder zwei Wörtern, die Tendenz zu KVKV-Wortstrukturen (K = Kopula, V = Verb), keine deiktischen Verweisungen, Mangel an Vor- oder Rückbezügen, zahlreiche holophrastische Ausdrücke.

b) Stabilisiertes Pidgin: allmähliche Ausbildung einfacher Satzstrukturen, erste Formen der syntaktischen Einbettung, vermehrte Konsonantenhäufungen.

c) Expandiertes Pidgin: Vermehrte Möglichkeiten der syntaktischen Vor- und Rückbeziehung, Strukturelemente zur Darstellung syntaxlogischer Beziehungen, Entwicklung produktiver Wortbildungskomponenten, Entwicklung von satzübergreifenden Strukturelementen für die Argumentation.

d) Kreolsprache: Vermehrte Möglichkeiten zur syntaktischen Bei- und Unterordnung, vielfache Ableitungsmöglichkeiten in der Wortbildung, zahlreiche stilistische Abtönungsmöglichkeiten.

Definitorisch gelten für ein Pidginsystem folgende zwei Voraussetzungen. Die erste ist vornehmlich linguistischer Art: die strukturelle Beschaffenheit (Grammatik, Syntax, Vokabular) einer Pidginsprache muß im Vergleich zu ihrer Basissprache stark vereinfacht sein; die neue Struktur muß dann für beide Kontaktgruppen Sprachkonvention werden, womit sie dem Postulat entspricht, daß jedes Pidgin als ein Sprachsystem per se betrachtet werden kann. Die zweite Voraussetzung ist vor allem soziolinguistischer Art: das Produkt aus der Vereinfachung einer bzw. Fusion und Vereinfachung zweier oder mehrerer Basissprachen, die ein Pidgin unterschiedlich stark beeinflussen können, wird in der Kontaktsituation von beiden verschiedensprachigen Parteien als Verständigungskompromiß eingesetzt, darf aber für keinen der Sprecher zugleich dessen Muttersprache sein. Durch diese zweite Einschränkung unterscheidet sich ein Pidgin grundsätzlich von einer lingua franca (vgl. Art. 50). Der Prozeß von den ersten Ansätzen eines sprachlichen Notbehelfs bis zur Konventionalisierung des Hilfssystems als eigene Sprache läßt sich als *Pidginisierung* bezeichnen.

1.4. Linguistische Kriterien

Das Vokabular einer echten Pidginsprache ist naturgemäß sehr begrenzt, da es in erster Linie dazu dient, die benötigten Kontaktregister technisch abzudecken, z. B. im Bereich des Handels, im Bereich von Arbeitsanweisungen oder -verboten. Je nach Bedarf ist der Wortschatz einer Pidginsprache aber in verschiedene Richtungen fast unbegrenzt erweiterungsfähig. Zum einen sind immer wieder Neuentlehnungen aus den Spendersprachen zu beobachten, zum anderen nehmen bereits feststehende Begriffe häufig eine neue

Bedeutung an. Daneben ist es für den höchst dynamischen Charakter einer Pidginsprache (vgl. Bisang 1985, 5 ff) charakteristisch, aus der Kombination bereits bekannter Wörter eine Paraphrase für einen im Lexikon noch nicht vorhandenen Ausdruck zu formieren. Einige bekannte Beispiele aus dem melanesischen Pidginenglisch mögen diesen Prozeß veranschaulichen; z. B. bedeutet *big fellow bokus* 'Piano', *skru* (*screw*) *belong arm* steht für 'Ellbogen' und *skru belong leg* meint 'Knie'. Zur Veranschaulichung der Vitalität und andererseits der logischen Stringenz der Imaginationsmuster mögen die folgenden Beispiele genügen: *he took daylight a long time* 'wachliegen', *bring fellow belong make open bottle* 'bring mir einen Korkenzieher', *water belong stink* 'Parfüm', *grass belong head* 'Haare', *gras belong mouth* 'Bart', *grass belong pigeon* 'Federn', *house belong letter* 'Briefumschlag'. Häufig wurden auch Wörter mit neuen Nebenbedeutungen versehen, dadurch daß der Eingeborene ein bestimmtes Wort, das für den Europäer eine gesicherte Bedeutung besitzt, hört, für ihn aber in der gegebenen situativen Einbettung andere Charakteristika bedeutsam sind, die für den Europäer eher sekundär scheinen. So war es z. B. mit dem Begriff *wireless* 'Radio', den die einheimischen Sprecher aus der Situation heraus sofort mit dem Begriffsfeld 'Geschwätz, Botschaft, Nachricht, Geheimnis' etc. verwendeten. Ähnlich wurde z. B. das englische Wort *half* nicht nur in der Bedeutung 'die Hälfte' übernommen, sondern bedeutet heute im Neomelanesischen (auch *Wantok* genannt) soviel wie 'Teil, Stück, Abschnitt, Gebiet, Richtung', so daß *long haf Rabaul* z. B. 'nach Rabaul' heißt. Mit der Niederschrift sprachlicher Belege wird ein weiteres Problem sowohl der systematischen Beschreibung als auch der Verschriftung eines jeden Pidgin- oder Kreolsprachensystems deutlich: die adäquate schriftliche Fixierung, die dann auch als Orthographie dienen kann (vgl. auch Art. 177).

Prinzipiell gibt es drei Möglichkeiten: im Falle von englischen Pidgins die anglisierende Schreibweise, eine quasi-phonemische Orthographie (oder die in wissenschaftlichen Abhandlungen öfters anzutreffende phonemische Umschrift). So könnte der englische Satz *why did you put the dish in the fire, and the fire devoured it?* umschrieben werden mit *wha' for you put 'im diss long fire, now fire he kaikai?* oder mit *wofor you* (*yu*) *putim dish long fair, na fair i kaikai?* (vgl. Bauer 1974, 1 ff).

Obwohl grammatische Kategorien wie etwa Numerus, Genus, Kasus, Person, Modus, vox verbi, Deklination und Konjugation in Pidgin- und Kreolsprachen fast gänzlich fehlen, sind diese Sprachen aber keinesfalls bar jeder grammatischen Regularität, wie oft behauptet wird. Im Zuge der strukturellen Reduktion vom Standardenglischen zum Pidginsystem wurden allerdings die grammatikalischen Grundzüge einer indoeuropäischen Sprache beibehalten, vor allem das System der Wortarten, die Dichotomie zwischen Subjekt und Prädikat oder etwa die Verwendung von Wortverbänden anstelle von Einzelwörtern. Dies bedeutet, daß die einzelnen Arten von Pidginidiomen, sofern sie eine europäische Sprache als Y-Komponente besitzen, definitiv nach indo-europäischem Muster strukturiert sind; es handelt sich dabei keineswegs um einheimische Sprachstrukturen mit einem Wortschatz aus europäischen Sprachen. Obzwar relativ übereinstimmend in der wissenschaftlichen Literatur angenommen wird, daß ein Pidgin als Sprachform dann verschwindet, wenn die Kontaktsituation aufhört (oder das Pidgin sich etwa zu einer kreolischen Sprachform weiterentwickelt), muß doch davon ausgegangen werden, daß sich nach der Phase des ungesteuerten Spracherwerbsprozesses linguistische Konventionen ausbilden, die etwa ein *Pidgindeutsch* vom sogenannten *gebrochenen Deutsch* unterscheiden. Vergleichbare Regularisierungen lassen sich auch bei englischsprachigen Pidgins schon sehr bald nachweisen. Als Beispiele seien für das chinesische Pidginenglisch Genusindikatoren für maskulin bzw. feminin genannt: so bedeutet *bull chilo* 'Junge', *cow chilo* 'Mädchen'. Ähnlich ist schon sehr früh die konsistente Verwendung des Spezifikativums *piecee* nachzuweisen, das stets nach bestimmten und unbestimmten Zahlwörtern gesetzt wurde, die sich auf ein Substantiv beziehen. Die Regel Numerale + Spezifikativum + Nomen wurde dabei immer eingehalten: z. B. *two piecee coolie, one piecee wifoo, plenty piecee gentleman* (vgl. Bauer 1974, 125 ff). Für die melanesische Entsprechung *fela*, auch *pela* geschrieben, trifft das gleiche zu. Auf syntaktischer Ebene gilt für ein klassisches Pidgin in der Regel, daß die gedankliche Zuordnung von Aussagen meist additiv bewältigt werden muß. Dies geschieht etwa durch asyndetische Reihungen, durch den Einsatz von beiordnenden Konjunktionen (z. B. *and/na*) und nur in seltenen Fällen durch Ersatzformen.

2. Kreolsprachen

2.1. Klärung und Definition des Begriffes Kreolsprache

Analog zu den Pidginsprachen können die Kreolsprachen durch die Formel X-Creole-Y beschrieben werden. Etymologisch wird der englische Terminus *creole* von dem französischen Adjektiv *créole* 'kreolisch, einheimisch, eingeboren' abgeleitet, das aus dem gleichbedeutenden spanischen *criollo* hervorgegangen ist. So wurde der Begriff *Kreol* oder *kreolisch* zuerst in seinem linguistischen Sinne in den französischen westindischen Inseln sowie in Louisiana gebraucht, um die Sprache der dort lebenden Sklaven zu benennen. In der heutigen linguistischen Terminologie besitzt der Terminus ebenso wie der der Pidginsprache eine linguistische, eine soziologische und eine historische Komponente und läßt sich wie folgt definieren:

Eine Kreolsprache entsteht, wenn ein ursprünglich als Pidgin konstituiertes Verständigungssystem zur Muttersprache (vgl. Art. 47) einer Gesellschaft wird.

Auch bei der systematischen Beschreibung einer Kreolsprache wird man vor allem den linguistischen, den gesellschaftlichen und den historischen Aspekt berücksichtigen müssen.

2.2. Linguistische Kritieren

Linguistisch gesehen ist ein Kreol eine nunmehr in allen alltagssprachlichen Sprachregistern voll funktionsfähige, expandierte, durch autonome Konventionen und Normen regularisierte ehemalige Pidginsprache. Die ursprüngliche Vereinfachung, Verarmung und Reduktion eines Pidgins ist beseitigt. Gewöhnlich entwickeln eigenständige Kreolsprachen einen recht hohen Grad an Standardisierung (vgl. Art. 44, 165, 178), wie dies etwa beim Tok Pisin (Wantok), Sranan, Krio, beim Louisiana Creole, Papiamento, Cocoliche, Taki-Taki, der Saramaccà-Sprache oder dem jamaikanischen Kreolisch der Fall ist (vgl. Bauer 1975 c, 65 ff). Dies mag am Beispiel der Präpositionen *long* und *bilong* illustriert werden, die zunächst in der pidginsprachigen Aera des Melanesian Pidgin English ziemlich willkürlich ausgetauscht werden konnten. In der standardisierten Grammatik des heutigen Wantok ist bei der Verwendung dieser Präpositionen nach folgenden semantischen Funktionsbereichen zu differenzieren:

bilong	long
enge Beziehung zwischen Trägerbegriff und Präpositionalanfügung	weniger enge Beziehung zwischen Trägerbegriff und Präpositionalanfügung
1. Bezeichnung eines Possessivverhältnisses; Ersatz des Genitivs: z. B. *papa bilong mi* 'mein Vater'.	1. Bezeichnung eines örtlichen Verhaltes statischer oder dynamischer Art; z. B. *stap long haus* 'im Haus (zuhause) sein'.
2. Bezeichnung des Zweckes, Zieles, der Absicht, Möglichkeit; finaler Sinn: z. B. *wara bilong waswas* 'Wasser zum-Waschen', 'Waschwasser' oder *gutpela bilong kaikai* 'eßbar'.	2. Bezeichnung punktueller und durativer Zeitangaben (auf die Fragen *wann? wie lange?* u. a.); temporaler Sinn: z. B. *long foa o'clock* 'um vier Uhr' oder *long Mande* 'am Montag'.
3. Bezeichnung einer charakteristischen Eigenschaft, eines Wesenszuges; attributiver Sinn: z. B. *man bilong toktok* 'ein gesprächiger Mensch'.	3. Bezeichnung des Mittels; instrumentaler Sinn: z. B. *paitim long stick* 'mit dem Stock schlagen'.
4. Bezeichnung der Herkunft, der Abstammung, des Ursprungs; originärer Sinn: z. B. *man bilong Australia* 'Australier'.	4. Bezeichnung eines allgemeinen Bezugs oder Hinweises; z. B. *mi sori long yu* 'es tut mir um (in bezug auf) dich leid'.
	5. Bezeichnung des Grundes, der Ursache; kausaler Sinn: z. B. *em i win long strong bilong em* 'er hat wegen seiner Stärke gewonnen'.

Daß ungeachtet der großen Variationsbreite der beiden Präpositionen ihre Funktion eindeutig bestimmten Bereichen zugewiesen ist, soll abschließend ein Beispielsatz verdeutlichen, der für den Ungeübten zunächst unverständlich bleiben dürfte:

MI GO *LONG* ROT *LONG* MANDEI *LONG* SALAMAUA NA SIUTIM BALUS *LONG* BUNARA *BOLONG* BARATA *BOLONG* MI, *BOLONG* KAIKAI.

Entsprechend der oben angegebenen Funktionsbereiche ergibt sich folgende eindeutige Übersetzung: 'Ich ging auf der Straße am Montag nach Salamaua und schoß eine Taube mit dem Bogen meines Bruders zum Essen' (vgl. Bauer 1974, 77f).

Ebenso genau ist der Verwendungsbereich aller Pronominalarten, aber auch von Konjunktionen bis hin zum Einsatz von Vollverben und Hilfsverben oder zur Bildung des Tempusgefüges der Verbalaussagen geregelt (Bauer 1974, 42 ff). Als bester Beweis für die volle linguistische Tauglichkeit der neomelanesischen Kreolsprache mag der Umstand gelten, daß bereits 1969 das Neue Testament (*Nupela Testamen Bilong Jisas Kraist*) ins Neomelanesische übersetzt werden konnte, das heute neben dem Englischen zweite Amtssprache in Neuguinea ist.

2.3. Soziolinguistische Funktionen (vgl. Art. 171)

Wesentlich für die Verankerung und Funktionsfähigkeit einer Kreolsprache ist stets der soziale Status, den ihr ihre Sprecher zumessen. Die Tatsache, daß sich Kreolsprachen etablieren konnten, ist nur im Lichte der Funktion der einzelnen Sprachen in den jeweiligen Gesellschaftssystemen zu erklären. Kreolsprachen waren und sind fast ausschließlich in Gebieten zu finden, wo weiße Ansiedler Fuß faßten und die Einheimischen versklavt wurden oder zumindest in ein Abhängigkeitsverhältnis gerieten. Über 5 Millionen Menschen sprechen allein französische Kreolsprachen in so verschiedenen Gebieten wie Louisiana, Haiti, den Kleinen Antillen, französisch Guayana und Mauritius. Der Anreiz, sich mit den neuen Herrn um der sozialen Vorteile wegen zunächst wenigstens elementar verständigen zu können, war derart stark, daß die sprachliche Situation mancherorts vom Bilingualismus (z. B. eine afrikanische und eine pidginisierte europäische Sprache) in einen Monolingualismus zu Gunsten der Pidginsprache überging. Der Kreolisierungsprozeß trat dann häufig innerhalb zweier Generationen ein. Je dominierender der Gebrauch des Kontaktidioms wurde, desto mehr nahm andererseits die Verwendung der ursprünglichen Muttersprache der farbigen Bevölkerung ab. Für das Aussterben der früheren (z. B. afrikanischen) Muttersprachen ist sowohl deren verächtliche Einschätzung als auch der Umstand verantwortlich zu machen, daß die Verbindung zum Mutterland der ehemaligen Sklaven abgerissen war. Wegen der dargelegten Sprungbrettfunktion zu erhöhtem Ansehen und günstigeren Arbeitsbedingungen müßte man annehmen, den farbigen Sprechern wäre daran gelegen gewesen, ihre bereits gewonnenen Sprachkenntnisse in steigendem Maße auf eine ganzheitliche Erfassung der Y-Komponente hin auszubauen. Dies gelang jedoch selten, da die

Einheimischen fast nie einen Europäer zum ausschließlichen Vorbild hatten, sondern sich in ihren sprachlichen Fertigkeiten (d. h. in Syntax, Grammatik, Morphologie, Aussprache und Wortschatz) sehr viel mehr an ihren Arbeitskollegen, zu denen sie ständigen Kontakt hatten, orientierten. So waren die Sprecher zwangsläufig auf die Benutzung ihrer Kreolsprache angewiesen, mit der sich im Laufe der Zeit alle kommunikativen Bedürfnisse befriedigen lassen mußten. Viel seltener trat der Fall ein, daß eine Kreolsprache deswegen gar nicht erst erlernt wurde, weil insbesondere die gebildeten Schichten deren soziale Abwertung erkannten, wie dies in China seit Anfang des 20. Jahrhunderts der Fall ist. Der höchste Grad an Vitalität und sozialem Prestige einer Kreolsprache dokumentiert sich stets darin, daß neben der rein informativen Literatur auf technischem und journalistisch-politischem Gebiet sowie auf dem Schulsektor auch schöpferisch-künstlerische Literatur von hoher Qualität entsteht (vgl. auch Art. 42, 182). Diese läßt sich in allen Bereichen heute z. B. in Tok Pisin nachweisen, ähnlich im Afrikaans (dessen Status als Kreolsprache allerdings umstritten ist) oder im Falle des Maltesischen.

2.4. Soziohistorische Entwicklungsbedingungen

Wie sehr der Grad der Standardisierung einer Kreolsprache vom politisch-gesellschaftlichen Hintergrund abhängt, wird besonders am Beispiel des Sranan deutlich. Als in der Mitte des 17. Jahrhundert das heutige Holländisch Guayana (auch *Surinam* genannt) von englischen und portugiesischen Kolonialisten in Besitz genommen und bewirtschaftet wurde, entstand die Notwendigkeit einer Verständigungsbrücke zwischen Weißen und Einheimischen. Sranan hat sich offensichtlich als englisches Pidgin während der Besetzung des Landes durch englische Kolonisten von 1651 bis 1677 (bzw. bis zum Abzug der englischen Pflanzer 1679) auf der Insel etabliert. Nachdem die Holländer im Jahre 1667 die Herrschaft über die Insel übernahmen, wurde als offizielle Landessprache Niederländisch eingeführt. Von daher ist die autonome, vom Standardenglischen weitgehend unbeeinflußte weitere Entwicklung des Sranan verständlich. Da sich auf den Plantagen häufig afrikanische Sklaven verschiedener Herkunft befanden, die sich durch ihre eigene Muttersprache nicht miteinander verständigen konnten, mußte die Kreolsprache als Verständigungsmittel nicht nur zwischen Farbigen und Europäern sondern auch unter den Einheimischen dienen. Da bereits in der zweiten Generation der Sprecher alle Kommunikationsbedürfnisse durch das Kreol abgedeckt werden mußten, erklärt sich die Entwicklung zur vollwertigen Schrift- und sogar Literatursprache (vgl. Art. 42, 45). Heute steht Sranan in zunehmender Konkurrenz mit dem Niederländischen, da die Sranan-Sprecher seit Mitte der 50er Jahre erheblich an Selbstbewußtsein und Gruppenstolz gewonnen haben (vgl. Eersel 1971, 320; außerdem Herskovits 1936). Im Gegensatz zum Sranan, das sich durch die geschichtlich bedingte Entwicklung nicht näher an die ehemalige Y-Komponente, d. h. das Englische, annähern konnte, ist es bei anderen Kreolsprachen mittlerweile sehr schwierig, die autonome Struktur des eigentlichen Kreol von den verschiedenen Übergangsvarietäten bis hin zur Standardform der Y-Komponente zu unterscheiden, wie dies beispielsweise beim jamaikischen Kreol (JC) der Fall ist (vgl. LePage 1981). Das JC stellt eine aus dem Englischen als der Y-Komponente und verschiedenen anderen afrikanischen Sprachen als der X-Komponente hervorgegangene Mischsprache dar. Heute ist es die Muttersprache der farbigen Einwohner der Insel, deren Vorfahren vor allem aus dem Westen Afrikas in großer Zahl nach Jamaika deportiert wurden. Außerdem wanderten Sklaven, die bereits früher auf andere benachbarte Inseln gebracht worden waren, nach Jamaika ein. In dem sich so ergebenden Schmelztiegel afrikanischer Nationalitäten einerseits und dem Verständigungsbedürfnis mit den weißen Kolonisten andererseits ist der Grund für die Entstehung dieser Kreolsprache zu sehen (vgl. LePage 1981, 10 ff). Obwohl auch das heutige JC in hohem Maße von Afrikanismen geprägt ist, realisiert sich das Kreol in einem Kontinuum sprachlicher Modifikationen, die in fließendem Übergang von einem Extrem zum anderen zu beobachten sind.

Eine Verwandte des jamaikischen Kreol findet sich im Krio, einer Kreolsprache, die heute in Freetown (Sierra Leone) von ungefähr 25 000 Einheimischen gesprochen wird. Die Vorfahren der heutigen Krio-Sprecher wurden aus ihrer afrikanischen Heimat auf die Insel Jamaika deportiert und nahmen im Laufe der Zeit das dort gesprochene JC anstelle der einzelnen afrikanischen Dialekte als Muttersprache an. Im 19. Jahrhundert wurde eine Gruppe der aus Jamaika ausgeführten Sklaven wieder nach Afrika umgesiedelt. Das erklärt den überdurchschnittlichen hohen Anteil afrikanischer Sprachen im Krio, die das Substrat bilden, während Englisch die primäre Basis ist. Aufgrund des geringen Sozialprestiges, das die Kreolsprache besitzt, sind aber sehr viele Sprecher des Krio in der Lage, ein modifiziertes Englisch, das sogenannte *Sierro Leone modified English*, zu sprechen. Wie beim JC gibt es auch zwischen Krio und dem modifizierten Englischen mehrere Übergangsstufen. Obwohl es im Krio noch kein einheitliches Orthographiesystem gibt, sind erfolgreiche Ansätze einer hauptsächlich mündlich weitergegebenen Dichtung, die als recht anspruchsvoll gilt, bekannt (Jones 1957, 40 ff).

Wie am besten wohl am Beispiel von Tok Pisin gezeigt werden kann, lassen sich insbesondere Kreolsprachen in denselben vier allgemeinen Kategorien beschreiben, mit denen auch reguläre Standardsprachen analysiert werden können (vgl. Art. 35):
1. Standardisierung
2. Autonomie
3. Geschichtlichkeit
4. Vitalität.

Auch wenn die ersten drei Kriterien noch in den 60er Jahren als zur Beschreibung eines Pidgin- oder Kreolsystems untauglich abgelehnt wurden (vgl. Stewart 1962; 1968, 531 ff und Hartig/Kurz 1971, 216 ff) lassen sich alle vier Kriterien in relativer Übereinstimmung mit der gegenwärtigen Mischsprachenforschung auf Pidgin- und Kreolsysteme anwenden.

3. Literatur (in Auswahl)

Alleyne, Mervyn C. (1971) „Acculturation and the Cultural Matrix of Creolization", in: *Pidginization and Creolization of Languages*, Hymes D., ed., London, 169—186.

Bauer, Anton (1974) *Das melanesische und chinesische Pidginenglisch. Linguistische Kriterien und Probleme*, Regensburg.

Bauer, Anton (1975 a) *Das Kanton-Englisch. Ein Pidginidiom als Beispiel für ein soziolinguistisches Kulturkontaktphänomen*, Bern.

Bauer, Anton (1975 b) *Das neomelanesische Englisch. Soziokulturelle Funktion und Entwicklung einer lingua franca*, Bern.

Bauer, Anton (1975 c) *Die soziolinguistische Funktions- und Statusproblematik von Reduktionssprachen*, Bern.

Berry Jack (1971) „Pidgins and creoles in Africa", in: *Current Trends in Linguistics* 7. Linguistics in

Sub-Saharan Africa, T. A. Sebeok, ed., Den Haag, 510−536.

Bickerton, David „Pidginization and creolization: Language acquisition and language universals", in: *Pidgin and creole linguistics*, Valdman, A., ed., Bloomington, 49−69.

Bisang, Walter (1985) *Das chinesische Pidgin-Englisch: Ein bilinguales Pidgin im Spannungsfeld von Superstrat, Substrat und eigener Kreativität* [masch.schr. Ms], Arbeiten des Seminars für allgemeine Sprachwissenschaft der Universität Zürich Nr. 1, Zürich.

Dalby, David (1970) „Black Through White: Patterns of communication in Africa and the New World", in: *Black-white speech relationships*, Wolfram, W. A., ed., Washington 99−138.

Dillard, Joey L. (1970) „Non-Standard Negro Dialects: Convergence or divergence?", in: *Afro-American Anthropology*, Whitten, N./Szwed, J., eds., New York, 119−127.

Dillard, Joey L. (1971) „The creolist and the study of Negro Non-Standard Dialects in the continental United States", in: *Pidginization and creolization of languages*, Hymes, D., ed., London, 393−408.

Dillard, Joey L. (1972) *Black English. Its history and usage in the United States*, New York.

Eersel, Christian (1971) „Varieties of creole in Suriname. Prestige in choice of language and linguistic form", in: *Pidginization and creolization of languages*, Hymes, D., ed., London, 317−322.

Gramley, Stephan/Pätzold, Kurt Michael (1985) *Das moderne Englisch*, Paderborn.

Hancock, Ian F. (1971 a) „A priovisional comparison of the English-Based Atlantic Creoles", in: *Pidginization of creolization of languages*, Hymes, D., ed., London, 289−291.

Hancock, Ian, F. (1971 b) „A survey of the pidgins and creoles of the world", in: *Pidginization and creolization of languages*, Hymes, D., ed., London 509−523.

Hartig, Matthias/Kurz, Ursula (1971) *Sprache als soziale Kontrolle. Neue Ansätze zur Soziolinguistik*, Frankfurt.

Herskovits, Melville Jean u. Frances Shapiro (1936) *Suriname folklore*, New York.

Jones, E. D. (1957) „The potentialities of Krio as a literary language", in: *Sierra Leone Studies* 3 (9), 40−48.

Klein, Wolfgang/Bartsch, Renate/Schwarze, Christoph/v. Stechow, Arnim/Wunderlich, Dieter, eds., (1975) *Sprache und Kommunikation ausländischer Arbeiter*, Kronberg/Ts.

LePage, Robert B. (1981) *Caribbean connections in the classroom*, York.

Mühlhäusler, Peter (1980) „Structural expansion and the process of creolization", in: *Theoretical orientations in creole studies*, Valdman A./Highfield A., eds., New York, 19−57.

Stewart, William A. (1962) „Creole languages in the Caribbean", in: *Study of the role of second languages in Asia, Africa, and Latin America*, Rice, F. A., ed., Washington, 34−53.

Stewart, William A. (1968) „A sociolinguistic typology for describing national multilingualism", in: *Readings in the Sociology of Language*, Fishman, J. A., ed., The Hague, 531−545.

Whinnom, Keith (1965) „The origins of the European-based Creoles and Pidgins", in: *Orbis* 14, 509−527.

Whinnom, Keith (1977) „The context and origins of Lingua Franca", in: *Languages en contact — pidgins — creoles — languages in contact*, Meisel, J. M., ed., Tübingen 3−18.

Anton Bauer, Dillingen
(Bundesrepublik Deutschland)

47. Erstsprache − Zweitsprache − Muttersprache − Fremdsprache

1. Ziel, Inhalt und Aufbau des Artikels
2. Mehrsprachigkeit und Gesellschaft
3. Individuelle Mehrsprachigkeit
4. Zusammenfassung
5. Literatur (in Auswahl)

1. Ziel, Inhalt und Aufbau des Artikels

Sprache ist Ausdruck und Mittel der sozialen Organisation der Menschen in allen Lebensbereichen. Besonders profiliert tritt dies hervor, wo unterschiedliche soziale Strukturen und Funktionen mit der Verwendung verschiedener Sprachen einhergehen, wie etwa unter Bewohnern von Grenzgebieten, zwischen Immigranten und Einheimischen und zwischen Angehörigen mehrsprachiger Nationen. Für die Beteiligten entstehen in solchen Situationen besondere Bedingungen des Spracherwerbs, der alltäglichen Kommunikation und Erziehung und Ausbildung. In der Betrachtung von Sprachkontaktsituationen sind Begriffe wie Erstsprache, Fremdsprache,

Muttersprache, Zweitsprache und Entsprechungen in anderen Sprachen entstanden. Ziel dieses Artikels ist, die Verwendungsbereiche dieser Ausdrücke darzustellen, die mit ihnen verbundenen Sachfragen zu gruppieren und so die Konturen ihrer Bedeutung in der Soziolinguistik aufzuzeigen.

Der Ort dieser, die Artikelüberschrift bildenden vier Bezeichnungen ist die Soziolinguistik der Mehrsprachigkeit. Sie bezeichnen Begriffe, die paarweise aufeinander bezogen sind, und sie werden infolgedessen auch immer miteinander verwendet. Aus den vier Ausdrücken lassen sich sechs Paare bilden, zwei auf den ersten Blick synonyme und vier antonyme (vgl. auch Art. 35, 183, 184, 185):

Erstsprache — Muttersprache;
Zweitsprache — Fremdsprache.
Erstsprache — Zweitsprache;
Muttersprache — Fremdsprache.
Erstsprache — Fremdsprache;
Muttersprache — Zweitsprache.

Neben diesen werden in Untersuchungen zur Mehrsprachigkeit ferner verwendet:

Primärsprache — Sekundärsprache;
Ausgangssprache — Zielsprache;
Quellsprache — Empfängersprache

und weitere Kombinationen daraus. 'Mehrsprachigkeit' wird zur Bezeichnung verschiedener Sachverhalte verwendet (vgl. Art. 82), und mit diesen verbinden sich verschiedene Untersuchungsbereiche. Zum einen bezeichnet Mehrsprachigkeit eine Eigenschaft von Menschen, die über Kenntnis und Fertigkeiten in mehr als einer Sprache verfügen; man spricht auch von individueller Mehrsprachigkeit. Zum zweiten wird mit 'Mehrsprachigkeit' eine Eigenschaft von Nationen, Gesellschaften oder sozialen Gruppen bezeichnet, in denen mehrere natürliche Sprachen nebeneinander bestehen; seit Ferguson (1959) ist für eine wichtige Art dieser Mehrsprachigkeit in der Sprachkontaktforschung der Terminus 'Diglossie' (vgl. Art. 33) verbreitet. Der Terminus wird hier in einer gegenüber Ferguson weiteren Bedeutung verwendet. Individuelle und gesellschaftliche Mehrsprachigkeit treten faktisch häufig gemeinsam auf, sind jedoch nicht notwendigerweise verbunden. Es gibt individuelle Mehrsprachigkeit in nicht-mehrsprachigen Gesellschaften und einsprachige Individuen in mehrsprachigen Nationen. So zählt die Bundesrepublik Deutschland nach allgemeinem Verständnis nicht zu den mehrsprachigen Ländern der Erde. In ihr lebten aber z. B. 1975 rund vier Millionen Mehrsprachige in dem Sinne, daß ihre Muttersprache nicht Deutsch war, sie aber über mehr oder weniger entwickelte Fähigkeiten verfügten, Deutsch im Alltag zu verwenden: die „Gastarbeiter" und ihre Angehörigen. Umgekehrt gibt es Konstellationen in mehrsprachigen Ländern, die es mit sich bringen, daß ganze Gruppen von Bewohnern eben nicht mehrsprachig sind, so etwa die rein frankophonen und rein anglophonen Sprecher in Kanada (vgl. Meisel 1978, 670 f). — Theoretisch ergeben sich je nach Vorliegen vs. Nicht-Vorliegen von Mehrsprachigkeit von Individuen und Mehrsprachigkeit der Gesellschaft vier Konstellationen; sie werden in Fishman (1967) und Clyne (1975, 101—105) erörtert und an Beispielen illustriert. Eigens zu erwähnen ist ein Sonderfall individueller Mehrsprachigkeit, nämlich die Fremdsprachenbeherrschung als Ergebnis besonderer unterrichtlich organisierter Lernbemühungen. Sie ist im Unterschied zu den beiden oben genannten Arten von Mehrsprachigkeit nicht verbunden mit Fragen der ethnischen oder kulturellen Zugehörigkeit und Identität, die Zahl der beteiligten Zielsprachen ist klein und ihre Gruppe international homogener als die derjenigen Sprachen, die an Diglossie-Konstellationen beteiligt sind. Wir haben also innerhalb der Soziolinguistik der Mehrsprachigkeit drei Gegenstandsbereiche vor uns, die Mehrsprachigkeit von Gesellschaften, ein Forschungsfeld der Sprachkontaktforschung, die individuelle Mehrsprachigkeit, getrennt in umgebungsbedingte individuelle Mehrsprachigkeit und Fremdsprachenbeherrschung. — In den drei Gegenstandsbereichen werden die obengenannten Ausdrücke und Paare zur Bezeichnung von Begriffen auf drei verschiedene Dimensionen verwendet. Bei der Analyse einer Mehrsprachigkeitssituation kann es bedeutsam und charakteristisch sein, in welcher Reihenfolge die beteiligten Sprachen auftreten, im Leben des Einzelnen oder in der Nation. Die Ausdrücke Erstsprache, Zweitsprache, mitunter auch Drittsprache werden verwendet, um die beteiligten Sprachen nach der relativen Position in der Reihenfolge ihres Auftretens im jeweiligen Zusammenhang zu benennen. Wir reden im folgenden verkürzend von der *Reihenfolgedimension* des hier zu entwickelnden Begriffsfeldes. Des weiteren kann es für die Charakterisierung einer Mehrsprachigkeitsituation bedeutsam sein, die beteiligten Sprachen danach zu unterscheiden, welche Bedeutung, welches Gewicht, welchen Einfluß sie für die betrachtete Gruppe bzw. den betrachteten Menschen jeweils haben; zur Bezeichnung des über- bzw. untergeordneten Status einer Sprache gegenüber der/den anderen werden ebenfalls die Termini Erst- bzw. Zweit-, seltener auch Drittsprache verwendet; wir nennen diese Dimension kurz die *Status-Dimension* des Begriffsfeldes. Schließlich begegnen wir in der Soziolinguistik der Mehrsprachigkeit Betrachtungen zum Verhältnis von Sprache, Sprecher und Kultur, Sprache, Sprecher und Gesellschaft, Sprache, Sprecher und Nation und ähnlichen. Hierbei gilt es nicht nur, den aktuellen relativen Status der involvierten Sprachen bezüglich einer Funktion oder für ein Individuum oder eine Nation zu charakterisieren. Es ist mehr. Erstsprache ist kein Synonym zu Muttersprache. Erstsprache bezeichnet hier die zuerst erlernte Sprache oder die mit dem jeweils höchsten Status. Muttersprache bezeichnet eine besondere Ausprägung in dem Verhältnis des Sprechers zu dieser Sprache oder der Sprache im Verhältnis zu anderen Kulturgütern. Diese begriffliche Dimension ist schwer zu fassen; sie ist aber im Spiel und mit keiner der beiden anderen Dimensionen identisch oder durch sie zu definieren. Sie enthält Bestandteile wie Sprachloyalität, Einstellung und Kulturhaltigkeit; sie wurde zur begrifflichen Trennung von Pidgins und Creoles verwendet, kurz es ist die Dimension des Verhältnisses von Sprecher — Sprache — Kultur — Gruppe, kürzer die kulturelle Rolle einer Sprache für einen Sprecher oder eine Gesellschaft, noch kürzer: die Dimension der *Kulturfunktion*. — Die thematisierten Ausdrücke Erstsprache, Zweitsprache usw. bezeichnen also Begriffe, die auf drei begrifflichen Dimensionen liegen, der Reihenfolgedimension, der Statusdimension und der Dimension der Kulturfunktion. Nun ist Reihenfolge beim Entstehen individueller Mehrsprachigkeit anders zu sehen als Reihenfolge beim Entstehen von Diglossie; der Status einer Sprache für einen Mehrsprachigen ist anders zu bestimmen als der Status z. B. des Englischen für Australien, und Muttersprache bestimmt sich für einen deutschen Juden in Israel nach anderen Kriterien als die Funktion des Somalischen als Muttersprache in Somalia. Die drei begrifflichen Dimensionen liegen also zwar der Begriffsbildung zugrunde. Die Begriffe sind jedoch in den verschiedenen Verwendungsbereichen nicht nach denselben Kriterien und Merkmalen geprägt und voneinander abgesetzt, und die Terminologie ist nach den spezifischen Belangen des Gegenstandes geprägt. Die Felder müssen

also getrennt betrachtet werden, und wir beginnen mit der Betrachtung der Begriffe in der Diglossieforschung und zwar nach den begrifflichen Dimensionen Reihenfolge, Status und Kulturfunktion. —

2. Mehrsprachigkeit in der Gesellschaft

In Diglossiesituationen ist die zeitliche Reihenfolge, in der die beteiligten Sprachen auftreten, alleine kein Merkmal von allgemeiner Bedeutung. So hat sich auch kein Begriff herausgebildet, der lediglich dieses Merkmal der beteiligten Sprachen bezeichnet. Die Ausdrücke Erst- und Zweitsprache — oder ihre Entsprechungen in anderen Sprachen — werden in der Reihenfolgebedeutung in der Diglossieforschung nicht verwendet, nicht in den großen Standardwerken von Haugen, Fishman, Oksaar (vgl. Haugen 1978, 8 – 10) und nicht in Situationsstudien wie Myers-Scotton (1978) zur Diglossiesituation in Kenya, Tansania und Uganda, wo die historische Entwicklung durchaus von Bedeutung ist. Wo die beteiligten Sprachen nach ihrer zeitlichen Reihenfolge angesprochen werden, geschieht dies unter Einbezug der sozialen oder politischen Begleitumstände mit Termini wie Immigrantensprache, Landessprache, Kolonialsprache, Eingeborenensprache u. a. Am nächsten käme einem puren Reihenfolgebegriff in der Sprachkontaktforschung die Terminologie „original-aboriginal", die jedoch wenig verwendet wird. — Einen Schwerpunkt der Aufmerksamkeit bildet in der Untersuchung mehrsprachiger Gesellschaften natürlich der relative Stellenwert, der den involvierten Sprachen zukommt. Anders als hinsichtlich der Reihenfolgedimension hat sich hier auch eine allgemeine, den Status kennzeichnende Terminologie gebildet; man unterscheidet in Anwendung einer Terminologie von Ferguson (1959) zwischen L-(low), M-(mid) und H-(high)-Statussprachen. Anwendungsbeispiele sind bei Denison (1984, 10) und Clyne (1975, 101) genannt. Daneben aber wird in Analogie zu der reihenfolgebezogenen Terminologie eine Klassifizierung verwendet, die Statusangaben verbindet mit Informationen über die Funktion, bezüglich der oder die Domäne, in der oder die Gegebenheiten, aufgrund deren eine Sprache einen herausgehobenen Status hat: Offizielle Sprache, Religiöse Sprache, lingua franca u. a. — Eher gemeinsprachlich, nicht aber in der Fachliteratur, tritt zur Kennzeichnung des

Status auch die Terminologie Erst- vs. Zweitsprache auf, und es wird im Sinne von Status verstanden, wenn man z. B. sagt, in Australien sei Englisch die Erstsprache. — Der dritten begrifflichen Dimension, der Wirkung der an einer Diglossiesituation beteiligten Sprachen auf Kultur und soziale Struktur einer Nation, nähert man sich gedanklich am besten vom anderen Pol der Skala, nämlich über die Betrachtung nichtmehrsprachiger Nationen. Das Bild von der Sprache als Träger und Bestandteil der Kultur eines Volkes, als geistiges Gut und als stabilisierende, integrative Kraft einer Nation nach innen und nach außen hat eine lange Geschichte (vgl. Art. 45, 75). Im Blick auf mehrsprachige Gesellschaften ergeben sich daraus Fragen wie: welche der beteiligten Sprachen erfüllen diese Funktionen, welche mehr, welche weniger? Ist Spracherhaltung (language maintenance) auf lange Sicht gesehen eine unorganische Maßnahme, die zwar Muttersprachen erhält aber die Entwicklung einer Muttersprache behindert? Oder kann auch ein pluralistisches, funktional differenziertes Diglossiesystem ein stabiles Gleichgewicht erlangen (vgl. Schlieben-Lange 1973, 81—90)? Diese Fragen stellen sich bei allen Eigentümlichkeiten einer Mehrsprachensituation im einzelnen doch in gleicher Weise für die Indianersprachen der Andenvölker im Verhältnis zum Spanischen, des Neo-Melanesischen im Verhältnis zu den anderen 700 Sprachen Neu-Guineas (vgl. Sankoff/Laberge 1980, 190 ff) und des Englischen und Suaheli zu den Stammessprachen in Tansania (vgl. Mkilifi 1978, 129—131). Die Terminologie, mit der die an einer Mehrsprachigkeitssituation beteiligten Sprachen hinsichtlich der kulturfunktionalen Dimension gekennzeichnet werden, ist vergleichsweise einheitlich; allerdings sind die bezeichneten Begriffe unscharf. Im Mittelpunkt steht der Ausdruck Muttersprache. Mit ihm wird im Bezug auf eine soziale Gruppe die Sprache bezeichnet, die von den Mitgliedern dieser Gruppe als gemeinsamer Bestandteil ihrer Kultur angesehen, von den Kindern als erste erworben und — im Falle des Eintretens in eine Sprachkontaktsituation, z. B. durch Eroberung oder Migration von Personen, Einrichtungen und Behörden als Kulturgut dieser Gruppe erhalten bzw. entwickelt wird. Beispiele für Entwicklung und Wachstum von Muttersprachen finden sich in der Geschichte der Völker wohl ebensolange wie Bemühungen um Spracherhaltung und zwar solange es Sprachkontaktsituationen gibt. An der Geschichte der deutschen Sprache lassen sich die wichtigsten Bestandteile des Begriffs Muttersprache als besondere Ausprägung des Verhältnisses von Sprache — Sprecher — Kultur und Nation gut veranschaulichen. Nach Ausweis des Deutschen Wörterbuchs der Brüder Grimm liegt zugrunde die lateinische Wendung „lingua/lingwa materna", belegt in mittellateinischen Quellen des 14. Jahrhunderts, in der Bedeutung „von der mutter her überkommene, heimatliche sprache" und später „allgemeine schriftsprache". (Grimm/Grimm, Bd. 6, 2827). Aus der Perspektive der — deutschen — Muttersprache werden die anderen als fremde oder ausländische Sprachen bezeichnet, im Mittelalter das Lateinische, Griechische, Hebräische, später das Französische und Spanische und heute zuweilen auch das Englische, besonders aber die Immigrantensprachen Türkisch, Italienisch, Spanisch, Griechisch, Serbokroatisch und Portugiesisch. Prägende Wirkung auf die kulturfunktionale Dimension des Muttersprachenbegriffs haben vor allem Gelehrte und Pädagogen des 16. und frühen 17. Jahrhunderts, Luther, Clajus, Aventinus, Friez, Dürer, Ratke, sodann im 18. und 19. Jahrhundert die Brüder Grimm (Ising 1959, VII—XVI), Wilhelm von Humboldt, in der jüngeren Vergangenheit die nationalsozialistische Germanistik und schließlich — in Anwendung von Humboldts Energeia-Begriff — Leo Weisgerber. Ihre Werke und Lehren bezogen sich auf die kommunikative Reichweite der Muttersprache (Luther, Aventinus, Friez, Dürer), auf ihren Status, ihre Würde und Heiligkeit (Clajus), ihre Einheitlichkeit (Ratke), ihren Gefühlswert (Grimm 1819, IX), ihre geistige Wirkung (v. Humboldt 1830/35, Weisgerber 1957) und schließlich auf das nationale Selbstbewußtsein (Weisgerber 1935, vgl. Daube 1939, 6). Alle diese Komponenten weist auch der moderne soziolinguistische Begriff der Muttersprache (mothertongue; Weinreich 1953, 88), native language (Sankoff/Laberge 1980, 198 ff) language maternelle (Py 1982, 77) auf (vgl. Stewart 1972).

3. Individuelle Mehrsprachigkeit

3.1. Umgebungsbedingte individuelle Mehrsprachigkeit

Die Terminologie und Begrifflichkeit in der Beschreibung umgebungsbedingter individueller Mehrsprachigkeit — im folgenden Bilingualismus, wie in Weinreich 1953, 1, Anm.

1 — ist reichhaltig, kompliziert und trotz fundierter Normierungsversuche (Wode 1974, 16 f, Lamendella 1977, Denison 1984, 1 — 7, Klein 1984, 15) noch wenig einheitlich. Wir unterscheiden, wie auch im zweiten Abschnitt, die Ausdrücke zur Kennzeichnung der Reihenfolge, des Status und der Kulturfunktion der Sprachen, über die eine bilinguale Person verfügt. — Erstsprache ist demnach die Sprache, die als erste erworben wird, normalerweise im Alter von 2 bis 5 Jahren. Lamendella (1977, 159) nennt sie „primary language" und zählt eine Reihe biologischer und psychologischer Voraussetzungen und begleitender Prozesse zur Definition des Begriffs auf. Werden in dieser Phase mehrere Sprachen gleichzeitig gelernt , heißen sie Erstsprachen, bei Lamendella (1977, 157) Primärsprachen; die entsprechenden Prozesse heißen monolingualer bzw. bilingualer Erstsprachenerwerb (vgl. auch Swain 1973). Wird eine Sprache erworben, nachdem der Prozeß des Erstspracherwerbs begonnen hat oder abgeschlossen ist, heißt diese Zweitsprache, bei Lamendella (1977, 176) „secondary language", der Prozeß Zweitspracherwerb. Als für den Zweitspracherwerb bedeutsame Lebensabschnitte gelten die ersten sechs Jahre, sodann die Spanne bis um das 12. Lebensjahr, die Adoleszenz bis ca. 18 und schließlich das Erwachsenenalter. Danach wird zwischen frühem, mittlerem und späten Zweitspracherweb unterschieden; dazu Krahen/Scarcella/Long 1982. Diese lediglich auf der Erwerbsreihenfolge gründende Definition von Erst- vs. Zweitsprache ist wenig aussagekräftig, solange sich damit nicht substanzielle Feststellungen über die beiden Erwerbstypen verbinden. Dies ist Gegenstand der psycholinguistischen Spracherwerbsforschung. Theoretisch ist offenbar, daß die Grenzen zwischen bilingualem Erstspracherwerb und frühem Zweitspracherwerb fließend sind. Ebenso ist jedoch theoretisch die Annahme stark, daß der Zweitspracherwerb strukturell vom Erstspracherwerb verschieden ist, da die kognitive Ausgangslage und — bei mittlerem und spätem Zweitspracherwerb auch die biologischen Voraussetzungen der beiden Erwerbsprozesse verschieden sind; die Auswirkung letzterer bewirkt die sog. kritische Periode, deren Überschreiten bzw. Nichtüberschreiten sich hauptsächlich im Erfolg des Erwerbs der Lauteigenschaften der jeweiligen Sprachen manifestiert wie Scovel (1981) und Seliger (1981) erörtern. Im übrigen lassen die empirischen Befunde, überwiegend Falluntersuchungen zu einzelnen Strukturen wie Negation, Frageausdrücken, Artikeln und diversen Stellungsregeln, noch kein Gesamturteil über die strukturelle Ähnlichkeit (Dulay/Burt 1980) oder Verschiedenheit (so Fathman 1975, Keller-Cohen 1982) von Erst- und Zweitspracherwerb zu. Zu welchem Zeitpunkt und in welchen Sprachbereichen der L2-Erwerb jeweils endet, wird außer durch die biologischen Randbedingungen, durch Art und Häufigkeit der Lernerlebnisse und durch Einstellungen der Lerner erklärt. Die sozial und sozialpsychologisch determinierte Skala der L2-Lernerfolge reicht von elementarer mündlicher Sprachbeherrschung, vgl. Schumann (1978 b) und Klein (1984, Kap. 7.2) bis zur vollkommenen Zweisprachigkeit. Als ausschlaggebende Faktoren wurden im einzelnen untersucht das Alter bei Beginn des L2-Erwerbs, Häufigkeit und Differenziertheit des Sprachkontakts, Einstellung zur eigenen und zielsprachigen Gesellschaft, soziale Verteilung und Funktionen der Erst- und Zweitsprachen in der Lernerumgebung sowie natürlich die Dauer des Zweitspracherwerbs; vgl. Heidelberger Forschungsprojekt „Pidgin-Deutsch" (1975), Scarcella/Higa (1982), Denison (1984), Schumann (1978 a), Lambert/Gardner/Olton et al. (1968), Ervin-Tripp (1981). Aus der Reihenfolge, in der ein bilingualer Erwachsener die Sprachen, über die er verfügt, erworben hat, läßt sich keineswegs ableiten, welchen sozialen Status sie für ihn haben, auch nicht, wie gut er sie beherrscht, nicht einmal bei bilingualem Erstspracherwerb. Um mit letzterem zu beginnen: Bilingualer Erstspracherwerb führt nicht notwendig zu gleichmäßiger Doppelkompetenz. Die Regel ist, daß eine Sprache dominiert. Als dominant wird hier diejenige Sprache bezeichnet, deren Äußerungen der bilinguale Sprecher schneller verarbeitet, in der er Anweisungen schneller versteht, Wörter schneller findet und versteht, was sich durch Zweisprachigkeitstests (Lambert 1956) messen läßt. Neben dieser graduellen Unterscheidung kennt die Zweisprachigkeitsforschung eine sozialpsychologisch begründete differenzierende Betrachtung des Sprachverhaltens bilingualer Sprecher. So beobachtet z. B. Ervin (1954) bei einem japanisch-englischen Bilingualen unabhängig von graduellen Unterschieden in der Kompetenz inhaltlich verschiedene sprachliche Reaktionen auf denselben Assoziationstest je nachdem ob sich der Sprecher in Englisch oder in Japanisch äußerte. Diese differenzierende Betrachtung

läßt sich verfeinern, wenn man die Perspektive umkehrt und die theoretische Annahme macht, daß bilinguale Personen im aktuellen Fall die Sprache danach wählen, was ausgedrückt werden soll, wozu die sprachliche Äußerung dient, in welcher Situation und wem gegenüber die Äußerung stattfindet; vgl. Ervin-Tripp (1973, 302). Die eindimensionalen Unterscheidungen nach Dominanz und Status werden demnach sozialpsychologisch und soziologisch differenziert nach mehreren pragmatischen Dimensionen des kommunikativen Ereignisses wie Sprecher und Hörer, Redegegenstand, Redeabsicht usw. Eine Terminologie im Rahmen der in diesem Artikel thematisierten Ausdrücke Erst-, Zweit-, Mutter- und Fremdsprache ist hierfür nicht entstanden; sie wäre eben zu wenig differenziert. – Wie eingangs dargelegt, ist mit den Dimensionen Reihenfolge und sozialer Status bzw. soziale Funktion eine Unterscheidung nicht begrifflich zu fassen, die sich aus der unterschiedlichen „kulturellen Funktion" der Sprachen eines Bilingualen ergibt. Ist unter den Sprachen eines Mehrsprachigen eine die Muttersprache? Eine oder mehrere? Ist es die zuerst erworbene und falls ja, wie verhält es sich bei bilingualem Erstspracherwerb? Eine fachlich etablierte und durch systematische Untersuchung gefestigte Terminologie des Ausdrucks Muttersprache in Unterscheidung von Erstsprache oder dominanter Sprache besteht nicht. Eher kann man von einer Gebrauchskonvention reden, die darin besteht, daß mit Muttersprache einerseits die Erstsprache bezeichnet wird und daneben – bei Bilingualen – die Sprache, zu der der Sprecher die stärkeren emotionalen Bindungen empfindet, die er als sprachlichen Ausdruck der Kulturgemeinschaft ansieht, mit der er sich identifiziert. Und auch diese Gebrauchskonventionen fußen nicht in der Fachliteratur (Ausnahme z. B. Bouton 1976, 248), eher in Biographien über Persönlichkeiten wie Elias Canetti oder Autobiographien von Carlo Schmid u. ä. Clyne (1982, 2) verwendet den Terminus „community language", der in Australien zur Bezeichnung der Immigrantensprachen verwendet wird und deren Bedeutung als kulturelles Erbe und als Kulturträger unterstreicht.

3.2. Fremdsprachenbeherrschung

Es ist üblich, zwischen Zweitsprachen- und Fremdsprachenkenntnissen zu unterscheiden; es ist unter gewissen Gesichtspunkten sinnvoll zu sagen, daß eine mehrsprachige Person

neben Erst- und Zweitsprache auch über Fremdsprachenkenntnisse verfügt, und es ist, so wie die Begriffe definiert sind, nicht ausgeschlossen, daß Fremdsprachenbeherrschung zur Zweitsprachenbeherrschung wird. Als Terminus hat der Ausdruck Fremdsprache eine längere Geschichte als Erst- und Zweitsprache. Dies ist eine Folge davon, daß die systematische Beschäftigung damit früher begann, in der wissenschaftlichen Forschung, besonders aber in Lehre und Unterricht, was sich auch in der aktuellen Verwendung von Fremdsprache vs. Zweitsprache ausprägt. Als Fremdsprache gilt diejenige, deren Kenntnisse und Gebrauchsfertigkeiten ein Mensch durch gezielte Unterweisung im Unterricht gelernt hat; Zweitsprachenbeherrschung entsteht demgegenüber als Ergebnis von Erwerbsprozessen in außerunterrichtlichen, natürlichen Sprachverwendungssituationen. Diese Terminologie findet ihre Fortsetzung auch in Zusammensetzungen wie Fremdsprachenunterricht, Fremdsprachendidaktik, Fremdsprachenlehrer, Fremdsprachenphilologie, Fremdsprachentest, -prüfung usw. gegenüber Zweitsprachenerwerb, Zweitsprachenentwicklung. Die begrifflichen Dimensionen der Reihenfolge und des Status sind an der Prägung des Begriffs Fremdsprache nicht beteiligt. Zwar eignet man sich Fremdsprachenkenntnisse immer später als Muttersprachenkenntnisse an; der Erwerb einer Zweitsprache kann aber der Aneignung von Fremdsprachenkenntnissen ebenso folgen wie vorausgehen, und die Frage nach dem sozialen und sozialpsychologischen Status der Fremdsprache gegenüber Muttersprache oder Zweitsprache stellt sich nicht. Im Blick auf die kulturfunktionale Dimension liegen Fremdsprache und Muttersprache auf derselben Seite. Die Unterweisung in einer Fremdsprache ist, wie die in der Muttersprache, zumeist eingebettet in oder begleitet von Unterweisung in der Kultur des fremden Landes. Psycholinguistische Untersuchungen haben neuerdings auch eine psychologische Dimension in die Begriffsbildung eingebracht. Krashen (1978, 318) geht von der Annahme aus, daß in der Produktion und Rezeption nichterstsprachlicher Äußerungen zwei gänzlich verschiedene psychische Komponenten beteiligt sind, die unterschiedlich notwendig sind, auf unterschiedliche Weise aufgebaut werden, verschiedenartige Informationen enthalten und an der Sprachverwendung auf verschiedene Weise beteiligt sind: die unbewußte Sprachkenntnis und die bewußte Struktur-

kenntnis, nach ihrer Funktion von Krashen
(1978, 319) Monitor genannt. Krashens Feststellungen sind die folgenden: Das unbewußte
sprachliche Wissen ist unabdingbar, der Monitor nicht. Sprachliche Äußerungen sind
auch ohne Monitoring möglich. Das bewußte
Sprachwissen wird durch Lernen von Struktureigenschaften und Regeln aufgebaut. Das
unbewußte Sprachwissen wird durch Sprachverwendung unbewußt erworben, das Moni-
torwissen unterzieht die Äußerung bevor
oder nachdem sie ausgesprochen ist, einer
Kontrolle. Zweitsprachenwissen ist demnach
psychologisch von anderer Natur als Fremd-
sprachenkenntnis. Dieses empirisch schwer
überprüfbare Modell blieb nicht unkritisiert
(vgl. McLaughlin, 1978), hat allerdings auf
die Gestaltung der Fremdsprachenunterwei-
sung schon beträchtliche Auswirkungen, die
durch Propagierung einer „natural method"
von Krashen selbst z. B. in Krashen (1981,
100 ff) mit initiiert wurden.

4. Zusammenfassung

Erstsprache, Zweitsprache, Muttersprache
und Fremdsprache bezeichnen also verschiedene Begriffe, die sich unter Verwendung psychologischer, soziologischer und sozialpsychologischer Feststellungen nach drei Dimensionen ordnen lassen, im Bezug auf die Reihenfolge, den Status und die kulturelle
Funktion der an einer Mehrsprachigkeits-
konstellation beteiligten Sprachen.

5. Literatur (in Auswahl)

Abdulaziz Mkilifi, M. H. (1978) „Triglossia and
Suahili-English Bilingualism in Tanzania, in: Advances in the Study of Social Multilingualism, Fishman, J. A., ed., Den Haag, 129−149.

Bouton, Charles P. (1976) Le développement du
langage. Aspects normaux et pathologiques, Paris
u. a.

Clyne, Michael G. (1975) Forschungsbericht
Sprachkontakt. Untersuchungsergebnisse und
praktische Probleme, Kronberg/Ts.

Clyne, Michael G. (1982) Multilingual Australia,
Melbourne.

Daube, Anna (1939) Der Aufstieg der Muttersprache im Denken des 15. und 16. Jahrhunderts, Diss.,
Rostock.

Denison, Norman (1984) „Spracherwerb in mehrsprachiger Umgebung", in: Spracherwerb, Sprachkontakt, Sprachkonflikt, Oksaar, Els, ed., Berlin,
1−29.

Dulay, Heidi C./Burt, Marina K. (1980) „On acquisition orders", in: Second Language Development.
Trends and Issues, Felix, S. W., ed., Tübingen,
265−328.

Ervin, Susan ([1954] 1973) „Identification and Bilingualism", in: Language Acquisition and Communicative Choice, Ervin-Tripp, S., Stanford, 1−14.

Ervin-Tripp (1973) „The Structure of Communicative Choice", in: Language Acquisition and Communicative Choice, Ervin-Tripp, S., Stanford, 302−
373.

Ervin-Tripp, Susan (1981) „Social Processes in Fir-
st- and Second Language Learning", in: Native
Language and Foreign Language Acquisition, Wi-
nitz, H., ed., New York, 33−47.

Fathman, Ann (1975) „The Relationship between
Age and Second Language Productive Ability", in:
Language Learning 25, 245−253.

Ferguson, Charles A. (1959) „Diglossia", in: Word
15, 325−340.

Fishman, Joshua A. (1967) „Bilingualism with and
without Diglossia; Diglossia with and without Bilingualism", in: Journal of Social Issues 23 (2), 29−
38.

Grimm, Jacob (1819) Deutsche Grammatik, Göttingen.

Grimm, Jacob/Grimm, Wilhelm (1885) Deutsches
Wörterbuch 6. Bde., bearb. von Heyne, M., Leipzig.

Haugen, Einar (1978) „Bilingualism, Language
Contact, and Immigrant Languages in the United
States: A Research Report 1956−1970", in: Advances in the Study of Societal Multilingualism, Fishman, J. A., ed., Den Haag u. a., 1−111.

Heidelberger Forschungsprojekt 'Pidgin Deutsch'
(1975) Sprache und Kommunikation ausländischer
Arbeiter, Kronberg/Ts.

Humboldt, Wilhelm von ([1830/35] 1964) „Über
die Verschiedenheit des menschlichen Sprachbaus
und ihren Einfluß auf die geistige Entwicklung des
Menschengeschlechts", in: Wilhelm von Humboldt,
Schriften, Flemmer, W., ed., München, 404−415.

Ising, Erika (1959) Wolfgang Ratkes Schriften zur
deutschen Grammatik (1612−1630), Berlin.

Keller-Cohen, Deborah (1981) „Input from the Inside. The Role of a Child's Prior Linguistic Experience in Second Language Learning", in: New
Dimensions in Second Language Acquisition Research, Anderson, R. W., ed., Rowley/Mass., 85−
103.

Klein, Wolfgang (1984) Zweitspracherwerb. Eine
Einführung, Königstein/Ts.

Krashen, Stephen D. ([1971] 1978) „Second Language Acquisition", in: A Survey on Linguistic
Science, Dingwall, W. O., ed., Stanford, 317−338.

Krashen, Stephen D. (1981) Second Language Acquisition and Second Language Learning, Oxford
u. a.

Krashen, Stephen D./Scarcella, Robin C./Long, Michael H., ed., (1982) *Child — Adult Differences in Second Language Acquisition*, Rowley/Mass.

Lambert, Wallace E. (1956) „Developmental Aspects of Second Language Acquisition", in: *Journal of Social Psychology* 43, 83—104.

Lambert, Wallace E./Gardner, R. C./Olton, R. et al. (1968) „A Study of the Roles of Attitudes and Motivation in Second Language Learning", in: *Readings in the Sociology of Language*, Fishman, J. A., ed., Den Haag, 473—492.

Lamendella, John T. (1977) „General Principles of Neurofunctional Organization and the Manifestation in Primary and Nonprimary Language Acquisition", in: *Language Learning* 27, 155—196.

McLaughlin, Barry (1978) „The Monitor Model: Some Methodological Considerations", in: *Language Learning* 28, 309—332.

Meisel, John (1978) „Values, Language, and Politics in Canada", in: *Advances in the Study of Societal Multilingualism*, Fishman, J. A., ed., Den Haag, 665—717.

Myers Scotton, Carol (1978) „Language in East Africa: Linguistic Patterns and Political Ideologies", in: *Advances in the Study of Societal Multilingualism*, Fishman, J. A., ed., Den Haag, 717—759.

Py, Bernard (1982) „Interlangue et dégénérescence d'une compétance linguistique", in: *Encrages* 8/9, 76—86.

Sankoff, Gillian/Laberge, Suzanne (1980) „On the Acquisition of Native Speakers by a Language", in: *The Social Life of Language*, Sankoff, G., ed., Philadelphia, 195—209.

Scarcella, Robin C./Higa, C. A. (1982) „Input and Age Differences in Second Language Acquisition", in: *Child-Adult Differences in Second Language Acquisition*, Krashen, S. D./Scarcella, R. C./Long, M. H., eds., Rowley/Mass., 175—281.

Schlieben-Lange, Brigitte (1973) *Soziolinguistik. Eine Einführung*, Stuttgart.

Schumann, John H. (1978 a) *The Pidginization Process*. A Model for Second Language Acquisition, Rowley/Mass.

Schumann, John H. (1978 b) „Second Language Acquisition. The Pidginization Hypothesis", in: *Second Language Acquisition*: A Book of Readings, Hatch, E. M., ed., Rowley/Mass., 256—271.

Scovel, Thomas (1981) „The Effects of Neurological Age on Nonprimary Language Acquisition", in: *New Dimensions in Second Language Acquisition Research*, Anderson, R. W., ed., Rowley/Mass., 33—42.

Seliger, Herbert W. (1981) „Exception to Critical Period Predictions: A Sinister Plot", in: *New Dimensions in Second Language Acquisition Research*, Anderson, R. A., ed., Rowley/Mass., 47—57.

Stewart, William A. ([1968] 1972) „A Sociolinguistic Typology for Describing National Multilingualism", in: *Readings in the Sociology of Language*, Fishman, J. A., ed., Den Haag, 531—545.

Swain, Merrill (1973) „Child Bilingual Language Learning and Linguistic Interdependence", in: *Papers of the Conference on Bilingualism and its Implication for W. Canada*, University of Alberta, Edmonton.

Weinreich, Uriel (1953) *Languages in Contact*. Findings and Problems, New York.

Weisgerber, Leo (1935) *Deutsches Volk und deutsche Sprache*, Frankfurt a. M.

Weisgerber, Leo ([1949] 1957) *Die Muttersprache im Aufbau unserer Kultur*, 2., erw. Auflage, Düsseldorf.

Wode, Henning (1974) „Natürliche Zweisprachigkeit: Probleme, Aufgaben und Perspektiven", in: *Linguistische Berichte* 32, 15—36.

Rainer Dietrich, Heidelberg
(Bundesrepublik Deutschland)

48. Classical Language/Ritual Language

1. Classical Language

The term *classical language* is of philological origin. In the 18th century it was widely used in the works of German Latinists, and from there it found its way into international terminology. At first only Latin and, subsequently, ancient Greek were regarded as classical languages; more precisely, only the language of the scriptores classici, the ancient classical writers, ranked as classical. Such Latin writers were for example Cicero, Caesar, Virgil, Horace and Tacitus; among the best known classical Greek authors were Homer, Pindar, Herodotus, Sophocles and Plato. A first reader of ancient Latin and Greek authors who were classified as scriptores classici was edited still in antiquity by Aulus Gellius (2d century A. D.) Other predicates for such authors, who produced literature written in „golden latinity" were for example *summi auctores* (Quintilian), *optimi auctores* (Gellius) and, very significantly, *perfectus vetusque scriptor* (Horace) (Lausberg [1960] 1973, 37). The most renowned authors writing classical Latin prose were undoubtedly Marcus Tullius Cicero (106–43 B. C.) and Gaius Julius Caesar (100–44 B. C.) (Stolz/Debrunner 1966, 93 f). The term *scriptores classici* is an analogue to the socioeconomic term *cives classici*. The society of the Republic of Rome was stratified into six classes; the members of the highest socioeconomic class (classis prima) were called "cives classici". — The ideal of a classical language as conceived by the Latinists of the 18th century and their followers demanded adequacy of content and expression, of the subject and its lingual presentation. There were some aesthetic implications too: simplicity, proportionality between the parts and the whole, harmonious melody and rhythm, furthermore rationality and order. As to linguistic borrowings the ideal of a classical language favored purism. Linguistic correctness, on the other hand, was not an absolute condition for classicality (Lausberg [1960] 1973; Stolz/Debrunner 1966, 93 f). — As Latin and Greek were philologically well explored, these criteria could be applied linguistically, i. e. phonologically (prosodically), grammatically and lexicologically. The results of such philological studies stimulated to look for classicality also in modern European languages (German, French) and to propagate the norms of the classical ideal.

In consequence of the development of Indo-European studies and of comparative linguistics since the early 19th century, however, the singular position of Latin and Greek was more and more questioned (Arens [1955] 1969, 155–276). Today we distinguish a classical Sanskrit from the Vedic Sanskrit, and we speak of a classical Arabic, the language of the poets prior to Muhammad, of the Koran and of the following "classical" literature (Enzyklopädie des Islams 1913, 399–419). But the concept of classicality has been somewhat changed by this extension, and the former ideal has become more indefinite. It has been realized that philologists (and linguists) have to take into consideration the subjective feeling about special types of language and their status in the culture from which these languages with its literature originated. — The concept of a classical language

implies the following three components: Classical languages are (1) primarily written languages (cf. art. 94) with or without a secondary spoken realization; (2) they are based on a canon of written texts as models; (3) these texts are regarded as the best actualizations of the type of language in question. Till now, however, the concept has not got a linguistic explication and theoretical systematization. The typological stratification of speech into strata from a topmost variety termed "acrolect" through a wide range of mesolects to a lowest ranking "basilect" refers to sociolinguistically evaluated realizations of a respective *standard language* (Stewart o. J., 15 f; Auburger 1981, 147). In contrast to the concept of a *classical language* the concept of an acrolect is not restricted to primarily written language. Further, acrolects are thought of as being correlated to *standard languages*, i. e. to abstract linguistic norms, whereas *classical language* is produced (or often simply reproduced) by imitation of canonic texts clinging to some canon of concrete texts as models. This situation of language production may be called an "informal standardization" (Stewart 1968, 534). Including such languages as biblical Hebrew and Old Church Slavonic, classical languages may be said to have the following six characteristics in common: (a) in addition to the above point (1) they each have a specific, excellently functioning alphabet and writing system (cf. art. 162, 177); (b) see the above point 2; (c) they are codified by a codex of linguistic norms (mostly some grammar, orthography, and pronunciation rules. Cf. art. 178); this codification took place during the formation of the canon of classical writings or shortly after it; (d) they have been developed by systematization and completion of vernaculars; their maintenance is due to a high standard of cultivation (cf. art. 42) and obligatory tradition; (e) they were (respectively still are) of high functional value in the culture from which they had originated: the classical type of language is used in poetry and as ritual language, in science, philosophy and theology, we find it in the informative literature and in official texts. With regard to the importance of the preparatory phase in delivering a speech, which consists of "inventio", "dispositio" and "elocutio" as traditionally fixed parts of processing a speech (and thereby often engaging a ghost-writer) we may say that *classical language* was also used by the best of the Roman orators, first of all by Cicero. The written version of the speech used to be memorized and then delivered ("memoria" and "actio"). This "action" was the orator's special practical art as an actor. After deliverance the speech was to be written down becoming thus part of Latin literature (Lausberg [1960] 1973). The language of Roman rhetoric can therefore be qualified in many respects as primarily written language and subsequently as *classical language*, the required quality given; (f) because of this high functionality the classical variants of a language were (respectively are) supradialectal and unified linguistically heterogeneous communities. — Today only classical Arabic still shows the features of the points (e) and (f): it still actually functions as a classical language, whereas for Latin, ancient Greek, Old Church Slavonic, Sanskrit and biblical Hebrew the actuality of this status has gone by long ago. Katharevusa, the puristic variant of modern Greek, is not of the classical type, for it does not meet the requirements (a), (b), (c), (e), (f). Since 1975 Katharevusa is no longer the official language of Greece, and it has been replaced as a medium of teaching in public instruction by "demotic" variants in 1976 (Daltas 1980, 66). — It has been said, that the term *classical language* has not succeeded in becoming a linguistic term. Its use in philology and in the history of literature hindered it. Besides, the concept of classicality is associated with a linear model of the development of languages, so that there is at most one "classical" stage, which has been reached by the respective classical variant of the language in question. But this is in contradiction to linguistic insights into the ramified history of languages.

The concept of a classical language is in some respects similar to the concept of a standard language, for both have a normative component (Auburger 1981, 123–125, 147, 175f, 189, 211f. Cf. art. 44). Both classical and standard languages have some codex of linguistic norms (i); both have been developed by systematization and completion of vernaculars (ii); both are of a high functional value in the culture from which they have originated (iii); both are supradialectal and therefore of a maximal communicative reach (iv); both influence the development of the basic dialects and of new variants. — But the two concepts also differ in some important respects: (α) By far most standard languages are primarily spoken languages; there is no restriction to primarily written language as

with classical languages. (β) Standardization is not the effect of some canon of literature as a model, so that concrete texts have to be imitated. Instead, the obligatory force is effected through actual public and official use and by teaching them in public education. Interestingly, standard languages arouse considerations of acceptability, as they are intended for the whole respective linguistic community; classical languages are much better established, though restricted to relatively small groups within a linguistic community. (γ) The evaluation of standard languages can be only relative, taking into account historical factors, and it has to be differentiated according to functions of language and linguistic levels. Furthermore, standardization is more or less partial. Within every standard language there should remain possibilities of variation, which are encouraging creativity and communication. Hence the concept of a standard language is not unconditionally contrary to the concept of a common language (Auburger 1981, 187–190, 210–212).

So it can be stated that there is no systematic use of the term *classical language* in linguistic classification and typology. We may speak of "classical", i.e. optimal, solutions to this or that specific language problem. But doing so we take into consideration only one semantic component of the term, though the basic one. Contrary, however, to what the term *classical* would suggest, such solutions cannot be regarded as absolutely optimal but only relatively in connection with its historical circumstances.

2. Ritual Language

In religious cults language plays an important part — just as, by the way, its complement, silence as silentium sacrum, a solemn and contemplative silence (Heiler 1962, 33, 118, 344f; Kaempfert 1983, 1–5, 9–33, 50–71, 353–372; Tuzin 1984. Cf. art. 12, 13). If there is a classical language available, we find it being used as ritual language. The attitudes towards ritual languages and their religious value may, however, differ according to the specifics of the corresponding cult: (A) the ritual language may be regarded itself as somehow numinous (glossolalia; Tuzin 1984). (B) A specific ritual language may be thought of as the only or at least as the preeminent medium to communicate with the divine reality (Hebrew, Arabic, Sanskrit). (C) There may be a pragmatic attitude towards the ritual language, which allows for change and ac-knowledges different historical languages as ritual languages (Christian liturgies). — There are cults and religious ceremonies which are strictly monolingual as well as there are cults which practice some kind of multi-lingualism, mostly bilingualism. The respec-tive languages may be typologically heteroge-neous, there may be a relation of standard language to dialect or there are some other variants (Hoffmann 1979). For example, an ethnically mixed German-Italian parish may use German and Italian in liturgy alternately. In the regular Old Order Amish Church Ser-vice both Pennsylvania German and Amish High German (but not American English) are used, each with specific functions and at specific times during the Service. But Amish High German ranks ritually higher; its func-tional domain covers the center of the Ser-vice. Contrasting this, only Pennsylvania German is used for greeting, everyday speech and chatting during the Service (Enninger/ Raith 1982). — All languages which are ad-mitted for ceremonial use during the celebra-tion of a religious cult are here understood as ritual languages.

Within the cult community ritual lan-guages are public religious languages. They participate in the sacredness of the entire cult, in which they are embedded. Ritual language is often accompanied and completed by sym-bolic actions, by instrumental and vocal music and, depending on tradition, by some ceremonial dancing. Ritual languages are often closely related to poetic language. — Integration into the aesthetics of the cult is a safeguard against desecration and profana-tion. Likewise, there are measures preventing profanation of the ritual language during the celebration, for instance whispering at certain points or, contrary, intensified sound; there may be a change of the pitch, often by raising the pitch, singing and a special pronunciation of certain sounds, syllables or phrases. Such effects which protect the cult against mun-daneness can be produced also by archaic units and by functionally adapted vocabulary and grammar, for instance a special cer-emonial word order. There may be parts in a ritual language which are intentionally so formulated that they cannot be understood without special instruction and initiation, and there may be even a concealing of some mys-teries as an arcanum or taboo.

Ritual languages may for the whole cel-ebration or phasically be either primarily spoken or primarily written languages. In the latter case it is based on sacred literature and cultic texts, which are to be reproduced orally during the celebration. Such texts often show an ornamental style of writing and calli-graphic characters, but they are seldom writ-ten in an exclusively cultic writing system, so that we might have a special case of diglossia, namely digraphia (Dale 1980). Egyptian, for example, was written on the one hand in the monumental and hieratic hieroglyphics, on the other hand in the so called demotic writ-ing system, the hieroglyphics being reserved for sacred texts and the demotic characters being used with profane texts. — Analyzing ritual languages from a semiotic point of view it turns out that semantically descriptive signs are the least ones. Dominating are imperative (invocatory, communicative) and expressive semantic types and performatives. This re-lates to the fact that in religious cults the purely informative, expository functional type of language, for instance the language of science, is the least important.

In the presence as well as in the past we can find ritual languages which have devel-oped into rich linguistic systems: so with the Christian liturgies and cults, the Jewish cult, the Islamic ceremonies, the rites of Buddhism and Hinduism, and so has ritual Old Egyptian. — The development of Chris-tian liturgical languages started from Hebrew, the Jewish ritual language and the ritual lan-guage of Jesus too. But already Jesus initiated a special Christian development: He used to pray also in his mother tongue, Galilean Ara-maic. The Lord's prayer, the central prayer which Christ has taught his disciples, was originally formulated in Aramaic, the mother tongue of Jesus and his disciples and not in ritual Hebrew (the very first word '*Abba*, the typical way of Jesus' saluting God, is Palestinian Aramaic (Jeremias 1966, 15—67, 152—164; Jeremias [1935] 1960, 189—195). The question as to the original language of the Consecration at the Lord's Supper, how-ever, has not been decided yet: As these words were spoken immediately after Jesus' celebra-tion of Passover with the Hallel being chanted in Hebrew, it is quite possible that the follow-ing prayers and consecrative words were also spoken in Hebrew. The language tradition of the Lord's Supper in the early Palestinian Christian communities was both Hebrew and Aramaic (Jeremias [1935] 1960, 100—131, 189—195). — The growing formation of Hel-lenistic Christian communities made it necessary to accept a new language as language of worship and faith. This additional ritual language was the Koinē, a variant of Attic Greek, the lingua franca of the eastern Mediterranean countries in the Hellenistic and Roman periods. The New Testament is written in this Koinē. — As the Christian faith does not depend on a concrete historic language, the process of accepting and developing new Christian ritual languages in response to communicative needs could be continued. This was accomplished by bilingual missionaries. A tendency toward pluralism was present particularly in the Eastern churches from the very beginning: Greek, Armenian, Georgian, Syriac, Coptic, Arabic, Ethiopic became ritual languages of their churches. From the late 9th century on there is a special common Church Slavonic for the Slavic Orthodox Churches (shaped by Cyril and his brother Method (Diels 1963, 111—132; Auburger 1976, 50—58; Jakobson 1953, 37—41, 52—55)). Until the middle of the 17th century Old Church Slavonic functioned as ritual language also of the Rumanian Orthodox Church. Under the influence of the developing Slavic languages corresponding varieties of Church Slavonic later branched from the original Old Church Slavonic (Macedonian-Bulgarian, Serbian and Russian varieties). In the Roman Catholic Church a literary Latin of its own developed since the 2d century, which can be said to be equivalent to the classical Latin of the pre-Christian period (Tertullian, St. Augustine, Prudentius, St. Jerome and others). The dominant position of Latin in the Roman Catholic Church did not weaken before the 13th century when younger languages came to the fore. Since the Second Vatican Council (11 October 1962—8 December 1965) the Roman Catholic Church has approved the use of national languages or vernaculars for liturgical celebrations (The Dogmatic Constitution on the Sacred Liturgy). — There are used also some standard languages for international intra- and interchurch communication: Latin by the Roman Catholic Church, Greek and Church Slavonic by the Orthodox churches, and at the present time de facto English by the Protestant churches. — A remarkable fact is the spread of the Latin alphabet in the wake of the propagation of Latin by the Roman Catholic Church: it has become the alphabet of the Romance and Germanic languages (in Northern Europe it has replaced the original runic characters)

and partly of the Slavic languages (western and southwestern languages). Exceptions are only Judeo-Spanish and Yiddish, which are usually written in Hebrew characters. The Rumanians substituted their Cyrillic writing system in the 19th century for a Latin one. The spreading of the Latin alphabet still continues. The Arabic alphabet, for example, has been repeatedly replaced in this century by the Latin alphabet (Turkish, Hausa, Swahili). — In contrast to such a plurality of ritual languages Hebrew functions as the only ritual language of the Jewish cult. Hebrew has succeeded in maintaining this status through centuries despite the pressure of majority languages (Aramaic in Palestine since the 4th century B. C., in Hellenistic times the Koinē). Nor has Hebrew been abandoned in favor of the many mixed idioms which had arisen in the manifold Diaspora in consequence of the linguistic contacts with the respective non-Jewish population (Judeo-Greek, Yiddish, Judeo-Spanish, Judeo-Arabic). — Hebrew had more difficulties with tendencies of switching to the respective national languages. Such tendencies grew strong in Europe and the United States in the 19th and at the beginning of the 20th century (Rothstein 1977). But Hebrew maintained its status as the primary and irreplaceable ritual language of the Jewish cult. The central cultic texts are read and chanted only in ritual Hebrew. — The main and leading language of Jewish culture in addition to modern and ritual Hebrew is in the present time English. — Similar to the status of ritual Hebrew is the religious status of classical Arabic, the ritual language of Islam (Enzyklopädie des Islam 1913, 399—419). But being more independent of ethnic restrictions and spreading by way of political conquest the Islamic cult often had to face problems of linguistic diversity, which were solved in most cases by linguistic arabization, at least in the domain of religion. The writing systems had to be Arabic without exception. The religious discipline of the Koran, written in Arabic characters, was too strict to allow for other solutions. The conservativeness of classical *Arabic* through centuries is in the history of literary languages unparalleled. As to the alphabet, many of these languages are today dearabized: Turkish, Bosnian Serbo-Croatian (former aljamiada literature (Enzyklopädie des Islams 1913, 315) *aljamia* is the Spanish word for Spanish written in Arabic characters), Hausa, Swahili, Hindi, Indonesian (Malay);

Persian, Pashto and Urdu still are written in the Arabic *alphabet*. — Today a modernized variant of classical *Arabic* is the basis for a common *standard language* of all Arabic countries (cf. art. 135), the norms of which are, accordingly, effective only for the written mode of language. Spoken colloquial *Arabic* is, independently of education, dialectal *Arabic*. — The *ritual language* with the oldest traceable tradition and the longest continuity is classical Sanskrit. Its norms were written down by Pāṇini in 8 books with astonishing linguistic accuracy and completeness already in the 4th century B.C. However, already at those times Sanskrit was only a primarily written language, but as literary language it is in use still today. Sanskrit is one of the official languages of the Indian Union. Its communicational reach, however, is small compared to Hindi, the dearabized and sanskritized successor of Hindustani, and English. Sanskrit and Hindi both are written in the traditional Devanagari alphabet (Lockwood 1979, 220−235, 244−247).

3. Conclusion

Ritual and classical languages influence each other in a positive way: developed classical languages have been preferably chosen as ritual languages, and ritual languages further the process of developing into a classical language. This may be connected with the fact, that ritual languages are integrated into the formal situation of a religious ceremonial celebration, which demands not only wholehearted attention and conscious carefulness to guarantee a smooth linguistic interaction but also a language of high efficiency. Such a needed efficiency is likely to be provided by a classical language, the creators of which, the "classical" authors, aimed to produce literature of the highest linguistic and cultural quality.

4. Literature (selected)

Arens Hans ([1955] 1969) *Sprachwissenschaft*. Der Gang ihrer Entwicklung von der Antike bis zur Gegenwart, Freiburg/München.

Auburger Leopold (1976) „Überblick über die äußere Geschichte makedoslavischer Ausbausprachen. (Altkirchenslavisch und moderne makedoslavische Standardsprache)", in: *Sprachen und Staaten*. Festschrift Heinz Kloss, Teil II: Nationalitäten- und Sprachenfragen in weltpolitischer Per-

spektive, Haarmann, H./Haarmann, V., eds., Hamburg, 9−123.

Auburger Leopold (1981) *Funktionale Sprachvarianten*. Metalinguistische Untersuchungen zu einer allgemeinen Theorie, Wiesbaden.

Bock, Philip K. ([1964] 1974) "Social structure and language structure", in: *Advances in tagmemics*, Brend, R. M., ed., Amsterdam/London/New York, 441−452.

Dale, Ian R. H. (1980) "Digraphia", in: *International journal of the sociology of language* 26, 5−13.

Daltas, P. (1980) "The concept of diglossia from a variationist point of view with reference to Greek", in: *Archivum Linguisticum* 11 (2), 65−88.

Dawson, Christopher H. (1976) "Latin literature of the Middle Ages", in: *The Encyclopedia Americana*, International edition, vol. 16, New York, 781−785.

Diels, Paul (1963) *Die slavischen Völker*. Mit einer Literaturübersicht von Alexander Adamczyk, Wiesbaden.

Diringer, David (1968) *The alphabet*: A key to the history of mankind, London.

Enninger, Werner/Raith, Joachim (1982) *An ethnography-of-communication approach* to ceremonial situations. A study on communication in institutionalized contexts: The Old Order Amish Church Service, Wiesbaden.

Enzyklopädie des Islam (1913), Band 1, Houtsma, M. Th./Arnold, T. W./Basset, R./Hartmann, R., eds., Leiden/Leipzig.

Fishman, Joshua A. (1983) "Epistemology, methodology and ideology in the sociolinguistic enterprise", in: *Language Learning* 33 (5), 33−47.

Haarmann, Harald (1975) *Soziologie und Politik der Sprachen Europas*, München.

Heiler, Friedrich ([1919] 1969) *Das Gebet*. Eine religionsgeschichtliche und religionspsychologische Untersuchung, München.

Heiler, Friedrich ([1959] 1962) *Die Religionen der Menschheit* in Vergangenheit und Gegenwart, Stuttgart.

Hoffmann, Fernand (1979) *Sprachen in Luxemburg*. Sprachwissenschaftliche und literar-historische Beschreibung einer Triglossie-Situation, Wiesbaden.

Hultkrantz, Ake (1981) *Belief and worship in native North America*, Syracuse, N. Y.

Jakobson, Roman (1953) "The kernel of comparative Slavic literature", in: *Harvard Slavic Studies*, vol. 1, Cambridge, Mass., 1−71.

Jeremias, Joachim ([1935] 1960) *Die Abendmahlsworte Jesu*, Göttingen.

Jeremias, Joachim (1966) *Abba*. Studien zur neutestamentlichen Theologie und Zeitgeschichte, Göttingen.

Kaempfert Manfred, ed., (1983) *Probleme der religiösen Sprache*, Darmstadt.

Kloss, Heinz ([1952] 1978) *Die Entwicklung neuer germanischer Kultursprachen seit 1800* 2. erweiterte Auflage, Düsseldorf.

Kloss, Heinz/McConnell, Grant D. (1978) *The written languages of the world*: A survey of the degree and modes of use, vol. 1: The Americas, Québec.

Lausberg, Heinrich ([1960] 1973) *Handbuch der literarischen Rhetorik. Eine Grundlegung der Literaturwissenschaft*, München.

Lockwood, William B. (1979) *Überblick über die indogermanischen Sprachen*, Tübingen.

Pike, Kenneth Lee ([1954] 1967) *Language in relation to a unified theory of the structure of human behavior*, The Hague.

Rothstein, Jacob (1977) "Reactions of the American Yiddish press to the Tshernovits language conference of 1908 as a reflection of the American Jewish experience", in: *International journal of the sociology of language* 13, 103−120.

Samarin, William J., ed., (1976) *Language in religious practice*, Rowley, Mass.

Stewart, William A. (1968) "A sociolinguistic typology for describing national multilingualism", in: *Readings in the sociology of language*, Fishman, Joshua A., ed., The Hague/Paris, 531−545.

Stewart, William A. (o. J.) "Urban Negro speech: sociolinguistic factors affecting English teaching", in: *Social dialects and language learning*, Shuy, Roger, W., ed., Champaign, Ill., 10−18.

Stolz, Friedrich/Debrunner, Albert (1966) *Geschichte der lateinischen Sprache*, Berlin.

Tuzin, Donald (1984) "Miraculous voices: The auditory experience of numinous objects", in: *Current anthropology*. A world journal of the sciences of man 25, 579−589; "comments and reply", 589−596.

Leopold Auburger, Munich
(Federal Republic of Germany)

49. Welthilfssprache

1. Vorbemerkung

Sprachenpolitik und Normierung terminologischer Systeme, die im Rahmen der Sprachplanung erfolgen, wie auch internationale Zeichen (sog. Berufskunstsprachen, z. B. die mathematische Formelsprache) erleichtern den internationalen Gedankenaustausch. Im Gefolge zunehmender räumlicher Annäherung und der Kontaktaufnahme zwischen heterolingualen Gemeinschaften zeigt sich aber, daß diese Maßnahmen nicht ausreichen. Um einerseits eine Alternative zu denjenigen Bemühungen anzubieten, die lediglich auf der Ebene nationaler Sprachen erfolgen, und andererseits den Aufwand bei der interlingualen Kommunikation zu senken, erforscht die Interlinguistik (im Sinne einer Teildisziplin der Sprachplanung) die Möglichkeiten einer Rationalisierung der in Gebrauch befindlichen Sprachsysteme. Ein wesentliches Merkmal dieser Disziplin besteht darin, daß sie sowohl vom sprachpolitischen wie vom Standpunkt der Sprachplanung aus das bewußte, zielgerichtete Eingreifen des Menschen in die Sprachentwicklung als die intensivste Form sprachlicher Planung ansieht. Das heißt, die interlinguistische Sprachplanung ist die letzte Konsequenz eines aktiv gestaltenden Verhaltens gegenüber der Sprache, wie sie z. B. in der Entwicklung und Reform von Schriftsystemen, der Erstellung von Fachterminologien und der Ausgestaltung von Nationalsprachen zum Ausdruck kommt (vgl. Art. 74, 77, 177). Die Unterschiede zwischen der auf nationale Sprachen und der auf internationale Sprachen ausgerichteten Sprachplanung sind daher gradueller, nicht aber prinzipieller Art. Die letztere umfaßt meistens mehrere Sprachebenen und richtet sich nach vorgegebenen Grundsätzen (wie Internationalität, Klarheit, Ökonomie, Ästhetik). Hinsichtlich des Intensitätsgrades der Sprachgestaltung reicht die interlinguistische Sprachplanung von einer Modifikation bzw. Reform einer natürlichen Sprache (z. B. Basic English oder Latino sine flexione) bis zu einer weitergehenden Transformation (z. B. Volapük, Esperanto oder Loglan).

Vereinzelte Versuche, eine Sprache planmäßig zu gestalten, hat es wohl zu allen Zeiten gegeben, bis zurück ins geschichtliche Altertum. Die neueren Bemühungen um eine Welthilfssprache lassen sich aber nur etwa 300 Jahre zurückverfolgen. In diesem Beitrag geht es jedoch weniger um die Geschichte der Welthilfssprachen als um eine Aufhellung des Wesens der entsprechenden Art von Sprachen sowie um die Klärung von Begriffen und Termini.

2. Welthilfssprache: Begriffsinhalt und -umfang

2.1. Natürliche Sprache — Künstliche Sprache

Nennt man solche Charakteristika von Sprache wie unmittelbare Realisierung von Gedanken, Erkenntnisinstrument, Medium der Bewußtseinsbildung, Mittel und Form sozialer Zuordnung, so erkennt man, daß es dabei um menschliche Sprache geht. Ein Kommunikationssystem dieser Art kann „natürlich" oder „künstlich" sein. Eine natürliche Sprache wird hier verstanden als ein spontan entstandenes Produkt einer bestimmten ethnischer Gemeinschaft als ganzer. Eine künstliche (auch „geplante" oder „interethnische") Sprache hingegen ist das Produkt eines oder mehrerer identifizierbarer Individuen. Sprachen der letzteren Art haben sich in speziellen Bereichen der natürlichsprachlichen Kommunikation zu bewähren. Die Unterschiede zwischen diesen beiden Arten beruhen in erster Linie nicht auf struktureller Beschaffenheit, sondern vor allem auf gesellschaftlicher Bedingtheit. Die Kriterien, die für eine inhaltliche und terminologische Bestimmung des Begriffs 'künstliche' oder 'geplante Sprache' geeignet erscheinen und die dessen notwendige Abgrenzung gegenüber anderen Begriffen wie 'natürliche Sprache', 'Pidgin' und nicht zuletzt 'Berufskunstsprachen' erlauben, sollen im folgenden behandelt werden.

2.2. Die Entstehungsspezifik

Wie unter 2.1. erwähnt, sind dem Begriff 'menschliche Sprache' zwei Unterbegriffe zuzuordnen, und zwar: 'natürliche/ethnische Sprache' und 'künstliche/geplante/interethnische Sprache'. Die Ausdrücke *natürlich* (auch *primär*), vs. *künstlich* (*geplant*, auch *sekundär*) weisen auf die Genese der betreffenden Sprachen hin. Die Gegenüberstellung von 'künstlich' und 'natürlich' bedarf einer eingehenderen Erörterung. Verwendet man die Begriffe 'künstliche Sprache' oder 'Kunstsprache' zur Bezeichnung einer Unterart internationaler geplanter Sprachen, so erscheint das berechtigt. Dazu zählen erstens die sog. Berufskunstsprachen (die größtenteils aus dem wissenschaftlichen Bereich stammen und in ihrem spezifischen Rahmen auf der ganzen Welt Eingang gefunden haben, z. B. die mathematische Formelsprache, die chemische Symbolsprache und schließlich die Computersprachen) und zweitens die sog. Interlinguen für die Zwecke automatischer Übersetzung (nicht zu verwechseln mit 'Interlingua' im Sinne einer Lernesprache). All diese Systeme weisen einen ausgesprochen instrumentellen Charakter auf. Doch werden in verschiedenen Wissenschaftsdisziplinen und im allgemeinen Sprachgebrauch als *Kunstsprachen* auch Verständigungssysteme wie Esperanto oder Ido bezeichnet. Wie weit der Begriff 'Kunstsprache' gefaßt wird, zeigt sich bei R. M. Meyer (1901), der neben den Welthilfssprachen a priori (4.1.) und a posteriori (4.2.) auch eine Reihe anderer 'künstlicher Sprachen', wie Ammensprachen, Berufssprachen, Gaunersprachen, Glossolalien und Geheimsprachen, nennt. A. Bausani (1970) entwirft später eine Typologie des nichtspontanen, nicht naturbedingten Sprachschaffens. Sprachschöpfung ist Bausani (1970, 43—44) zufolge „kein abnormes oder seltenes, sondern ganz im Gegenteil ein häufiges und ein relativ normales Phänomen. Die dabei auftretenden Erscheinungsformen und typologischen Möglichkeiten reichen von der Neuprägung einzelner Wörter im Rahmen der natürlichen Sprachen bis zur bewußten oder auch halbbewußten Neuerfindung ganzer Sprachgefüge." All das faßt Bausani als eine „phänomenologische Einheit" auf und ergänzt damit den Überblick Meyers zur Frage des 'künstlichen' oder planmäßigen Sprachschaffens. Zusammenfassend läßt sich also Folgendes feststellen: Die Natürlichkeit, Spontaneität oder Unbewußtheit kann man nicht als das charakteristische Merkmal ethnischer Sprachen im vermeintlichen Gegensatz zum Konstruierten und zum Bewußten ansehen, das den künstlichen Welthilfssprachen eigen sein soll. Denn „beides, ebenso das Natürliche und Unbewußte wie auch das Künstliche und Bewußte, findet sich in beiderlei Sprachen, nur in verschiedenem Grade und in verschiedenem Maße. Alle sogenannten Schriftsprachen (Deutsch, Französisch, Englisch [...] usw.) sind zweifelsohne 'künstlich' und vom Bewußtsein geregelt, nicht weniger als das Esperanto und andere derartige Sprachen. Warum soll nun eine 'künstlich' konstruierte, auf syntetischem, zielbewußtem Wege entstandene Sprache 'unnatürlich' sein? Stehen denn das Bewußtsein und das zielbewußte Wollen außerhalb der 'Natur'?" (Baudouin de Courtenay [1970] 1976, 98 – 99).

Angesichts der Tatsache, daß die geplanten Sprachen viele Charakterzüge aufweisen, welche den nationalen Sprachen eigen sind (man denke nur an Entwicklung und Reform von Schriftsystemen, Spracherneuerung oder Sprachnormierung), sollte man mit den Attributen *künstlich* und *natürlich* in bezug auf Sprache vorsichtig umgehen. Die Bezeichnung *künstlich* sollte daher synonym mit *geplant* oder *konstruiert* verwendet werden.

Die gelgentliche Gleichsetzung von 'künstlich' mit 'tot' und 'natürlich' mit 'lebend' schließlich ist eindeutig irreführend und negativ wertend. Sie ist vermutlich entstanden unter dem Einfluß der durch A. Schleicher ([1863] 1976) geprägten Vorstellung von Sprachen als Naturorganismen, die sich unabhängig vom menschlichen Willen nach objektiven Gesetzen entwickeln. Während das Begriffspaar 'natürlich' = 'lebend' meist mit Begriffen assoziiert wird wie 'leistungs-', 'entwicklungsfähig' und 'organisch', wird 'künstlich' = 'tot' in Zusammenhang gebracht mit 'außer Gebrauch', 'unvital', 'ohne Bewußtsein möglicher Feinheiten' usw.

2.3. Die kommunikativ-funktionale Spezifik

Es ist an dieser Stelle danach zu fragen, welche kommunikative Funktion ethnische Sprachen und geplante Sprachen in der Lebenswelt des Menschen haben. Kennzeichnend für eine ethnische Sprache ist die Verwendung in verschiedenen Bereichen des gesellschaftlichen Lebens; sie hat damit eine ausgeprägte soziale Funktionalität. Eine der wichtigsten Kommunikationsformen dieser Art ist die „Nationalsprache", z. B. Deutsch, Japanisch (vgl. Art. 45). Eine geplante Sprache hat unter Umständen die Aufgabe, die Nationalsprachen in den Fällen zu ergänzen, in denen diese als Verständigungsmittel nicht ausreichen. Sie mag neben der Muttersprache bestehen, den schriftliche und mündlichen Verkehr im Alltagsleben und insbesondere in Wissenschaft und Technik zwischen verschiedensprachigen Völkern unterstützen und so die Nationalsprachen ergänzen. In einem solchen Fall ist eine internationale geplante Sprache nur eine Hilfssprache und auf Generationen hinaus vorwiegend eine Fremdsprache. Verschiedene Phasen der Ausbreitung

einer solchen Sprache stehen in Wechselbeziehung zu ihren Zwecken. In diesem Sinne läßt sich mit den Worten von H. Schuchardt ([1921] 1976, 381) sagen, daß eine Welthilfssprache „. . . sich so weit ausdehnen (würde), wie das Bedürfnis reicht; wäre keines vorhanden, würde sie verschwinden, wäre es ein allgemeines und dringendes, würde sie zur Weltsprache werden". Mit G. Frohne (1976, 723) kann man die Weltsprache „als Funktion [. . .] auffassen, die diese in der weltweiten zwischenstaatlichen Kommunikation ausübt und die in diesem Sinne eine gesellschaftliche Leistung der betreffenden Sprache, nicht eine besondere Existenzform derselben mit einem mehr oder weniger stark veränderten Sprachsystem ist". Die bestehenden geplanten Sprachen können sich zur Zeit mit den universellen Einsatzmöglichkeiten der vorhandenen natürlichen Weltsprachenkandidaten (z. B. Englisch) nicht messen (Häusler 1982, 277). Das noch am meisten verbreitete Esperanto, so heißt es bei Häusler (1982, 277) weiter, „hat eine Chance als zusätzliches Kommunikationsmittel in wesentlichen Bereichen der internationalen Kommunikation, u. a. als Sprache der Wissenschaft [. . .] Aus den Überlegungen zu einer Effektivierung der internationalen sprachlichen Kommunikation sind Fragen des Einsatzes von Plansprachen nicht mehr auszuschließen."

2.4. Die spezifische regionale Funktion

Ein unverzichtbares Bestimmungselement des Begriffs 'Hilfssprache' oder 'Welthilfssprache' ist die Funktion der Kommunikation zwischen Gemeinschaften mit verschiedenen Sprachen (vgl. Art. 50). Wir wollen dieses Kriterium als *Überregionalität* bezeichnen. Wir wollen dann von *internationalen Sprachen* reden, wenn diese als Kommunikationsmittel zwischen verschiedenen Nationen dienen. Eine internationale Sprache kann eine natürliche Sprache oder eine künstliche Sprache sein. Die Funktion 'internationale Sprache' „widerspiegelt in besonderem Maße die Ergebnisse sprachpolitischer [und bildungspolitischer] Maßnahmen und Bestrebungen, die einzelne Staaten bzw. Staatengruppen über einen mehr oder weniger langen Zeitraum hinweg unternommen haben" (Frohne 1976, 724). Internationale geplante Sprachen sind übrigens immer schon von verschiedenen Staaten unterschiedlich aufgenommen worden. Von den angestellten Überlegungen ausgehend, kann 'Welthilfssprache' definiert werden als die gesellschaftliche Funktion einer Sprache, die sich in spezifischen Bereichen der interethnisch-internationalen Kommunikation heterolingualer Kommunikationsgemeinschaften bewährt. Eine ins Detail gehende linguistische Bestimmung der geplanten Sprachen muß darüber hinaus weitere Aspekte berücksichtigen, vor allem sprachstrukturelle Merkmale, den Grad der Komplexität und nicht zuletzt Probleme der Realisierung solcher Sprachen in der Kommunikation. Mit dem letzten Aspekt eng verbunden ist die Frage nach Spontanem und Bewußtem in der Sprachentwicklung.

3. Anforderungen an eine Welthilfssprache

Der linguistische Grund, der die Menschheit dabei behindert, eines der historischen Produkte einer bestimmten Gemeinschaft als internationales Kommunikationsmedium zu wählen, besteht vor allem darin, daß die ethnischen Sprachen als Fremdsprachen zu schwer zu lernen sind. Sämtliche Sprachen dieser Art enthalten nämlich zahlreiche vermeidbare Schwierigkeiten der Aussprache, Orthographie, Grammatik, Lexik und insbesondere der Phraseologie, was sie als Mittel des internationalen Verkehrs wenig geeignet macht. In dieser Hinsicht erscheint die interlinguistische Sprachplanung als eine wohlbegründete Reaktion auf die Einsicht in die Notwendigkeit einer Regulierung des sprachlichen Systems und der damit verbundenen Bedürfnisse, sprachlichen Ballast zu reduzieren, ohne dabei die hohe Ausdrucksfähigkeit der Sprache zu beeinträchtigen. Es geht dabei im Grunde darum, mit einem Mindestmaß an Mitteln ein Höchstmaß an Leistungen zu erreichen. Nach O. Back (1979, 267—269) ist ein Sprachsystem als eine Gesamtheit von Instruktionen vorstellbar, die sich an den Sprachbenutzer richten und die er auszuführen hat, wenn er die Sprache richtig handhaben will. Diese Instruktionen enthalten Anforderungen verschiedener Art, von denen die folgenden zwei die wichtigsten sind: (1) Anforderungen für Operationen an sprachlichen Daten und (2) Anforderungen an das Gedächtnis. Die erste besagt etwa, daß der Sprecher, der über bestimmte Daten verfügt, mit und an ihnen eine Reihe von weiteren Operationen vornehmen muß. Die sich daraus ergebende Schwierigkeit ist die Fehlermöglichkeit, die eine hohe Aufmerksamkeit des Redenden erfordert. Beispiele für diesen Typ von Anforderungen sind die Regeln für die

Stellung der Verbalformen im deutschen Satz oder die Regeln der Übereinstimmung (Konkordanz) auf Grund von Nominalklassen (des Genus und des Numerus) in verschiedenen indogermanischen Sprachen. Bei dem anderen Typ, nämlich dem der Anforderungen an das Gedächtnis, handelt es sich um die Erscheinung, die man im Zusammenhang mit den innersprachlichen Parametern 'Konstante' vs. 'Variante', 'Regel' vs. 'Ausnahme' oder allgemein mit der 'Vorhersagbarkeit' im Auge hat. „Vorhersagbarkeit ist in umso höherem Maß vorhanden, je mehr Formen eines Paradigmas oder einer Wortsippe man von einer gegebenen Ausgangsinformation oder Ausgangsform aus auf Grund von generellen (d. h. im Sprachsystem durchgehend anwendbaren) Verfahren gewinnen kann" (Back 1979, 268). Als Beispiele wären hier zu nennen: Vorhersagbarkeit gegenüber Unvorhersagbarkeit des Genus oder auch der Flexionsklasse aus der Form (oder der Bedeutung) eines Substantivs oder der regelmäßigen gegenüber den unregelmäßigen Verben. Die oben genannten Forderungen zeichnen sich durch das Streben nach Einfachheit und Ökonomie des Sprachsystems aus und sind als Hauptpostulate für die Schaffung einer Welthilfssprache, ja als eine Bedingung für ihr Existenzrecht anzusehen. Es geht dabei darum, Sprachen zu schaffen, die ein möglichst optimales Lautsystem, eine möglichst einfache grammatikalische Struktur besitzen und die gleichzeitig auch leistungsfähig sind, also alle notwendigen Bauelemente ohne Abweichungen enthalten, sowie im lexikalischen Bereich auf Mehrdeutigkeit verzichten. Ferner sollen derartige Sprachen von der Mehrheit von Menschen mit großer Leichtigkeit erlernbar sein. Schließlich ist noch eine weitere Anforderung an eine Welthilfssprache zu stellen: „Sie habe sich jener sprachlichen Ausdrucksmittel zu enthalten, die für ein bestimmtes Volk auf Grund seiner muttersprachlichen Vorbildung schwer oder gar nicht anwendbar seien; linguistisch gesprochen: sie habe womöglich aus Universalien zu bestehen" (Mayrhofer [1969] 1972, 21). Eine der Bestrebungen bei den künstlichen Welthilfssprachen (vgl. 4.) zielt übrigens auch auf die Erhaltung ihrer Stabilität, d. h. weitestmögliche Vorbeugung gegen raum-zeitliche Variation.

Die bisherige Praxis zeigt, daß sich die meisten Konstrukteure besonders mit den Kriterien der Funktionstüchtigkeit und der Lern- und Gebrauchsanforderungen beschäftigt haben. Die Sprachschaffung hat ihren stärksten Impuls aus der Unregelmäßigkeit der Flexion, der Wortbildung und (zu einem geringeren Teil) der Syntax der bestehenden ethnischen Sprachen bezogen, so daß ihre Rationalisierungsvorschläge gerade dort ansetzen. Größtmögliche Regelmäßigkeit ist gewiß eine wesentliche Bedingung für das Funktionieren einer solchen Sprache. Eine der schwächeren Seiten bisher entworfener Welthilfssprachen ist allerdings die Phonologie. Die bisherigen geplanten Sprachen sind deshalb auch nur als mehr oder weniger verdienstvolle Experimente aufzufassen, die in die Richtung neuer, vollkommenerer Lösungen weisen. Das Erfahrungspotential, das die realisierten Welthilfssprachen — vor allem Esperanto, Ido und Interlingua — geliefert haben, sollte bei den zukünftigen Versuchen, eine dem modernen linguistischen Wissensstand entsprechende Sprache zu entwickeln, eingesetzt werden.

4. Elemente einer Typologie der Welthilfssprachen

Strukurlinguistisch ist eine Sprache (langue) ein Zeichensystem, das eine Grammatik und ein Lexikon besitzt (vgl. de Saussure [1916] 1967, 16 f). Das Lexikon samt seinen Kombinationsmöglichkeiten muß bei einer vollständigen Sprache mindestens geeignet sein, alle außersprachlichen Gegebenheiten des Alltagslebens zu bezeichnen. Genügt es dieser Anforderung nicht, dann handelt es sich nur um eine unvollständige Sprache. Eine exakte Abgrenzung ist nicht möglich. Langue und parole haben bei geplanten Sprachen eine umgekehrte Chronologie als bei ethnischen Sprachen; denn es wird zuerst das Sprachsystem geschaffen, das dann der Erzeugung von Texten (Äußerungen) dient. Eine langue, begriffen als 'Sprachbau', und eine parole, verstanden als 'Sprachgebrauch', können insofern auch unabhängig voneinander auftreten. Im Hinblick auf ihre Funktion sind die geplanten Sprachen zwei verschiedenen Typen zuzuordnen: (I) den verwirklichten (realisierten) und (II) den nicht-verwirklichten (nicht-realisierten) Sprachen. Die *verwirklichten Sprachen* besitzen eine langue- und eine parole-Ebene. In ihrer ursprünglichen Manifestation können die A-priori-Sprachen lineares Schallereignis in der Zeitrichtung sein. Das schließt aber keineswegs nicht aus, daß eine geplante Sprache sich primär auch als geschriebenes Phänomen manifestieren kann, d. h. gleichzeitig als gesprochenes und geschriebenes Verständigungsmittel verwen-

det wird. Die meisten verwirklichten geplanten Sprachen (vor allem Esperanto, Ido und Interlingua) haben sich nach Verlassen des Projektstadiums zu voll funktionierenden Sprachen entwickelt. Sie besitzen also eine mehr oder weniger ausgebildete kommunikativ-pragmatische Ebene. Solche Sprachen sind sowohl diachron (hinsichtlich ihrer Entwicklung in der Zeit) als auch synchron (hinsichtlich ihrer Systemhaftigkeit) erforschbar. Ergänzend ist noch zu erwähnen, daß wir für verwirklichte Sprachen nur solche Gebilde zu halten bereit sind, die von mindestens 2 Menschen zur Kommunikation miteinander verwendet werden. Es ist zudem zu beachten, daß es auch andere geplante Sprachen gibt, die in unterschiedlichem Ausmaß eine zeitlich und räumlich begrenzte Funktion als internationales Kommunikationsmittel ausüben, und zwar vor allem als geschriebene Systeme. Solche Sprachen können sich jedoch nicht in vollem Maße zu einem vielseitig verwendbaren Verständigungsmittel entwickeln und sich nicht den verändernden kommunikativen Bedarfslagen anpassen, z. B. Latino sine flexione von G. Peano (1903) oder Novial von O. Jespersen (1928). — Die *nicht-verwirklichten Sprachen* existieren nur als langue. Sie sind nur synchron erforschbar. Beispiele: der Sprachentwurf von R. Rask (1819?), die philosophischen Sprachen Panglottia von J. A. Comenius (1662) und lingua universalis von G. W. Leibniz (1666/1690). — Welthilfssprachen werden im Hinblick auf ihre Herkunft und den Grad der Ähnlichkeit ihrer Strukturen mit denen der Quellensprachen in folgende Typen gegliedert: (1) A-priori-Sprachen, (2) A-posteriori-Sprachen und (3) gemischte Sprachen. Wir nennen eine Sprache *a priori*, wenn ihr nicht die Lexik einer oder mehrerer Quellensprachen zugrunde liegt, sondern sie auf willkürliche Weise konstruiert ist. A-priori-Sprachen als Produkte philosophischer Reflexion sind nach theoretischen (von Erfahrung unabhängigen) Überlegungen aufgebaut. Im Idealfall sind es auf Universalien beruhende Sprachen, die vollkommen der 'menschlichen Vernunft' entsprechen. Es handelt sich dabei um Sprachen, die auf der Grundlage einer bestimmten logischen Klassifikation aller ihrer Begriffe gebildet werden. Jede Sprache dieser Art gruppiert die Gesamtheit ihrer Begriffe nach deren Verwandtschaft. Zu den wichtigsten Projekten klassifizierender Sprachen gehören das Werk „Ars Signorum" von G. Dalgarno (1661), die Arbeiten von J. A. Comenius (1662), G. W. Leibniz (1666/

1690), die Universalsprache von J. Wilkins (1668/1968) u. a. Trotz einer deutlichen Übereinstimmung zwischen der Weltform und ihrer Bedeutung ist die Gedächtnisstütze bei den A-priori-Sprachen für praktische Zwecke viel zu gering. Sie bewähren sich deshalb nur für besondere Zwecke, und zwar vor allem als geschriebene Systeme. Man denke beispielsweise an die Unterart der geplanten Sprachen, die internationalen Berufskunstsprachen. — Ein System, das Nationalsprachen nachahmt und alle seine Bestandteile aus diesen bezieht, wird *a posteriori* genannt. Derartige Sprachen als Produkte empirischer Analyse sind im wesentlichen keine neuen Modelle, sondern solche Systeme, die den ausgewählten Nationalsprachen als Modellen folgen. Sie verwenden den Stoff, der in den vorhandenen Sprachen bereits erprobt und dem Gedächtnis einverleibt ist. Deshalb berufen sich die A-posteriori-Sprachen auf die Sprachgeschichte. Beispiele: Latino sine flexione von G. Peano (1903), Basic English von C. K. Ogden (1930), Esperanto von L. Zamenhof (1887), Ido von L. Couturat (De Beaufront 1907), Interlingua von A. Gode ([1951] 1955), Intersistemal von P. Mitrović (1947). — *Gemischte Sprachen* sind schließlich solche, die zugleich durch die beiden gegensätzlichen Prinzipien a priori und a posteriori geprägt sind. Solche Sprachen lehnen sich zwar an natürliche Sprachen an, verändern deren Bestandteile jedoch oft so stark, daß die Beziehungen zu den Quellensprachen gar nicht oder nur mit soviel Mühe hergestellt werden können, daß diese nicht als Gedächtnisstütze dienen. Wegen des apriorischen Anteils rechnen wir z. B. Volapük von J. M. Schleyer (1880) zu dieser Gruppe.

5. Literatur (in Auswahl)

Back, Otto (1979) „Über Systemgüte, Funktionsadäquatheit und Schwierigkeit in Plansprachen und in ethnischen Sprachen", in: *Terminologie als angewandte Sprachwissenschaft*. Gedenkschrift für Eugen Wüster, Felber, H./Lang, F./Wersig, G., eds., München etc., 257—272.

Baudouin de Courtenay, Jan ([1907] 1976) „Zur Kritik der künstlichen Weltsprachen", in: *Plansprachen*. Beiträge zur Interlinguistik, Haupenthal, R., ed., Darmstadt, 59—110.

Bausani, Alessandro (1970) *Geheim- und Universalsprachen*. Entwicklung und Typologie, Stuttgart etc.

Beaufront, Louis de (1907) *Ido*. Grammaire compléte de la langue internationale, Paris.

Comenius, Jan A. (1662) *Panaugia*. [Teil 5. „Panglottia"].

Dalgarno, George (1661) *Ars Signorum*. Vulgo character universalis et lingua philosophica, Londoni.

Frohne, Günter (1976) „Zu den Kriterien der soziolinguistischen Kategorie 'Weltsprache' ", in: *Pädagogische Hochschule „Karl Liebknecht" Potsdam. Wissenschaftliche Zeitschrift* 20, 723—733.

Gode, Alexander ([1951] 1955) *Interlingua*. A grammar of the international language, prepared by Alexander Gode and Hugh E. Blair of the research staff of the International Auxiliary Language Association, New York.

Häusler, Frank (1982) „Zur Problematik der Weltsprachen im 20. Jahrhundert", in: *Zeitschrift für Phonetik, Sprachwissenschaft und Kommunikationsforschung* 35, 267—277.

Jespersen, Otto (1928) *Eine internationale Sprache*, Heidelberg.

Leibniz, Gottfried W. ([1666] 1690) *Ars combinatoria, in qua ex arithmeticae fundamentis complicationum ac transpositionum doctrina noves praeceptis exstruitur, & usus ambarum per universum scientiarum orbem ostenditur. Nova etiam artis meditandi, seu logicae inventionis semina sparguntur*, Frankfurti.

Mayrhofer, Manfred ([1969] 1972) „Zur Problematik der Plansprachen", in: *Monda Lingvo-Problemo* 4, 18—33.

Meyer, Richard M. (1901) „Künstliche Sprachen", in: *Indogermanische Forschungen* 12, 33—92; 242—318.

Mitrović, Paul (1947) *Projekte de un sistemal gramatike de auksiliar lingves*, Sarajevo.

Odgen, Charles K. (1930) *Basic English*. A general introduction with rules and grammar, London.

Peano, Giuseppe (1903) *De latino sine flexione, lingua auxiliare internationale*, Torino.

Rask, Rasmus (1819?) *Optegnelser til Pasigraphie*, Ms., Kopenhagen.

Saussure, de Ferdinand ([1916] 1967) *Grundfragen der allgemeinen Sprachwissenschaft*, 2. Aufl., Berlin.

Schleicher, August ([1863] 1977) „Die Darwinische Theorie und die Sprachwissenschaft", in: *Sprachwissenschaft des 19. Jahrhunderts*, Christmann, H. H., ed., Darmstadt, 85—108.

Schleyer, Johann M. (1880) *Volapük der Weltsprache*. Entwurf einer Universalsprache für alle Gebildeten der ganzen Erde, Sigmaringen.

Schuchardt, Hugo-Brevier ([1921] 1976) *Ein Vademecum der allgemeinen Sprachwissenschaft*, unveränderter Nachdruck der 2., erweiterten Aufl., Darmstadt.

Wilkins, John ([1668] 1968) *An essay towards a real character and a philosophical language*, Neuaug., Menston.

Zamenhof, Ludoviko L. (Dr. Esperanto) (1887) *Meždunarodnij jazyk*. Predislovije i polnij učebnik, Varšava.

*Alicja Sakaguchi, Mömbris-Brücken
(Bundesrepublik Deutschland)*

50. Lingua Franca

1.   Definition

It is on the basis of function alone that a language is considered to be a *lingua franca*, by which term is designated any lingual medium of communication between people of different mother tongues, for whom it is a second language. Applicable to all situations where linguistic communication is difficult or impossible, it applies as well to areas characterized by extreme dialect differences as to those with different languages in the normal sense. Any form of language can be used with this purpose. Natural languages spoken beyond their native boundaries are the best-known examples, but dialects have spread in the same manner. Examples of the latter are Fijian, based on the Bauan dialect, and Yawelmani, the latter used amongst speakers of Yokuts on the Tule River Reservation in California. Such languages of common intercourse become established informally, as in any instance of second-language acquisition, or formally in some context of education. In the latter case the languages are usually written, exemplified by Latin, a vital lingua franca up to the end of the Middle Ages, and Arabic throughout the Islamicized world to this very day. Writing as well as specialized function may also have been responsible for the longevity for Aramaic as a common medium of intercommunication in the Near East, from at least the 6th century B. C.

2.   Spheres of Use

Languages and dialects have their spheres of use extended as a consequence of a variety of social phenomena. Some of these are conquest, colonization, migration, trade, commerce, and religion; in the case of the Tukano, an ethnic language (i. e. *vernacular*), in the Northwest Amazon basin, the means may have been marital alliances in addition to other factors. Conquest creates the need for an instrument of communication when the military force is made up of linguistically diversified personnel (due to the use of slaves, mercenaries, and enforced subjects — a common phenomenon until the modern era) or when the conquerors must administer a linguistically heterogeneous area. Hindi (earlier known as Hindustani), linguistically undifferentiated from Urdu, probably owes its role to this process in India; another example is Lingala, based on Lobangi, which was spread as a result of the occupation by the Belgians of what is now Zaire. Hausa in West Africa, Swahili in East Africa, and Malay in the East Indian Archipelago are examples of languages spread by commerce; but trade has not been wholly free of conquest and even enslavement. The religious diffusion of lingua francas is illustrated by all the major religions (e. g. Arabic, Latin, Pali); and in the modern period local languages have been adopted in missionary work (Bulu by the Presbyterians in the Cameroun; Kâte, Guraget, and Kuanua by Lutherans in New Guinea).

Neither number of speakers, manner and mode of use, nor quality of comprehension are defining characteristics of a lingua franca; but all these factors determine the social and linguistic consequences of its use. Similarly, a language or dialect acquired as a second language by other speakers does not thereby become automatically a lingua franca, but only when the latter linguistically diversified populations use this second language amongst themselves (illustrated by the use of Djula in the Ivory Coast). Widespread use may lead to the adoption of the lingua franca as mother tongue, which is an example of language shift, or to the reduction of interethnic bilingualism and eventual death of competing languages. (Speakers of closely related Gbaya languages in the Central African Republic have been observed using Pidgin Sango rather than their mother tongues.)

3.   Typology

Lingua francas have not been systematicaly typologized with respect to specialized functions, since no such typology of functions yet exists (cf. art. 35, 73). Nonetheless, a number of terms have had a certain currency; the following are just a sample. For nonspecified functions of more-or-less brief duration or intensity there are *contact language, con-*

tact vernacular, marginal language, auxiliary language, and in French *langue d'appoint*. (The designation 'contact' also avoids the pejorative implications of such terms as *pidgin* and *jargon*.) The only specialized function that has attracted nomenclatural activity is trade: hence, *trade language, trade jargon, bazaar X* (as in 'bazaar Hindi'), and in German *Verkehrssprache*. *Vehicular language* (from French *langue véhiculaire*), is synonymous with lingua franca, although the francophone meaning includes any language of education. Similarly, *international language* and *world language* apply to lingua francas originating in the standard languages of politically and economically dominant nations, contrasting — according to context — with vernacular or tribal language: hence the ethnocentric meaning 'language of civilization.'

A standard language (cf. art. 44) in a modern political state (such as Russian in the ethnolinguistically diverse Soviet Union and standard Japanese in a nation with dialects so diverse that some of them are mutually unintelligible) is no less a lingua franca than any other for its being the official instrument of communication and education, and it retains this function until the disappearance of competing languages. Indeed, the goal of complex societies is to achieve de facto monoglottism by language planning. At the other end of the scale (micro- as opposed to macro-sociolinguistic), a third language used by two persons on only one occasion or habitually (as in ethnolinguistically mixed marriages) is also a lingua franca for those speakers. It is only because the term is primarily a technical one that it is considered inappropriate: in this case the speakers may be said to have a *common language*.

A special case of language planning is the creation of *planned* (therefore, *artificial*) *auxiliary languages* (cf. art. 49), such as Esperanto. (The expression 'the local Esperanto' is metaphoric and parallels the history of the use of lingua franca as a functional designation. *Volapük*, another such created language, has been used generically, and frequently pejoratively, of various forms of pidginized lingua francas.) Another kind of deliberate action in sociolinguistic affairs is the attempt to create a *union language* by amalgamating material from several dialects (cf. art. 80, 165), with one a base, into one idiom more-or-less accessible to most speakers. Such attempts, undertaken mostly by those providing people with translations of the Bi-

ble, are similar to processes undertaken in nationalist movements for the creation of standardized languages. As with all conscious attempts to influence the form and use of language, this phenomenon is associated with literacy first of all, as well as with the dissemination of ideas with modern technology.

It is not true that lingua francas are necessarily based on languages of a social group in a dominant position with respect to others. Although this has been true in the histories of several lingua francas, the histories of others have had very different social parameters. Sango and Lingala are indigenous lingua francas that arose as labor languages at the end of the 19th century when European colonizers brought with them an extremely polyglot foreign work force; the slaves who built the pyramids may also have created their own means of communication.

4. Lingua Franca and Language Structure

Since lingua franca indicates an aspect of the use of any language, it suggests nothing about the structure of that language. This applies to any language with a specialized use: any language can be a contact or trade language, for example. However, the nature of contact and trade can lead to different kinds of linguistic consequences; there was a great difference between the socially restrictive and almost ritual trade in the 19th century along the New Guinea coast that led to Hiri (i. e. 'trade') Motu and the fur trade in Canada during the 17th, 18th, and 19th centuries. Thus, in the emergence of a lingua franca, a language can become *pidginized* (cf. art. 46, 59, 82), which is one of the aspects of linguistic adaptation when communication is severely put to test. In such circumstances a *jargon* (cf. art. 43) may emerge (an unstable and highly idiosyncratic form of speech), like the one called 'Scandinavian' or 'Baltic' used by seamen on the Baltic Sea until World War II. The term is used with pejorative connotations and in some circumstances is synonymous with *lingo*, which itself may also designate *foreigner talk*. *Trade jargon* therefore implies pidginization, but *trade language* does not. (One can give a linguistic example of a pidgin, jargon, or lingo, but not of a lingua franca. For the latter, one can only cite an act — an instance of use.) 'Jargon' persists in some language names (e. g. Chinook Jargon, which emerged during the complex period of contact between Indians and Europeans, on the one hand, and between Indians, on the other, in the North American North West), where pidgin would be more appropriate. Pidgins, not by their structure but by their function, are by definition lingua francas. When they become native languages, they are called *creoles*. The sociolinguistic circumstances that lead to the emergence of pidgins causes them to have the characteristics of *mixed, hybrid,* or *compromise languages,* but all lingua francas are vulnerable to linguistic influence and change.

5. Lingua Franca and Language Change

Since the existence of a lingua franca is a function of bilingualism, the consequences for the speech community which it creates can be substantial — even eclipsing. For example, a lingua franca can replace indigenous languages. And when it experiences change — because of having been spoken for centuries as a second language — it can alter patterns of language distribution and pose problems for determining language relationships. Thus, if the historical forms of English were to disappear, leaving only the 'colonial' varieties (viz. Krio, African Pidgin English, Tok Pisin, etc.), the genetic relations of the latter would be problematic indeed. It is reasonable to hypothesize that the 'simplified' forms of certain contemporary languages result from lingua francas of the past — from pidginization, not necessarily from pidgins.

What happens to languages that serve as lingua francas can happen to dialects used for the same purpose: some of their peculiarities are 'levelled' and they borrow extensively. In this process there emerges a *koiné* (German *Gemeinsprache,* also used of lingua franca), a form of speech for which it is difficult if not impossible in the long run to sort out regionalisms and borrowings. Owing its name to the Greek lingua franca dating from the 3rd century B. C. the term can be applied to the forms of standard languages, such as English and German, that have emerged since the Middle Ages. The various dialects of Norwegian and Italian that came to North America in the recent past could also have produced new languages if the socio-cultural circumstances had been different.

Lingua francas have undoubtedly characterized the history of human beings since the time — millennia ago — when large speech communities began to influence smaller ones, and they will continue to emerge as human beings adapt to changing social and linguistic situations. Modern technology, which makes possible, for example, simultaneous translation of conferences and dubbing in films, will not eliminate lingua francas. Indeed, modern needs have created some nonlinguistic ones, such as the *international safety symbols,* but some of the earliest writing systems may have been ideographic lingua francas, and the writing system of China is to this day an ideographic 'lingua franca' (cf. art. 140). The sign language attributed to the Plains Indians in North America may have emerged in the earliest period of the trade generated by Europeans.

As a technical term, lingua franca owes it existence to the *Lingua Franca* (also known as *sabir*) that was used in the Mediterranean basin in the 17th century (if not earlier) and up to the end of the 19th. Said to have been a mixed language, including elements from Spanish, French, Portuguese, Arabic, Turkish, Greek, and Persian, it seems to have been based in its earliest history on some Italian dialect or dialects. Given the uncertainty of its genealogy, the plural forms *linguae francae* and *lingue franche* must be considered affectations.

6. Literature (selected)

Chew, John J. (1981) "The relationship between Japanese, Korean, and the Altaic languages: in what sense genetic?" in: *Bulletin of the International Institute for Linguistic Sciences* (Kyoto) 4, 7 – 38.

Cooper, Robert L., ed., (1982) *Language spread: studies in diffusion and culture change.* Bloomington.

Heine, Bernd (1968) *Afrikanische Verkehrssprachen,* Köln.

Milner, G. B. (1963) "Notes on the comparison of two languages (with and without a genetic hypothesis)", in: *Linguistic comparison in Southeast Asia and the Pacific,* Shorto, H. L., ed., London, 28 – 44.

Newman, Stanley S. (1946) "The Yawelmani dialect of Yokuts", in: *Linguistic structures of Native America,* Osgood, C., ed., New York, 222 – 248.

Reinecke, John E. ([1938] 1964) "Trade jargons and creole dialects as marginal languages", in: *Lan-*

guage in culture and society, Hymes, D., ed., New York, 534 – 542.

Samarin, William J. (1962) "Lingua francas, with special reference to Africa", in: *Study of the role of second languages in Africa, and Latin America*, Rice, F. A., ed., Washington, D. C., 54 – 64.

Samarin, William J. (1982) "Colonization and pidginization on the Ubangi River", in: *Journal of African Languages and Linguistics* 4, 1 – 42.

Thurston, William R. (1982) *A comparative study in Anêm and Lusi*, Canberra.

Whinnom, Keith (1977) "The context and origins of lingua franca", in: *Languages in contact: pidgins-creoles*, Meisel, M., ed., Tübingen, 3 – 18.

William J. Samarin, Toronto
(Canada)

51. Elaborated and Restricted Codes

1. Introduction
2. The Codes
3. Assessments of the Codes
4. Persistence of the Codes
5. Conclusions
6. Literature (selected)

1. Introduction

Basil Bernstein's work on class and linguistic codes (cf. art. 68) has been extremely influential in sociological and educational circles. However, his theoretical stance has not always been completely clear. In his earlier work, Bernstein appeared to support the so-called "deficit" view of lower-class speech, but more recently he has been careful to note that this is not the import of his studies. He points out himself (1971) that his initial studies were obscure, ambiguous and conceptually weak. Whether through ambiguity or misinterpretation, it is fair to say that Bernstein's codes have been associated with a deficit approach.

In one of his early papers, Bernstein (1959) alluded to the work of Schatzman and Strauss (1955). Their investigation of class differences in speech was one of the first systematic studies here (perhaps the first: see Dittmar, [1973] 1976, 4, and Robinson, 1972, 150, who also mentions a "neglected" work by Fries, 1940, on class and language). Schatzman and Strauss interviewed lower- and uppermiddle-class people in Arkansas who had witnessed a tornado. The lower-class respondents were found to transmit much less information about this frightening event than were those of the middle class. There was little attempt to "set the scene" and respondents did little more than reconstruct the event in personal, particular and concrete terms. There was also a great deal of digression; persons were mentioned who were unknown to the interviewer. Lower-class respondents appeared to assume that the interviewer shared contextual information, and their communications suffered because of this. The authors baldly stated that such informants "literally cannot tell a straight story or describe a simple incident coherently" (336). Middle-class interviewees, on the other hand, were seen to reconstruct events in logical and meaningful ways.

2. The Codes

It was from this background that Bernstein began his work on class and codes. In two early papers, he introduced the terms "public" and "formal language." The former was characterised by its emphasis upon "the emotive rather than the logical implications" of language (1958, 164). Ten attributes of public language were then provided (1959, 311): short, simple and often incomplete sentences with poor syntax; simple and repetitive use of conjunctions; frequent use of commands and questions; rigid and limited use of adjectives and adverbs; infrequent use of impersonal pronouns; statements in the form of implicit questions (e. g., "It's only natural, isn't it?"); frequent use of categoric statements (e. g., "Do as I tell you"); frequent use of idiomatic phrases; low-order symbolism; much implicit meaning. Users of public language were thus seen to have few syntactic and lexical alternatives, and to be restricted to concrete, non-symbolic expression in which much is taken for granted (i. e., is implicit; cf. Schatzman/Strauss).

While public language was seen to be available to both lower and middle classes, the latter also have access to formal language.

Bernstein (1959, 312) gave 8 characteristics of this form: grammatical and syntactic accuracy; sentence complexity, with use of conjunctions and clauses; frequent use of prepositions to establish relationships; frequent use of impersonal pronouns; a range of adjectives and adverbs; the conceptual organisation of experience; expressive symbolism; explicit meaning.

With the subsequent translation of "public" and "formal language" into "restricted" and "elaborated codes" (Bernstein, 1962 a), one can see how the work was easily associated with a deficit theory of lower-class speech. Although Bernstein did note some strengths of public language, most of his statements indicated its inferior status. The experimental data in support of the theoretical formulations are found in four related articles (Bernstein 1958; 1960; 1962 a; 1962 b). With working- and middle-class boys as subjects, it was found that the former did better on verbal tests than on non-verbal ones, while the performance of their middle-class counterparts was similar on each type. This, Bernstein claimed, indicated a verbal deficiency among the lower class, whose normal linguistic environment was seen as deprived. Further analyses, based upon recorded discussions, revealed that working-class subjects used longer phrases and shorter words, and spent less time pausing (longer and more frequent pausing was related to more abstract symbolic speech by Goldman-Eisler 1954). Middle-class boys used more "uncommon" adjectives and adverbs, subordinate clauses and passive verbs. On the basis of these results, Bernstein concluded that the working-class speech was restricted and the middle-class elaborated (Edwards 1979, 36).

Further studies supporting the concept of codes were conducted by Bernstein's students and colleagues; these include Lawton (1969), Hawkins (1977), Brandis and Henderson (1970) and Brandis and Bernstein (1974). Adlam (1976) deals with the implications of the codes, and two collections edited by Bernstein himself assemble much of the important material (1971; 1973 b). Two important and related studies here are those of Cook-Gumperz (1973) and Robinson and Rackstraw (1972). The first dealt with the language of "maternal control", finding that working-class mothers used imperative modes while the middle class had broader and more personal patterns; these were seen to correlate with restricted and elaborated modes of expression, respec-

tively. The second found that, while working-class children's answers often involved simple appeals to authority or custom, middle-class answers to various questions were more informed and explanatory.

In America, Hess and Shipman (1965; 1968 a; 1968 b) also studied maternal control patterns, Middle-class mothers were more apt to reason with children and to use elaborated speech; lower-class mothers used "imperative-normative" styles. The authors concluded that "the meaning of deprivation would thus seem to be a deprivation of meaning" (1968 b, 103). Their recommendations can be generally seen as bridging Bernstein's work and the compensatory education programmes of the 1960s.

3. Assessments of the Codes

First, we should note here that Bernstein himself (1972, 158) regretted labelling the codes as "linguistic" instead of "sociolinguistic". He has also observed that his concern was always with performance rather than competence (1973 a, 70). He has also rejected the notion of compensatory education, with its foundation of linguistic defict theory. Overall, the force of Bernstein's recent remarks is to place him in the "different-but-not-deficient" camp, rather than in the deficit one; the codes are better seen as descriptions of variations in performance — due to different social environments — rather than as reflections of some underlying, class-based competence differences. Still, the fact remains that the impact of Bernstein's work has been as a support to linguistic deficit theory (for fuller reviews here, see Coulthard 1969; Dittmar 1976; A. Edwards 1974; J. Edwards 1979; Gordon 1981; Jackson 1974; Rosen 1972). Because of this, few linguists have supported the notion of codes.

A general summary of the work is provided by Trudgill (1975). First, the codes are better seen as sociolinguistic variants. Second, extrapolations from speech varation to educational and other problems are best explained through the mediation of social convention and prejudice. Third, Trudgill notes the unfortunate support that the codes have given to deficit views of speech, particularly at school; this, as we shall see in Section 4, is a support which persists today. Finally, Trudgill notes that, under some circumstances, working-class children can use elaborated code anyway (see also Rushton/Young

1975). Trudgill (cited in Stubbs 1976, 47) thus observes that the net result of Bernstein's work has been to show that "in situations more artificial and alien to them than to middle-class children, working-class children use a higher proportion of pronouns". However, there may be a bit more to it than that, despite the difficulties associated with the codes.

Halliday (1973, XVI) feels that Bernstein's codes have drawn attention to possible class differences in language functions, to the sociological bases of linguistic difference (see also Halliday 1969; Robinson 1972; 1975). Certainly, Bernstein has, from his earliest work, acknowledged the influence of Whorf, although — with regard to the mutually reinforcing properties of language and society — Bernstein has stressed the primacy of society, and Whorf that of language. In transferring the enquiry from language differences to variations within language (hence the codes), Bernstein has been seen to give "Whorf's insight new life and sociological substance" (Gumperz/Hymes 1972, 471). Thus, once shorn of their language-deficit connotations, Bernstein's codes may yet prove of some value in the sociolinguistic enterprise.

4.   Persistence of the Codes

We might now expect, then, that the concept of code could peacefully coexist with a difference approach to class and dialect variation. Social attitudes and variations in environmentally-produced language functions could be studied from the basis of sociolinguistic codes (although the terms "restricted" and "elaborated" themselves are less than ideal).

Unfortunately, however, the force of the codes continues in a language deficit vein (see Edwards, in press). Gordon (1978), for example, investigated the impact of Bernstein's work on a small sample of teachers in Suffolk. He found that the work did play a part in teacher training, and that many felt that Bernstein's ideas formalised views already current among teachers. Gordon also noted that teachers had subjective perceptions of the work and those with the least amounts of familiarity with it were the most accepting. Overall, Bernstein's theory was seen as generally an attractive one, acting to confirm existing teacher views of "deficient" language (see also Gordon 1981; Trudgill 1975). Gordon (1978, 104 and 106) provides an illustrative teacher comment here: "Bern-

stein [...] is saying something which most teachers 'take in through their fingers', as you might say it, every day of their lives ... Everyone knows that children from certain backgrounds do have a restricted code of speech ... You can't mistake it when you meet it, can you?"

A recent study of Nova Scotia teachers (Edwards/McKinnon, in press) suggests support for Gordon's view that Bernstein's influence has been to confirm existing teacher information (and misinformation). Ninety-six teachers from 10 schools were asked for their views of language and disadvantage; the schools serve a rural population which is predominantly white English-speaking but which also includes French Acadian and black pupils. Bernstein was not specifically mentioned to the teachers nor, indeed, was any other theorist. Teachers were found generally to accept an environmental-deficit view. Two representative comments were "Disadvantage suggests an informational and experiential inferiority ... an inability to make full use of novel information" and "[Disadvantaged children have] lack of experiences, poor language development ... usually disorganized."

Certainly, not all teachers phrased their feelings in such terms — terms which, indeed, show some familiarity with a type of literature or, at least, jargon — but the general tenor of opinion is fairly reflected here. The suggestion is that teachers have adapted information, new to them, to old attitudes; while they do not cite Bernstein and the codes directly, they have clearly read work which is, itself, related to concepts like language deficit and restricted/elaborated code. Some of the comments, unsurprisingly, suggest the mediating influence of work of the Hess and Shipman variety. For example, teachers observed that children often cannot "articulate their thoughts and feelings in such a way that they satisfy both themselves and their audience", that deficiencies proceed from "infrequent interaction with adults in discovery activities where opinions and experiences can be shared" and that "both receptive and expressive skills seem to have low levels of value and priority" (Edwards/McKinnon, in press).

These teachers (and, probably, teachers generally) cannot be said to be unsympathetic to language "problems", and it is probably also fair to say that there now exists greater tolerance for language variation than once was the case. Still, although teachers viewed, correctly, language differences as deriving from varied home backgrounds, they also saw these as restricted forms, often necessitating some form of compensatory action. Thus, several teachers commented extensively on the "poor" English learned at home, and the consequent need to teach children "correct" English. This task, some felt, was analogous to teaching a new language altogether. Where teachers were in contact with minority-group children, the speech patterns of these were singled out for attention. A fairly general view was expressed by one teacher as follows: "Blacks have a slang language all their own. They will not use proper English when opportunity arises".

5.   Conclusions

Bernstein's codes have had a rather convoluted history. Initially associated with a deficit view of lower- and working-class language (perhaps by Bernstein himself; certainly by others), they have been correctly interpreted, or re-interpreted, as sociolinguistic variants reflecting different language backgrounds and, possibly, functions. They are to be seen as comments on linguistic performance, not competence. In this way, it has been suggested, they may constitute an interesting perspective on the language-society realtionship (although it is clear that restricted and elaborated code cannot simply be seen as equivalent to nonstandard and standard dialects, respectively; see Edwards 1979, 78).

However, the impact of Bernstein's codes, particularly in educational circles, continues to reinforce long-established views about the incorrectness of certain language styles (the prejudices concerning so-called substandard varieties, for example). Recent findings indicate a continuing allegiance to a language-deficit philosophy which seems singularly resistant to change. This persistence is doubtless due, at least in part, to the direct and indirect influence of Bernstein and his codes. It is indeed unfortunate that, as Trudgill (1975, 93) observes, "at a time when many people in education are beginning to recognise that non-standard dialects are in no way inferior, others have simply had their prejudices about non-standard speech reinforced." Still, there is no doubt that the misinterpretations and inaccuracies surrounding the codes would not continue to have the force they do if they did not reinforce prejudices and social attitudes about speech and speakers which

are traditional, comfortable and (as cognitive dissonance theorists would point out) psychologically difficult to dislodge. While sociolinguistic information should not be expected to radically and quickly alter longstanding patterns, however inaccurate, it should continue to be disseminated, particularly within education. For while schools may not be able to change social attitudes on their own, we can at least hope that they will not exacerbate existing problems.

6.   Literature (selected)

Adlam, Diana (1976) *Code in context*, London.

Bernstein, Basil (1958) "Some sociological determinants of perception: An enquiry into sub-cultural differences", in: *British Journal of Sociology* 9, 159 – 174.

Bernstein, Basil (1959) "A public language: Some sociological implications of a linguistic form", in: *British Journal of Sociology* 10, 311 – 326.

Bernstein, Basil (1960) "Language and social class", in: *British Journal of Sociology* 11, 271 – 276.

Bernstein, Basil (1962 a) "Linguistic codes, hesitation phenomena and intelligence", in: *Language and Speech* 5, 31 – 46.

Bernstein, Basil (1962 b) "Social class, linguistic codes and grammatical elements", in: *Language and Speech* 5, 221 – 240.

Bernstein, Basil (1971) *Class, codes and control: Theoretical studies towards a sociology of language*, London.

Bernstein, Basil (1972) "Social class, language and socialization", in: *Language and social context*, Giglioli, P., ed., Harmondsworth, 157 – 178.

Bernstein, Basil (1973 a) "A brief account of the theory of codes", in: *Social relationships and language*, Lee, V., ed., Bletchley, 65 – 81.

Bernstein, Basil (1973 b) *Class, codes and control: Applied studies towards a sociology of language*, London.

Brandis, Walter/Bernstein, Basil (1974) *Selection and control: Teachers' ratings of children in the infant school*, London.

Brandis, Walter/Henderson, David (1970) *Social class, language and communication*, London.

Cook-Gumperz, Jenny (1973) *Social control and socialization: A study of class differences in the language of maternal control*, London.

Coulthard, Malcolm (1969) "A discussion of restricted and elaborated codes", in: *Educational Review* 22, 38 – 50.

Dittmar, Norbert ([1973 German] 1976) *Sociolinguistics: A critical survey of theory and application*, London.

Edwards, Anthony (1974) "Social class and linguistic inference", in: *Research in Education* 12, 71—80.

Edwards, John (1979) *Language and disadvantage*, London.

Edwards, John (in press) "Language and educational disadvantage: The persistence of linguistic 'deficit' theory", in: *Language development during the school years*, Durkin, K., ed., London.

Edwards, John/McKinnon, Margaret (in press) "The continuing appeal of disadvantage-as-deficit: A Canadian study in a rural context", in: *Canadian Journal of Education*.

Fries, Charles (1940) *American English grammar*, New York.

Goldman-Eisler, Freda (1954) "On the variability of the speed of talking and on its relation to the length of utterances in conversation", in: *British Journal of Psychology*, 45, 94—107.

Gordon, John (1978) "The reception of Bernstein's sociolinguistic theory among primary school teachers", in: *University of East Anglia Papers in Linguistics* 1.

Gordon, John (1981) *Verbal deficit: A critique*, London.

Gumperz, John/Hymes, Dell, eds., (1972) *Directions in sociolinguistics*, New York.

Halliday, Michael (1969) "Relevant models of language", in: *Educational Review* 22, 26—37.

Halliday, Michael (1973) "Foreword", in: *Class, codes and control: Applied studies towards a sociology of language*, Bernstein, B., ed., London, ix—xvi.

Hawkins, Peter (1977) *Social class, the nominal group and verbal strategies*, London.

Hess, Robert/Shipman, Virginia (1965) "Early experience and the socialization of cognitive modes in children", in: *Child Development* 36, 869—886.

Hess, Robert/Shipman, Virginia (1968a) "Maternal attitudes towards the school and the role of the pupil: Some social class comparisons", in: *Developing programs for the educationally disadvantaged*, Passow, A., ed., New York, 109—129.

Hess, Robert/Shipman, Virginia (1968b) "Maternal influences upon early learning: The cognitive environments of urban pre-school children", in: *Early education*, Hess, R./Bear, R., eds., Chicago, 91—103.

Jackson, Leonard (1974) "The myth of elaborated and restricted code", in: *Higher Education Review* 6 (2), 65—81.

Lawton, David (1969) *Social class, language and education*, London.

Robinson, W. (Peter) (1972) *Language and social behaviour*, Harmondsworth.

Robinson, W. (Peter) (1975) "The dialogue of 'deficit' and 'difference' in language proficiency", in: *International Journal of Psycholinguistics* 3, 27—40.

Robinson, W. P./Rackstraw, Susan (1972) *A question of answers*, London.

Rosen, Harold (1972) *Language and class: A critical look at the theories of Basil Bernstein*, Bristol.

Rushton, James/Young, George (1975) "Context and complexity in working class language", in: *Language and Speech* 18, 366—387.

Schatzman, Leonard/Strauss, Anselm (1955) "Social class and modes of communication", in: *American Journal of Sociology* 60, 329—338.

Stubbs, Michael (1976) *Language, schools and classrooms*, London.

Trudgill, Peter (1975) *Accent, dialect and the school*, London.

John Edwards, Antigonish, Nova Scotia (Canada)

IV. History of Sociolinguistics as a Discipline
Wissenschaftsgeschichte

52. Sprache und Gesellschaft in der Geschichte der vorstrukturalistischen Sprachwissenschaft

1. Aufgabe und Abgrenzung

Aufgabe des folgenden Artikels soll es sein zu zeigen, daß soziolinguistische Themen bereits in vorsoziolinguistischer Zeit die Sprachwissenschaft beschäftigt haben. Unter dem allgemeinen Titel 'Sprache und Gesellschaft' werden jene Aspekte, die in den Artikeln 32—50 systematisch vorgestellt wurden, in der Geschichte der traditionellen, d. h. vorstrukturalistischen Sprachwissenschaft aufgespürt. Dabei wird unter Sprachwissenschaft jede systematische Beschäftigung mit Sprache im philosophisch-spekulativen und im empirisch-deskriptivistischen Sinne verstanden. So gesehen beginnt die Geschichte der spekulativen Sprachwissenschaft mit der abendländischen Sprachphilosophie und die empirische Sprachbeschreibung mit dem Humanismus und der Aufklärung zu jenem Zeitpunkt, als sich nationale Standards gegenüber dem internationalen Latein mit eigenen Grammatiken und Gesamtbeschreibungen zu behaupten begannen. — Die vorsoziolinguistischen Traditionen werden also extensiv verstanden

von den 'Anfängen' bis zum Beginn der strukturalistischen Linguistik (Art. 53). Ausgespart bleiben die in den folgenden Artikeln 54—59 gesondert behandelten Bereiche der Dialektologie, Soziologie, Kulturanthropologie, die marxistischen Traditionen u. a. Trotz der übereinzelsprachigen Konzeption des Überblicks werden zur Exemplifizierung vorwiegend Beispiele aus der Geschichte der deutschen Sprachwissenschaft herangezogen. Die Beschränkung ist durch den fachlichen Horizont des Bearbeiters bedingt (vgl. Löffler 1985, 27—31). Überdies kommt der gesamteuropäische Rahmen im Zusammenhang der Dialektologiegeschichte (Art. 54) umfassend zur Sprache. Die für die einzelnen Epochen und Richtungen exemplarisch angeführten Personen und Werke könnten vice versa auch durch entsprechende Beispiele aus andern Einzelsprachen ersetzt werden.

2. Soziolinguistische Konstellationen im Verlauf der Sprachgeschichte als Voraussetzung eines soziolinguistischen Bewußtseins

Ein Blick in die Geschichte der Sprachwissenschaft lehrt, daß viele Themen und Gegenstände der heutigen Soziolinguistik zu verschiedenen Zeiten mehr oder weniger systematisch gesehen wurden. Man muß sich fragen, warum sich nicht schon früher im Verlauf der Sprachwissenschaft eine soziolinguistische Disziplin etabliert hat. Dies mag daran gelegen haben, daß die soziolinguistischen Themen in anderen Zusammenhängen z. B. der Dialektforschung, der allgemeinen Sprachwissenschaft, der Soziologie, der Ethnologie oder Geschichte genügend aufgehoben schienen. Überdies scheint die Herausbildung der institutionalisierten Soziolinguistik bestimmter politischer und soziokultureller

Konstellationen zu bedürfen, die in früheren Zeiten in der jetzigen Deutlichkeit nicht anzutreffen waren. Soziokulturelle Sprachkonstellationen als Voraussetzung einer etablierten Soziolinguistik hat es in der Geschichte der abendländischen Sprachen öfters gegeben: es waren dies Konfrontationen zwischen ebenbürtigen Sprachen, Umverteilungen der Sprachfunktionen und der Sprecherschichten, Herausbildung von Standards, Prestige usw. Dies konnte man bereits im alten Griechenland beobachten als Konflikt zwischen mehreren konkurrierenden Schriftdialekten; im antiken Rom in der Konfrontation von griechischer Wissenschafts- und Bildungssprache gegenüber der lateinischen Literatur- und Gebrauchssprache; später in der Konkurrenz zwischen den nationalen Sprechsprachen und deren lateinischer Überdachung, die in Europa das ganze Mittelalter hindurch gegolten hat. Zeitlich gestaffelt machten die einzelnen Nationalsprachen wie z. B. das Englische, Französische, Italienische, Deutsche oder Tschechische eine Emanzipation gegenüber dem Latein durch, auf Grund deren in der Zeit zwischen dem 14. und 18. Jh. das Latein praktisch überall aus der Position der Hauptsprache verdrängt wurde. Solche soziokulturellen Konstellationen führten zu Sprachkontaktphänomenen wie Bilingualismus, Sprachausgleich, Entlehnungsvorgängen, Sprach- oder Codekonkurrenz mit Diglossie-, Norm-, Konventions- und Sprachprestigeproblemen. Die Herausbildung von nationalen Standards in Konkurrenz zum Latein führte auch zu einer funktionalen Umschichtung innerhalb der nationalen Dialekte und der übrigen Sub-Codes. Die zahlreichen sozialen Veränderungen im Verlauf der Geschichte seit dem Mittelalter führten zu einer Umverteilung der Anteile der sozialen Gruppen an der gesprochenen und geschriebenen Sprache, zu vertikalen und horizontalen Schichtverlagerungen. Solche soziolinguistischen Konstellationen lassen sich in der Geschichte fast aller Nationalsprachen, so auch der deutschen, belegen. Die deutsche National- oder Schriftsprache verdankt ihre Existenz einem mehrmaligen Aufeinandertreffen der lateinischen Religions- und Wissenschaftssprache mit den einheimischen Sprechdialekten: in althochdeutscher Zeit, nachdem Karl d. Große dekretiert hatte, die heilige Schrift und die Glaubensverkündigung hätten in der Sprache des Volkes zu geschehen (Eggers 1963, 219 ff), ein zweites Mal, als die Glaubenserneuerung Martin Luthers und der

übrigen Reformatoren dem Latein als Religions- und Wissenschaftssprache nachdrücklich den Rang streitig machten. Daneben hatten Verlagerungen der politischen Macht von den Burgen der Ritter in die Städte und deren Patriziat und Zünfte wiederum Veränderungen im Sprachgebrauch zur Folge mit je unterschiedlichem Anteil der sozialen Gruppen. Es seien hier die höfisch-ritterliche Literatursprache oder die aufkommenden Handels- und anderen Berufssprachen erwähnt. Solche historischen Konstellationen und Entwicklungen führten zu allen Zeiten und in verschiedenen Weltgegenden zu einem mehr oder weniger deutlichen soziolinguistischen Bewußtsein.

3. Formuliertes Alltagswissen über 'Sprache und Gesellschaft' am Beispiel des Deutschen

Das soziolinguistische Sprachbewußtsein der jeweiligen Zeitgenossen muß vom heutigen Standpunkt aus als vorwissenschaftliches Alltagswissen bezeichnet werden. Hinweise darauf sind im Verlaufe der über tausendjährigen Geschichte der deutschen Sprache von solchen Personen überliefert, die zwischen die sprachlichen Fronten zu stehen kamen als Übersetzer, Schreiber, ortsunabhängige ('fahrende') Dichter und Prediger. Sie hatten ein Gespür für die varietätenreiche Sprachwirklichkeit und konnten dieses auch zum Ausdruck bringen. So bezeichnete bereits der Weissenburger Mönch Otfrid im Jahre 865 das Althochdeutsche als eine lingua agrestis, eine Bauern-Sprache, die sich nur mühsam dem heiligen Stoff der Bibel anbequemen wollte (Wolff 1973, 6). Ein anderer Mönch und Hochschullehrer, Notker von St. Gallen, bezeichnete um das Jahr 1000 seine deutschen Übersetzungen klassisch-lateinischer Autoren als eine unerhörte Sache (Ehrismann 1966, I, 421). Der Bauernsohn Helmbrecht der gleichnamigen Erzählung von Wernher dem Gartenaere um das Jahr 1250 wollte seiner dörflichen Enge entfliehen und gesellte sich den Raubrittern bei. Als er zum ersten Mal wieder in sein Dorf kam, benutzte er seine erworbenen elementaren Fremdsprachenkenntnisse in Latein, Französisch, Italienisch, Böhmisch, um aus dem Sprachprestige entsprechendes Sozialprestige zu schlagen (vgl. Löffler 1980, 37). Höhepunkte solch formulierten und überlieferten Alltagswissens sind u. a. die Sprachbeobachtungen eines Hugo von Trimberg in seinem Erziehungswerk „Der Renner" von 1250 (Hugo v. Trimberg Vss. 22 157 ff) oder die Bemerkungen zum regionalen Sprachprestige in Deutschland zwischen den 'Ober- und Niderländern' bei Berthold von Regensburg aus derselben Zeit. Als Beispiel aus der Geschichte einer anderen Nationalsprache sei Dantes Schrift „De vulgari eloquentia" genannt. Neben einem Loblied auf die poesiefähige Volkssprache (300 Jahre vor dem Deutschen) gibt der Autor einen Überblick über die sprachgeographischen und sozialen Verhältnisse Italiens zu seiner Zeit (Dante Alighieri (1305) 1966). Luthers Sprachbeobachtungen in seinem „Sendbrief vom Dolmetschen" sind hier zu nennen, wo er die künstlich-gelehrte Übersetzungssprache der Alltagssprache des gemeinen Mannes gegenüberstellt (Luther (1530) 1959), ebenso wie die bissig-sprachkritische Schrift Grimmelshausens über die „Pralerey (...) des deutschen Michel", in der er die schlimmsten Unarten des Sprachgebrauchs und das gestörte Verhältnis vieler Deutscher zu ihrer eigenen Sprache und der der Nachbarn anprangerte (Grimmelshausen (1673) 1976). — Vergleichbares ließe sich wohl aus der Geschichte des Sprachbewußtseins jeder anderen Sprache zusammentragen. Solch formuliertes Alltagswissen resultierte aus einer persönlichen Betroffenheit der Zeitgenossen, indem sie als Übersetzer oder Publizisten die Misere einer fehlenden Standardsprache kannten, persönlich an der Herausbildung eines solchen Standards Anteil hatten oder sich der Popularisierung und Verbreitung der elementaren Kulturtechnik des Lesens und Schreibens widmeten. Der Strang des formulierten Alltagswissens von der gesellschaftsbedingten Sprachvarianz zieht sich durch die ganze Geschichte hin bis zur Gegenwart mit ihren populären Sprachkritiken, sprachpflegerischen Stilistiken oder publizistischen Sprachglossen.

4. Sprachphilosophische Tradition: Das Problem der Norm und Konvention

Auch die ernste Wissenschaft als Philosophie hat sich ebenfalls mit gesellschaftsbedingten Phänomenen der Sprachwirklichkeit befaßt. Man muß diese philosophische Beschäftigung mit der Sprache bereits zur Wissenschaftsgeschichte rechnen. Sie beginnt mit der griechischen Metaphysik, hat in der Septem Artes

Lehre und der Scholastik einen mittelalterlichen Höhepunkt und seit der Aufklärung einen bis heute bleibenden Einfluß. In dieser philosophischen Tradition gibt es eine durchgehende spekulative Sprachtheorie, die sich auch mit den 'soziolinguistischen' Themen wie Norm und Konvention, Ursprung der Sprache und Sprachrichtigkeit, 'heilige' Sprachen und 'Spracharistokratie' (als Sprache der jeweils Besten) befaßte. — Erinnert sei an Platons Dialog "Kratylos", in dem die Frage der Richtigkeit sprachlicher Benennungen, der Norm und Konvention und das Problem des Garanten dieser Norm behandelt wird. Der Sprachhüter (Nomothétes) ist dabei der allgemeine Sprachgebrauch (Platon 1978 Bd. 2). Die soziale Konventionalität der sprachlichen Zeichen behandelt Aristoteles in seiner Schrift „De interpretatione" (oder Peri Hermeneias). Dabei hat seine Formulierung, das sprachliche Zeichen sei ein bedeutungsvoller Ausdruck (Phoné semantiké) nach Übereinkunft (kata synthéken) die spätere Tradition zu immer neuen Deutungen angeregt. Bei Boethius (um 500 n. Chr.) lautet die Stelle „secundum placitum" (= nach Belieben), von Notker (um 1000) mit „after dero gelubeda" (= nach deren Abmachung) übersetzt (Notker 1975, 5). Thomas von Aquino (gest. 1275) übersetzt diese Stelle mit „ex institutione" (= nach der Einrichtung) (Thomas v. Aquin 1882, I, Qu. II.). Dies wiederum veranlaßte E. Coseriu zur Deutung, das sprachliche Zeichen habe seine Bedeutung gemäß der menschlichen Einrichtung, wie es bei den Menschen, in der Gesellschaft eingerichtet sei (Coseriu 1975, 80 f). Spätestens seit Thomas ist also der gesellschaftsbedingte Charakter der Sprachbedeutung im Sinne Aristoteles' deutlich. Von hier aus ist es nur ein kurzer Weg als 'fait social' bei Saussure (s. weiter unten 7.2.) und zu Wittgensteins Satz Nr. 43, wonach „die Bedeutung eines Wortes ... sein Gebrauch in der Sprache" sei (Wittgenstein 1971, 41). Sprachnorm, Konventionalität und Sprachgebrauch sind durchgehende Themen der abendländischen philosophischen Beschäftigung mit der Sprache. Dabei sollen die genannten Beispiele stellvertretend für viele andere stehen. Im Grunde müßte man alle großen Philosophen der abendländischen Geistesgeschichte hier anführen.

5. Humanismus und Aufklärung: Sprachrichtigkeit und 'Spracharistokratie'

Mit der Renaissance der klassischen Antike ging im Zeitalter des Humanismus auch die

Entdeckung und literarische Aufwertung der nationalen Schriftsprachen einher. Die Übersetzungstätigkeit der Reformatoren und die Popularisierung der Schreib- und Lesefähigkeit schufen das Bedürfnis nach nationalsprachlichen Grammatiken. Diese waren in Analogie zu den lateinischen Schulgrammatiken ganz auf die Sprachrichtigkeit hin konzipiert. Im Gefolge dieses Problems stellte sich wiederum die Frage nach den Garanten und Autoritäten der Sprachrichtigkeit. Bei Luther war es der Alltagsgebrauch des Volkes: man solle „den gemeinen man auff dem marckt drumb fragen vnd dem selbigen auff das maul sehen ..." (Luther 1530, 184). Wenig später waren es Luthers Schriften selbst, die zusammen mit den Reichsabschieden der kaiserlichen Kanzlei als Sprachvorbilder angesehen wurden. Einerseits war es die Sprache des einfachen Volkes, welche Ziel des literarischen Übersetzens sein sollte, andererseits sollte sich die Sprachrichtigkeit nach dem Gebrauch des besten Schriftstellers richten. — Nach Martin Opitz geht die Poetizität einer Sprache auf das Bedürfnis gerade des einfachen Volkes zurück, dem die besten Schriftsteller die Wahrheiten in gereimter Form und in Fabeln verkleidet vorlegen mußten (Opitz 1624, 7 f). Es seien gerade Adlige gewesen, z. B. Walther von der Vogelweide, die sich nicht gescheut hätten, die Poesie der Volkskunst zu pflegen (Opitz 1624, 15 f). — Die erste große und vollständige Beschreibung der deutschen Sprache ist Justus Georg Schottels „Ausführlichen Arbeit von der teutschen Haubtsprache" von 1663. Schon der Titel läßt eine differenzierte Auffassung von der sprachlichen Vielfalt vermuten. Das Deutsche bestehe aus einer Reihe von Dialekten, „die Hochdeutsche Sprache aber ... ist nicht ein Dialectus eigentlich, sondern Lingua ipsa Germanica, sicut viri docti, sapientes et periti eam tandem receperunt et usurpant (Schottel 1663, 174). Als Hauptsprache oder lingua ipsa habe auch das Deutsche eine Grammatik und sei Sprache der Gebildeten. Die Regelung einer Sprache durch eine 'certa doctrina' sei nötig, weil sich der alltägliche Gebrauch einer Sprache sonst dauernd verändere. Die Idealnorm finde sich bei den vorbildlichen Schriftstellern, ein Prinzip, das bis heute seine Gültigkeit hat. War ehedem das Deutsche gegenüber dem Latein eine Pöbelsprache, so galt dies jetzt für die Dialekte gegenüber der neuen Hauptsprache. Bildungspolitisches Ziel sollte es sein, daß immer mehr Leute der neuen Hochsprache mächtig

würden. Zuerst aber sollten sich die Gelehrten und feineren Kreise der deutschen Hochsprache bedienen. In Adels- und Gelehrtenkreisen war es bis ins 18. Jh. üblich, französisch zu sprechen. — Gottfried Wilhelm Leibniz machte sich ebenfalls zum Fürsprecher eines neuen Bildungs-Adels: Die feinere Sprache, verbunden mit der Liebe zu Weisheit und Tugend solle „sowohl bei Standespersonen als auch sogar bei niedrigen Leuten und nicht weniger bei dem liebreichen Frauenzimmer als tapferen Männern" gepflegt werden (Leibniz 1680, 10 f). „Denn weil alles, was der gemeine Mann treibt, wohl in Deutsch gegeben, so ist kein Zweifel, daß dasjenige, so vornehm und gelehrten Leuten mehr vorkommt, von diesen, wenn sie gewollt, auch sehr wohl, wo nicht besser, in reinem Deutsch hätte gegeben werden können." (Leibniz 1680 a, 27 f). Daß die Vielfalt der alltäglichen Sprache nicht regellos sei, sondern sich geradezu systematisieren lasse, hat noch im 17. Jh. Johann Bödiker erkannt. Seine Einteilung der „Eigentümlichkeiten" einer jeden Sprache kann auch heute noch vor jeder Varietätengliederung bestehen. Bödiker unterscheidet innersprachliche 'Idiotismen' (heute würde man 'Lekte' sagen): 1. Idiotismus linguae (entspräche dem heutigen 'Glottolekt'), 2. Idiotismus temporis ('Chronolekt'), 3. Idiotismus loci ('Dialekt'), 4. Idiotismus personae ('Idiolekt'), 5. Idiotismus circumstantiae nach Berufen, Absichten und Affecten ('Textsorten', 'Situolekte', 'Funktiolekte'). Bödiker hatte nicht nur eine Idealsprache, sondern auch eine Gebrauchsgrammatik im Auge. Er unterscheidet die Syntax regularis oder communis von der Syntax irregularis oder peculiaris oder figurativa oder arbitrii — eine Art von regulierter Abweichungsgrammatik. Selbst die Regelverstöße werden systematisiert (Bödiker 1690, 356—359). — Zu den Gelehrten, die mit der Forderung nach einer 'certa doctrina' des Deutschen ernst machten, gehörte Johann Christoph Gottsched. „Die beste Mundart eines Volkes ist insgemein diejenige, die an dem Hofe oder in der Hauptstadt eines Landes gesprochen wird (man meinet aber nicht die Aussprache des Pöbels in diesen Residenzen, sondern der Vornehmen und Hofleute. Denn jene ist z. E. auch in Paris und London nicht die beste). Hat aber ein Volk mehr als einen Hof, wie z. E. Wälschland (Italien) oder Deutschland, so ist die Sprache des größten Hofes, der in der Mitte des Landes liegt, für die beste Mundart zu halten." (Gottsched 1762 § 3). Eine angemessene Sprachlehre müsse aber auch die Sprache der Zeit im Auge haben, da auch die vorbildliche Sprache sich mit dem Fortschritt des Denkens verändere (Gottsched 1762 § 1, 3, 10). – Der Preußenkönig Friedrich II. (d. Große) beklagte in seiner auf französisch verfaßten Schrift „De la littérature Allemande" von 1780 die Vernachlässigung der deutschen Sprache durch die Gelehrten und den Adel am Hofe. Gegenüber den gelehrten Hofsprachen Latein, Französisch, Englisch und Spanisch sei das Deutsche die Sprache der Ignoranten geblieben. Wie schon Leibniz forderte auch der Preußenkönig, daß das Bemühen der national gesinnten Gelehrten auf eine vermehrte Benutzung des Deutschen und auf dessen Grammatikalisierung nebst der Frage nach dem vorbildlichen Dialekt gerichtet sein solle. War in der ersten Hälfte des 18. Jhs. Gottsched der maßgebliche Grammatiker gewesen, so trifft dies für das ausgehende Jahrhundert auf Johann Christoph Adelung zu. Der Sprachforscher der Goethezeit hielt die Emanzipation des Deutschen gegenüber dem Latein und das Ringen um die rechte Mundart für abgeschlossen. Obwohl seine Epoche nicht gerade als eine 'soziolinguistische' zu bezeichnen ist, finden sich bei Adelung Bemerkungen zur grammatischen Norm, dem Zusammenhang von Sprache und Kultur, zum Sprachzerfall, zur Sprachpflege und Sprachverbesserung. „Verschiedenheit der Sprachen ist gegründet in der Verschiedenheit der Vorstellungsarten, Sitten und Culturen ... so muß sie die Sachen nicht so vortragen wie sie seyn könnten oder seyn sollten, sondern wie sie wirklich sind." (Adelung 1782, 8). „Wenn der Geschmack soweit verfällt, daß die Musen nicht mehr erröten, die Sprache des Pöbels zu reden, ... dann ist der Verfall der Sprache da." (Adelung 1782, 70).

6. Romantische Ansätze: Die 'Volkssprache' und die 'Innere Form'

Mit ganz anderer Beweisabsicht wurde indessen zur selben Zeit die Sprache des Volkes neu entdeckt. Die Literatursprache sei nur insofern historisch echt, als sie aus den früheren Volkssprachen hervorgegangen sei und von dort immer noch Zuwachs erfahre. Johann Gottfried Herders „Ideen ... für den Allgemeingeist Deutschlands" von 1787 erinnern an den Preußenkönig: „Billig also ist's,

daß die Deutsche Sprache, wenigstens innerhalb der Grenzen der Nation, herrschend werde, daß die Deutschen Fürsten sie verstehen, rein sprechen und lieben, und durch ihr Exempel gereizt, der Deutsche Adel sowohl als jede andre feinere Gesellschaft ihr die Biegsamkeit und den Glanz zu geben suche, durch den sich die Französische so sehr auszeichnet ... denn bekanntermaßen wird unsere Büchersprache, im reinsten Sinne genommen, beinahe nirgend geredet" (Herder 1800, 138). Für Herder war die historische Echtheit der Volksdialekte Anlaß zu intensiver Beschäftigung mit der Volkssprache und zur Abwendung von der schulmeisterlich grammatikalisierten Schriftsprache. Die Sprachwissenschaft des 19. Jhs. wandte sich der historischen Sprachforschung zu, die Grammatik der Gegenwartssprache überließ man den Schulmeistern. Das soziolinguistische Interesse an der Gegenwart war für lange aus dem Blickfeld verschwunden. Die heutige Soziolinguistik sieht denn auch in keinem der genannten Sprachtheoretiker einen eigentlichen Vorläufer, wenn auch zu unrecht, wie gezeigt werden konnte. Eine Ausnahme bildet Wilhelm von Humboldt mit seiner Vorstellung von der 'Inneren Form' einer jeden Sprache (Humboldt 1830–35, 82 ff), welche mit dem Volks- und Nationalgeist identisch sei. Humboldts Konzept war nicht auf die innersprachliche Varianz bezogen. Sein Konzept war übereinzelsprachlich-universalistisch und war Vorbild für die nachmalige Ethnolinguistik von Sapir und Whorf (s. 7.3.). – Im Grunde war im 19. Jh. das soziolinguistische Interesse praktisch verschwunden, bis gegen Ende des Jahrhunderts die Dialektforschung von der empirisch-methodischen Seite her den Zusammenhang zwischen Sprache und Gesellschaft wieder bemerkte (vgl. Art. 54).

7. Präsoziolinguistische Ansätze in der Sprachwissenschaft des frühen 20. Jahrhunderts: Sprachgebrauch, sprachliche Differenzierung und deren bestimmende Kräfte

7.1. Von der junggrammatischen Sprachtheorie zur 'Soziallinguistik'

Die These von der Ausnahmslosigkeit der Lautgesetze, die von den Junggrammatikern aufgestellt wurde, und der Versuch, die Lautgesetzlichkeit empirisch an der gesprochenen Sprache nachzuweisen, brachten bereits zum Ende des 19. Jhs. Systemlinguistik und Sprachgebrauchs-Beobachtung in einen fruchtbaren Einklang. Der theoretische Stand dieser Verbindung spiegelt sich in fast allen sprachtheoretischen Arbeiten dieser Zeit (Whitney, Paul, v. d. Gabelentz, Ascoli, Schuchardt u. a.) wider. Die Beobachtungen zum Sprachgebrauch und den bestimmenden Kräften und Vorgängen ergeben einen bunten Katalog soziolinguistischer Aspekte, von denen im folgenden einige genannt sein sollen. H. Paul formuliert in den „Prinzipien der Sprachgeschichte" von 1880: „Das wahre Objekt für den Sprachforscher sind sämtliche Äußerungen der Sprechtätigkeit an sämtlichen Individuen in ihrer Wechselwirkung aufeinander." (Paul 1880, 24). – Die Sprachwirklichkeit ist ein „Spiel der Kräfte" in einem „massenhaften Getriebe" (ebd.). Hauptursache für die Veränderung des Sprachusus (Sprachsystem) ist die „gewöhnliche Sprechtätigkeit". Ihre kommunikative Intention ist das Sich-verständlich-machen in einer fast darwinistischen Zweckgerichtetheit (ebd. 32). Nach Whitney (1876) ist auch Sprache „durch die Tätigkeit der sich weiterentwickelnden Kräfte des Menschen erzeugt und aufgehäuft, von einer Generation auf die andere übergegangen". Sprachwissenschaft ist nach Whitney „eine Forschung, bei der Handlungen, Verhältnisse und Gewohnheiten des Menschen nicht bloß eine wichtige Rolle spielen, sondern die entscheidende Hauptursache sind (Whitney 1876, 331). Sprachveränderung sei eine Funktion des Willens des Sprechenden. Eine äußere Voraussetzung der Sprachveränderung ist nach H. Paul „die Sprachmischung als Beeinflussung einer Sprache durch die andere". Zweisprachigkeit stelle sich an den Sprachgrenzen ein, dann auch durch den internationalen Verkehr, „durch Reisen der Einzelnen auf fremde Gebiete zu vorübergehendem Aufenthalte – ... in stärkerem Grade durch dauernden Umzug einzelner und vollends durch räumliche Verpflanzung großer Massen, durch Eroberung und Kolonisation." (Paul 1880, 390). – Zu den sprachbeeinflussenden Kräften werden von G. v. d. Gabelentz in einem Abschnitt über „Sitte und Satzung" Ge- und Verbote, Recht, Religion, Cultus, religiöse Scheu u. a. gezählt. Die Wahl eines Ausdrucks sei abhängig auch von 'socialen Modalitäten', vom Rang des Redenden und Angeredeten. Hieraus seien verschiedene Sprachstile erwachsen. Dies gelte für alle Sprachen ebenso wie das Vorkommen von 'Männersprachen und Weibersprachen'. Überall werde auch zwischen

den Sphären der guten Sitten mit ihren Tabus und derjenigen der Frivolität unterschieden, die in „Schlupfwinkeln und offener Gasse, in Höfen, Märkten und Herbergen" anzutreffen seien (v. d. Gabelentz 1891, 248 ff). „Hier zeigt sich also eine neue Triebfeder: das Bedürfnis der höheren Classen, vor den unteren etwas voraus zu haben ... Seit die Zeiten der Kleiderordnung vorüber sind, verbietet nichts mehr den geringen Leuten, es den Vornehmen nachzumachen. Nur nachkommen können sie ihnen nicht; denn wessen sie sich einmal bemächtigt haben, das gilt in den oberen Kreisen als entwertet. Seit die Bauern ihre Kinder auf die Namen Arno, Alma, Ida taufen, sind die Hänse, Greten und Ilsen hoffähig geworden." (v. d. Gabelentz 1891, 250). Zu den 'socialen Modalitäten' gehöre auch eine demokratische Sprache. In ihr dürfe es keine hohen und niederen Formen „und nicht einmal verschiedene Personalpronomina für Vorgesetzte und Untergebene" geben. Zeichen eines demokratischen Sprachverständnisses sei z. B. die Vermenschlichung der Götter in der Sprache der Griechen gewesen (ebd. 475). – Ph. Wegener schlägt in einem Programm zur Sammlung von Dialektgrammatiken eine soziologische Differenzierung der Sprecher vor. Er unterscheidet Stadt und Land, Gebildete, Halbgebildete und Ungebildete; Schriftsprache, Stadtsprache (Umgangssprache) und Volkssprache. Die Aufgabe der Sprachwissenschaft muß sein, das Gesamtgebiet des sprachlichen Gedankenaustausches zwischen Volksgenossen, d. h. die lebendige, wirklich gesprochene Rede, und zwar in den verschiedensten Kreisen und Schichten des Volkes zu beschreiben. Jene Kreise scheiden sich (1) nach den socialen Bedingungen, (2) nach den Vorstellungsgebieten ... Der gebildete Mann tritt durch diese Studien in die Gesellschaft fremder Nationen, früherer Kulturen, er verkehrt mit Königen, Feldherrn, Staatsmännern, Gelehrten, Dichtern, Geistlichen u. s. f. ... Besonders ist die Frau die Hüterin dieses wahrhaft feinen Gesprächstones! das erkannte bekanntlich lang vor Göthe schon Cicero." (Wegener 1901, 1467 ff; vgl. Mattheier 1980, 25). Grundvoraussetzung für Sprachwandel ist für Wegener das Vorhandensein verschiedener 'Sprachkreise' bei allen drei sozialen Schichten. Auch bei der ländlichen Bevölkerung erhalte die Schriftsprache durch die allgemeine Schulpflicht den Charakter der Hochsprache und diene durch das Auswendiglernen von Kulturgegenständen auch den „idealeren Interessen des Volkes", während „die Volkssprache mehr und mehr auf die Gegenstände des alltäglichen Lebens beschränkt" bleibe (Wegener 1901, 1471). Das gleiche gelte auch für die Kirche. Die sprachbestimmenden und -verändernden Einflüsse erscheinen fast endlos: Industriearbeit, Militärdienst, Dienst in der Stadt, Seefahrt ('Schifferkoiné') Fremdenverkehr, Zeitungen, Volksbibliotheken, Kolportageschriften, die verschiedenen Lebensalter und immer wieder die drei Sprachkreise: Vulgärsprache in der Stadt, ländliche Volksdialekte und Hochsprache (Wegener 1901, 1473). Die Feststellungen über die Sprachvielfalt, die 'Kreisvermischung' und die Aufgaben des sprachlichen Sozialforschers, die individual- und gruppenpsychologischen Ursachen des Sprachwandels zu erkunden, sind Programm geblieben. In dem am Schluß seines Beitrages formulierten Fünfpunkteprogramm kommen die genannten Themen jedenfalls nicht vor. Auch in der fünfbändigen Deutschen Grammatik H. Pauls von 1916—1920 ist trotz der vierzig Jahre früher formulierten Einsichten kein 'soziolinguistisches' Kapitel enthalten. — Es war die praktische Mundartforschung, die um diese Zeit zum Experimentierfeld der soziolinguistischen Theorieansätze wurde (vgl. hierzu den Artikel 54). Die im voraus formulierten sozial-linguistischen Programme sind jedoch angesichts der Arealität der Datenmassen in der Praxis der Dialektgeographie wieder untergegangen (vgl. Lang 1982). Dabei hatte gerade im Zusammenhang des Sprachatlasses des Deutschen Reiches (DSA) F. Wrede noch einmal auf die Notwendigkeit einer soziallinguistischen, d. h. historisch-erklärenden Dialektforschung hingewiesen (Wrede 1903, 311).

7.2. Sprache als 'fait social'

F. de Saussures soziolinguistische Bemerkungen wurden von den Zeitgenossen kaum zur Kenntnis genommen. Auch später hat die strukturalistische Rezeption (vgl. Art. 53) die soziolinguistischen Passagen der „Grundlagen" übergangen (vgl. neuerdings Bierbach 1978). Dabei beschreibt Saussure die Sprache auch ausdrücklich nach ihrer 'socialen Modalität': „Die menschliche Rede, als ganzes genommen, ist vielförmig und ungleichartig; verschiedenen Gebieten zugehörig, zugleich physisch, psychisch und physiologisch, gehört sie außerdem noch sowohl dem individuellen als dem sozialen Gebiet an; sie läßt sich keiner Kategorie der menschlichen Verhält-

nisse einordnen, weil man nicht weiß, wie ihre Einheit abzuleiten sei." (Saussure 1967, 11). „Wir haben soeben gesehen, daß die Sprache eine soziale Einrichtung (fait social) ist .... Man kann sich also vorstellen eine Wissenschaft, welche das Leben der Zeichen im Rahmen des sozialen Lebens untersucht; diese würde einen Teil der Sozialpsychologie bilden und infolgedessen einen Teil der allgemeinen Psychologie ..." (Saussure 1967, 19). „Es bedarf einer sprechenden Menge, damit eine Sprache bestehe. Niemals — und dem Anschein zum Trotz — besteht sie außerhalb der sozialen Verhältnisse, weil sie eine semeologische Erscheinung ist. Ihre soziale Natur gehört zu ihrem Wesen." (Ebd. 91). „Die Gesellschaft ist notwendig, um Werte aufzustellen, deren einziger Daseinsgrund auf dem Gebrauch und dem allgemeinen Einverständnis beruht. Das Individuum ist für sich allein außerstande, eine Wert-(= valeur)Bedeutung festzusetzen." (Saussure 1967, 135). Aus Saussures Theorie der sozialen Bedingtheit des Sprechens wurden keine Konsequenzen für die empirische Sprachforschung gezogen (vgl. Bierbach 1978). Zu einer soziolinguistischen Empirie im heutigen Sinne fehlte noch eine explizite Theorie von der Gliederung der Gesellschaft und der kommunikativen Situation. In der deutschen Forschung wurde Saussure überdies nur von der allgemeinen Sprachwissenschaft/-philosophie wahrgenommen. Zu den frühen Rezipienten gehörte neben H. Ammann (1934) auch K. Bühler. Er hatte denn auch die soziolinguistischen Kriterien in den Zusammenhang eines funktionalen Kommunikationsmodells mit den drei Sprachfunktionen: Darstellung, Ausdruck und Appell gestellt (Bühler 1934, 28). Für die spätere soziolinguistische Theoriebildung interessant ist Bühlers weitere Unterscheidung von 'Sprechhandlung', 'Sprachwerk' als 'niedere Formalisierungsstufen' und 'Sprechakt' und 'Sprachgebilde' als 'höhere Formalisierungsstufen'. Sprechhandlung und Sprechakt sind subjektbezogen, Sprachwerk und Sprachgebilde objektgebunden (Bühler 1934, 49). Bühler verstand sich als Fortführer von Paul, Saussure und Husserl (ebd. 1 ff). Seine beiden sprecherseitigen Kategorien Akt und Handlung sind allerdings noch nicht mit den interaktionistischen Kategorien Status und Rolle verbunden, wie dies bei der heutigen Soziolinguistik der Fall ist. Bühlers Ansatz wäre somit eher zur Universalpragmatik zu rechnen als Voraussetzung für eine empirische Pragmatik oder Soziolinguistik.

7.3. Das 'sprachliche Weltbild' einer Kultursprache

Die Erforschung immer neuer Kulturen und deren Sprachen hat die alte Frage nach dem Zusammenhang von Sprache und Kultur, Sprache und Denken und deren gegenseitiger Bedingtheit auch im 20. Jh. wieder aufkommen lassen. Die sogenannte 'Sapir-Whorf-Hypothese' steht für die Theorie einer Interdependenz von Sprache und Kultur oder der 'sprachlichen Relativität' (vgl. Artikel 56). Dabei bezeichnet Sapir auf Grund seiner ethnologischen Studien von Indianer-Kulturen Sprache und Denken als untrennbar verflochten (Sapir [1921] 1961, 193), bezweifelt aber die notwendige Übereinstimmung von Sprache, Rasse und Kultur. „Wer sich für das Studium der Sprache interessiert, sollte sich vor dem Fehler hüten, eine Sprache mit ihrem Konversationslexikon zu verwechseln." (Sapir [1921] 1961, 194). Die Abhängigkeit des Denkens vom 'Weltbild' der Sprache hebt Sapirs Schüler Whorf hervor (Whorf 1963, 15 ff). Da die Hopi-Sprache keine Wörter für Zeitbegriffe habe, fehle bei ihnen z. B. die Zeitvorstellung. — Die Theorie des 'Sprachlichen Weltbildes', der sprachlichen Zwischenwelt als bedeutungsschaffender Ebene zwischen Wort und Sache, prägen die Arbeiten L. Weisgerbers von seinen Anfängen (Weisgerber (1929) 1964) bis zum Gesamtentwurf einer Sprachtheorie „Von den Kräften der deutschen Sprache", in dem der „Muttersprache im Aufbau der Kultur" (Weisgerber (1957) 1971) ein eigener Band gewidmet ist. Aufgabe und Funktion der Sprache einer jeden Sprachgemeinschaft ist das 'Worten der Welt'. Dieses Konzept erhält seinen präsoziolinguistischen Status, indem hier mit dem Zusammenhang von Sprachsystem und Denkvorstellung auch die Bedingtheit gesellschaftlicher Subkultur und deren Einwirken auf die binnensprachlichen Subcodes angelegt ist. Die Ansätze sind in der Ethnomethodologie wieder aufgegriffen worden, ohne daß der theoriegeschichtliche Zusammenhang immer deutlich blieb.

7.4. Das 'gesunkene Kulturgut'

Kurz nach dem Ersten Weltkrieg war unter Volkskundlern, Sprach- und Kulturforschern ein Streit um den Anteil der gesellschaftlichen Gruppen an den Kulturgütern und damit auch an der Sprache entbrannt. Die Ereignisse nach 1918 ließen Begriffe wie 'sprechende Menge' oder 'psychologische Verhält-nisse des Sprechens', wie sie bei H. Paul und Saussure gebraucht worden waren, in einem neuen Licht erscheinen. Das romantische Merkmal der Ursprünglichkeit des Primitiven wurde nicht mehr nur den dörflichen Dialektsprechern, sondern auch den ungebildeten Massen zugesprochen. H. Schröder hatte 1921 in einem Beitrag die Sprache des Kleinen Mannes ins Blickfeld gerückt. „Die Unterschicht, die noch mit den Ohren hört und mit dem Munde spricht, die nicht wie die Oberschicht einen großen, vielleicht größten Teil ihres Sprachstoffes durch die Augen in sich aufnimmt und mit der Feder in der Hand von sich gibt, die bildet die Sprache weiter, ohne Absicht und auch in zunächst unmerklicher Entwicklung, und da sie der Oberschicht an Zahl überlegen ist, so folgt diese ihr ... nur langsam und oft erst nach heftigem Widerstreben" (Schröder 1921, 19). Hiergegen wandte sich E. Lerch. Er wies nach, daß nur die beharrende Haltung der literarisch gebildeten Oberschicht den Sprachzerfall aufhalten könne. Er zitierte dabei Voltaire, der sich über Rousseaus „Vergötterung des primitiven, unreflektierten, unverdorbenen Mitmenschen" als „ein Bestreben, uns wieder zu Bestien zu machen", ausläßt, „und man bekomme beim Lesen ordentlich Lust, auf allen Vieren zu laufen." (Voltaire, Brief vom 30. Aug. 1755, nach Lerch 1925, 79). In Wahrheit stamme auch das Einfache und Natürliche bei der Unterschicht von der Oberschicht. Selbst Volkslieder seien nach neueren Forschungen das Werk Einzelner. „Auch die geistigen Waffen des Sozialismus, mit denen er (d. h. H. Schröder) die Oberschicht bekämpft, sind ihm von Angehörigen dieser Oberschicht geschmiedet worden." (Lerch 1925, 79). „Auch in der Sprachwissenschaft wird es sich nicht vermeiden lassen, mit dieser romantischen Lehre von dem Volke als der wahrhaft schöpferischen Instanz zu brechen." (Lerch 1925, 80). Die sprachliche Erziehung spiele bei der Oberschicht und Mittelschicht eine größere Rolle als bei der Unterschicht, „wo eben jeder so spricht, wie ihm der Schnabel gewachsen ist." (Lerch 1925, 88). — In einem gleichlautenden Beitrag „Über das sprachliche Verhältnis von Ober- zu Unterschicht" hat H. Naumann in derselben Zeitschrift aus volkskundlicher Sicht Ober- und Unterschicht als gleichwertige Pole eines einzigen Kräfteverhältnisses dargestellt. Sprachliche Veränderungen entstünden seltener durch lautgesetzlichen Wandel als durch Anstöße vom Rande der Sprachgemeinschaft her im Kontakt zweier Kulturbereiche mit einem Prestige-Gefälle. Vermittler sei immer die Oberschicht. „Fremde Kulturen an der Peripherie der Sprachgemeinschaft bekommen Einfluß auf die neu an ihnen sich bildende Oberschicht." (Naumann 1925, 59). „Man wird immer wieder dazu neigen müssen, ... gesunkenes Kulturgut, gesunkenes Schriftidiom ... zu erkennen." (Naumann 1925, 62). Auch die Sprechweise der Primitiven wirke oft in umgekehrter Richtung nach oben. Dies insbesondere in Zeiten des Umbruchs, jenen „Zwischenräumen, in denen sich solche Sprachwenden in der Tat vollzogen, in denen sich aus dem Althochdeutschen das Mittelhochdeutsche, aus dem Mittelhochdeutschen das Neuhochdeutsche entwickelte ... Es waren jedesmal aufgelösere Zeitläufe, mit erschütterten kulturellen Verhältnissen, Ausgleichungen der bisherigen Bildungsdifferenzen, Auflösung der alten Oberschichten, Ansätzen zu Wiederaufbau und Neubildung ..." (Naumann 1925, 65). Trotz des immer noch elitären Tones erfährt die Kultur jener Grauzone zwischen Ober- und Unterschicht eine Aufwertung. Sie wird zum wissenschaftlichen Gegenstand erhoben, der in der Folge auch die sprachlich-volkskundlichen Arbeiten prägte.

7.5. Die Volkssprache als Objekt der Sozial-Dialektologie

Anfangs der dreißiger Jahre wollte F. Maurer die Idee Naumanns vom gesunkenen Kulturgut mit 'dialektgeographischen Ergebnissen verknüpfen'. Volk wird nicht einfach als Nation, „sondern mit gewissen Schichten der Nation, mit ihren noch gemeinschaftsmäßig gebundenen Teilen, d. h. in der Hauptsache den unteren Schichten der Nation" umschrieben (Maurer 1932, 23). Maurer deutet Sprachräume und -grenzen nicht mehr nur dialektgeographisch, sondern nach Wredes Forderung auch soziologisch. Mundartgrenzen sind Verkehrsgrenzen, Territorialgrenzen und im Sinne der 'Rheinischen Schule' (vgl. Aubin/Frings/Müller 1926) auch Kulturgrenzen. Sprache, Geschichte und Geographie sind sich gegenseitig bedingende Kräfte und gleichberechtigte Komponenten einer Kulturlandschaft. Dies wird nun an zahlreichen Materialien aus der Gegenwart und Geschichte nachgewiesen (vgl. auch Maurer 1933 u. 1942). Eine Zwischenbilanz und Bestandsaufnahme der traditionellen historisch-sprachgeographisch - soziologisch - volkskundlichen Ansätze der germanistischen Sprachfor-

schung zieht A. Bach in dem bereits 1934 erschienenen, 1950 erweiterten Handbuch „Deutsche Mundartforschung". Das Kapitel „Die Mundart in ihrer soziologischen Schichtung" umfaßt 40 Seiten, hat indessen trotz der Vielfalt der angeschlagenen Themen keine sonderliche Resonanz gefunden (vgl. Löffler 1980, 36—41 u. Löffler 1985, 30).

7.6. Sprachinselforschung

Volkssprache wurde dort am deutlichsten sichtbar, wo sie außerhalb des geschlossenen Sprachgebietes in einer Sprach-Insel, isoliert von der Heimatsprache vorkam. Sprachinselforschung ist deshalb eine der wichtigsten soziolinguistischen Vorgängerdisziplinen. In der insularen Lage einer Sprache zeigen sich gerade auch die Phänomene wie Sprachkontakt, Interferenzen, Bi- und Multilingualismus, Spracherwerb im sozialen Kontext in einem ungestörten, fast natürlichen Ablauf. Bereits 1934 wurde festgestellt, „die meisten Sprachinseln, die jungen und ein Teil der alten, zeigen ein wesentlich einfacheres soziales und kulturelles Gefüge und stellen so die Kulturforschung vor leichtere Aufgaben als das Mutterland ... Es ist wohl etwas zuviel gesagt, daß in einzelnen Sprachinseln keine geistige Oberschicht bestehe und daher nicht von gesunkenem Kulturgut gesprochen werden könne; denn auf irgend einem Wege findet dieses doch seinen Weg in die Sprachinsel." (Kuhn 1934, 395). Die zahlreichen Arbeiten über sprachinseldeutsche Verhältnisse wurden in ihrer soziolinguistischen Relevanz noch nicht genügend berücksichtigt (vgl. Moser 1937, zusammenfassend Hutterer 1963, Wiesinger 1980, Löffler 1985, 72 ff). Das Bestreben nach Archivierung und Rettung untergehender Sprachen hat die Sprachinselforschung nach dem Zweiten Weltkrieg von der soziologisch-deskriptiven zu einer historisch-antiquarischen Disziplin werden lassen.

8. Schlußbemerkung

Die vorstrukturalistischen präsoziolinguistischen Theorieansätze ziehen sich wie ein unstrukturiertes buntes Gewebe durch die Geschichte der Sprachwissenschaft im weiteren Sinn. Vieles wurde nur nebenbei bemerkt, manches zum Programm erhoben, aber nicht ausgeführt oder aber andern Disziplinen zugerechnet. Zur Etablierung einer eigentlichen soziolinguistischen Disziplin bedurfte es weiterer Bedingungen und Anstöße. Die Intensität und der Erfolg soziolinguistischer Forschungen im europäischen Bereich der letzten Jahrzehnte hat wohl eine Begründung in der latent bereits seit langem vorhandenen soziolinguistischen Prädisposition der Sprachwissenschaft, die, wenn auch unsystematisch, doch als Vorstufe und Vorbedingung einer soziolinguistischen Theorie und Empirie im heutigen Sinne gelten kann.

9. Literatur (in Auswahl)

Adelung, Johann Christoph (1782) *Umständliches Lehrgebäude der Deutschen Sprache zu Erläuterung der Deutschen Sprachlehre für die Schulen*, Leipzig.

Ammann, Hermann (Rez.) (1934) „Kritische Würdigung einiger Hauptgedanken von F. de Saussures „Grundfragen der allgemeinen Sprachwissenschaft" ", in: *Indogermanische Forschungen* 52, 261—281.

Ascoli, Graziadio Isaia ([1886 italienisch] 1887) *Sprachwissenschaftliche Briefe* (Lettere glottologiche), Leipzig.

Aubin, Hermann/Frings, Theodor/Müller, Josef (1926) *Kulturströmungen und Kulturprovinzen in den Rheinlanden*. Geschichte, Sprache, Volkskunde, Bonn.

Bach, Adolf ([1934] 1950) *Deutsche Mundartforschung*. Ihre Wege, Ergebnisse und Aufgabe, 2. Auflage, Heidelberg.

Berthold von Regensburg (1862) *Vollständige Ausgabe seiner Predigten* von Franz Pfeiffer, 2 Bde. Wien.

Bierbach, Christine (1978) *Sprache als "fait social"*. Die linguistische Theorie F. de Saussure's und ihr Verhältnis zu den positivistischen Sozialwissenschaften, Tübingen.

Bödiker, Johan ([1690] 1747) *Grundzüge der deutschen Sprache* mit dessen eignen und Johan Leonhard Frischens vollständigen Anmerkungen durch neue Zusätze vermehret von Johan Jacob Wippel, Berlin.

Bühler, Karl ([1934] 1982) *Sprachtheorie*. Die Darstellungsfunktion der Sprache, 3. Auflage, Stuttgart.

Coseriu, Eugenio (1975) *Die Geschichte der Sprachphilosophie von der Antike bis zur Gegenwart*, Teil I, Tübingen.

Dante Alighieri ([1925] 1966) *Über das Dichten in der Muttersprache* (De vulgari eloquentia). Aus dem Lateinischen übersetzt von F. Dornseiff u. J. Balogh, Darmstadt.

Eggers, Hans (1963) *Deutsche Sprachgeschichte* I: Das Althochdeutsche, Reinbek.

Ehrismann, Gustav ([1935] 1966) *Geschichte der deutschen Literatur bis zum Ausgang des Mittelalters*, I. Teil: Die althochdeutsche Literatur, München.

Friedrich d. Große ([1780] 1883) *De la littérature Allemande*, Geiger, Ludwig, ed., Stuttgart (Deutsche Litteraturdenkmale des 18. u. 19. Jhs.).

von der Gabelentz, Georg ([1891] 1969) *Die Sprachwissenschaft*. Ihre Aufgaben, Methoden und bisherigen Ergebnisse, 2. Auflage, Tübingen.

Gottsched, Johann Christoph ([1762] 1978) *Deutsche Sprachkunst* nach den Mustern der besten Schriftsteller des vorigen und itzigen Jahrhunderts abgefaßt..., Penzl, Herbert, ed., Berlin, New York.

v. Grimmelshausen, Hans Jakob Christoffel ([1673] 1976) *Dess Welt beruffenen Simplicissimi Pralerey und Gepräng mit seinem teutschen Michel*, Tarot, Rolf, ed., Tübingen.

Herder, Johann Gottfried ([1778] 1973) „Idee zum ersten patriotischen Institut für den Allgemeingeist Deutschlands", in: *Sämtliche Werke*, Suphan, Bernhard, ed., Berlin 16, 600—618.

Hugo von Trimberg (1908) *Der Renner*, Ehrismann, Gustav, ed., Tübingen.

v. Humboldt, Wilhelm ([1830—35] 1973) „Über die Kawi-Sprache auf der Insel Java, nebst einer Einleitung über die Verschiedenheit des menschlichen Sprachbaues und ihren Einfluß auf die geistige Entwickelung des Menschengeschlechtes", 3 Bde., in: v. Humboldt, Wilhelm, *Schriften zur Sprache*, Böhler, Michael, ed., Stuttgart, 30—207.

Hutterer, Claus Jürgen (1963) „Grundsätzliches zur Sprachinselforschung", in: *Beiträge zur deutschen Sprache und Literatur* (PBB/Halle) 85, 177—196.

Kuhn, Walter (1934) *Deutsche Sprachinselforschung*. Geschichte, Aufgaben, Verfahren (Ostdeutsche Forschungen 2), Plauen.

Lang, Jürgen (1982) *Sprache im Raum*, Tübingen.

Leibniz, Gottfried Wilhelm ([1680] 1967) *Ermahnung an die Deutschen*, Darmstadt.

Leibniz, Gottfried Wilhelm ([1680a] 1967) *Von deutscher Sprachpflege*. Unvorgreifliche Gedanken betreffend die Ausübung und Verbesserung der deutschen Sprache, Darmstadt.

Lerch, Eugen (1925) „Über das sprachliche Verhältnis von Ober- zu Unterschicht mit besonderer Berücksichtigung der Lautgesetzfrage", in: *Jahrbuch für Philologie* 1, 70—124.

Löffler, Heinrich (1980) *Probleme der Dialektologie* 2. Auflage, Darmstadt.

Löffler, Heinrich (1985) *Germanistische Soziolinguistik*, Berlin.

Luther, Martin ([1530] 1959) „Sendbrief vom Dolmetschen", in: *Luthers Werke in Auswahl*, Clemen, Otto, ed., 5. Auflage, Berlin 4, 179—193.

Mattheier, Klaus Jürgen (1980) *Pragmatik und Soziologie der Dialekte*. Einführung in die kommunikative Dialektologie des Deutschen, Heidelberg.

Maurer, Friedrich ([1932] 1964) „Volkssprache als Teil der Volkskunde", in: Maurer, Friedrich ([1933] — 1964) 23—36.

Maurer, Friedrich ([1933] 1964) *Volkssprache.* Abhandlungen über Mundarten und Volkskunde (Wirkendes Wort, Beiheft 9) 2. Auflage, Düsseldorf.

Maurer, Friedrich ([1933 a] 1964) „Geographische und soziologische Betrachtungen in der neueren Sprachgeschichte und Volkskunde", in: Maurer, Friedrich ([1933] 1964) 53—67.

Maurer, Friedrich (1942) *Oberrheiner, Schwaben, Südalemannen.* Räume und Kräfte im geschichtlichen Aufbau des deutschen Südwestens, Straßburg.

Moser, Hugo (1937) *Schwäbische Mundart und Sitte in Sathmar,* München.

Naumann, Hans (1925) „Über das sprachliche Verhältnis von Ober- zu Unterschicht", in: *Jahrbuch für Philologie* 1, 55—69.

Opitz, Martin ([1624] 1963) *Buch von der Deutschen Poeterey,* nach der Ed. von Wilhelm Braune neu herausgegeben von Richard Alewyn, Tübingen.

Paul, Hermann ([1880] 1975) *Prinzipien der Sprachgeschichte,* 9. Auflage, Tübingen.

Paul, Hermann ([1916—1920] 1968) *Deutsche Grammatik,* 5 Bde. Tübingen.

Platon ([1957] 1978) *Sämtliche Werke,* in Übersetzung von F. Schleiermacher hrsg. v. Walter F. Otto u. Ernesto Grassi, Bd. 2 „Kratylos" u. a. Reinbek.

Sapir, Edward ([engl. 1921] 1961) *Die Sprache.* Eine Einführung in das Wesen der Sprache, München.

de Saussure, Ferdinand ([franz. 1916] 1967) *Grundfragen der allgemeinen Sprachwissenschaft,* 2. Auflage, Berlin.

Schottel, Justus Georg ([1663] 1967) *Ausführliche Arbeit von der teutschen Haubtsprache,* (Braunschweig) Tübingen.

Schröder, Heinrich (1921) „Hyperkorrekte (umgekehrte) Schreib- und Sprechformen besonders im Niederdeutschen", in: *Germanisch-Romanische Monatsschrift* 9, 19—31.

Thomas von Aquin (1882) Scti Thomae doctoris Angelici *Opera Omnia.* Tom. I Commentaria in

Aristotelis Libros Peri Hermenias, Thomas M. Zigliara, ed., Rom.

Wegener, Philipp ([1880] 1976) „Über deutsche Dialectforschung", in: Göschel, Joachim/Nail, Norbert/van der Elst, Gaston eds., *Zur Theorie des Dialekts.* Aufsätze aus 100 Jahren Forschung mit biographischen Anmerkungen zu den Autoren. Zeitschrift für Dialektologie und Linguistik, Beiheft 16, Wiesbaden 1—29.

Weisgerber, Leo ([1929] 1964) „Die Zusammenhänge zwischen Muttersprache, Denken und Handeln", in: Weisgerber, Leo, *Zur Grundlegung der ganzheitlichen Sprachauffassung.* Aufsätze 1925—33 zur Vollendung des 65. Geburtstages, Gipper, Helmut, ed., Düsseldorf, 175—208.

Weisgerber, Leo ([1957] 1971) *Die Muttersprache im Aufbau unserer Kultur.* Von den Kräften der deutschen Sprache Bd. 3, 3. Auflage, Düsseldorf.

Whitney, William Dwight (1871) *Leben und Wachstum der Sprache,* übersetzt von August Leskien, Leipzig.

Whorf, Benjamin Lee ([engl. 1936—42] 1963) *Sprache, Denken, Wirklichkeit.* Beiträge zur Metalinguistik und Sprachphilosophie, Reinbek.

Wittgenstein, Ludwig (1972) *Philosophische Untersuchungen,* Frankfurt a. M.

Wiesinger, Peter (1980) „Deutsche Sprachinseln", in: Althaus, Hans P./Henne, Helmut/Wiegand, Herbert E., eds., (1980) *Lexikon der germanistischen Linguistik,* 2. Auflage, Tübingen, 491—500.

Wolff, Ludwig, ed., (1973), *Otfrids Evangelienbuch.* Altdeutsche Textbibliothek Bd. 49, 6. Auflage, Tübingen.

Wrede, Ferdinand ((1903) 1963) „Der Sprachatlas des Deutschen Reichs und die elsässische Dialektforschung", in: Wrede, Ferdinand (1963) *Kleine Schriften,* Berthold, Luise, ed., Deutsche Dialektgeographie Bd. 60, Marburg, 309—324.

Heinrich Löffler, Basel (Schweiz)

53. Sprache und Gesellschaft in strukturalistischer/ generativer Grammatik

1. Grundlagen des Strukturalismus: F. de Saussure und die Genfer Schule

Als Begründer des Strukturalismus wird der Genfer Sprachwissenschaftler Ferdinand de Saussure angesehen. Seine Vorlesungen über allgemeine Sprachwissenschaft (gehalten in den Jahren 1906—1911) wurden von seinen Schülern Bally und Sechehaye als „Cours de linguistique générale" (1916) herausgegeben; sie stellen den Ausgangspunkt für die Epoche der strukturalistischen Sprachwissenschaft dar. Die sprachwissenschaftliche Methode wurde grundlegend verändert, ihr Gegenstand neu definiert, und damit wurde die Sprachwissenschaft als wissenschaftliche Disziplin, sowie in ihrem Verhältnis zu anderen Wissenschaften, neu konzipiert. Trotz der zentralen Rolle Saussures entwickelte sich die strukturalistische Linguistik nicht als einheitliche Bewegung. Es entstanden vielmehr eine Reihe von Gruppen oder Schulen, die einige zentrale Annahmen über die menschliche Sprache teilten, die sich aber in der Spezifizierung der sprachwissenschaftlichen Vorgehensweise stark unterschieden. Im folgenden seien die Hauptgedanken des „Cours" zusammengefaßt, um dann in den folgenden Abschnitten die unterschiedlichen Konzeptionen, welche in den jeweiligen Schulen entwickelt wurden, darzustellen.

1.1. 'langue' und 'parole'

Bei der Bestimmung des sprachwissenschaftlichen Objekts geht Saussure von der Unterscheidung dreier Begriffe aus: a) langage b) langue c) parole. 'Langage' bezeichnet die menschliche Sprache schlechthin, in allen ihren Erscheinungsformen. Da diese unzähligen Erscheinungsformen kein einheitliches Ganzes bilden, ist es Aufgabe des Sprachwissenschaftlers den Untersuchungsgegenstand auszugrenzen. Dafür wird das Kriterium des 'Sozialen' herangezogen: wenn sich trotz aller sprachlichen Vielfältigkeiten und Unterschiede die Leute trotzdem verständigen können, muß es hinter der Menge von konkreten, unterschiedlichen sprachlichen Fakten ein zugrundeliegendes 'System' geben, das für alle Sprachteilnehmer verbindlich ist und ihre Kommunikation ermöglicht. Dieses System nennt Saussure 'langue'; die Realisierung des Systems in aktueller Rede nennt er 'parole'. 'Langue' bezeichnet also das allgemeingültige, Invariante der Sprache, 'parole' die den konkreten Situationsbedingungen entsprechend variierenden individuellen Äußerungen. Diese Trennung ist für Saussure eine methodische Maßnahme: nur sie ermöglicht die Abgrenzung des sprachwissenschaftlichen Gegenstandes und macht ihn wissenschaftlicher Untersuchung zugänglich. Dennoch handelt es sich nicht um ein abstraktes Konstrukt des Linguisten, die langue existiert real: „die Sprache ist in keinem Individuum vollständig, vollkommen existiert sie nur in der

Masse", sie ist „das soziale Band" (vgl. Saussure 1916, 16). In dieser Weise definiert Saussure die Sprache also zugleich als soziale Institution und als System.

1.2. Das sprachliche Zeichen

Alle physiologischen oder physikalischen Faktoren sind hiermit ausgeklammert. Sprache ist „ihrem Wesen nach psychisch", das heißt eine Assoziationsbeziehung zwischen Lautbildern und Vorstellungen. Jedes einzelne sprachliche Zeichen — die kleinste Einheit im System der langue — ist eine solche, durch die Sprachgemeinschaft festgelegte Vereinigung von einer Vorstellung, einer Bedeutung, die bezeichnet wird (*signifié*) und einem bezeichnenden Lautbild (*signifiant*). Die Zuordnung ist einerseits arbiträr, andererseits konventionell festgelegt. — Eine der Haupteigenschaften von Sprache ist ihre Stabilität und diese ergibt sich aus der sowohl zeitlichen wie gesellschaftlichen Abhängigkeit der Sprache. Hat man einmal das System der langue erforscht, können die Erkenntnisse in Beziehung gesetzt werden zu „anderen Erscheinungen des Lebens", und es kann eine umfassendere Wissenschaft entstehen, die „das Leben der Zeichen im Rahmen des sozialen Lebens untersucht" — die Semeologie (Saussure 19). Dieser Gedanke Saussures, der in der modernen Semiotik wieder aufgenommen ist, zeigt klar, daß Saussure sich der historisch/gesellschaftlichen Bedingtheit von Sprache durchaus gegenwärtig ist.

1.3. Synchronie — Diachronie

Die Forderung nach strikter Trennung der historischen (diachronischen) von der synchronischen Sprachwissenschaft stellt eine deutliche Distanzierung zur junggrammatischen Schule dar. Saussure spricht von zwei Achsen: 1. die „Achse der Gleichzeitigkeit, welche die Beziehungen nachweist, die zwischen 'gleichzeitig bestehenden' Dingen obwalten und bei denen jede Einwirkung der Zeit ausgeschlossen ist und 2. die Achse der 'Aufeinanderfolge', auf welcher man stets nur eine Sache für sich allein betrachten kann, auf der jedoch alle die Dinge der ersten Achse mit ihren Veränderungen gelagert sind" (Saussure 94, Hervorhebungen E. B.). Der Sprachwissenschaftler muß unterscheiden zwischen dem System der Werte an sich, das nur durch den augenblicklichen Zustand der Glieder bestimmt wird und diesen Werten in ihrer zeitlichen Entwicklung. Die Kompliziertheit der Sprache erfordert diese Trennung, und man hat somit zwei Arten von Sprachwissenschaft, die statische (oder synchronische) und die evolutive (diachronische). – Hierin kommt einer der zentralen Gedanken des Strukturalismus zum Ausdruck: das System als Ganzes ist unveränderlich – alle Umgestaltungen vollziehen sich an einzelnen Elementen. In diesem Zusammenhang vergleicht Saussure die Sprache mit einem Schachspiel: es wird immer nur eine Figur verändert, und der Zustand des Schachbrettes ändert sich mit jedem Zug. Aber „um die Stellung auf dem Schachbrett zu beschreiben, ist es ganz unnütz zu berichten, was sich 10 Sekunden vorher abgespielt hat" (Saussure 106). Somit hat die synchronische Sprachwissenschaft den Vorrang. Sie befaßt sich mit „logischen und psychologischen Verhältnissen, welche zwischen gleichzeitigen Gliedern, die ein System bilden, bestehen, so wie sie von einem und demselben Kollektivbewußtsein wahrgenommen werden" (Saussure 119).

1.4. Sprache als System von Werten

Auch hier wird der Schachspiel-Vergleich herangezogen: Jede Figur hat einen bestimmten Wert, man könnte auch sagen eine Funktion. Sie ist im Prinzip austauschbar, das heißt derselbe Wert könnte auch durch eine andere Figur dargestellt werden. Ausschlaggebend ist lediglich die Stellung im System, ihre Relation zu allen anderen Gliedern des Systems. – Ein sprachlicher Wert kommt zustande, wenn sich ein Lautbild und eine Vorstellung zu einer Einheit verbinden. Sowohl das „Denken an sich" wie auch die „lautliche Masse" an sich ist chaotisch. Erst die Verbindung von Laut und Gedanken (Vorstellung) ordnet diese Masse, indem sie Einheiten ausgrenzt. „Diese Verbindung schafft eine Form, keine Substanz" (Saussure 134). Dies ist nur eine andere Formulierung der Definition von langue: „Die Sprache ist ein Prinzip der Klassifikation" (Saussure 11).

1.5. Syntagmatische und assoziative Beziehungen

„Die syntagmatische ... Beziehung besteht *in präsentia*: sie beruht auf zwei oder mehreren in einer bestehenden Reihe nebeneinander vorhandenen Gliedern. Im Gegensatz dazu verbindet die assoziative Beziehung Glieder *in absentia* in einer möglichen Gedächtnisreihe" (Saussure 148, Hervorhebungen F. S.). Diese Definition enthält im Kern das, was man später die 'taxonomische Methode' genannt hat: zum einen, die Feststellung der Elemente, bzw. das Herauslösen von Einheiten aus einer vorliegenden sprachlichen Kette, und die Feststellung der Relationen zwischen diesen Einheiten. Zum andern, die Zuordnung der einzelnen Elemente zu bestimmten Klassen; eine Klasse enthält diejenigen Elemente, die im gleichen sprachlichen Kontext stehen können. Dies bezeichnet die beiden Grundoperationen des Strukturalismus: *Segmentieren* und *Klassifizieren*. Mit ihrer Hilfe lassen sich dann bestimmte Tests mit dem Sprachmaterial durchführen, sogenannte 'Proben', wie z. B. die 'Umstellprobe' oder 'Ersetzungsprobe'.

1.6. Die Relevanz von Saussure

Wie schon anfangs erwähnt, liegt die große Bedeutung, die Saussure für die Entwicklung der strukturalistischen Linguistik hatte, in seiner radikalen Neuformulierung des sprachwissenschaftlichen Gegenstandes: Sprache als ein in sich geschlossenes, autonomes System, dessen Elemente ausschließlich ihren Wert erhalten aufgrund ihrer Relation zu allen anderen Elementen. Die Ideen Saussures sind inspiriert von denen des Soziologen E. Durkheims, insbesondere dessen Begriff des 'fait social', das heißt ein durch die Gesellschaft determiniertes Handeln. Analog Durkheims Forderung, soziale Fakten seien durch soziale Vorgänge zu erklären (und nicht durch z. B. psychische), fordert Saussure auch 'die Sprache selbst' zu untersuchen, das heißt die sprachlichen Fakten ausschließlich aufgrund der inneren Beziehungen des sprachlichen Systems zu erklären. Diese Auffassung ist grundlegend für alle strukturalistischen Schulen und sie ist hauptverantwortlich dafür, daß im Laufe der Entwicklung immer mehr von dem sozialen Aspekt der Sprache abgesehen wurde. Die Frage ist, inwieweit in der Bestimmung von Sprache (langue) als soziale Institution und als System nicht schon ein Widerspruch liegt, der dazu führte, daß entweder der eine oder der andere Aspekt fallengelassen werden mußte. (Eine gute Diskussion dieses Problems findet sich in C. Heeschen 1972, 36 ff). Die einzigen, die den soziologisierenden Aspekt von Saussure weiterverfolgt haben, sind seine direkten Schüler (die sogenannte Genfer Schule; u. a. A. Meillet, H. Frei). Für die Entwicklung der strukturalistischen Linguistik hatte dies kaum Bedeutung. (Dagegen gibt es einen Einfluß auf die englische Schule von J. Firth.) Vom heutigen Standpunkt aus muß die Identifizierung von 'langue' mit 'sozial' und von 'parole' mit 'in-dividuell' stark modifiziert werden: man weiß inzwischen, daß das der aktuellen Rede zu-grundeliegende System nicht für alle Sprecher der Sprache dasselbe ist, und man weiß ande-rerseits auch, daß die situationsabhängige, individuelle Rede durchaus nicht ohne Regeln ist. Das Konzept von langue/parole muß also von zwei Seiten her in Frage gestellt werden. Nichtsdestoweniger war es grundlegend für die gesamte strukturelle Linguistik, ein-schließlich der generativen Transformations-grammatik.

2.   N. S. Trubetzkoy und die Prager Schule

Die Prager Schule bezeichnet einen Kreis von Linguisten, der sich seit etwa 1926 in Prag gebildet hatte, und zu dem u. a. V. Mathesius, B. Trnka, B. Havranek, R. Jakobson und schließlich N. S. Trubetzkoy gehörten. Vergli-chen mit den anderen strukturalistischen Schulen, zeichnet sich der Prager Kreis durch größere Vielseitigkeit hinsichtlich der Arbeits-gebiete aus, über die der von J. Vachek her-ausgegebene Sammelband „A Prague School Redaer in Linguistics" einen guten Überblick gibt. Das Hauptbeschäftigungsgebiet war je-doch eindeutig die Phonologie. Trubetzkoys „Grundzüge der Phonologie" (1939) gilt als das theoretische Fundament dieser Schule. Ging es für Saussure wesentlich darum, das Untersuchungsfeld der Linguistik abzustek-ken, stellt Trubetzkoys Werk bereits eine An-wendung der bei Saussure formulierten Prin-zipien dar, eine Anwendung im Bereich des 'signifiant', also der Lautseite. Das Buch ist aber nicht zuletzt durch seine Einleitung wichtig geworden, die systematisch zu der grundlegenden Unterscheidung zwischen Phonologie und Phonetik hinführt. Einige der wichtigsten Gedanken seien daraus refe-riert. — Die Saussure'sche langue — parole Unterscheidung verbindet Trubetzkoy mit der Bühlerschen Auffassung der drei Funk-tionen von Sprache: Appell, Darstellung und Kundgabe. Bühler, der gleichzeitig mit Tru-betzkoy in Wien lehrte, beschreibt dieses 'Or-ganonmodell' der Sprache in seinem Buch „Sprachtheorie" (1934) folgendermaßen: je-des Schallphänomen kann in dreifacher Weise zum Zeichen werden. „Es ist *Symbol* kraft seiner Zuordnung zu Gegenständen und Sachverhalten, *Symptom* (Anzeichen) kraft seiner Abhängigkeit vom Sender, dessen In-nerlichkeit es ausdrückt, und *Signal* kraft sei-

nes Appells an den Hörer, dessen äußeres und inneres Verhalten es steuert wie andere Verkehrszeichen" (Bühler 1934, 28, Hervor-hebungen von K. B.). Insofern es Symbol für Sachverhalte oder Dinge ist, hat das Zeichen eine darstellende Funktion, als Symptom für die Haltung, die Gefühle des Sprechers eine Ausdrucks(Kundgabe)funktion und als Si-gnal für den Hörer eine Appellfunktion. Tru-betzkoy unterscheidet zunächst analog lan-gue-parole zwischen dem 'Sprachgebilde' und dem 'Sprechakt': ersteres als das Allgemeine und Konstante, existierend im Bewußtsein al-ler Mitglieder der Sprachgemeinschaft, letzte-res als das Einmalige, Situationsabhängige. Beide bedingen sich gegenseitig, sind „ihrem Wesen nach aber ganz verschieden und müs-sen gesondert untersucht werden" (Trubetz-koy 1939, 5). Auf der Sprechakt-Seite kom-men dann die genannten drei Funktionen (Kundgabe, Appell und Darstellung) ins Bild. Ebenfalls in Anlehnung an Saussure definiert er den Zeichenbegriff.

PHONO-LOGIE →	bezeichnen-de Regeln für laut-liche Seite	bezeichnete syntakt./morph./lexikal./Regeln	Sprach-gebilde Seite
PHO-NETIK →	konkrete Lautkette	Mitteilungs-inhalt/Bedeutung	Sprech-aktseite

Abb. 53.1: Zeichenbegriff (nach Trubetzkoy)

Die Zahl der Sprechakte ist unendlich, die Sprechaktseite bildet daher kein geordnetes Ganzes. Sie erfährt ihre Ordnung durch das Sprachgebilde. Dies gilt sowohl für die Be-deutungsseite als für die Lautseite. Die Pho-nologie wird also definiert als 'Sprachgebild-elautlehre', das heißt die Wissenschaft, die die Regeln und Normen untersucht, nach denen der aktuelle Sprechakt gebildet wird. Anders ausgedrückt: „Der Phonologe hat am Laut nur dasjenige ins Auge zu fassen, was eine bestimmte Funktion im Sprachgebilde er-füllt" (Trubetzkoy 14). Die Phonetik ist dann die Wissenschaft, die die konkreten Lautket-ten des Sprechakts untersucht. Obgleich Tru-betzkoy betont, daß sich die Phonetik natur-wissenschaftlicher (physikalischer) Methoden bedient, gibt er durch die Anwendung des Bühlerschen Modells auf die Sprechaktseite einen Hinweis darauf, daß es bei der Realisie-rung des Sprachgebildes nicht nur um physikalische Vorgänge geht. Im Grunde gerät die vorgenommene Unterscheidung zwischen Sprachgebilde und Sprechakt wieder ins Wanken. Denn obgleich er die Funktionen Darstellung, Appell und Kundgabe zunächst der Sprechaktseite zuordnet, unterscheidet Trubetzkoy später zwischen Darstellungs-Appell und Kundgabe-Phonologie, aus der Erkenntnis heraus, daß auch die situationsbedingten Unterschiede in der Realisierung von Sprache Regeln unterliegen. Und somit wird auch der Sprechakt für den Sprachwissenschaftler interessant, der sich „nicht nur mit den für eine Sprachgemeinschaft geltenden Normen, sondern auch mit den individuellen Differenzen der einzelnen Sprecher und mit den durch die Veränderung der Gesprächssituation verursachten Veränderungen der Aussprache einzelner Laute befassen muß. Und zwar müssen auch auf diesem Gebiete Gesetzmäßigkeiten besonderer Art gesucht werden. Die Sprachwissenschaft soll sich nicht nur mit dem Sprachgebilde, sondern auch mit dem Sprechakt, und zwar mit dem ganzen Bereich des Sprechaktes beschäftigen" (Trubetzkoy 12). An einer anderen Stelle erklärt er jedoch, daß genau diejenigen Schalleindrücke, die auf solche Normen zurückzuführen sind, zur Sprachgebildeseite gehören und deshalb auch von der Phonologie behandelt werden müssen (Trubetzkoy 18). Man kann sagen, daß er selber eine Reihe von Beispielen liefert, die die scharfe Unterscheidung von Sprachgebilde-Sprechakt wieder aufheben. Zum einen nennt er Unterschiede in der Frauen- und Männersprache des Mongolischen (Trubetzkoy 21); er weist auf die heute in der Linguistik bekannte Tatsache hin, daß ein Sprecher in verschiedenen Situationen verschieden spricht, je nachdem, wie ihm zumute ist, was er erreichen will usw. „Konventionelle lautliche Kundgabemittel ... bezeichnen oft nur das, was [der Sprecher] im gegebenen Augenblick scheinen will. Bei vielen Völkern unterscheidet sich die Aussprache, die man in öffentlichen Reden verwendet, sehr stark von jener, die man in normalen Gesprächen gebraucht. (...) Alle phonologischen Kundgabemittel, die in einer Sprachgemeinschaft zur Kennzeichnung einer bestimmten Sprechergruppe dienen, bilden ein System und ihre Gesamtheit darf als Kundgabestil der betreffenden Sprechergruppe bezeichnet werden. Ein Sprecher braucht nicht immer denselben Kundgabestil zu verwenden, sondern bedient sich bald des einen, bald des anderen, je nach dem Inhalt des Gesprächs,

nach dem Charakter des Hörers, kurz, gemäß den in den betreffenden Sprachgemeinschaften herrschenden Gepflogenheiten" (Trubetzkoy 23). Ganz entsprechend wird in bezug auf die Appellfunktion argumentiert. Trubetzkoy rettet dann seine ursprüngliche Konzeption dadurch, daß er diese Beobachtungen in den Bereich der 'Lautstilistik' verweist, dagegen die 'Darstellungsphonologie' als die eigentliche Phonologie deklariert. — Es ist deutlich, daß diese Gedanken bereits das Konzept von langue-parole sprengen, wenn man sie ernst nimmt. Man kann sicher diskutieren, ob diese Art 'Funktionalismus' überhaupt mit dem strukturalistischen Ansatz vereinbar ist. C. Heeschen z. B. sieht hier einen unüberbrückbaren Gegensatz und spricht davon, daß der Funktionalismus hier „seine strukturalistische Grenze" finde (Heeschen 1972, S. 42). Dies mag im Prinzip richtig sein; dennoch muß man, um Trubetzkoy gerecht zu werden, hervorheben, daß seine Überlegungen hinsichtlich der Sprechakt-Seite durchaus nicht von strukturalistischer Beschränktheit zeugen, sondern ihn vielmehr in die Nähe neuerer (sozio)linguistischer Forschung bringen, die genau diese Gedanken weiterverfolgen. Interessant ist, daß er nicht nur Faktoren wie z. B. Alter, Geschlecht, Sozialgruppe in Betracht zieht, sondern auch Intentionen des Sprechers, die Wirkung auf den Hörer usw. Es gibt hier Anknüpfungspunkte sowohl zur Soziolinguistik, als auch zur Sprechakttheorie (vgl. 6.). Die 'Grundzüge der Phonologie' stellen also eine Anwendung der strukturalistischen Prinzipien auf die so definierte Phonologie dar. Dies braucht hier nicht im Einzelnen dargestellt zu werden. Nur noch ein Gedanke soll erwähnt werden, der nicht nur für die spätere Linguistik, sondern auch in anderen Wissenschaften wichtig wurde; nämlich der, daß die bisher als kleinste Einheiten angenommenen Größen (Phonem, Morphem) weiter analysiert werden können in Merkmale. Ein Phonem wird so als „die Gesamtheit der phonologisch relevanten Eigenschaften eines Lautgebildes" definiert (Trubetzkoy 35). Für die Phonologie wird dieser Ansatz besonders von Jakobson/Halle (1956) weiterentwickelt; Katz/Fodor (1963) haben versucht, mit Hilfe dieses Gedankens eine Bedeutungstheorie zu erstellen (vgl. 5.). In seiner „Anthropologie structurale" (1958) wendet C. Levi-Strauss diese Merkmal-Analyse auf Verwandtschaftsbeziehungen an, ebenso für einen Vergleich der englischen und der französischen Küche (wobei die konstitutiven Elemente dann 'Gusteme' genannt werden). — Die Prager Linguisten sind wohl diejenige strukturalistische Schule gewesen, die am stärksten auf andere Gebiete eingewirkt hat, insbesondere auf die Literaturwissenschaft und die Anthropologie. Welche Bedeutung ihr zuerkannt wird, mag abschließend ein Zitat von Levi-Strauss verdeutlichen: „Die Entstehung der Phonologie hat ... nicht nur die sprachwissenschaftlichen Perspektiven erneuert, denn eine Umwandlung von solcher Breite beschränkt sich nicht auf ein einzelnes Fach. Die Phonologie muß für die Sozialwissenschaften die gleiche Rolle des Erneuerers spielen wie z. B. die Kernphysik für die Gesamtheit der exakten Wissenschaften" (Levi-Strauss 1958, 45).

3. Der Kopenhagener Linguistenkreis; Louis Hjelmslev

Im Gegensatz zu Saussure und den Pragern spielt bei der Kopenhagener Schule der Gedanke von Sprache als sozialer Institution überhaupt keine Rolle. Von Saussure übernommen werden die systematischen Unterscheidungen und der Gedanke der radikalen Systematisierung. Hiermit kombinieren sich die Einflüsse des Wiener Kreises, und es entsteht so die am konsequentesten formale, gleichzeitig am wenigstens soziologisch interessierte Theorie der strukturalistischen Linguistik. Louis Hjelmslev, die zentrale Figur dieser Schule, weist explizit Saussures soziologische und psychologische Gedanken zurück, zugunsten der ebenfalls bei Saussure formulierten Forderung nach einer formalen Beschreibung der Sprache auf immanenter Basis — was, nach Hjelmslev eine „intime Zusammenarbeit mit der Logik" nahelegt (Hjelmslev 1943, 96). Die Aufgabe der Sprachtheorie wird von Hjelmslev folgendermaßen formuliert: „Eine Sprachtheorie, die ... durch ein ausschließlich formales System von Voraussetzungen die spezifische Struktur der Sprache zu bestimmen sucht, muß ... nach einer *Konstanten* suchen, die in keiner 'Wirklichkeit' außerhalb der Sprache liegt. Eine Konstante, die die Sprache zur Sprache macht, um welche Sprache es sich immer handelt, und die verantwortlich ist dafür, daß die Sprache ihre Identität bewahrt trotz aller ihrer verschiedenen Manifestationen. Eine Konstante, die, nachdem sie gefunden und beschrieben wurde, sich projizieren läßt auf die die Sprache umgebende 'Wirklichkeit', ... so daß die Sprache als Mittelpunkt des Gan-

zen der Hauptuntersuchungsgegenstand bleibt. Nicht ein Konglomerat, sondern ein geordnetes Ganzes mit der Sprachstruktur als herrschendes Prinzip." (Hjelmslev 9, Hervorhebungen von L. H.). Das Zitat zeigt, daß die sprachliche Wirklichkeit nicht den Ausgangspunkt für die sprachwissenschaftliche Untersuchung bildet (wie bei Saussure, Trubetzkoy und vor allem den amerikanischen Deskriptivisten). Vielmehr wird die Theorie als 1. widerspruchsfreies 2. erschöpfendes 3. möglichst einfaches System aufgebaut und diese Theorie wird auf eine große Anzahl von Erfahrungsdaten angewendet und evtl. modifiziert. Hjelmslev nennt dies das „empirische Prinzip" (Hjelmslev 12 ff). Entsprechend dem gänzlich formalen Ansatz dieser Theorie wird auch das Objekt der Theorie als 'Form' definiert, hier wieder in Übereinstimmung mit Saussure. Hjelmslev unterscheidet vier sogenannte strata.

Ausdrucksform	Ausdruckssubstanz
Inhaltsform	Inhaltssubstanz

Abb. 53.2: Die 'strata' der Sprache (nach Hjelmslev)

Untersuchungsobjekt der Linguistik ist ausschließlich die Form. In einer Radikalisierung der Saussure-Konzeption unterstreicht Hjelmslev nun die Abhängigkeit der Substanz von der Form: Behält man Saussures Terminologie bei, muß man sich klarmachen, „daß die Substanz so von der Form abhängig ist, daß sie quasi nur mit deren Gnade lebt und in keiner Weise eine selbständige Existenz hat" (Hjelmslev 46). So wie eine Wolke nur in dieser oder jener Gestalt existieren könne, aber nicht denkbar ist ohne eine Gestalt, sind Gedanken, Vorstellungen eine amorphe Masse und bestehen nur in der Form. Hjelmslev geht dabei offensichtlich von der Annahme aus, daß der durch die Sprache zu formende Inhalt für alle Sprachen derselbe ist und vergleicht ihn „mit einer Handvoll Sand, die zu verschiedenen Mustern geformt werden kann" (Hjelmslev 48). Von daher wird auch klar, daß die Sprachwissenschaft, die ja gerade die spezifischen Eigenschaften der Sprachen beschreiben will, sich nicht mit der Substanz, sondern der Form befassen muß.

Alles in allem ist die Kopenhagener Schule relativ isoliert geblieben und hat wenig praktisch verwendbare Erkenntnisse in bezug auf konkrete Sprachen erbracht. Ihr Verdienst bestand eher in der Präzisierung von den bei Saussure noch recht unklaren Begriffen und darüber hinaus darin, Analyseverfahren entworfen zu haben, die anwendbar waren. In einigen Punkten kommen Hjelmslevs Vorstellungen denjenigen der generativen Grammatik recht nahe.

Zusammenfassend kann zu den europäischen Schulen des Strukturalismus folgendes gesagt werden: ihre Entstehung war teilweise eine Reaktion auf die junggrammatische Schule, welche die historische Untersuchung von einzelnen sprachlichen Erscheinungen zum Hauptuntersuchungsgegenstand erklärt hatte. Die streng positivistisch orientierten Junggrammatiker lehnten jede Art von Abstraktion ab und konzentrierten sich auf 'beobachtbare Fakten'; in dieser Konzeption wird im Grunde die Annahme einer für alle Sprecher verbindlichen Sprache abgelehnt. Von daher ist Saussures Programm eine klare Gegenposition. Die Abweisung der junggrammatischen Auffassung kombinierte sich mit der wissenschaftstheoretischen 'Tendenzwende', mit der Abkehr vom strengen Positivismus, wo nur als wissenschaftlich betrachtet wurde, was sich unmittelbar auf Erfahrungsdaten gründete, und der Hinwendung zum Neopositivismus, wo logische Gegebenheiten (die dann in Verbindung gebracht werden mit empirischen Beobachtungen) zum Ausgangspunkt der Theorie werden. Es gilt für alle genannten europäischen Schulen, daß sie stark von theoretischen Überlegungen geleitet ihre jeweilige Konzeption entwickelten. Je nachdem, welchem Aspekt der wissenschaftlichen Theorie — dem logischen Aufbau oder der Übereinstimmung mit Beobachtungsdaten — die Priorität gegeben wurde, unterschieden sich diese Konzeptionen im Hinblick auf ihre Sprachauffassung. Steht bei Saussure der soziale Charakter der Sprache noch sehr im Vordergrund, lieferte er doch selbst die methodischen Instrumente, mit deren Hilfe dann gerade alles Soziale, und bald auch das Psychische, systematisch aus der sprachwissenschaftlichen Untersuchung ausgeklammert wurde.

4. Der amerikanische Strukturalismus: L. Bloomfield und die 'deskriptive Linguistik'

4.1. Die Situation der sprachwissenschaftlichen Forschung in den USA

Einer der wesentlichsten Unterschiede zwischen dem europäischen und dem nordamerikanischen Strukturalismus besteht in der Orientierung an praktischen Fragen, die letzteren kennzeichnet. Zu Beginn des Jahrhunderts spielte die Erforschung der Indianerkultur in den USA eine entscheidende Rolle; während des zweiten Weltkrieges galt es, eine effektive Methode zur schnellen Beschreibung einer unbekannten Sprache (wie auch für deren Didaktik) zu entwickeln; schließlich, nach dem Krieg drängten sich Probleme der sprachlichen Minderheiten immer stärker in den Vordergrund. Kurz, die Geschichte der amerikanischen Linguistik ist geprägt von den jeweils anstehenden kulturellen und politischen Problemen des Landes, in dem Sinn, daß die Art der Problematik von vorn herein ganz spezifische Anforderungen an die Theorie stellte, und bestimmte methodische Schritte nahelegte. — Die Situation bei der Erforschung der Indianersprachen war die, daß eine recht unbekannte Kultur erschlossen werden sollte, mit Hilfe einer Sprache, die ebenfalls unbekannt war. Von daher bestand eine enge Verknüpfung zwischen Linguistik und Anthropologie; so sind die beiden 'Vorläufer' für den klassischen amerikanischen Strukturalismus, F. Boas und E. Sapir, beide sowohl Anthropologe wie Sprachwissenschaftler. Das Problem, mit welchem sich die Linguisten konfrontiert sahen, war, daß sie in keiner Weise auf ein Vorverständnis der zu untersuchenden Sprache zurückgreifen konnten, auch eine Schrift fehlte in den meisten Fällen. So mußte man von den Daten ausgehen, die zur Hand waren: von den in bestimmten Situationen gesprochenen Äußerungen. Es ergab sich eine Übereinstimmung dieses praktischen Problems mit dem etwa gleichzeitig stattfindenden Versuch der Psychologie, sich als 'science' zu etablieren — und dies bedeutete die Verbannung aller nicht auf beobachtbare Daten rückführbarer Begriffe. Die Dominanz des Behaviorismus wurde so, neben der Erforschung der Indianersprachen, der zweite wichtige Faktor für die Entwicklung des amerikanischen Strukturalismus. Die Grundannahme des Behaviorismus ist, daß jede Art von Verhalten dadurch beschrieben werden kann, daß man physikalische Vorgänge außerhalb des Individuums in Beziehung setzt zu dessen Reaktionen auf diese Vorgänge. Man spricht davon, daß bestimmte Reize (Stimuli) bestimmte Reaktionen (Responses) auslösen; in diesen Termini soll das gesamte tierische und menschliche Verhalten (auch die Sprache) beschrieben werden. Genau diese Gedanken liegen

Bloomfields Bestimmung der Begriffe 'sprachliche Äußerung' und 'Bedeutung' zugrunde (s. dazu unten, Abs. 4.2.). In der Forschung E. Sapirs und seiner Nachfolger spielte der Behaviorismus dagegen keine Rolle; hier werden mentalistische Begriffe beibehalten. Sapirs Definition von Sprache, die er in seinem 1921 erschienen Buch „Language" gibt, zeigt deutlich den gänzlich anderen Ansatzpunkt, der ihn eher in die Nähe von Trubetzkoy rückt: „Language ist a purely human and noninstinctive method of communicating ideas, emotions and desires by means of a system of voluntarily produced symbols" (Sapir 1921, 8). Die menschliche Sprache ist nach dieser Auffassung also gerade nicht vergleichbar mit tierischem Verhalten, und ihre Beschreibung muß auf psychische Gegebenheiten zurückgreifen. Dementsprechend lehnt Sapir auch eine rein physikalische Bestimmung des Lautsystems einer Sprache ab (vgl. „Sound Patterns in Language", 1925), was ihn in direkten Gegensatz zu Bloomfields Position bringt. Bloomfields Konzeption war diejenige, die sich in der Folgezeit mehr durchsetzte und zur 'deskriptiven Linguistik' entwickelte. Dennoch gab es stets auch Vertreter der Sapir-Richtung, was in der linguistischen Sekundärliteratur zumeist übersehen wird (vgl. dazu Hymes/Fought 1982, 82 ff). Folgendes Zitat spiegelt die historische Situation sehr gut wider: „At the time that Sapir was seeking to expand the horizons of language study beyond the linguist's traditional universe of discourse, history played a cruel trick on him by directing linguistics into contrary channels ... Under the influence of Bloomfield american linguists in the 1930s turned to an intense cultivation of their own field, sharpening their methodological tools and rigorously defining the proper limits of their science (...). (Newman 1951, 185; zitiert nach Hymes/Fought 1981, 97).

4.2. Leonard Bloomfield

Ursprünglich von den Junggrammatikern und der Psychologie W. Wundts beeinflußt, wendet sich Bloomfield dem Behaviorismus zu und übernimmt dessen methodologisches Prinzip der strikten Ausklammerung aller mentalistischen Begriffe und ausschließlicher Anerkennung der beobachtbaren Daten. Sein Hauptwerk „Language" (1933) gilt als das Fundament der deskriptiven Linguistik. Aber bereits in „A set of postulates for the science of language" (1926) hatte er alle entscheidenden Gedanken seiner Konzeption formu-

liert. — Wenn nur das unmittelbar beobachtbare Ausgangspunkt für die linguistische Analyse sein darf, hat der Linguist zwei Arten von Daten zur Verfügung: 1. die beobachtbare Situation und 2. die sprachliche Äußerung selbst. Dies illustriert Bloomfield mit dem berühmt gewordenen Beispiel von Jack und Jill: Jack und Jill gehen spazieren. Jill sieht einen Apfel an einem Baum. Sie bekommt Appetit darauf und bittet Jack, ihr diesen Apfel zu holen. Jack tut dies. Es besteht also eine Situation A (den Apfel sehen), die zu einer Äußerung B führt (die Bitte, den Apfel zu holen), welche wiederum zu einer Handlung führt (Apfel holen). Im Rahmen der behavioristischen Terminologie kann dies so beschrieben werden:

Situation A	Äußerung B 'speech event'	Situation C Handlung
↓	↑	↑

stimulus → response .. stimulus → response

Die Äußerung ist also sowohl eine Reaktion auf den vorausgegangenen Stimulus, wie auch der Stimulus für die erfolgende Handlungsreaktion. Hätte Jill den Apfel selbst geholt, wäre die Äußerung nicht nötig gewesen. Die Äußerung hat also die Funktion, ihren Wunsch zu vermitteln und die Situation in ihrem Interesse zu verändern. Und genau um diese Situationsveränderung geht es Bloomfield. Jede Äußerung ist somit eingebettet in eine Gesamtsituation (Sit. A plus Äußerung B plus Sit. C). Die Aufgabe des Linguisten soll nun sein, einen systematischen Zusammenhang festzustellen zwischen der Äußerung (und das heißt: deren lautliche Gestalt) und der Situation, in der sie auftritt, wobei diese Situation gekennzeichnet ist durch ganz bestimmte Merkmale. Die Gesamtheit der Situationsmerkmale nennt Bloomfield Bedeutung. Man stellt dann fest, daß bestimmte lautliche Ereignisse immer zusammen mit bestimmten Situationsmerkmalen (Bedeutungen) auftreten — in dem Fall handelt es sich um gleiche Äußerungen. Somit kann Bloomfield den Zusammenhang von Form und Bedeutung folgendermaßen festlegen: „Die lautlichen Merkmale, die identischen oder teilweise identischen Äußerungen gemeinsam sind, heißen *Formen*; die entsprechenden Reiz-Reaktionsmerkmale heißen *Bedeutungen*." (Bloomfield 1926, 38, Hervorhebungen von L. B.) — Bedeutung wird also definiert als eine Menge von Situationsmerkmalen, wobei eine gewisse Schwierigkeit darin liegt, die Situation abzugrenzen. Wichtig ist aber, daß die Bedeutung eine große Rolle in Bloomfields Konzeption spielt — insofern als sie unerläßlich ist für die eigentlich linguistische Analyse der 'speech events' — und nicht, wie meist in der Sekundärliteratur behauptet wird, von vornherein ausgeklammert wird. Dazu muß noch bemerkt werden, daß der Linguist nicht notwendigerweise eine detaillierte Analyse der Bedeutung vornehmen muß. Er muß aber wissen, ob zwei Bedeutungen identisch sind oder nicht (eine ausführliche Diskussion dazu bei Bense/Eisenberg/Haberland 1976, 12 ff). Daß diese Vorstellungen Bloomfields in der Folgezeit nicht realisiert wurden, hängt wesentlich mit zwei Problemen zusammen: a) mit fortschreitender Technik bestand das für den Linguisten vorliegende Korpus aus Tonbandaufzeichnungen. Diese hielten das lautliche Ereignis fest, nicht aber die gesamte Situation; es handelte sich also gar nicht um Äußerungen im Bloomfieldschen Sinne. Von daher kam Bloomfields Vorstellung ins Wanken. b) Dazu kam, daß Forschungen im Bereich der Phonetik immer klarer machten, daß eine rein physikalische Bestimmung von Phonemen nicht möglich ist. Diese Schwierigkeiten führten dazu, daß das ursprüngliche Programm, die Analyse von Lautereignissen zu korrelieren mit Situationsanalysen, aufgegeben werden mußte. Letztlich bedeutete dies die Aufgabe der gesamten behavioristischen Grundauffassung, denn die empirische Überprüfbarkeit war in dem Sinne nicht mehr gegeben. In der Folgezeit wurde nur eines der beiden wichtigen Ziele Bloomfields weiter verfolgt: die formalexplizite Beschreibung sprachlicher Äußerungen. Das zweite Ziel, diese in Beziehung zu setzen zur sozialen Welt, wurde völlig verdrängt.

4.3. Die deskriptive Linguistik

Der linguistische Beschreibungsapparat wurde stark ausgebaut, und es entstand eine Vielzahl von Untersuchungen zu morphologischen, phonologischen und syntaktischen Fragen. Aber in zunehmendem Maße kam Unsicherheit über den Status dieser Beschreibungen auf: hat das, was da beschrieben wird, eine selbständige Existenz, oder handelt es sich um eine vom Linguisten erstellte Organisation des sprachlichen Materials? Findet der Linguist die Strukturen, oder erfindet er sie? Diese Frage führte zu einer heftigen Debatte zwischen der sogenannten 'God's truth Linguistik' und der 'Hokus Pokus-Lin-

guistik', die letztere Auffassung vertreten. Hauptwortführer für die erste Position waren Householder, Bloch und Hockett; die der zweiten Position Preston und Harris. Die Debatte zeigt deutlich, welch verschiedene Ansichten in bezug auf das Verhältnis zwischen sprachwissenschaftlicher Theorie und dem gegebenen empirischen Objekt, der Sprache, in der deskriptiven Linguistik nebeneinander bestanden. Heeschen (1972, 97, Hervorhebung von Ch. H.) macht richtig darauf aufmerksam, daß die 'god's truth'-Position nicht zu identifizieren ist mit der 'langue' Vorstellung Saussures: „Im europäischen Strukturalismus war das Sprachsystem etwas, das *hinter* den Daten steht und sich in diesen realisiert, während die 'God's truth'-Anhänger das System allenfalls *in* den Daten sehen." (Zur Argumentation der beiden Positionen im einzelnen vgl. Householder 1952; Harris 1951; sowie Bense/Eisenberg/Haberland 1976, 23 ff).

Die Harris'sche Position bezeichnet die letzte Phase des klassischen amerikanischen Strukturalismus, dargelegt in seinem Buch „Methods in structural linguistics" (1951). Hauptgedanke, der zentral in dieser Periode wurde, ist der, daß man die sprachlichen Elemente anhand ihrer Verteilung (Distribution) in den vorliegenden Texten bestimmt. Sowohl die Phoneme wie die Morpheme werden nicht (wie z. B. bei Bloomfield) aufgrund ihrer bedeutungsunterscheidenden Funktion, sondern ausschließlich durch Feststellen der möglichen Umgebungen bestimmt. Dies geht in zwei Schritten vor sich: zuerst durch Segmentierung der Rede in einzelne Elemente, dann durch die Klassifizierung der Merkmale aufgrund ihrer Verteilung. Segmentierung — Klassifizierung sind die beiden Hauptaufgaben der deskriptiven Linguistik, von Chomsky später abwertend 'taxonomische Linguistik' genannt. Darüber hinaus können aber Beziehungen zwischen den auf diese Weise gewonnenen Klassen aufgestellt werden, und damit können Aussagen über das syntaktische System der betreffenden Sprache gemacht werden. Die von Chomsky u. a. häufig geäußerte Behauptung, die 'Taxonomisten' hätten es nur mit der Aufstellung von 'Inventarlisten' zu tun gehabt, ist also unrichtig. Man gelangt auf der Basis der genannten Prozeduren zu einer Art von Grammatik, die 'immediate constituent grammar' (unmittelbare Konstituentengrammatik) heißt, und die, allen Mängeln zum Trotz, der Versuch ist, das grammatische System einer Sprache zu beschreiben. Damit war die deskriptive

Linguistik an ihre Grenze gelangt, und es waren die Mängel des Beschreibungsapparates, und nicht etwa eine generelle Ablehnung der wissenschaftlichen Grundposition, die Noam Chomsky zur Entwicklung seines Modells motivierten.

5. Noam Chomsky und die generative Transformationsgrammatik

Von vielen wird bereits Chomskys erstes Buch, „Syntactic Structures" (1957) als Revolution in der Linguistik angesehen. Dies trifft jedoch weder für die im Buch erkennbaren Intentionen, noch für die Wirkung des Buches zu. Chomsky steht hier immer noch auf dem Boden des Strukturalismus und versucht, einige von dessen Problemen zu lösen, um einer explizit-formalen Beschreibung der syntaktischen Strukturen näherzukommen. Allerdings zeigt einer der zentralen Gedanken bereits eine Abkehr von wesentlichen strukturalistischen Verfahren: der Versuch, anhand eines abgeschlossenen Korpus zu der Grammatik einer Sprache zu gelangen, ist Chomsky zufolge völlig verfehlt. Dies hänge zusammen mit der 'Kreativität' der menschlichen Sprache: die meisten der gesprochenen Sätze seien 'neu', noch nie gehört. Das Verständnis von einer Grammatik als Beschreibung von vorhandenem Sprachmaterial sei inadäquat, eine Grammatik müsse vielmehr verstanden werden als ein 'Erzeugungsmechanismus', welcher alle Sätze einer Sprache erzeugen kann (und das heißt eine unendliche Menge), und nur diese Sätze (das heißt keine ungrammatischen). Eine Sprache wird somit definiert als die Menge der Sätze, die G generiert. Um dies Problem zu lösen, schlägt Chomsky einen bestimmten Regeltyp, die rekursiven Regeln, vor. In dem Zusammenhang muß unterschieden werden zwischen 'Satz' und 'Äußerung'. Während sich 'Äußerung' auf die aktuelle Rede bezieht, ist 'Satz' ein Konstrukt, definiert durch die Begriffe 'wohlgeformt' und 'grammatisch'. Die Grammatik im Chomsky'schen Sinne erzeugt keine Äußerungen, sondern nur Sätze, welche dann in einer konkreten Situation von einem Sprecher in Form einer Äußerung realisiert werden können. Wie man sieht, entspricht dies wieder der Saussure'schen langue-parole Unterscheidung, aber mit einigen Modifikationen; diese Vorstellungen werden jedoch erst in den „Aspects" (1965) richtig ausgearbeitet. Eine weitere, wesentliche Neuerung gegenüber den Distributionalisten besteht in der Annahme

einer zweiten Beschreibungsebene, der Tiefenstruktur. Damit wird z. B. die Beschreibung von mehrdeutigen Sätzen wie *flying planes can be dangerous* adäquater; auch die Beschreibung von Passiv-Umformungen kann damit besser der 'Intuition' eines Sprechers genügen, indem sie einen Zusammenhang zwischen den beiden Sätzen aufzeigt. (Eine einfache Beschreibung dieser Argumentationen in Lyons 1970, und in Gutknecht/Panther 1973). Von daher entstand der Name 'generative Transformationsgrammatik', das heißt eine Grammatik, die genau die Sätze einer Sprache L_1 generiert und dabei mit zwei Ebenen operiert, der Ebene der Tiefenstruktur und die Ebene der Oberflächenstruktur, wobei die Strukturen der ersten Ebene in die Strukturen der zweiten Ebene mit Hilfe von Transformationsregeln überführt werden. Dies ist im Kern der Neuansatz Chomskys in „Syntactic Structures". — In seinem Buch „Aspects of a theory of syntax" (1965), dem eigentlich grundlegenden Werk der Transformationsgrammatik, werden dann diese grammatiktheoretischen und methodischen Vorschläge nicht nur weiterentwickelt, sondern gleichzeitig in einen neuen, sprachtheoretischen und wissenschaftstheoretischen Rahmen gestellt. Chomsky wendet sich explizit gegen die empiristische Grundauffassung des Strukturalismus und begibt sich auf eine mentalistische Position. Im folgenden werden die Hauptpunkte dieser neuen Sprachtheorie zusammengefaßt. — Das Buch beginnt mit der Bestimmung des Gegenstandes einer linguistischen Theorie. Es ist dies „ein 'idealer Sprecher-Hörer', der in einer völlig homogenen Sprachgemeinschaft lebt, seine Sprache ausgezeichnet kennt und bei der Anwendung seiner Sprachkenntnis in der aktuellen Rede von solch grammatisch irrelevanten Bedingungen wie begrenztes Gedächtnis, Zerstreutheit und Verwirrung, Verschiebung in der Aufmerksamkeit und im Interesse, Fehler … nicht affiziert wird." (Chomsky 1965, 1969, 13, Hervorhebung von E. B.).

Die Sprachkenntnis eines solchen idealen Sprecher-Hörers ist die *Kompetenz*, die Sprachverwendung, d. h. die Realisierung der Kompetenz in aktueller Rede, ist die *Performanz*. Dieses Begriffspaar tritt nun an die Stelle von langue/parole, doch mit dem wichtigen Unterschied, daß 'langue' als soziales System definiert worden war — ein Sprachbewußtsein, daß nie im einzelnen Individuum vorhanden ist, sondern nur in der Gesamtheit der Sprachteilnehmer; 'Kompetenz' bezeichnet die Sprachkenntnis eines — idealisierten — Individuums. Von dem sozialen Charakter der Sprache ist bei Chomsky überhaupt nicht die Rede. Was noch bei Bloomfield als wesentlicher Aspekt von Sprache angesehen wurde: daß sie eine 'vermittelnde Funktion hat', daß sie Situationen verändert, interessiert in der generativen Grammatik überhaupt nicht mehr. Der Blick richtet sich auf das einzelne sprechende Individuum, und folgerichtig wird auch das Korpus als Untersuchungsmaterial wieder abgelöst von introspektiven Aussagen des Linguisten. Damit ist die mentalistische Position Chomskys weitgehend klar. Sie wird noch deutlicher bei seiner Definition der Begriffe 'Grammatik' und 'Sprachtheorie', womit wir uns gleich befassen. Zuvor noch ein paar Bemerkungen zum Begriff der 'Performanz', dem Gegenbegriff zu 'Kompetenz'.

Im Idealfall wäre die Performanz eine direkte Widerspiegelung der Kompetenz, aber in der sprachlichen Praxis treten 'Störfaktoren' auf. Interessant ist, daß unter dem, was Chomsky als derartige Faktoren anführt, z. B. auch das 'Interesse' des Sprechers oder 'Strategien' subsumiert werden. Vom heutigen Stand der Forschung aus betrachtet, ist es nicht akzeptabel, so etwas wie Sprecherstrategien denselben Status zu geben, wie 'Zerstreutheit'. Für Chomsky, bzw. die ganze generative Grammatik, spielen derartige Fragen aber keine Rolle. Die Kompetenz/Performanz-Unterscheidung hat nicht den Zweck, sprachliche Realitäten wiederzugeben, sondern sie hat den Zweck, den Untersuchungsgegenstand der Linguistik so einzugrenzen, daß eine explizit formale Beschreibung möglich wird, die Schwierigkeiten der Deskriptivisten aber vermieden werden. Wenn oben die Praxis-Orientiertheit der amerikanischen Linguistik unterstrichen wurde, so haben in diesem Punkt Chomsky und die deskriptive Linguistik etwas gemeinsam. Seit Mitte der fünfziger Jahre war die Entwicklung der maschinellen Sprachübersetzung von überaus großem Interesse für die USA. „Man hatte ... erkannt, daß maschinelle Sprachübersetzung nicht bloß ein simples Wort für Wort-Übertragen mit Hilfe großer im Computer gespeicherter Lexika sein konnte, vielmehr exakte automatische Syntaxanalysen erforderte. Daraus ergab sich die Notwendigkeit, natürliche Sprachen daraufhin zu untersuchen, ob ihre Struktur durch formale Grammatiken, die von Computern verarbeitbar sind, beschrieben werden kann. Die theoretische Ent-

wicklung solcher formaler Grammatiken nahm bald einen großen Teil der linguistischen Forschung in den USA ein" (Eisenberg/Haberland 1972). Das 'gesellschaftliche Interesse' ist hier mitverantwortlich dafür gewesen, daß gerade die gesellschaftsbezogene Funktion von Sprache für eine Zeitlang aus der linguistischen Forschung verbannt wurde.

Von daher wird auch Chomskys Argument der 'Kreativität der menschlichen Sprache', das er gegen die Deskriptivisten anführt, stark relativiert. „Eine wesentliche Eigenschaft der Sprache ist es, daß sie die Mittel bereithält zum Ausdruck beliebig vieler Gedanken und zu angemessenen Reaktionen in beliebig vielen neuen Situationen" (Chomsky 1965 (1969), 16). Dies ist unmittelbar überzeugend. Aber weder die 'Situationen' haben in dem Konzept der TG einen Platz, noch wird irgendwo näher ausgeführt, was unter 'angemessenen Reaktionen' verstanden werden soll. Sehr schnell wird deutlich, daß es Chomsky bei 'Kreativität' ausschließlich um syntaktische Dinge zu tun ist (das heißt unbegrenzt lange Sätze erzeugen zu können) und daß 'angemessen' gleichzusetzen ist mit 'syntaktisch wohlgeformt'. Eine Grammatik, die der 'Kreativität der menschlichen Sprache' Rechnung tragen soll — und dies ist Chomskys Hauptforderung — kann damit schlicht so definiert werden: „Unter einer generativen Grammatik verstehe ich einfach ein Regelsystem, das auf explizite und wohldefinierte Weise Sätzen Strukturbeschreibungen zuordnet." (Chomsky 19). — Chomskys Anspruch geht, dieser starken Einengung zum Trotz, sehr viel weiter als der der Deskriptivisten. Dies manifestiert sich am deutlichsten in der systematischen Doppeldeutigkeit der Begriffe 'Grammatik' und 'Sprachtheorie': „Für den Linguisten ebenso wie für das Kind, das die Sprache erlernt, besteht das Problem, aus den Daten der Sprachverwendung heraus das zugrundeliegende Regelsystem zu bestimmen ..." (Chomsky 14). Der Linguist, der eine Grammatik konstruiert, liefert damit eine Hypothese über die mentalen Strukturen, über die ein Sprecher der Sprache verfügt. Er liefert außerdem eine Hypothese über diejenigen Prinzipien, nach denen eine bestimmte Grammatik aus einer Vielzahl möglicher Grammatiken ausgewählt wird. Der Begriff 'Grammatik' meint also sowohl das vom Linguisten erstellte Regelsystem, wie auch das vom Sprecher internalisierte System (seine Kompetenz) der betreffenden Sprache. Der

Begriff 'Sprachtheorie' bezeichnet zum einen die linguistische Theorie über den Prozeß des Spracherwerbs, wie auch die allgemeinen angeborenen Fähigkeiten eines Sprechers, nach denen er bei gegebenen Daten einer Sprache eine entsprechende Grammatik ausbildet. Da diese Fähigkeiten nicht sprachspezifisch sein können (da im Prinzip jede Sprache vom Kind erlernt werden kann), bezeichnet sie Chomsky als 'universelle Gramatik'. Im Zurückweisen einer Universalgrammatik sieht Chomsky einen der Hauptfehler der deskriptiven Linguistik, die daher 'fundamental beschreibungsinadäquat' sei. Wie man sieht, bezieht sich Chomskys Kritik an den Strukturalisten hier nicht mehr auf das Beschreibungsmodell im engeren Sinne (wie es noch in „Syntactic Structures" der Fall war), sondern eher an den Zielsetzungen. Die von Chomsky in dem Zusammenhang entwickelten Beurteilungskriterien für die linguistische Theorie — die verschiedenen Adäquatheitsstufen — können hier nicht im einzelnen diskutiert werden (vgl. dazu Bense 1972, 37 ff). Es sei lediglich darauf hingewiesen, daß der Gedanke von der Angeborenheit grundlegender sprachlicher Prinzipien einen großen Stellenwert bekam, nicht nur für die generative Grammatik selbst, sondern auch für die ganze Sprachpsychologie. Er setzte eine Flut von Forschungen zum Spracherwerb des Kindes in Gang, und dies war ohne Zweifel einer der positiven Effekte von Chomskys Theorie. (Einen guten Überblick gibt z. B. Leuninger/Miller/Müller 1974). Der unbefriedigendste Teil der Chomskyschen Konzeption war der Bereich der Semantik, der im Aufbau einer Grammatiktheorie nur der Status einer interpretativen Komponente gegeben wurde. An diesem Punkt setzte dann auch die Hauptkritik ein. Katz/Fodor (1963) hatten den Versuch unternommen, eine semantische Theorie zu entwerfen, die mit der Transformationsgrammatik verbunden war, wobei sie wesentlich mit der alten (von Jakobson ausgearbeiteten) Merkmaltheorie arbeiteten. Die vielleicht schärfste Kritik dieser Semantiktheorie stammt von Uriel Weinreich (1966), dem sie als Ausgangspunkt für die Entwicklung einer eigenen Semantiktheorie diente. Weinreich lehnt eine scharfe Trennung zwischen Syntax und Semantik ab; eine Position, die später auch von der sogenannten 'Generativen Semantik' vertreten wurde, deren Hauptvertreter allesamt Schüler von Chomsky waren: Postal, McCawley, Lakoff und Fillmore. Auf diese Ansätze kann hier nicht im einzelnen

eingegangen werden. Es ist aber interessant, daß in dieser Richtung das Programm Chomskys insofern 'umgedreht' wird, als hier von den semantischen Strukturen als den eigentlich grundlegenden in der Sprache ausgegangen wird. In keinem der Ansätze wird jedoch der Sprache als 'sozialer Institution', als Kommunikationsmittel für Menschen, Rechnung getragen. Man verbleibt im Bereich der 'Kompetenz'.

6. Zusammenfassung und Kritik

Zunächst ein paar Überlegungen zum Verhältnis zwischen strukturalistischer Linguistik und der generativen Grammatik: Es ist eine sehr verbreitete Ansicht, daß Chomsky, bzw. die generative Transformationsgrammatik etwas radikal Neues in der Linguistik gewesen seien, eine Umwälzung aller bisherigen Vorstellungen von Sprachwisssenschaft und ihrem Gegenstand, kurz eine 'Revolution'. Sehr häufig wird dies mit T. Kuhn's Begriff des Paradigmenwechsels verbunden. Nach Kuhn finden solche Paradigmenwechsel nur selten statt. Jede Wissenschaft verändert sich dauernd, dies gehört zu ihren wichtigsten Voraussetzungen. Ein Paradigmenwechsel bedeutet jedoch nicht eine Änderung, sondern vielmehr eine völlige Aufgabe der geltenden Grundannahmen dieser Wissenschaft, eine Neubestimmung der Probleme und Maßstäbe. Die Änderung der wissenschaftlichen Vorstellungen bedeutet gleichzeitig eine Veränderung der Welt, in welcher wissenschaftliche Arbeit getan wird (Kuhn 1962 (1973), 23 f). J. Searle (1972) vertritt die Ansicht, daß Chomsky's 'revolution' genau dem Kuhnschen Modell entspricht. Die Revolution bestehe in dem Nachweis, daß die taxonomische Methode inadäquat gewesen sei, daß sich behavioristische Prinzipien nicht auf menschliches Sprachverhalten anwenden ließen, und schließlich in der Schaffung eines neuen Ziels für die Linguistik (Searle 1972, 16). Eine ganz andere Auffassung dazu findet sich z. B. bei Hymes (1981), 157 ff): „... to a very great extend, ideas associated with the chomskyan movement are present in the Bloomfieldian period, and not only present, but advocated strongly against some of the periods more salient views". Dies richtet sich sowohl gegen eine Überschätzung des Innovationswertes der Transformationsgrammatik, wie auch gegen die undifferenzierte Betrachtung der strukturalistischen Linguistik. Nach Hymes gibt es von Bloomfiel bis Chomsky eine ganz kontinuierliche Entwicklung. Eine ähnliche Haltung nehmen auch Geier u. a. (1976, 131 ff) ein und liefern im übrigen eine detaillierte Diskussion dieser Frage.

Vielleicht läßt es sich so beschreiben: die strukturalistische Linguistik konnte bestimmte sprachliche Erscheinungen nicht zufriedenstellend beschreiben. Für diese Probleme entwickelte Chomsky Lösungsvorschläge, die sich allmählich zu einer neuen Sprachtheorie erweiterten. Dies hatte zur Folge, daß eine Reihe neuer Fragen in den Gegenstandsbereich der Linguistik hineinkamen, die in der strukturalischen Linguistik gar nicht anvisiert worden waren.

Gemeinsam für beide ist, daß die erste Aufgabe der Linguistik gesehen wird in der (von andern Wissenschaften) unabhängigen, formalen Beschreibung des Sprachsystems. Beide sehen von den psychischen, sozialen und geschichtlichen Faktoren ab. Die Untersuchungsmethoden sind an denen der Naturwissenschaften (oder Mathematik) orientiert, nicht an denen der Humanwissenschaften. (Dies gilt auch für Chomsky, trotz seiner Beschwörung der alten Humanisten.) Die anfänglich noch vorhandene Vorstellung von Sprache als sozialer Institution ging mehr und mehr verloren, da sie niemals zu theoretischen Konsequenzen geführt hatte. Mit den Dichotomien (langue/parole, Kompetenz/Performanz) wurde die aktuelle Kommunikation letztlich aus dem Gegenstandsbereich der Linguistik hinausgedrängt. — In dem schon erwähnten Artikel von Searle (1972, 20) wird dies richtig gesehen: „Language is defined by syntactical structure (not by the use of the structure in communication) and syntactical structure is determined by innate properties of the human mind (not by the needs of communication)." Searle kann im Anschluß daran die Grundlagen seiner eigenen Theorie formulieren, der 'Sprechakttheorie', die eine ähnliche Um-orientierung der Linguistik herbeiführte, wie seinerzeit Chomskys generative Grammatik. Searle schreibt: „A persons knowledge of the meaning of sentences consists in large part in his knowledge of how to use sentences, to make statements, ask questions, give orders, make requests, make promises, warnings etc. and to understand other people when they use sentences for such purposes. Semantic competence is in large part the ability to perform and understand what philosophers and linguists call „speech acts" (Searle 1972, 22).

Wenn wir noch einmal den Paradigmabegriff benutzen wollen: die strukturalistische Vorstellung von Sprache als einheitlichem System, die zumindest bis in die 60er Jahre hinein bestimmend in der Linguistik war, ist heute in Auflösung begriffen. Von einem Paradigmenwechsel im Kuhnschen Sinne zu sprechen, wäre verfehlt, insofern es keinen klaren Anwärter gibt, der das alte Paradigma ablösen könnte. Aber es gibt eine Menge Erkenntnisse über genau die Faktoren oder Bereiche, die in der strukturalistischen, bzw. generativen Linguistik nicht untersucht worden waren. Diese Erkenntnisse in einen systematischen Zusammenhang zu bringen, wird eine der Hauptaufgaben des neuen Paradigma sein.

7. Literatur (in Auswahl)

Bense, Elisabeth (1973) *Mentalismus in der Sprachtheorie Noam Chomskys*, Kronberg.

Bense, Elisabeth/Eisenberg, Peter/Haberland, Hartmut, eds. (1976) *Beschreibungsmethoden des amerikanischen Strukturalismus*, München.

Bierwisch, Manfred (1966) „Strukturalismus." In: *Kursbuch* 5, Frankfurt, 77—152.

Bloomfield, Leonard (1926) „A set of postulates for the science of language," in: *Language* 2, 153—164.

Bloomfield, Leonard (1933) *Language*, London.

Bühler, Karl (1934) *Sprachtheorie*, Stuttgart.

Chomsky, Noam (1957) *Syntactic structures*, The Hague.

Chomsky, Noam ([1965 englisch] 1969) *Aspekte der Syntax-Theorie*, Frankfurt.

Chomsky, Noam ([1966 englisch] 1971) *Cartesianische Linguistik*, Tübingen.

Eisenberg, Peter/Haberland, Hartmut (1972) „Das gegenwärtige Interesse an der Linguistik", in: *Das Argument* 72, S. 326—349.

Geier, Manfred et al. (1976) *Sprache als Struktur*, Tübingen.

Gutknecht, Christoph/Panther, Klaus (1973) *Generative Linguistik*. Ergebnisse moderner Sprachforschung, Stuttgart.

Harris, Zellig (1951) *Methods in structural linguistics*, Chicago.

Householder, Fred (1951) *Review of Harris (1951)*, in: International Journal for Anthropological Linguistics 18, 260—68.

Heeschen, Claus (1972) *Grundfragen der Linguistik*, Stuttgart.

Helbig, Gerhard ([1970] 1974) *Geschichte der neueren Sprachwissenschaft*, Reinbek.

Hjelmslev, Louis ([1943] 1966) *Omkring sprogteoriens grundlæggelse*, København.

Hymes, Dell/Fought, John (1981) *American Structuralism*, The Hague.

Joos, Martin, ed., (1957) *Readings in Linguistics I*, Chicago/London.

Jakobson, Roman/Halle, Moritz (1956) *Fundamentals of Language*, The Hague.

Katz, Jerry/Fodor, John (1963) „The structure of a semantic theory", in: *Language* 39, 170—210.

Kuhn, Thomas ([1962 englisch] 1973) *Die Struktur wissenschaftlicher Revolutionen*, Frankfurt.

Levi-Strauss, Claude ([1958 französisch] 1969) *Strukturale Anthropologie*, Frankfurt.

Leuninger, Helene/Miller, Max/Müller, Frank, eds., (1974) *Linguistik und Psychologie. Ein Reader*, Frankfurt.

Lyons, John ([1970 englisch] 1971) *Noam Chomsky*, München.

Motsch, Wolfgang (1974) *Zur Kritik des sprachwissenschaftlichen Strukturalismus*, Berlin (DDR).

Sapir, Edward (1921) *Language*, New York.

Sapir, Edward (1925) „Sound patterns in language", in: *Language I*, 37—51.

Saussure, Ferdinand de ([1916 französisch] 1967) *Grundfragen der allgemeinen Sprachwissenschaft*. Berlin.

Searle, John (1972) „Chomsky's revolution in linguistics", in: *The New York Review*, june 29., 16—24.

Trubetzkoy, Nikolaus S. ([1938] 1977) *Grundzüge der Phonologie*, Göttingen.

Vachek, Josef, ed., (1964) *A Prague School Reader in Linguistics*, Bloomington.

Weinreich, Uriel (1966) „Explorations in Semantic Theory", in: Seboek, Th., ed., (1966) *Current trends in Linguistics III* The Hague, 395—477.

Elisabeth Bense, Kopenhagen (Dänemark)

54. Sociolinguistic Aspects in Dialectology

1. Introduction
2. Social Approaches and Schools in the History of Dialectology
3. An Appraisal of Sociolinguistic Characteristics in the History of Dialectology
4. Conclusion
5. Literature (selected)

1. Introduction

In this chapter we shall sketch the extent to which sociolinguistic aspects have played a role in the long tradition of research in dialectology in order to determine the extent of truth in Ervin-Tripp's statement (1973, 374): "one of the oldest forms of sociolinguistics is dialect-geography". It is clear that this approach has implicit limitations. We shall not present a complete history of dialectology since it would include fields clearly lacking a social dimension (e. g. Bartoli's 'linguistica spaziale'). Neither shall we mention chapters from the prehistory of sociolinguistics which have no connection with dialectology (e. g. the Malinowski/Firth school) (cf. art. 52). The historical character of this contribution is limited in time to c. 1960; the modern social dialectology of Labov and others will not be covered in this chapter. — The outline of this contribution is as follows: first we shall give

a survey of social approaches and schools of dialectology (part 2). Then we shall evaluate the significance of sociolinguistic aspects in the tradition of dialectology (part 3). In conclusion we shall outline a characterization.

2. Social Approaches and Schools in the History of Dialectology

2.1. Early Approaches of Social Variation in Dialects

One of the earliest scientific practitioners of dialectology was the Bavarian Johann Andreas Schmeller who wrote 'Die Mundarten Bayerns' in 1821 and 'Bayerisches Wörterbuch' which appeared in 1827. In the former, he, according to Wiesinger (1979), puts himself forward not only as a dialectologist but also as a 'Sprachsoziologe'. In this work Schmeller expresses the desirability of research into various "Sprachschichten", such as "die gemeine ländliche Aussprache, die Aussprache der Bürgerklasse in Märkten und Städten, die Aussprache der Gebildeten, oder die provinzielle Art und Weise, das Schriftdeutsche zu lesen" (Schmeller 1821, 465). Also in Württemberg an early remarkable sociolinguistic round was heard. In 'Versuch einer Physiologie der Sprache' in 1841, the first work on the Württemberg dialect, Karl Moriz Rapp remarks that the socially determined differences in these dialects are greater than those determined by geography (cf. Ruoff 1982, 135). — The programmatic work of Philipp Wegener, 'Über deutsche Dialectforschung' in 1880 constitutes an important milestone in the history of (German) dialectology. The Junggrammatiker were on the rise and Wegener's work received the approval of people such as Sievers, Braune and Winteler at a conference of linguists in Trier in 1879. The programme focuses on dialects as pure phonetico-physiological phenomena; but here again socially determined variation is emphasized, namely in the terminology "der dialect des gebildeten, der des halbgebildeten städtlers, die bauernsprache" (Wegener 1880, 465). The triple distinction 'Mundart' — 'Umgangssprache' — 'Hochsprache' (dialect — regional form of speech — standard language) is already present in the work of Schmeller and Wegener, and will play an important part in the further history of dialectology. — There was a strong implicit awareness of the various strata in the language community in the closing decades of the 19th century. This awareness was one of the most powerful stimuli for the great dialect surveys which were undertaken in various European countries at that period. For instance, the threat to rural dialects by other varieties was the avowed driving force behind the dialect survey organized by the Koninklijk Aardrijkskundig Genootschap (Royal Geographical Society) in 1876 in the Netherlands. In Englang around 1870 Alexander D. Ellis pressed on with his dialect surveys, noting that the rural population in England at that moment was already bi-dialectal (cf. Petyt 1980, 71). — Quite apart from the specifically dialectological work, William D. Whitney emphazised social variations in dialects in the last quarter of the 19th century. In 'The Life and Growth of Language' (1875) he stresses language variability: "We must be careful not to overrate the uniformity of language" (1875, 154). Chapter 9 of this book is devoted to 'Local and class variation of language: dialects'. The classes of social dialects are differentiated according to the parameters of occupation, education and age. "Everyone of all these differences is essentially dialectic: that is to say, they differ not at all in kind, but only in degree, from those which hold apart acknowledged dialects" (1875, 156).

2.2. Social Reactions to the Neogrammarians

When, about 1870, Georg Wenker planned his 'Sprachatlas des Deutschen Reiches' his first concern was to establish the boundaries of the German dialects. The atlas was however soon to play a part in the debate about the Ausnahmslosigkeit der Lautgesetze. It was expected that the cartographic reflection of Ausnahmslosigkeit would show that in the course of the centuries language diversity would be spatially outlined in distinctly defined dialect-areas (cf. Reiffenstein 1982). At the end of the 19th century and the beginning of the 20th century the question of the distinctness, or of the very existence of such boundaries was the subject of intense discussion (Lang 1982). One of the earliest and indeed one of the most interesting reactions to the position of the neogrammarians came from Hugo Schuchardt in his brochure 'Über die Lautgesetze: Gegen die Junggrammatiker' published in 1885. Schuchardt states that sound change begins in a few words and that the new pronunciation later spreads (by phonetic analogy) to other words; and moreover that sound change begins with a restricted number of individuals and then spreads to other individuals (cf. Vennemann/ Wilbur 1972). In essence we have here both a lexical and a social theory of diffusion. The social aspect is especially noteworthy, for example when, in 1885, he rejects Ausnahmslosigkeit als being out of date and characterises the modern period as a time "welche in der Sprache keinen natürlichen Organismus, sondern ein soziales Produkt erblickt" (cf. Schuchardt — Brevier 1922, 14; and for Schuchardt's further social vision on dialects, Hagen 1982). — Schuchardt's influence was felt especially in Romance dialectology. Writers of fundamental papers on the existence of dialect boundaries such as Adolf Horning (1893) and Louis Gauchat (1903) show their debt to Schuchardt's social concepts (cf. Lang 1982, 204 ff). This is also the case for Karl Jaberg, whose antipathy to views where dialects were seen as naturally reacting languages with pure sound laws finally culminated in the slogan "Jedes Wort hat seine eigene Geschichte" (cf. Malkiel 1967 and also part 2.5.). There is also a clear line from Schuchardt to the French school centred round Antoine Meillet (see part 2.3.).

The Romance philologists who went under the name of *'Neolinguists'* or 'idealists' trace their descent from Schuchardt with less justification. Counter to the mechanical conceptions of the Junggrammatiker they put forward not a social principal, but an individual-creative origin that was held responsible for all language change and variation. Schuchardt's conception of linguistics as 'Geisteswissenschaft' culminated in the absolute dictum of Karl Vossler "Der Stoff ist nichts, der Geist ist alles". Although Matteo Bartoli's language geography school of 'linguistica spaziale' in the twenties has historical links with the Neolinguists, it shows scant connection as regards content with the impressionistic linguistics and stylistics of the latter approach (cf. Christmann 1974; Wolf 1975).

It must be realized that in the reactions to the *neogrammarians*, the qualification 'social' is soon dropped. According to the neogrammatical view, sound change and dialect separation were a matter of, to quote Hermann Paul, "das Hinauswachsen der individuellen Verschiedenheiten" (1880, 38). 'Social' was used as the opposite of 'individual' without necessarily meaning the same at all times. Clearly for Schuchardt and Whitney it means a fundamentally social view of language — "speech is not a personal possession but a social; it belongs not to the individual but to the members of the society" (quoted in Labov 1972, 261). In *language geography* (cf. art. 64) the word 'social' serves as a cover for various different contents. Karl Haag uses it in connection with the innovators of dialect change, and it is interesting to note the locus of innovation shifts between 1905 and 1930 from "tonangebenden Einzeln" to "tonangebenden Kreisen" (cf. Lang 1982, 87). There is in addition the specific significance that Wenker's successor, Ferdinand Wrede allots to the spatially situated 'soziallinguistische' *language geography* in contrast with 'individual-linguistische' phonetic dialectology. Originally here 'soziallinguistisch' is little more than a label (cf. Mattheier 1980, 67); only with time will this approach come to mean "die die historische und politisch-geographische Erklärung auszubauen versucht" (Wrede 1919, 18).This approach will be further developed by Theodor Frings (see part 2.6.).

2.3. Social Linguistics in the French School

The French School refers to the linguistic school startet by Maurice Grammont and Antoine Meillet in Paris at the beginning of this century (cf. Sommerfelt 1966). Meillet and a number of his students stressed the social character of language. It is known that Meillet was influenced by Emile Durkheim, the sociologist, and he was a member of the editorial board staff of his journal 'L'Année sociologique' form the fifth year (1901—1902) on, where, in 1906, he published his famous study 'Comment les mots changent de sens'. In this work he called language 'un fait social' using Durkheim's terminology. According to Durkheim, social change springs from social rather than from psychological facts. In line with this statement, Meillet showed that in semantic change, though the process may be psychological, the cause is social (Sommerfelt 1966, 290). In a more general context there is Meillet's famous oft-quoted saying: "From the fact that language is a social institution, it follows that linguistics is a social science, and that the only variable to which we can turn to account for linguistic change is social change, of which linguistic variations are only consequences" (quoted from Labov 1972, 263). — In the French school the social character of language was also stressed by Charles Bally's 'Le langage et la vie' dating from 1913, especially in the chapter entitled 'Le langage et la société'; and also by Vendryes' 'Le langage', published in 1914. Meillet and Bally had an unmistakable influence on Jacques van Ginneken's multifacetted sociolinguistic study of Dutch (1913—1914); he deals with the variations in Dutch according to three language circles, local (dialects), familial (generations, sex) and social (status, occupation etc.). Amongst Meillet's students we must distinguish, besides Marcel Cohen ('Pour une sociologie du langage', 1956) the Norwegian, Alf Sommerfelt. Not only did he write programmatic articles such as 'La linguistique: science sociologique' (1932) but he also carried out important empirical research on language variation in village communities in Ireland and Wales (mentioned in Sommerfelt 1962; see also part 2.4.).

2.4. Social Differentiation in One Speech Community

In Romance linguistics, and especially in Gallo-Roman dialectology, quite early appeared some important innovative studies on socially determined language variation within one local community. Schuchardt again provided the inspiration for these. In 1870 he had pointed out: "... innerhalb der Mauern größerer Städte besteht wahrnehmbare, wenn auch schwer zu definierende Sprachverschiedenheit". And in 1885 he remarked: "Das Alte und Neue erscheint aber innerhalb eines Dialektes nicht bloß nach dem Alter, sondern auch nach Geschlecht, Bildung, Temperament, kurz in der verschiedenartigsten Weise verteilt". Also: "Sprachmischung nehme ich, wie gesagt, auch innerhalb der homogensten Verkehrsgenossenschaft an" (Schuchardt − Brevier 1921, 150, 54−56; cf. Hagen 1982).

A series of empirical studies begins with Abbé Rousselot's research (1891) in which, using very precise phonetic analysis, he concludes that in Cellofrouin (Charente) there is no question of homogeneity within one and the same family. Louis Gauchat's study (1905) of language heterogeneity in a village called Charmey (East Gruyère), "ou toutes conditions sont plutôt favorables à l'unité" is another highlight. At the heart of Gauchat's study is the connection between phonetic variation and age, researched in three generations (90 − 60 years old; 60 − 30; and 30 years old). It appears that the different age groups, although they themselves are not aware of it, differ noticeably in phonetic realisation and in developing phonetic tendencies. In contrast with traditional beliefs it appears also that women are more progressive than men in the process of language change. − The case of Charmey has become especially well-known because Gauchat's 'apparent time' survey was followed at least twenty years later by Eduard Hermann's 'real time' study (1929). This showed that the diphthongization process noted by Gauchat (from [å] > [ao] and especially [ō] > [ao] had in the meantime progressed further; other developments however (e. g. [θ] > [h]) appear to have stabilized (for a more exhaustive discussion of Gauchat's and Hermann's conclusions see Sommerfelt (1930, 77 ff) who first called attention to their importance; Labov 1972, 178 ff; Lehmann 1973, 163 ff). Other Romance studies are those of A.-L. Terracher (1914) on morphological variation in Angoumais (see Wolf 1975, 35) and the Italian Benvenuto Terracini (1914−1922) on language variation in Usseglio (see Grassi 1980, 150). − For studies other than Romance we call attention to Alf Sommerfelt's work in the Celtic language-area. Unfamiliar with Gauchat's work at the time, he carried out similar research in 1915−16 in Torr in North-west Ireland. Here too phonetic variation in three generations was analysed. His results are comparable with Gauchat's. It is once more noticeable that old and new forms [ʎ: and y:] coexist in the

middle generation. A later study in Cyfeiliog, Wales emphasizes the lexical gradualness of the sound-change studied [y] > [i]; the change had taken place completely in some words but had not yet affected others (see Sommerfelt 1930, 160 ff).

One of the earliest Germanic studies in which internal variation within a dialect occupies a central place is that of Hotzenköcherle (1934) on the dialect of Mutten in Switzerland. He pays a great deal of attention to the situative variation between spontaneous speech and purposive enquiry (cf. Reiffenstein 1982, 31). One may wonder if Hotzenköcherle was possibly influenced in his choice of subject by the fact that he had originally followed courses in Romance philology with Bally and Gauchat. − In the field of Slavonic studies Karinski's work (1936) should be mentioned and will be dealt with in greater detail in part 2.7.

2.5. The Ethnographic approach
(cf. art. 14, 78)

The social aspect dealt with in this paragraph is of an entirely different nature from social variation within dialects. We shall discuss the combination of linguistic and ethnographic data, much strived after in dialectological work, of 'Wörter und Sachen', as expressed in the title of the periodical founded in 1909 by Rudolf Meringer and Wilhelm Meyer-Lübke. 'Sprachgeschichte ist Kulturgeschichte' is Meringer's slogan meaning that knowledge of material culture is essential for a good understanding of the meaning and semantic history of words. Schuchardt too pleaded for this approach. In his work it is obvious that this was originally a reaction against the Lautgesetze dominated linguistics, which paid attention especially to the form of words whilst neglecting their content (cf. Hagen 1982, 244).

These ideas are the basis of the later 'Sprach- und Sachatlas Italiens und der Süd-Schweiz (AIS)' by Karl Jaberg and Jakob Jud (1928−1940), as Jaberg clearly admits (1936, 28): "Nous étions ... fortement impressionés par les brillants articles de Meringer et de Schuchardt." The success of Jaberg and Jud's formula founded a lasting ethnographical tradition for the compiling of language atlases, especially in the Romance language-area. This is true for Bottiglioni's Corsican atlas (1933−42) as it is for Albert Dauzat's continuing series 'Nouveaux Atlas Linguistiques de la France' (from 1950 on) and Manuel

Alvar's Andalusian language atlas (1961–73), which all contain the word-combination 'linguistic-ethnographic' in their title (for a survey, see Wolf 1975, 51).

Apart from the language atlases, also outside the Romance language-area, there appeared an almost countless number of onomasiological dialect studies investigating 'Wörter and Sachen' and their links (for an overview see Quadri 1952). Here the *extralinguistic orientation* of dialectology came clearly to the fore. These studies can be called social in that they display an intense interest in peasant culture and in the peasants themselves.

2.6. The Rhineland School of the 'Kulturraumforschung'

Not only in the above-mentioned ethnographic school was there an 'echo' of social reaction on the part of dialectology to the 'individual' neogrammatical ideas, but also in Theodor Frings' school of Kulturraumforschung which arose in the twenties in Germany. In 1921, in his programmatic article 'Die deutsche Sprachwissenschaft und die deutsche Mundartforschung' Frings states that linguistically the previous generation has been too little directed "auf das Sprachlich-Soziale, die Sprachgeographie, den externen Lautwandel. Und doch liegen gerade hier die vorzüglichsten Quellen der lautlichen Änderungen" (1921; quoted in 1971, 27). Frings wishes to investigate not the physical factors but the influence of human culture on dialect variation. For him, a language boundary is par excellence a culture boundary: "Sie verneigt sich vor jeder geschichtlichen Eigenstellung, vor Amtsgrenzen, kleineren eingesprengten Territorien, kirchlichen Sonderverhältnissen, und sie empfängt durch die Organisation der Verwaltung, durch Handels- und Verkehrsbewegungen, durch die Kirchenpolitik ..." (etc.) (Frings 1921/1971, 21). Meringer's slogan 'Sprachgeschichte ist Kulturgeschichte' is also applicable to Frings' work, with the difference that in his interpretation the spatial element is decisive. For Frings it is a question of the connection between 'Sprachräume' und 'Kulturräume'; for this reason his school has been designated that of *'Kulturraumforschung' oder 'Kulturmorphologie'*.

The school reached its apogee in the work on language and culture in the Rhineland which Frings published with his Bonn colleagues, Hermann Aubin, the historian, and Josef Müller the folklorist (Aubin/Frings/Müller 1926). When, shortly afterwards, in 1927, Frings left for Leipzig and Aubin for Wroclav, what was then Breslau, the territory of Thüringen-Upper Saxony was surveyed in interdisciplinary collaboration in 1936. In the meantime, Adolf Bach, Frings' successor in Bonn, continued the tradition, as was done elsewhere, for example in the work on the Deutscher Sprachatlas in Marburg. Friedrich Maurer made an outstanding contribution, originally following Frings' line entirely, as shown in his 1929 study of language and culture in Hessen; later he pursued his own line of thought, reaching further back in history than Frings for whom relationships in the Middle Ages were the starting point. Maurer had definite ideas about the history of a language being the history of a people, and he traced this as far back as possible in prehistory for example in his 'Nordgermanen und Alemannen' published in 1942 (for further references see Grober-Glück 1982, 96 ff). –

No school has been as determining for Germanic dialectology as Frings. Its influence was felt beyond the frontiers of the German language-area. Expansion theories in Dutch dialectology show how strongly Frings influenced dialect studies in the Netherlands and Flanders (cf. Goossens 1977, 291 ff). G. G. Kloeke's study on 'De Hollandsche expansie in de zestiende en zeventiende eeuw' is a fine, and thanks to Bloomfield's 'Language', well-known example of Dutch expansiology (Kloeke 1927). This example is especially interesting in that Kloeke explains the diffusion of the diphthong in the Dutch words *huis* and *muis* not only by principles of spatial expansion, but also by social principles, such as the high social prestige of the innovative group and the lexical gradualness of the words studied. – Kloeke's work was an ideal complement to Frings' approach although Frings' work already included a clear sociological element. Grosse does not hesitate to call Fings a 'Sprachsoziologe' (Grosse 1971, 2).

2.7. Social Dialectology in the Soviet Union

In Russia at the beginning of this century J. A. Baudoin de Courtnay put forward interesting ideas about the horizontal (territorial) and vertical (social) distinctions in language and also about the social determination of linguistic facts (Krysin 1977, 229). After the

October Revolution, the twenties and thirties witnessed the rise of social dialectology ('soci-alnaya dialectologija'). At this time there existed within the Leningrad Speech Culture Institute a bureau for social dialectology under the direction of V. M. Schirmunski (cf. Eckert 1977, 583). As well as various publications on German dialectology, Schirmunski himself wrote also well-known articles on the relationship between national language and social dialects in the Soviet Union; there are also certainly social elements inherent in the distinction between primary and secondary dialect characteristics which he propagated (further references in Krysin 1977 and Eckert 1977). Larin's study (with the (translated) title 'On the linguistic study of the city' (1928)) is also interesting. It is surely one of the earliest works on social groups and social dialects within cities. Larin is especially concerned with the influence of the vernacular on the codified standard language (Švejcer 1976, 83). N. M. Karminskij's work with the (translated) title 'Essays on the language of the Russian peasants' (1936) is another classic of Russian social dialectology. It is a study of the village of Vanilovo near Moscow, which had already been investigated by Karminskij in 1903. The central issue of the repeated study is social change (as a result of the October Revolution) and the related language change. Social differentiation is elaborated in three groups: real peasants, real factory workers, and factory-workers who farm as well. The monograph contains a lexicon of 800 words, specifying in which domain and by which social group they are used (see Eckert 1977, 583 ff.). — From Krysin (1977) and from a general linguistic handbook such as that by Serebrennikov (1973) we can see that Soviet Russian linguistic science, and not merely social dialectology, has a decidedly social character. After 1945 this is reflected ever more clearly in social linguistics in the G.D.R. (see for example Hartung et al. 1981).

2.8. Social Elements in the Linguistic Atlas of the USA

From the history of dialectology we know that the necessity of questioning a wider social range of informants, especially in the cities, was first expressed in compiling the 'Sprach- und Sachatlas Italiens und der Süd-Schweiz (AIS)' (see Jaberg 1936, 20). That this ideal could only be realized in Florence did not prevent the AIS workers from being invited to bring in their expertise in training fieldworkers for the 'Linguistic Atlas of the United States and Canada' (1936). This perhaps contributed to the fact that for the American atlas more informants were chosen for each place. The most important reason was undoubtedlty that the American dialects are not at all homogeneous and very 'profound', "because the American people has always been more fluid than that of Europe, both geographically and socially" (Atwood 1963, 9). — Nevertheless, the essential difference from the practice in European atlases is that it was decided as a basic principle not to investigate 'the rustic or folk speech' alone. Hans Kurath (1939, 12) feels that this was achieved by the choice of the following three principal types of informants: "Type I: Little formal education, little reading and restricted social contacts; Type II: Better formal education, (usually high school) and/or wider reading and social contacts; Type III: Superior education (usually college), cultured background, wide reading and/or extensive social contacts. Each of these types is divided into two sub-classes: a) aged or old-fashioned, and b) middle-aged or younger, hence presumably more modern in usage". In the first atlas of the series to appear, 'Atlas of New England' (1939 — 43), which was determining for the remainder of the project, the informants were divided as follows: Type I: 148; Type II: 214; Type III: 51; total 413. The actual selection was left to the worker in the field, without any definite criteria; this method has been considered not particularly reliable (Pickford 1956). On the other hand, there is interesting individual information about each informant enclosed in a curriculum vitae which includes a short biography and character sketch.

The atlas itself did not only contain an important social element through the choice of its informants. The publications which appeared as a prolongation of the project also showed important sociolinguistic elements. Bernard Bloch (1939) for instance drew maps showing a systematic distinction between younger and older speakers. And in an early article Raven I. McDavid, like Bloch a fieldworker on the atlas, sketches the principles of the relationship between dialect geography and social science problems: "The more one investigates American dialects, the more impressive is the evidence that linguistic phenomena are an essential part of the data that must be considered in the analysis of problems involving the social sciences"

(McDavid 1946). McDavid shaped the geographico-sociological combination throughout his academic life (see for example McDavid 1980).

2.9. Growing Awareness of Social Variations in Dialects

In part 2.4. we saw that early on a number of studies had appeared on social dialect variation which were concerned with small language communities (studies by Gauchat, Hermann, Sommerfelt etc.). It is however not surprising that the growing awareness of language variation found its expression in the choice of cities as research object since there, as Schuchardt pointed out, language variation is the most manifest.

There is only one known early study on dialect variation in cities, that of Loewe (1882) on Magdeburg, but wider interest developed in the third decade of this century. We have already mentioned Larin's Russian work (1928; see part 2.7.); attention should also be drawn to Bach's (1924) fundamental article on the problems involved in research on city dialects. If we consider the empirical studies in German, during this same period studies were made on the city dialects of Ludwigshafen, Pforzheim, Pirmasens and Darmstadt; the latter by Otto Rudolf (1927) systematically considers the different language strata present in Darmstadt (for further references see Bach 1950, 227 ff; Martin 1959, 137 ff; Mattheier 1980). City dialects later became such objects of study in dialectology that 'social dialectology' came to be considered as synonymous with 'urban dialectology' (for example, Chambers/Trudgill 1980). — Such a equalization is not justified by history. Let us call to mind the social dialectological studies of village communities, a tradition continued in Wolfensberger's work on language variation in a village near Zurich (1967). These are also quite a large number of sociolinguistically oriented studies published about larger regions, such as Janssen (1943) on Lower Saxony, Engel (1954) on Wurttemburg, and Rozenkranz/Spangenberg (1963) on Thuringen (for further references see Mattheier 1980). — In the course of time a quantitive approach is becoming increasingly characteristic of social type studies. This is as true for language sociology research into the social division between dialect and standard language, and the varieties between them (most of the studies mentioned above) as it is for the sociolinguistic studies where concrete linguistic variables in correlation with social factors are researched (for example, the classic studies of Fischer (1958) on the variable *-ing* in New England, and Reichstein (1960) on minimal pairs such as *pattes-pâtes* in Paris). The idiolect of a single typical speaker is no longer considered representative of the group, and a broader sample of informants is used. From this point of view De Camp's dissertation (1952) about San Francisco based on the language of 25 informants spread over three social classes and several ethnic groups is ahead of its time. — It is important to stress that 'external' developments also played a part in the gradual evolution of dialectology in a social direction. One of the strongest stimuli undoubtedly springs from the fluorishing of socially oriented studies on (cf. art. 82) bilingualism. First and foremost we must of course mention Weinreich (1953), a work which had a great influence on Nuijtens' fine study on bilingualism in the dialect-standard language community in Borne in the Netherlands (1962). There are other studies about language loss and language loyalty in immigrants and ethnic minorities, especially in the United States, such as Haugen (1953) and Fishman (1966), which naturally contain very many social elements. Finally we think of the research on stylistic and social language variation by linguists such as Ferguson, Gumperz and Bright in the Near East and South Asia (for further references see Weinreich/Labov/Herzog 1968, 159 ff). In all of these studies it is not simply a question of co-existing forms but of variants and varieties with different prestige and different social significance in the language community. Many dialectologists are increasingly convinced of the importance of these social aspects for the explanation of the language variation they investigate.

3. An Appraisal of Sociolinguistic Characteristics in the History of Dialectology

3.1. The Spatial Dimension

The tradition of studying the dialect of one place (e. g. the neogrammatical dialect monographs) is at least as old as the diatopic tradition in dialectology. The comparative study of several language varieties or language variants in a single place also glories in a long tradition (e. g. Gauchat 1905). It is therefore incorrect to consider dialectology as identical with *dialect geography*. This does not prevent the spatial dimension from occupying an unmistakably dominant position in the tradition of dialectology. This is expressed more especially in the language atlases. Although these can differ greatly in intention and geographical scale, their common characteristic is the descriptive cartographic reproduction of dialect differences.

One might wonder to what extent interpretation intervenes in the application of strictly spatial principles in language atlases and other dialect studies. A really orthodox conception of spatial configuration as a determining factor in language geography seems to be present in the Italian 'neolinguistica' or 'linguistica spaziale' in the twenties. Here geographical diffusion patterns in the form of 'areal norms' are seen as determining for the relative age of language forms (cf. Chambers/Trudgill 1980, 183 f). We can also single out the 'Marburger Schule' where it was true "daß die Karten der Marburger Sprachatlanten keine Forschungsergebnisse sind, sondern nur Forschungsinstrumente" (Knoop/Putschke/Wiegand 1982, 64); this means that the factor of space is assigned an explanatory and interpretative role (cf. also Goossens 1981). However, in practice it appears that as a rule it is usually not the spatial factor alone which is determining, but rather the spatial factor in combination with historical, cultural and social data: "die Erklärungen dialektaler Daten erfolgen auf der Basis extralingualer Daten" (Knoop/Putschke/Wiegand 1982, 64); or in the compact formulation of the founder of Kulturraumforschung, Frings: "Unter dem so verstandenen Raumgedanken gesehen, ist die Sprache ein geschichtsgeographisches bedingtes soziales Gebilde" (after Grosse 1971, 5). — The problem with this 'synthetic' idea of the concept of space is that it is easy to make a post-hoc eclectic selection from the enormous reservoir of possibly relevant data to fit the spatial pattern of linguistic facts (cf. also the criticism of Grosse 1976). From this point of view the treatment of the spatial factor in the extralinguistic school differs greatly from that of the social factors in correlational sociolinguistics since the latter are defined at the start (and not post-hoc) as independent variables. — Hard (1966) as a geographer makes several observations worthy of consideration about the spatial factor in dialectology. He states "daß das sprachliche Verhalten heute nur noch in Rah-

men sozialer Gruppenstrukturen (...) die auch in der Sozialgeographie leitend sind, sinnvoll studiert werden kann" (Hard 1966, 66). This means, amongst other things, that more attention must be paid to urban centres and to the role of urbanisation and industrialisation in society than is evident in the tradition of dialectology. — We have shown in part 2.9. that cities were late in attracting the interest of dialectology. An attitude such as that of the English dialectologist Joseph Wright has long prevailed in dialectology; speaking in 1905 of London and district he says: "the dialects are hopelessly mixed and are now practicaly worthless for philological purposes" (after Petyt 1980, 84). Dialectology probably also reflected traces of Oswald Spengler's philosophy of the corrupt city which menaced the honest and pure relationships in the countryside (cf. Stellmacher 1977, 22). In any case the 'ruralia' long held sway over the 'urbana' (Malkiel 1976). — Wyld and Kloeke, for example, showed that another view was possible. Wyld (1936) documented the linguistic reality of many cases where regional dialect characteristics become sociolinguistic variables in London (cf. Labov 1972). Kloeke (1927) too shows the prominence of the part played by cities in Brabant (Antwerp), Holland (Amsterdam) and in the provinces (smaller towns via the 'jumping effect') and the role of the social elite in the cities in spreading the linguistic innovations he studied. Authors of studies on city dialects may also be named (see part 2.9.). If we turn back to Frings' history of language studies carried out within the framework of his 'Kulturraumforschung' we must recognize that the great influence of the medieval cities and their rulers on language geographical relationships is prominent. Modern analogies about the role of the city in modern industrial society have not been very forthcoming; compare Möhn's surveys (e. g. 1963) about language research in the Industrielandschaft and Veith's (1967) about Stadt-Umland-Forschung.

3.2. The Social Dimension

Awareness of social language differences is probably as old as man himself; historically seen, there are no language communities where differences do not exist. It is therefore not surprising that in the very earliest days of dialectology these social differences were pointed out (cf. part 2.1.). However, as we saw, linguistics concentrated at the beginning on the individual and thus on psychological explanations of language variation and language change. There were 'social' reactions to the neogrammarians (cf. part 2.2.), but not until the French school round Meillet was the link really established between linguistics and sociology (cf. part 2.3.). This school was responsible for fundamental insights into the social character of language and the social causes of language change; as yet undeveloped ideas about linguistic heterogeneity and the social parameters involved were formulated.

For the parameter of *social class* (art. 17, 18) for example, it was not until 1925 that a pair of articles by Hans Naumann and Eugen Lerch directed attention to the role of 'Oberschicht' und 'Unterschicht' in the language community (cf. Mattheier 1980, 65). It is not entirely fortuitous that Kloeke focuses on this discussion in his classic work of 1927. Where Lerch takes the position that sound change as a rule comes from below (as opposed to lexical and syntactic change), Kloeke supposes that the imitation of classes considered superior is determining (Kloeke 1927, 15 ff; also Bloomfield 1933, 476). It is interesting to note that even then in this discussion about the part played by the different social classes, the question of hypercorrection plays an important part. In the light of later social dialectology research results, Kurath's point of view, based on his experiences with the Linguistic Atlas, about the crucial position of the middle group in the field of social forces is also interesting: "Regional usage of the ever-growing middle group of speakers should in my opinion be the dialectologist's primary object of future research. Without reliable detailed knowledge of usage on this social level, the influence of cultivated speech upon folk speech, and vice versa, cannot be traced in realistic fashion, since the social extremes do not influence each other directly. It is the middle group that mediates between them" (Kurath 1964, 136).

As far as research practice is concerned, it must be said that in the tradition of dialectological research, only sporadically have the different social classes been worked with; where this has happened relatively naive social classifications have been used. The parameter of *age* (art. 11) is indeed far easier to operationalize. In part 2.4. we saw that in the few early surveys where this factor was used (Gauchat etc.) extremely interesting results were noted, especially on the point of the

theory of language change. These are clear forerunners of the later "apparent time" method in sociolinguistics. In addition, in the history of dialectology there are many interesting observations about age-grading which came about by intuition or observation (e. g. Janssen 1943; Nuijtens 1962). In the fifties different age groups were chosen more and more for language sociology surveys in the dialect groups; this too was the case when a number of archives of dialect recordings such as the "Deutsches Spracharchiv" were established (see Mattheier 1980, 39 ff). — This does not alter the fact most dialect studies are based on old or very old informants, in the expectation that these speak the purest, most authentic dialect. — There is little research available about the factor of *sex*. It is commonly thought that women in the country speak more dialect than men, and that the proportion is inversed in cities (cf. Mattheier 1980, 25 ff). This, too, shows in the light of later sociolinguistic research, how advanced Gauchat's study about Charmey was; for he states that for all the linguistic variables he investigates, even in this small, quite isolated village, it is the women who are the leaders in the process of dialect change. Gauchat finds this in no way surprising, since in Charmey it is the women who speak more (and also faster) than the men, who are alone as they work in the fields or with the animals. On the farms, the women communicate with the children, and therefore their (progressive) language behaviour is a role model for the children. This strengthens the process of language change (see Gauchat 1905, 219). Terracher's study (1914) also illustrates the central position of women in language-change, in this case the influence on the village-dialect by women from outside who marry into the village.

4. Conclusion

In a critical retrospection of the method of work chosen for the "Sprach- und Sachatlas Italiens und der Süd-Schweiz" Karl Jaberg makes the following remark: "Il aurait fallu interroger des personnes d'âges differents et appartenant à différentes classes sociales. Si nous y avons renoncé, c'est qu'il fallait tenir compte des possibilités pratiques de l'enquête" (Jaberg 1936, 20). This remark seems applicable to much of the work traditionally performed in dialectology: the need for including social factors in the research was acknowledged but the 'practical possibilities' prevented this being done. It can also be said that the spatial dimension has been considered so important that, in most cases, the social dimensions could not in most cases, or merely 'nebenbei' be taken into consideration. — Taking dialectology research production as a whole there is very little research in which the social dimension plays a really prominent part. This little, however, has furnished extremely interesting results, Non multa, sed multum. This is also valid for the studies where the linguistic heterogeneity within a single local community is studied in connection with the social differentiation of the speakers in the community. This clearly leads to the later sociolinguistics. In addition moreover, the reference to social factors in language geography studies provided important insights into the relationship and interaction between spatial and social factors. The results and insights achieved clearly show that explanation is quite different from description and that social factors are essential elements of an explanation of language variation and language change.

5. Literature (selected)

Atwood, E. Bagby (1963) "The methods of American dialectology", in: *Zeitschrift für Mundartforschung* 30, 1 – 29.

Aubin, Hermann/Frings, Theodor/Müller, Josef (1926) *Kulturströmungen und Kulturprovinzen in den Rheinlanden*. Geschichte, Sprache, Volkskunde, Bonn.

Bach, Adolf (1924 – 1925) "Zum Problem der Stadtmundarten", in: *Teuthonista* 1, 41 – 48.

Bach, Adolf (1950) *Deutsche Mundartforschung*, 2. Auflage, Heidelberg.

Bloch, Bernard (1939) "Postvocalic r in New England speech, a study in American dialect geography", in: *Actes du quatrième congrès internationale de linguistes*, Copenhagen, 195 – 199.

Bloomfield, Leonard (1933), *Language*, New York.

Chambers, John K./Trudgill, Peter (1980) *Dialectology*, Cambridge.

Christmann, Hans H. (1974) *Idealistische Philologie und Moderne Sprachwissenschaft*, Münster.

De Camp, David (1953), *The pronunciation of English in San Francisco*, Ph. D. University of California, Berkeley.

Eckert, Rainer (1977) "Zur Entwicklung der sowjetischen Sprachwissenschaft nach der großen sozialistischen Oktoberrevolution: Entstehung und Bedeutung der sozialen Dialektologie", in: *Zeitschrift für Phonetik, Sprachwissenschaft und Kommunikationsforschung* 30, 581 – 588.

Ervin-Tripp, Susan (1973) *Language acquisition and communicative choice*, Dil, A. S., ed., Stanford.

Fischer, John L. (1958) "Social influence on the choice of a linguistic variant", in: *Word* 14, 47 – 56.

Fishman, Joshua A. (1966) *Language loyalty in the United States*, The Hague.

Frings, Theodor ([1921] 1971) "Die deutsche Sprachwissenschaft und die deutsche Mundartforschung, in: *Beiträge zur Geschichte der deutschen Sprache und Literatur* 91, 17 – 299.

Gauchat, Louis (1903) "Gibt es Mundartgrenzen?", in: *Archiv für das Studium der neueren Sprachen und Literaturen* 111, 365 – 403.

Gauchat, Louis (1905) "L'Unité phonétique dans le patois d'une commune", in: *Aus romanischen Sprachen und Literaturen; Festschrift Heinrich Morf*, Halle, 175 – 232.

van Ginneken, Jacques S. J. (1913 – 1914), *Handboek der Nederlandsche taal. De sociologische structuur*, 2 Bde, 's-Hertogenbosch.

Goossens, Jan (1977) "Geschiedenis van de Nederlandse dialectstudie", in: *Geschiedenis van de Nederlandse taalkunde*, Bakker, D. M./Dibbets, G. R. W., red., 's-Hertogenbosch, 285 – 311.

Goossens, Jan (1981) "Zum Verhältnis von Dialektologie und Soziolinguistik. Der Standpunkt eines Dialektologen", in: *Zeitschrift für Dialektologie und Linguistik* 48, 299 – 312.

Grassi, Corrado (1980) "Von der Sprachgeographie zur Soziolinguistik", in: *Zeitschrift für Dialektologie und Linguistik* 47, 145 – 159.

Grober-Glück, Gerda (1982) "die Leistungen der kulturmorphologischen Betrachtungsweise im Rahmen dialektgeographischer Interpretationsverfahren", in: *Dialektologie. Ein Handbuch zur deutschen und allgemeinen Dialektforschung*, Besch, W./Knoop, U./Putschke, W./Wiegand, H. E., eds., Berlin/New York, Bd. I, 92 – 113.

Grosse, Rudolf (1971) "Theodor Frings, 23. 7. 1886 – 6. 6. 1968", in: *Beiträge zur Geschichte der deutschen Sprache und Literatur* 91, 1 – 16.

Grosse, Rudolf (1976) "Zur Bedeutung der Dialektgeographie und zum Wirken von Theodor Frings", in: *Linguistische Arbeitsberichte* 14, 24 – 33.

Hagen, Anton M. (1982) "Schuchardts ideeën over dialectvariatie: betekenis en waarderingsgeschiedenis", in: *Sociolinguïstiek en ideologie*. Van de Craen, P./Willemyns, R., eds., Brussel, 233 – 262.

Hard, Gerhard (1966), *Zur Mundartgeographie*. Ergebnisse, Methoden, Perspektiven, Düsseldorf.

Hartung, Wolfgang et al. (1981) *Kommunikation und Sprachvariation*. Berlin (DDR).

Haugen, Einar (1953) *The Norwegian language in America: A study in bilingual behavior*, Philadelphia.

Hermann, Eduard (1929) "Lautveränderungen in der Individualsprache einer Mundart", in: *Nachrichten der Gesellschaft der Wissenschaften zu Göttingen, Philosophisch-historische Klasse* 9, 195—214.

Horning, Adolf (1893) "Über Dialektgrenzen im Romanischen", in: *Zeitschrift für Romanische Philologie* 17, 160—187.

Hotzenköcherle, Rudolf (1934) *Die Mundart von Mutten. Laut- und Flexionslehre*, Frauenfeld.

Jaberg, Karl (1936) *Aspects géographiques du langage*, Paris.

Jaberg, Karl/Jud, Jakob (1928—1940) *Sprach- und Sachatlas Italiens und der Süd-Schweiz*, Zofingen.

Karinskij, N. M. (1936) *Očerki jazyka russkich krest'jan. Govor derevni Vanilovo*, Moskva-Leningrad (Essays on the language of the Russian Peasants).

Kloeke, Gesinus G. (1927) *De Hollandsche expansie in de zestiende en zeventiende eeuw en haar weerspiegeling in de hedendaagsche Nederlandsche dialecten*, 's-Gravenhage.

Knoop, Ulrich/Putschke, Wolfgang/Wiegand, Herbert Ernst (1982) "Die Marburger Schule: Entstehung und frühe Entwicklung der Dialektgeographie", in: *Dialektologie. Ein Handbuch zur deutschen und allgemeinen Dialektforschung*, Besch, W./Knoop, U./Putschke, W./Wiegand, H. E., eds., Berlin/New York, Bd. I, 38—92.

Kurath, Hans (1939) *Handbook of the linguistic geography of New England*, Providence.

Kurath, Hans (1964) "Interrelation between regional and social dialects", in: *Proceedings of the Ninth international Congress of linguistics*, Cambridge, Mass., August 27—31, 1962, Lunt, H. G., ed., The Hague, 135—143.

Kurath, Hans et al. (1939—1943) *Linguistic atlas of New England*, Providence.

Labov, William (1972) "The social setting of linguistic change", in: *Sociolinguistic patterns*, Philadelphia, 260—326.

Lang, Jürgen (1982) *Sprache im Raum*, Tübingen.

Larin, B. A. (1928) "O lingvističeskom izučenii goroda", in: *Russkaja reč III*, 61 v. v. (On the linguistic study of the city).

Lehmann, Winfred P. (1973) *Historical Linguistics. An introduction*, 2nd edition, New York.

Loewe, R. (1888) "Die Dialektforschung in Magdeburgischen Gebiete", in: *Jahrbuch des Vereins für niederdeutsche Sprachforschung* 14, 14—52.

Malkiel, Yakov (1967) "Each word has a history of its own", in: *Glossa* 1, 137—149.

Malkiel, Yakov (1976) "From Romance philology through dialect geography to sociolinguistics", in: *International Journal of the Sociology of Language* 9, 59—84.

Martin, Bernhard (1959) *Die deutschen Mundarten*, 2. Auflage, Marburg.

Mattheier, Klaus J. (1980) *Pragmatik und Soziologie der Dialekte*. Einführung in die kommunikative Dialektologie des Deutschen, Heidelberg.

McDavid Jr., Raven I. (1946) "Dialect geography and social science problems", in: *Social Forces* 25, 168—172.

McDavid Jr., Raven I. (1980) *Varieties of American English*, Dill, A. S., ed., Stanford.

Meillet, Antoine (1921), *Linguistique historique et linguistique générale*, Paris.

Möhn, Dieter (1963) "Die Industrielandschaft — ein neues Forschungsgebiet der Sprachwissenschaft", in: *Marburger Universitätsbund, Jahrbuch 1963*, 303—343.

Nuijtens, Emiel (1962), *De tweetalige mens. Een taalsociologisch onderzoek naar het gebruik van dialect en cultuurtaal in Borne*, Assen.

Paul, Hermann (1880) *Prinzipien der Sprachgeschichte*, Halle.

Petyt, K. M. (1980) *The study of dialect. An introduction to dialectology*, London.

Pickford, Glenna R. (1956) "American linguistic geography: a sociological appraisal", in: *Word* 12, 211—233.

Quadri, Bruno (1952) *Aufgaben und Methoden der onomasiologischen Forschung. Eine entwicklungsgeschichtliche Darstellung*, Bern.

Reichstein, Ruth (1960) "Etude des variations sociales et géographiques des faites linguistiques", in: *Word* 16, 55—59.

Reiffenstein, Ingo (1982) "Das phonetische Beschreibungsprinzip als Ergebnis junggrammatischer und dialektologischer Forschungsarbeiten", in: *Dialektologie. Ein Handbuch zur deutschen und allgemeiner Dialektforschung*, Besch, W./Knoop, U./Putschke, W./Wiegand, H. E., eds., Berlin/New York, Bd. I, 23—38.

Rousselot, Abbé (1891) "Modifications phonétiques du langage étudiées dans le patois d'une famille de Cellefrouin (Charente)", in: *Revue des patois galloromans* 4, 65—208.

Ruoff, Arno (1982) "Die Forschungstätigkeit der Württembergischen Schule als Beispiel regionaler Dialektologie", in: *Dialektologie. Ein Handbuch zur deutschen allgemeinen Dialektforschung*, Besch, W./Knoop, U./Putschke, W./Wiegand, H. E., eds., Berlin/New York, Bd. I, 127—144.

Schmeller, Johann Andreas (1821), *Die Mundarten Bayerns grammatisch dargestellt*, München.

Schuchardt, Hugo (1922) *Hugo Schuchardt-Brevier*, Spitzer, L., ed., Halle.

Serébrennikow, B. A. (1973), *Allgemeine Sprachwissenschaft*, München-Salzburg.

Sommerfelt, Alf (1930) "Sur la propagation des changements phonétiques", in: *Norsk Tidskrift for Sprogvidenskap* 4, 76−98.

Sommerfelt, Alf (1962) *Diachronic and synchronic aspects of language*, The Hague.

Sommerfelt, Alf (1966) "The French school of linguistics", in: *Trends in European and American Linguistics 1930−1960*, Mohrmann, Chr. et al., eds., 283−293.

Stellmacher, Dieter (1977) *Studien zur gesprochenen Sprache in Niedersachsen. Eine soziolinguistische Untersuchung*, Marburg.

Švejcer, A. D. (1976) "Sociolinguistics in the USSR", in: *Linguistische Arbeitsberichte* 14, 81−94.

Terracher, A.-L. (1914) *Les aires morphologiques dans les parlers populaires du nord-ouest de l'Angoumais*, Paris.

Terracini, Benvenuto (1914−1922) "La varietà nel parlare di Usseglio", in: *Archivo glottologico italiano* 18, 105−186.

Veith, Werner H. (1967) "Die Stadt-Umland-Forschung als Gebiet der Sprachsoziologie", in: *Muttersprache* 77, 157−162.

Venneman, Theo/Wilbur, Terence J. (1972) *Schuchardt, the neogrammarians and the transformational theory of phonological change*, Frankfurt.

Wegener, Philipp (1880) "Über deutsche Dialectforschung", in: *Zeitschrift für deutsche Philologie* 11, 450−480.

Weinreich, Uriel (1953) *Languages in contact: findings and problems*, New York.

Weinreich, Uriel/Labov, William/Herzog, Marvin F. (1968) "Empirical foundations for a theory of language change", in: *Directions for historical linguistics*, Lehmann, W. P./Malkiel, Y., eds., Austin, 95−195.

Whitney, William Dwight (1875) *The life and growth of language*, London.

Wiesinger, Peter (1979) "Johann Andreas Schmeller als Sprachsoziologe", in: *Linguistic Method. Essays in honor of Herbert Penzl*, Rauch, I./Carr, G. F., eds., The Hague, 585−599.

Wolf, Lothar (1975) *Aspekte der Dialektologie. Eine Darstellung von Methoden auf französischer Grundlage*, Tübingen.

Wrede, Ferdinand (1903) "Der Sprachatlas des deutschen Reiches und die elsässische Dialektologie", in: *Archiv für das Studium der neueren Sprachen und Literaturen* 111, 29−48.

Wrede, Ferdinand (1919) "Zur Entwicklungsgeschichte der deutschen Mundartforschung", in: *Zeitschrift für deutsche Mundarten* 14, 3−18.

Wyld, Henry C. (1936) *A history of modern colloquial English*, 3rd edition, Oxford.

Anton M. Hagen, Nijmegen
(The Netherlands)

55. Die Rolle der Sprache in der soziologischen Forschung

1. Einleitung: Relevanzen der Sprachbetrachtung für die Soziologie

Das Thema der Sprache hat in der soziologischen Theoriebildung und Forschung seit dem Entstehen der Soziologie Mitte des 19. Jahrhunderts immer wieder Faszination ausgelöst, ist aber zeitweilig auch aus ihrem Interessenfokus verdrängt worden. Ganz grob lassen sich folgende Arten der Beschäftigung mit dem Thema der Sprache in der Soziologie unterscheiden:

(a) Von den Sozialtheoretikern Mead, Durkheim und Schütz sowie in der Marx-Nachfolge wurden grundlagentheoretische Aspekte des konstitutiven Beitrags von Sprache zur Erzeugung, Aufrechterhaltung und Veränderung der gesellschaftlichen Realität herausgearbeitet. Solche Beiträge sind: die kommunikative, interaktive Formung sozialer Handlungen durch das sprachliche Symbolsystem; die kodifizierte Dinghaftigkeit der sozialen Realität kraft sprachlicher Klassifikation; die Speicherung des Alltagswissens in Typisierungen durch das implizite Wörterbuch der alltäglichen Umgangssprache; sowie einerseits die Herrschafts-, Unterdrückungs- und Ausblendungsfunktion sprachlicher Formulierungen und Kodes und andererseits deren Protestwirkung.

(b) Nicht nur Linguisten, sondern auch Soziologen haben die Korrelation und Variation des Sprachgebrauchs und der ihm entsprechenden Sprach- und Regelsysteme mit gesellschaftlichen Strukturen untersucht. Diesbezüglich sind einerseits die Forschungen zum elaborierten und restringierten Sprachkode von Bernstein und seinen Mitarbeitern und Nachfolgern zu nennen, die sich insbesondere in erziehungssoziologischen und pädagogischen Diskussionen niedergeschlagen haben. Andererseits müssen hier aber auch die Forschungen zu multilingualen Sprachgemeinschaften, insbesondere von Fishman (1972; 1972 a), Erwähnung finden, in denen die Abhängigkeit der „Wahl" – bzw. allgemeiner: Verwendung – eines sprachlichen Kodes bzw. einer sprachlichen Variante von den kulturellen Regeln der jeweiligen sozialen Domäne (wie Familie, Erziehung, Berufsarbeit, Behörden), in welche die jeweils gerade betrachteten Kommunikationsaktivitäten der Kommunikationsgemeinschaft eingebettet sind, untersucht wird. Die letztere Forschungstradition steht in engstem Austausch mit den soziolinguistischen Forschungsansätzen sprachwissenschaftlicher Forscher.

(c) In forschungslogischen Reflexionen, die in den USA insbesondere von Blumer (1973/ 1969), Garfinkel (1967; 1973) und Cicourel (1970/1964; 1975/1972) und in Deutschland insbesondere von Habermas (1967; 1968) initiiert waren, wurde auf den versprachlichten Charakter der gesellschaftlichen Wirklichkeit hingewiesen. Der sich wandelnde Zustand der gesellschaftlichen Wirklichkeit müsse deshalb von den Gesellschaftsmitgliedern fortlaufend interpretiert und reinterpretiert werden. Auch die soziologischen Forschungsverfahren könnten so nicht umhin, dem „flüchtig"-interpretativen Charakter der gesellschaftlichen Wirklichkeit und ihrem Medium der Versprachlichung Rechnung zu tragen. Dies schließe in weiten Bereichen der Soziologie die positivistischen Strategien der quantitativen Standardsozialforschung aus, die ja den Umstand der sprachlichen Manifestation der gesellschaftlichen Wirklichkeit im Wege von Skalier-, Kodier- und Einschätzungsverfahren und von raffinierter statistischer Daten-

prozessierung mit eingebauten Techniken der Konsistenzprüfung zu ignorieren versuchten. (Dies sei gerade deshalb problematisch, weil die „standardmethodologische" bzw. „positivistische" Erforschung quantitativer Verteilungen sozialer Merkmale in gesellschaftlichen Grundgesamtheiten mit der fragebogengeleiteten Interviewtechnik, mit der Fragebogenkonstruktion sowie mit den diversen Skalier-, Kodier- und Einschätzungsverfahren in besonderer Weise auf alltäglichen Prozeduren der sprachbegründeten Interpretation fuße.)

(d) Aus den forschungslogischen Reflexionen folgend haben sich innerhalb der Soziologie eine Reihe von konkreten Forschungsstrategien entwickelt, welche das sprachliche Medium systematisch als Zugang zur gesellschaftlichen Wirklichkeit nutzen. Hier sind insbesondere Interaktions- und Konversationsanalyse; die Komponentenanalyse elementarer Wissensstrukturen bzw. die Analyse narrativer und anderer interaktionsdetachierender Texte; die Betrachtung des professionellen und organisatorischen Handelns unter dem Gesichtspunkt der Produktion von (schriftlichen) Berichtstexten in Aktualkommunikationen – Berichtstexten, die dann den weiteren Bearbeitungsprozeß des Problemfalls mitsteuern, –; sowie die hermeneutische Fallanalyse der sozialisatorischen Interaktion und der mit dieser verbundenen Prozesse der Identitätsentfaltung und -behinderung zu nennen.

(e) Die Praktizierung der neuartigen Forschungsverfahren hat zu erneutem grundlagentheoretischem Interesse an Aspekten der sprachlichen Konstitution der gesellschaftlichen Wirklichkeit geführt. Dies läßt sich insbesondere an der Erforschung und Reflexion der Gegenstandsfelder der elementaren Strukturen kommunikativer Interaktion, der herrschaftsfreien und der herrschaftsverzerrten Kommunikation, der Identitätsentwicklung und der Entfaltung des moralischen Bewußtseins, der Biographieforschung sowie der Prozessierung von Fallproblemen durch professionelles und organisatorisches Handeln aufzeigen.

Der vorliegende Artikel zeichnet zunächst einige Aspekte der Theoriebildung der sozialwissenschaftlichen Theorie-Klassiker Mead und Durkheim zum Thema Sprache nach und leitet daraus Folgerungen für grundlagentheoretische Rekonstruktionsfragen der Soziologie ab. Es wird deutlich, daß das Thema „Sprache" in besonderer Weise die Reflexion grundlagentheoretischer Kernfragen der Soziologie angeregt hat. Im Orientierungsrahmen des durch die „Sprachtheorien" von Mead und Durkheim markierten Spannungsbogens sprachbezogenen soziologischen Denkens werden sodann spätere, z. T. neuere, grundlagentheoretische und empirische Forschungsgebiete der Soziologie von sprachtheoretischer Relevanz stichwortartig skizziert. Der Artikel schließt mit der Auflistung einiger wichtiger forschungsstrategischer Ansätze in der Soziologie, Sprache zentral als Zugangsmedium zur sozialen Realität zu verwenden. Der Artikel blendet die (insbesondere unter Punkt b genannten) spezialisierten Themenbereiche der Korrelation und Variation von sprachlichen Strukturen mit gesellschaftlichen Strukturen aus, weil diese in anderen Artikeln des Handbuchs ausführlich behandelt werden. Auch haben die auf Sprachkorrelation und -variation bezogenen sprachsoziologischen oder – gängiger – soziolinguistischen (dagegen jedoch Fishman 1972 b, 8 ff, 337 ff; vgl. auch Schütze 1975, 149, 161 ff, 976) Fragestellungen im engeren Sinne die allgemeine Theorie- und Methodenentwicklung der Soziologie wenig beeinflußt.

2. Klassische Fragestellungen der soziologischen Sprachbetrachtung: Mead

Weitaus am differenziertesten von allen sozialwissenschaftlichen Klassikern hat sich George Herbert Mead (1863–1931) mit der Funktion der Sprache für die Gestaltung sozialer Prozesse beschäftigt. Mead geht davon aus, daß das entscheidende Problem menschlicher Vergesellschaftung das der Herstellung von interaktiver Wechselseitigkeit bzw. von Interaktionsreziprozität ist. In menschlichen Vergesellschaftungen werde – so Mead – die Herstellung von Interaktionsreziprozität deshalb zum Problem, weil sie nicht mehr durch organspezifische und instinktgesteuerte Arbeitsteilung organisiert sei. Menschliche Interaktion habe deshalb im Gegensatz zur tierischen die Fähigkeit der Interaktionspartner zur Bedingung, sich in die Perspektive des jeweiligen anderen vorstellungsmäßig hineinzuversetzen und von *dort* aus jeweils zu erkunden und zu betrachten, was die Erfahrungsaspekte des jeweils anderen sind und welche Bedeutungen und Konsequenzen die eigenen Kommunikations- und Interaktionsbeiträge für den jeweils anderen haben. (Mead 1968, Teil IV, insbes. Kap. 30–33; 1987, 311–323). Soweit das Meadsche Ausgangsszenario.

Der Prozeß der Perspektivenübernahme setzt nun aber die Unterstellung von Bedeutungsidentität derjenigen Symbole bzw. Ge-

bärden voraus, mit deren Mitteln der Perspektivenwechsel vollzogen wird. Mead nennt solche Symbole bzw. Gebärden „signifikante", weil sich mit ihrer Hilfe ego an seiner eigenen inneren Reaktion auf seine (geplante) Aktivität antizipierend aufzeigen kann, wie alter auf seinen Kommunikationsbeitrag reagieren wird. (Mead 1968, 106 ff; 1987, 294 f, 311 ff) Das Medium der natürlichen Alltagssprache liefert einen Rechtstitel für derartige Identitätsunterstellungen, weil das gesprochene Wort vom Hervorbringer akustisch genau so gehört wird wie vom Adressaten – d. h. es tritt keine räumliche Perspektivendifferenz auf, wie sie etwa beim Blickaustausch erzwungen ist – und weil beide Akteure im wesentlichen von der soziokulturellen Bedeutungsgeteiltheit und der übersituativen Bedeutungskonstanz der Wörterbucheinträge der gemeinsam gesprochenen Alltagssprache ausgehen können. (Mead 1968, 101 f, 105, 111, 113, 129 f; 1987, 293, 296 f, 323) Auf der Grundlage der unterstellten Bedeutungsidentität der Kommunikationssymbole vermöge Perspektivenübernahme müssen sich dann die Interaktionspartner zudem wechselseitig unterstellen, daß bei einem Austausch der Interaktionsstandpunkte die Situationsperspektiven der Interaktionspartner, die fest mit den jeweiligen Interaktionsstandorten verbunden sind, identisch bleiben: d. h. ego werde mit denselben Perspektivenkoordinaten die Interaktionsszene anschauen wie alter, falls er den Interaktionsstandpunkt mit ihm vorstellungsmäßig wechsle. (Mead 1968, Teil II, sowie 224, 235, 268, 281, 290, 403–429; 1987, 294, 321)

Selbstverständlich findet in jeder kommunikativen Interaktion ein vorgestellter Wechsel der Interaktionsstandpunkte und Betrachtungsperspektiven zwischen den konfligierenden bzw. kooperierenden Akteuren statt. (Vgl. Mead 1968, 192–194, 300 f, 414–423; 1987, 325–328) Aber die Perspektivenwechsel können auf unterschiedlichen Niveaus von Interaktionsreziprozität liegen. Minimale Reziprozitätsebenen sind die der jeweiligen Anerkennung als Aktoren und die des wechselseitigen kommunikativen Verstehens. Kooperation im Rahmen eines Handlungsschemas setzt degegen ein sehr hohes Reziprozitätsniveau voraus, denn die Akteure müssen sich dann wechselseitig ihre sach- und handlungsbezogenen Orientierungen und Sichtweisen aufzeigen (vgl. Schütze 1978, 102–108).

Es ist wichtig zu sehen, daß Mead dem sprachlichen Symbolsystem die entscheidende Funktion für die Herstellung der Fähigkeit zur Perspektivenübernahme und der flexibel rückgekoppelten Interaktionsreziprozität, wie sie für menschliche Gesellschaften kennzeichnend ist, zugesprochen hat. Die menschliche Sprache ist das einzige in der Entwicklungsgeschichte irdischen Lebens entstandene *elementare* (d. h. von anderen „höheren" Symbolmechanismen unabhängige) Symbolsystem, das den Anforderungen der wechselseitigen Unterstellung und Rückkoppelung der Handlungsfiguren, wie sie von menschlichen Akteuren ausgehen, genügt. („Höhere" Symbolmechanismen haben sich dann im weiteren Verlauf der Entwicklungsgeschichte der Menschheit — so Mead — in den spezifischen Aktivitätsbereichen von Wirtschaft, Religion und Wissenschaft entfaltet. Auch sie hätten die Funktion der Reziprozitätsherstellung, würden aber mit Notwendigkeit auf den Leistungen des elementaren sprachlichen Symbolsystems fußen. — Vgl. Mead 1987, 320 ff; 1968, Kap. 33 f, 36—38, 41)

Die Sprachtheorie Meads hat vier Implikationen, die für die soziologische Theoriebildung sehr wichtig geworden sind:

(a) Mead hat die Grundlagen für eine naturalistische Betrachtung sozialer Handlungsabläufe und für ein empirisch überprüfbares Verständnis des zugleich intentionalen und interaktiven Charakters sozialer Handlungen gelegt. Wichtig sind hier die folgenden Gesichtspunkte: Handlungsplanungen entstehen aus Schwierigkeiten des Lebensvollzugs bzw. aus „Objektwiderständen". Spätere Handlungsstadien werden im Planungsstadium (das Impuls und Wahrnehmung umfaßt) vorgreifend-phantasierend vorweggenommen und zu kontrollierenden Orientierungsgesichtspunkten. Das ist nur auf der Grundlage sprachlicher Typisierungen möglich. So wird eine Umwandlung vergangener Erfahrungen in spezielle Zukunftserwartungen (Handlungsfahrpläne) möglich. Soziale Handlungen werden in ihrem *Planungs*stadium, aber auch später, anderen Akteuren andeutend aufgezeigt; so werden die Handlungsbeteiligungen koordiniert. Auch dies ist in der Elementarverrichtung nur mit sprachlich-signifikanten Symbolen möglich. Im Realisierungsvollzug der Handlung entsteht kraft der Kreativität der beteiligten Ich-Identitäten der Akteure und durch die Kontingenz der Weltereignisse fortlaufend Neues (das Emergente); die Akteure stellen sich in den nächsten Handlungsstadien immer wieder auf das Neue ein; sie arrangieren bzw. „artikulieren" ihre Handlungsbeiträge unablässig um, ohne das Grundmuster aus dem Auge zu verlieren. (Mead 1968, 115 f; 1969, 102—146;

1987, 313, 321; Strauss et al. 1985, Kap. 7; Kallmeyer/Schütze 1976; Kallmeyer 1981)

(b) Mead hat eine Theorie der Abstraktion und Generalisierung menschlicher Kulturleistungen entwickelt, die auf der grundlegenden Abstraktionstendenz des signifikanten Symbolsystems der Sprache fußt. Folgende Grundgedanken sind hier entscheidend: Jeder interaktive Handlungsablauf beginnt mit einer Problematik, die den Aktivitätsvollzug verzögert und reflexive Handlungsanalyse und -planung in Gang setzt. Letztere beruht auf dem Mechanismus des Austauschs der Interaktionsstandpunkte, und sie vollzieht sich in wechselseitigen kommunikativen Andeutungen oder gar im expliziten Diskurs. Dieser Sozialitätsbezug ist die Grundlage der Freisetzung menschlicher Geistestätigkeiten vom unmittelbaren Handlungsdruck, d. h. der erste Schritt der Abstraktion gegenüber den unmittelbaren Aktivitätsabläufen. Denn während die Akteure sich wechselseitig die Interaktionsbeiträge der Interaktionspartner aufzeigen, sehen sie — gerade indem sie sie in Rechnung stellen — von den Spezifitäten der jeweiligen Interaktionsstandpunkte und Biographien ab. Die Interpretation der Bedeutung einer Handlung muß im Prinzip für jeden beliebigen Akteur nachvollziehbar sein. — Die Geteiltheit der Bedeutungsgehalte beruht nun aber letztlich auf den signifikanten Symbolen der Sprache, d. h. der Verbreitung und Konsistenz der Bedeutungen ihrer Wörterbucheinträge. Jeder Wörterbucheintrag beinhaltet auch allgemeine Merkmale; gerade in den Termini dieser allgemeinen Merkmale ist die interaktive Perspektivenübernahme möglich. Die allgemeinen Merkmale der Wörterbucheinträge entstammen dem Vorstellungshaushalt des verallgemeinerten anderen: dieser beinhaltet wechselseitig bestätigte Vorstellungen von der Haltung der gesellschaftlichen Gruppe gegenüber dem Handlungsobjekt bzw. -problem; der mit dem verallgemeinerten anderen verbundene „dritte" bzw. „neutrale" Standpunkt kann in seiner Zusammensicht aller anderen Interaktions- und Betrachtungsstandpunkte natürlich nur Allgemeinklassen von Merkmalen erfassen. — Mead zeigt auf, wie im Entwicklungsprozeß der Menschheitsgattung der verallgemeinerte andere im Wege der Orientierung an stets universelleren symbolischen Mechanismen (vom Wirtschaftstausch über die religiöse Ethik bis zum logischen Universum) nach und nach allgemeiner und analysemächtiger wird sowie immer abstrakteres logisches Denken ermöglicht. (Mead 1987, 294—298, 323, 328; 1968, Kap. 20, 24, 33 f, 37, 38; Habermas 1985, 18—33, 141—169)

(c) Mead hat die These vertreten, daß das signifikante Symbolsystem der Sprache im Wesen egalitär ist und sich in die egalitäre Grundstruktur der spezifisch menschlichen Interaktionsanforderungen einpaßt. Der Kerngedanke ist der, daß im Gegensatz zur physiologischen Reziprozitätssteuerung in Tier-„Staaten", in der die eine Kategorie von

Individuen nicht die Aktivitätsstandpunkte und -funktionen anderer Kategorien von Individuen in die eigene Vorstellung per Perspektivenwechsel übernehmen kann, genau dies für die Reziprozitätssteuerung menschlicher Gesellschaften notwendig ist. Jeder Akteur muß sich prinzipiell und gleichermaßen in die Standpunkte der anderen am Handlungsablauf beteiligten Akteure hineinversetzen und deren Handlungsprobleme, -planungen und -beiträge imaginieren können. Zugleich muß er einräumen können und annehmen, daß auch jeder andere Interaktionsbeteiligte eine grundsätzlich identische Befähigung zur Perspektivenübernahme hat. — Dieser egalitäre Grundsatz prinzipiell unendlicher und gleichgewichtiger Perspektivenübernahme hat das grundlegendste Symbolsystem für diese Perspektivenübernahme, die Sprache, in ihrem Kernaufbau entscheidend geprägt. Das kommt darin zum Ausdruck, daß sprachliche Kommunikation mit egalitären Reziprozitätsunterstellungen arbeitet und daß für sie eine entwicklungsgeschichtliche Tendenz zur zunehmenden Eliminierung expliziter Macht- und Herrschaftssymbole besteht. (Freilich wird dadurch soziale Interaktion nicht per se egalitär.) (Vgl. Mead 1968, Teil IV; 1987, 317, 321 f, 327 f; Schütze 1975, Kap. 9, 10; 1978; 1980)

(d) Mead hat mit seiner Sprachtheorie das Fundament für die Untersuchung der Ontogenese der Kommunikations- und Interaktionsfähigkeit des Kindes im primären Sozialisationsprozeß gelegt. Nur durch die Einsozialisation des Kindes in das sprachliche Symbolsystem sind das rollenimitierende Phantasiespiel und das Wettkampfspiel möglich. Diese Sozialarrangements sind für die Ausbildung einer differenzierten Mich-Struktur der Identität, die Entwicklung einer Vorstellung vom signifikanten anderen und die Entfaltung einer stabilen reflexiven Selbstidentität unabdingbare Voraussetzungen. Vermöge tendenziell allgemeiner sprachlicher Kategorien kann sich das Kind in der eigenen Verhaltensstimulierung von der Unmittelbarkeit der Deutungsreaktionen der signifikanten anderen ablösen und die Essenz dieser Deutungsreaktionen auch auf andere Situationen übertragen, in der die signifikanten anderen nicht zugegen sind. Dies ist die Grundlage dafür, daß das Kind schließlich auf eigene Handlungsimpulse reagieren und komplexe eigene Handlungslinien ausbilden kann — Handlungslinien, die Grundlage sowohl der moralischen Handlungsorientierung als auch der Konsistenz der biographischen Gesamtformung bzw. Identitätsstruktur sind. (Vgl. Mead 1968, Teil III; Mead 1987, 293—296, 319 f; Denzin 1977, 76—91; Habermas 1985, 65—68)

3. Klassische Fragestellungen der soziologischen Sprachbetrachtung: Durkheim

Emile Durkheim (1858—1917) hat im Gegensatz zu Mead stets den versachlichten, Zwang ausübenden Charakter der gesellschaftlichen Wirklichkeit betont. Die Gesellschaft — so Durkheim — wirkt auf den einzelnen über das Kollektivbewußtsein ein, an dem jedes einzelne Gesellschaftsmitglied durch Enthusiasmierung, moralische Obligation und Denkzwänge teilhat; es erlebt, wie die Vorstellungen des Kollektivbewußtseins als Orientierungsnormen auf es wirken; und — weit unbewußter — muß es erfahren, wie das eigene Denken und Handeln weitgehend aus dem Stoff der Vorstellungsgehalte des Kollektivbewußtseins gebildet werden. Das Kollektivbewußtsein unterliegt nach Durkheim eigenen Ordnungs- und Veränderungsprinzipien, die von seiner internen Organisationsweise und seiner Geschöpftheit in spezifisch kollektiven Interaktionen, wie denen des religiösen Ritus, abhängen. (Durkheim 1894/1970, 94 ff, 187; Durkheim 1898/1967, 70—83) Das Kollektivbewußtsein sieht Durkheim gespeichert in den Wörterbucheinträgen der in der jeweiligen Gesellschaft gesprochenen Umgangssprache (Durkheim 1912/1968, 434—437) — Wörterbucheinträgen, welche die in jeder Handlungs- und Lebenssituation stets präsente Zustandsmanifestation des kollektiven Gedächtnisses und der kollektiv erfolgten definitorischen Festlegung der sozialen Tatsachen sind. (Für den Einfluß von Durkheims Konzeption des Kollektivbewußtseins auf de Saussures Kategorie „la langue" und auf die linguistische Theoriebildung generell vgl. Hymes 1964, 5 f; Doroszewski 1933; Coseriu 1958, 19—25)

Man kann insgesamt zunächst festhalten, daß in der Sicht Durkheims in dessen mittleren Schaffensperiode (die durch das „Selbstmord"-Buch und die Schrift über die „Regeln der soziologischen Methode" besonders intensiv auf die soziologische Theoriebildung und Methodologie eingewirkt hat) das Symbolmedium der in einer Gesellschaft bzw. Gruppe gesprochenen Umgangssprache (neben religiösen und quasireligiösen Riten bzw. Feiern) die entscheidende empirische Manifestationsweise des Kollektivbewußtseins ist. Dieses wiederum stellt in der Sicht Durkheims die Essenz von Gesellschaft dar und hält letztere als Erscheinung sui generis von den Tatsachen der individuellen Psyche geschieden.

Der engen Verflechtung von Sprache und Kollektivbewußtsein in der Theorie Durkheims entspricht zunächst, in der mittleren Schaffensperiode, nahtlos Durkheims Bestimmung des Gesellschaftlichen durch die dinghafte Äußerlichkeit und Zwanghaftigkeit sozialer Tatsachen. Durkheim wollte mit einer solchen Festlegung einerseits zwei wichtige Aspekte der gesellschaftlichen Realität herausarbeiten: nämlich daß diese dem einzelnen als versachlichte gegenübertritt, als Zusammenhang dinghafter und äußerlich beobachtbarer sozialer Tatsachen (Durkheim 1970, 125 f), und daß die sozialen Tatsachen als Vorstellungsgehalte, kollektive Sentimente und mehr oder weniger festgelegte Handlungsregeln einen wirksamen Einfluß im Sinne einer moralischen Obligation auf den einzelnen und seine Interaktionen mit anderen ausüben, da er Mitglied der entsprechenden gesellschaftlichen Kollektivität ist. (Durkheim 1970, 188 f; Durkheim 1967, 87, 94 f, 105, 113) Andererseits beabsichtigte Durkheim, durch seinen immer wieder vorgebrachten Hinweis auf die dinghafte Äußerlichkeit und Zwanghaftigkeit sozialer Tatsachen die Soziologie als eigenständige Wissenschaft neben derjenigen der Psychologie zu begründen. Hieraus erklären sich einige Überspitzungen und Kurzschlüssigkeiten in der mittleren Schaffensperiode seines Werkes.

Man kann die Überspitzungen in der Konzeptionierung des Kollektivbewußtseins ganz grob so charakterisieren, daß Durkheim in seiner mittleren Schaffensperiode sich nicht hinreichend mit der Frage beschäftigte, wie denn die Tatsachen des kollektiven Lebens und ihr Obligationscharakter überhaupt entstehen und was ihre interne Veränderungsdynamik ist. Diese Frage mag für ihn deshalb anfangs nicht wichtig gewesen sein, weil ihn im „Unabhängigkeitskampf" der Soziologie gegenüber der Psychologie verständlicherweise zunächst einmal der Umstand der äußerlichen Beobachtbarkeit der sozialen Tatsachen besonders faszinierte. Gerade die Entdeckung, daß die sozialen Tatsachen deshalb dinghaft beobachtbar sind, weil sie als kollektive auf das Individuum einen Vorstellungs-, Orientierungs- und Beurteilungszwang ausüben (Durkheim 1970, 98, 106 f, 111 f, 186 f), muß für Durkheim anfänglich erregend und alle weiteren Fragestellungen absorbierend gewesen sein. Auch entsprach dieser Entdeckung eine immer wieder vollziehbare Alltagserfahrung.

Die bei Durkheim als erstem Sozialtheoretiker systematisch formulierte soziologische Vorstellung, daß soziale Tatsachen als kollektive Erscheinungen in der Realität dinghaft vorhanden sind und auf den einzelnen Akteur einen sozialen Zwang ausüben, geht auf die Alltagserfahrung zurück, daß vorherrschende Meinungen, Verhaltensstile, Normen und Werte dem einzelnen Akteur als vorgegebene kollektive Erwartungen, Setzungen und Gewohnheiten entgegentreten, die man allgemein befolgt, beachtet und praktiziert. In der Soziologie als Wissenschaft entstand hieraus bei ihrem „Gründungsvater" Durkheim anfangs die Vorstellung, daß die Erscheinungen der sozialen Realität in ihrem Charakter relativ feststehend und unverrückbar sind sowie in ihrer Bedeutung offensichtlich und allgemein zugänglich. Analyse und Interpretation der Konstitutionsmerkmale sozialer bzw. kollektiver Erscheinungen sowie die Wahrnehmung und Interpretation ihrer spezifischen Eigenbedeutungen erscheinen dann zunächst gerade deshalb überflüssig, weil die Hervorbringungs- und Abwicklungsstrukturen sozialer Ereignisse als feststehende und immer wieder vollzogene allgemein bekannt und selbstverständlich seien. — Diese Annahme der Selbstverständlichkeit der Erscheinungen der sozialen Realität ist der Grundstein aller positivistischen bzw. objektivistischen Richtungen und Schulen der Soziologie geworden.

Zwar ist Durkheim im Hinblick auf die mittlere Periode seines Werkes zum grundlagentheoretischen Kronzeugen solcher Annahmen der objektivistischen Soziologie geworden. Zugleich ist er aber auch wiederum von dieser Art der Soziologie geschieden, weil er es überhaupt für notwendig erachtete, über die mehr oder weniger selbstverständlichen Annahmen des Alltagsdenkens zur Dinghaftigkeit sozialer Erscheinungen sorgfältig nachzudenken. Auch trennt Durkheim von Teilbereichen der positivistischen Soziologie, daß er den Kollektivitätscharakter sozialer Tatsachen nicht für ableitbar aus den individuellen, ganz persönlich erfahrener Erscheinungen des sozialen Lebens hielt. (Durkheim lehnt also entschieden das Prinzip des methodologischen Individualismus — vgl. Albert 1964 — ab.)

Schließlich hat Durkheim die positivistischen Züge seines Denkens endgültig in seinen ethnologisch-religionssoziologischen Spätwerken „De quelques formes primitives de classification" (zusammen mit Marcel Mauss 1901/1902//1969) und vor allem „Les formes elementaires de la vie religieuse" (1912/1968, 417 f, 421 f, 427, 431 — 446) abgestreift. Beide Arbeiten versuchen — fußend auf reichhaltigem ethnographischem Material — die interne Struktur und Dynamik der Kollektivvorstellungen, insbesondere solcher im „geheiligten" bzw. religiösen Bereich, empirisch-analytisch zu erfassen. Dies ist ein deutlicher Fortschritt gegenüber Durkheims vorherigen „Bausch und Bogen"-Überlegungen zu den Kollektivvorstellungen, die stets nur relativ abstrakt das Zwanghafte, Obligatorische, Übermächtige, emotional Intensive der Kollektivvorstellungen in Abgrenzung zu individuellen Vorstellungen betont hatten. Auch wird nunmehr der Funktion der Terminologie der jeweiligen Alltagssprache für die empirische Repräsentation der elementaren Klassifikationen des Kollektivbewußtseins genauere Aufmerksamkeit geschenkt. Besonders wichtig ist freilich der Umstand, daß sich Durkheim in seinem letzten Hauptwerk über die „Elementarformen des religiösen Lebens" auch mit dem Aspekt der *Erzeugung* der Kollektivvorstellungen, d. h. ihrer interaktiven Hervorbringung in religiösen Riten und Festen, beschäftigt. In ihm finden sich differenzierte Überlegungen zum Beitrag von Sprache und Sprechen (insbes. rituellem) zur Erzeugung, Speicherung und Veränderung des Kollektivbewußtseins, zur elementaren gesellschaftlichen Ordnung sowie zum Aufbau gesellschaftlicher Erkenntnispotentiale. (Vgl. auch Habermas 1985, 69—92)

Die sprachbezogenen Überlegungen Durkheims haben erhebliche Folgen für die soziologische Theoriebildung und Forschung gehabt:

(a) Durkheim hat einerseits die versachlichte Struktur der Sprache als Manifestation der elementaren Schichten des Kollektivbewußtseins herausgearbeitet; ihr Klassifikationssystem übe Denkzwänge aus, welche das individuelle Verhalten und die Gestaltung der gesellschaftlichen Ordnung erheblich mitbeeinflußten. (Durkheim und Mauss sahen andererseits keine *eindeutige* Beziehung zwischen Sprachkategorien, Denkkategorien und sozialen Kategorien. — Vgl. Mauss 1964. — Zur Weiterentwicklung der Überlegungen Durkheims im ethnologischen Strukturalismus vgl. Levi-Strauss 1967, 43—111 und zur Kritik an der dort entwickelten analogisierenden Denkweise vgl. Schütze 1975, 71.) Andererseits hat Durkheim aufgezeigt, wie mit sprachlichen Mitteln über idealisierende Projektionsaktivitäten im religiösen und festlichen Ritual der gesellschaftliche Zusammenhalt und gesellschaftliche Einheiten sowie ihre selbstreflexiven Identitätsstrukturen immer wieder erst hergestellt werden. (Durkheim 1968, 416—423) Diese doppelseitige Betrachtungsweise hat moderne soziologische Theorieaufrisse auf eine gleichzeitige Beachtung des Erzeugungs- und des Versachlichungsaspektes der gesellschaftlichen Wirklichkeit verpflichtet (vgl. exemplarisch Berger/Luckmann 1966/1970).

(b) Durkheims sprachbezogene Betrachtungen haben eine soziologische Auffassung von Sprache als (partiellem) „Kodierer der gesellschaftlichen Wirklichkeit" gefördert. Dies hat sich einerseits im Rahmen der Religionssoziologie in Überlegungen zur Systematisierung der transzendenten Ordnungsvorstellungen von Gesellschaft zu einem „heiligen Kosmos" bzw. „Nomos" mit einer expliziten oder impliziten religiösen Terminologie niedergeschlagen — Ordnungsvorstellungen, die sich in verdeckter Weise, zumindest in Versatzstücken („unsichtbare Religion"), auch noch in modernen Gesellschaften fänden. (Luckmann 1963; 1967; Berger 1967) Dieser heilige Kosmos sei mit einer Obligationsmacht zur Orientierung der kollektiven und biographischen Vorstellungen der einzelnen Gesellschaftsmitglieder ausgestattet. Auf diese Weise werde der Prozeß der persönlichen Individuation, d. h. die ontogenetische Entfaltung der Selbstidentität, im impliziten und expliziten Sozialisationsprozeß mit den strukturellen Vorgaben der Gesellschaft versehen. — Andererseits hat Durkheims Vorstellung von Sprache als Kodierer der gesellschaftlichen Wirklichkeit die Konzeption Bernsteins vom „restringierten Sprachkode" von in Unterschichtlebenssituationen aufwachsenden Kindern (Bernstein 1971) beeinflußt. Zwar hat — wie Bernstein betont — der restringierte Sprachkode von Unterschichtkindern auch Eigenschaften eines subkulturellen Soziolekts (Bernstein 1971, 143—169, 193—201); aber wichtig sei andererseits zudem der Gesichtspunkt, daß kraft seiner Existenz, d. h. aufgrund der Einschränkung der symbolischen Generalisierungsmöglichkeit, eine systematische Entfremdungssituation sekundär symbolisch festgeschrieben werde. (Vgl. Schütze 1975, Kap. 7, 937—958 zu dieser Interpretation des Bernsteinschen Forschungsansatzes.) Es kommt hier zu einer Berührung der Denktradition Durkheims mit der von Marx.

(c) Die Umgangssprache einer Gesellschaft manifestiert und speichert in der Sicht Durkheims in ihrem Wörterbuch, in den semantischen Relationen der Wörterbucheinträge untereinander sowie in den Anwendungsregeln der Lexeme (weniger in grammatisch-semantischen Grundmerkmalen wie etwa dem Genus) deren elementare Ordnungsstrukturen bzw. Klassifikationssysteme, aus denen soziale Einheiten, deren Identitätsorganisation und die Relationen individueller und kollektiver sozialer Einheiten zueinander aufgebaut sind. Schon Durkheim und Mauss selbst haben in ihrem bedeutenden Essay zur elementaren Klassifikation (1901/02//1969) forschungspraktisch aufgezeigt, wie diese Erkenntnis in eine rigorose naturalistische Analysestrategie zur Aufdeckung der elementaren Ordnungsstrukturen einer Gruppe oder Gesellschaft umgesetzt werden kann. Die elementaren Kategorien der Umgangssprache bilden Segregate, die durch die Überschneidung von Merkmalsdimensionen sowie durch eine spezifische logische (kontrastive, alternative, sequenzielle, taxonomische, paradigmatische) Zusammenordnung gekennzeichnet sind. Durch Praktiken der Hervorlockung der Terminologie eines abgegrenzten Ausschnitts der gesellschaftlichen Wirklichkeit und die Analyse ihrer semantischen Binnenstruktur (im Wege von Kontrastbildung, Aufdeckung des Nacheinanders usw.) kann der logisch geordnete Realitätsgehalt eines gesellschaftlichen Klassifikationssystems erfaßt werden. Die komponentenanalytische Forschungsstrategie findet heute insbesondere in der kognitiv orientierten Sozialanthropologie bzw. Ethnolinguistik („ethnoscience", „Ethnotheorie") Anwendung (vgl. Frake 1973; 1980; Agar 1975; Spradley 1980, 85—154; 1979, 107—203); aber auch für die soziologische Forschung ist sie von zunehmendem Interesse (vgl. Rose 1962; Eglin 1980; ABS 1976, 45—51; Weymann 1976; Schütze 1975, 72—90; 1976, 229—240).

(d) Das sprachliche Symbolsystem als Manifestierer und Speicherer von sozialer Realität wird im Zuge kollektiver Höhepunktserfahrungen, ob diese nun durch historische Krisen erzeugt oder durch Feiern und Feste hervorgerufen sind, verdichtet. Eine besondere Rolle bei dieser Verdichtung spielen religiöse Riten, welche über feierlich enaktierte symbolische Projektionen bzw. Idealisierungen die zentralen Identitätsstrukturen der Gesellschaft bekräftigen oder auch abändern. Das von Durkheim gezeigte Interesse am Ritus als symbolischem Verdichter der kollektiven Identitätsstrukturen von Gesellschaft (und sekundär dann auch: von individueller Selbstidentität) ist leider bisher kaum in der Soziologie aufgegriffen worden. (Vgl. jedoch Soeffner 1986, 16—30. — Außerdem: eine interessante Übertragung auf alltägliche Interaktionsabläufe und das dort erwartete Benehmen ist Goffman 1986, 54—104.) Demgegenüber haben Sozialanthropologen, allen voran Mary Douglas (1973) und Victor Turner (1969; 1974), Durkheims Überlegungen zur soziogenetischen Wirkung und symbolischen Verdichtungsleistung des Ritus in empirischen Untersuchungen und grundlagentheoretischen Überlegungen vertieft. — Freilich haben Durkheims Überlegungen zum Ritus über Umwege, die in der soziologischen Traditionsreflexion noch nicht genügend durchschaut werden, dann schließlich doch noch zentrale Auswirkungen auf die soziologische Forschung gehabt. Der Ritus ist ja nur eine der kommunikativen Weisen der Erzeugung und symbolischen Verdichtung des sozialen Zusammenhalts, im Zuge von dessen emotional intensiver Erfahrung dann die Erkenntnisressourcen der Kollektivvorstellungen einer Gruppe oder Gesellschaft mit ihrem Potential der symbolischen Transzendierung des alltäglich-gegenständlich im individuellen Erfahrungsbereich Vorgefundenen aktiviert werden. Ein anderes Mittel der Erzeugung und symbolischen Verdichtung des sozialen Zusammenhangs ist das Argumentieren und Erzählen innerhalb natürlicher Gruppen im Rahmen einer unrestringierten und unbeschwerten Kommunikationssituation, wie sie im Zuge einer sozialwissen-

schaftlichen Gruppendiskussion hergestellt werden kann (Mangold 1960). Bohnsack (1987) hat mit Hilfe des Konzepts der „Fokussierungsmetaphern" herausgearbeitet, wie es in natürlichen Diskussionsgruppen Jugendlicher zu ähnlichen symbolischen Verdichtungen und begleitenden kollektiven Erkenntnisschüben kommt wie in der rituell-festlichen Enaktierung des Kollektiven.

4. Die Klärungsrelevanz des sprachbezogenen Denkens für die soziologische Theoriebildung

An den sprachbezogenen Überlegungen von Mead und Durkheim läßt sich die grundlagentheoretische Spannweite soziologischen Denkens über Sprache markieren (vgl. hierzu auch Habermas 1985, Abschn. V). Während es Mead in seinem allgemeinen theoretischen Aufriß im wesentlichen darauf ankam, die Genese wohlgeformter interaktiver Handlungsabläufe und die Entfaltung von Ich-Identität aus dem vorgegebenen gesellschaftlichen Interaktionsprozeß zu erklären, konzentrierte sich Durkheim in seiner Theorie des Gesellschaftlichen auf die Genese, interne Struktur und Steuerungsfunktion der kollektiven Vorstellungen, des kollektiven Wissensbestandes der Gesellschaft. In der „wissensdialektischen" Terminologie von Berger und Luckmann (1966/1970) kann man sagen, daß sich Mead insbesondere mit dem Entäußerungs- und Verinnerlichungsaspekt des Gesellschaftsprozesses beschäftigte, während Durkheim sich auf dessen Versachlichungszustand konzentrierte. Die beiden Theoretiker haben dementsprechend den Beitrag von Sprache und Sprechen zur Konstitution des Gesellschaftsprozesses untersucht.

Mead konnte aufzeigen, welche entscheidende Funktion Sprache für die Ausformung und wechselseitige Kalibrierung von interaktiven Handlungsabläufen hat und wie die Ausformung einer Selbstidentität, die mit sich selbst in Interaktion treten kann, von der Kompetenz zu intentional-interaktiven Handlungsabläufen abhängt. Durkheim konnte herausarbeiten, wie das sprachliche Symbolsystem, insbesondere die semantische Struktur der Sprache, die kollektiven Erfahrungen, das kollektive Denken und die Organisation der Gesellschaft durch elementare Klassifikation speichert und mitsteuert. Der entscheidende Dissens zwischen beiden Theoretikern ist sicherlich darin zu sehen, daß einerseits Durkheim immer wieder dazu neigte, die versachlichte Struktur des sprachlich manifestierten Kollektivbewußtseins absolut zu setzen, d. h. seine fortlaufende Erzeugung und Veränderung aus dem Auge zu verlieren, und daß andererseits Mead dazu tendierte, die „emergenten" Erzeugungsmöglichkeiten im Interaktionsprozeß hinsichtlich der Hervorbringung völlig neuartiger Interaktionsarrangements und damit auch die Freiheitsspielräume der einzelnen Akteure zu überschätzen. Der Dissens bezieht sich also auf die Einschätzung des Konstitutionsgeflechts zwischen Individuum und gesellschaftlicher Gruppe sowie der Funktionen von Sprache und Sprechen innerhalb dieses Konstitutionsgeflechts. Das Konstitutionsgeflecht ist bis heute noch nicht hinreichend grundlagentheoretisch-empirisch ausgeleuchtet; es wird höchstwahrscheinlich zu einem zentralen Forschungsgegenstand der auf Erzähl- und Argumentationstexten fußenden Biographieforschung (vgl. Maurenbrecher 1985; Riemann 1987; Rosenthal 1988; Schütze 1981; 1984).

Trotz der tiefgreifenden Differenzen zwischen Mead und Durkheim, die in innersoziologischen Theorievergleichen immer wieder betont worden sind, dürfen aber auch die erstaunlichen Konvergenzen der Theoriebildung zwischen diesen beiden Antipoden soziologischen Denkens nicht übersehen werden — Konvergenzen, die sich bezeichnenderweise gerade an ihren jeweiligen Sprachbetrachtungen auskristallisiert haben. Beide beginnen ihre Überlegungen mit der Fragestellung, wie die Gemeinsamkeit, die Interaktionsreziprozität zwischen Akteuren bzw. gesellschaftlichen Gruppen, hergestellt und aufrechterhalten werden kann. Sie zeigen auf, daß daran das Symbolsystem der Sprache über seinen normierten Lautkörper und über die implizite bzw. explizite Standardisierung seiner Bedeutungen wesentlichen Anteil hat. Zugleich weisen beide Theoretiker darauf hin, daß die Gemeinsamkeit zwischen Interaktionspartnern bzw. sozialen Gruppen durch sprachliche Kommunikationsmittel nicht einfach nur *abgebildet* wird, sondern in wesentlichen Aspekten durchaus erst im sprachlichen Kommunikationsvollzug im Wege von Projektionen und wechselseitigen Unterstellungen *hergestellt* wird.

Weiterhin arbeitet nicht nur Durkheim, sondern auch Mead heraus, daß sich das sprachliche Kommunikationsmedium immer wieder in seinen impliziten Vorstellungen und Konstitutionsaktivitäten *systematisiert* und *versachlicht*: bei Mead in Gestalt des verallge-

meinerten anderen, der im Wettkampfspiel — gerade auf der sprachlich-symbolischen Plattform der Wettkampfterminologie — zunächst ins Bewußtsein gehoben, später dann bekräftigt und schließlich auch allmählich bzw. rasant verändert wird. Sodann auch weisen beide Theoretiker darauf hin, daß das sprachliche Kommunikationsmedium auf den gesellschaftlichen Zusammenhang vermöge seiner Abstraktions- und Verallgemeinerungstendenz eine universalisierende, immer weitere Gruppen einschließende Wirkung hat (die freilich zunächst von den Grenzen der Einzelsprachen behindert, dann aber im sprachlich konstituierten „logischen Universum" bzw. im „internationalen Leben" und im damit verbundenen „Kommunkationsaustausch" tendenziell überwunden wird. — Vgl. Mead 1968, 306 f, 376; Durkheim 1968, 445 f). In seinem Spätwerk stimmt Durkheim mit Mead auch darin überein, daß die gesellschaftliche Kollektivität in sprachlichen Projektions- und Definitionsakten erzeugt wird; freilich war er sich nicht über die grundlegende Struktur solcher gesellschaftserzeugenden Aktivitäten und Handlungen im klaren. Schließlich betonen beide Theoretiker die selbstreflektive Identitätsstruktur kollektiver (und natürlich individueller) gesellschaftlicher Einheiten. (Mead sah freilich diese kollektiven Identitätsstrukturen immer wieder an die Leistungen der individuellen Gesellschaftsmitglieder zur fortlaufenden wechselseitigen, imaginierten „Übernahme" der Perspektive des verallgemeinerten anderen rückgekoppelt, während Durkheim den übermächtigen „Obligationseinfluß" der kollektiven Identitätsstrukturen auf die individuellen Akteure in Gestalt der Kollektivvorstellungen betonte. — Beiden Aspekten kommt ein partieller Wirklichkeitsbezug zu.)

An der Erörterung der sprachbezogenen Theorieanstrengungen von Mead und Durkheim wird deutlich, daß in der soziologischen Forschung und Theoriereflexion Sprache und Sprechen ein entscheidender Ausgangspunkt dafür sein konnten, grundlegende Aspekte und Mechanismen der Gesellschaftskonstitution aufzudecken. Die Betrachtung sprachlicher Aktivitäten und Repräsentationsweisen führte bezeichnenderweise immer wieder zu einer vergleichsweise ausgewogenen „dialektischen Analyse" der gesellschaftlichen Konstitutions- und Beharrungsmechanismen — zu einer Sichtweise, die sowohl den Erzeugungs- und Veränderungsaspekt der gesellschaftlichen Wirklichkeit als auch ihren Versachlichungsaspekt, sowohl die individuellen Projektionsleistungen der einzelnen Akteure als auch die kollektiven Universalisierungen berücksichtigte. (Diese theoretische „Ausgleichsfunktion" der Sprachbetrachtung wird paradigmatisch durchsichtig an Bergers und Luckmanns grundlagentheoretischer Abhandlung „Die gesellschaftliche Konstruktion der Wirklichkeit" (1966/1970), die sprachliche Produktionen und Manifestationen in theoretischen Termini wie „symbolisches Universum", „Vergegenständlichung" und „Legitimation" berücksichtigt.)

Gerade die grundlagentheoretische Beachtung des sprachlichen Symbolmediums führt in der soziologischen Theoriebildung dazu, die Elementarerscheinungen der Handlungskonstitution, der Sicherstellung von Interaktionsreziprozität, der individuellen Produktions- und Verinnerlichungsleistungen, der kollektiven Identitätsstrukturen von Gruppen und Gesellschaften und ihrer Veränderung sowie der Transzendierung des Faktischen durch Projektions- und Idealisierungsleistungen (als Mittel der Stabilisierung und Veränderung von Interaktionsreziprozität bzw. der Konstitution kollektiver Einheiten) systematisch aufeinander zu beziehen und sich wechselseitig erhellen zu lassen.

5. Spätere Themenbereiche des sprachbezogenen Denkens in der Soziologie

Die Sprachbetrachtungen Meads und Durkheims haben einen grundlagentheoretischen Horizont abgesteckt, der im Laufe der Jahrzehnte, insbesondere nach dem Zweiten Weltkrieg, konkretisiert und zum Teil auch erweitert worden ist. Aus Platzgründen kann hier nur noch die phänomenologische Denktradition diskursiv skizziert werden.

In der phänomenologischen Denktradition wurde zunächst der Zusammenhang zwischen dem von der sprachlichen Manifestation transportierten sozialen Wissen und der Alltagsbewältigung in sozialen Handlungen untersucht. Fragestellung war also, wie der sprachmanifestierte kollektive Wissensbestand individuell angeeignet und verwendet und das heißt zugleich: handlungspraktisch wird. Insbesondere von Alfred Schütz wurde herausgearbeitet, wie die impliziten Typisierungen und Klassifikationen, die im Wörterbuch und in den semantischen Relationen der Alltagssprache gespeichert sind, als Alltags

wissen bzw. Hintergrundswissensbestand von den Akteuren mühelos-automatisch angewandt werden, um die soziale Welt für die eigene Existenz zu „kosmisieren" und praktische Handlungsmuster aufzubauen (Schütz 1962, 260−286). Andere phänomenologische Autoren sprechen in Erinnerung an die Leitidee von der „inneren Form der Sprache" bei Wilhelm von Humboldt, die sich in ihrer „Weltansicht"/„world view" semantisch niederschlage (v. Humboldt 1963, 19−21, 224, 413, 434, 468), von „relativ natürlicher Weltanschauung" (vgl. Scheler 1926, 58−68, insbes. 59) oder von „Weltansicht"/„world view" (vgl. Luckmann 1963; 1967) bzw. „symbolischem Universum" (Berger/Luckmann 1966).

Die Handlungsplanung der Akteure nimmt typisierte Ergebniszustände des interaktiven Handelns vorweg und richtet daran die eigenen faktischen Handlungsschritte aus (Schütz 1962, 67−96); dies steht im Gegensatz zu den Routineaktivitäten unterhalb der Ebene bewußt intentionalen Handelns, die Husserl von einer vorsprachlichen, „vorprädikativen" Erfahrung begleitet sah (Schütz 1962, 278 f). Alles Handeln ist also nur möglich über Abstraktionen, die in der semantischen Struktur der Alltagssprache vorgegeben sind und eine kognitive Vergegenständlichung von Weltausschnitten und Handlungstableaus ermöglichen. Auch ist nur über die abstrakten Typisierungsgehalte des Hintergrundswissensbestandes, die in ihren Grunddimensionen von der Alltagssprache transportiert werden, die wechselseitige Verständigung zwischen den an einem gemeinsamen Handlungsschema beteiligten Akteuren herstellbar (Schütz 1962, 218−222, 273, 275 f). Zugleich können die abstrakten Typisierungsgehalte aber nur dann aktiviert werden, wenn sich die Interaktionspartner die Austauschbarkeit der Interaktionsstandpunkte und die Irrelevanz biographischer Erfahrungsunterschiede bei der Orientierung an den Allgemeintypisierungen des Alltagswissensbestandes wechselseitig unterstellen. Solche projizierenden „Idealisierungsgrundlagen" der Alltagsrealität und der Reziprozitätsherstellung, auf die ja schon Mead und Durkheim immer wieder hingewiesen hatten, sind von Schütz (1962, 10−13) und später von Garfinkel (1963; 1973; vgl. auch Schütze 1980) eingehend untersucht worden.

Dem impliziten Allgemeinheitscharakter des Alltagswissensbestandes entspricht die natürliche Einstellung der Gesellschaftsmitglieder in ihrem Leben in der Alltagswelt. Die

Akteure nehmen an, daß die soziale Welt, in der sie sich bewegen, auch in Zukunft so sein wird. Solange keine Störungen des Interaktions- und Handlungsablaufs auftreten, verzichten sie also auf Zweifel; sie vollziehen die Iterierungsidealisierung, die nur auf der Grundlage der Typisierung und Klassifikation vergleichbarer Anlässe und Ereignisse und ihrer Systematierung zu alltäglichen Erwartungsfahrplänen praktikabel ist (Schütz 1962, 224 f). Die Typisierungen und Klassifikationen sind ihrerseits ohne die semantische Struktur der Alltagssprache undenkbar. (Später hat der Ethnomethodologe Garfinkel noch weitere Idealisierungen herausgearbeitet, die für die Aufrechterhaltung der natürlichen Einstellung des Alltagshandelns konstitutiv sind, so z. B. die Unterstellung der Übereinstimmung zwischen der sprachlichen Typisierung und dem durch sie erfaßten Gegenstand bzw. Ausschnitt der sozialen Realität oder die Unterstellung des Hintergrundswissensbestandes und seiner Typisierungen als „bekannt in Gemeinsamkeit mit anderen". − Vgl. Garfinkel 1973, 191−194). − In die semantische Struktur der Alltagssprache sind zudem nicht nur deskriptive Hintergrundswissensbestände der Mitglieder einer Gesellschaft, sondern auch die Relevanz- bzw. Interessenstrukturen der elementaren Handlungspraxis dieser Gesellschaft eingelassen. (Schütz 1972, 283−286)

Schütz hat aber nicht nur die Grundlagen für eine Theorie des Alltagswissensbestandes und seiner sprachlichen Manifestationen gelegt. Darüberhinaus hat er mit seinen Überlegungen zu den „geschlossenen Sinnbereichen" („finite provinces of meaning") ein theoretisches Erklärungsmodell für gesellschaftliche Prozesse der symbolischen Transzendierung des faktischen Zustands von natürlicher und sozialer Alltagsrealität gelegt. (Schütz 1962, 207−259, 287−356). Diese Symbolisierungsaktivitäten betreffen außeralltägliche Erfahrungen und Erkenntnisse wie die des Tagtraums, der musikalischen Produktion, der Wissenschaft und jeder Form von professioneller Sinnwelt, in deren Bezugsrahmen die Fallmanifestationen von Klienten in systematischer Weise reinterpretiert werden. Schütz weist darauf hin, daß jeder dieser geschlossenen Sinnbezirke einen besonderen kognitiven Stil (Schütz 1962, 230 f) aufweist, der durch spezielle erkenntnisgenerierende Verfahren enaktiert wird. Dem entsprechen einschlägige Relationierungsprinzipien (Schütz 1962, 303 ff) und

sprachliche Prozeduren, welche einerseits es den Akteuren ermöglichen, sich aus dem Hier und Jetzt der Existenzwelt in den Vorstellungsbereich der höhersymbolischen Sinnwelt imaginär zu versetzen bzw. sich partiell in der eigenen Orientierung auf diese zu beziehen, und welche andererseits das Mittel der Applikation der dort gewonnenen Erkenntnisse auf das Hier und Jetzt des existenzweltlichen Interaktionsprozesses sind. (Vgl. Schütze 1988)

Weitere Entwicklungen des grundlagentheoretischen Denkens zu Sprache und Sprechen in der Soziologie können hier nur noch stichwortartig aufgelistet werden. Folgende Erscheinungen der sozialen Realität wurden bearbeitet:

(a) Dokumentarische Methode der Interpretation. In der *Ethnomethodologie* und von den *Colorado-Soziologen* sind der Andeutungscharakter der sprachlichen Kommunikation und der auf ihnen aufbauenden Handlungsabläufe sowie die Interaktionspraktiken der Akteure, aus den Andeutungen Gesamtheiten von Ordnungsstrukturen interpretativ herzustellen, unter dem Gesamtkonzept der „dokumentarischen" Methode der Interpretation (vgl. Mannheim 1964, 103 ff) genauer untersucht worden. Hierbei hat die Untersuchung der Vagheit der Kommunikation, ihrer Situationsoffenheit und Emergenz und der darauf bezogenen rückgreifenden und vorgreifenden Interpretation eine besondere Beachtung gefunden. Es sollte rekonstruiert werden, wie die Gesellschaftsmitglieder aus der kommunikativen Interaktion sequenziell produzierten und wahrgenommenen Andeutungsbezügen nach und nach das zugrundeliegende Muster einer durchlaufenden gemeinsamen Sinngestalt herausarbeiten und wechselseitig ratifizieren. (Vgl. Garfinkel 1973/1967, 262−283; Sacks 1966; 1972; Cicourel 1975, 13−68; Rose 1962; Kjolseth 1972; McHugh et al. 1974; Schütze 1980) Zudem kam es auch darauf an, dem alles bestimmenden „unheilbaren" Umstand systematisch Rechnung zu tragen, daß solche Orientierungsmuster und Aktivitätszusammenhänge in der kommunikativen Interaktion Schritt für Schritt lokal hergestellt werden. (Vgl. Garfinkel/Sacks 1976; Lynch 1984; Lynch/Livingston/Garfinkel 1985; Johnson/Kaplan 1980)

(b) Sequenzielle Organisation der Interaktion. Schließlich war es dann nur folgerichtig, daß in der *ethnomethodologischen Konversationsanalyse* (Bergmann 1981; Schenkein 1978; Psathas 1979) begonnen wurde, die sequenzielle Organisation sprachlicher Interaktionsabläufe systematisch empirisch auf der Grundlage von Audio-Transkriptionen und Videomaterialien zu untersuchen. Es mußten sowohl ganz grundlegende Mechanismen wie die des Sprecherwechsels (vgl. Sacks/Schegloff/Jefferson in Schenkein 1978, 7−55) und die der Beendigung von Gesprächen (vgl. Schegloff/Sacks 1973) in ihrer tendenziellen Ubiquität als auch lebensbereich-

besondere Interaktionsmodalitäten und kommunikative Gattungen (wie z. B. die des Klatsches — vgl. Bergmann 1986) im Rahmen des Kommunikationshaushalts einer Gesellschaft (vgl. Luckmann 1985) untersucht werden.

(c) Organisatorische Prozessierung: Text und Diskurs. In der *Ethnomethodologie,* in der *kognitiven Soziologie* im Stile von *Cicourel* und im *Symbolischen Interaktionismus* war schon lange die professionellenseitige Prozessierung von Betroffenen durch Verfahrensinteraktionen in Organisationen (vgl. Goffman 1972; Glaser/Strauss 1969; Strauss et al. 1985; Cicourel 1968; Turner 1968; Sudnow 1973; Silverman/Jones 1976; Schütze 1978 a; Bergmann 1980; Wolff 1983; Bohnsack 1983; Reichertz 1984; Gück/Matt/Weingarten 1984) und die Steuerung solcher Verfahrensinteraktionen durch die in der Organisation von den Professionellen produzierten schriftlichen Aktenstücke untersucht worden (vgl. Garfinkel 1967, 167—207; Cicourel 1968; Zimmerman 1966; Wheeler 1969; Brusten 1972; Müller/Müller 1984). Es wurde z. B. herausgearbeitet, daß die Aufhäufung und Aneinanderreihung der Aktenschriftstücke nach und nach ein Eigenleben gewinnen und daß so die Akte der gelebten Biographie des Betroffenen als zweite, heteronome Realität gegenübertritt. Zudem wurde erforscht, wie der aktuelle Kommunikationsablauf dadurch beeinträchtigt ist, daß der professionelle Akteur im Anschluß an die Aktualkommunikation (z. B. eine Prüfung, eine Anamnese, eine Drogenberatungssitzung, eine Ermahnung durch den Bewährungshelfer) als Ergebnis ein Aktenstück über den Kommunikationsablauf mit „justizfester" Festschreibung abgelaufener Aktivitäten (Protokoll), mit Trendeinschätzungen und/oder mit prognostischen und/oder ätiologischen Urteilen formulieren muß, auf welches die Organisation oder die nachbearbeitenden Instanzen im Rahmen ihrer Kontrollpraktiken jederzeit zurückgreifen können. Im weiteren Diskussionsverlauf hat Cicourel (1975 a) die Beziehung zwischen Verfahrensinteraktionen und den mit diesen verbundenen schriftlichen Dokumenten zur Wechselbeziehung zwischen „Diskurs", d. h. der aktuellen Kommunikation (z. B. einer medizinischen Untersuchung) und „Text" abstrahiert, d. h. den mündlichen und schriftlichen Berichten, die aus der aktuellen Diskurskommunikation als Ergebnisse zu Tage befördert worden sind und die die nächsten Diskurskommunikationen als Wissensplattform im Verfahrensablauf entscheidend mitbeeinflussen. Die Untersuchung der Wechselbeziehung von Text und Diskurs ist für das Verständnis aller Abstraktionsprozesse in komplexen Gesellschaften und der diesen zugrundeliegenden professionellen und bürokratischen Aktivitäten der Prozessierung von Betroffenen von entscheidender Bedeutung.

(d) Biographische Identität und Rahmen der Interaktion. Im *Symbolischen Interaktionismus* ist ethnographisch und auch grundlagentheoretisch die Entfaltung, Bewahrung, Veränderung und Präsentation der Ich-Identität in außerorganisatorischer und organisatorischer Interaktion analysiert worden. (Vgl. Strauss 1968; Becker 1973; Goffman 1961; 1971; 1972; 1974; 1986; Krappmann 1971; Riemann 1987) Sodann wandte sich das Interesse der ethnographischen Erforschung der situierten Aushandlung von interaktiven Handlungsmustern und der ihnen jeweils entsprechenden Arbeitssequenzierung und Arbeitsteilung zu. (Vgl. Strauss et al. 1981; Strauss 1978; Strauss et al. 1985; Becker 1982) Schließlich sind komplexe Modalisierungen von Interaktionsabläufen — wie etwa in strategischen Interaktionsprozessen (vgl. etwa Goffman 1970; Schütze 1978 a) — sowie unterschiedliche Bewußtseinskontexte (vgl. Glaser/Strauss 1974) und Interpretationsrahmungen von Interaktionsabläufen (vgl. Goffman 1980) grundlagentheoretisch untersucht worden.

(e) Herrschaftsstrukturierte bzw. -verzerrte Interaktionsabläufe. In der *frühen Ethnomethodologie,* im *Symbolischen Interaktionismus,* bei *Habermas* und in der *Habermas-Nachfolge* sind herrschaftsstrukturierte und herrschaftsverzerrte Interaktionsabläufe sowie die Bedingungen des herrschaftsfreien Diskurses im Sinne einer idealen Sprechsituation untersucht worden, letzteres z. T. unter Rückgriff auf die Meadsche Theorie der Perspektivenübernahme und auf sprechakttheoretische Überlegungen. (Vgl. Habermas 1971; 1973 a; 1976; Schütze 1975, Kap. 9/10) Bei der Analyse herrschaftsverzerrter Interaktion haben z. T. psychoanalytische Modelle der Störungen des Symbolisierungsvorgangs und die Beziehungsfallen-Theorie der Schizophrenie-Forschung Pate gestanden. (Vgl. Lorenzer 1970; Lorenzer et al. 1971; Habermas 1968, Kap. 10—12; Watzlawick/Beavin/Jackson 1969, Kap. 3, 5) Die empirischen Untersuchungen von Interaktionsabläufen in Organisationen der sozialen Kontrolle (z. B. Strafgerichten, Drogenberatungsstellen) sind von der grundlegenden Vorstellung ausgegangen, daß die Professionellen als mächtige Verfahrenswalter die kommunikativen Kapazitäten der Betroffenen systematisch einschränken, indem sie diese an der eigengesteuerten Entfaltung voll ausgebauter Kommunikationsmuster (z. B. des Erzählens) durch verfahrensstrategische Abkürzungs- und Störpraktiken hindern. Zudem entziehen sie sich den Reziprozitätsbedingungen solcher Kommunikationsmuster, indem sie zwar dem unterlegenen Interaktions*gegenüber* Reziprozitätsverhalten abverlangen, aber nicht selbst bereit sind, die entsprechenden Interaktionsverpflichtungen (z. B. auch die, die *eigenen* argumentativen Entgegnungen zu begründen) zu erfüllen. (Vgl. Bohnsack 1982; Schütze 1978 a)

(f) Herrschaftsstrukturierende und -verändernde Wissens- und Symbolisierungssysteme, die sprachlich manifestiert und mitgesteuert sind. Erstaunlicherweise ist bis heute für die empirische Verwendung des *Marxschen Ideologiekonzepts* trotz Mannheims Systematisierungsversuch (Mannheim 1965; 1959) keine praktikable empirisch-soziologische Forschungsstrategie entwickelt worden. Das mag einerseits mit dem Umstand zusammenhängen, daß das Ideologiekonzept einen totalisierenden und bewertenden Interpretationscharakter hat, dem schlecht mit empirischen Indikatoren beizukommen ist. Andererseits muß aber auch gesehen werden, daß in der soziologischen Theorietradition das Ideologie-Phänomen stets nur „uneigentlich" bzw. unempirisch aus dem jeweiligen gesellschaftlichen „Substrat" abgeleitet bzw. extrapoliert, also niemals in konkreten Erzeugungs- und Anwendungskontexten untersucht worden ist. Und dies ist wiederum darauf zurückzuführen, daß bis vor kurzem die soziologische Text- und Diskursanalyse unterentwickelt war. — Stattdessen sind aber schon seit längerem erfolgreiche Versuche unternommen worden, *Topoi* des Arbeiterbewußtseins wie „die da oben" in ihrer sozialsymbolischen Verortungsfunktion (vgl. Popitz et al. 1957, Abschn. V; Negt 1968, Kap. III) oder auch orientierungs- und legitimationssuggestive *praktische Sozialtheorien* in ihrer Auswirkung auf die Reorganisation von gesellschaftlichen Bereichen (wie etwa das holländische sozialtheoretische Konzept der „Versäulung" als spiritus rector der Sozialhilfegesetzgebung von 1961, das den Kirchen im Sozialhilfebereich zu nie gekannter Autonomie bei gleichzeitiger staatlicher Subvention verhalf — vgl. Matthes 1964; s. auch Topitsch 1965, 17—26) empirisch zu erfassen. Auch soll hier auf die Arbeiten Bernsteins, des frühen Oevermann sowie ihrer Nachfolger zum restringierten „Sprachkode" hingewiesen werden, der zwar als entstehungsabhängig von der Unterschichtlage der betroffenen Kinder gedacht war, diese dann aber durch eine symbolische und kommunikative Überformung sekundär gleichsam zu „*plombieren*" schien. (Vgl. Bernstein 1971; 1973; Oevermann 1970; Auwärter 1982) Hier sind interessante Fragen gestellt worden; die Aporien der korrelativen Apartsetzung von Sprachstruktur und Gesellschaftsstruktur lassen sich freilich wie beim Ideologiebegriff nur durch die empirische Analyse natürlicher Interaktionssituationen beheben, in deren Textproduktionen und Rahmenbezügen erst die sozialstrukturellen Parameter „naturalistisch" empirisch nachweisbar werden. (Vgl. Schütze 1975, Kap. 7 u. Abschn. 11.4)

(g) Sprache und Identitätsentwicklung. Im *Symbolischen Interaktionismus* und in der *Oevermannschen „Objektiven Hermeneutik"* ist schließlich das Konstitutionsgeflecht der Sprachentwicklung, der Entfaltung von Interaktionsfähigkeiten (insbesondere der Perspektivenübernahme) und der Identitätsentwicklung in der Ontogenese des Kindes und Jugendlichen einer immer eingehenderen empirischen Analyse unterzogen worden. (Vgl. Denzin 1977; Geulen 1982; Döbert/Habermas/Nunner-Winkler 1977; Oevermann et al. 1976; Simm 1986; Hildenbrand 1983) Diese Forschungen gehen grundlagentheoretisch von Mead sowie Freud, Piaget und

Kohlberg aus und konzentrieren sich auf die Entwicklungsbeiträge kindlicher Spielwelten und Kommunikationsspiele für die Ausgestaltung der Interaktionsfähigkeit (vgl. Denzin 1977, Kap. 8/9; Kirsch-Auwärter 1986) sowie auf die anfängliche Begrenzung und schrittweise Steigerung der Fähigkeiten zu moralischer Argumentation im Zuge der Identitätsentwicklung, insbesondere in der Kindheit und in der Adoleszenskrise. (Vgl. Miller 1986; Döbert/Nunner-Winkler 1979) Im Hintergrund steht Habermas' Frage nach den Bedingungen der Entfaltung postkonventioneller Vernunft und Sittlichkeit in komplexen Gesellschaften, die durch Erodierung und Zerstörung konventioneller Moral- und Legitimationsmuster gekennzeichnet sind. (Vgl. Habermas 1973; vgl. auch Gabriel 1974)

6. Ausblick: Methodologische Implikationen der soziologischen Sprachbetrachtung und neue Weisen des forschungsstrategischen Zugangs zur sozialen Wirklichkeit

Grundlagentheoretische Sprachbetrachtungen im Stil Meads und Durkheims hatten nicht nur direkte Auswirkungen auf den Theoriebildungsprozeß der Soziologie, sondern auch auf die Ausarbeitung von Strategien der empirischen Forschung — wenn auch mit vierzig- bis fünfzigjähriger Verspätung:

(a) Erstens erschien es erfolgversprechend, die grundlagentheoretisch festgestellten Ordnungsmechanismen der interaktiven Reziprozitätsherstellung (vgl. Bergmann 1981; Streeck 1983), des Handlungsvollzugs (vgl. Kallmeyer/Schütze 1976; Kallmeyer 1979; Schütze 1978) sowie des kollektiven Wissenssystems (vgl. Rose 1962; Bohnsack 1986) und der Identitätsstrukturen (vgl. Riemann 1987; Schütze 1981; 1984) einer rigorosen empirischen Analyse zu unterziehen, die gerade dadurch möglich war, daß sich diese Ordnungsstrukturen sprachlich manifestieren. (Freilich setzte die Analyse von interaktiven Handlungsabläufen die neuen Techniken der elektronischen Aufzeichnung und Speicherung voraus, die erst seit den fünfziger Jahren mühelos zur Verfügung standen.)

(b) Zweitens mußte man sich dann aber auch die Frage stellen, was die Grenzen der sprachlichen Repräsentation der gesellschaftlichen Wirklichkeit sind (vgl. Schütze 1975, insbes. 913—934). Solche Grenzen sind dadurch gegeben, daß sprachliche Manifestationen egalitäre Aspekte des Interaktionsablaufs und der

Gesellschaftsstruktur, insbesondere in modernen Gesellschaften, expliziter ausdrücken als herrschaftsstrukturierte, daß sprachliche Manifestationen dem Ökonomieprinzip und dem Euphemismusprinzip von Interaktionsabläufen und Darstellungen folgen, deshalb viele Aktivitäten, insbesondere routinehafte und traumatische, nur andeuten und rezipientenseitigen Deutungsanstrengungen mittels der dokumentarischen Methode der Interpretation auf der Grundlage von Hintergrundswissensbeständen überlassen (vgl. Garfinkel 1967, 35—75; Schütze 1986); sowie daß der Strukturcharakter des sprachlichen Symbolsystems nicht nur zur Repräsentation versachlichter Ordnungen und Wissensbestände der Gesellschaft, sondern auch zur Versteinerung gegenstands- und funktionslos gewordener Regelungs- und Wissenselemente tendiert (Vgl. Mauss 1964). Wenn man also den empirischen Zugang über sprachliche Manifestationen zur gesellschaftlichen Wirklichkeit behutsam und ohne in die Irre geführt zu werden nutzen wollte, war es erforderlich, für verschiedene Teilbereiche sprachlicher Produktion und Manifestation empirische Teiltheorien der Begrenzungen und Lücken der sprachlichen Repräsentation des jeweiligen Ausschnitts bzw. Aspekts der sozialen Realität im Gesellschaftsprozeß zu entwickeln. — Für all diese „Daten"- und „Methodentheorien" über die Ausdrucks- und Indikatorfunktion sprachlicher Manifestationen sozialer Realität gilt freilich das forschungslogische Prinzip der „pragmatischen Brechung": sprachliche Symbolisierungen und die durch sie gespeicherten Definitions- und Wissensfiguren können nur unter Ansehung ihres jeweiligen Erzeugungs- und Anwendungskontextes innerhalb der von ihnen repräsentierten sozialen Prozesse (z. B. Interaktion, Biographie, kollektive Auseinandersetzungen) als Indikatoren und Analysemittel Anwendung finden. Deshalb ist es forschungsstrategisch, die Elementarstrukturen solcher sozialen Prozesse empirisch-grundlagentheoretisch zu untersuchen.

(c) Schließlich lag es nahe, die Darstellungs- und Interpretationsressourcen des sprachlichen Kommunikationsapparates (etwa im Bereich systematisierter Sachverhaltsdarstellungen des Erzählens, des Beschreibens und des Argumentierens, aber auch im Bereich der fortlaufenden aktuellen Orientierung an den Interaktionsbeiträgen des Gegenübers) zu explizieren sowie für die eigene Datenerhe-

bung und/oder Datenanalyse rekonstruktiv zu nutzen.

Hier lassen sich folgende forschungsstrategische Vorgehensweisen unterscheiden:
— Die „Begriffs-Explikation" von sprachlichen Kategorien des Alltagswissensbestandes und ihre Ausformung zu objektsprachlichen Typustheoremen; dieses Verfahren ist schon vor langer Zeit exemplarisch von Weber (1963, 150—163, 207—236) und Troelsch (1912, 362—382, 969—973, 980 f) zur Entfaltung der Typustheoreme „Kirche" und „Sekte" verwandt worden; es ist dann von Schütz (1962, 3—66) zur Methode der Konstruktion von wissenschaftlichen Typen (zweiten Grades) auf der Basis alltäglicher Typisierungen weiterentwickelt worden;
— die Komponentenanalyse der domänenspezifischen Terminologien und Ordnungsstrukturen („Elementarklassifikationen") in einer Gruppe oder Gesellschaft; dieses Verfahren ist, wie schon ausgeführt, in Ansätzen von Durkheim und Mauss Anfang dieses Jahrhunderts entwickelt und dann in der späteren Ethnolinguistik (z. B. Frake 1973; Agar 1976) weiterentfaltet worden; es wird in der Soziologie heute zur Analyse von Terminologien abweichender Subgruppen (vgl. Agar 1973) und professioneller Arbeit (vgl. Eglin 1980) verwandt;
— die konversationsanalytische Nachzeichnung der sequenziellen Interaktionsorganisation der Akteure — dies bewerkstelligt im Wege der Ansehung der jeweiligen situations- und positionslokalen Hervorbringung der Aktivitäten; auf diese Weise können nicht nur die Organisationsmechanismen des Kommunikationsablaufs wie Sprecherwechselsysteme, sondern auch die interaktive Hervorbringung und Interpretation von Interaktionsmustern untersucht werden; (vgl. Schegloff/Sacks 1973; Turner 1976; Bergmann 1981; Streeck 1983; Kallmeyer/Schütze 1976);
— die sequenzanalytische Untersuchung der Textniederschläge von argumentativen Diskursen in Gruppendiskussionen (vgl. Mangold 1960; Bohnsack 1987 — s. das Ende von Abschn. 3 des vorliegenden Artikels); im Wege der systematischen Rekonstruktion der Entfaltung einer Gruppendiskussion können kollektive Wissensbestände von Gruppen oder Gesamtgesellschaften erfaßt werden; im ersteren Fall wird für den vom Forscher zu veranstaltenden Diskurs meist auf natürliche, in der untersuchten sozialen Welt bestehende Gruppenzusammenhänge zurückgegriffen, im zweiten Fall wird meist eine Diskussions-„Gruppe" artifiziell unter dem Gesichtspunkt der Beteiligung der wichtigsten Sozialkategorien einer Gesellschaft zusammengestellt;
— die sequenzanalytische Untersuchung der Textniederschläge von Extempore-Erzählungen persönlicher Erlebnisse; in den narrativen Texten kommt vermöge des Zugzwänge des Stegreiferzählens die Erfahrungsaufschichtung des Erzählers/Informanten z. T. direkt und z. T. indirekt, z. T. formuliert und z. T. symptomatisch zum Ausdruck; diese

Untersuchungsstrategie findet zunehmend in der Biographieforschung und bei der Erforschung kollektiv-historischer Großereignisse Anwendung (vgl. Riemann 1986; 1987, Kap. 2; Rosenthal 1988; Schütze 1983; 1984; 1986) sowie
– die struktural-hermeneutische bzw. phänomenologisch-hermeneutische Rekonstruktion der Entfaltung der „objektiven" (d. h. gesellschaftlich versachlichten), z. T. auch latenten, Gesamtbedeutung eines sozialen Prozesses, insbesondere der Geschichte einer sozialen Beziehung, als singulärer Fall samt der Untersuchung seiner Erzeugungsbedingungen, die vom jeweiligen sozialstrukturellen und kulturellen Kontext gesetzt sind (vgl. Oevermann et al. 1979; Oevermann 1986; Wagner 1984; Reichertz 1986; Soeffner 1984; Hildenbrand/Müller 1984; Bohnsack 1983, Kap. 3); dies geschieht im Wege der exhaustiven sequenziellen Ausdeutung der (interaktiven) Manifestationen des Fallprozesses als Text in der Reihenfolge des Auftretens dieser; die Ausdeutung vollzieht sich mittels der Formulierung aller mit den Bedingungen und Regelimplikationen des Falls kompatiblen Lesarten als der Vorstellungen von dessen denkbaren, gedankenexperimentellen Ablaufsstrukturen; im Wege der sequenziellen Rekonstruktion des Fallprozesses wird das Anfangspotential der möglichen Lesarten (von der zugrundeliegenden Gesamtbedeutung der objektiven Fallstruktur) immer mehr eingeschränkt; in der fortlaufenden Kontrastierung der mit dem Fallkontext kompatiblen und nichtkompatiblen Lesarten und in der progressiven Selektion der mit dem immer komplexer und spezifischer werdenden Fallkontext kompatiblen Lesarten werden die allgemeinen Bedeutungsmerkmale des Falls nach und nach analytisch erfaßbar.

Das grundlagentheoretische Nachdenken über den Konstitutionsbeitrag von Sprache und Sprechen zum Gesellschaftsprozeß hat mithin der soziologischen Forschung neuartige Mittel der naturalistischen Untersuchung der gesellschaftlichen Wirklichkeit an die Hand gegeben, die es dem Forscher erlauben, das Allgemeine auch in Einzelfällen zu entdecken. Die empirische soziologische Forschung vermag so erstmalig mit Selbstbewußtsein aus dem Gefängnis der Beschränkung auf vorkategorisierte, statistisch aggregierte Daten herauszutreten. Die Zeiten sind vorüber, in denen qualitative Sozialforschung von positivistischen Methodologen umstandslos „weicher Interpretationen" und „nur ideographischer" Singularaussagen bezichtigt werden konnte. Es entstehen neue grundlagentheoretische Sichtweisen der Gesellschaftsbetrachtung, die bisher in den Sozialwissenschaften noch nicht eingenommen worden sind.

7. Literatur (in Auswahl)

ABS (= Arbeitsgruppe Bielefelder Soziologen) (1976) „Theoretische und methodische Grundzüge kommunikativer Sozialforschung", in: *Kommunikative Sozialforschung*, ABS, ed., München, 10–87.

Agar, Michael (1973) *Ripping and running*. A formal ethnography of urban heroin addicts, New York/San Francisco/London.

Agar, Michael (1975) „Cognition and events", in: *Sociocultural dimension of language use*, Sanches, M./Blount, B. G., eds., New York/San Francisco/London, 41–56.

Albert, Hans (1964) „Probleme der Theoriebildung. Entwicklung, Struktur und Anwendung sozialwissenschaftlicher Theorien", in: *Theorie und Realität*. Ausgewählte Aufsätze zur Wissenschaftslehre der Sozialwissenschaften, ders., ed., Tübingen, 3–70.

Auwärter, Manfred (1982) *Sprachgebrauch in Abhängigkeit von Merkmalen der Sprecher und der Sprechsituation*. Eine soziolinguistische Untersuchung. (= Bd. 42 der Studien und Berichte des MPI für Bildungsforschung), Berlin.

Becker, Howard S. (1973) *Außenseiter*. Zur Soziologie abweichenden Verhaltens, Frankfurt.

Becker, Howard S. (1982) *Art worlds*. Berkeley/Los Angeles/London.

Berger, Peter L. (1967) *The sacred canopy*. Elements of a sociological theory of religion, Garden City, N. Y.

Berger, Peter/Luckmann, Thomas (1966/1970) *The social construction of reality*. A treatise in the sociology of knowledge, Garden City, N. Y. Deutsche Übers.: *Die gesellschaftliche Konstruktion der Wirklichkeit*, Frankfurt.

Bergmann, Jörg R. (1980) *Interaktion und Exploration*. Eine konversationsanalytische Studie zur sozialen Organisation der Eröffnungsphase von psychiatrischen Aufnahmegesprächen. Diss. Konstanz.

Bergmann, Jörg R. (1981) „Ethnomethodologische Konversationsanalyse", in: *Dialogforschung*, Jahrbuch 1980 des Instituts für deutsche Sprache, Schröder, P./Steger, H., eds., Düsseldorf, 9–51.

Bergmann, Jörg R. (1986) *Klatsch als Gattung der alltäglichen Kommunikation*. Zur Sozialform der diskreten Indiskretion. Habilitationsschrift, Konstanz.

Bernstein, Basil (1971) *Theoretical studies towards a sociology of language* (= Class, Codes and Control, Vol. 1), London.

Bernstein, Basil, ed., (1973) *Applied studies towards a sociology of language* (= Class, Codes and Control, Vol. 2), London/Boston.

Blumer, Herbert (1973/1969) „Der methodologische Standort des Symbolischen Interaktionismus", in: *Alltagswissen, Interaktion und gesell-*

schaftliche Wirklichkeit, Arbeitsgruppe Bielefelder Soziologen, eds., Reinbeck b. Hamburg, 80–146.

Bohnsack, Ralf (1983) *Alltagsinterpretation und soziologische Rekonstruktion,* Opladen.

Bohnsack, Ralf (1987) *Kollektive Lebensorientierungen in Gruppen Jugendlicher.* Exemplarische Wege zur empirischen Analyse des Zusammenhangs von Adoleszenzentwicklung, Milieu, Geschlecht und Generation. Habilitationsschrift, Erlangen–Nürnberg.

Brusten, Manfred (1973) „Prozesse der Kriminalisierung — Ergebnisse von Jugendamtsakten", in: *Gesellschaftliche Perspektiven der Sozialarbeit,* 2. Halbband, Otto, H.-U./Schneider, S., eds., 85–125.

Cicourel, Aaron V. (1968) *The social organization of juvenile justice.* New York/London/Sidney.

Cicourel, Aaron V. (1970) *Methode und Messung in der Soziologie,* Frankfurt.

Cicourel, Aaron V. (1975) *Sprache in der sozialen Interaktion,* München.

Cicourel, Aaron V. (1975 a) „Discourse and text: Cognitive and linguistic processes in studies of social structure", in: *Versus: Quaderni di Studi Semiotici,* Sept.–Dec., 33–84.

Coseriu, Eugenio (1958) *Sincronía, diacronía y historia.* El problema del cambio lingüístico, Montevideo.

Denzin, Norman K. (1977) *Childhood socialization.* Studies in the development of language, social behavior, and identity, San Francisco/Washington/London.

Döbert, Rainer/Habermas, Jürgen/Nunner-Winkler, Gertrud (1977) „Zur Einführung" (in den Band: Entwicklung des Ich), in: *Entwicklung des Ich,* dies., eds., Köln, 9–30.

Döbert, Rainer/Nunner-Winkler, Gertrud (1979) *Adoleszenzkrise und Identitätsbildung.* Psychische und soziale Aspekte des Jugendalters in modernen Gesellschaften, Frankfurt.

Doroszewski, W. (1933) „Quelques remarques sur les rapports de la sociologie et de la linguistique: Durkheim et F. de Saussure", in: *Psychologie du langage* (= Journal de psychologie: normale et pathologique 30), Janet, P./Dumas, G., eds., Paris, 1–4.

Douglas, Mary (1973) *Ritual, Tabu und Körpersymbolik,* Frankfurt.

Durkheim, Emile (1967) *Soziologie und Philosophie.* Einleitung von Theodor W. Adorno, Frankfurt.

Durkheim, Emile (1968/1912) *Les formes élémentaires de la vie religieuse.* La système totémique en Australie, Paris. Engl. Übers.: *The elementary forms of the religious life,* London, 1968. Deutsche Übers.: *Die elementaren Formen des religiösen Lebens,* Frankfurt 1981.

Durkheim, Emile (1970) *Die Regeln der soziologischen Methode,* hrsg. und eingeleitet von René König, Neuwied/Berlin.

Durkheim, Emile/Mauss, Marcel ([1901/1902] 1969) „De quelques formes primitives de classification. Contribution à l'étude des représentations collectives", in: *Neudruck des Journal Sociologique,* Durkheim, E., ed., Introduction et notes de Jean Duvignaud, Paris, 395–478.

Eglin, Peter A. (1980) *Talk and taxonomy,* Amsterdam.

Fishman, Joshua A. (1972) „The sociology of language: An interdisciplinary social science approach to language in society", in: *Advances in the sociology of language,* ders., ed., Den Haag, 217–404.

Fishman, Joshua A. (1972 a) „Domains and the relationship between micro- and macrosociolinguistics", in: *Directions in sociolinguistics.* The ethnography of communication, Gumperz, J. J./Hymes, D., eds., New York u. a. O., 435–453.

Fishman, Joshua A. (1972 b) „Preface" (to: Advances …), in: *Advances in the sociology of language,* ders., ed., Den Haag, 7–12.

Frake, Charles O. (1973) „Die ethnographische Erforschung kognitiver Systeme", in: *Alltagswissen, Interaktion und gesellschaftliche Wirklichkeit,* Bd. 2, Ethnotheorie und Ethnographie des Sprechens, Arbeitsgruppe Bielefelder Soziologen, ed., Reinbeck b. Hamburg, 323–337.

Frake, Charles O. ([1964] 1980) „Notes on queries in ethnography", in: *Language and cultural description.* Essays by Charles O. Frake. Selected and presented by Anwar S. Dil, Stanford, 26–44.

Gabriel, Karl (1974) „Organisation und Legitimation. Die Selbststeuerungsimperative der Organisation und das Problem der Legitimation", in: *Zeitschrift für Soziologie,* 3/4, 339–355.

Garfinkel, Harold (1963) „A conception of and experiments with 'trust' as a condition of stable concerted actions", in: *Motivation and social interaction,* Harvey, O. J., ed., New York, 187–238.

Garfinkel, Harold (1967) *Studies in ethnomethodology,* Englewood Cliffs, N. J.

Garfinkel, Harold (1973) „Das Alltagswissen über soziale und innerhalb sozialer Strukturen", in: *Alltagswissen, Interaktion und gesellschaftliche Wirklichkeit,* Bd. 1 Symbolischer Interaktionismus und Ethnomethodologie, Arbeitsgruppe Bielefelder Soziologen, ed., Reinbeck b. Hamburg, 189–262.

Geulen, Dieter, ed., (1982) *Perspektivenübernahme und soziales Handeln.* Texte zur sozial-kognitiven Entwicklung, Frankfurt.

Glaser, Barney/Strauss, Anselm (1968) *Time for dying,* Chicago.

Glaser, Barney G./Strauss, Anselm (1974/1965) *Interaktion mit Sterbenden,* Göttingen.

Goffman, Erving (1961) *Encounters.* Two studies in the sociology of interaction, Indianapolis.

Goffman, Erving (1970) *Strategic interaction,* Oxford.

Goffman, Erving (1972) *Asyle,* Frankfurt.

Goffman, Erving (1974) *Das Individuum im öffentlichen Austausch,* Frankfurt.

Goffman, Erving (1980) *Rahmen-Analyse*. Ein Versuch über die Organisation von Alltagserfahrungen, Frankfurt.

Goffman, Erving (1986) *Interaktionsrituale*. Über Verhalten in direkter Kommunikation, Frankfurt.

Gück, Jürgen/Matt, Eduard/Weingarten, Elmar (1984) „Sprachliche Realisierung von hierarchischen Kontexten — Eine Analyse intensiv-medizinischer Visitenkommunikation", in: *Beiträge zu einer Soziologie der Interaktion*, Soeffner, H.-G., ed., Frankfurt/New York, 121 — 160.

Habermas, Jürgen (1967) *Zur Logik der Sozialwissenschaften*. (= Sonderheft der Philosophischen Rundschau, Beiheft 5), Tübingen (2. Aufl.: Frankfurt 1970).

Habermas, Jürgen (1968) *Erkenntnis und Interesse*, Frankfurt.

Habermas, Jürgen (1971) „Vorbereitende Bemerkungen zu einer Theorie der kommunikativen Kompetenz", in: *Theorie der Gesellschaft oder Sozialtechnologie — was leistet die Systemforschung?*, Habermas, J./Luhmann, N., eds., Frankfurt, 101 — 141.

Habermas, Jürgen (1973) *Legitimationsprobleme im Spätkapitalismus*, Frankfurt.

Habermas, Jürgen (1973 a) „Wahrheitstheorien", in: *Wirklichkeit und Reflexion*, Festschrift für W. Schulz, Pfullingen, 211 — 265.

Habermas, Jürgen (1976) „Was heißt Universalpragmatik?", in: *Sprachpragmatik und Philosophie*, Apel, K.-O., ed., Frankfurt, 174 — 272.

Habermas, Jürgen (1985) *Theorie des kommunikativen Handelns*. Bd. 2: Zur Kritik der funktionalistischen Vernunft, Frankfurt.

Hildenbrand, Bruno (1983) *Alltag und Krankheit*. Ethnologie einer Familie, Stuttgart.

Hildenbrand, Bruno/Müller, Hermann (1984) „Mißlungene Ablöseprozesse Jugendlicher aus ihren Familien — Ethnographische Illustration zur Frage des methodischen Stellenwerts von Einzelfallstudien in der interpretativen Sozialforschung", in: *Beiträge zu einer Soziologie der Interaktion*, Soeffner, H.-G., ed., Frankfurt/New York, 79 — 120.

Humboldt, Wilhelm von (1963) *Schriften zur Sprachphilosophie*, Bd. III der Werke in fünf Bänden, Flitner, A./Giel, K., eds., Darmstadt.

Hymes, Dell (1964) „Introduction" (to part I), in: *Language in culture and society*. A reader in linguistics and anthropology, ders., ed., New York/Evanston/London, 3 — 14.

Johnson, Grant F./Kaplan, Charles D. (1980) „Talk-in-the-work": Aspects of social organization of work in a computer center, in: *Journal of Pragmatics*, 4, 351 — 365.

Kallmeyer, Werner (1979) „Kritische Momente. Zur Konversationsanalyse von Interaktionsstörungen", in: *Grundfragen der Textwissenschaft*. Linguistische und literaturwissenschaftliche Aspekte (= Amsterdamer Beiträge zur Neueren Germanistik, Bd. 8), Frier, W./Labroisse, G., eds., Amsterdam, 59 — 109.

Kallmeyer, Werner (1981) „Aushandlung und Bedeutungskonstitution", in: *Dialogforschung*. Jahrbuch 1980 des Instituts für Deutsche Sprache, Schröder, P./Steger, H., eds., Düsseldorf, 89 — 127.

Kallmeyer, Werner/Schütze, Fritz (1976) „Konversationsanalyse", in: *Studium Linguistik 1*, 1 — 28.

Kirsch-Auwärter, Edit (1986) „Die Entwicklung von Sprachspielen in kindlicher Kommunikation", in: *Kommunikationstypologie*. Handlungsmuster, Textsorten, Situationstypen. (= Jahrbuch 1985 des Instituts für deutsche Sprache), Kallmeyer, W., ed., Düsseldorf, 154 — 171.

Kjolseth, Rolf (1972) „Making sense: natural language and shared knowledge in understanding", in: *Contributions to the sociology of language*, Fishman, A., ed., Den Haag/Paris, 50 — 76.

Krappmann, Lothar (1971) *Soziologische Dimensionen der Identität*. Strukturelle Bedingungen für die Teilnahme an Interaktionsprozessen, Stuttgart.

Levi-Strauss, Claude (1967) *Strukturale Anthropologie*, Frankfurt.

Lorenzer, Alfred (1970) *Sprachzerstörung und Rekonstruktion*. Vorarbeiten zu einer Metatheorie der Psychoanalyse, Frankfurt.

Lorenzer, Alfred et al. (1971) *Psychoanalyse als Sozialwissenschaft*. Mit Beiträgen von Alfred Lorenzer/Helmut Dahmer/Klaus Horn/Karola Brede/Enno Schwanenberg, Frankfurt.

Luckmann, Thomas (1963) *Das Problem der Religion in der modernen Gesellschaft*, Freiburg.

Luckmann, Thomas (1967) *The invisible religion*. The problem of religion in modern society, London/New York, Teilabdruck in dt. Übers. in: J. Matthes, Religion und Gesellschaft, Einführung in die Religionssoziologie I, Reinbeck b. Hamburg 1967, 189 — 208.

Luckmann, Thomas (1985) „*Communicative genres in the communicative 'budget of society'*", MS, Vortrag Univ. Oslo, 10. 5. 85.

Lynch, Michael (1984) „ 'Turning up signs' in neurobehavioral diagnosis", in: *Symbolic Interaction*, 7/1, 67 — 86.

Lynch, Michael/Livingston, Eric/Garfinkel, Harold (1985) „Zeitliche Ordnung in der Arbeit des Labors, in: *Entzauberte Wissenschaft*. Zur Relativität und Geltung soziologischer Forschung". Soziale Welt, Sonderband 3, Bonß, W./Hartmann, H., eds., Göttingen, 179 — 206.

Mangold, Werner (1960) *Gegenstand und Methode des Gruppendiskussionsverfahrens*, Frankfurt.

Mannheim, Karl ([1931] 1959) „Wissenssoziologie", in: *Handwörterbuch der Soziologie*, Vierkandt, A., ed., Stuttgart, 659 — 680.

Mannheim, Karl (1964) „Beiträge zur Theorie der Weltanschauungs-Interpretation", in: ders., *Wissenssoziologie*, Wolff, K. H., ed., Neuwied/Berlin, 91 — 154.

Mannheim, Karl ([1929] 1969) *Ideologie und Utopie,* Frankfurt.

Matthes, Joachim (1964) *Gesellschaftspolitische Konzeptionen im Sozialhilferecht.* Zur soziologischen Kritik der neuen deutschen Sozialhilfegesetzgebung 1961, Stuttgart.

Maurenbrecher, Thomas (1985) *Die Erfahrung der externen Migration.* Eine biographie- und interaktionsanalytische Untersuchung über Türken in der Bundesrepublik Deutschland, Frankfurt/Bern/ New York.

Mauss, Marcel (1964) „On language and primitive forms of classification", in: *Language in culture and society,* Hymes, D., ed., New York/Evanston/ London, 125—127.

McHugh, Peter/Raffel, Stanley/Foss, Daniel C./ Blum, Alan F. (1974) *On the beginning of social inquiry,* London/Boston.

Mead, George H. (1968) *Geist, Identität und Gesellschaft* — aus der Sicht des Sozialbehaviorismus. Mit einer Einleitung herausgegeben von Ch. W. Morris, Frankfurt.

Mead, George H. (1969) *Philosophie der Sozialität.* Aufsätze zur Erkenntnisanthropologie. Vorwort von Hansfried Kellner, Frankfurt.

Mead, George H. (1987) *Gesammelte Aufsätze, Bd. 1,* übersetzt von Klaus Laermann u. a., Joas, H., ed., Frankfurt.

Miller, Max (1986) *Kollektive Lernprozesse,* Studien zur Grundlegung einer soziologischen Lerntheorie, Frankfurt.

Müller, Hartmut W./Müller, Siegfried (1984) „Akten/Aktenanalysen", in: *Handbuch zur Sozialarbeit/ Sozialpädagogik,* Eyferth, H./Otto, H.-U., Thiersch, H., eds., Neuwied/Darmstadt, 23—42.

Negt, Oskar (1968) *Soziologische Phantasie und exemplarisches Lernen:* Zur Theorie der Arbeiterbildung, Frankfurt.

Oevermann, Ulrich (1970) *Sprache und soziale Herkunft.* Ein Beitrag zur Analyse schichtenspezifischer Sozialisationsprozesse und ihrer Bedeutung für den Schulerfolg (= Bd. 18 des MPI für Bildungsforschung), Berlin, Neuauflage: Frankfurt 1972.

Oevermann, Ulrich (1986) „Kontroversen über sinnverstehende Soziologie. Einige wiederkehrende Probleme und Mißverständnisse in der Rezeption der 'objektiven Hermeneutik' ", in: *Handlung und Sinnstruktur.* Bedeutung und Anwendung der objektiven Hermeneutik, Aufenanger, S./Lenssen, M., eds., München, 19—83.

Oevermann, Ulrich/Allert, Tilmann/Gripp, Helga/ Konau, Elisabeth/Krambeck, Jürgen/Schröder-Caesar, Erna/Schütze, Yvonne (1976) „Beobachtungen zur Struktur der sozialisatorischen Interaktion. Theoretische und methodologische Fragen der Sozialisationsforschung", in: *Kommunikation, Interaktion, Identität,* Auwärter, M./Kirsch, E./ Schröter, M., eds., Frankfurt, 371—403.

Oevermann, Ulrich/Allert, Tilmann/Konau, Elisabeth/Krambeck, Jürgen (1979) „Die Methodologie einer objektiven Hermeneutik und ihre allgemeine forschungslogische Bedeutung in den Sozialwissenschaften", in: *Interpretative Verfahren in den Sozial- und Textwissenschaften,* Soeffner, H.-G., ed., Stuttgart, 352—433.

Popitz, Heinrich/Bahrdt, Hans P./Jüres, Ernst A./ Kesting, H. (1957) *Das Gesellschaftsbild des Arbeiters.* Soziologische Untersuchungen in der Hüttenindustrie, Tübingen.

Psathas, George, ed., (1979) *Everyday language.* Studies in ethnomethodology, New York.

Reichertz, Jo, ed., (1984) *Sozialwissenschaftliche Analysen jugendgerichtlicher Interaktion,* Tübingen.

Reichertz, Jo (1986) *Probleme qualitativer Sozialforschung.* Zur Entwicklungsgeschichte der Objektiven Hermeneutik, Frankfurt/New York.

Riemann, Gerhard (1986) „Einige Anmerkungen dazu, wie und unter welchen Bedingungen das Argumentationsschema in biographisch-narrativen Interviews dominant werden kann", in: *Sozialstruktur und soziale Typik,* Soeffner, H.-G., ed., Frankfurt/New York, 112—157.

Riemann, Gerhard (1987) *Das Fremdwerden der eigenen Biographie.* Narrative Interviews mit psychiatrischen Patienten, München.

Rose, Edward (1962) „Uniformities in culture: Ideas with histories", in: *Decisions, values, and groups. Vol. 2,* Washburne, N. F., ed., New York, 154—176.

Rosenthal, Gabriele (1988) *Krise und Wandlungsprozesse,* Opladen.

Sacks, Harvey (1966) *The search for help:* No one to turn to, Diss. UC Berkeley.

Schegloff, Emanuel/Sacks, Harvey (1973) „Opening up closings", in: *Semiotica* 8, 289—327.

Scheler, Max (1926) *Die Wissensformen und die Gesellschaft.* Probleme einer Soziologie des Wissens, Leipzig.

Schenkein, Jim, ed., (1978) *Studies in the organization of conversational interaction,* New York/San Francisco/London.

Schütz, Alfred (1962/1971) *Collected papers, Bd. 1:* The problem of social reality, Den Haag; deutsche Übers.: Gesammelte Aufsätze, Bd. 1: Das Problem der sozialen Wirklichkeit, Den Haag.

Schütze, Fritz (1975) *Sprache soziologisch gesehen.* Bd. 1: Strategien sprachbezogenen Denkens innerhalb und im Umkreis der Soziologie. Bd. 2: Sprache als Indiaktor für egalitäre und nicht-egalitäre Sozialbeziehungen, München.

Schütze, Fritz (1976) „Zur Hervorlockung und Analyse von Erzählungen thematisch relevanter Geschichten im Rahmen soziologischer Feldforschung", in: *Kommunikative Sozialforschung,* Arbeitsgruppe Bielefelder Soziologen, eds., München, 159—260.

Schütze, Fritz (1978) „Zur Konstitution sprachlicher Bedeutungen in Interaktionszusammenhängen", in: *Sprachstruktur — Sozialstruktur. Zur linguistischen Theoriebildung*, Quasthoff, U., ed., Königstein/Ts.

Schütze, Fritz (1978 a) „Strategische Interaktion im Verwaltungsgericht — eine soziolinguistische Analyse zum Kommunikationsverlauf im Verfahren zur Anerkennung als Wehrdienstverweigerer", in: *Interaktion vor Gericht*. Bd. 2 der Schriften der Vereinigung für Rechtssoziologie, Hassemer, W./Hoffmann-Riem, W./Weiss, M., eds., Baden-Baden, 19—100.

Schütze, Fritz (1980) „Interaktionspostulate — am Beispiel literarischer Texte (Dostojewski, Kafka, Handke u. a.)", in: *Literatur und Konversation. Sprachsoziologie und Pragmatik in der Literaturwissenschaft*, Hess-Lüttich, E. W. B., ed., Wiesbaden, 72—94.

Schütze, Fritz (1981) Prozeßstrukturen des Lebensablaufs, in: *Biographie in handlungswissenschaftlicher Perspektive,* Matthes, J./Pfeifenberger, A./Stosberg, M., eds., Nürnberg, 67—156.

Schütze, Fritz (1983) „Biographieforschung und narratives Interview", in: *Neue Praxis,* 3/83, 283—293.

Schütze, Fritz (1984) „Kognitive Figuren des autobiographischen Stegreiferzählens", in: *Biographie und soziale Wirklichkeit. Neue Beiträge und Forschungsperspektiven,* Kohli, M./Robert, G., eds., Stuttgart, 78—117.

Schütze, Fritz (1987) *Das narrative Interview in Interaktionsfeldstudien I,* Kurseinheit 1. Fernuniversität Hagen.

Schütze, Fritz (1988) „Supervision als erkenntnisgenerierendes Verfahren", in: *Berichts-Band der Sektion Sprachsoziologie, Deutscher Soziologentag Hamburg 1986* (Arbeitstitel), Soeffner, H.-G., ed., Frankfurt/New York 1988.

Silverman, David/Jones, Jill (1976) *Organizational work. The language of grading — the grading of language,* London.

Simm, Andreas (1986) „Strukturmerkmale therapeutischer Interaktion — entwickelt am Fallbeispiel einer Familientherapie, in: *Sozialstruktur und soziale Typik,* Soeffner, H.-G., ed., Frankfurt/New York, 178—212.

Soeffner, Hans-Georg (1984) „Hermeneutik — Zur Genese einer wissenschaftlichen Einstellung durch die Praxis der Auslegung", in: *Beiträge zu einer Soziologie der Interaktion,* ders., ed., Frankfurt/New York, 9—52.

Soeffner, Hans-Georg (1986) „Emblematische und symbolische Formen der Orientierung", in: *Sozialstruktur und soziale Typik,* ders., ed., Frankfurt/New York, 1—30.

Spradley, James P. (1979) *The ethnographic interview,* New York u. a. O.

Spradley, James P. (1980) *Participant observation,* New York u. a. O.

Strauss, Anselm (1968) *Spiegeln und Masken.* Die Suche nach Identität, Frankfurt.

Strauss, Anselm (1978) *Negotiations.* Varieties, contexts, processes, and social order, San Francisco u. a. O.

Strauss, Anselm/Schatzman, Leonard/Bucher, Rue/Ehrlich, Danuta/Sabshin, Melvin ([1964] 1981) *Psychiatric ideologies and institutions.* With a new introduction by the authors, New Brunswick, N. J./London.

Strauss, Anselm/Fagerhaugh, Shizuko/Suczek, Barbara/Wiener, Carolyn (1985) *Social organization of medical work,* Chicago.

Streeck, Jürgen (1983) „Konversationsanalyse. Ein Reparaturversuch", in: *Zeitschrift für Sprachwissenschaft* 2, 1, 72—104.

Topitsch, Ernst (1965) „Sprachlogische Probleme der sozialwissenschaftlichen Theoriebildung", in: *Logik der Sozialwissenschaften,* ders., ed., Köln/Berlin, 17—36.

Troeltsch, Ernst (1912) *Die Soziallehren der christlichen Kirchen und Gruppen,* Tübingen.

Turner, Roy (1968) *Talk and troubles:* Contact problems of former mental patients, Diss. UC Berkeley.

Turner, Roy (1976) „Utterance positioning as an interactional resource", in: *Semiotica* 17, 3, 233—254.

Turner, Victor (1969) *The ritual process:* Structure and antistructure, Chicago.

Turner, Victor (1974) *Dramas, fields and metaphors.* Symbolic action in human society, Ithaca/London.

Wagner, Hans-Josef (1985) *Wissenschaftspraxis und Lebenspraxis. Das Projekt der „objektiven Hermeneutik",* Frankfurt/New York.

Watzlawick, Paul/Beavin, Janet H./Jackson, Don D. (1969) *Menschliche Kommunikation.* Formen, Störungen und Paradoxien, Bern/Stuttgart.

Weber, Max (1963) *Gesammelte Aufsätze zur Religionssoziologie, Bd. 1,* Tübingen.

Weymann, Ansgar (1976) „Politische Sozialisation von Erwachsenen. Zur Messung individueller Beeinflussung durch politische Weiterbildung", in: *Kommunikative Sozialforschung,* ABS, ed., München, 352—382.

Wheeler, Stanton, ed., (1969) *On record.* Files and dossiers in American life, New York.

Wolff, Stephan (1983) *Die Produktion von Fürsorglichkeit,* Bielefeld.

Zimmerman, Don H. (1966) *Paper work and people work:* A Study of a public assistance agency, Diss. UCLA.

Fritz Schütze, Kassel
(Bundesrepublik Deutschland)

56. Soziolinguistische Aspekte der Kulturanthropologie

1. Die kulturanthropologische Tradition

Die Kulturanthropologie ist eine integrative, ekletische, vergleichende Sozialwissenschaft, deren Ziel das Verständnis der menschlichen Kultur ist, das über den Vergleich von Kulturen angestrebt wird. Entstanden im Geist der Aufklärung, ist sie auch stark durch romantisches Gedankengut geprägt, das vor allem im Zusammenhang mit dem im Zuge des europäischen Kolonialismus (Gough 1968; Lévi-Strauss 1966, 126) im 19. Jahrhundert immer stärker werdenden Interesse an exotischen und 'primitiven' Kulturen zu sehen ist. Ihr Gegenstand ist die Gesamtheit der materiellen und ideellen menschlichen Produkte (Kroeber 1948, 8), Artefakte wie Werkzeuge und Kunst also ebenso wie Wissens- und Glaubenssysteme, Moral, Recht, Sitte, Religion und alle anderen Fähigkeiten, die der Mensch als Mitglied der Gesellschaft erwirbt (Tylor 1871, 1). Deshalb ist sie auf die Kooperation mit anderen Disziplinen angewiesen, insbesondere mit der Humanbiologie, der Geographie, der Archäologie, der Geschichtswissenschaft, der Psychologie und der Linguistik. Die Abgrenzung gegenüber der Soziologie ist schwierig, zumal heutzutage die noch um die Jahrhundertwende übliche Arbeitsteilung, 'Soziologie zuhause d. h. in Europa, Anthropologie in Übersee, d. h. in unzivilisierten Gesellschaften' nicht mehr gilt (Hymes 1974a, 4).

1.1. Kulturanthropologie und Kultursoziologie

Die Verschiedenheit von Völkern und Kulturen wurde im 19. Jahrhundert hauptsächlich unter dem Vorzeichen einer Fortschrittsphilosophie — sei es in idealistischem oder materialistischem Gewand — betrachtet. Magisches, religiöses und wissenschaftliches Denken entsprachen danach quasi-darwinistischen Entwicklungsstufen. — Gegen diese auf die eine oder andere Weise teleologische

Sichtweise, wie sie sich bei Hegel und Marx, aber auch bei Comte, Durkheim und Frazer findet, richtete sich die Entwicklung der Kultursoziologie (cf. Art. 63) und der Kulturanthropologie. — A. Weber verstand Kultursoziologie als Alternative zu deterministischen Geschichtsphilosophien, die die kulturelle Verschiedenheit von Gesellschaften unter den Prämissen einer ihnen äußerlichen Rationalität erklären wollen (Weber 1927). Kultursoziologie war für ihn zwar eine Theorie der geschichtlichen Wirklichkeit, aber eine solche, die sich damit begnügt, kulturelle Phänomene und die Situationen, in denen sie entstehen, in Verbindung zu bringen, ohne Abhängigkeitsverhältnisse zu postulieren. Kulturellen Systemen gestand er geistige Individualität zu, was die Analyse ihrer Geschichte als immanente Entwicklung implizierte. — Ähnlich bestimmte F. Boas (1904, 514) „die Entwicklung der Kultur der Menschheit als ganze" als Gegenstand der Kulturanthropologie, die das Problem der Geschichtsphilosophie empirisch (und nicht spekulativ) zu lösen habe. Obwohl so explizit in einen historischen Kontext gestellt, haben Kultursoziologie und Kulturanthropologie doch eher ahistorischen Charakter, denn ihr zentrales Anliegen ist das 'allgemein Menschliche in der Vielfalt der Kulturen' (Kluckhohn 1959). Der Prozeß der Entkolonialisierung, der der Abwendung von der tendenziell rassistischen Anthropologie des 19. Jahrhunderts in der Wissenschaft folgte, hat diesen Charakter verstärkt. An die Stelle von Entwicklungsstufen traten unterschiedlich organisierte kulturelle Systeme. Damit verschwammen auch die Grenzen zwischen Kultursoziologie und Kulturanthropologie (Hymes 1974a, 41).

2. Sprache als Gegenstand der Kulturanthropologie

Als ein verschiedene Gesellschaften so offensichtlich unterscheidender Besitz ist Sprache Gegenstand jeder kulturanthropologischen Theorie und zwar sowohl als Ausdruck als auch als Determinante der Kultur. 1898 hat Boas drei Teilbereiche der Anthropologie unterschieden: die Somatologie, die die physische Erscheinung der Menschen untersucht; die Linguistik, die ihre Sprachen erforscht; und die Ethnologie, die sich mit Sitten und Glauben beschäftigt. Nicht in jeder anthropologischen Schule nimmt das Studium der

Sprachen einen so prominenten Platz ein, aber für die von Boas begründete amerikanische Tradition war diese Einteilung maßgebend und ist es zum Teil noch (cf. 3.3.). — Der Kulturanthropologe erkennt zwar an, daß die Sprache ein Teil der conditio humana ist; sein primäres Interesse gilt jedoch 1. der Einzelsprache, die der Mensch als Mitglied der Gesellschaft erwirbt und die es 2. deshalb auch als menschliches Produkt zu begreifen gilt. Wie Werkzeuge sind Sprachen aus dieser Sicht Produkte der Anpassung einer Gruppe an die ökologische und sozio-kulturelle Umwelt. Manche Anthropologen treiben diese Analogie noch weiter, indem sie auf die arbiträre Beziehung zwischen Material und Werkzeug bzw. sprachlicher Form und Bedeutung/Funktion hinweisen (Lévi-Strauss 1960). Wie Werkzeuge sind Sprachen außerdem Gegenstand der Tradierung von Generation zu Generation, wobei ihre Variation durch soziale Normen eingeschränkt ist, die sich ihrerseits im Gebrauch von Werkzeugen resp. Sprache äußern. Wie die Werkzeuge untersucht der Kulturanthropologe die Sprache einer Gesellschaft in ihrer Erscheinung und in ihrem Gebrauch. Darüber hinaus hat er ein instrumentelles Interesse an ihr, da sie ihm den Zugang zu Mythen, Legenden, religiösen Riten und Bräuchen aber auch zur Partizipation am Alltagsleben eröffnet und somit zur teilnehmenden Beobachtung, die heute, anders als noch zu Zeiten Sir James Frazers (The Golden Bough 1890), der selbst keine Feldarbeit gemacht hat, zur Forschungspraxis gehört. In teilnehmender Beobachtung kann er Einblick in kulturspezifische Sprachgebrauchsweisen (Hymes 1974 b), normative Einschränkungen und stilistische Präferenzen (Newman 1940) gewinnen, den eine grammatische Beschreibung allein nicht ermöglicht. Der Nexus von Sprache und Kultur, für den er sich primär interessiert, wird an der Auswahl, die eine Sprachgemeinschaft aus den grammatischen Möglichkeiten ihrer Sprache trifft, eher sichtbar als am grammatischen System selber, obwohl die das kulturanthropologische Interesse an Sprache leitende Frage, welchen Anteil die Sprache an der Verschiedenheit der Kulturen hat, auch von der Seite der Grammatik bzw. des Lexikons aus angegangen wird (cf. 3.3.).

3. Drei Hauptströmungen: Funktionalismus, Strukturalismus, Relativismus

Die drei Hauptströmungen, die hier unterschieden werden, haben vieles gemein. In ihrer Orientierung sind sie systematisch eher als historisch, eher empirisch als spekulativ. Im weiteren Sinne sind sie alle der einen, die Sozialwissenschaften, vor allem die mit Sprache befaßten, dominierenden Richtung dieses Jahrhunderts zuzurechnen, dem Strukturalismus. Daß hier eine der drei Hauptströmungen speziell so genannt wird, soll darüber nicht hinwegtäuschen. Sie ist mit den beiden anderen verwoben, alle drei überschneiden sich und haben sich gegenseitig beeinflußt.

3.1. Funktionalismus

Einer der stärksten Impulse, die die Sprachwissenschaft aus der Kulturanthropologie erhalten hat, ging von dem Werk B. Malinowskis aus, in dessen Ethnographie der Kultur der jetzt zu Neuguinea gehörenden Trobriand-Inseln die Sprache eine zentrale Rolle spielt. Seine Beobachtungen und Analysen beruhen auf extensiven Feldstudien, die er auch dazu benutzte, die Sprache der Trobriander zu erlernen, was er als einen wichtigen methodologischen Aspekt seines Vorgehens betrachtet: „Der hier vorgestellte Ansatz ist also weitgehend an der langen und schmerzhaften Erfahrung des Erlernens einer Eingeborenensprache geprüft worden: in der Sprachpraxis und dem allmählichen Erwerb der Flüssigkeit und des intuitiven Verständnisses, das es uns ermöglicht, feinere Bedeutungsschattierungen zu handhaben ..." (Malinowski 1935, xi). Mit der Sprachbeschreibung blieb er nicht bei ihrer Aufzeichnung als einem von mehreren Symbolsystemen, die für die Kultur charakteristisch sind, stehen, sondern analysierte sie unter dem Gesichtspunkt ihres zweckspezifischen Gebrauchs. Das entsprach seiner Gesellschaftstheorie. Zwar fühlte er sich Durkheim (der selber Totemismus in Australien studiert hatte), Mauss und anderen Vertretern der französischen Soziologie (bzw. Ethnologie) verpflichtet, kritisierte aber deren abstrakten Gesellschaftsbegriff, an dessen Stelle er eine funktionalistische Kulturtheorie setzte (Malinowski 1935). Danach sind die Elemente einer Kultur durch die Funktion zu erklären, die sie für die Gesellschaft erfüllen. Auf die Sprache bezogen bedeutete das die Hervorhebung der Wichtigkeit des Sprechens gegenüber dem sprachlichen System. Schon 1923 hat Malinowski in einer teils kritischen, teils unterstützenden Stellungnahme zu Ogdens und Richards Abhandlung über Bedeutung betont, daß die Sprache *Handlungscharakter* habe. Sie zum Ausdruck von Gedanken zu verwenden, entspräche einer sehr speziellen Funktion, die für hochzivilisierte Gesellschaften typisch sei. Fundamentaler (da primitiver) sei ihr „pragmatischer Charakter" als Element koordinierten Handelns (Malinowski 1923, 316). Malinowski identifizierte auch andere Funktionen des Sprechens, insbesondere die der Herstellung eines Gemeinschaftsgefühls (phatic communion). Sprache wird dabei nicht benutzt, um Inhalte zu vermitteln, verweist nicht auf ihr Äußerliches, sondern konstituiert eine Handlung (Malinowski 1923, 312). Während die Sprache der Magie in Malinowski (1922) noch als etwas Besonderes dargestellt wird, exemplifiziert sie in seinem Aufsatz von 1923 den grundlegenden und primären Gebrauch der Sprache als Handlungsmodus. So gesehen beziehen Äußerungen ihre Bedeutung nicht aus der Verknüpfung der von den Wörtern bezeichneten Begriffe, sondern aus der Beziehung zu dem Situationskontext, in dem sie vorkommen. In 'primitiven' Sprachen — womit er ungeschriebene Sprachen meint — haben Äußerungen außer in und durch den Situationskontext keine Bedeutung (Malinowski 1923, 307). Malinowskis Bedeutungskonzeption ist in starkem Maße durch die Erfahrung der praktischen Probleme beim Erlernen der Trobiandersprache geprägt. Theoretisch unbefriedigend ist, daß der das ganze soziale Leben umfassende Situationskontext als Explikation der sprachlichen Bedeutung letzten Endes ebenso erklärungsbedürftig bleibt wie jene, worauf verschiedentlich kritisch hingewiesen worden ist (z. B. Leach 1957; Langendoen 1968). Die kontextualistische Bedeutungskonzeption stand im Zusammenhang mit dem weitergehenden Anspruch, erklären zu können, wie eine Sprache in einer gegebenen Kultur die für sie charakteristischen grammatischen und semantischen Strukturen ausbildet. „Wie jede andere Zivilisation hat jeder primitive oder barbarische Stamm seine eigene Welt von Bedeutungen; der sprachliche Apparat des Volkes — sein Wortschatz und die Art seiner Grammatik — kann nur im Zusammenhang mit seinen geistigen Bedürfnissen erklärt werden" (Malinowski 1922, 309). Zumindest den letzten Teil dieses Anspruchs hat Malinowski nicht eingelöst. Weder ihm, noch irgendeinem Vertreter der funktionalistischen Londoner Schule um und in der Nachfolge von J. R. Firth ist es gelungen, nachweisbare Zusammenhänge zwischen kulturellen Eigenschaften und grammatischen Kategorien aufzuzeigen. Erfolgreicher waren Malinowskis semantische Analysen,

obwohl seine diesbezüglichen Beschreibungen im zweiten Band seines wohl wichtigsten Werks von 1935 nicht als semantische Theorie gelten können. Der Übergang zwischen Sprach- und Sachanalyse ist oft vage, die Analysen selber haben den Charakter manchmal sehr langatmiger Schilderungen. Freilich war sein Anliegen die Ausarbeitung einer funktionalistischen Kulturtheorie, nicht die einer unabhängigen Semantiktheorie. Daß er die Entwicklung der (sozio-)linguistischen Theoriebildung — speziell über die Londoner Schule — nachhaltig beeinflußt hat, resultierte aus dem unbefriedigenden Zustand sprachimmanenter Bedeutungstheorien, die konnotativen Bedeutungsaspekten und der Gebrauchsdimension nicht gerecht werden konnten. Für Malinowski ist die Bedeutung von Wörtern nicht durch die physischen Eigenschaften ihrer Referenten bestimmt, sondern durch deren Funktion im Rahmen eines Situationskontexts. Dadurch ergibt sich unmittelbar die Notwendigkeit der Einbettung der Bedeutungstheorie in einen ethnographischen Bezugsrahmen. Für die Entwicklung ethnographischer und allgemeiner: funktionalistisch-pragmatischer Bedeutungstheorien erwiesen sich seine Ansätze als wichtig. Demgegenüber sind seine überraschenderweise evolutionistischen und letztes Endes ethnozentrischen globalen Vorstellungen von Sprache und Sprachen, nach denen Eingeborenensprachen wegen ihres 'pragmatischen Charakters' mit Kindersprache identifiziert werden (1923), zurecht in Vergessenheit geraten. Situationskontext ist einer der wichtigsten Begriffe in J. R. Firths Werk, der sich neben A. H. Gardiner am intensivsten und konsequentesten darum bemüht hat, Malinowskis Ideen für die linguistische Theoriebildung auszunutzen. Seine Sprachkonzeption ist die einer Hierarchie von Kontexten, in der der Situationskontext den obersten Platz über den in der distributionalistischen Linguistik gebräuchlichen phonologischen, morphologischen und lexikalischen Kontexten einnimmt. Wie Malinowski 1935 definierte Firth Situationskontext als „die ganze kulturelle Umgebung, die … ganze Abschnitte der persönlichen Biographie und der Kulturgeschichte beinhaltet" (Firth (1935) 1957, 18). Semantik war für ihn das Studium der Beziehung zwischen Äußerungen und typischen Situationskontexten, das er im Bereich einer 'soziologischen Linguistik' ansiedelte. Sprecher als Elemente von Situationskontexten betrachtete er dabei hauptsächlich als 'soziale Personen', die verschiedene Rollen spielen. Dementsprechend betonte er den rituellen Charakter sprachlichen Handelns (ibid. 28 f) d. h. die partiell vorhersehbare Form sprachlicher Äußerungen, die durch soziale Restriktionen in ihrer Variabilität eingeschränkt sind, weswegen es sinnvoll ist, Äußerungen bezüglich ihrer relativen Angemessenheit zu Situationskontexten zu beschreiben und bezüglich ihrer Funktionen zu klassifizieren (Firth (1937) 1964, 93 f). Weiterentwickelt und systematisch ausgearbeitet worden ist dieser Ansatz vor allem von Halliday, der die ideationale, die interpersonelle, die textuelle Funktion der Sprache unterscheidet, wobei er ersterer anders als Malinowski zentrale Bedeutung zugesteht. Sprachverhalten ist nach seiner Konzeption bezüglich dieser Funktionen im Rahmen einer allgemeinen soziologischen Semiotik zu beschreiben und zu analysieren (Halliday 1973, 1978). Malinowskis Wirkung blieb nicht auf die Londoner Schule beschränkt. R. Jakobson nahm sein Konzept der phatischen Gemeinschaft auf, worin sich eine gewisse Konvergenz mit dem Prager Funktionalismus ausdrückt (Jakobson 1960); und auch in der amerikanischen Ethnographie des Sprechens (cf. Art. 78) wurde auf sein Werk Bezug genommen (z. B. Hymes 1962).

3.2. Strukturalismus

Bei der Erforschung der Vielfalt der menschlichen Kulturen nimmt die Linguistik einen privilegierten Platz ein. Die wichtigsten Gründe dafür sind 1. die relativ leichte Handhabbarkeit sprachlicher im Vergleich zu anderen ethnographischen Daten; 2. die Präzision linguistischer Methoden; und 3. die allgemein anerkannte Bedeutsamkeit der Sprache als Teil der Kultur. Für die Entwicklung der Kulturanthropologie wirkte die Sprachwissenschaft vor allem durch ihre Methode beispielhaft, was besonders deutlich am Werk von Lévi-Strauss zum Ausdruck kommt, der die Linguistik sowohl als die exakteste aller Disziplinen im Kanon der Humanwissenschaften als auch als Garant dafür pries, daß diese nicht auf Naturwissenschaften reduziert werden. Insbesondere beeinflußt hat ihn die strukturalistische Sprachtheorie de Saussures, die dieser, wie Lévi-Strauss (1960) zustimmend zitiert, einer noch zu schaffenden allgemeinen Zeichenwissenschaft, der Semiologie, zuordnen wollte.

„Das ethnographische Problem ist ein Kommunikationsproblem" (Lévi-Strauss 1950, xxii). Diese Aussage hat für den Autor und für die Kulturanthropologie einen doppelten Sinn: Einerseits geht es um die Kommunikation zwischen dem Anthropologen und den Mitgliedern der von ihm untersuchten Gemeinschaft und andererseits um die Kommunikation innerhalb dieser Gemeinschaft. Die Linguistik als Methode bot ihm die gesuchte Lösung des Problems, wie kulturinterne Kommunikationsprozesse über die Grenzen der fraglichen Kultur hinweg in ihrer Bedeutsamkeit beurteilt werden können, die ihm zugleich eine Antwort auf die für den Anthropologen so entscheidende Frage nach der Bestimmung des Verhältnisses zwischen ethnographischer Beobachtung und ethnologischer Interpretation war. Strukturalismus ist für Lévi-Strauss das Bemühen, die enorme Flut der ethnographischen Einzelinformationen über Kulturen auf die wesentlichen formalen Beziehungen zwischen ihren Elementen zu reduzieren. Indem er Kultur als Zeichensystem betrachtet, macht er die Sprache zu einem Modell der Kultur, die Sprachwissenschaft zu einem der Anthropologie. Die Schlüsselrolle spielt dabei die Phonologie, denn sie leistet den Schritt vom „Studium der *bewußten* Spracherscheinungen zu dem ihrer *unbewußten* Infrastruktur" (Lévi-Strauss (1958) 1967, 45). Darüber hinaus waren die Arbeiten Trubetzkois (und später Jakobsons und Halles) deshalb so attraktiv, weil sie die Methode zum Übergang von der Ebene der Beschreibung des individuellen Phänomens zu universell gültigen Kategorien beinhalten. In einer unmittelbaren Analogie vergleicht er Verwandtschaftsbezeichnungen mit Phonemen. Beides sind Bedeutungselemente, die ihre Bedeutung dadurch erhalten, daß sie Elemente eines Systems notwendiger Beziehungen sind. Diese Beziehungen sind es, die Lévi-Strauss primär beschäftigen, denn sie sind der Schlüssel zu den universellen Eigenschaften des menschlichen Geistes. „Tatsächlich", zitiert Lévi-Strauss (1967, 97) Jakobson und Halle, „liegen allen Sprachen der Welt dieselben Gesetze zugrunde." Deshalb sind sie für ihn so wichtig, denn trotz ihrer Spezifik enthalten sie das übergeordnete Universelle, das freilich dem Bewußtsein nicht ohne weiteres sich erschließt. Mehr als auf ihre Funktionen richtet sich Lévi-Strauss Interesse daher auf die Sprache als System, das als Teil des „kognitiven Unbewußten" erkannt zu haben, er Boas zugute hält (1967, 34). Durch die Unterscheidung der phänomenalen von der systematischen Ebene bzw. die Inbeziehungsetzung beobachtbarer mit systematisch relevanten Oppositionen hat die Sprachwissenschaft der Anthropologie den Weg zur Lösung ihrer wichtigsten Aufgabe, nämlich der Analyse der unbewußten Aspekte des sozialen Lebens gewiesen.

Bezüglich seiner Definition der Rolle der Sprache für die anthropologische Analyse steht Lévi-Strauss Boas (cf. 3.3.) näher als Malinowski (cf. 3.1.), dem er wiederholt vorgeworfen hat, entweder in seinen eigenen Denkkategorien befangen zu sein oder diese durch diejenigen der von ihm beobachteten Gemeinschaft zu ersetzen. Demgegenüber müsse es der Anthropologie als Wissenschaft darum gehen, einen rationalen Zusammenhang zwischen systeminterner und systemexterner Sichtweise herzustellen, wie es in der Phonologie gelungen ist. Anders als Malinowski interessiert sich Lévi-Strauss für Sprache in erster Linie als System, nicht als Instrument, das bestimmte Funktionen erfüllt, denn über die Funktion der Sprache besteht, wie er in direktem Widerspruch zu Malinowski, ohne ihn freilich zu nennen, sagt, kein Zweifel: „... sie dient der Mitteilung" (1967, 50). Erfüllt werden kann diese Funktion nur dank bestimmter systematischer Eigenschaften, die in der Phonologie als Gruppen von Kontrasten beschrieben werden. Die Kontraste selber sind invariant, nicht aber die Auswahl, die aus den möglichen Kontrasten getroffen wird, noch deren konkrete Realisierung. Nach solchen Kontrasten muß die Anthropologie suchen, denn nur derartige Konstanten ermöglichen überhaupt die vergleichende Analyse verschiedener Kulturen (cf. Kluckhohn 1959, 247). Daß Lévi-Strauss sich auf die Struktur mehr als auf die Funktionen der Sprache konzentriert, bedeutet nicht, daß er letztere ignoriert. Sprache ist ein Kommunikationssystem, und diese ihre Eigenschaft ist der Eckstein der geforderten Analogie resp. Assimilation von Anthropologie und Sprachwissenschaft. In der Gesellschaft gibt es neben dem sprachlichen auch anderen Austausch: wirtschaftlichen und matrimonialen Austausch ebenso wie Kunst, Religion, Mythos und Ritus. Wie Sprache lassen sich auch diese Domänen der Kultur als Zeichensystem bzw. als Systeme des Austauschs und läßt sich demgemäß die Gesellschaftstheorie als eine umfassende Kommunikationstheorie auffassen. Es kommt dabei darauf an, die Kultur durch eine Kommunikationstheorie zu interpretieren, ohne sie resp. die Gesellschaft auf Sprache zu reduzieren (Lévi-Strauss 1967, 98 f). Die Affinität zur Sprachwissenschaft

ist in der methodologischen Grundlage der Strukturanalyse begründet und nicht in der Suche nach Analogien zwischen der Gesamtstruktur einer gegebenen bzw. als gegeben unterstellten Sprache und der einer Kultur. Lévi-Strauss heuristische Annahmen über die Beziehung zwischen Sprache und Kultur sind explizit. Zum einen erkennt er an, daß die Sprache ein Teil der Kultur ist und warnt vor dem Fehler, einen Teil mit dem Ganzen zu vergleichen; zum anderen will er zwei Annahmen ausschließen, nämlich die, daß zwischen Sprache und Kultur keinerlei Beziehung bestehe, und die einer völligen Durchdringung beider auf allen Ebenen. „Meine Arbeitshypothese beruft sich auf eine mittlere Position: Zwischen einigen Aspekten und einigen Ebenen sind wahrscheinlich Korrelationen erkennbar, und wir müssen herausfinden, welche Aspekte das sind und wo diese Ebenen liegen" (Lévi-Straus 1967, 94). Er betrachtet also sprachliche Strukturen und zwar phonologische, grammatische, lexikalische und solche der gebundenen Rede, mit denen er Strukturen anderer kultureller Subsysteme — dem der Mythologie, des Rituals, der Etikette etc. — vergleicht, wobei er einräumt, daß solche Vergleiche nicht immer erhellend sein müssen, aber manchmal den Aufweis formaler Homologien gestatten, die zu suchen die Aufgabe des Anthropologen ist.

Die Anwendung der Strukturanalyse auf andere Bereiche des menschlichen Verhaltens als die Sprache besteht darin, für abgrenzbare Kulturdomänen wie z. B. Verwandtschaft, Höflichkeitsformen, mehr oder minder ritualisierte Verhaltensweisen, Mythen oder auch die Küche induktiv distinktive Merkmale zu suchen, mittels derer sie sich systematisch beschreiben lassen. Als System resp. als System von Systemen erweist sich eine Kulturdomäne, indem die Analyse die für sie relevanten Merkmale aufdeckt. Relevant ist ein Merkmal in diesem Sinne ebenso wie in der Phonologie nur dann, wenn sich mit ihm ein Kontrast ausdrücken läßt. Diese Verallgemeinerung der phonologischen Methode hat zur Postulierung kulturspezifischer Elemente wie „Gusteme" (Lévi-Strauss 1967, 100) oder „Mytheme" (ibid. 231) geführt, die für die fraglichen Kulturdomänen im strukturalistischen Sinne konstitutiv sind. (Pikes (1967) 'Behavioreme' sind auch in diesem Zusammenhang zu nennen, obwohl sie mehr aus der Tradition des amerikanischen Distributionalismus erwachsen sind.) Ohne daß jeweils neue Eme hypostasiert worden wären, hat die Verallgemeinerung und Anwendung der linguistischen resp. strukturalistisch-phonologischen Methodologie die kulturanthropologische Forschung im zweiten Drittel dieses Jahrhunderts wesentlich beeinflußt (z. B. bei Conklin (1962), Frake (1962), Goodenough (1956), Hymes (1964)). Zwei Kritikpunkte, die zwar teilweise zurecht, aber mit begrenzter Wirkung dagegen vorgetragen wurden, sind 1. daß in einer Kulturtheorie strukturalistischer Prägung bei der Analyse einer gegebenen Kultur nur solche Merkmale berücksichtigt werden können, die distinktiv, d. h. für die strukturalistische Kulturbeschreibung systematisch relevant sind (Hymes (1964) 1979, 113 ff); und 2. daß eine solche Theorie (wie auch die strukturalistische Linguistik) die Sichtweise des Ethnologen auf die Synchronie einschränkt und dazu führt, die Geschichte und die Entwicklung der Sprache zu ignorieren (Haudricourt/Granai 1955). — Was ersteren Punkt angeht, so trifft er zweifellos zu und impliziert schwerwiegende Probleme, insbesondere das der Überprüfbarkeit der für eine Kulturdomäne als relevant angenommenen Kontraste. Hinsichtlich des zweiten Punkts hat Lévi-Strauss unter Berufung auf Jakobson wiederholt beteuert, daß die Sprachgeschichte für ihn ein wichtiges Datum sei und daß der analytische Gegensatz zwischen Synchronie und Diachronie oft als ein wesensmäßiger mißverstanden werde (Lévi-Strauss 1967, 104 f). Weiterhin erkennt er die Bedeutung der unterschiedlichen Entwicklungsgeschichten verschiedener Sprachen an, speziell im Hinblick auf das Auseinandertreten von Sprach- und Kulturgrenzen in der modernen westlichen Welt, das für die Korrelation von Sprache und Kultur bzw. Gesellschaft andere Bedingungen — eine andere 'Sprachökologie' (Haugen 1972) — hat entstehen lassen als dort, wo diese Grenzen koindizieren. Dem kann die strukturale Kulturtheorie freilich Rechnung tragen, indem sie ihr Augenmerk auf die Besonderheiten einer Sprache in verschiedenen Kulturen richtet bzw. die systematischen Muster der Verwendung verschiedener Sprachen und Varietäten in einer Gesellschaft als ein weiteres Explanandum in die Analyse einbezieht, wie es etwa in den Arbeiten von Ferguson, Gumperz und Haugen geschieht (cf. Art. 82). Dadurch wird aus einer Strukturanalyse allerdings noch keine historische, und eine solche wird von deren Verfechtern auch nicht angestrebt. Für Lévi-Strauss jedenfalls geht es nicht darum, strukturelle Erscheinungen auf histo-

rische Ursachen zurückzuführen, sondern umgekehrt darum, die unbewußten Strukturen aufzudecken, die dem historisch Beobachtbaren zugrundeliegen (Lévi-Strauss 1960). Das historische Datum ist nur interessant, insoweit es systematische Beziehungen erhellt; denn die Motivation der ethnographischen Beschreibung des kulturellen bzw. sprachlichen Einzelphänomens ist es letztlich, die Konkretheit universeller Zusammenhänge sichtbar werden zu lassen.

3.3. Relativismus

Der Gedanke, daß zwischen der Verschiedenheit der Sprachen und der der Kulturen ein Zusammenhang besteht, ist kein geistiges Produkt der modernen Kulturanthropologie, er wurde schon in der Romantik zu einem Topos, dessen eindrücklichste Formulierung sich im Werk Wilhelm von Humboldts findet, der die Sprache in seinem Aufsatz „Latium und Hellas" von 1806 als 'Seele der Nation' bezeichnete. Damit war der Kulturanthropologie bereits als eine ihrer wichtigsten Aufgaben vorgegeben, festzustellen, ob oder in welchem Maße die Struktur einer Sprache Form und Inhalt der Kultur ihrer Sprecher bestimmt oder umgekehrt von derselben bestimmt wird. Ein großer Teil kulturanthropologischer Forschung in diesem Jahrhundert dient, ausgesprochen oder unausgesprochen, der Klärung dieser Frage. Ihre Etablierung als eigenständiges Fach verbindet sich in Amerika vor allem mit dem Namen F. Boas, der die Grundlagen einer wissenschaftlichen, nicht-rassistischen, relativistischen Kulturanthropologie legte, deren Aufgabe es war, Unterschiede zwischen den Völkern als historisch-kulturell bedingt zu erklären. — Boas Ausgangspunkt war die Völker- und Sprachenvielfalt auf den amerikanischen Kontinenten, die er im Schwinden begriffen sah. Die ethnographische Beschreibung der Indianerkulturen war deshalb von unaufschiebbarer Dringlichkeit. Die Sprache spielte dabei aus verschiedenen Gründen eine zentrale Rolle. — Boas, der aufgrund seines naturwissenschaftlichen Studiums an methodologische Strenge gewöhnt war, empfand die zumeist auf schlecht dolmetschende Informanten angewiesene Materialbeschaffung des Ethnographen als methodisch unzulänglich und konstatierte darüber hinaus, daß es in jeder anderen Humanwissenschaft wie z. B. der Sinologie oder auch der Geschichtswissenschaft selbstverständlich sei, daß der Forscher die Sprache der von ihm untersuchten

Gesellschaft selber beherrscht (Boas 1911). Dies forderte er deshalb auch für die Kulturanthropologie, denn nur dadurch kann eine relativ zuverlässige Datenerhebung gewährleistet werden. Hieraus ergab sich unmittelbar das Desiderat, akkurate Verfahren für die Aufzeichnung von Sprachdaten zu entwickeln, da die große Mehrheit der Indianersprachen nicht verschriftet war. — Bereits vorliegende Aufzeichnungen früherer Forscher und Missionare konnten die Notwendigkeit exakter Verfahren meist nur verdeutlichen, da sie sich oft als ungenau und fehlerhaft erwiesen. Besonders deutlich zeigte sich das bei den Versuchen, die in der Indogermanistik des 19. Jahrhunderts entwickelte historisch-vergleichende Methode auf Indianersprachen anzuwenden, um deren Genealogie und über diese die Geschichte und Migration der verschiedenen Stämme zu erforschen. Derartige genealogische Untersuchungen nahmen in der amerikanischen Kulturanthropologie anfänglich breiten Raum ein und haben insbesondere bezüglich der algonquischen und athapaskischen Sprachfamilien, aber auch bei der irokesischen und uto-aztekischen zu bedeutenden Ergebnissen geführt (z. B. Boas 1929; Swadesh 1952). — Es waren also drei Gesichtspunkte, die Boas so viel Gewicht auf die Entwicklung von Aufzeichnungs- und Analysemethoden legen ließen: 1. die Notwendigkeit der Aufnahme ungeschriebener Sprachen; 2. die Anwendung der historisch-vergleichenden Methode auf die Indianersprachen, um deren Verwandtschaftsverhältnisse zu ermitteln; und 3. die Forderung, daß der Ethnograph die Sprache der zu erforschenden Gemeinschaft beherrscht. So ist es verständlich, daß die Linguistik in der von ihm begründeten kulturanthropologischen Tradition eine gleichzeitig dienende und beherrschende Rolle spielt und daß Fragen der Methode die größte Bedeutung beigemessen wird. Durch die Verbindung eines humanwissenschaftlichen Erkenntnisinteresses mit einem den Naturwissenschaften vergleichbaren Anspruch an methodische Strenge hat Boas die Kulturanthropologie in Amerika zu einer Disziplin gemacht, deren beide wesentliche Merkmale die zentrale Wichtigkeit praktischer Feldforschung und die dadurch bedingte Sensibilität für Probleme der Methode sind. Die Indianerkulturen und -sprachen waren bis zum zweiten Weltkrieg ihr einziger Forschungsgegenstand. Praktisch jeder Fachvertreter war direkt mit Feldforschung beschäftigt. Boas, Dixon, Kroeber, Sapir, God-

dard, Lowie sind nur einige wichtige Namen. Auch die Arbeit der auf Bibelübersetzungen bedachten American Bible Society und des Summer Institute of Linguistics, einer Organisation protestantischer Missionare und Linguisten, ist in diesem Zusammenhang zu erwähnen. Erst das politische Engagement der USA in Übersee seit den 30er Jahren zog vermehrte Forschungstätigkeit auch in anderen Teilen der Welt nach sich (z. B. Benedict 1946 über Japan). — Ein wichtiges Anliegen der Anthropologie war es, die offensichtliche Kluft zwischen den Fortschritten der Naturwissenschaften und denen der Humanwissenschaften zu verringern. Daß die Linguistik dazu den geeigneten Ansatz bot, war eine Überzeugung, die auch auf der amerikanischen Seite des Atlantik viele Linguisten und Anthropologen verband und auf die sich ihre gegenseitige Kooperationsbereitschaft stützte. Boas war der Meinung, daß „ein wissenschaftliches Verständnis des Menschen aller Wahrscheinlichkeit nach aus unserem Verständnis der Sprache erwachsen wird" (Boas 1939, 106). Kulturanthropologie definierte er als die Wissenschaft der geistigen Phänomene des Lebens der Völker, in der die Sprache als eine der wichtigsten Manifestationen des Geistes einen zentralen Platz einnimmt (Boas 1911, 65). In seiner Nachfolge wurde immer wieder der positiv-wissenschaftliche Charakter der Kulturanthropologie thematisiert sowie die Rolle, die der Linguistik dabei zufiel (Bloomfield 1925; Sapir 1929; Hockett 1948; Kroeber 1952). — Vor allem Sapir, Kroeber und Bloomfield prägten die Weiterentwicklung des Fachs nach Boas. Die beiden ersteren waren seine Schüler, und Bloomfield, der zunächst stark von Wundts Sprachpsychologie beeinflußt war, stand der „ethnologic-linguistic school" Boas sehr nahe, deren empirische Arbeit er für beispielhaft hielt (Bloomfield 1925). Er und Sapir haben mit ihrem Werk die Standards für linguistische Feldforschung gesetzt. Freilich waren die Konsequenzen, die sie aus der Priorität empirischer Arbeit zogen, verschieden. Für Bloomfield war sie der Ausgangspunkt eines rigoros szientistischen Programms, das die Abwendung von mentalistischen Konzeptionen und die Einnahme eines behavioristischen Standpunkts beinhaltete. Die damit einhergehende positivistische Abgrenzung der deskriptiven Linguistik wirkte sich über eine Generation für das Fach bestimmend aus. Im Unterschied zu Malinowski zeigte er für die Funktionen der Sprache, deren Untersuchung zwangsläufig eine Verbindung zu anderen kulturellen Erscheinungen mit sich bringt, kein Interesse. Sapir hingegen ging es nicht wie Bloomfield um die Autonomie der Linguistik, sondern um ihre Integration und ihren Anschluß an die Sozialwissenschaften. Sprache betrachtete er auch und wesentlich als ein soziales Phänomen, das als solches wissenschaftlich zu behandeln ist (Sapir 1933). — Ein wichtiges Ergebnis der deskriptiven Erforschung der Indianersprachen war die Einsicht, daß sich Sprachen hinsichtlich ihrer systematischen Komplexität nicht unterscheiden. In der evolutionistisch orientierten anthropologischen Forschung des 19. Jahrhunderts war die Unterscheidung zwischen 'primitiven' und 'zivilisierten' Gesellschaften ein Topos, aus dem sich die analoge Unterscheidung zwischen 'primitiven' und 'zivilisierten' Sprachen fast zwangsläufig ergab. Strukturunterschiede gegenüber indoeuropäischen Sprachen wie z. B. das Fehlen von Flexionsparadigmen, Genus- oder Numerusmarkierungen ebenso wie das übergeordneter abstrakter Begriffe trotz auffällig starker Ausdifferenziertheit bestimmter Wortschatzbereiche galten als Indiz der Primitivität von Sprachen. Die Grammatik und das Lexikon der indoeuropäischen Sprachen wurde dabei fraglos als Maßstab der Bewertung von Sprachen bezüglich ihres Entwicklungsniveaus angenommen. Es wurde also unterstellt, daß es überhaupt einen Maßstab für die Bewertung relativer Entwicklungsniveaus von Sprachen und für ihre relative Effizienz gäbe. Die konkrete Aufzeichnung und Analyse der 'primitiven' Indianersprachen zwang jedoch zu der Schlußfolgerung, daß es weder primitive im Sinne grammatisch einfacher oder lexikalisch defizienter Sprachen noch relativ zu den sozio-kulturellen Kommunikationsbedürfnissen der Sprecher mehr oder minder effiziente Sprachen gab. Die Annahme eines Zusammenhangs zwischen der Einfachheit der sozialen Verkehrsformen einer Gemeinschaft und der Primitivität ihrer Sprache erwies sich also als unbegründet. Jede neue Sprachanalyse zeigte wieder, daß alle untersuchten Völker voll entwickelte grammatische Systeme hatten und daß das Fehlen einer gegebenen Kategorie keinen Rückschluß auf die Komplexität des Gesamtsystems erlaubte. Zwar ist auch im Werk von Boas und Sapir die Redeweise von „primitiven Stämmen" und „primitiven Sprachen" noch ganz geläufig (Hymes 1974a, 27), aber der Inhalt der von ihnen durchgeführten oder initiierten grammatischen und

lexikographischen Arbeit trug nichtsdestotrotz entscheidend dazu bei, daß die Vorstellung von der primitiven Sprache des primitiven Volkes als Vorurteil entlarvt und zumindest in der Linguistik ad acta gelegt wurde (Sapir 1921; Hill 1952). (Allerdings sollte sie ironischerweise aus eben dieser Tradition durch das Werk Whorfs noch einmal einen wiederbelebenden Impuls bekommen (cf. 3.2.1.)). Die Einsicht in die prinzipielle Gleichheit der Komplexität wie der sozialen Angemessenheit und Effizienz der Sprachen war einer der ausschlaggebenden Faktoren für die Ablösung der evolutionistischen durch eine relativistische Orientierung in der Kulturanthropologie. Es setzte sich die kulturrelativistische Überzeugung durch, daß es einen universellen Maßstab für die Bewertung verschiedener Gesellschaften nicht gibt und daß die soziale Realität einer Gesellschaft nur von innen, d. h. emisch, unter den Prämissen der in ihr gültigen Werte erfahrbar ist. Die reale Welt, schrieb Sapir, wird zum großen Teil unbewußt auf den sprachlichen Gewohnheiten der Gemeinschaft errichtet; „die Sprache fungiert als ein Führer zur sozialen Wirklichkeit" (Sapir 1929, 209). Aus der Verschiedenheit der Sprachen folgte daher die Relativität der sozialen Erfahrung. — 'Relativität' kann im Zusammenhang der Humanwissenschaften verschiedenerlei bedeuten, z. B. das sprachliche oder soziale Phänomene nicht vom Kontext zu isolieren sind; daß der kontextuelle Bezug ein besseres Verständnis ermöglicht; oder daß die Kontextabhängigkeit der Phänomene sie unvergleichbar macht. Nur in ersterem Sinne ist die relativistische Sichtweise dem Fortschritt der Erkenntnis der diversen Zusammenhänge zwischen Sprache und Gesellschaft bzw. Sprache und Kultur förderlich. Die letztere, radikal relativistische Position erscheint im Rückblick als intellektuelle Reaktion auf den Zerfall des eurozentrischen Weltbildes und Ausdruck der dadurch bedingten Aporie. Die Fragwürdigkeit der Werte des weißen Mannes, zu deren Nachweis Kulturanthropologie und Linguistik wesentlich beigetragen hatten, zog ihre ersatzlose Aufgabe und das Postulat nach sich, daß jede Gesellschaft nach ihrer eigenen Logik zu beurteilen ist und ohne daß objektivierende Maßstäbe von außen an sie herangetragen werden. Die relativistische Sichtweise war ein Fortschritt, insofern sie die Überwindung der irrigen Annahme von der Primitivität ungeschriebener Sprachen betraf. Zur Erhellung des Zusammenhangs von Sprache und Kultur hat sie hingegen direkt wenig beigetragen, und der aus ihr hervorgegangene, vor allem mit Sapir und seinem Schüler Whorf verbundene *Sprachdeterminismus* war in dieser Hinsicht kontraproduktiv.

3.3.1. Sprache und Denken

Für Boas wie für Sapir war der Zusammenhang zwischen Sprache und Gesellschaft durch das Denken vermittelt. Aber obwohl er schrieb, daß „sich die Eigenheiten der Sprachen deutlich in den Ansichten und Sitten der Völker der Welt widerspiegeln" (Boas 1911, 73), nahm er ein Abhängigkeitsverhältnis zwischen beiden sehr behutsam nur insofern an, „daß die Form einer Sprache dem Zustand der Kultur angepaßt ist und nicht insofern als daß der Zustand der Kultur durch morphologische Eigenschaften der Sprache bedingt ist" (Boas 1911, 67). Genau das war aber der Inhalt der als solcher berühmtgewordenen *Sapir-Whorf-Hypothese*. Ihr lag die inzwischen falsifizierte (cf. Steinberg 1982, Kap. 6) Annahme zugrunde, daß Denken von Sprache abhängt, und zwar nicht nur allgemein von Sprache als symbolischem System, sondern von der jeweiligen Einzelsprache, deren Form die Orientierung des Individuums in der Welt 'tyrannisch im Griff hat' (Sapir 1931). Erfahrung ist sprachabhängig, insofern sprachliche Kategorien und Wortschatzstrukturen die Wahrnehmung und das Denken leiten. Sapirs und Whorfs Ausgangspunkt war die Beobachtung, daß die Verschiedenheit der Indianersprachen gegenüber den indoeuropäischen auch die Symbolisierung so fundamentaler ontologischer Kategorien wie Raum, Zeit und Kausalität betraf. Zusammen mit der unterstellten Abhängigkeit des Denkens von der Sprache führte sie zu der irrigen Schlußfolgerung, daß „wir die Natur nach Maßgabe der Grammatik unserer Muttersprache einteilen" (Whorf 1956, 213), daß „die Begriffe von 'Zeit' und 'Materie' nicht durch Erfahrung für alle Menschen in gleicher Weise gegeben sind, sondern von der Art der Sprache abhängen, durch die sie geformt worden sind" (ibid. 158), daß also verschiedene Sprachen verschiedene Weltbilder erzwingen (cf. kritisch dazu aus ethnologischer Sicht Lévi-Strauss 1967, 99; aus psycholinguistischer Sicht Lenneberg 1967, 364). Daß sich Sprache auf Begriffsbildung und Kognition kanalisierend auswirkt, wird heute von den meisten Psycholinguisten angenommen; alle Versuche, eine Abhängigkeit nachzuweisen und experimentell zu zeigen, speziell welche Aspekte der Sprachstruktur das Denken wie beeinflussen, sind bisher jedoch ergebnislos geblieben. Brown und Lenneberg (1954) haben vielmehr gezeigt, daß der individuelle Wortschatz die Wahrnehmung nicht beeinflußt, sondern nur die Gedächtnisleistung; und Kay und McDaniel konnten keine auf verschiedene Muttersprachen zurückführbare Differenzen der Farbwahrnehmung feststellen. Lenneberg wird der Bedeutung von Whorfs sprachdeterministischer Theorie gerecht, wenn er ihm einerseits zubilligt, viele experimentelle Untersuchungen angeregt zu haben, andererseits aber auf deren Grundlage feststellt, „daß kognitive Prozesse, soweit sie bisher erforscht sind, im wesentlichen unabhängig von den Eigenheiten einzelner Sprachen sind" (Lenneberg 1967, 364).

Die Sapir-Whorf-Hypothese hat über die Soziologie die soziolinguistische Theoriebildung beeinflußt. Vor allem der Soziologe Basil Bernstein sah in ihr einen Ansatz für die Erklärung der von ihm beobachteten systematischen Unterschiede im Sprachverhalten von Unter- und Mittelschichtangehörigen: Die von ihnen verwendeten unterschiedlichen sprachlichen Kodes induzierten seines Erachtens unterschiedliche kognitive und affektive Welten (Bernstein 1958; vgl. Art. 51). Die Diagnose, daß es 'restringierte' Kodes (vgl. 'primitive Sprachen') und 'elaborierte Kodes' gab, führte deshalb konsequenterweise zur Ausarbeitung von Programmen für 'kompensatorische Spracherziehung', die sich allerdings als wirkungslos erwiesen.

Weniger grundlegend und weniger kontrovers ist die soziolinguistische Annahme, daß soziale Stereotype und Einstellungen durch die in der Sprache aufgehobene Verbegrifflichung der Welt geprägt und verstärkt werden können (z. B. Lakoff 1973; vgl. Art. 89, 91). Und ebenfalls in die Soziolinguistik Eingang gefunden hat das relativistische Prinzip insofern als es die Vorstellung von der an sich bestehenden Überlegenheit mancher Sprachvarietäten gegenüber anderen (Standard gegenüber Dialekt) überwinden half. Anders als Bernstein, der einen Zusammenhang zwischen defizitären Varietäten, Sozialisation und Denken herstellt, ist der wesentliche Gesichtspunkt der Arbeit Labovs (paradigmatisch 1970) die Betonung der prinzipiellen Gleichheit aller Dialekte/Varietäten bezgl. Logik und kommunikativer Effizienz. Daß Varietäten vom Standard abweichen, erlaubt demnach keine Schlußfolgerungen auf andere resp. defizitäre Denkweisen ihrer Sprecher, sondern nur darauf, daß die gleiche Logik auf unterschiedliche Weise sprachlich symbolisiert wird.

4. Perspektiven und Aufgaben

Viele soziolinguistische Themen sind für die Kulturanthropologie von unmittelbarem Interesse, denn die Abgrenzung zwischen Soziolinguistik und anthropologischer Linguistik ist im Zeitalter der kulturelle Unterschiede einebnenden Technik ebenso schwierig wie die zwischen Soziologie und Anthropologie. Migration in die Industrie- bzw. ehemaligen kolonialen 'Mutterländer' hat zur Vermischung ethnisch-kultureller und sozio-stratifikationaler Probleme geführt, die in vielfältiger Weise auch die Sprache betreffen. Neue Sprachminderheiten sind entstanden und mit ihnen neue Funktionsprofile relativ zu den sozialen Domänen ihrer Sprecher sowie neue Sprachkontakte. Hier ist das Engagement der Kulturanthropologie oder der anthropologischen Linguistik ebenso motiviert wie in den immer weniger werdenden autochthonen Gesellschaften, die vor Ort nach und nach mit der Technik als auffälligstem Attribut des modernen Lebens in Berührung kommen, wodurch ihre Sprachverhaltensgewohnheiten und letzten Endes ihre Sprachen beeinflußt werden. Trotz der nivellierenden Wirkung der Technik ist jedoch der kulturelle Kosmos noch vielfältig genug, um dem an Problemen der Sprache interessierten Kulturanthropologen auf absehbare Zeit Stoff zu bieten. Nur wird der Soziolinguist ihm dieses Feld nicht allein überlassen, wenn man bedenkt, daß daraus hervorgegangene Begriffe wie z. B. 'Sprachgemeinschaft' oder 'Diglossie' heute als soziolinguistische Grundbegriffe geführt werden. Sein Operationsfeld liegt prinzipiell in jeder Gesellschaft, und seine Aufgabe besteht darin, ausgehend von der strukturellen Vollständigkeit, funktionalen Angemessenheit und prinzipiell unbeschränkten Ausbaubarkeit jeder Sprache, im Spannungsfeld von Relativität und Universalität, von Differenz und Gleichheit die funktionalen Spezifika des Gebrauchs der Sprachen in verschiedenen Gesellschaften zu erforschen, um sie mit deren strukturellen Besonderheiten in Beziehung zu setzen und so auf die Beantwortung der Frage hinzuarbeiten, warum Sprachen verschieden sind.

5. Literatur (in Auswahl)

Benedict, Ruth (1946) *The crysanthemum and the sword.* Boston.

Bernstein, Basil (1958) „Some sociological determinats of perception. An inquiry into sub-cultural differences", in: *Readings in the sociology of language*, Den Haag, 223−239.

Bloomfield, Leonard (1925) „Why a linguistic society?" in: *Language* 1, 1−5.

Boas, Franz (1898) „Advances in methods of teaching", in: *Race, language and culture*, New York 1940, 621−625.

Boas, Franz (1904) „The history of anthropology", in: *Science* 20, 513−524.

Boas, Franz (1911) „Introduction", in: *Handbook of American Indian languages*, Washington, D.C., 1−83.

Boas, Franz (1929) „Classification of American Indian languages", in: *Language* 5, 1−7.

Boas, Franz (1939) „A report of the committee on research in American native languages, 1927−1937", in: *American council of learned societies bulletin* 29, 105−115.

Brown, Roger/Lenneberg, Eric (1954) „A study in language and cognition", in: *Journal of Abnormal and Social Psychology* 49, 454−462.

Conklin, H. C. (1962) „Lexicographical treatment of folk taxonomies", in: *Problems in lexicography*, Householder, F./Saporta, S., eds., Bloomington.

Firth, J. R. ([1935] 1957) „The technique of semantics", in: Firth, J. R., *Papers in linguistics 1934−1951*, New York/Toronto, 7−33.

Firth, J. R. ([1937] 1964) „The tongues of men", in: *The tongues of men and speech*, London, 1−138.

Frake, C. O. (1962) „The etnographic study of cognitive systems", in: *Anthropology and human behavior*, Gladwin, T./Sturtevant, W. C., eds., Washington, 72−85.

Goodenough, W. H. (1956) „Componential analysis and the study of meaning", in: *Language* 32, 195−216.

Gough, Kathleen (1968) „Anthropology: child of imperialism." *Monthly Review* 19, 11, 12−27.

Halliday, Michael A. K. (1973) *Explorations in the functions of language*, London.

Halliday, Michael A. K. (1978) *Language as social semiotic*, London.

Haudricourt, André G./Grenai, G. (1955) Linguistique et sociologie. *Cahiers internationaux de Sociologie* 19, 114−129.

Haugen, Einar (1972) *The ecology of language.* Essays edited by Anwar S. Dil, Stanford.

Hill, Archibald A. (1952) „A note on primitive languages", in: *International Journal of American Linguistics* 18, 172−177.

Hachett, Charles F. (1948) „Biophysics, linguistics, and the unity of science", in: *American Scientist* 36, 558−572.

Humboldt, Wilhelm von ([1806] 1965) „Latium und Hellas oder Betrachtungen über das classische Altertum", in: Werke in Fünf Bänden, Flitner, A./ Giel, K., eds., Bd. II, 25—64.

Hymes, Dell (1962) „The ethnography of speaking", in: Anthropology and human behavior, Gladwin, T./Sturtevant, W. C., eds., Washington, D. C.

Hymes, Dell (1974 a) „The use of anthropology: Critical, political, personal", in: Reinventing anthropology, Hymes, D., ed., New York, 3—79.

Hymes, Dell (1974 b) „Ways of speaking", in: Explorations in the ethnography of speaking, Baumann, R./Sherzer, J., eds., London.

Jakobson, Roman (1960) „Closing statement: Linguistics and poetics", in: Style in language. Cambridge, Mass. 350—377.

Kay, P./McDaniel, C. K. (1978) „The linguistic significance of the meaning of basic color terms", in: Language 54, 610—646.

Kluckhohn, Clyde (1959) „Common humanity and diverse cultures", in: The human meaning of the social sciences, Lerner, D., ed., New York, 245—284.

Kroeber, Alfred L. (1948) Anthropology. New York.

Kroeber, Alfred L. (1952) The nature of culture. Chicago.

Labov, William (1970) „The logic of nonstandard english", in: Report of the twentieth annual round table meeting on linguistics and language, Alatis, J., ed., Washington, D. C., 30—87.

Lakoff, R. (1973) „Language and woman's place", in: Language in Society 2, 45—80.

Langendoen, Terence (1968) The London school of linguistics: A study on the linguistic theories of B. Malinowski and J. R. Firth, Cambridge, Mass.

Leach, E. R. (1957) „The epistemological background to Malinowski's empiricism", in: Man and culture: an evaluation of the work of Bronislaw Malinowski, London, 119—138.

Lenneberg, Eric (1967) Biological foundations of language, New York.

Lévi-Strauss, Claude (1945) „L'analyse structurale en linguistique et en anthropologie", in: Word 1, 1—21.

Lévi-Strauss, Claude (1950) „Introduction à l'oeuvre de Marcel Mauss", in: Sociologie et anthropologie, Mauss, M., ed., Paris, ix—Lii.

Lévi-Strauss, Claude (1958) Anthropologie structurale, Paris; deutsch: (1967) Strukturale Anthropologie, Frankfurt a. M.

Lévi-Strauss, Claude (1960) „L'Anthropologie sociale devant l'Histoire", in: Annales 15, 4, 625—637, Paris.

Lévi-Strauss, Claude (1966) „Anthropology: its achievement and its future", in: Current Anthropology 7, 2, 124—127.

Malinowski, Bronislaw (1922) Argonauts of the Western Pacific. London.

Malinowski, Bronislaw (1923) The problem of meaning in primitive languages./Anhang zu The meaning of meaning, Ogden, C. K./Richards, J. A., London.

Malinowski, Bronislaw (1935) Coral gardens and their magic. 2 Bd. London.

Newman, S. S. ([1940] 1965) „Linguistic aspects of Yokuts style", in: Language in culture and society, Hymes, D., ed., New York, 372—77.

Pike, Kenneth L. (1967) Language in relation to a unified theory of the structure of human behavior, Den Haag.

Sapir, Edward (1921) Language, New York.

Sapir, Edward (1924) „Culture, genuine and spurious", in: American Journal of Sociology 29, 401—429.

Sapir, Edward (1929) „The status of linguistics as a science", in: Language 5, 207—214.

Sapir, Edward (1931) „Conceptual Categories in Primitive Languages", in: Science 74, 578.

Sapir, Edward (1933) „Language", in: Encyclopedia of the Social Science 9, 155—169.

Steinberg, Danny D. (1982) Psycholinguistics. Language, mind and world, London.

Swadesh, Morris (1952) „Perspectives and problems of Amerindian comparative linguistics", in: Word 10, 306—332.

Tylor, Edward B. (1871) Primitive culture, London.

Weber, Alfred (1927) Ideen zur Staats- und Kultursoziologie, Karlsruhe.

Whorf, Benjamin L. (1956) Language, thought and reality, Carroll, J. B., ed., Cambridge, Mass.

Florian Coulmas, Düsseldorf
(Bundesrepublik Deutschland)

57. Language and Society from a Marxist Point of View

1. Language and Social Determinations

From the considerable amount of literature with either explicit or implicit references to marxism, only major theoretico-practical indicators will be mentioned here (cf. art. 1, 2, 52 – 56).

A distinction between "diachrony" and "synchrony" will lead scholars engaged in a synchronic perspective to give credit only to the "system" and leave apart socio-historical contingencies. But the very definition of the system will lead them to take into account varieties whose unity, or, rather, synthesis, is actually representing the very system. Such a thought brought A. Neubert (1978) to point out that the impact of language on society appears "through its very materialisation in language change", in the case of diachrony; and in "language variety", in synchrony. Language cannot escape the social determinations whose very pertinence raises the problematical issue of the relationship between sociolinguistics and marxism.

As for the works which do explicitly claim their historical materialism perspective, they are most often affected by local and conjunctural conditions. They generally reflect a burgeoning of ideas rather than a dogmatic mould.

2. K. Marx and F. Engels

Language as an issue did not appear as the subject of any thorough specific work either by K. Marx or F. Engels. However a 600 pages book (K. Marx/F. Engels, 1974) gathers some of their positions on this very issue. It is out of a whole set of punctual remarks that we will be able to point out the main thoughts.

Taking into account both the movement of historical reality (the rise of nationalism in Germany, social revolutions in France and in Great Britain, etc.) and the logical dialectics accurately developped by Hegel, Marx worked out a dialectical logics historically determined. His methodology led him to separate those attributes of any human society in general (labour, language, consciousness, etc.) from those historically determined, which are as a result, highly specific and transitory. His thorough critical approach enabled him to condemn the theoretical blindness providing the illusion – if not necessary, at least real and practical – of a supposed eternal dominant social order. The following sketches out the place occupied by linguistics in this scheme:

"Although it is true that the most developed languages have laws and characteristics in common with the least developed ones, nevertheless, just those things which determine their development; i. e. the elements which are not general and common, must be separated out from the determinations valid for production as such, so that their unity [...], their essential difference is not forgotten. The whole profundity of those modern economists who demonstrate the eternity and harmoniousness of the existing social relations lies in the forgetting. (1957, 151) (Translation: Martin Nicolaus (p. 85), in K. Marx: *Grundrisse*, Penguin Books, 1974).

Language is also the crystalization of ideas, representations and social praxis: "The production of ideas, representation and consciousness is above all directly and closely connected to human material activity and intercourse; it is the language of real life." (1968, 50).

2.1. If intellectual production crystalizes most notably within the language of politics, law, etc., it is because in so doing, it takes the form of a social tie. Social ties (which are fixed, overwhelming and subjugating the individuals) must not be confused with social interactions (1957, 236). In language, according to Marx and Engels, "a tie can only be expressed in the form of a concept. If these general concepts take the value of some mysterious power, it is the necessary result of the fact that the real relations they express have become autonomous." (1968, 399 – 400).

The concept of "consciousness" linked to the question of language merits clarification.

In fact Marx specifically distinguishes "pure consciousness" (indetermined) from "real, practical consciousness" (determined). "Language is as old as consciousness; language is the real, practical consciousness, existing for other beings as well as it does exist for myself ..." (1968, 59). If there is no such thing as "pure consciousness", it is because consciousness is an abstraction that can be actualized only in some specific and concrete forms; i. e. in the form of the being who is necessarily a product of culture and language. Consciousness includes, on the one hand the very form of individuality (since it only materializes on an individual level), and on the other hand, a condensation of social integration. Marx underlines the fact that: "The mode of production of material life determines the whole process of social, political and intellectual life. It is not the consciousness of men that determines their existence, but, on the contrary, it is their social existence that determines their consciousness." (1957, 4). This also clarifies the sixth thesis on Feuerbach: "But the essence of man is not an abstraction inherent to the isolated individual. In its reality it is the total sum of social relations."

The concept of "social relations", apprehended in their hypostatic forms, becomes the catalyst for the marxian approach and for the comprehension of the analysis of the link between language and society. Language can only be apprehended within the polity where it is produced and reproduced. It will, thus, crystalize and memorize the metamorphosis inherent to the social body and will consequently be shaped into specific forms serving both as a means of communication and of socialisation.

2.2. What do specify each individual language are precisely those attributes exclusive of the abstract and general determinations. The determinations of the prevailing social order will shape the language into a specificity. This caused Marx and Engels to state that "it is too easy for the Bourgeois to prove, using their own language, the identity of commercial relations and individual relations, or, else, human relations in general, since the language itself is a product of the Bourgeoisie. (...) The same is true for the other modern languages." (1968, 263). Under these conditions, the "language of the Bourgeois" can only be the unified language which necessarily accompanies the nation's integration in

parallel with the sphere of economic exchanges.

"Moreover, language has lost its aspects of a natural phenomenon in all the modern and highly developed tongues; this is either due to the history of the language evolution out of a raw material (as in the Romance or Germanic languages), or to the contacts and melting of various nationalities (as with English), or to the fusion of different dialects which produces a national language within the framework of a nation; in other words, a linguistic fusion based on political and economic one. This implies, that this human product among others will eventually fall totally under the individual's control." (1968, 468 – 469). Modern languages lose their "natural characteristics" because their universal and abstract determinations (which pertain to all languages all the time) become diluted to favor the emergence of forms "based on political and economic fusion".

Quite simply, they take on the form of a social relation which grants them an autonomous and "sublime reality". Taking as an example philosophical rhetoric, Marx and Engels note that, "one of the most difficult tasks for a philosopher is to leave the world of thought to descend down into the real world. The immediate reality of thought is language. In the same way that philosophers have made thought an autonomous reality, they couldn't help allowing the language an autonomous reality in order to dispose of it as their own private domain. This is the key to philosophic language in which the thoughts themselves, in the form of words, have a content of their own. The problem: to descend from the world of ideas into the real world raises the problem of passing from language into real life (...) language will naturally become nonsense as soon as it is treated as an autonomous reality".

2.3. The scope of this point of view is both diachronic (the evolution of languages) and synchronic (the actualization of thought). It also grasps the notion of system, but a system inserted into the history of economic and social formations. If the system of a language never does appear as such it is in discourse that it materializes and becomes real. But a language is characterized both by its general and abstract determinations and by its specific ones. The life of the system, therefore, must be fed from both types of determinations. In other words, it has to do with the dialectic articulation of the general and human characteristic on the one hand; and the socialized characteristic on the other. The Marxian critique of the notion of system is two-fold: It condemns the simplistic approach "which takes appearences at face value, ruminating over and over for its own ends and for the simplification of the most vulgar of phenomena"; but at the same time, it criticizes the approach "which attempts to penetrate the whole real and intimate set of social relations in the bourgeois society" for limiting itself "to pedantically elevate to the status of system and proclaim as eternal truths those illusions out of which the bourgeois likes to populate his own narrow world; the best of all possible worlds" (Marx, 1977, 532, note 31).

2.4. It must be emphasized that such a critique underscores an epistomological break, in that it opens the way to other perspectives: not only those which take into consideration the persistant presence of those real illusions, the social ties turned into a fetish, but also those which consider the socio-historic process that allows for these illusions to exist, while at the same time creates the conditions for their eventual surpassing.

3. P. Lafargue

The linguistic works of P. Lafargue (1894) which can be found in more detailed analysis in Marcellesi/Gardin (1974, 52−57) mark the beginning of an entire series of reflections on political vocabulary extracted from its socio-historic process. Lafargue's work contains both a philosophical reflection and a socio-political commentary which emerge from his analysis of the language. He views language as a living body evolving within its environment (1894, 25). His historical perspective takes into account both natural processes and the rather unique conjunctural process of the 1789 revolution. In fact, it is in comparing the two "states of the language" (before and after the revolution) that Lafargue identifies the empirical elements which enabled him to confirm the thesis of historical materialism. The relationships he establishes, in a greatly simplified form, are the following:

− first state: language of the aristocracy
− second state: language of the bourgeoisie

Furthermore, he underlines the active resistance of conservatives who viewed the linguistic field as an arena for socio-political stakes

(1894, 255). The "accelerated march" imposed upon the evolution of the language triggered the emergence of this new "contemporary, literary language born on the platform of parliamentary assemblies and in the pages of journal and brochures" which "Chateaubriand immediatly seized". In such an undertaking, sociolinguistics will discover the following summed up elements of methodology:

− the linguistic phenomenon as a "consequence of the social and political phenomenon",
− despite the ambiguity of the word "langue" one can clearly apprehend a whole conception of the form taken by the language,
− linguistic change is firmly sociopolitically based,
− the value of words evolves in parallel with lexical innovation; lexical creativity evolves and imposes itself.

4. Lenin

Few references are actually made to Lenin on language and languages. Lenin's interventions which are essentially glottopolitic seem to be of considerable interest to sociolinguists; particularly to those who must deal with the application of theory in the problematical field of language planning, modernization, and maintenance of languages. Note that in a recent edition (Lenin 1983), a number of his remarks appear in a collection of over 280 pages.

4.1. Lenin is guided by the historical materialist approach in his treatment of cultural and political problems. For him, the development of the social forces of production is the material process which fosters social and economic integration, giving access to modernity (vol. 3, 392). But, above all, the emergence and generalization of modernity means, to Lenin the access to the broadest and the widest possible democracy (vol. 19, 355). Complete democracy and total equality for all languages seem to be a summary of Lenin's basic position. If he does not reject the possibility of a single (common) language, he does envision it as one hypothesis built into the framework of the development of society. He speaks of unification as a synonym for "voluntary" integration linked to the development of social productive forces. This implies a complete equality between nations and languages in order to achieve a better unity, not a "chauvinistic nationalist" one but one aiming at improving the (modern) state system which governs and codifies the relations (vol. 20, 41–42).

Indeed, if equality between nations and ethnic groups exists, as well as between their respective languages, then the risks of domination or xenophobia will be diminished (vol. 20, 290). All in all, unification/integration is a historical byproduct and cannot result from a policy of repression and coersion (vol. 20, 48; 222). For the time being, let us keep in mind:

— that the discussion of local particularities requires a great deal of time and voluntary compliance,
— that there is no solution to linguistic problems outside social and economic life,
— that access to democracy needs the recognition and equality of all languages.

4.2. We would not be far from the truth in asserting that the core of Lenin's national policy can be found in his language policy. Concerning this issue, we will follow Kreindler (1982). Plurilingualism is a reality one can't bypass. Trying to make an abstraction out of "something which exists" is "pure fantasy" according to the formula he used in his controversy with Boukharine (vol. 29, 170–175). This concern for realism, but also for emancipation, will also occur as a 'Leitmotiv' in his position on the national question. This led him to act as a sociolinguist when analysing and commenting on statistics on the nationalities of schoolchildren (vol. 19, 531–532). This sociolinguistic reality leads him to defend the point of view according to which it is unnecessary to increase the number of schools in order to offer education to children in their mother tongue. The real challenge lies in the application of an effective democracy. On that point, he arguments with liberals who claim for the freedom of language within "cultural self-determination". Lenin points out that this slogan is nothing but an empty verbage if it does not entail political conditions which legitimize the equality and freedom of languages. Therefore, it is not in the separation of schools according to languages that multilingualism will survive. Quite the contrary, Lenin affirms. It is in fostering the equality of all languages within the same school that the equality and peaceful co-existence of various communities will be preserved (vol. 19, 549–550; vol. 20, 222–224).

As for his internationalism found throughout his work, it ensues from those very principles of equality and liberty for all nations and their respective languages (vol. 19, 116).

At this point, it is useful to keep in mind:

— that the language policy lies at the heart of the national one,
— that multilingualism is a sociohistorical reality which fosters emulation, mutual recognition, and activates the necessary and complete equality of languages and their respective communities,
— that internationalism is to be elaborated on these very foundations; by a voluntary support of the communities or nations who share in what is most democratic and socialist in the expression of their particular "national" culture.

4.3. Already in 1903 (vol. 41, 87), the strategical objectives concerning the language question led him to issue an amendment proclaiming "the right to education in the mother tongue and to the official use of said language".

This highly principled position, as was already mentioned, emerges from a clear-minded analysis of a multilingual and multiethnical society. However some people were supporting the necessity of a unique, national, "State" language, and why not a "transnational" one. But Lenin has always been uncompromising on that point. Dozens of questions such as this one could be pronted out: "No privileges for any nation or any language!". Let's mention the letter addressed to a certain S. G. Shahumyan, dated Dec. 6, 1913, where he vigorously rejects the principle of imposing a single official language. He argues and firmly emphasizes that the psychological aspect must be taken into consideration for any settlement of the nationality question, and he stresses that the slightest coersion is contrary to democracy. Finally, he underlines the fact that only a successful integration (in the economic realm) will allow for the emergence and the necessity of the Russian language. According to him, attempting to impose the Russian language constitutes "königlich-preussischen Sozialismus!", (monarchist-prussian socialism) (vol. 19, 449–500). His arguments against a "compulsory official language" are numerous and his basic principles remain even. All in all, the imposition of a national language would require coersion. Thus, it does not make sense for him, to "drive the people with violence to the gates of the heaven" (vol. 41, 316). Multilingualism is in no way a handicap. "If all privileges are abolished and one language is no longer imposed up on, all Slavs will learn quickly and easily to understand one another and will not dread the "horrifying" idea that speeches could be delivered in many different languages within the common Parliament" (vol. 23, 424; vol. 11, 12 in French).

4.4. Once the Soviet power established, Lenin's language policy found its form and consistence from practice. Here are some of the main steps of that policy:

— extensive programs aimed at developing the languages and literature of the formerly oppressed nations,
— the creation of alphabets for those languages with oral tradition: 52 new alphabets and 16 reconstructed ones in 1921,
— rejection of the Cyrillic alphabet in favor of the Latin one (which allowed the identification of the Latin alphabet with the expression of the victory of the 1917 revolution),
— the reconstructed or maintained local languages were to be as broad as possible in order to face up with all spheres of economic, social and scientific life necessary to modern life,
— from 1920 on, the developed and written languages (Georgian, Armenian, Tatar, and Yiddish) were used in higher education, the textbooks had to be published in the local languages. In 1924, there were 25 different languages; in 1927, 44 were included, and 56 in 1929.

4.5. Lenin's period saw the expansion of a wide range of linguistic activities, both theoretical and applied. Let's note that linguistics as a science is not lacking in tradition. Among others were: "The Kazan School" (Baudoin de Courtenay), "The Linguistic Circle of Moscow", "The Society of Poetic Language Study" (Roman Jacobson and V. Propp), "The Bakhtine Group" with Volochinov and Mevedev, etc. Their practical tasks included the fight against illiteracy, the absence of written systems for dozens of languages, the shortcoming of the educational systems, editing, educational means such as textbooks, etc. Before 1917, only 30 of the 152 nationalities had an alphabet. Between 1917 and 1932,

118 nationalities acquired their own systems of writing, Latin alphabet being adopted by 64 of them. Such initiatives are largely due to the lucid work of E. D. Polivanov (1891 – 1938), who as early as 1928, opposed the conceptions of N. Ya. Marr. However, the school of Marr became dominant in the 20's. The school's predominance and (until 1950) official recognition led to the dismantling of the formalist trends and the eradication of the other linguists (Polivanov, Volochinov, etc.). But Marr's theories were, in their turn, contested by Stalin in 1950.

5. N. Ya. Marr

Marr, who was famous before the revolution, based his ideas on a very mechanist reduction of Marxism. He advanced a collection of surprising assertions further substantiated by a few interesting works, though. The principle underpinnings of such a patchwork sociolinguistics are well-known: Language was supposedly a superstructure and a class phenomenon. Linguistic change was to occur by sudden leaps separated by stages rather than by an evolution. Languages are subject to hybridization. — Any change in the social and economic order was to bring about automatic changes in the typical traits of a language. — Although the marrist conceptions dominated in the Soviet Union from 1930 – 1950, that does not imply a complete absence of solid linguistic work during that time. A detailed presentation of Marr's work is available in Marcellesi/Gardin (1974) and J. B. Marcellesi (1977). If the ideas of Marr's school were enthusiastically embraced, it was because they supported the ideological policies of language planning, an essential activity of Soviet linguistics. Let's also note that they added fuel to the fire of the defenders of "russification". The socio-historic context, however, was contradictory. On the one hand, between 1938 – 1939 more than 70 languages (the Republic of Uzbekisatan alone was offering 22) were used in the field of education; which could mean advances of Lenin's language policy. On the other hand, from March 1938 forward, Russian was to become the "national" language in all schools of the U. S. S. R. Sorry for the lack of enthusiasm for Russian, some favored the implementation of Cyrillic as the standard alphabet instead of the "new alphabet of 1917" (Latin). But ultimately, the national or ethnic languages enjoyed a local priority and Russian was introduced into education only after one or two years of instruction in the language of the particular republic or region. Note that with the Second World War, the Russians were elevated to the status of "heroic nation"; Their language was subsequently identified with the expression of socialism. Stalin would even be criticized for having fostered the development of Russian.

6.   Stalin

The principle lines of thought in Marr's theory coincided with language policy of U. S. S. R., allowed linguistic oppositions to be disregarded and were compatible with the ultimate objective: a classless society. But those very lines of thought eventually worried the minority nationalities especially because they were working on written grammars for those languages which did not yet have any.

Stalin's intervention in this issue was essentially a political one. As a self-proclaimed "expert in Marxism", he thus also affected the field of linguistics. A favorite argument of his was that Russian had not changed fundamentally despite the revolution. He admits (Stalin 1950) that evolution can occur in language, but that the language belongs to the people as a whole. "It is not the creation of any one class, but rather of the society as a whole; with accumulated efforts of generations ... it is the product of an entire series of epochs, during which it crystalizes, it gets richer, it develops and refines." (1950, 1975, 3 – 5).

After having dramatically refuted Marr's three thesis (the class and superstructural character of language and qualitative linguistic change by leaps forward), Stalin offered his own conceptions on the status of the language, the question of national language and, finally, some perspectives for Soviet linguistics.

— Language is an instrument of communication enabling the survival, the struggles and the development of societies.
— Every language has a basic lexical fund (whose core includes "radicals") and a grammar conceptualized in its functions of regulation and abstraction.

Note that this view is parallel with the formalist's, but also with the historical linguistics' one.

— If the language is a system, it is also nothing but a "national language".

Stalin's point of view, purporting to be "materialistic, political and linguistic", represented quite a turning pront in Soviet linguistics and in most of foreign marxist linguists. More detailed discussion is available in Marcellesi/Gardin (1974) and Marcellesi (1977).

Stalin's "clarification" had serious consequences. Although it was welcomed as a "return to sensible thinking", it did freeze the climate for any debate in the linguistic community and produced a theoretical lack in the realm of social linguistics. While many of the new questions raised were to remain postponed, they were to be tackled again by marxist tradition in linguistics (Marcellesi/Gardin 1974; Marcellesi 1977; Ponzio 1978; Houdebine 1977; Gadet et al. 1979).

7.   The Theoretical Basis of Contemporary Position

The theoretical foundations of contemporary positions can be organized according to five major themes.

7.1. Return to the "Theory of Reflection"

Lenin (1955) used to grasp the theory of knowledge as "the reflection of nature by man" (1950, 150). In the process of knowledge "thoughts grow infinetly and perpetually closer to the object" (1955, 61). The link between language and knowledge allows for a re-examination of the relationship between thought and language on the one hand, and the relationship between the language —thought unit and the objective reality-object of knowledge on the other. These concerns do particularly interest language philosophers (Schaff, 1960 and 1964) and psychologists (Luria/Youdowitch 1956; Leontiev 1972; Trân duc Thao 1973; Simon 1971; Cornforth 1963), but also linguists (Klaus 1969; Reznikov 1974; Marcellesi/Gardin 1974; Lafont 1978; Pêcheux 1975). As for the linguists, the problem raised is: how to use language to explain "human realities which are experienced entirely according to the language" (Lafont 1978, 34), or else: "language is, indirectly, a reflection of the world and history in that it is a reflection of linguistic activity, which is itself a reflection of the world" (Marcellesi/Gardin 1974, 250).

7.2. Dialectics of Social Issues and Methodology in Socio-Linguistics

This deals with conducting concrete studies on the social determination of language as well as linguistic impact on the social realm. Questions such as: "territorial differentiation, socio-professional differentiation, inter-lingual relations, relations among linguistic communities, etc.", are treated with an inter-disciplinary perspective in the socialist countries of Eastern Europe. After J. Legrand (1980 a), let us mention Yu. D. Dešeriev; Avronin; L. B. Nikol'skij. Otherwise it is essentially the French School of "Discourse Analysis" (J. Du-Bois, J. B. Marcellesi, D. Maldidier) which, following M. Cohen (1956), breathed new life into sociolinguistics by attempting to study the relationship between the general aspect and the micro-social aspect of the language. These contributing allowed the emergence of both a different definition of "co-variance" (Marcellesi/Gardin 1974), and the necessity of socio-differential researches. The question of social class is reconsidered through the concepts of "satellization relations" and "linguistically hegemonic strata" (Marcellesi 1979 and 1984). To these issues let's add diglossia and mass-bilingualism (R. Lafont; J. B. Marcellesi; R. Ninyoles; F. Vallverdu); the relationship between "norm" and "history" (J. P. Kaminker; D. Baggioni); the national language question (L. J. Calvet; Marcellesi/Gardin; R. Lafont; D. Baggioni) and of language policy and glottopolitics (Colloquium of Rouen 1984).

7.3. Individual/Individuation or Language and Ideology

"Individual/social" dichotomy is reoriented toward the "effective language", the "language of real life". The status of the speaking individual is grasped both in the interactive process (Volochinov's thesis revived by L. Guespin, A. Ponzio, Rossi-Landi) and in the complex network of social relations (Legrand 1980 b; Guespin; Rossi-Landi). Grasping these relationships subsequently brings the linguist face to face with the problems set forth be the "neostructuralists". This in the case of the theories of ideology (Gramsci; Althusser; Poulantzas; Volochinov; Lukacs; Habermas; Pashukanis) in linguistic works (Pêcheux 1975 b; Sumner 1979; Eco 1979; Rossi-Landi 1983; Elimam 1981; Faye 1973; Habermas 1976 and 1979; Derrida 1967) which distinguish the dialectic interaction, both in content and in form, within a specific historical determination. But the theory of ideologies extends beyond its own realm and encounters the psychoanalytic theory of subject. Is man subject of "la langue" or rather subject of language? The articulation: language-ideology-unconscious-history arouses a great deal of interest (Pêcheux 1975 b; Derrida 1967; Sollers 1974; Kristeva 1969 and 1974; Macherey 1966; Henry 1977; Plon 1976; Roudinesco 1973; Coward/Ellis 1977; Habermas 1979; Elimam 1984 a; Lafont 1978 b; Houdebine 1977; Sebag 1973; Calvet 1975) and leads certain researchers to reconsider formalism in linguistics in order to locate the language-as-a-system within the network of social-ties (Lafont 1978 b; Elimam 1984 b; Pêcheux 1975 a; Pêcheux/Culioli/Fuchs 1970).

7.4. Language and the Critical Social Sciences

The analysis of social communication raises two interconnected concerns: the status of social sciences and the dynamics inherent to any social and economic formation. The contribution of sociology (Bourdieu 1982; Godelier 1973), anthropology (Levi-Strauss 1958) and philosophy (Foucault 1966, 1969 and 1971; Gramsci 1983) in this area is consistent. The insertion of language in relationships of power is considered as the foundation of the discursive process (Ponzio 1970 and 1973; Rossi-Landi 1979 and 1983) and the link between language and structure of thought is thus determined and patterned. Therefore, the study of social communication has to consider the structures of domination (Bourdieu 1982; Lafont 1982; Habermas 1979; Ponzio 1974; Rossi-Landi 1979; Pêcheux 1975 b; Elimam 1983 and 1984 a). Language is subsequently analyzed as a "hypostatic social tie" (Elimam 1984 b), as an ideological-discursive whole, i. e. a synthesis of inter-discursive formation oppositions (Pêcheux 1975 b; Volochinov 1929), and as the realm for the systematic distortion of social communication (Habermas 1979; Bourdieu 1982; Faye 1973). Here the concepts of alienation is socio-historically rooted and language is viewed as "labour". As a finished product, mediatized and modelized, labour-language is always slipping out from its producers (Lafont 1978 b; Guespin 1980 a; Elimam 1984 a; Ponzion 1974; Rossi-Landi 1983). Disalienation, or the process of "glottonomy" (glottonomie) (Guespin 1984) envisions critical participation in the process of elaboration of social codes (Rossi-Landi 1983).

7.5. Linguistic Epistemology

Critical distanciation in this area concerns the basics of conceptualizing, the forms in

which linguistic facts are abstracted. The
"langue-parole" dichotomy has ossified and
autonomized the language-system and thus
tends to limit the analysis of socio-linguistic
facts. Some of these critical attempts can be
found:

— in the Meaning-Text model of the Soviet
  school Zholkovsky and Apresjan; the
  model aims to reconstruct the most formal "inscription of meaning" of a text in
  order to locate its linear structure.
— in the Applicative Generative Grammar
  model (Šaumjan 1974) which attempts to
  account for the activity of speakers as
  well as the dynamism of language itself.
— in the "Automatic-Analysis of Discourse"
  model (Pêcheux 1969 and 1975 a), which
  attempts to reconstruct the conditions of
  production of discursive formations as
  well as the process of production.
— in the critique of the sign (Derrida 1967;
  Kristeva 1969; Calvet 1975; Lafont
  1978 b), which led to focus on the process
  of production of meaning as well as ex-
  pose and condemn the reification and es-
  sentialization of meaning.
— in an analogy with the "critique of the
  political economy" by K. Marx, particularly in the re-evaluation of the concepts
  of "value" (Rossi-Landi 1983; Lafont
  1978 b; Elimam 1984 a), of "capital"
  (Rossi-Landi 1983; Bourdieu 1982) of
  "market" (Lafont 1978 b; Bourdieu 1982),
  and of "economy" (Faye 1973).

These very openings fostered the elaboration
of a work offering a unifying project of a
materialist linguistics, namely "Praxematics"
(Lafont 1978 b).

8. Conclusions

As we have seen, the path toward establishing
links between language and society from a
Marxist perspective is a cluster. And since
research stemming from historical materialism is not as monolithic as one might think,
it would be more appropriate to speak of
"perspectives". Actually, while the founda-
tional works of Marx and Engels enjoyed
universal exposure and reception, there had
been local and conjunctural conditions which
most often marked the marxist advances in
sociolinguistics. But, as was outlined in this
paper, certain landmark concepts do appear
consitently.

Stalin negatively affected linguistic research and for quite a while, any application
of historical materialism was considered as a
metaphysical approach. However, neither of
the two extremes represented by Marr and
Stalin answered the questions raised during
the debates of the 1950's. Is language or is it
not to be assimilated to a super-structure? To
what extent can one talk of a language of
a class? These questions continue to be re-
evaluated, in some fashion or another, by
marxist as well as by non-marxist linguists.
This rich, varied, pluralistic and open stream
is still promising.

9.   Literature (selected)

Althusser, L. (1976): *Positions,* Paris.

Baggioni, D. (1980) "La langue nationale" in: *La Pensée* 209, 35—49.

Balibar, R./Laporte, D. (1974) *Le français national,* Paris.

Calvet, L. J. (1974) *Linguistique et colonialisme,* Paris.

Calvet, L. J. (1975) *Pour et Contre Saussure,* Paris.

Calvet, L. J. (1981) *Les langues véhiculaires,* Paris.

Cohen, M. (1956) *Pour une sociologie du langage,* Paris.

Colloque Rouen (1984) *Prépublications,* Grecso/Ired, Rouen.

Cornforth, M. (1976) *Theory of knowledge,* London.

Coward, R./Ellis, J. (1977) *Language and material-ism,* London.

Derrida, J. (1967) *De la grammatologie,* Paris.

Dubois, J. (1962) *Le vocabulaire politique et social en France de 1869 à 1872,* Paris.

Eco, U. (1979) *A theory of semiotics.* Indiana University Press, U.S.A.

Elimam, A. (1981) *Le statut du sujet en linguistique,* Thèse de Doctorat 3ème cycle, Paris.

Elimam, A. (1983) "La diglossie en tant que confiscation de la parole", in: *Lengas* 13.

Elimam, A. (1984 a) *Praxématique et théorie de la valeur,* to appear.

Elimam, A. (1984 b) "Le dynamisme du passif", in: *Cahiers de praxématique* 2.

Faye, J. P. (1973) *La critique du langage et son économie,* Paris.

Foucault, M. (1966) *Les mots et les choses,* Paris.

Foucault, M. (1969) *L'archéologie du savoir,* Paris.

Foucault, M. (1971) *L'ordre du discours,* Paris.

Freud, S. ([dt. 1905] 1971) *Le mot d'esprit et ses rapports avec l'inconscient,* Paris.

Gadet, F./Gayman, J. M./Mignot, Y./Roudinesco, E. (1979): *Les maîtres de la langue*, Paris.

Gadet, F./Pêcheux, M. (1981) *La langue introuvable*, Paris.

Gardin, B./Marcellesi, J. B./G. R. E. C. O. (1980) *Sociolinguistique approches, théories, pratiques*, Actes du colloque du 27 novembre au 2 décembre 1978, Rouen.

Gardin, B./Baggioni, D./Guespin, L. (1980) *Pratiques linguistiques, pratiques sociales*, Paris.

Godelier, M. (1973) *Horizon, trajets marxistes et anthropologie*, 2 vol.

Gramsci, A. (1983) *Textes*, Paris.

Guespin, L. (1975) L'analyse du discours: problèmes et perspectives, in: La Pensée.

Guespin, L. (1980 a) "Langage et travail, de l'anthropologie à la théorie de la personnalité", in: *La Pensée* 209.

Guespin, L. (1980 b) "Pour une théorie globale du langage", in: Gardin/Baggioni/Guespin (1970).

Guespin, L. (1984) Colloque de Rouen, *Prépublications*.

Habermas, J. ([dt. 1976] 1979) *Connaissance et intérêt*, Paris.

Habermas, J. (1979) *Communication and the evolution of society*, Boston.

Henry, P. (1977) *Le mauvais outil*, Klincksieck, Paris.

Houdebine, J. L. (1977) *Langage et marxisme*, Paris.

Kaminker, J. P./Baggioni, D. (1980) "La norme, gendarme et bouc émissaire", in: *La Pensée* 209, 50 – 63.

Klauss, G. (1969) *Die Macht des Wortes*, Berlin.

Kreindler, I. (1982) "Lenin, Russian and the Soviet language policy", in: *International Journal of Sociology of Language* 33, 129 – 133.

Kristeva, J. (1969) *Recherches pour une sémanalyse*, Paris.

Kristeva, J. (1974) *La révolution du langage poétique*, Paris.

Lacan, J. (1966) *Ecrits*, Paris.

Lafargue, P. (1894) "La langue française avant et après la Révolution", in: *Ere Nouvelle* (jan. – féb.), 25 – 46, 217 – 242.

Lafont, R. (1971) "Un problème de culpabilité sociologique la diglossie franco-occitane", in: *Langue française* 9, 93 – 99.

Lafont, R. (1976) "Peuple et nature: sur la textualisation idéologique de la diglossie", in: *Diglossie et littérature*, ILTAM-MSHA, Bordeaux, 161 – 172.

Lafont, R. (1977) "A propos de l'enquête sur la diglossie l'intercesseur de la norme", in: *Lengas* 1, 31 – 39.

Lafont, R. (1978 a) "Praxématique et sociolinguistique", in: *Lengas* 3, 77 – 85.

Lafont, R. (1978 b) *Le travail et la langue*, Paris.

Lafont, R./Gardy, Ph. (1981) "La diglossie comme conflit l'exemple occitan", in: *Langages* 61, 75 – 91.

Lafont, R. (1982) *Introduction à: Langue dominante, langues dominées* Paris, 15 – 36.

Legrand, J. (1980 a) "La sociolinguistique en U. R. S. S.", in: Gardin/Marcellesi/G. R. E. C. O. (1980), 35 – 61.

Legrand, J. (1980 b) "Classes et rapports sociaux dans la détermination du langage", in: *La Pensée* 209, 22 635.

Lenin, V. I. (1958 – 1965) *Collected Works*, 5th edition, Volumes: 3 – 6 – 7 – 18 – 19 – 20 – 23 – 24 – 25 – 26 – 29 – 30 – 36 – 41 – 43 – 45 – 48 – 49, Moscow.

Lenin, V. I. (1955) *Cahiers philosophiques*. Paris.

Lenin, V. I. (1983) *Lenin on language*. Moscow.

Leontiev, A. (1972) *Le développement du psychisme*. Paris.

Levi-Strauss, C. (1958) *Anthropologie structurale*, Paris.

Lukacs, G. (1960) *Histoire et conscience sociale*, Paris.

Luria, A. R./Youdovich, F. La. (1956) *Speech and the development of mental processes*, London.

Macherey, P. (1966) *Pour une théorie de la production littéraire*, Paris.

Maldidier, D. (1971) "Le discours politique de la guerre d'Algérie", in: *Langages* 23, 57 – 86.

Marcellesi, J. B. (1971 a) *"Le congrès de Tours (déc. 1920). Etudes sociolinguistiques"*, R. Maria, ed., Rouen.

Marcellesi, J. B. (1971 b) "Linguistique et société", in: *Langue française* 9.

Marcellesi, J. B. (1975) "L'enseignement des langues "régionales" ", in: *Langue française* 25.

Marcellesi, J. B. (1977) "Langage et classes sociales: le marxisme", in: *Langages* 46.

Marcellesi, J. B. (1979) "Quelques problèmes de l'hégémonie culturelle en France: langue nationale et langues régionales", in: *International Journal of sociology of language* 21, 63 – 80.

Marcellesi, J. B. (1980) "Crise de la linguistique et linguistique de la crise: la sociolinguistique", in: *La Pensée* 209. H. 4 – 21.

Marcellesi, J. B. (1981) *Bilinguisme et diglossie*, in: *Langages* 61. H. 5 – 11.

Marcellesi, J. B. (1984) "Implication du processus d'individuation sociolinguistique corse", *Colloque Rouen*, Rouen.

Marcellesi, J. B./Gardin, B. (1974) *Introduction à la sociolinguistique: la linguistique sociale*, Paris.

[Marr, N. Ya., see presentation in Marcellesi/Gardin 1974, Marcellesi 1977.]

Marx, K. (1957) *Contribution à la critique de l'économie politique*, Paris.

Marx, K. (1977) *Le capital*, 1st vol. Paris.

Marx, K./Engels, F. (1968) *L'idéologie allemande*, Paris.

Marx, K./Engels, F. (1974) *A propos de la langue, du style et de la traduction*, Berlin.

Neubert, A. (1978) "Language and society: the topic of sociolinguistics", Proceedings of the 12th International Congress of Linguists, Vienna, 1977.

Ninyoles, R. (1969) *Conflicte lingüistic valencià*, Valencia.

Paschukanis, E. B. (1970) *La théorie générale du droit et le marxisme*, Etudes et documentation internationales, Paris.

Pecheux, M. (1969) *Analyse automatique du discours*, Paris.

Pecheux, M. (1975 a) "Mises au point et perspectives à propos de l'analyse automatique du discours", in: *Langages* 37, 7–80.

Pecheux, M. (1975 b) *Les vérités de la Palice*, Paris.

Pecheux, M./Culioli, A./Fuchs, C. (1970) "Considérations théoriques à propos du traitement formel du langage", in: *Documents de linguistique quantitative*, 7, Paris.

Plon, M. (1976) *Le théorie des jeux: une politique imaginaire*. Paris.

[Polivanov, E. D., see presentation and text translations in Gadet et al. 1979.]

Ponzio, A. (1970) *Linguaggio e relazioni sociali*, Bari.

Ponzio, A. (1973) *Produzione linguistica e ideologia sociale*, Bari.

Ponzio, A. (1974) *Filosofia del linguaggio e prassi sociale*. Bari.

Ponzio, A. (1978) Introduzione à J. B. Marcellesi: *Linguaggio e classi sociali: marxisme e stalinismo*, Edition italienne de Marcellesi 1977.

Poulantzas, N. (1981) *L'Etat, le pouvoir et le socialisme*, Paris.

[Reznikov, L. O., see presentation in Marcellesi/Gardin 1974.]

Rossi-Landi, F. (1979) *Semiotica e ideologia*, Bompiani.

Rossi-Landi, F. (1983) *Il linguaggio come lavoro e come mercato*, 3rd edition, Bompiani.

Roudinesco, E. (1973) *Un discours au réel*, Paris.

Sanga, G. (1982) "Principii di linguistica materialista", in: *Atti del convegno internazionale di studi*, Bulzoni, 15–17.

Saumjan, S. K., [see presentation from R. L'Hermitte et H. Wlodarczyk in: *Langages* 33, 1974.]

Schaff, A. ([pol. 1960] 1974) *Introduction à la sémantique* Anthropos collection 10/18, Paris.

Schaff, A. (1964) *Langage et connaissance*, Paris.

Sebag, L. (1973) *Marxisme et structuralisme*, Paris.

Simon, B. (1971) *Intelligence, psychology and education*, London.

Sollers, Ph. (1974) *Sur le matérialisme*. Paris.

Stalin, J. (1950) *Le marxisme et les problèmes de linguistique*. Peking 1974.

Sumner, C. (1979) *Reading ideologies*. London.

Tran Duc Thao (1973) *Recherches sur l'origine du langage et de la conscience*, Paris.

Volochinov, V. N. (1929) *Le marxisme et la philosophie du langage*, Paris.

Jean Baptiste Marcellesi/Abdou Elimam,
Mont Saint Aignau (France)
Translated by Shann Regans,
Berlin (West) from the French

58. History of Research on Language Contact

1. Introduction
2. Two Major Pre-structural Impetuses
3. Geographical Fields of Research
4. Linguistic Fields of Research
5. Toward a Terminology
6. Theoretical and Methodological Advances
7. 'Language and Society' — Perspective
8. Conclusion
9. Literature (selected)

1. Introduction

Countless treatises and dissertations have been written on language contact, which has been a topic of interest of interest to linguists for centuries. For instance, Schuchardt (1884, 30) cites a work by G. Lucio (1666) discussing the mixture of Croatian and Romance in Dalmatia on the basis of 14th century Dalmatian records. This brief summary will discuss the treatment of linguistic and sociolinguistic problems in language contact literature prior to Weinreich (1953), and exclude case studies of bilingual language acquisition and the advantages and disadvantages of bilinguaism (art. 82), which were strongly represented in the earlier literature (see Weinreich 1953, 116;

Clyne 1975, 74—76). — The turning point in the field was the work of Weinreich and Haugen. As the two linguists were working simultaneously, there was much 'crossfertilization' between their contributions. Although Haugen has survived Weinreich by many years, he had started researching in the field over a decade earlier. Weinreich (1953) cites six works by Haugen, including three published in 1938. I shall therefore include in this survey Haugen's work up to and including 1953. Both Haugen and Weinreich worked within the framework of structural linguistics, but both demonstrated a need and ability to incorporate social and psychological aspects into the study of bi- and multilingualism, Haugen's and Weinreich's work can be considered the beginning of (American) sociolinguistics. (See Haugen 1980; Neustupný 1975). Haugen, who saw bilingualism as a *human* problem, devoted the first volume of his 1953 book to the bilingual community and to questions of migration history, the adaptation of immigrants, language maintenance and shift, and language conflict — which others were to take up later. — Language contact was regarded for many decades as an integral part of linguistic research. It was an issue addressed by such great linguists as Müller (1875), and Paul (1886²), Sapir (1921), and Bloomfield (1933). However, it has featured less prominently in recent works on general linguistics (see Mühlhäusler 1982), whose 'synchronic emphasis' has apparently downgraded the importance attached to the field.

2. Two Major Pre-Structural Impetuses

1.1. Johannes Schmidt — A Methodological Break with the Past

An important impetus for language contact research was provided by Schmidt (1872), who challenged the Darwinian approach of his contemporaries. They had used correspondences between 'Indo-European languages' as evidence for genealogical relationships. Having examined free and bound morpheme correspondences which applied to only two or three Indo-European sub-groups, Schmidt developed an alternative explanation of some correspondences, the Wellentheorie. According to this, there is a continuum of related languages without boundaries where, due to non-linguistic factors, particular features of a language may be influenced by one or the other neighbouring language. Schmidt replaces the Stammbaum by a model of concentric circles diminishing with distance. Thus, geographically neighbouring languages have more in common than geographically more distant ones.

2.2. Schuchardt and the Study of "Language Mixing"

The study of language contact was frequently seen in terms of Sprachmischung. A precursor of most aspects of the field was undoubtedly Schuchardt, who wrote (1884, 21): "daß bei dem jetzigen Stande der Sprachwissenschaft kein Problem in höherem Grade verdient untersucht zu werden als das der Sprachmischung ..." In his works, especially 1884, Schuchardt himself treats a host of language contact issues, which will be discussed in the course of this entry.

3. Geographical Fields of Research

Due to the historical emphasis in prestructural linguistics, there were many studies on such questions as Finnish loanwords in Germanic, English as a "lexically mixed" language, the Latin and/or French influence on German influence on Italian (e. g. Kleinpaul 1900; Karsten 1915; Richter 1919; Gamillscheg 1934—5; Collinder 1935; Öhmann 1939; 1951). Other popular subjects of language contact research have been the influence of neighbouring languages, e. g. in the Balkans or along the German-Polish border (Sandfeld-Jansen 1930; Havránek 1933; Mak 1935; Capidan 1936), Sprachinseln and the impact of the national language on longstanding ethnic minorities (art. 83 and 84), e. g. German-Hungarian and German-Latvian contact (Pfaunder 1914—14; Mitzka 1923), immigrant languages in North America and elsewhere (e. g. Reid 1948; Herzog 1941; Seiffert 1951; Schach 1948; Pap 1949), and the development of 'new' (Creole or mixed) (art. 59, 76) languages, e. g. Russenorsk (Broch 1927). Schuchardt (1884) took his data from a number of such situations. Deroy ([1955] 1980) gives a 77-page bibliography on 'linguistic loans' encompassing pre-1955 studies of Indo-European languages and languages of many other groups. Haugen (1950a) stressed the importance of linguistic diversity in the U. S. for the study of language, for a single language was replacing a wide variety of American Indian and immigrant languages. While Weinreich (1953) and Haugen (1956) did examine this from a 'universals' point of view, comparisons of language contact can, in the future, throw more light on the nature of language. It is perhaps surprising that, in the period up to 1953, almost the entire literature on immigrant languages in the U. S. was devoted to old rural settlements, with a concentration on the exotic Pennsylvania German situation, and very little work was undertaken on more dynamic, urban language contact.

4. Linguistic Fields of Research

4.1. Lexical Transference

In studies before Weinreich, much attention was paid to lexical transference ("borrowing"). Lexical transference was often discussed as a curiosity — a piece of exotica — or as an evil or parasitic threat to the purity of the language which needed to be stamped out. Lexical transfers were presented mainly anecdotally, as 'washing lists' of items, arranged thematically and/or in alphabetical order. (See e. g. the appendix to Mencken 1921).

4.1.1. Integration

Imported items are frequently integrated into the system of the recipient language. This is mentioned by Schuchardt (1884), Whitney (1882), and Paul (1886²), who gave the phenomenon a more extensive coverage. He attributes phonic integration to both linguistic and social factors — non-overlap of the phoneme inventories of the two languages, a lower level of education of the speakers, and distant language contact. A synchronic approach to the study of transference and integration, based on foreignness markers (morphemic, phonemic, graphemic) developed by the structuralists (e. g. Mathesius 1934) contrasts with the earlier historically-oriented research. — In studies of English transfers in other languages, the question of gender assignment in the recipient language becomes crucial. The systematic study of this topic was pioneered by Flom (1903 – 5) and Aron (1930), who took their corpuses from, respectively, Scandinavian and German speakers in the U. S. Haugen (1938) noted that the older generation of Norwegian speakers in America tended to use less integrated transfers and the younger generation more integrated ones. Grammatical integration of 'loanwords' is

discussed in Haugen (1950 b; 1953). It was Haugen (1953; 1956) who, more than anyone else, succeeded in separating the concepts of 'importation' and 'adaptation' (later, 'integration'). Weinreich (1953) still discusses 'phonic treatment of transferred morphemes' under 'phonic interference', 'grammatical integration' under 'grammatical interference', and 'lexical integration' under 'lexical interference'.

Haugen (1950 a) also discusses the insoluble problem that synchronically one can only detect 'structural irregularities, indices of foreignness' based on the speaker's consciousness. He poses the question (1950 b, 230) "... just how infrequent must a pattern be before it begins to feel 'foreign'". However, it was Schuchardt who first took up this point in a review of 1897, when he criticized the dichotomy Fremdwort-Lehnwort, preferring a continuum based on synchronic criteria such as speakers' consciousness of 'foreignness' and their familiarity with the item rather than on diachronic ones (see Höfler 1977, 52). This is yet another instance in this field of an approach initiated by Schuchardt being rediscovered later.

4.2. Phonological and Syntactic Transference and their Role in Language Change

While the studies of bilinguals and bilingual communities had stressed, but not exclusively treated, lexical transference, there was a long-established interest within historical linguistics in the role of substrata in language change (art. 160). That is, if the speakers of language A shifted to language B, what effect would the original language have on the phonology and syntax of the adopted one, and to what extent would this influence spread to the non-contact area of language B? Numerous examples of this from Slavic-German, Slavic-Italian and Balkanese contact are given in Schuchardt (1884), though he avoids the term Substrat and, in fact, expresses some healthy scepticism about substrata as a blanket explanation. Among investigations on substrata were those involving intra-Germanic migration. (Wrede 1924, Frings (e. g. 1937 a, b) and Schwarz 1950.) Central German as a 'colonial compromise language', for example, contains numerous instances of grammatical transference.

The structuralist Polivanov (1931) showed that those learning a new language tend to reinterpret its phonological system in terms of the first language. Giving instances from many contact situations, he deals with over- and underdifferentiation and with intonation.

4.3. Code-switching

The phenomenon of code-switching (art. 122) within the speech of a bilingual was first observed by Braun (1939) who noticed that transferred lexemes triggered off switches between Russian and German. Haugen (1953, 65) comments on the functions of longer switches within the discourse of his informants. Code-switching was an underrated phenomenon during the period under review.

5. Towards a Terminology

By the turn of the century, the terms Fremdwort and Lehnwort had become part of the discussion, the latter being a 'foreign word' that had been formally integrated into the system of the recipient language. Some interest was shown in 'loan translation' (e. g. by Kluge 1901, Mauthner 1923, Jespersen 1925), and several scholars (e. g. Paul 1886, Singer 1902, Sandfeld-Jansen 1912) saw the lexicon as being influenced in its 'inner' as well as its 'outer form' by other languages. Sandfeld-Jansen, for instance, distinguished between semantic loans, translations, and loan-idioms. Seiler (1912) first distinguished between obvious neologisms, expressions indicative of conspicuous metaphors, e. g. aufgeweckt (éveillé), and multi-morpheme idioms. This mixing of formal and semantic criteria creates confusion in the framework (Bäcker 1975, 17). By 1917, Seiler had adopted a trichotomy of translation, semantic loan, and loantranslation. With E. Kaufmann's (1939) article, perhaps a reflection of the time in which it was written, the evaluative element comes to the fore. He differentiated between Lehnzwang, Lehnbedürfnis, and Lehnneigung (words adopted out of compulsion, need, and inclination). — From the wealth of terms that had by then been used and suggested, Betz (1949) devised a coherent terminology, which he applied to the Latin lexical influence on the Old High German translation of the Benediktinerregel (c. 800).

Betz first distinguished between Lehnwort (loanword) and Lehnprägung (loan-coinage), which he further subdivided into Lehnsyntax (loan-syntax), Lehnbedeutung (loan-meaning), Lehnbildung (loan-formation), and Lehnwendung (loan-idiom); Lehnbildung

then incorporated a number of sub-categories — Lehnübersetzung (loan-translation, e. g. Wolkenkratzer for skyscraper), Lehnübertragung (loan-rension, e. g. Vaterland for patria), and Lehnschöpfung (loan-creation, e. g. Kraftwagen for Auto). — By this time, Haugen (1950a) had started to differentiate between importation and substitution. This dichotomy, based synchronically on the presence or absence of foreignness markers (Haugen 1950b), was more far-reaching than that of his German colleagues, for he was working with the spoken as well as the written language. His terms embraced phonology and syntax as well as lexicon. Substitution required a redistribution of existing forms or structures in the recipient language, as was the case with Betz's Lehnprägungen. Haugen (1953) criticized the metaphorical basis of, and cast doubt on the usefulness of, terms such as 'loans' and 'borrowing', preferring 'importation'. — Weinreich's term interference was originally taken over from behaviourist psychology (e. g. Epstein 1915). The notion focused on the process rather than the result of 'mixing', and on speech and the individual rather than on language and the community. — Now that there has been some reaction against the overriding place given to 'interference' in the 1960's, one should mention that, as early as 1884, Schuchardt (p. 57) pointed to the limitations of interference as an explanation in language contact situations: Slovenes prefer open e and o in German though they have close equivalents to the German realizations in L1. Haugen (1953) too devoted far more attention to phenomena other than 'interference' than did Weinreich.

6. Theoretical and Methodological Advances

A matter occupying the minds of 19th century scholars was whether grammatical transference was 'really possible'. In a polemic with Müller (1875), who claimed languages were never mixed in grammar, Whitney (1882), another precursor of language contact research, affirmed that grammatical transference occurs just as lexical transference does. However, Whitney stressed that two languages never mingle their grammar on equal terms. (A similar statement is made by Paul 1886².) On the other hand, the inpenetrability of grammatical systems is an axiom later defended by the structuralist Meillet (1921, 82). Whitney did admit that nouns are generally borrowed more than verbs, adjectives and other parts of speech (see also Haugen 1953), but pointed out that in English, parts of speech tend to be interchangeable. An interesting observation concerning language universals made by Whitney (1882) is that mixed languages are generally SVO. Windisch (1897) stated a general principle that it is the language of the learner, not that of the learned, that is influenced. In most cases this applies to the lexicon, as later studies have shown, but it cannot be extended to other levels of language. Paul (1882, 392) developed this axiom to stipulate that 'foreign words' are usually borrowed by native speakers of the recipient language while semantic, syntactic and phonic transference originate in non-native speakers. While Schuchardt, Whitney and others stated principles on which languages influence each other, and these were developed further through descriptions of immigrant languages (especially by Haugen), there was, before Weinreich (1953), no systematized theory of language contact. Schuchardt (1884), apart from collecting masses of examples, argued that Sprachmischung is structured and introduced the notion of interlingual identification, developed by Weinreich. There was available to Weinreich a terminological framework which evolved from German and American work. But empirical methods were not very sophisticated, and technical facilities were primitive or cumbersome. Scholars working with historical material, of course, had to apply intuition to texts. Those investigating contemporary language often used forms of introspection or participant observation typical of other studies. Direct questioning was employed with little regard for its effects on data (cf. Labov 1970). The most substantial study of the time, Haugen (1953), used questionnaires from traditional dialectology which generally assumed an unrealistic homogeneity, something that he did not agree with (Haugen 1980, 138).

7. 'Language and Society'-Perspective

Though the aim of most pre-1953 publications on language contact was unmistakably linguistic, many (if not most) investigators acknowledged the social nature of language contact. Whitney (1882), for instance, explicitly distinguished between cultural contact and the mingling of peoples as the two causes of lexical transference. Wackernagel (1904) differentiated three types of Sprachmischung — where the conquered take over the language of the conquerors, where the reverse happens, and where mutual influence results in a 'mixed language'. Seiler (1913) focused on the way in which German culture is reflected in 'loanwords', while most of the research on Germanic loanwords in Finnish took into account archaeological discoveries. In this area, too, Schuchardt (1884) was far ahead of his time. He always gives exhaustive social data (e. g. on social setting and 'ethnic mix') to support his linguistic examples. He outlined the functions of varieties described and indicated class stratification factors, albeit in a somewhat primitive, subjective way. Schuchardt did not refrain from sociopolitical commentary. While he supported the language maintenance of migrant workers (1884, 135), he objected strongly to the source country's intervention to prevent assimilation. — It was Wrede who introduced the notion of multilingualism into dialectological research, asserting that it was a heterogeneous sociolinguistic situation that caused changes in the language — an extension of Schmidt's Wellentheorie. The importance of Verkehrsraum (communicative territory) for language, propagated by Wrede, was further developed by Wagner (1927) and Frings (1932 a, b). — Haugen (1953), in depicting bilingualism as a human problem, demonstrated the need to develop new concepts accordingly, and avoided any evaluative or intolerant element in his terminological framework. He stimulated an interest in the bilingual's linguistic creativity, something also mentioned by Schuchardt (1884). One as yet unreplicated study is Efron's (1941) investigation of intergenerational change in non-verbal communication in two ethnic groups.

7.1. Domains; Language Maintenance

The precursor of Fishman, Cooper et al.'s (1971) concept of 'domain' was Schmidt-Rohr (1933) though this is steeped in the racist ideology of National Socialism, Schmidt-Rohr uses more domains than Fishman and Cooper — family, playground/street/school (subdivided into: language of instruction, language as object, language of informal interaction), church, literature, press, army, law, and administration. In this way he is able to distinguish a number of (existent and non-existent modes) of language function specialization).

The systematic study of language maintenance was initiated by Kloss (1927). Kloss (1929) also developed a sociological approach to the delineation of languages and to the description of linguistic minorities. As these papers were published in political science and historical journals not read by linguists, this approach was not accessible to scholars of bilingualism. Unfortunately the topic became increasingly susceptible to abuse by National Socialism and its ideology of Volk in Germany (see e. g. Geißler 1938) and the fruitful interaction propagated by a border discipline called Sociology of Language only occurred well after World War II. The pioneer Kloss has continued to contribute to this interaction. — Research into language maintenance institutions (e. g. press, church, education) was included in American studies of immigrant languages such as Haugen (1953). The various factors in the conflict over language maintenance and shift described for Norwegian in the U. S. in this book have their parallels in other immigrant language situations.

8. Conclusion

It may be concluded that most of the topics and issues of recent years were already the object of inquiry in the pre-Weinreich period. There are the beginnings of a coherent theory as well as an emerging terminological framework, but the earlier literature is weak on methodology and systematization and especially inept in empirical methods and experimental design, leading to difficulties in comparisons. There is much anecdotal information, much of it unvalidated.

While there was, in the period under investigation, a strong emphasis on lexical transference (especially lists of items), phonological and syntactic transference were also studied, and some theoretical issues were resolved. The developments described in this survey reflect changes in linguistic movements, from historical to structural, and to 'pre-sociolinguistic'. In fact, language contact research about 1953 can be seen as the beginning of Sociolinguistics. The developments also reflect a relocation of the centre of linguistic research from Europe (especially Germany) to the U. S. and a trend away from prescription to description. The leading figures emerging from the survey are Schuchardt (precursor) and Haugen (pioneer).

9. Literature (selected)

Aron, Albert W. (1930) "The gender of English loanwords in colloquial American German", in: *Language Monographs* 7, 11−28.

Bäcker, Notburga (1975) *Probleme des inneren Lehnguts dargestellt an den Anglizismen der französischen Sportsprache*, Tübingen.

Betz, Werner (1949) *Deutsch und Lateinisch*, Bonn.

Bloomfield, Leonard (1933) *Language*, London.

Braun, Max (1937) "Beobachtungen zur Frage der Mehrsprachigkeit", in: *Göttingsche Gelehrte Anzeigen* 199, 116−30.

Broch, O. (1927) "Russenorsk", in: *Archiv für slavische Philologie* 41, 209−67.

Capidan, T. (1936) "Une suffixe albanaise en romain", in: *Révue internationale des études balkaniques* 2, 130−6.

Cercle linguistique de Prague (1929) Thèses presentées au premier congrès des philologues slaves, in: *Travaux du Cercle linguistique de Prague* I, 5−29.

Clyne, Michael (1975) *Forschungsbericht Sprachkontakt*, Kronberg.

Collinder, Björn (1935) "Germanisch-finnische lehnwortforschung und geschichte der wissenschaft", in: *Finnisch-ugrische Forschungen: Anzeigen* 23.

Deroy, Louis ([1955], 1980²) *L'emprunt linguistique*, Paris.

Efron, David (1941) *Gesture, race and culture*, Paris.

Epstein, I. (1915) *La pensée et la polyglossie*, Lausanne.

Fishman, Joshua A./Cooper, Robert L./Ma, R. et al (1981) *Bilingualism in the Barrio*, Bloomington.

Flom, G. T. (1903−5) "The gender of English loanwords in Norse dialects in America", in: *Journal of English and German Philology* 5, 1−31.

Frings, Theodor (1932 a) *Sprache und Siedlung im mitteldeutschen Osten*, Leipzig.

Frings, Theodor (1932 b) *Germania Romana*, Halle.

Gammilscheg, E. (1934−5) *Romania Germanica*, 2 vols., Berlin.

Geißler, Heinrich (1938), *Zweisprachigkeit deutscher Kinder im Ausland*, Stuttgart.

Haugen, Einar (1938) "Phonological switching in American Norwegian", in: *Language* 14, 112−20.

Haugen, Einar (1950 a) "Problems of bilingualism", in: *Lingua* 2, 271−90.

Haugen, Einar (1950 b) "The analysis of linguistic borrowing", in: *Language* 26, 210−31.

Haugen, Einar (1953) *The Norwegian language in America*, 2 vols., Philadelphia.

Haugen, Einar (1956) *Bilingualism in the Americas*, Alabama.

Haugen, Einar (1980) "On the making of a linguist", in: *First person singular, papers from the conference on an oral archive for the history of American linguistics*, David, B. H./O'Cain, R., eds., Amsterdam, 133–41.

Havránek, B. (1933) "Zur phonologischen Geographie; das Vokalsystem des balkanischen Sprachbundes", in: *Archives néerlandaises de phonétique expérimentale* 8/9. 119–25.

Herzog, George (1941) *Culture change and language: shifts in the Pima Vocabulary*, Menasha, Wis.

Höfler, Manfred (1980) "Hugo Schuchardts Beitrag zu einer Theorie der Lehnwortforschung", in: *Hugo Schuchardt*, Wandruszka, M./Dressler, W. U., eds., Vienna, 49–57.

Jespersen, Otto (1925) *Die Sprache*, Heidelberg.

Karsten, T. E. (1915) "Germanisch-finnische Lehnwortstudie", in: *Acta Societae Scientiae Fennicae* XLV/2.

Kaufmann, Eugen (1939) "Der Fragenkreis ums Fremdwort", in: *Journal of English and Germanic Philology* 38, 42–63.

Kleinpaul, Rudolf (1900) *Das Fremdwort im Deutschen*, Leipzig.

Kloss, Heinz (1927) "Spracherhaltung", in: *Archiv für Politik und Geschichte* 5/4, 456–62.

Kloss, Heinz (1929) "Sprachtabellen als Grundlage für Sprachstatistik, Sprachenkarten und für eine allgemeine Soziologie der Sprachgemeinschaften", in: *Vierteljahresschrift für Politik und Geschichte*, H. 2, 1/3–17.

Kluge, Friedrich (1902) "Urgermanisch", in: *Grundriß der germanischen Philologie*. Paul, H., ed., Straßburg.

Labov, William F. (1970) "The study of language in its social context", in: *Studium Generale* 23, 66–84.

Mak, W. (1935) "Zweisprachigkeit und Mischmundart in Oberschlesien", in: *Schlesisches Jahrbuch für deutsche Kulturarbeit* 7, 41–52.

Mauthner, Fritz ([1910–1], 1923²) *Wörterbuch der Philosophie*, München.

Mencken, Henry L. ([1919], 1921²) *The American Language*, New York.

Mitzka, Walter (1923) *Studien zum baltischen Deutsch*, Marburg.

Mühlhäusler, Peter (1982) "Patterns of contact, mixture, creation and nativization: their contribution to a general theory of language", in: *Developmental mechanisms of language*, Bailey, C.-J. N./Harris, R., eds., Oxford, 51–68.

Müller, Max (1875) *Science of language*, London.

Neustupný, J. V. (1975) "Review of E. Haugen — The ecology of language", in: *Language* 51, 236–42.

Öhmann, Emil (1939) "Die ältesten germanisch-finnischen Berührungen im Lichte der neuesten archäologischen Forschung", in: *Ungarisches Jahrbuch* 19, 321–31.

Öhmann, Emil (1951) "Die Mittelhochdeutsche Lehnprägung nach altfranzösischem Muster". *Acta Societae Scientiae Fennicae* Sect. B. 68/3.

Pap, Leo (1949) *American Portuguese*, New York.

Paul, Hermann ([1880], 1886², 1920⁵) *Prinzipien der Sprachgeschichte*, Halle.

Pfaunder R. von (1914–5) "Das deutsche Sprachgebiet in Südungarn", in: *Deutsche Erde* 13.

Polivanov, Eugenij (1931) "La perception des sons d'une langue étrangère", in: *Travaux du Cercle Linguistique de Prague* 4, 18/21.

Porsché, Donald (1982) *Zweisprachigkeit im primären Spracherwerb*, Tübingen.

Reed, Carol E. (1948) The adaptation of English to Pennsylvania German morphology, in: *American Speech* 23, 239–44.

Richter, Elise (1919) *Fremdwortkunde*, Leipzig.

Sandfeld-Jensen, K. (1912) "Notes sur les calques linguistiques" in: *Festschrift Wilhelm Thomson*, Leipzig, 166–73.

Sandfeld-Jensen, K. (1930) *Linguistique balkanique*, Paris.

Sapir, Edward (1921) *Language*, London.

Schach, Paul (1948) "Hybrid compounds in Pennsylvania German", in: *American Speech* 23, 121–34.

Schach, Paul (1951) "Semantic borrowing in Pennsylvania German", in: *American Speech* 26, 257–67.

Schmidt, Johannes (1872) *Die Verwantschaftsverhältnisse der indogermanischen Sprachen*, Weimar.

Schmidt-Rohr, Georg (1932) *Die Sprache als Bildnerin der Völker*, München.

Schmidt-Rohr, Georg (1933) *Muttersprache*, München. (Revision of above).

Schuchardt Hugo (1884) *Slawo-Deutsches und Slawo-Italienisches*, Gerhardt, D., ed., München 1971.

Schuchardt, Hugo (1919) "Review of Leo Spitzer, Fremdwörterhatz und Fremdvölkerhaß", in: *Literaturblatt für germanische und romanische Philologie*, 12.

Schwarz, Ernst (1950) *Die deutschen Mundarten*, Göttingen.

Seiffert, Lester W. J. (1951) "Methods and aims of a survey of the German spoken in Wisconsin", in: *Transactions of the Wisconsin Academy* 40, 201–10.

Seiler, Friedrich (1912) *Die deutsche Kultur im Spiegel des Lehnwortes*, 4 vols.

Seiler, Friedrich (1917) "Lehnübersetzungen und Verwandtes", in: *Zeitschrift für den deutschen Unterricht* 31, 241—6.

Singer, S. (1902) "Beiträge zur Vergleichenden Bedeutungslehre", in: *Zeitschrift für deutsche Wortforschung* 3, 220—37.

Wackernagel, J. (1904) "Sprachtausch und Sprachmischung", in: *Nachrichten der königlichen Gesellschaft der Wissenschaften.* Göttingen.

Wagner, Kurt (1927) *Deutsche Sprachlandschaften,* Marburg.

Weinreich, Uriel (1953) *Languages in contact,* New York.

Weisgerber, Leo (1941) *Die deutsche Sprache im Aufbau des Volkslebens,* Stuttgart.

Weisgerber, Leo (1952) *Die sprachliche Zukunft Europas,* Limburg.

Weisgerber, Leo (1966) "Vorteile und Gefahren der Zweisprachigkeit", in: *Wirkendes Wort* 16, 73—89.

Whitney, William D. (1881) "On mixture in language", in: *Transactions of the American Philological Association* 12, 5—26.

Windisch, H. (1897) "Zur Theorie der Mischsprachen und Lehnwörter", in: *Berichte der philosophisch-historischen Klasse der Sächsischen Gesellschaft der Wissenschaft* 49, 101—26.

Wrede, Ferdinand (1924) "Ingwäonisch und Westgermanisch", in: *Zeitschrift für Mundartforschung* 1, 270—84.

Michael Clyne, Clayton, Melbourne
(Australia)

59. History of Research on Pidgins and Creoles

1. Early Observations

The earliest full-length treatments of creolized languages were a grammar of Virgin Islands Creole Dutch by Joachim Magens (1770), and a dictionary and phrasebook of Java Creole Portuguese by Lodewyk Dominicus (1780), though neither addressed the question of the actual formation of these languages. — The recent discovery of the Nevill Manuscript of 19th century Ceylon Creole Portuguese (Jackson 1987) and of the Moravian Archives in Herrnhut which contain hitherto unexamined 18th C. *mss* in Creole Dutch, Sranan and Saramaccan (Gilbert 1986) promises to expand out knowledge of these early creoles. — The first writer to venture an explanation of pidginization was probably Pierre Pelleprat, who also provided one of the first specimens of Caribbean French Creole. He believed that the Africans were responsible for the changes from French in their language, and that the Europeans accommodated themselves to those changes (1655, 53). Four years later, André Chevil-

lard, writing in 1659 on the same linguistic situation, suggested just the opposite, i. e. that it was the Europeans who voluntarily corrupted their French to make it easier for the Africans to understand. — In 1830, William Greenfield, who was born in London in 1799, published his defence of the linguistic discreteness of Sranan (Suriname Creole English), against the charges by the editor of a certain theological journal that it was gibberish and a babyish lingo. In it, Greenfield proposed that the processes which gave rise to Sranan were the same as those which gave rise to any other language (1830, 48). He also provided comparative texts in Sranan and Virgin Islands Creole Dutch, followed by a lexical analysis of each. This predated Van Name's comparative study by nearly 40 years.

Wilhelm von Humboldt, in a book which appeared in 1836, advanced a number of notions about language which were to influence later creolists. Although he didn't deal with creoles at all, his concept of an inner and an outer linguistic form was applied to pidginization and creolization processes by Schuchardt, and later by Hymes. — The next writer who tried to account for what happens to languages in these situations was E. Bertrand-Bocandé, in a short description of West African Pidgin French which appeared in 1849. In the spirit of his times, he believed the 'genius' of western languages to be too remote from the 'barbarous languages of semi-savages', and saw European grammar as having been 'stripped away' ('dépouillât') by Africans, who substituted African grammar in its place. In the same year, August Fuchs, writing about Papiamentu, the Iberian creole of Curaçao, suggested that it was the result of the accommodation of non-European (specifically, Amerindian), grammatical forms to Romance languages (1849, 7). This view was accepted uncritically by the Italian linguist Emilio Teza in 1863 fourteen years later, in his own brief description of the same language.

2. Early Grammars and Theories

The person usually considered to have written the first comparative grammatical treatment of these languages was the then librarian at Yale University, Addison Van Name. In an article which appeared in 1870, he compared nine Caribbean creoles derived from four different European lexicons: Dutch, French, English and Spanish. He did not believe that there was anything exceptional about creolization, but rather that it was the same process of linguistic change found anywhere, the Romance languages growing out of Latin, for instance, but, because of social circumstances, all happening much faster. Like Greenfield, he believed that creolization involved the loss of morphology, and that since some European languages had already progressed quite far in this direction (English, or spoken French, for example), they were more susceptible to creolization than other languages which retained more complex morphologies. Hugo Schuchardt, who followed Van Name, held the same belief, though in the light of what we now know, this does not seem to be a significant criterion. Pidginized and creolized forms of languages such as Russian, Romani and Chinook have come into existence, and these have relatively complex morphosyntactic structures. — Van Name also believed that once creolization had begun, it could continue as an independent process if the lexifier language were removed from the same environment (an idea pursued by Whinnom in the 1970s); that is, it could generate new grammatical rules and vocabulary using its existing resources, in innovative combinations. Modern evidence tends to support this, and Van Name's implication that creolization would be retarded, or even reversed, if the metropolitan language remained in use alongside the creole, is today recognised by

many creolists as being an implicit condition in perhaps the majority of creole language situations. From its study have sprung the notions of decreolization and of the existence of a continuum of grammars, or sets of overlapping rules, with the creole at one end and the lexically-related metropolitan language at the other. Jespersen referred to this again in 1922, although more recently such scholars as Le Page and Hancock have questioned such a concept as being too simplistic, and have challenged also the validity of the decreolization continuum as a rationale for explaining differences among related creoles (Hancock 1987). Nevertheless, the social, cultural and educational implications of explorations in this area are coming to be recognised as central to sociolinguistic theory and, more practically, to many aspects of language planning. — Van Name did not believe that there was much non-European input into creole language formation. He acknowledged some lexical carryovers, and some mother-tongue interference in pronunciation, but he essentially saw them as having grown out of single European languages and, after separating from them, developing as isolated, self-contained systems having nothing in common except similarities in their social, ethnic and geographical formative criteria.

A year later, in contrast to this, although independently of Van Name, the Trinidadian schoolteacher John J. Thomas put forward the hypothesis that shared creole features (he was comparing a French and an English creole) were to be attributed to a common origin, probably in an African language, which had been transmitted into the various creoles by their African speakers during the acquisition process. In 1901, Hamelberg was to make the same claim for Papiamentu; this notion is another which has been rediscovered by 20th century creolists who, in the 1960s, developed the relexification hypothesis. Paul Meyer, in a review of a book by Thomas on Trinidad Creole French (1870), itself the first grammar of a French creole ever published, agreed with Van Name's point of view, i.e. that creolization was, in essence, the same kind of process which created the Romance languages out of Latin (1872, 158); he didn't believe that such languages shared any genetic link, however, but all acquired a similar core vocabulary because their speakers selected only elementary and essential words, being unfamiliar with the nuances of European thought. Despite similarities, he said, "analogies between Trinidad Creole and Mauritian Creole were not adequately accounted for by the fact that they shared the same point of departure [i. e. in the French language]".

The next writer to generalize about what he called 'mixed languages', and the first to devote a whole book to the subject, was James Cresswell Clough, in 1876. He believed that such languages resulted from contact between either "civilized and barbarous nations, or nations of an entirely different civilisation" (1876, 7). He also saw this change as coming about as a result of speakers of the 'cultivated language' having to learn and repeat the learners' errors of the 'savage' which, according to Clough, affected both structure and phonology. He dealt with several languages in his book which would not be considered creoles today, although they have 'mixed' characteristics — Maltese and Hindi are examples — but he was the first to group into one category such divergent pidgins and creoles as Chinook Jargon, Lingua Franca, Angloromani and Sranan, and was also the first to include Black English, albeit briefly, under the same heading. During the same year, Charles Godfrey Leland drew a linguistic parallel between China Coast Pidgin English and Angloromani (1876, 2); it was evident that such languages were attracting the attention of a growing number of scholars. The shared characteristics of "the various negro jargons of Guyana, of the West Indies and of Louisiana, of Chinook Jargon, etc.", also caught the attention of Albert Gatchet, in a discussion of the origins of Papiamentu (1884, 303). — Between 1880 and 1886, the Portuguese scholar Adolfo Coelho published a three-part survey in Portuguese called The Romance or neo-Latin dialects in Africa, Asia and America. This was more comprehensive than the title implied, for it made reference to a number of non-Romance-related pidgins and creoles as well. Coelho's work was valuable for several reasons: it was a comparative study, with substantial texts from a surprising number of creoles, and it provided a great many bibliographical references. Being published in a respected and learned journal helped draw academic attention to the subject, especially among Portuguese scholars, who produced a spate of works on individual Creole Portuguese languages during the following few years. — Coelho believed that features of creolization were due simply to 'arrested development'

in language acquisition, i. e. frozen learners' errors. In anticipation of Selinker and others (1972 ff), he did not consider mother-tongue interference to be significant at all: "It is fruitless to look for any influence whatsoever from Tamil or Sinhalese in Indo-Portuguese" (1880–1881, 2, 195). Smith (1979) gives clear evidence of the opposite, however. Like Meyer, Coelho saw no historical links connecting these different 'neo-Latin' languages, and shared Van Name's belief that their common features were due to the tropical, master-servant environments in which they flourished. Bos, writing at the same time, on the other hand, recognised that the creoles of the Antilles, Africa and the Indian Ocean shared even more family-like characteristics than did the modern metropolitan Romance languages (1880, 573). — Coelho's motivation for embarking upon his series of studies was essentially political; they appeared at a time when Portugal was becoming increasingly interested in its overseas territories, and while the amount of material which he published remains of value, his theoretical contribution was not as extensive as it might have been. He did, however, stimulate a number of others to take up the issue — in particular Hugo Schuchardt, a German linguist studying in Austria, and who has come to be regarded as the father of modern creole studies, for the sheer volume of material he produced over a period of thirty-five years, rather than for his ideas which, though valuable, were not always coherent. As Reinecke (1937, 21) said, "Probably no man has been so well equipped to formulate a theory of creole languages, but this he never did". He shared many of the Eurocentric attitudes of his time, and is said never to have heard a creole language actually spoken.

3. Hugo Schuchardt and Dirk Hesseling

The work of Coelho and others supported Schuchardt's 'neogrammarian' ideas about language change, viz. that such change results from the spread of features originating in individual speakers, rather than by the operation of univesally-fixed laws. At first, he dealt with all 'broken' and contact-situation languages in the same way, without distinguishing different processes in their respective formations. But as his studies progressed, he began to classify differently those which were simply imperfectly learnt and those which had developed a conventionalized structure. He called the latter 'need languages', seeing their origin primarily in trading situations, or as a result of slavery. He recognised that creole societies existed as well as creole languages, and opposed the idea, popular among some of his contemporaries, that language mixture goes hand-in-hand with racial mixture. − Schuchardt's work cannot be underestimated. In recent years it has become the subject of a number of learned debates, and has been translated into English in two separate versions. Many of the issues being 'discovered' for the first time by contemporary creolists may in fact be found, at least touched upon, scattered through Schuchardt's eclectic writings. − In a published comment on Schuchardt's theories, Anton Meillet went so far as to maintain that (French) Creole characteristics were due wholly to imperfect acquisition, and contained nothing attributable to African influence at all: "Les parlers créoles français ne sont pas du français africanisé (on n'y trouve rien d'africain), mais du français imparfait et incomplet" (1915, 167). − Lucien Adam adhered to the belief that creoles retained their speakers' indigenous grammar and phonology, but had acquired a foreign lexicon − a point of view also taken by Comhaire-Sylvain (1936) and Herskovits (1941), among others. He also believed that the grammar of such languages was more 'instinctive' (1883, 6) than that of European languages, and in the same way as Egger, four years before him, likened it to the speech of children. Some of these ideas have been developed by Bickerton (especially Bickerton 1982, 1985). A decade later, René Poyen-Bellisle reiterated the earlier notion that creolization was merely the result of "communication between men in an advanced state of civilization and men in a more primitive state" (1894, 13). − The next important figure, perhaps even more significant than Schuchardt in terms of his theoretical contributions, was the Dutch scholar Dirk Hesseling, a professor of Greek at Leiden. In a book published in 1905, he soundly refuted Poyen-Bellisle and advanced his own hypothesis that creoles owe their characteristics to the suddenness of the contact situation, and to the profusion of different languages in it, and to the fact that everyone involved was an adult, and therefore past the age of being able to learn anew. This last idea was remarkably similar to Selinker's proposed language acquisition device

(1972). Probably because it was written in Dutch, Hesseling's work remained little-known until recently when, along with that of Schuchardt, it was translated into English and as a result has become the subject of serious examination (Meijer/Muysken 1977; Markey/Roberge 1979; Gilbert 1980). − A year before the appearance of Hesseling's 1905 book, the German lecturer Jakob Wakkernagel, in a discussion of languages in contact, enlarged upon Van Name's earlier proposal (although without referring to it), *viz.* that all languages went through the same process of change in their development as did the creoles, but more slowly (1904, 108).

4. Pidgin- and Creole-Research 1900−1936

Following Hesseling, little appeared for a number of years except for some minor treatments by Winterstein (1908), and Hassert (1913), both of them Germans, writing at the time of their country's overseas expansion, and a few important studies by Schuchardt. In the 1920s, a number of other significant works appeared, notably by Vendryes (1921), Jespersen (1922) and Lenz (1926). Vendryes, a university professor in Paris, referred to creole languages in terms of their consisting of the grammar of one language and the vocabulary of another, though he conceded that the grammar of the creole was a simplified version of that of the lexifier language (1921, 295). In an important chapter in a book published the following year by Jespersen, a Dane, the opposite view was taken. He referred to such languages as makeshift or minimal forms of communication which crystallized out of the intentional simplification of European languages in contact situations. He believed that such reduced forms approximate grammatically more and more to their lexically-related source − the European language − and if they did not disappear by being thus absorbed, they would do so by falling out of use. This drift back to the source language is now referred to as decreolization, or metropolitanization (Hancock 1986a) and like creolization itself, can only take place when specific linguistic and social factors are present. Jespersen, like others before him, did not acknowledge that creolization could take place among non-European languages; even in his discussion of Chinook Wawa he maintained that the language developed only after the arrival of the European coureurs de bois. — In 1926—1927, in a four-part article (published as a book in 1928), the Chilean scholar Rodolfo Lenz wrote in some detail about his own theories of creole origins. His book remains the most extensive treatment of the Iberian-derived creole of Curaçao. Lenz acknowledged a superior-inferior social situation, with learners' errors on both sides, which fluctuated in the speech of the adults involved but which acquired more stable rules when spoken by the children in the same situation. He rejected the idea of African or other non-European grammatical carryovers, but saw parallels with them in the creoles, present because of a shared 'logic' in the two systems. This echoed Adams' belief that 'primitive' languages are somehow closer to the natural order of things, and foreran the theories of Hjelmslev, Molony and others in the mid 20th century which dealt with universal creole grammar. Significantly, Lenz mentioned the speaker's "manufactur[ing] new grammars" (1928, 43), and suggested that the Guinea Coast Creole Portuguese of the 1500s had left its mark in creoles spoken from America to Asia. — After Lenz, Carlo Tagliavini summarized much of the important work done up until 1930 in an article on creole languages in the Enciclopedia Italiana (1931), and added a few ideas of his own. He grouped creoles as a type on the basis of their shared linguistic features, and while he saw them as having developed independently of each other, he linked them in terms of the 'psychological process' which took place in the creation of each. He also referred to the maritime nature of the European involvement.

In 1933, a German geographer, Ernst Schulze, presented the first sociological discussion of pidgin and creole languages, though it was obviously written without his prior acquaintance with earlier writings in the field. He dealt with a number of languages (Chinook Wawa, Kiswahili, Tupi, Papiamentu, Mauritian Creole French, Lingua Franca, China Coast Pidgin, &c.), seeing them all as having resulted from a combination of imperfect acquisition and intentional hypocorism on the part of the 'slaves' and the 'whites' respectively. "These languages", he said, "are mostly intentionally distorted artificially primitive auxiliary languages which eschew all attempts at grammatical construction, and are not possessed of a single beautiful or clear expression" (1933, 418). He made a somewhat arbitrary distinc-

tion between 'slaves' languages' and 'servants' languages', and a rather more legitimate one between stabilized trade languages and less rigidly structured trade jargons, and saw differences of social status as being central to their formation. His writings influenced to some extent the work of Reinecke which was begun the following year and which appeared in 1935 in his University of Hawaii Master's thesis. — In the same year that Schulze's article appeared, Leonard Bloomfield's Language was published in the United States. In it, he devoted a few pages to the process of 'intimate borrowing', illustrating the results of this with examples from Tok Pisin, Sranan and Yiddish. His statement (1933, 474) that

"When the jargon [spoken by people of different linguistic backgrounds] has become the only language of the subject group, it is a creolized language. The creolized language has the status of an inferior dialect of the master's speech. It is subject to constant leveling-out and improvement in the direction of the latter",

has become the most widely paraphrased definition of creolization, particularly in non-specialist literature. Bloomfield was referring also to decreolization, and was probably the first to use the term 'de-creolize' (loc. cit.).

In 1934, the Hungarian László Göbl-Gáldi published the first modern comparative study of the Creole French dialects, the creoles which have attracted the attention of eastern Europeans most particularly. He made no attempt to discuss their origins or relationships, but agreed with Lenz that they exhibited minimal grammar. In a much later article (1949), he emphasized the importance of the study of creolization for general linguistic theory; he suggested that there was a 'general creole grammar', modified in the respective creoles by characteristics reflected from the various native substrata. — 'Suriname Folk-Lore', written by Melville Herskovits and Frances Herskovits, appeared in 1936 and was significant for the copious, carefully-transcribed texts in Sranan, and for the several pages of linguistic discussion giving overwhelming structural and phonological evidence of the shared characteristics of Sranan, Sramaccan, Jamaican, Bahamian, Gullah, Krio and West African Pidgin English. The Herskovits' rather weak conclusion, however, was merely that they were "all languages exhibiting, in varying degress of intensity, similar African constructions and idioms, though employing vocabulary that is predominantly

European" (1936, 134). Nevertheless this book, reissued in 1969, was the first extended comparative treatment of the anglophone Atlantic creoles.

5. John Reinecke and Robert A. Hall

A year later John Reinecke's mammoth dissertation completed at Yale was presented, and while much of the information it contained may be found in the section -introductions throughout his later bibliography of pidgins and creoles (Reinecke et al. 1975), it remains by far the most thorough and comprehensive source of social and historical reference to date. In it, he included a detailed summary of the work of most of the major scholars up to the mid 1930s, and his own breakdown of types of 'marginal languages' — ten in all. He dealt with the concept of standard language in its relationship to the various marginal languages, and with the role of church, school and nationalism in the development of such languages. He also dealt at length with a number of specific languages, and included the most comprehensive bibliography until that time. — Contemporary with John Reinecke were Louis Hjelmslev and Jules Faine, the former a Dane, the latter a Haitian. Hjelmslev dealt not with any particular language but, in two articles published in the same year (1939 a, 1939 b), put forward the notion that creole grammar was 'optimal'; in their formation, all creoles reordered their grammars to conform to a universal, minimally adequate, structure. He rejected the idea that creoles have 'exotic grammars grafted onto European vocabularies' (cf. the approaches of Adams, Herskovits. &c.), instead seeing their characteristics as having no structural break ('rupture à la tradition') with their lexifier languages, and all being ultimately from them. — Faine wrote the first comprehensive description of Haitian Creole French, though from a Eurocentric perspective, attributing its characteristics to Norman French and the cosmopolitan speech of the early freebooters. He believed, like Tagliavini and Reinecke, that the nautical element was significant, and it is because of this that his otherwise unspectacular work is important. He wrote of the existence of a 'patois nautique' (1937, 17) which was already being spoken before the creole, and out of which the creole grew. This was later challenged for the French creoles by Goodman (1964, 128), but was developed

for them by Hull (1979), and for the English creoles by Hancock (1969), who, in the same paper, laid the groundwork for his domestic hypothesis (also 1972, 1986).

Robert A. Hall Junior's first article on Melanesian Pidgin English (now called Tok Pisin) appeared in 1942; a year later it was followed by a full-length grammar of the same language. Since then, he has produced over fifty creole-related articles and, in 1966, published the first book-length treatment of the subject. His theoretical stand has been unbendingly polygenetic, i. e. that each pidgin has developed independently of the others. Like Coelho, he sees their similarities as being due to their having developed in similar social and geographical environments. He also follows Hjelmslev in tracing the essential grammatical elements in the pidgins and creoles to their lexifier languages, to the extent that he can call Haitian Creole French a 'North Gallo-Romance language'. Hall's theoretical stance has not changed radically in forty years. His sometimes outspoken championing of pidgin languages has to some extent enhanced the academic and political acknowledgement of them. The principal advocate of Hall's approach during the 1950s was Sommerfelt, who shared his views on genetic affiliation, although he made no contributions of his own (1958). Hall's cyclic theory (1962), viz. that 'normal' languages — Hall's term — can become pidgins, which can become creoles, which can decreolize back towards the lexifier language and thereby have become 'normal' again (and susceptible once more to pidginization), has also become widely accepted. A number of later scholars, however, such as Valdman (1977) have discussed the possibility that pidginization may not necessarily be a prior requisite for creolization.

6. The 1. International Creole Conference

It was in the same decade, in March and April, 1959, that the first international creole conference was held (in Jamaica), and creole studies became recognized as a discrete discipline. Hall (1962, 155—156) wrote that "a major purpose of the First Conference on Creole Languages ... was to provide backing for the supporters of creole languages in their efforts to overcome official and unofficial hostility, based on social prejudices". The conference may certainly have rung a change here, but it was equally, and perhaps more, significant in that it brought together a number of scholars who, until that time, had not really felt that they were working in a common area. Several of the scholars who attended the 1959 conference became the first generation 'founding fathers' of the post-war period, and it is upon their work that much modern research rests. The development of creole studies since that time has been adequately documented and need not be discussed here; the present overview of the earlier years may be supplemented by consulting DeCamp (1968, 1971, 1977), Hall (1968) and Bickerton (1976), as well as any of several more recent anthologies (such as Valdman/Highfield, 1980). — The 1950s saw Hall's work stimulate the research of a number of others. Douglas Taylor worked with Dominican Creole French, and argued strongly in favour of the relexification hypothesis: this stated that creoles of all European lexical bases originated in a Portuguese pidgin (an idea first suggested by Hesseling in 1905), but because of later contact with other European nations, the originally Portuguese-derived words were replaced by words from e. g. Dutch, English or French, while the structure remained essentially unaltered. Other champions of the relexification hypothesis were Thompson (1961), Stewart (1963) and Whinnom (1965), the latter suggesting that the Portuguese pidgin itself derived from the earlier Lingua Franca. The idea that another linguistic system underlies and unites the Atlantic creoles — the substrate-diffusionist hypothesis — has been referred to in the writings of Thomas (1870), Vendryes (1925), Stoney/Shelby (1930) and Lichtveld (1954). The relexification hypothesis has been challenged more recently by Hancock (1969) and Alleyne (1971), but continued to be argued for by Voorhoeve (1973). The substratist position has been most vigorously challenged by the universalists (cf. the earlier works of Tagliavini, Hjelmslev and Molony) whose chief exponent is Derek Bickerton (1981; 1984). — Robert B. Le Page heads the ongoing Linguistic Survey of the Caribbean, from which have come extensive areal, structural and textual studies. Le Page is one of the most convincing and outspoken opponents of the universalist approach to creole language origins; more recently he has developed a theory of creolization based upon individual speakers' social self-perceptions (Le Page/Tabouret-Keller, 1985). With

Bailey (1966), Cassidy (1961; 1967) and De-Camp (1961), he laid the groundwork for the scientific description of Jamaican Creole. DeCamp produced several articles on this language, but is better remembered now for his contributions to a theory of language variability and the post creole continuum (1964; 1971 a; 1971 b), first dealt with three decades earlier by Reinecke/Tokimasa (1934), and later pursued from different perspectives by Labov (1971), Bickerton (1975; 1981) and Washabaugh (1979). Frederic Cassidy's work has dealt in particular with lexical and historical aspects of Jamaican. In 1961 he presented a paper suggesting a West African origin for the western hemisphere creoles, a possibility alluded to by Krapp (1925, 253), who maintained that "it is not improbable that the English of the original Gullah negroes was a kind of Pan-African English, used all along the slave coast". Cassidy sought to establish an African origin not only for Gullah, but for "all the English-African pidgins and creoles that have since come into existence" (1961 a, 268). The Portuguese element in those creoles he saw as adoptions from a coexisting Guinea Coast Portuguese pidgin rather than remnants of an incomplete relexification of it. He later argued for Barbados as the central distribution point in the western hemisphere for the anglophone Atlantic creoles (1975; 1980), which debate he has maintained with Hancock (1980) in a series of articles since then. Goodman (1987) has more recently revived the argument that the anglophone creoles of the Atlantic area have an ultimately Caribbean origin. This has been challenged by Hancock (1986; 1987) who has developed arguments supporting a West African origin for the creolization process, and who has proposed the 'componential' approach to explaining features shared by creoles in this group, and to account for some of the aspects of what has traditionally been seen as decreolization.

7. Perspectives

The work of Bickerton has received attention in recent years for the support it gives to the notion of universal creole structure and its latent existence in the brain. Examining data from an article by Mahmud (1976) on Juba Arabic Pidgin, he demonstrated that this language shared the grammar of its verbal system with historically and geographically unrelated creoles elsewhere (Haitian Creole

French, Sranan, Guyanese Creole English and Hawaiian Creole English). He has subsequently refined this into the 'bioprogram hypothesis' (1982). — Since the rise of Black consciousness in the 1960s and 1970s, questions regarding the origins of Black English in the USA have received a great deal of attention. Because of its obvious connection with creole languages, and because it is a phenomenon directly concerning the United States, creole studies, now sometimes called creolistics, received considerable impetus in that country. Most work continues to focus upon those having an English-derived base, though work is also in progress on creoles of other European lexical derivation. There have been brief treatments of non-European-related pidgins and creoles in the past, but proper acknowledgement of these and their importance to general creole theory has still to be exploited. The work of e. g. Polomé, Samarin, Silverstein, Wurm and others is making progress in this direction. — The possibility that English, Germanic, and other 'traditional' categories may also have undergone creolization during their development has also been addressed, and while such claims have not always gone unchallenged, the fact that they have been seriously proposed is an indication of an increasing recognition of the universality of the creolization process (cf. Huntsman/Bailey/Maroldt, &c.). Acceptance of the significance of the field to the understanding of language origin, change and classification can now no longer be held in question.

8. Literature (selected)

Adam, Lucien (1883) *Les idiomes négro-aryen et maléo-aryen. Essaie d'hybridologie linguistique*, Paris.

Alleyne, Mervyn (1971) "Acculturation and the cultural matrix of creolization", in: *Pidginization and creolization of languages*, Hymes, D., ed., Cambridge, 169—186.

Bailey, Beryl (1966) *Jamaican Creole syntax: a transformational approach*, Cambridge.

Bailey, Charles James/Maroldt, Karl (1976) "The French lineage of English", in: Meisel, J., ed., *Pidgins — Creoles: Languages in contact*, Tübingen, 21—53.

Bertrand-Bocandé, Edouard (1849) "Notes sur la Guinée portugaise ou Sénégambie meridionale", in: *Bulletin de la Société de Géographie* 3rd ser., 12, 57—93.

Bickerton, Derek (1973) "Inherent variability and variable rules", in: *Foundations of Language* 7, 457—492.

Bickerton, Derek (1975) *Dynamics of a creole system*, Cambridge.

Bickerton, Derek (1976 a) "Pidgin and creole studies", in: *Annual Review of Anthropology* 5, 169—193.

Bickerton, Derek (1976 b) "Creole tense-aspect systems and universal grammar", in: Cave, G., ed., *New directions on Creole studies*, Georgetown. no pagination.

Bickerton, Derek (1981) *Roots of language*, Ann Arbor.

Bickerton, Derek (1984) "The language bioprogram hypothesis", in: *Behavioral and brain sciences* 7, 173—221.

Bloomfield, Leonard (1933) *Language*, London.

Bos, Alphonse (1880) "Note sur le créole que l'on parle à l'Ile Maurice, ancienne île de France", in: *Romania* 9, 571—578.

Cassidy, Frederic (1961 a) "Toward the recovery of early English-African pidgin", in: *Symposium on multilingualism: Second meeting of the Inter-African Committee on Linguistics*, Brazzaville, 267—277.

Cassidy, Frederic (1961 b) *Jamaica talk*, London.

Cassidy, Frederic (1980) "The place of Gullah", in: *American Speech* 55, 1, 3—16. (Originally presented at the Honolulu Conference on Pidgin and Creole Languages, January 1975).

Cassidy, Frederic/Le Page, Robert B., eds., (1967) *Dictionary of Jamaican English*, Cambridge. 2nd edn. 1980.

Chevillard, André (1659) *Les desseins de son éminence de Richlieu pour l'Amérique*, Rennes.

Clough, James C. (1876) *On the existence of mixed languages*, London.

Coelho, Francisco A. (1880—1886) "Os dialectos romanicos ou neo-latinos na África, Ásia e América", in: *Boletim da Sociedade de Geographia de Lisboa* 2, 129—196 (1880—1881), 3, 451—478 (1882), 6, 705—755 (1886). Reprinted in *Estudos lingüísticos crioulos*, Morais-Barbosa, J., ed., Lisbon (1967), 1—234.

Comhair-Sylvain, Suzanne (1936) *Le créole haitien, morphologie et syntaxe*, Wetteren.

DeCamp, David (1961) "Social and geographical factors in Jamaican dialects", in: *Creole Language Studies* 2, 61—84.

DeCamp, David (1964) "Creole language areas considered as multilingual communities", in: *Symposium on multilingualism: Second Meeting of the Inter-African Committee on Linguistics*, Brazzaville, 227—232.

DeCamp, David (1968) "The field of creole language studies", in: *Latin America Research Review* 3, 3, 25—46.

DeCamp, David (1971 a) "The study of pidgin and creole languages", in: *Pidginization and creolization of languages*, Hymes, D., ed., Cambridge, 13–39.

DeCamp, David (1971 b) "Toward a generative analysis of a post-creole speech continuum", in: *Pidginization and creolization of languages*, Hymes, D., ed., Cambridge, 349–370.

DeCamp, David (1977) "The development of pidgin and creole studies", in: *Pidgin and creole linguistics*, Valdman, A., ed., Bloomington, 3–20.

Dominicus, Lodewyk (1780) *Nieuwe woordenschat uyt het Nederduitsch in het Maleidsch en Portugeesch ... te Batavia*, Batavia.

Edwards, Bryan (1736) *The history, civil and commercial, of the British colonies in the West Indies*, London.

Egger, Émile (1879) "Observations et réflexions sur la développement de l'intelligence et du langage chez les enfants", in: *Compte rendue de l'Académie des Sciences Morales et Politiques*, Paris, 1–72.

Faine, Jules (1937) *Philologie créole: Études historiques et etymologiques sur la langue créole d'Haïti*, Port-au-Prince.

Feist, Sigmund (1928) "Die Ausbreitung des indogermanischen Sprachstammes über Nordeuropa in vorgeschichtlicher Zeit", in: *Wörter und Sachen* 11, 29–53.

Fuchs, August (1849) *Die romanischen Sprachen*, Halle.

Gilbert, Glenn (1980) *Pidgin and creole languages: Selected writings by Hugo Schuchardt*, Cambridge.

Gilbert, Glenn (1986) "Creole holdings in the Herrnhut archives", in: *The Carrier Pidgin* 14 (1), 2–3.

Göbl-Gáldi, László (1934) "Esquisse de la structure grammaticale des patois français-créoles", in: *Zeitschrift für französische Sprache und Literatur* 58, 257–295.

Göbl-Gáldi, László (1949) "De l'importance des parlers français-créoles pour la linguistique générale", in: *Actes du 6ème Congrès International des Linguistes*, Paris, 307–315.

Goodman, Morris (1964) *A comparative study of the Creole French dialects*, The Hague.

Goodman, Morris (1987) "The Portuguese element in the New World creoles", in: *Pidgin and creole languages: Essays in memory of John E. Reinecke*, Gilbert, G., ed., Honolulu.

Greenfield, William (1830) *A defence of the Surinam Negro English version of the New Testament*, London.

Hall, Robert A., Jr. (1942) "Two Melanesian Pidgin texts", in: *Studies in Linguistics* 1, 6, 1–4.

Hall, Robert A. Jr. (1943) *Melanesian Pidgin English: Grammar, texts, vocabulary*, Baltimore.

Hall, Robert A. Jr. (1962) "The life-cycle of pidgin languages", in: *Lingua* 11, 151–156.

Hall, Robert A. Jr. (1966) *Pidgin and creole languages*, Ithaca.

Hall, Robert A. Jr. (1968) "Creole linguistics", in: *Current trends in linguistics* 4, 361–371.

Hancock, Ian (1969) "A provisional comparison of the English-derived Atlantic creoles", in: *Sierra Leone Language Review* [= *African Language Review*] 8, 7–72.

Hancock, Ian (1972) "A domestic origin for the English-derived Atlantic creoles", in: *The Florida Foreign Language Reporter* 10, 1/2, 7, 8, 52.

Hancock, Ian (1980) "Gullah and Barbadian: Origins and relationships", in: *American Speech* 55, 1, 17–35. (Originally presented at the Honolulu Conference on Pidgin and Creole Languages, January 1975)

Hancock, Ian (1986) "The domestic hypothesis, diffusion and componentiality: an account of Atlantic anglophone creole origins", in: *Proceedings of the Workshop on Universals vs. Substrata in Creole Genesis*, Smith, N., Muysken, P., eds., Amsterdam, 1–102.

Hancock, Ian (1987) "A preliminary classification of the anglophone Atlantic creoles, with syntactic data from 33 representative dialects", in: *Pidgin and creole languages: Essays in memory of John E. Reinecke*, Gilbert, G., ed., Honolulu.

Hassert, Ernst (1913) *Allgemeine Verkehrsgeographie*, Berlin.

Herskovits, Melville (1941) *The myth of the Negro past*, New York.

Herskovits, Melville/Herskovits, Frances (1936) *Suriname folk-Lore*, New York, Reissued 1969.

Hesseling, Dirk (1905) *Het Negerhollands der Deense Antillen*, Leiden.

Hjelmslev, Louis (1939 a) "Caractères grammaticaux des langues creoles", in: *Congrès International des Sciences Anthropologiques et Ethnologiques*, Copenhagen, 373.

Hjelmslev, Louis (1939 b) "Etudes sur la notion de parenté linguistique: Relations de parenté des langues créoles", in: *Revue des Études Indo-Européennes* 2, 271–286.

Hull, Alexander (1979) "On the origin and chronology of the French-based creoles", in: *Readings in creole studies*, Hancock, I., ed., Ghent, 201–216.

Humboldt, Wilhelm von (1836) *Ueber die Verschiedenheit des menschlichen Sprachbaues und ihren Einfluß auf die geistige Entwicklung des Menschengeschlechts*, Berlin.

Huntsman, Jeffrey F. (1976) "Celts and Saxons: creolization and syntactic change in historical linguistics", in: *Lektos*, November, 79–92.

Hymes, Dell, ed., (1971) *Pidginization and creolization of languages*, Cambridge.

Jackson, David (1987) "The Nevill Manuscript: A 19th Century source for Srilankan Creole Portugese", in: *The Journal of Creole and Pidgin Linguistics* 1 (2).

Jespersen, Otto (1922) *Language: Its nature, development and origin*, London.

de Josselin de Jong, Jan, P. B. (1926) "Het huidige Negerhollandsch (texten en woordenlijst)", in: *Verhandelingen der Koninklijke Akademie* n. s., 26, 1, 1–124.

Krapp, G. P. (1925) *The English language in America*, New York.

Labov, William (1971) "The notion of 'system' in creole studies", in: *The pidginization and creolization of languages*, Hymes, D., ed., Cambridge, 447–472.

Lenz, Rodolfo (1928) *El Papiamento, la lengua criolla de Curazao (la grammática más sencilla)*, Santiago.

Leland, Charles G. (1876) *Pidgin English sing-song*, London.

Le Page, Robert B./Tabouret-Keller, Andree (1985) *Acts of identity*, Cambridge.

Lichtveld, Lou (1954) "Enerlei creools?", in: *West Indische Gids* 35, 59–71.

Magens, Joachim M. (1770) *Grammatica over det Creolske Sprog*, Copenhagen.

Mahmud, Ushari A. (1976) "New evidence for the natural tense-aspect system of creoles: the case of Arabic Creole (Juba)", (unpublished term paper), Georgetown University, Washington.

Markey, Tom/Roberge, Paul T., eds., (1979) *On the origin and formation of creoles: A miscellany of articles by Dirk Christiaan Hesseling*, Ann Arbor.

Meijer, Guus/Muysken, Pieter (1977) "On the beginnings of pidgin and creole studies: Schuchardt and Hesseling", in: *Pidgin and creole linguistics*, Valdman, A., ed., Bloomington, 21–45.

Meillet, Anton (1915) "Réponse à Schuchardt 'Zur methodischen Erforschung der Sprachverwandtschaft 2' ", in: *Bulletin de la Société de Linguistique de Paris*, 165–168.

Meyer, Paul (1872) Review of *The theory and practice of creole grammar*, Thomas, John J., Port of Spain, 1869, in: *Revue Critique* n. s., 6, 156–158.

Molony, Carol (1970) *Processes of Philippine Creole Spanish lexical change*. Privately-circulated monograph, Stanford.

Moore, Francis (1734) *Travels in the inland parts of Africa*, London.

Pelleprat, Pierre (1655) *Relation des missions de Pierre Pelleprat de la Compagnie de Jesus dans les îles et dans la terre firme de l'Amérique méridionale*, Paris.

Polomé, Edgar (1971) "The Katanga (Lubumbashi) Swahili creole", in: *The pidginization and creolization of languages*, Hymes, D., ed., Cambridge, 57–60.

Poyen-Bellisle, René de (1894) *Les sons et les formes du créole dans les Antilles*, Baltimore.

Reinecke, John (1935) *Language and dialect in Hawaii*, (unpublished M. A. thesis), University of Hawaii, Honolulu.

Reinecke, John (1937) *Marginal languages: A sociological survey of the creole languages and trade jargons*, (unpublished doctoral dissertation), Yale University, New Haven.

Reinecke, John et al., eds., (1975) *Bibliography of pidgin and creole languages*, Honolulu.

Reinecke, John/Tokimasa, Aiko (1934) "The English dialect of Hawaii", in: *American Speech* 9, 48–58, 122–131.

Samarin, William (1967) *A grammar of Sango*, The Hague.

Sayer, Edgar (1944) *Pidgin English*, Toronto.

Schuchardt, Hugo (1882–1891) *Kreolische Studien*, Vols 1–9, Vienna.

Schuchardt, Hugo (1914) "Zum Negerholländischen von St. Thomas", in: *Tijdschrift voor Nederlandsche Taal- en Letterkunde* 33, 123–135.

Schulze, Ernst (1933) "Sklaven- und Dienersprachen", in: *Sociologus* 9, 377–418.

Selinker, Larry (1972) "Interlanguage", in: *International Review of Applied Linguistics in Language Teaching* 10, 201–231.

Silverstein, Michael (1972) "Chinook Jargon: Language contact and the problem of multilevel generative systems", in: *Language* 48, 378–406, 596–625.

Smith, Ian R. (1979) "Convergence in South Asia: A creole example", in: *Lingua* 48, 193–222.

Sommerfelt, Alf (1958) "Sur le rôle du substrat dans l'évolution d'une langue créole", in: *Omagiu Iordan* 1958, 815–817.

Stewart, William A. (1963) *Relexification as a factor in the evolution of creole languages*, (paper presented before the Linguistic Society of America, December 1963) Chicago.

Stoney, Samuel/Shelby, Gertrude (1930) *Black genesis*, New York.

Tagliavini, Carlo (1931) "Crèole, lingue", in: *Enciclopedia italiana di scienze, lettere ed arti*, Vol. 11, 833–835, Milano.

Taylor, Douglas (1957) "Spanish contact vernaculars in the Philippine Islands", in: *Word* 13, 489–499.

Taylor, Douglas (1963) "The origin of the West Indian creole languages: Evidence from grammatical categories", in: *American Anthropologist* 65, 800–814.

Teza, Emilio (1863) "Il dialetto curassese", in: *Politecnico*, 11, 342–352.

Thomas, John J. (1869) *The theory and practice of creole grammar*, Port of Spain.

Thomas, John J. (1870) "Creole philology", in: *Trübner's American and Oriental Literary Record* for December 1st, 57—58.

Thompson, Robert W. (1961) "A note on some possible affinities between the creole dialects of the Old World and those of the New", in: *Creole Language Studies* 2, 107—113.

Valdman, Albert (1977) "Créolisation sans pidgin: Le système des déterminantes du nom dans les parlers franco-créoles", in: *Pidgins — creoles: Languages in contact*, Meisel, J., ed., Tübingen, 105—136.

Valdman, Albert/Highfield, Arnold, eds., (1980) *Theoretical orientations in creole studies*, New York.

Van Name, Addison (1869—1870) "Contributions to creole grammar", in: *Transactions of the American Philological Association* 1, 123—167.

Vendryes, Joseph ([French 1921] 1925) *Language: a linguistic introduction to history*, New York.

Voorhoeve, Jan (1973) "Historical and linguistic evidence in favour of the relexification theory in the formation of creoles", in: *Language in Society* 2, 133—145.

Wackernagel, Jakob (1904) "Sprachtausch und Sprachmischung", in: *Nachrichten von der Königl. Gesellschaft der Wissenschaften zu Göttingen* 1904, 26—43.

Washabaugh, William (1979) "On the sociality of creole languages", in: *The genesis of language*, Hill, K., ed., Ann Arbor, 125—139.

Whinnom, Keith (1965) "The origin of the European-based creoles and pidgins", in: *Orbis* 14, 509—527.

Winterstein, Franz (1908) *Die Verkehrs-Sprachen der Erde*, Frankfurt.

Wurm, Stephen A. (1964) "Motu and Police Motu: A study in typological contrasts", in: *Papers in New Guinea Linguistics* 2, Canberra.

Ian Hancock, Austin, Texas (USA)

V. Neighbouring and Auxiliary Disciplines
Nachbar- und Hilfswissenschaften

60. Psycholinguistics

Whereas sociolinguistics investigates the interaction of social factors, varying largely in space and time, with language knowledge and language use in individuals and groups, psycholinguistics is concerned with the general, intraindividual aspects of the human language faculty in language processing in real time. This faculty is assumed to have a modular structure. It consists of a number of autonomous but interacting components: linguistic knowledge as represented by the grammar of a particular language and systems for the production, comprehension, and acquisition of language. The major concern of present day psycholinguistics is to characterize the precise structure of these different components and to determine the details of their interaction. Research focuses on the universal properties of the components and the principled and limited variations they undergo when they enter into contact with a particular language. Recently, the question of why human languages and the language processor take the form they do has become a central issue. The characterization of the notion "possible human language" is studied in connection with the notions of "parsability" and "learnability" (Berwick/Weinberg 1984). More specifically, the question is whether particular properties of human languages are derivable from properties of the human language processor or vice versa (Frazier 1985; Crain/Fodor 1985). The question of how the components of the human language faculty are physically represented in the brain is the subject matter of neurolinguistic research.

1. Language Acquisition

1.1. The Problem

The general problem that the language learning child has to solve is to discover the principles that, in his language, determine the relationship between sound and meaning (the "projection problem"). Present-day research focuses on the following two questions:

(1) What kinds of knowledge must the child acquire when learning a language?
(2) How does the child succeed in acquiring this knowledge?

With respect to the first question at least two different kinds of knowledge have to be distinguished. First, linguistic knowledge proper: that is, knowledge that relates to the phonology, morphology, syntax, and semantics of the language to be learned. Depending on the linguistic model that is assumed to represent adult knowledge, different assumptions are made both about what must be learned and about the learning mechanisms involved (see for example Pinker 1984 based on Lexical Functional Grammar, Berwick 1985, Hyams 1986 based on the theory of Government and Binding, Fodor/Crain 1987 based on Generalized Phrase Structure Grammar). Second, the child has to learn how to put linguistic knowledge to use, both in comprehension and in production. Again, as in the case of linguistic knowledge, this problem cannot be studied independently of a theory of adult language use.

The question of how the child succeeds in acquiring the knowledge of his language constitutes the core problem of acquisition research. In its most general form it is the object of Learnability Theory, which investigates how human languages can be acquired under particular conditions of input, assumptions about the nature of the object to be learned, capacities of the child, time, etc. (Pinker 1979; Wexler/Culicover 1980; Atkinson 1986; Morgan 1986; Osherson/Stob/Weinstein 1986). Regarding the actual acquisition process the two principal questions are:

(a) What does the child bring to the task of language acquisition, that is, what types of knowledge and capacities (e. g. learning mechanisms) characterize the initial state of language development?

(b) What data are available to the child for use in achieving adult competence?

Theories of language acquisition differ mainly in how they answer these questions. The characterization of the initial state of language development has especially far-reaching theoretical and empirical consequences: the more language-related initial knowledge is attributed to children, the less they will have to acquire on the basis of experience, and conversely.

There is strong evidence that language acquisition is at least partially genetically determined (for an overview see Gleitman 1984; Lenneberg 1967). First, every normal child acquires language in approximately the same time frame, regardless of the language being learned. Second, the faculty to do so seems to be very robust: It is probably not crucially affected by severe disturbances of the internal or external environment of the language learning child. For example, it has been shown that children with Down's Syndrome acquire language in much the same way as normal children, although slowly and often to a more limited extent. Similarly, language learning in blind children is not substantially different from language learning in sighted children (Landau/Gleitman 1985; although see also Andersen/Dunlea/Kekelis 1984), nor is sign language acquired differently by deaf children than is oral language by hearing children (Newport/Meier 1986). Children also seem to have no problems with simultaneous exposure to more than one language (Gleitman 1984).

A third source of evidence for a genetic predisposition for language is that there seems to be a 'critical period' for acquisition. This is related to such maturational processes in the brain as hemispheric specialization (e. g., the lateralization of the speech areas in the left hemisphere), which is completed at about age five and after which normal language development is no longer possible. Evidence for this comes from children who have undergone brain surgery in the speech area (Goodman/Whitaker 1985) and from the feral child Genie who had practically no language exposure until age 13 ½ (Curtiss 1977). The linguistic abilities of these children, especially in the domain of syntax, never reach normal levels (Obler 1985).

Finally the language faculty is also species-specific: Only humans acquire language spontaneously. Results of attempts to teach sign language or language-like symbol systems to apes have not been conclusive. After appropriate training, apes seem to be able to make use of symbols, that is, they establish sign-referent relationships, but they do not develop anything like the level of syntactic representation that has to be considered the defining property of any human language (Stalke 1980).

These findings indicate strongly that the child's mind is not a "tabula rasa" that acquires language through a behavioristic stimulus-response mechanism, general across all kinds of learning, but that it is especially equipped for this task (see the classic review of Skinner's 'Verbal Behavior' by Chomsky 1959). It is therefore commonly assumed that in the beginning of the acquisition process the child makes use of some kind of preanalysis of mental representations of linguistic and non-linguistic input. According to this view presumably innate perceptual and conceptual categories needed for the child's analysis are identifiable in the input on the basis of low-level information easily available to the child. Consider linguistic input. Studies in early speech preception have shown that prelinguistic infants can already extract relevant acoustic information, e. g., intonation, stress, and timing, from the speech wave, and use it to segment and categorize the input in an adult-like and language-specific way. The basic units of this representation are the syllable and the word. Another such primitive is information about the order of elements in the input (Macken 1986; Menyuk/Menn/Silber 1986).

As for non-linguistic input, the basic units of representation include concepts of objects, actions, events, space, temporality, causality, and so on. Some consider these units to be derivative, as in Piaget's theory of cognitive development, where they are the result of the child's interaction with the environment (Piaget 1954). However other investigators consider these primitives to be innately specified (Fodor 1975; see Mandler 1983 for a discussion of the development of children's representational capacities).

It is widely held that the language-learning child is able to infer at least part of the meaning of an utterance he hears from the meanings of already-acquired individual words, and from a representation of the concomitant non-linguistic speech situation. In consequence, meaning-utterance pairs constitute the proper input to the learning mechanism. The first operations of this mechanism result in tentative mappings of elements of the meaning representation onto elements of the utterance representation, yielding, for example, for the input sentence 'John eats cake' a thematic structure like 'agent − action − theme'. This type of representation is considered to underlie the child's first generalizations about the syntactic structure of the input language (Brown 1973; Braine 1976; Marantz 1982). A necessary assumption behind this view, known as the Semantic Bootstrapping Hypothesis, is that there exist at least some correspondences between the meanings of linguistic elements and relations between them and the grammatical categories and relations that are needed to characterize adult linguistic knowledge. The task of the child then consists of inferring the structure of the target language by relying on this correspondence. There are basically two different approaches to how this process should be conceived: an input-driven one and an innatist one.

1.2. Input-Driven Approaches

The input-driven approach assumes that the grammatical properties of the target language can be inferred from the input using appropriate learning mechanisms. Maratsos/Chalkley (1980) have conceived a model that takes as input sequential, phonological, and semantic representations of utterances as well as non-linguistic contextual information. Distributional analyses are performed over these sources of input, yielding cooccurrence patterns of specific items that define syntactic categories like 'noun' and 'verb'. For example 'X' in the contexts '-ing' (Progressive), '-ed' (Past), '-s' (3rd Person Singular) is identified as a verb.

Other approaches that rely strongly on distributional correlations between linguistic and non-linguistic input are those by Bates/MacWhinney (1982) and Slobin (1986); social interactionist models like those of Bruner (1975) and Greenfield/Smith (1976) are based on a similar approach.

Based on detailed developmental studies of more than a dozen languages, Slobin (1986) has proposed a set of analytical principles ('Operating Principles') that are part of the child's endowment prior to any linguistic experience which determine the initial process of segmentation and categorization and the mapping between linguistic forms and meanings. For example the Operating Principle "STORAGE: WORD CLASSES" directs the child to do three things: "Store together as a class all words (phonological speech unit and meaning) that co-occur with a given functor. Store together as a class words that co-occur with the same group of functors across utterances. Try to systematize word classes on semantic grounds, forming prototypes and looking for common features." (Slobin 1986, 1191). Several of the Operating Principles can be considered parsing devices that incorporate knowledge about distributional and other regularities in human languages. By stipulating certain procedures, the Operating Principles act as constraints on how the child identifies the principles of the form/meaning relations in the language to be learned.

These predominantly input-driven acquisition models are faced with two major problems with respect to how the grammar of the target language can be attained. First, inductive, distributionally-based learning procedures that are not sufficiently constrained will often allow for multiple analyses of the input (Pinker 1984). That is, the input data are indeterminate with respect to a particular grammar. Under the assumption that the speakers of a particular language have internalized approximately the same linguistic knowledge, the question arises how children invariably end up with the same grammar. The second problem concerns the abstract nature of the grammatical constructs assumed by certain theoretical approaches to grammar. It has been claimed (Chomsky 1981) that concepts like "structure dependency", "empty category", "c-command", and so on, are necessary to explain the native speaker's linguistic knowledge, but that they cannot be derived from the input because they have no obvious perceptual or semantic correlates. That means that the linguistic knowledge to be acquired is underdetermined by the input data. How, then, can this abstract knowledge be acquired at all?

1.3. Innatist Approaches

Together with the observation that there are innumerable errors that one would expect children to make but that in fact never show up, these considerations have led to the assumption that children must be equipped with some kind of a priori linguistic knowledge that constrains their hypotheses about the target language but that, at the same time, allows for observable cross-linguistic variations in the structure of languages.

A number of approaches to language acquisition have thus incorporated a more or less rich innate linguistic component based on specific grammatical models (see Pinker 1984; Culicover/Wilkins 1984; Fodor/Crain 1987). These share the approach of Chomsky (1965) as a common ancestor. In present versions, Chomskian approaches postulate a Universal Grammar that characterizes the language faculty of the child at the initial stage of language acquisition (Chomsky 1986). Universal Grammar consists of principles relevant to various subsystems of the language. Each principle may be parameterized; it can take one of a small number of values. On the basis of linguistic data easily available to him, the child fixes each parameter in turn. Each parameter defines a specific property of a possible target language. For example, the position of the head of a syntactic constituent, left- or right-most in its phrase, is one of such parameters. The parameters thus limit the number of hypotheses about the grammar of the target language that the child can formulate.

The specific form of the linguistic knowledge of the adult state is considered to be the result of the interaction of the language faculty with other cognitive systems. 'Learning' in the nativist framework thus consists of the child's identification, from a set of pregiven candidates, of those parameter values that define the grammar of his language. In contrast, 'learning' in a non-nativist framework means the construction of grammatical categories and relations from perceptual properties of the input.

1.4. Developmental Questions

Obviously there is a steady quantitative increase over time in the child's knowledge of language, e. g., in his vocabulary. An important theoretical question is whether this knowledge changes qualitatively as well as quantitatively. That is, are the categories and principles that underlie the child's linguistic knowledge consistently the same as those of the adult, or are they at some point different?

1.4.1. Continuity vs Discontinuity

Under the assumption of strict continuity at every point in development, the child's grammar will be a possible subset of the adult's grammar using the same formal categories (Pinker 1984). A weaker continuity hypothesis assumes that, although the child's grammar uses the same formal categories as the adult's, it may include at some stage of development generalizations that lead to structures that are ungrammatical in the language to be learned, but that constitute a valid option in some other language.

An alternative view allows for discontinuity: the child's linguistic representations may be based on categories and principles that are qualitatively different from those of the adult, e. g. semantic categories (Braine 1976; MacNamara 1982). The source of the discontinuities is generally assumed to be the learning mechanisms. That is, they are supposed to be biased towards particular solutions of the projection problem prior to any exposure to linguistic data. This bias may be either linguistic or cognitive. Thus, as an example of a linguistic bias, in the parameter-setting model the child may, in the absence of the relevant triggering data, initially fix a given parameter in a different way than it is ultimately fixed in the target language. Data will be necessary to signal that a resetting is needed (Hyams 1986). It has been suggested, in fact, that the values of a given parameter are ordered, in the sense that one of these values constitutes the 'default' value, in all languages. For example, Hyams (1986) assumes that all children start with the assumption that their languages allow null subjects, children learning Italian and Spanish, which do, and children learning English, which does not. The child learning English must therefore at some later point of his linguistic development discover the correct option for his language.

A mainly cognitive bias is exemplified in Slobin (1986). Slobin assumes that the child is biased to linguistically encode first those meanings which enter into the representations of "prototypical situations". These core semantic notions, together with the application of a basic set of the above-mentioned Operating Principles, result in a "Basic Child Grammar". That is, Slobin postulates that during the initial stages of the acquisition process the linguistic representations of children learning widely different languages are very similar with respect to the form-meaning associations they realize. Subsequent restructuring in the direction of the specific semantic and syntactic structures of the target language is thus necessary.

The case of children acquiring two or more languages simultaneously constitutes an ideal test situation for this hypothesis. The available evidence seems to indicate that the specific form-meaning mappings of the language to be learned constrain the acquisition process more than the "Basic Child Grammar" hypothesis predicts: That is, the children treat the languages differently from the beginning. These findings support a continuity view (Meisel 1986).

1.4.2. The No-Negative-Evidence Problem

The continuity hypothesis faces an empirical problem: children are not strictly conservative learners. They overgeneralize and create forms that have no obvious counterpart in the target language. Overgeneralizations are common in morphology (e. g. *'goed' vs 'went') and in the subcategorization of verbs (e. g. *'say me' vs 'say to me'). But how does the child succeed in eliminating these errors? Apparently not through overt corrections: caretakers do not systematically correct children's incorrect utterances (Brown/Hanlon 1970; although see also Hirsh-Pasek/Treiman/Schneiderman 1984). This has been called the problem of "No Negative Evidence". One proposed solution is preemption by coexisting synonymous forms in the target language (see Wexler's [1981] 'Uniqueness Principle' and Clark's [1987] 'Principle of Contrast'). According to this approach the learning mechanism of the child is biased towards abandoning self-generated forms that compete with existing forms of the language to be learned. For this solution to work there would have to be, for every overgeneralized form, a strictly synonymous counterpart to which the child is consistently exposed. This may not be the case (Bowerman 1987).

A second possible solution to the No-Negative-Evidence problem is that children eliminate overgeneralizations through the progressive discovery of constraints on rules, such as those supposed to be operating on dative movement (Mazurkewich/White 1984; Pinker 1984). However, this solution cannot handle cases where a given lexical item satisfies all the conditions posited for the rule in question, but nevertheless does not obey it, e. g. "to choose" in the case of dative movement (Bowerman 1987).

A third candidate solution is that children may "notice" that a hypothesized form consistently fails to be heard in contexts where it should occur and as a consequence aban-

don that form ('indirect negative evidence', see Chomsky 1981). A difficulty with this approach is that it presupposes that the child has available at any moment all the expansions of a given rule in order to check them against the input (Fodor/Crain 1987). It has the additional drawback that it might lead the child to modify or discard rules underlying perfectly well formed but very infrequent structures. This is a general problem with acquisition models that make the child's acceptance or rejection of a hypothesis dependent on the strengthening or decay of the hypothesis in response to positive evidence. Such would be a problem with competition or connectionist models (Bates/MacWhinney 1987). Another solution to the overgeneralization problem is that negative evidence may be derived from positive evidence. As new data are recognized, they interact with principles already present in the child's grammar and cause conflicts with incorrectly hypothesized forms. The result is that the learner 'retreats' discarding the ungrammatical cases (Randall 1985).

Overgeneralizations show that the child has the capacity to go beyond the input data. But in total there are astonishingly few kinds of overgeneralizations in children's language, especially in syntax (Fodor/Crain 1987). Thus the question remains as to what it is that constrains the child's generalizing capacities. One proposal is that the child's grammatical hypotheses are intrinsically ordered in such a way that, given different candidate rules to account for a particular input, the child will always first choose a rule that generates a language which is in a subset relation to the adult target. No overgeneralizations would thus be possible. Experience with subsequent input data would then lead the child to loosen the conditions on the rule and to permit a larger language, but never one larger than the actual target language. This so called "Subset Principle" is an example of a constraint hypothesized on the basis of learnability considerations (Berwick 1985; for a critical appraisal see Hyams 1986; Bowerman 1987). That overgeneralizations exist suggests that if the Subset Principle holds, it does so only in particular domains.

1.4.3. The Origins of Change and Sequence in Development

Besides the aim of showing how language acquisition is possible in principle, a further problem central to language acquisition research is to account for the actual course of development, that is, for developmental changes and the order in which they take place. Approaches to the explanation of change in development can be distinguished according to whether they consider change mainly to be input-driven or to depend on factors internal to the child.

The role of linguistic input in bringing about changes in the course of language development is still a much debated question. For example, one hypothesis is that changes in the language addressed to the child directly induce changes in his grammar, but there is no conclusive evidence for this proposal (Newport 1977; for an overview see Hoff-Ginsberg/Shatz 1982; Gleitman/Newport/Gleitman 1984).

A widely held view assumes that change in language development is driven by change in cognitive development (for a critical overview see Johnston 1986). According to this hypothesis, the acquisition of specific cognitive structures, for example, spatial concepts, is a necessary prerequisite to the development of related linguistic expressions like spatial prepositions (Johnston/Slobin 1979). A weaker version of this hypothesis views the relationship rather as a "structural homology" between specific cognitive and linguistic domains, e. g. symbolic play on the one hand and the use of decontextualized referential expressions on the other (Bates 1979). The cognitive hypothesis is mainly invoked in studies of the development of word meanings. Its application to the explanation of change in syntactic development is less clear. Theoretical approaches to syntax that reconstruct underlying regularities as being motivated by semantic and pragmatic factors (Haiman 1985) have a closer affinity to the cognitive hypothesis than autonomous views of syntax that rely on abstract principles like c-command since it is unclear how the latter could be related to non-linguistic cognitive structures and to cognitive changes over time.

Another hypothesis is that children's ability to process the linguistic input changes over time. For example, it has been suggested that initially the child's acoustic processing capacities allow only for a representation of the input that is limited to phonological words (i. e. words that can receive stress, roughly the major lexical categories). In contrast, phonological non-words (roughly determiners, complementizers, clitic elements in general) are not perceived (Kean 1981). This

means that important information concerning the structure of the target language becomes available only gradually to the child through increasing processing capacities (perception, memory, and attention). The primary evidence for this comes from comprehension studies (Gleitman/Wanner 1982). Generally speaking selective access to surface structure information imposes limitations on any kind of distributional learning mechanism. Increase in accessible information then leads to changes in the child's grammar by making new distributional contexts available.

It has also been suggested that changes in the child's grammar are the result of maturational processes that make grammatical principles available to the child at different moments in time (Felix 1984; Borer/Wexler 1986).

Most of the factors that induce change have equally been invoked in the explanation of developmental sequences. One of the striking facts about language acquisition is its relative uniformity across subjects learning the same language, and to a remarkable extent, even across languages. The view that this uniformity results from the order in which linguistic structures are presented in the speech addressed to children, known as the "Motherese Hypothesis", cannot be maintained (Gleitman 1984). In certain models of acquisition, order phenomena are related to intrinsic factors like the structure of the learning mechanism (Pinker 1984; Berwick 1985). In effect, it is the child's linguistic knowledge at a given point in development that determines what will be acquired next and which aspects of the input will be temporarily ignored.

For a nativist parameter-setting approach this means that data needed to correctly set the value of specific parameters could become accessible at different points in time.

Most accounts of developmental sequences rely on variants of markedness hierarchies that are based on linguistic or non-linguistic factors (for discussion, see White 1982; Hyams 1986; Borer/Wexler 1986).

The criteria for markedness are not uniform across different domains and cannot be defined independently of a theory of these domains. Generally speaking, they all imply some kind of complexity measure, e. g. in terms of semantic features, syntactic operations, amount of positive data needed in order to be learned, perceptual salience and so on. Acquisition is predicted to proceed from the unmarked to the marked cases, the latter putting higher processing demands on the child than the former. For the present, it is not clear how different markedness effects interact in the actual course of development. Markedness considerations concerning non-linguistic conceptual domains (e. g. space, time) are supposed to hold for all learners. How predictions based on these universal markedness hierarchies interact with language-specific markedness predictions to produce the observable developmental sequences is addressed in much of the cross-linguistic work in language acquisition (see Slobin 1986).

Ultimately these considerations predict the same order of acquisition across all children learning the same language. Yet there are inter-individual variations. How these are to be evaluated with respect to the general principles of developmental changes and sequences is still poorly understood (Bates/MacWhinney 1987; Goldfield/Snow 1985; Wells 1986).

The preceding discussion of language acquisition has focused on problems relevant to all domains of language development. Information about specific areas can be found in the following references:

Phonology: Ingram 1986; Locke 1983; Macken 1986; Menn 1983, 1985; Menyuk/Menn/Silber 1986.

Morphology: Berman 1986; Clark 1982; Clark/Berman 1984; Derwing/Baker 1986; MacWhinney 1978; Pinker 1984; Weissenborn/Meisel 1986.

Syntax: Berwick 1985; Bowerman 1979; Maratsos 1983; Peters 1986; Pinker 1984.

Semantics: Carey 1982; Clark 1983; Griffiths 1986; Kuczaj II/Barrett, eds., 1986; Pease/Berko Gleason 1985.

Pragmatics: Bates 1976; Ervin-Tripp/Mitchell-Kernan, eds., 1977; Hickmann 1985, 1986; Ochs/Schieffelin, eds., 1979; Romaine 1984; Shatz 1983; Weissenborn 1986.

2. Language Comprehension

Language comprehension research in psycholinguistics aims at explaining how readers or listeners arrive at a proper understanding of a given linguistic input. How does the language user process the acoustic or visual input; which sources of contextual and linguistic knowledge of the language user are involved in the processing of the input; and

how are the processes mediating between these knowledge sources organized?

Although there is general agreement on the types of knowledge involved in language understanding — phonological, lexical, syntactic, semantic, and pragmatic knowledge — there is some disagreement on the way in which they are deployed during the processing of speech or written text. The disagreement concerns both the relationship between and the timing of the processes involved in language understanding. Do the processes that mediate between these knowledge sources operate in parallel, or in a strict serial order? A second question concerns the status of the processes involved. Is processing at any given level obligatory, or optional?

A first process in language understanding involves the perception, segmentation and identification of spoken or written sensory information. For spoken language, processing at this stage involves an analysis of the acoustic information conveyed by the speech stream, and the recoding of this raw sensory information into representational formats that can be used for subsequent analysis and processing (cf. Pisoni 1978, 1981 for overviews). In the preception of written language, similar mechanisms are at work. The input is picked up by visual receptors and analysed by a feature-detection system in terms of features like horizontal line, vertical line, etc. This information is mapped onto the level of letters, syllables, spelling patterns, etc. (cf. Spoehr 1981).

A second process involves establishing the contact to information about words in the mental lexicon. This process is called lexical access: the listener/reader has to gain access to his or her mental lexicon, to locate the lexical entry which corresponds to the perceived input.

Lexical access makes the (syntactic and semantic) information about words contained in the lexicon available to other processes like syntactic and semantic processing. For example, information about the form class of words — verb, noun, adjective, etc. — and information on the argument structures of verbs, can be used by the syntactic processor in the construction of a structural representation of the incoming sentence. Processing at the semantic level uses semantic information stored in the lexicon to construct a meaning representation of the linguistic material.

Two major kinds of processing models can be distinguished in language comprehension: serial/autonomous models and parallel/interactive models. The former type of models assumes that processes are arranged in a serial order, and that each subprocess is autonomous. These models can be characterised as "bottom-up" models: any given process only accepts information from a lower level process, after the operations at that lower level have been completed. For example, the process of gaining access to the mental lexicon is accomplished solely on the basis of the output of lower level sensory processing, and cannot be influenced by higher level sources of knowledge, such as syntactic or semantic knowledge.

In contrast, parallel/interactive models assume simultaneous, parallel processing of the linguistic input at all levels. Each knowledge source can affect the processing events at any level. So, for example, operations at the sensory and phonological level as well as at the syntactic level can affect the process of gaining access to the mental lexicon. In other words, interactive models allow for "bottom-up" as well as "top-down" information flow.

The models of language processing (in particular, of lexical access and word recognition) developed by Forster (e. g. Forster 1976, 1979), Morton (e. g. Morton 1979), McClelland and colleagues (e. g. McClelland/Rumelhart 1981; Rumelhart/McClelland 1982; Elman/McClelland 1985; McClelland/Elman 1986) and Marslen-Wilson (e. g. Marslen-Wilson 1984; Marslen-Wilson/Tyler 1980; Marslen-Wilson/Welsh 1978) illustrate the different views on the autonomous/interactive and serial/parallel distinction in models of language processing (see Tyler/Frauenfelder 1987 for an overview).

Forster's Autonomous Serial Search Model is a bottom-up model. Information from higher knowledge sources cannot affect processing at lower levels. Therefore, syntactic and semantic information from the linguistic context cannot affect the process of lexical access, but may have an effect in a post-access stage, after the localization of a lexical entry in the mental lexicon has been completed. That is, lexical access is an autonomous "bottom-up" process which is exclusively driven by the output of lower level, sensory processes.

Morton's Logogen model exemplifies the parallel/interactive position. In this model, each word in the lexicon has a corresponding 'logogen' − a detector − that contains the specifications of the word's perceptual, semantic and syntactic characteristics. Logogens accept information from any source: sensory as well as higher level knowledge. Once enough information is assembled, the word corresponding to that logogen is recognized.

Another type of interactive model is represented in the work of McClelland, Rumelhart, Elman, etc. These so-called connectionist models (see Rumelhart/McClelland 1986 and McClelland/Rumelhart 1986 for an overview) can be characterized as networks with multiple processing levels. Each level is composed of a set of "nodes". In the model of McClelland/Rumelhart (1981; see also Rumelhart/McClelland 1982), for example, there is a level of nodes representing words, a level of nodes representing letters, etc. The connections between nodes can be excitatory (i. e. spreading the activation of an activated node to all nodes linked to that node by exitatory connections) or inhibitory (i. e. decreasing the activation of all nodes linked to an activated node by inhibitory connections). The spreading of activation can be bottom-up (e. g. from the letter to the word level), top-down (e. g. from word to letter level) or lateral (i. e. between nodes of one level). Such models do allow for bottom-up as well as top-down flow of information. Recognition of a given letter, for example, can be influenced by sensory bottom-up information and by positive feedback from activated word-nodes to letter nodes via excitatory top-down connections. Elman/McClelland (1985, see also McClelland/Elman 1986) apply a similar architecture to speech perception and spoken word recognition.

The Cohort Model proposed by Marslen-Wilson assumes an initial autonomous phase of pure bottom-up processing, with possible top-down effects located later in the process. On the basis of this initial analysis of the sensory input, the mental lexicon is accessed, resulting in the initiation of a set of word candidates: the word-initial cohort. This word-initial cohort contains all words of a given language which have the same beginning as the word that the listener is hearing. After lexical access, word candidates can be eliminated from the initial pool on the basis of mismatches with sensory (bottom-up) and contextual (top-down) information. Eventually, one word candidate will remain, and word recognition takes place (but see

Marslen-Wilson 1987 for the most recent version of this model).

One of the crucial differences between the models discussed above concerns the locus of effects of contextual constraints. Morton's interactive model allows for effects of context on the recognition of a word even before any acoustic information about the word has been heard. The Cohort model allows for contextual influences after a number of lexical entries have been accessed on the basis of the beginning of a given word. In autonomous models, context cannot affect word recognition at all.

Studies on the recognition of words presented in sentential contexts address this issue. Is word recognition a purely data-driven bottom-up process (i. e. exclusively dependent on the acoustic-phonetic or visual input) or can higher knowledge sources (the semantic and syntactic information contained in the utterance) exert an influence on word recognition? To answer this question, evidence is needed concerning the time relations between the operations of the different knowledge sources and their contributions to the comprehension process *during* the processing of the input. The experimental techniques predominantly used in such studies are called on-line tasks and generally involve speeded responses with reaction time measurement. The use of these on-line tasks marks a clear change with respect to experimental procedures as compared to the use of off-line tasks in the 1960's, i. e. tasks which were executed by the subject *after* sentences were read or heard (see for example Levelt 1978 for a discussion of "on-line" and "off-line" tasks).

Experiments addressing the question whether lexical access is an autonomous process or whether it can be influenced by (syntactic and semantic) higher level knowledge use on-line tasks such as word or phoneme monitoring (e. g. Marslen-Wilson/Tyler 1980; Morton/Long 1976), mispronounciation detection (e. g. Cole/Perfetti 1980) or speech shadowing (e. g. Marslen-Wilson 1985). The results from these studies show that words in sentence contexts can be recognised faster and earlier than in the absence of higher level information. They support the view that the processing system allows, at least to some extent, interaction between its subcomponents or knowledge sources (but see for example Forster 1981 for results supporting the autonomy view of lexical processing).

The mental lexicon itself is often studied in experiments where words are presented without a sentence context. These experiments use a variety of tasks, such as word naming or lexical decision, to address questions like: What is the structure of the mental lexicon, i. e. what kinds of relations exist between the lexical entries of the lexicon (hierarchical network, featural based semantic space, associative networks, etc.)? What kinds of information are contained in the lexicon? Are lexical entries specified with respect to their phonological *and* orthographic form or only with respect to their phonological form so that visual word recognition can only be accomplished by a phonological recoding of the visual input? Are derived and inflected forms of words stored as separate entries, or are only so-called base forms stored, together with their corresponding derivational and inflectional morphemes and the necessary combinatory rules (cf. Henderson 1985 for an overview)? Is the frequency of occurrence of words in a language, which seems to have an effect on language processing, captured in the structure of the lexicon?

The next level of processing is the level of syntactic processing. Again, the question can be raised whether syntactic processing is autonomous (as for example stated by Forster 1979; Forster/Olbrei 1973) or whether other knowledge sources such as semantic knowledge can interact with processing at the syntactic level (a weak version of such an approach is exemplified in Holmes 1979; a stronger version is suggested in Marslen-Wilson/Tyler 1980). A closely related question is whether syntactic processing is obligatory (e. g. Forster 1974; Garrett 1976), or optional (e. g. Riesbeck/Schank 1978).

Another question concerns the type of processes operating on the syntactic level. Models of syntactic processing are usually discussed under the heading "syntactic parsers". However, the relation between grammar, parser, and the syntactic processor as realized in the language user is quite controversial, and only some models of syntactic parsing are explicitly constructed as psychologically plausible processing models, keeping track of the (empirically statable) limitations of human sentence understanding. A main feature of these parsing models is that they operate much like a real listener or reader, i. e. analysing the input as it comes in from "left-to-right" to arrive at a syntactic representation of the sentence (for a discussion of parsing models see, for example, Crain/ Fodor 1985 and Frazier 1985 in Dowty/Karttunen/Zwicky 1985).

Finally, the level of semantic processing has to be mentioned, i. e. the higher level integration of meaning. For simple sentences, many models assume that this integration takes place in the form of some kind of propositional structure (e. g. Kintsch 1974; Kintsch/van Dijk 1978). However, the propositional representations of single sentences have to be integrated into higher-order structures in order to give a complete and coherent representation of the meaning of a discourse, a text, etc. It is probably also at this level of higher integration that the listener's 'knowledge of the world', of standard situations, etc. comes into play in arriving at a coherent interpretation. Representations of such conventional or stereotypic 'knowledge of the world' have been proposed in terms of so-called 'scripts', 'frames', 'scenarios', etc. (see Brown/Yule 1983 for an overview of these issues).

Finally, if the intention of a speaker is not expressed directly in the utterance the listener has to infer the intended meaning (e. g. the understanding of indirect requests). The processes of inferring the intended meaning appear to be governed by pragmatic knowledge, knowledge of conversational rules, tacit agreements between speaker and listener, etc. (see Brown/Yule 1983).

3. Language Production

Until recently language production has attracted much less attention from psycholinguists than language acquisition or language comprehension. One important reason for this seems to be the lack of an elaborate theory about the form and the type of (non-linguistic) input to the language production system. It has to be stressed, however, that the result of the production process, i. e. the concrete utterance, is directly observable. This situation is the reverse of the situation in comprehension research where the input to the comprehension process can be observed directly, but where the final result of the comprehension process has to be inferred from some other, mostly meta-linguistic type of behavior (cf. Butterworth 1980 a; Garrett 1980).

In the following, some general aspects of language production will be discussed in an information processing framework, i. e. language production will be viewed as a set of processing components by which ideas, intentions, etc. are transformed into utterances.

In producing an utterance, the speaker has to decide *what* to say, and he has to translate this intended message into a linguistic form. The corresponding two basic components of the language production system can be labeled "conceptualizer" and "formulator" (see Kempen 1977). At the conceptual level the intended message is constructed, and the output from this level serves as input to the formulator. The processes on the conceptual level deal with the development of a communicative intention, the selection of the to-be-expressed information from a memory knowledge-base, a perceptual scene, etc., and decisions on the order in which this selected information is going to be expressed. Because of the intentionality of message construction, one has to assume controlled processing (as opposed to automatic processing) at the conceptual level. The representation of the intended message can be conceived as a relational structure of pre-linguistic conceptual units (e. g. Jackendoff 1983; Schank 1975).

Despite the lack of an explicit theory of the conceptual message-level representation there is some experimental and theoretical work on the above-mentioned conceptual processes. Herrmann (1982) analyzed which parts of a preverbal message speakers select for verbalization when conveying a request or giving referential descriptions. With respect to the problem of ordering information for expression (the so-called linearization problem), Levelt (1981, 1982) showed that two basic types of determinants, content-related and process-related determinants, can be distinguished. Among the content-related determinants, the principle of natural order (see Osgood 1980 for a discussion) is most prominent. It is reflected, for example, in a tendency to describe events in the order of their temporal sequence (e. g. Clark 1973), to give route descriptions by following the shortest or easiest way from starting point to goal (e. g. Klein 1982), etc. Process-oriented determinants appear to be organized in such a way that they minimize the load of working memory.

The intended message constructed at the conceptual level serves as input for the next set of processes in the so-called formulator. Following Garrett (1975, 1976, 1980, 1982), the formulator can be considered as being partitioned into two subsystems. The first subsystem takes the output of the conceptualizer as input and constructs a so-called "functional level representation". The functional level representation is the first language-specific level of representation in the production process and consists of a description of the underlying grammatical relations between abstractly represented words (i. e. lexical items are retrieved which are specified with respect to their meaning and their grammatical function). The second subsystem takes the functional level representation as input and constructs a so-called "positional level representation". Garrett distinguishes two major operations in the construction of the positional level representation. First, a so-called "planning-frame" is selected which can be described as a phrase-structure representation of the sentence that includes closed-class words and bound morphemes, and slots for open-class words. Then, insertion of the corresponding open-class words into these slots results in the positional level representation, which is composed of a phonologically specified string of morphemes in the order in which they are to be uttered, i. e. it is in this stage that the sound forms of the phonologically unspecified lexical items have to be retrieved. The positional level representation is assumed to develop in a phrase-by-phrase fashion, and, in contrast to the functional level, information at the positional level is ordered and phonologically elaborated.

The relation between the processes of conceptualizing and formulating has been characterized in different ways. Kempen (1977) assumes a feedback loop from the formulator to the conceptualizer. This feedback makes "content revision" possible in cases where, for example, the syntactic possibilities of the formulator are not sufficient to map the intended message onto a linguistic structure. However, experiments by Levelt/Maassen (1982) show that the determination of order of mention (i. e. the conceptual linearization decisions) cannot be influenced by the ease of retrieving lexical items (i. e. a formulation activity), suggesting that at this level there is no feedback from the formulator to the conceptualizer (but see Bock 1987 for evidence in favour of such feedback). With respect to the time relations between the processes of conceptualizing and formulating, Kempen/Hoenkamp (forthcoming) introduce the notion of "incremental production". In such an "incremental production system" the conceptualizer passes each message fragment as soon as it is computed to the formulator which immediately tries to translate it into a surface structure and further into a phonetic string. While this fragment is being pronounced, processing on further message fragments as well as syntactic fragments continues. Incremental production appears to be a necessary prerequisite to attain the speed and fluency of speech production.

A crucial aspect of the relation between the conceptualizer and formulator concerns the size of the conceptual planning units which are passed over to the formulator. How far ahead do speakers plan? Evidence about the size of planning units mostly stems from investigations of the temporal parameters of spontaneous speech, in particular from studies on the length and the distribution of pauses and hesitations in spontaneous speech (cf. Appel/Dechert/Raupach 1980 for a bibliography on temporal variables in speech). In her pioneering work on temporal patterns of spontaneous speech, Goldman-Eisler (1968) identified phases of hesistant speech and phases of fluent speech. Hesistant speech is characterized by the occurence of pauses at nonlinguistically defined loci and by increased durations of pauses. Hesitant phases are followed by fluent phases with shorter pauses which occur primarily at linguistically defensible junctures. Goldman-Eisler argued that pauses in hesistant phases are primarily associated with conceptual pre-planning during language production. The length of fluent phases should then give an indication of the extent of conceptual pre-planning (see Garrett 1982 for a discussion).

It should be stressed, however, that planning does not necessarily have to occur only during pausing; speakers can plan and talk at the same time (cf. Ford/Holmes 1978). On the other hand, observed pause time does not have to be equal to pause time used for planning. Other potential candidates causing pauses or hesitation reach from rhetoric listener-oriented or communicatively motivated pausing to peripheral factors as breathing (cf. O'Connel/Kowal 1980).

Finally, pauses which *are* used for planning can be indicators not only of message level planning activities, but also of syntactic planning activities (e. g. Ford 1982), as well as lexical selection (e. g. Butterworth 1980 b). Thus the problem arises how to attribute pauses to these different levels of planning (cf. Butterworth 1980 b; see also Garrett 1982).

Let us now turn to questions concerning the relation between the processing levels of the formulator, i. e. the construction of functional level representations and positional level representations. Garrett assumes that these two stages are independent and serially ordered. Evidence for this assumption stems from the type and distribution of sound form errors (which should be assigned to the positional level), and word exchange and word substitution errors (which should be assigned to the functional level). In an analysis of a corpus of spontaneous speech errors, Garrett (1975, 1976, 1980) found that word exchanges typically cross phrase boundaries, involve words of the same grammatical category, and that the exchanged words do not tend to be phonologically similar. This is in agreement with the assumption that, at the functional level, it is only the grammatical functions of words that are determined, not their ordering in the surface of the to-be-uttered sentence or their phonological form.

In contrast, most sound exchange errors occur within phrases, between words of different grammatical categories, and show strong effects of phonological similarity. This is in agreement with the assumption that the positional level representation consists of phonologically specified lexical items in the order in which they have to be uttered, and that the processes constructing the positional level representation are not sensitive to the grammatical functions of words.

Garrett's account seems to imply that lexical retrieval in production is a serially ordered two-step procedure. In a first step, lexical items are retrieved which are specified with respect to their grammatical properties and their meaning, but not with respect to their phonological form. These kinds of information are required for the construction of the functional level representation. In a second step, the corresponding phonological forms are retrieved which are used in the construction of the positional level representation (see also Kempen/Huijbers 1983; Levelt/Maassen 1982; Bock 1982). This retrieval of the phonological form of a word is not an "all-or-none" process. The phonological forms of words are not indivisible units. Rather, the phonological form is composed bit by bit out of morphemes, consonants, vowels, etc. This property shows up in sound-exchange errors where precisely these bits slip with each other, and in the so-called "tip-of-the-tongue" phenomenon (Brown/McNeill 1966) where the speaker can only retrieve part of the phonological form of an intended word.

However, the assumption of serial ordering and the independence of the functional and the positional stage is controversial. For example, Baars/Motley/MacKay (1975) and Motley/Baars (1976) report that experimentally elicited sound exchange-errors tend to create existing words or morphemes (the so-called "lexical bias" effect). In a corpus of spontaneous speech errors, Dell/Reich (1981) again found a lexical bias for sound-exchange errors. Furthermore, word substitution and word misordering errors tended to involve similar sounding words. All of these findings suggest that the lexical retrieval processes on the functional and the positional level are not completely independent. Dell (1985; 1986) tried to account for these findings in terms of a connectionist spreading-activation model. In this model there is not only top-down activation from phonologically unspecified lexical items (as represented at the functional level) to phonemes (as represented at the positional level), but also positive feedback, i. e. via excitatory bottom-up connections the activated phonemes send part of their activation to other phonologically unspecified lexical items which are also connected to these phonemes. Such a model can explain, among other things, the lexical bias in sound form errors.

Another point of potential interaction between subcomponents of the formulator concerns word retrieval and the selection of syntactic frames. In Dell's (1985) interpretation of Bock's (1982) syntactic processing model, for example, word retrieval and selection of syntactic structures occur in parallel, guided by the intended message. But selected words can also activate appropriate syntactic structures (by means of the words' syntactic properties), and a syntactic structure can activate words that are consistent with it. In general, these proposals suggest some kind of feedback and interaction between subcomponents of the formulator.

Specific types of context-dependency of language production, in particular dependency on linguistic context as in anaphora and ellipsis, can be modelled in terms of conceptual processes (e. g., the message underlying an elliptical utterance is itself elliptical) or in terms of formulation processes (e. g., ellipsis comes about by formulating processes operating on a non-elliptical message). The general problem behind these alternatives concerns the specificity of the intended message. Is the message so specific that it completely determines the form of the utterance, or is the message less specific allowing for a number of alternative formulations? In the former case, the formulator can be assigned a high degree of automaticity, whereas in the latter case the formulator must have available a set of criteria that determine which of the possible formulations to generate.

Context dependency, in particular dependency from a preceding linguistic context, requires storage of self-produced speech and of the interlocutors' speech. For example, a local linguistic context, such as a question immediately preceding an answer, influences processes on the level of the formulator: formulation and parsing processes stay in an active state for some time after their use, biasing the speaker to "re-use" these processes (see Levelt/Kelter 1982; Bock 1986). The storage of more global linguistic context, on the other hand, as a bigger stretch of preceding discourse, is usually modeled in terms of so-called discourse-models.

The final two stages of the production process generate a phonetic level representation on the basis of the (phonological) positional level representation and then construct a representation which finally guides the activities of the articulatory motor system (see Shaffer 1984). These processes can be described as phonemes activating their corresponding phonetic features which in turn guide articulatory motor planning. But there is also evidence for positive feedback between the phoneme and the feature level; i. e. phonemes activate their phonetic features, but activated phonetic features seem to send back part of their activation to other phonemes which share these features. This assumption of feature-phoneme feedback (e. g. Meyer/Gordon 1985) can, for example, account for the fact that similar sounds (i. e. sounds sharing many phonetic features) tend to slip with each other more readily than dissimilar sounds.

A final function of the language production system concerns the speaker's ability to monitor his own speech for potential errors and to repair these errors. This monitoring function can be modeled in two different ways (cf. Laver 1980; Levelt 1983). One can assume that the speaker has access to the output of the different subcomponents of the production system, comparing the output of each subcomponent against a certain set of

criteria. Alternatively, one can assume that the speaker has no access to the production process itself. Rather, monitoring is based on perceiving and parsing one's own inner or overt speech and comparing the results of these processes with the intended message. Again, this opposition touches upon the issue of automatic versus controlled processing. The latter position is in agreement with the assumption of highly automatic formulation processes, i. e. the speaker has access only to his communicative intentions, the construction of the message, and to the final outcome of the formulation processes, but not to any intermediate products of these processes. In contrast, the former position assumes that the formulation processes can be controlled for correct functioning before the final product of the formulator is available.

Note: The section on language acquisition was written by Jürgen Weissenborn, the sections on language comprehension and language production by Herbert Schriefers.

We would like to thank the following people for their generous help with matters of content and style: Ruth Berman, Melissa Bowerman, Colin Brown, Jane Edwards, Pim Levelt, Janet Randall, Regina Stralka, Pienie Zwitserlood. Of course, we take the blame for any errors in these domains.

4. Literature (selected)

Andersen, Elaine/Dunlea, Anne/Kekelis, Linda (1984) "Blind children's language: resolving some differences", in: *Journal of Child Language* 11, 645–664.

Appel, Gabriela/Dechert, Hans W./Raupach, Manfred (1980) *A selected bibliography on temporal variables in speech,* Tübingen.

Atkinson, Martin (1986) "Learnability", in: *Language acquisition.* Studies in first language development, Fletcher, P./Garman, M., eds., 2nd edition, Cambridge, 90–108.

Baars, Bernard J./Motley, Michael T./MacKay, Donald G. (1975) "Output editing for lexical status in artificially elicited slips of the tongue", in: *Journal of Verbal Learning and Verbal Behavior* 14, 382–391.

Bates, Elizabeth (1976) *Language and context: the acquisition of pragmatics,* New York.

Bates, Elizabeth (1979) *The emergence of symbols.* Cognition and communication in infancy, New York.

Bates, Elizabeth/MacWhinney, Brian (1982) "Functionalist approaches to grammar", in: *Lan-*

guage acquisition: the state of the art, Wanner, E./Gleitman, L., eds., Cambridge, 173–218.

Bates, Elizabeth/MacWhinney, Brian (1987) "Language universals, individual variation, and the competition model", in: *Mechanisms of language acquisition*, MacWhinney, B., ed., Hillsdale, N. J, 157–194.

Berman, Ruth A. (1986) "A crosslinguistic perspective: morphology and syntax", in: *Language acquisition*. Studies in first language development, Fletcher, P./Garman, M., eds., 2nd edition, Cambridge, 429–447.

Berwick, Robert C. (1985) *The acquisition of syntactic knowledge*, Cambridge, Mass.

Berwick, Robert C./Weinberg, Amy S. (1984) *The grammatical basis of linguistic performance*. Language use and acquisition, Cambridge, Mass.

Bock, Kathryn J. (1982) "Toward a cognitive psychology of syntax: Information processing contributions to sentence formulation", in: *Psychological Review* 89, 1–48.

Bock, Kathryn J. (1986) "Syntactic persistence in language production", in: *Cognitive Psychology* 18, 355–387.

Bock, Kathryn J. (1987) "Exploring levels of processing in sentence production", in: *Natural language generation: Recent advances in artificial intelligence, psychology, and linguistics*, Kempen, G., ed., Dordrecht, 351–363.

Bowerman, Melissa (1979) "The acquisition of complex sentences", in: *Language acquisition*. Studies in first language development, Fletcher, P./Garman, M., eds., 1st edition, Cambridge, 285–306.

Bowerman, Melissa (1987) "Discussion: Mechanisms of language acquisition", in: *Mechanisms of language acquisition*, MacWhinney, B., ed., Hillsdale, N. J, 443–464.

Borer, Hagit/Wexler, Kenneth (1986) "The maturation of syntax", *Studies in the Cognitive Sciences* 39, Irvine.

Braine, Michael D. (1976) "Children's first word combinations", *Monographs of the Society of Research in Child Development* 41.

Brown, Gillian/Yule, George (1983) *Discourse analysis*. Cambridge.

Brown, Roger (1973) *A first language: the early stages*, Cambridge, Mass.

Brown, Roger/Hanlon, Camille (1970) "Derivational complexity and order of acquisition in child speech", in: *Cognition and the development of language*, Hayes, J. R., ed., New York, 11–53.

Brown, Roger/McNeill, David (1966) "The 'tip of the tongue' phenomenon", in: *Journal of Verbal Learning and Verbal Behavior* 5, 325–337.

Bruner, Jerome S. (1975) "From communication to language: a psychological perspective", in: *Cognition* 3, 255–282.

Butterworth, Brian (1980 a) "Introduction", in: *Language Production*, Vol. 1, Butterworth, B., ed., London, 1–18.

Butterworth, Brian (1980 b) "Evidence from pauses in speech", in: *Language Production*, Vol. 1, Butterworth, B., ed., London, 155–176.

Carey, Susan (1982) "Semantic development: the state of the art", in: *Language acquisition: the state of the art*, Wanner, E./Gleitman, L. R., eds., Cambridge, 347–389.

Chomsky, Noam (1959) "Review: Verbal behavior, by Skinner, B. F.", in: *Language* 35, 25–58.

Chomsky, Noam (1965) *Aspects of the theory of syntax*, Cambridge, Mass.

Chomsky, Noam (1981) "Principles and parameters in syntactic theory", in: *Explanation in linguistics*. The logical problem of language acquisition, Hornstein, N./Lightfoot, D., eds., London, 32–75.

Chomsky, Noam (1986) *Knowledge of language*. Its nature, origin, and use, New York.

Clark, Eve V. (1973) "How children describe time and order", in: *Studies of child language development*, Ferguson, Ch. A./Slobin, D. I., eds., New York, 585–606.

Clark, Eve V. (1982) "The young word maker: a case study of innovation in the child's lexicon", in: *Language acquisition: the state of the art*, Wanner, E./Gleitman, L. R., eds., Cambridge, 390–425.

Clark, Eve V. (1983) "Meanings and concepts", in: *Handbook of child psychology: formerly Carmichael's manual of child psychology*, Mussen, P., ed., vol. 3, 4th ed., New York, 787–840.

Clark, Eve V. (1987) "The principle of contrast: a constraint on language acquisition", in: *Mechanisms of language acquisition*. Proceedings of the 20th Annual Carnegie Symposium of Cognition (1985), MacWhinney, B., ed., Hillsdale, N. J, 1–34.

Clark, Eve V./Berman, Ruth A. (1984) "Structure and use in the acquisition of word-formation", in: *Language* 60, 542–594.

Cole, Ronald A./Perfetti, Charles A. (1980) "Listening for mispronounciations in a children's story: The use of context by children and adults", in: *Journal of Verbal Learning and Verbal Bahavior* 19, 297–315.

Crain, Stephen/Fodor, Janet D. (1985) "How can grammars help parsers?", in: *Natural language parsing*. Psychological, computational, and theoretical perspectives, Dowty, D. R./Karttunen, L./Zwicky, A. M., eds., Cambridge, 94–128.

Culicover, Peter W./Wilkins, Wendy K. (1984) *Locality in linguistic theory*, Orlando.

Curtiss, Susan (1977) *Genie: a psycholinguistic study of a modern-day "wild child"*, New York.

Dell, Gary S. (1985) "Positive feedback in hierarchical connectionist models: Applications to language production", in: *Cognitive Science* 9, 3–23.

Dell, Gary S. (1986) "A spreading-activation theory of retrieval in sentence production", in: *Psychological Review* 93, 283 – 321.

Dell, Gary S./Reich, Peter A. (1981) "Stages in sentence production: An analysis of speech error data", in: *Journal of Verbal Learning and Verbal Behavior* 20, 611 – 629.

Derwing, Bruce L./Baker, William J. (1986) "Assessing morphological development", in: *Language acquisition*. Studies in first language development, Fletcher, P./Garman, M., eds., Cambridge, 326 – 338.

Dowty, David R./Karttunen, Lauri/Zwicky, Arnold M., eds., (1985) *Natural language parsing:* Psychological, computational, and theoretical perspectives. Cambridge.

Elman, Jeffrey L./McClelland, James L. (1985) "An architecture for parallel processing in speech recognition: The TRACE model", in: *Bibliotheca Phonetica* 12, 6 – 35.

Ervin-Tripp, Susan/Mitchell-Kernan, Claudia, eds., (1977) *Child discourse,* New York.

Felix, Sacha (1984) "Das Heranreifen der Universalgrammatik im Spracherwerb", in: *Linguistische Berichte* 94, 1 – 26.

Fodor, Janet D./Crain, Stephen (1987) "Simplicity and generality of rules in language acquisition", in: *Mechanisms of language acquisition*. Proceedings of the 20th Carnegie Mellon Conference on Cognition 1985, MacWhinney, B., ed., Hillsdale, N. J.

Fodor, Jerry A. (1975) *The language of thought,* Cambridge, Mass.

Ford, Marylin (1982) "Sentence planning units: Implications for the speaker's representation of meaningful relations underlying sentences", in: *The mental representation of grammatical relations,* Bresnan, J., ed., Cambridge, Mass., 795 – 851.

Ford, Marylin/Holmes, Virginia M. (1978) "Planning units and syntax in sentence production", in: *Cognition* 6, 35 – 53.

Forster, Kenneth I. (1974) "The role of semantic hypotheses in sentence processing", in: *Current problems in psycholinguistics,* Bresson, F./Mehler, J., eds., Paris, 391 – 407.

Forster, Kenneth I. (1976) "Accessing the mental lexicon", in: *New approaches to language mechanisms,* Wales, R. J./Walker, E., eds., Amsterdam, 255 – 287.

Forster, Kenneth I. (1979) "Levels of processing and the structure of the language processor", in: *Sentence processing:* Psycholinguistic studies presented to Merrill Garrett, Cooper, W. E./Walker, E. C. T., eds., Hillsdale, N. J., 27 – 85.

Forster, Kenneth I. (1981) "Priming and the effects of sentence and lexical contexts on naming times: Evidence for autonomous lexical processing", in: *Quarterly Journal of Experimental Psychology* 33 A, 465 – 495.

Forster, Kenneth I./Olbrei, Ilmar (1973) "Semantic heuristics and syntactic analysis", in: *Cognition* 2, 319 – 347.

Frazier, Lyn (1985) "Syntactic complexity", in: *Natural language parsing*. Psychological, computational, and theoretical perspectives, Dowty, D. R./Karttunen, L./Zwicky, A. D., eds., Cambridge, 129 – 189.

Garrett, Merrill F. (1975) "The analysis of sentence production", in: *The psychology of learning and motivation,* Vol. 9, Bower, Gordon H., ed., New York, 133 – 177.

Garrett, Merrill F. (1976) "Syntactic processes in sentence production", in: *New approaches to language mechanisms,* Wales, R. J./Walker, E., eds., Amsterdam, 231 – 256.

Garrett, Merrill F. (1980) "Levels of processing in sentence production", in: *Language production,* Vol. 1, Butterworth, B., ed., London, 177 – 220.

Garrett, Merrill F. (1982) "Production of speech: Observations from normal and pathological language use", in: *Normality and pathology in cognitive functions,* Ellis, A. W., ed., London, 19 – 76.

Gleitman, Lila R. (1984) "Biological predispositions to learn language", in: *The biology of learning.* Dahlem Konferenzen 1984, Marler, P./Terrace, H. S., eds., Berlin, 553 – 584.

Gleitman, Lila R./Wanner, Eric (1982) "Language acquisition: the state of the art", in: *Language acquisition: the state of the art,* Wanner, E./Gleitman, L. R., eds., Cambridge, 3 – 48.

Gleitman, Lila R./Newport, Elissa L./Gleitman, Henry (1984) "The current status of the motherese hypothesis", in: *Journal of Child Language* 11, 43 – 79.

Goldfield, Beverly A./Snow, Catherine E. (1985) "Individual differences in language acquisition", in: *The Development of Language,* Berko Gleason J. B., ed., Columbus, 307 – 333.

Goldman-Eisler, Frieda (1968) *Psycholinguistics: Experiments in spontaneous speech,* New York.

Goodman, Roberta A./Whitaker, Harry A. (1985) "Hemispherectomy: A review with special reference to the linguistic abilities and disabilities of the residual right hemisphere", in: *Hemispheric function and collaboration in the child,* Best, C. T., ed., Orlando, 121 – 155.

Greenfield, Patricia M./Smith, Joshua H. (1976) *The structure of communication in early language development,* New York.

Griffiths, Patrick (1986) "Early vocabulary", in: *Language acquisition*. Studies in first language development, Fletcher, P./Garman, M., eds., Cambridge, 279 – 306.

Haiman, John, ed., (1985) *Iconicity in syntax,* Amsterdam.

Henderson, Leslie (1985) "Toward a psychology of morphemes", in: *Progress in the psychology of language,* Vol. 1, Ellis, A. W., ed., London, 15 – 72.

Herrmann, Theo (1982) *Sprechen und Situation. Eine psychologische Konzeption zur situationsspezifischen Sprachproduktion,* Berlin.

Hickmann, Maya (1985) "Metapragmatics in child language", in: *Semiotic mediation: psychological and sociocultural perspectives,* Mertz, B./Parmentier, R. J., eds., New York, 177—201.

Hickmann, Maya (1986) "Psychosocial aspects of language acquisition", in: *Language acquisition. Studies in first language development,* Fletcher, P./Garman, M., eds., 2nd ed., Cambridge, 9—29.

Hirsh-Pasek, Kathy/Treiman, Rebecca/Schneiderman, Maita (1984) "Brown & Hanlon revisited: mothers' sensitivity to ungrammatical forms", in: *Journal of Child Language* 11, 81—88.

Hoff-Ginsberg, Erika C./Shatz, Marilyn (1982) "Linguistic input and the child's acquisition of language", in: *Psychological Bulletin* 92, 3—26.

Holmes, Virginia M. (1979) "Some hypothesis about syntactic processing in sentence comprehension", in: *Sentence processing: Psycholinguistic studies presented to Merrill Garrett,* Cooper, W. E./Walker, E. C. T., eds., Hillsdale, N. J., 227—247.

Hyams, Nina M. (1986) *Language acquisition and the theory of parameters,* Dordrecht.

Ingram, David (1986) "Phonological development: production", in: *Language acquisition. Studies in first language development,* Fletcher, P./Garman, M., eds., 2nd ed., Cambridge, 223—239.

Jackendoff, Ray (1983) *Semantics and cognition,* Cambridge, Mass.

Johnston, Judith R. (1986) "Cognitive prerequisites: the evidence from children learning English", in: *The cross-linguistic study of language acquisition,* Slobin, D. I., ed., vol. 2, Theoretical Issues, Hillsdale, N. J., 961—1004.

Johnston, Judith R./Slobin, Dan I. (1979) "The development of locative expressions in English, Italian, Serbo-Croatian, and Turkish", in: *Journal of Child Language* 6, 529—545.

Kean, Marie-Louise (1981) "Explanation in neurolinguistics", in: *Explanations in linguistics,* Hornstein, N./Lightfoot, D., eds., London, 174—208.

Kempen, Gerard (1977) "Conceptualizing and formulating in sentence production", in: *Sentence production. Developments in research and theory,* Rosenberg, S., ed., Hillsdale, N. J., 257—274.

Kempen, Gerard/Hoenkamp, Edward (forthcoming) "An incremental procedural grammar for sentence formulation", in: *Cognitive Science.*

Kempen, Gerard/Huijbers, Pieter (1983) "The lexicalization process in sentence production and naming: Indirect election of words", in: *Cognition* 14, 185—209.

Kintsch, Walter (1974) *The representation of meaning in memory,* Hillsdale, N. J.

Kintsch, Walter/van Dijk, Teun A. (1978) "Toward a model of text comprehension and production", in: *Psychological Review* 85, 363—394.

Klein, Wolfgang (1982) "Some aspects of route directions", in: *Speech, place and action: Studies of language in context,* Jarvella, R. J./Klein, W., eds., Chichester, 161—182.

Kuczaj II, Stan A./Barrett, Martyn D. (1986) *The development of word meaning.* Progress in development research, New York.

Landau, Barbara/Gleitman, Lila R. (1985) *Language and experience.* Evidence from the blind child, Cambridge, Mass.

Laver, John D. M. (1980) "Monitoring systems in the neurolinguistic control of speech production", in: *Errors in linguistic performance,* Fromkin, V. A., ed., New York, 287—305.

Lenneberg, Eric H. (1967) *Biological foundations of language,* New York.

Levelt, Willem J. M. (1978) "A survey of studies in sentence perception: 1970—1976", in: *Studies in the perception of language,* Levelt, W. J. M./Flores d'Arcais, G. B., eds., New York, 1—74.

Levelt, Willem J. M. (1981) "The speaker's linearization problem", in: *Philosophical transactions of the Royal Society, London* B 295, 305—315.

Levelt, Willem J. M. (1982) "Linearization in describing spatial networks", in: *Processes, Beliefs, and Questions,* Peters, S./Saarinen, E., eds., Dordrecht, 199—220.

Levelt, Willem J. M. (1983) "Monitoring and self-repair in speech", in: *Cognition* 14, 41—104.

Levelt, Willem J. M./Kelter, Stephanie (1982) "Surface form and memory in question answering", in: *Cognitive Psychology* 14, 78—106.

Levelt, Willem J. M./Maassen, Ben (1981) "Lexical search and order of mention in sentence production", in: *Crossing the boundaries in linguistics. Studies presented to Manfred Bierwisch,* Klein, W./Levelt, W. J. M., eds., Dordrecht, 221—252.

Locke, John L. (1983) *Phonological acquisition and change,* New York.

Macken, Marlys A. (1986) "Phonological development: a crosslinguistic perspective", in: *Language Acquisition. Studies in first language development,* Fletcher, P./Garman, M., eds., 2nd edition, Cambridge, 251—268.

MacNamara, John (1982) *Names for things.* A study of human learning, Cambridge.

MacWhinney, Brian (1978) "Processing a first language: the acquisition of morphophonology", in: *Monographs of the society for research in child development* 43 (1—2).

Mandler, Jean M. (1983) "Representation", in: *Handbook of child psychology: formerly Carmichael's manual of child psychology,* Mussen, P. H., ed., vol. 3, 4th ed., New York, 420—494.

Marantz, Alec (1982) "On the acquisition of grammatical relations", in: *Linguistische Berichte* 80, 32–69.

Maratsos, Michael P. (1983) "Some current issues in the study of the acquisition of grammar", in: *Handbook of child psychology: formerly Carmichael's manual of child psychology,* Mussen, P. H., ed., vol. 3, 4th ed., New York, 707–786.

Maratsos, Michael P./Chalkley, Mary A. (1980) "The internal language of children's syntax: the ontogenesis and representation of syntactic categories", in: *Children's language,* Nelson, K. E., ed., vol. 2, New York, 127–214.

Marslen-Wilson, William (1984) "Function and process in spoken word recognition: A tutorial review", in: *Attention and Performance X,* Bouma, H./Bouwhuis, D. G., eds., Hillsdale, N. J., 125–150.

Marslen-Wilson, William (1985) "Speech shadowing and speech comprehension", in: *Speech Communication* 4, 55–73.

Marslen-Wilson, William (1987) "Functional parallelism in spoken word recognition", in: *Cognition* 25 (1–2).

Marslen-Wilson, William/Tyler, Lorraine K. (1980) "The temporal structure of spoken language understanding", in: *Cognition* 8, 1–71.

Marslen-Wilson, William/Welsh, Alan (1978) "Processing interactions and lexical access during word recognition in continuous speech", in: *Cognitive Psychology* 10, 29–63.

Mazurkewich, Irene/White, Lydia (1984) "The acquisition of the dative alternation: unlearning overgeneralizations", in: *Cognition* 16, 261–283.

McClelland, James L./Elman, Jeffrey L. (1986) "The TRACE model of speech perception", in: *Cognitive Psychology* 18, 1–86.

McClelland, James L./Rumelhart, David E. (1981) "An interactive activation model of context effects in letter perception: Part 1: An account of basic findings", in: *Psychological Review* 88, 375–407.

McClelland, James L./Rumelhart, David E., eds., (1986) *Parallel distributed processing: Explorations in the microstructure of cognition: Vol. 2: Psychological and biological models.* Cambridge, Mass.

Meisel, Jürgen M. (1986) "Word order and case marking in early child language. Evidence from simultaneous acquisition of two first languages: French and German", in: *Linguistics* 24, 123–183.

Menn, Lise (1985) "Phonological development: learning sounds and sound patterns", in: *The development of language,* Berko Gleason, J., ed., Columbus, 61–101.

Menyuk, Paula/Menn, Lise/Silber, Ronnie (1986) "Early strategies for the perception and production of words and sounds", in: *Language Acquisition.* Studies in first language development, Fletcher, P./Garman, M., eds., 2nd edition, Cambridge, 198–222.

Meyer, David E./Gordon, Peter C. (1985) "Speech production: Motor programming of phonetic features", in: *Journal of Memory and Language* 24, 3–26.

Morgan, James L. (1986) *From simple input to complex grammar,* Cambridge, Mass.

Morton, John (1979) "Word recognition", in: *Psycholinguistic Series 2: Structure and processes,* Morton, J./Marshall, J. C., eds., London, 109–156.

Morton, John/Long, John (1976) "Effect of word transitional probability on phoneme identification", in: *Journal of Verbal Learning and Verbal Behavior* 15, 43–51.

Motley, Michael T./Baars, Beranard J. (1976) "Semantic bias effects on the outcome of verbal slips", in: *Cognition* 4, 177–187.

Newport, Elissa L. (1977) "Motherese: the speech of mothers to young children", in: *Cognitive theory,* Castellan, N. J./Pisoni, D. B./Potts, G., eds., vol. 2, Hillsdale, N. J., 177–217.

Newport, Elissa L./Meier, Richard P. (1986) "The acquisition of American sign language", in: *The cross-linguistic study of language acquisition,* Slobin, D. I., ed., vol. 1, Hillsdale, N. J., 881–938.

Obler, Loraine K. (1985) "Language through the life-span", in: *The development of language,* Berko Gleason, J., ed., Columbus, 277–305.

Ochs, Elinor/Schieffelin, Bambi B., eds., (1979) *Developmental pragmatics,* New York.

O'Connel, David C./Kowal, Sabine (1983) "Pausology", in: *Computers in language research. Part 2: Notating the language of music and the (pause) rhythms of speech,* Sedelow, W. A./Sedelow, S. Y., eds., Berlin, 221–301.

Osgood, Charles E. (1980) *Lectures on language performance,* Berlin (West).

Osherson, Daniel N./Stob, Michael/Weinstein, Scott (1986) *Systems that learn.* An introduction to learning theory for cognitive and computer scientists, Cambridge, Mass.

Pease, Deborah/Berko Gleason, Jean (1985) "Gaining meaning: semantic development", in: *The development of language,* Berko Gleason, J., ed., Columbus, 103–138.

Peters, Ann M. (1986) "Early syntax", in: *Language acquisition.* Studies in first language development, Fletcher, P./Garman, M., eds., 2nd edition, Cambridge, 307–325.

Piaget, Jean ([1937 frz.] 1954) *The construction of reality in the child,* New York.

Pinker, Steven (1979) "Formal models of language learning", in: *Cognition* 7, 217–283.

Pinker, Steven (1984) *Language learnability and language development,* Cambridge, Mass.

Pinker, Steven (1985) "Language learnability and children's language: a multifaceted approach", in: *Children's language,* Nelson, K. E., ed., vol. 5, Hillsdale, N. J., 399–442.

Pisoni, David B. (1978) "Speech perception", in: *Handbook of learning and cognitive processes,* Vol. 6: Linguistic functions in cognitive theory, Estes, W. K., ed., Hillsdale, N. J., 167–234.

Pisoni, David B. (1981) "Some current theoretical issues in speech perception", in: *Cognition* 10, 249–259.

Randall, Janet (1985) "Negative evidence from positive", in: *Child language seminar papers,* Fletcher, P./Garman, M., eds., Reading, 105–114.

Riesbeck, Christopher K./Schank, Roger C. (1978) "Comprehension by computer: Expectation based analysis of sentences in context", in: *Studies in the perception of language,* Levelt, W. J. M./Flores d'Arcais, G. B., eds., Chichester, 247–294.

Romaine, Suzanne (1984) *The language of children and adolescents,* Oxford.

Rumelhart, David E./McClelland, James L. (1982) "An interactive activation model of context effects in letter perception: Part 2: The contextual enhancement effect and some tests and extensions of the model", in: *Psychological Review* 89, 60–94.

Rumelhart, David E./McClelland, James L., eds., (1986) *Parallel distributed processing: Explorations in the microstructure of cognition. Vol. 1: Foundations,* Cambridge, Mass.

Schank, Roger C. (1975) *Conceptual information processing,* Amsterdam.

Shaffer, Harry L. (1984) "Motor programming in language production: A tutorial review", in: *Attention and Performance X,* Bouma, H./Bouwhuis, D. G., eds., Hillsdale, N. J., 17–41.

Shatz, Marilyn (1983) "Communication", in: *Handbook of child psychology: formerly Carmichael's manual of child psychology,* Mussen, P., ed., vol. 3, 4th ed., New York, 841–889.

Slobin, Dan I. (1986) "Crosslinguistic evidence for the language-making capacity", in: *The cross-linguistic study of language acquisition,* Slobin, D. I., ed., vol. 2, Hillsdale, N. J., 1157–1256.

Spoehr, Kathryn T. (1981) "Word recognition in speech and reading: Toward a single theory of language processing", in: *Perspectives on the study of speech,* Eimas, P. D./Miller, J. L., eds., Hillsdale, N. J., 239–282.

Stahlke, Herbert F. W. (1980) "On asking the question: can apes learn language?", in: *Children's language,* Nelson, K. E., ed., vol. 2, New York, 309–329.

Tyler, Lorraine K./Frauenfelder, Uli, eds., (1987) "Spoken word recognition", in: *Cognition* 25 (1–2).

Weissenborn, Jürgen (1986) "Learning how to become an interlocutor. The verbal negotiation of common frames of reference in dyads of 7–14 year old children", in: *Children's worlds and children's language,* Cook-Gumperz, J./Corsaro, W. A./Streeck, J., eds., Berlin, 377–404.

Weissenborn, Jürgen/Meisel, Jürgen M., eds., (1986) "Studies on morphological and syntactic development", *Linguistics* 24 (1).

Wells, Gordon (1986) "Variation in child language", in: *Language acquisition.* Studies in first language development, Fletcher, P./Garman, M., eds., 2nd ed., Cambridge, 109–139.

Wexler, Kanneth (1981) "Some issues in the theory of learnability", in: *The logical problem of language acquisition,* Baker, C. L./McCarthy, J., eds., Cambridge, Mass., 30–52.

Wexler, Kenneth/Culicover, Peter W. (1980) *Formal principles of language acquisition,* Cambridge, Mass.

White, Lydia (1982) *Grammatical theory and language acquisition,* Dordrecht.

Jürgen Weissenborn/Herbert Schriefers,
Nijmegen (The Netherlands)

61. Sozialpsychologie

1. Abgrenzung des Themas

Sozialpsychologie ist die Wissenschaft vom Erleben und Verhalten von Individuen, Dyaden und Gruppen im Kontext sozialer Wechselwirkung. Je nach der Zugehörigkeit der Sozialpsychologie als Teildisziplin der Psychologie oder der Soziologie und je nach der theoretischen Orientierung werden die konzeptuellen und empirischen Akzente der Eingangsbestimmung anders gesetzt, so in der psychologischen Perspektive stärker individuum-zentriert, in der soziologischen eher gruppen-zentriert. Doch kann nur von Akzentuierungen, nicht von festen Zuordnungen bestimmter Themen zu einer mehr psychologischen oder mehr soziologischen Sozialpsychologie die Rede sein. — Die stärker individuum-zentrierte Betrachtungsweise der Sozialpsychologie als Teildisziplin der Psychologie war historisch nicht von Anfang an selbstverständlich. Die Anfänge — oder besser: die Vorläufer — der heutigen Sozialpsychologie sind in der Völkerpsychologie und in der Massenpsychologie des 19. Jahrhunderts zu sehen. Gegenstand der Völkerpsychologie waren in erster Linie die nur aus der „Wechselwirkung vieler" verstehbaren kulturellen Gebilde oder Erzeugnisse wie Sprache, Kunst, Religion, Sitte, Recht und die daraus erschließbaren Prozesse der Entwicklung des Seelenlebens. Die besonders enge Beziehung zwischen dieser Art Psychologie und der Sprachwissenschaft wurde dokumentiert durch die von Lazarus und Steinthal ab 1860 herausgegebene „Zeitschrift für Völkerpsychologie und Sprachwissenschaft".

Auch die andere Vorform heutiger Sozialpsychologie, die Massenpsychologie, war mit ihrer Grundannahme einer 'Massenseele' bzw. eines 'group mind' (dem 'Volksgeist' der Völkerpsychologie analog) nicht primär am Individuum orientiert. Wilhelm Wundt, der als einer der einflußreichen Begründer der wissenschaftlichen Psychologie gilt, glaubte, letztere auf zwei Fundamente stellen zu sollen: eine individuum-zentrierte experimentelle Psychologie relativ einfacher Bewußtseinsvorgänge und eben jene — schon die 'höheren geistigen Vorgänge' umfassende — historische und soziale Disziplin der Völkerpsychologie (Wundt 1900—1920), eine Art psychologisch orientierte Kulturwissenschaft. Durchgesetzt hat sich in der Psychologie dann nur erstere: Psychologie, einschließlich der zu Beginn des 20. Jahrhunderts entstehenden heutigen Sozialpsychologie, blieb in erster Linie 'Wissenschaft vom Individuum'.

Zum Verständnis der heutigen Sozialpsychologie ist es nützlich, verschiedene Untersuchungsebenen zu unterscheiden, die die problematische Spanne vom Individuellen zum Sozial-Kollektiven abstufen.

2. Die Sozialpsychologie des Individuums

Verfasser von psychologischen Lehrbüchern und systematischen Beiträgen zur Sozialpsychologie 'definieren' deren Gegenstand durchweg als das (Erleben und) Verhalten vom Individuum, sofern es durch das Verhalten anderer beeinflußt wird. Solches Verhalten wird dann, vorzugsweise in der nordamerikanischen Literatur, auch soziales Verhalten

(social behavior) genannt. Der Unterschied zu nicht-sozialem Verhalten ist damit kein prinzipieller mehr. So wie Lebewesen auf (physische) Objekte reagieren, so reagieren sie auf 'soziale Reize', also solche, die von anderen Lebewesen ausgehen. Zwar impliziert diese Konzeption, daß Lebewesen, sofern ihr Verhalten vom Verhalten anderer beeinflußt wird, selbst das Verhalten anderer beeinflussen. Doch hat sich aus dieser Implikation in den seltensten Fällen ein Interaktions- alias Reziprozitätskonzept entwickelt (s. u.). Zumeist bleibt das Individuum in der Rolle des Empfängers oder Ziels sozialer Beeinflussung.

Auch der Begriff der sozialen Beeinflussung wird in der sozialpsychologischen Empirie eher eng ausgelegt im Sinne von Verhaltensänderungen, die durch das Verhalten physisch präsenter anderer hervorgerufen werden. Diese restriktive Konzeption findet sich erwartungsgemäß in behavioristischen Spielarten der Sozialpsychologie, die methodologisch einem Observationismus verschrieben sind. — Die offenste Konzeption, die gleichwohl streng individuum-zentriert bleibt, findet sich bei dem auch als Persönlichkeitsforscher bekannt gewordenen Gordon W. Allport, wenn er in der Aufgabe der Sozialpsychologie den Versuch sah, „zu verstehen und zu erklären, wie das Denken, Fühlen und Verhalten von Individuen durch die reale, vorgestellte oder implizite Anwesenheit anderer beeinflußt wird" (Allport 1968, 3). Hier tritt neben das (beobachtbare) Verhalten das (nur erschließbare) Denken und Fühlen der Zielperson und, vor allem, treten neben die physische die lediglich vorgestellte Präsenz der anderen und die implizierten anderen, die immer dann im Spiel sind, wenn jemand aus seiner Gruppen- oder Klassenzugehörigkeit bzw. aus seiner sozialen Rolle heraus handelt. — Ob eng oder weit gefaßt, bleibt die individuum-zentrierte Sozialpsychologie ein Teil der Allgemeinen Psychologie: Was immer den Psychologen an der Natur des Menschen oder der conditio humana interessiert, erwartet er, in der Person zu finden. So unterscheidet sich der große Teil dessen, was aus psychologischer Sicht Sozialpsychologie genannt wird, nicht von der Mutterdisziplin der Allgemeinen Psychologie. Hier wie dort kennzeichnen Themen wie Wahrnehmung, Lernen, Gedächtnis, Denken, Urteilen, Gefühl und Motivation die eigentliche Grundlagenforschung. Lediglich steht in der Sozialpsychologie immer das Adjektiv 'sozial' vor

Wahrnehmung, Lernen etc. Heute wird dies alles gerne zusammengefaßt unter dem Begriff der 'Kognition'. Soziale Kognition aber heißt nichts anderes und soll (für die meisten) auch nichts anderes heißen als die Verarbeitung von Informationen, die auf andere bezogen sind, wie beispielsweise die Wahrnehmung, Kategorisierung und Beurteilung von Personen, einschließlich der eigenen Person (Selbstkonzept).

Auch da, wo die Sozialpsychologie eine eigene Begrifflichkeit oder zumindest eine spezifische Verwendung eines Begriffs entwickelt hat, ist der intrapersonale Brennpunkt sozialpsychologischen Denkens unverkennbar. Das gilt vor allem für die Erforschung sozialer Einstellungen (attitudes) und ihrer Veränderungen — für Generationen das Haupttätigkeitsfeld sozialpsychologischer Forschung. Zwar variierten und variieren die Definitionen der sozialen Einstellung beträchtlich. Aber sie haben doch in der Regel das gemeinsam, daß die Einstellung als eine innere, also intrapersonale Bedingung äußeren Verhaltens gilt. Zwar erwies sich die Erwartung, daß, kennt man die Einstellung, man das Verhalten vorhersagen kann, bald als naiv, doch hält die Suche nach 'zusätzlichen' inneren Bedingungen noch an. Schließlich sollte die Kenntnis bestimmter Varianten von Einstellungen, wie es Vorurteile und Stereotypen sind, von besonderer Wichtigkeit für das bessere Verständnis sozialer Konflikte sein (zur Einstellungsproblematik vgl. Schmidt et al. 1975). Die Tendenz vieler Sozialpsychologen, intrapersonale Konstrukte und Prozesse als die Kernthematik sozial- (wie allgemein-)psychologischer Theoriebildung und Forschung anzusehen, ist durch die 'Wende' vom Behaviorismus zum Kognitivismus außerordentlich verstärkt worden. Wenn der Mensch, wohlgemerkt psychologisch gesehen, primär als ein informationsverarbeitendes System aufgefaßt und dementsprechend untersucht wird, stehen wiederum die intrasystemaren Eigenschaften im Mittelpunkt des Interesses. Sie werden in Form von Programmen repräsentiert und auf ihre innere Stimmigkeit (Konsistenz) hin in Simulationsversuchen geprüft. 'Sozial' ist an solchen Systemmodellen lediglich, daß sie als im Systemverbund operierend gedacht (und gegebenenfalls) geschaltet werden können. — Der Aufschwung, den die Sozialpsychologie institutionell in den Jahrzehnten nach dem Zweiten Weltkrieg, vor allem in den USA genommen hat, fällt mit der thematischen

und theoretischen Hinwendung zum Kognitiven, zur 'sozialen Kognition' zusammen. Zwei Klassen von Theorien und zwei Forschungsfelder seien hervorgehoben, weil sie für die genannte Periode dominierten. Die erste Gruppe von Theorien, vorab die von Festinger (1957; 1978) begründete Theorie der kognitiven Dissonanz, war um die allgemeine These zentriert, der Mensch (unserer Kultur?) strebe kognitive Konsistenz an, suche widersprüchliche oder sonstwie widerstreitende Kognitionen (bzw. Kognitionen und Emotionen) zu vermeiden bzw. wieder in Einklang (Gleichgewicht, Konsonanz, Kongruenz, Symmetrie) zu bringen. Das letztlich allgemeinpsychologische Grundmodell entspricht damit dem Prinzip der Homöostase. Tausende von Forschungsarbeiten suchen seit den fünfziger Jahren dessen Wirksamkeit zu demonstrieren. Die zweite Gruppe von Theorien und Theoremen kreist um die sogenannte Attribution, eine wiederum allgemeinpsychologisch angenommene Tendenz des Menschen, Ereignissen und Handlungen bzw. Handlungseffekten Ursachen zuzuschreiben. Sofern diese z. B. als Disposition, als Verantwortung, als Schuld, anderen Menschen (und nicht allgemeinen Umständen, der Umwelt oder dem Zufall) zugeschrieben werden, kann man von sozialen Attributionen reden. Wie 'Dissonanz' hat auch 'Attribution' bisher weit über tausend Einzeluntersuchungen auf sich gezogen (vgl. Herkner 1980). Während sowohl die Konsistenz- wie die attributionstheoretischen Annahmen im Kern motivationspsychologische sind, betreffen andere Untersuchungsschwerpunkte im Bereich sozialer Kognition mehr die Strukturen, die Verlaufsformen und typische Fehler der Verarbeitung sozialer Imformationen. Dabei wird der Funktion von Schemata und verschiedenen Inferenztypen besondere Aufmerksamkeit gewidmet (vgl. hierzu wie zum Gesamtgebiet sozialer Kognition überhaupt Wyer/Srull 1984). — Während in der traditionellen Sozialpsychologie, noch in den Anfängen der kognitiven Periode, Sprache neben Wahrnehmen, Denken, Gedächtnis, Lernen und Motivation keinen eigenen Platz mehr hatte, nachdem sie einst als Grundlagenthema der Völkerpsychologie gedient hatte, beginnt sich dies im modernen Kognitivismus zu ändern. Als Information, die es zu verarbeiten gilt, ist Sprache bezüglich ihrer Rezeption (Sprachverstehen), ihrer Speicherung (Sprachgedächtnis) und ihres 'retrieval' bzw. ihrer Produktion (Sprechen und Schreiben) ein zwar besonders komplexes und anspruchsvolles, aber auch modellhaftes Forschungsthema geworden. Wiederum ist die Grenze zwischen allgemein- und sozialpsychologischem Zugang zur Sprache deswegen arbiträr, weil der kommunikative Zug den Modellbildungen im Zeichen der Rechenmetapher äußerlich bleibt. Auch Sprache wird also primär als eine intrasystemare Struktur und Ereignisfolge abgebildet etwa als semantisches Gedächtnis. – Die implizite Präsenz anderer, deren Einfluß G. W. Allport noch zum Gegenstandsbereich einer Sozialpsychologie rechnete, ergibt ein weiteres Thema einer individuum-zentrierten Betrachtungsweise, deren zentraler Begriff die Sozialisation ist. Hiermit wird in psychologischer Sicht das Insgesamt aller der sozialen Lernprozesse gemeint, durch die das heranwachsende Individuum zu einem sozialen Wesen bzw. zu einer Persönlichkeit wird. Die Erkenntnis, daß soziales Lernen nicht hinreichend durch das Prinzip der Bekräftigung (reinforcement) bzw. nach der Theorie der (operanten) Konditionierung (Skinner 1973), sondern besser als eine kognitiv gesteuerte Tätigkeit zu verstehen ist, hat auch diese Thematik der Sozialisation zur Persönlichkeit unter das kognitive Paradigma gerückt (Bandura 1979). Die individualistische Perspektive eines großen Teils der heute dominant kognitiven Sozialpsychologie kommt auch in der engen Bindung an die Persönlichkeitspsychologie zum Ausdruck (vgl. hierzu die international führende US-amerikanische Fachzeitschrift 'Journal of Personality and Social Psychology'. Zur kognitiven Sozialpsychologie vgl. Upmeyer 1985.).

3. Die Sozialpsychologie der Interaktion

Die individuum-zentrierte Sichtweise, die sich bei genauerer Betrachtung immer wieder als die Beschäftigung mit intrapersonalen Strukturen und Prozessen erweist, ist in der Psychologie und der von ihr aus betriebenen Sozialpsychologie die dominante. Aber sie ist nicht die einzige. Neben sie tritt die interaktions-zentrierte. Schon die Wahrnehmung eines anderen impliziert – im Unterschied zur Wahrnehmung eines Objekts, daß, zumindest potentiell, der andere sieht, daß ich ihn sehe, worauf ich, dieses sehend, unter Umständen mein Verhalten ihm gegenüber ändere usf. Unterstellt man allgemein, daß das „Ziel" meines sozialen Wahrnehmens, Kate-

gorisierens, Urteilens, Fühlens, Wollens und meiner Rede selbst ein wahrnehmendes, kategorisierendes usw. Subjekt ist, dessen Kognitionen und dessen Rede ich immer schon antizipierend in Rechnung stelle, dann löse ich alle diese Tätigkeiten und die ihnen hypothetisch zugewiesenen Mechanismen und Strukturen aus der individuum-zentrierten Sicht und ordne sie einer interpersonalen interaktionalen Sicht zu. Das Verhalten oder Handeln des Einzelnen wird dadurch prinzipiell zu einem Teilaspekt einer Interaktion, der zu seinem Verständnis immer und notwendig des Komplements bedarf, das dem Verhalten der anderen zu entnehmen ist.

Es ist diese prinzipiell auf Wechselwirkung angelegte Interaktion, die aus der individualistischen Isolation herausführt. Aber sie ist nicht immer gemeint, wenn Sozialpsychologen das Wort 'Interaktion' verwenden. Auch hier ist die Spanne der Verwendungsmöglichkeiten und damit die Mannigfaltigkeit der Bedeutungen beachtlich. Am individualistischen Extrem findet sich beispielsweise der Interaktionsbegriff von Thibaut/Kelley (1959), der im Grunde nur die Kontingenz zweier Verhaltensweisen meint: Personen stehen demnach in Interaktion, wenn „sie Verhalten in Gegenwart der anderen (Person) äußern" (1959, 10). Das andere Extrem dürften die dem symbolischen Interaktionismus nahestehenden Positionen bilden (vgl. Lindesmith/Strauss 1974), denen gemäß in der Interaktion von zwei oder mehr Individuen etwas 'Neues' entsteht, das sich nicht aus dem Verhaltensrepertoire jedes einzelnen Interaktanten herleiten läßt. Interaktionale Phänomene in diesem strengen Sinne sind 'emergent'. Das 'Neue', das entsteht, muß nichts Erstmaliges sein. Es kann, wie die Umarmung, der Bruderkuß und der Wortwechsel, durchaus konventionell sein. Entscheidend ist, daß interaktionale Phänomene das Zusammenwirken von zwei oder mehr Personen zur Voraussetzung haben. – Gleich unter welcher theoretischen Annahme, ob pure Kontingenz oder echte Reziprozität, die von der experimentellen Sozialpsychologie bevorzugte Interaktion ist die dyadische. Weniger die Annahme, daß der Mensch mehr in Zweierbeziehungen als alleine oder in größeren Gruppen vorkommt, als ökonomische Erwägungen methodisch-experimenteller und modelltheoretischer Art liegen dieser Mengenreduktion auf minimale soziale Situationen zugrunde. – Daß Menschen sich in ihren Äußerungen abwechseln, ist das Grundmuster sozialer Interaktion.

Dennoch spielt der Wechsel sprachlicher Äußerungen in der sozialpsychologischen Forschung eine viel geringere Rolle als die nonverbale Kommunikation durch Mimik, Gestik, Pantomimik, Blick(richtung), Berührung, Körperhaltung und -orientierung, räumliche Distanz zum anderen, der Gesamtbereich der Paralinguistik; schließlich Kleidung und Aufmachung bis hin zur Einrichtung. Hier wirken Sozialpsychologie und Ökopsychologie zusammen. (Zur nichtsprachlichen Kommunikation vgl. Graumann 1972; Scherer/Wallbott 1979). Gegenüber diesen weitläufigen Forschungsbemühungen, an denen selbstverständlich die Kommunikationswissenschaft teil hat, haben es Sprechen und Sprachverstehen nicht zu Schlüsselbegriffen der Sozialpsychologie gebracht (vgl. hierzu etwa Frey/Greif 1983). Immerhin ist seit einiger Zeit über das Interesse am 'Nonverbalen' in der sprachlichen Kommunikation letztere selbst als Thema auch der Sozialpsychologie erkannt worden; vgl. hierzu das seit 1982 erscheinende „Journal of Language and Social Psychology".

Schwerpunkte der Theoriebildung sind im Bereich der sozialen Interaktion die sogenannten Austauschmodelle. Deren Kernannahme, die die Sozialpsychologie mit Soziologie, Anthropologie und Volkswirtschaftslehre teilt, ist eine wiederum allgemein motivationspsychologische: Individuen streben danach, ihren Nutzen zu maximieren. Dabei zählt als Nutzen ganz allgemein dasjenige, was eine Interaktion für den einzelnen 'erbringt', wenn vom 'Lohn' (Gewinn, Befriedigung) die 'Kosten' (der Aufwand für diese Interaktion) abgezogen sind. Als Lohn wie Belohnung (reward) gelten psychologisch Liebe, Zuwendung, Status, Anerkennung, Information (Erkenntniszuwachs) neben Geld, Gut und Service. Als Kosten gilt jeder Aufwand an physischer oder psychischer Energie, z. B. Unlust, Mühe, neben wiederum Geld, Gut und Dienstleistungen (vgl. Gergen/Greenberg/Willis 1980). Je nach dem Ausmaß, wie ein Interaktant von den Ressourcen des anderen (un)abhängig ist, erliegt er verschiedenen Formen sozialer Kontrolle (oder übt sie aus) (vgl. hierzu Thibaut/Kelley 1959). Je nach dem Vertrauen bzw. Mißtrauen, das ein Interaktant in das Verhalten des anderen setzt, kann es zu einem mehr kooperativen oder mehr kompetitiven Interaktionsmuster kommen. Die aus der allgemeinen (mathematischen) Spieltheorie hergeleitete Methodologie sind die sogenannten 'experimentellen

Spiele', die in der Regel ohne Kommunikation zwischen den Spielern ablaufen. Vergleicht man den Anteil der interaktionalen mit der individuum-zentrierten Sicht- und Arbeitsweise, so überwiegt letztere — vor allem dank dem kognitivistischen Paradigma — immer noch deutlich. Trotzdem setzt sich die interaktionistische Denkweise langsam durch. Ein Schulbeispiel hierfür kann die Aggressionsforschung sein. Ihre 'Pioniere' wie S. Freud und K. Lorenz waren insofern strenge 'Individualisten', als sie Aggression als in jedem einzelnen triebmäßig verankert annahmen. Der einzelne war von seiner triebmäßigen Ausstattung her aggressiv und konnte es lediglich im Verlauf seiner Sozialisation lernen, Konflikte 'friedlich' auszutragen. Unter dem behavioristischen Einfluß setzte sich dann die Überzeugung durch, daß es vielmehr derartige Lernprozesse (sei es Konditionierung oder Modellernen) seien, durch die das Individuum aggressiv oder nicht-aggressiv zu reagieren lerne. Erst allmählich hat sich gegenüber diesen individuum-zentrierten Theoremen eine interaktionale Konzeption von Aggression durchgesetzt. Aggression wird als eine Form sozialer Interaktion aufgefaßt, wodurch die Analyse des sozialen Kontextes beider Rollen erforderlich wird, des 'Täters' wie des 'Opfers'. Der gleiche Ansatz gilt dann entsprechend für Aggression zwischen Gruppen (vgl. Mummendey 1984). (Zusammenfassende Darstellungen der Sozialpsychologie der Interaktion finden sich in Argyle 1978 und Baron/Byrne 1981; zu Interaktion und Gruppe vgl. Crott 1979.)

4. Die Sozialpsychologie der Gruppe

Setzen wir eine Interaktion zwischen mehr als zwei Personen und über längere Dauer an, so haben wir es in der Regel mit einer Gruppe zu tun. Auch beim sozialpsychologischen Begriff der Gruppe sind wir zwar nicht arm an Definitionen, doch hat sich ein Konsens darüber eingestellt, daß wir erst dann, wenn wir eine gewisse Form von Interdependenz und Gemeinsamkeiten der Ziele und der Normen feststellen können, von Gruppe i. e. S. sprechen sollten. Damit sind die Grenzen, die die sozialpsychologisch verstandene Gruppe nach unten und vor allem nach oben gegen andere soziale Plurale abgrenzen, zwar fließend, aber im Einzelfall empirisch bestimmbar. Obwohl die Dyade (s. o.) gerne als das theoretische Modell für Interaktion und Kommunikation überhaupt gewählt wurde, hat die Zweierbeziehung gegenüber der sogenannten Kleingruppenforschung einen Sonderstatus. Das gleiche gilt für Kollektive, für die die oben genannten Kriterien, vor allem das der Interdependenz, nicht (mehr) gelten.

Das anfängliche sozialwissenschaftliche Interesse an der Primärgruppe (vor allem) der Familie konnte von der sich immer stärker als experimentelle Disziplin verstehenden Sozialpsychologie nicht verfolgt werden. Damit fehlt der vielleicht wichtigste Typus der Gruppe der sozialpsychologischen Kleingruppenforschung, während er im Mittelpunkt der psychoanalytisch inspirierten Gebiete der Sozialisationsforschung und der 'Familiendynamik' steht. Man hat den Eindruck, daß die Gruppe in der Sozialpsychologie ihre wissenschaftliche Respektabilität erst dann gewonnen hat, als Wissenschaftler wie Lewin (1982) sie experimenteller Analyse zugänglich gemacht haben.

Die drei großen Forschungsthemen lassen sich für die Sozialpsychologie der Gruppe kennzeichnen als Probleme der Gruppenstruktur, der Gruppenprozesse (Gruppendynamik) und der Beziehungen zwischen Gruppen. Die Gruppenstruktur ist je nach Forschungsinteresse darstellbar als Führungsstruktur, deren unterschiedliche Ausprägungen (als mehr autokratisch oder egalitär) oft in enger Beziehung stehen zu entsprechenden Typen der Kommunikationsstruktur, etwa zentralisierter gegenüber dezentralem Informationsfluß. Beide Strukturvarianten sind bedingt durch die jeweiligen Gruppenziele bzw. haben Auswirkungen auf die Gruppenleistung und die mit ihr verbundenen Entscheidungsprozesse. Aber auch die sozioemotionale 'Atmosphäre', das 'Klima' einer Gruppe, läßt sich mit Hilfe der soziometrischen Ermittlung der Präferenzstruktur als dem Verhältnis der wechsel- und einseitigen Wahlen (Präferenzen) und Ablehnungen der Gruppenmitglieder genauer bestimmen.

Zu den Gruppenprozessen, die das stärkste Interesse sozialpsychologischer Forschung gefunden haben, gehören die zwischen Majorität und Minorität(en) spielenden Beeinflussungsprozesse. Während anfänglich und lange Zeit fast ausschließlich der Konformitätsdruck untersucht wurde, der von der Gruppe auf den einzelnen und von der Mehrheit auf die Minderheit ausgeübt wird, ist das Interesse an dem gegensinnigen Beeinflussungsprozeß jüngeren Datums, obwohl die Erkenntnis nicht so neu sein sollte, daß alle 'herrschenden' Mehrheiten einmal als Min

derheiten begonnen haben, die damals ausschlaggebende Majoritäten zu beeinflussen (Moscovici 1979).

Ein weiteres stark frequentiertes Forschungsgebiet ist mit den Prozessen und Tätigkeiten befaßt, die bestimmte Gruppenleistungen konstituieren: Dazu gehören Informationsgewinnung, Kommunikation, Entscheidungsfindung, die damit verbundenen Austauschprozesse und schließlich Arbeitsteilung und Leistungsintegration. Zur Gruppendynamik gehören nicht unwesentlich auch diejenigen Prozesse bzw. Interaktionsstile, die zur Zufriedenheit oder Unzufriedenheit der Gruppenmitglieder beitragen. Verständlich, daß derartige Prozesse bzw. deren Induktion von besonderem Interesse für die Selbsterfahrungs- und Therapiegruppen sind (zu den fundamentalen Gruppenprozessen vgl. Paulus 1983).

Selbstverständlich lassen sich Struktur und Prozeß, wie allgemein, nur analytisch trennen. Was immer in der Psychologie Struktur heißt, ist wie alles Psychische, wie alles Verhalten, immer auch Veränderung. In diesem Sinne ist auch Gruppenstruktur Strukturierung und Umstrukturierung. Besonderes Interesse als Gruppenstruktur konstituierender Prozeß hat immer die Gruppenbildung gefunden. Vieles von dem, was heute über die Herausdifferenzierung von Rollen und Normen bekannt ist, geht auf die Beobachtung von Gruppenbildungen zurück, die unter feldexperimentellen Bedingungen (also mit systematischer Bedingungsvariation) induziert worden sind.

Ein wesentliches Element der Bildung einer Gruppe ist danach die Herausbildung einer kategorialen Differenzierung von 'Wir' und 'Die'. Damit ist bereits das dritte große gruppenpsychologische Thema angesprochen: die Beziehungen zwischen Gruppen. Wenn die eigene soziale Identität sich wesentlich aus personal und sozial relevanten Gruppenzugehörigkeiten (zur Familie, zum Berufsstand, zur Institution [Firma, Kirche, Schule etc.]) und zur ethnischen oder nationalen Einheit (als Bayer, als Deutscher) rekrutiert, dann gehört psychologisch zu dieser Identität auch ein mehr oder minder artikuliertes Bewußtsein, nicht zu anderen Gruppen zu gehören. Die Wir-Die-(ingroup-outgroup)Differenzierung wird nach Maßgabe neuerer Untersuchungen eher akzentuiert als untertrieben (Tajfel 1978). Die korrelative These, daß Unterschiede innerhalb der Gruppen eher unter trieben werden, hat sich nicht so eindeutig belegen lassen.

Manche Sozialpsychologen nehmen an, daß die zwischen sozialen Gruppen und Kategorien oft nachweisbaren (ethnischen, rassischen, nationalen, religiösen) Vorurteile und die ihnen zugeordneten sozialen Stereotype aus dieser Differenzierungstendenz herleitbar sind. Diese Annahme stößt deswegen auf Schwierigkeiten, weil es viele Gruppen gibt, die sich (auch bewußt) voneinander unterscheiden, ohne daß die Unterscheidung einen abwertenden oder feindseligen Zug annimmt und zur Diskriminierung führt. Auch die Existenz der sogenannten Bezugsgruppe (reference group) spricht gegen diese Annahme, ist doch die Bezugsgruppe als diejenige Fremdgruppe nachgewiesen worden, an deren Normen, Urteilen und Verhaltensmustern sich Angehörige einer anderen Gruppe orientieren. Natürlich bleibt die Frage, ob der soziale Vergleich mit der Bezugsgruppe eine Ausnahme der Regel darstellt, wonach die eigene Gruppe von ihren Mitgliedern (die sich schließlich mit ihr identifizieren) bevorzugt wird (ingroup favouritism) (vgl. Tajfel 1978). Es mag sein, daß, was das Verhältnis zwischen Gruppen betrifft, die entscheidenden Fragen noch eine Zeitlang offen bleiben müssen: denn dieser Zweig der Sozialpsychologie ist erst in der letzten Zeit auch von Psychologen in Angriff genommen worden. Er galt lange Zeit und für manche auch heute noch als Domäne der Soziologie, weil bei der Interaktion zwischen Gruppen, vor allem wenn es sich um formale institutionalisierte Gruppen handelt, der Brennpunkt der Aufmerksamkeit vom Individuum weg auf das soziale System wandert.

5. Sozialpsychologie der Masse

Man kann, wenn man sich am Standard der Lehrbücher der Sozialpsychologie orientiert, die Psychologie der Massen ignorieren oder höchstens mit dem historischen Hinweis abtun, daß Massenpsychologie, wie eingangs erwähnt, eine Art vorwissenschaftliche Lehre des ausgehenden 19. Jahrhunderts war, die durch die wissenschaftliche Sozialpsychologie im 20. Jahrhundert abgelöst worden ist. Was aber bleibt, sind die Massenphänomene. Sie sind zwar am Ende des 20. Jahrhunderts, im Zeitalter der Massendemokratien, der Massenkommunikation mit den neuen Medien, des Massenverkehrs und der immer noch rapide ansteigenden Urbanisation (vor allem in

der Dritten Welt) qualitativ und wohl auch quantitativ anders am letzten fin du siècle, als die Massenpsychologie entstand. Aber das wäre kein Grund für die tatsächlich weitgehende Überantwortung der Massenthematik an die Soziologie. Die wichtigsten Theorien des kollektiven Verhaltens sind in den letzten Jahrzehnten in der Soziologie entstanden. Das gilt verständlicherweise vor allem für die Phänomene der Massenbewegungen. Ohne Zweifel sind entscheidende Kriterien sozialer Bewegungen wie die Frauen-, die Friedens- oder die (die alte Massenpsychologie mitverursachende) Arbeiterbewegung nur mit den Mitteln der Soziologie zu bestimmen. Aber es bleibt eine Fülle psychologischer Phänomene, die sich nur unter den Bedingungen von Massenveranstaltungen und Massenbewegungen zeigen, und zwar sowohl, was charakteristische Erlebnis- und Verhaltensweisen von Individuen unter Massenbedingungen, wie was spezifische Interaktionsmuster betrifft. Auch ist längst erkannt, daß, was von außen als eine homogene Masse erscheint, sich bei genauerer Analyse als aus vielen und durchaus unterschiedlichen Gruppen zusammengesetzt erweist. Aus diesen Gründen wird in letzter Zeit auch in der Sozialpsychologie Masse wieder als ein legitimes Forschungsthema anerkannt. Das geschieht zum einen durch ein bewußtes Wiederanknüpfen an die ältere Massenpsychologie im Sinne einer kritischen Rekonstruktion der lange Zeit unbeachtet gelassenen Theorie der 'Massenseele' (Moscovici 1984). Der andere Zugang erfolgt über die ökologische Psychologie (Umweltpsychologie), die durch ihren Forschungsschwerpunkt Großstadt und Großstadtleben sich unweigerlich mit Phänomenen der Masse, der Dichte und Enge (crowding) auseinandersetzen muß. – Insofern erfolgt hier eine Art Wiederanknüpfung an die Anfänge der Massenpsychologie, die ja durch die für viele beängstigenden Effekte der Industrialisierung und Urbanisierung ins Leben gerufen worden war.

6. Zusammenfassung

Wenn man heute auf die Anfänge der Sozialpsychologie vor und nach der letzten Jahrhundertwende zurückblickt und sich die Fülle der sozialen Phänomene vor Augen führt, die noch bis in die ersten Dekaden des 20. Jahrhunderts als Forschungsthemen einer Sozialpsychologie angesehen werden, dann ist eine seitdem in Gang gekommene Schrump-

fung der sozialpsychologischen Thematik unverkennbar. Sie hängt ohne Zweifel mit dem
Bestreben zusammen, einen höheren wissenschaftlichen Status zu erreichen, als es die
kasuistische, 'spekulative' und oft auch nur
journalistische Arbeitsweise der genannten
Anfänge gestattete. Der wissenschaftliche
Status aber war der einer experimentellen
(Natur-)Wissenschaft, deren notgedrungen
restriktive Standards viele Komplexe sozialer
Probleme gar nicht zur Untersuchung zulie-
ßen. Andere Restriktionen ergaben sich aus
den ethischen Grenzen, die dem experimentellen Vorgehen in der Humanpsychologie
ohnehin gesetzt sind. Die deutliche Präferenz
für die Untersuchung von Individuen und
von minimalen sozialen Situationen, die Bevorzugung der dyadischen Modelle sind aus
dem Primat der (möglichst labor-)experimen-
tellen Methodik erklärbar. — Die Weiterentwicklung der sozialpsychologischen Methodik, die Bereitschaft, mehr Erhebungstechniken der empirischen Sozialforschung zu verwenden und ein deutlich zunehmendes Interesse an ökologischer Repräsentativität der
Forschung können als Zeichen dafür genommen werden, daß sich der Themenkreis der
Sozialpsychologie wieder ausweitet. Als ein
vordringliches Desiderat ist dabei die stärkere
Einbeziehung der Sprache zu bezeichnen. Immerhin vollzieht sich die soziale Interaktion
zwischen Individuen wie zwischen Gruppen
vorzugsweise im Medium der Sprache, und
wir verdanken fast alle Erkenntnisse, die wir
über kognitive Prozesse und Strukturen gewonnen haben, den Inferenzen, die wir auf
der Grundlage sprachlicher Äußerungen ris-
kiert haben. Schließlich gehört zu der jetzt
sich entwickelnden Sozialpsychologie der
Sprache die Analyse des aktuellen-situativen
sozialen Kontexts, aus dem heraus und auf
den hin Sprache produziert wie verstanden
wird. Vor allem in diesem Bereich schließt die
Sozialpsychologie der Sprache unmittelbar
an die Soziolinguistik an.

7.   Literatur (in Auswahl)

Allport, Gordon W. (1968) „The historical background of modern social psychology", in: *The
handbook of social psychology*, Lindzey, G./Aron-
son, E., eds., Vol. 1. Reading, Mass. 1—80.

Argyle, Michael (1978) *The psychology of interpersonal behaviour*, Harmondsworth.

Bandura, Albert (1979) *Sozial-kognitive Lerntheorie*, Stuttgart.

Baron, Robert A./Byrne, Donn (1981) *Social psychology:* Understanding human interaction, Boston.

Crott, Helmut (1979) *Soziale Interaktion und Gruppenprozesse*, Stuttgart.

Festinger, Leon (1957) *A theory of cognitive dissonance*, Stanford (deutsch 1978: *Theorie der kognitiven Dissonanz*. Bern).

Frey, Dieter/Greif, Siegfried, eds., (1983) *Sozialpsychologie* — Ein Handbuch in Schlüsselbegriffen,
München.

Gergen, Kenneth J./Greenberg, Martin S./Willis,
Richard H., eds., (1980) *Social exchange*, New
York.

Graumann, Carl Friedrich (1972) „Interaktion und
Kommunikation", in: *Sozialpsychologie*, Graumann, C. F., ed., Göttingen, 1109—1262.

Herkner, Werner, ed., (1980) *Attribution — Psychologie der Kausalität*, Bern.

Lewin, Kurt (1982) *Feldtheorie*, (= Kurt Lewin —
Werkausgabe, Bd. 4, hg. von C. F. Graumann)
Bern/Stuttgart.

Moscovici, Serge (1979) *Sozialer Wandel durch Mi-
noritäten*, München.

Moscovici, Serge (1984) *Das Zeitalter der Massen*,
München.

Mummendey, Amélie, ed., (1984) *Social psychology
of aggression*: From individual behavior to social
interaction, New York.

Paulus, Paul B., ed., (1983) *Basic group processes*,
New York.

Scherer, Klaus R./Walbott, Harald G., eds., (1979)
*Nonverbale Kommunikation — Forschungsberichte
zum Interaktionsverhalten*, Weinheim.

Schmidt, Hans Dieter/Brunner, Ewald Johannes/
Schmidt-Mummendey, Amélie (1975) *Soziale Einstellungen*, München.

Skinner, Burrhus Frederic (1973) *Wissenschaft und
menschliches Verhalten*, München.

Tajfel, Henry, ed., (1978) *Differentiation between
social groups*, London.

Thibaut, John W./Kelley, Harold H. (1959) *The
social psychology of groups*, New York.

Upmeyer, Arnold (1985) *Soziale Urteilsbildung*,
Stuttgart.

Wyer, Robert S./Srull, Thomas K. (1984) *Handbook of social cognition*, Hillsdale, N. J.

*Carl Friedrich Graumann, Heidelberg
(Bundesrepublik Deutschland)*

62. Volkskunde/Ethnologie

1. Konkurrierende Terminologie

Die Umbenennungen einiger traditioneller wissenschaftlicher Volkskunde-Institute in der BRD seit etwa 1970 in Institute für „europäische Ethnologie" (Marburg), „Kulturanthropologie" (Frankfurt), „empirische Kulturwissenschaft" (Tübingen) und neuerdings (seit 1986/87) die Einrichtung eines Studiengangs „Kulturwissenschaft" (Bremen) illustrieren einerseits Überschneidungen mit anderen Stichwörtern dieses Handbuchs (Art. 31, 63), betonen andererseits methodische Abgrenzung gegenüber der traditionellen Volkskunde des deutschsprachigen Raumes.

Dennoch vorhandene Gemeinsamkeiten hatten es allerdings 1955 möglich erscheinen lassen, für den internationalen Gebrauch einen gemeinsamen Terminus vorzuschlagen: *regionale Ethnologie*; in den nordeuropäischen Ländern ist *europäische Ethnologie* verbreitet. Auch wo der Terminus *Volkskunde* erhalten blieb (Institute in Bonn, Freiburg i. Br., Göttingen, Hamburg, Kiel, Mainz, München, Münster, Würzburg), decken sich die modernen Forschungsinteressen nicht mehr mit den traditionellen. Die „Internationale Volkskundliche Bibliographie" (Bonn) erfaßt Titel des gesamten Spektrums. In der DDR (vgl. z. B. Reihentitel wie „Veröffentlichungen zur Volkskunde und Kulturgeschichte"), in Österreich und der Schweiz hat sich der Terminus *Volkskunde* ebenfalls bei neuer Rekonstruktion des Gegenstandes erhalten. Abgrenzungsprobleme ergeben sich weiter zur Kultursoziologie (Art. 63) und zur Geschichtswissenschaft (vgl. z. B. die Rubrik „Religions- und Kulturgeschichte, Mentalitäten" im Literaturreferat der Historischen Zeitschrift).

2. Interdependenzen linguistischer und volkskundlicher/ ethnologischer Methoden

Die Erkenntnisinteressen und Methoden volkskundlicher bzw. ethnologischer Gegenstandsrekonstruktion werden im folgenden gezeigt unter der Perspektive ihrer Ähnlichkeit, in vielen Phasen sogar Interdependenz, mit sprachwissenschaftlichen Methoden und Erkenntnisinteressen.

3. Normative Tendenzen in Sprachwissenschaft und Ethnologie: Hochsprache und Sittenpredigt

Volk bezeichnet nach Adelung „die untersten Classen im Staat", den „großen Haufen" die „geringen Personen" und er bemerkt dazu: „einige Schriftsteller haben dieses Wort in der Bedeutung des größten, aber untersten Theiles der Nation oder bürgerlichen Gesellschaft wieder zu adeln gesucht, und es ist zu wünschen, daß solches allgemeinen Beifall findet, indem es an einem Wort fehlet, den größten aber unverdienter Weise verächtlichsten Teil des Staates mit einem edlen und unverfänglichen Wort zu bezeichnen" (Adelung 1774 ff, s. v. *Volk*). Adelung resümiert hier die Abgrenzungstendenz der bildungstragenden Schicht, der Bürger, d. h. „verschiedener, berufsständisch gegliederter Gruppen, die sich über gemeinsame kulturelle Vorhaben verständigen" (Gessinger 1980, 93) im Deutschland des 18. Jh., deutet dabei aber schon die sich Mitte des 18. Jh. durchsetzende Bedeutungserweiterung des Wortes an.

Eines der 'kulturellen Vorhaben' war die Diskussion und Durchsetzung einer kodifizierten Nationalsprache (Art. 45). Diese Sprachnormierung war seit dem 17. Jh. eine Domäne von Sprachgesellschaften, Grammatikern und Literaten. Sei es, daß sie sich auf theoretische Erwägungen, das sind manchmal sehr vordergründige Analogieprinzipien (Schottelius, Gottsched) oder 'innere Gesetze' der Sprache (Campe), beriefen, oder daß sie sich auf eine 'Mundart' der „höheren Classen" einer Region (Adelung) stützen wollten, seit Opitz ging es darum, die konkurrierenden Normen der Mundarten und der regionalen Umgangssprachen abzuwehren. Insofern mußte den Beteiligten ein wissenschaftliches Interesse an den als Volk bezeichneten Bevölkerungsgruppen fernliegen. Rückgriffe auf historisches Sprachmaterial und Material aus verschiedenen Regionen waren dazu da, die neue Hochsprache auszubauen (vgl. Steger 1982, 399 f, zu diesem 'Leitinteresse' der frühen Beschäftigung mit Dialekten), statt aus Fremdsprachen sollten Entlehnungen aus den lebendigeren, farbigeren Mundarten genommen werden. Um zu wissen, welche Muster und Wörter dazu taugen, mußte man freilich wieder Grammatiker oder Sprachpfleger sein oder die Autorität der Schriftsteller haben (vgl. v. Polenz 1978, 127 f, u. a.). — Ebenso deutlich ist die Volkskunde ein „kulturelles Vorhaben", das vom Interesse an der Etablierung bürgerlicher Wertvorstellungen geprägt ist (Ausnahmen vgl. Abschnitt 4.). Die humanistischen Rezipienten von Tacitus' 'Germania', die — mit ihrer Stilisierung altrömischer Tugenden, die in den Germanen realisiert gesehen werden — offensichtlich schon im Rom der Kaiserzeit eine Sittenpredigt war, können als Vorläufer einer Tradition gesehen werden, die unter dem Titel 'Volkskunde' Lebensformen propagiert (Bausinger o. J., 12 f). Das 'Weltbuch' von Sebastian Franck (1534) geht zwar ironisch-kritisch mit heidnischen und katholischen Bräuchen um, und doch gibt es auch hier die positiv bewerteten alten Sitten, die gleichzeitig die Lebensformen sozial niedriger Schichten sind. „Denn schon in jener Zeit wurde die differenzierte und gerade damals im Wandel befindiche soziale Wirklichkeit [...] auf den Nenner des „Volkes" und das hieß: des letztlich Unveränderlichen zurückgebogen" (Bausinger o. J. 17). Auch in der Zeit der Aufklärung läßt sich dieser normative, konservative Zug herauspräparieren: als 'natürlich' und 'vernünftig' werden bestimmte Lebensformen, Normen der Zeit erklärt. Dort, wo Natur als Gegensatz zu Kultur gefaßt wird, „werden bestimmte wenig differenzierte kulturale Gegebenheiten zu » Naturformen « erklärt" (Bausinger o. J., 24). Argumentiert wird dann allerdings nicht primär mit Alter, sondern mit Funktion, Nützlichkeit sprachlicher Formen oder volkskundlicher Sachgüter und Lebensweisen, z. B. der Einrichtung des westfälischen Bauernhauses (Justus Möser) oder der Erziehung der Germanen (Justus Möser

u. a.). Mösers postum veröffentlichte Aufsätze oder die Flugschriften von Herder/Goethe/Frisi/Möser, 'Von deutscher Art und Kunst' (1773), zeigen die „Hinwendung zum Nationalen im überhöhten Bild des eigenen Volkes" (Weber-Kellermann 1969, 13), deren Anfänge mit Herder verknüpft sind. Volk ist bei Herder eine als 'Nationalgeist' kontinuierlich sich verwirklichende überindividuelle Individualität, deren Ausdruck sich in den sog. geistigen Gütern findet, in Sagen-, Erzählungen- und Liedsammlungen. Damit ist die Bedeutungserweiterung des Wortes *Volk*, wie es dann auch von Fichte in seinen 'Reden an die deutsche Nation' (1807/08) verwendet wird, vollzogen: Volk und Nation werden eine Einheit.

Nachdem so *Volk* eine „Sammelbezeichnung für den Überlieferungsträger" (Weber-Kellermann 1969, 12) wird, ist es nur konsequent, daß in Sammlungen wie Herders 'Volkslieder' (1877/1901), später als 'Stimmen der Völker in Liedern' erschienen, zeitgenössische Dichtung, z. B. Goethelieder, eingehen, oder daß 'Des Knaben Wunderhorn' (v. Arnim/Brentano 1808) vom 'Volkliedton' der Romantik geprägt ist und wie die Märchensammlungen zu den Überlieferungen bürgerlicher Schichten gehört. Was ins Bild paßt, wird weder sozial noch historisch relativiert: Der von Weber-Kellermann (1969, 13) zitierte Angriff Schillers von 1791: „Unsere Welt ist die homerische nicht mehr, wo alle Glieder der Gesellschaft im Empfinden und Meinen ungefähr dieselbe Stufe einnehmen, sich also leicht in denselben Schilderungen erkennen, in denselben Gefühlen begegnen könnten. Jetzt ist zwischen der Auswahl der Nation und der Masse ein sehr großer Abstand sichtbar"; und Herders eigene Abgrenzung, der „Pöbel auf den Gassen" singe und dichte nicht, sondern „schreit" und „verstümmelt" (Bausinger o. J. 31), und Jacob Grimms Vorwurf gegenüber Achim von Arnim, sie ließen „das Alte nicht als Altes stehen" (Bausinger o. J., 33), d. h. als etwas Vergangenes, als wissenschaftliches Objekt — all diese Hinweise ändern nichts mehr daran, daß unter den Termini *Volk/Volkstum* bürgerliche Werte als repräsentativ für alle Bevölkerungsgruppen gesetzt werden. Dieser uniformierende Zug findet sich in der Folge auch in volkskundlichen Beschreibungen von Sachgütern, wo er zweifellos schwer zu etablieren ist. Auch hier gilt: man muß schon Literat oder Wissenschaftler sein, um das, was ins Bild des 'echten' Volkslebens paßt, von den 'unechten' Zügen sondern zu können.

Selbst Wilhelm Heinrich Riehl, dem Lepenies „präzise Kenntnis gesellschaftlicher Institutionen" zugesteht, und den er mit Attributen wie „beobachtungsscharf" und „bilderreich" versieht (Lepenies 1985, 240), gehört noch in die Tradition der Volkskunde mit normativen Konsequenzen. Üblicherweise wird er herausgestellt als Disziplinengründer in einer wissenschaftshistorisch günstigen Konstellation, wo „Naturwissenschaften und Geschichte sich auf Kosten der Philosophie als Zentralmächte eines neuen Wissenschaftssystems herausbildeten und alle Geschichte unaufhaltsam Kulturgeschichte wurde" (Lepenies 1985, 241). Nachdem nun aber auch bei Riehl Volkskunde 'Sittenpredigt' in dazugehöriger belletristischer Darstellungsform bleibt — so werden z. B. Familienstrukturen absolut gesetzt, patriarchalische Abhängigkeitsverhältnisse im Agrarbereich propagiert mit Berufung auf 'ewige Naturgesetze im Leben der Menschheit' (Riehl 1855, VI) —, trägt das Fach viele Züge, die es „im Augenblick seines Entstehens bereits veraltet" (Lepenies 1985, 242) erscheinen lassen. Weber-Kellermann (1969, 35) weist darauf hin, daß Riehl die politisch-wissenschaftliche Diskussion seiner Zeit (z. B. um die Werke von Marx) nicht zur Kenntnis nahm. An seine ahistorisch-konservative Haltung konnte die völkische Bewegung des 20. Jh. anknüpfen mit ihrem Kontinuitätsgedanken vom Fortbestehen kultureller Schöpfungen trotz wechselnder Träger (Weber-Kellermann 1969, 74), der Suche nach den „richtigen Urformen" (ebd.), sei es von Märchen, sei es von Lebensformen, die alle soziologischen Bezugsrahmen ignorieren. Als kulturtragende Schicht wurden im wesentlichen „die Bauern" ausgemacht, wobei diese Bevölkerungsgruppe weder quantitativ repräsentativ ist, noch in sich homogen (Bausinger 1978, 8). Extrempunkt dieses Entwicklungsstranges ist offensichtlich die bis in die 30er Jahre dieses Jahrhunderts reichende, Annexionen motivierende Sprachinselvolkskunde, wo — im Gegensatz zur heutigen pragmatisch orientierten Sprachinselforschung der Volkskundler (vgl. „Zur Interethnik" 1977) und Dialektologen (vgl. Wiesinger 1980) — von Integrationsprozessen, interethnischen Kontakten und sozialem Wandel abgesehen wird zugunsten der Hypostasierung 'deutschen Volkstums'. Diese Funktion als

Sittenpredigt ermöglichte eine Abgrenzung der Volkskunde gegen Soziologie und Ethnologie, über der diese vormoderne Wissenschaft sich der Methodendiskussion entziehen konnte.

Als Ergebnis der sprachwissenschaftlichen Normierungsprozesse steht eine codifizierte Sprache, die von da ab mit der deutschen Sprache identifiziert wird: die Strukturalisten sehen in ihr die langue, die Sprachinhaltsforscher „die Schöpfung einer Kulturgemeinschaft", sogar „die Volksseele selbst" (Schmidt-Rohr 1933, 243), zumindest kann man, was sich darin „vergegenständlicht hat, zum deutschen Weltbild zusammenfügen" (Stroh 1931/32, 245, zitiert bei Steger 1982, 417). Eine solche Identifikation schließt die Möglichkeit soziologischer Differenzierung und die Möglichkeit, selbst hinter der Verwendung derselben Wörter noch divergente Interessen zu analysieren (vgl. unten, 7.3.), aus. Gegenüber dieser codifizierten, uniform gesehenen Sprache setzen sich landschaftliche Umgangssprachen und Mundarten nur negativ ab: in der Schule, der Institution, die diese Normen durchzusetzen vermag, werden sie als 'Jargon' (Art. 43), als 'landschaftlich', als 'unklare Ausdrucksweise' montiert und angestrichen, bis sie sich in der Bewertung der Sprecher vieler Regionen als 'nicht richtiges Deutsch', in der Bewertung der Wissenschaftler folgerichtig als 'restringierter Code' etabliert haben — gemäß Adelungs Postulat: „Muster können nun [nicht] den Geschmack und niedrige Ton des Volkes [...] sein. Der gute Geschmack ist immer nur einer" (Adelung 1782, 97f, Sperrung H.-M.). Herders und Wielands Einsprüche dagegen (zitiert bei Gessinger 1980, 140f) erweisen sich lediglich als Streit um die avandgardistische Autorität.

Was eine normative Volkskunde als Volksbild entwarf, sollte ebenso durchgesetzt werden, an Versuchen, die Repräsentativität zu postulieren, hat es nicht gefehlt. Aber wenn sich für immaterielle Güter, für Märchen, Sagen und Lieder, noch erklären ließ, daß sich in ihnen „der Geist des Volkes insgesamt und unmittelbar spiegele" (Bausinger 1978, 5, Sperrung H.-M.) konnte dies für materielle Güter kaum vertreten werden. Soziologie und Ethnologie und eine historisch und sozialwissenschaftlich gewendete Volkskunde, die es verstehen, Vielfalt und Vielschichtigkeit von Normen und Geschmack zu beschreiben (vgl. unten, 7.4.), haben sich für die Interpretation der Gesellschaft durchgesetzt.

4. Synchrone Beschreibungen: Dialekt als Symptom in volkskundlichen Darstellungen

Ende des 18. Jh. erscheint im Zusammenhang mit aufklärerischer Topographie und Statistik der Terminus *Volkskunde*. Es geht um staatlich-hoheitliche Selbstdarstellung im Rahmen der kameralistischen Wissenschaften, um möglichst vollständige Landesbeschreibung: Volkszählungen, Orts- und Bevölkerungsverzeichnisse, lückenlose Landvermessungen, im volkskundlichen Teil um — in Einzelfällen sozial differenzierte (Cox 1982, 1580) — Beschreibung der Bevölkerung bis hin zu Körperbau, Einfluß des Klimas und der Nahrung, um Brauchtum, Sitten und nicht zuletzt Landessprache (Löffler 1983, 445; Bausinger u. a. 1978, 1 ff; Weber-Kellermann 1969, 4 ff). Der Terminus *Volkskunde* wird im Wechsel mit *Völkerkunde* verwendet.

Die im 19. Jh. entstandenen umfassenden Dialektgrammatiken und -wörterbücher stehen in dieser Tradition. Sie sind Teil einer beschreibenden Volkskunde — wobei nicht immer dieser Terminus verwendet wird (vgl. z. B. Schenda 1964, 148) —, es sind dieselben Personen, die Dialekte, Hausform, Tracht, Lied, Spiel, Brauch und Sage beschreiben (beispielhaft für eine Region stellt sich dies dar im Sammelband „Zur Geschichte von Volkskunde und Mundartforschung in Württemberg" 1964, mit Artikeln von Bausinger zu Ernst Meier, von Schenda zu Michael Buck und Anton Birlinger) im Interesse einer 'Physionomik' der Bevölkerung, wie es Weinhold (z. B. 1853, 2) formuliert, der selbst eine alemannische und eine bairische Grammatik verfaßte: Sprache als charakterisierendes Symptom und als „stoffliche Schöpfung der Geister" (Weinhold 1853, 2). Hypostasierend wird auch vom „Habitus der Dialekte" (Kaufmann 1889, 417, Steger 1982, 408) gesprochen. — Politisch stehen die Arbeiten aus der ersten Hälfte des 19. Jh. überwiegend gegen den aufkommenden Gedanken einer Reichseinheit (Löffler 1982, 445), nach 1848 glauben besonders mittel- und niederdeutsche Autoren betonen zu müssen, ihre Grammatiken und Wörterbücher seien nicht in der Absicht entstanden, die Stellung der Mundart im öffentlichen Leben zu restaurieren (vgl. Henn 1983, 1256). Vorbild sind die Grammatiken für das "Hochdeutsche"; die Anbindung an das historisch-vergleichende Wissenschaftsparadigma ist locker (vgl. Steger 1982, 407), und dort, wo historische Interessen formuliert werden, ältere Schriftdialekte parallel untersucht werden, hört das volkskundliche Interesse nicht auf, mündet aber in das vereinheitlichende Volksbild, das in 3. skizziert wurde, etwa bei Scherer, der die „Lautform unserer Sprache" aus „moralischen Motiven" zu erklären und aus der historischen Grammatik eine nationale Ethik zu gewinnen hoffte — ein Vorhaben, das er 1878 als gescheitert ansehen muß (vgl. Steger 1982, 408). Die synchronisch orientierte Volkskunde/ Völkerkunde und die sich nur langsam aus deren Erkenntnisinteressen lösende Dialektologie (bis weit ins 20. Jh. enthalten Dialektgrammatiken Hinweise auf „Charakterzüge" der Sprecher!) sehen ihre Aufgabe in der Beschreibung „landschaftskonstituierender Charakteristika" (Löffler 1982, 446) — eine Sichtweise, die mit neuer wissenschaftlicher Begründung in der Kulturraumforschung, interdisziplinär in der Kulturmorphologie aufgenommen und ausgebaut wird.

5. Kulturräume: Dialektgeographie und thematische Kartographie in der Volkskunde

5.1. Vorläufer

Den Zusammenhang zwischen Dialektologie (Art. 64) als Sprachgeographie/Areallinguistik und einer Volkskunde, die räumliche Verbreitung von „Traditions- und Gemeinschaftsformen" (Zender 1959—64, 4) dokumentiert und daraus Räume mit charakteristischen Entwicklungen und Veränderungen konstruiert (im Überblick dargestellt von Grober-Glück 1982 und Cox 1983), beschreibt man meist von Jacob Grimm an, obwohl hier beide Stränge noch unverbunden nebeneinander liegen: Grimm formulierte das Programm für eine historisch-vergleichende Sprachwissenschaft auf der Basis der Dialekte (Grimm 1822, XIV; vgl. z. B. Steger 1982, 406) und gründete eine Gesellschaft (vgl. Grimm 1884, 593), die es ihm — ein unausgeführter Plan — ermöglichen sollte 'Volkspoesie', mündliche Überlieferungen, Informationen über Volksglaube, Volksbrauch, Rechtsgewohnheiten, über Trachten, Hausrat und Siedlungsformen, Viehzucht und Ackerbau aus dem ganzen Sprachraum zu sammeln (Weber-Kellermann 1969, 20; Cox 1983, 1580). Grimms Konzept: seine Auffassung vom „himmlischen Ursprung" der Sprache, nachdem der älteste Dialekt der „reinste" sein mußte (Grimm 1819, XXVIII)

und älteste Lebensformen ähnlich positiv gesehen werden, trägt bei aller Quellenkritik
noch prinzipiell ahistorische Züge (Bausinger
1978, 10). Die erste systematische und flächendeckende volkskundliche Sammlung
führte Wilhelm Mannhard 1864/65 im europäischen Raum durch. An den 2500 z. T. sehr
ausführlich beantworteten Fragebögen (Cox
1983, 1580) interessierte ihn noch nicht die
synchrone Raumstrukturierung, sondern
analog den Interessen der historisch-vergleichenden Sprachwissenschaft die Rekonstruktion älterer Zustände, ältester Bedeutungen
und — gegen die Grimmsche Auffassung vom
sich Forterben des Mythensystems — „die
allmähliche Veränderung und Verzweigung
jedes einzelnen Gebrauchs und jeder einzelnen Mythe" (Weber-Kellermann 1969, 26);
die Sicht der Entwicklung als „dauernde Veränderung und Überlagerung der alten Stoffe
in der ganzen Breite des indogermanischen
Überlieferungsraumes" (Weber-Kellermann
1969, 27) ist neu und bleibt auch in der Neuen
Folge des Atlasses der deutschen Volkskunde
(1959—64) ein wesentlicher Punkt (vgl. Zender 1959—64, § 29). Die retrospektive Haltung wird in der Volkskunde und Sprachwissenschaft unter dem Einfluß von Lazarus'
und Steinthals „Völkerpsychologie" aufgegeben. Der 'Volksgeist' (Humboldtscher Prägung) garantiert die Einheitlichkeit der kulturellen Objektiviationen (Sprache, Mythologie, Religion, Kultur, Sitte, Recht). Die Sprache z. B. wird als ein „Schatz von Vorstellungen und Begriffen", das „gemeinsame
Eigentum der Nation", „wie sehr auch die
Individuen in dem Maße und Grad der Er-
werbung und Anwendung voneinander abweichen mögen" (Steinthal, zitiert nach Weber-Kellermann 1968, 38) beschrieben. Die
innere Differenzierung von Sprachen und
Kulturen wird folglich vernachlässigt, auch
wenn den Sprechern durchaus eine Wirkung
auf die Sprache zugestanden wird (vgl. z. B.
Bumann 1958, 324), zugunsten der vereinheit-
lichenden Charakterisierungen. Zudem wird
bei Arbeiten aus diesem Umkreis „der Impetus des Vergleichs immer häufiger am nationalen Horizont gebrochen" (Bausinger o. J.,
50), so daß es nur konsequent erscheint, wenn
die 1860 von Lazarus und Steinthal gegründete 'Zeitschrift für Völkerpsychologie und
Sprachwissenschaft' 1891 von Karl Weinhold
(vgl. 4.) als 'Zeitschrift des Vereins für Volkskunde' fortgeführt wird (Weber-Kellermann
1969, 47; Bausinger o. J., 50).

Auf eine moderne, als 'Ethnolinguistik' beschriebene Richtung (Knobloch 1980) sei an
dieser Stelle hingewiesen, weil sie sich ausdrücklich auf die Tradition Humboldt-
Steinthal beruft, außerdem auf Sapir,Whorf
(vgl. Art. 56) und auf Weisgerber, und aus
sprachvergleichenden Untersuchungen „Aufschlüsse über das [in der Sprache niederge-
legte] Weltbild und seinen Wandel in großen
Zeiträumen" (Knobloch 1980, 507) zu gewinnen sucht und Forschungsergebnisse wie die
von Martin (1963), von v. Polenz (1963), beides Arbeiten aus dem Material des deutschen
Wortatlasses (Mitzka 1951 ff) für das eigene
Paradigma auswertet (Knobloch 1980, 506).

5.2. Atlanten und ihre Interpretation
Während erste Überlegungen zur räumlichen
Erfassung nicht-sprachlicher volkskundlicher
Daten noch vom Volkstumgedanken geprägt
sind (z. B. Peßler, zur Ablehnung von dessen
Konzeption durch die Begründer des Atlasses
der deutschen Volkskunde vgl. Cox 1983,
1582), baut der Atlas der deutschen Volkskunde (ADV) auf den Erfahrungen mit dem
Deutschen Sprachatlas (DSA) und der Kulturmorphologie auf. Georg Wenker hatte bereits 1878 und 1891 zwei regionale Sprachatlanten veröffentlicht, bevor er 1887 mit der
indirekten Erhebung von standardisiertem
Material (Fragebogen) zur 'ortsüblichen'
Mundart in möglichst allen Schulorten, der
Materialsammlung für den ab 1926 erschei-
nenden Sprachatlas (Wrede 1926 ff), begann.
Erhoben wurden sämtliche Laute (allerdings
isoliert, nicht als Indikatoren für phonologische Systeme, zu deren Charakteristik auch
Distribution und funktionale Belastung gehören), sowie Indikatoren für Flexion aufgrund
von 40 Sätzen, deren Übersetzung erfragt
wurde. Während Wenker seine Arbeit ursprünglich mit dem Interesse begonnen hatte,
klare Dialektgrenzen zu konstruieren, und
dies aufgeben mußte zugunsten der Isoglosse,
der Verbreitungsgrenze eines einzelnen Merkmals, wurde die Atlasarbeit zunehmend ein-
gepaßt in das historisch-vergleichende Paradigma (vgl. Veith 1970, 393 ff; Wiegand/Har-
ras 1971, 11 ff), in dem Sprachgeschichte entweder auf der Basis von 'Naturgesetzen' rekonstruiert wird (Leskien, Osthoff, zeitweilig
Scherer) oder als Kulturwissenschaft, die ex-
tralinguale Fakten zur Klärung von Sprachwandel und geographischer Verbreitung heranzieht. Spätestens Wrede hat den Atlas als
Forschungsinstrument kulturwissenschaft-
lich orientierter Dialektologen gesehen, die

er 'Soziallinguisten' nannte (Wiegand/Harras 1971, 23), offensichtlich in Anlehnung an Forschungsrichtungen wie Sozialgeographie bzw. Sozialökologie. Im Rahmen einer solchen Auffassung von Sprache war es, nachdem Wenkers Kartenwerk zur Rheinprovinz 1878 vorlag, zur folgenreichsten interdisziplinären Zusammenarbeit von Volkskunde und Sprachwissenschaft gekommen: der Kulturraumforschung oder Kulturmorphologie. — Sie ist auf dem Hintergrund der von Leipziger Ethnologen und Geographen vertretenen Migrationstheorie (Friedrich Ratzel u. a.) zu sehen, wo das Vorhandensein gleicher oder ähnlicher kultureller Erscheinungen nicht aus psychischer Gleichartigkeit (Adolf Bastian u. a.), sondern aus Migrationsbewegungen erklärt wurde (Weber-Kellermann 1969, 40, die auch Wundts vermittelnde Stellungnahme in dieser sehr überzogenen Auseinandersetzung beschreibt). Wenn die Struktur von Sprachräumen nun erklärt wurde aus der politischen Gliederung (Verwaltungsbezirke), aus konfessionellen Bindungen, bzw. ehemaligen konfessionell geprägten Territorien (vgl. Löffler 1974, 140), aus wirtschaftlichen Strukturen, der Entstehung industrieller und kultureller städtischer Zentren, aus Siedlungsgeschichte, interethnischem Kontakt und Verkehrsverbindungen (vgl. Grober-Glück 1982, 92 f), so konnten umgekehrt sprachliche Strukturen als Indikatoren für kulturelle Zusammenhänge und Entwicklungen genommen werden (Grober-Glück 1982, 93). Die erste große Arbeit erschien 1926: „Kulturströmungen und Kulturprovinzen der Rheinlande" von Hermann Aubin (Historiker), Theodor Frings (Dialektologe) und Josef Müller (Volkskundler). Mit historischen Grenzen der Kulturräume Mainz, Trier und Köln zur Deckung gebracht, ließen sich Isoglossenlinien des sog. Rheinischen Fächers als Sprachgrenzen interpretieren, auf die die Verkehrsverbindung Rheinstraße und ein 'Kulturgefälle' von West nach Ost eingewirkt hatte. Die Gliederung der beschriebenen Sprachlandschaften ließen sich aus volkskundlichem Material (Gesindetermine, Jahresfeuer, Dreikönigsbräuche, Marienkäferlieder) bestätigen (Grober-Glück 1982, 94). In der Folge entstand der Plan eines gesamtdeutschen Volkskundeatlasses (Aubin, Frings, Hübner, Spamer): 120 Karten (hrg. von Hermanjanz und Röhr) erschienen 1937—40, in neuer Folge erscheint der Atlas von Matthias Zender herausgegeben seit 1959.

In der Sprachwissenschaft wurden z. T. wieder in interdisziplinärer Zusammenarbeit (ausführlich: Grober-Glück 1982) weitere Kulturprovinzen rekonstruiert, historische Zusammenhänge, die bis in die Völkerwanderungszeit reichten, unter Einbezug der Archäologie neu beschrieben, die Untersuchungen auf Wortgeographie und Namenkunde ausgedehnt. Im folgenden sollen zwei Problembereiche aufgerissen werden: das der darin nahegelegten Vergegenständlichungen und das der Nicht-Eindeutigkeit der Kartenbilder.

5.3. Durch die räumliche Orientierung nahegelegte Hypostasierungen und Vieldeutigkeit der Kartenbilder

Durch die kartographische Behandlung wurden Hypostasierungen nahegelegt, die bestimmte Differenzierungen verhindern: geographische Modelle, zumindest Metaphern, wie *Strömung, Trichterwirkung, Stauung, Staffelung* (Grober-Glück 1982, 104), die — dies ist ihre epistemische Funktion — den Gegenstand in vieler Hinsicht festlegen. Erklärungen konnten folglich z. B. nicht im einzelnen Dialektsprecher gesucht werden (vgl. Wiegand/Harras 1971, 23 f).

Die Kartenbilder sind vieldeutig, dies liegt grundsätzlich daran, daß das Verhältnis der in einer konkreten Diskurssituation erfragten Einzelheiten zu der aus der Karte konstruierten systematischen (oder zumindest annähernd systematisierten) Erklärung weitgehend ungeklärt ist. — Dieses Problem stellt sich für Interpretation von Sprachatlanten auf allen Ebenen:

Im Bereich der Phoneme wurden einzelne Laute in zufälliger Distribution abgefragt, geschlossen wurde auf Laut-/Phonemsysteme. Für den Wortatlas wurde, onomasiologisch verfahrend, mit einer standardsprachlichen Paraphrase nach dialektalen Lexemen gefragt (damit verbundene Probleme werden ausführlich von Wiegand/Harras (1971) behandelt). Aus einer solchen Versuchsanordnung kann keine Verwendungsregel von Lexemen in Abgrenzung zu anderen in Abhängigkeit von sprachlichem und nichtsprachlichem Kontext rekonstruiert werden. Die sozial und situativ determinierten Angaben der Gewährsleute werden als neutrale Aussagen zum System gewertet.

Für Volkskundeatlanten gilt Analoges:

Vereinzelte Elemente aus komplex strukturierten Bereichen wie Haus, Tracht, Mahlzeit wurden kartiert, bei der Zusammenfassung zu Isolinienbündeln dann Elemente „je nach Bedarf und außerhalb ihres eigentlichen Kontextes und ohne jeden Bezug zu den anderen ad hoc" herangezogen (Cox 1983,

1589). Die in allen Fragebogen des ADV vorkommenden Wortfragen sind in ihrer onomasiologischen Orientierung für volkskundliche Interpretationen zu ungenau, schon ganz vordergründig, was ihren Bezug zu Gegenständen (Referenten) angeht (vgl. Cox 1983, 1584; Cox 1976, Cox 1983, wo alle Wortfragen des ADV behandelt werden).

Die Angaben der Gewährsleute sind nicht repräsentativ für einen Ort, sie stellen eine subjektive Auswahl dar, diese Vereinheitlichung war in der ersten Konzeption des ADV erwünscht (ausführlich: Cox 1983, 1584; Schenda 1970), lediglich bei der Erhebung von Anredeformen wird auf soziale Differenzierung abgehoben (Cox 1983, 1583). Die Ergebnisse sind auch in einem weiteren Sinne nicht repräsentativ: die Fragen sind stärker auf dörfliche, agrarische Lebensformen ausgerichtet, dabei ist gerade für volkskundliche Interpretationen die Kenntnis des 'Gewichts' eines Elements notwendig, für das die funktionale Ethnologie Kriterien entwickelt hat (i) das Kriterium des Einflußfeldes oder der Dominanz — je mehr Einzelheiten von der jeweiligen Kulturform oder Institution mitgeprägt werden, umso wichtiger ist ihre Stellung —, (ii) das Kriterium der Vorkommenshäufigkeit, (iii) das Kriterium der zeitlichen Konstanz (bzw. Dauer), (iv) das Kriterium der Stellung in der Gemeinschaft, d. h. „Kulturformen der maßgebenden Alters- und Sozialschichten sind wichtiger als diejenigen, die nur bei Kindern, alten Leuten oder einigen Armen zu finden sind" (Cox 1983, 1589 f; Grober-Glück 1982, 99, nach Wiegelmann 1965). Eine „Verdeutlichung des Intensitätsfaktors" (Weber-Kellermann 1979, 69) hatte schon Spamer in der Vorbereitung des Atlasses gefordert. Damit verbunden ist ein Problemfeld, das auch in der Dialektologie kaum thematisiert wurde: das der Erhaltung und Umdefinition von kulturellen Einheiten, das schon in kleinräumigen Untersuchungen vorhanden, auf europäischer Ebene das Unternehmen des „Ethnologischen Atlasses Europas" (Bd. 1, 1980) zum Erliegen brachte. „Es hat sich nämlich gezeigt, daß kulturelle Erscheinungen in ihrer Ausdehnung über ein Gebiet wie Europa in Inhalt, Form und Funktion so stark divergieren, daß eine Projektion auf eine Ebene zu einer starken Einengung und zwangsläufig zu einem Substanzverlust in der wissenschaftlichen Aussage führen muß" (Cox 1983, 1597).

Auch mit der Beschränkung auf Realien, weil der „objektive Raum gegenüber dem subjektiven das bessere Forschungsinstrument zur Gewinnung kulturräumlicher Gliederung" (Wiegelmann, zitiert bei Grober-Glück 1982, 99) sei, ist hier nichts gewonnen, auch hier können die Verwendungen gleicher Gegenstände mit unterschiedlichster Bewertung (vgl. 7.3.) einhergehen. Daß Einflußfelder, Wertungen zwar nicht unbedingt mit Fernerhebung verifizierbare Größen sind, zeigt die nachhaltige Kritik an Spamer, der mit einem Fragebogen für den ADV versucht hatte, schichten- und gruppenspezifisches Verhalten, „das geistig-seelische Kräftespiel im Volksraum", zu erfassen (vgl. Cox 1983, 1582;

Weber-Kellermann 1969, 69). Daß diese Größen jedoch grundsätzlich operationalisierbar, mithin objektivierbar sind, hat sich erst mit der späteren Entwicklung soziologischer und ethnologischer Methoden gezeigt (vgl. 7.).

Ein „zu großer Spielraum für die Hypothesenbildung" (Grober-Glück 1982, 104), ergibt sich dort, wo historische Verbreitungsgebiete oder Verbreitungsrichtungen aus heutigen Kartenbildern erschlossen werden sollen, denn eine Erscheinung kann in Randgebieten von breiteren sozialen Schichten integriert werden, während sie im Ursprungsgebiet bereits aufgegeben ist (vgl. Zender 1970, 227). Es gibt vor allem kaum Anhaltspunkte für eine Quantifizierung des Zusammenhangs zwischen Alter und Verbreitung; dies gilt analog für die Rekonstruktion historisch-politischer Verhältnisse anhand von Sprachkarten (vgl. Löffler 1974, 142).

5.4. Auseinandersetzung mit den Atlasmaterialien und Versuche, die Reduktionen auszugleichen

Bilder wie 'Strömung' wurden schon früh als Hypostasierungen kritisiert, z. B. von Mitzka, der statt dessen 'Anschluß' vorschlägt (Mitzka 1928; Mitzka 1940 u. a.) und auf sozialpsychologische Erklärungen abhebt, auf Unterlegenheits- bzw. Überlegenheitsgefühle der Sprecher als Träger der Neuerungen. Auch Maurer betont, daß man das „Vordringen der Wörter, die Bildung von sprachlichen Räumen, die Entstehung von Sprachbewegungen nicht als absolute Erscheinungen" zu sehen, sondern „in ihren geistigen Hintergründen" zu erkennen hat (Maurer 1934, 185). Maurer interpretiert Karten des DSA und ADV ebenfalls sozialpsychologisch („als maßgebend gelten", „tonangebend sein") von einem Modell her, das zwei Schichten ins Kalkül zieht, spricht das Problem der Veränderung und Umdeutung kultureller Einheiten (seien es sprachliche Elemente oder Elemente der Tracht) bei Übernahme an (Maurer 1934, 193, gegen Naumanns simplifizierende Sicht vom „Absinken"), eine Linie, die weiter ausgebaut wird z. B. von Moser (1954), von R. Weiß (1952) (vgl. Grober-Glück 1982, 98), wo es um Fragestellungen ähnlich denen der heutigen Innovationsforschung geht. Die sozialpsychologischen Erläuterungen knüpfen im allgemeinen nicht an soziologische Theorien der Gesellschaft an, sondern sind eher narrativ und punktuell, motiviert aus der Opposition gegen mechanistische Erklärungen. — Grundsätzlich nicht behebbar sind die Probleme, die sich aus der kurzschlüssigen Umdeutung von Diskurseinheiten in repräsentative Elemente ergeben.

Immerhin haben die strukturelle und transformationelle Dialektologie (vgl. Goossens 1980, 445; Veith 1972; Veith 1982; Kleiner Deutscher Sprachatlas 1984) gezeigt, daß intersystemische oder diasystemische bzw. subsystemische Beschreibungen mit diatopischen Parametern kombinierbar sind, daß sich in Idealfällen diachrone Systemdifferenzen diatopisch abbilden lassen, sich daraus innersprachliche Ursachen für Sprachwandel konstruieren lassen (vgl. Haas 1978; Löffler 1974, 155). In der Volkskunde aber gestaltet sich die Konstruktion von Systemen viel schwieriger und wird den Erläuterungsbänden und Interpretationen überlassen (vgl. Zender 1959—64, § 2), die allerdings nur wenig am prinzipiellen Manko des 'materialorientierten', d. h. atomistisch darstellenden Atlas ausgleichen können. Es hat sich gezeigt, daß aus dem onomasiologisch orientierten Wortatlasmaterial unter Berücksichtigung historischer und sozialer Rahmenbedingungen Interferenzanalysen zu erstellen sind, die Aussagen über die Entwicklung interethnischer Beziehungen machen (vgl. L. E. Schmitt 1958; v. Polenz 1963; vgl. Grober-Glück 1982, 102), daß bis zu einem gewissen Grad sogar das Problem der Repräsentativität angegangen werden kann, wenn man aus den übernommenen Wörtern auf die interagierenden Gruppen schließen kann. Im allgemeinen kann man versuchen, bei Karten mit hoher Belegdichte darüber, daß die sozialen und ökonomischen Bedingungen regional verschieden sind, volkskundliche Daten und soziale/ökonomische Faktoren zu korrelieren, wie Weber-Kellermann (1965), die „Erntebräuche des 19. Jh. auf dem Hintergrund der sozialen und wirtschaftlichen Regionalsituation [interpretierte], indem sie das klassische Mannhard-Material der Arbeitswelt seiner Befragungszeit einpaßte" (Weber-Kellermann 1969, 89, dort auch weitere Literatur), oder Wiegelmann, der die Karten zur Frauenarbeit in ländlichen Betrieben auf dem Hintergrund der regional verschiedenen technischen (Arbeitsgeräte, Arbeitsverfahren) und wirtschaftlichen (Betriebsgröße, Nebenerwerbsbetriebe) Rahmenbedingungen und der ebenfalls aus anderen Quellen gewonnenen Informationen über Intensität der Bindung an Überlieferungen (Wiegelmann 1959—64, § 109, 110) beschreibt, um zu Analysen gesellschaftlicher Funktionen zu gelangen. — Grober-Glück (1974) versucht in ihrer Analyse der Verbreitung von Aberglaubensmotiven die fehlende Relativierung nach funktionalem Gewicht auszugleichen. Für, gemessen an den traditionellen Kulturprovinzen, relativ große Räume wird aus Verbreitung und Dichte eines Motivs relativ zum Gesamtmotivbestand zumindest auf den Bekanntheitsgrad des Motivs geschlossen.

Welch weitreichende und gänzlich divergierende Interpretationen das Material zuläßt, solange keine Aussage zu Einbindungen in das gesamte soziokulturelle Wertsystem vorliegt, zeigen die Schlüsse, die aus dem Material zur Frauenarbeit in der Landwirtschaft gezogen werden: da keine Angaben vorliegen, welche praktisch-rechtliche Stellung Mann und Frau haben, konnte die landwirtschaftliche Arbeitsteilung sowohl als matriarchalisches Relikt wie als Beleg dafür, daß alle 'wichtige' Arbeit von Männern verrichtet wird, gedeutet werden (referiert bei Wiegelmann 1959—64, § 112). — Die Möglichkeit historischer Interpretation aufgrund von Material, das mehrere vergleichbare Synchronschnitte zuläßt, und der Analogie-Argumentation bei unvollständigem Material zur Rekonstruktion von Kulturzentren und politischer Einflußnahme zeigt Zender (1959—64 a + b, vgl. auch Cox, 1983, 1587 f).

5.5. Abgrenzungskriterium: Gelehrter Relativismus bei Durchsetzung gesellschaftlicher Normen

Die Auffassung, daß Sprache eingebunden ist in ein „Spektrum von gesellschaftlichen Erscheinungen, die gemeinsam einen regionalhistorisch verorteten Sozialhandlungsraum bilden und sich nur in Abhängigkeit von einander und von übergreifenden historischen Veränderungen wandeln" (Mattheier 1986, 104), ist kennzeichnend für Kultursоziologie (Art. 63), Kulturanthropologie (Art. 56), Dialektsoziologie (Art. 80), strukturalistische Ethnologie und Sozialgeschichte, wie für die in diesem Abschnitt behandelte Dialektologie und Kulturraumforschung. Der prinzipielle Unterschied liegt darin, daß Kulturmorphologie und Dialektologie nicht die aufeinander Bezogenheit der in einer Gesellschaft realisierten Lebensformen in Rechnung stellen können. Kulturelle Elemente, sprachliche wie nichtsprachliche, werden also nicht in gesellschaftlichen Funktionen und Wertsystemen gesehen, sondern aus einer Haltung des „wissenschaftlichen Relativismus" (vgl. Bourdieu 1982, 39: „relativisme savant") oder der „Tabuisierung des Normgedankens" (Steger 1982, 414) erscheinen sie gleich interessant „bei in der Praxis unverminderter Durchsetzung von Normierungen und der an sie gebundenen sozialen Bewertungen" (Steger 1982, 414, Hervorhebung H.-M.).

6.   Strukturalismus in Sprachwissenschaft und Ethnologie

Strukturalistische Ethnologie wird in Artikel 56 beschrieben: Anthropologie als strukturalistisch gewendete Ethnologie, wie dies auch Lévi-Strauss mit seiner Verwendung des Terminus *Anthropologie* intendierte; diese Einschränkung beider Termini hat sich indes nicht durchgesetzt.

Lediglich das Problem des Strukturrealismus soll hier statt einer erneuten Darstellung aufgegriffen werden, weil es Strukturalismen verschiedenster Provenienz und Zielrichtung verbindet und weil es den Kern der französisch- und deutschsprachigen Tradition der Strukturalismuskritik darstellt. Konsequenz des Strukturrealismus ist die Elimination von Handlungträgern im strukturalistischen Modell: die Akteure werden zu Epiphänomenen der Struktur. — Dies ist schon angelegt in einer Sicht von Sprache, die Sprechen nur als Ausübung nimmt und im System/Modell der Ausdrucksmittel ihren realen, auf die Äußerung irreduziblen Gegenstand findet. Die analysierten Ausdrucksmittel werden transformiert in Elemente der abstrakten Struktur, für deren Charakteristik nur noch die Differenz zu anderen Elementen derselben Ebene relevant ist (vgl. z. B. Saussure 1967, 141 f). Die strukturalistische Ethnologie konstruiert ihren Gegenstand aus der Annahme einer Homologie zwischen Sprache und Sprechen einerseits und Kultur und Verhalten oder Werk andererseits. Es liegt in der Logik dieser Sicht, Abfolgen von Phonemen, Abfolgen von Handlungen, Austausch von Geschenken, Abläufe von Festen als autonom, d. h. als Abfolge von abstrakten Einheiten aus deren systematischen Beziehungen zu erklären — im Extremfall mit einem rekursiven Mechanismus — und nicht mit Bezug auf Intentionen und Erfahrungen einzelner Akteure. An die Stelle erfahrungskonstituierender und welterschließender Subjekte treten die konstituierenden Zeichen: „Das Zeichen [...] konstituiert [...] das Instrument, durch welches das Subjekt beständig geschaffen und zerstört wird. [...] Das Subjekt [... wird] von (verbaler und nichtverbaler) Sprache gesprochen. [...] Als Subjekte sind wir das, was die von Zeichen produzierte Welt uns werden läßt" (Eco 1985, 76).

Auch Foucaults Analysen lassen sich im Rahmen der ethnologisch-linguistischen Homologie, bzw. als „Verallgemeinerung struktureller Linguistik zu einer kommunikationstheoretischen Wissenschaft vom sozialen Austausch überhaupt" (Fink-Eitel 1980, 54) lesen. Macht wird wie Sprache analysiert als übergreifende Ordnung/Struktur über der gelebten und gedachten Ordnung, als eigengesetzlicher Wirkungsmechanismus, der — im Gegensatz zu offener Gewalt oder zeremoniell sichtbar gemachter Herrschaft — denen, die in dieser Struktur funktionieren, unbewußt bleiben muß. Die strukturalistische Eth-

nologie hat hier Vorgaben geliefert für eine über herkömmliche Gesellschaftskritik, die persönliches Verschulden und absichtsvolles Handeln unterstellt, hinausreichende Diskursanalyse.

Für die Volkskunde bedeutet die Übernahme strukturalistischer Beschreibungsformen die Absage an biologistische, retrospektive (Organismus-)Modelle und an atomistische (Relikt-)Betrachtung. Daß sich damit aber Homogenitätsannahmen nicht von selbst erledigen, zeigt die strukturale Linguistik, die als Modell der langue ein Modell der Standardsprache konstruiert; ebenso bleibt für Dialekte, soweit sie Gegenstand strukturalistischer Beschreibung werden, die Homogenitätsannahme. Subsystemische Beschreibung von Sprachvariation wird erst in einer Phase der Strukturalismuskritik aufgenommen (fälschlich die Homogenitätsannahme sogar mit der strukturalistischen Sicht identifiziert). In der Volkskunde wurden die strukturalistischen Analysemethoden so spät rezipiert, daß sie — dies hängt mit der wissenschaftlichen Diskussion der sechziger Jahre zusammen — praktisch nur kritisch gewendet (vgl. 7.6. und 7.7.) zur Geltung kamen.

7. Strukturalismuskritik

7.1. Perspektiven der Akteure statt objektiver Strukturen

Einer Anthropologie/Ethnologie, die Handeln nur als Auswirkungen des Modells (Bourdieu 1979, 164) hinstellt, setzen Interaktionismus und Ethnomethodologie (vgl. Art. 65 und 98) — basierend auf Alfred Schütz — einen Erkenntnismodus entgegen, der auf „die rationale Rekonstruktion des vortheoretischen, impliziten Know how kompetenter Subjekte" (Habermas 1980, 408) setzt. Das fraglos gegebene und per definitionem unausgesprochene Hintergrundwissen, das den Kontext der Alltagspraxis ausmacht, mag zwar zufällig faßbar sein in der heute gegebenen Bedrohung der symbolischen Strukturen durch die „immer umfassenderen Prozesse des Zur-Ware-Werdens und der Bürokratisierung", d. h. „die zunehmende Autonomie der ökonomischen und administrativen Subsysteme" (Habermas 1980, 408). Analysierbar wird es allerdings — darauf spitzt sich Habermas Argumentation zu — nur vom Standpunkt einer Ethik aus, die zwar aus der Lebenswelt ableitbar ist, aber normativ sein muß, und die z. B. Schütz nicht entwickelt.

Nach Habermas kann eine Ethik der Kommunikation den Bezugsrahmen für die kritische Analyse stellen.

7.2. Dialektik von objektiven und inkorporierten Strukturen

Pierre Bourdieu — von Max Weber und Durkheim geprägt — postuliert in seiner Kritik an der Ethnomethodologie ebenfalls eine kritische Analyse über die Perspektive der Handelnden hinaus. Denn Alltagsselbstverständlichkeiten zu analysieren heißt, sie als das Natürliche und Richtige zu setzen, „eine spezifische Erfahrung von sozialer Welt, die an einem bestimmten Typ ökonomischer und gesellschaftlicher Bedingungen gebunden ist" zu verallgemeinern (Bourdieu 1979, 151). Hinzu kommt, daß das, was an Meinungen und Lebensformen in Frage gestellt werden darf, und das, was außer Frage steht, in einer pluralen Gesellschaft von Gruppe zu Gruppe verschieden ist.

Mit der Vernachlässigung der objektiven Strukturen reduziert der Interaktionismus (wie Sozialpsychologie, vgl. 5.4., und Ethnomethodologie) Interaktionen auf Konstellationen unmittelbarer Konfrontation in partikularen Situationen, so daß Handlungssubjekte die soziale Welt hervorzubringen und zu verändern scheinen. Übersehen wird, daß alle Personen Charakteristika einbringen, die sich lediglich aus den objektiven Strukturen erklären lassen (Bourdieu 1979, 181). Bourdieu illustriert dies u. a. an der verschiedenen Bewertung von Dialektsprechen je nach Position des Sprechers innerhalb der Sozialstruktur (vgl. Bourdieu 1982, 61 f). Bourdieu behält also das Konzept der objektiven Strukturen bei, versucht aber dem Strukturrealismus zu entgehen, indem er ihren epistemischen Status als theoretische Konstrukte betont, die bestenfalls zum Verhalten passen, aber nicht das Verhalten real steuern (Bourdieu 1986, 150, 152, im Anschluß an Quine und Wittgenstein).

Auf der anderen Seite sollen die 'leibhaftigen Akteure' wieder ins Spiel gebracht werden, einschließlich des sozial charakterisierten Ethnologen selber, dessen „Zugehörigkeit zu dieser Berufsgruppe eine Art Zensur ausübt, die mehr ist als bloßer institutioneller Zwang" (Bourdieu 1986, 150). Diese Präventivzensur, die auch sonst in der Volkskunde/Ethnologie in Rechnung gestellt wird (Bausinger 1986, 20), ist eine Wirkung des Habitus. Dieses Konzept des Habitus — wesentlicher Bestandteil von Bourdieus 'Theorie der

Praxis' — ermöglicht es, Handlung nicht als bloßen Vollzug von Regeln zu beschreiben, sondern als geleitet von einem inkorporierten 'Spielsinn', der 'Züge' ermöglicht, bzw. Strategien, „entsprechend der unendlichen Vielfalt möglicher Strategien, die durch keine Regel, wie komplex sie auch sei, vorhergesagt werden können" (Bourdieu 1986, 150). Paradigma ist der Ort des Tausche, wo sich der Habitus als Sinn für Werte ausbildet und gleichzeitig das System der Werte reproduziert und modifiziert: der Markt. Der aristotelisch-tomistische Terminus der ἕξις oder des *Habitus* wird hier methodisch eingebracht für ein System erworbener Schemata, der „soziale Akteur ist konstituiert als derjenige, der die Konstruktion von Gegenständen praktisch vollzieht" (Bourdieu 1986, 152). Im Konzept des *Habitus* werden „die dialektischen Beziehungen zwischen den objektiven Strukturen und den strukturierten Dispositionen, die diese zu aktualisieren und zu reproduzieren trachten[,] mit anderen Worten der doppelte Prozess der Interiorisierung der Exteriorität und der Exteriorisierung der Interiorität" (Bourdieu 1979, 147) gefaßt.

7.3. Reinterpretation soziolinguistischer Forschungsergebnisse im Paradigma des Marktes

In „Ce que parler veut dire. L'économie des échanges linguistiques (1982)" hat Bourdieu Ergebnisse soziolinguistischer Untersuchungen im Rahmen des Marktparadigmas erklärt. Der Markt wird von der offiziell in den Bildungsinstitutionen legitimierten Sprache dominiert. Daneben gibt es die verschiedenen Märkte (Szenen, Ghettos, Dörfer etc.), wo je andere sprachliche Produkte hoch gewertet sind. Die Produktionsbedingungen werden beeinflußt durch die vorweggenommenen Rezeptionsbedingungen, d. h. durch die Antizipation des Profits (der Sanktionen). Dem liegt eine habitusbedingte Zensur zugrunde, die sich sowohl auf die Situation als auch auf die sozialen Bedingungen der Interakteure einstellt. Selbst die Sensibilität, die Möglichkeit souverän, lässig, furchtsam, angestrengt, beflissen, gehemmt, sprachlos oder ignorierend im Markt zu reagieren, ist ein soziale Gruppen unterscheidendes Merkmal (Bourdieu 1982, 75 ff).

Es wird deutlich, daß die soziale Charakteristik sprachlicher Produkte kein inhärentes Merkmal ist, sondern darin begründet ist, daß sie von sozial charakterisierten Sprechern zusammen mit anderen sozial charakterisierten Produkten angeboten wird: so gibt es Sprecher und Situationen, bei denen gerade aus der Verwendung sonst stigmatisierter Formen (z. B. Dialekt) Profit gezogen werden kann (Herablassung, „Leutseligkeit"), und zur Erklärung performativer Äußerungen (von Befehlen, Taufen bis zu Verspotten) ist die ethnologische Frage nach den Bedingungen für die Ausstattung von Personen mit solcher Macht effektiver als die Suche nach einer illokutionären Kraft (Bourdieu 1982, 68 ff), denn performative Äußerungen sind ein Spezialfall symbolischer Herrschaft — und diese hängt an institutionalisierter Anerkennung.

Ein ähnliches Marktmodell leiten Sankoff und Thibault (1980) von Bourdieu her und zeigen, daß ihre Daten damit besser zu erklären sind als aus einfachen Korrelationen mit der Variablen „soziale Schicht".

7.4. Distinktion und Verbreitung: das verleugnete gesellschaftliche Verhältnis

Wenn die langue mit der Hochsprache identifiziert wurde (2.4.), Adelung behauptete, der gute Geschmack sei nur einer (vgl. 2.1.), literarische Werke mit dem „Volksgeist" identifiziert wurden (vgl. 2.1.), so ist dies eine Sicht, die, wie die gesamte „gelehrte Ästhetik" (Bourdieu 1984, 756), Hochkultur legitimiert und im Gegensatz steht zur ethnologischen Darstellung gesellschaftlicher Verhältnisse, „derzufolge Geschmack unteilbar ist, 'reiner' und gereinigter, sublimer und sublimierter wie 'unreiner' und 'grober', 'gewöhnlicher' und 'primitiver' Geschmack eine Einheit bilden" (Bourdieu 1984, 756). D. h., Wörter, Ausdrucksweisen, Stile sind nur deshalb selten, gekonnt, gehoben, weil es ihnen gegenüber verbreitete, hölzerne, vulgäre Ausdrucksweisen gibt. Es geht um dieses „verleugnete gesellschaftliche Verhältnis" (Bourdieu 1984, 765), die „unausweichliche Dialektik von Distinktion und Verbreitung" (Bourdieu 1970, 65). Dies bedeutet sowohl eine Absage an die Chancengleichheitsideologie wie an den gelehrten Relativismus (vgl. 2.3.4.), der vergißt, daß die verschiedene Bewertung von Sprechweisen anerkannt ist — nicht nur bei den 'Herrschenden' (vgl. die Kritik an Labov in Bourdieu 1982, 39), und an Homogenitäts- und Repräsentativitätskonstruktionen (vgl. 3., 5.1., 5.4., 6.), die noch bis in die sechziger Jahre volkskundliche Untersuchungen leiteten (vgl. zu dieser Kritik Bausinger 1986, 20).

7.5. Das ökologische Paradigma

Ein anderes Paradigma ist der οἶκος, der der Haushalt, der Lebensraum als Ort des „Gleichgewichts" und der „aktiven Teilhabe an der Ordnung des Daseins" (Greverus 1978, 48), wie ihn Ina-Maria Greverus expliziert: eine „auf das Funktionieren des wirtschaftlichen und sozialen Lebensraums einer Familie und darüber hinaus der Gesellschaft orientierte Verteilung von Rechten und Pflichten aller Mitglieder untereinander und gegenüber ihrem Lebensraum, deren Einhaltung das 'ökologische Gleichgewicht' ausmacht" (Greverus 1978, 48).

Die Offenheit des Paradigmas gegenüber Wertungen zeigt sich z. B. dort, wo es heuristisch benutzt wird. So werden ökologische Nischen in der Stadtkultur beschrieben, die als Angebote zur Identitätsfindung gesehen werden können (Glaser, referiert von Greverus 1978, 277), aber auch als Symptom für die „Störung des kulturökologischen Gleichgewichts", für das dann die „ökologischen Nischen" als Ersatz künstlich [sic!] geschaffen werden müssen" (Greverus 1978, 277). Für eine Ethik (Greverus 1978, 51) bietet dieses Paradigma nur einen formalen Rahmen, der ursprünglich inhaltlich aufgefüllt wurde durch den Kontrast zur Chrematistik, die auf Vermögensumsatz und unbegrenzte Geldvermehrung abzielte (Greverus 1978, 48 ff). Problematisch ist die prinzipiell verharmlosende Metaphorik der Nähe, des Hauses, die diesem Paradigma inhärent ist.

7.6. Sozialgeschichte

Neuere historisch-kulturanalytische Darstellungen wie Muchembled 1982, Volkskultur 1984, Burke 1981, Kultur zwischen Bürgertum und Volk 1983 schreiben Sozialgeschichte, stellen die historische Bedingtheit sozialer Strukturen dar. Im Gegensatz zu Foucaults Archäologie, die auf die Rekonstruktion historischer semantischer Systeme ausgerichtet ist ohne Rekonstruktion der Intentionen von Akteuren (meist Autoren), und im Gegensatz zur traditionellen, elitezentrierten Geschichtsschreibung wird hier eine „Geschichte von unten" rekonstruiert, „in der subjektive Handlungspraxis und Alltagserfahrung zu ihrem Recht kommen", „Vorstellungen, Erfahrungen und Handlungen der Gruppe [werden aber] nicht außerhalb objektiver Prozesse und struktureller Vorgegebenheiten, sondern als ihre spezifische Aneignung und Verarbeitung durch die betroffenen Gruppen thematisiert" (van Dülmen/Schindler 1984, 9 f).

7.7. Gesellschaftskritik?

Die Ersetzung des Terminus *Volkskunde* durch *empirische Kulturwissenschaft* oder *Europäische Ethnologie* war von Anfang an nicht nur mit Methodenkritik, sondern darüber hinaus mit gesellschaftskritischen Ambitionen verbunden. Es ging um die Etablierung einer Alternative zur gültigen hochkulturzentrierten Sicht, um die Emanzipation anderer Schichten. Dahinter standen teils basisdemokratische Ansätze, teils marxistische (zur Volkskunde in der DDR vgl. z. B. Emmerich 1971, 176, Steinitz 1955 und „Kultur und Ethnos" 1980), teils die kritische Theorie der Frankfurter Schule und ihre emanzipatorische Ethik (vgl. 7.1.). Dieses Universitätsfach erschien schon allein mit seiner Hinwendung zu Lebensweisen und Werten außerhalb des traditionellen Kanons: zu Volkskultur unter den Bedingungen der technischen Welt (z. B. Bausinger 1961), zu populären Lesestoffen und Lesersoziologie (z. B. Schenda 1970), zu Freizeit, Sprachbarrieren, Dialekt als Soziolekt (z. B. Ammon 1973) oder Volksetymologie als eine Infragestellung jener „Eliten" — wie Muchembled (1982) sie nennt —, bzw. derer, die — wie Bourdieu sie beschreibt — jenes legitimierte kulturelle Kapital (Bildungstitel, Diplome, Beteiligung an durch Bildungsinstitutionen legitimierten künstlerischen und literarischen Aktivitäten) besitzen und deshalb seinen Markt verteidigen. In dieser Weise subversiv verstanden sich auch die Theoretiker der Differenzhypothese, die wegen der generellen gesellschaftlichen Anerkennung der Standardsprache, die mit den am besten repräsentierten gesellschaftlichen Interessen verbunden ist, letztlich doch keine Wirkung auf die Praxis außerhalb des Wissenschaftsbetriebes haben konnte.

Wenn inzwischen durchaus mit kritischem Impetus Identitätskonzepte diskutiert werden, dabei zwischen übergreifenden Strukturen und Akteuren mit ihren Intentionen vermittelt wird, kulturelle Objektivationen berücksichtigt werden (vgl. Bausinger 1974 a, 205 ff), die eingrenzende und abgrenzende „Identitätsarbeit" (Greverus 1978, 278) alle Bereiche der Alltagswelt umfaßt, in der konsistentesten Theorie der Markt den Habitus zurichtet und der Habitus den Markt strukturiert, impliziert dies einen Relativismus, wenn nicht Determinismus, der transzendierende

normative Vorgaben nicht mehr zuläßt: Die traditionell ethnologische Frage nach Legitimation und Herrschaft an die eigene Gesellschaft stellen heißt, auch die Legitimation des Ethnologen in Frage zu stellen, zu akzeptieren, daß selbst die „Vernunft", die die Untersuchungen leitet, ein historisches Produkt ist, abhängig von den methodischen Regeln und Prinzipien, die in einem gegebenen Augenblick Rationalität definieren. Wahrheit ist dann ein Produkt des von anderen Alltagsbereichen relativ abgehobenen Wissenschaftsbetriebs, konstituiert von Akteuren in Verfolgung ureigenster Interessen (vgl. Bourdieu 1986, 160 ff, Bourdieu 1986 a). Im aufklärerischen Interesse bleibt nur — als Bedingung und als Ziel der Analyse — gerade die Determinismen aufzuzeigen, da der Anspruch auf absolutes Wissen bloß eine Quelle von Irrtümern werden kann (vgl. Bourdieu 1986, 161).

Mit diesem Einbezug des je gesamten kulturellen Hintergrunds in die Erklärungen ist die Grenze zwischen Soziologie, Ethnologie, Volkskunde und einer Linguistik, die Sprache als kulturelle Praxis analysiert, aufgehoben.

8. Der symbolische Tausch

Jean Baudrillards ethnologische Analysen des heutigen Europa und Amerika sind Radikalisierung und Aufhebung des bisher über Strukturalismus und Strukturalismuskritik Gesagten. Auch für ihn wird der Markt Paradigma (Baudrillard 1982, 140), aber der Markt als Ort des symbolischen Tausches, allein unter dem Gesichtspunkt, daß hier potentiell alles tauschbar ist, alle Werte „flottieren". Paradigma sind auch die Simulationsmodelle, wie sie mit Computern durchführbar sind: linguistik- und ethnologiekritisch wird „die Austauschbarkeit aller Werte, also ihre Kombinatorik und Ambiguität" (Baudrillard 1982, 137) zum zentralen Thema. Während die Linguistik an der Trennung von Signifikat und Signifikant ebenso festhalten muß wie an der Trennung von »langue« und »parole«, die „der Exekutive der »langue« untersteht" (Baudrillard 1982, 338), gibt es in der Praxis diese Trennung von Zeichen und Welt nicht (Baudrillard 1982, 333), „so wie die ungeteilte soziale Praxis die Trennung von Theorie und Praxis leugnet [...]. Die konkrete aktuelle Sprache (parole) sagt das, was sie sagt und gleichzeitig alles andere. Sie [...] zerstört die Ebene der »langue« und somit die Linguistik selber" (Baudrillard 1982, 338). In dieser Funktion ist die nichtwissenschaftliche Praxis

„revolutionär" oder subversiv, denn „sie kennt nicht die theorie-konstituierende Trennung" (Baudrillard 1982, 337). Dies ist Negierung von Wissenschaft und ihrer Ethik: „Die Wissenschaft gibt Aufschluß über Dinge, die im voraus schon so angeordnet und formalisiert sind, daß sie sich ihr fügen" (Baudrillard 1985, 96). „Insubversibel dagegen ist die Praxis: jede Verweigerung, jede neue Wertsetzung wird ein Bestandteil von ihr (Baudrillard 1985, 151). Dies als Ausblick auf eine Ethnologie, für die alle Praxis symbolischer Tausch ist!

9. Literatur (in Auswahl)

Adelung, Johann Christoph (1782) „Auch etwas von dem Zustand der deutschen Literatur", in: *Magazin für deutsche Sprache* 1. Jahrgang, 1. Stück, 93 ff.

Adelung, Johann Christoph (1774−81) *Versuch eines vollständigen grammatisch-kritischen Wörterbuchs der Hochdeutschen Mundart*, Leipzig.

Ammon, Ulrich (1973) *Dialekt, soziale Ungleichheit und Schule*, Weinheim.

Atlas der deutschen Volkskunde (1937−40) Heinrich Harmjanz, Erich Röhr, eds., Marburg.

Atlas der deutschen Volkskunde (1958−1977) Neue Folge. Auf Grund der von 1929−1935 durchgeführten Sammlungen. Lieferung 1−3 von Matthias Zender, Lieferung 4−5 von Matthias Zender in Zusammenarbeit mit Gerda Grober-Glück und Günter Wiegelmann, Lieferung 6−7 von Matthias Zender in Zusammenarbeit mit Heinrich L. Cox, Gerda Grober-Glück und Günter Wiegelmann, Marburg.

Bausinger, Hermann (o. J.) *Volkskunde. Von der Altertumsforschung zur Kulturanalyse*, Berlin/Darmstadt.

Bausinger, Hermann (1978) „Volkskunde im Wandel", in: Bausinger, H./Jeggle, U./Korff, G./Scharfe, M., *Grundzüge der Volkskunde*, Darmstadt, 1−16.

Bausinger, Hermann (1978 a) „Identität", in: Bausinger, H./Jeggle, U./Korff, G./Scharfe, M., *Grundzüge der Volkskunde*, Darmstadt, 204−264.

Bausinger, Hermann (1986) „Sprache in der Volkskunde", in: *Sprachwissenschaft und Volkskunde: Perspektiven einer kulturanalytischen Sprachbetrachtung*, Brekle, H. E./Maas, U., eds., Opladen, 7−33.

Bausinger, Hermann/Jeggle, Utz/Korff, Gottfried/Scharfe, Martin (1978) *Grundzüge der Volkskunde*, Darmstadt.

Baudrillard, Jean ([frz. 1976] 1982) *Der symbolische Tausch und der Tod*. [frz. Paris] München.

Bourdieu, Pierre (1970) *Zur Soziologie der symbolischen Formen*, Frankfurt.

Bourdieu, Pierre ([frz. 1972] 1979) *Entwurf einer Theorie der Praxis auf der ethnologischen Grundlage der kabylischen Gesellschaft*, Frankfurt.

Bourdieu, Pierre (1982) *Ce que parler Ce que parler veut dire. L'économie des échanges linguistiques*, Paris.

Bourdieu, Pierre ([1979] 1984) *Die feinen Unterschiede*. Kritik der gesellschaftlichen Urteilskraft [frz. Paris] Frankfurt³.

Bourdieu, Pierre/Honneth, Axel u. a. (1986) „Der Kampf um die symbolische Ordnung. Pierre Bourdieu im Gespräch mit Axel Honneth, Hermann Kocyba und Bernd Schwibs", in: *Ästhetik und Kommunikation* 16, H. 61/62, 142−164.

Bourdieu, Pierre ([1979] 1986 a) „Die Kunst, Parolen zu widerstehen", in: *Ästhetik und Kommunikation* 16, H. 61/62, 196−200.

Bumann, Waltraud (1958) „Sprachphilosophie", in: *Das Fischer-Lexikon-Philosophie*, Diemer, A./Frenzel, I., eds., Frankfurt.

Burke, Peter ([engl. 1978] 1978) *Helden, Schurken und Narren. Europäische Volkskultur in der frühen Neuzeit* [engl. o. O.] Stuttgart 1978.

Campe, Joachim H. (1807−1811) *Wörterbuch der deutschen Sprache*, Braunschweig.

Cox, Heinrich L. (1983) „Wechselseitige Beziehungen zwischen Dialektologie und thematischer Kartographie in der deutschen Volkskunde", in: *Dialektologie*. Ein Handbuch zur deutschen und allgemeinen Dialektforschung, Besch, W./Knoop, U./Putschke, W./Wiegand, H. E., eds., 2. Halbband, Berlin/New York, 1579−1597.

Cox, Heinrich L. (1983 a) „Flächendeckende volkskundliche Dokumentation in der ehemaligen Preußischen Rheinprovinz", in: *Rheinisch-Westfälische Zeitschrift für Volkskunde*. Beiheft 4.

Deutscher Sprachatlas (1961 ff) Regionale Sprachatlanten. Hrg. vom Forschungsinstitut für deutsche Sprache 'Deutscher Sprachatlas'. Bd. 1 ff, Marburg.

Deutscher Sprachatlas (1970 ff) Gesamtdarstellungen. Hrg. vom Forschungsinstitut für deutsche Sprache. Bd. 1 ff. Berlin/New York.

Dülmen, Richard van/Schindler, Norbert (1984) „Vorwort", in: *Volkskultur*. Zur Wiederentdeckung des vergessenen Alltags (16.−20. Jh.), Dülmen, R. van/Schindler, N., eds., Frankfurt, 7−11.

Eco, Umberto (1985) *Semiotik und Philosophie der Sprache*, München.

Eggers, Hans (1977) *Deutsche Sprachgeschichte*, Reinbek.

Emmerich, Wolfgang (1971) *Zur Kritik der Volkstumsideologie*, Frankfurt.

Fink-Eitel, Heinrich (1980) „Michel Foucaults Analytik der Macht", in: *Austreibung des Geistes aus den Geisteswissenschaften*, Kittler, F. A., ed., München/Wien/Zürich, 38−78.

Foucault, Michel (1966) *Les mot et les choses*, Paris.

Foucault, Michel (1976) *Histoire de la sexualité 1: La volontéde savoir*, Paris.

Franck, Sebastian (1534) *Weltbuch*. (o. O.)

Gessinger, Joachim (1980) *Sprache und Bürgertum*. Sozialgeschichte sprachlicher Verkehrsformen in Deutschland des 18. Jahrhunderts, Stuttgart.

Greverus, Ina Maria (1978) *Kultur und Alltagswelt*. Eine Einführung in Fragen der Kulturanthropologie, München.

Goossens, Jan (1980) „Areallinguistik", in: *Lexikon der Germanistischen Linguistik*. Althaus, P./Henne, H./Wiegand, H. E., eds., Tübingen, 445–453.

Gottsched, Johann Chr. (1748) *Deutsche Sprachkunst*, Leipzig.

Grimm, Jacob (1822) *Deutsche Grammatik*. 1. Teil. Zweite Ausgabe, Göttingen.

Grimm, Jacob (1819) *Deutsche Grammatik*. Erster Theil. Erste Ausgabe. Göttingen.

Grimm, Jacob (1884) „Circular, die Sammlung der Volkspoesie betreffend", in: *Kleinere Schriften*, Berlin, Bd. VII, 593–595.

Grober-Glück, Gerda (1982) „Die Leistungen der kulturmorphologischen Betrachtungsweise im Rahmen dialektgeographischer Interpretationsverfahren", in: *Dialektologie*. Ein Handbuch zur deutschen und allgemeinen Dialektforschung. Besch, W./Knoop, U./Putschke, W./Wiegand, H. E., eds., 1. Halbband, Berlin/New York, 92–113.

Haas, Walter (1978) *Sprachwandel und Sprachgeographie*. Untersuchungen zur Struktur der Dialektverschiedenheit am Beispiel der schweizer-deutschen Vokalsysteme, Wiesbaden (Zeitschrift für Dialektologie und Linguistik. Beihefte. NF 30).

Habermas, Jürgen ([1980]³ 1984) „Alfred Schütz. Die Graduate Faculty der New Scool of Research (1980)", in: Jürgen Habermas: *Philosophisch-politische Profile*, Frankfurt, 402–410.

Habermas, Jürgen (1985) *Der philosophische Diskurs der Moderne: 12 Vorlesungen*, Frankfurt 1985.

Heimat und Identität. Probleme regionaler Kultur. Volkskundekongreß in Kiel 1979, Köstlin, K./Bausinger, H., eds., Neumünster.

Henn, Beate (1983) „Syntax deutscher Dialekte. Ein Forschungsbericht", in: *DIalektologie*: Ein Handbuch zur deutschen und allgemeinen Dialektforschung. Besch, W./Knoop, U./Putschke, W./Wiegand, H. E., eds., 2. Halbband, Berlin/New York, 1255–1282.

Hildebrandt, Reiner (1963) „Ton und Topf. Zur Wortgeschichte der Töpferware im Deutschen", in: *Deutsche Wortforschung in europäischen Bezügen*. Schmitt, L. E., ed., Bd. III, Gießen, 297–442.

Kittler, Friedrich A. (1980) „Einleitung", in: *Austreibung des Geistes aus den Geisteswissenschaften*. Kittler, F., ed., Programme des Poststrukturalismus, München/Wien/Zürich, 7–14.

Kleiner Deutscher Sprachatlas (1984) Bd. 1: Konsonantismus. Teil 1: Plosive. Dialektologisch bearbeitet von Werner H. Veith. Komputativ bearbeitet von Wolfgang Putschke unter Mitarbeit von Lutz Hummel, Tübingen.

Kloss, Heinz (1980) „Deutsche Sprache außerhalb des geschlossenen deutschen Sprachgebiets", in: *Lexikon der Germanistischen Linguistik*. Althaus, P./Henne, H./Wiegand, H. E., eds., Tübingen, 537–546.

Knobloch, Johann (1980) „Ethnolinguistik", in: *Lexikon der Germanistischen Linguistik*. Althaus, P./Henne, H./Wiegand, H. E., eds., Tübingen, 501–508.

Kultur und Ethnos (1980). Zur Kritik der bürgerlichen Auffassungen über die Rolle der Kultur in Geschichte und Gesellschaft, Weissel, B., ed., Berlin (Veröffentlichungen zur Volkskunde und Kulturgeschichte 68).

Kultur zwischen Bürgertum und Volk (1983) Berlin (Argument Sonderband AS 103).

Lepenies, Wolf (1985) *Die drei Kulturen*. Soziologie zwischen Literatur und Wissenschaft, München/Wien.

Löffler, Heinrich (1982) „Gegenstandskonstitution in der Dialektologie: Sprache und ihre Differenzierungen", in: *Dialektologie*: Ein Handbuch zur deutschen und allgemeinen Dialektforschung. Besch, W./Knoop, U./Putschke, W./Wiegand, H. E., eds., 1. Halbband, Berlin/New York, 441–463.

Löffler, Heinrich (1974) *Probleme der Dialektologie*, Darmstadt.

Maas, Utz (1986) „Volkkundliches (Kultur) in der Sprachwissenschaft", in: *Sprachwissenschaft und Volkskunde: Perspektiven einer kulturanalytischen Sprachbetrachtung*, Brekle, H. E./Maas, U., eds., Opladen, 33–69.

Martin, Bernhard (1963) „Die Namengebung einiger aus Amerika eingeführter Kulturpflanzen (Kartoffel, Topinambur, Mais, Tomate)", in: *Deutsche Wortforschung in europäischen Bezügen*. Schmitt, L. E., ed., Bd. II. Gießen, 1–158.

Mattheier, Klaus J. (1980) *Pragmatik und Soziologie der Dialekte*, Heidelberg.

Mattheier, Klaus J. (1983) „Dialekt und Dialektologie. Fünf Bemerkungen zur Dialekttheorie", in: *Aspekte der Dialekttheorie*. Mattheier, K. J., ed., Tübingen, 135–154.

Mattheier, Klaus J. (1986) „Dialektologie und Kulturraumforschung. Bemerkungen zu den kulturräumlichen Traditionen moderner Dialektsoziologie", in: *Sprachwissenschaft und Volkskunde: Perspektiven einer kulturanalytischen Sprachbetrachtung*. Brekle, H. E./Maas, U., eds., Opladen, 103–107.

Mihm, Arend (1985) „Prestige und Stigma des Substandards. Zur Bewertung des Ruhrdeutschen im Ruhrgebiet", in: *Sprache an Rhein und Ruhr*. Mihm,

A., ed., Wiesbaden (Zeitschrift für Dialektologie und Linguistik. Beihefte. NF 50), 163—193.

Mitzka, Walter ([1940] 1968) „Zum Begriff der Sprachströmung (1940)", in: Walter Mitzka: *Kleine Schriften zur Sprachgeschichte und Sprachgeographie*, Berlin, 127—179.

Mitzka, Walter (1951 ff) *Deutscher Wortatlas*, Bd. 1—4, Gießen.

Maurer, Friedrich (1934) „Volkssprache", in: *Die deutsche Volkskunde*, Spamer, A., ed., Berlin, 183—202.

Möhn, Dieter (1968) „Sprachwandel und Sprachtradition in der Industrielandschaft", in: *Verhandlungen des 2. internationalen Dialektologenkongresses*, Marburg/Lahn, 5.—10. Sept. 1965, Schmitt, L. E., ed., Bd. II (Zeitschrift für Dialektologie und Linguistik. NF. Beihefte. 4), 561—568.

Moser, Hugo (1954) „Sprachgrenzen und ihre Ursachen", in: *Zeitschrift für Mundartforschung* 22, 87—111.

Muchembled, Robert ([frz. 1978] 1982) *Kultur des Volks — Kultur der Eliten*. Die Geschichte einer erfolgreichen Verdrängung [frz. Paris], Stuttgart.

Opitz, Martin (1624) *Buch von der Deutschen Poeterey*, Breslau.

Ortssprachenforschung (1985) Beiträge zu einem Bonner Kolloquium, Besch, W./Mattheier, K. J., eds., Berlin.

Polenz, Peter v. (1963) „Slavische Lehnwörter im Thüringisch-Obersächsischen, nach dem Material des deutschen Sprachatlasses", in: *Deutsche Wortforschung in europäischen Bezügen*, Schmitt, L. E., ed., Bd. II 1963, 265—300.

Polenz, Peter v. (1978) *Geschichte der deutschen Sprache*. Erweiterte Neubearbeitung der früheren Darstellung von Prof. Dr. Hans Sperber Berlin.

Politische Sprachwissenschaft (1985) Zur Analyse von Sprache als kultureller Praxis. Januschek, F., ed., Opladen.

Sankoff, Gillian/Thibault, Pierre (1980) „The alternation between the auxiliaries *avoir* and *être* in Montreal French", in: Sankoff, Gillian: *The social life of language*, Pennsylvania, 311—345.

Schenda, Rudolf (1970) *Volk ohne Buch*. Studien zur Sozialgeschichte der populären Lesestoffe. 1710—1910, Frankfurt.

Schmidt-Rohr, Georg (1933) *Mutter-Sprache*. Vom Amt der Sprache bei der Volkwerdung, Jena.

Schmitt, Ludwig E. (1958) *Deutsche Wortforschung in europäischen Bezügen*. Vorwort, Bd. I, Gießen, X—XII.

Schottelius, Justus G. (1663) *Ausführliche Arbeit von der Teutschen HaubtSprache*, Braunschweig.

Schwietering, Julius (1927) „Wesen und Aufgabe der deutschen Volkskunde", in: *Deutsche Vierteljahresschrift* 5, 748—765.

Sprache an Rhein und Ruhr (1985) Dialektologische und soziolinguistische Studien zu sprachlichen Situationen im Rhein-Ruhr-Gebiet und ihrer Geschichte, Mihm, A., ed., Wiesbaden (Zeitschrift für Dialektologie und Linguistik. Beihefte. NF 50).

Steger, Hugo (1982) „Erkenntnisinteressen und Zielorientierung in der Dialektologie", in: *Dialektologie. Ein Handbuch zur deutschen und allgemeinen Dialektforschung*. Besch, W./Knoop, U./Putschke, W./Wiegand, H. E., eds., 1. Halbband Berlin/New York, 397—424.

Steinitz, Wolfgang (1955) *Die volkskundliche Arbeit in der DDR*, Berlin.

Stroh, Fritz (1931/32) „Sprache und Volk", in: *Hessische Blätter für Volkskunde* 30/31, 229—248.

Studien zum Kleinen deutschen Sprachatlas (1982) Putschke, W./Veith, W. H., eds., Tübingen.

Tervooren, Helmut „Sprache und Sprachen am Niederrhein (1550—1900)", in: *Sprache an Rhein und Ruhr*, Mihm, A., ed., Wiesbaden (Zeitschrift für Dialektologie und Linguistik. Beihefte. NF. 50), 30—47.

Veith, Werner H. (1969/70) „[— explikative] [+ applikative] [+ komputative] Dialektkartographie", in: *Germanistische Linguistik* 1, 385—497.

Veith, Werner H. (1972) *Intersystemare Phonologie*, Berlin/New York.

Veith, Werner H. (1982) „Theorieansätze einer generativen Dialektologie", in: *Dialektologie. Ein Handbuch zur deutschen und allgemeinen Dialektforschung*. Besch, W./Knoop, U./Putschke, W./Wiegand, H. E., eds., Erster Halbband, Berlin/New York, 277—295.

Volkskultur (1984). Zur Wiederentdeckung des vergessenen Alltags (16.—20. Jh.). Dülmen, R. van/Schindler, N., eds., Frankfurt.

Weber-Kellermann, Ingeborg (1969) *Deutsche Volkskunde zwischen Germanistik und Sozialwissenschaften*, Stuttgart.

Weinhold, Karl (1853) *Über deutsche Dialectforschung*. Die Laut- und Wortbildung der schlesischen Mundart. Mit Rücksicht auf verwandtes in deutschen Dialecten. Ein Versuch. Wien.

Wenker, Georg (1878) *Sprach-Atlas der Rheinprovinz nördlich der Mosel sowie des Kreises Siegen nach systematisch aus ca. 15 000 Orten gesammeltem Material zusammengestellt, entworfen und gezeichnet*, Marburg.

Wenker, Georg (1881) *Sprach-Atlas von Nord- und Mitteldeutschland*. Auf Grund von systematisch mit Hülfe der Volksschullehrer gesammeltem Material aus ca. 30 000 Orten bearbeitet, entworfen und gezeichnet, Straßburg 1981.

Wiegand, Herbert E. unter Mitarbeit von Gisela Harras (1971) *Zur wissenschaftshistorischen Einordnung und linguistischen Beurteilung des deutschen Wortatlas*, Hildesheim (Germanistische Linguistik 2).

Wiegelmann, Günter (1959–64) „Frauenarbeit in der Landwirtschaft", in: *Atlas der deutschen Volkskunde.* Neue Folge. Erläuterungen Bd. 1. Marburg, Kap. V. 37–83.

Wiegelmann, Günter/Zender, Matthias/Heilfurth, Gerhard (1977) *Volkskunde. Eine Einführung,* Berlin.

Wiesinger, Peter (1980) „Deutsche Sprachinseln", in: *Lexikon der Germanistischen Linguistik.* Althaus, P./Henne, H./Wiegand, H. E., eds., Tübingen, 491–500.

Wrede, Ferdinand (1926 ff) *Deutscher Sprachatlas auf Grund des von Georg Wenker begründeten Sprachatlas des Deutschen Reichs in vereinfachter*

Form. Fortgesetzt von Walter Mitzka und Bernhard Martin, Marburg.

Zender, Matthias (1969–64) „Einführung", in: *Atlas der deutschen Volkskunde.* Neue Folge. Erläuterungen Bd. 1, Marburg, 3–16.

Zur Geschichte von Volkskunde und Mundartforschung in Württemberg (1964). Helmut Dölker zum 60. Geburtstag, Tübingen (Volksleben. Untersuchungen des Ludwig-Uhland-Instituts der Universität Tübingen, Bd. 5).

Beate Henn-Memmesheimer, Duisburg/Siegen
(Bundesrepublik Deutschland)

63. Kultursoziologie

1. Das Problem der Kultursoziologie

Die Kultursoziologie nimmt unter den Teilgebieten der Soziologie eine besondere und auch besonders prekäre Stellung ein. Der Grund liegt nicht in erster Linie darin, daß — etwa wegen der Ubiquität von Kultur — die Eingrenzung ihres spezifischen Gegenstands- und Forschungsbereichs schwieriger und umstrittener wäre als z. B. im Falle der Familien-, Industrie- oder Jugendsoziologie. Dies ist zwar, auch angesichts der großen Vieldeutigkeit des Begriffs 'Kultur' (vgl. z. B. Kroeber/Kluckhohn 1967; Thurn 1976, 10 ff; Steinbacher 1976) unbestreitbar, ergibt aber doch nur einen graduellen Unterschied. Das eigentlich Problematische und Prekäre der Kultursoziologie liegt vielmehr in dem Umstand, daß sie sich mit den gesellschaftlichen Bedingungen, Funktionen und Folgen von 'an sich' un- oder übergesellschaftlichen Tatbeständen zu beschäftigen scheint. Der Begriff der 'Kultur' bezieht sich ja auf diejenigen Bereiche menschlichen Weltverhaltens (Sprache, Wissen, Kunst, Religion, Moral), deren gesellschaftliche Bedingtheit, Natur und Funktionalität nicht offen zutage liegen, die sich vielmehr nach einer überkommenen und immer noch verbreiteten Vorstellung in ihrem Wesen sogar jeder soziologischen Erklärung

entziehen. Insofern bezieht die Kultursoziologie ihre Legitimität aus dem Anspruch, zeigen zu können, daß hier tatsächlich ein bedeutendes und ergiebiges Untersuchungsfeld für die soziologische Analyse liegt. Für die Einlösung dieses Anspruchs scheint es, prinzipiell betrachtet, nur wenige und einander ausschließende Möglichkeiten zu geben.

2. Klassische Konzeptionen

Die eine Möglichkeit besteht darin nachzuweisen, daß die kulturellen Tatbestände — soll heißen: die bestimmte Gruppen oder Gesellschaften im ganzen kennzeichnenden und beherrschenden Ideen- und Wertsysteme — sich als Wirkung und/oder Funktion gesellschaftlicher Realitäten erklären lassen, denen ihrerseits handfeste (vor allem: ökonomische oder Macht-)Interessen und Bedürfnisse zugrunde liegen. Dies ist die Blick- und Erklärungsrichtung, die vor allem für die materialistische, also auf das Werk von Marx und Engels zurückgehende Denktradition kennzeichnend ist (vgl. Harris 1979, 3 ff). Sie findet sich in abgewandelter Form aber z. B. auch in den von Nietzsche oder Freud inspirierten Kulturtheorien sowie in denjenigen anthropologischen Theorien, in denen konstante, wenn auch in Grenzen rekombinierbare und kulturell überformbare Bedürfnislagen zur Basis der Erklärung kultureller Tatbestände gemacht werden (wie, in jeweils sehr verschiedener Weise, z. B. bei B. Malinowski, V. Pareto, K. Lorenz u. a.). — Die zweite Möglichkeit ist der ersten insofern konträr entgegengesetzt, als ihre Grundannahme lautet, daß

sich die soziale Wirklichkeit, und zwar einschließlich der sogenannten 'materiellen' Verhältnisse, überhaupt nur im Lichte der jeweils
geltenden, ihrer eigenen Rationalität und Dynamik folgenden kulturellen Sinnwelten
wahrnehmen und erklären lasse. Diese, mehr
oder minder explizit gegen die materiali-
sche Konzeption gewendete Annahme ist besonders charakteristisch für die geistes- bzw.
kulturwissenschaftliche Gründungsphase der
deutschen Soziologie, allerdings, entgegen
einer verbreiteten Meinung, schon nicht mehr
für das Werk von Georg Simmel und Max
Weber. Sie wurde — ebenfalls vor allem in
der deutschen Soziologie — in einer sehr dezi-
dierten Weise wieder aktualisiert in einigen
Versuchen (vgl. vor allem Tenbruck 1979),
gegen eine — allenthalben diagnostizierte —
reduktionistische und auch materialistische
Deformation der Soziologie anzugehen. —
Eine wirkungsgeschichtlich weit weniger bedeutsame Möglichkeit liegt schließlich darin,
eine Art ontologischer Kluft zwischen den
kulturellen Gegebenheiten — als Objektivationen des Geistes — einerseits und den na-
turgegebenen Bedürfnissen und Trieben (einschließlich der auf Sozialität zielenden) andererseits anzunehmen, also Determinations-
verhältnisse nach beiden Seiten hin (nicht allerdings vielgestaltige Formen eines
Zusammenspiels) ganz auszuschließen. Diese
Sichtweise findet sich vor allem in der —
im einzelnen durchaus beachtenswerten —
Grundlegung der Wissenssoziologie von Max
Scheler.

3. Neuere Perspektiven

Diesen Versuchen, das eigentümliche Er-
kenntnisprogramm der Kultursoziologie zu
bestimmen und abzugrenzen, ist, bei aller
prinzipiellen Verschiedenheit, doch eine
Schwierigkeit gemeinsam: Die unter dem Begriff 'Kultur' subsumierten Tatbestände ideel-
ler oder werthafter Art werden von der gesellschaftlichen Wirklichkeit im eigentlichen
Sinne abgetrennt, um sie dieser Wirklichkeit
gegenüber als höherwertige und/oder dominante Realität oder aber als Bereich bloß
derivativer und funktionaler Phänomene auszuweisen. Dieser Dualismus von 'Kultur' und
'Gesellschaft' (wie auch immer letztere wiederum definiert werden mag: als 'materielle
Verhältnisse', soziale Bedürfnisse/Residuen
oder — abstrakter — als Struktur, System
etc.) macht also die Kultursoziologie zu einem
sehr problematischen mixtum compositum,

bei dem gerade die alles entscheidende Verknüpfung und Wechselwirkung der beiden
Seinsbereiche unzulänglich bestimmt und
fragwürdig bleibt.

In der wiedererstarkten neueren Kultursoz-
ziologie (vgl. z. B. Neidhardt u. a. 1986) ist
deshalb die Auffassung vorherrschend, daß
die Identität und die Legitimität der Kultursoziologie jenseits des Kultur-Gesellschaft-
Dualismus und auch jenseits einiger damit
verbundener Disjunktionen — wie Materialismus oder Idealismus, Naturalismus oder
Historizismus, Objektivismus oder Subjekti-
vismus, Erklären oder Verstehen etc. — begründet werden könne und müsse.

Mit der Absage an falsche Alternativen
dieser Art geht, was den Gegenstandsbereich
der Kultursoziologie betrifft, ein Verzicht auf
einige weitere Beschränkungen einher. So gilt
die gerade in Deutschland traditionsreiche
und in der Regel zu zeit- und kulturkritischen
Zwecken verwendete Entgegensetzung von
Kultur und Zivilisation (wobei erstere den
Bereich des Selbstwerthaften, letztere den des
Instrumentellen und Lebendienlichen meinte)
als sehr problematisch (vgl. Eckert 1970). Tatsächlich läßt sich ja die gesellschaftliche
Wirksamkeit von Kultur in keinem Falle und
gewiß nicht im Falle der modernen Gesellschaften verstehen, wenn die zivilisatorische
Rationalität nicht als konstitutives Element
in den Blick genommen würde. Dies schließt
aber nicht aus, daß Spannungen und tiefrei-
chende, unter Umständen sogar unlösbare
Konflikte zwischen den verschiedenen Sinn-
sphären einer Kultur und insbesondere auch
zwischen dem Geltungsbereich technischer
und formaler Rationalität einerseits, unbe-
dingter Wertbindung ('Wertrationalität') andererseits, wahrgenommen werden könnten.

Eine weitere Öffnung des Untersuchungsfeldes der Kultursoziologie liegt darin, daß
nicht mehr in erster Linie die das 'Wahre,
Gute und Schöne' verbindlich repräsentierenden Erscheinungsformen der 'hohen' Feier-
tags-Kultur (und zwar vor allem der herrschenden Klassen und Schichten), sondern
mit besonderer Vorliebe die kulturelle Prägung des 'Alltags' (Greverus 1978, 93 ff; Weiß
1981, 370 f), insbesondere des Alltags der unteren Klassen und Schichten, thematisiert
werden. Auch diese Verlagerung und Ausweitung des Interesses bedeutet keineswegs, daß
sich die Kultursoziologie aller Differenzie-
rungs- und Bewertungsmöglichkeiten entle-
digte. Selbst wenn darauf verzichtet wird, die
Vorzeichen einfach umzukehren und nun der

Kultur des 'Volkes' im allgemeinen und der proletarischen Kultur der Arbeiterklasse im besonderen (vgl. Ritter 1979, 3 ff) einen höheren Rang und eine Vorbildfunktion zuzuschreiben, ist die Kultursoziologie nicht zur Gleichgültigkeit in Qualitäts- und Niveaufragen genötigt.

Auf der einen Seite lassen sich die Kulturgebilde, ohne das Wertfreiheitspostulat zu mißachten, sehr wohl hinsichtlich formaler Merkmale (wie: intellektuelles und ästhetisches Anspruchsniveau, Erfahrungs- und Welthaltigkeit, Komplexität, Kommunikabilität, Kunstfertigkeit etc.) unterscheiden und beurteilen. Auf der anderen Seite ist es eine nicht nur mögliche, sondern ganz zentrale Aufgabe jeder Kultursoziologie, die bewußten oder unbewußten Zwecke, Wirkungen und Verwertungsweisen der Kulturgebilde im gesellschaftlichen und politischen Leben zu untersuchen. Im Rahmen solcher Untersuchungen aber spielt die Kontrastierung der manifesten und ausdrücklich intendierten Sinn- und Wertgehalte mit den tatsächlichen Interessen und Funktionen, die ihren gesellschaftlichen Gebrauch bestimmen, eine besondere Rolle. Ideologiekritik in diesem Sinne gehört zum Kernbereich der kultursoziologischen Arbeit. Allerdings läßt sich dieses ideologiekritische Interesse durchaus mit einer weiteren charakteristischen Grundannahme der neueren Kultursoziologie verbinden, der Annahme nämlich, daß — jedenfalls in der wissenschaftlichen Zivilisation — die verschiedenen kulturellen Sinn- und Wertsphären (Moral, Religion, Kunst etc.) zunächst als Erfahrungs- und Handlungsbereiche eigenen Rechts zu gelten haben und daß es auch keineswegs darum gehen kann, in einer generellen Weise die Überlegenheit der erfahrungswissenschaftlichen Weltsicht bzw. die Reduzierbarkeit aller kulturellen Manifestationen auf eine 'eigentliche' Wirklichkeit (organischer, psychischer oder sozialer Art) zu demonstrieren.

4. Kultur und Sprache

Auf theoretischer Ebene wird jeder Versuch, den Dualismus von Kultur und Gesellschaft zu überwinden, über kurz oder lang auf den Tatbestand und das Konzept der Kommunikation stoßen. So findet die neuere Kultursoziologie ihren allgemeinsten theoretischen Bezugsrahmen auch in einer sehr viel expliziteren und systematischeren Weise als früher darin, Kultur als Sinnhorizont oder Sinn-Ressource gesellschaftlicher Kommunikation zu

thematisieren. Dabei geht es in erster Linie um diejenigen Kommunikationsprozesse, in denen die Identität und die internen Differenzierungen, die Konsensmöglichkeiten und die Spannungs- und Konfliktpotentiale von Gruppen und Gesellschaften im ganzen symbolisch objektiviert, bestätigt und umgebildet, unter Umständen auch zerstört werden.

Eine derartige kommunikations- und symbol-(oder allgemeiner: zeichen-)theoretische Orientierung der Kultursoziologie hat den Vorteil, den Blick für die Vielfalt möglicher kausaler und funktionaler Zusammenhänge offen zu halten. Darüber hinaus ermöglicht sie es in besonderem Maße, die Tatbestände der sogenannten 'materiellen' Kultur als kulturelle Tatbestände zu verstehen. Schließlich rückt bei einer solchen Grundanschauung das Verhältnis von Kultur und Sprache in das Zentrum des Interesses. Dieser Umstand aber erlaubt nicht nur die produktive Anknüpfung an Denkmotive und Vorstellungen der älteren, philosophischen Kulturtheorie (von Herder über von Humboldt bis zu Cassirers 'Philosophie der symbolischen Formen'), er ermöglicht es vielmehr auch, die Kultursoziologie in sachlicher und konzeptueller Hinsicht wieder in ein enges Verhältnis zur Kulturanthropologie und Ethnologie zu bringen (vgl. z. B. Lévi-Strauss 1967, 43 ff; Leach 1978). In Hinsicht auf die letztgenannten, ihrerseits in einer Phase der Wiederbelebung und Erneuerung stehenden Wissenschaften ist der Einfluß der Sprachphilosophie L. Wittgensteins besonders bemerkenswert. Dieser Einfluß ist auch wirksam in der erneuten, sehr grundsätzlichen Debatte darüber, in welchem Sinne die Eigenart, die Einheit und die Grenzen kultureller Sinnwelten durch die jeweiligen Sprachen konstituiert und verbindlich gemacht werden (vgl. z. B. Galtung/Nishimura 1984) und welche Konsequenzen sich daraus hinsichtlich der Zugänglichkeit fremder Kulturen für die wissenschaftliche Forschung ergeben (vgl. B. Wilson 1974). Diese Fragen sind auch für die Kultursoziologie von größter Wichtigkeit, selbst wenn sich deren Streben nach Verallgemeinerung zunächst nur in der Form des systematischen Kulturvergleichs äußert; ganz offensichtlich kann sich die Kultursoziologie weder mit dem Vorwurf eines — aus der Fixierung auf die Idee okzidentaler Rationalität entspringenden — Ethnozentrismus noch mit einem beliebigen Pluralismus und Relativismus kulturspezifischer Rationalitäten abfinden. — Entwicklungsbedürftig sind dagegen — auf konzeptueller, methodischer und forschungspraktischer Ebene — noch die Verbindungen zwischen der Kultursoziologie und der Soziolinguistik. Dies erklärt sich in der Hauptsache daraus, daß die Soziolinguistik sich bisher weit weniger mit sozio-kulturellen Tatbeständen als mit sozialstrukturellen Gegebenheiten einerseits, kleinräumigen Interaktionsprozessen andererseits beschäftigt hat. In ganz ähnlicher Weise gilt auch für die Sprachsoziologie, daß ihre vergleichsweise weit fortgeschrittene Ausdifferenzierung und Spezialisierung aus methodischen und auch arbeitsökonomischen Gründen zwar verständlich, aber nicht dazu angetan ist, die soziologische Kulturforschung so zu inspirieren, wie dies von der Sache her geboten wäre. Gerade bei Untersuchungen, die die Krise oder Pathologie der 'westlichen Kultur' in der einen oder anderen Hinsicht thematisieren, spielt die Beobachtung der 'Sprachzerstörung' und des 'Sprachverlustes' eine bestimmende Rolle. Hier liegt auch ein wichtiger Anknüpfungspunkt für eine große Vielzahl von Forschungsvorhaben, die dem Einfluß der technischen, insbesondere elektronischen Medien der Massenkommunikation (und zwar vor allem, soweit diese sich der Alltagssprache nur noch in sehr reduzierter Form oder überhaupt nicht mehr bedienen) auf die Verbreitung, den Gestalt- und Funktionswandel und die Zerstörung kultureller Sinngehalte nachgehen. Schließlich sind auch für Untersuchungen über die Bedingungen und Chancen einer einheitlichen 'Weltkultur' kommunikations- und im engeren Sinne sprachtheoretische Überlegungen von grundlegender Bedeutung, und zwar vor allem hinsichtlich der Frage, ob, etwa im Falle moralischer oder ästhetischer Maßstäbe, eine fortschreitende Universalisierung notwendigerweise mit einem weitgehenden Verlust an Sachhaltigkeit und Verbindlichkeit einhergehe. Der verbreitete Trend zur Rückbesinnung und zum Rückzug auf partikulare — nationale, regionale oder gruppenspezifische — kulturelle Lebenswelten und Lebensformen hängt ganz offensichtlich mit Vorstellungen und Erfahrungen dieser Art zusammen. Solche Gegenbewegungen gegen einen universellen Geltungs- und Herrschaftsanspruch des 'okzidentalen Rationalismus' sind ebenfalls, in zunehmendem Maße, ein wichtiger Forschungsgegenstand der Kultursoziologie. Spätestens an diesem Gegenstand erweist sich dann auch, daß die Kultursoziologie der Ort ist, an dem die soziologi-sche Aufklärung reflexiv und sich selbst problematisch wird, und daß darin die spezifische Auszeichnung und Belastung kultursoziologischer Forschung liegt.

5. Kultursoziologie und allgemeine Soziologie

Diese letzte Bemerkung macht, über die vorhergehenden Ausführungen hinaus, deutlich, daß die Kultursoziologie tatsächlich nicht einfach ein Teilgebiet der Soziologie unter anderen ist. Zu eng sind ihre Themen, Begriffe und Theoreme mit sehr grundlegenden Problemen der Soziologie verbunden; dies erklärt auch, warum Bücher wie 'Die gesellschaftliche Konstruktion der Wirklichkeit' von P. L. Berger und Th. Luckmann oder 'Über den Prozeß der Zivilisation' von N. Elias nach beiden Seiten hin so einflußreich werden konnten.

Aus dieser engen Verflechtung von allgemeiner Soziologie und Kultursoziologie folgt, daß nicht jede Konzeption von Soziologie mit den beschriebenen Zielsetzungen und Annahmen der Kultursoziologie vereinbar ist. Dagegen läßt sich daraus nicht folgern, daß die Kultursoziologie keinen hinreichend klar abgrenzbaren Bereich konkreter Einzelforschung besäße. Die Fülle und Vielfalt kultursoziologischer Analysen — etwa über die ungleiche Verfügbarkeit der kulturellen Güter (Bourdieu 1982, 405 ff; Honneth 1984) und der kulturellen 'Produktionsmittel' (Williams 1981, 87 ff), über die Bedingungen einer dauerhaften Institutionalisierung neuer, unter Umständen revolutionärer Kulturideale (gerade auf dem Felde der Kunst und der Religion) oder über die individuellen oder gruppenhaften Stifter und Träger kultureller Bedeutungsgehalte (vgl. Lipp 1987) — lassen eine solche Schlußfolgerung keineswegs zu.

6. Literatur (in Auswahl)

Bourdieu, Pierre (1982) *Die feinen Unterschiede. Kritik der gesellschaftlichen Urteilskraft*, Frankfurt.

Eckert, Roland (1970) *Kultur, Zivilisation und Gesellschaft*. Die Geschichtstheorie A. Webers, eine Studie zur Geschichte der deutschen Soziologie, Tübingen.

Galtung, Johan/Nishimura, Fumiko (1984) „Struktur, Kultur und Sprachen: Indoeuropäische, chinesische und japanische Sprachen im Vergleich", in: *Leviathan* 12, 478—505.

Greverus, Ina-Maria (1978) *Kultur und Alltagswelt.* Eine Einführung in Fragen der Kulturanthropologie, München.

Harris, Marvin (1979) *Cultural materialism.* The struggle for a science of culture, New York.

Honneth, Axel (1984) „Die zerrissene Welt der symbolischen Formen. Zum kultursoziologischen Werk P. Bourdieus", in: *Kölner Zeitschrift für Soziologie und Sozialpsychologie* 36, 146—164.

Kroeber, Alfred L./Kluckhohn, Clyde (1967) *Culture.* A critical review of concepts and definitions, New York.

Leach, Edmund (1978) *Kultur und Kommunikation.* Zur Logik symbolischer Zusammenhänge, Frankfurt.

Lévi-Strauss, Claude (1967) *Strukturale Anthropologie,* Frankfurt.

Lipp, Wolfgang, ed., (1987) *Kulturtypen, Kulturcharaktere.* Träger, Mittler und Stifter von Kultur, Berlin.

Neidhardt, Friedhelm/Lepsius, M. Rainer/Weiss, Johannes, eds., (1986) *Kultur und Gesellschaft,* Opladen.

Ritter, Gerhard A., ed., (1979) *Arbeiterkultur,* Königstein/Ts.

Steinbacher, Franz (1976) *Kultur: Begriff, Theorie, Funktion,* Stuttgart.

Tenbruck, Friedrich H. (1979) „Die Aufgaben der Kultursoziologie", in: *Kölner Zeitschrift für Soziologie und Sozialpsychologie* 31, 399—421.

Thurn, Hans Peter (1976) *Soziologie der Kultur,* Stuttgart.

Weiß, Johannes (1981) „Kultur als soziale Lebenswelt", in: *Soziologische Revue* 4, 367—381.

Williams, Raymond (1981) *Culture,* London.

Wilson, Bryan, ed., (1974) *Rationality,* Oxford.

Johannes Weiß, Kassel
(Bundesrepublik Deutschland)

64. Dialektgeographie

1.   Gegenstand

Dialektgeographie ist die geographisch-vergleichende Untersuchung von Dialekten auf der Grundlage kartographischer Darstellungen. Dialekte werden in diesem Zusammenhang aufgefaßt als gesprochene lokale oder regionale Sprachen ohne kodifizierte Norm; sie stehen durch grundsätzliche strukturelle Übereinstimmung bei mehr oder weniger zahlreichen Unterschieden in den Einzelheiten ihrer Struktur zu den benachbarten Dialekten desselben Sprachraums in einem Diasystem-Verhältnis. Ein solches Verhältnis ist in Europa in der Regel auch zwischen den Dialekten und den sie überdachenden Standardsprachen festzustellen, doch kommt es gelegentlich vor, daß Dialekte von ganz anders strukturierten Sprachen überdacht werden (z. B. im Elsaß). Gruppen von Dialekten bilden Sprachräume, die sich durch Brüche in der Sprachlandschaft (Sprachgrenzen) gegen andere Sprachräume absetzen können. In der Dialektgeographie werden in der Regel Dialekte (eines Teiles) eines Sprachraums miteinander verglichen, m. a. W. man untersucht räumlich bedingte Unterschiede zwischen Dialekten, wobei ihre grundsätzliche Übereinstimmung vorausgesetzt wird. Nur gelegentlich wird umgekehrt verfahren und untersucht man räumlich bedingte Übereinstimmungen zwischen Dialekten beiderseits einer Sprachgrenze; in diesem Fall gehört der grundsätzliche Unterschied zur Voraussetzung.

In unserem Zeitalter ist ein ständig wachsender Einfluß der Standardsprachen auf die Kommunikation zu beobachten. Er wirkt sich einerseits so aus, daß immer mehr Sprachteilhaber in immer mehr Situationen Sprachformen verwenden, die als Standardsprache intendiert sind, was zu Dialektverlust und somit zum Fehlen der Voraussetzungen für eine synchrone Dialektgeographie führen kann. Andererseits führt er in Dialekten, die sich früher in solcher Weise deutlich gegeneinander abhoben, daß bei Reihen von Unterschieden Abgrenzungen mit Hilfe von Linien möglich waren, zu Häufungen gemeinsamer Interferenzen. Dadurch sind viele Elemente, die vorher geographisch unterschiedliche kategorische Bestandteile der Dialektsysteme waren, variabel geworden: Die modernen

Dialekte sind viel instabiler als die früheren, die allerdings auch nie ganz homogen gewesen sind, und ihre Grenzen verwischen sich. Der geographische Kontrast, ohne den es keine Dialektgeographie gibt, ist somit schwerer zu erfassen. Der skizzierte doppelte Prozeß ist in den einzelnen Regionen Europas unterschiedlich weit fortgeschritten; dabei sind auch innerhalb der einzelnen Sprachräume erhebliche Differenzierungen festzustellen.

Nicht jede auf Sprachkarten basierende vergleichende sprachliche Untersuchung ist als dialektgeographisch einzustufen. Entstammt das kartierte Material schriftlichen Quellen aus der Zeit vor der Standardisierung der modernen europäischen Schriftsprachen (z. B. bei Kleiber/Kunze/Löffler 1979), so hat man es mit einer historischen Sprachgeographie zu tun, die einer Geographie der Dialekte des betreffenden Zeitraums, wie man inzwischen deutlich erkannt hat, keineswegs gleichzusetzen ist. Entstammt es regional unterschiedlichen Sprachformen, die als überlokal bzw. überregional intendiert sind (z. B. im norddeutschen Teil des Atlasses Eichhoff 1977—78), so hat man es mit der Geographie von Umgangssprachen zu tun, die definitionsgemäß keine Dialektgeographie ist.

In der Dialektgeographie werden meistens nicht die Übereinstimmungen und Unterschiede zwischen den Dialekten einer Region in ihrer Gesamtheit thematisiert, m. a. W. die Anfertigung und Interpretation von Übersichts- oder Einteilungskarten ist (obwohl sie als ein Ideal gilt) kein vordergründiges Anliegen. Vielmehr geht es um einzelne Erscheinungen aus der Grammatik (Phonologie: Lautgeographie, Morphologie: Formengeographie, Syntax: Satzgeographie) und der Lexik (Appellativa: Wortgeographie, Propria: Namengeographie) sowie deren Verbindungen zu Strukturen. In einer ersten Phase, als gerade die Beobachtung isolierter Erscheinungen zu Kritik an herrschenden Lehrmeinungen (Ausnahmslosigkeit der Lautgesetze!) Anlaß gab, die Materialiensammlungen meistens noch keine systematischen geographischen Untersuchungen von Strukturen erlaubten, und der Ganzheitsgedanke in der Sprachwissenschaft noch nicht im Vordergrund stand, war die Dialektgeographie noch überwiegend atomistisch: Sie beschäftigte sich mit der geographisch divergierenden Entwicklung des isolierten Lautes im isolierten Wort, mit den einzelnen, räumlich verschiedenen Bezeichnungen für einen isolierten lexika-

lischen Inhalt usw. Durch eine geänderte Sachlage bei der Materialsammlung und Interessenverschiebungen in der Betrachtung der Erscheinungen entwickelte sich aus einer atomistischen eine strukturelle Dialektgeographie. Der oben im zweiten Absatz skizzierte Wandel, der sich in den Dialekten unserer Zeit vollzieht, müßte zu einer Variablengeographie führen; diese scheint sich aber in der historischen Sprachgeographie besser als in der Dialektgeographie zu entwickeln. Auf die Ursachen wird unter 4. eingegangen.

2. Der gesellschaftliche Faktor in der Deutung der Dialektkarte

Die Karte ist in der Dialektgeographie kein Forschungsziel, sondern eine anschauliche Fixierung einer sprachgeographischen Konstellation zu einem gegebenen Zeitpunkt, die es zu deuten gilt. Deuten heißt hier: Den historischen Prozeß aufdecken, der zu dieser spezifischen Konstellation geführt hat. Die Interpretation einer Sprachkarte ist somit eine raumbezogene sprachhistorische Arbeit.

Man unterscheidet prinzipiell zwei Interpretationsmethoden, die allerdings Varianten aufweisen: die intern-linguistische, die das Kartenbild durch Verschiebungen in den Sprachsystemen infolge der Wirkung einer Teleologie erklärt, und die extra-linguistische, die in ihm das Ergebnis gesellschaftlicher Faktoren erblickt. In der ersten, die in einer früheren Phase vor allem in Frankreich angewandt wurde, spielen die zur Deutung des Kartenbildes angenommenen Ereignisse sich zwar in der Zeit und in einer menschlichen Gesellschaft ab, sie sind m. a. W. eindeutig historisch, doch liefert die Gesellschaftsstruktur als solche keine Erklärungselemente. Sie kann deswegen in einer Behandlung der Bedeutung der Dialektgeographie für die Soziolinguistik außer acht bleiben. Eine erste Orientierung mit Literaturhinweisen bietet Goossens (1977, 89 ff).

Die gesellschaftlichen Faktoren, die in der extra-linguistischen Methode herangezogen werden, sind im Grunde mit denen der Deutungen soziolinguistischer Konstellationen identisch. Daß dies nicht sofort einleuchtet, hat eine Reihe von Ursachen. Dazu gehört erstens die untersuchte Sprachgemeinschaft. In der Dialektgeographie ist sie definitionsgemäß eine Gesellschaft im Raum, bei der die primäre sprachliche Vergleichsmöglichkeit durch den Raum gegeben ist, der durch seine trennende und verbindende Wirkung zu sprachlichen Aufgliederungen und Zusammenfügungen führt; in der Soziolinguistik ist sie ein soziales Gefüge in der Regel eines Ortes, dessen Verflechtungen die sprachlichen Korrelationsmöglichkeiten bestimmen. Die bedeutendsten dialektgeographischen Werke mit einer extra-linguistischen Interpretation beziehen sich auf sozial relativ statische und weniger mobile, die soziolinguistischen auf mehr durchlässige und mobilere Gesellschaften. Die mehr bruchartige sprachliche Differenzierung in der Dialektgeographie entspricht einer Gliederung zwar ähnlicher, aber doch im invarianten Teil ihrer Struktur verschiedener Sprachsysteme, die verflochtene in der Soziolinguistik den fließenden Übergängen in der Variation eines offenen Systems. Dieser Gegensatz ist, wenn man für die Dialektgeographie von einer älteren und für die Soziolinguistik von einer jüngeren Gesellschaft ausgeht, zwar von vornherein gegeben, doch wird er umgekehrt auch durch unterschiedliche Erhebungsmethoden programmiert. Die mündlichen und schriftlichen Enquêten der Dialektgeographie mittels Fragebögen, bei denen in den günstigsten Fällen sozial relativ homogene Gruppen im gleichen Alter befragt werden, zielen auf die Erfassung von im Idealfall invarianten Systemelementen, die sich geographisch begrenzen lassen, die Interviews und Aufnahmen freierer Textpartien in der Soziolinguistik auf die von linguistischen Variablen, deren Variantenverteilung in der Regel keine Brüche aufweist. Die an der ersten entscheidenden extra-linguistischen Phase beteiligten Dialektologen am Ende des 19. Jhs. waren unter soziologischem Aspekt theoretisch noch unbedarft; die der zweiten Phase in den 1920er Jahren haben, zusammen mit Historikern und Volkskundlern, das eigene Konzept der Kulturmorphologie ausgearbeitet, (Modellstudie: Frings [1926] 1966), in dem die Sprachkarte nicht als Momentaufnahme eines kontinuierlichen Prozesses, sondern statischer als Fixierung eines Ergebnisses gedeutet wurde, für das ein Komplex von Faktoren verantwortlich gemacht wurde: „Unter den zur Erklärung herangezogenen Fakten fehlen zwar solche der natürlichen Gliederung nicht, vorrangig sind aber kulturelle Gegebenheiten im weitesten Sinne: die vereinheitlichende Kraft politischer Verwaltungsbezirke, kirchlich und konfessionell bestimmte Bindungen, der Einfluß von Wirtschaft, Industrie und überlegener, meist städtischer Zentren, Fakten der Siedlungsgeschichte und des geschichtlichen Kontaktes verschiedener Ethnien, die Wirkungen des Verkehrs auf großen Straßen und Flüssen" (Grober-Glück 1982, 92 f), kurz, die Kulturlandschaft als Areal, das die Sprachgebraucher bindet und trennt. Bindung führt zur sprachlichen Vereinheitlichung, Trennung zur Differenzierung. Dieser Verkehrsfaktor ist primär physischer Natur, doch ist mit ihm unabdingbar ein psychischer Aspekt verbunden: Der einzelne Sprecher, der einer Reihe von sich überschneidenden Gruppen angehört, versucht, auch in seinem Sprachgebrauch, sich an bestimmte Gruppen zu assimilieren, sich gegen andere abzusetzen, sich wieder mit anderen zu solidarisieren. Diese drei Haltungen sind als Niederschlag des sozialen Verkehrs zu betrachten. Man solidarisiert sich mit der Gruppe, der man angehört, was sprachlichen Ausgleich zur Folge hat. Man assimiliert sich an und setzt sich ab gegen andere Gruppen, deren — auch sprachliches — Benehmen man für mehr- oder minderwertig hält. Die Assimilations- und Absetzungsversuche haben eine dauernde Bewegung in der Sprache zur Folge: Sich assimilieren heißt, alte sprachliche Gewohnheiten durch neue, will sagen übernommene bestehende Gewohnheiten anderer Gruppen ersetzen. Der Erfolg von Assimilationsversuchen ist von der Intensivität des Verkehrs mit Sprechern der Modellgruppe (und natürlich von dem Ausmaß, in dem letztere wirklich als Modell gilt) abhängig. Sich absetzen heißt entweder, durch das Einführen von Neuerungen anders zu sprechen versuchen als eine andere Gruppe, oder aber durch das Ablehnen einer Neuerung, die sich bei der anderen Gruppe vollzieht, zu versuchen, denselben Effekt zu erreichen. Diese in der Soziolinguistik wohlbekannten Mechanismen haben eine deutliche sprachgeographische Wirkung: Der Solidarisierungseffekt in der Lokalmundart, die sich gegen die umgebenden Dialekte absetzt, aber auch in der relativen Einheitlichkeit von sog. Kernlandschaften (Bach [1934, 1950] 1969, 60 ff); der Assimilationseffekt in Expansionen, deren Niederschlag mit Hilfe einer ganzen Reihe sprachgeographischer Modelle (Bach [1934, 1950] 1969, 135 ff, Goossens 1977, 76 ff, Gluth/Lompa/Smolka 1982) beschrieben worden ist, von denen etwa die Staffellandschaft die relative Abnahme der Verkehrsintensität mit der Modellsprache demonstriert. Was den Distanzierungseffekt betrifft, so läßt sich dieser manchmal bei expansiven Sprachlandschaften als komplementäre Erscheinung

beobachten, und zwar einerseits in den Kerngebieten der innovierenden Areale (hier ist
die Innovation als vollzogener historischer
Prozeß nicht mehr auf frischer Tat zu ertap-
pen), andererseits jenseits der Grenzen der
Neuerung. Hat doch die expansive Sprachform manchmal als Neuerung durch Distanzierung angefangen, sich dann aber durch
Assimilation verbreitet. Umgekehrt ist die
Distanzierung in sog. Relikttrichtern, Relikt-
inseln usw. um (meistens kleinere) Städte ersichtlich, die eine Innovation ihrer Umgebung ablehnen (Goossens 1977, 82). Doch
fällt bei der Lektüre extra-linguistisch orientierter dialektgeographischer Literatur meistens nicht die Betonung des psychischen,
sondern die des physischen Aspekts des Verkehrs auf. Eine bekannte Ausnahme ist der
niederländische Dialektologe Kloeke, der in
seiner Arbeit über die holländische Expansion den Assimilationseffekt in den Mittelpunkt gerückt hat (Kloeke 1927).

3. Die linguistische Bedeutung der Dialektgeographie

Die Dialektgeographie hat als älteste raumbezogene linguistische Disziplin der Sprachwissenschaft die räumliche Strukturiertheit ihres
Gegenstandes erschlossen. Sie hat gezeigt,
daß Dialekte und Dialektgruppen zugleich
offene und geschlossene sprachliche Gebilde
sind. Das wurde durch das Konzept der Isoglosse ermöglicht. Eine Isoglosse verbindet
hinsichtlich einer bestimmten sprachlichen
Erscheinung eine Gruppe von Dialekten und
trennt sie zugleich von einer anderen Gruppe.
Die Zahl der Isoglossen, die ein Gebiet durch-
kreuzen, kann sehr hoch sein. Durch sie kommen immer wieder andere Gruppierungen zustande, die jede einzelne Mundart als ein den
umgebenden Dialekten zwar ähnliches, aber
doch von ihnen verschiedenes, eigenes
Sprachsystem erkennen lassen. Die Isoglosse
ist somit kein Hilfsmittel zur Beschreibung
einer Variation; sie liefert vielmehr ein Argument, in dem von ihr begrenzten Fall die
Existenz einer Variation zu verneinen.

Auf die Bedeutung der intern-linguisti-
schen Interpretationsmethode für die linguistische Theorie wird hier nicht eingegangen;
es sei nur allgemein festgestellt, daß sie sich
in der Lage gezeigt hat, eine Reihe von Thesen
der allgemeinen Linguistik zu untermauern
(vgl. Goossens 1969).

Die sprachwissenschaftliche Bedeutung
der extra-linguistischen, insbesondere der

kulturmorphologischen Methode liegt an erster Stelle in ihrem konkreten Beitrag zur
Geschichte zahlreicher Sprachen. Jede extra-
linguistische Interpretation einer Dialekt-
karte verdeutlicht naturgemäß ein Stück
Sprachgeschichte des von ihr untersuchten
Raumes. Andererseits haben die modernen
Standardsprachen sich in der Regel auf irgendeine Weise aus Dialekten des von ihnen
überdachten Areals entwickelt. Die Behandlung ihrer Geschichte impliziert also die Berücksichtigung dieser Dialekte. Die sprachhistorischen Handbücher der einzelnen europäischen Sprachen, vor allem die externen
Sprachgeschichten, aber auch die historischen Grammatiken und Wörterbücher, sind
denn auch beredte Zeugen der Bedeutung der
Dialektgeographie für die Beschreibung und
Interpretation der Sprachentwicklung.

Daneben hat die externe Methode einen
wichtigen Beitrag zur Theorie des Sprachwandels geliefert, besonders unter dem
Aspekt seiner Verbreitung. Sie kann zwar den
Beginn des Wandels, der beim individuellen
Sprecher liegen muß, nicht beobachten und
beschreiben, doch hat sie gezeigt, daß „jedes
Phänomen je nach seinem Alter und der von
ihm erreichten sozialen Aufnahme sein eigenes Verbreitungsgebiet (...), jede sprachliche
Form ihre eigene Geschichte hat, und somit
dazu beigetragen, die Auffassung von der
Sprachgeschichte selbst zu ändern, die danach keine Geschichte eines einheitlichen
Blocks mehr ist (...), sondern (...) die Geschichte eines beständigen und endlos nuan-
cenreichen Wechselspiels zwischen Neuerung
und Erhaltung, zwischen dem konkreten
Sprechen des Einzelnen, der darin eine
sprachliche Tradition verwirklicht, und der
Sprache einer historischen Gemeinschaft,
welche sich unausgesetzt aus den einzelnen
Sprechakten nährt" (Coseriu 1975, 48). Da
dieses Wechselspiel auch Gegenstand soziolinguistischer Untersuchungen ist, kann
durch eine gegenseitige Begrenzung von Dialektgeographie und Soziolinguistik und das
Aufweisen des Überlappungsbereichs die linguistische Bedeutung der ersten Disziplin für
die zweite weiter verdeutlicht werden.

4. Dialektgeographie und Soziolinguistik

Die Unterschiede zwischen der Dialektgeographie im oben beschriebenen Sinn und der
korrelativen soziolinguistischen Erforschung
sprachlicher Variation sind deutlich. Erstere

arbeitet im Prinzip geographisch-verglei-
chend, letztere praktisch punktuell, die Ordnung des zu deutenden Materials wird in ersterer auf Karten, in letzterer mit Hilfe von
Tabellen und Diagrammen vorgenommen, erstere vergleicht primär invariante Elemente
verschiedener, aber ähnlicher Sprachsysteme,
letztere Varianten von Variablen im einzelnen
offenen System, erstere deutet die von ihr
beschriebenen Fakten als Ergebnis eines
sprachhistorischen Prozesses, wenn auch dieses Ergebnis eigentlich eine Momentaufnahme darstellt, letztere betont in ihrer Interpretation stärker die Dynamik des Prozesses
selbst, wenn auch die gewonnenen Fakten
einen statisch gemachten Querschnitt bieten.
Die historische Dimension, die beiden Disziplinen anhaftet, kann sich in der Dialektgeographie wegen der potentiellen Vielfalt der
geographisch verteilten Schichtungen auf
mehrere Jahrhunderte beziehen, während sie
in der Soziolinguistik zeitgeschichtlicher Art
ist. Doch sind auch wichtige gemeinsame Elemente vorhanden: Beide beschreiben Differenzierungen in Sprachgemeinschaften, beide
versuchen, diese mit Hilfe von Elementen des
sozialen Verkehrs zu deuten und beide liefern
auf diese Weise Beiträge zur Theorie des
Sprachwandels.

Die Konzentration auf die Verteilung kon-
trastierender invarianter Erscheinungen, die
Behandlung der räumlichen Verteilungen von
Sprachformen als Ergebnis eher denn als Prozeß und — vor allem im deutschen Sprachraum — eine zu einseitig auf das Festlegen
von Isoglossen ausgerichtete Kartierungs-
technik haben in der traditionellen Dialektgeographie eine eingehende theoretische Beschäftigung mit der Erscheinung „Mischgebiet" verhindert. Das Mischgebiet hat auf
herkömmlichen Sprachkarten meistens folgende Gestalt: Zwischen zwei Arealen mit
jeweils kategorisch nur einer Sprachform A
bzw. B, von denen eine, sagen wir A, die
Prestigeform ist, entwickelt sich ein Gebiet,
in dem A und B als Varianten nebeneinander
vorkommen. Es gehörte in der Regel früher
zum Areal von B und kommt durch Übernahme der Prestigeform zustande. Hier
herrscht also Variation, eine Erscheinung, auf
die sich die Soziolinguistik konzentriert. Es
ist also zu erwarten, daß sie mit Hilfe des in
dieser Disziplin üblichen Korrelationsap-
parates analysierbar ist, jedoch nur teilweise.
Zu den Faktoren, die das Gebrauchsverhält-
nis der Varianten A und B bestimmen, gehört,
von den üblicherweise berücksichtigten Ele-

menten des sozialen Netzwerks abgesehen,
auch der dialektale Raum: Es ist zu erwarten,
daß im Mischgebiet das Variantenverhältnis
sich zugunsten von B verschiebt, je nachdem
man dem Gebiet mit invariantem Gebrauch
von B, und zugunsten von A, je nachdem
man dem Gebiet mit invariantem Gebrauch
von A näherkommt. Die Dialektgeographie
und die Soziolinguistik haben also hier sich
ergänzende Aufgabenbereiche, die zusammen
einen Komplex bilden.

Von Ansätzen abgesehen (vgl. u. a. Trudgill
1974, Goossens 1974 und 1980, Chambers/
Trudgill 1980, 125 ff) hat sich jedoch bis jetzt
keine richtige Variablengeographie dialektaler Mischgebiete entwickelt. Das ist um so
auffälliger, als in der historischen Sprachgeographie in den letzten Jahren mehrere Atlanten erschienen sind, in denen für die einzelnen
Belegorte Frequenzverhältnisse der Varianten
einer Reihe von Variablen dargestellt werden
(u. a. Kleiber/Kunze/Löffler 1979, Dees 1980,
Berteloot 1984). Das Fehlen einer dialektalen
Variablengeographie ist einerseits durch die
Umwälzungen in der Kommunikation im
Laufe dieses Jahrhunderts, die zu einer immer
größeren Instabilität der Dialekte, aber auch
zur Entfaltung der Soziolinguistik selbst geführt haben, zu erklären. Andererseits hängt
die Durchführbarkeit variablenlinguistischer
Untersuchungen von dem zu investierenden
Aufwand ab, der in diesem Fall notwendigerweise viel größer als in einer soziolinguistischen punktuellen Untersuchung sein muß:
Er ist mit der Zahl der Ortsmundarten des
Mischgebiets, die man analysieren will, zu
multiplizieren. Doch ist die Bedeutung dieses
gemeinsamen Aufgabenbereichs von Dialektgeographie und Soziolinguistik hervorzuheben: Nur durch die Bündelung beider Betrachtungsweisen kann man den Sprachwandel in seinem Vollzug adäquat beobachten
und analysieren.

5. Literatur (in Auswahl)

Alvar, Manuel (1969) *Estructuralismo, geografía
lingüística y dialectología actual,* Madrid.

Bach, Adolf ([1934, 1950] 1969) *Deutsche Mundartforschung. Ihre Wege, Ergebnisse und Aufgaben,* 3.
Auflage, Heidelberg.

Berteloot, Amand (1984) *Bijdrage tot een Klankat-
las van het dertiende-eeuwse Middelnederlands,* 2
Bde. Gent.

Besch, Werner/Knoop, Ulrich/Putschke, Wolf-
gang/Wiegand, Herbert E., eds., (1982, 1983) *Dia-*

lektologie. Ein Handbuch zur deutschen und allgemeinen Dialektforschung, 2 Bde. Berlin/New York.

Chambers, J. K./Trudgill, Peter (1980) *Dialectology*, Cambridge/London/New York u. a.

Chaurand, Jacques (1972) *Introduction à la dialectologie française*, Paris.

Coseriu, Eugenio ([1956 spanisch] 1975) *Die Sprachgeographie*, Tübingen.

Dauzat, Albert ([1922] 1944) *La géographie linguistique*, 2. Auflage, Paris.

Davis, Lawrence M. (1983) *English Dialectology: An Introduction*, Alabama.

Dees, Anthonij (1980) *Atlas des formes et des constructions des chartes françaises du 13ᵉ siècle* avec le concours de Pieter Th. van Reenen et de Johan A. de Vries, Tübingen.

Deutscher Sprachatlas (1927—56). Auf Grund des von Georg Wenker begründeten Sprachatlas des Deutschen Reichs in vereinfachter Form begonnen von Ferdinand Wrede, fortgesetzt von Walter Mitzka und Bernhard Martin, 23. Lief. Marburg.

Eichhoff, Jürgen (1977—78) *Wortatlas der deutschen Umgangssprachen*, 2 Bde. Bern/München.

Francis, W. N. (1983) *Dialectology*. An Introduction, London/New York.

Frings, Theodor ([1926] 1966) „Sprache", in: Aubin, H./Frings, Th./Müller, J.: *Kulturströmungen und Kulturprovinzen in den Rheinlanden*. Geschichte — Sprache — Volkskunde, 2. Auflage, Bonn, 94—198.

Gamillscheg, Ernst (1928) *Die Sprachgeographie und ihre Ergebnisse für die allgemeine Sprachwissenschaft*, Bielefeld/Leipzig.

Gilliéron, Jules/Edmont, Edmond (1902—14) *Atlas linguistique de la France*. 10 Bde., Table. Paris (Nachdruck Bologna 1969).

Gluth, Klaus/Lompa, Marion/Smolka, Hans-Henning (1982) „Verfahren dialektologischer Karteninterpretation und ihre Reichweite", in: *Dialektologie. Ein Handbuch zur deutschen und allgemeinen Dialektforschung*, Besch, W./Knoop, U./Putschke, W./Wiegand, H. E., eds., Berlin/New York 485—500.

Goossens, Jan (1969) *Strukturelle Sprachgeographie*. Eine Einführung in Methodik und Ergebnisse, Heidelberg.

Goossens, Jan (1974) „Historische en moderne taalgeografie", in: van Loey, A./Goossens, J., *Historische dialectologie*, Amsterdam, 14—33.

Goossens, Jan (1977) *Deutsche Dialektologie*, Berlin/New York.

Goossens, Jan (1980) „Dialektologie im Zeitalter der Variablenforschung", in: *Dialekt und Dialektologie*. Ergebnisse des Internationalen Symposions „Zur Theorie des Dialekts", Marburg/Lahn, 5.—10. September 1977, Göschel, J./Ivić, P./Kehr, K., eds., Wiesbaden, 43—55.

Göschel, Joachim/Nail, Norbert/van der Elst, Gaston, eds., (1976) *Zur Theorie des Dialekts*. Aufsätze zu 100 Jahren Forschung, Wiesbaden.

Göschel, Joachim/Ivić, Pavle/Kehr, Kurt, eds., (1980) *Dialekt und Dialektologie*. Ergebnisse des internationalen Symposions „Zur Theorie des Dialekts", Marburg/Lahn, 5.—10. September 1977, Wiesbaden.

Grassi, Corrado (1966) *La geografia linguistica: problemi e metodi*, Turin.

Grassi, Corrado (1980) „Von der Sprachgeographie zur Soziolinguistik", in: *Zeitschrift für Dialektologie und Linguistik* 47, 145—159.

Grober-Glück, Gerda (1982) „Die Leistungen der kulturmorphologischen Betrachtungsweise im Rahmen dialektgeographischer Interpretationsverfahren", in: *Dialektologie. Ein Handbuch zur deutschen und allgemeinen Dialektforschung*, Besch, W./Knoop, U./Putschke, W./Wiegand, H. E., eds., Berlin/New York, 92—113.

Guiraud, Pierre ([1968] 1978) *Patois et dialectes français*. 3. Ausg. Paris.

Hard, Gerhard (1966) *Zur Mundartgeographie*. Ergebnisse, Methoden, Perspektiven, Düsseldorf.

Jaberg, Karl (1936) *Aspects géographiques du langage*, Paris.

Jaberg, Karl/Jud, Jakob (1928—40) *Sprach- und Sachatlas Italiens und der Südschweiz*. 8 Bde. Zofingen (Nachdruck Nendeln 1974).

Kleiber, Wolfgang/Kunze, Konrad/Löffler, Heinrich (1979) *Historischer südwestdeutscher Sprachatlas*. Aufgrund von Urbaren des 13. bis 15. Jahrhunderts, 2 Bde. Bern/München.

Kloeke, Gesinus G. (1927) *De Hollandsche expansie in de zestiende en zeventiende eeuw en haar weerspiegeling in de hedendaagsche Nederlandsche dialecten*. Proeve eener historisch-dialectgeographische synthese, Den Haag.

Kolb, Eduard/Glauser, Beat/Elmer, Willy u. a. (1979) *Atlas of English Sounds*, Bern.

Löffler, Heinrich ([1974] 1980) *Probleme der Dialektologie*. Eine Einführung, 2. Auflage, Darmstadt.

Malkiel, Yakov (1984) „Revisionist dialectology and mainstream linguistics", in: *Language in Society* 13, 29—66.

Martin, Bernhard ([1939] 1959) *Die deutschen Mundarten*, 2. Auflage, Marburg.

Mattheier, Klaus J. (1980) *Pragmatik und Soziologie der Dialekte*. Einführung in die kommunikative Dialektologie des Deutschen, Heidelberg.

Mitzka, Walter (1943) *Deutsche Mundarten*, Heidelberg.

Mitzka, Walter/Schmitt, Ludwig E./Hildebrandt, Reiner, eds., (1951—80) *Deutscher Wortatlas*, 22 Bde. Gießen.

520 V. Neighbouring and Auxiliary Disciplines

Niebaum, Hermann (1983) *Dialektologie,* Tübingen.

Giton, Harold/Sanderson, Stewart/Widdowson, John, eds., (1978) *The Linguistic Atlas of England,* London.

Pop, Sever (1950) *La dialectologie.* Aperçu historique et méthodes d'enquêtes linguistiques, Löwen/Gembloux.

Protze, Helmut (1969) „Die deutschen Mundarten", in: *Kleine Enzyklopädie — Die deutsche Sprache,* Leipzig, Bd. 1, 312—422.

Schirmunski, Viktor ([1951 russisch] 1962) *Deutsche Mundartkunde.* Vergleichende Laut- und Formenlehre, Berlin (DDR).

Schmitt, Ludwig E., ed., (1968) *Germanische Dialektologie.* Festschrift für Walter Mitzka zum 80. Geburtstag, 2 Bde. Wiesbaden.

Trudgill, Peter (1974) „Linguistic change and diffusion: description and explanation in sociolinguistic dialect geography", in: *Language in Society* 3, 215—246.

Weijnen, Antonius A. ([1958] 1966) *Nederlandse dialectkunde,* 2. Auflage, Assen.

Jan Goossens, Münster
(Bundesrepublik Deutschland)

65. Symbolischer Interaktionismus

1. Skizze des Theoriegeflechts des S. I. und seiner forschungslogischen Grundsätze
2. Die Begründung der Feldforschungstradition des S. I. in der Chicago-Schule der Soziologie
3. Die Abgrenzung des S. I. als besonderer Theoriegestalt durch H. Blumer und der Einfluß der philosophischen Sozialpsychologie G. H. Meads auf die weitere Entwicklung des S. I.
4. Die Modellierung der Feldforschungstradition des S. I. durch E. C. Hughes und dessen theoretische Überlegungen zu professionellen Berufen
5. Drei grundlagentheoretische Zentralkategorien des S. I.: „soziale Welten", „Verlaufskurven", „Arbeitsbögen"
6. Innovationen des zeitgenössischen S. I. im Bereich der Forschungslogik und der Forschungsverfahren
7. Arten der Kritik am S. I. und seine Bedeutung für die Linguistik
8. Literatur (in Auswahl)

Der „Symbolische Interaktionismus" (S. I.) ist eine theoretische und methodische Richtung zunächst der amerikanischen, später dann auch der europäischen Soziologie, welche die Geschöpftheit der gesellschaftlichen Wirklichkeit durch interaktiv aufeinander bezogene Handlungsabläufe der Gesellschaftsmitglieder betont und davon ausgeht, daß der interaktive Bezug grundlegend durch sprachliche Kommunikation und darüber hinaus auch durch den Austausch außersprachlicher Symbole geleistet wird. Häufig wird der S. I. als eine besondere Spielart der „interpretativen" oder „handlungstheoretischen" Ansätze in der Soziologie (neben phänomenologischer Sozialtheorie, Ethnomethodologie, Objektiver Hermeneutik, Wissenssoziologie in der Nachfolge Mannheims) bezeichnet und den verschiedenen anderen Ansätzen der allgemeinen Soziologie gegenübergestellt: der verhaltenstheoretischen Soziologie, dem Strukturfunktionalismus und der Systemtheorie und den verschiedenen Varianten des Strukturmarxismus (vgl. Matthes 1973, 199—210, insbes. 208 f; ABS 1973, 9—53, insbes. 15 f; Steinert 1973, 28—45).

Im folgenden wird zunächst eine Skizze der theoretischen Grundlagen des S. I. entworfen (1). Sodann werden einige Informationen zur „Saatbeetphase" des S. I. in der Chicago-Schule der Soziologie von 1910 bis 1935 gegeben (2). Daraufhin wird die partikulare Form des S. I. dargestellt, die ihm H. Blumer nach dem Niedergang des Allgemeingeltungsanspruchs der Chicago-Soziologie in Abgrenzung zu anderen soziologischen Ansätzen gegeben hat; Blumer hat sich hierbei auf die sozialpsychologischen und kommunikationstheoretischen Überlegungen des pragmatistischen Philosophen G. H. Mead gestützt, die ebenfalls knapp umrissen werden (3). Es folgt ein Überblick über die Modellierung der Feldforschungstradition der Chicago-Schule durch E. Ch. Hughes, die für die empirischen Forschungen des modernen S. I. orientierungsmaßgeblich geworden ist, und es werden die theoretischen Überlegungen von Hughes zu professionellen Berufen vorgestellt, die für empirische Untersuchungen zur Interaktion und Kommunikation zwischen Professionellen und ihren Klienten strategisch sind (4). Daraufhin werden einige grundlagentheoretische Zentralkategorien des modernen S. I. („soziale Welten", „Verlaufskurven", „Arbeitsbögen") vorgetragen, die von Schülern von Blumer und Hughes, insbesondere von A. Strauss und H. Becker, entwickelt worden sind und die sowohl für die Theoriebildung des gegenwärtigen

S. I. maßgeblich sind als auch für die Orientierung empirischer Forschungsprogramme (5). Danach folgen einige Skizzenstriche zu den Innovationen des zeitgenössischen S. I. im Bereich der Forschungslogik und der Forschungsverfahren (6). Der Artikel schließt mit einem Überblick über die Arten der Kritik am S. I. und einer Einschätzung der Bedeutung des S. I. für die Linguistik (7).

1. Skizze des Theoriegeflechts des S. I. und seiner forschungslogischen Grundsätze

Wichtige Grundannahmen des S. I. hinsichtlich des Charakters sozialer Realität und hinsichtlich der aus diesem folgenden forschungslogischen Notwendigkeiten lassen sich in folgenden Absätzen formulieren (Grundsatzformulierungen zum S. I. sind: Blumer 1973; Rose 1967; Rose 1962, VII–XI; Meltzer/Petras/Reynolds 1975; Strauss 1968; Fisher/Strauss 1978; Strauss 1978, 1–26, 234–264; Glaser/Strauss 1973):

a) Gesellschaftliche Erscheinungen, auch diejenigen mit festem Regel- und Bedingungscharakter für das Handeln der einzelnen Gesellschaftsmitglieder, werden in sozialen Interaktionen geschöpft, aufrechterhalten und verändert. Ihr analytisches Verständnis setzt die Beachtung der zugrundeliegenden Interaktionsprozesse voraus.

b) Interaktionen sind Verflechtungen von Handlungen, welche die Akteure aufeinander beziehen. Der eine Akteur zeigt dem anderen Akteur in einer symbolischen Vorwegnahme, d. h. in einer speziellen Ankündigungsphase, auf, welchen Handlungsprozeß er im Auge hat und was er zu dessen Durchführung von letzterem erwartet. Diese symbolische Vorwegnahme geschieht in den meisten Fällen mit sprachlichen Mitteln oder mit äquivalenten außersprachlichen Mitteln, die jedoch einen grundlegenden sprachlichen Verständigungsrahmen voraussetzen. Natürlich kann eine derartige symbolische Vorwegnahme sehr komplex, ambivalent, mehrschichtig, verschleiernd, in sich diskrepant sein. An die symbolische Vorwegnahme und entsprechende wechselseitige Klärungsprozesse schließt sich eine Phase der Aushandlung des vom ersten Akteur angekündigten Handlungsablaufs an; es kommt häufig zu Abwandlungen des Handlungsmusters — mitunter auch zu Ablehnungen, stillschweigenden Umgehungen, systematischen (beabsichtigten oder auch unbeabsichtigten) Mißverständnissen. Letzteres geschieht insbesondere dann,

wenn unter den Akteuren eine ungleiche Machtverteilung und davon abhängig ein nichtegalitärer „Aushandlungskontext" besteht, der die dominanten Akteure zu Überlagerungen der Aushandlung durch strategische Mittel wie Zwang und Manipulation veranlaßt. Auch während der anschließenden Handlungsdurchführung sind immer wieder allmähliche oder auch dramatische Abwandlungen des Handlungscharakters möglich, und auf jeden Fall besteht in der Regel eine Diskrepanz zwischen dem, was geplant war, und dem, was faktisch realisiert worden ist. In allen Handlungsphasen ist es mithin erforderlich, daß der eine Akteur sich an den Kundgaben des anderen Akteurs auf der Grundlage der ausgetauschten Symbole und im Kontext des interaktiven Handlungsablaufs immer wieder neu orientiert und auch umgekehrt sein Gegenüber immer wieder neu ins Bild setzt.

c) Interaktive Handlungsabläufe bringen Neues („Emergentes") hervor, das niemals absolut sicher erwartet und z. T. überhaupt nicht antizipiert werden kann. Die konkreten Ankündigungs-, Aushandlungs- und Durchführungsprozesse der beteiligten Akteure unterliegen der Dynamik interaktiver Beeinflussung, Veränderung und Situierung. Die auf den Handlungsablauf bezogenen Vorstellungen und Interpretationen des Interaktionsgegenübers von ego entsprechen nie genau dem, was dieser erwartet hatte. Schon deshalb tritt fortlaufend Neues in den Interaktionsablauf ein. Zudem entfalten sich die Handlungen im Umfeld der Handlungen anderer Akteure, mit denen während des Handlungsablaufs keine unmittelbare Interaktion besteht. Die Handlungen jener weiteren Akteure in „anderen Interaktionssphären" setzen in ihrer Durchführung und in ihren Ergebnissen von außen kommende Bedingungen für den sich gerade vollziehenden Interaktionsablauf, und auch das führt zur fortlaufenden Schöpfung neuer Handlungsaspekte. Schließlich werden die in den Handlungsablauf involvierten individuellen Akteure und kollektiven sozialen Einheiten (Gruppen, Organisationen usw.) während des Handlungsablaufs unmerklich oder auch dramatisch in ihrer Selbstidentität gewandelt. Denn im Handlungsablauf wird ja mehr oder weniger einschneidend, zumindest „irgendwie", der Lebensrahmen der Akteure verändert — und sei es (fast) „nur" dadurch, daß die Akteure älter werden und daß die Handlungsaktivität als Geschehenes im Raume steht und für nachfolgende Aktivitäten berücksichtigt werden muß. Immer sind die Akteure in die von ihnen betriebenen Handlungsvollzüge als Erlebende, Erleidende, Umgestaltende verstrickt und das verändert — wenn auch zunächst vielleicht nur unmerklich — ihren Identitätszustand. All das führt dazu, daß im Handlungsablauf Neues in Erscheinung tritt und zwischen den Handlungserwartungen und dem schließlich erreichten Ergebniszustand systematische Diskrepanzen auftreten. Auf das Neue und Diskrepante müssen sich die Akteure immer wieder erneut und anders einstellen. Einerseits ist das Neue Bedingung für die Kreativität menschlicher Handlungen sowie für die Nichtdeterminiertheit des sozialen und persönlichen Lebens. Das Neue und Diskrepante wird auf diese Weise Motor biographischer, beziehungsstruktureller und sozialer Wandlungsprozesse. Andererseits drückt sich das Neue und Erwartungsdiskrepante aber auch in Enttäuschungen und Schicksalsschlägen für die beteiligten Akteure aus, welche die Organisation ihres Alltagslebens bedrängen oder gar zerstören können. An solchen Stellen der Störung oder gar des Zusammenbruchs der Alltagsorganisation beginnen Prozesse des langfristigen Erleidens individueller Akteure und kollektiver Einheiten.

d) Die interaktiven Handlungen der Gesellschaftsmitglieder beziehen sich auf Problembestände des gesellschaftlichen Zusammenlebens, die in Gegenseitigkeit, d. h. in je angemessenen Formen der Arbeitsteilung, bearbeitet werden müssen. Eine Orientierung an der Gegenseitigkeit interaktiver Leistungen ist auch dann erforderlich, wenn die Handlungsansätze der einzelnen Akteure zunächst nur individuell orientierte Zielvorstellungen aufweisen, die den eigenen gegenwärtigen Lebensperspektiven der Akteure samt der ihnen entsprechenden je individuellen Situationsmerkmale entstammen. (Gleichwohl sind auch jene individuellen Lebensperspektiven im Verlauf der jeweiligen Lebensgeschichten der Akteure aus gesellschaftlichen Interaktionen geschöpft worden.) In den meisten Fällen jedoch übernimmt der Akteur bereits im Ankündigungsstadium der Handlung per imaginativer, intuitiver Vorstellung, die allerdings „empirisch" auf den Aufzeigepraktiken der Interaktionsgegenüber fußt, in systematischer, methodischer Weise auch die Standpunkte der anderen handlungsbeteiligten Akteure und zudem auch die Standpunkte derjenigen von seiner Handlung betroffenen Gesellschaftsmitglieder, die nicht am aktuellen

Interaktionsablauf beteiligt sind. Und so arbeitet er in einem Prozeß wechselseitiger Abstimmung zusammen mit den anderen Akteuren das für alle Bedeutsame des Handlungsablaufs heraus — dies zum Zwecke einer gemeinsamen Handlungsorientierung aller an der Interaktion Beteiligten. Im Wege fortlaufender wechselseitiger Abstimmung der Gesellschaftsmitglieder ist die einzelne interaktive Handlung zudem eingeflochten in ein Netz von simultanen, alternativen und in systematischen Sequenzstrukturen einander folgenden und aufeinander aufbauenden interaktiven Handlungen, die alle Ausdruck der vorausplanenden und auf andere Akteure bezogenen Bearbeitung gesellschaftlicher Problembestände sind.

e) Die handlungsförmige Bearbeitung gesellschaftlicher Problembestände, die sich im Wege verschiedener Grundformen der Arbeit und im Rahmen verschiedener Systeme der Arbeitsteilung vollzieht, muß sich stets der unabweislichen *Vor*aufgabe stellen, einen festen interaktiven Bezug zu den Mitakteuren zu schaffen und aufrecht zu erhalten. In Krisensituationen sind die Akteure sogar aufgefordert, sich in besonderen, eigens dafür initiierten Handlungsabläufen der Neuschöpfung und Wiederherstellung von gesellschaftlicher Reziprozität zu widmen. Diese ist also das gesellschaftliche Kernproblem. Die soziale Reziprozität muß von den Akteuren in Interaktionsabläufen immer wieder neu hergestellt, aufrechterhalten, abgeändert, angepaßt werden. Weder ist sie durch Systeme der Instinktgesteuertheit vorgegeben, denn diese sind in der Gattungsgeschichte der Menschheit bis auf wenige Reste abgestreift worden. Noch läßt sich die soziale Reziprozität durch Ketten bedingter Reflexe, die im Wege des Konditionierungslernens eingeschliffen sind, baukastenartig herstellen und sodann auf einer so additiv erworbenen Plattform eingeübten Reiz- und Reaktionsverhaltens automatisch abrufen. Denn die Aktivitätsweisen der Interaktionsgegenüber sind zumindest in einigen Aspekten, sofern es sich nicht um extrem routinisierte Abläufe handelt (und selbst hier treten immer wieder Varianten auf), stets neuartig und überraschend, und das gesamte Geflecht der Interaktionssituation ist mit seinen offenen Horizonten zu komplex und zu sehr zukunftsbezogen, als daß es durch Systeme eingeschliffener Muster des „Vergangenheitsverhaltens" bearbeitbar wäre. Noch ist schließlich die gesellschaftliche Reziprozität durch feste normative Bestimmungen immer schon geleistet, denn diese normativen Bestimmungen sind selbst interaktive Schöpfungen, und sie müssen auf jede Handlungssituation in Interpretations- und Aushandlungsprozessen neu angepaßt werden. Im Laufe ihrer sozialstrukturellen Evolution hat die Menschheitsgattung grundlegende Formen gesellschaftlicher Reziprozität herausgearbeitet, die sämtlich durch das Austauschen von Symbolen und deren Interpretationen, durch Zukunftsorientierung und Offenheit für die neuen Impulse der Interaktionsgegenüber sowie durch wechselseitige Perspektivenübernahmen im Wege imaginativer, einfühlender Unterstellungen gekennzeichnet sind.

f) Die elementarste Form gesellschaftlicher Reziprozität ist die der menschlichen Sprache. Auf der Grundlage *ihres* Symbolsystems erst wird es den Akteuren möglich, die Standpunkte der anderen an der unmittelbaren Interaktion beteiligten Akteure und der anderen von der Handlung betroffenen Gesellschaftsmitglieder zu übernehmen. Der flexibel rückgekoppelten, auf signifikanten Symbolsystemen fußenden, d. h. interpretatives Einverständnis ermöglichenden, gesellschaftlichen Reziprozität wohnt ein implizites und natürliches Verallgemeinerungsgebot inne. Im Wirtschaftstausch, in den auf größere Gemeinschaften ausgerichteten Religionen, in der Wissenschaftlergemeinschaft und in anderen „Universalisierungsmechanismen" wird es zeitweilig fokussiert und somit explizit. Die Menschheitsgeschichte der Entfaltung gesellschaftlicher Strukturen ist als die der Herstellung von sozialer Reziprozität in den verschiedenen gesellschaftlichen Problembereichen und für die ihnen entsprechenden Arbeitsformen zu verstehen; sowohl Konsens als auch Konflikt sind Ausdruck dieses Reziprozitätsbemühens. Mit der Komplexierung der gesellschaftlichen Probleme im Gang der Menschheitsgeschichte, d. h. im Zuge der in ihr auftauchenden sozialen und technologischen Innovation, entwickeln sich neue, komplexere Arbeitsformen. Diese stellen neuartige Anforderungen an die Muster gesellschaftlicher Reziprozität. Die Erzeugung gesellschaftlicher Reziprozität richtet sich nunmehr sowohl auf die Herstellung größerer und flexiblerer partikularer kollektiver Einheiten als auch auf die gesellschaftliche Verallgemeinerung („Universalisierung") von Reziprozitätsgeflechten aus. Hierbei kommt es immer wieder zu schweren Identitäts- und Universalisierungskonflikten. Defekte im Re-

ziprozitätsbemühen (mit katastrophalen gesamtgesellschaftlichen Folgen) entstehen daraus, daß das Verallgemeinerungsgebot der Reziprozität (das sich tendenziell auf die gesamte Menschheit bezieht), zugunsten defizitärer, „grenzüberschreitende" Perspektivenübernahmen verhindernder, Identitäts-Selbst- und Fremdzuschreibungen kollektiver sozialer Einheiten (Gruppen, Nationen usw.) mit partikularen Ausrichtungen und Abgrenzungstendenz mißachtet wird.

g) Nicht nur kollektive gesellschaftliche Erscheinungen, sondern auch die individuellen Identitäten der einzelnen Handelnden sind in Interaktionen geschöpft, werden in ihnen aufrechterhalten und in ihnen verändert. Die Strukturen sozialer Reziprozität auf dem Niveau menschlicher Gesellschaften setzen zwingend voraus, daß die Akteure ihre Handlungsbeiträge selbst zu steuern in der Lage sind. Notwendige Bedingungen hierfür sind nicht nur die Fähigkeiten der phantasierten Vorwegnahme des Handlungsablaufs und des wechselseitigen Sich-Aufzeigens mit den Mitteln des sprachlichen Symbolsystems, sondern auch die Befähigung jedes einzelnen Akteurs, zunächst aus der Sicht der anderen Akteure zu sich selbst in Interaktion zu treten, dann auch von eigenen Standpunkten aus sich selbst zum Objekt seines phantasierten und faktischen Handelns zu machen und schließlich die eigene Handlungsbeteiligung so konturiert wie die der anderen Akteure kognitiv und emotional erfassen zu können. Die soziale Reziprozität auf spezifisch menschlichem Gesellschaftsniveau macht also die Existenz individueller Akteure erforderlich, die eine strukturierte Selbstidentität mit (Selbst-)Adressierbarkeit und reflexivem Aufbau aufweisen. Gerade die selbstgesteuerte Subjektivität der Akteure wird durch die Natur der flexibel rückgekoppelten gesellschaftlichen Reziprozität, d. h. der Grundtextur gesellschaftlicher Makrostrukturen auf spezifisch menschlichem Niveau im Zuge der Evolution irdischen Lebens, zwingend erforderlich. Entwicklungslogisch besteht ein enges Wechselspiel zwischen der Entfaltung neuer gesellschaftlicher Interaktionsformen, nämlich der verschiedenen Muster und Systeme flexibel rückgekoppelter sozialer Reziprozität einerseits und der Entfaltung reflexiver Identitätsstrukturen individueller Akteure andererseits.

h) Die Selbstidentitäten der Gesellschaftsmitglieder werden in Interaktionen dieser mit signifikanten anderen aufgebaut, welche die

grundsätzliche Haltung des einzelnen zu seiner eigenen Identität und Lebensgeschichte
zu beeinflussen in der Lage sind. Von besonderer Relevanz ist diesbezüglich die Primär-
sozialisation in der Familie und in den Spielgruppen Gleichaltriger, weil hier der Bezug
des einzelnen zu sich selbst, die eigene Verflechtung mit anderen in Gemeinschaften sowie die Ausrichtung der Selbstidentität auf
komplexe Gesellschaftsstrukturen nebst der
Übernahme ihrer Reziprozitätsfolien exemplarisch und prototypisch eingeübt wird, und
weil sich hier dem einzelnen die lebensgeschichtlich ersten signifikanten anderen in sozial besonders dicht strukturierten Beziehungsformen präsentieren. Aber auch im späteren Leben kommt es in Interaktionen mit
signifikanten anderen, die dann häufig zu expliziten biographischen Sachwaltern bzw. Be-
ratern werden, zu Neuschöpfungen und Umstrukturierungen von Aspekten der Selbstidentität des individuellen Akteurs. Die
Selbstidentität des Akteurs ist also einem
durch „ein- und mitnehmende" Interaktionsprozesse mit signifikanten anderen strukturierten fortlaufenden Veränderungsprozeß
unterworfen, der eine innerpsychische und
zeitliche Eigenstruktur gewinnt. Diese Eigenstruktur ist zwar „individualhistorisch"-bio-
graphisch; sie ist aber ähnlich der Struktur
von Handlungsprozessen zugleich durch interaktive soziale Bezüge geprägt.

i) Wie Interaktionsprozesse sind auch biographische Prozesse durch das Symbolsystem
der Sprache spezifisch mitgestaltet, in diesem
Falle durch das Inventar und Regelmuster
des Selbst- und Fremdbezugs mit Eigennamen und des Bezugs auf sich selbst und andere mit Mitteln der Personal- und Possessiv-
pronomina sowie durch die Prozeduren des
autobiographischen Erzählens und Beschreibens. So sind die „identitätslogischen" Voraussetzungen dafür gegeben, daß ein systematisches Bild des jeweiligen biographischen
Prozesses entsteht, welches gegenüber den
ephemeren alltäglichen Vorgängen relativ unabhängig ist und somit eine Orientierungs-,
Erinnerungs- und Wissensplattform für die
Selbstidentität im Sinne eines von der Umwelt abgehobenen Bestandes darstellt. Freilich verändert sich dieses Selbstbild im Laufe
des lebensgeschichtlichen Ereignisgangs im
Zuge signifikanter biographischer Erlebnisse,
ohne jedoch die Identität mit sich selbst auf-
zugeben, und es kommt immer wieder zu
argumentativen Auseinandersetzungen des
Akteurs mit sich selbst, in denen das unerwar-

tet, überraschend erlebte „Neue" oder auch
„Fremde" der eigenen Identität verarbeitet
wird. Das schlägt sich u. a. in argumentativen
Kommentaren zum dargestellten Ereignisab-
lauf im Zuge des autobiographischen Erzähl-
vorgangs nieder.

j) Die Beschaffenheit der flexibel rückgekoppelten sozialen Reziprozität, die für das
spezifisch menschliche Niveau von Gesellschaft kennzeichnend ist, macht es erforderlich, daß auch die kollektiven Einheiten, in
denen die Gesellschaftsmitglieder zusammenleben und zusammenarbeiten (Gruppen, Organisationen, Vereinigungen usw.) die reflexive Struktur von Selbstidentität (von Wir-
Gemeinschaften) aufweisen. Anders wäre
kein kollektives Handeln möglich, in welchem sich die Akteure als Mitglieder bzw.
Vertreter kollektiver sozialer Einheiten bewegen und auf deren Belange ausgerichtet sind.
Für jede kollektive Einheit kommt es zu einer
Unterscheidung zwischen der Binnenrezipro-
zität und der Außenreziprozität von Interak-
tions- und Beziehungszusammenhängen, die
miteinander in tiefgreifenden Konflikt geraten können, stets jedoch aufeinander angewiesen bleiben. Die reflexiven Identitätsstrukturen kollektiver Einheiten werden in Interaktionen geschöpft und durch Geflechte sozialer Beziehungen aufrechterhalten, die jeweils auf ein Wir und seine Sinnquellen
ausgerichtet sind. Die Sinnquellen werden
wiederkehrend symbolisch enaktiert. An dieser Stelle haben performativ-rituelle, meta-
phorisch-kollektivsymbolische und kano-
nisch-narrative Kommunikationsformen ihre
Funktion. Zudem finden argumentative Auseinandersetzungen um die Definition der gegenwärtigen Situation, der Geschichte und
der zukünftigen Ausrichtung der kollektiven
Einheit statt. Es entstehen so diskursive Auseinandersetzungen um verschiedene Versionen der kollektiven Tradition und Ge-
schichtsbetrachtung.

k) Die Gestaltungen und Abläufe des sozialen Zusammenlebens werden in sozialen
Prozessen gesteuert und strukturiert, die charakteristische zeitliche Verhältnisse der Aufeinanderfolge von Stadien bzw. Stationen
aufweisen. Vorhergehende Stadien der sozialen Prozesse setzen Bedingungen für die Entfaltung der jeweils nachfolgenden. Dadurch,
daß im Verlauf des sozialen Prozesses immer
wieder Stationen der Weichenstellung durchlaufen werden, Höhepunkte und Wellentäler
durchmessen werden, sowie charakteristische
Teilprozesse miteinander kombiniert werden,

kristallisieren sich alternative Gesamtformungen sozialer Prozesse aus, die in der Terminologie von R. Park, einem der „Ziehväter" des S. I., den Charakter von „Naturgeschichten", d. h. von allgemeinen und systematischen Verlaufsformen, aufweisen. Diese Verlaufsformen werden zu wichtigen Bedingungen des Handelns und Erleidens der von ihnen betroffenen Akteure. Sie haben z. T. dominant eine konditionelle Qualität für das Befinden und Verhalten der Akteure; freilich können sie dann sekundär zum intentionalen Bearbeitungsgegenstand letzterer gemacht werden. (Der Gegensatz zwischen konditioneller und intentionaler Ausgangsorientierung kann für die systematischen Unterschiede zwischen den Haltungen der betroffenen Klienten einerseits und den Haltungen der professionellen Bearbeiter und Helfer andererseits zum Geschehensablauf konstitutiv sein.) Soziale Prozesse, die eine sequenziell strukturierte Gesamtformung von Ablaufsstadien mit eigener Steuerungskraft für das Erleben, Verhalten und Interpretieren der Akteure herausbilden — „strukturelle Prozesse" im Sinne von A. Strauss, einem führenden zeitgenössischen Vertreter des S. I. —, sind komplexe (insbesondere berufliche) Handlungs- und Arbeitsabläufe, lebensgeschichtliche Abschnitte und die ihnen entsprechenden biographisch relevanten Ereigniszusammenhänge sowie kollektive Veränderungsprozesse wie soziale Bewegungen. Die Steuerungsfolien solcher strukturellen Prozesse sind nicht nur handlungsschematischer Art. Insbesondere gibt es auch Erleidensprozesse, die den Betroffenen überwältigen und auf die er (zunächst) nur reagieren kann, sowie institutionelle Erwartungsfahrpläne und Ablaufsmuster (wie z. B. Ausbildungskarrieren), die den Absolventen von *einem* generell definierten Zustand zum nächsten „prozessieren". Im Durchlaufen der Stationen solcher langfristigen sozialen Prozesse der genannten Arten ändert sich der Identitätszustand des betroffenen Akteurs bzw. der kollektiven sozialen Einheit auf charakteristische Weise; es kommt so zu einer systematischen Änderung der Erlebnis-, Interpretations- und Handlungskompetenzen („Lernen" vs. Selbstentfremdung und Orientierungszusammenbruch) der Akteure, welche die Komplexität der strukturellen Prozesse entweder im Sinne der Beherrschbarkeit größerer Entfaltungszusammenhänge durch die Akteure oder umgekehrt im Sinne der kumulierten Unordnung

und Nicht-Kalibrierung der verschiedenen beteiligten Ablaufmechanismen steigern.

l) Soziale Prozesse bzw. Prozeßstrukturen der geschilderten eigendynamischen Art laufen innerhalb charakteristischer sozialer Rahmen — wie verfahrensfestgelegter Arbeitsbögen in Organisationen und der in ihnen entsprechend vorgesehenen Interaktionssituationen, wie sozialer Milieus, wie Auseinandersetzungsarenen und wie auf besondere Sinnquellen und Aktivitäten ausgerichteter sozialer Welten — ab, die eine Eigenstruktur ausbilden und der Schöpfung, Förderung, Entfaltung, Eindämmung, Kontrolle der genannten eigendynamischen sozialen Prozesse bzw. Prozeßstrukturen dienen. Im Zuge des Aufbaus und der Entfaltung solcher sozialen Rahmen bilden sich eigene Aktivitäts- und Verfahrensroutinen, eigene Wissensbestände, eigene Subkulturen von Normen und Werten, eigene Terminologien und eigene Stile der sprachlichen Kommunikation und Auseinandersetzung (im Bereich der Beschreibung, Argumentation und Rhetorik) aus. Zudem entfalten sich charakteristische Sozialbeziehungen, welche die kooperativen Anstrengungen der Bearbeitung der genannten sozialen Prozesse steuern; ein wesentliches Strukturierungsmoment dieser Sozialbeziehungen sind auf die spezifischen Aufgaben und Arbeitsbögen bezogene systematische Verhältnisse der Arbeitsteilung. — Die sozialen Rahmen, innerhalb derer soziale Prozesse ablaufen, müssen selbst wiederum auf einer Metaebene prozeßanalytisch betrachtet werden. Soziale Rahmen werden geschöpft, bauen sich auf, deformieren sich und verlieren sich im Wege kollektiver sozialer Prozesse sui generis, die ihre charakteristischen Veränderungsstrukturen aufweisen — einer dieser strukturellen Veränderungsprozesse ist z. B. der des Wechselspiels zwischen progressiver Aufsplitterung und Vereinheitlichung sozialer Orientierungsrahmen unter Bedingungen der Konkurrenz und Standardisierung; ein anderer der der Bewußtwerdung, Thematisierung, kommunikativen Fokussierung, Kontrolle, Regulierung und Beschwichtigung sozialer Orientierungsrahmen.

m) Die Erscheinungen der gesellschaftlichen Realität — soziale Prozesse, soziale Einheiten individueller und kollektiver Natur, soziale Rahmen sowie die Relationen zwischen diesen Erscheinungen — können nur auf der Grundlage von qualitativen Primärmaterialien erhoben und untersucht werden. Dies gilt zumindest, soweit es die Erkenntnis ihrer

elementaren Schöpfungs- und Veränderungs-
mechanismen anbelangt. Die Entdeckung
bisher unbekannter, insbesondere auch historisch neuartiger sozialer Prozeßmechanismen
kann nur unter naturalistischer Ansehung
von empirischen Daten erfolgen, die kontinuierlich und sequenziell soziale Prozesse in ihrem Vorher und Nachher aufzeichnen. Die
aus dem ersten Primärmaterial im Wege der
strukturellen Beschreibung oder auch fortlaufenden offenen Kodierung herausgearbeiteten
Prozeßmerkmale werden mit den aus anderen
Primärmaterialien im selben Gegenstandsbereich herausgearbeiteten Prozeßmerkmalen
kontrastiv verglichen, überprüft und differenziert. Auf diese Weise kristalisieren sich Kategorien allgemeiner Prozeßmechanismen heraus, die unter spezifizierbaren sozialen Rahmenbedingungen stets in individuellen und
kollektiven Einzelfällen des Gegenstandsfeldes wirksam sind — ob diese nun innerhalb
statistisch repräsentativer oder verzerrter
Stichproben vorkommen. Sequenzanalytische Prozeßforschungen widmen sich
mithin der genauen Untersuchung von fallre-
präsentierenden Primärmaterialien des Gegenstandsfeldes, deren Anzahl zum Zwecke
einer komplexen theoriegenerierenden Analyse grundsätzlich beschränkt und nur so
hoch sein soll, daß alle fruchtbaren theoretischen Kontrastmöglichkeiten zwischen Prozeßmerkmalen und -kombinationen in der
Vergleichsbetrachtung von Materialstücken
und Fällen ausschöpfbar sind. Erst auf dieser
Grundlage werden quantitative Verteilungs-
untersuchungen fruchtbar, die dann das Er-
kenntnispotential der Standarderhebungsme-
thoden und der statistischen Auswertung voll
auszureizen in der Lage sind. Forschungsstrategisch wichtiger sind aber zunächst die Pro-
zeßananlysen von Primärmaterialien, und
diese haben, so lange sie wiederholbare
Untersuchungswege beschreiten und nach-
prüfbare Ergebnisse zeitigen, keineswegs nur
explorativen Charakter.

n) Der Erhebungs- bzw. Datensammlungs-
vorgang prozeßanalytischer Studien richtet
sich vornehmlich auf Interaktionsabläufe, die
mit Mitteln sprachlicher Kommunikation ab-
gewickelt werden, auf in persönlichen
Stegreifdarstellungen (Erzählungen, Beschreibungen usw.) niedergelegte Eigenerleb-
nisse sozialer Prozesse sowie auf von den
Akteuren selbst verschriftlichte Erzeugnisse
von sprachlichen Kommunikationsvorgän-
gen (persönliche Dokumente wie Tagebücher,
Akten usw.) aus. Solche Primärmaterialien

zeichnen sich dadurch aus, daß die von ihnen
repräsentierten sozialen Prozesse in ihrer Ab-
lauflogik kontinuierlich aufgezeichnet sind,
daß sie die unterschiedlichen Erfahrungs- und
Erlebnisperspektiven der Akteure sowie deren Fremdperspektiven gegenüber den jeweiligen Interaktionsgegenübern tendenziell unmittelbar wiedergeben und daß sie immer
wieder neu und immer genauer untersucht
werden können, da sie in Datenspeichern
(Notizen, Feldjournalen, Tonbandmitschnit-
ten, Verschriftlichungen usw.) ungekürzt festgehalten sind.

o) Am Erhebungsvorgang selbst ist stets —
zumindest als Schlüssel zum Zugang zu den
Primärdaten, meist aber auch als Interak-
tionsmittel der Produktion dieser — sprachliche Kommunikation als ermöglichendes
Medium beteiligt. Die kommunikative Da-
tensammlungs- und Erhebungskommunika-
tion muß in ihrem Verstehens- und Erken-
nungspotential gezielt ausgeschöpft werden.
Dafür sind die Herstellung wechselseitig sinnvoller Kommunikationssituationen sowie
ihre einfühlsame und faire interaktive Gestaltung strategisch. Die Auswertung der Primärdaten beinhaltet stets eine imaginierte Interaktion mit den Akteuren des Forschungsfel-
des — eine Interaktion, in der sich auch die
Forscheridentität mehr oder weniger allmählich oder auch dramatisch wandelt. Die Auswertung vollzieht sich stets in systematisierten
Interpretationsverfahren, in denen vom Forscher zunächt der sequenzielle Charakter der
Datenpräsentation durch die Akteure systematisch nachvollzogen wird. Der Gesamt-
untersuchungsprozeß hat Mehrebenencha-
rakter, da die interessierenden sozialen Prozesse in ihrer Einbettung durch strukturelle
Rahmen betrachtet werden müssen und auch
diese wiederum in ihrer Erzeugung und Veränderung durch individuelle und kollektive
Interaktionen untersucht werden müssen.

2. Die Begründung der Feldforschungstradition des S. I. in der Chicago-Schule der Soziologie

Der S. I. hat sich in der „Chicago-Schule"
der Soziologie entwickelt. Die Soziologie in
Chicago war von etwa 1910—1935 führend
in der amerikanischen Soziologie. Sie hatte
als erste akademische Ausbildungsstätte der
Soziologie einen eigenen Fachbereich, und ihr
ist die Entwicklung vieler empirischer For-

schungsmethoden und -ansätze innerhalb der Sozialwissenschaften zu verdanken. Der Begriff „S. I." ist erst geprägt worden, nachdem der Stern der Chicago-Soziologie zu sinken begonnen hatte; er stammt aus dem Jahre 1937 von Herbert Blumer, einem der führenden Vertreter der Nachfolgegeneration der Chicago-Soziologen, und Blumer hat sich später darum bemüht, der „interaktionistischen Version" der Chicago-Tradition einen paradigmatischen Charakter zu geben (z. B. 1973/1969). Es ist heute allgemein üblich, die Chicago-Soziologie von 1910—1935 als die besonders wichtige erste Phase des S. I. anzusehen und generell für die Geburtsstunde der „interpretativen" bzw. „handlungs"- oder „subjekttheoretischen" Ausrichtung innerhalb der amerikanischen Sozialwissenschaften zu halten.

Für die Blütezeit der Chicago-Schule der Soziologie von etwa 1910 bis etwa 1935 ist eine Aufarbeitung der drängenden gesellschaftlichen Probleme im Gefolge der rapiden Verstädterung industrieller Gesellschaften kennzeichnend, wie sie sich im Zuge des gewaltigen Wachstums Chicagos und ähnlicher Industriestädte besonders ausgeprägt zeigten. Hierfür entwickelten die zentralen Forscherpersönlichkeiten der Chicago-Soziologie W. I. Thomas (1863—1947), R. E. Park (1864—1944) und E. W. Burgess (1886—1966) die Theorie der sozialen und personalen Desorganisation (vgl. Carey 1975, 95—110) sowie der rastlosen einschneidenden Veränderung des städtischen Lebens („urbaner Metabolismus") mit Erscheinungen wie der Segregierung sozialer, ethnischer und rassischer Gruppen in städtischen Quartieren („natürlichen Gebieten"), derer gegenseitiger Verdrängung und Sukzession (vgl. R. Faris 1970, 51—87; Bulmer 1984, 64—128) und der funktionalen Differenzierung städtischer Gebiete (vgl. Park/Burgess 1925/1967, 1—62). Besonders wichtig für die Arbeitsweise der Chicago-Soziologie wurde aber der Umstand, daß sie — zum ersten Mal in der Geschichte der Soziologie — einen systematischen Forschungsstil der naturalistischen empirischen Untersuchung, d. h. der Auffindung, Erhebung und Materialanalyse, von problematischen sozialen Erscheinungen und Prozessen in komplexen urbanen Gesellschaften entwickelte.

Bis zu Beginn der Feldforschungsphase der Chicago-Soziologie um 1915 hatten sich Philanthropen und Sozialwissenschaftler bei der Erstellung von „social surveys" an einschlägige Experten (wie Lehrer, Geistliche, Polizei, ehrenamtliche Helfer, Sozialarbeiter) gewandt, die Beschreibungen und Einschätzungen der Lebensweise und Probleme unterprivilegierter sozialer Gruppen abgeben sollten. Die Chicago-Soziologen stellten sich stattdessen die Aufgabe, *selbst* zu den Betroffenen zu gehen und aus eigenem Augenschein deren soziale Lage zu erkunden. Es kristallisierte sich so ein eindringlicher und umsichtiger Erkundungs-, Analyse- und Berichtsstil „aus erster Hand" heraus, der — obwohl der jeweilige Autor seinen Bericht auf persönlichen Eindrücken fußen ließ — den Anspruch hatte, die Lebensformen der betroffenen Menschen und die diese kennzeichnenden sozialen Prozesse des Gegenstandsfeldes systematisch zu erheben, zu untersuchen und in ihren Bewegungsmechanismen zu erklären. Wesentliche Voraussetzungen für einen solchen Anspruch war, daß die persönlichen Eindrücke des soziologischen Autors auf systematisch erhobenen und empirisch aufzeigbaren Datenmaterialien fußten, welche die Erfahrungen der Betroffenen selber sprechen ließen und zugleich die kontextuelle Interpretation der Erfahrungsverarbeitungen und Haltungen der Betroffenen ermöglichten (d. h. deren systematisches Hervorgehen aus sozialen Prozessen und deren Funktionieren in letzteren untersuchten), sowie daß die aus der Datenanalyse hervorgehenden Schritte der Theoriebildung grundsätzlich demonstrierbar waren.

In ihrer Absicht, selber zu den betroffenen Menschen zu gehen und gleichwohl deren Lebensumstände unvoreingenommen und analytisch-kühl zu untersuchen, entfaltete die Chicago-Schule der Soziologie zunächst, d. h. in der Zeit des Wirkens und Einflusses von Thomas (bis 1918, aber mit Nachwirkungen in den zwanziger Jahren), auf der empirischen Grundlage systematisch gesammelter persönlicher Dokumente (wie schriftlicher autobiographischer Darstellungen, Tagebücher, Briefe, amtlicher Aktenschriftstücke) und später, d. h. unter der Ägide von Park und Burgess bis tief in die dreißiger Jahre hinein, vornehmlich auf der empirischen Basis teilnehmender Beobachtung und der damit verbundenen Praxis informeller Interviews, die in den Handlungsabläufen des Untersuchungsfeldes ad hoc durchgeführt wurden, den Untersuchungsstil der ethnographisch-analytischen Forschungsmonographie. Klassische Beispiele hierfür sind „The Polish Peasant in Europe and America" von Thomas und Znaniecki (1918/1927/1959), F. M. Thrashers „The Gang" (1927/1963), R. Shonle Cavens „Suicide" (1928) und P. G. Cresseys „The Taxi-Dance Hall" (1932/1972). Untersuchungen wie diese begründeten Verfahrensweisen und Standards der soziologisch-ethnographischen Feldforschung, die sich auf die systematische Erzeugung bzw. Ermittlung und Sammlung von Primärdaten (von genauen Ablaufsberichten auf der Grundlage teilnehmender Beobachtung, von kontinuierlich aufgezeichneten offenen Interviews mit Raum für die freie, „selbstläufige" Gestaltung der Eigenerfahrungen der betroffenen Informanten sowie von persönlichen Dokumenten und von sequenziell nach ihrem Hervorbringungsdatum geordneten „offiziellen" Akten), auf die sequenzielle Beschreibung und Kodierung der in den Primärdaten zum Ausdruck kommenden sozialen Abläufe sowie auf die kontrastierende Vergleichung und abstrahierende theoretische Interpretation der sequenzanalytisch herausgearbeiteten allgemeinen Prozeßmerkmale zum Zwecke der Generierung von theoretischen Modellen über Ablaufmechanismen und deren Kombinationen richteten.

Die Analysestrategien der Chicago-Monographien hatten eine gemeinsame methodologische Grundlage, die sich in folgenden Merksätzen zusammenfassen läßt, welche im übrigen auch noch für die modernen Felduntersuchungen des S. I. Gültigkeit besitzen:
— Der Forschungsprozeß sollte im Wege der Erhebung und Analyse von Primärmaterialien an der Erfahrungsaufschichtung der betroffenen Akteure ansetzen.
— Das erhobene Primärmaterial, zumeist sprachlich präsentiert, sollte auf die in ihm aufscheinenden Prozeßstrukturen hin sequenziell analysiert werden.
— Alles verbale Material sollte interpretiert werden auf die Funktionen hin, die „Äußerungen" in sozialen Aktivitätsabläufen hatten; es durfte also nicht umstandslos wörtlich genommen werden.
— Die Erfahrungs- und Aktivitätsperspektiven aller beteiligten Akteursparteien sollten systematisch rekonstruiert und miteinander in Beziehung gesetzt werden.
— Es sollten nicht nur die Akteursperspektiven, sondern auch die angewandten verschiedenen Methoden miteinander kontrastiv in Beziehung gesetzt und die auf ihnen fußenden Untersuchungsaktivitäten aneinander wechselseitig überprüft, d. h. „trianguliert" werden. So könnten methodisch bedingte Per-

spektivenverzerrungen ausgeglichen werden. Auch weise — so die Haltung der Chicago-Forscher — der zu untersuchende soziale Gesamtprozeß auf seinen unterschiedlichen Entfaltungsebenen sehr divergente Erscheinungen auf, die nur mit einer Pluralität von Forschungsverfahren empirisch erfaßbar seien.
— Die beobachteten sozialen Abläufe sollten in ihrer systematischen Bedingtheit durch soziale Rahmen und ihre Gegensatzanordnungen erfaßt und untersucht werden.
— Die sozialen Rahmen sollten selbst als Niederschläge meso- und makrostruktureller sozialer Veränderungsprozesse betrachtet werden, deren Steuerungsmechanismen in der Perspektive der Chicago-Soziologen in Umschichtungen der sozialen Reziprozität aufzusuchen waren.
— Die nächst niedrigeren „Organisationsebenen" sozialer Prozesse sollten in die Gesamtuntersuchung im Wege einer qualitativen „Mehrebenenanalyse" als Konstitutionsbedingungen und Folgen meso- und makrostruktureller Prozesse systematisch einbezogen werden.

Die Chicago-Monographien hatten eine zugleich eminent *praktische* und *theoretische* Orientierung: Sie sollten einerseits die Wissens- und Verständnisvoraussetzungen für sozialpolitische Programme von kommunalpolitischen Gremien und für Interventionsstrategien von sozial engagierten Assoziationen (Freiwilligkeitsvereinen) und der professionellen Sozialarbeit schaffen, und andererseits sollten sie ein generelles theoretisches Verständnis gesellschaftlicher Probleme und Veränderungstendenzen ermöglichen (Carey 1975, Kap. 3). In der Frage der umstandslosen und direkten Anwendbarkeit der soziologischen Ergebnisse wurde der Forschungsprozeß in der Chicago-Schule und in dem darauf aufbauenden S. I. nach und nach immer skeptischer — dies schon im Übergang von Thomas zu Park. Zwar blieb das praktische Interesse an Veränderungsprozessen und der Förderung von Innovationen, welche gesellschaftliche Desorganisation zu reduzieren in der Lage seien, stets im S. I. bestehen (wenn auch der theoretische Begriff der Desorganisation immer weniger Verwendung fand — vgl. Carey 1975, 117 ff), es wurde aber immer stärker die neutrale Analysehaltung des distanzierten Beobachters in ihrer praktischen Aufklärungswirkung und in ihrer letzthinnigen gesellschaftlichen Nützlichkeit betont — was die kognitive Orientierung und Ernüchterung der Akteure, der Betroffenen und der Öffentlichkeit anbelangt. Diese Neutralität war aber trotz allen Praxisengagements auch schon für die Chicago-Monographien konstitutiv.

Die grundlagentheoretische und forschungslogische Ausrichtung der Chicago-Monographien ist auch für die Feldforschungen des S. I. maßgeblich geblieben. So zeichnet der berühmte Forschungsbericht „Boys in White" (Becker et al. 1961/1977) die Ausbildungskarriere und die Abwandlung der biographischen Identität von Medizinstudenten in einer systematischen sequenzanalytischen Perspektive nach. Studenten durchlaufen unterschiedliche Stationen sowohl der Ausbildung als auch der Identitätsveränderung. Während sie anfangs langfristig-idealistisch, aber in einer vagen Weise auf den späteren Beruf hin motiviert sind, werden sie im Studium zu kurzfristig orientierten Studenten, die ihre tagtäglichen Studienaufgaben bewältigen müssen und die zahlreiche Prüfungen zu bestehen trachten. Angesichts der Situationsnotwendigkeiten der tagtäglichen Lebens- und Arbeitsorganisation wird eine realistische Handlungsorientierung notwendig, die gestützt durch die gemeinsame soziale Welt der Studentenkultur, z. T. auch gegen andersartige Erwartungen der Professorenschaft, durchgehalten wird. Die idealistische Orientierung geht dabei nicht endgültig verloren; sie wird allerdings zunächst gewissermaßen „in den Eisschrank gelegt". Am Ende des Studiums gewinnt sie wieder erneute Orientierungsrelevanz, weil der Student sich nunmehr an der Schwelle der Berufspraxis stehen sieht und konkret die Chance antizipiert, wirklich eigenständig seinen Arbeitsablauf bestimmen und als „Heiler" und „Helfer" tätig sein zu können. Der anfängliche Idealismus ist im Verlauf des Studiums nicht verloren gegangen, sondern mit Realismus und Objektbezogenheit durchtränkt worden. Der Student hat eine wichtige Identitätswandlung zum Wissenden vollzogen, die aus Laienblick zynisch wirken könnte, dies aber faktisch nicht ist (Becker et al. 1977, 419–443).

Becker konzeptualisierte den Karriereverlauf der Medizinstudenten als organisierten sozialen Prozeß innerhalb der sozialen Welt bzw. „Subkultur" der Mitstudenten des Jahrgangs; er sah ihn von biographischen Identitätsveränderungen begleitet. All dies — so Becker — geschieht innerhalb der beiden Organisationen der vorklinischen Ausbildung und des Krankenhauses und in Auseinandersetzung der Studenten mit der Subwelt der

ausbildenden Professoren, deren Perspektive imaginativ „übernommen" und durch eine entsprechende studentische akademische Orientierung und Präsentationsweise beantwortet wird (274–296). Zugleich entwickeln sich spezifische Interaktionsbeziehungen zu den ausbildenden Professionellen im Krankenhaus, die nicht zu den akademischen Prüfern gehören, und zu den Patienten. — Auch Beckers Untersuchung verfolgte wie die klassischen Chicago-Monographien eine Prozeßbetrachtung auf mehreren Ebenen (es wurden die Prozeßstrukturen vor allem der Ausbildungskarrieren, der biographischen Identitätsänderungen und der Interaktionsbeziehungen erfaßt), und sie sah diese unterschiedlichen Prozesse sich innerhalb der sozialen Rahmen der beiden Ausbildungsorganisationen (Universitätsfachbereich und Krankenhaus) sowie der davon sehr differenten sozialen Welten bzw. Kulturen der Mitstudenten, der akademischen Ausbilder und des Krankenhauspersonals entfalten. Auch diese verschiedenen sozialen Welten wurden in der Studie sodann auf ihre fortlaufende Veränderung hin betrachtet und als durch Interaktion erzeugt und aufrechterhalten angesehen.

Die Forschungsgruppe Beckers arbeitete in extensiver Weise mit den Erhebungsstrategien der Feldbeobachtung und des informellen Interviewens. Erst nach einem Jahr intensiver Feldforschungserfahrung wurde auf der Grundlage von Felderebnissen ein Leitfragenkatalog entwickelt, der dann zu einer Serie systematischer Tiefeninterviews — diese aber ebenfalls mit offener qualitativer Prozeßfragestellung — führte (445–451).

— Die naturalistischen Forschungsstrategien und -verfahren der Chicago-Schule der Soziologie kamen in den dreißiger Jahren langsam aus der Mode, weil sich immer stärker die Erhebungsmethode der Fragebogenkonstruktion mit geschlossenen Fragen und Einstellungsskalen, auf welche die Informanten nur in einem vorgegebenen Kategorienrahmen antworten bzw. reagieren konnten, und die entsprechenden statistisch-wahrscheinlichkeitstheoretischen Auswahl- und Auswertungsverfahren entwickelten, mit deren Hilfe entsprechende zuvor vorgenommene Eintragungen in die Erhebungsbögen, die sich strikt innerhalb der vorgegebenen Kategorienrahmen vollzogen hatten, nur quantitativ prozessiert, nicht aber auf den (nicht aufgezeichneten) Interaktions-, Kommunikations- und Bedeutungsgehalt hin untersucht wurden. Im Zuge der zunehmenden Faszination durch quantitative Verteilungsanalysen, welche statistische Repräsentativität unter gesamtgesellschaftlicher Perspektive zu beanspruchen vermochten, wurde es immer uninteressanter, sich mit der genauen Analyse von Primärmaterialien und ihrem kontrastiven Vergleich unter dem Gesichtspunkt der Herausarbeitung von Prozeßstrukturen zu beschäftigen. Dem kam entgegen, daß gerade auf der gesamtstaatlichen Politikebene immer stäker statistisch-repräsentative Verteilungsanalysen Interesse fanden und finanzielle Förderung erfuhren (vgl. Carey 1975, 92 f.). Ende der vierziger Jahre konnte dann die Orientierung der Leitfragen der amerikanischen Soziologie auf den gesamtgesellschaftlichen Zustand durch Parsons (1951) in seiner Theorie des sozialen Systems theoretisch fundamentiert werden. Die führenden Zentren der Soziologie waren nunmehr Columbia (Lazarsfeld und die Entwicklung der quantitativen Verfahren) und Harvard (systemtheoretischer Strukturfunktionalismus), obwohl der Chicago-Fachbereich immer noch eine bedeutende Stellung innehatte und die naturalistische Analyse von Primärmaterialien in den Untersuchungsfeldern der Analyse sozialer Probleme und des abweichenden Verhaltens weiterhin eine zentrale Rolle spielte.

In dieser Phase der Bedrohung der Chicago-Tradition haben sich insbesondere zwei Forscher um die Konsolidierung der theoretischen Kontur der Chicago-Schule, d. h. um ihre Zuspitzung zur Theoriefigur des S. I., und um die Weiterentwicklung ihrer Feldforschungsstrategien und -methoden verdient gemacht: H. Blumer und E. Hughes.

3. Die Abgrenzung des S. I. als besonderer Theoriegestalt durch H. Blumer und der Einfluß der philosophischen Sozialpsychologie G. H. Meads auf die weitere Entwicklung des S. I.

Blumer konnte bei seinem Integrationsversuch der theoretischen Grundlagen der Chicago-Schule auf dem Umstand fußen, daß auf eine mehr oder weniger direkte Weise die pragmatistische Sozialphilosophie und Sozialpsychologie von W. James, J. M. Baldwin, J. Dewey und G. H. Mead immer wieder die theoretischen und methodologischen Überlegungen der Chicago-Soziologen beeinflußt hatten. Die Doktorstudenten waren grundsätzlich in die sozialpsychologischen Vorlesungen von G. H. Mead (1863–1931) geschickt und dort mit den grundlagentheoretischen Überlegungen der philosophischen Sozialtheorie und -psychologie des Pragmatismus vetraut gemacht worden. Eine enge Wahlverwandtschaft zwischen den entwicklungs-, handlungs-, identitäts- und praxistheoretischen Überlegungen von Mead und den theoretischen Überlegungen von Thomas und Park war offensichtlich gewesen. Dennoch war Mead von den führenden Persönlichkeiten der Chicago-Soziologie — abgesehen von E. Faris (1874–1953) mit seinen besonders ausgeprägten sozialpsychologischen Interessen (Sektenwesen) — in der Regel nur sehr global in der eher forschungslegitimatorischen Absicht einer grundlagentheoretischen und forschungslogischen Absicherung zitiert worden. Auch hatte kein direkter forschungsplanerischer und -organisatorischer Einfluß von Mead auf die Chicago-Soziologen (vgl. Fisher/Strauss 1979 a, 1979 b, 9 f; sowie Blumers Antwort darauf 1979, 23 f; Bulmer 1984, XIV, 28–31; Carey 1975, 164). Die Integration der forschungslogischen und grundlagentheoretischen Überlegungen Meads mit vageren, aber ähnlichen Vorstellungen der Chicago-Soziologen ist also als eine echte Eigenleistung Blumers im Sinne der Architektur und Intergration eines grundlagentheoretischen und forschungsstrategischen Paradigmas in der Auseinandersetzungsarena zwischen grundlegenden soziologischen Ansätzen anzusehen. Unser Aufriß der Theoriegestalt des S. I. (Kap. 1) geht von Blumers Überlegungen aus, bezieht aber natürlich auch moderne Entwicklungen ein.

Blumer (1973/1969) baute das grundlagentheoretische Gerüst des S. I. auf folgenden Grundsätzen auf:
– Die Gegenstände der gesellschaftlichen Wirklichkeit werden im Leben der Gesellschaftsmitglieder über ihre Orientierungs- und Handlungsbedeutung wirksam. Sie müssen von den Gesellschaftsmitgliedern kommuniziert werden.
– Die Gegenstände der gesellschaftlichen Wirklichkeit und ihre Bedeutung werden in Interaktionen der Gesellschaftsmitglieder geschöpft und verändert.
– Die Gesellschaftsmitglieder sind intentional handelnde Organismen, die eine eigenhistorische Identität entwickeln und auch mit sich selbst interagieren.
– Die gesellschaftliche Wirklichkeit ist auch in ihren komplexeren Organisationsformen

aus Verkettungen intentionaler Handlungen aufgebaut.

Soweit Blumers Kernannahmen. — Eine derartige grundlagentheoretische Orientierung machte zwangsläufig eine naturalistische und interpretative Forschungslogik und Methodologie erforderlich. Die forschungslogischen und methodologischen Grundsätze Blumers lassen sich wie folgt skizzieren:

— Die Auswahl und Gestaltung der Erhebungs- und Analyseverfahren müssen grundsätzlich von der Beschaffenheit des zu untersuchenden sozialen Bereichs bestimmt werden.

— Die Forschungsverfahren müssen so gestaltet sein, daß sich der Forscher rückhaltlos auf die Erfahrungsbestände der Akteure des zu untersuchenden Interaktionsfeldes einlassen kann. Sie müssen also auf die Erhebung und Analyse von Primärmaterialien ausgerichtet sein.

— Die gesellschaftliche Wirklichkeit ist dem Forscher im untersuchten Bereich zumindest partiell noch unbekannt; sie leistet seinen Anfangserwartungen überraschenden Widerstand und entpuppt sich in vielen Fällen als ganz anders, als zunächst erwartet worden war. Der Forscher sollte deshalb grundsätzlich alle Alltagserwartungen einklammern und einen verfremdenden ethnographischen Blick einnehmen. Die zentrale Zugangsweise zur sozialen Realität ist die der naturalistischen Feldbeobachtung, auf der offene Interviews, die Sammlung und Analyse persönlicher Dokumente sowie die Sammlung und Analyse sozialstruktureller Daten mit Interaktionsfeldbezug aufbauen können.

— Die sprachliche Kommunikation ist nicht nur für den Alltagsakteur, sondern auch für den Forscher ein wichtiger Schlüssel zur sozialen Welt. In allen Interaktionsfeldern und sozialen Welten orientieren sich die Menschen an zentralen Sinn- und Auseinandersetzungskonzepten (wie z. B. dem der „Authentizität" in der Studentensubkultur und Jugendkultur der achtziger Jahre in der BRD — vgl. Bohnsack 1987). Diese können vom Forscher lokalisiert in ihrem Produktions- und Veränderungszusammenhang und in ihrer sozialen Orientierungs-, Auseinandersetzungs- und Legitimationsfunktion erforscht werden. Sie werden auf diese Weise zu einer Brücke in der Übergangszone zwischen Alltagswissen und wissenschaftlichem Wissen: sie fokussieren die Aufmerksamkeit des Forschers auf sozial relevante Erscheinungen im Erhebungs- und Analysegang und vermitteln ein erstes analytisches Verständnis des Geschehens im untersuchten Interaktionsfeld, da vermittels der symbolischen Kristallisierung dieser Konzepte und der Sinnorientierung an ihnen die Entdeckung des ersten Aufscheins allgemeiner Merkmale und Prozeßmechanismen im Einzelfallmaterial möglich wird. Blumer hat derartige wissenschaftlich verwendete Ausdrücke der Alltagssprache „sensitivierende Konzepte" genannt.

Obwohl Blumer im Zuge der Kritik anderer Ansätze (z. B. seiner methodologischen Einschätzung der großen empirischen Untersuchung von Thomas und Znaniecki zum „Polish Peasant" 1939) außerordentlich analysescharf und systematisch forschungslogisch und methodologisch argumentiern konnte, ist es ihm freilich nicht gelungen, eine integrierte und detaillierte Methodenlehre des S. I. zu entwickeln. Versuche in diese Richtung sind Denzin (1979) eher unter Berücksichtigung standardmethodologischer Gedankengänge sowie Glaser und Strauss (1973) und Glaser (1978) strikter im Sinne einer interpretativen Methodologie. Die grundlagentheoretischen und forschungslogischen Überlegungen von Blumer ähneln in mancher Hinsicht denen des phänomenologischen Sozialphilosphen A. Schütz (1971); dies mag die Rezeption des S. I. in der BRD in der zweiten Hälfte der sechziger und zu Beginn der siebziger Jahre wesentlich gefördert haben, denn die phänomenologische Betrachtungsweise konnte an klassische Traditionen der deutschen interpretativen Wissenssoziologie vor dem Kriege (M. Scheler, K. Mannheim) anschließen. Allerdings liegt ein wesentlicher Unterschied der methodologischen Überlegungen Blumers zu denen von Schütz in seinem Postulat der verfremdenden ethnographischen Betrachtung in der Feldbeobachtung, während Schütz gerade die vertraute Alltagserfahrung des soziologischen Forschers zum Ausgangspunkt eines explikativen Forschungsprozesses machen wollte.

Der grundlagentheoretische und methodologische Aufriß Blumers war stark durch die Philosophie und Sozialpsychologie Meads geprägt. Blumer hat darüber hinaus aber auch noch ganz speziell die Meadsche Sozialpsychologie für die Chicagoer Soziologie — dies zusammen mit E. Faris — adaptiert. Hieraus entwickelte sich schon bald ein eigenständiges soziologisches Interesse an dieser, und das führte später zu systematischen Aufrissen einer soziologischen Sozialpsychologie auf Meadscher Grundlage (vgl. etwa Lindesmith,

Strauss und Denzin 1978). — Wichtige Bausteine für eine soziologische Sozialpsychologie waren folgende Elemente der Meadschen Handlungs-, Identitäts- und Kommunikationstheorie (vgl. R. Faris 1970, 88—99; Meltzer/Petras/Reynolds 1975, 1—66):
— Die intentionale, reflexive Struktur menschlichen Handels. Die Akteure nehmen spätere Phasen der Handlung vorweg und zeigen sich diese selbst und anderen auf. Auf dieser Andeutungsgrundlage setzen sie sich darüber auseinander, was von den angekündigten Versionen der Handlungszukunft zu einer gemeinsamen Orientierungsplattform weden kann. Sie handeln diese Orientierungsplattform untereinander kommunikativ aus und ratifizieren schließlich das Aushandlungsergebnis als gemeinsames. Sodann richten sie ihr interaktives Handeln an dieser Orientierungsplattform zukunftsoffen aus. Die faktischen Handlungsabläufe — so Mead — sind stets mehr oder weniger in Kontrast mit den angekündigten Handlungsplänen, weil sich die Interaktionssituation fortlaufend ändert. Hier wird das „Neue" in Interaktionen gesellschaftlich wirksam (Mead 1968, 100—142, 216—221; 1969, 102—129, 230, 240). — Meads Herausarbeitung der intentionalen Struktur menschlichen Handelns war zu seiner Zeit strategisch in der Abwehr instinkt- und reflextheoretischer Ansätze und für die Bewahrung eines selbständigen soziologischen Gegenstandsbereichs gegenüber den Reduktionsversuchen der aufkommenden behavioristischen Psychologie (Meltzer/Petras/Reynolds 1975, 32—36). In Anlehnung an Dewey (1896/ 1931) betont Mead, daß sich der menschliche Organismus in seiner handlungsstrukturellen Ausrichtung selbst stimuliert (R. Faris 1970, 90—97). Heute spielt die Meadsche Handlungstheorie eine orientierende Rolle bei der Entwicklung einer handlungsorientierten Gesprächsanalyse (Interaktionsanalyse) auf der Grundlage von Transkriptionen (vgl. Kallmeyer/Schütze 1976; Kallmeyer 1979).
— Hervorgehen der personalen Identität aus Interaktionsprozessen. Das Kind erfährt sich in den Interaktionen mit signifikanten anderen (zunächst den Eltern, dann den Spielgruppen Gleichaltriger), deren Standpunkte es imagierend einnimmt. Es stellt sich aus der angenommenen Sicht der signifikanten anderen vor, welche Bilder diese von ihm hegen. Diese Mich-Bilder („me") treten in Auseinandersetzung mit der sich stets wandelnden Ich-Erfahrung („I"), welche den fak-

tischen Zustand der Person zumeist anders erscheinen läßt, als es die Mich-Bilder haben erwarten lassen (Mead 1968, 236—244, 248, 253—266). Die faktische Interaktionserfahrung des Kindes — in abgeschwächter Weise aber auch jedes lernenden Erwachsenen — läßt stets Neues in der Identitätsentfaltung aufscheinen, welches Mead das „Ermergente" nennt und in seiner Philosophie der Zeit (Mead 1932/1959; 1969, 229—324) genauer ausgearbeitet worden ist. Die notorischen Diskrepanzen zwischen den Erwartungsstrukturen der Mich-Bilder und den tatsächlichen Ich-Erfahrungen geben Anlaß zu fortlaufenden Reflexionen über das „Eigene" und dessen Entfaltungslinie — Reflexionen, aus denen sich die reflexive Struktur des Selbst, („self") bzw. der personalen Identität auskristallisiert. Die Struktur des Selbst ist nach Mead in der Lage, sowohl die Diskrepanzen zwischen unterschiedlichen Mich-Bildern als auch zwischen Mich-Bildern und aktueller Ich-Erfahrung zu verarbeiten (Mead 1968, 237—244). — Die Meadsche Theorie des Hervorgehens des Selbst aus gesellschaftlichen Interaktionen — dies insbesondere mit signifikanten anderen — war zentral für die Ausbildung einer soziologischen Sozialisationsforschung interaktionistischer Provenienz (vgl. etwa Denzin 1977). Außerdem sind auf dieser Grundlage die sozialpsychologischen Testverfahren zum Selbstkonzept entwickelt worden (vgl. Kuhn 1964; Tucker 1966; Meltzer/Petras/Reynolds 1975, 58 ff, 65).
— Kommunikation mit Hilfe des signifikanten Symbolsystems der Sprache, die Entwicklungsfunktion des Wettkampfs und die Herausbildung des verallgemeinerten anderen. Die Einnahme der Perspektiven der signifikanten Interaktionspartner ist nach Mead nur möglich, weil mit der menschlichen Sprache ein Symbolsystem zur Verfügung steht, mit dessen Hilfe einerseits der Akteur sich selbst in derselben Weise wie dem Interaktionspartner den Charakter seines Handlungsimpulses ankündigen und aufzeigen kann und andererseits der Interaktionspartner im Wege der Ansehung der eigenen Reaktion und Interpretation die Ankündigung des initiierenden Akteurs aus dessen Sicht zu imaginieren vermag. Handlungsankündigungen mit derselben Aufzeigequalität für den Handlungsinitiator und den Handlungsrezipienten nennt Mead signifikante Gebärden („significant gestures") bzw. signifikante Symbole (Mead 1968, 100—122). Kommunikative interaktionseingebundene Sprechaktivitäten in

einer allen Interaktionspartnern gemeinsamen Sprache sind signifikante Gebärden par excellence; sie ermöglichen die signifikante Rollenübernahme, d. h. die imaginierte Einnahme der Standpunkte der Interaktionspartner sowie das vorstellungs- und gefühlsmäßige Sich-Hineinversetzen in deren Handlungsperspektiven (Mead 1968, 112 f; 1969, 218 ff). Die Fähigkeit zur signifikanten Rollenübernahme wird in der Ontogenese des Kindes zunächst durch die soziale Institution des individuellen und dyadischen Phantasiespiels, in welchem einzelne Mich-Bilder (wie die der Eltern) spielerisch imaginiert und erprobt werden (Mead 1968, 192 ff), und dann später durch die soziale Institution des regelgesteuerten kooperativen Wettkampfspiels („game"; z. B. das Fußballspiel) eingeübt und flexibilisiert. Im Wettkampfspiel ist es notwendig, den abstrakten Standpunkt des verallgemeinerten anderen einzunehmen, d. h. eines neutralen Beobachters, der die Spielzüge zu überblicken und alle vorgestellten Perspektiven der beteiligten Spieler zu integrieren in der Lage ist (vgl. Mead 1968, 194—206). Mead hat auf diese Weise angedeutet, wie Kinder gesellschaftliche Organisation, die sozialen Regeln der gesellschaftlichen Organisation und den moralischen Diskurs des Bezuges auf die Regeln des Zusammenlebens und der Auseinandersetzung um diese erlernen. Solche Überlegungen haben einerseits zu zahlreichen Studien über die Funktion der Gruppen Gleichaltriger (peers) im Sozialisationsprozeß — insbesondere in Studien zum abweichenden Verhalten (vgl. Short in Thrasher 1963, XV—LIII) — als auch zu entwicklungspsychologischen Studien über die Ontogenese der Fähigkeit zur Rollenübernahme (Flavell et al. 1975; Oevermann u. a. 1976; Geulen 1982) und über die ontogenetischen Stufen des moralischen Bewußtseins (Kohlberg 1974; Döbert/Habermas/Nunner-Winkler 1977; Miller 1986) geführt.
— Kollektive Thematisierung und Reziprozitätsherstellung. Mead (1968, 273—346) hat auch Überlegungen zu einer Theorie der gattungsgeschichtlichen Entfaltung gesellschaftlicher Reziprozitätsformen angestellt (vgl. Fisher/Strauss 1979 b, 14—19; Joas 1978, 18, 20 ff, 30; Schütze 1975, Kap. 10; 1978). Auf der Grundlage des sprachlichen Kommunikationsmediums oder Diskursuniversums, das in der Sicht Meads die demokratisch-egalitäre Entelechie menschlicher Gesellschaftsentwicklung (über den Mechanismus der ungehinderten allseitigen Perspektiven- bzw. Rol-

lenübernahme) beinhaltet, konnten sich nach Mead die Universalisierungsmechanismen des Wirtschaftstausches, der religiösen Gemeinschaften und des wissenschaftlichen Diskurses (einschließlich praktisch-philosophischer und ethischer Reflexion) entfalten. Dieses wichtige evolutions- und interaktionstheoretische Element der Meadschen Theoriebildung ist weder vom S. I. noch von anderen sozialwissenschaftlichen Theorierichtungen breit und systematisch wie die anderen Theoriestücke der Meadschen Sozialpsychologie aufgegriffen worden (vgl. Fisher/Strauss 1969, 14—19; vgl. aber in Deutschland Joas 1978; 1980 für eine solche Rezeption). Der Grund hierfür mag darin liegen, daß es sich bei Meads Überlegungen zur gattungsgeschichtlichen Herstellung flexibel rückgekoppelter Interaktionsreziprozität durch Universalisierungsmechanismen um einen makrotheoretischen Ansatz handelt, der nicht umstandslos in die mikrotheoretischen sozialpsychologischen Überlegungen des S. I. eingegliedert werden kann. — Freilich hat die Sozialpsychologie des S. I. bei genauerem Hinsehen doch zumindest von *einem* speziellen Element der Meadschen Evolutionstheorie der gattungsgeschichtlichen Entfaltung von Reziprozitätsformen profitiert: nämlich von Meads Bestimmung des sprachlichen Diskurses als Mechanismus der Bewußtwerdung gesellschaftlicher Probleme und der Setzung von Auseinandersetzungs- und Bearbeitungsstandpunkten. Aus dieser Überlegung hat Blumer die Umrisse einer Sozialpsychologie der Thematisierung sozialer Probleme und der Kristallisierung kollektiver Bewegungen entwickelt — eine Theorieskizze, die sich vorzüglich zur Analyse von Bürgerinitiativen und größerer sozialer Bewegungen eignet, welche die offiziell eingefahrene gesellschaftliche Ordnung zu transzendieren tendieren. In Meads Modell des sprachlichen Diskursuniversums als Grundlage gesellschaftlicher Reziprozität und Verallgemeinerung ist ja die Vorstellung enthalten, daß eine Erscheinung bzw. soziale Problematik erst dann kollektiv wirksam wird, wenn sie in die öffentliche sprachliche Kommunikation eingeht. Von hier aus hat Blumer seine Theorie der Thematisierung und Prozessierung sozialer Probleme skizziert, die in der Kristallisierung und Selbstorganisation sozialer Bewegungen resultieren. Eine so thematisch auf einen Problemkern fokussierte soziale Bewegung durchläuft die Phasen der Erstthematisierung, der Problemlegitimation, der Handlungsmobilisierung, der Bildung eines offiziellen Handlungsplans (der in der Regel wegen der Auseinandersetzung der sozialen Bewegung mit ihrer konservativeren Umwelt völlig anders aussieht als die Erstthematisierung) und der Planausführung (Blumer 1975; vgl. auch Turner/Killian 1957).

Die sozialpsychologischen Anstöße Meads haben selbst über den engeren Bereich der Sozialpsychologie hinaus auf die Forschungsausrichtung und Theoriebildung des S. I. eingewirkt, und sie sind auch in zeitgenössischen Feldforschungen des S. I. immer wieder deutlich sichtbar. Zu nennen sind hier:
— die Analyse der Selbstpräsentation in den Interaktionen der Alltagslebensführung und in besonders komplexen „außeralltäglichen" Interaktionssituationen (z. B. der Spionage) sowie die Untersuchung der komplexen symbolischen Rahmungsvorgänge mit punktueller oder auch globaler bedeutungsändernder Wirkung sowohl in alltäglichen als auch in „höhersymbolischen" Interaktionsprozessen (z. B. der Kommunikation der Schauspieler auf der Bühne) (vgl. Goffman 1961; 1971; 1974; 1980; Soeffner 1986);
— die Analyse der Identifizierung mit einem professionellen Beruf, der Herstellung und Abwicklung der Karriereveränderungen im Beruf sowie der biographischen Auseinandersetzung mit diesen — dies unter besonderer Berücksichtigung der Emergenz neuer biographischer Strukturen und der Veränderung bereits bestehender (vgl. Strauss 1968; Becker et al. 1977; Hermanns 1982);
— die Analyse von Außenseiterkarrieren und der mit diesen verbundenen Thematisierungen gesellschaftlicher Probleme (Becker 1973) sowie die Untersuchung von Identitätsstigmatisierungen, abweichenden Karrieren, biographischen Erleidensprozessen und entsprechenden Identitätsveränderungen (Goffman 1972, 127—167; Goffman 1967; Haferkamp 1975) — letzteres gerade auch innerhalb der besonderen Bezugsrahmen des Etikettierungsansatzes bzw. des „labeling approach" (Lemert 1975, Scheff 1966), einer Theorie mangelnder Handlungskompetenz Jugendlicher (Bohnsack 1973) und einer Theorie biographischer Prozesse des Erleidens und der Identitätswandlung (Strauss/Glaser 1970; Maurenbrecher 1985; Riemann 1987; Schütze 1981); sowie
— die Analyse der Handlungsabläufe professionell Berufstätiger untereinander und in der Beziehung zu ihren Klienten, Patienten, Angeklagten unter den Thematiken der Aus-

handlung (Strauss et al. 1964/1981; Strauss 1978; Schumann 1977) sowie des geteilten bzw. nicht-geteilten Bewußtheitskontextes hinsichtlich des Schicksals des betroffenen Anbefohlenen, insbesondere beim Vorliegen einer tödlichen Krankheit (vgl. Glaser/Strauss 1974); außerdem: die Untersuchung zwangskommunikativer Situationen, insbesondere Gerichtverhandlungen, welche die egalitäre Struktur sprachlicher Kommunikation pervertieren (Carlen 1976; Bohnsack 1983, Kap. 2 und 3; sowie Schütze 1978).

Es ist freilich darauf hinzuweisen, daß die gerade angedeuteten Weisen der „Aussaat" der Meadschen Theorie in zeitgenössischen Theoriereflexionen und Feldforschungen des S. I. nicht immer nur von Blumers grundlagentheoretischen und forschungslogischen Aufrissen, sondern zumeist auch von Hughes Forschungen zu Organisation und beruflicher Arbeit (s. u.) — also von einer eher strukturellen Betrachtung von Handeln, Interaktion und berufsbiographischer Veränderung — geprägt sind. — Der Einfluß der Meadschen Grundlagentheorie und Sozialpsychologie ist schließlich nicht nur auf die Theoriebildung und Forschungsstrategien des S. I. im engeren Sinne beschränkt; das Meadsche Denken hat darüberhinausgehend in die gesamte interpretative Soziologie und ihre Versuche der Ausgestaltung einer allgemeinen soziologischen Grundlagentheorie hineingewirkt (vgl. Kellner 1969; Joas 1980; Grathoff 1970; 1987). Exemplarisch ist hierfür insbesondere die Verwendung Meadscher Theorieelemente in Bergers und Luckmanns (1979/1966) bedeutendem Integrationsversuch der verschiedenen qualitativ-interpretativen Theorieansätze — dies freilich auf phänomenologischer, von A. Schütz' (1960; 1971) Theorie der Alltagsrealität geprägter Grundlage —, um die grundlegenden Prozeßstrukturen der sozialen Wirklichkeit zu umreißen. Berger und Luckmann sehen die gesellschaftliche Realität als geschöpft durch Entäußerung im permanent die vorgegebenen gesellschaftlichen Strukturen verändernden Interaktionsvorgang, versachlicht durch die Institutionalisierung der Interaktionsschöpfungen und die sekundäre Legitimation des als soziale Tatsache bereits fertig Vorgefundenen sowie verinnerlicht im Wege von Sozialisation und Interpretation an. Im Kreislauf dieser „Wissensdialektik" (vgl. Schütze u. a. 1973; Haferkamp 1973), der fortlaufend durch die gesellschaftlichen Interaktionsprozesse weitergetrieben wird, ist nach Bergers und Luckmanns Einschätzung insbesondere die Verinnerlichungsphase mit den für sie zentralen Mechanismen der Sozialisation und Identitätsgestaltung die Domäne einer von Mead geprägten „dialektischen" Sozialpsychologie (vgl. Berger/Luckmann 1979, Teil III; insbes. Anm. 6 und 7).

4. Die Modellierung der Feldforschungstradition des S. I. durch E. C. Hughes und dessen theoretische Überlegungen zu professionellen Berufen

Die moderne Form des S. I. geht — das wird in der deutschen Rezeption des S. I. häufig übersehen — nicht nur auf Blumer und durch ihn vermittelt auf Mead zurück. Von vergleichbarer Wichtigkeit ist die nahezu fünfzigjährige Tätigkeit von E. C. Hughes als sensibler Feldforscher, als Theoretiker der Organisations- und Berufswelt sowie der ethnischen Arbeitsteilung und als akademischer Lehrer eines theoriegeleiteten, vergleichenden und naturalistischen Theorie- und Forschungsstils zunächst in den zwanziger Jahren als Doktorstudent Parks in Chicago, in den dreißiger Jahren in Montreal (McGill), dann wieder in Chicago und am Ende seiner Berufslaufbahn in Boston (Brandeis). Seine Kollegen und Schüler sowie andere Anhänger des S. I. trugen dem durch die bedeutende Festschrift „Institutions and the Person" (Becker et al. 1968) Rechnung. In Hughes Denken lebte am stärksten das makrotheoretische Organisationsinteresse von Park fort (vgl. die aufschlußreiche Würdigung Parks durch Hughes — 1971, 543—549).

Hughes hatte als Dissertation eine Untersuchung über die Entstehung und Funktionsweise einer typischen großstädtischen Organisationseinrichtung (einer „säkularisierten", wie er selbst sagt: im Gegensatz zu einer „geheiligt"-traditionellen, z. B. kirchlichen) vorgelegt: der Chicagoer Berufsvereinigung der Immobilienmakler. Hughes (1928; vgl. R. Faris 1970, 112) war fasziniert durch die Beobachtung, daß diese Institution nicht einer einmaligen systematischen rationalen Planung ihre Entstehung verdankte, also nicht intentional kreiert worden war. Zwar war die Chicagoer Maklervereinigung durch eine Kette von interaktiven Handlungen zahlreicher Akteure produziert worden, aber nichts an ihrem schließlich erreichten Gegenwartszustand entsprach den ursprünglichen Planungsvorstellungen der Gründungsakteure. Das Er-

gebnis war zwar für den kollektiven Arbeitszusammenhang, in welche die Maklervereinigung als Gesamtorganisation und ihre einzelnen Akteure verwoben waren, offensichtlich funktional, aber es hatte sich diskrepant zu den individuellen Planungen und Erwartungen der Einzelakteure — und z. T. sogar gänzlich unabhängig von diesen herausgebildet. Die Organisationsstruktur der Maklervereinigung und die von ihr getragene soziale Welt waren stattdessen in Reaktion auf die tagtäglichen Entscheidungs- und Handlungsnotwendigkeiten im Arbeitsablauf, und zwar vor allem durch fortlaufende Aushandlung von Kompromissen zwischen den Akteuren, zu dem geworden, was sie zum Untersuchungszeitpunkt von Hughes Ende der zwanziger Jahre waren. Hughes entwarf also das Bild eines allmählichen, nichtintentionalen, von kollektiven Wechselwirkungen gesteuerten Organisationswachstums, das seine eigene Organisationskultur und -weisheit ausbildet und in seiner sich entfaltenden Ämter- und Rollenstruktur eine Realität sui generis hervorbringt. Die mit der Organisationsentwicklung verbundene Kultur und Sozialstruktur wurde von Hughes aber zugleich auch als nichts endgültig Feststehendes, Unverrückbares angesehen; im Gegenteil waren in seiner Sicht Organisationskultur und -struktur in den Aushandlungsaktivitäten der Organisationsmitglieder untereinander und in denen ihrer Repräsentanten gegenüber der Außenwelt ständiger Veränderung unterworfen. Eine vergleichbare Untersuchungsperspektive für kollektives Geschehen als einerseits in Interaktionen fortlaufend ad hoc geschöpftes und andererseits eigene „höheraggregierte" Veränderungstendenzen freisetzendes Phänomen sui generis entwickelte in der Folge auch Blumer (1947) für die Analyse der komplexen Beziehungen zwischen Gewerkschaften und Managern in der Industrie. Die von Hughes eingenommene Doppelperspektive für die Analyse von Organisationen wird später in Strauss' und Schatzmans komplexer Feldforschung und Theoriebildung über den Stellenwert unterschiedlicher psychiatrischer Orientierungen („Ideologien") für die Organisation psychiatrischer Kliniken und Arbeitszusammenhänge (Strauss et al. 1964/1981) außerordentlich fruchtbar, und diese letztere Monographie wird zum Ausgangspunkt zahlreicher späterer grundlagentheoretischer und methodologischer Untersuchungen des S. I.

Die Faszination für den Doppelaspekt von Organisation als geschöpftem, ständig veränderlichem Ergebnis individueller Interaktionen und als kollektivem Veränderungsprozeß auf höherer Aggregierungsstufe (das, was Park als kollektive „Naturgeschichte" bezeichnet hatte — vgl. Park und Burgess 1969, XXIII f) führte Hughes naturgemäß auch zu einem besonderen Interesse für das Neuentstehen und die Veränderung von Berufen, die sich wandelnde Arbeitsteilung zwischen diesen, die Karriereverläufe innerhalb der Berufe und die Arten der biographischen Identifizierung mit dem Beruf (dies insbesondere im Bereich der Professionen). Hughes ging von der Grundüberlegung aus, daß in urbanen Industriegesellschaften die sakral festgelegte und zeremoniell überhöhte Arbeitsteilung traditionaler Agrargesellschaften durch eine von anonymen Marktmechanismen und technologischen Neuerungen bestimmte säkularisierte Arbeitsteilung ersetzt worden ist, die fortlaufend zum Entstehen neuer Berufe, zum Vergehen alter und zur fortlaufenden Wandlung der Arbeits- und Karriereerfordernisse der bestehenden Berufe führt, so daß es für den Berufstätigen keine Erwartungssicherheit hinsichtlich seines organisierten Arbeitsfeldes und seines Berufsschicksals mehr gibt. Die Marktmechanismen der Arbeitsteilung zwischen den Berufen umspannen weltweit auf anonyme Weise räumlich getrennte Organisationseinheiten in den jeweiligen Arbeitsfeldern; vor der weltweiten Innovationswirkung der marktgesteuerten Reziprozitätsform der urbanen Arbeitsteilung ist kein Beruf geschützt.

Der Berufstätige wird in diesem System der urbanen Arbeitsteilung stets von seinem Milieu primärer Sozialisation losgelöst, ihm wird räumliche und soziale Mobilität abverlangt, ihm wird angesonnen, den erlernten und ausgeübten Beruf als Persönlichkeitstypus zu verinnerlichen, und von ihm wird erwartet, sich einer tiefgreifenden fortlaufenden Identitätswandlung zu unterziehen. Die Einnahme einer abgehobenen und prägenden beruflichen Lebenshaltung gilt besonders für die Professionen (z. B. Ärzteschaft, Rechtsanwälte), die durch eine langwierige Ausbildung, die Lizensierung ihrer z. T. schmerzbereitenden und gefahrbringenden Praxis durch den Staat und die Verfügung über mächtige Arbeitstechniken von den anderen Berufen abgehoben sind (Hughes 1928/1971, 328—332).

Hughes fiel im Verlauf seiner Dissertationsforschung auch auf, daß die Berufe, insbesondere die professionellen, eine je für sie

charakteristische moralische Kollektivität oder soziale Welt ausbilden. Die professionell Berufstätigen sind sich eingedenk, daß sie zusammengehören sowie daß sie ihre Abgegrenztheit nach außen und ihre Solidarität nach innen unter Beweis stellen müssen. Die Berufsmitglieder wissen, daß sie einem besonderen sozialen Zusammenhang angehören, der über mächtige, nur ihm zu Gebote stehende Arbeitstechniken und Bearbeitungsverfahren verfügt, welche in der Laienwelt unverständlich sind und dort — mit erheblicher Skepsis gemischte — Hochachtung hervorrufen. Die Mitglieder der Professionsgemeinschaft haben ein Interesse daran, einerseits die ihnen eigenen Arbeitstechniken und diesen entsprechenden Wissensbestände gegenüber achtlosen Fehlern und bewußtem Mißbrauch zu schützen. Sie versuchen deshalb, die Ausbildung für den Beruf soweit wie möglich mitzubestimmen, die entsprechenden fundierenden — insbesondere angewandten — Wissenschaftsgebiete zu entwickeln, einen Verhaltenskodex vorbildlicher und maßgeblicher Arbeits- und Behandlungsprozeduren zu explizieren und verbindlich zu machen sowie Kontrollverfahren für die Einhaltung dieser Prozeduren einzurichten, die sich am state of the art des professionellen Arbeitsfeldes orientieren.

Innerhalb der Professionsgemeinschaft werden die für sie kennzeichnenden Arbeits- und Behandlungsprozeduren als grundgelegt angesehen durch besondere Werte und Verhaltensstandards, an denen sich der Professionelle fortlaufend berufsethisch zu orientieren hat. Die tatsächliche unaufhörliche Ausrichtung an ihnen muß von den Berufsmitgliedern vermittels einer besonderen Etikette des Sprechens über die beruflichen Verrichtungen fortlaufend symbolisiert werden. Nach außen, gegenüber der Laienwelt und gegenüber den anderen Berufen müssen die Vorrechte der eigenen Profession, bestimmte berufliche Verrichtungen zu vollziehen, d. h. die Bearbeitung klar abgegrenzter Probleme und Aufgaben von besonderer gesellschaftlicher Bedeutsamkeit im Wege des Einsatzes kunstvoller und wissenschaftlich begründeter Arbeitstechniken durchzuführen, verteidigt werden. Die soziale Welt der Profession verfügt in der Diskussions- und Auseinandersetzungsarena ihrer Berufsvereinigung(en) und/ oder ihrer Ausbildungsinstitutionen über ein herausgehobenes Orientierungszentrum, im Hinblick auf das sich unterschiedliche Sparten bzw. Typen der Berufsausübung und

Hierarchien der Könnerschaft ausdifferenzieren (vgl. Hughes 1928/1971, 332–337).

Aus den drei Kernelementen von Theorieansätzen zur Organisation, zur beruflichen Karriere und Berufsidentifizierung sowie zur sozialen Welt des Berufs hat Hughes (1971, 287 ff, 305–310, 313 f, 318–323, 340–344, 374–381, 418–425; vgl. auch Schütze 1984 a) später seine faszinierende Theorie der Profession entwickelt, deren Grundüberlegungen folgendermaßen angedeutet werden können:

– Eine Profession sieht sich im Besitz eines gesellschaftlichen Mandats zur Verrichtung spezifischer Leistungen der Problembewältigung und zur Verwaltung ihr übertragener besonderer gesellschaftlicher Werte.

– Sie ist im Besitz eines esoterischen Wissens und Könnens zur Analyse (z. B. „Diagnose") und Arbeitsdurchführung (z. B. „Therapie") mit festgelegten Prozeduren. Sie erhält von der Gesellschaft die Lizenz, dem betroffenen Klienten im Interesse der von ihm gesuchten und geschätzten Dienstleistung Schmerz und begrenzten Schaden zuzufügen, und sie darf über die Prozeduren in einer für den Laien dem Anschein nach zynischen oder mitleidslosen Weise nachdenken und sprechen.

– Da die Verfahren der Profession in der stets sich verändernden und ungewissen gesellschaftlichen Praxis angewandt werden müssen, sind sie systematischen Fehlertendenzen ausgesetzt. Die Profession entwickelt Beurteilungs- und Kontrollverfahren der Unterscheidung zwischen zulässigen Fehlern, die dem state of the art entsprechen, und unzulässigen Kunstfehlern oder gar Quacksalbereien, die bei umsichtiger Anwendung der beruflichen Arbeitsprozeduren hätten vermieden werden können. Die Profession verteidigt nach außen ihr Recht auf das Vorkommen unvermeidlicher Fehler durch die Institutionalisierung einer eigenen Berufsjurisdiktion (z. B. Ehrengerichte).

– Die Profession handelt mit anderen Professionen die konkrete Arbeitsteilung aus; sie verteidigt dabei ihre Vorrechte auf bestimmte für sie verfahrensmäßig beherrschbare und machtspendende Aufgabenbereiche und Arbeitsverfahren. In einem System der moralischen Arbeitsteilung schieben die „Berufe der Stolzen", d. h. die klassischen Professionen, die „Dreckarbeit" und die Verrichtungen mit schlechten Risiken an die „niedrigen Berufe", d. h. Para-Professionen und Nicht-Professionen, ab.

– In der Berufssozialisation kommt es zur biographischen Identifizierung des Professionellen mit der Berufsratio seiner Profession und ihren Werten. Der Professionelle wehrt sich aus seiner biographisch verinnerlichten beruflichen Identität heraus gegen Einschränkungen und Übergriffe der Organisation(en), in deren Rahmen er arbeiten muß.

– Eine Profession befindet sich zu ihrem Klientel in einem spannungsreichen, im Kern paradoxen sozialen Verhältnis: einerseits besteht zwischen dem Professionellen und seinem Klienten ein unaufhebbares Wissens-, Könnens- und Machtgefälle, und andererseits muß der Professionelle mit dem Klienten ein Verhältnis des konsensuellen verständnisvollen Arbeitskontraktes und der freiwilligen Zusammenarbeit aufbauen. –

Neben seinen zahlreichen Untersuchungen im Bereich der Berufe hat Hughes (1943; 1971, 191–211, 242–254, 530–542) eine Serie von Feldforschungen in Französisch-Kanada zum strukturellen Verhältnis zwischen den ethnischen Gruppen der Französisch-Kanadier und der Englisch-Kanadier durchgeführt und hierbei eine eigene theoretische Perspektive entwickelt, welche den beiden in den dreißiger Jahren vorherrschenden und in der Gegenwart immer noch gesellschaftspolitisch aktuellen Theoremen der Minderheiten-Forschung widersprach: nämlich der These von der allmählichen Assimilierung der Minderheitsgruppe, diese gedacht als Einwanderungsaggregat, durch die Mehrheitsgruppe nach erfolgter Enkulturation der Kindergeneration einerseits sowie der These vom Autonomie- und Unabhängigkeitsstreben einer territorial konzentrierten nationalen Minderheitsgruppe, welche in ihrem Wohngebiet zahlenmäßig dominiert, andererseits. Hughes neuartige These war die Behauptung einer ethnisch geformten Arbeitsteilung, die durch die Dominanz einer region- und kulturfremden englischsprachigen Oberschicht und durch die machtmäßige Unterworfenheit einer traditionalistisch orientierten Unter- und Mittelschicht der einheimischen französischsprachigen Minderheit, der Bevölkerungsmehrheit in Quebec, bestimmt ist. Im Bild der Hughesschen Theorie war die englischsprachige kulturfremde Oberschicht im Besitz der modernen Produktions-, Ausbildungs- und Verwaltungsmittel, und damit kontrollierte sie auch die kulturellen Sinnquellen für gesellschaftliche Innovationen, während die französischsprachige Mittel- und Unterschicht an machtmäßig und kulturell abhängige und ökonomisch randseitige Stellungen gefesselt blieb (Hughes 1971, 432 f).

Hughes verfolgte die ethnische Arbeitsteilung in alle wichtigen Interaktionsbereiche des alltäglichen Arbeits-, Familien- und Freizeitlebens und in die öffentlichen Auseinandersetzungsarenen von Politik, Massenkommunikation, Sozialverwaltung und öffentlicher Ausbildung hinein, und er hatte ein Auge auf die jeweilige situative, interaktionsgeschöpfte Ausgestaltung der ethnischen Arbeitsteilung. Es wurde ihm schon bald deutlich, daß das Sozialverhältnis zwischen beiden ethnischen Gruppen nicht eigentlich durch einen *rein* ökonomisch bedingten Gegensatz zwischen englischem Kapital und französischer Arbeit bestimmt war, sondern differenzierter durch eine im jeweiligen Tätigkeitsbereich institutionalisierte Arbeitsteilung im Sinne einer faktisch bestehenden und orientierungswirksamen situativ-konkreten Sozialstruktur (536). So waren in der Schwerindustrie Montreals die Vorarbeiter wie selbstverständlich monolingual englischsprachig, und es gab — als begrenzte Aufstiegschance für Französisch-Kanadier — spezielle Stellungen für doppelsprachige Vermittlungsarbeiter („liaison workers"), welche die kommunikative Beziehung zwischen der Arbeitsleitung und den abhängigen Linienarbeitern herzustellen in der Lage sein sollten (vgl. Hughes 1971, 536 und Hughes 1972, 300, 303 f). Die großen Rechtsanwaltskanzleien (im Gegensatz zu isoliert praktizierenden und ökonomisch weniger erfolgreichen Einzelanwälten) waren fast durchgehend monolingual englischsprachig; aber sie hatten jeweils ein oder zwei bilinguale Kollegen mit frankophonem kulturellem Hintergrund und vor allem perfekt bilinguale Sekretärinnen als Vermittlungsarbeiter für Kontakte mit der französischsprachigen Klientel und für Verfahren vor französischsprachigen Richtern unter Vertrag (1971, 534; 1972, 303 f).

Im Wirtschafts- und Verwaltungsbereich Französisch-Kanadas stellte Hughes durchaus auch Aktivitätszonen mit einem ethnisch *gemeinsamen* Organisationen- und Institutionenangebot fest; in den Feldern der Religion, der Ausbildung und der Kultur dagegen waren stets doppelte Einrichtungslinien im Sinne einer „ethnischen Versäulung" aufzufinden (537). Hughes zog die Schlußfolgerung, daß zumindest zum Zeitpunkt seiner Beobachtung in den dreißiger Jahren — er betonte später die rasanten Veränderungsprozesse in Französisch-Kanada in den folgen-

den dreißig Jahren (vgl. 1971, 540 f; 1972, 296 f, 309) — der Industrialisierungs- und Verstädterungsprozeß *nicht* zu einer kulturellen und machtmäßigen Nivellierung und Egalisierung der französischsprachigen und der englischsprachigen Bevölkerungsgruppen geführt hatte; im Gegenteil schien er zunächst das soziale Verhältnis zwischen den beiden ethnischen Hauptgruppen zu einer festgefügten hierarchischen Struktur im Sinne sowohl der Beziehung zwischen Zentrale und Peripherie als auch der Relation der status- und anweisungsmäßigen Über- und Unterordnung festzuschweißen (536, 538 f). Die analytische Sichtweise von Hughes in seiner Kanada-Forschung hat über Schüler von Hughes auch auf relativ direktem Wege fruchtbar in die Sprachsoziologie hineingewirkt (vgl. etwa Bodemann und Ostow 1975).

Auch methodologisch war Hughes' Feldforschung in Kanada von erheblicher Bedeutsamkeit für die Entwicklung des S. I. Hughes wies immer wieder auf das Paradoxe der Feldbeobachtung als des naturalistischen Untersuchungsverfahrens par excellence hin: es führe zwar zu den interessierenden Lebenszusammenhängen, der Forscher müsse aber stets der aufschlüsselnden theoretischen Bearbeitung zuliebe die Distanz bewahren; er bleibe Fremder (vgl. ähnlich Strauss et al. 1981, XVI). Hughes (1971, 505 f) betont, daß der Feldforscher selbst existentiell durch sein praktisches Forschungshandeln in die Interaktion verflochten ist, die er analysiert, beobachtet und berichtet. Der Forschungsgegenstand — so Hughes — kann durch die interaktiven und kommunikativen Forschervorkehrungen entweder aufgeschlüsselt oder gerade umgekehrt verschlossen werden; auf jeden Fall wendet der Forscher eine begrenzte Perspektive an, die reflektiert werden muß. Die geeignete Praxisdevise für den Feldforscher ist nach Hughes die, sich als Lernender zu begreifen, der wie ein ethnographischer Forschungsreisender oder wie ein Einwanderer in eine für ihn fremde Gesellschaft einsozialisiert wird: strategisch sind dann persönliche Offenheit für alle soziokulturellen Fremdheits- und Innovationsimpulse und das Auffinden besonders intensiver Lernsituationen. Um die Perspektivität und das notwendig Verändernde und Artifizielle aller teilnehmender Beobachtung kontrollieren zu können, ist es nach Hughes zudem notwendig, gerade auch die Feldinteraktion des Forschers wieder einer soziologischen Interaktionsanalyse zu unterziehen. Hierbei kommen — so Hughes — dann auch die Widerstände der betroffenen Informanten und des Forschers sowie die wechselseitigen Enttäuschungen zwischen beiden Parteien der Forschungsinteraktion zur Sprache.

Hughes (1971, 540 f) reflektiert später in einer Retrospektive des Kanada-Projekts über seine damalige besonders günstige Ausgangsposition als kulturell Fremder in Kanada. Gerade als solcher habe er es leichter als die Kanadier selbst gehabt, einen analytischen Blick für die verdeckten soziokulturellen Ordnungsstrukturen im Zusammenleben der beiden großen ethnischen Gruppen in Kanada zu bekommen. — Der Produktivität und Problematik der Perspektive des kulturell Fremden ist in letzter Zeit gerade innerhalb der deutschen S. I.-orientierten Soziologie ein gesteigertes Interesse in den Bereichen der Kulturvergleichs- und der Gastarbeiterforschung entgegengebracht worden (vgl. Matthes 1985; Maurenbrecher 1985, Kap. 1).

Aber nicht nur Hughes' Stil der naturalistischen und dennoch detachierten Feldbeobachtung war prägend für die späteren Forschungsmonographien des S. I. Wichtig ist zu sehen, daß bereits Hughes extensiv und methodologisch bewußt die empirischen Interaktionsfelder und Situationen, die für die sich allmählich theoretisch differenzierende Forschungsfragestellung wichtig waren, durch gezielte Überlegungen der theoretischen Auswahl im fortlaufenden Rückgriff auf bereits erhobene Daten erschloß. Die zu untersuchenden Gemeinden wurden vermittels theoretischer Überlegungen hinsichtlich des Grades der urban-industriellen Arbeitsteilung zwischen den beiden ethnischen Gruppen ermittelt, ebenso die untersuchungsrelevanten Interaktions- und Arbeitsfelder mit mehr urbanem oder mehr traditionellem Charakter (Hughes 1971, 335 ff). Zudem wandte Hughes extensiv die Erhebungs- und Analysestrategie der kontrastiven Komparation an: so verglich er den Zustand der ethnischen Arbeitsteilung in den verschiedenen Gemeinden und Arbeitsfeldern, die multidimensional und nicht nur unter dem Gesichtspunkt des Urbanisierungsgrades konkreten Unterscheidungsbetrachtungen unterzogen wurden. Nachdem theoretische Grunddimensionen im vergleichenden Untersuchungsgang auskristallisiert worden waren — z. B. die der Herrschaftsausübung durch eine region-fremde und konfessionsunterschiedliche Elite — wurden auch sehr weitgespannte kontrastive Vergleichsbetrachtungen möglich. Entspre-

chend führte Hughes eine eigenständige Untersuchung durch, um die Arbeitsteilung zwischen den „region"- und „kulturfremden" protestantischen preußischen Industriellen und Verwaltungsbeamten einerseits und den einheimischen katholischen Arbeitnehmern andererseits im rheinischen Industriegebiet mit der ethnischen Arbeitsteilung im ebenfalls katholischen Französisch-Kanada zu vergleichen. Auf diese Weise hoffte er, den Einfluß von Religion, Sprache und Ethnos theoretisch differenzieren zu können (Hughes 1971, 533 f, 255—264).

Es liegt auf der Hand, daß Hughes' Forschungsprinzipien der theoretischen Auswahl und des kontrastiven Vergleichs es erforderlich machten, auch andere Datenquellen als die der teilnehmenden Beobachtung und des informellen Feldinterviews heranzuziehen. So hat Hughes extensiv mit statistischem Material gearbeitet und quantitative Analysen durchgeführt (Hughes 1971, 242—254; vgl. auch Becker et al. 1968, VII). Besonders aufschlußreich ist seine Analyse der „Gleichschaltung" des Deutschen Statistischen Jahrbuchs in der Nazizeit (Hughes 1971, 516—523) — auch hier wieder seine erkenntnisgenealogisch rückfragende Reflexion auf die gesellschaftliche Produziertheit und Funktion sozialer Daten (vgl. auch später Cicourel 1968, 58—110 und Douglas 1970, 163—231 zum Doppelcharakter der Daten der offiziellen Statistik als empirischer Erkenntnisressource einerseits sowie selektiven Erzeugnisses und Definierers der gesellschaftlichen Wirklichkeit andererseits). Hughes forschungslogische Haltung, unterschiedliche Datenarten in Orientierung an den Prinzipien der theoretischen Auswahl und des kontrastiven Vergleichs auszuwählen und zu analysieren sowie die interaktive und gesellschaftliche Produziertheit und Funktion dieser Daten und ihrer theoretischen Auswertung zu reflektieren, ist prägend für die Forschungskultur des zeitgenössischen S. I. geworden. —

Blumer hatte dem S. I. ein relativ eng konturiertes Prinzipiensystem aus grundlagentheoretischen und forschungslogischen Überlegungen vermittelt. Das bewirkte in den fünfziger und frühen sechziger Jahren eine partielle Engführung des S. I. auf sozialpsychologische Interessengebiete. Zugleich hat diese festgefügte Ansatzkontur den S. I. jedoch davor bewahrt, sich in der damals vorherrschenden systemtheoretischen und quantitativ-verteilungstheoretischen Aktivitätsmasse der Forschung aufzulösen. Hughes hatte dagegen die makrotheoretischen und mesotheoretischen Interessen der Chicago-Soziologie der zwanziger Jahre, das insbesondere in den Feldern der Organisation und der Berufe einerseits sowie der ethnischen Beziehungen andererseits, wachgehalten und zahlreichen Forschern des S. I. – wie etwa H. Becker und A. Strauss – die Feldforschungstradition der Chicago-Monographien einschließlich konkreten Trainings vermittelt. Dies hatte schon bei Hughes selbst zu zahlreichen theoretischen und methodischen Innovationen geführt. Es ist insbesondere *seiner* Leistung zu verdanken, daß seit Mitte der sechziger Jahre wieder ein verstärktes Interesse im S. I. an gegenstandsbezogenen Fragestellungen – etwa in der Medizinsoziologie (vgl. etwa Strauss et al. 1985 zur Auswirkung der Technologie auf die Arbeit im Krankenhaus) oder in der Gemeindeforschung (vgl. etwa T. Eriksons Forschung zur Zerstörung von gemeindlichen und nachbarschaftlichen Strukturen durch die unmittelbaren Einwirkungen und organisatorischen Folgen einer Dammbruchkatastrophe – Erikson 1976) – mit gesamtgesellschaftlichen Implikationen besteht. Auch ist von ihm ein besonderes Augenmerk des S. I. für grundlagentheoretische und formalsoziologische Fragestellungen, die an konkreten empirischen Erscheinungen anknüpfen, geprägt.

Sowohl der Leistung Blumers als auch der Hughes' verdankt sich schließlich auch eine institutionelle Konsolidierung des S. I. ab dem sechziger Jahren. Anfang der siebziger Jahre wurde die „Society for the Study of S. I." gegründet, die auch die wichtige soziologische Zeitschrift „Symbolic Interaction" herausgibt. Soziologen, die am S. I. orientiert sind, haben gegenwärtig an zahlreichen amerikanischen Universitäten feste Positionen. Seit den sechziger Jahren hat sich der S. I. auch in der deutschen Soziologie etabliert – dies allerdings in der Regel, wie von Berger und Luckmann (1971) vorgeprägt, in einer Kombination mit anderen interpretativen Ansätzen der Soziologie, insbesondere mit dem phänomenologischen und dem ethnomethodologischen (vgl. zur Rezeption des S. I. in Deutschland insbes. Haferkamp 1987).

5. Drei grundlagentheoretische Zentralkategorien des S. I.: „soziale Welten", „Verlaufskurven", „Arbeitsbögen"

Hughes hat auch dadurch sehr konkret auf die Weiterführung der Theoriebildung und

Feldforschungstradition des S. I. im Sinne der Chicago-Schule der Soziologie eingewirkt, daß er das fascettenreiche sequenzanalytische Forschungsprojekt zur Ausbildungskarriere von Medizinstudenten (Becker et al. 1960/1977) auf den Weg brachte (s. o. Kap. 2). Auch Strauss' (et al. 1964/1981) zeitlich darauf unmittelbar folgende Feldforschung zum Beziehungsgeflecht zwischen psychiatrischer Orientierung („Ideologie"), Stationsorganisation und professioneller Berufsidentifizierung trägt noch in vieler Hinsicht die Handschrift von Hughes. Danach folgten zahlreiche weitere empirische Forschungsprojekte, die sich in der einen oder anderen Weise dem Denken Hughes' – und indirekt auch dem Denken Blumers – verpflichtet fühlten. Im Laufe der Durchführung dieser Forschungsprojekte sind wichtige forschungslogische und grundlagentheoretische Innovationen erfolgt, die den Charakter formaler Theoriestücke aufweisen. Solche Theoriestücke sind in unterschiedlichen Gegenstandsfeldern analytisch anwendbar, und durch den fortlaufenden kontrastiven Vergleich der jeweils untersuchten konkreten Prozeßabläufe unter den analytischen Leitgesichtspunkten dieser grundlagen- bzw. formaltheoretischen Theoriestücke erfahren letztere nach und nach eine Differenzierung, Verdichtung und Abstraktion, welche sie immer aufdeckungs- und erklärungsmächtiger für die Prozeßabläufe in konkreten Gegenstandsfeldern machen. Gerade durch ihre theoriekumulative Kontrastierung in gegenstandsorientierten Feldforschungsprojekten haben die formalen Theoreme dazu beigetragen, daß die qualitativ-naturalistischen Sozialforschungen des zeitgenössischen S. I. neuartiges soziologisches Gegenstandswissen erbrachten und zur Aufklärung der Praktiker, Politikmacher und Betroffenen angesichts der jeweiligen Problembereiche und Bearbeitungsschwierigkeiten beitrugen.

Stichwortartig lassen sich die folgenden drei Innovations- und Kumulationsbereiche der interaktionistischen Grundlagentheorie andeuten, die auf Hughes', aber durchaus auch auf Blumers Vorarbeit zurückgehen:
– Die Theorie der sozialen Welten und der Arena-Auseinandersetzungen. Soziale Welten sind auf ein jeweiliges Orientierungszentrum hin ausgerichtete Beziehungs-, Interaktions- und Kommunikationsgeflechte, innerhalb derer die Akteure zentrale Problembestände durch die Abwicklung von Kernaktivitäten bearbeiten. Obwohl sie in lokalisierten Orga-

nisationsterritorien verankert sind, überspannen soziale Welten verschiedene Organisationseinrichtungen und geographische Distanzen. Der einzelne Akteur gehört kraft Orientierung und Aktivität dazu; es gibt aber für die soziale Welt selbst nicht — dagegen wohl für in ihrem Rahmen operierende Organisationen — eine feste Mitgliedschaftsregelung. Soziale Welten spannen Auseinandersetzungsarenen um die „richtige" Problembearbeitung und die Authentizität der Kernaktivitäten auf; die Auseinandersetzung in diesen Arenen ist der Motor ihrer Veränderung. In der Theoriebildung des S. I. (vgl. Shibutani 1955; Strauss 1978 a; 1982; 1984; Becker 1982, Kap. 1, 10, 11; Maines 1982, 276) sind die sozialen Welten gerade in ihrer Flexibilität und Veränderlichkeit als funktionale Vergesellschaftungsformen sozialer Aktivitäten in urbanen Gesellschaften durchdacht worden. Die sozialen Welten verschiedener psychiatrischer Professionsschulen (Strauss et al. 1964/ 1981), der Studentenkulturen bzw. der verschiedenen Professionsausbildungen (Becker et al. 1961/1977), der Kunst (Becker 1982), der Computerindustrie (Kling und Gerson 1979) und der Alkoholismus-Bearbeitung (Wiener 1981) sind neben anderen sorgfältig untersucht worden.

— Die Theorie der Verlaufskurven des Erleidens und ihrer Bearbeitung. Verlaufskurven („trajectories") sind in der Theoriebildung des S. I. das Gegenprinzip zu intentionalem Handeln. Verlaufskurven wie die einer chronischen Krankheit, einer psychiatrischen „Karriere", eines systematischen Schulversagens oder einer sich allmählich aufschichtenden Studien- oder Berufsfalle sind auf die Biographie des Betroffenen bezogene soziale Abläufe, die durch notorische Erwartungszusammenbrüche und durch die partielle Unfähigkeit, realistisch die eigenen Aktivitäten planen zu können, strukturiert sind (Strauss/ Glaser 1970; Schütze 1981). Zunächst interessierte an der Erleidensdynamik der Verlaufskurven, wie die professionelle Arbeitsorganisation im Krankenhaus mit ihnen fertig wird (Glaser/Strauss 1968), insbesondere unter Bedingungen der Selbsttäuschung der Ärzte und Krankenschwestern über den Zustand der Verlaufskurve sowie (oft damit zusammenhängend:) der kumulativen Komplikationen des Krankheitsbildes. Bei lebensbedrohenden und tödlichen Krankheitsverlaufskurven wurde der Gesichtspunkt interessant, welche Interaktionsbedingungen dadurch gesetzt sind, daß die Professionellen den betroffenen

Patienten in seinen Zustand einweihen oder nicht; diese Bedingungen wurden als „Bewußtheitskontexte" bezeichnet (Glaser/ Strauss 1974) — ein Konzept, das auf alle Interaktionsbereiche professionellen und nicht-professionellen Handelns anwendbar ist. Später wurde die Verlaufskurventheorie auch auf Bereiche außerhalb des Krankheitsgeschehens übertragen, z. B. auf die Erleidensprozesse von ausländischen Arbeitsemigranten (Maurenbrecher 1985), und es wurden die biographietheoretischen Aspekte der Verlaufskurventheorie (wie: Sich-Selbst-Fremd-Werden und Orientierungszusammenbruch) expliziert (vgl. Schütze 1981; 1984; Riemann 1987).

— Die Theorie der sequenziellen Organisation von Arbeit und der situativ ausgehandelten Arbeitsteilung. Über die immer noch recht statische Professionstheorie von Hughes und seines Systematisierers Freidson (1975, Kap. 3—5; 8; 1975 a) hinausgehend, die mehr oder weniger ausschließlich auf die institutionelle Rahmenstruktur der Berufe und der Arbeitsteilung zwischen den Berufen ausgerichtet blieb, kommen im zeitgenössischen S. I. immer stärker die sequenziellen Prozeßstrukturen der Arbeitsverrichtungen, die Verknüpfung der einzelnen Arbeitsschritte als Realisierungen der notwendigen Komponenten des Gesamt-Arbeitsbogens, die Verteilung der einzelnen Arbeitskomponenten und der sie realisierenden Kleinschritte auf die beteiligten Akteure unterschiedlicher Berufe sowie die damit verbundene strukturelle Arbeitsteilung innerhalb und zwischen den Berufen und das entsprechende Verantwortlichkeitsprofil in den Blick.

In einer umfangreichen Feldforschung zu Veränderungen der Arbeitsbogenstruktur durch den Einzug der Hochtechnologie in das moderne Krankenhaus werden von Strauss et al. (1981; 1985) verschiedene Aufgaben („tasks") oder Komponenten des Gesamtarbeitsbogens („arc of work") des Pflegepersonals und der Ärzteschaft kategorial differenziert und im Detail empirisch untersucht: Maschinenarbeit, Sicherheitsarbeit, Gefühlsarbeit, Körper- und Pflegearbeit, Patientenarbeit. Die auf die Arbeitsaufgaben bzw. -komponenten bezogenen Kleinschritte des Arbeitsablaufs müssen sequenziell geordnet (d. h. in eine häufig sehr komplizierte, mit vielen Rück- und Vorläufen versehene „Linie" gebracht) und zugleich sozial auf die unterschiedlichen Berufsakteure verteilt werden. Dies geschieht durch die Metaverrichtungen der Artikulationsarbeit (und die damit verbundenen Aktivitäten der Informations- und Fehlerarbeit). Artikulation ist dasjenige Prinzip des Arbeitsbogens, das immer wieder auf das unerwartet Widerständige und Emergente in interaktiven Handlungsvollzügen, auf das bereits Mead (1968, 165; 1969, 133−146) in seiner Handlungstheorie hingewiesen hatte, reagiert und dieses durch die Neukalibrierung der je künftigen Arbeitsschritte flexibel bearbeitet.

Die Artikulationsarbeit ist insbesondere unter Bedingungen extremer Kontingenz und Innovation im Arbeitsfeld, wie sie durch komplizierte Krankheitsverlaufskurven unter Beteiligung hochtechnologischer Behandlungsmethoden gegeben sind, von strategischer Bedeutung. Durch den technologischen Wandel kommt es zu tiefgreifenden und rasanten Umstrukturierungen nahezu aller Arbeitsfelder moderner Industriegesellschaften. Strauss (1985) hat sich seit einiger Zeit insbesondere für den zentralen Stellenwert der Artikulationsarbeit im Zuge von Entwicklungsprojekten der Industrie − von „Arbeits-*projekten*" im Gegensatz zur „Linienarbeit" der Standardproduktion, aber auch zur Verlaufskurvenarbeit − mit deren extremen Begleiterscheinungen von Innovation, Ereigniskontingenz (z. B. „Entwicklungsfehlern", „Sackgassen", „Entdeckungen") sowie Erwartungsunsicherheit zu interessieren begonnen. Die Notwendigkeiten einer besonders flexiblen Artikulationsarbeit führen zu neuen Formen der Arbeitsteilung, Arbeitsstile und Organisationselemente der Arbeit, die makrogesellschaftlichen Wandel provozieren. −

Insbesondere mit Gedanken wie den letzteren wird von den neueren Feldforschungsmonographien des S. I. ein Bogen zur S. I.-spezifischen grundlagentheoretischen Debatte um die „Aushandlungsordnung" der gesellschaftlichen Wirklichkeit (Maines 1982; Day/Day 1977) geschlagen − eine Debatte, in der es um den paradoxen Gegensatz zwischen der Interaktionserzeugung gesellschaftlicher Strukturen einerseits und der Festigkeit gesellschaftlicher Strukturen andererseits (vgl. die ähnlichen Überlegungen um die „Wissensdialektik" bei Berger und Luckmann 1971) und um den makrotheoretischen Anspruch des S. I. geht.

6. Innovationen des zeitgenössischen S. I. im Bereich der Forschungslogik und der Forschungsverfahren

Auf der Grundlage ihrer 1967 erschienenen forschungslogischen und erkenntnisstrategi-

schen Überlegungen zu einer empirisch erzeugten und fundamentierten sozialwissenschaftlichen Theorie (Glaser/Strauss 1967/1970; vgl. auch Hermanns 1982) haben Glaser (1978) und Strauss (erscheint) den qualitativ-interpretativen Forschungsprozeß als Serie von systematisch ineinander verflochtenen Arbeitsschritten der Forschung untersucht. Hierbei wurden die Untersuchungsaktivitäten *eigener* Forschungsprojekte − z. B. zur Arbeit der Ärzte und Krankenschwestern mit sterbenden Patienten (Glaser/Strauss 1974/1965; 1969), zur Veränderung der Arbeitsabläufe im Krankenhaus durch die Hochtechnologie (Strauss et al. 1985) sowie zur Arbeit des Bauherrn und des Bauleiters bei der Organisation eines Hausbaus (Glaser 1972) − als empirisches Daten- und Anschauungsmaterial benutzt. Die konkreten Arbeitsschritte des Forschungsablaufs, die zwar im logischen Aufbau sequenziell aufeinander fußen, in der konkreten Arbeitspraxis auf verschiedenen Ausarbeitungsniveaus und Schrittebenen der Theorieentwicklung aber fortlaufend miteinander als simultane Aktivitäten verflochten sind, stellen sich in der Sicht von Glaser und Strauss als die folgenden dar:

− Herausarbeitung der Anfangsfragestellung und thematische Fokussierung;

− theoretisch angeleitete selektive Datensammlung und ihre sequenzielle Aufzeichnung;

− Kodierung des Primärdatenmaterials, d. h. seine strukturelle Beschreibung und die analytische Abstraktion allgemeiner Prozeßmerkmale aus ihm;

− Herausarbeitung von theoretischen Kernkategorien, welche wichtige analytische Aspekte zentral fokussieren und die Merkmale anderer Kategorien als von ihnen abhängig erscheinen lassen;

− weitere, auf den bereits entfalteten Kernkategorien und den ihnen innewohnenden Aspekten und Vergleichsgesichtspunkten fußende theoretische Auswahlen sowohl von neuen Erhebungsbereichen, in denen dann neue Datensammlungen und -produktionen erfolgen, als auch von bereits erhobenen Daten und bereits gebildeten analytischen Kategorien zur weiteren Theoriegenerierung;

− fortlaufender kontrastiver Vergleich zwischen den Datenbeständen bzw. ihren jeweiligen Kodierungen bzw. den jeweils bereits aus ihnen gebildeten theoretischen Kategorien;

− Weiterführung der kontrastiven Vergleiche bis zur theoretischen Sättigung der analytischen Kategorien und ihrer Relationen unter-

einander, d. h. bis zu dem Zeitpunkt, zu dem sich keine neuen Theoriegenerierungsaspekte im Gegenstandsfeld und in seinem faktischen und potentiell noch zusätzlich erhebbaren Datenmaterial mehr abzeichnen;
— Explikation der analytischen Implikationen von Kategorien und der Relationengeflechte zwischen ihnen zu Theoriestücken, die in Bausteinskizzen („theoretical memos") niedergeschrieben werden;
— theoretische Sortierungen dieser Theoriebausteine unter dem Gesichtspunkt der Entdeckung eines oder mehrerer zugrundeliegender theoretischer Ordnungsmuster; sowie
— Integration solcher Ordnungsmuster zu einem systematischen, dicht in den Kategorienrelationen verflochtenen theoretischen Modell.

Nach Glaser und Strauss (vgl. Strauss, erscheint, Kap. 1) dient der gesamte Arbeitszusammenhang eines qualitativen Forschungsprojekts der abduktiven Herausarbeitung (vgl. Peirce 1979, 362, 366) von sozialen Allgemeinheiten, die in den Primärmaterialien des untersuchten Interaktionsfeldes in Gestalt der intentionalen oder auch ungewußten Aufzeigeaktivitäten der Akteure in Erscheinung treten und die aus den Primärmaterialien vom Forscher durch fortlaufende Kodierung (bzw. sequenzielle strukturelle Beschreibung und analytische Abstraktion) explizit herausgearbeitet und der weitergehenden theoretischen Analyse zugeführt werden. Von Glaser und Strauss wird konkret aufgezeigt, wie theoretische Überlegungen von Anfang an den Forschungsprozeß bei den verschiedenen, immer wieder erneut notwendig werdenden Schritten der Auswahl von Erhebungsfeldern und Datenstücken sowie bei den zahlreichen Schritten der Materialanalyse mitbestimmen; Glaser (1978) und Strauss (erscheint) sprechen von einem stetigen Ineinander von Induktion, Deduktion und empirischer Überprüfung (Verifikation). Hierbei „entstehen" fortlaufend (bzw. werden permanent entdeckt) neue theoretische Zusammenhänge, die zuvor im Forschungsgang nicht erwartbar gewesen sind — das Neue, „Emergente" im Forschungshandeln, wie es schon von Mead (1969, Kap. 1, 4, 5; sowie 1968, 248, 256 f, 260 – 266) am Gegenstandsbereich des naturwissenschaftlichen Forschungshandelns und allgemeiner in seiner Sozialpsychologie anläßlich der Innovationsleistungen des Ich (im Gegensatz zur Kontrollfunktion der Mich-Bilder) reflektiert worden war.

Die Arbeit der abduktiven Theorieschöpfung ist ein kreativer Interaktionsprozeß, der nicht nur die Sinnwelt, die Forschungssicht des Forschers, sondern auch seine Selbstidentität allmählich verändert. Die Interaktion des Forschers vollzieht sich sowohl mit den Akteuren und Gegenständen innerhalb des empirischen Primärmaterials als auch mit den *Mit*forschern, die in ihrer Kooperation fortlaufend *aufeinander zu* kommunikative Interaktionstechniken der Materialanalyse und Theoriegenerierung anwenden: sie erzählen und beschreiben einander in den Sitzungen des Forschungsteams die von ihnen selbst beobachteten bzw. in Erfahrung gebrachten Vorgänge des untersuchten Interaktionsfeldes, sie argumentieren miteinander über die aus diesen Erfahrungen zu ziehenden analytischen Abstraktionen, und sie entwickeln letztere in gemeinsamer Kommunikationsarbeit im argumentativen Forschungsdiskurs im Wege der Explikation von theoretischen Vorstellungskernen („Kernkategorien") und der Konfrontation unterschiedlicher Kernkategorien zu Bausteinen integrierter theoretischer Modelle weiter. Angesichts der Wichtigkeit der Kommunikationsverfahren im Forschungsprozeß bekommen die Gruppenarbeit der Forschungsakteure und die interaktive Lehre der Forschungsvermittlung (der maieutische Hinweis des lehrenden Forschers, das Spiel von Frage und Antwort, der Widerstand des Schülers usw.) einen besonderen Stellenwert. Strauss (erscheint) hat deshalb die Gruppenarbeit im Forschungsteam und in der interaktiven Lehre der Einübung von Forschungskompetenz, die im Rahmen einer Forschungswerkstatt („research class") stattfindet, einer auf Transkriptionsmaterial solcher Gruppendiskurse beruhenden empirischen Analyse unterzogen. Glaser (1978, Kap. 2) beschreibt zudem die umsichtige, in sich selbst hineinhorchende Interaktion des Forschers mit sich selbst: in der Aufeinanderabstimmung („articulation") seiner Forschungsschritte untereinander sowie dieser mit seinen Aktivitäten im Bereich der intellektuellen Anregung (z. B. Lektüre) und der alltagsweltlichen Verrichtungen (z. B. Rekreation) trägt der Forscher seiner fortlaufenden Identitätsveränderung im Forschungsprozeß unter dem Gesichtspunkt der Förderung von Kreativitätsschüben Rechnung („theoretical pacing").

Mit ihrer Analyse der Arbeitsschritte der Forschung haben Glaser und Strauss viele Kritikpunkte und offene Fragen hinsichtlich der Forschungsmethodologie des S. I. einer Klärung zugeführt. Durch ihre Verdeutlichung der verschiedenen Kodierstile für qualitative Primärmaterialien haben sie wichtige erste Schritte zur Aufklärung der epistemologischen Grundfrage getan, wie allgemeine Prozeßmerkmale und -mechanismen im Primärmaterial aufscheinen und aus diesem durch gezielte und systematische analytische Abstraktion herausgearbeitet werden können. Mittels der auf Park und Hughes zurückgehenden Forschungsprinzipien der theoretischen Auswahl und des fortlaufenden kontrastiven Vergleichs haben sie Wege aufgezeigt, wie in der qualitativ-interpretativen Sozialforschung die Einzelfälle transzendiert und die grundlegenden Prozeßmechanismen, die das Geschehen im Gegenstandsfeld prägen, herausgearbeitet werden können. Das Prinzip der theoretischen Auswahl stellt zudem sicher, daß neuartige, bisher im Erwartungsgang des Projekts nicht erfaßte Prozeßmechanismen entdeckt und expliziert werden. Und das Prinzip des konstanten komparativen Vergleichs zwingt im Zusammenhang mit dem Orientierungskriterium der theoretischen Sättigung dazu, daß die gesamte theoretische Varianz im untersuchten Forschungsbereich erfaßt und in der hierarchischen Abstufung ihrer verschiedenen Zonen der Zentralität bzw. Randständigkeit erfaßt wird: daß das theoretische Modell also Gültigkeit und theoretische Repräsentativität beanspruchen kann. Glaser und Strauss haben mit ihren Forschungsprinzipien der Theoriebaustein-Skizzierung (Abfassung von theoretischen Memos), der theoretischen Sortierung dieser Bausteine zum Zwecke der Entdeckung zugrundeliegender Theoriemuster und der Integration dieser Theoriemuster zu Theoriemodellen unter zentralen prozeßanalytischen Gesichtspunkten schließlich wichtige Aspekte der Konstruktion von qualitativ-sozialwissenschaftlichen Theoriegebäuden erfaßt, die ihre eigene prozeßanalytische Architektonik aufweisen. Die Konstruktionsprinzipien dieser Theoriearchitektonik sind noch keineswegs voll erfaßt, und hier wird es sich in Zukunft erneut lohnen, an den klassischen Konzeptionen der Chicago-Schule für die Konstruktion von Theoriemodellen — etwa dem der Naturgeschichte (vgl. Turner in Park 1969, XXIII f) — anzuknüpfen.

In neuester Zeit ist es im Bereich des S. I. zudem zu Innovationen im Bereich der Forschungstechniken gekommen. Obwohl Glaser und Strauss immer wieder das Prinzip der Multiplizität der anzuwendenden Forschungsverfahren betonen und in ihren gegenstandsbezogenen Forschungsprojekten dies mit Umsicht und Könnerschaft auch praktizieren, ist selbst bei ihnen noch — und zwar das im Rahmen desjenigen Stranges der Forschungstradition, der von Park über die Chicago-Monographien zu Hughes führt — die naturalistische Feldforschung im Wege teilnehmender Beobachtung und informeller Interviews die Forschungsmethode erster Wahl. Daneben gibt es — besonders in der BRD — jetzt auch Rückgriffe auf die von Thomas und Znaniecki (1918/1959), R. Cavan (1928, 148−177, 198−248, 304) und C. Shaw (1930/1966) geprägte Tradition der extensiven Analyse von Einzelfalldokumenten. Diese müssen nicht notwendig als bereits fertige vom Forscher übernommen werden (wie das in der Chicago-Soziologie noch weitgehend der Fall war), sondern sie können unter Anwendung moderner Aufzeichnungstechnologien (d. h. insbesondere des Tonbandkassettengeräts) auch im Datenerhebungsprozeß hergestellt werden. Sie werden sodann nicht nur im Hinblick auf ihre Inhalte, sondern auch auf das „Wie" ihrer Aufzeige- und Darstellungsprozeduren hin rigoros sequenziell analysiert: an den in der technischen Konserve mitaufgezeichneten und in der genauen Transkription als formale Strukturen aufscheinenden (bewußten; gewußten, aber nicht beachteten; sowie ungewußten) interaktiven Aufzeige- und Herstellungspraktiken der an der erhobenen Alltags- bzw. Forschungskommunikation beteiligten Akteure wird auch das zunächst Verborgene der im Primärmaterial in Erscheinung tretenden sozialen Prozesse empirisch greifbar und systematisch analysierbar.

Das eigentümliche methodenempirische Forschungsinteresse — Einflüsse der Ethnomethodologie sind hier nicht zu übersehen — hat sich insbesondere auf die Entwicklung der Forschungs- und Analyseverfahren des narrativen Interviews (Riemann 1987; Hofmann-Riem 1984; 1987; Schütze 1976; 1981; 1983; 1984), des Familieninterviews (Hildenbrand et al. 1984; Hildenbrand/Müller 1984), der Gruppendiskussion (Bohnsack 1987; Meinefeld 1976; Krüger 1983) — diese selbst ein Abkömmling der industrie- und wissenssoziologischen Interessen-Variante der Frankfurter Schule (vgl. Mangold 1960; 1967) — sowie der Interaktionsanalyse (Kallmeyer 1979; Schütze 1978) ausgerichtet. Naturgemäß wendet sich bei der Auswertung solcher kontinuierlich und lückenlos sequenziell aufgezeichneten Erfahrungs- und Interaktionsdokumente das Interesse verstärkt der strukturellen Beschreibung und analytischen Abstraktion von Einzelfallmaterialien zu; der Prozeß der „Kodierung" im Sinne von Glaser und Strauss wird mithin auf diese Weise noch kleinschrittiger und lückenloser praktiziert als bei jenen, und dabei kristallisieren sich einige konkrete Forschungsverrichtungen heraus, die bei der Auswertung von ethnographischen Feldbeobachtungsdaten und informellen Interviewtechniken teils nicht erforderlich und teils nicht anwendungsmöglich sind. Insgesamt ändert sich jedoch durch die Entwicklung jener neuartigen Analyseprozeduren nicht das Gesamtbild der von Glaser und Strauss ausgearbeiteten Forschungslogik und -heuristik. (Zum Gesamtbereich der qualitativen Methodeninnovation in der BRD vgl. Hoffmann-Riem 1980).

7. Arten der Kritik am S. I. und seine Bedeutung für die Linguistik

Der S. I. hat, obwohl heute ein etablierter Theorie- und Forschungsansatz in der Soziologie, von strukturtheoretischer und marxistischer Seite (z. B. Berger 1977; Benson/Day 1976; Day/Day 1977) und von ethnomethodologischer Seite (Cicourel 1970, 104—109; 1968, 12 f; 1973, 167 ff; Zimmerman/Wieder 1970; Coulter 1973, 59—71; Wootton 1975, 97—102; Dingwall/Strong 1985) scharfe Kritik erfahren, die sich z. T. an der Diskussion über den Aushandlungscharakter der gesellschaftlichen Ordnung („negotiated order debate") zugespitzt hat. (Für die interaktionistische Seite in dieser Debatte vgl. Strauss 1978, 1—26, 234—276; insbes. 15 ff, 247—259; Strauss et al. 1985, 267—276; Maines 1979; 1982; Haferkamp 1987). Die Kritik hat sich sowohl auf die theoretischen Perspektiven des S. I. bezogen als auch auf die forschungslogischen Grundlagen und angewandten Methoden. Die theoretischen Perspektiven des S. I. wurden insbesondere in folgenden Hinsichten angegriffen:
– Der Theorie des S. I. sei eine Tendenz zur voluntaristischen Sichtweise sozialen Handelns, sozialer Interaktion und sozialer Regelsysteme zu eigen. Regeln seien nicht nur Rhetorik und „symbolischer Zement" oberhalb der eigentlichen Ebene der Aushandlungsinteraktionen. Der versachlichte Charakter der sozialen Wirklichkeit im Sinne von Durkheim werde so unterschätzt. Auch würden so die

unterschiedlichen Verrichtungen der Erzeugung von Regeln und Rollen und ihrer situierten Anwendung nicht als Untersuchungsgegenstände sui generis begriffen und systematisch empirisch analysiert.
– Die Theorie des S. I. blende die durch Organisation, materielle Ausstattung, Ressourcenknappheit und Entscheidungsvorgaben bedingte strukturelle Beschränktheit von Interaktionsabläufen der Tendenz nach aus.
– Die Theorie des S. I. weise eine Neigung zur konsensuellen und egalitären Betrachtung der gesellschaftlichen Wirklichkeit auf. Auf diese Weise würden Macht- und Zwangselemente von sozialen Zusammenhängen und Interaktionsprozessen unterschätzt.
– Die Theorie des S. I. sei in doppeltem Sinne ahistorisch: Einerseits konzentriere sie sich in ihren Feldforschungen auf Momentaufnahmen der jeweils gegenwärtigen Wirklichkeit, ohne die langfristigen historischen Wandlungsprozesse und gesellschaftlichen Großereignisse (wie die Veränderungen durch den Zweiten Weltkrieg) in Rechnung zu stellen. Andererseits bemühe sie sich bei der Entwicklung formaler Kategorien (wie derjenigen der Bewußtheitskontexte oder der der sozialen Welten) um einen universalistischen Zugang zur sozialen Wirklichkeit, ohne deren prinzipielle Eingeschränktheit in der Anwendungsmöglichkeit auf den gegenwärtigen historischen Zustand westlicher Gesellschaften in Rechnung zu stellen.
– Obwohl es in der Forschungsgruppe um Strauss mit dem Konzept der Krankheitsverlaufskurve (trajectory) einen kategorialen Zugang zu sozialen Prozessen des Erleidens gebe, sei doch die Theorie des S. I., die auf der philosophischen Grundlage des Pragmatismus stehe, insgesamt auf die aktive und zweckvoll eingreifende Realitätseinwirkung im Vollzuge intentional gesteuerter Handlungsabläufe überfokussiert.
– Das Theoriegebäude des S. I. lasse wenig Raum für die empirische Untersuchung oder gar systematische Reflexion von gesellschaftlichen Makrokontexten (wie etwa von langfristigen Veränderungen der Beziehung von Arbeit und Kapital oder der Sozialpolitik).
– Die dennoch vorhandene implizite Makrotheorie des S. I. sei — geprägt von den Fortschrittserwartungen der „Ziehväter" des S. I. – Thomas, Park, Dewey und Mead — von einer optimistischen Vorstellung welthistorischen sozialen Wandels zu immer größerer demokratischer Diskursivität bestimmt. Zugleich werde die geschichtliche Existenz

und die erneute Auftretensmöglichkeit makrohistorischer Desaster und Fehlentwicklungen ausgeblendet. –

Es ist hier nicht der Raum, diese Kritikpunkte zu diskutieren. Es soll lediglich darauf hingewiesen werden, daß jede sozialwissenschaftliche Theorie ihre präferentiellen Untersuchungsgesichtspunkte, Leitfragestellungen und Betrachtungsstile aufweist. Diese Präferenzen sind sachlich in dem Umstand begründet, daß die gesellschaftliche Wirklichkeit durchzogen ist von unaufhebbaren Grundpolaritäten wie der gleichzeitigen egalitären Ausrichtung sozialer Interaktion einerseits und ihrer faktischen Bedingtheit durch sozialen Zwang und Herrschaft (vgl. etwa Schütze 1975, Kap. 10) andererseits. Eine Theorie kann sich mehr für die *eine* Polarität interessieren als für die andere; sie darf dabei aber die Polarität selbst nicht aus dem Auge verlieren. Fisher und Strauss (1978, 488–495) arbeiten heraus, wie der S. I. seit seinen Anfängen in der Chicago-Soziologie sich an derartigen paradoxen Grundpolaritäten der gesellschaftlichen Wirklichkeit abgearbeitet hat: der Janusköpfigkeit des sozialen Wandels in urbanen Gesellschaften; der kollektiven Orientierung auf diskursiven Konsens bei gleichzeitigem Auftreten nicht-konsentierbarer sozialer Abläufe; oder der Vorgegebenheit und Unaufhebbarkeit gesellschaftlicher Begrenzungen einerseits und ihrer gleichzeitigen Bearbeitbarkeit durch die Einrichtung neuer Beziehungs- und Interaktionszusammenhänge (Assoziationen, Institutionen, Organisationen, Sozialwelten) andererseits. Der S. I. habe sich angesichts solcher Grundpolaritäten der sozialen Realität überwiegend von der humanistischen, optimistischen Seite der jeweiligen Polarität faszinieren lassen, ohne jedoch die jeweilige andere Seite aus seinen Forschungen auszublenden. (Es läßt sich hinzufügen, daß sich die Chicago-Soziologie gerade auch von den zahlreichen Erscheinungen sozialer *Desorganisation* hat faszinieren lassen und ihre Entschlüsselung sogar zum Untersuchungsparadigma erhoben hat. – Vgl. Carey 1975, Kap. 4) Fisher und Strauss fahren fort: auch sei der S. I., was die eigene Untersuchungsperspektive und die Präsentation seiner Ergebnisse anbelange, stets auf zurückhaltende Neutralität und Kontrolle hinsichtlich der eigenen Wertpräferenzen bedacht gewesen. Man kann ergänzen, daß ein wesentliches Forschungsprinzip des S. I. das der ausschöpfenden Beachtung und Kontrastierung (Triangulation) der in der Sache liegenden und von den verschiedenen Akteuren eingenommenen Perspektiven ist.

Die Präferenzen für bestimmte Grundfragestellungen sind in einem sozialwissenschaftlichen Theorie- und Forschungsansatz dann forschungslogisch akzeptabel, wenn sich der Forscher der Begrenztheit seiner theoretischen Perspektive bewußt bleibt, die Existenz auch weniger interessierender, aber sachrelevanter Erscheinungen registriert und in die eigene Untersuchung einbezieht und alle empirisch inadäquaten Ausblendungen von Prozeßmerkmalen, die das Gegenstandsfeld mitbestimmen, unterläßt. In diesem Sinne sind die Theorieanstrengungen des S. I. – ganz im selbst gesetzten Rahmen – wohl selten defizitär. Auch läßt sich – abgesehen von der erfolgreichen Auseinandersetzung der S. I.-Theoretiker mit den meisten der aufgezählten Kritikpunkte – darauf hinweisen, daß es für fast alle Vorwürfe der Ausblendung konkrete Gegenforschungsbeispiele des S. I. gibt. Auch ist der S. I. auf dem Wege, die alte makrotheoretische Reichweite der Chicago-Soziologie zurückzugewinnen. Aber es läßt sich nicht bestreiten, daß der S. I. wie jeder andere soziologische Ansatz in seiner Theorieperspektive begrenzt ist; und die aufgelisteten Vorwürfe versuchen auf ihre Art, die faktische Begrenztheit der S. I.-Theorieperspektive zu umreißen.

Unter forschungslogischen und methodologischen Gesichtspunkten wurden im wesentlichen folgende Kritikpunkte am S. I. vorgebracht:

– In der Feldarbeit und Datenanalyse des S. I. gebe es entweder eine Tendenz zur Einnahme der Standpunkte der beobachteten Akteure; die Perspektivität dieser Standpunkte werde dann nicht hinreichend beachtet. Oder aber der Feldbeobachter und Analytiker nehme den Neutralstandpunkt des „soziologischen Fremden" (P. G. Cressey) ein; die Problematik dieses vermeintlichen Objektivitätsstandpunkts, d. h. seine eigene Perspektivengebundenheit und Relativität und die Fesselung des Forschers an eigenes Alltagsdenken, werde dann nicht genügend reflektiert. Der grundlegende Umstand der Situiertheit und Indexikalität aller Präsentationen der Akteure und aller Interpretationen des Forschers werde nicht auf seine radikalen Implikationen für die Begrenztheit der soziologischen Realitätserfassung und den Analysegang durchdacht. Auch komme es in der Regel zu einer ungerechtfertigten Gleichsetzung zwischen den Gehalten der symbolischen Präsentation des Geschehens durch die Akteure (z. B. in ihren Sprechaktivitäten) und den tatsächlichen Abläufen, d. h. den lokalen Kommunikationshervorbringungen der symbolischen Präsentationen in sequenziellen Aktivitätsvollzügen.

– Obwohl der S. I. immer wieder auf die wirklichkeitsschöpfende Rolle der sprachlichen Kommunikationsabläufe hingewiesen habe, würden diese nicht rigoros untersucht. Damit verzichte der S. I. auf die systematische Analyse der harten Daten, die der qualitativ-interpretativen Sozialforschung offenstünden, und auf diese Weise würden auch keine Analyseprozeduren entwickelt, welche die Interpretationsprozeduren der qualitativen Sozialforschung zu systematisieren und zu konkretisieren in der Lage seien. Die Interpretationsprozeduren sowohl unmittelbar am Feldstandort im Zuge der vom S. I. präferierten teilnehmenden Beobachtung (einschließlich informeller Interviewaktivitäten) als auch später in der durch rudimentäre Aufzeichnungen erleichterten intuitiven, unsystematischen Nacherinnerung seien dagegen mehr oder weniger kursorisch-selektiv und nicht systematisch sequenziell organisiert. Da im S. I. auf die exemplarische exhaustive Präsentation sequenzieller Analysen von schriftlichen Dokumenten und Transkriptionen verzichtet werde – und auch diese selbst selten in natürlich abgegrenzten Teilstücken oder insgesamt in den Forschungsmonographien abgedruckt würden –, sei der Analyseprozeß nicht wirklich nachprüfbar.

– Die S. I.-Forschung nehme in der Datenerhebung und in der Auswertung der Feldnotizen und Interviewaufzeichnungen (bzw. -transkriptionen) gewöhnlich die Situationsdefinitionen und Wirklichkeitskonstruktionen der Akteure umstandslos wörtlich. Oder wenn eine davon abweichende, also „deutende" Reinterpretation während der Erhebungs- und/oder Auswertungssituation erfolge, könne über die verfahrensmäßige Art ihrer Hervorbringung und die Frage ihrer methodischen Berechtigung keine Rechenschaft abgelegt werden. Es sei also keine methodisch reflektierte symptomatologische, d. h. „gegen den Strich kämmende" Analyse der aufgezeichneten Daten prozedural vorhanden und technisch praktikabel. Auf diese Weise falle es den Forschungsaktivitäten des S. I. auch schwer, in den Einzelfallmaterialien „verborgene" zugrundeliegende Strukturen zu entdecken; das gelinge ihnen in der Regel erst in der Forschungsphase des kontrastiven

Vergleichs mit anderen Fällen, und durch diese Verzögerung und Einschränkung gehe erhebliches Analysepotential verloren.

– Obwohl in den Forschungsmonographien des S. I. immer wieder die illustrative Dokumentation und selektive Erörterung von Einzelfällen auftauche, würde nicht systematische empirische Einzelfallanalyse im Wege rigoroser sequenzieller Betrachtung betrieben (wenn man einmal von Ausnahmen wie Strauss/Glaser 1970 absehe). Dadurch begebe sich der S. I. der Möglichkeit der Entdeckung zeitlich ausgedehnter Prozeßmechanismen in der sozialen Realität der (individuellen bzw. kollektiven) Einzelfälle. Dies habe zur Folge, daß die Grundüberlegungen des S. I. zu sozialen Prozeßmechanismen rudimentär verliefen, d. h. auf die klassischen Handlungsbogen-Vorstellungen Meads eingeschränkt blieben, und daß in ihm die in seiner Theoriebildung durchaus vorhandene sequenzielle Betrachtungsweise zur „Zeitlichkeit" der sozialen Abläufe entgegen aller sichtbaren Anstrengungen lückenhaft bleibe.

– Trotz der Vorgaben in den klassischen Chicago-Monographien (vgl. Cressey 1932/ 1972; s. auch Kap. 2) und in grundlagentheoretischen Konzeptionen wie dem Unterschied zwischen Aushandlungs- und Strukturkontext (Strauss 1978, 287 ff) hätten die praktizierten Forschungsstrategien des S. I. Schwierigkeiten, die theoretisch interessierenden, in der Erhebung und konkreten Materialanalyse fokussierten sozialen Prozesse auf Strukturrahmen zu beziehen sowie dann auch diese letzteren als in Interaktionen erzeugte und veränderte Formen konkret zu untersuchen. Hinweise auf strukturelle Kontexte blieben rein horizonthaft, sie hätten in der Regel gerade *nicht* die forschungsstrategische Funktion, die jeweilige empirische Untersuchung auf strukturelle Rahmenwerke und Bedingungsgeflechte sowohl empirisch als auch in der Entfaltung eines theoretischen Kategoriengerüsts systematisch zu fokussieren. Der S. I. betreibe bei seinen Prozeßuntersuchungen also keine wirkliche „Mehrebenenanalyse". –

Entgegen der vorherrschenden Meinung innerhalb und außerhalb des S. I. muß die Kritik an den forschungslogischen und methodologischen Problemen des S. I. ernster genommen werden als die an seinen theoretischen Beschränkungen, insbesondere als die am Fehlen einer makrotheoretischen Perspektive. Trotz aller Anwendung auch anderer Forschungsmaterialien und -methoden bestimmt doch die (als solche durchaus produktive und forschungslogisch korrekte) Forschungshaltung des zugleich empathisch verstehenden und distanziert-„objektiven" Feldbeobachters weitgehend die Untersuchungsperspektive und methodologische Reflexion auch des zeitgenössischen S. I. Dies ist kein forschungslogischer Fehler; im Gegenteil hat gerade der S. I. mit seiner auf Praktikabilität und Effizienz ausgerichteten Forschungshaltung den Löwenanteil derjenigen gegenstandsbezogenen theoretisch-empirischen Monographien verfaßt, deren faszettenreiche und analytisch dichte Portraitkapitel und Ergebnisteile beeindruckend ausweisen, daß die interpretative, qualitative, handlungstheoretisch orientierte Soziologie Wesentliches zum Verständnis gesellschaftlicher Wirklichkeit beizutragen hat. Aber es sind andererseits doch unter dem Druck des permanenten Vorhalts mangelnder makrostruktureller Theoriebefähigung und mangelnder Repräsentativität und Breite der Aussagen an die Adresse der Chicago-Soziologie und des S. I., die Mitte der 30er Jahre einsetzten, und im Zuge der tiefen, z. T. überfokussierenden Beeindruckung durch diesen Vorhalt eine Reihe von forschungslogischen, methodischen und verfahrenstechnischen Aspekten im späteren S. I. vernachlässigt worden, die noch in den von Thomas und Park selbst betriebenen bzw. intensiv angeleiteten Forschungsmonographien (wenn auch z. T., dem damaligen Wissens- und Reflexionsstand entsprechend, unvollkommen) Berücksichtigung fanden.

Freilich ist auch im Bereich des professionellen Forschungshandelns der interpretativen bzw. qualitativen Sozialforschung — um die wissenschaftshistorische Reflexion von Fisher und Strauss (1978) noch einmal aufzunehmen und zugleich an die Bedeutung von Hughes' tiefsinniger Professionentheorie auch für das soziologische Forschungshandeln zu erinnern — eine letztlich unaufhebbare gesellschaftliche Grundpolarität feststellbar: die Fokussierung auf den Einzelfall kann sequenzanalytische Tiefe in den Forschungsprozeß hineintragen; sie hält aber zugleich, solange ihr Vollzug andauert, von einer kontrastiven und differenzierenden Betrachtungsweise, die gerade der faszettenreichen Untersuchung sozialer Rahmungen von Prozessen zugute kommt, ab — und umgekehrt. Jede qualitativ-sozialwissenschaftliche Forschungspraxis (und Praxis der *Präsentation* des Gangs und der Ergebnisse der Forschung) hat unter dieser unaufhebbaren Para-

doxie zu leiden. Aber Professionelle sollten die Paradoxien ihres Berufshandelns nicht nur bewußt aushalten — schon gar nicht lediglich resigniert-passiv ertragen —, sondern darüber hinaus deren Polaritäten aktiv ausloten, sich gleichgewichtig an ihnen abarbeiten und — wenn auch sequenziell versetzt — zugleich an beiden Fronten der jeweiligen Paradoxie kämpfen. Diese Haltung muß gerade auch für die imponierende Forschungspraxis des S. I. gefordert werden.

Für Sprachwissenschaftler ist der S. I. aus den folgenden Gründen von besonderem Interesse:
— Der S. I. hat der Funktion der sprachlichen Kommunikation bei der Herstellung gesellschaftlicher Gegenseitigkeitsstrukturen und bei der interaktiven Abwicklung von Handlungen besondere Aufmerksamkeit gewidmet, wenn er auch keine spezielle Theorie sprachlicher Kommunikation, geschweige denn (von Teilen) des sprachlichen Systems und der sequenziellen Struktur sprachlicher Texte, hervorgebracht hat.
— Der S. I. hat sozialwissenschaftliche Theoriekonzepte entfaltet, die als analytische Kernkategorien von interaktiven Prozessen und sozialen Rahmungen für eine naturalistisch-qualitative Verlaufsuntersuchung sprachlicher Kommunikation unter dem besonderen Gesichtspunkt, wie letztere in soziales Handeln und Interaktion eingebettet ist, strategisch werden können: zu nennen sind hier insbesondere die Konzepte der sozialen Welten, der Verlaufskurven und der Arbeitsbögen.
— Der S. I. hat die soziale Realitätsdomäne „Interaktion" kategorial analysiert — die Domäne, aus der alle sprachlichen Aktivitäten und Strukturen letztlich hervorgehen. Zu nennen sind hier Konzepte wie Rollenübernahme, signifikanter anderer, Rollendistanz (Goffman 1961, 85—152) oder Bewußtheitskontext (Glaser/Strauss 1974).
— Der S. I. hat systematische Vorstellungen darüber entwickelt, wie die Subjektivität der Akteure an der sprachlichen Kommunikation beteiligt ist, d. h. zugleich sowohl in ihr entfaltet wird als auch auf diese, neue Impulse gebend, strukturierend zurückwirkt. Damit wird auch eine Betrachtung des Emergenten, Veränderlichen in den Strukturierungen sprachlicher Kommunikation gefördert.
— Der S. I. hat Forschungsmethodologien und -heuristiken für eine naturalistische qualitative Erhebung und Analyse von (sprachlichen und außersprachlichen) Interaktions-

 abläufen und der diese einbettenden sozialen Situationen und sozialen Rahmenstrukturen ausgearbeitet.

8. Literatur (in Auswahl)

ABS = Arbeitsgruppe Bielefelder Soziologen, eds., (1973) *Alltagswissen, Interaktion und gesellschaftliche Wirklichkeit.* Bd. 1, Symbolischer Interaktionismus und Ethnomethodologie. Bd. 2, Ethnotheorie und Ethnographie des Sprechens, Reinbek b. Hamburg (rororo Studium). Neuerschienen in einem Band, Opladen, 1983.

Becker, Howard S. (1973) *Außenseiter.* Zur Soziologie abweichenden Verhaltens, Frankfurt a. M.

Becker, Howard S. et al., eds., (1968) *Institutions and the person.* Papers presented to Everett C. Hughes, Chicago.

Becker, Howard S. (1982) *Art worlds.* Berkeley/Los Angeles/London.

Becker, Howard S./Geer, Blanche/Hughes, Everett C./Strauss, Anselm L. (1961/1977) *Boys in white.* Student culture in medical school. New Brunswick, N. J.

Benson, J. Kenneth/Day, Robert (1976) "On the limits of negotiation: A critique of the theory of negotiated order". Paper presented at the annual meeting of the *American Sociological Association,* N. Y.

Berger, Johannes (1977) „Handlung und Struktur in der soziologischen Theorie", in: *Das Argument* 19, 56–66.

Berger, Johannes (1978) „Intersubjektive Sinnkonstitution und Sozialstruktur. Zur Kritik handlungstheoretischer Ansätze in der Soziologie", in: *Zeitschrift für Soziologie* 7, 327–334.

Berger, Peter/Luckmann, Thomas (1970) *Die gesellschaftliche Konstruktion der Wirklichkeit.* Frankfurt a. M.

Blumer, Herbert (1939) Critiques of research in the social sciences I. *An appraisal of Thomas and Znaniecki's "The polish peasant".* Bulletin 44. New York.

Blumer, Herbert (1947) "Sociological theory in industrial relations", in: *American Sociological Review,* XII, 271–278.

Blumer, Herbert (1969) *Symbolic interactionism.* Perspective and method. Englewood Cliffs.

Blumer, Herbert (1973) „Der methodologische Standort des Symbolischen Interaktionismus", in: Arbeitsgruppe Bielefelder Soziologen, eds., *Alltagswissen, Interaktion und gesellschaftliche Wirklichkeit,* Reinbek b. Hamburg, 80–146.

Blumer, Herbert (1975) „Soziale Probleme als kollektives Verhalten", als Anhang in: Hondrich, K. O., *Menschliche Bedürfnisse und soziale Steuerung.* Reinbek b. Hamburg, 102–113.

Blumer, Herbert (Rez.) (1979) "Comments on 'George Herbert Mead and the Chicago Tradition of Sociology'" (= Aufsatz Fisher/Strauss 1979), in: *Symbolic Interaction* 2, 2, 21 f.

Bodemann, Michal Y./Ostow, Robin (1975) „Lingua Franca und Pseudo-Pidgin in der Bundesrepublik: Fremdarbeiter und Einheimische im Sprachzusammenhang", in: *LiLi* 5, 18, 122–146.

Bohnsack, Ralf (1973) *Handlungskompetenz und Jugendkriminalität.* Neuwied/Berlin.

Bohnsack, Ralf (1983) *Alltagsinterpretation und soziologische Rekonstruktion,* Opladen.

Bohnsack, Ralf (1987) *Kollektive Lebensorientierungen in Gruppen Jugendlicher.* Exemplarische Wege zur empirischen Analyse des Zusammenhangs von Adoleszenzentwicklung, Milieu, Geschlecht und Generation. Habilitationsschrift der Philosophischen Fakultät I der Friedrich-Alexander-Universität Erlangen–Nürnberg.

Bulmer, Martin (1984) *The Chicago school of sociology:* Institutionalization, diversity, and the rise of sociological research. Chicago.

Carey, James T. (1975) *Sociology and public affairs.* The Chicago school. Foreword by James F. Short, Jr., Beverly Hills/London.

Carlen, Pat (1976) *Magistrates' Justice,* London.

Cavan, Ruth Shonle (1928) *Suicide,* Chicago.

Cicourel, Aaron V. (1968) *The social organization of juvenile justice,* New York/London/Sidney.

Cicourel, Aaron V. (1970) *Methode und Messung in der Soziologie,* Frankfurt a. M.

Cicourel, Aaron V. (1973) „Basisregeln und normative Regeln im Prozeß des Aushandelns von Status und Rolle", in: Arbeitsgruppe Bielefelder Soziologen, eds., *Alltagswissen, Interaktion und gesellschaftliche Wirklichkeit,* Reinbek b. Hamburg, 147–188.

Coulter, Jeff (1973) *Approaches to insanity.* A philosophical and sociological study, London.

Cressey, Paul G. ([1932] 1972) *The taxi-dance hall,* Montclair, N. J.

Day, Robert/Day, JoAnne V. (1977) "A review of the current state of negotiated order theory: an appreciation and a critique", in: *The Sociological Quarterly* 18, 126–142.

Denzin, Norman K. (1970) *The research act in sociology,* London.

Denzin, Norman K. (1970 a) "Symbolic interactionism and ethnomethodology", in: Douglas, J., ed., *Understanding everyday life,* Chicago, 259–284.

Denzin, Norman K. (1977) *Childhood socialization.* Studies in the development of language, social behavior, and identity, San Francisco/Washington/London.

Dewey, John (1896) "The reflex arc concept in psychology", in: *Psychological Review* 3, 357–370. Wiederabgedruckt in: ders., Philosophy and civilization, New York, 1931, unter der Kapitelüberschrift: "The unit of behavior".

Dingwall, Robert/Strong, Phil M. (1985) "The interactional study of organizations. A critique and reformulation", in: *Urban Life* 14, 2, 205 – 231.

Döbert, Rainer/Habermas, Jürgen/Nunner-Winkler, Gertrud (1977) „Zur Einführung" (in den Band: „Entwicklung des Ich"), in: Dies., eds., *Entwicklung des Ich,* Köln, 9 – 30.

Douglas, Jack D. (1970) *The social meaning of suicide,* Princeton, N. J.

Erikson, Kai T. (1976) *Everything in its path:* Destruction of community in the Buffalo Creek Flood. New York.

Faris, Robert E. L. (1970) *Chicago sociology 1920 – 1932.* With a foreword by Morris Janowitz. Chicago/London.

Fisher, Berenice M./Strauss, Anselm (1978) "Interactionism", in: Bottomore, T./Nisbet, R., eds., *A history of sociological analysis,* London, 457 – 498.

Fisher, Berenice M./Strauss, Anselm (1979 a/b) "George Herbert Mead and the Chicago tradition of sociology", Teil 1 und 2, in: *Symbolic Interaction* 2, 1, 9 – 26; 2, 2, 9 – 20.

Flavell, J. H., Botkin, P. T., Fry, C. L., Wright, J. W. und Jarvis, P. E. (1968) *The development of role taking and communication skills in children.* New York u. a. O. Deutsch: Rollenübernahme und Kommunikation bei Kindern, Weinheim, 1975.

Freidson, Eliot (1975) *Dominanz der Experten.* Zur sozialen Struktur medizinischer Versorgung. Hgg. und übersetzt von Johann Jürgen Rohde. München/Berlin/Wien.

Freidson, Eliot (1975 a) "The division of labor as social interaction", in: *Social Problems* 23, 304 – 313.

Gallent, Mary J./Kleinman, Sherryl (1983) "Symbolic interactionism vs. ethnomethodology", in: *Symbolic Interaction* 6, 1, 1 – 18.

Geulen, Dieter, ed. (1982) *Perspektivenübernahme und soziales Handeln.* Texte zur sozial-kognitiven Entwicklung, Frankfurt a. M.

Glaser, Barney G. (1972) *The patsy and the subcontractor.* A study of the expert-layman relationship. Mill Valley.

Glaser, Barney G. (1978) *Theoretical sensitivity.* Advances in the methodology of grounded theory. Mill Valley.

Glaser, Barney G./Strauss, Anselm (1974) *Interaktion mit Sterbenden,* Göttingen.

Glaser, Barney/Strauss, Anselm (1968) *Time for dying,* Chicago.

Glaser, Barney/Strauss, Anselm (1973) *The discovery of grounded theory.* Strategies for qualitative research, Chicago.

Goffman, Erving (1961) *Encounters.* Two studies in the sociology of interaction, Indianapolis.

Goffman, Erving (1967) *Stigma.* Über Techniken der Bewältigung beschädigter Identität, Frankfurt a. M.

Goffman, Erving (1971) *Interaktionsrituale.* Über Verhalten in direkter Kommunikation, Frankfurt a. M.

Goffman, Erving (1972) *Asyle,* Frankfurt a. M.

Goffman, Erving (1974) *Das Individuum im öffentlichen Austausch,* Frankfurt a. M.

Goffman, Erving (1980) *Rahmen-Analyse.* Ein Versuch über die Organisation von Alltagserfahrung, Frankfurt a. M.

Grathoff, Richard H. (1970) *The structure of social inconsistencies.* A contribution to a unified theory of play, game and social action, The Hague.

Grathoff, Richard (1987) „Zur gegenwärtigen Rezeption von George Herbert Mead", in: *Philosophische Rundschau* 34, 1/2, 131 – 148.

Haferkamp, Hans (1973) *Die Struktur elementarer sozialer Prozesse.* Logik und Gehalt eines Forschungsleitfadens zur soziologischen Analyse und Erklärung, Stuttgart.

Haferkamp, Hans (1975) *Kriminelle Karrieren.* Handlungstheorie, teilnehmende Beobachtung und Soziologie krimineller Prozesse, Reinbek b. Hamburg.

Haferkamp, Hans (1987) "The interaction theory in the Federal Republic of Germany: Its development and current position, themes and problems", erscheint in: *Symbolic Interaction.*

Hermanns, Harry (1982) *Berufsverlauf und soziale Handlungskompetenz von Ingenieuren.* Eine biographie-analytische Untersuchung auf der Basis narrativer Interviews. Diss., Gesamthochschule Kassel.

Hildenbrand, Bruno (1983) *Alltag und Krankheit.* Ethnographie einer Familie, Stuttgart.

Hildenbrand, Bruno/Müller, Hermann (1984) „Mißlungene Ablöseprozesse Jugendlicher aus ihren Familien — Ethnographische Illustration zur Frage des methodischen Stellenwerts von Einzelfallstudien in der interpretativen Sozialforschung", in: Soeffner, H.-G., ed., *Beiträge zu einer Soziologie der Interaktion,* Frankfurt/New York, 79 – 120.

Hildenbrand, Bruno/Müller, Hermann/Beyer, Barbara/Klein, Daniela (1984) „Biographiestudien im Rahmen von Milieustudien", in: Kohli, M./Robert, G., eds., *Biographie und soziale Wirklichkeit.* Neue Beiträge und Forschungsperspektiven, Stuttgart, 29 – 52.

Hoffmann-Riem, Christa (1980) „Die Sozialforschung einer interpretativen Soziologie. Der Datengewinn", in: *KZfSS 32,* 339 – 372.

Hoffmann-Riem, Christa (1984) *Das adoptierte Kind.* Familienleben mit doppelter Elternschaft, München.

Hoffmann-Riem, Christa (1986) "Adoptive parenting and the norm of family emotionality", in: *Qualitative Sociology* 9, 2, 162 – 178.

Hughes, Everett C. (1928) A study of a secular institution: *The Chicago real estate board.* Unpublished Ph. D. Dissertation, Univ. of Chicago.

Hughes, Everett C. (1943) *French Canada in transition,* Chicago.

Hughes, Everett C. (1971) *The sociological eye.* Bd. 1: Selected papers on institutions and race. Bd. 2: Selected papers on work, self, and the study of society, Chicago/New York.

Hughes, Everett C. (1972) "The linguistic division of labor in industrial and urban societies", in: Fishman, J. A., ed., *Advances in the sociology of language.* Vol. II: Selected studies and applications, The Hague/Paris, 296—309.

Joas, Hans (1978) „George Herbert Mead", in: Käsler, D., ed., *Klassiker soziologischen Denkens.* Zweiter Band: Von Weber bis Mannheim, München, 7—39.

Joas, Hans (1980) *Praktische Intersubjektivität.* Die Entwicklung des Werkes von G. H. Mead, Frankfurt a. M.

Kallmeyer, Werner (1979) „Kritische Momente. Zur Konversationsanalyse von Interaktionsstörungen", in: Fries, W./Labroisse, G., eds., *Grundfragen der Textwissenschaft,* Amsterdam, 59—109.

Kallmeyer, Werner/Schütze, Fritz (1976) „Konversationsanalyse", in: *Studium der Linguistik* 1, 1—28.

Kellner, Hansfried (1969) „Vorwort und Einleitung" (zu: G. H. Mead, Philosophie der Sozialität), in: Mead, G. H., *Philosophie der Sozialität,* Frankfurt a. M., 7—35.

Kling, Robert/Gerson, Elihu M. (1978) "Patterns of segmentation and intersection in the computing world", in: *Symbolic interaction* 1, 2, 24—43.

Kohlberg, Lawrence (1974) *Zur kognitiven Entwicklung des Kindes,* Frankfurt a. M.

Krüger, Heidi (1983) „Gruppendiskussionen. Überlegungen zur Rekonstruktion sozialer Wirklichkeit aus der Sicht der Betroffenen", in: *Soziale Welt 34,* 90—109.

Kuhn, Manford H. (1964) "Major trends in symbolic interaction theory in the past twenty-five years", in: *Sociological Quarterly* 5, 61—84.

Lemert, Edwin M. (1975) „Der Begriff der sekundären Devianz", in: Lüderssen, K./Sack, F., eds., *Seminar: Abweichendes Verhalten,* Bd. I: Die selektiven Normen der Gesellschaft, Frankfurt a. M., 433—476.

Lindesmith, A. R./Strauss, A./Denzin, N. K. (1978) *Social Psychology.* (5. Aufl.) New York.

Maines, David R. (Rez.) (1979) "Mesostructure and social process" (Besprechung von A. Strauss, Negotiations), in: *Contemporary Sociology* 1979 (July), 524—527.

Maines, David R. (1982) "In search of mesostructure. Studies in the negotiated order", in: *Urban Life* 11, 3, 267—279.

Mangold, Werner (1960) *Gegenstand und Methode des Gruppendiskussionsverfahrens,* Frankfurt a. M.

Mangold, Werner (1967) „Gruppendiskussionen", in: König, R., ed., *Handbuch der empirischen Sozialforschung,* Bd. 2, Grundlegende Methoden und Techniken der empirischen Sozialforschung. Erster Teil. 3. Aufl., Stuttgart, 228—259.

Maurenbrecher, Thomas (1985) *Die Erfahrung der externen Migration.* Eine biographie- und interaktionsanalytische Untersuchung über Türken in der Bundesrepublik Deutschland, Frankfurt/Bern/New York.

Matthes, Joachim (1973) *Einführung in das Studium der Soziologie,* Reinbek b. Hamburg.

Matthes, Joachim (1985) „Die Soziologen und ihre Wirklichkeit", in: *Soziale Welt,* Sonderband 3, 49—64.

Mead, George Herbert (1938) *The philosophy of the act* (edited, with introduction, by Ch. W. Morris), Chicago/London.

Mead, G. H. ([1932] 1959) *The philosophy of the present.* (Ed. by A. E. Murphy, with preparatory remarks by J. Dewey) LaSalle, Ill.

Mead, G. H. (1968) *Geist, Identität und Gesellschaft — aus der Sicht des Sozialbehaviorismus.* Mit einer Einleitung herausgegeben von Ch. W. Morris, Frankfurt a. M.

Mead, George Herbert (1969) *Philosophie der Sozialität.* Aufsätze zur Erkenntnisanthropologie, Frankfurt a. M.

Meinefeld, Werner (1976) „Ein formaler Entwurf für die empirische Erfassung elementaren sozialen Wissens", in: Arbeitsgruppe Bielefelder Soziologen, *Kommunikative Sozialforschung,* München, 88—158.

Meltzer, Bernard N./Petras, John W./Reynolds, Larry T. (1975) *Symbolic interactionism.* Genesis, varieties and criticism. London/Boston.

Miller, Max (1986) *Kollektive Lernprozesse.* Studien zur Grundlegung einer soziologischen Lerntheorie, Frankfurt a. M.

Oevermann, Ulrich/Allert, Tilmann/Gripp, Helga/Konau, Elisabeth/Krambeck, Jürgen/Schröder-Caesar, Erna/Schütze, Yvonne (1976) „Beobachtungen zur Struktur der sozialisatorischen Interaktion. Theoretische und methodologische Fragen der Sozialisationsforschung", in: Auwärter, M./Kirsch, E./Schröder, M., eds., *Kommunikation, Interaktion, Identität.* Frankfurt a. M., 371—403.

Park, Robert Ezra (1967) *On social control and collective behavior.* Selected papers. Edited and with an introduction by Ralph H. Turner. Chicago/London.

Park, Robert E./Burgess, Ernest W. ([1925] 1969) *Introduction to the science of sociology.* Including an index to basic sociological concepts. Student edition. Abridged and with a new preface by Morris Janowitz. Chicago/London.

Parsons, Talcott (1951) *The Social System,* New York.

Peirce, Charles Sanders (1970) *Schriften II.* Vom Pragmatismus zum Pragmatizismus, Frankfurt a. M.

Rose, Arnold M. (1962) "Preface" zu: Rose, A. H., ed., *Human behavior and social processes.* An interactionist approach, London, VII–XII.

Rose, Arnold M. (1967) „Systematische Zusammenfassung der Theorie der symbolischen Interaktion", in: Hartmann, H., ed., *Moderne amerikanische Soziologie.* Neuere Beiträge zur soziologischen Theorie, Stuttgart, 219–231.

Riemann, Gerhard (1987) *Das Fremdwerden der eigenen Biographie.* Narrative Interviews mit psychiatrischen Patienten, München.

Scheff, Thomas J. (1966) *Being mentally ill:* A sociological theory, Chicago.

Schumann, Karl F. (1977) *Der Handel mit der Gerechtigkeit.* Funktionsprobleme der Strafjustiz und ihre Lösungen – am Beispiel des amerikanischen plea bargaining, Frankfurt a. M.

Schütz, Alfred (1960) *Der sinnhafte Aufbau der sozialen Welt.* 2. Auflage, Wien.

Schütz, Alfred (1971) *Gesammelte Aufsätze,* Bd. 1: Das Problem der sozialen Wirklichkeit, Den Haag.

Schütze, Fritz (1975) *Sprache soziologisch gesehen.* Bd. 1: Strategien des sprachbezogenen Denkens innerhalb und im Umkreis der Soziologie. Bd. 2: Sprache als Indikator für egalitäre und nicht-egalitäre Sozialbeziehungen, München.

Schütze, Fritz (1976) „Zur Hervorlockung und Analyse von Erzählungen thematisch relevanter Geschichten im Rahmen soziologischer Feldforschung", in: Arbeitsgruppe Bielefelder Soziologen, *Kommunikative Sozialforschung,* München, 159–260.

Schütze, Fritz (1978) „Strategische Interaktion im Verwaltungsgericht – eine soziolinguistische Analyse zum Kommunikationsverlauf im Verfahren zur Anerkennung als Wehrdienstverweigerer", in: Hassemer, W./Hoffmann-Riem, W./Weiss, M., eds., *Schriften der Vereinigung für Rechtssoziologie.* Bd. 2: Interaktion vor Gericht, Baden-Baden, 19–100.

Schütze, Fritz (1981) „Prozeßstrukturen des Lebensablaufs", in: Matthes, J./Pfeifenberger, A./Stosberg, M., eds., *Biographie in handlungswissenschaftlicher Perspektive,* Nürnberg, 67–156.

Schütze, Fritz (1983) „Biographieforschung und narratives Interview", in: Neue Praxis 83, 3, 283–293.

Schütze, Fritz (1984) „Kognitive Figuren des autobiographischen Stegreiferzählens", in: Kohli, M./Robert, G., eds., *Biographie und soziale Wirklichkeit.* Neue Beiträge und Forschungsperspektiven, Stuttgart, 78–117.

Schütze, Fritz (1984a) „Professionelles Handeln, wissenschaftliche Forschung und Supervision. Ver-

such einer systematischen Überlegung", in: Lippenmeier, N., ed., *Beiträge zur Supervision, Bd. 3. Arbeitskonferenz Theorie der Supervision,* WS 83/84, Kassel (Gesamthochschulbibliothek), 262–389.

Schütze, Fritz/Meinefeld, Werner/Springer, Werner/Weymann, Ansgar (1973) „Grundlagentheoretische Voraussetzungen methodisch kontrollierten Fremdverstehens", in: ABS, eds., *Alltagswissen, Interaktion und gesellschaftliche Wirklichkeit,* Reinbek b. Hamburg, 433–495.

Shaw, Clifford, R. ([1930] 1966) *The Jackroller.* A delinquent boy's own story. With a new introduction by Howard S. Becker, Chicago/London.

Shibutani, Tamotsu (1955) "Reference groups as perspectives", in: *American Journal of Sociology* 60, 562–569.

Short, James F., Jr. (1963) "Introduction to the abridged edition", in: Thrasher, F. M., *The gang.* Chicago/London, XV–LIII.

Soeffner, Hans-Georg (1986) „Handlung – Szene – Inszenierung. Zur Problematik des 'Rahmen'-Konzeptes bei der Analyse von Interaktionsprozessen", in: Kallmeyer, W., ed., *Kommunikationstypologie.* Jahrbuch 1985 des Instituts für Deutsche Sprache, Düsseldorf, 73–91.

Steinert, Heinz, ed. (1983) *Symbolische Interaktion.* Arbeiten zu einer reflexiven Soziologie, Stuttgart.

Strauss, Anselm (1968) *Spiegel und Masken.* Die Suche nach Identität, Frankfurt a. M.

Strauss, Anselm (1978) *Negotiations.* Varieties, contexts, processes, and social order, San Francisco.

Strauss, Anselm (1978a) "A social world perspective", in: Denzin, N. K., ed., *Studies in symbolic interaction,* Vol. 1, Greenwich, Conn., 119–128.

Strauss, Anselm (1982) "Social worlds and legitimation processes", in: Denzin, N. K., ed., *Studies in symbolic interaction,* Vol. 4, Greenwich, Conn., 171–190.

Strauss, Anselm (1984) "Social worlds and their segmentation", in: Denzin, N. K., ed., *Studies in symbolic interaction,* Vol. 5, Greenwich, Conn., 123–139.

Strauss, Anselm (1985) "Work and the division of labor", in: *The Sociological Quarterly* 26, 1, 1–19.

Strauss, Anselm, erscheint: *Qualitative Analysis.*

Strauss, Anselm/Fagerhaugh, Shizuko/Suczek, Barbara/Wiener, Carolyn (1980) „Gefühlsarbeit. Ein Beitrag zur Arbeits- und Berufssoziologie", in: *Kölner Zeitschrift für Soziologie und Sozialpsychologie* 32, 629–651.

Strauss, Anselm/Fagerhaugh, Shizuko/Suczek, Barbara/Wiener, Carolyn (1985) *Social organization of medical work.* Chicago/London.

Strauss, Anselm/Glaser, Barney (1970) *Anguish:* The case history of a dying trajectory, Mill Valley, CA.

Strauss, Anselm/Schatzman, Leonard/Bucher, Rue/Ehrlich, Danuta/Sabshin, Melvin ([1964]

1981) *Psychiatric ideologies and institutions.* With a new introduction by the authors, New Brunswick, N. J./London.

Thomas, William I./Znaniecki, Florian ([1918/ 1927] 1958) *The polish peasant in Europe and America.* Nachdruck nach der 2. Aufl. von 1927, New York.

Thrasher, Frederic M. ([1927] 1963) *The Gang.* A study of 1.313 gangs in Chicago. Abridged with a new introduction by James F. Short, Jr., Chicago/ London.

Tucker, C. W. (1966) "Some methodological problems of Kuhn's self theory", in: *Sociological Quarterly* 7, 345–358.

Turner, Ralph H. (1967) "Introduction", in: Park, Robert E., *On social control and collective behavior,* Chicago/London, IX–XLVI.

Turner, Ralph H./Killian, Lewis M. (1957) *Collective behavior.* Englewood Cliffs, N. J.

Wiener, Carolyn (1981) *The politics of alcoholism.* Building an arena around a social problem. New Brunswick/London.

Wootton, Anthony (1975) *Dilemmas of discourse.* Controversies about the sociological interpretation of language, London.

Zimmerman, Don H./Wieder, Lawrence (1970) "Ethnomethodology and the problem of order: Comment on Denzin", in: Douglas, J., ed., *Understanding everyday life,* Chicago, 287–295.

Fritz Schütze, Kassel
(Bundesrepublik Deutschland)

66. Sozialgeographie

1. Begriffsentwicklung und -verständnis

Der Begriff Sozialgeographie tauchte bereits vor der Jahrhundertwende in Frankreich zum ersten Mal in der wissenschaftlichen Terminologie auf, und zwar in der Soziologie bei Vertretern der Le Play-Schule sowie bei dem Geographen Elisée Reclus (vgl. Dunbar 1977). Die mit dem Begriff verknüpften Anregungen wurden vereinzelt aufgegriffen, jedoch nicht zu einem fest umrissenen Konzept ausgebaut. Der Begriff selbst hat im Laufe der Zeit eine sehr unterschiedliche, sich schon bald auf die Geographie beschränkende Verbreitung und inhaltliche Ausfüllung erfahren. Dabei machte sich nicht nur der Einfluß einzelner Wissenschaftler und Schulen geltend, auch nationale Forschungs- und Ausbildungstraditionen sowie die jeweilige politisch-ideologische Orientierung spielten eine Rolle. Je nach Selbstverständnis führt sich die heutige Sozialgeographie auf verschiedenartige Wurzeln zurück. Zu diesen gehören z. B. die 'géographie humaine' des Franzosen Paul Vidal de la Blache und sein Konzept der Lebensformengruppen (genres de vie), die in Amsterdam von Sebald Rudolf Steinmetz begründete 'soziographische' Schule oder die auf Robert Ezra Park zurückgehende Chicagoer Schule der 'human ecology' (vgl. Thomale 1972). Der Höhepunkt in der neuerdings sinkenden Beliebtheit des Begriffs Sozialgeographie lag in den 60er und 70er Jahren in einigen Ländern des westlichen Europa, darunter der Bundesrepublik Deutschland. — In seiner weitesten Auslegung wird er verwendet, um die gesamte nicht-naturwissenschaftliche Komponente der Allgemeinen Geographie zu bezeichnen und steht in diesem Fall für die im Deutschen üblichen Begriffe Anthropo- oder Kulturgeographie oder Geographie des Menschen. Dies gilt für die 'sociale geografie' der Niederlande (vgl. de Pater/Sint 1982). In der Bundesrepublik hat die Abwertung der historisch-genetisch ausgerichteten Kulturlandschaftsgeographie dem Hendiadyoin Wirtschafts- und Sozialgeographie Auftrieb gegeben, mit dem eine neue, überlegene Wissenschaftlichkeit demonstriert werden sollte (Bartels 1970; vgl. Wirth 1979, 28). Ein Anspruch auf methodische Erneuerung liegt auch der Auffassung zugrunde, derzufolge die Sozialgeographie „den gemeinsamen gesellschaftlichen Urgrund und Rahmen für die einzelnen Funktionsgruppen (Wirtschaft, Siedlung, Verkehr usw.) aufzuzeigen" habe (Bobek); sie erhalte dadurch eine zentrale Bedeutung innerhalb der Anthropogeographie (Ruppert 1973, 290). Sie ist demnach als Betrachtungs- und Erklärungsweise zu charakterisieren, die auf sämtliche Teilgebiete der Anthropogeographie angewendet werden kann. Eine weitere, dritte Möglichkeit ist die, unter Sozialgeographie lediglich ein Teilgebiet neben der Bevölkerungs-, Wirtschafts- oder Siedlungsgeographie zu verstehen (vgl. Wirth 1979, 79). Schließlich sei auch ein auffallender Beleg für die Nichtverwendung des Begriffs Sozialgeographie gebracht, nämlich das weitverbreitete Lehrbuch von Peter Haggett, „Geography. A Modern Synthesis". Nicht einmal in der eigenwilligen Übersicht über die Entwicklung der (Gesamt-) Geographie 1775 – 1975 findet sich ein Hinweis auf das Auftreten einer „social geography". In den kommunistischen Ländern verhinderte nach Hottes (1973, 339) „die Wertung sämtlicher sozialer Prozesse als ökonomische Prozesse ... ex verbo die Entstehung einer Sozialgeographie"; im Rahmen der herrschenden Ökonomischen Geographie seien aber durchaus auch „sozialgeographische" Themen aufgegriffen worden. Von daher überrascht es nicht, daß Neumann/Krönert (1980, 107), Angehörige des Instituts für Geographie und Geoökologie der Akademie der Wissenschaften der DDR, die Ansicht vertraten, die Anerkennung und Praktizierung sozialer Aspekte in der geographischen Forschung erforderten „Überlegungen zur Einordnung sozialgeographischer Betrachtungsweisen in die Ökonomische Geographie und [...] längerfristig auch die Ausarbeitung einer Konzeption der 'Sozialgeographie' auf marxistisch-leninistischer Grundlage."

2. Arbeitsgebiete

Angesichts der Vielzahl von Ansätzen und Interpretationen können die folgenden Ausführungen nicht mehr als eine grobe Orientierungshilfe bieten. Sie berücksichtigen die wichtigsten seit dem 2. Weltkrieg festzustellenden Arbeitsgebiete der Sozialgeographie im engeren Sinne.

2.1. Soziale Faktoren in der Kulturlandschaft

Unter Kulturlandschaft ist ein von menschlichen Gesellschaften gestalteter Erdraum zu verstehen. Lange Zeit stand die Kulturlandschaft, vor allem in ihrer Sonderausformung als Agrarlandschaft, im Mittelpunkt der Forschung. Sie bemühte sich, die individuellen Gegebenheiten zu erfassen und zu erklären. Zu diesem Zweck müssen die Einzelbestandteile der Kulturlandschaft, z. B. bestimmte

formale Erscheinungen (Orts- und Flurformen) oder großräumige Erschließungsmuster (Städte- und Verkehrsnetze, landwirtschaftliche Betriebssysteme), historisch-genetisch eingeordnet und auf die für ihre Entstehung und Fortentwicklung verantwortlichen Faktoren, zu denen auch die gesellschaftlichen zählen, zurückgeführt werden. Als Beispiel sei eine Studie (Kuls/Tisowsky 1961) über das Rhein-Main-Gebiet angeführt. Dort ließ sich bei landwirtschaftlichen Spezialkulturen (Feldgemüse-, Obstbau) eine deutliche zentral-periphere Zonierung feststellen. Normalerweise sind solche Zonierungen im Sinne des Thünen'schen Modells mit der wachsenden Entfernung vom Markt zu erklären; hier jedoch erwies sich die agrarsoziale Sortierung, und zwar die wechselnde Bedeutung der Feierabendlandwirte, als ausschlaggebend. Dies heißt zugleich, daß es sich um eine relativ junge, an eine fortgeschrittene Phase der Industrialisierung gebundene Erscheinung handelte.

2.2. Sozialräumliche Wandlungsprozesse

Den Anstoß zu einer Interessenverlagerung, die über die traditionelle Kulturlandschaftsforschung hinauswies, gab in den 50er Jahren Wolfgang Hartke. Er verstand die Kulturlandschaft als 'Registrierplatte' sozial gesteuerter Prozesse. Folglich können bestimmte kulturlandschaftliche Erscheinungen Indikatoren für gesellschaftliche Veränderungen darstellen, die in ihrem raum-zeitlichen Ablauf anderweitig nicht oder nur schwer nachweisbar sind. Das Auftreten von Brachflächen in der Agrarlandschaft zum Beispiel kann sozial bedingt sein und zeigt in diesem Fall den Übergang vom Arbeiterbauerntum zur reinen außerlandwirtschaftlichen Erwerbstätigkeit an. Hartke hat diese Erscheinung als Sozialbrache bezeichnet. Sie tritt nicht überall gleichzeitig und vor allem nicht in gleicher Intensität auf. Ein Raum, der bei wichtigen sozialen Wandlungsprozessen (wie dem oben erwähnten) eine einheitliche Tendenz aufweist, gilt nach Hartke als 'Raum gleichen sozialgeographischen Verhaltens'. Das Problem der Mehrdeutigkeit kulturlandschaftlicher Erscheinungen wird methodisch dadurch bewältigt, daß die Kartierung dieser Erscheinungen, also z. B. der Brachflächen, mit einer parzellengenauen Besitzkartierung nach agrarsozialen (oder generellen sozialen) Kategorien kombiniert wird. Erst die vergleichende Auswertung ergibt eine sichere Datenbasis. Der mit diesem Verfahren verbundene hohe Aufwand schränkt den Indikatorenansatz auf räumliche Einheiten in der Größenordnung von Gemarkungen ein. Der Identifizierung von 'Räumen gleichen sozialgeographischen Verhaltens' waren daher enge Grenzen gesetzt. — Die Brücke zu einer großräumigen Perspektive bietet die Innovationsforschung, die sich mit Regelhaftigkeiten bei der Ausbreitung (Diffusion) von Neuerungen befaßt. Sie ist auf zeitlich gestaffelte und räumlich fixierte Daten angewiesen, d. h. sie muß wissen, wann und wo eine Neuerung angenommen worden ist. Sofern geeignetes Material verfügbar ist, lassen sich, wie Bartels (1968 b) anhand der Aufbruchentschlüsse türkischer Gastarbeiter aus der Region Izmir zeigen konnte, Rückschlüsse auf soziale Wandlungsprozesse ziehen.

2.3. Sozialräumliche Gliederung

Den oben skizzierten Ansatz ordnete Hartke einer traditionellen Aufgabe der Geographie, nämlich 'der beschreibenden und erklärenden Gliederung der Welt', zu. Zu sehen ist dies vor dem Hintergrund wiederholter Bemühungen des Faches um Raumgliederungen, denen wirtschaftliche Kriterien zugrunde lagen (wirtschaftsräumliche Gliederungen) und die sinnvollerweise um solche mit sozialer Dimension zu ergänzen waren. Anders als bei dem Nachweis einzelner sozialräumlicher Prozesse kommt es hier darauf an, bestehende Differenzierungen flächendeckend zu erfassen. Dies kann auf verschiedenen Maßstabsebenen und sowohl quantifizierend als auch nicht-quantifizierend erfolgen. Eine vielbeachtete nicht-quantifizierende Gliederung im Weltmaßstab hat Bobek (1959) vorgelegt. Er unterschied dabei mehrere gesellschaftliche Entfaltungsstufen, die von der Wildbeuterstufe bis zur Stufe des produktiven Kapitalismus, der industriellen Gesellschaft und des jüngeren Städtewesens reichen. Die Mehrzahl der Gliederungen bezieht sich allerdings auf vergleichsweise kleine Raumausschnitte und beruht auf administrativen Gebietseinteilungen, vorzugsweise den Gemeinden (soziale Gemeindetypisierungen). Da viele Großstädte ein kleinteiliges Mosaik von statistischen Zählbezirken aufweisen, hat sich die Forschung, begünstigt durch den EDV-Einsatz, bevorzugt dieser Raumkategorie zugewandt, zumal sie hier an klassische Modelle der städtischen Raumstruktur (vgl. Hofmeister 1980, 44 ff) anknüpfen konnte. Der Aussagewert der Gliederungen hängt weitgehend davon ab, was die amtliche Statistik an Daten bereitstellt. Da sie soziale Gruppenzugehörigkeiten und Verhaltensweisen nicht direkt erfassen kann, muß mit Hilfsgrößen (z. B. Stellung im Beruf, Ausbildungsniveau) oder Merkmalskombinationen operiert werden. Als Beispiele für unterschiedliche Methoden seien die Darstellungen von Braun (1968) für Hamburg, De Lannoy (1978) und Kesteloot (1980) für Brüssel angeführt. — Möglichkeiten einer sozialgeographischen Auswertung bieten auch die Resultate politischer Wahlen. Mit ihrer Hilfe ermittelte z. B. Ganser (1966) für München eine Gliederung, die Kategorien wie 'Mobilität', 'soziale Integration' oder 'soziale Nivellierung' heranzieht. — Eine Sonderform der sozialräumlichen Gliederung stellen Untersuchungen dar, die sich mit dem Phänomen der sozialen bzw. ethnischen Segregation auseinandersetzen (vgl. Hofmeister 1980, 19—22).

2.4. Gruppenspezifische Funktions-Standort-Systeme

In den 60er Jahren trat die heute so genannte Münchner Schule mit einem Konzept auf den Plan, das einen damals bestimmenden Aspekt der städtebaulichen Diskussion reflektierte, nämlich die Forderung nach räumlicher Trennung der städtischen 'Funktionen' Wohnen, Arbeiten und Sich Erholen. Es wahrte zugleich die Nähe zu den Anschauungen der sogenannten funktionalen Phase der Anthropogeographie (vgl. Maier/Paesler/Ruppert u. a. 1977, 16—20; 23), insofern nach den Funktionen selbst und den mit ihnen zusammenhängenden 'verorteten Einrichtungen' nunmehr deren Träger in den Vordergrund traten. Das Münchner Konzept hat zumindest in der Bundesrepublik viel Anklang gefunden und wird hier nicht selten mit der Sozialgeographie schlechthin gleichgesetzt. Ihm ist auch das erste deutschsprachige Lehrbuch der Sozialgeographie verpflichtet (Maier/Paesler/Ruppert u. a. 1977). Die Autoren definieren ihren Gegenstand als „die Wissenschaft von den räumlichen Organisationsformen und raumbildenden Prozessen der Daseinsfunktionen menschlicher Gruppen und Gesellschaften" (a. a. O. 1977, 21). Mit 'Daseinsgrundfunktionen' (anfangs Grunddaseinsfunktionen) sind die einzelnen menschlichen Daseinsäußerungen gemeint: 'in Gemeinschaft leben', 'wohnen', 'arbeiten', 'sich versorgen', 'sich bilden' und 'sich erholen', d. h. Aktivitäten, „die allen sozialen Schichten immanent, massenstatistisch erfaßbar, räumlich und zeitlich meßbar sind und sich

raumwirksam ausprägen" (a. a. O., 100). Jeder der Grundfunktionen wird eine eigene
Arbeitsrichtung zugeordnet, also eine Geographie des Konsum-, Bildungs- oder Freizeitverhaltens. Obwohl betont wird, es gebe
keine 'Hierarchie der Grundfunktionen', sind
die einzelnen Forschungserträge unterschiedlich hoch. Profilieren konnte sich die Münchner Schule hauptsächlich mit Studien zur
'Geographie der Freizeitstandorte und des
Freizeitverhaltens' (vgl. dazu Hagel/Maier/
Schliephake 1982, 160—273). — Das raum-
wirksame Verhalten wird in seinen gruppenspezifischen Ausprägungen untersucht. Dabei
gilt als 'sozialgeographische Verhaltens-
gruppe' eine Anzahl von Menschen, die sich
'in einer vergleichbaren sozialen Lage' befinden und „infolgedessen Verhaltensweisen entwickeln, die vergleichbare Einflüsse auf
räumliche Prozesse und Strukturen ausüben"
(Maier/Paesler/Ruppert u. a. 1977, 50). Diese
Bestimmung wirft Fragen auf, und zwar erstens, wie lassen sich Gruppen von Menschen
in vergleichbarer sozialer Lage identifizieren
(bzw. für spezielle Untersuchungszwecke isolieren), zweitens, mit wie vielen derartiger
Gruppen ist in den einzelnen Raumkatego-
rien (z. B. Großstadt, Dorf) zu rechnen, und
drittens, bedingt die vergleichbare soziale
Lage tatsächlich eine vergleichbare Raum-
wirksamkeit? Diese Fragen sind bis heute
nicht befriedigend geklärt. — Unterschei-
dungsmerkmal zwischen den 'sozialgeographischen' Gruppen ist ihre Reaktions- oder
Reichweite, d. h. die effektive Distanzüber-
windung und Prägekraft. Für die Versor-
gungsfunktion zum Beispiel bedeutet das: die
Wegstrecke, die zum Einkaufen üblicherweise
zurückgelegt wird, und die verfügbare Kauf-
kraft. Es gibt Gruppen, die einen ausgedehn-
ten räumlichen Aktionsradius haben, während andere innerhalb eines sehr engen Areals
agieren und zudem wenig zur Entstehung
oder Aufrechterhaltung eines differenzierten
Warenangebots beitragen. Jede Gruppe prägt
somit die Einzelhandelsstandorte, wenn auch
selten in reiner Form, da sie in der Regel von
verschiedenen Gruppen in Anspruch genommen werden. Das Beispiel verdeutlicht zugleich, was mit gruppenspezifischen Funk-
tions-Standort-Systemen gemeint ist.

2.5. Wahrnehmung und Bewertung räumlicher Gegebenheiten

Die gruppenspezifische Reichweite wird gefil-
tert durch die jeweilige Wahrnehmung und
Bewertung der räumlichen Gegebenheiten.

Gehandelt wird auf diese Weise nur innerhalb
eines bestimmten Informationsfeldes (Wirth
1979, 206 ff). In jüngster Zeit hat sich die
Forschung zunehmend Fragen zugewandt,
die sich aus diesem Umstand ergeben. Das
Ziel ist zunächst die empirische „Erfassung
der Signale und Symbole, die direkt oder
indirekt auf die Informationen des Individuums einwirken" (Hagel/Maier/Schliephake
1982, 23). Dazu stehen verschiedene Techniken zur Verfügung, unter denen Mental-Map-
Analysen, Bildserien-Tests und semantische
Profile hervorzuheben sind. Sie vermitteln
einen Eindruck von dem Vorstellungsbild
(Image), das sich bei den befragten Individuen oder Personengruppen über Räume
bzw. Raumausschnitte entwickelt hat.

2.6. Räumliche Konzentrationen sozialer Probleme und Konflikte

In den 70er Jahren verstärkte sich besonders
in der nordamerikanischen und britischen
Geographie der Trend, sozialräumliche
Muster nicht nur zu erfassen und zu erklären
(vgl. 2.3.), sondern auch kritisch hinterfragen
zu wollen. Darin zeigt sich ein verändertes,
normatives Wissenschaftsverständnis, das
darauf angelegt ist, „to try and help produce
a fairer, more just society, a society which
allocates scarce resources on a more equitable
basis" (Jones/Eyles 1979, 221 f). Praktisch äußerte sich dieses Bemühen um eine gerechtere
Gesellschaft in Untersuchungen, die bestehende bzw. als solche bewertete sozialräumliche Ungerechtigkeiten oder — neutral ausgedrückt — räumliche Disparitäten in den
Lebensbedingungen aufdecken. Das geläufig-
ste Verfahren ist dabei die Berechnung sogenannter Sozialindikatoren nach dem Vorbild
der Sozialwissenschaften (vgl. Thieme 1985).
Daneben ist die Kartierung von Konfliktfäl-
len und -potentialen zu erwähnen. Der Opti-
mismus der Anfangsphase scheint, was die
Veränderbarkeit räumlicher Strukturen angeht, inzwischen einer nüchternen Betrachtungsweise gewichen zu sein. Sie wird bekräftigt durch die Erkenntnis, daß sich räumliche
Disparitäten oft über längere Zeiträume und
verschiedenartige politische Systeme hinweg
als persistent erweisen.

3. Die Sprache als Untersuchungsobjekt in der Sozialgeographie

Als raumrelevantes gesellschaftliches Phänomen findet die Sprache in der Geographie

durchaus Beachtung. Für Haggett (1979, 247 – 253) ist sie neben der Religion eines der wichtigsten Kriterien für den Vorgang der kulturellen Differenzierung der Erde. Er bringt u. a. ein Schema der Hauptfaktoren, die zu linguistischen Veränderungen führen. Vor allem in landeskundlichen Arbeiten sind sprachliche Raummuster zu verschiedenen Zwecken herangezogen worden (vgl. Hard 1966, 62). Ein breiteres eigenständiges Forschungsgebiet hat sich daraus jedoch nicht entwickelt, trotz nachdrücklicher Aufforderungen, die Ansätze systematisch auszubauen. So sah Hard (1966, 64) in der Methode der Mundartforschung „ein eigentlich unentbehrliches Instrument der Sozialgeographie [...], ein Instrument, das sie sehr zu ihrem Schaden vernachlässigt". Er meinte, keines der seinerzeit gebräuchlichen physiognomischen und statistischen Kriterien besitze „die Empfindlichkeit, die Vielseitigkeit und den indikatorischen Wert dieses sprachlichen Reagens" (a. a. O., 65). — Die Arbeiten der Münchner Schule (vgl. 2.4.) sind unter diesem Aspekt unergiebig. Bei deren Fixierung auf Funktions-Standort-Systeme könnte die Sprache am ehesten einen Platz unter dem Thema Verkehrs- und Kommunikationsverhalten finden. Nach Maier/Paesler/Ruppert u. a. (1977, 30) steht allerdings gerade dieses Thema noch ganz in den Anfängen, und bezeichnenderweise ist unter den Nachbarwissenschaften, von denen Elemente und Erkenntnisse einbezogen werden müßten, die Linguistik nicht genannt. — Aus dem Blickwinkel der Theoretischen Geographie wußte demgegenüber Wirth (1979, 192 – 196) die Sprach- und Mundartforschung, die sich mit kulturellen Ausgleichsvorgängen und Entmischungsprozessen befaßt, zu würdigen. Er entdeckte in ihr einen Ausgangspunkt, 'der zu weiteren fruchtbaren Fragen anregen kann'. Zu denken wäre an die Auswertung linguistischer Forschungsergebnisse unter dem Aspekt des Informations-, Kontakt- und Interaktionsfeldes gesellschaftlicher Gruppen (vgl. Wirth 1979, 206 – 228). — Die bis heute magere Ausbeute auf sozialgeographischer Seite mag damit zusammenhängen, daß nur sehr wenige jüngere Geographen von ihrer Ausbildung her, nicht zuletzt durch die heutige Ausrichtung des Diplomstudiums, einen Zugang zu linguistischen Erhebungstechniken haben. Nach Hard (1966, 64) werde aber der Geograph selber im Felde aufnehmen müssen, was er brauche; er könne nicht erwarten, daß der Dialektologe sozialgeogra-

phische Ziele im Auge habe. Nachteilig wirkte wohl auch die zumindest tendenzielle Abkehr von der Art landeskundlicher Feldforschung, die Hard (a. a. O., 50 – 55) an einem Beispiel zum Verhältnis von Agrarlandschafts- und Wortgeschichte modellhaft vorgeführt. Stattdessen traten statistisch-quantifizierende Verfahren stark in den Vordergrund. Gerade die massenstatistische Erfassung linguistischer Verhältnisse ist aber, wie z. B. Jones/Eyles (1979, 78) andeuten, mit erheblichen Mängeln und Interpretationsschwierigkeiten behaftet.

4. Literatur (in Auswahl)

Bartels, Dietrich (1968 a) *Zur wissenschaftstheoretischen Grundlegung einer Geographie des Menschen,* Wiesbaden.

Bartels, Dietrich (1968 b) „Türkische Gastarbeiter aus der Region Izmir. Zur raumzeitlichen Differenzierung der Bestimmungsgründe ihrer Aufbruchentschlüsse", in: *Erdkunde* 22, 313 – 324.

Bartels, Dietrich, ed., (1970) *Wirtschafts- und Sozialgeographie,* Köln/Berlin.

Bobek, Hans (1959) „Die Hauptstufen der Gesellschafts- und Wirtschaftsentfaltung in geographischer Sicht", in: *Die Erde* 90, 259 – 298.

Braun, Peter (1968) *Die sozialräumliche Gliederung Hamburgs,* Göttingen.

Claval, Paul (1973) *Principes de géographie sociale,* Paris.

De Lannoy, Walter (1978) *Sociaalgeografische Atlas van Brussel — Hoofdstad/Atlas socio-géographique de Bruxelles-Capitale,* Antwerpen/Amsterdam.

de Pater, Ben/Sint, Marjanne, eds., (1982) *Rondgang door de sociale geografie,* Groningen/Amsterdam.

Dunbar, Gary S. (1977) „Some early occurrences of the term 'Social Geography' ", in: *Scottish Geographical Magazine* 93, 15 – 20.

Ganser, Karl (1966) *Sozialgeographische Gliederung der Stadt München aufgrund der Verhaltensweisen der Bevölkerung bei politischen Wahlen,* Kallmünz/Regensburg.

Hagel, Jürgen/Maier, Jörg/Schliephake, Konrad (Bearb.) (1982) *Sozial- und Wirtschaftsgeographie 2.* Einführung in die Sozialgeographie, Verkehrsgeographie, Freizeitstandorte und Freizeitverhalten, Raumordnung und Landesentwicklung, München.

Haggett, Peter ([1972] 1979) *Geography.* A modern synthesis, 3. Aufl., New York/Hagerstown/Philadelphia/San Francisco/London.

Hard, Gerhard (1966) *Zur Mundartgeographie.* Ergebnisse, Methoden, Perspektiven, Düsseldorf.

Hartke, Wolfgang (1956) „Die 'Sozialbrache' als Phänomen der geographischen Differenzierung in der Landschaft", Neudruck in *Sozialgeographie*, Storkebaum, W., ed., Darmstadt 1969, 268–293.

Hofmeister, Burkhard (1980) *Die Stadtstruktur*: Ihre Ausprägung in den verschiedenen Kulturräumen der Erde, Darmstadt.

Hottes, Karlheinz ([1970] 1973) „Sozialgeographie", in: *Westermann Lexikon der Geographie*, Tietze, Wolf, ed., Braunschweig, Bd. 4, 339–343.

Jones, Emrys/Eyles, John, eds., ([1977] 1979) *An introduction to social geography*, Oxford.

Kesteloot, Christian (1980) *De ruimtelijke struktuur van Brussel-Hoofdstad*. Kritische evaluatie van de factoriele ekologie en alternatieve kijk op de stad, Löwen.

Kuls, Wolfgang/Tisowsky, Karl (1961) „Standortfragen einiger Spezialkulturen im Rhein-Main-Gebiet", Neudruck in *Agrargeographie*, Ruppert, K., ed., Darmstadt 1973, 318–344.

Leser, Hartmut/Haas, Hans-Dieter/Mosimann, Thomas/Paesler, Reinhard (1984) *Diercke-Wörterbuch der Allgemeinen Geographie*, 2 Bde., München/Braunschweig.

Maier, Jörg/Paesler, Reinhard/Ruppert, Karl/Schaffer, Franz (1977) *Sozialgeographie*, Braunschweig.

Meynier, André (1969) *Histoire de la pensée géographique en France (1872–1969)*, Paris.

Neumann, Hans/Krönert, Rudolf (1980) „Diskussion: Zur Konzeption der Sozialgeographie", in: *Geographische Berichte* 95, 101–112.

Ruppert, Karl, ed., (1968) *Zum Standort der Sozialgeographie*. Wolfgang Hartke zum 60. Geburtstag, Kallmünz/Regensburg.

Ruppert, Karl, ed., (1973) *Agrargeographie*, Darmstadt.

Storkebaum, Werner, ed., (1969) *Sozialgeographie*, Darmstadt.

Thieme, Günter (1985) „Sozialindikatoren in der Geographie. Möglichkeiten und Probleme der Analyse regionaler Disparitäten", in: *Geographie als Sozialwissenschaft*. Beiträge zu ausgewählten Problemen kulturgeographischer Forschung. Wolfgang Kuls zum 65. Geburtstag, Kemper, F. J./Laux, H.-D./Thieme, G., eds., Bonn, 213–241.

Thomale, Eckhard (1972) *Sozialgeographie*. Eine disziplingeschichtliche Untersuchung zur Entwicklung der Anthropogeographie, Marburg/Lahn.

Wirth, Eugen (1979) *Theoretische Geographie*. Grundzüge einer Theoretischen Kulturgeographie, Stuttgart.

*Wilfried Krings, Bamberg
(Bundesrepublik Deutschland)*

67. Politische Ökonomie

1. Gegenstand der politischen Ökonomie
2. Politische Ökonomie und Sozialstruktur der Gesellschaft
3. Literatur (in Auswahl)

1. Gegenstand der politischen Ökonomie

1.1. Produktionsverhältnisse

Die politische Ökonomie ist die Wissenschaft von den *Produktionsverhältnissen*, d. h. von den Beziehungen zwischen den Menschen in der Produktion, und von den in ihnen wirkenden objektiven ökonomischen Gesetzen. Sie ist somit eine Gesellschaftswissenschaft. – Die Produktion existiert nur in ihrer ständigen Wiederholung und dies auf stets höherer Stufenleiter. Produktion ist immer Reproduktion und bedingt die Verteilung, den Austausch und die Konsumtion der produzierten Güter und Leistungen. Die politische Ökonomie muß also, ausgehend von den gesell-schaftlichen Beziehungen in der Produktion, auch diejenigen in der Verteilung, im Austausch sowie in der Konsumtion untersuchen. Da sich die politische Ökonomie mit sozialen, speziell sozialökonomischen Verhältnissen beschäftigt, ergeben sich aus diesem ihrem Gegenstand offensichtlich vielfältige Berührungspunkte mit anderen Gesellschaftswissenschaften und dabei auch mit der Soziolinguistik. Das gilt ebenso für die Verwirklichung der *Praxisfunktion* der politischen Ökonomie. Sie besteht darin, daß die politische Ökonomie mit der Vermittlung wissenschaftlicher Einsichten in die Gesetzmäßigkeiten der Entwicklung gesellschaftlicher Verhältnisse das Ziel verfolgt, die Menschen zur Veränderung der gesellschaftlichen Verhältnisse entsprechend den objektiven Erfordernissen zu befähigen und zu veranlassen.

1.2. Produktivkräfte und Überbau der Gesellschaft

Die marxistisch-leninistische politische Ökonomie kann in ihrer Gegenstandsbestimmung nicht bei den Produktionsverhältnissen stehenbleiben. Sie muß unbedingt deren Wechselbeziehungen zu den Produktivkräften sowie zum ideologischen und politischen Überbau der Gesellschaft einbeziehen. Ausgangspunkt hierfür ist die grundlegende Erkenntnis von Marx (1961, 8 f), daß die Menschen „in der gesellschaftlichen Produktion ihres Lebens [...] bestimmte, notwendige, von ihrem Willen unabhängige Verhältnisse ein[gehen], Produktionsverhältnisse, die einer bestimmten Entwicklungsstufe ihrer materiellen Produktivkräfte entsprechen. Die Gesamtheit dieser Produktionsverhältnisse bildet die ökonomische Struktur der Gesellschaft, die reale Basis, worauf sich ein juristischer und politischer Überbau erhebt und welcher bestimmte gesellschaftliche Bewußtseinsformen entsprechen". – Produktion ist immer und zuallererst Aneignung der Natur durch den Menschen mit dem Ziel, materielle Gebrauchswerte für die Befriedigung seiner Bedürfnisse zu schaffen. Die Aneignung der Natur wird über ein System von Faktoren bzw. Elementen vermittelt: die Arbeit mit ihrem Träger, der menschlichen Arbeitskraft, die Arbeitsmittel (Maschinen, Anlagen, Werkzeuge, Gebäude usw.), die Arbeitsgegenstände (Rohstoffe, Materialien, Zwischenprodukte u. a. m.). Arbeitsmittel und Arbeitsgegenstände bilden die Produktionsmittel und in Einheit mit dem Menschen und seiner Arbeitskraft die *Produktivkräfte* der Gesellschaft. Zu den Produktivkräften zählt ebenfalls die Wissenschaft, da sie zur Entwicklungsbedingung der genannten Faktoren geworden ist und da sich ihre Verbindung mit der Produktion enger und intensiver gestaltet. Die politische Ökonomie geht davon aus, daß stets, ganz gleich unter welchen gesellschaftlichen Bedingungen, der Mensch mit seinen Arbeitsfertigkeiten und -fähigkeiten sowie seinem Erfahrungsschatz die entscheidende Produktivkraft ist. – Produktion schließt immer gesellschaftliche Beziehungen zwischen den Produzierenden ein, weil der Mensch nur als arbeitsteilig tätiges und damit untrennbar mit anderen Menschen verkettetes Wesen die Aneignung der Natur vollziehen kann. Somit stellt sich die Produktion als dialektische Einheit zweier Seiten dar, einer natural-stofflichen (Produktivkräfte) und einer gesellschaftlichen bzw. sozialökonomischen (Produktionsverhältnisse). Daraus resultiert, daß einerseits die Produktionsverhältnisse vom Charakter und vom Entwicklungsniveau der Produktivkräfte bestimmt

werden und daß andererseits die Produktionsverhältnisse wiederum die Entwicklung der Produktivkräfte (Richtung, Art und Weise, Ziel) beeinflussen. So erfordert automatisierte Großproduktion völlig andere Produktionsverhältnisse als zersplitterte handwerkliche Kleinproduktion, und so schaffen unter den Bedingungen der wissenschaftlich-technischen Revolution gesamtgesellschaftlich koordinierte bzw. geplante Beziehungen in der Produktion einen wesentlich größeren Spielraum für die Entwicklung der Produktivkräfte als auf der Basis von Konkurrenz und Anarchie vollzogene gesellschaftliche Beziehungen. Die Produktionsverhältnisse sind die reale Basis für die gesellschaftlichen Ideen und die ihnen entsprechenden Institutionen, d. h. die Produktionsverhältnisse bedingen einen ihnen adäquaten ideologischen und politischen *Überbau*. Dabei wirkt der Überbau wiederum aktiv auf die Produktionsverhältnisse ein. Das deshalb, weil die jeweils herrschenden Ideen und Institutionen diejenigen der auch ökonomisch herrschenden Klasse sind und somit der Festigung und dem Erhalt der etablierten ökonomischen Macht, der bestehenden Produktionsverhältnisse dienen.

1.3. Ökonomische Gesetze

Den gesellschaftlichen Beziehungen zwischen den Produzenten liegen notwendige, allgemeine, wesentliche und stabile, sich ständig wiederholende Zusammenhänge zugrunde. Die so charakterisierten Zusammenhänge in den Produktionsverhältnissen stellen sich als *ökonomische Gesetze* dar. Da die Produktion und somit auch die gesellschaftlichen Beziehungen zwischen den Produzenten eine Naturnotwendigkeit für die Existenz und Entwicklung der menschlichen Gesellschaft sind, wirken die ökonomischen Gesetze unabhängig vom Willen und Bewußtsein der Menschen, tragen sie objektiven Charakter. Hierin gleichen sie den Naturgesetzen. Im Unterschied zu diesen aber sind die ökonomischen Gesetze stets an das Handeln der Menschen als gesellschaftliche Produzenten gebunden, sind durch die Produktionsverhältnisse und damit im Zusammenhang durch die Produktivkräfte und den Überbau determiniert. Produktionsverhältnisse, Produktivkräfte und Überbau in ihrer engen wechselseitigen Verflechtung bilden die Wirkungsbedingungen ökonomischer Gesetze. Diese Wirkungsbedingungen entwickeln sich ständig weiter und verändern sich. Daraus resultiert der historische Charakter der ökonomischen Gesetze.

2. Politische Ökonomie und Sozialstruktur der Gesellschaft

2.1. Eigentumsverhältnisse und Vergesellschaftung der Produktion

Die allgemeine Gegenstandsbestimmung der politischen Ökonomie macht deutlich, daß diese, indem sie sich mit den Produktionsverhältnissen beschäftigt, grundlegende Aussagen bezüglich der Sozialstruktur der Gesellschaft erbringt. Sie liefert somit Erkenntnisse, an denen auch die Soziolinguistik anknüpfen kann. Dabei sind aus Sicht der politischen Ökonomie insbesondere zwei Zusammenhänge von wesentlicher Bedeutung. — Erstens sind die Produktionsverhältnisse ihrem Wesen nach *Eigentumsverhältnisse.* Verfügen die Produzierenden in ihrer Gesamtheit selbst über die Mittel zur Produktion, besteht gesellschaftliches Eigentum an den Produktionsmitteln und am Produkt, dann erscheinen die Produktionsverhältnisse als Verhältnisse der Gleichberechtigung und des kollektiven Zusammenwirkens der Produzenten. Besitzen nur einige wenige Mitglieder der Gesellschaft die Produktionsmittel und das Produkt, existiert diesbezüglich großes Privateigentum, dann stellen sich die Produktionsverhältnisse als Ausbeutungsverhältnisse dar. Die politische Ökonomie geht davon aus, daß die Eigentumsverhältnisse die Grundlage der sozialen Differenziertheit der Gesellschaft in Klassen und Schichten sind. Klassen und Schichten sind „große Menschengruppen, die sich voneinander unterscheiden nach ihrem Platz in einem geschichtlich bestimmten System der gesellschaftlichen Produktion, nach ihrem (größtenteils in Gesetzen fixierten und formulierten) Verhältnis zu den Produktionsmitteln, nach ihrer Rolle in der gesellschaftlichen Organisation der Arbeit und folglich nach der Art der Erlangung und der Größe des Anteils am gesellschaftlichen Reichtum, über den sie verfügen" (Lenin 1961, 410). Die politische Ökonomie untersucht als historische Wissenschaft die Ursachen für das Entstehen, die Kriterien für die Existenz und die künftigen Entwicklungstendenzen der sozialen Differenziertheit in Klassen und Schichten. — Zweitens führt die Entwicklung der Produktivkräfte dazu, daß sich die Teilung der Arbeit vertieft und damit eine gesellschaftlich komplexere und intensivere Abhängigkeit zwischen den arbeitsteiligen Produzenten entsteht. Die Produktion zeichnet sich durch ihren zunehmend gesellschaftlichen Charakter aus. Diese wachsende Verge-sellschaftung der Produktion erfordert mit objektiver Konsequenz eine Leitung und Planung der Produktion im Rahmen und im Interesse der gesamten Gesellschaft sowie durch die gesamte Gesellschaft. Die Verwirklichung dieser Konsequenz ist nur auf der Grundlage des gesellschaftlichen Eigentums an den Produktionsmitteln möglich. Das gesellschaftliche Eigentum an den Produktionsmitteln stellt sich als objektiv notwendiges sozialökonomisches Pendant zur Vergesellschaftung der Produktion dar. Die Wechselwirkungen zwischen Produktivkraftentwicklung, Vergesellschaftung und Eigentum fordern die politische Ökonomie wiederum in zweierlei Hinsicht. Einmal führt die Ausprägung der Arbeitsteilung zu einer tiefergehenden sozialen Differenziertheit sowohl innerhalb der Klassen als auch zwischen ihnen. Die Untersuchung dieses Prozesses ist eine wichtige Quelle politökonomischen Erkenntniszuwachses hinsichtlich sozialstruktureller Entwicklung. Zum anderen steht vor der politischen Ökonomie die Aufgabe, den Menschen die Einsicht in die Zusammenhänge von Produktivkräften, Vergesellschaftung und Eigentum zu vermitteln und sie damit zu gesetzmäßig notwendigem sozialem Handeln zu veranlassen. Dabei sind Menschen anzusprechen, die unter verschiedenen gesellschaftlichen Bedingungen leben und sich sozial oft stark voneinander unterscheiden.

2.2. Künftige Anforderungen an die politische Ökonomie

Die politische Ökonomie sieht sich in der gegenwärtigen und künftigen Zeit mit einer Reihe von Entwicklungsprozessen der menschlichen Gesellschaft konfrontiert, die neue Fragen bezüglich der Veränderung der Sozialstruktur aufwerfen, die an die Praxisfunktion der politischen Ökonomie höhere Anforderungen stellen und die auch zu Modifikationen im sozialen Charakter sprachlicher Kommunikation führen.

2.2.1. Erstens handelt es sich um die Verschärfung des Widerspruchs zwischen Vergesellschaftung der Produktion und privatkapitalistischem Eigentum an den Produktionsmitteln. Die Folge ist eine Zuspitzung der sozialen Widersprüche. Die hochgradig vergesellschaftete Produktion verträgt sich immer weniger mit der privatkapitalistischen Aneignung ihrer Ergebnisse und mit der von den Interessen der Kapitaleigentümer bestimmten Regelung des Wirtschaftslebens. Hinzu kommt, daß die mit dem wissenschaftlich-technischen Fortschritt wachsenden Möglichkeiten der Erwirtschaftung von gesellschaftlichem Reichtum verknüpft sind mit der Vertiefung der sozialen Ungleichheit bei der Verteilung und bei der Aneignung dieses Reichtums. Die Kapitaleigentümer konzentrieren in ihren Händen einen immer größeren Anteil am gesellschaftlichen Reichtum und erlangen damit zunehmend ökonomische und politische Macht. Eingeschlossen sind solche Prozesse wie das Anwachsen der ökonomischen Potentiale der Monopole und ihres Einflusses auf das gesellschaftliche Leben über die Grenzen der einzelnen Länder hinaus, die Zunahme der Arbeitslosigkeit, die Ruinierung kleiner Privateigentümer (Handwerker, Händler, Klein- und Mittelbauern) sowie kleiner und mittlerer Unternehmer. Das Ergebnis ist eine Polarisation der Interessen in solche der Monopole und in solche der von den Monopolen beherrschten Mehrheit der Gesellschaft, die aber in sich wiederum sozial stark differenziert ist. Hier stehen politische Ökonomie und Soziolinguistik, wenn auch aus z. T. recht unterschiedlichen Funktionen heraus, vor der gemeinsamen Aufgabe, dieser Mehrheit der Gesellschaft in ihrer sozialen Vielfalt die Einsichten in die genannten Zusammenhänge zu vermitteln bzw. zu erleichtern. Diese Aufgabe schließt die Entschleierung des Begriffs- und Kategoriensystems der bürgerlichen politischen Ökonomie wie der bürgerlichen ökonomischen Propaganda insgesamt ein. Hier wird offensichtlich, daß Beschäftigung mit ihrem Gegenstand sowie ihre Praxisfunktion die politische Ökonomie zur Parteinahme zwingen, daß sie sich durch Parteilichkeit auszeichnet. Das bedeutet für die marxistisch-leninistische politische Ökonomie Parteinahme für diejenigen Klassen und Schichten, die den gesellschaftlichen Reichtum schaffen, und damit in allererster Linie für die Arbeiterklasse.

2.2.2. Zweitens stellt unter den Bedingungen des gesellschaftlichen Eigentums an den Produktionsmitteln die Vergesellschaftung der Produktion ständig neue und höhere Anforderungen an die gesamtgesellschaftliche Leitung und Planung ökonomischer Prozesse. Da sich das Gewicht der Arbeit des einzelnen für die Gesellschaft erhöht und da er im Gefolge des wissenschaftlich-technischen Fortschritts in immer größerem Umfange mit Produktionsmitteln ausgestattet wird, nimmt seine volkswirtschaftliche Verantwortung zu.

Diese Prozesse zwingen zur Mitarbeit jedes einzelnen im Rahmen der Leitung und Planung. Die Mitarbeit hat ihre Voraussetzung in der trotz sozialer Differenziertheit im Sozialismus bestehenden Übereinstimmung der grundlegenden Interessen aller Gesellschaftsmitglieder. Die Interessenübereinstimmung ist objektives Ergebnis der Existenz des gesellschaftlichen Eigentums. Damit möglichst jedes Gesellschaftsmitglied seiner volkswirtschaftlichen Verantwortung gerecht werden kann, ist eine umfangreiche und differenzierte Information über ökonomische Abläufe notwendig, wird ein höheres Wissen um diese Abläufe erforderlich. Hieraus leiten sich u. a. auch Aufgaben für die politische Ökonomie ab.

2.2.3. Drittens schließt der wissenschaftlich-technische Fortschritt über die qualitativ neue Stellung des Menschen im gesellschaftlichen Produktionsprozeß und über neue Tendenzen der *Arbeitsteilung* entsprechende Wirkungen auf die Sozialstruktur der Gesellschaft ein. Der Mensch tritt immer mehr aus der unmittelbaren Produktion heraus und profiliert sich zum hochqualifizierten, langfristig vorausschauenden Vorbereiter und Leiter der Produktion. An die Arbeitskraft werden zunehmend Anforderungen nach Mobilität und Disponibilität bezüglich ihres Einsatzes gestellt. In diese grundlegenden Prozesse sind zeitweilig entgegenwirkende Tendenzen eingeschlossen, wie Tendenzen der Dequalifizierung, der Monotonie der Arbeit. Die Nutzung des wissenschaftlich-technischen Fortschritts wird zur allgemeinen Bedingung effektiver volkswirtschaftlicher Entwicklung und kann nicht in der Verantwortung einer kleinen elitären Minderheit, sondern muß in der Verantwortung der Gesamtheit der Produzierenden liegen. — Die politische Ökonomie interessieren insbesondere zwei Wirkungsrichtungen des wissenschaftlich-technischen Fortschritts auf die Arbeitsteilung und somit auf die Sozialstruktur der Gesellschaft. Einmal handelt es sich um den Einfluß des wissenschaftlich-technischen Fortschritts auf die *historisch herausgebildete gesellschaftliche* Arbeitsteilung, die sich in der Existenz von vorwiegend geistig Tätigen und von vorwiegend körperlich Tätigen sowie in der Trennung von Stadt und Land äußert. Die an diese Form der Arbeitsteilung gebundenen krassen sozialen Unterschiede werden sich aufgrund des wissenschaftlich-technischen Fortschritts, über einen langen historischen

Zeitraum gesehen, aufheben. Auch hier sind entgegenwirkende Tendenzen möglich, die z. B. temporär und punktuell zu einer Vertiefung der Unterschiede zwischen geistiger und körperlicher Arbeit führen können. Zum anderen bedingt der wissenschaftlich-technische Fortschritt eine Vertiefung der *technisch-technologisch determinierten* Arbeitsteilung, die sich künftig weiter ausprägen wird. Die Folgen dieser Form der Teilung der Arbeit sind Unterschiede in der konkreten Arbeitstätigkeit einschließlich der entsprechenden Qualifikation und der Dispositionsbefugnisse sowie davon ausgehend und für die überschaubare Zukunft soziale Unterschiede hinsichtlich des Einkommens, der Lebensbedingungen, der kulturellen Bedürfnisse usw. Die Wirkungen des wissenschaftlich-technischen Fortschritts auf die beiden Formen der Arbeitsteilung werden in ihrem sozialen Charakter grundsätzlich durch die jeweiligen Eigentumsverhältnisse bestimmt. Mit der Herausarbeitung dieser Wirkungen schafft die politische Ökonomie u. a. nicht nur empirische Grundlagen für ihren eigenen Erkenntnisgewinn, sondern auch für den der Soziolinguistik.

2.2.4. Viertens haben die engeren wechselseitigen Beziehungen zwischen den arbeitsteilig und sozial differenzierten Produzenten im Rahmen der Vergesellschaftung der Produktion eine intensivere Kommunikation zwischen ihnen zur Folge. Die Kommunikation vollzieht sich immer mehr auf internationaler Ebene. Der wissenschaftlich-technische Fortschritt stimuliert diesen Vorgang zusätzlich dadurch, daß er die materiellen Möglichkeiten für seine Verwirklichung schafft.

Aus der Untersuchung der ökonomischen Grundlagen für die Entwicklung der Sozialstruktur der Gesellschaft durch die marxistisch-leninistische politische Ökonomie ergeben sich Ansatzpunkte für eine Zusammenarbeit von Politökonomen und Soziolinguisten. In welchem Umfang und mit welcher Intensität eine solche Zusammenarbeit künftig möglich sein wird, hängt u. a. vom jeweiligen spezifischen Untersuchungsobjekt ab und ist dementsprechend konkret zu entscheiden. Das gilt auch für die Beantwortung der Frage, ob die politische Ökonomie eine Hilfswissenschaft der Soziolinguistik ist. Trotzdem kann wohl diese Frage zuerst einmal prinzipiell bejaht werden. Inwieweit die politische Ökonomie allerdings ausschließlich eine Hilfswissenschaft der Soziolinguistik darstellt, ist detaillierter zu untersuchen. Möglicherweise kann die Soziolinguistik der politischen Ökonomie u. a. bei der Realisierung ihrer Praxisfunktion Hilfe leisten. Ausgangspunkt für eine Zusammenarbeit wäre die gegenseitige Kenntnisnahme des wissenschaftlichen Anliegens beider Disziplinen.

3.   Literatur (in Auswahl)

Lenin, Wladimir I. (1961) „Die große Initiative", in: *Werke*, Bd. 29, Lenin W. I., Berlin, 397—424.

Marx, Karl (1961) „Zur Kritik der politischen Ökonomie. Vorwort", in: *Werke*, Bd. 13, Marx, K./ Engels, F., Berlin, 3—160.

Jürgen Winckelmann, Leipzig
(Deutsche Demokratische Republik)

VI. Social Problems, Theoretical Approaches and Research Results
Soziale Probleme, theoretische Ansätze und Forschungsergebnisse

68. Social Class, Codes and Communication

1. Introduction

It might be useful to give an account of the development of the code theory and research. Although the research had its origins in specific questions raised by demographic studies in Britain, which showed persistent patterns of differential achievement of MC (middle class) and WC (working class) (cf. art. 17)pupils and the underrepresentation of the WC at the higher levels of the educational system, this issue was embedded in a more general theoretical question of classical sociology; how does the outside become the inside, and how does the inside reveal itself and shape the outside? Such a question involves a detailed specification of the principles constituting the outside. An explanation of how these principles are transformed into a process where-by the inside is given an initial form and how this initial form is transformed by the individual in her/his encounters with the world. Thus in the beginnings of the research in 1956 there were two questions, one very specific, the other general. Between 1954 and 1960 I was teaching in a school in the East End of London and I was aware of the discrepancy between the forms of communicative practice required by the school and the form of communication which the pupils spontaneously moved towards. It was clear that these were oppositional forms. I saw the issue as requiring an explanation of the principles which generated these opposing forms of communication and their social basis. For at that time in the 1950's their basis was seen to lie in an inherited, unchanging attribute, "IQ". My first studies attempted to show that "IQ" was not responsible for these forms of communication. Accordingly, I carried out a number of studies in which I compared the test results of so called non verbal and verbal "IQ" tests given in a group situation to MC and LWC (lower working class) boys (Bernstein 1958; 1960). The results showed quite clearly that within the LWC group of boys the higher the scores on the non verbal test the greater the differences between the scores of the two tests. That is, the verbal scores tended to cluster around the mean of the test, whereas the non verbal scores distributed across the full range of the non verbal test, with a pronounced clustering at the higher scores. These results could not be accounted for by the test situations as it was similar for both tests. This distribution of scores was not found in the MC, the mean scores on both tests were more similar. I then argued that social relations acted selectively on principles and focii of communication and these in turn created rules of interpretation, relation and identity for their speakers. In other words, social relations regulate the meanings we create and issue through roles constituted by these social relations and that these meanings act selectively on lexicon and syntactic choices, metaphor and symbolism. In essence the causal linkage flowed from social relations, roles, meanings, language, communications. This emphasis has not changed although the concept of role now has no place in the conceptual language of the thesis. Between language and speech is social structure. However, in the beginning and throughout the research the problem was the description of the forms of communication and their regulative functions. It is very important to bear in mind the distinction between the generation of the speech forms, that is social relations, and the description of the indicators of the speech forms. What has happened over the decades of the research is a continuous attempt to obtain a more systematic, more general and more delicate formulation of these speech forms and of their generating principles.

2.   Initial Code Definition

Between 1958 — 1961 I used a list of unreliable features as an initial attempt at a description which included as one of the ten features "short, simple, often unfinished sentences with poor syntactic structure" (cf. art. 51). I would add that this indicator was never ever used in the empirical research. It was made exceptionally clear that all the characteristics were generated not by a linguistic feature but by a semantic feature an orientation to implicit meaning. I certainly would not wish to defend indicators of what was called then a "public language use" but would argue emphatically that it was made abundantly clear and stated that such a framework of communication should not be confused with dialect (cf. art. 14 and 44), that in my terms all languages and their varieties carried the same potential for producing either of the associated speech forms. However, this did not prevent "public language use" being identified with a non-standard form and "formal language usage" identified with the standard form. The description of the speech forms in terms of the ten indicators was inadequate and it was consequently modified in 1961 — 1966. The terms "public and formal language use" were transformed into elaborate (EC) and restricted codes (RC), which differently regulated the range and combinatory possi-

bilities of syntactic alternatives for the organisation of meaning. EC was considered to regulate a greater range of combinatory possibilities than RC and their syntactic alternatives were considered less predictable. Again it is important to stress that the level of analysis I was using was at the level of performance not at the level of competence. It referred to how sets of social relations in which people were embedded acted selectively on what was chosen from common linguistic resources. At the same time (Bernstein 1962) as the definition of code indicators was changed, its semantic basis was referred to in terms of *particularistic, local, context dependent meanings* in the case of restricted codes and in terms of *universalistic, less local, more context independent meanings* in the case of elaborated codes. Clearly, in a fundamental sense all meanings are context dependent but meanings can differ with respect to their relationships to a local context and in the nature of the social assumption upon which they rest. The social relationships generating these different orders of meaning were also made more explicit.

3.   Family Types

Two family types were modelled on the basis of their role relations (cf. art. 18) and procedures of social control. Positional families had segregated, specialised roles and well marked boundaries regulating spatial and temporal features of family socialisation. Such a family type was expected to be found within all social classes. The second type was called "personal"; here roles were blurred and social control was achieved essentially through complex forms of interpersonal communication. Both family types were expected to be found in different degrees in both the MC and WC although it was expected that their distribution would be different in different social classes. The movements towards "personal" family modes was originally considered to be a function of the movement of complex societies to service societies (Bernstein 1970 a). Later, these types in the MC were seen to be typical of the old MC (positional) and the new MC (personal) and linked to different forms of organic solidarity created by changes in symbolic control of corporate capitalism (Bernstein 1975; 1977 a). These family types were considered to both generate and produce modalities of codes in both classes. It was possible to distinguish between orientations of codes with respect to orders of meaning and realisations of codes in terms of positional and personal control. Thus by the end of the 60's differences within class groups as well as between class groups was possible and capable of being empirically tested (Cook-Gumperz 1973; Robinson 1973; Turner 1973; Cook 1975; Aggleton 1984; Wells 1985). Further, these family types were considered to be generated by different forms of social solidarity. Positional types within the WC were carriers of mechanical solidarity whereas positional and personal family types were seen as two realisations of two forms of organic solidarity within the MC ("positional" forms, the old MC, and "personal" forms, the new MC). Class relations generated by the mode of production were held to distribute different forms of solidarity, mechanical solidarity in the LWC, and organic solidarities in the MC, and these in turn regulated both the orientation to different orders of meaning and the form of their realisation.

4.   Reformulations

During 1961 – 1965 extensive research took place which resulted in a number of problems and reformulations of the thesis. (For description of research see Bernstein 1970). (1) The codes could not be described in terms of the relative predictability of their syntax (although I think now it might be possible) and so their description was given in semantic terms and their specific linguistic realisations described in terms of Halliday's *Systemic Grammar* or as it was called in those days *Scale and Category* grammar (Halliday 1973; 1978). (2) The context free definition of codes was replaced by a formulation which specified the relation between codes and their regulation of specific contexts, each context having its own specific semantic base and linguistic realisation. I distinguished, reformulating Halliday, four crucial socialising contexts in the family, "regulative" which positioned the child in the moral system, its backings and practices, "instructional" which gave access to specific competences for managing objects and persons, "interpersonal" and "imaginative". I proposed that a code was restricted or elaborated to the extent that the meanings in these four contexts were context dependent or context independent. Thus by the end of the 60's distinctions were made between codes and speech variants.

Contexts critical for the empirical testing of the theory were isolated. Procedures for the empirical investigation were created and executed. It was clear that a code could only be inferred from the underlying regulation of four contexts and minimally two, the regulative and the instructional (Bernstein 1971 a). The method for analysing speech in different contexts was also developed during this period. The specific meaning potential (the expected referential relations derived from the modelling of the context according to the theory) is expressed in a network, the subsystems of which open into a binary chain of contrasting choices. The choices at the left of the network represent the most likely choices within a sub-system, whereas proceeding towards the extreme right of the network reveals dependent more idiosyncratic choices. In this way, in principle the speech can be transformed into data relevant to the exploration of the theory. Further any semantic entry into the network can have a range of linguistic realisations. It is then possible to write the linguistic realisations of the semantic entry. Thus the network becomes the instrument for the translation of the social relations and their specific practices into a set of contrasting semantic choices and into their linguistic realisation. The instrument for the exploration of the theory condenses in itself, the sociological, semantic and linguistic levels. For some applications cf. Turner (1973), Bernstein/Cook (1973 a), Pedro (1981), Holland (1983), Faria (1983), Bliss/Monk/Ogburn (1983). It is a matter of interest that this method for the exploration of the theory has rarely been adopted by others. This leads to an important point of method: A theory should generate the criteria for its evaluation, the contexts necessary for its explorations, the principles for their description and the rules for interpretation.

Finally (Bernstein 1973 b) ground rules and performance rules were formulated. The latter referred to the control on the selection of the orientation of meaning, that is where an elaborated or restricted orientation was required by a given context, and the former to the controls on the appropriate specific realisation. This is briefly the development of what has been called "the speech code thesis"; however, it is important to point out (because it is normally ignored) that a series of papers concerned with the assumptions, principles and practices of educational agencies together with their external regulations began in 1964.

5. Classification and Framing of Codes

Those papers analysed how class relations penetrated the assumptions, principles and practices of the school so as to differentially and invidiously position pupils according to their class background; legitimising the few, invalidating the many. A set of concepts was developed which permitted the translation of power relations into structural relations and the translation of procedures of control into principles of communication (Bernstein [1971 b; 1977 a; 1981.

The distribution of power is considered to maintain, reproduce and legitimise the positions within any social division of labour whether the social division is that of the mode of production, modality of education, family, gender. In the case of the school we would be concerned with the social division of labour of teachers, administrators, discourses, practices, contexts, acquirers together with the social division of pedagogic practices between the school/family, school/work. Any position in a SDL (social division of labour) is a function of the relations between positions. The relation between positions is given by the degree of the insulation. The degree of insulation defines and regulates the degree of specialisation (difference) of a position. Thus if there is strong insulation then positions have unambiguous identities, sharp boundaries, specialised practices. Conversely, if the insulation is weak then identities are more generalised, boundaries reduced and practices more integrated. From this point of view the principle of a SDL is the relations between its positions, or more generally, its categories, and this relation is a function of the degree of insulation.
We use the concept classification to define the principle of a SDL. Thus strong classification $(+ C)$ refers to position/categories of a SDL which are strongly insulated from each other, whereas weak classification $(- C)$ refers to positions/categories where insulation is much reduced and as a consequence each position/category is less specialised. To change a classificatory principle the insulation between categories must be changed. If this occurs then the power relations upon which the SDL is based will be challenged and exposed, and this is likely to lead to attempts to restore the insulation and thus the classificatory principle. Thus the distribution of power maintains itself essentially through the maintenance of

the appropriate degree of insulation between the categories of the SDL it legitimises. Insulation maintains social order at the level of agency, and at the level of the agent, insulation (provided it is taken for granted as necessary rather than contingent) suppresses the contradictions, cleavages and dilemmas which inhere in the principle of the classification. In a sense the classificatory value $(C \pm)$ establishes the "voice" of the category; that is the limits of its legitimate communicative potential. We consider that the social relations within a SDL are subject to principles of control which can vary independently (within limits) of the classificatory principles of the SDL. These principles of control regulate the legitimate rules of the social relations through the location of the source of control over the legitimate selection, organisation, sequencing, pacing, criteria of the communication, together with the posture, position and dress of the communicants. In agencies of cultural reproduction (e. g., school, family, prison, hospital etc.) the social relations with which we are concerned are pedagogic relations between transmitter/acquirers. We use the concept framing to refer to the location of control over the rules of communication. Thus strong framing $(+ F)$ locates control with the transmitter, whereas weak framing $(- F)$ locates control more with the acquirer. If classification regulates the "voice" of a category then framing regulates the form of its legitimate message. Framing is the means of socialisation into the classificatory principle (for dynamics and change see Bernstein [1981]). Power and control is transformed into rules of legitimate communication and interpretation, through the acquisition of classification and framing values. Challenge and opposition are also acquired. Variations in/changes of the distribution of power produces variations in/changes of, the degree of insulation between the categories of a classification so varying/changing its principles (be these categories of teachers, pupils, contexts, discourses, practices). Variations in, changes of the procedures of control, framing, produce variations in/changes of, the social relations of pedagogic practice (e. g. parents/children, doctor/patient, teacher/pupil, social worker/client etc) so as to create variations in/changes of the location of control over the selection, sequencing, pacing and criteria intrinsic to the communicative principles. Thus variations in/changes of power and procedures of control are translated into strengthening/weakening of the principle of the classification and of the framing. The classificatory principle can also be used to determine external relations between categories of agencies according to the degree of their insulation from each other, (e. g. school/family community, school/work, school/state). Classification can thus have an internal value, 'i', which refers to category relations within an agency, (between transmitters, between acquirers, between transmitters and acquirers) and an external value 'e' which refers to the relations between categories of communication between agencies. The values of C/F can vary independently of each other. In this way it is possible to write the underlying regulative principles to be transmitted/acquired in an agency as $(\pm)C^{ie}/F^{ie}$. Application of this approach at the level of agencies of cultural reproduction can be found in Tyler (1983), Moore (1984), Bernstein/Diaz (1984), Cox Donoso (1984) at the level of student classifications, Holland (1985), at the level of students' contextual rules, Bernstein (1977 b), Dahlberg (1985). Modalities of elaborated codes/restricted codes could now be defined according to the classification/framing rules of the transmitting agency. The classification/framing rules translate power and control relations, into interactional practices and their communicative principles, together with modes of resistance and opposition. The concepts of classification (structural relations) and framing (interactional practices) were developed to translate external power/control relations into power/control relations within and between agencies of cultural reproduction and social production. The concepts create the linkage between macro structures and micro interactional communicative practices (cf. art. 10). From this point of view ideological positioning and oppositioning is realised in, transmitted and legitimated by classification and framing rules. Prior to the development of the above model the code thesis distinguished between coding orientations, elaborated/restricted in terms of implicit/explicit, context dependent/independent meanings and code modalities in terms of positional/personal structures of interaction. The development of the macro linkages of the theory and the empirical research at the micro contextual level led to a new definition of code from which could be derived specific modalities. Basically, there has been a movement from the giving of definitions in terms of general linguistic indices (which proved impossible to operationalise and robbed the thesis of any contextual specificity) to the giving of definitions in terms of a *generating contextually specific semantic*. However, in *all* definitions the underlying semantic was considered to be the regulator of linguistic realisation.

6.   Codes − A Synthesis

The general definition of codes (cf. art. 51) which has been used since Bernstein (1977 c) and developed in Bernstein 1981 emphasises the relation between meanings, realisations and context. Thus a code is a regulative principle, tacitly acquired, which selects and integrates relevant meanings, forms of realisations and evoking contexts. It follows from this definition that the unit for the analysis of codes is not an abstracted utterance or a single context, but relationships between contexts. Code is a regulator of the relationships between contexts and through that relationship a regulator of relationships within contexts. What counts as a context depends not on relationships within, but on relationships between, contexts. The latter relationships, between, create boundary markers whereby specific contexts are distinguished by their specialised meanings and realisations. Thus if code is the regulator of the relationships between contexts and, through that, the regulator of the relationships within contexts, then code must generate principles for distinguishing between contexts (classification) and principles, for the creation and production of the specialised relationships within a context (framing). We previously called the speech rules respectively, ground rules and performance rules. However, in order to avoid confusion and irrelevant association, the names of these two sets of rules have been changed to recognition rules and realisation rules. Recognition rules, a function of classification create the means of distinguishing between and so recognising the speciality that constitutes a context, and realisation rules, a function of framing, regulate the creation and production of specialised relationships internal to that context. At the level of the subject, differences in code entail differences in recognition and realisation rules. It follows from the above definition that, if code selects and integrates relevant meanings, then code presupposes a concept of whose relevance and whose legitimacy; that if code selects forms of realisation, then code presupposes a concept of inappropriate or illegitimate forms of realisation; that if code regulates evoking contexts, then again this implies a concept of inappropriate, illegitimate contexts. The concept of code is inseparable from a concept of legitimate and illegitimate communications, and thus it presupposes a hierarchy in forms of communications and in their demarcation and criteria. It can be shown that this general formulation of code not only operates at the micro level of interaction but also at the macro level of agency. Relevant meanings at the level of interaction, translate at the level of agency, into discursive practices; realisations, translate at the level of agency into, transmission practices; and contexts, at the level of agency, translate into organisational practices. Relevant meanings, relevant to codes, are privileged and privileging referential relations. Privileged in the sense that such meanings within a context have priority and privileging in the sense that such meanings confer differential power upon speakers. Privileged meanings are a function of control procedure within a context and are a product of its framing rules but privileging meanings are a function of power relations between contexts and are a product of the classificatory rules. We shall illustrate the classification and framing of relevant meanings with reference to empirical studies. A study designed by Bernstein and Adlam and analysed and published by Holland (1981) showed that when white MC and LWC children, aged seven, were invited to sort pictures of different kinds of food, at one time provided as part of the primary school lunch, the two groups of children gave different reasons for the grouping of pictures they made. The LWC children gave principles that had a direct relation to a specific, local context of their lives, and that took its significance from local activities and meanings, e. g. "It's what we have for breakfast", "It's what mum makes", "I don't like those". These sorting principles have a direct relation to a specific material base. The MC children gave principles for their sorts which had an indirect relation to a specific material base "They're vegetables", "They've got butter in them", "They come from the sea". The crucial difference between the two groups of children lay in the relation of the grouping principle selected to a material base; in one case the relation is direct and specific and in the other the relation is more indirect and less specific. After the children had made their first sort they were then asked "Can you do it a second time?" "Can you try to put them together in a different way?" This time many MC children (a statistically significant number) when asked why they had grouped the pictures as they did, switched their principle and produced principles similar to those produced by the LWC children; whereas the latter continued to use the principle they initially selected. (However, by the end of the experiment almost one third of the LWC children changed their principle of classification. This switching was one of the several aims of the experiment.) Here we can see that the MC children held two grouping principles and that these children held priority rules with respect to these principles such that the principle which had a relatively direct relation to a specific material base was given second (i. e. lower priority). Indeed, we would argue that in the first four minutes of the experiment the MC children selected relevant meanings based upon a hierarchy of principles each of which had a different relation to a material base. In the experimental context the principle which related to a specific, local material base, is the dominated (i. e. the second principle), whereas from the perspective of the MC children, the dominating privileging principle is a principle indicating a relatively indirect and less specific relation to a material base.

7.   Interpretation

We shall now show how those coding orientations on the part of the two groups of children are produced by different readings of the classification and framing values of the experimental context. The surface value of the interaction in the experimental context is essentially $- C$ ("group the pictures any way you like") $- F$ ("talk about them as you wish".) However, we argue that the MC children ignored the surface rule and produced its opposite $+ C / + F^{ie}$. These children selected a strongly classified recognition rule which marked the context specialised. That is the experimental context is marked off $(+ C)$ from other external contexts (e. g. play group, domestic). The recognition rules marked the context as (i) a sub-context of a specialised context; school and (ii) the sub-context as specialised, adult instructional, evaluative, therefore elaborated orientation. The framing value selected is also strong $(+ F^{ie})$ in that it excludes the realisations of meanings/practices in other contexts (e. g. play group, domestic). The strong framing leads to the selection of the realisation rules, (i) select interactional practice and text in accordance with recognition rules; and (ii) create a specialised text; exhaustive taxonomic principle, no narrative. Thus a $- C - F$ coding rule is transformed in the case of the MC children into its opposite $+ C + F^{ie}$ as a consequence of the children's underlying code, elaborated. In the case of the LWC children the coding rule $- C - F$ is taken as the rule and the children from their point of view select a non-specialised recognition rule which in turn regulates their selection of a non-specialised realisation rule. By non-specialised we are referring to the selection of a rule of everyday practice. The differences between the children is not a difference in cognitive facility/power but a difference in recognition and realisation rules used by the children to read the context, select their interactional practice and create their texts. We shall now give other examples as further illustrations. MC and LWC children were given reproductions (see Adlam/Turner/Lineker 1977) about the size of a postcard of a Belgian naive painter, Trotin, and asked to talk about the card. The probe(s) was/were "What is going on in the picture?" "What are the people doing?" "What is the picture all about?" (Last probe after the children had finished talking about the card.) Such probe(s) could be understood as a request for (a) narrative or, (b) a description of persons, objects, events, relationships depicted in the card, i. e., a verbal demography. We found that in general the focus of the child's speech was more a function of the child's class background than the child's "IQ". The middle class child, (irrespective of gender) produced a text similar to, or approximating to (b) whereas the lower working class child produced a text either oriented to (a), or although oriented to (b) was much more embedded in the context in the sense that it was less likely to be understood without the original picture card. Other researchers or critics have interpreted this finding as indicating only that the lower working class children were aware that both the researcher and the researched were looking at the picture card, and as a consequence, there was no need to make verbally explicit a context which was shared. This "explanatation" is both ad hoc and selective as it signally fails to explain (1). Why the middle class

children produced little narrative. (Only 6 out of a total of 64 children did so.) (2) Why the lower working class children produced narrative. (3) Why it was the girls in the lower working class who were mainly responsible for narrative texts. (4) Why the lower working class children's speech orientation was similar in other situations presented to the child in which the presumption of a shared perspective (researcher and researched) could not be postulated. (Instructional and regulative situations.) (5) Embedded meanings were preferred by the LWC mothers of the children (Henderson 1971) in a non-shared situation. Basically, the opening probe(s) is/are the same as in the previous example. The probe(s) is/are "open" yet we can account for all the texts the children produced as follows. The MC children's recognition rules are the same as those given earlier and lead to the selection of an elaborated orientation; their realisation rules are as follows, (i) select criteria, true/false. Given this rule there can be no narrative and very few MC children gave narrative. Further, given the selected criteria true/false there is a need to hedge bets and so use modals (might be, could be, etc) indicating uncertainty. More MC children used such forms (Turner/Pickvance 1973; Turner 1977). (ii) Make all referential relations explicit and specific. Realisation rules (i) and (ii) are sufficient to generate the distinctive features of the texts produced by the MC children. In the case of the lower working class children relative to the MC children the context was less distinctively marked; for the MC children the context was strongly classified $(+ C)$ in the case of the LWC children it was much more weakly classified $(- C)$. The latter effects the realisation rules of the LWC children which as a consequence have the form $- F$. Thus the texts were selected from the children's everyday practice and so were more likely to be narrative or entail implicit referential relations. Another situation offered to the children in the same interview required them to explain the rules of a game, (after first indicating to the researcher knowledge of the rules) to a child who did not know how to play (Hide and Seek). We again found that social class family background was more important than the child's "IQ" in accounting for the orientation of the child's speech and referential relations. In general, (but not uniformly) middle class children created a relatively context independent text, less directly related to a special material base in the sense that the text was not embedded in a local context/practice. The text created by the LWC children was generally (but not uniformly) relatively context dependent compared with the text of the middle class children in that it was more directly related to a specific material base and so embedded in a local context/practice and assumed knowledge of that local context/practice. It does not necessarily follow that the middle class child's text was a more effective instruction. Indeed, there may well be grounds to believe otherwise. In this situation, the MC children's recognition rule was as before, a function of their reading of the context as $+ C$. The realisation rule selected, required the making of sequencing rules, referential sets and criteria explicit and specific. The LWC children again using a weak framing principle $(- F)$ selected a realisation rule in accordance with their everyday practice of playing the game and their everyday interactions with their peers. We suggest that in all the above situations the MC children transformed an apparently "open" question $(- C - F)$ into $+ C + F$ and that the LWC children carried out this transformation much less frequently. These examples show that code realisations vary with the situation/task but the underlying code does *not* vary; the transformation of $- C - F$ into $+ C + F$ and this, we suggest, is a function of the underlying code (Adlam/Turner/Lineker 1977). The MC children operate with the view that the instructional contexts of the school require specialised rules of communication and interactional practices, the LWC children operate less as a group with such specialised rules. These specialised rules privilege meanings, realisations and instructional practices and confer privilege upon those who use them. But the distribution of the fundamental rules, the recognition and realisation rules are class regulated. In this way the socio-linguistic rules acquired are a function of the distribution of power. Thus distribution of power → principles of classification → recognition rules → relevant meanings; procedures of control → framing → realisation rules. From the perspective of the school, where the external classification of the code is strong $(+ C)$, the school regulates the recognition rules its code requires and this acts selectively upon the meanings, realisations, practices of the children that the school will legitimate. In the examples we have given it is possible to see how the distribution of power and

principles of control operate at the micro level and are transformed through classification and framing procedures into differentially valued communications. Although the examples we have given have all been drawn from formal interview contexts the analysis can be extended to include "naturally" occurring class room talk. (See Pedro 1981)

8. Context and Pedagogic Communication

We have used the term "context" throughout without giving any indication of its external demarcation and internal features. In the code theory a context is defined by its classificatory and framing values $\pm C^{ie}/F^{ie}$. These regulate the interactional principle with respect to the selection, organisation, (sequencing) pacing, criteria of oral, written, visual communication, together with the position, posture and dress of communicants and the locational principle with respect to physical location and the form of its realisation (the range of objects, their attributes, relation to each other in space).

We would argue that much of the sociolinguistic studies of class rooms have ignored underlying coding rules as given by the classification and framing of the elaborated code of the school which regulates its internal and external category relations and interactional practices between teachers, between discourses, between contexts, between acquirers and between teachers/acquirers. For example, the sequencing and pacing rules of strong framing regulates the fundamental form of all written and oral communication. The sequencing and pacing (rate of expected acquisition of the sequencing rules) of strong framing require that an official pedagogic ideology, context, practice, be embedded in the local pedagogic ideology, context, practice of the family if the child is to manage successfully the rules of communication and interactinal practice (Domingos 1984). It has been argued by some that class room talk in primary schools and sometimes in secondary schools is if anything code restricted (Cooper 1976). This is to misinterpret the concept. Because class room talk at the surface level may consist of short question, answer, check, solicit, expand, teacher controlled routines, this does not mean that it is restricted in the terms of the theory only that there is strong framing. Nor does it mean it is restricted because the teacher may use in some subject areas a series of short sentences. Instructional routines are essentially a function of the classification and framing values and as these change so will the routines and the positioning of acquirers in social relations, talk and language. The referential relations of the dominating curriculum are, however, still elaborated. Further, any given framing positions the acquirer in an embedded pedagogic discourse. Rules of social order, relation and identity are embedded in rules of discursive order, (selection, sequence, pace and criteria). The first we have called regulative and the second instructional discourse. It is possible that the regulative discourse of the school, as it is realised in speech, may be highly positional and imperative but this does not mean that the underlying code is restricted, only that it realises strong framing of regulative discourse. The framing values of regulative and instructional discourse may not be the same. It may well be the case that in some circumstances the school's instructional discourse is suspended and the discourse then is wholly regulative. (For an analysis of pedagogic discourse see Bernstein/Diaz 1984; Bernstein 1985.) This analysis attempts to show the translation of the distribution of power into classificatory principles (within and between contexts) which regulate recognition rules, and the translation of principles of control into framing procedures, which regulate realisation rules, and in this way create ideological positioning and oppositioning and the communicative practices of pedagogic relationships of different code modalities.

9. Codes and Modality

Codes can now be specified by the following formula:

$$\frac{0}{\pm \, C^{ie}/F^{ie}}$$

where '0' refers to orientations to meanings, elaborated/restricted; C refers to the principle of the classification; F refers to the principle of framing, ($\pm$) refers to the values of C and F with respect to strength, strong, weak; 'i' refers to internal relations, 'e' refers to external relations. The line _____ indicates that meanings are embedded in power and control principles. The modality of a code is given by the values of classification and framing. The values of classification and framing can vary independently of each other. Any one set of values for classification and framing constitutes the modality of the code. We regard variations of Cie/F^{ie} as regulating variations of control within a given distribution of power. In general, and put simply the values of Cie/F^{ie} will tend to increase in strength in times of economic crises (except possibly 'e' values) whereas the values of all functions will tend to weaken in times of economic buoyancy. $A + C^{ie}/ + F^{ie}$ modality is a relatively cheap training, administrative, transmission, evaluation system whereas a $- C - F$ modality is a much more costly training, administrative, transmission, evaluation system. Further, the latter is a relatively unstable reproductive procedure as its reproduction depends less upon positions in an explicitly hierarchical structure but more upon dense interpersonal communication within an explicit shared ideology. In times of full employment, innovation (moves to change power relations) is likely to come from below as labour is scarce whereas in conditions of severe unemployment, power lies in the demand rather than the supply of labour. Here we are pointing to the material base of modalities of communication, but we do not wish to present nor do we subscribe to an economistic model (Bernstein 1977 b). Although the code modalities here refer to agencies of cultural reproduction and their pedagogic processes (family, school, prisons etc) the same model has been applied to agencies of production (Bernstein 1977 b; Moore 1984).

10. Codes and Social Class

We shall now turn to an explicit formulation of the relation between class relations and the distribution of codes. Earlier when giving examples of recognition rules and selection of relevant meanings we distinguished between orders of meaning in terms of meanings which were directly related to a specific material base and those where the relation was more indirect and less specific. This formulation was preferred to earlier definitions (universalistic/particularistic, context dependent/independent, implicit/explicit) because the social class regulation on distribution and location is more transparent. We shall first give general conditions for the location and distribution of codes. First location. The simpler the social division of labour and the more specific and local the relation between an agent and its material base then the more direct the relation between meanings and a specific material base and the greater the probability of a restricted code. The more complex the social division of labour, the less specific and local the relation between an agent and its material base, then the more indirect the relation between meanings and a specific material base and the greater the probability of an elaborated code. It is important to point out that in each case we are regarding the social division of labour from the specific location of one of its agents. Let us take the example of a peasant working on a sugarcane plantation. From the point of view of that peasant, he or she would physically see himself or herself as part of a simple division of labour, and such an agent's interactional practices would have as their centre of gravity interactions within a simple division of labour regulating practices with respect to a local, specific material base. However, in the case of the patron, he (historically not she) would physically see himself as part of a complex division of labour, which would include the total local division of labour of the plantation, the local market and the local circulation of capital, and which would also include a complex division of labour of national and international markets with their entailed capital circulations. The patron's centre of gravity would lie within a complex division of labour regulating practices with respect to a generalised material base. Thus the most primitive condition for location of coding orientations is given by the location of agents in the social division of labour of production. Different locations generate interactional practices, which realise different relations to the material base and so different codes. At this point it is important to point out that we are here stating the conditions for the location of different coding orientations, not their origins. Distribution. The conditions for the distribution of coding orientations in this model are clear. If agents become specialised categories of the social division of labour, and their location is fixed and so non-transposable, then coding orientations become specialities of position within the social division of labour. The condition for these conditions is the principle of the social division of labour itself. The group that dominates the principle of the social division of labour determines the extent to which positions in the social division of labour give access to specialised coding

orientations. These coding orientations are in no sense inevitable consequences of any position. Coding orientations are not intrinsic to different positions. Whether these become so depends upon the distribution of power created by the principles regulating the social division of labour, i. e. the classificatory principle. If the principle regulating the social division of labour is that of class relations then positions are likely to be fixed and non-transposable; one set of dominated positions generating mechanical solidarity in opposition to the set of dominating positions generating organic solidarity. It is the case that the class principles of the SDL and its social relations locate and distribute production codes (elaborated and restricted) differentially within its hierarchy. Access to those codes is differentially acquired via the credentialism of state education according to the social class background of students whether a consequence of the ideological positioning of the practices of transmission or the refusal of students to be incorporated. It is important to note that this model generates what can be called the official or class regulated location and distribution of code orientations and interactional practices regulating a code modality. Education is the official state agency for the location and general distribution of elaborated codes and their modalities of reproduction, which selectively create, position and evaluate official pedagogic subjects. It is equally important to point out that oppositional restricted and elaborated codes may be generated both in school and work, and that oppositional elaborated codes arise out of agencies of defence, challenge, opposition, (trade unions, political parties, and counter hegonomic sites (Moore 1984; Holland 1985). The origins of elaborated codes do not lie in the mode of production but in the agencies of symbolic control, essentially in religious systems. In the case of "simple" societies the thought world (cosmologies) of the religious systems are made possible because of elaborate orientations but the possibilities of such orientations are policed by the thought world itself and the practices to which it gives rise. The link between religion and education in mediaeval Europe (Durkheim 1938) established the institutionalising of elaborated codes. The possibilities of these official codes are still subject to policing practices and such practices are likely to be intrinsic to their very transmission.

11. Social Class and Its Empirical Analysis

Codes are sites of contradictions, challenge and change. (Bernstein 1985) The above gives a highly general formulation of conditions for the location and distribution of codes in the mode of production. In terms of empirical research there are considerable difficulties in the specification of the boundaries, relations and internal differentiation of social classes (cf. art. 17). The conceptual analysis of class relations is one thing, their empirical descriptive specification is yet another, and the relation between the conceptual and the empirical an even more bothersome thing. Measures of hierarchically arranged groups according to occupational function/educational level leads to an unwarranted homogeneity of groups and to the construction of scales whose use is only possible in European societies and there is little agreement between these societies in the construction of such scales. The specification of modalities of elaborated code requires greater delicacy in the specification of the hypothesised social class location. We distinguish (1) between types of occupational location, that is whether an agent is located in economic agencies (public/private) or agencies specialising in symbolic control (public/private). (2) Whether the agent is specialised as an economic agent in the economic field or specialised as an agent of symbolic control in that respective field. (3) Whether an agent of symbolic control is located in an economic agency or in an agency of symbolic control. (4) The hierarchical position of an agent within an agency. On the basis of these distinctions it is possible to make distinctions within the customary MC or WC according to the field in which an agent is located, economic or symbolic control (public/private). Thus we might expect differences in ideological positioning, communicative practices and interests despite a common occupational function according to field location. In the case of the customary MC we can distinguish "new" MC agents located in economic or symbolic control field functioning as specialised economic agents or as specialised agents of symbolic control. The latter may function in economic agencies or agencies specialising in symbolic control. Thus we might expect differences in ideological positioning, communicative practices and interests within the MC according to field location, specialisation and agency. For em-pirical application see Holland 1985, Faria 1984 for socio-linguistic studies in class differences in selfreference.

We consider that different fractions of the MC (those who are directly related to the mode of production as distinct from those who are directly related to specialised agencies of symbolic control) may be sponsors of different modalities of elaborated codes active in agencies of cultural reproduction and in this way influence the public shaping of communication rules, interactional practices and their ideological positioning (Bernstein 1977; 1985). These fractions may have opposing interests towards public expenditure by the state. That MC fraction located in the mode of production may well have interests in limiting public expenditure. This is more likely to promote code modalities of $+ C/ + F$ whereas that fraction located in specialised agencies of symbolic control may have opposing interests and support increases in public expenditure. This is more likely to promote code modalities whose classification and framing values are weakened. The restriction and expansion of public expenditure by the state has consequences for the social division of labour of the field of symbolic control, for its social relations and thus for its code modalities.

12. Conclusion

Behind the research is an attempt to create a language which will permit the integration of macro and micro levels of analysis (cf. art. 10); the recovery of the macro from the micro in a context of potential change. The project could be said to be a continuous attempt to understand something about the rules, practices and agencies regulating the legitimate creation, distribution, reproduction and change of consciousness by principles of communication through which a given distribution of power and dominating cultural categories are legitimated and reproduced. In short, the nature of symbolic control.

13. Code and Competence

Theories that operate with a concept of competence (linguistic or cognitive. Cf. also art. 34) are theories in which the conditions for acquisition of the given competence require some innate facility together with interaction with a culturally nonspecific other who also possesses the competency. In other words, the crucial communication necessary for the acquisition of the competence is with a culturally nonspecific. There is no way of being a cultural subject without being culturally specific. Be that as it may, and it inevitably is, theories of competence necessarily abstract the non-culturally specific from the culturally specific. Code is transmitted and acquired in interactions that are culturally specific. Codes therefore presuppose specialised others. It is crucial to distinguish between theories that differ in the location of their problematic. The concept code presupposes competencies (linguistic/cognitive) that all acquire and share; therefore it is not possible to discuss code with reference to cognitive/linguistic deficiencies located at the level of competence. Code refers to a specific cultural regulation of the realisation of commonly shared competencies. Code refers to specific semiotic grammars regulated by specialised distributions of power and principles of control. Such grammars will have, among other realisations, specific linguistic realisations.

14. Code and Dialect

The term *dialect* refers to a variety of language that can be marked off from other varieties by phonological, syntactic, morphological, lexical features (cf. art. 44). The term is descriptive. It should give the demarcation rules for a specialised usage of a language and the special rules of its internal orderings. In the same way that every language carries the same potential for realising codes as defined by this thesis, language varieties, dialects have the same potential. There is no reason to believe that in our terms any language variety can realise only one code. It is therefore highly misleading and inaccurate to equate a standard variety with an elaborated code and a nonstandard variety with a restricted code, even though there may well be a class distribution of language varieties. Codes and dialects belong to different theoretical discourses, to different theories, and address fundamentally different problematics.

"A verbal deficit theory is any hypothesis that (i) seeks to explain differential educational attainment to any significant degree in terms of the intrinsic nature of two fundamentally different varieties of language used by schoolchildren, both at the commencement of their school careers and subsequently; and (ii) seeks to explain the unequal

social distribution of educational attainment in terms of which social groups are deemed to speak one of the two varieties rather than the other." This quotation from a linguist (Gordon 1981, 60) contains all the confusion which attempts to identify codes, varieties, deficit. What is at stake is not the issue of the intrinsic nature of different varieties of language but different modalities of privileged meanings, practices, and social relations which act selectively upon shared linguistic resources. A language variety cannot be defined with respect to meanings, practices and social relations. Codes are not varieties. Educational failure (official pedagogic failure) is a complex function of the official transmission system of the school and the local acquisition process of the family/peer group/community.

15. Deficit and Difference

This opposition received much of its power from Labov's (1972) paper "The Logic of Non-Standard English" in which Labov contrasts two black speakers' arguments one MC and the other WC. He shows that the WC youth's argument is succinct, pithy and logical, whereas the MC black adult is verbose, redundant, hesitant and uneconomic. This is an unwarranted conclusion. Both arguments are logical as judged by rules of inference but the modalities of the argument are different. They follow different paradigmatic forms and as a consequence they should not be judged by oppositions such as verbose/succinct, redundant/pithy, economic/uneconomic, hesitant/fluent. The MC black is not redundant, verbose, he is producing an argument based upon a different paradigmatic form entailing rules of evidence, falsification, abstraction, generalization. The crucial difference lies not in the content but in the form of the argument offered by the two speakers. Nothing is shown by this comparison because no comparison using Labov criteria should be applied. The issue which is raised refers to the social origins of the forms of argument and the rules of their selective, contextual realisation and interactional practices. It may well be the case on this analysis that the MC black adult has access to two argumental forms whereas the black WC youth may well have access to only one. This would require further investigation. Later in the same paper Labov presents spoken texts of a black child who in a formal experimental context was virtually silent but when placed in a context with a friendly black adult interviewer who sat on the floor, and where the child was accompanied by his friend sharing a coke, spoke freely and managed effectively the interaction. This example is used to illustrate the effect of context upon speech and the management of interaction and this it undoubtedly does but it also raises more fundamental questions. How was it necessary for the context to be changed so drastically and what was the relation between the distinguishing features of the changed context and the management of interaction and communication? In terms of the theory offered here an analysis of the child's speech shows that it is a restricted variant which is precisely what it should be given the distinguishing features of the context. In both cases offered in the paper the sociological level of analysis is bypassed in order to demonstrate an underlying competence and this is not unusual where a "difference" position is to be favoured, but I would submit that the fundamental issue is not an illustration of a communicative competence but the question of the controls on the distribution of socio-linguistic rules of contextualised performances.

To answer such a question invites an analysis of the distribution of power and principles of control which regulate and distribute unequally, communicative performance principles which differentially position speakers with respect to interactional power and context management. This is the focus of study of the code thesis. In essence the deficit position states that there is an absence of attributes (cognitive, linguistic, cultural) in one group and the presence of such attributes in another which leads to educational failure on the part of one group and success on the part of the other. One of the effects of the deficit position is to displace responsibility for failure (and presumably for success) from the school to the family/community. In essence, the language variety/difference position is that any meaning can be expressed in any language so that for each linguistic utterance in A there is a corresponding utterance in B (where A and B represent styles, standards, dialects or functional varieties) which conveys the same semantic information (Gordon 1981, 95). Although Gordon adds that the proposition is untestable for our purposes it is crucial to examine the central assertion that any meaning can be expressed in any language. From the point of view of the code thesis this is

not the issue. What is the issue is the social distribution of privileged and privileging meanings or more explicitly the social distribution of dominant and dominated principles for the exploration, construction and exchange of legitimate meanings, their contextual management and their relation to each other. With respect to the deficit position the code theory does not support the view that the sole origin of educational failure and success lies in the presence or absence of attributes of the student, family, community. Success and failure is a function of the modality of the transmission of the elaborated code of the school's dominating curriculum which acts selectively upon those who can acquire it. The dominating code modality of the school regulates its communicative relations, demands, evaluations and positioning of the family and of its students. The code theory asserts that there is a social class regulated unequal distribution of privileging principles of communication, their generative interactional practices and material base with respect to primary agencies of socialisation (e. g. family) *and* that social class, indirectly, effects the classification and framing of the elaborated code transmitted by the school so as to facilitate and perpetuate its unequal acquisition. Thus the code theory accepts neither a deficit nor a difference position but draws attention to the relations between macro power relations and micro practices of transmission, acquisition and evaluation and the positioning and oppositioning to which these practices give rise.

16. Relations between Codes and Grammar

We shall take Stubbs (1983) as a source of major criticisms. In this critique as in many others a major paper Bernstein (1981) is ignored as is also research by members of the Sociological Research Unit (e. g., Adlam/Lineker/Turner 1977; Cook-Gumperz 1973) although selective reference is made to papers more conducive to Stubbs' position.

The theory does not postulate a direct relation between orders of relevant meanings, grammatical/lexical orders and social and cognitive relevances. All share common linguistic competencies but codes act selectively on how, when, where and why these common competencies are differentially realised in specialised contexts.

17. Codes and Grammatical Choice

This relation will vary with the context. The same grammatical form, if/then, may be a feature of a restricted variant as an imperative delivered in a regulative context, or a feature of an elaborated variant in an instructional context. Thus similar grammatical forms have different code signification in different contexts; code markers are context specific. (Bernstein 1971 a; 1973 b). Further, whilst it is the case that anything can be said in simple sentences, that is, there is no necessary relation between grammatical form and cognitive function, it is unlikely that everything can be said with equal facility and felicity. It would be possible to translate this paper into simple sentences but it would be a long and arduous task and would only be possible on the basis of an elaborated code as would the condition of existence of the paper in the first place.

18. Codes and Frequency Counts

The criticism here is that counting the relative frequency of isolated units of language can only establish a continuum never a qualitative difference. Nothing can be reliably inferred from differential frequencies. Clearly frequency counts of isolated units are not the best means of inferring underlying structures. It is preferable to distinguish texts on the basis of their internal rules of distinctive cohesion and collocation. However, linguistics then, and perhaps now, is stronger on description below rather than above the level of the sentence. Frequency counts can still be of service and the service depends upon what is counted and this in turn depends upon the problem and the discourse in which the problem is constituted. What is trivial or significant is given by the discourse to which the phenomenon is referred. In our case, if we distinguish in terms of our previous family types, then positional, restricted, and personal, elaborated variants of the regulative contexts certainly will not realise absolute differences in units but there is no question of the qualitative differences in those modalities of control at the semantic level, and of their qualitative difference, from the point of view of those applying and receiving such control. And this holds for instructional contexts. If we are comparing relative frequencies within a context, we have been forced to use statistical significance differences in frequen-

cies as our criterion for inferring qualitative differences in patterning arising out of differences in relevancies. A more text-wide principle is to be preferred and this has been attempted in the creation of networks for the regulative context.

Trudgill's statement (1975) that after sixteen years all that we have is difference in the use of pronouns between groups of children is a sign only of what this linguist has failed to read rather than comment on the research.

19. Codes and Theory

It is argued that no predictions can be made from the theory, and therefore the thesis is not scientific. The examples often given are the relations between family types and codes. In the first place, we have empirical evidence of the existence of such family types, secondly, we have evidence that certainly within the MC these are associated with the expected differences of occupational function (Wells 1985; Aggleton 1984), thirdly, that within the WC, positional families are associated with children who produce narrative in instructional contexts. (Adlam, Turner, Lineker 1977). However, because positional and personal families can be found in both MC and WC, it is argued that no predictions of language use can be made. Within the MC differences between family types are differences within an elaborated code essentially creating differences in the modality of realisation. The modal family type expected within the LWC is positional and the coding orientation restricted because of its class occupational function and relations. We have interview data that this is the case. However, in the LWC if the coding orientations of the children were elaborated then we expected that the family type would be of the personal type. Indeed, the conditions (whether these are true or false is beside the point for this discussion) for the emergence of such families within the WC was given in Bernstein (1973 b). The models of family types in no way create the situation argued by Stubbs that elaborated variants in socialisation may be realised by either elaborated or restricted codes. Indeed, it can be readily inferred that we regarded person orientated LWC families as the site for code changes (Bernstein 1970 a; 1973 b). It is also clear that Stubbs makes the mistake of assuming that elaborated variants will not have a reduced range of syntactic alternatives and a narrow range of lexes (see earlier discussion of instructional discourse). The linguistic realisation of a variant is a function of the meanings relevant to the context. The type of variant is defined by those meanings. Further, it is argued (Gordon 1981) that the model of family types (and by implication other models derived from the thesis) are tautological in the sense that roles, practices, meanings, speech are not defined independently of each other and thus the entailed relationships are logically necessary. However, the model exhibits the processes whereby boundary procedures, categories of function punctuate and shape a specific semantic which in turn selectively constrains principles generating speech in contexts. Thus from the point of view of the socialiser roles regulate codes but from the point of view of the socialised, acquisition of codes, regulates role acquisition. There is no contradiction as Gordon (1981) asserts in his repetition of Jackson's (1974) critique. In empirical research the different levels of the model are examined independently of each other in order to test their inter-relation. Finally, Stubbs like others constantly shifts from issues of performanace to issues of competence as in "What has to be explained is why WC children do not frequently use linguistic forms they quite clearly know and which tend to be valued by the teachers". (Stubbs 1983, 63) The issue is not the linguistic form but the relationships between power, social positioning, privileging practices and meanings. Codes are carried by linguistic forms but have their origin outside of such forms.

20. Codes and Their Re-contextualising

Stubbs (1983, 54) when commenting upon Bernstein 1973 states that "for reasons which are not known MC children are more successful (i. e. do what teachers/experimenters want) in both such settings. One obvious conclusion to draw from this, however, is that it is schools which should change, not children. (Bernstein does not draw this conclusion.)" It is precisely this unwarranted aside which slyly turns the reader away from the many analyses which have been made of school transmissions. Yet in the same paper, Stubbs criticises, the following appears "It has always been clear to me that the class structure affected access to elaborated codes through its influence upon initial socialisation into the family and through its fundamental

shaping of both the organisational structure and contents of education." "Whether such codes (elaborated) perform the above function (alienation of the working-class) depends more and more in industrialised societies upon the classification and frames which control their transmission in education." (Bernstein 1973, 241. Italics in original) Edwards (cf. art. 51) re-cycles other critics' (e. g., Gordon 1981) positioning of the theory which disengages the two halves of the theory leaving only the focus on family transmissions despite the papers from 1964 onwards reprinted in *Class, Codes and Control*, Vol. III. Edwards shows that teachers hold positions of deficit, and of the linguistic deformity of working-class speech etc. and uses these findings to charge the theory with legitimising if not creating those notions, even when the teachers do not mention the theory or its author. Yet Edwards does not ask where these teachers obtained their views of the theory. Where also do they obtain their notions of Piaget, of Marx, of Freud? Presumably from their training. There is no direct line from the theory to teachers, only a process of mediation, of re-contextualising. It is this process which requires sociological analysis (Bernstein 1985). This re-positioning of the theory operates both positively and negatively to construct the issue in terms of deficit/difference and this in turn serves to mask the fundamental problematic. Marx refers to the lumpen proletariat in terms which would leave no doubt of a deficit position yet it would be ludicrous to disconnect such a description from the problematic of his fundamental analysis.

21. Literature (selected)

Adlam, Diana S./Turner, Geoffrey J./Lineker, L. (1977) *Code in context*, London.

Aggleton, Peter J. (1984) *Reproductive resistences: a study of origins and the effects of youth subcultural style amongst a group of new middle class students in a College of Further Education*, Ph. D., University of London.

Bernstein, Basil (1958) "Some sociological determinants of perception", in: *British Journal of Sociology* 9, 159–174.

Bernstein, Basil (1960) "Language and social class", in: *British Journal of Sociology* 11, 271–276.

Bernstein, Basil (1970 a) "A socio-linguistic approach to socialisation: with some reference to educability", in: *Language and Poverty:* perspectives on a theme. Williams, F., ed., Chicago, 25–61.

Bernstein, Basil (1970 b) "Introduction", in: *Social class, language and communication,* Brandis, Walter/Henderson, Dorothy, London, 4–25.

Bernstein, Basil (1971 a) "Social class, language and socialisation", in: *Class, codes and control,* Vol. I, Theoretical studies towards a sociology of language, Bernstein, B., London, 170–189.

Bernstein, Basil (1971) "On the classification and framing of knowledge", in: *Class, codes and control,* Vol. I, Theoretical studies towards a sociology of language, Bernstein, B., London, 202–236.

Bernstein, Basil/Cook-Gumperz, Jenny (1973) "The coding grid, theory and operations", in: *Social control and socialisation,* a study of class differences in the language of maternal control, Cook-Gumperz, J., London, 48–72.

Bernstein, Basil ([1973] 1975) "Postscript: a brief account of the theory of codes", in: *Class codes and control,* Vol. I, Theoretical studies towards a sociology of language, Bernstein, B., London, 253–256.

Bernstein, Basil (1975) "Class and Pedagogies: Visible and invisible", in: *Class codes and control,* Vol. III, Towards a theory of educational transmissions, London, 116–156 (revised in 1977 edition).

Bernstein, Basil (1977 a) "Aspects of the relation between education and production", in: *Class codes and control,* Vol. III, Towards a theory of educational transmissions, Bernstein, B., London, 174–200.

Bernstein, Basil (1977 b) "Class and the acquisition of educational codes note a ", in: *Class codes and control,* Towards a theory of educational transmissions, Bernstein, B., London, rev. edition, 193–196.

Bernstein, Basil (1977 c) "Foreword", in: *Code in context,* Adlam, D. S./Turner, G. H./Lineker, L., eds., London, vii–xv.

Bernstein, Basil (1981) "Codes, modalities and the process of reproduction", in: *Language and Society* 10, 327–363.

Bernstein, Basil/Diaz, Mario (1984) "Towards a theory of pedagogic discourse", in: *CORE* 8 (3), 1–212.

Bernstein, Basil (1985) "On pedagogic discourse", in: *Handbook of theory and research in the sociology of education,* Richardson, J., ed., New York, Chap. 8.

Bliss, Joan/Monk, Leonard/Ogborn, Jon (1983) *Qualitative data analysis for educational research:* a guide to users of systemic networks, London.

Cook-Gumperz, Jenny (1973) *Social control and socialisation:* a study of class differences in the language of maternal control, London.

Cooper, Barry (1976) "Bernstein's codes: a classroom study". University of Sussex, *Education Area Occasional Paper* 6.

Cox Donoso, Cristian (1984) *Continuity, conflict and change in state education in 'Chile:* a study of the pedagogic projects of the Christian Democrats and the Popular Unity Governments, Ph. D., University of London.

Dahlberg, Gunilla (1985) *Context and the child's orientation to meaning,* Lund.

Durkheim, Emile ([1938] French 1977) *The evolution of educational thought:* lectures on the formation of secondary education in France, London, 4–25.

Domingos, Ana (1984) *Social class, pedagogic practice and achievement in science:* a study of secondary schools in Portugal, Vol. I, Ph. D., University of London.

Faria, Maria I. (1983) *Para a analise da voriacao socio-semantica,* Vol. I, Ph. D., Lisboa.

Gordon, John C. B. (1981) *Verbal deficit:* A critique, London.

Halliday, Michael A. K. (1973) *Explorations in the function of language,* London.

Halliday, Michael A. K. (1978) *Language as a social semiotic,* London.

Henderson, Dorothy ([1971] 1973) "Contextual specificity, discretion and cognitive socialisation", in: *Class, codes and control,* Vol. II, applied studies towards a sociology of language, Bernstein, B., ed., London, 49–80.

Holland, Janet (1985) *Gender and class:* adolescent conception of the division of labour, Ph. D., University of London.

Holland, Janet (1981) "Social class and changes in orientations to meanings", in: *Sociology* 15, 11–18.

Holland, Janet (1983) "Social struktur och ideologi ungdomars syn pa olika aspektu au den sociala arbetsdelningen", in: *Makt, kontroll och pedagogik,* Bernstein, B./Lundgren, U. P., eds., Lund, 66–86.

Jackson, Leonard A. (1974) "The myth of elaborated and restricted codes", in: *Higher Educational Review* 6, 65–81.

Labov, William (1970) "The logic of non-standard English", in: Alatis, J. E., ed., *Report of the twentieth round table meeting on linguistics and language studies,* Georgetown, 1–29.

Moore, Robert (1983) *Education and production: a generative model,* Ph. D., University of London, 399–428.

Pedro, Emilia R. (1981) *Social stratification and classroom discourse:* A socio-linguistic analysis of classroom practice, Lund.

Robinson, William P. (1973) "Where do children's answers come from?" in: *Class codes and control,* Vol. II, applied studies towards a sociology of language, Bernstein, B., ed., London, 202–234.

Stubbs, Michael (1983) *Language, schools and classrooms,* 2nd edition, London.

Turner, Geoffrey J. (1973) "Social class and children's language of control at age five and age seven", in: *Class codes and control,* Vol. II, applied studies towards a sociology of language, Bernstein, B., ed., London, 135–201.

Turner, Geoffrey J./Pickvance, Richard E. (1973) "Social class differences in the expression of uncertainty in five year old children", in: *Class codes and control,* Vol. II, applied studies towards a sociology of language, Bernstein, B., ed., London, 93–119.

Turner, Geoffrey J. (1977) "The expression of uncertainty and descriptive, instructional and regulative speech", in: *Code and context,* Adlam, D. S. et al., eds., London, 230–244.

Tyler, William B. (1983) *Organisations, factors and codes:* a methodological enquiry into Bernstein's theory of educational transmissions. Ph. D., University of Kent.

Wells, Gordon (1985) *Language development in the pre-school years,* Cambridge, 310–320.

Basil Bernstein,
London (Great Britain)

69. Research on City Language

1. Introduction

The study of language in urban contexts represents a field of investigation which to date has only incidentally been the focus of attention. Although sociolinguistic studies have looked into language features of sections of urban populations the language(s) of urban entities as a whole have hardly been touched upon. This is somewhat surprising when one considers the significance of urbanisation in the twentieth century (cf. also art. 28) with the move away from a predominantly rural economy to an overwhelmingly urban one, both in the developed and the developing world. And yet it would seem that investigations of language in urban complexes should represent the logical conclusion of developments in studies of language in the community, from the pioneering work conducted by the rural dialectologists, through the sociolinguistic studies that highlighted the significance of such variables as class, sex, socio-economic status and ethnic identity in language studies, to the final stage where these features are combined into global representations of the linguistic forces prevalent in a given urban entity.

What is peculiar to urban conglomerations is the likelihood that all the parameters of sociolinguistic enquiry to date are likely to be present amongst the mixed layers of population to which should be added a host of extralinguistic factors of significance that together make up the totality of the city's linguistic scene. In other words, research on city language should, in its most complete form, reveal the totality of sociolinguistic findings to date, together with a completely new set of findings that need to be incorporated into a coherent whole. For there is hardly an urban complex of any reasonable dimension that is not likely to reveal a multiplicity of varieties of codes ranging from unilingual variants, through bilingual contact phenomena, to multilingual fragmentation. This is probably true not only for the more obvious and well-established bilingual cities like Barcelona, Brussels, Helsinki, Hong Kong, Montreal and Singapore, but also for what have traditionally been considered as monolingual entities like London, New York, Mexico City or Adelaide, where immigrant populations form a significant part of their (hidden?) make-up. Moreover it is becoming ever more apparent that a city is not necessarily an urban melting pot in which code and variety differences get smoothed out into a unique urban vernacular but that a host of language varieties co-exist both in terms of social stratification and in terms of geographical dispersion. The continued existence of such linguistic diversity cannot be accounted for in terms of traditional sociolinguistic enquiry but needs to incorporate such variables as demographic evolution, religious tradition, socio-political pressures, cultural institutions, educational structures and welfare organisation. These variables also need to be taken into account in questions dealing with the relationship between standard codes and dialects since it is generally assumed that urbanisation leads to more rapid language standardisation than is the case in rural environments. Yet at the same time earlier sociolinguistic studies have shown how dialect differences are maintained within an urban framework (cf. Trudgill 1974; Milroy 1980).

Given the above the most important factor to be borne in mind with reference to research on city language is that it cannot confine itself within the boundaries of a single discipline but of necessity must be the reflection of a team effort based on an interdisciplinary approach in which the focus is on language but in which each discipline brings its own methodology. This concerted effort requires coordination so that the findings that emanate from the sub-disciplines can be translated into meaningful results for the totality, and this is not a simple task.

2. Background to Research on City Language

Any global research into city language needs to be set against the background of development of the urban area in question and therefore requires some historical introduction revealing the origins of the intermingling of social dialects and ethnolinguistic groups. Research to date of the linguistic characteristics of certain social groups within an urban context has been pioneered with Labov's (1966) examination of social stratification, primarily based on quantitative aspects of language variation in relation to class, age and sex. The major thrust of Labov's work has been to use the social stratification concepts in an attempt to examine the mechanisms of linguistic change. Studies that were inspired by Labov's work, such as Trudgill's (1974) investigation of Norwich in England continued the vein of the mechanisms of linguistic change but also revealed certain factors which indicated resistance to change, thereby bringing out the maintenance of linguistic diversity within monolingual urban communities. A new orientation to this type of enquiry was brought about by Milroy's (1980) concentration on network analysis in Belfast communities which added explanatory dimensions to the opposing trends of linguistic change and linguistic maintenance within the same city. A further important dimension was added by Fishman, Cooper, Ma et al.'s (1971) investigation of bilingualism in the Spanish-speak-

ing Barrio of New York City which looked into urban bilingualism as manifested in one segment of a city's population, providing a model for incorporation into a more ambitious project designed at giving a total portrait of the linguistic resources of a typically diversified entity.

Beyond these examples, however, there are very few studies of entire urban entities which could be compared to some of the more ambitious projects which have attempted to reflect language diversity in primarily regional and rural communities, such as Egger's (1978) *Bilinguismo in Alto Adige*, which looks into demographic, historical, media, educational and linguistic aspects of German-Italian bilingualism in the Italian province of Alto Adige. Egger's descriptive study, interesting as it is in its attempt to cover a broad spectrum of dimensions, is limited by the lack of interdisciplinary refinement which is felt to be a primary necessity in any study as complex as that of a city's linguistic diversity. For it is felt that no one scholar or single disciplinary approach could possibly encompass the multitude of factors that would be required to account for the extensive data to be gathered on a typical urban complex. The desirability of an interdisciplinary approach comes clearly to the fore when one draws up a list of the potential questions which need to be answered.

How has the urban entity come about? How has the bilingual element been incorporated into the city's daily life? What is the city's linguistic relationship to the rest of the country? What legal, political, economic forces are reflected in the linguistic diversity of the city in question? What are its linguistic components, how have statistics been compiled and how reliable are such statistics? What are the city's different demographic components, how are its residence patterns distributed, is there a formation of linguistic ghettoes? What sociological forces impede or enhance language contact or language shift, the maintenance of discrete linguistic varieties or their reduction? What are the effects of migratory patterns, endogamy or exogamy on the linguistic forces in presence? What attitudinal patterns characterise the different strata of society present? What is the "street image" in terms of the linguistic environment of the different segments of the population, unilingual or multilingual? What linguistic forces operate among the work force? How do schools, hospitals, churches, professional bodies, welfare, cultural associations, the police, the media, advertising, reflect the linguistic diversity of the local population? To answer these, and many more questions, requires the concerted effort of a variety of disciplines drawn together not merely into some descriptive quest, revealing though this may turn out to be, but by certain common hypotheses on the role of language in society.

3. Educational Aspects

Although there is a vast body of literature dealing with language and education, both monolingual and bilingual aspects, there is to our knowledge very little available within the frame of reference of this chapter, by which is meant the different dimensions of the relationship between urban language questions and education. And yet this would seem to be an aspect of primary concern when one thinks of the social problems connected with inner city urban decay, ghetto formation and linguistic and educational deprivation. There is hardly a large industrial city that is not confronted with some sort of segregation in education, often not as a consequence of deliberate policy but as a reflection of demographic features that coincide with social stratification and ethnolinguistic boundaries. The consequences of this phenomenon have led to the setting up of educational support services specifically designed to overcome the linguistic problems of educating migrant pockets in the inner city, such as the Multicultural Support Service of the City of Birmingham in the United Kingdom to service the needs of schools containing at times up to 90% migrant children. To our knowledge the only published study to date to encompass a broad frame of reference is that by Attinasi, Pedraza, Poplack and Pousada (1982) in *Intergenerational Perspectives on Bilingualism: from Community to Classroom*, which clearly integrates urban bilingualism in education into its historical frame of reference, uses an ethnographic approach which highlights the importance of social networks, shows the relationship between language use and the outside urban environment and specifically the influence of the family, the block and the school, examines language attitudes, before finally moving into measures of language proficiency and purely internal linguistic phenomena. This rather unique study fits all the requirements of the global assessment

of research on city language of the type we envisage.

Problems of education are striking in connection with city research. The example of Singapore is instructive for an idea of the complexity involved in multilingual cities. Singapore's four official languages, English, Chinese, Malay and Tamil are all available as a medium of instruction up to a certain level. The rationale behind this being that "anything less than equal treatment would be tantamount to discrimination" (Gopinathan 1980, 183). Although reasonable success is claimed as far as multilingualism is concerned, the problems of curriculum development, pedagogical support and language testing, to name but a few, are enormous, the more so since little research in these areas has been done with respect to multilingual environments. Even more complicating is the fact that educational policy often has to reckon with political decision making which is not always a reflection of scientific considerations.

Another example of interest to city research is Tosi's (1984) *Immigration and Bilingual Education*, which discusses the urbanisation in England of Italian rural dialect speakers who are caught between Italian-English bilingualism on the one hand and Italian rural dialect versus standard Italian as a medium of education on the other. This study reveals the building up of a new urban repertoire in England based on transfers from English into Italian as a result of alienation from standard Italian models.

There are strong indications that multilingual language policy in urban entities will be influenced by factors beyond the school's control. Baetens Beardsmore and Swain (1985) compared pupils from the European School network in Brussels with a multilingual policy and Canadian immersion pupils. Comparisons of proficiency in French in both systems showed that results in Brussels were similar to those in Canada in spite of less formal teaching of French in the European School. This finding suggests that circumstances outside the programme, namely the role of French outside the school community, strongly influence linguistic proficiency. Hence, any given language programme in a specific urban context is determined by its compatibility with both the social values and social demands outside the classroom.

4. Linguistic Diversification in Urban Areas

Our basic premiss is that there are few large urban entities that are entirely monolingual. In order to approach the study of urban linguistic diversity it is useful to look at sample studies of cities that are officially bilingual. Two cases are Brussels and Barcelona. Both cities have undergone massive language shift which can be explained in terms of historical and social developments. In Brussels Dutch has given way to French predominance, in Barcelona Catalan has been displaced by Castillian (or Spanish). In Brussels total displacement to French has been arrested by legal and political measures of positive discrimination aimed at arresting further language shift to French while in Barcelona there is a Catalan revival designed to strengthen the language's position in the face of Castillian. The result for Brussels is a situation where two standard languages, French and Dutch co-exist, together with dialect varieties of both standards, in complex diglossic interaction. Internally each variant manifests contact phenomena which reflect a state of tension between dialect and standard on the one hand and bilingual language usage on the other. Brussels manifests all possible combinations of bilingualism with and without diglossia and diglossia with and without bilingualism; it is highly likely that if one looks below the surface of other urban areas, including those that are not officially bilingual, similar complexity will be found, primarily in terms of their immigrant populations. Accounting for such complexity can only be done by all the sociolinguistic techniques known to date with extra-linguistic parameters taken from other social disciplines.

The situation in Barcelona is slightly different. A historical account will reveal that although there are parallelisms with Brussels insofar as social and political pressures brought about language shift, yet there was an additional pressure in the form of outright attempts to eradicate Catalan during the repressive fascist regime, where Dutch has never been banned in Brussels. Massive immigration of Castillian speakers into Barcelona in the middle of the present century led to a further social pressure in favour of language shift whereby the indigenous Catalan speakers became sandwiched between a Castillian elite and a Castillian speaking immigrant proletariat. Today Catalan has been reinstated

as an official language with positive discrimination to promote its extension. Consequently there is an attempt to spread Catalan throughout all social classes so that Castillian no longer represents the reference group language for class identity (Ros i Garcia/Strubell 1984). Dutch in Brussels has had a similar fate so that by examining these two cities we can appreciate the extra-linguistic parameters that impede or enhance language shift, evaluate both the social and linguistic consequences of bilingualism and observe the trends in sociolinguistic stratification.

5. Empirical Research

An example of the multidisciplinary approach into city language of the type we have been advocating has been conducted since 1978 by the Centre for Interdisciplinary Study of the Language Situation in Brussels, established in the Dutch language Vrije Universiteit Brussel. This centre brings together historians, sociologists, sociolinguists, human geographers, political scientists, educationists, economists, lawyers and media specialists all focussing their attention on explaining the past evolution and present day complexity of the bilingual Belgian capital and has to date published eight volumes of findings in a Dutch series entitled, *Taal en Sociale Integratie* (Language and Social Integration). An English synthesis of this monumental work has been published by Witte and Baetens Beardsmore (1987). Given the variety of approaches taken to investigate the sub-components of the linguistic scene in Brussels there was no single model of the sociology of language which served as a base point. Instead, each particular facet was studied from the vantage point of the methodology specific to each discipline which gradually led to a convergence of viewpoints and an understanding of the dimensionalities of the complex situation, which in turn led to the mutual borrowing of findings in the gradual build up of the total picture. For example, historians, human geographers and sociologists complemented each other in the systematic study of demographic aspects of bilingualism and unilingualism in the city. Educational aspects were diversely treated by historians, sociologists, educationists and linguists, revealing both diachronic and synchronic aspects of language shift in the bilingual capital. The result has been an interlocking of hypotheses strengthened by the overarching framework provided by the historical dimension in this case, though in other cities unlike Brussels that have not undergone such a dramatic language shift the overarching framework might well be provided by a different discipline, such as sociology.

What this interlocking of disciplines has brought to the fore is a strengthening of hypotheses peculiar to one discipline but reinforced by the findings of another, thereby enhancing their explanatory power. For example, the class related hypothesis developed by sociolinguists to explain language shift based on the idea of shift towards the class immediately above has been confirmed by the historians who have shown how, in the past, the "labour aristocracy", latching on to the linguistic values adhered to by the middle classes, were the prime operators of mass language shift in Brussels. The historians and political scientists then extended the quest for explanatory factors by looking into the ideological and sociopolitical forces which enhance or impede a trend towards language shift, while the sociologists extended the discussion further by revealing how a variety of interpersonal and structural relationships converge to work for or against language shift. Gaps in the total picture have gradually been filled in by carrying out detailed content analyses of different periodicals and newspapers to discover how they reflect the shifting sociolinguistic scene over time while the advertising media have been examined to discover to what extent the street image of Brussels as projected by different language usage in billboards coincides with the geographic dispersion of the major linguistic communities. Great attention has been paid to the study of ethnolinguistic awareness and its reflection in the political parties while the role of the church has not been neglected.

Among other things, the interdisciplinary approach to an analysis of Brussels has revealed the significance of marriage partners in language maintenance, the relationship between language standardisation, or dialect loss, and ethnolinguistic self confidence, the development of sociolinguistic awareness in group identity, the significance of network density in language change and the interlocking of political, educational, stratificational and economic parameters in the determination of composite language co-existence.

6. Literature (selected)

Abdulaziz, Mohamed (1982) "Patterns of language acquisition and use in Kenya: Rural-urban differences", in: *International Journal of the Sociology of Language* 34, 95–120.

Aguirre, Adalberto, ed., (1985) "Language in the Chicano speech community", in: *International Journal of the Sociology of Language* 53.

Anderson, Edmund (1985) "Sociolinguistic surveys in Singapore", in: *International Journal of the Sociology of Language* 55, 89–114.

Attinasi, John/Pedraza, Pedro/Poplack, Shana/Pousada, Alicia (1982) *Intergenerational perspectives on bilingualism: From community to classroom*, New York.

Baetens Beardsmore, Hugo/Swain, Merrill (1985) "Designing bilingual education: Aspects of immersion and 'European School' models," in: *Journal of Multilingual and Multicultural Development* 6, 1–15.

Baker, Jonathan (1985) *The rural-urban dichotomy in the developing world*, Oslo.

Bolton, Kingsley/Luke, Kang-kwong (1985) "The sociolinguistic survey of language in Hong Kong: The background to research and methodological considerations", in: *International Journal of the sociology of Language* 55, 41–56.

Bortoni-Ricardo, Stella (1985) *The urbanization of rural dialect speakers*, Cambridge.

Burja, Janet (1974) "Pumwani: Language usage in an urban muslim community", in: *Language in Kenya*, Whitely, W., ed., Naïrobi.

Calsamiglia, Helena/Tuson, Amparo (1984) "Use of languages and code switching in groups of youths in a barri of Barcelona: Communicative norms in spontaneous speech", in: *International Journal of the Sociology of Language* 47, 105–121.

Chauvin, Marcel (1985) "Transformation d'une forme régionale de français en une variété sociale urbaine?", in: *International Journal of the Sociology of Language* 54, 57–77.

Clark, B./Gleave, M., eds., (1972) *Social patterns in cities*, London.

Cruz, Carmen (1980) "Sociolinguistic features of a selected Manila community", in: *Philippine Journal of Linguistics* 11, 2, 64–74.

Egger, Kurt (1978) *Bilinguismo in Alto Adige*, Bolzano.

Fishman, Joshua/Ferguson, Charles/Das Gupta, John, eds., (1968) *Language problems of developing nations*, New York.

Fishman, Joshua/Cooper, Robert/Ma, Roxana (1971) *Bilingualism in the Barrio*, Bloomington.

Gnanam, M. (1980) *Sociolinguistic differentiation of Tamil in an industrialized area*, Annamalai.

Gopinathan, Saravan (1980) "Language policy in education: A Singapore perspective," in: *Language and society in Singapore*, Afendras, E./Kuo, E., eds., Singapore.

Haynes, Lilith (1982) "Rural and urban groups in Barbados and Guyana: Language attitudes and behaviors", in: *International Journal of the Sociology of Language* 34, 67–81.

Kashoki, Mubanga (1982) "Rural and urban multilingualism in Zambia: Some trends", in: *International Journal of the Sociology of Language* 34, 137–166.

Kloss, Heinz (1966) "Types of multilingual communities: A discussion of ten variables", in: *Sociological Inquiry* 36, 2, 132–145.

Labov, William (1966) *The social stratification of English in New York City*, Washington, D. C.

Le Page, Robert (1968) "Problems of description in multilingual communities", in: *Transactions of the Philological Society*, 189–122.

Lewis, Glynn, ed., (1977) "Bilingual education", in: *International Journal of the Sociology of Language* 14.

Lieberson, Stanley (1965) "Bilingualism in Montreal: A demographic analysis", in: *American Journal of Sociology* 71, 10–25.

Lieberson, Stanley/McCabe, Edward (1982) "Domains of language usage and mother tongue shift in Naïrobi", in: *International Journal of the Sociology of Language* 34, 83–94.

Mac Kinnon, Kenneth (1977) *Language, education and social processes in a Gaelic community*, London.

Maldonado, Lional/Moore, Joan, eds., (1985) *Urban ethnicity in the United States*, London.

Mansour, Gerda (1980) "The dynamics of multilingualism: The case of Senegal", in: *Journal of Multilingual and Multicultural Development 1*, 4, 273–293.

Mayer, Philip (1963) *Townsmen or tribesmen: Conservatism and the process of urbanisation in a south african city*, Cape Town.

Mehrota, Raja, ed., (1985) "Sociolinguistic surveys in South, East and Southeast Asia", in: *International Journal of the Sociology of Language* 55.

Milroy, Leslie (1980) *Language and social networks*, Oxford.

Mitchell, John, ed., (1969) *Social networks in urban situations*, Manchester.

Pandit, Prabodh (1977) *Language in plural society: The case of India*, Delhi.

Pascario, Emy, ed., (1980) *The Philippino bilingual: Studies on Philippine bilingualism and bilingual education*, Quezon City.

Peace, A. (1979) *Choice, class and conflict: A study of southern nigerian factory workers*, London.

Pederson, Lee/Billiard, Charles (1979) "The urban work sheets for the LAGS project", in: *Orbis* 28, 1, 45–62.

Polomé, Edgar, ed., (1982) "Rural and urban multilingualism", in: *International Journal of the Sociology of Language* 34.

Romaine, Suzanne (1980) "A critical overview of the methodology of urban British sociolinguistics", in: *English World-Wide* 1, 2, 163–198.

Ros i Garcia, Maria/Strubell i Trueta, Miguel, eds., (1984) "Catalan sociolinguistics", in: *International Journal of the Sociology of Language* 47.

Scotton, Carol (1982) "Language use in Kenya: an urban-rural comparison of the Luyia", in: *International Journal of the Sociology of Language* 34, 121–136.

Shapiro, M./Shiffman H. (1976) *Language and society in South-Asia*, Seattle.

Southall, Aiden, ed., (1973) *Urban anthropology*, London.

Szelenyi, Ivan, ed., (1985) *Cities in recession*, London.

Tabouret-Keller, Andrée, ed., (1985) "Sociolinguistics in France: Current research in urban settings", in: *International Journal of the Sociology of Language* 54.

Tosi, Arturo (1984) *Immigration and bilingual education*, Oxford.

Trudgill, Peter (1974) *The social differentiation of English in Norwich*, Cambridge.

Ullrich, Helen (1982) "Rural and urban multilingualism: A south indian case", in: *International Journal of the Sociology of Language* 34, 25–50.

Whyte, William (1955) *Street corner society*, Chicago.

Witte, Els/Baetens Beardsmore, Hugo, eds., (1987) *The interdisciplinary study of urban bilingualism in Brussels*, Clevedon.

Piet Van de Craen/Hugo Baetens Beardsmore,
Brussels (Belgium)

70. Research on Language Attitudes

1. Introduction and Rationale

Since 1960 there has been an explosion of research in different parts of the world showing that people express definite attitudes (cf. art. 20) towards speakers representing different speech styles. Encouragingly, the cultural diversity of speech communities studied is ever on the increase (e. g., Morocco: Bentahila 1983; Papua New Guinea: Wurm/Laycock/Mühlhäusler 1984; Yugoslavia: Kalogjera 1985). Although a variety of methods have been adopted fruitfully in this area, most of the research has utilized the "speaker evaluation paradigm" (cf. art. 119). Herein, listeners evaluate, on *standard* rating instruments, a series of (usually anonymous) speakers on audiotape who are considered to represent various standard and nonstandard, dialects and languages (cf. art. 44); for reviews with respect to other language features, e. g., nonverbal, paralinguistic, see Cappella (in press) and Giles/Street (1985), respectively. The importance of this research field, which is perhaps not surprisingly a core area of the social psychology of language, is that one's speech style is an important determinant of others' reactions towards you in a range of social situations. Moreover, such "listener-focussed" research has considerable mediating implications for the production of our communicative behaviour including the acquisition of dialects and languages. These are determined in part by our language attitudes in the sense that how we believe others will respond to our speech styles, including shifts within and switches between them, will influence greatly our self-presentations in terms of sequential vocal choices during an interactive exchange (Giles 1984).

Over the years, a number of important contributions to the area have emerged both in terms of integrative overviews (e. g., Giles/Powesland 1975; Edwards 1979; Ryan 1979; Ryan/Giles 1982; Sebastian/Ryan 1985) and

edited collections of empirical studies (e. g., Shuy/Fasold 1973; Cooper 1974; 1975; Williams 1976; Giles/Edwards 1983). The aim of this article is to provide a selected overview of this area in order to provide readers with the flavour of its intriguing findings, affording preference to the most recent studies where appropriate, as well as pointing to an exciting set of priorities for future empirical developments.

Before describing the findings explicitly, it is pertinent to consider the general basis of these social evaluations. Edwards (1982) points out that there are three broad possibilities for the underlying patterns of speech style judgements. These may reflect intrinsic linguistic superiorities/inferiorities, or intrinsic aesthetic differences, or social convention and preference. It is, however, unlikely that languages, and language varieties, can reasonably be described as being "better/worse", "correct/incorrect", or "logical/illogical" (see Edwards 1979). Similarly, aesthetic judgements of language varieties do not seem to be based on inherent qualities of beauty. In a series of studies (see Trudgill/Giles 1978), it has been shown that listeners rating totally unfamiliar (foreign) varieties (which for respondents were non-categorizable socioeconomically) did not discriminate between them on the grounds of aesthetic and status differences, although they were perceived to differ sharply in these qualities within their own speech communities. It seems therefore that evaluations of language varieties do not reflect either linguistic or aesthetic qualities so much as the social conventions within speech communities concerning the status and prestige associated with speakers of the varieties.

2. Standard versus Nonstandard Speech Evaluations

2.1. Generalized Status Findings

Empirical studies in a range of situations and across the world reveal a generally consistent pattern of results in their differential evaluations of standard and nonstandard speakers. A standard variety is that most often associated with status, the media, power and those of the higher socioeconomic bracket (Fishman 1971). Its particular form is due to historical influence rather than intrinsic value (as above), yet because of its extrinsic associations, it is typically evaluated more favourably on traits relating to competence (e. g., intelligence, confidence, ambition) in comparison with other (regional, urban, and minority ethnic) varieties, even by speakers of non-standard/"subordinate" varieties themselves (see Labov 1966; Lambert 1967). In this vein, *Received Pronunciation* (RP) is evaluated most favourably in the Anglophone world not only in Britain (Giles/Powesland 1975), but also in Australia (Ball 1983), New Zealand (Huygens/Vaughan 1983) and the United States (Stewart/Ryan/Giles 1985). Similarly in France, Paltridge/Giles (1984) found that a Parisian guise was rated more favourably along competence traits than a Provençal guise which was afforded more prestige than a Brittany guise, which in turn was upgraded over an Alsace speaker (see also Bourhis 1982).

Other dependent measures used to examine the effects of speech style are those of recall and cooperation. With respect to memory, Cairns/Dubiez (1976) in Northern Ireland found that children subsequently recalled more material when it was presented in RP than in other more local guises. Moving to a more behavioural plane, Giles/Baker/Fielding (1975) showed that highschool students provided more written information to (24%), and about (48%), an RP accented speaker than they did for a regionally-accented one (Birmingham). Similarly, Giles/Farrar (1979) demonstrated that housewives wrote more (as well as provided more ideas) on a three-item questionnaire when it was delivered by an RP than a Cockney researcher. Indeed, this cooperative differential widened as respondents progressed from answering their first to the second and third answers (33, 45, & 72% more, respectively). Finally, in the naturalistic setting of real life professional theatre performances, Bourhis/Giles (1976) found that more people complied with a request made over the public address system when the announcer's speech style was RP than other local, nonstandard varieties.

2.2. Status Hierarchies

While nonstandard varieties per se accrue less prestige than their standard counterparts, research in a number of cultures shows that a status hierarchy exists differentiating amongst the former varieties (see Giles 1970 in Britain; Kalin/Rayko 1980 in Canada; and

Gallois/Callan 1981 in Australia). Furthermore, Ryan/Carranza/Moffie (1977) demonstrated that the degree of accentedness within any one nonstandard variety may also affect status evaluations (see also Ryan 1983). They found that students' ratings of Spanish-accented American English became less favourable the more accented the speaker sounded (Brennan/Brennan 1981; Bentahila 1983). Such fine sociolinguistic discriminations do not accrue everywhere, as Berko-Seligman (1984) found little evaluative distinction between intermediate and stigmatized Spanish in Costa Rica, but a considerable evaluative chasm between these two and the prestige variety.

2.3. Listener Effects

Not surprisingly, listener variables can interact with speaker characteristics, the most obvious of course being the former's social group membership (Lambert 1967; Rickford, 1985). For instance, ethnocentrism has been positively related to downgrading nonstandard speakers (e. g., Kalin/Rayko 1980; McKirnan/Hamayan 1984) while intergroup contact has been related to less downgrading (Gallois/Callan/Johnstone 1984; McKirnan/Hamayan 1984). Doubtless the effects of contact may become more complex when the nature and quality of it is thoroughly explored (Brown/Turner 1981; Miller/Brewer 1984; Hewstone/Brown 1986). Interestingly, McKirnan/Hamayan (1984) found that the narrower and more restrictive the speech norms of Americans concerning standard English, the more downgrading accrued with respect to Hispanic speakers. Age is a receiver variable not often investigated in speaker evaluation studies (see Day 1982); indeed it has a similar fate as a speaker variable (Stewart/Ryan 1982). Nevertheless, research has shown different evaluative profiles at different periods in the lifespan. For instance, cross-sectional studies have shown children becoming gradually more socialized into accepting the evaluative norms of standardized speech (e. g., Giles/Harrison/Creber/et al. 1983), adolescents identifying more during their teens with local sociolinguistic ideals (Lambert/Giles/Picard 1975), and the elderly becoming seemingly more tolerant of nonstandard variants in the speech of others (Paltridge/Giles 1984).

2.4. Solidarity Effects

Yet, in some contexts, standard speakers are downgraded on traits relating to solidarity, integrity, benevolence, social attractiveness and persuasive quality vis-a-vis their nonstandard counterparts (Ryan 1979; Cacioppo/Petty 1982; Ros 1984). For instance, in Switzerland, Hogg/Joyce/Abrams (1984) found that judges rated High German and Swiss German speakers non-differentially in terms of status dimensions, but the latter more favourably on solidarity traits. In Ireland, a Donegal speaker was rated the most competent of five Irish guises, but a Dublin speaker, who was regarded the lowest in this regard, was considered the highest in social attractiveness (Edwards 1977). This evaluative pattern can be qualified on some occasions by speakers' gender (Lambert 1967; see also Giles/Smith/Ford et al. 1980). For instance, while white Australians and Aborigines upgraded male Aboriginal speakers as more friendly, trustworthy and gentle than white males, Aboriginal female speakers were, in complete contrast, rated less favourably on solidarity traits (Gallois/Callan/Johnstone 1984).

2.5. Speech Variation

Naturally, people shift their speech styles within and between different situations as interactional goals, participants, and so forth change. When the linguistic outcome is seen as a convergence towards another, the recipient's attitudes are generally favourable when the intent is attributed positively, not considered as due to situational demands (Simard/Taylor/Giles 1976; Bourhis 1985), and the shift has not been one of over-accommodation (see Platt/Weber 1984; Ryan/Giles/Bartolucci et al. 1986). However, if a shift is perceived to be psychologically diverging (Thakerar/Giles/Cheshire 1982) then the recipient's reaction will likely be negative (Sandilands/Fleury 1979; Fitch/Hopper 1983) and can even result in downright aggression as documented by Deprez/Persoons (1984) in a Belgian context (see also Bourhis/Giles/Leyens et al. 1979). At the same time, divergent shifts can be upgraded (especially on solidarity traits) by observers of an intergroup encounter when the speech acts symbolize valued ingroup loyalty and pride (Bourhis/Giles/Lambert 1975; Doise/Sinclair/Bourhis 1976), or are simply normatively required; an example of the latter would be an interviewee assuming a more refined Australian accent when being considered for a job by a broad accented interviewer (Ball/Giles/Byrne et al. 1984). Besides shifting, there is the phenome-

non of code-mixing, the social meanings of which vary cross-culturally from ones of positivity as in the case of Punjabi-English mixing (Punglish) in Britain (Chana/Romaine 1984), to evaluative ambivalence for Cantonese-English mixing by Hong Kong students (Gibbons 1983), to Moroccan abhorrence when French and Arabic are mixed (Bentahila 1983).

3. The Roles of Context

3.1. The Sociopolitical Backdrop

As evident from the above, language attitudes are sensitive to local conditions and changes in the social milieu (see Ryan/Giles/Sebastian 1982). Bourhis (1983) showed that the changing political climate in Quebec has been associated with modifications in attitudes towards the use of Canadian French and English. In South Wales, at a time when there was a positive redefinition of Welsh identity, Bourhis/Giles/Tajfel (1973) found that bilingual speakers were perceived more favourably than RP-accented ones. Whilst recently, in a more Welsh-speaking area to the West, Price/Fluck/Giles (1983) found, in assessing bilingual children's reactions to Welsh, Welsh-accented English and RP-English, that the first guise elicited no more favourable ratings than the last, with the Welsh-accented English being downgraded. Although there are a number of competing explanations for this phenomenon, it may be that the Welsh-speaking milieu in which these children live, and its social networks and institutional support (see Milroy 1980; Roberts/Williams 1980), fosters a strong, positive sense of Welsh identity (Moscovici/Paicheler 1978). In this sense, Welsh people may not construe standard English, as perhaps would those in lesser Welsh-speaking areas, as subtractive to their sense of linguistic identity (Lambert 1974), yet at the same time may see no advantage in marking that outgroup language with a Welsh accent; a value here seemingly abounds in being seen to speak both languages "well".

Thus, it seems reasonable to propose that when a nonstandard speech style is, or becomes, a valued symbol of ingroup pride (be it working class, ethnic, occupational), individuals who are strongly committed to their social group membership display evaluative preferences for their own variety. In this vein, Flores/Hopper (1975) found some preference for Mexican-American speech styles amongst those who identified themselves as "Chicanos", a term associated with cultural and linguistic pride (see also Mercer/Mears/Mercer 1979). At the same time, how the prestige speech community reacts to varying degrees of change brought about by nonstandard speaking groups is a fascinating issue (cf. Giles/Marsh 1979; Bourhis 1983). Speculating in part towards this end, Ryan/Hewstone/Giles (1984) proposed a so-called "intergroup" model of language attitudes to take account of both standard and nonstandard speech communities' evaluative reactions. By this means, an attempt was made to go theoretically beyond the rather simplified notion that language is used by respondents in the speaker evaluation paradigm merely as a cue to social categorization which in turn evokes associated social inferences or language attitudes (Lambert 1967; Robinson 1979). Rather, the intergroup model attempts to show how different language attitude profiles emerge, and become more or less elaborated as a function of the changing relations between the social groups whose representative speech styles are evaluated. For example, when a clear status differential exists between standard and nonstandard communities, both groups of listeners are predicted to favour the former speakers across most dimensions. Moving much further around the intergroup cycle (Taylor/McKirnan 1984) when the nonstandard community begins to question seriously the legitimacy and stability of the standard group's socioeconomic and sociolinguistic powers, nonstandard listeners who identify strongly with their ingroup are predicted by now to have shifted evaluatively to a wholesale upgrading of their own speech representatives. Standard recipients will still favour their own ingroup speakers albeit in a more complex fashion than hitherto, and also for different reasons. Space of course precludes more details of the true complexity of the foregoing (let alone an outline of other phases in the intergroup cicle), yet suffice it to say that language attitudes are deemed to fulfill different social functions for each of the groups involved at different points in their relational history (cf. Tajfel 1981). Overt manifestations of linguistic attitudes by members of these groups can not only induce reactive changes in ingroup-outgroup social judgements, but as such can actively and creatively influence the course of relations between them (see Taylor/Giles 1979; Giles/Hewstone 1982).

3.2. The Immediate Situation

In general, however, nonstandard speakers adopt the stereotyped views of the majority groups in society (Edwards 1979), although ratings may also reflect the functional separation of the varieties in some cases (cf. Fishman 1971). Thus, Adorno (1973) found that Mexican-American parents considered English to be important for practical purposes, but Spanish was valued for idealistic and personal reasons. In view of the way in which different varieties may be seen as situationally-appropriate (see Forgas 1983; Giles/Wiemann in press), Carranza/Ryan (1975) emphasized the need to examine reactions to speech varieties across different contexts. Herein, standard American English and Mexican-American speakers were heard reading two types of texts, one in a home, and the other in a formal school context. Bilingual Anglo-American and Mexican-American students all preferred English in the latter context, but showed a slight preference for Spanish in the home setting, and especially on solidarity traits (cf. however Hogg/Joyce/Abrams 1984). Likewise, Johnson/Buttny (1982) found that Black speech was rated as more appropriate than a white standard variety the less abstract the topic that was discussed.

Other more recent studies have examined and or manipulated aspects of the actual testing context of language attitude investigations. For instance, Bourhis/Sachdev (1984) found that Anglo-Canadian secondary school students had less favourable attitudes towards Italian language usage when the demographic proportions of Anglos and Italians in their immediate school environment were equal compared with when the former were the clear majority. Creber/Giles (1983) found that the typical status upgrading of RP was attenuated significantly in the context of an evening youth club compared with the usual, classroom setting. In contrast, Giles/Harrison/Creber et al. (1983) found that the status connotations of RP were polarized when informants were asked to discuss their speaker evaluations with each other for 90 seconds before making their ratings (cf. Taylor/Royer 1980). In a previously-cited study, Welsh bilinguals made evaluative distinctions between RP and a nonstandard Welsh accent on status traits when the experimental procedure was conducted in English, but not when it was the Welsh language

(Price/Fluck/Giles 1983). When the rating task was in the latter language, however, listeners would make social attractiveness comparisons between the varieties, a tendency which was not apparent in the other setting (see Bond 1983; 1985; Gibbons 1983 for experimenter-language effects also). Hence, not only can the status connotations of a standard variety be diminished or exaggerated depending on the nature of the context, but the evaluative criteria brought to bear in them can also vary.

3.3. Applied Contexts

Speech style is clearly of paramount importance in many applied social contexts (Kalin 1982). Educational settings in general encourage and reflect standard varieties of a language, the form used in writing and that associated with social advancement. The influence of Bernstein's (1971) conception of "elaborated" and "restricted" codes (cf. art. 68, 51) has commonly been to regard these as referring to standard and nonstandard speech respectively, with the implication that the latter is an inferior variety (see Trudgill 1975). Furthermore, teachers, as members of society, are likely to reflect the language attitudes reviewed above. Seligman/Tucker/ Lambert (1972) found that speech style was an important cue in teachers' evaluations of pupils, even when combined with other information such as photographs of the children as well as some of their school work. Choy/ Dodd (1976) reported that teachers evaluating standard English and Hawaiian speakers consistently favoured the former (see also Williams 1976; Granger/Mathews/Quay/et al. 1977; Edwards 1979). Overall, research indicates that the perception of so-called "poor" speech characteristics of children leads teachers to make negative inferences about their personalities, social background and academic abilities (Edwards/Giles 1984). Clearly, these may lead to self-fulfilling prophecies to the disadvantage of nonstandard-speaking children and may also lead teachers themselves to induce behaviour in the latter which ⟨confirms⟩ their stereotyped expectations (see Snyder 1981). Also relevant to the educational context is the second language learning domain. Studies in Canada have shown that attitude is more consistently correlated with achievement in second language learning than is aptitude (cf. art. 184, 185), and that the way in which attitudes affect language learning differs for dominant and subordinate group students (Gardner 1983; see also Giles/Byrne 1982).

Language attitude studies in the medical arena are extremely rare. Fielding/Evered (1980) demonstrated that RP speakers are more likely to be perceived as having symptoms of a psychosomatic origin than nonstandard accented patients even when they are voicing exactly the same complaint. Moreover, medical student listener-judges in this study perceived lexical and syntactic differences between the two supposed patients on audiotape despite the fact that these features were held constant (see Street/Hopper 1982). Patients' social class (cf. art. 17) has been shown to effect the frequency of communication difficulties experienced by doctors with working class patients being disadvantaged as a consequence. Indeed, the amount of information provided by such patients appears diminished compared with their middle class counterparts (Pendleton/ Bochner 1980); speech style, unfortunately, must surely be a potent mediating cue for both physicians and patients alike (see Milmoe/Rosenthal/Blane et al. 1967).

In legal and judicial settings, there is much scope for the influence of attitudes towards nonstandard varieties, although sociolinguistic research has concentrated on so-called "powerless" speech (Lakoff 1975; Bradac/ Mulac 1984) and its effects on the perceptions of witnesses who use it in simulated courtroom settings (Lind/O'Barr 1979). However, Seggie (1983) presented voices of speakers (in RP, broad Australian, or Asian) who were accused of various crimes and were heard protesting their innocence to one of these. RP speakers were seen as more guilty when the crime was embezzlement, whereas the Australian accented speaker was more severely judged when the crime was physical assault. In other words, white collar crimes are likely more associated with prestige speakers whereas crimes of violence are aligned cognitively more with nonstandard users.

Most research in an occupational setting has been limited to the employment interview. Street/Brady/Lee (1983) found that males and females speaking the same message were more positively evaluated in informal and conversational settings than in a supposed (formal) interview. Speech then appears more carefully monitored in this latter highly evaluative setting and nonstandard accent found to be influential therein. Hopper/Williams

(1973) showed that speech characteristics (for Standard American, Black, Mexican-American and Southern white speakers) were relevant to employment decisions but decreased in importance with lowered status of the job (see also Bradac/Wisegarver 1984). Similarly, Kalin/Rayko (1980) found discrimination against foreign-accented applicants for higher status Canadian jobs while at the same time these speakers were judged more suitable for lower status jobs (see also de la Zerda/Hopper 1979; Giles/Wilson/Conway 1981; Rickford 1985). This double discrimination would seem to inhibit the upward mobility of ethnic speakers

3.4. Other Intervening and Mediating Variables

It is often the case that nonstandard speakers are concentrated in the lower socioeconomic strata and are accorded lower prestige as a consequence (see however Ryan/Bulik (1982) on American German). Thus, Ryan/Sebastian (1980) suggested that assumptions regarding social class may have led to the downgrading of ethnically accented speakers. Indeed, they found that when social class background information was associated with standard and nonstandard speakers in an orthogonal factorial design, the evaluative differences between standard American and Mexican-American speakers was drastically reduced. Yet, the judgemental interdependence of accent and social class information factors has not been manifest in more recent studies in other speech communities (e. g., Ryan/Bulik 1982; Stewart/Ryan/Giles 1985). For example, Giles/Sassoon (1983) found that whether a speaker was known to be middle or working class, his nonstandard speech style still evoked a lower rating on status traits in comparison with RP speakers (cf. Bradac/Courtright/Schmidt et al. 1976). Furthermore, the evaluative potency of accent effects (viz., Asian versus more standard British accent) was not diminished when the addition of visual cues (via videotaped presentation) was contrasted with audiotape only conditions (Elwell/Brown/Rutter 1984). Interestingly, Aboud/Clément/Taylor (1974) demonstrated in Quebec that socioeconomically "incongruous" presentations of photographs of people at work and their voice samples (e. g., a middle class-looking speaker with a Joual accent) were reported as being a more pleasing combination for potential work mates than "congruous" stimuli (e. g.,

middle class-looking and -sounding individuals), with the opposite being the case for potential super- or subordinates.

Few studies have in fact manipulated accent, dialect or language along with other language factors. Giles/Wilson/Conway (1981) showed that accent had as significant an effect on listeners' social evaluations as did lexical diversity in Britain, while Bradac/Wisegarver (1984) in a most ambitious design in the United States varying lexical diversity, accent, and social class background information demonstrated that these factors were additive on status-related dimensions. This "combinatorial model" suggests the least favourable judgements for nonstandard speakers, low in lexical diversity, and with a working class background; completely the opposite pattern was found for those speakers characterized by the highest status ratings on each factor. Interestingly, accent was a less salient variable than lexical diversity on status traits in this study, and indeed it suffered the same evaluative fate in comparison with speech rate manipulations in a British investigation (Brown/Giles/Thakerar 1985; see also Giles/Smith 1979). Finally, message content has rarely been examined alongside speech style effects, although it has been shown to possess significant consequences. For instance, Powesland/Giles (1975) showed an "incongruity" effect again where speakers who argued in ways not expected from their voice patterns (e. g., an RP speaker advocating greater powers to Trade Unions) were upgraded as a consequence of their presumed integrity (cf. Burgoon/Miller, 1985). More recently, Giles/Johnson (in press) showed that Welsh bilinguals rated RP speakers more positively than Welsh speakers irrespective of whether they supported or mildly threatened their ethnolinguistic identities. However, this effect was completely eradicated in a follow-up study when more culturally-committed Welsh persons listened to supportive and extremely threatening speakers. This time, message content almost completely determined reactions with the threatening speakers being severely denigrated regardless of their ingroup or outgroup accent.

Gallois/Callan/Johnstone (1984) have also discussed theoretically the mediating influence of perceived threat in determining social evaluations whilst attaching even greater weight to the role of social distance. Indeed, many recent studies have shown that standard listeners infer from a nonstandard speech style not only that such speakers would be unsuitable as partners in close personal relationships but would likely hold many (albeit not all (Giles/Sassoon 1983)) dissimilar beliefs from them (e. g., McKirnan/ Hamayan/Smith 1983; McKirnan/Hamayan 1984; Stewart/Ryan/Giles 1985) and are also perceived as less in control communicatively (Bradac/Wisegarver 1984). Future research awaits a causal pathway analysis (see for example Gardner 1983) to determine whether, and the more precise ways in which, belief dissimilarity, direct threat, large social distance, low control (and probably other factors) mediate between the perception of nonstandard speech and low status ratings.

4. Towards a more Programmatic Approach

The above has necessarily been an attempt to present a coherent overview of the complexity of findings in this important research area. Many gaps have been left unfilled (e. g., the ways in which our perception of speech styles themselves are determined by social psychological factors (Ball/Byrne/Giles et al. 1982), and many caveats are in order. Nevertheless, the interested reader has been directed to a great deal of the major sources and recent studies to contemplate their strengths and limitations. Elsewhere, we have provided our own criticisms of the field and proposed an array of remedial suggestions (Giles/Ryan 1982; Giles/Hewstone/Ball 1983). What follows in the next two sections is a reasonable number of priorities which should benefit ⟨sociolinguistics⟩ most in the near future. We would wish to avoid the endless proliferation of static, piece-meal research studies. Instead, we advocate, wherever feasible, longitudinal and cross-national research be devised which has at its foundation: (1) a sociostructural framework for conceptualizing different speech communities (e. g., Ryan/Giles/Sebastian 1982) whilst accounting for the psycho-historical forces determining intergroup relations (Ryan/Hewstone/Giles 1984); (2) an analysis of the social functions of language attitudes (cf. Tajfel 1981; Huici 1984) and the attributions which both underlie them (Hewstone 1983 a; b) and are a consequence of them (see Stewart/Ryan 1982; Hewstone/Giles 1986); (3) an appreciation of the dynamic sequential nature of language attitudes not only during the lifespan (e. g., Tamir 1984; Ryan/Giles/Bartolucci et al. 1986) but also from moment-to-moment as situational demands, physiological states and interpersonal relations change (Giles/ Fitzpatrick 1984; Giles/Street 1985); (4) adequate linguistic and acoustic analyses of the speaking stimuli to be socially evaluated (see Ryan 1983; Berko-Seligman 1984; McKirnan/ Hamayan 1984) so as to specify which linguistic phenomena are linked to what evaluations, when and why. In this way, naive generalizations dependent on the paralinguistic peculiarities of supposedly representative speakers and their idiolects (see Bentahila 1983) can be greatly reduced; and (5) a coherent analysis of the manner in which different language features and nonlinguistic variables interact to influence language attitudes with particular attention afforded the multidimensional roles of message content in different situations.

5. Language Attitudes and Linguistic Action

It is appropriate to conclude by asking the question: to what extent are people's language attitudes predictive of their linguistic behaviour? Although early social psychological research on attitudes implicitly assumed that by understanding a person's attitudes one could predict his or her behaviour, contemporary research is far more critical. Fishbein/Ajzen (1975) proposed that predictability of a behaviour is increased by working with attitudes and behaviours defined at an equivalent level of specificity; general attitude measures (e. g., English Canadians' language attitudes in response to a French Canadian guise) can only be expected to predict broad behavioural patterns (e. g., amount of French spoken in a week), but not specific behavioural acts (e. g., whether English or French is spoken to one's neighbour).

In order to predict specific behaviour, Ajzen/Fishbein (1980) put forward their "theory of reasoned action". The immediate determinant of an action hereby is viewed quite simply as person's intention to perform (or not perform) a behaviour (e. g., speaking French to a customer in Quebec). The basic determinants of a person's intention are also specified. The person's attitude towards the behaviour is a function of beliefs about the consequences of performing a particular behaviour and the person's evaluation of these consequences. Thus an expectancy-value conceptualization of attitude is proposed. A given language variety will be used if, for example, it is seen as very probably leading to a highly valued consequence ("My speaking RP in this context will improve my chances of landing the job, something I would evaluate very favourably"). According to Fishbein/ Ajzen (1975), an equally important contributor to overall attitude is the corollary that, for example, using a given language variety will very improbably lead to a negatively valued consequence ("My using French in Brussels is very unlikely to anger a Walloon tram-driver"). The second determinant of intention, subjective norms, are themselves determined by the person's normative beliefs regarding the expectations of others, and the person's motivation to comply with these expectations. The proposed mathematical combination of these determinants of behaviour can be represented symbolically in the following equation:

$$B = BI = \left(\sum_{i=1}^{n} b_i e_i\right) w_1 + \left(\sum_{j=1}^{m} nb_j mc_j\right) w_2$$

where: B is overt behaviour; BI is intention to perform the behaviour; b_i is the belief (subjective probability) that performing the behaviour will lead to consequence i; e_i is the evaluation of consequence i; nb_j is the perceived expectation of the referent group j; mc_j is the motivation to comply with referent group j; n is the number of salient consequences; m is the number of salient normative beliefs; and w_1 and w_2 are empirically determined regression weights (see Pagel/Davidson 1984).

The adoption of such an approach to the study of language attitudes would have obvious implications for the methodology used (see our article 127), because rather different questions would be asked. What for example are the person's beliefs about the consequences of adopting a specific speech style (e. g., "I would appear less intelligent") and his or her evaluations of these consequences (e. g., "very bad")? In turn, what normative beliefs are relevant (e. g., "would one's friends laugh?") and how great is the motivation to comply with their expectations ("do I want to do what my parents/friends/teachers think I should do?")? Such questions may seem to take us far away from the evaluation of speech styles (Giles/Powesland 1975), but they might help to indicate the importance of such ratings relative to other factors. This approach should make us more thoughtful

about what language attitudes do, as well as what they are.

Another approach which emphasizes the idea of attitude towards behaviour is Jaccard's (1981) "behavioural alternative" model which considers situations in which an individual can perform one of a number of alternative and mutually exclusive behaviours (e. g., one must choose to speak a standard or non-standard dialect, assuming for simplicity, that code-shifting is not possible). According to Jaccard, the individual may be said to possess an attitude towards performing each of the behavioural alternatives available. The individual will decide to perform that alternative for which the most positive attitude is held. Thus, the prediction of behaviour is based on an intra-individual comparison of behavioural alternatives, and each person's attitude towards speaking a variety or language might have to be measured (for a variety of situations) in order to predict accurately.

6. Epilogue

Language attitudes research has taken great strides forwards since its conception (arguably in the late 1950's). It is natural in many ways that it should have evolved into a mass of descriptive, heterogeneous fingings until rather recently. Yet the time is ripe for this domain of enquiry to weld itself back to where Labov (1966) insightfully saw it, namely as an integral component of sociolinguistic endeavour. Future research then should address the relationship between language attitudes (of various types) and language behaviours, thereby bridging this hiatus between research on language attitudes and the present concerns of attitude researchers in social psychology. There is no need to apologize for the kind of work done already — language attitudes are important in their own right as we have shown above — but new studies in the exciting domains proferred above will undoubtedly enhance our understanding of language in action. When the next Handbook is contemplated, we would hope to see "language attitudes" not as a separate entity so much as a proven, essential ingredient of sociolinguistic theory.

7. Literature (selected)

Aboud, Frances/Clément, Richard/Taylor, Donald M. (1974) "Evaluational reactions to discrepancies between social class and language", in: *Sociometry* 37, 239–250.

Adorno, W. (1973) *The attitudes of selected Mexican and Mexican-American parents in regards to bilingual/bicultural attitudes*, diss., U.S. International University.

Ajzen, Icek/Fishbein, Martin (1980) *Understanding attitudes and predicting social behaviour*, Englewood Cliffs, N.J.

Ball, Peter (1983) "Stereotypes of Anglo-Saxon and Non-Anglo-Saxon accents: Some explanatory Australian studies with the matched-guise technique," in: *Language Sciences* 5, 163–184.

Ball, Peter/Byrne, Jane/Giles, Howard/Berechree, Philip/Griffiths, Joan/McDonald, Helen/McKendrick, Ian (1982) "The retroactive speech stereotype effect: Some Australian data and constraints", in: *Language and Communication* 2, 277–284.

Ball, Peter/Giles, Howard/Byrne, Jane/Berechree, Philip (1984) "Situational constraints on the evaluative significance of speech accommodation: Some Australian data", in: *International Journal of the Sociology of Language* 46, 5–32.

Bernstein, Basil, ed., (1971) *Class, codes and control* (Vol. 1), London.

Bentahila, Abdelali (1983) *Language attitudes among Arabic-French bilinguals in Morocco*, Clevedon.

Berko-Seligman, Susan (1984) "Subjective reactions to phonological variation in Costa Rican Spanish", in: *Journal of Psycholinguistic Research* 13, 415–442.

Bond, Michael H. (1983) "How language variation affects inter-cultural differentiation of values by Hong Kong bilinguals", in: *Journal of Language and Social Psychology* 2, 57–66.

Bond, Michael (1985) "Language as a carrier of ethnic stereotypes in Hong Kong", in: *Journal of Social Psychology*, 125, 53–62.

Bourhis, Richard Y. (1982) "Language policies and language attitudes: Le monde de la Francophonie", in: *Attitudes toward language variation: Social and applied contexts*, Ryan, E. B./Giles, H., eds., London, 34–62.

Bourhis, Richard Y. (1983) "Language attitudes and self-reports of French-English language usage in Quebec", in: *Journal of Multilingual and Multicultural Development* 4, 163–180.

Bourhis, Richard Y. (1985) "The sequential nature of language choice", in: *Sequence and pattern in communicative behaviour*, Street R. L./Cappella, J. N., eds., London, 120–141.

Bourhis, Richard Y./Giles, Howard (1976) "The language of co-operation in Wales: A field study", in: *Language Sciences* 42, 13–16.

Bourhis, Richard Y./Giles, Howard/Tajfel, Henri (1973) "Language as a determinant of Welsh identity", in: *European Journal of Social Psychology* 3, 447–460.

Bourhis, Richard Y./Giles, Howard/Lambert, Wallace E. (1975) "Social consequences of accommodating one's style of speech: A cross-national investigation", in: *International Journal of the Sociology of Language* 6, 55–72.

Bourhis, Richard Y./Giles, Howard/Leyens, Jacques P./Tajfel, Henri (1979) "Psycholinguistic distinctiveness: language divergence in Belgium", in: *Language and social psychology*, Giles, H./St. Clair, R., eds., Oxford, 158–185.

Bourhis, Richard Y./Sachdev, Itesh (1984) "Vitality perceptions and language attitudes", in: *Journal of Language and Social Psychology* 3, 97–126.

Bradac, James J./Courtright, John A./Schmidt, Gould/Davies, Richard A. (1976) "The effects of perceived status and linguistic diversity upon judgements of speaker attributes and message effectiveness", in: *Journal of Psychology* 93, 312–220.

Bradac, James J./Mulac, Anthony (1984) "Attributional consequences of powerful and powerless speech styles in a crisis-intervention context", in: *Journal of Language and Social Psychology* 3, 1–20.

Bradac, James J./Wisegarver, Randall (1984) "Ascribed status, lexical diversity, and accent: Determinants of perceived status, solidarity, and control of speech style", in: *Journal of Language and Social Psychology* 3, 239–256.

Brennan, Eileen M./Brennan, John S. (1981) "Accent scaling and language attitudes: Reactions to Mexican-American English speech", in: *Language and Speech* 24, 207–221.

Brown, Bruce/Giles, Howard/Thackerar, Jitendra N. (1985) "Speaker evaluations as a function of speech rate, accent and context", in: *Language and Communication* 5, 207–220.

Brown, Rupert J./Turner, John C. (1981) "Interpersonal and intergroup behaviour", in: *Intergroup behaviour*, Turner, J. C./Giles, H., eds., Oxford, 33–65.

Burgoon, Michael/Miller, Gerald R. (1985) "An expectancy theory interpretation of language and persuasion", in: *Recent Advances in Language, Communication and Social Psychology*, Giles, H./St. Clair, R., eds., London, 119–229.

Cacioppo, John T./Petty, Richard E. (1982) "Language variables, attitudes, and persuasion", in: *Attitudes towards language variation: Social and applied contexts*, Ryan, E. B./Giles, H., eds., London 189–207.

Cairns, Edward/Dubiez, Barbara (1976) "The influence of speaker's accent on recall by Catholic and Protestant schoolchildren in Northern Ireland", in: *British Journal of Social and Clinical Psychology* 15, 441–442.

Cappella, Joseph N. (in press) "Controlling the floor in conversation", in: *Nonverbal communication*, Siegman, A./Feldstein S., eds., Hillsdale, N.J.

Carranza, Miguel A./Ryan, Ellen B. (1975) "Evaluative reactions of bilingual Anglo and Mexican-American adolescents towards speakers of English and Spanish", in: *International Journal of the Sociology of Language* 6, 83–104.

Chana, Urmi/Romaine, Suzanne (1984) "Evaluative reactions to Panjabi-English code-switching", in: *Journal of Multilingual and Multicultural Development* 5, 447–474.

Choy, S./Dudd, D. (1976) "Standard-English-speaking and non-standard Hawaiian-English-speaking children: Comprehension of both dialects and teachers' evaluations", in: *Journal of Educational Psychology* 68, 184–93.

Cooper, Robert L. (1974) "Language attitudes I", in: *International Journal of the Sociology of Language 3*, 5–19.

Cooper, Robert L. (1975) "Language attitudes II", in: *International Journal of the Sociology of Language 6*, 5–9.

Creber, Clare/Giles, Howard (1983 "Social context and language attitudes: The role of formality-informality of the setting", in: *Language Sciences* 5, 155–162.

Day, Richard R. (1982) "Children's attitude toward language", in: *Attitudes towards language variation: Social and applied contexts*, Ryan, E. B./Giles, H., eds., London, 116–131.

de la Zerda, N./Hopper, Robert (1979) "Employment interviewers reactions to Mexican American speech", in: *Communication Monographs* 46, 126–134.

Deprez, Kas/Persoons, Yves (1984) "On the identity of Flemish high school students in Brussels", in: *Journal of Language and Social Psychology* 3, 273–296.

Doise, Willem/Sinclair, Anne/Bourhis, Richard Y. (1976) "Evaluation of accent convergence and divergence in cooperative and competitive intergroup situations", in: *British Journal of Social and Clinical Psychology* 15, 247–52.

Edwards, John R. (1977) "Ethnic identity and bilingual education", in: *Language, ethnicity and intergroup relations*, Giles, H., ed., London, 252–282.

Edwards, John R. (1979) *Language and disadvantage*, London.

Edwards, John R. (1982) "Language attitudes and their implications among English speakers", in: *Attitude towards language variation: Social and applied contexts*, Ryan, E. B./Giles, H., eds., London, 20–33.

Edwards, John R./Giles, Howard (1984) "Applications of the social psychology of language: Sociolinguistics and education", in: *Applied sociolinguistics*, Trudgill, P., ed., London, 119–158.

Elwell, C. M./Brown, Rupert J./Rutter, Derek R. (1984) "Effects of accent and visual information on impression formation", in: *Journal of Language and Social Psychology* 3, 297–299.

Fielding, Guy/Evered, Christopher (1980) "The influence of patients' speech upon doctors" in: *The social and psychological contexts of language*, St. Clair, R. N./Giles, H., eds., Hillsdale, N. J., 51–72.

Fishbein, Martin/Ajzen, Icek (1975) *Belief, attitude, intention and behaviour*, Reading, Mass.

Fishman, Joshua A. (1971) *Sociolinguistics: A brief introduction*, Rowley, MA.

Fitch, Kristine/Hopper, Robert (1983) "If you speak Spanish they'll think you are a German: Attitudes towards language choice in multilingual environments", in: *Journal of Multilingual and Multicultural Development* 4, 115–128.

Flores, N./Hopper, Robert (1975) "Mexican Americans' evaluation of spoken Spanish and English", in: *Speech Monographs* 42, 91–98.

Forgas, Joseph P. (1983) "Language, goals and situations", in: *Journal of Language and Social Psychology* 2, 267–294.

Gallois, Cindy/Callan, Victor J. (1981) "Personality impressions elicited by accented English speech", in: *Journal of Cross-Cultural Psychology* 12, 347–359.

Gallois, Cindy/Callan, Victor J./Johnstone, Michael (1984) "Personality judgements of Australian Aborgine and White speakers: Ethnicity, sex and context", in: *Journal of Language and Social Psychology* 3, 39–58.

Gardner, Robert C. (1983) "Learning another language: A true social psychological experiment", in: *Journal of Language and Social Psychology* 2, 219–240.

Gibbons, John (1983) "Attitudes towards languages and code-mixing in Hong Kong", in: *Journal of Multilingual and Multicultural Development* 4, 129–148.

Giles, Howard (1970) "Evaluative reactions to accents", in: *Educational Review* 22, 211–227.

Giles, Howard, ed. (1984) "The dynamics of speech accommodation", in: *International Journal of the Sociology of Language* 6.

Giles, Howard/Byrne, Jane (1982) "An intergroup approach to second language acquisition", in: *Journal of Multilingual and Multicultural Development* 3, 17–40.

Giles, Howard/Edwards, John R., eds., (1983) "Language attitudes in multicultural settings", in: *Journal of Multicultural and Multilingual Development* 4 (2 and 3).

Giles, Howard/Farrar, Kathryn (1979) "Some behavioural consequences of speech and dress styles", in: *British Journal of Social and Clinical Psychology* 18, 209–10.

Giles, Howard/Fitzpatrick, Mary A. (1984) "Personal, group and couple identities: Towards a relational context for the study of language attitudes and linguistic forms", in: *Meaning, form and use in context: Linguistic applications*, Schiffrin, D., ed., Washington, D. C., 253 – 277.

Giles, Howard/Harrison, Christopher/Creber, Clare/Smith, Philip M./Freeman, Norman H. (1983) "Developmental and contextual aspects of British children's language attitudes", in: *Language and Communication* 3, 1 – 6.

Giles, Howard/Hewstone, Miles (1982) "Cognitive structures, speech and social situations: Two integrative models", in: *Language Sciences* 4, 187 – 219.

Giles, Howard/Hewstone, Miles/Ball, Peter (1983) "Language attitudes in multilingual settings: Prologue with priorities", in: *Journal of Multilingual and Multicultural Development* 4, 81 – 100.

Giles, Howard/Johnson, Patricia (in press) "Perceived threat, ethnic commitment, and inter-ethnic language behaviour", in: *Interethic communication: Recent research* (10th International & Intercultural Communication Annual), Kim, Y., ed., Beverly Hills.

Giles, Howard/Marsh, Patricia (1979) "Perceived masculinity and accented speech", in: *Language Sciences* 1, 301 – 315.

Giles, Howard/Powesland, Peter F. (1975) *Speech style and social evaluation*, London.

Giles, Howard/Ryan, Ellen B. (1982) "Prologomena for developing a social psychological theory of language attitudes", in: *Attitudes towards language variation: Social and applied contexts*, Ryan, E. B./Giles, H., eds., London, 208 – 223.

Giles, Howard/Sassoon, Caroline (1983) "The effects of speaker's accent, social class, background and message style on British listeners' social judgements", in: *Language and Communication* 3, 305 – 313.

Giles, Howard/Smith, Philip M. (1979) "Accommodation theory: Optimal levels of convergence", in: *Language and social psychology*, Giles, H./St. Clair, R. N., ed., Oxford, 45 – 65.

Giles, Howard/Smith, Philip/Ford, Barry/Condor, Susan/Thakerar, Jitendra (1980) "Speech styles and the fluctuating salience of sex", in: *Language Sciences* 2, 260 – 282.

Giles, Howard/Street, Richard L. J., Jr. (1985) "Communication characteristics and behaviour: A review, generalizations, and model", in: *Handbook of interpersonal communication*, Knapp, M./Miller, G. R., eds., Beverly Hills, 205 – 262.

Giles, Howard/Wiemann, John (in press). "Language, power and social comparison", in: *The handbook of communication*, Chaffee, S./Berger, C., eds., Beverly Hills.

Giles, Howard/Wilson, Pamela/Conway, Antony (1981) "Accent and lexical diversity as determinants of impression formation and employment selection", in: *Language Sciences* 3, 92 – 103.

Granger, R./Mathews, M./Quay, L./Verner, R. (1977) "Teacher judgements of the communication effectiveness of children using different speech patterns", in: *Journal of Educational Psychology* 69, 793 – 796.

Hewstone, Miles, ed., (1983 a) *Attribution theory: Social and functional extensions*, Oxford.

Hewstone, Miles (1983 b) "Attribution theory and commonsense explanations: An introductory overview", in: *Attribution theory: Social and functional extensions*, Hewstone, M., ed., Oxford, 1 – 26.

Hewstone, Miles/Brown, Rupert J., eds., (1986) *Contact and conflict in intergroup encounters*, Oxford.

Hewstone, Miles/Giles, Howard (1986) "Social groups and social stereotypes in intergroup communication", in: *Intergroup communication*, Gudykunst, W. B., ed., London, 10 – 26.

Hogg, Michael A./Joyce, Nicholas/Abrams, Dominic (1984) "Diglossia in Switzerland? A social identity analysis of speaker evaluations", in: *Journal of Language and Social Psychology* 3, 185 – 196.

Hopper, Robert/Williams, Frederick (1973) "Speech characteristics and employability", in: *Speech Monographs* 46, 296 – 302.

Huici, Carmen (1984) "The individual and social functions of sex role stereotypes", in: *The Social Dimension*, Vol. II. Tajfel, H., ed., Cambridge, 579 – 602.

Huygens, Ingrid/Vaughan, Graham M. (1984) "Language attitudes, ethnicity and social class in New Zealand", in: *Journal of Multilingual and Multicultural Development* 4, 207 – 24.

Jaccard, James (1981) "Attitudes and behaviour: implications of attitudes toward behavioural alternatives", in: *Journal of Experimental Social Psychology* 17, 286 – 307.

Johnson, Fern L./Buttny, Richard (1982) "White listeners' responses to "sounding Black" and "sounding White": The effects of message content on judgements about language", in: *Communication Monographs* 49, 33 – 49.

Kalin, Rudolf (1982) "The social significance of speech in medical, legal and occupational settings", in: *Attitudes towards language variation: Social and applied contexts*, Ryan, E. B./Giles, H., eds., London, 148 – 163.

Kalin, Rudolf/Rayko, Donald (1980) "The social significance of speech in the job interview", in: *The social and psychological contexts of language*, St. Clair, R. N./Giles, H., eds., Hillsdale, N. J., 39 – 50.

Kalogjera, Damir (1985) "Attitudes toward Serbo-Croatian language varieties", in: *International Journal of the Sociology of Language* 52, 93 – 109.

Labov, William (1966) *The social significance of English in New York City*, Washington, D. C.

Lakoff, Robin (1975) "Language and women's place", in: *Language in Society* 2, 45—81.

Lambert, Wallace E. (1967) "The social psychology of bilingualism", in: *Journal of Social Issues* 23, 91—109.

Lambert, Wallace E. (1974) "Culture and language as factors in learning and education", in: *Cultural factors in learning and education*, Aboud, F. E./Meade, R. D., eds., Bellingham.

Lambert, Wallace, E./Giles, Howard/Picard, Omer (1975) "Language attitudes in a French American community", in: *International Journal of the Sociology of Language* 4, 127—152.

Lind, E. Allan/O'Barr, William M. (1979) "The social significance of speech in the courtroom", in: *Language and social psychology*, Giles, H./St. Clair, R. N., eds., Oxford, 66—87.

McKirnan, David J./Hamayan, Else V. (1984) "Speech norms and attitudes toward outgroup members: A test of a model in a bicultural context", in: *Journal of Language and Social Psychology* 3, 21—38.

McKirnan, David/Smith, Charles/Hamayan, Else V. (1983) "A sociolinguistic approach to the belief-similarity model of racial attitudes", in: *Journal of Experimental Social Psychology* 19, 434—447.

Mercer, Neil/Mercer, Elizabeth/Mears, Robert (1979) "Linguistic and cultural affiliation amongst young Asian people in Leicester", in: *Language and ethnic relations*, Giles, H./Saint-Jacques, B., eds., Oxford, 15—26.

Miller, Norman/Brewer, Marilynn, eds. (1984) *Groups in contact: The psychology of desegregation*, New York.

Milmoe, Susan/Rosenthal, Robert/Blane, Howard T./Chafetz, M. E./Wolf, I. (1967) "The doctor's voice: postdictor of successful referral of alcoholic patients", in: *Journal of Abnormal Psychology* 72, 78—84.

Milroy, Lesley (1980) *Language and Social Networks*, Oxford.

Moscovici, Serge/Paicheler, Genevieve (1978) "Social comparison and social recognition: Two complementary processes of identification", in: *Differentiation between social groups*, Tajfel, H., ed., London, 251—268.

Pagel, Mark D./Davidson, Andrew R. (1984) "A comparison of three social-psychological models of attitude and behavioural plan: Prediction of contraceptive behaviour", in: *Journal of Personality and Social Psychology* 47, 517—533.

Paltridge, John/Giles, Howard (1984) "Attitudes towards speakers of regional accents of French: Effects of regionality, age and sex of listeners", in: *Linguistische Berichte* 90, 71—85.

Pendleton, David, A./Bochner, Stephen (1980) "The communication of medical information in general practice consultations as a function of patients' social class", in: *Social Science and Medicine* 14, 669—673.

Platt, John/Weber, Heidi (1984) "Speech convergence miscarried: An investigation into inappropriate accommodation strategies", in: *International Journal of the Sociology of Language* 46, 131—146.

Powesland, Peter F./Giles, Howard (1975) "Persuasiveness and accent-message incompatibility", in: *Human Relations* 28, 85—93.

Price, Susan/Fluck, Michael/Giles, Howard (1983) "The effects of testing bilingual pre-adolescents' attitudes towards Welsh and varieties of English", in: *Journal of Multilingual and Multicultural Development* 4, 149—162.

Rickford, John R. (1985) "Standard and non-standard language attitudes in a Creole continuum", in: *Language of inequality*, Wolfson, N./Manes, J., eds., The Hague.

Roberts, Rachel/Williams, Glyn (1980) "Attitudes and ideological bases of support for Welsh as a minority language", in: *Language: Social psychological perspectives*, Giles H./Robinson, W. P./Smith, P. M., eds., Oxford, 227—235.

Robinson, W. Peter (1979) "Speech markers and social class", in: *Social Markers in Speech*, Scherer, K. R./Giles, H., eds., Cambridge, 211—250.

Ros, Maria (1984) "Speech attitudes to speakers of language varieties in a bilingual situation", in: *International Journal of the Sociology of Language* 47, 73—90.

Ryan, Ellen B. (1979) "Why do low-prestige language varieties persist?", in: *Language and social psychology*, Giles, H./St. Clair, R. N., eds., Oxford, 145—157.

Ryan, Ellen B. (1983) "Social psychological mechanisms underlying native speaker evaluations of non-native speech", in: *Studies in Second Language Acquisition* 5, 148—159.

Ryan, Ellen B./Bulik, Cynthia M. (1982) "Evaluations of middle class speakers of Standard American and German-accented English", in: *Journal of Language and Social Psychology* 1, 51—62.

Ryan, Ellen B./Carranza, Miguel A./Moffie, Robert W. (1977) "Reactions toward varying degrees of accentedness in the speech of Spanish-English bilinguals", in: *Language and Speech* 20, 267—273.

Ryan, Ellen B./Giles, Howard, eds. (1982) *Attitudes towards language variation: Social and applied contexts*, London.

Ryan, Ellen B./Giles, Howard/Bartolucci, Giampieri/Henwood, Karen (1986) "Psycholinguistic and social psychological components of communication by and with older adults", in: *Language and Communication* 6, 1—22.

Ryan, Ellen B./Giles, Howard/Sebastian, Robert J. (1982) "An integrative perspective for the study of attitudes toward language variation", in: *Attitudes towards language variation: Social and applied contexts*, Ryan, E. B./Giles, H., eds., London, 1—19.

Ryan, Ellen B./Hewstone, Miles/Giles, Howard (1984) "Language and intergroup attitudes", in: *Attitudinal judgement*, Eiser, J. R., ed., New York, 135–160.

Ryan, Ellen B./Sebastian, Richard J. (1980) "The effects of speech style and social class background on social judgements of speakers", in: *British Journal of Social and Clinical Psychology*, 19, 229–233.

Sandilands, Mark L./Fleury, N. C. (1979) "Unilinguals in des milieux bilingual: one analysis of attributions", in: *Canadian Journal of Behavioural Science* 11, 164–168.

Sebastian, Richard J./Ryan, Ellen B. (1985): "Speech cues and social evaluation: Markers of ethnicity, social class and age", in: *Recent advances in language, communication and social psychology*, Giles H./St.Clair, R. N., eds., London, 112–143.

Seggie, Ian (1983) "Attribution of guilt as a function of ethnic accent and type of crime", in: *Journal of Multilingual and Multicultural Development* 4, 197–206.

Seligman, C./Tucker, G. Richard/Lambert, Wallace E. (1972) "The effects of speech style and other attributes on teachers' attitudes toward pupils", in: *Language in Society* 1, 131–142.

Shuy, Roger W./Fasold, Ralph W. (1973) *Language attitudes: Current trends and prospects*, Washington, D. C.

Simard, Lise/Taylor, Donald M./Giles, Howard (1976) "Attribution processes and interpersonal accommodation in a bilingual setting", in: *Language and Speech* 19, 374–387.

Snyder, Mark (1981) "On the self-perpetuating nature of social stereotypes", in: *Cognitive processes in stereotyping and intergroup behavior*, Hamilton, D. L., ed., Hillsdale, N. J., 183–212.

Stewart, Mark A./Ryan, Ellen B. (1982) "Attitudes towards younger and older adult speakers: Effects of varying speech rates", in: *Journal of Language and Social Psychology* 1, 91–110.

Stewart, Mark A./Ryan, Ellen B./Giles, Howard (1985) "Accent and social class effects on status and solidarity evaluations", in: *Personality and Social Psychology Bulletin* 11, 98–105.

Street, Richard L., Jr./Brady, Robert M./Lee, Richard (1983) "Evaluative responses to communications: The effects of speech rate, sex and interaction context", in: *Western Journal of Speech Communication* 48, 14–27.

Street, Richard L., Jr./Hopper, Robert (1982) "A model of speech style evaluation", in: *Attitudes towards language variation: Social and applied contexts*, Ryan, E. B./Giles, H., eds., London, 175–188.

Tajfel, Henri (1981) "Social stereotypes and social groups", in: *Intergroup behaviour*, Turner, J. C./Giles, H., eds., Oxford, 144–167.

Tamir, Lois M. (1984) "The older person's communication needs: The perspective of developmental psychology", in: *Communications technology and the elderly: Issues and forecasts*, Dunkle, R. E./Hang, M. R./Rosenberg, M., eds., New York, 27–45.

Taylor, Donald M./Giles, Howard (1979) "At the crossroads of research into language and ethnic relations", in: *Language and ethnic relations*, Giles, H./Saint-Jacques, B., eds., Oxford, 231–242.

Taylor, Donald M./McKirnan, David J. (1984) "A five-stage model of intergroup relations", in: *British Journal of Social Psychology* 23, 291–300.

Taylor, Donald M./Royer, Lise (1980) "Group processes affecting anticipated language choice in intergroup relations", in: *Language: Social Psychological Perspectives*, Giles, H./Robinson, W. P./Smith, P. M., eds., Oxford, 185–192.

Thakerar, Jitendra N./Giles, Howard/Cheshire, Jenny (1982) "Psychological and linguistic parameters of speech accommodation theory", in: *Advances in the social psychology of language*, Fraser C./Scherer K. R., eds., Cambridge, 205–256.

Trudgill, Peter (1975) *Accent, dialect and the school*, London.

Trudgill, Peter/Giles, Howard (1978) "Sociolinguistics and linguistic value judgments: Correctness, adequacy and aesthetics", in: *The functions of language and literature studies*, Coppiertiers, F./Goyvaerts, D., eds., Ghent.

Williams, Frederick (1976) *The explanation of the linguistic attitudes of teachers*, Rowley, MA.

Wurm, Stephen/Laycock, D. G./Mühlhäusler, P. (1984) "Notes on attitudes to pronunciation in New Guinea area", in: *International Journal of the Sociology of Language* 50, 123–146.

Howard Giles/Miles Hewstone/
Ellen B. Ryan/Patricia Johnson,
Bristol (Great Britain)/Hamilton (Canada)

71. Research on Language Contact

1.   The State of the Art

1.1. The essential problems of research on language contact have been formulated by U. Weinreich, when he states for example that "language-using individuals are the locus of the contact" and that "what has happened is not the process itself" (Weinreich 1953, 1 and 22). Thirty years later, these remarks are still of great importance. We shall have to determine to what extent researchers have taken them into consideration, what our debt is to them, and what remains to be done. It is clear that we shall have to attach more importance to research and findings about the locus and the process of language contact than to inventorized surveys, quantified or not, of the results of such events. We must essentially focus on contacts between interlocutors in the measure that we can assume the possibility of language change resulting from them. Weinreich (1953, 1) has demonstrated that in principle no distinction may be made between contacts between speakers of different (foreign) languages, of different dialects of the same language, or of different variations of one and the same dialect: „the mechanism ... would appear to be the same". Bearing in mind the difficult question of whether these categories, including that of 'language' are subject to definitive demarcation (Hudson 1980, 21) we are confronted with the problem of whether and to what extent, language contact in this context differs from accomodation (cf. 2.2.). Is all speech essentially language contact, and language itself perpetual change? From these considerations it would seem that language contact research, primarily, or even exclusively considered as a branch of research into bi- or plurilingualism has become an improbability. It is understandable that much attention has been paid to language contact phenomena in connection with research into bi- and plurilingualism (in this context usually named *interference*) because these phenomena are easier to observe in bilinguals. Perhaps it is better so, but it

should in no way allow contacts between language partners to be overlooked or considered unsuitable for research.

1.2. The innovative approaches that we encounter in the early fifties in the work of Weinrich and Haugen have laid the foundation for much of the research which we now classify as sociolinguistic, because of its subject matter but more especially because of its methods and purpose, but the much older, more traditional interest (cf. art. 58) and the associated taxonomic treatment of data continued to exist after 1953. The flood of publications of the kind "the elements of language A in language B" (where *elements* in most cases means words — cf. Oksaar 1972, 486) has continued to flow in great profusion. Countless interested researchers have been carried away on this tide, right up to the present day. What Oksaar in 1972 considered to be the consequences are still quite valid today, thirty years after Weinreich: Haugen's statement (1950, 272): "we can hardly say that the basic laws of interlingual influence are fully clarified"; Oksaar's (1972, 490) statement that "contact leads to interference, but with whom, where and why? These questions are seldom answered satisfactorily"; her declaration that "the question of the consequences of language contact has in earlier Western European tradition resulted in a certain methodological and terminological disagreement as to language mixture (Sprachmischung), mixed languages (Mischsprachen), substratum, language change, hybrid language etc. This discussion continues" (Oksaar 1972, 488), and her conclusion that "the social, economic and cultural environment in which the contact of languages and integration of linguistic innovations takes place is of vital importance for our understanding of the whole process, and its role must not only be stressed, but also taken into actual consideration in future studies" (Oksaar 1972, 491).

Ten years later, this same dissatisfaction is just as evident, though expressed with more vigour by Mülhäusler (1982, 407) who declares "daß es der Sprachkontaktforschung bislang noch nicht gelungen ist, sich von dem Stigma eines vorwissenschaftlichen Sammel-

suriums loszumachen, daß das Schmetter-
lingssammeln und unsystematische Botanisie-
ren noch immer die Regel sind und in der Tat
manchmal zum Selbstzweck geworden zu sein
scheinen." He points out that descriptions of
contact phenomena are still post hoc and that
it is still not clear to what extent language
contact phenomena are dependent on, or independent of, socio-historical and other extra-linguistic factors. It disturbs him that no
distinction is made between conscious, cultural and unconscious, unintentional loan phenomena and that the concept of 'borrowing' is still set 'im Kontext des Vergleichs
zweier abstrakter Sprachstadien (...) obgleich es ganz klar sein sollte, daß die Übernahme von Material von einer Sprache in
eine andere ein oft partieller, gradueller und
sich über einen langen Zeitraum erstrecken-
der Vorgang sein kann" (Mühlhäusler 1982,
409). Oksaar (1980, 44) finally points out the
enormous expansion of the area of research
to "ein[em] Spektrum von pädagogischen und
soziopsychologischen Aspekten bis zu kommunikationstheoretischen und politischen
Fragenkomplexen". She is of the opinion that
this has taken place at the cost of deepening
of research, which in the seventies showed
few signs of new insight and where too few
theories based "auf repräsentative Daten"
were formulated. Recent analytical surveys
are to be found in the work of Galinsky
(1977), Tesch (1978), Haarman (1980, 237 ff)
and Clyne (1985).

1.3. By developing an intercorrelational
model, combining Labov's correlational
model with Hymes' and Gumperz' interactional model Oksaar has attempted to make
the "kommunikativer Akt" the central issue
and to make the variable communicative
competence of language users the object of
research „weil hier die gegenseitige Anpassung der sprachlichen Verhaltensmuster geschieht, verbal und kinesisch" (Oksaar 1980,
48). Because she finds the concept of "communicative competence" too vague, she introduces 'interactional competence', i.e.
"die Fähigkeit einer Person, in Interaktionssituationen verbale und nonverbale Handlungen in zwei Rollen — in der des Senders
und der des Empfängers — zu vollziehen,
gemäß den soziokulturellen und soziopsychologischen Regeln der Gruppe" (Oksaar
1980, 47).

2. Cultural Contact and Language Contact

2.1. Macrocontact

Weinreich (1953, 6) has already stated that
linguists need the help of anthropologists "to
describe and analyse those factors governing
linguistic interference which, though lying
beyond the structure of the languages in contact, do fall within the realm of culture" and
that linguists and anthropologists must call
upon psychologists to find an explanation for
the phenomena they observe. Thirty years on
we can see the implications of this cross-
fertilisation much more clearly, but whether
we have mastered its practical realisation is
still a matter of doubt. What Rein (1983, 165)
said about Weinreich is still valid for many
linguists, that is, that he "bei allem psychologischen Interesse am Individuum als dem
Orte des Sprachkontakts doch noch stärker
an den Wechselwirkungen der beiden Sprachstrukturen interessiert war".

"Language contact ... always presupposes
some degree of cultural contact, however limited", says Bynon (1977, 216) expressing the
widely-held conviction that language contacts
do not take place in a historical vacuum. This
thesis is however not followed up in her 40
page long chapter 6 (Contact between languages). This case is representative of almost
all language contact research. There is the
most striking agreement between most researchers to leave such general introductory
remarks as they stand and make no effort to
found language research on culture research.
"Es scheint keine Klarheit darüber zu bestehen, inwieweit Sprachkontaktphänomene
sich unabhängig oder in Abhängigkeit von
soziohistorischen und anderen 'extralinguistischen' Gegebenheiten vollziehen. Die Einbeziehung von externen Faktoren geschieht
mehr oder weniger willkürlich" (Mühlhäusler
1982, 408). This is a regrettable omission in
that it makes a typology of language contacts
impossible and halts research into the socio-
cultural and socio-psychological dimensions
of language contact phenomena. It is ever
more obvious that the nature of cultural contact determines the characteristics of language contact: direct interpersonal contacts,
or private contacts within a group have quite
clearly different linguistic consequences from
commercial relationships between business
partners situated at a great distance from
each other, where the 'buyer' knows nothing
of the 'seller' other then that the latter has
inscribed on the packaging of his product a

term other than that which the buyer uses; or that the product bought has a name in the seller's language but does not (yet) possess one in the buyer's tongue, always assuming that the packaging displays an alphabet familiar to the buyer. For these reasons it is not improbable that superficial contacts at a distance produce only lexical borrowing, whilst in bi- or plurilingual coexistence phonological, morphological, syntactic and pragmatic elements are remarked.

As well as material contacts what can be called cultural affinities must be taken into account: feelings of friendship or enmity which can cause rapprochement or alienation, receptivity or impermeability (also to language influences). In this connection one must consider ethnic and/or political nationalism, and possibly differing forms of political, economic and/or religious ideologies. These can be behind lack of tolerance of linguistic influence, even resulting in the promotion of diglossia and bi- and plurilingualism.

It is therefore important not to lose sight of the degree of (a)symmetry in cultural relationships. Military, economic or religious imperialism may, but need to be, bound up with linguistic imperialism: compare for instance the linguistic results of American economic expansion in (Western) Europe with that of the Japanese. The degree of intensity of the cultural contacts and their duration are also important factors. The influence of casual individual travellers, businessmen, tourists or missionaries certainly differs from that of permanent settlements, conquests, invasions, deportations and mass immigration. It should also be born in mind that large-scale contacts may produce vastly different results: "Four types of results can be distinguished: (1) the language of the conquered people all but disappears, as in the case of African slaves taken to the New World, (2) the conquerors adapt the language of the conquered, as in the case of the Norman invasion of England, (3) two populations mingle with wholesale borrowing of vocabulary by one of the languages, as is the case of the Arab conquest of Persia, or (4) varying degrees of societal bilingualism, as in much of the world." (Peñalosa 1981, 171). It is essential to note that between contact and assimilation there exists a period of acculturation of variable duration, and related to this, a changing degree of (mutual) adaptation.

Individuals seem to pass through this stage very quickly; groups may take three generations and still not be integrated.

2.2. Microcontact

Individual contact partners determine how their interaction takes place on the basis of all available information and continually adapt their interaction as it occurs to the changing circumstances. Each communicative contact presupposes a message to be transmitted, a relationship between the partners and "a domain in which the interaction takes place. Thus, even where the object of language contact research is principally linguistic, it is the sociolinguistic/sociology of language perspective (use and functions of the languages, sociolinguistic variables, social background of speakers, 'Who speaks what language to whom, when and for what purpose?' — Fishman) that provides the starting point for an empirical study" (Clyne 1984, 9). Ethnomethodological insights, the findings of the ethnography of speaking and of 'the ethnography of communication' (Gumperz 1977, 95) have shown that no communicative contact may be detached from its social setting. Clyne (1984, 11) none the less remarks that Auer's research (1980) into the organisation of code-switching within a group of Italian immigrant workers is alone in its genre. Social psychology has sketched out a sociopsychological framework demonstrating that language use and social reality are interdependent and are components of the same system, that speakers may adapt to each other (convergence), may preserve their own language use (code preservation) or may distance themselves from each other (divergence). H. Giles expressed these ideas in his speech accomodation theory and thus expressed a general pragmatic sociopsychological theory about the reciprocal adaptation of interlocutors depending upon their mutual relations and their perception of these, which forms the basis for both the initial choice of language and for further code-switching during the course of the interaction (cf. Giles/Smith 1979, 45 ff).

The sociopsychological factors of the contact determine its further development. When a relationship is asymmetrical there is a tendency towards substractive bilingualism (which may be related to forms of passive bilingualism and covert bilingualism) providing optimal conditions for interference phenomena and then for language shift. If on the other hand the relationship is symmetrical, then additive bilingualism may develop:

"une forme de développement bilingue dans lequel les apports des deux langues sont tels que chacune des deux entités linguisticoculturelles apporte des éléments complémentaires" [a form of bilingual development to which the contributions of both languages are such that each of the linguisticocultural entities contributes complementary elements] (Hamers 1980, 481). Psycholinguists and neurologists have noted that in such cases behavioural mechanisms controlling interference are developed: "un réflexe conditionnné qui éliminerait la mise en action d'un système linguistique lorsque l'autre est en fonctionnement" [a conditioned reflex which will prevent the activation of one linguistic system while the other is being activated] (Hamers 1980, 481).

Research in contact linguistics must not only consider factors which make language contact possible through culture contact, and their mutual relationship, but must also address the question of the "richtigen Gewichtung der Faktoren, der Messung ihrer Intensität der Quantifizierung der Prozesse" (Steinke 1982, 344) although Steinke (1982, 344) considers "es gegenwärtig auch für ausgeschlossen, numerische Konstanzen für die einzelnen Faktoren einzusetzen und mit einer entsprechenden Formel Entwicklungen zu berechnen". It is self-evident that one must first and foremost give due consideration to sociolinguistic survey research techniques. Gumperz (1977, 85) however, has shown that these throw no light on "the cognitive processes through which macro-sociological factors affect and constrain the individual's choice among verbal options in everyday small group settings". He expects more satisfactory results from an exhaustive analysis of the communicative interaction in face-to-face groups where not only the linguistic aspects are under observation but also "the everyday communicative routines of typical speakers and of the conventions which govern their contacts with interlocutors of varying social categories".

3. Language Contact: the Research Object

Each communicative act is essentially a contact event. The contact takes place in a definite situational context. The language use of the contact partners is "very highly determined by factors which we may describe [...] as contextual" (Lyons 1977, 570) and each utterance is determined by the context-of-utterance. A language element may or may not be suitable, may be more or less effective in given circumstances. The communicative competence of the language users provides them with the means of influencing and judging the efficiency of the contact event. In essence that which takes place in the field of "Sprachkontaktlinguistik" does not differ from that which takes place in the field of linguistics. The significance of "Sprachkontaktforschung" lies in the fact that it focuses on speech events where the participants differ to a certain degree (yet to be established) as far as their verbal repertoire is concerned. How individual speakers solve the problems created, and how the systematic use of these problem-solving strategies is integrated into the linguistic knowledge of a community remains to be investigated. – Lewis (1979, 332) rightly pleads in favour of a distinction between primary and secondary factors in studying language contacts. Primary factors are all those "which go to produce contact of language of whatever kind, and these may be economic, demographic, or simply physical" (Lewis 1979, 33); secondary factors "do not bring about contact so much as they influence the nature of the contact when it emerges and the attitude of the populations to it" (Lewis 1979, 356). These include the education, the social ideology and the (linguistico-)political ideas of those in contact. In other words, secondary factors determine the degree of 'bilingualism' which results from the contact, the appearance or not of code-switching and interference and the degree in which they appear and finally influence developments in the direction of language shift or alternatively, result in language maintenance.

These factors form the basis of the possible different forms of bi- oder plurilingualism for which a typology may be established. They also form the context in which the 'language choice' of the individual is made as "part of larger strategies for status and role maintenance and enhancement that are made with consideration of the bounds placed on decision-making by local norms or other constraints on action" (Brudner-White 1978, 153). Since individuals may make different choices according to their individual interpre-

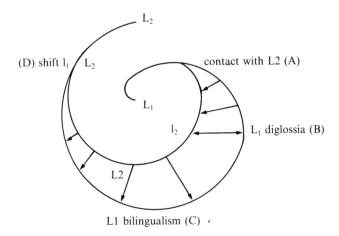

Fig. 71.1: Cycle of language shift (Haugen 1980, 152)

tation of the interests concerned, and since the various individual choices are dynamic and "highly reponsive to change in more fundamental social, economic and political relationships" (Brudner-White 1978, 154), the concrete results of a given language contact are variable in the course of time. Language contact and language conflict are therefore complementary. Mattheier (1980, 407) has rightly proposed considering the two current models (two co-existing systems vs. one variable system) as "Komplementärmodelle". They are different phases of the same process, which is not necessarily constantly uni-directional.

Haugen used figure 71.1 to illustrate a linear development.

This cycle of language shift has not always to be passed through. All the stages from A to D are contact linguistics research areas where it is evident that A is clearly within this area whilst D is outside it. It should be noticed that the aforementioned variability can be symbolised by the increase or reduction of the distance between the two semicircles in question and that the direction of the influence in less linear developments can be represented by inversing the arrows (where naturally L and l will be connected alternately). Haugen claims that the speed of the evolution is dependent upon "the deliberate will of a group to do so. But this can only occur if the development is perceived as a problem calling for a solution" (Haugen 1980, 152). The circumstances in which the persons involved must make their choice are represented schematically in figure 71.2.

From this may be deduced the manifestations of individual and societal bi- or plurilingualism, which in turn constitute the conditions for language contact influence. The factors involved were thematised as variables by Haarmann (1980 b, 197 − 234) with the result that when qualitative concepts are converted to quantitive concepts via comparatives they may act as a basis for measuring variations in language use in language contact situations.

By this approach Haarmann succeeds in focussing attention which in the recent history of research has been displaced from the results (the traces) of language contact to the study of the conditions and circumstances of such contact, on the intensity of language contact, which is intimately linked with the dynamic "Sprechergruppenbeziehungen": "die dynamische Sprechergruppenbeziehung ist die Bezugnahme zum Messen der Intensität eines Sprachkontakts" (Haarmann 1980 a, 129). These must be considered the fundamental object of contact linguistics research (Haarmann 1980 a, 242). The bilingual is generally taken as the 'locus of contact' (Weinreich 1953, 2), "the primary agent of contact-induced language change" (Moravcsik 1978, 119). The term *bilingual* is too often taken literally. It can be overlooked that an elementary form of passive bilingualism (cf. Haarmann 1979, 25) can lead the speaker of language A to adopt elements from the 'understood' language B. The smallest possible *locus* is thus "a person that knows at least some of both the source language and the borrowing language" (Moravcsik 1978, 119). Moreover, "the relevant class of com-

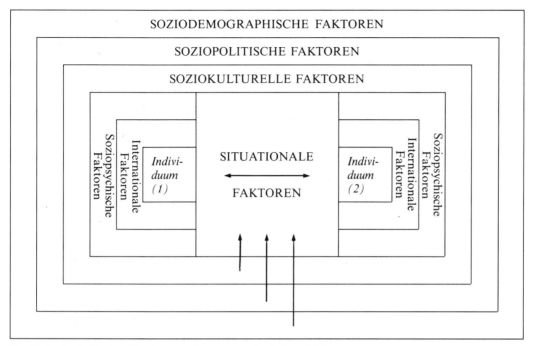

Fig. 71.2: Basic relationships between language-ecological variables (Haarmann 1980a, 106)

municators is that of two contemporaneous non-tautological language communities in some interactional relations with each other" (Moravscik 1978, 98).

The specific problems may be formulated in the following questions: "under what conditions does the bilingual start mixing properties of his two languages and under what conditions do such mixed-properties become accepted by the total population of a language including the non-bilingual members?" (Moravscik 1978, 119). The answer may be formulated as three basic types of constraints on borrowing: (1) constraints on borrowable structural characteristics valid for all languages, (2) constraints that are valid for a distinct sub-class of languages differentiated on the basis of distinct structural characteristics, and (3) constraints that are valid for sub-classes of languages not differentiated by definite structural characteristics. These three basic types are operationalised by Moravscik in seven hypotheses "which are consistent with all the evidence I am familiar with" (Moravscik 1978, 110 ff). Within the framework of these restrictions is exercised the (reciprocal?) influence of the persons in contact. The terminology employed by Moravscik implies, as other authors often do, that *borrowing* circumscribes the whole extent of the process. One accepts that there is always a *source language* and a *recipient lan-*

guage (Weinreich 1953, 31) but the consequences of the situation of the locus of contact being in the speaker are often overlooked. It is extremely important to distinguish which speaker is being studied: Van Coetsem (1987, 5 f) quite rightly distinguishes the recipient language speaker (RLS) involved in a contact situation from a source language speaker (SLS) with the following important implication: "If the recipent language speaker (RLS) is the agent, as is the case of the English speaker using French words while speaking English, the transfer of material (...) from the source language to the recipient language is borrowing. If, on the other hand, the source language speaker is the agent, as in the case of a French-speaker using his French articulatory habits while speaking English, the transfer of material from the source language to the recipient language is *imposition*". In connection with the notion of stability which implies that certain elements of a language system are more stable than others (for example, the phonological system as compared to the lexicon) and thus more resistant to change, it follows from this distinction that "if the recipient language speaker is the agent, his natural tendency will be to preserve his own phonological system, while accepting vocabulary items from the source language; if the source language speaker is the agent, his natural tendency will be to preserve his own phonological habits, which means that he tends to impose them on the recipient language. This amounts to saying that the transfer from the source language to the recipient language concerns primarily less stable domains, particularly vocabulary, in borrowing, and more stable domains, particularly phonological entities, in imposition. Each transfer type has its characteristic general effect on the recipient language. A combined consideration of the transfer types with the stability factor will consequently have a predictive power". This approach allows Van Coetsem to render the 1881 hypothesis of the "scale of adoptability" (Weinrich 1953, 35) operational and testable. In concrete terms, the process consists of imitation and adaptation (integration may be considered a possible consequence of the process, see 4.) of language elements which have an independent status both from the point of view of the source language (SL) and the recipient language (RL). With RL agentivity imitation is primary and adaptation secondary; with SL agentivity the reverse is the case (Van Coetsem 1987, 20).

In this context the notion of *'dominance configuration'* (Weinrich 1953, 79 f) also has a practical application in a strictly linguistic sense: the dominant language is that in which the speaker-agent has the greatest proficiency (linguistic dominance). Van Coetsem distinguishes this from the language-external social dominance. Combined with the motivation of the process ("prestige and need (need filling or necessity)"), each of the transfer types has therefore a specific dominance profile (Van Coetsem 1987, 21 f).

4. Results and Consequences

The internal-linguistic and the external-social dominance patterns determine the consequences of the (individual, or even iterative and collective) contact process (cf. Mühlhäusler 1980, 142 f and 155 f). The possible consequences are on a large scale, diglossia, variation, bilingualism, language conflict, code-switching, language shift, language death, and creolisation (cf. arts. 33, 72, 82). On an individual level it is a question of to what degree the social position of a language user participating in a contact process is influenced by it and what effect the contact has on his communicative competence. The linguistic effects, in the strict sense, have been at centre stage with labels such as interference,

transference, borrowing, importation, substitution, integration, Entlehnung, Sprachmischung, Mischsprache, super-, sub- and adstratum, purism etc. One need only compare the references to 'loanwords' in Part 14 (Indexes) of the series Current Trends in Linguistics with those to entries such as 'language contact' and 'interference' in order to see how great the difference in interest has been to date. Clyne (1984, 14) rightly finds that the importance of interference has been overestimated. In addition the phenomenon has not been dealt with critically enough as an explanatory model, as has been shown by recent research into error analysis in second language learning in an explicit learning situation (Wode 1981; cf. the four variables distinguished by Van Coetsem 1987, 3.1.).

It is essential to distinguish between the effects of a contact process on (individual) language use on one hand, and on the (societal) language system on the other (Weinreich 1953, 11; Tesch 1978, 26 ff; Van Coetsem 1987, 129 ff). It is obvious that the significance of the individual effects for the societal cannot be detached from the importance of the borrowing individual in his community (if it is exclusively a case of borrowing) and also in the contact community (if it is also a question of imposition — which is the case in the event of bi-directional influence). However long one has been aware of this distinction and link and however much their importance always has been stressed no research has been carried out to investigate and explain these questions (see Haarmann 1979, 177 f).

Research into the effects of the contact process has concentrated exclusively on the influence on the language system, and this in the form of "one-way influence, that is with influence in one direction" (Oksaar 1972, 493). Two questions have been central: whether, and to what degree, the different levels of structure of a language (the grammar as well as the lexicon) are subject to change through borrowing, and how to classify the borrowed elements (with all the concomitant terminological problems) (see Tesch 1978, 61 ff, for a survey of "varietätenspezifische Klassifikation" and Tesch 1978, 93 ff, for a survey of a "sprachebenenspezifische Klassifikation").

So much proof has been provided of the fact that "alle sprachlichen Teilsysteme (...) aller sprachlicher Subsysteme" are influenced by contact processses (Haarmann 1980 b,

191 ff), that the first part of the first question must be seen to have been answered (with due consideration of constraints such as those of Moravscik (1978, 110 ff)). The answer to the second part of the question is less obvious, but Van Coetsem's recently developed theory can deepen our understanding of this point. Van Coetsem (1987, 42 f) states that the *stability gradient of language* ("the difference in stability and resistence to change between and within language") must be linked with the difference between 'borrowing' and 'imposition', that it is then clear that 'the impact of recipient language agentivity (borrowing) is, structurally speaking, markedly more limited than that of source language agentivity (imposition) and that moreover the traditional oversimplified picture of affairs, taking the lexicon as the least stable, and the phonological system and grammar of a language as the most stable sub-systems, must be replaced with a conception where the frequency and/or the (degree of) structuredness/systematicity of the language elements must be taken into account. Haugen (1969, 93 ff) shows that a sub-system such as the lexicon is not necessarily influenced to the same degree in its entirety by a contact process. Elements of what can be called the basic vocabulary (e. g. comprising words for survival activities) remain intact much longer than elements from the secondary or specialised vocabulary (see also Haugen 1978, 36, and Basoğlu/Pogarell (1983)). The question of grammatical borrowing is further investigated by Mühlhäusler (1982, 412–418) who gives as "Schlußfolgerungen" the following observations: "(i) von dem was gemeinhin als grammatische Regel gilt, ist im Prinzip nur eine kleine Untermenge entlehnbar. (ii) Die Entlehnbarkeit dieser Untermenge von Regeln wird von einer Reihe von Faktoren weiter eingeschränkt." – For problems of phonological integration, Mattheier (1980, 410) and Van Coetsem (1987) are referred to.

Finally, when, how and to what extent borrowed elements are integrated in the borrowing competences and (further) in the borrowing language system and how these competences change that system are investigated (Oksaar 1972, 491 f). It is evident that integration is promoted by the possibilities offered by the borrowing system where changes in progress can be stimulated or hindered by the borrowed elements (see Van Coetsem 1987, ch. 8). In the former case integration will take place differently from in the latter.

A deeper-lying explanation is suggested by Zipf's 'principle of least effort' but Clyne (1972, 77) rightly shows that "It is certainly not always clear to a person other than the actual speakers which form or construction is most 'efficient' to the speaker" and he considers it impossible to clarify this question "without supplementary neurological research" (cf. Paradis 1980. See also Baetens Beardsmore 1980, 14; Herzfeld 1980, 87; art. 22).

The consequences must, finally, also include possible puristic reactions (see Deprez and Geerts 1977) and the possibly connected (necessary?) questions of a linguistico-political nature (language planning) (see Weinreich 1953, 99 ff; Munske 1982, 258).

6. Literature (selected)

Auer, Jacob C. P. (1980) *Konversationsanalytische Aspekte der Organisation von 'Code Switching' in einer Gruppe italienischer Gastarbeiterkinder*, SFB99, Linguistik, Konstanz.

Baetens Beardsmore, Hugo (1980) "On the similarities between bilingualism and unilingualism", in: *Sprachkontakt und Sprachkonflikt*, Nelde, P. H., ed., Wiesbaden, 11–17.

Basoğlu, Sylvia/Pogarell, Reiner (1983) "Interferenzen im Bereich der Anrede", in: Mehrsprachigkeit und Gesellschaft. *Akten des 17. Linguistischen Kolloquiums Brüssel 1982*, Jongen, R./De Knop, S./Nelde, P. H. et al., eds., Tübingen, 3–17.

Brudner-White, Lilian A. (1978) "Occupational concomitants of language variability in Southern Austrian bilingual communities", in: *Advances in the study of social bilingualism*, Fishman, J. A., ed., The Hague, 153–184.

Bynon, Theodora (1977), *Historical linguistics*, Cambridge.

Clyne, Michael G. (1972) *Perspectives on language contact*, Melbourne.

Clyne, Michael G. (1984) "The decade past, the decade to come: some thoughts on language-contact research", in: *International Journal of the Sociology of Language* 45, 9–20.

Deprez, Kas/Geerts, Guido (1977) "Closure to French influence in the Flemish speech community", in: *Lingua* 43, 199–228.

Galinsky, Hans (1977) "Amerikanisch-englische und gesamtenglische Interferenzen mit dem Deutschen und anderen Sprachen der Gegenwart. Ein kritischer Forschungsbericht", in: *Sprachliche Interferenz*. Festschrift für Werner Betz zum 65. Geburtstag, Kolb, H./Lanffer, H., eds., Tübingen, 463–517.

Giles, Howard/Smith, Philip M. (1979) "Accomodation theory: optimal levels of convergence, in:

Language and social psychology, Giles, H./St. Clair, R., eds., Oxford, 45–65.

Gumperz, John J. (1977) "The conversation analysis of intercultural communication", in: *Interethnic communication*, Ross, E. L., ed., Athens, 13–31.

Haarmann, Harald (1979) *Quantitative Aspekte des Multilingualismus*. Studien zur Gruppenmehrsprachigkeit ethnischer Minderheiten in der Sowjetunion, Hamburg.

Haarmann, Harald (1980 a) *Multilingualismus (1)*. Probleme der Systematik und Typologie, Tübingen.

Haarmann, Harald (1980 b) *Multilingualismus (2)*. Elemente einer Sprachökologie, Tübingen.

Hamers, Josiane F. (1980) "Vers un construit théorique intégré: quelques facteurs psychologiques et socio-psychologiques pertinents au développement de la bilingualité", in: *Sprachkontakt und Sprachkonflikt*, Nelde, H. P., ed., Wiesbaden, 477–485.

Haugen, Einar (1950) "The Analysis of Linguistic Borrowing", in: *Language* 26, 210–231.

Haugen, Einar (1969) *The Norwegian Language in America*. A study in bilingual behavior. Bloomington.

Haugen, Einar (1978) "Bilingualism, language contact, and immigrant languages in the United States. A research report", in: *Advances in the Study of Societal Multilingualism*, Fishman, J. A., ed., The Hague, 1–111.

Haugen, Einar (1980) "Language problems and language planning: the Scandinavian model", in: *Sprachkontakt und Sprachkonflikt*, Nelde, P. H., ed., Wiesbaden, 151–157.

Herzfeld, Anita (1980) "Creole and standard languages: contact and conflict", in: *Sprachkontakt und Sprachkonflikt*, Nelde, P. H., ed., Wiesbaden, 83–90.

Hudson, Richard A. (1980) *Sociolinguistics*, Cambridge.

Lewis, E. Glyn (1979) "A comparative study of language contact: the influence of demographic factors in Wales and the Soviet Union", in: *Language and society*. Anthropological issues, Mc Cormack, W. C./Wurm, S. A., eds., The Hague 331–358.

Lyons, John (1977) *Semantics*, London.

Mattheier, Klaus J. (1980) "Phasen sprachlicher Veränderungsprozesse in Diglossie-Gebieten", in: *Sprachkontakt und Sprachkonflikt*, Nelde, P. H., ed., Wiesbaden, 407–412.

Moravcsik, Edith A. (1978) "Language contact", in: *Universals of human language*, Greenberg, J., ed., Stanford, 93–122.

Mühlhäusler, Peter (1980) "Warum sind Pidginsprachen keine gemischten Sprachen?" in: *Sprachvariation und Sprachwandel*. Probleme der Inter- und Intralinguistik. Akten des 3. Symposions über Sprachkontakt in Europa, Mannheim 1979, Ureland, P. S., ed., Tübingen, 139–159.

Mühlhäusler, Peter (1982) "Kritische Bemerkungen zu Sprachmischungsuniversalien", in: *Die Leistung der Strataforschung und der Kreolistik*. Typologische Aspekte der Sprachkontakte. Akten des 5. Symposions über Sprachkontakt in Europa, Mannheim 1982, Ureland, P. S., ed., Tübingen, 407–431.

Munske, Horst H. (1982) "Die Rolle des Lateins als Superstratum im Deutschen und in anderen germanischen Sprachen", in: *Die Leistung der Strataforschung und der Kreolistik*. Typologische Aspekte der Sprachkontakte. Akten des 5. Symposions über Sprachkontakt in Europa, Mannheim 1982, Ureland, P. S., ed., Tübingen, 237–263.

Oksaar, Els (1972) "Bilingualism", in: *Current trends in linguistics*, Sebeok, Th. A., ed., Vol. 9, The Hague, 467–511.

Oksaar, Els (1980) "Mehrsprachigkeit, Sprachkontakt, Sprachkonflikt", in: *Sprachkontakt und Sprachkonflikt*, Nelde, P. H., ed., Wiesbaden, 43–52.

Paradis, Michel (1980) "The language switch in bilinguals: psycholinguistic and neurolinguistic perspectives", in: *Sprachkontakt und Sprachkonflikt*, Nelde, P. H., ed., Wiesbaden, 501–506.

Peñalosa, Fernando (1981) *Introduction to the sociology of language*, London.

Rein, Kurt (1977) "Diglossie in der deutschen Gegenwartssprache als sprachwissenschaftliches und didaktisches Problem", in: *Sprachliche Interferenz*. Festschrift für Werner Betz zum 65. Geburtstag, Kolb, H./Lauffer, H., eds., Tübingen, 159–174.

Steinke, Klaus (1982) "Probleme der diachronen Sprachkontaktforschung am Beispiel der Balkansprachen", in: *Die Leistung der Strataforschung und der Kreolistik*. Typologische Aspekte der Sprachkontakte. Akten des 5. Symposions über Sprachkontakt in Europa, Mannheim 1982, Ureland, P. S., ed., Tübingen, 339–354.

Tesch, Gerd (1978) *Linguale Interferenz*. Theoretische, terminologische und methodische Grundfragen zu ihrer Erforschung, Tübingen.

Van Coetsem, Frans (1987) *Loan phonology and the two transfer types in language contact* (with special reference to Dutch), Dordrecht.

Weinreich, Uriel (1953) *Languages in Contact*, The Hague.

Wode, Henning (1981) *Learning a second language*, Tübingen.

Guido Geerts, Leuven (Belgium)

72. Research on Language Conflict

1. Introduction

There is not always a causal relationship between language conflict and language contact. However, "conflict linguistics" first developed from language contact research, or contact linguistics. For this reason, language conflict is treated in the literature chiefly as a component of contact linguistics (cf. art. 58, 71). A historical perspective of language conflict must therefore take into consideration the history of language contact research as it has been developing methodically, beginning in the 1950s under the impetus of Weinreich's (1953) still fundamental work.

2. Conflict as Language Conflict

Conflict as a concept appears in numerous areas of the humanities, especially in the social sciences, in various contexts of definition (Krysmanski 1971), in which certain intercultural as well as social conflicts, inasmuch as they occur between different ethnolinguistic groups, can be facets of language conflict. An essential characteristic is the interactive character of conflict, as it is expressed in "latent" and "manifest" conflicts (Krysmanski 1971, 227).

2.1. Ethnic Conflict in Sociology

Most contact between ethnic groups does not occur in peaceful, harmoniously coexisting communities. Rather, it exhibits varying degrees of tension, resentment, and differences of opinion, which are characteristics of every competitive social structure. Under certain conditions, such generally accepted competitive tensions can degenerate into intense conflicts, in the worst case ending in violence. The assumption of some sociologists that ethnic contact inevitably leads to conflict situations appears, given the fact that some ethnic groups do live peacefully together, at least exaggerated. The possibility of conflict erupting is, however, always present, since differences between groups create feelings of uncertainty of status, which could, in turn, give rise to conflicts. Sociologists who have dealt with contact problems between ethnic groups define conflict as contentions involving real or apparent scares, interests, and values, in which the goals of the opposing group must be fought, or at least neutralized, to protect one's own interests (prestige, employment, political power, etc.) (Williams 1947). This type of conflict often appears as a conflict of values, in which differing behavioral norms collide, since usually only one norm can be valid. Conflicts between ethnic groups, however, occur only very rarely as openly waged violent conflicts, and usually consist of a complex system of threats and sanctions, in which threats constitute a key to understanding a conflict, especially if the interests and values of one group are endangered. Conflicts can arise relatively easily if — as is usually the case — interests and values have an emotional basis.

The magnitude and development of a conflict depend on a number of factors which are determined by the number of points of friction between two or more ethnic groups, the presence of equalizing or mitigating elements, and the degree of uncertainty of all the participants. Thus, a one-sided (monofactoral) conflict explanation, or one based on irrational prejudices, will fail. Very different factors which influence each other and can reinforce and "escalate" each other, e. g., feelings of uncertainty and intimidation, scares in areas of values and interests, can cause group conflict. Consequently, this group conflict is part of the social behavior in which different groups compete with each other, and should not be connoted only negatively, since in this way new — possibly more peaceful — forms of coexistence can arise. On the other hand, tensions between ethnic groups brought about by feelings of intimidation can give rise to new conflicts at any time, conflicts which can be caused by a minority as well as by a majority group. As long as society continues to create new scares, because of its competitive orientation, the creation of new conflicts appears unavoidable.

2.2. Political Language Conflict

Along with sociologists, political scientists also assume that language contact can cause

VI. Social Problems, Theoretical Approaches and Research Results

political conflict. Language conflicts can be brought about by changes in the expansion of the social system when there is language contact between different language groups (Inglehart/Woodward 1972). Belgium and French Canada are examples of this. The reasons for this are the following: a dominant language group (French in Belgium, English in Canada) controls the crucial authority in the areas of administration, politics, and economy, and gives employment preference to those applicants who have command of the dominant language. The disadvantaged language group is then left with the choice of renouncing social ambition, assimilating, or resisting. While numerically weak or psychologically weakened language groups tend towards assimilation, in modern societies numerically stronger, more homogeneous language groups having traditional values, such as their own history and culture, prefer political resistance, the usual form of organized language conflict in this century. This type of conflict becomes especially clear when it occurs between population groups of differing socioeconomic structures (urban/rural, poor/wealthy, indigenous/immigrant) and the dominant group requires its own language as a condition for the integration of the rest of the population. Although in the case of French Canada, English appeared absolutely necessary as the means of communication in trade and business, nearly 80% of the francophone population spoke only French and thus was excluded from social elevation in the political/economic sector. The formation of a small French-speaking elite, whose only goal was political opposition to the dominant English, precipitated the latent, socially incited language conflict.

Most current language conflicts are the result of language separation accompanied by differing social status and one-sided preferential treatment of the dominant language on the part of the government; in these cases it is religious, social, economic or psychological scares and frustrations of the weaker group that may be responsible for the language conflict. However, a critical factor in the expansion and intensification of such a conflict remains the impediment of social elevation, to the point of blocking any social mobility of a disadvantaged or suppressed ethnic group (cf. the numerous language conflicts in multiethnic Austria-Hungary).

The climax of a political language conflict is reached when all conflict factors are combined in a single symbol, language, and quarrels and struggles in very different areas (politics, economics, administration, education) appear under the heading language conflict. In such cases, politicians and economic leaders also operate on the assumption of language conflict, disregarding the actual underlying causes, and thus continue to inflame "from above" the conflict arisen "from below," with the result that language assumes much more importance than it has at the outset of the conflict. This language-oriented "surface structure" then obscures the more deeply rooted, suppressed "deep structure" (social and economic problems). Furthermore, the multilingual conflicts in Europe, especially in urban societies, show quite clearly that language conflicts are caused primarily by attempts on the part of the dominant group to block social mobility.

2.3. Language Conflict in Contact Linguistics

Even in contact linguistics the term *conflict* remains ambiguous, at least when it is described generally as social conflict which can arise on the basis of a multilingual situation (Hartig 1980, 182). — If we assume that conflict represents a counterpart to language contact, and is interdependently connected with it, then both concepts can apply both to individuals and to language communities. The notion appears to us essential here that neither contact nor conflict can occur between languages, they are conceivable only between speakers of lanuages. Oksaar (1980) correctly points out the ambiguity of the term *language conflict* in the sense of conflict between languages with reference to the personality of the speaker, as well as conflict by means of language(s), including processes external to the individual. Similarly, Haarmann (1980 II, 191) distinguishes between interlingual and interethnic language conflicts.

Because of their conceptual interdependence, there has been just as little methodology of language conflict research as there has been a methodology of language contact research. Even among the founders of modern research in language contact — running parallel to rapidly developing sociolinguistics and language sociology — for instance Weinreich and Fishman, the term conflict rarely appears. While Weinreich views multilingualism (bilingualism) and the accompanying interference phenomena as the most important form of language contact, without including the conflicts between language communities on the basis of ethnic, religious, or cultural incompatibilities, Fishman (1972, 14) grants language conflict greater importance in connection with language planning. Haugen (1966) was the first to make conflict presentable in language contact research with his detailed analysis of Norwegian language development. Indeed, even linguists in multilingual countries (Yugoslavia, Switzerland, Belgium) resisted, up until the end of the 1970s, treating conflict methodically as part of language contact research, since such an "ideologicalization" of language contact appeared to them as "too touchy" (Fishman 1980, XI). Although, consequently, conflict has no systematic history, and in Weinreich (1953, 151) is mentioned only as a marginal phenomenon among bilinguals, the term *interference*, borrowed from behavioral psychology by the Prague School, led to emphasis on the interlinguistic aspects (assumption by the individual) rather than dealing with more extralinguistic aspects (language and community). One reason for the late discovery of a term indispensable in today's contact research is to be found in the history of contact linguistics itself: in traditional language contact research (as well as in dialectology and research on linguistic change) the emphasis was always on closed, usually geographically homogeneous and socioeconomically relatively easily describable groups, rather than on urban industrial societies, ripe for social and linguistic strife, which by demanding rapid integration lay the groundwork for conflict. However, it is exactly in modern, urban society that conflicts result essentially from sanctioned normative requirements of the more powerful, usually majority, group, which demands linguistic adaptation as a language contact alternative, and thus preprograms conflict with those speakers who are unwilling to adapt.

2.4. Characteristics of Language Conflict

Despite the unsatisfactory research situation, essentially limited to empirical case studies in the area of research on language conflict, the following statements can be made about language conflict: Languge conflict can occur anywhere there is language contact, chiefly in multilingual communities, although Mattheier (1984, 200) has also demonstrated language conflicts in so-called monolingual local communities. Language conflicts arise from the confrontation of differing standards,

values, and attitude structures, and strongly influence identity image, upbringing, education and group consciousness. Thus, conflict can be viewed as a form of contact or, in terms of a model, as a complementary model to the language contact model. Just as language contact can occur on innerlinguistic, as well as verbal, nonverbal, and paralinguistic levels, so can language conflict, and culture-specific modes of behaviour, ways of thinking, attitudes and stereotypes must be taken into consideration.

Contact linguists have either described conflict research as an integral part of language contact research (Nelde 1983) or have dealt with certain topics from the perspective of conflict. The major topics in this view include: glottophagia, multilingualism, minority research, language contact research, migration, language maintenance, language threats, language shift, and language acquisition. The methods used are heterogeneous and come from numerous neighboring disciplines (psycholinguistics and sociolinguistics, communication research, sociology, etc.). For lack of its own methods, empirical procedures predominate in the research. Along with interview and polling techniques, proviledged witnesses and representative sampling, prejudice research and stereotype techniques, and attitude observation, the past few years have seen combined investigation models such as socioprofiles and ethnoprofiles (Nelde 1984a; Enninger/Haynes 1984), community and polarity profiles (Wölck 1976; Goebl 1986) or the three-level approach (Wölck 1985).

2.5. Areas of Concentration in Language Conflict Research

For lack of a typology of language conflicts, the following is an indication of some of the areas of concentration of contact linguistics in which the description of language conflict is often in the foreground: multilingualism, minorities, migration, language censuses, linguistic boundary research, sociolinguistics.

2.5.1. Multilingualism

Linguistics has so far been unable to define multilingualism convincingly, and sociology has so far been unable to create a valid theoretical image of multilingual communities and their group behavior. It is clear, however, that socioeconomic differences between two language groups in contact with each other are reflected by the language. The question posed to some 1000 minority language speakers of a bilingual city as to the principal reasons for language conflict, in the sense of a refusal to assimilate in the social context of daily life, elicited responses ordered as follows (Nelde 1983, 10):

a) A lack of courage and self-confidence
b) A belief in the superiority of the foreign standard language
c) More possibilities of promotion with the foreign language
d) A foreign language environment
e) A minority population more gifted at language learning
f) The minority must reconcile itself to the prevailing circumstances
g) Pressure exerted by the foreign speakers
h) Children sent to foreign language schools

Of course, language conflict expressed in this way is superficial. It is based on differing types of social, cultural, religious or world view value and judgement parameters.

2.5.2. Glottophagia

Glottophagia, i.e. suppression of the minority language by that of the majority (Calvet 1974), can mean the end of multilingualism, and is occuring today for example among migrants (foreign workers) who cannot withstand the pressures of assimilation and socialization exerted by the prestige language. Here again, the social conflict arising from the employment and the standards of the host society can be a reflection of the language conflict.

Glottophagia conflicts are especially common in linguistic boundary areas, since ethnolinguistic heterogeneity in modern industrial societies, which for economic reasons strive for unification and standardization, occasions language conflicts.

The germanic-romance linguistic boundary, with its numerous language shifts since the 1940s, is a clear example of this — e.g. Belgium (Old and New Belgium), eastern France (Alsace-Lorraine), Biel/Bienne and Fribourg/Freiburg in Switzerland, and South Tyrol/Alto Adige continue to be potential centers of conflict. Historical upheavals and restructuring have finally led to a generally poor defensive position for the germanic groups, which in turn contains potential material for conflict. Cultural or social differences are at the root of these language conflicts. Furthermore, it is linguistic boundary conflicts which show how often conflict avoidance strategies accompany or replace virtual conflagrations.

2.5.3. Language Censuses

In Language contact zones which have no sense of conflict, citing official censuses may appear meaningful — in those areas in which political or socioeconomic factors are clearly to the disadvantage of the minority, censuses can only serve to show a tendency and not the exact determination of linguistic group affiliation.

On the one hand, a type of bi- and multilingualism, which is situationally and contextually relevant for European minority areas, cannot be associated with any specific mother tongue, since the usually diglossic linguistic behavior essentially shows a complementary distribution; this means that specific, everyday speech situations and conditions constantly require the same linguistic varieties, so that, frequently, the use of foreign and native languages already appears institutionalized. Due to economic reasons, only a few linguistic areas permit constant, free exchange using different varieties. For this reason, the results of a census and the differentiation between foreign and native speakers lose their relevance (Nelde 1984 b).

On the other hand, any answer to a question concerning everyday language use is subject to a sociological framework of requirements which, above all in conflict zones, appears so complicated that even an inquiry by trained interviewers can lead to distroted results. In his reply, the informant will by no means be considering the problems of linguistic variety in his use of language in the same way as the interviewer. Rather, he will — consciously or unconsciously — maintain a certain loyalty to his group and attach importance to his goal of social identity. — In assessing those kinds of conflicts, the social pressure which brands a certain variety as the prestige language must always be taken into consideration.

3. Conflict Resolution and Conflict Neutralization

Mattheier (1986, 10) reports three possible solutions in the case of individual language conflict (Mattheier 1986):

a) The frustrated speaker whose limited linguistic competence is insufficient to adequately grasp the linguistic world of the dominant group seeks evasive solutions, which lead to hypercorrection, or takes refuge in silence.

b) The minority language speaker rejects the conventions required by the dominant language and uses his variety in all situations, regardless of the linguistic behavior required by the majority.

c) Entirely new means of expression can result from language conflict: Language conflict becomes the driving force behind language development. Thus, instead of leading to frustration and isolation, conflict can be the impetus and trigger for new concepts of linguistic and cultural behavior.

From a psycholinguistic perspective, a speaker in a language conflict situation could use various strategies:

a) Refuse to perceive the conflict as a problem

b) treat the conflict as insignificant

c) assume an indifferent attitude toward problems relevant to language and culture

d) adopt bilingual ad hoc strategies

Unter certain circumstances, this type of conflict suppression is also attribuable to language conflict.

Conflict neutralization is also possible for ethnic groups which have come into contact:

a) With the help of extensive, nondiscriminatory symmetrical multilingualism, a dominant language can be seen as the contact language, on equal footing with the group languages.

b) Socioeconomic equalization of all affected ethnic groups having equivalent languages (number of speakers, degree of prestige) can contribute substantially to avoiding language conflicts.

4. Prospects

Conflict research in the past few years has dealt less with innerlinguistic problems (Weinreich 1953, Labov 1970) than with linguistic problems between differing ethnolinguistic groups. Since the beginning of the 1980s, newer disciplines such as neurolinguistics and patholinguistics, and especially ecolinguistics, have been breaking new ground in conflict description. This includes polarization, non-linear language behavior patterns and the discontinuity and interdependence of ecological conditions (Nelde 1984 a). Language groups with a high potential for conflict, such as in Canada, Scandinavia, Belgium, and Switzerland, but especially pidgin and creole language groups in the Third World, will be in the foreground of conflict

linguistic interest in the coming years. The rapid development of contact linguistics and the implementation of contact linguistic methods could contribute to a more systematic handling of language conflict phenomena than in the past, and make available to contact linguistics descriptive models of linguistic conflict behavior.

6. Literature (selected)

Bayor, Ronald H. (1978) *Neighbors in conflict*, Baltimore, London.

Blalock, Hubert M. (1970) *Toward a theory of minority group relations*, New York.

Boulding, Kenneth (1962) *Conflict and defense*, New York.

Calvet, L.-J. (1974) *Linguistique et colonialisme: petit traité de glottophagie*, Paris.

Clyne, Michael (1975) *Forschungsbericht Sprachkontakt*, Kronberg.

Enninger, Werner/Haynes, Lilith M. (1984), eds., *Studies in language ecology*, Wiesbaden.

Fishman, Joshua A. (1972) *The sociology of language*, Rowley, Mass.

Fishman, Joshua A. (1980) "Prefatory notes", in: *Languages in contact and in conflict*, Nelde, P. H., ed., Wiesbaden, XI.

von Gleich, Utta (1982) *Die soziale und kommunikative Bedeutung des Quechua und Spanischen bei Zweisprachigen in Peru*, Diss., Hamburg.

Goebl, Hans (1986) "Mundart, Mass und Meinung", in: *Plurilingua VI*, P. H. Nelde, ed., Bonn, 11–26.

Haarmann, Harald (1980) *Multilingualismus I, II*, Tübingen.

Hartig, Matthias (1980) *Soziolinguistik für Anfänger*, Hamburg.

Haugen, Einar (1966) *Language conflict and language planning*, Cambridge, Mass.

Haugen, Einar (1980) "Language problems and language planning: the Scandinavian model", in: *Languages in contact and in conflict*, Nelde, P. H., ed., Wiesbaden, 151–157.

Inglehart, R. F./Woodward M. (1967) "Language conflicts and political community", in: *Language and social Context*, Giglioli, P., ed., New York, 358–377.

Kremnitz, Georg (1979) *Sprachen im Konflikt*, Tübingen.

Krysmanski, Hans-Jürgen (1971) *Soziologie des Konflikts*, Hamburg.

Labov, William (1970) "The Study of language in its social context", in: *Language and social context*, Giglioli, P., ed., New York, 283–307.

Mack, Raymond W./Snyder, Richard C. (1957) "The analysis of social conflict", in: *Journal of Conflict Resolution* 1, 217–233.

Mattheier, Klaus A. (1984) "Sprachkonflikte in einsprachigen Ortsgemeinschaften", in: *Spracherwerb — Sprachkontakt — Sprachkonflikt*, Oksaar, E., ed., Berlin/New York, 197–204.

Mattheier, Klaus A. (1986) *Sprachkonflikt. Terminologische und begriffsgeschichtliche Überlegungen*, (in print)

Nelde, Peter H., ed., (1979) *Volkssprache und Kultursprache*, Wiesbaden.

Nelde, Peter H., ed., (1980) *Languages in contact and in conflict*, Wiesbaden.

Nelde, Peter H. (1981) "Language 'Contact universals' along the Germanic-Romance linguistic border", in: *Journal of Multilingual and Multicultural Development 2*, 117–126.

Nelde, Peter H. (1982) "Langues en contact", in: *Europa Ethnica 3*, 134–141.

Nelde, Peter H., ed., (1983) *Current trends in contact linguistics* (Plurilingua I), Bonn.

Nelde, Peter H. (1984 a) "Aspects of linguistic determination along the Germanic-Romance linguistic boundary", in: *Journal of Multilingual and Multicultural Development 3*, 217–224.

Nelde, Peter H. (1984 b) "Sprachkontakt als Kulturkonflikt", in: *Sprache, Kultur, Gesellschaft*, Kühlwein, H., ed., Tübingen, 31–40.

Nelde, Peter H., ed., (1985) *Methods in contact linguistic research* (Plurilingua V), Bonn.

Nelde, Peter H./Gendron J.-D., eds., (1986) *Bilinguisme en Europe et au Canada: Méthodes de recherche* (PL VI), Bonn.

Oksaar, Els (1980) "Mehrsprachigkeit, Sprachkontakt, Sprachkonflikt", in: *Sprachkontakt und Sprachkonflikt*, Nelde P. H., ed., Wiesbaden, 43–52.

Oksaar, Els, ed., (1984) *Spracherwerb, Sprachkontakt, Sprachkonflikt*, Berlin/New York.

Strassoldo, Raimondo/Dèlli Zotti, Giovanni, eds., (1982) *Cooperation and Conflict in Border Areas*, Milano.

Tesch, Gerd (1978) *Linguale Interferenz*, Tübingen.

Weinreich, Uriel (1953) *Languages in Contact*, New York.

Williams, Robin M. (1947) "The reduction of intergroup tensions", in: *Social Sciences Research Council Bulletin* 57, 40–43.

Wölck, Wolfgang (1976) "Community profiles", in: *International Journal of the Sociology of Language 9*, 43–57.

Wölck, Wolfgang (1985) "Beyond community profiles: A three-level approach to sociolinguistic sampling", in: *Methods in contact linguistic research*, Nelde P. H., ed., Bonn, 31–43.

Peter H. Nelde, Brussels (Belgium)

73. Sprachfunktionsforschung

1. 'Funktion' als sozialwissenschaftlicher Begriff
2. Frühe Einsichten in das funktionale Wesen von Sprache
3. Sprachliche Funktionen als systematischer Gegenstand der Sprachwissenschaft
4. 'Funktion' als sprachwissenschaftlicher Begriff
5. Synopse hierarchisch gegliederter Sprachfunktionen
6. Literatur (in Auswahl)

1. 'Funktion' als sozialwissenschaftlicher Begriff

1.1. Im Sinne der Vertreter der strukturell-funktionalen Sozialtheorie, begonnen bei H. Spencer über B. Malinowski, A. R. Radcliffe-Brown und T. Parson bis hin zu R. K. Merton kann 'Funktion' als Leistung des Partiellen für die Existenz und Existenzweisen des (sozialen) Ganzen, d. h. des Systems, verstanden werden (vgl. auch Art. 35). Dabei wird als 'Leistung' in erster Linie der Beitrag zum kontinuitätwahrenden Fortbestand des Ganzen gewertet. Freilich sind auch den Elementen, die auf Kontinuitätsbruch und Qualitätsveränderung des Ganzen hinwirken, Funktionseigenschaften keineswegs abzusprechen. Gerade sie sind es, die sozialen Systemen die Adaption an neue Existenzbedingungen ermöglichen und so ihr generelles Fortbestehen sichern. Den Elementen mit bewahrender bzw. dynamisierender Funktion können funktionslose Elemente gegenüberstehen, wobei 'Funktionslosigkeit' vornehmlich als Endzustand eines Prozesses der Funktionsaufgabe zu werten ist.

Beispielsweise können soziale Gruppen, die in bestimmten historischen Phasen eine intensive gesellschaftsdynamisierende Funktion ausüben, nach Erreichung des intendierten Ziels — soweit sie nicht eine dezidiert stabilisierende Funktion übernehmen — funktionslos werden.

Im allgemeinen wird die Meinung vertreten, daß funktionslose Elemente nicht auf Dauer bestehen, sondern einem immanenten Eliminierungsprozeß erliegen. Damit wird die Funktionalität schlechthin als Existenzvoraussetzung der Konstituenten sozialer Systeme gesehen.

1.2. Der von der strukturell-funktionalen Sozialwissenschaft vertretene Funktionsbegriff kann im wesentlichen von der Sprachwissenschaft übernommen werden, soweit diese (a) Sprache als paradigmatisches System und syntagmatische Struktur hierarchisch geordneter Elementareinheiten und -regeln und (b) dieses System selbst als Konstituente eines komplexeren Sozialsystems betrachtet, deren Aufgabe darin besteht, zur Existenz und zum Wandel des letzteren beizutragen. Die unter (a) genannten Elementareinheiten und -regeln der Sprache tragen also hierarchisch zu definierende sprachimmanente Funktionen. Das sprachliche Gesamtsystem ist hingegen — im Sinne von (b) — externe Funktionen tragende Konstituente des sozialen Ganzen (s. 4.2., 5. ff). — In der funktionalen Sprachwissenschaft des 20. Jh.s wird ein Funktionsbegriff vertreten, der annähernd dem sozialwissenschaftlichen entspricht, meist aber intuitiv und wenig systematisiert verwendet wird (vgl. 4.1.).

2. Frühe Einsichten in das funktionale Wesen von Sprache

2.1. Die Erkenntnis, daß Sprache als Ganzes bzw. die sie konstituierenden Elemente funktionalen Charakter besitzen, ist im Grunde trivial und so alt wie die theoretische Beschäftigung mit Sprache selbst. Von jeher werden in de- und präskriptiven Grammatiken Informationen über den Existenzsinn sprachlicher Einheiten gegeben. Beispielsweise hebt eine Aussage der traditionellen Grammatik wie „die griechischen Neutra gehen im Plural/Nominativ, Akkusativ und Vokativ auf -α aus" auf die Leistung einer Form im Bereich grammatischer Kategorien ab, d. h. es wird eine Aussage über die immanente Funktion einer sprachlichen Einheit gemacht. Allerdings firmiert die traditionelle immanent-funktionale Betrachtung sprachlicher Einheiten in der Regel nicht unter dem Begriff 'funktionale Sprachbetrachtung'. Dieser ist heute eher jenen Annäherungen an Sprache vorbehalten, die den externen Zweck sprachlicher Phänomene oder auch der Gesamtsprache in den Betrachtungsmittelpunkt rücken. Mithin wird mit funktionaler Sprach-

wissenschaft ein wissenschaftliches Interesse an sprachlichen Erscheinungen in ihrem Wechselverhältnis zu sozio-kulturellen und psycho-intellektuellen Erscheinungen assoziiert. Die sprachlichen Erscheinungen können dabei sowohl kompetenz- als auch performanzhaft sein. Relativ selten wird der Begriff des Funktionalismus im Zusammenhang mit rein immanenten Funktionsweisen der Sprache benutzt, obgleich ein solcher Benutzungsusus im Prinzip legitim ist.

2.2. Ansätze zu einer sporadischen (unsystematischen) funktionalen Sprachbetrachtung datieren bis in die Frühzeit der menschlichen Zivilisation zurück. Sie finden sich offensichtlich in allen Kulturkreisen (vgl. Amirova/Ol'chovikov/Roždestvenskij 1980, 37 f) und können mithin als Ergebnis eines universellen Erkenntnisbedürfnisses des Menschen gelten.

So thematisieren die bekannten Sätze aus dem Johannes-Evangelium „Im Anfang war das Wort [...]. Alle Dinge sind durch dasselbe gemacht, ohne dasselbe ist nichts gemacht, was gemacht ist" (Kap. 1,1; 1,3) die kosmogenetische Funktion der Sprache. — In den Benennungstheorien der europäischen und orientalischen Antike wird die Instrumentalfunktion der Sprache (genauer: des Namens) bereits gründlich reflektiert. Das Wort gilt hier als Quelle der Vernunft, da mit ihm Welt erfaßt und vermittelt wird. Es diene als Instrument gemeinschaftlicher Erkenntnis. Im Kratylos-Dialog legt Platon (427 – 347 v. Chr.) dem Sokrates die Äußerung in den Mund: „Das Wort ist also eine Art Werkzeug der Belehrung und der Sonderung der Seinsverhältnisse ..." (Platon, [4. Jh. v. Chr.] 1918, 37). Damit wird der Sprache klar die Funktion eines Instruments menschlicher Interaktion und analytischer Kognition zugesprochen.

2.3. Die vorwiegend mit normativer Grammatikschreibung sowie hermeneutischen und exegetischen Textauslegungen befaßte mittelalterliche Sprachwissenschaft bringt der Frage nach der Funktion von Sprache nur geringes Interesse entgegen. Hingegen wird der Zweck sprachlicher Erscheinungen von der empirischen und rationalistischen Sprachphilosophie des 17. und 18. Jh.s implizite, zunehmend auch explizite, behandelt. Seit dieser Zeit reißt die Diskussion um den Existenzsinn von Sprache nicht mehr völlig ab.

So sieht Francis Bacon im 17. Jh. in Sprache vornehmlich ein Instrument der Erfassung und des Transportes von Begriffen und Gefühlen. Diese Funktionen könnten von den Mitteln natürlicher Sprache mehr oder weniger erfolgreich bewältigt werden. Aufgrund der Fähigkeit des Menschen, die Funktionsadäquatheit der Sprachmittel zu beurteilen, könne jedoch eine perfekte Universalsprache geschaffen werden, die in idealer Weise die ihr obliegenden Funktionen zu erfüllen vermag (De dignitate et augmentis scientiarum, 1623). Interessant ist Bacons Idee von der Transferierbarkeit sprachlicher Funktionen auf nichtnatürliche Zeichensysteme. Es wird hier eine potentielle funktionale Äquivalenz von sprachlichen und nichtsprachlichen Einheiten postuliert.

Einen bereits unmittelbar greifbaren Sprachfunktionsbegriff bildeten die cartesianische Erkenntnistheorie und ihre sprachwissenschaftliche Nachfolge aus. Danach benutzt der Mensch als res cogitans die dem Denken analog operierende Sprache, um mit ihr in der zwischenmenschlichen Kommunikation Begriffe in Worte zu fassen und komplexere Erkenntnisse in Form von Sätzen auszudrücken. Sprache (d. h. Sprachgebrauch) diene dazu, die eigenen Erkenntnisse anderen mitzuteilen, und zugleich, deren Gedanken zu erfahren. Dieser interaktionale Prozeß ist — im Sinne des Rationalismus — zugleich ein Prozeß des Erkenntniszuwachses. Prinzipiell werde dieser Prozeß, in dem die logischen (und deshalb universellen) Strukturen des Denkens in sprachliche Strukturen überführt werden, von allen Sprachen in gleicher Weise realisiert, ungeachtet gegebener Verschiedenheiten in Wortschatz und Grammatik. Die Idee vom sprachlichen Universalismus bezieht also ihre Argumente aus der postulierten Universalität des Denkprozesses. Da sich die Verarbeitung des Gedanklichen zu Sprachlichem zwar nach gleichen Prinzipien, wohl aber mit von Sprache zu Sprache unterschiedlichen Mitteln vollzieht, muß davon ausgegangen werden, daß eben diese funktionale Äquivalenz besitzen.

Die ihrem Inhalt und ihrer gesamteuropäischen Wirkungsgeschichte nach wohl bedeutendste Universalgrammatik ist die 1660 erschienene sog. Port-Royal-Grammatik von A. Arnauld und C. Lancelot. In ihr finden sich Ansätze zu einer funktionalen Ausdifferenzierung sprachlicher Mittel in der Art, daß zwei Wortarten aufgrund ihrer kommunikativen Leistung unterschieden werden: solche, die die „Gegenstände des Denkens" bezeichnen (z. B. das Substantiv), und solche, die die „Form des Denkens" bezeichnen (z. B. das Verb) und Kommunikation in der Gestalt von Urteilshandlungen überhaupt erst ermöglichen. Neben diesen, auf externe sprachliche Funktionen gerichteten Konzeptionen wird von den Verfassern auch auf immanent-konstitutive Funktionen sprachlicher Elementareinheiten verwiesen: 25 oder 30 Laute seien dazu geeignet, eine unendliche Menge von Wortausdrücken zu bilden.

2.4. Während der Sprachfunktionsbegriff des Rationalismus vornehmlich an der performatorischen Umsetzung logischer Strukturen des Denkens in sprachliche Realien festgemacht ist, zeigt sich im 19. Jh. bereits ein erheblich komplexeres Verständnis der Leistung der Sprache für den Menschen als intellektbegabtes, kommunizierendes Wesen und Kulturträger. Herausragend sind hier die Konzeptionen Wilhelm von Humboldts. Für ihn besteht die Funktion von Sprache nicht nur in der Aufrechterhaltung von Kommunikation mit dem Zweck, menschliche Sozialität zu erzeugen bzw. zu wahren, sondern auch in der Befriedigung des Bedürfnisses der Völker nach spezifischen Formen der geistigen Existenz. Sprache und Denken stehen nach Humboldt in keinem Primaritätsverhältnis zueinander, wohl aber in einem funktionalen Verhältnis: Die geschichtlich entstandene „Geisteseigentümlichkeit der Nationen" zeige sich unmittelbar in der Sprache. Damit obliegt der Sprache die Funktion der Abbildung kollektiver geistiger Werte und zugleich der Verbreitung dieser Werte im Volke.

„Die Hervorbringung von Sprache ist ein inneres Bedürfnis der Menschheit, nicht nur ein äußerliches zur Unterhaltung gemeinschaftlichen Verkehrs, sondern ein in ihrer Natur selbst liegendes, zur Entwicklung ihrer geistigen Kräfte und zur Gewinnung einer Weltanschauung [...] unentbehrliches." (Humboldt 1836, 16)

Humboldt betont hier also die Funktion der Sprache als kulturevolutives und — so ist zu schlußfolgern — als gesellschaftsstiftendes Moment schlechthin. — Auch die immanente Funktionalität sprachlicher Einheiten wird von Humboldt bereits sehr generell gefaßt, wenn er den Sinn des Elementaren in der Sprache in seiner ganzheitsstrukturierenden Rolle sieht: „Es gibt nichts Einzelnes in der Sprache, jedes ihrer Elemente kündigt sich nur als Theil eines Ganzen an" (Humboldt [1822] 1963, 10).

2.5. Gewisse Vorstellungen von der Funktion sprachlicher Erscheinungen werden im 19. Jh. auch von zahlreichen anderen Sprachwissenschaftlern geäußert, angefangen bei Vertretern des Sprachpsychologismus bis hin zu den Theoretikern des Junggrammatikalismus. So ist für die Völkerpsychologie um H. Steinthal und W. Wundt die Sprache nicht nur wesentlichstes Repräsentationsmittel individueller Ideologien und kultureller Werte, sondern zugleich auch immer Repräsentationsmittel ihrer kollektiven Entsprechungen („Volks-

geist"). Die Sprache des Individuums als Ausdrucksmittel des individuellen Geistes ist jeweils Bestand der Sprache als Ganzes, das
die Weltanschauung des Volkes reflektiert.
Ähnlich wie bei Humboldt wird hier also
die Sprache vornehmlich in ihrer **kulturelle
Gemeinschaft schaffenden Funktion**
gesehen. — Der individualpsychologische
Ansatz der Junggrammatiker führte hingegen
stärker zur funktionalen Bewertung des einzelnen Sprechaktes. Die satzhafte Äußerung
wird als psychische Kategorie interpretiert,
die in sprachliche Materie gekleidet ist. Sie
sei Ausdruck einer Verbindung von Vorstellungen.

In Anlehnung an G. v. d. Gabelentz versteht H.
Paul den geäußerten Satz als die Verbindung psy-
chisch-sprachlicher Elemente mit unterschiedlicher
kommunikativer Relevanz: Das, worauf der Sprechende die Aufmerksamkeit des Hörenden lenken
will, ist das „psychologische Subjekt". Das, was
er darüber denken soll, ist das „psychologische
Prädikat". Da letzteres im kommunikativen Umgang das bedeutsamere Element ist, ist es als solches formal markiert, dabei müsse das psychologische Prädikat nicht immer mit dem grammatischen
korrespondieren (vgl. Paul [1880] 1960, § 87 f).
Diese dezidierte Berücksichtigung des kommunikativen Wertes der Satzäußerungskonstituenten wird
in der ersten Hälfte des 20. Jh.s in der Prager
Konzeption der funktionalen Satzperspektive weiterentwickelt (s. 3.1.).

2.6. In Osteuropa gilt J. Baudouin de Courtenay im letzten Drittel des 19. Jh.s als Initiator
einer funktionalistischen Sprachbetrachtung,
und zwar sowohl im Hinblick auf die immanenten als auch die externen Funktionen
sprachlicher Erscheinungen. Seinen immanenten Funktionsbegriff entwickelte Baudouin insbesondere im Bereich der Phonologie: Das Phonem ist das psychische Äquivalent des Sprachlautes, als solches ist es jedoch
keine monolithische Größe, sondern eine
Menge von elementaren Einheiten („anthro-
pophonen Eigenschaften"), die in ihrer Gesamtheit wiederum als Konstituenten sprachlicher Einheiten einer höheren Ebene, nämlich der morphologischen, fungieren. Dem
Phonem wird so eine konstitutive Funktion
zugeschrieben, die ihrerseits aufgrund des
konstitutiven Funktionierens von Elementar-
größen möglich wird. Die konkrete Leistung
der Phoneme definiert sich jeweils auf dem
Hintergrund der systemischen Beziehungen
zu den übrigen Phonemen der Sprache. —
Im Sinne einer extern-funktionalistischen
Sprachbetrachtung ist die Sprache für Baudouin ein Werkzeug und eine Tätigkeit. Sie

existiere im Individuum für das Leben in der
Gemeinschaft.

Die Auffassung, daß Sprache psycho-sozialen Charakter trägt, manifestiert sich u. a. besonders in der
Einsicht Baudouins, daß sprachliche Äußerungen
spezielle Intentionen des Sprechers gegenüber dem
Hörer repräsentieren (es liegen dazu empirische
Arbeiten zur Entwicklung der kommunikativen
Fähigkeiten des Kindes vor). Ferner wird die Notwendigkeit der funktionalen Adaption sprachlicher
Mittel an sozial ausgewiesene Kommunikationsbereiche erkannt, und schließlich klingt bei Baudouin
auch die These von der die Gruppenerkenntnis
determinierenden Funktion der Sprache an, wie sie
später von E. Sapir und B. L. Whorf ausgearbeitet
wurde (vgl. Mugdan 1984). Bekanntlich hatten die
Arbeiten Baudouins einen nachhaltigen Einfluß auf
zahlreiche Vertreter der Prager Schule, u. a. auf V.
Mathesius, N. Trubetzkoy und R. Jakobson (vgl.
3.2., 3.4.).

3. Sprachliche Funktionen als systematischer Gegenstand der Sprachwissenschaft

3.1. Wurde die Frage nach der Funktion von
Sprache in der einen oder anderen Form seit
jeher von der Sprachwissenschaft gestellt, so
war diese Fragestellung doch überwiegend
intuitiv, oder sie ergab sich sekundär aus der
generellen Frage nach dem Grundwesen von
Sprache. Erst in der ersten Hälfte des 20. Jh.s
wird diese Fragestellung systematisiert und
präzisiert, d. h. es werden Forschungen mit
dem **unmittelbaren** Erkenntnisziel angestrengt, die interne und externe funktionale
Bestimmung sprachlicher Erscheinungen aufzudecken.

3.2. Pionierarbeit auf dem Gebiet der funktionalen Sprachforschung hat der 1926 von V.
Mathesius gegründete und sich 1929 programmatisch definierende Cercle Linguistique de Prague (vgl. Thèses 1929) geleistet
(vgl. auch Art. 53). Am ehesten kann das in
sich durchaus heterogene Prager funktionalistische Konzept durch die Angabe der Zielstellung charakterisiert werden, die allen Forschern dieser Gruppe eigen war: die Entdek-
kung des teleologischen Sinns der erfahrbaren Sprache und ihrer Bestandteile, in den
Worten R. Jakobsons: „to analyze all the
instrumentalities of language from the standpoint of the tasks they perform ..." (Jakobson 1967, 483). Dabei wird davon ausgegangen, daß „any item of language (sentence,
word, morpheme, phoneme, etc.) exists solely
because it serves some purpose, because it

has some function (mostly that of communication) to fulfill" (Vachek 1966, 7).

Dieser Aufgabe wurde von den Vertretern des Prager Funktionalismus in einer teils sehr unterschiedlichen Art entsprochen: N. Trubetzkoy widmete sich in einer strukturalistisches und funktionalistisches Ideengut strikt verbindenden Weise der immanenten Funktion phonologischer Einheiten im Sprachgebilde. Die zentrale Funktion solcher Einheiten sei die distinktive, sie ermögliche es, Ausdrücke als Bedeutungsträger zu unterscheiden und so für die Kommunikation operabel zu machen. Aufgrund dieser Eigenschaft weise die zunächst rein sprachimmanente Einheit des Phonems über sich hinaus und trüge sozialen Charakter (Trubetzkoy [1939] 1967, 15). Trubetzkoy schlägt also die Brücke von der immanenten Funktion zur externen und verleiht dadurch dem von Baudouin (vgl. 2.6.) etablierten Phonembegriff eine noch schärfere funktionale Kontur. — V. Mathesius und in seiner Nachfolge zahlreiche Prager Linguisten (insbesondere der jüngeren Generation wie E. Beneš, F. Daneš, J. Firbas) haben sich intensiv der kommunikativen Binnenstruktur satzhafter Äußerungen (bekannt unter dem Namen „funktionale Satzperspektive") gewidmet. Je nach kommunikativer und informativer Funktion der geäußerten Satzbestandteile wird zwischen thematischen und rhematischen Konstituenten des Satzes unterschieden, wobei durch die ersteren das Bekannte, weniger Informative, durch die letzteren das Neue, Informativere repräsentiert ist. Dieser Ansatz wird später durch die Einbringung von Konstituenten mit kommunikativen Zwischenwerten verfeinert (Beneš, Firbas). Die Diskussion über diese hält noch an. Während das Thema-Rhema-Konzept in der Textlinguistik (teils unter anderem Namen) eine fruchtbare Weiterentwicklung erfahren hat, blieb es in der neueren Pragmatik weitgehend ohne Resonanz, da in seinem Rahmen dem Problem illokutiver Intentionalität nicht nachgegangen wird. — Ein weiterer wesentlicher Forschungskomplex der Prager Schule ist die Erforschung der „funktionalen Varianten" von Sprache, insbesondere der Standardsprache, die in einem Determinationszusammenhang mit den von ihnen abgedeckten Kommunikationsbereichen gesehen werden. Hinsichtlich dieser Varianten, die ausschließlich unter kommunikativ-funktionalen, nicht aber sozialen, Gesichtspunkten betrachtet werden, wird zwischen „funktionalen Sprachen" und „funktionalen Stilen" (als parolehafte Realisierung der funktionalen Sprachen) unterschieden (vgl. Havránek [1932] 1964). Als funktional oppositive und zugleich komplementäre Varianten werden auch die geschriebene und die gesprochene Sprache betrachtet (Vachek 1939; Havránek 1963). — Die funktionalistische Grundauffassung von Sprache bei den Pragern kommt des weiteren in zahlreichen anderen ihrer Arbeitsbereiche zum Tragen, so in den Konzeptionen der Sprachakkulturation und des Sprachwandels, der im Lichte funktionaler Notwendigkeiten gesehen

wird. Zahlreiche auf funktionale Gegebenheiten der Sprache abhebende heute gängige Begriffe und deren Terminologisierung gehen auf die Initiative der Prager zurück (vgl. 3.2. und weitere wie „funktionale Belastung", „delimitative Funktion", „kulminative Funktion", „poetische Funktion" etc.). Der Prager Schule kommt das Verdienst zu, schon in der Frühzeit des europäischen Strukturalismus diesen fruchtbar mit ihrer funktionalen Konzeption verbunden zu haben.

3.3. Der allgemeine Funktionsbegriff der Prager erfuhr eine beachtliche Detaillierung durch die Arbeit des dem Prager Kreis assoziierten K. Bühler. Dieser fixiert unter Rekurs auf den Platonschen Organonbegriff der Sprache (vgl. 2.2.) und in gleichzeitiger Weiterentwicklung dieses Begriffs die Grundfunktionen von sprachlichen Äußerungen in Form eines einfachen Modells. Es sind dies die „Darstellungs-", die „Appell-" und die „Ausdrucksfunktion".

Darstellungsfunktion erfüllen sprachliche Äußerungen, wenn mit ihnen etwas über Sachverhalte und Gegenstände mitgeteilt wird (Symbolhaftigkeit sprachlicher Zeichen). Appellfunktion erfüllen sie, wenn mit ihnen das Empfängerverhalten gesteuert werden soll (Signalhaftigkeit sprachlicher Zeichen), und Ausdrucksfunktion erfüllen sie, wenn der Sender durch sie einen eigenen Zustand ausdrückt (Symptomhaftigkeit sprachlicher Zeichen).

Der Darstellungsfunktion räumt Bühler eine dominierende Stellung in der Kommunikation ein. Die übrigen hätten eine eher nachgeordnete Bedeutung. Die einzelnen Funktionen verfügten jeweils über „eigene sprachliche Strukturen" (Bühler [1934] 1978, 32).

Bühlers Organonmodell ist als früher sprechaktorientierter Forschungsansatz ein wesentlicher Initialbeitrag zur funktionalen Sprachwissenschaft. Er stimulierte entscheidend die Frage nach der formalen Realisation sprachlicher Funktionen (wobei von der Funktion als Primärgröße ausgegangen wird) und stellt eine Vorform später folgender differenzierterer Sprechakttypologien dar (vgl. 3.8.).

3.4. Dieses Modell wurde — mit großer Verzögerung — von R. Jakobson weiter verfeinert. Jakobson unterscheidet nunmehr eine referentielle, eine emotive, eine konative, eine phatische, eine metasprachliche und eine poetische Funktion der Sprache und erweitert mit den drei zuletzt genannten Funktionen das Bühlersche Triadenmodell um das Doppelte (vgl. Jakobson [1960] 1979, 83 ff).

Die referentielle, emotive und konative Funktion entsprechen den von Bühler festgestellten Funktionen (vgl. 3.3.), die phatische Funktion zeigt sich im Einsatz sprachlicher Mittel zur Kommunikationsaufnahme und -aufrechterhaltung, der meta-

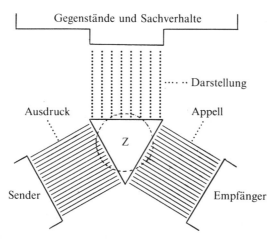

Abb.73.1: Organon-Modell nach Bühler ([1934]) 1978, 28)

sprachlichen Funktion dient Sprache in ihrer Verwendung zur Kommunikation über Sprache selbst, und „die Einstellung auf die Botschaft als solche ... stellt die poetische Funktion von Sprache dar" (Jakobson [1960] 1979, 92).

Jakobson betont in seinem Entwurf die Multifunktionalität der sprachlichen Mitteilungen, wobei „die Vielfalt nicht auf der getrennten Verwirklichung der einzelnen Funktionen, sondern auf ihrer unterschiedlichen hierarchischen Anordnung beruhe" (Jakobson [1960] 1979, 88).

3.5. Etwa zur gleichen Zeit, als sich der Prager Kreis formiert, befassen sich in der UdSSR eine Reihe von Sprachwissenschaftlern (Vertreter der sog. marxistisch-soziologischen Periode) mit sprachlichen Funktionen. Ausgangsprämissen dieses Forschungsansatzes sind die Aussagen der marxistischen Klassiker zur Sprache als Kommunikationsmittel und Mittel der ideologischen Bewußtseinsbildung sowie des Bewußtseinsausdrucks. Wenngleich von dieser Gruppe keine geschlossenen Konzeptionen vorgelegt wurden und ihre Arbeit weitgehend im Programmatischen steckenblieb, bezeugt eine Reihe von Aussagen profunde Einsichten in die Funktion von Sprache.

E. D. Polivanov betrachtet Sprache als Produkt zielgerichteter Tätigkeit und zugleich als arbeitswertige Tätigkeit sowie als Subsidium aller anderen gesellschaftlichen Tätigkeiten (Polivanov [1928] 1968, 57). L. Jakubinskij erkennt, daß sprachliche Variativität nicht nur als dialektal oder soziolektal, sondern auch als funktional bedingt gesehen werden muß (Jakubinskij 1923, § 1 ff). V. N. Vološinov sieht Form und Funktion von Sprechakten (*rečevye vystuplenija*) in enger Verbindung mit der Qualität

der jeweiligen sozio-kommunikativen Interaktion (Vološinov 1929, 113 f). A. M. Seliščev unterscheidet schon 1928, also sechs Jahre vor dem Erscheinen der „Sprachtheorie" von Bühler, zwischen einer kommunikativen, einer emotiven, einer nominativen und einer ästhetischen Sprachfunktion (Seliščev 1928, 2). Ein ausgeprägtes Funktionsbewußtsein hinsichtlich der Sprache zeigt sich auch in der Forderung mehrerer Vertreter der genannten Periode nach einer bewußten Adaptierung sprachlicher Mittel an kommunikative Intentionen wie etwa die politische Agitation (Jakubinskij [1931] 1975).

Die frühe Beschäftigung mit pragmatischen und soziolinguistischen Phänomenen der genannten (und zahlreicher anderer) Wissenschaftler fand aufgrund wissenschaftspolitischer Entwicklungen in der UdSSR in den 30er Jahren ein vorzeitiges Ende.

3.6. Ein späterer, sich ebenfalls als marxistisch begreifender, Ansatz funktionaler Sprachbetrachtung ist die in den 60er Jahren an der PH Potsdam initiierte „Funktionale Grammatik" von W. Schmidt. Erklärtes Ziel dieser Richtung ist es, eine marxistische Betrachtung der Grammatik zu begründen, indem die dialektischen Kategorien von Form und Inhalt konsequent auf den Gegenstand Sprache anzuwenden seien (vgl. Helbig 1973, 170). Die Ausarbeitung der Konzeption, die nicht nur theoretische, sondern im gleichen Maße didaktische Ambitionen hatte, erfolgte in konstruktiver Auseinandersetzung mit den Funktionsbegriffen vornehmlich von W. Admoni (1960) und G. F. Meier (1961). Sie vollzog sich über mehrere Etappen, in denen vor allem die Beziehung von 'Bedeutung' und 'Funktion' sprachlicher Zeichen diskutiert wurde. Während zunächst keine ausreichende Begriffstrennung erreicht werden konnte, entwickelte W. Schmidt gegen Ende der 60er Jahre ein Modell, in dem eine klare triadische Differenzierung vorgenommen wird: Form-Bedeutung-Funktion.

Nach W. Schmidt sind unter 'Form' alle sprachlichen Erscheinungen zu verstehen, die der Hervorbringung kommunikativer Effekte dienen. 'Bedeutung' sei „die Widerspiegelung eines Gegenstandes [...] der objektiven Realität im Bewußtsein [...], die traditionell mit der Form zu der strukturellen Einheit des sprachlichen Zeichens verbunden ist" (Schmidt 1969 a, 142). Bedeutung ist also — entsprechend dem bilateralen Verständnis des sprachlichen Zeichens — ein sprachimmanentes Phänomen. Erst über die Funktion gewinne die Sprache außersprachliche Relevanz, „sie ist der output, der kommunikative Effekt, den wir bei der Verwendung von Sprache erzielen" (Schmidt 1969 a, 148), d. h. zur Realisation von Funktionen gehört unabdingbar die Konstellation Sender-sprachliches Zeichen-Empfänger, wobei das Zeichen mindestens satzwertig sein muß. — Der von Schmidt eingeführte Funktionsbegriff wird weiter unterteilt in einen Funktionsbegriff des Systems als Ganzem und einen solchen des sprachlichen Zeichens als Element dieses Systems. Die Funktion des sprachlichen Systems wird in seiner Rolle als Verständigungsmittel und Mittel des Gedankenaustausches der Gesellschaft gesehen; die Funktion des sprachlichen Zeichens ist in jenen Teilfunktionen zu suchen, die im wesentlichen den Bühlerschen Funktionen (vgl. 3.3.) entsprechen und in unterschiedlicher Weise kombiniert werden. — Nichtkommunikative Funktionen des Systems oder der Systemelemente werden als eigentliche sprachliche Funktion von Schmidt nicht zugelassen (Schmidt 1969 a, 149 f).

Als unabdingbare Voraussetzung der praktischen funktionalen Sprachanalyse hat Schmidt (1969 b, 520 ff) einen Kategorienapparat vorgelegt und methodische Grundsätze vorgeschlagen. Wichtige methodische Prämissen sind u. a., daß der Forscher die zu untersuchende Sprache selbst beherrscht, um den kommunikativen Effekt benutzter sprachlicher Zeichen sicher einschätzen zu können. Je nach Forschungsintention könne von der Form oder aber vom Kommunikationseffekt ausgegangen werden (ebenda, 526; vgl. aber Bondarko unter 3.10). — Die funktionale Grammatik hat inzwischen die Sprachwissenschaft der DDR nicht unwesentlich geprägt. Sieht man einmal von gewissen theoretischen Stereotypen ab (z. B. zum Bedeutungsbegriff), ist der Anspruch, eine dezidiert marxistische Form der Sprachbetrachtung zu sein, allerdings kaum nachzuvollziehen. Der Ansatz unterscheidet sich dem Wesen nach nicht einschneidend von anderen funktionalen Konzeptionen. Schmidt gebührt das Verdienst, erstmals Prämissen und methodische Verfahren einer funktionalen Grammatik (nicht einer funktionalen Sprachwissenschaft) systematisiert zu haben.

3.7. Im angelsächsischen Raum hat sich M. A. K. Halliday einen Namen auf dem Gebiet der funktionalen Sprachbetrachtung gemacht. Im Anschluß an Prager Konzeptionen (vor allem an die Bühlers) und die anthropologischen Studien von B. Malinowski entwickelte er ein Modell von gesellschaftsbedingten Funktionen der Sprache, die sich in dieser selbst unmittelbar, wenngleich nicht eindeutig, manifestieren würden. Das sprachliche System werde in seinem phylogenetischen Prozeß von den Bedürfnissen geprägt, die in der Gesellschaft mit Hilfe des Instrumentes Sprache befriedigt werden sollen. Die Grammatik stelle ein System von verfügbaren Optionen dar, aus dem der Benutzer in kreativer und repetitiver Weise je nach gegebener Sprechsituation auswählt. — Ein Ausdruck weiterer sprachlicher Adaption an kommunikative Bedürfnisse sei die Ausbildung von Varietätensystemen oder Registern, die gemeinsam die funktionale Gesamtkapazität der Sprache ausmachen (vgl. Halliday 1973 b, 22 ff). — Aus dem Verhältnis Funktion : System ergibt sich für Halliday die Notwendigkeit, daß sich eine funktionale Sprachwissenschaft nicht nur mit den Verwendungsweisen von Sprache, etwa im Sinne von Bühler, zu befassen habe, sondern ebenso mit ihrem System, insbesondere dem grammatischen, dessen Form „eng mit den sozialen und persönlichen Bedürfnissen, die die Sprache zu erfüllen hat, zusammenhängt" (Halliday [1970 englisch] 1975, 127).

„A functional approach to language means, first of all, investigating how language is used [...]. But it also means more than this. It means seeking to explain the nature of language in functional terms: seeing whether language itself has been shaped by use [...]" (Halliday 1973 a, 7). Halliday will also gegebene Sprachstrukturen über deren externe Funktionen erklären und erreicht damit einen höheren Standard von funktionaler Sprachforschung als jene Funktionalisten, die lediglich konstatierend verfahren.

Sprache, verstanden als ein zweckadaptiertes System, dient nach Halliday dem Ausdruck der Welterfahrung und des Eigenbewußtseins des Sprechers, darin bestehe ihre „ideationale Funktion". Sprache diene ferner dazu, mannigfaltige soziale Beziehungen zu etablieren und stabil zu halten. Dies sei ihre „interpersonale Funktion". Als dritte Funktion nennt Halliday die „textuelle", die darin bestehe, daß Sprache in ihrer Benutzung sowohl Verbindung zu der gegebenen Situation als auch Kohäsionsbeziehungen zwischen den benutzten Gesprächsteilen herstelle (Halliday [1970 englisch] 1975, 129). In der zuletzt genannten Funktion könnte man eine gewisse Berücksichtigung immanenter Funktionen sehen, die von Halliday ansonsten nicht genannt werden.

Nach Halliday zeigen sich alle drei Funktionen in kombinierter Weise bereits unmittelbar in der Struktur der kleinsten kommunikativen Einheit, dem Satz. Es wird versucht, dies am praktischen Sprachmaterial nachzuweisen (z. B. Halliday [1970 englisch] 1975).

Besonderes Augenmerk widmet Halliday dem Spracherwerb des Kindes, den er als sukzessiven Ablauf des Erwerbs funktionstragender Sprachfertigkeit betrachtet. Durch die Erfahrung, daß man mit sprachlichen (bedeutungstragenden) Mitteln bestimmte zweckgerichtete Funktionen (wie eine „instrumentale", „regulative", „interaktionale", „imaginative" oder „repräsentative Funktion" (vgl. Halliday 1973 a, 11 ff) realisieren, d. h. durch den Gebrauch sprachlicher Mittel eigene Bedürfnisse befriedigen kann, wächst das Kind in die Sprachfähigkeit des Erwachsenen hinein: „The child's awareness of language cannot be isolated from his awareness of language function" (Halliday 1973 a, 20). Für Halliday sind also sowohl die sprachliche Phylogenese als auch die Ontogenese funktional konditionierte Prozesse.

3.8. Einen wichtigen Beitrag zur Entwicklung eines funktionalistischen Sprachverständnisses hat die aus unterschiedlichen sprachwissenschaftlichen, philosophischen und sozialwissenschaftlichen Traditionen erwachsene linguistische Pragmatik geleistet (vgl. Maas/ Wunderlich 1972). Trotz der noch anhaltenden Uneinheitlichkeit im Objekt- und Selbstverständnis der Pragmatik, kann diese pauschal als Disziplin bezeichnet werden, die Voraussetzungen, Intentionen und Erfolg(sbedingungen) menschlichen Handelns mit Sprache erforscht. Der funktionale Aspekt der Pragmatik ergibt sich zwangsläufig aus

den in ihrem Rahmen berücksichtigten Größen Sprachbenutzer und Benutzerintention: Sprache sei Mittel zur Erreichung bestimmter Zielvorstellungen des Senders und werde vom Empfänger in dieser Eigenschaft verstanden.

In jüngerer Zeit ist eine Fülle empirischer Arbeiten entstanden, die den theoretischen Postulaten der Pragmatik materialorientiert nachgehen. Dabei wird im übrigen der Forderung Hallidays (vgl. 3.7.) nach der Erforschung der Relation von Funktion und System Rechnung getragen. Im Theoriebereich haben die Beiträge der Repräsentanten der Ordinary Language Philosophy J. L. Austin und J. R. Searle dadurch besondere Bedeutung gewonnen, daß in ihnen versucht wird, die große Menge möglicher Sprechintentionen in Form von relativ differenzierten Sprechakttaxonomien systematisch zu fixieren. Diese Taxonomien stützen sich in beträchtlichem Maße auf induktiv gewonnenes Sprachmaterial (z. B. Korpora performativer Verben). Ihnen arbeiten inzwischen zahlreiche Forscher zu. Die neueren Sprechaktmodelle erfassen die sprachexternen Funktionen (teils erheblich) differenzierter als die älteren Funktionsmodelle von Bühler und Jakobson (vgl. 3.3., 3.4.). Exemplarisch sei das 1975 von J. R. Searle vorgelegte sprechakttaxonomische Modell erwähnt, das von fünf Sprechaktbasistypen (Assertive, Direktive, Kommissive, Expressive und Deklarative; s. Searle 1979) mit jeweils spezifischen illokutiven Zielen und damit spezifischen Funktionen ausgeht. Dieses Modell eignet sich als Ausgangspunkt für die Erarbeitung nuancierterer Teilfunktionsmodelle. — Es scheint, daß gerade mit der linguistischen Pragmatik die heuristische Kraft funktionaler Sprachforschung durch die Einführung und Praktizierung analytischer Kategorien wie Illokution, Perlokution, Sprechakt, Sprechaktsequenz, pragmatische Universalien etc. merklich zugenommen hat (zu Überblicken und einigen Teilansätzen der Pragmatik sowie zu Literaturübersichten s. Austin 1962; Searle 1969; Wunderlich 1975; 1976; Schlieben-Lange 1979; Beck 1980; Kußmaul 1980).

3.9. Ausgeprägten funktionalistischen Charakter hat auch die in dem vorliegenden Handbuch thematisierte und dokumentierte Soziolinguistik. Während die Pragmatik das Handeln mit Sprache unter weitgehender Abstraktion von den sozialen Merkmalen des Handelnden, den sozialen Determinanten der gegebenen Situation und den kommunikativen Möglichkeiten sozial bedingter sprachlicher Varietät untersucht, rückt die Soziolinguistik diese und andere sozial relevante Größen gerade in den Mittelpunkt ihrer Betrachtung. Es kann eine erweiterte Sicht auf die externen Funktionen von Sprache gewonnen werden, da die Soziolinguistik Sprechaktrealisierungen durch Sprecher unterschiedlicher sozialer Gruppen mit deren spezifischen Sprachvarianten in sozial ausgewiesenen Situationen untersucht. Die Soziolinguistik macht also sprachliche Funktionen und deren Realisierung in ihrer Wechselwirkung mit dem sozialen Kontext erkennbar und deckt zugleich den sozialen Charakter der sprachlichen Funktionen selbst auf. Mithin ist die Soziolinguistik eine bereits sehr spezielle Form funktionaler Sprachbetrachtung.

3.10. Neben den unter 3.2. bis 3.9. aufgeführten mehr oder minder geschlossenen Konzeptionen einer funktionalistischen Sprachbetrachtung existiert heute eine ganze Reihe von Aussagen zur Sprachfunktion, deren Verfasser nicht unmittelbar einer der hier besprochenen Richtungen zuzuordnen sind, die aber alle das Interesse an der Funktion der Sprache verbindet. Im Mittelpunkt der Diskussion stehen die Frage nach der Qualität sprachlicher Funktionstypen und deren Anzahl, die Frage inwieweit Sprache und Rede Träger unterschiedlicher Funktionen seien, das Problem einer hierarchischen Staffelung sprachlicher Funktionen sowie Erwägungen zu den theoretischen Ausgangspositionen und Methoden einer funktionalen Sprachwissenschaft resp. Grammatik. In den meisten Arbeiten wird ein „breiterer Funktionalismus" (Altmann 1981, 25) vertreten. Ansätze, die eher auf die immanent-textstiftende Funktion sprachlicher Einheiten als auf deren „Außenwirkung" abheben (vgl. Martinet 1979), sind heute weniger typisch.

Zum Zwecke einer schärferen Konturierung des allgemeinen Funktionsbegriffs werden seit längerer Zeit immer wieder Vorschläge zu einer (teils dichotomischen) Funktionstypologisierung gemacht. Es handelt sich dabei jedoch meist nur um eine Terminologisierung älterer Erkenntnisse. Beispielsweise unterscheidet Avrorin zwischen gesellschaftlichen Funktionen der Sprache, d. h. „der Realisation der Bestimmung von Sprache im System gesellschaftlicher Erscheinungen" (Avrorin 1975, 34) und den „linguistischen Funktionen" sprachlicher Elemente. Leont'ev unterscheidet zwischen „Funktionen der Sprache" und „Funktionen der Rede", wobei erstere solche sind, die in jeder beliebigen Kommunikationssituation zum Tragen kommen (Leont'ev 1968, 101 ff), und letztere solche, die mit dem Redeakt nur fakultativ verbunden sind (ebenda, 106 f). Dieses Konzept ist nicht unwidersprochen geblieben in dem Sinne, daß sich langue und parole nicht durch die Trägerschaft unterschiedlicher Funktionen unterschieden, sondern

durch ihre Beziehung zu Potentialität und Realität des Funktionierens (vgl. Pazuchin 1979, 45 f; Kiseleva 1978, 30). Hymes wiederum vertritt die Auffassung, daß es außerhalb der konkreten Äußerung — d. h. in der Sprache — überhaupt keine Funktion gäbe ('[. . .] no utterance, no function'; Hymes 1968, 118). Diese, mitunter erheblichen, Unterschiede in der Auffassung über den systematischen Platz der Funktion in der langage ist zweifellos auf das noch immer sehr unterschiedliche Verständnis von 'Funktion' selbst zurückzuführen (vgl. 4.). — Hingegen gibt es kaum Meinungsverschiedenheiten hinsichtlich der Multifunktionalität der Sprache. Auch Forscher, die die Auffassung vertreten, daß die einzige Funktion der Sprache die Kommunikation sei, erkennen zahlreiche Subfunktionen an, die allerdings alle als Varianten der kommunikativen Funktion qualifiziert werden (vgl. Kiseleva 1978, 31 ff; Pazuchin 1979, 43 f; zur Multifunktionalität im breiteren Kontext s. auch Holenstein 1979). — Das Bekenntnis zur Multifunktionalität der Sprache erzwingt außer einer Typologisierung der aufgedeckten Funktionen gegebenenfalls auch deren Hierarchisierung. Versuche dazu werden, teils in Anlehnung an F. Kainz' (1941) und K. Ammers (1958) Konzeption der Primär- und Sekundärfunktionen, von Kiseleva (1978, 35 ff) und Pazuchin (1979, 43 f) unternommen. Pazuchin unterscheidet drei hierarchisch geordnete Funktionsebenen: eine konstitutive Ebene, auf der sich die Natur der Sprache als Ganzes definiert, eine Subebene, auf der die einzelnen Sprachelemente ihre konstruktive Wirkung entfalten, und eine Epiebene des Sprachgebrauchs in konkreten Situationen. — Neuere Überlegungen zu den Grundprämissen einer funktionalistischen Sprachwissenschaft und deren methodisch-theoretischer Realisierung finden sich u. a. bei Altmann (1981), der die methodologische, epistemologische und ontologische Konsequenzen einer Auffassung der Sprache als selbstregulierenden Systems im Rahmen einer funktionalistischen Betrachtung thematisiert, bei Kanngießer (1977), der die Folgen des linguistischen Funktionalismus in seiner Verschränkung mit dem Strukturalismus für den Aufbau einer Sprachtheorie, die linguistische Empirie und Probleme der angewandten Linguistik diskutiert, bei Adlung et al. (1977), die das Verhältnis von funktionalistischem Ansatz und Spracherklärung interessiert, und bei Bondarko (1983), der Grundprinzipien einer funktionalen Grammatikschreibung formuliert, die im Gegensatz zur traditionellen Grammatik in ihren heuristischen Prozeduren von der Funktion zur Form schreiten müsse. — Erwähnenswert sind auch Ansätze, nichtsprachliche semiotische Systeme in ihrer Funktionsäquivalenz zum sprachlichen System zu sehen (Leont'ev 1968). — Während — trotz aller Heterogenität — die funktionalistische Grundposition für die unter 3.10. aufgelisteten Arbeiten unschwer eruierbar ist, sind ein geschlossener Funktionalismusbegriff und die funktionalistischen Forschungsziele von bestimmten amerikanischen Arbeiten, die unter dem themagebenden Wort *functionalism* stehen, schwer zu fixieren (vgl. Grossman/San/Vance 1975).

4. 'Funktion' als sprachwissenschaftlicher Begriff

4.1. Es kann heute bereits von einer gewissen funktionalistischen Tradition in der Sprachwissenschaft gesprochen werden. Um so erstaunlicher ist es, daß — sieht man von Richtungen wie den Glossematikern, die einen (hier nicht zur Debatte stehenden) logisch-mathematischen Funktionsbegriff vertreten — noch immer größte Unsicherheit im Verständnis des Leitbegriffs 'Funktion' herrscht. Dieser schon 1968 von Novák/Sgall (1968, 292) hinsichtlich der Prager Schule und 1969 von Helbig (1969, 241) bzw. 1975 von Busse (1975, 209) generell beklagte Zustand hat sich bis heute nicht grundlegend geändert. Mit wenigen Ausnahmen wird der Begriff intuitiv benutzt, u. a. als Begriffsäquivalent für 'Gebrauch', 'Rolle', (immanent sprachliche) 'Abhängigkeit', 'Instrument', 'Zielstellung', (sprachliche) 'Vorbestimmung', 'kommunikative Verwendung', ja sogar für 'Bedeutung' (zu den verschiedenen Funktionsbegriffen in der Sprachwissenschaft s. Helbig 1969). Im Sinne einer konsequenten linguistischen Funktionsforschung muß dieses Chaos durch eine stringente Begriffsdefinition aufgelöst werden derart, daß von ihr sowohl sprachimmanente als auch sprachexterne Funktionen erfaßt werden.

4.2. Der Begriff ist unter Berücksichtigung bereits vorliegender Definitionsansätze im Rahmen der Linguistik (Schmidt 1969 a, 147 f; Busse 1975, 211 ff) sowie außerhalb dieses Rahmens (Radcliffe-Brown 1963, 178 ff; Merton 1968, 50 ff; Holenstein 1979, 9 f) zu objektivieren. Danach kann ein konsistentes Funktionsmodell der Sprache erarbeitet werden (vgl. ausführlicher Jachnow 1981 a, 12 ff).

In Anlehnung an und Modifizierung von Hempel (1965, 303 ff) kann dann eine Funktion von i als gegeben gelten, wenn ein in einem System s gegebenes Ereignis i unter bestimmten systeminternen Bedingungen c_i und systemexternen Bedingungen c_e (zusammen c) einen Zustand n des Systems s in einer Weise stabil hält oder aber erzeugt, so daß den internen Bedürfnissen der Aufrechterhaltung des Systems s und/oder der Erfüllung seiner externen Aufgaben Genüge getan ist. Das Ereignis i ist an einer das System s konstituierenden Einheit p festgemacht. Funktion ist also die Befriedigung eines Bedürfnis-

ses innerhalb des Systems s selbst oder die Befriedigung eines Bedürfnisses außerhalb des Systems mit Hilfe des Systems durch ein an p gebundenes Ereignis unter gegebenen Bedingungen. — Dieser allgemeine Begriff von Funktion kann weiter ausdifferenziert werden. Dabei wird als Differenzierungsfaktor das Bewußtseinskriterium benutzt. Erfolgt die Bedürfnisbefriedigung unter Mitwirkung des menschlichen Bewußtseins, so liegen bewußte Bedürfnisse vor. Erfolgt die Bedürfnisbefriedigung nicht unter Mitwirkung des menschlichen Bewußtseins, so liegen unbewußte Bedürfnisse vor (z. B. im Rahmen selbstregulierender Systeme). Unter 'bewußter Bedürfnisbefriedigung' ist zu verstehen, daß der Mensch in einer bestimmten Weise zielgerichtet handelt, ohne sich dabei in allen Einzelheiten der zur Zielerreichung nötigen Etappen und Instrumente bewußt sein zu müssen. — Es können nun zwei Funktionstypen definiert werden: Dienen Ereignisse der Befriedigung bewußter Bedürfnisse, so liegen „manifeste Funktionen" vor, dienen Ereignisse der Befriedigung unbewußter Bedürfnisse, so liegen „latente Funktionen" vor (dazu Merton 1968, 50 f). — Da das Bewußtseinskriterium nur auf den Menschen anwendbar ist, können manifeste Funktionen grundsätzlich nur im Bereich menschlicher Aktionen realisiert werden. Latente Funktionen hingegen werden sowohl in außermenschlichen Bereichen als auch im Bereich menschlichen Agierens (unterhalb der Bewußtseinsschwelle) erfüllt. — Der Begriff der Funktion ist mit dem der Finalität verknüpft, insofern jede Funktion das Moment des Zielgerichtetseins einschließt. Hierbei sind nichtintentionale Finalität und intentionale Finalität zu unterscheiden. Besitzt eine Funktion das Merkmal der nichtintentionalen Finalität, so ist sie latent, besitzt sie hingegen das Merkmal der intentionalen Finalität, so ist sie manifest. Für die Erklärung von Funktionen spielt das in ihnen enthaltene Finalitätsmerkmal — gleich welcher Art — eine zentrale Rolle: Es bildet den Ausgangspunkt für kausale Erklärungen: 'Intentionale' und 'nichtintentionale Finalität' stellen also nicht Gegenbegriffe zur 'Kausalität' dar, sondern kongruieren damit, da der finis zugleich die causa des in der Finalitätsdefinition angeführten Ereignisses i ist. In beiden Fällen erweist sich allerdings als unmittelbarer Stimulus des funktionsrealisierenden Ereignisses i weniger der angestrebte Zustand Z_y als vielmehr der gegenwärtige Zustand Z_x, der überwunden werden soll.

Finale Erklärungen sind also kausale Erklärungen, in denen die Antezedenzbedingungen der objektiven Zweckbestimmung berücksichtigt werden; intentional-finale Erklärungen sind kausale Erklärungen, in denen die Antezedenzbedingungen der intentionalen Motive agierender Personen berücksichtigt werden (dazu ausführlicher Jachnow 1981 a, 14).

5. Synopse hierarchisch gegliederter Sprachfunktionen

Der unter 4.2. ausgeführte Funktionsbegriff kann für eine Funktionshierarchien berücksichtigende Sprachbetrachtung nutzbar gemacht werden.

5.1. Das Sprachsystem konstituiert sich bekanntlich aus einer Menge von hierarchisch geordneten Einheiten und Regeln. Jede dieser Entitäten dient auf ihrem spezifischen Platz der Konstitution des sprachlichen Gesamtsystems. Mithin ist jede dieser Entitäten mit einem Ereignis verknüpft, das unter bestimmten systeminternen Bedingungen zu einem bestimmten Zustand des Systems, dessen Konstituente sie ist, beiträgt. Sie befriedigt somit das Bedürfnis der operativen Aufrechterhaltung und überhaupt der Existenz des Sprachsystems. Das durch die konstituierenden Einheiten befriedigte Bedürfnis ist ein internes Bedürfnis des Systems, unabhängig von menschlichen Bewußtseinsprozessen, wenngleich nicht unabhängig von den sprachschöpferischen Aktivitäten des Menschen. Im ontischen Sinn liegen latente Funktionen vor, die sich durch die Existenzweise des gegebenen Systems definieren. Da sie systemimmanenten Charakter haben, können sie als *latent-systemimmanente Funktionen* bezeichnet werden. Diese befinden sich in einer übergeordneten hierarchischen Beziehung zu den anderen (externen) Funktionen des sprachlichen Bereichs, da sie für diese voraussetzungshaft sind.

Aber auch innerhalb der latent-systemimmanenten Funktion existieren hierarchisch differenzierte Funktionen (Subfunktionen). Der Stellenwert dieser Subfunktionen ergibt sich aus der Ebenen-Stratifikation des sprachlichen Systems. Je elementarer ein Ereignis ist, das dem Zustandekommen eines bestimmten Subsystems innerhalb des Gesamtsystems dient, desto höher ist die hierarchische Position seiner Funktion, denn desto mehr Ereignisse komplexer Natur hängen von ihm ab.

5.2. Sprachverwendung ist unter Abstraktion von ihrer außersprachlichen Zweckgerichtetheit zunächst einmal die Erzeugung grammatischer Äußerungen. Der grundlegende Prozeß, der dabei vollzogen wird, besteht in der Ausdrucks-Bedeutungs-Zuordnung und der regelhaften Verkettung elementarer Einheiten zu komplexen Einheiten. Im Sinne der Funktionsanalyse könnten diese komplexen Einheiten als angestrebte Zustände bezeichnet werden. Auch hier gibt es also die Erscheinung, daß mit Elementarem Komplexes konstituiert wird. Ein Unterschied zu den systemimmanenten Verhältnissen ist jedoch dadurch bedingt, daß in diesem Konstituierungsvorgang der Mensch mit seinem Bewußtsein unmittelbar impliziert ist, denn sprachliche Einheiten werden nur dann der sprachgebilde-konstituierenden Funktion zugeführt, wenn dafür ein Bedürfnis empfunden wird. Da sich die Realisierung dieser Funktion einerseits unter Teilnahme des menschlichen Bewußtseins vollzieht, sie sich andererseits aber im Rahmen des rein Sprachlichen (des Performatorisch-Sprachlichen) ergibt, kann diese Funktion als *manifest-performanzimmanent* bezeichnet werden.

Auch innerhalb dieser Funktion gibt es hierarchisch geordnete Subfunktionen, von denen jene des elementarsten Ereignisses die oberste Position einnimmt, da sie voraussetzungshaft für die Erfüllung aller anderen Funktionen ist.

5.3. Grammatische Äußerungen (mündlicher oder schriftlicher Art) sind intentional, d. h. sie weisen über sich selbst hinaus und sollen im Rahmen bestimmter Normen etwas bewirken. Im weitesten Sinne haben sie kommunikative Funktion. Da das menschliche Bewußtsein nicht nur an der sprachlichen Gestaltung einer Äußerung beteiligt ist, sondern auch — möglicherweise in einem noch stärkeren Maße — an der Intentionalisierung einer Äußerung, ist die gegebene Funktion manifest. Da über sie Bedürfnisse befriedigt werden, die außerhalb des eigentlich Sprachlichen liegen, ist sie sprachextern. Es handelt sich also um eine *manifest-sprachexterne Funktion* (zu ihren Wechselbeziehungen mit den bereits genannten Funktionen s. Jachnow 1981 a, 17). Sie ist in sich außerordentlich vielschichtig und entspricht in etwa der von Jakobson und der neueren Pragmatik eruierten Funktionsmenge (vgl. 3.4., 3.8.).

Die für die menschliche Existenz wesentlichsten Subfunktionen sind die der Information über Sachverhalte und die der Handlungssteuerung, da diese am stärksten zur Aufrechterhaltung und Verände-

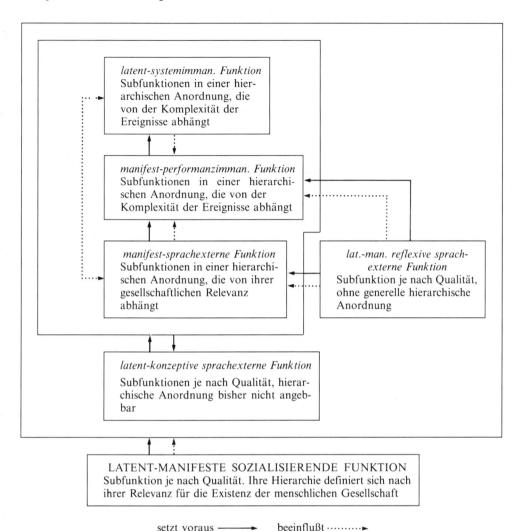

Abb. 73.2: Synopse sprachlicher Funktionen (Jachnow 1981a, 23)

rung der menschlichen Gemeinschaft beitragen. —
Die manifest-sprachexternen Subfunktionen sind
überwiegend Universalien. Ihnen wird bis zu einem
gewissen Maße von dem System unmittelbar Rechnung getragen. — Den einzelnen Subfunktionen
sind in der Regel gesellschaftsspezifische Unter-
funktionen zugeordnet.

5.4. Äußerungen liefern in Form des Redever-
haltens des sich Äußernden auch Information
über diesen selbst, insofern als sie Aufschluß
über soziale, geographische, kulturelle, möglicherweise auch charakterliche Eigenschaften
geben. Da Sprachbenutzung also den Sprachbenutzer in einer für den Kommunikationspartner relevanten Weise markiert (und damit
ein Bedürfnis erfüllt), kann man von einer
reflexiv-sprachexternen Funktion sprechen. Je
nachdem, über welche Eigenschaften des

Sprachbenutzers der Sprachbenutzungsakt
informiert, kann auch hier von unterschiedlichen Subfunktionen gesprochen werden. —
Diese Funktion tritt in latenter und manife-
ster Form auf, je nachdem mit welchem Be-
wußtheitsgrad der Sprachbenutzer diese
Funktion der Sprache aktualisiert. Es ist also
zwischen einer *latent-* und einer *manifest-re-
flexiven sprachexternen Funktion* zu unterscheiden.

Die Bedeutung der reflexiv-sprachexternen Funktion nimmt mit zunehmendem Vertrautheitsgrad
der Kommunikationspartner ständig ab. Bei hohem Vertrautheitsgrad dient die Funktion nur noch
der Bestätigung des über bestimmte Sprechermerk-
male bereits Bekannten. Die reflexiv-sprachexterne
Funktion erscheint in der Regel als Begleiterschei-
nung der manifest-sprachexternen.

5.5. Neben den Funktionen im eigentlich kommunikativen Bereich gibt es auch eine sprachexterne Funktion außerhalb dieses Bereiches. Es ist dies die *konzeptiv-sprachexterne Funktion*. Die einschlägige Forschung der letzten einhundert Jahre hat gezeigt, daß Sprache eine konstitutive Komponente komplexer Denk- und Kognitionsprozesse ist. Neben ihrer wenigstens subsidiären konzeptformenden Funktion in solchen Prozessen (vgl. die Erscheinung der „inneren Rede") hat Sprache einen wesentlichen Anteil an dem menschlichen Bedürfnis zur Speicherung von Wissen und Erfahrung. Es kann also von einer gewissen Instrumentalität der Sprache im Bereich menschlicher Intelligenz gesprochen werden. Insofern als Sprache in ihren verschiedenen Funktionen überhaupt erst menschliche Intellektualität ermöglicht, kann aber auch in einer prinzipielleren Weise eine generelle Medialität der Sprache in ihrem Verhältnis zum Denken angenommen werden. — Da die Involvierung sprachlicher Momente in intellektuelle Aktivitäten des Hirns in der Regel unterhalb der kritischen Bewußtseinsschwelle liegt, scheint es gerechtfertigt zu sein, von einer *latent-konzeptiven sprachexternen Funktion* und ihren verschiedenen Subfunktionen zu sprechen.

Problematisch erscheint die hierarchische Einordnung dieser Funktion: Sie befindet sich in einer komplexen Interdependenz mit anderen Funktionen der Sprache, so daß sie nicht einfach mit 'übergeordnet' oder 'untergeordnet' gekennzeichnet werden kann (vgl. Jachnow 1981 a, 20).

5.6. Die unter 5.1. bis 5.5. behandelten Funktionen der Sprache sind solche, mit denen entweder interne Bedürfnisse des Systems oder externe Bedürfnisse der Benutzer des Systems befriedigt werden. Man kann diese Funktion unter dem Sammelbegriff *elementare Funktion* zusammenfassen. Ihm gegenüber steht der Begriff der *komplexen Funktion*. Darunter sind die Funktionen zu verstehen, die die Sprache in Verbindung mit anderen semiotischen Systemen im Bereich umfassender gesellschaftlicher und kultureller Bedürfnisse spielt und die mit dem Satz „Durch Information zur Interaktion und Koordination" charakterisiert werden können. In diesen findet die Multifunktionalität der Sprache erst ihren eigentlichen finis ultimus. Die elementaren Funktionen der Sprache können deshalb auch als „Zwischenfunktionen" aufgefaßt werden. Über die Befriedigung der Menge individueller Kommunikationsbedürfnisse unterschiedlicher Art mit

Hilfe der intentional entsprechenden Äußerungen wird das generelle kollektive Bedürfnis nach der Institution Gesellschaft mit all ihren Implikationen befriedigt. Diese komplexe Funktion der Sprache, die als *sozialisierende Funktion* bezeichnet werden kann, umfaßt eine Vielzahl von Subfunktionen, die sich über ihre unterschiedlichen gesellschaftlichen Bereiche (Ökonomie, Politik, Kultur etc.) definieren. — Die sozialisierende Funktion der Sprache wird ununterbrochen, praktisch mit jedem Realisierungsakt einer manifestsprachexternen Subfunktion, erfüllt. Den Sprachbenutzern muß dabei nicht unbedingt das Bedürfnis bewußt sein, das über diese Funktion befriedigt wird. In solchen Fällen ist die sozialisierende Funktion latent. Es gibt aber Arten der Sprachbenutzung, bei denen dieses Bedürfnis durchaus in den Bewußtseinshorizont gerückt ist, nämlich bei der Verwendung von Sprache zur gezielten Sozialisierung von Personen und Personengruppen. Hier liegen Formen einer manifest-sozialisierenden Funktion vor, so daß insgesamt von einer *latent-manifest-sozialisierenden Funktion* der Sprache zu sprechen ist.

5.7. Wie gezeigt, schließt Sprache in der Art komplexer Aggregate hierarchisch gestaffelte und in Interdependenz befindliche Funktionen ein. D. h., mit sprachlichen Entitäten unterschiedlich komplexer Struktur werden unter bestimmten Bedingungen Bedürfnisse unterschiedlicher Qualität und Reichweite befriedigt, wobei zwischen den Arten der Bedürfnisbefriedigung Transitivitäten und geregelte Abhängigkeitsverhältnisse herrschen, so daß letztlich alle Teilfunktionen der Sprache einer komplexen sozialen Funktion dienen. Dies macht in seiner Gesamtheit das fundamentale Wesen der Sprache aus. — Aus dem funktionellen Moment der Sprache entsteht der entscheidende Impuls für ihre kontinuierliche Veränderung, d. h. für ihre kontinuierliche Adaption an gegebene Bedürfnisse. In diesem Sinne ist Sprache ein Zeichensystem, in dem sich erfahrene Bedürfnisse des Menschen reflektieren und mit dem zugleich ständig der zukünftigen Bedürfnisbefriedigung Rechnung getragen wird. Daraus ergibt sich, daß der Wandel der Sprache nur erklärt werden kann, wenn man deren Multifunktionalität sorgfältig beachtet (vgl. auch Jachnow 1981 b).

6. Literatur (in Auswahl)

Adlung, Gerhard/Brünner, Gisela/Fiehler, Reinhard/Schlie, Dierk (1977) „Funktionale Spracherklärung", in: *Osnabrücker Beiträge zur Sprachtheorie* 3, 132 – 186.

Admoni, Wladimir (1960) *Der deutsche Sprachbau*, Leningrad.

Altmann, Gabriel (1981) „Zur Funktionsanalyse in der Linguistik", in: *Forms and functions*, Esser, J./ Hübler, A., eds., Tübingen, 25 – 32.

Amirova, Tamara A./Ol'chovikov, Boris A./Roždestvenskij, Jurij V. ([1975 russisch] 1980) *Abriß der Geschichte der Linguistik*, Leipzig.

Ammer, Karl (1958) *Einführung in die Sprachwissenschaft*, Bd. I., Halle/S.

Austin, John L. (1962) *How to do things with words*, Oxford.

Avrorin, Valentin A. (1975) *Problemy izučenija funkcional'noj storony jazyka*, Leningrad.

Beck, Götz (1980) *Sprechakte und Sprachfunktionen*, Tübingen.

Bondarko, Aleksandr V. (1983) *Principy funkcional'noj grammatiki i voprosy aspektologii*, Leningrad.

Bühler, Karl ([1934] 1978) *Sprachtheorie*, Stuttgart.

Busse, Winfried (1975) „Funktionen und Funktion der Sprachtheorie", in: *Sprachtheorie*, Schlieben-Lange, B., ed., Hamburg, 207 – 240.

Girke, Wolfgang/Jachnow, Helmut (1974) *Sowjetische Soziolinguistik*, Kronberg.

Girke, Wolfgang/Jachnow, Helmut, eds., (1975) *Sprache und Gesellschaft in der Sowjetunion*, München.

Grossman, Robin E./San, James L./Vance, Timothy J., eds., (1975) *Papers from the parasession on functionalism*, Chicago.

Habermas, Jürgen (1971) „Vorbereitende Bemerkungen zu einer Theorie der kommunikativen Kompetenz", in: *Theorie der Gesellschaft oder Sozialtechnologie*, Habermas, J./Luhmann, N., eds., Frankfurt a. M., 101 – 141.

Halliday, Michael A. K. ([1970 englisch] 1975) „Sprachstruktur und Sprachfunktion" (1970), in: *Neue Perspektiven in der Linguistik*, Lyons, J., ed., Hamburg, 126 – 149.

Halliday, Michael A. K. (1973 a) „Relevant models of language" (1969), in: *Explorations in the functions of language*, London, 9 – 21.

Halliday, Michael A. K. (1973 b) „The functional basis of language" (1971), in: *Explorations in the functions of language*, London, 22 – 47.

Halliday, Michael A. K. (1976 a) „Functions and universals of language" (1970), in: *Halliday: System and function in language*, Kress, G., ed., London, 26 – 31.

Halliday, Michael A. K. (1976 b) „The form of a functional grammar" (1973), in: *Halliday: System and function in language*, Kress, G., ed., London, 7 – 25.

Havránek, Bohuslav ([1932] 1964) „The functional differentiation of the standard language", in: *A Prague school reader on esthetics, literary structure, and style*, Garvin, P. L., ed., Washington, 3 – 16.

Havránek, Bohuslav (1963) *Studie o spisovném jazyce*, Praha.

Helbig, Gerhard (1969) „Zum Funktionsbegriff in der modernen Linguistik", in: *Wissenschaftliche Zeitschrift der Humboldt-Universität zu Berlin* XVIII, 241 – 249.

Helbig, Gerhard (1973) *Geschichte der neueren Sprachwissenschaft*, Leipzig.

Hempel, Carl G. (1965) „The logic of functional analysis", in: *Aspects of scientific explanation*, New York, 297 – 330.

Holenstein, Elmar (1979) „Einführung: Von der Poesie und der Plurifunktionalität der Sprache", in: *Roman Jakobson Poetik*, Holenstein, E./Schelbert, T., eds., Frankfurt a. M., 7 – 60.

Humboldt, Wilhelm von ([1822] 1963) *Über das vergleichende Sprachstudium in Beziehung auf die verschiedenen Epochen der Sprachentwicklung*, in: Werke, Bd. III, Schriften zur Sprachphilosophie, Berlin.

Humboldt, Wilhelm von (1836) *Über die Kawi-Sprachen auf der Insel Java*, Berlin.

Hymes, Dell H. (1968) „The ethnography of speaking", in: *Readings in the sociology of language*, Fishman, J. A., ed., The Hague, 99 – 138.

Jachnow, Helmut (1981 a) „Sprachliche Funktionen und ihr Hierarchiegefüge", in: *Forms and functions*, Esser, J./Hübler, A., eds., Tübingen, 11 – 24.

Jachnow, Helmut (1981 b) „Sprachliche Funktionen als Motivation sprachlichen Wandels", in: *Slavistische Linguistik 1980*, Hill, P./Lehmann, V., eds., München, 38 – 57.

Jakobson, Roman (1967) „Efforts towards a means-ends-modell of language in interwar continental linguistics", in: *A Prague school reader in linguistics*, Vachek, J., ed., Bloomington, London, 481 – 485.

Jakobson, Roman ([1960 englisch] 1979) „Linguistik und Poetik", in: *Roman Jakobson Poetik*, Holenstein, E./Schelbert, T., eds., Frankfurt a. M.,83 – 121.

Jakubinskij, Lev (1923) „O dialogičeskoj reči", in: *Russkaja reč'*, 1. Petrograd, 96 – 104.

Jakubinskij, Lev ([1931 russisch] 1975) „F. de Saussure über die Unmöglichkeit einer Sprachpolitik", in: *Sprache und Gesellschaft in der Sowjetunion*, Girke, W./Jachnow, H., eds., München, 284 – 295.

Kainz, Friedrich (1941) *Psychologie der Sprache*, Bd. I, Stuttgart.

Kanngießer, Siegfried (1977) „Skizze des linguistischen Funktionalismus", in: *Osnabrücker Beiträge zur Sprachtheorie* 3, 188 – 240.

Kiseleva, Ljucija A. (1978) *Voprosy teorii rečevogo vozdejstvija*, Leningrad.

Kußmaul, Paul, ed., (1980) *Sprechakttheorie*, Wiesbaden.

Leont'ev, Aleksej A. (1968) „Obščestvennye funkcii jazyka i ego funkcional'nye ėkvivalenty", in: *Jazyk i obščestvo*, Filin, F. P., ed., Moskva, 99 – 110.

Maas, Utz/Wunderlich, Dieter (1972) *Pragmatik und sprachliches Handeln*, Frankfurt a. M.

Martinet, André (1979) „Grammatical function", in: *Function and context in linguistic analysis*, Allerton, D. J./Carney, E./Holdcroft, D., eds., Cambridge, 142—147.

Meier, Georg F. (1961) *Das Zéro-Problem in der Linguistik*, Berlin.

Merton, Robert K. (1968) *Social theory and social structure*, New York.

Mugdan, Joachim (1984) *Jan Baudouin de Courtenay (1845—1929). Leben und Werk*, München.

Novák, Pavel/Sgall, Petr (1968) „On the Prague functional approach", in: *Travaux linguistiques de Prague* 3, 291—297.

Paul, Hermann ([1880] 1960) *Prinzipien der Sprachgeschichte*, Darmstadt.

Pazuchin, Roman V. (1979) „Jazyk, funkcija, kommunikacija", in: *Voprosy jazykoznanija* 6, 42—50.

Platons *Dialog Kratylos* ([4. Jh. v. Chr.] 1918) (übersetzt von Apelt, O.), Leipzig.

Polivanov, Evgenij D. ([1928] 1968) „Faktory fonetičeskoj évoljucii jazyka kak trudovogo processa", in: *Polivanov, E. D., Stat'i po obščemu jazykoznaniju*, Reformatskij, A. A., ed., Moskva, 57—74.

Radcliffe-Brown, Alfred R. (1963) *Structure and function in primitive society*, London.

Schlieben-Lange, Brigitte (1979) *Linguistische Pragmatik*, Stuttgart.

Schmidt, Berndt (1984) *Malinowskis Pragmasemantik*, Heidelberg.

Schmidt, Wilhelm (1969a) „Zur Theorie der funktionalen Grammatik", in: *Zeitschrift für Phonetik, Sprachwissenschaft und Kommunikationsforschung* 22, 135—151.

Schmidt, Wilhelm (1969b) „Skizze der Kategorien und der Methode der funktionalen Grammatik", in: *Zeitschrift für Phonetik, Sprachwissenschaft und Kommunikationsforschung* 22, 518—531.

Searle, John R. (1969) *Speech acts*, Cambridge.

Searle, John R. (1979) „A taxonomy of illocutionary acts", in: *Expression and meaning*, Searle, J. R., ed., Cambridge, 1—29.

Seliščev, Afanasij M. (1928) *Jazyk revoljucionnoj épochi. Iz nabljudenij nad russkim jazykom poslednich let (1917—26)*, Moskva.

„Thèses présentées au Premier Congrès de philologues slaves" (1929), in: *Travaux du Cercle Linguistique de Prague* 1, 5—29.

Trubetzkoy, Nikolaj S. ([1939] 1967) *Grundzüge der Phonologie*, Göttingen.

Vachek, Josef (1939) „Zum Problem der geschriebenen Sprache", in: *Travaux du Cercle linguistique de Prague* 8, 94—104.

Vachek, Josef (1960) *Dictionnaire de linguistique de l'École de Prague*, Utrecht, Anvers.

Vachek, Josef (1966) *The Linguistic School of Prague*, Bloomington, London.

Vološinov, Valentin N. (1929) *Marksizm i filosofija jazyka*, Leningrad.

Wunderlich, Dieter, ed., (1975) *Linguistische Pragmatik*, Wiesbaden.

Wunderlich, Dieter (1976) *Studien zur Sprechakttheorie*, Frankfurt a. M.

Helmut Jachnow, Bochum
(Bundesrepublik Deutschland)

74. Language Planning

1. Language Planning: Definition and Origin
2. A Matrix of LP Processes
3. Language Planners
4. Selection: Decision Procedures
5. Codification
6. Implementation: Educational Spread
7. Elaboration: Functional Development
8. The Literature of LP
9. Literature (selected)

1. Language Planning: Definition and Origin

The term *language planning* (hereafter LP) was launched by this writer in 1958 (Haugen 1959). It was there defined as "the activity of preparing a normative orthography, grammar, and dictionary for the guidance of writers and speakers in a non-homogeneous speech community." The term was later elaborated in his monograph on the Norwegian language conflict (Haugen 1966). His definition has since been modified and rephrased by others who have adopted the term. Rubin (1971, xvi) has defined LP as "deliberate language change: that is, changes in the system of language code or speaking or both that are planned by organizations that are established for such purposes or given a mandate to fulfill such purposes." Tauli (1968, 27) defined LP as "the methodical activity of regulating and improving existing languages or creating new common regional, national or international languages." He described it as comprising "all spheres of the oral and written form of the language: phonology, morphology, syntax, lexicology (vocabulary) and orthography" (cf. also art. 177, 178, 179, 180, 181, 182).

1.1. The new name for this long-practised and well-established approach to language was chosen with the idea that it would be one aspect of a much-used modern term, *social planning*. The writer had in mind the fact that language is a social institution and one of the chief instruments of social life. He was aware of the fact that the Scandinavian countries are noted for their advances in social planning. In modern times social and language planning have gone hand in hand. In Norway the connection between language planning and an expanding social democracy has been especially conspicuous. One cannot understand the development of modern Norwegian without taking into account the social, economic, and political changes in Norwegian life over the past 150 years.

1.2. The term LP can also be used retrospectively and be projected back into the history of most civilized nations. It can look forward into the future, above all of the so-called developing nations, which today are struggling to develop concepts of nationhood and to solve the problems of wider communication within and without their borders. It may be contended that ever since Panini, grammarians have in fact been engaged in more or less conscious activities of LP. Panini was fixing the forms of Sanskrit in the hope that it would remain forever the vehicle of the Hindu religion (Smith 1983). Greek and Roman grammarians were also linguistic lawgivers, who succeeded in deeding to the future normative forms of their languages that have withstood the tooth of time (Casevitz and Charpin 1983). At the time of the Renaissance grammar and lexicography acquired a new importance with the coming of printing and the Reformation, when the need arose for "cleaning up" the vernaculars of modern Europe.

1.3. It must not be overlooked that every user of a language is in a modest but important sense his (her) own language planner. He/she has to select from alternatives available whenever he/she speaks or writes. These may lie entirely within the potentialities of the norm as it is. But life is forever changing, and language is equipped to handle new situations. Everyone constantly produces sentences that have never before been heard. The ordinary user is also the ultimate judge of whether he wishes to use the forms proposed by official language planners. In the case of influential persons, individual idiosyncrasies may become the focus of innovation, spreading to others within their sphere of influence. Some would exclude this aspect from LP, limiting it to official bodies set up for the purpose. But their activities are fruitless if they are not in touch with the usages of the community and the needs of users.

	Form (Policy planning)	Function (Cultivation)
Society (Status planning)	(1) Selection (Decision procedures) (a) Identification of problem (b) Allocation of norms	(3) Implementation (Educational spread) (a) Correction procedures (b) Feedback and evaluation
Language (Corpus planning)	(2) Codification (Standardization procedures) (a) Graphization (b) Grammatication (c) Lexication	(4) Elaboration (Functional development) (a) Terminological modernization (b) Stylistic development

Fig. 74.1: A Matrix of Language Planning Processes

2. A Matrix of LP Processes

The activities that language planners undertake are varied and often haphazard. They may include anything from proposing a new word to a new language. We shall here distinguish attention to the form of the language as policy planning, from attention to its function, which we may call *language cultivation*. Each of these, in turn, results from the actions of a society, which we shall designate as *status planning*, and concern with the language itself, which we shall call *corpus planning*. These four aspects form a two-by-two matrix, within which we shall consider all the major activities of language planners. Each square has its own designation, as appears from the following scheme. The numbers indicate the order in which we shall discuss them, a potentially logical order not necessarily corresponding to their order in real life experience. Ultimately they are closely related, in part even overlapping, and they may go on simultaneously or cyclically. First, however, we shall look at the institutions and individuals involved: who does LP? Then we shall take up the various aspects of the matrix one by one. This matrix is identical with the one proposed by the writer after consideration of suggestions made by many followers and colleagues (Haugen 1983).

3. Language Planners

The earliest language planners are lost in the mists of pre-history. We have mentioned Paṇini and the grammarians of classical Greece and Rome. From the medieval period we may pinpoint the four Icelandic grammarians, who produced guides for the proper writing of the Old Icelandic language, above all the First Grammarian, an anonymous writer of the 12th century (Haugen 1972 b), but also the Second Grammarian (Raschellà 1984). Even though a writer like the Orm who wrote the Middle English *Ormulum* did not write an account of his activity, we may assume that he thought through his options rather carefully in the light of his consistent marking of the spelling to reflect pronunciation.

While these and other writers of the time are not known to have had any planning organizations behind them, it seems probable that they kept an eye on the needs and traditions of either their governments or their church. In the Renaissance we begin to get evidence of actual theories, including the notorious Elio Nebrija, author of the first Spanish grammar (1492), which he presented to Queen Isabella as a "companion of empire," designed to enhance the majesty of Spain. In the event, it was much attacked and little used, since the initial policy of the government was to encourage the priests to learn the native languages. In fact, this has been a common approach of missionaries around the world, and we owe innumerable descriptions of indigenous languages to missionaries (among whom may be reckoned the American school associated with the names of Pike and Nida). Spanish policy changed with the expulsion of the Jesuits and hispanization of the natives. For this purpose Nebrija no doubt came in handy.

In eastern Europe the ninth-century work of missionaries Cyril and Methodius was crucial in establishing an alphabet as an initial graphization of Church Slavonic based on Greek. This alphabet, known as Cyrillic, accompanied the Orthodox Church into the Slavic world as far as its power extended, i. e. to the borders of Finland, Poland, Czecho-Slovakia, and Croatia, where the Roman Church took over. Here the Latin language prevailed and its alphabet was adopted by the vernaculars as they gradually emerged. Beginning with Dante and his *De vulgari eloquentia* (1304 – 5), a theory of LP developed. Dante pointed out the need for rules in establishing the new languages and suggested two approaches for overcoming the local variations that were expecially troublesome in Italy: either to choose a prestigious dialect (in his case it became that of Tuscany and its capital Florence) or to create a language that would be a composite or a compromise between several dialects and suitable for all (or none).

So far there were no nations, only empires and city states, dominating districts loosely united by language and tradition. In the later Middle Ages a multitude of local norms sprang up, e. g. in Tuscany, Piedmont, Provence, Catalonia, Galicia, Castille, Portugal, Île de France, Normandy, Saxony, The Netherlands, Bavaria, Brandenburg, Wessex, The Midlands, Scotland, Ireland, Wales, Denmark, Sweden, Norway, Iceland etc. Scribal traditions grew in the shadow of monasteries, cathedrals, and courts, wherever documents were kept and some literary life flourished. The power that turned these multiple traditions into modern written laguages was the combination of centralized power under dukes, kings, or emperors with the newly invented printing pess. Military dominance enforced the creation of boundaries around what would eventually become nations.

Rulers had to delegate powers, and the idea arose of academies to advise them about their linguistic needs. Italy was the first, where Duke Cosimo I of Florence in 1582 established the Accademia della Crusca ('The Academy of Chaff'), with the aim of cleaning out the 'chaff' from the Italian language. This it accomplished (for the time being) by publishing its dictionary, the *Vocabolario degli Accademici della Crusca*, in 1612. It was a highly puristic dictionary, primarily Tuscan, which in this way became normative for later Italian.

The example was followed by the shrewd Cardinal Richelieu, who saw an academy as a useful link in his policy of centralization around Paris and the Île de France. This was done in 1635, with statutes providing that the Academy should "work with all possible diligence and care to give our language exact rules and make it suitable for the treatment of art and science." François de Malherbe (1555—1628) had already been at work on the French norm, and Claude Vaugelas (1585—1650) as a devoted member of the Academy put the capstone on the standardization of French by his famous *Remarques* of 1647 (Wolf 1983). However, the Academy's first dictionary did not appear until 1694, and its orthography did not become official until 1835. "It was, in truth, a matter of lifting the French language, so to speak, out from the midst of other languages and of giving it that universality, that preeminence, and in addition that perfection which Greek and Latin had had in the ancient world," to cite *La Grande Encyclopédie* (Paris, ca. 1900, 1.165).

Other countries followed the French example, e. g. Spain 1713, Sweden 1786, Hungary 1830. It may be questioned whether these were LP institutions, since they came late in the process of standardization (cf. art. 165), but we have included also the activities of regulation and cultivation in our definition of LP. In most countries the problem did not become acute until the rise of common schools for the teaching of literacy in the nineteenth century, and it was then entrusted to governmental departments of education. Only the Anglo-Saxon countries — England and later America — rejected the idea of an academy or other forms of regulation, entrusting the care of English to 'private enterprise' (Samuel Johnson 1755, Noah Webster 1828). (Heath 1977). An example of modern continental regulation is that of the Scandinavian countries, where a series of learned commissions was set up, beginning with *Svensk språknämnd* (The Swedish Language Commission) in 1944, to advise the Ministry of Education. Joint meetings of the Nordic commissions began in 1954, and in 1978 a permanent Nordic Language Secretariat was established with offices in Oslo (Grünbaum 1978). More or less regular publications followed, e. g. the Swedish *Språkvård* (1965 —), the Danish *Nyt fra Sprognævnet* (1967 —), the Norwegian *Språknytt* (1973 —) and the joint *Nordiske språkproblemer*, later *Sprog i Norden* (1955 —).

(*De nordiske språkenes fremtid* 1977; Jacobsen 1973; Jahr 1979; Jonsson 1970; Palmér 1944).

To turn to another part of the world, we may consider Malaysia, free of British rule since 1957, which established Malay as its national language, rejecting the plurilingualism of neighboring Singapore. In 1967 planning was initiated to make Malaysian, as it was now called, the chief language of instruction as well. In 1972 a standard system of Latin alphabetization was agreed upon by a joint commission with closely related Indonesia. A highly sophisticated description of the LP process is offered by Asmah (1979), of which more later.

4. Selection: Decision Procedures

This is the first step also in status planning. All LP begins with a problem, which can differ widely according to the situation in each country or region. In areas without a previous tradition of writing the choice is theoretically entirely open as between the various spoken vernaculars. This has been the case, as mentioned earlier, in numerous missionary enterprises around the world. In the Belgian colony of Congo (now Zaire) "the policy of the Congo Free State toward the missions was essentially to grant them the greatest possible freedom of action in educational matters. As a consequence, the missions resorted to the local vernaculars for the purpose of teaching as well as evangelizing" (Polomé 1968, 301). But only four of the country's 200 "dialects" were granted official status. On a national basis French remained Congo's official language, since the imposition of any one regional vernacular would encounter opposition from other speakers. Many ex-colonial countries are faced with the same dilemma: the need to retain a foreign idiom as a *lingua franca* (cf. art. 50), to the detriment of native culture (e. g. India. Cf. art. 141). Similar problems have plagued minority groups attempting to establish their languages as literary media. Frisian lives as a West Frisian in the Netherlands and a North Frisian in Germany, and there is no common Frisian. Attempts to revitalize the Occitan (Langue d'oc) of southern France have only managed to produce a "new regional norm" that makes the local patois "inferior not only to French, but also to Occitan" (Eckert 1983, 299). In another part of France a Breton movement is struggling for recognition, with little success, a major obstacle being the presence of dialects. Its advocates point "to the necessity of a unified Breton that would nonetheless not be uniform." so as not "to make one dialect predominant but rather to bring dialects closer together" (Van Eerde 1979, 5).

4.1. Identification of Problem

A good illustration may be found in an essay by the Norwegian language reformer Ivar Aasen, who jotted down his ideas in 1836, only 23 years old. He expressed his conviction that the only sound way to found a truly Norwegian language to replace the 400-year old imposed Danish was to build on the living dialects. Even if they differed widely, they were all lineal descendants of the Old Norwegian written language. Together they constituted "our people's language," "the truly Norwegian folk language," "our national language." The dialects were not, as many thought, corrupted Danish; a collection of their forms should be the basis of work by a society of competent persons who would select the proper forms to constitute a "chief language" (*Hovedsproget*), with a complete dictionary and a corresponding grammar. Aasen himself became not only the collector but also the one-man-commission that created a new Norwegian language in a grammar of 1864 and a dictionary of 1873 (Aasen 1926).

4.2. Allocation of Norms

Closely related to identifying the problem is a decision on norms. Aasen chose to create a new norm, guided by the dialects, among which he chose those that were least "corrupted", with a backward glance at Old Norwegian and a side look at Danish and Swedish (and Modern Icelandic) (Haugen [1965] 1972a). Language planners in India have had comparable problems on a much larger scale. At the time of liberation India inserted a clause in the Constitution (1950) making 15 regional languages official, with the universal introduction of Hindi and the phasing out of English (by 1965) as a goal. But India split, with Pakistan adopting Urdu and Panjabi; and the Dravidian-speaking south of India has rejected Hindi in favor of retaining English as the best *lingua franca*. A thoughtful summary of the situation of English around the world is by Kachru (1983) (cf. also art. 141). In western Europe the need for LP has been felt chiefly as one of regulating minor vacillations within an other-

wise well-established norm. We may recall that Noah Webster was a vigorous advocate of an American norm independent of Great Britain. But in the end his proposals were reduced to a modest number of still-existing Americanisms, e. g. *honor* for *honour, theater* for *theatre* etc. (Weinstein 1982).

5.   Codification

Once the norm has been settled upon, mostly as a matter of power brokerage, the linguistic work needs to the done as the first step in corpus planning. Many linguists or would-be linguists have made proposals for coding the unwritten or recoding the written languages. There is a long history of language reform proposals, often going beyond the borders of a single language into international languages of the type of Esperanto. The weakness of most such proposals comes in the failure to win support, i. e. inadequate status planning. The problems of codification (cf. art. 178) may be classified according to which aspect of the language system is concerned. We shall consider them unter (1) graphization, (2) grammatication, and (3) lexication, the latter two invented by this writer.

5.1. Graphization

This process (term from Ferguson 1968. Cf. art. 177) is often regarded as the be-all and end-all of LP. Its importance is undisputed, but it is actually only the beginning of LP. Most European languages have adopted the Latin alphabet, often with considerable modifications, some going back to the Middle Ages. Special forms of it are found in Irish and in the German Gothic script. The latter has long been abandoned in Scandinavia, and Irish writing has yielded to English. In 1924 the Turkish dictator, Mustafa Kemal, decreed that the language of the land should henceforth not be written in Arabic, but in Latin. The change was successful, if with some jeopardy for the Arabic loanwords (Heyd 1954).

During the early (Leninist) years of the Soviet Union vigorous efforts were made to graphize as many of the languages of Russia's vast empire as possible. In most cases the Latin alphabet was used. But in the later (Stalinist) period a transition was made in the Siberian regions to Cyrillic, even for traditionally Arabic orthographies, on the plea that it would make the acquisition of Russian easier. Hand in hand there went an extension of the teaching of Russian as a second language. In far eastern Asia, with complex systems of Chinese-type writing (or Arabic), only Vietnam and Cambodia (under French rule) and Malayasia (under British) and Indonesia (under Dutch) made the transition to Latin script. Modernization was discussed in China and Japan, but so far only a set of simplified characters has resulted in China (De Francis 1984).

The long-established standard languages, like English and French, are conspicuously conservative in the relation of spelling to pronunciation. A few concessions have been made, but changes since early modern times have been few. Underlying this conservatism is a cost-benefit analysis, i. e., a (more or less conscious) sense that it is a greater effort to change an orthography than it is to learn a bad one. Alphabetic orthographies can vary widely, from a phonetic to a morphemic spelling (i. e. one that retains the shape of morphemes as in English plural -s for either /s/ or /z/ in cats and dogs).

5.2. Grammatication

Morphology and syntax are the areas in which dialects and languages are most likely to differ. One therefore needs an adequate description of the possibilities offered by the various grammars. Aasen, for example, favored a maximum differentiation where later users have opted for a minimum (e. g. Aasen's soli 'the sun' vs. visa 'the song', now written sola and visa, following the majority of dialects). But he correctly identified a 'double definite' article as a Norwegian trait in opposition to the single definite of Danish (det store huset vs. det store hus 'the big house'); the former has penetrated into all Norwegian writing. He proposed the writing of silent consonants of the def. sg. neuter article and the weak preterite (huset 'the house', kastade 'threw'); he has been followed in the first, but not in the second (New Norse kasta today) (Haugen 1966). For a totally different example we may look at an agglutinative language like Malaysian. A major problem was how to write pre- and suffixes, whether as solid, hyphenated, or separate: dirumah and di-rumah have been replaced by di rumah 'at home' in analogy with other prepositional phrases. Newspapers tend to abbreviate reduplicated forms, writing e. g. memain2-kan or memainkan2; but the planning committee has opted for the full form memain-mainkan 'to tease' (from memain 'to play on') (Asmah 1979, 91—93).

5.3. Lexication

The writing traditions of western Europe being mostly founded on translations from Greek and Latin, especially of the Bible, they contained a heavy freight of borrowings from the classical languages. Early language planners were often purists, who were zealous to eliminate or at least reduce the obvious foreignisms. Even English was the object of the solicitude of word smiths, especially under the influence of Romantic doctrines in the 19th century, producing words like word hoard for 'vocabulary'. German was more successful in the 17th and 18th centuries in creating such words as Einbildung for 'imagination', Mitleid for 'sympathy'. Here the mainland Scandinavian languages followed in the wake of German, producing e. g. in Danish indbildning and medlidenhed. Only Icelandic, with its support in a great medieval tradition of word making, deviated in favor of more wholly native terms. The above words became ímyndun (literally 'in-mindedness') and samúð (literally 'together-feeling'). International words in -ology have replaced the -ologi of the mainland languages with the Icelandic -fræði 'knowledge' (from Old Icelandic fróðr 'wise'), e. g. málfræði 'philology' (from mál 'language'). Faroese, with a much shorter tradition, has in part followed Icelandic. In general, the newer traditions of Europe, like Czech and Finnish, have been more successful in their puristic efforts than the older languages. We shall look more closely at some of these efforts below under Elaboration (7.1.).

6. Implementation: Educational Spread

A crucial requirement for successful LP is to provide the codifiers with organs of implementation. This is the second step in status planning. In the medieval and early modern period it was mostly monasteries and universities that provided housing for clerics and the opportunity to get their manuscripts copied. Printing did away with all this and in early modern times schools and chanceries took their place. In our modern world universal education has become a professed ideal, even though facilities are inadequate in many parts of the world. Nowadays linguistic traditions and their potential innovations are channeled through educational establishments. An important rival or supplement to education is the press and the newer media.

The ability of governments or other authorities to implement proposed changes or reforms is limited by local circumstances. Mustafa Kemal in Turkey was in a position to enforce his measures. In more democratic countries the process can be excruciatingly slow, and the government may in fact not have the will to enforce the suggestions of the planners. In Ireland the Irish revival was an important aspect of the struggle for independence, but once established, the Irish Free State showed only a modest interest in enforcing the policy (Macnamara 1971). The pleas of minorities for language teaching to bolster their ethnicity have in general fallen on deaf ears. In France there is not even a statistic over the number of minority language speakers in the country, although there are movements for recognition among Bretons, Basques, Occitanians, Alsatians, etc.

In Norway, Sweden and Finland there is minimal interest in the Samic (Lappish) minorities that occupy the northern crest of these countries (cf. art. 155). The New Norse language has been recognized since 1887 as the legal equal of Dano-Norwegian, but its cause has remained the concern of a minority. The law requires a fifty-fifty treatment, but even a minimal quota of twentyfive percent on radio and television has not been met. The hope of adherents is for the future generations being educated in the schools, but the progressive urbanization has made the prospects less hopeful than ever (Haugen 1966; 1972a; Wiggen 1973).

6.1. Correction Procedures

These will mostly be in the hands of teachers and printers. American publishers are bound by house style books that often restrict in a quite narrow-minded way the freedom of authors to write English as they wish (Haugen 1983). In setting up correction procedures it is important that rules be explicit and clearly stated. Also that the goal of the corrections be spelled out. Here we may distinguish various occasions on which it is important to detect and correct "errors." A distinction must be made between a *communicative norm* and a *rhetorical norm* (Haugen 1977). The former is closer to speech, often elliptical or even careless, since the speaker can assume that the listener will understand a message that may seem obscure to outsiders. The latter is for special occasions, as when one writes documents intended as a permanent record or for a very large public, where there will

surely be persons who are not conversant with one's intention.

Various goals of LP have been stated, e. g. *efficiency, rationality*, and *commonalty* (Ray 1963), or *clarity, economy*, and *beauty* (Tauli 1968; 1974). These are no doubt excellent guides to a literary style, ideals for any language. They may well be kept in mind also by writers of scientific prose. But they are a bit too general to serve as guides for everyday correction. Their application can and often is both arbitrary and subjective. As has oft been said, "Beauty is in the eye of the beholder." Most of us have a strong tendency to find that beautiful and rational to which we have become accustomed.

6.2. Feedback and Evaluation

Only if the goals are clearly stated and organs are established to monitor their achievement can one enjoy the satifaction of knowing that one's LP has been successful (Rubin 1984). It may even happen that the real goals are hidden, as suggested above for the Irish case.

7. Elaboration: Functional Development

This term is intended to cover the further second step in corpus planning. This function is envisaged as the special task of original writers, scholars, and scientists. In the well-established European languages the process goes on invevitably during the active use of language to express new concepts. Writers are forever expressing new ideas, making novel distinctions, inventing objects never before seen. There is a potential difference between the literary-humanistic world and the scientific: the former emphasizes variety, the latter uniformity. The difference is only relative, since the fields often overlap. But while literary modes arise as the property of specific writers, e. g. James Joyce, scientists seek terminological agreement.

Elaboration (here taken as an equivalent of Kloss's term *Ausbau*. Cf. art. 42) assumes an adequate established orthography and a reasonably uniform grammar. In a complex scientific argument one may have to elaborate one's syntax by building out the system of clause structure subordination. At least this has often been an obvious result of such discourse, though the extremes of German scientific prose are nowadays deprecated in favor of simpler, more coordinate structures.

The process is much the same as is referred to in terms of the Prague school as "intellectualization" (Havránek 1929; Mathesius 1932).

7.1. Modernization of Terminology

While this trend can be traced back to the Greek philosophers and continued sporadically through the Middle Ages (with a sidetrack via Arabic), its significance has grown especially since the dawn of the modern period (cf. art. 41, 83, 167). Developments that affect Europe and North America have spread around the globe and are having an impact on even the remotest parts of the world. Proliferation of terminology goes on unchecked in the western world, especially in the industrial centers of the English-speaking world. It has become essential for many hitherto isolated languages to create or borrow a corresponding terminology. In so doing, many old ideas have been upset, and many languages are struggling to find an acceptable balance between the native stock of words and the imported terms. The procedures are readily classified: (1) Adoption of a native term, with appropriate extension of meaning, as when English *holy* (Old English *hālig* from *hāl* 'whole') replaced Latin *sacer*; (2) Borrowing from a dialect or related language, e. g. English *dam* from Dutch for Latin *agger* or *moles*; (3) Creation of a loanshift (loan translation), e. g. English *loanword* from German *Lehnwort*; (4) Borrowing the foreign word with more or less adaptation, e. g. English *veal* from Old French (in turn from Latin *vitellus* 'yearling'); (5) Creation *ex novo*, the least probable alternative, as in English *gas* (actually borrowed from Dutch, where Van Helmont created it more or less after Greek *khaos* 'chaos'). Combinations of these procedures are possible.

7.1.1. Native Sources

German has made sporadic efforts to eliminate words of French or Classical origin, replacing e. g. 'telephone' with *Fernsprecher*, 'telegraph' with *Fernschreiber*, and 'skyscraper' with *Wolkenkratzer*. In these cases the concept was foreign and it has been proved desirable for reasons of internal communication to make the new word sound as native as possible. Extensive resort to this method does raise questions as to the value of the effort. The fact that people learn foreign languages may constitute a motivation for keeping the foreign term. It may also be argued

that by not nativizing the term, the necessity to create a native term may be encouraged. The Icelandic situation, discussed above (5.3.), is interesting, since the scientific community is small in proportion to the reading public. Scientists, who inevitably have to learn the English terms, tend to use them in speaking to one another. When 'ministers' were elevated to 'ambassadors' after World War II, one newly-made ambassador swore loudly that he would stick to *ambassadór* and sabotage the Icelandic novelty *sendiráðherra*!

A language with a shorter tradition of modern science is Malaysian (Asmah 1979). Initiated in 1956, a joint program of technical innovation with Indonesia was launched in 1972 and implemented in 1975. A number of subcommittees were formed for the various fields of science under the ægis of a national Permanent Committee. The principles proposed for the work of these committees include: conciseness of form, precision of meaning, congruity of concept, definability, and linguistic suitability. Native words that can be adopted and given appropriate extension of meaning are e. g. *logam* 'metal' and *haba* 'heat'; a dialectal loan is *regu* 'pair of players'; loan translations are *perpulauan* 'group of islands' from *pulau* 'island' and *dwibahasa* 'bilingual' from *dwi* 'two' and *bahasa* 'language'; morphemic innovations are *halaju* 'velocity' from *hala* 'direction' and *aju* 'fast' or *maging* 'carnivorous' from *makan* 'eat' and *daging* 'meat'; loanwords are *saikoloji* 'psychology' and *haiderojan* 'hydrogen'. The two lastnamed have now happily been restored to a more international form as *psikologi* and *hidrogen* (cf. Norwegian *psykologi* and *hydrogen*, the latter replacing earlier *vannstoff*).

7.1.2. Foreign Sources

Throughout the Middle Ages French terminology streamed into English, only partly due to the Norman Conquest. In the modern period Latin and Greek have been the chief sources of scientific innovation. Many of the elements have become English morphemes in their own right, as *anti-* and *-ology* in *antiaircraft* and *scientology*. While scholars are usually guided in their search by some remnants of a classical tradition, commercial entrepreneurs have no such inhibitions. English names for clothing or cigarets or French names for perfumes and wines carry a cachet far beyond the confines of their countries. In some cases they are even invented abroad, like the famous continental term for dinner jacket, the *smoking*. The French are almost frenetic in their official purism, and the campaign against "franglais" resulted in a law against English loans in 1975, apparently with little effect (Wolf 1983). Most nations today have some kind of terminological body that seeks to standardize terminology, e. g. the Swedish *Terminologicentralen* and the Norwegian *Rådet for Teknisk Terminologi*. These are coordinated by a Unesco body, the International Standards Office (ISO).

7.2. Establishment of Style

The Latinate style of the 18th century, e. g. that of Samuel Johnson, has gone out of fashion in modern times. There is still plenty of what is known as government gobbledygook, which in the U. S. is being counteracted by a Document Design Center in Washington, that regularly publishes a bulletin called *Simply Stated*, advocating the use of "plain English." In all literary work functional variation is a basic principle. The Romantics of the 19th century enjoyed a florid, imaginative style with elements drawn from the past and from exotic languages. Realism brought style down to a more oral and contemporarily conversational style. Experiments like those of a T. S. Eliot or a James Joyce are fascinating examples of the lengths to which word play can go, but they are of interest largely to esoteric circles.

8.   The Literature of LP

Discussions of language policies and problems go back into antiquity and can be traced unter innumerable titles containing such terms as language standardization, language and nationalism, literary languages, national languages, language reform, language cultivation, the linguistic norm etc. As stated above, the term language planning was launched by this writer in 1958 and developed in later publications (Haugen 1959; 1966 etc.) It grew out of his concern with the case of modern Norwegian, a language that had slipped into political oblivion in the Middle Ages through a dynastic union with Denmark. The restoration of national status in 1814 led to demands for an equivalent restoration of a national language and the initiation of a persistent LP program that unfolded in a democratic polity and in the full light of public discussion.

8.1. Modern Schools of LP

We shall here highlight three influential schools: the Scandinavian, the Czech, and the American. The *Scandinavian* comprises Swedish linguists Esaias Tegnér (1874) and Adolf Noreen (1892) and Danish Otto Jespersen (1925). Tegnér, rejecting the then current tenets of Romantic purism, saw language as "a collection of signs" and held that the best sign is the one that "most easily given is the most easily understood." Noreen presented three alternatives and opted for what he called the "rational" point of view on correctness. Jespersen described a desirable norm as one that exhibited "a certain elasticity" while maintaining "enough of the old so that continuity is not broken." The *Czech* school, also known as the Prague school, refers in this connection principally to Vilém Mathesius (1932) and Bohuslav Havránek (1929, 1936). The former granted, like Jespersen, that a language norm should be stable, but also flexible. The latter introduced the concept of *functional variation* (see also Garvin 1958; 1959; 1973; Jeclička 1964, and Vachek 1964; for a good summary Daneš 1976). While the Swedes and Danes could look back on well-established post-Reformation norms, Czech was still in process of formation and called for the attention of Prague scholars. The *American* school is an outgrowth of U. S. linguists' concern for global language problems after World War II. It can be dated from the founding of the Center for Applied Linguistics in Washington, D. C. in 1959 under the leadership of Charles Ferguson. LP became one of the concerns of the new wave of Sociolinguistics, launched with conferences in 1964 (Bright 1966) and 1966 (Fishman/ Ferguson/Das Gupta 1968). One may note Ferguson's concern already in his classic paper on diglossia (1959), plus the preparation under his direction of translated Russian materials (Guxman 1960) and a sociolinguistic bibliography (Pietrzyk et al. 1964).

8.2. Expansion of the Field

Within the decade others entered, bringing with them also sociological points of view. Dell Hymes published a reader of linguistics and anthropology (Hymes 1964) and Joshua Fishman a comprehensive study of language loyalty in the United States (Fishman 1966). Each of these initiated a journal, Hymes *Language in Society* (1972 −) and Fishman *International Journal of the Sociology of Language*

(1974 —). In Hawaii the East-West Center began issuing a *Language Planning Newsletter*, edited by Joan Rubin (1977 —). Richard Wood turned an Esperanto journal into *Language Problems and Language Planning* (1977 —). This gratifiying activity was further enhanced by Fishman's seminar on LP (Rubin/Jernudd 1971) and his book on language and nationalism (Fishman 1972). There followed a volume on LP (Rubin/Shuy 1973), one on advances in LP (Fishman 1974), one on reference in LP (Rubin/Jernudd 1977), one on LP processes (Rubin/Jernudd/ Das Gupta 1979), and a directory of LP organizations (Rubin 1979). A conference on progress in LP was a high point (Cobarrubias/Fishman 1983). Other American studies of note are Fishman on Yiddish (Fishman 1965; 1981), Barnes on Chinese (1973; 1983), De Francis on Chinese (1950; 1984), Apte on India (1975), Pool (1976), Kreindler (1982) and Fierman (1982) on the Soviet Union, Weinstein on the U. S. (1982), Heath on Mexico (1972), Smalley on Thailand (1976), etc.

8.3. Non-American Contributions

An especially influential German scholar is Heinz Kloss (1952; 1969; 1978a; 1978b; cf. bibliography 1971). His distinction between *Abstandsprachen* 'languages by distance' and *Ausbausprachen* 'languages by development' has been widely useful (cf. art. 42), as has his differentiation of *corpus planning* from *status planning*. Neustupný (1978), an emigré from Czecho-Slovakia, has developed out of the Prague School into studies of what he calls *poststructural* approaches in language. He has proposed replacing LP with *language treatment* (in our opinion a bit too clinical), dividing the field into *policy* and *cultivation*. Here is also to be mentioned the work of Valter Tauli on Estonian and on LP theory (1968; 1974). Tauli looks on language as a tool, which he optimistically believes "that man is free to alter and improve according to his will .. In principle no part of language is excluded a priori from innovations." Another thoughtful discussion of LP problems is by the Indic scholar Punya Sloka Ray (1963). He grants that some of his ideal qualities (above, 1.) may be difficult to attain in practice: „Consensus is a product of human freedom, and freedom is nothing if not the right to be unpredictable." The Welsh E. Glyn Lewis has projected some of his long experience with Welsh into a detailed study of LP in the Soviet Union (Lewis 1972). India has

been the special concern of Khubchandani (1975a, b), while Malaysia is the object of a previously cited study by Asmah (1979).

8.4. Goals and Surveys

For an overview of present and future prospects of LP, especially in Canada and the U. S., one cannot do better than consult the abovementioned symposium edited by Cobarrubias and Fishman (1983). The first editor proviedes a "state of the art" paper, and the articles by leading scholars are classified under such heads as decision making, codification, implementation, and evaluation, with a special session on LP in North America. Fishman observes that "in a very few years language planning has fully established itself as a recognized topic not only within the sociolinguistic enterprise (both theoretical and applied) but also within the fields of linguistics and social theory more generally." He concludes that "even further progress in connection with our understanding of it will certainly not be long in coming."

One sign that it is exciting international interest is the appearance of an anthology of articles, many by Americans, in England (Kennedy 1984). Joan Rubin here has an article (Kennedy, 4—16) that extends LP into the sphere of language education. She accounts for some of the weaknesses of traditional teaching by noting a lack of explicit planning with definite goals and an adequate feedback. She insists on the need to take into account the problems and wishes of the recipients (or should we say the victims?) of LP, something that could well be a desideratum for all who would dabble in the fine art of planning.

9. Literature (selected)

Aasen, Ivar (1926) *Skrifter* 2, Oslo.

Apte, Mahadev L. (1975) "Language controversies in the Indian parliament 1952—1960", in: *Language and politics*, O'Barr, W./O'Barr, J. F., eds., The Hague, 213—234.

Asmah, Haji O. (1979) *Language planning for unity and efficiency: A study of the language status and corpus planning of Malaysia*, Kuala Lumpur.

Barnes, Dayle (1973) "Language planning in mainland China: Standardization", in: *Language planning: Current issues and research*, Rubin, J./Shuy, R., eds., Washington, D. C. 34—54.

Barnes, Dayle (1983) "The implementation of language planning in China", in: *Progress in language planning*, Cobarrubias, J./Fishman, J. A., eds., Berlin, 291—308.

Bédard, Édith/Maurais, Jaques, eds., (1983) *La norme linguistique*, Québec.

Bright, William, ed., (1966) *Sociolinguistics: Proceedings of the UCLA sociolinguistics conference, 1964*, The Hague.

Casevitz, Michael/Charpin, François (1983) "L'héritage gréco-latin", in: *La norme linguistique*, Bédard, É./Maurais, J., eds., Québec, 45−68.

Cobarrubias, Juan/Fishman, Joshua A., eds., (1983) *Progress in language planning: International perspectives*, Berlin.

Daneš, František (1976) "Values and attitudes in language standardization", in: *Juzhno-slovenski filolog* 32, Belgrade, 3−27.

DeFrancis, John (1950) *Nationalism and language reform in China*, Princeton.

DeFrancis, John (1984) *The Chinese language: Fact and fantasy*, Honolulu.

De nordiske språkenes fremtid (1977) Oslo, Norsk språkråd, No. 19.

Eckert, Penelope (1983) "The paradox of national language movements", in: *Journal of Multilingual and Multicultural Development* 4, 289−300.

Ferguson, Charles A. (1959) "Diglossia", in: *Word* 15, 2, 325−340.

Ferguson, Charles A. (1968) "Language development", in: *Language problems of developing nations*, Fishman, J. A./Ferguson, C. A./Das Gupta, J., eds., New York, 27−35.

Fierman, William (1982) "The Shifting Russian and Uzbek language balance in pre-world war II Uzbekistan", in: *International Journal of the Sociology of Language* 38, 125−150.

Fishman, Joshua A. (1965) "Yiddish in America", in: *International Journal of American Linguistics* 31, 2, Bloomington, Ind.

Fishman, Joshua A. (1966) *Language loyalty in the United States*, The Hague.

Fishman, Joshua A./Ferguson, Charles A./Das Gupta, Jyotindra, eds., (1968) *Language problems of developing nations*, New York.

Fishman, Joshua A. (1972) *Language and nationalism*, Rowley, Mass.

Fishman, Joshua A., ed., *International Journal of the Sociology of Language*, vol. 1 (1974), The Hague.

Fishman, Joshua A., ed., (1974), *Advances in language planning*, The Hague.

Fishman, Joshua A., ed., (1981) *Never say die! A thousand years of Yiddish in Jewish life and letters*, The Hague.

Garvin, Paul L. (1958) *A Prague School reader on esthetics, literary structure and style*, Washington, D. C.

Garvin Paul L. (1959) "The standard language problem − concepts and methods", in: *Anthropological Linguistics* 1, 3, 28−31.

Garvin, Paul L. (1973) "Some comments on language planning", in: *Language planning: Current issues and research*, Rubin, J./Shuy R., eds., 72−82.

Grünbaum, Catharina (1978) "Nordiska språksekretariatet", in: *Språkvård* 1978, 2, 18−20.

Guchman, Mirra M. ([Russian 1960] 1966) "Some general regularities in the formation and development of national languages", in: Fishman, J. A., ed., *Readings in the sociology of language*, The Hague, 766−779.

Haugen, Einar (1959) "Planning for a standard language in modern Norway", in: *Anthropological Linguistics*, 8−21.

Haugen, Einar (1966) *Language conflict and language planning: The case of modern Norwegian*, Cambridge, Mass.

Haugen, Einar (1972 a) *The ecology of language*, in: Dil, A. S., ed., Stanford, Cal.

Haugen, Einar (1972 b) *First grammatical treatise: The earliest Germanic phonology*. 2. revised ed., London.

Haugen, Einar (1977) "Norm and deviation in bilingual communities", in: *Bilingualism*, Hornby, P. A., ed., New York, 91−102.

Haugen, Einar (1983) "The implementation of corpus planning", in: *Progress in language planning*, Cobarrubias, J./Fishman, J. A., eds., Berlin, 269−290.

Havránek, Bohuslav (1929) "Influence de la fonction de la langue littéraire sur la structure phonologique et grammaticale du tchèque litteraire", in: *TCLP* 1, 106−120.

Havránek, Bohuslav ([1936] 1964) "Zum Problem der Norm in der heutigen Sprachwissenschaft und Sprachkultur", in: *A Prague School Reader in linguistics*, Vachek, J., ed., Bloomington, Ind., 413−420.

Heath, Shirley B. (1972) *Telling tongues: Language policy in Mexico, colony to nation*, New York.

Heath, Shirley B. (1977) "A national language academy? Debate in the Nation", in: *Linguistics* 189, 9−43.

Heyd, Uriel (1954) *Language reform in modern Turkey*, Jerusalem.

Hymes, Dell, ed., (1964) *Language in culture and society: A reader in linguistics and anthropology*, New York.

Hymes, Dell, ed., (1972) *Language in society*, vol. 1−, Cambridge.

Jacobsen, Henrik G. (1973) *Sprogrøgt i Danmark i 1930rne og 1940rne*, Copenhagen.

Jahr, Ernst H. (1979) "A rationale for language planning policy in Norway", in: *Nordlyd* 2, 67−82.

Jeclička, Alois (1964) "Zur Prager Theorie der Schriftsprache", in: *Travaux linguistiques de Prague* 1, 47−58.

Jespersen, Otto (1925) *Mankind, nation and individual from a linguistic point of view*, Oslo.

Jonsson, Inge, ed., (1976) *Vad händer med svenska språket?* Stockholm.

Kachru, Braj B. (1983) "Normes régionales de l'anglais", in: *La Norme Linguistique*, Bédard, É./Maurais, J., eds., Québec, 707−730.

Kennedy, Chris, ed., (1984) *Language planning and language education*, London.

Khubchandani, Lachman. M. (1975a) *Language planning in developing nations*, Honolulu, Hawaii.

Khubchandani, Lachman M. (1975b) *Language ideology and language development. An appraisal of Indian education policy*, Honolulu, Hawaii.

Kloss, Heinz (1952) *Die Entwicklung neuer germanischer Kultursprachen von 1800 bis 1950*, München.

Kloss, Heinz (1967) "'Abstand' languages and 'Ausbau' languages", in: *Anthropological Linguistics* 9, 7, 29—41.

Kloss, Heinz (1969) *Research possibilities on group bilingualism: A report*, Quebec, International Center for Bilingualism.

Kloss, Heinz (1971) "Forschung im Dienst der Sprachen und Schulen: Bibliographie aus Anlass des 65. Geburtstages von Heinz Kloss", in: *Europe-Ethnica* 2, Wien, 51—69.

Kloss, Heinz (1978) *Problems of language policy in South Africa*, Wien.

Kreindler, Isabelle, ed., (1982) "The changing status of Russian in the Soviet Union", in: *International Journal of the Sociology of Language* 33, The Hague.

Lewis, E. G. (1972) *Multilingualism in the Soviet Union: Aspects of language policy and its implementation*, The Hague.

Macnamara, John (1971) "Successes and failures in the movement for the restoration of Irish", in: *Can language be planned?*, Rubin, J./Jernudd, B., eds., Hawaii, East-West Center, 65—94.

Mathesius, Vilém (1932) "O požadavku stability ve spisovném jazyce", in: *Spisovná čeština a jazyková kultura*, Havránek, B./Weingart, M., eds., Prague, 14—31.

Neustupný, J. V. (1978) *Post-structural approaches to language: Language theory in a Japanese context*, Tokyo.

Noreen, Adolf (1892) "Über Sprachrichtigkeit", in: *Indogermanische Forschungen* 1, 95—157.

Palmér, Johan ([1944] 1967) *Språkutveckling och språkvård*, Lund.

Pietrzyk, Alfred/Duckett, Janet R./Lewis, Kathleen P., eds., (1964) *Selected titles in sociolinguistics*. Mimeographed, Washington, D. C., Center for Applied Linguistics.

Polomé, Edgar (1968) "The choice of official languages in the Democratic Republic of the Congo", in: *Language problems of developing nations*, Fishman, J. A./Ferguson, C. A./Das Gupta, J., eds., New York, 295—311.

Pool, Jonathan (1976) "Soviet language planning: Goals, results, options", in: *Soviet nationalities: Policies and practices*, Azrael, J., ed., New York.

Raschellà, Fabrizio D., ed., (1982) *The so-called second grammatical treatise*, Filologia Germanica, Testi e studi 2, Firenze.

Ray, Punya S. (1963) *Language standardization*, The Hague.

Rubin, Joan/Jernudd, Björn H., eds., (1971) *Can language be planned? Sociolinguistic theory and practice for developing nations*, Honolulu, Hawaii.

Rubin, Joan/Shuy, Roger, eds., (1973) *Language planning: Current issues and research*, Washington, D. C.

Rubin, Joan, ed., (1975) *Language planning newsletter*, vol. 1, Honolulu, Hawaii: East-West Center.

Rubin, Joan/Jernudd, Björn H. (1977) *References for students of language planning*, Honolulu, Hawaii, East-West Center.

Rubin, Joan/Jernudd, Björn H./Das Gupta, Jyotindra (1978) *Language planning processes*, The Hague.

Rubin, Joan (1979) *Directory of language planning organizations*, Honolulu, Hawaii: East-West Center.

Rubin, Joan (1984) "Bilingual education and language planning", in: *Language planning and language education*, Kennedy, C., ed., London, 4—16.

Smalley, William A., ed. (1976) *Phonemes and orthography: Language planning in ten minority languages of Thailand*. Canberra: The Australian National University (Pacific Linguistics, Series C, No. 43).

Smith, John D. (1983) "La norme chez les grammariens de l'Inde ancienne", in: *La norme linguistique*, Bédard, É./Maurais, J., eds., Québec, 21—44.

Tauli, Valter (1968) *Introduction to a theory of language planning*, Uppsala.

Tauli, Valter (1974) "The theory of language planning", in: *Advances in language planning*, Fishman, J. A., ed., The Hague, 48—67.

TCLP = *Travaux du Cercle Linguistique de Prague*.

Tegnér, Esaias (1874) "Språk och nationalitet", in: *Svensk Tidskrift*, 10—145 [Reprinted in his *Ur språkens värld*, 1.97—164 (Stockholm, 1922)].

Vachek, Josef, ed., (1964) *A Prague School Reader in linguistics*, Bloomington, Ind.

Van Eerde, John (1979) "Facets of the Breton problem", in: *Language problems and language planning* 3, 1—8.

Weinstein, Brian (1982) "Noah Webster and the diffusion of linguistic innovations for political purposes", in: *International Journal of the Sociology of Language* 38, 85—108.

Wiggen, Geirr, ed., (1973) *Ny målstrid: Artikler og innlegg om språk, samfunn og ideologi*, Oslo.

Wolf, Lothar (1983) "La normalisation du langage en France: De Malherbe à Grevisse", in: *La Norme Linguistique*, Bédard, É./Maurais, J., eds., Québec, 105—137.

Wood, Richard, ed., (1977) *Language problems and language planning*. Vol. 1, Berlin/New York.

Einar Haugen, Belmont, Mass. (USA)

75. Research on National Languages

1. Introductory Remarks

The conscious attitude among a particular population that a particular language is its ethnonational (cf. art. 14, 45) language (and, therefore, although it need not necessarily be used exclusively, it should, if at all possible, be used in such representative national institutions as government, education, mass media., etc.) is a byproduct of historical processes, rather than an inevitable or spontaneous development (Fishman 1983). The investigation of the total constellation of psychological, social, cultural (including religious), economic and political factors that contribute to the historical processes of national language formation, selection, implementation and cultivation overlaps with a larger, more inclusive area of study, namely, that of inquiry into ethnicity and nationalism more generally. The larger topic must be amply examined, drawing upon a variety of disciplines and methodologies, before its sociolinguistic intersection, research on national languages, can be adequately coped with.

2. General Works

Winkler and Schabel's bibliography (1979) updates previous attempts to keep tabs on the burgeoning field of research on ethnicity and nationalism. Nevertheless, although it

lists 1600 books and articles (the latter in 175 different journals), it covers scholarly work only through to 1970 and, accordingly, is urgently in need of updating. Among more recent integrative efforts, each drawing upon sizable bibliographies, are those by Smith (1971, as well as several other volumes since then), who has tried to classify different types of nationalism; Banton (1977), who has reviewed various schools of thought, particularly those in the Euro-Mediterranean region throughout the past millennium, as to the causes and significance of "peoples" and "races", terms that were by no means always considered as distinct as they are today; Symmons-Symonolewicz (1981 a; 1981 b), who has helped disabuse us of the view that national consciousness is a relatively recent, post-industrial-revolution phenomenon; and, most recently, Horowitz (1985), who has placed the issue of inter-ethnic conflict on stronger theoretical-contextual and empirical foundations. The view that nationalism is continuous with and a conscious mobilization of ethnicity ("peopleness relatedness", which can be brought into consciousness but which also functions outside of consciousness), first extensively developed by Fishman (1972), is now generally accepted although still undergoing clarification (Symmon-Symonolewicz 1979).

Nevertheless, notwithstanding, the very considerable progress indicated above, the general field also suffers from a number of limitations that the student of its language related aspects must still guard against. Economic reductionism is still often encountered (e.g., Hechter 1975; Patterson 1977; Gellner 1980) — i.e., the view that ethnicity and ethnicity-movements primarily derive from and serve economic interests — as is also, on occasion, biological reductionism (Van den Berghe 1981) — i.e., the view that ethnicity phenomena are natural manifestations of biological drives and genetic differences. Even more pervasive is the tendency to confuse local ethnic conflicts, overdetermined though they must be in terms of local historical circumstances, with the phenomenon of ethnicity per se (e.g., Gans et al. 1979; Steinberg 1981). However, there is a growing awareness of these intellectual blindspots (see, e.g., Bash 1979; Castille 1981; Connor 1981) and an ability to avoid them by recognizing that ethnicity, not unlike religion or sexuality, can be put to many uses which must not be confused with its basic nature.

3. The Link to Language

Although language is not inevitably stressed in all ethnonational manifestations, it is quite clear that as the supreme (most elaborate, subtle, all-pervasive) human symbol-system, it is more likely than other symbol-systems to become symbolic of the ethnonational constellation as a whole. This potential symbolic role of any language derives from its intricate indexical and part-whole relationship with its associated culture (Fishman 1985a). General principles and processes whereby a vehicle of communication can become a value in its own right and a means of general, all-encompassing cultural defense are discussed in Giles (1977), Jessel (1978) and Fishman (1981a), as well as by specialists in such related fields as bilingual education (Smolicz 1979) and Language planning (Rubin et al. 1977), with both of these fields requiring explicit attention in connection with national language functions. Nationalist movements heighten the existing indexical, part-whole and symbolic link between a language and its associated ethnocultural aggregate. Such movements and their leaders and activists not only utilize this link to mobilize populations but they also utilize it to provide their clienteles with a unifying superordinate reference. Language thereby comes to be viewed as an in dependent contributor to the problem solving nexus to which such movements address themselves, i. e., particular languages come to be viewed as "causing" particular characteristics in the thought, personality and values of their speakers (Fishman 1982; 1985c; 1985d). However, when the conflicted or otherwise problematic nature of identity declines (e. g., after the consolidation of power, liberation from outside, rule, etc.) language centrality too can and does decline (Beals 1977; Royce 1982). On the other hand, where ethnic resurgences have occurred, even during the past few decades, whether involving indigenous populations (Allardt 1974; Ra'anan 1980) or immigrant derived populations (Fishman et al. 1985), language consciousness has commonly accompanied it, whether the between-group discriminanda be primarily social, cultural, religious, economic or, indeed, racial (Smitherman 1981).

4. Language and Ethnicity/ Nationalism in the Americas

Heath (1981) has demonstrated how English has been repeatedly fostered in the USA to create an "American ethnicity" where none existed before. Marshall (1986) continues this emphasis in his exhaustive analysis of efforts on behalf of the proposed "English Language Amendment" to the USA constitution. Fishman et al. (1985b) have stressed the continuing symbolic role of immigrant languages even after they have come to be imperfectly mastered and infrequently used. Thernstrom's *Encyclopedia of American Ethnic Groups* (1980) is likely to become a classic of sorts and is brim full of information and integrative essays on national language related topics. Several Hispanic contexts of language and ethnicity provide an opportunity to compare the role and structure of Spanish when it is official and dominant and when it is minoritized (Heath 1972; Rubin 1974; García-Martínez 1976; Veiter 1976; several references in Rogers 1981a; 1981b; Connor 1985; García et al. 1985). What has probably been the most successful language − and − ethnicity movement of the post-World War II era, the Franco-Canadian/Quebecois case (cf. art. 145), is extensively reported upon in a huge literature to which Cobarrubias 1985 may serve as an introduction. The orchestration of political, educational and economic factors that underlie the successful promotion of French in Canada as a whole and in Quebec in particular makes this a case well worth examining in depth.

5. Language and Ethnicity/ Nationalism in Western Europe

Since most of the ethnolinguistic minorities of Western Europe have benefited from individual sociolinguistic case studies (too numerous en toto to review here, but see *Europa Ethnica*, commented upon in 12., for easy access to this literature), it has become increasingly possible to concentrate on the dimensional characteristics that they share or that differentiate between them. This important task has been undertaken by Allardt (1974), Stephens (1976), van der Plank (1978) and Hall (1979). Several of the studies dealing with national languages in this part of the world are quantitative and have focused on the role of elites and the role of negotiation, rather than on conflict, in the solution of language problems. A number of German sociolinguists (no doubt inspired by Heinz Kloss's monumental 1969 volume) have evinced noteworthy sensitivity to the pursuit of ethnolinguistic rights and opportunities for Western European minorities, notwithstanding (or, perhaps, facilitated by) the concurrent growth in crosspolity economic arrangements under the aegis of the European Economic Community (Haarmann 1974; Peeters 1981; Riz 1981).

6. Language and Ethnicity/ Nationalism in Communist Europe

If Western Europe is still ethnolinguistically heterogenous, then communist Europe (with its relatively briefer experience of political stability, urbanization and industrialization) is infinitely more so. Nevertheless, the number of theoretically innovative and empirically supported studies of national languages as vehicles of locally recognized language and ethnicity/nationalism linkages is far smaller in the latter region than in the former. However, a few of the studies that have appeared are eminently deserving of comment. The legal and practical limitations on minority ethnolinguistic rights in Yugoslavia, Hungary and Rumania are directly and indirectly indicated in Schmalstieg/Magner (1978), as well as in Sugar (1980) and Tollefson (1980). A particularly interesting treatment is that by Armbruster (1977), who examines the purported "Romanness" of the Rumanians, a touchy topic but one that is worth demystifying for all those seeking to trace the origins of ethnolinguistic self-definitions (see also Fishman 1983). Language consciousness in Poland is provocatively discussed by Niedzielski (1979).

The lion's share of national language studies on this part of the world pertains to the Soviet Union (including both its European and its Asian sections). Isayev (1977) and Desheriev (1978) are well-known spokesmen for Soviet language policies vis-a-vis non-Russian minorities (cf. art. 156, 179). Their works should be read juxtaposed to Lubachko (1972), Allsworth (1973) and Armstrong (1980). Integrative empirical works seeking to explain trends and differentials in "Union-wide" Russification and local language retention are particularly worthy of perusal, e. g. Lewis (1972), Rockett (1981), Kreindler (1982) and Kreindler (1985). Similarly integrative works on language policy-

and-practice differentials in communist Europe outside of the Soviet Union have yet to be prepared and are much needed.

7. Language and Ethnicity/ Nationalism in the Near East

Differentials in the discontinuation of former colonizer languages in this part of the world have yet to be studied as such, but useful preliminary information along these lines is available in Gordon (1978) and in Berque (1978). The latter — primarily from a Magrebian point of departure — also deals with the continuation of internal diglossia in the Moslem-Arabic world and with the related issue of the emergence of a unifying "middle Arabic", in-between the shared Koranic Classical and the discrepant local, informal vernaculars (cf. art. 135). This difficult and long overlooked process has recently become the topic of an increasing amount of informed research (Jernudd/Ibrahim 1986). Kushner's (1977) and Gallagher's (1971) studies of Turkey are fine accounts of how language and nationalism can remain politicized for generations, even in essentially monolingual and monoethnic contexts. Both the clearly unusual and the more usual aspects of Hebrew language cultivation (i. e., "revival"/revernacularization (cf. art. 181), on the one hand, and, on the other hand, the power-based discrimination against and displacement of other vernaculars once language status planning has begun to succeed) have received recent attention, Fellman (1973) and Saulson (1979) attending to the former and Cooper/Danet (1980) and Pilowsky (1980; 1986) attending to the latter.

8. Language and Ethnicity/ Nationalism in Africa

Currently or formerly Francophone Africa (whether Magrebian or sub-Saharan) continues to be studied at a slower pace than its Anglophone counterpart, probably as a reflection of a continued intellectual orientation on centralization and stimulation from Paris, rather than on local policies locally determined, implemented and evaluated. Gordon (1978), Weinstein (1980) and Turcotte (1981) remain useful introductions to national language issues in the former context, although none of them deals with the Arabization efforts (and the differentials in that connection) that the Magreb has experienced. This entire phenomenon remains relatively unstudied. Anglophone Africa is much more amply represented with studies by Abdulaziz-Mklifi (1972), Mazrui (1972), Brann (1975), Rhoades (1977), Scotton (1978) and Jarmon (1980) deserving particular attention. The experience of seriously (rather than merely ceremonially) selecting and developing an indigenous language for certain national roles is reviewed by Laitin (1977) for Somalia and by Whitely (1969) and Polomé/Hill (1980) for Tanzania. For Swahili's more marginal national roles in Kenya see Rhoades (1977) and Scotton (1972). The quandary of how to proceed with national languages in linguistically moe diverse parts of Africa (well reviewed in Bokamba 1981) continues to perplex most observers, whether because of extreme heterogeneity alone or because of its political overlay, as in South Africa (cf. art. 157), where Hauptfleisch (1977; 1978; 1979) focuses almost completely on Afrikaans and English, rather than attending to the variety of other languages (primarily of Blacks and Coloreds) that, taken together, have many times as many speakers in that country.

9. Language and Ethnicity/ Nationalism in South, East and South-East Asia and the Pacific

The earlier tradition of research on language and ethnicity policy issues in India (cf. art. 141) has been continued during the past decade by several scholars (note, e.g., Richter 1974 and Khubchandani 1979). The original concern for the seemingly endless proliferation of "recognized" national languages (at the state level) has largely been replaced, more recently, by attention to a decreasing number of continuing grievances in that connection (e.g., Übleis 1978) as well as to attention to attaining better communication and social integration, even if Hindi and English need to be utilized somewhat more in order to attain these goals (Khubchandani 1981; 1983; Fishman/Das Gupta 1970 provides an early harbinger of this change in emphases). Vietnam has received some long-merited attention, particularly with respect to orthographic issues, via studies by De Francis (1977) and Dình-Hoà (1980), as has Malaysia, thanks to various studies (sometimes uncritically supportive of restrictive government

policy towards Chinese and Tamil) by Omar (see, e.g. 1978; 1982). Finally, China (cf. art. 140) has come to be increasingly (although still far from sufficiently) recognized in the national language literature via studies by Dreyer (1976), Seybolt/Chiang (1979) and Jernudd (1986). As in the case of Spanish, mentioned earlier, research on Chinese also provides ample opportunities for marked cross-polity contrasts between contexts where Chinese is dominant and contexts in which it is not. Even where Chinese is dominant, as in mainland China, the alphabetization (= romanization) of Chinese writing has proven to be an insuperable goal fraught with unexpected sociopolitical implications (De Francis [1950] 1972; 1984).

In the Pacific, the Philippines continues to engage in active research on its language policies (and politics), as is indicated by fine studies by Sibayan (1979), González (1980) and Miller (1981). While it is clear that Pilipino/Filipino continues to spread and to receive governmental support, the status of English apparently remains undiminished while the role and future of local vernaculars remains studiously undefined. Papua-New Guinea (cf. art. 151), a relative newcomer to this topic area, has come to be represented via welcome studies by Lang (1976) and Wurm (1979). Australia (cf. art. 136) has produced a veritable flood of recent publications pertaining to its liberalized policies vis-a-vis minority languages (e.g., Smolicz 1979; Patterson 1981; McKay 1982; Clyne 1982). Such policies in an English-dominated country (and somewhat similar policies in Anglo-Canada) prompt us to recognize that the far less accepting climate in the USA vis-a-vis its minority languages, indigenous or immigrant, is determined more by local American circumstances than by a generalizable factor derived from the worldwide prominence of English. On the other hand, the Pacific, in general, provides many fascinating cases of co-existence between national and local indigenous or immigrant languages, although the case of Indonesia amply indicates that less equitable solutions are also not entirely unknown.

10. Language and Ethnicity/ Nationalism with Respect to Languages that are not Territorially Defined

The struggle between adherents of Yiddish and Hebrew is treated by Pilowsky (1980;

1986) and by Fishman (1981 b; 1983; 1985 c; 1986 a; 1986 b). The lack of any significant struggle along similar lines on behalf of Judezmo is discussed by Harris (1982). Other Jewish languages (particularly, Mugrabi, Yahudic and Farsic) remain to be studies in connection with the language consciousness of their speakers (in comparison to Hebrew as well as their co-territorial languages).

English and French have, of late, also been studied as (co-)national languages (and, of course, as international languages) far beyond the "inner circle" of their mother tongue countries. Kachru (1982) and Gordon (1978) provide many insightful examples along these lines, whereas Fishman/Cooper/ Conrad (1977) and Lieberson (1984) have traced the empirical dimensions that influence the spread or the retention in specific functions of English on a worldwide basis. More case studies such as that by Schmied (1985), and collections such as that by Czermak and Piswanger (1981), are needed to foster research on the continuation of certain national functions for these former languages of colonizers, apparently even after indigenous national languages have been recognized.

11. The Language Planning Flow-Chart

A useful alternative to the regional approach followed thus far is a topical approach keyed to the language planning process sequence. Although essentially the same phenomena may be reviewed in either approach, the latter of the two, which will now be briefly sketched here, stresses the steps that need to be taken in pursuit of national language goals. "Recognized" national language functions, with all of their symbolic implications (not to speak of their taskoriented roles in agencies of power and of cultural-transmission) may be new functions for languages that already have other, less visible and less powerful societal functions (cf. art. 35, 73). The management of social change required for the successful acquisition of distinctive national language functions, more often than not: involving the displacement from such functions of another language previously discharging (or advocated for) such functions, is a type of status planning frequently discussed, albeit not yet fully theoretically integrated, in the status planning literature within the language planning field (Rubin/Jernudd 1971, Rubin et al. 1977, Cobarrubias/Fishman 1982). The

efforts of elites to influence potential clienteles to adopt or advocate a particular language (and to set aside another) for these status and power related functions, the negotiations and the conflicts between elites pursuing different functional goals, the adoption of regulatory laws or resolutions, the implementation of positive and negative rewards for desired and undesired language use and/or advocacy, the evaluation of the consequences of all of the foregoing and the adoption of further, hopefully more effective status planning steps, all are part of the national language status planning process.

The above steps all have their counterparts with respect to corpus planning, i.e., with respect to adapting the language itself (its vocabulary, orthography, etc.) so that it can be put to use for desired national language functions in schools, the press, governmental agencies and other institutions and agencies of recognized power and influence. A substantial literature has been produced during the past two decades analyzing, evaluating and advocating national language policies in these very terms (see, e.g., Rubin 1979; Rubin/Jernudd 1979).

12. Major Sources

It must be obvious from all of the foregoing that a very substantial (and truly international) research endeavor needs to be digested and followed in connection with the adoption, implementation, cultivation, spread and displacement of national languages. The major ethnolinguistic journal sources for ongoing work on these topics are the following four: *Canadian Review of Studies in Nationalism, Europe Ethnica* (a little known journal which provides endless information on European minorities and their language aspirations and problems), *Language Problems and Language Planning* and the *International Journal of the Sociology of Language*. However, this topic is strongly linked to work in such basic disciplines as history, sociology, economics, political science and education, all of which have produced extensive literatures of extreme relevance. Sociolinguists and other linguacentric researchers would be well advised not to enter this area without strong grounding in the empirical and theoretical contributions from the surrounding disciplines, many of which have a much longer tradition of concern for this topic than do the language disciplines per se.

13. Literature (selected)

Abdulaziz-Mklifi, Mohamed H. (1972) "Triglossia and Swahili-English bilingualism in Tanzania", in: *Language and Society* 1, 197–213.

Allardt, Erik (1974) *Implications of the ethnic revival in modern, industrial society: A comparative study of the linguistic minorities in Western Europe*, Helsinki.

Allworth, Edward, ed., (1973) *The nationality question in Soviet Central Asia*, New York.

Armbruster, Adolf (1977) *La Romanité des Roumains; Histoire d'une idée*, Bucarest.

Armstrong, John A. (1980) *Ukrainian nationalism*, Littleton.

Banton, Michael (1977) *The idea of race*, Boulder.

Bash, Harry H. (1979) *Sociology, race and ethnicity: A critique of American ideological intrusions upon sociological theory*, New York.

Beals, Ralph C. (1977) "The rise and decline of national identity", in: *Canadian Review of Studies in Nationalism* 4, 147–166.

Berque, Jacques (1978) *Cultural expression in Arab society today*, Austin.

Bokamba, Eyamba (1981) "Language policies and national development in sub-Saharan Africa: issues for the 1980s", in: *Proceedings of the Ninth International Conference on the Unity of the Sciences*, New York, 421–450.

Brann, C. M. B. (1975) *Language in education and society in Nigeria: A comparative bibliography and research guide*, Quebec City.

Castille, George P./Kushner, Gilbert, eds., (1981) *Persistent peoples: Cultural enclaves in perspective*, Tucson.

Clyne, Michael G. (1982) *Multilingual Australia: Resources, needs, policies*, Melbourne.

Cobarrubias, Juan, ed., (1985) *Language policy in Canada: Current issues*, Quebec City.

Cobarrubias, Juan/Fishman, Joshua A., eds., (1983) *Progress in language planning: International perspectives*, Berlin.

Connor, Walker (1981) "Nationalism and political illegitimacy", in: *Canadian Review of Studies in Nationalism* 8, 201–238.

Connor, Walker, ed., (1985) *Mexican-Americans in comparative perspective*, Washington, D. C.

Cooper, Robert L./Danet, Brenda (1980) "Language in the melting-pot: the sociolinguistic context for language planning in Israel", in: *Language Problems and Language Planning* 4, 1–28.

Czermak, Herberth/Piswanger, Karl, eds., (1981) *Where they speak English in Africa*, Vienna.

De Francis, John ([1950] 1972) *Nationalism and language reform in China*, New. York.

De Francis, John (1977) *Colonialism and language policy in Vietnam*, The Hague.

De Francis, John (1984) *The Chinese language: Facts and fantasy*, Honolulu.

Dešeriev, Junus D. (1978) Natsionalni yazik i natsionalnaya kultura, Moscow.

Dinh-Hoà, Nguyễn (1980) *Language in Vietnamese society*, Carbondale.

Dreyer, June T. (1976) China's forty millions: *Minority nationalities and national integration in the Peoples Republic of China*, Cambridge.

Fellman, Jack (1973) *The revival of a classical tongue*, The Hague.

Fishman, Joshua A. (1972) *Language and nationalism: Two integrative essays*, Rowley.

Fishman, Joshua A. (1981 a) "Language maintenance and ethnicity", in: *Canadian Review of Studies in Nationalism* 8, 229–248.

Fishman, Joshua A. (1981 b) *Never say die! A thousand years of Yiddish in Jewish life and letters*, The Hague.

Fishman, Joshua A. (1982) "Whorfianism of the third kind: ethnolinguistic diversity as a worldwide societal asset", in: *Language in Society* 11, 1–14.

Fishman, Joshua A. (1983) "Nothing new under the sun!" (Ecclesiastes 1 : 9): a case study in alternatives at early stages of the 'language and ethnocultural identity' linkage", in: *Identity: Personal and socio-cultural*, Jacobson-Widding, A., ed., Stockholm, 263–288.

Fishman, Joshua A. (1985 a) "Language and culture", in: *The social science encyclopedia*, Kuper, A./Kuper, J., eds., London, 444.

Fishman, Joshua A., ed., (1985 b) *Readings in the sociology of Jewish languages*, Leiden.

Fishman, Joshua A. (1985 c) "The Whorfian hypothesis: varieties of valuation, confirmation and disconfirmation", in: *The rise and fall of the ethnic revival*, Fishman, J. A./Gertner, M. H./Lowy, E. G. et al., eds., Berlin, 457–472.

Fishman, Joshua A. (1985 d) "Whorfianism of the third kind: ethnolinguistic diversity as a worldwide societal asset", in: *The rise and fall of the ethnic revival*, Fishman, J. A./Gertner, M. H./Lowy E. G. et al., eds., Berlin, 473–488.

Fishman, Joshua A. (1986 a) "Nathan Birnbaum's 'second phase': the champion of Yiddish and Jewish cultural autonomy", in: *Spracherwerb und Mehrsprachigkeit: Festschrift für Els Oksaar*, Wittje, H., ed., Tübingen.

Fishman, Joshua A. (1986 b) "Nathan Birnbaum's 'third phase': the activization of Jewish sanctity", in: *The Fergusonian impact, Volume 2: Sociolinguistics and the sociology of language*, Fishman, J. A./Taburet-Keller, A./Clyne, M. et al., eds., Berlin, 325–336.

Fishman, Joshua A./Das Gupta, Jyotrindra (1970) "Interstate migration and subsidiary-language claiming: an analysis of selected Indian census data", in: *International Migration Review* 5, 227–249.

Fishman, Joshua A./Cooper, Robert L./Conrad, Andrew W. (1977) *The spread of English: The sociology of English as an additional language*, Rowley.

Fishman, Joshua A./Gertner, Michael H./Lowy, E. G. et al. (1985) *The rise and fall of the ethnic revival*, Berlin.

Gallagher, Charles F. (1971) "Language reform and social modernization in Turkey", in: *Can Language be Planned?*, Rubin, J./Jernudd, B. H., eds., Honolulu, 159–178.

Gans, Herbert/Glazer, Nathan/Gusfield, Joseph R. et al., eds., (1979) *On the making of Americans; essays in honor of David Riesman*, Philadelphia.

Garcia, Ofelia/Fishman, Joshua A./Gertner, Michael et al. (1985) "Written Spanish in the United States: an analysis of the Spanish of the ethnic press", in: *International Journal of the Sociology of Language* 56, 85–98.

García Martínez, Alfonso (1976) *Idioma y política: el papel desempeñado por los idiomas español e inglés en la relación política Puerto Rico — Estados Unidos*, San Juan.

Gellner, Ernst (1980) "Ethnicity between culture, class and power", in: *Ethnic diversity and conflict in eastern Europe*, Sugar, F., ed., Santa Barbara, 237–278.

Giles, Howard, ed., (1977) *Language, ethnicity and intergroup relations*, London.

González, Andrew B. (1980) *Language and nationalism: the Philippine experience thus far*, Manila.

Gordon, David C. (1978) *The French language and national identity*, The Hague.

Haarmann, Harald (1974) *Sprachpolitische Organisationsfragen der europäischen Gemeinschaft*, Hamburg.

Hall, Raymond L., ed., (1979) *Ethnic autonomy: comparative dynamics*, New York.

Harris, Tracy, ed., (1982) "Sociology of Judezmo: the language of the Eastern Sephardim", in: *International Journal of the Sociology of Language* 37 [entire issue].

Hauptfleisch, T. (1977) *Language loyalty in South Africa: 1. Bilingual policy in South Africa — opinions of white adults in urban areas*, Pretoria.

Hauptfleisch, T. (1978) *Language loyalty in South Africa: 2. Usage and improving usage in the second language — Some opinions of white adults in urban areas*, Pretoria.

Hauptfleisch, T. (1979) *Language loyalty in South Africa: 3. Motivations to language use — Opinions of white adults in urban areas*, Pretoria.

Heath, Shirley B. (1972) *Telling tongues: Language policy in Mexico, colony to nation*, New York.

Heath, Shirley B. (1981) "English in our language heritage", in: *Language in the USA*, Ferguson, C. A./Heath, S. B., eds., Cambridge, 6–20.

Hechter, Michael (1975) *Internal colonialism: the Celtic fringe in British national development, 1536–1966*, London.

Horowitz, Donald L. (1985) *Ethnic groups in conflict*, Berkeley.

Isayev, M. I. (1977) *National languages in the USSR: problems and solutions*, Moscow.

Jarmon, Charles (1980) "Indigenization and nation building in Nigeria", in: *Canadian Review of Studies in Nationalism* 7, 259–273.

Jernudd, Björn H., ed., (1986) "Chinese language planning: perspectives from China and Abroad", in: *International Journal of the Sociology of Language* 59 [entire issue].

Jernudd, Björn H./Ibrahim, Muhammad H., eds., (1986) "Arabic sociolinguistics", in: *International Journal of the Sociology of Language*, 61 [entire issue].

Jessel, Levic (1978) *The ethnic process*, The Hague.

Kachru, Braj B., ed., (1982) *The other tongue: English across cultures*, Urbana.

Khubchandani, Lachman M. (1979) "Language planning processes for pluralistic societies: a critical review of the Indian scene", in: *Language Problems and Language Planning* 2, 141–161.

Khubchandani, Lachman M. (1981) *Language, education, social justice*, Pune.

Khubchandani, Lachman M. (1983) *Plural languages, plural cultures: communication, identity, and sociopolitical change in contemporary India*, Honolulu.

Kloss, Heinz (1969) *Grundfragen der Ethnopolitik im 20. Jahrhundert*, Wien/Bad Godesberg.

Kreindler, Isabelle, ed., (1982) "The changing status of Russian in the Soviet Union", in: *International Journal of the Sociology of Language* 33 [entire issue].

Kreindler, Isabelle, ed., (1985) *Sociolinguistic perspectives on Soviet national languages: their past, present and future*, Berlin.

Kushner, David (1977) *The rise of Turkish nationalism*, London.

Latin, David D. *Politics, language and thought: the Somali experience*, Chicago.

Lang, Ranier (1976) *A plea for language planning in Papua New Guinea*, Boroko.

Lewis, Glyn (1972) *Multilingualism in the Soviet Union*, The Hague.

Lieberson, Stanley (1982) "Forces affecting language spread: some basic propositions", in: *Language spread: Studies in diffusion and social change*, Cooper, R. L., ed., Bloomington, 37–62.

Lubachko, Ivan S. (1972) *Belorussia under Soviet Rule, 1917—1957*, Lexington.

Marshall, David (1986) "The question of an official language: language rights and the English language amendment", in: *International Journal of the Sociology of Language* 60, 7—76.

Mazrui, Ali (1972) *Cultural engineering and nation building in East Africa*, Evanston.

McKay, Graham R., ed., (1982) "Australian aborigines: sociolinguistic studies", in: *International Journal of the Sociology of Language* 36 [entire issue].

Miller, Jacob R. (1981) "The politics of Philippine national language policy", in: *Language Problems and Language Planning* 5, 137—152.

Niedzielski, Henry (1979) "Language consciousness and language policy in Poland", in: *Word* 30, 134—159.

Omar, Asmah Haji (1978) "The use of the Malaysian national language in a multilingual society", in: *Spectrum: Essays presented to S. T. Alisjahbana on his seventieth birthday*, Udin, S., ed., Jakarta, 499—531.

Omar, Asmah Haji (1982) "Language spread and recession in Malaysia and the Malay archipelago", in: *Language spread: Studies in diffusion and social change*, Cooper, L., ed., Bloomington, 198—213.

Patterson, Orlando (1977) *Ethnic chauvinism: the reactionary impulse*, New York.

Peeters, Yvo J. D. (1981) "Die europäischen Institutionen und die Forderungen der ethnischen und sprachlichen Minderheiten", in: *Europa Ethnica* 38, 50—60.

Patterson, R. (1981) "The origins of ethnic broadcasting: turning the dial in Australia", in: *Journal of Intercultural Studies* 2, 37—60.

Pilowsky, Arieh Leyb (1980) "La querella hebreoyiddish in eretz isreal, 1907—1921, y sus proyecciones nacionales, políticas y culturales", in: *International Journal of the Sociology of Language* 24, 75—108.

Pilowsky, Arieh Leyb (1986) *Tsvishn yo un neyn: yidish un yidish-literatur in erets-yisroel, 1907—1948*, Tel Aviv.

Polomé, Edgar C. (1980) "Swahili in Tanzania", in: *Language in Tanzania*, Polome, E. C./Hill, C. P., eds., Oxford, 79—100.

Polomé, Edgar C./Hill, C. P., eds., (1980) *Language in Tanzania*, Oxford.

Ra'anan, Uri, ed., (1980) *Ethnic resurgence in modern democratic states: a multidisciplinary approach to human resources and conflict*, New York.

Rhoades, John (1977) *Linguistic diversity and language belief in Kenya: the special position of Swahili*, Syracuse.

Richter, William L. (1974) *Language, religion and politics in North India*, London.

Riz, Roland (1981) "Die Lokalautonomien zum Schutz sprachlicher Minderheiten in ihrer europäischen Perspektive", in: *Europa Ethnica* 38, 151—155.

Rockett, Rockey L. (1981) *Ethnic nationalities in the Soviet Union: sociological perspectives on a historical problem*, New York.

Rogors, Kenneth H. (1981 a) "Studies on linguistic nationalism in the Romance languages", in: *Trends in linguistics: Studies and monographs; trends in Romance linguistics and philology, Volume 2*, The Hague, 229—256.

Rogers, Kenneth H. (1981 b) "Selected recent studies on linguistic nationalism in the Romance languages", in: *Canadian Review of Studies in Nationalism* 8, 267—284.

Royce, Anya (1982) *Ethnic identity: strategies of diversity*, Bloomington.

Rubin, Joan (1974) *Bilinguismo nacional en el Paraguay*, Mexico.

Rubin, Joan (1979) *Directory of language planning organizations*, Honolulu.

Rubin, Joan/Jernudd, Björn H., eds., (1971) *Can language be planned?*, Honolulu.

Rubin, Joan/Jernudd, Björn H. (1979) *References for students of language planning*, Honolulu.

Rubin, Joan/Jernudd, Björn H./Das Gupta J. et al. (1977) *Language planning processes*, The Hague.

Saulson, Scott B. (1979) *Institutionalized language planning: documents and analysis of the revival of Hebrew*, The Hague.

Schmalstieg, William R./Magner, Thomas F., eds., (1978) *Sociolinguistic problems in Czechoslovakia, Hungary, Romania and Yugoslavia*, Columbus.

Schmied, Josef J. (1985) *Englisch in Tansania: Sozio- und interlinguistische Probleme*, Heidelberg.

Scotton, Carol M. (1972) *Choosing in Lingua Franca in an African capital*, Edmonton.

Scotton, Carol M. (1978) "Language in East Africa: linguistic patterns and political ideologies", in: *Advances in the study of societal multilingualism*, Fishman, J. A., ed., The Hague, 719—759.

Seyboldt, Peter J./Chiang, Gregory K., eds., (1979) *Language reform in in China: documents an commentary*, White Plains.

Sibayan, Bonifacio (1978) "The influence of nationalism on Philippine language planning", in: *Spectrum: Essays presented to T. S. Alisjahbana on his seventieth birthday*, Udin, S., ed., Jakarta, 486—498.

Smith, Anthony D. (1971) *Theories of nationalism*, London.

Smitherman, Geneva, ed., (1981) *Black English and the education of black children and youth*, Detroit: Center for Black Studies.

Smolicz, J. J. (1979) *Culture and education in a plural society*, Canberra.

Steinberg, Stephen (1981) *The ethnic myth: race, ethnicity and class in America*, New. York.

Stephens, Meic (1976) *Linguistic minorities in Western Europe*, Llandysol.

Sugar, Peter F., ed., (1980) *Ethnic diversity and conflict in Eastern Europe*, Santa Barbara.

Symmons-Symonolewicz, Konstantin (1979) "Ethnicity and nationalism: recent literature and its theoretical implication", in: *Canadian Review of Studies in Nationalism* 6, 98–102.

Symmons-Symonolewicz, Konstantin (1981 a) "National consciousness in medieval Europe: some theoretical problems", in: *Canadian Review of Studies in Nationalism* 8, 151–166.

Symmons-Symonolewicz, Konstantin (1981 b) "National consciousness in Poland until the end of the fourteenth century: a sociological interpretation", in: *Canadian Review of Studies in Nationalism* 8, 249–266.

Thernstrom, Stephen, ed., (1980) *Harvard encyclopedia of American ethnic groups*, Cambridge.

Tollefson, James W. (1980) "The language planning process and language rights in Yugoslavia", in: *Language Problems and Language Planning* 4, 141–156.

Turcotte, Denis (1981) *La politique linguistique en Afrique francophone*, Quebec City.

Übleis, Franz (1978) "Sprachprobleme in Tamil Nadu: Eine sprachliche und sprachsoziologische Untersuchung", in: *Language Problems and Language Planning* 1, 153–165.

van der Plank, Pieter H. (1978) "Assimilation and non-assimilation of European linguistic minorities: a sociological retrospection", in: *Advances in the study of societal multilingualism*, Fishman, J. A., ed., The Hague, 423–456.

Van den Berghe, Pierre L. (1981) *The ethnic phenomenon*, New York.

Veiter, Theodor (1976) "Die rechtliche und faktische Lage der Sprachen Ketschua und Aymara in Peru und Bolivien", in: *Europa Ethnica* 33, 50–58.

Weinstein, Brian (1980) "Language planning in francophone Africa", in: *Language Problems and Language Planning* 4, 55–77.

Whitely, Wilfred (1969) *Swahili: The rise of a national language*, London.

Winkler, Heinrich A./Schabel, Thomas (1979) *Bibliographie zum Nationalismus*, Göttingen.

Wurm, Stephen A., ed., (1979) *New Guinea and neighboring areas: a sociolinguistic laboratory*, The Hague.

Joshua A. Fishman,
New York, N. Y. (USA)

76. The Study of Pidgin and Creole Languages

1.   Introduction

Pidgin and creole languages (cf. also art 46) have become regarded as worthy of systematic study only very recently, the work of early scholars such as Schuchardt, Hesseling and Reinecke only being taken seriously from about 1950 (cf. art. 59). The reluctance of linguists to deal with these languages stems from both structural and social sources. Structurally, pidgins and creoles exhibit great variability, change at a rapid rate and typically emerge in a multilingual setting. Socially, they tend to be rated negatively by both their own speakers and those of related superstrate languages. Moreover, they were not officially recognized until the late 1960s. Pidgin and creole studies continues to suffer from these factors. For instance, there is no chair in the field at any university. However, these languages have aroused considerable interest from sociolinguists, theoretical linguists, neurolinguists and historical linguists, as pidgin and creole data provide challenges for all of these subdisciplines.

2.   The Early History

The earliest reasons for the study of pidgins and creoles (these terms being rarely distinguished by early writers) were that they appeared to provide counterexamples to claims that languages do not mix, as well as more general claims about the genetic relationship between linguistic systems. Concern for these questions continues, particularly in connection with the family tree view of language relationships. It must be noted that a number of pidginists and creolists have come to adopt the patently unsuitable family tree model and that historical linguistics has continued to thrive in its original form. This, it would seem, is due more to social pressures within academic communities than to empirical findings from pidgins and creoles. Interesting, in this connection, is the work of Hall (1966). This scholar points out that questions regarding the relationship between various pidgins and creoles, their relationship to substratum languages and the reconstruction of proto-pidgins have long been prominent in pidgin and creole linguistics. Most scholars employ the comparative method, i. e. they look for systematic correspondences in the phonological, morphological, syntactic and core-lexical levels of pidgins and creoles, and they construct family trees depicting their linguistic (or genetic) interrelationships. The most important corollary assumptions held by those who apply the comparative method to pidgins and creoles are, in the words of Hall (1966, 115):

"i) that, among languages related through having come from a common source, the process of differentiation has always been gradual; and

ii) that, among such languages, the relationship has always been 'pure', that is, there has been little or no introduction of structural patterns (...) from any source outside the language family concerned."

Hall argues that such corollaries are too restrictive and that neither gradualness nor structural purity are fully present in pidgins and creoles, a point which is not controversial. He continues to argue in favour of the family tree model however, which would not seem a valid conclusion, considering its many limitations. The principal one of these limitations is that the model accounts for divergent development only, historically later languages being traced back to a single earlier language directly higher up in a family tree, which in turn is traced back to a single node, until the presumed ancestral language is reached. Such a tree could hardly depict the development of pidgins and creoles which involves not only a great deal of convergence but also resort to universals. As regards the former, recent studies suggest that in many areas a number of these languages were used side by side and that merging and mutual influence was massive in the Caribbean (cf. art. 146), West Africa (cf. art. 159) and the West Indies, a point frequently ignored in the literature.

In addition, merging and mixing of indigenous and expatriate languages is a major force in the formation of all of these languages.

Equally damaging to the family tree model is the absence of historical continuity in pidgin and creole development. The transmission of pidgins from one generation to the next typically occurs among adults away from their home environment, e. g. in the marketplace or on a plantation. Changes in the social functions of a pidgin can trigger changes and breaks in established patterns of transmission such that later forms of a pidgin spoken in the same locality are in fact historically only weakly related reinventions. The continuity of many creoles is disturbed by factors such as repidginization, i. e. second-language speakers again becoming dominant in a numerically weak creole community. Large-scale movements of creole-speaking populations (e. g. North American slaves to the Bahamas or Haitian slaves to Louisiana) also contribute to discontinuity. In as much as the question of the identity of languages over time and space also arises with 'normal' languages, insights from pidgin and creole linguistics could provide important input into historical linguistic studies, as pointed out by Hoenigswald (1971).

The question as to whether pidgins are mixed languages has had an equally long history and is also far from being solved, Claims and counterclaims are scattered over a wide range of language-specific and theoretical literature (surveyed in Mühlhäusler 1985). However, in the absence of clearcut criteria for the identification and definition of language mixing, the results remain inconclusive. Some recent findings include the realization that individual lexical items in pidgins and creoles often accomodate lexical information from a number of sources. Thus, the Tok Pisin item *bala* 'belly, seat of emotions' combines English *belly*, Tolai *bele* and possibly other influences. More importantly, the degree of mixture encountered in a pidgin or creole can differ drastically with its developmental stage. Thus, at the very beginning of a pidgin, highly mixed systems are more likely. In the case of creoles, universal language-independent initial developments are supplemented with language mixing at later stages. The examination of arbitrary states which has been customary in the discussion of this issue is singularly unsuited to shedding any light on the matter. In addition, there are obvious methodological problems as neither structuralist nor transformationalist models are capable, in principle, of coping with mixing as a process, or indeed with related phenomena such as code-switching. A number of early writers have extended the notion of mixing to include both racial and linguistic mixture, as suggested, for instance by Valkhoff (1966) for Afrikaans. We should heed Schuchardt's cautionary remarks (1889, 508) on the relationship:

"Linguistic mixture tends to be connected with a more or less pronounced mixture of culture. With the crossing of races, which at least has no influence upon the latter, it coincides only externally; or, to express myself more cautiously, it is not associated in any demonstrable degree with it."

Indeed, inasmuch as pidgins and creoles develop as indicators of social distance between members of two different races (as they have done over and over again), one is tempted to suspect that largescale racial mixture tends to discourage the development of creoles.

3.   Research in the 1950s and 1960s

The most important single observation determining research in this phase is that pidgins and creoles exhibit a very large number of typological affinities, such as lack of inflectional morphology, SVO word order and identical aspect systems, across a large number of languages (discussed by Samarin 1971). In the absence of universalist explanations, which were not encouraged at the time, the similarities were seen to be due to historical factors. Thus, reasons such as the imitation of baby and foreigner talk, simplification of typologically and historically related European languages and, most notably, relexification, were given. The first and the last of these explanations acknowledge that pidgins and creoles arise in a special social context, whereas proponents of the second suggestion tend to regard pidgins and creoles as instances of accelerated language development. Although none of these hypotheses can account for the fact that typologically similar languages also emerge where a European lexifier is not involved (the so-called indigenous pidgins and creoles), they have come to be accepted as partial explanations for the development of some pidgins and creoles and therefore need to be looked at in more detail.

Baby and foreigner talk explanations are directly related to a behaviourist view of language learning. For the proponents of this approach, the question of the origin of pidgin languages was relatively easy to answer. Since languages are learnt by imitation, pidgins were said to reflect the foreigner-talk or baby-talk register used by speakers of the superordinate language when addressing uneducated foreigners. In addition to imitation, interference (or substratum influence) was considered to be a second factor. The view of Bloomfield (1933, 472) on this matter was widely accepted:

"Speakers of a lower language may make so little progress in learning the dominant speech, that the masters, in communicating with them resort to 'baby-talk'. This 'baby-talk' is the master's imitation of the subjects' incorrect speech. There is reason to believe that it is by no means an exact imitation, and that some of its features are based not upon the subjects' mistakes but upon grammatical relations that exist within the upper language itself. The subject, in turn, deprived of the correct model, can do no better now than to acquire the simplified 'baby-talk' version of the upper language."

Under the impact of Chomsky's (1959) review of Skinner, there was a vigorous reaction against behaviourism as an explanation of language learning and the development of pidgins. Instead, it was now widely held that humans were born with an innate capacity to construct well-formed grammars out of imperfect input data, and a similar case can be made for pidgin formation. In the wake of such universalist views of human language capacity, the question of the linguistic input in the formative years of pidgin languages was pushed very much to the background.

Both the behaviourist and the purely mentalist approach to the problem of the origin of pidgin grammar were programmatic rather than empirical, producing very little actual support. Developments in language learning and pidgin-creole theory in the 1970s have led to a more data-oriented approach, incorporating both behaviourist and mentalist views on first language (Snow and Ferguson 1977) and second language (Ferguson and DeBose 1977) learning. Empirical data on foreigner talk varieties point to a serious problem for imitation theories since many of the constructions in the input are so variable and inconsistent that they provide little help for the learner. A second problem is that the influence of reduced varieties of superstrate is not spread evenly throughout the development of a pidgin. Thus:

i) The linguistic impact of foreigner talk is restricted to the very early stages of pidgin development; once a pidgin has developed its own stable grammatical structures, foreigner talk (because of its very instability and lack of linguistic sophistication) cannot contribute anything to its growth.

ii) As a pidgin develops, its mutual intelligibility with foreigner talk decreases.

In conclusion, it can be said that there is little doubt that foreigner talk registers were widely used in the areas where pidgins and creoles originated and developed. However, the existence of such varieties tells us little about their impact on these languages as spoken by the local population. The view that pidgins and creoles are simplified continuations of a European model is most frequently combined with an appeal to a nautical jargon as the instrument of their spread. Empirical support for this view is still outstanding. Moreover, there are a number of seldom-stated consequences of such explanations:

i) They allow for multiple origins and thus avoid the problems of accounting for the complex sociohistorical links between various pidgins.

ii) They perpetuate the myth that in culture contact situations it is the dominant language (that of the dominant group) that 'wins', ignoring the multitude of sociolinguistic factors of real life contexts.

iii) By postulating that "the correspondences between Creole and French, between Sranan or Melanesian Pidgin and English etc. are all-pervasive — that is they are found in all branches of linguistic structure" (Hall 1966, 118), the principal task of pidginists is seen as that of spelling out the deviations of pidgins from their European model.

In its strongest form, the last of the three explanations considered here, relexification theory, claims that most European-based pidgins and creoles are related via a special process involving the maintenance of grammar and the replacement of lexical units. The grammar is said to be that of 16th century Pidgin Portuguese or possibly medieval Mediterranean Sabir. The possibility of relexification, substitution of certain vocabulary items for others whilst maintaining stable syntactic structures, was first suggested by Thompson (1961). Whereas Thompson suggests that the West African slaver's jargon (Pidgin Portuguese) "may have been the pattern for all the West Indian Creoles just as, in the Eastern and Pacific worlds, Portuguese

Creole dialect, well known to Europeans of many nationalities, may have provided the model for the two great branches of Pidgin English, China Coast Pidgin and Neo-Melanesian" (1961, 113), other researchers adopt a more careful stance. If one applies Thompson's views to the cases of China Coast and Melanesian Pidgin English, for instance, one encounters problematic evidence, including:

i) structural dissimilarities;

ii) historical considerations: since trade contacts with China were very weak, the first pidgin-speaking Chinese arrived long after the stabilization of the language.

Difficulties of a more principled nature include:

i) Relexification is a timeless concept and ignores the fact that pidgins are developing entities. It is not made clear at what point it should have occured. Since there was no stable pidgin when contact with the outside world was greatest (the jargon stage), no syntactic base could have been maintained. It is true that most pidgins and creoles eventually develop grammatical features which are shared by other members of their class, but all available evidence points in the direction of independent development.

ii) The important question as to whether a given instance of relexification constitutes an abrupt break in linguistic tradition. To answer this question one requires information as to the absolute length of time needed for relexification, communicative problems and changes in the composition of the pidgin-using community.

It appears that some relexification has been involved in the history of many pidgins and creoles and that, moreover, in many instances this involved contacts between European-based and indigenous languages. Northern Australian Kriol, for instance, may well have inherited some of its structural properties from an earlier Macassarese-aboriginal contact language, and Far Eastern varieties of Portuguese Creole may have been influenced by earlier Arabic and Malay trade languages. Relexification as a single explanation appears to be ruled out, however.

4. Research from the late 1960s to the Present

Pidgin and creole studies experienced an upsurge of interest with the advent of transformational-generative grammar. Pidgins, at least in their early phases of development, exhibit a number of characteristics which should have endeared them to transformationalists, being among the few languages where:

i) the notion of 'optional rule' makes sense;

ii) idiolectal grammars can be pinpointed;

iii) the lexicon can indeed be regarded as a 'list of irregularities'.

These advantages have never been used in theoretical argumentation, however. Instead, as pidgins were acquired by adults rather than children, proponents of hard-core grammar were inclined to dismiss them as parasitic systems. Whatever descriptive work on pidgins was carried out thus had no support from the top theoreticians of the school and no impact on it.

Creole studies were regarded as somewhat more relevant, particularly in connection with the search for linguistic universals. However, from the mid 1960s onwards, following B. L. Bailey's (1966) transformational description of Jamaican Creole, it became apparent that a different model was needed. The variability of creoles was at the core of this debate. Many post-transformational directions in linguistics, in particular the dynamic or quantum linguistics developed by C.-J. N. Bailey (1973), Bickerton (1975), DeCamp (1971) and others, gained much of their impetus from pidgin and creole studies. The dynamic account of language (also referred to as lectology) is characterized by:

i) The incorporation of development or time in grammatical description: implicational patterns of the type 'a implies b' can be interpreted as 'b was added to the grammar later than a'.

ii) The central role of linguistic structures. The analysis of linguistic variation aims at describing linguistic patterns rather than correlations between linguistic and social variables.

iii) Its being panlectal, i.e. describing all variants of a language. Actual speakers will normally be competent in smaller parts of such panlectal grammars. It will also be found that language users will have more comprehension than production grammar.

iv) Its being able to predict changes by referring to metaprinciples such as naturalness.

The description of creoles and, subsequently, pidgins in terms of this model has greatly reduced the misfit between observable variable data and abstract accounts. How-

ever, even a lectological model cannot fully cope with the kind of variability found in pidgins and creoles, a result of its being based on the assumption that linguistic and extralinguistic (social) factors can be neatly separated. Hymes' hope, expressed first in 1968 on the occasion of the Creole Conference at Mona, that "attention to pidginization and creolization would unite the linguistic and the social in a specially revealing way" still remains to be fulfilled. A discussion of these matters is given by Mühlhäusler (1980).

A decisive shift from a sociolinguistic consideration of pidgins and creoles is found in Bickerton's 1981 bioprogram hypothesis. In stressing the importance of the question of the psychological prerequisites to language acquisition, it directly links up with earlier transformational generative work. For a genuine creole, in Bickerton's terminology, to arise, the social context has to be kept constant. It is characterized by two conditions, namely that creoles (1981, 4):

i) arose out of a prior pidgin which had not existed for more than a generation;

ii) arose in a population where not more than 20% were native speakers of the dominant language and where the remaining 80% was composed of diverse language groups.

Bickerton argues that, in this narrowly defined social context, only one type of linguistic development is possible: that which is governed by an innate bioprogram.

Whatever the ultimate validity of Bickerton's arguments, they have certainly provoked a lively debate (e.g. in Behavioral and Brain Sciences 72, 1984) and forced investigators to reconsider their findings. Bickerton's neglect of the socio-historical context of creolization is problematic however, as he has not demonstrated that a clear distinction between language-external and language-internal factors can be made. Thus, whereas the strategy of reducing the number of variables in creole development is a sound one, Bickerton's choice of external conditions is not fortunate. Thus, bioprogram universals of the type postulated by Bickerton emerge in languages such as Malacca Portuguese Creole where the external conditions are not met and fail to make an appearance in New Guinea Creole German in spite of the favourable social setting. The relationship between social and structural factors in creolization needs to be examined in much more detail, taking particular care to distinguish between necessary social factors (such as disruption of a speech community or pattern of transmission) and salient ones (such as a plantation setting).

The focus has only recently shifted from the study of linguistic structures to that of the social context of pidgin and creole development. Few sociolinguistic accounts of individual languages are available and those that have come to my attention appear to suggest two phenomena which have not been taken very seriously in the past, namely:

i) massive convergence at all stages of pidgin and creole development;

ii) constant breaks in transmission.

Thus one finds that one pidgin seldom comes alone and that a number of pidgins and creoles can coexist in the same geographic area. In Central and Northern Australia, for instance, a Melanesian, a Chinese and Several Aboriginal Pidgin Englishes were used side by side, influencing one another and eventually merging into a single language. Similarly, a Dutch, French and English-based creole (and possibly a Danish-based pidgin) coexisted on the small Caribbean Island of St. Thomas. The reason for this appears to lie in the nature of many creole speech communities; often they are plural societies, divided by racial, social and religious barriers. They are further characterized by high geographic mobility, displacement and migration, their composition often changing dramatically over short periods of time. A closer examination of the social context often reveals the existence of linguistic systems which had previously not been considered, the recent discovery of a Dutch-based creole in Guyana and a German-based one in New Guinea being examples. The close proximity of different pidgins and creoles may be an important factor in linguistic levelling. It is too early to say whether some of Bickerton's postulated bioprogram features are the result of such linguistic encounters rather than a biological predisposition of human beings, but it is a possibility which needs to be followed up.

A second outstanding property of pidgins (and, to a lesser extent, creoles) is their lack of linguistic continuity, a point which has already been made in the discussion of family tree models. This again reflects the lack of continuity in many pidgin and creole societies. Social change and upheavals rather than gradual development are the typical context for the emergence of these languages. Descriptive techniques for modelling discon-tinuous and fragmentary developments are most likely to be derived from catastrophe theory. Recent work on the nature of language communities, such as that of Labov (1980) or Romaine (1982) promise to cast light on these matters.

5. Outlook

The field of pidgin and creole studies has generally been a subfield of linguistics or sociolinguistics and therefore has addressed questions asked within these disciplines. Evidence from pidgins and creoles has more often been used to confirm than disconfirm conventional linguistic knowledge. One is led to suspect that the use of such outside models has had a negative effect on progress in creolistics. Particular obstacles include:

i) The mechanistic communication model (based on the conduit metaphor, cf. Reddy 1976) underlying most linguistic and sociolinguistic theories. This model excludes a number of communicative strategies that are particularly important in pidgin and creole discourse, such as codes which are only partially shared by speakers and hearers, the active negotiation of meanings, and the major discrepancies between message and signal.

ii) Views about the relative homogeneity of speech communities. Not only do most pidgin and creole speakers belong to several communities at the same time, the boundaries and internal fixity of these communities themselves is very different from the SAE (Standard Average European) speech community.

iii) The importance given to uniformitarianism in the description and explanation of linguistic change. Both the events that bring these languages into being and many aspects of their subsequent development are catastrophic in nature. Radical changes over short periods of time and disruptions and discontinuities rather than smooth development characterize most pidgins and creoles.

iv) The view that all languages are equal (cfl. Hudson 1983) is difficult to apply to second language pidgins and may also be inapplicable to some creoles. In the absence of meaningful criteria as to the nature of linguistic equality, no claims can be put forward at present. The issue is being investigated, with particular reference to pidgins and creoles, by Rickford at Stanford University.

v) A careless handling of the notion of naturalness in connection with human languages. This is manifested by the fact that pidgins have been variably described as 'unnatural' and 'maximally natural' and by the lack of attention given to cultural forces in the creolization process.

The most urgent need, however, remains the achievement of observational adequacy for a larger number of these languages. Such adequacy should refer not only to the hard core of linguistic structuring but also to the social context and accompanying non-verbal processes. Video-recording techniques, combined with the insights of the ethnography of speaking and the growing field of interpersonal communication, would seem to be of particular value for achieving this goal.

6. Literature (selected)

Bailey, Beryl L. (1966) *Jamaican creole syntax*, New York.

Bailey, Charles-James N. (1973) *Variation and linguistic theory*. Center for Applied Linguistics, Arlington.

Bickerton, Derek (1975) *Dynamics of a creole system*, London.

Bickerton, Derek (1981) *Roots of language*, Ann Arbor.

Bloomfield, Leonard (1933) *Language*, New York.

Chomsky, Noam (1959) "A review of B. F. Skinner's 'Verbal behavior'", in: *Language* 35 (1), 26–53.

DeCamp, David (1971) "Toward a generative analysis of a post-creole speech continuum", in: *Pidginization and creolization of languages*, Hymes, D., ed., London, 349–370.

Ferguson, Charles A./de Bose, C. E. (1977) "Simplified registers, broken language and pidginization", in: *Theoretical orientations in creole studies*, Valdman, A./Highfield, A., eds., London, 99–125.

Hall, Robert A. (1966) *Pidgin and creole languages*, Ithaca.

Hoenigswald, Henry M. (1971) "Language history and creole studies", in: *Pidginization and creolization of languages*, Hymes, D., ed., London, 473–480.

Hudson, Richard (1983) "Linguistic Equality", in: *Clie Working Papers* 1, 1–6.

Hymes, Dell, ed., (1971) *Pidginization and creolization of languages*, London.

Labov, William (1980) "Is there a creole speech community?", in: *Theoretical orientations in creole studies*, Valdman A./Highfield, A., eds., London, 369–388.

Le Page, Robert B., ed., (1961) *Proceedings of the conference on creole language studies*, London.

Mühlhäusler, Peter (1980) "Structural expansion and the concept of creolization", in: *Theoretical orientation creole studies*, Valdman A./Highfield, A., eds., London, 19–56.

Mühlhäusler, Peter (1985) *Pidgin and creole languages*, Oxford.

Reddy, Michael J. (1979) "The conduit metaphor — a case of frame conflict in our language about language", in: *Metaphor and thought*, Ortony, A., ed., Cambridge, 284–324.

Romaine, Suzanne (1982) "What is a speech community?", in: *Sociolinguistic variation in speech communities*, Romaine, S., ed., London, 13–24.

Romaine, Suzanne, ed., (1982) *Sociolinguistic variation in speech communities*, London.

Samarin, William J. (1971) "Salient and substantive pidginization", in: *Pidginization and creolization of languages*, Hymes, D., ed., London, 117–140.

Schuchardt, Hugo (1889) "Beiträge zur Kenntnis des Kreolischen Romanisch V", in: *Zeitschrift für romanische Philologie* 13, 476–516.

Snow, Catherine E./Ferguson, Charles A. (1977) *Talking to children*, London.

Thompson, R. W. (1961) "A note on some possible affinities between the creole dialects of the Old World and those of the New", in: *Proceedings of the conference on creole language studies*, Le Page, R. B., ed., London, 107–113.

Valdman, Albert, ed., (1977) *Pidgin and creole linguistics*, London/Bloomington.

Valdman, Albert/Highfield, Arnold, eds., (1980) *Theoretical orientiations in creole studies*, London.

Valkhoff, Marius F. (1966) *Studies in Portuguese and Creole*, Johannesburg.

Peter Mühlhäusler, Oxford (Great Britain)

77. Research on Languages for Special/Specific Purposes

1. The Place of Research on Languages for Specific Purposes in Applied Linguistics

1.1. Research on languages for specific purposes (cf. art. 41, 167) has been defined as a branch of applied linguistics (Hoffmann 1977, 165). Within applied linguistics it occupies a relatively independent position, but is nevertheless linked with nearly all other branches, e. g. first language learning and teaching; methods in second language teaching; progression in second language teaching; error analysis and contrastive linguistics; evaluation and testing; teaching materials, text books and pedagogical grammars; language teaching and technology; languages for specific purposes; translation and interpreting; terminology and lexicography; production and comprehension; communication problems in society; bilingualism and immigrants' language problems; language planning and society, etc. — Applied linguistics has, in all imaginable cases of application, something to do with the cognitive and the communicative function of language, and we may consequently say that its main task is to improve human cognition and communication, to make it as effective as possible and thereby to influence social development itself in a positive manner. This can be done with the aid of translating or even speaking computers, by supplying foreign-language teaching with new methods, a didactic grammar or basic vocabularies, but also by the standardization or international unification of terminologies and in many other ways. — There can be no denying the fact that the larger part of human communication in our era of scientific and technological progress is concerned with science and technology or at least with their output in industrial production. The means of communication in these spheres of life and work are languages for specific purposes. The consequence is that applied linguistics must, among other things, concern itself with languages for specific purposes, too, analyse their peculiar qualities and make them as perfect as possible.

1.2. Let us first discuss the question how we can reduce the mass of linguistic applications to a reasonable number of projects and thus arrive at a practical synopsis of what applied linguistics is really engaged in. To put this intention into practice we may follow two roads: a more diachronistic one which leads us from automatic data processing to language teaching in more recent times, or a more synchronistic one which takes as its criterion the interdisciplinary character of applied linguistics, i. e. its co-operation with other (non-linguistic) disciplines (Ebneter 1976, 11). — For the present purpose the second road is the more promising one, because it will enable us to show the interrelations between research on languages for specific purposes and such fields of applied linguistics as psycholinguistics, pragmalinguistics, ethnolinguistics, terminology work and, above all, sociolinguistics.

1.3. All of these linguistic subdisciplines are, at the same time, concerned with linguistic problems and engaged in other fields of scientific endeavour: psychology, pragmatics, ethnography, terminology and, last but not least, sociology. Research on languages for specific purposes itself, like terminology work, is practically correlated with all domains of science, technology and production and thus interdisciplinary or intersectional in the literal sense of these words (Hoffmann 1985). — In spite of official affirmation (Felber/Lang/Wersig 1979, 3) it is hard to decide whether terminology work is a branch of applied linguistics, because it was pioneered and is still today primarily carried on not by linguists, but by scientists and engineers. Nevertheless, it is a field in which linguistic and other scientific and technological activities directed towards the regulation of relations between systems of concepts and systems of terms and, thereby, towards the improvement of specialized communication in nearly all spheres of science and technology, intersect. — What has been said of terminology work is true of research on languages for specific purposes, too. It must, however, be expanded from lexis as the central part to the whole of scientific and technological communication, i. e. to the phrase, the sentence, the paragraph and the text on the syntactic, semantic and pragmatic levels within a comprehensive communicational framework. Thus it is also an interdisciplinary domain, which investigates the use made of language(s) in specialized spheres of social or professional activity, particularly in science, technology and production.

1.4. Considering the interaction between research on languages for specific purposes and the other intersectional fields of applied linguistics, one may say: to a greater extent than psycholinguistics it puts the question how language and professional knowledge condition each other in the process of interiorization and exteriorization. Another question is how speech activity is related to other mental or physical activities in science and technology. — In co-operation with pragmalinguistics research on languages for specific purposes examines the communicational framework of specialized texts. It thereby augments the number of possible variants and constellations with respect to different speakers/writers, hearers/readers and topics in different situations. — Research on languages for specific purposes and ethnolinguistics will be able to make use of their substantial insights into the language of developing countries in order to help them in their linguistic emancipation, above all in the elaboration of written language, terminologies and whole educational systems. — Terminology work is, strictly speaking, part and parcel of research on languages for specific purposes. Nevertheless, we recognize it as an independent domain of applied linguistics because it has until now maintained its autonomy, emphasizing its closer relationship to science and technology, its conceptual consistency, its concrete tasks and its efficient forms of organization. — The object of research on languages for specific purposes is the object of sociolinguistics, too, but from another point of view, because languages for specific purposes are in sociolinguistics not primarily characterized by the whats and hows of communication, but by who communicates with whom. Thus they become sociolects raising new questions, e. g. those of language barriers and social prestige, language planning, the standardization of terminologies, bilingualism and multilingualism in scientific education, etc.

2. Objectives, Methods and Results

2.1. The subject of research on languages for specific purposes is constituted by various types of texts on various specialized topics. Disciplines to be analyzed range from logic, mathematics, physics and chemistry to medicine, mechanical engineering, mining and metallurgy; from the petroleum industry and cattle breeding to marketing and nutrition. Their linguistic manifestations are monographs, textbooks, manuals, articles in journals, prospectuses, operating instructions, patents, abstracts, reviews, treaties, minutes, and many other text types. — It is the aim of research on languages for specific purposes to give an exact description of these texts, of their constituents of all relevant levels, of the network of relations between the constituents and of suprasegmental phenomena. The constituents of special texts, i. e. words, their affixes, word groups, phrases and sentences or their structures, are registered in systematic or ranked in statistical order. The relations between them are classified. The architecture of texts is patterned.

2.2. Research on languages for specific purposes makes use of structural, semantic, functional, statistical and comparative techniques. Structural methods are first of all applied in the segmentation of texts and in the ascertainment of syntagmatic relations. Semantic criteria are important in distinguishing between general and specific meaning. Functional analysis reveals the specialized use of linguistic, e. g. grammatical categories. Statistical parameters are among the most reliable data revealing the predominance of certain language items and the productivity of models and means in special texts. Finally, comparison is an innate characteristic of research on languages for specific purposes; for all peculiarities of languages for specific purposes are peculiarities only with respect to other sublanguages, different languages for specific purposes, different text types of one and the same technolect and other items are also compared with one another, and whether they are actually different must be proved, using also all other methods mentioned above.

2.3. Research on languages for specific purposes submits its results in the shape of word frequency counts, thesauri and data on preferred co-occurrences, productive techniques of word(term)-formation, predominant grammatical categories and syntactic patterns, the function of individual parts of speech and wordclasses, the role of functional sentence perspective in connection with word order and theme-rheme progression, the topical organization of subtexts and texts et al. — Fields of application are above all (foreign) language teaching and learning, information and documentation, language planning, translation and comparative studies, but also historical philology and linguistic theory. Here we restrict ourselves to two observations: From lexicological research it is quite obvious that languages are subject to evolution first and foremost in their vocabularies and that the majority of changes, particularly of neology, are determined by the continuous and sometimes revolutionizing development of science and technology, development which is constantly accelerating. In addition languages for specific purposes are, in many ways, an ideal field of experimentation in which linguistic hypotheses can be verified, e. g. the epistemological triangles object — concept — word (term), state of affairs — proposition — sentence and complex state of affairs — message — text. — The second statement leads us to an observation concerning the dialectic interaction between theory and practice, in our case theory and application. It can easily be seen that, passing from infancy to maturity — in linguistic terms: from empirism to explicitness, systematization and objectivity — nearly all subdisciplines of applied linguistics develop theories of their own, which become parts of the general theory of language, from which applied linguistics originally derived its principles and methods.

3. Research on Languages for Specific Purposes and Sociolinguistics

3.1. Pragmatics and pragmalinguistics as predecessors of sociolinguistics study the selection of formatives, e. g. words, phrases, sentences, by different speakers/writers and their reception by different hearers/readers in different situations. If concepts are nearly the same, formatives may vary, because the participants of communication vary a) in age, b) in descent, c) in social position, d) in education et al. or because they a) meet in different situations, b) have different motives for communication, etc. (Neubert 1968, 21 f). —

Another enumeration of pragmatic variables, largely determined by the standpoint of the author of scientific texts, reads as follows: a) medium, b) number and identifiability of recipients, c) the recipients' position in the world of science and technology, d) the degree of supposed professional competence, e) the field of specific activity, f) objectives of the whole message and of its parts, g) the level of abstraction, h) the author's individuality, i) standards and recommendations (Beier 1982, 17) (cf. art. 34, 130). — On the whole, pragmalinguistics has not, up to now, developed very far. It must account for a great number of yet unknown or at least unregistered variables belonging to the communicational frame and will, perhaps, be replaced by what is called functional-communicative linguistics (cf. art. 73), which is characterized by a higher degree of systematization in comparison with pragmalinguistics as well as by an explicit concern with the language needs of society. Pragmalinguistic insights into the use of language variants are a contribution to applied linguistics in that they are apt to make communication more efficient by the conscious handling of linguistic means in varying circumstances.

3.2. Sociolinguistic research contributes substantially to the improvement of communication by language planning, the support of developing countries embarking on linguistic emancipation, the designing of artificial languages for scientific purposes, the regulation of bi- and multilingualism in schools and colleges, the linguistic shaping of publications, the removal of language barriers erected by birth, education, science et al., the cultivation of language usage, the standardization of terminologies, etc. In all these spheres of activity it is on common ground with research on languages for specific purposes, and, nevertheless, the relationship between the two is a complementary one, for sociolinguistics concentrates on the communicational framework and research on languages for specific purposes on the aims and the content of communication, particularly on the problems of science and technology.

4. Approaches to Languages for Specific Purposes

4.1. Lexicological and Terminological Work

Even if there is no universal agreement upon the existence of such a thing as languages for specific purposes, nobody will deny the fact that in specific domains of human activity words may be used which are unfamiliar to persons without a special education. Hence, we are justified in speaking of vocabularies for special purposes or special(ized) vocabularies. Such words, used by craftsmen and scholars, have been known for a very long time. But how important they really are has become clear only in the course of the enormous scientific and technological progress during the last two centuries, which has been accompanied by a "terminological explosion". An amazing mass of newly discovered phenomena in nature und society and innumerable inventions and technological achievements, with all their details, have had to be given names. − Terminological work is mainly concerned with problems of denomination, starting from an agreement upon the meaning of concepts and the relations between them, passing on to the description of their essential characteristics, arriving finally at terms and their definitions as parts of terminological systems. Important linguistic questions are raised, such as the origin of existing terms and the creation of new ones. The growing needs of efficient scientific and technological communication are met by national standardization and international unification of concepts and terms. Results are e. g. specialized dictionaries, classified vocabularies and terminological data banks. − The term is generally defined as a lexical unit denominating a special concept, i. e. the reflection of a class of special objects in the human mind. Its meaning comprises the essential characteristics of this concept and is determined by its place in the conceptual system. − Terms are highly important vehicles of scientific, technological and other specialized thinking. They must, therefore, satisfy rigorous demands and quality requirements, e. g. specialization, conceptuality, exactitude, monosemia, one-to-one relation between content and form, self-evidence, laconism, aesthetic and expressive neutrality, systematy, independence from contexts, fixation by definition. To meet these requirements is one of the aims of terminological work. − One way to do this is by purposefully exploiting word-formation. Where word-formation alone cannot supply sufficient terms, terminologies are augmented by redefined common words, loan-words, calques, metaphors, metonyms, etc. For many new terms the constituents are borrowed from Greek and Latin

and partly combined with genuine elements (hybrids). − Terminological work has proved that the structure of terms depends largely on the characteristics of the concept that must be made explicit in its constituents. Such characteristics are: a) qualities (form, material, colour), b) relations (origin, use), c) functions (capacity, application). − The crucial moment in terminological work is that of defining concepts and terms. Definitions normally refer either a) to the content (intension) or b) to the extent (extension) of a concept or c) to its relations to other concepts, and they must be as concise as possible. − Terminological work has not only to do with individual terms, but with whole terminologies of special disciplines, which are generally defined as subsystems of the total lexical system of a language. Though terms are elements of natural languages, as are other lexical units too, terminologies are open to language planning, systematic management and different kinds of manipulation. From this terminologists derive their three comprehensive projects: a) the standardization of existing, b) the creation of new national terminologies and c) their international unification. All these activities are sponsored by international (ISO, Infoterm, TERMIA) and national (GOSSTANDART, BSI, ASA, AFNOR, GIRSTERM, DIN, ASMW) organizations and institutions. Terminological work and lexicography can be regarded as the most firmly established part of research, which has now even a general theory.

4.2. Functional Speech Analysis

Research on languages for specific purposes received strong impulses from the Prague School of Linguistics, above all from its functional views. There is a direct path from its fundamental principles published in 1929, particularly from thesis no. 1, where languages defined as a system of means answering definite purposes, to the description of functional variants of language and the typology of functional styles (cf. art. 73, 123). Important in comparison with terminology work is the fact that functional speech analysis confines itself neither to the word level nor to the paradigmatic aspect. Its particular interest is concentrated on the different uses of all language elements and configurations in texts according to the various functions of the latter. − In a very general way four such functions can be specified: a) the communicative one, b) the specialized practical one, c) the specialized theoretical one, d) the aesthetic one. These functions are correspondingly implemented by four functional languages. The typical linguistic features of the so-called practical and theoretical languages, actualized in technological and scientific literature, coincide with what we now call language for specific purposes. — The differential and functional view has been put not only in this classical shape, but also in a surprising number of creative variations. Very near to the original idea comes the Neo-Firthian concept of functional language types. Another attempt aims at a classification of different forms of actualization of the language system in speech. It is emphasized that a language for specific purposes is different from a sociolect in that it is determined by the topic and not by the interest of a definite social group. — From still another point of view a language for specific purposes is nothing more than the restricted use of language in certain domains of human activity. The restricted variants have become known under the name of registers and characterized by their vocabularies as well as their syntax and certain stylistic phenomena.

4.3. Functional Stylistics

Functional stylistics (cf. art. 38) as a relatively independent component of functional speech analysis has provided a substantial stimulus to the study of language differentiation. Instead of functional languages, however, it examines functional styles as complexes of stylistic features at various levels, resulting from a process of selection that is determined by the author's intention, by the content and the form of his message and by the effect desired. Languages for specific purposes are in this way reduced to scientific style as a very general characterization of nearly all branches of science and technology. — The classical distinction is made between the styles of a) official communication, b) science, c) journalism, d) conversation, and e) literature. The general description of scientific style emphasizes qualities like exactitude, simplicity and clarity; objectivity; abstractness; generalization; density of information; brevity or laconism; emotional neutrality; unambiguousness; impersonality; logical consistency; use of defined technical terms, symbols and figures, etc. Closer observation yields concrete details, i.e. the linguistic and other means by which the foregoing qualities

are obtained. — Functional stylistics in its traditional form affirms that these characteristics are present in all scientific texts, but this is obviously an overgeneralization, and it will be necessary to introduce some further distinctions between written and spoken communication, between natural sciences, technology and social sciences, between the levels of the internal stratification of languages for specific purposes, between different types of texts, etc.

4.4. The Study of the Language of Commerce

There can be no doubt that one of the predecessors of modern research on languages for specific purposes is the study of the language of commerce which was carried out by some commercial colleges in the Netherlands, Switzerland, Germany and Czechoslovakia, mainly during the 1920s and 1930s (Hoffmann 1984, 37—40). — In the very beginning it presented itself as an unusual combination of subject-matter and language. During the first two decades its main interest centred on the historical aspect, i.e. on lexicology, semasiology and etymology against a wide ethnographical, psychological, sociological, cultural, and political background. — The practical needs of foreign language teaching in commercial colleges, however, and close contact with the Prague School of Linguistics at the end of the 1920s directed "econolinguistic" studies towards the contemporary language of commerce. Its theoretical conclusions may be summed up as follows: a) The study of the language of commerce is a province of linguistics, and not of economics or any other branch of social sciences. It should study its material in the first place by means of linguistic methods. b) The language of commerce is a language with a special function actualized in speech, i.e. in special commercial texts (letters, contracts, articles, advertisements). c) It should be regarded not only as the sum of peculiarities in vocabulary, phraseology and syntax differing from common usage, but as a structural and functional whole. d) It is a sector of the total system of language at its given point of development. e) The language of commerce makes use of different styles. f) The description of the language of commerce should result from the analysis of all its constituent parts in their mutual relations, i.e. from a synchronistic point of view. — It is supposed that the same principles hold good for the study of other technical languages, functional dialects or languages for specific purposes (Vančura 1936, 159–164).

4.5. The Scientific or Philosophical View

It is above all the scientist and the philosopher, using language more or less consciously, who must permanently ask the question, whether natural languages are apt to serve as an exact and reliable instrument of thinking (cognitive function) and means of conveying knowledge (communicative function) to others. Answers to this question over the past century have moved from an initial radical scepticism to recent modest optimism or, at least, a realistic point of view. – A reasonable compromise in the question of the relation between natural and artificial (symbolic) languages in science and technology would be to treat them as complementary to each other, because in scientific and technological texts words are mixed up with symbols, formulae alternate with phrases, derivations with sentences. From some, e. g. texts in mathematics or physics, natural language is nearly expelled. But then comes the moment when explanations are needed, and they are usually given in normal speech. When written symbolic texts are read, they are pronounced in natural language, artificial language is "translated" into natural language.

4.6. The Theory of Sublanguages

The theory of sublanguages (Hoffmann 1984, 47–71; Hoffmann/Piotrowski 1979, 156) aims at a synthesis of all positive components of the foregoing and other approaches to languages for specific purposes, which it defines as "a complete set of linguistic phenonema occurring within a definite sphere of communication and limited by specific intentions of its users, by topics and conditions" (Hoffmann 1984, 53). It stands for a maximal differentiation in the study of scientific and similar professional speech, not only with respect to the number of subjects, but also in regard to the internal stratification of languages for specific purposes and other sublanguages demonstrated by a typology of texts. – The term sublanguage had already been used by functional stylistics, with a strong sociolinguistic connotation. In our understanding a sublanguage is a subsystem of language which is actualized in the texts of specific spheres of communication (cf. art. 41). – When the topic of texts or the content of messages is the main principle of

division between sublanguages they must be primarily identified by their special lexicon. This assertion can be easily proved in texts. The first stage of investigation into sublanguages is, therefore, the compilation of special vocabularies, which is accomplished in two ways: a) by the systematic ascertainment of terms in correspondence with the conceptual framework of the discipline; b) by the statistical analysis of texts. This results in three complementary types of dictionaries: a) terminological dictionaries in alphabetical order; b) thesauri, and c) frequency dictionaries. – At a second stage the ascertained vocabulary is further analyzed with respect to word-formation. This analysis reveals different degrees of productivity of models and means and typical motivational relations. – A third step is the semantic analysis of terms which leads to an exact description of their seme structure and to a clear definition of sememes. The latter is an important prerequisite for eliminating polysemia, homonymy, and synonymy from terminology. – The fourth procedure is concerned with morphology and grammatical categories in order to find out which word forms occur most frequently in sublanguage texts. The study of sublanguage morphology is not an aim in itself and not primarily bound to lexical units; word forms are in the first place constituents of collocations, phrases and sentences and thus indicators of the co-occurrences of specialized vocabularies. – At the fifth stage interest is, consequently, focussed on the combinability of words in sublanguages which, in comparison with the paradigmatic structure of the general vocabulary, is rather limited, so that e. g. valencies are not exhausted. – Inquiry at the sixth stage is dedicated to the structure of phrases. Noun phrases, for instance, are highly significant in languages for specific purposes because of their denominative and topical function. – The sentence level, seventh, is also an object of investigation into sublanguages. It is characterized not only by sentence length and the predominance of certain patterns, e. g. complex sentences with subordinate clauses in scientific literature, but also by the conscious use of the various types of functional sentence perspective combined with word order and accent. – It is, last but not least, the text as a structural and functional whole that yields much information on the specifity of sublanguages, starting from typical text types, passing on to characteristic macro-structures and finishing with frequent linguistic means that warrant syntactical cohesion and semantic coherence. — On the whole, the theory of sublanguages does not confine itself to the microlinguistic analysis of texts and their constituents. Not surprisingly, it takes into consideration pragmatic aspects too, because reference to extralinguistic objects and states of affairs is its principal guideline. — A systematic pragma- and sociolinguistic approach to languages for special purposes should take into account at least four complexes of distinctive features in order to arrive at an unambiguous classification of text types: a) social variables of author and recipient, e. g. expert vs. non-expert, degree of qualification, social status, generation, ideology, sex, etc. b) intention and strategy, e. g. information, activation vs. description, argumentation, etc. c) situation, e. g. research, instruction, popularization or writing vs. oral, etc. d) topic, e. g. mathematics, physics, chemistry, medicine, electrical engineering, petroleum industry et al. with all their branches. — Most of these influence the selection and arrangement of linguistic means directly or indirectly, so that only an integrated linguistic and sociological, i. e. a sociolinguistic view in research on languages for specific purposes can give us the full truth on the nature and peculiarities of specialized communication.

5. Literature (selected)

Avrorin, Valentin Aleksandrovič (1975) *Problemy izučenija funkcional'noj storony jazyka*, Leningrad.

Beier, Rudolf (1980) *Englische Fachsprache*, Stuttgart/Berlin/Köln/Mainz.

Beier, Rudolf (1982) "Zur Untersuchung der Fachsprache aus text- und pragmalinguistischer Sicht", in: *Fachsprachenforschung und -lehre*, Richart, J. R./Thome, G./Wilss, W., eds., Tübingen, 15 – 27.

Beneš, Eduard (1969) "Zur Typologie der Stilgattungen der wissenschaftlichen Prosa", in: *Deutsch als Fremdsprache* 3, Leipzig.

Bright, William, ed., (1966) *Sociolinguistics*, The Hague/Paris.

Bungarten, Theo A., ed., (1981) *Wissenschaftssprache*, München.

Ciliberti, Anna, ed., (1981) *L'insegnamento linguistico "per scopi speciali"*, Bologna.

Criper, Clive/Widdowson, Henry G. (1973) "Sociolinguistics and Language Teaching", in: *Edinburgh Course in Applied Linguistics*, Allen, J. P. B./Corder, S. P., eds., London.

Danilenko, Valerija P. (1977) *Russkaja terminologija*, Moskva.

Drozd, Lubomir/Seibicke, Wilfried (1973) *Deutsche Fach- und Wissenschaftssprache*, Wiesbaden.

Dittmar, Norbert (1973) *Soziolinguistik*, Frankfurt a. M.

Ebneter, Theodor (1976) *Angewandte Linguistik*, München.

Engelkamp, Johannes (1974) *Psycholinguistik*, München.

Felber, Helmut/Lang, Friedrich/Wersig, Gernot, eds., (1979) *Terminologie als angewandte Sprachwissenschaft*, München/New York/London/Paris.

Fishman, Joshua A., ed., (1968) *Readings in the Sociology of Language*, The Hague/Paris.

Fluck, Hans-Rüdiger ([1976] 1985) *Fachsprachen*, München.

Gläser, Rosemarie (1978) *Fachstile des Englischen*, Leipzig.

Hahn, Walther von, ed., (1981) *Fachsprachen*, Darmstadt.

Hahn, Walther von (1983) *Fachkommunikation*, Berlin/New York.

Halliday, Michael A. K. (1969) *Existing Research and Future Work*. Languages for Special Purposes, London.

Hartung, Wolfdietrich, ed., (1974) *Sprachliche Kommunikation und Gesellschaft*, Berlin (DDR).

Havránek, Bohuslav = Gavranek, B. (1967) "Zadači, literaturnogo jazyka i ego kul'tura", in: *Pražskij lingvističeskij kružok*, Kondrašov, N. A., ed., Moskva.

Hoffmann, Lothar (1977) "Leipziger Thesen zur fachsprachlichen Forschung", in: *Wissenschaftliche Zeitschrift der Karl-Marx-Universität Leipzig*, Gesellschafts- und sprachwissenschaftliche Reihe 26 (1977) 2, 165 – 167.

Hoffmann, Lothar ([1976] 1984) *Kommunikationsmittel Fachsprache*, Berlin (DDR).

Hoffmann, Lothar (1984 a) "Seven Roads to LSP", in: *Special Language/Fachsprache* 1 – 2, 28 – 38.

Hoffmann, Lothar (1985) "On the Place of LSP Research in Applied Linguistics," in: *Special Language/Fachsprache* 1 – 2, 2 – 11.

Hoffmann, Lothar/Piotrowski, Raimond G. (1979) *Beiträge zur Sprachstatistik*, Leipzig.

Kandelaki, Tat'jana L. (1977) *Semantika i motivirovannost' terminov*, Moskva.

Klaus, Georg (1963) *Semiotik und Erkenntnistheorie*, Berlin (DDR).

Kocourek, Rostislav (1982) *La langue française de la technique et de la science*, Wiesbaden.

Leont'ev, Aleksej A. (1969) *Jazyk, reč', rečevaja dejatel'nost'*, Moskva.

Mitrofanova, Ol'ga D. (1973) *Jazyk naučno-techničeskoj literatury*, Moskva.

Möhn, Dieter (1977) "Ziele und Ergebnisse der Fachsprachenforschung und der Terminologiearbeit", in: *Muttersprache* 2, 67—76.

Möhn, Dieter (1980) "Zum Fortgang der germanistischen Fachsprachenforschung in den 70er Jahren", in: *Zeitschrift für Germanistische Linguistik* 3, 344—369.

Neubert, Albrecht (1968) "Pragmatische Aspekte der Übersetzung", in: *Beihefte zur Zeitschrift Fremdsprachen II*, Leipzig.

Neumann, Werner, ed., (1976) *Theoretische Probleme der Sprachwissenschaft*, Berlin (DDR).

Phal, André (1968) "De la langue quotidienne à la langue des sciences et des techniques", in: *Le Français dans le Monde* 61, 7—12.

Rondeau, Guy (1981) *Introduction à la terminologie*, Montréal.

Sager, Juan, C./Dungworth, David/McDonald, Peter F. (1980) *English Special Languages*, Wiesbaden.

Schmidt, Wilhelm (1969) "Charakter und gesellschaftliche Bedeutung der Fachsprachen", in: *Sprachpflege* 1, 10—20.

Schmidt, Wilhelm, ed., (1981) *Funktional-kommunikative Sprachbeschreibung*, Leipzig.

TCLP (1929) = *Travaux du Cercle Linguistique de Prague* 1.

Turner, George W. (1973) *Stylistics*, Harmondsworth.

Vančura, Zdenek (1936) "The study of the language of commerce", in: *Travaux du Cercle Linguistique de Prague* 6, 159—164.

Wunderlich, Dieter (1972) *Linguistische Pragmatik*, Frankfurt a. M.

Wüster, Eugen ([1931] 1970) *Internationale Sprachnormung in der Technik*, Berlin/Bonn.

Wüster, Eugen (1979) *Einführung in die Allgemeine Terminologielehre und Terminologische Lexikographie*, Wien/New York.

Lothar Hoffmann, Leipzig
(German Democratic Republic)

78. The Ethnography of Speaking

1. Scope and Goals
2. Theoretical Approach
3. Basic Concerns
4. Types of 'Rules'
5. Descriptive Framework
6. Research Studies and Findings
7. Literature (selected)

1. Scope and Goals

Dell Hymes' (1962) call for an 'ethnography of speaking' resulted in the emergence of a distinctive new subdiscipline, derived from anthropology and linguistics, which has revolutionized the study of the interpenetration of language and culture. This still relatively new field focuses on the patterning of communicative behavior as it constitutes one of the systems of culture, as it functions within the holistic context of culture, and as it relates to patterns in other component systems.

As a blend of scientific and humanistic approaches, the ethnography of speaking has two foci: particularistic and generalizing. On the one hand, it is directed at the description and understanding of communicative behavior in specific cultural settings, but it is also directed toward the formulation of concepts and theories upon which to build a global theory of human communication. It seeks to discover the general from the particular, and to understand the particular both in its own terms and as it may be illuminated by the general.

A primary aim of this approach is to guide the collection and analysis of descriptive data about the ways in which social meaning is conveyed, constructed, and negotiated. Its goals are at least in the first instance descriptive, guided by the conviction that information about diverse 'ways of speaking' in different human societies is a legitimate contribution to knowledge in its own right. Nevertheless, the potential significance of the ethnography of speaking goes far beyond a mere cataloging of facts about communicative behavior. Ultimately, its approach and findings are essential for the formulation of a truly adequate universal theory of language and linguistic competence.

2. Theoretical Approach

The basic approach taken in the ethnography of speaking does not involve a list of facts to be learned so much as questions to be asked, and means for finding out answers. Its subject matter is best illustrated by one of its most general questions: What does a speaker need to know in order to communicate appropriately and to make sense of communicative situations within a particular speech community, and how does he or she learn this (cf. art. 34)? The ethnography of speaking seeks to account not merely for what can be said, but when, where, by whom, to whom, in what manner, and in what particular circumstances. And whether the phrase used to title this line of inquiry is the 'ethnography of speaking' or the broader 'ethnography of communication', it follows naturally that it must also consider who may NOT speak, about what, and in what situations. Thus silence must form part of the purview of description (see Tannen/Saville-Troike 1985).

In order to attain the goal of understanding both the particular and the general, a broad range of data from a large variety of communities is needed. Like its parent disciplines, the ethnography of speaking must be comparative in nature, and seek to formulate cross-cultural generalizations and hypotheses which can be further tested in new settings.

'Doing ethnography' in another culture involves first and foremost field work, including observing, asking questions, participating in group activities, and testing the validity of one's own perceptions against the intuitions of natives. The ethnography of speaking is thus inherently phenomenological in its orientation. It is crucial that the ethnographic description of other groups not be approached in terms of preconceived categories and processes, but with an openness to discover the ways that native speakers perceive and structure their communicative experiences. Research design must allow for modes of thought and behavior which may not have been anticipated by the investigator. The unique event and the recurrent pattern must be seen both from the perspective of their native participants and from the vantage point afforded by cross-cultural knowledge and comparison.

Even in the study of their own speech communities, ethnographers profit from a comparative orientation, for one of the best means by which to gain understanding of one's own 'ways of speaking' is to compare and contrast these ways with others. This process can reveal that many of the communicative practices assumed to be 'natural' or 'logical' are in fact as culturally unique and conventional as the language code itself.

The ultimate criterion for descriptive adequacy in an ethnographic account is whether someone not acquainted with the speech community might understand from the description how to communicate appropriately in a particular situation; beyond that, we wish to know WHY the described behaviors are more appropriate than alternative possibilities.

3. Basic Concerns

The principal concerns in the ethnography of speaking include the relationship of language form and use to patterns and functions of communication, world view and social organization, as well as to linguistic and social universals and inequalities.

The concern for pattern has long been basic in anthropology (cf. Benedict 1934; Kroeber 1935, 1944), with interpretations of underlying meaning dependent on the discovery and description of normative structure or design. More recent emphasis on processes of interaction in generating behavioral patterns (cf. Barth 1966) extends this concern to explanation as well as description. Regularity in observed behavior among members of a group (performance) is recognized as an external manifestation of a deeper cognitive level of knowledge (competence). The task of ethnography in this framework is seen as the discovery and explication of the shared knowledge-base for contextually appropriate behavior in a community or group: in other words, what the individual needs to know to be a functional member of the community.

The concern for pattern has also been basic for linguistics in that it has long been recognized that much of linguistic behavior is rule-governed; i.e., it follows regular patterns and constraints which can be formulated descriptively as 'rules' (cf. Dittmar 1983; Werlen 1984). One of the most important contributions of sociolinguistics, in fact, has been the demonstration that what earlier linguists had considered irregularity or 'free variation' in linguistic performance, can be found to show regular and predictable statistical patterns.

The ethnography of speaking is also concerned with discovering regularities in language use. However, while sociolinguists have generally focused on variability in pronunciation and grammatical form, ethnographers of speaking are concerned with how communicative units are organized and how they pattern in a much broader sense of 'ways of speaking'. They are also concerned with how these patterns interrelate in a systematic way with — and derive meaning from — other aspects of culture.

Rules operate at different levels of communication. At a societal level, regular patterns and constraints occur in relation to functions, categories of talk, and attitudes about languages and their speakers. Communication may also pattern according to particular role, status, and group identity within a society, educational level, rural/urban residence, geographic region, and other features of social organization. Within a specific speech event some patterns are so regular, so predictable, that a very low information load is carried even by a long utterance or interchange, though the social meaning involved can be significant. An unmarked greting sequence in English such as A: "Hello, how are you today?" B: "Fine, how are you?" has virtually no referential content. However, silence in response to another's greeting in this sequence, or a literal accounting for the state of their health, would be strongly marked communicative behavior, and would carry a very high load of social meaning for speakers of English.

Communicative functions (cf. art. 73) also operate at different levels of communication, and for groups as well as individuals. At the societal level these include the function of language in creating or reinforcing boundaries which unify members of one speech community while excluding outsiders from intragroup communication. Different languages and language varieties are often made to serve a social identification function within a society by providing linguistic indicators which can be used to reinforce social stratification. The development of Yiddish at least in part served this social function, for instance, as did the refusal of early Spanish settlers in Mexico to teach the Castilian language to the indigenous population (Heath 1972). The functions which language differences in a society are assigned may also include the maintenance and manipulations of individual social relationships and networks, and various means of effecting social control. The use of language to create and maintain power is part of the concern of the ethnography of speaking with linguistic and social inequalities.

The functions of language provide the primary dimension for characterizing and organizing communicative processes and products in a society; without understanding why a language is being used as it is, and the consequences of such use, it is impossible to understand its meaning in the context of social interaction. To claim primacy of function over form in analysis is not to deny or neglect the formal structures of communication; rather it is to require integration of function and form in analysis and description. Sentences and even longer strings of discourse are not to be dealt with as autonomous units, but as they are situated in communicative settings and patterns, and as they function in society.

The intrinsic relationship of language and culture (cf. art. 56) is widely recognized, and the ways in which the patterning of communicative behavior and that of other cultural systems interrelate is of interest both to the development of general theories of communication, and to the description and analysis of communication within specific speech communities. While there is some controversy regarding the extent to which language shapes and controls the thinking of its speakers or merely reflects their world view, there is no doubt that there is a correlation between the form and content of a language and the beliefe, values, and needs present in the culture of its speakers (cf. Whorf 1940; Witherspoon 1977). Ultimately, all aspects of culture are relevant to communication, but those that have the most direct bearing on communicative forms and processes are the social structure, the shared values and attitudes held about language and ways of speaking, the network of conceptual categories which result from shared experiences, and the ways knowledge and skills (including language) are transmitted from one generation to the next, and to new members of the group.

The requisite knowledge of speakers which must be accounted for in ethnographies of speaking therefore includes not only rules for communication (both linguistic and sociolinguistic) and shared rules for interaction, but also the cultural rules and knowledge that are the basis for the context and content of communicative events and interaction processes. Communicative competence extends to both knowledge and expectation of who may or may not speak in certain settings, when to speak and when to remain silent, whom one may speak to, how one may talk to persons of different statuses and roles, what appropriate nonverbal behaviors are in various contexts, what the routines for turntaking are in conversation, how to ask for and give information, how to request, how to offer or decline assistance or cooperation, how to excercise power, how to enforce discipline, and the like — in short, everything involving the use of language and other communicative dimensions (including the arrangement of space) in particular social settings (cf. art. 34).

Understanding what speakers' frames are (see Gumperz 1977; Tannen 1979), what processes they are using to relate these expectations to the production and interpretation of language, how they create meaningful events and interpret them hermeneutically through language, and how schemata and interaction processes relate to their shared cultural experiences, is a major goal in analysis.

Since the focus of the ethnography of speaking is on the *speech community*, and on the way communication is patterned and organized within that unit, clearly its definition is also of central concern (cf. art. 32). Depending on the questions and issues to be addressed and the level of abstraction that is desired, social units for investigation may be selected at different levels; virtually any community in a complex society might be considered part of another larger one, or subdivided into smaller groups. While research on the ethnography of speaking has often focused on a single school, a neighborhood, a factory, or a limited segment of a population, an integrated ethnographic approach would require relating such subgroups to the social and cultural whole, with its full complement of roles. *General, topic-focused,* and *hypothesis-testing* research in the ethnography of speaking is each important, but each type is in many respects dependent on the one before (Hymes 1978).

There is no expectation that a community will be linguistically homogeneous; as a collectivity it will include a *communicative repertoire* (cf. art. 39), or range of language varieties and registers (and even different languages) that will pattern in relation to the salient social and cultural dimensions of communication (e. g., see art. 33, 75). Any one speaker also has a variety of codes, styles, and registers (cf. art. 38) from which to choose. The term 'codes' is used here to mean different languages or significantly different varieties of the same language, 'styles' to mean varieties associated with such social and cultural dimensions as age, sex, social class, and relationship between speakers, and 'registers' to mean varieties of language which

are more closely associated with the setting or scene in which they are used than with the people who are using them. It is very unlikely in a complex community that any single individual is able to produce the full range. Different subgroups within the community may understand and use different subsets of its available codes. Speakers' communicative competence includes knowing the alternatives and the rules for appropriate choice from among them. Accounting for the system for such decision-making is part of the task of describing communication within any group, and of explaining communication more generally.

In addition to the general social and cultural considerations discussed above, the ethnography of speaking must address the factors within a speech community which affect the patterning of communicative forms and functions, or the rules for language use. These factors range from historical background (including settlement history and notable events affecting language issues or ethnic relations) and ideology to material artifacts (including the presence or absence of such media as telephones, radios, books, newspapers, and television sets). The diversity of factors which may influence patterning underscores the need to ground research on subgroups or limited situations in more general knowledge about the community as a whole.

4. Types of 'Rules'

A central task in doing the ethnography of speaking is discovering and formulating rules for appropriate language use in specific contexts. The term 'rule' is used in the literature with multiple meanings, however (see Shimanoff 1980 for a critical survey), which correspond to subcategories of descriptive and prescriptive statements.

Descriptive rules are statements of recurring regularity in actual/real performance, or 'typical' behaviors within a particular speech community and in a specified context. The term 'rule' is often used in this sense in both ethnography and linguistics. 'Rule' is also used to mean prescriptive statements about behavior, or metacognitive statements of how people 'should' act. These are tied to the shared values of the speech community, and typically reflect an 'ideal' cultural perception. They are often discoverable in reactions to the violation of the ideal by others, and in statements that contrary behavior is 'impolite' or 'odd' in some respect.

Expectations constitute a standard shared by members of a speech community. They are likely to be related to both descriptive and prescriptive rules, but neither statistical frequency nor positive/negative valuation is a necessary criterion. This meaning of 'expectations' is closest to the definition of 'rules' used by Cushman and Whiting as "sets of common expectations about the appropriate responses to particular symbols in particular contexts" (1972, 225). Expectations are formulated primarily as descriptive statements, but they must often be inferred from observed behavior.

Expectations, as well as descriptive and prescriptive rules, are relevant to the definition of a speech community, in terms of the degree to which it shares not only patterns of language use, but also attitudes about that use and the cultural knowledge/schemata and the 'grammar of expectations' involved in the perception and interpretation of meaning. These phenomena are also needed in explaining regularities in the choice of communicative form that is produced or understood from among potential linguistic options. Accounting for the factors which determine these choices is at the heart of the ethnography of speaking.

5.   Descriptive Framework

In the ethnography of speaking, as defined by Hymes, the *speech event* is the basic unit for descriptive purposes. A single event is defined by a unified set of components throughout. An event terminates whenever there is a change in the major components; if there is no change in major participants and setting, the boundary between events is often marked by a period of silence and perhaps change of body position. There are more or less well defined boundaries between each event, and different behavioral norms (often including different varieties of language) appropriate for each type. Descriptive tasks include enumerating the kinds of speech events which are recognized or can be inferred in a community, the nature of boundary markers which signal their beginning and end, and the features which distinguish one type from another.

The *speech situation* is the context within which the speech events occur: e. g. a religious service, a trial, a puberty rite, a cocktail party, a story-telling time, or a class in school. A single situation maintains a consistent general configuration of activities, and the same overall ecology within which the communication is taking place, although there may be great diversity in the kinds of interaction which occur there.

Specific definition of these components must remain relative, since it is basic to ethnography that the units used for segmenting, ordering, and describing data should be those of the group which uses them, and not a priori categories of the investigator. The following is an indication of components which are likely to be salient (cf. Hymes 1967; 1972; Friedrich 1972; Saville-Troike 1982):

(1) The *genre,* or type of event (e. g. joke, story, lecture, greeting, conversation).
(2) The *topic,* or referential focus.
(3) the *purpose* of an event, both from a community standpoint (its conventionally recognized and expected outcomes) and from the perspective of its participants (their goals) (Hymes 1972).
(4) The *setting,* including location, time of day, season of year, and physical aspects of the situation (e. g. size of room, arrangement of furniture).

These first four components comprise the *scene,* or extrapersonal *context* of the event. Of these, only the setting may be directly observed, although even for this component researchers might not notice an aspect of the setting which is not salient in their own culture; e. g. the relative elevation of chairs may be very important for understanding the meaning of the event (as for Japanese), and whether chairs in a classroom are arranged in straight rows or a circle may signal the intended level of formality (as for Americans).

The time of day, day of the week, or season of the year often affects choice of language form. This may include whole genres of events designated only for particular times: e. g. in Navajo one cannot talk about hibernating animals except during winter months, so that traditional stories about them may only be told at that time of year; Orthodox Jews are constrained from discussing secular topics on the Sabbath. Verbal 'routines' such as *Merry Christmas, Happy New Year,* and *Lovely weather we're having,* when spoken out of their appropriate temporal or cultural context, can only be interpreted as joking or sarcastic.

Other components of the scene are not directly observable. Both *genre* and *purpose* should be categorized according to indigenous perceptions and divisions, if possible.

(5) The *participants*, including their age, sex, ethnicity, social status, or other relevant categories, and their relationship to one another.

An adequate description of the participants includes not only observable traits, but background information on the composition and role-relationships within the family and other social institutions, distinguishing features in the life cycle, and differentiation within the group according to sex and social status.

The way participants dress may also be relevant to the interpretation of their communicative behavior, and thus require description: e. g. in many Arab societies, if a woman is wearing a veil, males may stand closer to her.

Beliefs about who may participate in communicative events is culture-specific, and is often not limited merely to humans. For instance, Abbey speakers in Mali consider the drum and the 'invisible people' who are invoked by the drum to be participants in condoling events. Speakers of English and other European languages often believe they can communicate with pets.

(6) The *message form*, including both vocal and nonvocal channels, and the nature of the code which is used (e. g. which language, and which variety).

(7) The *message content*, or surface level denotative references; what is communicated about.

(8) The *act sequence*, or ordering of communicative/speech acts, including turn taking and overlap phenomena.

The form, content, and sequence components are descriptive or normative statements about observable communicative performance. They are generally derived or abstracted from multiple observations and recordings of the same or similar events, and may be illustrated with a verbatim transcript from one occurrence that is 'typical'.

(9) The *prescriptions for interaction*, or what proprieties should be observed.

This component includes an explanation of the prescriptive rules for the use of speech which are applicable to the event. These are statements of how people 'should' act, which are tied to the shared values of the speech community. The degree to which this 'ideal' is indeed 'real' (in terms of actual behaviors) is part of the information to be collected and analyzed, along with positive and negative sanctions which are applied to their observance or violation.

(10) The *norms of interpretation*, including the common knowledge and the relevant cultural presuppositions, or shared understandings, which allow particular inferences to be drawn about what is to be taken literally, what construed as metaphor, what discounted, etc.

This final component should provide all of the other information about the speech community and its culture which is needed to understand the communicative event.

Sample analyses using this descriptive framework are included in Saville-Troike (1982, 154—163). Sherzer (1979), Basso (1979), and Tsuda (1984) provide examples of extended analyses of situated events which utilize a framework that is similar to the one that has been outlined here. While the classification and organization of data in various formats or displays is never the end of analysis, it can be a valuable procedure in bringing to light conditions or constraints which might otherwise have escaped notice, and in revealing patterns of interrelationships and features which may have resisted more direct efforts at discovery.

6. Research Studies and Findings

The ethnography of speaking is still largely at a data-gathering stage, with a number of small-scale functional studies demonstrating the potential of integrative accounts, and with limited typologies and categories providing frameworks for data collection and cross-cultural comparison. We have many particularistic studies of sometimes quite restricted microevents, but relatively few studies which even pretend to be of a holistic character, and we are thus not yet able to draw many research-based generalizations which could form the foundation of a universal theory of communication.

The dearth of 'theoretical' pronouncements in this field is probably fortunate, since premature theorizing would undoubtedly distort and limit the variety of contexts within which language use is being examined, or their interpretation. The limited generalizations which may be drawn from research projects to date thus do not distract from their significance.

Another limitation in the analyses from much research conducted thus far within this paradigm is their often static nature. This is not a necessary shortcoming; ethnographic description should yield not only abstract communicative frames, but account for the dynamic interaction processes which occur within those frames — the construction and negotiation of meaning.

In the section which follows, I will survey the findings of research projects which have had different levels of description and diverse topics in focus: (1) general ethnographies of ways of speaking; (2) research on children's acquisition of communicative competence; (3) analyses of specific events which are grounded in more general ethnographic research; and (4) studies of targeted social institutions or problems. Attention will be given especially to the rules which have been discovered in these domains, and to underlying social issues or conditions to which they relate.

General ethnographies on ways of speaking are very limited in number despite the general recognition of their theoretical and methodological importance. One of the notable exceptions is the work of Albert with the Burundi of Central Africa from 1955 to 1957, which was actually conducted before the concept of the ethnography of speaking was enunciated by Hymes (Albert 1972). She relates situation-specific 'rules for speaking' to Burundi cultural values and social structure, and relates both to personal strategies. She also discusses some of the problems encountered in cross-cultural communication and fieldwork. Albert's research and analysis still provides a standard to be emulated.

Other important holistic models are provided by such work as that of Blom and Gumperz (e. g. 1972), who account for the interrelationship of social constraints, cultural values, and language rules in Norway; Barth's ([1964] 1972) study of social processes and language boundaries in Pakistan; Abrahams' (1976) study of Afro-American speaking behavior; the Scollons' (1979) analysis of linguistic convergence at Fort Chipewyan, Alberta; Philips' (1983) description of the Warm Springs Indian Reservation in Oregon; and Sherzer's (1983) extensive study of the ways of speaking among the Kuna population of San Blas, Panama. One major outcome has been a fuller understanding of how the social organization of a community is related to language use, and conversely, how language use signals social role.

Most other holistic research has focused on a single subculture within a society, such as those defined by religion (Bauman 1974; Schiffrin 1984), or by race or ethnicity (e. g., Blacks in a neighborhood in Washington, D. C. [Hannerz 1969] or a bar in Philadelphia [Bell 1983], a Puerto Rican neighborhood in New York City [Attinasi/Pedraza/Poplack et al. 1982], or a Swahili-speaking minority community in Mombasa [Russell 1981]).

The ethnography of speaking has profoundly influenced research on child language acquisition, with emphasis now being placed on the acquisition of communicative competence as part of both the means and product of enculturation. Language learning is viewed in the inclusive sense of the acquisition of the rules and skills which enable a member of a speech community to demonstrate and interpret appropriate communicative behavior in a wide range of social contexts. Children are essentially seen as participant-observers of communication, like small ethnographers, learning and inductively developing the rules of their speech through processes of observation and interaction.

The most extensive research in this framework has been the series of crosscultural studies coordinated by Slobin (1967; several are reviewed in Keller-Cohen 1978), and the comprehensive analysis by Heath (1983) of patterns in language use by preschool children and their parents in three Carolina communities in the United States. The latter is of critical social importance for its descriptions of the ways in which children's rules for speaking relate differentially to eventual success in school, and in the suggestions Heath makes to teachers for the application of knowledge about ethnography to the improvement of children's educational opportunities.

Other major projects, in terms of both scope and significance, include Watson-Gegeo and Boggs' (e. g. 1977) study in Hawaii, Schieffelin's (1979) study of Kaluli children in New Guinea, and Ochs' (e. g. 1982) research in Western Samoa. Emphasis in all of these holistic works has been on the sociocultural contexts of language acquisition, and the relationship of language development and socialization. Other general ethnographic research has included some useful data on this topic, although it has not been of central concern (e. g. Mead 1930; Hogbin 1946).

Findings from these ethnographic studies document extensive cross-cultural differences in the ways considered appropriate for adults to relate to children, and in the specific socio-cultural structure and content which is conveyed. In general, however, research appears to support the hypothesis that social forces influence the development of ways of speaking; these in turn influence what is social and psychological reality for a child at various stages and in whatever roles that may be open to him or her in the community.

Most research on the rules of child language has focused on narrower topics or single events, such as rules for conducting disputes and negotiations, or for various kinds of verbal play. (For comparative data, see especially Sanchez/Kirshenblatt-Gimblett 1976, Ervin-Tripp/Mitchell-Kernan 1977, and Lein/Brenneis 1978.) Insults yield particularly valuable cultural information, because a comment on a cultural value is always one of their defining features (Mitchell-Kernan/Kernan 1975; see also Labov 1972). Research in multilingual contexts has also emphasized the cultural differences which have been found, such as different strategies for dispute resolution for Vietnamese versus American children (Adger 1984), and the greater use of mediation and compromise by Chinese children in an American nursery school (Saville-Troike 1986).

Many descriptions and analyses of individual speech events among adults in diverse communities have appeared, some of the best in collections by Gumperz and Hymes (1972), Bauman and Sherzer (1974), and Baugh and Sherzer (1984). Most focus on ritual events rather than on everyday encounters, in part because they are most likely to recur in regularized form, and in part because their meaning is most clearly dependent on shared beliefs and values of the speech community. They cannot be interpreted apart from social and cultural context (cf. Malinowski 1935).

Rituals are characterized by strict constraints on language use, and in the religious domain any breach often carries severe penalties. Rules specify who is allowed to speak, the exact ordering of sequences, and the precise message form and content, as in much Christian, Jewish, Muslim, and Buddhist liturgy. Rules include selection of paralinguistic as well as linguistic form, such as intoned speech, chanting, and distinctive patterns of rhythm and pitch. Equally strong are constraints against any speech in some rituals, such as the silence required in Igbo condoling, naming, and sacrificial events (Nwoye 1985).

It is precisely because rules of ritual events are so embedded in culture that they are quite dissimilar in different societies; Bloch (1976) asserts that non-ritual communication has much more in common cross-culturally, while ritual communication reflects "strange other ways of thinking". An important cross-cultural generalization can be made, however: when a speech event is formalized, as in ritual, there are fewer options open to its participants. Thus Bloch (1974) and others claim that in societies where there is more emphasis on ritual events, more direct social control is exerted than in societies where there is less emphasis on ritual. This point is relevant to the study of speech communities in their political domains, as well as in religion and other ceremonial areas.

Research on rules for language use in everyday situations has generally focused on units of communication which are smaller than the speech event. Important examples include sequencing in conversational openings (Schegloff 1968), telephone conversations (Godard 1977), and service encounters (Merritt 1976), or rules for the use of terms of address as these forms relate to cultural context or socio-political sentiments (Brown/Gilman 1960; Bates/Benigni 1975; Paulston 1976; Fang/Heng 1983). Specific interactional rules have also been the foci of research. Interesting contrasts have been found in such phenomena as turn-taking, including timing factors (e. g. Crown/Feldstein 1985) and rules for talking one at a time (e. g. Sacks/Schegloff/Jefferson 1974) versus 'contrapuntal conversation' (Reisman 1974).

An important exception in terms of scope is the work of Gumperz in the analysis of cross-cultural conversational events. In one interview session between a British counselor and a Pakistani mathematics teacher, for instance, Gumperz (1979) illustrates how the different sociocultural rules for appropriate language use each participant brings to the encounter yield different interpretive frames. The types of rules highlighted here include those in the 'grammar of expectations', and the process of *conversational inferencing* (Gumperz 1977), as well as those which are culture specific norms and values. This analytic procedure makes an important contribution to more dynamic description of speech events, and is of particular importance for investigating cross-cultural miscommunication.

Differences between ritual and everyday language use have been described for a number of languages, including Chamula (Gossen 1972), Hopi (Voegelin 1974), Seneca (Chafe 1981), and Yurok (Buckley 1984). Chafe summarizes the differences, and also draws a parallel between written and ritual language, as opposed to everyday speech, with written/ritual usage being more conservative, planned or polished, integrated in structure, detached, and authoritative in its assertions than everyday speech.

The wedding of the ethnography of speaking with research on folklore has yielded a productive model in that field which is performance-centered and analyzes folkloric events as they involve setting, performer, audience, and the other components of communication (see Paredes/Bauman 1972 and Bauman 1977). The potential significance of such analysis for sociolinguistic study in general is noted by Hymes, who says in part: "In its analysis of performance, folklore recognizes the differentiation of knowledge and competence within a community with regard to speaking; it recognizes the structure that obtains beyond the individual in the norms of interaction of communicative events; and it recognizes the emergent properties of such interactions, both normally and as specific to particular performances ..." (1972, 48–49).

In discussing the prospects for future directions of the ethnography of speaking, Bauman and Sherzer said that "perhaps the most important [prospect of the ethnography of speaking] lies in its potential for the clarification and solution of practical social problems" (1975, 115). To at least a limited extent, some of that potential is being realized.

Some of the most socially important research has been conducted on events in legal, medical, and educational settings. It has generally focused on the power relationships that exist in them, and on issues of justice or equity in the delivery of social services. O'Barr (1982), for instance, reports how different verbal strategies influence jury decisions about credibility, and Wodak-Engel (1984) describes how social class differences in rules for speaking lead to discrimination against working class defendents. The power dimension is in large part a factor of the social role-relationship that participants bring with them to an encounter, but as is demonstrated in the case of a medical interview (Treichler/Frankel/Kramarae et al 1984), it is also a dynamic product of interaction. When doctor and patient bring different cultural presuppositions and ways of speaking to the situation, potentially life-threatening miscommunication can result.

Strategies of power relationships are also the focus of Erickson and Schultz's (1982) study of *The counselor as gatekeeper*. Their analysis is important both in positing universals in communication ('tell each other the context' and 'interdependence of action') and in describing the miscommunication which can result from different communicative behaviors, even when participants share linguistic rules of phonology, grammar, and vocabulary use. The social implications are especially significant because gatekeeping encounters between students and school officials often determine access to career paths, and thus to future power. Gatekeeping is directly related to the process of segregating students for socialization and thus limiting transmission of knowledge in some areas to a chosen few. Segregated socialization may also involve exclusive learning of the language of transmission so that others cannot understand the content, as described by Philips (1982) with respect to the training of lawyers.

A strong call for the application of ethnography of speaking to educational issues was voiced by Hymes in his Introduction to *Functions of Language in the Classroom* (Cazden/John/Hymes 1972, xiv–xv). The unifying principle of that collection is 'starting where the children are', and that one should 'speak to their condition'. For Hymes, research and application involve a two-way sharing of knowledge — the investigator contributing scientific modes of inquiry, and participants providing the requisite knowledge and perspective of the particular community contexts. The issue is one of ethics as much as one of science. "If linguistics and ethnography are to contribute to a democratic way of life, their knowledge and perspective must be gained and used in democratic ways. [...] Both inquiry and application are processes that involve mutuality and sharing of knowledge; neither can succeed as a one-way application." Within this (1972) volume, very important contributions are made to the understanding of differential rules for classroom language use with respect to ability level (e. g. Gumperz/Hernández-Chavez) and to culture (e. g. Boggs, Dumont, and Philips).

The findings of Philips that cultural differences relate to different structures of classroom interaction and control have subsequently been extended by research in a variety of situations, including that of Au (1980) and Erickson and Mohatt (1982). Microanalysis of ways of speaking in the classroom has further identified paralinguistic features which may create barriers to teaching and learning (e. g. Michaels 1981), and pragmatic phenomena that lead to stereotyping and miscommunication (e. g. Gumperz 1981).

It is a very positive development that even such a small percentage of socially relevant research within this paradigm can be mentioned here. Still, a note of warning is in order. It is necessary to recognize that sensitivities exist in certain quarters, and that the question of the use to which ethnographic research is to be put has been raised as an ethical issue in the profession. There are many potential applications of data on patterns of communication, ranging from improving education and the delivery of social services to contributing to the effectiveness of advertising or propaganda and political control. While knowledge may be neutral, the uses to which it is put often are not. Ethnographers of speaking thus bear a heavy responsibility to guard against the misuse of their research, and the exploitation of the communities in which they work.

7. Literature (selected)

Abrahams, Roger D. (1976) *Talking black*, Rowley, Mass.

Adger, Carolyn (1984) "Accommodating cultural differences in conversational style: a case study," Paper presented at the *Delaware symposium VI on language studies*, University of Delaware.

Albert, Ethel M. (1972) "Culture patterning of speech behavior in Burundi", in: *Directions in sociolinguistics: the ethnography of communication*, Gumperz, J./Hymes, D., eds., New York, 72–105.

Attinasi, John/Pedraza, Pedro/Poplack, Shana et al. (1982) *Intergenerational perspectives on bilingualism: from community to classroom*, New York.

Au, Kathryn H. (1980) "On participation structures in reading lessons", in: *Anthropology and Education Quarterly* 11, 91–115.

Barth, Fredrik (1966) "Models of social organization." Occasional papers of the *Royal Anthropological Institute of Great Britain and Ireland* 23.

Barth, Fredrik ([1964] 1972) "Ethnic processes on the Pathan-Baluch boundary", in: *Directions in sociolinguistics: the ethnography of communication*,

Gumperz, J./Hymes, D., eds., New York, 454–464.

Basso, Keith (1979) *Portraits of 'the whiteman': linguistic play and cultural symbols among the Western Apache*, London.

Bates, Elizabeth/Benigni, Laura (1975) "Rules of address in Italy: a sociological survey", in: *Language in Society* 4, 271–288.

Baugh, John/Sherzer, Joel, eds., (1984) *Language in use: readings in sociolinguistics*, Englewood Cliffs, NJ.

Bauman, Richard (1974) "Speaking in the Light: the role of the Quaker minister", in: *Explorations in the ethnography of speaking*, Bauman, R./Sherzer, J., eds., London, 144–160.

Bauman, Richard (1977) *Verbal art as performance*. Rowley, Mass.

Bauman, Richard/Sherzer, Joel, eds., (1974) *Explorations in the ethnography of speaking*, London.

Bauman, Richard/Sherzer, Joel (1975) "The ethnography of speaking", in: *Annual review of anthropology* 4, 95–119.

Bell, Michael J. (1983) *The world from Brown's lounge: an ethnography of black middle-class play*, Champaign, Ill.

Benedict, Ruth (1934) *Patterns of culture*, Boston.

Bloch, Maurice (1974) "Symbols, song, dance and features of articulation: is relation an extreme form of traditional authority", in: *Archive Européennes de Sociologie* 15, 55–71.

Bloch, Maurice (1976) "The past and the present in the present", in: *Man* 12, 278–292.

Blom, Jan-Petter/Gumperz, John J. (1972) "Social meaning in linguistic structure: code-switching in Norway", in: *Directions in sociolinguistics: the ethnography of communication*, Gumperz, J./Hymes, D., eds., New York, 407–434.

Boggs, Stephen T. (1972) "The meaning of questions and narratives to Hawaiian children", in: *Functions of language in the classroom*, Cazden, C./John, V./Hymes, D., eds., New York, 299–327.

Brown, Roger/Gilman, Albert (1960) "The pronouns of power and solidarity", in: *Style in language*, Sebeok, T., ed., Cambridge, Mass., 253–276.

Buckley, Thomas (1984) "Yurok speech registers and ontology", in: *Language in Society* 13, 467–488.

Cazden, Courtney B./John, Vera P./Hymes, Dell, eds., (1972) *Functions of language in the classroom*, New York.

Chafe, Wallace L. (1981) "Differences between colloquial and ritual Seneca or how oral literature is literary", in: *Reports from the survey of California and other Indian languages* 1, Schlichter, A./Chafe, W./Hinton, L., Berkeley, 131–145.

Crown, Cynthia L./Feldstein, Stanley (1985) "Psychological correlates of silence and sound in conversational interaction", in: *Perspectives on silence*, Tannen, D./Saville-Troike, M., eds., Norwood, NJ, 31–54.

Cushman, Donald P./Whiting, Gordon C. (1972) "An approach to communication theory: towards consensus on rules", in: *Journal of Communication* 22, 217–238.

Dittmar, Norbert (1983) "Descriptive and explanatory power of rules in sociolinguistics", in: *The sociogenesis of language and human conduct*, Bain, B., ed., New York, 225–255.

Dumont, Robert V., Jr. (1972) "Learning English and how to be silent: studies in Sioux and Cherokee classrooms", in: *Functions of language in the classroom*, Cazden, C./John, V./Hymes, D., eds., New York, 344–369.

Erickson, Frederick/Mohatt, Gerald (1982) "Cultural organization of participation structures in two classrooms of Indian students", in: *Doing the ethnography of schooling*, Spindler, G., ed., New York, 132–174.

Erickson, Frederick/Shultz, Jeffrey (1982) *The counselor as gatekeeper: social interactions in interviews*, New York.

Ervin-Tripp, Susan M./Mitchell-Kernan, Claudia, eds., (1977) *Child Discourse*, New York.

Fang, Hanquan/Heng, J. H. (1983) "Social changes and changing address forms in China", in: *Language in Society* 12, 495–507.

Friedrich, Paul (1972) "Social context and semantic feature: the Russian pronominal usage", in: *Directions in sociolinguistics: the ethnography of communication*, Gumperz, J./Hymes, D., eds., New York, 270–300.

Godard, Daniele (1977) "Same setting, different norms: phone-call beginnings in France and the United States", in: *Language in Society* 6, 209–219.

Gossen, Gary H. (1972) "Chamula genres of verbal behavior", in: *Toward new perspectives in folklore*, Paredes, A./Bauman, R., eds., Austin, Tex., 145–167.

Gumperz, John J. (1977) "Sociocultural knowledge in conversational inference", in: *Linguistics and anthropology*. Georgetown University roundtable on languages and linguistics, Saville-Troike, M., ed., Washington, D.C., 191–212.

Gumperz, John J. (1979) "The retrieval of sociocultural knowledge in conversation", in: *Poetics Today* 1, 273–286.

Gumperz, John J. (1981) "Conversational inference and classroom learning", in: *Ethnography and language in educational settings*, Green, J./Wallat, C., eds., Norwood, N.J., 3–23.

Gumperz, John J./Hernández-Chavez, Eduardo (1972) "Bilingualism, bidialectalism, and classroom interaction", in: *Functions of language in the class-room*; Cazden, C./John, V./Hymes, D., eds., New York, 84–108.

Gumperz, John J./Hymes, Dell, eds. (1972) *Directions in sociolinguistics: the ethnography of communication*, New York.

Hannerz, Ulf (1969) *Soulside: inquiries into ghetto culture and community*, New York.

Heath, Shirley B. (1983) *Ways with words: language, life, and work in communities and classrooms*, London.

Hogbin, H. Ian (1946) "A New Guinea childhood: from weaning till the eighth year in Wogeo", in: *Oceania* 16 (4), 275–296.

Hymes, Dell (1962) "The ethnography of speaking", in: *Anthropology and human behavior*, Gladwin, T./Sturtevant, W. C., eds., Washington, D. C., 13–53.

Hymes, Dell (1967) "Models of interaction of language and social setting", in: *Journal of Social Issues* 33 (2), 8–28.

Hymes, Dell (1972) "The contribution of folklore to sociolinguistic research", in: *Toward new perspectives in folklore*, Paredes, A./Bauman, R., eds., Austin, Tex., 42–50.

Hymes, Dell (1978) "What is ethnography?", in: *Texas working papers in sociolinguistics* 45.

Keller-Cohen, Deborah (1978) "Context in child language", in: *Annual review of anthropology* 7, 453–482.

Kroeber, Alfred L. (1935) "History and science in anthropology", in: *American Anthropologist* 37, 539–569.

Kroeber, Alfred L. (1944) *Configurations of culture growth*, Berkeley, Cal.

Labov, William (1972) "Rules for ritual insults", in: *Studies in social interaction*, Sudnow, D., ed., New York, 120–169.

Lein, Laura/Brenneis, Donald (1978) "Children's disputes in three speech [sic] communities", in: *Language in Society* 7, 299–323.

Malinowski, Bronislaw (1935) *Coral gardens and their magic: a study of agricultural rites in the Trobriand Islands*, New York.

Mead, Margaret (1930) *Growing up in New Guinea: a comparative study of primitive education*, New York.

Merritt, Marilyn (1976) "On questions following questions in service encounters", in: *Language in Society* 5, 315–357.

Michaels, Sarah (1981) "'Sharing time': children's narrative styles and differential access to literacy", in: *Language in Society* 10, 423–442.

Mitchell-Kernan, Claudia/Kernan, Keith (1975) "Children's insults: America and Samoa", in: *Sociocultural dimensions of language use*, Sanches, M./Blount, B., eds., New York, 307–315.

Nwoye, Gregory O. (1985) "Eloquent silence among the Igbo of Nigeria", in: *Perspectives on silence*, Tannen, D./Saville-Troike, M., eds., Norwood, N. J., 185—191.

O'Barr, William M. (1982) *Linguistic evidence: language, power, and strategy in the courtroom*. New York.

Ochs, Elinor (1982) "Talking to children in Western Samoa", in: *Language in Society* 11, 77—104.

Paredes, Américo/Bauman, Richard, eds. (1972) *Toward new perspectives in folklore*, Austin, Tex.

Paulston, Christina B. (1976) "Pronouns of address in Swedish: social class semantics and a changing system", in: *Language in Society* 5, 359—386.

Philips, Susan U. (1972) "Participant structures and communicative competence: Warm Springs children in community and classroom", in: *Functions of language in the classroom*, Cazden, C./John, V./Hymes, D., eds., New York, 370—394.

Philips, Susan U. (1982) "The language socialization of lawyers: acquiring the 'cant' ", in: *Doing the ethnography of schooling*, Spindler, G., ed., New York, 176—209.

Philips, Susan U. (1983) *The invisible culture: communication in classroom and community on the Warm Springs Indian Reservation*. New York.

Reisman, Karl (1974) "Contrapuntal conversations in an Antiguan village", in: *Explorations in the ethnography of speaking*, Bauman, R./Sherzer, J., eds., London, 110—124.

Russell, Joan (1981) *Communicative competence in a minority group*. A sociolinguistic study of the Swahili speaking community in the Old Town, Mombasa, Leiden.

Sacks, Harvey/Schegloff, Emanuel A./Jefferson, Gail (1974) "A simplest systematics for the organization of turntaking for conversation", in: *Language* 50, 696—735.

Sanches, Mary/Kirshenblatt-Gimblett, Barbara (1976) "Children's traditional speech play and child language", in: *Speech play*, Kirshenblatt-Gimblett, B., ed., Philadelphia, 65—110.

Saville-Troike, Muriel (1982) *The ethnography of communication: an introduction*, Oxford.

Saville-Troike, Muriel (1986) "Children's dispute and negotiation strategies: a naturalistic approach", in: *Festschrift for Charles A. Ferguson*, Fishman, J. A., ed., Berlin.

Schegloff, Emanuel A. (1968) "Sequencing in conversational openings", in: *American Anthropologist* 70, 1075—1095.

Schieffelin, Bambi B. (1979) *How Kaluli children learn what to say, what to do, and how to feel*, (Diss.), Columbia University.

Schiffrin, Deborah (1984) "Jewish argument as sociability", in: *Language in Society* 13, 311—335.

Scollon, Ronald/Scollon, Suzanne (1979) *Linguistic convergence*. An ethnography of speaking at Fort Chipewyan, Alberta. New York.

Sherzer, Joel (1979) "Strategies in text and context: Kuna 'kaa kwento' ", in: *Journal of American Folklore* 92, 145—163.

Sherzer, Joel (1983) *Kuna ways of speaking: an ethnographic perspective*, Austin, Tex.

Shimanoff, Susan B. (1980) *Communication rules: theory and research*, Beverly Hills, Cal.

Slobin, Dan I., ed., (1967) *A field manual for cross-cultural study of the acquisition of communicative competence*, Berkeley, Cal.

Tannen, Deborah (1979) "What's in a frame? Surface evidence for underlying expectations", in: *New directions in discourse processing*, Freedle, R., ed., Norwood, N. J., 137—181.

Tannen, Deborah/Saville-Troike, Muriel, eds., (1985) *Perspectives on silence*, Norwood, N. J.

Treichler, Paula A./Frankel, Richard M./Kramarae, C. et al. (1984) "Problems and *problems*: power relationships in a medical encounter", in: *Language and power*, Kramarae, C./Schulz, M./O'Barr, W., eds., Beverly Hills, Cal., 62—88.

Tsuda, Aoi (1984) *Sales talk in Japan and the United States*. An ethnographic analysis of contrastive speech events, Washington, D. C.

Voegelin, Carl F. (1974) "Casual and noncasual utterances within unified structure", in: *Language, culture and society*, Blount, B., ed., Cambridge, Mass., 178—188.

Watson-Gegeo, Karen A./Boggs, Stephen T. (1977) "From verbal play to talk story: the role of routines in speech events among Hawaiian children", in: *Child discourse*, Ervin-Tripp, S./Mitchell-Kernan, C., eds., New York, 67—90.

Werlen, Iwar (1984) *Ritual und Sprache*, Tübingen.

Whorf, Benjamin L. (1940) "Science and linguistics", in: *Technological Review* 42, 229—231; 247—248.

Witherspoon, Gary (1977) *Language and art in the Navajo universe*, Ann Arbor, Mich.

Wodak-Engel, Ruth (1984) "Determination of guilt: discourse in the courtroom", in: *Language and power*, Kramarae, C./Schulz, M./O'Barr, M., eds., Beverly Hills, Cal., 89—100.

Muriel Saville-Troike, Urbana-Champaign, Ill. (USA)

79. Ethnomethodologie

1.   Allgemeines

Die Ethnomethodologie (vgl. auch Art. 98) ist ein Forschungsprogramm, das sich mit den Methoden der Konstitution sozialer Wirklichkeit und sozialer Ordnung im Alltagshandeln der Gesellschaftsmitglieder befaßt. Begründet von Aaron Cicourel (1964) und Harold Garfinkel (1967), ist die Ethnomethodologie in den 60er Jahren in der amerikanischen Soziologie entstanden. Ihre ersten, aufsehenerregenden Arbeiten waren methodenkritische Fallstudien, die die unhinterfragten alltagsweltlichen (Common sense-)Voraussetzungen sozialwissenschaftlichen Forschungshandelns aufdeckten. Die durch diese Untersuchungen ausgelöste Erschütterung des wissenschaftstheoretischen Selbstbildes der Soziologie brachte die Ethnomethodologie in eine Außenseiterrolle, die sie in der Soziologie bis heute weitgehend behalten hat. Die Rezeption durch die Soziolinguistik war freundlicher: für die an sprachlicher Interaktion orientierte Soziolinguistik ist die Ethnomethodologie zu einem zentralen theoretischen Bezugspunkt geworden (Ervin-Tripp/Mitchell-Kernan 1977; Gumperz 1982). Was zunächst wie ein homogener Ansatz erschienen sein mag, hat sich längst zu einer Vielfalt von nicht immer zu vereinbarenden Überzeugungen ausdifferenziert. Die gegenwärtige Lage der Ethnomethodologie ist unübersichtlich. Bedingt sowohl durch ihre eigene methodologische Radikalität als auch durch die zunehmende Kanonisierung und Reifizierung der Forschungsmethoden der „normativen" Soziologie (Wilson 1971), ist es der Ethnomethodologie nur bedingt gelungen, einen festen Platz in den soziologischen Fakultäten zu besetzen. Cicourel, zunächst Mitbegründer der Ethnomethodologie, hat sich früh einem an der *cognitive science* orientierten Programm „kognitiver Soziologie" zugewandt (Cicourel 1973; 1975). Die heutzutage am deutlichsten konturierte und am besten etablierte ethnomethodologische Forschungsrichtung ist die Konversationsanalyse (Atkinson/Heritage 1984; Schenkein 1978; vgl. Bergmann 1981; Streeck 1983. Vgl. Art. 121).

Der Begriff 'Ethno-Methodologie', an die „ethnoscience" mit ihren Subdisziplinen „Ethnomedizin", „Ethnobotanik" etc. angelehnt, bezeichnet das Programm der Erforschung der Methoden, mit denen Gesellschaftsmitglieder soziale Wirklichkeit erzeugen und füreinander als geordnet, erklärbar, regelhaft darstellen (vgl. Garfinkel in Turner 1974). In ihren Auffassungen von der Konstitution sozialer Wirklichkeit ist die Ethnomethodologie in hohem Maße von der phänomenologischen Sozialphilosophie von Alfred Schütz (1932; 1971 a; b, Schütz/Luckmann 1974; 1978) beeinflußt. Schütz hatte die Husserlsche Methode der phänomenologischen Reduktion (Husserl 1968) für die Rekonstruktion der dem sozialen Handeln zugrundeliegenden Sinnstrukturen der Alltagswelt adaptiert. Nach Schütz ist das Alltagshandeln von einer „natürlichen Einstellung" bestimmt, die — durch pragmatische Motive geleitet — die Wirklichkeit der Alltagswelt wie die sinnhaften Bezüge alltagsweltlichen Handelns als fraglos gegeben hinnimmt. Die Phänomenologie versucht, durch eine „Einklammerung" (*epoché*) dieser Vorannahmen die *Konstitution* von Sinn im Bewußtsein der Handelnden in methodisch kontrollierter Weise zu explizieren. Auch der Soziologe, so das Argument der Ethnomethodologie, nehme wie der Laie die Wirklichkeit der Sozialwelt als objektive Gegebenheit (als *resource*; Zimmermann/Pollner 1971); doch gelte es gerade, dieses Merkmal der natürlichen Einstellung selbst zum Untersuchungsgegenstand (*topic*) zu machen. — Garfinkel rekurrierte auf die Vorarbeiten von Alfred Schütz vor allem in seiner Auseinandersetzung mit Talcott Parsons, dessen Mitarbeiter er war und dessen „Struktur-Funktionalismus" in den 60er Jahren zum beherrschenden Paradigma der amerikanischen Soziologie avancierte. Garfinkel warf Parsons vor, daß er soziales Handeln allein in externen Begriffen von Regeln, Sanktionen, Gratifikationen und geteilten Symbolsystemen analysiere, an denen der Akteur qua Internalisierung partizipiere; für seine k o g n i t i v e n Leistungen sei in diesem Modell kein Platz vorgesehen, er werde vielmehr als „urteilsunfähiger Depp" (*judgemental dope*) vorgeführt (vgl. Heritage 1984).

Von großem Einfluß auf die Ethnomethodologie war zudem die Spätphilosophie Ludwig Wittgensteins (1958; vgl. Coulter 1970; 1974). Die Ethnomethodologie ist der Überzeugung, daß die soziale Welt dem Laien wie dem professionellen Soziologen stets als eine s p r a c h l i c h vorstrukturierte und damit intersubjektive Wirklichkeit entgegentritt (Berger/Luckmann 1972). Die kulturgebundenen Bedeutungen sozialer Geschehnisse sind in sprachlichen Kategorien aufgehoben, die jedoch ihrerseits nicht aus den Kontexten ihrer Verwendung herauszulösen sind: die Bedeutung eines Ausdrucks ist sein Gebrauch in der Sprache (vgl. Wittgenstein 1958).

Neben den Klassikern (Cicourel 1964; Garfinkel 1967) sind ethnomethodologische Arbeiten in verschiedenen Sammelbänden publiziert worden (Douglas 1971; Psathas 1979; Sudnow 1972; Turner 1974; Weingarten/Sack/Schenkein 1976). Verschiedene Einführungstexte liegen ebenfalls vor (Benson/Hughes 1983; Filmer/Phillipson/Silverman/Walsh 1972; Leiter 1980; Mehan/Wood 1975; Schütze 1975; Silverman/Torode 1980). Die bei weitem luzideste Einführung ist Heritage (1984).

2. Alltagsweltliche und wissenschaftliche Rationalität

An die Öffentlichkeit getreten ist die Ethnomethodologie zunächst mit einer Reihe hochbrisanter Studien, die das Bild wissenschaftlicher Rationalität, das sich die Soziologie zuschrieb, mit der Tatsache konfrontierte, daß in jeglichem sozialwissenschaftlichen Forschungshandeln unweigerlich und unvermeidlich vom soziologischen Alltagsverstand, den der Forscher als G e s e l l s c h a f t s m i t g l i e d besitzt, Gebrauch gemacht werden muß. Die methodologischen Bemühungen der Soziologie waren bis in die 60er Jahre (und noch danach) von dem Versuch gekennzeichnet, ihren Status als Wissenschaft analog zu dem der Naturwissenschaften im Rahmen der Position des logischen Positivismus (Nagel 1961) bzw. des kritischen Rationalismus (Popper 1966) auszuweisen. Mit anderen v e r s t e h e n d e n Ansätzen der Soziologie insistiert die Ethnomethodologie demgegenüber darauf, daß soziale Tatbestände — im Unterschied zu Naturprozessen — stets „sinnhaft" strukturiert und von den Gesellschaftsmitgliedern selbst vorinterpretiert sind (Schütz

1971); deshalb müsse es erste Aufgabe jeder Sozialwissenschaft sein, eben diese Sinnstrukturen zu explizieren. Die soziologische Methodologie nehme für sich in Anspruch, die überlegene Rationalität wissenschaftlicher gegenüber alltagsweltlichen Deutungen sozialer Phänomene zu begründen, während der Soziologe im Forschungsprozeß überhaupt nur in dem Maße handlungsfähig sei, wie er seine alltagsweltliche Kompetenz zur Geltung bringe. Ebenso, so die Ethnomethodologie, sei Wissenschaftssprache stets, freilich in unklarer — da unexplizierter — Weise, an Alltagssprache gebunden.

Die Situation im Forschungsprozeß ist eine Situation sozialer Interaktion, die nur dann gelingen kann, wenn sich Forscher und Versuchsperson mit Hilfe solcher Verfahren verständigen, wie sie Alltagsmenschen gemeinhin benutzen; dies gilt unabhängig von der Wahl der soziologischen Untersuchungsmethode (Cicourel 1964). Charakteristisch für alltagsweltliche Deutungs- und Verständigungsverfahren ist, daß sie s i t u a t i v, d. h. in einer den pragmatischen Bedürfnissen der singulären Situation entsprechenden Weise zur Anwendung kommen, daß Sinn ad hoc, „for all practical purposes" (Garfinkel 1967) hergestellt wird. Alltagshandeln folgt einer praktischen Rationalität, die andere Merkmale aufweist als von den Rationalitätsstandards der Wissenschaftstheorie vorgesehen. Da wissenschaftliches Handeln durch und durch von Common sense durchdrungen ist, läßt sich, so die Schlußfolgerung, die Einlösbarkeit der wissenschaftstheoretischen Rationalitätsstandards nurmehr in dem Maße behaupten, wie der Common sense aus der D a r s t e l l u n g des Forschungsprozesses ausgeblendet wird. Anders gesagt: der unverbrüchliche Glaube an die szientistische Rationalität der Sozialwissenschaft verlangt Blindheit gegenüber der Realität sozialwissenschaftlichen Forschungshandelns.

Cicourel hat argumentiert, daß die Anwendung soziologischer Meßverfahren die Vorannahme voraussetzt, daß „zwischen den Indikatoren, durch die der Mann auf der Straße bedeutsame Objekte identifiziert, und den Indikatoren, die vom Sozialwissenschaftler ... verwandt werden, ... implizite Übereinstimmung besteht" (Cicourel 1964, 36). Solange diese Übereinstimmung jedoch nicht ausgewiesen werden kann, ist die Gültigkeit der Forschungsergebnisse fragwürdig. Cicourel faßt die alltagsweltlichen Voraussetzungen soziologischer Meßverfahren als Problem sprachlicher Bedeutungen: der Forscher ist in der Interaktion mit seinen Versuchspersonen gezwungen, die operationalisierten Begriffe seiner Theorie in die Sprache zu übersetzen, die er mit den Laien teilt, die Alltagssprache. Um sich mit ihnen überhaupt verständigen zu können, ist der Forscher genötigt, seine Versuchspersonen mit einem verläßlichen, alltagsweltlich vertrauten „Sinn sozialer Struktur" (Cicourel 1973) zu versorgen, wozu er sich seiner Interaktionskompetenz als „bona fide"-Mitglied der betreffenden Gesellschaft bedienen muß. Für alltagsweltliche Verständigung ist jedoch gerade keine explizite Übereinstimmung über sprachliche Bedeutungen kennzeichnend, sondern die Tatsache, daß Sprecher und Hörer gemeinsam geteilte Bedeutungen wechselseitig unterstellen; sie gehen davon aus, daß die Perspektiven, aus denen sie ihrer Interaktion Sinn zuordnen, in einem für die praktischen Belange ihrer Interaktion hinreichenden Maße übereinstimmen. Sie verlassen sich auf ihre Alltagskenntnisse, von denen sie annehmen, daß diese bis auf weiteres ihre Gültigkeit behalten werden. Sie nehmen an, daß sie hinreichend über die Handlungssituation Bescheid wissen, zumindest so gut, daß ein Beginn der Interaktion möglich ist. Diese wird dann im weiteren Verlauf ergeben, ob ihre vorläufigen Deutungen adäquat waren — sind sie es nicht, können sie ad hoc, an Ort und Stelle, den neuen Umständen angepaßt und der bisherige Interaktionsverlauf in ihrem Lichte reinterpretiert werden. Sinn wird also stets vorgreifend unterstellt und rückläufig „aufgefüllt".

Cicourel hat diese Bestandteile alltagsweltlicher Rationalität in einer Liste von „Basisregeln" bzw. „interpretativen Verfahren" zusammengefaßt (Cicourel 1973). Es sind diese die „Reziprozität der Perspektiven" (Ego und Alter nehmen voneinander an, daß ihre Deutungsmuster bei allen biographischen und anderweitigen Differenzen doch in einem pragmatisch hinreichenden Maße übereinstimmen); die „prospektiv-retrospektive Sinnzuschreibung" (die Handelnden verlassen sich darauf, daß momentan noch diffuse Bedeutungen von Äußerungen, Handlungen und Ereignissen später im Lichte kommender Ereignisse und rückwirkend einen definitiven Sinn erhalten werden); die „etcetera-Annahme" (Ego und Alter nehmen voneinander an, daß sie beide ihr geteiltes Alltagswissen heranziehen, um Dinge, die nur angedeutet werden können, mit Bedeutung 'aufzufüllen'); und die „Normalformen-Annahme"

(Ego und Alter gehen davon aus, daß sie bis auf weiteres legitimiert sind, emergente Bestandteile ihrer Interaktion als Instanzen „normaler" Ereignistypen zu interpretieren). Nur auf der Basis dieser kontrafaktischen Annahmen ist es Menschen überhaupt möglich, sich auf Interaktionen einzulassen, deren Verlauf und Ausgang sie nicht antizipieren können.

Garfinkel hat in einer Reihe berühmter Experimente (den „breaching experiments", deutsch vielleicht *Zusammenbruchsexperimente*; Garfinkel 1967; 1972a) nachgewiesen, daß der die soziale Interaktion tragende Konsens zusammenbrechen muß, wenn das in den genannten Basisregeln ausgedrückte „Vertrauen" (Garfinkel 1963) aufgekündigt wird. Garfinkel instruierte Studenten, sich in vertrauter häuslicher Umgebung wie ein neutraler Beobachter zu verhalten bzw. in sprachlichen Interaktionen Eindeutigkeit zu verlangen („Wie gehts?" — „Was meist du, 'wie gehts?'? Körperlich, seelisch oder was?"). In allen Fällen führte dieses „breaching" der „etcetera-Annahme" binnen kürzester Zeit zum Abbruch der Interaktion. Die „Normalformen-Annahme" war Gegenstand eines anderen Experiments, welches zeigte, daß Alltagsmenschen auch angesichts vollständig inkohärenter und bedeutungsleerer Äußerungen bemüht und in der Lage sind, diese als Ausdruck kohärenter und interpretierbarer Muster zu deuten: Studenten wurde suggeriert, daß an ihnen eine neue Form von *counseling* erprobt werden sollte, bei welcher sie ihren *counselor* nicht sehen konnten (sie sprachen mit ihm über eine Wechselsprechanlage), statt dessen aber ihre Fragen so präsentieren sollten, daß dieser mit *ja* oder *nein* antworten könnte. Sie wurden gebeten, seine Antworten zu interpretieren. Vorenthalten wurde den Versuchspersonen, daß die Antworten des „counselor" vorher nach dem Zufallsprinzip festgelegt worden waren. In allen Fällen — auch wenn die Antworten einander widersprachen — gelang es den Versuchspersonen, die „Ratschläge" des Beraters als „besonders klug", „weise" und „einleuchtend" zu interpretieren.

Rationalität erwies sich so als eine „Herstellung" (*accomplishment*): sie ist das Produkt ad hoc eingesetzter Deutungsverfahren, die auch unter extremen Bedingungen über inkonsistenten Daten erfolgreich einen Sinn sozialer Struktur zu errichten imstande sind. Und es ist Rationalität in diesem Sinne — nicht die programmatische Übereinstimmung mit kontextfreien Verfahrensregeln —, die die Interaktion auch im Forschungsprozeß bestimmt.

3. Indexikalität und Reflexivität

In einem weiteren Experiment beauftragte Garfinkel Versuchspersonen, Gespräche zu protokollieren und zudem jeder einzelnen Äußerung eine vollständige Explikation dessen zuzuordnen, wovon in diesen die Rede sei. Auch dieses Experiment wurde regelmäßig nach kürzester Zeit abgebrochen, wobei die Versuchspersonen sich beklagten, daß allein die Art der Aufgabenstellung die Zahl der zu explizierenden Gesprächsinhalte vervielfache: jeder Ausdruck bedarf für seine Disambiguierung eines Mehrfachen anderer Ausdrücke, die ihrerseits disambiguierungsbedürftig sind. —

Auch dieses Experiment ist ein indirekter Beitrag zur methodologischen Kritik der soziologischen Forschung. Garfinkel und Sacks (1970) haben die soziologische Methodologie als einen Versuch gekennzeichnet, indexikalische Ausdrücke — wie sie die Alltagssprache charakterisieren — durch „objektive" zu ersetzen — z. B. dort, wo soziale Tatbestände in Begriffen beschrieben werden, welche ihrerseits „kontextfrei" definiert werden. Sie argumentieren, daß jeder derartige Versuch zwangsläufig „programmatisch" bleiben muß. Die Bedeutung sprachlicher Ausdrücke ist immer indexikalisch. Sie liegt in ihrem Gebrauch durch konkrete Personen in konkreten Kontexten. Der Versuch, Bedeutungen in kontextfreien Regeln zu fixieren, muß aus logischen Gründen scheitern, verlangt er doch die Fixierung der Bedeutungsregeln metasprachlicher Ausdrücke — und mündet in einen unendlichen Regreß. Ceteris paribus gilt das Regreß-Argument (das auf Wittgenstein 1958 zurückgeht) auch für den Versuch, indexikalische Alltagsausdrücke für soziale Phänomene durch kontextfrei definierte Beobachtungsausdrücke der Wissenschaftssprache zu ersetzen. Der Methodologie muß Indexikalität als „Ärgernis" erscheinen, verhindert sie doch, daß soziale Daten „ein für allemal" sprachlich fixiert werden können.

Mit ihren nachdrücklichen Verweisen auf die „unheilbare" Indexikalität aller sprachlichen Ausdrücke — der festen Verschmelzung ihrer Bedeutungen mit den sinnhaften Bezügen situativer Gebrauchskontexte — haben die Ethnomethodologen auch gegen die seinerzeit populären Bedeutungskonzeptionen von Linguisten Stellung bezogen, die — wie etwa Katz und Fodor (1964) — Bedeutungen in Merkmalslisten fixieren zu können glaubten; sprachliche Verständigung resultiert nach diesem Modell aus der Identität der semantischen Merkmale, die Kommunikationspartner — aufgrund eines internalisierten Lexikons — sprachlichen Ausdrücken

zuordnen. Dieser Semantik schrieb Garfinkel ins Stammbuch, daß das geeignete Modell von Verständigung eine „Operation" sei, nicht die Schnittmenge zweier Mengen (von Merkmalen) (Garfinkel 1972 b).

Für Garfinkel sind die Eigenschaften indexikalischer Ausdrücke gleichwohl „rationale Eigenschaften", und er hat gerade diese Eigenschaften in einer Reihe berühmter, allerdings enigmatischer Formulierungen zum zentralen Thema ethnomethodologischer Forschung erhoben: „I use the term 'ethnomethodology' to refer to the investigation of the rational properties of indexical expressions and other practical actions as contingent ongoing accomplishments of organized artful properties of everyday life" (Garfinkel 1967, 11. Hervorh. J. S.). In den Praktiken des Gebrauchs und des Verstehens indexikalischer Ausdrücke sieht Garfinkel den Kern der Methoden der lokalen Konstitution sozialer Ordnung in der Interaktion. Dies ist so zu verstehen: um indexikalischen Ausdrücken Sinn zuzuordnen, müssen Beteiligte sie in ihrem situativen Kontext interpretieren. Situationskontexte existieren jedoch nicht als unabhängig gegebene, objektiv-physikalische Entitäten, sie sind selbst nur immanente Bestandteile des Interaktionsprozesses. Welcher Kontext vorliegt, kann allein der Blick auf die sprachliche Interaktion, genauer: ihre indexikalischen Bestandteile, klären. Die indexikalischen Bestandteile des Gesprächs instruieren also die Interagierenden, einen Kontext zu „montieren", vor dessen Hintergrund die nämliche Äußerung intelligibel, vertraut, „geordnet" erscheint: Äußerung und Kontext konstituieren sich gegenseitig. Dies ist mit dem Begriff „Reflexivität" gemeint.

Die Ordnungs- und Sinnstrukturen einer sozialen Situation — die es in der sozialwissenschaftlichen Forschung zu erfassen gilt — lassen sich folglich stets nur von einem Bezugspunkt innerhalb von Situationen erfassen. „Ethnomethodology starts from the assumption that social reality is known by members, lay and professional, only from within social situations" (Coulter 1973, 173). Der Versuch der Soziologie, sozialen Sinn in „objektiven", „dekontextualisierten" Kategorien zu fixieren, ist demgegenüber eine Erklärung „von außen", „from without". Mit ihrem Versuch, indexikalische durch objektive Ausdrücke zu ersetzen, die Innenperspektive der Beteiligten durch eine „wissenschaftlichere" Außenperspektive zu ersetzen, begibt sich, so Garfinkel, die Soziologie in ein bloßes

Konkurrenzverhältnis zum praktischen soziologischen Alltagsdenken. Da das Ziel der mit Gesellschaft befaßten Wissenschaften jedoch darin bestehen muß zu erklären, wie soziale Realität im Handeln der Gesellschaftsmitglieder hergestellt wird, ist diese Konkurrenz fruchtlos: sie setzt voraus, was gerade zu klären ist.

4. Das Problem der sozialen Ordnung

Mit ihren nachdrücklichen Bemühungen, die Ungereimtheiten soziologischer Versuche, das Problem der sozialen Ordnung zu lösen, aufzuzeigen, bleibt die Ethnomethodologie einem zentralen Thema verpflichtet, das die moderne Soziologie seit ihrer Begründung durch Emile Durkheim beschäftigt hat. Die verschiedenen Fassungen dieses Problems markieren die wichtigen Paradigmen, die sich in der Geschichte der Soziologie abgelöst haben. Für Durkheim verdankte sich soziale Ordnung dem „moralischen Konsens" der Gesellschaft, der als eine Realität sui generis (als „*fait social*"), unabhängig vom konkreten Handeln von Personen existiere. — Die faktische Ordnung im Sozialverhalten — Untersuchungsgegenstand der Soziologie — ist auf die unabhängige normative Ordnung erklärend zurückzuführen. Diese Auffassung blieb für alle nachfolgenden Ansätze „normativer" Soziologie (Wilson 1971), speziell für die Parson'sche, bestimmend.

Prämisse aller Modelle, die soziale Ordnung damit begründen, daß im empirischen Handeln normative Regeln (vgl. auch Art. 18 und 19) zur Geltung gebracht werden, ist, daß „Interaktion sich in einem von den Beteiligten geteilten System von Symbolen und Bedeutungen vollzieht" (Wilson 1971, 56). Die für Interaktionen charakteristische Komplementarität von Dispositionen und Erwartungen ist hiernach nur dann möglich, wenn die Akteure sowohl ihre gemeinsame Situation wie die Bedeutungen ihres Verhaltens identisch interpretieren und sich zudem über die situativ geltenden Normen einig sind. Die singuläre Situation ist also stets nur als Instanz eines Situationstyps relevant, für den die betreffende Regel gilt. Medium des sozialen Verkehrs ist letztlich eine Menge geteilter Regeln, die Symbole und ihre Bedeutungen zueinander in Beziehung setzen. Wieweit sich die Akteure ihrer Deutungsleitungen und der zur Anwendung gebrachten Regeln bewußt sind, ist dabei unerheblich.

Diese Ausblendung der Kognition des Akteurs ist der Ansatzpunkt für Garfinkels Kritik speziell an Parson. Aus Garfinkels Sicht figuriert der Akteur im normativen Modell nurmehr als „judgmental dope", der „in Übereinstimmung mit den standardisierten, je schon etablierten und legitimierten Handlungsalternativen der gemeinsamen Kultur agiert" (Coulter 1971, 303) und „ohne nachzudenken (und ohne es zu wissen) die institutionalisierten Direktiven der Kultur ausagiert" (Heritage 1984, 27). In Anwendung eines Begriffes von Wrong (1961) kann man die normative Soziologie als „übersozialisiertes Menschenmodell" charakterisieren. Dabei beinhaltet die in ihr angelegte Abstraktion von den eigenständigen Deutungsleistungen der Akteure, von deren Analyse der sie umgebenden sozialen Realität, eine methodologische Selbsttäuschung: denn in seiner Praxis ist der Soziologe auf eben diese Deutungsleistungen stets angewiesen. Die Soziologie verharrt gewissermaßen außerhalb der gesellschaftlichen Wirklichkeit, solange sie der Alltagsrationalität der Akteure nur ihre eigenen, selbstidealisierenden Rationalitätsstandards entgegenhält, anstatt die Alltagsrationalität selbst zu ihrem Untersuchungsgegenstand zu machen.

Die Ethnomethodologie bietet ein alternatives Modell sozialer Ordnung an. Es kann anhand des Begriffs 'Regel' dargestellt werden. Die Ethnomethodologie siedelt Regeln nicht in einer von den Mitgliedern zwar interiosierten, ihrer Kognition jedoch weitgehend unzugänglichen moralischen Gesellschaftsordnung an, sondern im Alltagswissen der Mitglieder; Gesellschaftsmitglieder, so die Ethnomethodologie, machen von ihrem „praktischen soziologischen Denken" in systematischer und der Beobachtung zugänglicher Weise Gebrauch. Sie beziehen sich auf Regeln, um sich der Übereinstimmung ihres Handelns mit der gesellschaftlichen Ordnung reflexiv zu vergewissern, um ihm also den Charakter von „Normalität" und Vertrautheit zu verleihen und diese auch für ihre Mitakteure zur Darstellung zu bringen.

Um Regelgebrauch im sozialen Handeln zum Gegenstand empirischer Forschung machen zu können, muß die Prämisse, soziales Handeln folge Regeln, „eingeklammert" werden, denn sie ist selbst schon Bestandteil soziologischen Alltagsdenkens — und keineswegs nur Element soziologischer Theorieentwürfe. Diese „Epoché" vollzieht sich nach Zimmermann und Wieder (1971) in drei

Schritten: 1. die Annahme ist fallenzulassen, daß „Sozialverhalten regelgeleitet ist oder auf [...] gemeinsamen Symbolsystemen basiert"; 2. dann läßt sich beobachten, „daß die regelmäßigen, kohärenten, miteinander verbundenen Muster des sozialen Lebens in eben diesen Begriffen [...] beschrieben und erklärt werden, (und zwar) von Laien ebenso wie von professionellen Soziologen"; 3. „die Erscheinungen beschriebener und erklärter Muster geordneter sozialer Aktivitäten sind als Erscheinungen zu behandeln, die durch Verfahren (erzeugt werden) wie etwa das, ein Ereignis als Beispiel einer Regelbefolgung zu analysieren" (Zimmermann/Wieder 1971, 288). Regeln sind mit anderen Worten zunächst Laien-Methoden der Interpretation der Sozialwelt. „Reference to rules might ... be seen as a common-sense method of accounting for or making available for talk the orderly features of everyday activities, thereby making out these activities as orderly in some fashion" (Zimmermann 1971, 233). Das „normative" Paradigma begreift Regelbefolgung als Anwendung unabhängig existierender Regeln auf Situationen, deren Bedeutungen vorgegeben sind und sich nicht selbst der Regelanwendung verdanken. Für die Ethnomethodologie konstituiert die „analysierende", erklärende Anwendung einer Regel jedoch erst den Sinn der Situation; Regeln sind also zunächst nicht „regulativ", sondern „konstitutiv" (vgl. Searle 1969; Shwayder 1965). „Common norms, rather than regulating conduct in predefined scenes of action, are instead reflexively constitutive of the activities and unfolding circumstances to which they are applied [...] What the activities are [...] is only visible and available in the first place through the application of norms and maxims of conduct" (Heritage 1984, 109). In diesen Zitaten kommt die Reflexivität des Verhältnisses zum Ausdruck, welches zwischen sozialer Realität und sozialer Kognition besteht. Da die soziale Welt — im Sinne von Schütz — eine vorinterpretierte Welt ist, kann sie eine Existenz diesseits der Deutungsakte der Akteure nicht besitzen. Stets handelt es sich bei diesen Deutungsakten um intersubjektive Prozesse, die sich im Medium der Alltagssprache vollziehen, und grundsätzlich ist jede soziale Handlung als bedeutungsvoll und regelgeleitet darstellbar; eine Unterscheidung zwischen rationalen und nichtrationalen Handlungen, wie sie etwa der Struktur-Funktionalismus vor-

sieht, findet im soziologischen Alltagsdenken keine Entsprechung.

Auch Regeln weisen eine indexikalische Struktur auf; ihre Geltung in einer Situation sowie der konkrete Sinn, den sie in ihr gewinnt, müssen stets neu ausgearbeitet werden. Es ist, wie Garfinkel (1967) schreibt, als ob eine Regel „immer wieder zum ersten Mal" angewendet werden müßte. Garfinkel hat die situationsspezifische Ausarbeitung einer Regel, die zugleich der Situation ihre Bedeutung verleiht, mit dem von dem Wissenssoziologen Karl Mannheim übernommenen Begriff der „dokumentarischen Methode der Interpretation" umschrieben (Mannheim 1964). „The method consists of treating an actual appearance as 'the document of', as 'standing on behalf' of a presupposed underlying pattern. Not only is the underlying pattern derived from its individual documentary evidences, but the individual documentary evidences, in their turn, are interpreted on the basis of 'what it known' about the underlying pattern. Each is used to elaborate the other" (Garfinkel 1967, 78). Regelanwendung geschieht vom Bezugspunkt des jeweiligen „Hier und Jetzt" der Interaktionsszene aus; Regelgebrauch ist Regelgebrauch von Beteiligten für Beteiligte: „by invoking rules and elaborating their sense for specific cases, members are able to describe their own courses of action as rational [...] 'for all practical purposes'. The work of making and accepting such descriptions of conduct makes social settings appear as orderly for the participants, and it is this sense and appearance of order that rules, in fact, provide and that ethnomethodologists, in fact, study" (Zimmermann/Wieder 1971, 292. Hervorh. J. S.).

Ethnomethodologie ließe sich folglich als Soziologie singulärer sozialer Situationen bezeichnen: aus der Sicht der Ethnomethodologie eröffnen deren intersubjektive Beschaffenheiten den Zugang zum Verständnis der Methoden, mit denen soziale Ordnung konstituiert wird. Hierauf zielt Garfinkel, wenn er schreibt: „The policy is recommended that any setting be viewed as self-organizing with respect to the intelligible character of its own appearances as either representations of or as evidences-of-a-social-order" (Garfinkel 1972 b, 323). Doch insistiert die Ethnomethodologie gerade auf dem methodischen Charakter der Herstellung sozialer Situationen (Bergmann 1981). Soziale Ordnung entspringt nicht aus einer vorgegebenen Übereinstimmung singulärer Situationen mit generellen Situationstypen, Regeln etc. — diese Übereinstimmung wird stets aufs neue erst bewirkt. Generell sind vielmehr die Methoden, mit denen die Übereinstimmung sozialer Situationen mit einer normativen Ordnung sichtbar gemacht wird: sie sind jedermann verfügbar. Es sind gesellschaftliche Methoden, „Ethno-Methoden", und ihnen gilt die analytische Bemühung: „as analysts, our interest is to explicate, in respect of naturally occuring occasions of use, the methods by which [...] orderliness can be displayed, managed, and recognized by members" (Heritage/Watson 1979, 124). Für die normative Soziologie sind die indexikalischen Besonderheiten einer Situation ein „Ärgernis", da sie deren Subsumierbarkeit unter allgemeine Kategorien zu einer stets offenen und nur programmatisch zu lösenden Frage macht. Aus der Sicht der Ethnomethodologie ist soziale Ordnung fortlaufendes Produkt des Gebrauchs von Methoden, die Einzelfälle als Einzelfälle erzeugen. Auch die „Partikularisierung" von Szenen sozialer Interaktion, die Orientierung der Beteiligten an einer spezifischen „diesen" Interaktion (Sacks/Schegloff/Jefferson 1974), ist eine Hervorbringung durch die Beteiligten. Soziales Handeln bedeutet daher „die Produktion einer Welt je besonderer, spezifischer Szenen durch eine Menge allgemeiner, formeller Praktiken" (Schegloff 1972, 117. Übersetzung J. S.).

5. Literatur (in Auswahl)

Atkinson, J. Maxwell/Heritage, John, eds., (1984) *Structures of Social Action*, Cambridge.

Benson, Douglas/Hughes, John A. (1983) *The perspective of ethnomethodology*, London/New York.

Berger, Peter/Luckmann, Thomas ([1964] 1972) *Die gesellschaftliche Konstruktion der Wirklichkeit*, Frankfurt a. M.

Bergmann, Jörg (1981) „Ethnomethodologische Konversationsanalyse", in: *Dialogforschung*, Jahrbuch 1980 des Instituts für Deutsche Sprache, Schröder, P./Steger, H., eds., Düsseldorf, 9 — 51.

Cicourel, Aaron V. ([1964 englisch] 1970) *Methode und Messung in der Soziologie*, Frankfurt a. M.

Cicourel, Aaron V. ([1973 englisch] 1975) *Sprache in der sozialen Interaktion*, München.

Cicourel, Aaron V. (1975) „Discourse and text: Cognitive and linguistic processes in studies of social structure", in: *Versus: Quaderni di Studi Semiotici* Sept. — Dec. 12, 33 — 84.

Coulter, Jeff (1970) „Decontextualized meanings: Current approaches to *verstehende* sociology", in: *Sociological Review* 18, 301 — 323.

Coulter, Jeff (1973) „Language and the conceptualization of meaning", in: *Sociology* 7, 173 — 189.

Coulter, Jeff (1974) „The ethnomethodological programme in contemporary sociology", in: *The Human Context* 6, 103 — 122.

Douglas, Jack, ed., (1971) *Understanding everyday life*, London.

Ervin-Tripp, Susan/Mitchell-Kernan, Claudia, eds., (1977) *Child discourse*, New York.

Filmer, P./Phillipson, M. et al. (1972) *New directions in sociological theory*, London.

Garfinkel, Harold (1963) „A conception of, and experiments with, 'trust' as a condition of stable concerted actions", in: *Motivation and social action*, Harvey, O. J., ed., New York, 187 — 283.

Garfinkel, Harold (1967) *Studies in ethnomethodology*, Englewood Cliffs, N. J.

Garfinkel, Harold (1972 a) „Studies in the routine grounds of everyday activities", in: *Studies in social interaction*, David Sudnow, ed., New York. 1 — 30.

Garfinkel, Harold (1972 b) „Remarks on ethnomethodology", in: *Directions in sociolinguistics*, Gumperz J./Hymes, D., eds., New York, 301 — 324.

Garfinkel, Harold/Sacks, Harvey ([1970 englisch], 1976) „Über formale Strukturen praktischer Handlungen", in: *Ethnomethodologie — Beiträge zu einer Soziologie des Alltagshandelns*, Weingarten, E./Sack, F./Schenkein, J., eds., Frankfurt a. M., 130 — 177.

Gumperz, John (1982) *Discourse strategies*, Cambridge.

Heritage, John (1984) *Garfinkel and ethnomethodology*, Cambridge.

Heritage, John/Watson, D. Rodney (1979) „Formulations as conversational objects", in: *Everyday language — studies in ethnomethodology*, Psathas, G., ed., New York, 123 — 162.

Husserl, Edmund (1968) *Logische Untersuchungen*, 3 Bde, Tübingen.

Katz, Jerrold J./Fodor, Jerry A. (1964) „The structure of a semantic theory", in: *The structure of a language. Readings in the philosophy of language*, Fodor, J. A./Katz, J. J., eds., Englewood Cliffs, N. J.

Leiter, Kenneth (1980) *A primer on ethnomethodology*, New York.

Mannheim, Karl (1964) *Wissenssoziologie*, Neuwied/Berlin.

Mehan, Hugh/Wood, Houston (1975) *The reality of ethnomethodology*, New York.

Nagel, Ernest (1961) *The structure of science*, London.

Popper, Karl ([1934] 1966) *Logik der Forschung*, 2. Aufl., Tübingen.

Psathas, George, ed., (1979) *Everyday language. Studies in ethnomethodology*, New York.

Sacks, Harvey/Schegloff, Emanuel A./Jefferson, Gail (1974) „A simplest systematics for the organization of turn-taking for conversation", in: *Language* 50, 696−735.

Schegloff, Emanuel A. (1972) „Notes on a conversational practice: Formulating place". In: *Studies in social interaction*, Sudnow, D., ed., New York, 75−119.

Schenkein, Jim, ed., (1978) *Studies in the organization of conversational interaction*, New York.

Schütz, Alfred ([1932] 1974) *Der sinnhafte Aufbau der sozialen Welt*, Frankfurt a. M.

Schütz, Alfred (1971) *Gesammelte Aufsätze*, 3 Bde, Amsterdam.

Schütz, Alfred/Luckmann, Thomas (1974/1978) *Strukturen der Lebenswelt*, 2 Bde, Frankfurt a. M.

Schütze, Fritz (1975) *Sprache soziologisch gesehen*, München.

Searle, John ([1969 englisch] 1971) *Sprechakte*, Frankfurt a. M.

Silverman, David/Torode, Brian (1980) *The material word*, London.

Shwayder, D. (1965) *The stratification of behavior*, London.

Streeck, Jürgen (1983) „Konversationsanalyse − Ein Reparaturversuch", in: *Zeitschrift für Sprachwissenschaft*, 2 (1), 72−104.

Sudnow, David, ed., (1972) *Studies in social interaction*, New York.

Turner, Roy, ed., (1974) *Ethnomethodology*, Harmondsworth.

Weingarten, Elmar / Sack, Fritz / Schenkein, Jim, eds., (1976) *Ethnomethodologie*. Beiträge zu einer Soziologie des Alltagshandelns, Frankfurt a. M.

Wieder, D. Lawrence (1974) *Language and social reality*, Den Haag.

Wieder, D. Lawrence/Zimmermann, Don H. (1976) „Regeln im Erklärungsprozeß − Wissenschaftliche und ethnowissenschaftliche Erklärungen", in: Weingarten E./Sack, F./Schenkein, J., eds., *Ethnomethodologie. Beiträge zu einer Soziologie des Alltagshandelns*, Frankfurt a. M., 105−129.

Wilson, Thomas P. (1971) „Normative and interpretive paradigms in sociology", in: *Understanding everyday life*, Douglas, J. D., ed., London, 57−79.

Wittgenstein, Ludwig (1958) *Philosophical investigations*, Oxford.

Zimmerman, Don (1971) „The practicalities of rule use". In: *Understanding everyday life*, Douglas, J. D., ed., London, 221−238.

Zimmerman, Don, H./Pollner, Melvin (1971) „The everyday world as a phenomenon", in: *Understanding everyday life*, Douglas, J. D., ed., London, 80−103.

Zimmerman, Don H./Wieder, Lawrence D. (1971) „Ethnomethodology and the problem of order". In: *Understanding Everyday Life*, Douglas, J. D., ed., London, 285−298.

Jürgen Streeck, Berlin (West)

80. Dialektsoziologie

1. Aufgabe, Objektbereich der Dialektsoziologie

Aufgabe der Dialektsoziologie ist es „die gesellschaftlichen und auch situativen Bedingungen und Funktionen zu erforschen, die die Verwendung der verschiedenen Varietäten innerhalb des einzelnen Sprachwissens und auch innerhalb der Sprachgemeinschaft charakterisieren" (vgl. Mattheier 1983, 1461). Objektbereich der Dialektsoziologie sind die Regionaldialekte, und zwar die Dialektvarietäten, die in einer Region verbreitet sind (vgl. auch Art. 54).

1.1. Nach dem Klassifizierungsschema der Systeme der gesprochenen Sprache von Wiesinger (1980), das allerdings noch der empirischen Absicherung bedarf, umfassen die Regionaldialekte sowohl die 'Basisdialekte' (in diesem Text auch 'Ortsdialekte' genannt) als auch die 'Verkehrsdialekte', die gleich nach der Umgangssprache und der Standardsprache kommen. Anderswo in Europa, entsprechen grosso modo die Regionaldialekte den 'patois' + 'dialectes' (vgl. Fourquet 1968) bzw. den 'parlate locali' + 'dialetti

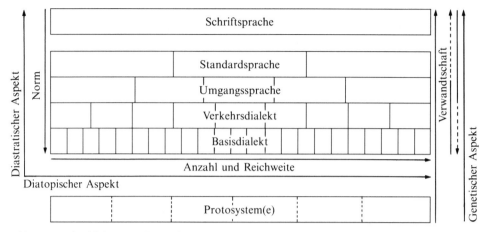

Abb. 80.1: Klassifizierungsschema der Sprachsysteme im deutschen Sprachraum (nach Wiesinger 1980, 186)

regionali' (vgl. Mioni 1975 und Art. 44). Historisch gibt es zwischen Ortsdialekten und Verkehrsdialekten einen grundsätzlichen Unterschied insofern die Ortsdialekte das Ergebnis einer sprachlichen Zersplitterung sind, während die Verkehrsdialekte aus einer sprachlichen Konvergenz hervorgehen (vgl. Devoto 1970; Wiesinger 1980). Sie können daher auch als Divergenz- bzw. Konvergenzdialekte verstanden werden.

Die niederösterreichische Konstellation, wie sie von Wiesinger (1980) erwähnt wird, weist ein vierstufiges Sprachsystem (oder vier Typen) der gesprochenen Sprache auf und zwar:

(i) den Ortsdialekt, der von den älteren Bauern und Handwerkern im alltäglichen Gespräch gebraucht wird,

(ii) den Verkehrsdialekt, der von den jüngeren Bauern, den Pendlern und der Dorfjugend verwendet wird,

(iii) die Umgangssprache, die von Geschäftsleuten, Gemeindebediensteten, dem Arzt, dem Lehrer außerhalb der Schule und dem Pfarrer gesprochen wird,

(iv) die Standardsprache, die in der freien Rede, dem Unterricht und der Predigt vorkommt.

Die eventuellen Übergänge von (i) zu (ii) und vice versa sind sozial- und generationsbedingt; die zwischen (i) bzw. (ii) zu (iii) und (iv) sind vor allem sozial- und situativ bedingt (siehe Abb. 80.1).

Dieses Schema kann in zwei Richtungen betrachtet werden. Horizontal stellen sich die diatopischen Differenzierungen heraus, deren Anzahl sich verringert (während die regionale Reichweite entsprechend zunimmt), wenn man vom Basisdialekt her zu den höheren

Sprachvarietäten übergeht. Senkrecht, und zwar (a) von unten nach oben, nimmt der Grad des Prestiges der Sprachvarietäten allmählich zu, und (b) von oben nach unten wird die Standardnorm zunehmend schwächer.

Wiesingers Schema berücksichtigt also gleichzeitig die räumlichen und soziologischen Komponenten der Sprache, und wenn man den Unterschied zwischen dem Basisdialekt und der Standardsprache diachronisch betrachten will, ist auch die chronologische Komponente impliziert.

2. Natur der Verhältnisse zwischen Regionaldialekten und überdialektalen Varietäten

Es sei hier erwähnt, daß die obengenannten räumlichen und soziologischen Komponenten auch von den Verhältnissen zwischen den sich in Kontakt befindenden Sprachvarietäten abhängen. Die Natur dieser Verhältnisse kann diatopisch auch sehr verschieden sein, je nach der Sprach- und Sozialgeschichte der Region. Innerhalb des hochdeutschen Sprachraumes stellt z. B. die deutschsprachige Schweiz (vgl. Art. 153) einen Sonderfall dar, und zwar insofern, als die Verkehrsdialekte öfter als 'Kantonaldialekte' zu verstehen sind (vgl. Zinsli 1956, 61 ff; Ris 1979). Außerdem unterscheiden meistens die Sprecher bewußt und deutlich zwischen Ortsdialekten und Kantonaldialekten, deren Anwendung hauptsächlich einer situativen Differenzierung entspricht. Noch deutlicher und bewußter ist dann der Unterschied zwischen schweizer-deutscher Umgangssprache und Hochdeutsch; eben daher konnte die schweizerische Situation von Ferguson (1959) als musterhaft für die Erfassung und die Definition der Diglossie (vgl. Art. 33) angenommen werden.

Im niederdeutschen Gebiet herrscht dagegen (vgl. Stellmacher 1977; 1981; 1985) eine nicht immer bewußte Mischung verschiedener Sprachformen, und zwar der Standardsprache, der Sondersprachen und des Dialekts vor.

2.1. Nach Mattheier (1980, 166 ff) lassen sich im binnendeutschen Sprachraum drei Haupttypen von Verhältnissen zwischen Regionaldialekten und überdialektalen Varietäten unterscheiden:

(i) dort, wo der Dialekt nur noch eine in alltäglich-privaten Situationen gesprochene, negativ bewertete Reliktsprache ist (z. B. in den nieder- und mitteldeutschen Städten), verdrängen ihn die regionale Umgangssprache bzw. die Standardsprache.

(ii) dort, wo der Dialekt gesellschaftlich und situativ geschichtet ist (= Dialekt als Sozialsymbol), gehört er zu einem Sprachspektrum, dessen Varietäten je nach der Öffentlichkeit und der Formalität der Situation vom Sprecher gewählt werden können. Natürlich kann dieses Spektrum diatopisch, generationell und diastratisch in verschiedener Weise verstanden und verwendet werden. Es handelt sich um den verbreitetsten Typ im binnendeutschen Sprachraum.

(iii) dort, wo der Dialekt die Alltagssprache der gesamten Gemeinschaft ist, also aller Sozialschichten und Generationen (Dialekt als Hauptvarietät. Beispiel: deutschsprachige Schweiz), wird er nur in bestimmten öffentlichen und formellen Situationen von den regionalen und überregionalen Varietäten ersetzt. — Zusammenfassend kann man diese drei Typen auch in der Reihe (iii) → (ii) → (i) als aufeinanderfolgende Phasen eines allgemeinen Auflösungsprozesses der Dialekte betrachten.

2.2. Um zu zeigen, daß dieser Auflösungsprozeß nicht nur den deutschen Sprachraum betrifft, und daß er innerhalb eines weiteren Gesamtbildes erfaßt werden soll, möchten wir hier andere Konstellationen von Sprachrepertoires in einem begrenzten romanischen Bereich erläutern.

2.2.1. In Frankreich (vgl. Art. 160), und allgemeiner im französischen Sprachraum, kann man heute von Verkehrsdialekten eigentlich

nicht mehr sprechen. Das bedeutet nicht, daß es in der Vergangenheit keine Form von Konvergenzdialekten gegeben hat. Im Gegenteil, die traditionellen Definitionen von *langue, dialecte* und *patois* zeigen, daß man unter 'dialectes' Sprachvarietäten verstand, die für ganze Provinzen und Regionen charakteristisch waren (vgl. Martinet [1954] 1976, 86), die gewissermaßen auch über eine eigene Literatur verfügten. Allerdings hat in Frankreich eine zentralisierte Sprachpolitik jede Sprachvarietät abgewertet, die mit der Einheitssprache nicht übereinstimmte. Die örtlichen Führungspersönlichkeiten traten „als Interpreten zwischen der Zentralgewalt und der Landbevölkerung" auf, so daß die Provinzbewohner „zunehmend versucht oder genötigt" waren, „die Sprache der Hauptstadt zu erlernen" (vgl. Martinet [1954] 1976, 87). Unter diesen Umständen verloren die alten 'dialectes' ihre soziale Bewertung und ihre Funktion, die 'patois' zu gruppieren und zusammenzuhalten. Im heutigen französischen Sprachrepertoire kann man also nicht mehr von einer Einteilung in 'langue', 'dialectes' und 'patois' sprechen, sondern — wenn auch regional unterschiedlich — nur von 'patois'-Resten, denen sich das *français régional* und die Einheitssprache entgegenstellen. Dementsprechend existieren heute im französischen Sprachraum kaum Probleme der sprachlichen Variation zwischen Dialekt, Umgangssprache und Hochsprache. Erscheinungen von Sprachmischung und code-switching können jedoch zwischen Standardsprache und Sondersprachen (argots) und/oder Regionalsprachen auftreten.

2.2.2. Anders ist die Situation im italienischen Sprachraum, wo die Regionaldialekte infolge der traditionellen kulturellen Vielfalt und der spät erfolgten politischen Einigung und Industrialisierung des Landes immer noch lebendig sind. Das sechsstufige Klassifizierungsschema der italienischen Sprachsysteme von Mioni (1975) (I_1: Literatursprache; I_2: formelle gesprochene Sprache; I_3: informelle, regional „markierte" gesprochene Sprache; D_1: Verkehrsdialekt; D_2: Dialekt der Landeshauptstadt; D_3: Ortsdialekt) kann im großen und ganzen akzeptiert werden, obwohl die örtlichen Situationen sich auch erheblich voneinander unterscheiden können. Auf jeden Fall muß man annehmen, daß — wenn auch in der letzten Zeit von einem dialektalen Monolinguismus (zugleich Analphabetismus) immer weniger die Rede sein kann — die

Erscheinungen der dialektalen Diglossie in Italien häufiger und markanter sind als im deutschsprachigen Raum. Daneben gibt es in Italien immer noch sogenannte Stadtdialekte. Die Verkehrsdialekte ihrerseits bilden richtige Kernlandschaften, besonders um die Großstädte herum (Turin, Mailand, Venedig im Norden; Florenz und Rom im Zentrum; Neapel im Süden). Nur im Kanton Tessin, wo keine wichtigen städtischen Zentren existieren, bildete sich ein Verkehrsdialekt dank des örtlichen Eisenbahnnetzes (das sogenannte Eisenbahnertessinisch) heraus. Der Unterschied zwischen Stadtdialekt und Verkehrsdialekt liegt hingegen wohl weniger in der Sprachstrukturierung als im kommunikativen Gebrauch. Während der Stadtdialekt weiterhin aus einem komplexen Zusammenhang von schichtspezifischen Variablen und Registern besteht, die die Kommunikation in den jeweiligen Situationen und Kontexten absichern, entbehren die Verkehrsdialekte einer eigenen diastratischen Differenzierung und werden meistens als formelles oder halbformelles Register verwendet. Obwohl die Verkehrsdialekte nach dem Muster der Stadtdialekte strukturiert sind, entsprechen sie lediglich dem mundartlichen Gebrauch der städtischen Kleinbürger in nicht familiären oder vertraulichen kommunikativen Situationen. Sie bilden daher, trotz des strukturellen Unterschieds, eine vorwiegend diaphasische Varietät der Ortsdialekte. Außerdem kommt die Sprachmischung samt code-switching zwischen Stadtdialekt und italienischer Umgangssprache (vgl. Berruto 1985 und im Druck) öfter als zwischen Ortsdialekten und Verkehrsdialekten vor. Dazu kommt noch, daß die Toskana ein Unicum in Europa darstellt, insofern die Regionaldialekte nichts anderes als diaphasische Register der italienischen (= florentinischen) Schriftsprache sind.

3. 'Soziale Schicht', 'Geschlecht' und 'Alter' als Determinanten der Regionaldialekte

Bisher wurden die Sprachvarietäten lediglich aufgrund der Kategorien 'Substandard' und 'Regionalität' erfaßt. Es müssen jedoch soziokulturelle Determinanten hinzugezogen werden, insbesondere soziale Schicht, Geschlecht und Alter der Sprecher. Der vorliegende Text bezieht sich mehrmals auf Unterschiede im Gebrauch des Dialekts, die mit der unterschiedlichen sozialen Schicht der Sprecher zu erklären sind. Man muß präzisieren, daß die soziale Schichtenzugehörigkeit der Sprecher wohl mit ihrem Wohnort (Stadt oder Land), Bildungsniveau, Beruf und ihrer Einkommenshöhe zusammenhängt, aber mit keinem dieser Faktoren völlig zusammenfällt.

3.1. Daß es einen Unterschied im Dialektgebrauch zwischen Frauen und Männern gibt, und daß dieser Unterschied nicht auf biologische, sondern soziologische und rollenspezifische Bedingungen zurückzuführen ist, bleibt unbestritten (vgl. Mattheier 1980, 25 ff. Vgl. auch Art. 89). Unterschiedliche Berufstätigkeiten (die oft mit einem verschiedenen Bildungsniveau verbunden sind) und geringere regionale und extraregionale Erfahrungen und Tätigkeiten, die hauptsächlich auf das Heim beschränkt waren, ließen die Frauen in der traditionellen Gesellschaft als 'Hort der Mundart' gelten. In einer industrialisierten Gesellschaft scheinen jedoch die Frauen in vielfacher Hinsicht die Annäherung an die Standardsprache zu begünstigen, und zwar sowohl als Mädchen in den Schulen als auch in den adoleszenten peer groups und später in ihrer Rolle als Mutter. Allerdings treten die geschlechtsspezifischen Unterschiede im Dialektgebrauch vor allem in den Auswanderungssituationen auf, wo sich die soziologischen Unterschiede zwischen Frauen und Männern verschärfen. In den Gebieten, wo eine saisonale bzw. zeitlich bedingte Migration der Männer üblich war, kam es innerhalb der Familie zu einer Zersplitterung der Sprachkompetenzen, indem die Frauen eine bessere Sprach- und Sachkenntnis der Landwirtschaft zeigten, während die Männer über eine regional- und überregionalorientierte Mehrsprachigkeit verfügten (vgl. Ciravegna 1957—1958). In späteren Zeiten stellt die Auswanderung in ausländische Industriegebiete die Möglichkeit einer solchen Zersplitterung noch deutlicher dar, weil sie auch die zweite Generation miteinbezieht. Von den Bias- und Umgebungsfaktoren, die die Sprachintegration der Gastarbeiter in der BRD bedingen (vgl. Klein 1979), wirken sich nur wenige zugunsten der häufig isolierten Hausfrauen aus. In diesem spezifischen Fall werden die Frauen vielmehr mit der Übertragung des kulturellen und sprachlichen (dialektalen) Erbgutes des Herkunftslandes betraut.

3.2. Was die Determinante 'Alter' anbelangt (vgl. Art. 88), so ist bekannt und mehrfach bewiesen (vgl. Mattheier 1980, 40—59), daß der höchste Dialektalitätsgrad innerhalb einer Sprachgemeinschaft bei der älteren Generation auftritt. Es bleibt jedoch umstritten, wie sich das biologische Alter auf die Veränderung des Dialektes auswirken kann, das heißt, ob und in welchem Maße auch andere soziologische Faktoren diese Veränderung bedingen können. Daher spricht man eher von einem *sozialen Alter*, was erlaubt, die Verwendung der Sprachvarietäten mit sechs Phasen des Lebenslaufes eines Sprechers in Beziehung zu bringen:

(i) die primäre Erziehung, die heute des öfteren in der Standardsprache erfolgt,

(ii) die schulische Spracherziehung, wodurch das Kind seine Kompetenz in der Standardsprache und das Bewußtsein bezüglich der Mehrsprachigkeit seiner Sprachgesellschaft verfestigt,

(iii) der Eintritt in das Berufsleben, der ein komplexer Prozeß ist und entweder in der Verfestigung oder in der Erweiterung der sprachlichen und kommunikativen Kompetenzen zum Ausdruck kommt,

(iv) die Eheschließung, die aufgrund der verschiedenen Herkunft der Ehepartner die Gelegenheit zur gegenseitigen Anpassung zweier individueller Sprachsysteme sein kann,

(v) die Kindererziehung, in der die Frau die Verwendung der Standardsprache verstärkt. Erst um das 45. Lebensjahr, wenn die Kinder nicht mehr im Hause sind, verwendet die Mutter wieder den Dialekt und nähert sich daher dem gleichgebliebenen Sprachverhalten des Mannes wieder an,

(vi) das Ausscheiden aus dem Berufsleben, mit dem sich das Individuum wieder verstärkt seinem privaten Lebenskreis zuwendet.

Daraus konnte man schließen (vgl. Mattheier 1980, 55 ff), daß die Veränderungen des Sprachsystems weniger auf die von den Kindern verallgemeinerten Neuerungen zurückzuführen sind als auf die Entlehnungen und auf die Interferenzen, die durch die Sprachkontakte in den verschiedenen Altersstufen (über die Rolle der 'peer group' im Spracherwerb der Jugendlichen, vgl. Labov 1977) zustandekommen. Daher sollen diese Veränderungen vor allem im Sprachverhalten der mittleren Gesellschaftsschichten in öffentlichen kommunikativen Situationen erfaßt werden. Ihrerseits können die Neuerungen inter- bzw. innersystematisch sein. Im ersten Fall handelt es sich um Interferenzen zwischen den in einer Sprachgemeinschaft koexistierenden Varietäten. Im zweiten Fall

können die Neuerungen in jeder sozialen Gruppe und in jeder beliebigen kommunikativen Situation auftreten, jedoch ist die Wahrscheinlichkeit ihrer Verallgemeinerung der Starrheit der Sprachnorm umgekehrt proportional.

Es sei hier jedoch hinzugefügt, daß sich insbesonders die obenerwähnten Phasen des soziologischen Alters der Sprecher auf die hochindustrialisierte deutsche Situation beziehen. Anderswo muß man in der ersten Phase auch die Großeltern einbeziehen, da sie entweder in der Familie leben, oder die Kinder in der Abwesenheit der Eltern in ihre Obhut nehmen. In der alemannischen Sprachkolonie Gressoney, im Aostatal, wurde z. B. festgestellt, daß die Kinder öfter mit den Großeltern als mit den Eltern 'titsch' reden (vgl. Giacalone-Ramat 1979, 75). Dasselbe kann auch in Auswanderungssituationen vorkommen. Außerdem muß man bemerken, daß, obwohl die Mutter in der Phase (i) ihre Sprache gegenüber den Kindern durchsetzt, diese Sprache nicht immer der Standard ist. Dies trifft z. B. auch auf Gressoney zu, wo im Fall von Mischehe mit einem nicht alemannischsprechenden Mann, die Mutter oft 'titsch' mit den Kindern redet, vor allem wenn sie der unteren Sozialschicht angehört (vgl. Giacalone-Ramat 1979, 71 f). Auch in einer Auswanderungssituation erfolgt die primäre Erziehung normalerweise nicht in der Standardsprache, sondern im Dialekt des Herkunftgebietes der Familie (vgl. Grassi 1981; 1982).

4. Diglossie und Domänen als situative Steuerungsfaktoren der Sprachvarietät

Geschlecht und Alter sind jedoch keine situativen Steuerungsfaktoren des kollektiven Sprachverhaltens. Das Phänomen Diglossie (vgl. Art. 33 und Ferguson 1959), worin sich eine 'hohe Sprachvarietät' im Bereich Schule, Kirche, Beruf und Administration und eine 'niedrige Sprachvarietät' im Bereich Familie und Nachbarschaft unterscheiden lassen, tritt allein oder in Verbindung mit verschiedenen Graden von Bilinguismus in allen Sprachgemeinschaften auf. Hingegen erfassen die Domänen (vgl. Fishman 1970, 51—56 und Art. 27, 81) die Korrelation zwischen sozialen Faktoren (Ort, Zeit und Rollenbeziehung) und verwendeter Sprachvarietät. Allerdings ist es nicht immer möglich, das individuelle

Sprachverhalten ausschließlich unter Rückgriff auf die Domänen zu erklären; manchmal können sich Komponenten wie 'Öffentlichkeit' der kommunikativen Situation oder 'Gesprächspartner' (Giacalone-Ramat 1979, 62 ff) auf die Wahl der Sprachvarietät noch stärker als die Domänen auswirken. Im allgemeinen sind 'Diglossie' und 'Domäne' Kategorien, die innerhalb der zahllosen kommunikativen Situationen nur einige diskrete Einheiten zu ermitteln erlauben. Es kann trotzdem interessant sein, den Unterschied zwischen 'Makro-' und 'Mikrodiglossie' zu erwähnen, der in der von Trumper (1977) durchgeführten Analyse des norditalienischen Sprachkontinuums zum Ausdruck kam. Makrodiglossisch ist eine Konstellation, wo die Sprachmischung am häufigsten vorkommt und wo das 'code-switching' eine hohe Anzahl von Domänen betrifft. Weiter gibt es in einer makrodiglossischen Konstellation einen Verkehrsdialekt, der einen starken Druck auf die Ortsdialekte ausübt. In einer mikrodiglossischen Konstellation ist dagegen das 'code-switching' auf ein einziges oder auf zwei Domänen (normalerweise die Familie und eventuell die 'peer-group') beschränkt, und es gibt weder einen eigentlichen Verkehrsdialekt noch Sprachmischung zwischen den anderen Varietäten. Außerhalb der Domänen Familie und peer-group verwendet man normalerweise lediglich die italienische Umgangssprache. Diesen Unterschied braucht Trumper um drei Fragen zu beantworten: a) warum die Dialekte länger bewahrt werden im Falle einer Makrodiglossie als im Falle einer Mikrodiglossie; b) warum die Schüler in einer Mikrodiglossie besser als in einer Makrodiglossie die Standardsprache verwenden und lernen; c) warum Makrodiglossie und Mikrodiglossie verschiedene Typen von Sprachwandel verursachen.

5. Die individuell-situativen Steuerungsfaktoren der Sprachvarietät: die Öffentlichkeit, die Urbanisierung und die Ortsloyalität

Wenn wir hier 'Situation' als „die unmittelbar gegebene, konkrete Wirklichkeit, in der sich der Mensch befindet, und in der sich Sozialhandeln − also auch Sprechen − ereignet" auffassen (vgl. Mattheier 1980, 19), so müssen wir situativ-individuelle Steuerungsfaktoren der Sprachvarietäten berücksichtigen, wie

die Öffentlichkeit, die Urbanität und die Ortsloyalität.

Obwohl es noch nicht klar ist, inwieweit sich jede von diesen drei Komponenten auf die Varietätswahl der Sprecher auswirkt, kann man doch annehmen, daß eine öffentliche (= überregionale) kommunikative Situation die Verwendung der höheren Varietäten verlangt (Mattheier 1983, 1462 ff). Eine kommunikative Situation kann sowohl durch den Gesprächspartner als auch durch die Komponenten Formalität, Gesprächsthema, gesellschaftlicher Rahmen, Gesprächsintention an Öffentlichkeit gewinnen. Unter 'Urbanisierung' versteht man vor allem das urbanistische, kulturelle und soziale „Kontinuum" der städtischen Lebensformen und -verhaltensweisen, das auch außerhalb der Stadt vorkommt. Die 'Ortsloyalität' verursacht dagegen entweder die bewußte Anpassung der städtischen Lebensformen und -verhaltensweisen oder ihre Ablehnung.

Hier sei noch erwähnt, daß eine Verstärkung der Ortsloyalität Auswirkungen auf die Komponente Öffentlichkeit haben kann. Die Aufmerksamkeit, die die Schule im Aostatal seit zwanzig Jahren auf das sprachliche und kulturelle regionale Erbgut (vgl. 6.2.) richtet, hat das frankoprovenzalische „patois" in eine öffentlichere Sprachvarietät (freie Rede, Theater, Literatur) verwandelt.

6. Dialekt und Schule

6.1. Während der Dialekt mit der Sprachgemeinschaft und dem Regionalleben eng verbunden ist, spielt die Institution Schule eine Hauptrolle in der Politik der sprachlichen Vereinigung der modernen Nationalstaaten. Dialekt und Schule stehen daher fast überall (mit Ausnahme der deutschen Schweiz) in Widerspruch zueinander. Trotz der Meinungen von hervorragenden Sprachwissenschaftlern (Ascoli [1873] 1975, 32, behauptete die „zweisprachigen Kinder" seien „begünstigende Umstände" für den kulturellen Fortschritt einer Nation) wurden im allgemeinen die Dialekte als das der nationalen Verschulung entgegenstehende Element oder sogar, wie in Frankreich zur Zeit der Revolution, als eine politische Gefahr betrachtet. Pädagogische Richtungen − bereits in der zweiten Hälfte des neunzehnten Jahrhunderts − empfahlen wohl das Unbekannte (die Nationalsprache) aus dem den Kindern schon Bekannten (dem Dialekt) zu lehren (vgl. Hildebrandt 1867, zit. in Mattheier 1980, 130);

diese Empfehlungen fanden aber kaum Anwendung in der damaligen Schule. In Italien
befürwortete zwar das Unterrichtsministe-
rium gleich nach der politischen Einheit die
Veröffentlichung zahlreicher Dialektwörter-
bücher, um Lehrern und Schülern den lexikalischen und phraseologischen Vergleich zwischen Dialekt und Standardsprache zu erleichtern. Noch unter der ersten Regierung
Mussolinis (1923) wurde von den Schulbe-
hörden eine Serie von morphologischen
Übungen und Lektüren Dialekt/Standardita-
lienisch gefördert. Später wurde aber eine
ausgesprochen nationalistische, gegen Dialekte und Minderheitssprachen (Deutsch,
Französisch, Slovenisch) intolerante Schul-
politik betrieben.

6.2. Erst in den 70er Jahren beschäftigte man
sich mit dem Problem der Beziehungen zwischen Dialekt und Schule innerhalb des allgemeinen Problems der Schulausbildung der sozial benachteiligten Kinder. Man verlangte
daher eine Sprachdidaktik, die den Dialekt
als legitime Komponente des nationalen
Sprachrepertoires betrachtet. Außerdem forderte man eine gründliche Erneuerung dieser
Sprachdidaktik, um nicht mehr einfach die
Sprachnormen, sondern das Bewußtsein von
der Sprachvariabilität und dem funktionellen
und situativen Gebrauch der Sprachvarietäten zu stützen. In diesem Sinn scheint der
Vorschlag von Löffler (1972; 1974; 1979), die
Standardsprache gegenüber den Dialekten als
Fremdsprache aufzufassen und sie konsequent als solche zu lehren, aus sprachwissenschaftlichen Gründen nicht akzeptabel (vgl.
Mattheier 1980, 130 ff). In Italien hat die 'Società di Linguistica Italiana' seit ihrer Gründung (1966) dieselben Probleme gründlich erörtert. 1975 wurden die 'Zehn Thesen für eine
demokratische Sprachausbildung' veröffentlicht (vgl. Giscel [1975] 1977). Diese Thesen
fordern die Rücksicht gegenüber der Kultur
und der Sprache der Schüler und empfehlen
den Sprachunterricht als Mittel um die kommunikative Kompetenz zu steigern und zu
verbessern. Unabhängig davon regte man im
Aostatal während der letzten zwanzig Jahre
über die Schule ein direktes Interesse für die
frankoprovenzalischen Dialekte an, wodurch
die regionale Identität verstärkt wird und die
Verwendung der französischen Sprache eine
kulturelle Fundierung bekommt. Es handelt
sich nicht darum, den Dialekt in der Schule

zu unterrichten, sondern durch den Dialekt
die regionale Umwelt systematisch zu erforschen und sie wieder neu aufzuwerten.

7. Die Beschreibung der Sprach-
varietäten (vgl. Art. 112−115)

7.1. Das erste Modell, das zur Beschreibung
von zwei in Kontakt stehenden Dialektsy-
stemen diente, war das Diasystem, mittels
dessen Systeme, die sich nur partiell voneinander
unterscheiden (vgl. Weinreich [1953]
1974), beschrieben werden. Im nordpiemon-
tesischen Sprachgebiet finden wir z. B. die
Metaphonie der betonten Vokale $a (\to \varepsilon)$: *gat*
'Katze' ~ *gɛt* 'Katzen', *maŋ* 'Hand' ~ *mɛŋ*
'Hände' usw. und der betonten Vokale $e (\to$
$\varepsilon)$: *pe* 'Fuß' ~ *pɛ* 'Füße' usw. Außerdem gibt
es eine regelmäßige Opposition zwischen /a/
und /e/: *kan'ta* 'gesungen' ~ *kan'te* 'singen',
usw. Im Turiner Verkehrsdialekt tritt hingegen nur diese letzte Opposition, nicht aber die
Metaphonie auf. Man kann also den Kontakt
zwischen dem Verkehrsdialekt (1) und dem
Ortsdialekt (2) folgenderweise beschreiben:

$$1, 2 \, / \, / \, \ldots \frac{1 \quad e, \varepsilon}{2 \, e \sim \varepsilon} \approx a \ldots / \, /$$

Zwischen (1) und (2) gibt es jedoch ein verti-
kales Verhältnis, insofern nur das dominierte
System (2) Neuerungen vom dominierenden
System (1) bekommt, und nicht vice versa.
Eigentlich bemerkt man, daß, während in (2)
die Opposition $a \sim e$ sehr lebendig ist und
von den von (1) ausgehenden Neologismen
immer wieder verstärkt wird, die Metaphonie
sich offenbar in einer Krise befindet. Besonders in Kontakten mit Fremden werden solche Phänomene wie die Opposition zwischen
Singular und Plural (*ky'ɲa* 'Schwager, Schwä-
gerin' ~ *ky'ɲɛ* 'Schwager, -innen') völlig aufgehoben. Dazu kommt noch, daß die aufge-
gebenen Serien normalerweise die Elemente
des Wortschatzes betreffen, die öfter in den
Kontakten außerhalb der Sprachgemeinschaft vorkommen. Das Diasystem ist also
nicht imstande die quantitativen Elemente
des Sprachsystems hervorzuheben und berücksichtigt nicht die qualitativen, extralinguistischen Faktoren, die während des Kontaktes zwischen den Systemen auf den Plan
treten (vgl. Grassi 1968; [1969] 1974).

7.2. Wenn auch das Diasystem ein noch un-
vollkommenes Verfahren zur Beschreibung
der in einem Sprachraum koexistierenden

Dialektvarietäten ist, stellt es doch das erste Beispiel einer Dialektologie dar, die als Objektbereich die Sprachvarietät und nicht mehr den einzelnen, von seiner Umwelt isolierten Dialekt hat. Das Verfahren, das Ammon (1973) und Ruoff (1973, 196 ff) vorschlagen, drückt in Zahlenwerten die Abstufung der Redekette zwischen Dialekt und Standardsprache aus. Dieses Verfahren kann jedoch eher dort angewendet werden, wo eine effektive „Redekette" von Sprachmischungen zwischen Dialekt und Standardsprache existiert, als dort, wo Dialekt und Standardsprache lediglich durch code-switching in Verbindung stehen. Ebenso wurde das Verfahren der Sprechstufenermittlung durch Silbenreduktionsmessung (vgl. Gfirtner 1972, zit. in Rein 1983, 1447) angesichts der spezifischen Konstellation der bayerischen Mundarten erdacht, in dem die Anzahl der gesprochenen Silben immer geringer als in den entsprechenden Sätzen der Standardsprache ist. In der europäischen Dialektologie kann jedoch auch das Gegenteil vorkommen, wie z. B. zwischen Französisch und Okzitanisch. Auch die Schibboleth-Sätze (vgl. Rein 1977; 1983, 1447 f), in denen fünf morphophonemische und lexikalische Stufenvarianten kombiniert werden, beruhen auf typisch deutschen Sprachverhältnissen und könnten in einem romanischen Sprachraum kaum Anwendung finden. Interessant ist jedoch, daß, im Gegensatz zu den ersten beiden Verfahren, im letzten Fall auch die Variable 'Situation' eingeführt wird.

7.3. Die aus der Stratifikationsforschung amerikanischer Stadtvarietäten (vgl. Fishman 1968, Labov 1963; Labov/Cohen/Robins u. a. 1968; Labov 1973) hergeleiteten Instrumente zur Erforschung der Sprachvariation haben auch in Europa Anwendung gefunden (vgl. Mattheier 1979, zit. in Mattheier 1980). Die Sprachheterogenität, als Normalfall angenommen, wird nach dem Regelapparat der generativen Transformationsgrammatik beschrieben. Die variablen Regeln von Labov (vgl. Dittmar 1973, 170 ff), durch die der Hörer Informationen über Herkunft, Bildung, Geschlecht, Alter seines Gesprächspartners unbewußt wahrnimmt, sind besonders geeignet, die sprachlichen Erscheinungen mit außersprachlichen Steuerungsfaktoren zu korrelieren. Daher fanden diese Regeln in einer Studie Anwendung, die Giannelli/Savoia (1978—1980) der Abschwächung der Verschlußlaute in der Toskana gewidmet haben.

Es handelt sich darum, die Verknüpfung zwischen der florentinischen Spirantisierung der intervokalischen, in gedeckter Stellung stimmlosen Verschlußlaute und der Sonorisierung im selben Kontext festzustellen, die es überall in der Region gibt. Die Ergebnisse dieser Studie sind sowohl diachronisch (die heutige florentinische Spirantisierung geht auf eine ältere Spirantisierung zurück) als auch diatopisch (die florentinische Spirantisierung hat sich infolge der Industrialisierung der Städte in der letzten Zeit sehr rasch verbreitet) und pragmatisch (das formelle Register begünstigt dagegen die stimmlose Aussprache der Konsonanten, nach dem Modell der Standardsprache).

7.4. Mioni/Trumper (1977. Vgl. auch Mioni 1976) beschreiben das sprachliche 'Kontinuum' (in Anschluß an die Implikationskala nach DeCamp (1971; 1971 a)) im Zentralgebiet Venetiens (Padua und ländliche Umgebung). Es handelt sich dabei um die Beschreibung der wechselseitigen Interferenzen zwischen vier dialektalen und ebensovielen umgangssprachlichen Stufen, die einstweilen festgestellt werden konnten. Der Regelapparat ist dreierlei: (i) kategorische Regeln, (ii) variable Regeln im Sinne von Labov (1973) und (iii) parallele, oder gesonderte Regeln nach Chomsky/Halle (1968). Die Interferenzen werden als Verschiebungen von einzelnen Regeln oder Regelgruppen bzw. Regelteilen von einem System zum anderen beschrieben. Die interessantesten Ergebnisse sind folgende:

(a) in der Richtung I → D nehmen die Interferenzen von der niedrigsten zu der höchsten Varietät allmählich zu. In der Richtung D → I nehmen die Interferenzen von der niedrigsten zu der höchsten Varietät dagegen ab;

(b) die Varietät ist postzyklisch, wenn sie sich auf Regeln von niedrigem Niveau bezieht, dagegen zyklisch in den anderen Fällen;

(c) die Neutralisierung von phonetischen Varietäten zwischen Land und Stadt ist Funktion (i) des Stils, (ii) des Themas und (iii) des Gesprächspartners. Außerdem wurde in einer auf dem Land wohnenden Familie festgestellt, daß die Frau ein größeres Bewußtsein bezüglich der Neutralisierung besitzt als ihr Mann.

7.5. Während die italienischen Dialektologen die diatopischen bzw. diachronischen Aspekte der Sprachvariation ständig berücksichtigen, stellt die Pilotstudie über den

Sprachgebrauch in Ulrichsberg/Oberösterreich (vgl. Weiss 1982) ein Beispiel von umfassender und tiefgehender Analyse des Sprachverhaltens einer einzigen Sprachgemeinschaft dar (vgl. auch Mattheier 1979; Becker 1982). Schwerpunkt der Studie ist „die sozial und situativ determinierte Variation sprachlicher Formen und Strukturen, insbesondere zwischen solchen mit überregionaler bzw. standardsprachlicher Geltung" (Weiss 1982, 375). Eben weil diese Studie so ausführlich einen einzigen Sprachpunkt erforscht, sind einige in ihr erzielte Ergebnisse (wie z. B. die Korrelation zwischen Gebrauch von Sprachformen und Einschätzung der Verwendungsregeln) höchst interessant und können unter Umständen als allgemeine Erkenntnisse der Dialektforschung betrachtet werden.

7.6. Die Beschreibungen der sprachlichen Variation, in denen Sprachvarianten mit soziologischen und situativen Parametern korreliert werden, sind nicht imstande zu erklären, warum sich die phonologische Variable soziolinguistisch in verschiedener Weise verhalten kann. Dressler (1975), Leodolter (1975), Dressler/Wodak (1982) schlagen daher ein soziopsychologisches Modell vor, das zwei diskrete phonologische Systeme sowohl für die Standardsprache als auch für den (Wiener) Dialekt enthält. Diese Systeme unterscheiden zwischen prälexikalischen Prozessen (= phonologisches Inventar) und postlexikalischen Prozessen (= Anpassung an die Bedürfnisse der Artikulationserleichterung und an das Sprachsystem). Es ist daher möglich, die prälexikalischen phonologischen Variablen als ‘input-switching-rules’ zu betrachten. Weiter unterscheidet man, im Sinne der ‘natürlichen Phonologie’ (vgl. Dressler 1984) zwischen (i) ‘foregrounding processes’ (Diphthongierung, Epentese, usw.), die in formellen Kommunikationssituationen vorherrschen und (ii) ‘backgrounding processes’ (Assimilation, Kürzungen, Tilgungen, usw.; z. B.: [geśe:ən] vs. [kse:n]), die im Gegenteil in informellen Kommunikationssituationen häufiger sind. Danach werden nicht nur phonologische Stilebenen mit sozialen Interaktionen verknüpft, sondern auch ‘Idealstile’ erstellt, die implikatorisch angeordnet sind. — Dieses Modell bringt unter anderem eine Neufundierung des Begriffes ‘Situation’, die eine differenzierte Einheit ist, und die in soziologische, psychologische und soziopsychologische Komponenten zergliedert werden muß. Zudem wird eine Integration von soziolinguistischer, so-

zialpsychologischer und linguistischer Theorie versucht. — Obwohl dieses Verfahren noch einige Fragen offen läßt (vgl. Scheutz/Haudum 1982, 305 f), stellt es zweifellos einen interessanten Versuch dar, Aporien zu meistern, die die üblichen Beschreibungen der Sprachvariation enthalten (z. B. die Linearität von Implikationsskalen). Darin könnte eine primäre Aufgabe der europäischen Dialektforschung in nächster Zeit liegen.

8. Literatur (in Auswahl)

Ammon, Ulrich (1972) *Dialekt, soziale Ungleichheit und Schule*, Weinheim/Basel.

Ammon, Ulrich (1973) *Dialekt und Einheitssprache in ihrer sozialen Verflechtung*. Eine empirische Untersuchung zu einem vernachlässigten Aspekt von Sprache und sozialer Ungleichheit, Weinheim/Basel.

Ammon, Ulrich ([1973] 1977) *Probleme der Soziolinguistik*, 2. Auflage, Tübingen.

Ammon, Ulrich (1978) *Schulschwierigkeiten von Dialektsprechern*. Empirische Untersuchungen sprachabhängiger Schulleistungen und des Schüler- und Lehrerbewußtseins mit sprachdidaktischen Hinweisen, Weinheim/Basel.

Ammon, Ulrich (1983) „Soziale Bewertung des Dialektsprechers: Vor- und Nachteile in Schule, Beruf und Gesellschaft", in: *Dialektologie*. Ein Handbuch zur deutschen und allgemeinen Dialektforschung, Besch, W./Knoop, U./Putschke, W. et al., eds., Berlin/New-York, 2. Bd., 1499—1509.

Ammon, Ulrich/Knoop, Ulrich/Radtke, Ingulf, eds., (1978) *Grundlagen einer dialektorientierten Sprachdidaktik*. Theoretische und empirische Beiträge zu einem vernachlässigten Schulproblem, Weinheim/Basel.

Ascoli, Graziadio-Isaia ([1873] 1975) *Scritti sulla questione della lingua*, a cura, con Introduzione e nota bibliografica di C. Grassi, Torino.

Bausinger, Hermann (1972) *Dialekte, Sprachbarrieren, Sondersprachen*, Frankfurt a. M.

Bausinger, Hermann (1973) „Dialekt als Sprachbarriere?", in: *Dialekt als Sprachbarriere?* Ergebnisbericht einer Tagung zur alemannischen Dialektforschung, Bausinger, H., ed., Tübingen, 9—27.

Becker, Donald A. (1982) „Der Dialekt von Barr (Elsaß). Eine Pilotstudie im Rahmen der generativen Dialektologie", in: *Dialektologie*. Ein Handbuch zur deutschen und allgemeinen Dialektforschung, Besch, W./Knoop, U./Putschke, W. et al., eds., Berlin/New York, 1. Bd., 361—375.

Berruto, Gaetano (1985) „‘L pulmann l-è nen cha cammina tanto forte’: su commutazione di codice e mescolanza linguistica", in: *Vox Romanica* 44 (1985), 59—76.

Berruto, Gaetano (im Druck) „Italiano regionale, commutazione di codice e enunciati mistilingui", in: *L'Italiano regionale*, Atti del Congresso della Società di Linguistica italiana (Padova, settembre 1984).

Besch, Werner/Mattheier, Klaus J., eds., (1985) *Ortssprachenforschung*, Beiträge zu einem Bonner Kolloquium, Berlin.

Besch, Werner/Knoop, Ulrich/Putschke, Wolfgang et al., eds., (1982—1983) *Dialektologie*. Ein Handbuch zur deutschen und allgemeinen Dialektforschung, Berlin/New York, 2 Bde.

Bickerton, Derek (1975) *Dynamics of a creole system*, Cambridge/Mass.

Blasco Ferrer, Eduardo (1984) *Storia linguistica della Sardegna*, Tübingen.

Chomsky, Noam/Halle, Morris (1968) *The sound pattern of English*, New York.

Ciravegna, Franca (1957—1958) „La parlata di Ronco Canavese (Valle Soana)", in: *Archivio Glottologico Italiano* 42 (1957), 24—56; 115—147; 43 (1958), 132—167.

Còveri, Lorenzo/Giacalone-Ramat, Anna, eds., (1979) *L'educazione linguistica nella scuola media*. Materiali per l'aggiornamento, Firenze.

DeCamp, David (1971) „Implicational scales and sociolinguistic linearity", in: *Linguistics* 73, 30—43.

DeCamp, David (1971a) „Toward a generative analysis of a postcreole speech continuum", in: *Pidginization and creolisation of languages*, Hymes, D., ed., Cambridge, 349—370.

Devoto, Giacomo (1970) „L'Italia dialettale", in: *I dialetti dell'Italia mediana con particolare riguardo alla regione umbra*. Atti del V Convegno di studi umbri (Gubbio 28.5.—1.6.1967), Perugia, 93—127.

Dittmar, Norbert (1973) *Soziolinguistik*. Exemplarische und kritische Darstellung ihrer Theorie, Empirie und Anwendung, Frankfurt a. M.

Donegan, Patricia J. (1978) *On the natural phonology of vowels*. Processes and systems, Ph. D. Diss., Ohio State University.

Donegan, Patricia J./Stampe, David (1979) „The study of natural phonology", in: *Current approaches to phonological theory*, Dinnsen, D. A., ed., Bloomington/London, 126—174.

Dressler, Wolfgang U. (1975) „Grundprobleme der Soziophonologie", in: *Grazer linguistische Studien* 1, 25—31.

Dressler, Wolfgang U. (1977) *Grundfragen der Morphophonologie*, Wien.

Dressler, Wolfgang U. (1979) „Reflexions on phonological typology", in: *Acta Linguistica Hungarica* 29, 259—273.

Dressler, Wolfgang U. (1980) „A semiotic model of diachronic process phonology", in: *Wiener linguistische Gazette* 22—23, 31—94.

Dressler, Wolfgang U. (1984) „Explaining natural phonology", in: *Phonology Yearbook* 1, 29—50.

Dressler, Wolfgang U./Drachman, Gaberell (1977) „Externe Evidenz für eine Typologie der Vokalprozesse", in: *Salzburger Beiträge zur Linguistik* 3, 285—297.

Dressler, Wolfgang U./Wodak, Ruth (1982) „Sociophonological methods in the study of sociolinguistic variation in Viennese German", in: *Language in Society* 11, 339—370.

Egger, Kurt (1977) *Zweisprachigkeit in Südtirol*, Bozen.

Egger, Kurt (1979) „Alcuni aspetti del bilinguismo in Alto Adige", in: *Rassegna italiana di linguistica applicata* 2, 1, 31—46.

Ferguson, Charles (1959) „Diglossia", in: *Word* 15, 325—340.

Fishman, Joshua A., ed., (1969) „Bilingualism in the Barrio", in: *Modern Language* 53, 3, 151—185; 4, 227—258.

Fishman, Joshua A. (1970) *Sociolinguistics*. A brief introduction, Rowley/Mass.

Fishman, Joshua A. ([1972 englisch] 1975) *La sociologia del linguaggio*, Roma.

Fourquet, Jean (1968) „Langue, dialecte, patois", in: *Le langage*, Martinet, A., ed., Paris, 571—596.

Francescato, Giuseppe (1980) „La situazione sociolinguistica della minoranza friulana: premesse storiche e condizioni attuali", in: *I dialetti e le lingue delle minoranze di fronte all'italiano*, Leoni, F., ed., Roma, 237—246.

Gfirtner, Franz-Xaver (1972) *Experimentelle Studie über den schriftlichen und mündlichen Sprachgebrauch von Kindern unterschiedlicher sozialer Herkunft* (Zulassungsarbeit), München (ms.).

Giacalone-Ramat, Anna (1979) *Lingua, dialetto e comportamento linguistico. Il caso di Gressoney*, Aosta.

Giannelli, Luciano/Savoia, Leonardo-M. (1978—1980) „L'indebolimento consonantico in Toscana", in: *Rivista italiana di Dialettologia* 2, 23—58; 4, 39—102.

Giscel (= Gruppo di intervento e di studio nel campo dell'educazione linguistica) ([1975] 1977) „Dieci tesi per l'educazione linguistica democratica", in: *La lingua italiana oggi: un problema scolastico e sociale*, Renzi, L./Cortelazzo, M., eds., Bologna, 93—104.

Göschel, Joachim/Nail, Norbert/Van der Elst, Gaston, eds., (1976) *Zur Theorie des Dialektes*, Wiesbaden.

Göschel, Joachim/Ivić, Pavle/Kehr, Kurt, eds., (1980) *Dialekt und Dialektologie*. Ergebnisse des internationalen Symposions 'Zur Theorie des Dialekts', (Marburg/L., 5.—10. Sept. 1977), Wiesbaden.

Grassi, Corrado (1968) „Che cosa ne pensa Chiafredo Roux", in: *Linguistica e Filologia*. Omaggio a

Benvenuto Terracini, Segre, C., ed., Milano, 151 – 163.

Grassi, Corrado ([1969] 1974) „Sistemi in contatto: il concetto di diasistema e i principi della geografia linguistica", in: *Lingue in contatto*, Weinreich, U., ed., 246 – 256.

Grassi, Corrado (1978) *Premesse per un'analisi contrastiva lingua-dialetto*, Torino.

Grassi, Corrado (1978 a) *Il francese nel repertorio linguistico valdostano*. Linee programmatiche d'intervento didattico, Aosta.

Grassi, Corrado (1981) *I problemi dell'educazione linguistica dei figli dei lavoratori italiani immigrati in Svizzera e nella Repubblica Federale Tedesca*, Torino.

Grassi, Corrado (1982) „Bilinguismus italienischer Gastarbeiterkinder in der Schweiz und der Bundesrepublik Deutschland", in: *Italienische Studien* 5, 133 – 144.

Hasselberg, Joachim (1976) *Dialekt und Bildungschancen*. Eine empirische Untersuchung an 26 hessischen Gesamtschulen als Beitrag zur soziolinguistischen Sprachbarrierendiskussion, Weinheim/Basel.

Hildebrandt, Rudolf (1867) *Vom deutschen Sprachunterricht in der Schule*, Leipzig.

Hymes, Dell, ed., (1971) *Pidginization and creolization of languages*, Cambridge.

Klein, Wolfgang (1979) „Untersuchungen zum Spracherwerb ausländischer Arbeiter", Heidelberg (ms.).

Hufschmidt, Jochen/Klein, Eva/Mattheier, Klaus J. et al. (1981) *Dialekt und Standardsprache im Sprecherurteil*, Berlin.

Labov, William (1963) „The social motivation of a sound change", in: *Word* 9, 292 – 307.

Labov, William (1973) *Language in the inner city*, Philadelphia.

Labov, William (1975) *Il continuo e il discreto nel linguaggio*, Bologna.

Labov, William (1977) „L'influenza relativa della famiglia e dei compagni sull'apprendimento del linguaggio", in: *Aspetti sociolinguistici dell'Italia contemporanea*, Simone, R./Ruggiero, G., eds., Roma, I, 11 – 53.

Labov, William/Cohen, P./Robins, C. et al. (1968) *A study of non standard English of Negro and Puerto Rican speech community in New York City*, Final report, Washington, D. C.

Leodolter, Ruth (1975) „Die Kategorie der 'Sprechsituation': Zur soziolinguistischen Theoriebildung", in: *Grazer linguistische Studien* 1, 142 – 150.

Löffler, Heinrich (1972) „Mundart als Sprachbarriere", in: *Wirkendes Wort* 22, 23 – 39.

Löffler, Heinrich (1974) „Deutsch als Dialektsprecher: Ein Sonderfall des Fremdsprachenunterrichts? Zur Theorie einer kontrastiven Grammatik Dialekt/Hochsprache", in: *Deutsche Sprache* 2, 105 – 122.

Löffler, Heinrich (1979) „Mundart als Problem und Möglichkeit im Unterricht", in: *Rheinische Vierteljahresblätter* 49, 344 – 355.

Luckmann, Thomas (1983) „Gesellschaft und Sprache: Soziologie und Dialektologie", in: *Ein Handbuch zur deutschen und allgemeinen Dialektforschung*, Besch, W./Knoop, U./Putschke, W. et al., eds., Berlin/New York, 2. bd., 1568 – 1579.

Martinet, André ([1954 französisch] 1976) „Dialekt", in: *Zur Theorie des Dialekts*, Göschel, J./Nail, N./Van der Elst, G., eds., Wiesbaden, 74 – 88.

Martinet, André, ed., (1968) *Le langage*, Paris.

Mattheier, Klaus J. (1979) *Sprachvariation und Sprachwandel*. Untersuchungen zur Entwicklung von Interferenzprozessen zwischen Dialekt und Hochsprache in einer ländlichen Sprachgemeinschaft des Rheinlandes, Bonn (Habil.-Schr., ms.).

Mattheier, Klaus J. (1980) *Pragmatik und Soziologie der Dialekte*. Einführung in die kommunikative Dialektologie des Deutschen, Heidelberg.

Mattheier, Klaus J. (1980 a) „Sprachveränderungen im Rheinland. Zum Problem der kontextuellen und situativen Steuerung sprachlicher Veränderungsprozesse", in: *Sprachvariation und Sprachwandel*. Probleme der Inter- und Intralinguistik, Ureland, P. S., ed., Tübingen, 121 – 137.

Mattheier, Klaus J. (1983) „Der Dialektsprecher und sein Sprachgebrauch. Auswirkungen und Bedeutung für den Sprachwandel", in: *Dialektologie*. Ein Handbuch zur deutschen und allgemeinen Dialektforschung, Besch, W./Knoop, U./Putschke, W. et al., eds., Berlin/New York, 2. Bd., 1455 – 1468.

Mioni, Alberto (1975) „Per una sociolinguistica italiana", in: *La sociologia del linguaggio*, Fishman, J.-A., ed., Roma, 9 – 56.

Mioni, Alberto (1976) „Per una sociolinguistica del Veneto centrale", in: *Atti del XIV Congresso internazionale di Linguistica e Filologia romanza*, Varvaro, A., ed., Napoli, 2, 327 – 333.

Mioni, Alberto/Trumper, John (1977) „Per un'analisi del 'continuum' veneto", in: *Aspetti sociolinguistici dell' Italia contemporanea*, Simone, R./Ruggiero, G., eds., Roma, 1, 327 – 372.

Rein, Kurt (1977) „Diglossie von Mundart und Hochsprache als linguistische und didaktische Aufgabe", in: *Germanistische Linguistik* 5 – 6, 208 – 220.

Rein, Kurt (1983) „Bestimmende Faktoren für den variierenden Sprachgebrauch des Dialektsprechers", in: *Dialektologie. Ein Handbuch zur deutschen und allgemeinen Dialektforschung*, Besch, W./Knoop, U./Putschke, W. et al., eds., Berlin/New York, 2. Bd., 1443 – 1455.

Ris, Roland (1973) „Dialekte und Sprachbarrieren aus Schweizer Sicht", in: *Dialekt als Sprachbarriere?*, Bausinger, H. ed., Tübingen, 29 – 61.

Ris, Roland (1979) „Dialekt und Einheitssprache in der deutschen Schweiz", *International Journal of the Sociology of Language* 21, 41–62.

Ruoff, Arno (1973) *Grundlagen und Methoden der Untersuchung gesprochener Sprache*, Tübingen.

Scheutz, Hannes/Haudum, Peter (1982) „Theorieansätze einer kommunikativen Dialektologie", in: *Dialektologie. Ein Handbuch zur deutschen und allgemeinen Dialektforschung*, Besch, W./Knoop, U./Putschke, W. et al., eds., Berlin/New York, 1. Bd., 295–315.

Sobrero, Alberto, ed., (1983) *I 'nuovi' programmi quattro anni dopo*, Lecce.

Stampe, David (1980) *A Dissertation on Natural Phonology*, New York.

Stellmacher, Dieter (1977) *Studien zur gesprochenen Sprache in Niedersachsen. Eine soziolinguistische Untersuchung*, Marburg/L.

Stellmacher, Dieter (1981) *Niederdeutsch*. Formen und Forschungen, Tübingen.

Stellmacher, Dieter (1985) „Ortssprachenanalysen und Regionalsprachenanalysen. Ein Vergleich", in: *Ortssprachenforschung*, Besch, W./Mattheier, K. J., eds., Berlin, 139–157.

Trumper, John (1977) „Ricostruzione nell' Italia settentrionale: sistemi consonantici (considerazioni sociolinguistiche nella diacronia)", in: *Problemi della ricostruzione linguistica*, Simone, R./Vignuzzi, U., eds., Roma.

Ureland, P. Sture, ed., (1980) *Sprachvariation und Sprachwandel*. Probleme der Inter- und Intralinguistik, Tübingen.

Veith, Werner-Heinrich (1982) „Theorieansätze einer generativen Dialektologie", in: *Dialektologie. Ein Handbuch zur deutschen und allgemeinen Dialektforschung*, Besch, W./Knoop, U./Putschke, W. et al., eds., Berlin/New York, 1. Bd., 277–295.

Weinreich, Uriel ([1953 englisch] 1974) *Lingue in contatto*, con in appendice saggi di Heilmann, Francescato, Grassi, Torino.

Weinreich, Uriel (1968) „Unilinguisme et multilinguisme", in: *Le langage*, Martinet, A., ed., Paris, 647–684.

Weiss, Andreas (1982) „Sprachgebrauch in Ulrichsberg/Oberösterreich. Eine Pilotstudie in kommunikativer Dialektologie", in: *Dialektologie. Ein Handbuch zur deutschen und allgemeinen Dialektforschung*, Besch, W./Knoop U./Putschke, W. et al., eds., Berlin/New York, 1. Bd., 375–396.

Wiesinger, Peter (1980) „'Sprache', 'Dialekt' und 'Mundart' als sachliches und terminologisches Problem", in: *Dialekt und Dialektologie*, Göschel, J./ Ivić P./Kehr, K., eds., Wiesbaden, 177–198.

Zinsli, Paul (1956) „Hochsprache und Mundarten in der deutschen Schweiz", in: *Der Deutschunterricht* 8, 2, 61–72.

Corrado Grassi, Wien (Österreich)

81. Domain-, Role- or Network Specific Use of Language

1. Introduction

Sociolinguists, in their attempts to relate language behavior to social realities, have relied on both concrete facts and abstract notions of social identity, relations, and constructs. Three of the most common abstract social notions employed in such research are those of domain, network, and role.

2. Domain

2.1. General

Mioni (cf. art. 27) provides a sociologically oriented definition of domain — roughly a conglomorate of situational facts (setting, topic, personnel, relations, and purposes), though it has not been made clear if such items are to be taken as exhaustively constitutive. Domains especially exploited in previous linguistic research have been those of family, religion, friendship, education, government, employment, neighborhood, and transactions, though there has been no suggestion that such a list is exhaustive, and no taxonomy or set of principles for characterizing domains exists.

2.2. Language Choice
2.2.1. Sociological Approaches

Approaches which seem to employ principally questionnaire techniques with statistical processing of results have been especially common in the study of language (or variety) choice (cf. art. 130).

A brief history is provided in Fishman (1972 b, 247–49). A typical example of sociologically oriented domain-centered language choice research is Greenfield (1972) who tests the degree to which three domain factors (person, place, topic) are associated in the cognitive structure of the informants and the degree to which domains influence language choice in New York City Puerto Rican youth. To determine the answer to the first question, the informants were provided with two congruent factors from a domain (e.g., priest and religion, representing interlocutor and topic from the domain "religion") and asked to choose the third (representing, in this example, setting) from a list which contained only one congruent factor (e. g., beach, home, church, school, work-place). In every case except the friendship domain, a third, congruent factor was chosen 80% of the time. As a further test of the cognitive reality of the domain, informants were provided with two incongruent factors (e. g., family member, religion) and were asked to provide a third factor. In this case, informants chose a factor which was congruent with one of the factors provided in 85% of the cases (Greenfield 1972, 23). After selecting the third component, the informants were asked to indicate which language (in this case, Spanish or English) went with which domain (on a five-point scale — 1 = "all Spanish" to 5 = "all English"). The intimate domains of family and friendship as opposed to the status domains of religion, education, and employment preferred Spanish, and the difference in language assignment to domain was significant at the $p < 0.01$ level though it was also shown that the three-way congruent domains were more predictive of this language choice influence than the two-way, also at the level $p < 0.01$ (Greenfield 1972, 26). One of the obvious intents of this research is to provide more careful sociological evidence for the distribution of the so-called H ("High") and L ("Low") areas of language choice in diglossic situations (cf. art. 33). Domain analysis has also been used to determine language choice in areas of declining language use, or "language death." Dorian (1981, 75 ff) characterizes several domains for the choices of Gaelic and English in East Sutherland (a fishing area of northern Scotland), an area where Gaelic is rapidly declining. She indicates, however, her distrust of questionnaires by showing how the components of domains have differential weights in language selection (Dorian 1981, 76 ff). Blum and Gumperz add to domain analysis the distinction between situational switching and metaphoric switching. When domains of interaction predict the language choice, such switching is said to be situationally controlled. When, however, an interlocutor selects a variety different from the one determined by the current domain, presumably for its symbolic value, the switch is regarded as metaphoric (Blum/Gumperz 1972, 424—25). This distinction allows for greater prediction of language choices in what appear to be incongruent (but frequently occurring) situations. In the case of research in Hemnesberget, Norway, for example, where the linguistic choice is between Ranamål (a dialect of Northern Norway — an L in diglossic terms) and Bokmål (one of the legally sanctioned standard forms of Norwegian — an H), it is found that when residents visit local government administration offices, the clerks exchange greetings and information about family affairs in the local dialect and shift to the standard for the business transaction (Blum/Gumperz 1972, 425). Since numerous aspects of domain — setting, interlocutors, and so on — are stable, the switch for topic is seen by Blum and Gumperz as metaphoric, carrying symbolic value for a part of the message. In this view of domain research, in fact, the correlational attitude to language and social reality is rejected in favor of a more interrelational approach. That is, the norms and behaviors are seen as one, language defining the social situation and vice versa. In this research in Norway, for example, it was evident that expressed regard for norms of speech was particularly untrustworthy for those informants whose local identification was complicated by contact with other speech communities through education and so on. Their covert use of metaphoric switching, ignoring the usual co-occurrence rules demanding a univarietal "linear" performance, was especially noteworthy, particularly since their own evaluation of such switching was not positive. Gal in work on Hungarian — German bilingualism in Austria confirms this more individualistic approach to language choice in domains even further. She shows that conceptions of individual position in the social space of a bilingual community are dominating concerns in language choice. Selection of Hungarian or German with various interlocutors, for example, is primarily an indication of the speaker's adherence to "traditional Hungarian values" (Gal 1979, 140 f), though, of course, such traditional sociolinguistic factors as age and sex are significant. Fasold (1984, 207) concludes that much work on language choice from the point of view of domains is 1) too reliant on statistical correlations, ignoring the need for explanation in language choice and 2) prematurely global since the existence of a domain (or domains) is an empirical fact which needs to be discovered in each speech community. That is, some individual factors of domain may be so sufficiently explanatory in some communities as to obviate the need for such a construct. That much research which appears to begin under the rubric domain ends up assigning greater value to particular features of status, setting, and so on makes the concept suspect as a useful starting point in research.

2.2.2. Anthropological and Stylistic Approaches

In more recent anthropological approaches to language choice in different domains attention has been paid to stylistic as well as code-level choices. Keenan (1974, 126 ff) characterizes the situations which require resaka ("everyday" or "simple" talk) and kabary ("ceremonial" or "formal" talk) in Malagasy and the affront which may result from poor selection or performance. By choosing domains of these sorts, however, she relies on what Fishman characterizes as "domains at the level of sociopsychological analysis" (Fishman 1972 b, 249). Fishman goes on to show that research which makes use of these sorts of domains has linked them to the more typical "societal-institutional" domains which have been the focus of this discussion. For example, Barker (1947) and Barber (1952) relate such sociopsychological domains as "formal" to such societal-institutional domains as "religious-ceremonial activity" (Fishman 1972 b, 249). Of course such domains (if they are to be so considered) have long been the focus of work in monolingual variety choice, the most famous example being, perhaps, Joos 1962. In another anthropological approach to domain control of language use, Scotton (1976) characterizes the employment of "strategies of neutrality" when domain content is unclear, though, again, it is apparent that what makes a domain content uncertain is a particular feature such as setting, intent, interlocutor identity, and so on.

2.2.3. Other Approaches

Other research on linguistic predictability in certain situations seems more directed towards aspects of situation not properly labelled domain. For example, studies of discourse in educational settings (e. g. Cazden/John/Hymes 1972), though at first glance obviously related to the domain "education," in fact, covers a wide range of language behaviors which take place in classrooms involving a variety of topics, concerns, interlocutors and so on. Similarly, language predicted by certain concerns, e. g. "science," seem, as well, concerned with what has more often referred to in the literature as "register" than domain. Moffett (1968), for example, suggests that all elementary scientific observation requires use of the "if — then" construction. Finally, the study of certain verbal strategies or "routines" may be located within certain speech domains which are more aptly called "tasks." Linde and Labov (1975) show, for example, that informants asked to talk about the layout of their apartments used a strategy of either a map or a tour to fulfill the task, reflecting a preconceived strategy.

2.3. Conclusions

In conclusion, Fasold's criticism is perhaps too weak. In early studies of language choice, principally conducted by questionnaire, the bundle of factors characterized by domain was, perhaps, an appropriate way to determine some gross aspects of language choice. Continuing research on the multiplicity of factors — societal, individual, relational — which do, in fact, determine language choice suggest that any combination of etic facts leading to a configuration which could be called domain would be so idiosyncratic from one situation to another as to make the concept not a particularly useful one in future research unless economy in description is provably the result of a combination of just such factors which have traditionally made up the concept domain. More specifically, the identity of domain bears a troublesome relationship in every case to its constituents. Is a domain, in fact, "made up of" such factors as topic, setting, situation, role-relationships, identities, and so on? If so, how may it be shown to differ from the employment of any set of such factors in a given situation. For example, if a group of close friends, all peer academics, are discussing religion at a bus stop, is the situation wildly incongruent from the point of view of domain research? That is, must a researcher show how apparent incongruencies among friendship, public transportation, religion, and education are being resolved, or, as Gumperz would perhaps have it, is the performance in itself an example of norms and "norm-creations" by virtue of the employment of repertoires belonging to the topic, identity, setting, and so on of all the components of the interaction? If the latter, it is not helpful to suggest that a congruent domain set (bus drivers waiting at a bus stop discussing public transportation) could provide any clue to the norms of ordinary language behavior. Perhaps the success of domain research has been, in large, the result of teasing out under that heading a set of interpersonal, identity, and environmental facts which are largely (or even partially) predictive of certain types of language behavior. If so, as more recent research would suggest, those labels are in themselves more directly helpful in the conduct of research which looks for ties between language and society or looks for the construction of social rules in language behavior itself.

3. Network

3.1. General

Networks (cf. art. 26) or connections among individuals in society have been a concern in linguistic research at least since Bloomfield (1933, 46) who held that linguistic diversity was a direct result of varying degrees of speaker interaction. Though much of the research which followed in sociolinguistics took networks to be, quite simply, identifiable groups within a society, a more careful calculation of social networks as predictors of language behavior has become the focus of sociolinguists concerned with much lower-level variation factors. In more recent research, then, networks generally have reference to a quantifiable set of relations individuals have to one another by reference to such facts as frequency of interaction, transactional (one-way) versus exchange (two-way) interactions, and so on.

3.2. Network Membership and Linguistic Prediction

3.2.1. Low-Level Variation

The location of informants in such networks has been used to predict or account for specific performances of members of groups. Labov studied the network characteristics and related linguistic output of gang groups at 1390 Fifth Avenue in New York City, particularly the contrast between the organized gang members and the non-members known as

"lames." Although these lames would at first appear to be speakers of Black Vernacular English, a closer examination of their speech reveals a remarkable sensitivity in their language performance to their non-membership in street gangs. For example, post-vocalic (r) before vowels, a variable which is realized with nearly 100% regularity in the non-Black community, shows a 4% realization by the T-Bird gang members and a 21% realization by the lames. Labov goes on to show that even rule configuration differences, not just relative frequency, result from this marginal network status of the lames. For example, the T-Bird members appear to have weighted (t/d) deletion in final position to, first, a following non-vowel and, second, no preceding morpheme boundary. The lames have reversed the order of rule promotion, causing lack of morpheme boundary to promote (t, d) deletion more intensely than following non-vowel (Labov 1972 a, 266 f). More generally, Milroy (1980, 134) shows that degree of integration in a social network may characterize even individual differences among speakers who, from every other point of view, appear similar. She shows, for example, a correlation between network scores and five linguistic variables for both male and female residents of three communities in Belfast, Northern Ireland (Milroy 1980, 155). Figure 81.1 shows the index score for the phonological variable (a) measured along a scale of 100 to 500 indicating the retraction (and subsequent raising) of [æ]. Consistent use of the low-front variety would yield 100, while consistent use of the mid-back form would yield a score of 500.

(a) Index Score

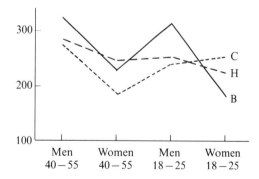

B = Ballymacarrett
H = Hammer
C = Clonard

Fig. 81.1: The backing and raising of [æ] in Belfast, Northern Ireland (Milroy 1980, 124)

It is clear that the difference between age and sex groups is not large in the Hammer, very distinct for sex in Ballymacarrett, but oddly different, particularly for young women, in the Clonard. Milroy's contribution to the interpretation of such data is to show that the network scores of young women in the Clonard are unusually high and that in every case there is a relationship between high network scores and the use of backed versions of (a). Taken together, these network and linguistic variable scores explain an otherwise unusual trend toward vernacular use by young women in the Clonard. Eventually, Milroy (1980, 152 f) shows how such factors may account even for differences in individual performance. Interestingly enough, the "network sectors" of Milroy's research (on which the network scores for individuals were based) are very similar to the notion of domains discussed above (Milroy 1982, 143). Her work is particularly important in accounting for the etiology and preservation of non-standard forms, primarily, in her view, a reflex of dense, closed networks (Milroy 1980, 190).

3.2.2. Network Study and Other Classificatory Matrices

Milroy and others (e.g., Russell 1982, 105) relate their work in social networks and language to LePage's concept of the individual's creation of a verbal repertoire which permits him or her to imitate the linguistic characteristics of a group (or groups) with which he or she wishes to be identified. In turn, this concept is closely related to Giles and Powesland's (1975, 158 ff) idea of speech accommodation which locates the etiology of LePage's notion of repertoire creation in the general set of seeking social approval from others.

3.2.3. Network and Language Choice

In general, Milroy's work (and the work of Gumperz) suggests that dense, close-knit networks account for adherance to a vernacular or non-legitimized language norm (a "non-standard"), and more recent work by Gumperz (1982) in this same area suggests that network relations are the most powerful indicators of language choice, since, in a recent work, he sets out "to explore alternatives to established sociolinguistic approaches to the analysis of language shift that can account for the intuitively obvious fact that language shift reflects basic changes in the structure of interpersonal relations rather than mere

macroalterations in the extralinguistic environment" (Gumperz 1982, 57). From this perspective, it may be said that a shift from domain to network as a focus in the determinants of language variety and choice has taken place in recent research. For social and even geographical dialect research, the focus on networks has called into question the time-honored notion that group discontinuity is the primary influence on language diversity (Brown/Levinson 1979, 299). On the contrary, however, societies exist in which the individual's place in a network seems to carry little identifying information concerning the low-level grammatical and phonological performance of the speaker. In India, for example, it is suggested that, in spite of the rigorous caste system, "it is not the case that a speaker can be assigned rigorously to an endogamous group or occupational category − a caste or subcaste − simply by reference to grammatical features of his speech" (Brown/Levinson 1979, 305). In the long run, then, perhaps as Fasold suggests for domain, network may be an empirically determined concept which will have important ramifications in some areas in the study of language choice and diversity, and not in others. On the other hand, the components of network (frequency of interaction, density of interaction, open and closed structure) are less frequently employed as explanatory devices than the usually cited components of domain (setting, identity, topic, etc.). It seems, therefore, that the abstraction offered by network has provided greater depth to sociolinguistic studies by the novelty of its focus while domain, as suggested above, has been a handy metaphor for a number of potentially conditioning aspects of environment almost always more valuable as explanatory devices when singled out.

3.2.4. Network Methodology

Where network relations have dominated in language research there have been hints at a developing methodology. The fieldworker as personal new member of the network has been especially prized. Milroy, for example, sees the introduction of the fieldworker into the network as a way of overcoming the famous "observer's paradox" (Labov 1972 b).

It was possible to equip myself with a status which was neither that of insider, nor that of outsider, but something of both − a friend of a friend, or more technically a second order network contact. This status enabled me to carry out prolonged observations and record large volumes of varied interaction over a considerable period (Milroy 1980, 44).

3.3. Network and Comprehension

One network research exception to low-level and language choice concerns is Hammer/ Polgar/Salzinger (1972, 44) which shows the relationship between centrality of group membership and cloze-test score, using the speech of the group members as data for the cloze. They show that the more central the member of a group is, as determined by a variety of techniques, the more easily his or her speech is predicted (by means of a cloze test. Cf. art. 118) by other members of the group. Doubtless further studies of intelligibility should be made in terms of network relationship rather than on the basis of "linguistic content" alone.

3.4. Other Studies of Network Relations

In studies of network relations outside sociolinguistics proper, it has been discovered that certain language realizations are specifically related to certain kinds of communication network structures. For example, simple tasks are more quickly realized in communication networks which have the design of a "wheel" than those which have a "circle" design (Figure 81.2). On the other hand, complex problems appear to be better resolved in decentralized networks (Collins and Raven 1969; Shaw 1964). The study of these temporary communication networks are not at all unrelated to the social networks studied by the sociolinguists mentioned above, but the relation between the two types has not yet been drawn upon in actual research.

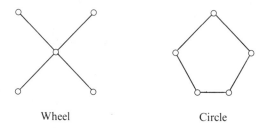

Wheel   Circle

Fig. 81.2: Communication network types

4. Role

4.1. General

The study of socio-cultural roles (cf. art. 18) and their prediction of language behavior has been dominated by only a few themes — sex, power and solidarity in interpersonal relations, and professions. Two of these topics have been dominating (cf. art. 89).

4.2. Role in Relation to other Classificatory Matrices

Fishman (1972 b, 251) notes that "each domain can be differentiated into role-relations that are specifically crucial or typical of it." Such relationships as priest-parishoner, pupilteacher, employer-employee obviously identify role relationships which are typical of the domains of religion, education, and workplace, respectively. Similarly, Russell (1982, 132) in using the network research model suggested by Milroy (1980), notes that members of network pairs are "linked by a number of role-relationships," apparently a necessary characteristic (or byproduct) of network connections.

4.3. Studies of Role-Determined Language Performances

4.3.1. Subordinate/Superior Roles

One of the most often-studied areas of role-relations from a linguistic point of view has to do with dominance in role-relationships, and the classic study is Brown/Gilman (1960). They note that in a relationship, the interlocutor who carries the role "powerful," uses the pronoun T and is addressed by one in the role lacking power with the pronoun V. (These labels refer to the split between the so-called polite and familiar pronouns of many European languages, e.g., German *Du* (T) and *Sie* (V), Spanish *Tu* (T) and *Usted* (V) (cf. art. 131). They show how pronoun use has shifted historically from the symbolization of power (and acknowledgement of it) to the representation of solidarity. Figure 81.3 (a) shows the system as it once was, with inferiors clearly "giving V and receiving T," solidary equals giving and receiving T, and nonsolidary equals giving and receiving V. As the notion of solidarity increases in importance in these role-relationships, however, Figure 81.3 (b) shows the instability introduced into the system (in the upper left and lower right boxes) since a solidary superior or a non-solidary inferior might receive either T or V (Brown/Gilman 1960, 259). In terms of performance, of course, this presents the difficulty to the non-solidary superior and the solidary inferior.

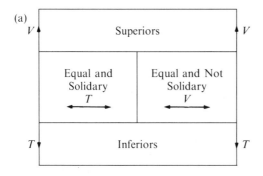

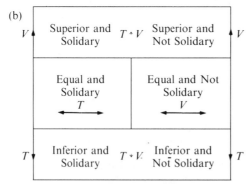

Fig.81.3: (a) The Pronoun System in a State of Equilibrium, (b) After the Tension of Rising Uses for Solidarity is Created (Brown/Gilman 1960, 259)

Figure 81.4(a) displays the conflict emerging from this increasing importance in solidarity and 81.4b its resolution in several specific dyads.

(a) Customer   Officer   Employer
    $T\downarrow V\uparrow V$ $T\downarrow V\uparrow V$ $T\downarrow V\uparrow V$
    Walter   Soldier   Employee

    Parent   Master   Elder Brother
    $T\downarrow T\uparrow V$ $T\downarrow T\uparrow V$ $T\downarrow T\uparrow V$
    Son   Faithful Servant Younger Brother

(b) Customer   Officer   Employer
    $\updownarrow V$ $\updownarrow V$ $\updownarrow V$
    Walter   Soldier   Employee

    Parent   Master   Elder Brother
    $T\updownarrow$ $T\updownarrow$ $T\updownarrow$
    Son   Faithful Servant Younger Brother

Fig. 81.4: (a) Representative Conflicts, (b) Their Resolutions in the Confusion of Use between Power and Solidarity (Brown/Gilman 1960, 260)

In terms of domains, one might argue that public domains have dominated in the area of resolution towards V and private domains in resolutions towards T, though, in line with the criticism offered earlier, the term "setting" might as well be used. Friedrich (1972) pursues a similar study for Russian pronominal usage (showing, incidentally, the value of literary texts in sociolinguistic research) and displays the use of metaphorical shifting (see 2.2.) in pronominal use to establish symbolic meanings in an interaction. In a similar way, studies of language in workplace settings have shown that even language choice between superior-inferior may involve metaphoric shift as, for example, solidarity or some other role-relationship may be stressed (e. g., Heller/Bartholomot/Levy et al. 1981, 461).

4.3.2. Culturally Assigned Role-Language Duties and Performances

In a speech community roles (cf. art. 18) are associated not only with certain types and frequencies of language behavior, but also, in many cases, with a speaker of specific "speeches." Foster (1974) analyzes the linguistic structure of a Seneca (Iroquois) Thanksgiving speech but also accounts for the appointment of the speaker by a Longhouse official (a "faithkeeper"), who, by tradition, must not only appoint the speaker but must also coax him into this role (Foster 1974, 364). It is interesting to note that this arrangement is not unlike the English "appointment" (or "recognition") of a storyteller and the coaxing which often precedes narration. In many religious ceremonies, of course, appointed roles for speaking certain words (or even whole speech acts) are absolutely essential, though, in some cases, a loosely-defined role may presuppose a certain language ability. For example, a "public worshipper" in many protestant churches may fully be expected to deliver a "spontaneous public prayer" at the appointment of the service leader. In the broader sense of professional role-specific registers, of course, such restrictions are well known. In perhaps the best-known of these speaker-role oriented studies of language behavior, Irvine (1974, 175 ff) shows how the role "greeter" requires a set of speaker performance characteristics in Wolof but at the same time allows for a wide variety status-sensitive manipulations of relationships within extremely short linguistic interchanges, particularly the strategies of status-elevation and status lowering. Brown/ Levinson (1979, 51) identify doctors, school-teachers, university-lecturers, radio commentators, stockbrokers, professional gamblers, pickpockets, smugglers, drug addicts, and criminals in general as professionals whose roles determine "distinguishable speech registers" and have had these registers studied in sociolinguistic work (cf. art. 38).

4.4. Studies of Role-Influenced Language Perception

Recent sociolinguistic studies, particularly those carried out by social psychologists, have focussed as much on informants' perceptions and categorizations of language performance as on the details of the performance itself. Though many of these studies have had to do with identity (cf. art. 21, 90) rather than role characteristics of speakers (a classic, e. g., Tucker/Lambert 1969, dealing with White and Black reactions to various socially, geographically, and ethnically stratified dialects of American English), there is no doubt that perception of speaker role might influence judgments considerably. Scherer (1979), for example, notes that "dominant" speakers are perceived as speaking louder than they actually do. Since the methodology for such studies in the area of social identities is clearly established, it is a little surprising that more of these role-influenced speaker judgment studies have not been carried out. Studies of language fulfilling role-expectations, especially in the area of sex stereotypes are much more common. Newcombe/Arnkoff (1979) found that language performances usually regarded as female (tag questions, qualifiers, compound requests) caused listeners to conclude that speakers were less assertive regardless of sex.

4.5. Speaker-Addressor Versus Listener-Hearer Roles

Roles which are related to linguistic factors as well as social ones have been identified in plans for research and in taxonomies of language research potential if not in actual research. Hymes (1974) shows, at least from an anthropological perspective, how speech may be modified in terms of who is supposed to be the audience and who may be "listening." For example, in Germany adults, in the presence of children (hearers but not addressees), often use forms of adress appropriate for a child, and in Wishram Chinook a complex set of role identities is related to source, speaker, and audience when source (a chief

or sponsor of a particular ceremonial event) may be absent and audience may consist of the spirits of the surrounding environment (Hymes 1974, 56). In determining discourse rules (and "rights") speaker-hearer and addressor-addressee relations have been important, but these "roles" seem so central to plans of language interaction as to not figure in the sense of role under discussion here.

5. Conclusions

Abstract social categories have contributed substantially to sociolinguistic research, though, in most productive cases, specific, concrete identities and relations have been shown to be the identifiable content of such notions. Over the past several years there has apparently been a shift in importance and focus from the external social predictors of language performance to the interrelatedness of such factors and the internal relationships among speakers and even individual speaker positions in society and intents in speaking. It is perhaps fair to say that emic level studies actually preceded etic level studies and have only recently given way to concentration on the items themselves rather than labels which, at best, tentatively and perhaps prematurely relate them. Recent work has also shown considerably greater interest in attitudes toward and perception of language performances and categories rather than toward language performance itself and its determinants. Finally, some anthropologically oriented ("ethnographic") studies have concentrated on the informant taxonomies of language variety itself, though determinations of language performance through research have not as yet been calculated (Preston 1982). Though such concepts as role, domain, and network will continue in sociolinguistic work, it is likely that individual experimenters will provide a working definition of the concept in each individual report for some time to come and that universal, emic categories are still a long way off.

6. Literature (selected)

Barber, Carroll (1952) *Trilingualism in Pasqua; social functions of language in an Arizona Yaqui village*, (M. A. Thesis) University of Arizona.

Barker, George C. (1947) "Social functions of language in a Mexican-American community", in: *Acta Americana* 5, 185—202.

Bauman, Richard/Sherzer, Joel, eds., (1974) *Explocations* in *the ethnography of speaking*, Cambridge.

Bloomfield, Leonard (1933) *Language*, New York.

Blum, Jan-Petter/Gumperz, John J. (1972) "Social meaning in linguistic structures: code-switching in Norway", in: Gumperz, J. J./Hymes, D., eds., *Directions in sociolinguistics: the ethnography of communication,* New York, 407–434.

Brown, Penelope/Levinson, Stephen (1979) "Social structure, groups and interaction", in: *Social markers in speech*, Scherer, K. R./Giles, H., eds., Cambridge, 291–341.

Brown, Roger/Gilman, A. (1960) "The pronouns of power and solidarity", in: *Style in language*, Sebeok, T. A., ed., Cambridge, Mass., 253–276.

Cazden, Courtney B./John, Vera P./Hymes, Dell., eds., (1972) *Functions of language in the classroom*, New York.

Collins, Barry E./Raven, Bertram H. (1969) "Group structure: attraction, coalition, communication and power", in: *The bandbook of social psychology*, Lindzey, G./Aronson, E., eds., Reading, Mass., 102–204.

Dorian, Nancy C. (1981) *Language death: the life cycle of a Scottish Gaelic dialect*, Philadelphia.

Fasold, Ralph W. (1984) *The sociolinguistics of society*, Oxford.

Fishman, Joshua A., ed., (1972 a) *Advances in the sociology of language*, vol. 2, The Hague.

Fishman, Joshua A. (1972 b) "The relationship between micro- and macro-sociolinguistics in the study of who speaks what language to whom and when", in: *Language in sociocultural change: essays by Joshua A. Fishman*, Dil. A. S., ed., Stanford, 244–267.

Foster, Michael K. (1974) "When words become deeds: an analysis of three Iroquois longhouse speech events", in: Bauman, R./Sherzer, J., eds., *Explorations in the ethnography of speaking*, Cambridge, 354–367.

Friedrich, Paul (1972) "Social context and semantic feature: the Russian pronominal usage", in: Gumperz, J. J./Hymes, D., eds., *Directions in sociolinguistics: the ethnography of communication*, New York, 270–300.

Gal, Susan (1979) *Language shift: social determinants of linguistic change in bilingual Austria*, New York.

Giles, Howard/Powesland, Peter F. (1975) *Speech style and social evaluation*, London.

Greenfield, Lawrence (1972) "Situational measures of normative language views in relation to person, place and topic among Puerto Rican bilinguals", in: Fishman, J. A., ed., *Advances in the sociology of language*, vol. 2, The Hague, 17–35.

Gumperz, John J. (1982) *Discourse strategies*, Cambridge.

Gumperz, John J./Hymes, Dell, eds., (1972) *Directions in sociolinguistics: the ethnography of communication*, New York.

Hammer, Muriel/Polgar, Sylvia/Salzinger, Kurt (1972) "Speech predictability and social contact patterns in an informal group", in: Fishman, J. A., ed., *Advances in the sociology of language*, vol. 2, The Hague, 36–49.

Heller, Monica/Bortholomot, Jean-Paul/Levy, Laurette et al. (1981) "'Videz les tanks!' language use in a Montreal brewery after Bill 101", in: *Variation omnibus*, Sankoff, D./Cedergren, H., eds., 455–462.

Hymes, Dell (1974) *Foundations in sociolinguistics: an ethnographic approach*, Philadelphia.

Irvine, Judith T. (1974) "Strategies of status manipulation in the Wolof greeting", in: Bauman, R./Sherzer, J., eds., *Explorations in the ethnography of speaking*, Cambridge, 167–191.

Joos, Martin (1962) "The five clocks", in: *International Journal of American Linguistics* 28, pt V.

Keenan, Elinor O. (1974) "Norm-makers, norm-breakers: uses of speech by men and women in a Malagasy community", in: Bauman, R./Sherzer, J., eds., *Explorations in the ethnography of speaking*, Cambridge, 125–143.

Labov, William (1972 a) *Language in the inner city*, Philadelphia.

Labov, William (1972 b) *Sociolinguistic patterns*, Philadelphia.

Linde, Charlotte/Labov, William (1975) "Spatial networks as a site for the study of language and thought", in: *Language* 51, 924–939.

McEntegart, Damian/Le Page, Robert B. (1982) "An appraisal of the statistical techniques in The Sociolinguistic Survey of Multilingual Communities", in: Romaine, S., ed., *Sociolinguistic variation in speech communities*, London, 105–124.

Milroy, Leslie (1980) *Language and social networks*, Oxford.

Milroy, Leslie (1982) "Social network and linguistic focusing", in: Romaine, S., ed., *Sociolinguistic variation in speech community*, London, 141–152.

Moffett, James (1968) *Teaching the universe of discourse*, Boston.

Newcombe Nora/Arnkoff, Diane B. (1979) "Effects of speech style and sex of speaker on person perception", in: *Journal of Personality and Social Psychology* 37, 1293–1303.

Preston, Dennis R. (1982) "Perceptual dialectology: mental maps of United States dialects from a Hawaiian perspective", in: *Working Papers in Linguistics* 14, 5–49.

Romaine, Suzanne, ed., (1982) *Sociolinguistic variation in speech communities*, London.

Russell, Joan (1982) "Networks and sociolinguistic variation in an African urban setting", in: Romaine, S., ed., *Sociolinguistic variation in speech communities*, London, 125—140.

Scherer, Klaus R. (1979) "Voice and speech correlates of perceived social influence in simulated juries", in: Giles, H./St Clair, R., eds., *Language and social psychology*, Baltimore, 88—120.

Scotton, Carol M. (1976) "Strategies of neutrality: language choice in uncertain situations", in: *Language* 52, 919—941.

Shaw, M. E. (1964) "Communication networks", in: *Advances in Experimental Social Psychology*, 111—147.

Tucker, G. Richard/Lambert, Wallace E. (1969) "White and Negro listeners' reactions to various American-English dialects", in: *Social Forces* 47, 463—468.

*Dennis R. Preston, Ann Arbor,
Michigan (USA)*

82. Bilingualism and Multilingualism

1. Scope
2. Terms and Definitions
3. Causes
4. Incidence
5. Types
6. Consequences of Bilingualism
7. Literature (selected)

1. Scope

Any explanation of the phenomenon of multilingualism involves descriptions of the many functions and levels of each of the languages in contact. Since the number of languages is theoretically indeterminate, it is impossible to treat of the dimensions of all combinations of these languages. What is said about the use of two languages, however, can be applied by extension to the use of three, four or more. The variables of bilingualism are therefore equally applicable to descriptions of trilingualism, quadrilingualism and, more generally, to the phenomenon of multilingualism. These are simply numerical extensions of the same variables. That is why Weinreich (1953) and Haugen (1973), and later students of the phenomenon, have found it convenient to subsume multilingualism under the more general heading of bilingualism, a practice which will be adopted in what follows.

2. Terms and Definitions

There are several words for the knowledge and use of two or more languages and there are different terms to indicate situations which are in fact the same. The word *bilingualism* (G. *Zweisprachigkeit*, F. *bilinguisme*), is the most current one in alluding to the use

of two languages. To indicate the use of more than two languages, *multilingualism* is a common term, while *plurilingualism* (G. *Mehrsprachigkeit*, F. *plurilinguisme*) refers to more than one language. These have been used as generic terms. When the exact number of languages is significant, *trilingualism, quadrilingualism* and other numerical indications have been used. When it is important to distinguish between two languages and two regional varieties of the same language, *bi-dialectalism* is the usual term. The term *bilinguality* has been used to describe the degree of access in the mind of the individual to the codes and correlates of two languages (Hamers/Blanc 1984); for the more abstract availability of any two codes, however, the word *bicodalism* has been advanced (Kolers 1965, 122).

Each of these terms, however, does not mean the same thing to everyone who uses them. Some twenty different definitions of the term *bilingualism* have been cited (Van Overbeke 1972, 113 ff). Most of the differences are due to competence and performance criteria — often arbitrary — imposed by the authors, on what they think should be considered as two different 'languages', or on how and how well they should be used — or on both. Some authors exclude dialects or varieties of the same language. Some insist on a good command of both languages; others would simply apply a criterion of mutual intelligibility. The problem arises in having to determine the threshold of interlingual understanding. The same difficulty arises in finding the point of demarcation where a dialect is really a different language. The trend since the 1950s has been toward a broadening of the meaning of bilingualism. As more people from different disciplines became involved, the concept became more inclusive. As more was known about the phenomenon, its basic terms became generic — which is true in the terminological evolution of most sciences.

Originally the term *bilingualism* was restricted to the equal mastery of two languages. And this was the definition remaining in most dictionnaries, glossaries and handbooks of linguistics well into the 1960s (Marouzeau 1961; Pei 1962; Carreter 1962). As early as the 1940s, it became evident to observers of minority languages that most speakers could not be labeled "bilingual" in this restricted sense of the word, although they functioned daily in two languages. In designing research in this field, it was obviously difficult, if not impossible, to prove that anyone had an equal or identical knowledge of any two languages. For the millions of cases where one language was in some respect better known than the other, some terms had to be found (Mackey 1956). One of the first researchers to realize this was Einar Haugen who in the 1940s had undertaken an extensive survey of the Norwegian immigrant communities in the United States. In this context he found it necessary to broaden the scope of the term bilingualism to mean "the ability to produce complete meaningful utterances in the other language." From then on, as field workers described more and different cases of language contact, the term was further extended, until it meant "contact with possible models in a second language and the ability to use these in the environment of the native language." (Diebold 1961, 111). Use of two styles by an individual was also eventually included as a type of bilingualism (Elwert 1973). And the meaning of the term continued to expand — so much so, that by the 1980s it could be said that "every halfway normal speaker in the world can be called bilingual as well as diglossic ..." (Pap 1982, 78). Some writers, therefore, suggested a return to a more restrictive terminology; others advocated the development and use of a more specific terminology, more fitting to the multiple variety of cases of language contact (cf. 5.). For it had become obvious to researchers in language contact that the notion of bilingualism had to be considered as a relative one, since it was admittedly impossible to determine objectively the point at which a person acquires an equal or identical command of

two languages, if indeed such a thing were possible (Mackey 1958). The second extension in meaning came with the realization that, since the notion was relative, it could include more than two languages, each with different degrees of proficiency. Thirdly, since linguists had been unable, within the methods of their discipline (internal evidence) to distinguish between language and dialect (cf. art. 44) — all dialects being treatable as languages — knowledge and use of two varieties of the same 'language' was put under the heading of bilingualism. And eventually use of two registers (technical or colloquial) (cf. art. 38) was also included. In accordance with the stated scope of this article, and in order to profit from the work of the greatest number of students of language contact we shall, for the present purposes, adopt this most inclusive definition: the knowledge and use of two or more languages. The model is that of a double continuum made up of the degrees of competence in each language and degrees of differences between them (*Interlingual distance*).

3. Causes

Bilingualism is the result of contact between people speaking different languages (cf. art. 71). The contact may be due to the displacement of persons, either by desire or necessity, through immigration and settlement, conquest and colonization, travel and education, or conversion and acculturation. What facilitates any of these sorts of displacement creates contexts in which people tend to become bilingual. The greater the increase in the mobility of people the more likely the occasions to hear and use another language. Immigrants and settlers often have to acquire another language in order to be able to live and work in their new country. Conquering armies of occupation have often obliged their subjects to address them in their language. Trade with foreigners often obliges the trader to learn their language; or both may have to learn a common lingua franca (cf. art. 50). Along all the trade routes of history some language of common intercourse has thus developed — Aramaic in the Near East, Swahili in Africa and Pidgin English in the Pacific, to name only these. One of the most consistent determinants of bilingualism, however, has been religion (cf. art. 12, 13). Even after the speech of the first disciples has ceased to be the vernacular, their language lives on in the sacred texts and in the practices of ecclesiastical administrations. It may further survive as a liturgical language, as has Greek, Latin, Coptic, Old Slavonic and Koranic Arabic. When the church and not the state, controlled the schools, all or part of the education was done in the language of these sacred texts. Latin, for example, was the language of schooling in Medieval Europe. Bilingualism has always been associated with education. Students who carry on their studies in a foreign country have always had to become bilingual enough to read the texts, understand the lectures and write the examinations. Even in one's own country, members of linguistic minorities may have to do some or all of their schooling in the official language of the state schools. This language may change from time to time, along with the shifting in the line of demarcation between nation-states when territory is claimed or reclaimed. The new rulers may then impose their language — as the history of language shifts along the borderlands of Europe has shown. Contrariwise, it may be the conqueror that has to learn the language of the conquered, as did the Vikings and the Franks. If the speech of the conquered peoples remains the language of administration, culture and social control, it makes possible the consolidation of political power on behalf of the new rulers. Finally, at all periods in the past, individuals and elites have learned a prestige language in order to enhance their lives, broaden their knowledge or know-how, and enjoy the cultural products of another nation. In Ancient Rome this language was Greek, in Medieval Europe it was Latin, in the early Renaissance it was Italian, and in 18th Century Europe it was French. Educated elites were expected to be bilingual.

4. Incidence

The practice of bilingualism is of great antiquity. It seems to be as old as language itself, since, when two people speaking different language varieties came in contact one had to adapt to the language of the other.

4.1. The Past

Even if we take into account the many cases of genocide which history has recorded, hundreds of extinct languages still bear witness to periods of bilingualism which must have existed, as succeeding generations gradually abandoned the old language in favor of the new (Friedrich 1962). National histories provide us with sufficient examples of bilingual periods — the Gallo-Roman period of France, the Anglo-Norman period of England and the age of the late overseas empires of France, Britain, Spain and Portugal.

The creation of towns and cities in which writing systems could be practiced, and later, printing, radio and television broadcasting, and long distance telecommunications overcame the constraints of space and time and greatly increased the potential for language contact and the consequent incidence of bilingualism. After the invention of writing, anyone wishing to become literate had to learn one of the very few languages having a written form. First were the bilingual scribes who had to note in another language the decisions made by conquering rulers in their own unwritten tongue. When schools were created, these same written languages — often quite different from those of the home — became the languages of education. And during many centuries, for the great majority of mankind, to become literate meant to become bilingual.

4.2. The Present

When, in 1969, Intelsat III was launched into orbit over the Indian Ocean, it became possible for the first time in the history of the human race, to intercommunicate between any two peoples on the face of the globe. Since then, the orbiting of numerous satellites and the increase in human communication in all its forms has made it possible to consider all people on earth as part of a single system of intercommunication. The twentieth century revolution in communications and the phenomenal acceleration in the rate and extent of the mobility of people have greatly increased the potential of interlingual contact.

Increasingly, as the century has progressed, more people have been settling in areas further and further away from their place of birth. In the 1980s, for example, the number of Vietnamese in the United States was sufficient to create a sizable city. A generation earlier, large numbers of Europeans had settled in communities situated in countries as far away as Australia, Brazil and Chile. The size of these population movements were sufficient to assure a linguistic impact on the host countries. During the 1960s, Cuba lost almost a tenth of its population to different countries mostly to the

United States, which was already harboring large bilingual Hispanic populations. During the same period, New York City, surpassed even the capital of San Juan as the largest Puerto Rican city. Los Angeles had not only become the second largest Mexican city, but the number of other populous ethnic groups had converted everyone, including the native Anglo-Americans, into members of some ethnic minority.

Meanwhile, in Western Europe, millions of immigrant guest workers from different parts of North Africa, Turkey, Yugoslavia, Greece, Southern Italy and other countries had settled in with their families and were slowly beginning to adopt the language of the new country. In London, a survey commissioned by the London County Council counted more than a hundred different home languages among the children in the schools under its jurisdiction. Comparable figures could have been compiled for cities like Paris, New York, Los Angeles and Rio de Janeiro.

Since the turn of the century universal primary education has been extended to almost all the countries of the world. The policy since the 1950s has been that this take place in the language of the home. But few of the thousands of world languages supply the means and materials to go beyond — indeed half of them have yet no standard written form. The language of secondary schooling may be limited to the official language of the state or to a former colonial or international language in which sufficient materials are available. Since there are less than 200 sovereign states to house some 5,445 languages (exclusive of dialects) (Grimes 1984), it is highly probable that for speakers of most languages, going to secondary school will involve a certain degree of bilingualization. At the highest or more specialized levels of education few of these languages remain. In the domain of scientific and medical research, for example, more than 90% of the internationally indexed literature appears in only four languages — English, Russian, French and German (Mackey 1984a, 46). It has been estimated that more than a billion people use one of these as second languages — 700 million having English as an auxiliary tongue (Dalby 1980, 19). For many of the world's professional and technical people the language of specialization is their third or fourth language (cf. art. 85).

5. Types

There is a difference between the use of two or more languages by an individual (*individual bilingualism*) and the presence of two or more languages in a community (*societal bilingualism*), most of whose members may in fact be using only one of the two languages present (Fishman 1980).

5.1. Individual Bilingualism

There is a further distinction beween the ability to use two languages (*bilingual competence*) and the actual uses to which each language is put (*bilingual behavior*).

5.1.1. Bilingual Competence

The types and degrees of bilingual competence depend on which languages or varieties are known, on when, why, where and how they were acquired, and also on how much of each, and how well, the languages have been mastered.

5.1.1.1. Which languages? The bilingualism of inter-comprehensible languages or dialects can be distinguished from that of mutually unintelligible ones (cf. art. 52). The difference, which is one of degree (interlingual distance) affects all that follows (Mackey 1979b). The interlingual distance may be so small as to go unnoticed. Some people can also use their native language in a variety of styles, registers, sociolects or regiolects. This has been called mother-tongue multilingualism (*muttersprachliche Mehrsprachigkeit*) (Wandruszka 1971, 127). Most of these varieties are not closed systems. They represent within the speech group a continuum. The continuum is most evident in creole-speaking areas, where speech may vary daily within a wide range — from the standard of the base language to the highest acceptable degree of creolization (Bell 1976, 138; Le Page 1968).

5.1.1.2. Where? — One of the earliest categorizations of bilingualism was based on the place where the languages had been acquired — home, street, school bilingualism (Malherbe 1950). The first is home or family bilingualism resulting from intermarriage between spouses, grandparents or other relatives speaking different languages. Bilingual families are common in immigrant and aboriginal communities, and among minority language groups in general. Many of these families are unilingual in their minority language while having to live and work in another language within unilingual, majority-language communities. The members of these families become bilingual therefore outside their home by interacting with the unilingual majority. Sometimes the language of the school is neither that of the home nor that of the community. In addition to the home and community language the children may have to master in school, the official language of the state.

5.1.1.3. When? — When the other language is acquired can affect the type and degree of bilingual competence. Here a distinction must be made between age of acquisition and order of acquisition. Age-wise researchers have distinguished between *child bilingualism* and *adult bilingualism* (Francescato 1981). It was observed that children excell in the learning of language forms (pronunciation, vocabularry and grammatical usage) while the adult's wider experience of life favors the acquisition of meaning and shades of meaning (Ervin-Tripp 1967, 78). The order in which two languages were acquired can also affect the type and degree of language intermixture. The bilingual may have acquired both languages together (*concurrent bilingualism*), or one after the other (*consecutive bilingualism*). So important is this distinction for some researchers, that they use different words for each type. For example, in Spanish, Aliaga and Gonzales-Moreya use *bilinguismo* for the concurrent type and *biglotismo* for consecutive bilingualism (Escobar 1972, 217). Equally important, however, is not only the order of learning but the order in which the skills are acquired in each of the languages (*staging*) (Mackey 1950) the amount of learning and intensity of use between each skill — understanding, speaking, reading and writing (*spacing*) (Mackey 1965 a, 457, 538).

5.1.1.4. Why? — People become bilingual for different reasons — by choice or by necessity. If one is bilingual by choice, it may be out of a desire to become part of another community, culture or country (*integrative bilingualism*), as when immigrants are motivated to change their nationality and acquire a new citizenship. Or the acquisition of another language may have been for purely utilitarian motives such as job enhancement opportunities, new knowledge or new techniques (*instrumental bilingualism*); this may include the bilingualism of higher learning, or what the great French philologist Antoine Meillet used to call 'le bilinguisme des hommes cultivés'. Results of experiments in language learning motivation seem to indicate that, under certain circumstances, integrative motivation is linguistically more successful than the instrumental kind, (Gardner/Lambert 1972).

5.1.1.5. How? — Although a person might become bilingual in any one of a great variety of circumstances, these may be divided into two commonly accepted categories. The basic distinction to be made is between *ascribed bilingualism* and *achieved bilingualism*. One either acquires the language by being exposed to it or has to learn it as a new skill (Adler 1977, 120). Ascribed bilingualism is sometimes referred to as natural or *primary bilingualism*, as opposed to induced (planned, artificial) or *secondary bilingualism* (Oksaar 1972, 500; Houston 1972, 203; Lewis 1972). More specific distinctions have to do with language learning methods — grammar and translation as against direct association, for example (Mackey 1965 a, 151 ff).

5.1.1.6. How much? — Bilinguals vary greatly in how well they know each of their languages. This can be measured, either as linguistic competence or as communicative competence.

Linguistic competence: This may vary according to the level of achievement in the mastery of the grammar, the vocabulary and the phonology of each of the languages. In each of these components, the competence of the bilingual in one language may be higher than it is in the other (*dominance*). Contrariwise, in all or some of the components of the system, the bilingual may be functionally equal in each of the languages, as when someone is said to have "a perfect accent" in two languages (*equilingualism*) (von Raffler-Engel 1961). For people with equal over-all competence in two languages, the term *balanced bilingualism* has been used (Hornby 1977, 3). It has been suggested that the best set of terms would be *equal* as opposed to *unequal bilingualism* (*gleiche* und *ungleiche Zweisprachigkeit*).

Equality says nothing, of course, about level. With an equal but low level of competence in each language, bilinguals may function quite well among themselves and even with others. This type of equilingualism has been variously referred to as *semi-bilingualism* (Haugen 1977) and *pseudo-bilingualism* (Di Pietro 1968).

Communicative competence (cf. art. 34): This has to do, not with the words or phonemes of each language, but rather with the skills of communication — speaking, reading and writing. A bilingual may understand two languages equally well, but be able to speak or write better in one of them. For those who can only understand the other language the term *restrictive bilingualism* or *passive bilingualism* has been used; This type of competence has also been referred to as *receptive bilingualism* (Mackey 1983) and semibilingualism (Hockett 1958). Some bilinguals may be receptive in one skill and productive in another, being able to speak the other language but unable to write it. Others are able to write in both languages (*biliteracy*). The skill in the other language may even be limited to a reading ability (reading bilingualism) or simply to aural understanding (auditory bilingualism) (Mackey 1983).

5.1.2. Bilingual Behavior

Bilinguals differ not only in how they use their languages (language behavior) but also in what they use their languages for (social behavior).

5.1.2.1. Language behavior. — How and under which circumstances do the bilinguals keep their two languages apart? Characteristic of the speech of bilinguals is the constant switching between their two languages (*codeswitching*). The switch may sometimes be triggered by some semantic or formal element in the stream of speech (*triggering*) (Clyne 1967); or by uncertainty (Macnamara/Krauthamer/Bolgar 1968); or it may be contextually motivated (Scotton/Ury 1977). But elements smaller than complete utterances may also enter from the other language into the speech of a bilingual — an expression, a word, a word-ending, a sound or an intonation. These cases of what has been called *interference* may be due to the differences in the levels of availability to the bilingual of the concepts in each of the languages, those that the speaker has at the time uppermost in the mind. Representative specimens of speech from bilinguals have been compared by measuring the depth and frequency of such cases of interference (Hasselmo 1969). The only difference between interference and codeswitching seems to be in the level of linguistic analysis. Both have been included under the general phenomenon of *alternation* (Mackey 1965 b).

5.1.2.2. Social behavior. — Bilinguals differ greatly in their choice of language and in their tolerance of interlingual mixture in speaking with each of their bilingual and unilingual acquaintances, each of their relatives, their colleagues at work, their superiors and inferiors (Mackey 1966). The social behavior of bilinguals also differs in the modes of interlingual interaction. Two bilinguals may use both their languages in speaking or in writing to eachother (*reciprocal bilingualism*) or they may use only one of their languages with bilinguals and with unilinguals alike (*non-reciprocal bilingualism*). In some bilingual encounters, it is customary to speak to eachother in one language (often the ethnic tongue) but to write to eachother in the other language (usually the medium of instruction of the school attended). Reciprocal and non-reciprocal bilingualism are also two of the modes of receptive bilingualism. Two persons may understand the two languages, or only one of the pair may understand both of them (Mackey 1983).

Bilinguals will sometimes reserve one of their languages or language varieties for important social occasions associated with learning or official functions. This is a language or variety known as a cultural or learned language (*Kultursprache*). The practice has been sometimes called *cultural bilingualism* (Zguta 1976, 376). The notion, it seems, goes back to Schuchardt, circa 1874 (Spitzer 1922; Oksaar 1972, 484).

5.2. Societal Bilingualism

A bilingual society is not simply a collection of bilingual individuals. Some bilingual societies — bilingual states, for example, may be composed mostly of unilingual persons, the purpose of the bilingualism of the institutions being to permit individuals to function in one language, thus avoiding the obligation of becoming bilingual. In addition to this more structured type of bilingualism there are bilingual communities in which two or more languages are used by people whom the accidents of history have grouped together. Bilingual communities are not bilingual institutions, although one may include the other.

5.2.1. Bilingual Communities

The two or more languages of a bilingual community are generally distributed or allocated in a different and often unequal fashion. This may be due to the relative functions of each language, which in turn may depend on its relative status.

5.2.1.1. Language allocation. — It is rare that both languages are equally distributed in a bilingual community or that all its members are equally bilingual. In many communities, skills in both languages are distributed in an unequal fashion, since only a few become bilingual. These bilinguals may sometimes constitute the elite of the minority, or they may be one of the elites of the majority or dominant culture of the area. In other areas, bilingualism may be characteristic of the entire ethnic population. In sum, within the bilingual community, it may be only the minority that becomes bilingual, or contrariwise, it may be the majority.

5.2.1.2. Language function (cf. art. 73). — Most bilinguals do not use both their languages with everyone in the community. The question "Who speaks which language to whom?" is basic to the description of language functions in a community (Fishman 1965). The bilingual community may use one language only with strangers (*intergroup bilingualism*) or it may use both the languages within the ethnic group (*intragroup bilingualism*) (Pap 1982, 76). The functional distribution of languages (*diglossia*) is one of the main concerns in the study of societal bilingualism (cf. art. 33, 35). Psychologists and linguists have tended to treat diglossia as a special case of bilingualism (Haugen 1973, 558). While some sociologists have treated it as a separate phenomenon, perhaps on the grounds that even unilingual societies employ different varieties of the same language for different purposes (Fishman 1967; Gumperz 1968). The use of related language varieties has been termed *in-diglossia* as opposed to *out-diglossia*, the functional distribution of two different languages (Kloss 1967, 10). Like the meaning of *bilingualism*, the significance of the term *diglossia* has been greatly expanded since it was used by Ferguson (1959) to describe the social distribution of Greek and Arabic language varieties (Mackey 1985 b). In this restricted meaning, what is usually included is the use of one language for high functions like writing and another language for lower functions like everyday speech. But written functions may also be allocated to different languages depending on what is written — newspaper articles, academic prose, novels, poetry or popular technology (Mackey 1975).

5.2.1.3. Language status. — The distribution and function of the two languages in a community may depend on the relative status of the languages. Only as objects of scientific enquiry can it be said that all languages are equal. In a bilingual community one of the languages may be more useful than the other. It may be a language in which much is available in print, an international language, the official language of the state, or a widespread language of culture. The other language may be a local or unwritten vernacular. It is the language of higher status which may attract most of the speakers of the community whose home language may be a local vernacular; but the converse is rarely seen. Since inequality of languages may perpetuate the inequality of their speakers, language policies have been created for the official recognition and promotion of minority languages. The government of the community may decide to attribute to an ethnic tongue all the functions of the majority language. This, however, may do little to change the relative status of the languages outside the areas in which they are used (Mackey 1976 b) (cf. art. 74).

5.2.1.4. Community evolution. — Bilingual communities have a life-cycle of their own. They come into being, flourish, decay and disappear according to the types of language contact they represent. They are characterized at any stage of their evolution as practicing *incipient, progressive, integral, regressive* or *residual bilingualism*. Each of these stages may last anywhere from a decade to centuries, depending on the nature, amount and intensity of the language contact. *Incipient bilingualism* is typical of the first stages of language contact in which few people know the new language and those who do so, use it as a collection of fixed phrases for specific occasions. In the *progressive* stage, a large number of people know something of the new language, many speaking it however with a foreign accent, with interference from the home language, while a few may display a high functional competence in it. In the *integral* stage, most people in the community are able to function in both languages, or they are expected to be able to do so! From then on, the new language continues to progress at the expense of the older one, often the ancestral language or ethnic tongue of an immigrant or colonial minority. At this stage, community bilingualism is said to be regressive, since fewer and fewer people are equally competent in both languages. What characterizes *regressive bilingualism* is a high degree of inteference in the older language coming from the elements of the new language which is now becoming dominant in the everyday speech of the community. This is typical, for example, of second and third generations in immigrant communities. While the grandparents will speak the new language with the foreign accent typical of the progressive stage in which they grew up, the younger generation speaks the ancestral tongue as a mixed language which may, for example, be labeled as *Fragnol* (the French of the second and third generations of French immigrants in Argentina) or *Spanglish* (the English of second generation Cuban refugees in the United States) — or some such denigrating term describing their mixed speech. The generations following these may maintain a sort of *residual bilingualism* in which a number of expressions or fixed phrases for special occasions are handed down from parents to children and kept in use in the community as tokens of ethnic identity. Once these are forgotten, the ethnic tongue can be said to join the ranks of the extinct languages (cf. 6.1.).

5.2.2. Bilingual Institutions

The fact that an institution is bilingual does not mean that all its members have a knowledge of two languages. Families, schools, and public services can operate in two languages with few or no bilingual individuals.

5.2.2.1. The bilingual family. — This basic social institution may be composed of people speaking different languages, often as a consequence of mixed or interethnic marriage. Such marriages always pose the problem of language choice. Should the home language be that of the husband, that of the wife, or both? In many cases, the choice is beyond the control of the parents; the pressures of the community, the relative status of the languages or the future of the children may leave little choice. But if the policy of the family is to maintain both languages or to make the children bilingual,some sort of family language policy may be needed. Bilingual families do not necessarily engender bilingual children. Quite often, it is only the unilingualism of the family that will ensure the bilingualism of the children, especially when the ethnic tongue of the parents is unknown and unused outside the home. Families which use two languages may use them indifferently (*free alternation*) or there may be established certain dichotomies of use. These may be based on persons, places, times or contexts. Best known of these are the personal dichotomies such as that of the Grammont formula (*une personne; une langue*) whereby the child will hear only one language

from the mother and only the other from the father. For families who return regularly to their ethnic homeland, the change of language may correspond to the change in place. Some bilingual families, however, change language according to the context in which the language is used — one language may be reserved for mundane matters (the kitchen language) another for more cultural conversation. Finally some families have attempted to reserve certain times, days of the week or periods of the year, for the use of the other tongue. This strategy does not seem to have met with much success, however, because of the difficulty of maintaining it with any degree of consistency over a sufficiently long period of time (Schmidt-Mackey 1977).

5.2.2.2. The bilingual school (cf. art. 184). — Bilingual education which, in one form or another had been the norm in most parts of the world, became popular after mid-century in countries which, since the creation of public education in the 19th century had schooled their children in a single language — that of the state. The variety of purposes of bilingual schooling range from the bilingual education of unilingual children to the unilingual education of bilingual children. In between are dozen of types of bilingual education (Mackey 1970 a).

The school may exist for the education of people with a home language different from that of the majority (*ethnic schools*) or may be intended for students from two different groups, each with its own home language (*biethnic schools*). The mix of the two ethnic groups within the classroom may be designed to create a bilingual and bicultural school population (Mackey 1972; Mackey/Beebe 1977). The language policy of the bilingual school may be one of acculturation (*transfer* type) or one of minority language promotion (*maintenance* type). The maintenance may be based on a principle of parity — all subjects being given equal time in each language, or it may operate according to a principle of differentiation in which some subjects, like history, music, geography, literature and religion may be taught in one language, and other subjects, like science and mathematics are taught in the other language. The time and content allocation of languages within the curriculum depends on the objectives of the community. These may pose less an education problem than a social one (Siguan 1975). Since the 1950s a vast theoretical literature on bilingual education has been accumulating (Mackey, 1982; Spolsky/Cooper 1977).

5.2.2.3. The bilingual organization. — In order to serve people in the language of their choice or to permit employees to work in their own language, special types of institutions have been organized along language lines. Such institutions come in all sorts and sizes — from municipal offices to nationwide government departments, from small companies to multinational corporations, from ethnic battalions to bilingual armies. The basic components of such organizations are *line* and *liaison bilingualism* (Hughes 1969; 1970) — The line or chain of command is organized, language-wise, in such a way as to assure the proper functioning of the organization, while respecting the linguistic rights and limitations of its personnel. Quite often, the management knows only one of the languages, and the workforce knows only the other. Somewhere in between, along the chain of command, there must be a bilingual individual or team which makes sure that the orders given in one language are executed in the other, and that there remains a continued flow of information in both directions (*vertical bilingualism*). Another requirement of the bilingual institution is to maintain contact with other institutions, including unilingual ones, either at the local or at the national and international levels. When the management of one of these institutions is competent in a language other than that of the organization with which it must maintain contact, some sort a liaison mechanism may be necessary to insure that information flows freely between them in spite of the fact that it originates in a different language (*horizontal bilingualism*). This is often done through bilingual associate-directors who may practice with their counterparts in the other organization a type of non-reciprocal bilingualism (cf. 5.1.2.2.). Such pratices are common at meetings of bilingual town councils, bilingual parliaments or assemblies and in multilingual organizations where one is free to speak one's own language while understanding the other language, either directly, or through the services of interpreters. However, organizations, whether private or governmental, providing services to the public in bilingual areas where the client's choice of language is unknown must be able to count on a number of bilingual personnel to deal directly with the public in such institutions as hospitals, police and fire departments, telephone and tele-

graph services, railways, airlines, tax offices, municipal services, and the like. Some of these institutions, like government ministries, parliamentary committees and corporations must maintain translation services to insure that official documents meant for the public appear simultaneously in both languages.

5.2.2.4. The bilingual state. — An officially bilingual state may be organized according to either the principle of territoriality or the principle of personality, or some combination of these (McRae 1975). According to the first, the individual accomodates to the language of the state; according to the second principle, it is the state that must accomodate to the language of the individual. In Switzerland, for example, where the basic policy is that of territoriality, institutions operate in the language of the canton or of the area. In Canada, whose basic policy is that of personality, institutions must operate in such a way as to serve the individual in the language of his or her choice.

6. Consequences of Bilingualism

Bilingualism affects the languages in contact and the people who speak them.

6.1. Effects on the Language

Languages which have been in contact (cf. art. 58, 71, 114) for long enough are permanently modified by the experience. The effects of bilingualism on such languages as English and French are well documented. Three centuries of the French presence in England and the resulting Anglo-Norman bilingualism have left their mark on the vocabulary of modern English much of which is French — *page, national, religion, administration, sauce, table, chair,* and hundreds of other everyday words. The three great periods of bilingualism in France — the Gallo-Roman, the Frankish and the Norman — have also left their traces on the French language. The effects may be observed not only in the vocabulary but also in any of the other linguistic components of the language — the phonology, the morphology, the syntactic system and the prosody (Haugen 1950).

The effects may be traced to a period of transitional bilingualism in which, in the same area, one language is replaced by another. The Vulgar Latin of the Roman legions and their colonies, for example, replaced the Gaulish of the native Celts in that part of Europe which became France. The traces of Gaulish which remained in the language became part of its linguistic *substratum* (Seberennikov 1956). The French vowel /y/, as in *lune* is a case in point; it has been attributed to the fronting of the Latin /u/, as in *luna*, in the mouths of the bilingual Gauls. A language may survive a period of bilingualism superimposed on it by foreign conquest. In this case, it is the traces of the language of the conquerer which remain; these make up the linguistic *superstratum* of the language. Examples can be found in the Germanic characteristics of the French language left by the bilingual Franks — words like *guerre, riche* and *choisir*, for example. Examples of the influence of the substratum, the superstratum and the adstratum (contemporaneous language influence) can be found even in the urban dialects of bilingual cities (Baetens Beardsmore 1983).

The nature and semantic field of the foreign elements found in the substratum and in the superstratum are indicators of the social nature of the bilingual contact — especially the elements taken (borrowed) from the other culture or imposed by a ruling elite. An often-quoted example of this, is the set of names given to animals in English: *sheep, pig, calf, bull, deer*, Anglo-Saxon names for the livestock tended by the English peasants; but *mutton, pork, veal, beef* and *venison*, Old French names for these animals eaten by the Norman overlords.

Bilinguals introduce words into their other language through different doors. Bilinguals, who work in a language other than that of the home will interlard their speech with terms associated with their work context. The more specialized the work, the more likely is this to happen. If the language of work is the same for all bilinguals in the community, a diglossic situation develops whereby the vocabulary of the work context may exist only in one language. It is inevitable that these words should become part of the vocabulary of the home language and eventually be incorporated into the code as borrowed or *loan words*. The difference between these and the transient words that accidentaly appear in the stream of speech of bilinguals is the difference between *borrowing* and *interference*. It is the difference between the code and the message, between language and discourse. Since all languages evolve through use, the one may exert a steady influence on the other. If only a few bilinguals uncon-

sciously let the same foreign item enter their speech, it may remain as an unwanted 'mistake', which purists and educators find no difficulty in eradicating. But if the word is the one all bilinguals use at all times, it may have to be considered as part of the local norm of the language; it would be so included in any linguistic description — although normative grammarians may want to exclude it. *Norm specification* is one of the pre-requisites for the description of bilingual behavior (Hasselmo 1969).

Since such items do not enter the language overnight, there is always in the discourse of bilinguals certain elements from their other language which, to the observer, may appear either as frequent cases of interference or as loans which are in the process of entering the code. Since the process is a matter of degree, it has been necessary to develop quantitative techniques to measure the level of *integration* of items from the other language appearing regularly in the discourse of bilinguals (Mackey 1970 b). The rate of integration of items from the other language is determined by the relationship between external and internal factors. The external factors have to do with the relative status of each language in contact and the number and cultural status of its speakers. It is true that recognition of the language as official can enhance its status locally, but it may be secondary to such status factors as geographic extension, cultural productivity, demographic mobility and economic power (Mackey 1973). It is more likely, for example, that bilingual speakers of Micmac should depend on a language like English for new words than that English should depend on Micmac.

Within each language, there are also internal factors which facilitate or attenuate the integration of loans. One of these is structural compatibility. If there is no slot for the item in the structure of the borrowing language it may not be able to enter that language. There may instead have to be a neologism constructed out of native elements. Some Ameridian languages, for example, do not borrow from English for such technical items as parts of the automobile. The inter-structural difference makes it more convenient to create word-combination equivalents, such as 'lightning box' for battery (Mackey 1953). What items may be borrowed also depends on the grammatical category to which they belong. Foreign items which can fit into the largest categories of the borrowing language are more readily adopted than those that must be placed within the categories containing a small number of items. In European languages, for example, more nouns than verbs are borrowed, more verbs than prepositions, and more words than morphemes or phonemes. In other words, it depends on the *latency* of each category (Cassano 1972).

When the process of borrowing accelerates relentlessly, the results may be either the creolization of the language or its extinction. Creolization occurs when the resources of the lending language are not sufficiently available to bring about a language transfer. In such cases, where models of the base language — often a colonial language like English or French — are not massive enough to tip the balance, the creole speech may live on for generations as a dynamic, unstable and evolving system of mutually modifying practices (Le Page 1977). Where the model of the dominant language is readily available as a substitute, however, the vocabulary of the borrowing language becomes simplified and the phonology more and more similar to that of the lending language. The process eventually ends in the extinction of the borrowing language (Dorian 1981. Cf. art. 170). The intervening sociolinguistic phenomenon is known as *transitional bilingualism*, the integrating link between unilingualism in one language and unilingualism in the other.

6.2. Effects on the People

The effects of language contact on the bilinguals as an ethnic group may differ from the effect on any one individual.

6.2.1. The Ethnic Group

The same degree of group bilingualism may be an advantage in some cases of language contact and a disadvantage in other cases. In communities where the social structure is hierarchical, with a ruling class of unilinguals governing a nation of unilinguals speaking another tongue, the class of people — professionals, administrators and teachers — can constitute a bilingual elite, with all the advantages of a ruling class. The bilingual elite developed in Norman England helped perpetuate a class structure which lasted from the Middle Ages well into the twentieth century.Contrariwise, in an egalitarian society with a high degree of cultural conformity, where everyone speaks the same language in the same way, a bilingual minority may be conceived as socially divergent, in which case

bilingualism may become the sort of stigma that immigrants may want to shake off (Haugen 1972).

The maintenance of two languages (cf. art. 170) may also be either advantageous or disadvantageous. For minorities whose native language is geolinguistically powerful or independent and unthreatened by rivals and where cultural and economic status assures a potentially high level of education, the acquisition and maintenance of another language may pose no threat. Since the acquisition of this other language may be regarded as an added advantage, it has been called *additive bilingualism* (Lambert 1974; 1977). Contrariwise, if the minority language is threatened, or if its survival is overly dependent on the school, the burden of maintaining another tongue may detract from the learning of the home-language as a self-sufficient vehicle. In this case, the bilingualism, which requires a sacrifice of the ethnic tongue, is said to be *subtractive*. The mastery of two languages may or may not entail changes in the other components of cultural concepts and behavior (*biculturism*). Four culture-language types have been distinguished: monocultural monolingualism, monocultural bilingualism, bicultural monoculturalism and bicultural bilingualism (Fitouri 1983, 214).

6.2.2. The Bilingual Individual

Effects of bilingualism on the individual have been studied from the view points of intellectual development, scholastic achievement and affective behavior (Lambert 1977).

6.2.2.1. Bilingualism and intellectual development. — This has been the chief interest of psychologists in studying the bilingualism of individuals; and indeed, there exists an extensive literature describing experiments made to determine the relative intelligence of bilinguals, especially as it influences the measurement of abilities (Darcy 1953; 1963). During the mid-half (1925—1975) of the century the consensus of psychologists shifted from an unfavorable to a more favorable consideration of the intellectual development of bilinguals. In the early part of the century, it was often stated that bilinguals who did not have a complete set of basic concepts in any one language could not develop along the lines of the unilingual norm (Epstein 1915). It was pointed out later, however, that bilinguals in fact demonstrated a superior ability to separate the word-forms from the concepts they represented. Some of these differences have been attributed to the organization of concepts in the mind. Two types have been postulated, either two parallel sets of forms for the corresponding sets of concepts (*compound bilingualism*) or two divergent sets, each corresponding to different chains of association, some of them being in complementary distribution to the others (*coordinate bilingualism*). Few bilinguals however, could agree that they belonged to one type rather than to the other. It seemed that any concept could be associated with experience in either language, or in both languages at the same time; the words themselves may or may not be associated in the mind (Macnamara 1970; Baetens Beardsmore 1974). Because of this, the distinction came to be regarded as a conceptual artifact (Diller 1970).

6.2.2.2. Bilingualism and scholastic achievement (cf. art. 184, 185). — This has been the main concern of educators. Much of the research, especially the studies done before mid-century pointed to the detrimental effect of bilingualism on school achievement (Mackey 1952). Studies completed between 1950 and 1980, however, did not agree. Some point out a retarding of up to two years in mathematics and language as a result of bilingual education (Macnamara 1966); others point to the superior achievement of bilinguals educated bilingually in both these subjects (Lambert/Tucker 1972). The difficulty seemed to reside in the fact that none of the studies had taken language status and other geolinguistic variables into account — proceeding often as if the school had a monopoly on language learning. There is a difference between schooling in a language which is little used in the area and schooling in a language of high status which is also the usual vehicle of the majority.

6.2.2.3. Bilingualism and affective behavior. — One must first distinguish here between the influence of bilingualism on emotional behavior and the effects of this behavior on the practice of bilingualism.

Cases have been cited to prove that a child having to operate in two languages may suffer from emotional instability, due to the necessity of associating different experiences with different languages. On the other hand, it has been demonstrated that the emotive disturbance is generally due to the situations, and not directly to the language as such. Any situation may be associated with any language. If for example, a severe marital conflict within a bilingual family results in

the child siding with the mother and against the father, all associations with the father's language can become negative, as opposed to the positive associations with the mother's language. If the father's language also happens to be the language of the school, the child is placed in a conflict of affective associations which, at an early age, may cause observable emotional disturbances. There are cases of aphasia in which bilinguals retain one of the languages and forget the other. There have been different explanations for this phenomenon; one has to do with the age, order and mode of acquisition of each of the languages (Paradis 1977; 1978). Emotive associations between persons and their languages may change the language allegiance of bilinguals from the strong to the weaker language. There are recorded studies of mother-tongue rejection in cases of schizzophrenia (Wolfson 1970). This is not the same as the ambivalence felt by people unsure of either of their languages — a feeling sometimes called *schizzoglossia* (Haugen 1962). Cases of multiple personality, most of which go unnoticed, become dramaticaly evident when the subject switches languages along with the switches in personality (Mackey 1985a).

7. Literature (selected)

Alder, Max K. (1977) *Collective and individual bilingualism*, Hamburg.

Baetens Beardsmore, Hugo (1974) "Development of the compound-coordinate distinction in bilingualism", in: *Lingua* 33, 123—127.

Baetens Beardsmore, Hugo (1983) "Substratum, adstratum and residual bilingualism in Brussels", in: *Journal of Multilingual and Multicultural Development* 4, 1—14.

Bell, Roger T. (1976) *Sociolinguistics*, London.

Carreter, Fernando (1962) *Diccionario de Términos Filológicos*, 2. Edition, Madrid.

Cassano, Paul V. (1972) "The concept of latency in contact language borrowing", in: *Linguistics* 78, 5—15.

Clyne, Michael G. (1967) *Transference and triggering*, The Hague.

Dalby, David (1980) "A global perspective: languages of the world", in: *Atlas of Mankind,* London.

Darcy, Natalie T. (1953 & 1963) "Bilingualism and the measurement of intelligence". in: *The Journal of Genetic Psychology* 82, 21—57 & 103, 259—82.

Diebold, A. R., Jr. (1961) "Incipient bilingualism", in: *Language* 37, 97—112.

Diller, Karl C. (1970) "Compound and coordinate bilingualism: a conceptual artifact", in: *Word* 26, 254–261.

Di Pietro, Robert J. (1968) "Bilingualism", in: *Current trends in linguistics* 4, Sebeok, T., ed., The Hague, 399.

Dorian, Nancy (1981) *Language death: the life cycle of a Scottish Gaelic dialect*, Philadelphia.

Elwert, Theodor (1973) *Das zweisprachige Individuum*, Wiesbaden.

Epstein, Issac (1915) *La pensée et la polyglossie: essai de psychologie et didactique*, Paris.

Ervin-Tripp, Susan M. ([1967] 1973) "On becoming bilingual", in: *Language acquisition and communicative choice*, Dil, A. S., ed., Stanford, 78–91.

Escobar, Alberto, ed., (1972) *El reto del multilinguismo en el Perú*, Lima.

Ferguson, Charles A. (1959) "Diglossia", in: *Word* 15, 325–340.

Fishman, Joshua A. (1968) "Sociolinguistic perspective on the study of bilingualism", in: *Linguistics* 39, 21–49.

Fishman, Joshua A. (1965) "Who speaks what language to whom and when?", in: *La linguistique* 2, 67–68.

Fishman, Joshua A. (1967) "Bilingualism with or diglossia; diglossia with or without bilingualism", in: *Journal of Social Issues* 23, 29–30.

Fishman, Joshua A. (1980) "Bilingualism and biculturism as individual and societal phenomena", in: *Journal of Multlingual and Multicultural Development* 1, 3–15.

Fitouri, Chadly (1983) *Biculturalisme, bilinguisme et éducation*, Neuchâtel/Paris.

Francescato, Guisseppe (1981) *Il bilingue isolato: Studi sul bilinguismo infantile*, Rome.

Friedrich, J. (1962) *Extinct languages*, London.

Gardner, Richard C./Lambert, Wallace E. (1972) *Attitudes and motivation in second language learning*, Rowley, Mass.

Grimes, Barbara F. (1984) *Ethnologue: languages of the world*, 10. Edition, 2 Volumes, Dallas.

Gumperz, John J. (1968) "The speech community", in: *International encyclopedia of the social sciences*, New York, 381–386.

Hamers, Josiane F./Blanc, Michel (1984) *Bilingualité et bilinguisme*, Brussels.

Hasselmo, Nils (1969) "How can we measure the effects which one language may have on the other in the speech of bilinguals?", in: *The description and measurement of bilingualism*, Kelly, L. G., ed., Toronto, 121–141.

Haugen, Einar (1950) "The analysis of linguistic borrowing", in: *Language* 26, 210–221.

Haugen, Einar (1956) *Bilingualism in the Americas: a bibliography and research guide* (= Publication of the American Dialect Society 26), University, Alabama.

Haugen, Einar (1963) "Schizoglossia and the linguistic norm", in: *Georgetown Monographs on Languages and Linguistics* 13, 63–69.

Haugen, Einar (1972) "The stigmata of bilingualism", in: *The ecology of language*, Dil, A. S., ed., Stanford, 307–324.

Haugen, Einar (1973) "Bilingualism, language contact and immigrant languages in the United States", in: *Current trends in linguistics* 10, Sebeok, T. S., ed., The Hague, 505–591.

Hocket, Charles F. (1958) *A course in modern linguistics*, New York.

Hornby, Peter, ed., (1977) *Bilingualism: psychological, social and educational implications*, New York.

Houston, Susan H. (1972) *A survey of psycholinguistics*, The Hague.

Hughes, Everett C. (1969) "Comments on Lieberson's How can we describe the incidence and distribution of bilingualism?", in: *The description and measurement of bilingualism*, Kelly, L. G., ed., Toronto, 331–343.

Hughes, Everett C. (1970) "The linguistic division of labor in industrial and urban societies", in: *Georgetown Monographs on Languages and Linguistics* 23, 103–120.

Kloss, Heinz (1967) "Types of multilingual communities", in: *Explorations in sociolinguistics*, Lieberson, S., ed., Bloomington, 7–17.

Kolers, P. A. (1965) "Bilingualism and bicodalism", in: *Language and speech* 8, 122–126.

Lambert, Wallace E. (1976) "Culture and language as factors in learning and education", in: *Current themes in linguistics*, Eckman, F. R., ed., New York, 15–48.

Lambert, Wallace E. (1977) "Effects of bilingualism on the individual". in: *Bilingualism: Psychological, Social and Educational Implications*, Hornby, P. A., ed., New York, 15–27.

Lambert, Wallace E./Tucker, G. Richard (1972), *Bilingual education of children: The St. Lambert experiment*, Rowley, Mass.

Le Page, Robert B. (1968) "Problems of description in multilingual communities", in: *Transactions of the Philological Society* 1968, 189–212.

Le Page, Robert B. (1977) "Processes of pidginization and creolization", in: *Pidgin and creole linguistics* Valdman, A., ed., Bloomington, 222–255.

Lewis, E. Glyn (1972) *Multilingualism in the Soviet Union*, The Hague.

Mackey, William F. (1950) "The meaning of method", in: *English Language Teaching* 5, 3–6.

Mackey, William F. (1952) "Bilingualism and education", in: *Pédagogie-Orientation* 6, 135–147.

Mackey, William F. (1953) "Bilingualism and linguistic structure", in: *Culture* 14, 143–149.

Mackey, William F. (1956) "Toward a redefinition of bilingualism", in: *Canadian Journal of Linguistics* 2, 4—11.

Mackey, William F. (1958, 1965) "Bilingualism", in: *Encyclopaedia Britannica* 3, 610—611.

Mackey, William F. ([1965 a]/1967 American, 1972 French, 1978 Russian, 1979 Japanese) *Language teaching analysis*, London/Bloomington/Paris/Moscow/Tokyo.

Mackey, William F. (1965 b) "Bilingual interference: its analysis and measurement", in: *The Journal of Communication* 15, 239—249.

Mackey, William F. (1966/1983) "The measurement of bilingual behavior", in: *Interdisciplinary approaches to communication*, Blacke, C. A./Akpati, E. T., Boston, 46—57.

Mackey, William F. (1970 a, 1972, 1978) "A typology of bilingual education", in: *Foreign Language Annals* 3, 596—608; *Advances in the Sociology of Language II*, Fishman, J. A., ed., The Hague, 413—432; *Bilingual Schooling in the United States* 2, Edition, Anderson, T./Boyer, M., Austin, 264—284; 322—336.

Mackey, William F. (1970 b) "Interference, integration and the synchronic fallacy", in: *Georgetown Monographs on Languages and Linguistics* 23, 195—227.

Mackey, William F. (1972) *Bilingual education in a binational school; a study of equal language maintenance through free alternation*, Rowley, Mass.

Mackey, William F. (1973) *Three concepts for geolinguistics* (= CIRB Publication B-42), Québec.

Mackey, William F. (1975, 1976) Langue, dialecte et diglossie littéraire (= CIRB Publication B-54), in: *Diglossie et littérature* Giordan, H./Ricard, A., eds., Bordeaux, 19—50.

Mackey, William F. (1976 a) *Bilinguisme et contact des langues*, Paris.

Mackey, William F. (1976 b) "Las fuerzas lingüísticas y la factibilidad de las políticas del lenguaje", in: *Revista Mexicana de Sociología*, 279—309.

Mackey, William F. (1978 a) *Le bilinguisme canadien: bibliographie analytique et guide du chercheur* (= CIRB Publication B-75), Québec.

Mackey, William F. (1978 b) *Schedules for language background, behavior and policy profiles* (= CIRB Publication B-71), Québec.

Mackey, William F. (1979 a) "Toward an ecology of language contact", in: *Sociolinguistic studies in language contact: Methods and cases*, Mackey, W. F./Ornstein, J., eds., The Hague, 453—460.

Mackey, William F. (1979 b) "Distance interlinguistique et interintelligibilité des langues", in: *Innsbrucker Beiträge zur Sprachwissenschaft* 1978, Proceedings of the Twelfth International Congress of Linguists, Dressler, W. U./Pfeiffer, O. E./Herok, T., eds., Innsbruck, 691—695.

Mackey, William F., ed. (1982 a) *International bibliography of bilingualism/Bibliographie internationale sur le bilinguisme*, 2. Edition, Québec.

Mackey, William F. (1982 b) "Merkmale für Anpassungsprozesse des Französischen in zweisprachigen Gebieten", in: *Anwendungsbereiche der Soziolinguistik*, Steger, H., ed., Darmstadt, 312—339.

Mackey, William F. (1983) "Models for comparing cases of language contact", in: *Theorie, Methoden und Modelle der Kontaktlinguistik*, Nelde, P. H., ed., Bonn, 71—94.

Mackey, William F. (1984 a) "Mother-tongue education: problems and prospects", in: *Prospects* 14, 37—49.

Mackey, William F. (1984 b) "Bilingual education and its social implications", in: *Linguistic minorities, policies and pluralism*, Edwards, J., ed., London, 151—178.

Mackey, William F. (1985) "The sociobiology of ethnolinguistic nucleation", in: *Politics and the life sciences*, 4 (1), 10—30.

Mackey, William F. (1986) "The polyglossic spectrum", in: *The Fergusonian Impact*, vol. 2 Fishman, J. A. et al, eds., Berlin/ New York.

Mackey, William F./Beebe, Von Nieda (1977) *Bilingual schools for a bicultural community*, Rowley, Mass.

Mackey, William F./Cartwright, Donald G. (1977, 1979) "Geocoding language loss from census data", in: *Language Planning and the Building of a National Language*, Sibayan, B. P./Gonzales, A. G., eds., Manila, 60—87; *Sociolinguistic studies in language contact*, Mackey, W. F.,/Ornstein, J., eds., The Hague.

Macnamara, John (1966) *Bilingualism and primary education*, Edinburgh.

Macnamara, John (1970) "Bilingualism and thought", in: *Georgetown Monographs in Languages and Linguistics* 23, 22—45.

Macnamara, John/Krauthamer, M./Bolgar, M. (1968) "Language switching in bilinguals as a function of stimulus and response uncertainty", in: *Journal of Experimental Psychology* 78, 208—215.

Malherbe, E. G. (1950) "Bilingualism", in: *Chambers Encyclopaedia*, London/New York.

Marouzeau, J. (1971) *Lexique de la terminologie linguistique*, 3. Edition, Paris.

McRae, Kenneth D. (1975) "The principle of personality and the principle of territoriality in multilingual states", in: *International Journal of the Sociology of Language* 4, 35—54.

Oskaar, Els (1972) "Bilingualism in Western Europe", *Current trends in linguistics* 9. Sebeok, T., ed., The Hague, 476—511.

Pap, Leo (1976) "Linguistic terminology as a source of verbal fictions", in: *Language Sciences* 39, 1—5.

Pap, Leo (1982) "Bilingualism in need of a conceptual overhaul", in: *Language Sciences* 4, 71–84.

Paradis, Michel (1977) "Bilingualism and aphasia", in: *Studies in Neurolinguistics*, Volume 3, Whitaker, H./Whitaker, H. A., eds., New York.

Paradis, Michel, ed., (1978) *Aspects of bilingualism*, Columbia, N. C.

Pei, Mario (1966) *Glossary of linguistic terminology*, New York.

Schmidt-Mackey, Ilonka (1977) "Language strategies of the bilingual family", in: *Bilingualism in early childhood*, Mackey, W. F./Andersson, T., eds., Rowley, Mass., 132–146.

Scotton, C. M./Ury, W. (1977) "Bilingual Strategies: the social functions of code-switching", in: *International Journal of the Sociology of Language* 13, 5–19.

Seberennikov, B. A. (1956) "Problem substrata", in: *Doklady i Soobshchenia Akademiia nauk SSSR, Institut Jazykoznaniia* 9, 33–56.

Siguan, Miquel (1975) *Bilinguisme i educació: per una sociologia des bilinguisme* (Bilingualism and education: for a sociology of bilingualism), Barcelona.

Spitzer, Leo, ed., (1922) *Hugo Schuschardt-Brevier* 2 volumes, Halle.

Spolsky, Bernard/Cooper, Robert, eds., (1977) *Frontiers of bilingual education*, Rowley, Mass.

Von Raffler-Engel, Walburga (1961) "An investigation of Italo-American bilinguals", in: *Zeitschrift für Phonetik, Sprachwissenschaft und Kommunikationsforschung* 14, 127–130.

Van Overbeke, Maurice (1972) *Introduction au problème du bilinguisme*, Brussels/Paris.

Verdoodt, Albert (1983) *Bibliographie sur le problème linguistique en Belgique* (= CIRB Publication 121), Québec.

Wandruszka, Mario (1971) *Interlinguistik: Umrisse einer neuen Sprachwissenschaft*, München.

Weinreich, Uriel (1953) *Languages in contact*, New York/The Hague.

Wolfson, Louis (1970) *Le schizo et les langues*, Paris.

Zgusta, Ladislav (1976) "Graeco-latin bilingualism in the Roman empire", in: *Dimensions of bilingualism*, Kachru, Braj B., ed., Urbana, 376–380.

William F. Mackey, Quebec City (Canada)

83. Ethnic/Linguistic Minorities: Selected Situations and Research Perspectives

1. General Background
2. Some Contemporary Aspects of Ethnicity
3. Inter-Ethnic Distance
4. Ethnic Typology of Nation-States
5. Study of Ethnolinguistic Problems
6. International Conferences on Ethnolinguistic Problems
7. Postscript
8. Literature (selected)

1. General Background

1.1. Ethnic minorities (cf. art. 84) may or may not speak a language different from the prevalent one in a country, although linguistic minorities of course do. There are also religious, regional, color, caste, socio-economic, "vocational" and other types of minority, some combining all or some of the aforementioned features. In the final analysis, however, a group's feeling of identity, as well as their perceived distance from the "mainstream" or power elite may be the most distinctive and significant elements. The etymological suggestion of "smallness", however, can be misleading, since some, indeed many "minorities" outnumber the power elite. For example, in Ethiopia, the Galla or Sidamo-speakers by far outnumber the Amharas, the dominant ethnolinguistic group.

1.2. As there are at least 5.000 identifiable and distinct languages in the world, the number of ethnic groups must be considered to be much higher, due to variations and the tenuous line often between language and dialect. Despite this, with hardly more than 250 sovereign states on the globe, it is obvious that many if not most ethnic groups must struggle to secure representation, a voice, or some sort of autonomy. Some minority areas have changed hands many times, as witness Alsace-Lorraine, between France and Germany, Transylvania, between Rumania and Hungary, while the Macedonian-speaking region has long been a source of Balkan contention, being now located in four countries: Yugoslavia, Bulgaria, Albania and Greece. To give another example, in the U.S.A. claims of an ethno-territorial nature among Amerindians often end up in court, as do suits against the Government.

1.3. For our purpose only a limited amount of delving into theoretical discussions of political science and sociological nature is practical, as our focus is on sociolinguistics. Schermerhorn (1978, 134 – 158), after reviewing ethnic relations in terms of recurrent intergroup sequences that appear in many societies, concludes that the great bulk of ethnic group formations attain subordinate or minority status as the result of coercive subjugation by dominant groups. Examining an entire range of macroscopic theories of society that have the greatest relevance for ethnic relations, he prefers a view opposing "system theory" and "power-conflict theory", with the latter emphasizing the adversarial relationship between superordinate and subordinate ethnic groups, while the former stresses a more benign and placid approach to accomodation. Both theories, of course, seek accomodation on the most favorable terms (Schermerhorn [1978, 20 – 48).

There is by now a rich literature on what is termed the "ethnic revival" or "renaissance". While ethnic manifestations are as old as civilization, the fact is that the present proportion and intensity are definitely new. Following World War II and the break-up of empires, an atmosphere developed which favored "liberation" and "self-determination" of many types. In the new "ethnicity" feelings of minority-group identity considered long ago submerged or non-existent, exploded into a world-wide chain reaction of ethnic affirmation, with demands ranging from more representation and autonomy to outright secession.

1.3.1. The watershed of all this were the 1960's, and ethnic self-determination has by no means abated in pace. There has been no lack of "causes" and "grievances" and it might be quipped that colonial planners could not have done worse, had they explicitly tried, in setting up situations certain to bring down the wrath and fury of wronged minorites. As Smith (1981, 136 – 138) puts it, in Asia but in Africa particularly, the colonial powers established after 1885 a "grid" of artificially demarcated territories, each with its own administrative institutions (cf. art. 168). Little cognizance was taken of the boundaries of the various ethnic groups and categories, and in such instances as the EWe and the BaKongo, they drew boundaries

across ethnic groupings, so that these straddled two or more colonial units. African political leaders have been at pains to maintain intact these fragile and precarious political units, hoping that these might hold together and grow into "nation-states" along European models. New nations in Asia have been faring variously, with Philippines, Burma and Indonesia holding together despite great ethnic heterogeneity, but with India suffering the secession of Muslim Pakistan and Bangladesh, while Sri Lanka (former Ceylon) is under constant pressure from Tamils for greater concessions, or possibly secession.

During this apogee of ethnic revival and nationmaking the number of "sovereign" states has at least quadrupled from less than 50 in 1939 to over 200 today (cf. art. 15, 45, 81). Unresolved ethnic problems in them are rife.

2. Some Contemporary Aspects of Ethnicity

2.1. It needs to be noted that not all segments of modern society greet with open arms, the efflorescence of ethnicity (cf. art. 14) and neo-nationalism. In the United States even newspapers noted for their "liberalism" publish editorials, not infrequently, on the possibly divisive effects of bilingual education, pointing to the example of Canada where allegedly measures undertaken for the French-speakers threaten to undermine national unity, with similar apprehensions expressed for Belgium (cf. New York Times, 1979).

It is all but self-evident that an understanding of ethnicity in today's technological age is far more complex than it might have been in the eighteenth or nineteenth century, when contemporary types of nationalism developed, and when, for example, J. G. Herder proclaimed the supremacy of language as the main means of comprehending social groups, and when a more communal type of lifestyle, such as in peasant villages, was associated with the true roots of ethnicity. With industrialization making of many, if not most modern states, preeminently urban societies, the ethnic revival cannot be regarded through such simple historical prisms.

One interpretation of the growing role of the ethnic movement in modern statehood is offered by Anthony D. Smith (London School of Economics). He claims to perceive a deep dissatisfaction with the silent growth of the "scientific state" which has developed in the West, and is viewed by many as impersonal, materialistic, over-regulatory and destructive to human individuality. As counterforce to this many modern ethnic groups reject the cold "scientific state" and search instead for spiritual regeneration and dignity within historical communities. Thus have ancient ethnic bonds which social theorists thought would disappear as science and industry advanced, surged again to the surface. According to Smith (1981, 184–197), the impetus of this quest for national transformation and ethnic fulfillment, and the difficulties of attaining such an ideal, will ensure the proliferation of ethnic revivals in a world of scientific states, which, we might add, also are frequently poly-ethnic.

Thus, although much more could be said along these lines, when one examines ethnicity within the framework of the modern nation-state, one will almost automatically come to the conclusion that the normal relationship is an adversarial one, fitting well into what Schermerhorn terms the "power-conflict" theory, and which other social scientists have accorded other labels, although the basic notions remain similar.

2.2. The remainder of this essay will be devoted to a discussion of some measures applicable to the distance between linguistic minorities and power elites, followed mostly by a rather straightforward discussion of selected situations on different continents.

3. Inter-Ethnic Distance

3.1. There are no exact measures for assessing the distance between two ethnic groups, and commonality of religion, ethnolinguistic stock, or other factors may play no role in bringing closer together two alienated groups. For example, historically Serbs and Croats (cf. art. 144), although anthropologically of the same stock, have had an adversarial relationship in interwar Yugoslavia and in the Third Reich's client state of Croatia. Looking deeper, one finds that the Serbs were for centuries under Ottoman Turkish domination, the Croats under the Austro-Hungarian Empire. Differences of culture, of religion, with Croats being Roman Catholic, and the Serbs Eastern Orthodox, as well as a higher standard of living of the Croatians, have combined to drive them apart, although in the present-day Yugoslav Confederation,

great efforts are made to eliminate such ethnic frictions. Nevertheless, several large-scale crises have taken place within the past two decades, reflecting that such ethnic animosities die hard.

Likewise both Ukrainians and Great Russians share a common religious and East Slavic racial stock, but other factors, particularly political ones, have created a long-standing animosity, although in the USSR efforts are made to mitigate this.

As language may be considered as one of the more revealing reflections of ethnic culture, it may be possible to assess at least roughly the distance between two groups by studying the linguistic influences or traces left by contact — or the lack of it. In the case of Hungarians and Rumanians, two ethnic groups which have been in contact for centuries, but between which an adversarial relationship has long existed, their languages reveal very few lexical loans, much less syntactic borrowings. Part of this, although there is more to it culturally and historically, has been a result of long-lasting territorial rivalry, and the region of Transylvania has several times changed hands, after World Wars I and II being assigned both times to Rumania.

3.2. The Case of Tarahumara and Mexican Spanish (cf. art. 149). In Ornstein (1978, 79–93) an attempt was made to apply a simple formula in studying the influence of contact between the Tarahumara, a semi-nomadic Uto-Aztecan tribe in the Mexican state of Chiuahua and Mexican Spanish, the dominant language of the area. In a manner slightly reminiscent of Labov's variable index, we posited the following formula:

$$DB = |[nb() + ob()] - SC\{[sd() + ld()]\}|$$

In which the *density of borrowing* (DB) equals the *need for borrowing* (nb) plus the *opportunities for borrowing* (ob) minus the *sociolinguistic constraints* (SC), consisting of *sociocultural distance* (sd) plus *linguistic distance* (ld). Maximum contact would be expressed with an outcome of 20, on a scale beginning with 0. Each of the slots above receives a weighting of between 0–5. This means, therefore, that an ethnic group with maximum needs for borrowing, for technical or whatsoever domain, would receive a 5 in the first slot between parentheses, another 5 for maximum opportunities for borrowing, and, under sociolinguistic constraints, a score of 0 if social distance were non-existant, and the same for linguistic distance. Thus 10 minus 0 would equal ten, expressing thus a highly unlikely, extreme situation.

In the more realistic case of Tarahumara-Spanish we would accord a score of 3 for need for borrowing, 2 for opportunities for borrowing, as some opportunities exist only when Tarahumaras work occasionally for Spanish mestizo employers. In the sociolinguistic constraint cluster, socio-cultural distance would receive a 4, and the same for linguistic distance, in view of sufficient congruence in the vowel system. Thus subtracting 8 from 5 and taking the absolute value, yields a score of "3", reflecting a low degree of contact, judging merely by this gross linguistic measure. The approach needs refinement but perhaps can be useful in stimulating thinking more in the direction of contact interrelationships and processes, rather than upon the "grocery lists" of interference-caused reflexes of contact, which have their place, as long as the process does not stop there. It goes without saying that in the above formula, two ethnolinguistic groups with minimal linguistic and socio-cultural distance, and with the minority language in great need of borrowing, and with ample occasions to do so, a higher, positive score would result, reflecting closeness of contact and a minimum of constraints.

3.3. It may be possible to ameliorate the approach to studying inter-language relationships, in contact, also by some productive new terminology. In the same study (Ornstein 1978, 77), it was suggested that the terminology of "language contact pair" or LCP be utilized for two languages in contact, and "language contact set" for three or more in contact (LCS). The symbol, ₵ with cross-bar would indicate "in contact", thus German in contact with Dutch along the appropriate border would be expressed *German ₵ Dutch*.

Perhaps it has not been emphasized enough that the contact formula in question is to be utilized along with a study of the output of borrowings themselves, their source, shape and direction. Loan patterns, including syntactic borrowings, have long been considered telling indicators of language contact and relationships.

3.4. In this section we have really been talking about one type or another of what Haugen has termed "language ecology" (Haugen 1972, 325–39) and their interrelationships within the scape where they are located.

Something more than pure, and even comparative numbers, are needed to provide a better idea of what the relationships are. Some measures have been suggested, which might be useful in such an endeavor.

William A. Stewart has proposed a system to label the language of a country by their "type" and the "role" or "function" played by them in its communication network (cf. art. 35). It is a dual system, addressing both type of Language and functions, as follows:

Type	*Function*
S-Standard	o-official use
C-Classical	g-used primarily by single ethnic group
V-Vernacular	w-for "wider communication", across political frontiers
K-Creole	
P-Pidgin	e-educational use
A-Artificial	l-literary, scholarly
M-Marginal	r-religious use
	t-technical, scientific

An example of application of Stewart's system may be given, using Afghanistan:

Pashto	So, Standard, official language
Dari (Persian)	So Standard, co-official language
Arabic	Clr Classical, for literature and religion
English	Set Standard language, education and technology
Russian	St Standard language, technology, government use
Uzbek	Vg Vernacular, used by Uzbek minority (Stewart 1968, 531–545)

3.5. Ferguson has also supplied several useful measures. In one of these (Ferguson, 1962, 23–27) he presents an admittedly crude scale of rating languages by degree of standardization and the extent of written use. Quite simply, according to this, W0 refers to languages not normally employed for written purposes, such as Guaraní in Paraguay; W1 takes in tongues used for normal written purposes, but not all of these, such as Nynorsk in Norway; W2 embraces a fairly limited range of tongues, in which original research is commonly published, such as English, German, Czech; W3 is even more limiting, referring in effect to written languages of "wider communication", in which translations and resumes of scientific work in other languages are regularly published. This would include such tongues as Russian, French, English, German and to some extent the constructed ("artificial") interlanguages Esperanto and Interlingua, in which resumes and translations also appear.

Ferguson (1966, 309–324) produces a refinement to his schemes discussed above, and also utilizing Stewart's typology (cf. art. 35). This is best shown by illustrating the formulation, with some personal modifications of this worker. In the following, the language situation of Spain is the subject:
SPAIN (L.Sit.) 6L = 4L maj (1 So, 3 go) + L3 Lspec (Cr, Ss, Ss),
in which we credit Spain with four major languages: Spanish, the national official medium, plus Catalan, Galician and Basque as official languages for their respective ethnic groups in their specified regions, hence "3 go", plus three specialized languages, Latin, a classical tongue of religious use, and French and English, both standard languages, widely studied in schools. The formulation as appearing above has been caused by socio-linguistic events in Spain to differ considerably from Ferguson's (1966, 311 f) formulation twenty years ago. It is true, as this writer admits, that some may take issue with the inclusion of Galician and Basque as major languages, but their new status, conferred by article 3, of the new 1978 Constitution necessitates this or could of course be handled by changes in the formula itself.

It becomes plain eventually that one of problems with most formulae is that they tend to equate one person with one language, whereas the fact is that an individual may be bilingual or polylingual, and original mother tongue may become blurred as another language/culture becomes dominant.

3.6. One of the things which interest us in the "ecology of language", is the density of linguistic diversity in a nation or area. Joseph Greenberg, an anthropological linguist devised a convenient scale to measure, albeit somewhat grossly, such linguistic diversity. It is based on the formula $A = 1 - \delta (i)^2$, in which A is an index of diversity and i is the proportion of speakers of each language to the total population. Monolingual countries like Iceland and Japan come out with an index of almost zero, while Nigeria, with at least 200 tongues would approach a score of 1. Let us take the nation of Sri Lanka and see more precisely how the formula works. In the population of approximately 12,000,000, about 76% speak Sinhala, 23% Tamil, and less than 1% are Malay-speakers. Accordingly, $1 - (0.5776) + (0.0529) + (0.0001) = 0.3694$, which represents A, the index figure of linguistic diversity, equivalent to 0.3694. To put it differently Sri Lanka has a diversity of about 37% (Greenberg 1956, 109–115).

4. Ethnic Typology of Nation-States

4.1. There is no legal mandate that ethnic groups must be taken into consideration in the governmental structure of a nation, although to do so may eliminate one source of rivalry and friction, but no real guarantee exists even of this. The reality is that in the 250-odd nations of the globe, the spectrum of treatment or consideration ranges from high tolerance and demcratic fair-dealing to cruelest repression. Thus we attempt to do no more here than to typify nations by their ethnic orientation, or to put it in more practical terms, by whether their structure is ethnically organized.

4.2. One may roughly divide governments, then, into those which reveal an explicit attempt to make possible minority representation, according to ethnic group, and those which do not do so. This is not necessarily a value judgment but rather a statement on *modus operandi*. The types are as follows:
A. Ethnically-organized
(1) "Proportional" power-sharing
Example: India, with Hindis, as "leading" group and others represented according to number (cf. art. 141).
(2) Power-sharing by various ethnic groups
Example: Switzerland, with power shared by German, French, Italian, Romantsch-speakers in that order (cf. art. 153).
B. Non-ethnically organized
(1) "Representative" government with democratic guaranties
Example: USA, with *ad hoc* legislation for ethnic groups (bilingual education, etc.) (cf. art. 158).
(2) One official "world" language, and virtually no accomodation for indigenous languages

Example: Ivory Coast, with French as official, national medium (Members of some groups, such as the Baoule of the Akan ethnolinguistic group, wield considerable socio-cultural influence). No formal accomodation for the 60-odd indigenous tribal tongues.

4.3. Non-Territorial Groupings

A certain proportion of the world's ethnic groups are relatively uninvolved in the type of relationship described immediately above, within nation-states. Mostly organized into extended families or clans, such groups generally eschew the "benefits" of conventional governments and pay minimum or no attention to such conventions as international laws and boundaries, crossing quite freely from one nation-state to another. Examples are the Arab-speaking Bedouins, the non-Arab speaking Berbers of North-Africa, the Romani or Gypsies of Hungary and the Balkans, and to some extent the North American Indians before they were confined to reservations. Little concern was expressed for individual land acquisition and proprietorship, but "sacred" places of worship were tenaciously defended. The MacNeill-Lehrer News Report (Channel 4, Television) reported 21 May, 1986 on a dispute over a sacred area between the Navajo, a numerous tribe, and the much less numerous Hopi. The U.S. Government intervened to settle the dispute by providing altogether new areas for both, but the quarrel continues to rage.

Other areas of the world, in remote mountain fastnesses of Asia and Africa contain groupings which have literally no bond with central governments, as is the case as well in the Amazonian backwaters of Brazil, Paraguay, Argentina, or highlands of several nations in Southeast Asia, including Cambodia, Thailand, Vietnam.

4.4. Fourth World

The status of such groupings as described immediately above pose unusual problems to conventional governments, and have been termed as relating to the "Fourth World" of tribal and indigenous societies, comprising 4.2% of the globe's population, according to Survival International, a London-based charitable organization, concerned with Fourth World survival (Welles 1984). The fact is that despite the much-vannted break-throughs in communications and transport, there are areas in the Brazilian Amazonia, Papua Highlands New Guinea and elsewhere, where sophisticated electronics make oral communication to virtually any region pos-

sible, but that still does not solve the logistic problems of difficult terrain, and often the evasive mechanisms of isolated ethnic groups, who for religious/spiritual reasons, if not also because of fear of marauding and damage from strangers from the outside, interpose serious obstacles to communication with "centralized" bureaucracies or individuals thought to represent them.

Sociolinguistic and other researchers attempting to perform fieldwork on "primitive" groups have often encountered very severe constraints. Even among various Amerindian tribes, linguistic fieldwork may be all but impossible, even if the confidence of the chief and his counselors may have been gained. In some cases, strong taboos prohibit the use of electronic equipment to record speech samples, as the spoken work is thought to be too sacred to record, and for which infraction, some punishment would assuredly result.

5.   Study of Ethnolinguistic Problems

5.1. The study of linguistic minorities on a world-wide basis, posits gigantic problems. In some cases, there is extant a large body of research literature providing rich insights. In other cases very little has been written, and field research may be well-nigh impossible, since few states care to have their "dirty linen" examined by foreigners, no matter how scholarly or brilliant. Thus it is that this sub-field may be considered one of the most sensitive of social issues, and political interests quite naturally are involved when it comes to interpretations of the welfare and treatment of minorities. There are, of course, a goodly number of studies of minorities in a number of countries, and detailing of grievances on the part of ethnic groups, prepared and published by the United Nations Educational and Scientific Organization (UNESCO), while others have been written by such organizations as Amnesty International.

5.2. Global Compilations and Studies

One of the most ambitious untertakings focussed on statistics and sociolinguistic information on ethnic groups and their speakers in the *Linguistic Composition of the Nations of the World* project, being carried out at the International Center for Research on Bilingualism, at Laval University Quebec. A seven-volume series, in English and French, is in progress, under principal researchers Heinz Kloss (Federal Republic of Germany) and

Grant D. McConnell (Canadia). For example, vol. I concentrates on *Central and Western South Asia* (Kloss/McConnel 1974) and vol. 3 on *Central and South America* (Kloss/McConnell 1978). In this series a largely statistical approach is taken, although the introductions do provide ethnographic and linguistic data as well. The project makes use of previous and current surveys, censuses, and files from such centers as Center for Applied Linguistics, Washington; Language Archives of the World, Indiana University, Bloomington; Human Resources Area Files (HRAF), Yale University, New Haven, Conn.; Forschungsstelle für Nationalitäten und Sprachenfragen, Marburg, Fed. Republic of Germany.

Constantly improving electronic and computer facilities are now infinitely greater than when, for example, Grierson carried out his monumental survey of the languages of the Indian Subcontinent, in the late 19th century, but thorny problems still remain, familiar to sociolinguistic researchers, regarding such issues as mother tongue versus language(s) presently used, second or third languages (if not more), accuracy of self-report on fluency. Nevertheless, such studies as the *Linguistic Composition* one can serve well in the continued tracking of such problems as language shift, decline, increase, as the now in vogue "language death" issue. In addition, particularly Kloss attempts to arrive at very rigorous definitions of types of language (e. g. *Abstand* vs. *Ausbau* (cf. art. 42, 44), and the types of bilingualism, such as *replacive, inherent* and others).

In a review of vol. 1, political scientist Paul Brass (1979, 164—167) lauds the striving for objectivity but feels that political factors, so important in determining language status, has in this work been underplayed.

In the U.S.A. and elsewhere there are numerous research entities, usually connected with universities, or sometimes with a government, that include cross-cultural ethnic research in their purview. Examples are the Inter-University Consortium for Political Research, University of Michigan; Yale Political Data Program; Center for International Studies, Massachusetts Institute for Technology; the International Social Science Council (independent); Centre International des Relations entre Groupes Ethniques, Paris, while a number of retrieval systems exist, such as General Inquirer, SYNTOL. Survey data are also made available by the International Social Science Council, the International Committee on Social Science Documentation and UNESCO.

5.3. Selected Minority Problems

As noted, the ethnic revival or resurgence of the last several decades has brought to the surface, sometimes explosively, feelings of ethnicity (even this term is a neologism) long thought to be dormant or long buried in an all-embracing melting pot. At the same time, the amount of research and writing on these cases, and their special features, is often microscopic. More typical are writings, in numerous languages, on a specific situation, the roles played by the different languages and their speakers, and the roles that the latter ought to play, if the minority is "submerged". Thus at this point we can affirm quite justly that scores, or better thousands of research targets for sociolinguistic investigation beckon the scholar, but that many, if not most of these targets may wait longer before being addressed. At this point, then, we will merely select regions of special sociolinguistic interest where minorities exist and discuss these from a research perspective.

5.3.1. USA — Traumata of the "Melting Pot" (cf. art. 158)

The work of U.S. (and Canadian) sociolinguists is too well known to need repetition here. At the same time, it is opportune here to point out some glaring gaps. In particular, the work of Labov and his school, including Shuy, Wolfram, and Fasold, have made his "variable" (difference) model (cf. art. 112) familiar to all those who follow sociolinguistics, while the Canadian modification of Sankoff et al. which may be termed the "frequency" paradigm is also commonly known. The target population of the Labovian school has been the Black English of the Inner City or ghetto, although Puerto Rican English in Harlem (New York City) has also been addressed. Likewise the "ethnography of communication" model of Hymes (cf. art. 34, 56, 78), concerned with Amerindian and other speech communities, as well as Gumperz' "anthropological" paradigm are part of the classic literature, although the latter has moved more recently into an "interactional discourse" approach. (Ornstein/Murphy 1974, 141—167) and (Murphy/Ornstein 1976, 423—461). Other competent or leading researchers are also read abroad.

The point intended to be emphasized here, however, is that a very large number of American ethnic groups deserve to be investigated sociolinguistically (cf. art. 158). A count of the ethnic groups identifiable in the U.S. comes to about 400, some 200 Amerindian tribes, and easily the same number approximately of immigrants from all continents of the world. A recent publication by Fishman (1985) is unusually revealing regarding the intensity and vitality of immigrant ethnic groups in the U.S., for so long thought to have been entirely "melted down". He reports the results of a vast questionnaire sent out to all churches and ethnic entities thought possibly to be teaching ethnic languages outside of public schools, and in Saturday, evening schools, camps and the like. In addition, information was sought on the frequency of appearance of ethnic mother tongue press, radio and TV broadcasting, and local ethnic religious units. In all, Fishman (1985, 73–108) and co-workers identified 6,553 ethnic mother tongue schools, 1031 different publications, 2,590 radio and TV programs, 13,638 ethnic religious units, using ancestral languages.

What is badly needed are studies following in the footsteps of Haugen's ground-breaking work culminating in the *Norwegian Language in America* (1969). These studies were begun in the 1940's. Haugen demonstrated through his findings that although the immigrants had come to the U.S.A. speaking a large number of dialects and sub-dialects (each *fjord* or valley of Norway had its peculiar deviations), in time they accomodated to each others' speech, so that a distinct and unique variety of American Norwegian evolved, with its own norms and rule-governedness. In other words, linguistic convergence occurred.

Although there have been essays and some books on other immigrant languages in America such as one on Polish (Doroszewski 1937), no equivalent exists for the breadth and scope of Haugen's work, from which in his later years the latter has fruitfully derived a wealth of insights into bilingualism and language contact and his refreshing notions regarding the "ecology of language". As many of the first and second generation speakers of immigrant languages are dying off, it would still be possible to do field work on their forms of language variation. Lamentably, although America has produced an impressive generation of pace-setters and model-builders in sociolinguistic theory and

practice, there is little enthusiasm or desire to apply these methods to as yet unstudied groups.

An example of how language-dialect variation can still be studied with living immigrants has been the *New Yiddish Atlas* project, undertaken over twenty years ago by YIVO (Yiddish Scientific Organization) in New York City, originally under the direction of Max Weinreich and his son Uriel Weinreich (Weinreich 1962, 6–22). Supported at first by private grants, then by the National Endowment for the Humanities, a government entity, this project has been recording the rich variation in the speakers of Eastern Yiddish (Western Yiddish is for all practical purposes extinct in Western Europe and elsewhere). Few languages, including those of other diasporas, may it be added, have been in contact with quite so many languages of the world, from widely varying geneological groups, and aside from intrinsic lexicography, such an undertaking has genuine implications for studies of language cross-fertilization and change.

Ethnic organizations have been little interested in supporting language research, preferring instead to invest their efforts in problems of "image" and anti-defamation (Italian organizations concerned with the mafia/gangster stereotype in the media, etc.). As for dialect geography, it is fairly active, but not quite as well supported and developed as in such countries as Germany abroad. Let it be emphasized that unlike in many parts of the globe, the speaking of a foreign language is ordinarily not a concomitant of affiliation to an ethnic group in the United States, since most of these have made the shift, for some time now, to English. Rather are problems of status and access to the benefits enjoyed by the middle and affluent classes mostly involved. This does not run counter at all to Fishman's (1985) findings, in which mostly volunteer efforts supported study of the ancestral language culture maintenance, and the like. Although children of immigrants often were "ashamed of their parents' language", second and third generations have begun to do a volte-face seeking to recapture some of the language and ancestral "values". Not accidentally, Italian has in recent years become the most studied foreign language after French, Spanish, and German mostly on such grounds.

There are still non-mainstream minorities, virtually closed societies, where language maintenance has held firm for several centuries. These are mostly he so-called Russian Old Believers (Molokane, etc.) in the West plain -people sects, including some of the Mennonites, Old-Order Amish, and Hutterites (the first groups in the Mid Atlantic States and Eastern Pennsylvania, the latter in South Dakota and Canada), which still maintain their Palatinate dialect for everyday communication, High German for religious purposes and English with the outside world (cf. Rein, 94 – 110). The only considerable foreign-language speaking minority, and one which is constantly growing, is the Hispanic one, approaching now some 20 million individuals, mostly bilingual along with English in varying degrees. As regards Black English, about which there has been a formidable outpouring both of research and writing, it is also a very large "speech community" stretching this term slightly, as Black individuals may speak this (although not necessarily) along a spectrum in which there is, at one polar extreme, very little (usually phonological) variation, to the other, where speakers of mainstream (some form of regional standard) English usually have difficulty in comprehending part of the message. Here issues of lexicon, semantic shift, special imagery, syntax and intonation are involved, and it is of course associated with the slums or Inner City of large metropolises. Although this is a form of English, thorny sociolinguistic problems are involved, and millions are being spent to teach remedial English (standard English), again a practice opposed by many educators and linguists. Thus from the fascination with the form of Black English, which has captivated scholars and students alike, it is time to turn more to investigation of its ethnography and its role as a mode of communication, in a country where standard English is an essential for upward mobility in society and the vocational arena.

Several recent books are excellent guides to further ramifications of the U.S. language situation, as well as reporting much of the research. These are Conklin/Lourie (1983) and Ferguson/Heath (1981).It is appropriate to cite here the remark made by Ferguson and Heath (1981, XXXVIII) in their "Introduction" regarding American attitudes vis-à-vis language as a resource: "Americans generally do not see the language situation in terms of resources to be managed, and, for the most part, they do not see language problems, or language aspects of larger social problems, as amenable to systematic, "scientific" investigation of larger social problems, or as suitable areas for planning. Also dealing effectively with language problems requires some understanding of national and local myths about language."

In recent years the direction of sociolinguistic research in the U.S. has taken a strong shift to investigations of pidginization and creolization, certainly part of a world-wide interest (cf. art. 46, 76) Large sums have been granted to institutions and individuals working in this field, and acrimonious debates have continued to take place about some of the issues, as they also relate to the development of Black English among slaves brought here forcibly. One of the most disputed points is the issue of the existence, or the opposite, of a post-Creole continuum. Research has been resumed (after some years of inactivity, following Lorenzo Turner's (1945) complete heartbreak with lack of interest in the 1930's and 1940's) among Black speakers of Gullah (popular term: *Geechee*) along the Atlantic Coast in South Carolina and Georgia, and the off-shore Sea Islands. The presence of fairly numerous Africanisms, and other features, place Gullah at a different, earlier stage than present-day Black English. Another extraordinarily useful guide to the status of and research on U.S. ethnic groups is Thernstrom (1980).

5.3.2. Spanish America – Ethnolinguistic and Economic Distance (cf. art. 139, 146, 149, 152)

(a) From the sociolinguistic viewpoint few areas of the globe are so little known as Spanish America, consisting of Central and South America and to some extent, by some interpretations, the Caribbean. Although some countries are ethnically mostly European (Argentina, Uruguay, Chile, Costa Rica), most of the others are mixtures of indigenous Indian population with an admixture of Spanish (or Portuguese) racial stock, usually termed variously *criollos, ladinos* and *mestizos*. In general, the socio-economic aspects of Spanish America are those of the Third World, with local variations. The ruling and economic elites are generally white, and of predominantly European provenance, reflecting a long-lasting discrimination against Indians considered "lazy" and "untrustworthy". Nevertheless, especially in Mexico and several other nations, including Brazil, Indians and Blacks can and do work their way up into political and economic elites. Despite this, as much of the socio-political unrest has reflected, widespread poverty, illiteracy, unhygienic conditions have long plagued these areas, while military *juntas* have mounted "palace" revolutions, merely changing the guard but very rarely the conditions. Happily, there has been a welcome change with more and more civilian governments taking over the reins, both in South and Central America.

The general instability of the area, at any rate, has not created favorable conditions for the "luxury" of such humanistic research as sociolinguistics represents, and this has been compounded by the vastness of the distances, and in many areas very difficult logistics.

(b) Bolivia. — This landlocked country of some 6 million population, is ethnically very diverse and reflects in large measure the minority problems of much of Spanish America. It can be classified as an Indo-Iberian nation.

The high level plateau, of 13,500 feet altitude, in some places, is inhabited largely by speakers of Aymara, an Indian tongue formerly serving as *lingua franca* of the area, and who constitute some 25% of the nation's population. The high valleys of some 8,500 feet in altitude, are occupied by Quechua-speaking Indians, accounting for 38% of the Bolivian population. Finally, the lowlands are the habitat of Spanish-speaking colonizers and up to twenty or more minority tribal languages, of different genealogical affiliation.

The socio-cultural and linguistic isolation among all these peoples is compounded, not only by the challenging geography but also by the fact that, although Spanish is the official tongue and the medium of government and education, only about 35% of the Bolivian population can speak it to any extent.

There is a growing awareness, although not one translated into very much reality that the distance between Spanish-speaking Bolivians and the Indian ethnic groups is an exceedingly bad thing for the cohesion and solidarity of the nation. In 1977–1982 (plus a few years more), a Bilingual Education Project, was initiated in Bolivia as a result of two congresses on national languages and prodding by the Ministry of Education's Bolivian Cultural Institute, and the Inter-American Linguistic and Language Teaching Program (PILEI). Although this was firmly opposed by ultraconservative elements, the Rural Education Reform Project agitated successfully for the program to be initiated.

Bolivia's Bilingual Education Project, was (together with a similar experiment in Peru that failed) one of the most positive steps taken in Latin America to ameliorate tensions and the distance between ethnic groups in that land. It is described in detail by Donald H. Burns (1984, 197–220). The Bolivian Government signed a contract with the U.S. Agency for International Development, whereby a technical consulting team from the University of New Mexico agreed to go to Bolivia to provide orientation to applied linguistics and pedagogic and textbook preparation expertise. Twenty three nuclear school units were set up, and a goodly amount of textbook material prepared in Quechua, with teaching done in grades 1–3, using teaching materials to reflect the rural *campesino* context, including the life-style and cultural value system of the monolingual Quechua speaking student (Burns 1984, 202). For some reason, the Aymara language was not included in the project, terminated partly because the U.S. refused to continue further aid in this sphere.

The sociolinguistic study of the Quechua language has received great impetus from the efforts of Xavier Albó, who had worked as a priest among Quechua-speaking peasants. His dissertation (Albó 1970) followed a modified form of Hymes "ethnography of speaking" model. Other writings by him and his input in the Bilingual Education Project might pave the way for more work on the role of indigenous languages in Latin America. It should be pointed out that Quechua had itself been the *lingua franca* of the Inca conquerors, displacing many other native languages as that empire grew ever larger. Predictably, however, normatively-minded teachers and administrators (the majority, unfortunately) were suspicious and wary of its use in any program, because it had only been employed as a vernacular (the mystery of the Inca writing "system" has not been totally explained). Once, however, they saw that, for example, in the Bilingual Education Project, Quechua could indeed serve for the same sort of communicative functions as Spanish, much of their resistance melted.

(c) Guatemala-*Embarras de Richesse Linguistique*

This Central American country differs from Bolivia in that it is even more diverse, or fragmented linguistically.

Of the six million people, over half speak one of twenty Mayan Indian languages, and many do not speak, or speak functionally, Spanish, the only official tongue. Stephen O. Stewart (1984, 21–37), in his revealing essay indicates that the major Mayan languages of Guatemala and their speech communities are as follows:

Quiché (14 dialects, 66 town)	520,000
Mam (15 dialects, 53 towns)	321,000
Cakchiquel (12 dialects, 48 towns)	271,000
Kekchi	209,000
Pocomchi	61,000
Ixil	46,000
Kanjobal	43,000
Tzutujil	42,000
Pocomam	42,000
Chorti	32,000
Jacaltec	27,000
Chuj	21,000
Acatec	18,000
Aguatec	13,000

In addition to the above, it is necessary to add, that a certain number of other languages exist in the country, whose speakers constitute very small numbers. At any rate, Stewart (1984, 22) vouchsafes that the historical organization of most of the Maya at the time of the Spanish Conquest into stable state-level peasant agricultural societies, probably aided them in resisting the onslaught of the European conquerors better than other Native Americans. It should be added also, that as in so much of, if not most of Spanish America (also Portuguese America, i. e. Brazil) there are usually plural cultures, with (monolingual) Spanish speakers at the top of the cultural pyramid, and with other cultures some distance below, depending on their number, wealth, influence, vocational expertise, and other factors. As in other nations of Spanish America where Indians outnumber non-Indians, then, the ethno-cultural structure of Guatemala is dichotomous: either Spanish dominant or Indian-dominant. In personal encounters, each interlocutor sizes the other one up, assaying skin color, language pattern, appearance of wealth vs. poverty, and so on.

Thus it is that the Indian population finds itself at some distance socioeconomically from the non-Indian, and long-entrenched interests have nullified more than one attempt to integrate the Indians into the Guatemalan mainstream. The story of foreign interference is well known, and as happens with smaller countries, dire need forces alignment with some stronger power or other.

Language planning has not advanced very much. There is an active *Instituto Indigenista Nacional* (*IIN*) (National Indigenous Institute), formed as a consequence of the first Interamerican Indianist Congress metting in 1940 in Pátzcuaro, Mexico and patterned after the *Instituto Nacional Indigenista* (*INI*) in that country. Although its purpose was to help integrate Indian ethnic groups into the national mainstream, apparently the Ministry of Education was most concerned with doing this through "castellanización" or by effecting a language shift from native mother tongue to Spanish, accompanied by considerable acculturation. Even so some work had to be done through the native languages, and in 1949 a national conference was called on the alphabet designed to standardize leading indigenous writing system. A consequence of the conference was the publication of alphabets for the four principal Mayan tongues, Quiche, Cakchiquel, Kekchi, and Mam (IIN, 1950).

Again as happens with small countries, much of the linguistic work has been done by outsiders. In this case, it has been, as Stewart points out to a large extent American Protestant missionaries, especially the Summer Institute of Linguistics who have been the most influential, although during 1964–1980 the *Proyecto Lingüístico Francisco Marroquín* (PLFM), an Indian-run language institution, begun originally as a Catholic organization intended to provide training in Indian languages to priests planning to function in indigenous-language areas while also carrying out basic linguistic research. A small group of American linguists replaced these, including Terrence Kaufman, a Mayan specialist, who directed the training, carried out by American Ph. D. candidate-level linguists, and funded by the U.S. Peace Corps (Stewart, 25–35). Let us add that the Guatemalans adopted a chapter from the Mexican experience, utilizing "promoters", bilingual (Mayan-Spanish) sixth-grade graduates, who were given a month of intensive training and sent out to teach and supervise Spanish-language teaching among their own people. Mayan peoples, incidentally, in Mexico border their related tribal counterparts on the south, and with northern Guatemala.

As in many countries the price of material success and acceptance (partial or complete) into the ethnic mainstream in Guatemala involves the effective learning of Spanish and acculturating, if not assimilating totally.

(d) Paraguay — Anomaly in Latin America

Although the extensive use of two contending languages is made to order for sociolinguistic descriptions along a "conflict" model, Paraguay presents a somewhat felicitous exception. According to the 1962 census, of 1,608,183 persons surveyed .04% were monolingual in Spanish, .45% monolingual in Guaraní, the most important member of the Tupí-Guaraní family, while .51% were bilingual in Spanish and Guaraní. There is, as is usually the case, role-allocation, to employ Fishman's wellknown term: in the rural areas Guaraní is almost exclusively employed, while in Asunción, the capital, and in larger provincial cities, there is a situation mostly of diglossic bilingualism.

The historical background of Paraguay since Spain's conquest of the New World helps to explain much of this tranquil situation. Lacking substantial mineral resources, and being quite isolated, the conquerors treated her paternally, but without the cruelly repressive measures accorded Indian populations where more was at stake, and a synergetic relationship developed between European-origin and Indian (including mixed) Paraguayans, aided and abetted, no doubt, by the idealistic colonies which Jesuit missionaries established in the 17th century and maintained for some time.

Because of its uniqueness sociolinguistically, Paraguay has received a good deal of scholarly attention, with a significant study made *sur place* by Joan Rubin in *National Bilingualism in Paraguay* (1968), a title which also communicates that in an area where indigenous languages have been treated with contempt or minimal tolerance by the elites, that here is one nation where the two languages, Guaraní and Spanish, receive official sanction. Rubin's book is a realistic analysis particularly of bilingualism in the cities, especially Asunción and Luque, with, however, mostly vernacular usage of the Indian language, with Spanish employed for "serious" and official transactions. She also through her questionnaire findings, reports the ambivalence which is expressed by many, if not most bilinguals regarding Guarani.

Given such a situation, it is not surprising that a great deal of romanticism has accompanied even scholarly discussions of the linguistic situation in Paraguay. The fact is that Guaraní suffers from most of the ills ac-

corded vernaculars everywhere, a lack of real respect and status, even though in the country under discussion, Guaraní ist officially touted as a symbol and ingredient of national identity and unity.

Happily a Paraguayan sociolinguist has been performing needed research, and with the insights that, in some areas, only a native can furnish. In a series of writings Grazziella Corvalán, of the *Centro Paraguayo de Estudios Sociólogos*, addresses the role of language in a nation whose per capita income and Gross National Product are among the lowest in the world. She also calls attention to the fact that it is not a simple dichotomy of Spanish-Guaraní there, and that classical Guaraní is not usually the stuff of ordinary discourse, but that bilinguals employ actually a "mixed" variety (*Mischsprache*) between Guaraní and Spanish, termed *Jopara*. Here again, sociolinguists often viewing situations from afar must guard against over-simplifying such things.

At any rate in Corvalán (1977 a, 16 — 18; 1977 b) there are ample discussions both of the the ethnographic features of the Paraguayan linguistic situation, as well as of her sociolinguistic survey. She carried out a survey of 33,688 children in grades one, four and six, examining their grades in language arts and science, as well as the linguistic background of both pupils and teachers. Reflecting the pervasive dominance of Spanish even in this "ideal" situation, it was found that pupils monolingual in Spanish performed significantly better in reading than Guaraní/ Jopara monolinguals. Bilinguals, in general, performed relatively well, and strikingly better than Guaraní/Jopara monolinguals. Corvalán calls attention to "incongruent" classroom situations where teachers cannot or do not address pupils in the latter's strongest language/dialect, at least in the beginning stages of schooling. Seriously concerned with the high dropout rates, declining enrollments, distressingly low classroom/subject performance, Corvalán argues that much of this must be due sociolinguistc factors to which little official attention has been paid. At long last, however, some experimental bilingual projects in the elementary schools have been set up in recent years, and at the National University a curriculum for the attainment of the *licenciatura* (bachelor's degree) in Guaraní (cf. also Hensey 1983, 81 — 84).

Corvalán's discussion of the Paraguayan situation is reminiscent of many bilingual situations in a context of poverty, even in the U.S. Southwest, and among other U.S. Hispanics, among which poor educational performance, including a dropout rate from secondary school sometimes approaching 50% has alarmed American educators. Perhaps new sociolinguistic research programs, with more realistic designs in these contexts can make as yet unseen contributions to solving the riddle of nonstandard language dominance, predominantly oral/vernacular speech behavior, poverty and inept school performance — a certain formula for failure in a world demanding ever more sophisticated communication and vocational skills.

5.3.3. Taiwan Chinese — Creation of an Identity

Chinese affairs and culture, continue to be all too little known, considering that many demographic projections predict that the population of Mainland China, the People's Republic will reach a billion in the 21st century. Be that as it may, social, economic and political pressures have forced Chinese speakers to form a vast diaspora, as they have migrated to virtually every nation of the globe. Estimates of overseas Chinese range from 10 to 20 million, in any event a population much larger than many sovereign nations.

Sociolinguistic studies on Chinese matters are not abundant, and many fascinating areas beckon the investigator, admittedly not an easy task in view of the difficulties presented by the language(s) and the writing system, which, at least serves as the unifying bond bringing together, as it were, the speakers of the major groups of Sinitic languages or to put it grossly "Chinese". These groups are Mandarin, Wu, Hakka, Cantonese North Min and South Min, with a wide spectrum of degrees of mutual intelligibility. For Mandarin and Cantonese, intelligibility is very low, except through the pictorial/ideographic writing system. Likewise Classical Chinese is virtually a closed book without special study for contemporary speakers.

An excellent sociolinguistic study exists on Chinese language as a medium of instruction in the Chinese diaspora (Cheng 1978, 362—403). It should be noted that as an ethnic group, to use the term loosely, the Chinese abroad have suffered a great deal of discrimination partly because of envy of their commercial success and thriftiness, partly because of animosity toward anyone with Mongoloid

appearance — a factor which, on the positive side, has also served to support a sense of identity and ethnicity. A valuable collection is that on "Chinese Language Contact", edited by Björn H. Jernudd (1985). In those pages, D. H. Pattanyak (1985, 222—228) notes that the speech community in India numbers about 10,000 but no scientific linguistic study of them has thus far been made.

Turning now to Taiwan, an island of some 14,000 square miles southeast of Mainland China, one can observe there the development both of a unique identity and a "national" variety of Taiwan Mandarin, or Taiwanese. In his essay "The Influence of Southern Min on the Mandarin of Taiwan", C. C. Kubler (1985, 156—166) details the basic points. Of the estimated 18 million (my figure), Kubler points out that four linguistic groups are represented. The Southern Min, constituting about 72 percent of the population migrated to the island from southern Fujian about two centuries ago; the mainland Chinese, some 15%, fled there from Mainland China upon the Communist take-over in 1949, speak mostly Mandarin; the Hakka, about 12 percent, migrated there about the same time as the Southern Min, from Guangdong (Canton) province. A mere 2 percent is constituted by the presumably indigenous people, representing about a dozen different Malayo-Polynesian languages. Twice have non-native languages been decreed and widely promoted on the island; from 1895 to 1945, when Imperial Japan implanted Japanese as the official language, and Mandarin since 1945 when Taiwan was liberated. Most citizens under fifty now speak it.

Kubler gives adequate examples of the differences between "Beijing" Mandarin and Taiwanese, which we can only reflect here by indicating that the phonemic inventory, especially of consonants (some affricates and alveo-palatal sibilants or "shibilants") is smaller in Taiwanese. There is also a lack of retroflexing in general, in Taiwanese, while lexical, idiomatic and some syntactic differences, combine to set the two varieties apart, but not radically apart. A convergence, however, has been taking place although the features of Beijing Mandarin are taught from the first grade, in spite of which, children of the "elite" mainlanders prefer to imitate their Taiwanese peers rather than their parents, and in effect, Taiwanese is finding widespread acceptance, aided and abetted by the prestige of Taiwanese students abroad whose performance at U.S. and other universities in science and engineering has been remarkable.

An ethnic convergence has also been taking place as the frictions between the Southern Min native Chinese, and the mainlanders has been subsiding. Regarded as aggressive and nonrespectful of Taiwanese ways, an accomodation has been reached, carried along further by the younger generation who feel themselves "Taiwanese" rather than anything else, being also understandably proud of the striking cultural, economic and industrial record of the Republic of Taiwan (cf. also Jordan 1973, 35—44).

5.3.4. Chinese Diaspora in Southeast Asia

The important Chinese minorities in Southeast Asia are prominent, sometimes dominant in commerce and trading. Modeling this work after that of Cooper and Carpenter (1972) in Ethiopia, Afendras (1978, 8—9) has done observational studies in market stalls of Malaysia and Singapore, tallying by customer, ethnicity, age, sex followed by interviews with sellers and buyers in the market places regarding background data, ethnicity, verbal repertoires handled. Similar research of self-report type has been done in the same areas by Kuo (1974), and Platt (1977). The stratification of minorities along vocational lines is an important issue, too little investigated.

5.3.5. Spain — Resurgence of Regional Minorities (cf. art. 147)

The prediction made by many in the late nineteenth century, and the early twentieth that rapid communications would obliterate ethnolinguistic differentiations — especially of "small" peoples within a "super-state". As emphasized at the beginning of this essay, the contrary has been happening. One of the most cogent examples of this is Spain, by all standards an advanced technological state, contrasting with some of the "Third World" exemplars discussed above. To put it briefly Spain has always been an area of strong regional sentiments, the love for the *patria chica* 'little fatherland'. And like so many modern nations, it is a compositive of a number of contending kingdoms and fiefdoms of various sorts. Aware of these sentiments and wary of a threat to Spanish unity, the dictatorships of Primo de Rivera (1923—1930) and Francisco Franco (1939—1975) generally suppressed regional/ethnic self-affirmation, encouraged in the short-lived Republic of the 1930's. Contrary to dire predictions, however,

the post-Franco restored Kingdom under Juan Carlos I, has encouraged regional autonomy, and article 2 of the new Constitution of 1978 guarantees self-government and linguistic-cultural autonomy of the historical regions.

This new legislation and atmosphere has particularly benefited the larger linguistic minorities, namely the Catalans of Catalonia (Catalunya), the Galicians of Galicia (bordering Portugal), and the Basques in northern Spain, of what is now called *Pais Vasco* 'Basque Country'. All these peoples had suffered repression much before the twentieth century but, for the most part, ethnic solidarity and language loyalty had enabled them to keep their languages and cultures alive, and even to teach their mother tongues *sub rosa*.

Additional legislation, at the regional legislative level was also instituted for each of the three above ethnolinguistic groups for the purpose of "normalizing" the use of Catalan, Galician and Basque, now official with Castilian Spanish at the regional autonomous level. Implementation is to occur with the assistance of a General Directorate of Language Policy, headed by a specific in individual acquainted with linguistic issues. Oversimplifying a bit, one might describe "normalization" as a process intended, on one hand, to guard against discrimination against language use, and on the other, to assist in seeing that the use of the languages in question be extended to all ordinary domains, plus official ones in the autonomous areas, such as in the regional legislatures, law courts, and in the printed and oral media.

Despite the similarity in the legislation, and the record of struggles to maintain their regional languages, sharp sociolinguistic differences separate them, and will of course affect positively and/or negatively the future course of "normalization." Demographically the largest and most powerful group are the Catalans, inhabiting much of the eastern coastline of Spain, as well as the Balearic Isles, and Valencia (this, a former kingdom, although close to the rest of Catalunya, in languages holds itself somewhat apart). There are up to 8 million Catalan speakers, and their area is the most industrialized of Spain, with a great deal of "internal migration" from Andalusia and other monolingual areas. In addition, in common with *Galêgo* (Galician), the Catalan language was used widely for poetry and "scientific" purposes during the late Middle Ages and Renaissance.

Galicia, on the other hand, has chronically suffered from an ailing economy, and has seen an emigration almost comparable to that following the Potato Famine of Ireland in the 1840's, in this case to both North and South America (as well as Mexico and Central America). The population is about 700,000, and some have suggested that perhaps ethnolinguistic consciousness has not been as high as among the Basque and Catalan peoples. This sort of thing cannot be measured with a yardstick. In addition, there are two varying orientations among Galicians. Some feel that the tie with the Portuguese-speaking world should be maximized (Galêgo is a dialect of Portuguese rather than Spanish), and that language "engineering" should be so directed, while others feel that the independent status of Galician should be emphasized, granting that it is a dialect of Portuguese, but under heavy Spanish influence (and interference).

The Basque situation is, except for the similarities noted, quite a different one, beginning with the fact that unlike Catalan and Galician, it has no relationship with the Romance languages, or to any other language of the world which could be proven with any real validity. Some Soviet linguists have attempted to prove an Ibero-Caucasus unity, seeing relationships with some languages of the Caucasus, but few linguists appear to follow this. By way of compensation, the *País Vasco* 'Basque country' can claim much more industrialization than Galicia, and there has been considerable inner migration to such cities as Bilbao, a great manufacturing center. Compared to Catalan and Galician, Basque literary development is fairly recent, but building. One of the problems still faced, as Koldo Mitxelena (1977, 45–48, 78–81) points out, is that the process of standardization has not yet been completed, and four literary dialects still compete somewhat. At any rate, in addition, as this same authority notes, the remoteness of Basque from its neighbors (and we might add, its complexity) serve to isolate its speech community, many of whom are distributed among monolingual Castilian speakers demographically.

In the matter of reaching the goals of "normalization", however, the three groups by no means practice isolation. It is no exaggeration to say that feverish activity is in progress, with a great deal of cooperation among the three. A number of studies and surveys are being mounted, or supported, under the auspices of the Directorates of Language Policy.

A broadgauge 2nd International Congress on the Catalan Language was convened 3–12, May 1986, with speakers from several dozen countries, especially with some history of language planning, taking place in Barcelona, Valencia, Las Palmas, Girona and other focal points of Catalan-usage. The presentations will eventually be available in the printed Proceedings.

Let it be added here that any sort of language planning in multi-ethnic states is excruciatingly challenging, but even where two to four languages are involved at most it is far from simple, as recent experience of such nations as Belgium and Canada illustrate — with expense, and such things as congruity of translations of commercial and official materials being only part of the complex of problems. A frank discussion of the special problems faced by "normalization" in Catalunya, and by extension, in Galicia and *Pais Vasco*, may be seen in Boyer (1981), representing an interview with Prof. Aina Moll, Head of the Directorate of Language Policy in Catalunya, located in Barcelona.

One of the encouraging things about the current language planning in these areas of Spain is the receptivity to input from sociolinguists and non-prescriptivist language scholars. Sociolinguistic studies are beginning to multiply, many of which try to assess teaching of the three respective languages during the last six years, and previously, as well as the drawing up of profiles of school age youngsters. For Galicia, there is Monteagudo (1986), based on 1,925 questionnaires distributed to secondary-school youngsters on the Barbanza peninsula, Generalitat (1983) analyzing four years of Catalan instruction in Catalunya, and Azurmendi Ayerbe (1982), a threevolume sociolinguistic study of bilingual Basque-Spanish usage and instruction in the San Sebastián district of the *País Vasco*.

6. International Conferences on Ethnolinguistic Problems

In addition to the proliferating literature on old and new problems of ethnic and linguistic minorities, a growing number of international conferences are to be noted. Despite the fact that some scholars may not be in a position to discuss freely such problems in their homeland, the increase of these transnational forums facilitates the discussion of many situations little known up to now, with

VI. Social Problems, Theoretical Approaches and Research Results

many of the papers eventually published individually or in proceedings.

Some of the conferences will be mentioned here. A conference on Language Spread was organized at University College of Wales, Aberystwyth, Sept. 1978. Cf. Kachru (1984, 961 – 965) for a review of the Proceedings. At the University of Glasgow, Sept. 1980, the First International Conference on Minority Languages was held, dealing mostly with Scandinavia, the British Isles, Holland and Belgium. A review of the proceedings is provided by Anderson (1981, 291 – 303). The latter further points out that during the five years or so at least ten academic meetings had been held which deal with the languages of ethnic minorities and cites as examples the International Sociological Association's Research Committee on Sociolinguistics, Uppsala, Aug. 1978 (let us add: Mexico City, 1982, New Dehli, 1986); International Conference on Social Psychology and Language, Bristol University, July 1979, a Conference on Languages in Contact and Conflict, Research Centre on Multilingualism, Brussels, June 1979, and a conference on minority groups at the University of Cork in spring of 1986.

7. Postscript

In reviewing research and opinion on ethnic groups, it was striking that this worker found virtually no writer on the subject who would predict a cessation of the ferment beginning in the 1960's. While the variables, or better the "universals" of ethnicity were pretty commonly agreed upon, few if any would venture guesses as to where and when the next ethnic eruption would take place. Even the limited sample of ethnolinguistic situations presented in this essay, nevertheless, were enough to show that manifold ethnic frictions may be equally latent in advanced technological societies, the Third World, and the socalled tribal Fourth World. Will it be at the Golden Temple in Amritsar, sacred place of the Sikhs of the Indian Punjab? The scope of this writing has been too brief to encompass the work of many sociolinguists with significant insights. More could have been said about the younger West European scholars, (cf. Hak 1986) such as Piet Van de Craen of Belgium, as well as in the Netherlands, T. S. Vallen, while in West Germany, one of the most advanced technological societies, a group of sociolinguists, including Ulrich Ammon, Norbert Dittmar

and Klaus Mattheier have made outsiders more aware of still existing educational linguistic problems, many if not most related to economic inequality (For example, Ammon 1983). As for the "less developed" nations, Florian Coulmas (1985, 264 f) warns that observers from Western "democratic" countries may overly project their own type of "solutions" to language problems and planning to Third World situations, where indeed they apply poorly, and where centralization, assimilation and selective education may be preferred to variability, the richness of plural languages and cultures, and democratization.

Finally, an implication surfaces through all these observations − that perhaps research on ethnolinguistic minorities needs something more than the proliferation of sociolinguistic studies on untreated, or undertreated areas. It also needs some re-examination of our operational premises, and new focusses, new research designs. In that way, future ethnolinguistic crises may become less unpredictable.

8. Literature (selected)

Afendras, Evangelos (1978) "Observations of language use in Malaysia and Singapore", in: *Sociolinguistic Newsletter* 9, 8 – 9.

Albó, X. (1970) *Sociolinguistic contraints on Cochabamba*, Quechua, Ithaca, N. Y.

Ammon, Ulrich (1983) „Die Schule zwischen Dialekt und Hochsprache", in: *Linguistische en Socio-Culturele Aspecten van het Taalonderwijs. Proceedings of the Second Faculty Colloquium*, Univ. of Gent, Belgium.

Anderson, A. B. (1981) "The problem of minority languages: Reflections on the Glasgow Conference", *Language Problems and Language Planning* 5, 291 – 304.

Azurmendi Ayerbe, M. J. (1983) *Elaboración de un modelo para la descripción sociolingüística del bilingüismo y su aplicación parcial en la Comarca de San Sebastián*, Doctoral dissertation, Universidad Cómplutense, Madrid.

Boyer, Paul (1981) "Autonomie et politique linguistique en Catalogne. Un entretien avec Aina Moll", in: *Amiras*, Revue Occitane 1, 1 – 5.

Brass, Paul (1979) Review of H. Kloss/G. D. McConnell, *Linguistic Composition of the Nations of the World. Vol. I: Central and Western South Asia*. (1984) *Language Policy and Language Planning* 3, 164 – 167.

Burns, D. H. (1984) "Language and education in Bolivia", in: *International Education Journal* 1, 197 – 220.

Cheng, R. (1978) "Teaching in Chinese outside China", in: *Case Studies in Bilingual Education*, Spolsky, B./Cooper, R. L., eds., Rowley, Mass., 362–403.

Conklin, N. F./Lourie, M. A. (1983) *A host of tongues. Language communities in the United States*, New York.

Cooper, Robert/Carpenter, S. (1972) "Linguistic diversity in the Ethiopian market", in: *Advances in the sociology of language*, Fishman, J. A., ed., Vol. 2, The Hague, 255–167.

Coulmas, Florian (1985) *Sprache und Staat: Studien zu Sprachplanung und Sprachpolitik*, Berlin/New York.

Cobarrubias, Juan/Fishman, Joshua A., eds., (1983) *Progress in Language planning: International perspectives*, Berlin.

Corvalán, G. (1977a) "Avances en el estudio del bilinguismo en el Paraguay", in: *Socioliguistic Newsletter* 7, 16–18.

Corvalán, G. (1977b) *Paraguay: Nación bilingue*, Asunción.

Corvalán, G./de Granda, G., eds., (1982) *Sociedad y lengua: Bilinguismo en el Paraguay*, Asunción.

Doroszewski, W. (1937) *Język Polski w Stanach Zjednoczonych* (The Politish language in the USA), Warsaw.

Ferguson, Charles A. (1962) "The language factor in national development", in: *Anthropological Linguistics* 4, 23–27.

Ferguson, Charles A. (1966) "National Sociolinguistic profile formulas", in: *Sociolinguistics*, Bright, W., ed., The Hague, 309–324.

Ferguson, Charles A./Heath, S. B., eds., (1981) *Language in the U.S.A.*, Cambridge.

Fishman, Joshua A. (1984) "Studies of language as an aspect of ethnicity and nationalism: A bibliographic introduction", in: *Sociolinguistics* 14, 1–6.

Fishman, Joshua A. et al (1985) *The rise and fall of ethnic revival: Perspectives on language and ethnicity*, Berlin.

Fishman, Joshua A. (1985a) *Ethnicity in action*, Binghamton, N. Y.

Generalitat de Catalunya (1983) *Quatre Anys de Català à l'escola*, ("Four Years of Catalan in the Schools"), Barcelona.

Greenberg, Joseph (1956) "The measurement of linguistic diversity", in: *Language* 32, 8–14.

Gumperz, John J. (1982) *Discourse strategies*, Cambridge.

Hak, Tony, ed., (1986) *Sociolinguistics* 15, 2, 1–68.

Haugen, Einar (1969) *The Norwegian language in America: A study in bilingual behavior*, Bloomington, Ind.

Haugen, Einar (1983) *The ecology of language. Essays by Einar Haugen*, Stanford, Cal.

Hensey, F. (1983) *Paraguay: Nación bilingue* 7, 183–184.

Instituto Indigenista Nacional (1977) *Alfabeto de Las Lenguas Mayances*, Universidad de San Carlos, Guatemala City.

Jordan, D. (1973) "Language choice and interethnic relations in Taiwan", *Language Problems and Language Planning* 5, 35–44.

Kachru, Braj (1984) Review of R. Cooper, ed., (1982) *Language Spread: Studies in diffusion and social change*, Cambridge, in: *Language* 60, 961–965.

Jernudd, Björn, ed., (1985) "Chinese language contact", in: *Anthropological Linguistics* 27, 2, 119–228.

Kubler, C. C. (1985) "The influence of Southern Min on the Mandarin of Taiwan", in: *Chinese Language Contact*, Jernudd, B., ed., 156–176.

Kuo, B. E. (1974) "Language Status and literacy trend in a multilingual Society", in: *RELC (Regional Language Centre) Journal* 5, 1–15.

Maoji, Fu (1985) in: *Chinese Language Contact*, Jernudd, B., ed., 214–221.

Mitxelena, K. (1977) *La lengua vasca* (The Basque Language), San Sebastián.

Monteagudo, H. et al (1986) *Aspectos Sociolingüísticos do bilinguismo en Galicia*, Santiago.

Murphy, R. P./Ornstein, Jacob L. (1976) "A survey of research on language diversity: A partial who's who in linguistics", in: *Second Lacus Forum*, Reich, P., ed., Columbia, S. C., 423–461.

(1979) "Many voices but one language", in: *New York Times*, Editorial, Dec. 12, 15.

Ornstein, Jacob L./Murphy, P. R. (1974) "Models and approaches in sociolinguistic research on language diversity", in: *Anthropological Linguistics* 18, 141–167.

Ornstein-Galicia, Jacob L. (1976) "Constraints on lexical borrowing in Tarahumara: Explorations in 'langue' and 'parole' ", in: *Anthropological Linguistics* 18, 70–93.

Pattanyak, D. P. (1985) "Languages for the masses and Chinese languages in India", in: *Chinese language contact*, Jernudd, B., ed., 222–227.

Platt, John T. (1977) "Code-selection in a multilingual-polyglossic society", in: *Talanya* 4, 64–75.

Rein, Kurt (1980) "German dialects in anabaptist colonies on the Great Plains", in: *Language conflict: Linguistic acculturation on the Great Plains*, Schach, P., ed., Lincoln, Nebr., 94–110.

Ros i Garcia, M./Strubell i Trueta, M., ed., (1984) "Catalan sociolinguistics", in: *International Journal of the Sociology of Language* 47.

Rubin, Joan (1968) *National bilingualism in Paraguay*. The Hague.

Schermerhorn, Ralph A. (1978) *Comparative ethnic relations: A framework for theory and research*, Chicago.

Smith, A. D. (1981) *The ethnic revival in the modern World*, Cambridge.

Stewart, S. (1984) "Language planning and education in Guatemala", in: *International Education Review* 1, 21−38.

Stewart, William (1968) "A sociolinguistic typology for describing national bilingualism", in: *A reader in the sociology of language*, Fishman, J. A., ed., The Hague, 531−545.

Thernstrom, S. et al, eds., (1980) *Harvard encyclopedia of american ethnic groups*, Cambridge, Mass.

Turner, L. (1945) *Notes on the sounds and vocabulary of Gullah*, Publications of the American dialect society (PADS), 3.

Weinreich, Uriel (1962) "Multilingual dialectology and the new Yiddish Atlas", in: *Anthropological Linguistics* 4, 6−22.

Welles, M. (1984) "Survival international: Last hope for tribes?", in: *New York Times* (Jan. 26).

Jacob Ornstein-Galicia,
El Paso, Texas (USA)

84. Ethnic/Language Minorities: Theoretical Issues and European Examples

1. General Background
2. The Social System as a Model
3. The Cultural-Structural System as a Model
4. Conclusions
5. Some Less Known Linguistic Minorities in Europe
6. Literature (selected)

1. General Background

From the point of view of sociological research methods, minorities (cf. also art. 83) are not considered a specific category and they are not given the special attention that one might expect. Since the end of the sixties, modern literature has shown a renewed interest in minorities which is mostly focused on the ethnic revival, but the greater number of these contributions is devoid of a theoretical basis and an acceptable explanation for their claims is not offered. The axiom should be proffered that the division of sociology into diverse disciplines is not the reason for their lesser quality. The relative isolation of sociolinguistics as well as of the sociology of language from the mainstream of sociological research is problematic.

Firstly, a minority is not a mere statistical concept in which the size of a specific group relative to the whole group can be expressed in numbers (cf. art. 35, chapter 5). In the social sciences, the concept of a minority can be used for groups of different sizes. A numerical majority can, in fact, be a sociological minority. Any criterion can be used to distinguish the groups: sex, age, religious or political convictions and beliefs, language or origin, etc. Allardt (1984, 195−205) explored the elements necessary for the designation of a linguistic minority. However, his criteria have the disadvantage that specific members of a linguistic minority can be excluded from their application, that the criteria do not match. Moreover, the proposed criteria are somewhat descriptive. In the outline of this contribution the criterion distinguishing majority and minority shall be restrained to language. A group's ethnic characteristics may be manifold compared to the language aspect, but in the Western-European situation − the main field in this essay − language is the most important distinguishing characteristic. Van der Plank (1971, 12) says that the "European national minority groups can be characterised as a group with a deviant language within the state boundaries". One could object to the use of the concept 'national minorities' in van der Plank's description as minorities do not form a nation and are often even oppressed within the national state. The place of an ethnic group within a national state is determinative for the survival of its own character. A growing ethnic consciousness or the disappearance of pure ethnic characteristics is dependent on the language, but at the same time much more. Nevertheless, language can be used as the criterion excellence to distinguish different groups. Schermerhorn (1970, 12) defines "an ethnic group as a collectivity within a larger society having real or putative common ancestry, memories of a shared historical past, and a cultural focus on one or more symbolic elements defined as the epitome of their peoplehood". Amongst other things "language or dialect forms" are distinguishable as symbolic elements.

The limitation to the Western European situation is not just a consequence of the author's involvement with it, but also of the wish to test the advanced theory in the light of evolution in the past centuries. Here, those elements considered important for the comprehension of the new revaluation of the ethnic group are clearer than elsewhere. The situation in the Third World has been too greatly influenced by colonialism, their political systems are even more artificial than in Europe, and their growing consciousness of their own authenticity needs another frame of reference. Allardt (1979) believes he identified five common characteristics of what he calls ethnic revival (cf. art. 14, 75, 181). They can be summarised as follows: "There was a tendency for the resurgence to assume a socialist leaning which was led by professionals drawn from among what were previously passive groups, the resurgence having occurred simultaneously during the late sixties being associated with an increasing ability to respond to such political mobilization on the part of the state" (Williams (rev.) 1979). The analysis in this book is typical for different new publications with respect to linguistic minorities. The lack of any theory is an objection to their scientific value, yet they give good — and in some cases almost complete — overviews of the existing linguistic minorities. Smith (1981), for example, deals with ethnic conflicts and pluralism, and also with the neoromanticism of the ethnic revival. Stephens (1976), who presented one of the first contributions in English, does not always give a neutral overview of existing situations and evolutions. Straka (1970), with the help of capable experts, edited an outstanding manual. Esman (1977) collected some theoretical essays, but it should be noted that many of them are too narrowly Marxist orientated. Foster (1980) and Grulich/Pulte (1975) also made important contributions. More restricted in scope is McPhee's book (1980) dealing with the oppression and discrimination of languages other than French in France. Hechter (1977) analyses the influence of economic pressure as an instrument used by a majority for effecting ethnic changes. Both developed the concept of internal co-

lonialism in a European society. Demarchi/Boilieu (1982) deal especially with the borderland minorities, but they do not focus enough on autodetermination rights. This aspect is more developed in Petrič's (1977) book. A considerable number of interesting theoretical aspects can be found in Francis (1977) but, as in most of the books, the theoretical aspect is not developed sufficiently, and it seems necessary to construct a sociological frame of reference. This will be done under 2. and 3.

2.   The Social System as a Model

The society — or, in a more restricted sense, the national state — provides its constituents with special means of attaining the goals society desires. The unequal distribution of the elements of the social exchange prevents some individuals and groups reaching the socially desirable goals with the means they have. Yet, to attain conformity, the society pressurizes these groups bringing about a situation of alienation in which specific reaction-patterns are then developed. The reference-group behaviour is, within the structural-functional frame, an element to prevent conflict situations.

An explanatory model referring to the unequal distribution of means can be used in the sociology of language. Language, as well as race, religion or social class can create discrimination and discriminative reactions. The discriminative process of members of a minority language group reveals the same behavioural patterns as for racial discrimination, e.g. prejudices, unequal treatment before the law, denial of certain rights, etc. Moreover, the situation where the principle of equal accessibility to means exists can detoriate to a discrimination in which action is taken to ban the use of the language which mostly leads to a de-ethnicization and belongs to a formal sphere, although there are also informal factors which decelerate the de-ethnicization process.

2.1. The Social System

Here we need a pure sociological sketch of the social system. This system includes the totality of existing structures, as well as the mechanisms and processes between and within the structures. It is not only the statistical sum of its constituting parts but also the dynamic functional element holding everything together. Both elements are reciprocal and influence each other such that the social system is continuously submitted to change. The social structure is the static element of the social system. Since the social system consists of different sub-systems, the social structure also consists of different substructures. Each of these sub-systems has its own dynamic functional element, which attempts to maintain the sub-system while at the same time containing the potential to destroy the other sub-systems. The relations between the different sub-systems can vary considerably: an integrative tendency tries to integrate the different subsystems into the social system, and the conflict tendency aims at the destruction of specific sub-systems.

The relation between the different subsystems is not only determined by their aims, but also by the distribution of the available means of attaining the social system's goals. The existence of different sub-systems within the social system is revealed in the unequal distribution of the potential available means. In dividing the social structure, the static element, into different sub-structures as to, say, the different social classes and layers of the social system, the unequal distribution of the means of attaining the goals is obvious. The interactional system between the different social sub-structures is based on the principle of social exchange, and the availability of means of partaking in it are to determine the relation between the different sub-structures. To attain the goal the social system puts forward a number of values. Defining the goals also implicates the definition of certain norms to be followed to ensure that the formulated role-expectations are obeyed.

Furthermore, the social system is based on a gratificational-deprivational system with values, norms, expectations and a definition of the situation. Since the social system is based on different sub-systems, the degree of integration of the aforementioned elements can be different: it varies from homogeneous to heterogeneous. Where there is a high degree of homogeneity in a social system strong pressure of the gratificational-deprivational system is not necessary.

High potential pressure is necessary to maintain the normative system if there is a high degree of heterogeneity. The social system has or has not the ability to exert some pressure in order to obtain a homogeneous pattern of values, norms, expectations and a definition of the situation. This also functions in the sub-systems since high or low pressure

for homogeneity can also exist there. Durkheim considered the elements of mechanic and organic solidarity. The former was found in less differentiated societies, where high pressure for homogeneity existed and where a homogeneous value system was found, the latter in more differentiated societies, where the pressure for homogeneity was small and where largely different value-patterns existed. Mechanic solidarity appears in rather more agrarian and rural societies, organic solidarity in rather more urban and industrial surroundings.

The possibilities of attaining the set goals by the different social layers, have manifest and latent functions. The lower structures have few means of partaking in the social exchange, which constitutes a conflict situation. The individuals (or groups) experience alienation if they do not reach the general accepted goals of society with their small means. Behaviour in such situations can be explained by the reference group theory.

2.2. The Social System Model Applied

The problem of minorities, and especially of linguistic minorities, must be situated on the level of political systems. The coexistance of different ethnic minority groups in the same political system generates conflict situations. The state, then, is the social system, consisting of different sub-systems, among others of different ethnic groups. Every sub-system tries to survive, to have its own value-system and goals. The criteria therefore are language and its use. Although those criteria can be distinguished, it is difficult to separate them from religion (cf. van der Plank 1971, 177 – 247), race, ethnic group, nationality, etc. Language is the symbol par excellence of "meaningful interaction". For linguistic minorities it becomes a factor of identification in interaction by the members of the group as well as interaction with the majority speaking a different language. The language used in the relation dominant – minority can stimulate specific forms of discrimination, since other discriminating signs are missing. The beliefs and goals of the social systems determine the attitude of the dominant language group towards the linguistic minority. In most social systems, linguistic minorities are considered disturbing factors to the equilibrium of the social system. The integration of the linguistic minority, its assimilation by the dominant group, is the solution most frequently suggested for such situations. Very seldom does one see equality and acceptance in a pluralistic society.

If a social system has its value-system, the political system transfers it to an ideology (cf. art. 95, 189), the complex of beliefs about the current situation and historical growth of a social system, about its internal processes, about its place within a larger social whole, about the values, convictions and aims derived from it. The ideology may turn to the destruction of an ethnic group and its language as well as to that of the linguistic minority itself. It legitimatizes the actions of the group whose vested interests are served and it interprets the social reality so as to make legitimation acceptable.

The social system based on a gratificational-deprivational system exerts pressure against the maintenance of the language of the minority. The individual member of a linguistic minority provokes negative sanctions by using his minority language. He does not have the possibility to use and develop his means of participation in the social exchange. If the actor wishes to attain the goals set by the social system, he will experience that the possibility of reaching the social goals is denied him. The relation between the dominant and the minority group shows specific forms of discrimination. Within this relation, the most important discrimination is the political one, resulting in members of the minority group becoming second-rate citizens in the state.

Demographic discrimination follows numerical "minorisation" (becoming a minority), evoked by colonialism by means of the immigration of new elements and the emigration of younger population groups, which leads to an aging autochthonous population. Cultural discrimination is seen in actions directed against the language and ethnic characteristics of the minority group. However, economic and social discrimination are decisive, as they greatly influence the distribution of the means necessary for participation in the social exchange. The universe becomes too small to allow the use of the minority's own language, especially linguistic minorities living in agrarian areas. Industrial development leads to a rupture with the traditional setting and causes emigration into towns. Moreover, the sense of solidarity diminishes. Thus one's own social sub-system is faced with desintegration.

2.3. The use of this social system model gave a too narrow insight into the mechanisms of language maintenance and language shift. The utility of this model is restricted to diachronic descriptions which are difficult to compare. A static view into the research material is possible, but not the discovery of greater trends. The comparison of different diachronic descriptions does not give sufficient insight. Everything will remain too descriptive, too superficial and will not show developments or trends. It will remain too much of an analysis of the intra-group situation. If linguistic minorities are to be investigated, a dynamic model is necessary. I will attempt this in 3.

3. The Cultural-Structural System Model

A more dynamic model aims at making possible a comparative and cross-cultural analysis of the contact situation between the groups. Moreover, the origin of contacts is very important for future evolution. Two main elements have to be observed: the cultural aspect, reflected mainly but not only in the use of different languages, and the existence of structures through which the specificity of a minority group will be maintained or lost. The last aspect particularly requires an important input from this model to distinguish the relations between the minority and the dominant group, as revealed by experiences with the last model. The first element Schermerhorn (1963, 238) called "dimension of diversity" and the second "dimension of power". With the focus on the analysis of linguistic minorities, both aspects have to be separated analytically, "since the first refers to internal qualities of characteristics while the second is wholly relational". Both elements are important for an insight into the situation of linguistic minorities.

3.1. Cultural Diversity

Cultural diversity is a dimension to be found in all multi-ethnic states. Wirth (1945, 365) discerned it, saying "that territory, political authority, people and culture only rarely coincide". It becomes clear, that in one political system the different ethnic groups can be situated in their own geographical territory. This is a general rule to which exceptions have to be made for specific contact types named later on (e. g. *Streusiedlung* and *Unterwanderung*). For the linguistic minorities the element "culture" should be regarded as the most important, since the ethnic characteristics do not always reveal large diversities. Culture can be seen as "consisting of patterns, explicit or implicit, of and for behaviour, acquired and transmitted by symbols ... The essential core of culture consists of traditional (i. e. historically derived and selected) ideas and especially their attached values" (cf. Kluckhohn, 1963). According to Carter and Thomas (1969, 61) this definition can also be used in the geographical context where the interest should be oriented on "the areal expression of culture and the spatial interaction between cultures". Thus we must discover what is meant by a cultural area. To be more precise, it requires the exploration of the areal expansion of "traditional ideas and their attached values". Commonly, language is the most useful criterion for identification. The Central Advisory Council for Education (1953) in Wales contended that "there is a distinctive national Welsh culture which can be recognized as such and whose most easily recognizable and perhaps its essential feature is the Welsh language ...".

The geographical description of a cultural region can be divided into three sections (Meinig 1967) "associated with diminishing dominance". Firstly, the "core, the zone of concentration, displaying the greatest density of occupation and intensity of organization, and the area most representative of the definitive characteristics of the culture". Secondly, the "domain, an outlaying area dominated by the patterns of culture under study but with less intensity ad homogeneity. There are lower densities and local allegiances". Thirdly, the "sphere", in which the cultural elements "may be apparent but not dominant. These elements may indeed be in the form of alien influences". Meinig's scheme is based on the cultural region of a dominant group, not on that of a minority. This is obtained from the three other features he adds to the scheme: "(1) cultural contact and interaction in terms of a line of intercultural contact, (2) a strategic front where the greatest physical threat to the culture is concentrated, (3) a demographic front where actual population movements involve a physical extension of core or domain". The scheme's relative utility for the study of linguistic minorities cannot be denied. Where Meinig's concepts are concerned with the strengthening of the dominant group's cultural region, the utility of this model is based on the declining homogeneity of the core of the minority

groups. The validity of this scheme is obtained from the study of cultural groups "with distinctive life histories which set them off from others, both in their own eyes and in those of their neighbours" (Schermerhorn 1963, 239). If this scheme is to be used, a distinction has to be made between those regions that partly border on other language regions and where the first assimilation takes place in peripheral zones, and those regions where the assimilation originates within as a result of inner factors, e. g. *Unterwanderung*.

3.1.1. In the first case, where assimilation originates in the periphery, Meinig's terminology can be used. A minor restriction must be imposed on the concept "sphere". There is no longer a "spreading of alien influences into local culture"; they are the remains of earlier cultures. The entire development of the language situation in Cornwall is explained by this pattern. The penetration of the English language from the east increasingly anglicized the whole peninsula with each successive century. First, the borders (sphere) lost their homogeneity and strength and later the other sections followed suit. The added characteristics must be reformulated depending on the degree of their importance. Intercultural contact is more restricted and subordinate on the strategic and demographic front, which can be used to explain the continuous shift of the linguistic border. The fate of the Celtic languages in the United Kingdom is an example of this phenomenon.

3.1.2. The second case is the assimilation from within, from the core, mostly referred to with the German term *Unterwanderung*. A unique example is the frenchification of Brussels (cf. art. 137), which was previously completely unilingual Dutch. Brussels' expansion seems like a patch of oil in an overall Dutch surrounding. The concepts take on a double meaning: in the first phase, Brussels could have been seen as a center of Dutch culture, but, at the same time, as the center of frenchification. Relating to the added characteristics, the meaning of the center for the Dutch language decreased rapidly because of the important demographic explosion and the social powerposition of the French-speaking people in the new kingdom in 1830. Consequently, intercultural contact is guided along special lines, whereas the dominant, that is to say the French culture gains priority. This type of development comprises the desintegration of the "domain" as well as that of the "sphere" later.

3.1.3. The main difference between these two types lies in the fact that in the first case the "core" resists de-ethnicization the longest. In the second case, it is the first section to disappear and is transformed into the center of the other culture by which the surrounding areas — "domain" and "sphere" — are very soon influenced. Agrarian societies are mostly affected by the first type, urban societies by the second. The influence, as well as the rapidity of the process, varies in each case depending on different effects.

3.2. The Contact Relation or "Intergroup Arena"

The second important dimension is situated in the contact relation (cf. art. 71) between majority and minority groups. The development of such a minority situation is a consequence of changing social structures.

"For the most part such cultural groups with distinctive life histories, when found in the context of larger total societies, come into existence on the tides of rapid social change. The more rapid the change, the more it highlights the visibility of such cultural groups in comparison with others, and the more such groups are defined as a threat to survival or control of the entire society" (Schermerhorn 1963, 239).

The sheer existence of the cultural diversity is not a satisfactory explanation for interaction between the minority and the dominant group. An additional variable, based on the concept 'subordination', must be introduced to explain that confrontation. Schermerhorn (1963, 240) called the place of the encounter the "intergroup arena". Before developing a model to analyse this encounter the different phases which precede the contact itself must be described, of which Glick (1955, 244) distinguished two. They follow each other chronologically, from the actual contact phase. These are the pre-contact phase and the contact and predomination phase. They are important for the development of historical relationships. In the pre-contact phase, an independant cultural system exists, which is reflected in the ethnos of each people. The cultural diversity of both groups "will influence, to a greater or lesser degree, the amount of conflict and the extent of constraint or submission that appear with prolonged contact and mutual adjustment" (Schermerhorn 1963, 240).

How precisely the different cultures can be distinguished is dependent on the relative historical character of the available sources. Cultural diversity is chiefly found in a historical event; this is not clearly defined, however. Building on the still existing elements of cultural diversity, it can possibly be made clear that there was a sharp diversity in the quite distant pre-contact phase. With regard to language, there is sufficient indication if literature is abundant. The contact and predomination phase, following on the incorporation of the geographical circumscription of the minority in the territory of the dominant, offers more possibilities for more precise analysis. As there are historical sources, the succession of phases can be pursued precisely. In most cases there is merely a transitional phase where the actual basis leads to the contact phase. For the minority group, this phase is logically based on a pattern of dominance.

3.2.1. Deductive Features

Schermerhorn (1963, 240) distinguishes three variables in the contact phase, "an independent variable, an intervening variable, and a dependent variable". The first is outlined thus: "the independent variable is the configuration of power relations between the two groups". The first element in the contact phase is the configuration of power relations between the dominant and the minority group. This delimitation must not only be seen in the function of political and administrative dependency, but also in the function of the economic structure and the numerical strength or weakness of the groups. The second, intervening variable arises from the first and concerns the evaluation of the new power relations by the members of both groups. Schermerhorn (1963, 240) means that in interaction "these power relations are (then) perceived by members of both sides in terms of legitimacy or illegitimacy". The incorporation of the minority by the political system meets with opposition from the autochthonous population. It destroys old privileges and prerogatives and reduces the value of the existing social system, if it is not dissolved altogether. The centralising power will try to establish unity and to diminish the factors dividing the two groups. In only a few cases the system of the minority is maintained. "Such perceptions crystallize and are elaborated into orientations, belief systems, or ideologies of each party to the encounter"

(Schermerhorn 1963, 240). The dependent variable comprises "the mode of action adopted by each group in reference to the other — a set of responses to the power relations that exist, mediated by the way their legitimacy is regarded". This behaviour pattern shows a distinct dependency on the power structures. The intervening variables have an influence on the modes of action in dependence of the homogeneity of the minority. The higher the homogeneity the stronger the modes of action will become, if negatively influenced by the intervening variable. The attitude of the dominant group can be oriented on the assimilation of the minority group, which could strive towards a form of separatism. The different modes of action which can be developed should be investigated with the help of a case-study. Nevertheless, the most frequent pattern is assimilation.

3.2.2. Inductive Features

In addition to the deductive features of the intergroup arena a number of inductive features can be obtained by inspection rather than by analysis. Schermerhorn (1963, 241) mentions "(1) types of domination or control, (2) forms of cumulative directionality, and (3) patterns of stratification". The typology of domination contains the forms of control "arising from the interplay of two groups with different cultural histories and unequal power when the relations between them become constant and enduring". Three main types are distinguished: extrusion, non-contiguous control and incorporation. Extrusion occurs when the more powerful group eliminates the less powerful group from the social field whether by annihilation, or by expulsion and displacement. Historical sources show frequent use of these methods. Non-contiguous control is a form of domination from a geographical distance. This kind of control is, in fact, colonisation, whether by limited or by extensive settlement of the dominant group in the territory of the minority. It has no practical use for the linguistic minorities, although some experienced it. Possibly one can also talk of internal colonisation, where above all the situation of South Tirol after the First World War is an excellent example. The third and most important type of domination is incorporation or unification. Seen on a European scale, the growth of a considerable number of states is based on the incorporation or unification of a number of independent entities, in which the territory of

the minority is annexed by the dominant. Schermerhorn (1963, 241) says, that it can happen in five different ways: "mobile conquest, contiguous annexation, forced migration, admission of immigration, and emergence of crescent ideological variants". The meaning of the expression is clear. The implication of control on these lines reveals the character of a de-ethnicization process.

In addition to the typology of domination Schermerhorn (1963, 242) discerns a second empirical feature, "an historical one which is specified (here) as forms of cumulative directionality". Schermerhorn builds on Coleman's (1957, 2) statement that "the outcome of one dispute loads the dice in favor of a similar outcome the next time. Only a few such incidents may be necessary to fix the path of community disputes for fifty or a hundred years to come". Similar historically consecutive decisions lead to the development of cumulative orientation so that trends can be recognized. Numerous means have been invented to hinder members of the minority group from taking part in the social exchange, especially emphasis of the necessity of the major language. The third inductive feature, semi-institutionalized in character, is the stratification pattern (Schermerhorn 1963, 243). "As the relations between two groups of differential power become more stabilized, they eventually take (one of four) hierarchical forms" (cf. art. 17). The following possible stratification patterns can be distinguished: "(1) the intergroup cleavage becomes the major stratification hierarchy in the entire society. (2) cultural subordinates are accorded a special selective status which is an addendum to wider societal stratification. (3) a third possibility for stratification is that the intergroup distinction becomes completely integrated into the wider societal hierarchy. (4) in a relatively open class society, intergroup lines are blurred and erased". In dealing with linguistic minorities, the fourth hierarchical pattern is the one most often found.

The stratification pattern corresponds with use of the languages so that a social language border arises. The minority, mostly of lower social origin, speaks the lower language, the majority speaks the higher language. Social mobility depends on acculturation. Vertical social mobility is only possible, if there is a change in language, i.e. when the other language is used. The language of the majority becomes an instrument for social advancement and at the same time is a condition for it. The assimilation process is thus based on linguistic acculturation, i.e. the process in which the language of the majority is learned and identification with the minority group is weakened.

Application of the model revealed its usefulness for cross-cultural comparisons. Yet, we have to consider that the factors influencing the development of contact relations between minority and majority do not always work in the same direction. They are more or less influenced by elements of the intragroup arena not mentioned here. This will be illustrated in 4.

4. Conclusions

When using this model in the investigation of linguistic minorities in Western Europe some elements are observed which could not be adjusted to fit into the model. Further, these new elements influenced the characteristics of the contact relation. The predictive value of the factors mentioned under 3. is not very high. However, it is difficult, even with the help of a number of data, to sketch a clear trend in the linguistic situation of minorities. At the same time, the fact that most linguistic minorities were — and still are — influenced by a number of intragroup elements not mentioned here makes the analysis of the influence of each variable more difficult. Yet, we know that specific groups of factors work in a positive or negative direction. Maintenance and shift are caused by a considerable number of factors. With the help of a simple factor analysis the explanatory elements may be identified. It's meaning may be overestimated since the total variance is not explained by the following three factors.

The first factor deals with the desire of the majority to assimilate the minority (or not). This factor bears largely on the following variables:
— duration of the period of assimilation
— the absence of a period with pluralism as a goal
— legislative measures in relation to the use of the languages in administration, jurisdiction, mass media, religion and education
— the absence of a higher social class
— a limited number of role repertoires for the minority language.

The last two variables can be interpreted as the cause or the consequence. They are also found in the second factor, but with a different interpretation.

The second factor deals with the minority's desire to become fully assimilated or not and bears largely on the following variables:
— economic activity, emigration and ageing of the autochthonous population
— language use within religion
— existence of a high social class within the autochthonous population
— the evaluation of the language, in its functions as well as in its use.

The third factor is connected with the majority's as well the minority's desire for assimilation. The elements bound together in this factor can be discovered in a limited number of minorities and are connected with the policy of assimilation:
— immigration of civil servants (in administration)
— immigration of labourers (in industry)
— level of industrialization of the minority area
— the emphasis on the other language as a condition for social advancement.

More investigation, especially of the intragroup arena, is necessary.

5. Some Less Known Linguistic Minorities in Europe

There is no need to illustrate those linguistic minorities and ethnic groups that share the general interest of the mass-media in this article. Instead we shall deal here with some lesser known linguistic minorities. A difference can be pointed out with regard to the numerical strength of the native speakers of the minority language as well as to its evolution and also with regard to their attitudes towards assimilation and the attempts of the majority to restrict the use of their spoken language.

5.1. Alsace — Lorraine

In relation to the analysis of the linguistic situation in the German-speaking part of east France, a distinction should be made between the German-speaking Alsace and the German-speaking part of Lorraine, the department Moselle. On the administrative level Alsace — Lorraine contains the three departments Bas-Rhin, Haut-Rhin and Moselle. Alsace and Lorraine had a lot of historical elements in common. In 843, at the signing of the treaty of Verdun, both regions were united in the empire of Lotharius I, together with Burgundy and a part of Italy. After the death of Lotharius II the realm was divided between the crown of East-Francia and the crown of West-Francia. Alsace as well as Lorraine became part of East-Francia or the German crown. Under the reign of the Habsburgs the political center of the Holy Roman Empire of the German Nation was transferred to the Danube (Vienna); Alsace and Lorraine became a peripheral region. It was conquered some centuries later by France, as a consequence of the French desire for natural boundaries.

After the incorporation by France the linguistic character of the territories did not change initially, and the first measures to impose the French language were only taken at the beginning of the 19th century. However, Louis XIV had already influenced the evolution in some way by only appointing Frenchmen and Francophils in the worldly and clerical functions, but there was no change in linguistic matters or the traditions of the region. Not until 1808 was the German language replaced by French on the higher levels of education, and in 1853 German was completely replaced by French in elementary schools. The German language was still on the curriculum, no longer as the language of teaching but as a language to be learned.

The historical destiny of Alsace and Lorraine was largely influenced by the French-Prussian war of 1870 and by the two world wars. After 1871 the German-speaking territories were incorporated under German administration, and German became the vehicular language in administration and education, but only in the German-speaking municipalities. The French language maintained its official position in the French-speaking and in the mixed municipalities. After the First World War, when Alsace and Lorraine were again under the French government, strong pressure was exercised to attain frenchification. The period of the Second World War, when both regions were again under German administration, was characterized by a reverse action, so that it was now the French language that went out of use, and a tendency to germanification was noted. The most important period is that after the Second World War, when Alsace and Lorraine were once more transferred to the French government, and it is in this period that the instruction of

German is 'temporarily' abolished in order that the French language might regain its lost territory (Woytt 1982, 199). Only in 1972 did this 'temporary' period come to an end.

The use of the German language, as the language of instruction in education, was requested several times by the parents, but it was always refused. The attitude of the population has always been rather passive and knowledge of the German language has become continually smaller. In the rural areas, where the presence of the local dialect was in some way delaying acculturation, which for the elder generations was only superficial, the local *Mundart* was the most used linguistic variety. Knowledge of French nevertheless became increasingly widerspread. The policy of frenchification was always very clearly expressed. Even when one cannot speak of direct colonisation it is clear that the centralized French government did not take into account the desiderata of the local population. The abolishment of German education in the French-speaking municipalities, and the reduction of the use of German in the German-speaking municipalities in 1920 was inspired by the following idea: Language imposes its form on the process of thinking, and language and thought are not separable, if not even one and the same thing. If German was allowed in education the future of the children would be threatened and the children would be condemned to develop according to the norms of the German language and German thinking. This conception was at the basis of the wish, in juridical and in administrative situations, to use the French language as the only legitimate one, to increase the use of French to first language use. The use and knowledge of French are seen as necessary and it is the language to be used as a means to social advancement. The German language no longer has a social existence nowadays (Philipps s. d., 263).

The superficial character of the Frenchification is clearly revealed in the analysis of the use of languages according to the diglossic pattern. It is clear that only those capable to do so will shift their language use to French. Normally, no one with only a lower school level, will shift to the use of French if this is not required. Although the number of persons not understanding French is diminishing, the population remains rather apathetic in language matters. The return to the use of the *Mundart* by the majority of the population is a clear indication. Nevertheless, this region of East-France has a need of the knowledge of German, because of its geographical situation at the German border. The economic orientation of this region has always been towards France, so that the development of relations over the border has been restricted. With the existing trend of growing agglomerations these urban entities will spread into their rural surroundings so that the linguistic homogeneity in favour of French will increase in importance.

We have already seen that during the last 60 years knowledge of the German language has decreased slowly, but the disappearance of the local dialect also looms. France will then have attained a larger linguistic homogeneity, but at the cost of the German language. It is already clear that the younger generations no longer have a diglossic pattern in their language use. For these youngsters the *Mundart* is no longer an acceptable variety in communication.

5.2. Ireland

In comparison with other Western European linguistic minorities, the language problems in the Irish Republic have a number of very specific characteristics. Both English and Gaelic have an official status, and although the Gaelic language is supported by all possible means, the language in its spoken as well as in its written use is rapidly declining. The Gaelic language is used in everyday communication in the extreme Western part of Ireland, in the territory that is officially called the "Gaeltacht". "The Gaeltacht is the one part of Ireland today where Irish is spoken as the normal language of an organic community. It covers approximately 1860 square miles, less than 6% of the land surface of Ireland. It is not a homogeneous unit, it comprises widely scattered districts in certain counties along the Western seabord (Donegal, Mayo, Galway, Kerry), Cork and a district (Ring) in County Waterford" (Report 1965, 50).

Throughout its history, Ireland has been threatened since the 12th century with the ever growing pressure of the English language. In the 14th century there were two parts, the eastern part that was occupied by Anglosaxons, and the western part that remained Gaelic-speaking. In that period Gaelic still scored high, even to the extent that the new nobility was assimilated. It was only in the 16th century that the pressure of English became stronger and that the first English

colonists were sent to Ireland. As a consequence of the land reform and the immigration of English-speaking subjects the existing structures changed considerably. "A new upper class was established in Ireland and an English-speaking element was introduced in the social pattern of the country as a whole. Irish (= Gaelic) was ousted from a number of crucial H-domains, English acquired dominance in the domains of public affairs and administration and was, of course, the only language of the new ruling class" (O'Murchú 1970, 25). Later the Irish language was abandoned by those who aspired to social success.

Since 1922 Ireland has known an evolution that cannot be compared with the development of the other minorities. Whenever a connection between the language and the ethnic movement was discovered the struggle against the decline of the Gaelic language in Ireland was initiated and supported by the English-speaking population. The official attitude towards the Irish language has lead to its acceptance as a national property. In the second half of the 20th century, when the number of Irish-speakers had diminished from about one and a half million in 1851 to about 600,000 in 1946, the restoration of the spoken language was promoted. The most important measure was the establishment of the Gaeltacht area, even if it is only a small territory with some 66 840 inhabitants, of which about 55 440 speak the Irish language daily (Census or Ireland, 1971).

A number of factors have a negative influence on the maintenance of the Irish language in the Gaeltacht. Economic and social forces: agriculture has become insufficient for the maintenance of the population and emigration results. Industrial development is almost non-existent in these areas so that the younger generation has no other alternative than emigration. The four counties with the highest number of native Irish-speakers — Donegal, Mayo, Galway and Kerry — also have the greatest decline in population figures. Next to the economic influence, the present day "flight from the land" to urban areas is bound to affect the inhabitants of the Gaeltacht areas in so far as they are exclusively rural. Cultural and administrative forces: the pressure of the English language on daily life is so great that the Irish language could cease to be spoken there within a generation or two. It has been driven further into the private spheres and outside this limited circle the shift to English is unavoidable. Psychological forces: since the 19th century Irish has been characterized as a badge of backwardness and poverty, although on the other hand there is the general opinion that English offers economic advantages to the Gaeltacht. The large majority of the population shows an apathetic attitude towards the language. "It is remarkable that many Irish-speaking inhabitants in the Gaeltacht who wish to bring up their children as English speakers are matched by thousands of English speakers in other parts of the country who make considerable sacrifices to bring up their children as Irish speakers" (Coakley 1980, 123). In a survey on the attitudes of Gaeltacht residents and of those outside this area the following commentary was noted: "For a clear majority of the population the Irish language is valued as an important element in validating or publicly conforming their feelings of national identity or separateness as a people. Linked to this are values about the intrinsic cultural importance of the language itself. Closely related to these values are strongly held beliefs that the future of the language should be ensured and that it should be publicly supported" (Report 1975, 293).

5.3. Tornedalen

The existence of a linguistic minority in the north of Sweden is not well-known to the international audience. The Finnish-speaking population lives in a territory larger than Denmark (about 50,000 km²). A large part of it is characterized by a very low population density and can be considered as a thirty kilometer wide strip on the western side of the Torne-river — the border with Finland — from the Botnic gulf to Korpilombolo, 100 km north of Haparanda. In the south the linguistic border runs farther in a western direction towards the mountains where the Finnish and Samish populations live together. In the north, the Finnish-speaking region runs along the affluents of the Torne, the Muonio and Könkäma, to Karesuando, 300 km north of Haparanda.

Torneå domsaga or Tornedalen is the territory where the Finnish-speaking population is most strongly represented. The number of Swedish-speakers increased here between 1860 and 1930. The Finnish-speaking population, although their absolute number increased, decreased in relative numbers as a consequence of the intensive Swedish immigration after 1900. Since the last census was in 1930 it is difficult to estimate the actual number of Finnish-speakers. From a survey published in 1971 concerning Övertorneå it can be seen that 93% of the population considered themselves as bilingual while only 27% consented to be interviewed in Finnish. Knowledge of the spoken language is still widespread, but the written language, i. e. Standard Finnish is virtually unknown to the Tornion-murre dialect speakers. Education has played a very important role in this shift, as will be illustrated later.

In 1157 a union with contemporary Finland was realized under the Swedish king Eric IX. The official language was Swedish and this state of affairs was still existent for the whole of Finland in the 19th century. Contacts between Finns and Swedes remained restricted and there was no action to be noticed towards Swedification. The origin of the contact phase can be situated in 1809, at the moment that Finland, by the treaty of Frederikshamn, became a Grand Duchy of the Russian Czar. As a consequence Tornedalen was divided into a Finnish and a Swedish part, although the Finnish population lived on both sides. For the Finnish-speaking population contacts between the Eastern and Western part remained intact. Nowadays the relations still exist and can be shown by a high degree of exogamy. After the separation the Finnish language was maintained as the language of religion and education. The law of 1842 made it possible for the local authorities to organize schools in Tornedalen with Finnish as the medium of instruction in elementary schools. The domination phase started in the second half of the 19th century. On the one hand there was the finnification of the Swedish (immigrant) population in the town Gällivare during the 1870s, and on the other hand for the local authorities, with their small means, it was impossible to organize schools themselves. It should be noted that the Finnish-speaking population never showed a negative attitude against Sweden. A small irredentist movement did not receive any response because the local Finnish population's attitude towards the linguistic situation was governed in the first place by practical motives. Slunga (1965) stated that the local Finnish population considered the knowledge of Swedish, the language of the country in which they lived, necessary for their children's future. Nevertheless, the attitude of the Swedish authorities focused on the strengthening of Swedish, and education, exclusively in Swedish, was used as an instrument. Thus one could maintain the knowledge of Swedish among the Swedish immigrants, who in earlier times were assimilated by the Finnish population. The former finnification was a consequence of a strong religious movement, i.e. the so-called Laestadianism, which greatly attracted the population. In 1888 a uniform school system for the whole of Sweden was promoted, and also introduced in Tornedalen. It was maintained until 1935, at a time when the Finnish schools had long since disappeared and when the fear for finnification of the Swedish population no longer prevailed. In 1935 Finnish was introduced in schools as a voluntary subject.

The local population of Tornedalen, which in 1960 amounted to about 11,573 inhabitants, belongs predominantly to the agrarian classes, agriculture and forestry (40.8%). It is clear that, in a territory where only 8.6% of the population is employed in industry, a total lack of sufficient jobs for the younger generation exists and that this will find its expression in the emigration of the active population. It is noted seldom that a population as a whole shows such a positive attitude in favour of its assimilation by the majority as in this region. The peripheral situation in relation to the more populated south, and its local orientation on the eastern part of Tornedalen, especially as a consequence of family contacts and marriages, made the residents in this region an easily assimilated linguistic minority.

5.4. Schleswig

The old duchy of Schleswig is, in fact, divided between Germany and Denmark according to the delimitation of the plebiscite of 1920, and the actual border follows the course of the Scheidebach. In the north, Schleswig is bound by the Kongeå and in the south by the Eider, the historical border between Schleswig and Holstein. Administratively, Northern Schleswig contains the cities Haderslev, Sønderborg, Åbenrå and Tønder in Denmark. The territory populated by the minority in Denmark is much smaller and should be situated at the border in a strip of about 25 km. The Eider was the border between the Danish and German realm from 811 and was fixed as early as 1025. Until 1864 this political border was to remain unchanged. However, the linguistic frontier moved north in the 10 following centuries by about 10 to 15 km, especially between 1500 and 1800. The political authorities imposed

German as the administrative language as early as the 14th century. As a consequence the German language became the language of trade and of the social upper class. The same period was also characterized by a strong German immigration and in 1542 German was the language of religion and education in the towns. The importance of this *Unterwanderung* should not be underestimated, but the cultural differences between the German-speaking and the Danish-speaking population were maintained.

As a consequence of the Danish aspiration to bind Schleswig-Holstein closer to Denmark the Austrian-Prussian war began. In 1864 the duchy of Schleswig was separated from Denmark as far as the Kongeå, and was annexed by Prussia in 1866. The development Schleswig had known since 1460 came to an end. The treaty of Prague of 1866, which should have made a plebiscite for the northern districts of Schleswig possible, by which they could eventually be reunited with Denmark, was never allowed by Prussia. A systematic Germanification of the Danish provinces, not only by imposing German as the language of religion and education, but also by the implantation of German colonists in the Danish districts, took place. Thus the presence of the German-speaking population on Danish territory is the consequence of an historical process based on political influences and immigration. After the treaty of Versailles in 1919 a plebiscite was held in two different zones. The norhtern zone was reunited with Denmark after 75% of the population had voted in favour of this reunion.

It should be noted that a distinction between the concept 'German-speaking' and 'German-minded' is necessary. In the whole of Schleswig, in the Danish as well as in the German part, the inclination of the population has been alternating. With the rise of National-Socialism the number of German-minded inhabitants seems to have grown. While after the second World War it decreased. The German-speaking population is relatively small in Denmark, but they have their own representatives in local and regional government. German officially has a place in education guaranteed by a number of laws. Its use is also widespread in religion.

From a socio-economic point of view, Schleswig is a rural region, with only 7.1% of the population employed in industry. A survey held in 1966 in German schools showed that 36.7% of the parents were active in agriculture, and that 27.1% were employed as labourers.

The sociolinguistic situation in this region is remarkable. The concept 'linguistic minority' has to be widened in this case as the main attribute is inclination, not language. This has its consequences for the diglossic pattern in the more rural areas. In more private spheres of life the use of a Danish dialect, *Sønderjusk*, which has a lot in common with German, is widespread while German is the cultural language of the minority. A similar situation is found on the other side of the border, in the case of the Danish minority in Germany.

In the case of the German minority in Denmark it is clear that the presence of a Danish minority in Germany had a positive influence on the relations between minority and dominant groups. The actual situation can be described as positive because the voluntary element and the principle of inclination have taken up an important position.

5.5. Friesland

The actual Frisian regions were a part of the former Frisian realm located along the North Sea on the Dutch and German coasts. Western Friesland comprises the Dutch province Friesland and the four Frisian Islands. The total area covers about 3,227 km² and the population amounts to about 500,000. In fact (West-)Frisian is spoken mainly in the rural areas, except in some enclaves in the southeast and north-west of the province. In the larger towns *Stadfries* (stad = town) is found, a dialect with Dutch as well as Frisian words. The importance of Stadfries is decreasing in favour of Dutch or Frisian. Until 1500 Friesland had in some way an independent government. In 1579, with the Union of Utrecht, is was a part of the United Provinces. In this union the sovereignty of the provinces was respected. Although Frisian was the language of the people and was used in church and in jurisdiction until the middle of the 16th century, written use was decreasing very rapidly. With the establishment of the kingdom of the Netherlands in 1813, after the French period, a centralized government was introduced into the Netherlands and Dutch became the only language of education. Using Frisian was soon marked with a social stigma where characterizations like *boerenfries* (boer = peasant) indicated plainly what was meant. When in 1902 Dutch

became the vehicular language in compulsory education, there was no place left for Frisian. Afterwards it was permitted in education, in 1927 at a rate of 1 or 2 hours in the highest classes of elementary school, since 1950 a number of bilingual schools have existed, with the preference for Frisian in the first years which in the latter years has diminished in favour of Dutch. The system of bilingual schools is nowadays general in Friesland.

A diglossic pattern is to be noticed in language use. Pietersen (1969) showed this in his survey on reading and speaking patterns in Friesland. Héraud (1966) mentioned that it did not exist in the regions where Frisian was most diffused. The place of Frisian in public life is mainly determined by the circumstances, by the capability and by the goodwill of the public servants. Thus it is possible that the use of Frisian is allowed in court if the judge is able to understand it. In local administration and government the use of Frisian is widespread and increases in the Provincial Council. The economic character of Friesland has been mainly agricultural. Actually there is a decrease in the agricultural population and industry and tourism are gaining in importance. Both can eventually form a threat for the original character of the region. In a recent survey van der Plank (1985) noted that there is actually a strong ethnic feeling among the Frisian population, existing in the Frisian-speaking as well as in the Dutch-speaking population in Friesland.

5.6. Conclusion

The comparison made here between different linguistic minorities shows that education has been a determining factor in the evolution of linguistic minorities. Moreover, the consciousness and the importance of their own character plays a decisive role. In the larger and more powerful linguistic minorities other factors influence that evolution, but for linguistic minorities in rural societies evolution is mostly influenced by education and the ethnic feeling.

6.   Literature (selected)

Allardt, Erik (1979) *Implications of the ethnic revival in modern, industrial society*. A comparative study of the linguistic minorities in western europe, Helsinki.

Allardt, Erik (1984) "What constitutes a language minority?" in: *Journal of multilingual and multicultural development* 5, 195−205.

Allardt, Erik/Wendt, Frantz/Petrén, Gustaf et al. (1981) *Nordic democracy*. Ideas, issues and institutions in politics, economy, education, social and cultural affairs of Denmark, Finland, Iceland, Norway and Sweden, Copenhagen.

Ashworth, Georgina, ed., (1980) *World minorities*, Sunbury, Middx.

Barth, Fredrik (1969) *Ethnic groups and boundaries*, Boston.

Blaschke, Jochen, ed., (1980) *Handbuch der westeuropäischen Regionalbewegungen*, Frankfurt a. M.

Björklund, Krister (1980) *Språkgrupp och mobilitet*, Åbo.

Boelens, Krine (1982) *The Frisian language*, Leeuwarden.

Calzada i Salavedra, Arcadi, ed., (s. d.) *Català, une llengua mil-lenaria, per al futur de Catalunya*, Gerona.

Campfens, H. (1979) *The integration of ethno-cultural minorities*, Den Haag.

Carter, H./Thomas, J. G. (1969) "The referendum on the sunday opening of licensed premises in Wales as a criterion of a culture region", in: *Regional Studies* 3, 61 – 71.

Coakley, John (1980) "Self-government for Gaelic Ireland: the development of state language policy", in: *Europa Ethnica* 37/3, 114 – 124.

Coleman, J. S. (1957) *Community conflict*, Glencoe, Ill.

Demarchi, Bruno/Boilieu, Anne M., eds., (1982) *Boundaries and minorities in the western world*, Milano.

Dominian, L. (1917) *Frontiers of language and nationality in Europe*, New York.

Eisermann, Gottfried (1981) *Die deutsche Sprachgemeinschaft in Südtirol*, Stuttgart.

Eklit, Jørgen/Noack, Johan P./Tonsgaard, Ole (1978) *Nationalt tilhørsforhold in Nordslesvig*, Århus.

Esman, Milton J., ed., (1977) *Ethnic conflict in the western world*, London.

Foster, Charles, ed., (1980) *Nations without a state*. Ethnic minorities in Western Europe, New York.

Francis, Emerich K. (1977) *Interethnic relations*. An essay in sociological theory, Amsterdam.

Glick, Clarence E. (1955) "Social roles and types in race relations", in: *Race relations in world perspective*, Lind, Andrew W., ed., Honolulu.

Grulich, Rudolf/Pulte, Peter (1975) *Nationale Minderheiten in Europa*, Opladen.

Haarmann, Harald (1980) *Multilingualism*, Tübingen.

Haugen, Einar (1966) *Language conflict and language planning*: the case of modern Norwegian, Cambridge, Mass.

Haugen, Einar/Mc Clure, Derrick J./Thomson, Derick, eds., (1981) *Minority languages today*, Edinburgh.

Hechter, Michael (1977) *Internal colonialism*. The celtic fringe in British national development, Berkeley.

Héraud, Guy (1966) *Peuples et langues d'Europe*, Paris.

Hoffmann, Fernand (1979) *Sprachen in Luxemburg*, Wiesbaden.

Holmestad, E./Lade, A. J., eds., (1969) *Lingual minorities in Europe*, Oslo.

Jaakkola, Magdalena (1973) *Språkgränsen*. En studie i tvåsprakighetens sociologi, Malmö.

Kluckhohn, Clyde (1963) *Culture and behaviour*, New York.

Krejči, Jaroslav/Velimský, Vitézslav (1981) *Ethnic and political nations in Europe*, London.

Lafont, Robert ed., (1982) *Langue dominante, langues dominées*, Paris.

McPhee, Peter (1980) "A case study of internal colonization: the *Francisation* of Northern Catalonia", in: *Review* III, New York.

Mc Rae, Kenneth D. (1983) *Conflict and compromise in multilingual societies: Switzerland*, Waterloo.

Meinig, D. (1967) "Cultural geography", in: *Introductory geography: viewpoints and themes*, Washington.

Melia, Josep (1970) *Informe sobre la lengua catalana*, Madrid.

Mordrel, Olier (1982) *Histoire véritable de l'unité française*, Genève.

Nelde, Peter H., ed., (1979) *Deutsch als Muttersprache in Belgien*, Wiesbaden.

Ó Luain, Cathal (1984) *For a celtic future*. A tribute to Alan Heusaff, Dublin.

O'Murchú, Máirtin (1970) *Language and community*, Dublin.

Pelka, Rainer, ed., (1983) *Deutsche Volksgruppen in Europa*, Sankelmark.

Petrič, Ernest (1977) *Mednarodnopravno varstvo naroknik manjšin*, [Der völkerrechtliche Schutz nationaler Minderheiten], Ljubljana.

Philipps, Eugène (s. d.) *L'Alsace face à son destin*. La crise d'identité, Strasbourg.

Pietersen, Lieuwe (1969) *De Friezen en hun taal*, Drachten.

Pietersen, Lieuwe (1976) "Language ideology, national ideology, bilingualism", in: *Language in sociology*, Verdoodt, Albert F./Kjolseth, Rolf, eds., Leuven, 167 – 200.

Report, (1965) *The restoration of the Irish language*, Baile Atha Cliath.

Report, (1975) *Committee on language attitude research*, Baile Atha Cliath.

Schäppi, P. (1971) *Der Schutz sprachlicher und konfessioneller Minderheiten im Recht von Bund und Kantonen. Das Problem des Minderheitenschutzes,* Zürich.

Schermerhorn, Richard A. (1963) "Toward a general theory of minority groups", in: *Phylon,* 238—246.

Slunga, Nils (1965) "Staten och den finskspråkigen befolkningen i Norrbotten", in: *Tornedalica* 3, Luleå.

Smith, Anthony D. (1981) *The ethnic revival in the modern world,* Cambridge, U. K.

Straka, Manfred, ed., (1970) *Handbuch der europäischen Volksgruppen,* Wien.

Stephens, Meic (1976) *Linguistic minorities in Western Europe,* Llandysul/Dyfed.

Van der Plank, Pieter H. (1971) *Taalassimilatie van Europese Taalminderheden,* Rotterdam.

Van der Plank, Pieter H. (1985) "L'ethnicité dans une province périphérique: La frise", in: *Recherches sociologiques,* 129—141.

Veiter, Theodor (1984) *Bibliographie zur Südtirolfrage 1945—1983,* Wien.

Verdoodt, Albert (1969) *Zweisprachige Nachbarn,* Wenen.

Weber, E. (1977) *Peasants into frenchman,* London.

Williams, Glyn (rev.) (1979) "Allardt Erik (1979) Implications of the ethnic revival in modern, industrial society", in: *Journal of multilingual and multicultural development* 1, 363—370.

Wirth, Louis (1945) "The problem of minority groups", in: *The science of man in the world crisis,* Linton, R., ed., New York.

Wisti, Folmer, ed., (1985) *Europe of regions,* Copenhagen.

Woytt, Gustav (1982) "Ist im Jahr 2000 Deutsch im Elsaß ausgestorben?", in: *Europa Ethnica* 39/4, 195—207.

Wurzer, Bernhard (1983) *Die deutschen Sprachinseln in Oberitalien,* Bozen.

Baudewijn Meeus, Leuven (Belgium)
Aus dem Flämischen übersetzt
von Stefanie Frankenberg und Susan Long,
Duisburg

85. Language Barriers between Different Speech Communities/ International Problems of Communication

1. Prefatory Remarks
2. Communication between Different Speech Communities
3. Communication Solutions
4. International Communication
5. Intranational Communication between Speech communities
6. Literature (selected)

1. Prefatory Remarks

The communication problems across international lines and the problems of communication between speech communities within a nation have certain common features as well as significant differences. In each case, there are two concerns: the forces causing the need for communication between people with different mother tongues; the solutions that are used to meet this need for communication. These two dimensions might be viewed as, respectively, the "problem" and the "solution", but in fact they are both dynamic events that are not completely understood at the present time.

2. Communication between Different Speech Communities

2.1. The Need for Communication

There has been some need for communication in virtually all contact situations between groups with different mother tongues (whether international or within a nation). These can entail: economic incentives (such as might occur in simple trade or barter situations); communication needs when one employs another (such as in slavery, political conquest, etc.); some other attempt to affect the other group in one way or another (for example, religious proselytization); the acquisition of skills that one group posses, whether these be crafts, agricultural, technical, or the like; or simply curiosity.

2.1.1. The Need for International Communication

The need for international communication has increased through the years. This is because of technological advances in transportation that have made contact between groups increasingly common and easier. Witness the role of air transportation, to say nothing of earlier developments in maritime and land transportation. Another crucial set of technological advances stems from changes in communication itself. The developments in radio, television, cinema, and recorded voices all have obvious consequences for increasing the need for communication across language groups. We should not lose sight of the massive impact due to the development of movable type and, more recently cheap forms of duplication. In terms of a reading knowledge of other languages, these technological changes in printing — accompanied by the ability to transport the product enormous distances quickly and easily — have enormous consequences for the increased need to learn other languages.

There are, of course, many other factors that contribute to an increased need — or at least desirability — of international communication. Specially important is modern-day tourism, a truly remarkable event in the peaceful movement of populations across linguistic boundaries to an unheralded degree and thereby generating — at least in the receiving end — an encouragement for at least some minimal competence in other languages. Another technical development of special note is the exponential growth in technical knowledge. This means that the incentives and potential gains that follow from language acquisition in turn increases at an incremental rate. Indeed, there are some activities where knowledge of a given language is more or less mandatory (for example, English for some natural sciences. Cf. also art. 169).

Social changes, in at least some societies, have probably worked to encourage international communication as well. The division of labor and increasing specialization, have both probably broadened the percentage of the population who directly or indirectly would benefit from obtaining a knowledge of some additional language. The increasing ability of the population to pursue activities other than agriculture and/or other immediate sustenance activities also has ramifications. Because activities less concerned with immediate survival are likely to increase the incentive towards international communication.

All of these factors, working alone or in combination, make it clear that the incentives towards international communication have been increasing in the world for many centuries. It is almost certain that the actual levels of international communication between persons with different mother tongues has also increased through the centuries as well. But it should be noted that the latter is not an inevitable consequence of the increased opportunity and desirability of such communication. For, as a general principle, we can suggest the following: the actual level of international communication is less than the maximum level that would result if international communication were costfree. Although second-language acquisition for some people appears to be almost effortless and pleasurable in itself, as a general rule we can assume that many persons who intentionally acquire a second language do so at some cost and effort. This requires, of course, a sharp distinction between those who passively and those who intentionally or aggressively learn a second language. The former refers to language acquisition in a "natural" setting, that is, one in which a second language is learned with no more effort than one learns a mother tongue; the latter refers to those settings in which an individual sets out to acquire knowledge of a language (including placing him/herself in a place where it is used exclusively).

At any rate, the level of actual international communication does not equal the actual level of needs for international communication. The difference is a function of the cost of acquiring the necessary linguistic skills as well as the rewards ensuing (in effect, the cost-benefit that results). Indeed, if the benefits for international communication have increased in many societies for a long span, it is still necessary to also consider changes in the cost-benefits of language acquisition and, in that regard, processes which provide alternatives for language acquisition such as one form or another of interpretation and translation. From this perspective, shifts in international communication is not a simple indicator of shifts in the need for international communication and vice versa.

2.1.2. The Need for Intranational Communication

All of the factors listed above operate as well in affecting the need for communication between speech communities living in a common nation. Deutsch (1953) placed considerable emphasis on urbanization and industrialization as forces drawing peoples together in a society (Cf. also art. 164, 166). This is a valid concern, but it should also be mentioned that the spread of education and literacy often affect the intensity of language acquisition pressures, as does the development of modern forms of entertainment such as radio and television.

3. Communication Solutions

There are three linguistic solutions to the need for communication: learning by both parties of an international "artificial" language such as Esperanto (cf. art. 49, 180); acquisition by one party of the mother tongue of the other group; use of a third language — by members of both groups, but one that is not artificial.

The first of these solutions, although appealing in some respects, has not been successful thus far. The question to be answered is what has kept it from working. Since it is not a prestigeful language (in the sense that its speakers gain status from knowing the tongue) and because it is not a language already spoken by a large number of people, Esperanto or any other artificial international language has more handicaps in becoming an international language than do existing languages. As the theory of international language diffusion discussed in 4.1. suggests, an artificial language would have no difficulty being an international tongue after it is established, but it is harder for such a tongue to initially be established.

4. International Communication

The second solution, the acquisition of one group's language by another group, is certainly a widespread way through which international communication has developed. Both historically and at present, it is the case that this level of learning has not been truly bilateral; almost invariably the percentage learning the other language has not been equal for the two international groups in contact, or for two groups within a society (Lieberson 1981, 132). There are two general factors accounting for this outcome. First, the pressure to acquire the other group's language is rarely equal for the two groups. There are many reasons for this: the relative sizes of the groups; their relative power; the needs each group have of the other; location of the contact; position of the groups' languages in the international system; nature of the contact, and the relative cost-benefits for each group in communicating to each other in the domains of contact. Most of these forces are relatively clear and are applicable to contact both within a society and internationally as well. The second general factor is that existing second language learning will affect future language behavior. This is because every native speaker of X who learns Y thereby decreases the need for Y's to learn X and actually increases the pressure on other X's to learn Y in order to be competitive. Moreover, every time a native speaker of Y encounters an X able and willing to speak Y, it increases the expectation of Y's that they will be in a situation where it will not be necessary to learn X and hence has something of the quality of a self-fulfilling proposition.

In both international communication and communication within a society, it is possible for this second outcome, acquisition of the other group's tongue, to lead to a special situation in which the acquisition is uniquely imperfect such that a pidgin develops. (The movement from pidgin to creole is almost always not in the international situation, but more likely in situations of pidginization within a given nation (Todd 1974. Cf. art. 46, 76).

The third outcome of international language acquisition really involves a progression of the second process into a further stage. Namely, a situation occurs in which one language is learned not only by those in contact with the language's native speakers, but also gets used by others even when neither are native speakers of the tongue. This means the development of some sort of lingua franca (cf. art. 50) such that native speakers of X and native speakers of Y both learn Z rather than each other's tongue. (This of course occurs within nations as well and can radically affect the power of the language that becomes a lingua franca, Scotton 1982.) At present, English plays such a role in the broadest international sense, having superceded French in a process that begin at the end of World War One (Lieberson, 1982).

4.1. A Theory of the Forces Affecting the Spread of an International Language

For this process, a strong theory can be developed as to its nature and causes (Lieberson 1982). In a nutshell, it is based on the following 7 propositions:

4.1.1. The forces found as currently operating to maintain a given language pattern are not necessarily the same factors that established the pattern to begin with. This is because a language pattern, once established, has a life of its own that can continue long after the initial causes disappear. A set of intervening factors will develop that will continue a pattern even if they could not establish it initially.

4.1.2. Language patterns tend to perpetuate themselves in situations which would never have have permitted the language pattern to initially develop. This can be referred to as the conservation of language usage.

4.1.3. The conservation of language usage is abetted by "third parties," namely groups among whom neither the existing dominant language nor its potential competitor is a native language. Because they have little reason to shift from the international language already used to a new international language (unless it is their own), such third parties play a key role in the conservation of language usage. They develop a vested interest in that tongue with an intensity almost equal to that of the native speakers.

4.1.4. An existing language usage pattern can be altered through changes in the frequency and nature of the interaction within and between language groups. Indeed, the political, economic, social, scientific, and other sources of power and influence are only matters of potential — rather than forces operating to affect behavior — unless there is interaction which in turn brings these forces into operation.

4.1.5. Thus it is necessary to distinguish between changes in potential as opposed to actual influence.

4.1.6. As the number of persons acquiring a given language increases, this in turn increases the pressure for others to acquire the same second language even if their interaction patterns remain unchanged.

4.1.7. There is every reason to expect that changes in technology will not have the same impact for all language groups. Hence, the existing linkage between potential and actual influence will not change equally for all tongues. The same will hold for changes in other factors besides technology that also affect the level of interaction.

5. Intranational Communication between Speech Communities

The discussion of international communication is largely applicable to communication across speech groups within a society as well. There are few modifications of the aforementioned necessary, but some additional comments are appropriate. It is not possible here to consider all of the ramifications for speech communities since there are so many different types (witness the combinations of bilingualism and diglossia alone that may develop, Fishman, no date, 75).

5.1. Special Considerations

Three linguistic outcomes are again possible, but rarely is it even proposed that an artificial language be learned within a society as a means for communication between two mother tongue groups. On the other hand, the possibility of X and Y learning a third language, Z, as a means of communication is indeed not uncommon in situations within a nation. In addition to the lingua franca functions that Z may perform under such circumstances within the nation, there is another special issue. And that pertains to the fact that the language acquired within a nation by different language groups is usually far more important to the groups than is the language of international communication.

This last claim may seem surprising to those examining the efforts of France to maintain and promote the position of French as an international language or the history of empires and their efforts to promote languages as international tongues. Still, without belittling the importance that feelings of national pride hold, for the most part the issues are not as intense or really as threatening as are issues of language use within a nation, where the issues are often deeper. In the case of international languages, for most people the core of their daily life is not affected by either the ability or willingness to speak a foreign tongue. To be sure, there will be individuals for whom this knowledge and usage is central to their existence, but for most this is not the case. Hence the outcome of the competition between languages on the international stage (and, in turn, the competition of their speakers) is not as vital to daily life in the same way as the competition between languages within the nation between different speech groups.

Aside from the symbolic and prestige issues (which also affect the competition between international languages), there are also a large number of bread and butter issues at stake here with respect to the linguistic way in which communication exists between language groups within a society. Everything is at issue here. For example, the institutions seen as supporting one language at the expense of another tongue will become sources of conflict in so far as the positions of the groups are altered.

However the intensity of conflict, stemming from subordinate group resistance, as a general rule appears to vary in a systematic way (Lieberson 1981, Chapters 3 and 4). Groups that voluntarily migrated into a subordinate situation, usually because of economic reasons — but also sometimes because of political, religious and other forces — tend to assimilate relatively quickly, although the immigrants often resist by encouraging language maintenance among their offspring. But the typical outcome is relatively rapid assimilation in the course of a few generations. Such situations usually do not involve strong thrusts towards language rights, although the groups are hardly uninterested in seeing situations which maximize their opportunities in the new nation. A key factor here to consider is that of the group's generation in the area of settlement, that is, the very dramatic and strikingly intense uses of a language by immigrants declines sharply in a matter of a few generations. Much of the shift occurs through intergenerational shifts in language usage.

By contrast, if the linguistically subordinate group is an indigenous population, that is, living in an area where they were conquered or otherwise subordinated by another group, they are far more resistant to language change, particularly where it means the loss of their mother tongue. Such groups are more likely to give up their mother tongue, by the way, when they migrate from their traditional locations into areas in the nation where they had not settled before.

This means that ethnic groups can behave very differently, depending on the nature of their setting. As part of a larger Ottoman empire, Albanians were strongly resistant to the imposition of a non-Albanian language when educational institutions were introduced; by contrast, Albanian migrants to the United States shifted to English in relatively rapid order. In similar fashion, in the Soviet Union, migrants from indigenous areas are both more likely to give up their mother tongue and more likely to be subject to such pressures from the dominant Russian ethnic group (cf. art. 179).

The expansion of one language at the expense of another group is therefore specially likely to be resisted and occur only with great conflict in contact situations within a society when there is a subordinate indigenous group about to lose its language or have its tongue weakened greatly. Sometimes, this actually leads to the introduction of a third language, one which is not indigenous to the society and which is therefore neutral with respect to conflicts within it. This is essentially the case for the remarkably persistent role of former colonial languages in many of the new nations of Africa and Asia.

5.2. Important Sources of Conflict (cf. art. 72)

Although international language issues are often important, rarely are they treated with the intensity found when subordinate indigenous groups face issues of group survival and disadvantage. The government is often the source of conflict, if only because of the role of language choice in education and because the national and subnational governmental bodies are — in varying degrees — usually an important employer for certain lines of work. In addition there are other domains of government activity and/or control: the courts; legislatures; the military; radio and television; public transportation; printed matter; and other arenas where the government operates or sets policy. Since governments create laws that can affect virtually all arenas of life, it is obviously a central institution and its language policies are viewed closely by competing language groups and an area of contention and conflict.

One outcome of linguistic conflict within a society is an attempt to alter the unfavorable situation through either reform of present conditions, or decrease of interaction, or reemphasis on using the mother tongue exclusively. Another possibility, of course, is some form of separatist movement and this is specially likely to eminate from subordinate groups in an indigenous context (Lieberson 1981, Chapter 4). Central governments generally do not treat such possibilities lightly and have policies which take these matters into account through either minimizing the likelihood that such groups will seek to move in that direction (minimizing grievances) or making it unlikely that such movements will succeed (either through military steps or the introduction of geodemographic changes that will minimize the spatial solidarity of the group). It is not uncommon for nations to follow all of the above policies, sometimes sequentially and sometimes even at one and the same time (Lapidus, 1984). As national and international conditions change, the policies change or the emphasis alters.

6. Literature (selected)

Deutsch, Karl W. (1953) *Nationalism and social communication*, Cambridge.

Fishman, Joshua A. (no date) *Sociolinguistics: A brief introduction*, Rowley, Mass.

Lapidus, Gail W. (1984) "Ethnonationalism and political stability: The Soviet case", in: *World Politics* 36, 555—580.

Lieberson, Stanley (1970) *Language and ethnic relations in Canada*, New York.

Lieberson, Stanley (1981) *Language diversity and language contact*, Stanford, Cal.

Lieberson, Stanley (1982) "Forces affecting language spread: Some basic propositions", in: *Language spread: Studies in diffusion and social change*, Cooper, R. L., ed., Bloomington, Ind., 37—62.

Scotton, Carol M. (1982) "Learning lingua francas and socioeconomic integration: Evidence from Africa", in: *Language spread: Studies in diffusion and social change*, Cooper, R. L., ed., Bloomington, Ind., 37—62.

Todd, Loreto (1974) *Pidgins and Creoles*, London.

Stanley Lieberson, Berkeley, Cal. (USA)

86. Communities with "Undeveloped" Languages

1. Ethnography of Speaking
2. The Sociocultural Dimension of Language Use in Preliterate Societies
3. Methodological considerations
4. Literature (selected)

1. Ethnography of Speaking

The study of languages that remain confined to a closely knit ethnocultural complex within a narrowly circumscribed territory is usually part of the anthropological description and analysis of the community that uses them, and belongs to the field of the "ethnography of speaking" — a field of inquiry initiated by Dell Hymes' programmatic paper of 1962 (cf. art. 34, 84). The impact of this stimulating essay on anthropological research was considerable, and for a decade, substantial efforts were made to further develop and elaborate the conceptual and methodological framework of the new approach (as illustrated by the papers collected in Gumperz/Hymes 1964; 1972; Baumann/Sherzer 1974, as well as by contributions of Ervin-Tripp 1969; Hymes 1971, and others). As the field grew, it broadened (see, e.g., Baumann's bibliographical report [1975] and Sanchez/Blount 1975), and as "ethnography of communication," it encompasses all aspects of communicative behavior in society as well as the methods to examine the mechanisms that regulate them (cf. Saville-Troike 1982).

Narrowing down the field of investigation to the preliterate tribal cultures of the Third World, one still finds the same concepts and basic issues prevailing, albeit with a different degree of emphasis: any society will display a number of patterns of language use associated with specific purposes or activities, such as religion and magic, institutional organization, etc.; variation can be expected to occur within the community in connection with sex, age, social status, functional role, etc. Accordingly, the study of language and social behavior in preliterate communities speaking essentially their traditional tribal tongues will focus on such issues as the use of language for social control, including its functional differentiation within the social group and the ritualization of speech, as well as its conscious use as a marker of ethnic identity. It will categorize speech events and correlate them with the "world view" of the society; analyzing the repertoires of the speakers, it will look for social markers in their speech, determined by sex, age, status, role-relationship and the like.

2. The Sociocultural Dimensions of Language Use in Preliterate Societies

Discussing the problem of dealing with the "puzzle" to determine how far the meaning conveyed to the listener corresponds to what was meant by the speaker, Edmond Leach (1976, 6 f) stressed the need to establish a frame of reference to handle the relevant ethnographic evidence — otherwise, a specific communicative event might appear as nothing but a "chaos of images." He was thus referring to the mechanism by which ambiguities obfuscate the symbolic linkage between the concept in the mind of the speaker and the object in the external world — a relationship conditioned by the latter's view of his world (Kearney 1984). This problem of the interrelations of language and other aspects of culture has been one of the most disputed issues in anthropological theory, particularly in reference to the Sapir-Whorf hypothesis (see, e. g., Hoijer 1960; Pinxten 1976. Cf. art. 56). As Herbert Landar (1966, 224, 231) pointed out, Sapir stressed that "the worlds in which different societies live are distinct worlds, not merely the same world with different labels attached"; he did not consider language and culture as causally related, but hinted at the suggestive empirical data on "the covariation of verbal and nonverbal behavior, or the relation of signs, in Peircean perspective." The study of color terms has repeatedly indicated the relationship of lexical items to perceptual categories as linguistic encoding plays a decisive role in the cognitive process of color discrimination (Berlin/Kay 1969; Eastman 1980, 79—83).

If we look more specifically at the social setting of language use in preliterate societies, several patterns of behavior require further consideration:

(a) language as an instrument of social control: not only does it provide the medium through which people are told their rights and responsibilities versus the group — resorting often to such devices as animal tales to focus attention on social norms — but it allows the society to put pressure on its members either through verbal devices such as censure, threats, imprecations, or even mere gossip, or by forbidding oral communication with them (as in the Amish "shunning"). Oratory is an important element in tribal politics (Bloch 1975), but formalization appears to be the key element to social control: the more ritualized a society is, the less leeway those in authority have, and the more direct control is exerted on those governed — strictly regulated ceremonial events entail exact compliance to the ritual (Saville-Troike 1982, 42—43). The ritualization of speech can assume various forms: the most common are the routines that traditionally constitute the boundary markers of a speech event — elaborate greetings, prescribed questions and answers about family, kinship, health (the Mongo of Zaire "exchange" proverbs). In many cases, complex systems of honorifics characterize these expected sequences of utterances (cf. the classical example of Javanese; Geertz 1968). Mostly, the formulaic language used in verbal exchange reflects the speaker's assumptions about the social status of the addressee. This is particularly obvious in the use of the second person pronouns which is often closely dependent on the stratification of the social network (cf., e. g., the case of rural Tamil discussed by Brown/Levinson 1979). It is no problem for a Swahili child to learn that older people are not greeted with the usual: "Hujambo, bwana!", but with the respectful: "Shikamuu, mzee!" (literally: *nashika miguu yako* 'I hold your feet'), but in other cases, a much more complex communicative competence has to be acquired to correctly interpret, respond to and produce the socially appropriate interactional sequences. This is illustrated, for example, by the careful analysis of *adε* by Bambi Schieffelin (1984) in which she shows how this relationship term is used with reference to younger siblings in specific situations among the Kaluli people of the Papuan Plateau in New Guinea. In communities where the principle of social inequality is basic to social interaction, there is often room for individuals to maneuver for position within the structure of a dyadic greeting exchange, as indicated by Judith Irvine (1974) in her study of the Wolof linguistic routine in West Africa. The extreme case of verbalization of social stratification is the development of caste dialects which William Bright (1966) has outlined with reference to the Kanarese Brahmins in southern India.

Varieties of speech associated with role-relationships are particularly characteristic of societies where participation in certain social events and activities is restricted to one sex. In such communities, clearly differentiated forms of language may evolve, including avoidance and taboo to indicate respect and deference: this is the function of the *hlonipha* terms in Zulu (the verb means 'honor, respect; avoid'), which married women resort to as substitutes for words containing the stem of a name of a person to whom they owe respect, e. g. *injeza* instead of *indoda* for 'man' (Van Eeden 1956, 759—760; Krige 1957, 30—31).

However, such a strategic selection of specific linguistic forms in connection with particular social relationships may also apply to different situations, as in the case of the Guugu Yimidhirr brother-in-law language among the Australian aborigines (Haviland 1979). Avoidance of proper names is common practice, and in many Bantu tribes, a father will address his son as *tata* 'father' because the boy bears the (tabuized) name of his deceased respected grandfather.

Sex-related differentiations in patterns of speech are so widespread that they almost appear as a universal phenomenon correlated with the social differentiation between male and female roles (cf., e. g., Philips 1980; Smith 1979; 1985; Kramarae 1982; the papers in Thorne/Henley 1975; Berryman/Eman 1980; Gumperz 1983, 196−231; Romaine 1982, 125−166; Baugh/Sherzer 1984, 54−66, 148−164, 292−316; etc. Cf. art. 89), but less common types are likely to occur in non-western societies, such as the "tongue play" characterizing joking interaction between the sexes among the Koya of southern India (Brukman 1975). Often, societies establish a set of evaluative principles to discriminate between the proper and improper kinds of speech behaviors at various social levels and in various social contexts: in Malagasy the domain of speaking is divided into two distinct segments − *kabary* and *resaka* − which are respectively considered as elegant and artful, and as crude and inferior; however, this distinction takes a new significance as it is applied to the sex-role definition in the mountain community of Namoizamanga in the southern central plateau of Madagascar. By expecting women to adhere to the *resaka* mode of speaking, the society characterizes their performance as culturally inferior; however, as Keenan (1974) has shown, there is a significant level on which women use this "inferior" speech as a social strategy enabling them to obtain certain advantages and to get things done more efficiently than men can with the more allusive, indirect *kabary* style.

(b) Repertoire of speakers and differentiation in the function of language within social groups.

The use of different varieties of speech is often strictly regulated in pre-literate societies: as elsewhere, the choice of register is determined by the topic, the setting, and the social distance between the speakers (cf. art. 38, 39, 81; there are different levels of formality, from the intimacy of talking to kin to the elaborate choice of formulas when addressing a chief. Sacralization of speech usually entails an increasing formalism: typical is the case of the Chamulas of the Chiapas Highlands in southern Mexico, whose speech shows an increasing redundancy, metaphorical complexity, and invariance as its content gets restricted to "true ancient narrative," prayer, ritual and song in an essentially religious context (Gossen 1974). In some societies, the importance and role of the spoken word are all-pervasive: among the Dogon of Mali this concept is embedded in their creation myth that conditions every aspect of their society and culture. The "creative word" was given by the primal deity Amma to his son Nommo to complete and maintain the creative process; man is the depositary of the "sacred words," and everything in the world carries a "word" as a symbol. It behooves man to decode these messages − hence, an elaborate theory of speech, a mythology of the word, an inventory of its multiple functions in religious and sexual life, as well as in solving social conflicts. It is a society in which the relations between language and society are all-encompassing (Calame-Griaule 1965). A similar situation exists in the Bambara society in Mali (Zahan 1963).

Examining the communicative functions of language in pre-literate societies would also involve studying their extensive use of proverbs and aphorisms, and of fables and apologues as illustration of their jurisprudence and as parallels in the discussion of customary law. The study of codes and formulaic language would lead to the examination of traditional poetry from which the sociolinguist can derive valuable information as indicated by the case of the Maya couplets reflecting a dyadic patterning of speech consistent with the pervasive dualism of Zinacanteco culture (Bricker 1974). In Africa, tribal epics recited only under special circumstances, such as the epic of the baKuba in Zaire, will reveal archaic forms of speech and structured patterns of recitation, correlated with particularly important elements of the socio-political fabric. Within the tribal community secret sects and initiatic societies often exist, whose members also communicate among themselves in a special code: among the baKongo of Zaire the Kimpasi resorted to such a code as well as to special routines after the usual greetings as a form of recognition (van Wing 1959, 489−492). But secret speech is not limited to internal secrecy, limiting under-

standing to insiders, e. g. cult initiates; in
some cases, the secret language is shared by
the whole community, like the *ramula agaa*
'pandanus language' of the Kewa of New Guinea, used to protect those who travel
through the swamp forest areas inhabited by
ghosts and wild dogs. Language is, of course,
a primal marker of ethnicity (Giles 1979), and
in pre-literate societies, speakers of closely
related regional varieties of a language or
dialect cluster will keenly stress slight differences to mark their belonging to their specific
ethnic (sub)group, as is the case with some
of the abaLuyia in western Kenya (Kanyoro
1983); the motivation for such attitudes is,
however, usually more cultural than linguistic
(Jackson 1974). The awareness of variance
within the dialectal cluster sometimes has unexpected implications such as its pervasion of
the ritual language as a fundamental process
to create an elaborate tradition of parallel
terminology in Rotinese, language of a small
island off the southwestern tip of Timor in
Indonesia (Fox 1974). Ethnocentric pride accounts for claims that a definite subtribal
dialect is the "purest form of the language"
(e. g. among the Bakwa Lonji subgroup of
the baLuba in Zaire).

Besides registers and styles within his own
language the communicative competence of
an individual may also include the knowledge
of one or more other languages. In tribal
societies multilingualism is a common feature, ascribable to numerous contacts with
the neighboring tribes: whether these speak
related dialects or not is not a major issue.
Thus, the Sandawe in Central Tanzania, although they speak an archaic click language
distantly related to Hottentot, have had
growing relations with their Bantu and non-
Bantu neighbors who speak dialects of the
Iramba-Irangi group of eastern Bantu, southern Nilotic Dadog, and the isolated Burungi,
especially since they shifted from hunting and
fishing to agriculture and cattle-keeping.
While Swahili is commonly resorted to as
lingua franca (cf. art. 50), a varying degree
of familiarity with the other unrelated idioms
of the area appears to have resulted from
their new outward orientation since the Sandawe came out of their relative isolation.
Barter and trade obviously foster such associations with members of neighboring and even
more distant tribes: Bunkeya, the capital of
Msiri, king of pre-colonial Garengaze in Central Africa was a multilingual city, whose
population included Ovimbundu (from

Angola), Lovale (from Zambia), Nyamwezi
(from Tanzania) besides the Sanga, Lamba,
Ushi, Lunda, Bemba, and Luba from less
distant areas, and its market-place was visited
by Arab and Portuguese traders from the
East and West coast of Africa in the last
quarter of the XIXth century (Verbeken 1956,
80−83, 133−138). Although Swahili was introduced as the lingua franca of the Shaba
area of Zaire by the baYeke of Msiri, he and
his successors and kin were fluent in several
languages (Polomé 1982, 374−40). Potlach-
related celebrations may entail considerable
traveling and bring linguistically different
people together, in particular when they are
connected with the acquisition of brides by
young men of exogamic societies as is the
case in New Caledonia where they promote
kaña/beruña bilingualism (Cohen 1956, 118−
199). Vassality can lead easily to growing
bilingualism and ultimate loss of the original
tribal language in favor of that of the overlords, as has happened with the pygmies of
the Ituri (Zaire) who have taken over the
Bantu language of their dominant neighbors.

The study of the function of language in
pre-literate societies should also include a categorization of speech: this implies the labeling of native categories that actually belongs
to the domain of ethnosemantics (cf. art.
128). Categories of talk vary considerably
from one language to another: the labels will
focus on the distinctive communicative features involved, constrating, e. g. "ceremonial
speech" with "informal conversation" as in
the case of *kabary* versus *resaka* in the Malagasy community described by Elinor Keenan
(1974), but formality can cover quite different
kinds of social events, as Judith Irvine (1984)
has shown. There is, therefore, a need for
more culture-specific categorizations (Saville-
Troike 1982, 32−34), which should be part
of the methodological concern of the sociolinguist dealing with communities with so-called
"undeveloped" languages.

3. Methodological Considerations

The methodology of sociolinguistics in pre-
literate societies will differ from the general
approach of the field researcher to his domain
only insofar as it will involve extensive eth-
nological work to understand the society, its
cultural institutions, its hierarchization, its
ethics, its ideology, its economy, and every
other aspect likely to be reflected in verbal
interaction. More than anywhere else, accept-

ance by the community, careful choice of informants, respect of the ethical code, patience and perseverance will be imperative here. The study will involve the analysis of the setting ([historical] background of the community, ecology of the natural environment, material aspects of life [habitat, food, clothing, etc.]) and the society (organization: status-related levels, functional networks; institution: law, religion, world view, ethical norms, etc.). Therefore, familiarity with the techniques for the study of culture (cf., in general, Edgerton/Langness 1979), especially with ethnomethodology as it relates to verbal strategies (Garfinkel 1972; Sudnow 1972. Cf. art. 79), and with semantic and cognitive anthropology (Tyler 1969; Parkin 1982) is as indispensable as a knowledge and understanding of the methods of social inquiry (Dallmayr/McCarthy 1977).

The study of the linguistic code will concentrate on the collection of data by participant-observation, interviews, and interaction analysis. Here, the techniques and processes examined by John Gumperz (1982) and illustrated by related contributions to the analysis of discourse strategies (cf. art. 98, 102) and the [subconscious] interference of the social background of the participants (Gumperz 1983), will be most helpful. A typology of communicative events will have to be established, taking the following components into consideration: (a) genre and topic; (b) purpose and function; (c) setting; (d) participants; (e) form and content; (f) sequence. After specifying the scene of the event, the people involved, the form and the content of the message, the investigator can concentrate his/her attention on the discourse sequence and the rules of interaction at play to lead to a proper interpretation within the norms of the socio-cultural context of the speech community. Due notice should also be taken of non-verbal behavior (gestures, attitudes, and any other forms of "body language". Cf. art. 139, 140). Also important in pre-literate societies is the deliberate use of silence which can be a form of tabuization.

4. Literature (selected)

Baugh, John/Sherzer, Joel, eds., (1984) *Language in use. Readings in sociolinguistics*, Englewood Cliffs, N.J.

Baumann, Richard/Sherzer, Joel, eds., (1974) *Explorations in the ethnography of speaking*, London/New York.

Baumann, Richard/Sherzer, Joel (1975) "The ethnography of speaking", in: *Annual Review of Anthropology* 4, 95–119.

Berryman, Cynthia L./Eman, Virginia A., eds., (1980) *Communication, language and sex*. Proceedings of the First Annual Conference, Rowley, Mass.

Berlin, Brent/Kay, Paul (1969) *Basic color terms: Their universality and evolution*, Berkeley/Los Angeles.

Bloch, Maurice, ed., (1975) *Political language and oratory in traditional society*, New York.

Bricker, Victoria R. (1974) "The ethnographic context of some traditional Mayan speech genres", in: *Exploration in the ethnography of speaking*, Baumann, R./Sherzer, J., eds., London/New York, 368–388.

Bright, William ([1966] 1976) "Language, social stratification, and cognitive orientation", in: *Variation and change in language. Essays by William Bright*, Dil, A. S., ed., Stanford, 57–64.

Brown, Penelope/Levinson, Stephen (1979) "Social structure, groups and interaction", in: *Social markers in speech*, Scherer, K. R./Giles, H., eds., Cambridge/Paris, 291–341.

Brukman, Jan (1975) " 'Tongue play': constitutive and interpretive properties of sexual joking encounters among the Koya of South India", in: *Sociocultural Dimensions of Language Use*, Sanches, M./Blount B. G., eds., New York, 235–268.

Calame-Griaule, Geneviève (1965) *Ethnologie et language. La parole chez les Dogon*, Paris.

Cohen, Marcel (1956) *Pour une sociologie du language*, Paris.

Dallmayr, Fred R./McCarthy, Thomas A., ed., (1977) *Understanding and social inquiry*, Notre Dame, Ind./London.

Eastman, Carol M. ([1975] 1980) *Aspects of language and culture*, Novato, Cal.

Edgerton, Robert B./Langness L. L. ([1974] 1979) *Methods and style in the study of culture*, Novato, Cal.

Ervin-Tripp, Susan (1969) "Sociolinguistics", in: *Advances in experimental social psychology* 4, Berkowitz, L., ed., New York, 91–165.

Fox, James J. (1974) " 'Our ancestors spoke in pairs': Rotinese views of language, dialect, and code", in: *Explorations in the ethnography of speaking*, Baumann, R./Sherzer, J., eds., London/New York, 65–85.

Garfinkel, Harold (1972) "Remarks on ethnomethodology", in: *Directions in sociolinguistic: The ethnography of communication*, Gumperz, J. J./Hymes, D., eds., New York, 301–345.

Geertz, Clifford ([1960] 1968) "Linguistic etiquette", in: *Readings in the sociology of language*, Fishman, J. A., ed., The Hague/Paris, 282–295.

Giles, Howard (1979) "Ethnicity markers in speech", in: *Social markers in speech*, Scherer, K. R./Giles, H., eds., Cambridge/Paris, 251–289.

Gossen, Gary H. (1974) "To speak with a heated heart: Chamula canons of style and good performance", in: *Explorations in the ethnography of speaking*, Baumann, R./Sherzer, J., eds., London/New York, 389–413.

Gumperz, John J. (1982) *Discourse strategies*, Cambridge/New York.

Gumperz, John J., ed., ([1982] 1983) *Language and social identity*, Cambridge/New York.

Gumperz, John J./Hymes, Dell, eds., (1964) *The ethnography of communication. American Anthropologist* 66 (6): 2.

Gumperz, John J./Hymes, Dell, eds., (1972) *Directions in sociolinguistics: the ethnography of communication*, New York.

Halliday, Michael A. K. ([1978] 1979) *Language as social semiotic. The social interpretation of language and meaning*, London.

Haviland, J. B. (1979) "Guugu Yimidhirr brother-in-law language", in: *Language in Society* 8: 3, 365–393.

Hoijer, Harry, ed., ([1954] 1960) *Language in Culture*. Conference on the interrelationships of language and other aspects of culture, Chicago.

Hymes, Dell (1962) "The ethnography of speaking", in: *Anthropology and human behavior*, Gladwin, T./Sturtevant, W. C., eds., Washington, D. C., 13–53.

Hymes, Dell (1971) "Sociolinguistics and the ethnography of speaking", in: *Social anthropology and linguistics*, Ardener, E., ed., London, 47–93.

Irvine, Judith T. (1974) "Strategies of status manipulation in the Wolof greeting", in: *Explorations in the ethnography of speaking*, Baumann, R./Sherzer, J., eds., London/New York, 167–191.

Irvine, Judith T. (1984) "Formality and informality in communicative events", in: *Language in use. Readings in sociolinguistics* Baugh, J./Scherzer, J., eds., Englewood Cliffs, N. J., 211–228.

Jackson, Jean (1974) "Language identity of the Columbian Vaupés Indians", in: *Explorations in the ethnography of speaking*, Baumann, R./Sherzer, J., eds., London/New York, 50–64.

Kearney, Michael (1984) *World view*, Novato, Cal.

Keenan, Elinor (1974) "Norm-makers, norm-breakers: Uses of speech by men and women in a Malagasy community", in: *Explorations in the ethnography of speaking*, Bauman, R./Sherzer, J., eds., London/New York, 125–143.

Konyoro, Rachel Angogo (1983) *Unity in diversity: A linguistic survey of the ABALUYIA of W. Kenya*, Vienna.

Kramarae, Cheris (1982) "Gender: How she speaks", in: *Attitudes towards language variation. Social and applied contexts*, Ryan, E. B./Giles, H., eds., London, 84–98.

Krige, Eileen J. ([1936] 1957) *The social system of the Zulus*, 3rd edition, Pietermaritzburg.

Landar, Herbert (1966) *Language and culture*, New York.

Leach, Edmund ([1976] 1981) *Culture and communicatioon: the logic by which symbols are connected*. An introduction to the use of structuralist analysis in social anthropology. Cambridge/London/New York.

Parkin, David, ed., (1982) *Semantic anthropology*. London/Orlando, Fla.

Philips, Susan U. (1980) "Sex differences and language", in: *Annual Review of Anthropology* 9, 523–544.

Pinxten, Rik, ed., (1976) *Universalism versus relativism in language and thought*. Proceedings of a Colloquium on the Sapir-Whorf Hypothesis. The Hague/Paris.

Polomé, Edgar C. ([1969] 1982) "The position of Swahili and other Bantu languages in Katanga", in: *Language, society, and paleoculture. Essays by Edgar C. Polomé*, Dil, A. S., ed., Stanford, 38–47.

Romaine, Suzanne, ed., (1982) *Sociolinguistic variation in speech communities*, London.

Sanches, Mary/Blount, Ben G., eds., (1975) *Sociocultural dimensions of language use*, New York.

Saville-Troike, Muriel (1982) *The ethnography of communication*, London/Baltimore.

Schieffelin, Bambi B. (1984) "Adɛ: A sociolinguistic analysis of a relationship", in: *Language in use. Readings in sociolinguistics*, Baugh, J./Sherzer, J., eds., Englewood Cliffs, N. J., 229–243.

Smith, Philip M. (1979) "Sex markers in speech", in: *Social markers in speech*, Scherer, K. R./Giles, H., eds., Cambridge/Paris, 109–146.

Smith, Philip M. (1985) *Language, the sexes and society*, Oxford/New York.

Thorne, Barrie/Henley, Nancy, eds., (1975) *Language and sex. Difference and dominance*, Rowley, Mass.

Tyler, Stephen A., ed., (1969) *Cognitive anthropology*, New York.

Eeden, B. I. C. (1956) *Zoeloe-Grammatika*, Stellenbosch/Grahamstad.

Van Wing, J. (1959) *Etudes Bakongo. Sociologie — religion et magie*, 2nd edition, Louvain.

Verbeken, Auguste (1956) *Msiri, roi du Garengaze*, Brussels.

Zahan, Dominique (1963) *La dialectique du verbe chez les Bambara*, Paris/The Hague.

Edgar C. Polomé, Austin, Texas (USA)

87. Roofless Dialects (Roofless Speech)

1. Setting the Problem

1.1. Expressions such as 'homeless, displaced dialects' are due to H. Kloss, like a great deal of others in the field of sociolinguistic terminology. Let's have a look now at his definitions: 'Dachlose Außenmundart' = "ein Dialekt, dessen Sprecher in der Schule nicht die ihm zugeordnete Hochsprache erlernen dürfen, so daß die Mundart nicht von dieser Schriftsprache 'überdacht' wird" (Kloss 1977, 224). In the same article he says: "Sprachen, für die zwar in anderen Ländern eine Standardform in Gebrauch ist, deren Sprecher aber in dem gerade untersuchten Lande diese Standardform nicht mehr oder (seltener) noch nicht beherrschen. Es ist dies das Phänomen der „dachlosen Außenmundarten". So beherrschen z. B. die Südniederländer oder Flamen in Nordfrankreich, die Deutschen in Rio Grande do Sul (Brasilien), die Albaner in Griechenland nur vereinzelt die niederländische, die deutsche, die albanische Hochsprache; ihre Muttersprachen wären also bei der Anfertigung von Sprachprofilen für Frankreich, Brasilien und Griechenland als Volkssprachen einzustufen. Die gleiche moselfränkische Mundart, die in einem Sprachprofil der Bundesrepublik unter die Dialekte einzureihen wäre, würde in einem Sprachprofil Frankreichs als eine noch immer im Moseldepartement gebrauchte, wenn auch aussterbende 'Volkssprache' eingestuft werden" (Kloss 1977, 233).

1.2. *Dialect* and *Mundart* ('speech', possibly 'patois') are obviously difficult terms to define (cf. art. 44), so now we shall just sum up the main points in a concise way. The different linguistic varieties are essentially defined through three axes:

a) a categorial axis: where the variety is to be given an account of in terms of internal linguistics; the relevant model — the genealogist one — is the model of philological tradition, which sets a relation of kinship between two dialects, and a relation in direct line between a language and a dialect. We will

notice henceforth that, from this point of view, Kloss's definition is problematical: thus, Alsatian dialects (varieties of Alemanic) and those of Moselle 'thioise' (varieties of Frankish) (*thioise*: archaic French adjective for 'German') are in a relation of kinship and not from direct line with Hochdeutsch, a lately stabilized variety of certain Germanic dialects (this remark concerns of course the Germanic dialects in general).

b) a functional axis, corresponding to a marking of the varieties in terms of social uses; we think then about the Fergussonian diglossia, but also about other possible models such as 'tetraglossia' (Gobard 1976) which helpfully completes the diglottic binomial, in according all its importance — along with the 'vernacular' registers (*Volkssprache, lingua del cuoro*) and the 'vehicular' registers (*customary language, lingua del pane …*) — to the registers of the mythical language (particularly the religious one, Latin or Hochdeutsch for a great deal of Alsatian Protestants), and to the registers of the 'referential' language (French for the European elite in the 18th century, or German for writers like Kafka, Canetti and numerous Alsatian writers). From this point of view, dialect and Mundart are more dependent on the 'vernacular' register, though they might correspond to a 'mythical' function as well. The notion of infra-standard variety (*Substandard*, cf. Mattheier 1980) shows a confusion between the categorial criterion (internal linguistics) and the functional one (sociolinguistic registers).

c) the last of the three criteria is the geographical one: generally, 'dialect' is identified with a region integrated in a linguistic and national area, whereas 'Mundart' is identified with a more limited territorial entity (for example, villages).

1.3. Beyond the criterion of geographical extension (cf. 1.2.), the opposition between 'dialect' and 'Mundart' involves two interdependent levels:

a) 'dialect' necessarily corresponds to a minimum of standardization and of homogenization. It supposes a written form and a literature; from this point of view, dialect is fundamentally a regional language: Mundarten, on the other hand, are non-homogenized and largely dedicated to the only oral (and local) communication.

b) 'dialect' must be 'ideologized' (Fishman 1967), built and claimed in the collective conscience, identified as 'their' language by a fixed population (Alsatian, Schwyzertüütsch, to a certain extent 'joual' in Quebec). This is not true of 'Mundart' (or, for instance, of 'Platt', 'patois' and in general of 'spontaneous speech' — "wie der Schnabel gewachsen ist!"); beyond the collective, individual, conscious and semi-conscious efforts to standardize, a possible change (the process of ideologization) finds its expression in the accession to dialect (if not to language). Therefore there is a historico-social continuum between 'Mundart' and 'dialect' (similar notions in Mattheier 1980). When a linguistic variety is 'roofless', homeless (whether it has had an access to the appellation of 'dialect' or not), it still corresponds to categorial criteria (linguistically akin speech) and functional criteria (vernacular registers and possibly mythical ones); on the contrary, by definition, it does not satisfy the criterion of regionality, in so far as this criterion supposes the integration in the area of the corresponding national language.

2.   Three Examples of Communities

Let's take now three examples of differentiated linguistic communities, having in common the fact of speaking a variety connected (or akin) to a large national language, and for which the notion of displacement (Dachlosigkeit) is manifest; problems of identification and of 'ideologization' are then variously lived through.

2.1. Alsatian is the speech of a 'displaced' linguistic community, having in the main ideologized and taken charge of its dialect, at grips with politico-institutional, psycho-sociological, linguistico-cultural problems which are reflected in the expression *dachloser Außendialekt* (= 'dachlose Außenmundart'): a situation within the French national collectivity, relations with the German-speaking community (for instance, the importance of Hochdeutsch in education).

2.2. Mundarten of Lorraine 'thioise' settle the limits of a community less homogeneous than Alsace is, confronted as it is with the difficulties, dead-ends, historical contradictions (and even refusals) about the identification with

its speech. Hence comes for instance the contradiction between a bad perception of the linguistic difference, with regard to the German-speaking entirety, and a strong identification with the French nation.

2.3. The Franco-Ontarian community is a displaced, rather badly territorialized and of little homogeneity — as opposed to Quebec —, and this in spite of large empirical differences (most of the time presented as English interference and/or as intrasystemic terms inside French, cf. works by Canale/Mougeon et al. 1976). Here is a community for which recognition, and most of all, the affirmation of a linguistic specificity with regard to French (French of Quebec or France) are quite problematical. The way educational, social and legal problems arise then is fundamentally similar to what happens in the two previous communities: affirmation of a linguistic minority, situation with regard to the mother-language.

3.   Problems of Roofless Communities

As in all ethnical, national or linguistic minorities (for instance immigrant communities), the 'roofless' communities are confronted with problems — in addition to genuinely linguistic ones — which are by nature psycho-sociological or directly political (as in the fields of education, defence and culture in particular, cf. 3.1.).

3.1. Teaching a minority language in school is obviously a real issue; as in immigrant communities, the 'Außendialekte' speakers get together (actually in various proportions according to their region, age, socioprofessional background, sex etc.) for their reference language (in this case German or French) to be taught as from primary school, at the same time as the national language (French and English in this case). In Alsace, an opinion poll carried out by *Les Dernières Nouvelles d'Alsace* in October 1971 showed that 85% of Alsatians were in favour of the teaching of German as from elementary school. The same figures would probably be lower in Lorraine 'thioise'. This claim has often come up (particularly since 1945) against strict refusals by French authorities — justifiable through a hostile attitude to German influence, due to a well-known history, and even by the teaching profession (cf. in 1973 a declaration by the Haut-Rhin section of the 'Syndicat National des Instituteurs'). This static situation has recently been evolving because of the action of very active regionalist movements, of the progressive recognition of the interest for the people concerned of mastering German, of frontier work, of the evolution of the local councils, of prospects of European unification etc.

At the moment, there are quite a lot of 'experimental classes' where nine-year-old children benefit from an initial introduction to German (where dialect-speaking, the Holderith method, is used to advantage). In the same way, there are in Strasbourg and in Mulhouse Alsatian lessons in some primary schools. This evolution is to be found — though to a lesser extent — in Lorraine 'thioise'. We notice that German is officially still denied the status of *Muttersprache* and is still considered as a foreign language. Moreover, teachers of German, probably having too academic a vision of their favourite language, often complain about the low level of their pupils and about the pernicious influence of dialect as well. In Ontario, the struggle undertaken by the 'Association Canadienne Française d'Éducation de l'Ontario' for the opening of French schools has obtained significant results from 1968 onwards. In December 1984, an amendment to the Law on Education was voted — Bill 199 —, recognizing the right of instruction in their own language for all Francophones in the area; the French-speaking elementary schools however remain governed by commissions where Anglophones are most of the time in a majority. The situation is difficult in the institutional field as well: whereas communal and local councils deliberate often enough in Alsatian or in Lorraine dialect, reports must be written in French or in both languages (no such requirement in Ontario). Public utility services (such as Post and Telecommunication, Social Security) in Alsace keep a certain bilingualism, but since 1973, the Social Security forms have been exclusively written in French. In the Magistrate's courts of Alsace and Lorraine 'thioise' — and under certain circumstances —, debates may take place in German or in dialect. In Ontario, in 1980 and 1983, legislative amendments allowed the use of French in certain law-courts. Even though that is not enough to slow sown the tendency to integration of Francophones in Ontario, the legal guarantees are generally better than what they are

for German-speaking people in France (in spite of the fact that, as we know, Alsace and Moselle were ruled under a German administration for fifty years in one century; and it is probably precisely because of this historical reality).

We know the importance of the media in the modern world. In this field, French is quite healthy in Ontario: a dozen weekly papers in French, a network of educational television — partly in French — in 1985. From this point of view, the situation of dialect and German is not bad either in Alsace and Moselle, even though we are far from genuine bilingualism: the reception of FRG television remains very strong; the regional daily papers give the television programmes and have columns in dialect. Some of them are bilingual, even if French has a tendency to prevail.

The situation of dialect in FR-3 Alsace is guaranteed more and more. We can notice that the bilingual press is often criticized for its mixed and bad German; there are also some criticisms made of Radio-Strasbourg programmes, sometimes presented by Frenchmen from other regions. University research insists on the decay of the German used in Alsace-Lorraine (cf, for example, Maguenau 1962); this point will be insisted upon in 3.3.

3.2. The fact of belonging to a national community using another language at a vehicular level — and in the case we are interested in, a strong and assimilating language — is shown through ambivalent psycho-social attitudes. The economic reality (thus, in Ontario, 'jobs are English') and the necessity to join it, insecurity and guilt feeling which are often attached to the situation of being different, the traditional and 'archaic' character of the minority and minorized local language, its inability to allow exchanges at a national level, its lack of prestige, its character of hindering social ambition etc. all this — explaining the general regression of local speech in the industrialized world —, all this is true as well for detached 'dialects', even if ties to another major language may well slow down its evolution: the position back to back with Germany slows down the recession of Alsatian; the introduction of Ontario French in an officially bilingual federal state contributes to its maintenance. Thus Alsatian people, who are socially split, lack a feeling of belonging: their individual, social level has been determined over a long time through the penetration of French culture, through their knowledge of French and the purity of their accent ... It is known that women, particularly those belonging to the middle classes, are the best representatives of this tendency to assimilation (accent, ways of living, mixed marriages ...). Recently a renewal of valorization about dialect has been noticed and, less clearly, about claims for French-German bilingualism. Without rejection of France or French, the use of dialect has now stopped being felt as a handicap (85% of answers to this effect in a recent survey). Like French in Alsace-Lorraine, English in Ontario is a vector of social climbing and its importance is therefore increased. This is probably – beyond objective constraints – the reason for diglottic function ('high' v. 'low' varieties), even if this function does not have a quasi-institutional mode of existence, as happens elsewhere (Alemannic Switzerland, numerous Creole-speaking countries like Haïti, Arab-speaking countries etc.). This function of a diglottic kind was recently underlined about Alsace by A. Finck, R. Matzen and M. Philipp (1978).

3.3. We will now bring to light the mode of existence – more triglottic than bilingual or strictly diglottic – of those regions, a mode supposed by the very expression: *dachloser Außendialekt* and which is valid – with all sorts of empirical differences – in all communities of the same kind. The diglottic axis stretches out to a triangular dimension, a triglottic continuum, since the gap between the reference language and the dialect speech or patois is always present, even if this gap is variously recognized according to situations, age, social background etc. Thus Alsatian people assume most parts of their triglossia and make a clear distinction between Alsatian and Hochdeutsch, even if, as said before, Alsatian is also considered as a way of accession to standard German. (The whole point was treated particularly in Philipp 1982 and in Ladin 1983.)

In Lorraine 'thioise', dialect-speakers' perception of their vernacular speech as categorially different to Hochdeutsch is less distinct: in the end, they regard their speech as another way of speaking German, which corresponds to a large extent to reality. This explains phrases such as 'our German' and 'our patois German'. In Ontario finally, there is neither explicit consciousness nor ideologization of a

different French (and the term *Franco-Ontarian* means a population, not a language); yet we will notice among others a clue of the triglottic function in the fact that, firstly, Franco-Ontarians often get bad results in French at school, often worse than Anglophones, and secondly that federal efforts to develop French-speaking habits seem in a way strange and of no use to the Franco-Ontarian population.

The notion of glottic triangle is a frame enabling us to account for a great deal of directly linguistic phenomena (phonetical, lexical and syntactical) revealed by numerous empirical investigations and field-surveys: works by the Franco-Ontarian section of the 'Ontarian Institute for Studies in Education', those by the 'Institut de Dialectologie' of Strasbourg University (dir: R. Matzen), numerous isolated works by other universities, belonging or not to the regions concerned; among others, studies by W. Hoffmeister (1977) in German-speaking Moselle, studies by N. Rousseau-Payen (1973) in a small Alsatian town etc. There are also countless works of local initiative, at times descriptions and monographs, at others investigations: among others, some by the 'Confédération Française Démocratique du Travail' or by various regionalist movements, or again an investigation by J. Feisthauer (1979) in Lemberg Comprehensive School, Moselle. Works by M. Philipp and her team (Finck/Matzen/Philipp 1978) are to be referred to about the pronunciation of French in Alsace.

Within the limits of this article, it will obviously be impossible to account – even briefly – for all works and connected ones (without mentioning of course the descriptive and properly dialectological studies carried out with great intensity, especially by the 'Institut de Dialectologie' of Strasbourg University, works belonging to a rich tradition and using modern methods of treatment). Without connection with dialectological studies (studies obviously leading to the isolation of dialect and to giving an idealizing and reifying representation of it: a type of criticism, concerning for instance the 'linguistic atlases', which is well-known and only concerns us here indirectly), we would like then to draw up a brief inventory of some linguistic phenomena: we may think them to be – directly or indirectly – induced by this specific situation which for a dialect consists in being 'roofless'. Those phenomena therefore take their place in the frame of the global model of 'glottic triangle' (Cadiot 1980). Authors often refer to a vocabulary whose origins are more didactical than strictly linguistic. If this fact seems open to criticism, we will notice however that pedagogues are actually the first to be concerned by the question of variations and 'gaps' with regard to 'norm'.

To a very large extent, research on linguistic contacts in general can be said to be carried out by pedagogues and specialists in didactics. Didactization of linguistic descriptions, beyond its showing an obvious social necessity, has prevailed for a long time and still does in the field of descriptive linguistics in general. In taking its sources from other traditions as well — such as classical philology — didactization has given numerous instruments and concepts of operation: we will simply have to handle them with some critical precaution. Such a concept is 'interference', often used in syntactical descriptions, particularly in the description of an extremely sensitive marker: the order of words. But then the complex game of functions of the oral order of words is badly estimated, and the importance of pragmatic and interactional factors, presiding to a large extent over this order of words, is underestimated. In the same way, the notion of 'overgeneralization', though its merit of breaking off too normative a representation of languages, does not make enough use of the opposition between 'system' and 'use' (coming of course from its didactical origins). Other notions often used originate from an organicist vision of languages: 'hybridization' or even the idea of 'formations of compromise'. Equally, some *archaisms* may often be noticed and are not always easy to explain (thus in Alsace and German-speaking Moselle, it is difficult to distinguish between archaisms coming from dialectal heritage — for instance the influence of a French dialect-speaking which is historically alive — and between those coming from the mode of access to school, literary to French). Close to them and for similar reasons, numerous traits can be recorded and interpreted as *hypercorrecticisms* or *prestige formations*.

More generally, we may establish, with regard to 'colloquial American' and 'inland French', a displacement of the system of values connected and bound with traits and forms. Another problem — concerning lexicon in priority — is the distinction between

'assimilation' and tracing 'words of foreign origin' (*calque*). At the moment, many people wonder if this power of assimilation is not weakening fast: a situation which would make Alsatian become a sort of Mischsprache ('code-mixing'). A recent survey by Tabouret-Keller/Luckel (1981) established that at great deal of Alsatian-speakers are aware of this evolution. We can lastly underline that surveys in the natural environment reveal (more in Ontario and in German-speaking Moselle than in Alsace) the importance of 'code-switching' practises, meaning that speakers alternate in their conversations between two (or three) languages: this is far beyond what may seem reasonable from a cognitive point of view or at the limit of the diglottic model. It can even be said that in certain public places of certain towns, code-switching practises have become dominating: here is a field of inquiry and theoritical elaboration reminding us — without being mixed up with them though — of studies on immigrant speech. It is obviously impossible to draw up here an inventory of all situations of roofless speech. Nevertheless, by widening our field of investigation a bit, we will finally underline two main points.

4. Classification of Roofless Speech

4.1. Roofless speech can be classified according to two main axes (recapitulating Fishman's (1967) proposals):

4.1.1. History (local traditions, changes in national adherence etc.), geography (more or less large territorialization) and demography make a roofless speech more or less ideologized in its difference to the reference language: Alsatian: +, Moselle speech: ±, Franco-Ontarian speech: −.

4.1.2. If we simplify a lot, we may say there are in those communities the following tendencies: Bilingualism with diglossia: Alsatian, bilingualism without diglossia: German in Prussian Wallonie (cf. Persoons/Versele 1982), diglossia without bilingualism: Flemish in French Flanders (cf. Vanneste 1982).

4.2. With regard to what is at stake, methods and essential problems of modern sociolinguistics, the situations of roofless speech have no strong specificity. These situations are rather to be valorized as particularly rich fields where problems of two kinds are combined:

a) problems similar to those set by immigrant speech: education in a second language, code-switching practises, ties with mother-language and culture; b) problems of the dialect-speaking type: maintenance and illustration of dialect, access to reference language, integration to another social norm etc. At the moment, there is no study taking into account systematically all of these different aspects.

5. Literature (selected)

Cadiot, Pierre (1980) „Situation linguistique de la Moselle germanophone: un triangle glossique", in: *Sprachkontakt und Sprachkonflikt*, Nelde, P. H., ed., Wiesbaden, 325–334.

Canale, Michael/Mougeon, Raymond et al. (1976 ff) Publication des *Working Papers on Bilingualism*, section Franco-ontarienne, the Ontario Institute for studies on Education, Toronto, Ontario.

Feisthauer, Joseph (1979) "Où en est notre dialecte?/wie steht's mit unserer Språch?", in: *'s Lichtbebel*, journal d'expression et d'information du centre culturel de Soucht.

Ferguson, Charles (1959) „Diglossia", in: *Word* 15 (2), 325–340.

Finck, André/Matzen, Raymond/Philipp, Marthe (1978) "Dialekt, regionale Umgangssprache und Hochsprache im Elsaß", in: *Mundart und Mundartdichtung im alemannischen Sprachraum*, Institut de Dialectologie alsacienne (Université des Sciences Humaines de Strasbourg).

Fishman, Joshua (1967) "Bilingualism with and without diglossia; diglossia with and without bilingualism", in: *Journal of social issues* 23 (2), 29–38.

Gobard, Henri (1976) *L'Aliénation linguistique*, Paris.

Hoffmeister, Wolfgang (1977) *Sprachwechsel in Ost-Lothringen*, Wiesbaden.

Kloss, Heinz (1977) "Über einige Terminologie-Probleme der interlingualen Linguistik", in: *Deutsche Sprache* 3, 224–237.

Ladin, Wolfgang (1983) *Der elsässische Dialekt — museumsreif?* Strasbourg.

Maguenau, Doris (1962) *Die Besonderheiten der deutschen Schriftsprache in Elsaß und in Lothringen*, Duden-Beitrag Heft 7, Mannheim.

Mattheier, Klaus J. (1980) *Pragmatik und Soziologie der Dialekte*, Heidelberg.

Persoons, Yves/Versele, Mireille (1982) "Deutsch-französischer Sprachkontakt in 'la Wallonie Prussienne' (Eine sprachsoziologische Fallstudie im deutschsprachigen Raum Belgiens)", in: *Sprachen in Kontakt/Langues en contact*, Caudmont, ed., 1–16.

Philipp, Marthe (1967) "La prononciation du français en Alsace", in: *La Linguistique*.

Philipps, Eugène (1982) *Le défi alsacien*, Strasbourg.

Rousseau-Payen, Nicole (1973) *La situation linguistique de Hilbesheim (Moselle)*, Paris.

Tabouret-Keller, Andrée/Luckel, Frédéric (1981) "Maintien de l'alsacien et adoption du français. Éléments de la situation linguistique en milieu rural en Alsace", in: *Langages* 61, 39–62.

Vanneste, Alex (1982) "Le français et le flamand en Flandre française, essai sur le recul de la frontière linguistique", in: *Sprachen in Kontakt/Langues en contact*, Caudmont, ed., Tübingen, 17–36.

Pierre Cadiot, Paris (France)/Dominique Lepicq, Hamilton, Ontario (Canada)
Translated by Lionel Foucaud, Bagneux from the French

88. Age and Generation-Specific Use of Language

1. Age-Grading
2. Age-Exclusive Features
3. Age-Preferential Features
4. Generation-Specific Use of Language
5. Social Problems
6. Literature (selected)

Age differences (cf. art. 11) in the use of language are often seen in terms of two theoretically distinct parameters: age-specific differences, which reflect the type of language considered to be appropriate for the different stages in a person's life-history; and generation-specific differences, which reflect language change, in that older speakers may not have undergone the linguistic changes that have affected younger generations. In practice, of course, it is rarely possible to clearly separate these two parameters (see Wolfram and Fasold 1969, 89), as we will see.

1. Age-Grading

The term 'age-grading' has been used by some writers for linguistic forms that are used only by children, and passed on from one generation to another without ever being used by adults (see Hockett 1950, 423; Hudson 1980, 16). Hudson gives as an example the chants used by children at play. More commonly, however, the term is used to refer to age-specific differences in the sense outlined above, to characterise linguistic behaviour that is appropriate to and typical of different stages in a speaker's life span (see, for example, Romaine 1984, 104). The characteristic forms may be age-exclusive, in that they are used only during a certain stage of life, or they may be age-preferential, in that they occur more frequently in some stages of life than in others.

2. Age-Exclusive Features

Some age-exclusive features may be due to maturational factors. Examples are the one-word utterances typical of one-year old children, or the 'trembling voice' associated with elderly speakers (see Helfrich 1979, 85). Features of this kind would of course be expected to occur cross-culturally. Other age-exclusive features appear to be culture-specific, reflecting societal attitudes towards different age-groups. Thus Romaine (op. cit., 164) reports that babies are not encouraged to speak in Japan, and that in Korea and amongst the Chipewyans silence is encouraged as part of the normal process of growing up, as a way of showing respect. Conversely, in the White, 'Anglo', middle-class communities where most of the research on child language acquisition has been conducted, children are encouraged to talk from babyhood and tend to be seen as legitimate participants in adult conversations.

Cross-cultural differences can be seen in the linguistic behaviour of the elderly, also. In societies where the elderly are treated with respect, there may be linguistic features that are used only by this age-group. The Zuñi 'sacred' forms reported by Newman (1955) provide a good example.

In Western societies adolescence is a culturally salient stage of life, which is marked linguistically by the use of certain vocabulary items. Clyne (1984, 167 f) discusses research in West Germany and also in the GDR which shows the use of an English-influenced 'youth register' amongst teenagers in Germany. The youth register includes English words and phrases, such as *hello friends*, and English-influenced phrases such as *es törnt mich an* ('it turns me on').

In some cases, it seems, the youth register spreads from teenagers to their parents, who use it only with their children; but as Clyne points out, many of the parents' generation are limited in their knowledge of English, so that use of the youth register is an effective marker of the generation gap — and may well have come into existence for this very purpose. Some of the English words used by German teenagers also form part of what could be termed a 'youth register' for adolescents in Britain and the USA, which is transmitted in part through pop music and the media. A crucial difference, however, is that in this case older speakers can usually understand the words, though they may not use them themselves. They may instead still use some of the slang words that were popular when they were younger, and which now serve as markers of their own generation. A somewhat different phenomenon exists amongst Zuñi speakers: according to Newman (1955), there are slang Zuñi forms that are used only by young speakers and that older speakers pretend not to understand. Thus in this case speakers of all ages collaborate in maintaining a 'youth register'.

3. Age-Preferential Features

A number of large-scale sociolinguistic surveys have analysed the covariation of selected linguistic variables with age, using the Labovian methodology of quantitative analysis. The theoretical framework for these studies is in terms of two opposing systems of speech norms: the overt norms of the dominant social class in the speech community, to which all socioeconomic classes aspire in formal speech styles; and the covert norms of the 'street culture', which operate to produce the consistent vernacular of the urban working-class (see Labov 1973, 83).

The results from these surveys have given rise to the assumption that there is a 'normal' pattern of age differentiation for linguistic variables that are not undergoing change. This pattern is said to have the curvilinear shape depicted in figure 88.1 (from Downes 1984, 191), where the less prestigious forms of the variables are used more frequently by younger speakers, and also by older speakers, and where middle-aged speakers use the prestige forms relatively more frequently. This pattern of age differentiation has been found for many sociolinguistic variables in a number of different communities; examples are

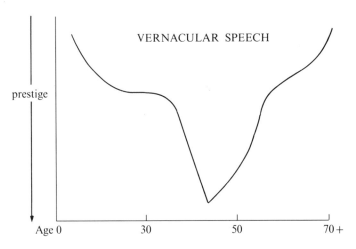

Fig. 88.1: 'Normal' pattern of age-differentiation for variables not undergoing change (from Downes 1984, 191)

the phonetic and phonological variables investigated in Trudgill (1974) and in Labov (1966), and some phonological and grammatical variables in the English of black speakers in Detroit (Wolfram 1969).

Explanations have been offered in terms of the social pressures that people experience at different stages of their lives in Western urbanized societies. It has been suggested that when speakers are young, influence from the standard variety of the language is likely to be relatively weak; peer group pressures are strong and people are more likely to be influenced by their friends than by anyone else. In the middle years, people's lives tend to become more 'public', in that their social identity has to adapt to the values of mainstream society. These may be experienced as a result of pressures of work, personal independence or geographic or social mobility (or, of course, both), all of which are factors which lead to greater variability in social relationships. For older, retired people, on the other hand, the pressures to conform to societal norms may weaken once more. (For discussion see Chambers and Trudgill 1980, 92; Milroy 1980, 191; Downes 1984, 190−1).

As mentioned above, there is a considerable amount of empirical evidence in support of this pattern of age differentiation. Most striking, perhaps, are the findings that adolescent speakers in a very large number of urban communities do indeed use a significantly higher proportion of variants that are socially stigmatized than other speakers. Figure 88.2, for example, shows the percentage use of

multiple negation of the type *she didn't do nothing* for three age levels and four social groups in the black community in Detroit. Both the 10−12 year olds and the 14−17 year olds use multiple negation more frequently than the adult group, and this age difference obtains regardless of social class. Wolfram and Fasold (1974, 91) maintain that a similar distribution could be indicated for 'any number of phonological or grammatical features'. Similar findings are reported for other languages also (see, for example, Silva-Corvalan (1981) on Spanish).

This 'normal' pattern of age differentiation holds across different speech styles, as figure 88.3 shows (from Chambers/Trudgill 1980, 91). It can be seen, in addition, that the extent to which speakers style shift varies with age, such that style-shifting is sharper for younger speakers and less sharp for older speakers. Children acquire the ability to style shift at a relatively early age (again, for discussion, see Romaine 1984). Explanations for this recurrent pattern of style-shifting and age have again been offered in terms of social status. Wolfram and Fasold (1974, 92), for example, maintain that stylistic variation diminishes in later years as a person's social status becomes relatively fixed. They further maintain that this behaviour is particularly true of the upper middle and the lower working classes; in the former case because they have incorporated the prestige norms into their casual speech, and therefore feel linguistically secure, and in the second case because in later life these speakers have come to accept their

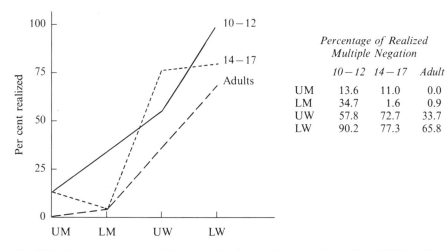

	Percentage of Realized Multiple Negation		
	10−12	14−17	Adult
UM	13.6	11.0	0.0
LM	34.7	1.6	0.9
UW	57.8	72.7	33.7
LW	90.2	77.3	65.8

Fig. 88.2: Percentage use of multiple negation by social class and age (from Wolfram/Fasold 1974, 91)

social position or, perhaps, to have acquired a negative attitude towards upward mobility.

Clearly, further research is needed to test the validity of this hypothesis. Interestingly, some research on language attitudes has suggested that older speakers (70 +) are more tolerant than younger speakers of regional accents (Paltridge and Giles, 1984, 79). It is conceivable that an increased tolerance of regional and social variation in the speech of others is linked to the observed decrease in the stylistic variation of elderly speakers, with both having either a physiological cause (such as diminished perceptual ability) or a social explanation (such as that offered by Wolfram and Fasold, above) − or, of course, a combination of the two.

Social explanations, however, beg a large number of questions. First, as Chambers and Trudgill point out, it is important not to assume that similar patterns of covariation with age will necessarily be found elsewhere, especially if social conditions are different. Secondly, it can be very misleading to use cross-sectional data taken from different age-groups at a given point in time to make generalisations about changes in linguistic behaviour that may occur as speakers grow older. We do not known to what extent the linguistic behaviour of older speakers may be influenced by that of younger speakers, or vice-versa. Furthermore, language use is affected by all kinds of social factors that need to be taken into consideration; and there is bound to be a complex interaction between increasing age and social changes. A good example of the kind of complex interaction

that can exist between age, sex and changes in the education system is given in Kemp's (1981) account of variation in the spoken French of Montreal.

Finally, although large-scale surveys are useful in that they reveal gross patterns of sociolinguistic behaviour, they are unable to capture the way in which speakers use the variability in their language system at a more personal level, to express a great complex of social identities (see Milroy 1980, 133). We are a long way from this goal as yet, though some small-scale studies have pointed to some of the factors that interact with age. Labov (1973) shows the effect of integration into peer-group structure on adolescents' use of nonstandard features; and Cheshire (1982 a, 94−111) found a link between use of nonstandard grammatical features and the extent to which adolescents took part in a 'vernacular culture'. Milroy's (1980, 20−31, 144−66) analysis shows some of the complex interrelationship that holds for Belfast English between age and other social factors, including sex and social network. The age of her speakers was found to be less consistently significant than either sex or the area of Belfast in which they lived. Milroy's speakers were aged between 18 and 55, and her findings may well reflect the fact that for adults in Belfast age has less social significance than other aspects of their social identity. It would be interesting to carry out quantitative studies of linguistic variation in societies where age plays a more significant part in the assignment of social status, such as Japan, perhaps, or some Arab countries. Here too, however,

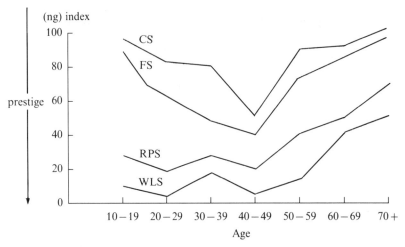

Fig. 88.3: Norwich (ng) by age and style (after Chambers/Trudgill 1980, 91)

there is likely to be a complex interaction with other social factors. Holes (1983), in fact, found that for his quantitative analysis of variation in the Arabic spoken in Bahrain, the most useful demarcation of speakers was in terms of sect, literacy and urban versus rural origin, rather than in terms of age.

4.   Generation-Specific Use of Language

Studies of language change in progress are very frequently based on the concept of 'apparent time' (cf. also art. 9). This involves investigating differences in the speech of people who are of different ages, whilst keeping other independent variables constant, such as socioeconomic class and sex. Patterns of age variation that differ from the normal pattern shown in Figure 88.3 are then assumed to indicate that a language change is in progress within the community. Figure 88.4, for example, shows the distribution of the (e) variable in Trudgill's Norwich sample. The variable has three variants: [ɛ], [ɜ] and [ʌ] when it occurs before /l/, as in *bell*, with [ʌ] the most extreme local pronunciation and [ɛ] the RP variant. A high (e) index indicates a high use of the local variant; a low index indicates a high use of the RP variant. Speakers under 30 use the local variant very frequently, particularly in casual speech, whereas older speakers (50 and above) exhibit the normal pattern of style shifting (see section 3.). The assumption here is that a language change is taking place in the Norwich speech community, towards an

increased use of the local variant, and that the change is led by younger speakers (see Trudgill 1974, 105).

The problems involved in using the concept of apparent time are well known. As Chambers and Trudgill (1980, 165) point out, the hypothesis that apparent time can be equated to real time is by no means firmly supported. There are serious theoretical problems in using cross-sectional data to make inferences that would be more appropriately made from longitudinal data. As pointed out earlier, it is rarely possible to observe generation differences within a community as distinct from age differences, so that behaviour that we may assume to be generation-specific may in fact reflect behaviour that is specific to different ages and that is outgrown as speakers grow older. It cannot be assumed, either, that older speakers are not influenced by the speech of younger members of the speech community, or vice-versa. The reason that studies in apparent time are carried out, of course, is that there are severe practical difficulties in observing language change in real time. Longitudinal data are hard to come by, and we have to wait a long time for the results.

Labov (1966, 320) maintained that studies in apparent time were most successful in communities where single-style speakers prevail, where it is not usual for people to adjust their speech radically to fit the social situation around them. He gives his own study of language change in Martha's Vineyard as an example. Many sociolinguistics, however, would not accept that single-style speakers

(e) index

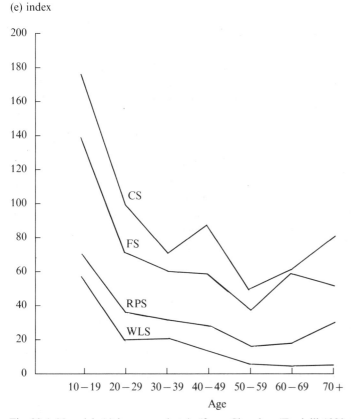

Fig. 88.4: Norwich (e) by age and style (from Chambers/Trudgill 1980, 93)

exist, even in close-knit communities. The concept of style is in any case a concept that merits further research and elaboration.

Where it is possible to check findings from studies in apparent time with earlier dialect records, as was the case for Trudgill's Norwich study, for example, the results can be accepted with some degree of confidence. Where this is not possible, it is as well to heed Chambers and Trudgill's (1980, 166) warning that 'the hypothesis of apparent time remains to be tested'.

5. Social Problems

The most obvious social problems are connected with education (cf. also art. 183). Subcultural differences in age-related linguistic behaviour are likely to affect children's performance at school, and it is important that teachers should be aware of these differences. For example, where children in some sections of society are not expected to take part in adult conversations (such as in the working-class black community referred to as 'Track-

ton' in Heath (1983) or in those families in Britain where children are expected to 'speak only when spoken to') they may be less forthcoming in oral discussions in the classroom than children from other sections of the community. These subcultural differences may not always be fully appreciated by teachers. For discussion of this and other subcultural differences, and their educational implications, see Romaine (1984, 159−228). Macaulay (1977, 134) reports that several of his working-class teenage participants confessed to feelings of inarticulacy in formal situations; though unlikely to be the only cause, the possible effect of early childhood conditioning should not be overlooked. Relatively little is known about the age at which children acquire the ability to style-shift, or the effect that this may have on speech and writing at school (see Cheshire, 1982 b for a pilot investigation). Equally, we know very little about how children use the variability of their language system to express social meanings. Cheshire (1982 a, 94−126) suggested that some nonstandard features are sensitive markers of vernacular loyalty, and showed how they are used by adolescent speakers at school to assert their independence from the school. The extent to which speakers do this appears to depend in part on their attitude towards particular teachers. Clearly, this behaviour may cause problems at school, where standard English is required to be used. The generally increased use of socially stigmatized features in adolescence may also cause problems, both at home and at school. Middle-class parents are often disturbed by their adolescent children's language, not realising that the heavy use of stigmatized features is likely to be a temporary phase. Teachers may react negatively also: several studies have found that the use of nonstandard features gives rise to stereotypes of laziness, carelessness and other negative characteristics (see Edwards 1979, 89−95).

If the hypothesis concerning the relationship between style-shifting, age and exposure to mainstream values is correct (see 3.), then we might expect that the unemployed and other socially isolated speakers will not acquire the same range of style-shifting behaviour as other speakers of their age, and that this may adversely affect some of their social interactions and life opportunities. There is scope for research on this topic. Similarly, elderly speakers may be at a social disadvantage if their style shifting repertoire becomes narrow.

Little is known about the language of the elderly, despite its importance for language pathology (see, however, Obler 1980; Maxim 1985). Base lines for 'normal' behaviour need to be established in applied fields such as this.

Where generation differences exist, and reflect social changes, a 'generation gap' in language use may reinforce existing tensions between different age-groups in society. The changing use of *du* and *Sie* reported in Clyne (1984, 124−8) is, perhaps, one example of a generation gap in language use. It is worth noting, also, that dictionaries and grammars tend to be written by older speakers, and are likely, therefore, to record older, conservative forms as the norms. The usage of younger speakers will not, in this case, coincide with the established norms.

There has been little, if any, research that has had age differences in language use as its prime focus, despite the social importance of such differences. The lack of information on age differences has been deplored by those working on pidgin and creole varieties (see

Rickford 1980, 176) and on language attitudes (see Paltridge/Giles 1984, 80). There is much to learn from the study of age-related differences in language use: age rarely has an independent effect on language use, and research on the interaction between age and other social factors would add considerably to our understanding of the relationship between language and society.

6.   Literature (selected)

Chambers, Jack/Trudgill, Peter (1980) *Dialectology*, Cambridge.

Cheshire, Jenny (1982 a) *Variation in an English dialect*, Cambridge.

Cheshire, Jenny (1982 b) "Dialect features and linguistic conflict in schools", in: *Educational Review* 34, 53−67.

Clyne, Michael (1984) *Language and society in the German-speaking countries*, Cambridge.

Downes, William (1984) *Language and society*, London.

Edwards, John (1979) *Language and disadvantage*, London.

Heath, Shirley B. (1983) *Ways with words*, Cambridge.

Helfrich, Hede (1979) "Age markers in speech", in: *Social markers in speech*, Giles, H./Scherer, K., eds., Cambridge, 63−107.

Hockett, Charles (1950) "Age-grading and linguistic continuity", in: *Language* 26, 449−459.

Holes, Clive (1983) "Patterns of communal language variation in Bahrain", in: *Language in Society* 12, 433−57.

Hudson, Richard (1980) *Sociolinguistics*, Cambridge.

Kemp, William (1981) "Major sociolinguistic patterns in Montreal French", in: *Variation Omnibus*, Sankoff, D./Cedergren, H., eds., Edmonton, Alberta, 3−16.

Labov, William (1966) *The social stratification of English in New York City*, Washington, D. C.

Labov, William (1973) "The linguistic consequences of being a lame", in: *Language in Society* 2, 81−115.

Macaulay, Ronald K. S. (1977) *Language, social class and education*, Edinburgh.

Maxim, Jane (1985) *A grammatical analysis of the language of the senescent*, Ph. D. Diss., Reading.

Milroy, Lesley (1980) *Language and social networks*, Oxford.

Newman, Stanley (1955) "Vocabulary levels: Zuñi sacred and slang usage", in: *Language in culture and society*, Hymes, D., ed., New York, 397−406.

Obler, Lorraine K. (1980) "Narrative discourse style in the elderly", in: *Language and communication in the elderly*, Obler, L. K./Albert, M. L., eds., Lexington, 75–90.

Paltridge, John/Giles, Howard (1984) "Attitudes towards speakers of regional accents of French: effects of regionality, age and sex of listeners", in: *Linguistische Berichte* 90, 71–85.

Rickford, John (1980) "Analysing variation in Creole languages", in: *Theoretical orientations in Creole studies*, Valdman, A./Highfield, A., eds., New York, 165–184.

Romaine, Suzanne (1984) *The language of children and adolescents*, Oxford.

Silva-Corvalan, Carmen (1981) "Extending the sociolinguistic variable to syntax: the case of pleonastic clitics in Spanish", in: *Variation Omnibus*, Sankoff, D./Cedergren, H., eds., Edmonton, Alberta, 75–90.

Trudgill, Peter (1974) *The social differentiation of English in Norwich*, Cambridge.

Wolfram, Walt (1969) *A sociolinguistic description of Detroit Negro speech*, Washington, D. C.

Wolfram, Walt/Fasold, Ralph (1974) *The study of social dialects in American speech*, Englewood Cliffs, N. J.

Jenny Cheshire, London (Great Britain)

89. Sex and Language

1. Introduction
2. Sex and Language Structure
3. Sex and Language Use
4. Sex and Language Acquisition
5. Evaluation
6. Literature (selected)

1. Introduction

The question of whether, and in which respect, sex of a speaker determines use of language and is manifested in the structural properties of languages has attracted increasing public as well as scientific interest, causing an explosion of scientific publications and controversial debates on this topic within the last ten years (well documented in the annotated bibliography by Thorne/Kramarae/Henley 1983). The basic assumptions of all these studies are genuine sociolinguistic ones, claiming that a) with respect to its structural properties and rulegoverned uses, language has to be conceived of as a product of cooperation between (historically specific) socialized subjects as members of (historically specific) societies; b) membership of society as well as socialization differs for the sexes because of the different interpretations societies have developed for the biological difference of the sexes. Thus the conclusion can be drawn that language use differs for women and men and, that sex-specific ways of using language might have become incorporated in language structure in the course of its historical development (Borker 1980). Empirical studies and theoretical arguments which try to give evidence for or against these assumptions will be reported in this article and the attempt will be made to evaluate the reported findings with respect to their empirical basis and theoretical framework.

2. Sex and Language Structure

Up until now no natural language has been reported on, which is totally neutral with respect to reflexions of biological sex differences in its system, the type and degree of this reflexion however differs widely. In some cultures specific morphological forms, syntactic devices for construction of sex appropriate address formulas, specific words (taboo-words) or even whole languages such as for instance the Sanskrit are provided for the exclusive use of one sex only thus indicating that sex may be connected with the use of structurally differing features of language (Jespersen 1922; Sapir 1951; Bodine 1975; Capell 1966; Ide 1980; De Stefano 1979). It should be stressed however that the reported structural differences of women's vs. men's language never go as far as to rule out the sharing of a common language (Prakrit) or result in their languages being totally different — otherwise no Japanese man could understand the honour of his wife's address devices (Hertzler 1965, Furfey 1944, Mc Connell-Ginet 1980, 14). Besides these more obvious reflections of sex in language structure there are other, at first glance more invisible ones which have been investigated primarily for the languages of western culture. Among these the system of gender-marking (2.1.), the linguistic means of personal reference (2.2.), and properties of the lexical system (2.3.) have been primarily under investigation.

2.1. Grammatical Gender

The various natural languages make different use of grammatical gender, which primarily fulfills the syntactic function of indicating congruence. There are languages such as Finnish or Hungarian that do not have grammatical gender and others such as German which differentiate a female, male, and neutral gender (Beit-Hallahmi/Catford/Cooley et al. 1974). Despite the fact that the relation between grammatical and natural gender of the reference object is clearly arbitrary when synchronically seen (as revealed by different gender ascriptions to identical reference objects in different natural languages: *la lune vs. der Mond*), it has been questioned whether diachronically seen there are imprints of social evaluation of natural gender on the grammatical one (why, for instance, is *der Rechner* 'computer' masculine?); it has also been asked whether despite formal arbitrariness the speaker's interpretation of gender does not rely heavily on ascriptions of natural gender (*god, der Gott* is thought of as masculine because he is male, see Pusch 1984, 20 ff). The functioning of grammatical gender in organizing congruence relations is obviously not always arbitrary with respect to natural gender, as those cases show where grammatical and natural gender or number and gender are in conflict; these conflicts are typically resolved in favor of the masculine form, e. g. "*Herr Kalverkämpfer ist eine wissenschaftliche Leuchte, über deren Ausführungen sich ihre Kolleginnen und Kollegen ziemlich gewundert haben*" (Pusch 1984, 36) or "*Neunundneunzig Lehrerinnen und ein Lehrer, das sind in 'unserer' Sprache genau einhundert 'Lehrer'. Im Französischen sind diese einhundert Personen nicht 'elles', sondern 'ils'.*" (Pusch 1984, 106).

2.2. Personal Reference

The vast majority of studies on sex and language structure have investigated the linguistic means of personal reference. It has been shown that the means of nominal (*chairman, der Student von heute*) and pronominal reference, the use of masculine forms as generics (*Frauen und Männer sind gleichberechtigt. Davon kann sich jeder überzeugen*) as well as the

system of address-forms (Mrs. vs. Miss, Frau vs. Fräulein) and the distribution of occupation descriptions with feminine endings reflect social status differences for women and men. The generic *he* is not neutral but reflects male dominance at least in the perception of language producers (Martyna 1980; 1983; Mac Kay 1983; Silveira 1980). The fact that only women are differentiated according to whether they are married or not, whereas a sex related differentiation of names for higher occupations is inexistent, has been interpreted as a direct reflex of women's social status in western societies (Pusch 1984, 46 ff).

2.3. Lexicon

Analyses of lexical structure have revealed marked asymmetries (*cleaning lady* vs. *garbage man*), lexical gaps (*mothering* rather than *fathering*) and specific differentiations of meanings (*he is a professional* means something quite different from *she is a professional*) (Mc Connell-Ginet 1980, 6). Research has also been started to investigate the composition of words and word-fields under the question whether the masculine form always stands as archilexem when serious matters are concerned (*der Pilot, die Pilotin*), whereas in the more trivial cases feminine archilexemes are conceded (*die Ente, der Enterich* but not *der Piloterich*, see Pusch 1984, 43 ff).

All these studies have led to the development of guidelines for avoiding sexist language use (for English: Miller/Swift 1976; 1980; Henley/Thorne 1976; for German: Trömel-Plötz/Guentherodt/Hellinger et al. 1982). These guidelines are being put into practice thus altering verbal culture in some spheres of public life and probably raising the language user's consciousness, a fact which should not be underestimated however pessimistic or optimistic one may be about the possibilities of gaining women's rights through linguistic changes.

3. Sex and Language Use

3.1. Phonology

As far as phonology (cf. also art. 124) is concerned sex differences of language use are widely reported (empirical investigations of American and British English being the most popular ones). They seem to be "... the best documented of all the linguistic differences between the sexes" (Thorne/Henley 1975, 17).

Differences were found on the segmental (3.1.1.) and on the suprasegmental level of phonology (3.1.2.).

3.1.1. Sex Differences on the Segmental Level

Women were found to be more careful in pronunciation, to realize consonant clusters like /sks/ or /sts/ (Shuy 1969), or the post-vocalic r (Levine/Crockett 1966) more frequently, to use correct speech forms like *ing* instead of *in* more often (Riley 1967, Labov 1972, Fasold 1968). "Undoubtedly more quantitative differences of this sort could be reported if the data were analyzed for these differences" (De Stefano 1975, 68). The phenomena of phonetic variation observed so far are seen as convincingly testifying greater carefulness or correctness in women's speech. However, as phonetic variation is heavily dependent not only on sex but also on social, regional and situational parameters and the interrelations between these parameters are not yet fully understood theoretically nor thoroughly enough accounted for empirically (see section 5.) interpretations of female correctness on the phonological level are far from convincing: Whether female correctness should be evaluated as a preference for generally more prestigious speech-forms (the equation of correctness with prestige being shown in the evaluation test by Elyan/Smith/Giles et al. 1978) or whether correctness should be interpreted as women's endeavour to compensate their lack of social power by using prestigious speech-forms (as Trudgill 1972 assumes) or whether these forms are more prestigious and therefore preferred by women because of their stereotyped association with masculinity (as Giles/Marsh 1978 have shown empirically) is dependent on the type of theory of sex, gender, culture and society which is presupposed (Brown 1980): „Skilled use of language may be a basis for power, merely a sign of power, or proof of powerlessness" (Borker 1980, 40). Whatever interpretation further research shows to be adequate it should be clear that the observed differences cannot be interpreted as differences in phonological structure. They are differences in use, the chosen phonetic variants being linguistically aequipotent despite their different social evaluation.

3.1.2. Sex Differences on the Suprasegmental Level

It is widely agreed that women and men differ markedly in intonation (despite the fact that

intonation seems to be a paralinguistic phenomenon the structure and function of which is not totally clear). Two types of differences have been investigated empirically, a) variations of the same intonation pattern, b) different selections of different types of intonation patterns (Mc Connell-Ginet 1980, 72).

a) One overall sex-specific variation feature is pitch, which is somewhat lower for men than for women. This pitch difference is not only due to the average physiological differences of the female/male vocal tract. The range of pitch difference was also found to be dependent on social expectations and culture-specific norms about female/male voices. Hollien and his co-workers (Hollien/Shipp 1972; Hollien/Jackson 1973; Majewski/Hollien/Zalewski 1972) have observed that the pitch differences of men and women in Europe are less marked than in the USA. Several studies (Lieberman 1967; Mattingly 1966; Sachs/Lieberman/Erickson 1973) have shown that pitch is not totally determined by anatomical differences but shaped by learned behavior too, showing a tendency for females not to exploit their physiologically possible potential but restricting their capacities to high-pitched voices. Besides pitch-range which — contrary to stereotype — does not seem to be the only and crucial factor for sex-appropriate intonation (Sachs 1975, Terango 1966), monotonicity for men and pitch-shifting, dynamism of intonation for women are reported as consistent features of intonational variation (Key 1972; Bennet/Weinberg 1979; Mc Connell-Ginet 1983). Speech intensity also seems to be dependent on the sex of the addressee (Markel/Prebor/Brandt 1972). The variability and vivaciousness of female intonation has been subjected to heavily sex-stereotyped and derogatory interpretations, taking these features as an indicator of women's greater emotionality and equating emotionality with instability (Mc Connell-Ginet 1983, 78). Here as well as in other cases the same phenomenon could be and has been interpreted in quite the opposite direction: emotionality is not an indicator of instability but of greater inter-personal sensitivity and flexibility. Whether this interpretation is more than just the opposite side of the same stereotype requests empirical investigations of a different format, i.e. studies which do not rely on isolated linguistic items (or unclear item-clusters) but try to embed the interesting phenomena in a thoroughly controlled set of possible co-determining factors (see section 5.).

b) Sex differences in selection of different intonation patterns have been anecdotally reported especially for the female preference of patterns with final rise vs. final fall (Brend 1975; Lakoff 1975). These peculiarities have been interpreted as indicating the politeness and submission of women. The reported observations however have been criticized as linguistically unconvincing and too undifferentiated to justify the interpretation given (Mc Connell-Ginet 1975; 1983; Edelsky 1979; Ladd 1980). Also Ruth Brend's claim that women not only have preferences for specific intonation patterns but actually use patterns which are absent in men's speech has been refuted. This claim is improvable at the moment because „We need to know when, where, and why does someone 'talk like a woman', and (. . .) who talks 'like a woman'?" (Mc Connell-Ginet 1983, 81).

3.2. Syntax

There are not many studies which investigate a possible relationship between sex and use of syntactic features (cf. also art. 128). The existing studies concern the following three aspects: Sex related preferences for specific syntactic devices such as tag-questions, expletives, intensifiers (3.2.1.), syntactic hypercorrection in females (3.2.2.), verbal fluency, verbosity of women's speech (3.2.3.).

3.2.1. Syntactic Devices

Robin Lakoff (1973; 1975; also Key 1972) put forward the claim that the general female tendency towards politeness and submission shows up in specific syntactic choices, mainly in a stronger tendency to use tag-questions, expletives and intensifiers. Neither the postulated quantitative differences in women's and men's speech with respect to these forms nor their interpretation have been confirmed. The use of tag-questions was empirically shown to be used more often by men participating in a mixed-sex academic conference, thus indicating that this variable depends not exclusively on sex but also on situational obligations (Dubois/Crouch 1975; Lapadat/Seesahai 1978). The use of expletives and intensifiers has been shown to be dependent on linguistic context (Baumann 1976; De Stefano 1975, 69 f) as well as on type of situational context (Crosby/Nyquist 1977) and age of speaker (Bailey/Timm 1976).

3.2.2. Syntactic Correctness

According to Labov (1966) and Levine/Crockett (1966) women more often use hypercorrect syntactic forms such as the nominative case pronoun in the object case (*you gave it to Mary and I*) and according to Shuy (1969) and Wolfram (1969) ". . . women are less likely to use socially stigmatized (class marked) forms such as multiple negatives or subject-verb agreements like 'I done it'" (De Stefano 1975, 70). The reported sex differences are obviously strongly interrelated with social class membership, the predictive power of this variable not being sufficiently taken into account by many studies. It also should be kept in mind that any interpretation of correctness of women's speech should be treated cautiously because the theoretical foundations of such interpretations are usually unclear (see section 5.).

3.2.3. Verbal Fluency

Verbal fluency, mixing up amount of speech and flexibility in use of syntactic patterns as well as preference of simple vs. complex syntactic devices, seems to be a highly stereotyped and imprecise measure of language use. It has nevertheless been used in many empirical studies. Results obtained with this measure are contradictory, showing greater verbal fluency nearly as often for men as for women, if any difference was observed at all (see the references in Thorne/Kramarae/Henley 1983, 239—246; Maccoby/Jacklin 1974). A closer inspection of the type of empirical studies done on verbal fluency once more reveals the basic problems of most empirical studies on sex and language use: Sex cannot naively be taken as one strictly independent variable, sex-related speech-differences cannot be fruitfully investigated with isolated linguistic items, correlations between linguistic items and sex of the speaker or addressed person cannot be unequivocally interpreted without general theory and without thoroughly controlling possible sex-biases produced by sex of communicating persons, sex of investigator/experimenter, type of elicitation of verbal material.

In general, the studies on sex and syntax show that you cannot safely postulate any relevant sex-specific variant in the use of syntactic rules or syntactic patterns; they show moreover, which is probably more important, that there is no evidence of a difference in syntactic competence (knowledge of the syntactic rule-system) for women and men.

3.3. Semantics

The following three aspects of semantics have been investigated for sex-differences: content and construction principles of the lexicon (3.3.1.), uses of means for personal reference (3.3.2.), usage of speech-act-types.

3.3.1. Lexicon

As to the content of the lexicon (cf. art. 127), marked differences have been reported for women and men in western societies. Gleser/Gottschalk/Watkins (1959) observed that women, talking about a personal experience used more words implying feeling, emotion, motivation and referred more often to themselves, while men more often used words referring to destructive action (see also Barron 1971; Borker 1980, 32 f). Women have also been reported to realize specific lexical differentiations with respect to color terms and qualifiers such as *adorable* (Lakoff 1975; Steckler/Cooper 1980), as well as with respect to words referring to female activities and topics such as sewing, cooking, child care, relatives (Conklin 1978; Komarowsky 1967; Klein 1971; Nelsen/Rosenbaum 1972). Men on the other hand seem to have specialized on differentiating their lexicon with respect to swear words (Kramer 1975 a), hostile verbs (Gilley/Summers 1970) and about sex-typed activities and interests, "... we know very little about the extent to which sex-differentiated vocabularies exist and what their implications are for cross-sex communication" (Mc Connell-Ginet 1980, 16) and for self-perception and ego-identity for both sexes.

3.3.2. Use of Personal Reference Devices

The fact that means of personal reference, available in natural languages, in most cases reflect the history of sex-specific referencing in their system, gave rise to the question of whether and to what extent this aspect of linguistic systems influences actual use of language. It has been observed that with respect to the ways in which women refer linguistically to persons, women generally use the respectful address terms more often (*sir, Herr,* Kramer 1975 b) and the generic *he* less often (Martyna 1978; 1983). Men on the contrary have been observed to use *lady, girl* in a derogatory way, not to address women with their full name or professional title but to address them by their first name or worse still to "dear" them, irrespective of their occupational status (Rubin 1981; Wolfson/Manes

1980). Addressing a man by a woman's name is a heavy insult (Mc Connell-Ginet 1978), whereas addressing women with a male address-formula (*Herr Dr. Gisela Klann-Delius,* personal experience) or referring to women in job advertisements in masculine form (*Gesucht ist ein Linguist,* personal experience 1978) is common usage, the insulting effect not being realized or even negated. Not only forms of address but also rights of address seem to be asymmetric (Gardner 1981). Thus, personal reference usage is obviously one area of language behavior that reflects women's place at the lower end of the social prestige scale. The fact that the level of occupational and/or social status of women does not predict corresponding means of referring to them, seems to be one case where sex is more decisive than status. Why this is the case especially with address forms awaits further research.

3.3.3. Use of Speech-Act-Types

With respect to possible sex-differences in preferences for speech-act-types (cf. art. 130) it has been claimed (Lakoff 1975; Swacker 1976) that women typically tend to use the more indirect, polite, masqued speech-act-variants such as for instance questions instead of direct imperatives or questions instead of answers. This claim has been only partially corroborated by studies which show that primarily purpose, intent of conversation and, if at all, only secondarily sex determines the choice of direct vs. indirect speech-act-types (Ervin-Tripp 1977; Johnson 1980). No further differences in speech-act choice have been reported. This dimension of sex and language research however has not been worked out very deeply because of a shift in orientation of research towards conversation, its rules and patterns, and because of the increasing insight that uses of speech-act types should be studied within the framework of conversational analysis.

Summing up the given review of empirical studies investigating sex differences in the domain of phonology, syntax and semantics one can state that there are only very few sexrelated differences in language use, but there is no evidence at all for a difference in linguistic competence which would justify the often cited notion of a woman's vs. a man's language. Even the imprints of sexism in language structure cannot support a conception of basically different languages of the sexes.

This seems to be generally accepted in most of the recently published feminist contributions to this topic.

3.4. Conversation

The vast majority of recently reported studies on sex and language behavior investigate possible differences in an interactional, conversational framework (cf. art. 121) with different types of modelling the relation of sex, language, and society (see section 5.). This shift in methodological orientation reflects the experience that not the study of isolated linguistic items but the study of complex conversational patterns should clarify the linguistic consequences of women's and men's place in patriarchic societies. Indeed, the clearest results on sex as a determining factor of language use have been obtained under the conversational approach and some of the isolated variables (amount of speech, politeness, use of tag-questions, hedges, indirect speech-acts, etc.) have found a more adequate and consistent interpretation. Four aspects of conversational behavior of the sexes have been investigated: uses of the turn-taking mechanism (3.4.1.), topic initiation and elaboration (3.4.2.), basic communicative orientations (3.4.3.), discourse structures (3.4.4.).

3.4.1. Turn-Taking

With respect to the uses of the turn-taking-mechanism (Sacks/Schegloff/Jefferson 1974) many empirical studies have shown, that men more often take turns at talk, that they speak longer per turn even when confronted with identical verbal tasks (Swacker 1975) and that they are talked to more often by both men and women (Höweler/Vrolijk 1970). Furthermore, it has been found that men more often than women disregard the obligations implied in the turn-taking-rule-system producing generally much more and specifically more severe interruptions of women's turns, but at the same time do not accept being interrupted by women (Kramer 1975 a; De Stefano 1975). This holds true regardless of stated attitudes of individuals towards sexual equality (Octigan/Niederman 1979) and is independent of possible hidden signs of women's conversational submissivity or rather tolerance of verbal intrusions (West 1979; West/Zimmermann 1983). The fact that men more often produce sequences of simultaneous speech (Willis/Williams 1976) gives additional support to the generally observed

tendency in men to hold the conversational floor. These traits of sex-related conversational behavior, empirically proven as signs of dominance (Courtright/Millar/Rogers-Millar 1979) show up mainly in mixed-sex groupings (Zimmerman/West 1975; Octigan/Niederman 1979; Klann 1978). Women, in all-female groups, do not seem to use these conversational devices as often, on the contrary they show a less hierarchy-oriented behavior and more equal distribution of frequency, duration, and interruption of turns (West 1984). There are some studies reporting these conversational patterns to be more dependent on dominance of personality than on sex (Rogers/Jones 1975; Natale/Entin/Jaffe 1979). They cannot be evaluated as clear-cut counter-evidences however, firstly because maleness seems to be strongly related to dominance of personality (Leet-Pellegrini 1980) and secondly because it is difficult, if at all possible, to find a sex-neutral definition of "strong personality". This means, female subjects with a "strong personality" probably assume male characteristics, thus a sex effect may be disguised. Even higher social status of women does not protect them against conversational interruptions of lower status men (Brooks 1982), whereas for men position in social rank-order determines increase vs. decrease of interruptions (Eakins/Eakins 1976). Whether women of higher social status produce more interruptions than those of lower social status has not been reported, the complete range of interdependence between sex and status of speaker and addressee in its consequences for conversational behavior thus awaits further clarification.

3.4.2. Topic Initiation and Elaboration

Empirical studies of the mechanisms by which conversations and their topics are initiated and maintained have obtained the following results: Despite male dominance in amount of speech and use of the turn-taking-mechanism, it is women who initiate conversational topics (Aries 1982). However, it is men who control their development (dropping, changing or maintaining of topic) by their minimally responsive behavior (Zimmerman/West 1975). Additionally the observation was made that women, supplying much more "interaction work" (i. e. answering questions, giving responses) do in fact help men to maintain and conclude their topics (Fishman 1978; 1980; 1983).

3.4.3. Basic Communicative Orientations

Greater verbal cooperativity in females has been investigated as a manifestation of a principally different communicative orientation, i. e. greater emotionality and sensitivity to people for women and more task-, competition-, and hierarchy-orientation for men (Baird 1976; Aries 1976; 1977; 1984; Lewis 1978; Pilliavin/Martin 1978; Sattel 1983; Werner 1983). This difference cannot be reduced to submission of women to male dominance in cross-sex conversation because it seems to show up more clearly in all-female conversations (Klann 1978). It thus seems to indicate a positive communicative potential in women which however has devastating effects in cross-sex conversations (Mc Connell-Ginet 1980, 18 f). Whether and in precisely which way these stereotyped ascriptions of different communicative orientations of the sexes manifest themselves in different sets of conversational strategies, regulating overt communicative patterns, awaits further research. The few studies investigating sex-specific strategies in conflict-communication and conflict-management are controversial in their results (Raush/Barry/Hertel et al. 1974, 140; Werner 1980). Unfortunately, the important question, raised by female linguists, of whether the alledged greater female verbal cooperativity should be unequivocally interpreted as solidarity or camaraderie (Lakoff 1979) or of whether it could not serve other, less positive functions as well, for instance as a strategy for binding conversational partners to a specific conversational attitude, thus for instance oppressing outbursts of aggression or disharmony or even disagreement, has not yet been investigated.

3.4.4. Discourse Structure

Along the lines of recent efforts to study a specific female verbal culture, some studies have been started to investigate possibly sex-specific ways of organizing and performing specific discourse types such as story-telling, joke-telling, gossipping, explaining (thus methodologically realizing the insight of not only deploring male oppression but also looking at women's potentials). Apart from scattered and somewhat anecdotal findings, clear and convincing results have not yet been published (Borker 1980, 31 f; MacIntyre Jenkins 1984).

4. Language Acquisition

It is a common stereotype that girls are advanced in acquiring their first language. Different readings of this hypothesized sex difference have been provided ranging from a statement of merely quantitative differences (girls just talk more) to postulations of qualitative differences (girls talk more because they do not have comparably difficult cognitive concepts to verbalize). Examining the empirical evidence available to support or reject the stereotype and its implications, the following profile of differences and similarities of acquisition rate and acquired structures can be drawn (for a more detailed discussion see Klann-Delius 1981): Neither with respect to onset of language acquisition (including amount of preverbal vocalizations, onset of the first word) nor with respect to rapidity and quality of syntactic development (onset of syntactic devices, command over complex syntactic rules), nor with respect to rate and kind of acquisition of lexical structures (number of words, cognitive structure of the lexicon) has any significant difference been reported consistently. Again only in the domain of phonology and of conversation have sex differences been observed in the language use of children: Girls do acquire the phonological rules of their languages more quickly than boys (Irwin/Chen 1946; Irwin 1957), they are better in articulation (Templin 1957; Garai/Scheinfeld 1968; Eisenberg/Berlin/Dille/Frank 1968), there is less amount of speech pathology in girls (Ingram 1975; Fairweather 1976). Both sexes develop sex-specific voice qualities quite early, which are not entirely dependent on anatomical differences, and sex-specific intonation patterns (Sachs/Lieberman/Erickson 1973; Sachs 1975). As to the development of communicative competence it has been investigated whether girls are verbally more cooperative, whether they show a more person-sensitive communicative orientation, whether girls are better in adjusting their communicative styles to varying communicative situations and role-obligations. At the moment there is no clear evidence indicating whether girls are more person-oriented and boys more object-oriented communicators and language learners (Clarke-Stewart 1973; Goldberg/Lewis 1969; Ling/Ling 1974; Lewis/Wilson/Baumel 1971; Jones/Moss 1971; Weinraub/Fraenkel 1977; Rheingold/Eckermann 1969; Nelson 1973; Bell/Weller/Waldrop 1971; Goodenough 1975; Kohlberg/Ziegler 1967). Situational and role-appropriate adjustment of speech style is equally available to both sexes of 3 to 4 years of age (Shatz/Gelman 1973; 1977;

Sachs/Devin 1976), whether there are differences in the course of development with respect to this ability has not yet been investigated. As far as verbal cooperativity is concerned, the question of whether the sexes differ with regard to the ability to take the perspective of the other and to use appropriate verbal means in contexts of problem solving situations has been studied. Under this operationalization of verbal cooperativity no sex differences have been found (Hoeman 1972; Heider 1971; Cohen/Klein 1968; Baldwin/Mc Farlane/Garvey 1971; Mueller 1972; Karabenick/Miller 1977). Those studies of verbal cooperativity however which measure cooperativity as equality of conversational rights, have found the same pattern of male conversational dominance in children of 3 − 4 years as has been documented for grown-ups (Esposito 1979; Goodwin 1980). This male conversational dominance correlates with the findings of parents' and − more markedly − of teachers' communicative behavior towards boys and girls, being more reactive and supportive towards boys' verbal contributions than to those of girls (Brophy/Good 1974; Cherry 1975; Jackson/LaHaderne 1976; Safilios-Rothschild 1979; Berko Gleason/Blank Greif 1983). In general, the findings of sex differences in language acquisition show once more, that there are no sex differences with respect to basic linguistic capacities but that there are differences with respect to the uses of language structure in social interaction. The quality of reported differences indicates that it is not the biological difference of the sexes but the social experience of specific interpretations of biology that are made, which gives rise to linguistic variation. This is most clearly and solidly established within the field of conversation in child language acquisition too.

5. Evaluation

A close inspection of the methodological and theoretical qualities of empirical studies on sex and language reveals so many serious shortcomings and such a diversity of theoretical assumptions and corresponding empirical operationalizations that any general conclusion, summing up the present findings in terms of *the* language/style/register of *the* woman vs. *the* man cannot stand on safe grounds.

As to the empirical basis of assumed sex-specific differences in language the following problems at least have to be and have been stated (Thorne/Henley 1975; Mc Connell-Ginet 1980; Borker 1980; Klann-Delius 1981):
— many studies do not control the obvious interrelation of sex as an independent variable with other independent variables such as social class, ethnicity, race, age, education, type of situation;
— many studies do not control a possible sex-bias in the type of stimulus-material chosen, they do not control the effects of the sex of the experimenter and scientist as well as the different influence of a laboratory vs. a naturalistic setting on the verbal productions of the subjects or their evaluations;
— effects of same-sex vs. mixed-sex groupings have not been controlled systematically;
— too many studies have been conducted in a "theoretical vacuum" (Kramarae 1981, 91).

Theoretical assumptions (if any) underlying the empirical studies differ widely with respect to their interpretation of the relation of sex, language and society. At present four versions of modelling this relation can be distinguished (Kramarae 1981):

1. *The correlational model* (underlying most of the early studies on sex and language, see Lakoff 1975, Kramer 1975 a) assumes that sex, conceived of as an isolated, independent variable, should predict a set of sex-specific linguistic features and should allow for unequivocal interpretations. Neither the empirical assumption of a "genderlect" (Kramer 1975 a), postulating different languages for the sexes, nor the prediction of unequivocal interpretations (see the divergent interpretations of correctness- and politeness-phenomena, documented in Thorne/Kramarae/Henley 1983), nor the assumption that sex/gender as such influences language behavior, turned out to be true (Mc Connell-Ginet 1980, 13 ff; Kramarae 1981, 92).

2. *The muted group model* (Ardener 1975, implicitly underlying many studies on sexism in language) says that women, lacking any social power and being exposed to overwhelming male dominance in every sphere of public as well as private life, show marked deficits in their language behavior, because they missed the opportunity to develop their own language. This model, directly inferring men's social dominance to language, not only states differences in the sense of linguistic variation but hypothesizes basic differences

in the linguistic competence of the sexes, stating that women only have accesss to a male language, to a kind of foreign language. Suggestive as this compact model might be, it nevertheless seems highly unrealistic: Neither the assumption of the sexes constituting a homogeneous group nor the postulation of difference in linguistic competence seems reasonable; the political consequences of this model, denying the development of women's voice and power in spite of male oppression, lead to discouragement precisely of those in behalf of whose interests this theory claims to find arguments.

3. *The speech-style model* (Giles/Bourhis/ Taylor 1977; Williams/Giles 1978) assumes, when applied to sex and language, that men and women constitute two different groups whose linguistic behavior or speech-style serves the function of symbolizing group-membership, the vitality and consistency of the group being dependent on status factors, demographic factors and institutional support factors (Kramarae 1981, 93 f). While this model recognizes the mediating effects of social variables other than sex, it seems to rely primarily on sex as a group constituting factor, being only additionally modified by others. Thus this model gives only a superficial account of the impact of sex on language as a mean of social interaction. Ways in which specific speech-styles may function as markers of in-group-solidarity and thus as protection against dominance in inter-group communication does not become very clear within this framework, mainly because of it's lack of a social-psychological component.

4. *The strategy model* (Brown/Levinson 1978 underlying most of the recent conversational analyses) attempts to explicate the relations between the social structure of societies, sex of its members and its reflection on socio-psychological perspectives of subjects and their communicative behavior, assuming that the latter is regulated by communicative strategies which are determined by characteristics of culturally bound social relations. This concept provides an account of differentiating effects of social situation, social class, ethnicity, etc., because it does not state a fixed relation of sex and features of linguistic behavior but stresses that it is not the overt linguistic form but the procedure of communicative choice, the communicative strategy that is shaped by sex/gender. This model does not presuppose a direct interpretability of linguistic features with respect to sex but assumes interactional rules to be the salient concept. Thus this model can handle more adequately the fact that the phenomenon of verbal politeness for instance is not the necessary outcome of female submission and lack of economic power as cross-cultural studies have demonstrated (Keenan 1974) and that a particular feature of speech must not necessarily be related to a single communicative function: The same phenomenon such as, for instance, politeness of men or women may serve different interactive functions and can be related to different communicative strategies (Brown/Levinson 1978). At present the strategy model seems to be the most widely accepted and promising framework for further research on sex as a determining factor of language use.

Even if we have to admit that at present the "(...) beliefs, concerning differences between women's and men's speech are extensive (...)", whereas "(...) the linguistic differences already located or hinted at by past investigations are not extensive (...)." (Kramarae 1981, 92) further research within a conversational framework will undoubtedly reveal more differences in the language use of the sexes. It will be more likely to reveal intensive, intricate differences in the way the sexes manage social interaction verbally than the extensive differences which were previously expected. However the relation of sex, gender and society turns out to be explicated most adequately, each sociolinguistic model will have to account for sex/gender as one determining factor of language use if it claims descriptive and explanatory adequacy.

6. Literature (selected)

Ardener, Edwin (1975) "The 'problem' revisited", in: *Perceiving women*, Ardener, S., ed., London, 19—27.

Aries, Elizabeth J. (1976) „Interaction patterns and themes of male, female and mixed groups", in: *Small group behavior* 7, 7—18.

Aries, Elizabeth J. (1977) "Male — female interpersonal styles in all-male, all-female and mixed groups", in: *Beyond sex roles*, Sargent, A., ed., St. Paul, 292—299.

Aries, Elizabeth J. (1982) "Verbal and nonverbal behavior in single-sex and mixed-sex groups: are traditional sex roles changing?", in: *Psychological Reports* 51, 127—134.

Aries, Elizabeth J. (1984) "Zwischenmenschliches Verhalten in eingeschlechtlichen und gemischtgeschlechtlichen Gruppen", in: *Gewalt durch Spra-*

che, Trömel-Plötz, S., ed., Frankfurt a. M., 114–126.

Bailey, Lee-Ann/Timm, Lenora A. (1976) "More on women's and men's expletives", in: *Anthropological Linguistics* 18, 438–449.

Baird, John E. (1976) "Sex differences in group communication: A review of relevant research", in: *Quarterly Journal of Speech* 62, 179–192.

Baldwin, Thelma L./Mc Farlane, Paul T./Garvey, Catherine J. (1971) "Children's communication accuracy related to race and socioeconomic status", in: *Child Development* 42, 345–347.

Baumann, Marie (1976) "Two features of women's speech?", in: *The sociology of the languages of American women*, Dubois, B./Crouch, J., eds., San Antonio, 33–40.

Barron, Nancy (1971) "Sex-typed language: The production of grammatical cases", in: *Acta Sociologica* 14, 24–42.

Beit-Hallahmi, Benjamin/Catford, J. C./Cooley, Ralph E./Yoder Dull, Cecilia/Guiora, Alexander Z./Raluszny, Maria (1974) "Grammatical gender and gender identity development: Cross cultural and cross lingual implications", in: *American Journal of Orthopsychiatry* 44, 424–431.

Bell, Richard Q./Weller, George M./Waldrop, Mary F. (1971) "Newborn and preschoolers: Organization of behavior and relations between periods", *Monographs of the Society for Research in Child Development* 36, No 142, Chicago, Ill., 1–145.

Bennet, Suzanne/Weinberg, Bernd (1979) "Sexual characteristics of preadolescent children's voices", in: *Journal of the Acoustical Society of America* 65, 179–189.

Berko Gleason, Jean/Blank Greif, Esther (1983) "Men's speech to young children", in: *Language, gender and society*, Thorne, B./Kramarae, C./Henley, N., eds., Rowley, Mass., 140–150.

Bodine, Ann (1975) "Sex differentiation in language", in: *Language and sex: Difference and dominance*, Thorne, B./Henley, N., eds., Rowley, Mass., 130–151.

Borker, Ruth (1980) "Anthropology: Social and cultural perspectives", in: *Women and language in literature and society*, Mc Connel-Ginet, S./Borker, R./Furman, N., eds., New York, 26–44.

Brend, Ruth M. (1975) "Male-female intonation patterns in American English", in: *Language and sex: Difference and dominance*, Thorne, B./Henley, N., eds., Rowley, Mass., 84–87.

Brooks, Virginia R. (1982) "Sex differences in student dominance behavior in female and male professors' class rooms", in: *Sex Roles* 8, 683–690.

Brophy, Jere E./Good, Thomas L. (1974) *Teacher – student relationships: Causes and consequences*, New York.

Brown, Penelope (1980) "How and why are women more polite: Some evidence from a Mayan community", in: *Women and language in literature and society*, Mc Connel-Ginet, S./Borker, R./Furman, N., eds., New York, 111–136.

Brown, Penelope/Levinson, Stephen (1978) "Universals in language usage: Politeness phenomena", in: *Questions and politeness: Strategies in social interaction*, Goody, E., ed., Cambridge, 56–289.

Capell, Arthur (1966) *Studies in Socio-Linguistics*, The Hague.

Cherry, Louise (1975) "The preschool teacher – child dyad: Sex differences in verbal interaction", in: *Child Development* 46, 532–535.

Clarke-Stewart, K. Alison (1973) "Interactions between mothers and their young children: Characteristics and consequences", *Monographs of the Society for Research in Child Development* 38, No 153, Chicago., Ill., 1–109.

Cohen, Bertram D./Klein, Judith F. (1968) "Referent communication in school age children", in: *Child Development* 39, 597–609.

Conklin, Nancy F. (1978) "The language of the majority: Women and American English", in: *A pluralistic nation: The language issue in the United States*, Lourie, M./Conklin, N., eds., Rowley, Mass., 222–237.

Courtright, John A./Millar, Frank E./Rogers-Millar, L. Edna (1979) "Domineeringness and dominance: Replication and expansion", in: *Communication Monographs* 46, Falls Church, 179–192.

Crosby, Faye/Nyquist, Linda (1977) "The female register: An empirical study of Lakoff's hypotheses", in: *Language in Society* 6, 313–322.

De Stefano, Johanna S. (1975) "Women and language: By and about", in: *Views on language*, Ordoubadian, R./von Raffler-Engel, W., eds., Murfreesboro, Tenn., 66–77.

De Stefano, Johanna S. (1978/1979) "Sex differences in language: A cross-national perspective with emphasis on English", in: *Language Sciences* 1, 316–324.

Dubois, Betty L./Crouch, Isabel (1975) "The question of tag questions in women's speech: They don't really use more of them, do they?", in: *Language in Society* 4, 289–294.

Eakins, Barbara/Eakins, Gene (1976) "Verbal turn-taking and exchanges in faculty dialogue", in: *The sociology of the languages of American women*, Dubois, B./Crouch, J., eds., San Antonio, 53–62.

Eisenberg, Leon/Berlin, Charles J./Dille, Anne/Frank, Sheldon (1968) "Class and race effects on the intelligibility of monosyllables", in: *Child Development* 39, 1077–1089.

Elyan, Olwen/Smith, Philip/Giles, Howard/Bourhis, Richard (1978) "PR-accented female speech: The voice of perceived androgyny?", in: *Sociolinguistic patterns in British English*, Trudgill, P., ed., London, 122–131.

Edelsky, Carole (1979) "Question intonation and sex roles", in: *Language and Society* 8, 15–32.

Ervin-Tripp, Susan (1977) "Wait for me, roller-skate", in: *Child Discourse*, Ervin-Tripp, S./Mitchell-Kernan, C., eds., New York, 165–188.

Esposito, Anita (1979) "Sex differences in children's conversation", in: *Language and Speech* 22, 213–220.

Fairweather, Hugh (1976) "Sex differences in cognition", in: *Cognition* 4, 231–280.

Fasold, Ralph W. (1968) *A sociolinguistic study of the pronunciation of three vowels in Detroit speech*, Washington, D. C.

Fishman, Pamela M. (1978) "What do couples talk about when they 're alone?", in: *Women's language and style*, Butturff, D./Epstein, E. L., eds., Akron, 11–22.

Fishman, Pamela M. (1980) "Conversational insecurity", in: *Language: Social psychological perspectives*, Giles, H./Robinson, W./Smith, P., eds., New York, 127–132.

Fishman, Pamela M. (1983) "Interaction: The work women do", in: *Language, gender and society*, Thorne, B./Kramarae, C./Henley, N., eds., Rowley, Mass., 89–102.

Furfey, Paul H. (1944) "Men's and women's language", in: *The American Catholic Sociological Review* 5, 218–223.

Garai, Josef E./Scheinfeld, Amram (1968) "Sex differences in mental and behavioral traits", in: *Genetic Psychology Monographs* 77, 169–299.

Gardner, Carol (1981) "Passing by: Street remarks, address rights, and the urban female", in: *Sociological Inquiry* 50, 328–356.

Giles, Howard/Bourhis, Richard Y./Taylor, Donald M. (1977) "Towards a theory of language in ethnic group relations", in: *Language, ethnicity and intergroup relations*, Giles, H., ed., London, 307–348.

Giles, Howard/Marsh, Patricia (1978/1979) "Perceived masculinity, androgyny and accented speech", in: *Language Sciences* 1, 301–315.

Gilley, Hoyt M./Summers, Collier S. (1970) "Sex differences in the use of hostile verbs", in: *Journal of Psychology* 76, 33–37.

Gleser, Goldine C./Gottschalk, Louis A./Watkins, John (1959) "The relationship of sex and intelligence to choice of words: A normative study of verbal behavior", in: *Journal of Clinical Psychiatry* 15, 182–191.

Goldberg, Susan/Lewis, Michael (1969) "Play behavior in the one-year old infant: Early sex differences", in: *Child Development* 40, 21–32.

Goodenough, Evelyn W. (1975) "Interest in person as an aspect of sex difference in early years", in: *Genetic Psychology Monographs* 55, 287–323.

Goodwin, Marjorie H. (1980) "Directive-response speech sequences in girls' and boys' task activities", in: *Women and language in literature and society*, Mc Connell-Ginet, S./Borker, R./Furman, N., eds., New York, 157–173.

Halaby, Raouf/Long, Carolyn (1979) "Future shout: Name calling in the future", in: *Maledict: The International Journal of Verbal Aggression* 3, 61–88.

Hartmann, Maryann (1976) "A descriptive study of the language of men and woman born in Maine around 1900 as it reflects the Lakoff hypotheses in language and women's place", in: *The sociology of the languages of American women*, Dubois, B. L./Crouch, I., eds., San Antonio, 81–90.

Heider, Eleanor (1971) "Style and accuracy of verbal communication within and between social classes", in: *Journal of Personality and Social psychology* 18, 33–47.

Henley, Nancy/Thorne, Barrie (1976) "Womanspeak and manspeak", in: *Beyond sex roles*, Sargent, A., ed., New York, 201–218.

Hertzler, Joyce O. (1965) *A sociology of language*, New York.

Hoeman, Harry W. (1972) "The development of communication skills in deaf and hearing children", in: *Child Development* 43, 990–1003.

Höweler, Marijke/Vrolijk, Arie (1970) "Verbal communication length as an index of interpersonal interaction", in: *Acta Psychologica* 34, 511–515.

Hollien, Harry/Shipp, Thomas (1972) "Speaking fundamental frequency and chronological age in males", in: *Journal of Speech and Hearing Research* 15, 155–159.

Hollien, Harry/Jackson, Bernard (1973) "Normative data on the speaking fundamental frequency characteristics of young adult males", in: *Journal of Phonetics* 1, 117–120.

Ide, Sachiko (1980) "Language of inferior and luxury: A sociolinguistic interpretation of Japanese women's language (I)", in: *Studies in English and American literature* 15, 215–225.

Ingram, T. T. S. (1975) "Speech disorders in childhood", in: *Foundations of language development*, Vol. 2, Lenneberg, E. H./Lenneberg, E., eds., New York/San Francisco/London, 195–261.

Irwin, Orvis C. (1957) "Phonetical description of speech development in childhood", in: *Manual of phonetics*, Kaiser, L., ed., Amsterdam, 403–425.

Irwin, Orvis/Chen, Han Piao (1946) "Development of speech during infancy: curve of phonemic types", in: *Journal of Experimental Psychology* 36, 431–436.

Jackson, Philip W./La Haderne, Henriette M. (1976) "Inequalities of teacher – pupil contacts", in: *Psychology in the Schools* 4, 204–211.

Jay, Timothy B. (1980) "Sex roles and dirty word usage: A review of the literature and a reply to Haas", in: *Psychological Bulletin* 88, 614–621.

Jespersen, Otto (1922) *Language: Its nature, development and origin*, London.

Johnson, Janet L. (1980) "Questions and role responsibility in four professional meetings", in: *Anthropological Linguistics* 22, 66—76.

Jones, Sandra J./Moss, Howard A. (1971) "Age, state and maternal behavior associated with infant vocalizations", in: *Child Development* 42, 1039—1051.

Karabenick, Julie D./Miller, Scott A. (1977) "The effect of age, sex, and listener feedback on grade school children's referential communication", in: *Child Development* 48, 678—683.

Keenan, Elinor (1974) "Norm-makers, norm-breakers: Uses of speech by men and women in a Malagasy community", in: *Explorations in the ethnography of speaking*, Sherzer, J. F./Baumann,, R., eds., New York, 125—143.

Key, Mary Ritchie (1972) "Linguistic behavior of male and female", in: *Linguistics* 88, 15—31.

Klann, Gisela (1978) "Weibliche Sprache — Identität, Sprache und Kommunikation von Frauen", in: *Osnabrücker Beiträge zur Sprachtheorie* 8, 9—62.

Klann-Delius, Gisela (1981) "Sex and language acquisition — Is there any influence", in: *Journal of Pragmatics* 5, 1—25.

Klein, J. (1971) "The family in 'traditional' working-class England", in: *Sociology of the family*, Anderson, M., ed., Baltimore, 70—77.

Kohlberg, Lawrence/Ziegler, Edward (1967) "The impact of cognitive maturity on the developmental sex-role attitudes in the years 4—8", in: *Genetic Psychology Monographs* 75, 84—165.

Komarovsky, Mirra (1967) *Blue-collar marriage*, New York.

Kramer, Cheris (1975 a) "Women's speech: Separate but unequal", in: *Language and Sex: Difference and dominance*, Thorne, B./Henley, N., eds., Rowley, Mass., 43—56.

Kramer, Cheris (1975 b) "Sex related differences in address systems", in: *Anthropological Linguistics* 17, 198—210.

Kramarae, Cheris (1981) *Women and men speaking*, Rowley, Mass.

Kutner, Nancy G./Brogan, Donna (1974) "An investigation of sex-related slang vocabulary and sex-role orientation among male and female university students", in: *Journal of Marriage and the Family* 36, 474—484.

Labov, William (1966) "Hypercorrection by the lower middle class as a factor in linguistic change", in: *Sociolinguistics*, Bright, W., ed., The Hague, 84—113.

Labov, William (1972) *Sociolinguistic patterns*, Philadelphia.

Ladd, Robert D. (1980) *The structure of intonational meaning: Evidence from English*, Bloomington.

Lakoff, Robin (1973) "Language and woman's place", in: *Language in Society* 1, 45—80.

Lakoff, Robin (1975) *Language and woman's place*, New York.

Lakoff, Robin (1979) "Stylistic strategies within a grammar of style", in: *Language, sex, and gender*, Orasanu, J./Slater, M./Loeb Adler, L., eds., New York, 53—78.

Lapadat, Judy/Seesahai, Maureen (1978) "Male versus female codes in informal contexts", in: *Sociolinguistics Newsletter* 8, 7—8.

Leet-Pellegrini, Helena M. (1980) "Conversational dominance as a function of gender and expertise", in: *Language: Social psychological perspectives*, Giles, H./Robinson, W./Smith, P., eds., New York, 97—104.

Levine, Lewis/Crockett, Harry J. (1966) "Speech variation in a Piedmont community: Postvocalic *r*", in: *Explorations in sociolinguistics*, Lieberson, S., ed., The Hague, 76—98.

Lewis, Michael/Wilson, Cornelia/Baumel, Mara (1971) "Attention distribution in the 24 month-old child: Variation in complexity and incongruity of the human form", in: *Child Development* 42, 429—438.

Lewis, Robert A. (1978) "Emotional intimacy among men", in: *Journal of Social Issues* 34, 108—121.

Lieberman, Philip (1967) *Intonation, perception, and language*, Cambridge, Mass.

Ling, Daniel/Ling, Agnes H. (1974) "Communication in the first three years of life", in: *Journal of Speech and Hearing Research* 17, 146—159.

Maccoby, Eleanor/Jacklin, Carol (1974) *The psychology of sex differences*, Stanford.

Macintyre Jenkins, Mercilee (1984) "Die Geschichte liegt im Erzählen: Ein kooperativer Konversationsstil unter Frauen", in: *Gewalt durch Sprache*, Die Vergewaltigung von Frauen in Gesprächen, Trömel-Plötz, S., ed., Frankfurt a. M., 333—353.

Mac Kay, Donald G. (1983) "Prescriptive grammar and the pronoun problem", in: *Language, gender and society*, Thorne, B./Kramarae, C./Henley, N., eds., Rowley, Mass., 38—53.

Majewski,W./Hollien, Harry/Zalewski, J. (1972) "Speaking fundamental frequency characteristics of Polish adult males", in: *Phonetica* 25, 119—125.

Markel, Norman N./Layne, D. Prebor/Brandt, John F. (1972) "Bio-social factors in dyadic communication: Sex and speaking intensity", in: *Journal of Personality and Social Psychology* 23, 11—13.

Martyna, Wendy (1978) "What does 'he' mean? Use of the generic masculine", in: *Journal of communication* 28, 131—138.

Martyna, Wendy (1980) "The psychology of the generic masculine", in: *Women and language in literature and society*, Mc Connell-Ginet, S./Borker, R./Furman, N., eds., New York, 69—78.

Martyna, Wendy (1983) "Beyond the he/man approach: The case for nonsexist language", in: *Language, gender and society*, Thorne, B./Kramarae, C./Henley, N., eds., Rowley, Mass., 25—37.

Mattingly, Ignatius G. (1966) "Speaker variation and vocal-tract size", in: *Journal of the Acoustical Society of America* 39, 12—19.

Mc Connel-Ginet, Sally (1975) "Our father tongue: Essays in linguistic politics", in: *Diacritics* 5, 44—50.

Mc Connell-Ginet, Sally (1978) "Address forms in sexual politics", in: *Women's language and style*, Butturff, D./Epstein, E., eds., Akron, 23—25.

Mc Connell-Ginet, Sally (1980) "Linguistics and the feminist challenge", in: *Women and language in literature and society*, Mc Connell-Ginet, S./Borker, R./Furman, N., eds., New York, 3—25.

Mc Connell-Ginet, Sally (1983) "Intonation in a man's world", in: *Language, gender and society*, Thorne, B./Kramarae, C./Henley, N., eds., Rowley, Mass., 69—88.

Miller, Casey/Swift, Kate (1976) *Words and women: New language in new times*, Garden City, N. Y.

Miller, Casey/Swift, Kate (1980) *The handbook of nonsexist writing: For Writers, editors and speakers*, New York.

Mueller, Edward (1972) "The maintenance of verbal exchanges between young children", in: *Child Development* 43, 930—938.

Myerhoff, Barbara (1980) *Number our days*, New York.

Natale, Michael/Entin, Elliot/Jaffe, Joseph (1979) "Vocal interruptions in dyadic communication as a function of speech and social anxiety", in: *Journal of Personality and Social Psychology* 37, 865—878.

Nelsen, Edward A./Rosenbaum, Edward (1972) "Language patterns within the youth subculture: Development of slang vocabularies", in: *Merrill-Palmer Quarterly* 18, 273—285.

Nelson, Katherine (1973) "Structure and strategy in learning to talk", in: *Monographs of the Society for Research in Child Development* 38, No 149, Chicago, Ill., 1—136.

Octigan, Mary/Niederman, Sharon (1979) "Male dominance in conversations", in: *Frontiers* 4, 50—54.

Pilliavin, Jane/Rosemann Martin, Rachel (1978) "The effects of the sex composition of groups on style of social interaction", in: *Sex Roles* 4, 281—296.

Pusch, Luise F. (1984) *Das Deutsche als Männersprache*, Frankfurt a. M.

Rausch, Harold L./Barry, William A./Hertel, Richard K./Swain, Mary Ann (1974) *Communication, conflict and marriage*, San Francisco.

Rheingold, Harriet L./Eckermann, Carol O. (1969) "The infant's free entry into a new environment", in: *Journal of Experimental Child Psychology* 8, 271—283.

Rogers, William T./Jones, Stanley (1975) "Effects of dominance tendencies on floor holding and interruption behavior in dyadic interaction", in: *Human Communication Research* 1, 113—122.

Rubin, Rebecca (1981) "Ideal traits and terms of address for male and female college professors", in: *Journal of personality and social psychology* 41, 966—974.

Sachs, Jaqueline (1975) "Cues to the identification of sex in children's speech", in: *Language and sex: Difference and dominance*. Thorne, B./Henley, N., eds., Rowley, Mass., 152—171.

Sachs, Jaqueline/Devin, Judith (1976) "Young children's knowledge of age-appropriate speech styles", in: *Journal of Child Language* 3, 81—98.

Sachs, Jaqueline/Lieberman, Philip/Erickson, Donna (1973) "Anatomical and cultural determinants of male and female speech", in: *Language attitudes: Current trends and prospects*, Shuy,R./Fasold, W., eds., Washington D. C., 74—84.

Sacks, Harvey/Schlegloff, Emmanuel A./Jefferson, Gail (1974) "A simplest systematics for the organization of turn-taking for conversation", in: *Language* 50, 696—735.

Safilios-Rothschild, Constantina (1979) *Sex role socialization and sex discrimination: A synthesis and critique of the literature*, Washington, D. C.

Sanders, Janet S./Robinson, William L. (1979) "Talking and not talking about sex: Male and female vocabularies", in: *Journal of Communication* 29, 22—30.

Sapir, Edward (1951) "Male and female forms of speech in Yana", in: *Selected writings of Edward Sapir*, Mandelbaum, D., ed., Berkeley, 206—212.

Sattel, Jack W. (1983) "Men, inexpressiveness, and power", in: *Language, gender and society*, Thorne, B./Kramarae, C./Henley, N., eds., Rowley, Mass., 119—124.

Shatz, Marilyn/Gelman, Rochel (1973) "The development of communication skills: Modifications in the speech of young children as a function of listener", in: *Monographs of the Society for Research in Child Development* 38, 1—37.

Shatz, Marilyn/Gelman, Rochel (1977) "Beyond syntax: The influence of conversational constraints on speech modifications", in: *Talking to children*, Snow, C./Ferguson, C., eds., Cambridge/London/New York/Melbourne, 189—198.

Shuy, Roger W. (1969) *Sex as a factor in sociolinguistic research*, Washington, D. C.

Shuy, Roger W./Wolfram, Walter A./Riley, William K. (1967) *Linguisic correlates of social stratification in Detroit Speech*, Projekt 6-2347, Final Report, Washington, D. C.

Silveira, Jeanette (1980) "Generic masculine words and thinking", in: *The voices and words of women and men*, Kramarae, C., ed., Oxford, 165–178.

Steckler, Nicole A./Cooper, William E. (1980) "Sex differences in color naming of unisex apparel", in: *Anthropological Linguistics* 22, 373–381.

Swacker, Marjorie (1975) "The sex of the speaker as a sociolinguistic variable", in: *Language and sex: Difference and dominance*, Thorne, B./Henley, N., eds., Rowley, Mass., 76–83.

Swacker, Marjorie (1976) "Women's verbal behavior at learned and professional conferences", in: *The sociology of the languages of American women*, Dubois, B./Crouch, I., eds., San Antonio, 155–160.

Templin, Mildred C. (1957) *Certain language skills in children – their development and interrelations*, Minneapolis.

Terango, Larry (1966) "Pitch and duration characteristics of the oral reading of males on a masculinity–femininity dimension", in: *Journal of Speech and Hearing Research* 9, 590–595.

Thorne, Barrie/Henley, Nancy (1975) "Difference and dominance: An overview of language, gender and society", in: *Language and sex: Difference and dominance*, Thorne, B./Henley, N., eds., Rowley, Mass., 5–42.

Thorne, Barrie/Kramarae, Cheris/Henley, Nancy, eds., (1983) *Language, gender and society*, Rowley, Mass.

Trömel-Plötz, Senta/Guentherodt, Ingrid/Hellinger, Marlis/Pusch, Luise F. (1982) „Richtlinien zur Vermeidung sexistischen Sprachgebrauchs", in: *Frauen, Sprache, Literatur*, Heuser, M., ed., Paderborn, 84–90.

Trudgill, Peter (1972) "Sex, covert prestige, and linguistic changes in urban British English of Norwich", in: *Language and sex: Difference and dominance*, Thorne, B./Henley, N., eds., Rowley, Mass., 88–104.

Weinraub, Marsha/Fraenkel, Jay (1977) "Sex differences in parent–infant interaction during free play, departure, and separation", in: *Child Development* 48, 1240–1249.

Werner, Frithjof (1980) "Ein Beispiel aus einem Konfliktgespräch in einer Zweierbeziehung", in: *Linguistische Arbeiten und Berichte*, Berlin, 185–188.

Werner, Frithjof (1983) *Gesprächsverhalten von Frauen und Männern*, Frankfurt/Bern.

West, Candace (1984) „Können 'Damen' Ärzte sein?", in: *Gewalt durch Sprache. Die Vergewaltigung von Frauen in Gesprächen*, Trömel-Plötz, S., ed., Frankfurt a. M., 184–202.

West, Candace/Zimmerman, Don H. (1983) "Small insults: A study of interruptions in cross-sex conversations between unacquainted persons", in: *Language, gender and society*, Thorne, B./Kramarae, C./Henley, N., eds., Rowley, Mass., 103–118.

Williams, Jennifer A./Giles, Howard (1978) "The changing status of women in society: An intergroup perspective" in: *Differentiation between social groups: Studies in the social psychology of intergroup relations*, Tajfel, H., ed., London.

Willis, Frank N./Williams, Sharon J. (1976) "Simultaneous talking in conversation and sex of speakers", in: *Perceptual and Motor Skills* 43, 1067–1070.

Wolfram, Walter (1969) *A sociolinguistic description of Detroit negro speech*, Washington, D. C.

Wolfson, Nessa/Manes, Joan (1980) "Don't 'dear' me", in: *Women and language in literature and society*, Mc Connel-Ginet, S./Borker, R./Furman, N., eds., New York, 79–92.

Zimmerman, Don H./West, Candace (1975) "Sex roles, interruptions and silences in conversation", in: *Language and sex: Difference and dominance*, Thorne, B./Henley, N., eds., Rowley, Mass., 105–129.

Gisela Klann-Delius, Berlin (West)

90. Language and Identity

1. Introduction

The problem of the relationship between language and identity (cf. art. 21, 18) has traditionally been approached either as a problem of individual characteristics or as a problem of social role. In the first instance, both language and identity are often seen as the inalienable property of individuals, or characteristics of language are seen as symbolic or indexical of aspects of individual identity. In the second, the relationship between language and identity is seen as a process of negotiation or definition of situated social reality. More recently, sociolinguistic research has attempted to bridge at least some aspects of both approaches, in order to understand how the concept of identity as pertaining to individuals is related to group processes, and in order to explain both stability and change in indexical or symbolic qualities of the interaction between language and identity. Further, recent research has examined the way in which those changing indexical properties reveal more fundamental processes of social change. The central issue in the study of language and identity has to do with the definition, presentation and interpretation of self in society. These questions concern the role of language in: a) the individual's process of learning about who he or she is with respect to others; b) the process of learning about consequent appropriate behaviour (including language use); and c) how that behaviour in turn provides the basis of how others interpret the individual's social role and consequent appropriate, or at least plausible, role relations. These questions are related to specific social and psychological problems, notably those of the development of personality, of deviance, of socialization, of second language learning and multilingualism, and of interethnic or intercultural communication (and the related issues of assimilation, pluralism, ethnic stratification and ethnic equality).

Two disciplines have contributed greatly to the study of language and identity: social psychology and anthropology. The discussion that follows will treat each discipline's contribution in terms of the questions and assumptions that have been outlined above, and, finally, in terms of their relationship to recent sociolinguistic research in this area.

2. The Social Psychology of Language

The social psychology of language (cf. art. 61) has been principally concerned to address the issue of interethnic relations, and has done so by examining the nature of the indexical meaning of aspects of language behaviour with respect to speaker identity. The earliest, and best known, work in this area, that of Lambert and his colleagues (cf. e. g., Lambert 1967, 1972; Lambert et al. 1960), conceived of speaker identity as a cluster of personality and sociological characteristics: in the matched guise tests (cf. art. 119) which form the basic methodology of this line of enquiry raters were asked to judge speakers along such dimensions as kindness, religiosity and self-confidence as well as level of education

and occupation. The nature of the matched-guise test permits the careful selection of linguistic variables which alone can account for variation in raters' judgements, and which therefore can be seen as indexical of the aspects of speaker identity under review (cf. also Labov's discussion of linguistic variables which can take on such symbolic function; Labov 1972). This approach has been used by Lambert and his colleagues to analyse the mutual perceptions obtaining between French-speaking and English-speaking Canadians, and by others to examine those obtaining between, for example, Anglo and Hispanic Americans (Carranza/Ryan 1975) and Catalan- and Castilian-speaking Spaniards (Woolard in press).

While the decontextualized nature of this approach is in many ways its strength, it has also been the object of criticism on the grounds that it is difficult for the analyst to understand how raters arrive at their judgements, or to what extent those decontextualized assessments relate to the real-life interactive processes of cross-cultural communication which, presumably, underlie them. The assumption underlying this critique is that, while it is important to understand generalized attitudes in order to explain the nature of ethnic relations in a community, it is equally important to understand how those attitudes are generated from community members' experience, or lack of experience, of interethnic interaction.

Within the social psychology approach, a response to this has been to incorporate evaluative reactions to simulated interethnic encounters, and to include in the type of reactions elicited measures related to elements of the participants' role relationship (cf., e. g., Genesee/Bourhis 1982; Bourhis/Genesee 1980). These elements are derived from accomodation theory (cf. Giles/Taylor/Bourhis 1973; Giles/Powesland 1975) and combine factors related to social status with perceived attempts to establish or overcome social distance through aspects of language use (e. g. code-switching) (cf. art. 70). In this respect, through a focus on role relationships, social psychology has moved closer to the traditional foci of anthropological concerns in the study of language and identity.

3. The Anthropology of Language

Anthropological concerns (cf. art. 56) in the study of language and identity have concerned both problems of interethnic communication and problems of socialization (the latter through an approach which has acquired the label of *developmental pragmatics*; cf. Ochs/Schieffelin 1979). The two are related to each other within the general framework of interactionist sociolinguistics (cf. art. 70, 84), where issues of the social construction of reality (including the social construction of identity) are treated as processes of interpretation of experience mediated through social interaction. Thus socialization is a process of social interaction in which individuals learn: a) the interpretive schemata and strategies of their community (i. e. they learn how to appropriately make sense of their own experience); b) the conventions of behaviour indexical of those schemata; and c) how to exploit those social, cognitive and behavioural resources to contribute to on-going definition and re-definition of social reality as circumstances, goals and other contextual factors evolve. It provides a particularly interesting case study, from a theoretical point of view, in that the learning process implied by socialization furnishes a view of the processes whereby schemata are constructed and linked to conventions of behaviour.

Interethnic or intercultural communication provides an equally theoretically interesting case study, since it is one where schemata are generally not shared (since they are cultural products) and where conventions of behaviour are therefore open to misinterpretation or to being perceived as uninterpretable. Research in this area (which has been extended to interaction across a wide variety of social boundaries, including most notably lay/professional status and sex) has revealed a great deal concerning the nature of interpretive processes in interaction which contribute to perceptions of one's own and of others' social roles (cf. Gumperz 1982 a, b; Fisher/Todd 1983; Auer 1984; Heller/Freeman in press). It has also pointed to the necessity of understanding how those interpretive processes are influenced by and contribute to the kinds of contextual factors which constrain experience and which are a central element of the background knowledge which allow individuals to continue to behave as competent members of their community, or to restructure expectations such that their (previously deviant) behaviour becomes established as conventional. In the following section the question of the relationship between language use, identity and context will be examined in greater detail.

4. Communication Conventions and Identity

A great deal of work has been done documenting cultural conventions of both non-verbal and verbal behaviour, and the culturally conventionalized inferences group members make on the basis of behaviour in social interaction. A study by Erickson and Schultz (1982) represents an excellent example of work on non-verbal behaviour (cf. art. 134). Their work in the area of cross-cultural job counselling interviews demonstrated that eye gaze, for example, is a conventional signal of speaking and listening behaviour: White speakers conventionally let their gaze wander, while Black speakers look directly at the listener, and White listeners look directly at the speaker, while Black listeners direct their gaze downward. The different behaviours signal the same thing within each group: "I'm listening to you", or "I'm speaking to you." Unfortunately, in Black-White interactions, each participant is met with unexpected behaviour: Black listeners feel that their White interlocutors with their wandering gaze are not really whole-heartedly involved in the conversation; when Blacks speak, eyes lock, and each participant feels the other is being aggressive. Each group makes inferences on the basis of what is considered normal within their group.

In the realm of verbal behavior, ethnomethodologists (cf. art. 79) have demonstrated the conventionality and systematicity of conversational routines, notably turn-taking, openings, and closings (cf. e. g., Sacks et al. 1974). They have also demonstrated how important that systematicity is to verbal interaction: for example, in his discussion of conversational openings, Schegloff (1972) demonstrates that if, for some reason, the greeting routine goes wrong (say both participants speak at once instead of in turn), interlocutors recycle to the beginning in order to accomplish the routine properly before they feel free to get to the heart of the matter. My study of service encounters in Montreal (Heller 1982 a) showed that until conventions of language choice (English/French) could be established, interlocutors could not proceed to the issue at hand (e. g., making an appointment with a doctor, placing an order in a restaurant), even when all participants were obviously fluently bilingual. Systematicity allows speakers to know how to repair or renegotiate; conventionality anchors conversation in a known frame of reference, so that speakers can be prepared for what is to come next.

Ethnographers of speaking (cf. art. 78) and sociolinguists (cf., e.g., Gumperz/Hymes 1972) have also demonstrated the pervasiveness of cultural conventionality of ways of speaking for all groups, across all speech situations and in all areas of language: linguistic (Gumperz 1982a; Labov 1972) and paralinguistic (Gumperz 1982a), at the utterance level as well as at the level of discourse (Gumperz 1982a; Schieffelin 1979). They have demonstrated the importance to social interaction of knowing how to use language appropriately, and they have shown that ways of speaking are grounded in the social organization of everyday life.

Recent work has also examined more closely the use people make of culturally conventionalized ways of speaking in order to accomplish conversational tasks (Gumperz 1982a, b; Cicourel 1978; Michaels 1982; Mehan et al. 1983; Heller/Freeman in press). Attention has also been paid to the way language can be used not only to re-affirm background knowledge, but to create it, and on the basis of new background knowledge, to define new conventions of behavior (Heller 1982a). When the ecological basis of social relations changes (recently we have felt this most in inter-ethnic and in male/female relations), old ways of speaking are no longer appropriate. However, it is far from clear what *is* appropriate, since the new order has yet to emerge. In such circumstances, conversation becomes a resource for defining the new order. For example, social change in Quebec radically altered the bases of French-English relations (Heller 1982b), thereby causing a breakdown in conventions of behaviour. Especially in specific arenas at the frontier of change (e.g., the work place and service encounters), interlocutors passed through a period of stress in which every conversational act was problematic, and frames of reference had to be explicitly defined, otherwise, as described above, conversation broke down entirely. Finally, a new routine developed, based on code-switching, which enabled interlocutors to define a new, neutral frame of reference.

Work in the area of children's acquisition of bilingualism has shown that children do associate languages with the people who commonly speak them and the situations in which they are commonly used (McClure 1981). Similarly, children learn to code-switch (cf. art. 129) where that is a conventional speech mode in social situations in their community (Zentella 1981), although they may also switch languages as part of their strategy for learning the language use conventions of their community and for learning to differentiate language varieties in the community repertoire (Huerta 1980). Through their own social experience they learn the social significance of language use, and are able to use languages to accomplish primarily social or discourse ends (e.g., indirectly telling on a classmate to the teacher, emphasizing, shutting others out of conversations).

What this work clearly shows is that shared ways of speaking are basic to the formation of social relationships, and so to individual access to social networks and to participation in social activities. These shared ways of speaking become symbolic of shared background knowledge, of shared culture. Language becomes not only one way in which shared culture can be established and defined, but also ultimately a symbol of it. To be a member of a group, then, also means knowing certain things about how the world works and about how to behave (including how to talk) in the various situations encountered in everyday life, as well as about how to make inferences on the basis of others' behaviour: this is the basis of social identity. Identity, then, is a social construct, grounded in social interaction in the activities and situations which arise as a product of the relationship of a social group to its social and physical environment. It is a product of shared social knowledge, and a reflection of co-membership. Clearly, shared ways of thinking and behaving influence the definition of identity; at the same time, if one knows the identity of one's interlocutor, one can assume a great deal about what he or she is likely to believe and about how he or she is likely to behave.

Finally, it is clear that in order for co-membership to be established, people have to share ways of thinking and talking: language is a means of establishing the social ties and the participation in social activities that underlie entry to a social network. It is thus central to any understanding of the processes of inclusion and exclusion which constitute the maintenance or change of the boundaries on which social organization and identity are based.

5. Conclusion

The study of language and identity has come recently to focus on language as both indexical or symbolic of identity and as central to the process of social construction of identity. It has moved away from viewing identity as something immutable; increasingly, identity is viewed as a construct which arises out of social interaction and which is most clearly understood by examining how individuals enact social roles in specific social situations. Finally, it has become increasingly clear that microanalyses of language use must be related to macro-analyses; in other words, it is necessary to situate encounters and individuals within a framework which permits an examination of the way in which local and group-wide processes are related to each other.

6. Literature (selected)

Auer, Jan P. (1984) *Bilingual conversation*, Amsterdam/Philadelphia.

Bourhis, Richard/Genesee, Fred (1980) "Evaluative reactions to code switching strategies in Montreal", in: *Attitudes towards language variation: social and applied contexts*, Ryan, B./Giles, H., eds., Oxford, 335–343.

Carranza, Michael/Ryan, Ellen B. (1975) "Evaluative reactions of bilingual Anglo and Mexican American adolescents towards speakers of English and Spanish", in: *International Journal of the Sociology of Language* 6, 83–104.

Cicourel, Aaron (1978) "Language and society: cognitive, cultural and linguistic aspects of language use", in: *Sozialwissenschaftliche Annalen*, Band 2, B 25–58.

Erickson, Fred/Shultz, Jeffrey (1982) *The counsellor as gatekeeper: social interaction in interviews*, New York.

Fisher, Susan/Todd, Alexandra, eds., (1983) *The social organization of doctor-patient communication*, Center for Applied Linguistics, Washington, D.C.

Genesee, Fred/Bourhis, Richard (1982) "The social psychological significance of code switching in cross-cultural communication", in: *Journal of Language and Social Psychology* 1, 1–28.

Giles, Howard/Powesland, Peter F. (1975) *Speech style and social evaluation*, New York.

Giles, Howard/Taylor, Donald/Bourhis, Richard (1973) "Towards a theory of interpersonal accomodation through speech: some Canadian data", in: *Language in Society* 2, 117–192.

Gumperz, John (1982 a) *Discourse strategies*, Cambridge.

Gumperz, John, ed., (1982 b) *Language and social identity*, Cambridge.

Gumperz, John/Hymes, Dell, eds., (1972) *Directions in sociolinguistics: the ethnography of communication*, New York.

Heller, Monica (1982 a) " 'Bonjour, hello?': negotiations of language choice in Montréal", in: *Language and social identity*, Gumperz, J., ed., Cambridge, 108–118.

Heller, Monica (1982 b) *Language, ethnicity and politics in Quebec*. Unpublished Ph. D. thesis, University of California, Berkeley.

Heller, Monica/Freeman, Sarah, eds., (in press), "Discourse as organizational process", in: *Discourse Processes (Special issue)*.

Labov, William (1972) *Sociolinguistic patterns*, Philadelphia.

Lambert, Wallace (1967) "A social psychology of bilingualism", in: *Journal of Social Issues* 23, 91–109.

Lambert, Wallace (1972) *Language, psychology and culture*, Stanford.

Lambert, Wallace/R. Hodgson/R. Gardner/et al. (1960) "Evaluative reactions to spoken language", in: *Journal of Abnormal and Social Psychology* 60: 44–51.

McClure, Erica (1981) "Formal and functional aspects of the codeswitched discourse of bilingual children", in: *Latino language and communicative behaviour*, Duran, R., ed., Norwood, N. J., 69–94.

Mehan, Hugh/Hertweck, Alma/Meihls, J. Lee (1986) *Handicapping the handicapped: decision-making in students' educational careers*, Stanford.

Michaels, Sarah (1982) " 'Sharing time': children's narrative styles and differential access to literacy", in: *Language in Society* 10, 423–442.

Ochs, Elinor/Schieffelin, Bambi, eds., (1979) *Developmental pragmatics*, New York.

Ryan, Ellen B./Giles, Howard, eds., (1982) *Attitudes towards language variation: social and applied contexts*, London.

Sachs, Harvey/Schegloff, Emmanuel/Jefferson, Gail (1974) "A simplest systematics for the organization of turn-taking in conversation", in: *Language* 50, 696–735.

Schegloff, Emmanuel (1972) "Sequencing in conversational openings", in: *Directions in sociolinguistics: the ethnography of communication*, Gumperz, J./Hymes, D., eds., New York, 346–380.

Schieffelin, Bambi (1979) "Getting it together: an ethnographic approach to the study of communicative competence" in: *Developmental pragmatics*, Ochs, E./Schieffelin, B., eds., New York, 73–110.

Woolard, Kathryn (in press) *The politics of language and ethnicity in Barcelona, Spain*, Stanford.

Zentella, Ana (1981) " 'Ta bien, you could answer me en cualquier idioma': Puerto Rican codeswitching in bilingual classrooms" in: *Latino language and communicative behavior*, Durán, R., ed., Norwood, N. J., 109–131.

Monica Heller, Toronto (Canada)

91. Linguistic Prejudice/Stereotypes

1. Introduction

According to everyday conceptions as well as scientific reasoning prejudice is one of the major forces preventing social groups and individuals from having fruitful and harmonic relations. To the extent that sociolinguistics is interested in how intergroup and interpersonal relationships function it has to deal with prejudice and stereotypes — no matter if the object of a particular prejudice happens to be a language or a group of speakers. — Aside from this global theoretical concern sociolinguistics is — or should be — specifically interested in research on prejudice at least in connection with the following aspects of the problem:

(1) The role that prejudice and stereotypes about languages, speakers or linguistic communities play in
— situations of language contact (cf. art. 58, 71) or diglossia (cf. art. 33)
— language maintenance and language shift
— language planning (cf. art. 74, 179)
— second language acquisition
— (language) teaching (cf. art. 183, 184).

(2) The role that prejudice and stereotypic beliefs play in language use at least in areas such as politics (cf. art. 95, 189) and mass media (cf. art. 93).

(3) The linguistic expressions of stereotypic beliefs and the role that these expressions play in different kinds of verbal interaction. — The following article will at least touch upon all of these aspects, concentrating on those which presumably will not be included in other articles in this handbook. The *linguistic* in the title of this article will accordingly be understood in a systematically ambiguous way: I will deal with prejudice and stereotypes about language (or speakers respectively) as well as with linguistic expressions of prejudice and stereotypic beliefs.

2. Definitional Problems

The attempt to give a precise definition of either term — *prejudice* or *stereotype* — runs into a twofold problem: The use of the terms in everyday language as well as in many different scientific disciplines has led to the fact that there is no one standard definition for either of the technical terms. If one for sociolinguistic purposes defines the terms by applying the most widely used criteria of the technical meanings, one is faced with the fact that one of the major concerns of sociolinguistics — prejudice and stereotypes about language — is not included in the stricter sense of either prejudice or stereotype. Both terms as used by social psychology — the "mother discipline" concerned with research on prejudice — are applicable only with respect to social groups as the objects of prejudice. This does not hold for the related term *attitude* (cf. art. 20), and so it may not be by accident that sociolinguistic research on prejudice and stereotypic beliefs about languages and speakers is normally conducted under the label *language attitudes*.

Before solving the definitional dilemma I will proceed to discuss the most common criteria used by different authors to define the term *stereotype*. The term was introduced by Lippman (1922), who used it in a rather broad sense but already included the aspects that stereotypes are evaluative or irrational in nature and that they govern expectations. He also implied that stereotypes are a kind of mental system, "pictures in our heads". In other words, stereotypes are not identifiable with overt expressions (linguistic in nature or not), and the collection of stereotypes held by an individual is never a random selection. Successive research defines stereotypes as beliefs (Harding et al. 1969, 4; Allport 1954; Katz/Braly 1967), judgments (Duiker/Frijda 1960, 115), mental images (Eichhorn et al. 1969, 485) or conceptual systems (Vinacke 1974). Among the special features used to distinguish stereotypes from other mental representations the following are the most common ones: Stereotypes are categories which overgeneralize and oversimplify (König 1967, 336; Bogardus 1950, 286), they are contrary to the facts or do not contain more than a "kernel of truth" (Hofstätter 1967, 207; Harding et al. 1969, 4; Katz/Braly

1935, 181), they are emotionally evaluative (Heintz 1957, 34; Dujker/Frijda 1960, 115; Allport 1958, 184; La Violette/Silvert 1951, 259), and they are characterized by persistence and rigidity, in other words, they are resistant to change in societies as well as in individuals (La Violette/Silvert 1951, 259). Some authors (Wolf 1969) treat the high degree of sharedness in a society as an essential feature of stereotypes, some others emphasize the connectedness with linguistic expressions (Schaff 1980) and yet others constitute a linguistic variant of the concept which identifies the stereotype with the verbal expression of a certain belief about a social group or about an individual as a member of a social group (Quasthoff 1973, 28).

The most extensive definition is provided by Schaff (1980, 86 f). The most clearly linguistically oriented definition was given by Quasthoff (1973, 28), whose purpose was to test the descriptive and explanatory means of linguistics in application to a sociopsychological research object: "Ein Stereotyp ist der verbale Ausdruck einer auf soziale Gruppen oder einzelne Personen als deren Mitglieder gerichteten Überzeugung. Es hat die logische Form eines Urteils, das in ungerechtfertigt vereinfachender und generalisierender Weise, mit emotional wertender Tendenz, einer Klasse von Personen bestimmte Verhaltensweisen zu- oder abspricht. Linguistisch ist es als Satz beschreibbar." In order to make stereotypes a legitimate object of linguistic description, stereotypic beliefs must be expressed verbally as opposed to being expressed visually — in the form of cartoons, for instance — or in direct, non-verbal action. Thus the definition given above is clearly designed to constitute a linguistic concept 'stereotype', other disciplines will not confine the meaning of the term to a linguistic expression (cf. Schaff 1980, 74 f). — Identifying a stereotype with the verbal expression of a stereotypic belief does not imply that it has to be verbalized explicitly. The semantic analysis of stereotypes on the empirical basis of their use in different kinds of discourse (Quasthoff 1973; 1978; 1980; 1984) has shown that it is even more typical for them to remain implicit (see 5.2.). To the extent that their inferability is a condition of the coherence of text they can nevertheless be said to be expressed verbally. This inferability, on the other hand, is due to the fact that stereotypes typically are elements of common knowledge, shared in a particular culture. In view of this

aspect and in addition to the definition given above the high degree of sharedness (Wolf 1969) should be included as a definitional feature (Quasthoff 1978). The definitional quality that the grammatical unit of the linguistic description of stereotypes is the sentence does not mean that stereotypes empirically have to appear in the form of complete sentences. It solely implies that the semantic unit of a stereotype is a proposition, i. e. reference and predication, as opposed to a certain form of reference as such. This latter position seems to be implied by definitions which view stereotypes as a special kind of categories (Young 1957, 500) or associate them with a word. Schaff, however, who emphasizes the important role of words as triggers and carriers of stereotypic judgments, objects to the identification of stereotypes with the linguistic unit of a word and explicitly accepts the definitional feature given above (Schaff 1980, 74).

Among the related concepts 'attitude' is the most important one to be delimited from 'stereotype'. In comparison the various definitions of stereotype there is a higher degree of uniformity in the use of the term 'attitude'. Most applications of the notion follow Allport's (1967, 8) definition: "An attitude is a mental and neural state of readiness, organized through experience, exerting a directive or dynamic influence upon the individual's response to all objects and situations to which it is related." At least the dispositional quality of an attitude as a state of readiness can be taken as a fixed meaning component of the term, which appears also within sociolinguistic frameworks (Fasold 1984, 147). Another constant feature is the evaluative quality which allows the reduction of attitudes to a value on one-dimensional scales with poles such as a good-bad, friendly-unfriendly, or favorable-unfavorable. This quality enables a clear distinction of attitudes from stereotypes as expressions of *beliefs*. Allport (1984) associates attitudes and beliefs with the two prototypical expressions "I don't like X" vs. "X are y". He states that psychologically the stereotypic belief serves as a rationalization of the (unfriendly) attitude which accordingly is psychologically more basic (cf. also Hartley/Hartley 1952).

Prejudice is defined by most authors as a normally negative attitude towards social groups (Berelson/Steiner 1964, 495; Cox 1959, 393; Mitchell 1968, 136). Others, however, see prejudice as composed of two components: attitude and belief (Allport 1954). In view of the close psychological connection between these two and in the attempt to capture as much as possible of the non-technical uses of the word 'prejudice', the latter position will be adopted here. As opposed to stereotype which for the purposes of a linguistic access has been defined as the *verbal* expression of a certain type of belief, prejudice is clearly a *mental* state composed of — normally negative — attitudes towards social groups and matching stereotypic beliefs.

As mentioned above, "prejudice" about language in a strict sense of the word is not a prejudice. Closer examination of the sociolinguistic interest in prejudice will reveal, however, that the overwhelming majority of studies on "language attitudes" is not really concerned with stereotypic beliefs about languages (as being "'rich', 'poor', 'beautiful', 'ugly', 'sweet sounding', 'harsh'" and the like (Fasold 1984, 148). As an ultimate goal they are interested rather in prejudice against the social groups which are associated with particular languages. The term *linguistic prejudice* in this article will be used accordingly.

3. Social Prejudice: Theories, Results, Applications

3.1. Methodological and Empirical Aspects

Empirical research on prejudice can be traced back to the famous study by Katz and Braly ([1933] 1967), who distinguished attitudes from stereotypes and viewed stereotypes as beliefs. Stereotypic beliefs were measured by the use of a list of 84 traits. 100 subjects were asked to select those traits that they considered suitable for the characterization of a specific national or ethnic group. The following nationalities or groups were included in the study: Americans, Chinese, Germans, British, Irish, Italians, Japanese, Jews, Negroes and Turks. A ranking of the popularity of the respective nations or ethnic groups was obtained from a second group of subjects, and a third one ranked the traits according to their desirability. For illustrative purposes I will present the traits attributed to "Americans' (obviously meant as white Americans) and "Negroes" (Katz/Braly [1933] 1967, 43):

Traits checked, rank order	No.	Percent
Americans		
Industrious	48	48
Intelligent	47	47
Materialistic	33	33
Ambitious	33	33
Progressive	27	27
Pleasure-loving	26	26
Alert	23	23
Efficient	21	21
Aggressive	20	20
Straightforward	19	19
Practical	19	19
Sportsmanlike	19	19
Negroes		
Superstitious	84	84
Lazy	75	75
Happy-go-lucky	38	38
Ignorant	38	38
Musical	26	26
Ostentatious	26	26
Very religious	24	24
Stupid	22	22
Physically dirty	17	17
Naive	14	14
Slovenly	13	13
Unreliable	12	12

The results of the two evaluative procedures are very much alike: The first three positions on the lists are taken by Americans, British and Germans, the most unpopular groups are Blacks or Turks. — Important for the concept of stereotype used by Katz and Braly is the (degree of) definiteness of a particular stereotype, which is measured in terms of the number of traits necessary to account for 50% of possible attributions for each group. So what we have here is an operationalization of the degree of sharedness which was discussed and finally accepted as a definitional criterion in section 2.

The empirical method described above has been widely used in succeeding sociopsychological studies on stereotypes (cf. e. g. Sodhi/ Bergius 1953). There are however, some decisive methodological objections against this procedure. The most important ones are the following two: (1) The subjects cannot show an "unprejudiced" behavior. They have to attribute at least "typical" traits to entire groups of people in an undifferentiated way, if they are willing to cooperate in the study at all. (2) The selection of traits out of a list of words isolates their meanings from a context of use. They therefore lack semantic determination to a considerable degree and can consequently vary systematically at least in their connotations.

Other studies (Hofstätter 1960) use the methods of the semantic differential (Osgood/Suci/Tannenbaum 1957) and factor analysis (see art. 104, 105). Research on language attitude often uses the matched guise technique (see 4.1. and art. 119) in combination with the semantic differential. Bogardus ([1925] 1967) developed his famous "scale of social distance" to measure attitudes. In this procedure subjects state which of 7 types of social relations they would be willing to be involved in with respect to a member of a particular outgroup. The scale ranges from 'close relation by marriage' to 'exclusion from my country'. Elements of this method have clearly influenced the matched guise technique, where subjects are asked to judge speakers of a particular language/code/register with respect to characteristics such as profession or intelligence on the one hand and likeability on the other hand. Adorno and his collaborators (1950), who explain prejudice mainly in terms of intrapsychic mechanisms in connection with the syndrome of the "authoritarian personality" developed indirect methods for the measurement of prejudice, known as the Californian E- and F-scales (see 3.3.).

3.2. Acquisition and Change of Prejudice

The fact that prejudice is independant of personal experience is so widely accepted that some authors even include it in their definitions of stereotype (Schaff 1980, 86). At the same time the resistance to change is already expressed in the selection of the term 'stereotype' by Lippman (1922), who emphasized the fixedness of his "pictures in the heads" by borrowing the term from the context of printing. In view of these two qualities of stereotypic beliefs the questions arise how stereotypes and attitudes are acquired by the individual — if not by experience — and how the sharedness of stereotypes in societies changes — if it changes at all.

A global answer to the first question is that attitudes and stereotypes are transmitted to a child in the process of socialization. There are at least two ways by which a child acquires the prejudices held by his/her parents and other social environment: The direct identification with the parents' mental and behavioral orientations (Allport 1954) and the formation of certain personality syndromes as a result of certain child rearing techniques (see 3.3.). — Research about prejudice in children differentiates between (1) the perception of differences in social groups, (2) the identification with a particular group, and (3) the preference for a particular group. The classical study by Clark/Clark (1967 — on the basis of data collected in 1940/41) tries to find an answer to all three aspects of the problem. Black and white children between 3 and 7 years of age were asked relevant questions with respect to black and white dolls. The data show that all three aspects of social orientation are acquired gradually with increasing age and that there is a strong tendency to reject the black doll in children of both races and of all age-groups. — Piaget/Saudler-Weil (1978) describe the development of concepts of nationality and the identification with the own nationality in terms of the cognitive ability of reversability. In view of the idea that prejudice is a form of ethnocentrism (Adorno et al. 1950), the acquisition of stereotypic thinking could also be studied as a variant of the development of perspective taking within social cognition.

The fact that prejudice is acquired via socialization into a particular (sub-)cultural value system gives rise to the question of a possible connection between the socioeconomic status and the degree of stereotypic thinking or hostile attitudes towards outgroups. The picture presented by classical empirical research on prejudice is unclear in this respect. Some authors deny an influence of socioeconomic status on the degree of ethnocentrism (Adorno et al. 1950). Others assume such a connection with respect to attitudes towards specific outgroups, e.g. Blacks in the U.S. (Allport 1954). There seems to be evidence, however, for a covariation of downward social mobility and a higher degree of social prejudice (Berelson/Steiner 1964, 513f; Hartley/Hartley 1955, 483; Allport 1954). — In a more recent study Schönbach (1981) was able to prove a correlation between a high level of education and a more favourable attitudinal disposition towards Italian and Turkish working immigrants in Germany. Socioeconomic conditions as opposed to level of education are considered to be only mildly — if at all — influential. This finding is especially interesting in its attempt to explain the correlation by giving evidence for the influence of an intermediate cognitive variable (see 3.3.).

As far as the changeability of stereotypic beliefs in individuals or cultural systems is concerned, even the ever repeated characteristic that stereotypes are independant of personal experience does not hold for all circumstances. There are some investigations which have examined the degree to which personal contact with members of the respective outgroup can influence attitudes and beliefs with respect to this outgroup (Stember 1961; Yarrow/Cambell/Yarrow 1967; Star et al. 1967; Deutsch/Collins 1967). The results can be roughly summarized as follows: A positive influence on the stereotypic thinking of members of a majority can only be expected if

— personal contact with members of the minority is frequent, relatively close and permanent;
— preferrably between higher status groups of either majority and minority members;
— behavioral traits of the minority members cannot be interpreted in terms of the stereotype and have to be attributed to the persons, not to the situations.

Stereotypes also change in the course of history. Hartley/Hartley (1955, 462) and Buchanan/Cantril (1953, 56) report on studies which found a change in American stereotypes about Germans and especially Japanese due to the influence of World War II. Such an influence is also evidenced by the dramatic change in the American picture of the Russians between the years of 1942 and 1948 ("cruel" 1942: 9%, 1948: 50%, Buchanan/Cantril 1953, 55). Janowitz (1963, 43) states that a decrease in hostile attitudes towards Blacks and Jews is evident in the U.S. after World War II.

Stereotypic pictures of foreign nations are obviously influenced at least by

— the history of the binational relations,
— the actual relationship in political and propagandistic terms

and can change as a consequence of a change in these conditions (Quasthoff 1973, 86). As far as attitudes towards minorities are concerned at least the following factors seem to be involved:

— the economic situation of both groups, especially a situation of possible competition on the job market,
— the structure of the social relations within a particular society: Are most members of the minority of an especially high or low status? Is there a period of increased social mobility within the majority group? —

A famous example for the responsibility of economic conditions for a drastic change in stereotypes and attitudes is reported by Berelson/Steiner (1964, 503): As long as Chinese immigrants in California in the 19th century typically worked on farms in rural areas, they were no threat to white workers, who mostly worked in mines. They were viewed as "sorber", "inoffensive", "law-abiding". As soon, however, as Chinese immigrants in the course of increased immigration had to compete for jobs in the cities the picture changed to "criminal", "dangerous", "clannish", "deceitful" etc.

3.3. Explanatory Approaches: Functions of Prejudice

Attempts to explain the phenomenon by analyzing the functions which are performed by prejudice have centered around three types of explanations: Stereotypes and attitudes fulfill (1) cognitive, (2) innerpsychic, and (3) social needs. All of these functions are interdependant and can be exploited for political purposes.

The *cognitive function* of stereotypic thinking acknowledges the fact that the human mind has to simplify to a certain degree in categorizing and forming expectations about the world. This aspect was already mentioned by Lippmann (1922). It should receive additional attention in view of newer developments in cognitive psychology and Artificial Intelligence. These disciplines use Bartlett's (1932) concept 'schema' and related notions to investigate the way in which information processing makes use of structural expectations guided by typicality. According to this view, the perception and comprehension of all kinds of information is an active process by which the information processing system (the human mind or an automatic system) inserts incoming information into the structural "slots" of schemata. In other words, domains of structured knowledge of the world are the basis of expectations and thus govern the processing of information. The functions of schemata have been widely proven in experiments of text comprehension where it could be shown that texttype-specific structural expectations are decisive for comprehension and recall of textual information (van Dijk/Kintsch 1978; Rumelhart 1977; Bower/Black/Turner 1979). Artificial intelligence has provided operationalizations of schematic knowledge of different subtypes, e. g. scripts (Schank/Abelson 1977) and frames (Minsky 1975). Frames are especially interesting with respect to stereotypes in that they provide descriptions of knowledge about categories including socalled "defaults". Defaults are assumptions about "normal" or "typical" properties of a certain concept which are assumed to hold until some contrasting information is processed. Accordingly, systems will associate 'can fly' with birds until they find out that they are dealing with penguins (cf. e. g. Habel 1986). — Connections to stereotypic simplifications and overgeneralizations are obvious. Consequently, the notion of schema is used in research on stereotypes now (Schaff 1980) where traditionally one talked about the function of cognitive economy (Lippmann 1922) or orientation (Quasthoff 1973, 124 f). — To a certain degree, the cognitive process of oversimplifying and overgeneralizing is a normal and necessary way of information processing. The decisive quality which is specific for stereotypes as part of prejudice is the fact that they are not revised on the basis of contrary information. If information to be processed does not fit the schema, the schema is modified or substituded by a more suitable one. If information to be processed does not fit the stereotype, the stereotype is retained and the information is classified as deviant (Quasthoff 1973; forthcoming a).

Based on the view that attitude formation has to do with certain "cognitive styles" in information processing, results of relevant research in Social Cognition are being used to explain stereotypic thinking: Streufert/Streufert (1978) offer the variable 'cognitive complexity", i. e. a multidimensionality in information processing as influential in person perception: "Multidimensional differentiators view the described person as both 'good' and 'bad'. For example, he might be viewed as 'intelligent and industrious' at work, and 'impulsive, critical, stubborn and envious' when he deals with wife and children." (Streufert/Streufert 1978, 255). Influenced by results like the one described above, Schönbach (1981) uses the causal mediator "associative flexibility" to explain the covariation between the variables level of education and degree of hostile attitudes towards immigrant workers in Germany. "Associative flexibility" is closely related to "cognitive complexity" in that it stands for "a basic capacity and motivation to shift perspectives

in responding to cognitive stimulation" (Schönbach 1981, 113).

While explanations of stereotypic thinking based on the schematic simplifications of information processing deal with the cognitive aspect of the problem, theories which offer *innerpsychic functions* as an explanation for prejudice are concerned with the affective parts of this complicated phenomenon. It follows from the definitions given in 2. that cognitive explanations can perhaps serve as a necessary, but never as a sufficient condition for the emergence of prejudice, since affective qualities are decisive features of the phenomenon. — Among the attempts to find innerpsychic explanations the theory of the "authoritarian personality" (Adorno et al. 1950) certainly plays a dominant role. This approach is based on psychoanalytic reasoning as well as on empirical findings of the Californian study and successive investigations (Freyhold 1971). It offers the notion of ethnocentrism (borrowed from Sumner 1906) in reference to a syndrome of personality traits as the explanatory core of the model. This concept reveals that prejudice is viewed in terms of a centeredness towards the own group, whereas other theories tend to give explanations by reference to the respective outgroups and their stereotypic images. So a logical implication of ethnocentrism as an explanation for prejudice and stereotypes is a high correlation of hostile attitudes towards different outgroups. Such a tendency has been proven by several studies (Adorno et al. 1950, 106 et passim; Berelson/Steiner 1964, 502; Allport 1954). Especially an experiment conducted by Hartley/Hartley (1955, 464 f) has been taken as relevant evidence. Using the Bogardus scale (see 3.1.), the authors included three nonsense names in their list of 35 ethnic groups and found a correlation of $r = +0.8$ in hostile attitudes towards real and fictitious outgroups. — There are other studies, however, which give rise to a certain scepticism with respect to at least a general high correlation of hostile attitudes towards Blacks and Jews (Becker/Wolf 1971, 521; Stember 1961, 2). At close sight, even the various empirical results of the Californian study itself do not confirm a simple concept of ethnocentrism in the sense that an individual who shows hostility towards one group necessarily has high scores with respect to all the other groups (cf. Quasthoff 1973, 102 f). Especially antisemitism plays a special role and is measured by use of a particular instrument, the so-called A-scale (as opposed to the E-scale for ethnocentrism). — An important characteristic of the theory of the authoritarian personality is the connection between ethnocentrism and a tendency towards faschist thinking which is claimed by the theory and measured by use of the "F-scale". (For a detailed description and criticism of the methodology of the Adorno-study see Quasthoff 1973, ch. 5.1.)

The following is a very short summary of the main positions within the attempts to explain prejudice in terms of innerpsychic functions (cf. Allport 1954, Mitscherlich/ Mitscherlich 1967) and/or certain personality syndromes as advocated by Adorno et al. (1950):

— Stereotypes are rationalizations of attitudes (see 2.).
— Anything strange is perceived as a threat by the authoritarian personality.
— Aggression towards powerful, oppressive personalities or groups is forbidden by the innerpsychic control of the authoritarian personality. Instead the aggression is directed towards groups or individuals which are perceived as weak in comparison with the authoritarian individual (scapegoating).
— Forbidden desires are projected on outgroups. (Traits like brutality and sexual abnormality in fact seem to be recurrent attributions to all kinds of outgroups discriminated against by the majority.)
— The connection between frustration and aggression can explain the origin of aggression, which is directed towards outgroups and rationalized by projection and stereotypes.

The description of *social functions* explicitly or implicitly rely heavily on Sumner's (1906) ingroup-outgroup-model of cultural organization. Stereotypes are used to mark distance towards outgroups and stress ingroup solidarity.

In this sense the social function of prejudice is stated by all the authors who deal with functional explanations at all (e. g. Schaff 1980; Fasold 1984, 158). Again this social function is interrelated with other kinds of functions: A special need for social identity is certainly dependant on psychological variables such as low self esteem as hypothesized by Schönbach (1981, 173). Low self esteem in turn can be viewed as part of the authoritarian personality syndrome and as such is the consequence of particular child rearing

techniques. — In 5.2. it will be shown how an analysis of verbal interaction can demonstrate the precise functioning of the identity-marking power of stereotypes.

All the functional descriptions presented above can explain mental dispositions or at the most stereotypic and hostile thinking. For the transformation of dispositions into actual (verbal or other) behavior obviously additional factors are responsible. A decisive one among these seems to be the question whether or not individuals with dispositions towards prejudice can feel protected in their respective behavior by public opinion. Accordingly research on mass communication is one of the most important fields where sociopsychological and linguistic theories of stereotypes are applied (Quasthoff forthcoming a).

3.4. Applications in Different Disciplines

Studies about the role of stereotypes and prejudice in political language, mass media, public speeches and the like is included in most analyses of public language use. This field is such a vast domain of research with no special subdiscipline dealing with prejudice in particular that it is impossible to review it here (see, however, art. 93, 190). One of the most relevant works in German is Dieckmann (1969; 1975). A recent work in English is van Dijk (1984). Svenson (1984) analyzes the use of stereotypes in a certain sense of the word in the documents of a political party. Rössler/Gebhardt (1979) is a study on stereotypes about Spaniards as they are conveyed by Spanish language books. — The treatment of stereotypes in the context of mass media and public language use poses the necessity to delimit the concept from related ones like 'catchword', 'image' or 'cliché' (Quasthoff 1973).

Aside from the applications of the sociopsychological notion of stereotype there are logical (Putnam 1975), psychological (Rosch 1977), or linguistic (Schwarze 1981) approaches to semantic theory which use the word *stereotype* (or *prototype*) in developing a holistic (as opposed to a componential) concept of word meaning.

4. Linguistic Prejudice and Linguistic Description of Prejudice: a Macro-Analytic View

The systematics of the following description of linguistic approaches to research on prejudice follows a methodological diversification of sociology and sociolinguistics. 4.1. deals with prejudice held by subjects who have been selected as representatives of particular social groups. These attitudes and stereotypes are elicited by use of special procedures designed for just these purposes. 4.2. will be concerned with the role of stereotypes in verbal interaction based on observational data.

4.1. Stereotypes and "Language Attitudes"

Results and methods used in research on language attitudes are reviewed in a detailed way in art. 119 and consequently will not be discussed here. What I will be talking about briefly, however, is the relation of the research field known as language attitudes to the concepts of prejudice and stereotype as defined in 2. — As mentioned there "language attitudes" in general are not really attitudes towards languages, but rather towards social groups which are identified with a particular language or speech style in a often bilingual or diglossic culture. Language is an important carrier of group identity and is studied as such. Results of research on "language attitudes" are consequently not only relevant data for the study of language maintenance and language shift or the practice of language policy and language planning, but also for the unterstanding of intergroup relationships in general and in particular. The problem that the different techniques used to collect data on "language attitudes" elicit judgments about the general cultural evaluation of the respective group rather then their members' speaking a particular language has been seen early (Labov 1972). There are studies, however, which actually do describe judgments about languages in a stricter sense. To name just one example: Cooper/Fishman (1974) tested the stereotypic belief of Muslim speakers of both Arab and Hebrew that Hebrew is more suitable for scientific reasoning whereas Arab is more associated with traditional Islamic arguments. Such speakers listened to two different types of text — scientific evidence against the use of tobacco and Islamic positions against the use of liquor — each recorded in both languages, read by the same speaker fluent in both languages. The results were very clear: The group of respondents who had listened to the tobacco text in Hebrew and the liquor text in Arab supported tax on tobacco or alcohol respectively to a much higher degree in reaction to the texts than the repondents who had listened to the reverse combination of texts and languages. — Viewed as such research on "language attitudes" is really not distinct from research on prejudice in general as it has been described above. Consequently it is not astonishing that much of what has been said about social prejudice in general also appears in the context of language attitudes concerning, e.g., the change, the connection to ethnocentrism, the influence of contact or the social functions of prejudice (Fasold 1984, 158 et passim).

Léon (1968) elicited judgments about two French variants from respondents who did not understand French. There were hardly any differences in the evaluation of the respective speakers. This can be taken as strong evidence for the fact that *social* instead of *language* prejudice is being investigated.

In order to answer the question whether stereotypes or attitudes in the stricter sense of terms are being measured in this field we have to turn to the methods used to elicit the respective judgments (cf. art. 119). As long as in applying the matched guise technique (Lambert et al. 1960; Lambert 1967) respondents are asked to judge the recorded speakers according to traits like intelligence, sense of humor, reliability or ambition (Lambert et al. 1960), clearly a stereotype of the social group represented by the language is elicited. The reactions to the question "est-ce qu'il est sympatique?", however, are aimed for the elicitation of favorable or unfavorable attitudes towards the social group identified with the speaker. — There are some studies which tested the relationship between the results of procedures to test "language attitudes" and general prejudice against the respective outgroup as elicited by other means of sociopsychological research on social prejudice. Results are not uniform: Anisfeld/Bogo/Lambert (1962) found no connection between the judging of speakers with a Jewish accent and general attitudes towards Jews. Hoppe (1976), however, found a very strong orientation following general stereotypes about the inhabitants of different parts of France in French listeners' judgements concerning the respective French variants.

4.2. Linguistic Stereotypes of Teachers

Central to research on teachers' stereotypes and attitudes with respect to the language of their pupils is the work of F. Williams (Williams/Whitehead/Miller 1971; 1972; Williams 1973; Shuy/Williams 1973; Williams 1974) and R. Shafer (Shafer/Shafer 1975; Shafer 1978).

Williams and his associates use the semantic differential scales to elicit teachers' evaluations of audio- or videotaped speech samples. They developed a "two-factor-model" on the basis of which the two scales "confidence-eagerness" and "ethnicity-nonstandardness" proved to be sufficient and reliable to measure teachers' responses to pupils' speech. It was found that the frequency of wellknown grammatical (syntactically incomplete clauses) and phonological (/th/ → /d/) features of non-standard English could predict values on the ethnicity-scale, whereas the degree of hesitation phenomena was influential for the value on the confidence-scale. In addition to the development of the two scales, Williams (1973) discovered, for example, that black teachers tended to rate black children more "non-ethnic" and "standard" in comparison to white teachers. Low-status white children, however, were rated more "ethnic" and "non-standard" by black teachers, whereas black and white teachers did not differ much in their evaluation of highstatus white pupils. — Especially interesting in the context of the present article is Williams' (1973, 118—120) finding that the same stereotypes — measurable in the same way — could be elicited without the presentation of speech samples, just on the basis of ethnicity labels. In order to answer the question of how the responses to the speech samples and the stereotypic beliefs about the ethnic groups are interrelated, Williams/Whitehead/Miller (1971) and Williams (1973) used videotapes with black, Mexican American and white children each with the same standard English audio track dubbed onto all of the videotapes. Not surprisingly, the (white student) teachers rated the videotaped white child according to the stereotype. In the case of the two "ethnic" children, however, stereotype and videotape ratings differed considerably (with tape ratings more to the non-ethnic, but not to the confident-eager pole). What is especially remarkable, however, is the fact that videotape ratings themselves (i. e. evaluations of the same speech) differed drastically according to the perceived ethnicity of the child and the respective stereotype (Williams 1973, 126). This is very impressive evidence for what research on prejudice has described as "selective perception" for a long time and what is explainable now in the context of the governing function of schemata in information processing (see 3.3.).

Shafer (1978) elicited interview data from British and American teachers ("Describe the way that children talk when they come to school") to analyze teachers' language attitudes on the basis of their own folklore metalanguage. It was found that teachers perceived the speech of many of their students as "culturally deprived" and deficient. The respondents used standard English as the only yardstick for the evaluations of children's speech and were unaware of the relativity of linguistic norms, the rules of code switching and the fact that the "nonstandard" children might well be perfect in a different linguistic subsystem.

4.3. The Role of Language Attitudes in Second Language Acquisition

I will only briefly touch upon the possible influence which favourable attitudes toward a foreign language (or nation) might have on the ease with which the language is learned and on the level of competence which is finally acquired. Second-language acquisition/teaching is a vast and active research field in itself (cf. art. 184, 185). This makes it impossible to deal with it in a peripheral form. Among the relevant references, however, are the following: Lambert et al. (1968), Gould (1977), Taylor/Meynard/Rheault (1977), and Gardner (1979). Research in this field is conducted under the hypothesis that social and psychological motivation is responsible for the remarkable differences in second-language learning achievement under very much the same conditions. The term 'motivation' is defined somewhat more precisely by Gardner/Lambert (1972, 12) as "integrative motive", i. e. the "willingness to become a member of another ethnolinguistic group". A possible influence has been tested with regard to different languages including, for example, Hebrew where a possible connection between language efficiency and anti-semitism was checked (Anisfeld/Lambert 1961), different groups of speakers — including, for example, Filipinos (Gardner/Lambert 1972, ch. 7) — and different settings — including, for example, typical classroom settings (Gardner/Lambert 1972, 282f) or natural settings of second-language acquisition (Whyte/Holmberg 1956). The overall pattern which emerges from these studies supports strongly the assumption of a favourable influence of an integrative orientation towards the respective outgroup on language achievement.

5. Linguistic Stereotype and Linguistic Description of Stereotype: a Microanalytic View

In microanalytic view, stereotypes and — to a certain degree — prejudice can be treated

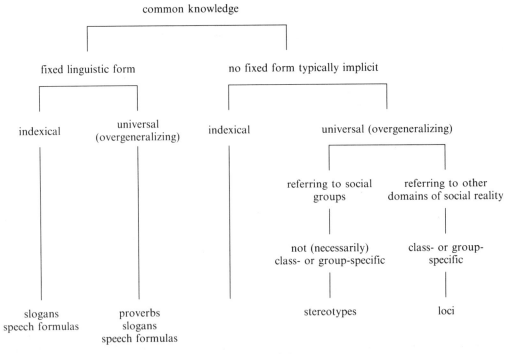

Fig. 91.1: Taxonomy of terms referring to common knowledge

as part of "common knowledge" (Garfinkel 1972), as part of the collective everyday beliefs which can be assumed to be shared — or at least to be known — by the members of a particular culture. Unlike "common understanding" (Garfinkel 1972) this knowledge does not have to be established among interlocutors. Consequently stereotypes in everyday interaction normally remain implicit. This is such a strong characteristic that explicit stereotypes in everyday argumentation, for example, which do not perform a semantic role within the semantic structure of an argument, can be taken as a contextualization cue (Gumperz 1982), an inference triggering device for the implicature from the semantic to the interactional level of interpretation (Quasthoff 1978). This analysis of the role of stereotypes in everyday interaction is the basis of the decision to include the collective sharedness of stereotypic beliefs — which originally has been a sociopsychological feature (see 2.) — in the definition of the linguistic concept of stereotype (Quasthoff 1978). Using a semantic (universal vs. indexical, cf. Gülich 1978) and a formal criterion (fixed linguistic form) for the delimitation of concepts, one arrives at the following taxonomy of linguistic expressions of shared knowledge (see fig. 91.1).

In a somewhat more loose meaning of the word 'stereotype' in linguistic contexts it is sometimes used to refer to all of the elements of the above taxonomy, formulaic expressions as well as semantically universal propositions, expressions which refer to social groups as well as (over-)generalizing attributions to other referents.

The pragmatic rule that shared knowledge normally remains implicit of course only holds for stereotypes and loci. There are, however, types of discourse designed to elicit stereotypes, where stereotypes and attitudes do appear explicitly and which accordingly can serve as empirical basis for the development of a semantic typology of stereotypic expressions.

5.1. A Semantic Typology of Stereotypes

Using group discussions, collected by members of the Frankfurt *Institut für Sozialforschung* in order to study attitudes towards World War II, antisemitism etc. in postwar Germany, Quasthoff (1973) developed the following semantic typology of stereotypic expressions. With respect to the data used this typology turned out to be exhaustive. Type 1 represents that basic form of stereotypic predication:

Germans are ⎫
The German is ⎬ *industrious*

The explicit meaning of this type of expressions can be formalized by use of the universal quantifier: For all x if x is German then x is industrious. (For a discussion of the relation between "all x" and "the typical x" see Quasthoff 1973, 240 f. For a discussion of the question whether an intensional representation of the meaning of stereotypic propositions is more appropriate see Quasthoff 1978.) Type 2 and 3 are clearly intensional: *Americans are believed to be competive* (Type 2) and *I have the impression that Turks are not interested in decent housing* (Type 3). Type 4 includes presupposed and other forms of inferrable stereotypes: *He is German but he is never on time.* — This typology follows not so much an innersemantic systematics; it rather reflects different degrees of directness of the stereotypic utterance and can be mapped on sociopsychological results as well as on functions in the contextualized use of stereotypic expressions (see Quasthoff 1973).

5.2. The Role of Stereotypic Knowledge in Verbal Interaction: Some Examples

We are moving from the semantic description of explicit or clearly presupposed stereotypes to the function which stereotypic beliefs and loci as part of everyday knowledge perform in conversation. It is, of course, heuristically worthwhile to look at those types of conversation where the sharedness of the respective knowledge domains cannot necessarily be assumed. By reconstructing the communicative problems which result from the lack of common knowledge one can gain insights into the normal role of stereotypic and other everyday beliefs as a catalyst for mutual understanding. All kinds of intercultural communication where (sub-)culture specific knowledge is not shared would be relevant examples.

Quasthoff (1986) uses classifications and formalizations of different forms of non-linguistic and "semi-linguistic" knowledge to demonstrate how the lack of common knowledge leads to intercultural non- or misunderstanding. This is done on the basis of a variety of different textual examples. Similarly in Quasthoff (1980) data of American conversational narratives are used to show how implicit cultural knowledge is needed to make the discourse coherent (see also with a somewhat different orientation Polanyi 1983), how discourse analysis can be used in some cases to reconstruct implicit subculturally bound assumptions and how in other cases certain levels of meaning remain hidden if the analyst does not share the culturespecific knowledge to be inferred.

It has been shown that stereotypic knowledge is indispensable for a succesful presentation of self in intercultural communication. If the relevant group stereotypes and the (also stereotyped) cues which serve to indicate group membership (see also Sacks' (1972) "categorization devices") are not known to the language learner, the interactive process of presenting a certain self-image in coordination with a certain definition of other by the interlocutor can be severely disturbed. In many cases of non-shared cultural knowledge, the learner has only one choice: To present him/herself as non-member — which of course reduces intercultural interaction beyond a point where it is valuable (see Quasthoff forthcoming b). In this light Rössler/Gebhardt's (1979) criticism of language books conveying auto-stereotypes of the nation of the target language and heterostereotypes of the nation of the language learner cannot be supported. Knowing — not necessarily sharing — the stereotypes of a speech community whose language one is learning is a necessary condition for "communicative competence" in this culture. — This holds even for communications in the same language among members of different subcultures. Quasthoff (1985) demonstrated how in a discussion between house owners and squatters mutual understanding of explicit meanings and of open interactive strategies was blocked because the stereotypes and loci of the respective outgroup were not known or at least not taken into account. More precisely, it could be shown,

- how the participants tried to destroy the presented self-image of one of the interactants in order to replace it by a stereotypic one and how this remained unnoticed by this particular interactant;
- how the members of both groups argued on the basis of stereotypic attributions in regard to the respective outgroup and how these arguments are systematically resistent to counter evidence, because the stereotypic character of the warrant (Toulmin 1958) is not recognized;
- how the stereotypic definitions of other and the fact that these stereotypes are not taken into account do not only block the exchange of meanings on a semantic level, but cause also trouble for the formal organization of interaction.

So it was possible to reconstruct exactly *how* stereotypes and loci are responsible for communicative barriers between subculturally different groups. In addition to that it was shown how the definition of group identity is established by the way in which stereotypic assumptions are taken up and dealt with by the participants, who thus defined themselves as belonging to the same or the opposing subculture. – What we have here is an example of how results of macroanalytic research on stereotypes and prejudice, namely the social function of innergroup solidarity, which is always attributed to hostile attitudes towards outgroups, can be actually demonstrated in the way it performs its function. This can only be done by the means of microanalytic work on interactive data.

5.3. Stereotypes and Formulaic Expressions

According to the taxonomy of linguistic expressions of shared knowledge (see fig. 91.1 above) there are cases where shared contents are associated with a fixed linguistic surface form. The most widely used (cf. Burger 1973, 3; Chafe 1968) definitional criterion for formulaic expressions is that if parts of these expressions are substituted by semantically equivalent ones the expression still changes its meaning or at least looses its quality as a speech formula: *Sich über die Häuser hauen* (Viennese for 'to leave') is not the same as 'to kick oneself over the houses' (literal translation). 'Sometimes it's better to hear nothing than to hear something' is not the same as *no news is good news*. In addition to this semantic criterion Quasthoff (1983) has introduced a pragmatic criterion. Under functional perspectives the formulaic character itself, the fixedness of the linguistic form must be known to the interlocutors in order to turn an expression into a formulaic one.

Everyday – "naive" – linguistics and rhetorical norms usually criticize formulaic speech – sometimes called "verbal stereotypes" – on the basis of its being uninformative and aesthetically bad because verbal planning is non-creative. In contrast to this, recent research in linguistics has discovered the necessary – and thus positive – functions of speech formula in discourse. The structure and cultural differences of routine formulas like greetings, congratulations and the like have been studied (Hartmann 1973; Coulmas 1979; Werlen 1979). Their intercultural dimension poses a major problem to second-language learning (Gülich/Henke 1979/80). On the basis of speech formulas in sentence form Quasthoff (1983) has shown

how they are used in conversation to perform the interactive function of defining a certain relationship between the participants, to name just one example. It could also be demonstrated there how speech formulas serve as structuring devices to organize conversational activities, for example to close structural units.

6. Conclusion

One of the most important consequences of the different approaches and results in the vast field of social and linguistic prejudice seems to be the following: Much work has been done to study prejudice held by members of different social groups, to study possible functions, changes and influencing factors for these attitudes and stereotypes. The methods by which these data are collected within a macroanalytic framework, however, only allow an indirect access to stereotypic beliefs. Stereotypes are elicited by questioning or by experimental stimulation of some kind of behavior which is seen as an indication for prejudice (Bourhis/Giles 1976). To the extent, however, that sociolinguistics is interested in the *observation* of stereotypic *activities* (as opposed to beliefs) and in the way in which stereotypes constitute social reality in interaction, microanalytic reconstructions seem to be what is asked for methodically at least for the near future.

7. Literature (selected)

Adorno, Theodor W./Frenkel-Brunswik, Else/Levinson, Daniel J./Sanvort, R. Nevitt (1950) *The authoritarian personality*, New York.

Allport, Gordon W. (1954) *The nature of prejudice*, Cambridge, Mass.

Allport, Gordon W. (1967) "Attitudes", in: *Readings in attitude theory and measurement*, Fishbein, M., ed., New York, 1–13.

Anisfeld, Moshe/Bogo, Norman/Lambert, Wallace E. (1962) "Evaluational reactions to accented english speech", in: *Journal of Abnormal and Social Psychology* 65, 223–231.

Anisfeld, Moshe/Lambert, Wallace E. (1961) "Social and psychological variables in learning hebrew", in: *Journal of Abnormal and Social Psychology* 63, 524–529.

Becker, Klaus C./Wolf, Heinz E. (1971) "Über Veränderungen von Vorurteilstendenzen bei Schülern", in: *Westermanns pädagogische Beiträge* 23, 519–528.

Berelson, Bernard/Steiner, Gary A. (1964) *Human behavior*, New York.

Bogardus, Emory S. (1967) "Measuring social distances", in: *Readings in attitude theory and measurement*, Fishbein, M., ed., New York, 71 – 76.

Bourhis, Richard/Giles, Howard (1976) "The language of cooperation in Wales: A field study", in: *Language Sciences* 42, 13 – 16.

Bower, Gordon H./Black, John B./Turner, Terrence J. (1979) "Scripts in memory for text", in: *Cognitive Psychology* 11, 177 – 220.

Buchanan, William/Cantril, Hadley (1953) *How nations see each other*. A study in public opinion, Urbana.

Burger, Harald (1973) *Idiomatik des Deutschen*, Tübingen.

Chafe, Wallace L. (1968) "Idiomacity as an anomaly in the Chomskyan Paradigm", in: *Foundations of Language* 4, 109 – 127.

Clark, Kenneth B./Clark Mamie P. ([1947] 1967) "Racial identification and preference in negroe children", in: *Readings in social psychology*, Maccoby, E. E./Newcomb, Th. M./Hartley, E. L., eds., 4. Auflage, New York, 602 – 661.

Cooper, Robert/Fishman, Joshua (1974) "The study of language attitudes", in: *International Journal of the Sociology of Language* 3,5 – 19.

Coulmas, Florian (1979) "On the sociolinguistic relevance of routine formulae", in: *Journal of Pragmatics* 3, 239 – 266.

Cox, Oliver C. (1959) *Cast, class, and race*. A study in social dynamics, New York.

Deutsch, Morton/Collins, Mary E. ([1947] 1967) "The effect of public policy in housing projects upon interracial attitudes", in: *Readings in social psychology*, Maccoby, E. E./Newcomb, Th. M./Hartley, E. L., eds., 4. Auflage, New York, 612 – 623.

Dieckmann, Walther (1969) *Sprache in der Politik*. Einführung in die Pragmatik und Semantik der politischen Sprache, Heidelberg.

Duijker, Hubertus C. J./Frijda, Nico H. (1960) *National characters and national stereotypes*, Amsterdam.

Eichhorn, Wolfgang/Hahn, Erich/Heyden, Günter/ Puschmann, Manfred/Schulz, Robert/Taubert, Horst, eds., ([1969] 1983) *Wörterbuch der marxistisch-leninistischen Soziologie*, Berlin.

Fasold, Ralph (1984) *The sociolinguistics of society*, Oxford.

Freyhold, Michaela v. (1971) *Autoritarismus und politische Apathie*, Frankfurt a. M.

Gardner, Robert (1979) "Social psychological aspects of second language acquisition", in: *Language and social psychology*, Giles, H./St Clair, R., eds., Oxford, 193 – 220.

Gardner, Robert C./Lambert, Wallace E. (1965) "Language attitude, intelligence and second-language achievement", in: *Journal of Educational Psychology* 56, 191 – 199.

Gardner, Robert C./Lambert, Wallace E. (1972) *Attitudes and motivation in second-language learning*, Rowley, Mass.

Garfinkel, Harold (1972) "Remarks on ethnomethodology", in: *Directions in sociolinguistics*, Gumperz, J. J./Hymes, D., eds., New York, 301 – 324.

Giles, Howard, ed., (1977) *Language, ethnicity and intergroup relations*, London.

Gould, Philip (1977) "Indonesian learners' attitudes towards speakers of english", in: *RELC Journal* 8 (2), 69 – 84.

Gülich, Elisabeth (1978) "Was sein muß, muß sein. Überlegungen zum Gemeinplatz und seiner Verwendung", *Bielefelder Papiere zur Linguistik und Literaturwissenschaft* 7.

Gülich, Elisabeth/Henke, Käthe (1979/80) "Sprachliche Routine in der Alltagskommunikation. Überlegungen zu 'pragmatischen Idiomen' am Beispiel des Englischen und des Französischen I und II", in: *Die Neueren Sprachen* 78, 6, 513 – 530 und 79, 1, 2 – 23.

Gumperz, John J. (1982) "Contextualization conventions", in: *Discourse strategies*, Gumperz, J. J., ed., Cambridge, 130 – 152.

Habel, Christopher (1985) "Das Lexikon in der Forschung der künstlichen Intelligenz", in: *Handbuch der Lexikologie*, Schwarze, Ch./Wunderlich, D., eds., Königstein/Ts., 441 – 474.

Harding, John/Proshansky, Harold/Kutner, Bernard/Chein, Isidor ([1954] 1969) "Prejudice and ethnic relations", in: *The handbook of social psychology*, Bd. 5, Lindzey, G./Aronson, E., eds., 2. Auflage, Reading, 1 – 61.

Hartley, Eugene L./Hartley, Ruth E. (1952) *Fundamentals of social psychology*, New York.

Hartmann, Dietrich (1973) "Begrüßungen und begrüßungsrituale – überlegungen zu verwendungsweisen sprachlicher symbolik in kommunikativen handlungsmustern", in: *Zeitschrift für germanistische Linguistik* 1 (2), 133 – 162.

Heintz, Peter (1957) *Soziale Vorurteile*, Köln.

Hofstätter, Peter R. (1960) *Das Denken in Stereotypen*, Göttingen.

Hoppe, Danielle (1976) *Aussprache und sozialer Status*. Eine empirische Untersuchung zur französischen Gegenwartssprache, Kronberg/Ts.

Janowitz, Morris (1963) "Sozialer Wandel und Vorurteil", in: *Kölner Zeitschrift für Soziologie und Sozialpsychologie* 15, 24 – 45.

Katz, Daniel/Braly, Kenneth W. ([1947] 1967) "Verbal stereotypes and racial prejudice", in: *Readings in social psychology*, Maccoby, E. E./Newcomb, Th. M./Hartley, E. L., eds., 4. Auflage, New York, 40 – 46.

König, René, ed., (1967) *Soziologie*, Frankfurt a. M.

Labov, William (1972) "The study of language in its social context", in: *Sociolinguistic patterns*, Labov, W., ed., Philadelphia, 183 – 259.

Lambert, Wallace (1967) "A social psychology of bilingualism", in: *Journal of Social Issues* 23, (2), 91 – 109.

Lambert, Wallace/Gardner, Robert/Olton, R./Tunstall, K. (1968) "A study of the roles of attitude and motivation in second-language learning", in: *Readings in the sociology of language*, Fishman, J. A., ed., The Hague, 473–491.

Lambert, Wallace/Hodgson, R./Gardner, Robert/Fillenbaum, S. (1960) "Evaluative reactions to spoken languages", in: *Journal of Abnormal and Social Psychology* 60, 44–51.

La Violette, Forrest/Silvert, K. H. (1951) "A theory of stereotypes", in: *Social Forces* 29, 257–262.

Léon, Pierre R. (1968) "L'accent méridional: problème d'idiomatologie", in: *Studia Linguistica* 22, 33–50.

Lippmann, Walter (1922) *Public opinion*, New York.

Minsky, Marvin (1975) "A framework for representing knowledge", in: *The psychology of computer vision*, Winston, P. H., ed., New York, 211–277.

Mitchell, Duncan (1968) *A dictionary of sociology*, London.

Mitscherlich, Alexander/Mitscherlich, Margarete (1967) *Die Unfähigkeit zu trauern*. Grundlagen kollektiven Verhaltens, München.

Osgood, Charles E./Suci, George J./Tannenbaum, Percy H. (1957) *The measurement of meaning*, Urbana.

Piaget, Jean (1978) "Wie sich bei Kindern die Vorstellung von Heimatland und Ausland entwickelt", in: *Vorurteil*. Ergebnisse psychologischer und sozialpsychologischer Forschung, Karsten, A., ed., Darmstadt, 98–119.

Polanyi, Livia (1983) *The american story*. From the structure of linguistic texts to the grammar of a culture, Norwood, N. Y.

Putnam, Hilary (1975) "The meaning of 'meaning'", in: *Language, mind, and knowledge*, Gunderson, K., ed., Minneapolis, 131–193.

Quasthoff, Uta M. (1973) *Soziales Vorurteil und Kommunikation*. Eine sprachwissenschaftliche Analyse des Stereotyps, Frankfurt a. M.

Quasthoff, Uta M. (1978) "The uses of stereotype in everyday argument", in: *Journal of pragmatics* 2.1., 1–48.

Quasthoff, Uta M. (1980) *Erzählen in Gesprächen*. Linguistische Untersuchungen zu Strukturen und Funktionen am Beispiel einer Kommunikationsform des Alltags, Tübingen.

Quasthoff, Uta M. (1981) "Sprachliche Bedeutung, soziale Bedeutung und soziales Handeln: Stereotype aus interkultureller Sicht", in: *Konfrontative Semantik*, Müller, B.-D., ed., Weil der Stadt, 75–94.

Quasthoff, Uta M. (1983) "Formelhafte Wendungen im Deutschen: Zu ihrer Funktion in dialogischer Kommunikation", in: *Stilistik*, Bd. II, Gesprächsstile, Sandig, B., ed., Germanistische Linguistik, 5–6/81, 5–24.

Quasthoff, Uta M. (1985) "Argumentationsbarrieren. Die Manifestation von Gruppenspezifik und die Behinderung von Verständigung durch topisches

Argumentieren", in: *Argumente — Argumentation*. Interdisziplinäre Problemzugänge, Kopperschmidt, J./Schanze, H., eds., München, 170–207.

Quasthoff, Uta M. (1986) "Nichtsprachliches und 'semisprachliches' Wissen in interkultureller Kommunikation und Fremdsprachendidaktik", in: *Die Neueren Sprachen*, 85/3, 230–253.

Quasthoff, Uta M. (forthcoming a) "Social prejudice as a resource of power: Towards the functional ambivalence of stereotypes", in: *Language, power, and ideology*, Wodak, R., ed., Amsterdam.

Quasthoff, Uta M. (forthcoming b) "Selbstdarstellung und Beziehungsdefinition in interkultureller Kommunikation und Fremdsprachendidaktik", erscheint in: *New Yorker Werkstattgespräch* 1985.

Rosch, Eleanor (1978) "Human categorization", in: *Advances in cross-culture psychology*, Bd. I, Warren, N., ed., London, 1–71.

Rössler, Gerda/Gebhardt, Heidemarie (1979) *Frieden und Vorurteil*. Zwei linguistische Beiträge zu sozialwissenschaftlichen Schlüsselbegriffen, Frankfurt a. M.

Rumelhart, David E. (1977) "Understanding and summarizing brief stories", in: *Basic processes in reading*. Perceptions and comprehensions, La Berge, D. L./Samuels, S. J., eds., Hillsdale, N. J., 265–303.

Sacks, Harvey (1972) "On the analyzability of stories by children", in: *Directions in sociolinguistics*, Gumperz, J. J./Hymes, D., eds., New York, 325–345.

Schaff, Adam (1980) *Stereotypen und das menschliche Handeln*, Wien.

Schank, Roger C./Abelson, Robert P. (1977) *Scripts, plans, goals, and understanding*, Hillsdale, N. J.

Schönbach, Peter/Gollwitzer, Peter/Stiepel, Gerd/Wagner, Ulrich (1981) *Education and intergroup attitudes*, London.

Schwarze, Christoph (1981) "Stereotyp und lexikalische Bedeutung", in: *Schriftenreihe des Sonderforschungsbereich 99 Linguistik*, Universität Konstanz.

Shafer, Robert E. (1978) "A cross-national study of teacher language attitudes in England and the United States", in: *Recent advances in the psychology of language*. Language development and mother–child interaction, Campbell, R. N./Smith, Ph. T., eds., New York, 427–448.

Shafer, Robert E./Shafer, Susanne M. (1975) "Teacher attitudes towards children's language in West Germany and England", in: *Comparative Education* 11, 43–61.

Shuy, Roger/Fasold, Ralph (1973) *Language attitudes: Current trends and prospects*, Washington, D. C.

Shuy, Roger/Williams, Frederick (1973) "Stereotyped attitudes of selected english dialect communities", in: *Language attitudes: Current trends and prospects*, Shuy, R./Fasold, R., eds., Washington, D. C., 85–96.

Sodhi, Kripal S./Bergius, Rudolf (1953) *Nationale Vorurteile*, Berlin.

Star, Shirley/Williams Jr., Robin M./Strouffer, Samuel E. ([1947] 1967) "Negroe infantry platoons in white companies", in: *Readings in social psychology*, Maccoby, E. E./Newcomb, Th. M./Hartley, E. L., eds., 4. Auflage, New York, 596—601.

Stember, Charles, H. (1961) *Education and attitude change*. The effect of schooling on prejudice against minority groups, New York.

Streufert, Siegfried/Streufert, Susan C. (1978) *Behavior in the complex environment*, Washington, D. C.

Sumner, William G. (1906) *Folkways*. A study of the sociological importance of usages, manners, customs mores, and morals, Boston.

Svensson, Arnold (1984) *Anspielung und Stereotyp.* Eine linguistische Untersuchung politischen Sprachgebrauchs am Beispiel der SPD, Opladen/Wiesbaden.

Taylor, Donald/Meynard, Roch/Rheault, Elizabeth (1977) "Threat to ethnic identity and second-language learning", in: *Language, ethnicity, and intergroup relations*, Giles, H., ed., London, 99—118.

Toulmin, Stephen E. (1958) *The uses of argument*, Cambridge.

van Dijk, Teun A. (1984) *Prejudice in discourse*, Amsterdam.

van Dijk, Teun A./Kintsch, Walter (1978) "Cognitive psychology and discourse: Recalling and summarizing stories", in: *Current trends in text linguistics*, Dressler, W. U., ed., Berlin, 61—80.

Vinacke, W. Edgar (1974) *The psychology of thinking*, New York.

Werlen, Iwar (1979) "Konversationsrituale", in: *Arbeiten zur Konversationsanalyse*, Dittmann, J., ed., Tübingen, 144—175.

Whyte, William F./Holmberg, A. R. (1956) "Human problems of U.S. enterprise in Latin America", in: *Human organization* 15, 1—40.

Williams, Frederick (1973) "Some research notes on dialect attitudes and stereotypes", in: *Language attitudes: Current trends and prospects*, Shuy, R./Fasold, R., eds., Washington, D. C., 113—128.

Williams, Frederick (1974) "The identification of linguistic attitudes", in: *International Journal of the Sociology of Language* 3, 21—32.

Williams, Frederick/Whitehead, Jack L./Miller, Leslie (1971) *Attitudinal correlates of children's speech characteristics.* OSOE research report project No. 0-0336, Washington, D. C.

Williams, Frederick/Whitehead, Jack L./Miller, Leslie (1972) "Relations between language attitudes and teacher expectancy", in: *American Educational Research Journal* 9, 263—277.

Wolf, Heinz E. (1966) "Stellungnahmen deutscher Jugendlicher zu westlichen u. a. Gruppen", in: *Kölner Zeitschrift für Soziologie und Sozialpsychologie* 18, 300—328.

Yarrow, Marian R./Campbell, John D./Yarrow, Leon J. ([1947] 1967) "Interpersonal dynamics in racial integration", in: *Readings in social psychology*, Maccoby, E. E./Newcomb, Th. M./Hartley, E. L., eds., 4. Auflage, New York, 623—636.

Young, Kimball (1957) *Handbook of social psychology*, London.

Uta Quasthoff, Bielefeld
(Federal Republic of Germany)

92. Kommunikation in Institutionen

1. Einleitung

Mehrere Gründe sind in jüngster Zeit für das große Interesse an institutioneller Kommunikation (IK) ausschlaggebend: a) Konstitutive Regeln der Interaktion und des Diskurses können leichter erforscht, beschrieben und explizit gemacht werden als in Alltagsgesprächen; die Sprechsituation ist genau normiert, die Situation also wiederholbar, daher werden bestimmte Variablen kontrollierbar. Daß natürlich oft ganz andere „ungeschriebene" Gesetze wichtig und wirksam sind, ganz andere Intentionen und Motive als die explizit bekannten, muß durch bestimmte Methoden (vgl. 6.) ergründet werden (vgl. Dressler/Wodak 1982; Ehlich/Rehbein 1980; Seibert 1980; Klein/Presch 1981). — b) Neben der Beschreibung der IK interessieren uns typische Verhaltensmuster in Abhängigkeit von soziologischen und psychologischen Parametern (Schicht, Geschlecht, Alter usw., vgl. 4.2., 5.). Einsichten über Sprachbarrieren, Kommunikationskonflikte und mögliche Lösungen können gewonnen werden (vgl. Dittmar 1982, 35 ff; Goffmann 1971; 1974; Cicourel 1972; Sudnow 1972; Presch/Gloy 1976; Smith 1984). – c) Die Analyse von IK ist daher gesellschaftlich relevant. In bestimmten Institutionen (Schule, Krankenhaus, Gericht) werden oft lebenswichtige Entscheidungen getroffen. Das Wissen um herrschende Normen und Werte, um Erwartungen und tatsächliche Sprecherstrategien ist daher relevant und erlaubt es uns, Postulate für eine veränderte Praxis zu formulieren. Das wissenschaftliche Interesse wird um eine politisch-praktische Dimension ergänzt (vgl. Pfäfflin/Semmer 1978; Klein/Presch 1981; Wodak 1981; Wimmer/Pelikan/Strotzka 1982).

2.   Forschungsgeschichte

Wegbereiter der wissenschaftlichen Analyse von IK waren die Symbolischen Interaktionisten (Goffman 1959), die Ethnomethodologie (Garfinkel 1967; Sudnow 1972; Douglas 1973), die „Verstehende Soziologie" (Schütz 1960) und schließlich die Sprechakttheorie (Austin 1961; Searle 1971). Zunächst begnügte man sich häufig mit einigen Fallstudien, mit der deskriptiven Erfassung von Gesprächssequenzen; erst in rezenter Zeit treten quantitative Methoden hinzu, werden theoretische Ansätze überprüft (vgl. Stone/Dunplug/Smith 1966; Filstead 1971; Schlieben-Lange 1975; Halliday 1978; Koerfer 1980; Gülich 1981; Ehlich 1982; Troike 1982; Dittmar 1983; Stubbs 1983). Ursprünglich wurde vor allem von der Code-Theorie Bernsteins ausgegangen (vgl. 7.3.), die Schulsituation stand im Mittelpunkt. Auch die Analyse der „Kommunikation im Speiserestaurant" darf nicht unerwähnt bleiben (Ehlich/Rehbein 1972). Danach folgten erst Untersuchungen bei Gericht (Leodolter 1975), bei Behörden und Ämtern (Quasthoff 1980) und im Krankenhaus (Cicourel 1981; vgl. 7.2.; 7.3.).

Dabei wurde die Code-Theorie differenziert und kritisiert, wie auch neue Untersuchungsmethoden und Techniken der Datenaufbereitung entwickelt (die Diskursanalyse, Erzähltheorie, story-telling-models, kognitive Textplanung und Sprechakttheorie sind zentral, die phonologische Ebene wurde kaum einbezogen; vgl. Oevermann/Allert/Konau 1979; Cicourel 1980; Ehlich 1980; Wodak 1984 a, b). Ebenso beschränkte man sich bisher vor allem auf die rein verbale Ebene; Nonverbales und Suprasegmentales werden meist ausgegliedert oder nur qualitativ-intuitiv im Transkript vermerkt (vgl. etwa Labov/Fanshel 1977; Bliesener 1982; Hoffmann-Richter 1984; zum Transliterationssystem vgl. Ehlich/Rehbein 1976 a).

Auch muß man zwischen Untersuchungen unterscheiden, deren Hauptaugenmerk auf die Erforschung einer Institution und deren IK gerichtet ist, und solchen, die spezifische Grundlagenprobleme der Pragmatik, Textlinguistik usw. anhand „natürlicher Daten" aus IK untersuchen. Ich werde natürlich Werke aus beiden Richtungen berücksichtigen. Angesichts der riesigen Masse an Literatur zur IK kann ich hier natürlich nur wenige Untersuchungen ausführlich besprechen; viele Werke werden nur angeführt und sollen dem Leser bibliographische Hinweise liefern, da ansonsten der zur Verfügung stehende Raum gesprengt würde.

3.   'Institution'

Wir legen unseren Ausführungen einen Begriff von 'Institution' zugrunde, wie er von Wunderlich geprägt wurde (vgl. auch Art. 30): Institutionen sind historisch gestaltete Systeme von – unter Umständen kodifizierten – Regeln, die Tätigkeiten von Personen in mehr oder weniger präziser Festlegung aufeinander abstimmen sollen, und zwar in Ausrichtung auf Zwecke, die jeweils im Zusammenhang der gesellschaftlichen Produktion und Reproduktion stehen" (Wunderlich 1976, 312. Vgl. auch Hauriou 1965; Habermas 1965; Althusser 1977; Weymann-Weyhe 1978). Institutionen sind „soziale Tatsachen" (im Durkheim'schen Sinn). Der kulturanthropologische Ansatz betont die Funktion der Stabilisierung und Kanalisierung menschlicher Triebbedürfnisse (Malinowski 1975); das strukturfunktionalistische Konzept (Parsons 1972) hingegen die Selbsterhaltung des Systems und seiner Werte. Beide Momente dürften wichtig sein. – Institutionen unterliegen wie alle Subsysteme der Gesellschaft einem historischen Wandel (vgl. die Entwicklung der Gesetzessprache aus Magie und Ritualen. Mellinkoff 1963; Danet 1980), sie verselbständigen sich, Mitarbeiter müssen sich anpassen und einsozialisiert werden; andererseits bestehen Institutionen aus den Menschen, die darin arbeiten, aus den „Mandarinen": „Die Maschine selbst ist stumm, wie die meisten ihrer Bewohner. Wer spricht? Die „Mandarine". Die Mandarine sind leitende, höhere Beamte, die eine besondere

Rolle in österreichischen Bürokratien spielen. Diese Mandarine stehen nicht in der vordersten Linie, sie wirken im Hintergrund. Sie sind geschützt und geschätzt [...] Mandarine haben ökonomische Sicherheit, hohes Sozialprestige, viele (alle) Informationen, direkten Zugang zu den Herrschenden und sind dadurch legitimiert [...]; sie legen Wert auf Rituale und halten sich an solche. Sie sind meist Juristen und Träger der bürokratischen Kultur" (Glück/Welan 1984, 71 Hervorhebung R. W.). Institutionen ordnen soziale Beziehungen und Rollen (relationaler Aspekt), sie bestimmen somit die Machtpositionen (regulativer Aspekt) und repräsentieren — in Ideologien und expressiven Symbolen — den Sinnzusammenhang des Systems (kultureller Aspekt) (Lexikon der Soziologie 1973, 302). Im Kontakt mit dem Alltag und den Klienten (Patienten, Angeklagten, Schülern usw.), also mit anderen Interessen, müssen sich daher Konflikte ergeben. Denn die Institution ist natürlich nicht ein geschlossenes Subsystem.

4. Institutionelle Kommunikation versus Alltagssprache

4.1. Einige Thesen zur Institutionellen Kommunikation

a) Depersonalisierung/Anonymisierung. Die Institution kennt kein „ich", kaum ein „wir"; das Agens ist nicht vorhanden („es wird ersucht" usw.; Imperative mit *ist, hat zu*. Vgl. Strouhal 1985). — b) Ritualisierung/Formalisierung. Alltagssprachliche Begriffswelten werden durch die juristische (medizinische) Formalisierung und Terminologie oft völlig entstellt. Dies gilt für die schriftliche wie auch mündliche Kommunikation — c) Militarisierung. Der knappe Befehlston (etwa die Tilgung von Artikeln „mit beiliegendem Erlagschein, auf vorliegendem Befund" usw.), typische Militarismen (Dienstordnung, Hierarchie, Beamteneid) prägen ein martialisches Bild (besonders in geschlossenen, totalen Institutionen) (vgl. Goffman 1961; Basaglia 1973; Leodolter 1975; Hanssen/Klein/Sauer 1981). Das überrascht nur denjenigen, der nicht weiß, daß die Verwaltung — z. B. in Österreich — nach dem Vorbild des Militärs konzipiert war oder daß die Beamten im 19. Jh. noch Uniformen trugen und bei Gericht heute noch immer tragen (vgl. Soeffner 1984). — d) Rationalisierung/Harmonisierung. Utopie und Motto von Institutionen ist die „Objektivi-

tät". Die Welt im „Akt" (der „Krankengeschichte") ist eine ausschließlich rationale. Die Sprache der Institution ist „neutral", „objektiv" und „wertfrei" (Sachverhaltsdarstellungen, Urteilsbegründungen). Komplizierte und komplexe Abläufe werden in Schemen gepreßt (besonders beim Sozialamt), subsumiert und dadurch ein (pseudo)harmonisches Weltbild erzeugt: Alles ist einordenbar und verstehbar. Konflikte und Widersprüche bleiben latent. Gefühle dürfen nicht verbalisiert, Aggressionen nicht ausgetragen werden.

4.2. Alltagskommunikation

Diskursregeln und Normen sind vom Setting, der Sprechsituation (der Institution) und den expliziten Regeln einer Gesellschaft bestimmt (vgl. Goffman 1963; 1971; Berger/Luckmann 1970; Cicourel 1973; Berger 1974; Kallmeyer/Schütze 1975; Schlieben-Lange 1975). Demnach funktioniert z. B. therapeutischer Diskurs signifikant anders als die Kommunikation bei Gericht. Und eine Schulstunde verläuft anders als ein Gespräch unter Freunden. Gleichzeitig wirken kulturelle Normen ein: So unterscheiden sich die Gerichtsordnungen in der BRD, in Österreich und etwa in den USA signifikant (vgl. O'Barr 1981; Wodak 1981 b). Fassen wir daher die Maximen, Vorannahmen und Regeln alltäglicher Kommunikation abrißhaft zusammen (vgl. Soeffner 1984, 42 ff):

— der gemeinsame Wille und die Fähigkeit der Interaktionspartner zur wechselnden Perspektivenübernahme
— das Postulat und die Unterstellung der Vernünftigkeit der Argumente;
— die Unterstellung der prinzipiellen Erreichbarkeit von Konsens;
— die allen gegenteiligen Erfahrungen zum Trotz kontrafaktisch wirksame rationale Konstruktion der Gleichheit und Mündigkeit der Interaktionspartner;
— gleiches Rede- und Fragerecht der Interaktionspartner;
— die Beweis- und Überprüfungspflicht, die die Interaktionspartner gegenüber jeder geäußerten Überzeugung übernehmen.

Alltagskommunikation orientiert sich an möglichst großer Reibungslosigkeit, an Ökonomie und Sparsamkeit des intersubjektiv geteilten „Verhaltenshaushaltes" (siehe dazu auch Goffman's Techniken der Imagepflege und Konfliktvermeidung). Daraus erwachsen

bestimmte Kooperationsmaximen (vgl. Grice 1957):
- die Annahme prinzipiell gleicher Wissensbestände der Interaktionspartner;
- das Vertrauen auf das Bestehen gleicher sozialer Relevanzsysteme;
- der Verzicht auf die Überprüfung sogenannter Selbstverständlichkeiten;
- das Vertrauen auf bewährte Routinen und Formen der Kommunikation;
- das Vertrauen auf Ad-hoc-Lösungen ohne die Durchführung von Testverfahren.

Im Alltag treten einander mündige und einander quasi gleichgestellte Gesprächspartner gegenüber. Genau dies ist in der Konfrontation mit Institutionen nicht mehr gegeben. Einerseits herrscht der notwendige Wissensvorsprung von Experten (Juristen, Ärzten, Lehrern), diese sind Autoritäten und besitzen Macht. Andererseits wird diese Macht mißbraucht, verselbständigt sich, die institutionelle Perspektive wird dem Laien nicht näher gebracht, sie ist nicht nachvollziehbar. So werden alltägliche Ereignisse in der schon genannten Weise transformiert und nicht mehr verstanden (Karakalos 1979; Gloy 1981; Wodak 1986 b). Dazu kommt die Ritualisierung der Handlungen, institutionsspezifische Regeln werden mystifiziert und erhalten so quasi sakralen Charakter, vieles dient dem „prestigeorientierten Impressionmanagement", keineswegs ist alles zweckrational.

Die Regeln unterscheiden sich zwar je nach Institution — ein gleichbleibender Unterschied aber ist derjenige zwischen Mächtigen und Hilflosen, Wissenden und Laien. Wer die Spielregeln nicht kennt, ist verloren. Wer sich hingegen „richtig" verhält, setzt sich durch (siehe 7.4.1.). — Dabei besitzt das therapeutische Gespräch mit seinem genau definierten Setting und seinen Regeln einen besonderen Stellenwert: Die Möglichkeit, sich dort ganz anders zu verhalten, alles zu sagen und alles in Frage zu stellen, bietet zwar Anlaß zu neuen Regeln und möglicherweise auch zu Ritualen; gleichzeitig ermöglicht dieses Setting Reflexion und maximale Ausnutzung des Rollenspielraumes. Autorität und Macht werden zumindest problematisiert, unterwürfiges und demütiges Verhalten verändert (siehe Labov/Fanshel 1977; Wodak 1981 a, 60 ff; 1985 a; vgl. 7.2.2.; Flader et al. 1982; Nowak 1984; Kichler/Lalouschek 1987). Viele Maximen, die IK theoretisch und explizit regeln, werden in der Praxis dauernd verletzt (— Wirksamkeit der Regeln „ohne Ansehen der Person"). Nur zu oft wird z. B. aus

Zeitgründen oder wegen ökonomischer Gründe ganz anders vorgegangen — und wer kennt etwa nicht den Einfluß von „Beziehungen"? Teilnehmende Beobachtung und Aktionsforschung in Institutionen machen latente Strukturen sichtbar, erklären disfunktionales und zunächst unverständliches Verhalten. Diese Forschungsmethoden beinhalten aber auch viele technische und ethische Probleme (vgl. 6.1., 6.2.).

5. Einige theoretische Erklärungsansätze

Kommunikationskonflikte und Mißverständnisse sind an der Tagesordnung. Die „Code-Theorie" reicht nicht mehr aus, diese Phänomene zu erklären. — Einerseits treten Laien mit Experten in Kontakt, ein Wissensgefälle ist die logische Folge. Fachsprache prallt auf Alltagssprache, die Interessen divergieren. Es handelt sich um einen Framekonflikt („Rahmenkonflikt") (vgl. Frankel 1984). In der Arzt-Patient-Interaktion wird dies besonders kraß: Der Arzt will möglichst rasch eine Differentialdiagnose stellen, der Patient möchte wissen, wie sich diese Krankheit auf sein Leben auswirken wird. Er möchte seine Leidensgeschichte erzählen (vgl. Bliesener 1982; Fischer/Todd 1983; Hein/Lalouschek/Wodak 1984; Wodak 1986 b). Unterschiedliche Sprecherstrategien sind die Folge, wobei der Mächtige gewinnt — der Arzt. Dies führt uns zum zweiten wesentlichen Moment, zu den Sprachbarrieren. Die Interaktion wird durch die Rolle des „Arztes" und des „Patienten" definiert. Der Vertreter der Institution ist meist der Mächtigere. Es besteht eine Mauer nach außen, manche können diese besser, manche schlechter bewältigen, manche kennen die Regeln situationsadäquaten Verhaltens, manche nicht. Dazu können tatsächlich Sprachbarrieren im wörtlichen Sinn kommen: Der Zusammenprall von Dialekt und Hochsprache etwa, oder von Black und White English oder von Standard und Gastarbeiterdeutsch (vgl. Labov 1972; Ammon 1972; 1978; Leodolter 1975; Thielecke/Dittmar 1979). — Warum verhalten sich nun manche Klienten „geschickter" als andere; Sozialisationstheorien bieten Antworten an (vgl. Bernstein 1970 a; b; Edwards 1979; Markus 1979; Wodak/Schulz 1986). Aufgrund der familiären kulturellen Umgebung werden bestimmte Strategien erworben, mit Realität umzugehen, Welt zu gliedern (vgl. auch Ochs/Shiefflin 1982; Menz 1984). Schicht-, geschlechts- und kultur(subkultur)-spezifisches Sprachverhalten ist die Folge. Demnach ist voraussagbar, wie sich etwa ein Unterschichtangehöriger bei einem gewissen Thema in einer spezifischen Situation verhalten wird; oder eine Frau aus der Mittelschicht; oder ein extrovertierter Junge aus einer bestimmten Peergroup (vgl. Konzepte der Netzwerk- und Rollentheorie; Art. 18, 26). Hatte man sich bisher vor allem auf Schicht, Geschlecht und Alter beschränkt, so werden nun auch andere soziologische und psychologische Parameter in ihrem Einfluß gewichtet. Außerdem wird nicht nur der k o g n i t i v e n sondern auch der a f f e k t i v e n Ebene Bedeutung zugeordnet. Manche Kategorien (etwa Geschlecht) bestimmen den Texttyp (Bericht versus Reflexion), andere (Persönlichkeitsvariablen, Aufmerksamkeit, Affekte wie Angst) textinhärente Momente (Partikelverwendung, Syntax).

Die s o z i o p s y c h o l o g i s c h e T h e o r i e d e r T e x t p l a n u n g (Wodak 1983 a; 1984 a; b; c) faßt den Einfluß extralinguistischer Parameter auf das Sprachverhalten, auf bestimmte Sprecherstrategien zusammen.

Bei der IK spielen also drei Aspekte eine Rolle: Der notwendige Framekonflikt; die institutionell verursachten Sprachbarrieren; die sozialisationsbedingt unterschiedlichen Gliederungsweisen von Realität. Diese Phänomene sind natürlich ineinander verschränkt und beeinflussen einander wechselseitig. Dies macht auch die Statik von Institutionen aus, ist mit eine Ursache für deren Schwerfälligkeit und scheinbare Unveränderbarkeit.

6. Methoden und Methodenprobleme

Im folgenden greifen wir nur einige Aspekte der Feldforschung heraus (Filstead 1971; Dittmar 1982, 44 ff; Stubbs 1983).

6.1. Datenerhebung

Brauchbare Daten müssen in der Institution selbst erhoben werden, durch teilnehmende Beobachtung oder Aktionsforschung (vgl. Slobini 1967; Hufschmidt/Mattheier 1976; Dittmar/Rieck 1977; van den Broeck 1978; Milroy 1980; Labov 1981, 1982; Poplack 1981; Dressler/Wodak 1982; Perdue 1982; Maseide 1983). Beobachtungsprotokolle genügen jedoch nicht, Tonbandaufnahmen oder Video sind Voraussetzung für eine detaillierte explizite Analyse. Dabei ergeben sich viele

Probleme: Manche Institutionen verweigern Wissenschaftlern den Zutritt, sei es aus organisatorischen Gründen, aus Angst, in ihren Routinen gestört zu werden oder aus Furcht vor unliebsamen Beschreibungen. Offizielle Erlaubnis (durch den Stadtschulrat oder das Ministerium) weist dem Forscher schließlich eine bestimmte Institution zu, diese ist dann möglicherweise nicht typisch, sondern ein „Prachtexemplar". Versucht man hingegen ohne Erlaubnis — in der Rolle des Klienten — einzudringen, so birgt dies — neben ethischen Überlegungen — viele Risiken (vgl. Barnes 1971; Becker 1971; Hein 1985): Wird man entdeckt, so muß man die intendierte Untersuchung aufgeben. Auch ist es sehr schwierig, die für die Beobachterrolle notwendige Distanz zu wahren. Und der Datenschutz wird sicherlich noch weitere Probleme bringen. Bei der Aktionsforschung muß man sich für eine „Partei" entscheiden, für die Klienten oder für die Institution, eine Identifikation ist unvermeidlich. Die Ansprüche an die Qualität der erhobenen Bänder erfordern subtile Apparaturen. Der Einsatz von Video verzerrt aber die Erhebungssituation (Beobachterbias); man kann sich mit „Tricks" behelfen, indem man etwa eine besondere Situation provoziert (vgl. Nikolaus/Quasthoff/ Repp 1984: absichtliches Fallenlassen eines Gerätes führt zu natürlichen Erzählungen von Kindern über diesen Vorfall; oder das Tonbandgerät und die Aufnahme werden zum Thema der therapeutischen Sitzung usw. Vgl. Wodak 1981 a). Außerdem stellt sich die Frage, ob man der Institution in irgendeiner Form verpflichtet ist oder sich verpflichtet fühlt. Ist die Studie eine Auftragsarbeit, werden die Interessen und Methoden andere sein als bei eigener Forschung. Was stellt man alles dar, was läßt man — im Interesse der Betroffenen — im Dunkeln? Wie weit engagiert man sich öffentlich, um aufgrund des erworbenen Wissens Änderungen herbeizuführen? Jeder Forscher muß diese Fragen selbst entscheiden.

6.2. Datenaufbereitung

Die erhobenen Daten der IK müssen für eine soziolinguistische Analyse speziell aufbereitet werden. Dies geschieht abhängig von den Untersuchungsinteressen. — Dabei hängt z. B. die Wahl des Transliterationssystems besonders von der Entscheidung ab, qualitative oder quantitative Verfahren zu verwenden (vgl. Soeffner 1979; Eglin 1980; Romaine 1980; Dittmar 1982, 46; Wodak 1982, 540 ff).

Allerdings sollte dieser Gegensatz nicht zu einer ideologischen Debatte ausarten: Gewisse Fragestellungen verlangen nach bestimmten Methoden; eine Methodenkombination bewährt sich immer am besten (Cicourel 1970; vgl. Art. 99): Video, Tonband, schriftliche Protokolle, einige Interviews, Fragebogen, Tests wie auch Beobachtungen ergeben zusammen sicherlich ein reichhaltigeres Bild als eine Methode allein.

6.3. Datenanalyse, -auswertung und -interpretation

Diese Arbeitsphasen werden ebenso von der gewählten Methodik bestimmt. Langsam — nach langer Ablehnung (vor allem im amerikanischen Raum) — hat sich die hermeneutische Analyse durchgesetzt. Ebenso bewährt sich eine Methode, die bei der Interpretation der IK mehrere Ebenen berücksichtigt, nämlich die vielen Motive und Intentionen bewußter und unbewußter Natur (vgl. 7.2.2.). Insofern dienen auch hermeneutische Verfahren einer Objektivierung sozialer Prozesse. Adäquate Operationalisierung und Erklärung der Daten sind noch immer die größten Hürden in der Untersuchung von IK, vor allem in der interdisziplinären Konzeption eines Projekts (Rollentheorie, Netzwerktheorie usw. Vgl. Becker/Dittmar/Klein 1978; Jefferson 1978; Giles/Smith 1979; Bourdieu 1980; Wodak 1981a, 1984c; Lavandera 1982; Mehan 1982; Thibault 1982; Dittmar 1983).

7. Die Analyse der Kommunikation in einzelnen Institutionen

Im folgenden beschränke ich mich auf einige, besonders wichtige Bereiche: Schule, Gericht, Behörden, Krankenhaus und Arbeitsplatz, wobei letzterer wegen des Öffentlichkeitscharakters hier auch analysiert werden soll, obwohl der Arbeitsplatz sicherlich nicht einer Institution wie dem Gericht gleichgestellt werden kann. Die Beispiele stehen für Erziehungs- und Produktionsinstitutionen, juristische und soziale Institutionen. Ausklammern möchte ich daher Familie (vgl. Martens 1979); Freizeitinstitutionen (Frake 1964; Merrit 1979; Ferguson 1979); religiöse Institutionen und geschlossene Institutionen wie Heer, Ghettos, Asyle (Goffman 1961). Ebenso verzichte ich in diesem Rahmen auf politische Institutionen und Medien.

7.1. Institutionen der Erziehung: Schule und Hochschule

Es ist bestimmt kein Zufall, daß sich die Soziolinguistik zu Beginn vor allem mit der schulischen Kommunikation beschäftigt hat: Bernstein (1970; vgl. Art. 68) und auch Labov (1972) wiesen die Abhängigkeit des Schulerfolgs von der Sprache der Schüler nach — dabei geht es nicht primär um das Problem „Dialekt — Hochsprache" (Ammon 1972), sondern um in der Sozialisation erworbene Strategien und um die Organisation des Unterrichts. Die Praxis des Lehrers ist weitgehend sprachlich, daher interessiert nicht nur der Sprachunterricht, sondern die Unterrichtsgestaltung in allen Fächern, schriftliche wie mündliche Kommunikation, Gespräche in der Klasse wie auch in den Pausen, zwischen den Schülern wie auch mit den Lehrern, Lehrer untereinander. Auch hier finden wir in allen angeführten Gesprächssituationen hierarchische Unterschiede. Die Schule ist eine gesellschaftlich besonders relevante Institution; Erfolg oder Mißerfolg sind für das weitere Leben entscheidend, sie bildet die „sekundäre Sozialisationsinstanz". — Gerade anhand der Schule läßt sich historischer Wandel illustrieren, da jeder Staat, jedes Regime ihre staatstragende Ideologie in der Schule verwirklicht haben will (Althusser 1977). So wurde die Schule z. B. in der NS-Zeit zur Vermittlerin faschistischen Gedankenguts (dies zieht sich von der Gestaltung grammatischer Übungen und der Geschichtsbücher bis zu den Regeln des Benehmens und der zu tragenden Schuluniformen, von der Zulassung und dem Ausschluß bestimmter Kinder bis zur verpflichtenden Teilnahme an außerschulischen Veranstaltungen; vgl. Flessau 1979; Platner 1984). Und nach 1945 war es daher besonders wichtig und natürlich auch schwierig, sofort neues Lehrmaterial aus dem Boden zu stampfen (vgl. Provisorischer Lehrplan 1946). Diese gesellschaftliche Einflußnahme gilt selbstverständlich auch für die Universitäten. Im letzten Jahrhundert noch ein vollkommen männlicher Bereich, mußte sich vieles durch das Frauenstudium ändern. Einen ebensolchen Einschnitt stellt die „Studentenbewegung" in den 60er und 70er Jahren dar. Diese Veränderungen finden einen sprachlichen Niederschlag: Schriftliche Erlässe, Sprachregelungen, Slogans, Initiationsrituale (Prüfungen, Rigorosen, Abitur, Habilitation) und IK (vgl. Glunk 1966—71; Weber 1980; Andraschko/Ecker 1982; Wodak 1985a).

Die Kommunikation in der Schule wurde lange vor allem aus pädagogischer Sicht analysiert. Quantitativ gesehen, ergibt sich daraus folgendes Bild (vgl. bes. Flanders 1967; Goeppert 1977):

- Untersuchungen über die Interaktion im Unterricht ergeben ein erstaunlich einheitliches Bild. Obwohl die Zahl möglicher Verhaltensweisen unbegrenzt zu sein scheint, verwenden Lehrer im allgemeinen nur einen kleinen Ausschnitt aus diesem Spektrum.
- Vergleicht man den Anteil der Schüler an der Interaktion mit dem des Lehrers, so kommt man zu dem Eindruck, daß Lernen in Schulklassen hauptsächlich eine Lehreraktivität ist. Es sieht so aus, als ob der Lehrer stellvertretend für die Schüler lernt: der Durchschnittsunterricht setzt sich zu 68% aus Lehreräußerungen, zu 20% aus Schüleräußerungen und zu 11 bis 12% aus „Schweigen und Durcheinander" zusammen.
- Die Interaktion im Unterricht ist asymmetrisch. Boshaft ausgedrückt: Im Normalfall vollstreckt der Lehrer den Unterricht an den Schülern. Lehrer setzen im Unterricht ihren Plan durch, den Schülern fällt die Aufgabe zu, an den vorgesehenen Stellen zu antworten.
- Schüler stellen erstaunlich wenig Fragen an die Lehrer. 80% der Schülerfragen sind Fragen dieser Art? „Dürfen wir auch mit dem Kugelschreiber schreiben?" — „Können Sie bitte das Wort noch einmal sagen?" Höchstens 20% aller Schülerfragen beziehen sich auf den Unterrichtsgegenstand und deuten darauf hin, daß Schüler über den Gegenstand nachdenken.
- Lehrer berücksichtigen Gedanken und Meinungen, die von Schülern vorgebracht werden, nur recht wenig, sie befassen sich nicht angemessen mit den Schülerideen.
- Das häufigste Lehrerverhalten ist die verbale Informationsvermittlung. An zweiter Stelle folgen Äußerungen zur Organisation des Unterrichts. Für die Besprechung emotionaler Probleme bleibt weniger als 1% des Verbalverhaltens.

Qualitativ können etwa sechs Strukturtypen des Aktantenwissens unterschieden werden, welche IK zwischen Lehrer und Schüler leiten (vgl. Ehlich/Rehbein 1976 b, 49 ff):

- „Einschätzungen" sind „individuelle Interpretationen bestimmter Wirklichkeitsteile";

- „Bild": „Mehrere Einschätzungen zu einem wirklichen Ausschnitt werden zusammengesetzt zu einem Bild";
- „Sentenz": „Die Sentenz stellt ein Wissen dar, das für alle Wissenden gilt"; Sentenzen gelten immer;
- „Maxime": „Maximen sind [...] Lehren, die der Aktant aus den Vorgängen zieht und an die er sich bei neuen Vorgängen hält";
- „Musterwissen": „Muster sind kollektiv verbindliche, von allen geteilte Formen der Handlungsorganisation [...] Die Muster sind gesellschaftlich entwickelt, um bestimmte, häufig auftretende Konstellationen zu bewältigen [...] Muster werden eingeübt und sind dadurch tief in der Erfahrung der gesellschaftlichen Individuen verankert";
- „Routinewissen": „Routinen sind weitgehend automatisierte, einaktantige Verkettungen von Handlungen" (der Schüler erwirbt während seiner Schulzeit ganz spezifische Schulroutinen).

Mit Hilfe der Strukturtypen werden konkrete Äußerungen im Klassenzimmer bestimmten Wissensbeständen zugeordnet. Eine Sentenz ist somit: „der Schüler lernt, der Lehrer lehrt", eine Maxime des Schülers kann sein „mogle, wo Du kannst, aber laß' Dich nicht erwischen". Je nach Rechten der Lehrer und Pflichten der Schüler provozieren die Strukturtypen verschiedene Verhaltensweisen. Typische Verhaltensweisen von Lehrern und Schülern werden auf dem Hintergrund der Institutionsanalyse als Maximenkonflikte dargestellt und damit diese Konflikte mit Hilfe der Strukturtypen und der Rolle der Schüler im Schulsystem der Gesellschaft erklärt. Die konkrete Textanalyse bedient sich der Sprechakttheorie (vgl. Dittmar 1982, 38).

Neuerdings gibt es viele linguistische Arbeiten zu Spezialproblemen im Unterricht: zum muttersprachlichen Unterricht, in bilingualen Gemeinschaften oder mit Gastarbeitern. So konnte etwa Matuschek (1982) nachweisen, daß ausländischen Kindern in österreichischen Schulen keine Chance gegeben wird: ausländische Kinder sind österreichischen Schulgesetzen unterworfen, auch wenn sie sich nur vorübergehend in Österreich aufhalten. Dabei wird auf kulturelle Unterschiede, besonders z. B. auf die religiösen und moralischen Werte der Fremden keine Rücksicht genommen (dies führt vor allem bei Frauen und Mädchen aus islamischen Ländern zu großen Problemen). Zunächst werden die Kinder 1 bis 2 Jahre als „außerordentliche Schüler eingestuft", danach sollten Deutschkenntnisse erworben sein, Leistungen werden beurteilt. In der Praxis jedoch bringt die „Schonfrist" keine Erleichterung, die Schüler werden „mitgeschleift" und mit Stillhalte-Aufgaben beschäftigt. Hilfestellung von Eltern oder Schule erfolgt nicht. Einzelne Reformen werden versucht (Förderunterricht im Ausmaß von 2— 3 Stunden in Deutsch, Sprachkurse). Gleichzeitig wird auch ein muttersprachlicher Zusatzunterricht veranstaltet (Pflege der eigenen Muttersprache). Organisatorische Probleme haben jedoch diesen Schulversuch scheitern lassen. Durch die großen kulturellen Umstellungen und sozialen Probleme sind die Kinder meist nicht fähig, gute Leistungen zu erbringen. Außerdem sind sie einer „doppelten Sprachbarriere" ausgesetzt (vgl. Wodak 1981 e): Sie sollen ein Hochdeutsch erwerben, das weder von den Lehrern noch von der Umgebung gesprochen wird. Und die gehobene Umgangssprache, die letztlich in der Schule gefordert wird, gerät mit dem Dialekt der Peergroup in Konflikt. Das Ergebnis all dieser Probleme: 60% der Gastarbeiter-Kinder landen in Sonderschulen, damit ist ihnen eine Integration und chancenreiche Zukunft für immer verwehrt. (Vgl. etwa Lawton 1970; Cicourel et al. 1974; Sinclair/Coulthard 1975; Trudgill 1975; Rosenthal/Jacobson 1976 c; Goeppert 1977; Steinmüller 1977; Stellmacher 1977; Switalla 1977; Flader/Hurrelmann 1982; Ehlich/Rehbein 1983; Streeck 1983.) Perera (1984), Ehlich (1984), Wodak (1985 b), Schlieber (1985), Spinner (1980), Hannig (1975) beschäftigen sich mit schriftlicher Kommunikation, insbesondere mit den Problemen des Aufsatzunterrichts. Willis (1977) und Streeck (1983 b) untersuchen die von Schülern konstituierte eigene sprachliche und kulturelle Wirklichkeit in Vorbereitung auf die Arbeitswelt. Küpper/Küpper (1972) analysieren Schülersprache als Jargon (vgl. Art. 43). Redder (1982) hat dankenswerterweise einige Schulstunden exemplarisch feinst transliteriert. Dabei wird die Kritik von pädagogischer Seite (Krumm 1983) immer lauter, diese Detailanalysen seien in der Praxis nicht mehr verwertbar. Tatsächlich sind viele neue Curricula für die schwerfällige Institution nicht umsetzbar. Hagemann-White (1975), Menz (1984), Schreiber (1979), Sutcliffe (1982), Richmond (1982) und Peñalosa (1980) untersuchen kulturelle Unterschiede in der Sozialisation und ihren Einfluß auf

schulische Leistungen. Dabei wird immer deutlicher, daß regionale, ethnische und geschlechtsspezifische Unterschiede genau so wichtig sind wie die viel untersuchten Klassenbarrieren.

Die Hochschulkommunikation (vgl. Ehlich/Rehbein 1983) erweist sich als komplexe, konkurrentielle und elaborierte Kommunikationsweise. Weber (1980) weist besonders auf den Übergangscharakter hin: Die Studenten befinden sich demnach in einem Zustand verlängerter Sozialadoleszenz (mit der Folge einer Infantilisierung). Außerdem ist die Universität von der Gesellschaft relativ abgehoben (vgl. Ahrens 1972; Brim/Wheeler 1974; Brüggemann 1977; Gloy/Haeberlin/ Presch 1972; Presch/Gloy/Haeberlin 1973; Saterdag 1972). Es bilden sich eigene Jargons und Fachsprachen. Die Selektion betrifft besonders die Arbeiterklasse (Fuchs 1977) trotz der propagierten Chancengleichheit.

Der Zwang, sich „klug" und „intellektuell" zu gebärden, führt zu einer besonderen Form der IK und zu äußerst ausgeprägten Formen der Dominanz und Unterdrückung. Weber (1980, 243 ff) charakterisiert die Studentensprache wie folgt: komplizierte Satzlogik durch viele Nebensätze; Modewörter und Fremdwörter erwecken den Anschein von Ausgefeiltheit und hohem Niveau (vgl. auch Wagner 1973, 1977), daher kommt es zu großer Angst vor den Termini; Weitschweifigkeit: Es wird viel geredet über das, was sich auch kürzer sagen ließe, daher große Redundanz. Häufige Partikelverwendung signalisiert Hemmung, Unsicherheit und Unklarheit (vgl. Schank/Schoenthal 1976, 10; Zimmermann 1965, 17 ff). Wie auch in der Schule ist der Druck zur schriftsprachlichen Norm besonders groß (Elmauer/Müller 1972; Maas 1974), gerade Schule und Hochschule bieten einen nahrhaften Boden für psychische Konflikte und Störungen (Gruber 1984; Habermas 1969; Leibfried 1968; Mahler 1971; Moeller/ Scheer 1974; Scheer/Zenz 1973). Klann (1983) untersucht geschlechtsspezifische Verhaltensweisen an der Hochschule. Dabei stand die Seminardiskussion im Mittelpunkt. Die Tatsache, daß Männer dominieren, läßt sich mit der geschlechtsspezifischen Sozialisation in Familie und Schule begründen (vgl. Literaturzusammenfassung in Wodak 1984 a). Frauen fühlen sich im universitären Diskurs nicht wohl, obwohl sie durchaus dazu fähig sind (Cicoux/Clément 1976). Die Institution Universität übt einen enorm negativen Einfluß auf den weiblichen Diskurs aus:

Sie wirkt bedrohlich, anonym und entfremdet, sachlich und abstrakt. Analytisches Denken wird aber gerade bei Buben und Männern gefördert, Frauen müssen dies dazu erwerben.

Projektunterricht, Gruppenerfahrung, konkretere Kommunikation, Auflösung des „Angst-Dreiecks" (Lehrer-Eltern-Schüler) durch andere Kommunikationsformen (daher auch andere institutionellen Bedingungen) müssen gefördert werden — Motivation und Lernerfolg würden dadurch gesteigert. Die Statik der Institution widersetzt sich jedoch solchen Bemühungen (vgl. Sitta/Tymister 1978).

7.2. Gesundheitswesen

7.2.1. Arzt-Patient-Kommunikation

Das Gesundheitswesen entfaltet sich in einer Reihe von Institutionen, von der Ordination des praktischen Arztes bis zu den Krankenhäusern, Sanatorien und geschlossenen Anstalten (psychiatrische Kliniken). Schon in früheren Gesellschaften war die Medizin an besondere sprachliche Verfahren und Rituale gebunden, wie die Analysen zur Tätigkeit von Medizinmännern in der ethnographischen Tradition zeigen (vgl. etwa Lévi-Strauss 1949). Eine Änderung des medizinischen Paradigmas heutzutage machte Foucault (1973) an der umformulierten Frage des Arztes an den Patienten fest: Aus „Was haben Sie?" wird an der Schwelle zur modernen Medizin „Wo tut es Ihnen weh?". Die erste Frage nimmt noch auf den ganzen Menschen Bezug, die zweite weist auf ein naturwissenschaftliches Verständnis vom Menschen hin, Ursachen seien demnach eindeutig feststellbar, es wird vom ganzen Körper abstrahiert. Dadurch ist das Verhältnis von Arzt und Patient mitbetroffen, der Kranke ist nicht mehr leidendes Individuum, er wird zum Objekt und damit zum „Opfer" und „Genießer" wissenschaftlichen Erkenntnisstrebens. Damit kommt dem Patienten eine neue Rolle im Gespräch mit dem Arzt zu: Er soll ein guter Informant sein, möglichst vorbereitet im richtigen Jargon seine Probleme schildern und wenig Zeit beanspruchen. Denn institutionelle Zwänge im Krankenhaus oder in überfüllten Arztpraxen bestimmen zunehmend Möglichkeiten der Gesprächsführung (vgl. zu den soziologischen Aspekten Goffman 1961; Parsons 1968 besonders zu den Rollen von Arzt und Patient; Kaupen-Haas 1969; Barnes 1971; Döhner 1973; Leitner/Forster 1974; Rohde 1974; Lütz 1975; Siegrist 1977; Raspe

1978; Weingarten 1978; Seidl/Walter 1979). Demnach besteht ein riesiges Machtgefälle zwischen Arzt und Patient, verstärkt durch den Wissensunterschied und den Framekonflikt. Und dazu kommen nun die Sprachbarrieren (vgl. Wodak 1986 b). Außerdem ist aber die Position des Arztes in der Hierarchie streng geregelt, auch dies birgt Konsequenzen in der IK (Hoffmann-Richter 1984; Hein/Lalouschek/Wodak 1984). Da nun das ärztliche Gespräch so viele Konflikte mit sich bringt, andererseits so zentral für die Gesundung des Patienten ist, überrascht die rezente Flut an soziolinguistischen Forschungen nicht. Schon 1968 hatte Spittler kommunikative Abläufe im Krankenhaus beobachtet, Begemann-Deppe (1978), Bliesener (1982), Quasthoff (1982) und Nothdurft (1978) analysieren Gespräche während der Visite. Gerade die Visite unterliegt strengen Ritualen und läßt kaum Platz für Individuelles und Unvorhergesehenes. Im Rahmen der Institution dient die Visite der Information für den diensthabenden Arzt und Abteilungsleiter. Der Patient wird nur kurz nach seinem Befinden gefragt, das Gespräch unter den Ärzten steht im Mittelpunkt (Meerwein 1969; Fritze 1983). Da aber auch sonst keine Zeit für Gespräche eingeplant ist bzw. stattfindende Kommunikation nicht als Gespräch bezeichnet werden kann, sondern eher als Befragung oder Verhör, versuchen Patienten die Visite für eine Kontaktnahme zu nützen. Und dies muß natürlich mißlingen (Coulthard/Ashby 1975; Friedmann 1979; Illich 1979; Skopek 1979; Lacoste 1980; Gordon 1982; Cicourel 1983; Fisher 1983; Todd 1983; Frankel 1984). Siegrist stellte 1978 vier „asymmetrische Reaktionen" von Ärzten auf Patienten-Initiativen fest: Nichtbeachten, Adressaten- und Themenwechsel, Beziehungskommentar, Mitteilung funktionaler Unsicherheit. Bliesener (1982, 28 ff) nennt drei Faktorengruppen: Verhinderung, Fesselung und Abweisung. Diese verhindern den Dialog (Lautstärke, Jargon, Andeutungen, Versachlichung, Verteilung der Gesprächsrollen, Unterbrechungen usw.). Seit mehr als 10 Jahren läuft nun in Ulm ein alternatives Modell: Die Visite wird „entflochten" von allen Aufgaben, die nicht die Gegenwart des Patienten erfordern. Außerdem sollen die Bedürfnisse des Patienten prior gelten. Die Visitendauer steigt, ebenso der Redeanteil des Patienten, persönliche Probleme und Ängste des Patienten kommen zutage. Dieses Modell verlangt natürlich eine Änderung der Institution, mehr

Bemühen und Zeit, wie auch Empathie der Ärzte, also eine andere Ausbildung (vgl. Köhle/Raspe 1982).

Seit einigen Jahren werden aber auch Anamnesegespräche untersucht (Wimmer/Pelikan/Strotzka 1982). Hein/Lalouschek/Wodak (1984) vergleichen die Exploration und das Erstinterview des Patienten in öffentlichen und privaten Krankenhäusern, bei praktischen Ärzten und in Facharztordinationen. Dabei zeigt sich, daß a) das ärztliche Gespräch nicht den Kriterien eines Dialogs entspricht (es fehlen Höflichkeitsrituale, Erklärungen, Takt und Rücksichtnahme); b) Schicht, Geschlecht, Alter, Krankheitszustand sind entscheidende Faktoren im Gelingen oder Mißlingen der Selbstdarstellung und Erzählung des Leidens; c) anstelle der Leidensgeschichte wird die Patientenkarriere erfragt und erwartet: d) es bestehen große schichtspezifische Unterschiede in der Behandlung desselben Symptoms durch den gleichen Arzt bei männlichen Patienten gleichen Alters. Persönlichkeitsvariablen des Arztes sind maßgebend für die Gesprächsführung, ebenso dessen Stellung in der Hierarchie; weibliche Ärzte sind geschickter in der Gesprächsführung als ihre männlichen Kollegen. Auch bei dieser IK müssen also viele soziologische, sozialpsychologische und psychologische Parameter mitberücksichtigt werden.

7.2.2. Therapeutische Institutionen

Sprache und Kommunikation spielen innerhalb psychotherapeutischer Verfahren und Institutionen eine besondere Rolle: das Symptom manifestiert sich sprachlich (Finger 1976, Wodak 1981 a und dort genannte Literatur), der Kontakt mit dem Arzt ist rein sprachlicher Natur, schließlich arbeitet der Therapeut mittels verbaler Interventionen und Interpretationen (Wiedemann 1986) und letztlich manifestiert sich „Heilung" u. a. in einem anderen Sprachverhalten. Das besondere Setting und die genau definierten Regeln dieser Institutionen (die oft im Gegensatz zum Alltagsgespräch stehen; siehe 4.2.) bewirken besondere Formen von IK. Turner (1972), Goeppert/Goeppert (1973; 1975); Frankenberg (1976), Flader/Wodak-Leodolter (1979), Grodzicki/Schröter (1982) enthalten mikrostrukturelle Konversationsanalysen therapeutischen Gesprächs in Gruppen, Familien- und Einzeltherapie. Labov/Fanshel (1977) war methodologisch und inhaltlich grundlegend: Sequenzen aus mehreren Sitzungen mit einer jungen Patientin (anorexia nervosa) wurden sprechakttheoretisch und auch auf die narrative Struktur hin analysiert. Wodak (1981 a; c; d) untersucht die IK im Kriseninterventionszentrum Wien, in dem suizidale Patienten betreut werden. Gruppengespräche wurden aufgenommen und auf die Problemdarstellung der Patienten hin ausgewertet. Schicht- und geschlechtsspezifische Sprachmuster konnten eruiert, außerdem das „Funktionieren" des therapeutischen Prozesses erfaßt werden. Auch gelang es, den Heilerfolg qualitativ und quantitativ am Textmaterial aufzuweisen. Für die Beschreibung der vielschichtigen, bewußten und unbewußten IK in therapeutischen Gruppen wurde dabei das „Drei-Ebenen-Modell" der Bedeutung entworfen. Rappe (1982) und Pribersky/Wimmer (1984) untersuchten das Gespräch in Balintgruppen. Dies ist ein sehr praxisrelevanter Bereich, da sich Ärzte in Balintgruppen ihrer adäquater Gesprächsführung und möglicher Alternativen bewußt werden. Nowak (1984; 1987) vergleicht drei verschiedene therapeutische Techniken auf ihre typischen Kommunikationsregeln und -muster hin. Dabei wird deutlich, wie sehr das Setting und die Theorie den Diskurs in der Institution bestimmen. Schwerpunkt der Analyse liegt auf Formen der therapeutischen Intervention. Schillerwein (1982) untersucht in einer Pilotstudie erstmalig auch den Zusammenhang zwischen verbalem und nonverbalem Verhalten in Therapien. Unterschiede zwischen neurotischem und psychotischem (schizophrenem) Sprachverhalten in verschiedenen therapeutischen Institutionen und in verschiedenen Therapien werden in einigen Beiträgen in Wodak/van de Craen (1987) und Dressler/Wodak (1984) behandelt. *Studium Linguistik* (5/1978) und *Journal of Pragmatics* (5/1981) bieten ebenfalls einen guten Überblick über verschiedene therapeutische Settings und daraus resultierende IK.

7.3. Arbeitswelt

Die gemeinsame und gemeinschaftliche Arbeit, Ursprung des Sprachbedürfnissses, entfaltet sich in produktiven und zirkulativen (Handel) Institutionen. Diese werden umso vielschichtiger, je komplexer das System der Gesellschaft ist. Zu Produktionsinstitutionen gibt es erst recht wenige Arbeiten. Popitz (1964) und Spittler (1968) bringen erste Beispiele. Brünner (1978) diskutiert Probleme der Modalverba und der Kooperationshandlungen anhand von Beispielen aus der IK von Betrieben. Die Arbeit von Schönfeldt/ Donath (1978) stellt eine echte Feldstudie dar. Man geht davon aus, daß die im Betrieb gestellten Aufgaben (Produktionserfüllung und -überfüllung, schöpferische Mitarbeit aller und die Entwicklung „sozialistischer Persönlichkeiten") nur durch umfassende Information über den Arbeitsprozeß, Motivation und Ziele gewährleistet werden können. Außerdem soll die sozialistische Ideologie gefestigt werden. Informationen müssen daher verstanden werden; und genau dieses Verstehen bildet den Kern dieser Untersuchung. Allerdings konnte nur mit Fragebogen gearbeitet werden; wie schon erwähnt (5.1.), lassen viele Institutionen keine teilnehmende Beobachtung zu. Die Ergebnisse überraschen nicht: ausschlaggebend für eine gute Kenntnis der betrieblichen Fachsprache und der notwendigen Techniken ist Leistungstätigkeit, Bildungsniveau, Ausbildung und gesellschaftliches Netzwerk. Keine Rolle spielt die Dauer der Betriebszugehörigkeit, wohl aber das Alter der Werktätigen. Wie so oft, wurde auch hier das Geschlecht als wichtige Variable vernachlässigt. Am Ende der Studie werden Vorschläge ausgearbeitet, wie die IK verbessert werden könnte: Betriebs- und Wandzeitungen, Weiterbildungsmaßnahmen usw. Duro-Courdessess/Simonin (1980) weisen schichtspezifische Barrieren am Arbeitsplatz auf, Glück (1977) beschäftigt sich mit historischen Einflüssen auf die „industrielle Polyglossie". Möhn (1963; 1967) stellt einen Katalog von Möglichkeiten für sprachwissenschaftliche Forschungen am Arbeitsplatz auf (vgl. auch Slama-Cazacu 1963). Gumperz/Cook-Gumperz (1982) weisen auf Probleme hin, die bei Kommissionen entstehen, die mit Vertretern aus verschiedenen Ethnien beschickt sind. Raffler-Engel (1983) bietet eine erste detaillierte Untersuchung des Vorstellungsgespräches auf nonverbaler Ebene. Hier finden sich besonders praxisrelevante Aspekte: Tips werden geboten, wie man in solchen Gesprächen besonders gut reüssieren kann. Presch/Gloy (1976) untersuchen die latenten Bewertungen und Vorurteile in Arbeitszeugnissen.

Die Rolle sprachlicher Handlungen und Klassen sprachlicher Realisierungen dafür im Gesamtzusammenhang von Produktion, Handel und Konsumtion ist von Ehlich/Rehbein (1972) am Beispiel des Restaurants untersucht worden. Auch die Werbung und ihre Auswirkungen fallen in dieses Kapitel (vgl. Barthes 1967; Flader 1976 b; Hauswaldt-Windmüller 1977. Zum Zusammenhang zwischen IK und Fachsprache vgl. Art. 77).

7.4.   Juristische Institutionen

7.4.1. Gericht

Wie auch das Gesundheitswesen fußt das Recht und Formen der Gerichtsbarkeit in frühen Gesellschaften, in Ritualen und sogar in Magie (vgl. Caspari 1976; Danet 1980 und Soeffner 1984 zur Geschichte und Entwicklung der Rechtssprache; Wagner 1970; Grosse/Mentrup 1979; Gunnarson 1982; Wassermann/Petersen 1983; Wodak/Pfeiffer/ Huk 1983; Strouhal 1985; Pfeiffer/Strouhal/ Wodak 1987 zu Problemen der juristischen Fachsprache und ihrer Verständlichkeit, insbesondere in Hinblick auf die Diskussion der notwendigen „Bürgernähe").

Viele soziologische und ethnomethodologische Untersuchungen weisen auf die „Macht" der Sprache in der gerichtlichen Interaktion hin (vgl. Garfinkel 1967; Lautmann 1972). Erste soziolinguistische Untersuchungen dieser IK gab es erst Mitte der 70er Jahre. Leodolter (1975) nahm Strafverhandlungen von Verkehrsunfällen auf Band auf und konnte anhand einer qualitativen Textanalyse und einer quantitativen soziophonologischen Untersuchung Sprachbarrieren und deren Konsequenzen für die Urteilsfindung und -begründung sowie für das Ausmaß des Urteils explizit machen. Demnach verhielten sich Mittelschichtangeklagte situationsadäquat, ihre „Geschichte" wurde geglaubt, die Strafe war geringer (beim selben Vergehen und Richter) als bei Unterschichtangeklagten. Diese waren in der Situation blockiert, konnten oft nicht mehr als einen Satz wiederholen („ich konnte nicht mehr bremsen"). Angeklagte aus der unteren Mittelschicht fielen durch ihre auswendig gelernte Geschichte auf: sie waren nicht imstande, sich flexibel und den Erwartungen des Richters gemäß zu verhalten. Überraschenderweise spielte nicht die Dialektverwendung „per se" eine negative Rolle: vielmals Vorbestrafte sprachen reinen Wiener Dialekt, die Interaktion verlief aber durchaus „kollegial" (man kannte einander schon) und ganz anders als mit „neuen" Angeklagten. Vielmehr war der Stilwechsel (oft von reinem Dialekt bis zur Hyperkorrektion) auffällig und ein wichtiger Indikator für Unsicherheit und Angst. Auch geschlechtsspezifische Unterschiede und Vorurteile Frauen gegenüber konnten aufgezeigt werden. – O'Barr (1981) untersuchte vor allem die Funktion des Schweigens bei amerikanischen Gerichten und konnte drei Typen dieser sicherlich wichtigen verbalen Strategie unter-

scheiden: Schweigen kann ambig oder eindeutig sein. Es kann textinhärent verursacht werden oder aufgrund von Mißverständnissen,
Planungsprozessen oder Unterbrechungen
zustande kommen. Vieles ist eben auch durch
die unverständliche Fachsprache bedingt,
Framekonflikte und Sprachbarrieren sind jedenfalls die Folge. Hoffmann (1980) analysierte Gerichtsinteraktionen in der BRD (die
kulturellen Unterschiede müssen gerade bei
dieser IK sehr beachtet werden) (vgl. auch
Fears 1977; Charrow/Charrow 1979; Gumperz 1982). Er konnte zwei Erzählformen
eruieren, die zur Darstellung des Ereignisses
dienen; dies entspricht auch den Ergebnissen
von Wodak (1981 b): echte Geschichten, Berichte oder szenische Erzählungen werden,
abhängig von Schicht und Geschlecht, geliefert. Hoffmann konnte genauere Unterscheidungen treffen: Augenzeugenberichte oder
Berichte über das Ereignis ohne persönlichen
Bezug; Beschreibungen können viele Kom-
mentierungen enthalten oder eher strategisch
geplant werden. Die Konsequenzen dieser
Texttypen wurden aber noch nicht genauer
untersucht. Chambers (1983) weist die Benachteiligung der Schwarzen und des Black
English in amerikanischen Gerichten nach.
Gerade hier finden wir ein besonders gutes
Beispiel soziolinguistischer praxisrelevanter
Forschung: der Einsatz gewisser Soziolinguisten, die sich mit Black English befaßt hatten,
konnte ein gerechtes Verfahren und gewissen-
hafte Begutachtung erzwingen (vgl. Labov
1982). — Moermann (1973) und Katz (1973)
analysieren bestimmte Texttypen in der Ge-
richtsinteraktion: höchstrichterliche Entscheidungen wie Begründungen. Zielcke
(1978) und Schütz et al. (1978) liefern einen
guten Überblick über bis dahin vorhandene
Literatur. Schuhmann (1979) und Schmitz
(1979) untersuchen „Aushandlungsprozesse",
einerseits in Strafprozessen, andererseits in
polizeilichen Vernehmungen. In den Institutionen des Strafvollzugs (z. B. in Gefängnis-
sen) kommt es zu eigenen Formen der Verständigung (Jargon, „Rotwelsch") sowie zu
Reduktionserscheinungen, ja zum Sprachverlust. Dies führt zur Entwicklung neuer Kom-
munikationssysteme (Klopfsprachen) (Foucault 1975). Dieser Sprachverlust sollte bei
Maßnahmen der Resozialisierung besonders
beachtet werden; Integration bzw. Reintegra-
tion ohne Sprache kann nicht gelingen!

7.4.2. Sozialamt

IK beim Sozialamt mag als Beispiel für Be-
hördenkommunikation gelten. Rehbein

(1980) untersucht die Erzählstrukturen farbi-
ger Immigranten der 1. und 2. Generation aus
Indien, Pakistan und von den Westindischen
Inseln bei Sozialberatungen in England. Ziel
war es, den Einfluß der Institution auf den
Diskurs zu explizieren. Eine äußerst differenzierte Erzählanalyse wurde gemacht: demnach liegt jeder erzählten Geschichte eine reale Begebenheit zugrunde, die Schilderung ist
nun die subjektive Rekonstruktion der Wirklichkeit. Dies bedingt mehrere Erzähltypen
(vgl. 7.4.1.): Glücksgeschichten, Erzählung
merkwürdiger Begebenheiten, Leidensgeschichten. Gerade beim Sozialamt wird der
Typ der „offenen Leidensgeschichte" verwendet, da der Klient einen Rat erwartet. Der
Berater erfährt zwar gewisse Informationen,
fragt aber noch gezielt nach („Elizitierung").
Dadurch wird die Kontinuität der Erzählung
unterbrochen, es kommt zu Konflikten, Mißverständnissen, zu den schon erwähnten Phänomenen der Sprachbarrieren und des Fra-
mekonflikts. Denn der Klient wiederholt nun
oft stereotyp Teile seiner Geschichte und bewertet sie; gerade dies aber will der Berater
selbst vornehmen. Der Ratsuchende wird so
gezwungen, den Bewertungsprozeß abzubre-
chen, es kommt zu einer institutionsspezi-
fischen Diskursverarbeitung. Rehbeins ab-
schließende These lautet: entscheidend für
das Verstehen ist nicht die grammatische
Kompetenz, sondern vielmehr die Segmentierung der Rede gemäß den institutionellen Erwartungen. — Gloy (1981) konnte den Framekonflikt noch expliziter machen. Er untersucht die Deutungsschemata, die zwischen
Agent und Klient stark auseinanderklaffen.
Gloy konnte dabei nachweisen, daß die Wirklichkeit im Sozialamt durch eine spezifische
Reduktion der Daten und Übersetzung der
Klientensprache in den Fachjargon gekennzeichnet ist. Die daraus resultierenden Maßnahmen seien vor allem durch soziale Kontrolle und durch die Statuierung abschrecken-
der Beispiele bestimmt. Die Deutungsmuster
sind intersubjektiv gültige Systeme von
Handlungsinterpretationen und Argumenta-
tionsketten, der einzelne Sozialarbeiter findet
darin keinen oder kaum einen Platz für eigene
Entscheidungsfindung. Die Institution prägt
die Diskursmuster. — Quasthoff (1980) untersucht erstmalig ein großes Sample von
etwa 200 Gesprächen zwischen Klienten und
Sachbearbeitern. Man erklärte den Klienten,
daß das Verhalten der Sachbearbeiter analysiert würde. Damit versucht man Verzerrungen durch das Tonbandgerät möglichst gering

zu halten. Quasthoff zeigt auf, welche Formen von Erzählungen in dieser Institution vorkommen, danach stellt sie einen Zusammenhang zwischen der Funktion der Erzählung, der Institution und den darin verwendeten textinhärenten Mitteln her. In 75% der untersuchten Gespräche kommen überhaupt keine Erzählungen vor, da diese eigentlich unerwünscht sind (vgl. 7.2.1.). Klienten werden oft unterbrochen, Berater beschweren sich über zu lange und zu detaillierte Berichte. Gerade hier würde das Wissen um soziopsychologische Textplanungsprozesse ein anderes Gesprächsverhalten bedingen (vgl. 5., Wodak 1985 a). Framekonflikte werden explizit gemacht: die Erzählung ist Folge der falschen Situationseinschätzung; oder aber die Situation wird bewußt durchbrochen, es besteht ein Bedürfnis nach unangemessenem Handeln, die Erzählung besitzt phatische Funktion. Ein Drittel aller Klienten leidet an Kontaktarmut. Gerade solche Untersuchungen machen Postulate für Reformen möglich. Auch Sacks (1967) konnte die Hemmung und Beschränktheit der Institutionen aufweisen. Bausch (1980) weist besonders auf die Asymmetrie solcher Dialoge hin. Wenzel (1982) und Wahmhaff/Wenzel (1979) untersuchen Spezialprobleme klientenbezogener Gespräche: stützende Äußerungen (*ahm*) und Paraphrasen. Untersuchungen wie Knieschewski (1978), Benjamin (1969) und Benke (1979) sollten in Zukunft die linguistische und soziolinguistische Dimension unbedingt mitberücksichtigen: denn gerade das Gespräch mit einem Hilfesuchenden und leidenden Menschen kann Wunder wirken oder das Elend festigen.

8. Abschließende Bemerkungen

Ehlich/Rehbein (1980, 343) stellen fest, daß innerhalb von Institutionen gewisse Diskurstypen vorkommen, die scheinbar nicht mit IK in Einklang stehen: „homileischer Diskurs!" Dazu gehören z. B. das Pausengespräch in Schulen, Produktionsstätten, Wartezimmern, der Schwatz beim Einkauf, am Brunnen, in der Pforte, bei der Arbeit, Unterhaltungen, Konversationen. Die beiden Autoren meinen, daß solche Sprechhandlungen disfunktional wären, daher würden sie oft nicht mitberücksichtigt. Auf den ersten Blick scheinen solche Palaver und „Tratschereien" tatsächlich nicht mit den Zielen von IK kompatibel zu sein. Analysiert man jedoch solche Situationen genauer und beschränkt man sich nicht auf

einen Diskurstyp (Erzählungen sind zur Zeit zentral), so wird deutlich, daß homileischer Diskurs einen wichtigen Stellenwert einnimmt: als Ventil, Entlastung in der verantwortungsvollen Tätigkeit als Arzt, Richter, Lehrer usw., als Rollenfreiraum, zur Identitätswahrung, als Möglichkeit, Gefühle zu verarbeiten (Aggressionsabfuhr). Die Schulpause und Pausengespräche erfüllen ganz explizit (per definitionem) eben solche Funktionen: Luft holen und Kraft schöpfen. Und solche Gespräche sind natürlich auch geregelt und ritualisiert. Gerade in Institutionen ist genau bestimmt, wie wer wann plaudern darf, je mächtiger man ist, desto mehr Freiräume stehen zur Verfügung. Homileischer Diskurs ist daher integraler und relevanter Bestandteil von IK, mit genau bestimmbaren und sehr funktionalen Zielen: sie macht das Leben und die Arbeit in der Institution „befriedigender" und „angenehmer", daher dient gerade diese Freiheit der Systemstabilisierung. Untersuchungen dazu wären also von großer Praxisrelevanz: informelle Gespräche geben viel Information preis, vor allem läßt sich dadurch sicherlich besser (als etwa mit Tiefeninterviews) erfahren, wo Unzufriedenheit und wo Zufriedenheit herrschen, wo Ansätze für Veränderung zu finden sind. Deshalb meine ich, daß teilnehmende Beobachtung bei der Untersuchung von IK unerläßlich ist — ohne sie würde Wesentliches nicht erfaßt werden.

Warum ist also abschließend die Analyse von IK tatsächlich sowohl grundlagentheoretisch wie praktisch für die Soziolinguistik so wichtig (vgl. 1.)? Gerade in Institutionen tritt das grundlegende Problem der Soziolinguistik auf: das Problem der Macht und Unterdrückung (von Mißverständnis und mißlingender Kommunikation, von Konflikten mit weitreichenden gesellschaftlichen Folgen). — Die explizite soziolinguistische Analyse vermag daher einerseits IK bewußt zu machen; damit werden Sprachbarrieren und Interessenskonflikte objektivierbar. Andererseits sind Postulate für eine veränderte Praxis formulierbar, um eine Optimierung und Effizienzsteigerung der Interaktion und der eingebrachten sprachlichen Mittel zu erreichen. Benachteiligung, Angst, Unrecht könnten so vermindert werden. Das richtig geführte ärztliche Gespräch kann ein Leben retten; ein ungeschickter Diskurs kann dazu führen, daß lebenswichtige Information nicht gegeben wird. Ziel wäre es daher, daß „sich die Interaktionspartner trotz der verschiedenen intervenierenden Faktoren in Art und Weise ihres

Kommunizierens und in der Rezeption des Kommunikationsverhaltens des Anderen 'wohlfühlen' können" (Dittmar 1982, 40).

9. Literatur (in Auswahl)

Ahrens, Jens R. (1972) *Zur Sozialisation von Studenten*, Hamburg.

Althusser, Louis (1977) *Ideologie und ideologische Staatsapparate*, Hamburg/Berlin.

Amidon, B./Hough, F. (1967) *Interaction analysis*, Reading, Mass.

Ammon, Ulrich (1972) *Dialekt, soziale Ungleichheit und Schule*, Weinheim.

Ammon, Ulrich/Knoop, Ulrich/Radtke, Ingulf, eds., (1978) *Grundlagen einer dialektorientierten Sprachdidaktik*, Weinheim.

Andraschko, Elisabeth/Ecker, Alois (1982) „Frauen im Lehrberuf", in: *Erziehung und Unterricht* 4, 295—309.

Austin, John L. (1971) *How to do things with words*, Oxford.

Bain, Bruce, ed., (1983) *The sociogenesis of language and human conduct*, New York.

Barthes, Roland (1967) *Système de la mode*, Paris.

Barnes, Elisabeth (1971) *Menschliche Konflikte im Krankenhaus*, Stuttgart.

Barnes, John A. (1971) „Some ethical problems in modern fieldwork", in: *Qualitative methodology*, Filstead, W. J., ed., Chicago, 235—251.

Basaglia, Franco, ed., (1973) *Die negierte Institution oder Die Gemeinschaft der Ausgeschlossenen*. Frankfurt a. M.

Bausch, Karl-Heinz (1980) „Beratungsgespräche: Analyse asymmetrischer Dialoge", in: *Mitteilungen des Instituts für Deutsche Sprache* 7, 48—52.

Beck, Paula (1975) *Zwischen Identität und Entfremdung. Die Hochschule als Ort gestörter Kommunikation*, München.

Becker, Angelika/Dittmar, Norbert/Klein, Wolfgang (1979) „Sprachliche und soziale Determinanten im kommunikativen Verhalten ausländischer Arbeiter", in: Sprachstruktur—Sozialstruktur, Quasthoff, U., ed., Königstein, 158—192.

Becker, Howard S. (1971) „Whose side are we on?", in: *Qualitative methodology*, Filstead, W. J., ed., Chicago, 15—26.

Bencke, Eckhard (1979) *Selbstverständnis und Handlungsrealität von Sozialarbeitern*, Weinheim.

Benjamin, Alfred (1969) *The helping interview*, Boston.

Berger, Hartwig (1974) *Untersuchungsmethode und soziale Wirklichkeit*, Frankfurt a. M.

Berger, Peter/Luckmann, Thomas (1970) *Die gesellschaftliche Konstruktion von Wirklichkeit*, Frankfurt a. M.

Bernstein, Basil (1970) „Soziale Schicht, System des Sprachgebrauchs und Psychotherapie", in: *Soziale Struktur, Sozialisation und Sprachverhalten*, Bernstein, B., ed., Amsterdam, 84—97.

Bernstein, Basil, ed., (1970) *Soziale Struktur, Sozialisation und Sprachverhalten*, Amsterdam.

Bernstein, Basil/Oevermann, Ulrich/Reichwein, Regine et al., eds., (1970) *Lernen und soziale Struktur, Aufsätze 1965—1970*, Amsterdam.

Bielefeld, Hans Ulrich/Hess-Lüttich, Ernest W. B./ Lundt, André, eds., (1977) *Soziolinguistik und Empirie*, Wiesbaden.

Bliesener, Thomas (1982) *Die Visite — ein verhinderter Dialog*, Tübingen.

Boettcher, Wolfgang (1973) *Kritische Kommunikationsfähigkeit*, Bebenhausen.

Brim, Orville G./Wheeler, S. (1974) *Erwachsenensozialisation*, Stuttgart.

Brüggemann, Beate (1977) „Sozialisation der Sprache", in: *Die Sache der Sprache*, Hager, F., ed., Stuttgart, 118—129.

Brünner, Gisela (1978) *Kommunikation in betrieblichen Kooperationsprozessen*, Diss., Osnabrück.

Brutan, Clive et al. (1978) „Doctor speech functions in casuality conversations: predictable structures of discourse in a regulated setting (1)", in: *Pragmalinguistics* 1978, 51—65.

Bürgernahe Gesetzestexte in Niederösterreich (1983), mit Beiträgen von Blüml, K., et al.

Caspari, Rolf (1976) *Beobachtungen zur Thematisierung der Kommunikation in deutschen Strafprozeßordnungen des 19. und 20. Jahrhunderts*, Düsseldorf, 23—42.

Cazden, Courteney B./Dickinson, David K. (1981) „Language in education: standardization versus cultural pluralism", in: *Language in the USA*, Ferguson, C. A./Heath, S., eds., Cambridge, 446—468.

Chambers, John W., ed., (1983) *Black English. Educational equity and the law*. Ann Arbor.

Charrow, Robert P./Charrow, Veda (1979) Making legal language understandable: A psycholinguistic study of jury instructions, 79 *Columbia Law Review*, 1306 New York.

Cicourel, Aaron ([1964 englisch] 1970) *Methode und Messung in der Soziologie*, Frankfurt a. M.

Cicourel, Aaron (1972) „Basic and normative rules in the negotiation of status and role", in: *Studies in social interaction*, Sudnow, D., ed., New York, 229—258.

Cicourel, Aaron (1973) „The acquisition of social structure: Towards a developmental sociology of language and meaning", in: *Understanding everyday life. Toward the construction of sociological knowledge*, Douglas, D., ed., London, 136—168.

Cicourel, Aaron et al. (1974) *Language use and school performance*, New York.

Cicourel, Aaron (1980) „The role of discourse analysis: The role of social structure", in: *Discourse Processes* 3, 101—132.

Cicourel, Aaron (1981) „Language in medicine", in: *Language in the USA*, Ferguson, C. A./Heath, S., eds., Cambridge, 407—429.

Cicourel, Aaron (1983) „Language and the structure of belief in medical communication", in: *The social organization of doctor-patient communication*, Fisher, S./Todd, A., eds., Washington, 221—240.

Cicoux, Hélène/Clément, Michèle (1976) „Die Frau als Herrin", in: *Alternative* 19, 127—133.

Corson, David (1982) „Social dialect, the semantic barrier, and access to curricular knowledge", in: *Language in Society* 12, 213—222.

Coulthard, Malcolm/Ashby, Margaret (1976) „A linguistic description of doctor-patient-interviews", in: *Studies in everyday medical life*, Wadsworth, M./Robinson, D., eds., London, 69—89.

Danet, Brenda (1980) „Language in the legal process", in: *Law and Society Review* 14/3, 447—564.

Dittmar, Norbert (1982) „Soziolinguistik II", in: *Studium Linguistik* 14, 20—57.

Dittmar, Norbert (1983) „Descriptive and explanatory power of rules in sociolinguistics", in: *The sociogenesis of language and human conduct*, Bain, B., ed., New York, 225—255.

Dittmar, Norbert/Rieck, Bert O. (1977) „Datenerhebung und Datenauswertung im Heidelberger Forschungsprojekt 'Pidgin Deutsch' spanischer und italienischer Arbeiter", in: *Soziolinguistik und Empirie*, Bielefeld, H. U./Hess-Lüttich, E. W. B./Lundt, A., eds., Wiesbaden, 59—88.

Dittmar, Norbert/Thielcke, Elisabeth (1979) „Der Niederschlag von Erfahrungen ausländischer Arbeiter mit dem institutionellen Kontext des Arbeitsplatzes in Erzählungen", in: *Interpretative Verfahren in den Sozial- und Textwissenschaften*, Soeffner, H. G., ed., Stuttgart, 65—103.

Dittmar, Norbert/Schlieben-Lange, Brigitte (1982) *La sociolinguistique dans les pays de langue romane*, Tübingen.

Dittmann, Jürgen, ed., (1979) *Arbeiten zur Konversationsanalyse*, Tübingen.

Döhner, Otto, ed., (1973) *Arzt und Patient in der Industriegesellschaft*, Frankfurt a. M.

Douglas, Jack D., ed., (1973) *Understanding everyday life. Toward the construction of sociological knowledge*, London.

Dressler, Wolfgang U./Wodak, Ruth (1982) „Sociophonological methods in the study of sociolinguistic variation in Viennese German", in: *Language in Society* 11, 339—370.

Dressler, Wolfgang U./Wodak, Ruth, eds., (1984) *Normale und abweichende Texte*, Hamburg.

Durkheim, Emile ([1901] 1961) *Regeln der soziologischen Methode*, Neuwied.

Duro-Courdesses, Inés/Simonin, François (1980) „Analyse de communication sociale en milieu de travail", in: *Études de linguistique* 10, 44—60.

Edwards, John R. (1979) *Language and disadvantage*, London.

Eglin, Paul (1980) *Talk and Taxonomy*, Amsterdam.

Ehlich, Konrad, ed., (1980) *Erzählen im Alltag*, Frankfurt a. M.

Ehlich, Konrad, ed., (1984) *Erzählen in der Schule*, Tübingen.

Ehlich, Konrad (1982) „'Quantitativ' oder 'qualitativ'? Bemerkungen zur Methodologiediskussion in der Diskursanalyse", in: *Das Gespräch während der ärztlichen Visite*, Köhle, K./Raspe, H.-H., eds., Wien/Berlin, 298—312.

Ehlich, Konrad/Rehbein, Jochen (1972) „Zur Konstitution pragmatischer Einheiten in einer Institution: Das Speiserestaurant", in: *Linguistische Pragmatik*, Wunderlich, D., ed., Frankfurt a. M., 205—255.

Ehlich, Konrad/Rehbein, Jochen (1976 a) „Praktisches Transkribieren", in: *Linguistische Berichte* 4, 21—42.

Ehlich, Konrad/Rehbein, Jochen (1976 b) „Sprache im Unterricht", in: *Studium Linguistik* 1, 47—69.

Ehlich, Konrad/Rehbein, Jochen (1980) „Sprache in Institutionen", in: *Lexikon der Germanistischen Linguistik*, Althaus, H. P. et al., eds., Tübingen, 338—345.

Ehlich, Konrad/Rehbein, Jochen, eds., (1983) *Kommunikation in Schule und Hochschule*, Tübingen.

Elmauer, Ulrich/Müller, Rudolf (1972) „Belegung der Freiburger Forschungshypothese über die Beziehung zwischen Redekonstellation und Textsorte", in: *Gesprochene Sprache*, Düsseldorf, 98—120.

Ermert, Karl ed., (1978) *Gibt es die „Sprachbarriere" noch?* Düsseldorf.

Emert, Karl (1983) „Für eine bürgerfreundliche Justiz", in: *Recht und Sprache*, Wassermann, R./Petersen, J., eds., Heidelberg, 11—18.

Fears, Denise (1977) „Communication in English juvenile courts", in: *Sociological Review* 25, 131—145.

Ferguson, Charles A./Heath, Sarah, eds., (1981) *Language in the USA*, Cambridge.

Ferguson, Charles A. (1982) „Sports announcer talk: Syntactic aspects of register variation", in: *Language in Society* 12/2, 153—173.

Filstead, William J., ed., (1971) *Qualitative methodology. Firsthand involvement with the social world*, Chicago.

Finger, Ute D. (1976) *Sprachzerstörung in Gruppen*, Frankfurt a. M.

Fisher, Sue (1983) „Doctor talk/patient talk", in: *The social organization of doctor-patient communi-*

cation, Fisher, S./Todd, A., eds., Washington, D. C., 135 – 158.

Fisher, Sue/Todd, Alexandra, eds., (1983) *The social organization of doctor-patient communication*, Washington, D. C.

Flader, Dieter (1976) *Strategien der Werbung*, Kronberg/Ts.

Flader, Dieter (1979) „Techniken der Verstehenssteuerung im psychoanalytischen Diskurs", in: *Therapeutische Kommunikation*, Flader, D./Wodak-Leodolter, R., eds., Kronberg/Ts., 24 – 44.

Flader, Dieter/Grodzicki, Wolf, D. (1978) „Hypothesen zur Wirkungsweise der psychoanalytischen Grundregel", in: *Psyche* 23, 545 – 594.

Flader, Dieter/Wodak-Leodolter, Ruth, eds., (1979) *Therapeutische Kommunikation*, Kronberg/Ts.

Flader, Dieter/Giesecke, Michael (1980) „Erzählen im psychoanalytischen Erstinterview", in: *Erzählen im Alltag*, Ehlich, K., ed., Frankfurt a. M., 209 – 262.

Flader, Dieter/Hurrelmann, Bettina (1982) „Erzählen im Klassenzimmer. Ergebnisse einer empirischen Studie", in: *Deutschunterricht* 34, 105 – 109.

Flader, Dieter/Grodzicki, Wolf D./Schröter, Klaus eds., (1982) *Psychoanalyse als Gespräch*, Frankfurt a. M.

Flanders, Nell A. (1967) „Teacher influence in the classroom", in: *Interaction analysis*, Amidon, B./Hough, F., eds., Reading, 33 – 45.

Flessau, Kurt-Ingo (1979) *Schule der Diktatur*, Frankfurt a. M.

Forster, Rudolf/Pelikan, Jürgen (1977) „Krankheit als Karriereprozeß", in: *Österreichische Zeitschrift für Soziologie* 3/4, 29 – 43.

Foucault, Michel (1973) *Die Geburt der Klinik*, München.

Foucault, Michel (1975) *Surveiller et punir*, Paris.

Foucault, Michel (1977) *Die Ordnung des Diskurses*, München.

Frake, Charles O. (1964) „How to ask for a drink in Subanum", in: *American Anthropological Special Publication* 66, 127 – 132.

Frankel, Richard M. (1984) „From sentence to sequence: Understanding the medical encounter through micro interactional analysis", in: *Discourse Processes* 7, 135 – 171.

Frankenberg, Hartwig (1976) *Vorwerfen und Rechtfertigen als verbale Teilstrategien der innerfamilialen Interaktion*, Diss., Düsseldorf.

Friedmann, Howard (1979) „Nonverbal communication between patient and medical practioners", in: *Journal of Social Issues* 35/1, 82 – 99.

Friedrichs, Jürgen (1973) *Methoden empirischer Sozialforschung*, Hamburg.

Fritze, Erich, ed., (1983) *Lehrbuch der allgemeinen Anamneseerhebung und allgemeinen Krankenuntersuchung*, Weinheim.

Fuchs, Werner (1977) „Der Weg nach unten", in: *Universitärer Alltag. Lernen, Lehren und Leben an der Hochschule*, Ortmann, M./Fuchs, W., eds., Gießen, 189 – 260.

Fuchs, Werner et al., eds., (1973) *Lexikon der Soziologie*, Opladen.

Garfinkel, Harold (1967) „Some rules of correct decisions that jurors respect", in: *Studies in ethnomethodology*, Garfinkel, H., ed., Englewood Cliffs, 104 – 115.

Garfinkel, Harald, ed., (1967) *Studies in ethnomethodology*, Englewood Cliffs.

Giesecke, Michael/Rappe, Cornelia (1982) „Setting und Ablaufstrukturen in Supervisions- und Balintgruppen. Ergebnisse einer Kommunikationswissenschaftlichen Studie", in: *Psychoanalyse als Gespräch*, Flader, D. et al., eds., Frankfurt a. M., 208 – 301.

Giles, Howard/St. Clair, René, eds., (1979) *Language and social psychology*, London.

Giles, Howard/Smith, Philipp M. (1979) „Accomodation theory: Optimal levels of convergence", in: *Language and social psychology*, Giles, H./St. Clair, R., eds., London, 33 – 68.

Glück, Helmut (1977) „Zur Geschichte der industriellen Polyglossie", in: *OBST* 4, 76 – 105.

Gluck, Erwin/Welan, Michael (1984) „Republik der Mandarine", in: *Wirtschaftspolitische Blätter* 1, 71 – 81.

Gloy, Klaus/Haeberlin, Ulrich/Presch, Gunter (1972) *Sozialabhängige Sprachleistungen von Studenten*, Konstanz.

Gloy, Klaus (1981) „Deutungsschemata des Sozialamts. Zur linguistischen Analyse von Institutionen als Konfliktherde", in: *Institutionen – Konflikte – Sprache*, Klein, J./Presch, G., eds., Tübingen, 87 – 125.

Glunk, Rolf (1966 – 71) „Erfolg und Mißerfolg der Nationalsozialistischen Sprachlenkung", in: *Zeitschrift für Deutsche Sprache* 1966, 57 – 153; 1967, 82 – 188; 1968, 71 – 191; 1969, 116 – 182; 1970, 84 – 183; 1971, 113 – 187.

Goeppert, Herma/Goeppert, Sebastian (1973) *Sprache und Psychoanalyse*, Hamburg.

Goeppert, Herma/Goeppert, Sebastian (1975) *Redeverhalten und Neurose*, Hamburg.

Goeppert, Herma, ed., (1977) *Sprachverhalten im Unterricht*, München.

Goffman, Erving (1959) *The presentation of self in every day life*, New York.

Goffman, Erving (1961) *Asylums*, New York.

Goffman, Erving (1971) *Interaktionsrituale – Über Verhalten in direkter Kommunikation*, Frankfurt a. M.

Goffman, Erving (1974) *Das Individuum im öffentlichen Austausch*, Frankfurt a. M.

Gordon, David P. (1982) „Hospital slang for patients: Crocks, gomers, gurks, and others", in: *Language in Society* 12, 173—186.

Grell, Jochen (1983) *Techniken des Lehrerverhaltens*, Weinheim.

Grice, Paul (1957) „Meaning", in: *Philosophical Review*, 15, 377—388.

Grönwaldt, Peter (1977) „Unterricht als Sprechsituation", in: *Sprachverhalten im Unterricht*, Goeppert, H., ed., München, 344—357.

Grosse, Siegfried/Mentrup, Wolfgang, eds., (1979) *Bürger — Formulare — Behörde*. Mannheim.

Gruber, Helmut (1984) „Inhalt und Strukturen der Antworten von normalen und neurotischen Kindern in einem projektiven Satzergänzungstext", in: *Normale und abweichende Texte*, Dressler, W. U./Wodak, R., eds., Hamburg, 91—122.

Gülich, Elisabeth (1981) „Dialogkonstitution in institutionell geregelten Kommunikationen", in: *Dialogforschung*, Schröder, P./Steger, H., eds., Düsseldorf, 418—456.

Gumperz, John J. (1982) „Fact and inference in courtroom testimony", in: *Language and social identity*, Gumperz, J. J., ed., Cambridge, 163—194.

Gumperz, John J., ed., (1982) *Language and social identity*, Cambridge.

Gumperz, John J./Cook-Gumperz, Jenny (1982) „Interethnic communication in committee negotiations", in: *Language and social identity*, Gumperz, J. J., ed., Cambridge, 145—162.

Gunnarsson, Britt L. (1982) *Functional comprehensibility of a Swedish law. An experiment*, Uppsala.

Habermas, Jürgen (1965) *Strukturwandel der Öffentlichkeit*, Neuwied.

Habermas, Jürgen (1969) *Protestbewegung und Hochschulreform*, Frankfurt a. M.

Hagemann-White, Carol/Wolff, Reinhart (1975) *Lebensumstände und Erziehung*, Frankfurt a. M.

Hager, Frithjof, ed., (1977) *Die Sache der Sprache*, Stuttgart.

Halliday, Michael A. K. (1978) *Language as social semiotic*, London.

Hannig, Christa (1974) *Zur Syntax der gesprochenen und geschriebenen Sprache bei Kindern in der Grundschule*, Kronberg/Ts.

Hanssen, Rainer/Klein, Josef/Sauer, Hans-Gerd (1981) „Befehl — Gehorsam" als zentrales dienstliches Handlungsmuster des Militärs — dargestellt am Beispiel Bundeswehr", in: *Institutionen — Konflikte — Sprache*, Klein, J./Presch, G., eds., Tübingen, 182—205.

Hauriov, M. (1965) *Die Theorie der Institution*, Berlin.

Hauswaldt-Windmüller, Brigitte (1977) *Sprachliches Handeln in der Konsumwerbung*, Weinheim.

Hein, Norbert (1985) *Gespräche beim praktischen Arzt*, Diplomarbeit, Wien.

Hein, Norbert/Lalouschek, Johanna/Wodak, Ruth (1984) *Kommunikation zwischen Arzt und Patient*, Wien.

Herrlitz, Wolfgang (1973) *Sprache als soziales Verhalten. Bausteine zu einem linguistischen Curriculum*, Bebenhausen.

Hoffmann, Lutger (1980) „Zur Pragmatik von Erzählformen vor Gericht", in: *Erzählen im Alltag*, Ehlich, K., ed., Frankfurt a. M., 28—63.

Hoffmann-Richter, Ulrike (1984) *Zur Verständigung zwischen Arzt und Patient in der Visite oder Der Knoten im roten Faden*, Diss., Ulm.

Hufschmidt, Jochen/Mattheier, Klaus J. (1976) „Sprachdatenerhebung. Methoden und Erfahrungen bei sprachsoziologischen Feldforschungen", in: *Sprachliches Handeln — Soziales Verhalten*, Viereck, W., ed., München, 105—138.

Illich, Ivan et al. (1979) *Entmündigung durch Experten. Zur Kritik der Dienstleistungsberufe*, Hamburg.

Kallmeyer, Werner/Schütze, Fritz (1975) „Konversationsanalyse", in: *Studium Linguistik* 1, 1—28.

Karakalos, Babis (1979) „Das narrative Interview als Instrument der Konstitution sozialwissenschaftlicher Daten: Zur Problematik umgangssprachlich verfaßter Texte", in: *Interpretative Verfahren in den Sozial- und Textwissenschaften*, Soeffner, H.-G., ed., Stuttgart, 227—242.

Katz, Heinz (1973) *Über den Stil höchstrichterlicher Entscheidungen*, Konstanz.

Kaupen-Haas, Heidrun (1969) *Stabilität und Wandel ärztlicher Autorität*, Stuttgart.

Keil, Wolfgang/Piontowski, Ursula (1973) *Strukturen und Prozesse im Hochschulunterricht*, Weinheim/Basel.

Keseling, Gisbert (1974) *Sprach-Lernen in der Schule*, Köln.

Kichler, Karin/Lalouschek, Johanna (1987) „Therapy talk: 'start', 'beginning' and 'outset' ", in: *Neurotic and psychotic language behavior*, Wodak, R./van de Craen, P., eds., London.

Klann, Gisela (1980) „Weibliche Sprache — Identität, Sprache und Kommunikation von Frauen", in: *OBST* 8, 9—62.

Klein, Josef/Presch, Gunter, eds., (1981) *Institutionen — Konflikte — Sprache*, Tübingen.

Knieschewski, Elmar (1978) *Sozialarbeiter und Klient*, Weinheim.

Koefer, Armin (1980) „Problem und Ansätze einer pragmatischen Sprachanalyse. Mit Beispielen institutionen- und gruppenspezifischer Kommunikation", in: *Handeln, Sprechen und Erkennen*, Sasse, G./Fuck, H., eds., Göttingen, 53—100.

Köhle, Karl/Raspe, Hans-Heinrich, eds., (1982) *Das Gespräch während der ärztlichen Visite*, Wien/Berlin.

Krumm, Volker (1983) „Linguistische und ethnomethodologische Analysen der Kommunikation in der Schule — eine Kritik in erziehungswissenschaftlicher Sicht", in: *Kommunikation in Schule und Hochschule*, Ehlich, K./Rehbein, J., eds., Tübingen, 275—292.

Küpper, Heinz (1972) *Schülerdeutsch*, Hamburg.

Labov, William (1982) *Language in the inner city*, Philadelphia.

Labov, William (1981) „Field methods of the project on linguistic change and variation", in: *Working Papers in Sociolinguistics* 83, 1—41.

Labov, William (1982) „Objectivity and commitment in linguistic science: the case of the Black English trial in Ann Arbor", in: *Language in Society* 11, 165—202.

Labov, William/Fanshel, David (1977) *Therapeutic discourse*, New York.

Lacoste, Michèle (1980) „La vieille dame et le médecin", in: *Etudes de linguistique appliquée* 14, 34—43.

Lalouschek, Johanna (1985) *„Streit's nur schön" Beziehungen in Club-2 Diskussionen*, Diplomarbeit, Wien.

Lautmann, Rüdiger (1973) *Justiz — die stille Gewalt*, Frankfurt a. M.

Lavandera, Beatriz (1982) „Le principe de réinterpretation dans la théorie de la variation", in: *La sociolinguistique dans les pays de langue romane*, Dittmar, N./Schlieben-Lange, B., eds., Tübingen, 87—96.

Lawton, Denis (1970) *Social Class, language and education*, London.

Leibfried, Stefan (1968) *Die angepaßte Universität*, Frankfurt a. M.

Leitner, Gerhard (1979) „Gesprächsanalyse und Englischunterricht", in: *Grazer Linguistische Studien* 10, 148—169.

Leodolter (= Wodak), Ruth (1975) *Das Sprachverhalten von Angeklagten bei Gericht*, Kronberg/Ts.

Lévi-Strauss, Claude (1949) „Die Wirksamkeit der Symbole", in: *Strukturale Anthropologie*, 204—225.

Lüth, Paul, ed., (1975) *Kommunikation in der Medizin. Aufsätze zu ihrer Theorie und Praxis*, Stuttgart.

Maas, Utz (1974) *Argumente für die Emanzipation von Sprachstudium und Sprachunterricht*, Frankfurt a. M.

Mahler, Eugen (1971) *Psychische Konflikte und Hochschulstruktur. Gruppenprotokolle*, Frankfurt a. M.

Malinowski, Bronislaw (1975) *Eine wissenschaftliche Theorie der Knoten*, Frankfurt a. M.

Martens, Karin (1974) *Sprachliche Kommunikation in der Familie*, Kronberg/Ts.

Martens, Karin, ed., (1979) *Kindliche Kommunikation*, Frankfurt a. M.

Matuschek, Helga (1982) *Die Auswirkungen der „Ausländerpolitik" auf Schul- und Berufsausbildung*

der jugoslawischen und türkischen Jugendlichen in Wien und Niederösterreich, Wien.

Meerwein, Fritz (1969) *Die Grundlagen des Gesprächs — eine Einführung in die psychoanalytische Psychosomatik*, Stuttgart.

Mehan, Hugh (1982) „The role of language and the language of role in institutional decision making", in: *Language in Society* 12, 187—212.

Melinkoff, David (1963) *The Language of the law*, Boston.

Menz, Florian (1984) *Variation in Schüleraufsätzen*, Diplomarbeit, Wien.

Merrit, Marilyn (1979) „ 'Communicative loading' and intertwining of verbal and nonverbal modalities in service events", in: *Papers in Linguistics* 12, 365—381.

Milroy, Leslie (1980) *Language and social networks*, Oxford.

Moeller, Michael L./Scheer, John W. (1974) *Psychotherapeutische Studentenberatung*, Stuttgart.

Moermann, Michael (1973) „The use of precedent in natural conversation. A study in practical legal reasoning", in: *Rechtstheorie* 4, 207—229.

Möhn, Dieter (1967) „Zur Sprache der Arbeit im industriellen Großbetrieb", in: *Arbeit und Volksleben*, 216—222.

Möhn, Dieter (1963) „Die Industrielandschaft — Ein neues Forschungsgebiet der Sprachwissenschaft", in: *Hamburger Universitätsbund* 2, 303—343.

Negt, Oskar (1971) *Soziologische Phantasie und exemplarisches Lernen*, Frankfurt a. M.

Neumayr, Karl (1979) *Grundzüge studentischen Bewußtseins am Beispiel der Studenten der Wirtschaftsuniversität Wien*, Diplomarbeit, Wien.

Nikolaus, Klaus/Quasthoff, Uta/Repp, Michael (1984) „Der Erwerb kommunikativer Fähigkeiten am Beispiel kindlichen Erzählens", in: *Linguistische Arbeitsberichte* 20, Berlin.

Nothdurft, Werner (1978) *Aspekte der Undurchlässigkeit in Visiten*, Diplomarbeit, Bonn.

Nowak, Peter (1984) *Die Intervention des Therapeuten — eine vergleichende sprachwissenschaftliche Untersuchung von psychoanalytischer, klientenzentrierter und suggestiver Therapie*, Diplomarbeit, Wien.

Nowak, Peter (1987) „Die therapeutische Intervention", in: *Neurotic and psychotic language behavior*, Wodak, R./van de Craen, P., eds., London.

O'Barr, William M. (1981) „The language of the law", in: *Language in the USA*, Ferguson, C. A./ Heath, S., eds., Cambridge, 356—406.

Ochs, Elinor/Schiefflin, Anne (1982) „Language acquisition and socialization — three developmental studies and their implications", *Working Papers in Sociolinguistics*, Austin, Nov. 1982.

Oevermann, Ulrich (1972) *Sprache und soziale Herkunft*, Frankfurt a. M.

Oevermann, Ulrich/Allert, Tilman/Konau, Elisabeth/Krambeck, Jürgen (1979) „Die Methodologie der 'deskriptiven Hermeneutik' und ihre allgemeine forschungslogische Bedeutung in den Sozialwissenschaften", in: *Interpretative Verfahren in den Sozial- und Textwissenschaften*, Soeffner, H.-G., ed., Stuttgart, 352 – 433.

Oksaar, Els (1967) „Sprache als Problem und Werkzeug für den Juristen", in: *Archiv für Rechts- und Sozialphilosophie* 53, 91 – 130.

Ortmann, M./Müller, B./Fuchs, W. (1977) *Universitärer Alltag. Lernen, Lehren und Leben an der Hochschule*, Gießen.

Parsons, Talcott (1968) *The social system*, New York.

Parsons, Talcott (1972) „Institutions", in: *The Encyclopedia Americana*, vol. 15, New York, 227 – 233.

Payrhuber, Franz-Josef, ed., (1982) *Praxis des Aufsatzunterrichts in der Sekundarstufe*, Freiburg.

Pelikan, Jürgen M./Leitner, Fritz/Forster, Rudolf (1974) *Untersuchung der Probleme des Krankenpflegepersonals Österreichs*, Wien.

Perdue, Charles, ed., (1982) *Second language acquisition by adult immigrants. A field manual*, Strassburg.

Peñalosa, Fernando (1980) *Chicano sociolinguistics*, Rowley, Mass.

Perera, Katherine (1984) *Children's writing and reading*, Oxford.

Pfäfflin, Margarethe/Semmer, Norbert (1978) *Interaktionstraining*, Weinheim.

Pfeiffer, Oskar/Strouhal, Ernst/Wodak, Ruth (1987) *Recht auf Sprache*, Wien.

Platner, Geert, ed., (1984) *Schule im Dritten Reich — Erziehung zum Tod? Eine Dokumentation*, München.

Popitz, Hans (1964) *Technik und Industriearbeit*, Tübingen.

Poplack, Shana (1981) „Sometimes I'll shert a sentence in Spanish. Iterimino en espanol: towrel a typo", in: *Linguistics* 7/8, 581 – 618.

Presch, Gunter/Gloy, Klaus/Haeberlin, Ulrich (1973) „Sprachgewohnheiten von Akademikern", in: *Zeitschrift für Pädagogik* 19/6, 987 – 999.

Presch, Gunter/Gloy, Klaus (1976) „Exklusive Kommunikation: Verschlüsselte Formulierungen in Arbeitszeugnissen", in: *Sprachnormen II*, Presch, G./Gloy, K., eds., Stuttgart, 43 – 65.

Presch, Gunter/Gloy, Klaus, eds., (1976) *Sprachnormen II*, Stuttgart.

Pribersky, Andreas/Wimmer, Helga (1984) *Möglichkeiten des Einsatzes von Balintgruppen in der postpromotionellen Medizinerausbildung*, Wien.

Provisorischer Lehrplan für Mittelschulen 1946, Wien.

Quasthoff, Uta M. (1980) *Erzählen in Gesprächen*, Tübingen.

Quasthoff-Hartmann, Uta M. (1982) „Frageaktivitäten von Patienten in Visitegesprächen: Konversationstechnische und diskursstrukturelle Bedingungen", in: *Das Gespräch während der ärztlichen Visite*, Köhle, K./Raspe, H.-H., eds., Wien/Berlin, 70 – 101.

Quasthoff, Uta, ed., (1979) *Sprachstruktur — Sozialstruktur*, Königstein/Ts.

Raffler-Engel, Walpurga (1983) *Nonverbal behavior in the career interview*, Amsterdam.

Ramge, Hans, ed., (1980) *Studien zum sprachlichen Handeln im Unterricht*, Gießen.

Raspe, Hans-Heinrich (1978) „Zuviel Distanz im Krankenhaus", in: *Schwesternrevue/Krankenpflegejournal* 5, 4 – 10.

Redder, Angelika, ed., (1982) *Schulstunden 1. Ein Transkript*, Tübingen.

Rehbein, Jochen (1980) „Sequentielles Erzählen — Erzählstrukturen von Immigranten bei Sozialberatungen in England", in: *Erzählen im Alltag*, Ehlich, K., ed., Frankfurt a. M., 64 – 108.

Remmele, Kurt/Ritsert, Jürgen/Vogelin, Ludwig (1976) „Kommunikationsprobleme in soziologischen Seminaren", in: *Sozialwissenschaften*, Frankfurt a. M., 66 – 83.

Richmond, John (1982) „Black children and education", in: *British Black English*, Sutcliffe, D., ed., Oxford, 73 – 92.

Roeder, Peter M. (168) „Sprache, Sozialstatus und Schulerfolg", in: *betrifft: erziehung* 6, 14 – 20.

Rohde, Johann J. (1974) *Soziologie des Krankenhauses*, Stuttgart.

Romaine, Suzanne (1981) „On the problems of syntactic variation", in: *Working Papers in Sociolinguistics* 82, 1 – 38.

Rosenthal, Robert/Jacobson, Leonore ([1968 englisch] 1971) *Pygmalion im Unterricht*, Weinheim.

Sacks, Harvey (1967) „The Search for help: no one to turn to", in: *Essays in self destruction*, Shneidman, E. S., ed., New York, 30 – 84.

Sacks, Harvey/Schegloff, Emanuel/Jefferson, Gail (1979) „A simplest systematics for the organization of turntaking for conversation", in: *Studies in the organization of conversational interaction*, Schenkein, J., ed., New York, 7 – 55.

Sasse, Gunter/Fuck, Horst, eds., (1980) *Handeln, Sprechen und Erkennen*, Göttingen.

Saterdag, Hermann (1972) *Gruppenwahrnehmung in der Interaktion zwischen Professoren, Assistenten und Studenten*, Diss., Saarbrücken.

Saville-Troike, Muriel (1982) *The ethnography of communication*, Oxford.

Schank, Gerd/Schoenthal, Gisela (1976) *Gespro-chene Sprache*, Tübingen.

Scheer, Jörn W./Zenz, Helmuth (1973) *Studenten in der Prüfung. Eine Untersuchung zur akademischen Initiationskultur*, Frankfurt a. M.

Schenkein, Jim (1979) *Studies in the organization of conversational interaction*, New York.

Schillerwein, Erich (1982) *Nonverbale Kommunikation in der Psychotherapie*, Diplomarbeit, Wien.

Schlieben-Lange, Brigitte (1975) *Linguistische Pragmatik*, Stuttgart.

Schlieber, Hubert (1985) *Geschlechtsspezifische Sprachverwendung in Deutschaufsätzen unter Berücksichtigung der Aufsatzgattung und des Aufsatzthemas*, Diplomarbeit, Wien.

Schmitz, Walter (1979) „Zur Analyse von Aushandlungsprozessen in polizeilichen Vernehmungen von Geschädigten und Zeugen", in: *Interpretative Verfahren in den Sozial- und Textwissenschaften*, Soeffner, H.-G., ed., Stuttgart, 24—37.

Schneider, Herbert (1972) *Kommunikation und Emanzipation in Studentenwohnheimen*, Diss., Köln.

Schönfeld, Helmut/Donath, Joachim (1978) *Sprache im sozialistischen Industriebetrieb*, Berlin (DDR).

Schreiber, Daniel, ed., (1979) *Profile of the school dropout*, New York.

Schröder, Konrad/Steger, Hugo, eds., (1981) *Dialogforschung*, Düsseldorf.

Schumann, Karl F. (1979) „Aushandeln von Sachverhalten innerhalb des Strafprozesses", in: *Interpretative Verfahren in den Sozial- und Textwissenschaften*, Soeffner, H.-G., ed., Stuttgart, 10—23.

Schütz, Alfred (1960) *Der sinnhafte Aufbau der sozialen Welt*, Wien.

Schütze, Fritz et al., (1978) *Interaktion vor Gericht*, Baden-Baden.

Searle, John ([1969 englisch] 1971) *Sprechakte*, Frankfurt a. M.

Seibert, Thomas-Michael (1981) *Aktenanalysen. Zur Schriftform juristischer Deutungen*, Tübingen.

Seibert, Thomas M., ed., (1980) „Der Kode — Geheimsprache einer Institution", *Zeitschrift für Semiotik* 2 (3), 30—45.

Seidl, Elisabeth/Walter, Ilsemone (1979) *Angst oder Information im Krankenhaus*, Wien/Bern.

Shneidman, E. S., ed., (1967) *Essays in self destruction*, New York.

Siegrist, Johannes (1977) *Lehrbuch der medizinischen Soziologie*, München/Wien.

Siegrist, Johannes (1978) *Arbeit und Interaktion im Krankenhaus*, Stuttgart.

Sinclair, John/Coulthard, R. Malcolm (1975) *Toward an analysis of discourse. The English used by teachers and pupils*, London.

Sitta, Horst/Tymister, Hans Josef (1978) *Linguistik und Unterricht*, Tübingen.

Skopek, Lucienne (1979) „Doctor-patient conversation: a way of analyzing its linguistic problems", in: *Semiotica* 28, 301—311.

Slama-Cazacu, Tatjana (1963) *Bemerkungen zur sprachlichen Kommunikation im Arbeitsprozeß*, Braunschweig.

Slobin, Dan I., ed., (1967) *A field manual of cross-cultural study of the acquisition of communicative competence*, Berkeley..

Smith, Philip M. (1984) *Language, the sexes and society*, Oxford.

Soeffner, Hans-Georg, ed., (1979) *Interpretative Verfahren in den Sozial- und Textwissenschaften*, Stuttgart.

Soeffner, Hans-Georg (1984) „Strukturanalytische Überlegungen zur gerichtlichen Interaktion", in: *Sozialwissenschaftliche Analysen jugendgerichtlicher Interaktion*, Reichertz, J., ed., Tübingen, 33—60.

Sozialintegrierte Gesetzgebung (1979) *Wege zum guten und verständlichen Gesetz*. Referate gehalten auf dem Symposium vom 23.10.—25.10.1979 in Vill/Innsbruck.

Spanhel, Dieter (1971) *Die Sprache des Lehrers*. Grundfragen des didaktischen Sprechens, Düsseldorf.

Spittler, Gerd (1968) *Norm und Sanktion*, Olten.

Steinmüller, Ulrich (1977) *Kriterien effektiver Kommunikation. Eine Untersuchung gesellschaftlich bedingter Varianten im kommunikativen Verhalten von Schülern*, Köln.

Stellmacher, Dieter (1977) „Kommunikation und Redesituation", in: *Sprachverhalten im Unterricht*, Goeppert, H. C., ed., München, 303—318.

Stone, Philip/Dunphy, Dexter/Smith, Marshall S./Ogline, Daniel et al. (1966) *The general inquirer: A computer approach to content analysis*. Cambridge, Mass.

Streeck, Jürgen (1983) *Kommunikation in einer kindlichen Sozialwelt*, Tübingen.

Streeck, Jürgen (1983) „Lehrerwelten — Kinderwelten. Zur vergleichenden Ethnographie von Lernkommunikation innerhalb und außerhalb der Schule", in: *Kommunikation in Schule und Hochschule*, Ehlich, K./Rehbein, J., eds., Tübingen, 203—215.

Strouhal, Ernst (1985) *'Bescheid geben' — Die Fachsprache der Bürokratie im Zeitalter ihrer technischen Reproduzierbarkeit*, unveröff. Manuskript.

Stubbs, Michael (1983) *Discourse analysis*, Chicago.

Sudnow, David, ed., (1972) *Studies in Social Interaction*, New York.

Sutcliffe, David, ed., (1982) *British Black English*, Oxford.

Switalla, Bernd (1977) *Sprachliches Handeln im Unterricht*, München.

Thibault, Pierette (1982) „Style, Sense, Function", in: *La sociolinguistique dans les pays de langue romane*, Dittmar, N./Schlieben-Lange, B., eds., Tübingen, 73—80.

Todd, Alexandra (1983) „A diagnosis of doctor-patient discourse in the prescription of contraception", in: *The social organization of doctor-patient communication*, Fisher, S./Todd, A., eds., Washington, 159—188.

Trudgill, Peter (1975) *Accent, dialect and the school*, London.

Turner, Roy (1972) „Some formal properties in therapy talk", in: *Studies in social interaction*, Sudnow, D., ed., New York, 367—397.

Van den Broeck, Jeff (1977) „Class differences in syntactic complexity in the Flemish town of Maaseik", in: *Language in Society* 6, 149—181.

Veith, Werner M. (1975) „Soziolekt und Aufsatzbeurteilung am Gymnasium", in: *Zeitschrift für Dialektologie und Linguistik* 42, 1—26.

Viereck, Wolfgang, ed., (1976) *Sprachliches Handeln — Soziales Verhalten*, München.

Wadsworth, Michael/Robinson, David, eds., (1976) *Studies in Everyday Medical Life*, London.

Wahmhoff, Sybille/Wenzel, Angelika (1979) „Ein 'Mhm' ist noch lange kein 'Mhm' — oder was heißt klientenbezogene Gesprächsführung", in: *Arbeiten zur Konversationsanalyse*, Dittmann, J., ed., Tübingen, 73—105.

Wagner, Hans (1970) *Die deutsche Verwaltungssprache der Gegenwart*, Düsseldorf.

Wagner, Wolf (1973) „Der Bluff. Die Institution Universität in ihrer Wirkung auf die Arbeitsweise und das Bewußtsein ihrer Mitglieder", in: *Probleme des Klassenkampfs* 7, 43—81.

Wagner, Wolf (1977) *Uni-Angst und Uni-Bluff. Wie studieren und sich nicht verlieren*, Berlin.

Wassermann, Rudolf (1983) „Recht und Verständigung als Element politischer Knoten", in: *Recht und Sprache*, Wassermann, R./Petersen, J., eds., Heidelberg, 40—63.

Wassermann, Rudolf/Petersen, Jürgen, eds., (1983) *Recht und Sprache*. Beiträge zu einer bürgerfreundlichen Justiz, Heidelberg.

Weber, Heinz (1980) *Studentensprache*. Über den Zusammenhang von Sprache und Leben, Weinheim.

Weingarten, Elmar (1978) *Konzeptualisierung und Methodik der Analyse von Arzt-Patienten-Interaktion*, Berlin.

Wenzel, Angelika (1981) „Funktionen kommunikativer Paraphrasen. Am Beispiel von Gesprächen zwischen Bürgern und Beamten am Sozialamt", in: *Dialogforschung*, Schröder, P./Steger, H., eds., Düsseldorf, 385—401.

Wespel, Manfred/Klier, Wolfgang (1976) *Sprache in Lehr- und Lernprozessen*, Stuttgart.

Weymann-Weyhe, Walter (1978) *Sprache — Gesellschaft — Institution*. Sprachkritische Vorklärungen für Problematik von Institutionen in der gegenwärtigen Gesellschaft, Berlin.

Wiedemann, Peter (1986) „Don't tell me any stories" in: *Poetics* 1/2, 43—56.

Wildgen, Wolfgang (1977) *Kommunikativer Stil und Sozialisation*. Ergebnisse einer empirischen Untersuchung, Tübingen.

Willis, Paul (1977) *Learning to labour*, Westmead.

Wimmer, Helga / Pelikan, Jürgen / Strotzka, Hans (1982) *Arzt-Patient-Kommunikation am Beispiel des Anamnesegesprächs*, Wien.

Wodak, Ruth (1981 a) *Das Wort in der Gruppe*, Wien.

Wodak, Ruth (1981 b) „Discourse analysis and courtroom interaction", in: *Discourse Processes* 3/4, 369—381.

Wodak, Ruth (1981 c) „How do I put my problem? Problem presentation in therapy and interview", in: *Text* 1—2, 191—213.

Wodak, Ruth (1981 d) „Women relate, men report: Sex differences in language behavior in a therapeutic group", in: *Journal of Pragmatics* 5, 261—285.

Wodak, Ruth (1981 e) „Gastarbeiterdeutsch: Probleme des Zweitspracherwerbs für Gastarbeiterkinder", in: *Die Sprache* 27, 129—140.

Wodak, Ruth (1982) „Erhebung von Sprachdaten in natürlichen — oder simuliert — natürlichen Sprechsituationen", in: *Dialektologie*. Ein Handbuch zur deutschen und allgemeinen Dialektforschung, Besch, W./Knoop, U./Putschke, W./Wiegand, H. E., eds., Berlin/New York, 539—544.

Wodak, Ruth (1983a) "Arguments in favour of a socio-, psycholinguistic theory of text planning. Sexspecific language behavior revisited", in: *Klagenfurter Beiträge zur Sprachwissenschaft* 9, 313—350.

Wodak, Ruth (1983 b) „Der Stellenwert von Sprache in der Geschichtsforschung", in: *Zeitgeschichte* 7, 261—285.

Wodak, Ruth (1984 a) *Hilflose Nähe? — Mütter und Töchter erzählen*, Wien.

Wodak, Ruth (1984 b) „Wege der Soziolinguistik", in: *Journal für Angewandte Sozialforschung* 3, 269—293.

Wodak, Ruth (1984 c) „Normal — abweichend — gestört? Eine Theorie der Soziopsychologischen Textplanung", in: *Normale und abweichende Texte*, Dressler, W. U./Wodak, R., eds., Hamburg, 165—198.

Wodak, Ruth (1985 a) „Herrschaft durch Sprache? Sprachwandel als Symbol und Ausdruck gesellschaftlichen Wandels im Wien der 40er und 50er Jahre", in: *Wien 1945 davor/danach*, Waechter-Böhm, L., ed., Wien, 75—89.

Wodak, Ruth (1985 b) „Geschlechtsspezifische Strategien in der Aufsatzgestaltung", in: *Unterrichtswissenschaft* 1, 17—29.

Wodak, Ruth (1986 a) „Tales from the Vienna woods. Socio- and psycholinguistic considerations on narrative analysis", in: *Poetics* 1/2, 153—182.

Wodak, Ruth (1986 b) „Patientenkarriere anstelle von Leidensgeschichten", in: *Arzt—Patient Kommunikation im Krankenhaus*, Strotzka,H./Wimmer, H., eds., Wien, 43—60.

Wodak, Ruth/Pfeiffer, Oskar E./Huk, Ernst (1983) „Verständlichkeit und Gesetzestext — eine textlinguistische Untersuchung", in: *Bürgernahe Gesetzestexte in Niederösterreich*, Wien, 67—110.

Wodak, Ruth/Schulz, Muriel (1986) *The language of love and guilt*, Amsterdam.

Wodak, Ruth/van de Craen, Pete (1987) *Neurotic and psychotic language behavior*, London.

Wolff, Gerhart (1981) *Sprechen und Handeln. Pragmatik im Deutschunterricht*, Königstein/Ts.

Wunderlich, Dieter, ed., (1972) *Linguistische Pragmatik*, Frankfurt a. M.

Wunderlich, Dieter (1976) *Studien zur Sprechakttheorie*, Frankfurt a. M.

Zielcke, Andreas (1978) „Interaktion vor Gericht: Zusammenfassung der Diskussion", in: *Interaktion vor Gericht*, Schütze, F. et al., eds., Baden-Baden 133—140.

Zimmermann, Hans (1965) *Zu einer Typologie des spontanen Gesprächs*, Bern.

Ruth Wodak, Wien (Österreich)

93. Sprache und Massenkommunikation

1. Einleitung

Die Forschungslage (vgl. Koszyk 1974; Straßner 1980; 1981) ist in weiten Teilen durch eine doppelte Trennung gekennzeichnet. Zum einen werden Eigenschaften massenmedial verbreiteter Texte vorzugsweise ohne Berücksichtigung ihrer besonderen Produktions- und Rezeptionsbedingungen betrachtet, während umgekehrt — auch in der umfangreichen angelsächsischen Massenkommunikationsforschung (Überblick durch Communication Abstracts 1978 ff; auch Ubbens 1979 ff) — die gesellschaftlichen Funktionen der Massenmedien normalerweise nicht im Hinblick auf ihre sprachlichen Ausformungen untersucht werden. (Typisch soziolinguistische Fragestellungen sind also noch nicht sehr intensiv bearbeitet worden.) Zum anderen stehen theoretische Überlegungen — von essayistischen Bemerkungen bis zu systematischen Gedankengebäuden — weitgehend unvermittelt neben empirischen Detailuntersuchungen. Es gibt auch zahlreiche Einzelveröffentlichungen — Monographien nicht anders als Sammelbände —, in denen mehrere dieser vier Wege beschritten werden, ohne daß sie aber zusammenliefen. Nicht selten enthalten empirische Arbeiten dann einen nur selten zugegebenen „Interpretationsüberschuß" (Lange 1981, 189). Der folgende Bericht konzentriert sich auf diejenigen Ansätze, die einen Zusammenhang zwischen linguistischen und soziologischen bzw. sozialpsychologischen Fragestellungen zumindest aufspüren wollen. Untersuchungen mit rein linguistischer Fragestellung, die sich nur zufällig oder aus forschungspraktischen Gründen auf massenmediale Textcorpora stützen, werden demgegenüber nur am Rande erwähnt, ebenso wie rein soziologisch orientierte Arbeiten über Massenkommunikation.

2. Begriffe

2.1. 'Sprache' wird hier im weiten linguistischen Sinne von „Sprachstruktur, Sprachgebrauch oder sprachliche Kommunikation" verstanden, nicht aber im allgemein semiotischen Sinne. (Wohl gehört also beispielsweise die Sprache im Film zum Thema (z. B. Brandstetter 1965, 1082 ff), nicht aber die „Syntax und Semantik des Films" als Ganzem (vgl. etwa Möller 1981, 243). „Sprache" wird auch nicht mit „Massenmedium" in eins gesetzt (wie seit Carpenter [1957] 1965, 1, häufiger in amerikanischer Literatur). In dieser Fassung ist der Begriff auch zunächst unproblematisch.

2.2. Anders steht es mit Bezeichnung und Inhalt des Begriffs „Massenkommunikation" (vgl. auch Silbermann 1977, 146—148). „Masse" wird in allein quantitativem Sinne verwendet, ohne daß eine ungefähre Untergrenze der Anzahl festgelegt werden könnte. „Kommunikation" verschleiert gerade den qualitativen Unterschied gegenüber Kommunikation außerhalb von Massenmedien: während hier die Mitteilungspartner in der Regel Sender- und Empfängerrolle mehr oder minder häufig tauschen, funktioniert Massenkommunikation typischerweise als einseitige Verteilung von Informationen (auch wenn Mischformen wie etwa Heiratsanzeigen, durch die persönliche Kommunikation massenmedial erst hergestellt werden soll, samt ihren entsprechenden sprachlichen Besonderheiten (vgl. Stolt 1976) nicht vergessen werden dürfen). Definitionen enthalten gewöhnlich schon nicht allseits anerkannte Theoreme (hier über Urheber und Wirkung): „Massenkommunikation ist der von massenhaft hergestellten und verbreiteten Kulturprodukten eingeleitete Prozeß der Vermittlung von Bewußtseinsinhalten, die zugleich Einstellungen und Verhaltensweisen (d. h. politische Realität) prägen." (Koszyk/Pruys 1981, 177) Stellt man statt des Vorganges das „Medium" in den Mittelpunkt, so bleibt alltagssprachlich wie wissenschaftlich meistens unklar, ob mit „Massenmedien" wirklich die materiellen Träger der Information oder (auch) prototypische Inhalte gemeint sind. Entscheidet man sich für ersteres, so treten die besonderen gesellschaftlichen Funktionen des Subsystems Massenmedien aus dem Blickfeld. Entscheidet man sich für letzteres, so wäre die Bezeichnung ungenau; Redewendungen wie „Sprache in Massenmedien" wären widersinnig. In jedem Fall paßt keine Angabe des Begriffsinhalts zu einer üblichen oder sinnvollen Aufzählung des Begriffsumfangs. Je nachdem, ob man technische Beschaffenheit, Transportierbarkeit, allgemeine Verfügbarkeit oder massenhafte Aufdringlichkeit zum Definitionskriterium macht, gehören zum Beispiel Bild- und Schallplatten, Audio- und Videokassetten, Bildschirmtext, Teile von Computersoftware, Flugblätter, Ansichtskarten, Prospekte, Warenkataloge, Formulare, Kalender, Fahrpläne, Telefonbücher, Ta-

schenbücher, Dissertationen, Bestseller, Plastiktüten, Schriften an oder bei Waren (Warenzeichen, Etiketten, Modetexte auf Kleidungsstücken, Gebrauchsanweisungen), Piktogramme, Hinweistafeln, Verkehrszeichen, Plakatwände, Schaufenster, Leuchtreklame, Himmelsschreiber, Lautsprecherdurchsagen in öffentlichen Verkehrsmitteln und Institutionen, Denkmäler, Predigten, Kirchenfenster, aber auch Demonstrationen, Karnevalszüge u. v. a. dazu. („Wenn es nach der Zahl der Produzenten ginge, wäre die Poesie ein Massenmedium." (Thalmayr 1985, V)). Die meisten einschlägigen Arbeiten übernehmen jedoch die alltagssprachliche (pragmatisch brauchbare, theoretisch jedoch nicht begründbare) Einschränkung auf Presse, Rundfunk und Fernsehen, obwohl alle drei Medien auch exklusiv (also nicht massenhaft) verwendet werden. Daß Kinofilme nicht fraglos zu den Massenmedien gezählt werden, zeigt wohl, daß unterschwellig auch wertende Maßstäbe im Spiel sind: von Massenmedien erwartet man eher kulturell weniger wertvolle Produkte, „eine Verachtung, die sich scheinbar gegen die Massenkultur, in Wahrheit gegen die Masse richtet" (Eco [1964] 1984, 39).

2.3. Wenn Zusammenhänge zwischen Entstehungs-, Funktions- und Wirkungsbedingungen von Massenkommunikation einerseits und Formen und Inhalten massenmedialen Sprachgebrauchs andererseits aufgespürt werden sollen, dann sind grundsätzlich wohl alle Arten institutionell produzierter und von mehr als etwa tausend Personen rezipierter Texte einschließlich ihrer optischen oder akustischen Präsentation zu berücksichtigen. Man wird dann anerkennen müssen, daß massenmedialer Sprachgebrauch nicht, wie in einem Großteil der Literatur impliziert, eine beiläufige Sonderform, sondern die typisch moderne Form menschlichen Kommunizierens ist (vgl. etwa Baudrillard [1976] 1982, 102), neben der und unter deren Einfluß traditionelle Sprech-, Schreib-, Hör- und Leseweisen natürlich fortbestehen. Die wenigen historisch orientierten Arbeiten zu diesem Thema (z. B. Hohmeister 1981; Burger 1984, 7—26; Wilke 1984) sind sich wohl darin einig, daß sich mit den Massenmedien „die Sphäre der Öffentlichkeit selber ausgedehnt" habe (Habermas 1962, 206). Wie sich aber gesellschaftliches Bewußtsein und massenmediale Formen und Inhalte zueinander verhalten, ist unklar. Lukács (1923, 111) etwa sieht im Journalismus die groteskeste Ausdrucksform

einer formell einheitlichen, nämlich verding-
lichten, Bewußtseinsstruktur, die erstmals der
Kapitalismus mit seiner einheitlichen Wirtschaftsstruktur hervorgebracht habe. Benjamin ([1936] 1974, 495 et passim) demgegenüber betont Eingriffe der medialen Apparatur
in die Wirklichkeit. Die in der essayistischen
Literatur oft, in der fachwissenschaftlichen
Literatur kaum verfolgte Frage nach der massenhaften Manipulation des Bewußtseins
durch die Medien dürfte nur durch empirische Arbeiten differenziert zu beantworten
sein, die auch die Struktur massenmedialer
Symbolwelten genau beschreiben. Insofern
Massenmedien „ein Instrument der Sofort-
Integration, der Herstellung gemeinsamer
Aktualität" der „Weltgesellschaft" sind (Luh-
mann [1975] 1981, 319), wäre herauszuarbei-
ten, in welcher bestimmten (neuartigen) Weise
massenmediale Sprache „den articulirten
Laut zum Ausdruck des Gedanken fähig"
(Humboldt [1836] 1963, 418) macht, um diese
Funktion zu erfüllen.

3. Untersuchungen massenmedialen Sprachgebrauchs: Überblick

Bisher konzentrierte sich die Forschung allerdings auf wenige Teilgebiete. Fast immer geht
es um Presse, Rundfunk oder Fernsehen. Vorwiegend kümmert man sich um schriftliche
oder schriftlich vorbereitete, oft für einen bestimmten Bereich tatsächlich prototypische
Texte aus Nachrichten, nachrichtenähnlichen
Gattungen oder Werbung. Nicht selten werden Quellen und Beispiele nach unbegründet
subjektiven Kriterien ausgewählt. Daher entsteht der falsche, doch immer wieder ausdrücklich vertretene Eindruck einer in sich
weitgehend einheitlichen 'Sprache der Massenmedien' oder zumindest 'Sprache der
Presse', 'der Nachrichten' oder eines bestimmten Erzeugnisses (etwa des „Spiegel"
o. ä.). Treffender lenkt demgegenüber Burger
(1984, 3) die Aufmerksamkeit auf „eigene
kommunikative Verfahren und in gewissem
Rahmen eigene Textsorten" (cf. art. 132) der
Massenmedien. Tatsächlich kommen in Massenmedien — und nur dort — allerdings jegliche Kommunikationsverfahren und Textsorten vor. Daß die Massenmedien sich gerade durch eine sonst unerreichbare Vielfalt
von Informationsanlässen und -zielen, Autoren, Empfängern, Textsorten, Sprachstilen
und entsprechend selektivem Konsum auszeichnen, wird nirgends berücksichtigt — sei
es zwecks methodischer Vereinfachung, sei es

weil es so offensichtlich ist. („Man kann es
nicht bemerken, — weil man es immer vor
Augen hat." Wittgenstein [1958] 1963, 346 =
§ 129) — Sprach- und kulturkritische Arbeiten (Abschnitt 4.) entbehren meist einer empirisch gesicherten Grundlage, während empirisch solide Textanalysen sich oft auf positivistische Deskription bestimmter Teilaspekte
beschränken, ohne die Ergebnisse in einen
theoretischen Zusammenhang einzuordnen
(vgl. 5.). Diese Diskrepanz ist, zusammen mit
der genannten selektiven Quellenwahl, der
Grund dafür, daß vorgeschlagene Typologien
bisher eher heuristischen Wert haben (vgl. 6.).
Neben den produkt- bzw. wortlautorientier-
ten Arbeiten stehen solche, die sich mehr mit
den Produktionsbedingungen (vgl. 7.) bzw.
der Rezeption (vgl. 8.) beschäftigen. Nur vergleichsweise wenige Untersuchungen integrieren in Forschungsdesign und Durchführung
mehrere der genannten Aspekte (vgl. 9.). Deshalb folgt dieser Artikel den vorherrschenden
Trennungen, welche den Bereich „Sprache
und Massenkommunikation" trotz einer fast
unübersehbaren Fülle von Veröffentlichungen und trotz einiger herausragender Ansätze
insgesamt immer noch als erst bruchstückhaft
erforscht erscheinen lassen. Offenbar deshalb
hegt die soziologische Massenkommunikationsforschung gewöhnlich auch nur sehr geringe Erwartungen gegenüber der Sprachwissenschaft (z. B. Silbermann 1982, Bd. II, 426).
Zu wünschen bleibt aber, daß gerade Zusammenhänge zwischen verbalen und nonverbalen Elementen massenmedialer Produkte sowie ihrer Produktion und Rezeption auf eine
Weise erforscht werden, daß Empirie und
Medientheorie (samt benachbarter Theorie-
komplexe aus Sprachwissenschaft, Soziologie
und Psychologie) sich gegenseitig befruchten.

4. Sprach- und Kulturkritik

„Es haben sich Phrasen als spezifische Zei-
tungsphrasen eingebürgert, welche dem fein-
fühligen Geschmacke mehr oder minder un-
angenehm schmecken" (Kürnberger [1877]
1911, 9). — „Vor 1933 und selbst noch in den
ersten Jahren nach 1945 standen die deutschen Zeitungen und Nachrichtentexte auf
einer heute vorbildlichen anmutenden Höhe.
[...] Seitdem hat unstreitig eine Verarmung
eingesetzt." Das Zeitungsdeutsch sei „ermü-
dend gleichförmig geworden" und durch
„hölzerne Unanschaulichkeit oder verquol-
lene   Geschraubtheit"   gekennzeichnet
(Schleyer 1975, 43 f). Solch sprachpflegeri-

sche Äußerungen über Wortschatz und Stil massenmedialer Sprache stehen meist in puristischer Tradition und können als eine spezielle therapeutische Anwendung allgemeiner Kulturkritik gelten. Kulturkritische Essays und Tendenzen auch in größeren wissenschaftlichen Arbeiten speisen sich aus einer historischen Projektion der Opposition 'hoch vs. niedrig' und wollen, bei unterschiedlicher Akzentuierung der Topoi, eine heilige, komplexe, faktisch nur Eliten zugängliche Kultur gegen den profanisierenden, trivialisierenden Zugriff der Masse und des Kommerzes verteidigen. Nichtkonservative Elemente in der Kulturkritik, denen zufolge eine gleichmacherische Kulturindustrie als „Massenbetrug" durch „Vergnügen" „Resignation" befördere (Horkheimer/Adorno 1947, 144, 169), uns hörig mache, Erfahrung schablonisiere, die Welt verbiedere und Wirklichkeit und Fiktion „post-ideologisch" verwechsle (Anders 1956, 109, 163, 116, 142, 195), finden in der Sprachkritik allerdings keine Entsprechung, wenn man vom einzigen frühen Wegbereiter absieht: „Die Phrase und die Sache sind eins. [...] Die Sache ist von der Sprache angefault." (Kraus [1919] 1955, 229; vgl. Arntzen 1975, 41 ff) Dafür gibt es, weitgehend unabhängig von der empirischen Verständlichkeitsforschung (vgl. 8.), Diskussionen unter Praktikern über Sprachverbesserung in den Medien (z. B. Haller 1982) sowie Stilfibeln für Journalisten (z. B. Bruneau 1959, Schneider 1982). Ob und wenn ja welche Normen für Sprachgebrauch in Massenmedien formuliert werden sollen, muß solange kontrovers diskutiert werden (vgl. Mogge 1980), wie deren Wirksamkeit empirisch nicht untersucht wird. Gleiches gilt für die Frage, ob massenmedialer Sprachgebrauch normbildend wirke. Insofern ist man über die naheliegende Annahme einer wenig präzisierten „Wechselwirkung zwischen Gelehrten-, Volks- und Zeitungssprache" (Sabin 1893, 5) kaum wesentlich hinausgekommen.

5. Empirische Textanalysen

Deskriptiv-sprachwissenschaftliche Textuntersuchungen (vor allem in zahlreichen Dissertationen) stützen sich gern auf (vorzugsweise gedruckte) massenmediale Qellen, weil diese ebenso unerschöpflich wie leicht zugänglich sind (z. B. Gerhardt 1953, 1 ff; Wintermann 1972, 11), Transkriptionsprobleme kaum oder gar nicht auftauchen und weil solche Texte implizit oder ausdrücklich als weitgehend repräsentativ für zumindest die Normen gegenwärtiger Standardsprache gelten (vgl. Polenz 1966, 5, 7, Rosengreen 1972/ 1977, Bd. 1, IX). Trotz der Isolation des Wortlautes von seiner optischen bzw. akustischen Darbietung und von seinen Produktions- und Rezeptionsbedingungen wird auf diese Weise wichtiges Material gesammelt, das einer soziolinguistisch-medienwissenschaftlichen Auswertung freilich meist erst noch bedarf. So wurden beispielsweise „einige tendenzielle Unterschiede" quantitativer Art zwischen Leitartikeln und Nachrichtentexten gefunden (Pfeil 1977, 273), Wortschatz und Syntax von Teilen einzelner Medienerzeugnisse dargestellt (z. B. Hargis 1944; Mittelberg 1968; Carstensen 1971; Dardano 1973; Piirainen 1982), die Syntax des Wetterberichts (Rath/Brandstetter 1968, 9 ff), die Sprache der Sportberichterstattung (Dankert 1969; Schneider 1974) oder auch Anglizismen in deutscher Pressesprache (Viereck 1980) beschrieben. — Weitergehende Fragestellungen, „in welchem Maße etwa das Zeitungsdeutsch am Wandel von synthetischen zu analytischen Formen beteiligt ist" (Popadić 1971, 1) oder welche Sprachstrukturen für Hörfunknachrichten kommunikationstypisch seien (Nail 1981, 147), werden in solchen Arbeiten zwar nicht selten sogar als erkenntnisleitende aufgeworfen, in der Regel aber nur assertiv oder gar nicht beantwortet. Gerade rein deskriptiv orientierte Autoren neigen dann nämlich — vielleicht um die gewonnenen Daten unter der Hand doch mit einem sonst mangelnden theoretischen Anspruch zu überziehen — dazu, ihr Material in irgendeiner Weise für typisch zu halten, ohne aber, was notwendig wäre, vergleichend vorzugehen.

6. Typologische Ansätze

Das hängt mit der auch in wissenschaftlicher Literatur weitverbreiteten Alltagsvorstellung zusammen, die Sprache der Medien, eines bestimmten Mediums, eines bestimmten Presseerzeugnisses oder einer bestimmten massenmedialen Textsorte sei jeweils insgesamt in typischer Weise von nichtmedialem Sprachgebrauch (und ggf. vom Sprachgebrauch in anderen Medien etc.) unterschieden (Riedler 1952, 52 — 65; Eich 1956, 21 — 71; Eich 1959, 289 ff; implizit oft auch in neueren deskriptiven Arbeiten). Dagegen sprechen aber zwei (noch nie untersuchte) offenkundige Indizien. Erstens zieht die enorme Fülle verschiedener Sprechanlässe und -absichten, Autoren, Ziel-gruppen, Inhalte, Produktions- und Rezeptionsbedingungen massenmedialer Texte eine entsprechende Vielfalt morphologischer, lexikalischer, syntaktischer, semantischer, pragmatischer und stilistischer Eigenschaften nach sich. (Allein schon im engeren Pressebereich etwa denke man an die vielfältigen Merkmalsausprägungen der genannten Variablen im breiten Spektrum von Tages- und Wochenzeitungen über Regenbogenblätter, Freizeit- und Lebensberatungsmagazine bis zu Kundenzeitschriften, Mitarbeiterjournalen und (populär)wissenschaftlichen Zeitschriften.) Zweitens zeichnen sich massenmediale Erzeugnisse — zumal diejenigen, die zuerst mit dem Begriff „Massenmedium" assoziiert werden und über die es auch am meisten wissenschaftliche Literatur gibt (Tageszeitungen, Magazine, Fernsehprogramme) — gerade durch eine andernorts unerreichte Mischung von Textsorten und deren Ausprägungen aus. (Schon auf den ersten Seiten einer gewöhnlichen Tageszeitung finden sich in fast jeder Hinsicht höchst verschiedenartige Überschriften, Nachrichten, Kommentare, Dokumentationen, Essays, Karikaturtexte, Bildunterschriften, Herkunfts- und Preisangaben, numerische Informationen, Konsumanzeigen, Kleinanzeigen, belletristische Texte, Rätsel u. v. a.) Daher dürften sich allenfalls prototypische Merkmale für mehr oder minder große Teilbereiche massenmedialen Sprachgebrauchs ausfindig machen lassen. Sie werden sich teilweise mit den Merkmalen decken, die schon dem Alltagssprecher „als typisch auffallen" (Römer 1968, 7), bedürfen meist aber noch systematischer Beschreibung und vor allem Erklärung etwa derart, wie es Harweg (1968, 1 ff) für Rundfunknachrichten als einem Texttyp „in der Mitte zwischen schriftlich konstituierten und mündlich konstituierten sowie zwischen wissenschaftlichen und nichtwissenschaftlichen, d. h. fiktiv erzählenden Texten" vorgeschlagen hat.

Explizit typologische Ansätze klassifizieren gewöhnlich denn auch entweder außerlinguistische Merkmale, ohne eine vorgeschlagene Korrelation mit textuellen Merkmalen bisher (ausgenommen Arbeiten über „Redekonstellationstypen"; vgl. 9.) nicht nur durch Beispiele belegen, sondern allgemein nachweisen zu können, oder aber beziehen sich auf interne Typologien einzelner sprachlicher Erscheinungen in Massenmedien. Stellvertretend für die erste Gruppe sei Lüger (1983, 18 — 22, 38 — 41, 46 — 103) genannt, der verschiedene andere Ansätze teils zu integrieren,

teils zu überwinden sucht und informationsbetonte Pressetexte (hard news, soft news, Meldung, Bericht, Reportage, Problemdarstellung, Wetterbericht), meinungsbetont-persuasive Pressetexte (Kommentar, Glosse, Kritik), instruierend-anweisende Pressetexte (Handlungsanleitungen, Ratgebungen), bizentrierte Pressetexte (Interview, Konsultation) und schließlich kontaktherstellende Pressetexte (z. B. Titelseiten von Boulevardzeitungen) unterscheidet. Mit guten Gründen wendet er sich gegen das Konstrukt einer einheitlichen Pressesprache, nimmt aber „erst auf der Ebene von Textsorten relativ konsistente Stilformen" (Lüger 1983, 103) an, ohne daß diese Begriffe eindeutig definiert und die (teilweise plausible) Hypothese einer empirischen Prüfung unterzogen worden wären. Stellvertretend für die zweite Gruppe sei eine syntaktische Typologie der Schlagzeile erwähnt, die verschiedene Arten von Überschriftsätzen (Verbalsätze als Kurz- oder Vollsätze sowie Nominalsätze) und Themaüberschriften ohne Satzwert unterscheidet und als Ergebnis verschiedenartiger sprachökonomischer Verfahrensweisen (Kürzung durch Ersparung von Redundantem, Verwendung von abweichenden syntaktischen Fügungen u. a.) erklärt, die aus der Bindung der Schlagzeile an eine eingeschränkte Kommunikationssituation herrühren (Sandig 1971, 158).

7. Produktion

Sprachökonomie und damit einhergehend Standardisierung der Sprechweise und Stereotypisierung der Inhalte gelten generell als typische Kennzeichen massenkommunikativen Sprechens und Schreibens und werden aus den spezifischen Bedingungen journalistischer Arbeitsweise erklärt. Vermutlich trifft dieses — empirisch nur punktuell gestütztes — Urteil jedoch nur auf weite Teile der aktuellen Berichterstattung zu. Hier müssen Informanten, Texter und Textbearbeiter (in Öffentlichkeit, Pressestellen, Presseagenturen und Redaktionen) bei starker Arbeitsteilung und unter großem Zeitdruck weitgehend vorab portionierte Textmengen erzeugen, die den höchst gegensätzlichen Forderungen nach Aktualität und Objektivität (vgl. Abend 1974, 169 — 173; Launer 1979, 292 f) bestmöglich gerecht werden sollen. Das wird durch Routinen ermöglicht (dazu Luhmann [1964] 1971, 113 ff), die schon die institutionelle, auf Konsonanz angelegte Biographie der Texte im Kommunikationsfluß bestimmen (vgl. Lang

1980) und sich durch „Patterned variability in editing" (Bell 1984, 87) sprachlich als mehr oder minder knappe, immer wiederkehrende Muster niederschlagen. In welcher Weise vergleichbare Routinen unter anderen Arbeitsbedingungen und Zielvorgaben auch in anderen Bereichen massenkommunikativen Sprachgebrauchs wirken, müßte erst noch geprüft werden (für die Werbung vgl. z. B. Hauswaldt-Windmüller (1977, 101 – 105)). Gemeinhin werden die Bedingungen der Textgenese allzuschnell mit kulturkritisch-essayistischen Hinweisen auf eine vermutete Funktion standardisierten Sprechens übergangen, die „weniger in der Ökonomisierung des Verhältnisses von Informationsmenge zur Länge des Schriftsatzes" liege als vielmehr „in der Vermittlung des Anscheins eines komprimierten Informationsangebots" und auf eine „'Verkürzung des Denkens'" hinweise (Straßner 1981, 60). So kommt es denn auch, daß Rohentwürfen und Erstformulierungen durch Informanten, Presseagenturen u. a. im Gegensatz zu den veröffentlichten Fassungen erst wenig Aufmerksamkeit geschenkt worden ist (Völtz 1973; Straßner 1982, 120 – 184). (Hoppenkamps (1977, VII ff) beschreibt nur, „wie Politiker des Deutschen Bundestages in den Zeitungen zitiert werden".) Im übrigen sind vor allem die sinnlich erfahrbaren Produktionsbedingungen, unter denen Journalisten arbeiten, insbesondere in der amerikanischen Gatekeeper-Forschung (Kurzüberblick bei Robinson 1973, 344 ff) gründlich beschrieben und auch im Hinblick auf ihre ideologischen Auswirkungen, kaum aber in bezug auf ihren sprachlichen Niederschlag erforscht worden. Eine Ausnahme macht Gieber ([1964] 1972, 224 – 226), demzufolge (ungeschulte) Informanten in konnotativen Begriffen berichteten, während Reporter denotative Symbole benutzten. Solche (eingehender zu untersuchenden) Unterschiede betreffen freilich eher Spezifika einer an bestimmte Institutionen gebundenen Sprechweise als massenmedialen Sprachgebrauch schlechthin, zumal auch sehr persönliche, spontane bzw. alltagsnahe Textsorten über Massenmedien verbreitet werden. Auch ist zu berücksichtigen, daß nur ein Teil massenmedialer Texte mehr oder minder professionell von Journalisten oder PR-Leuten (nicht selten in freier Mitarbeit) formuliert wird, während ein anderer Teil teils professionell, teils ungeschult von extramedialen Persönlichkeiten (Politikern, Funktionären, Fachleuten, Privatpersonen) — wenn auch unter dem Einfluß der Bedingungen von

Massenkommunikation — formuliert, aber von Journalisten selegiert wird. (Ein instruktives Beispiel für den letzten Fall behandelt Troesser 1981, 81 ff.)

8. Rezeption

Alle Rezeptionsprobleme in der Massenkommunikation ergeben sich daraus, daß Sender und Empfänger ihre Rollen unter den gegenwärtigen Verhältnissen (vgl. aber Brecht [1932] 1967, 129 f) grundsätzlich weder tauschen können noch sollen. Der Sender wird aufgrund seiner institutionellen Überlegenheit und räumlichen Entfernung als weitgehend unantastbar empfunden; der Empfänger seinerseits bleibt anonym. Metakommunikative Verständigung ist also unmöglich, wenn man von zeitlich versetzten Surrogaten wie Leserbriefen und Telefonanrufen absieht. Damit eignet sich massenmediales Sprechen als hervorragendes Propagandainstrument, was aber gewöhnlich nur an historischen Beispielen wie nationalsozialistischer „Vulgärsprache" samt „Pseudomonumentalstil" und „Pseudosymbolismus" untersucht wird (Frind 1964, 21 ff, 45 ff, 86 ff). Die einschlägige Forschung faßt Rezeptions- und Wirkungsprobleme nicht ursächlich, sondern technisch an: man holt Daten über Zusammensetzung und Merkmale des tatsächlichen oder erwarteten Publikums ein (Überblick: Bessler 1980) und beschäftigt sich, unabhängig davon, mit der Verstehbarkeit massenmedialer Texte (Überblick: Teigeler o. J.; für Nachrichtensprache: Ballstaedt 1980, 226 ff. Vgl. auch Art. 117). In der Tradition der amerikanischen readability-Forschung werden dabei formale, insbesondere einfache syntaktische und lexikalische Eigenschaften des Textes gemessen (z. B. Fleck/Bosshart/Anderau/Pfister 1975, 88 ff), allenfalls ansatzweise schichtenspezifisch validiert (Straßner/Schönhut/Koller/Böhm 1973, 52) und manchmal auch inhaltbezogen interpretiert (z. B. Böhm/Koller/Schönhut/Straßner 1972, 170 f). „Keine zur Zeit bekannte Verstehbarkeitsformel berücksichtigt Faktoren des Inhalts"; und auch in bezug auf Textpräsentation sowie Bildungsgrad, Vorwissen, Einstellung, Interesse und Aufmerksamkeit der Rezipienten gilt, „daß die bis anhin dominierenden sprachlichen Untersuchungen zur Verstehbarkeit das komplexe Forschungsgebiet nur unzureichend abdecken (Bosshart 1976, 203, 206). Verstehbarkeit kann wohl nur deshalb als eine objektive Eigenschaft des

Textes gelten, weil das Publikum der Massenmedien nach wie vor als weitgehend undifferenzierte und passive „Masse" aufgefaßt und nur in der Praxis des Textens — mehr oder meist minder professionell — nach vermuteten Adressatengruppen eingeteilt wird. Dabei müßte doch die Erforschung der vermutlich sehr differenzierten Publikumsströme, -aggregationen und -reaktionen je nach Kommunikationsanlaß, -erwartung bzw. -ziel sowie je nach Textsorte, -inhalt und Sprachstil eine der zentralen Aufgaben der Soziolinguistik sein. Ein erste einfache Untersuchung über Zusammenhänge zwischen Medienkonsum und Sprachverhalten kann hier allenfalls einzuschlagende Wege aufzeigen, u. a. mit ihrem Ergebnis, daß Angehörige höherer sozialer Schichten Medien bevorzugen, deren Konsumablauf aktiv gesteuert werden kann, während die untere Schicht derartige Ablaufsteuerung auch im Sprachverhalten eher zu scheuen scheint (Schenker 1982, 131).

Von kleinen und sehr speziellen Detailstudien (z. B. Heinrich 1981) einmal abgesehen gibt es nur für Nachrichtensendungen in Hörfunk und Fernsehen empirische Untersuchungen über die Wirkung verschiedener Darstellungsformen. Einfache Syntax und hohe Redundanz durch semantisch-explizite Relationen sichern Verständnis und Behalten eher als syntaktisch komplexe Texte mit semantisch-impliziten Relationen (Esche 1977 b, 10 f), auch wenn sich „die Placierung des Informationskerns innerhalb einer Meldung" deutlich stärker auf Interesse, Verständnis und Behaltensleistung auswirkt als der Sprachstil (Magnus 1975, 425 f). Welche Rolle demgegenüber der Inhalt spielt, ist leider noch nicht gründlich untersucht worden, obwohl das Thema einer Nachricht offenbar „erheblich gewichtiger für das konkrete Zuschauer-Verhalten" ist als jedenfalls die Präsentationsform (Renckstorf 1980, XXIV; Diskussion Huth/Jüngst/Krzeminski/Salzmann 1977, 407 ff) und auch als der Sprechstil (Hinkelbein 1977, 11). (Wo der Einfluß inhaltsanalytisch bestimmter Nachrichtenfaktoren auf die Zuschaueraufmerksamkeit untersucht wurde (z. B. Sande 1971, 221 ff), spielten sprachliche Aspekte keine Rolle.) Auch in ziemlicher Unkenntnis der tatsächlichen Nutzung des Medienangebotes lassen sich freilich neben grundsätzlichen Reformvorschlägen (z. B. Cervignón/Orrico/Matilla/Torralbo 1977, 219 ff) auch begründete Formulierungsempfehlungen geben, etwa die, daß Nachrichtentexte „(stets nur vermutetes) *Vorwissen aktualisieren* und eine *einfach gegliederte interne Organisation* aufweisen" sowie syntaktisch und semantisch einfache Sätze enthalten sollen (Ballstaedt/Esche 1976, 18). Es fragt sich aber erstens, ob derartige Empfehlungen nicht überzeugender aus dem gesunden Menschenverstand als aus den bisherigen wissenschaftlichen Untersuchungen abgeleitet werden können, und zweitens, unter welchen Umständen sie wirklich befolgt werden. Die alltäglich auf unbekannte Weise erfolgreiche Praxis massenmedialer Textformulierung scheint wissenschaftlich fundierter Perfektionierung ebensowenig zu bedürfen wie die gewöhnliche Kommunikation außerhalb der Medien. Durch wissenschaftliche Arbeiten kann aber ein „Problembewußtsein" (Schaller 1977, 441) der Praktiker weiterentwickelt werden.

9. Integrative Ansätze

Vermutlich aufgrund der disparaten Zugänge empirischer Forschung zu Genesis, Struktur, Funktion und Wirkung von Sprache in Massenmedien werden deren Ergebnisse innerhalb allgemein medientheoretischer Arbeiten kaum berücksichtigt. Überhaupt scheint der Sprache aus medientheoretischer Sicht nur eine sekundäre, instrumentelle Funktion zuzukommen. Man findet nur mehr oder weniger plausible allgemeine Bemerkungen etwa der Art, daß auf „der Ebene der » Symbole «, der Institutionen im Bereich der Massenkultur, [...] das dem Geld analoge generalisierte Medium des Tauschs zwischen den je in Herrschaftssysteme eingegliederten Produzenten und Konsumenten in formalem Pluralismus und technischer Perfektion" bestehe (Prokop 1972, 11). Für empirisch-medienwissenschaftliche Untersuchungen jenseits der Sprachwissenschaft, insbesondere für Inhaltsanalysen (vgl. Art. 107), gilt Ähnliches. Zwar werden linguistische und inhaltsanalytische Aufgaben heute nicht mehr, wie noch bei Saporta/Sebeok (1959, 131 ff), als eindeutig voneinander geschieden aufgefaßt (z. B. Fühlau 1978, 9 ff; Rust 1980, 51 ff). Doch die Praxis der Inhaltsanalyse kümmert sich allein um „die in bezug zur Fragestellung relevante Information" im Text (Lisch/Kriz 1978, 69), nicht aber um manifeste Textformulierungen. Wenn letztere in unkonventionellen Arbeiten doch eine Rolle spielen, so eher als Illustrations- denn als Analysematerial (z. B. Morin 1969). Nur ausnahmsweise wird über den Mittelbegriff des 'sprachlichen

Etiketts' immerhin von Teilen des Wortschatzes ausgegangen (Volmert 1979, 119 ff). Dafür bemühen sich solche Arbeiten um komplexere Fragestellungen, die in der sprachorientierten Forschung bisher vernachlässigt wurden. Dazu zählen Vergleiche verschiedener medialer Produkte (z. B. Schmidt 1977; Funke 1978), die normwidrige, aber durchgängige „Synchronisation von Nachricht und Meinung" (Schönbach 1977, 160; vgl. Meng 1972, 142), das „Bild der Welt in den Nachrichtenmedien", das nicht durch realistische Abbildung, sondern durch regelgeleitete Selektion und Konstruktion erzeugt werde (Schulz 1976, 115, 95 et passim; unter historischem Aspekt Wilke 1984), parteiliche und ideologische Aspekte in medialen Produkten (Schatz 1971, 111—121) sowie die gesellschaftliche Funktion des Massenkommunikationssystems, innerhalb dessen „zumindest" Fernsehnachrichtensendungen eine bereits vorhandene „Bereitschaft, auf Anforderung Disziplin und 'Massenloyalität' gegenüber den Entscheidungen der politisch-administrativen Führungseliten zu bekunden", verstärke (Schatz/Adamczewski/Lange/Nüssen 1981, 104 f). Integration sprachwissenschaftlicher Aspekte und Methoden könnte solche Fragen sehr viel differenzierter beantworten helfen. Freilich geraten dabei Bedeutungsprobleme ins Blickfeld, die von der medienlinguistischen Forschung (trotz Eberspächer 1978, 238—372) weitgehend ausgeklammert wurden. Insofern dürfte dabei der inhaltsanalytisch stillgestellte hermeneutische Zirkel traditionellen Textverständnisses wieder aufbrechen und neue methodische Probleme aufwerfen, vor denen empirische Forschung bisher zurückschreckte.

Wo Arbeiten linguistischer Provenienz ihrerseits nicht nur das Wissen von Herrn Jedermann auf kompliziertere Weise gewinnen und formulieren (wie Hoffmann 1982, 9—152) oder aber verschiedenartige Ansätze additiv nebeneinanderstellen (wie Straßner 1982), sondern soziologische Aspekte ernsthaft in ihr Forschungsdesign integrieren wollten, fiel das Ergebnis trotz erheblichen methodischen Aufwandes merkwürdig klein aus. Eine derartige Untersuchung widmet sich beispielsweise in Anlehnung an die ethnography of communication und mit labovscher Methode den „Faktoren des sozialen Kontextes", welche für die Variation derjenigen Kommunikationshandlungen verantwortlich sind, die sich durch Schlagzeilen und Leads von Berichten in Tageszeitungen manifestie-

ren. Ihr empirisch gesichertes Ergebnis, daß nämlich Schlagzeilen „auf der Basis der Leads ('Vorspänne'), zu denen sie formuliert sind, begrenzt *vorhersagbar*" sind (Kniffka 1980, 1, 332), ließe sich aber auch mit rein textlinguistischen Methoden finden. Andere Arbeiten gehen umgekehrt von (genau beschriebenen) Textmerkmalen aus und versuchen, diese auf außersprachliche Verhaltenselemente in einer „Redekonstellation" zu beziehen (Berens 1975, 18 et passim). Die Zuordnung bleibt allerdings deskriptiv-korrelativ: wohl kann zukünftiges Sprachverhalten in vergleichbaren Redekonstellationen prognostiziert werden, sozialwissenschaftliche Interpretationen wie etwa bei Inhaltsanalysen werden aber nicht angestrebt (vgl. jedoch Esche 1977 a, 14 ff, 73 ff, Huth 1977 b, 375 ff). — Aus dem Rahmen fällt eine in der Nachfolge literaturwissenschaftlicher Toposforschung stehende strukturalistische Analyse journalistischer Symbole, die ein empirisch gewonnenes Lexikon „automatisierter Pragmasymbole vor allem aus dem Bereich der elementaren Soziokultur" fordert und aufgrund gezielt gesammelten, nicht repräsentativ zusammengestellten Materials erste Beiträge dazu liefert (Link 1978, 184 ff). Journalistische Kollektiv-Symbole (z. B. 'das Auto' samt Konnotationen wie Individualität, Privateigentum, Omnipotenz u. a.) fügen sich Link zufolge in ein Schema, dessen Kategorien (z. B. 'Territorialgrenzen', 'Mitte-Extreme', 'Organismus') die journalistische Symbolisierung von Fakten durchdringen. Bei entsprechender Ausarbeitung könnte ein derartiger Ansatz vielleicht zwischen einigen (dort nur angedeuteten) linguistischen, ideologiekritischen und soziologischen Aspekten vermitteln.

10. Schluß

Obwohl zahlreiche Einzelaspekte massenmedalen Sprachgebrauchs untersucht worden sind, bleibt die soziolinguistisch und medientheoretisch wichtige Frage nach der besonderen Rolle der Sprache im System der Massenkommunikation insgesamt offen. Es gibt auch kaum nicht-essayistische Versuche, sie ernsthaft zu beantworten. Das liegt zum einen daran, daß einige in diesem Zusammenhang wichtige und im Rahmen von Soziologie, Sozialphilosophie und Medientheorie auch diskutierte Problemkreise — etwa die Fragen nach der Objektivität, nach dem Verhältnis von Abbild und Konstruktion von Wirklichkeit und nach der kommunikativen Herstellung gemeinsamer Erlebniswelten — von der Sprachwissenschaft derzeit kaum berührt werden. Zum anderen liegt es daran, daß die empirischen Arbeiten über Sprache in Massenmedien punktuell vorgehen und sich weitgehend auf den Wortlaut von Texten in Presse, Hörfunk und Fernsehen beschränken. Zwar gibt es Untersuchungen über den Zusammenhang von Text und Bild in der aktuellen Fernsehberichterstattung, die meist auf eine Präzisierung der These von der Text-Bild-Schere hinauslaufen (vgl. Ballstaedt 1976, 109 ff; Wember 1976, 43 — 66; Straßner 1982, 245 — 311), sowie in der Regel nur beiläufig sprachorientierte Forschungen über nonverbale Anteile, Dramaturgie und Präsentation medialer Produkte (z. B. Huth 1977 a, 103 ff; Jüngst 1981, 128 ff; Bentele/ Hess-Lüttich 1985; Huth 1985; Winterhoff-Spurk 1985, 166 — 169). Es könnte aber doch sein, daß nicht im Wortlaut, sondern in der Präsentation von Sprache das Spezifikum massenmedialen Sprachvorkommens liegt: Die Präsentation des Textes (von Typographie über Layout, Visualisierung, Text-Bild-Bezug und ggf. akustischer Darbietung bis hin zu Textsortenvielfalt und Medienmischung) erhält — anders als in nichtmedialem Sprachgebrauch — eine eigene Funktion von erheblicher (und historisch mit dem Einfluß der Massenmedien zunehmender) kommunikativer Bedeutung, die die „wörtliche" Textbedeutung überlagert, teilweise verändert (für einen Teilbereich vgl. Ecker/Landwehr/Settekorn/Walther 1977, 112 — 131; historisch-deskriptiv Hohmeister 1981, 168 ff et passim; Aspekte zum Fernsehen Burger 1984, 289 — 320; semiotisch Barthes [1964] 1967, 107 ff; Eco [1968] 1972, 271 ff) und neue Möglichkeiten des Sprachgebrauchs eröffnet — ähnlich wie die Schrift die schriftlose Sprache veränderte (vgl. dazu Derrida [1967] 1974, 489 — 491 et passim). Für erste Nachweise dieser These brauchte man zunächst nur ein und denselben Text (etwa: „Sein oder Nichtsein") in verschiedenen Medien und auf verschiedene optische bzw. akustische Weise zu präsentieren, z. B. in der Farbbeilage einer anspruchsvollen Zeitung, in der Titelschlagzeile oder im Inneren eines Boulevardblattes, auf einem T-Shirt, auf einem Abreißkalender, in einer Postwurfsendung, in einem Schlagertext, innerhalb einer Politikerdiskussion, im Rahmen einer Fernseh-Unterhaltungssendung usw. Das Verhältnis von Text, Darstellungsart, Kotext und Kontext scheint in Massenmedien von anderer Art zu sein als außerhalb ihrer. Die Gründe dafür zu finden hieße, sprachwissenschaftliche Ergebnisse und Möglichkeiten in die allgemeine Theorie der Massenkommunikation zu integrieren.

11. Literatur (in Auswahl)

Abend, Michael (1974) „Die Tagesschau: Zielvorstellungen und Produktionsbedingungen", in: *Rundfunk und Fernsehen* 22, 166 — 187.

Anders, Günther (1956) *Die Antiquiertheit des Menschen*, Bd. 1, München.

Arntzen, Helmut (1975) *Karl Kraus und die Presse*, München.

Ballstaedt, Steffen-Peter (1976) „Nachrichtensprache und der Zusammenhang von Text und Bild", in: *Rundfunk und Fernsehen* 24, 109 — 113.

Ballstaedt, Steffen-Peter (1980) „Nachrichtensprache und Verstehen", in: *Fernsehforschung und Fernsehkritik*, Kreuzer, H., ed., Göttingen, 226 — 241.

Ballstaedt, Steffen-Peter/Esche, Albrecht (1976) *Zur Verständlichkeit von Nachrichtentexten.* (DFG-Projekt „Nachrichtensprache und der Zusammenhang von Text und Bild".) Tübingen.

Barthes, Roland ([1964 französisch] 1967) „Rhetorik des Bildes", in: *alternative* 10 (54), 107 — 114.

Baudrillard, Jean ([1976 französisch] 1982) *Der symbolische Tausch und der Tod*, München.

Bell, Allan (1984) „Good copy — bad news. The syntax and semantics of news editing", in: *Applied Sociolinguistics*, Trudgill, P., ed., London etc., 73 — 116.

Benjamin, Walter ([1936 französisch] 1974) „Das Kunstwerk im Zeitalter seiner technischen Reproduzierbarkeit ⟨Zweite Fassung⟩", in: *Benjamin, W.: Gesammelte Schriften*, Tiedemann, R./Schweppenhäuser, H., eds., Frankfurt a. M., Bd. 1.2, 471 — 508.

Bentele, Günter/Hess-Lüttich, Ernest W. B., eds., (1985) *Zeichengebrauch in Massenmedien.* Zum Verhältnis von sprachlicher und nichtsprachlicher Information in Hörfunk, Film und Fernsehen, Tübingen.

Berens, Franz-Josef (1975) *Analyse des Sprachverhaltens im Redekonstellationstyp „Interview".* Eine empirische Untersuchung, München.

Bessler, Hansjörg (1980) *Hörer- und Zuschauerforschung*, München.

Böhm, Stefan/Koller, Gerhard/Schönhut, Jürgen/ Straßner, Erich (1972) „Rundfunknachrichten. Sozio- und psycholinguistische Aspekte", in: *Sprache und Gesellschaft*, Rucktäschel, A., ed., München, 153 — 194.

Bosshart, Louis (1976) „Untersuchungen zur Verstehbarkeit von Radio- und Fernseh-Sendungen", in: *Rundfunk und Fernsehen* 24, 197 — 209.

Brandstetter, Alois (1965) „Funktion und Leistung grammatischer Einfachstrukturen. Anmerkungen zur Syntax der Filmtexte", in: *Die Rolle des Worts im Film*, Höllerer, W., ed., (*Sprache im technischen Zeitalter* 13), 1082—1090.

Brecht, Bertolt ([1932] 1967) „Der Rundfunk als Kommunikationsapparat. Rede über die Funktion des Rundfunks", in: Brecht, B.: *Gesammelte Werke*, 20 Bde., Frankfurt a. M., Bd. 18, 127—134.

Bruneau, Charles (1959) *La Langue du Journal.* (Bibliographie de la France 148/5 No. 11, 1—48). O.O. [Paris].

Burger, Harald (1984) *Sprache der Massenmedien*, Berlin/New York.

Carpenter, Edmund ([1957] 1965) „The new languages", in: *Languages of the mass media.* Deer, I./Deer, H., eds., Boston, 1—13.

Carstensen, Broder (1971) *SPIEGEL-Wörter, SPIEGEL-Worte.* Zur Sprache eines deutschen Nachrichtenmagazins, München.

Cervignón, José M. T./Orrico, Bernardo B./Matilla, Eduardo C./Torralbo, José M. V. (1977) „Towards a new radio news language", in: *Rencontres de Tenerife*, 3/1976, Madrid, 219—257.

Communication abstracts (1978 ff). Thomas F. Gordon, ed., London/Beverly Hills.

Dankert, Harald (1969) *Sportsprache und Kommunikation,* Untersuchungen zur Struktur der Fußballsprache und zum Stil der Sportberichterstattung, Tübingen.

Dardano, Maurizio (1973) *Il linguaggio dei giornali italiani*, Roma/Bari.

Derrida, Jacques ([1967 französisch] 1974) *Grammatologie*, Frankfurt a. M.

Eberspächer, Volker (1978) *Sprachliche Mehrdeutigkeiten.* Exemplifiziert an der Verarbeitung von Fernsehnachrichtentexten, Diss. Tübingen.

Ecker, Hans-Peter/Landwehr, Jügen/Settekorn, Wolfgang/Walther, Jürgen (1977) *Textform Interview.* Darstellung und Analyse eines Kommunikationsmodells, Düsseldorf.

Eco, Umberto ([1964 italienisch] 1984) *Apokalyptiker und Integrierte.* Zur kritischen Kritik der Massenkultur, Frankfurt a. M.

Eco, Umberto ([1968 italienisch] 1972) *Einführung in die Semiotik*, München.

Eich, Hans (1956) *Sprache und Stil der deutschen Presse, besonders nach 1945, und ihre Beurteilung*, Diss. (masch.) München.

Eich, Hans (1959) „Zeitungssprache und Zeitungsdeutsch. Ein Beitrag zur Klärung der Begriffe", in: *Muttersprache* 69, 289—299.

Esche, Albrecht (1977 a) *Textsorten in Fernsehnachrichten.* (DFG-Forschungsbericht „Nachrichtensprache und der Zusammenhang von Text und Bild".) Tübingen.

Esche, Albrecht (1977 b) *Aspekte zur kognitiven Verarbeitung der Textsorten in Fernsehnachrichten.* (DFG-Forschungsprojekt „Nachrichtensprache und der Zusammenhang von Text und Bild".) Tübingen.

Fleck, Florian H./Bosshart, Louis/Anderau, Willi/Pfister, Christoph (1975) *Die Wahlsendungen zu den Nationalratswahlen vom Herbst 1971 (Fernsehen)*, Freiburg/Schweiz.

Frind, Sigrid (1964) *Die Sprache als Propagandainstrument in der Publizistik des Dritten Reiches*, untersucht an Hitlers „Mein Kampf" und den Kriegsjahrgängen des „Völkischen Beobachter", Berlin (West).

Fühlau, Ingunde (1978) „Untersucht die Inhaltsanalyse eigentlich Inhalte? Inhaltsanalyse und Bedeutung", in: *Publizistik* 23, 7—18.

Funke, Hans-Jürgen (1978) *Die Haupt- und Spätausgabe der „Tagesschau".* Ein inhaltsanalytischer Vergleich ihrer Inlandsberichterstattung, Berlin (West).

Gerhardt, Dietrich (1953) „Der Rundfunk als Quelle der Sprachwissenschaft", in: *Rundfunk und Fernsehen* 1, 1—11.

Gieber, Walter ([1964 amerikanisch] 1972) „Eine Nachricht ist das, was Zeitungsleute aus ihr machen", in: *Massenkommunikationsforschung*, Prokop, D., ed., 3 Bde., Frankfurt a. M., Bd. 1, 221—228.

Habermas, Jürgen (1962) *Strukturwandel der Öffentlichkeit.* Untersuchungen zu einer Kategorie der bürgerlichen Gesellschaft, Neuwied/Berlin (West).

Haller, Klaus-Jürgen (1982) „Auf den Hund gekommen" in: *WDR-Print*, August 1982, 8—9.

Hargis, Donald Erwin (1944) *A study of the vocabulary of radio*, Ph. D., University of Michigan.

Harweg, Roland (1968) „Die Rundfunknachrichten. Versuch einer texttypologischen Einordnung", in: *Poetica* 2, 1—14.

Hauswaldt-Windmüller, Brigitte (1977) *Sprachliches Handeln in der Konsumwerbung.* Eine herrschaftsbestimmte Form der Kommunikation, Weinheim/Basel.

Heinrich, James R. (1981) „Reader Comprehension of Verb and Subject Headlines", in: *Journalism Quarterly* 58, 638—640.

Hermann, Ingo/Heygster, Anna-Luise, eds., (1981) *Fernseh-Kritik.* Sprache im Fernsehen. Spontan? — Konkret? — Korrekt? Annäherung an das Thema, Mainz.

Hinkelbein, Susanne (1977) *Der Sprechstil bei Fernsehnachrichten und seine Folgen für Verständnis und Meinungsbildung.* (DFG-Projekt „Nachrichtensprache und der Zusammenhang von Text und Bild".) Tübingen.

Hoffmann, Rolf-Rüdiger (1982) *Politische Fernsehinterviews.* Eine empirische Analyse sprachlichen Handelns, Tübingen.

Hohmeister, Karl-Heinz (1981) *Veränderungen in der Sprache der Anzeigenwerbung.* Dargestellt an ausgewählten Beispielen aus dem „Gießener Anzeiger" vom Jahre 1800 bis zur Gegenwart, Frankfurt a. M.

Hoppenkamps, Hermann (1977) *Information oder Manipulation?* Untersuchungen zur Zeitungsberichterstattung über eine Debatte des Deutschen Bundestages, Tübingen.

Horkheimer, Max/Adorno, Theodor W. (1947) *Dialektik der Aufklärung*, Amsterdam.

von Humboldt, Wilhelm ([1836] 1963) „Ueber die Verschiedenheit des menschlichen Sprachbaues und ihren Einfluß auf die geistige Entwicklung des Menschengeschlechts", in: *Schriften zur Sprachphilosophie*, von Humboldt, W., (Werke in fünf Bänden, Flitner, A./Giel, K., eds., Bd. III.) Darmstadt, 368–756.

Huth, Lutz (1977 a) „Ereignis, Objektivität und Präsentation in Fernsehnachrichten", in: *Kommunikationsprobleme bei Fernsehnachrichten*, Friedrich, H., ed., Tutzing, 103–123.

Huth, Lutz (1977 b) „Zur Rolle der Argumentation im Texttyp 'Korrespondentenbericht' ", in: *Theorie der Argumentation*, Schecker, M., ed., Tübingen, 357–388.

Huth, Lutz (1985): „Bilder als Elemente kommunikativen Handelns in den Fernsehnachrichten", in: *Zeitschrift für Semiotik* 7, 203–234.

Huth, Lutz/Jüngst, Wolfgang/Krzeminski, Michael/Salzmann, Reinhold (1977) „Nachrichten sehen — Nachrichten verstehen — Nachrichten verwenden. Zu einem neueren Ansatz der Rezeptionsanalyse", in: *Publizistik* 22, 403–418.

Jüngst, Wolfgang (1981) „Mediale Organisation von 'Welt'. Zur Dramaturgie von TV-Nachrichten", in: *Semiotik und Massenmedien*, Bentele, G., ed., München, 128–140.

Kniffka, Hannes (1980) *Soziolinguistik und empirische Textanalyse*. Schlagzeilen- und Leadformulierung in amerikanischen Tageszeitungen, Tübingen.

Koszyk, Kurt (1974) „Sprache und Theorie der Massenkommunikation", in: *Perspektiven der Linguistik*, Koch, W. A., ed., Stuttgart, Bd. 2, 40–60.

Koszyk, Kurt/Pruys, Karl H. (1981) *Handbuch der Massenkommunikation*, München.

Kraus, Karl (1955) *Beim Wort genommen*. (Dritter Band der Werke von Karl Kraus), München.

Kürnberger, Ferdinand ([1877] 1911) *Literarische Herzenssachen*. (Gesammelte Werke Bd. 2.) München/Leipzig.

Lang, Hans-Joachim (1980) *Parteipressemitteilungen im Kommunikationsfluß politischer Nachrichten*. Eine Fallstudie über den Einfluß politischer Werbung auf Nachrichtentexte, Frankfurt a. M./Bern/Cirencester.

Lange, Klaus (1981) *Das Bild der Politik im Fernsehen*. Die filmische Konstruktion einer politischen Realität in den Fernsehnachrichten, Frankfurt a. M.

Launer, Ekkehard (1979) „Produktionsbedingungen und Qualität von Fernsehnachrichten", in: *Fernsehen und Hörfunk für die Demokratie*. Ein Handbuch über den Rundfunk in der Bundesrepublik Deutschland, Aufermann, J./Scharf, W./Schlie, O., eds., Opladen, 287–300.

Link, Jürgen (1978) *Die Struktur des Symbols in der Sprache des Journalismus*. Zum Verhältnis literarischer und pragmatischer Symbole, München.

Lisch, Ralf/Kriz, Jürgen (1978) *Grundlagen und Modelle der Inhaltsanalyse*. Bestandsaufnahme und Kritik, Reinbek.

Lüger, Heinz-Helmut (1977) *Journalistische Darstellungsformen aus linguistischer Sicht*. Untersuchungen zur Sprache der französischen Presse mit besonderer Berücksichtigung des „Parisien libéré", Diss. Freiburg i. Br.

Lüger, Heinz-Helmut (1983) *Pressesprache*, Tübingen.

Luhmann, Niklas ([1964] 1971) „Lob der Routine", in: *Politische Planung*. Aufsätze zur Soziologie von Politik und Verwaltung, Luhmann, N., Opladen, 113–142.

Luhmann, Niklas ([1975] 1981) „Veränderungen im System gesellschaftlicher Kommunikation und die Massenmedien", in: *Soziologische Aufklärung*, Bd. 3, Luhmann N., Opladen, 309–320.

Lukács, Georg (1923) *Geschichte und Klassenbewußtsein*, Studien über marxistische Dialektik, Berlin.

Magnus, Uwe (1975) „Nachrichten im Hörfunk — eine Leitstudie des Westdeutschen Rundfunks (WDR) Köln", in: *Media Perspektiven* 9/75, 424–427.

Meng, Katharina (1972) „Sprachliche Mittel zur Realisierung der Funktionen der Nachricht", in: *Sprache und Ideologie*. Beiträge zu einer marxistisch-leninistischen Sprachwirkungsforschung, Schmidt, W., ed., Halle/S., 123–144.

Mittelberg, Ekkehart (1967) *Wortschatz und Syntax der Bild-Zeitung*, Marburg.

Mogge, Birgitta, ed., (1980) *Die Sprachnorm-Diskussion in Presse, Hörfunk und Fernsehen*, Stuttgart.

Möller, Karl-Dietmar (1981) „Syntax und Semantik in der Filmsemiotik", in: *Semiotik und Massenmedien*, Bentele, G., ed., München, 243–279.

Morin, Violette (1969) *L'Écriture de Presse*, Paris/La Haye.

Nail, Norbert (1981) *Nachrichten aus Köln, London, Moskau und Prag*. Untersuchungen zum Sprachgebrauch deutschsprachiger Auslandssendungen, Marburg.

Pfeil, Monika (1977) *Zur sprachlichen Struktur des politischen Leitartikels in deutschen Tageszeitungen*. Eine quantitative Untersuchung, Göppingen.

Piirainen, Ilpo T. (1982) „Die Sprache der Wirtschaftspresse", in: *Muttersprache* 92, 27–37.

von Polenz, Peter (1966) „Zur Quellenwahl für Dokumentation und Erforschung der deutschen Sprache der Gegenwart", in: *Wirkendes Wort* 16, 3–13.

Popadić, Hanna (1971) *Untersuchungen zur Frage der Nominalisierung des Verbalausdrucks im heutigen Zeitungsdeutsch*, Mannheim.

Prokop, Dieter (1972) „Zum Problem von Produktion und Kommunikation im Bereich der Massenmedien", in: *Massenkommunikationsforschung*, Prokop, D., ed., 3 Bde., Frankfurt a. M., Bd. 1, 9 – 27.

Rath, Rainer/Brandstetter, Alois (1968) *Zur Syntax des Wetterberichtes und des Telegrammes*, Mannheim.

Renckstorf, Karsten (1980) *Nachrichtensendungen im Fernsehen (1)*. Zur Wirkung von Darstellungsformen in Fernsehnachrichten, Berlin (West).

Riedler, Rudolf (1952) *Der Journalismus im Rundfunk als eigengesetzliches publizistisches Phänomen*, Diss. (masch.) München.

Robinson, Gertrude J. (1973) „Fünfundzwanzig Jahre »Gatekeeper«-Forschung: Eine kritische Rückschau und Bewertung", in: *Gesellschaftliche Kommunikation und Information*. Forschungsrichtungen und Problemstellungen. Ein Arbeitsbuch zur Massenkommunikation, Aufermann, J./Bohrmann, H./Sülzer, R., eds., 2 Bde., Frankfurt a. M., Bd. 1, 344 – 355.

Römer, Ruth (1968) *Die Sprache der Anzeigenwerbung*, Düsseldorf.

Rosengren, Inger (1972/1977) *Ein Frequenzwörterbuch der deutschen Zeitungssprache*, 2 Bde. Lund.

Rust, Holger (1980) *Struktur und Bedeutung*. Studien zur qualitativen Inhaltsanalyse, Berlin (West).

Sabin, J. [d. i. Josef Silbermann] (1893) *Die Sprache der Presse und des Parlaments*, Kiel/Leipzig.

Sande Øystein (1971) „The perception of foreign news", in: *Journal of Peace Research* 8, 221 – 237.

Sandig, Barbara (1971) *Syntaktische Typologie der Schlagzeile*. Möglichkeiten und Grenzen der Sprachökonomie im Zeitungsdeutsch, München.

Saporta, Sol/Sebeok, Thomas A. (1959) „Linguistics and content analysis", in: *Trends in content analysis*, Pool, Ithiel de Sola, ed., Urbana, Ill., 131 – 150.

Schaller, Anton (1977) „Tagesschau/Téléjournal/Telegiornale. Zur Anwendung von Forschungsergebnissen in der redaktionellen Praxis der Schweizer Fernsehnachrichten", in: *Publizistik* 22, 437 – 442.

Schatz, Heribert (1971) „'Tagesschau' und 'heute' — Politisierung des Unpolitischen?", in: *Manipulation der Meinungsbildung*. Zum Problem hergestellter Öffentlichkeit, Zoll, R., ed., Opladen, 109 – 123.

Schatz, Heribert / Adamczewski, Klaus / Lange, Klaus/Nüssen, Ferdinand (1981) *Fernsehen und Demokratie*. Eine Inhaltsanalyse der Fernsehnachrichtensendungen von ARD und ZDF vom Frühjahr 1977, Opladen.

Schenker, Walter (1982) *Medienkonsum und Sprachverhalten*: eine Erhebung in Rheinland-Pfalz und im Saarland, repräsentativ für die Bundesrepublik, Frankfurt a. M./Bern.

Schleyer, Franz (1975) „Journalesisch. Bemerkungen zur Sprache der Informationsmedien", in: *Der Sprachdienst* 19, 43 – 47; 58 – 59; 76 – 78.

Schmidt, Michael-Andreas (1977) *Tagesberichterstattung in Zeitung und Fernsehen*. Untersuchung zur Komplementarität konkurrierender Medien, Berlin (West).

Schneider, Peter (1974) *Die Sprache des Sports*. Terminologie und Präsentation in Massenmedien. Eine statistisch vergleichende Analyse, Düsseldorf.

Schneider, Wolf (1982) *Deutsch für Profis*. Handbuch der Journalistensprache — wie sie ist und wie sie sein könnte, Hamburg.

Schönbach, Klaus (1977) *Trennung von Nachricht und Meinung*. Empirische Untersuchung eines journalistischen Qualitätskriteriums, Freiburg/München.

Schulz, Winfried (1976) *Die Konstruktion von Realität in den Nachrichtenmedien*. Analyse der aktuellen Berichterstattung, Freiburg/München.

Silbermann, Alphons (1977) „Massenkommunikation", in: *Handbuch der empirischen Sozialforschung*, König, R., ed., 2. Aufl., Stuttgart, Bd. 10, 146 – 278.

Silbermann, Alphons (1982) *Handwörterbuch der Massenkommunikation und Medienforschung*, 2 Bde., Berlin (West).

Stolt, Birgit (1976) „*Hier bin ich — wo bist Du?*" *Heiratsanzeigen und ihr Echo, analysiert aus sprachlicher und stilistischer Sicht*. Mit einer soziologischen Untersuchung von Jan Trost, Kronberg/Ts.

Straßner, Erich (1980) „Sprache in Massenmedien", in: *Lexikon der Germanistischen Linguistik*, Althaus, H. P./Henne, H./Wiegand. H. E., eds., 2. Aufl., Tübingen, 328 – 337.

Straßner, Erich (1981) „Sprache in Massenmedien — ein Forschungsüberblick", in: *Semiotik und Massenmedien*, Bentele, G., ed., München, 57 – 74.

Straßner, Erich (1982) *Fernsehnachrichten*. Eine Produktions-, Produkt- und Rezeptionsanalyse, Tübingen.

Straßner, Erich/Schönhut, Jürgen/Koller, Gerhard/Böhm, Stefan (1973) „Textverständlichkeit und Textvergleich", in: *Deutsche Sprache* 2, 42 – 57.

Teigeler, Peter (o. J. [1968]) *Verständlichkeit und Wirksamkeit von Sprache und Text*. (1. Folge der Schriftenreihe » Effektive Werbung «), Stuttgart.

Thalmayr, Andreas (1985): Das Wasserzeichen der Poesie oder Die Kunst und das Vergnügen, Gedichte zu lesen. Nördlingen.

Troesser, Michael (1981) „Die Illusion von der Mitproduktion — Oder die Macht des Moderators im Wohnzimmer des Hörers", in: *Semiotik und Massenmedien*, Bentele, G., ed., München, 81 – 107.

Ubbens, Wilbert (1979 ff) *Jahresbibliographie Massenkommunikation*. Berlin (West).

Ubbens, Wilbert (1980) *Sozialstruktur und Kommunikation*. Systematisch gegliederte Auswahlbibliographie internationaler kommunikationswissenschaftlicher Literatur zur Frage nach der schichtenspezifischen bzw. gruppenspezifischen Nutzung von Informationen und der sozialstrukturellen Differenzierung in der Teilnahme an gesellschaftlicher Kommunikation. (Universität Bremen — Bibliothek —. Veröffentlichungen der Abteilung Gesellschaftswissenschaften und der Spezialabteilung, Nr. 29.), Bremen.

Viereck, Karin (1980) *Englisches Wortgut, seine Häufigkeit und Integration in der österreichischen und bundesdeutschen Pressesprache*, Frankfurt a. M./Bern/Cirencester.

Völtz, L. (1973) *Die spachliche Umgestaltung von Agenturmeldungen in ausgewählten Zeitungen*. Eine vergleichende Analyse linguistischer Merkmale der redaktionellen Selektion, (Staatsexamensarbeit) Kiel.

Volmert, Johannes (1979) *Politischer Kommentar und Ideologie*. Ein inhaltsanalytischer Versuch an vier frühen Nachkriegszeitungen, Stuttgart.

Wember, Bernward (1976) *Wie informiert das Fernsehen?* München.

Westdeutscher Rundfunk Köln — Bibliothek —, ed., (1977 ff) *Hörfunk und Fernsehen*. Aufsatznachweis aus Zeitschriften und Sammelwerken, Köln.

Wilke, Jürgen (1984) *Nachrichtenauswahl und Medienrealität in vier Jahrhunderten*. Eine Modellstudie zur Verbindung von historischer und empirischer Publizistikwissenschaft, Berlin/New York.

Winterhoff-Spurk, Peter (1985) „Die Mimik in Aufforderung und Bericht. Zum Zusammenhang verbaler und nonverbaler Kommunikation", in: *Zeitschrift für Semiotik* 7, 155—173.

Wintermann, Bernd (1972) *Die Nachrichtenmeldung als Text*. Linguistische Untersuchungen an Rundfunknachrichten, Diss. Göttingen.

Wittgenstein, Ludwig ([1958] 1963) „Philosophische Untersuchungen", in: *Wittgenstein, L.: Schriften 1*, Frankfurt a. M., 279—544.

Ulrich Schmitz, Duisburg
(Bundesrepublik Deutschland)

94. Gesprochene und geschriebene Sprache

1. Begriffsbestimmung

Als gesprochene Sprache (GSPS) kann zunächst die Art der Sprache bezeichnet werden, die lautlich realisiert und akustisch aufgenommen wird, während die geschriebene Sprache (GSCHS) die Art der Sprache darstellt, die graphisch realisiert und optisch aufgenommen wird (vgl. Art. 162, 177). GSPS bezieht sich folglich auf die Verwendung von Sprache beim Sprechen und Hören, GSCHS auf die Verwendung von Sprache beim Schreiben und Lesen. GSPS und GSCHS stellen die beiden Existenzweisen der Sprache dar. Da sie sich jeweils auf eine Sprache beziehen, besitzen sie auch entsprechende Gemeinsamkeiten, daneben sind sie aber durch mehr oder weniger deutlich ausgeprägte spezifische Merkmale und Unterschiede gekennzeichnet. GSPS und GSCHS können somit als relativ eigenständige Größen verstanden werden, die erst in ihrer Summe den kommunikativen Anforderungen einer entwickelten Gesellschaft zu genügen vermögen. Die kommunikativen Anforderungen bilden gleichzeitig die Grundlage für die Ausbildung der funktionalen Unterschiede beider Existenzweisen, und diese Unterschiede sind es, die dann auch zu einer gewissen strukturellen Differenzierung führen.

Eine über diese allgemeine Kennzeichnung hinausgehende Bestimmung von GSPS und GSCHS sollte zunächst auf die terminologische Situation in diesem Bereich hinweisen. Hier stehen jeweils eine ganze Reihe von Bezeichnungen nebeneinander, die in der Literatur oftmals nicht klar genug differenziert werden. Das betrifft zwar auch die GSPS mit Bezeichnungen wie *Lautung, Lautsystem, Lautsprache, Phonemsprache, mündliche Sprache, mündliche Äußerung*, gilt aber besonders für die GSCHS, zu deren Charakterisierung u. a. Bezeichnungen wie *Schrift, Schriftsystem, schriftliche Sprache, Schriftsprache, Graphemsprache, schriftliche Äußerung, Orthographie* Verwendung finden. Für den vorliegenden Artikel wird folgende Festlegung getroffen: Dem Wesen der Sprache gemäß bestehen die GSPS und die GSCHS aus einer Einheit von zwei Seiten. Die formale Seite der GSPS wird als *Lautung (Phonie)*, die der

GSCHS als *Schreibung (Graphie)* bezeichnet (vgl. Art. 125), die Begriffe GSPS und GSCHS schließen somit die Bedeutung ein, während die Begriffe Schreibung und Lautung sich auf die Formseite beschränken. Unter Orthophonie und Orthographie werden die Normen (vgl. Art. 19) dieser Formseite, die Rechtlautung und Rechtschreibung, verstanden. Mündliche und schriftliche Äußerung bezeichnen das Produkt einer Sprech- oder Schreibhandlung, das die Grundlage für alle weiteren Abstraktionen bildet. Schrift wird demgegenüber nur als Bezeichnung für ein Inventar von graphischen Elementen angesehen, die zur Realisierung der Schreibung dienen und die Voraussetzung für die Verwendung der GSCHS bilden.

Für die genauere Bestimmung von GSPS und GSCHS als Abstraktionen aus mündlichen und schriftlichen Äußerungen ist des weiteren das Verhältnis dieser Existenzweisen zu den sozial, funktional und strukturell determinierten Existenzformen oder Varietäten der Sprache wichtig (vgl. Art. 36, 43, 44, 45). Solche Existenzformen bilden die eigentliche Grundlage des Funktionierens der sprachlichen Kommunikation in einer Sprachgemeinschaft. Für das gegenwärtige Deutsche pflegt man die Existenzformen Standardsprache (Literatursprache), Umgangssprache und Mundart anzunehmen. Während Umgangssprache und Mundart überwiegend nur als GSPS existieren, kommt die Standardsprache in gesprochener und geschriebener Existenzweise vor. Der Begriff GSCHS bezieht sich also normalerweise auf die Standardsprache, sie ist in der Opposition der beiden Existenzweisen das merkmalhaltige Glied, während die GSPS das merkmallose Glied darstellt. Die gelegentliche Umsetzung von Umgangssprache und Mundart in die geschriebene Form ist für das Dtsch. nur eine Adaption standardsprachlicher graphischer Normen und hebt diese Opposition nicht auf.

Ungeachtet der engen Beziehungen dürfen aber die Begriffe GSCHS und Standardsprache nicht identifiziert werden, denn sie resultieren aus unterschiedlichen Differenzierungen des Sprachganzen. In der Entwicklung der Standardsprache spielen gerade die Wechselbeziehungen zwischen GSPS und GSCHS eine wichtige Rolle. Der zweifellos bedeutende Einfluß, den die GSCHS in diesem Prozeß besitzt, drückt sich auch in dem mitunter noch heute als Bezeichnung für die Standardsprache verwendeten Terminus Schriftsprache aus, der jedoch mit Bezug auf

die Gegenwartssprache ungünstig erscheint, da er einer Verwechslung von Existenzformen und Existenzweisen der Sprache Vorschub leistet. Präzisierend sei somit zunächst für die GSCHS festgehalten: Es handelt sich bei ihr um eine funktional und strukturell besondere Ausprägung der Sprache, die in den schriftlichen Äußerungen einer Sprachgemeinschaft Verwendung findet und maßgeblich durch die spezifischen Anforderungen der schriftlichen Kommunikation bestimmt wird. Ihre Unterschiede zur GSPS liegen nicht nur in der graphischen Form, sondern erstrecken sich auch auf die anderen Ebenen des Sprachsystems sowie auf stilistische Gegebenheiten. Ausgehend von dieser Bestimmung, wird die Transkription, die der bloßen Aufzeichnung der GSPS dient, nicht zur GSCHS gerechnet. Der Begriff GSCHS abstrahiert auch von der Art der graphischen Fixierung und schließt sowohl handgeschriebene als auch maschinegeschriebene und gedruckte Texte ein. Mögliche Unterschiede zwischen diesen Fixierungsarten (vgl. Vachek 1948) sind noch wenig untersucht und werden hier vernachlässigt.

Aber auch der Begriff GSPS bedarf der weiteren Präzisierung. Zunächst ist dabei zu berücksichtigen, daß die GSPS nicht auf eine sprachliche Existenzform konzentriert ist, sondern normalerweise alle Existenzformen umfaßt, wenn auch gesprochene Standardsprachen sich oftmals erst später als geschriebene entwickeln. Vom Existenzformenbezug lassen sich also kaum generelle Merkmale der GSPS ableiten. Darüber hinaus ist in Rechnung zu stellen, daß bei wechselseitiger Überführung von gesprochener und geschriebener (Standard)Sprache, die im Interesse der kommunikativen Anforderungen der Gesellschaft immer gewährleistet sein muß, auch die charakteristischen Merkmale bzw. Unterschiede beider Existenzweisen auf den verschiedenen Ebenen des Sprachsystems in die jeweils andere Existenzweise überführt werden, ausgenommen die elementare Ebene der unmittelbaren lautlichen bzw. graphischen Realisierung. Die spezifischen Merkmale der GSPS treten deshalb relativ deutlich nur in den mündlichen Äußerungen zutage, die durch die besonderen Anforderungen und Bedingungen der unmittelbaren mündlichen Kommunikation geprägt sind. Der Kernbereich (Zentrum) der GSPS wird damit auf die Verwendung dieser Existenzweise z. B. unter folgenden Bedingungen eingeengt (vgl. Schank/Schwitalla 1980, 314; auch Steger 1967, 262 f):

– spontanes, freies Sprechen ohne detaillierte vorherige Vorbereitung;
– Sprechen in einer Face-to-Face-Situation, so daß Zeit und Ort der Produktion und Rezeption der mündlichen Äußerung zusammenfallen;
– Sprechen in natürlichen Situationen, in denen das Sprechen nicht selbst im Mittelpunkt der Aufmerksamkeit steht.

GSPS als eine besondere Ausprägung der Sprache soll deshalb im engeren Sinne als eine Abstraktion aus mündlichen Äußerungen verstanden werden, die den genannten Bedingungen entsprechen. Andere, diesen Bedingungen nicht genügende mündliche Äußerungen führen nicht zum Kernbereich der GSPS, sondern konstituieren eine Randzone (Peripherie), in der sich Merkmale beider Existenzweisen durchdringen. Das gilt beispielsweise für den mündlichen Vortrag schriftlich mehr oder weniger vollständig vorbereiteter Texte, für die zum Zwecke der schriftlichen Veröffentlichung erfolgte Bearbeitung mündlicher Äußerungen, aber auch für simulierte gesprochene Sprache, wie sie in Dramen und Romanen verwendet wird.

GSPS und GSCHS können Gegenstand vieler wissenschaftlicher Disziplinen sein, die jeweils unterschiedliche Aspekte dieser Gegebenheiten untersuchen, beispielsweise den Erwerb bzw. die Erlernung, die Produktion und Rezeption, die Funktionen und die Strukturen, die Bedingungen der Verwendung, die Entwicklung und die Normierung, die Therapie pathologischer Formen, die Probleme der technischen Nutzung u. a. m. Aus der Vielzahl der möglichen Untersuchungsaspekte wählen die nachfolgenden Ausführungen diejenigen aus, die das funktionale, strukturelle und historische Verhältnis beider Existenzweisen unter Berücksichtigung ihrer soziolinguistischen Relevanz betreffen.

2. Funktionale Differenzierung

GSPS und GSCHS erfüllen im Rahmen der generellen Sprachfunktionen unterschiedliche Funktionen in der gesellschaftlichen Kommunikation (vgl. Vachek [1939], [1973] 1976. Vgl. auch Art. 73, 123). Sie sind jeweils für bestimmte kommunikative Aufgaben besonders geeignet, woraus sich eine gewissermaßen komplementäre Distribution beider Existenzweisen ergibt. Für viele Situationen (z. B. im Rechtswesen, in der Verwaltung, Wissenschaft, Kunst und auf anderen Gebieten) ist in entwickelten Gesellschaften speziell der

Einsatz der GSCHS unverzichtbar. Sie ermöglicht es, sprachliche Äußerungen in einer Sprachgemeinschaft über räumliche und zeitliche Grenzen hinweg zu verbreiten und dauerhaft zu bewahren. Darin liegt ein erster grundsätzlicher funktionaler Unterschied beider Existenzweisen, der überhaupt die Grundlage für die Herausbildung der GSCHS gebildet hat. Durch die Überwindung der räumlich-zeitlichen Begrenzung wird die GSCHS zu einem Mittel der indirekten Kommunikation, bei der der Partner normalerweise nicht anwesend ist. Demgegenüber ist die GSPS ein Mittel der direkten Kommunikation, bei ihr besteht in der Regel ein unmittelbarer Kontakt zwischen den Partnern, der eine sofortige Rückkopplung ermöglicht. Wenn auch die GSPS heute mittels technischer Medien wie Rundfunk, Fernsehen, Tonband ebenfalls in der indirekten Kommunikation eingesetzt wird, so wird dadurch doch ihre Grundfunktion als Mittel der direkten Kommunikation nicht aufgehoben.

Die Verwendung der GSCHS zwingt durch die Abwesenheit des Kommunikationspartners und die fehlende Situationshilfe — anders als die GSPS — zu maximaler Ausgestaltung der Äußerung. Der mitzuteilende Inhalt muß sprachlich möglichst vollständig expliziert werden, da der Empfänger für seine Erfassung allein auf den geschriebenen Text angewiesen ist. „Es ist eine auf die maximale Verständlichkeit für andere gerichtete Sprache", betont Wygotzki ([1934] 1964, 206), der gleichzeitig hervorhebt, daß die Produktion geschriebener Äußerungen eine kompliziertere Tätigkeit darstellt als die gesprochener. Das bezieht sich sowohl auf die inhaltlich-konzeptionelle als auch auf die äußerlich-technische Seite. Während der Sprechapparat immer gebrauchsbereit ist, bedarf es zum Schreiben auch gewisser äußerer Voraussetzungen. Damit hängt zusammen, daß die GSCHS für kommunikative Situationen, in denen eine unmittelbare Reaktion gefordert wird, weniger geeignet ist als die GSPS, denn sie besitzt einen mehr statischen Charakter, der sie vor allem für solche Situationen prädestiniert, in denen es mehr auf Genauigkeit, Vollständigkeit, Bewahrbarkeit und Wiederholbarkeit ankommt. Diese Spezifik der GSCHS ermöglicht und erfordert auch ein stärker analytisches und kontrollierendes Verhalten des Sprachbenutzers, als das bei der GSPS der Fall ist. Ein geschriebener Text ist im Vergleich zu einem gesprochenen übersichtlicher, der Rezipient kann das Tempo und die Intensität der Informationsentnahme selbst bestimmen, und sein Gedächtnis wird durch die ständige Kontrollmöglichkeit entlastet.

Ein weiterer funktionaler Unterschied zwischen beiden Existenzweisen besteht darin, daß die GSCHS über wesentlich weniger emotionale und voluntative Ausdrucksmittel verfügt als die GSPS, die mit Satzmelodie, Akzent, Sprechtempo, Lautstärke und Pausen in dieser Hinsicht reiche Variationsmöglichkeiten besitzt. Entsprechende inhaltliche Komponenten müssen in der GSCHS meistens verbalisiert werden (*er redete laut, leise, abgehackt, ungestüm, forsch, heftig* usw.). Andererseits gibt es in geringerem Maße auch in der GSCHS spezielle Mittel zum Ausdruck bestimmter Intentionen, die in der GSPS in der Regel verbal umschrieben werden müssen, z. B. Absatzgliederung oder Doppelpunkt.

Die funktionale und strukturelle Spezifik der beiden Existenzweisen, die unterschiedliche, einander ergänzende Distribution in der Kommunikation und auch die unbestreitbare Bedeutsamkeit der GSCHS für die Bewältigung der kommunikativen Aufgaben einer entwickelten Gesellschaft lassen es als unzweckmäßig erscheinen, die GSCHS der Gegenwart als der GSPS untergeordnet zu betrachten. Vielmehr haben wir es heute mit zwei relativ autonomen Existenzweisen jeweils einer (Standard)sprache zu tun, und „es ist vom synchronischen Standpunkt aus unberechtigt, mit de Saussure zu fragen, welche von beiden Normen zeitlich primär und welche sekundär ist. Beide Normen sind einfach linguistische Tatsachen, und jede von ihnen hat ihre eigene Funktion" (Vachek [1939] 1976, 233).

Um allen kommunikativen Anforderungen der modernen Gesellschaft gewachsen zu sein, sollte der Sprachbenutzer sowohl die GSPS als auch die GSCHS in angemessenem Umfang zur Verfügung haben. Das ist jedoch gegenwärtig noch nicht überall gegeben. Einerseits verfügen etwa 800 Millionen von den insgesamt über 4 Milliarden Menschen heute noch nicht über die Fähigkeit, sich der GSCHS zu bedienen (vgl. UNESCO-Kurier 6/1980) und sind damit von der Teilnahme an Bildung und Kultur und der aktiven Gestaltung und Verbesserung ihrer Lebensverhältnisse weitgehend ausgeschlossen. Andererseits gibt es noch viele Sprachgemeinschaften, die keine eigene GSCHS besitzen, die also von den Möglichkeiten der sprachlichen

Kommunikation noch keinen vollen Gebrauch gemacht haben oder machen konnten. Das Fehlen einer eigenen GSCHS kann aber nicht als Beweis für den untergeordneten Status dieser Existenzweise angesehen werden. Es ist vielmehr Ausdruck einer defekten, unentwickelten Sprachsituation, die die eine Hälfte der Möglichkeiten, die der Sprache innewohnen, noch nicht ausgebildet hat.

Neben den angeführten funktionalen Unterschieden zwischen beiden Existenzweisen werden von manchen Forschern (vgl. Dokulil 1982, Nerius 1985) auch noch spezielle funktionale Charakteristika genannt, die nur die Formseite der GSCHS betreffen. Es handelt sich hier um die Funktionen, die die Schreibung bei der Verwendung der GSCHS einerseits für den Schreibenden und andererseits für den Lesenden erfüllt. Entsprechend den unterschiedlichen Abläufen und Merkmalen dieser beiden Tätigkeiten wird zwischen der Aufzeichnungsfunktion und der Erfassungsfunktion unterschieden. Bei der Aufzeichnungsfunktion handelt es sich um die Überführung gedanklicher Inhalte oder gesprochener Äußerungen in geschriebene Äußerungen (Beispiel: Aufsatz oder Diktat). Bei der Erfassungsfunktion handelt es sich um die inhaltliche Erfassung geschriebener Äußerungen und/oder um ihre Überführung in gesprochene Äußerungen. Beide Funktionen müssen von der Schreibung bzw. Orthographie gleichermaßen erfüllt werden, aus beiden resultieren aber unterschiedliche Anforderungen an die Struktur der Schreibungsnormen. Die Entwicklung orthographischer Systeme besteht in der Regel in einer allerdings von vielen weiteren und speziell auch von soziolinguistischen Faktoren beeinflußten Ausbalancierung zwischen diesen beiden Funktionen (vgl. 5.).

3. Systematische Beziehungen und Unterschiede

Als Abstraktionen aus mündlichen oder schriftlichen Äußerungen jeweils einer Sprache besitzen die GSPS und die GSCHS Gemeinsamkeiten und Beziehungen auf verschiedenen Ebenen des Sprachsystems, nicht zuletzt auch dadurch, daß beide bei einem Vergleich auf die Standardsprache bezogen werden sollten, denn nur sie verfügt in vollem Umfang über beide Existenzweisen. Die funktionalen Unterschiede, die differenzierten Anwendungsbereiche und die verschiedenen Bedingungen der Produktion und Rezeption führen aber auch zu einer Reihe von Unterschieden zwischen GSPS und GSCHS auf den einzelnen Systemebenen. Das stellt sich natürlich in verschiedenen Sprachen ganz unterschiedlich dar und kann hier nur exemplarisch angedeutet werden.

Wichtig für die Verdeutlichung der Beziehungen und Unterschiede ist zunächst die Art der Modellierung des Sprachsystems. Hier wird von einem Modell ausgegangen, das die strukturierte Gesamtheit von Elementen, die das System ausmachen, in Ebenen gliedert, die an die sprachlichen Einheiten gebunden sind, d. h. jeweils eine Menge von Einheiten umfassen, die die gleiche Stufe der Komplexität aufweisen (vgl. Daneš 1982, 163). Wesentlich für eine solche Gegenüberstellung ist weiterhin, daß Verallgemeinerungen auf der Grundlage von sprachlichen Äußerungen vorgenommen werden, die dem Kernbereich der beiden Existenzweisen zuzurechnen sind. Das ist speziell für die GSPS schwierig, und die Gewinnung einer ausreichenden Materialbasis mündlicher Äußerungen, die den unter 2. formulierten Bedingungen entsprechen, wirft vielerlei Probleme auf, so daß die Forschung sich hier weitgehend mit Stichproben oder Näherungslösungen begnügen mußte. Es kommt hinzu, daß die linguistische Forschung insgesamt bisher einem Vergleich beider Existenzweisen keine allzu große Aufmerksamkeit gewidmet hat. Genau genommen, haben die Linguisten über lange Zeit und in vielen Fällen in bezug auf die komplexeren Ebenen des Sprachsystems fast nur die GSCHS beschrieben, und zwar als Sprache schlechthin und ohne die Spezifik dieser Existenzweise zu reflektieren. Nur in bezug auf die elementaren sprachlichen Einheiten war dann die GSPS Gegenstand der Untersuchung, während demgegenüber auf dieser Stufe wiederum die graphische Seite bzw. die Orthographie zumeist vernachlässigt wurde. Erst in der jüngeren Vergangenheit hat sich die Sprachwissenschaft stärker der Erforschung der GSPS zugewandt (vgl. Betten 1977, 1978). Inzwischen liegen auch zur Spezifik der GSCHS eine Reihe von Erkenntnissen vor (vgl. 6.), doch steht die Forschung in beiden Fällen noch relativ am Anfang, und eine umfassendere Gegenüberstellung bedarf noch weiterer Untersuchungen.

Grundsätzlich gibt es in allen Sprachen, die sich der Buchstabenschrift bedienen, eine gewisse Entsprechung zwischen beiden Existenzweisen auf den Ebenen der elementaren Einheiten, zwischen Phonemen und Graphemen (vgl. Art. 125, 162, 177). Diese Beziehung, die die Grundlage der Buchstabenschrift bildet, existiert jedoch nirgends in „idealer" Form (Vachek [1973] 1976, 250), sondern ist in den verschiedenen Sprachen jeweils mehr oder weniger gebrochen und differenziert, wobei im einzelnen in Hinsicht auf die „Phonemtreue" große Unterschiede bestehen können, wie etwa zwischen dem Finnischen und dem Englischen. Solche Differenzierungen gehen vor allem auf Überlagerung dieser Entsprechungen durch Beziehungen zwischen beiden Existenzweisen auf höheren Ebenen des Sprachsystems zurück, wodurch im Interesse der Erfassungsfunktion die graphische Gestalt z. B. von Morphemen und Wörtern mehr oder weniger konstant gehalten wird und diese dadurch leichter identifizierbar und unterscheidbar gemacht werden, auch wenn sich damit die Phonem-Graphem-Beziehungen komplizieren. Das betrifft auf der morphemisch/morphologischen Ebene z. B. Fälle wie die einheitliche Schreibung des Pluralmorphems engl. Substantive ⟨-(e)s⟩ trotz der phonemisch unterschiedlichen Allomorphe /-s/,/-z/,/-iz/ oder die Schreibung von ⟨ä⟩ in grammatischen Formen dtsch. Wörter, deren Grundformen ein ⟨a⟩ aufweisen, obwohl das ⟨ä⟩ in den Fällen, in denen es phonologisch dem /ε/ entspricht, graphisch auch mit ⟨e⟩ bezeichnet werden könnte (*Acker* — *Äcker, Land* — *Länder* aber nicht **Ecker, *Lender*). Differenzierungen zwischen beiden Existenzweisen der Standardsprache auf dieser Ebene können aber auch soweit gehen, daß es zu direkten Unterschieden im System der grammatischen Kategorien kommt, wie das z. B. für das Franz. angeführt wird, wo das passé simple in der GSCHS noch absolut lebendig ist, dem Tempussystem der GSPS jedoch nicht mehr angehört (Söll 1974, 104).

Die erwähnte Aufsplitterung der Phonem-Graphem-Beziehungen kann auch auf die Wortdifferenzierungsschreibung auf der lexikalischen Ebene zurückgehen, wodurch die graphische Identität und gleichzeitig Unterscheidung trotz phonologischer Gleichheit verdeutlicht wird, z. B. engl. *right* — *rite* — *wright* — *write*, aber nur /rait/, oder dtsch. *Seite* — *Saite, Stiel* — *Stil, mahlen* — *malen* usw. Grundsätzliche Zuordnungen im Wortschatz zu einer der beiden Existenzweisen sind allerdings bisher von der Forschung nicht festgestellt worden, jedoch gibt es sehr deutliche Unterschiede in der Verwendungshäufigkeit einzelner Teilklassen. Weydt (1969) hat z. B. für das Dtsch. ermittelt, daß in der GSPS etwa doppelt bis dreimal so oft Modalpartikel wie *ja, schon, doch, denn, nur, eben, vielleicht, wohl, bloß* usw. verwendet werden wie in der GSCHS. Als ein nur auf die GSCHS beschränkter Sonderfall wären hier auch die graphischen, in der Kurzform nicht gesprochenen Abkürzungen wie *z. B., usw., d. h., etc.* zu erwähnen.

Besonders deutlich und bisher am besten untersucht sind die Unterschiede zwischen beiden Existenzweisen auf der syntaktischen Ebene. Natürlich gibt es auch hier immer die Möglichkeit der wechselseitigen Überführung, aber der Kernbereich der GSPS, das spontane, freie Sprechen, hebt sich doch in einer Reihe von Punkten von der syntaktischen Struktur der GSCHS ab. Für das Dtsch. ist z. B. nachgewiesen worden, daß Sätze in der GSPS im Durchschnitt kürzer sind und eine geringere syntaktische Komplexität aufweisen als in der GSCHS, für die wiederum eine größere Variabilität der syntaktischen Struktur mit umfangreicheren hypotaktischen Konstruktionen und der Ausbau nominaler Wortgruppen charakteristisch sind (vgl. Leska 1966; Wackernagel-Jolles 1971; Weiss 1975). Auch Ellipsen und Anakoluthe sowie Ausklammerungen und Nachträge werden als besondere Merkmale der GSPS genannt (vgl. Helmig 1972; Brinkmann 1974; Engel 1974; Betten 1977), während sie in der GSCHS mit ihrer stärkeren Geformtheit und Kontrolliertheit weit seltener sind.

Schließlich ergibt sich aus der unterschiedlichen Distribution beider Existenzweisen in der Kommunikation auch eine unterschiedliche Aufgliederung in verschiedene Textsorten, die ihrerseits durch eine textsortenspezifische Verteilung sprachlicher Mittel und somit durch bestimmte stilistische Besonderheiten gekennzeichnet sind (vgl. für die GSPS Steger et al. 1974; Berens 1975; Dittmann 1976; Schank/Schoenthal 1976; für die GSCHS Beneš 1969; Michel 1970; Lerchner 1984).

4. Historisches Verhältnis

Entwicklungsgeschichtlich ist die GSPS primär und die GSCHS sekundär; schriftliche Äußerungen sind ein relativ spätes Produkt der menschlichen Entwicklung und stellen zunächst eine mehr oder weniger direkte Wiedergabe mündlicher Äußerungen dar. Dieses historische Verhältnis darf jedoch nicht einfach auf den Zustand einer Standardsprache

der Gegenwart übertragen werden, denn im Prozeß ihrer Entwicklung vollzieht sich eine deutliche Veränderung im Verhältnis beider Existenzweisen. Auf der Grundlage der kommunikativen Anforderungen der Gesellschaft gewinnt die GSCHS im Zuge der Ausweitung der schriftlichen Kommunikation jene funktionale und strukturelle Eigenständigkeit, die unter 2. und 3. gekennzeichnet wurde. Sie wird damit aus einem ursprünglich sekundären zu einem der GSPS koordinierten, primären Zeichensystem. Soziolinguistisch bedeutsam ist hier zudem, daß die grundsätzliche phylogenetische und ontogenetische Priorität der GSPS in dieser generellen Form für die Standardsprache nicht zutrifft. Die gesprochene Standardsprache entwickelt sich nicht nur oftmals — wie z. B. im Dtsch. — später als die geschriebene, sie ist für viele Angehörige der Sprachgemeinschaft auch keineswegs die Form der Sprache, mit der sie als Kinder zuerst in Berührung kommen. Sehr häufig erlernen sie zuerst die landschaftlich gebundene Umgangssprache und kommen erst im Zusammenhang mit der Erlernung der geschriebenen Standardsprache zur gesprochenen.

Die sich in der Entwicklung vollziehende Differenzierung beider Existenzweisen bedeutet auch, daß Änderungen in der GSCHS keineswegs nur ein Nachvollzug von Änderungen in der GSPS sind. Diese Prozesse sind wesentlich komplizierter und verlaufen relativ unabhängig voneinander. Speziell für die GSCHS heißt das, daß ihre Gestalt maßgeblich durch die zunehmende Ausprägung ihrer eigenständigen Funktionen in der Kommunikation geprägt wird, ein Vorgang, der seinerseits von vielen weiteren Faktoren beeinflußt sein kann und der sich auch über die Regelungs- und Kodifizierungsbemühungen für diese Existenzweise realisiert. So kann die Entwicklung der GSCHS sowohl Änderungen der GSPS Rechnung tragen (vgl. z. B. die graphische Wiedergabe der Diphtongierung im Übergang zum Nhd.), sie kann solche Änderungen ignorieren (vgl. z. B. die Beibehaltung der Diphthongschreibung ⟨ie⟩ trotz Monophthongierung im Frnhd.), sie kann eigene, nicht auf die GSPS bezogene Entwicklungen hervorbringen (vgl. z. B. die Ausbildung der Großschreibung in vielen Sprachen), sie kann aber auch ihrerseits die Entwicklung der GSPS beeinflussen (vgl. z. B. die spelling pronunciations im Engl.). Die Anforderungen der Sprachgemeinschaft sind aber immer auch darauf gerichtet, daß regelmäßige Entsprechungen zwischen beiden Existenzweisen bestehen bleiben, die eine möglichst reibungslose wechselseitige Überführbarkeit gestatten, daß also die relative Autonomie der GSCHS nicht zu zwei verschiedenen „Sprachen" führt, weil das die Erfüllung der kommunikativen Bedürfnisse einer entwickelten Gesellschaft stark behindern würde.

5. Normprobleme

Auch in Hinsicht auf die Ausbildung, Kodifizierung (vgl. Art. 165, 178) und Veränderung ihrer Normen gibt es Gemeinsamkeiten und Unterschiede zwischen GSPS und GSCHS, wobei diese Unterschiede vor allem in bezug auf die Norm (vgl. Art. 19) der Formseite beider Existenzweisen soziolinguistisch relevant sind. Speziell für die Orthographie bedeutet das, daß dieser Norm auf Grund der funktionalen Merkmale der GSCHS (vgl. 2.) in besonderem Maße die Aufmerksamkeit der Sprachgemeinschaft gilt. Sie ist eine gesetzte und in den meisten Kultursprachen relativ genau kodifizierte Norm, die nur eine geringe Variabilität und einen hohen Verbindlichkeitsanspruch besitzt (vgl. Nerius/Scharnhorst 1980). Das ergibt sich aus der Notwendigkeit eines stabilen und reibungslosen Funktionierens der schriftlichen Kommunikation, für die die möglichst eindeutige Festlegung und Identifizierbarkeit der graphischen Formen eine wichtige Bedingung ist. So entwickelt sich gerade in bezug auf diese Norm ein starkes Normbewußtsein in der Sprachgemeinschaft, das durch den Schulunterricht gefördert und verstärkt wird und das Abweichungen von der Orthographie in weit stärkerem Maße mißbilligt, als das bei der Aussprachenorm der Fall ist. Die Orthophonie erreicht nicht den gleichen Verbindlichkeitsgrad wie die Orthographie, ihre Verletzung wird in gewissen Grenzen als nicht so gravierend empfunden und von der Gesellschaft oftmals als regionale Besonderheit akzeptiert, was für die Orthographie nicht zutrifft. Regionale und soziale Differenzierungen der Sprachgemeinschaft wirken auf die Orthophonie in stärkerem Maße als auf die Orthographie ein; die standardsprachliche Aussprachenorm konstatiert, kodifiziert und verallgemeinert den Sprachgebrauch bestimmter Sprechergruppen in bestimmten Situationen (z. B. Rundfunk, Fernsehen, Theater), wird jedoch im allgemeinen Gebrauch der Standardsprache nur näherungsweise und

regional, sozial oder auch situativ unterschiedlich realisiert. Solche Differenzierungen können zwar bei unterschiedlichem Grade der Beherrschung der GSCHS auch in der Schreibung vorkommen, werden jedoch hier in der öffentlichen Kommunikation nicht toleriert, woraus sich u. a. auch die Zurückhaltung nicht weniger Menschen bei der aktiven Verwendung der GSCHS erklärt. Daß für die Probleme, die viele Menschen mit der Erfüllung dieser Anforderungen an die GSCHS, speziell mit der Rechtschreibung, haben, nicht zuletzt auch soziolinguistisch relevante Faktoren wie die regionalsprachliche und die Schichtenzugehörigkeit eine Rolle spielen können, ist in der Literatur des öfteren gezeigt worden (vgl. z. B. Rigol [1970] 1977).

Die Unterschiede von Orthophonie und Orthographie in Kodifizierung und Verbindlichkeit haben auch Auswirkungen auf die Veränderung dieser Normen. Für die Orthophonie bedarf es dazu der Neukonstatierung des Sprachgebrauchs unter entsprechend zu definierenden sozialen und situativen Bedingungen. Bei der Orthographie als einer gesetzten Norm geht es um eine Neufestsetzung, die von vielen, nicht zuletzt von soziolinguistischen Faktoren beeinflußt wird. Eine Rolle spielt dabei zunächst die Berücksichtigung einer möglichst ausgewogenen Balance zwischen der Aufzeichnungsfunktion, den Bedürfnissen des Schreibenden, und der Erfassungsfunktion, den Bedürfnissen des Lesenden (vgl. 2.). Wesentlich für die Art und den Umfang einer Orthographieänderung können aber darüber hinaus auch solche Faktoren sein wie

— die Interessen bestimmter sozialer Gruppen oder die Belange bestimmter Bereiche der gesellschaftlichen Kommunikation,
— pädagogische Gesichtspunkte der Lehr- und Lernbarkeit,
— ökonomische und technische Gesichtspunkte,
— das Verhältnis zur Schreibtradition in der jeweiligen Sprachgemeinschaft,
— das Verhältnis zu anderen Sprachen bzw. der Einfluß anderer Sprachen.

Diese und weitere Faktoren können wiederum in unterschiedlichem Maße ausschlaggebend oder gewichtig für Orthographieänderungen sein, und ihr Einfluß kann zusammen mit den funktionalen Anforderungen zu mehr oder weniger weitgehenden Wandlungen orthographischer Systeme führen. Dabei kann es sich z. B. um die Ersetzung eines ganzen

Grapheminventars durch ein anderes handeln, wie bei der Abschaffung der arabischen
und der Einführung einer angepaßten lateinischen Schrift für das Türkische in den 20er
Jahren unseres Jh. Es kann sich um die Abschaffung einzelner Grapheme handeln, wie
in der Orthographiereform des Russischen
1918, oder um die Ersetzung bestimmter Grapheme durch andere, wie bei der Auswechs-
lung von ⟨w⟩ und ⟨v⟩ sowie ⟨au⟩ und ⟨ou⟩
im Tschechischen im 19. Jh., oder um die
Beseitigung der graphischen Kennzeichnung
einer bestimmten Wortklasse, wie bei der Abschaffung der Substantivgroßschreibung im
Dänischen 1948 u. a. m. Nicht selten ist es
allerdings auch, daß einige dieser Faktoren
eine linguistisch wünschenswerte Orthographieänderung nicht befördern, sondern eher
verhindern.

6. Zur Geschichte der Forschung

Die Sprachwissenschaft hat der Erforschung
der Spezifik und des Verhältnisses von GSPS
und GSCHS lange Zeit wenig Interesse entgegengebracht. Während man noch in der ersten Hälfte des 19. Jh. beide Existenzweisen
relativ undifferenziert betrachtete, dominierte
in der Sprachwissenschaft der zweiten Hälfte
des 19. Jh. und der ersten Hälfte des 20. Jh.
„die Vorstellung vom absoluten Primat der
gesprochenen Sprache" (Vachek [1973] 1976,
241). Diese Vorstellung geht zurück auf die
Auffassungen der Junggrammatiker, für die
sich das Verhältnis von GSPS und GSCHS
als ein Verhältnis von Sprache und Schrift
darstellte. Sprache und damit Gegenstand der
Sprachwissenschaft war folglich nur die
GSPS (vgl. H. Paul [1880] 1970, 374). Ähnliche Ansichten vertrat in diesem Punkt auch
F. de Saussure ([1916] 1967, 28): „Sprache
und Schrift sind zwei verschiedene Systeme
von Zeichen; das letztere besteht nur zu dem
Zweck, um das erstere darzustellen. Nicht die
Verknüpfung von geschriebenem und gesprochenem Wort ist Gegenstand der Sprachwissenschaft, sondern nur das letztere, das gesprochene Wort allein ist ihr Objekt." Die
Auffassung von der Priorität der GSPS und
dem sekundären Charakter der GSCHS
wurde auch in der Folgezeit und wird z. T.
bis heute von bedeutenden Linguisten und
ganzen linguistischen Schulen vertreten, wenn
auch im einzelnen auf Grund unterschiedlicher sprachtheoretischer Positionen und
verschiedenen methodischen Herangehens an
die Sprachbeschreibung Unterschiede in der

Darstellung der Beziehungen zwischen beiden
Existensweisen bestehen. Zu Vertretern dieser
Auffassung können z. B. die amerikanischen
Deskriptivisten wie Bloomfield, Hockett,
Harris u. a. gerechnet werden, aber auch Jacobson und Martinet und in modifizierter
Form auch die Vertreter des generativen Ansatzes, z. B. C. Chomsky und Bierwisch (vgl.
die Übersichten bei Amirova 1977 und Rolffs
1980).
Die Leugnung der Eigenständigkeit der
GSCHS hinderte allerdings nicht, daß in den
meisten Sprachdarstellungen auf den komplexeren Ebenen des Sprachsystems faktisch
dennoch die GSCHS dargestellt wurde (vgl.
3.). Nur bei der Formseite orientierte man
sich fast ausschließlich auf die GSPS. Das
wird z. B. durch die Entwicklung der Phonologie eindrucksvoll bezeugt und zeigt sich
auch in vielen dialektologischen Untersuchungen, für die die Beschreibung der Laut-
struktur immer ein wesentliches Anliegen
war. Erst in der jüngeren Vergangenheit und
offensichtlich im Zusammenhang mit der
Entwicklung entsprechender technischer
Möglichkeiten ist die GSPS im umfassenden
Sinne zum Gegenstand der linguistischen
Forschung geworden. Dabei standen verschiedene Gesichtspunkte im Vordergrund
des Interesses, so zunächst die spezifischen
Merkmale der GSPS auf den komplexeren
Ebenen des Sprachsystems und in neueren
Untersuchungen vor allem Fragen der Gesprächsanalyse bzw. Dialogforschung (vgl.
Betten 1977; 1978; Schank/Schwitalla 1980).
Neben der Auffassung von der Priorität
der GSPS entwickelte sich in der Linguistik
des 20. Jh. jedoch auch und mit zunehmender
Wirksamkeit die Ansicht, daß beide Existenzweisen mehr oder weniger unabhängig voneinander als relativ eigenständige Ausprägungen der Sprache zu betrachten seien, was vor
allem in der Kennzeichnung der relativen
Autonomie der GSCHS mit ihren spezifischen Funktionen und Strukturen zum Ausdruck kommt. Diese Ansicht, die ihre Grundlagen schon in Arbeiten von Baudouin de
Courtenay und auch G. von der Gabelentz
findet, ist vor allem von Vertretern der Prager
Schule, speziell von J. Vachek ausgearbeitet
worden. Er entwickelte in einer Reihe von
Arbeiten (1939, 1945/49, 1959, 1971, 1973)
den allgemeinen linguistischen Rahmen, in
dem die Spezifik und die Beziehungen von
GSPS und GSCHS erfaßt werden können,
wobei Ausgangspunkt und Basis seiner Darstellung die unterschiedlichen Funktionen

beider Existenzweisen in der gesellschaftlichen Kommunikation sind. Dieser Ansatz hat sich als sehr fruchtbar erwiesen und ist von Linguisten in vielen Ländern aufgenommen worden (vgl. Nerius 1987). Mitunter, wie etwa in der sprachtheoretischen Konzeption der Glossematiker, hat die Betonung der Eigenständigkeit von GSPS und GSCHS allerdings sogar soweit geführt, daß man beide Existenzweisen als gänzlich unabhängig und nahezu beziehungslos nebeneinanderstehend ansah (vgl. Uldall 1944).

In der jüngeren Linguistik sind die beiden erwähnten Grundpositionen zum Verhältnis von GSPS und GSCHS in vielen Ländern und von vielen Linguisten weiter ausgearbeitet und modifiziert worden. Kennzeichnend für die Arbeiten auf diesem Gebiet ist dabei eine zunehmende Vielfalt der Untersuchungsaspekte (vgl. 1.) und die Erschließung immer weiterer Gegenstandsbereiche (vgl. Günther/ Günther 1983, Coulmas/Ehlich 1983). In diesem Zusammenhang spielen auch soziolinguistische Gesichtspunkte eine wichtige Rolle, vor allem bei der Ausbildung, Kodifizierung, Verbreitung oder Veränderung von standardsprachlichen Normen, sei es für die GSPS, sei es in bezug auf Orthographiereformen oder die Verschriftung von Sprachen, die noch nicht als GSCHS existieren (vgl. Deśeriev 1968, Fishman 1977).

7. Literatur (in Auswahl)

Althaus, Hans P. (1980) „Orthographie/Orthophonie", in: *Lexikon der Germanistischen Linguistik*, 2. Aufl., Tübingen, 787—792.

Amirova, T. A. (1977) *K istorii i teorii grafemiki*, Moskva.

Behaghel, Otto (1927) „Geschriebenes Deutsch und gesprochenes Deutsch", in: *Von deutscher Sprache*, Lahr/Baden, 11—34.

Beneš, Eduard (1969) „Zur Typologie der Stilgattungen der wissenschaftlichen Prosa", in: *Deutsch als Fremdsprache* 6, 225—233.

Berens, F. J. (1975) *Analyse des Sprachverhaltens im Redekonstellationstyp 'Interview'*, München.

Besch, Werner (1983) „Dialekt, Schreibdialekt, Schriftsprache, Standardsprache. Exemplarische Skizze ihrer historischen Ausprägung im Deutschen", in: *Dialektologie*. Ein Handbuch zur deutschen und allgemeinen Dialektforschung, Besch, W./Knoop, U./Putsche, W./Wiegand, H. E., eds., Berlin/New York, 961—990.

Betten, Anne (1977, 1978) „Erforschung gesprochener deutscher Standardsprache", in: *Deutsche Sprache* 1977 (5), 335—361, 1978 (1) 21—44.

Bierwisch, Manfred (1972) „Schriftstruktur und Phonologie", in: *Probleme und Ergebnisse der Psychologie* 43, 21—44.

Chomsky, Carol (1970) „Reading, writing, and phonology", in: *Harvard Educational Review* 40, 287—309.

Coulmas, Florian (1981) *Über Schrift*, Frankfurt a. M.

Coulmas, Florian/Ehlich, Konrad, eds., (1983) *Writing in Focus*, Berlin (West).

Daneš, František (1982) „Zur Theorie des sprachlichen Zeichensystems", in: *Grundlagen der Sprachkultur*. Beiträge der Prager Linguistik zur Sprachtheorie und Sprachpflege, Teil 2, Berlin (DDR), 132—173.

Deśeriev, Jurij D. (1968) „Problema funkcional'nogo razvitija jazykov i zadači sociolingvistiki", in: *Jazyk i obščestvo*, Moskva, 55—81.

Dittmann, Jürgen (1976) *Sprechhandlungstheorie und Tempusgrammatik*, München.

Dokulil, Miloš (1982) „Grundsätzliches zur Verwendung von Großbuchstaben in Orthographiesystemen", in: *Grundlagen der Sprachkultur*. Beiträge der Prager Linguistik zur Sprachtheorie und Sprachpflege, Teil 2, Berlin (DDR), 234—255.

Engel, Ulrich (1974) „Syntaktische Besonderheiten der deutschen Alltagssprache", in: *Gesprochene Sprache*, Düsseldorf, 199—228.

Fishman, Joshua A., ed., (1977) *Advances in the creation and revision of writing systems*, The Hague.

Gröschel, Bernhard (1979) „Mündliche und schriftliche Kommunikation — Autonomie und Wechselbeziehungen in Sprachlernprozessen", in: *Folia Linguistica*, 13, 291—302.

Grosse, Siegfried, ed., (1983) *Schriftsprachlichkeit*, Düsseldorf.

Grundlagen der Sprachkultur (1976, 1982) Beiträge der Prager Linguistik zur Sprachtheorie und Sprachpflege, Teil 1 und 2, Scharnhorst, J./Ising,E., eds., Berlin (DDR).

Günther, Klaus B./Günther, Hartmut, eds., (1983) *Schrift, Schreiben, Schriftlichkeit*. Arbeiten zur Struktur, Funktion und Entwicklung schriftlicher Sprache, Tübingen.

Heinze, Helmut (1979) *Gesprochenes und geschriebenes Deutsch*, Düsseldorf.

Helmig, G. (1972) „Gesprochene und geschriebene Sprache und ihre Übergänge", in: *Der Deutschunterricht* 24, 5—25.

Jacobson, Roman (1962) „Zur Struktur des Phonems", in: *Selected Writings* I, Phonological Studies, s' Gravenhage, 280—310.

Lerchner, Gotthard (1984) *Sprachform von Dichtung*. Linguistische Untersuchungen zur Funktion und Wirkung literarischer Texte, Berlin (DDR).

Leska, Christa (1965) „Vergleichende Untersuchungen zur Syntax gesprochener und geschriebener Gegenwartssprache", in: *Beiträge zur Geschichte der deutschen Sprache und Literatur* (Halle) 87, 427−461.

Ludwig, Otto (1980) „Geschriebene Sprache", in: *Lexikon der Germanistischen Linguistik*, Althaus, H. P./Henne, H./Wiegand, H. E., eds., 2. Aufl., Tübingen, 323−328.

Ludwig, Otto (1983) „Einige Vorschläge zur Begrifflichkeit und Terminologie von Untersuchungen im Bereich der Schriftlichkeit", in: *Schrift, Schreiben, Schriftlichkeit*, Günther, K. B./Günther, H., eds., Tübingen, 1−15.

Martinet, Andre ([1960 franz.] 1963) *Grundzüge der Allgemeinen Sprachwissenschaft*, Stuttgart.

Michel, Georg (1970) *Stiltypen der Publizistik*. Sprachstatistische Untersuchungen an Leitartikeln und Nachrichten der Tagespresse, Diss., Potsdam.

Nerius, Dieter (1975) *Untersuchungen zu einer Reform der deutschen Orthographie*, Berlin (DDR).

Nerius, Dieter (1979) „Norm und Entwicklung in der Schreibung der deutschen Gegenwartssprache", in: *Wort, Satz und Text*, Linguistische Studien, Reihe A, 63, Berlin (DDR), 44−60.

Nerius, Dieter (1985) „Über den linguistischen Status der Orthographie", in: *Zeitschrift für Germanistik* 6, 300−309.

Nerius, Dieter, ed., (1987) *Deutsche Orthographie*, Leipzig.

Nerius, Dieter/Scharnhorst, Jürgen (1980) „Grundpositionen der Orthographie", in: *Theoretische Probleme der deutschen Orthographie*, Berlin (DDR), 11−73.

Paul, Hermann ([1880] 1970) *Prinzipien der Sprachgeschichte*, Tübingen.

Penttilä, Aarni (1970) „Zur Grundlagenforschung der geschriebenen Sprache", in: *Acta Societas Linguisticae Upsaliensis*. Nova Series 2 (2), 21−55.

Rigol, Rosemarie ([1970] 1977) „Schichtzugehörigkeit und Rechtschreibung, in: Spitta, G., ed., *Rechtschreibunterricht*, Braunschweig, 93−106.

Rolffs, Elisabeth (1981) *Die Orthographie als Gegenstand der modernen Sprachwissenschaft*. Mit besonderer Berücksichtigung der französischen Orthographie, Diss. Münster.

Rupp, Heinz (1965) „Gesprochenes und geschriebenes Deutsch", in: *Wirkendes Wort* 15, 19−29.

Saussure, Ferdinand de ([1916 franz.] 1967) *Grundfragen der allgemeinen Sprachwissenschaft*, Berlin (West).

Schank, Gerd/Schoenthal, Gisela (1976) *Gesprochene Sprache*. Eine Einführung in Forschungsansätze und Analysemethoden, Tübingen.

Schank, Gerd/Schwitalla, Johannes (1980) „Gesprochene Sprache", in: *Lexikon der Germanistischen Linguistik*, Althaus, H. P./Henne, H./Wiegand, H. E., eds., 2. Aufl., Tübingen, 314−322.

Steger, Hugo (1967) „Gesprochene Sprache", in: *Satz und Wort im heutigen Deutsch*, Düsseldorf, 259−291.

Steger, Hugo (1973) „Gesprochene Sprache und geschriebene Sprache", in: *Sprache − Brücke und Hindernis*, München, 204−214.

Steger, Hugo et al. (1974) „Redekonstellation, Redekonstellationstyp, Textexemplar, Textsorte im Rahmen eines Sprachverhaltensmodells", in: *Gesprochene Sprache*, Düsseldorf, 39−97.

Theoretische Probleme der deutschen Orthographie (1980), Nerius, D./Scharnhorst, J., eds., Berlin (DDR).

Uldall, H. J. (1944) „Speech and writing", in: *Acta Linguistica Hafniensia* 4, 11−16.

UNESCO-Kurier. Bildung (1980) Nr. 6, Recht auf Bildung für 800 Millionen Erwachsene ein leeres Wort, 4−9.

Vachek, Josef ([1939] 1976) „Zum Problem der geschriebenen Sprache", in: *Grundlagen der Sprachkultur*. Beiträge der Prager Linguistik zur Sprachkultur und Sprachpflege, Teil 1, Berlin (DDR), 229−239.

Vachek, Josef ([1945−49] 1976) „Some remarks on writing and phonetic transcription", in: *Selected writings in English and General Linguistics*, Prag, 127−133.

Vachek, Josef ([1948] 1976) „Written language and printed language", in: *Selected writings in English and General Linguistics*, Prag, 121−126.

Vachek, Josef ([1959] 1976) „Two chapters on written English", in: *Selected writings in English and General Linguistics*, Prag, 408−441.

Vachek, Josef ([1964 tschech.] 1971) „Zu allgemeinen Fragen der Rechtschreibung und der geschriebenen Norm der Sprache", in: *Stilistik und Soziolinguistik*. Beiträge der Prager Schule zur strukturellen Sprachbetrachtung und Spracherziehung, Beneš, E. und Vachek, J., eds., Berlin (West), 102−122.

Vachek, Josef ([1973 engl.] 1976) „Geschriebene Sprache. Allgemeine Probleme und Probleme des Englischen", in: *Grundlagen der Sprachkultur*. Beiträge der Prager Linguistik zur Sprachtheorie und Sprachpflege, Teil 1, Berlin (DDR), 240−295.

Wackernagel-Jolles, B. (1971) *Untersuchungen zur gesprochenen Sprache*, Göppingen.

Weigl, Egon (1972) „Zur Schriftsprache und ihrem Erwerb − neuropsychologische und psycholinguistische Betrachtungen", in: *Probleme und Ergebnisse der Psychologie* 43, 45−105.

Weiss, Andreas (1975) *Syntax spontaner Gespräche*, Düsseldorf.

Weydt, Harald (1969) *Abtönungspartikeln*, Bad Homburg.

Wygotzki, Lew S. ([1934 russ.] 1964) *Denken und Sprechen*, Berlin (DDR).

Dieter Nerius, Rostock
(Deutsche Demokratische Republik)

95. Language, Political Discourse and Ideology

1. The Problem of Analyzing Political Discourse

1.1. The Range of Discourse Analysis

The term *discourse* has only recently been used systematically in modern linguistics; this is also true of the discipline which studies this phenomenon: *discourse analysis* (cf. also art. 110). — The problem of discourse has become a centre of linguistic interest between 1950 and 1960 although its origin can be considered to be much older: for what has rhetorics done since classical antiquity if it has not dedicated its particular attention to discourse by stating its rules, by describing its figures, by valuing its effects? Such an attention on the mechanisms governing discourse and making it efficient was distracted a little since the foundation of modern linguistics. The reasons for this are well known: with F. de Saussure linguistics became a linguistics of the language excluding the speaking subject and hence the discourse produced by this subject. The replacement of the paradigm of structural linguistics by that of generative grammar in the 1960ies did not fundamentally change that situation especially because discourse which is situated within the *performance* falls out of linguistic theory which describes the rules of the competence of the speaking subject. Thus theories of language neglect the notion of discourse.

Paradoxically, however, it is at the same moment when it appears on the scene. Now linguistics begins indeed to be interested in problems which do no longer concern the phrase but, beyond the phrase, the following utterance. This is the case in the work of Harris who lays the foundations of an analysis of discourse in his famous paper *Discourse Analysis* written in 1952 by trying "to overcome the limitation on the phrase of descriptive linguistics" (Harris [1952] 1969, 10). Here the first of the theoretical foundations of the problem of discourse in modern linguistics can be found: the procedures of distributional analysis applied by Harris to the whole of the phrases of a text have served as a basis of numerous works of discourse analysis and especially of the analysis of political discourse, particularly in France (Dubois 1969; Maldidier 1972; Marcellesi 1971; Robin 1973).

Nevertheless Harris' approach remains a strictly descriptive and grammatical one. One step further is taken with the problematization of discourse as an object by the theories of modes of utterance, elements of which can be found in the analysis of shifters (Jakobson 1963) and later in the work of Benvéniste. Unquestionably the second of the foundations of an analysis of discourse can be found there. This time it concentrates on the notion of the subject of discourse for, according to this perspective, the utterance realizes the "individual conversion of language into discourse" (Benvéniste 1974, 81), even though here the resumption and the prolongation of a tradition of European linguistics can be seen; that of a "linguistics of the parole" (cf. for example Bally 1932).

It was by basing itself on this twofold perspective that discourse analysis could pass beyond the margins of linguistics at the beginning of the 1970ies and that an analysis of political discourse could become possible.

1.2. Political Discourse as a Principal Object of Discourse Analysis

In effect, political discourse very quickly became the principal, so to speak the unique object of discourse analysis such as it developed in France all at once. Here is a phenomenon meriting a halt because it certainly constitutes the sign of a particularity of the theoretical and political situation in France in the 1970ies.

This does not imply that the text was not an object of interest of linguists elsewhere: in the United States, for example, the problem of Harris' work on the following utterance induced an ensemble of analyses which endeavoured to describe the distributional regularities at work in scientific texts. In the Federal Republic of Germany attempts were made to construct grammars of texts which could treat coordination, the phenomenon of coreference, the thread of discourse. Everywhere a little textual semiotics applied procedures of structural analysis to literary texts.

More recently a pragmatics of texts has been elaborated which shows the speech acts at work in the thread of the utterance. Thus texts of different kinds have been analyzed by using methods which are themselves various whereas in France linguists have rather attempted to apply the same type of methods (Harris' analysis and the analysis of the process of uttering within discourse) to one type of text — the political discourse.

This certainly borders on the particular relations which linguistic research and French sociolinguistics have had with marxism at the end of the 1960ies as well as on the place which this latter has occupied in theoretical and political discussions (cf. also art. 57). Here it is appropriate to note that the appearance of the problem of discourse in the centre of French linguistics is simultaneous with the conjuncture of the events of May 1968. They have produced an exasperation of the issue of political discourses, in torrents, on the walls and in the street. But also in the academic work when philosophy defined itself as "class conflict in theory"; and new questions emerged to which linguists were sensitive and to which they tried to respond: what is a theoretical discourse? How can an ideological discourse be recognized (cf. art. 189)? Or a scientific discourse in contrast to this? Such questions then served as a basis for the debate which was opened by L. Althusser with respect to the reading of marxist texts. Thus linguistic work found itself caught within such controversies: it was expected that linguists furnished objective and formal instruments allowing to distinguish between a reformist discourse and a revolutionary one, between an ideological discourse and a scientific one, that they separated good from ill weeds. Linguists were also looked forward to legitimize a policy of the reading of texts. This is certainly one of the factors which explain this predominance of political discourses among the corpus treated by discourse analysis since that period. This phenomenon illustrated the fact that scientific work could not protect itself against the socio-historical determinations of its time which is true *a fortiori* in the case of research which is so sensitive to political events and social demands as sociolinguistic work. However, it was not necessary to see in this bias towards political discourse a folly of nature, weakening the results attained by works of discourse analysis. For if they have manifested the sensitivity of linguistic research to political the-

ories, they have confronted the exigencies of these latter ones with the constraints of the formal understanding of the text. And thus they have considerably shifted the matter.

Finally it is necessary to note that these determinations of political order are not the only ones which come to explain the emergence of the analysis of political discourse in French linguistics. They have coincided with other factors which are related to the development of linguistics itself. Concerning the evolution of the discipline the 1970ies indeed coincide with a certain exhaustion of the paradigm of structural linguistics: criticized and relieved by generative grammar from the formal point of view, it experienced a reaction which opens the prospect of a resumption of the sociolinguistic perspective missing a little during the preceding period. This perspective largely inscribed in the French linguistic tradition since Meillet then especially developed in the view of a marxistically inspired discourse analysis which attached itself to demonstrate the linguistic differentiation of political and social groups, social classes but also political parties or trade-unions (cf. Marcellesi/Gardin 1974). The interdisciplinary context restored at the university as one of the consequences of the reflections issuing from the events of May 1968 also favoured the development of discourse analysis: historians (cf. Robin 1973; Guilhaumou/Maldidier 1970), confronted with the treatment of textual data, elaborated a theoretical reflection on the articulation between history and linguistics and took side with linguists in search for procedures of discourse analysis. Finally the development of automatical methods of dealing with a text also incited the elaboration of original methods of discourse analysis which utilized the ressources of informational calculus: it is appropriate to mention here the statistical works of political lexicography of the *Laboratoire de l'Ecole Normale Supérieure de St. Cloud* (Tournier et al. 1978); but also to emphasize the considerable role which M. Pêcheux has played in the constitution of discourse analysis on a syntactic basis which had recourse to informational calculus (Pêcheux 1969), as well as in the theoretical work on the articulation of linguistics and history in a marxist perspective.

1.3. Operations and Objects of Discourse Analysis

At present, after having historically delimited the domain of discourse analysis and specified its extension, it is appropriate to indicate more concretely the operations which a work of discourse analysis realizes as well as the objects which it manipulates. Then a series of examples will be discussed which will show how these operations and objects allow to understand the political utterance.

Whatever the different methodological variants which it could experience, discourse analysis is based on the following operations.

1.3.1. It realizes the closure of a discursive space. In order to be able to operate discourse analysis supposes finite utterances, limited discursive spaces: "on the one hand this signifies that naturally closed texts are dealt with and on the other hand that diverse devices are used for proceeding explicitly (by samples) or implicitly (by generalization on the basis of fragments) to a closure of a text" (Dubois 1978, 3). This first operation reverts to defining an object: *the discursive corpus.* How can a discursive space be delimited? How can the closure of a discursive corpus serve to determine that such or such a text is part of a corpus? Which form is to be assigned to a discursive corpus that does not constitute a simple corpus of language? Finally, which are the specific problems posed by the constitution of a corpus of political discourse?

1.3.2. It applies a linguistic procedure to the text in order to determine the inherent relations. "Discourse analysis implies that a method is applied to the text which serves to determine the inherent relations and which are — hypothetically — assumed to define the structure of discourse; and these relations are those which exist between the terms of the text (words, syntagms, phrases)" (Dubois 1978, 3). The procedure for the determination of such relations may vary but the principle remains unchanged: if a structure of discourse is hypothetically assumed, discernible in the co-occurence and the recurrence of certain of its elements, this structure must grammatically be characterized. In discourse analysis this operation leads to characterizing the utterance. And if it is true that all discourse analysis is based on linguistic procedures how can the utterance be defined beyond the range of linguistic categories (phrase, proposition) in which one tends to represent them spontaneously? And is there, also here, a particularity of the political utterance and its uttering?

1.3.3. It establishes a relation in the discourse between the linguistic elements and that which is exterior of language. "The interpretation of the results obtained by discourse analysis cannot but get in connection with non-linguistic models. Besides the variable language the realized discourse indeed implies three systems of variables; one system takes the hearer into account, the next the themes of the utterance and the last the conditions of the production of the utterance itself" (Dubois 1978, 4). Thus discourse is thought of as a relation of a correspondence between language and the questions which emerge exterior of it, on the occasion of all concrete discourse: who speaks, what is the subject of discourse, how can its emergence be characterized? What does the discourse talk about, how can the existence of the distinct themes be discerned? Finally, which are the conditions of the production of the discourse but also of its understanding and interpretation?

With respect to political discourse it is thus necessary to specify its *subject,* the reality which is much more complex than the fiction of the speaking subject to which linguistic theories refer. The political subject, the one who utters a discourse, is indeed subjected to a whole lot of conditions of production and reception of his utterance. He is the point of condensation between language and ideology, the place where the systems of political knowledge articulate themselves in the linguistic competence; differing from one another, blending into one another, combining with one another or affronting one another in a determined political conjuncture.

The sequence of operations which every method of discourse analysis realizes on the text thus takes as objects three crucial notions for the understanding of discursive processes: *the corpus, the utterance, the subject.* We will successively examine the problems posed by the definition of these three notions in the analysis of political discourse starting from examples extracted from an analysis of the discourse of the French Communist Party addressed to the Christians, from 1936 to 1976 (Courtine 1980). Then we will elicit some perspectives for the analysis of political discourse.

2. The Constitution of the Corpus of Political Discourse

2.1. The Notion of the Conditions of Production of Discourse

In the tradition of discourse analysis 'discourse' is generally defined as an utterance emitted under defined conditions or production. Thus this last notion acquires a considerable importance: first of all it is a primitive notion in that it appears in the definitions which establish discourse as an object; but it also functions as a principle of partition in an empirical field in that sense that it permits to separate discourse as an empirical concrete object from other empirical objects such as the proposition, the phrase, the speech act, the utterance or the text ... Finally, it provides the value of an operational principle in the sense that it guides methodologically the first operations which have to be effected in the treatment of an ensemble of discursive data, the operations of collecting and organizing the data which must be known. "From the totality of the utterances of an epoch, a speaker or a social group who constitute a universe of discourse an ensemble of utterances limited within time (the necessity of synchronic homogeneity) and within space (the necessity of homogeneity in a situation of communication) is extracted" (Dubois 1969 a, 117). The notion of the conditions of production thus recovers the operations effective in extracting a discursive corpus outside of a "universe of discourse", it guarantees the representativeness (cf. art. 101) of the extracted corpus as a function of the aims of the investigation and gives a particular structure to the corpus.

We will thus define a *discursive corpus* as an ensemble of discursive sequences structured according to a defined plan with reference to a certain state of conditions or production of discourse. Thus the operation of extracting a corpus of political discourse first of all consists of delimiting a *discursive field of reference* (that is a type of discourse: political discourse; then discourse coming from a particular source into the interior of the field of political discourse: discourse produced by that speaker belonging to that political formation; then discourse coming from a source and a defined historical moment, for example discourse produced by that formation in that conjuncture, etc.) by imposing a successive series of constraints on the materials which make them homogeneous. The definition of the conditions of the production of discourse thus acts with regard to discursive sequences which compose the corpus in the manner of a filter which makes the corpus exhaustive and homogeneous.

2.2. Forms of Corpus and Representation of Ideological Contradictions

Nevertheless, the use of such a notion poses a certain number of problems regarding the investigation of political discourse. By the form itself which it will confer on the discursive corpus the determination of the conditions of production of discourse retained in a particular investigation furnishes a certain representation of the mode of existence of political discourses in a defined historical situation. But now these representations are dominated by a very constraining postulate of discursive homogeneity which does not agree well with the interactive, polemic, conflictual character of the political utterance.

Thus, for example, many corpora are constituted of a single synchrony insofar as every political utterance is part of a corpus of doctrine. And what characterizes such an ensemble of utterances is that it supports itself on a *discursive tradition*, a recollection of the things which have been said, which solely permits the return and the recall of utterances. A strictly synchronic definition of the conditions of production of political discourse effaces the fact that discourse is always already there. Thus it confounds historical determinations in a single plane, which are involved in the development of a discursive process, and conjunctural, circumstantial factors linked to the situation of utterance which has been retained in the synchrony.

This tendency towards an excessive homogenization of the conditions of production of discourse entails other difficulties. In effect it transports an implicit conception of the manner in which political discourses coexist, of the type of relation which exists between them. Let us consider for example the way in which certain corpora of analysis of Communist discourse have been gathered and treated.

A first work (Labbé 1977) organizes an ensemble of discursive sequences in a discursive corpus which are homogeneous with respect to the ideological positions on the basis of which they have been produced: it is solely Communist discourse. This is only related to itself, the relations of antagonism, alliance, recovery, support, etc. which it can maintain with other discourses (the discourse of political parties on the right wing, other political parties on the left wing, etc.) are missing from the plane of the constitution of the corpus. The consequence of this is that Communist discourse is repeated in an axiomatic form which is not in contradiction to itself and which is globally in contradiction to a discursive exteriority which is not taken into account in the definition of the conditions of production of discourse. An ensemble of isolated discourse is closed: this corresponds well with the spontaneous intuitions which have been formed about Communist discourse but it is impossible to question these intuitions on the basis of such a work, as far as it is founded in the representation which it gives of its object, on this first evidence.

In the works of J. B. Marcellesi a pertinent criticism of this kind of work can be found. Sociolinguistic analysis of political discourse indeed implies the *contrastive* examination of ensembles of political discourse the linguistic individuation of which has been postulated before. Applied to the Communist discourse of the 1920ies the contrastive method implies that other discourses should be represented in the corpus, if in hand, that of the minority of the Congress of Tours which later gave birth to the Socialist party. "The contrasts will thus bring out parallelisms of evolution, the approximations between groups, the more or less great alienation with respect to the initial system" (Marcellesi/Gardin 1974, 233). The study of contrasts between ensembles of political discourse in effect permits to investigate the linguistic differentiation of political groups on which much of their identity is based: a political party is distinct from another by its language, it is its discourse by which it is recognized, it is its discourse to which people adhere, it is its discourse which is repeated. This being so one problem remains: the fact that political discourses affront one another, that they enter into ideological contradictions which unite and divide them at the same time. But the individuation which presupposes contrastive definitions on the plane of the conditions of production of discourse implies the presentation of two (or more) ensembles of discourse the homogeneity of which is postulated in an essentially differential perspective. It shows what distinguishes them but it effaces what divides them, that is the fact that the political struggle effects the presentation of the ideological contradictions at the interior of each of the ensembles of discourse the homogeneity of which has been postulated. Consequently, all political discourse must be thought of as a divided unity, within a heterogeneity with regard to itself which the analysis of political discourse ought to be able to trace.

2.3. Homogeneity and Heterogeneity of Discursive Formations

Thus, above all, the classical definitions of the conditions of production of political discourses at work in the methodological arrangements which are the corpora of discourse analysis, proceed to restore the linguistic identity and homogeneity of discourses rather than their contradictions, their heterogeneity, their forms of inconsistency. A theoretical attempt to palliate this difficulty was introduced into discourse analysis by M. Pêcheux in the frame of a marxist analysis of the relation between ideologies and discourse, carried through according to the perspective of Althusser. In this perspective discourse was considered as one of the material aspects of the existence of ideologies. This returned to posing that the ideological formations "necessarily permit as one of their components one or more interrelated discursive formations which determine what can and must be said (articulated in the form of a harangue, a sermon, a pamphlet, an exposition, a program, etc.) on the basis of a given position in a conjuncture" (Pêcheux/Fuchs 1975, 11). The merit of this conception was that it has given proof of the fact that all concrete discourse is dominated by a complex ensemble of discourse called *interdiscourse*, which serves as "original discursive material". All concrete discourse produced by a subject in the interior of a discursive formation is thus dependent on interdiscourse by which it is furnished with preconstructed elements. This comes back to saying that "it always speaks before, elsewhere and independently" of the uttering subject (Pêcheux 1975, 147), that is that what is uttered is exterior of the subject who makes an utterance. It is this exteriority of what is uttered that has permitted to think of the subjection of the speaking subject to the ideological subject of its discourse.

However, it must be noted that the theoretical elements of definitions of discursive formations have hardly changed the practice of constituting the corpora in discourse analysis which have retained the homogenizations previously described. The heterogeneity and the contradictory complexity of interdiscourse have remained absent from the forma of corpora of political discourse. The paradox is that such elements can be found in the original definition of the notion of the discursive formation which Pêcheux had worked out on the basis of Foucault's conception of discourse (Foucault 1969). It is in the archeology of knowledge where indeed a conception of discourse can be found that is based on the analysis of discursive formations:

"An ensemble of utterances will be called a discourse insofar as they depend on the same discursive formation" (Foucault 1969, 153). And there the project of an analysis of political discourse which is conducted in the terms of the *archeology* can also be found: "It seems to me that an analysis of the same type could be made with regard to political knowledge. One could try to find out whether the political behaviour of a society, a group or a class is not traversed by a determined and describable discursive practice [...]. It could design what of politics can become the object of utterance, the forms which that utterance can take, the concepts which can be found at work there and the strategical choices which operate there. This knowledge [...] would be analyzed in the direction of modes of behaviour, of battles, conflicts, decisions and tactics" (Foulcault 1969, 254).

Thus it is appropriate to rely on Foucault and especially on the conception of the utterance which he develops in the *archeology of knowledge*: "Generally speaking, it can be said that a linguistic sequence is only an utterance if it is immersed in a field of uttering where it then appears as a single element" (Foucault 1969, 130). The utterance as an element of discourse differs from a sequence of language in that it possesses a "field of uttering" or moreover an "associated domain". Following Foucault one might say with respect to the political utterance that his "associated domain" first of all comprises the formulations at the interior of which the utterance inscribes itself and forms an element in a discursive sequence, the horizontal thread of a discourse which we will call *intradiscourse*. But it comprises just as much, and that is what makes it something different from a simple linguistic sequence, formulations "to which the utterance refers (implicitly or not) be it for repeating them, be it for modifying or adapting them, be it for opposing them, be it for speaking about them in one's turn; there is no utterance which does not, in one kind or other, reactualize others" (Foucault 1969, 130). Thus the utterance enters into a vertical interdiscursive network of formulations, a conception which approaches the *interdiscourse* conceived by Pêcheux.

But Foucault's formulations insist on the fact that in this interdiscursive network a given utterance will take place among an ensemble of formulations extracted from discursive sequences depending on other conditions of production of discourse, certain of which will be heterogeneous; that is what indicates well the sequence of the terms "refer to", "repeat", "modify", "adapt", "oppose to", etc.

This permits to advance that, on the plane of the constitution of a corpus, the inscription of an utterance in an ensemble of formulations — like a knot in a network — must be characterized on the basis of a plurality of points, constituting around a discursive sequence which has been taken as a point of reference, a network of formulations extracted from discursive sequences whose conditions of production are homogeneous and heterogeneous at the same time with regard to the discursive sequence of reference. That is what we will show below on the basis of an example and what engages in the analysis of political discourse, an original mode of constitution of a corpus and a specific discursive conception of the notion of the utterance and the mode of utterance.

3. The Utterance and the Subject of Political Discourse

3.1. Utterance and Mode of Utterance

Indeed the utterance does not have a theoretical status in discourse analysis. There it only generally designs a simple empirical object, a proposition, phrase or sequence of phrases. And here, too, if one endeavours to reinterpret the notions of the utterance and the mode of utterance in a discursive perspective which shall be different from a perspective of language, appreciable theoretical elements can be found with Foucault.

The *archeology of knowledge* in effect opposes the existence of the utterance to that of the mode of utterance in the order of discourse: one may speak of the same utterance where there are several distinct modes of utterance. "The process of utterance is an event which does not repeat itself. It is a situated and dated singularity which cannot be reduced" (Foucault 1969, 134). But if the mode of utterance is neutralized, its time and its place, the subject who accomplishes it and the operations which this subject utilizes "that what is obtained is a form which can infinitely be repeated and can give rise to modes of utterance which are most dispersed" (Foucault 1969, 143).

The couple 'utterance/mode of utterance' here functions in a different way than in the linguistic tradition: if the notion of the mode of utterance approximates that which discourse analysis generally uses (activity of the production of a discourse by an uttering subject in a situation of utterance) the utterance can be found — by contrast — linked to the notion of *repetition*. The opposition utterance/mode of utterance here permits to think of repetition and variation in discourse, unity and diversity, coherence and dispersion, homogeneity and heterogeneity. The vertical interdiscursive existence of the utterance which grants the discourse the structural permanence of a repetition responds to the horizontal intradiscursive existence of a mode of utterance where the uttering subject can produce a conjunctural variation. Let us construct an example with respect to the political utterance.

3.2. The Political Utterance

We will consider the formulation (1) extracted from a discourse of the General Secretary of the French Communist Party addressed to the Christians (at Lyon, 10 June 1976).

(1) No, it is not due to momentaneous tactics and in the ideological confusion that we are passionately trying to make all who want the liberation of man find themselves side by side — the Communists because of their socialist ideal and the Christians because of their evangelical ideal.

It can be related to an uttering subject who utters it in a determined situation (a public discourse on the occasion of a meeting) under given conditions or production (the historical situation which allowed to expect a victory of the Left Union entailing in the Communist strategy a development of a discourse of alliance, focussing attention especially on the Christians). Moreover it figures in the intra-discourse of a discursive sequence in an intra-discursive sequence of formulations.

But (1) is connected with other formulations which have preceded it in the Communist discourse and with which it coexists in an interdiscursive network of formulations such as (2)−(6) which can be traced in the Communist discourse addressed to the Christians from 1936 to 1976.

(2) For us the union with the Christians is no ruse, no occasional tactics but it is a political position which is in perfect

agreement with our doctrine: that of marxism-leninism.

(3) For us the union is no occasional tactics dependent on the conjuncture.

(4) We have been accused — hardly originally — of manœuvring, of deceiving, of acting with duplicity.

(5) We propose that diverse social classes should unite, not in confusion but on a precise basis.

(6) The Christians verify more and more that the cooperation, the common struggle which we propose is not a trap but a fundamental step.

A purely intuitive analysis makes appear a recurring ensemble of elements in the series (1)−(6) which connect these formulations with one another in such a way that each one of them appears like a *reformulation* or a possible *paraphrase* of every other formulation belonging to this network. But if we consider the formulation (1) again taken here as a point of reference, it is necessary to indicate that the property of figuring as a "knot in a network" is not limited to the ensemble of reformulations (2)−(6) belonging to the communist discourse. Indeed such formulations do not have a discursive existence but in the relations of antagonism which oppose them to the ensemble of formulations (7)−(11) produced under heterogeneous conditions of production; formulations which can be traced during the same period in the discourse of the church about social questions, and especially about communism and marxism.

(7) Communism is intrinsically perverse and collaboration with it can be admitted in no field.

(8) The Christians let themselves be caught in a trap of a vulgar philosophy of history.

(9) The Catholic can neither stay naive nor isolated in front of the discrete seduction, the slow penetration or the organized solicitation of communism today.

(10) The Catholics are solicited; numerous are those who let themselves be caught.

(11) And even if Marchais renounced his faith, would that not be just one of the ruses which Lenin advised?

The formulations (7)−(11) equally manifest the repeatability of certain elements as well as an ensemble of variations at the same time. But above all, there is a constant relation between them and the formulations (1)− (6). During the historical period considered

(1936—1976) the two series experience a parallel development which can, on the basis of the contradictory recurrence in the two discourses, seize upon formulations which rest stable in their antagonism and which a formula like (12) might condense approximatively:

(12) The union with the Christians is not a ruse, it is a principle of Communist policy. *vs.* Communist policy is a trap in which the Christians must not get caught.

Thus (12) constitutes an approximation of these "infinitely repeatable forms" that can occasion the most dispersed modes of utterance. That means that it is an utterance which we will call, due to its structure, *divided utterance*. In effect such utterances are constructed according to the model $P\left\{\dfrac{X}{Y}\right\}$ where PX and PY represent two formulations belonging to antagonistic discourses presenting a common context (P) and two elements (words, syntagms, propositions or phrases) that cannot be substituted for one another, this incommutability being marked by the bar that separates X and Y. Let there be the divided utterance (13) represented here in a simplified form which governs the repeatability of the formulations (1)—(11) in the two ensembles of discourse.

(13) The union with the Christians is $\left\{\dfrac{\text{a trap/a ruse/a manœvre}}{\text{a policy or principle}}\right\}$.

The divided utterance is one of the major forms of political utterance although this is evidently not the only one. Let us note first of all that it was only possible to construct it by collecting them in a corpus of discourses where ideological antagonisms shall be represented not for exhibiting their differences but on the contrary for showing how such contradictions unite and divide political discourses simultaneously. If the divided utterance is a major form of political utterance it is because it represents the form in the interdiscourse which governs the polemic functioning of discourse. An expression of the type $P\left\{\dfrac{X}{Y}\right\}$ indeed materializes the frontier between antagonistic discourses in the interdiscourse, the dividing line between what can be formulated and what cannot, marked by the non-substitutability of the constituents in X and Y

position. Thus the political discourse represents well the effects of the ideological struggle within the functioning of language.

3.3. The Subject of Political Discourse

Furthermore the existence of such forms leads to reconsider the question of the mode of utterance of political discourse. Present in the interdiscourse, in the intradiscourse they rule certain choices of syntax and of uttering which are operated by the one who utters the discourse. Thus the divided utterances of the form $P\left\{\dfrac{X}{Y}\right\}$ can be restored insofar as they govern an ensemble of syntactic forms of refutation across which the polemic register is marked in political discourses. Thus it establishes negative sentences, cleft or pseudo-cleft sentences for a contrastive interpretation (this is X that P, this is not Y that P), relative determinative propositions, coordinations with *but, on the contrary*, etc., all forms which can be found in the formulations (1)—(6) for example. Thus the utterances function as rules of discourse. One cannot properly speak of linguistic rules here although they are realized in the language but of discursive rules which restrict and orient the possibilities of predication. In contrast to what strictly linguistic problems of modes of utterance often presuppose — a subject who is master of his choices of what he utters — a discursive perspective on the political mode of utterance makes it possible to estimate in what an order of discourse imposes itself on the speaking subject whose mode of utterance accordingly finds itself under a controlled liberty. At least this is especially true in the cases of corpora of political doctrine which collect utterances of legitimate spokesmen. What can then be seen is not the coice for the subject of uttering as he likes, but an ensemble of positions of subject, that is an ensemble of models of uttering which the speaking subject must occupy for becoming the subject of discourse.

It has justly been emphasized that the utterer of a political discourse would find discursive objects (terms, syntagms, formulations) in the interdiscourse on which his mode of utterance is based. At the same time the interdiscourse organizes the marking of the utterance (across personal marks, tenses, aspects, modalities …) which permit the production of the formulation by the political subject. One example: the expression of time in the Communist discourse when it concerns the verbs expressing the action of the party. It is ruled by rituals of uttering which produce a segment of time linking present, past and future and which thus efface every interruption or every possible discontinuity in the action (a syntagmatization of the duration across the succession of temporal marks carried by the resumption of one and the same verb, the use of temporal adverbs indicating repetition or making equivalent tense shifters refering to the times of distinct modes of utterance); this is shown by the following examples:

(1) But, as always, the idea advanced by the Communists has made its way. It has imposed itself. It imposes itself and it will impose itself more and more.
(2) Our Communist Party, tomorrow just as yesterday, has the intention of ...
(3) And tomorrow? Tomorrow just as today we will endeavour to ...
(4) The Future will be what we will make it together today.

3.4. Reference, Reality and Political Knowledge

The preceding examples thus pose the question of the relation of political discourse to truth and to reality. The divided utterances indeed materialize in the sphere of discourse the forms of affront and differences of opinion where one cannot be right but *against* someone. The forms of temporal expression of political action, coagulated in an uninterrupted duration emphasize in their turn the problem of the reference of discourse. The two examples illustrate the constraints which discourse as a system of knowledge makes weigh on every subject who, for uttering it, comes to take place there. Which credit is to be accorded to political speech then if it thus manifests the relativity of expressions of truth and the arbitrariness of objects and expressions which the discourse constructs?

The question is an eternal one concerning political discourse; it is simultaneous with the emergence of the political fact itself, it is even fundamental to it. But this question, always asked, is not exempt from anxieties which have never, since its appearance, been as pressing as in the first part of the 20th century with totalitarianism, an inedited relation of political discourse to truth, to reality and to memory: discourse which does not tolerate but one truth, discourse which pursues every form of alterity, which pretends to found

the totality of the real, which organizes the memory, the accumulation and the recollection of certain utterances although it vows others to effacement, deposition or oblivion. The appearance of the totalitarian phenomenon and its criticism has thus given rise to the development of an ensemble of questions about the ethics of political discourse which can, for example, be traced in the 1940ies in the essays or the fiction of G. Orwell. It cannot be denied that more recently the appearance of the historical works concerning the totalitarian language (Faye 1972) and the analysis of political discourse itself constitutes an echo of this anxiety. However, these problems have been displaced by discourse analysis in its project of the linguistic characterization of a text: the development of a working technique on political discourse in fact comes back to rising indirectly the problems of ethics as far as, with regard to totalitarian discourse for example, discourse analysis does not ask if what the discourse says is true but rather tries to ask how what the discourse states as true is constructed; this permits to bring to light some of its essential properties.

How does the political discourse make a subject view reality, how does it present the objects of the world, how does it order these objects in a linguistic expression that a subject in his turn may formulate? These problems were taken up by discourse analysis in the work of J. M. Marandin in his definition of the notion of "manner of speaking" (Marandin 1979). He conceives in effect a manner of speaking in the form of a system of co-possible utterances which define the proper knowledge in the French discourse about China, the object of his study. This ensemble of co-possible utterances is constructed on the basis of two classes of terms which constitute a vocabulary on which discursive sequences may be formulated by a subject across an ensemble of operations of formulation. These two classes of agents (*a Chinese, such Chinese, a Chinese peasant*, etc.) and action (*study the philosophy, undertake the direction of the enterprises, make an irruption into the superstructure*, etc.) thus delimit the universe of existing objects for the discourse and put them into a relation with one another according to the proper knowledge in the discourse.

Let us construct an example. We can find in the discourse of the French Communist

Party addressed to the Christians the recurrence of the structure

(1) $SN_1 + V$ delocutive $\left\{\begin{array}{l} \text{citation} \\ \text{sequence in} \\ \text{indirect discourse} \\ \text{preconstructed nominal} \\ \text{pour} + V \text{ infinitive} \end{array}\right.$

within a series of formulations. This syntactic scheme introduces expressions into the discourse reported from the non-Communist allocutionary to whom the discourse is addressed. Let us have

(1a) *The clergyman X has written that ...*
(1b) *This father of the Catholic family confesses that ...*
(1c) *The Catholic writer Y admits that ...*
(1d) *The bishops recognize, affirm that ...*

The class of SN in SN_1 position which remains stable in the considered discourse constitutes a collection of terms similar to those studied by Marandin: here it constructs the reference of nouns possessing the semantic feature [+ christian]. And the structuration of this class indicates how, in the discourse, the effects of reality are produced.

The N[+ christian] to which reference is made are numerous: (*many Catholics; hundreds of Catholic men and women, nearly all Catholics, numerous priests*, etc.) and diverse: they are determined by an ensemble of opposed characterizations which attest their diversity; there are members of the clergy (*the parson of Ivry, numerous priests, the bishops, the pope*, etc.) but also Christians belonging to the laity (*many Catholics*); there are men but also women (*hundreds of Catholic men and women*); there is diversity of sexes and also diversity of ages (*a young priest, an old parson living in the province*) and they even come from the two extremities of the hexagon (*a father of the family of Lille, a chaplain of the free college at Nice*); finally they respond to a proper name, irreducible sign of diversity.

The structure of a referential class of this type gives an account of the production of effects of the real for a subject. The discourse here places the uttering subject in the position of a witness: here the world offers itself to the view in the diversity and the plurality of its objects. The proper political knowledge which orders the construction of this referential class according to the semantic axes of number, sex, place, name effaces itself before the "reality" as a collection of objects which exhibit themselves on their own. And here the vocation of a political discourse can be found to cover the diversity of the real, to organize its perception, to furnish the list for it as if it were a catalogue of objects that can be enumerated and specified and at the same time to dissipate behind "what everyone can see".

4. Perspectives

4.1. Memory, Repetition, Discourse

The preceding remarks and examples indicate one of the views that can follow from the analysis of political discourse: the study of the constitution of the historical memory insofar as discursive processes have a part in it. For this collective memory is also the memory of everyone. As we have asked ourselves what it meant to make an utterance, to hold the thread of a political discourse we will also ask ourselves what it means to repeat, to recall, to forget for an uttering subject taken in the historical contradictions of the historical field. For the interdiscourse function as a *domain of memory* for the subject and thus permits the return and the recollection of utterances as well as their oblivion or their effacement. First of all this must lead us to interrogate the modalities of the constitution of series of formulations in the interdiscourse: how does a space of repetition inscribe itself in an uneven stratified ensemble of discourse?

The answer to these questions supposes that all forms of *reported discourse* are taken into account across which the references from discourse to discourse materialize themselves and especially the *citation* and *the relation to the primary text*.: in the Communist discourse addressed to the Christians among the origin-formulations of the domain of memory ("religion is the opium of the people", "criticism of religion is the precondition of all criticism", etc.) which can furnish the classics of marxism and discourses which report these formulations under the immediacy of a recollection, a density of citation and of references can be found within the discursive strata which interpose themselves between the primary text and the citing text. The origin-formulations thus derive in a passage through the stratified density of discourse, a passage in the course of which they transform themselves (thus: "class struggles are the motor of history" becomes with attention to the Christians "social struggles are the motor of progress"), they get dull, they hide in order to emerge further away, they are obliterated or they disappear, blending memory and oblivion inextricably (thus religion as "opium of the people" gives way to religion as "sigh of the oppressed creature").

The constitution of a space of the repeatable again takes the form of a resumption word by word, from discourse to discourse of numerous formulations. In the political discourse these resumptions often efface, with the disappearance of the syntactic marks of the reported discourse (X says that P; X says citation), the trace of all interdiscursive delevelling. This renounces the scholarly practice of recitation and emphasizes the subjection of political discourse to the order of the doctrine, of the letter and of the school. As in school the literal repetition seems to give it a value of truth.

The interest in linguistic forms in which the repetition inscribes itself in the order of discourse finally leads to study the formulation of the preconstructed in the interdiscursive de-levelling in as much as it furnishes a basis for the constitution of a series of formulations; as in the following formulations where a preceding formulation as preconstructed in the form of a nominalization (marked in brackets) can be in serted in a later discourse producing an effect of a chain in the series:

(1) The Communists are materalists with respect to philosophy →
(2) The materialism of the Communists is far from the religious faith to the Catholics →
(3) We can perfectly work together inspite of our philosophical divergences

Here the aim is to study the manner in which political utterances are formed in the articulation of preconstructed elements of discourse. This implies to elaborate the notion of the *discursive paraphrase* in that measure in which the discursive formulations constitute spaces of reformulation, paraphrase, synonymy which guarantee the semantic and referential stability of formulations for the subject (cf. Pêcheux/Fuchs 1975, 72).

4.2. Politics of Oblivion

These forms of repetition which have been described refer to the functioning of political discourse as a full saturated memory organizing the recurrence of utterances. The work of the category of 'memory' in the order of political discourse invites us to conceive another modality of repetition: no longer that of a series of formulations which are interre-

lated and which accumulate but on the basis on which it repeats, a not-known, not-recognized displaced and displacing itself in the utterance; a repetition which is simultaneously present/absent in the series of formulations, absent because it functions there in the mode of unrecognizability and present in its effect, a repetition in the order of a *lacunar memory*.

The Communist discourse addressed to the Christians thus repeats since its origin and under diverse formulations

(1) We do not ask the Catholics to stop believing in God; we do not ourselves renounce our materialist conceptions.

When a displacement appeared in the series of formulations linked to the production of a new formulation on the occasion of the XIX Congress of the Party (February 1970) which saw the exclusion of Roger Garaudy, let (2) be

(2) Thus, in conformity with our policy of holding our hand out to the Christians we do not pretend to choose in place of the Christians how they must be christian [...]. In contrast to Roger Garaudy we do not choose one part of the Christians against the others.

On the basis of this formulation a new form of repetition is instaurated:

(3) It is for the Christians to decide on their own how they want to be christian.

This constitutes the trace, in the series of formulations, of a discontinuity: repetition of a *fragment* of formulation linked to a lacuna which functions as an absent cause (with the effacement of the reference to R. Garaudy). If the interdiscourse thus organizes the recurrence and the recollection of formulations it equally intervenes as a cavity, rupture or displacement: it is the producer of the oblivion of utterances. Memory and oblivion cannot be dissociated in the mode of utterance of political discourse.

4.3. The Spokesman and the Ordinary Man

Another orientation of works in the analysis of political discourse actually seems desirable which is due to the fact that one of the objectives of discourse analysis has incontestably been neglected by the latter. This objective, however essential, consists in trying to give an account of the processes of ideological domination by the discourse; that is of the *interpellation* or the *subjection* of the speaking subject to the ideological subject. If this objective has not veritably been attained this is because the analysis of political discourse has taken discourses of political doctrine as objects, uttered by the legitimate spokesmen of political machines. It has thus been concentrated on written corpora, analyzed in the perspective of a production of discourse. And it has neither been interested in the oral, ordinary, daily functioning of the political utterance nor in the effects of the reception of the discourses of the machine. It has thus developed an extremely mechanistic conception of political communication which presupposed that the system of political utterances at work in a corpus of doctrine would be transmitted to the subjects for whom these utterances were destined in such a way that they had nothing to do but to repeat them passively. And it has hardly preoccupied itself with the entanglement of oral, ordinary, disparate, disseminated and fragmented discourses across which individuals appropriate the political discourse, receive it, speak about it in their way, ruse, bias, accept or resist. On the whole the analysis of political discourse, has paradoxically remained enclosed in the myth of a transparent communication, the criticism of which it had yet undertaken in current linguistics.

Thus it is certainly appropriate now to shift the works on the political discourse: where the written discourses of spokesmen were interrogated interest should be directed to the oral discourses of the ordinary man. Where a perspective of the production of discourse was preferred the systems of reception of political utterances should be analyzed which are not the simple inverse image of the first but bring strategies of their own into play. And the doctrinal writings should be abandoned a little in order to situate the analysis on the level of ordinary language.

This equally supposes a transformation of the instruments of linguistic analysis. If indeed discourse analysis is equipped with essentially syntactical instruments it is because written corpora regulated by political doctrine permit this. This is not possible with oral practices of discourse — conversations, reports, histories of life, manners of talking ... — which manifest short, interrupted forms where dialogical forms dominate across which the ideological affronts are realized in verbal interaction (cf. Gardin 1984). Here it is necessary to elaborate a pragmatics of the political utterance rather than constructing grammars of the political utterance.

4.4. Towards a Semiology of Politics

If the analyses of political discourse have begun to transform the kind of their instruments this is also because their object itself presently experiences a profound transformation. If the modes of political communication indeed experience a considerable upheaval this is not without effect on the practices of analysis themselves. Political discourse actually suffers from a certain discredit which leads to the disaffection towards and the rejection of certain forms of public speech. Thus in France, for example, the criticism of "Newspeak" ("la langue de bois") has gradually become generalized, heard beyond the universe of totalitarian discourses to which it had originally been directed: presently it concerns long, fixed and redundant forms of political speech, inscribed in the discursive memory of a party machine. It rejects the monologism of discourses and criticizes effaced subjects simple organs of political organizations. It sees a verbal mask there where the traits of political man become effaced under the anonymity of a cause or are separated in the body of a party without face.

It seems that another policy of speech is being developed: that of short forms, of formulas, of dialogue. A political speech more fluid, more immediate which would seize the instant rather than inscribing itself in the memory, which would prefer the verbal attack rather than the discursive strategy. A dialogical speech made of language games: the political speech experiences a profound transformation of uttering which makes it a short, discontinuous, interrupted speech, at the same time when the speaking subject re-emerges whereas the political machine is effaced. This is one of several effects on political utterances which is generally described as the *postmodern condition* characterized by the rise of individualism and the disaffection towards ideological systems.

Indeed the great political discourses seem to be threatened by disparition: end of programs, interminable enumerations of propositions, political dissertations that is long forms of political modes of utterance. The intention is less to explain or to convince but to seduce or to seize: didactic forms of a classical political rhetorics modelled by the scholarly machine are replaced by new forms which subject the political contents to the exigencies of practices of writing and reading appropriate to the audio-visual apparatus of information. The transformations of the model of discourse analysis, the passage from a grammar of politics to a pragmatics of politics is undoubtedly one of the results of the transformation of the objects and practices themselves.

Thus the policies of text come finally to their end: the letter of the political text protected in a body of doctrine has been desecrated. And the political text has been taken to pieces in new practices of writing and reading: it is produced and received in new forms, dialogues, interviews, spots on television, political videoclips. It is read less frequently on the printed page of a newspaper or a book than it is heard or seen on a screen. From now on political discourse cannot be dissociated from the production and reception of images in the same way as the discourse of the political man could no longer be separated from his image. The model of the political speaker has profoundly changed as well as the modes of subjection, regulated by new practices.

This entails an important consequence for the practices of analysis. The political message is no longer uniquely linguistic but a collage of images and discourse the performativity of which is no longer only a verbal one. That is why for understanding and analyzing these complex messages — and also for being able to read them and know how to resist them — it is from now on insufficient to refer to methods of linguistic analysis only. The upheaval of the modes of political communication demands the renewal of a semiology of the political message which solely will permit its global apprehension.

5. Literature (selected)

Bally, Charles (1932) *Linguistique générale et linguistique française*, Paris.

Benvéniste, Emile (1974) *Problèmes de linguistique générale*, Vol. 2, Paris.

Courtine, Jean-Jacques (1981) "L'analyse du discours politique", in: *Langages* 62, 9—128.

Dubois, Jean (1969) "Enoncé et énonciation", in: *Languages* 13, 100—110.

Dubois, Jean (1978) "Présentation", in: *Langages* 52, 5—7.

Faye, Jean-Pierre (1972) *Les langages totalitaires*, Paris.

Foucault, Michel (1969) *L'archéologie du savoir*, Paris.

Gardin, Bernard (1984) "Un récit d'interaction: les compte-rendus de délégations syndicales", in: *Langages* 74, 93—122.

Guilhaumou, Jacques/Maldidier, Denise (1979) "Courte critique pour une longue histoire", in: *Dialectiques* 26.

Harris, Zellig S. ([1952 English] 1969) "L'analyse du discours", in: *Langages* 13, 1—30.

Jakobson, Roman (1963) *Essais de linguistique générale*, Paris.

Labbé, Dominique (1977) *Le discours communiste*, Paris.

Maldidier, Denise (1971) "Le discours politique et la guerre d'Algérie: approche synchronique et diachronique", in: *Langages* 23, 57—86.

Marandin, Jean-Marie (1979) "Analyse du discours et linguistique générale", in: *Langages* 55.

Marcellesi, Jean-Baptiste (1971) "Eléments pour une analyse contrastive du discours politique", in: *Langages* 23, 25—56.

Marcellesi, Jean-Baptiste/Gardin, Bernard (1974) *Introduction à la sociolinguistique*, Paris.

Pêcheux, Michel (1969) *L'analyse automatique du discours*, Paris.

Pêcheux, Michel (1975) *Les vérités de La Palice*, Paris.

Pêcheux, Michel/Fuchs, Catherine (1975) "Mises au point et perspectives à propos de l'AAD", in: *Langages* 37, 7—80.

Robin, Régine (1973) *Histoire et linguistique*, Paris.

Tournier, Maurice/Lafon, Pierre/Jouffroy, Annie et al (1978) *Des tracts en Mai 1968*, Paris.

Jean-Jacques Courtine, Paris (France)
Aus dem Französischen übersetzt
von Sigrid Middeldorf, Duisburg